全集・合集収載
翻訳図書目録
1992-2007

Ⅰ

総記
人文
社会

日外アソシエーツ

Catalog of Miscellaneous Titles Translated into Japanese from Foreign Languages

1992-2007

I: General Works, Humanities & Social Sciences

Compiled by
Nichigai Associates, Inc.

©2009 by Nichigai Associates, Inc.
Printed in Japan

> 本書はディジタルデータでご利用いただくことができます。詳細はお問い合わせください。

●編集担当● 高橋 朝子

刊行にあたって

　小社では、翻訳文献を調査・探索するツールとして1984年より「翻訳図書目録シリーズ」の刊行を開始し、その収録期間は明治期より平成期の140年間におよんでいる。そのうち、戦後分の1945年から1992年3月の約47年間分については、当初は引けなかった全集やアンソロジー・論文集に収録された個別の著作の著者名からも引けるように、原本調査を行なって別に「全集・合集収載　翻訳図書目録」として刊行した。

　本書は、その「全集・合集収載　翻訳図書目録　45/75」「同　76/92」の後を受け、1992年4月から2007年12月に刊行された全集やアンソロジー・論文集に収録された翻訳著作をその著者名を見出しとして集めたものである。当初からの「Ⅰ　総記・人文・社会」「Ⅱ　科学・技術・産業」「Ⅲ　芸術・言語・文学」という主題別の3分冊構成とし、各巻は前版に倣い、本文は原著者名のアルファベット表記（アルファベット表記不明分や中国・朝鮮人名、機関・団体名はカナ表記）を見出しとし、巻末に書名索引、原著者名カナ表記索引を付した。

　なお、細目調査のための候補となる図書の選定にあたっては、データベース「BOOKPLUS」およびJAPAN/MARCを使用した。図書の細目についての調査はネット検索等ではまだ不十分なことも多いため、本書が既刊分と併せて幅広く活用されることを祈りたい。

2009年1月

日外アソシエーツ

目　次

本文（目録）
　原著者名アルファベット表記 ……………………………… 1
　原著者名カナ・漢字表記 ……………………………… 404
索引
　書名索引 ……………………………… 715
　原著者名カナ表記索引 ……………………………… 873

凡　例

I　構　成

1．全体の構成

「全集・合集収載　翻訳図書目録　1992-2007」は、次の3分冊で構成される。

　　Ⅰ　総記・人文・社会
　　Ⅱ　科学・技術・産業
　　Ⅲ　芸術・言語・文学

2．各分冊の構成

各分冊は次のように構成される。

　　本文（目録）
　　　原著者名アルファベット表記（ABC順）
　　　原著者名カナ・漢字表記（五十音順）＊
　　　＊ABC順の後に、アルファベット表記不明または非アルファベット圏の人名、機関・団体名をまとめた。
　　索引
　　　書名索引（五十音順）
　　　原著者名カナ表記索引（五十音順）

3．収録期間・範囲

1992年4月より2007年12月までに日本国内で刊行された翻訳図書ないしは翻訳著作を含む図書を対象に、そこに含まれる翻訳論文・作品などを収録した。これらには日本国内で編訳されたものも含む。なお、無著者・著者不詳の著作は収録しなかった。

細目調査のための候補となる図書の選定にあたっては、データベース「BOOKPLUS」およびJAPAN/MARCを使用した。

4．収録内容

　　第Ⅰ分冊には、「日本十進分類法」に準拠して、概ね0門〜3門に該当する図書（総記・図書館・学術・哲学・宗教・歴史・地理・社会科学・政治・経済・教育・民俗など）を収録している。ただし、情報科学は第Ⅱ分冊に、民話集は第Ⅲ分冊に収めた。収録した著作タイトルは16,724件である。

Ⅱ　本文（目録）

1．見出し語

　1）見出し語の選定

　　　個人、機関・団体を問わず、原著者名を見出し語とした。その際、アルファベット表記が判明した人名についてはアルファベット表記を、アルファベット表記が不明のものおよび漢字表記の人名、機関・団体名についてはカナ表記を採用した。

　2）見出し語のカナ表記

　　　原則として、その図書に表示された通りとした。ただし図書によって表記が異なる場合は、より一般的な名を採用した。

　　　図書にカナ表記がなかった場合は、編集部で妥当と思われるカナ表記を作成し、末尾右肩に「*」マークを付して区別できるようにした。

　　　韓国・朝鮮人名は民族読みを見出しに採用し、中国人名は日本語読みを見出しに採用した。

2．排　列

　1）見出し語

　　　原著者名がアルファベット表記の場合は姓のABC順・名のABC順、原著者名がカナ表記の場合は姓の五十音順・名の五十音順とした。また、姓・名に分けられないものや機関・団体名については全体を姓とみなして排列した。その際、機関・団体名のアルファベット表記もカナに読み下して排列した。

　　　なお、カナ表記の場合、濁音・半濁音は清音と、促音・拗音は直音と、ヂ→シ、ヅ→スとみなして排列し、長音符は排列上無視した。

2）著　作

　　同一見出し語の下の各著作は、収録している図書の刊行年月順とした。刊行年月が同じものは書名の五十音順に排列した。

3．著作の記載事項

　　収録著作タイトル／訳者／書名／副書名／巻次／各巻書名／各巻副書名／各巻巻次／著者表示／資料種別表示／版表示／出版者／刊行年月／ページ数または冊数／叢書名／叢書番号／副叢書名／副叢書番号／叢書責任者名

III　索　引

1．構　成

　　索引の構成は次の通りである。
　　　　書名索引
　　　　原著者名カナ表記索引
　　それぞれの索引項目に対し、本文の見出し語を指示した。

2．排　列

　1）書名索引

　　　書名の読みの五十音順とした。

　2）原著者名カナ表記索引

　　　個人名は姓の五十音順・名の五十音順とした。名がイニシャルだけのものは、同じ姓の末尾にまとめて排列した。なお、図書によってカナ表記が異なる場合は不採用の名から、韓国・朝鮮人名は日本語読みから、中国人名で民族読みが判明したものはその読みからも引けるようにした。また、機関・団体名は全体を姓とみなして排列した。

原著者名アルファベット表記

【A】

Aalto, Maarit アールト, マーリット
◇ノーマライゼーション思想の発展と社会サービス（共著）（二文字理明訳）：北欧の知的障害者──思想・政策と日常生活　ヤン・テッセブロー, アンデシュ・グスタフソン, ギューリ・デューレンダール編, 二文字理明監訳　青木書店　1999.8　289p

Aaron, Hank アーロン, ハンク
◇ハンク・アーロン──ホームラン王、会議で語る（楢原潤子訳）：アメリカの夢と理想の実現　板場良久スピーチ解説, 増田恵理子, 楢原潤子訳　アルク　1998.7　120p　〈20世紀の証言　英語スピーチでたどるこの100年　第3巻──CD book　松尾弌之監修・解説〉

Aaron, Henry J. アーロン, ヘンリー・J.
◇年金の経済的・政治的側面：企業年金改革──公私の役割分担をめぐって　OECD編, 船後正道監訳, 厚生年金基金連合会訳　東洋経済新報社　1997.5　216p

Abaelardus, Petrus アベラルドゥス, ペトルス
◇ポルフュリュス註釈（イングレディエンティブス）他（共著）（清水哲郎訳）：中世思想原典集成　7　前期スコラ学　上智大学中世思想研究所編・監修　平凡社　1996.6　953p

Abbey, Edward アビー, エドワード
◇リオ・グランデ川：グレートリバー──地球に生きる・地球と生きる　National Geographic Society編, 田村協之訳　同朋舎出版　1993.7　448p

Abbott, Sarry アボット, サリー
◇子羊の血としての神の起源：世界を織りなおす──エコフェミニズムの開花　アイリーン・ダイアモンド, グロリア・フェマン・オレンスタイン編, 奥田暁子, 近藤和子訳　学芸書林　1994.3　457, 12p

Abbring, Inge アブリング, インヘ
◇イタリア（共著）（荒川智, 西尾真樹訳）：特別なニーズ教育への転換──統合教育の先進6ヵ国比較研究　C. メイヤー, S.J.ベイル, S.ヘガティ編, 渡辺益男監訳, 渡辺健治, 荒川智共訳　川島書店　1997.10　200p

Abdul-Hamid, Walid アブドゥル・ハミド, W.
◇ホームレスの人々にかんする統計の利用と誤用〈要約〉（芳賀寛訳）：現代イギリスの政治算術──統計は社会を変えるか　D.ドーリング, S.シンプソン編著, 岩井浩ほか監訳　北海道大学図書刊行会　2003.7　588p

Abed, Adeeb アベド, アデーブ
◇イラク社会に対する戦争の衝撃的影響（共著）：アメリカの戦争犯罪　ラムゼイ・クラーク編, 戦争犯罪を告発する会訳　柏書房　1992.12　346p　〈ブックス・プラクシス 6〉

Abel, Heather アベル, ヘザー
◇絶交の理由 B面──なぜ親友エミリーを失ったか：女友だちの賞味期限──なぜ彼女は私を裏切ったのか…。ジェニー・オフィル, エリッサ・シャッペル編著, 糸井恵訳　プレジデント社　2006.3　343p

Abeles, Ronald P. アーベレス, R. P.*
◇コントロール感, QOLと虚弱な高齢者（星寿和訳）：虚弱な高齢者のQOL──その概念と測定　James E.Birrenほか編, 三谷嘉明ほか訳　医歯薬出版　1998.9　481p

Abernathy, Jerome D. アバナシー, ジェローム・D.
◇ヒストリカルデータにひそむ危険性（共著）：リスクバジェッティング──実務家が語る年金新時代のリスク管理　レスリー・ラール編, 三菱信託銀行受託財産用部門訳　パンローリング　2002.4　575p　〈ウィザードブックシリーズ 34〉

Ablon, Steven Luria アブロン, スティーブン・ルーリア
◇ベテランと若手が学び合う風土に変えられるか（共著）：組織変革のジレンマ──ハーバード・ビジネス・レビュー・ケースブック　Harvard Business Review編, Diamondハーバード・ビジネス・レビュー編集部訳　ダイヤモンド社　2004.11　218p
◇「ベテランと若手」が学び合う風土に変えられるか（共著）：「問題社員」の管理術──ケース・スタディ　Diamondハーバード・ビジネス・レビュー編集部編訳　ダイヤモンド社　2007.1　263p　〈Harvard business review anthology〉

Abolhassan, Ferri アボルハッサン, F.
◇IDSシェアー社で実施されたチェンジマネジメントプロセス（堀内正博訳）：ARISを活用したチェンジマネジメント──ビジネスプロセスの変革を管理するA.-W.シェアー, F.アボルハッサン, W.ヨースト, M.F.W.キルヒマー編, 堀内正博, 田中正郎, 柳堀紀幸監訳　シュプリンガー・フェアラーク東京　2003.12　216p
◇リアルタイム・エンタープライズの考え方を使ったプロセス・オートメーション（共著）（田中正郎訳）：ARISを活用したシステム構築──エンタープライズ・アーキテクチャの実践　A.-W.シェアー他編, 堀内正博, 田中正郎, 力正俊監訳　シュプリンガー・フェアラーク東京　2005.1　201p

Abou-El-Haj, Barbara アブー＝エル＝ハジ, バーバラ
◇文化交流のための言語とモデル（保呂篤彦訳）：文化とグローバル化──現代社会とアイデンティティ表現　A.D.キング編, 山中弘, 安藤充, 保呂篤彦訳　玉川大学出版部　1999.8　244p

Abrahams, Roger D. アブラハムズ, ロジャー・D.
◇ウィリアム・ウェルズ・ニューエルと一九世紀後期アメリカにおける民俗の発見：民俗学の政治性──アメリカ民俗学100年目の省察から　岩竹美加子編訳　未来社　1996.8　283, 6p　〈ニュー・フォークロア双書 27〉

Abrahamson, Peter エイブラハムソン, ピーター
◇スカンジナビア社会サービスの国際比較：社会ケアサービス──スカンジナビア福祉モデルを解く鍵　ヨルマ・シピラ編著, 日野秀逸訳　本の泉社　2003.7　333p

Abramowitz, Morton I. アブラモウィッツ, モートン・I.
◇北朝鮮政策に関する提言──強硬策ではなく, 封じ込めと限定的関与策を　他（共著）：アメリカと北朝鮮──

1

外交的解決か武力行使か　フォーリン・アフェアーズ・ジャパン編・監訳，竹下興喜監訳　朝日新聞社　2003.3　239，4p

Abramson, Alan J.　アブラムソン，アラン・J.
◇NPOセクターと連邦政府予算―最近の動向と今後の展望（共著）：NPOと政府　E.T.ボリス，C.E.スターリ編著，上野真城子，山内直人訳　ミネルヴァ書房　2007.3　346p

Abu-Lughod, Janet　アブー＝ルゴッド，ジャネット
◇シカゴ，ニューヨーク，ロサンゼルスの比較：世界都市仮説の検証（神谷浩夫訳）：世界都市の論理　ポール・L.ノックス，ピーター・J.テイラー共編，藤田直晴訳編　鹿島出版会　1997.5　204p
◇グローバル・バブルを越えて（保呂篤彦訳）：文化とグローバル化―現代社会とアイデンティティの表現　A.D.キング編，山中弘，安藤充，保呂篤彦訳　玉川大学出版部　1999.8　244p

Aburdene, Patricia　アバーデン，パトリシア
◇従業員から最良のものを引き出すために（共著）：ウェルチはこうして組織を甦らせた―アメリカ・トップリーダーからの経営処方箋29　ケン・シェルトン編著，堀紘一監修・訳　フロンティア出版　1999.12　281p

Achcar, Gilbert　アシュカル，ジルベール
◇エルネスト・マンデル（一九二三～一九九五）（湯川順夫訳）：エルネスト・マンデル―世界資本主義と二十世紀社会主義　ジルベール・アシュカル編，岡田光正ほか訳　柘植書房新社　2000.4　372p

Achenbach, Gerd B.　アッヘンバッハ，ゲルト・B.
◇自分の生活を求めて　他（共著）：哲学の原点―ドイツからの提言　ハンス・ゲオルク・ガダマー他著，U.ベーム編，長倉誠一，多田茂訳　未知谷　1999.7　272，11p

Achleitner, Ann-Kristin　アクライトナー，アン・クリスティン＊
◇スイスにおける財務報告の歴史（今村聡訳）：欧州比較国際会計史論　P.ワルトン編，久野光朗監訳　同文館出版　1997.5　380p

Achtemeier, Elizabeth　アクティーマイヤー，エリザベス
◇生ける神の声としての正典：聖書を取り戻す―教会における聖書の権威と解釈の危機　C.E.ブラーテン，R.W.ジェンソン編，芳賀力訳　教文館　1998.5　234p

Acierno, Ron　アシエルノ，ロン
◇心理療法は患者に何を提供しているか（共著）（宮野秀市，坂野雄二訳）：エビデンスベイスト心理治療マニュアル　V.B.V.ハッセル，M.ハーセン編著，坂野雄二，不安・抑うつ臨床研究会編訳　日本評論社　2000.11　371p

Acitelli, Linda K.　アシテリ，リンダ・K.
◇社会的なるものをパーソナルな関係とその研究に取り込むには（共著）（増田匡裕訳）：パーソナルな関係の社会心理学　W.イックス，S.ダック編，大坊郁夫，和田実監訳　北大路書房　2004.3　310p

Acker, Kathy　アッカー，キャシー
◇キャシー・アッカー：慣れる女たち　アンドレア・ジュノー，V.ヴェイル編，越智道雄訳　第三書館　1997.8　303p

Ackerman, Susan　アッカーマン，スーザン
◇イザヤ書（加藤明子訳）：女性たちの聖書注解―女性の視点で読む旧約・新約・外典の世界　C.A.ニューサム，S.H.リンジ編，加藤明子，加藤功生，鈴木元子訳，荒井章三，山内一郎日本語版監修　新教出版社　1998.3　682p

Aczel, Peter　アクセル，ピーター
◇フレーゲ構造と命題，真理，集合の概念（土谷岳士訳）：フレーゲ哲学の最新像―ダメット，パーソンズ，ブーロス，ライト，ルフィーノ，ヘイル，アクゼル，スントホルム　岡本賢吾，金子洋之編　勁草書房　2007.2　374p　（双書現代哲学 5）

Adam, Otmar　アダム，O.
◇国家間電子政府とARIS―InfoCitizenにおける行政サービスの統合オートメーション（共著）（圓丸哲麻訳）：ARISを活用したシステム構築―エンタープライズ・アーキテクチャの実践　A.-W.シェアー他編，堀内正博，田中正郎，力正俊監訳　シュプリンガー・フェアラーク東京　2005.1　201p

Adamovsky, Ezequiel　アダモフスキー，エゼキエル
◇何がポルトアレグレのポイントか？（共著）（福永真弓訳）：帝国への挑戦―世界社会フォーラム　ジャイ・セン，アニタ・アナンド，アルトゥーロ・エスコバル，ピーター・ウォーターマン編，武藤一羊ほか監訳　作品社　2005.2　462p

Adams, Carol　アダムス，キャロル（企業会計）
◇トリプルボトムライン：文献レビュー（共著）：トリプルボトムライン―3つの決算は統合できるか？　エイドリアン・ヘンリクス，ジュリー・リチャードソン編著，大江宏，小山良訳　創成社　2007.4　250p

Adams, Chris　アダムス，クリス
◇eビジネスの業績評価（共著）：業績評価の理論と実務―事業を成功に導く専門領域の障壁を越えて　アンディ・ニーリー編著，清水孝訳　東洋経済新報社　2004.4　459p

Adams, Leola　アダムス，レオラ
◇農村生活向上プロジェクト―自立の試み（堀内かおる訳）：転換期の家族―ジェンダー・家族・開発　N.B.ライデンフロスト編，家庭経営学部会訳　日本家政学会　1995.3　360p

Adams, Mark A.　アダムズ，M. A.
◇倫理・選択・価値（共著）（野崎和子訳）：発達障害に関する10の倫理的課題　リンダ・J.ヘイズ他著，望月昭，冨安ステファニー監訳　二瓶社　1998.6　177p

Adams, William J.　アダムズ，W. J.
◇商業用モーゲージ証券（共著）：CMBS―商業用モーゲージ証券　成長する新金融商品市場の特徴と実務　フランク・J.ファボッツィ，デイビッド・P.ジェイコブ編，酒井吉広監訳，野村証券CMBS研究会訳　金融財政事情研究会　2000.12　672p

Adamson, Lauren　アダムソン，ローレン・B.
◇共同注意，感情，文化（共著）（干川隆訳）：ジョイント・アテンション―心の起源とその発達を探る

Chris Moore, Philip J.Dunham原編, 大神英裕監訳　ナカニシヤ出版　1999.8　309p

Addanki, Sumanth　アダンキ, サマンス
◇計量経済学を用いた市場の確定：起こり得る矛盾の解説：競争政策の経済学——競争政策の諸問題に対する経済学的アプローチ　ローレンス・ウー編, 大西利佳, 森信夫, 中島敏松監訳　NERA　2005.11　173p

Addington, Carola　アディントン, カローラ
◇グリーナムとメディア：メディア・セクシズム——男がつくる女　ジュリアンヌ・ディッキー, テレサ・ストラトフォード, キャス・デイビス編, 井上輝子, 女性雑誌研究会編訳　垣内出版　1995.6　342p

Adler, Alexandra　アドラー, アレクサンドラ
◇家族と愛する人々 他（共著）：アドラーの思い出　G.J.マナスター, G.ペインター, D.ドイッチュ, B.J.オーバーホルト編, 柿内邦博, 井原文子, 野田俊作訳　創元社　2007.6　244p

Adler, Alfred　アドラー, アルフレッド
◇劣等感ものがたり：アドラーの思い出　G.J.マナスター, G.ペインター, D.ドイッチュ, B.J.オーバーホルト編, 柿内邦博, 井原文子, 野田俊作訳　創元社　2007.6　244p

Adler, Gordon　アドラー, ゴードン
◇管理能力のないヒットメーカー社員をどのように扱うべきか（共著）：人材育成のジレンマ——ハーバード・ビジネス・レビューケースブック　Harvard Business Review編, Diamondハーバード・ビジネス・レビュー編集部訳　ダイヤモンド社　2004.12　219p

Adler, Kurt A.　アドラー, クルト・A.
◇家族と愛する人々 他（共著）：アドラーの思い出　G.J.マナスター, G.ペインター, D.ドイッチュ, B.J.オーバーホルト編, 柿内邦博, 井原文子, 野田俊作訳　創元社　2007.6　244p

Adler, Nancy J.　アドラー, ナンシー・J.
◇インサイダーとアウトサイダー（共著）（富岡昭訳）：国際経営学の誕生 3　組織理論と組織行動の視座　ブライアン・トイン, ダグラス・ナイ編, 村山元英監訳, 国際経営文化学会訳　文真堂　2000.3　392p

Adler, Nellie　アドラー, ネリー
◇家族と愛する人々（共著）：アドラーの思い出　G.J.マナスター, G.ペインター, D.ドイッチュ, B.J.オーバーホルト編, 柿内邦博, 井原文子, 野田俊作訳　創元社　2007.6　244p

Adler, Peter S.　アドラー, ピーター
◇アロハ精神（共著）：ハワイ 楽園の代償　ランドール・W.ロス編　有信堂高文社　1995.9　248p

Adloff, Kristlieb　アドロフ, クリストリープ
◇パウロ：聖書の牧会者たち　日本基督教団出版局　2000.2　186p（魂への配慮の歴史 第 5 巻　C.メラー編, 加藤常昭訳）

Adoni, Hanna　アドニー, H.
◇メディアと現実の社会的構成（共著）（大石裕訳）：リーディングス政治コミュニケーション　谷藤悦史, 大石裕編訳　一芸社　2002.4　284p

Adonis　アドニス（国際法）
◇倫理を政治に委ねるべきか（廣瀬浩司訳）：介入？——人間の権利と国家の論理　エリ・ウィーゼル, 川田順造編, 広瀬浩司, 林修訳　藤原書店　1997.6　294p

Aelredus（Rievallensis）　アエルレドゥス（リーヴォーの）
◇霊的友愛について：中世思想原典集成 10　修道院神学　上智大学中世思想研究所編訳・監修　平凡社　1997.10　725p

Afkhami, Mahnaz　アフカミ, マナズ
◇ジェンダー・アパルトヘイト, 文化相対主義, イスラム社会における女性の権利（望月康恵訳）：女性の人権とジェンダー——地球規模の視座に立って　マージョリー・アゴシン編著, 堀内光子, 神崎智子, 望月康恵, 力武由美, ベバリー・アン山本訳　明石書店　2007.12　586p　（明石ライブラリー）

Agamben, Giorgio　アガンベン, ジョルジョ
◇バルデス潜勢力のエクリチュール（高桑和巳訳）：デリダと肯定の思考　カトリーヌ・マラブー編, 高橋哲哉, 増田一夫, 高桑和巳監訳　未来社　2001.10　502, 7p　（ポイエーシス叢書 47）
◇秘密の共犯関係：発言——米同時多発テロと 23 人の思想家たち　中山元編訳　朝日出版社　2002.1　247p

Ager, Alastair　アジェル, A. *
◇対象者の行動の効果的な持続可能な変化——サービス環境における行動分析の役割：重度知的障害への挑戦　ボブ・レミントン編, 小林重雄監訳, 藤原義博, 平沢紀子共訳　二瓶社　1999.3　461p

Ageron, Charles Robert　アジュロン, シャルル＝ロベール
◇一九三一年の国際植民地博覧会（平野千果子訳）：記憶の場——フランス国民意識の文化＝社会史 第 2 巻　ピエール・ノラ編, 谷川稔監訳　岩波書店　2003.1　412, 13p

Aggarwal, Vinod K.　アガワル, ヴィニョード・K.
◇アジアにおける日本企業の市場戦略と非市場戦略 他：アジアにおける日本企業の成功物語——市場戦略と非市場戦略の分析　V.K.アガワル, 浦田秀次郎編, 浦田秀次郎監訳　早稲田大学出版部　2004.5　327p

Aglietta, Michel　アグリエッタ, ミシェル
◇国際通貨レジームの動態的安定性と変容（坂口明義訳）：国際レジームの再編　R.ボワイエ, 山田鋭夫共同編集　藤原書店　1997.9　374p　（レギュラシオン・コレクション 4）
◇歴史学のシュンペーター（高塚信由樹訳）：ブローデル帝国　M.フェロー他著, F.ドス編, 浜名優美監訳　藤原書店　2000.5　294p
◇フォード主義から年金資本主義へ（坂口明義訳・解題）：脱＝「年金依存」社会　藤原書店　2004.12　253p　（別冊『環』9）

Agnew, Spiro　アグニュー, スピロ
◇スピロ・アグニュー副大統領——ベトナム反戦運動について（川端伸行訳）：アメリカ社会の光と影　板場良久スピーチ解説, 川端伸行訳　アルク　1998.7　138p　（20 世紀の証言 英語スピーチでたどるこの 100 年 第 4 巻——CD book　松尾弌之監修・解説）

Aguilera, Donna C.　アギュララ, ドナ・C.
◇危機の安定化（西田好江訳）：地域精神保健看護　ナンシー・K.ワーレイ原著編集, 早川和生監訳　医学書院　1999.9　304p

Aguiton, Christophe アギトン, クリストフ
◇排除のメカニズム 他：別のダボス—新自由主義グローバル化との闘い　フランソワ・ウタール, フランソワ・ボレ共編, 三輪昌男訳　柘植書房新社　2002.12　238p

Agus, Jacob B. エイガス, ジェイコブ
◇アブラハム・イサク・クック (Abraham Isaac Kuk, 1865-1935)：二十世紀のユダヤ思想家　サイモン・ノベック編, 鵜沼秀夫訳　ミルトス　1996.10　412p

Ahmad, Waqar アーマッド, W.
◇民族統計—あったほうがいいか, ないほうがいいか (杉森滉一訳)：現代イギリスの政治算術—統計は社会を変えるか　D.ドーリング, S.シンプソン編著, 岩井浩ほか監訳　北海道大学図書刊行会　2003.7　588p

Ahn, Taesik アーン, タエシック
◇大韓民国の財務会計・管理会計実践：アジア太平洋地域の会計　西村明ほか編, 西村明監訳　九州大学出版会　1995.8　285p

Ahrens, Thomas アーレンス, トマス
◇ゆるやかに結合した業績評価システム (共著)：業績評価の理論と実務—事業を成功に導く専門領域の障壁を越えて　アンディ・ニーリー編著, 清水孝訳　東洋経済新報社　2004.4　459p

Ainsworth, Dudley エインズワース, ダドリー
◇専門職による多角的アセスメント (共著) (稲葉昭英訳)：高齢者虐待—発見・予防のために　ピーター・デカルマー, フランク・グレンデニング編著, 田端光美, 杉岡直人監訳　ミネルヴァ書房　1998.2　246p　(Minerva福祉ライブラリー 23)

Aisen, Susan エイセン, スーザン
◇赤ちゃんは無限に知識を学べる (共著)：赤ちゃん百科事典的知識をどう教えるか—子どもの知能は限りなく　グレン・ドーマンほか著, 小出照子訳　サイマル出版会　1997.3　247p

Ajami, Fouad アジャミー, フォアド
◇湾岸戦争とアラブの混沌—米軍のアラビア半島駐留の意味合い 他：アメリカはなぜイラク攻撃をそんなに急ぐのか？　フォーリン・アフェアーズ・ジャパン編・監訳　朝日新聞社　2002.12　266, 4p　(朝日文庫—フォーリン・アフェアーズ・コレクション)

Akikusa, Susan McAlister アキクサ, スーザン
◇おばあちゃんと木綿のソックス 他：私が出会った日本—オーストラリア人の異色体験・日本観　ジェニファー・ダフィ, ゲイリー・アンソン編　サイマル出版会　1995.7　234p

Alain アラン
◇利用者の実際的な反省 他：ドゥルーズ初期—若き哲学者が作った教科書　ジル・ドゥルーズ編著, 加賀野井秀一訳注　夏目書房　1998.5　239p

Alavi, Maryam アラヴィ, M.*
◇ビジネス教育の変化 (共著)：新リレーションとモデルのためのIT企業戦略とデジタル社会　ゲイリー・ディクソン, ジェラルディン・デサンクティス編, 橋立克朗ほか訳　ピアソン・エデュケーション　2002.3　305p

Albaek, Erik アルベック, エリク
◇合理的な改革か政治的な改革か [デンマーク]：北欧の地方分権改革—福祉国家におけるフリーコミューン実験　ハラール・ボルデシュハイム, クリステル・ストールバリ編著, 大和田建太郎, 小原亜生, 広田全男訳　日本評論社　1995.8　233p

Albert, William W. アルバート, ウィリアム・W.
◇買収による利益向上：MBA講座財務・会計　J.L.リビングストン編著, 朝日監査法人訳　日本経済新聞社　1998.12　494p

Albertus Magnus アルベルトゥス・マグヌス
◇形而上学・ディオニュシウス神秘神学註解・動物論：中世思想原典集成 13　盛期スコラ学　上智大学中世思想研究所編訳・監修　平凡社　1993.2　845p

Albin, Cecilia アルビン, セシリア
◇公正を求めて—地球公共財をめぐる交渉 (千葉尚子訳)：地球公共財の政治経済学　Inge Kaul, Pedro Conceicao, Katell Le Goulven, Ronald U.Mendoza編, 高橋一生監訳・編　国際書院　2005.6　332p

Albin, Peter S. アルビン, P. S.
◇「豊かな」動学システムにおける金融政策の定性的効果：金融不安定性と景気循環　ウィリー・ゼムラー編, 浅田統一郎訳　日本経済評論社　2007.7　353p　(ポスト・ケインジアン叢書)

Albone, Eric S. アルボーン, E.*
◇哺乳類と情報伝達物質 (共著)：香りの生理心理学　S.ヴァン・トラー, G.H.ドッド編, 印藤元一訳　フレグランスジャーナル社　1996.6　306p

Albrecht, George E. アルブレクト, G. E.
◇前橋ステーションを拠点とした宣教師の書簡 (小林俊哉, 斉藤直一訳)：アメリカン・ボード宣教師文書—上州を中心として　新島学園女子短期大学新島文化研究所編　新教出版社　1999.2　432p

Albrecht, Peter アルブレヒト, P.*
◇保険企業の目的としての利益と安全—ベルヌーイ原則対安全第一原則 (岡田太訳)：ディーター・ファーニーと保険学—ファーニー教授還暦記念論文集よりドイツ保険事情研究会訳　生命保険文化研究所　1996.3　201p　(文研叢書 16)

Alchon, Guy アルチョーン, ガイ
◇メアリー・ヴァンクリークと科学的管理：科学的管理の展開—テイラーの精神革命論　ダニエル・ネルソン編著, アメリカ労務管理史研究会訳　税務経理協会　1994.4　334p

Alcock, Peter アルコック, ピート
◇イギリス：福祉国家の後退？ 他 (共著) (所道彦訳)：社会政策の国際的展開—先進諸国における福祉レジーム　ピート・アルコック, ゲイリー・クレイグ編, 埋橋孝文ほか共訳　晃洋書房　2003.5　328p

Alcuin アルクイヌス
◇文法学・ヨーク教会の司教、王ならびに聖人たちについて：中世思想原典集成 6　カロリング・ルネサンス　上智大学中世思想研究所編訳・監修　平凡社　1992.6　765p

Alden, Raymond Macdonald オールデン, レイモンド・マクドナルド
◇多元主義を越えて：キリスト教は他宗教をどう考えるか—ポスト多元主義の宗教と神学　G.デコスタ編, 森本あんり訳　教文館　1997.11　330p

Aldridge-Morris, R.　アルドリッジ＝モリス、レイ
◇多重人格の客観的研究法：多重人格障害──その精神生理学的研究　F.パトナム他著, 笠原敏雄編　春秋社　1999.6　296p

Aleksandrowicz, Dariusz　アレクサンドロヴィチ, ダリウシュ
◇排除と普遍性の請求との狭間で（江口豊訳）：ヨーロッパの差別論　ヤン・C.ヨェルデン編, 田村光彰ほか訳　明石書店　1999.12　452p　（世界人権問題叢書 34）

Alemany, Carlos　アレマニー, C.＊
◇パーソンセンタード・アプローチ（畠瀬直子訳）：エンカウンター・グループと国際交流　松本剛, 畠瀬直子, 野島一彦編著　ナカニシヤ出版　2005.10　166p

Aleonard, Laurent　アレオナール, ロラン
◇ベトナムの財務会計と管理会計：アジア太平洋地域の会計　西村明ほか編, 西村明監訳　九州大学出版会　1995.8　285p

Alessandra, Anthony J.　アレッサンドラ, トニー
◇夢を実現させるための目標設定法：セルフヘルプ──なぜ、私は困難を乗り越えられるのか　世界のビッグネーム自らの47の証言　ケン・シェルトン編著, 堀紘一監訳　フロンティア出版　1998.7　301p

Alexander, Herbert E.　アレキサンダー, ハーバート・E.
◇序章 他（共著）：民主主義のコスト─政治資金の国際比較　H.E.アレキサンダー, 白鳥令編著, 岩崎正洋他訳　新評論　1995.11　261p

Alexander, Jeffrey C.　アレグザンダー, ジェフリー・C.
◇還元からリンケージへ 他（共著）（内田健, 圓岡偉男訳）：ミクロ─マクロ・リンクの社会理論　ジェフリー・C.アレグザンダー, ニール・J.スメルサーほか編, 石井幸夫ほか訳　新泉社　1998.10　273p　（「知」の扉をひらく）

Alexander, John　アレクサンダー, ジョン
◇文化を超えて指導する 五つの大切な能力（共著）：企業の未来像──成功する組織の条件　フランシス・ヘッセルバイン, マーシャル・ゴールドスミス, リチャード・ベックハード編, 小坂恵理訳　トッパン　1998.7　462p　（トッパンのビジネス経営書シリーズ 14）

Alexander, Martin S.　アレグザンダー, マーティン・S.
◇序説 他（共著）：フランスとスペインの人民戦線─50周年記念・全体像比較研究　S.マーティン・アレグザンダー, ヘレン・グラハム編, 向井喜典ほか訳　大阪経済法科大学出版部　1994.3　375p

Alexander, Priscilla　アレキサンダー, プリシラ
◇なぜこの本を？ 他：セックス・ワーク─性産業に携わる女性たちの声　フレデリック・デラコステ, プリシラ・アレキサンダー編　パンドラ　1993.11　426, 26p

Alfonso, Luciano Parejo　アルフォンソ, ルチアーノ・パレーホ
◇スペインにおける地方政府：基本法の実践：国際比較から見た地方自治と都市問題─先進20カ国の分析　2　Joachim Jens Hesse編, 北海道比較地方自治研究会訳　北海道比較地方自治研究会　1995.3　210p
◇スペインにおける地方政府：地方自治の世界的潮流──20カ国からの報告　下　ヨアヒム・J.ヘッセ編, 北海道比較地方自治研究会訳, 木佐茂男監修　信山社出版　1997.9　p337-650

Alfredsson, Gudmundur　アルフレッドソン, グドゥムンドゥル
◇反・差別と少数派の権利（柳本祐加子訳）：ヨーロッパの差別論　ヤン・C.ヨェルデン編, 田村光彰ほか訳　明石書店　1999.12　452p　（世界人権問題叢書 34）

Alger, Chadwich F.　アルジャー, チャドウィック・F.
◇地方自治への地球的相互依存の挑戦：自治と市民社会─翻訳版 no.1　チャドウィック・エフ・アルジャーほか著, 中央学院大学地方自治センター訳　中央学院大学地方自治センター　1990.3　165p

al-Ghazzali　ガザーリー
◇イスラーム神学綱要 光の壁龕（中村広治郎訳）：中世思想原典集成 11　イスラーム哲学　上智大学中世思想研究所編訳・監修　平凡社　2000.12　1161p

Ali, Agha Iqbal　アリ, A.＊
◇DEAの計算的側面（篠原正則訳）：経営効率評価ハンドブック─包絡分析法の理論と応用　Abraham Charnesほか著, 刀根薫, 上田徹監訳　朝倉書店　2000.2　465p

Ali, Syed Husin　アリ, サイド・フシン
◇マレーシアの社会関係─エスニシティと階級 他：マレーシア─多民族社会の構造　サイド・フシン・アリ編著, 小野沢純, 吉田典巧訳　井村文化事業社　1994.6　288p　（東南アジアブックス 114─マレーシアの社会 4）

Ali, Tariq　アリ, タリク
◇爆撃のほかに道はある：発言─米同時多発テロと23人の思想家たち　中山元編訳　朝日出版社　2002.1　247p

Allaby, Michael　アラビー, マイケル＊
◇ジェームズ・ラブロック：環境の思想家たち 下（現代編）　ジョイ・A.パルマー編, 須藤自由児訳　みすず書房　2004.11　320p　（エコロジーの思想）

Allaire, J. Marc　アレール, J.＊
◇新商品を活用したストラテジー：オプション─その基本と取引戦略　シカゴオプション取引所付属オプション専門学校編, 可児滋訳　ときわ総合サービス出版調査部　1999.4　675p

Allard, Marry Ann　アラード, メアリー・アン
◇米国における生活支援政策プログラム（横山正博, 富士原柳子訳）：脱施設化と地域生活─英国・北欧・米国における比較研究　ジム・マンセル, ケント・エリクソン編著, 中園康夫, 末光茂監訳　相川書房　2000.7　318p

Allardt, Erik　アッラルト, エーリック
◇所有すること、愛すること、存在すること：スウェーデン・モデルに代わる福祉リサーチのアプローチ　クオリティー・オブ・ライフ─豊かさの本質とは　マーサ・ヌスバウム, アマルティア・セン編著, 竹友安彦監修, 水谷めぐみ訳　里文出版　2006.3　237p

Allen, B. アレン, B. *
◇"探検家になりたい"という私の夢は応援され, そして実現した : 心にのこる最高の先生—イギリス人の語る教師像　上林喜久子編訳著　関東学院大学出版会　2004.11　97p
◇"探検家になりたい"という私の夢は応援され, そして実現した : イギリス人の語る心にのこる最高の先生　上林喜久子編訳　関東学院大学出版会　2005.6　68p

Allen, Donna アレン, ドナ
◇好機から戦略へ—コミュニケーションの未来への女性の貢献(村松泰子訳) : 新しいコミュニケーションとの出会い—ジェンダーギャップの橋渡し　ラモーナ・R.ラッシュ, ドナ・アレン編, 村松泰子編訳　垣内出版　1992.4　314, 10p

Allen, Franklin アレン, F. *
◇企業の財務構造, 誘因および最適契約 他(共著)(三輪晋也訳) : ファイナンスハンドブック　R.A.Jarrow, V.Maksimovic, W.T.Ziemba編, 今野浩, 古川浩一監訳　朝倉書店　1997.12　1121p

Allen, Garry M. アレン, ゲイリー・M.
◇自家運用の組織構造(共著) : 年金資産運用マネジメントのすべて—プラン・スポンサーの新潮流　フランク J.ファボッツィ編, 榊原茂樹監訳, 大和銀行信託財産運用部訳　金融財政事情研究会　1999.11　463p

Allen, James アレン, ジェームズ
◇思考を現実化する方法 : 成功大学　オグ・マンディーノ編著, 箱田忠昭訳　日本経営合理化協会出版局　1998.9　689p
◇思考を現実化する方法 : 成功大学　オグ・マンディーノ編著, 箱田忠昭訳　皮革携帯版　日本経営合理化協会出版局　1998.9　689p
◇成功パターンの展開力(共著) : ビジネスモデル戦略論　Diamondハーバード・ビジネス・レビュー編集部編訳　ダイヤモンド社　2006.10　223p (Harvard business review anthology)

Allen, Louis アレン, ルイ
◇ウィリアム・プルーマー : 英国と日本—架橋の人びと　サー・ヒュー・コータッツィ, ゴードン・ダニエルズ編著, 横山俊夫解説, 大山瑞代訳　思文閣出版　1998.11　503, 68p

Allen, Paula Gunn アレン, ポーラ・ガン
◇わたしが愛する女性は地球は, わたしが愛する地球は樹木 : 世界を織りなおす—エコフェミニズムの開花　アイリーン・ダイアモンド, グロリア・フェマン・オレンスタイン編, 奥田暁子, 近藤和子訳　学芸書林　1994.3　457, 12p

Allen, Richard J. アレン, リチャード・J.
◇はつらつとした人生を！ : セルフヘルプ—自助＝他人に頼らず, 自分の力で生きていく！ 2　ケン・シェルトン編著, 堀紘一監訳　フロンティア出版　1998.12　283p

Allende, Isabel アジェンデ, イサベル
◇セックスとチキンのワイン煮—パリ・プロニューの森 : お気をつけて, いい旅を。—異国で出会った悲しくも可笑しい51の体験　メアリー・モリス, ポール・セロー, ジョー・ゴアス, イザベル・アジェンデ, ドミニク・ラピエールほか著, 古屋美登里, 中俣真知子訳　アスペクト　1995.7　366p

Allen-Meares, Paula アレン・ミアーズ, ポーラ
◇学校におけるソーシャルワーク活動 : スクールソーシャルワークとは何か—その理論と実践　全米ソーシャルワーカー協会編, 山下英三郎訳　現代書館　1998.12　234p

Allison, Graham T. アリソン, グレアム
◇国家および国際安全保障のグローバル化 : グローバル化で世界はどう変わるか—ガバナンスへの挑戦と展望　ジョセフ・S.ナイ Jr., ジョン・D.ドナヒュー編著, 嶋本恵美訳　英治出版　2004.9　477p　(英治出版MPAシリーズ)

Allred, Keith G. オルレッド, K. G.
◇紛争における怒りと報復 : 紛争管理論—新たな視点と方向性　レビン小林久子訳編, モートン・ドイッチ, ピーター・T.コールマン編　日本加除出版　2003.10　285p

Almario, Virgilio S ・ アルマリオ, ヴィルヒリオ・S.
◇「シンデレラ物語」 : フィリピンの大衆文化　寺見元恵編・監訳　めこん　1992.12　263p

Almeida, J. M. Pedroso de アルメイダ, J. M. ペドロソ・デ
◇ポルトガル : 中央, 地方二極政府の打破 : 国際比較から見た地方自治と都市問題—先進20カ国の分析 2　Joachim Jens Hesse編, 北海道比較地方自治研究会訳　北海道比較地方自治研究会　1995.3　210p
◇ポルトガル : 中央-地方二極政府の打破 : 地方自治の世界的潮流—20カ国からの報告 下　ヨアヒム・J.ヘッセ編, 北海道比較地方自治研究会訳, 木佐茂男監修　信山社出版　1997.9　p337-650

Almon, Joan アーモン, ジョアン
◇平和教育への挑戦 : もう戦争はさせない！—ブッシュを追いつめるアメリカ女性たち　メディア・ベンジャミン, ジョディ・エヴァンス編, 尾川寿江監訳, 尾川寿江, 真鍋穣, 米沢清恵訳　文理閣　2007.2　203p

Almond, Brenda アーモンド, ブレンダ
◇環境価値 : 価値—新しい文明学の模索に向けて　ブレンダ・アーモンド, ブライアン・ウィルソン編, 玉井治, 山本慶裕訳　東海大学出版会　1994.3　308p

Almond, Gabriel A. アーモンド, ゲイブリエル・A.
◇ゲイブリエル・アーモンド(美奈川ゆかり訳) : アメリカ政治学を創った人たち—政治学の口述史　M.ベアー, M.ジューエル, L.サイゲルマン編, 内山秀夫監訳　ミネルヴァ書房　2001.12　387p　(Minerva人文・社会科学叢書59)

Alperovitz, Gar アルペロヴィッツ, ガー
◇原爆投下の意思決定—論争の歴史的展開(日暮吉延訳) : 核時代に生きる私たち—広島・長崎から50年　マヤ・モリオカ・トデスキーニ編, 土屋由香, 友谷知己, 沼田憲治, 沼田知加, 日暮吉延ほか共訳　時事通信社　1995.8　413p

Alperson, Ruth アルパーソン, ルース
◇子供の創造性 : ダルクローズのリトミック—リトミック教育のための原理と指針　エリザベス・バンドゥレスパーほか著, 石丸由理ほか訳　ドレミ楽譜出版社　1996.7　149p
◇子供の創造性 : ダルクローズのリトミック—リトミック教育のための原理と指針　エリザベス・バンドゥ

レスパーほか著, 石丸由理訳 ドレミ楽譜出版社 2002.1 143p

Alpert, Michael アルパート, マイケル（歴史）
◇スペインの陸軍と人民戦線：フランスとスペインの人民戦線—50周年記念・全体像比較研究 S.マーティン・アレグザンダー, ヘレン・グラハムほか訳 大阪経済法科大学出版部 1994.3 375p

Alpine, Lisa アルパイン, リサ
◇マダガスカル子連れ旅—マダガスカル島：お気をつけて、いい旅を。—異国で出会った悲しくも可笑しい51の体験 メアリー・モリス, ポール・セロー, ジョー・ゴアス, イザベル・アジェンデ, ドミニク・ラピエールほか著, 古屋美登里, 中俣真知子訳 アスペクト 1995.7 366p

Alquié アルキエ, フェルディナン
◇デカルト形而上学の構成における存在論的経験と体系的演繹（香川知晶訳）：現代デカルト論集 1 フランス篇 デカルト研究会編 勁草書房 1996.6 343, 10p
◇マルブランシュ（三嶋唯義訳）：近代世界の哲学—ミュンツァーからライプニッツへ 竹内良知監訳 新装版 白水社 1998.6 287, 21p（西洋哲学の知 3 Francois Chatelet編）
◇バークリ 他（福居純訳）：啓蒙時代の哲学 野沢協監訳 新装版 白水社 1998.6 290, 34p（西洋哲学の知 4 Francois Chatelet編）

Alsadir, Nuar アルサディール, ヌアー
◇どろぼう猫—なぜ彼女は私のすべてを真似したか：女友だちの賞味期限—なぜ彼女は私を裏切ったのか…。 ジェニー・オフィル, エリッサ・シャッペル編者, 糸井恵訳 プレジデント社 2006.3 343p

Alston, Patrick L. オルストン, P. L. *
◇ロシアにおける教育拡張の力学（橋本伸也訳）：高等教育の変貌1860-1930—拡張・多様化・機会開放・専門職化 コンラート・ヤーラオシュ編, 望田幸男, 安原義仁, 橋本伸也訳 昭和堂 2000.10 374, 48p

Altbach, Philip G. アルトバック, フィリップ・G.
◇交叉したルーツ—アジアの高等教育に対する西洋のインパクト：アジアの大学—従属から自立へ フィリップ・G.アルトバック, ヴィスワナタン・セルバラトナム編, 馬越徹, 大塚豊監訳 玉川大学出版部 1993.10 380p
◇問題と可能性：アメリカ社会と高等教育 P.G.アルトバック, R.O.バーダール, P.J.ガムポート編, 高橋靖直訳 玉川大学出版部 1998.2 354p
◇学問の自由—世界の現実と問題点 他（成定薫訳）：構造改革時代における大学教員の人事政策—国際比較の視点から 広島大学高等教育研究開発センター編 広島大学高等教育研究開発センター 2004.3 160p（COE研究シリーズ 5）
◇私学高等教育を見る比較の視点：私学高等教育の潮流 P.G.アルトバック編, 森利枝訳 玉川大学出版部 2004.10 253p（高等教育シリーズ 128）
◇アジアの大学における過去と将来：アジアの高等教育改革 フィリップ・G.アルトバック, 馬越徹, 北村友人監訳 玉川大学出版部 2006.9 412p（高等教育シリーズ 137）

Althoff, Gerd アルトホフ, ゲルト
◇食べれば食べただけ義理が生じる：食の歴史 1 J-L.フランドラン, M.モンタナーリ編, 宮原信, 北代美和子監訳 藤原書店 2006.1 429p
◇紛争行為と法意識（服部良久訳）：紛争のなかのヨーロッパ中世 服部良久編訳 京都大学学術出版会 2006.7 372p

Althusser, Louis アルチュセール, ルイ
◇序文『資本論』からマルクスの哲学へ：資本論を読む 上 ルイ・アルチュセールほか著, 今村仁司訳 筑摩書房 1996.10 409p（ちくま学芸文庫）
◇『資本論』の対象：資本論を読む 中 ルイ・アルチュセールほか著, 今村仁司訳 筑摩書房 1997.1 291p（ちくま学芸文庫）

Altizer, Thomas J. J. オールタイザー, トーマス・J. J.
◇キリスト教文化の根源を省察する神学：神学者の使命—現代アメリカの神学的潮流 セオドア・W.ジェニングス編, 東方敬信, 伊藤悟訳 ヨルダン社 1994.7 203p

Altman, Dennis アルトマン, デニス
◇HIV・エイズとグローバリゼーションの政治経済学：グローバリゼーションの文化政治 テッサ・モーリス＝スズキ, 吉見俊哉編 平凡社 2004.11 395p（グローバリゼーション・スタディーズ 2）

Altman, Ida アルトマン, イーダ
◇移住者と社会（立石博高訳）：大航海の時代—スペインと新大陸 関哲行, 立石博高編訳 同文館出版 1998.12 274p

Altman, J. アルトマン, J. *
◇英語でトップの成績が取れるまで指導された：心にのこる最高の先生—イギリス人の語る教師像 上林喜久子編訳著 関東学院大学出版会 2004.11 97p
◇英語でトップの成績が取れるまで指導された：イギリス人の語る心にのこる最高の先生 上林喜久子編訳 関東学院大学出版会 2005.6 68p

Altman, Nancy アルトマン, ナンシー
◇企業年金に対する規制：企業年金改革—公私の役割分担をめぐって OECD編, 船後正道監訳, 厚生年金基金連合会訳 東洋経済新報社 1997.5 216p

Altvater, Elmar アルトファーター, エルマール
◇経済政策と国家の役割（石田淳訳）：グローバルな市民社会に向かって マイケル・ウォルツァー編著, 石田淳ほか訳 日本経済評論社 2001.10 397p

Alvarado, Carlos S. アルヴァラード, カルロス・S.
◇ESP転置効果——九四〇年以前の概念と定性的観察の再検討：超常現象のとらえにくさ 笠原敏雄編 春秋社 1993.7 776, 61p
◇19世紀の解離および状態特異的精神生理現象：多重人格障害—その精神生理学的研究 F.パトナム他著, 笠原敏雄編 春秋社 1999.6 296p

Alvares, Claude アルヴァレス, クロード
◇科学（奥田浩之, 三浦清隆訳）：脱「開発」の時代—現代社会を解読するキイワード辞典 ヴォルフガング・ザックス編, イヴァン・イリッチ他著, 三浦清隆他訳 晶文社 1996.9 396, 12p

Alvarez, Anne アルヴァレズ, アン
◇欠陥に挑む 他：自閉症とパーソナリティ アン・アルヴァレズ, スーザン・リード編, 倉光修監訳, 鵜飼奈津

子，広沢愛子，若佐美奈子訳　創元社　2006.9　375p

Alvesson, Mats　アルベッソン，マッツ
◇批判理論と経営学─イントロダクション（共著）（杉原周樹訳）：経営と社会─批判的経営研究　マッツ・アルベッソン，ヒュー・ウィルモット編著，CMS研究会訳　同友館　2001.3　263p

A. M.　エイ・エム
◇婦人労働者の社会的解放と五ケ年計画：世界女性学基礎文献集成　昭和初期編　第9巻　水田珠枝監修　ゆまに書房　2001.12　20, 387p

Amabile, Teresa M.　アマビール，テレサ・M.
◇組織の創造性を伸ばすマネジメント　他：ブレークスルー思考　Harvard Business Review編，Diamondハーバード・ビジネス・レビュー編集部訳　ダイヤモンド社　2001.10　221p
◇時間的制約は創造性を高められるか（共著）：いかに「プロジェクト」を成功させるか　Diamondハーバード・ビジネス・レビュー編集部編訳　ダイヤモンド社　2005.1　239p　（Harvard business review anthology）
◇時間的制約は創造性を高められるか（共著）：いかに「時間」を戦略的に使うか　Diamondハーバード・ビジネス・レビュー編集部編訳　ダイヤモンド社　2005.10　192p　（Harvard business review anthology）

Ambachtsheer, Keith P.　アンバクシア，キース・P.
◇年金基金のガバナンス，運営，価値創造：年金資産運用マネジメントのすべて─プラン・スポンサーの新潮流　フランクJ.ファボッツィ編，榊原茂樹監訳，大和銀行信託財産運用部　金融財政事情研究会　1999.11　463p

Ambler, Tim　アンブラー，ティム
◇マーケティングの業績評価─どのような方法が行われているのか（共著）：業績評価の理論と実務─事業を成功に導く　専門領域の障壁を越えて　アンディ・ニーリー編著，清水孝訳　東洋経済新報社　2004.4　459p

Ambrosius　アンブロシウス（ミラノの）
◇エクサメロン（荻野弘之訳）：中世思想原典集成　4　初期ラテン教父　上智大学中世思想研究所編訳・監修　平凡社　1999.6　1287p

Amin, Samir　アミン，サミール
◇社会的な闘いのグローバル化　他：別のダボス─新自由主義グローバル化との闘い　フランソワ・ウタール，フランソワ・ポレ共編，三輪昌男訳　柘植書房新社　2002.12　238p
◇グローバル，そしてナショナルな闘いのために（木下ちがや訳）：帝国への挑戦─世界社会フォーラム　ジャイ・セン，アニタ・アナンド，アルトゥーロ・エスコバル，ピーター・ウォーターマン編，武藤一羊ほか監訳　作品社　2005.2　462p

Amirahmadi, Hooshang　アミラマディ，フーシャング
◇イラン・イラク戦争─産業壊滅からの回復（平野由紀子訳）：七つの巨大事故─復興への長い道のり　ジェームズ・ミッチェル編，松崎早苗監訳，平野由紀子訳　創芸出版　1999.10　302p

Amis, Kingsley　エイミス，キングズレー
◇イーヴリン・ウォー『大転落』（富山太佳夫訳）：ロンドンで本を読む　丸谷才一編著　マガジンハウス　2001.6　337, 8p

Amit, R.　アミット，ラファエル
◇ケイパビリティーの競争ダイナミクス：多様な将来への戦略資産開発（共著）（村手俊夫訳）：ウォートンスクールのダイナミック競争戦略　ジョージ・デイ，デイビッド・レイブシュタイン編，小林陽太郎監訳，黒田康史ほか訳　東洋経済新報社　1999.10　435p　（Best solution）

Amos, Amanda　アモス，アマンダ
◇煙が目にしみる─たばこ広告と女性（共著）：メディア・セクシズム─男がつくる女　ジュリアンヌ・ディッキー，テレサ・ストラトフォード，キャス・デイビス編，井上輝子，女性雑誌研究会編訳　垣内出版　1995.6　342p

Amos, Sheldon　アモス，S.
◇婦女法律論（鈴木義宗訳）：世界女性学基礎文献集成　明治大正編　第1巻　水田珠枝監修　ゆまに書房　2001.6　373p

Amyot, Grant　アミョ，G.
◇イタリアの議会外野党（土屋彰久訳）：西ヨーロッパの野党　E.コリンスキー編，清水望監訳　行人社　1998.5　398p

Anand, Anita　アナンド，アニータ
◇序章：女性が語る第三世界の素顔─環境・開発レポート　アニータ・アナンド編，WFS日本事務局訳　明石書店　1994.6　317p

Anastopoulos, D.　アナストプロス，D. *
◇注意欠陥─多動障害の子どものための親訓練プログラム（共著）（免田賢訳）：共同治療者としての親訓練ハンドブック　上　Charles E.Schaefer, James M.Briesmeister編，山上敏子，大隈紘子監訳　二瓶社　1996.11　332p

Andersen, Hans Christian　アンデルセン，ハンス・クリスチャン
◇はだかの王様：もう一度読みたい国語教科書　小学校篇　ダルマックス編　ぶんか社　2002.4　221p

Andersen, Tom　アンデルセン，トム
◇「リフレクティング手法」をふりかえって（野村直樹訳）：ナラティヴ・セラピー─社会構成主義の実践　S.マクナミー，K.J.ガーゲン編，野口裕二，野村直樹訳　金剛出版　1997.12　232p

Anderson, Bob　アンダーソン，ボブ
◇契約と購入のための教育（杉本敏夫訳）：コミュニティケア改革とソーシャルワーク教育─イギリスの挑戦　スチーヴ・トレビロン，ピーター・ベレスフォード編，小田兼三，杉本敏夫訳　筒井書房　1999.6　119p

Anderson, C. A.　アンダーソン，C. A.
◇帰属過程：社会心理学と臨床心理学の統合（共著）（坂本正浩訳）：臨床社会心理学の進歩─実りあるインターフェイスをめざして　R.M.コワルスキ，M.R.リアリー編著，安藤清志，丹野義彦監訳　北大路書房　2001.10　465p

Anderson, Charles A.　アンダーソン，チャールズ・A.
◇国際ビジネス　他（共著）：MBA講座財務・会計　J.L.リビングストン編著，朝日監査法人訳　日本経済新聞

…社　1998.12　494p

Anderson, Christopher J.　アンダーソン，C. J.＊
◇奇跡は起こることがある―レイテ湾の栗田部隊の大戦果：太平洋戦争の研究―こうすれば日本は勝っていた　ピーター・G.ツォーラス編著，左近允尚敏訳　PHP研究所　2002.12　387p

Anderson, Clive　アンダーソン，クリーブ
◇香港発モンゴルゆき：世界・大鉄道の旅　クリーブ・アンダーソン他著，種村直樹監訳，栗原景訳　心交社　1997.5　295p

Anderson, Digby　アンダーソン，ディグビー＊
◇大食漢，大酒飲み，無骨者（楡木祐訳）：ストレスと快楽　デイビッド・M.ウォーバートン，ニール・シャーウッド編著，上里一郎監訳　金剛出版　1999.10　301p

Anderson, Gary S.　アンダーソン，G. S. ＊
◇経済モデルの長期動学分析のための記号代数プログラミング（吉田雅明訳）：Mathematica　経済・金融モデリング　Hal R.ヴァリアン編，野口旭ほか共訳　トッパン　1996.12　553p

Anderson, Harlene　アンダーソン，ハーレーン
◇クライエントこそ専門家である（共著）（野口裕二訳）：ナラティヴ・セラピー――社会構成主義の実践　S.マクナミー，K.J.ガーゲン編，野口裕二，野村直樹訳　金剛出版　1997.12　232p
◇生成する会話（共著）（吉川悟，吉川理恵子訳）：構成主義的心理療法ハンドブック　マイケル・F.ホイト編，児島達美訳　金剛出版　2006.9　337p

Anderson, James　アンダーソン，ジェイムズ
◇敷居を越えて？―新情報技術在宅労働における公的選択と個人の選択（共著）（宮寺卓訳）：フォーディズムとフレキシビリティ―イギリスの検証　N.ギルバートほか編，丸山恵也監訳　新評論　1996.9　238p

Anderson, James C.　アンダーソン，ジェームズ・C.
◇高収益メーカーはサービスを売る（共著）：成長戦略論　Harvard Business Review編，Diamondハーバード・ビジネス・レビュー編集部訳　ダイヤモンド社　2001.4　254p

Anderson, Lowell Bruce　アンダーソン，L. B. ＊
◇投票理論 他（満* 正博訳）：公共政策ORハンドブック　S.M.Pollock, M.H.Rothkopf, A.Barnett編，大山達雄監訳　朝倉書店　1998.4　741p

Anderson, Perry　アンダーソン，ペリー
◇プロット化について―ふたつの崩壊（小沢弘明訳）：アウシュヴィッツと表象の限界　ソール・フリードランダー編，上村忠男ほか訳　未来社　1994.4　260p（ポイエーシス叢書 23）

Anderson, Philip　アンダーソン，フィリップ
◇プロフェッショナルの知的能力のマネジメント（共著）：ナレッジ・マネジメント　Harvard Business Review編，Diamondハーバード・ビジネス・レビュー編集部訳　ダイヤモンド社　2000.12　273p

Anderson, Robin　アンダーソン，ロビン
◇序章（木部則雄訳）：クラインとビオンの臨床講義　R.アンダーソン編，木部則雄ほか訳　岩崎学術出版社　1996.10　226p（現代精神分析双書 第2期 第20巻）
◇弱いものに蹴りを入れる 他：現代クライン派の展開　ロイ・シェーファー編，福本修訳　誠信書房　2004.12　336p
◇無意識：クライン・ラカンダイアローグ　バゴーイン，サリヴァン編，新宮一成監訳，上尾真道，徳永健介，宇梶卓訳　誠信書房　2006.4　340p

Anderson, Sandra　アンダーソン，サンドラ
◇ナイト・ライフ：私が出会った日本―オーストラリア人の異色体験・日本観　ジェニファー・ダフィ，ギャリー・アンソン編　サイマル出版会　1995.7　234p

Anderson, Timothy　アンダーソン，ティモシー
◇科学的心理療法研究―現況と評価（共著）：臨床心理学における科学と疑似科学　S.O.リリエンフェルド，S.J.リン，J.M.ロー編，厳島行雄，横田正夫，斎藤雅英監訳　北大路書房　2007.9　461p

Andersonn, Margit　アンデルソン，マルギト
◇新たな政策，新たな言葉―スカンジナビア社会政策におけるサービス概念 他（共著）：社会ケアサービス―スカンジナビア福祉モデルを解く鍵　ヨルマ・シピラ編著，日野秀逸訳　本の泉社　2003.7　333p

Andersson, Krister　アンデション，K. ＊
◇北欧諸国の法人税政策（共著）（石田和之訳）：北欧諸国の租税政策　ピーター・バーチ・ソレンセン編著，馬場義久監訳　日本証券経済研究所　2001.9　260p

Andreä, Johan Valentin　アンドレーエ，ヨーハン・ヴァレンティン
◇化学の婚礼：キリスト教神秘主義著作集 16　近代の自然神秘思想　中井章子，本間邦雄，岡部雄三訳　教文館　1993.9　614, 42p

Andreae, Dan　アンドリエ，ダン
◇システム理論（佐橋克彦訳）：ソーシャルワーク・トリートメント―相互連結理論アプローチ　上　フランシス・J.ターナー編，米本秀仁監訳　中央法規出版　1999.4　574p

Andreas, Carol　アンドリース，キャロル
◇たたかう女たち：センデロ・ルミノソ―ペルーの「輝ける道」　カルロス・I.デグレゴリほか著，太田昌国，三浦清隆訳　現代企画室　1993.5　195p

Andreopoulos, George J.　アンドレオポーロス，ジョージ・J.
◇冷戦後の状況における人権教育（岩original孝訳）：世界の人権教育―理論と実践　ジョージ・J.アンドレオポーロス，リチャード・ピエール・クロード編著，黒沢惟昭監訳　明石書店　1999.2　758p

Andrew, James P.　アンドリュー，ジェームズ・P.
◇新商品戦略―バリューチェーンの選択（共著）：ビジネスモデル戦略論　Diamondハーバード・ビジネス・レビュー編集部編訳　ダイヤモンド社　2006.10　223p（Harvard business review anthology）

Andrews, Gill　アンドリュース，G. ＊
◇金融電子データ交換：国際電子銀行業　ジョゼフ・J.ノートン，クリス・リード，イアン・ウォルデン編著，泉田栄一監訳，佐々木信和，西沢文幸訳　信山社出版　2002.10　375p

Andrews, Lynn　アンドルース，リン
◇大地，身体，精神：魂をみがく30のレッスン　リ

チャード・カールソン, ベンジャミン・シールド編, 鴨志田千枝子訳　同朋舎　1998.6　252p

Andrews, Robert E.　アンドルーズ, ロバート・E.
◇二人の議員が見る「一つの中国」政策（共著）：本当に「中国は一つ」なのか―アメリカの中国・台湾政策の転換　ジョン・J.タシクJr.編著, 小谷まさ代, 近藤明理訳　草思社　2005.12　269p

Andrus, Graydon　アンドラス, G.＊
◇ホームレスの人々と家族へのエンパワーメント実践（共著）：ソーシャルワーク実践におけるエンパワーメント―その理論と実際の論考集　L.M.グティエーレス, R.J.パーソンズ, E.O.コックス編著, 小松源助監訳　相川書房　2000.6　333p

Ang, Soon　アン, S.＊
◇インターネット時代のプライバシー（共著）：新リレーションとモデルのためのIT企業戦略とデジタル社会　ゲイリー・ディクソン, ジェラルディン・デサンクティス編, 橋立克朗ほか訳　ピアソン・エデュケーション　2002.3　305p

Angelo, Anthony H.　アンジェロ, A.＊
◇ニュージーランド報告（萩澤達彦訳）：訴訟法における法族の再検討　小島武司編著　中央大学出版会　1999.4　578p　（日本比較法研究所研究叢書 46）

Angelo, Richard　アンジェロ, R.＊
◇アメリカ高等教育の社会的変貌（小野直子訳）：高等教育の変貌1860-1930―拡張・多様化・機会開放・専門職化　コンラート・ヤーラオシュ編, 望田幸男, 安原義仁, 橋本伸也監訳　昭和堂　2000.10　374, 48p

Angerer, August　アンゲラー, A.＊
◇支払備金の割引について（浜田淳一訳）：ディーター・ファーニーと保険学―ファーニー教授還暦記念論文集より　ドイツ保険事情研究会訳　生命保険文化研究所　1996.3　201p　（文研叢書 16）

Annan, Kofi　アナン, コフィ
◇三つの危機と米国のリーダーシップの必要性：論争グローバリゼーション―新自由主義対社会民主主義　デヴィッド・ヘルド編, 猪口孝訳　岩波書店　2007.5　241p

Ansart, Pierre　アンサール, ピエール
◇フランスにおける老いの歴史的変遷（三橋利光訳）：高齢社会と生活の質―フランスと日本の比較から　佐々木交賢, ピエール・アンサール編　専修大学出版局　2003.10　219p

Ansbacher, Heinz　アンスバッハー, ハインツ
◇仕事 他：アドラーの思い出　G.J.マナスター, G.ペインター, D.ドイッチュ, B.J.オーバーホルト編, 柿内邦博, 井原文子, 野田俊作訳　創元社　2007.6　244p

Ansbacher, Rowena　アンスバッハー, ロウェナ
◇友人と仲間：アドラーの思い出　G.J.マナスター, G.ペインター, D.ドイッチュ, B.J.オーバーホルト編, 柿内邦博, 井原文子, 野田俊作訳　創元社　2007.6　244p

Ansello, Edward F.　アンセロ, エドワード・F.
◇高齢化と障害―協力体制と公的政策（乙川利夫訳）：高齢化社会と視覚障害―新世紀に向けたアメリカの挑戦　ジョン・E.クルーズ, フランク・J.ウイッテングトン編, 岩橋明子訳監修　日本盲人福祉委員会　2003.1　302p

Anselmus（Cantuariensis）　アンセルムス（カンタベリーの）
◇モノロギオン 他（吉田暁訳）：中世思想原典集成　7　前期スコラ学　上智大学中世思想研究所編訳・監修　平凡社　1996.6　953p
◇書簡三七：中世思想原典集成　10　修道院神学　上智大学中世思想研究所編訳・監修　平凡社　1997.10　725p

Anselmus（Havelbergensis）　アンセルムス（ハーフェルベルクの）
◇修道参事会員の身分のための弁明書簡：中世思想原典集成　10　修道院神学　上智大学中世思想研究所編訳・監修　平凡社　1997.10　725p

Anselmus（Laudunensis）　アンセルムス（ランの）
◇命題集（古川勲訳）：中世思想原典集成　7　前期スコラ学　上智大学中世思想研究所編訳・監修　平凡社　1996.6　953p

Anslinger, Patricia L.　アンスリンガー, パトリシア・L.
◇企業買収による成長（共著）：成長戦略論　Harvard Business Review編, Diamondハーバード・ビジネス・レビュー編集部訳　ダイヤモンド社　2001.4　254p

Ansoff, H. Igor　アンゾフ, H. イゴール
◇戦略と組織のダイナミックな適合：戦略経営・21世紀へのダイナミクス　H.I.アンゾフほか著, 崔大竜訳　産能大学出版部　1992.9　269p

Anson, Mark J. P.　アンソン, マーク
◇機関投資家によるヘッジファンドリスク管理：実践ヘッジファンド投資―成功するリスク管理　バージニア・レイノルズ・パーカー編, 徳岡国見監訳　日本経済新聞社　2001.8　425p

Anstee, Margaret J.　アンステー, マーガレット・J.
◇家族と環境との相互関連（鶴田敦子訳）：転換期の家族―ジェンダー・家族・開発　N.B.ライデンフロースト編, 家庭経営学部会訳　日本家政学会　1995.3　360p

Antaki, Charles　アンタキ, チャールズ
◇帰属理論と帰属論的理論の概括 他（細田和雅訳）：原因帰属と行動変容―心理臨床と教育実践への応用　チャールズ・アンタキ, クリス・ブレーウィン編, 細田和雅, 古市裕一監訳　ナカニシヤ出版　1993.12　243p
◇帰属理論と社会的説明（共著）（外山みどり訳）：社会心理学概論―ヨーロピアン・パースペクティブ　1　M.ヒューストンほか編, 末永俊郎, 安藤清志監訳　誠信書房　1994.10　355p

Antal, László　アンタル, L.
◇転換と改革：計画から市場へ―ハンガリー経済改革思想史 1954-1988　平泉公雄編訳　アジア経済研究所　1992.3　355p　（翻訳シリーズ 32）

Anthony, Scott D.　アンソニー, スコット・D.
◇スモールをビッグにする：スモール・カメラ・テクノロジーズ（共著）：技術とイノベーションの戦略的マネジメント　上　ロバート・A.バーゲルマン, クレイトン・M.クリステンセン, スティーヴン・C.ウィール

ライト編著, 青島矢一, 黒田光太郎, 志賀敏宏, 田辺孝二, 出川通, 和賀三和子日本語版監修, 岡真由美, 斉藤裕一, 桜井祐子, 中川泉, 山本章子訳　翔泳社　2007.7　735p

Anthony, William Alan　アンソニー, W. A.
◇精神障害リハビリテーションの技術：精神障害リハビリテーション過程の「ブラックボックス」を作動する：チームを育てる―精神障害リハビリテーションの技術　パトリック・W.コリガン, ダニエル・W.ギフォート編, 野中猛監訳, 柴田珠里訳・著　金剛出版　2002.5　168p

Antonucci, Toni C.　アントヌッチ, T. C.
◇生涯にわたる「コンボイ」―愛着・役割・社会的支え（共著）（遠藤利彦訳）：生涯発達の心理学 2巻 気質・自己・パーソナリティ　東洋, 柏木恵子, 高橋恵子編・監訳　新曜社　1993.10　204p

Antroubus, Peggy　アントロウバス, ペギー
◇エンパワーする女性（奥村美代子訳）：転換期の家族―ジェンダー・家族・開発　N.B.ライデンフロースト編, 家庭経営学部会訳　日本家政学会　1995.3　360p

Anweiler, Osker　アンヴァイラー, オスカー
◇教育学の国際的次元（木戸裕訳）：現代ドイツ教育学の潮流―W・フリットナー百歳記念論文集　ヘルマン・レールス, ハンス・ショイアール編, 天野正治訳　玉川大学出版部　1992.8　503p

Apel, Karl-Otto　アーペル, カール=オットー
◇なぜ超越論的言語遂行論なのか―クリングスの「経験とアプリオリ：超越論哲学と言語遂行論の関係に寄せて」に関する所見（北尾宏之, 中岡成文訳）：超越論哲学と分析哲学―ドイツ哲学と英米哲学の対決と対話　ヘンリッヒ他著, 竹市明弘編　産業図書　1992.11　451p
◇知識の根本的基礎づけ―超越論的遂行論と批判的合理主義（宗像恵, 伊藤邦武訳）：哲学の変貌―現代ドイツ哲学　ガーダマーほか著, 竹市明弘編　岩波書店　2000.9　298, 36p　（岩波モダンクラシックス）

Appelbaum, Eileen　アッペルバウム, アイリーン
◇労働市場：ポスト・ケインズ派経済学入門　A.S.アイクナー編, 緒方俊雄ほか共訳　オンデマンド版　日本経済評論社　2003.3　221p　（ポスト・ケインジアン叢書 2）

Appelt, Erna　アッペルト, エルナ
◇反差別対差別（江口豊訳）：ヨーロッパの差別論　ヤン・C.ヨェルデン編, 田村光彰ほか訳　明石書店　1999.11　452p　（世界人権問題叢書 34）

Appiah, Kwame Anthony　アッピア, クウェイム・アンソニー
◇アイデンティティ, 真正さ, 文化の存続―多文化社会と社会的再生産：マルチカルチュラリズム　エイミー・ガットマン編, 佐々木毅他訳　岩波書店　1996.10　240, 3p
◇コスモポリタン的愛国者（辰巳伸知訳）：国を愛するということ―愛国主義の限界をめぐる論争　マーサ・C.ヌスバウム他著, 辰巳伸知, 能川元一訳　人文書院　2000.5　269p
◇人権を基礎づける：人権の政治学　マイケル・イグナティエフ著, エイミー・ガットマン編, 添谷育志, 金田耕一訳　風行社　2006.6　275, 9p
◇アイデンティティ, 真正さ, 文化の存続―多文化社会と社会的再生産：マルチカルチュラリズム　チャールズ・テイラー, ユルゲン・ハーバーマスほか著, エイミー・ガットマン編, 佐々木毅, 辻康夫, 向山恭一訳　岩波書店　2007.11　240, 3p　（岩波モダンクラシックス）

Applbaum, Arthur Isak　アプルバウム, アーサー・アイザック
◇文化, アイデンティティ, 正当性：グローバル化で世界はどう変わるか―ガバナンスへの挑戦と展望　ジョセフ・S.ナイ Jr., ジョン・D.ドナヒュー編著, 嶋本恵美訳　英治出版　2004.9　477p　（英治出版MPAシリーズ）

Apple, Michael W.　アップル, マイケル・W.
◇公的知識をめぐるポリティックス―ナショナル・カリキュラムの意味を問う：カリキュラム・ポリティックス―現代の教育改革とナショナル・カリキュラム　マイケル・W.アップルほか共著　東信堂　1994.6　167p
◇ポストモダニストが見落としたもの：教育社会学―第三のソリューション　A.H.ハルゼー, H.ローダー, P.ブラウン, A.S.ウェルズ編, 住田正樹, 秋永雄一, 吉本圭一編訳　九州大学出版会　2005.2　660p

Applegate, Lynda M.　アプルゲイト, L. M. *
◇Eビジネスモデル―Eビジネスへの展望：新リレーションとモデルのためのIT企業戦略とデジタル社会　ゲイリー・ディクソン, ジェラルディン・デサンティス編, 橋立克朗ほか訳　ピアソン・エデュケーション　2002.3　305p

Arac, Jonathan　アラック, ジョナサン
◇文化遺産をめぐる闘争―クリスティーナ・ステッド, ディケンズとトウェインを再機能化する：ニュー・ヒストリシズム―文化とテクストの新歴史性を求めて　H.アラム・ヴィーザー編, 伊藤詔子ほか訳　英潮社　1992.11　291p

Arbatow, Georgi A.　アルバトフ, ゲンナジ
◇道はどこへ通じるのか？：ソ連邦崩壊―ペレストロイカの成功と失敗　ゲンナジ・アルバトほか著, 水戸孝文訳　恒文社　1992.6　159p

Argyle, Michael　アーガイル, マイケル
◇社会的関係（今川民雄訳）：社会心理学概論―ヨーロピアン・パースペクティブ 2　M.ヒューストン, W.シュトレーベ, J.P.コドル, G.M.スティヴンソン編　誠信書房　1995.1　353p

Argyris, Chris　アージリス, クリス
◇次なる挑戦：企業の未来像―成功する組織の条件　フランシス・ヘッセルバイン, マーシャル・ゴールドスミス, リチャード・ベックハード編, 小坂恵理訳　トッパン　1998.7　462p　（トッパンのビジネス経営書シリーズ 14）
◇優秀なプロフェッショナルの学習を妨げる「防衛的思考」：ナレッジ・マネジメント　Harvard Business Review編, Diamondハーバード・ビジネス・レビュー編集部訳　ダイヤモンド社　2000.12　273p
◇意思決定における対人関係という障害：意思決定の思考技術　Harvard Business Review編, Diamondハーバード・ビジネス・レビュー編集部訳　ダイヤモンド社　2001.12　264p
◇エンパワーメントの幻想と矛盾：コーチングの思考技術　Diamondハーバード・ビジネス・レビュー編集部編訳　ダイヤモンド社　2001.12　266p

◇気くばりコミュニケーションの意外な落とし穴：コミュニケーション戦略スキル　Harvard Business Review編，Diamondハーバード・ビジネス・レビュー編集部訳　ダイヤモンド社　2002.1　260p
◇エンパワーメント：コミットメント—熱意とモラールの経営　Diamondハーバード・ビジネス・レビュー編集部編訳　ダイヤモンド社　2007.4　270p（Harvard business review）
◇「ダブル・ループ学習」とは何か　他：組織能力の経営論—学び続ける企業のベスト・プラクティス　Diamondハーバード・ビジネス・レビュー編集部編訳　ダイヤモンド社　2007.8　508p　（Harvard business review）

Arhin-Tenkorang, Dyna　アーヒン・テンコラン，ディナ
◇感染症対策を越えて—グローバリゼーション時代の健康問題（共著）（喜多悦子訳）：地球公共財の政治経済学　Inge Kaul, Pedro Conceicao, Katell Le Goulven, Ronald U.Mendoza編，高橋一生監訳・編　国際書院　2005.6　332p

Ariès, Philippe　アリエス，フィリップ
◇かつての時代の避妊について：愛と結婚とセクシュアリテの歴史—増補・愛とセクシュアリテの歴史　ジョルジュ・デュビーほか著，福井憲彦，松本雅弘訳　新曜社　1993.11　401p

Ariew, R.　アリュー，ロジャー
◇デカルトとスコラ哲学—デカルト思想の知的背景（宮崎隆訳）：現代デカルト論集　2　英米篇　デカルト研究会編　勁草書房　1996.7　331, 9p

Arinowitz, Stanley　アロノウィッツ，スタンリー
◇ラディカリズムに向けて—アメリカ左翼の死と再生：ラディカル・デモクラシー—アイデンティティ，シティズンシップ，国家　ディヴィッド・トレンド編，佐藤正志ほか訳　三嶺書房　1998.4　408p

Aristoxenus　アリストクセノス
◇ハルモニア原論：アリストクセノス『ハルモニア原論』の研究　山本建郎著　東海大学出版会　2001.2　389, 22p

Armbruster, Frank E.　アームブラスター，フランク・E.
◇中共の問題：弾道弾迎撃ミサイルの必要性　〔防衛研修所〕　1971　340p　（研究資料 71RT-12）

Armitage, Richard Lee　アーミテージ，リチャード・L.
◇米日の成熟したパートナーシップに向けて—米国防大学国家戦略研究所（INSS）特別報告書：「無条件勝利」のアメリカと日本の選択　ロナルド・A.モース編著，日下公人監訳，時事通信社外信部ほか訳　時事通信社　2002.1　325p

Armitage, Seth　アーミテージ，S.＊
◇保険相互会社の将来性：生命保険業における戦略的課題　Hugh Macmillan, Mike Christophers編，玉田巧訳　玉田巧　2002.3　206p

Armour, J. Ogden　アーマー，J. オグデン
◇アーマー社の成功者とその秘訣（小林順子訳）：ビジネスの知恵50選—伝説的経営者が語る成功の条件　ピーター・クラス編，佐藤洋一監訳　トッパン　1999.2　543p　（トッパンのビジネス経営書シリーズ 26）

Armour, Peter　アーマー，ピーター
◇グリフィン：幻想の国に棲む動物たち　ジョン・チェリー編著，別宮貞徳訳　東洋書林　1997.5　257, 29p

Armstrong, An　アームストロング，アン
◇超感覚的知覚の覚醒がもたらすもの：スピリチュアル・エマージェンシー—心の病と魂の成長について　スタニスラフ・グロフ，クリスティーナ・グロフ編著，高岡よし子，大口康子訳　春秋社　1999.6　341, 8p

Armstrong, Arthur　アームストロング，アーサー
◇サイバー空間を制する四つのビジネスモデル（共著）：ネットワーク戦略論　ドン・タプスコット編，Diamondハーバード・ビジネス・レビュー編集部訳　ダイヤモンド社　2001.5　298p

Armstrong, Felicity　アームストロング，フェリシティ
◇はたして人権に関心を持つ人物が存在するのだろうか（共著）（大和田雄一訳）：障害，人権と教育　レン・バートン，フェリシティ・アームストロング編，嶺井正也監訳　明石書店　2003.5　442p　（明石ライブラリー 51）

Armstrong, Hamilton Fish　アームストロング，ハミルトン・フィシュ
◇岐路に立つ日本：戦後日米関係を読む—『フォーリン・アフェアーズ』の目　梅垣理郎編訳　中央公論社　1993.12　351p　（中公叢書）
◇ヒトラーのドイツ（竹下興喜訳）：フォーリン・アフェアーズ傑作選—アメリカとアジアの出会い　1922-1999　上　フォーリン・アフェアーズ・ジャパン編・監訳　朝日新聞社　2001.2　331p

Armstrong, Neil　アームストロング，ニール
◇人類，月に立つ（一九六九年七月二十一日）（共著）：歴史の目撃者　ジョン・ケアリー編，仙名紀訳　朝日新聞社　1997.2　421p
◇ニール・アームストロング—人類初の月面着陸（楢原潤子訳）：アメリカの夢と理想の実現　板場良久スピーチ解説，増田恵理子，楢原潤子訳　アルク　1998.7　120p　（20世紀の証言 英語スピーチでたどるこの100年 第3巻—CD book 松尾弌之監修・解説）

Armstrong, Peter　アームストロング，P.＊
◇イギリス大企業における企業統制（森本和義訳）：社会・組織を構築する会計—欧州における学際的研究　アンソニー・G.ホップウッド，ピーター・ミラー編著，岡野浩，国部克彦，柴健次監訳　中央経済社　2003.11　390p

Arnaud-Duc, Nicole　アルノー＝デュック，ニコル
◇法律の矛盾（建石真公子訳）：ヘーゲル—イラスト版　R.スペンサー文，A.クラウゼ絵，椋田直子訳　現代書館　1996.9　174p　（For beginnersシリーズ 77）

Arndt, Andreas　アルント，アンドレアス
◇感情と反省（別所良美訳）：論争の哲学史—カントからヘーゲルへ　W.イェシュケ編，高山守，藤田正勝監訳　理想社　2001.2　425, 4p

Arnold, Harald　アーノルド，ハラルド・R.
◇アメリカ合衆国とドイツ連邦共和国における被害者化の比較研究—主たる成果の記述（共著）（奥村正雄訳）：犯罪被害者と刑事司法　ギュンター・カイザー，H.クーリー，H.-J.アルブレヒト編，宮沢浩一，田口

守一, 高橋則夫編訳　成文堂　1995.7　443p

Arnold, James R.　アーノルド, J. R. *
◇珊瑚海海戦の攻防―暗号解読に気づかぬ日本軍：太平洋戦争の研究―こうすれば日本は勝っていた　ピーター・G.ツォーラス編著, 左近允尚敏訳　PHP研究所　2002.12　387p

Arnold, Robert M.　アーノルド, ロバート
◇医療モデルの自立への影響（共著）：自立支援とはなにか―高齢者介護の戦略　ガムロス, セムラデック, トーンキスト編, 岡本祐三, 秦洋一訳　日本評論社　1999.9　207p

Arnold, Sharon B.　アーノルド, S. B. *
◇虚弱な高齢者のQOLの測定（古屋健訳）：虚弱な高齢者のQOL―その概念と測定　James E.Birrenほか編, 三谷嘉明他訳　医歯薬出版　1998.9　481p

Arnott, A.　アーノット, A. *
◇投資スタイルのアクティブ運用への応用（共著）（諏訪部貴嗣訳）：株式投資スタイル―投資家とファンドマネージャーを結ぶ投資哲学　T.ダニエル・コギン, フランク・J.ファボツィ, ロバート・D.アーノット編, 野村証券金融研究所訳　増補改訂版　野村総合研究所情報リソース部　1998.3　450p

Arnott, Hilary　アーノット, ヒラリー
◇二級市民（相沢京美訳）：福祉大改革―イギリスの改革と検証　アラン・ウォーカーほか著, 佐藤進ほか訳　法律文化社　1994.9　256p

Arnott, Robert D.　アーノット, ロバート・D.
◇スタイル・ローテーション運用（共著）（田村浩道訳）：資産運用新時代の株式投資スタイル―投資家とファンドマネジャーを結ぶ投資哲学　T.ダニエル・コギン, フランク・J.ファボツィ編　野村総合研究所　1996.3　329p
◇アセット・ミックスの管理：意思決定と結果：年金資産運用マネジメントのすべて―プラン・スポンサーの新潮流　フランク J.ファボッツィ編, 榊原茂樹監訳, 大和銀行信託財産運用部訳　金融財政事情研究会　1999.11　463p
◇為替評価の基本原理：為替オーバーレイ―CFA institute（CFA協会）コンファレンス議事録　森谷博之訳　パンローリング　2004.8　263p
◇株式リターンの2％上乗せ法：わが子と考えるオンリーワン投資法―門外不出の投資の知恵　ジョン・モールディン編, 関本博英訳　パンローリング　2006.8　219p（ウィザードブックシリーズ v.106）

Arnstein, Laura　アーンスタイン, ローラ
◇異論のある多くの自閉症治療法―効果に対する決定的評価（共著）：臨床心理学における科学と疑似科学　S.O.リリエンフェルド, S.J.リン, J.M.ロー編, 厳島行雄, 横田正夫, 斎藤雅英監訳　北大路書房　2007.9　461p

Arom, Simha　アロム, シムハ
◇伝承音楽の知：知のしくみ―その多様性とダイナミズム　J.カルファ編, 今井邦彦訳　新曜社　1997.8　308p

Aron, Arthur　アロン, アーサー
◇自己拡張動機と他者を自己に内包すること（共著）（谷口淳一訳）：パーソナルな関係の社会心理学　W.イックス, S.ダック編, 大坊郁夫, 和田実監訳　北大路書房　2004.4　310p

Aron, Elaine N.　アロン, エレイナ
◇自己拡張動機と他者を自己に内包すること（共著）（谷口淳一訳）：パーソナルな関係の社会心理学　W.イックス, S.ダック編, 大坊郁夫, 和田実監訳　北大路書房　2004.4　310p

Aronoff, Frances　アロノフ, フランセス
◇音楽を通しての子供の考察―ハワード・ガードナーの多面的能力の理論をモデルにして：ダルクローズのリトミック―リトミック教育のための原理と指針　エリザベス・バンドゥレスバーほか著, 石丸由理ほか訳　ドレミ楽譜出版社　1996.7　149p
◇音楽を通しての子供の考察―ハワード・ガードナーの多面的能力の理論をモデルにして：ダルクローズのリトミック―リトミック教育のための原理と指針　エリザベス・バンドゥレスバーほか著, 石丸由理訳　ドレミ楽譜出版社　2002.1　143p

Arora, Tiny　アローラ, T. *
◇あなたの学校のいじめをいかに把握するか（共著）：あなたの学校のいじめ解消にむけて―教師のための実践ハンドブック　ソニア・シャープ, ピーター・K.スミス編著, フォンス・智江子訳, 東京都新教育研究会編　東洋館出版社　1996.4　211p

Arrhenius, Gustaf　アレニウス, グスタフ
◇宇宙論者, スウェーデンボルグ：スウェーデンボルグの創造的宇宙論　ヒューゴ・オドナー他著, 髙橋和夫編訳　めるくまーる　1992.11　276p

Arriaga, Ximena B.　アリアガ, シメナ・B.
◇パーソナルな関係における相互依存性（共著）（石盛真徳訳）：パーソナルな関係の社会心理学　W.イックス, S.ダック編, 大坊郁夫, 和田実監訳　北大路書房　2004.4　310p

Arrighi, Giovanni　アリギ, ジョヴァンニ
◇世界―経済の階層化（共著）（尹春志訳）：世界システム論の方法　イマニュエル・ウォーラーステイン責任編集, 山田鋭夫, 原田太津男, 尹春志訳　藤原書店　2002.9　203p（叢書〈世界システム〉3）
◇帝国の発展路線：新世界秩序批判―帝国とマルチチュードをめぐる対話　トマス・アトウツェルト, ヨスト・ミュラー編, 島村賢一訳　以文社　2005.10　187p

Arrow, Kenneth Joseph　アロー, ケネス・J.
◇「私にも鷹と鶯の区別くらいは付く」：現代経済学の巨星―自らが語る人生哲学　下　M.シェンバーグ編　岩波書店　1994.12　292, 11p

Arthur, W. Brian　アーサー, W. ブライアン
◇収穫逓増の知識経済：知識革新力　ルディ・ラグルス, ダン・ホルツハウス編, 木川田一栄訳　ダイヤモンド社　2001.7　321p
◇競合する技術：概観：技術とイノベーションの戦略的マネジメント　上　ロバート・A.バーゲルマン, クレイトン・M.クリステンセン, スティーヴン・C.ウィールライト編著, 青島矢一, 黒田光太郎, 志賀敏宏, 田辺孝二, 出川通, 和賀三和子日本語版監修, 岡真由美, 斉藤裕一, 桜井祐子, 中川泉, 山本章子訳　翔泳社　2007.7　735p

Arulpragasam, A. R.（Rajpol）　アルールプラガサム, A. R.
◇株式ショート投資戦略におけるリスク管理（共著）：実践ヘッジファンド投資―成功するリスク管理

バージニア・レイノルズ・パーカー編, 徳岡国見監訳 日本経済新聞社 2001.8 425p

Asad, Talal アサド, タラル
◇イギリス社会人類学における文化の翻訳という概念：文化を書く ジェイムズ・クリフォード, ジョージ・マーカス編, 春日直樹ほか訳 紀伊國屋書店 1996.11 546p （文化人類学叢書）
◇比較宗教学の古典を読む：宗教を語りなおす—近代的カテゴリーの再考 磯前順一, タラル・アサド編 みすず書房 2006.7 289p

Asante, Morefi K. アサンテ, モレフィ・キート
◇多文化主義—応酬（宇田川史子, 米山裕訳）：多文化主義—アメリカ, カナダ, イギリス, オーストラリアの場合 多文化社会研究会編訳 木鐸社 1997.9 274, 8p

Ascher, Marcia アッシャー, マーシャ
◇文字をもたない文明—インカ族とキープ（共著）：歴史のなかのコミュニケーション—メディア革命の社会文化史 デイヴィッド・クローリー, ポール・ヘイヤー編, 林進, 大久保暢俊訳 新曜社 1995.4 354p

Ascher, Robert アッシャー, ロバート
◇文字をもたない文明—インカ族とキープ（共著）：歴史のなかのコミュニケーション—メディア革命の社会文化史 デイヴィッド・クローリー, ポール・ヘイヤー編, 林進, 大久保暢俊訳 新曜社 1995.4 354p

Ash, Mary Kay アッシュ, メアリー・ケイ
◇チャンスは無限！失敗を重ねて成功に至る：思考は現実化する—私はこうして思考を現実化した 実践編 ナポレオン・ヒル財団日本リソーセス編・訳 騎虎書房 1997.3 231p
◇もっと自信をもって！：セルフヘルプ—なぜ, 私は困難を乗り越えられるのか 世界のビッグネーム自らの47の証言 ケン・シェルトン編著, 堀紘一監訳 フロンティア出版 1998.7 301p
◇人の上に立つ人の心得：セルフヘルプ—自助—他人に頼らず, 自分の力で生きていく！ 2 ケン・シェルトン編著, 堀紘一監訳 フロンティア出版 1998.12 283p
◇話を聞くという技術（前田寛子訳）：ビジネスの知恵50選—伝説的経営者が語る成功の条件 ピーター・クラス編, 佐藤洋一監訳 トッパン 1999.2 543p （トッパンのビジネス経営書シリーズ 26）

Asher, Steven R. アッシャー, S. R.
◇仲間による拒否に関する最近の研究の進歩 他（山崎康子, 山崎晃訳）：子どもと仲間の心理学—友だちを拒否するこころ S.R.アッシャー, J.D.クーイ編著, 山崎晃, 中沢潤監訳 北大路書房 1996.7 447p

Ashford, Nicholas A. アシュフォード, N. *
◇環境問題に対する企業の技術的対応を考える：政府政策の意味（松梅紘一訳）：グリーニングチャレンジ—企業の環境戦略 Kurt Fischer, Johan Schot編, 藤森敬三監訳, 日本電気環境エンジニアリング訳 日科技連出版 1999.8 419p

Ashkenas, Ronald N. アシュケナス, ロナルド・N.
◇組織の新しい衣装：企業の未来像—成功する組織の条件 フランシス・ヘッセルバイン, マーシャル・ゴールドスミス, リチャード・ベックハード編, 小坂恵理訳 トッパン 1998.7 462p （トッパンのビジネス経営書シリーズ 14）
◇GEキャピタルによる事業統合のマネジメント：成長戦略論 Harvard Business Review編, Diamondハーバード・ビジネス・レビュー編集部訳 ダイヤモンド社 2001.4 254p
◇大プロジェクトは小さく管理する（共著）：いかに「プロジェクト」を成功させるか Diamondハーバード・ビジネス・レビュー編集部訳 ダイヤモンド社 2005.1 239p （Harvard business review anthology）

Ashman, Sam アッシュマン, サム
◇これからどこへ行くのだろう：G8—G8ってナンですか？ ノーム・チョムスキー, スーザン・ジョージ他著, 氷上春奈訳 ブーマー 2005.7 238p

Ashton, James アストン, ゼームス
◇造化機論（千葉繁訳述）：性と生殖の人権問題資料集成—編集復刻版 第27巻 不二出版 2000.12 8, 347p
◇通俗造化機論（千葉繁訳述）：近代日本のセクシュアリティ 1 斎藤光編 ゆまに書房 2006.7 1冊

Ashton, Raymond K. アシュトン, R. K. *
UK FINANCIAL ACCOUNTING STANDARDS：元帳の締め切り 川島貞一訳 〔川島貞一〕 2002.8 1冊

Ashton, Toni アシュトン, トニー
◇保健・医療制度改革—市場化の進展と揺り戻し？（村上真訳）：ニュージーランド福祉国家の再設計—課題・政策・展望 ジョナサン・ボストン, ポール・ダルジール, スーザン・セント・ジョン編, 芝田英昭, 福地潮人監訳 法律文化社 2004.12 394p

Ashworth, William B., Jr. アシュワース, W. B., Jr.
◇カトリック思想と初期近代科学：神と自然—歴史における科学とキリスト教 デイビッド・C.リンドバーグ, R.L.ナンバーズ編, 渡辺正雄監訳 みすず書房 1994.6 528, 48p

Asimakopulos, A. アシマコプロス, A.
◇税の帰着：ポスト・ケインズ派経済学入門 A.S.アイクナー編, 緒方俊雄ほか共訳 オンデマンド版 日本経済評論社 2003.3 221p （ポスト・ケインジアン叢書 2）

Askew, Sue アスキュー, スー
◇男子生徒における攻撃的行動—どの程度学校制度と関係しているのか：いじめの発見と対策—イギリスの実践に学ぶ デルウィン・P.タツム, デヴィッド・A.レーン編, 影山任佐, 斎藤憲司訳 日本評論社 1996.10 236p

Asmus, Jennifer M. アスムス, J. M. *
◇挑戦的行動に対する先行子の影響の実験的分析（共著）（山根正夫訳）：挑戦的行動の先行子操作—問題行動への新しい援助アプローチ ジェームズ・K.ルイセリー, マイケル・J.キャメロン編, 園山繁樹ほか訳 二瓶社 2001.8 395p

Assagioli, Roberto アサジオリ, ロベルト
◇自己実現と心理的問題：スピリチュアル・エマージェンシー—心の病と魂の成長について スタニスラフ・グロフ, クリスティーナ・グロフ編著, 高岡よし子, 大口康子訳 春秋社 1999.6 341, 8p

Atchley, Robert C. アチリー, ロバート・C.
◇自己知覚と自己表出に関するエイジングまたは虚弱性の影響―理論的・方法論的問題(久留一郎訳):虚弱な高齢者のQOL―その概念と測定　James E.Birrenほか編, 三谷嘉明他訳　医歯薬出版　1998.9　481p
◇高齢化に伴う問題(星野智子訳):高齢化社会と視覚障害―新世紀に向けたアメリカの挑戦　ジョン・E.クルーズ, フランク・J.ウイッテングトン編, 岩橋明子訳監修　日本盲人福祉委員会　2003.1　302p

Athanasius, Magnus アタナシオス
◇言の受肉:中世思想原典集成　2　盛期ギリシア教父　上智大学中世思想研究所編訳・監修　平凡社　1992.9　687p
◇アントニオス伝:中世思想原典集成　1　初期ギリシア教父　上智大学中世思想研究所編訳・監修　平凡社　1995.2　877p

Atlan, Henri アトラン, アンリ
◇危機な同情(廣瀬浩司訳):介入?―人間の権利と国家の論理　エリ・ウィーゼル, 川田順造編, 広瀬浩司, 林修訳　藤原書店　1997.6　294p

Atzert, Thomas アトゥツェルト, トマス
◇帝国とマルチチュードの構成的権力(共著):新世界秩序批判―帝国とマルチチュードをめぐる対話　トマス・アトゥツェルト, ヨスト・ミュラー編, 島村賢一訳　以文社　2005.10　187p

Aubert, Roger オーベール, ロジェ
◇アングロ・サクソン世界におけるカトリシズム―英国―教会の復活　他(共著):キリスト教史　第10巻　現代世界とキリスト教の発展　上智大学中世思想研究所編訳・監修　J.T.エリス他著　講談社　1991.7　499, 105p
◇イギリス―教会の復活:キリスト教史　10　現代世界とキリスト教の発展　上智大学中世思想研究所編訳・監修　J.T.エリスほか著　平凡社　1997.6　599p　(平凡社ライブラリー)
◇第二ヴァティカン公会議に至る半世紀:キリスト教史　11　現代に生きる教会　上智大学中世思想研究所編訳・監修　ヨセフ・ハヤールほか著　平凡社　1997.7　545p　(平凡社ライブラリー)

Augstein, Rudolf アウグシュタイン, ルドルフ
◇アウシュヴィッツをめぐる新たな嘘(三島憲一訳):過ぎ去ろうとしない過去―ナチズムとドイツ歴史家論争　ユルゲン・ハーバーマス他著, 徳永恂ほか訳　人文書院　1995.6　257p

Augustinus, Aurelius, Saint, Bp. of Hippo アウグスティヌス, A.
◇三位一体論　他(加藤信朗, 上村直樹訳):中世思想原典集成　4　初期ラテン教父　上智大学中世思想研究所編訳・監修　平凡社　1999.6　1287p

Augustodunensis, Honorius アウグストドゥネンシス, ホノリウス
◇不可避なこと(山崎裕子訳):中世思想原典集成　7　前期スコラ学　上智大学中世思想研究所編訳・監修　平凡社　1996.7　953p

Aung San Suu Kyi アウン・サン・スー・チー
◇平和と発展の文化に向けて:今こそ地球倫理を　ハンス・キューング編, 吉田収訳　世界聖典刊行協会　1997.10　346p　(ぼんブックス 39)

Aureoli, Petrus アウレオリ, ペトルス
◇命題集第一巻註解(共著):中世思想原典集成　18　後期スコラ学　上智大学中世思想研究所編訳・監修　平凡社　1998.9　923p

Austen, Carole オーステン, キャロル
◇大天使ウリエル/パラケルスス:アセンションするDNA―光の12存在からのメッセージ　ヴァージニア・エッセン編著, 冬門晶訳　ナチュラルスピリット　1999.2　299p

Austin, Carol D. オースティン, キャロル・D.
◇長期ケア(LTC)におけるケースマネージメント―選択と機会(松岡敦子訳):ケースマネージメントと社会福祉　ステファン・M.ローズ編, 白沢政和, 渡部律子, 岡田進一監訳　ミネルヴァ書房　1997.10　415p　(Minerva福祉ライブラリー 21)

Austin, Robert D. オースティン, ロバート・D.
◇機能しないのに高業績となる―高業績の変則性　他(共著):業績評価の理論と実務―事業を成功に導く専門領域の障壁を越えて　アンディ・ニーリー編著, 清水孝訳　東洋経済新報社　2004.4　459p
◇安全なITシステムなどない(共著):「リスク感度」の高いリーダーが成功を重ねる　Diamondハーバード・ビジネス・レビュー編集部編訳　ダイヤモンド社　2005.11　242p　(Harvard business review anthology)

Austin, Terry オースティン, テリー
◇パーソナル・コンピュータ・サプライチェーン―隠れたバリューを流い出す:サプライチェーン戦略　ジョン・ガトーナ編, 前田健蔵, 田村誠一訳　東洋経済新報社　1999.5　377p　(Best solution)

Avens, Roberts エイヴァンズ, ロバーツ
◇霊妙の国―コルバン, スーフィズム, スウェーデンボルグ(井出啓一訳):エマヌエル・スウェーデンボルグ―持続するヴィジョン　ロビン・ラーセン編　春秋社　1992.11　307p

Aversano, Nina アベルサノ, ニナ
◇保守的な組織風土をいかに改革するか(共著):組織変革のジレンマ―ハーバード・ビジネス・レビュー・ケースブック　Harvard Business Review編, Diamondハーバード・ビジネス・レビュー編集部訳　ダイヤモンド社　2004.11　218p

Avril, Pierre アヴリール, ピエール
◇フランスにおける政治資金の規制:民主主義のコスト―政治資金の国際比較　H.E.アレキサンダー, 白鳥令編著, 岩崎正洋他訳　新評論　1995.11　261p

Axelrod, Beth アクセルロッド, ベス
◇「Cクラス社員」のマネジメント(共著):いかに「問題社員」を管理するか　Diamondハーバード・ビジネス・レビュー編集部編訳　ダイヤモンド社　2005.1　262p　(Harvard business review anthology)

Axtell, Philip K. アクステル, P. K.*
◇精神薬理学と定常状態の行動(共著)(北原ити訳):挑戦的行動の先行子操作―問題行動への新しい援助アプローチ　ジェームズ・K.ルイセリー, マイケル・J.キャメロン編, 園山繁樹ほか訳　二瓶社　2001.8　390p

Ayer, A. J. エイヤー, A. J.
◇フレーゲ, ラッセルと現代論理学―A.J.エイヤーとの

対話（共著）（和田和行訳）：西洋哲学の系譜——第一線の哲学者が語る西欧思想の伝統　ブライアン・マギー編, 高頭直樹ほか訳　晃洋書房　1993.5　482p

Ayers, Michael　エイヤース, マイケル
◇ロックとバークリ—マイケル・エイヤースとの対話（共著）（菅原道明訳）：西洋哲学の系譜——第一線の哲学者が語る西欧思想の伝統　ブライアン・マギー編, 高頭直樹ほか訳　晃洋書房　1993.5　482p

Ayman, Roya　エイマン, ロヤ
◇リーダーシップの知覚：性と文化の役割：リーダーシップ理論と研究　マーティン・M.チェマーズ, ロヤ・エイマン編, 白樫三四郎訳編　黎明出版　1995.9　234p

Aymard, Maurice　エマール, モーリス
◇空間 他：地中海世界　フェルナン・ブローデル編, 神沢栄三訳　みすず書房　2000.1　190, 184p
◇社会科学の総合化：入門・ブローデル　イマニュエル・ウォーラーステイン他著, 浜名優美監修, 尾河直哉訳　藤原書店　2003.3　255p
◇あるフランスへの情念、ある歴史の概念：開かれた歴史学—ブローデルを読む　イマニュエル・ウォーラーステインほか著, 浜田道夫, 末広菜穂子, 中村美幸訳　藤原書店　2006.4　318p

Azad, Ali　アザード, アリ
◇戦争の継続とクルド人：アメリカの戦争犯罪　ラムゼイ・クラーク編著, 戦争犯罪を告発する会訳　柏書房　1992.12　346p　（ブックス・プラクシス6）

Azar, Sandra T.　エイザー, S.*
◇被虐待児の親訓練：共同治療者としての親訓練ハンドブック　下　Charles E.Schaefer, James M.Briesmeister編, 山上敏子, 大隈紘子監訳　二瓶社　1996.11　p334-648

Azzarto, Jacqueline　アザート, ジャクリーン
◇高齢者問題の医療化（南彩子訳）：ケースマネージメントと社会福祉　ステファン・M.ローズ編, 白沢政和, 渡部律子, 岡田進一監訳　ミネルヴァ書房　1997.10　415p　（Minerva福祉ライブラリー 21）

【B】

Babbott, Frank　バボット, フランク
◇仕事：アドラーの思い出　G.J.マナスター, G.ペインター, D.ドイッチュ, B.J.オーバーホルト編, 柿内邦博, 井原文子, 野田俊作訳　創元社　2007.6　244p

Babcock, Barbara A.　バブコック, バーバラ・A.
◇「自由は娼婦だ」—逆転、周辺、ピカレスク小説 他（岩崎宗治訳）：さかさまの世界—芸術と社会における象徴的逆転　バーバラ・A.バブコック編, 岩崎宗治, 井上兼行訳　岩波書店　2000.11　310, 34p　（岩波モダンクラシックス）

Bachofen　バッハオーフェン
◇オレステス：諸制度は変わり、互いに対立する：ドゥルーズ初期—若き哲学者が作った教科書　ジル・ドゥルーズ編著, 加賀野井秀一訳注　夏目書房　1998.5　239p

Bacon, R. A.　ベーコン, R. A.*
◇地域社会、会社組織において印象を良くするための手段としての香り：香りの感性心理学　S.ヴァン・トラー, G.H.ドッド編, 印藤元一訳　フレグランスジャーナル社　1994.2　238p

Bacon, Roger　ベイコン, ロジャー
◇大著作：中世思想原典集成 12　フランシスコ会学派　上智大学中世思想研究所編訳・監修　平凡社　2001.9　1047p

Baczko, Bronislaw　バチコ, ブロニスラフ
◇テルミドール派（富永茂樹訳）：フランス革命事典 3　フランソワ・フュレ, モナ・オズーフ編, 河野健二, 阪上孝, 富永茂樹監訳　みすず書房　1999.3　234p　（みすずライブラリー）
◇公教育（阪上孝訳）：フランス革命事典 4　フランソワ・フュレ, モナ・オズーフ編, 河野健二, 阪上孝, 富永茂樹監訳　みすず書房　1999.9　331p　（みすずライブラリー）
◇ヴァンダリスム 他（富永茂樹訳）：フランス革命事典 5　フランソワ・フュレ, モナ・オズーフ編, 河野健二, 阪上孝, 富永茂樹監訳　みすず書房　2000.3　281p　（みすずライブラリー）

Badawi, Mieke　バドウィ, ミーケ
◇歴史的展望：医療ソーシャルワークの実践　ミーケ・バドウィ, ブレンダ・ピアモンティ編著　中央法規出版　1994.9　245p

Badcock, Richard J.　バドコック, リチャード・J.
◇発達と臨床という次元からみた犯罪（高村茂訳）：犯罪者プロファイリング—犯罪行動が明かす犯人像の断片　ジャネット・L.ジャクソン, デブラ・A.ベカリアン編, 田村雅幸監訳, 辻典明, 岩見広一訳編　北大路書房　2000.3　234p

Badelt, Isolde　バデルト, イゾルデ
◇クライエント中心療法と精神遅滞者：ドイツにおける精神遅滞者への治療理論と方法—心理・教育・福祉の諸アプローチ　ジルビア・ゲアレス, ゲルト・ハンゼン編, 三原博光訳　岩崎学術出版社　1995.5　198p

Badinter, Elisabeth　バダンテール, エリザベート
◇解決策は父親が変わること：フェミニズムから見た母性　A.‐M.ド ヴィレーヌ, L.ガヴァリニ, M.ル・コアディク編, 中嶋公子, 目black光子, 磯本輝子, 横地良子, 宮本由美ほか訳　勁草書房　1995.10　270, 10p

Badiou, Alain　バディウ, アラン
◇客体なき究極の主体（安川慶治訳）：主体の後に誰が来るのか？　ジャン・リュック・ナンシー編著, アラン・バディウ, エチエンヌ・バリバール, モーリス・ブランショ, ミケル・ボルグ・ジャコブセン, ジャン・フランソワ・クルティーヌほか著, 港道隆, 鵜飼哲, 大西雅一郎, 松葉祥一, 安川慶治, 加国尚志, 広瀬浩司訳　現代企画室　1996.3　347p

Bagby, Rachel L.　バグビィ, レイチェル・L.
◇のびゆくわれらの娘たち：世界を織りなおす—エコフェミニズムの開花　アイリーン・ダイアモンド, グロリア・フェマン・オレンスタイン編, 奥田暁子, 近藤和子訳　学芸書林　1994.3　457, 12p

Bagehot, Walter　バジョット, ウォルター
◇多数代表制の擁護（加藤秀治郎, 押川智彦訳）：選挙制度の思想と理論—Readings　加藤秀治郎編訳　芦書房　1998.1　306p

Baghai, Mehrdad バグハイ, メルダッド
◇成長の階段（共著）：マッキンゼー戦略の進化—不確実性時代を勝ち残る　名和高司, 近藤正晃ジェームズ編著・監訳, 村井章子訳　ダイヤモンド社　2003.3　221p

Bahan, Benjamin J. バーハン, ベン
◇生きた心地のしなかった夜 他（鈴木清史訳）：アメリカのろう文化　シャーマン・ウィルコックス編, 鈴木清史, 酒井信雄, 太田憲男訳　明石書店　2001.3　301p　（明石ライブラリー 29）

Bai, Jiayao ハク, カヨウ（白家瑤）
◇偽満洲国「学制要綱」批判（共著）（蘇訳）：日本の植民地教育・中国からの視点　王智新編著　社会評論社　2000.1　297p

Bailey, Jeffery V. ベイリー, ジェフリー・V.
◇当市政策：欠けた連関：年金資産運用マネジメントのすべて—プラン・スポンサーの新潮流　フランク J. ファボッツィ編, 榊原茂樹監訳, 大和銀行信託財産運用部訳　金融財政事情研究会　1999.11　463p

Bailey, Sue ベイリー, スー
◇意志決定における夫婦間勢力についての妻の認知（共著）（高田洋子, 荒井紀子訳）：転換期の家族—ジェンダー・家族・開発　N.B.ライデンフロースト編, 家庭経営学部会訳　日本家政学会　1995.3　360p

Bakan, David ベイカン, デイヴィッド
◇現代心理学における神秘・支配複合体：超常現象のとらえにくさ　笠原敏雄編　春秋社　1993.7　776, 61p

Bakar, Mohamad Abu バカール, モハマド・アブ
◇イスラムと種族、国民統合：マレーシア〜多民族社会の構造　サイド・フシン・アリ編著, 小野沢純, 吉田典巧訳　井村文化事業社　1994.6　288p　（東南アジアブックス 114—マレーシアの社会 4）

Baker, Christopher P. ベイカー, クリストファー・P.
◇「ダギー」への挑戦—コスタリカ：お気をつけて、いい旅を。—異国で出会った悲しくも可笑しい51の体験　メアリー・モリス, ポール・セロー, ジョー・ゴアス, イザベル・アジェンデ, ドミニク・ラビエールほか著, 古屋美登里, 中俣真知子訳　アスペクト　1995.7　366p

Baker, Frank B. ベーカー, F. B.＊
◇テスト作成と処理におけるコンピュータ技術（鈴木規夫訳）：教育測定学　下巻　ロバート・L.リン編, 池田央, 藤田恵璽, 柳井晴夫, 繁桝算男訳・編　学習評価研究所　1992.12　411p

Baker, Georgianne ベイカー, ジョルジアン
◇国際開発における女性と家族（共著）（石川明美訳）：転換期の家族—ジェンダー・家族・開発　N.B.ライデンフロースト編, 家庭経営学部会訳　日本家政学会　1995.3　360p

Baker, Gregory L. ベーカー, グレゴリー・L.
◇スウェーデンボルグの時代の科学（大和田日昭訳）：エマヌエル・スウェーデンボルグ—持続するヴィジョン　ロビン・ラーセン編　春秋社　1992.11　307p

Baker, Hugh ベイカー, ヒュー・D. R.
◇全土にひろがる枝葉—英国の香港中国人（瀬川昌久訳）：香港を離れて—香港中国人移民の世界　ロナルド・スケルドン編, 可児弘明, 森川真規雄, 吉原和男監訳　行路社　1997.6　552p　（中国の底流シリーズ 4）

Baker, Keith M. ベイカー, キース・マイケル
◇コンドルセ 他（北垣徹訳）：フランス革命事典　2　フランソワ・フュレ, モナ・オズーフ編, 河野健二, 阪上孝, 富永茂樹監訳　みすず書房　1998.12　228p　（みすずライブラリー）
◇憲法（石井三記訳）：フランス革命事典　4　フランソワ・フュレ, モナ・オズーフ編, 河野健二, 阪上孝, 富永茂樹監訳　みすず書房　1999.9　331p　（みすずライブラリー）
◇主権（富永茂樹訳）：フランス革命事典　6　フランソワ・フュレ, モナ・オズーフ編, 河野健二, 阪上孝, 富永茂樹監訳　みすず書房　2000.6　252p　（みすずライブラリー）

Baker, L. M. , Jr. ベイカー, L. M. , Jr.
◇人を動かす知恵（共著）：動機づける力　Diamondハーバード・ビジネス・レビュー編集部編訳　ダイヤモンド社　2005.2　243p　（Harvard business review anthology）

Baker, Russell ベイカー, ラッセル
◇趣味の問題：ドラッグ全面解禁論　デイヴィッド・ボアズ編, 樋口幸子訳　第三書館　1994.11　364p

Bakke, Dennis バッキー, デニス
◇給与情報はどのように共有されるべきか（共著）：人材育成のジレンマ—ハーバード・ビジネス・レビュー ケースブック　Harvard Business Review編, Diamondハーバード・ビジネス・レビュー編集部訳　ダイヤモンド社　2004.12　219p

Bakri, Mustafa El バークリ, ムスターファ・エル
◇イラクとクウェートにおける民間のエジプト人およびパレスチナ人に対する犯罪：アメリカの戦争犯罪　ラムゼイ・クラーク編著, 戦争犯罪を告発する会訳　柏書房　1992.12　346p　（ブックス・プラクシス 6）

Bakunin, Mikhail Aleksandrovich バクーニン, ミハイル
◇連邦主義、社会主義、および反神学主義—第二部, 社会主義 他：19世紀ロシアにおけるユートピア社会主義思想　森宏一編訳　光陽出版社　1994.3　397p

Balakrishnan, Revathi バラクリシュナン, リヴァティ
◇国際開発における女性と家族（共著）（石川明美訳）：転換期の家族—ジェンダー・家族・開発　N.B.ライデンフロースト編, 家庭経営学部会訳　日本家政学会　1995.3　360p

Balázsy, Sándor バラージ, シャーンドル
◇計画方式を改善しよう 他：計画から市場へ—ハンガリー経済改革思想史 1954-1988　平泉公雄編訳　アジア経済研究所　1992.3　355p　（翻訳シリーズ 32）

Baldermann, Ingo バルダーマン, インゴ
◇詩編：聖書の牧会者たち　日本基督教団出版局　2000.2　186p　（魂への配慮の歴史 第1巻　C.メラー編, 加藤常昭訳）

Baldersheim, Harald ボルデシュハイム, ハラール
◇トップダウンからボトムアップへ―フリーコミューンと行政近代化の政治学 他（共著）：北欧の地方分権改革―福祉国家におけるフリーコミューン実験 ハラール・ボルデシュハイム, クリステル・ストールバリ編著, 大和田建太郎, 小原亜也, 広田全男訳 日本評論社 1995.8 233p

Baldock, John バルドック, ジョン
◇対人社会サービス―ケアの政治学（木戸利秋訳）：福祉と財政―いかにしてイギリスは福祉需要に財政を調整してきたか？ ヴィック・ジョージ, スチュアート・ミラー編著, 高島進監訳 都市文化社 1997.11 308p

Baldwin, Dare A. ボールドウィン, D. *
◇共同注意と言語の結びつきを考える（田中信利訳）：ジョイント・アテンション―心の起源とその発達を探る Chris Moore, Philip J.Dunham原編, 大神英裕監訳 ナカニシヤ出版 1999.8 309p

Baldwin, Douglas ボールドウィン, ダグラス
◇沿海州とアカディア人（細川道久訳）：カナダの地域と民族―歴史的アプローチ ダグラス・フランシス, 木村和男編著 同文館出版 1993.11 309p

Baldwin, James ボールドウィン, ジェイムズ
◇読書の趣味（生田弘治訳述）：近代「読書論」名著選集 第12巻 ゆまに書房 1994.6 486p （書誌書目シリーズ 37）

Baldwin, Stanley ボールドウィン, スタンレー
◇スタンレー・ボールドウィン（山岡洋一訳）：インタヴューズ 1 クリストファー・シルヴェスター編, 新庄哲夫ほか訳 文芸春秋 1998.11 462p

Balfour, Alex バルフォア, アレックス
◇日本株ロングショート戦略におけるリスク管理（共著）：実践ヘッジファンド投資―成功するリスク管理 バージニア・レイノルズ・パーカー編, 徳841国見監訳 日本経済新聞社 2001.8 425p

Balibar, Étienne バリバール, エティエンヌ
◇市民主体（松葉祥一訳）：主体の後に誰が来るのか？ ジャン・リュック・ナンシー編著, アラン・バディウ, エチエンヌ・バリバール, モーリス・ブランショ, ミケル・ボルグ・ジャコブセン, ジャン・フランソワ・クルティーヌほか著, 港道隆, 鵜飼哲, 大西雅一郎, 松葉祥一, 安川慶治, 加国尚志, 広瀬浩司訳 現代企画室 1996.3 347p
◇史的唯物論の根本概念について：資本論を読む 下 エチエンヌ・バリバールほか著, 今村仁司訳 筑摩書房 1997.4 350p （ちくま学芸文庫）
◇フィヒテと内的境界（大西雅一郎訳）：国民とは何か エルネスト・ルナンほか著, 鵜飼哲ほか訳 インスクリプト 1997.10 311p
◇アルチュセールと「国家のイデオロギー諸装置」：再生産について―イデオロギーと国家のイデオロギー諸装置 ルイ・アルチュセール著, 西川長夫, 伊吹浩一, 大中一弥, 今野晃, 山家歩訳 平凡社 2005.5 473p

Balinski, Michel バリンスキー, M. *
◇議員定数配分（共著）（谷内浩史訳）：公共政策ORハンドブック S.M.Pollock, M.H.Rothkopf, A.Barnett編, 大山達雄監訳 朝倉書店 1998.4 741p

Balint, Michael バリント, マイケル*
◇押しつけがましくない分析者（三月田洋一訳）：英国独立学派の精神分析―対象関係論の展開 G.コーホン編, 西園昌久監訳 岩崎学術出版社 1992.6 278p （現代精神分析双書 2 - 17）

Balkany, Thomas J. バルカニー, T. J. *
◇ダウン症児における耳科学的問題と難聴（共著）：ダウン症候群と療育の発展―理解の向上のために Valentine Dmitriev, Patricia L.Oelwein編著, 竹井和子訳 協同医書出版社 1992.6 274p

Ball, Desmond ボール, デズモンド
◇必死のビンラディン捜査：衝突を超えて―9・11後の世界秩序 K.ブース, T.ダン編, 寺島隆吉監訳, 塚田幸三, 寺島美紀子訳 日本経済評論社 2003.5 469p
◇日豪安全保障関係の行方：多国間主義と同盟の狭間―岐路に立つ日本とオーストラリア マイケル・シーゲル, ジョセフ・カミレーリ編 国際書院 2006.9 305p

Ball, Stephen J. ボール, スティーブン・J.
◇フーコーの紹介 他（稲垣恭子訳）：フーコーと教育―〈知＝権力〉の解読 S.J.ボール編著, 稲垣恭子, 喜名信之, 山本雄二監訳 勁草書房 1999.4 285, 4p

Ball, Terence ボール, テレンス
◇戦後の政治状況におけるアメリカ政治学：アメリカ政治学の展開―学説と歴史 ジェームズ・ファ, レイモンド・セイデルマン編著, 本田弘, 藤原孝, 秋山和宏, 石川晃司, 入江正俊ほか訳 サンワコーポレーション 1996.2 506p

Ballard, Robert D. バラード, ロバート・D.
◇人を動かす知恵（共著）：動機づける力 Diamond ハーバード・ビジネス・レビュー編集部編訳 ダイヤモンド社 2005.2 243p （Harvard business review anthology）

Ballauff, Theodor バラウフ, テオドール
◇現代教育学におけるアンチテーゼ（高橋勝訳）：現代ドイツ教育学の潮流―W・フリットナー百歳記念論文集 ヘルマン・レールス, ハンス・ショイアール編, 天野正治訳 玉川大学出版部 1992.8 503p

Ballhatchet, Helen ボールハチェット, ヘレン
◇馬場辰猪：英国と日本―架橋の人びと サー・ヒュー・コータッツイ, ゴードン・ダニエルズ編著, 横山俊夫解説, 大山瑞代訳 思文閣出版 1998.11 503, 68p
◇明治日本における英国人宣教師（小林功芳訳）：英国と日本―日英交流人物列伝 イアン・ニッシュ編, 日英文化交流研究会訳 博文館新社 2002.9 470p

Ball-Rokeach, S. J. ボール＝ロキーチ, S. J.
◇個人のメディア・システム依存の起源（谷藤悦史訳）：リーディングス政治コミュニケーション 谷藤悦史, 大石裕編訳 一芸社 2002.4 284p

Baltes, Paul B. バルテス, ポール・B.
◇生涯発達心理学を構成する理論的諸観点―成長と衰退のダイナミクスについて（鈴木忠訳）：生涯発達の心理学 1巻 認知・知能・知恵 東洋, 柏木恵子, 高橋恵子編・監訳 新曜社 1993.10 250p

Baly, Monica Eileen ベイリー, モニカ
◇フロレンス・ナイチンゲールとセント・トマス病院の最初の学校創設（平尾真智子訳）：ナイチンゲールと

その時代　モニカ・ベイリー他著, 平尾真智子, 小沢道子他訳, 小林章夫監訳　うぶすな書院　2000.12　258p

Balzac, Honoréde　バルザック, オノレ・ド
◇社会種と動物種：ドゥルーズ初期―若き哲学者が作った教科書　ジル・ドゥルーズ編著, 加賀野井秀一訳注　夏目書房　1998.5　239p

Bamber, Greg J.　バンバー, グレッグ・J.
◇国際・比較労使関係の研究　他（共著）(林和彦訳)：新版　先進諸国の労使関係―21世紀に向けての課題と展望　桑原靖夫, グレッグ・J.バンバー, ラッセル・D.ランズベリー編　日本労働研究機構　1994.7　452p
◇国際・比較雇用関係研究への序説　他（共著）(林和彦訳)：先進諸国の雇用・労使関係―国際比較：21世紀の課題と展望　桑原靖夫, グレッグ・バンバー, ラッセル・ランズベリー編　新版　日本労働研究機構　2000.7　551p

Bamlett, Robert　バムレット, ロバート
◇専門職による多角的アセスメント（共著）(稲葉昭英訳)：高齢者虐待―発見・予防のために　ピーター・デカルマー, フランク・グレンデニング編著, 田端光美, 杉岡直人監訳　ミネルヴァ書房　1998.2　246p（Minerva福祉ライブラリー 23）

Banaji, Mahzarin R.　バナジ, マーザリン・R.
◇道徳家ほど己の偏見に気づかない（共著）：リーダーシップに「心理学」を生かす　Diamondハーバード・ビジネス・レビュー編集部編訳　ダイヤモンド社　2005.9　294p　(Harvard business review anthology)
◇道徳家ほどおのれの偏見に気づかない（共著）：組織行動論の実学―心理学で経営課題を解明する　Diamondハーバード・ビジネス・レビュー編集部編訳　ダイヤモンド社　2007.9　425p　(Harvard business review)

Banchoff, Thomas F.　バンチョフ, T. F. ＊
◇次元：世界は数理でできている　L.A.スティーン編, 三輪辰郎訳　丸善　2000.3　322p

Bandow, Doug　バンドウ, ダグ
◇合法化後のドラッグ政策―誰が, 誰に, 何を売るのか？他：ドラッグ全面解禁論　ディヴィッド・ボアズ編, 樋口幸子訳　第三書館　1994.11　364p

Bandura, Albert　バンデューラ, アルバート
◇激動社会における個人と集団の効力の発揮（野口京子訳）：激動社会の中の自己効力　アルバート・バンデューラ編, 本明寛, 野口京子監訳　金子書房　1997.11　352p
◇自分の能力に自信をもつために：セルフヘルプ―自助は他人に頼らず, 自分の力で生きていく！　2　ケン・シェルトン編著, 堀紘一訳　フロンティア出版　1998.12　283p

Bañez, Dominicus　バニェス, ドミンゴ
◇人間意志を効果的に動かす神の恩寵の援助と被造的自由意思の真にして正当な調和に関する論考（竹島幸一訳）：中世思想原典集成　20　近世のスコラ学　上智大学中世思想研究所編訳・監修　平凡社　2000.8　1193p

Bangle, Christopher　バングル, クリストファー
◇人を動かす知恵（共著）：動機づける力　Diamond

ハーバード・ビジネス・レビュー編集部編訳　ダイヤモンド社　2005.2　243p　(Harvard business review anthology)

Bangs, Richard　バングズ, リチャード
◇冒険との初デート―アメリカ：お気をつけて, いい旅を。―異国で出会った悲しくも可笑しい51の体験　メアリー・モリス, ポール・セロー, ジョー・ゴアス, イザベル・アジェンデ, ドミニク・ラビエールほか著, 古屋美登里, 中俣真知子訳　アスペクト　1995.7　366p

Banker, Rajiv D.　バンカー, R. ＊
◇米国航空業界における経営戦略が効率性に与える影響の評価（共著）(篠原正931訳)：経営効率評価ハンドブック―包絡分析法の理論と応用　Abraham Charnesほか編, 刀根薫, 上田徹監訳　朝倉書店　2000.2　465p

Bankhead, Tallulah　バンクヘッド, タルーラ
◇タルーラ・バンクヘッド（吉田美枝訳）：インタヴューズ　1　クリストファー・シルヴェスター編, 新庄哲夫ほか訳　文芸春秋　1998.11　462p

Bank-Mikkelsen, Neils Erik　バンク・ミケルセン, ニルス・エリク
◇ノーマリゼーションを語る：「ノーマリゼーションの父」N・E・バンク・ミケルセン―その生涯と思想　花村春樹訳・著　ミネルヴァ書房　1994.9　231p

Banks, R. Darryl　バンクス, R. ダリル
◇グリーン・レジャー（緑の元帳）（共著）：緑の利益―環境管理会計の展開　マーティン・ベネット, ピーター・ジェイムズ編著, 国部克彦監修, 海野みづえ訳　産業環境管理協会　2000.12　542p

Bann, Stephen　バン, スティーヴン
◇過去の感覚―十九世紀イギリスの歴史意識形成におけるイメージ・テクスト・事物：ニュー・ヒストリシズム―文化とテクストの新歴史性を求めて　H.アラム・ヴィーザー編, 伊藤詔子ほか訳　英潮社　1992.11　291p

Bannenberg, Britta　バンネンベルク, ブリッタ
◇ドイツにおける被害者―加害者の和解―実績調査と刑事政策的結論（共著）(比嘉康光訳)：犯罪被害者と刑事司法　ギュンター・カイザー, H.クーリー, H.-J.アルブレヒト編, 宮沢浩一, 田口守一, 高橋則夫編訳　成文堂　1995.7　443p

Bannert, Valerie　バナート, ヴァレリー
◇買収による技術ソーシング―統合的技術デュー・ディリジェンスのプロセス：科学経営のための実践的MOT―技術主導型企業からイノベーション主導型企業へ　ヒューゴ・チルキー編, 亀岡秋男監訳　日経BP社　2005.1　397p

Bannister, Anne　バニスター, アン
◇虐待の見分け（福知栄子訳）：児童虐待への挑戦　ウェンディ・スティントン・ロジャース, デニス・ヒーヴィー, エリザベス・アッシュ編著, 福知栄子, 中野敏子, 田沢あけみほか訳　法律文化社　1993.11　261p

Baraclough, Joan　バラクロー, ジョアン
◇ソーシャルワーク教育財団・アン・カミンズ記念奨学財団：1995年受賞論文 序文　他（前田美也子訳）：医療ソーシャルワークの挑戦―イギリス保健関連ソーシャルワークの100年　ジョアン・バラクローほ

か編著, 児島美都子, 中村永司監訳　中央法規出版　1999.5　271p

Baram, Michael S.　バラム, M. *
◇企業における化学事故のリスク管理 他（共著）（辻俊郎訳）：グリーニングチャレンジ—企業の環境戦略　Kurt Fischer, Johan Schot編, 藤森敬三監訳, 日本電気環境エンジニアリング訳　日科技連出版　1999.8　419p

Baranick, David　バラニック, D. *
◇CMBS関係者への米国会計原則（GAAP）入門 他（共著）：CMBS—商業用モーゲージ証券 成長する新金融商品市場の特徴と実務　フランク・J.ファボッツィ, デイビッド・P.ジェイコブ編, 酒井吉広監訳, 野村証券CMBS研究会訳　金融財政事情研究会　2000.12　672p

Barber, Benjamin R.　バーバー, ベンジャミン・R.
◇憲法への忠誠（辰巳伸知訳）：国を愛するということ—愛国主義の限界をめぐる論争　マーサ・C.ヌスバウム他著, 辰巳伸知, 能川元一訳　人文書院　2000.5　269p
◇ジハード対マックワールの時代の民主主義とテロリズム……：衝突を超えて—9・11後の世界秩序　K.ブース, T.ダン編, 寺島隆吉監訳, 塚田幸三, 寺島美紀子訳　日本経済評論社　2003.5　469p
◇下からのグローバル・ガバナンス：論争グローバリゼーション—新自由主義対社会民主主義　デヴィッド・ヘルド編, 猪口孝訳　岩波書店　2007.5　241p

Barca, Fabrizio　バルカ, ファブリツィオ
◇構造成長（共著）（岡本義行訳）：イタリアの金融・経済とEC統合　ロザリオ・ボナヴォーリア編, 岡本義行ほか訳　日本経済評論社　1992.6　304p

Bardwell, S. K.　バードウェル, S. K.
◇ロイ：締切り間際の殺人事件簿—特ダネ事件記者が綴る11の難事件　リサ・ベス・ピュリッツァー編, 加藤洋子訳　原書房　1998.6　332p

Bardwick, Judith M.　バードウィック, ジュディス・M.
◇平時のマネジメント、戦時のリーダーシップ：未来組織のリーダー—ビジョン・戦略・実践の革新　フランシス・ヘッセルバイン, マーシャル・ゴールドスミス, リチャード・ベカード編, 田代正美訳　ダイヤモンド社　1998.7　239p
◇どんな状況でもチャレンジ精神を!：セルフヘルプ—自助＝他人に頼らず、自分の力で生きていく！　2　ケン・シェルトン編, 堀紘一監訳　フロンティア出版　1998.12　283p
◇"戦時"の今、リーダーは人々の感情に訴えかけなさい：ウェルチはこうして組織を甦らせた—アメリカ・トップリーダーからの経営処方箋29　ケン・シェルトン編, 堀紘一監修・訳　フロンティア出版　1999.12　281p

Bärend, Hartmut　ベーレント, ハルトムート
◇ヨハネによる福音書：聖書の牧会者たち　日本基督教団出版局　2000.2　186p　（魂への配慮の歴史 第1巻　C.メラー編, 加藤常昭訳）

Barichello, Richard　バリチェロ, リチャード
◇農業政策と貧困削減：開発のための政策一貫性—東アジアの経済発展と先進諸国の役割 経済開発機構（OECD）財務省財務総合政策研究所共同研究プロジェクト　河合正弘, 深作喜一郎編著・監訳, マイケル・G.プランマー, アレクサンドラ・トルチアック＝デュヴァル編著　明石書店　2006.3　650p

Baringhorst, Sigrid　バーリングホルスト, ジグリッド
◇文化的多元主義と反差別政策—ブラッドフォード市の経験から（分田順子訳）：新しい移民大陸ヨーロッパ—比較のなかの西欧諸国・外国人労働者と移民政策　ディートリヒ・トレンハルト, 編著, 宮島喬, 丸山智恵子, 高坂扶美子, 分田順子, 新原道信, 定松文訳　明石書店　1994.3　368p

Barkan, Barry　バーカン, バリー
◇コミュニティ再生の試み：自立支援とはなにか—高齢者介護の戦略　ガムロス, セムラデック, トーンキス卜編, 岡本祐三, 秦洋一訳　日本評論社　1999.9　207p

Barker, Joel A.　バーカー, ジョエル・A.
◇モンドラゴンモデル 二十一世紀へ続く新たな道：企業の未来像—成功する組織の条件　フランシス・ヘッセルバイン, マーシャル・ゴールドスミス, リチャード・ベックハード編, 小坂恵理訳　トッパン　1998.7　462p　（トッパンのビジネス経営書シリーズ 14）

Barker, Paul　バーカー, ポール
◇組織に創造性をどう根づかせるか（共訳）：ブレークスルー思考　Harvard Business Review編, Diamondハーバード・ビジネス・レビュー編集部訳　ダイヤモンド社　2001.10　221p

Barker, Thomas M.　ベーカー, トーマス・M.
◇地中海（共著）：ヒトラーが勝利する世界—歴史家たちが検証する第二次大戦・60の"if"　ハロルド・C.ドイッチュ, デニス・E.ショウォルター編, 守屋純訳　学習研究社　2006.10　671p　（WW selection）

Barkley, Russell A.　バークリー, R. A. *
◇注意欠陥—多動障害の子どものための親訓練プログラム（共著）（免田賢訳）：共同治療者としての親訓練ハンドブック　上　Charles E.Schaefer, James M.Briesmeister編, 山上敏子, 大隈紘子監訳　二瓶社　1996.11　332p

Barkow, Jerome H.　バーコウ, ジェローム・H.
◇行動の規則と進化の行動：倫理は自然の中に根拠をもつか　マルク・キルシュ編, 松浦俊輔訳　産業図書　1995.8　387p

Barlow, Margaret Johnstone　バーロー, マーガレット・ジョンストン
◇友人と仲間：アドラーの思い出　G.J.マナスター, G.ペインター, D.ドイッチュ, B.J.オーバーホルト編, 柿内邦博, 井原文子, 野田俊作訳　創元社　2007.6　244p

Barnaby, Frank　バーナビー, フランク
◇軍事力 他：マクミラン近未来地球地図　イアン・ピアソン編, 松井孝典監訳　東京書籍　1999.11　115p

Barnard, Alan　バーナード, アラン
◇狩猟採集社会の思考モード（上野華香, スチュアート・ヘンリ訳）：「野生」の誕生—未開イメージの歴史　スチュアート・ヘンリ編　世界思想社　2003.10　280p

Barnard, Henry バーナード, ヘンリー
◇ブルデューと民族誌―反省性, 政治, プラチック:ブルデュー入門―理論のプラチック　R.ハーカー, C.マハール, C.ウィルクス編, 滝本往人, 柳和樹訳　昭和堂　1993.4　380p

Barnes, Monica バーンズ, モニカ
◇家庭内暴力(長津美代子訳):転換期の家族―ジェンダー・家族・開発　N.B.ライデンフロースト編, 家庭経営学部会訳　日本家政学会　1995.3　360p

Barnett, Arnold バーネット, A.*
◇モデルの失敗(上原浩人訳):公共政策ORハンドブック　S.M.Pollock, M.H.Rothkopf, A.Barnett編, 大山達雄監訳　朝倉書店　1998.4　741p

Barnett, Marva A. バーネット, マーバ・A.
◇さまざまな段階をつなぐリーディングの要素(加須屋弘司訳):変革期の大学外国語教育　ウィルガ・M.リヴァーズ編著, 上地安貞, 加須屋弘司, 矢田裕士, 森本豊富訳　桐原書店　1995.9　307p (言語教育・応用言語学叢書)

Barnett, Randy E. バーネット, ランディ・E.
◇合法化を「一本」打たなくちゃ(共著):ドラッグ全面解禁論　ディヴィッド・ボアズ編, 樋口幸子訳　第三書館　1994.11　364p

Barnum, Phineas Taylor バーナム, P. T.
◇お金を増やす法:成功大学　オグ・マンディーノ編著, 箱田忠昭訳　日本経営合理化協会出版局　1998.9　689p
◇お金を増やす法:成功大学　オグ・マンディーノ編著, 箱田忠昭訳　皮革携帯版　日本経営合理化協会出版　1998.9　689p
◇金儲けの戦術(小林順子訳):ビジネスの知恵50選―伝説的経営者が語る成功の条件　ピーター・クラス編, 佐藤洋一監訳　トッパン　1999.2　543p (トッパンのビジネス経営書シリーズ 26)

Baron, Richard C. バロン, R. C.*
◇心理社会的リハビリテーション(松田理恵訳):地域精神保健看護　ナンシー・K.ワーレイ原著編集, 早川和生訳　医学書院　1999.9　304p

Baron-Cohen, Simon バロン＝コーエン, サイモン
◇視線検出器(EDD)と注意共有メカニズム(SAM)―進化心理学における2つのケース(吉松靖文訳):ジョイント・アテンション―心の起源とその発達を探る　Chris Moore, Philip J.Dunham原編, 大神英裕監訳　ナカニシヤ出版　1999.8　309p
◇心の性差:コンフリクト　M.ジョーンズ, A.C.フェビアン共編, 大淵憲一, 熊谷智博共訳　培風館　2007.11　256p

Barr, Pat バー, パット
◇イザベラ・バード(長岡祥三訳):英国と日本―日英交流人物列伝　イアン・ニッシュ編, 日英文化交流研究会訳　博文館新社　2002.9　470p

Barr, Paula バー, ポーラ
◇目撃者:締切り間際の殺人事件簿―特ダネ事件記者が綴る11の難事件　リサ・ベス・ピュリッツァー編, 加藤洋子訳　原書房　1998.4　332p

Barrell, Tony バレル, トニー
◇日本式「外人さん」歓待法:私が出会った日本―オーストラリア人の異色体験・日本観　ジェニファー・ダフィ, ギャリー・アンソン編　サイマル出版会　1995.7　234p

Barrett, Colleen バレット, コリーン
◇傾聴と観察を怠らない:EQを鍛える　Diamondハーバード・ビジネス・レビュー編集部訳　ダイヤモンド社　2005.7　286p (Harvard business review anthology)

Barrett, Eric Charles バレット, エリック・C.
◇見ること, 信じること:神を見いだした科学者たち　2　E.C.バレット編, 佐藤是伸訳　いのちのことば社　1995.10　214p

Barrett, Martyn D. バレット, マーティン
◇語彙の発達(共著)(小松歩, 広瀬信雄訳):知的障害者の言語とコミュニケーション　上　マイケル・ベヴェリッジ, G.コンティ・ラムズデン, I.リュダー編, 今野和夫, 清水貞夫監訳　学苑社　1994.4　285p

Barrett, Scott バレット, スコット
◇協調のためのインセンティブづくり―戦略的選択(近藤正規訳):地球公共財の政治経済学　Inge Kaul, Pedro Conceicao, Katell Le Goulven, Ronald U.Mendoza編, 高橋一生監訳・編　国際書院　2005.6　332p

Barretta-Herman, Angeline バレッタ・ハーマン, アンジェリン
◇失われた環(共著):スクールソーシャルワークとは何か―その理論と実践　全米ソーシャルワーカー協会編, 山下英三郎訳　現代書館　1998.12　234p

Barrie, Sir James Matthew, bart バリー, ジェイムズ・マシュー
◇バリー危うし―本物のブラウンはどっち?(岩崎徹訳):インタヴューズ　1　クリストファー・シルヴェスター編, 新庄哲夫ほか訳　文芸春秋　1998.11　462p

Barrington, T. J. バリントン, T. J.
◇アイルランド地方自治の危機:国際比較から見た地方自治と都市問題―先進20カ国の分析　2　Joachim Jens Hesse編, 北海道比較地方自治研究会訳　北海道比較地方自治研究会　1995.3　210p
◇アイルランド地方自治の危機:地方自治の世界的潮流―20カ国からの報告　上　ヨアヒム・J.ヘッセ編, 北海道比較地方自治研究会訳, 木佐茂男監修　信山社出版　1997.9　335p

Barro, Robert J. バロー, ロバート・J.
◇火消しではなく, 火を放つIMF:IMF改廃論争の論点　ローレンス・J.マッキラン, ピーター・C.モントゴメリー編, 森川公隆監訳　東洋経済新報社　2000.11　285p

Barron, Paul バロン, ポール
◇米国における仲裁プラクティス(内ケ崎善英訳):各国仲裁の法とプラクティス　P.シュロッサー他著, 小島武司編訳　中央大学出版部　1992.8　147p (日本比較法研究所翻訳叢書 30)

Barrow, G. W. S. バロー, G. W. S.
◇序論:スコットランド史―その意義と可能性　ロザリンド・ミチスン編, 富田理恵, 家入葉子訳　未来社　1998.10　220, 37p

Barry, Jonathan　バリー, ジョナサン
◇ブルジョワ集団主義？―都市の結社と中流層（宮川剛訳）：イギリスのミドリング・ソート―中流層をとおしてみた近世社会　ジョナサン・バリー, クリストファ・ブルックス編, 山本正監訳　昭和堂　1998.10　278, 54p

Barsamian, David　バーサミアン, デイヴィッド
◇帝国の野望（乾真由美訳）：世界は変えられる―TUPが伝えるイラク戦争の「真実」と「非戦」　TUP（Translators United for Peace＝平和をめざす翻訳者たち）監修　七つ森書館　2004.5　234, 5p

Bársony, Jenő　バールショニ, イェネー
◇リシュカ・ティボルの構想：社会主義的企業家活動：計画から市場へ―ハンガリー経済改革思想史1954-1988　平泉公雄編訳　アジア経済研究所　1992.3　355p　（翻訳シリーズ 32）

Bar-Tal, Daniel　バー＝タル, ダニエル
◇教師の行動が生徒の帰属に及ぼす効果：文献概観（相川充訳）：原因帰属と行動変容―心理臨床と教育実践への応用　チャールズ・アンタキ, クリス・ブレーウィン編, 細田和雅, 古元裕一郎訳　ナカニシヤ出版　1993.12　243p

Bartels, Lynn　バーテルズ, リン
◇殺すための自由：締切り間際の殺人事件簿―特ダネ事件記者が綴る11の難事件　リサ・ベス・ピュリッツァー編, 加藤洋子訳　原書房　1998.6　332p

Barth, F.　バルト, フレドリック
◇エスニック集団の境界：「エスニック」とは何か―エスニシティ基本論文選　青柳まちこ編・監訳　新泉社　1996.3　221p　（「知」の扉をひらく）

Barth, Hans-Martin　バールト, ハンス・マルティン
◇他力 他：仏教とキリスト教の対話―浄土真宗と福音主義神学　ハンス＝マルティン・バールト, マイケル・パイ, 箕浦恵了編　法蔵館　2000.11　311p
◇生きているのは, もはや, わたしではない…… 他（大河内了義訳）：仏教とキリスト教の対話 2　マイケル・パイ, 宮下晴輝, 箕浦恵了編　法蔵館　2003.12　296p
◇回顧と展望 他（門脇健訳）：仏教とキリスト教の対話 3　ハンス・マルティン・バールト, マイケル・パイ, 箕浦恵了, 門脇健編　法蔵館　2004.3　281p

Barth, Karl　バルト, カール
◇ルカによる福音書第一章二六―三八節 他：光の降誕祭―20世紀クリスマス名説教集　ルードルフ・ランダウ編, 加藤常昭訳　再版　教文館　2004.9　308p

Barthélemy, Joseph　バルテルミイ, ジョセフ
◇婦人参政権の理論と実際（星野辰雄訳）：世界女性学基礎文献集成　昭和初期編 第12巻　水田珠枝監修　ゆまに書房　2001.12　20, 265p

Barthes, Roland　バルト, ロラン
◇記号学と都市の理論（篠田浩一郎訳）：都市と郊外―リーディングズ 比較文化論への通路　今橋映子編著　NTT出版　2004.12　455, 14p

Bartholomaeus Anglicus　バルトロマエウス・アングリクス
◇事物の属性について：中世思想原典集成 13　盛期スコラ学　上智大学中世思想研究所編訳・監修　平凡社　1993.2　845p

Bartlett, Christopher A.　バートレット, クリストファー・A.
◇組織間ネットワークとしての多国籍企業：組織理論と多国籍企業　スマントラ・ゴシャール, D.E.エレナ・ウエストニー編著, 江夏健一監訳, IBI国際ビジネス研究センター訳　文真堂　1998.10　452p
◇知識ベースの組織：知識革新力　ルディ・ラグルス, ダン・ホルツハウス編, 木川田一栄訳　ダイヤモンド社　2001.7　321p
◇新しい企業の条件（共著）：MITスローン・スクール戦略論　マイケル・A.クスマノ, コンスタンチノス・C.マルキデス編, グロービス・マネジメント・インスティテュート訳　東洋経済新報社　2003.12　287p
◇国境を越えて管理する（共著）：スマート・グローバリゼーション　A.K.グプタ, D.E.ウエストニー編著, 諸上茂登監訳　同文舘出版　2005.3　234p
◇3Mオプティカル・システムズ：企業の企業家精神をマネージする（共著）：技術とイノベーションの戦略的マネジメント 下　ロバート・A.バーゲルマン, クレイトン・M.クリステンセン, スティーヴン・C.ウィールライト編著, 青島矢一, 黒田光太郎, 志賀敏宏, 田辺孝二, 出川通, 和賀三和子日本語版監修, 岡真由美, 斉藤裕一, 桜井祐子, 中川泉, 山本章子訳　翔泳社　2007.7　595p

Bartlett, Sarah　バートレット, サラ
◇ビジネス：マクミラン近未来地球地図　イアン・ピアソン編, 松井孝典監訳　東京書籍　1999.11　115p

Bartley, Mel　バートリー, M.
◇健康の不平等にかんする統計について考える（共著）（藤岡光夫訳）：現代イギリスの政治算術―統計は社会を変えるか　D.ドーリング, S.シンプソン編著, 岩井浩ほか監訳　北海道大学図書刊行会　2003.7　588p

Bartlotta, Stephan　バートロッタ, ステファン
◇消費者ダイレクト・チャンネル―バーチャル・リテーラーがいかにして新しい顧客を勝ちとっているか：サプライチェーン戦略　ジョン・ガトーナ編, 前田健蔵, 田村誠一訳　東洋経済新報社　1999.5　377p（Best solution）

Bartolomé, Fernando　バートロメ, フェルナンド
◇プライベート情報網のつくり方：コミュニケーション戦略スキル　Harvard Business Review編, Diamondハーバード・ビジネス・レビュー編集部訳　ダイヤモンド社　2002.1　260p

Bartolomeo, Matteo　バルトロメーオ, マッテオ
◇イタリア方式の環境会計：緑の利益―環境管理会計の展開　マーティン・ベネット, ピーター・ジェイムズ編, 国部克彦監修, 海野みづえ訳　産業環境管理協会　2000.12　542p

Barton, Len　バートン, レン
◇はたして人権に関心を持つ人物が存在するのだろうか（共著）（大和田雄一訳）：障害, 人権と教育　レン・バートン, フェリシティ・アームストロング編, 嶺井正也監訳　明石書店　2003.5　442p　（明石ライブラリー 51）
◇市場のイデオロギー, 教育, そしてインクルージョンに対する挑戦：世界のインクルーシブ教育―多様性を認め, 排除しない教育　ハリー・ダニエルズ, フィリップ・ガーナー編著, 中村満紀男, 窪田真二監訳　明石書店　2006.3　540p　（明石ライブラリー 92）

Bartram, Pamela　バートラム, P.
◇ショーン：自閉症とパーソナリティ　アン・アルヴァレズ, スーザン・リード編, 倉光修監訳, 鵜飼奈津子, 広沢愛子, 若佐美奈子訳　創元社　2006.9　375p

Bartz, Carol　バーツ, キャロル
◇何事にも正直であれ：EQを鍛える　Diamondハーバード・ビジネス・レビュー編集部編訳　ダイヤモンド社　2005.7　286p　(Harvard business review anthology)

Baruch, Bernard M.　バルーク, バーナード・M.
◇私の投資哲学(山本徹訳)：ビジネスの知恵50選—伝説的経営者が語る成功の条件　ピーター・クラス編, 佐藤洋一監訳　トッパン　1999.2　543p　(トッパンのビジネス経営書シリーズ 26)

Basaglia, Franca Ongalo　バザーリャ, F. O.
◇社会の鏡としてのイタリア精神医療改革：過渡期の精神医療—英国とイタリアの経験から　シュラミット・ラモン, マリア・グラツィア・ジャンニケッダ編, 川田誉音訳　海声社　1992.10　424p

Basedow, Jürgen　バセドウ, ユルゲン
◇ヨーロッパ契約法の統一とドイツ法 他(半田吉信訳)：ヨーロッパ統一契約法への道　ユルゲン・バセドウ編, 半田吉信ほか訳　法律文化社　2004.6　388p
◇ヨーロッパ共通の私法(相沢啓一訳)：グローバル化と法—〈日本におけるドイツ年〉法学研究集会　ハンス・ペーター・マルチュケ, 村上淳一編　信山社出版　2006.9　219p

Basilius　バシレイオス
◇修道士大規定・ヘクサエメロン・書簡集：中世思想原典集成 2　盛期ギリシア教父　上智大学中世思想研究所編訳・監修　平凡社　1992.9　687p

Bass, Christopher　バス, クリストファー
◇心気症(共著)：認知行動療法の科学と実践　David M.Clark, Christopher G.Fairburn編, 伊予雅臣監訳　星和書店　2003.4　280p

Bassler, Jouette M.　バスラー, ジュエット・M.
◇Iコリント書 他(鈴木元子訳)：女性たちの聖書注解—女性の視点で読む旧約・新約・外典の世界　C.A.ニューサム, S.H.リンジ編, 加藤明子, 小野功生, 鈴木元子訳, 荒井章三, 山内一郎日本語版監修　新教出版社　1998.3　682p

Bastide, R.　バスティード, R.
◇アフリカの神話：無文字民族の神話　ミシェル・パノフ他著, 大林太良, 宇野公一郎訳　新装復刊　白水社　1998.10　281, 12p

Bastone, Linda　バストン, L.*
◇情動の研究における香りの使用(共著)：香りの生理心理学　S.ヴァン・トラー, G.H.ドッド編, 印藤元一訳　フレグランスジャーナル社　1996.6　306p

Bataille, Georges　バタイユ, ジョルジュ
◇聖なる陰謀 他(兼子正勝訳)：無頭人　ジョルジュ・バタイユ他著, 兼子正勝, 中沢信一, 鈴木創士訳　現代思潮社　1999.7　246p　(エートル叢書 4)

Batcheldor, Kenneth J.　バチェルダー, ケネス・J.
◇テーブル浮揚とその関連現象の事例に関する報告 他：超常現象のとらえにくさ　笠原敏雄編　春秋社　1993.7　776, 61p

Bate, Richard　ベイト, R.
◇世帯推計—オオカミの皮を着た羊(良永康平訳)：現代イギリスの政治算術—統計は社会をなぜ歪めるか　D.ドーリング, S.シンプソン編著, 岩井浩ほか監訳　北海道大学図書刊行会　2003.7　588p

Bathurst, Kay　バサースト, ケイ
◇母親の就労, 家族関係および子どもの発達：乳児期から学童期まで(共著)(大日向雅美訳)：母親の就労と子どもの発達—縦断的研究　エイデル・E.ゴットフライド, アレン・W.ゴットフライド編著, 佐々木保行監訳　ブレーン出版　1996.4　318p

Batifoulier, Philippe　バティフリエ, フィリップ
◇ゲーム理論における慣行の動態 他(共著)(片岡浩二訳)：コンヴァンシオン理論の射程—政治経済学の復権　フィリップ・バティフリエ編, 海老塚明, 須田文明監訳　昭和堂　2006.11　419p

Battin, Patricia　バッティン, パトリシア
◇舞台の設定 他(共著)(広田とし子訳)：デジタル時代の大学と図書館—21世紀における学術情報資源マネジメント　B.L.ホーキンス, P.バッティン編, 三浦逸雄, 斎藤泰則, 広田とし子訳　玉川大学出版部　2002.3　370p　(高等教育シリーズ 112)

Battista, John Robert　バティスタ, ジョン. R.
◇エイブラハム・マズローとロベルト・アサジョーリ—トランスパーソナル心理学の先駆者たち 他：テキスト/トランスパーソナル心理学・精神医学　B.W.スコットン, A.B.チネン, J.R.バティスタ編, 安藤治, 池沢良郎, 是恒正達訳　日本評論社　1999.12　433p

Bauberot, Jean　ボベロ, ジャン
◇プロテスタントの女性について(伊藤はるひ訳)：ヘーゲル—イラスト版　R.スペンサー文, A.クラウゼ絵, 椥田直子訳　現代書館　1996.9　174p　(For beginnersシリーズ 77)
◇フランス政教分離原則(ライシテ)における文化移転の影響：文化の多様性と通底の価値—聖俗の拮抗をめぐる東西対話　服部英二監修　麗澤大学出版会　2007.11　305, 11p

Baudrillard, Jean　ボードリヤール, ジャン
◇ユートピアの後に—未来における原始社会：知の大潮流—21世紀へのパラダイム転換 今世紀最高の頭脳が予見する未来　ネイサン・ガーデルズ編, 仁保真佐子訳　徳間書店　1996.12　419p

Bauer, Harry　バウアー, ハリー
◇是が非でも平和なのか？(共著)：ボスニア戦争とヨーロッパ　N.ステファノフ, M.ヴェルシ編, 佐久間穆訳　朝日新聞社　1997.4　288p

Bauer, Helfried　バウアー, ヘルフリート
◇オーストリアにおける地方政府の再生：国際比較から見た地方自治と都市問題—先進20カ国の分析 2　Joachim Jens Hesse編, 北海道比較地方自治研究会訳　北海道比較地方自治研究会　1995.3　210p
◇オーストリアにおける地方政府の再生：地方自治の世界的潮流—20カ国からの報告 下　ヨアヒム・J.ヘッセ編, 北海道比較地方自治研究会訳, 木佐茂男監修　信山社出版　1997.9　p337-650

Bauer, Tamás　バウエル, タマーシュ
◇ハンガリー経済メカニズムにおける企業の矛盾の状

況 他：計画から市場へ―ハンガリー経済改革思想史 1954-1988　平泉公雄編訳　アジア経済研究所　1992.3　355p　（翻訳シリーズ 32）

Baum, Herb　バーム，ハーブ
◇人を動かす知恵（共著）：動機づける力　Diamond ハーバード・ビジネス・レビュー編集部編訳　ダイヤモンド社　2005.2　243p　（Harvard business review anthology）

Bauman, Richard　バウマン，リチャード
◇アメリカの民俗学研究と社会的変容―パフォーマンスを中心としたパースペクティブ：民俗学の政治性―アメリカ民俗学100年目の省察から　岩竹美加子編訳　未来社　1996.8　283, 6p　（ニュー・フォークロア双書 27）

Bauman, W. Scott　バウマン，W.＊
◇市場サイクル、予想バイアス、そして投資スタイル（共著）（中村腸一訳）：株式投資スタイル―投資家とファンドマネージャーを結ぶ投資哲学　T.ダニエル・コギン，フランク・J.ファボッツィ，ロバート・D.アーノット編，野村證券金融研究所訳　増補改訂版　野村総合研究所情報リソース部　1998.3　450p
◇投資スタイル，株式市場のサイクル，投資家および年金基金のパフォーマンス（共著）：年金資産運用マネジメントのすべて―プラン・スポンサーの新潮流　フランク J.ファボッツィ編，榊原茂樹監訳，大和銀行信託財産運用部訳　金融財政事情研究会　1999.11　463p

Baumann, Jürgen　バウマン，ユルゲン
◇刑法改正の現代的意義（吉川経夫訳）：罪刑法定主義と刑法思想　吉川経夫著　法律文化社　2001.2　479p　（吉川経夫著作選集 第2巻）

Baumann, Margaret　バウマン，M.＊
◇尿失禁と留置カテーテル（共著）：日本版MDS-HC 2.0在宅ケアアセスメントマニュアル　John N.Morris他編著，池上直己訳　医学書院　1999.9　294p
◇尿失禁と留置カテーテル（共著）：日本版MDS-HC 2.0在宅ケアアセスメントマニュアル　John N.Morris他編著，池上直己訳　新訂版　医学書院　2004.11　298p

Baumann, Ursula　バウマン，ウルズラ
◇埋葬実務に見られる自殺者への差別（志村恵訳）：ヨーロッパの差別論　ヤン・C.ヨェルデン編，田村光彰ほか訳　明石書店　1999.12　452p　（世界人権問題叢書 34）

Baumgarten, Eduard　バウムガルテン，エデュアルト
◇エドゥアルト・バウムガルテン：回想のマックス・ウェーバー―同時代人の証言　安藤英治聞き手，亀嶋庸一編，今野元訳　岩波書店　2005.7　272, 5p

Baumgartner, Hans Michael　バウムガルトナー，ハンス・ミヒャエル
◇カントの超越論哲学の方法的構造について―ブープナーの論文に関する覚書（藤沢賢一郎訳）：超越論哲学と分析哲学―ドイツ哲学と英米哲学の対決と対話　ヘンリッヒ他著，竹市明弘編　産業図書　1992.11　451p
◇知における無制約者（共著）（北村実訳）：シェリング哲学入門　H.バウムガルトナー編，北村実監訳，伊坂青司ほか訳　早稲田大学出版部　1997.2　210, 24p

◇シェリングの超越論的観念論における思弁的アプローチ（伊古田理訳）：論争の哲学史―カントからヘーゲルへ　W.イェシュケ編，高山守，藤田正勝監訳　理想社　2001.2　425, 4p

Baumol, William Jack　ボーモル，ウィリアム・J.
◇経済学の再生：フューチャー・オブ・エコノミクス―21世紀への展望　ガルブレイス他著，J.D.ヘイ編，鳥居泰彦訳　同文書院インターナショナル　1992.11　413p
◇私の姿勢について―社会政治論と方法論：現代経済学の巨星―自らが語る人生哲学　下　M.シェンバーグ編　岩波書店　1994.12　292, 11p

Baurmann, Michael C.　バウルマン，ミヒャエル・C.
◇報告された犯罪の被害者―その期待、ニーズ及び見通し。被害者保護、被害者援助及び和解に関する犯罪被害者の調査（共著）（辰野文理訳）：犯罪被害者と刑事司法　ギュンター・カイザー，H.クーリー，H.‐J.アルブレヒト編，宮沢浩一，田口守一，高橋則夫編訳　成文堂　1995.7　443p

Bausinger, Hermann　バウジンガー，ヘルマン
◇「緑」と「褐色」の狭間に―第一次世界対戦後の民族イデオロギーと郷土運動：ヴァイマル共和国の宗教史と精神史　フーベルト・カンツィク編，池田昭，浅野洋監訳　御茶の水書房　1993.2　434p
◇世間話の構造（竹原威滋訳）：フォークロアの理論―歴史地理的方法を越えて　アラン・ダンデス他著，荒木博之編訳　法政大学出版局　1994.1　202p
◇言語の障壁：教育学的に見ること考えることへの入門　アンドレアス・フリットナー，ハンス・ショイアール編，石川道夫訳　玉川大学出版部　1994.8　409p
◇おかしなことでなぜ人は笑うの?：子ども大学講座第1学期　ウルリヒ・ヤンセン，ウラ・シュトイアナーゲル編，畔上司訳　主婦の友社　2004.7　285p

Bauval, Robert　ボーヴァル，ロバート
◇スフィンクスの謎：図説超古代の謎　ロエル・オーストラ編，ロバート・ボーヴァルほか著，平井吉夫訳　河出書房新社　1997.10　127p

Baxi, Upendra　バクシ，ウペンドラ
◇人権教育―次代への希望となるか?（岩田孝訳）：世界の人権教育―理論と実践　ジョージ・J.アンドレオポーロス，リチャード・ピエール・クロード編著，黒沢惟昭監訳　明石書店　1999.2　758p

Baxter, Tom　バクスター，トム
◇持続可能性評価モデル：プロジェクトの経済、資源、環境および社会の各フローのモデル化（共著）：トリプルボトムライン―3つの決算は統合できるか?　エイドリアン・ヘンリクス，ジュリー・リチャードソン編著，大江宏，小山良訳　創成社　2007.4　250p

Baydoun, Nabil　バイドン，ナビール
◇序言―アジア太平洋地域の会計 他（共著）：アジア太平洋地域の会計　西村明ほか編，西村明監訳　九州大学出版会　1995.8　285p

Bayley, John　ベイリー，ジョン（読書）
◇ミラン・クンデラ『存在の耐えられない軽さ』（富士川義之訳）：ロンドンで本を読む　丸谷才一編著　マガジンハウス　2001.6　337, 8p

Bazerman, Max H. ベイザーマン, マックス・H.
◇道徳家ほど己の偏見に気づかない(共著)：リーダーシップに「心理学」を生かす Diamondハーバード・ビジネス・レビュー編集部編訳 ダイヤモンド社 2005.9 294p (Harvard business review anthology)
◇ビジネス危機は予見できる(共著)：「リスク感度」の高いリーダーが成功を重ねる Diamondハーバード・ビジネス・レビュー編集部編訳 ダイヤモンド社 2005.11 242p (Harvard business review anthology)
◇「意識の壁」が状況判断を曇らせる(共著)：意思決定のサイエンス Diamondハーバード・ビジネス・レビュー編集部編訳 ダイヤモンド社 2007.3 238p (Harvard business review anthology)
◇「意識の壁」が状況判断を曇らせる 他(共著)：組織行動論の実学—心理学で経営課題を解明する Diamondハーバード・ビジネス・レビュー編集部編訳 ダイヤモンド社 2007.9 425p (Harvard business review)

Beach ビーチ
◇ホルモン：行動に対するその作用の一般法則：ドゥルーズ初期—若き哲学者が作った教科書 ジル・ドゥルーズ編著, 加賀野井秀一訳注 夏目書房 1998.5 239p

Beals, Carleton ビールズ, カールトン
◇サンディーノと共に：禁じられた歴史の証言—中米に映る世界の影 ロケ・ダルトンほか著, 飯島みどり編訳 現代企画室 1996.7 269p (インディアス群書 第19巻)

Beard, Charles Austin ビーアド, チャールズ・オースティン
◇政治学：アメリカ政治学の展開—学説と歴史 ジェームズ・ファ, レイモンド・セイデルマン編著, 本田弘, 藤原孝, 秋山和宏, 石川晃司, 入江正俊ほか訳 サンワコーポレーション 1996.2 506p
◇東京市政ъ：史料集公と私の構造—日本における公共を考えるために 4(後藤新平と帝国と自治) 国家衛生原理 東京市政論 日本膨張論 政治の倫理化 小路田泰直監修 後藤新平, チャールズ・オースティン・ビーアド著 ゆまに書房 2003.4 724p

Bearden, James ビアーデン, ジェームズ
◇アメリカの兼任ネットワークにおける地域性と統合(共著)：企業権力のネットワーク—10カ国における役員兼任の比較分析 フラン・N.ストークマン, ロルフ・ツィーグラー, ジョン・スコット編著, 上田義朗訳 文眞堂 1993.11 340p

Beasley, William G. ビーズリー, W. G.
◇衝突から協調へ(後藤春美訳)：日英交流史—1600-2000 1 政治・外交 1 細谷千博, イアン・ニッシュ監修 木畑洋一ほか編 東京大学出版会 2000.3 336, 7p

Beattie, Melody ビーティー, メロディー
◇愛のレッスン, 希望のレッスン：魂をみがく30のレッスン リチャード・カールソン, ベンジャミン・シールド編, 鴨志田千枝子訳 同朋舎 1998.6 252p

Beaty, Mary ビーティ, メアリー
◇公共図書館におけるプログラムを考える(高鷲志子訳)：本・子ども・図書館—リリアン・スミスが求めた世界 アデル・フェイジックほか編, 高鷲志子, 高橋久子訳 全国学校図書館協議会 1993.12 239p

Beauchamp, Gary K. ビーチャム, G. *
◇嗅覚能力における個人差(共著)：香りの生理心理学 S.ヴァン・トラー, G.H.ドッド編, 印藤元一訳 フレグランスジャーナル社 1996.6 306p

Beaufre, André ボーフル, A.
◇核責任の分割問題：NATOの核問題 防衛研修所 1968 38p (研究資料 第78号)

Beaverbrook, William Maxwell Aitken ビーバーブルック, ウィリアム・マクスウェル・エイトケン
◇幸運を招きよせる法：成功大学 オグ・マンディーノ編著, 箱田忠昭訳 日本経営合理化協会出版局 1998.9 689p
◇幸運を招きよせる法：成功大学 オグ・マンディーノ編著, 箱田忠昭訳 皮革携帯版 日本経営合理化協会出版局 1998.9 689p

Becher, Tony ビーチャー, トニー
◇イギリスの大学院教育—現状と課題(佐藤広志訳)：大学院教育の研究 バートン・クラーク編著, 潮木守一監訳 東信堂 1999.5 523p

Beck, C. ベック, C. *
◇香水選択の心理学(共著)：香りの感性心理学 S.ヴァン・トラー, G.H.ドッド編, 印藤元一訳 フレグランスジャーナル社 1994.2 238p

Beck, Cornelia ベック, コーネリア
◇認知障害と自立(共著)：自立支援とはなにか—高齢者介護の戦略 ガムロス, セムラデック, トーンキスト編, 岡本祐三, 秦洋一訳 日本評論社 1999.9 207p

Beck, Ulrich ベック, ウルリッヒ
◇自分の生活を求めて(共著)：哲学の原点—ドイツからの提言 ハンス・ゲオルク・ガダマー他著, U.ベーム編, 長倉誠一, 多田茂訳 未知谷 1999.7 272, 11p

Becker, Brian E. ベッカー, ブライアン・E.
◇無形資産を利益に変える人材活用戦略(共著)：ピープルマネジメント—21世紀の戦略的人材活用コンセプト Financial Times編, 日経情報ストラテジー監訳 日経BP社 2002.3 271p (日経情報ストラテジー別冊)

Becker, Jane S. ベッカー, ジェーン・S.
◇アメリカにおける文化の政治性とコミュニティ—一八八八年から一九八八年を中心に：民俗学の政治性—アメリカ民俗学100年目の省察 岩竹美加子編訳 未来社 1996.8 283, 6p (ニュー・フォークロア双書 27)

Becker, Werner ベッカー, ヴェルナー
◇差別と寛容(神橋一彦訳)：ヨーロッパの差別論 ヤン・C.ヨェルデン編, 田村光彰ほか訳 明石書店 1999.12 452p (世界人権問題叢書 34)

Beckett, Samuel ベケット, サミュエル
◇サミュエル・ベケット(柳瀬尚紀訳)：インタヴューズ 2 クリストファー・シルヴェスター編, 新庄哲夫ほか訳 文芸春秋 1998.11 451p

Beckford, R. ベックフォード, R. *
◇黒人の男子生徒のもつ才能を発達させることに関わっておられた：心にのこる最高の先生—イギリス人の語る教師像 上林喜久子編訳著 関東学院大学出版

会 2004.11 97p
◇黒人の男子生徒のもつ才能を発達させることに関わっておられた: イギリス人の語る心にのこる最高の先生 上林喜久子編訳 関東学院大学出版会 2005.6 68p

Beckman, Robert C. ベックマン, ロバート・C.*
◇マラッカ・シンガポール海峡における負担の共有―過去の議論と将来の展望(加々見康彦訳): マラッカ・シンガポール海峡における国際協力に向けた取組み シップ・アンド・オーシャン財団海洋政策研究所 2005.3 89p (国際海峡利用と諸国の協力体制に関する調査研究事業報告書 平成16年度)

Beckström, Rod A. ベクストローム, ロッド・A.
◇Value-at-Risk (VAR): その理論的基礎(共著)(大槻雅彦訳): 統合リスク管理への挑戦―VARの基礎・手法 ロッド・A.ベックストローム, アリス・R.キャンベル編, 大和証券業務開発部訳 金融財政事情研究会 1996.7 170p

Beder, Tanya Styblo ビダー, タニヤ
◇ヘッジファンド運営上のリスク管理: 実践ヘッジファンド投資―成功するリスク管理 バージニア・レイノルズ・バーカー編, 徳岡国見監訳 日本経済新聞社 2001.8 425p

Beech, Jeff ビーチ, ジェフ
◇需要と供給の連携―統合から同期化へ 他: サプライチェーン戦略 ジョン・ガトーナ編, 前田健範, 田村誠一訳 東洋経済新報社 1999.5 377p (Best solution)

Beecher, Marguerite ビーチャー, マーゲリーテ
◇競争地獄から抜け出す法(共著): 成功大学 オグ・マンディーノ編著, 箱田忠昭訳 日本経営合理化協会出版局 1998.9 689p
◇競争地獄から抜け出す法(共著): 成功大学 オグ・マンディーノ編著, 箱田忠昭訳 皮革携帯版 日本経営合理化協会出版局 1998.9 689p
◇仕事(共著): アドラーの思い出 G.J.マナスター, G.ペインター, D.ドイッチェ, B.J.オーバーホルト編, 柿内邦博, 井原文子, 野田俊作訳 創元社 2007.6 244p

Beecher, Willard ビーチャー, ウィラード
◇競争地獄から抜け出す法(共著): 成功大学 オグ・マンディーノ編著, 箱田忠昭訳 日本経営合理化協会出版局 1998.9 689p
◇競争地獄から抜け出す法(共著): 成功大学 オグ・マンディーノ編著, 箱田忠昭訳 皮革携帯版 日本経営合理化協会出版局 1998.9 689p
◇仕事(共著): アドラーの思い出 G.J.マナスター, G.ペインター, D.ドイッチェ, B.J.オーバーホルト編, 柿内邦博, 井原文子, 野田俊作訳 創元社 2007.6 244p

Beetham, David ビーサム, デーヴィッド
◇モスカ, パレート, ヴェーバー―歴史的比較: マックス・ヴェーバーとその同時代人群像 W.J.モムゼン, J.オースターハメル, W.シュベントカー編, 鈴木広, 米沢和彦, 嘉目克彦監訳 ミネルヴァ書房 1994.9 531, 4p

Befu, Harumi ベフ, ハルミ
◇お歳暮: ニッポン不思議発見!―日本文化を英語で語る50の名エッセイ集 日本文化研究所編, 松本道弘訳 講談社インターナショナル 1997.1 257p (Bilingual books)
◇グローバルに拡散する日本人・日系人の歴史とその多様性: 日系人とグローバリゼーション―北米, 南米, 日本 レイン・リョウ・ヒラバヤシ, アケミ・キクムラ=ヤノ, ジェイムズ・A.ヒラバヤシ編, 移民研究会訳 人文書院 2006.6 532p
◇知識の生産, 内発的vs外発的(木島泰三訳): 日本学とは何か―ヨーロッパから見た日本研究, 日本から見た日本研究 法政大学国際日本学研究所編 法政大学国際日本学研究センター 2007.3 301p (21世紀COE国際日本学研究叢書 6)

Beham, Maria ベハーム, M.
◇プロセス効率を改善する―シーメンス・オーストリア社のケース(共著)(小酒井正和訳): ARISを活用したチェンジマネジメント―ビジネスプロセスの変革を管理する A.-W.シェアー, F.アボルハッサン, W.ヨースト, M.F.W.キルヒマー編, 堀内正博, 田中正郎, 柳堀紀幸監訳 シュプリンガー・フェアラーク東京 2003.12 216p

Behan, Brendan ビーアン, ブレンダン
◇ブレンダン・ビーアン(柴田元幸訳): インタヴューズ 2 クリストファー・シルヴェスター編, 新庄哲夫ほか訳 文芸春秋 1998.11 451p

Behiels, Michael ビーヒルズ, マイクル
◇ケベックとフランス系カナダ人(細川道久訳): カナダの地域と民族―歴史的アプローチ ダグラス・フランシス, 木村和男編著 同文舘出版 1993.11 309p

Behler, Ernst ベーラー, エルンスト
◇フリードリヒ・シュレーゲルの超越論哲学講義(相良憲一訳): 論争の哲学史―カントからヘーゲルへ W.イェシュケ編, 高山守, 藤田正勝監訳 理想社 2001.2 425, 4p

Behning, Ute ベーニング, ユテ
◇国内行動計画における「ジェンダー主流化」の適用を比較する(共著): ジェンダー主流化と雇用戦略―ヨーロッパ諸国の事例 ユテ・ベーニング, アンパロ・セラーノ・パスクァル編, 高木郁朗, 麻生裕子編 明石書店 2003.11 281p

Behrman, Jack N. バーマン, ジャック・N.
◇国際経営学の概念不要論(馬越恵美子訳): 基礎概念と研究領域 B.トイン, D.ナイ編, 村山元英監訳, 国際経営文化学会訳 文眞堂 2001.11 285p (国際経営学の誕生 1)

Beinhocker, Eric D. ベインホッカー, エリック・D.
◇カオスの縁の戦略: マッキンゼー戦略の進化―不確実性時代を勝ち残る 名和高司, 近藤正晃ジェームス編著・監訳, 村井章子訳 ダイヤモンド社 2003.3 221p
◇強靭な適応戦略: MITスローン・スクール 戦略論 マイケル・A.クスマノ, コンスタンチノス・C.マルキデス編, グロービス・マネジメント・インスティテュート訳 東洋経済新報社 2003.12 287p

Bekerian, Debra Anne ベカリアン, デブラ・A.
◇犯罪者プロファイリングの役割 他(共著)(岩見広一訳): 犯罪者プロファイリング―犯罪行動が明かす犯人像の断片 ジャネット・L.ジャクソン, デブラ・A.ベカリアン編, 田村雅幸監訳, 辻典明, 岩見広一訳編 北大路書房 2000.3 234p

Belasco, James A.　ベラスコ, ジェームス・A.
◇組織改革は自分自身と向き合うことから始まる：ウェルチはこうして組織を甦らせた—アメリカ・トップリーダーからの経営処方箋29　ケン・シェルトン編著, 堀紘一監修・訳　フロンティア出版　1999.12　281p

Bélaval, Philippe　ベラバル, フィリップ
◇フランス：21世紀の国立図書館—国際シンポジウム記録集　国立国会図書館訳・編　日本図書館協会　1997.10　8, 214p

Belime, William　ベリム, W.
◇証拠論抜萃 第2巻（黒川誠一郎, 高木豊三翻訳）：日本立法資料全集　別巻351　証拠論抜萃 第1巻　証拠論抜萃 第2巻　グリーンリーフ, ベリム原撰, 益田克徳, 黒川誠一郎, 高木豊三翻訳　信山社出版　2005.6　136, 161p

Belinskii, Vissarion　ベリンスキー, ヴィサリオン
◇世界史への手引き 他：19世紀ロシアにおけるユートピア社会主義思想　森宏一編訳　光陽出版社　1994.3　397p

Belkin, Nicholas J.　ベルキン, ニコラス
◇利用者と仲介者との相互作用に関する分析：知的情報システム設計の基礎（池谷のぞみ訳）：情報の要求と探索　J.ヴァーレイス編, 池谷のぞみ, 市古健次, 白石英理子, 田村俊作訳　勁草書房　1993.6　166p

Bell, Chip R.　ベル, チップ・R.
◇「情熱」に火をともし, 魔術的な力を呼び覚ませ!：ウェルチはこうして組織を甦らせた—アメリカ・トップリーダーからの経営処方箋29　ケン・シェルトン編著, 堀紘一監修・訳　フロンティア出版　1999.12　281p

Bell, Ronald V.　ベル, ロナルド・V.
◇喫茶店：ニッポン不思議発見!—日本文化を英語で語る50の名エッセイ集　日本文化研究所編, 松本道弘訳　講談社インターナショナル　1997.1　257p（Bilingual books）

Bellack, Alan S.　ベラック, アラン・S.
◇うつ病に対する社会的スキル訓練—治療マニュアル（共著）（佐藤正二訳）：エビデンスベイスト心理治療マニュアル　V.B.V.ハッセル, M.ハーセン編著, 坂野雄二, 不安・抑うつ臨床研究会編訳　日本評論社　2000.11　371p

Bellamy, G. Thomas　ベラミー, G. T. *
◇QOLと生活様式の結果—居住プログラムへの挑戦：知的障害・発達障害を持つ人のQOL—ノーマライゼーションを超えて　Robert L.Schalock編, 三谷嘉明, 岩崎正子訳　医歯薬出版　1994.5　346p

Bellarmino, Francesco Romulo Robert　ベラルミーノ, ロベルト
◇異端反駁信仰論争（1586～93年）（深堀純訳）：宗教改革著作集 第13巻　カトリック改革　教文館　1994.4　595p
◇被造物の階梯による神への精神の飛翔（秋山学訳）：中世思想原典集成 20　近世のスコラ学　上智大学中世思想研究所編訳・監修　平凡社　2000.8　1193p

Belleville-Taylor, Pauline　ベレヴィル・テーラー, P. *
◇認知 他（共著）：日本版MDS-HC 2.0在宅ケアアセスメントマニュアル　John N.Morris他編著, 池上直己訳　医学書院　1999.9　294p
◇行動 他（共著）：日本版MDS-HC 2.0在宅ケアアセスメントマニュアル　John N.Morris他編著, 池上直己訳　新訂版　医学書院　2004.11　298p

Bellin, Hervey F.　ベリン, ハーヴィー・F.
◇「対立は真の友情なり」—ウィリアム・ブレイクに与えたスウェーデンボルグの影響（渡辺俊一訳）：エマヌエル・スウェーデンボルグ—持続するヴィジョン　ロビン・ラーセン編　春秋社　1992.11　307p

Bello, Walden　ベロウ, ワルデン
◇決断の瞬間：ザ・サン・ネバー・セッツ—世界を覆う米軍基地　ジョセフ・ガーソン, ブルース・バーチャード編著, 佐藤昌一郎監訳　新日本出版社　1994.1　318p

Bello, Walden F.　ベロー, ウォールデン
◇東南アジア経済の興亡（小南祐一郎訳）：グローバル経済が世界を破壊する　ジェリー・マンダー, エドワード・ゴールドスミス編, 小南祐一郎, 塚本しづ香訳　朝日新聞社　2000.4　259p
◇国際権力構造：国際組織と世界権力の構造（山口響訳）：もうひとつの世界は可能だ—世界社会フォーラムとグローバル化への民衆のオルタナティブ　ウィリアム・F.フィッシャー, トーマス・ポニア編, 加藤哲郎監修, 大屋定晴, 山口響, 白井聡, 木下ちがや監訳　日本経済評論社　2003.12　461p
◇一九三〇年代の再来か？（木下ちがや訳）：帝国への挑戦—世界社会フォーラム　ジャイ・セン, アニタ・アナンド, アルトゥーロ・エスコバル, ピーター・ウォーターマン編, 武藤一羊ほか監訳　作品社　2005.2　462p

Belof, John　ベロフ, ジョン
◇心霊研究と心理学：心霊研究—その歴史・原理・実践　イヴォール・グラッタン・ギネス編, 和田芳久訳　技術出版　1995.12　414p（超心理学叢書 第4集）

Beloff, Beth　ベロフ, ベス
◇化学会社及び石油会社のための環境原価計算—ベンチマーキングの研究（共著）：緑の利益—環境管理会計の展開　マーティン・ベネット, ピーター・ジェイムズ編著, 国部克彦監修, 海野みづえ訳　産業環境管理協会　2000.12　542p

Belsky, Jay　ベルスキー, ジェイ
◇昼間保育の生態（共著）：非伝統的家庭の子育て—伝統的家庭との比較研究　マイケル・E.ラム編著, 久米稔監訳　家政教育社　1993.8　468p

Belsley, David A.　ベルスレー, D. *
◇Econometrics.m：Mathematicaで計量経済学を行うためのパッケージ（大林守訳）：Mathematica 経済・金融モデリング　Hal R.ヴァリアン編, 野口旭ほか共訳　トッパン　1996.12　553p

Benani, Catherine　ベナニ, カトリーヌ
◇スイスに於けるコミューンの制度と責務：自治と市民社会—翻訳研究　no.2　カトリーヌ・ベナニほか著, 中央学院大学地方自治研究センター訳　中央学院大学地方自治研究センター　1991.3　142p

Benard, Elisabeth　ベナード, エリザベス
◇死と来世についてのチベット密教の見方：死と来世の系譜　ヒロシ・オオバヤシ編, 安藤泰至訳　時事通信社　1995.3　355, 17p

Benbasat, Izak ベンバサート, I. ＊
◇コミュニケーションの抱える課題―バリュー・ネットワークの将来展望（共著）：新リレーションとモデルのためのIT企業戦略とデジタル社会　ゲイリー・ディクソン、ジェラルディン・デサンクティス編、橘立克朗ほか訳　ピアソン・エデュケーション　2002.3　305p

Bender, Donald ベンダー, ドナルド
◇オーストリア株式会社　他（共著）：企業権力のネットワーク―10カ国における役員兼任の比較分析　フランク・N.ストークマン、ロルフ・ツィーグラー、ジョン・スコット編著、上田義朗訳　文真堂　1993.11　340p

Bendfeldt, F. ベンドフェルト, フェルナンド
◇ある多重人格の客観的研究（共著）：多重人格障害―その精神生理学的研究　F.パトナム他著、笠原敏雄編　春秋社　1999.6　296p

Benedictus a Nursia ベネディクトゥス（ヌルシアの）
◇戒律：中世思想原典集成　5　後期ラテン教父　上智大学中世思想研究所編訳・監修　平凡社　1993.9　669p

Benero, Christine ベネロ, クリスティーン
◇米国：企業チャイルドケア―仕事と家庭の調和　欧州・米国の企業保育実例集　クリスティーン・ベネロほか著、笹川平和財団訳　笹川平和財団　1992.7　81p

Benestad, J. Brian ベネスタッド, J.ブライアン
◇ウィリアム・ギャルストンによる自由主義の擁護：岐路に立つ自由主義―現代自由主義理論とその批判　C.ウルフ, J.ヒッティンガー編、菊池理夫ほか訳　ナカニシヤ出版　1999.4　297p　（叢書「フロネーシス」）

Benett, Richard ベネット, R. ＊
◇CMBS関係者への米国会計原則（GAAP）入門（共著）：CMBS―商業用モーゲージ証券　成長する新金融商品市場の特徴と実務　フランク・J.ファボッツィ, デイビッド・P.ジェイコブ編、酒井吉広監訳、野村証券CMBS研究会訳　金融財政事情研究会　2000.12　672p

Bengio, Ofra ベンジオ, オフラ
◇サダム・フセイン政権存続の謎：アメリカはなぜイラク攻撃をそんなに急ぐのか？　フォーリン・アフェアーズ・ジャパン編・監訳　朝日新聞社　2002.12　266, 4p　（朝日文庫―フォーリン・アフェアーズ・コレクション）

Benjamin, Medea ベンジャミン, メディア
◇イラク女性は国際女性デーを祝えるか（池田真里訳）：世界は変えられる―TUPが伝えるイラク戦争の「真実」と「非戦」　TUP（Translators United for Peace＝平和をめざす翻訳者たち）監修　七つ森書館　2004.5　234, 5p

Benjamin, Robert I. ベンジャミン, ロバート・I.
◇情報技術の過去と現在―未来への窓として（共著）：情報技術と企業変革―MITから未来企業へのメッセージ　マイケル・S.スコット・モートン編、砂田登士夫ほか訳、宮川公男、上田泰監訳　富士通経営研修所　1992.10　509p　（富士通ブックス）
◇情報化コミュニケーション技術がもたらす予想外の結果―管理者の持つジレンマ（共著）：新リレーションとモデルのためのIT企業戦略とデジタル社会　ゲイリー・ディクソン、ジェラルディン・デサンクティス編、橘立克朗ほか訳　ピアソン・エデュケーション　2002.3　305p

Benjamin, Walter ベンヤミン, ヴァルター
◇ヨーハン・ヤーコプ・バッハオーフェン（恒川隆男訳）：バッハオーフェン論集成　臼井隆一郎編　世界書院　1992.10　248, 5p
◇パサージュ論（今村仁司ほか訳）：都市と郊外―リーディングズ　比較文化論への通路　今橋映子編著　NTT出版　2004.12　455, 14p

Ben Jelloun, Tahar ベン＝ジェルーン, ターハル
◇パパ、イスラムってなあに：発言―米同時多発テロと23人の思想家たち　中山元解訳　朝日出版社　2002.1　247p

Benkert, Manfred ベンカート, M. ＊
◇不動産の保有にかかる諸税および売却益に対する課税（共著）：ドイツの不動産―開発と投資の法律および税務　R.フォルハード, D.ウェーバー, W.ウージンガー編、ドイツ・リアルエステート・コンサルティング訳、平川純子監訳　ダイヤモンド社　1993.5　358p

Benn, Tony ベン, トニー
◇旧世界秩序と湾岸戦争の原因：アメリカの戦争犯罪　ラムゼイ・クラーク編著、戦争犯罪を告発する会訳　柏書房　1992.12　346p　（ブックス・プラクシス　6）

Bennet, Nancy ベネット, ナンシー
◇グローバル政治の追求と持続可能性：システムは機能しているか？（共著）：トリプルボトムライン―3つの決算は統合できるか？　エイドリアン・ヘンリクス, ジュリー・リチャードソン編著、大江宏、小山良訳　創成社　2007.4　250p

Bennett, Arnold ベネット, アーノルド
◇時の魔法を活用する法（共著）：成功大学　オグ・マンディーノ編著、箱田忠昭訳　日本経営合理化協会出版局　1998.9　689p
◇時の魔法を活用する法（共著）：成功大学　オグ・マンディーノ編著、箱田忠昭訳　皮革携帯版　日本経営合理化協会出版局　1998.9　689p

Bennett, Fran ベネット, フラン
◇社会保障の将来は？（広瀬真理子訳）：福祉大改革―イギリスの改革と検証　アラン・ウォーカーほか著、佐藤進ほか訳　法律文化社　1994.9　256p

Bennett, Jeffrey W. ベネット, ジェフリー・W.
◇コスト・センターをいかにプロフィット・センター化させるか（共著）：組織変革のジレンマ―ハーバード・ビジネス・レビュー・ケースブック　Harvard Business Review編, Diamondハーバード・ビジネス・レビュー編集部訳　ダイヤモンド社　2004.11　218p

Bennett, Marcia L. ベネット, M. L.
◇職業的行動を統制のもとにおくこと（望月昭訳）：発達障害に関する10の倫理的課題　リンダ・J.ヘイズ他著、望月昭, 冨安ステファニー監訳　二瓶社　1998.6　177p

Bennett, Martin ベネット, マーティン
◇グリーンボトムライン（緑の利益）他（共著）：緑の利益―環境管理会計の展開　マーティン・ベネット, ピーター・ジェイムズ編著、国部克彦監修、海野みづえ訳　産業環境管理協会　2000.12　542p

Bennettetal, P. ベネテッタル, P.*
◇相互作用のある意思決定のモデリング：ハイパーゲーム分析 他：ソフト戦略思考　Jonathan Rosenhead編、木嶋恭一監訳　日刊工業新聞社　1992.6　432, 7p

Bennholdt-Thomsen, Veronika ベンホルト＝トムゼン, ヴェロニカ
◇フチタンは女たちの町 他（加藤耀子訳）：女の町フチタン―メキシコの母系制社会　ヴェロニカ・ベンホルト＝トムゼン編、加藤耀子他訳　藤原書店　1996.12　366p

Bennis, Warren G. ベニス, ウォレン・G.
◇リーダーを率いるリーダーになる：21世紀ビジネスはこうなる―世界の叡智を結集　ロワン・ギブソン編、島田晴雄監訳、鈴木孝男、竹内ふみえ訳　シュプリンガー・フェアラーク東京　1997.11　327p
◇ウォーレン・ベニス：コンセプトリーダーズ―新時代の経営への視点　ジョエル・クルツマン編、日本ブーズ・アレン・アンド・ハミルトン訳　プレンティスホール出版　1998.12　298p
◇「リーダーシップの本質」に関する考え方（佐々木恒男訳）：メアリー・パーカー・フォレット　管理の予言者　ポウリン・グラハム編、三戸公、坂井正広監訳　文真堂　1999.5　360p
◇二一世紀のリーダーシップを見極める：ウェルチはこうして組織を甦らせた―アメリカ・トップリーダーからの経営処方箋29　ケン・シェルトン編著、堀紘一監修・訳　フロンティア出版　1999.12　281p

Bensa, Enrico ベンサ, E.
◇中世における保険契約の研究：塙浩著作集―西洋法史研究 7　ヨーロッパ商法史　塙浩訳・著　信山社出版　1992.8　663p

Bensid, Daniel ベンサイド, ダニエル
◇主権・国民・帝国（山口響訳）：もうひとつの世界は可能だ―世界社会フォーラムとグローバル化への民衆のオルタナティブ　ウィリアム・F.フィッシャー、トーマス・ポニャ編、加藤哲郎監修、大屋定晴、山口響、白井聡、木下ちがや監訳　日本経済評論社　2003.12　461p

Benstock, Bernard ベンストック, バーナード
◇譲歩なき結びつき―リリアン・ヘルマンとダシール・ハメット：カップルをめぐる13の物語―創造性とパートナーシップ 下　ホイットニー・チャドウィック、イザベル・ド・クールティヴロン編、野中邦子、桃井緑美子訳　平凡社　1996.3　227p（20世紀メモリアル）

Bentele, Günter ベントゥレ, ギュンター
◇時間について（バンベルクの討議）（共著）：哲学の原点―ドイツからの提言　ハンス・ゲオルク・ガダマー他著、U.ベーム編、長倉誠一、多田茂訳　未知谷　1999.7　272, 11p

Bentham, Jeremy ベンサム, ジェレミー
◇自己にそむく違反、男色：ホモセクシュアリティ　土屋恵一郎編、富山太佳夫監訳　弘文堂　1994.9　309p（叢書・イギリスの思想と文化 2）
◇民法論綱（抄録）（何礼之訳）：世界女性学基礎文献集成　明治大正編 第1巻　水田珠枝監修　ゆまに書房　2001.6　373p

Bentley, Maggie ベントリー, マギー
◇アクランド・バーリー校の反いじめキャンペーン（共著）：学校でのピア・カウンセリング―いじめ問題の解決にむけて　ヘレン・コウイ、ソニア・シャープ編、高橋通子訳　川島書店　1997.6　210p

Bentley, Tom ベントレー, トム
◇個別化―問題の正確な把握のために（共著）：個別化していく教育　OECD教育研究革新センター編著、岩崎久美子訳　明石書店　2007.7　227p（OECD未来の教育改革 2）

Benton, Debra ベントン, デブラ
◇保守的な組織風土をいかに改革するか（共著）：組織変革のジレンマ―ハーバード・ビジネス・レビュー・ケースブック　Harvard Business Review編、Diamondハーバード・ビジネス・レビュー編集部訳　ダイヤモンド社　2004.11　218p

Benz, Wolfgang ベンツ, ヴォルフガング
◇ドイツにおける追悼の日や記念場所との取り組み：「負の遺産」との取り組み―オーストリア・東西ドイツの戦後比較　ヴェルナー・ベルクマン、ライナー・エルプ、アルベルト・リヒトブラウ編著、岡田浩平訳　三元社　1999.3　479p

Berdahl, Robert Oliver バーダール, R. O.
◇大学自治とアカウンタビリティ（共著）：アメリカ社会と高等教育　P.G.アルトバック、R.O.バーダール、P.J.ガムポート編、高橋靖直訳　玉川大学出版部　1998.2　354p

Beresford, Peter ベレスフォード, ピーター
◇改革への対応―ソーシャルワーク教育と利用者参加（小田兼三訳）：コミュニティケア改革とソーシャルワーク教育―イギリスの挑戦　スチーヴ・トレビロン、ピーター・ベレスフォード編、小田兼三、杉本敏夫訳　筒井書房　1999.6　119p

Berg, Insoo Kim バーグ, インスー・キム
◇ソリューション・フォーカスト夫婦セラピー（共著）（日下伴子訳）：構成主義的心理療法ハンドブック　マイケル・F.ホイト編、児島達美監訳　金剛出版　2006.9　337p

Berg, Katherine バーグ, K.*
◇ADL/リハビリテーションの可能性 他（共著）：日本版MDS-HC 2.0在宅ケアアセスメントマニュアル　John N.Morris他編著、池上直己訳　医学書院　1999.9　294p
◇在宅サービスの削減 他（共著）：日本版MDS-HC 2.0在宅ケアアセスメントマニュアル　John N.Morris他編著、池上直己訳　新訂版　医学書院　2004.11　298p

Berg, Wendy K. バーグ, W. K.*
◇重度の知的障害者のための強化子のアセスメントと評価（共著）：重度知的障害への挑戦　ボブ・レミントン編、小林重雄監訳、藤原義博、平沢紀子共訳　二瓶社　1999.3　461p
◇挑戦的行動に対する先行子の影響の実験的分析（共著）（山根正夫訳）：挑戦的行動の先行子操作―問題行動への新しい援助アプローチ　ジェームズ・K.ルイセリー、マイケル・J.カメロン編、園山繁樹ほか訳　二瓶社　2001.8　390p

Berger, Ida ベルガー, アイダ
◇仕事（共著）：アドラーの思い出　G.J.マナスター、

G.ペインター, D.ドイッチュ, B.J.オーバーホルト編, 柿内邦博, 井原文子, 野田俊作訳　創元社　2007.6　244p

Bergeron, David Moore　バージェロン, ディヴィッド・M.
◇女性のパトロンたち（成沢和子訳）：ルネサンスのパトロン制度　ガイ・フィッチ・ライトル, スティーヴン・オーゲル編著, 有路雍子, 成沢和子, 舟木茂子訳　松柏社　2000.7　570p

Bergeron, Luis　ベルジュロン, ルイ
◇国有財産（森岡邦泰訳）：フランス革命事典　4　フランソワ・フュレ, モナ・オズーフ編, 河野健二, 阪上孝, 富永茂樹監訳　みすず書房　1999.9　331p （みすずライブラリー）

Berggreen, Brit　ベルグレーン, ブリット
◇「夏の北欧」と「冬の北欧」他（熊野聡訳）：北欧の自然と生業　K.ハストロプ編, 熊野聡ほか訳　東海大学出版会　1996.5　210p （北欧社会の基層と構造 2）

Berglund, Britta　バーグランド, B. *
◇皮膚と足の状態（共著）：日本版MDS-HC 2.0在宅ケアアセスメントマニュアル　John N.Morris他編著, 池上直己訳　医学書院　1999.9　294p
◇皮膚と足の状態（共著）：日本版MDS-HC 2.0在宅ケアアセスメントマニュアル　John N.Morris他編著, 池上直己訳　新訂版　医学書院　2004.11　298p

Bergman, Helen C.　バーグマン, ヘレン・C.
◇慢性精神病患者に対するケースマネージメント―臨床的所見（共著）（池埜聡訳）：ケースマネージメントと社会福祉　ステファン・M.ローズ編, 白沢政和, 渡部律子, 岡田進一監訳　ミネルヴァ書房　1997.10　415p （Minerva福祉ライブラリー 21）

Bergmann, Werner　ベルクマン, ヴェルナー
◇オーストリア, 東西ドイツにおけるナチズム的な過去との取り組み比較　他：「負の遺産」との取り組み―オーストリア・東西ドイツの戦後比較　ヴェルナー・ベルクマン, ライナー・エルプ, アルベルト・リヒトブラウ編著, 岡田浩平訳　三元社　1999.3　479p

Berg-Peer, Janine　ベルク＝ペアー, ヤニーネ
◇西から東へ, 東から西への手紙（共著）（鈴木仁子訳）：女たちのドイツ―東と西の対話　カトリン・ローンシュトック編, 神谷裕子ほか訳　明石書店　1996.11　208p

Bergson, Abram　バーグソン, エイブラム
◇ある比較経済学者の回顧と反省：現代経済学の巨星―自らが語る人生哲学　下　M.シェンバーグ編　岩波書店　1994.12　292, 11p

Bergson, Henri Louis　ベルクソン, アンリ
◇認識と感覚＝運動性　他：ドゥルーズ初期―若き哲学者が作った教科書　ジル・ドゥルーズ編著, 加賀野井秀一訳　夏目書房　1998.5　239p

Bergsten, C. Fred　バーグステン, C. フレッド
◇ハードランディングのシナリオ：経済危機―金融恐慌は来るか　マーティン・フェルドシュタイン編, 祝迫得夫, 中村洋武, 伊藤隆敏監訳　東洋経済新報社　1992.10　350p
◇目標相場圏もしくは「青写真」の機は熟しているのか（共著）：21世紀の国際通貨システム―ブレトンウッズ委員会報告　ブレトンウッズ委員会日本協会編　金融財政事情研究会　1995.2　245p

Berkowits, Ruth　バークウィッジ, ルース
◇転移と逆転移に潜在する外傷の可能性：精神分析的心理療法の現在―ウィニコットと英国独立派の潮流　スー・ジョンソン, スタンリー・ルーゼンスキー編, 倉ひろ子訳　岩崎学術出版社　2007.9　181p

Berkvens, Jan M. A.　バークヴェンズ, J. M. A. *
◇支払システム, データ保護及び国境を越えたデータのフロー：国際電子銀行業　ジョゼフ・J.ノートン, クリス・リード, イアン・ウォルデン編著, 泉田栄一監訳, 佐々木信和, 西沢文幸訳　信山社出版　2002.10　375p

Berlin, Irving N.　バーリン, アーヴィン・N.
◇精神病の子どもとその親のために遊びを治療的に用いること（共著）：共同治療者としての親訓練ハンドブック　下　Charles E.Schaefer, James M.Briesmeister編, 山上敏子, 大隈紘子監訳　二瓶社　1996.11　p334-648

Berlin, Isaiah　バーリン, アイザイア
◇未来への哲学―文化的多元主義への新しき道すじ：知の大潮流―21世紀へのパラダイム転換　今世紀最高の頭脳が予見する未来　ネイサン・ガーデルズ編, 仁保真佐子訳　徳間書店　1996.12　419p
◇J.S.ミルと生活の諸目的（大久保正健訳）：ミル『自由論』再読　ジョン・グレイ, G.W.スミス編著, 泉谷周三郎, 大久保正健訳　木鐸社　2000.12　214p

Berling, Judith A.　バーリング, ジュディス・A.
◇中国の諸宗教における死と来世：死と来世の系譜　ヒロシ・オオバヤシ編, 安藤泰至訳　時事通信社　1995.3　355, 17p

Berman, Morris　バーマン, モリス
◇〈創造力〉の二つの顔（駒沢純訳）：「意識」の進化論―脳ニコラ AI　ジョン・ブロックマン編, 長尾力ほか訳　青土社　1992.10　366p

Bernabei, Roberto　ベルナベイ, R. *
◇うつと不安　他（共著）：日本版MDS-HC 2.0在宅ケアアセスメントマニュアル　John N.Morris他編著, 池上直己訳　医学書院　1999.9　294p
◇うつと不安（共著）：日本版MDS-HC 2.0在宅ケアアセスメントマニュアル　John N.Morris他編著, 池上直己訳　新訂版　医学書院　2004.11　298p

Bernal, Richard L.　バーナル, リチャード・L.
◇開発問題の再考―開発途上国の視点：ポスト冷戦時代の開発援助と日米協力　海外開発評議会編, 市川博也監訳　国際開発ジャーナル社　1995.3　334p （IDJ library）

Bernanke, Ben S.　バーナンケ, ベン・S.
◇自ら機能麻痺に陥った日本の金融政策（清水啓典訳）：日本の金融危機―米国の経験と日本への教訓　三木谷良一, アダム・S.ポーゼン編, 清水啓典監訳　東洋経済新報社　2001.8　263p

Bernard, Jean　ベルナール, ジャン
◇前ソクラテス期の思想　他（内山勝利訳）：ギリシア哲学　藤沢令夫監訳　新装版　白水社　1998.6　336, 21p （西洋哲学の知 1　Francois Chatelet編）
◇十九世紀の化学と生物学（井上健, 川島昭夫訳）：産業社会の哲学―ニーチェからフッサールへ　花田圭介

Bernardin, Joseph Louis バーナーディン, ジョセフ・カーディナル
◇キリスト教と合致して：今こそ地球倫理を　ハンス・キューング編, 吉田収訳　世界聖典刊行協会　1997.10　346p　（ぽんブックス 39）

Bernardus（Claraevallensis）　ベルナルドゥス（クレルヴォーの）
◇主日・祝日説教集 他：中世思想原典集成　10　修道院神学　上智大学中世思想研究所編訳・監修　平凡社　1997.10　725p

Bernheimer, Kate　バーンハイマー, ケイト
◇母親失格—子供が産めない私とめでたく産んだ彼女たち：女友だちの賞味期限—なぜ彼女は私を裏切ったのか…。　ジェニー・オフィル, エリッサ・シャッペル編著, 糸井恵訳　プレジデント社　2006.3　343p

Bernini, Giorgio　ベルニーニ, ジョルジョ
◇仲裁機能の倫理上の示唆—仲裁人の行動準則（田代健二訳）：各国仲裁の法とプラクティス　P.シュロッサー他著, 小島武司編訳　中央大学出版部　1992.8　147p　（日本比較法研究所翻訳叢書 30）

Berque, Augustin　ベルク, オギュスタン
◇北京にて、その翌日：発言—米同時多発テロと23人の思想家たち　中山元編訳　朝日出版社　2002.1　247p
◇都市のコスモロジー（篠田勝英訳）：都市と郊外—リーディングズ 比較文化論への通路　今橋映子編著　NTT出版　2004.12　455, 14p
◇特別寄稿 サイボーグの住まいの機械学（中沢務訳）：技術と身体—日本「近代化」の思想　木岡伸夫, 鈴木貞美編著　ミネルヴァ書房　2006.3　389, 11p
◇和辻哲郎における「人間の概念」：文化の多様性と底の価値—聖俗の拮抗をめぐる東西対話　服部英二監修　麗澤大学出版会　2007.11　305, 11p

Berridge, John　ベリッジ, J. *
◇イギリスの雇用関係（林和彦訳）：先進諸国の雇用・労使関係—国際比較：21世紀の課題と展望　桑原靖夫, グレッグ・バンバー, ラッセル・ランズベリー編　新版　日本労働研究機構　2000.7　551p

Berrigan, Frida　ベリンガム, フリーダ
◇運動の中の人生（共著）：もう戦争はさせない！—ブッシュを追いつめるアメリカ女性たち　メディア・ベンジャミン, ジョディ・エヴァンス編, 尾川寿江監訳, 尾川寿江, 真鍋穣, 米沢清恵訳　文理閣　2007.2　203p

Berriot-Salvadore, Evelyne　ベリオ＝サルヴァドール, エヴリーヌ
◇医学と科学の言説：女の歴史　3〔2〕　十六—十八世紀　2　杉村和子, 志賀亮一監訳　ナタリー・ゼモン＝デイヴィス, アルレット・ファルジュ編　藤原書店　1995.1　854p

Berry, David　ベリー, デーヴィド
◇もう一つの人民戦線—フランス・アナーキズムと革命戦線：フランスとスペインの人民戦線—50周年記念・全体像比較研究　S.マーティン・アレグザンダー, ヘレン・グラハム編, 向井喜典ほか訳　大阪経済法科大学出版部　1994.3　375p

Berthoud, Gérald　ベルトゥー, ジェラルド
◇市場（三浦清隆訳）：脱「開発」の時代—現代社会を解読するキイワード辞典　ヴォルフガング・ザックス編, イヴァン・イリッチ他著, 三浦清隆他訳　晶文社　1996.9　396, 12p

Bertrand, Claude Jean　ベルトラン, クロード-ジャン
◇苦境と三つの解決策 MASの武器庫 他：世界のメディア・アカウンタビリティ制度—デモクラシーを守る七つの道具　クロード-ジャン・ベルトラン編著, 前沢猛訳　明石書店　2003.5　590p　（明石ライブラリー 49）

Bertrand, Hugues　ベルトラン, ユグ
◇一九三〇年代と一九七〇年代の二つの危機—フランス経済のケースにおける生産部門分析（岡久啓一訳）：危機・資本主義　ロベール・ボワイエ, 山田鋭夫編　藤原書店　1993.4　319p　（レギュラシオンコレクション 1）

Besançon, Alain　ブザンソン, アラン
◇カトリック教会と民主主義—若干の歴史的考察：20世紀を問う—革命と情念のエクリール　フランソワ・フュレ他著, 大宅由里子ほか訳　慶応義塾大学出版会　1996.4　221, 11p

Bésineau, J.　ベジノ, ジャック
◇人間の発見 他：現代とキリスト教的ヒューマニズム—二十世紀フランスの試み　ジャック・ベジノ編　白水社　1993.3　241, 16p

Bettati, Mario　ベッターティ, マリオ
◇介入か援助か（廣瀬浩司訳）：介入？—人間の権利と国家の論理　エリ・ウィーゼル, 川田順造編, 広瀬浩司, 林修訳　藤原書店　1997.6　294p

Bettelheim, Bruno　ベッテルハイム, ブルーノ
◇赤ずきんと思春期の少女（山崎和恕訳）：「赤ずきん」の秘密—民俗学的アプローチ　アラン・ダンダス編, 池上嘉彦, 山崎和恕, 三宮郁子訳　紀伊国屋書店　1994.12　325p
◇赤ずきんと思春期の少女（池上嘉彦訳）：「赤ずきん」の秘密—民俗学的アプローチ　アラン・ダンダス編, 池上嘉彦ほか訳　新版　紀伊国屋書店　1996.6　325p

Betts, Julian R.　ベッツ, J. R.
◇サンディエゴ（共著）：格差社会アメリカの教育改革—市場モデルの学校選択は成功するか　フレデリック・M.ヘス, チェスター・E.フィンJr.編著, 後洋一訳　明石書店　2007.7　465p　（明石ライブラリー 111）

Betz, Otto　ベッツ, オットー
◇イエスと神殿文書：イエスと死海文書　ジェームズ・H.チャールズワース編著, 山岡健訳　三交社　1996.12　476p
◇洗礼者ヨハネはエッセネ派か：死海文書の研究　ハーシェル・シャンクス編, 池田裕監修, 高橋晶子, 河合一充訳　ミルトス　1997.9　452p

Beukers, Harmen　ボイケルス, ハルメン
◇西洋医学の日本への紹介：日蘭交流400年の歴史と展望—日蘭交流400周年記念論文集 日本語版　レオナルド・ブリュッセイ, ウィレム・レメリンク, イフォ・スミッツ編　日蘭学会　2000.4　459p　（日蘭学会学術叢書 第20）

Beutel, Phillip　ビューテル, フィリップ
◇反トラストと知的財産の経済学との共通点：シュンペーター派の考え方：競争政策の経済学―競争政策の諸問題に対する経済学的アプローチ　ローレンス・ウー編, 大西利佳, 森信夫, 中島敏監訳　NERA 2005.11　173p

Beveridge, Michael　ベヴェリッジ, マイケル
◇社会的認知とコミュニケーション（細渕富夫訳）：知的障害者の言語とコミュニケーション　上　マイケル・ベヴェリッジ, G.コンティ・ラムズデン, I.リュダー編, 今野和夫, 清水貞夫監訳　学苑社　1994.4　285p

Beville, Hugh Malcom　ベビル, ホフ・マルコム
◇レイティング（聴取率・視聴率）調査の確立と発展―ラジオからケーブルテレビまで：アメリカーコミュニケーション研究の源流　E.デニス, E.ウォーテラ編著, 伊達康博, 藤山新, 末永雅美, 四方由美, 栢沼利朗訳　春風社　2005.7　282p

Beyer, Gregg　ベイヤー, グレッグ
◇人権監視―ソマリアの悲劇の教訓：地域紛争解決のシナリオ―ポスト冷戦時代の国連の課題　クマール・ルペシンゲ, 黒田順子共編, 吉田康彦訳　スリーエーネットワーク　1994.3　358, 6p

Beyme, Klaus von　バイメ, K. フォン
◇ヨーロッパの「議会内野党」（若松新訳）：西ヨーロッパの野党　E.コリンスキー編, 清水望監訳　行人社　1998.5　398p

Beyssade, Jean-Marie　ベサード, ジャン-マリ
◇『デカルトの第一哲学―時間と形而上学の整合性』「序文」他（持田辰郎訳）：現代デカルト論集　1　フランス篇　デカルト研究会編　勁草書房　1996.6　343, 10p

Bhaduri, Amit　バドゥリ, アミト
◇利潤圧縮とケインジアン理論（共著）：資本主義の黄金時代―マルクスとケインズを超えて　スティーブン・A.マーグリン, ジュリエット・B.ショアー編, 磯谷明徳, 植村博恭, 海老塚明監訳　東洋経済新報社　1993.9　326p

Bhagwati, Jagdish N.　バグワティ, ジャグディシュ
◇視野のかなたの経済学：フューチャー・オブ・エコノミクス―21世紀への展望　ガルブレイス他著, J.D.ヘイ編, 鳥居泰彦訳　同文書院インターナショナル　1992.11　413p

Bhala, Raj　バラ, R. *
◇電信移動法の逆ピラミッド：国際電子銀行業　ジョゼフ・J.ノートン, クリス・リード, イアン・ウォルデン編, 泉田栄一監訳, 佐々木信和, 西沢文幸訳　信山社出版　2002.10　375p

Biamonti, Brenda　ビアモンティ, ブレンダ
◇病気と障害を生き抜く：医療ソーシャルワークの実践　ミーケ・バドウィ, ブレンダ・ビアモンティ編著　中央法規出版　1994.9　245p

Bick, Esther　ビック, エスター
◇早期対象関係における皮膚の体験（古賀靖彦訳）：メラニー・クラインとトゥデイ　2　思索と人格病理　エリザベス・B.スピリウス編, 古賀靖彦, 白峰克彦, 世良洋, 田中俊孝, 東中園聡訳, 松木邦裕監訳　岩崎学術出版社　1993.8　202p

◇今日の子どもの分析（古賀靖彦訳）：メラニー・クラインとトゥデイ　3　臨床と技法　E.B.スピリウス編, 松木邦裕監訳　岩崎学術出版社　2000.4　316p

Bidart, Adolfo Gelsi　ビッダルト, A. *
◇ウルグアイ報告（1）（大濱しのぶ訳）：訴訟法における法族の再検討　小島武司編著　中央大学出版部　1999.4　578p　（日本比較法研究所研究叢書 46）

Biehler, Hermann　ビーラー, ヘルマン
◇ドイツの企業ネットワークにおける産業と銀行業（共著）：企業権力のネットワーク―10カ国における役員兼任の比較分析　フラン・N.ストークマン, ロルフ・ツィグラー, ジョン・スコット編著, 上田義朗訳　文真堂　1993.11　340p

Biemel, Walter　ビーメル, ヴァルター
◇フッサールにおける現象学の理念：現象学と形而上学　ジャン・リュック・マリオン, ギイ・プランティ・ボンジュール編, 三上真司, 重永哲也, 檜垣立哉訳　法政大学出版局　1994.3　375, 8p　（叢書・ウニベルシタス 433）

Bien, David D.　ビアン, デイヴィッド・D.
◇貴族政（木崎喜代治訳）：フランス革命事典　5　フランソワ・フュレ, モナ・オズーフ編, 河野健二, 阪上孝, 富永茂樹監訳　みすず書房　2000.3　281p　（みすずライブラリー）

Bierma, Thomas J.　ビエルマ, トーマス・J.
◇シェアード・セービング制度と環境管理会計―革新的な化学薬品の供給戦略（共著）：緑の利益―環境管理会計の展開　マーティン・ベネット, ピーター・ジェイムズ編著, 国部克彦監修, 海野みづえ訳　産業環境管理協会　2000.12　542p

Bierman, Dick J.　ビエールマン, ディック・J.
◇RSPKの事例研究における方法論的ヒント：超常現象のとらえにくさ　笠原敏雄編　春秋社　1993.7　776, 61p

Biersack, Aletta　ビアサック, アレッタ
◇ローカル・ノレッジ, ローカル・ヒストリー―ギアーツとその後：文化の新しい歴史学　リン・ハント編, 筒井清忠訳　岩波書店　1993.1　363, 5p　（NEW HISTORY）
◇ローカル・ノレッジ, ローカル・ヒストリー―ギアーツとその後：文化の新しい歴史学　リン・ハント編, 筒井清忠訳　岩波書店　2000.9　363, 5p　（岩波モダンクラシックス）

Biersteker, Thomas J.　ビアスティカー, トーマス・J. *
◇テロ資金：衝突を超えて―9・11後の世界秩序　K.ブース, T.ダン編, 寺島隆吉訳, 塚田幸三, 寺島美紀子訳　日本経済評論社　2003.5　469p

Bigelow, Charles　ビゲロウ, C. *
◇香水宣伝における印刷と体裁：香りの生理心理学　S.ヴァン・トラー, G.H.ドッド編, 印藤元一訳　フレグランスジャーナル社　1996.6　306p

Bijou, Sidney William　ビジュー, シドニー・W.
◇発達障害のある人達に関連する倫理的諸問題―発達論的展望（加藤哲文訳）：発達障害に関する10の倫理的課題　リンダ・J.ヘイズ他著, 望月昭, 冨安ステファニー監訳　二瓶社　1998.6　177p
◇人間発達の行動分析学におけるセッティング要因

他：行動分析学からの発達アプローチ　シドニー・W.ビジュー，エミリオ・リベス編，山口薫，清水直治監訳　二瓶社　2001.7　253p

Biller, Alan D. ビラー，アラン・D.
◇手数料に関する年金スポンサーへの指針：年金資産運用マネジメントのすべて—プラン・スポンサーの新潮流　フランク J.ファボッツィ編，榊原茂樹監訳，大和銀行信託財産運用部訳　金融財政事情研究会　1999.11　463p

Binstock, Louis ビンストック，ルイス
◇失敗の十大原因を克服する法：成功大学　オグ・マンディーノ編著，箱田忠昭訳　日本経営合理化協会出版局　1998.9　689p
◇失敗の十大原因を克服する法：成功大学　オグ・マンディーノ編著，箱田忠昭訳　皮革携帯版　日本経営合理化協会出版局　1998.9　689p

Bion, Wilfred Ruprecht ビオン，ウィルフレド・ルプレヒト
◇精神病人格と非精神病人格の識別 他（義村謙訳）：メラニー・クライントゥデイ　1　精神病者の分析と投影同一化　E.B.スピリウス編，松木邦裕監訳　岩崎学術出版社　1993.7　212p
◇思索についての理論（白峰克彦訳）：メラニー・クライントゥデイ　2　思索と人格病理　エリザベス・B.スピリウス編，古賀靖彦，白峰克彦，世良洋，田中俊孝，東中園聡訳，松木邦裕監訳　岩崎学術出版社　1993.8　202p
◇記憶と欲望についての覚書（中川慎一郎訳）：メラニー・クライントゥデイ　3　臨床と技法　E.B.スピリウス編，松木邦裕監訳　岩崎学術出版社　2000.4　316p

Birchard, Bruce バーチャード，ブルース
◇アメリカの政策の新しい方向づけ：ザ・サン・ネバー・セッツ—世界を覆う米軍基地　ジョセフ・ガーソン，ブルース・バーチャード編著，佐藤昌一郎監訳　新日本出版社　1994.1　318p

Birchwood, Max バーチウッド，M.
◇精神分裂病（共著）（丸田伯子訳）：認知臨床心理学入門—認知行動アプローチの実践的理解のために　W.ドライデン，R.レントゥル編，丹野義彦監訳　東京大学出版会　1996.11　384p

Birkenmeier, Beat ビルケンマイヤー，ビート
◇ラディカル・イノベーション・プロセスの初期段階のマネジメント 他（共著）：科学経営のための実践的MOT—技術主導型企業からイノベーション主導型企業へ　ヒューゴ・チルキー編，亀岡秋男監訳　日経BP社　2005.1　397p

Birkinshaw, Julian M. バーキンショー，ジュリアン
◇新市場開発のための子会社のイニシアティブ（共著）：スマート・グローバリゼーション　A.K.グプタ，D.E.ウエストニー編著，諸上茂登監訳　同文舘出版　2005.3　234p

Birnbaum, Immanuel ビルンバウム，イマヌエル
◇イマヌエル・ビルンバウム：回想のマックス・ウェーバー—同時代人の証言　安藤英治聞き手，亀嶋庸一編，今野元訳　岩波書店　2005.7　272，5p

Birnbaum, Pierre ビルンボーム，ピエール
◇ユダヤ人（加藤克夫訳）：記憶の場—フランス国民意識の文化＝社会史　第1巻　ピエール・ノラ編，谷川稔監訳　岩波書店　2002.11　466，13p

Birnbaum, Robert バーンバウム，ロバート*
◇ガバナンスとマネジメント—アメリカの経験と日本の高等教育への示唆（全訳）：大学運営の構造改革—第31回（2003年度）研究員集会の記録　広島大学高等教育研究開発センター編　広島大学高等教育研究開発センター　2004.7　133p　（高等教育研究叢書 80）

Birren, James E. ビレン，J.E.
◇知恵の生涯発達—古典的テーマの再検討（共著）（中沢保生訳）：生涯発達の心理学　1巻　認知・知能・知恵　東洋，柏木恵子，高橋恵子編・監訳　新曜社　1993.10　250p
◇虚弱な高齢者のQOLの概念と内容—展望（共著）（三谷嘉明訳）：虚弱な高齢者のQOL—その概念と測定　James E.Birrenほか編，三谷嘉明他訳　医歯薬出版　1998.9　481p

Bischoff, Kendra ビショッフ，K.
◇フロリダ（共著）：格差社会アメリカの教育改革—市場モデルの学校選択は成功するか　フレデリック・M.ヘス，チェスター・E.フィンJr.編著，後洋一訳　明石書店　2007.7　465p　（明石ライブラリー 111）

Bishop, Jim ビショップ，ジム
◇仕事（共著）：アドラーの思い出　G.J.マナスター，G.ペインター，D.ドイッチュ，B.J.オーバーホルト編，柿内邦博，井原文子，野田俊作訳　創元社　2007.6　244p

Bisley, Nick ビズリー，ニック
◇日本とオーストラリアの共通課題：日豪は今でもアジア太平洋における米国の錨なのか？：多国間主義と同盟の狭間—岐路に立つ日本とオーストラリア　マイケル・シーゲル，ジョセフ・カミレーリ編　国際書院　2006.9　305p

Bismarck, Prince ビスマルク，P.
◇ビスマルク［ウィリアム・ビーティ＝キングストン］（高橋健次訳）：インタヴューズ　1　クリストファー・シルヴェスター編，新庄哲夫ほか訳　文芸春秋　1998.11　462p

Bissell, Richard E. ビッセル，リチャード・E.
◇開発における民間部門の役割：ポスト冷戦時代の開発援助と日米協力　海外開発評議会編，市川博也監訳　国際開発ジャーナル社　1995.3　334p　（IDJ library）

Bissoondath, Neil ビスーンダス，N.*
◇幻想を売る：カナダにおける多文化主義カルト（古川和美訳）：現代フランス及びフランコフォニー（仏語圏）における文化社会的変容　2002年度　長谷川秀樹編　千葉大学大学院社会文化科学研究科　2003.3　96p　（社会文化科学研究科研究プロジェクト成果報告書 第99集）

Bititci, Umit ビティッチ，ユミット
◇統合的業績評価システム—その構造とダイナミクス（共著）：業績評価の理論と実務—事業を成功に導く専門領域の障壁を越えて　アンディ・ニーリー編著，清水孝訳　東洋経済新報社　2004.4　459p

Bittman, James B.　ビットマン, J. *
◇オプションの基本 他：オプションの基本と取引戦略　シカゴオプション取引所付属オプション専門学校編, 可児滋訳　ときわ総合サービス出版調査部　1999.4　675p

Bittner, Günter　ビットナー, ギュンター
◇教育学と精神分析（渡辺光雄訳）：現代ドイツ教育学の潮流—W・フリットナー百歳記念論文集　ヘルマン・レールス, ハンス・ショイアール編, 天野正治訳　玉川大学出版部　1992.8　503p
◇服従と不服従：教育学的に見ること考えることへの入門　アンドレアス・フリットナー, ハンス・ショイアール編, 石川道夫訳　玉川大学出版部　1994.8　409p

Bix, Herbert P.　ビックス, ハーバート
◇「象徴君主制」への衣更え（岡田良之助訳）：戦後民主主義　中村政則, 天川晃, 尹健次, 五十嵐武士編　岩波書店　2005.8　300p　（戦後日本 占領と戦後改革 新装版 第4巻）

Bjarnason, Dora S.　ビャッナソン, ドウラ・S.
◇アイスランドにおけるインクルージョン（森本恵美子訳）：北欧の知的障害者—思想・政策と日常生活　ヤン・テッセブロー, アンデシュ・グスタフソン, ギューリ・デューレンダール編, 二文字理明監訳　青木書店　1999.8　289p

Black, J. Stewart　ブラック, J. ステュアート
◇企業変革に立ち戻って取り組め：ピープルマネジメント—21世紀の戦略的人材活用コンセプト　Financial Times編, 日経情報ストラテジー監訳　日経BP社　2002.3　271p（日経情報ストラテジー別冊）

Blackbourn, David　ブラックボーン, D.
◇西ドイツ歴史学の動向と私の立場 他：イギリス社会史派のドイツ史論　D.ブラックボーンほか著, 望田幸男ほか訳　晃洋書房　1992.6　196, 46p

Blackburn, Robin　ブラックバーン, ロビン
◇マンデルと社会化への道（西島栄訳）：エルネスト・マンデル—世界資本主義と二十世紀社会主義　ジルベール・アシュカル編, 岡田光正ほか訳　柘植書房新社　2000.4　372p

Blackburn, Ronald　ブラックバーン, R. *
◇犯罪と反社会的問題への臨床心理サービス（共著）（岡本四郎訳）：専門職としての臨床心理学　ジョン・マツィリア, ジョン・ホール編, 下山晴彦編訳　東京大学出版会　2003.4　435p

Blackburn, Simon　ブラックバーン, サイモン
◇言語は重要な問題だ：哲学者は何を考えているのか　ジュリアン・バジーニ, ジェレミー・スタンルーム編, 松本俊吉訳　春秋社　2006.5　401, 13p（現代哲学への招待 basics　丹治信春監修）

Blacker, Carmen　ブラッカー, カーメン
◇サー・フランシス・テイラー・ピゴットF.S.G.ピゴット陸軍少将 他：英国と日本—架橋の人びと　サー・ヒュー・コータッツィ, ゴードン・ダニエルズ編, 横山俊夫解説, 大山瑞代訳　思文閣出版　1998.11　503, 68p
◇牧野義雄 他（関口英男訳）：英国と日本—日英交流人物列伝　イアン・ニッシュ編, 日英文化交流研究会訳　博文館新社　2002.9　470p

Black Hawk　ブラック・ホーク
◇アイオワ族の騎士道：北米インディアン生活誌　C.ハミルトン編, 和巻耿介訳　社会評論社　1993.11　408p

Blackmore, Susan J.　ブラックモア, スーザン・J.
◇非現実性—超心理学の唯一の発見 他：超常現象のとらえにくさ　笠原敏雄編　春秋社　1993.7　776, 61p
◇体脱体験：心霊研究—その歴史・原理・実践　イヴォール・グラッタン・ギネス編, 和田芳久訳　技術出版　1995.12　414p（超心理学叢書 第4集）
◇ミームの視点（鈴木崇史訳）：ダーウィン文化論—科学としてのミーム　ロバート・アンジェ編, ダニエル・デネット序文, 佐倉統, 巌谷薫, 鈴木崇史, 坪井りん訳　産業図書　2004.9　277p

Blades, Mark　ブレーズ, M. *
◇子どもの経路発見を研究するための研究パラダイムと方法論：空間認知研究ハンドブック　ナイジェル・フォアマン, ラファエル・ジレット編, 竹内謙彰, 旦直子監訳　二瓶社　2001.12　247p

Blair, Andrew　ブレア, A. *
◇ビジネス・エンジェルシジケートの結成—熟達したビジネス・エンジェルに関する個人的経験について：ビジネス・エンジェルの時代—起業家育成の新たな主役　R.T.ハリソン, C.M.メイソン編著, 西沢昭夫監訳, 通産省ビジネス・エンジェル研究会訳　東洋経済新報社　1997.6　245p

Blair, Steven N.　ブレア, S. N. *
◇運動処方（共著）（竹中晃二訳）：身体活動とメンタルヘルス　ウイリアム・P.モーガン編, 竹中晃二, 征矢英昭監訳　大修館書店　1999.4　362p

Blake, Robert R.　ブレイク, ロバート・R.
◇積年の抗争を解消する二つのアプローチ（共著）：交渉の戦略スキル　Harvard Business Review編, Diamondハーバード・ビジネス・レビュー編集部訳　ダイヤモンド社　2002.2　274p

Blakemore, Michael　ブレイクモー, M.
◇政府とともに政府統計の普及を（金子治平訳）：現代イギリスの政治算術—統計は社会を変えるか　D.ドーリング, S.シンプソン編著, 岩井浩ほか監訳　北海道大学図書刊行会　2003.7　588p

Blanchard, Kenneth H.　ブランチャード, ケン
◇人生の質の高さを求めよ：セルフヘルプ—なぜ, 私は困難を乗り越えられるのか 世界のビッグネーム自らの47の証言　ケン・シェルトン編著, 堀紘一監訳　フロンティア出版　1998.7　301p
◇組織のピラミッドを逆さにする：未来組織のリーダー——ビジョン・戦略・実践の革新　フランシス・ヘッセルバイン, マーシャル・ゴールドスミス, リチャード・ベカード編, 田代正美訳　ダイヤモンド社　1998.7　239p
◇状況に応じてリーダーシップの方法を変えよ：ウェルチはこうして組織を甦らせた—アメリカ・トップリーダーからの経営処方箋29　ケン・シェルトン編著, 堀紘一監修・訳　フロンティア出版　1999.12　281p

Blanchard, Olivier J.　ブランシャール, オリヴィエ
◇ディスカッション：日本の金融政策—バブル, 流動性

の罠と金融政策：日本の金融危機—米国の経験と日本への教訓　三木谷良一、アダム・S.ポーゼン編、清水啓典監訳　東洋経済新報社　2001.8　263p

Blanchot, Maurice　ブランショ、モーリス
◇誰？(港道隆訳)：主体の後に誰が来るのか？　ジャン・リュック・ナンシー編著、アラン・バディウ、エチエンヌ・バリバール、モーリス・ブランショ、ミケル・ボルグ・ジャコブセン、ジャン・フランソワ・クルティーヌほか著、港道隆、鵜飼哲、大西雅一郎、松葉祥一、安川慶治、加国尚志、広瀬浩司訳　現代企画室　1996.3　347p
◇ジャック・デリダのおかげで(上田和彦訳)：デリダと肯定の思考　カトリーヌ・マラブー編、高橋哲哉、増田一夫、髙桑和巳監訳　未来社　2001.10　502, 7p (ポイエーシス叢書 47)

Blanck, Horst　ブランク、ホルスト
◇エトルリアの葬祭絵画—在ローマ、ドイツ考古学研究所古文書資料室(大槻泉訳)：死後の礼節—古代地中海圏の葬祭文化 紀元前7世紀 - 紀元前3世紀　シュテファン・シュタイングレーバー編　東京大学総合研究博物館　2000.12　202p

Blanc-Montmayeur, Martine　ブラン＝モンマイユール、マルティヌ
◇図書館・博物館の共存 他：フランスの博物館と図書館　M.ブラン＝モンマイユール他著、松本栄寿、小浜清子訳　玉川大学出版部　2003.6　198p

Bland, Jack　ブランド、ジャック
◇スコットランド：マイノリティ・ナショナリズムの現在　マイケル・ワトソン編、浦野起央、荒井功訳　刀水書房　1995.11　346p　(人間科学叢書)

Blane, Davis　ブレイン、D.(社会統計学)
◇健康の不平等にかんする統計について考える(共著)(藤岡光夫訳)：現代イギリスの政治算術—統計は社会を変えるか　D.ドーリング、S.シンプソン編著、岩井浩ほか監訳　北海道大学図書刊行会　2003.7　588p

Blänsdorf, Agnes　ブレーンスドルフ、アグネス
◇オーストリア、東西ドイツの歴史へのナチズム時代の組み入れ比較：「負の遺産」との取り組み—オーストリア・東西ドイツの戦後比較　ヴェルナー・ベルクマン、ライナー・エルプ、アルベルト・リヒトブラウ編著、岡田浩平訳　三元社　1999.3　479p

Blatt, Rena　ブラット、R.*
◇ビジネス・エンジェルの広がり(共著)：ビジネス・エンジェルの時代—起業家育成の新たな主役　R.T.ハリソン、C.M.メイソン編著、西沢昭夫監訳、通産省ビジネス・エンジェル研究会訳　東洋経済新報社　1997.6　245p

Blattmann, Lynn　ブラットマン、リン
◇決闘、酒、仲間とスイス学生連合：男の歴史—市民社会と〈男らしさ〉の神話　トーマス・キューネ編、星乃治彦訳　柏書房　1997.11　254p　(パルマケイア叢書 8)

Blazquez, Pedro Baptista　ブラスケス、P. B.*
◇聖ペトロ・バプチスタ書簡—1596-97(結城了悟訳・解説、純心女子短期大学長崎地方文化史研究所編)：日本二十六聖人殉教記—1597・聖ペトロ・バプチスタ書簡—1596-97　ルイス・フロイス著、結城了悟訳・解説、純心女子短期大学長崎地方文化史研究所編　純心女子短期大学　1995.2　264p

Blechman, Elaine A.　ブレックマン、E. A.
◇家族スキルトレーニング(FST)と子どものうつ病(共著)(益本佳枝訳)：共同治療者としての親訓練ハンドブック　上　Charles E.Schaefer, James M.Briesmeister編、山上敏子、大隈紘子監訳　二瓶社　1996.11　332p
◇情動と家族についての新しい見方：効果的な家族コミュニケーションのモデル(福岡欣治訳)：家族の感情心理学—そのよいときも、わるいときも　E.A.ブレックマン編著、浜治世、松山義則監訳　北大路書房　1998.4　275p

Bliss, C.　ブリッス、クリストファー
◇マーシャルと資本理論(元木久訳)：マーシャル経済学の体系　J.K.ホイティカー編著、橋本昭一監訳　ミネルヴァ書房　1997.8　377p　(マーシャル経済学研究叢書 3)

Bloch, Ernst　ブロッホ、エルンスト
◇母権(アンチゴーネ)と自然法の関係について(恒川隆男訳)：バッハオーフェン論集成　臼井隆一郎編　世界書院　1992.10　248, 5p

Bloch, Henriette　ブロック、H.*
◇外界の空間での身振りの体制化：定位とリーチング(共著)：空間認知研究ハンドブック　ナイジェル・フォアマン、ラファエル・ジレット編、竹内謙彰、旦直子監訳　二瓶社　2001.12　247p

Bloch, Michael　ブロック、マイケル
◇ビジネス・プロセス・アウトソーシング(BPO)から利益を得るには(共著)(金平直人監訳)：マッキンゼーITの本質—情報システムを活かした「業務改革」で利益を創出する　横浜信一、萩平和巳、金平直人、大隈健史、琴坂将広編著・監訳、鈴木立哉訳　ダイヤモンド社　2005.3　212p　(The McKinsey anthology)

Blondel, Ch.　ブロンデル、Ch.
◇自発的かつ知的な行動の諸原理は、制度化された環境の存在の内にある：ドゥルーズ初期—若き哲学者が作った教科書　ジル・ドゥルーズ編著、加賀野井秀一訳注　夏目書房　1998.5　239p

Blondel, Jean　ブロンデル、ジャン
◇西欧諸国における内閣の比較研究(岩崎正洋訳)：西欧比較政治—データ/キーワード/リーディング　G.レームブルック, J.ブロンデル, H.ダールダーほか著、加藤秀治郎編　一芸社　2002.10　242p
◇西欧諸国における内閣の比較研究(共著)(岩崎正洋訳)：西欧比較政治—データ/キーワード/リーディングス　G.レームブルフほか著、加藤秀治郎編　第2版　一芸社　2004.4　276p

Bloom, Harold　ブルーム、ハロルド
◇ビリー・グラハム：TIMEが選ぶ20世紀の100人　下巻　アーチスト・エンターテイナー・ヒーロー・偶像・巨頭　徳岡孝夫監訳　アルク　1999.11　318p

Bluestone, Irving　ブルーストーン、アーヴィング
◇ウォルター・ルーサー：TIMEが選ぶ20世紀の100人　下巻　アーチスト・エンターテイナー・ヒーロー・偶像・巨頭　徳岡孝夫監訳　アルク　1999.11　318p

Blumhardt, Christoph　ブルームハルト、クリストフ
◇ルカによる福音書第二章一——四節：光の降誕祭—20世紀クリスマス名説教集　ルードルフ・ランダウ

編, 加藤常昭訳　再版　教文館　2004.9　308p

Blumler, Jay G.　ブルムラー, ジェイ・G.
◇政治コミュニケーションに関する西ヨーロッパの視座（共著）（藤田真文訳）：リーディングス政治コミュニケーション　谷藤悦史, 大石裕編訳　一芸社　2002.4　284p

Blussé, Leonard　ブリュッセイ, レオナルド
◇開放から隔絶へ―平戸における初期の日蘭関係, 1600-1640年：日蘭交流400年の歴史と展望―日蘭交流400周年記念論文集　日本語版　レオナルド・ブリュッセイ, ウィレム・レメリンク, イフォ・スミッツ編　日蘭学会　2000.4　459p（日蘭学会学術叢書第20）

Bly, Karen M.　ブライ, カレン・M.
◇行動にあらわれる虐待のサイン 他：児童虐待の発見と防止―親や先生のためのハンドブック　ジェームズ・A.モンテリオン編, 加藤和生訳　慶応義塾大学出版会　2003.8　261p

Boaden, H.　ボーデン, H.＊
◇一人一人の子供に "自分は特別な存在である" と思わせた：心にのこる最高の先生―イギリス人の語る教師像　上林喜久子編訳著　関東学院大学出版会　2004.11　97p
◇一人一人の子供に "自分は特別な存在である" と思わせた：イギリス人の語る心にのこる最高の先生　上林喜久子編訳　関東学院大学出版会　2005.6　68p

Boaz, David　ボアズ, ディヴィッド
◇ドラッグ禁止がもたらしたもの 他：ドラッグ全面解禁論　ディヴィッド・ボアズ編, 樋口幸子訳　第三書館　1994.11　364p

Bock, Gisela　ボック, ジゼラ
◇ナチズム―ドイツの女性差別政策と女性たちの生活（柳原邦光訳）：女の歴史　5〔1〕　二十世紀　1　G.デュビィ, M.ペロー監修, 杉村和子, 志賀亮一監訳　フランソワーズ・テボー編　藤原書店　1998.2　515p
◇女性の貧困, 母の権利, そして福祉国家（栖原弥生訳）：女の歴史　5〔2〕　二十世紀　2　G.デュビィ, M.ペロー監修, 杉村和子, 志賀亮一監訳　フランソワーズ・テボー編　藤原書店　1998.11　p517-1026

Bock, Jerome　ボック, J.＊
◇GOOD CARMA（カルマ）：モンテカルロモデル手法 他（土居雅紹, 塚本卓治, 佐藤由美子訳）：統合リスク管理への挑戦―VARの基礎・手法　ロッド・A.ベックストローム, アリス・R.キャンベル著, 大和証券業務開発部訳　金融財政事情研究会　1996.7　170p

Böckenförde, Ernst-Wolfgang　ベッケンフェルデ, エルンスト＝ヴォルフガング
◇カール・シュミットの国法上の著作を解読する鍵としての政治的なものの概念（渡辺康行訳）：カール・シュミットの遺産　ヘルムート・クヴァーリチュ編, 初宿正典, 古賀敬太編訳　風行社　1993.10　402, 16p
◇世俗化過程としての国家の成立（桜井健吾訳）：法の理論　22　ホセ・ヨンパルト, 三島淑臣, 長谷川晃編　成文堂　2003.6　301p

Boddewyn, Jean J.　ボドウィン, ジーン・J.
◇国際経営学の概念探求 他（富岡昭訳）：基礎概念と研究領域　B.トイン, D.ナイ編, 村山元英監訳　国際経営文化学会訳　文真堂　2001.11　285p（国際経

学の誕生 1）

Bode, Ingo　ボーデ, インゴ
◇ドイツサードセクターとその現代的課題―制度の固定化から企業家的な機動性へ?：欧州サードセクター―歴史・理論・政策　A.エバース, J.-L.ラヴィル編, 内山哲朗, 柳沢敏勝訳　日本経済評論社　2007.6　368p

Boehm, Ulrich　ベーム, ウルリッヒ
◇まえがき：哲学の原点―ドイツからの提言　ハンス・ゲオルク・ガダマー他著, U.ベーム編, 長倉誠一, 多田茂訳　未知谷　1999.7　272, 11p

Boerma, Wienke G. W.　ブールマ, ヴィエンケ・G. W.
◇ギリシャの在宅ケア 他（小松啓訳）：ヨーロッパの在宅ケア　イェク・B.F.フッテン, アダ・ケルクストラ編, 西沢秀夫監訳　筒井書房　1999.6　404p

Boers-Stoll, Claire　ボゥアー＝シュトル, クレア
◇オランダ―オランダにおける著作活動を中心に（共著）（山川裕樹訳）：世界の箱庭療法―現在と未来　山中康裕, S.レーヴェン・ザイフェルト, K.ブラッドウェイ編　新曜社　2000.10　182p

Boethius, Ancius Manlius Severinus　ボエティウス
◇ポルフュリウス・イサゴーゲー註解, 三位一体論, エウテュケスとネストリウス駁論：中世思想原典集成　5　後期ラテン教父　上智大学中世思想研究所編訳・監修　平凡社　1993.9　669p

Boff, Leonardo　ボッフ, レオナルド
◇解放の神学と現代のP：二十一世紀を変革する人々―解放の神学が訴えるもの　ホセ・マリア・ビジル編, ステファニ・レナト訳　新世社　1997.8　211, 5p

Boffa, Massimo　ボッファ, マッシモ
◇亡命者（磯村和人訳）：フランス革命事典　3　フランソワ・フュレ, モナ・オズーフ編, 河野健二, 阪上孝, 富永茂樹監訳　みすず書房　1999.3　234p（みすずライブラリー）
◇反革命（河野健二訳）：フランス革命事典　6　フランソワ・フュレ, モナ・オズーフ編, 河野健二, 阪上孝, 富永茂樹監訳　みすず書房　2000.6　252p（みすずライブラリー）

Bogart, Leo　ボガート, レオ
◇力の道具としてのコミュニケーション研究：アメリカ―コミュニケーション研究の源流　E.デニス, E.ウォーテラ編著, 伊達康博, 藤山新, 末永雅美, 四方由美, 栢沼利朗訳　春風社　2005.7　282p

Bogason, Peter　ボガソン, ペーター
◇デンマークの地方政府：効果的で効率的な福祉国家を目指して：国際比較から見た地方自治と都市問題―先進20カ国の分析　1　Joachim Jens Hesse編, 北海道比較地方自治研究会訳　北海道比較地方自治研究会　1994.3　208p
◇デンマークの地方政府：地方自治の世界的潮流―20カ国からの報告　上　ヨアヒム・J.ヘッセ編, 北海道比較地方自治研究会訳, 木佐茂男監修　信山社出版　1997.9　335p

Bogdan, Robert　ボグダン, ロバート
◇QOLと個人の見方（共著）：知的障害・発達障害を持つ人のQOL―ノーマライゼーションを超えて　Robert L.Schalock編, 三谷嘉明, 岩崎正子訳　医歯

薬出版　1994.5　346p
◇北欧型福祉国家における障害者政策―刊行によせて：北欧の知的障害者―思想・政策と日常生活　ヤン・テッセブロー，アンデシュ・グスタフソン，ギューリ・デューレンダール編，二文字理明監訳　青木書店　1999.8　289p

Bogdanar, Vernon　ボクダノア，バーノン
◇選挙制度と政党制（加藤秀治郎，岩崎正洋訳）：選挙制度の思想と理論――Readings　加藤秀治郎編訳　芦書房　1998.1　306p

Boggs, Stephen R.　ボッグズ，S.＊
◇反抗――挑戦的な幼児のための親訓練（共著）（福田恭介訳）：共同治療者としての親訓練ハンドブック　上　Charles E.Schaefer, James M.Briesmeister編，山上敏子，大隈紘子監訳　二瓶社　1996.11　332p

Bognár, József　ボグナール，ヨージェフ
◇経済指導と管理の改革について：計画から市場へ――ハンガリー経済改革思想史 1954-1988　平泉公雄編訳　アジア経済研究所　1992.3　355p　（翻訳シリーズ 32）

Bohlau, Hermann　ベーラウ，ヘルマン
◇ヘルマン・ベーラウ一家（共著）：回想のマックス・ウェーバー――同時代人の証言　安藤英治聞き手，亀嶋庸一編，今野元訳　岩波書店　2005.7　272, 5p

Bohman, James　ボーマン，ジェームズ
◇世界市民の公共圏：カントと永遠平和―世界市民という理念について　ジェームズ・ボーマン，マティアス・ルッツ・バッハマン編，紺野茂樹，田辺俊明，舟場保之訳　未来社　2006.1　261p

Böhme, Gernot　ベーメ，ゲルノート
◇新しい自然哲学に基礎を準備するために 他（伊坂青司訳）：われわれは「自然」をどう考えてきたか　ゲルノート・ベーメ編，伊坂青司，長島隆監訳　どうぶつ社　1998.7　524p

Böhme, Hartmut　ベーメ，ハルトムート
◇ジョルダーノ・ブルーノ（長島隆訳）：われわれは「自然」をどう考えてきたか　ゲルノート・ベーメ編，伊坂青司，長島隆監訳　どうぶつ社　1998.7　524p

Bohmer, Richard　ボーマー，リチャード
◇チーム学習を左右するリーダーの条件（共著）：いかに「高業績チーム」をつくるか　Diamondハーバード・ビジネス・レビュー編集部編訳　ダイヤモンド社　2005.5　225p　（Harvard business review anthology）
◇チーム学習を左右するリーダーの条件（共著）：組織能力の経営論―学び続ける企業のベスト・プラクティス　Diamondハーバード・ビジネス・レビュー編集部編訳　ダイヤモンド社　2007.8　508p　（Harvard business review）

Bohren, Rudolf　ボーレン，ルードルフ
◇ヨハネの黙示録第二二章一――六節：光の降誕祭――20世紀クリスマス名説教集　ルードルフ・ランダウ編，加藤常昭訳　再版　教文館　2004.9　308p

Bokelmann, Hans　ボッケルマン，ハンス
◇教育学における合意問題のための人間の論争（福田弘訳）：現代ドイツ教育学の潮流――W・フリットナー百歳記念論文集　ヘルマン・レールス，ハンス・ショイアール編，天野正治訳　玉川大学出版部　1992.8

503p

Bokor, János　ボコル，J.
◇工業経済管理の新システムに関する提案：計画から市場へ――ハンガリー経済改革思想史 1954-1988　平泉公雄編訳　アジア経済研究所　1992.3　355p　（翻訳シリーズ 32）

Bolding, Per Olof　ボールディング，P. O.
◇証明責任および証明度（共著）：訴訟における主張・証明の法理――スウェーデン法と日本法を中心にして　萩原金美著　信山社　2002.6　504p　（神奈川大学法学研究叢書 18）

Boldwin, Carliss Y.　ボールドウィン，カーリス・Y.
◇貯蓄金融機関危機の教訓（共著）：金融サービス業――21世紀への戦略　サミュエル・L.ヘイズ3編，小西竜治監訳　東洋経済新報社　1999.10　293p
◇モジュール化が生み出すイノベーション（共著）：バリューチェーン・マネジメント　Harvard Business Review編，Diamondハーバード・ビジネス・レビュー編集部訳　ダイヤモンド社　2001.8　271p

Bollnow, Otto Friedrich　ボルノウ，オットー・フリードリヒ
◇精神科学的教育学（新井保幸訳）：現代ドイツ教育学の潮流――W・フリットナー百歳記念論文集　ヘルマン・レールス，ハンス・ショイアール編，天野正治訳　玉川大学出版部　1992.8　503p
◇一般教育学の統合の核としての教育人間学：教育学的に見ること考えることへの入門　アンドレアス・フリットナー，ハンス・ショイアール編，石川直夫訳　玉川大学出版部　1994.8　409p
◇哲学的人間学とその方法的諸原理（藤田健治訳）：現代の哲学的人間学　ボルノウ，プレスナーほか著，藤田健治他訳　新装復刊　白水社　2002.6　332, 10p

Bolton, Elizabeth B.　ボルトン，エリザベス・B.
◇グローバルな認識―変化への過程（共著）（赤星礼子訳）：転換期の家族――ジェンダー・家族・開発　N.B.ライデンフロースト編，家庭経営学部会訳　日本家政学会　1995.3　360p

Bolton, Jamie　ボルトン，ジャミー
◇効果的な需要マネジメント―サプライチェーンのパフォーマンスを自ら低下させていないか?：サプライチェーン戦略　ジョン・ガトーナ編，前田健蔵，田村誠一訳　東洋経済新報社　1999.5　377p　（Best solution）

Bonabeau, Eric　ボナボー，エリック
◇複雑系の意思決定モデル：意思決定の技術　Diamondハーバード・ビジネス・レビュー編集部編訳　ダイヤモンド社　2006.1　247p　（Harvard business review anthology）
◇複雑系の意思決定モデル：戦略思考力を鍛える　Diamondハーバード・ビジネス・レビュー編集部編訳　ダイヤモンド社　2006.7　262p　（Harvard business review anthology）

Bonaventura　ボナヴェントゥラ
◇すべての者の唯一の教師キリスト　無名の教師に宛てた三つの問題についての書簡　諸学芸の神学への還元　討論問題集――キリストの知について　命題集註解：中世思想原典集成　12　フランシスコ会学派　上智大学中世思想研究所編訳・監修　平凡社　2001.9　1047p

Bonavoglia, Rosario ボナヴォーリア, ロザリオ
◇貯蓄行動（堺憲一訳）：イタリアの金融・経済とEC統合　ロザリオ・ボナヴォーリア編、岡本義行ほか訳　日本経済評論社　1992.6　304p

Bond, George C. ボンド, ジョージ・C.
◇霊とともに生きる―アフリカの諸宗教における死と来世：死と来世の系譜　ヒロシ・オオバヤシ編、安藤泰至訳　時事通信社　1995.3　355, 17p

Bond, Lloyd ボンド, L. *
◇受験準備が学業能力テストに及ぼす効果（藤田恵璽訳）：教育測定学　下巻　ロバート・L.リン編、池田央、藤田恵璽、柳井晴夫、繁桝算男訳・編　学習評価研究所　1992.12　411p

Bondi, Hermann ボンディ, ヘルマン
◇ニュートンと20世紀―1つの個人的見解：ニュートン復活　J.フォーベル編、平野葉一ほか訳　現代数学社　1996.11　454p

Bondt, Werner F. M. De ボント, W. *
◇市場と企業の財務的意思決定：行動論の視点（古川浩一訳）：ファイナンスハンドブック　R.A.Jarrow, V.Maksimovic, W.T.Ziemba編、今野浩、古川浩一監訳　朝倉書店　1997.12　1121p

Bone, Robert G. ボーン, ロバート・G.
◇アメリカ民事訴訟における和解　他：アメリカ民事訴訟法の理論　大村雅彦、三木浩一編　商事法務　2006.6　362p

Bonifatius ボニファティウス
◇書簡集：中世思想原典集成　6　カロリング・ルネサンス　上智大学中世思想研究所編訳・監修　平凡社　1992.6　765p

Bonnsetter, Bill ボンセッター, ビル*
◇個人のコーピング方略と行動スタイル（共著）（太田ゆず訳）：ストレスと快楽　デイビッド・M.ウォーバートン、ニール・シャーウッド編著、上里一郎監訳　金剛出版　1999.10　301p

Bonnyman, G. D. ボニーマン, G. D.
◇一八五一年のカンボジア（共著）：カンボジア旅行記―別世界との出会い　4　ブイユヴォーほか著、北川香子訳　連合出版　2007.10　246p

Bonoli, Giuliano ボノーリ, ジュリアーノ
◇スイスの年金改革　他（芦立秀朗訳）：年金改革の比較政治学―経路依存性と非難回避　新川敏光、ジュリアーノ・ボノーリ編著、新川敏光監訳　ミネルヴァ書房　2004.10　341p　（ガヴァナンス叢書　第1巻）

Böök, Anders ベーク, A. *
◇大規模空間における空間的選択とナビゲーションの研究（共著）：空間認知研究ハンドブック　ナイジェル・フォアマン、ラファエル・ジレット編、竹内謙彰、旦直子監訳　二瓶社　2001.12　247p

Book, Howard ブック, ハワード
◇自己認識力を鍛える：EQを鍛える　Diamondハーバード・ビジネス・レビュー編集部編訳　ダイヤモンド社　2005.7　286p　（Harvard business review anthology）

Boolos, George ブーロス, ジョージ
◇フレーゲ『算術の基礎』の無矛盾性（井上直昭訳）：フレーゲ哲学の最新像―ダメット、パーソンズ、ブーロス、ライト、ヘイル、アクゼル、スントホルム　岡本賢吾、金子洋之編　勁草書房　2007.2　374p　（双書現代哲学 5）

Boon, Julian C. W. ブーン, ジュリアン・C. W.
◇心理プロファイリングとパーソナリティ理論（尾藤昭夫訳）：犯罪者プロファイリング―犯罪行動が明かす犯人像の断片　ジャネット・L.ジャクソン、デブラ・A.ベカリアン編、田村雅幸監訳、辻典明、岩見広一訳編　北大路書房　2000.3　234p

Boonchalaksi, Wathinee ブーンチャラクシ, ワティニー
◇タイにおける売春（共著）（さくまゆみこ訳）：セックス「産業」―東南アジアにおける売春の背景　リン・リーン・リム編著、津田守他訳　日本労働研究機構　1999.12　334p

Boorstein, Seymour ブーアスタイン, セイモア
◇トランスパーソナルな技法と心理療法：テキスト/トランスパーソナル心理学・精神医学　B.W.スコットン, A.B.チネン, J.R.バティスタ編、安藤治、池沢良郎、是恒正達訳　日本評論社　1999.12　433p

Boorstein, Sylvia ブーアスタイン, シルヴィア
◇瞑想の臨床的側面：テキスト/トランスパーソナル心理学・精神医学　B.W.スコットン, A.B.チネン, J.R.バティスタ編、安藤治、池沢良郎、是恒正達訳　日本評論社　1999.12　433p

Boorstin, Daniel Joseph ブーアスティン, ダニエル・J.
◇幻影の時代―情報革命を検証する：知の大潮流―21世紀へのパラダイム転換　今世紀最高の頭脳が予見する未来　ネイサン・ガーデルズ編、仁保真佐子訳　徳間書店　1996.12　419p

Boot, W. J. ボート, W. J.
◇文化交流序説：日本・中国・西洋：日蘭交流400年の歴史と展望―日蘭交流400周年記念論文集　日本語版　レオナルド・ブリュッセイ、ウィレム・レメリンク、イフォ・スミッツ編　日蘭学会　2000.4　459p　（日蘭学会学術叢書　第20）

Booth, Alan ブース, アラン
◇ウィリアム・ブース将軍（高橋健次訳）：インタヴューズ　1　クリストファー・シルヴェスター編、新庄哲夫ほか訳　文芸春秋　1998.11　462p

Booth, Tony ブース, トニー
◇「特殊教育」を定義し直す（二文理明訳）：インクルージョンの時代―北欧発「包括」教育理論の展望　ペーデル・ハウグ、ヤン・テッセブロー編、二文理明監訳　明石書店　2004.7　246p　（明石ライブラリー 63）

Boots, Maaike ボーツ, マーイケ
◇ディック・ブルーナと日本―"ナインチェ"から"うさこちゃん"と"ミッフィー"へ：日蘭交流400年の歴史と展望―日蘭交流400周年記念論文集　日本語版　レオナルド・ブリュッセイ、ウィレム・レメリンク、イフォ・スミッツ編　日蘭学会　2000.4　459p　（日蘭学会学術叢書　第20）

Booty, John E. ブーティー, J. E.
◇聖公会のスピリチュアリティと痛悔―フッカー、ダン、ハーバート　他：聖公会の中心　W.J.ウルフ編、

西原廉太訳　聖公会出版　1995.8　303p

Borch-Jacobsen, Mikkel　ボルグ・ジャコブセン，ミケル
◇フロイト的主体，政治的なるものから倫理的なるものへ（大西雅一郎訳）：主体の後に誰が来るのか？　ジャン・リュック・ナンシー編著，アラン・バディウ，エチエンヌ・バリバール，モーリス・ブランショ，ミケル・ボルグ・ジャコブセン，ジャン・フランソワ・クルティーヌほか著，港道隆，鵜飼哲，大西雅一郎，松葉祥一，安川慶治，加国尚志，広瀬浩司訳　現代企画室　1996.3　347p

Bordo, Susan　ボルド，スーザン
◇痩身読解（三島亜紀子訳）：ボディー・ポリティクス—女と科学言説　M.ジャコーバス，E.F.ケラー，S.シャトルワース編，田間泰子，美馬達哉，山本祥子監訳　世界思想社　2003.4　332p　（Sekaishiso seminar）

Boren, Mike　ボーレン，マイク
◇グローバル債券投資戦略におけるリスク管理：実践ヘッジファンド投資—成功するリスク管理　バージニア・レイノルズ・バーカー編，徳岡国見監訳　日本経済新聞社　2001.8　425p

Borges, Jorge Luis　ボルヘス，ホルヘ・ルイス
◇ボルヘスと私（藤本隆志訳）：マインズ・アイ—コンピュータ時代の「心」と「私」　上　D.R.ホフスタッター，D.C.デネット編著，坂本百大監訳　〔新装版〕　ティビーエス・ブリタニカ　1992.10　359p
◇円形の廃墟（藤本隆志訳）：マインズ・アイ—コンピュータ時代の「心」と「私」　下　D.R.ホフスタッター，D.C.デネット編著，坂本百大監訳　〔新装版〕　ティビーエス・ブリタニカ　1992.10　365p
◇みえざるものへの証言（渡辺俊一訳）：エマヌエル・スウェーデンボルグ—持続するヴィジョン　ロビン・ラーセン編　春秋社　1992.11　307p

Borin, Françoise　ボラン，フランソワーズ
◇イマージュでの小休止：女の歴史　3〔1〕　十六—十八世紀　1　杉村和子，志賀亮一監訳　ナタリー・ゼモン＝デイヴィス，アルレット・ファルジュ編　藤原書店　1995.1　434p

Boris, Elizabeth T.　ボリス，エリザベス・T.
◇民主的社会におけるNPO—多彩な役割と責任：NPOと政府　E.T.ボリス，C.E.スターリ編著，上野真城子，山内直人訳　ミネルヴァ書房　2007.3　346p

Borman, Frank　ボーマン，フランク
◇フランク・ボーマン宇宙からのクリスマスの挨拶（楢原潤子訳）：アメリカの夢と理想の実現　板場良久スピーチ解説，増田恵理子，楢原潤子訳　アルク　1998.7　120p　（20世紀の証言　英語スピーチでたどるこの100年　第3巻—CD book　松尾弌之監修・解説）

Borthwick-Duffy, Sharon A.　ボースウィック・ダフィ，S. A.*
◇重度また最重度の知的障害を持つ人のQOL：知的障害・発達障害を持つ人のQOL—ノーマライゼーションを超えて　Robert L.Schalock編，三谷嘉明，岩崎正子訳　医歯薬出版　1994.5　346p

Borysenko, Joan　ボリセンコ，ジョーン
◇魂を吹き込む：魂をみがく30のレッスン　リチャード・カールソン，ベンジャミン・シールド編，鴨志田千枝子訳　同朋舎　1998.6　252p

◇相手のくれるプレゼントに感謝しよう：小さなことを大きな愛でやろう　リチャード・カールソン，ベンジャミン・シールド編，小谷啓子訳　PHP研究所　1999.11　263，7p

Borzaga, Calro　ボルザガ，カルロ
◇イタリアサードセクターの進展—窒息から再登場へ　他：欧州サードセクター—歴史・理論・政策　A.エバース，J.-L.ラヴィル編，内山哲朗，柳沢敏勝訳　日本経済評論社　2007.6　368p

Bosanquet, Helen　ボーズンキット，ヘレン
◇家族論（田中達訳）：世界女性学基礎文献集成　明治大正編第7巻　水田珠枝監修　ゆまに書房　2001.6　420p

Bosch, Robert　ボッシュ，ローベルト
◇ローベルト・ボッシュ（共著）：ドイツ企業のパイオニア—その成功の秘密　ヴォルフラム・ヴァイマー編著，和泉雅人訳　大修館書店　1996.5　427p

Bossenga, Gail　ボセンガ，ゲイル
◇租税（木崎喜代治訳）：フランス革命事典　4　フランソワ・フュレ，モナ・オズーフ編，河野健二，阪上孝，富永茂樹監訳　みすず書房　1999.9　331p　（みすずライブラリー）

Botkin, James W.　ボトキン，ジム
◇知識の時代の企業戦略（共著）：ネットワーク戦略論　ドン・タプスコット編，Diamondハーバード・ビジネス・レビュー編集部訳　ダイヤモンド社　2001.5　298p

Botsford, Keith　ボッフォード，キース*
◇新ピューリタン主義の由来（大久保雅夫訳）：ストレスと快楽　デイビッド・M.ウォーバートン，ニール・シャーウッド編著，上里一郎監訳　金剛出版　1999.10　301p

Bottéro, Jean　ボッテロ，ジャン
◇すべてはバビロニアにはじまる　他：愛と結婚とセクシュアリテの歴史—増補・愛とセクシュアリテの歴史　ジョルジュ・デュビーほか著，福井憲彦，松本雅弘訳　新曜社　1993.11　401p

Bottome, Phyllis　ボトム，フィリス
◇家族と愛する人々　他（共著）：アドラーの思い出　G.J.マナスター，G.ペインター，D.ドイッチュ，B.J.オーバーホルト編，柿内邦博，井原文子，野田俊作訳　創元社　2007.6　244p

Bottoms, Anthony E.　ボトムズ，アンソニー・E.
◇イギリスにおける住宅保有形態と住宅コミュニティの犯罪キャリア（共著）：コミュニティと犯罪　1　アルバート・J.リース・ジュニア，マイケル・トンリィ共編，伊藤康一郎訳　都市防犯研究センター　1994.3　268p

Boucher, David　バウチャー，デイヴィッド
◇社会契約論とその批判者たち　概説（共著）（飯島昇蔵訳）：社会契約論の系譜—ホッブズからロールズまで　D.バウチャー，P.ケリー編，飯島昇蔵，佐藤正志ほか訳　ナカニシヤ出版　1997.5　367p　（叢書「フロネーシス」）
◇イギリス観念論と正義にかなった社会（中盛聡訳）：社会正義論の系譜—ヒュームからウォルツァーまで　デイヴィッド・バウチャー，ポール・ケリー編，飯島昇蔵，佐藤正志訳者代表　ナカニシヤ出版　2002.3

Bouchikhi, Hamid ブーチキー, ハミッド
◇ワークスタイルの大転換で職場を変えよ(共著)：ピープルマネジメント―21世紀の戦略的人材活用コンセプト　Financial Times編, 日経情報ストラテジー監訳　日経BP社　2002.3　271p　(日経情報ストラテジー別冊)

Bougainville, Louis-Antoine de ブーガンヴィル, L. A.
◇世界周航記(山本淳一訳)：世界周航記　ブーガンヴィル航海記補遺　ブーガンヴィル, ディドロ著, 山本淳一, 中川久定訳　岩波書店　2007.4　225, 4p　(シリーズ世界周航記 2)

Bougen, Philip ブーゲン, P.＊
◇会計と労働者(中嶌道靖訳)：社会・組織を構築する会計―欧州における学際的研究　アンソニー・G.ホップウッド, ピーター・ミラー編著, 岡野浩, 国部克彦, 柴健次監訳　中央経済社　2003.11　390p

Bouillevaux, C. E. ブイユヴォー, C. E.
◇アンナムとカンボジア：カンボジア旅行記―別世界との出会い　4　ブイユヴォーほか著, 北川香子訳　連合出版　2007.10　246p

Boulding, Kenneth Ewart ボールディング, ケネス・E.
◇化学から経済学へ、そして経済学を超えて：現代経済学の巨星―自らが語る人生哲学　上　M.シェンバーグ編, 都留重人ほか訳　岩波書店　1994.11　321p

Boulger, Carolyn ブルガー, キャロリン
◇協調性なきクリエーターをいかに管理するか(共著)：「問題社員」の管理術―ケース・スタディ　Diamondハーバード・ビジネス・レビュー編集部編訳　ダイヤモンド社　2007.1　263p　(Harvard business review anthology)

Boulin, Jean-Yves ブーラン, ジャン・イヴ
◇フランス：組合離れの傾向にいかに対応するか：ヨーロッパの労働組合―グローバル化と構造変化のなかで　ジェレミー・ワディントン, レイナー・ホフマン編, 小川正浩訳　生活経済政策研究所　2004.11　318p　(生活研ブックス 21)

Boulton, Michael J. ブルトン, マイケル・J.
◇小学校やミドル・スクールの校庭で起こるいじめ行為をいかに防ぎ対処するか：あなたの学校のいじめ解消にむけて―教師のための実践ハンドブック　ソニア・シャープ, ピーター・K.スミス編著, フォンス・智江子訳, 東京都新教育研究会編　東洋館出版社　1996.4　211p
◇初等学校の校庭におけるいじめの理解と防止(齋藤一郎訳)：いじめととりくんだ学校―英国における4年間にわたる実証的研究の成果と展望　ピーター・K.スミス, ソニア・シャープ編, 守屋慶子, 高橋通子監訳　ミネルヴァ書房　1996.10　355p

Bouma, Jan Jaap ボウマ, ジャン・ジャープ
◇オランダにおける環境管理会計：緑の利益―環境管理会計の展開　マーティン・ベネット, ピーター・ジェイムズ編著, 国部克彦監修, 梨野みづえ訳　産業環境管理協会　2000.12　542p

Bouman, Theo K. ボウマン, テオ・K.
◇パニック障害と広場恐怖の治療マニュアル(共著)(貝谷久宜訳)：エビデンスベイスト心理治療マニュアル　V.B.V.ハッセル, M.ハーセン編著, 坂野雄二, 不安・抑うつ臨床研究会編訳　日本評論社　2000.11　371p

Bourdieu, Pierre ブルデュー, ピエール
◇読書―ひとつの文化的実践(共著)：書物から読書へ　ロジェ・シャルチエ編, 水林章, 泉利明, 露崎俊和共訳　みすず書房　1992.5　374p
◇イスラムの原理主義が興隆する背景：発言―米国同時多発テロと23人の思想家たち　中山元編訳　朝日出版社　2002.1　247p

Bourdil, Pierre-Yves ブルディル, ピエール＝イヴ
◇『女の歴史』に関する覚書：「女の歴史」を批判する　G.デュビィ, M.ペロー編, 小倉和子訳　藤原書店　1996.5　259p
◇教育場面における言語と言語に対する関係 他(共著)：教師と学生のコミュニケーション　ピエール・ブルデュー他著, 安田尚訳　藤原書店　1999.4　198p

Bourgeois, L. J., III ブルジョア, L. J., 3世
◇成功するマネジメント・チーム六つの戦術(共著)：コミュニケーション戦略スキル　Harvard Business Review編, Diamondハーバード・ビジネス・レビュー編集部訳　ダイヤモンド社　2002.1　260p

Bourguignon, François ブルギニョン, フランソワ
◇グローバル化と内生的な教育的対応(共著)：開発途上国におけるグローバル化と貧困・不平等　リチャード・コール編著, 及川裕二訳　明石書店　2004.11　176p

Bourke-White, Margaret バーク＝ホワイト, マーガレット
◇マーガレット・バーク＝ホワイト(鈴木主税訳)：インタビューズ　2　クリストファー・シルヴェスター編, 新庄哲夫ほか訳　文芸春秋　1998.11　451p

Bourne, Harold ボーン, H.
◇英国における「再専門職化した」精神科医の場合：過渡期の精神医療―英国とイタリアの経験から　シュラミット・ラモン, マリア・グラツィア・ジャンニケッダ編, 川田誉音訳　海声社　1992.10　424p

Bourne, Mike ボルン, マイク
◇なぜ業績評価に関する実施項目は成功したり失敗したりするのか―親会社の実施項目による影響(共著)：業績評価の理論と実務―事業を成功に導く専門領域の障壁を越えて　アンディ・ニーリー編著, 清水孝訳　東洋経済新報社　2004.4　459p

Bourque, Susan C. バーク, スーザン・C.
◇草の根組織と女性の人権(共著)(望月康恵訳)：女性の人権とジェンダー―地球規模の視座に立って　マージョリー・アゴシン編著, 堀内光子, 神崎智子, 望月康恵, 力武由美, ベバリー・アン山本訳　明石書店　2007.12　586p　(明石ライブラリー)

Bousbib, Gabriel ボウスビブ, ガブリエル
◇システムインフラの課題－情報技術とデータベースの効果的な利用法：リスクバジェッティング―実務家が語る年金新時代のリスク管理　レスリー・ラール編, 三菱信託銀行受託財産用部門訳　パンローリング　2002.5　575p　(ウィザードブックシリーズ 34)

Bouso, Raquel　ボウソ, ラケル
◇スペインにおける日本哲学(川田玲子訳)：日本哲学の国際性—海外における受容と展望　J.W.ハイジック編　世界思想社　2006.3　342, 9p　(Nanzan symposium 12)

Bouteiller, M.　ブティエ, M.
◇北アメリカの神話(共著)：無文字民族の神話　ミシェル・パノフ他著, 大林太良, 宇野公一郎訳　新装復刊　白水社　1998.10　281, 12p

Bouveresse, Jacques　ブーヴレス, ジャック
◇論理実証主義の科学哲学における理論と観察(村上陽一郎訳)：二十世紀の哲学　中村雄二郎監訳　新装版　白水社　1998.6　386, 40p　(西洋哲学の知 8　Francois Chatelet編)

Bovaird, Tony　ボヴェアード, トニー
◇ボランタリーセクターにおけるマーケティング(共著)(植戸貴子訳)：NPOマネージメント—ボランタリー組織のマネージメント　スティーヴン・P・オズボーン編, ニノミヤ・アキイエ・H.監訳　中央法規出版　1999.3　388p

Bowen, H. V.　ボーエン, H. V.
◇18世紀のイングランド銀行—1694〜1820年(浜田康行訳)：イングランド銀行の300年—マネーパワー影響　リチャード・ロバーツ, デーヴィッド・カイナストン編, 浜田康行ほか訳　東洋経済新報社　1996.12　329p

Bower, Joseph L.　バウアー, ジョゼフ・L.
◇イノベーションのジレンマ(共著)：不確実性の経営戦略　Harvard Business Review編, Diamondハーバード・ビジネス・レビュー編集部訳　ダイヤモンド社　2000.10　269p
◇戦略本社の共創リーダーシップ(共著)：「選択と集中」の戦略　Diamondハーバード・ビジネス・レビュー編集部訳　ダイヤモンド社　2003.1　286p
◇顧客の力, 戦略的投資, そして大手企業の失敗(共著)：技術とイノベーションの戦略的マネジメント　上　ロバート・A.バーゲルマン, クレイトン・M.クリステンセン, スティーヴン・C.ウィールライト編著, 青島矢一, 黒田光太郎, 志賀敏宏, 田辺孝二, 出川通, 和賀三和子日本版監修, 岡真由美, 斉藤ès一, 桜井祐子, 中川泉, 山本章子訳　翔泳社　2007.7　735p

Bower, Marvin　バウアー, マービン
◇リーダーシップ(前田寛子訳)：ビジネスの知恵50選—伝説的経営者が語る成功の条件　ピーター・クラス編, 佐藤洋一監訳　トッパン　1999.2　543p　(トッパンのビジネス経営書シリーズ 26)

Bowers, Philip　バウアーズ, P. *
◇人口の高齢化時代における年金：生命保険業における戦略的課題　Hugh Macmillan, Mike Christophers編, 玉田巧訳　玉田巧　2002.3　206p

Bowles, Samuel　ボールズ, サミュエル
◇賃金主導型雇用レジーム：福祉資本主義における所得配分, 労働規律, 総需要：資本主義の黄金時代—マルクスとケインズを超えて　スティーヴン・A.マーグリン, ジュリエット・B.ショアー編, 磯谷明徳, 植村博恭, 海老塚明訳　東洋経済新報社　1993.9　326p
◇資本主義経済における富と力(共著)(野口真訳)：進化する資本主義　横川信治, 野口真, 伊藤誠編著　日本評論社　1999.2　323, 10p
◇平等主義を作り直す 他(共著)：平等主義の政治経済学—市場・国家・コミュニティのための新たなルール　サミュエル・ボールズ, ハーバート・ギンタス他著, エリック・オリン・ライト編, 遠山弘徳訳　大村書店　2002.7　327, 20p

Bowles, Scott　ボウルズ, スコット
◇処刑：締切り間際の殺人事件簿—特ダネ事件記者が綴る11の難事件　リサ・ベス・ピュリッツァー編, 加藤洋子訳　原書房　1998.6　332p

Bowman, Barbara T.　ボウマン, B. T.
◇多様性の挑戦：早期教育への警鐘—現代アメリカの幼児教育論　水田聖一編訳　創森出版　1997.4　188p

Bowring, Richard　バウリング, リチャード
◇バジル・ホール・チェンバレン：英国と日本—架橋の人びと　サー・ヒュー・コータッツィ, ゴードン・ダニエルズ編著, 横山俊夫解説, 大山瑞代訳　思文閣出版　1998.11　503, 68p

Boyatzis, Richard E.　ボヤツィス, リチャード
◇「燃え尽き症候群」を回避する自己管理術 他(共著)：EQを鍛える　Diamondハーバード・ビジネス・レビュー編集部編訳　ダイヤモンド社　2005.7　286p　(Harvard business review anthology)

Boyd, Charles　ボイド, チャールズ
◇それでも米国は世界に関与し続ける：「無条件勝利」のアメリカと日本の選択　ロナルド・A.モース編著, 日下公人監修, 時事通信社外信部ほか訳　時事通信社　2002.1　325p

Boyd, Malcom　ボイド, マルコム
◇大学のキャンパスでの祈り：聖書と人生の対話　中道政昭著　聖公会出版　2000.3　294p

Boyd, Michael A. , Jr.　ボイド, マイケル, Jr.
◇転換社債アービトラージ戦略におけるリスク管理(共著)：実践ヘッジファンド投資—成功するリスク管理　バージニア・レイノルズ・パーカー編, 徳岡国見監訳　日本経済新聞社　2001.8　425p

Boyer, Alain　ボワイエ, アラン
◇位階と真理：反ニーチェ—なぜわれわれはニーチェ主義者ではないのか　リュック・フェリー, アラン・ルノーほか著, 遠藤文彦訳　法政大学出版局　1995.12　336, 6p　(叢書・ウニベルシタス)

Boyer, Joan　ボイアー, ジョアン
◇3人の近親相姦サバイバーの話—ジョンの話 他：児童虐待の発見と防止—親や先生のためのハンドブック　ジェームズ・A.モンテリオン編著, 加藤和生訳　慶応義塾大学出版会　2003.8　261p

Boyer, Paul　ボイアー, ポール
◇歴史は誰のものか：戦争と正義—エノラ・ゲイ展論争から　トム・エンゲルハート, エドワード・T.リネンソール編　島田三蔵訳　朝日新聞社　1998.8　300, 39p　(朝日選書 607)

Boyer, Robert　ボワイエ, ロベール
◇危機分析はレギュラシオン・プロブレマティークの核心をなす 他(山田鋭夫訳)：危機・資本主義　ロベール・ボワイエ, 山田鋭夫著　藤原書店　1993.4　319p　(レギュラシオンコレクション 1)
◇賃金主導型雇用レジーム：福祉資本主義における所

得分配, 労働規律, 総需要 (共著) : 資本主義の黄金時代—マルクスとケインズを超えて　スティーブン・A.マーグリン, ジュリエット・B.ショアー編, 磯谷明徳, 植村博恭, 海老塚明監訳　東洋経済新報社　1993.9　326p

◇歴史を重視する国際レジーム理論の諸要素 他 (共著) : 国際レジームの再編　R.ボワイエ, 山田鋭夫共同編集　藤原書店　1997.9　374p　(レギュラシオン・コレクション 4)

◇グローバリゼーション時代の資本主義 (中原隆幸訳) : 進化する資本主義　横川信治, 野口真, 伊藤誠編著　日本評論社　1999.2　323, 10p

◇経済主体の調整メカニズムと社会的生産システムの重要性 (共著) (山本耕訳) : 制度の政治経済学　ロジャー・ホリングスワースほか著, 長尾伸一, 長岡延孝編監訳　木鐸社　2000.5　307p

◇岐路にたつフランス国家主義 : 現代の資本主義制度—グローバリズムと多様性　コーリン・クラウチ, ウォルフガング・ストリーク編, 山田鋭夫訳　NTT出版　2001.7　301p

◇第一のパクス・アメリカーナから第二のパクス・アメリカーナへ 他 (渡辺純子訳) : 脱グローバリズム宣言—パクス・アメリカーナを超えて　R.ボワイエ, P-F.スイリ編, 青木昌彦他著, 山田鋭夫, 渡辺純子訳　藤原書店　2002.9　262p

Boylan, Patrick　ボイラン, パトリック・J.
◇1954年武力紛争の際の文化財の保護に関する条約 (ハーグ条約) と1954年および1999年の議定書 : ブルーシールド—危機に瀕する文化遺産の保護のために　国際図書館連盟第68回年次大会 (2002年グラスゴー) 資料保存コア活動・国立図書館分科会共催公開発表会報告集　国際図書館連盟資料保存コア活動　コリン・コッホ編訳, 国立国会図書館日本語訳　日本図書館協会　2007.6　103p

Boyle, Patricia A.　ボイル, パトリシア・A.
◇臨床家が疑似科学的手法を用いる理由—臨床的な判断に関する研究からの知見 (共著) : 臨床心理学における科学と疑似科学　S.O.リリエンフェルド, S.J.リン, J.M.ロー編, 厳島行雄, 横田正夫, 斎藤雅英監訳　北大路書房　2007.9　461p

Braaten, Carl E.　ブラーテン, C. E.
◇福音, 教会, そして聖書 (共著) : 聖書を取り戻す—教会における聖書の権威と解釈の危機　C.E.ブラーテン, R.W.ジェンソン編, 芳賀力訳　教文館　1998.5　234p

Braccia, Joseph A.　ブラッキア, ジョセフ・A.
◇米国年金基金の戦略的通貨マネジメント : 年金資産運用のすべて—プラン・スポンサーの新潮流　フランク J.ファボッツィ編, 榊原茂樹監訳, 大和銀行信託財産運用部訳　金融財政事情研究会　1999.11　463p

Brackburn, T.　ブラックバーン, テレル
◇多重人格障害の眼科学的差異—その再検討 他 (共著) : 多重人格障害—その精神生理学的研究　F.パトナム他著, 笠原敏雄編　春秋社　1999.6　296p

Bradbury, Nicola　ブラッドベリ, N.
◇高齢者臨床 (溝渕淳訳) : 認知臨床心理学入門—認知行動アプローチの実践的理解のために　W.ドライデン, R.レントゥル編, 丹野義彦監訳　東京大学出版会　1996.11　384p

Braddon, Russell　ブラッドン, ラッセル
◇マレー川 : 世界の川を旅する—外輪船でのんびり, ボートでアドベンチャー　マイケル・ウッドほか著, 鴻巣友季子訳　白揚社　1995.6　327p

Bradford, David L.　ブラッドフォード, デビッド・L.
◇限界費用価格形成からの最適な乖離 (共著) : 限界費用価格形成原理の研究 1　大石泰彦編・監訳　勁草書房　2005.12　266p

Bradley, George V.　ブラッドレイ, ジェラード・V.
◇社会理論家としてのリチャード・ローティ : 岐路に立つ自由主義—現代自由主義理論とその批判　C.ウルフ, J.ヒッティンガー編, 菊池理夫ほか訳　ナカニシヤ出版　1999.4　297p　(叢書「フロネーシス」)

Bradley, Valerie J.　ブラッドリー, V. J. *
◇質の保証 : 脱中心システムにおける挑戦 : 知的障害・発達障害を持つ人のQOL—ノーマライゼーションを超えて　Robert L.Schalock編, 三谷嘉明, 岩崎正子訳　医歯薬出版　1994.5　346p

Bradshaw, J.　ブラッドショー, J. *
◇役者を職業として選択する可能性を私に確信させた : 心にのこる最高の先生—イギリス人の語る教師像　上林喜久子編訳著　関東学院大学出版会　2004.11　97p
◇役者を職業として選択する可能性を私に確信させた : イギリス人の語る心にのこる最高の先生　上林喜久子編訳　関東学院大学出版会　2005.6　68p

Bradway, Kay　ブラッドウェイ, ケイ
◇アメリカ合衆国——一九九二年のドーラ・カルフ逝去後の箱庭療法の歩み (後藤智子訳) : 世界の箱庭療法—現在と未来　山中康裕, S.レーヴェン・ザイフェルト, K.ブラッドウェイ編　新曜社　2000.10　182p

Brady, Ed　ブラディ, E.
◇ARISを活用したビジネスプロセスの改善とソフトウェアの選択—中間市場向け製造業の事例 (共著) : ARISを活用したビジネスプロセスマネジメント—欧米の先進事例に学ぶ　A.-W.シェアー他共編, 堀内正博, 田中正郎, 柳堀紀幸監訳　シュプリンガー・フェアラーク東京　2003.7　281p
◇ERP導入の備えとなる情報とコミュニケーション—アメリカン・メーター社のケース (共著) (浅利浩一訳) : ARISを活用したチェンジマネジメント—ビジネスプロセスの変革を管理する　A.-W.シェアー, F.アボルハッサン, W.ヨースト, M.F.W.キルヒマー編, 堀内正博, 柳堀紀幸監訳　シュプリンガー・フェアラーク東京　2003.12　216p
◇製造支援プロセスの自動化—アメリカン・メーター社のケース (共著) (竹田賢訳) : ARISを活用したシステム構築—エンタープライズ・アーキテクチャの実践　A.-W.シェアー他編, 堀内正博, 田中正郎, 力正俊監訳　シュプリンガー・フェアラーク東京　2005.1　201p

Brailer, David J.　ブライラー, D. *
◇保健ケア実施におけるORの適用 (共著) (伊勢亮子訳) : 公共政策ORハンドブック　S.M.Pollock, M.H.Rothkopf, A.Barnett編, 大山達雄監訳　朝倉書店　1998.4　741p

Braitenberg, Valentin　ブライテンベルク, ヴァーレンティーン
◇何のために哲学は必要なのか (共著) : 哲学の原点—

ドイツからの提言　ハンス・ゲオルク・ガダマー他著，U.ベーム編，長倉誠一，多田茂訳　未知谷　1999.7　272, 11p

Brandeis, Gary H.　ブランディス，G. H.＊
◇褥瘡 他（共著）：日本版MDS-HC 2.0在宅ケアアセスメントマニュアル　John N.Morris他編著，池上直己訳　医学書院　1999.9　294p
◇尿失禁と留置カテーテル 他（共著）：日本版MDS-HC 2.0在宅ケアアセスメントマニュアル　John N.Morris他編著，池上直己訳　新訂版　医学書院　2004.11　298p

Branden, Nathaniel　ブランデン，ナサニエル
◇情熱と入魂：魂をみがく30のレッスン　リチャード・カールソン，ベンジャミン・シールド編，鴨志田千枝子訳　同朋舎　1998.6　252p
◇情報化時代における自尊：企業の未来像―成功する組織の条件　フランシス・ヘッセルバイン，マーシャ・ゴールドスミス，リチャード・ベックハード編，小坂恵理訳　トッパン　1998.7　462p（トッパンのビジネス経営書シリーズ 14）
◇すべてはあなたの責任だ：セルフヘルプ―なぜ，私は困難を乗り越えられるのか 世界のビッグネーム自らの47の証言　ケン・シェルトン編著，堀紘一監訳　フロンティア出版　1998.7　301p
◇いちばん大切なことに，時間を使おう：小さなことを大きな愛でやろう　リチャード・カールソン，ベンジャミン・シールド編，小谷啓子訳　PHP研究所　1999.11　263, 7p

Brandenburger, Adam M.　ブランデンバーガー，アダム・M.
◇ゲーム理論を活用した戦略形成（共著）：不確実性の経営戦略　Harvard Business Review編，Diamondハーバード・ビジネス・レビュー編集部訳　ダイヤモンド社　2000.10　269p

Brandes, Joseph　ブランズ，ジョウジフ
◇国際的な価格維持政策：1920年代の商品貿易の管理（徳重昌志訳）：続 歴史のなかの多国籍企業―国際事業活動研究の拡大と深化　アリス・タイコーヴァ，モーリス・レヴィ・ルボワイエ，ヘルガ・ヌスバウム編，浅野栄一，鮎沢成男，渋谷将，村井孝雄，徳重昌志，日高克平訳　中央大学出版部　1993.4　334p（中央大学企業研究所翻訳叢書 6）

Brändli, Sabina　ブレンドリィ，サビーナ
◇服装からみたブルジョア的男らしさの形成：男の歴史―市民社会と〈男らしさ〉の神話　トーマス・キューネ編，星乃治彦訳　柏書房　1997.11　254p（パルマケイア叢書 8）

Brandon, David　ブランドン，デビッド
◇専門的技能とノーマリゼーションの意味（中園康夫訳）：コミュニティケアを超えて―ノーマリゼーションと統合の実践　シュラミット・レイモン編，中園康夫ほか訳　雄山閣出版　1995.10　228p
◇修道院の伝統とコミュニティケア（山本恵子訳）：施設ケアとコミュニティケア―福祉新時代における施設ケアの役割と機能　レイモンド・ジャック編著，小田兼三ほか監訳　勁草書房　1999.4　296p

Brandsma, J. A.　ブランズマ，ジェフリー・M.
◇ある多重人格の客観的研究（共著）：多重人格障害―その精神生理学的研究　F.パトナム他著，笠原敏雄編訳　春秋社　1999.6　296p

Brandt, Jeanette A.　ブラント，ジャネット・A.
◇退職前の家族―退職への準備（共著）（中森千佳子訳）：転換期の家族―ジェンダー・家族・開発　N.B.ライデンフロースト編，家庭経営学部会訳　日本家政学会　1995.3　360p

Brandt-Erichsen, Martha　ブラント-エリッセン，マーサ
◇仕事 他（共著）：アドラーの思い出　G.J.マナスター，G.ペインター，D.ドイッチェ，B.J.オーバーホルト編，柿内尚文，井原文子，野田俊作訳　創元社　2007.6　244p

Brangwyn, Gill　ブラングイン，G.
◇危機に焦点を当てた社会サービスの構築：過渡期の精神医療―英国とイタリアの経験から　シュラミット・ラモン，マリア・グラツィア・ジャンニケッダ編，川田誉音訳　海声社　1992.10　424p

Brann, Henry W.　ブラン，ヘンリー・ウォルター
◇レオ・ベック（Leo Baeck, 1873-1956）：二十世紀のユダヤ思想家　サイモン・ノベック編，鵜沼秀夫訳　ミルトス　1996.10　412p

Brannen, Mary Yoko　ブラネン，メアリー・ヨーコ
◇「ミッキー」―東京ディズニーランドを文化的消費の場とすること：文化加工装置ニッポン―「リーメイド・イン・ジャパン」とは何か　ジョーゼフ・J.トービン編，武田徹訳　時事通信社　1995.9　321, 14p
◇日本からアメリカへの工場間の知識移転と再コンテクスト化―日本精工（NSK）の事例（共著）：リメイド・イン・アメリカ―日本的経営システムの再文脈化　ジェフリー・K.ライカー，W.マーク・フルーイン，ポール・S.アドラー編著，林正樹監訳　中央大学出版部　2005.3　564p（中央大学企業研究所翻訳叢書 9）

Branson, Richard　ブランソン，リチャード
◇高く飛翔するアドベンチャー・キャピタリスト：思考は現実化する―私はこうして思考を現実化した 実践編　ナポレオン・ヒル財団日本リソーセス編・訳　騎虎書房　1997.3　231p
◇ファン・トリップ：TIMEが選ぶ20世紀の100人 下巻　アーチスト・エンターテイナー・ヒーロー・偶像・巨頭　徳岡孝夫監訳　アルク　1999.11　318p

Brant, James　ブラント，ジェームズ
◇グループ評価でリーダーの資質を見抜く（共著）：人材育成の戦略―評価，教育，動機づけのサイクルを回す　Diamondハーバード・ビジネス・レビュー編集部編訳　ダイヤモンド社　2007.3　450p（Harvard business review）

Brassard, Marla R.　ブラサード，マーラ・R.
◇心理的虐待（共著）：虐待された子ども―ザ・バタード・チャイルド　メアリー・エドナ・ヘルファ，ルース・S.ケンプ，リチャード・D.クルーグマン編，子どもの虐待防止センター監訳，坂井聖二監訳　明石書店　2003.12　1277p

Braud, William G.　ブラウド，ウィリアム・G.
◇サイのふたつの顔：超常現象のとらえにくさ　笠原敏雄編　春秋社　1993.7　776, 61p

Braudel, Fernand　ブローデル，フェルナン
◇陸地 他：地中海世界　フェルナン・ブローデル編，神沢栄三訳　みすず書房　2000.1　190, 184p

Braudel, Paule ブローデル，ポール
◇歴史家ブローデル誕生秘話：入門・ブローデル　イマニュエル・ウォーラーステイン他著，浜名優美監修，尾河直哉訳　藤原書店　2003.3　255p

Braun, B. G. ブラウン，ベネット・G.
◇多重人格および催眠における精神生理学的現象：多重人格障害—その精神生理学的研究　F.パトナム他著，笠原敏雄編　春秋社　1999.6　296p

Braun, Michael ブラウン，ミヒャエル
◇職場の不安と労働の意義：統一ドイツの生活実態—不均衡は均衡するのか　ヴォルフガング・グラツァー，ハインツ・ヘルベルト・ノル編，長坂聰，近江谷左馬之介訳　勁草書房　1994.3　236p

Braun, Norbert ブラウン，N. *
◇物的投入産出表（共著）：環境の経済計算—ドイツにおける新展開　C.シュターマー編著，良永康平訳　ミネルヴァ書房　2000.1　264p（シリーズ〈環境・エコロジー・人間〉3）

Bravo, Gary ブラヴォー，ゲイリー
◇幻覚剤（サイケデリックス）とトランスパーソナル精神医学（共著）：テキスト/トランスパーソナル心理学・精神医学　B.W.スコットン，A.B.チネン，J.R.バティスタ編，安藤治，池沢良郎，是恒正達訳　日本評論社　1999.12　433p

Braw, Monica ブラウ，モニカ
◇被爆者たちの自発的な沈黙（土屋由香訳）：核時代に生きる私たち—広島・長崎から50年　マヤ・モリオカ・トデスキーニ編，土屋由香，友会知己，沼田憲治，沼田知加，日暮さ延ほか共訳　時事通信社　1995.8　413p

Bray, Mark ブレイ，マーク
◇ミクロ世界の比較教育学（共著）：比較教育学—伝統・挑戦・新しいパラダイムを求めて　マーク・ブレイ編著，馬越徹，大塚豊監訳　東信堂　2005.12　361p

Brearley, Judith ブレアリー，ジュディス
◇ヘルスケアにおける不安とその管理—ソーシャルワークに対する含意：ソーシャルワークとヘルスケア—イギリスの実践に学ぶ　レックス・テーラー，ジル・ルーカー編著，小松源助監訳　中央法規出版　1993.9　247p

Brecher, Jeremy ブレッカー，ジェレミー
◇旧い殻の中の「新しい労働運動」か（共著）：新世紀の労働運動—アメリカの実験　グレゴリー・マンツィオス編，戸塚秀夫監訳　緑風出版　2001.12　360p（国際労働問題叢書 2）
◇ジェノヴァからの道（木下ちがや訳）：帝国への挑戦—世界社会フォーラム　ジャイ・セン，アニタ・アナンド，アルトゥーロ・エスコバル，ピーター・ウォーターマン編，武藤一羊ほか監訳　作品社　2005.2　462p

Brecoulaki, Hariklia ブレクラキ，ハリクリア
◇古代マケドニアの墓に描かれた絵画—前4世紀から前3世紀にかけて（松田陽訳）：死後の礼節—古代地中海圏の葬祭文化　紀元前7世紀・紀元前3世紀　シュテファン・シュタインレーバー編　東京大学総合研究博物館　2000.12　202p

Breda, Michael F. van ブレダ，マイケル・F.バン
◇生産性の測定：MBA講座財務・会計　J.L.リビングストン編著，朝日監査法人訳　日本経済新聞社　1998.12　494p

Breger, Herbert ブレーガー，ヘルベルト
◇ゴットフリート・ヴィルヘルム・ライプニッツ（平尾始訳）：われわれは「自然」をどう考えてきたか　ゲルノート・ベーメ編，伊坂青司，長島隆監訳　どうぶつ社　1998.7　524p

Breger, Rosemary Anne ブレーガー，ローズマリー
◇愛と国家 他：異文化結婚—境界を越える試み　ローズマリー・ブレーガー，ロザンナ・ヒル編著，吉田正紀監訳　新泉社　2005.4　310, 29p

Breidert, Wolfgang ブライデルト，ヴォルフガング
◇後期スコラ学（林明弘訳）：われわれは「自然」をどう考えてきたか　ゲルノート・ベーメ編，伊坂青司，長島隆監訳　どうぶつ社　1998.7　524p

Breiner, Jeri ブレイナー，J. *
◇発達障害児の指導者として親を訓練すること：共同治療者としての親訓練ハンドブック　下　Charles E.Schaefer, James M.Briesmeister編，山上敏子，大隈紘子監訳　二瓶社　1996.11　p334-648

Bremen, Jan van ブレーメン，ヤン・ファン
◇文化人類学研究における日蘭交流：日蘭交流400年の歴史と展望—日蘭交流400周年記念論文集　日本語版　レオナルド・ブリュッセイ，ウィレム・レミリンク，イフォ・スミッツ編　日蘭学会　2000.4　459p（日蘭学会学術叢書 第20）

Brende, J. O. ブレンディ，ジョエル・O.
◇解離の精神生理学的発現：多重人格障害—その精神生理学的研究　F.パトナム他著，笠原敏雄編　春秋社　1999.6　296p

Brenman Pick, Irma ブレンマン・ピック，I. *
◇精神分析面における早期対象関係の出現（佐藤理香訳）：クラインとビオンの臨床講義　R.アンダーソン編，木部則雄ほか訳　岩崎学術出版社　1996.10　226p（現代精神分析双書 第2期 第20巻）

Brennan, Donald G. ブレナン，ドナルド・G.
◇人口防御の場合：弾道弾迎撃ミサイルの必要性〔防衛研修所〕　1971　340p（研究資料 71RT-12）

Brennan, Robert L. ブレナン，R. L. *
◇信頼性（共著）（柳井晴夫，小笠原春彦訳）：教育測定学　上巻　ロバート・L.リン編，池田央，藤田恵璽，柳井晴夫，繁桝算男訳・編　学習評価研究所　1992.12　469p

Brent Angell, G. ブレント・エンジェル，G.
◇神経言語プログラミング理論（伊藤春樹訳）：ソーシャルワーク・トリートメント—相互連結理論アプローチ　上　フランシス・J.ターナー編，米本秀仁監訳　中央法規出版　1999.4　574p

Breuil, Guillaume De ブルユ，ギヨーム・デュ
◇パリ最高法院訴訟手続方例集：塙浩著作集—西洋法史研究　18　フランス民事訴訟史　続　塙浩訳著　信山社出版　1999.1　915p

Brewin, Chris ブレーウィン，クリス
◇心理治療における原因帰属の役割（共著）（林潔訳）：原因帰属と行動変容—心理臨床と教育実践への応用　チャールズ・アンタキ，クリス・ブレーウィン編，細

田和雅, 古市裕一監訳　ナカニシヤ出版　1993.12　243p

Brezinka, Wolfgang　ブレツィンカ, ヴォルフガング
◇経験的教育科学とその他の教育理論—その相違と意思疎通の可能性（高橋勝訳）：現代ドイツ教育学の潮流—W・フリットナー百歳記念論文集　ヘルマン・レールス, ハンス・ショイアール編, 天野正治訳　玉川大学出版部　1992.8　503p

Briar-Lawson, Katharine　ブライアー-ローソン, キャサリン
◇学校とつながる包括的な活動：スクールソーシャルワークとは何か—その理論と実践　全米ソーシャルワーカー協会編, 山下英三郎訳　現代書館　1998.12　234p

Bridenthal, Renate　ブライデンソール, レナード
◇「専業」主婦—女性運動の異父姉妹 他：生物学が運命を決めたとき—ワイマールとナチスドイツの女たち　レナード・ブライデンソール, アチナ・グロスマン, マリオン・カプラン編著, 近藤和子訳　社会評論社　1992.11　413p

Briggs, Robert O.　ブリッグズ, R. O. *
◇価値を生み出す技術—グループへのフォーカスの変化（共著）：新リレーションとモデルのためのIT企業戦略とデジタル社会　ゲイリー・ディクソン, ジェラルディン・デサンクティス編, 橘立克朗ほか訳　ピアソン・エデュケーション　2002.3　305p

Brill, Howard　ブリル, ハワード
◇段階的多項式回帰—近道か, 回り道か（遠山弘徳訳）：長期波動　新装版　藤原書店　2002.9　217p（叢書〈世界システム〉新装版 2　イマニュエル・ウォーラースティン責任編集, 山田鋭夫他訳）

Brimblecombe, Nicola　ブリンブルコーム, N.
◇査察システムの査察（杉森満江, 金子治平訳）：現代イギリスの政治算術—統計は社会を変えるか　D.ドーリング, S.シンプソン編著, 岩井浩ほか監訳　北海道大学図書刊行会　2003.7　588p

Brink, Ben ten　ブリンク, ベン・テン
◇森林（共著）：マクミラン近未来地球地図　イアン・ビアスン編, 松井孝典監訳　東京書籍　1999.11　115p

Brisbane, Arthur　ブリスベン, アーサー
◇時の魔法を活用する法（共著）：成功大学　オグ・マンディーノ編著, 箱田忠昭訳　日本経営合理化協会出版局　1998.9　689p
◇時の魔法を活用する法（共著）：成功大学　オグ・マンディーノ編著, 箱田忠昭訳　皮革携帯版　日本経営合理化協会出版局　1998.9　689p

Brissaud, J.　ブリソ, J.
◇フランス私法史：堉浩著作集—西洋法史研究　15　フランス債務法史　堉浩訳著　信山社出版　1998.3　844p

Britton, Dorothy　ブリトン, ドロシー
◇よろしく：ニッポン不思議発見！—日本文化を英語で語る50の名エッセイ集　日本文化研究所編, 松本道弘訳　講談社インターナショナル　1997.1　257p（Bilingual books）

Britton, Ronald S.　ブリトン, ロナルド
◇エディプス状況と抑うつポジション 他（平井正三訳）：クラインとビオンの臨床講義　R.アンダーソン編, 木部則雄ほか訳　岩崎学術出版社　1996.10　226p（現代精神分析双書 第2期 第20巻）
◇失われた結合：現代クライン派の展開　ロイ・シェーファー編, 福本修訳　誠信書房　2004.12　336p
◇家族の輪の崩壊と再構成：被虐待児の精神分析的心理療法—タビストック・クリニックのアプローチ　メアリー・ボストン, ロレーヌ・スザー編著, 平井正三, 鵜飼奈津子, 西村富士子監訳　金剛出版　2006.12　212p

Brock, Dan　ブロック, ダン
◇ヘルスケアにおけるQOLの測定と医療倫理：クオリティー・オブ・ライフ—豊かさの本質とは　マーサ・ヌスバウム, アマルティア・セン編著, 竹友安彦監修, 水谷めぐみ訳　里文出版　2006.3　237p

Brock, Erland J.　ブロック, エアラランド・J.
◇スウェーデンボルグの時代における鉱業と工学技術（中川博教訳）：エマヌエル・スウェーデンボルグ—持続するヴィジョン　ロビン・ラーセン編　春秋社　1992.11　307p

Brockelbank, Greg　ブロッケルバンク, グレッグ
◇枠の中の社会：わたしの日本学—外国人による日本学論文集 3　京都国際文化協会編　文理閣　1994.3　253p

Brocksmith, James G., Jr.　ブロックスミス, ジェームズ・G., Jr.
◇バトンを手渡す 明日のリーダーの準備：企業の未来像—成功する組織の条件　フランシス・ヘッセルバイン, マーシャル・ゴールドスミス, リチャード・ベックハード編, 小坂恵理訳　トッパン　1998.7　462p（トッパンのビジネス経営書シリーズ 14）

Brodbeck, Harald　ブロッドベック, ヘラルド
◇破壊的技術の評価および導入 他（共著）：科学経営のための実践的MOT—技術主導型企業からイノベーション主導型企業へ　ヒューゴ・チルキー編, 亀岡秋男監訳　日経BP社　2005.1　397p

Broddadóttir, Ingibjörg　ブロッドドッティル, インギビョリ
◇アイスランドにおける地方当局の社会サービスの展開（共著）：社会ケアサービス—スカンジナビア福祉モデルを解く鍵　ヨルマ・シピラ編著, 日野秀逸訳　本の泉社　2003.7　333p

Broderick, Mick　ブロデリック, ミック
◇日本映画における広島・長崎（和波弘樹, 和波雅子訳）：核時代に生きる私たち—広島・長崎から50年　マヤ・モリオカ・トデスキーニ編, 土屋由香, 友谷知己, 沼田憲治, 沼田知加, 日暮吉延ほか共訳　時事通信社　1995.8　413p

Brodie, Richard　ブロディ, リチャード
◇ゲイブリエル・アーモンド（美奈川ゆかり訳）：アメリカ政治学を創った人たち—政治学の口述史　M.ベアー, M.ジューエル, L.サイゲルマン編, 内山秀夫監訳　ミネルヴァ書房　2001.12　387p（Minerva人文・社会科学叢書 59）

Brodsky, Paul　ブロドスキー, ポール
◇仕事（共著）：アドラーの思い出　G.J.マナスター, G.ペインター, D.ドイッチュ, B.J.オーバーホルト編,

柿内邦博, 井原文子, 野田俊作訳　創元社　2007.6　244p

Brody, Evelyn　ブロディー, エブリン
◇NPOの税措置——両刃の剣か？（共著）：NPOと政府　E.T.ボリス, C.E.スターリ編著, 上野真城子, 山内直人訳　ミネルヴァ書房　2007.3　346p

Brody, Stanley　ブロディ, スタンリー
◇ナーシングホームにいる人々（共著）：自立支援とはなにか——高齢者介護の戦略　ガムロス, セムラデック, トーンキスト編, 岡本祐三, 秦洋一訳　日本評論社　1999.9　207p

Broinger, Kurt　ブロインガー, K.
◇プロセス効率を改善する——シーメンス・オーストリア社のケース（共著）（小酒井正和訳）：ARISを活用したチェンジマネジメント——ビジネスプロセスの変革を管理する　A.-W.シェアー, F.アボルハッサン, W.ヨースト, M.F.W.キルヒマー編, 堀内正博, 田中正郎, 柳堀紀幸監訳　シュプリンガー・フェアラーク東京　2003.12　216p

Bronstein, Catalina　ブロンスタイン, カタリーナ
◇メラニー・クライン初期の理論と実践 他：現代クライン派入門——基本概念の臨床的理解　カターリナ・ブロンスタイン編, 福本修, 平井正三監訳, 小野泉, 阿比野宏, 子どもの心理療法セミナーin岐阜訳　岩崎学術出版社　2005.5　243p

Brontë, Charlotte　ブロンテ, シャーロット
◇ロンドン万国大博覧会の水晶宮見物（一八五一年）：歴史の目撃者　ジョン・ケアリー編, 仙名紀訳　朝日新聞社　1997.2　421p

Brooke, John　ブルック, ジョン
◇ニュートンにおける神：ニュートン復活　J.フォーベル編, 平野葉一ほか訳　現代数学社　1996.11　454p

Brooke, John Hedley　ブルック, J. H.
◇ボイルからペイリまでのイギリスの自然神学：理性と信仰——科学革命とキリスト教　2　R.ホーイカース, C.ロウレス, D.グッドマン, N.コーリ, G.ロバーツほか訳, 藤井清久訳　すぐ書房　2003.10　339p

Brookes-Smith, Colin　ブルックス＝スミス, コリン
◇データ・テープに記録された実験的念力現象：超常現象のとらえにくさ　笠原敏雄編　春秋社　1993.7　776, 61p

Brooks, Christopher W.　ブルックス, クリストファ
◇徒弟制度, 社会的流動性, 中流層——一五五〇・一八〇〇年 他（川島昭夫訳）：イギリスのミドリング・ソート——中流層をとおしてみた近世社会　ジョナサン・バリー, クリストファ・ブルックス編, 山本正監訳　昭和堂　1998.10　278, 54p

Brooks, Stephen G.　ブルックス, S. G.
◇アメリカの覇権という現実を直視せよ——単極構造時代の機会と危機（共著）：ネオコンとアメリカ帝国の幻想　フォーリン・アフェアーズ・ジャパン編・監訳, 竹下興喜監訳　朝日新聞社　2003.7　292, 6p

Brophy, Brigid　ブロフィ, ブリジッド
◇ジョン・クレランド『ファニー・ヒル』（出淵博訳）：ロンドンで本を読む　丸谷才一編著　マガジンハウス　2001.6　337, 8p

Broshi, Magen　ブロシ, マーゲン
◇「神殿の巻物」にみる幻の神殿：死海文書の研究　ハーシェル・シャンクス編, 池田裕監修, 高橋晶子, 河合一充訳　ミルトス　1997.9　452p

Brosnan, Peter　ブロスナン, ピーター
◇労使関係の再設計——雇用契約法とその結果（共著）（福地潮人訳）：ニュージーランド福祉国家の再設計——課題・政策・展望　ジョナサン・ボストン, ポール・ダルジール, スーザン・セント・ジョン編, 芝田英昭, 福地潮人監訳　法律文化社　2004.12　394p

Bross, Donald C.　ブロス, ドナルド・C.
◇子どもの虐待とネグレクトの法律的背景——民主社会における子どもと親の権利のバランス：虐待された子ども——ザ・バタード・チャイルド　メアリー・エドナ・ヘルファ, ルース・S.ケンプ, リチャード・D.クルーグマン編, 子どもの虐待防止センター監修, 坂井聖二訳　明石書店　2003.12　1277p

Brossat, Alain　ブロッサ, アラン
◇ヒロシマとアウシュヴィッツをつなぐもの（沼田憲治訳）：核時代に生きる私たち——広島・長崎から50年　マヤ・モリオカ・トデスキーニ編, 土屋由香, 友谷知己, 沼田憲治, 沼田知加, 日暮吉延ほか共訳　時事通信社　1995.8　413p

Brothers, Joyce　ブラザーズ, ジョイス
◇成功の高速道路を突っ走る方法：成功大学　オグ・マンディーノ編著, 箱田忠昭訳　日本経営合理化協会出版局　1998.9　689p
◇成功の高速道路を突っ走る方法：成功大学　オグ・マンディーノ編著, 箱田忠昭訳　皮革携帯版　日本経営合理化協会出版局　1998.9　689p

Brotherstone, Terry　ブラザーストーン, T.
◇トロツキーの将来——結びのエッセイ：トロツキー再評価　P.デュークス, T.ブラザーストン編　新評論　1994.12　381p

Broué, Pierre　ブルーエ, ピエール
◇伝記作者の諸問題：トロツキー再評価　P.デュークス, T.ブラザーストン編　新評論　1994.12　381p

Brousseau, Kenneth R.　ブルーソー, ケネス・R.
◇リーダーシップの進化プロセス（共著）：人材育成の戦略——評価, 教育, 動機づけのサイクルを回すDiamondハーバード・ビジネス・レビュー編集部編訳　ダイヤモンド社　2007.3　450p　(Harvard business review)

Brower, Daniel R.　ブラウアー, D. R. *
◇ロシア高等教育の社会的成層化（橋本伸也訳）：高等教育の変貌1860-1930——拡張・多様化・機会開放・専門職化　コンラート・ヤーラオシュ編, 望田幸男, 安原義仁, 橋本伸也監訳　昭和堂　2000.10　374, 48p

Brown, Adrienne Maree　ブラウン, アドリエン・マリー
◇次代のピースメーカーに寄せて：もう戦争はさせない！——ブッシュを追いつめるアメリカ女性たち　メディア・ベンジャミン, ジョディ・エヴァンス編, 尾川寿江監訳, 尾川寿江, 真鍋穣, 米沢清恵訳　文理閣　2007.2　203p

Brown, Alan ブラウン, アラン（国際法）
◇カンボジア（林修訳）：介入？―人間の権利と国家の論理　エリ・ウィーゼル, 川田順造編, 広瀬浩司, 林修訳　藤原書店　1997.6　294p

Brown, Donald J. ブラウン, D. J. *
◇米国の個人投資家のネットワーク（共著）：ビジネス・エンジェルの時代―起業家育成の新たな主役　R.T.ハリソン, C.M.メイソン編著, 西沢昭夫監訳, 通産省ビジネス・エンジェル研究会訳　東洋経済新報社　1997.6　245p

Brown, Dorothy ブラウン, D. *
◇非英語圏移民の言語教育（共著）：オーストラリアの生活文化と生涯教育―多文化社会の光と影　マーク・テナント編著, 中西直和訳　松籟社　1995.9　268p

Brown, Esmeralda ブラウン, エスメラルダ
◇サダム・フセインを悪魔に見立てて―人権差別を禁止する国連条約への違反：アメリカの戦争犯罪　ラムゼイ・クラーク編著, 戦争犯罪を告発する会訳　柏書房　1992.12　346p　（ブックス・プラクシス 6）

Brown, George ブラウン, G. *
◇SCORなどの参照モデルとeビジネスプロセス・ネットワーク（共著）：ARISを活用したビジネスプロセスマネジメント―欧米の先進事例に学ぶ　A-W.シェアー他共編, 堀内正博, 田中正郎, 柳堀紀幸監訳　シュプリンガー・フェアラーク東京　2003.7　281p

Brown, Helen Gurley ブラウン, ヘレン・ガーリー
◇インドへの道―ボンベイ空港：お気をつけて, いい旅を。―異国で出会った悲しくも可笑しい51の体験　メアリー・モリス, ポール・セロー, ジョー・ゴアス, イザベル・アジェンデ, ドミニク・ラピエールほか著, 古屋美登里, 中俣真知子訳　アスペクト　1995.7　366p

Brown, Hilary ブラウン, ヒラリー
◇内面性の表出―ノーマリゼーションへの精神力動的アプローチ 他（共著）：ノーマリゼーションの展開―英国における理論と実践　ヘレン・スミス, ヒラリー・ブラウン編, 中園康夫, 小田兼三監訳　学苑社　1994.4　300p
◇不満の訴えから運動へ（共著）（周藤泰之訳）：脱施設化と地域生活―英国・北欧・米国における比較研究　ジム・マンセル, ケント・エリクソン編著, 中園康夫, 末光茂監訳　相川書房　2000.7　318p
◇知的障害者の生活における性の権利と侵害：障害をもつ人にとっての生活の質―モデル・調査研究および実践　ロイ・I.ブラウン編著, 中園康夫, 末光茂監訳　相川書房　2002.5　382p

Brown, Holloway ブラウン, ハロウェイ
◇酔っ払い 他：ニッポン不思議発見！―日本文化を英語で語る50の名エッセイ集　日本文化研究所編, 松本道弘訳　講談社インターナショナル　1997.1　257p（Bilingual books）

Brown, J. Fredric ブラウン, J. F. *
◇知的障害への臨床心理サービス（共著）（古池若葉訳）：専門職としての臨床心理士　ジョン・マツィリア, ジョン・ホール編, 下山晴彦編訳　東京大学出版会　2003.4　435p

Brown, John Seely ブラウン, ジョン・シーリー
◇リフレクション（内省）による学習の道具としてのコンピュータ（共著）：知的教育システムと学習　Heinz Mandl, Alan Lesgold編, 菅井勝雄, 野崎栄一郎監訳　共立出版　1992.5　370p
◇企業を「創造」するための社内研究：ナレッジ・マネジメント　Harvard Business Review編, Diamondハーバード・ビジネス・レビュー編集部訳　ダイヤモンド社　2000.12　273p
◇デジタル時代における大学（共著）（三浦逸雄訳）：デジタル時代の大学と図書館―21世紀における学術情報資源マネジメント　B.L.ホーキンス, P.バティン編, 三浦逸雄, 斎藤泰則, 広田とし子訳　玉川大学出版部　2002.3　370p　（高等教育シリーズ 112）

Brown, L. David ブラウン, L. デビッド
◇NGOとグローバル化（共著）：グローバル化で世界はどう変わるか―ガバナンスへの挑戦と展望　ジョセフ・S.ナイ Jr., ジョン・D.ドナヒュー編著, 嶋本恵美訳　英治出版　2004.9　477p　（英治出版MPAシリーズ）

Brown, Philip ブラウン, フィリップ
◇教育・グローバリゼーション・経済発展 他（共著）：教育社会学―第三のソリューション　A.H.ハルゼー, H.ローダー, P.ブラウン, A.S.ウェルズ編, 住田正樹, 秋永雄一, 吉本圭一編訳　九州大学出版会　2005.2　660p

Brown, Robert ブラウン, ロバート
◇新しい犯罪学：法と社会　ユージン・カメンカ, ロバート・ブラウン, アリス・イア・スーン・テイ編, 森村進訳　未来社　1993.2　243, 6p
◇精神保健チームにおけるソーシャルワーク―地方自治体のソーシャルワーカー―ソーシャルワークとヘルスケア―イギリスの実践に学ぶ　レックス・テーラー, ジル・フォード編, 小松源助監訳　中央法規出版　1993.9　247p

Brown, Roy I. ブラウン, ロイ・I.
◇生活の質と専門教育 他：障害をもつ人にとっての生活の質―モデル・調査研究および実践　ロイ・I.ブラウン編著, 中園康夫, 末光茂監訳　相川書房　2002.5　382p

Brown, Shona L. ブラウン, ショーナ・L.
◇変化に確実に対処するタイムペーシング戦略（共著）：不確実性の経営戦略　Harvard Business Review編, Diamondハーバード・ビジネス・レビュー編集部訳　ダイヤモンド社　2000.10　269p
◇パッチング―俊敏な組織改革の新手法（共著）：「選択と集中」の戦略　Diamondハーバード・ビジネス・レビュー編集部編訳　ダイヤモンド社　2003.1　286p

Brown, Stephen J. ブラウン, S. J. *
◇非線形システムの推定―資産価格決定モデルへの応用（高藪学訳）：Mathematica 経済・金融モデリング　Hal R.ヴァリアン編, 野口旭ほか共訳　トッパン　1996.12　553p

Brown, Sylvia G. ブラウン, S. G.
◇第2回国際シンポジウムに併せて開催されたワークショップの目的：模擬法律事務所はロースクールを変えるか―シミュレーション教育の国際的経験を学ぶ　第2回国際シンポジウム報告書　関西学院大学法科大学院形成支援プログラム推進委員会編　関西学院大学出版会　2006.10　278p

Brown, Tim ブラウン，ティム
◇ネットワーク・モデリング・ツール―サプライチェーン意思決定能力の向上（共著）：サプライチェーン戦略　ジョン・ガトーナ編，前田健蔵，田村誠一訳　東洋経済新報社　1999.5　377p　（Best solution）

Brown, William H. ブラウン，ウィリアム・H．
◇そこをなんとか：ニッポン不思議発見！―日本文化を英語で語る50の名エッセイ集　日本文化研究所編，松本道弘訳　講談社インターナショナル　1997.1　257p　（Bilingual books）

Browne, E. Janet ブラウン，ジャネット
◇チャールズ・ダーウィン：環境の思想家たち　上（古代―近代編）　ジョイ・A.パルマー編，須藤自由児訳　みすず書房　2004.9　309p　（エコロジーの思想）

Browning, Steve ブラウニング，S.＊
◇メディア業界におけるプロセスモデリングとシミュレーション―テレビ・ニュージーランドの事例（共著）：ARISを活用したビジネスプロセスマネジメント―欧米の先進事例に学ぶ　A.-W.シェアー他共編，堀内正博，田中正郎，柳堀紀幸監訳　シュプリンガー・フェアラーク東京　2003.7　281p

Bruch, Heike ブルック，ハイケ
◇行動するマネジャーの心得（共著）：人材育成の戦略―評価，教育，動機づけのサイクルを回す　Diamondハーバード・ビジネス・レビュー編集部訳　ダイヤモンド社　2007.3　450p　（Harvard business review）

Bruck, Anthony ブルック，アントニー
◇仕事 他（共著）：アドラーの思い出　G.J.マナスター，G.ペインター，D.ドイッチュ，B.J.オーバーホルト編，柿内邦博，井原文子，野田俊作訳　創元社　2007.6　244p

Bruckner, Pascal ブリュックネール，パスカル
◇性の革命 遠慮なく楽しもう!：世界で一番美しい愛の歴史　J.ル=ゴフほか述, Dominique Simonnet編，小倉孝誠，後平隆，後平澪子訳　藤原書店　2004.12　269p

Brückner, Peter ブルックナー，ペーター
◇服従の病理学へ向けて：教育学的に見ること考えることへの入門　アンドレアス・フリットナー，ハンス・ショイアール編，石川道夫訳　玉川大学出版部　1994.8　409p

Bruguière, Michel ブリュギエール，ミシェル
◇アシニャ（阪上孝訳）：フランス革命事典　4　フランソワ・フュレ，モナ・オズーフ編，河野健二，阪上孝，富永茂樹監訳　みすず書房　1999.9　331p　（みすずライブラリー）

Bruls, Jean ブリュル，ジャン
◇布教より「若き教会」へ：キリスト教史　第10巻　現代世界とキリスト教の発展　上智大学中世思想研究所編訳・監修　J.T.エリス他著　講談社　1991.7　499，105p
◇布教より〈若き教会〉へ：キリスト教史　10　現代世界とキリスト教の発展　上智大学中世思想研究所編訳・監修　J.T.エリスほか著　平凡社　1997.6　599p　（平凡社ライブラリー）

Brumberg, Joan Jacobs ブルムバーグ，ジョアン・ジェイコブズ
◇症状選択における連続性と変化―拒食症（共著）（大熊保彦訳）：時間と空間の中の子どもたち―社会変動と発達への学際的アプローチ　グレン・H.エルダー，ジョン・モデル，ロス・D.パーク編，本田時雄監訳　金子書房　1997.10　379p

Brumlik, Micha ブルームリック，ミーヒャ
◇批判理論と象徴的相互作用論―批判的社会科学としての教育学（新井保幸訳）：現代ドイツ教育学の潮流―W.フリットナー百歳記念論文集　ヘルマン・レールス，ハンス・ショイアール編，天野正治訳　玉川大学出版部　1992.8　503p
◇東部戦線という新しい国家神話―ドイツ連邦共和国の歴史学における最新の展開（細見和之訳）：過ぎ去ろうとしない過去―ナチズムとドイツ歴史家論争　ユルゲン・ハーバーマス他著，徳永恂ほか訳　人文書院　1995.6　257p

Brummel-Smith, Kenneth ブルメルスミス，ケネス
◇ナーシングホームにいる人々（共著）：自立支援とはなにか―高齢者介護の戦略　ガムロス，セムラデック，トーンキスト編，岡本祐三，秦洋一訳　日本評論社　1999.9　207p

Bruner, Jerome Seymour ブルーナー，ジェローム
◇共同注意から心の出逢いへ（田中信利訳）：ジョイント・アテンション―心の起源とその発達を探る　Chris Moore, Philip J.Dunham原著，大神英裕監訳　ナカニシヤ出版　1999.8　309p

Brunk, Gary L. ブルンク，G. L.＊
◇QOLと公共哲学（共著）：知的障害・発達障害を持つ人のQOL―ノーマライゼーションを超えて　Robert L.Schalock編，三谷嘉明，岩崎正子訳　医歯薬出版　1994.5　346p

Brunkhorst, Hauke ブルンクホルスト，ハオケ
◇整理されていない位階制：ボスニア戦争とヨーロッパ　N.ステファノフ，M.ヴェルツ編，佐久間穆訳　朝日新聞社　1997.4　288p
◇アドルノ，ハイデガーとポストモダニティ（菊池理夫訳）：普遍主義対共同体主義　デヴィッド・ラスマッセン編，菊池理夫，山口晃，有賀誠訳　日本経済評論社　1998.11　433p
◇究極の確実性（共著）：哲学の原点―ドイツからの提言　ハンス・ゲオルク・ガダマー編，U.ベーム編，長倉誠一，多田茂訳　未知谷　1999.7　272，11p

Brunner, Karl ブルンナー，カール
◇私の経済知識の探求：現代経済学の巨星―自らが語る人生哲学　下　M.シェンバーグ編　岩波書店　1994.12　292，11p

Bruscia, Kenneth E. ブルシア，ケネス・E.
◇音楽療法実践の基礎：音楽療法ケーススタディ　上　児童・青年に関する17の事例　ケネス・E.ブルシア編，酒井智華ほか訳　音楽之友社　2004.2　285p
◇エイズとともに生きる：GIMを介した心理療法：音楽療法ケーススタディ　下　成人に関する25の事例　ケネス・E.ブルシア編，よしだじゅんこ，酒井智華訳　音楽之友社　2004.4　393p

Brusén, Peter　ブルセーン, ペーテル
◇ノーマライゼーション思想の発展と社会サービス（共著）（二文字理明訳）：北欧の知的障害者―思想・政策と日常生活　ヤン・テッセブロー, アンデンーグスタフソン, ギューリ・デューレンダール編, 二文字理明監訳　青木書店　1999.8　289p

Bruun, Frank Jarle　ブルーン, フランク・ジャール
◇英雄か、乞食か、スポーツ・スターか：障害と文化―非欧米世界からの障害観の問いなおし　ベネディクト・イングスタッド, スーザン・レイノルズ・ホワイト編, 中村満紀男, 山口恵里子監訳　明石書店　2006.2　555p　（明石ライブラリー 88）

Bryan, Beverly　ブライアン, ベバリー
◇人種/民族差別と文化（共著）：メディア・セクシズム―男がつくる女　ジュリアンヌ・ディッキー, テレサ・ストラトフォード, キャス・デイビス編, 井上輝子, 女性雑誌研究会編訳　垣内出版　1995.6　342p

Bryan, Lowell L.　ブライアン, ローウェル・L.
◇証券化のリスク、ポテンシャル及び将来展望（小池圭吾訳）：証券化の基礎と応用　L.T.ケンドール, M.J.フィッシュマン編, 前田和彦, 小池圭吾訳　東洋経済新報社　2000.2　220p
◇激動の時代のためのジャスト・イン・タイム戦略：マッキンゼー戦略の進化―不確実性時代を勝ち残る　名和高司, 近藤正晃ジェームス編著・監訳, 村井章子訳　ダイヤモンド社　2003.3　221p
◇企業価値・業績向上への経営（共著）（鷹野薫訳）：マッキンゼー事業再生―ターンアラウンドで企業価値を高める　本田桂子編著・監訳　ダイヤモンド社　2004.11　231p　（The McKinsey anthology）

Bryan, William Jennings　ブライアン, ウィリアム・J.
◇ウィリアム・J.ブライアン―理想の共和国（増田恵理子訳）：アメリカの夢と理想の実現　板場良久スピーチ解説, 増田恵理子, 楢原潤子訳　アルク　1998.7　120p　（20世紀の証言 英語スピーチでたどるこの100年 第3巻―CD book　松尾弌之監修・解説）

Bryant, Dirk　ブライアント, ダーク
◇森林 他（共著）：マクミラン近未来地球地図　イアン・ピアスン編, 松井孝典監訳　東京書籍　1999.11　115p

Brzezinski, Zbigniew K.　ブレジンスキー, ズビグニュー
◇日本―大国の条件：戦後日米関係を読む―『フォーリン・アフェアーズ』の目　梅垣理郎編訳　中央公論社　1993.12　351p　（中公叢書）
◇魂を腐敗させる寛容なコーニュコピア：知の大潮流―21世紀へのパラダイム転換　今世紀最高の頭脳が予見する未来　ネイサン・ガーデルズ編, 仁保真佐子訳　徳間書店　1996.12　419p
◇歴史としての冷戦：フォーリン・アフェアーズ傑作選―アメリカとアジアの出会い 1922-1999　下　フォーリン・アフェアーズ・ジャパン編・監訳　朝日新聞社　2001.2　327, 7p

Bubner, Rüdiger　ブーブナー, リューディーガー
◇カント・超越論的論証・演繹の問題 他（冨田恭彦, 望月俊孝訳）：超越論哲学と分析哲学―ドイツ哲学と英米哲学の対決と対話　ヘンリッヒ他著, 竹市明弘編　産業図書　1992.11　451p

◇統一・私たちは再び一つの国民となったのか（共著）：哲学の原点―ドイツからの提言　ハンス・ゲオルク・ガダマー他著, U.ベーム編, 長倉誠一, 多田茂訳　未知谷　1999.7　272, 11p

Bubnova, Varvara Dmitrievna　ブブノワ, ワルワラ
◇現代に於けるロシヤ絵画の帰趨に就て 他（小野英輔・俊一訳）：コレクション・モダン都市文化　第29巻　構成主義とマヴォ　和田博文監修　滝沢恭司編　ゆまに書房　2007.6　797p

Bucer, Martin　ブツァー, マルティン
◇四都市信仰告白（石引正志訳）：宗教改革著作集　第14巻　信仰告白・信仰問答　教文館　1994.11　704p

Buchanan, Edna　ブキャナン, エドナ
◇ラッキー・ルチアーノ：TIMEが選ぶ20世紀の100人　下巻　アーチスト・エンターテイナー・ヒーロー・偶像・巨頭　徳岡孝夫監訳　アルク　1999.11　318p

Buchanan, James M.　ブキャナン, ジェイムズ・M.
◇ポスト社会主義の経済学：フューチャー・オブ・エコノミクス―21世紀への展望　ガルブレイス他著, J.D.ヘイ編, 鳥居泰彦訳　同文書院インターナショナル　1992.11　413p
◇内側から外界を眺める：現代経済学の巨星―自らが語る人生哲学　下　M.シェンバーグ編　岩波書店　1994.12　292, 11p
◇レントシーキングと利潤追求 他（小竹裕人訳）：レントシーキングの経済理論　ロバート・トリソン, ロジャー・コングレトン編, 加藤寛監訳　勁草書房　2002.7　264p

Bucher, Philip　ブッハー, フィリップ
◇技術ロードマッピング（TRM）―技術プランニングの手法 他：科学経営のための実践的MOT―技術主導型企業からイノベーション主導型企業へ　ヒューゴ・チルキー編, 亀岡秋男監訳　日経BP社　2005.1　397p

Büchner, Georg　ビューヒナー, G.（保険学）*
◇保険分野におけるEC委員会の一括適用免除―特に「模範普通保険約款」の構成要件（吉武正幸訳）：ディーター・ファーニーと保険学―ファーニー教授還暦記念論文集より　ドイツ保険事情研究会訳　生命保険文化研究所　1996.3　201p　（文研叢書 16）

Buck, Pearl Sydenstricker　バック, パール・S.
◇極東における白人の未来（阿南友亮訳）：フォーリン・アフェアーズ傑作選―アメリカとアジアの出会い 1922-1999　上　フォーリン・アフェアーズ・ジャパン編・監訳　朝日新聞社　2001.2　331p

Buckland, Ian　バックランド, イアン
◇これまで通りのビジネスができなくなるとしたら（共著）：トリプルボトムライン―3つの決算は統合できるか？　エイドリアン・ヘンリクス, ジュリー・リチャードソン編著, 大江宏, 小山良訳　創成社　2007.4　250p

Buckley, Chris　バックリー, クリス
◇宇宙探査：マクミラン近未来地球地図　イアン・ピアスン編, 松井孝典監訳　東京書籍　1999.11　115p

Buckley, Roger W.　バックレイ, ロジャー
◇サー・エスラー・デニング：英国と日本―架橋の人びと　サー・ヒュー・コータッツイ, ゴードン・ダニエ

ルズ編著、横山俊夫解説、大山瑞代訳　思文閣出版　1998.11　503, 68p

Buckley, William F., Jr.　バックリー、ウィリアム・F.、Jr.
◇ドラッグを合法化せよ：ドラッグ全面解禁論　ディヴィッド・ボアズ編、樋口幸子訳　第三書館　1994.11　364p
◇ヨハネ・パウロ二世：TIMEが選ぶ20世紀の100人　上巻　指導者・革命家・科学者・思想家・起業家　徳岡孝夫監訳　アルク　1999.11　332p

Buckworth, J.　バックワース、J.＊
◇身体活動へのアドヒレンス（共著）（岡浩一朗訳）：身体活動とメンタルヘルス　ウイリアム・P.モーガン編、竹中晃二、征矢英昭監訳　大修館書店　1999.4　362p

Budiardjo, Carmel　ブディアルジョ、カルメル
◇インドネシア：西側による国家テロ　アレクサンダー・ジョージ編、古川久雄、大木昌訳　勉誠出版　2003.8　275, 80p

Buffalo　バッファロー
◇太陽の踊り　他（共著）：北米インディアン生活誌　C.ハミルトン編、和巻耿介訳　社会評論社　1993.11　408p

Bugental, Daphne Blunt　ブーゲンタール、ダフネ・ブルント
◇多動性への帰属理論からのアプローチ（共著）（浅川潔司訳）：原因帰属と行動変容—心理臨床と教育実践への応用　チャールズ・アンタキ、クリス・ブレーウィン編、細田和雅、古市裕一監訳　ナカニシヤ出版　1993.12　243p

Buhr, Manfred　ブール、マンフレート
◇諸文化のヨーロッパのために：ヨーロッパ学事始め—観念史の立場から　マンフレート・ブール、シャヴィエル・ティリエッテ編著、谷口伊兵衛訳　而立書房　2004.4　113p

Bukve, Oddbjørn　ブークベー、オッドビョルン
◇政治的・行政的リーダーシップの新たな役割［ノルウェー］（共著）：北欧の地方分権改革—福祉国家におけるフリーコミューン実験　ハラール・ボルデスハイム、クリステル・ストールバリ編著、大和田建太郎、小原亜生、広田全男訳　日本評論社　1995.8　233p

Bultmann, Rudolf　ブルトマン、ルードルフ
◇マタイによる福音書第一一章二一六節：光の降誕祭—20世紀クリスマス名説教集　ルードルフ・ランダウ編、加藤常昭訳　再版　教文館　2004.9　308p

Bumstead, Jon　バンステッド、ジョン
◇サプライチェーンの時間短縮—サプライチェーン短縮がもたらす顧客満足の向上：サプライチェーン戦略　ジョン・ガトーナ編、前田健蔵、田村誠一訳　東洋経済新報社　1999.5　377p（Best solution）

Bunderson, C. Victor　バンダーソン、C. V.＊
◇コンピュータ教育測定の4世代（共著）（繁桝算男訳）：教育測定学　下巻　ロバート・L.リン編、池田央、藤田恵璽、柳井晴夫、繁桝算男訳・編　学習評価研究所　1992.12　411p

Bundy, Mary Lee　バンディ、メアリー・リー
◇図書館学教育の社会的適性：アメリカ図書館界と積極的活動主義—1962-1973年　メアリー・リー・バンディ、フレデリック・J.スティロー編著、川崎良孝、森田千幸、村上加代子訳　京都大学図書館情報学研究会　2005.6　279p

Bungener, Janet　バンジェナー、J.
◇ベッキー：自閉症とパーソナリティ　アン・アルヴァレズ、スーザン・リード編、倉光修監訳、鵜飼奈津子、広沢愛子、若佐美奈子訳　創元社　2006.9　375p

Bunnag, Marut　バナッグ、M.＊
◇タイ（共著）：東アジア9か国の著作権法制と著作権事情—東アジア著作権セミナーにおける各国の報告書　著作権資料協会　1974.2　75p

Burack, Jacob A.　ブラック、J. A.
◇精神遅滞の分類—二群アプローチとその克服　他：障害児理解の到達点—ジグラー学派の発達論的アプローチ　R.M.ホダップ、J.A.ブラック、E.ジグラー編、小松秀茂、清水貞夫編訳　田研出版　1994.9　435p

Burbidge, John B.　バービッジ、ジョン・B.
◇国際的次元：ポスト・ケインズ派経済学入門　A.S.アイクナー編、緒方俊雄ほか共訳　オンデマンド版　日本経済評論社　2003.3　221p（ポスト・ケインジアン叢書2）

Burchell, Stuart　バーチェル、S.＊
◇付加価値会計と国家の経済政策（共著）（上東正和訳）：社会・組織を構築する会計—欧州における学際的研究　アンソニー・G.ホップウッド、ピーター・ミラー編著、岡野浩、国部克彦、柴健次監訳　中央経済社　2003.11　390p

Burgelman, Robert A.　バーゲルマン、ロバート・A.
◇インテル：DRAMの決断　他（共著）：技術とイノベーションの戦略的マネジメント　上　ロバート・A.バーゲルマン、クレイトン・M.クリステンセン、スティーヴン・C.ウィールライト編著、青島矢一、黒田光太郎、志賀敏宏、田辺孝二、和賀三和子日本語版監修、岡真由美、斉藤裕一、桜井祐子、中川泉、山本章子訳　翔泳社　2007.7　735p
◇2003年以降のインテル：第3幕を求めて　他（共著）：技術とイノベーションの戦略的マネジメント　下　ロバート・A.バーゲルマン、クレイトン・M.クリステンセン、スティーヴン・C.ウィールライト編著、青島矢一、黒田光太郎、志賀敏宏、田辺孝二、出川通、和賀三和子日本語版監修、岡真由美、斉藤裕一、桜井祐子、中川泉、山本章子訳　翔泳社　2007.7　595p

Burgess, Andrew J.　バージェス、アンドリュー
◇レトリックと喜劇的なもの（工藤宜延訳）：宗教と倫理—キェルケゴールにおける実存の言語性　C.S.エヴァンス、H.フェッター他著、桝形公也編監訳　ナカニシヤ出版　1998.4　255p

Burgess, Anthony　バージェス、アントニイ
◇丸谷才一『たった一人の反乱』他（幾野宏訳）：ロンドンで本を読む　丸谷才一編著　マガジンハウス　2001.6　337, 8p

Burgess, John W.　バージェス、ジョン・W.
◇国家の観念と形態：アメリカ政治学の展開—学説と歴史　ジェームズ・ファ、レイモンド・セイデルマン編著、本田弘、藤原孝、秋山和宏、石川晃司、入江正俊ほか訳　サンワコーポレーション　1996.2　506p

Burgess, Kathy バージェス，キャシー
◇組織的生産と非組織的労働：リンク・ベルト社の経営戦略と労働者の直接行動主義（1900〜1940年）：科学的管理の展開—テイラーの精神革命論　ダニエル・ネルスン編著，アメリカ労務管理史研究会訳　税務経理協会　1994.4　334p

Burghardt, Renie Szilak バーガード，レニー・シーラク
◇懐かしい贈物：空っぽのくつした—あなたの心に届ける16の贈り物　コリーン・セル選，立石美樹ほか訳　光文社　2002.11　213p

Burghardt, Steve バーグハート，スティーブ
◇唯物論的フレームワーク（中田知生訳）：ソーシャルワーク・トリートメント—相互連結理論アプローチ　上　フランシス・J.ターナー編，米本秀仁監訳　中央法規出版　1999.4　574p

Burgoyne, Bernard バゴーイン，バーナード
◇解釈：クライン-ラカンダイアローグ　バゴーイン，サリヴァン編，新宮一成監訳，上尾真道，徳永健介，宇梶卓訳　誠信書房　2006.4　340p

Burguière, André ビュルギエール，アンドレ
◇ヨーロッパ社会の研究における人類学と歴史学：歴史・文化・表象—アナール派と歴史人類学　ジャック・ルゴフほか著，二宮宏之編訳　岩波書店　1992.12　263p　（New history）
◇ヨーロッパ社会の研究における人類学と歴史学：歴史・文化・表象—アナール派と歴史人類学　ジャック・ルゴフほか著，二宮宏之編訳　岩波書店　1999.7　263p　（岩波モダンクラシックス）

Buridanus, Johannes ブリダヌス，ヨハネス
◇霊魂論問題集（共著）：中世思想原典集成　18　後期スコラ学　上智大学中世思想研究所編訳・監修　平凡社　1998.9　923p

Burkc, June バーク，ジューン
◇ジュリアン：アセンションするDNA—光の12存在からのメッセージ　ヴァージニア・エッセン編著，冬月晶訳　ナチュラルスピリット　1999.2　299p

Burke, Colin B. バーク，C. B. *
◇アメリカ高等教育の拡張（小野直子訳）：高等教育の変貌1860-1930—拡張・多様化・機会開放・専門職化　コンラート・ヤーラオシュ編，望田幸男，安原義仁，橋本伸也監訳　昭和堂　2000.10　374, 48p

Burke, James バーク，ジェイムズ
◇中性のコミュニケーション：歴史のなかのコミュニケーション—メディア革命の社会文化史　デイヴィッド・クローリー，ポール・ヘイヤー編，林進，大久保公雄訳　新曜社　1995.4　354p

Burke, Peter バーク，ピーター
◇ニュー・ヒストリー—その過去と未来　他（谷川稔訳）：ニュー・ヒストリーの現在—歴史叙述の新しい展望　ピーター・バーク編，谷川稔ほか訳　人文書院　1996.8　352p

Burkert, Walter ブルケルト，ヴァルター
◇倫理学と動物行動学における罰と復讐（葛西康徳訳）：神話・伝説の成立とその展開の比較研究　鈴木佳秀編　高志書院　2003.2　180, 123p

Burman, Stephen バーマン，S. *
◇経済（共著）：マクミラン近未来地球地図　イアン・ビアスン編，松井孝典監訳　東京書籍　1999.11　115p

Burnett, Benjamin バーネット，B. *
◇「妥協の排除」が成長を生み出す：成長戦略論　Harvard Business Review編，Diamondハーバード・ビジネス・レビュー編集部訳　ダイヤモンド社　2001.4　254p

Burnett, Rosalie バーネット，ロザリー
◇特別な誰かが必要：ベストパートナーの見分け方　ロザリー・バーネット編著，鈴木理恵子訳　同朋舎　1997.9　151p

Burnham, David H. バーナム，デイビッド・H.
◇管理能力のないヒットメーカー社員をどのように扱うべきか（共著）：人材育成のジレンマ—ハーバード・ビジネス・レビューケースブック　Harvard Business Review編，Diamondハーバード・ビジネス・レビュー編集部訳　ダイヤモンド社　2004.12　219p
◇モチベーショナル・リーダーの条件（共著）：動機づける力　Diamondハーバード・ビジネス・レビュー編集部編　ダイヤモンド社　2005.2　243p　（Harvard business review anthology）

Burns, Ann バーンズ，アン
◇サプライチェーン・マネジメント・ツール—リスクを最小化し利益を最大化する（共著）：サプライチェーン戦略　ジョン・ガトーナ編，前田健蔵，田村誠一訳　東洋経済新報社　1999.5　377p　（Best solution）

Burns, Robert バーンズ，ロバート（詩）
◇農夫が土曜日の夕（植村正久訳）：植村正久著作集　第3巻　熊野義孝，石原謙，斎藤勇，大内三郎監修　新教出版社　2005.12　478p

Burnyeat, Myles バーニアット，マイルス
◇プラトン—マイルス・バーニアットとの対話（共著）（加藤直克訳）：西洋哲学の系譜—第一線の哲学者が語る西欧思想の伝統　ブライアン・マギー編，高頭直樹ほか訳　晃洋書房　1993.5　482p

Burrell, Gibson バレル，ギブソン
◇快楽の組織（杉原周樹訳）：経営と社会—批判的経営研究　マッツ・アルベッソン，ヒュー・ウィルモット編著，CMS研究会訳　同友館　2001.3　263p

Burridge, Richard A. バリッジ，リチャード
◇イエス：キリスト教のスピリチュアリティ—その二千年の歴史　ゴードン・マーセル監修，G.マーセル他著，青山学院大学総合研究所訳　新教出版社　2006.4　415p

Burritt, Roger L. バーリット，ロジャー・L.
◇コスト配賦—環境管理会計にとって有効な手段か？：緑の利益—環境管理会計の展開　マーティン・ベネット，ピーター・ジェイムズ編著，国部克彦監訳，海野みづえ訳　産業環境管理協会　2000.12　542p

Burroughs, William S. バロウズ，ウィリアム・S.
◇ウィリアム・バロウズ（山形浩生訳）：インタヴューズ　2　クリストファー・シルヴェスター編，新庄哲夫ほか訳　文芸春秋　1998.11　451p

Burrows, Adam バローズ，A. *
◇うつと不安（共著）：日本版MDS-HC 2.0在宅ケアア

セスメントマニュアル　John N.Morris他編著, 池上直己訳　医学書院　1999.9　294p
○うつと不安（共著）：日本版MDS-HC 2.0在宅ケアアセスメントマニュアル　John N.Morris他編著, 池上直己訳　新訂版　医学書院　2004.11　298p

Burrows, Roger　バローズ, R.
◇序文（共著）（高橋衛訳）：フォーディズムとフレキシビリティ—イギリスの検証　N.ギルバートほか編, 丸山恵也監訳　新評論　1996.9　238p

Bursik, Robert J., Jr.　バーシック, ロバート・J., Jr.
◇都市生態の安定性と非行の動態性：コミュニティと犯罪　1　アルバート・J.リース・ジュニア, マイケル・トンリィ共編, 伊藤康一郎訳　都市防犯研究センター　1994.3　268p

Burt, Ronald S.　バート, ロナルド・S.
◇社会関係資本をもたらすのは構造的隙間かネットワーク閉鎖性か（金光淳訳）：リーディングスネットワーク論—家族・コミュニティ・社会関係資本　野沢慎司編・監訳　勁草書房　2006.8　288p

Burtt, John D.　バート, J. D.＊
◇ガダルカナルの激戦—カギとなった米軍指揮官の弱腰：太平洋戦争の研究—こうすれば日本は勝っていた　ピーター・G.ツォラス編著, 左近允尚敏訳　PHP研究所　2002.12　387p

Buruma, Ian　ブルマ, イアン
◇ダイアナ：TIMEが選ぶ20世紀の100人　下巻　アーチスト・エンターテイナー・ヒーロー・偶像・巨頭　徳岡孝夫訳　アルク　1999.11　318p
◇東京が暗くなった夜—昭和天皇崩御の日：日蘭交流400年の歴史と展望—日蘭交流400周年記念論文集　日本語版　レオナルド・ブリュッセイ, ウィレム・レメリンク, イフォ・スミッツ編　日蘭学会　2000.4　459p（日蘭学会学術叢書　第20）

Burwell, Yolanda　バーウェル, Y.＊
◇家族のエンパワーメント（共著）：ソーシャルワーク実践におけるエンパワーメント—その理論と実際の論考集　L.M.グティエーレス, R.J.パーソンズ, E.O.コックス編, 小松源助監訳　相川書房　2000.6　333p

Burzelius, Andres　ブルツェリウス, A.＊
◇スウェーデン報告および回答（大村龍之, 清水宏, 山口龍之訳）：訴訟法における法族の再検討　小島武司編著　中央大学出版部　1999.4　578p（日本比較法研究所研究叢書 46）

Buscaglia, Leo F.　バスカリア, レオ
◇人は負けるように創られてはいない：セルフヘルプ—なぜ、私は困難を乗り越えられるのか　世界のビッグネーム自らの47の証言　ケン・シェルトン編著, 堀紘一監訳　フロンティア出版　1998.7　301p
◇思いやりと愛のある人生は幸福である：セルフヘルプ—自助＝他人に頼らず、自分の力で生きていく！　2　ケン・シェルトン編著, 堀紘一監訳　フロンティア出版　1998.12　283p

Bush, Barbara　ブッシュ, バーバラ
◇幸せに生きるために：セルフヘルプ—自助＝他人に頼らず、自分の力で生きていく！　2　ケン・シェルトン編著, 堀紘一監訳　フロンティア出版　1998.12　283p

Bush, George　ブッシュ, ジョージ
◇ジョージ・ブッシュ大統領—イラクへの爆撃開始（津吉襄訳）：変貌する世界とアメリカ　板場良久スピーチ解説, 津吉襄訳　アルク　1998.5　148p（20世紀の証言　英語スピーチでたどるこの100年　第2巻—CD book　松尾弌之監修・解説）
◇ジョージ・ブッシュ大統領就任演説：アメリカ大統領就任演説集—inaugural address　フロンティア文庫編集部編, Katokt訳　フロンティアニセン　2005.3（第2刷）　172p（フロンティア文庫44—風呂で読める文庫100選 44）
◇ブッシュ共和党政権の特色と一般教書：資料　戦後米国大統領の「一般教書」　第3巻（1978年—1992年）　藤本一美, 浜賀祐子, 末次俊之訳著　大空社　2007.3　481p

Bush, George Walker　ブッシュ, ジョージ・W.
◇米国の理想に向けて　他：「無条件勝利」のアメリカと日本の選択　ロナルド・A.モース編著, 日下公人監修, 時事通信社外信部ほか訳　時事通信社　2002.1　325p
◇ジョージ・W.ブッシュ大統領就任演説：アメリカ大統領就任演説集—inaugural address　フロンティア文庫編集部編, Katokt訳　フロンティアニセン　2005.3（第2刷）　172p（フロンティア文庫44—風呂で読める文庫100選 44）
◇ブッシュ共和党政権の特色と一般教書：資料　戦後米国大統領の「一般教書」　第4巻（1993年—2006年）　藤本一美, 浜賀祐子, 末次俊之訳著　大空社　2007.10　400p

Bush, Margaret A.　ブッシュ, マーガレット・A.
◇図書館サービスの拡大：子どもたちに対する特色あるサービス（高橋久子訳）：本・子ども・図書館—リリアン・スミスが求めた世界　アデル・フェイジックほか編, 高鷲志子, 高橋久子訳　全国学校図書館協議会　1993.12　239p

Bussy Genevois, Danièle　ビュシー＝ジュヌヴォア, ダニエル
◇スペインの女性たち—共和政からフランコ体制へ（藤本佳子訳）：女の歴史　5［1］二十世紀　1　G.デュビィ, M.ペロー監修, 杉村和子, 志賀亮一監訳　フランソワーズ・テボー編　藤原書店　1998.2　515p

Butcher, Susan　ブッチャー, スーザン
◇人を動かす知恵（共著）：動機づける力　Diamondハーバード・ビジネス・レビュー編集部訳　ダイヤモンド社　2005.2　243p（Harvard business review anthology）

Butler　バトラー
◇作られた道具と身体組織：ドゥルーズ初期—若き哲学者が作った教科書　ジル・ドゥルーズ編著, 加賀野井秀一訳注　夏目書房　1998.5　239p

Butler, Anthony R.　バトラー, A. R.＊
◇販売チャンネルの効率性と有効性の測定：生命保険業における戦略的課題　Hugh Macmillan, Mike Christophers編, 玉田巧訳　玉田巧　2002.3　206p

Butler, Gillian　バトラー, ジリアン
◇全般性不安障害（共著）：認知行動療法の科学と実践　David M.Clark, Christopher G.Fairburn編, 伊予雅臣監訳　星和書店　2003.4　280p

Butler, Judith P. バトラー, ジュディス
◇文化における普遍性(辰巳伸知訳):国を愛するということ―愛国主義の限界をめぐる論争 マーサ・C.ヌスバウム他著,辰巳伸知,能川元一訳 人文書院 2000.5 269p
◇ジュディス・バトラー講演会「ジェンダーを紐解く」:Undoing gender:F-GENSジャーナル―Frontiers of Gender Studies no.5(報告篇) F-GENSジャーナル編集委員会編 お茶の水女子大学21世紀COEプログラムジェンダー研究のフロンティア 2006.3 269p

Butler, Lynda J. バトラー, L. J.*
◇世評の偏り―仲間集団からの見方(共著)(猪木省三訳):子どもと仲間の心理学―友だちを拒否するこころ S.R.アッシャー, J.D.クーイ編著,山崎晃,中沢潤監訳 北大路書房 1996.7 447p

Butler, Richard バトラー, リチャード
◇イラクと大量破壊兵器:アメリカはなぜイラク攻撃をそんなに急ぐのか? フォーリン・アフェアーズ・ジャパン編・監訳 朝日新聞社 2002.12 266, 4p (朝日文庫―フォーリン・アフェアーズ・コレクション)

Butler, Robert N. バトラー, ロバート・N.
◇高齢者はパイオニア 他:プロダクティブ・エイジング―高齢者は未来を切り開く ロバート・バトラー,ハーバート・グリーソン編,岡本祐三訳 日本評論社 1998.6 217p

Butler, Timothy バトラー, ティモシー
◇有能な人材の「悪癖」を取り除く方法 キャリア・デザインで優れた人材を活かす(共著):コーチングの思考技術 Diamondハーバード・ビジネス・レビュー編集部編訳 ダイヤモンド社 2001.12 266p
◇有能な人材の「悪癖」を取り除く方法(共著):いかに「問題社員」を管理するか Diamondハーバード・ビジネス・レビュー編集部編訳 ダイヤモンド社 2005.1 262p (Harvard business review anthology)
◇キャリア・デザインで優れた人材を生かす 他(共著):コーチングがリーダーを育てる Diamondハーバード・ビジネス・レビュー編集部編訳 ダイヤモンド社 2006.4 231p (Harvard business review anthology)

Butrym, Zofia ブトゥリム, ゾフィア
◇ヘルスケアとソーシャルワーク―その関係性について:ソーシャルワークとヘルスケア―イギリスの実践に学ぶ レックス・テーラー,ジル・フォード編著,小松源助監訳 中央法規出版 1993.9 247p

Butt, John バット, ジョン
◇ベルファーストとグラスゴー―結合と比較 一七九〇――八五〇:アイルランドとスコットランド―比較社会経済史 T.M.ディヴァイン, D.ディクソン編著,津波古充文訳 論創社 1992.8 474p

Butterworth, George バターワース, ジョージ
◇小児の知:知のしくみ―その多様性とダイナミズム J.カルファ,今井邦彦訳 新曜社 1997.8 308p
◇知覚と行為における心の起源(大神英裕訳):ジョイント・アテンション―心の起源とその発達を探る Chris Moore, Philip J.Dunham原編, 大神英裕監訳 ナカニシヤ出版 1999.8 309p

Button, Gregory V. バトン, グレゴリー・V.
◇大衆向けメディアによる人為災害の枠組みの作り替え:災害の人類学―カタストロフィと文化 スザンナ・M.ホフマン,アンソニー・オリヴァー=スミス編著, 若林佳史訳 明石書店 2006.11 327p

Buytendijk ボイテンデイク
◇本能と体制 他:ドゥルーズ初期―若き哲学者が作った教科書 ジル・ドゥルーズ編著,加賀野井秀一訳注 夏目書房 1998.5 239p

Byatt, Antonia Susan バイアット, アントニア・スーザン
◇デイヴィッド・ロッジ『小説の技巧』(富士川義之訳):ロンドンで本を読む 丸谷才一編著 マガジンハウス 2001.6 337, 8p

Bydlinski, Franz ビドリンス, F.
◇ドイツ法及びオーストリア法上の損害原因設定の諸問題:ドイツ不法行為法論文集 ウルリッヒ・フーバーほか著,吉田豊,吉田勢子訳 中央大学出版部 2000.1 592p (日本比較法研究所翻訳叢書 42)

Bygrave, William D. バイグレイブ, ウィリアム・D.
◇起業のプロセス:MBA起業家育成 ウィリアム・D.バイグレイブ編著,千本倖生+バブソン起業家研究会訳 学習研究社 1996.12 369p

Byman, Daniel L. バイマン, ダニエル・L.
◇サダム・フセインは追放できるか(共著):アメリカはなぜイラク攻撃をそんなに急ぐのか? フォーリン・アフェアーズ・ジャパン編・監訳 朝日新聞社 2002.12 266, 4p (朝日文庫―フォーリン・アフェアーズ・コレクション)

Byrne, Dominic バイルン, ドミング
◇富裕と貧困(佐藤のり子訳):福祉大改革―イギリスの改革と検証 アラン・ウォーカーほか著,佐藤進ほか訳 法律文化社 1994.9 256p

Byrnens, Patricia バーンズ, P.*
◇病院の技術的効率性と配分効率性の分析(共著)(上田徹訳):経営効率評価ハンドブック―包絡分析法の理論と応用 Abraham Charnesほか編, 刀根薫, 上田徹監訳 朝倉書店 2000.2 465p

Byrne-Quinn, J. ビュルン・クイン, J.*
◇香水、人、感じ方、商品:香りの感性心理学 S.ヴァン・トラー, G.H.ドッド編,印藤元一訳 フレグランスジャーナル 1994.2 238p

Bywaters, Paul バイウォーターズ, ポール
◇ソーシャルワークと看護―親友か、それとも競争相手か:ソーシャルワークとヘルスケア―イギリスの実践に学ぶ レックス・テーラー,ジル・フォード編著,小松源助監訳 中央法規出版 1993.9 247p

【C】

Caesarius(Arelatensis) カエサリウス(アルルの)
◇修道士のための戒律・修道女のための戒律(又野聡子訳):中世思想原典集成 4 初期ラテン教父 上智大学中世思想研究所編訳・監修 平凡社 1999.6 1287p

Caffentzis, George C.　カフェンティス, ジョージ
◇アフリカにおける社会的再生産と債務危機（小倉利丸訳）：約束された発展？―国際債務政策と第三世界の女たち　マリアローザ・ダラ・コスタ, ジョヴァンナ・フランカ・ダラ・コスタ編　インパクト出版会　1995.7　213p

Cagan, Leslie　ケーガン, レズリー
◇日常的な人々の運動：もう戦争はさせない！―ブッシュを追いつめるアメリカ女性たち　メディア・ベンジャミン, ジョディ・エヴァンス編, 尾川寿江監訳, 尾川寿江, 真鍋穣, 米沢清恵訳　文理閣　2007.2　203p

Cahan, Emily　カーハン, エミリー
◇とらえにくい歴史の子ども―歴史学と心理学から子どもを理解する方法（共著）（都筑学訳）：時間と空間の中の子どもたち―社会変動と発達への学際的アプローチ　グレン・H.エルダー, ジョン・モデル, ロス・D.パーク編, 本田時雄監訳　金子書房　1997.10　379p

Caietanus　カイエタヌス
◇名辞の類比について（箕輪秀二訳）：中世思想原典集成　20　近世のスコラ学　上智大学中世思想研究所編訳・監修　平凡社　2000.8　1193p

Caille, Alain　カイエ, アラン
◇市場の支配力：開かれた歴史学―ブローデルを読む　イマニュエル・ウォーラーステインほか著, 浜田道夫, 末広菜穂子, 中村美幸訳　藤原書店　2006.4　318p

Caillois, Roger　カイヨワ, ロジェ
◇ディオニュソスの美徳（中沢信一訳）：無頭人　ジョルジュ・バタイユ他著, 兼子正勝, 中沢信一, 鈴木創士訳　現代思潮社　1999.7　246p　（エートル叢書 4）

Cain, R. L.　ケイン, ローリン・L.
◇多重人格（共著）：多重人格障害―その精神生理学的研究　F.ドパトナム他著, 笠原敏雄編　春秋社　1999.6　296p

Cairncross, Alec　ケアンクロス, アレック
◇イングランド銀行とイギリス経済（宮島茂紀訳）：イングランド銀行の300年―マネーパワー影響　リチャード・ロバーツ, デーヴィッド・カイナストン編, 浜田康行ほか訳　東洋経済新報社　1996.12　329p

Cairns, Robert B.　ケアンズ, ロバート・B.
◇問題のある少女―過去と現在の観察（共著）（大熊保彦訳）：時間と空間の中の子どもたち―社会変動と発達への学際的アプローチ　グレン・H.エルダー, ジョン・モデル, ロス・D.パーク編, 本田時雄監訳　金子書房　1997.10　379p

Cairns Smith, D. A.　ケアンズ・スミス, D. A.
◇ヘルスセンターにおけるソーシャルワーク―ギャップは埋められるか, ヘルスセンターと地区事務所のクライエントの比較研究：ソーシャルワークとヘルスケア―イギリスの実践に学ぶ　レックス・テーラー, ジル・フォード編著, 小松源助監訳　中央法規出版　1993.9　247p

Calabresi, Guido　カラブレイジ, グイド
◇危険分配と不法行為法に関する若干の考察（松浦好治訳）：「法と経済学」の原点　松浦好治編訳　木鐸社　1994.6　227p　（「法と経済学」叢書 1）
◇所有権法ルール, 損害賠償法ルール, 不可譲な権原ルール：大聖堂の一考察（共著）（松浦以津子訳）：不法行為法の新世界　松浦好治編訳　木鐸社　1994.8

172p　（「法と経済学」叢書 2）

Calam, Rachel　カラム, レイチェル
◇子育ての基本的な基準の設定（共著）（岡本和子訳）：児童虐待への挑戦　ウェンディ・スティントン・ロジャース, デニス・ヒーヴィー, エリザベス・アッシュ編著, 福知栄子, 中野敏子, 田沢あけみほか訳　法律文化社　1993.11　261p

Calcidise, Kathleen　キャルシディス, キャスリーン
◇保守的な組織風土をいかに改革するか（共著）：組織変革のジレンマ―ハーバード・ビジネス・レビュー・ケースブック　Harvard Business Review編, Diamondハーバード・ビジネス・レビュー編集部訳　ダイヤモンド社　2004.11　218p

Caldicott, Helen　カルディコット, ヘレン
◇核危機の終結を：生存の処方箋：もう戦争はさせない！―ブッシュを追いつめるアメリカ女性たち　メディア・ベンジャミン, ジョディ・エヴァンス編, 尾川寿江監訳, 尾川寿江, 真鍋穣, 米沢清恵訳　文理閣　2007.2　203p

Caldwell, Philip　コルドウェル, フィリップ
◇だれがCEOを決めるのか〈座談会〉（共著）：コーポレート・ガバナンス　Harvard Business Review編, Diamondハーバード・ビジネス・レビュー編集部訳　ダイヤモンド社　2001.6　270p

Calhoun, Craig J.　キャルホーン, クレイグ
◇序論：ハーバマスと公共圏（山本啓訳）：ハーバマスと公共圏　クレイグ・キャルホーン編, 山本啓, 新田滋訳　未来社　1999.9　348p　（ポイエーシス叢書 41）

Califia, Pat　カリフィア, パット
◇私たちのあいだで, 私たちに敵対して：ポルノと検閲　アン・スニトウほか著, 藤井麻利, 藤井雅実訳　青弓社　2002.9　264p　（クリティーク叢書 22）

Callaway, Joseph A.　キャラウェイ, ジョセフ・A.
◇カナン定着―士師時代：最新・古代イスラエル史　P.カイル・マッカーター, Jr.ほか著, ハーシェル・シャンク編, 池田裕, 有馬七郎訳　ミルトス　1993.10　466p

Callies, David L.　キャリーズ, デービッド・L.
◇強制取得における土地評価（松永正則訳）：現代の行政紛争―小高剛先生古稀祝賀　寺田友子ほか編　成文堂　2004.12　573p

Calvert, Karin　カルヴァート, カリン
◇ゆりかごから幼児用寝台へ―19世紀における子ども用家具の変化（山口恒夫訳）：子どもの時代―1820-1920年のアメリカ　バーバラ・フィンケルスタイン他著, 田甫佳三監訳　学文社　1996.6　177p

Calverton, V. F.　カルヴァートン, V. F.
◇結婚の破産（内山賢次訳）：世界女性学基礎文献集成　昭和初期編　第10巻　水田珠枝監修　ゆまに書房　2001.12　20, 290p

Calvin, Jean　カルヴァン, ジャン
◇信仰の手引きと告白（1537年）信仰告白（1537年）他（森井真ほか訳）：宗教改革著作集　第14巻　信仰告白・信仰問答　教文館　1994.11　704p

Calvin, William H. カルビン, ウィリアム・H.
◇現実をシミュレートする機構 他(斎藤憲司訳):「意識」の進化論—脳 こころ AI ジョン・ブロックマン編, 長尾力ほか訳 青土社 1992.10 366p

Cameron, Greg キャメロン, G. *
◇統合リスクフレームワークにおけるオペレーショナルリスクの測定と管理—理論から実践へ(共著):オペレーショナルリスク—金融機関リスクマネジメントの新潮流 アーサーアンダーセン編・訳 金融財政事情研究会 2001.1 413p

Cameron, Michael J. キャメロン, マイケル・J.
◇結論と今後の方向性 他(共著)(園山繁樹訳):挑戦的行動の先行子操作—問題行動への新しい援助アプローチ ジェームズ・K.ルイセリー, マイケル・J.キャメロン編, 園山繁樹ほか訳 二瓶社 2001.8 390p

Camfferman, Kees カンファーマン, K. *
◇オランダにおける財務報告と歴史(畑山紀訳):欧州比較国際会計史論 P.ワルトン編著, 久野光朗監訳 同文館出版 1997.5 380p
◇テオドール・リムペルグ—取替価値の提唱:世界の会計学者—17人の学説入門 ベルナルド・コラス編著, 藤田晶子訳 中央経済社 2007.10 271p

Camilleri, Joseph A. カミレーリ, ジョゼフ
◇今後の展望:同盟と地域の狭間:多国間主義と同盟の狭間—岐路に立つ日本とオーストラリア マイケル・シーゲル, ジョセフ・カミレーリ編 国際書院 2006.9 305p

Camilleri, Steve カミエリ, S. *
◇アボリジニと成人教育(共著):オーストラリアの生活文化と生涯教育—多文化社会の光と影 マーク・テナント編著, 中西直和訳 松籟社 1995.9 268p

Camp, Claudia V. キャンプ, クローディア・V.
◇列王記Ⅰ・Ⅱ(加藤明子訳):女性たちの聖書注解—女性の視点で読む旧約・新約・外典の世界 C.A.ニューサム, S.H.リンジ編, 加藤明子, 小野功生, 鈴木元子訳, 荒井章三, 山内一郎日本語版監修 新教出版社 1998.3 682p

Campbell, Alyce R. キャンベル, アリス・R.
◇Value-at-Risk(VAR):その理論的基礎(共著)(大槻雅彦訳):統合リスク管理への挑戦—VARの基礎・手法 ロッド・A.ベックストローム, アリス・R.キャンベル編, 大和証券業務開発部訳 金融財政事情研究会 1996.7 170p

Campbell, Barbara W. キャンベル, バーバラ・W.
◇汚れなき光:空っぽのくつした—あなたの心に届ける16の贈り物 コリーン・セル選, 立石美樹ほか訳 光文社 2002.11 213p

Campbell, John Creighton キャンベル, ジョン・C.
◇社会保険方式による理想的な介護システムの財源:高齢者ケアをどうするか—先進国の悩みと日本の選択 高木安雄監修・訳, 池上直己, ジョン・C.キャンベル編著 中央法規出版 2002.7 256p

Campbell, John Y. キャンベル, ジョン・Y.
◇日本における企業金融およびメインバンク・システムの変容(共著):日本のメインバンク・システム 青木昌彦, ヒュー・パトリック編, 東銀リサーチインターナショナル訳 東洋経済新報社 1996.5 495p

Campbell, Kurt M. キャンベル, カート・M.
◇日米安全保障パートナーシップの活性化:「無条件勝利」のアメリカと日本の選択 ロナルド・A.モース編著, 日下公人監修, 時事通信社外信部ほか訳 時事通信社 2002.1 325p

Campbell, R. H. キャンベル, R. H.
◇一八世紀スコットランドにおける経済成長への宗教の影響:アイルランドとスコットランド—比較社会経済史 T.M.ディヴァイン, D.ディクソン編著, 津波古充文訳 論創社 1992.8 474p
◇ヴィクトリア時代の変容:スコットランド史—その意義と可能性 ロザリンド・ミチスン編, 富田理恵, 家入葉子訳 未来社 1998.10 220, 37p

Campbell, Ruth キャンベル, ルース
◇妄想転移の激しさによって引き起こされる逆転移の取り扱い:ユング派の分析技法—転移と逆転移をめぐって マイケル・フォーダム, ローズマリー・ゴードン, ジュディス・ハバック, ケネス・ランバート共編, 氏原寛, 李敏子共訳 培風館 1992.7 290p (分析心理学シリーズ 2)
◇高齢者ケア 他:高齢者ケアをどうするか—先進国の悩みと日本の選択 高木安雄監修・訳, 池上直己, ジョン・C.キャンベル編著 中央法規出版 2002.7 256p

Campbell, S. キャンベル, S. *
◇生徒たちとずばり単刀直入に接して下さった:心にのこる最高の先生—イギリス人の語る教師像 上林喜久子編訳著 関東学院大学出版会 2004.11 97p
◇生徒たちとずばり単刀直入に接して下さった:イギリス人の語る心にのこる最高の先生 上林喜久子編訳 関東学院大学出版会 2005.6 68p

Campisano, Christopher J. カンピサノ, クリストファー・J.
◇補完ファンドによる投資スタイルの管理(共著)(大庭昭彦訳):株式投資スタイル—投資家とファンドマネージャーを結ぶ投資哲学 T.ダニエル・コギン, フランク・J.ファボツィ, ロバート・D.アーノット編, 野村証券金融研究所訳 増補改訂版 野村総合研究所情報リソース部 1998.3 450p
◇株式スタイルマネジメントにおける補完ファンドの役割(共著):年金資産運用マネジメントのすべて—プラン・スポンサーの新潮流 フランク J.ファボツィ編, 榊原茂樹監訳, 大和銀行信託財産運用部訳 金融財政事情研究会 1999.11 463p

Camus, Albert カミュ, アルベール
◇『現代』の編集長への手紙:革命か反抗か—カミュ=サルトル論争 佐藤朔訳 新潮社 2004.2 174p (新潮文庫)

Canby, Sheila キャンビィ, シーラ
◇龍:幻想の国に棲む動物たち ジョン・チェリー編著, 別宮貞徳訳 東洋書林 1997.5 257, 29p

Cancik, Hubert カンツィク, フーベルト
◇「新異教徒」と全体国家—ヴァイマル共和国末期における民族主義の宗教:ヴァイマル共和国の宗教史と精神史 フーベルト・カンツィク編, 池田昭, 浅野洋監訳 御茶の水書房 1993.2 434p

Canfield, Jack キャンフィールド, ジャック
◇魂を再び燃え上がらせる:魂をみがく30のレッスン

リチャード・カールソン, ベンジャミン・シールド編, 鴨志田千枝子訳　同朋舎　1998.6　252p
◇困難は乗り越えるためにある（共著）：セルフヘルプ—なぜ、私は困難を乗り越えられるのか　世界のビッグネーム自らの47の証言　ケン・シェルトン編著, 堀紘一監訳　フロンティア出版　1998.7　301p

Canina, Linda　ケニーナ, L. *
◇プログラムトレーディングと株式指数裁定取引（共著）（下村元之訳）：ファイナンスハンドブック　R.A.Jarrow, V.Maksimovic, W.T.Ziemba編, 今野浩, 古川浩一監訳　朝倉書店　1997.12　1121p

Cannadine, David　キャナダイン, デイヴィッド
◇コンテクスト, パフォーマンス, 儀礼の意味—英国君主制と「伝統の創出」, 一八二〇—一九七七年（辻みどり, 三宅良美訳）：創られた伝統　エリック・ホブズボウム, テレンス・レンジャー編, 前川啓治, 梶原景昭ほか訳　紀伊國屋書店　1992.6　488p（文化人類学叢書）

Cano, Melchior　カノ, メルチョル
◇神学的典拠について（秋山学訳）：中世思想原典集成 20　近世のスコラ学　上智大学中世思想研究所編訳・監修　平凡社　2000.8　1193p

Canosa, Rocco　カノーサ, R.
◇イタリア南部における社会的疎外への対策：過渡期の精神医療—英国とイタリアの経験から　シュラミット・ラモン, マリア・グラツィア・ジャンニケッダ編, 川田誉音訳　海声社　1992.10　424p

Cantor, Geoffrey　カンター, ジョフリー
◇反ニュートン主義：ニュートン復活　J.フォーベル編, 平野葉一ほか訳　現代数学社　1996.11　454p

Cantor, Herbert I.　カンター, H. *
◇合衆国における侵害とは何か（皆input葉英士訳）：国際特許侵害—特許紛争処理の比較法的検討　青山葆, 木棚照一編　東京布井出版　1996.12　454p

Cantor, Muriel G.　カンター, ミュリエル・G.
◇フィクションを書く—女性の仕事として（影山礼子訳）：新しいコミュニケーションとの出会い—ジェンダーギャップの橋渡し　ラモーナ・R.ラッシュ, ドナ・アレン編, 村松泰子訳　垣内出版　1992.4　314, 10p

Cantwell, Hendrika B.　キャントウェル, ヘンドリカ・B.
◇ネグレクトされている「子どものネグレクト」：虐待された子ども—ザ・バタード・チャイルド　メアリー・エドナ・ヘルファ, ルース・S.ケンプ, リチャード・D.クルーグマン編, 子どもの虐待防止センター監修, 坂井聖二監訳　明石書店　2003.10　1277p

Cantwell, John　カントウェル, ジョン
◇20世紀における多国籍企業の事業展開の形態変化（日高克平訳）：続 歴史のなかの多国籍企業—国際事業活動研究の拡大と深化　アリス・タイコーヴァ, モーリス・レヴィ・ルボワイエ, ヘルガ・ヌスバウム編, 浅野栄一, 鮎沢成男, 渋谷将, 竹村孝雄, 徳重昌志, 日高克平訳　中央大学出版部　1993.4　334p（中央大学企業研究所翻訳叢書 6）

Capitanchik, David　キャピタンチック, D. B.
◇イギリスの議会外野党（高見仁訳）：西ヨーロッパの野党　E.コリンスキー編, 清水望監訳　行人社　1998.5　398p

Capone, Al　カポネ, アル
◇アル・カポネ（柴田司幸訳）：インタヴューズ　1　クリストファー・シルヴェスター編, 新庄哲夫ほか訳　文芸春秋　1998.11　462p

Capra, Fritjof　カプラ, フリッチョフ
◇持続可能な社会への課題（共著）：ゼロ・エミッション—持続可能な産業システムへの挑戦　フリッチョフ・カプラ, グンター・パウリ編著　ダイヤモンド社　1996.3　204p

Caprio, Mark　カプリオ, マーク
◇世界的な機構としての植民地主義 他：近代東アジアのグローバリゼーション　マーク・カプリオ編, 中西恭子訳　明石書店　2006.7　266p
◇北朝鮮の核危機に対する集団責任と平和的解決（国分舞, 樋口謙一郎訳）：アジア太平洋地域における平和構築—その歴史と現状分析　杉田米行編著　大学教育出版　2007.4　263p

Capurro, Rafael　カプッロ, ラファエル
◇プラトニズムからの転回超出（加藤直克訳）：ハイデッガーとニーチェ—何をおいても私を取り違えることだけはしてくれるな！　M.リーデル他共著, 川原栄峰監訳　南窓社　1998.4　318p

Carbonneau, Thomas E.　カバナー, トーマス・E.
◇理由付き仲裁判断—国際取引におけるコモン・ローの生成（猪股孝史訳）：各国仲裁の法とプラクティス　P.シュロッサー他著, 小島武司編訳　中央大学出版部　1992.8　147p（日本比較法研究所翻訳叢書 30）

Cardinal, Louis　カーディナル, ルイス
◇取得原則, 基準と方法論 他：建築記録アーカイブズ管理入門　国際アーカイブズ評議会建築記録部会編, 安沢秀一訳者　書肆ノワール　2006.7　293p（Museum library archives 1）

Caretta, Flavia　キャレッタ, F. *
◇高齢者の虐待（共著）：日本版MDS-HC 2.0在宅ケアアセスメントマニュアル　John N.Morris他編著, 池上直己訳　医学書院　1999.9　294p
◇高齢者の虐待（共著）：日本版MDS-HC 2.0在宅ケアアセスメントマニュアル　John N.Morris他編著, 池上直己訳　新訂版　医学書院　2004.11　298p

Carey, James W.　ケアリー, ジェームス・W.
◇シカゴ学派とマス・コミュニケーション研究：アメリカ—コミュニケーション研究の源流　E.デニス, E.ウォーテラ編, 伊達康博, 藤山新, 末永雅美, 四方由美, 栢沼利則朗訳　春風社　2005.2　282p

Cargill, Thomas F.　カーギル, トーマス
◇郵便貯金・財政投融資制度と日本の金融制度の近代化 他（共著）（相楽隆, 鈴木彩行訳）：日本金融システムの危機と変貌　星岳雄, ヒュー・パトリック編, 筒井義郎監訳　日本経済新聞社　2001.5　360p

Carini, Patricia F.　カリーニ, パトリシア
◇プロスペクト・センターの描写レヴュー概略 他（小田勝己訳）：描写レヴューで教師の力量を形成する—子どもを遠くまで観るために　M.ヒムレイ, P.F.カリーニ編, 小田勝己, 小田玲子, 白鳥信義訳　ミネルヴァ書房　2002.10　267p

Carlin, John W.　カーリン, ジョン・W.
◇NARAとともに（小谷允志, 古賀崇訳）：入門・アー

カイブズの世界―記憶と記録を未来に 翻訳論文集 記録管理学会, 日本アーカイブズ学会共編 日外アソシエーツ 2006.6 267p

Carlson, Jane I. カールソン, J. I. *
◇先行子操作の2つの視点―微視的視点と巨視的視点(共訳)(園山繁樹訳):挑戦的行動の先行子操作―問題行動への新しい援助アプローチ ジェームズ・K.ルイセリー, マイケル・J.キャメロン編, 園山繁樹ほか訳 二瓶社 2001.8 390p

Carlson, Richard カールソン, リチャード
◇序文 他(共著):魂をみがく30のレッスン リチャード・カールソン, ベンジャミン・シールド編, 鴨志田千枝子訳 同朋舎 1998.6 252p
◇人間関係の修復方法:セルフヘルプ―自助=他人に頼らず、自分の力で生きていく! 2 ケン・シェルトン編著, 堀紘一監訳 フロンティア出版 1998.12 283p
◇弱気にならなければ、この人生も素晴らしい:小さなことを大きな愛でやろう リチャード・カールソン, ベンジャミン・シールド編, 小谷啓子訳 PHP研究所 1999.11 263, 7p

Carlyle, Thomas カーライル, トマス
◇トーマス・カーライルの読書観(高橋五郎訳):近代「読書論」名著選集 第13巻 ゆまに書房 1994.6 442p (書誌書目シリーズ 37)

Carmichael, Liz カーマイケル, リズ
◇カトリックの聖人と改革者たち:キリスト教のスピリチュアリティ―その二千年の歴史 ゴードン・マーセル監修, G.マーセル他著, 青山学院大学総合研究所訳 新教出版社 2006.4 415p

Carnegie, Andrew カーネギー, アンドリュー
◇ビジネス成功への道(小林順子訳):ビジネスの知恵50選―伝説的経営者が語る成功の条件 ピーター・クラス編, 佐藤洋一監訳 トッパン 1999.2 543p (トッパンのビジネス経営書シリーズ 26)
◇国際平和論(都築馨六訳):近代日本「平和運動」資料集成 付録 編集復刻版 不二出版 2005.10 228p

Carnegie, Dale カーネギー, デール
◇自分の長所を数える法 他:成功大学 オグ・マンディーノ編, 箱田忠昭訳 日本経営合理化協会出版局 1998.9 689p
◇自分の長所を数える法 他:成功大学 オグ・マンディーノ編, 箱田忠昭訳 皮革携帯版 日本経営合理化協会出版局 1998.9 689p

Carnes, Patrick カーンズ, パトリック
◇CEOをめぐるスキャンダルにいかに対処すべきか(共著):人材育成のジレンマ―ハーバード・ビジネス・レビューケースブック Harvard Business Review編, Diamondハーバード・ビジネス・レビュー編集部訳 ダイヤモンド社 2004.12 219p
◇カリスマCEOのスキャンダルにどう対処すべきか(共著):「問題社員」の管理術―ケース・スタディ Diamondハーバード・ビジネス・レビュー編集部編訳 ダイヤモンド社 2007.1 263p (Harvard business review anthology)

Carpenter, Donald E. カーペンター, ドナルド・E.
◇構築主義(米本秀仁訳):ソーシャルワーク・トリートメント―相互連結理論アプローチ 下 フランシス・J.ターナー編, 米本秀仁監訳 中央法規出版 1999.8 573p

Carpenter, Edmund Snow カーペンター, エドマンド
◇新しい言語:マクルーハン理論―電子メディアの可能性 マーシャル・マクルーハン, エドマンド・カーペンター編著, 大前正臣, 後藤和彦訳 平凡社 2003.3 331p (平凡社ライブラリー)

Carpenter, Edward カーペンター, エドワード
◇ホモジェニック・ラブ:ホモセクシュアリティ 土屋恵一郎編, 富山太佳夫監訳 弘文堂 1994.9 309p (叢書・イギリスの思想と文化 2)
◇恋愛論(山川菊栄訳):世界女性学基礎文献集成 明治大正編 第13巻 水田珠枝監修 ゆまに書房 2001.6 219p

Carpenter, Iain カーペンター, イアン
◇心肺の管理 他(共著):日本版MDS-HC 2.0在宅ケアアセスメントマニュアル John N.Morris他編著, 池上直己訳 医学書院 1999.9 294p
◇心肺の管理 他(共著):日本版MDS-HC 2.0在宅ケアアセスメントマニュアル John N.Morris他編著, 池上直己訳 新訂版 医学書院 2004.11 298p

Carpenter, John カーペンター, ジョン
◇精神保健問題を抱える高齢者へのカウンセリング:ソーシャルワークとヘルスケア―イギリスの実践に学ぶ レックス・テーラー, ジル・フォード編著, 小松源助訳 中央法規出版 1993.9 247p

Carpenter, Katherine カーペンター, K. *
◇神経心理学と臨床心理士の活動(共著)(望月聡訳):専門職としての臨床心理士 ジョン・マツィリア, ジョン・ホール編, 下山晴彦編訳 東京大学出版会 2003.4 435p

Carr, Edward G. カー, E. G. *
◇先行子操作の2つの視点―微視的視点と巨視的視点(共著)(園山繁樹訳):挑戦的行動の先行子操作―問題行動への新しい援助アプローチ ジェームズ・K.ルイセリー, マイケル・J.キャメロン編, 園山繁樹ほか訳 二瓶社 2001.8 390p

Carr, Nicholas G. カー, ニコラス・G.
◇重要幹部の癇癪によって巻き起こった社内騒動をどう収束させるか(共著):人材育成のジレンマ―ハーバード・ビジネス・レビューケースブック Harvard Business Review編, Diamondハーバード・ビジネス・レビュー編集部訳 ダイヤモンド社 2004.12 219p

Carr, Peter カー, P. *
◇先物価格の期間構造を用いた派生証券評価の離散時間における統合(共著)(白川浩訳):ファイナンスハンドブック R.A.Jarrow, V.Maksimovic, W.T.Ziemba編, 今野浩, 古川浩一監訳 朝倉書店 1997.12 1121p

Carr, Sally カー, サリー
◇エグゼクティブ・コーチングにおける愛情と恐怖心:エグゼクティブ・コーチング―経営幹部の潜在能力を最大限に引き出す キャサリン・フィッツジェラルド, ジェニファー・ガーヴェイ・バーガー編, 日本能率協会コンサルティング訳 日本能率協会マネジメントセンター 2005.4 370p

Carrie, Allan カリー，アラン
◇統合的業績評価システム―その構造とダイナミクス（共著）：業績評価の理論と実務―事業を成功に導く専門領域の障壁を越えて アンディ・ニーリー編著，清水孝訳 東洋経済新報社 2004.4 459p

Carrier, Jean-Paul キャリエ，ジャン＝ポール
◇連邦制度と外交政策（共著）：カナダの外交―その理念と政策 J.L.グラナツティンほか編，吉田健正訳 御茶の水書房 1994.8 200p （カナダ社会科学叢書 第4巻）

Carrier, Martin カリーア，マルティン
◇ヨハネス・ケプラー（共著）（大西正人訳）：われわれは「自然」をどう考えてきたか ゲルノート・ベーメ編，伊坂青司，長島隆監訳 どうぶつ社 1998.7 524p

Carrithers, Michael カリザス，マイクル
◇自己の社会史―もう一つの選択肢として（中村牧子訳）：人というカテゴリー マイクル・カリザス，スティーヴン・コリンズ，スティーヴン・ルークス編，厚東洋輔，中島道男，中村牧子訳 紀伊國屋書店 1995.7 550p （文化人類学叢書）

Carroll, Glenn R. キャロル，グレン・R.
◇チェスター・I.バーナードの組織生態学について（岩田浩訳）：現代組織論とバーナード オリバー・E.ウィリアムソン編，飯野春樹監訳 文眞堂 1997.3 280p

Carter, Angela カーター，アンジェラ
◇ラヴクラフトの風景：魔道書ネクロノミコン コリン・ウィルソンほか著，ジョージ・ヘイ編，大滝啓裕訳 学習研究社 1994.8 239，48p （学研ホラーノベルス）

Carter, Cynthia M. カーター，C. M. *
◇親と教師のより良い連携を築き自閉症の子どもの動機づけを高める状況事象（共著）（平澤紀子訳）：挑戦的行動の先行子操作―問題行動への新しい援助アプローチ ジェームズ・K.ルイセリー，マイケル・J.キャメロン編，園山繁樹ほか訳 二瓶社 2001.8 809p

Carter, Hodding, Ⅲ カーター，ホディング，3世
◇ドラッグ禁止は効果がなく，麻薬戦争は敗北に終わろうとしている：ドラッグ全面解禁論 ディヴィッド・ボアズ編，樋口幸ль訳 第三書館 1994.11 364p

Carter, Jimmy カーター，ジミー
◇ジミー・カーター知事―民主党大統領候補の指名受諾演説（滝順子訳）：アメリカ政治の展開 板場良久スピーチ解説，滝順子，白須清美訳 アルク 1998.4 148p （20世紀の証言 英語スピーチでたどるこの100年 第1集―CD book 松尾弌之監修・解説）
◇ジミー・カーター大統領就任演説：アメリカ大統領就任演説集―inaugural address フロンティア文庫編集部編，Katokt訳 フロンティアニセン 2005.3（第2刷）172p （フロンティア文庫44―風呂で読める文庫100選 44）
◇カーター民主党政権の特色と一般教書：資料 戦後米国大統領の「一般教書」 第3巻（1978年―1992年） 藤本一美，浜賀祐子，末次俊之訳著 大空社 2007.8 481p

Carter, Michael カーター，M.
◇協力ゲーム（高萩栄一郎訳）：Mathematica 経済・金融モデリング Hal R.ヴァリアン編，野口旭ほか共訳 トッパン 1996.12 553p

Carter, T. F. カーター，T. F.
◇紙と木版印刷―中国からヨーロッパへ：歴史のなかのコミュニケーション―メディア革命の社会文化史 デイヴィッド・クローリー，ポール・ヘイヤー編，林進，大久保公雄訳 新曜社 1995.4 354p

Cartwright, Netta カートライト，ネッタ
◇学校でのいじめと闘う―同輩ヘルパーたちの役割：学校でのピア・カウンセリング―いじめ問題の解決にむけて ヘレン・コウイー，ソニア・シャープ編，高橋通子訳 川島書店 1997.6 210p

Carus, Paul ケーラス，ポール
◇阿弥陀仏 他（鈴木大拙訳）：鈴木大拙全集 第25巻 鈴木大拙著，久松真一，山口益，古田紹欽編 増補新版 岩波書店 2001.10 591p
◇仏教と基督教 他（鈴木貞太郎訳）：鈴木大拙全集 第26巻 鈴木大拙著，久松真一，山口益，古田紹欽編 増補新版 岩波書店 2001.11 547p
◇科学的宗教（長谷川誠也訳）：宗教学の形成過程 第4巻 島薗進，高橋原，星野靖二編 クレス出版 2006.10 1冊 （シリーズ日本の宗教学 4）

Cary, Lucius ケーリ，L. *
◇ベンチャーキャピタルレポート（VCR）―投資仲介サービスの効果と教訓：ビジネス・エンジェルの時代―起業家育成の新たな主役 R.T.ハリソン，C.M.メイソン編，西沢昭夫訳，通産省ビジネス・エンジェル研究会訳 東洋経済新報社 1997.6 245p

Cary, Otis ケーリ，O.
◇前橋ステーション以外を拠点とした宣教師の書簡（小野澤由紀子訳）：アメリカン・ボード宣教師文書―上州を中心として 新島学園女子短期大学新島文化研究所編訳 新教出版社 1999.2 432p

Casad, Robert C. カサド，ロバート・C.
◇複雑訴訟に直面している裁判所と弁護士―アメリカ合衆国ナショナル・レポート（猪股孝史，清水宏訳）：民事司法の国際動向 G.C.ハザード 他著，小島武司編 中央大学出版部 1996.5 164p （日本比較法研究所翻訳叢書 37）
◇アメリカ合衆国報告（共著）（清水宏訳）：訴訟法における法族の再検討 小島武司編著 中央大学出版部 1999.4 578p （日本比較法研究所研究叢書 46）

Casaldaliga, Pedoro カサルダリガ，ペドロ
◇Pと霊性：二十一世紀を変革する人々―解放の神学が訴えるもの ホセ・マリア・ビジル編，ステファニ・レナト訳 新世社 1997.8 211，5p

Case, John ケース，ジョン（ビジネス）
◇給与情報はどのように共有されるべきか（共著）：人材育成のジレンマ―ハーバード・ビジネス・レビュー・ケースブック Harvard Business Review編，Diamondハーバード・ビジネス・レビュー編集部訳 ダイヤモンド社 2004.12 219p

Casement, Ann ケースメント，アン
◇信念の質的な跳躍（桑原知子訳）：ユングの13人の弟子が今考えていること―現代分析心理学の鍵を開く アン・ケースメント編，氏原寛監訳 ミネルヴァ書房 2001.3 336p

Casey, Barnard キャセイ，バーナード
◇高齢労働者雇用―1980年代における変化と連続性（共著）（宮寺卓訳）：フォーディズムとフレキシビリティ―イギリスの検証 N.ギルバートほか編，丸山恵也監

訳 新評論 1996.9 238p

Cash, Thomas F. キャッシュ，トーマス・F.
◇ボディイメージ障害の認知行動療法マニュアル（共著）（山中訳）：エビデンスベイスト心理治療マニュアル V.B.V.ハッセル, M.ハーセン編著，坂野雄二，不安・抑うつ臨床研究会編訳 日本評論社 2000.11 371p

Cashman, Kevin キャッシュマン，ケヴィン
◇「汝自身を知れ！」これが成功への一番の近道だ（共著）：ウェルチはこうして組織を甦らせた―アメリカ・トップリーダーからの経営処方箋29 ケン・シェルトン編著，堀紘一監修・訳 フロンティア出版 1999.12 281p

Caskey, John カスケイ，J.
◇負債の支払い約束と総需要（共著）：金融不安定性と景気循環 ウィリー・ゼムラー編，浅田統一郎訳 日本経済評論社 2007.7 353p （ポスト・ケインジアン叢書）

Casparis, John キャスパリス，ジョン
◇世界人間福祉（共著）：転移する時代―世界システムの軌道1945―2025 I. ウォーラーステイン編，丸山勝訳 藤原書店 1999.6 378p

Cassagrande, Carla カサグランデ，カルラ
◇庇護された女性：女の歴史 2〔1〕 中世 1 杉村和子，志賀亮一監訳 クリスティアーヌ・クラピシュ＝ズュベール編 藤原書店 1994.5 436p

Casse, Pierre カッセ，ピエール
◇協調性なきクリエーターをいかに管理するか（共著）：「問題社員」の管理術―ケース・スタディ Diamond ハーバード・ビジネス・レビュー編集部編訳 ダイヤモンド社 2007.1 263p （Harvard business review anthology）

Cassels-Brown, Alastair キャッセルズ‐ブラウン，アラステア
◇聖公会のスピリチュアリティ表現としての音楽：聖公会の中心 W.J.ウルフ編，西原廉太訳 聖公会出版 1995.8 303p

Casserly, Michael キャサリー，M.
◇米国の大都市の学校における選択と追加サービス：格差社会アメリカの教育改革―市場等型の学校選択は成功するか フレデリック・M.ヘス，チェスター・E.フィンJr.編著，後洋一訳 明石書店 2007.7 465p （明石ライブラリー 111）

Cassianus, Johannes カッシアヌス，ヨハネス
◇霊的談話集（市瀬英昭訳）：中世思想原典集成 4 初期ラテン教父 上智大学中世思想研究所編訳・監修 平凡社 1999.6 1287p

Cassiodorus カッシオドルス
◇綱要：中世思想原典集成 5 後期ラテン教父 上智大学中世思想研究所編訳・監修 平凡社 1993.9 669p

Castan, Nicole カスタン，ニコル
◇女性の犯罪者：女の歴史 3〔2〕 十六―十八世紀 2 杉村和子，志賀亮一監訳 ナタリー・ゼモン＝デイヴィス，アルレット・ファルジュ編 藤原書店 1995.1 854p

Castek, Douglas キャステク，ダグラス
◇顧客サポート・ロジスティクス―顧客満足（CS）の鍵（共著）：サプライチェーン戦略 ジョン・ガトーナ編，前田健嗣，田村誠一訳 東洋経済新報社 1999.5 377p （Best solution）

Castellani, Paul カステラニィ，ポール
◇ニューヨーク州における施設閉鎖（周藤泰之訳）：脱施設化と地域生活―英国・北欧・米国における比較研究 ジム・マンセル，ケント・エリクソン編著，中園康夫，末光茂監訳 相川書房 2000.7 318p

Castiglione, Dario カスティリョーネ，ダリオ
◇歴史・理性・経験 ヒュームの契約論批判の論拠（輪島達郎訳）：社会契約論の系譜―ホッブズからロールズまで D.バウチャー, P.ケリー編，飯島昇蔵，佐藤正志ほか訳 ナカニシヤ出版 1997.5 367p （叢書「フロネーシス」）

Castillo, Pilar del カスティージョ，ピラール・デル
◇スペインにおける政党資金の諸問題：民主主義のコスト―政治資金の国際比較 H.E.アレキサンダー，白鳥令編著，岩崎正洋他訳 新評論 1995.11 261p

Cataldo, Michael F. カタラド，M.
◇医学的身体的ハンディキャップをもつ子どもの親訓練（共著）：共同治療者としての親訓練ハンドブック 下 Charles E.Schaefer, James M.Briesmeister編，山上敏子，大隈紘子監訳 二瓶社 1996.11 p334-648

Cater, Douglass カーター，ダグラス
◇公共政策への取り組み：アメリカ―コミュニケーション研究の源流 E.デニス, E.ウォーテラ編著，伊達康博，藤山新，末永雅美，四方由美，柄沼利朗訳 春風社 2005.7 282p

Cates, James A. ケイツ，J.*
◇重篤な精神障害をもつ人たちとHIV感染症の問題（共著）（白井文恵，土肥義胤訳）：地域精神保健看護 ナンシー・K.ワーレイ原著編集，早川和生監訳 医学書院 1999.9 304p

Cates, Truett ケイツ，トゥルエット
◇4年制大学：その長期的展望（共著）（森本豊富訳）：変革期の大学外国語教育 ウィルガ・M.リヴァーズ編著，上地安良，加須屋弘司，矢田裕士，森本豊富訳 桐原書店 1995.9 307p （言語教育・応用言語学叢書）

Catharina de Siena カタリーナ（シエナの）
◇教皇グレゴリウス一一世への手紙（1375～77年）（沢田和夫訳）：宗教改革著作集 第13巻 カトリック改革 教文館 1994.4 595p

Cather, Willa Sibert キャザー，ウィラ
◇ウィラ・キャザー（小川高義訳）：インタヴューズ 1 クリストファー・シルヴェスター編，新庄哲夫ほか訳 文芸春秋 1998.11 462p

Cauzinille-Marmèche, E. コージニール・マーメッシュ，E.*
◇代数のマイクロワールドに基づくシステム設計のための実験的データ（共著）：知的教育システムと学習 Heinz Mandl, Alan Lesgold編，菅井勝雄，野嶋栄一郎監訳 共立出版 1992.5 370p

Cavalletti, Sofia カヴァレッティ，ソフィア
◇子どもは神さまと一緒 他：子どもが祈りはじめるとき―モンテッソーリ宗教教育 ソフィア・カヴァレッティ他著，クラウス・ルーメル，江島正子共訳 ドン・

ボスコ社　1998.7　221p

Cavallo, Guglielmo　カヴァッロ, グリエルモ
◇巻子本から冊子本へ（浦一章訳）：読むことの歴史—ヨーロッパ読書史　ロジェ・シャルティエ, グリエルモ・カヴァッロ編, 田村毅ほか共訳　大修館書店　2000.5　634p

Cazden, Courtney B.　カッツデン, C. B.
◇幼児教育における学習の評価—初期の言語発達の経過（高木和子訳）：学習評価ハンドブック　B.S.ブルーム他著, 渋谷憲一ほか訳　第一法規出版　1989.12　2冊

Cazzetta, Giovanni　カゼッタ, ジョヴァンニ
◇民法および法の国民的アイデンティティ（村上義和訳）：イタリア近代法史　パオロ・グロッシ, 村上義和編　明石書店　1998.7　290p

C. C. B.　シー・シー・ビー*
◇スコロペンドラ・ケタケア：南方熊楠英文論考—「ネイチャー」誌篇　南方熊楠著, 飯倉照平監修, 松居竜五, 田村義也, 中西須美訳　集英社　2005.12　421p

Cebon, Peter B.　セボン, P. *
◇最善策の実践の神話：高いレベルで行われている2つの廃棄物削減計画の相互依存関係（佐藤信義訳）：グリーニングチャレンジ—企業の環境戦略　Kurt Fischer, Johan Schot編, 藤森敬三監訳, 日本電気環境エンジニアリング訳　日科技連出版　1999.8　419p

Cecchin, Gianfranco　チキン, ギアンフランコ
◇治療を拡げる新しい可能性（野村直樹訳）：ナラティヴ・セラピー—社会構成主義の実践　S.マクナミー, K.J.ガーゲン編, 野口裕二, 野村直樹訳　金剛出版　1997.12　232p

Cecchini, Marco　チェッキーニ, M.
◇普通校に通う障害児（共著）：過渡期の精神医療—英国とイタリアの経験から　シュラミット・ラモン, マリア・グラツィア・ジャンニケッダ編, 川田誉音訳　海声社　1992.10　424p

Cestari, Matteo　チェスターリ, マッテオ
◇イタリアにおける日本の宗教・哲学研究（米山優訳）：日本哲学の国際性—海外における受容と展望　J.W.ハイジック編　世界思想社　2006.3　342, 9p　（Nanzan symposium 12）

Cha, Victor D.　チャ, ヴィクター・D.
◇ブッシュ政権の対北朝鮮強硬策の全貌—「強硬なエンゲージメント政策」の目的は何か：アメリカと北朝鮮—外交的解決か武力行使か　フォーリン・アフェアーズ・ジャパン編・監訳, 竹下興喜監訳　朝日新聞社　2003.3　239, 4p

Chabay, Ruth W.　チャベイ, R. W. *
◇知的個別指導者の社会化：コンピュータ教師と共感性（共著）：知的教育システムと学習　Heinz Mandl, Alan Lesgold編, 菅井勝雄, 野嶋栄一郎監訳　共立出版　1992.5　370p

Chabod, Federico　シャボー, フェデリコ
◇ニッコロ・マキァヴェッリ（石黒盛久訳）：マキァヴェッリ全集　補巻　筑摩書房　2002.3　239, 89p

Chabot, Richard　シャボット, リチャード
◇ハワイの香港中国人—コミュニティ形成と適応戦略（共著）（中間和洋, 河口充勇訳）：香港を離れて—香港中国人移民の世界　ロナルド・スケルドン編, 可児弘明, 森川真規雄, 吉原和男監訳　行路社　1997.6　552p　（中国の底流シリーズ 4）

Chabot, Steve　シャボー, スティーブ
◇現実を直視せよ 他：本当に「中国は一つ」なのか—アメリカの中国・台湾政策の転換　ジョン・J.タシクJr.編著, 小谷まさ代, 近藤明理訳　草思社　2005.12　269p

Chabrak, Nihel　チャブラック, N. *
◇トニー・ティンカー—急進的会計学者：世界の会計学者—17人の学説入門　ベルナルド・コラス編著, 藤田晶子訳　中央経済社　2007.10　271p

Chadwick, Whitney　チャドウィック, ホイットニー
◇ともに生きる—ソニア・ドローネーとロベール・ドローネー：カップルをめぐる13の物語—創造性とパートナーシップ　上　ホイットニー・チャドウィック, イザベル・ド・クールティヴロン編, 野中邦子, 桃井緑美子訳　平凡社　1996.3　233p　（20世紀メモリアル）

Chait, Norman　チャイト, ノーマン
◇生命保険会社から見たヘッジファンドリスク管理：実践ヘッジファンド投資—成功するリスク管理　バージニア・レイノルズ・パーカー編, 徳岡日見監訳　日本経済新聞社　2001.8　425p

Chaleff, Ira　シャレフ, アイラ
◇優れたリーダーであるためには、まず優れた部下になれ!：ウェルチはこうして組織を甦らせた—アメリカ・トップリーダーからの経営処方箋29　ケン・シェルトン編著, 堀紘一監修・訳　フロンティア出版　1999.12　281p

Challinor, Joan R.　チャリナー, ジョーン・R.
◇信頼…そして恐怖—危機情報の提供・運用に対する新たな要求 危機情報の提供・運用における米国図書館の役割拡大の提案：ブルーシールド—危険に瀕する文化遺産の保護のために　国際図書館連盟第68回年次大会（2002年グラスゴー）資料保存コア活動・国立図書館分科会共催公開発表会報告集　国際図書館連盟資料保存コア活動　コリン・コッホ編訳, 国立国会図書館日本語訳　日本図書館協会　2007.6　103p

Challis, David　チャリス, ディヴィド*
◇施設入所のリスク（共著）：日本版MDS-HC 2.0在宅ケアアセスメントマニュアル　John N.Morris他著, 池上直己訳　医学書院　1999.9　294p
◇効果的なケアマネジメントのあり方：高齢者ケアをどうするか—先進国の悩みと日本の選択　高木安雄監修・訳, 池上直己, ジョン・C.キャンベル編著　中央法規出版　2002.7　256p
◇施設入所のリスク（共著）：日本版MDS-HC 2.0在宅ケアアセスメントマニュアル　John N.Morris他著, 池上直己訳　新訂版　医学書院　2004.11　298p

Chamberlain, Neville　チェンバレン, ネヴィル
◇ネヴィル・チェンバレン首相—ミュンヘン会議から帰国して 他（津吉襄訳）：変貌する世界とアメリカ　板場良久スピーチ解説, 津吉襄訳　アルク　1998.5　148p　（20世紀の証言 英語スピーチでたどるこの100年 第2巻—CD book　松尾弌之監修・解説）

Chambers, Anne　チェンバーズ, アン
◇「アイルランドの海賊女王」グレイス・オマリー：女

海賊大全　ジョー・スタンリー編著，竹内和世訳　東洋書林　2003.7　359，5p

Chambers, Robert　チェンバーズ，ロバート＊
◇西洋事情外編.巻之1-3（共著）：幕末・明治初期邦訳経済学書　1　井上琢智編集・解説　ユーリカ・プレス　c2006　1冊（ページ付なし）　（幕末・明治期邦訳経済学書復刻シリーズ　第1期）

Chambers, William　チェンバーズ，ウィリアム＊
◇西洋事情外編.巻之1-3（共著）：幕末・明治初期邦訳経済学書　1　井上琢智編集・解説　ユーリカ・プレス　c2006　1冊（ページ付なし）　（幕末・明治期邦訳経済学書復刻シリーズ　第1期）

Champagne, Audrey B.　シャンペイン，O. B.
◇物理現象についての学生の知識に対する学習指導の効果　他（共著）：認知構造と概念転換　L.H.T.ウエスト，A.L.パインズ編，野上智行，稲垣成哲，田中浩朗，森藤義孝訳，進藤公夫監訳　東洋館出版社　1994.5　327p

Champy, James A.　チャンピー，ジェームズ・A.
◇組織の変化に備える：企業の未来像―成功する組織の条件　フランシス・ヘッセルバイン，マーシャル・ゴールドスミス，リチャード・ベックハード編，小坂恵理訳　トッパン　1998.7　462p　（トッパンのビジネス経営書シリーズ　14）

Chan, Anita　チャン，アニタ
◇開放路線下ですすむ労働者虐待（共著）：次の超大国・中国の憂鬱な現実　フォーリン・アフェアーズ・ジャパン編・監訳，竹下興喜監訳　朝日新聞社　2003.4　267，3p　（朝日文庫―フォーリン・アフェアーズ・コレクション）

Chan, David Y. K.　チャン，D. Y. K.
◇金および商品市場（花岡厚訳）：香港の金融制度　リチャード・Y.K.ホー，ロバート・H.スコット，K.A.ウォン編，香港金融研究会訳　金融財政事情研究会　1993.5　313p

Chan, Oi Man　チャン，オイ・マン
◇ハワイの香港中国人―コミュニティ形成と適応戦略（共著）（中間和津，河口充典訳）：香港を離れて―香港中国人移民の世界　ロナルド・スケルドン編，可児弘明，森川真規雄，吉原和男監訳　行路社　1997.6　552p　（中国の底流シリーズ　4）

Chandler, Gary G.　チャンドラー，ギャリー・G.
◇一般スコアリング・モデルと個別スコアリング・モデルの比較：クレジット・スコアリング　エリザベス・メイズ編，スコアリング研究会訳　シグマベイスキャピタル　2001.7　361p　（金融職人技シリーズ　no.33）

Chandra Muzaffar　チャンドラ・ムザファ
◇中国封じ込め：多国間主義と同盟の狭間―岐路に立つ日本とオーストラリア　マイケル・シーゲル，ジョセフ・カミレーリ編　国際書院　2006.9　305p

Chaney, Lee A.　チェイニィ，リー・A.
◇多動行動への帰属理論からのアプローチ（共著）（浅川潔司訳）：原因帰属と行動変容―心理臨床と教育実践への応用　チャールズ・アンタキ，クリス・ブレーウィン編，細田和雅，古市裕一監訳　ナカニシヤ出版　1993.12　243p

Chang, Jennifer　チャン，ジェニファー
◇中国に蔓延するHIVの脅威（共著）：次の超大国・中国の憂鬱な現実　フォーリン・アフェアーズ・ジャパン編・監訳，竹下興喜監訳　朝日新聞社　2003.4　267，3p　（朝日文庫―フォーリン・アフェアーズ・コレクション）

Chang, Kwok Bun　チャン，クォク・ブン
◇エスニシティ・パラドックス―シンガポールにおける香港中国人移民（野中亨訳）：香港を離れて―香港中国人移民の世界　ロナルド・スケルドン編，可児弘明，森川真規雄，吉原和男監訳　行路社　1997.6　552p　（中国の底流シリーズ　4）

Channial, Phillippe　シャニアル，フィリップ
◇フランス市民社会の経験：欧州サードセクター―歴史・理論・政策　A.エバース，J.-L.ラヴィル編，内山哲朗，柳沢敏勝訳　日本経済評論社　2007.6　368p

Chanos, James S.　カノス，ジェームズ
◇株式ショート投資戦略におけるリスク管理（共著）：実践ヘッジファンド投資―成功するリスク管理　バージニア・レイノルズ・パーカー編，徳岡国見監訳　日本経済新聞社　2001.8　425p

Chantiri-Chaudemanche, Rouba　チャンティリ・チョウデマンチェ，R.
◇デヴィッド・ソロモンズ―会計の評価理論から会計理論へ：世界の会計学者―17人の学説入門　ベルナード・コラス編著，藤田晶子訳　中央経済社　2007.10　271p

Chaoulff, Francis　チャオルフ，F.＊
◇セロトニン仮説（吉里秀雄訳）：身体活動とメンタルヘルス　ウイリアム・P.モーガン編，竹中晃二，征矢英昭監訳　大修館書店　1999.4　362p

Chaples, Ernest　チャプルス，アーネスト・A.
◇オーストラリア選挙資金の展開：民主主義のコスト―政治資金の国際比較　H.E.アレキサンダー，白鳥令編著，岩崎正洋他訳　新評論　1995.11　261p

Chapman, Anne　シャップマン，アンヌ
◇介入の帰結―フエゴ島民の消滅（廣瀬浩司訳）：介入？―人間の権利と国家の論理　エリ・ウィーゼル，川田順造編，広瀬浩司，林修訳　藤原書店　1997.6　294p

Chapman, Audrey　チャップマン，オードリー
◇科学，科学者，そして人権教育（共著）（久保内加菜訳）：世界の人権教育―理論と実践　ジョージ・J.アンドレオポーロス，リチャード・ピエール・クロード編，黒羽惟昭監訳　明石書店　1999.2　758p

Chapman, Chris　チャップマン，クリス
◇ゆるやかに結合した業績評価システム（共著）：業績評価の理論と実務―事業を成功に導く　専門領域の障壁を越えて　アンディ・ニーリー編著，清水孝訳　東洋経済新報社　2004.4　459p

Chapman, Judi　チャップマン，ジュディ
◇ある夜，クリスマスの前に：空っぽのくつした―あなたの心に届ける16の贈り物　コリーン・セル選，立石美樹ほか訳　光文社　2002.11　213p

Chapman, Stephen　チャップマン，スティーヴン
◇ナンシー・レーガンと麻薬戦争の真の仕掛け人たち：ドラッグ全面解禁論　ディヴィッド・ボアズ編，樋口幸訳　第三書館　1994.11　364p

Chappell, A. Paul　チャペル，A. ポール
◇マルチ通貨戦略におけるリスク管理：実践ヘッジファ

ンド投資―成功するリスク営業　バージニア・レイノルズ・バーカー編, 徳岡国見監訳　日本経済新聞社　2001.8　425p

Chappell, David W.　チャペル, デイビッド・W.
◇文明・テロ・対話（共著）：文明間の対話　マジッド・テヘラニアン, デイビッド・W.チャペル編, 戸田記念国際平和研究所監訳　潮出版社　2004.2　446, 47p

Chappell, Neena L.　チャペル, N.*
◇QOLにおける家族と友人の役割（進藤貴子訳）：虚弱な高齢者のQOL―その概念と測定　James E.Birrenほか編, 三谷嘉明他訳　医歯薬出版　1998.9　481p

Chappelow, Craig　チャップロー, クレイグ
◇CEOが現場に口を挟むのは必要悪なのか（共著）：「問題社員」の管理術―ケース・スタディ　Diamondハーバード・ビジネス・レビュー編集部訳　ダイヤモンド社　2007.1　263p　（Harvard business review anthology）

Chapsal, Madeleine　キャプサル, マドレーヌ
◇私が嫉妬するかですって？ 他：嫉妬する女たち　マドレーヌ・シャプサル編著, ソニア・リキエル他述, 小椋三嘉訳　東京創元社　1998.5　187p

Charan, Ram　チャラン, ラム
◇対話が組織の実行力を高める：意思決定の技術　Diamondハーバード・ビジネス・レビュー編集部編訳　ダイヤモンド社　2006.1　247p　（Harvard business review anthology）
◇対話が組織の実行力を高める：「説得」の戦略　Diamondハーバード・ビジネス・レビュー編集部編訳　ダイヤモンド社　2006.2　257p　（Harvard business review anthology）

Charlesworth, James H.　チャールズワース, ジェームズ・H.
◇クムラン文書と学問的コンセンサス 他：イエスと死海文書　ジェームズ・H.チャールズワース編著, 山岡健訳　三交社　1996.12　476p

Charnes, Abraham　チャーンズ, アブラハム*
◇競争的炭酸飲料業界におけるマーケット・セグメントとブランドの効率性に関する多期間分析（共著）（住田友文訳）：経営効率評価ハンドブック―包絡分析法の理論と応用　Abraham Charnesほか編, 刀根薫, 上田徹監訳　朝倉書店　2000.2　465p

Chartier, Roger　シャルチエ, ロジェ
◇書物から読書へ 他：書物から読書へ　ロジェ・シャルチエ編, 水林章, 泉利明, 露崎俊和共訳　みすず書房　1992.5　374p
◇表象としての世界：歴史・文化・表象―アナール派と歴史人類学　ジャック・ルゴフほか著, 二宮宏之編訳　岩波書店　1992.12　263p　（New history）
◇テクスト・印刷物・読書：文化の新しい歴史学　リン・ハント編, 筒井清忠訳　岩波書店　1993.1　363, 5p　（NEW HISTORY）
◇『女の歴史』（III十六－十八世紀）―性差と象徴的暴力：「女の歴史」を批判する　G.デュビイ, M.ペロー編, 小倉和子訳　藤原書店　1996.5　259p
◇表象としての世界：歴史・文化・表象―アナール派と歴史人類学　ジャック・ルゴフほか著, 二宮宏之編訳　岩波書店　1999.7　263p　（岩波モダンクラシックス）
◇読書と「民衆的」読者（大野英二郎訳）：読むことの

歴史―ヨーロッパ読書史　ロジェ・シャルティエ, グリエルモ・カヴァッロ編, 田村毅ほか共訳　大修館書店　2000.5　634p
◇テクスト・印刷物・読書：文化の新しい歴史学　リン・ハント編, 筒井清忠訳　岩波書店　2000.9　363, 5p　（岩波モダンクラシックス）
◇サン―マロ・ジュネーヴ線（天野知恵子訳）：記憶の場―フランス国民意識の文化＝社会史　第1巻　ピエール・ノラ編, 谷川稔監訳　岩波書店　2002.11　466, 13p
◇歴史のプラティックと認識論的省察：「アナール」とは何か―進化しつづける「アナール」の一〇〇年　I.フランドロワ編, 尾河直哉訳　藤原書店　2003.6　366p

Charvet, John　シャーベット, ジョン
◇契約論と国際政治理論（押村高訳）：社会契約論の系譜―ホッブズからロールズまで　D.バウチャー, P.ケリー編, 飯島昇蔵, 佐藤正志ほか訳　ナカニシヤ出版　1997.5　367p　（叢書「フロネーシス」）

Chase, Richard X.　チェース, リチャード・X.
◇生産理論：ポスト・ケインズ派経済学入門　A.S.アイクナー編, 緒方俊雄ほか共訳　オンデマンド版　日本経済評論社　2003.3　221p　（ポスト・ケインジアン叢書 2）

Chasek, Pamela　チャセク, パメラ
◇より対等な立場へ―途上国の交渉能力とその戦略（共著）（森祐次訳）：地球公共財の政治経済学　Inge Kaul, Pedro Conceicao, Katell Le Goulven, Ronald U.Mendoza編, 高橋一生監訳・編　国際書院　2005.6　332p

Chateaubriand, François Auguste René, Vicomte de　シャトーブリアン, フランソワ
◇新大陸に足を踏み入れる―チェサピーク湾で（一七九一年）：歴史の目撃者　ジョン・ケアリー編, 仙名紀訳　朝日新聞社　1997.2　421p

Chatelet, Francois　シャトレ, フランソワ
◇神話から合理的思考へ 他（広川洋一訳）：ギリシア哲学　藤沢令夫監訳　新装版　白水社　1998.6　336, 21p　（西洋哲学の知 1　Francois Chatelet編）
◇結論（竹内良知訳）：近代世界の哲学―ミュンツァーからライプニッツへ　竹内良知監訳　新装版　白水社　1998.6　287, 21p　（西洋哲学の知 3　Francois Chatelet編）
◇結論（野沢協訳）：啓蒙時代の哲学　野沢協監訳　新装版　白水社　1998.6　290, 34p　（西洋哲学の知 4　Francois Chatelet編）
◇結論（花田圭介訳）：産業社会の哲学―ニーチェからフッサールへ　花田圭介監訳　新装版　白水社　1998.6　326, 35p　（西洋哲学の知 6　Francois Chatelet編）
◇結論（山田晶訳）：中世の哲学　山田晶監訳　新装版　白水社　1998.6　324, 15p　（西洋哲学の知 2　Francois Chatelet編）
◇結論 他（野田又夫訳）：哲学と歴史―カントからマルクスへ　野田又夫監訳　新装版　白水社　1998.6　396, 31p　（西洋哲学の知 5　Francois Chatelet編）
◇結論を求めないために（中村雄二郎訳）：二十世紀の哲学　中村雄二郎監訳　新装版　白水社　1998.6　386, 40p　（西洋哲学の知 8　Francois Chatelet編）
◇結論 他（加茂英治訳）：人間科学と哲学　田島節夫監訳　新装版　白水社　1998.6　346, 27p　（西洋哲学の知 7　Francois Chatelet編）

Chatten, Cathy チャトゥン, キャシー
◇痛みの壁を穏やかにのりこえる（坂井明弘訳）：パーソン・センタード・ケア―認知症・個別ケアの創造的アプローチ スー・ベンソン編, 稲谷ふみ枝, 石崎淳一監訳 改訂版 クリエイツかもがわ 2007.5 145p

Chatterjee, Partha チャタジー, パルタ
◇ガンディーと市民社会批判：サバルタンの歴史―インド史の脱構築 R.グハほか著, 竹中千春訳 岩波書店 1998.11 360p

Chaudhuri, Kiran ショーフリ, キラン
◇ナイル（白鳥信義訳）：描写レヴューで教師の力量を形成する―子どもを遠くまで観るために M.ヒムレイ, P.F.カリーニ編, 小田勝己, 小田玲子, 白鳥信義訳 ミネルヴァ書房 2002.10 267p

Chaussinand-Nogaret, Guy ショシナン＝ノガレ, ギィ
◇サドは存在したか：愛と結婚とセクシュアリテの歴史―増補・愛とセクシュアリテの歴史 ジョルジュ・デュビーほか著, 福井憲彦, 松本雅弘訳 新曜社 1993.11 401p

Chayes, Michael M. チェイス, マイケル・M.
◇経営幹部の開発―変革の強力な推進者を発掘, 育成する（共著）：不連続の組織革命―ゼロベースから競争優位を創造するノウハウ デービッド・A.ナドラーほか著, 平野和子訳 ダイヤモンド社 1997.2 358p

Cheah, Boon Kheng チア, ブーンケン
◇歴史的背景―独立前後の種族間の分裂と統合：マレーシア―多民族社会の構造 サイド・フシン・アリ編著, 小野沢純, 吉田典巧訳 井村文化事業社 1994.6 288p （東南アジアブックス 114―マレーシアの社会 4）

Checkland, Olive チェックランド, オリーヴ
◇「専門技術に生きる」一九一四年以前の英国に学んだ日本のエンジニアたち（大山瑞代訳）：英国と日本―日英交流人物列伝 イアン・ニッシュ編, 日英文化交流研究会訳 博文館新社 2002.9 470p

Checkland, P. チェックランド, P.＊
◇ソフトシステム方法論 他：ソフト戦略思考 Jonathan Rosenhead編, 木嶋恭一監訳 日刊工業新聞社 1992.6 432, 7p

Checkland, Peter チェックランド, ピーター
◇マネジメントにおけるシステム思考：ソフト・システム方法論の開発と社会科学にとっての意義：自己組織化とマネジメント H.ウルリッヒ, G.J.B.プロブスト編, 徳安彰訳 東海大学出版会 1992.11 235p

Chemers, Martin M. チェマーズ, マーティン・M.
◇リーダーシップの統合理論：リーダーシップ理論と研究 マーティン・M.チェマーズ, ロヤ・エイマン編, 白樫三四郎訳編 黎明書房 1995.9 234p

Chen, Peizhong チン, ヒチュウ（陳丕忠）
◇「関東州教育」体験記（方如偉訳）：日本の植民地教育・中国からの視点 王智新編著 社会評論社 2000.1 297p

Cheng, Da チェン, D.＊
◇CMBSにおける期限前償還（共著）：CMBS―商業用モーゲージ証券 成長する新金融商品市場の特徴と実務 フランク・J.ファボッツィ, デイビッド・P.ジェイコブ編, 酒井吉広監訳, 野村證券CMBS研究会訳 金融財政事情研究会 2000.12 672p

Chenoweth, Emily チェノウェス, エミリー
◇絶交の理由 A面―なぜ親友ヘザーを失ったか：女友だちの賞味期限―なぜ彼女は私を裏切ったのか…。 ジェニー・オフィル, エリッサ・シャッペル編著, 糸井恵訳 プレジデント社 2006.3 343p

Cherian, Joseph A. チェリアン, J.＊
◇市場操作（共著）（安達哲也訳）：ファイナンスハンドブック R.A.Jarrow, V.Maksimovic, W.T.Ziemba編, 今野浩, 古川浩一監訳 朝倉書店 1997.12 1121p

Chernyshevskii, Nikolai チェルヌィシェーフスキー, ニコライ
◇雑誌の備考 他：19世紀ロシアにおけるユートピア社会主義思想 森宏一編訳 光陽出版社 1994.3 397p

Cherry, Joanna チェリー, ジョアンナ
◇聖なる自己：アセンションするDNA―光の12存在からのメッセージ ヴァージニア・エッセン編著, 冬月晶訳 ナチュラルスピリット 1999.2 299p

Cherry, John チェリー, ジョン
◇ユニコーン：幻想の国に棲む動物たち ジョン・チェリー編著, 別宮貞徳訳 東洋書林 1997.5 257, 29p

Chesbrough, Henry William チェスブロー, ヘンリー・W.
◇コーポレート・ベンチャー・キャピタル（CVC）の意味を理解する 他：技術とイノベーションの戦略的マネジメント 下 ロバート・A.バーゲルマン, クレイトン・M.クリステンセン, スティーヴン・C.ウィールライト編著, 青島矢一, 黒田光太郎, 志賀敏宏, 田辺孝二, 出川通, 和賀三和子日本語版監修, 岡真由美, 斉藤裕一, 桜井祐子, 中川泉, 山本章子訳 翔泳社 2007.7 595p

Chesnais, Francois シェスネ, フランソワ
◇金融危機の新たな展開（共著）：別のダボス―新自由主義グローバル化との闘い フランソワ・ウタール, フランソワ・ポレ共編, 三輪昌男訳 柘植書房新社 2002.12 238p

Chesterton, Gilbert Keith チェスタートン, ギルバート・キース
◇G.K.チェスタトン（吉野美恵子訳）：インタヴューズ 1 クリストファー・シルヴェスター編, 新庄哲夫ほか訳 文芸春秋 1998.11 462p

Chevallier, Jacques シュバリエ, ジャック
◇法治国家（藤野美都子訳）：フランス公法講演集 J.シュバリエほか著, 植野妙実子編訳 中央大学出版部 1998.12 235p （日本比較法研究所翻訳叢書 40）

Chia, Siow Yue チア, シオユエ
◇CLMV諸国への教訓：開発のための政策一貫性―東アジアの経済発展と先進諸国の役割 経済協力開発機構（OECD）財務省財務総合政策研究所共同研究プロジェクト 河合正弘, 深作喜一郎編著・監訳, マイケル・G.プランマー, アレクサンドラ・トルチアック＝デュヴァル編著 明石書店 2006.3 650p

Chiesi, Antonio M. チエジ, アントニオ・M.
◇イタリアにおける所有・資本・ネットワーク構造：企業権力のネットワーク―10カ国における役員兼任の比較分析 フラン・N.ストークマン, ロルフ・ツィーグラー, ジョン・スコット編著, 上田義朗訳 文真堂 1993.11 340p

Chikadons, Grace チカドンス, G.＊
◇看護とカウンセリング（共著）（畠瀬直子訳）：エンカウンター・グループと国際交流 松本剛, 畠瀬直子, 野島一彦編著 ナカニシヤ出版 2005.10 166p

Child, John チャイルド, J.＊
◇フォレット―建設的コンフリクト（守田峰子訳）：メアリー・パーカー・フォレット 管理の予言者 ポウリン・グラハム編, 三戸公, 坂井正広監訳 文真堂 1999.5 360p

Childs, Brevard S. チャイルズ, B.S.
◇キリスト教神学に聖書を取り戻す：聖書を取り戻す―教会における聖書の権威と解釈の危機 C.E.ブラーテン, R.W.ジェンソン編, 芳賀力訳 教文館 1998.5 234p

Chilingerian, Jon A. チリンジャリアン, J.＊
◇医師間の効率性の違いを分析する：ある病院へのDEAの適用（上田徹訳）：経営効率評価ハンドブック―包絡分析法の理論と応用 Abraham Charnesほか編, 刀根薫, 上田徹監訳 朝倉書店 2000.2 465p

Chill, Julia チル, ジュリア
◇女児の権利（共著）（ベバリー・アン山本訳）：女性の人権とジェンダー―地球規模の視座に立って マージョリー・アゴシン編著, 堀内光子, 神崎智子, 望月康恵, 力武由美, ベバリー・アン山本訳 明石書店 2007.12 586p （明石ライブラリー）

Chinen, Allan B. チネン, アラン・B.
◇トランスパーソナル精神医学の出現 他：テキスト/トランスパーソナル心理学・精神医学 B.W.スコット, A.B.チネン, J.R.バティスタ編, 安藤治, 池沢良郎, 是恒正達訳 日本評論社 1999.12 433p

Chinn, Menzie D. チン, メンジー・D.
◇マクロ経済の管理と金融的安定：開発のための政策一貫性―東アジアの経済発展と先進諸国の役割 経済協力開発機構(OECD)財務省財務総合政策研究所共同研究プロジェクト 河合正弘, 深作喜一郎編著・監訳, マイケル・G.プランマー, アレクサンドラ・トルチアック＝デュヴァル編著 明石書店 2006.3 650p

Chipman, J. S. チップマン, ジョン・S.
◇マーシャルの消費者余剰の現代的解釈（磯山曠訳）：マーシャル経済学の体系 J.K.ホイティカー編著, 橋本昭一監訳 ミネルヴァ書房 1997.8 377p （マーシャル経済学研究叢書 3）

Chittick, William C. チティック, ウィリアム・C.
◇「今日こそお前に真実が顕わになる」―死と来世についてのイスラム教の理解：死と来世の系譜 ヒロシ・オオバヤシ編, 安藤泰至訳 時事通信社 1995.3 355, 17p

Cho, Yoon Je チョウ, ユンジエ
◇韓国の政府介入, レント配分と経済発展：東アジアの経済発展と政府の役割―比較制度分析アプローチ 青木昌彦, 金瀅基, 奥野正寛編, 白鳥正喜監訳 日本経済新聞社 1997.11 465p

Choe, Byeongho チョウ, B.＊
◇韓国財産税改革の政治経済学（別所俊一郎訳）：格差社会と財政 日本財政学会編 有斐閣 2007.9 302p （財政研究 第3巻）

Choi, Sang-Moon チェ, サン・ムン
◇朝鮮民主主義人民共和国の会計制度：アジア太平洋地域の会計 西村明ほか編, 西村明監訳 九州大学出版会 1995.8 285p

Cholley, Jean-René ショレー, ジャン＝ルネ
◇すみません 他：ニッポン不思議発見！―日本文化を英語で語る50の名エッセイ集 日本文化研究所編, 松本道弘訳 講談社インターナショナル 1997.1 257p （Bilingual books）

Chomsky, Noam チョムスキー, ノーム
◇誰がグローバル・テロリストか：衝突を超えて―9・11後の世界秩序 K.ブース, T.ダン編, 寺島隆吉監訳, 塚田幸三, 寺島美紀子訳 日本経済評論社 2003.5 469p
◇国際テロ：西側による国家テロ アレクサンダー・ジョージ編, 古川久雄, 大木昌訳 勉誠出版 2003.8 275, 80p
◇帝国の野望（乾貴由訳）：世界は変えられる―TUPが伝えるイラク戦争の「真実」と「非戦」 TUP (Translators United for Peace＝平和をめざす翻訳者たち) 監修 七つ森書館 2004.5 234, 5p
◇ノーム・チョムスキー：映画日本国憲法読本 島多惣作, 竹井正和編 フォイル 2005.4 266p
◇グローバリゼーションと戦争：G8・G8ってナンですか？ ノーム・チョムスキー, スーザン・ジョージ他著, 氷上春奈訳 ブーマー 2005.7 238p

Chopra, Deepak チョプラ, ディーパック
◇人に与えれば与えるほど心の栄養になる：小さなことを大きな愛でやろう リチャード・カールソン, ベンジャミン・シールド編, 小谷啓子訳 PHP研究所 1999.11 263, 7p

Chouinard, Yvon シュイナード, イヴォン
◇これからの一○○年：ゼロ・エミッション―持続可能な産業システムへの挑戦 フリッチョフ・カプラ, グンター・パウリ編著 ダイヤモンド社 1996.3 240p

Christ, Carol P. クリスト, キャロル・P.
◇神学と自然を再考する：世界を織りなおす―エコフェミニズムの開花 アイリーン・ダイアモンド, グロリア・フェマン・オレンスタイン編, 奥田暁子, 近藤和子訳 学芸書林 1994.3 457, 12p

Christensen, Clayton M. クリステンセン, クレイトン・M.
◇イノベーションのジレンマ（共著）：不確実性の経営戦略 Harvard Business Review編, Diamondハーバード・ビジネス・レビュー編集部訳 ダイヤモンド社 2000.10 269p
◇Sカーブの限界を検証する 第1部：コンポーネント技術 他：技術とイノベーションの戦略的マネジメント 上 ロバート・A.バーゲルマン, クレイトン・M.クリステンセン, スティーヴン・C.ウィールライト編著, 青島矢一, 黒田光太郎, 志賀敏宏, 田辺孝二, 出川通, 和賀三和子日本語版監修, 岡真由美, 斉藤裕一, 桜井祐子, 中川泉, 山本章子訳 翔泳社 2007.7 735p

◇BIGアイディアとは何か 他（共著）：技術とイノベーションの戦略的マネジメント 下 ロバート・A.バーゲルマン，クレイトン・M.クリステンセン，スティーヴン・C.ウィールライト編著，青島矢一，黒田光太郎，志賀敏宏，田辺孝二，出川通，和賀三和子日本語版監修，岡真由美，斉藤裕一，桜井祐子，中川泉，山本章子訳 翔泳社 2007.7 595p

Christensen, Oscar C. クリステンセン，オスカー・C.
◇家族カウンセリングの過程 他（共著）（柴山謙二訳）：アドラー家族カウンセリング―カウンセラー，教師，セラピストのための実践マニュアル オスカー・C.クリステンセン編著，江ái真理子，柴山謙二，山口茂嘉訳 春秋社 2000.5 287, 9p

Christian, Debbie クリスティアン，デビー
◇愛の重要なカギ（津田彰訳）：パーソン・センタード・ケア―認知症・個別ケアの創造的アプローチ スー・ベンソン編，稲谷ふみ枝，石崎淳一監訳 改訂版 クリエイツかもがわ 2007.5 145p

Christianos, Vassili クリスティアノス，V.＊
◇ヨーロッパ連合報告（大川四郎訳）：訴訟法における法版の再検討 小島武司編著 中央大学出版部 1999.4 578p （日本比較法研究所研究叢書 46）

Christiansen, Merete クリスチャンセン，M.＊
◇デンマークにおける財務報告の歴史（飯野幸江訳）：欧州比較国際会計史論 P.ワルトン編著，久野光朗監訳 同文館出版 1997.5 380p

Christie, Agatha クリスティー，アガサ
◇うぐいす荘（厚木淳訳）：川原泉の本棚 2 おすすめ本アンソロジー＆ブックガイド 川原泉選・イラスト 白泉社 2004.2 263p

Christmas, Bobbie クリスマス，ボビー
◇空っぽのくつした：空っぽのくつした―あなたの心に届ける16の贈り物 コリーン・セル選，立石美樹ほか訳 光文社 2002.11 213p

Christofilopoulou-Kaler, Paraskevy クリストフイロポウロウ・カラー，パラスケヴイ
◇ギリシャの地方自治改革：国際比較から見た地方自治と都市問題―先進20カ国の分析 2 Joachim Jens Hesse編，北海道比較地方自治研究会訳 北海道比較地方自治研究会 1995.3 210p
◇ギリシャの地方自治改革：地方自治の世界的潮流―20カ国からの報告 下 ヨアヒム・J.ヘッセ編，北海道比較地方自治研究会訳，木佐茂男監修 信山社出版 1997.9 p337-650

Christopher, Martine クリストファー，マーチン
◇パートナーシップと提携―ネットワーク競争時代の企業間関係：サプライチェーン戦略 ジョン・ガトーナ編，前田健蔵，田村誠二訳 東洋経済新報社 1999.5 377p （Best solution）

Christophers, Mike クリストファーズ，M.＊
◇次の経営戦略分野 他（共著）：生命保険業における戦略的課題 Hugh Macmillan, Mike Christophers編，玉田巧訳 玉田巧 2002.3 206p

Christopherson, Jon A. クリストファーソン，ジョン・A.
◇投資スタイル入門 他（共著）（加藤康之訳）：資産運用新時代の株式投資スタイル―投資家とファンドマネジャーを結ぶ投資哲学 T.ダニエル・コギン，フランク・J.ファボツィ編 野村総合研究所 1996.3 329p
◇投資スタイルとは何か 他（共著）（加藤康之訳）：株式投資スタイル―投資家とファンドマネージャーを結ぶ投資哲学 T.ダニエル・コギン，フランク・J.ファボツィ，ロバート・D.アーノット編，野村証券金融研究所訳 増補改訂版 野村総合研究所情報リソース部 1998.3 450p

Chrysostomos, Jōhannēs クリュソストモス，ヨアンネス
◇神の把握しがたさについて：中世思想原典集成 2 盛期ギリシア教父 上智大学中世思想研究所編訳・監修 平凡社 1992.9 687p

Chu, Xuan Giao チュ，X. G.
◇東北ベトナムにおけるヌン族・ヌンアン集団の祭祀職能者"タオ"に関する民俗学的研究（小川有子訳）：民俗文化の再生と創造―東アジア沿海地域の人類学的研究 三尾裕子編 風響社 2005.3 275p （アジア研究報告シリーズ no.5）

Chudacoff, Howard P. チュダコフ，ハワード・P.
◇西部と南部の変容 他（上杉訳）：アメリカの歴史 3 南北戦争から20世紀へ―19世紀後半―20世紀 メアリー・ベス・ノートン他著 上杉忍ほか訳 三省堂 1996.3 328, 15p
◇日常生活と大衆文化 他（戸田徹子訳）：アメリカの歴史 4 アメリカ社会と第一次世界大戦―19世紀末―20世紀 メアリー・ベス・ノートン他著 上杉忍ほか訳 三省堂 1996.9 317, 15p

Chugh, Dolly チュー，ドリー
◇「意識の壁」が状況判断を曇らせる（共著）：意思決定のサイエンス Diamondハーバード・ビジネス・レビュー編集部編訳 ダイヤモンド社 2007.3 238p （Harvard business review anthology）
◇「意識の壁」が状況判断を曇らせる 他（共著）：組織行動論の実学―心理学で経営課題を解明する Diamondハーバード・ビジネス・レビュー編集部編訳 ダイヤモンド社 2007.9 245p （Harvard business review）

Chung, Chien-peng チュン，チェン・ペン
◇「西部大開発」とウイグル少数派弾圧―少数派の弾圧か，それとも対テロ作戦か：次の超大国・中国の憂鬱な現実 フォーリン・アフェアーズ・ジャパン編・監訳, 竹下興喜監訳 朝日新聞社 2003.4 267, 3p （朝日文庫―フォーリン・アフェアーズ・コレクション）

Churchill, Winston Leonard Spencer チャーチル，ウィンストン
◇ウィンストン・チャーチル首相―チャーチル首相初のラジオ演説（津吉襄訳）：変貌する世界とアメリカ 板場良丸スピーチ解説, 津吉襄訳 アルク 1998.5 148p （20世紀の証言 英語スピーチでたどるこの100年 第2巻―CD book 松尾弌之監修・解説）
◇ウィンストン・チャーチル首相―英国国民へ向けての演説（楢原潤子訳）：アメリカの夢と理想の実現 板場良丸スピーチ解説, 増田恵理子, 楢原潤子訳 アルク 1998.7 120p （20世紀の証言 英語スピーチでたどるこの100年 第3巻―CD book 松尾弌之監修・解説）

Churchland, Paul チャーチランド, ポール
◇消去的唯物論と命題的態度（関森隆史訳）: シリーズ心の哲学—Series philosophy of mind 3（翻訳篇） 信原幸弘編 勁草書房 2004.8 276, 8p

Cialdini, Robert B. チャルディーニ, ロバート・B.
◇「説得」の心理学：「説得」の戦略 Diamondハーバード・ビジネス・レビュー編集部編訳 ダイヤモンド社 2006.2 257p (Harvard business review anthology)

Ciampi, Carlo Azeglio チァンピ, カルロ・アゼリオ
◇80年代における金融 他（市井勇人訳）: イタリアの金融・経済とEC統合 ロザリオ・ボナヴォーリア編, 岡本義行ほか訳 日本経済評論社 1992.6 304p

Ciano, Reonald チアーノ, レオナルド
◇外国弁護士法に対する日本の対応—黒船の再来か, 船に乗り遅れたのか: 国際貿易と労働基準・環境保護 桑原昌宏編訳著 信山出版（製作発行） 1997.10 237p （SBC法律学講義シリーズ 22）

Cicchetti, D. V. シチェッティ, D. V. *
◇ダウン症における発達過程の体制化と整合性（共著）: 障害児理解の到達点—ジグラー学派の発達論的アプローチ R.M.ホダップ, J.A.ブゥラック, E.ジグラー編, 小松秀茂, 清水貞夫編訳 田研出版 1994.9 435p

Cipriani, Franco チプリアーニ, フランコ
◇ナポレオン法典から一九四二年までのイタリア民事訴訟（松浦千誉訳）: イタリア近代法史 パオロ・グロッシ, 村上義和編 明石書店 1998.7 290p

Cirksena, Kathryn カークセナ, キャサリン
◇マス・コミュニケーションについてのフェミニスト研究の必要—沈黙の螺旋からの女性解放（中村雅子訳）: 新しいコミュニケーションとの出会い—ジェンダーギャップの橋渡し ラモーナ・R.ラッシュ, ドナ・アレン編, 村松泰子編訳 垣内出版 1992.4 314, 10p

Cixous, Hélène シクスー, エレーヌ
◇エレーヌ・シクスー, ルーツを撮る（松本伊瑳子訳）: 女たちのフランス思想 棚沢直子編 勁草書房 1998.9 297, 11p

Claeys, Gregory クレイズ, グレゴリー
◇イギリス初期社会主義者の民主主義批判：社会主義と民主主義 デヴィド・マクレラン, ショーン・セイヤーズ編著, 吉田傑俊訳・解説 文理閣 1996.5 211p

Clancey, William J. クランシー, W. J. *
◇学習者としてのKE（知識ベース構築者）—よい質問をするためのメタ認知的基礎：知的教育システムと学習 Heinz Mandl, Alan Lesgold編, 菅井勝雄, 野嶋栄一郎監訳 共立出版 1992.5 370p

Clancy, Jennifer クランシー, ジェニファー
◇エコロジカル・スクールソーシャルワーク：スクールソーシャルワークとは何か—その理論と実践 全米ソーシャルワーカー協会編, 山下英三郎編訳 現代書館 1998.12 234p

Clapham, Sir John Harold クラパム, J. H.
◇歴史家のための史料としての『エコノミスト』:『エコノミスト』の百年 1843 - 1943 エコノミスト社編, 岸田理訳 日本経済評論社 1994.11 320p

Clark, Bruce クラーク, ブルース
◇業績評価—マーケティングの視点：業績評価の理論と実務—事業を成功に導く専門領域の障壁を越えて アンディ・ニーリー編著, 清水孝訳 東洋経済新報社 2004.4 459p

Clark, Burton R. クラーク, バートン・R.
◇隔離されたアメリカ人：アメリカ社会と高等教育 P.G.アルトバック, R.O.バーダール, P.J.ガムポート編, 高橋靖直訳 玉川大学出版部 1998.2 354p
◇序章 他（川嶋太津夫訳）: 大学院教育の研究 バートン・クラーク編著, 潮木守一監訳 東信堂 1999.5 523p

Clark, David Millar クラーク, D. M.（行動療法）
◇パニック障害と社会恐怖：認知行動療法の科学と実践 David M.Clark, Christopher G.Fairburn編, 伊予雅臣監訳 星和書店 2003.4 280p

Clark, Gregory クラーク, グレゴリー
◇身上相談：ニッポン不思議発見！—日本文化を英語で語る50の名エッセイ集 日本文化研究所編, 松本道弘訳 講談社インターナショナル 1997.1 257p （Bilingual books）

Clark, Helen クラーク, ヘレン
◇議会活動：写真集 原発と核のない国ニュージーランド ギル・ハンリーほか著, 楠瀬佳子, 近藤和子訳 明石書店 1993.7 142p

Clark, John クラーク, ジョン
◇チャールズ・ワーグマン：英国と日本—架橋の人びと サー・ヒュー・コータッツィ, ゴードン・ダニエルズ編著, 横山俊夫解説, 大山瑞代訳 思文閣出版 1998.11 503, 68p
◇アメリカ：アメリカ福祉国家？（共著）（所道彦訳）: 社会政策の国際的展開—先進諸国における福祉レジーム ピート・アルコック, ゲイリー・クレイグ編, 埋橋孝文ほか共訳 晃洋書房 2003.5 328p

Clark, Kim B. クラーク, キム・B.
◇モジュール化が生み出すイノベーション（共著）: バリューチェーン・マネジメント Harvard Business Review編, Diamondハーバード・ビジネス・レビュー編集部訳 ダイヤモンド社 2001.8 271p
◇アーキテクチャ・イノベーション：既存の製品技術の再編成と実績ある企業の失敗（共著）: 技術とイノベーションの戦略的マネジメント 上 ロバート・A.バーゲルマン, クレイトン・M.クリステンセン, スティーヴン・C.ウィールライト編著, 青島矢一, 黒田光太郎, 志賀敏宏, 田辺孝二, 出川通, 和賀三和子日本語版監修, 岡真由美, 斉藤裕一, 桜井祐子, 中川泉, 山本章子訳 翔泳社 2007.7 735p
◇「重量級」開発チームの編成と誘導 他（共著）: 技術とイノベーションの戦略的マネジメント 下 ロバート・A.バーゲルマン, クレイトン・M.クリステンセン, スティーヴン・C.ウィールライト編著, 青島矢一, 黒田光太郎, 志賀敏宏, 田辺孝二, 出川通, 和賀三和子日本語版監修, 岡真由美, 斉藤裕一, 桜井祐子, 中川泉, 山本章子訳 翔泳社 2007.7 595p

Clark, Ramsey クラーク, ラムゼイ
◇国際戦争犯罪法廷のための法的・倫理的根拠：アメリ

カの戦争犯罪　ラムゼイ・クラーク編著，戦争犯罪を告発する会訳　柏書房　1992.12　346p　(ブックス・プラクシス 6)

Clark, Richard W.　クラーク，リチャード・W.
◇学校と大学間との関係―文献解題 他(太田晴雄訳)：学校と大学のパートナーシップ―理論と実践　ジョン・I.グッドラッド，ケニス・A.シロトニック編，中留武昭監訳　玉川大学出版部　1994.2　355p

Clark, Scott　クラーク，スコット
◇日本の風呂―非日常な日常：文化加工装置ニッポン―「リ=メイド・イン・ジャパン」とは何か　ジョーゼフ・J.トービン編，武田徹訳　時事通信社　1995.9　321, 14p

Clark, William C.　クラーク，ウィリアム・C.
◇環境のグローバル化：グローバル化で世界はどう変わるか―ガバナンスへの挑戦と展望　ジョセフ・S.ナイJr., ジョン・D.ドナヒュー編著，嶋本恵美訳　英治出版　2004.9　477p　(英治出版MPAシリーズ)

Clarke, Frank　クラーク，フランク
◇オーストラリアにおける財務会計と管理会計(共著)：アジア太平洋地域の会計　西村明ほか編，西村明監訳　九州大学出版会　1995.8　285p

Clarke, Kildare　クラーク，キルデア
◇ドラッグの合法化―最初の一歩：ドラッグ全面解禁論　ディヴィッド・ボアズ編，樋口幸子訳　第三書館　1994.11　364p

Clarke, Oliver　クラーク，オリバー
◇結論：9ヵ国の国際比較により得られた知見の統合をめざして(藤原真砂訳)：新版 先進諸国の労使関係―国際比較：21世紀に向けての課題と展望　桑原靖夫，グレッグ・J.バンバー，ラッセル・D.ランズベリー編　日本労働研究機構　1994.7　452p
◇労使関係の国際比較により得られた知見の統合を目指して(藤原真砂訳)：先進諸国の雇用・労使関係―国際比較：21世紀の課題と展望　桑原靖夫，グレッグ・バンバー，ラッセル・ランズベリー編　新版　日本労働研究機構　2000.7　551p

Clarke, Simon　クラーク，サイモン(労働)
◇Fの付くものはどれもフォーディズムか(高橋衛訳)：フォーディズムとフレキシビリティ―イギリスの検証　N.ギルバートほか編，丸山恵也監訳　新評論　1996.9　238p

Clason, George S.　クレーソン，ジョージ・S.
◇お金の湧きでる泉をつくる方法：成功大学　オグ・マンディーノ編著，箱田忠昭訳　日本経営合理化協会出版局　1998.9　689p
◇お金の湧きでる泉をつくる方法：成功大学　オグ・マンディーノ編著，箱田忠昭訳　皮革携帯版　日本経営合理化協会出版局　1998.9　689p

Claude, Richard Pierre　クロード，リチャード・ピエール
◇グローバルな人権教育―非政府組織の挑戦課題(谷和明訳)：世界の人権教育―理論と実践　ジョージ・J.アンドレオポーロス，リチャード・ピエール・クロード編著，黒沢惟昭監訳　明石書店　1999.2　758p

Claude d'Abbeville　クロード・ダブヴィル
◇マラニャン布教史(大久保康明訳)：マラニャン布教史 マラニャン見聞実記　クロード・ダブヴィル，イーヴ・デヴルー著，大久保康明訳　岩波書店　2004.3　495p　(17・18世紀大旅行記叢書 第2期 第4巻　中川久定ほか編)

Clausen, John A.　クローセン，ジョン・A.
◇人生追想と人生物語：ライフコース研究の方法―質的ならびに量的アプローチ　グレン・H.エルダー，ジャネット・Z.ジール編著，正岡寛司，藤見純子訳　明石書店　2003.10　528p　(明石ライブラリー 57)

Claussen, Detlev　クラウセン，デトレフ
◇失敗した解放：ボスニア戦争とヨーロッパ　N.ステファノフ，M.ヴェルツ編，佐久間穆訳　朝日新聞社　1997.4　288p

Claxton, Melvin　クラクストン，メルヴィン
◇死んだ売春婦たち：締切り間際の殺人事件簿―特ダネ事件記者が綴る11の難事件　リサ・ベス・ピュリッツァー編，加藤洋子訳　原書房　1998.6　332p

Clayton, Lawrence A.　クレイトン，ローレンス・A.
◇船と帝国(合田昌史訳)：大航海の時代―スペインと新大陸　関哲行，立石博高編訳　同文館出版　1998.12　274p

Clayton, Vicki　クレイトン，ヴィッキ
◇債務：G8―G8ってナンですか？　ノーム・チョムスキー，スーザン・ジョージ他著，氷上春奈訳　ブーマー　2005.7　238p

Clayton, Vivian P.　クレイトン，V.P.
◇知恵の生涯発達―古典的テーマの再検討(共著)(中沢保生訳)：生涯発達の心理学　1巻　認知・知能・知恵　東洋，柏木恵子，高橋恵子編・監訳　新曜社　1993.10　250p

Cleary, Paula　クリアリー，ポーラ
◇イギリス―植民帝国の解体と移民(共著)(分田順子訳)：新しい移民大陸ヨーロッパ―比較のなかの西欧諸国・外国人労働者と移民政策　ディートリヒ・トレンハルト，編著，宮島喬，丸山智恵子，高坂扶美子，分田順子，新原道信，定松文訳　明石書店　1994.3　368p

Cleaver, Harry　クリーヴァー，ハリー
◇社会主義(中川紘司訳)：脱「開発」の時代―現代社会を解読するキイワード辞典　ヴォルフガング・ザックス編，イヴァン・イリッチ他著，三浦清隆他訳　晶文社　1996.9　396, 12p

Clemenceau, Georges　クレマンソー，ジョルジュ
◇ジョルジュ・クレマンソー(海保眞夫訳)：インタヴューズ　1　クリストファー・シルヴェスター編，新庄哲夫ほか訳　文芸春秋　1998.11　462p

Clements, M. Susan　クレメンツ，M.スーザン
◇3人の近親相姦サバイバーの話―ある近親相姦の話：児童虐待の発見と防止―親や先生のためのハンドブック　ジェームズ・A.モンテリオン編著，加藤和生訳　慶応義塾大学出版会　2003.8　261p

Clements, Ronald Ernest　クレメンツ，R.E.
◇歴史的・文化的背景に照らしたイスラエル(月本昭男訳)：古代イスラエルの世界―社会学・人類学・政治学からの展望　R.E.クレメンツ編，木田献一，月本昭男監訳　リトン　2002.11　654p

Clemons, Eric K. クレモンス, エリック
◇技術主導の環境シフトとかつての独占企業の継続的な競争劣位（黒田康史訳）：ウォートンスクールのダイナミック競争戦略 ジョージ・デイ, デイビッド・レイブシュタイン編, 小林陽太郎監訳, 黒田康史ほか訳 東洋経済新報社 1999.10 435p (Best solution)

Clemons, Steven C. クレモンズ, スティーブン・C.
◇アーミテージ報告書の行間を読む：「無条件勝利」のアメリカと日本の選択 ロナルド・A.モース編著, 日下公人監修, 時事通信社外信部ほか訳 時事通信社 2002.1 325p

Clermont, Kevin M. クラーモント, ケヴィン・M.
◇裁判管轄と判決に関するグローバル・ロー 他：アメリカ民事訴訟法の理論 大村雅彦, 三木浩一編 商事法務 2006.6 362p

Clews, Henry クリューズ, ヘンリー
◇ウォール街で金持ちになる方法（山本徹訳）：ビジネスの知恵50選—伝説的経営者が語る成功の条件 ピーター・クラス編, 佐藤洋一監訳 トッパン 1999.2 543p（トッパンのビジネス経営書シリーズ 26）

Cliffe, Sarah クリフ, サラ
◇文化の異なる企業同士の合併をいかにして成功に導くか（共著）：組織変革のジレンマ—ハーバード・ビジネス・レビュー・ケースブック Harvard Business Review編, Diamondハーバード・ビジネス・レビュー編集部訳 ダイヤモンド社 2004.11 218p
◇ミスを責め立てるスター社員にどう対処すべきか（共著）：人材育成のジレンマ—ハーバード・ビジネス・レビュー・ケースブック Harvard Business Review編, Diamondハーバード・ビジネス・レビュー編集部訳 ダイヤモンド社 2004.12 219p
◇ミスを責め立てるスター社員にどう対処すべきか（共著）：「問題社員」の管理術—ケース・スタディ Diamondハーバード・ビジネス・レビュー編集部編訳 ダイヤモンド社 2007.1 263p (Harvard business review anthology)

Clifford, James クリフォード, ジェイムズ
◇序論−部分的真実 他：文化を書く ジェイムズ・クリフォード, ジョージ・マーカス編, 春日直樹ほか訳 紀伊國屋書店 1996.11 546p（文化人類学叢書）

Clift, Montgomery クリフト, モンゴメリー
◇モンゴメリー・クリフト（宮本高晴訳）：インタヴューズ 2 クリストファー・シルヴェスター編, 新庄哲夫ほか訳 文藝春秋 1998.11 451p

Clift, Roland クリフト, ローランド
◇環境投資の不確実性を低減する—ステイクホルダー価値を企業の意思決定に統合する（共著）：緑の利益—環境管理会計の展開 マーティン・ベネット, ピーター・ジェイムズ編著, 国部克彦監修, 海野みづえ訳 産業環境管理協会 2000.12 542p

Clinton, Bill クリントン, ビル
◇ビル・クリントン大統領就任演説 他：アメリカ大統領就任演説集—inaugural address フロンティア文庫編集部編, Katokt訳 フロンティア出版 2005.3（第2刷） 172p（フロンティア文庫 44—風呂で読める文庫100選 44）
◇クリントン民主党政権の特色と一般教書：資料 戦後米国大統領の「一般教書」 第4巻（1993年—2006年） 藤本一美, 浜賀祐子, 末次俊之訳著 大空社 2007.10 400p

Clinton, Hillary Rodham クリントン, ヒラリー・ロダム
◇すべての女性に敬意と尊厳を：セルフヘルプ—なぜ、私は困難を乗り越えられるのか 世界のビッグネーム自らの47の証言 ケン・シェルトン編著, 堀紘一郎訳 フロンティア出版 1998.7 301p

Closset-Marchal, G. クローセット・マーシャル, G.*
◇ベルギー報告(1)（生田美弥子訳）：訴訟法における法族の再検討 小島武司編著 中央大学出版部 1999.4 578p（日本比較法研究所研究叢書 46）

Clough, Richard クロウ, リチャード
◇施設ケアの未来—個人的見解（竹中麻由美訳）：施設ケア対コミュニティケア—福祉新時代における施設ケアの役割と機能 レイモンド・ジャック編著, 小田兼三ほか監訳 勁草書房 1999.4 296p

Clubb, Colin クラッブ, C.*
◇付加価値会計と国家の経済政策（共著）（上東正和訳）：社会・組織を構築する会計—欧州における学際的研究 アンソニー・G.ホップウッド, ピーター・ミラー編著, 岡野浩, 国部克彦, 柴健次監訳 中央経済社 2003.11 390p

Coase, Ronald Harry コース, ロナルド・H.
◇社会的費用の問題（新沢秀則訳）：「法と経済学」の原点 松浦好治編訳 木鐸社 1994.6 227p（「法と経済学」叢書 1）
◇限界費用論争 他：限界費用価格形成原理の研究 1 大石泰彦編・監訳 勁草書房 2005.12 266p

Cobb, Christopher コブ, クリストファー
◇スペイン人民戦線の教育・文化政策—1936-9年：フランスとスペインの人民戦線—50周年記念・全体像比較研究 S.マーティン・アレグザンダー, ヘレン・グラハム編, 向井喜典ほか訳 大阪経済法科大学出版部 1994.3 375p

Cobb, John B., Jr. カブ, ジョン・B., Jr.
◇神の招きに思索的に応答する神学：神学者の使命—現代アメリカの神学的潮流 セオドア・W.ジェニングス編, 東方敬telenovela, 伊藤悟訳 ヨルダン 1994.7 203p
◇悪の問題と聖職者の課題：神は悪の問題に答えられるか—神義論をめぐる五つの答え スティーヴン・T.デイヴィス編, 本多峰子訳 教文舘 2002.7 437p

Cochran, Laura E. コクラン, ローラ・E.
◇一八世紀におけるスコットランドとアイルランドの貿易：アイルランドとスコットランド—比較社会経済史 T.M.ディヴァイン, D.ディクソン編著, 津波古充文訳 創訳社 1992.8 474p

Codd, John コッド, ジョン
◇ディスタンクシオンの行為—見る者の目：ブルデュー入門—理論のプラチック R.ハーカー, C.マハール, C.ウィルクス編, 滝本往人, 柳和樹訳 昭和堂 1993.4 380p

Codina, Victor コディナ, ビクトル
◇修道生活とP：二十一世紀を変革する人々—解放の神学が訴えるもの ホセ・マリア・ビジル編, ステファニ・レナト訳 新世社 1997.8 211, 5p

Codol, J. P.　コドル, ジャン・ポール
◇社会的認知（共著）（坂元章訳）：社会心理学概論―ヨーロピアン・パースペクティブ　1　M.ヒューストンほか編, 末光俊郎, 安藤清志監訳　誠信書房　1994.10　355p

Coenen, Harry　クーネン, ハリー
◇オランダ：変化するオランダの労働組合運動―批判的分析（共著）：ヨーロッパの労働組合―グローバル化と構造変化のなかで　ジェレミー・ワディントン, レイナー・ホフマン編, 小川正浩訳　生活経済政策研究所　2004.11　318p　（生活研ブックス 21）

Coffman, Mary F.　コフマン, M. F. *
◇暗闇恐怖症児の家庭での治療（共著）（伊藤紀子訳）：共同治療者としての親訓練ハンドブック　上　Charles E.Schaefer, James M.Briesmeister編, 山上敏子, 大隈紘子監訳　二瓶社　1996.11　332p

Coggin, T. Daniel　コギン, T. ダニエル
◇投資スタイルと超過リターン―バリュー対グロース（共著）（福嶋和子訳）：株式投資スタイル―投資家とファンドマネージャーを結ぶ投資哲学　T.ダニエル・コギン, フランク J.ファボツィ, ロバート・D.アーノット編, 野村證券金融研究所　増補改訂版　野村総合研究所情報リソース部　1998.3　450p
◇自家運用の組織構造（共著）：年金資産運用マネジメントの今日的課題―プラン・スポンサーの新潮流　フランク J.ファボッツィ編, 榊原茂樹監訳, 大和銀行信託財産運用部訳　金融財政事情研究会　1999.11　463p

Coglianese, Cary　コグリアニーズ, ケイリー
◇グローバル化と国際制度の設計：グローバル化で世界はどう変わるか―ガバナンスへの挑戦と展望　ジョセフ・S.ナイ Jr., ジョン・D.ドナヒュー編著, 嶋本恵美訳　英治出版　2004.9　477p　（英治出版MPAシリーズ）

Cogliati, Maria Grazia　コリャティ, M. G.
◇イタリアのサービスにおける性（共著）：過渡期の精神医療―英国とイタリアの経験から　シュラミット・ラモン, マリア・グラツィア・ジャンニケッダ編, 川田誉音訳　海声社　1992.10　424p

Cohen, Dean S.　コーエン, ダン・S.
◇保守的な組織風土をいかに改革するか（共著）：組織変革のジレンマ―ハーバード・ビジネス・レビュー・ケースブック　Harvard Business Review編, Diamondハーバード・ビジネス・レビュー編集部訳　ダイヤモンド社　2004.11　218p

Cohen, D. J.　コーエン, D. J.
◇自閉症研究における逸脱論的アプローチと発達論的アプローチ（共著）：障害児理解の到達点―ジグラー学派の発達論的アプローチ　R.M.ホダップ, J.A.ブルック, E.ジグラー編, 小松秀茂, 清水貞夫編訳　田研出版　1994.9　435p

Cohen, Gerald Allan　コーエン, G. A.
◇何の平等か？厚生, 財, 潜在能力について：クオリティー・オブ・ライフ―豊かさの本質とは　マーサ・ヌスバウム, アマルティア・セン編著, 竹友安彦監修, 水谷めぐみ訳　里文出版　2006.3　237p

Cohen, J.　コーエン, ジーン
◇討議倫理学と市民社会（菊池理夫訳）：普遍主義対共同体主義　デヴィッド・ラスムッセン編, 菊池理夫, 山口晃, 有賀誠訳　日本経済評論社　1998.11　433p

Cohen, R.　コーエン, ロナルド
◇部族からエスニシティへ：「エスニック」とは何か―エスニシティ基本論文選　青柳まちこ編・監訳　新泉社　1996.3　221p　（「知」の扉をひらく）

Cohen, Richard　コーエン, リチャード
◇ドラッグ解禁のすすめ：ドラッグ全面解禁論　ディヴィッド・ボアズ編, 樋口幸子訳　第三書館　1994.11　364p

Cohen, Shaye J. D.　コーヘン, シェイエ J. D.
◇ローマ人による支配―ユダヤ人の反乱と第二神殿の崩壊：最新・古代イスラエル史　P.カイル・マッカーター, Jr.ほか著, ハーシェル・シャンク編, 池田裕, 有馬七郎訳　ミルトス　1993.10　466p

Cohen, Warren I.　コーエン, ウォーレン・I.
◇もう一つの朝鮮半島ストーリー：アメリカと北朝鮮―外交的解決か武力行使か　フォーリン・アフェアーズ・ジャパン編・監訳, 竹下興喜監訳　朝日新聞社　2003.3　239, 4p

Cohen, Yolande　コーエン, ヨーランド
◇女性という存在（ル・フェミナン）の定義からフェミニズムへ―ケベックの例（杉ślĽ和子訳）：女の歴史　5〔2〕　二十世紀　2　G.デュビィ, M.ペロー監修, 杉村和子, 志賀亮一監訳　フランソワーズ・テボー編　藤原書店　1998.11　p517-1026

Cohn, Bernard S.　コーン, バーナード・S.
◇ヴィクトリア朝インドにおける権威の表象（多和田裕司訳）：創られた伝統　エリック・ホブズボウム, テレンス・レンジャー編, 前川啓治, 梶原景昭ほか訳　紀伊国屋書店　1992.6　488p　（文化人類学叢書）

Cohn, Jodi　コーン, J.（老人福祉）*
◇施設におけるQOLの規定要因―施設に居住する虚弱な高齢者・スタッフ・家族の意識（共著）（岩崎正子訳）：虚弱な高齢者のQOL―その概念と測定　James E.Birrenほか編, 三谷嘉明他訳　医歯薬出版　1998.9　481p

Cohon, Samuel　コーホン, サムエル・M.
◇カウフマン・コーラー（Kaufmann Kohler, 1843-1926）：二十世紀のユダヤ思想家　サイモン・ノベック編, 鵜沼秀夫訳　ミルトス　1996.10　412p

Coie, John D.　クーイ, J. D.
◇仲間集団行動と仲間内地位　他（共著）（前田健一訳）：子どもと仲間の心理学―友だちを拒否するこころ　S.R.アッシャー, J.D.クーイ編著, 山崎晃, 中沢潤監訳　北大路書房　1996.7　447p

Colasse, Bernard　コラス, ベルナルド
◇レイモンド・ジョン・チェンバース―常に現実的な会計のために：世界の会計学者―17人の学説入門　ベルナルド・コラス編著, 藤田晶子訳　中央経済社　2007.10　271p

Cole, Nancy S.　コール, N. S. *
◇テスト利用におけるバイアス（共著）（南風原朝和訳）：教育測定学　上巻　ロバート・L.リン編, 池田央, 藤田恵璽, 柳井晴夫, 繁桝算男訳・編　学習評価研究所　1992.12　469p

Cole, Robert E.　コール, ロバート・E.
◇二つの品質パラダイムと組織学習：国際・学際研究システムとしての日本企業　青木昌彦, ロナルド・

ドーア編, NTTデータ通信システム科学研究所訳　NTT出版　1995.12　503p
◇日本の品質管理の技術—ヒューレット・パッカー社への移転：リメイド・イン・アメリカ—日本的経営システムの再文脈化　ジェフリー・K.ライカー, W.マーク・フルーイン, ポール・S.アドラー編著, 林正樹監訳　中央大学出版部　2005.3　564p　（中央大学企業研究所翻訳叢書 9）

Coleman, David　コールマン, デイビッド
◇コーチとして得てきた学び：エグゼクティブ・コーチング—経営幹部の潜在能力を最大限に引き出す　キャサリン・フィッツゲラルド, ジェニファー・ガーヴェイ・バーガー編, 日本能率協会コンサルティング訳　日本能率協会マネジメントセンター　2005.4　370p

Coleman, James Samuel　コールマン, ジェームズ・S.
◇人的資本形成に関わる社会的資本：教育社会学—第三のソリューション　A.H.ハルゼー, H.ローダー, P.ブラウン, A.S.ウェルズ編, 住田正樹, 秋永雄一, 吉本圭一編訳　九州大学出版会　2005.2　660p
◇人的資本の形成における社会関係資本（金光淳訳）：リーディングネットワーク論—家族・コミュニティ・社会関係資本　野沢慎司編・監訳　勁草書房　2006.8　288p

Coleman, Mary　コールマン, メアリー
◇ダウン症児者のための医療的ケア：ダウン症候群と療育の発展—理解の向上のために　Valentine Dmitriev, Patricia L.Oelwein編著, 竹井和子訳　協同医書出版社　1992.6　274p

Coleman, Wim　コールマン, ウィム
◇メディア・ニュートラル（共著）（長尾力訳）：「意識」の進化論—脳 こころ AI　ジョン・ブロックマン編, 長尾力ほか訳　青土社　1992.10　366p

Coley, Noel　コーリ, N.
◇非国教主義と技術の発展（共著）：理性と信仰—科学革命とキリスト教　2　R.ホーイカース, C.ラッセル, D.グッドマン, N.コーリ, G.ロバーツほか著, 藤井清久訳　すぐ書房　2003.10　339p

Coley, Stephen　コーレー, スティーブン
◇成長の階段（共著）：マッキンゼー戦略の進化—不確実性時代を勝ち残る　名和高司, 近藤正晃ジェームス編著・監訳, 村井章子訳　ダイヤモンド社　2003.3　221p

Collache, Eugène　コラッシュ, ウジェーヌ
◇箱館戦争生き残りの記（榊原直文訳）：フランス人の幕末維新　M.ド・モージュ他著, 市川慎一, 榊原直文編訳　有隣堂　1996.6　185p　（有隣新書）

Collard, Anne　カラード, アン
◇医療ケースマネージメントにおける質の測定（共著）（中谷陽明訳）：ケースマネージメントと社会福祉　ステファン・M.ローズ編, 白沢政和, 渡部律子, 岡田進一監訳　ミネルヴァ書房　1997.10　415p　（Minerva福祉ライブラリー 21）

Collard, D. A.　コラード, デイヴィッド・A.
◇マーシャル以後のケンブリッジ（橋本昭一訳）：マーシャル経済学の体系　J.K.ホイティカー編著, 橋本昭一監訳　ミネルヴァ書房　1997.8　377p　（マーシャル経済学研究叢書 3）

Collcutt, Martin　コルカット, マーチン
◇山城国一揆再考—中世一揆の遺産（田村理香訳）：周縁文化と身分制　脇田晴子, マーチン・コルカット, 平雅行共編　思文閣出版　2005.3　345p

Collett, Peter　コレット, ピーター
◇海外のイギリス人ビジネスマン（安藤香織訳）：仕事の社会心理学　Peter Collett, Adrian Furnham原著編, 長田雅喜, 平林進訳編　ナカニシヤ出版　2001.6　303p

Collin, Françoise　コラン, フランソワーズ
◇差異（ディフェランス）と抗争（ディフェラン）—哲学における女性の問題（内藤義博訳）：女の歴史　5〔1〕二十世紀　1　G.デュビィ, M.ペロー監修, 杉村和子, 志賀亮一監訳　フランソワーズ・テボー編　藤原書店　1998.2　515p
◇ほどよい食事は無理（棚沢直子訳）：サラ・コフマン讃　F.コラン, J-L.ナンシー, J.デリダ他著, 棚沢直子, 木村信子他訳　未知谷　2005.8　323p
◇対話的な普遍に向けて（伊吹弘子, 加藤康子, 棚沢直子訳）：フランスから見る日本ジェンダー史—権力と女性表象の日仏比較　棚沢直子, 中嶋公子編　新曜社　2007.8　312, 6p

Collinet, P.　コリネ, P.
◇ビザンツ法史要略：ビザンツ法史断片　塙浩著　信山社出版　1998.2　564p　（塙浩著作集—西洋法史研究 16）

Collins, Allan　コリンズ, アラン*
◇リフレクション（内省）による学習の道具としてのコンピュータ（共著）：知的教育システムと学習　Heinz Mandl, Alan Lesgold編, 菅井勝雄, 野嶋栄一郎監訳　共立出版　1992.5　370p

Collins, Jacqueline E.　コリンズ, J. E.
◇発達障害における倫理的擁護—遂行工学的観点（共著）（大野裕史訳）：発達障害に関する10の倫理的課題　リンダ・J.ヘイズ他著, 望月昭, 冨安ステファニー監訳　二瓶社　1998.6　177p

Collins, Larry　コリンズ, ラリー
◇ピューリッツァー賞を狙え—イラク/シリア/トルコ：お気をつけて、いい旅を。—世界で出会った悲しくも可笑しい51の体験　メアリー・モリス, ポール・セロー, ジョー・ゴアス, イザベル・アジェンデ, ドミニク・ラピエールほか著, 古屋美登里, 中俣真知子訳　アスペクト　1995.7　366p

Collins, Randall　コリンズ, ランドル
◇相互行為儀礼の連鎖・権力・所有権（内田健訳）：ミクロマクロ・リンクの社会理論　ジェフリー・C.アレグザンダー, ニール・J.スメルサーほか編, 石井幸夫ほか訳　新泉社　1998.10　273p　「知」の扉をひらく

Collins, Steven　コリンズ, スティーヴン
◇カテゴリーか、概念か、それともプレディカメントか—哲学用語のモース的用法に関する注釈（中島道男訳）：人というカテゴリー　マイケル・カリザス, スティーヴン・コリンズ, スティーヴン・ルークス編, 厚東洋輔, 中島道男, 中村牧子訳　紀伊国屋書店　1995.7　550p　（文化人類学叢書）

Collins, Thomas J.　コリンズ, トーマス・J.
◇成功を勝ち取るダイレクトメールの基本：金融データベース・マーケティング—米国における業務とシ

ステムの実態 アーサー・F.ホルトマン、ドナルド・C.マン編著、森田秀和、田尾啓一訳 東洋経済新報社 1993.10 310p

Collis, Arthur コリス, A. *
◇序文(中村永司訳)：医療ソーシャルワークの挑戦—イギリス保健関連ソーシャルワークの100年 ジョアン・バラクローほか編著、児島美都子、中村永司監訳 中央法規出版 1999.5 271p

Collodi, Carlo コッローディ, カルロ
◇ピノキオ：もう一度読みたい国語教科書 小学校篇 ダルマックス編 ぶんか社 2002.4 221p

Collopy, Bart J. コロピー, バート・J.
◇長期ケアにおける自立—いくつかの重要な特徴(谷口明広訳)：ケースマネージメントと社会福祉 ステファン・M.ローズ編、白沢政和、渡部律子、岡田進一監訳 ミネルヴァ書房 1997.10 415p (Minerva福祉ライブラリー 21)
◇自立のジレンマ：自立支援とはなにか—高齢者介護の戦略 ガムロス、セムラデック、トーンキスト編、岡本祐三、秦洋一訳 日本評論社 1999.9 207p

Colombo, Furio コロンボ, フリオ
◇人道援助と情報(林修訳)：介入？—人間の権利と国家の論理 エリ・ウィーゼル、川田順造編、広瀬浩司、林修訳 藤原書店 1997.6 294p

Čolović, Ivan チョロヴィッチ, イヴァン
◇過去のやき直し：ボスニア戦争とヨーロッパ N.ステファノフ、M.ヴェルツ編、佐久間穆訳 朝日新聞社 1997.4 288p

Coltart, Nina E. C. コルタート, N. E. C. *
◇"ベツレヘムに向け身を屈めて歩くこと……"—あるいは、精神分析において思考の及ばぬことを考えること(福井敏訳)：英国独立学派の精神分析—対象関係論の展開 G.コーヘン編、西園昌久監訳 岩崎学術出版社 1992.6 278p (現代精神分析双書 2-17)

Colton, Joel コルトン, ジョウル
◇フランス人民戦線の成立過程—1934-6年：フランスとスペインの人民戦線—50周年記念・全体像比較研究 S.マーティン・アレグザンダー、ヘレン・グラハム編、向井喜典ほか訳 大阪経済法科大学出版部 1994.3 375p

Colvin, Richard Lee コルヴィン, R. L.
◇公立学校選択：格差社会アメリカの教育改革—市場モデルの学校選択は成功するか フレデリック・M.ヘス、チェスター・E.フィンJr.編著、後洋一訳 明石書店 2007.7 465p (明石ライブラリー 111)

Combes, Danièle コンブ, D.
◇性的社会関係概念(共著)(支倉寿子、井上たか子訳)：女たちのフランス思想 棚沢直子編 勁草書房 1998.9 297, 11p

Combes, Marguerite コンブ, M.
◇動物社会についての諸問題：ドゥルーズ初期—若き哲学者が作った教科書 ジル・ドゥルーズ編著、加賀野井秀一注 夏目書房 1998.5 239p

Comiskey, Eugene E. コミスキー, ユージン・E.
◇企業利益の分析 他 (共著)：MBA講座財務・会計 J.L.リビングストン編著、朝日監査法人訳 日本経済新聞社 1998.12 494p

Comoglio, Luigi Paolo コモグリオ, L. *
◇イタリア報告(2)(猪股孝史訳)：訴訟法における法族の再検討 小島武司編著 中央大学出版部 1999.4 578p (日本比較法研究所研究叢書 46)

Compendiensis, Roscelinus ロスケリヌス, R.
◇アベラルドゥスへの手紙(矢内義顕訳)：中世思想原典集成 7 前期スコラ学 上智大学中世思想研究所編訳・監修 平凡社 1996.6 953p

Compton, Mary Ida コンプトン, メアリー・アイダ
◇スタイル・ベンチマークによるパフォーマンス評価(川原淳次訳)：資産運用新時代の株式投資スタイル—投資家とファンドマネージャーを結ぶ投資哲学 T.ダニエル・コギン、フランク・J.ファボツィ編 野村総合研究所 1996.3 329p
◇スタイル・ベンチマークによるパフォーマンス評価(川原淳次訳)：株式投資スタイル—投資家とファンドマネージャーを結ぶ投資哲学 T.ダニエル・コギン、フランク・J.ファボツィ、ロバート・D.アーノット編、野村証券金融研究所編 増補改訂版 野村総合研究所情報リソース部 1998.3 450p
◇ファンド分析のための株式スタイル・ベンチマーク：年金資産運用マネジメントのすべて—プラン・スポンサーの新潮流 フランク J.ファボツィ編、榊原茂樹監訳、大和銀行信託財産運用部訳 金融財政事情研究会 1999.11 463p

Comte コント
◇知的であること、それは本能をもつこと：ドゥルーズ初期—若き哲学者が作った教科書 ジル・ドゥルーズ編著、加賀野井秀一注 夏目書房 1998.5 239p

Comte-Sponville, André コント=スポンヴィル, アンドレ
◇野獣、詭弁家、唯美主義者—「幻想に仕える芸術」：反ニーチェ—なぜわれわれはニーチェ主義者ではないのか リュック・フェリー、アラン・ルノーほか著、遠藤文彦訳 法政大学出版局 1995.12 336, 6p (叢書・ウニベルシタス)

Conceição, Pedro コンセイソン, ペドロ
◇今、なぜ地球公共財が重要なのか 他 (共著)(谷村光浩訳)：地球公共財の政治経済学 Inge Kaul, Pedro Conceicao, Katell Le Goulven, Ronald U.Mendoza編、高橋一生監訳・編 国際書院 2005.6 332p

Condominas, Georges コンドミナス, ジョルジュ
◇詩的言語の権利(廣瀬浩司訳)：介入？—人間の権利と国家の論理 エリ・ウィーゼル、川田順造編、広瀬浩司、林修訳 藤原書店 1997.6 294p

Condon, W. S. コンドン, ウィリアム・S.
◇「イヴの三つの顔」再考(共著)：多重人格障害—その精神生理学的研究 F.パトナム他著、笠原敏雄編 春秋社 1999.6 296p

Condorcet, Marie Jean Antoine Nicolas de Caritat, marquis de コンドルセ, マリー・ジャン・アントワーヌ・ニコラ・ド・カリタ
◇公教育の全般的組織についての報告と法案：フランス革命期の公教育論 コンドルセ他著、阪上孝編訳 岩波書店 2002.1 460, 9p (岩波文庫)

Cone, James H. コーン, ジェイムズ・H.
◇貧しい者を解放する神の行為を表現する神学：神学

者の使命―現代アメリカの神学的潮流　セオドア・W.ジェニングス編，東方敬信，伊藤悟訳　ヨルダン社　1994.7　203p

Conger, Jay A.　コンガー，ジェイ・オールデン
◇世代交代は組織の生涯をいかに変容させるか：企業の未来像―成功する組織の条件　フランシス・ヘッセルバイン，マーシャル・ゴールドスミス，リチャード・ベックハード編，小坂恵理訳　トッパン　1998.7　462p　(トッパンのビジネス経営書シリーズ14)
◇カリスマ的リーダーシップとは何か？ 他 (片柳佐智子訳)：カリスマ的リーダーシップ―ベンチャーを志す人の必読書　ジェイ・A.コンガー，ラビンドラ・N.カヌンゴほか著，片柳佐智子，山村宜子，松本博子，鈴木恭子訳　流通科学大学出版　1999.12　381p
◇取締役会の業績評価 (共著)：コーポレート・ガバナンス　Harvard Business Review編, Diamondハーバード・ビジネス・レビュー編集部訳　ダイヤモンド社　2001.6　270p
◇説得力の思考技術：人材マネジメント　Harvard Business Review編, Diamondハーバード・ビジネス・レビュー編集部訳　ダイヤモンド社　2002.3　309p
◇説得力の思考技術：「説得」の戦略　Diamondハーバード・ビジネス・レビュー編集部編訳　ダイヤモンド社　2006.2　257p　(Harvard business review anthology)

Congleton, Roger D.　コングレトン，ロジャー
◇競争過程における競争的浪費と制度の関係 他 (西川雅史訳)：レントシーキングの経済理論　ロバート・トリソン，ロジャー・コングレトン編，加藤寛監訳　勁草書房　2002.7　264p

Congress, Elaine P.　コングレス，イレイン・P.
◇ゲシュタルト理論 (忍博次訳)：ソーシャルワーク・トリートメント―相互連結理論アプローチ　下　フランシス・J.ターナー編，米本秀仁監訳　中央法規出版　1999.8　573p

Conklin, Robert　コンクリン，ロバート
◇人の助けを得る方法：成功大学　オグ・マンディーノ編著，箱田忠昭訳　日本経営合理化協会出版局　1998.9　689p
◇人の助けを得る方法：成功大学　オグ・マンディーノ編著，箱田忠昭訳　皮革携帯版　日本経営合理化協会出版局　1998.9　689p

Conn, Charles　コン，チャールズ
◇成長の階段 (共著)：マッキンゼー戦略の進化―不確実性時代を勝ち残る　名和高司，近藤正晃ジェームス編著・監訳，村井章子訳　ダイヤモンド社　2003.3　221p

Conn, Peter　コーン, P. *
◇研究大学におけるリーダーシップの複雑性 (福留東土訳)：COE国際セミナー/8ヵ国会議21世紀型高等教育システム構築と質的保証　広島大学高等教育研究開発センター編　広島大学高等教育研究開発センター　2004.12　188p　(COE研究シリーズ13)

Connell, Anthony　コネル，アンソニー
◇アメリカ人のDJ：私が出会った日本―オーストラリア人の異色体験・日本観　ジェニファー・ダフィ，ギャリー・アンソン編　サイマル出版会　1995.7　234p

Connell, David W.　コネル，デイヴィト・W.
◇健全な会社を長い目で構築する (共著)：企業の未来像―成功する組織の条件　フランシス・ヘッセルバイン，マーシャル・ゴールドスミス，リチャード・ベックハード編，小坂恵理訳　トッパン　1998.7　462p　(トッパンのビジネス経営書シリーズ14)

Connolly, Sean　コノリー, S. J.
◇宗教、作業訓練および経済的態度―アイルランドの場合：アイルランドとスコットランド―比較社会経済史　T.M.ディヴァイン, D.ディクソン編著, 津波古充文訳　論創社　1992.8　474p

Connor, Ann　コーナー, アン
◇病院ソーシャルワークの変化と多様性 (共著)：ソーシャルワークとヘルスケア―イギリスの実践に学ぶ　レックス・テーラー, ジル・フォード編著, 小松源助監訳　中央法規出版　1993.9　247p

Connor, Gregory　コナー, G. *
◇裁定価格理論と資産収益率のマルチファクターモデル (共著) (高山俊則訳)：ファイナンスハンドブック　R.A.Jarrow, V.Maksimovic, W.T.Ziemba編, 今野浩, 古川浩一監訳　朝倉書店　1997.12　1121p

Connors, Jimmy　コナーズ, ジミー
◇健康は、バランスのよい生活をもたらす：セルフヘルプ―自助=他人に頼らず、自分の力で生きていく！2　ケン・シェルトン編著, 堀紘一監訳　フロンティア出版　1998.12　283p

Conroy, Elaine Kelly　コンロイ, イレーヌ・ケリー
◇食べ物第一 (共著) (藤原孝章訳)：地球市民教育のすすめかた―ワールド・スタディーズ・ワークブック　デイヴィッド・ヒックス, ミリアム・スタイナー編, 岩崎裕保監訳　明石書店　1997.6　341p

Conroy, James W.　コンロイ, J. W. *
◇QOLの測定：どこにいるのか？どこへ行くのか？(共著)：知的障害・発達障害を持つ人のQOL―ノーマライゼーションを超えて　Robert L.Schalock編, 三谷嘉明, 岩崎正子訳　医歯薬出版　1994.5　346p
◇コネティカット州における脱施設化の影響 (橋本由紀子訳)：脱施設化と地域生活―英国・北欧・米国における比較研究　ジム・マンセル, ケント・エリクソン編著, 中園康夫, 末光茂監訳　相川書房　2000.7　318p

Constantino-David, Karina　コンスタンティーノ・ダヴィード, カリナ
◇「主人公の変容」：フィリピンの大衆文化　寺見元恵編・監訳　めこん　1992.12　263p

Contamine, Philippe　コンタミーヌ, フィリップ
◇祖国のために死ぬこと (和田光司訳)：記憶の場―フランス国民意識の文化=社会史　第3巻　ピエール・ノラ編, 谷川稔監訳　岩波書店　2003.3　474, 15p

Conti, Joe Bova　コンティ, ジョー・ボバ
◇インターネット上での子どもの安全を守る (共著)：児童虐待の発見と防止―親や先生のためのハンドブック　ジェームズ・A.モンテリオン編著, 加藤和生訳　慶応義塾大学出版会　2003.8　261p

Conti Ramsden, Gina　コンティ・ラムズデン, ジーナ
◇相互作用の評価：知的障害者の言語とコミュニケーション　下　マイケル・ベベリッジ, G.コンティ・

ラムズデン, I.リュダー編, 今野和夫, 清水貞夫監訳 学苑社 1994.4 298p

Converse, Philip E. コンバース, P. E.
◇情報の流れと党派的態度の安定性(吉岡至訳)：リーディングス政治コミュニケーション 谷藤悦史, 大石裕編訳 一芸社 2002.4 284p

Conwell, Russell H. コンウェル, ラッセル・H.
◇ダイヤモンドでいっぱいの土地：成功大学 オグ・マンディーノ編著, 箱田忠昭訳 日本経営合理化協会出版局 1998.9 689p
◇ダイヤモンドでいっぱいの土地：成功大学 オグ・マンディーノ編著, 箱田忠昭訳 皮革携帯版 日本経営合理化協会出版局 1998.9 689p

Cook, Judith A. クック, J. A. *
◇州助成による積極的地域内処遇事業の担当者研修(共著)：チームを育てる―精神障害リハビリテーションの技術 パトリック・W.コリガン, ダニエル・W.ギフォート編, 野中猛監訳, 柴田珠里訳・著 金剛出版 2002.5 168p

Cook, Karen クック, K.(不動産金融)*
◇トラスティー(受託会社)の役割(共著)：CMBS―商業用モーゲージ証券 成長する新金融商品市場の特徴と実務 フランク・J.ファボッツィ, デイビッド・P.ジェイコブ編, 酒井吉広監訳, 野村証券CMBS研究会訳 金融財政事情研究会 2000.12 672p

Cook, Michael クック, マイケル
◇ISAD(G)からオーソリティ・コントロールへ：国際記述標準中間報告：記録史料記述の国際標準 国際文書館評議会編, アーカイブズ・インフォメーション研究会編訳 北海道大学図書刊行会 2001.2 164p (Archival information management study series no.1)

Cook, Terry クック, テリー
◇スクリーンの向こう側 他(古賀崇訳)：入門・アーカイブズの世界―記憶と記録を未来に 翻訳論文集 記録管理学会, 日本アーカイブズ学会共編 日外アソシエーツ 2006.6 267p

Cook, Wade D. クック, W. D. *
◇高速道路の保守パトロールの相対的効率性の測定と監視モニタリング(共著)(大屋隆生訳)：経営効率評価ハンドブック―包絡分析法の理論と応用 Abraham Charnesほか編, 刀根薫, 上田徹監訳 朝倉書店 2000.2 465p

Cook, Yvonne クック, Y.
◇貸付(ローン)プロセスの自動化とモニタリング―アメリカン・ビジネス・フィナンシャル・サービス社のケース(共著)(浅利浩一訳)：ARISを活用したシステム構築―エンタープライズ・アーキテクチャの実践 A.-W.シェアー他編, 堀内正博, 田中正郎, 力正俊監訳 シュプリンガー・フェアラーク東京 2005.1 201p

Coole, Diana クール, ダイアナ
◇女性、ジェンダー、契約 フェミニスト的解釈(中山俊宏訳)：社会契約論の系譜―ホッブズからロールズまで D.バウチャー, P.ケリー編, 飯島昇藏, 佐藤正志ほか訳 ナカニシヤ出版 1997.5 367p (叢書「フロネーシス」)

Coolidge, Calvin クーリッジ, C.
◇クーリッジ大統領とチャールズ・リンドバーグ―リンドバーグの帰国に際して(共著)(津吉襄訳)：変貌する世界とアメリカ 板場良久スピーチ解説, 津吉襄訳 アルク 1998.5 148p (20世紀の証言 英語スピーチでたどる100年 第2巻―CD book 松尾弌之監修・解説)

Coombes, Helen クームズ, H. *
◇知的障害への臨床心理サービス(共著)(古池若葉訳)：専門職としての臨床心理士 ジョン・マツィリア, ジョン・ホール編, 下山晴彦編訳 東京大学出版会 2003.4 435p

Cooms, Rod クームズ, ロッド(景気変動)
◇長期波動と労働過程変化(宇仁宏幸訳)：長期波動 新装版 藤原書店 2002.9 217p (叢書〈世界システム〉 新装版2 イマニュエル・ウォーラーステイン責任編集, 山田鋭夫他訳)

Coons, P. M. クーンズ, フィリップ・M.
◇2名の多重人格と対照群の脳波研究 他(共著)：多重人格障害―その精神生理学的研究 F.パトナム他著, 笠原敏雄編 春秋社 1999.6 296p

Cooper, Adrian R. クーパー, A. R. *
◇CMBSにおける期限前償還(共著)：CMBS―商業用モーゲージ証券 成長する新金融商品市場の特徴と実務 フランク・J.ファボッツィ, デイビッド・P.ジェイコブ編, 酒井吉広監訳, 野村証券CMBS研究会訳 金融財政事情研究会 2000.12 672p

Cooper, David クーパー, D. *
◇イギリスにおける会計規制(共著)(向山敦夫訳)：社会・組織を構築する会計―欧州における学際的研究 アンソニー・G.ホップウッド, ピーター・ミラー編著, 岡野浩, 国部克彦, 柴健次監訳 中央経済社 2003.11 390p

Cooper, Jerrold S. クーパー, ジェラルド・S.
◇人間の運命―古代メソポタミアにおける死と来世：死と来世の系譜 ヒロシ・オオバヤシ編, 安藤泰至訳 時事通信社 1995.3 355, 17p

Cooper, Judy クーパー, ジュディ
◇居ない母親―スプリッティングは解決を求める自己愛的試み：精神分析的心理療法の現在―ウィニコットと英国独立派の潮流 スー・ジョンソン, スタンリー・ルーゼンスキー編, 倉ひろ子訳 岩崎学術出版社 2007.9 181p

Cooper, Linda J. クーパー, L. J. *
◇挑戦の行動に対する先行子の影響の実験的分析(共著)(山根正夫訳)：挑戦的行動の先行子操作―問題行動への新しい援助アプローチ ジェームズ・K.ルイセリー, マイケル・J.キャメロン編, 園山繁樹ほか訳 二瓶社 2001.8 390p

Cooper, Marlene クーパー, マーリン
◇交流分析理論(共著)(田村里子訳)：ソーシャルワーク・トリートメント―相互連結理論アプローチ 上 フランシス・J.ターナー編, 米本秀仁監訳 中央法規出版 1999.4 574p

Cooper, Richard N. クーパー, リチャード・N.
◇論評 その2：国防経済学上の諸問題―米国専門家の論文集 〔防衛研修所〕 1972 74p (研究資料 72RT-11)
◇資本自由化は望ましいか：IMF資本自由化論争 S.フィッシャーほか著, 岩本武和監訳 岩波書店

1999.9　161p

Cooper, William H.　クーパー, ウィリアム・H.
◇日米新経済協議の枠組み（C-NET訳）：クリントン政権に対する日本の活字メディアの姿勢・日米新経済協議の枠組み　ウガヤヒロミチほか, ウィリアム・H.クーパー著, C-NET訳　C-NET　1993.9　1冊　（米国議会調査局報告書）

Cooper, William W.　クーパー, ウィリアム・W. *
◇競争的炭酸飲料業界におけるマーケット・セグメントとブランドの効率性に関する多期間分析（共著）（住田友文訳）：経営効率評価ハンドブック―包絡分析法の理論と応用　Abraham Charnesほか編, 刀根薫, 上田徹監訳　朝倉書店　2000.2　465p

Cooray, Anton　クーレイ, アントン
◇香港（永松正則訳）：アジア太平洋諸国の収用と補償　小高剛, デービッド・L.キャリーズ編著, 小高剛監訳, 永松正則, 伊川正樹, 松田聡子, 下村誠共訳　成文堂　2006.12　377p

Copeland, Thomas E.　コープランド, トム
◇企業買収による成長（共著）：成長戦略論　Harvard Business Review編, Diamondハーバード・ビジネス・レビュー編集部訳　ダイヤモンド社　2001.4　254p

Copleston, Frederick　コプルストン, フレデリック
◇ショーペンハウアー―フレデリック・コプルストンとの対話（西江秀三訳）：西洋哲学の系譜―第一線の哲学者が語る西欧思想の伝統　ブライアン・マギー編, 高頭直樹ほか訳　晃洋書房　1993.5　482p

Coppe, Grieg　コープ, グリーグ
◇インターネット・ロジスティクス―新しい顧客創出と競争（共著）：サプライチェーン戦略　ジョン・ガトーナ編, 前田健蔵, 田村誠一訳　東洋経済新報社　1999.5　377p　（Best solution）

Copson, Gary　コプソン, ゲーリー
◇犯罪捜査における専門家の役割（共著）（横井幸久訳）：犯罪者プロファイリング―犯罪行動が明かす犯人像の断片　ジャネット・L.ジャクソン, デブラ・A.ベカリアン編, 田村雅幸監訳, 辻典明, 岩見広一訳　北大路書房　2000.3　234p

Corbett　コーベット
◇食物としての人間：ドゥルーズ初期―若き哲学者が作った教科書　ジル・ドゥルーズ編著, 加賀野井秀一訳注　夏目書房　1998.5　239p

Corbin, Alain　コルバン, アラン
◇「喪に服す性」と十九世紀の女性史：女性史は可能か　ミシェル・ペロー編, 杉村和子, 志賀亮一監訳　藤原書店　1992.5　435p
◇姦通の魅惑 他：愛と結婚とセクシュアリテの歴史―増補・愛とセクシュアリテの歴史　ジョルジュ・デュビーほか著, 福井憲彦, 松本雅弘訳　新曜社　1993.11　401p
◇「喪に服す性」と十九世紀の女性史（次田健作訳）：女性史は可能か　ミシェル・ペロー編, 杉村和子, 志賀亮一訳　新版　藤原書店　2001.4　437p
◇パリと地方（工藤光一訳）：記憶の場―フランス国民意識の文化＝社会史　第1巻　ピエール・ノラ編, 谷川稔監訳　岩波書店　2002.11　466, 13p

◇心性史から感性の歴史学へ：「アナール」とは何か―進化しつづける「アナール」の一〇〇年　I.フランドロワ編, 尾河直哉訳　藤原書店　2003.6　366p
◇十九世紀 うぶな娘と淫売屋の時代：世界で一番美しい愛の歴史　J.ル=ゴフほか述, Dominique Simonnet編, 小倉孝誠, 後平隆, 後平澤子訳　藤原書店　2004.12　269p

Corbin, Henry　コルバン, アンリ
◇エラノスの時 他（神谷幹夫訳）：エラノスへの招待―回想と資料　M.グリーンほか執筆, 桂芳樹ほか訳, 平凡社編　平凡社　1995.11　312p　（エラノス叢書別巻）

Corby, Brian　コルビー, ブライアン
◇児童虐待に関する理論的基礎（秦野悦子, 福知栄子訳）：児童虐待への挑戦　ウェンディ・スティントン・ロジャース, デニス・ヒーヴィー, エリザベス・アッシュ編著, 福知栄子, 中野敏子, 田沢あけみほか訳　法律文化社　1993.11　261p

Corcoran, Patrick　コーコラン, P. *
◇CMBSのクレジットリスクの分析 他（共著）：CMBS―商業用モーゲージ証券 成長する新金融商品市場の特徴と実務　フランク・J.ファボッツィ, デイビド・P.ジェイコブ編, 酒井吉広監訳, 野村證券CMBS研究会訳　金融財政事情研究会　2000.12　672p

Corddry, Jane Alexandra　コージュリー, ジェーン・アレクサンドラ
◇はら：ニッポン不思議発見！―日本文化を英語で語る50の名エッセイ集　日本文化研究所編, 松本道弘訳　講談社インターナショナル　1997.1　257p　（Bilingual books）

Cordell, Larry　コーデル, ラリー
◇Early indicator（共著）：クレジット・スコアリング　エリザベス・メイズ編, スコアリング研究会訳　シグマベイスキャピタル　2001.7　361p　（金融職人技シリーズ no.33）

Cordes, Joseph J.　コーデス, ジョセフ・J.
◇NPOの税措置―両刃の剣か？（共著）：NPOと政府　E.T.ボリス, C.E.スターリ編著, 上野真城子, 山内直人訳　ミネルヴァ書房　2007.3　346p

Cordingly, David　コーディングリ, デイヴィッド
◇海賊探検家：図説海賊大全　デイヴィッド・コーディングリ編, 増田義郎監訳, 増田義郎, 竹内和世訳　東洋書林　2000.11　505, 18p

Corkery, J. F.　コーカリー, J. F. *
◇取締役の権限と義務（浪川正己, 高橋利治, 後藤典文, 鳥居昇, 高田富男訳）：法学論集　第3巻　愛知学院大学法学部同窓会編　愛知学院大学法学部同窓会　2001.11　783p

Corkum, Valerie　コーカム, V. *
◇乳幼児における視覚的共同注意の発達（共著）（香野毅訳）：ジョイント・アテンション―心の起源とその発達を探る　Chris Moore, Philip J.Dunham原編, 大神英裕監訳　ナカニシヤ出版　1999.8　309p

Corlett, W.　コーレット, W. *
◇私たちは"自分自身であること"の大切さを自覚させられた：心にのこる最高の先生―イギリス人の語る教師像　上林喜久子編訳著　関東学院大学出版会　2004.11　97p

◇私たちは"自分自身であること"の大切さを自覚させられた：イギリス人の語る心にのこる最高の先生　上林喜久子編訳　関東学院大学出版会　2005.6　68p

Corley, T. A. B.　コーリー，T. A. B.
◇多国籍企業の特徴：1870年-1939年（日高克平訳）：続 歴史のなかの多国籍企業―国際事業活動研究の拡大と深化　アリス・タイコーヴァ，モーリス・レヴィ・ルボワイエ，ヘルガ・ヌスバウム編，浅野栄一，鮎沢成男，渋谷将，竹村孝雄，徳重昌志，日高克平訳　中央大学出版部　1993.4　334p　（中央大学企業研究所翻訳叢書 6）

Cormier, Denis　コルミエ，D.*
◇ジェラルド・フェルサム―経済的観点からの会計情報（共著）：世界の会計学者―17人の学説入門　ベルナルド・コラス編著，藤田晶子訳　中央経済社　2007.10　271p

Cornell, Drucilla　コーネル，ドゥルシラ
◇RAWAと黒衣の女性たちの政治的汚名（権安理，永井順子訳）：共同体と正義　仲正昌樹編　御茶の水書房　2004.12　258p　（叢書・アレテイア 5）
◇人間の潜在能力を開発する（永井順子訳）：グローバル化する市民社会　仲正昌樹編　御茶の水書房　2006.6　339p　（叢書・アレテイア 7）

Cornford, James　コーンフォード，ジェームズ
◇コンピュータを数える―どうして情報化社会についての情報があまりないのか（良永康平訳）：現代イギリスの政治算術―統計は社会を変えるか　D.ドーリング，S.シンプソン編著，岩井浩ほか監訳　北海道大学図書刊行会　2003.7　588p

Cornwall, John　コーンウォール，ジョン
◇マクロ動学：ポスト・ケインズ派経済学入門　A.S.アイクナー編，緒方俊雄ほか共訳　オンデマンド版　日本経済評論社　2003.3　221p　（ポスト・ケインジアン叢書 2）
◇ケインズ後の世界における景気循環と社会哲学に関する覚書：一般理論―第二版―もしケインズが今日生きていたら　G.C.ハーコート，P.A.リーアック編，小山庄三訳　多賀出版　2005.6　92p

Correa, Carlos M.　コレア，カルロス・M.
◇知識のより良い供給に向けて―知的財産法の設計（加藤暁子訳）：地球公共財の政治経済学　Inge Kaul, Pedro Conceicao, Katell Le Goulven, Ronald U.Mendoza編，高橋一生監訳・編　国際書院　2005.6　332p

Corrigan, E. Gerald　コリガン，E. ジェラルド
◇金融危機のリスク：経済危機―金融恐慌は来るか　マーティン・フェルドシュタイン編，祝迫得夫，中村洋訳，伊藤隆敏監訳　東洋経済新報社　1992.10　350p

Corrigan, Patrick W.　コリガン，パトリック・W.
◇効果的なチームリーダーの育成 他（共著）：チームを育てる―精神障害リハビリテーションの技術　パトリック・W.コリガン，ダニエル・W.ギフォート編，野中猛監訳，柴田珠里訳・著　金剛出版　2002.5　168p

Corse, Sara J.　コース，S.*
◇精神障害と物質乱用癖をもつ人たち（吉谷優子訳）：地域精神保健看護　ナンシー・K.ワーレイ原著編集，早川和生監訳　医学書院　1999.3　304p

Corsini, Raymond J.　コーシーニ，レイモンド・J.
◇仕事（共著）：アドラーの思い出　G.J.マナスター，G.ペインター，D.ドイッチュ，B.J.オーバーホルト編，柿内邦博，井原文子，野田俊作訳　創元社　2007.6　244p

Corsten, Hans　コーステン，H.*
◇保険生産―保険保護コンセプトと保険の情報コンセプトとの比較分析（中村雅人訳）：ディーター・ファーニーと保険学―ファーニー教授還暦記念論文集より　ドイツ保険事情研究会訳　生命保険文化研究所　1996.3　201p　（文研叢書 16）

Cortazzi, Hugh　コータッツイ，ヒュー
◇日英協会百年の歴史：英国と日本―架橋の人びと　サー・ヒュー・コータッツイ，ゴードン・ダニエルズ編著，横山俊夫解説，大山瑞代訳　思文閣出版　1998.11　503，68p
◇民芸運動とバーナード・リーチ 他（関口英男訳）：英国と日本―日英交流人物列伝　イアン・ニッシュ編，日英文化交流研究会訳　博文館新社　2002.9　470p
◇サー・ラザフォード・オルコック―駐日公使 一八五九-六二年 他（中須賀哲郎訳）：歴代の駐日英国大使―1859-1972　サー・ヒュー・コータッツイ編著，日英文化交流研究会訳　文真堂　2007.7　480p

Cortínez, Verónica　コルティネス，ヴェロニカ
◇文学のよろこび：生涯の探求（森本豊富訳）：変革期の大学外国語教育　ウィルガ・M.リヴァーズ編著，上地安良，加須屋弘司，矢田裕士，森本豊富訳　桐原書店　1995.9　307p　（言語教育・応用言語学叢書）

Cosgrove, Denis E.　コスグローブ，デニス・E.
◇風景の幾何学 他（成瀬厚訳）：風景の図像学　D.コスグローブ，S.ダニエルス共編，千田稔，内田忠賢監訳　地人書房　2001.3　460p

Costa-Lascoux, Jacqueline　コスタ＝ラスクー，ジャクリーヌ
◇生殖と生命倫理（柳原智子訳）：女の歴史　5〔2〕二十世紀　2　G.デュビィ，M.ペロー監修，杉村和子，志賀亮一監訳　フランソワーズ・テボー編　藤原書店　1998.11　p517-1026

Costantinides, George M.　コスタンティニデス，G.*
◇ポートフォリオ理論（共著）（今野浩訳）：ファイナンスハンドブック　R.A.Jarrow, V.Maksimovic, W.T.Ziemba編，今野浩，古川浩一監訳　朝倉書店　1997.12　1121p

Costello, Joan　コステロ，ホアン
◇隠された苦悩の深み（山本理絵訳）：パーソン・センタード・ケア―認知症・個別ケアの創造的アプローチ　スー・ベンソン編，稲谷ふみ枝，石崎淳一監訳　改訂版　クリエイツかもがわ　2007.5　145p

Costello, Tim　コステロ，ティム
◇旧い殻の中の「新しい労働運動」か（共著）：新世紀の労働運動―アメリカの実験　グレゴリー・マンツィオス編，戸塚秀夫監訳　緑風出版　2001.12　360p　（国際労働問題叢書 2）

Coster-Lucas, Jacqueline　コースター・ルーカス，ジャクリーヌ
◇仕事 他（共著）：アドラーの思い出　G.J.マナスター，G.ペインター，D.ドイッチュ，B.J.オーバーホルト編，

Costin, Lela B. コスティン, レラ・B.
◇スクールソーシャルワークの沿革：スクールソーシャルワークとは何か—その理論と実践　全米ソーシャルワーカー協会編, 山下英三郎編訳　現代書館　1998.12　234p

Cotler, Irwin コトラー, アーウィン
◇世界文化としての人権(林修訳)：介入？―人間の権利と国家の論理　エリ・ウィーゼル, 川田順造編, 広瀬浩司, 林修訳　藤原書店　1997.6　294p

Cott, Nancy F. コット, ナンシー＝F
◇近代的女性――一九二〇年代のアメリカン・スタイル(内藤義博訳)：女の歴史　5〔1〕　二十世紀 1　G.デュビィ, M.ペロー監修, 杉村和子, 志賀亮一監訳　フランソワーズ・テボー編　藤原書店　1998.2　515p
◇平等権と経済的役割(谷中寿子訳)：ウィメンズ・アメリカ　論文篇　リンダ・K.カーバー, ジェーン・シェロン・ドゥハート編著, 有賀夏紀ほか編訳　ドメス出版　2002.2　251, 6p

Cottingham, J. コッティンガム, ジョン
◇デカルト的三元論(倉田隆訳)：現代デカルト論集 2　英米篇　デカルト研究会編　勁草書房　1996.7　331, 9p

Cottingham, Jane コッティンガム, ジェーン
◇アイシス―国際ネットワーキングの十年(田口久美子訳)：新しいコミュニケーションとの出会い―ジェンダーギャップの橋渡し　ラモーナ・R.ラッシュ, ドナ・アレン編, 村松泰子編訳　垣内出版　1992.4　314, 10p

Cottrell, Philip L. コットレル, フィリップ
◇国際情勢のなかのイングランド銀行―1918〜1972年(小平良一訳)：イングランド銀行の300年―マネーパワー影響　リチャード・ロバーツ, デーヴィッド・カイナストン編, 浜田康行ほか訳　東洋経済新報社　1996.12　329p

Couch, Stephen R. コーチ, ステファン
◇セントラリアの炭鉱火災―地域社会の崩壊(平野由紀子訳)：七つの巨大事故―復興への長い道のり　ジェームズ・ミッチェル編, 松崎早苗監修, 平野由紀子訳　創芸出版　1999.10　302p

Coulson, Noel James クルソン, N. J.
◇イスラム法史：墳浩著作集―西洋法史研究 12　ラテン・アメリカ法史　イスラム法史　墳浩訳著　カースト他著, 墳浩編, クルソン著, 墳浩訳　信山社出版　1998.2　426, 16p

Coulter, David L. クールター, D. L.＊
◇家は最高の場所：発達障害を持つ幼児のQOL(知的障害・発達障害を持つ人のQOL―ノーマライゼーションを超えて　Robert L.Schalock編, 三谷嘉明, 岩崎正子訳　医歯薬出版　1994.5　346p

Coulter, Patricia クウルター, パトリシア
◇霊的な糧の源泉(共著)：子どもが祈りはじめるとき―モンテッソーリ宗教教育　ソフィア・カヴァレッティ他著, クラウス・ルーメル, 江島正子共訳　ドン・ボスコ社　1998.7　221p

Coulthard, Karen コールトハード, カレン
◇無駄にされる富(高野剛彦訳)：地球市民教育のすすめかた―ワールド・スタディーズ・ワークブック　デイヴィッド・ヒックス, ミリアム・スタイナー編, 岩崎裕保監訳　明石書店　1997.6　341p

Courtin, Jean クルタン, ジャン
◇先史時代　クロマニョン人の情熱：世界で一番美しい愛の歴史　J.ル＝ゴフほか述, Dominique Simonnet編, 小倉孝誠, 後平隆, 後平澤子訳　藤原書店　2004.12　269p

Courtine, Jean-François クルティーヌ, ジャン＝フランソワ
◇現象学の理念と還元の問題性：現象学と形而上学　ジャン・リュック・マリオン, ギイ・プランティ・ボンジュール編, 三上真司, 重永哲也, 檜垣立哉訳　法政大学出版局　1994.3　375, 8p　(叢書・ウニベルシタス 433)
◇良心の声と存在の召命(広瀬浩司訳)：主体の後に誰が来るのか？　ジャン・リュック・ナンシー編著, アラン・バディウ, エチエンヌ・バリバール, モーリス・ブランショ, ミケル・ボルグ・ジャコブセン, ジャン・フランソワ・クルティーヌほか著, 港道隆, 鵜飼哲, 大西雅一郎, 松葉祥一, 安川慶治, 加国尚志, 広瀬浩司訳　現代企画室　1996.3　347p
◇悲劇と崇高性：崇高とは何か　ミシェル・ドゥギー他著, 梅木達郎訳　法政大学出版局　1999.5　413p　(叢書・ウニベルシタス 640)

Courtivron, Isabelle de クールティヴロン, イザベル・ド
◇孤高の英雄と糟糠の妻―クララ・マルローとアンドレ・マルロー：カップルをめぐる13の物語―創造性とパートナーシップ　上　ホイットニー・チャドウィック, イザベル・ド・クールティヴロン編, 野中邦子, 桃井緑美子訳　平凡社　1996.3　233p　(20世紀メモリアル)

Courtney, Hugh G. コートニー, ヒュー・G.
◇不確実時代の戦略と行動：不確実性の経営戦略　Harvard Business Review編, Diamondハーバード・ビジネス・レビュー編集部訳　ダイヤモンド社　2000.10　269p
◇不確実時代の戦略(共著)：マッキンゼー戦略の進化―不確実性時代を勝ち残る　名和高司, 近藤正晃ジェームズ編著・監訳, 村井章子訳　ダイヤモンド社　2003.3　221p

Coutu, Diane L. クーツ, ダイアン・L.
◇ベテランと若手が学び合う風土に変えられるか(共著)：組織変革のジレンマ―ハーバード・ビジネス・レビュー・ケースブック　Harvard Business Review編, Diamondハーバード・ビジネス・レビュー編集部訳　ダイヤモンド社　2004.11　218p
◇「再起力」とは何か　他：「リスク感度」の高いリーダーが成功を重ねる　Diamondハーバード・ビジネス・レビュー編集部編訳　ダイヤモンド社　2005.11　242p　(Harvard business review anthology)
◇「ベテランと若手」が学び合う風土に変えられるか(共著)：「問題社員」の管理術―ケース・スタディ　Diamondハーバード・ビジネス・レビュー編集部編訳　ダイヤモンド社　2007.1　263p　(Harvard business review anthology)
◇「不測の事態」の心理学　他(共著)：組織行動論の実学―心理学で経営課題を解明する　Diamondハーバード・ビジネス・レビュー編集部編訳　ダイヤモン

ド社　2007.9　425p　（Harvard business review）

Covey, Stephen R.　コヴィー，スティーブン・R.
◇原則を優先する：21世紀ビジネスはこうなる―世界の叡智を結集　ロワン・ギブソン編，島田晴雄監訳，鈴木孝男，竹内ふみえ訳　シュプリンガー・フェアラーク東京　1997.11　327p
◇成功の原則：セルフヘルプ―なぜ，私は困難を乗り越えられるのか　世界のビッグネーム自らの47の証言　ケン・シェルトン編著，堀紘一監訳　フロンティア出版　1998.7　301p
◇人生をつなぎとめ，方向づけるために：セルフヘルプ―自助＝他人に頼らず，自分の力で生きていく！ 2　ケン・シェルトン編，堀紘一監訳　フロンティア出版　1998.12　283p
◇愛はわくわくする新しい考え：小さなことを大きな愛でやろう　リチャード・カールソン，ベンジャミン・シールド編，小谷啓子訳　PHP研究所　1999.11　263, 7p
◇理想の共同体：未来社会への変革―未来の共同体がもつ可能性　フランシス・ヘッセルバイン，マーシャル・ゴールドスミス，リチャード・ベックハード，リチャード・F.シューベルト編，加納明弘訳　フォレスト出版　1999.11　327p
◇原則を常に示す羅針盤を持って：ウェルチはこうして組織を甦らせた―アメリカ・トップリーダーからの経営処方箋29　ケン・シェルトン編著，堀紘一監訳　フロンティア出版　1999.12　281p

Cowan, Donna L.　コーワン，ドナ・L.
◇女性の割礼の根絶―農村の女性指導者の養成（共著）（草野篤子訳）：転換期の家族―ジェンダー・家族・開発　N.B.ライデンフロースト編，家庭経営学部会訳　日本家政学会　1995.3　360p

Cowell, Barbara　カウエル，バーバラ
◇言語，文学と道徳的価値：価値―新しい文明学の模索に向けて　ブレンダ・アーモンド，ブライアン・ウィルソン編，玉井治，山本慶裕訳　東海大学出版会　1994.3　308p

Cowie, Helen　コウイー，ヘレン
◇教育課程の中でいじめ解消を目指していかに取り組むか　他（共著）：あなたの学校のいじめ解消にむけて―教師のための実践ハンドブック　ソニア・シャープ，ピーター・K.スミス編著，フォンス・智江子訳，東京都新教育研究会訳　東洋館出版社　1996.4　211p
◇いじめに取り組むカリキュラム　他（共著）（藤信子訳）：いじめととりくんだ学校―英国における4年間にわたる実証的研究の成果と展望　ピーター・K.スミス，ソニア・シャープ編，守屋慶子，高橋通子監訳　ミネルヴァ書房　1996.10　355p
◇概説　他（共著）：学校でのピア・カウンセリング―いじめ問題の解決にむけて　ヘレン・コウイー，ソニア・シャープ編，高橋通子訳　川島書店　1997.6　210p

Cowie, Matthew　カウイー，マシュー
◇成人教育のための批判的教育学に向けて（永井健夫訳）：世界の人権教育―理論と実践　ジョージ・J.アンドレオポーロス，リチャード・ピエール・クロード編，黒沢惟昭監訳　明石書店　1999.2　758p

Cowley, Au-Deane S.　カウリー，オウディーン・S.
◇超個人心理（今井幹晴訳）：ソーシャルワーク・トリートメント―相互連結理論アプローチ　上　フランシス・J.ターナー編，米本秀仁監訳　中央法規出版 1999.4　574p

Cowley, Jan　コウリー，ジャン
◇専門職による多角的アセスメント（共著）（稲葉昭英訳）：高齢者虐待―発見・予防のために　ピーター・デカルマー，フランク・グレンデニング編著，田端光美，杉岡直人監訳　ミネルヴァ書房　1998.2　246p（Minerva福祉ライブラリー 23）

Cox, Alan J.　コックス，アラン・J.
◇価格差別の見落とされがちなメリット：競争政策の経済学―競争政策の諸問題に対する経済学的アプローチ　ローレンス・ウー編，大西利佳，森信夫，中島敏監訳　NERA　2005.11　173p

Cox, Enid Opal　コックス，E.O.
◇エンパワーメント実践のモデル　他（共著）：ソーシャルワーク実践におけるエンパワーメント―その理論と実際の論考集　L.M.グティエーレス，R.J.パーソンズ，E.O.コックス編著，小松源助監訳　相川書房 2000.6　333p

Cox, Eva　コックス，エヴァ
◇相互支援の経済学―フェミニストの提案（川原美紀雄訳）：超市場化の時代―効率から公正へ　スチュアート・リースほか編，川原紀美雄監訳　法律文化社　1996.10　372p

Cox, Gill　コックス，ジル
◇スリムな身体―女と男のダイエット：メディア・セクシズム―男がつくる女　ジュリアンヌ・ディッキー，テレサ・ストラトフォード，キャス・デイビス編，井上輝子，女性雑誌研究会編訳　垣内出版　1995.6　342p

Cox, J.　コックス，J.（作家）*
◇生徒の心配事や質問したい気持を不思議なほどよく見抜いた：心にのこる最高の先生―イギリス人の語る教師像　上林喜久子編訳著　関東学院大学出版会 2004.11　97p
◇生徒の心配事や質問したい気持を不思議なほどよく見抜いた：イギリス人の語る心にのこる最高の先生　上林喜久子編訳　関東学院大学出版会　2005.6　68p

Cox, Martha J.　コックス，マーサ・J.
◇離婚が親と子供に及ぼす影響（共著）：非伝統的家庭の子育て―伝統的家庭との比較研究　マイケル・E.ラム編著，久米稔監訳　家政教育社　1993.8　468p
◇母親の就労と親であることへの移行（共著）（中村悦子訳）：母親の就労と子どもの発達―縦断的研究　エイデル・E.ゴットフライド，アレン・W.ゴットフライド編著，佐々木保行監訳　ブレーン出版　1996.4　318p

Cox, Roger　コックス，ロジャー
◇離婚が親と子供に及ぼす影響（共著）：非伝統的家庭の子育て―伝統的家庭との比較研究　マイケル・E.ラム編著，久米稔監訳　家政教育社　1993.8　468p

Coyne, Kevin P.　コーン，ケビン
◇規律ある戦略（共著）：マッキンゼー戦略の進化―不確実性時代を勝ち残る　名和高司，近藤正晃ジェームス編著・監訳，村井章子訳　ダイヤモンド社　2003.3 221p

Craemer-Rugenberg, Ingrid　クレーマー＝ルーゲンベルク，イングリート
◇アリストテレス（篠溝和久訳）：われわれは「自然」をどう考えてきたか　ゲルノート・ベーメ編，伊坂青司，長島隆監訳　どうぶつ社　1998.7　524p

Craig, Gary　クレイグ, ゲイリー
◇イギリス:福祉国家の後退?(共著)(所道彦訳):社会政策の国際的展開—先進諸国における福祉レジーム　ピート・アルコック, ゲイリー・クレイグ編, 埋橋孝文ほか共訳　晃洋書房　2003.5　328p

Craig, John E.　クレイグ, J. E. *
◇ドイツにおける高等教育と社会移動(吉門昌宏訳):高等教育の変貌1860-1930—拡張・多様化・機会開放・専門職化　コンラート・ヤーラオシュ編, 望田幸男, 安原義仁, 橋本伸也監訳　昭和堂　2000.10　374, 48p

Cramer, Ben　クレーマー, ベン
◇重荷と栄光—ヨーロッパの米軍基地(共著):ザ・サン・ネバー・セッツ—世界を覆う米軍基地　ジョセフ・ガーソン, ブルース・バーチャード編著, 佐藤昌一郎監訳　新日本出版社　1994.1　318p

Cramer, Jacqueline　クレイマー, J. *
◇持続的な開発を進める基礎となる環境に関する企業間の協議(共著)(飯田清人訳):グリーニングチャレンジ—企業の環境戦略　Kurt Fischer, Johan Schot編, 藤森敬三監訳, 日本電気環境エンジニアリング訳　日科技連出版　1999.8　419p

Crampe-Casnabet, Michèle　クランプ=カナベ, ミシェル
◇哲学の著作のなかの女性(十八世紀):女の歴史　3〔2〕　十六—十八世紀　2　杉村和子, 志賀亮一監訳　ナタリー・ゼモン=デイヴィス, アルレット・ファルジュ編　藤原書店　1995.1　854p

Crandall, Lynda　クランドール, L. *
◇入居者の行動の潜在的な原因を識別する(共著):個人に合わせた痴呆の介護—創造性と思いやりのアプローチ　J.レイダー, E.M.トーンキスト編, 大塚俊男監訳, 老齢健康科学研究財団訳　日本評論社　2000.1　269p

Crane, Dwight B.　クレイン, ドワイト・B.
◇1990年代における顧客リレーションシップ(共著):金融サービス業—21世紀への戦略　サミュエル・L.ヘイズ3編, 小西竜治監訳　東洋経済新報社　1999.10　293p

Crapanzano, Vincent　クラパンザーノ, ヴィンセント
◇ヘルメスのディレンマ:文化を書く　ジェイムズ・クリフォード, ジョージ・マーカス編, 春日直樹ほか訳　紀伊国屋書店　1996.11　546p　(文化人類学叢書)

Craven, Toni　クレーヴン, トニ
◇ダニエル書・ダニエル書補遺(加藤明子訳):女性たちの聖書注解—女性の視点で読む旧約・新約・外典の世界　C.A.ニューサム, S.H.リンジ編, 加藤明子, 小野功生, 鈴木元子訳, 荒井章三, 山内一郎日本語版監修　新教出版社　1998.3　682p

Crawford, Verlaine　クロウフォード, ヴァーレーン
◇イサ:アセンションするDNA—光の12存在からのメッセージ　ヴァージニア・エッセン編著, 冬月晶訳　ナチュラルスピリット　1999.2　299p

Crawford, W. H.　クロフォード, W. H.
◇両社会の鏡としてのアルスター:アイルランドとスコットランド—比較社会経済史　T.M.ディヴァイン,

D.ディクソン編著, 津波古充文訳　論創社　1992.8　474p

Creedy, J.　クリーディ, ジョン
◇マーシャルと国際貿易(斧田好雄訳):マーシャル経済学の体系　J.K.ホイティカー編著, 橋本昭一監訳　ミネルヴァ書房　1997.8　377p　(マーシャル経済学研究叢書 3)

Creighton, Millie R.　クライトン, ミリー・R.
◇デパート—日本を売ったり、西洋を商ったり:文化加工装置ニッポン—「リ=メイド・イン・ジャパン」とは何か　ジョーゼフ・J.トービン編, 武田徹訳　時事通信社　1995.9　321, 14p

Creveld, Martin van　クレフェルト, マーチン・ファン
◇軍事力の有用性(立川京一監訳):戦争の本質と軍事力の諸相　石津朋之編　彩流社　2004.2　320, 6p

Crews, John E.　クルーズ, ジョン・E.
◇高齢化と視覚喪失—政策と実践のための概念(星野智子訳):高齢化社会と視覚障害—新世紀に向けたアメリカの挑戦　ジョン・E.クルーズ, フランク・J.ウィッテングトン編, 岩橋明子訳監修　日本盲人福祉委員会　2003.1　302p

Criddle, Byron　クリドゥル, B.
◇フランス:正統性の確立(土屋േ久訳):西ヨーロッパの野党　E.コリンスキー編, 清水望監訳　行人社　1998.5　398p

Crimmins, Daniel　クリミンス, D. *
◇『問題行動』への介入としての機能的に等価な反応の形成(共著):重度知的障害への挑戦　ボブ・レミントン編, 小林重雄監訳, 藤原義博, 平沢紀子共訳　二瓶社　1999.3　461p

Critchley, Deane L.　クリッチュリー, D. *
◇精神病の子どもとその親のために遊びを治療的に用いること(共著):共同治療者としての親訓練ハンドブック　下　Charles E.Schaefer, James M.Briesmeister編, 山上敏子, 大隈紘子監訳　二瓶社　1996.11　p334-648

Croce, Benedetto　クローチェ, ベネデット
◇デ・サンクティスの講演「学問と生」を読み返してみて(上村忠男訳):国民革命幻想—デ・サンクティスからグラムシへ　上村忠男編訳　未来社　2000.6　166p　(転換期を読む 5)

Crom, Oliver　クロム, オリバー
◇「人を動かす」法則は、いつの時代も変わらない:ウェルチはこうして組織を甦らせた—アメリカ・トップリーダーからの経営処方箋29　ケン・シェルトン編著, 堀紘一監修・訳　フロンティア出版　1999.12　281p

Cronin, Helena　クローニン, ヘレナ
◇進化心理学:哲学者は何を考えているのか　ジュリアン・バジーニ, ジェレミー・スタンルーム編, 松本俊吉訳　春秋社　2006.5　401, 13p　(現代哲学への招待 basics　丹治信春監修)

Cronin, Patrick M.　クローニン, パトリック
◇TMDと日米同盟　他(高橋杉雄訳):日米同盟—米国の戦略　マイケル・グリーン, パトリック・クローニン編, 川上高司監訳　勁草書房　1999.9　229, 11p

Cross, Frank Moore クロス, フランク・ムーア
◇死海文書の歴史的状況 他：死海文書の研究　ハーシェル・シャンクス編, 池田裕監修, 高橋晶子, 河合一充訳　ミルトス　1997.9　452p

Cross, John クロス, ジョン
◇競争原理を働かせるITのアウトソーシング戦略：ITマネジメント　Harvard Business Review編, Diamondハーバード・ビジネス・レビュー編集部訳　ダイヤモンド社　2000.10　277p

Crouch, Colin クラウチ, コーリン
◇資本主義の多様性の将来（共著）：現代の資本主義制度―グローバリズムと多様性　コーリン・クラウチ, ウォルフガング・ストリーク編, 山田鋭夫訳　NTT出版　2001.7　301p

Crouhy, Michel クルーイ, M.*
◇一貫性のあるオペレーショナルリスクの計測および管理の構築手法（共著）：オペレーショナルリスク―金融機関リスクマネジメントの新潮流　アーサーアンダーセン編・訳　金融財政事情研究会　2001.1　413p

Croutier, Alev Lytle クルーティエ, アルヴ・リトル
◇シベリア横断鉄道でキャビアとシャンパンの調達人になった日―シベリア鉄道：お気をつけて, いい旅を。―異国で出会った悲しくも可笑しい51の体験　メアリー・モリス, ポール・セロー, ジョン・ゴアス, イザベル・アジェンデ, ドミニク・ラビエール他著, 中俣真知子訳　アスペクト　1995.7　366p

Crowley, Michael クローリー, M.
◇情動調節の発達：情動状態と情動表出に及ぼす影響（共著）（興津真理子訳）：家族の感情心理学―そのよいときも, わるいときも　E.A.ブレックマン編著, 浜治世, 松山義則監訳　北大路書房　1998.4　275p

Crunican, Paul E. クルーニカン, ポール・E.
◇アングロ・サクソン世界におけるカトリシズム―カナダにおける教会―一八五〇年から現代まで：キリスト教史　第10巻　現代世界とキリスト教の発展　上智大学中世思想研究所編訳・監修　J.T.エリス他著　講談社　1991.7　499, 105p
◇カナダにおける教会：キリスト教史　10　現代世界とキリスト教の発展　上智大学中世思想研究所編訳・監修　J.T.エリスほか著　平凡社　1997.6　599p　（平凡社ライブラリー）

Crüsemann, Frank クリュゼマン, フランク
◇聖書の唯一の神は, 諸宗教の中で様々な姿で拝まれるか 他：キリスト教とユダヤ教―キリスト教信仰のユダヤ的ルーツ　F.クリュゼマン, U.タイスマン編, 大住雄一訳　教文館　2000.12　232p

Crüsemann, Marlene クリュゼマン, マルレーネ
◇キリスト教はユダヤ教の一派か：キリスト教とユダヤ教―キリスト教信仰のユダヤ的ルーツ　F.クリュゼマン, U.タイスマン編, 大住雄一訳　教文館　2000.12　232p

Crutcher, Diane M. クラッチャー, D. M.*
◇QOL対QOLの判断：両親の見方：知的障害・発達障害を持つ人のQOL―ノーマライゼーションを超えて　Robert L.Schalock編, 三谷嘉明, 岩崎正子訳　医歯薬出版　1994.5　346p

Crutzen, Paul J. クルッツェン, パウル
◇空気って何？：ノーベル賞受賞者にきく子どものなぜ？なに？　ベッティーナ・シュティーケル編, 畔上司訳　主婦の友社　2003.1　286p
◇空気って何？：ノーベル賞受賞者にきく子どものなぜ？なに？　ベッティーナ・シュティーケル編, 畔上司訳　主婦の友社　2005.10　222p

Csikszentmihalyi, Mihaly チクセントミハイ, ミハイ
◇ミーム対ジーン（瀬野裕美訳）：「意識」の進化論―脳こころ AI　ジョン・ブロックマン編, 長尾力ほか訳　青土社　1992.10　366p

Cube, Alexander von クーベ, アレグザンダー・フォン
◇ドイツにおける外国人労働者問題に関する労働組合の人権教育（谷和明訳）：世界の人権教育―理論と実践　ジョージ・J.アンドレオポーロス, リチャード・ピエール・クロード編著, 黒沢惟昭監訳　明石書店　1999.2　758p

Cullen, Chris カレン, C.*
◇知的障害への臨床心理サービス（共著）（古池若葉訳）：専門職としての臨床心理士　ジョン・マツィリア, ジョン・ホール編, 下山晴彦編訳　東京大学出版会　2003.4　435p

Cullen, L. M. カレン, L. M.
◇アイルランドとスコットランドにおける, 所得, 社会階級および経済成長　一六〇〇―一九〇〇：アイルランドとスコットランド―比較社会経済史　T.M.ディヴァイン, D.ディクソン編著, 津波古充文訳　論創社　1992.8　474p

Culnan, Mary J. カルナン, M. J.
◇インターネット時代のプライバシー（共著）：新リレーションとモデルのためのIT企業戦略とデジタル社会　ゲイリー・ディクソン, ジェラルディン・デサンクティス編, 橋立克朗ほか訳　ピアソン・エデュケーション　2002.3　305p

Culp, Christopher L. カルプ, クリストファー・L.
◇レバレッジのいない先物に依るインフレ・ヘッジ（共著）：機関投資家のポートフォリオにおけるマネージド・フューチャーズ　チャールズ・B.エプスタイン編, 日本商品ファンド業協会訳　日本商品ファンド業協会　1995.3　320p
◇ファンドマネージャーのためのVaR（共著）：リスクバジェッティング―実務家が語る年金新時代のリスク管理　レスリー・ラール編, 三菱信託銀行受託財産運用部門訳　パンローリング　2002.4　575p（ウィザードブックシリーズ 34）

Cumberbatch, Catherine カンバーパッチ, キャサリン
◇カリブ海における栄養面での健康的ライフスタイルの促進 他（共著）（渡辺広二訳）：転換期の家族―ジェンダー・家族・開発　N.B.ライデンフロースト編, 家庭経営学部会訳　日本家政学会　1995.3　360p

Cumings, Bruce カミングス, ブルース
◇世界システムにおける日本の位置（森谷文昭訳）：歴史としての戦後日本　上　アンドルー・ゴードン編, 中村政則監訳　みすず書房　2001.12　264, 29p
◇アメリカから見た戦後日本（湯浅成大訳）：戦後改革とその遺産　中村政則, 天川晃, 尹健次, 五十嵐武士

cumin

79

編　岩波書店　2005.10　295p　（戦後日本　占領と戦後改革　新装版　第6巻）

Cummings, Joe　カミングズ，ジョー
◇火山見学ツアーの顛末―インドネシア・クラカタウ火山：お気をつけて、いい旅を。―異国で出会った悲しくも可笑しい51の体験　メアリー・モリス、ポール・セロー、ジョー・ゴアス、イザベル・アジェンデ、ドミニク・ラビエールほか著、古屋美登里、中俣真知子訳　アスペクト　1995.7　366p

Cummins, Jim　カミンズ，ジム
◇遺産言語の学習と教育（長谷川瑞穂、森田彰訳）：多文化主義―アメリカ、カナダ、イギリス、オーストラリアの場合　多文化社会研究会訳編　木鐸社　1997.9　274, 8p
◇声の否定（中島和子訳）：ぼくたちの言葉を奪わないで！―ろう児の人権宣言　全国ろう児をもつ親の会編　明石書店　2003.5　207p

Cummins, Robert A.　カミンズ，R. A. *
◇生活の質の評価：障害をもつ人にとっての生活の質―モデル・調査研究および実践　ロイ・I.ブラウン編著、中園康夫、末光茂監訳　相川書房　2002.5　382p

Cundall, Arthur Ernest　カンダル，アーサー・E.
◇士師記（佐々木哲夫訳）：士師記　ルツ記　アーサー・E.カンダル、レオン・モリス著、佐々木哲夫、岡田初枝訳　いのちのことば社　2006.12　318p　（ティンデル聖書注解）

Cunningham, Charles E.　カニンガム，C. E. *
◇問題行動がある言語遅滞児の親のための家族システムに基づいた訓練プログラム（免田賢訳）：共同治療者としての親訓練ハンドブック　Charles E.Schaefer, James M.Briesmeister編、山上敏子、大隈紘子監訳　二瓶社　1996.11　332p

Cunningham, Phillippe B.　カニンガム，P. B. *
◇児童・青年期（共著）（大脇万起子訳）：地域精神保健看護　ナンシー・K.ワーレイ原著編集、早川和生監訳　医学書院　1999.9　304p

Cunningham, Stuart　カニンガム，スチュアート
◇脱西欧化の文化座標：オーストラリア（共著）（大畑裕嗣訳）：メディア理論の脱西欧化　J.カラン、朴明珍編、杉山光信、大畑裕嗣訳　勁草書房　2003.2　306p

Cunow, Heinrich Wilhelm Carl　クノウ，ハインリッヒ
◇婚姻及び家族の原始について（服部之聡訳）：世界女性学基礎文献集成　昭和初期編　第1巻　水田珠枝監修　ゆまに書房　2001.12　20, 221p

Cuomo, Mario　クオモ，マリオ
◇マリオ・クオモ知事―民主党大会における基調演説（白須清美訳）：アメリカ政治の展開　板場良久スピーチ解説、滝custom子、白須清美訳　アルク　1998.4　148p　（20世紀の証言　英語スピーチでたどるこの100年　第1巻―CD book　松尾弌之監修・解説）

Cupitt, Don　キューピット，ドン
◇非実在的な神：哲学者は何を考えているのか　ジュリアン・バジーニ、ジェレミー・スタンルーム編、松本俊吉訳　春秋社　2006.5　401, 13p　（現代哲学への招待 basics　丹治信春監修）

Curcio, Barbara Ann　カーシオ，バーバラ・アン
◇プエルト・プラタ―もうイヤっ！―ドミニカ共和国・プエルトプラタ：お気をつけて、いい旅を。―異国で出会った悲しくも可笑しい51の体験　メアリー・モリス、ポール・セロー、ジョー・ゴアス、イザベル・アジェンデ、ドミニク・ラビエールほか著、古屋美登里、中俣真知子訳　アスペクト　1995.7　366p

Curl, Rita　カール，R.（知的障害）*
◇発達障害者の雇用における社会的・職業的要因（共著）：重度知的障害への挑戦　ボブ・レミントン編、小林重雄監訳、藤原義博、平沢紀子共訳　二瓶社　1999.3　461p

Curley, Edwin M.　カーリー，エドウィン・M.
◇デカルトの永遠真理創造説（小泉義之訳）：現代デカルト論集　2　英米篇　デカルト研究会編　勁草書房　1996.7　331, 9p

Curran, James　カラン，ジェームズ
◇マスメディアと民主主義：再評価：マスメディアと社会―新たな理論的潮流　J.カラン，M.グレヴィッチ編〔改訂版〕　勁草書房　1995.1　24, 240p
◇リベラル・コーポラティズムの衰退：イギリス　他（共著）（杉山光信訳）：メディア理論の脱西欧化　J.カラン、朴明珍編、杉山光信、大畑裕嗣訳　勁草書房　2003.2　306p

Curtis, Mark　カーティス，マーク
◇G8グレンイーグルス2005：G8―G8ってナンですか？　ノーム・チョムスキー、スーザン・ジョージ他著、氷上春奈訳　ブーマー　2005.7　238p

Cusumano, Michael A.　クスマノ，マイケル・A.
◇急成長のための3つの戦略（共著）：MITスローン・スクール戦略論　マイケル・A.クスマノ、コンスタンチノス・C.マルキデス編、グロービス・マネジメント・インスティテュート訳　東洋経済新報社　2003.12　287p

Cutler, Tony　カトラー，トニー
◇内部告発とビジネス倫理（共著）（小林宏臣訳）：内部告発―その倫理と指針　David B.Lewis編、日本技術士会訳編　丸善　2003.2　159p

Cuvier, C.　キュヴィエ，C.
◇本能とは、種の役に立つ観念的＝運動的行為であるのか：ドゥルーズ初期―若き哲学者が作った教科書　ジル・ドゥルーズ編著、加賀野井秀一訳注　夏目書房　1998.5　239p

Cuvo, Anthony J.　クーヴォ，A. J. *
◇刺激性制御の確立と転移―発達障害の人たちを教える（共著）（野口幸弘訳）：挑戦的行動の先行子操作―問題行動への新しい援助アプローチ　ジェームズ・K.ルイセリー、マイケル・J.キャメロン編、園山繁樹ほか訳　二瓶社　2001.8　461p

Cuyvers, Ludo　キュイベルス，ルド
◇役員兼任と企業の経済活動の相互作用　他（共著）：企業権力のネットワーク―10カ国における役員兼任の比較分析　フラン・N.ストークマン、ロルフ・ツィーグラー、ジョン・スコット編著、上田義朗訳　文真堂　1993.11　340p

Cwiertka, Katarzyna　チフィエルトカ，カタルジナ
◇「にしん丼」―日蘭折衷料理のあけぼの：日蘭交流

400年の歴史と展望―日蘭交流400周年記念論文集 日本語版　レオナルド・ブリュッセイ，ウィレム・レメリンク，イフォ・スミッツ編　日蘭学会　2000.4　459p（日蘭学会学術叢書 第20）

Cyprianus, Thascius Caecilius　キュプリアヌス, T.
◇主の祈りについて 他（吉原聖訳）：中世思想原典集成 4　初期ラテン教父　上智大学中世思想研究所編訳・監修　平凡社　1999.6　1287p

Czarnecka, Roza　チャルネッカ, R. *
◇戦略とプロセス―ポーランドZEC社における二兎追いプロジェクト（共著）：ARISを活用したビジネスプロセスマネジメント―欧米の先進事例に学ぶ　A.-W.シェアー他共編, 堀内正博, 田中良郎, 柳堀紀幸監訳　シュプリンガー・フェアラーク東京　2003.7　281p

Czitrom, Daniel J.　チトロム, ダニエル
◇電光石火の電信線：歴史のなかのコミュニケーション―メディア革命の社会文化史　デイヴィッド・クローリー, ポール・ヘイヤー編, 林進, 大久保公雄訳　新曜社　1995.4　354p

【D】

Daalder, Hans　ダールダー, ハンス
◇欧州の比較政治研究における各国の意味（古田雅雄訳）：西欧比較政治―データ/キーワード/リーディングス　G.レームブルック, J.ブロンデル, H.ダールダーほか著, 加藤秀治郎編　一芸社　2002.10　242p
◇欧州の比較政治研究における各国の意味（古田雅雄訳）：西欧比較政治―データ/キーワード/リーディングス　G.レームブルッフほか著, 加藤秀治郎編　第2版　一芸社　2004.4　276p

Dachler, Peter　ダハラー, P.
◇社会システムの理解にとって有機体アナロジーがもつ幾つかの説明上の限界：自己組織化とマネジメント　H.ウルリッヒ, G.J.B.プロブスト編, 徳安彰訳　東海大学出版会　1992.11　235p

Dachs, Herbert　ダクス, ハーバード
◇第10章 地方政治：現代オーストリアの政治　フォルクマール・ラウバー編, 須藤博忠訳　信山社出版　1997.3　321, 5p

Dadzie, Stella　ダジー, ステラ
◇人種/民族差別と文化（共著）：メディア・セクシズム―男がつくる女　ジュリアンヌ・ディッキー, テレサ・ストラトフォード, キャス・デイビス編, 井上輝子, 女性雑誌研究会編訳　垣内出版　1995.6　342p

Daggan, Maria　ダガン, マリア
◇公的保健活動としてのソーシャルワーク―新しい環境における協働と葛藤（杉本敏夫訳）：コミュニティケア改革とソーシャルワーク教育―イギリスの挑戦　スチーヴ・トレビロン, ピーター・ベレスフォード編, 小田兼三, 杉本敏夫訳　筒井書房　1999.6　119p

Dahl, Robert Alan　ダール, ロバート・A.
◇政治学における行動論アプローチ：アメリカ政治学の展開―学説と歴史　ジェームズ・ファ, レイモンド・セイデルマン編著, 本田弘, 藤原孝, 秋山和宏, 石川晃司, 入江正俊ほか訳　サンワコーポレーション　1996.2　506p

◇ロバート・A.ダール（美奈川ゆかり訳）：アメリカ政治学を創った人たち―政治学の口述史　M.ベアー, M.ジュエール, L.サイゲルマン編, 内山秀夫監訳　ミネルヴァ書房　2001.12　387p（Minerva人文・社会科学叢書 59）

Dahlberg, A. W.　ダールバーグ, A. W.
◇健全な会社を長い目で構築する（抄録）：企業の未来像―成功する組織の条件　フランシス・ヘッセルバイン, マーシャル・ゴールドスミス, リチャード・ベックハード編, 小坂恵理訳　トッパン　1998.7　462p（トッパンのビジネス経営書シリーズ 14）

Dailami, Mansoor　ダイラミ, マンスール
◇グローバルな金融リスクへの対処：経済成長の「質」　ビノッド・トーマスほか著, 小浜裕久, 織井啓介, 冨田陽子訳　東洋経済新報社　2002.4　280p

Dalai Lama　ダライ・ラマ14世
◇愛情って何？：ノーベル賞受賞者にきく子どものなぜ？なに？　ベッティーナ・シュティーケル編, 畔上司訳　主婦の友社　2003.1　286p
◇人権と平和（阿部純子訳）：あなたの手で平和を！―31のメッセージ　フレドリック・S.ヘッファメール編, 大庭里美, 阿部純子訳　日本評論社　2005.3　260p
◇愛情って何？：ノーベル賞受賞者にきく子どものなぜ？なに？　ベッティーナ・シュティーケル編, 畔上司訳　主婦の友社　2005.10　222p

Dalarun, Jacques　ダララン, ジャック
◇聖職者たちのまなざし：女の歴史 2〔1〕　中世 1　杉村和子, 志賀亮一監訳　クリスティアーヌ・クラピシュ＝ズュベール編　藤原書店　1994.5　436p

Dalby, Liza Crihfield　ダルビー, ライザ・C.
◇Geisha「芸者」（抄録）（入江恭子訳）：伝統のなかの都市　明石書店　2005.6　875p（都市民俗生活誌 第3巻　有末賢, 内田忠賢, 倉石忠彦, 小林忠雄編）

Dale, Angela　デイル, A.
◇政府統計の秘匿―隠すための口実（杉橋やよい訳）：現代イギリスの政治算術―統計は社会を変えるか　D.ドーリング, S.シンプソン編著, 岩井浩ほか監訳　北海道大学図書刊行会　2003.7　588p

Dale, Peter　デイル, ピーター
◇「虐待」の後の問題（田沢あけみ訳）：児童虐待への挑戦　ウェンディ・スティントン・ロジャース, デニス・ヒーヴィー, エリザベス・アッシュ編著, 福知栄子, 中野敏子, 田沢あけみほか訳　法律文化社　1993.11　261p

Dales, Douglas J.　デイルズ, ダグラス・J.
◇ケルトとアングロサクソン：キリスト教のスピリチュアリティ―その二千年の歴史　ゴードン・マーセル監修, G.マーセル他著, 青山学院大学総合研究所訳　新教出版社　2006.4　415p

Daley, Richard　デイリー, リチャード
◇リチャード・デイリーシカゴ市長―民主党大会における騒乱について（川端伸子訳）：アメリカ社会の光と影　板場良久スピーチ解説, 川端伸子訳　アルク　1998.7　138p（20世紀の証言 英語スピーチでたどるこの100年 第4巻　CD book　松尾弌之監修・解説）

Dalkey, N. C.　ダルキー, ノーマン・C.
◇デルファイ手法によってグループの意見をまとめる試み：デルファイ手法の原理と応用―PPBS特集3

dalla

防衛研修所 〔1970〕 88p （研究資料 70RT-4）

Dalla Costa, Giovanna Franca ダラ・コスタ, ジョヴァンナ・フランカ
◇開発と経済危機—国際債務の枠組みに見るヴェネズエラの女性労働と社会政策（伊田久美子訳）：約束された発展？—国際債務政策と第三世界の女たち マリアローザ・ダラ・コスタ, ジョヴァンナ・フランカ・ダラ・コスタ編 インパクト出版会 1995.7 213p

Dalley, Gillian ダリー, ジリアン
◇専門職イデオロギーなのか, あるいは組織的な閉鎖主義なのか：ソーシャルワークとヘルスケア—イギリスの実践に学ぶ レックス・テーラー, ジル・フォード編, 小松源助監訳 中央法規出版 1993.9 247p
◇社会福祉思想とノーマリゼーション—連携と葛藤：ノーマリゼーションの展開—英国における理論と実践 ヘレン・スミス, ヒラリー・ブラウン編, 中園康夫, 小田兼三監訳 学苑社 1994.4 300p

Dalrymple, Nancy J. ダーリンプル, ナンシー・J.
◇環境的援助で柔軟性と自立性を発達させる：社会性とコミュニケーションを育てる自閉症療育 Kathleen Ann Quill編, 安達潤ほか訳 松柏社 1999.9 481p

Dalton, Roque ダルトン, ロケ
◇禁じられた親指小僧の歴史：禁じられた歴史の証言—中米に映る世界の影 ロケ・ダルトンほか著, 飯島みどり編訳 現代企画室 1996.7 269p （インディアス群書 第19巻）

Daly, Herman E. デイリー, ハーマン・E.
◇エコロジカルな税制改革：ゼロ・エミッション—持続可能な産業システムへの挑戦 フリッチョフ・カプラ, グンター・パウリ編著 ダイヤモンド社 1996.3 240p

Daly, Maurie デイリー, モーリー
◇存在しない孤立経済（川原美紀雄訳）：超市場化の時代—効率から公正へ スチュアート・リースほか編, 川原紀美雄監訳 法律文化社 1996.10 372p

Dalziel, Paul ダルジール, ポール
◇効果的な福祉国家の再建に向けて（共著）（太谷亜由美訳）：ニュージーランド福祉国家の再設計—課題・政策・展望 ジョナサン・ボストン, ポール・ダルジール, スーザン・セント・ジョン編, 芝田英昭, 福地潮人監訳 法律文化社 2004.12 394p

Damasio, Antonio R. ダマシオ, アントニオ・R.
◇社会的慣習と倫理の自然的基盤の理解—神経のデータ：倫理は自然の中に根拠をもつか マルク・キルシュ編, 松浦俊輔訳 産業図書 1995.8 387p

Damiani, Petrus ダミアニ, ペトルス
◇書簡一一七—聖なる純朴について（矢内義顕訳）：中世思想原典集成 7 前期スコラ学 上智大学中世思想研究所編訳・監修 平凡社 1996.6 953p

da Motta, Alda Britto ダ・モッタ, アルダ・ブリット
◇ブラジルにおける窮乏化と女性の社会運動への参加（共著）（小倉利丸訳）：約束された発展？—国際債務政策と第三世界の女たち マリアローザ・ダラ・コスタ, ジョヴァンナ・フランカ・ダラ・コスタ編 インパクト出版会 1995.7 213p

Danenberg, Anne ダネンバーグ, A.
◇サンディエゴ（共著）：格差社会アメリカの教育改革—市場モデルの学校選択は成功するか フレデリック・M.ヘス, チェスター・E.フィンJr.編著, 後洋一訳 明石書店 2007.7 465p （明石ライブラリー 111）

Dang, Ba Lam ダン, バー・ラム
◇研究活動と高等教育（共著）（夏立憲訳）：変革期ベトナムの大学 ディヴィッド・スローパー, レ・タク・カン編著, 大塚豊監訳 東信堂 1998.9 245p

D'Angelo, Mary Rose ダンジェロ, メアリー・ローズ
◇ヘブライ書（鈴木元子訳）：女性たちの聖書注解—女性の視点で読む旧約・新約・外典の世界 C.A.ニューサム, S.H.リンジ編, 加藤明子, 小野功生, 鈴木元子訳, 荒井章三, 山内一郎日本語版監修 新教出版社 1998.3 682p

Dani, Ahmad Hasan ダニ, アーマド・ハッサン
◇南アジアにおける太陽神（秋山光文, 金原由紀子訳）：太陽神話—生命力の象徴 マダンジート・シン, UNESCO編, 木村重信監修 講談社 1997.2 399p

Daniel, Kent D. ダニエル, K.D. *
◇非対称情報下における投資資金調達（大橋和彦訳）：ファイナンスハンドブック R.A.Jarrow, V.Maksimovic, W.T.Ziemba編, 今野浩, 古川浩一監訳 朝倉書店 1997.12 1121p

Daniel, Patricia ダニエル, P. *
◇児童分析と無意識的幻想の概念（木部則雄訳）：クラインとビオンの臨床講義 R.アンダーソン編, 木部則雄ほか訳 岩崎学術出版社 1996.10 226p （現代精神分析双書 第2期 第20巻）

Daniel, Timothy P. ダニエル, ティモシー・P.
◇垂直合併の効果分析：市場シェアよりも重要となる誘因の分析：競争政策の経済学—競争政策の諸問題に対する経済学的アプローチ ローレンス・ウー編, 大西利佳, 森信夫, 中島敏監訳 NERA 2005.11 173p

Daniels, Gordon ダニエルズ, ゴードン
◇サー・ジョージ・サンソム：英国と日本—架橋の人びと サー・ヒュー・コータッツイ, ゴードン・ダニエルズ編著, 横山俊夫解説, 大山瑞代訳 思文閣出版 1998.11 503, 68p
◇国民をして国民に平和を語らしめん 他（共著）（高田明佳訳）：日英交流史—1600-2000 5 社会・文化 細谷千博, イアン・ニッシュ監修 都築忠七, ゴードン・ダニエルズ, 草光俊雄編 東京大学出版会 2001.8 398, 8p

Daniels, Lee A. ダニエルズ, リー・A.
◇バランスを保って生きる：セルフヘルプ—自助＝他人に頼らず, 自分の力で生きていく！ 2 ケン・シェルトン編著, 堀紘一監訳 フロンティア出版 1998.12 283p

Daniels, Maygene ダニエル, メイジーン
◇建築記録の配列 他：建築記録アーカイブズ管理入門 国際アーカイブズ評議会建築記録部会編, 安沢秀一訳著 書肆ノワール 2006.7 293p （Museum library archives 1）

Daniels, Stephen ダニエルズ, スティーヴン
◇ジョージ朝後期イギリスにおける森林の政治的イコノグラフィ 他（原田由紀乃訳）：風景の図像学 D.コ

スグローブ, S.ダニエルス共編, 千田稔, 内田忠賢監訳 地人書房 2001.3 460p

Danks, Alister ダンクス, アリスター
◇戦略的サプライチェーン・マネジメント―サプライチェーンとビジネスの連携が生む株主価値（共著）: サプライチェーン戦略 ジョン・ガトーナ編, 前田健蔵, 田村誠一訳 東洋経済新報社 1999.5 377p (Best solution)

Dannenbeck, Clemens ダンネンベック, クレメンス
◇旧東西ドイツの児童の生活条件と保育の可能性（共著）: 統一ドイツの生活実態―不均衡は均衡するのか ヴォルフガング・グラッツァー, ハインツ・ヘルベルト・ノル編, 長坂聡, 近江谷左馬之介訳 勁草書房 1994.3 236p

Darnton, Robert ダーントン, ロバート
◇ルソーを読む―十八世紀の「平均的」読者像: 書物から読書へ ロジェ・シャルチェ編, 水林章, 泉利明, 露崎俊和共訳 みすず書房 1992.5 374p
◇読むことの歴史（川島昭夫訳）: ニュー・ヒストリーの現在―歴史叙述の新しい展望 ピーター・バーク編, 谷川稔他訳 人文書院 1996.6 352p

Daro, Deborah ダロー, デボラ
◇子どもの性的虐待の予防（共著）: 虐待された子ども―ザ・バタード・チャイルド メアリー・エドナ・ヘルファ, ルース・S.ケンプ, リチャード・D.クルーグマン編, 子どもの虐待防止センター監修, 坂井聖二監訳 明石書店 2003.12 1277p

Darr, Katheryn Pfisterer ダール, キャサリン・プフィステラー
◇エゼキエル書（加藤明子訳）: 女性たちの聖書注解―女性の視点で読む旧約・新約・外典の世界 C.A.ニューサム, S.H.リンジ編, 加藤明子, 小野功生, 鈴木元子訳, 荒井章三, 山内一郎日本語版監修 新教出版社 1998.3 682p

Darwin, Charles Robert ダーウィン, チャールズ・ロバート
◇本能は完成に向かう: 小さな変化 他: ドゥルーズ初期―若き哲学者が作った教科書 ジル・ドゥルーズ編, 加賀野井秀一訳注 夏目書房 1998.5 239p
◇人類の由来（抄録）他（田中茂穂訳）: 世界女性学基礎文献集成 明治大正編 第6巻 水田珠枝監修 ゆまに書房 2001.6 333p

Dasgupta, Ajit Kumar ダスグプタ, アジト・K.
◇マーシャルの期間分析についての一考察（藤田晩男訳）: マーシャル経済学の体系 J.K.ホイティカー編著, 橋本昭一監訳 ミネルヴァ書房 1997.8 377p（マーシャル経済学研究叢書 3）

Dasgupta, Pertha Sarathi ダスグプタ, パーサ
◇栄養と貧困の経済学: フューチャー・オブ・エコノミクス―21世紀への展望 ガルブレイス他著, J.D.ヘイ編, 鳥居泰彦訳 同文書院インターナショナル 1992.1 413p

Dass, Ram ダス, ラム
◇死の瞬間の思考（菅靖彦訳）: 死を超えて生きるもの―霊魂の永遠性について ゲイリー・ドーア編, 井村宏治, 上野圭一, 笠原敏雄, 鹿子木大士郎, 菅靖彦, 中村正明, 橋村令助訳 春秋社 1993.11 407, 10p
◇気づきの巡礼: 魂をみがく30のレッスン リチャー

ド・カールソン, ベンジャミン・シールド編, 鴨志田千枝子訳 同朋舎 1998.6 252p
◇スピリチュアルな道の可能性と落とし穴: スピリチュアル・エマージェンシー―心の病と魂の成長について スタニスラフ・グロフ, クリスティーナ・グロフ編著, 高岡よし子, 大口康子訳 春秋社 1999.6 341, 8p
◇すべての他者を恋人と思えるようにする: 小さなことを大きな愛でやろう リチャード・カールソン, ベンジャミン・シールド編, 小谷啓子訳 PHP研究所 1999.11 263, 7p

Daudet, Alphonse ドーデ, アルフォンス
◇最後の授業: もう一度読みたい国語教科書 小学校篇 ダルマックス編 ぶんか社 2002.4 221p

Dauer, Sheila ドワー, シーラ
◇いまだ果たされない責務（神崎智子訳）: 女性の人権とジェンダー―地球規模の視座に立って マージョリー・アゴシン編著, 堀内光子, 神崎智子, 望月康恵, 力武由美, ベバリー・アン山本訳 明石書店 2007.12 586p （明石ライブラリー）

Dauphin, Cécile ドーファン, セシール
◇独身の女性たち（志賀亮一訳）: 女の歴史 4〔2〕 十九世紀 2 杉村和子, 志賀亮一監訳 ジュヌヴィエーヴ・フレス, ミシェル・ペロー編 藤原書店 1996.10 p513〜992

Davenport, Thomas H. ダベンポート, トーマス・H.
◇ERPの効果とその限界 他: ITマネジメント Harvard Business Review編, Diamondハーバード・ビジネス・レビュー編集部訳 ダイヤモンド社 2000.10 277p
◇アイデアの具現者が企業を動かす（共著）: いかに「プロジェクト」を成功させるか Diamondハーバード・ビジネス・レビュー編集部編訳 ダイヤモンド社 2005.1 239p （Harvard business review anthology）
◇ジャスト・イン・タイム型ナレッジ・マネジメント（共著）: いかに「時間」を戦略的に使うか Diamondハーバード・ビジネス・レビュー編集部編訳 ダイヤモンド社 2005.10 192p （Harvard business review anthology）
◇分析力で勝負する企業: 意思決定のサイエンス Diamondハーバード・ビジネス・レビュー編集部編訳 ダイヤモンド社 2007.3 238p （Harvard business review anthology）

Davenport-Hines, R. P. T. ダヴェンポート-ハインズ, R. P. T.
◇ヴィッカーズとシュネーデル: イギリスとフランスの新しい多国籍化戦略1916-26年の比較（竹村孝雄訳）: 続 歴史のなかの多国籍企業―国際事業活動研究の拡大と深化 アリス・タイコーヴァ, モーリス・レヴィ・ルボワイエ, ヘルガ・ヌスバウム編, 浅野栄一, 鮎沢成男, 渋谷将, 竹村孝雄, 德重昌志, 日高克平訳 中央大学出版部 1993.4 334p （中央大学企業研究所翻訳叢書 6）

David, Abe デーヴィッド, エイブ
◇日本の世界経済戦略とオーストラリア（共著）（青木秀和訳）: 共生時代の日本とオーストラリア―日本の開発主義とオーストラリア多機能都市 ガバン・マコーマック, 佐々木雅幸, 青木秀和編 明石書店 1993.11 261p

David, Pascal ダヴィド, パスカル
◇ニーチェとハイデッガーとにおける形而上学概念（川口雅之訳）：ハイデッガーとニーチェ―何をおいても私を取り違えることだけはしてくれるな！　M.リーデル他共著, 川原栄峰監訳　南窓社　1998.4　318p

Davidson, Alan ディビドソン, A.
◇スコットランドにおける初年次教育と質保証・向上（杉谷祐美子訳）：初年次教育―歴史・理論・実践と世界の動向　浜名篤, 川嶋太津夫監訳　丸善　2006.11　267p

Davidson, Dorothy デヴィッドソン, ドロシー
◇能動的想像の一形式としての転移：ユング派の分析技法―転移と逆転移をめぐって　マイケル・フォーダム, ローズマリー・ゴードン, ジュディス・ハバック, ケネス・ランバート共編, 氏原寛, 李敏子共訳　培風館　1992.7　290p　（分析心理学シリーズ 2）

Davidson, Howard A. デイヴィドソン, ハワード・A.
◇裁判所と子どもの虐待：虐待された子ども―ザ・バタード・チャイルド　メアリー・エドナ・ヘルファ, ルース・S.ケンプ, リチャード・D.クルーグマン編, 子どもの虐待防止センター監修, 坂井聖二監訳　明石書店　2003.12　1277p

Davidson, Jeff ダビドソン, ジェフ
◇あなたは「息つく暇」を持っているか：セルフヘルプ―自助：他人に頼らず, 自分の力で生きていく！　2　ケン・シェルトン編著, 堀紘一監訳　フロンティア出版　1998.12　283p

Davidson, Paul デヴィッドソン, ポール
◇自然資源：ポスト・ケインズ派経済学入門　A.S.アイクナー編, 緒方俊雄ほか共訳　オンデマンド版　日本経済評論社　2003.3　221p　（ポスト・ケインジアン叢書 2）
◇開放経済の文脈における『一般理論』：一般理論―第二版―もしケインズが今日生きていたら　G.C.ハーコート, P.A.リーアック編, 小山庄三訳　多賀出版　2005.6　922p

Davidson, R. デヴィドソン, R.
◇古代イスラエルにおける契約概念（北博訳）：古代イスラエルの世界―社会学・人類学・政治学からの展望　R.E.クレメンツ編, 木田献一, 月本昭男監訳　リトン　2002.11　654p

Davies, Anne デイヴィス, アン（犯罪心理学）
◇特定プロファイリング分析―データベースによる犯罪者プロファイリング（久保孝之訳）：犯罪者プロファイリング―犯罪行動が明かす犯人像の断片　ジャネット・L.ジャクソン, デブラ・A.ベカリアン編, 田村雅幸監訳, 辻典明, 岩見広一訳　北大路書房　2000.3　234p

Davies, Bleddyn デービス, ブレディン
◇ケア付き保護住宅とコミュニティケア改革―この重要な居住形態はどのような進化をとげようとしているのか？（木村容子訳）：施設ケア対コミュニティケア―福祉新時代における施設ケアの役割と機能　レイモンド・ジャック編著, 小田兼三ほか監訳　勁草書房　1999.4　296p

Davies, Bob デビス, ボブ
◇緊縮的金融政策を処方するルービン：IMF改廃論争の論点　ローレンス・J.マッキラン, ピーター・C.モントゴメリー編, 森川公隆監訳　東洋経済新報社　2000.11　285p

Davies, Christie デーヴィス, クリスティ*
◇日々の快楽の禁止と課税　他（大久保雅夫訳）：ストレスと快楽　デイビッド・M.ウォーバートン, ニール・シャーウッド編著, 上里一郎監訳　金剛出版　1999.10　301p

Davies, Ian デイヴィス, イアン
◇市民としての思考と行動（共著）：欧州統合とシティズンシップ教育―新しい政治学習の試み　クリスティーヌ・ロラン-レヴィ, アリステア・ロス編著, 中里亜夫, 竹島博之監訳　明石書店　2006.3　286p　（明石ライブラリー 91）

Davies, Janathan デイヴィス, J.*
◇オペレーショナルリスク情報の定義と収集―リスク軽減と資本配分における応用（共著）：オペレーショナルリスク―金融機関リスクマネジメントの新潮流　アーサーアンダーセン編・訳　金融財政事情研究会　2001.1　413p

Davies, Michael デイヴィス, マイケル
◇看護専門職の気づきと虐待アセスメント（堀内ふき訳）：高齢者虐待―発見・予防のために　ピーター・デカルマー, フランク・グレンデニング編著, 田端光美, 杉岡直人監訳　ミネルヴァ書房　1998.2　246p　（Minerva福祉ライブラリー 23）

Davies, Mike デーヴィス, マイク
◇UK GAAP Generally Accepted Accounting Practice in the United Kingdom（共著）：元帳の締め切り　川島貞一訳　〔川島貞一〕　2002.8　1冊

Davies, Roy デイヴィス, R.
◇ミッド・グラモーガンにおける失業と長期疾病（要約）（岩井浩, 村上雅俊訳）：現代イギリスの政治算術―統計は社会を変えるか　D.ドーリング, S.シンプソン編著, 岩井浩ほか監訳　北海道大学図書刊行会　2003.7　588p

Davies, Simon デイヴィス, サイモン（コミュニケーション）
◇監視・スパイ：マクミラン近未来地球地図　イアン・ピアスン編, 松井孝典監訳　東京書籍　1999.11　115p

Davis, Ann デイヴィス, A.
◇利用者の視点：過渡期の精神医療―英国とイタリアの経験から　シュラミット・ラモン, マリア・グラツィア・ジャンニケッダ編, 川田誉音訳　海声社　1992.10　424p

Davis, Bette デイヴィス, ベティ
◇ベティ・デイヴィス（渡辺武信訳）：インタヴューズ　2　クリストファー・シルヴェスター編, 新庄哲夫ほか訳　文芸春秋　1998.11　451p

Davis, Bret W. デービス, ブレット・W.
◇日本の宗教哲学における刺激的な両義性―西田と禅とを中心に（杉本耕一訳）：日本哲学の国際性―海外における受容と展望　J.W.ハイジック編　世界思想社　2006.3　342, 9p　（Nanzan symposium 12）

Davis, Clarence Baldwin デイヴィス, クラレンス・B.
◇中国における鉄道帝国主義（内田知行訳）：鉄路17万マイルの興亡―鉄道からみた帝国主義　クラレンス・

B.デイヴィス, ケネス・E.ウィルバーン・Jr.編著, 原田勝正, 多田博一監訳　日本経済評論社　1996.9　290p

Davis, Daglas　デービス, ダグラス
◇樹木の招喚的なシンボリズム（荒木慎二訳）：風景の図像学　D.コスグローブ, S.ダニエルス共編, 千田稔, 内田忠賢監訳　地人書房　2001.3　460p

Davis, Edward M.　デイビス, エドワード
◇オーストラリアの労使関係（共著）（菅野栄介訳）：新版 先進諸国の労使関係―国際比較：21世紀に向けての課題と展望　桑原靖夫, グレッグ・J.バンバー, ラッセル・D.ランズベリー編　日本労働研究機構　1994.7　452p
◇オーストラリアの雇用関係（共著）（菅野栄介訳）：先進諸国の雇用・労使関係―国際比較：21世紀の課題と展望　桑原靖夫, グレッグ・バンバー, ラッセル・ランズベリー編　新版　日本労働研究機構　2000.7　551p

Davis, Ellen F.　デイヴィス, エレン
◇希望の囚われ人 他：聖書を読む技法―ポストモダンと聖書の復権　エレン・デイヴィス, リチャード・ヘイズ編, 芳賀力訳　新教出版社　2007.9　428p

Davis, Kendall B.　デービス, ケンダル・B.
◇IT購買における質と決定者の変化（共著）（金平直人監訳）：マッキンゼーITの本質―情報システムを活かした「業務改革」で利益を創出する　横浜信一, 萩平和巳, 金平直人, 大隈健史, 琴坂将広編著・監訳, 鈴木立哉訳　ダイヤモンド社　2005.3　212p　(The McKinsey anthology)

Davis, Liane Vida　デイビス, ライアン・ヴィダ
◇役割理論（佐藤由香訳）：ソーシャルワーク・トリートメント―相互連結理論アプローチ　上　フランシス・J.ターナー編, 米本秀仁監訳　中央法規出版　1999.4　574p

Davis, Nancy Yaw　デービス, ナンシー
◇エクソン・バルディーズ号事故―石油流出と地域社会への影響（平野由紀子訳）：七つの巨大事故―復興への長い道のり　ジェームズ・ミッチェル編, 松崎早苗監修, 平野由紀子訳　創芸出版　1999.10　302p

Davis, Paula K.　デイヴィス, P. K.
◇刺激性制御の確立と転移―発達障害の人たちを教える（共著）（野口幸弘訳）：挑戦的行動の先行子操作―問題行動への新しい援助アプローチ　ジェームズ・K.ルイセリー, マイケル・J.キャメロン編, 園山繁樹ほか訳　二瓶社　2001.8　390p

Davis, Pauline　デイヴィス, P.
◇読む能力の水準の変化は測定できるか（杉森滉一訳）：現代イギリスの政治算術―統計は社会を変えるか　D.ドーリング, S.シンプソン編著, 岩井浩ほか監訳　北海道大学図書刊行会　2003.7　588p

Davis, Rebecca M.　デイビス, レベッカ・M.
◇梅干：ニッポン不思議発見！日本文化を英語で語る50の名エッセイ集　日本文化研究所編, 松本道弘訳　講談社インターナショナル　1997.1　257p (Bilingual books)

Davis, Rob　デイヴィス, R. *
◇BTにおけるARIS（共著）：ARISを活用したビジネスプロセスマネジメント―欧米の先進事例に学ぶ A.-W.シェアー他共編, 堀内正博, 田中正郎, 柳堀紀幸監訳　シュプリンガー・フェアラーク東京　2003.7　281p

Davis, Robert C.　デイヴィス, ロバート・C.
◇被害者サービスプログラムの効果（共著）（富田信穂訳）：犯罪被害者と刑事司法　ギュンター・カイザー, H.クーリー, H.-J.アルブレヒト編, 宮沢浩一, 田口守一, 高橋則夫編訳　成文堂　1995.7　443p

Davis, Sammy, Jr.　デイヴィス, サミー, Jr.
◇サミー・デイヴィス・ジュニア（高見浩訳）：インタヴューズ　2　クリストファー・シルヴェスター編, 新庄哲夫ほか訳　文芸春秋　1998.11　451p

Davis, Scott　デイビス, M. スコット
◇ロシア一交渉を通しての支配力と影響力の追求（共著）（木村一郎訳）：米国の国際交渉戦略　米国国務省外交研究センター編著, 神奈川大学経営学部教師グループ訳・解説　中央経済社　1995.6　289p

Davis, Stan　デイビス, スタン
◇知識の時代の企業戦略（共著）：ネットワーク戦略論　ドン・タプスコット編, Diamondハーバード・ビジネス・レビュー編集部訳　ダイヤモンド社　2001.5　298p

Davis, Stephen T.　デイヴィス, スティーヴン・T.
◇自由意志と悪：神は悪の問題に答えられるか―神義論をめぐる五つの答え　スティーヴン・T.デイヴィス編, 本多峰子訳　教文館　2002.7　437p

Davis, Steven　デイヴィス, S. *
◇トラスティー（受託会社）の役割（共著）：CMBS―商業用モーゲージ証券 成長する新金融商品市場の特徴と実務　フランク・J.ファボッツィ, デイビッド・P.ジェイコブ編, 酒井吉広監訳, 野村証券CMBS研究会訳　金融財政事情研究会　2000.12　672p

Davis-Kimball, Jeannine　デイヴィス・キンバル, ジャニーヌ
◇中央アジアの太陽の岩面画と諸文化（共著）（谷一尚訳）：太陽神話―生命力の象徴　マダンジート・シン, UNESCO編, 木村重信監修　講談社　1997.2　399p

Davison, Deborah　デービソン, D. *
◇女性と成人教育（共著）：オーストラリアの生活文化と生涯教育―多文化社会の光と影　マーク・テナント編著, 中西直和訳　松籟社　1995.9　268p

Davitz, Joel Robert　デビッツ, ジョエル
◇冷静で感情がない 他（共著）：日本人のライフスタイル―アメリカ人が見た《特質》　ロイス＆ジョエル・デビッツほか共著, 梁井秀雄訳　サイマル出版会　1996.9　231p

Davitz, Lois Leiderman　デビッツ, ロイス
◇冷静で感情がない 他（共著）：日本人のライフスタイル―アメリカ人が見た《特質》　ロイス＆ジョエル・デビッツほか共著, 梁井秀雄訳　サイマル出版会　1996.9　231p

Dawey, Thomas E.　デューイ, トーマス・E.
◇トーマス・E.デューイ知事―大統領選挙投票日前夜の演説（白須清美訳）：アメリカ政治の展開　板場良久スピーチ解説, 滝順元, 白須清美訳　アルク　1998.4　148p　(20世紀の証言 英語スピーチでたどるこの100年 第1巻―CD book　松尾式之監修・解説)

Dawkins, Richard ドーキンス, リチャード
◇利己的な遺伝子と利己的な模倣子(鈴木登訳):マインズ・アイ―コンピュータ時代の「心」と「私」 上 D.R.ホフスタッター, D.C.デネット編著, 坂本百大監訳 〔新装版〕 ティビーエス・ブリタニカ 1992.10 359p
◇遺伝子と決定論:哲学者は何を考えているのか ジュリアン・バジーニ, ジェレミー・スタンルーム編, 松本俊吉訳 春秋社 2006.5 401, 13p (現代哲学への招待 basics 丹治信春監修)

Day, Diana デイ, D. *
◇米国の醸造産業における戦略的リーダー:産業内の優位な企業群(戦略グループ)を発見する時系列分析(共著)(住田友文訳):経営効率評価ハンドブック―包絡分析法の理論と応用 Abraham Charnesほか編, 刀根薫, 上田徹監訳 朝倉書店 2000.2 465p

Day, Fe デイ, フェ
◇平和活動(共著):写真集 原発と核のない国ニュージーランド ギル・ハンリーほか著, 楠瀬佳子, 近藤和子訳 明石書店 1993.7 142p

Day, George S. デイ, ジョージ・S.
◇競争相手にシグナルを送る(共著)(黒田康史訳):ウォートンスクールのダイナミック競争戦略 ジョージ・デイ, デイビッド・レイブシュタイン編, 小林陽太郎監訳, 黒田康史ほか訳 東洋経済新報社 1999.10 435p (Best solution)

Day, Jonathan D. デイ, ジョナサン・D.
◇イノベーションを育む組織 他(共著):マッキンゼー組織の進化―自立する個人と開かれた組織 平野正雄編著・監訳, 村井章子訳 ダイヤモンド社 2003.12 206p (The McKinsey anthology)
◇変革時の組織改革(共著)(近藤将士訳):マッキンゼー事業再生―ターンアラウンドで企業価値を高める 本田桂子編著・監訳 ダイヤモンド社 2004.11 231p (The McKinsey anthology)

Day, Katharine L. デイ, キャサリン・L.
◇会議:ニッポン不思議発見!―日本文化を英語で語る50の名エッセイ集 日本文化研究所編, 松本道弘訳 講談社インターナショナル 1997.1 257p (Bilingual books)

Day, Richard Hollis デイ, R. H.
◇金融政策と財政政策の比較経済学:金融不安定性と景気循環 ウィリー・ゼムラー編, 浅田統一郎訳 日本経済評論社 2007.7 353p (ポスト・ケインジアン叢書)

Dayan, Daniel ダイアン, ダニエル
◇政治コミュニケーションに関する西ヨーロッパの視座(共著)(藤田真文訳):リーディングス政治コミュニケーション 谷藤悦史, 大石裕編訳 一芸社 2002.4 284p

D'Costa, Gavin デコスタ, ゲイヴィン
◇キリスト・三位一体・宗教の多元性:キリスト教は他宗教をどう考えるか―ポスト多元主義の宗教と神学 G.デコスタ編, 森本あんり訳 教文館 1997.11 330p

D'Cruze, Shani ド=クルーズ, シャニ
◇十八世紀コルチェスタにおける中流層―自立・社会関係・まちの顔役(コミュニティ・ブローカ)(久保利永子訳):イギリスのミドリング・ソート―中流層をとおしてみた近世社会 ジョナサン・バリー, クリストファ・ブルックス編, 山本正監訳 昭和堂 1998.10 278, 54p

Dean, Graeme ディーン, グレーメ
◇オーストラリアにおける財務会計と管理会計(共著):アジア太平洋地域の会計 西村明ほか編, 西村明監訳 九州大学出版会 1995.8 285p

Dean, Hartley ディーン, ハートリー
◇社会保障―継続的な貧困にかかる費用(吉村公夫訳):福祉と財政―いかにしてイギリスは福祉需要に財政を調整してきたか? ヴィック・ジョージ, スチュアート・ミラー編著, 高島進訳 都市文化社 1997.11 308p

Deason, Gary B. ディーソン, ギャリー・B.
◇宗教改革の神学と機械論的自然の概念:神と自然―歴史における科学とキリスト教 デイビッド・C.リンドバーグ, R.L.ナンバーズ編, 渡辺正雄監訳 みすず書房 1994.6 528, 48p

De'Ath, Erica ディアス, エリカ
◇1980年代の親業(共著)(岡本和子訳):児童虐待への挑戦 ウェンディ・スティントン・ロジャース, デニス・ヒーヴィー, エリザベス・アッシュ編著, 福知栄子, 中野敏子, 田沢あけみほか訳 法律文化社 1993.11 261p

de Bever, Leo デ・ビーバー, レオ
◇年金基金におけるリスク・バジェッティング(共著):リスクバジェッティング―実務家が語る年金新時代のリスク管理 レスリー・ラール編, 三菱信託銀行受託財産用部門訳 パンローリング 2002.4 575p (ウィザードブックシリーズ 34)

De Busscher, Jacques F. ド・ビュッシェ, ジャック・F.
◇仕事(共著):アドラーの思い出 G.J.マナスター, G.ペインター, D.ドイッチュ, B.J.オーバーホルト編, 柿内邦夫, 井原文子, 野田俊作訳 創元社 2007.6 244p

Decalmer, Peter デカルマー, ピーター
◇虐待の臨床的分類と事例 他(野口裕二, 妹尾栄一訳):高齢者虐待―発見・予防のために ピーター・デカルマー, フランク・グレンデニング編著, 田端光美, 杉岡直人監訳 ミネルヴァ書房 1998.2 246p (Minerva福祉ライブラリー 23)

De Camp, Lyon Sprague ディ・キャンプ, ライアン・スプレイグ
◇若き日のラヴクラフト:魔道書ネクロノミコン コリン・ウィルソンほか著, ジョージ・ヘイ編, 大滝啓裕訳 学習研究社 1994.8 239, 48p (学研ホラーノベルズ)

de Carvalho, InaiáMaria Moreira デ・カルヴァーリョ, イナイア・マリア・モレイラ
◇ブラジルにおける窮乏化と女性の社会運動への参加(共著)(小倉利丸訳):約束された発展?―国際債務政策と第三世界の女たち マリアローザ・ダラ・コスタ, ジョヴァンナ・フランカ・ダラ・コスタ編 インパクト出版会 1995.7 213p

de Castelbajac, Laurent ド・カステルバジャック, L. *
◇エールフランス人事部のISO9001認証取得(共著):

ARISを活用したビジネスプロセスマネジメント—欧米の先進事例に学ぶ A.-W.シェアー他共編, 堀内正博, 田中正郎, 柳堀紀幸監訳 シュプリンガー・フェアラーク東京 2003.7 281p

Dederichs, Mario R. デデリックス, マリオ・R.
◇ペレストロイカの成功と失敗：ソ連邦崩壊—ペレストロイカの成功と失敗 ゲンナジ・アルバトフほか著, 水戸考義訳 恒文社 1992.6 159p

Dedman, Grace デドマン, G. *
◇1946〜1973年 再建と統合—国民保健サービスにおけるソーシャルワーク（池本美和子訳）：医療ソーシャルワークの挑戦—イギリス保健関連ソーシャルワークの100年 ジョアン・バラクローほか編著, 児島美都子, 中村永司監訳 中央法規出版 1999.5 271p

Deetz, Stanley ディーツ, スタンレー
◇現代株式会社における訓育的権力（加藤吉則訳）：経営と社会—批判的経営研究 マッツ・アルベッソン, ヒュー・ウィルモット編著, CMS研究会訳 同友館 2001.3 263p

Deforges, Régine ドフォルジュ, レジーヌ
◇レジーヌ・ドフォルジュ：嫉妬する女たち マドレーヌ・シャプサル編著, ソニア・リキエル他述, 小椋三嘉訳 東京創元社 1998.5 187p

Defourny, Jacques ドゥフルニ, ジャック
◇第3主要セクターの起源, 形態および役割 他（佐藤誠, 内山哲朗訳）：社会的経済—近未来の社会経済システム J.ドゥフルニ, J.L.モンソン編著, 富沢賢治, 内山哲朗, 佐藤誠, 石塚秀雄, 中川雄一郎ほか訳 日本経済評論社 1995.3 486p
◇欧州サードセクターの定義（共著）：欧州サードセクター—歴史・理論・政策 A.エバース, J.-L.ラヴィル編, 内山哲朗, 柳沢敏勝訳 日本経済評論社 2007.6 368p

De Gaetano, Roberto デ・ガエターノ, ロベルト
◇ドゥルーズ, シネマを思考すること 他（広瀬純訳）：ドゥルーズ, 映画を思考する ロベルト・デ・ガエターノ編, 広瀬純, 増田靖彦訳 勁草書房 2000.12 403p

Degos, Jean-Guy デゴス, J. G. *
◇ペイトン＆リトルトン—帰納学派と演繹学派による会計基準化の試み 他（共著）：世界の会計学者—17人の学説入門 ベルナルド・コラス編著, 藤田晶子訳 中央経済社 2007.10 271p

De Grazia, Victoria デ・グラツィア, ヴィクトリア
◇ファシズムの家父長制—ムッソリーニとイタリアの女性たち（一九二二—四〇年）（川口陽子訳）：女の歴史 5〔1〕 二十世紀 1 G.デュビィ, M.ペロー監修, 杉村和子, 志賀亮一監訳 フランソワーズ・テボー編 藤原書店 1998.2 515p

Degregori, Carlos Iván デグレゴリ, カルロス・イバン
◇小さな, 小さな星：センデロ・ルミノソ—ペルーの「輝ける道」 カルロス・I.デグレゴリほか著, 太田昌国, 三浦清隆訳 現代企画室 1993.5 195p

Deguy, Michel ドゥギー, ミシェル
◇大—言：崇高とは何か ミシェル・ドゥギー他著, 梅木達郎訳 法政大学出版局 1999.5 413p （叢書・ウニベルシタス 640）

Deikman, Arthur J. ダイクマン, アーサー・J.
◇カルト脱会者の治療：テキスト/トランスパーソナル心理学・精神医学 B.W.スコットン, A.B.チネン, J.R.バティスタ編, 安藤治, 池沢良郎, 是恒正達訳 日本評論社 1999.12 433p

Dekker, Paul デッカー, ポール
◇オランダ—民間イニシアティブから非営利ハイブリッド組織へ, そして民間イニシアティブへの回帰？：欧州サードセクター—歴史・理論・政策 A.エバース, J.-L.ラヴィル編, 内山哲朗, 柳沢敏勝訳 日本経済評論社 2007.6 368p

Delacoste, Frédéric デラコステ, フレデリック
◇「売春婦がストライキ中……！」：セックス・ワーク—性産業に携わる女性たちの声 フレデリック・デラコステ, プリシラ・アレキサンダー編 パンドラ 1993.11 426, 26p

Delacroix, Jacques ドラクロワ, ジャック
◇米系多国籍企業の欧州子会社：組織理論と多国籍企業 スマントラ・ゴシャール, D.エレナ・ウエストニー編, 江夏健一監訳, IBI国際ビジネス研究センター訳 文真堂 1998.10 452p

Delaney, Samuel W. ディレーニー, S. W. *
◇父親と障害乳幼児との愛着行動の促進：モデル・アプローチ：ダウン症候群と療育の発展—理解の向上のために Valentine Dmitriev, Patricia L.Oelwein著, 竹井和子訳 協同医書出版社 1992.6 274p

Delarue, Paul ドゥラリュ, ポール
◇おばあさんの話（三宮郁子訳）：「赤ずきん」の秘密—民俗学的アプローチ アラン・ダンダス編, 池上嘉彦, 山崎和恕, 三宮郁子訳 紀伊国屋書店 1994.12 325p
◇おばあさんの話（三宮郁子訳）：「赤ずきん」の秘密—民俗学的アプローチ アラン・ダンダス編, 池上嘉彦ほか訳 新版 紀伊国屋書店 1996.6 325p

Delbruck, Emmy デルブリュック, エミー
◇エミー・デルブリュック：回想のマックス・ウェーバー—同時代人の証言 安藤英治聞き手, 亀嶋庸一編, 今野元訳 岩波書店 2005.7 272, 5p

Deleuze, Gilles ドゥルーズ, ジル
◇哲学的概念（松葉祥一訳）：主体の後に誰が来るのか？ ジャン・リュック・ナンシー編著, アラン・バディウ, エチエンヌ・バリバール, モーリス・ブランショ, ミケル・ボルグ・ジャコブセン, ジャン・フランソワ・クルティーヌほか著, 港道隆, 鵜飼哲, 大西雅一郎, 松葉祥一, 安川慶治, 加国尚志, 広瀬浩司訳 現代企画室 1996.3 347p
◇キリストからブルジョワジーへ 他：ドゥルーズ初期—若き哲学者が作った教科書 ジル・ドゥルーズ編著, 加賀野井秀一訳注 夏目書房 1998.5 239p
◇ヒューム（中村雄二郎訳）：啓蒙時代の哲学 野沢協監訳 新装版 白水社 1998.6 290, 34p （西洋哲学の知 4 Francois Chatelet編）
◇構造主義はなぜそう呼ばれるのか（中村雄二郎訳）：二十世紀の哲学 中村雄二郎監訳 新装版 白水社 1998.6 386, 40p （西洋哲学の知 8 Francois Chatelet編）
◇フェリックスとの協同作業について フェリックスの

著作について：フェリックス・ガタリの思想圏—〈横断性〉から〈カオスモーズ〉へ　フェリックス・ガタリほか著，杉村昌昭訳・編　大村書店　2001.8　189p
◇ノマドの思考（本間邦雄訳）：ニーチェは、今日？　J.デリダほか著，林好雄，本間邦雄，森本和夫訳　筑摩書房　2002.1　366p　（ちくま学芸文庫）

Del Giudice, Giovanna　デル・ジューディチェ, G.
◇司法精神病院：改革は困難か　他（共著）：過渡期の精神医療—英国とイタリアの経験から　シュラミット・ラモン，マリア・グラツィア・ジャンニケッダ編，川田誉音訳　海声社　1992.10　424p

Delius, F. C.　デリウス, フリードリヒ・C.
◇フリードリヒ・デリウス：戦後ドイツを生きて—知識人は語る　三島憲一編・訳　岩波書店　1994.10　370p

Dell, Michael　デル, マイケル
◇バーチャル・インテグレーションが生む競争優位：戦略と経営　ジョーン・マグレッタ編，Diamondハーバード・ビジネス・レビュー編集部訳　ダイヤモンド社　2001.7　405p

Dell'Acqua, Giuseppe　デッラックウア, G.
◇精神障害へのアプローチ（共著）：過渡期の精神医療—英国とイタリアの経験から　シュラミット・ラモン，マリア・グラツィア・ジャンニケッダ編，川田誉音訳　海声社　1992.10　424p

Delmartino, Frank　デルマルティノ, フランク
◇ベルギーの地方自治：地方分権：国際比較から見た地方自治と都市問題—先進20ヵ国の分析　2　Joachim Jens Hesse編，北海道比較地方自治研究会訳　北海道比較地方自治研究会　1995.3　210p
◇ベルギーの地方自治：地方自治の世界的潮流—20ヵ国からの報告　上　ヨアヒム・J.ヘッセ編，北海道比較地方自治研究会訳，木佐茂男監修　信山社出版　1997.9　335p

Delnoji, Diana M. J.　デルノイ, ディアナ・M. J.
◇ドイツの在宅ケア　他（村井優夫訳）：ヨーロッパの在宅ケア　イェク・B.F.フッテン，J.M.ケルクストラ編，西沢秀夫監訳　筒井書房　1999.6　404p

DeLoache, Judy S.　デローチェ, J. S. *
◇認知発達を測る方法としての探索課題（共著）：空間認知研究ハンドブック　ナイジェル・フォアマン，ラファエル・ジレット編，竹内謙彰，旦直子監訳　二瓶社　2001.12　247p

DeLois, Kathryn A.　ドロア, K. A. *
◇レズビアンとゲイのエンパワーメント実践：ソーシャルワーク実践におけるエンパワーメント—その理論と実際の論考集　L.M.グティエーレス，R.J.パーソンズ，E.O.コックス編著，小松源助監訳　相川書房　2000.6　333p

DeLong, Thomas J.　ドゥロング, トーマス・J.
◇「Bクラス社員」のレーゾンデートル（共著）：いかに「問題社員」を管理するか　Diamondハーバード・ビジネス・レビュー編集部編訳　ダイヤモンド社　2005.1　262p　（Harvard business review anthology）

Delors, Jacque　ドロール, ジャック
◇EUとサードセクター：欧州サードセクター—歴史・理論・政策　A.エバース，J.-L.ラヴィル編，内山哲朗，柳沢敏勝訳　日本経済評論社　2007.6　368p

Delort, Robert　ドゥロール, ロベール
◇梅毒はアメリカの病気か（共著）：愛と結婚とセクシュアリテの歴史—増補・愛とセクシュアリテの歴史　ジョルジュ・デュビィほか著，福井憲彦，松本雅弘訳　新曜社　1993.11　401p

Delphy, Christine　デルフィ, クリスティーヌ
◇ジェンダーについて考える　他（杉؟雅子訳）：女たちのフランス思想　棚沢直子編　勁草書房　1998.9　297, 11p

De Malafosse, J.　ドゥ・マラフォス, J.
◇法典エパナゴゲの解説：ビザンツ法史断片　塙浩著　信山社出版　1998.2　564p　（塙浩著作集—西洋法史研究 16）

de Marco, Michael　デ・マルコ, マイケル
◇条件付きリスク許容度の下でのリスク・バジェッティング（共著）：リスクバジェッティング—実務家が語る年金新時代のリスク管理　レスリー・ラール編，三菱信託銀行受託財産用部門訳　パンローリング　2002.4　575p　（ウィザードブックシリーズ 34）

DeMark, Thomas R.　デマーク, トーマス・R.
◇売買チャンスを予測するためのオシレーター使用法：魔術師たちのトレーディングモデル—テクニカル分析の新境地　リック・ベンシニョール編，長尾慎太郎ほか訳　パンローリング　2001.3　365p　（ウィザードブックシリーズ 15）

Demchak, MaryAnn　デンチャック, M. A.
◇データから導かれたこと（渡部直隆訳）：発達障害に関する10の倫理的課題　リンダ・J.ヘイズ他著，望月昭，冨安ステファニー監訳　二瓶社　1998.6　177p

DeMeis, Debra　デマイス, デブラ
◇母親の分離不安：乳児を持つ母親の就労と母性とのバランス（共著）（山下景子訳）：母親の就労と子どもの発達—縦断的研究　エイデル・E.ゴットフライド，アレン・W.ゴットフライド編著，佐々木保行監訳　ブレーン出版　1996.4　318p

Demetriades, Athy　デメトリアデス, アティー
◇「嵐の子どもたち」—戦争難民を支援する同輩パートナー・プログラム：学校でのピア・カウンセリング—いじめ問題の解決にむけて　ヘレン・コウイー，ソニア・シャープ編，高橋通子訳　川島書店　1997.6　210p

DeMichele, Joseph F.　ディミッシェル, J. F. *
◇商業用モーゲージ証券（共著）：CMBS—商業用モーゲージ証券　成長する新金融商品市場の特徴と実務　フランク・J.ファボッツィ，デイビッド・P.ジェイコブ編，酒井吉広監訳，野村証券CMBS研究会訳　金融財政事情研究会　2000.12　672p

de Moges, M.　ド・モージュ, M.
◇日仏修好通商条約　全権団随行員の日本観（市川慎一訳）：フランス人の幕末維新　M.ド・モージュ他著，市川慎一，榊原直文編訳　有隣堂　1996.6　185p　（有隣新書）

Dēmokritos　デモクリトス
◇デモクリトス（山田道夫，内山勝利，中畑正志，三浦要，高橋憲雄，角谷博訳）：ソクラテス以前哲学者断片集　第4分冊　内山勝利編　岩波書店　1998.2　329p

Demonaco, Lawrence J.　デモナコ, L. J. *
◇GEキャピタルによる事業統合のマネジメント：成長戦略論　Harvard Business Review編，Diamondハーバード・ビジネス・レビュー編集部訳　ダイヤモンド社　2001.4　254p

Denham, Margery　デンハム, マージェリー
◇仕事 他（共著）：アドラーの思い出　G.J.マナスター, G.ペインター, D.ドイッチュ, B.J.オーバーホルト編，柿内邦博, 井原文子, 野田俊作訳　創元社　2007.6　244p

De Nicola, Pasquale　デ・ニコラ, P.
◇イタリア精神医療制度における専門職の役割の変化（共著）：過渡期の精神医療―英国とイタリアの経験から　シュラミット・ラモン, マリア・グラツィア・ジャンニケッダ編, 川田誉音訳　海声社　1992.10　424p

Denitch, Bogdan　デニッチ, ボグダン
◇ラディカル・デモクラッツのための外交政策：ラディカル・デモクラシー―アイデンティティ, シティズンシップ, 国家　デイヴィッド・トレント編, 佐藤正志ほか訳　三嶺書房　1998.4　408p

Dennett, Daniel Clement　デネット, ダニエル・C.
◇意識の進化とコンピュータの進化（斎藤憲司訳）：「意識」の進化論―脳 こころ AI　ジョン・ブロックマン編, 長尾力ほか訳　青土社　1992.10　366p
◇私はどこにいるのか？（伊藤笏康訳）：マインズ・アイ―コンピュータ時代の「心」と「私」上　D.R.ホフスタッター, D.C.デネット編著, 坂本百大監訳〔新装版〕 ティビーエス・ブリタニカ　1992.10　359p
◇言語と知：知のしくみ―その多様性とダイナミズム　J.カルファ編, 今井邦彦訳　新曜社　1997.8　308p
◇ルートビッヒ・ビトゲンシュタイン：TIMEが選ぶ20世紀の100人 上巻 指導者・革命家・科学者・思想家・起業家　徳岡孝夫監訳　アルク　1999.11　332p

Denning, Stephen　デニング, スティーブン
◇知識の視点：知識革新力　ルディ・ラグルス, ダン・ホルツハウス編, 木川田一栄訳　ダイヤモンド社　2001.7　321p
◇ストーリーテリングの力：「説得」の戦略　Diamondハーバード・ビジネス・レビュー編集部訳　ダイヤモンド社　2006.2　257p（Harvard business review anthology）

Denrell, Jerker　デンレル, ジャーカー
◇選択バイアスの罠：意思決定のサイエンス　Diamondハーバード・ビジネス・レビュー編集部訳　ダイヤモンド社　2007.3　238p（Harvard business review anthology）
◇選択バイアスの罠：組織行動論の実学―心理学で経営課題を解明する　Diamondハーバード・ビジネス・レビュー編集部編訳　ダイヤモンド社　2007.9　425p（Harvard business review）

Dente, Bruno　デンテ, ブルーノ
◇イタリア地方政府の細分化された現実：国際比較から見た地方自治と都市問題―先進20カ国の分析 2　Joachim Jens Hesse編, 北海道比較地方自治研究会訳　北海道比較地方自治研究会　1995.3　210p
◇イタリア地方政府の細分化された現実：地方自治の世界的潮流―20カ国からの報告 下　ヨアヒム・J.ヘッセ編, 北海道比較地方自治研究会訳, 木佐茂男監修　信山社出版　1997.9　p337-650

Denver, David　デンヴァー, D.
◇イギリス：「大文字を冠した野党」から断片化した野党へ（若松新訳）：西ヨーロッパの野党　E.コリンスキー編, 清水望監訳　行人社　1998.5　398p

Deppert, Wolfgang　デッパート, ヴォルフガング
◇時間について（バンベルクの討議）（共著）：哲学の原点―ドイツからの提言　ハンス・ゲオルク・ガダマー他著, U.ベーム編, 長倉誠一, 多田茂訳　未知谷　1999.7　272, 11p

Derlugian, Georgi M.　デルルギアン, ギョルギ・M.
◇国家の社会的凝集力：転移する時代―世界システムの軌道1945―2025 I.ウォーラーステイン編, 丸山勝訳　藤原書店　1999.6　378p

Derrett, J. Duncan M.　デレット, J. ダンガン・M.
◇メリット 他：価値―新しい文明学の模索に向けて　ブレンダ・アーモンド, ブライアン・ウィルソン編, 玉井治, 山本慶裕訳　東海大学出版会　1994.3　308p

Derrida, Jacques　デリダ, ジャック
◇「正しく食べなくてはならない」あるいは主体の計算―ジャン＝リュック・ナンシーとの対話（鵜飼哲訳）：主体の後に誰が来るのか？　ジャン・リュック・ナンシー編著, アラン・バディウ, エチエンヌ・バリバール, モーリス・ブランショ, ミケル・ボルグ・ジャコブセン, ジャン・フランソワ・クルティーヌほか著, 港道隆, 鵜飼哲, 大西雅一郎, 松葉祥一, 慶應義治, 加国尚志, 広瀬浩司訳　現代企画室　1996.3　347p
◇エクリチュールの試み（高桑和巳訳）：デリダと肯定の思考 カトリーヌ・マラブー編, 高橋哲哉, 増田一夫, 高桑和巳監訳　未來社　2001.10　502, 7p（ポイエーシス叢書 47）
◇尖鋭筆鋒の問題（森本和夫訳）：ニーチェは, 今日？　J.デリダほか著, 林好雄, 本間邦雄, 森本和夫訳　筑摩書房　2002.1　366p（ちくま学芸文庫）
◇だれも無実ではない：発言―米同時多発テロと23人の思想家たち　中山元編訳　朝日出版社　2002.1　247p
◇脱構築とプラグマティズムについての考察：脱構築とプラグマティズム―来たるべき民主主義　シャンタル・ムフ編, 青木隆嘉訳　法政大学出版局　2002.7　179p（叢書・ウニベルシタス 741）
◇〔タイトルなし〕（芝崎和美訳）：サラ・コフマン讃　F.コラン, J-L.ナンシー, J.デリダ他著, 棚沢直子, 木村信子他訳　未知谷　2005.8　323p

Der Zee, Jouke ban　デル・ゼー, ユーケ・ファン
◇デンマークの在宅ケア（西澤秀夫訳）：ヨーロッパの在宅ケア　イェク・B.F.フッテン, アダ・ケルクストラ編, 西沢秀夫監訳　筒井書房　1999.6　404p

Desai, Anand　デサイ, A. *
◇位置決定支援のための空間効率性の枠組み（共著）（生田目崇訳）：経営効率評価ハンドブック―包絡分析法の理論と応用　Abraham Charnesほか編, 刀根薫, 上田徹監訳　朝倉書店　2000.2　465p

Desaive, Jean-Paul　ドゥゼーヴ, ジャン＝ポール
◇文学的言説の両義性：女の歴史 3〔1〕 十六―十八世紀 1　杉村和子, 志賀亮一監訳　ナタリー・ゼモン＝デイヴィス, アルレット・ファルジュ編　藤原書店　1995.1　434p

DeSalvo, Louise　デサルヴォ, ルイーズ
◇「火口と火打石」―ヴァージニア・ウルフとヴィタ・サックヴィル・ウェスト：カップルをめぐる13の物語―創造性とパートナーシップ　上　ホイットニー・チャドウィック, イザベル・ド・クールティヴロン編, 野中邦子, 桃井緑美子訳　平凡社　1996.3　233p（20世紀メモリアル）

Desan, Suzanne　デザン, スザンヌ
◇E・P・トムスンとナタリー・デーヴィスの著作における群衆・共同体・儀礼：文化の新しい歴史学　リン・ハント編, 筒井清忠訳　岩波書店　1993.1　363, 5p（NEW HISTORY）
◇E.P.トムスンとナタリー・デーヴィスの著作における群衆・共同体・儀礼：文化の新しい歴史学　リン・ハント編, 筒井清忠訳　岩波書店　2000.9　363, 5p（岩波モダンクラシックス）

DeSanctis, Gerardine　デサンクティス, ジェラルディン
◇コミュニケーションの抱える課題―バリュー・ネットワークの将来展望 他（共著）：新リレーションとビジネスのためのIT企業戦略とデジタル社会　ゲイリー・ディクソン, ジェラルディン・デサンクティス編, 橋立克朗ほか訳　ピアソン・エデュケーション　2002.3　305p

DeSario, Jack　デサリオ, ジャック
◇消費者と健康計画：偏よった住民層の参加？ 他：公共の意思決定における住民参加　ジャック・デサリオ, スチュアート・ラングトン編　横浜市企画財政局企画調整室　1993.3　177p

Desario, Vincenzo　デザーリオ, ヴィンチェンツォ
◇金融制度（堀憲一, 岡本義行, 太田佳用訳）：イタリアの金融・経済とEC統合　ロザリオ・ボナヴォーリア編, 岡本義行ほか訳　日本経済評論社　1992.6　304p

Desaulniers, Robert　デソルニエ, ロベルト
◇評価、選択、処分：建築記録アーカイブズ管理入門　国際アーカイブズ評議会建築記録部会編, 安沢秀一訳著　書肆ノワール　2006.7　293p（Museum library archives 1）

Desbordes-Valmore, Marceline　デボルド＝ヴァルモール, マルスリーヌ
◇ケニアの不始末の詳細：IMF改廃論争の論点　ローレンス・J.マッキラン, ピーター・C.モントゴメリー編, 森川公隆監訳　東洋経済新報社　2000.11　285p

Descombes, Vincent　デコンブ, ヴァンサン
◇フランスにおけるニーチェの気運：反ニーチェ―なぜわれわれはニーチェ主義者ではないのか　リュック・フェリー, アラン・ルノーほか著, 遠藤文彦訳　法政大学出版局　1995.12　336, 6p（叢書・ウニベルシタス）
◇「主体の批判」と「主体の批判」の批判について（安川慶治訳）：主体の後に誰が来るのか？　ジャン・リュック・ナンシー編著, アラン・バディウ, エチエンヌ・バリバール, モーリス・ブランショ, ミケル・ボルグ・ジャコブセン, ジャン・フランソワ・クルティーヌほか著, 港道隆, 鵜飼哲, 大西雅一郎, 松葉祥一, 安川慶治, 加国尚志, 広瀬浩司訳　現代企画室　1996.3　347p

DeSpelder, Lynne Ann　デスペルダー, リン・アン
◇デス・エデュケーションの使命（竹内啓二訳）：おとなのいのちの教育　水野治太郎, 日野原重明, アルフォンス・デーケン編著　河出書房新社　2006.11　238p

Desrochers, Stéphan　デスローチャース, S.*
◇乳幼児期の指さしに関する2つの展望（共著）（安野博光訳）：ジョイント・アテンション―心の起源とその発達を探る　Chris Moore, Philip J.Dunham原編, 大神英裕監訳　ナカニシヤ出版　1999.8　309p

Destanne De Bernis, Gérard　デスタンヌ＝ド＝ベルニス, ジェラール
◇レギュラシオン理論と危機の歴史的説明（若森章孝訳）：危機・資本主義　ロベール・ボワイエ, 山田鋭夫編　藤原書店　1993.4　319p（レギュラシオンコレクション 1）

D'Este, Carlo　デステ, カルロ
◇ノルマンディー上陸作戦・一九四四年六月 他（共著）：ヒトラーが勝利する世界―歴史家たちが検証する第二次大戦・60"if"　ハロルド・C.ドイチュ, デニス・E.ショウォルター編, 守屋純訳　学習研究社　2006.10　671p（WW selection）

Desurmon, Thierry　デサーモン, T.*
◇利用目的の権利（黒川徳太郎訳）：オーディオビジュアルの作品に関する著作者の権利―ニューメディアに対する創作者・製作者とその相互の関係　利用目的の権利　David H.Horowitz, Thierry Desurmon著, 黒川徳太郎訳　著作権資料協会　1989.7　54p（著作権シリーズ 82）

Deutsch, Danica　ドイチュ, ダニカ
◇友人と仲間（共著）：アドラーの思い出　G.J.マナスター, G.ペインター, D.ドイチュ, B.J.オーバーホルト編, 柿内邦博, 井原文子, 野田俊作訳　創元社　2007.6　244p

Deutsch, Harold Charles　ドイチュ, ハロルド・C.
◇「ウルトラ」機密情報 他：ヒトラーが勝利する世界―歴史家たちが検証する第二次大戦・60"if"　ハロルド・C.ドイチュ, デニス・E.ショウォルター編, 守屋純訳　学習研究社　2006.10　671p（WW selection）

Devadas, Rajammal　ディヴァダス, ラジャマル
◇インドの社会的背景のなかでの女性と開発（共著）（正保正恵訳）：転換期の家族―ジェンダー・家族・開発　N.B.ライデンフロースト編, 家庭経営学部会訳　日本家政学会　1995.3　360p

Devidé, Vladimir　デヒデ, ヴラディミーラ
◇無：ニッポン不思議発見！―日本文化を英語で語る50の名エッセイ集　日本文化研究所編, 松本道弘訳　講談社インターナショナル　1997.1　257p（Bilingual books）

Devine, T. M.　ディヴァイン, T. M.
◇一八世紀におけるイングランドとアイルランドおよびスコットランドの発展 他：アイルランドとスコットランド―比較社会経済史　T.M.ディヴァイン, D.ディクソン編著, 津波古充文訳　論創社　1992.8　474p
◇工業化と都市化の進む社会――一七八〇－一八四〇年：スコットランド史―その意義と可能性　ロザリンド・

ミチスン編, 富田理恵, 家入葉子訳 未来社 1998.10 220, 37p

Devine, Tony ディヴァイン, トニー
◇人生目標と人格教育の枠組み―人格形成を実践するには 他(共著):「人格教育」のすすめ―アメリカ・教育改革の新しい潮流 トニー・ディヴァイン, ジュンホ・ソク, アンドリュー・ウィルソン編, 上寺久雄監訳 コスモトゥーワン 2003.2 491, 40p

DeVita, Carol J. デビータ, キャロル・J.
◇NPOと地方分権―われわれは何を知っているか?: NPOと政府 E.T.ボリス, C.E.スターリ編著, 上野真城子, 山内直人訳 ミネルヴァ書房 2007.3 346p

Devlieger, Patrick デヴリーガー, パトリック
◇なぜ、障害をもったのか?: 障害と文化―非欧米世界からの障害観の問いなおし ベネディクト・イングスタッド, スーザン・レイノルズ・ホワイト編著, 中村満紀男, 山口恵里子監訳 明石書店 2006.2 555p (明石ライブラリー 88)

DeVos, Dick デヴォス, ディック
◇ディック・デヴォス、アムウェイを先導する: 思考は現実化する―私はこうして思考を現実化した 実践編 ナポレオン・ヒル財団日本リソーセス編・訳 騎虎書房 1997.3 231p

DeVos, Richard M. デヴォス, リチャード・M.
◇夢を実現させる法: 成功大学 オグ・マンディーノ編著, 箱田忠昭訳 日本経営合理化協会出版局 1998.9 689p
◇夢を実現させる法: 成功大学 オグ・マンディーノ編著, 箱田忠昭訳 皮革携帯版 日本経営合理化協会出版局 1998.9 689p

de Vreede, Gert-Jan デ・フレーデ, G.-J.*
◇価値を生み出す技術―グループへのフォーカスの変化 (共著): 新リレーションとモデルのためのIT企業戦略とデジタル社会 ゲイリー・ディクソン, ジェラルディン・デサンクティス編, 橋立克朗ほか訳 ピアソン・エデュケーション 2002.3 305p

Devreux, Anne-Marie ドゥヴルー, アンヌ=マリー
◇働く女の母性―性の社会関係に賭けられているもの: フェミニズムから見た母性 A・M.ド・ヴィレーヌ, L.ガヴァリニ, M.ル・コアディク編, 中嶋公子, 目崎光子, 磯本輝子, 横地良子, 宮本由美ほか訳 勁草書房 1995.10 270, 10p
◇性的社会関係概念 (共著) (支倉寿子, 井上たか子訳): 女たちのフランス思想 棚沢直子編 勁草書房 1998.9 297, 11p
◇男女関係と国際比較 (伊吹弘子, 加藤康子, 棚沢直子訳): フランスから見る日本ジェンダー史―権力と女性表象の日仏比較 棚沢直子, 中嶋公子編 新曜社 2007.5 312, 6p

de Vries, Sophia デ・フリース, ソフィア
◇仕事 他 (共著): アドラーの思い出 G.J.マナスター, G.ペインター, D.ドイッチュ, B.J.オーバーホルト編, 柿内邦博, 井原文子, 野田俊作訳 創元社 2007.6 244p

DeVries, Willem A. デヴリーズ, ウィレム
◇ヘーゲルの心の哲学 (共著) (森本浩一訳): 続・ヘーゲル読本―翻訳篇/読みの水準 D.ヘンリッヒ他著, 加藤尚武, 座小田豊監訳 法政大学出版局 1997.3

324, 12p

de Weert, Egbert デ・ウィート, E.*
◇オランダの大学教員が直面する苦悩と展望 (葛城浩一訳): 構造改革時代における大学教員の人事政策―国際比較の視点から 広島大学高等教育研究開発センター編著 広島大学高等教育研究開発センター 2004.3 160p (COE研究シリーズ 5)

Dewey, Joanna デューイ, ジョアンナ
◇Iテモテ書 他 (鈴木元子訳): 女性たちの聖書注解―女性の視点で読む旧約・新約・外典の世界 C.A.ニューサム, S.H.リンジ編, 加藤明子, 小野功生, 鈴木元子訳, 荒井章三, 山内一郎日本語版監修 新教出版社 1998.3 682p

Dewey, John デューイ, ジョン
◇論理学理論の研究: デューイとミードと成瀬仁蔵 河村望訳 人間の科学新社 2004.3 303p

Dewolf, Charles M. デウォルフ, チャールズ・M.
◇宗教―アメリカ人の体験する宗教・社会と個人の立場から: アメリカ新研究 鵜木奎治郎編著 北樹出版 1992.11 295p

Dey, Eric L. デイ, エリック・L.
◇変化する環境と学生 (共著): アメリカ社会と高等教育 P.G.アルトバック, R.O.バーダール, P.J.ガムポート編, 高橋靖直訳 玉川大学出版部 1998.2 354p

Dhaliwal, Amarpal K. ダリワル, アマルパル・K.
◇サバルタンは投票できるのか―ラディカル・デモクラシー、代表と権利のの諸言説、そして人種の諸問題: ラディカル・デモクラシー―アイデンティティ、シティズンシップ、国家 ディヴィッド・トレンド編, 佐藤正志ほか訳 三嶺書房 1998.4 408p

Dhareshwar, Ashok ダレシュワー, アショク
◇さまざまな発展の記録: 経済成長の「質」 ビノッド・トーマスほか著, 小浜裕久, 織井啓介, 冨田陽子訳 東洋経済新報社 2002.4 280p

Dharmapala, P. S. ダルマパラ, P.*
◇効率性尺度の感度分析: カンザス州の農業とイリノイ州の石炭業への応用 (共著) (森田浩訳): 経営効率評価ハンドブック―包絡分析法の理論と応用 Abraham Charnesほか編, 刀根薫, 上田徹訳 朝倉書店 2000.2 465p

Diamond, Ian ダイアモンド, I.
◇人口センサス (金子治平訳): 現代イギリスの政治算術―統計は社会を変えるか D.ドーリング, S.シンプソン編, 岩井浩ほか監訳 北海道大学図書刊行会 2003.7 588p

Diamond, Irene ダイアモンド, アイリーン
◇胎児、先端医療技術専門家、汚染された地球: 世界を織りなおす―エコフェミニズムの開花 アイリーン・ダイアモンド, グロリア・フェマン・オレンスタイン編, 奥田暁子, 近藤和子訳 学芸書林 1994.3 457, 12p

Dias, Clarence ディアス, クラレンス
◇開発計画としての人権教育 (佐藤貴虎訳): 世界の人権教育―理論と実践 ジョージ・J.アンドレオポーロス, リチャード・ピエール・クロード編著, 黒沢惟昭監訳 明石書店 1999.2 758p

DiBenedetto, Adria　ディベネデット, A. *
◇行動システムとしての個人のレパートリー―プログラムのデザインと評定のための示唆（共著）：重度知的障害への挑戦　ボブ・レミントン編，小林重雄監訳，藤原義博，平沢紀子共訳　二瓶社　1999.3　461p

Dickens, Charles　ディケンズ, チャールズ
◇英連邦と海上権力：ブラッセイ軍事年鑑―研修資料1956～57年版抄訳　防衛研修所　1958　92p（研修資料 第182号）

Dickey, Julienne　ディッキー, ジュリアンヌ
◇売りものとしての女性―広告イメージの構築：メディア・セクシズム―男がつくる女　ジュリアンヌ・ディッキー, テレサ・ストラトフォード, キャス・デイビス編，井上輝子，女性雑誌研究会編訳　垣内出版　1995.6　342p

Dickhaut, John　ディクハート, J. *
◇ナッシュ均衡を見付けるプログラム（共著）（高萩栄一郎訳）：Mathematica　経済・金融モデリング　Hal R.ヴァリアン編，野口旭ほか共訳　トッパン　1996.12　553p

Dickinson, Julie　ディキンスン, ジュリー
◇子どもは社会学者―児童期の役割カテゴリーと社会組織に関する暗黙の理論の発達（共著）（渡辺弥生訳）：子どもは心理学者―心の理論の発達心理学　マーク・ベネット編，二宮克美，子安増生，渡辺弥生，首藤敏元訳　福村出版　1995.12　274p

Dickson, Craig J.　ディクソン, クレイグ
◇有楽町, ある夏の日の午後：私が出会った日本―オーストラリア人の異色体験・日本観　ジェニファー・ダフィ, ギャリー・アンソン編　サイマル出版会　1995.7　234p

Dickson, David　ディクソン, デヴィッド
◇一八世紀アイルランド経済におけるダブリンの位置　他：アイルランドとスコットランド―比較社会経済史　T.M.ディヴァイン, D.ディクソン編著，津波古充文訳　論創社　1992.8　474p

Dickson, Gary W.　ディクソン, ゲイリー
◇情報技術の管理―21世紀へ向けての, ITモデルの変遷（共著）：新リレーションとモデルのためのIT企業戦略とデジタル社会　ゲイリー・ディクソン, ジェラルディン・デサンクティス編，橘正克朗ほか訳　ピアソン・エデュケーション　2002.3　305p

Diderot, Denis　ディドロ, ドニ
◇ブーガンヴィル航海記補遺（中川久定訳）：世界周航記　ブーガンヴィル航海記補遺　ブーガンヴィル, ディドロ著，山本淳一, 中川久定訳　岩波書店　2007.4　225, 4p（シリーズ世界周航記 2）

Dieckmann, Lisa　ディークマン, L. *
◇虚弱な高齢者のQOLの概念と内容―展望（共著）（三谷嘉明訳）：虚弱な高齢者のQOL―その概念と測定　James E.Birrenほか編，三谷嘉明訳　医歯薬出版　1998.9　481p

Diehl, Elke　ディール, エルケ
◇-Innenに慣れる―社会的現実の表現としての言語（中村真奈美訳）：女たちのドイツ―東と西の対話　カトリン・ローンシュトック編，神谷裕子ほか訳　明石書店　1996.11　208p

Dieleman, Hans　ディエレマン, H. *
◇汚染防止とクリーン生産用のプロセスに向けて：PRISMAプロジェクトの結果と意味（共著）（松梅紘一訳）：グリーニングチャレンジ―企業の環境戦略　Kurt Fischer, Johan Schot編，藤森敬三監訳，日本電気環境エンジニアリング訳　日科技連出版　1999.8　419p

Dietrich-Nespesny, Karel　ディートリッヒ・ネスペズニー, K. *
◇業績向上のためのビジネスプロセスの分析と設計―チェコの電力会社の事例（共著）：ARISを活用したビジネスプロセスマネジメント―欧米の先進事例に学ぶ　A.-W.シェアー他共編，堀内正晴, 田中正郎, 柳堀紀幸監訳　シュプリンガー・フェアラーク東京　2003.7　281p

Diga, Joselito　ディガ, ジョセリト
◇フィリピンの会計：アジア太平洋地域の会計　西村明ほか編，西村明監訳　九州大学出版会　1995.8　285p

Dillon, Patricia S.　ディロン, P. S. *
◇企業における化学事故のリスク管理　他（共著）（辻俊郎訳）：グリーニングチャレンジ―企業の環境戦略　Kurt Fischer, Johan Schot編，藤森敬三監訳，日本電気環境エンジニアリング訳　日科技連出版　1999.8　419p

Dilnot, Andrew　ディルノット, アンドリュー
◇私的年金と税制：企業年金改革―公私の役割分担をめぐって　OECD編，船後正道監修，厚生年金基金連合会訳　東洋経済新報社　1997.5　216p

Dilthey, Wilhelm　ディルタイ, ヴィルヘルム
◇十七世紀における精神科学の自然的体系（真方敬道訳）：知られざる神　石渡隆司, 阿部秀男共編　南窓社　2001.6　331p（キリスト教歴史双書）

Dimock, Wai-chee　ディモック, ワイ・チー
◇階級とジェンダー, そして換喩の歴史：階級を再考する―社会編成と文学批評の横断　ワイ・チー・ディモック, マイケル・T.ギルモア編著，宮下雅年, 新関芳生, 久保拓也訳　松柏社　2001.5　391p

Dimond, Kevin　ダイモンド, ケビン
◇企業再建は, リーダー自ら真っ先に行動せよ（共著）：ウェルチはこうしてメリカを甦らせた―アメリカ・トップリーダーからの経営処方箋29　ケン・シェルトン編著，堀紘一監修・訳　フロンティア出版　1999.12　281p

Dingwall, Robert　ディングウォール, ロバート
◇被虐待児童というレッテル貼り（福知栄子訳）：児童虐待への挑戦　ウェンディ・スティントン・ロジャース, デニス・ヒーヴィー, エリザベス・アッシュ編著，福知栄子, 中野敏子, 田沢あけみほか訳　法律文化社　1993.11　261p

Dini, Lamberto　ディーニ, ランベルト
◇80年代の経済成長　他（岡本義行訳）：イタリアの金融・経済とEC統合　ロザリオ・ボナヴォーリア編，岡本義行ほか訳　日本経済評論社　1992.6　304p

Diniz, Fernando A.　ディニーズ, ファーナンド
◇語彙の発達（共著）（小松歩, 広瀬信雄訳）：知的障害者の言語とコミュニケーション　上　マイケル・ベヴェリッジ, G.コンティ・ラムズデン, I.リュダー編，今野和夫, 清水貞夫監訳　学苑社　1994.4　285p

d'Iribarne, Philippe　ディリバルヌ, フィリップ
◇文明化された資本主義の頓挫：現代の資本主義制度—グローバリズムと多様性　コーリン・クラウチ, ウォルフガング・ストリーク編, 山田鋭夫訳　NTT出版　2001.7　301p

Dishman, Rod K.　ディッシュマン, R.＊
◇身体活動へのアドヒレンス　他（共著）（岡浩一朗訳）：身体活動とメンタルヘルス　ウイリアム・P.モーガン編, 竹中晃二, 征矢英昭監訳　大修館書店　1999.4　362p

Ditz, Daryl　ディッツ, ダリル
◇グリーン・レジャー（緑の元帳）（共著）：緑の利益—環境管理会計の展開　マーティン・ベネット, ピーター・ジェイムズ編著, 国部克彦監修, 海野みづえ訳　産業環境管理協会　2000.12　542p

Dixon, Anne M.　ディクソン, アンネ
◇鷲と鶴は一緒に飛べるか？（神保謙訳）：日米同盟—米国の戦略　マイケル・グリーン, パトリック・クローニン編, 川上高司監訳　勁草書房　1999.9　229, 11p

Dmitriev, Valentine　ドミートリーヴ, ヴァレンタイン＊
◇ダウン症児とその他発達遅滞児のためのプログラム：教育モデルの開発　他：ダウン症候群と療育の発展—理解の向上のために　Valentine Dmitriev, Patricia L.Oelwein編著, 竹井和子訳　協同医書出版社　1992.6　274p

Dnes, Antony W.　ドネス, アントニィ・W.
◇同棲と結婚（飯島高訳）：結婚と離婚の法と経済学　アントニィ・W.ドゥネス, ロバート・ローソン編著, 太田勝造監訳　木鐸社　2004.11　348p（「法と経済学」叢書5）

Doane, Deborah　ドーネ, デボラ
◇意図は良し, そぐわぬ結果 CSR報告の破られた約束：トリプルボトムライン—3つの決算は統合できるか？　エイドリアン・ヘンリクス, ジュリー・リチャードソン編著, 大江宏, 小山良訳　創成社　2007.4　250p

Dobadh, R. Emerson　ドバッシュ, R.エマーソン
◇英米におけるBW運動（共著）（堤かなめ訳）：ジェンダーと暴力—イギリスにおける社会学的研究　ジャルナ・ハマー, メアリー・メイナード編, 堤かなめ監訳　明石書店　2001.10　346p（明石ライブラリー 33）

Dobash, Russell P.　ドバッシュ, ラッセル・P.
◇英米におけるBW運動（共著）（堤かなめ訳）：ジェンダーと暴力—イギリスにおける社会学的研究　ジャルナ・ハマー, メアリー・メイナード編, 堤かなめ監訳　明石書店　2001.10　346p（明石ライブラリー 33）

Dobbin, Muriel　ドビン, ミュリエル
◇大統領と一緒にどこまでも—世界一周：お気をつけて, いい旅を。—異国で出会った悲しくも可笑しい51の体験　メアリー・モリス, ミュリエル・ドビン, ジョー・ゴアス, イザベル・アジェンデ, ドミニク・ラピエールほか著, 古屋美登里, 中俣真知子訳　アスペクト　1995.7　366p

Dobroliubov, Nikolai Aleksandrovich　ドブロリューボフ, ニコライ・アレクサンドロビッチ
◇ロシアの文明, ジェレブツォフ氏の著作　他：19世紀ロシアにおけるユートピア社会主義思想　森宏一編訳　光陽出版社　1994.3　397p

Dodd, Barbara　ドッド, バーバラ
◇音韻の異常（共著）（小松歩, 広瀬信雄訳）：知的障害者の言語とコミュニケーション　上　マイケル・ベヴェリッジ, G.コンティ・ラムズデン, I.リューダー編, 今野和夫, 清水貞夫監訳　学苑社　1994.4　285p

Dodd, George H.　ドッド, G. H.
◇分子レベルからみた香料：香りの感性心理学　S.ヴァン・トラー, G.H.ドッド編, 印藤元一訳　フレグランスジャーナル社　1994.2　238p
◇緒言　他（共著）：香りの生理心理学　S.ヴァン・トラー, G.H.ドッド編, 印藤元一訳　フレグランスジャーナル社　1996.6　306p

Dodge, Kenneth A.　ドッジ, K.＊
◇仲間集団行動と仲間内地位　他（共著）（前田健一訳）：子どもと仲間の心理学—友だちを拒否するこころ　S.R.アッシャー, J.D.クーイ編著, 山崎晃, 中沢潤監訳　北大路書房　1996.7　447p

Dodgshon, R. A.　ドッジショーン, ロバート・A.
◇スコットランドの南部高地地方における農業の変化とその社会的結果—一六〇〇—一七八〇：アイルランドとスコットランド—比較社会経済史　T.M.ディヴァイン, D.ディクソン編著, 津波古充文訳　論創社　1992.8　474p

Dodson, Fitzhugh　ドッドソン, フィッツヒュー
◇成功プランをつくる方法：成功大学　オグ・マンディーノ編著, 箱田忠昭訳　日本経営合理化協会出版局　1998.9　689p
◇成功プランをつくる方法：成功大学　オグ・マンディーノ編著, 箱田忠昭訳　皮革携帯版　日本経営合理化協会出版局　1998.9　689p

Dodwell, Christina　ドッドウェル, クリスチーナ
◇セピク川とワギ川：世界の川を旅する—外輪船でのんびり, ボートでアドベンチャー　マイケル・ウッドほか著, 鴻巣友季子訳　白揚社　1995.6　327p

Doeff, Hendrik　ドゥーフ, ヘンドリック
◇ヘンドリック・ドゥフ・ユニアの秘密日記——一八〇四年十月九日—一八〇五年四月十九日　他（荒野泰典訳）：長崎オランダ商館日記　4　秘密日記—1800年度～1810年度　日蘭学会編, 日蘭交渉史研究会訳注　雄松堂出版　1992.3　382, 20p（日蘭学会学術叢書 第11）
◇ヘンドリック・ドゥフの日記——一八〇九年十一月二十二日—一八一〇年十月十八日　他（沼田次郎, 尾european正英訳）：長崎オランダ商館日記　5　1810年度～1813年度　日蘭学会編, 日蘭交渉史研究会訳注　雄松堂出版　1994.1　416, 4, 20p（日蘭学会学術叢書第14）
◇ヘンドリック・ドゥフの日記——一八一三年十一月十六日—一八一四年十一月十三日　他（庄司三男訳）：長崎オランダ商館日記　6　1814年度～1817年度　日蘭学会編, 日蘭交渉史研究会訳注　雄松堂出版　1995.3　327, 4, 21p（日蘭学会学術叢書 第15）
◇ヘンドリック・ドゥーフ著『縮小された島「出島」、日本でのオランダ人の居住地の解説』（フォラーくに子訳）：復原オランダ商館—長崎出島ルネサンス　西和夫編　戎光祥出版　2004.2　254p
◇ヅーフ日本回想録（斎藤阿具訳註, 斎藤文根校訂）：ヅーフ日本回想録　フィッセル参府紀行　ヅーフ, フィッセル著, 斎藤阿具訳註, 斎藤文根校訂　雄松堂出版　2005.5　5, 344, 67p（異国叢書 第9巻）

Doganov, Boyan ドガノフ, B.
◇ブルガリアにおけるヘルスケア改革（共著）（戒野敏浩訳）：ARISを活用したチェンジマネジメント―ビジネスプロセスの変革を管理する　A.-W.シェアー, F.アボルハッサン, W.ヨースト, M.F.W.キルヒマー編, 堀内正博, 田中正郎, 柳堀紀幸監訳　シュプリンガー・フェアラーク東京　2003.12　216p

Dole, George F. ドール, ジョージ・F.
◇鏡の中の神の像（島田恵訳）：エマヌエル・スウェーデンボルグ―持続するヴィジョン　ロビン・ラーセン編　春秋社　1992.11　307p

Dolinski, Dariusz ドリンスキ, ダリウシュ
◇差別の社会心理学（長岡亜生訳）：ヨーロッパの差別論　ヤン・C.ヨェルデン編, 田村光彰ほか訳　明石書店　1999.12　452p　（世界人権問題叢書 34）

Dolly, John P. ドリー, ジョン・P.
◇公立学校：ハワイ楽園の代償　ランドール・W.ロス編　有信堂高文社　1995.9　248p

Dolto, Françoise ドルト, フランソワーズ
◇子供における文法的な私の出現：個人についてポール・ヴェーヌ他著, 大谷尚文訳　法政大学出版局　1996.1　189p　（叢書・ウニベルシタス 517）

Doman, Glenn J. ドーマン, グレン
◇知識が知性を育てる　他：赤ちゃんに百科事典的知識をどう教えるか―子どもの知能は限りなく　グレン・ドーマンほか著, 小出照子訳　サイマル出版会　1997.3　247p

Doman, Janet ドーマン, ジャネット
◇赤ちゃんは無限に知識を学べる（共著）：赤ちゃんに百科事典的知識をどう教えるか―子どもの知能は限りなく　グレン・ドーマンほか著, 小出照子訳　サイマル出版会　1997.3　247p

Domenach, Jean Marie ドムナック, J.=M.
◇構造主義の登場：構造主義とは何か―そのイデオロギーと方法　J.=M.ドムナック編, 伊東守男, 谷亀利一訳　平凡社　2004.8　358p　（平凡社ライブラリー）

Donahoe, Thomas C. ドナフー, T. C. *
◇金融コングロマリットにおけるオペレーショナルリスクの最小化：オペレーショナルリスク―金融機関リスクマネジメントの新潮流　アーサーアンダーセン編・訳　金融財政事情研究会　2001.1　413p

Donaldson, Gordon ドナルドソン, ゴードン
◇企業戦略監査：取締役会の新しい手法：コーポレート・ガバナンス　Harvard Business Review編, Diamondハーバード・ビジネス・レビュー編集部訳　ダイヤモンド社　2001.6　270p

Donaldson, Thomas ドナルドソン, トーマス
◇グローバル化と企業倫理：戦略と経営　ジョーン・マグレッタ編, Diamondハーバード・ビジネス・レビュー編集部訳　ダイヤモンド社　2001.7　405p

Donelly, Michelle ドネリー, M.（障害者福祉）*
◇生活の質の次元分析（共著）：障害をもつ人にとっての生活の質―モデル・調査研究および実践　ロイ・I.ブラウン編著, 中園康夫, 末光茂監訳　相川書房　2002.5　382p

Doner, Richard F. ドナー, リチャード・F.
◇タイのレント・シーキングと経済発展（共著）：レント、レント・シーキング、経済開発―新しい政治経済学の視点から　ムスタク・H.カーン, ジョモ・K.サンダラム編著, 中村文隆, 武田巧, 堀金由美監訳　出版研　2007.7　437p

Doney, W. ドネー, ウィリス
◇『方法序説』「第四部」における神の実在証明（持田辰郎訳）：現代デカルト論集 2　英米篇　デカルト研究会編　勁草書房　1996.7　331, 9p

Donfried, Karl P. ドンフリード, K. P.
◇由来の異なる解釈学と聖書の横領：聖書を取り戻す―教会における聖書の権威と解釈の危機　C.E.ブラーテン, R.W.ジェンソン編, 芳賀力訳　教文館　1998.5　234p

Dönhoff, Marion Gräfin デーンホフ, マリオン
◇マリオン・デーンホフ伯爵夫人：戦後ドイツを生きて―知識人は語る　三島憲一・訳　岩波書店　1994.10　370p

Donius, Maggie ドニウス, M. *
◇転倒防止と看護：個人に合わせた痴呆の介護―創造性と思いやりのアプローチ　J.レイダー, E.M.トーンキスト編, 大塚俊男監訳, 老齢健康科学研究財団訳　日本評論社　2000.1　269p

Donnelly, Anne Cohn ドネリー, アン・コーン
◇身体的虐待及びネグレクトの予防に関する概論：虐待された子ども―ザ・バタード・チャイルド　メアリー・エドナ・ヘルファ, ルース・S.ケンプ, リチャード・D.クルーグマン編, 子どもの虐待防止センター監修, 坂井聖二監訳　明石書店　2003.12　1277p

Donnelly, John ドネリ, ジョン
◇『畏れとおののき』における「信仰を保つこと」（江口聡訳）：宗教と倫理―キェルケゴールにおける実存の言語性　C.S.エヴァンス, H.フェッター他著, 桝形公也監訳　ナカニシヤ出版　1998.4　255p

Donnelly, Michael W. ドネリー, マイケル・W.
◇日米二国間経済関係の政治的管理（山崎由紀訳）：太平洋国家のトライアングル―現代の日米加関係　黒沢満, ジョン・カートン編　彩流社　1995.2　281p

Donnelly, Thomas ドネリー, トーマス
◇認知的不協和：本当に「中国は一つ」なのか―アメリカの中国・台湾政策の転換　ジョン・J.タシク Jr.編著, 小谷まさ代, 近藤明理訳　草思社　2005.12　269p

Doore, Gary ドーア, ゲイリー
◇死者の国への旅―シャーマニズムとサマーディ（鹿子木大士郎訳）：死を超えて生きるもの―霊魂の永遠性について　ゲイリー・ドーア編, 井村宏治, 上野圭一, 笠原敏雄, 鹿子木大士郎, 菅靖彦, 中村正明, 橋村令助訳　春秋社　1993.11　407, 10p

Dore, Ronald Philip ドーア, ロナルド・P.
◇平等性と効率性のトレードオフ―日本の認識と選択：国際・学際研究　システムとしての日本企業　青木昌彦, ロナルド・ドーア編, NTTデータ通信システム科学研究所訳　NTT出版　1995.12　503p
◇日本の独自性：現代の資本主義制度―グローバリズムと多様性　コーリン・クラウチ, ウォルフガング・ストリーク編, 山田鋭夫訳　NTT出版　2001.7　301p
◇フランク・ダニエルズとおとめ夫人（鎌倉啓三, 大庭

定男訳）：英国と日本―日英交流人物列伝　イアン・ニッシュ編,日英文化交流研究会訳　博文館新社　2002.9　470p

Dorfman, Ariel　ドルフマン, アリエル
◇チェ・ゲバラ：TIMEが選ぶ20世紀の100人　下巻　アーチスト・エンターテイナー・ヒーロー・偶像・巨頭　徳岡孝夫監訳　アルク　1999.11　318p
◇もう一つの9・11事件(井上利男訳)：世界は変えられる―TUPが伝えるイラク戦争の「真実」と「非戦」　TUP (Translators United for Peace＝平和をめざす翻訳者たち)監修　七つ森書館　2004.5　234, 5p

Dorling, Daniel　ドーリング, D. (社会統計学)
◇序論 他(共著)(近昭夫訳)：現代イギリスの政治経済算術―統計は社会を変えるか　D.ドーリング, S.シンプソン編著, 岩井浩ほか監訳　北海道大学図書刊行会　2003.7　588p

Dorman, Gary J.　ドーマン, ゲーリー・J.
◇略奪的行為に対する価格・コストテストの実施：実務上の問題点：競争政策の経済学―競争政策の諸問題に対する経済学的アプローチ　ローレンス・ウー編, 大西利佳, 森信夫, 中島敏監訳　NERA　2005.11　173p

Dornbusch, Rudiger　ドーンブッシュ, ルーディガー
◇国際金融危機：経済危機―金融恐慌は来るか　マーティン・フェルドシュタイン編, 祝迫得夫, 中村洋訳, 伊藤隆敏監訳　東洋経済新報社　1992.10　350p
◇資本規制は時代遅れの考え方：IMF資本自由化論争　S.フィッシャーほか著, 岩本武和監訳　岩波書店　1999.9　161p

Dörrfuß, Ernst Michael　デルフス, エルンスト・ミヒャエル
◇なぜ利害者は旧約聖書を保持するか：キリスト教とユダヤ教―キリスト教信仰のユダヤ的ルーツ　F.クリュゼマン, U.タイスマン編, 大住雄一訳　教文館　2000.12　232p

Dorris, Michael　ドリス, マイケル
◇ロンドンは遠かった―ローマ/パリ/ロンドン：お気をつけて、いい旅を。―異国で出会った悲しくも可笑しい51の体験　メアリー・モリス, ポール・セロー, ジョー・ゴアス, イザベル・アジェンデ, ドミニク・ラピエールほか著, 古屋美登里, 中俣真知子訳　アスペクト　1995.7　366p

Dorsey, Ellen　ドージー, エレン
◇憲章作成と参加型調査研究(津田英二訳)：世界の人権教育―理論と実践　ジョージ・J.アンドレオポーロス, リチャード・ピエール・クロード編著, 黒沢惟昭監訳　明石書店　1999.2　758p

Dosse, Francois　ドス, フランソワ
◇分裂した相続人たち：開かれた歴史学―ブローデルを読む　イマニュエル・ウォーラーステインほか著, 浜田道夫, 末広菜穂子, 中村美幸訳　藤原書店　2006.4　318p

Douglas, Jo　ダグラス, J.*
◇睡眠障害のマネジメントのための親訓練(大隈紘子訳)：共同治療者としての親訓練ハンドブック　上　Charles E.Schaefer, James M.Briesmeister編, 山上敏子, 大隈紘子監訳　二瓶社　1996.11　332p

Douglas, Mary　ダグラス, メアリ
◇自律性への注目―人類学と制度派経済学(磯村和人訳)：現代組織論とバーナード　オリバー・E.ウィリアムソン編, 飯野春樹監訳　文真堂　1997.3　280p

Douglas, Susan　ダグラス, スーザン・J.
◇放送の始まり：歴史のなかのコミュニケーション―メディア革命の社会文化史　デイヴィッド・クローリー, ポール・ヘイヤー編, 林進, 大久保公雄訳　新曜社　1995.4　354p

Dovlo, Florence Efua　ドヴロー, フローレンス・エファ
◇社会変化がアフリカの伝統的家族に及ぼす影響についての諸問題(田窪純子訳)：転換期の家族―ジェンダー・家族・開発　N.B.ライデンフロースト編, 家庭経営学部会訳　日本家政学会　1995.3　360p

Dow, Unity　ドウ, ユニティ
◇草の根レベルにおける女性エンパワーメント構想に注目する(共著)(尾﨑公子訳)：世界の人権教育―理論と実践　ジョージ・J.アンドレオポーロス, リチャード・ピエール・クロード編著, 黒沢惟昭監訳　明石書店　1999.2　758p

Dowd, Sharyn　ダウド, シャーリン
◇ユダ書 他(鈴木元子訳)：女性たちの聖書注解―女性の視点で読む旧約・新約・外典の世界　C.A.ニューサム, S.H.リンジ編, 加藤明子, 小野功生, 鈴木元子訳, 荒井章三, 山内一郎日本語版監修　新教出版社　1998.3　682p

Dower, John W.　ダワー, ジョン・W.
◇三つの歴史叙述：戦争と正義―エノラ・ゲイ展論争から　トム・エンゲルハート, エドワード・T.リネンソール編, 島田三蔵訳　朝日新聞社　1998.8　300, 39p（朝日選書 607）
◇風刺画のなかの日本人, アメリカ人(飯倉章訳)：日米戦後関係史―パートナーシップ 1951-2001　入江昭, ロバート・A.ワンプラー編, 細谷千博, 有賀貞監訳　講談社インターナショナル　2001.9　389p
◇二つの「体制」のなかの平和と民主主義(森谷文昭訳)：歴史としての戦後日本　上　アンドルー・ゴードン編, 中村政則監訳　みすず書房　2001.12　264, 29p
◇満州とイラクの関係(井上利男訳)：世界は変えられる―TUPが伝えるイラク戦争の「真実」と「非戦」　TUP (Translators United for Peace＝平和をめざす翻訳者たち)監修　七つ森書館　2004.5　234, 5p
◇ジョン・ダワー：映画日本国憲法読本　島多惣作, 竹井正和編　フォイル　2005.4　266p

Downer, Ruth　ダウナー, ルース
◇ガイアナにおける貧困と家族の存続(室住真麻子訳)：転換期の家族―ジェンダー・家族・開発　N.B.ライデンフロースト編, 家庭経営学部会訳　日本家政学会　1995.3　360p

Downs, Marion P.　ダウンズ, M. P.*
◇ダウン症児における耳科学的問題と難聴(共著)：ダウン症候群と療育の発展―理解の向上のために　Valentine Dmitriev, Patricia L.Oelwein編著, 竹井和子訳　協同医書出版社　1992.6　274p

Doyle, Marilyn　ドイル, マリリン
◇境界線を越える(共著)：エグゼクティブ・コーチング―経営幹部の潜在能力を最大限に引き出す　キャサリン・フィッツジェラルド, ジェニファー・ガーヴェ

イ・バーガー編, 日本能率協会コンサルティング訳　日本能率協会マネジメントセンター　2005.4　370p

Doyon, Denis F.　ドヨン, デニス・F.
◇中東の基地―将来のモデル：ザ・サン・ネバー・セッツ―世界を覆う米軍基地　ジョセフ・ガーソン, ブルース・バーチャード編著, 佐藤昌一郎監訳　新日本出版社　1994.1　318p

Doz, Yves　ドズ, イブ
◇多角化した多国籍企業のマネジメント：組織理論と多国籍企業　スマントラ・ゴシャール, D.エレナ・ウエストニー編著, 江夏健一監訳, IBI国際ビジネス研究センター訳　文真堂　1998.10　452p

dPal byams　ペーヤン
◇敦煌出土チベット文マハーヨーガ文献『金剛薩埵問答』和訳(上山大峻訳)：禅学研究の諸相―田中良昭博士古稀記念論集　田中良昭博士古稀記念論集刊行会編　大東出版社　2003.3　583, 114p

Draine, Jeffrey　ドレイン, J.*
◇精神障害リハビリテーションの提供者としての利害者(共著)：チームを育てる―精神障害リハビリテーションの技術　パトリック・W.コリガン, ダニエル・W.ギフォート編, 野中猛監訳, 柴田珠里訳・著　金剛出版　2002.5　168p

Drake, Barbara　ドレーク, バーバラ
◇英国婦人労働運動史(赤松克麿, 赤松明子訳)：世界女性史基礎文献集成　昭和初期編　第5巻　水田珠枝監修　ゆまに書房　2001.12　20, 290p

Drake, Christopher　ドレイク, クリストファー
◇アメリカにおける日本研究II―文学：アメリカ新研究　鵜木奎治郎編著　北樹出版　1992.11　295p

Drakulic, Slavenka　ドラクリッチ, スラヴェンカ
◇ボスニアの女性に対するレイプ：世界の女性と暴力　ミランダ・デービス編, 鈴木研一訳　明石書店　1998.4　472p　(明石ライブラリー 4)

Dranikoff, Lee　ドラニコフ, リー
◇よい事業分割, 悪い事業分割(共著)：「選択と集中」の戦略　Diamondハーバード・ビジネス・レビュー編集部編訳　ダイヤモンド社　2003.1　286p

Drapeau, Anne Seibold　ドラボウ, アン・シーボルト
◇信頼の敵(共著)：組織行動論の実学―心理学で経営課題を解明する　Diamondハーバード・ビジネス・レビュー編集部編訳　ダイヤモンド社　2007.9　425p　(Harvard business review)

Dreikurs, Rudolf　ドライカース, ルドルフ
◇仕事(共著)：アドラーの思い出　G.J.マナスター, G.ペインター, D.ドイッチュ, B.J.オーバーホルト編, 柿内邦博, 井原文子, 野田俊作訳　創元社　2007.6　244p

Dreikurs, Sadie　ドライカース, サディー
◇仕事(共著)：アドラーの思い出　G.J.マナスター, G.ペインター, D.ドイッチュ, B.J.オーバーホルト編, 柿内邦博, 井原文子, 野田俊作訳　創元社　2007.6　244p

Drew, Kirstine　ドルー, K.*
◇持続可能な未来のための企業戦略(共著)(藤森敬三訳)：グリーニングチャレンジ―企業の環境戦略　Kurt Fischer, Johan Schot編, 藤森敬三監訳, 日本電気環境エンジニアリング訳　日科技連出版社　1999.8　419p

Dreyfus, Hubert L.　ドレイファス, ヒューバート・L.
◇フッサール, ハイデガーそして現代の実存主義―ヒューバード・ドレイファスとの対話(共著)(大沢秀介訳)：西洋哲学の系譜―第一線の哲学者が語る西欧思想の伝統　ブライアン・マギー編, 高頭直樹ほか訳　晃洋書房　1993.5　482p
◇道徳性とは何か(共著)(山口晃訳)：普遍主義対共同体主義　デヴィッド・ラスマッセン編, 菊池理夫, 山口晃, 有賀誠訳　日本経済評論社　1998.11　433p

Dreyfus, Stuart E.　ドレイファス, スチュアート・E.
◇道徳性とは何か(共著)(山口晃訳)：普遍主義対共同体主義　デヴィッド・ラスマッセン編, 菊池理夫, 山口晃, 有賀誠訳　日本経済評論社　1998.11　433p

Drifte, Reinhard　ドリフテ, ラインハルト
◇ポスト冷戦時代における日本の国際的影響力：経済大国の行方(斎藤潔訳)：アジア太平洋と国際関係の変動―その地政学的展望　Dennis Rumley編, 高木彰彦, 千葉立也, 福嶋依子編　古今書院　1998.2　431p

Driver, Michael J.　ドライバー, マイケル・J.
◇リーダーシップの進化プロセス(共著)：人材育成の戦略―評価, 教育, 動機づけのサイクルを回す　Diamondハーバード・ビジネス・レビュー編集部編訳　ダイヤモンド社　2007.3　450p　(Harvard business review)

Driver, Rosalind　ドライヴァー, ロザリンド
◇外見を超えて：物理変化及び化学変化における物質の保存　他：子ども達の自然理解と理科授業　R.ドライヴァー, E.ゲスン, A.ティベルギエ編, 貫井正納ほか訳, 内田正男監訳　東洋館出版社　1993.2　249p

Driver, Tom F.　ドライヴァー, トム・F.
◇多元主義の弁護：キリスト教の絶対性を超えて―宗教的多元主義の神学　ジョン・ヒック, ポール・F.ニッター編, 八木誠一, 樋口恵訳　春秋社　1993.2　429p

Drljevic, Savo　ドルジェヴィック, S.*
◇地政的・社会経済的・軍事戦略的要因の役割：ユーゴスラビアの全人民防衛　〔防衛研修所〕　1975　82p　(研究資料 75RT-2)

Drotar, Dennis　ドローター, D.*
◇成長不全(FTT)子どもの親訓練(共著)：共同治療者としての親訓練ハンドブック　下　Charles E.Schaefer, James M.Briesmeister編, 山上敏子, 大隈紘子監訳　二瓶社　1996.11　p334-648

Drucker, Peter Ferdinand　ドラッカー, ピーター・F.
◇環境十字軍の運動には敬意を表するが, しかし(北尾宏之訳)：環境の倫理　下　K.S.シュレーダー・フレチェット編, 京都生命倫理研究会訳　晃洋書房　1993.11　683p
◇日本―成功の代償：戦後日米関係を読む―『フォーリン・アフェアーズ』の目　梅垣理郎編訳　中央公論社　1993.12　351p　(中公叢書)
◇新しい組織に向けて：企業の未来像―成功する組織の条件　フランシス・ヘッセルバイン, マーシャル・ゴールドスミス, リチャード・ベックハード編, 小坂

恵理訳　トッパン　1998.7　462p　（トッパンのビジネス経営書シリーズ14）
◇序文―将軍が餓死しない戦争：未来組織のリーダー―ビジョン・戦略・実践の革新　フランシス・ヘッセルバイン，マーシャル・ゴールドスミス，リチャード・ベカード編，田代正美訳　ダイヤモンド社　1998.7　239p
◇メアリー・パーカー・フォレット―管理の予言者（坂井正廣，中村秋生訳）：メアリー・パーカー・フォレット　管理の予言者　ポウリン・グラハム編，三戸公，坂井正広監訳　文真堂　1999.5　360p
◇序章―都市を文明化する：未来社会への変革―未来の共同体がもつ可能性　フランシス・ヘッセルバイン，マーシャル・ゴールドスミス，リチャード・F.シューベルト編，加納明弘訳　フォレスト出版　1999.11　327p
◇行動しなさい，一つのことに専念しなさい：ウェルチはこうして組織を甦らせた―アメリカ・トップリーダーからの経営処方箋29　ケン・シェルトン編著，堀紘一監修・訳　フロンティア出版　1999.12　281p
◇情報が組織を変える：ナレッジ・マネジメント　Harvard Business Review編，Diamondハーバード・ビジネス・レビュー編集部訳　ダイヤモンド社　2000.12　273p
◇知識主導社会のリーダーシップ：戦略と経営　ジョーン・マグレッタ編，Diamondハーバード・ビジネス・レビュー編集部訳　ダイヤモンド社　2001.7　405p
◇変化する時代の知識労働者マネジメント：知識革新力　ルディ・ラグルス，ダン・ホルツハウス編，木川田一栄訳　ダイヤモンド社　2001.7　321p
◇意思決定に必要な情報とは何か：業績評価マネジメント　Harvard Business Review編，Diamondハーバード・ビジネス・レビュー編集部訳　ダイヤモンド社　2001.9　258p
◇イノベーションと起業家精神：ブレークスルー思考　Harvard Business Review編，Diamondハーバード・ビジネス・レビュー編集部訳　ダイヤモンド社　2001.10　221p
◇効果的な意思決定：意思決定の思考技術　Harvard Business Review編，Diamondハーバード・ビジネス・レビュー編集部訳　ダイヤモンド社　2001.12　264p
◇日本―成功の代償：このままでは日本経済は崩壊する　フォーリン・アフェアーズ・ジャパン編・監訳，竹下興喜監訳　朝日新聞社　2003.2　282，11p　（朝日文庫―フォーリン・アフェアーズ・コレクション）

Druskat, Vanessa Urch　ドリュスカット，バネッサ・アーク
◇チームEQの強化法（共著）：いかに「プロジェクト」を成功させるか　Diamondハーバード・ビジネス・レビュー編集部編訳　ダイヤモンド社　2005.1　239p　（Harvard business review anthology）
◇チームEQの強化法（共著）：EQを鍛える　Diamondハーバード・ビジネス・レビュー編集部訳　ダイヤモンド社　2005.7　286p　（Harvard business review anthology）

Dryden, Windy　ドライデン，ウィンディ
◇認知行動アプローチの基礎理論（共著）（丹野義彦訳）：認知臨床心理学入門―認知行動アプローチの実践的理解のために　W.ドライデン，R.レントゥル編，丹野義彦監訳　東京大学出版会　1996.11　384p

Dryer, Donna　ドライアー，ドンナ
◇スタニスラフ・グロフの意識研究（共著）：テキスト/トランスパーソナル心理学・精神医学　B.W.スコットン，A.B.チネン，J.R.バティスタ編，安藤治，池沢良郎，是恒正達訳　日本評論社　1999.12　433p

Drysdale, Peter　ドライスデール，ピーター
◇東アジアの地域協力とFTA戦略（吉田忠洋訳）：アジア太平洋連帯構想　渡辺昭夫編著　NTT出版　2005.6　367p
◇アメリカとEUの貿易政策（共著）：開発のための政策一貫性―東アジアの経済発展と先進諸国の役割　経済協力開発機構（OECD）財務省財務総合政策研究所共同研究プロジェクト　河合正弘，深作喜一郎編著・監訳，マイケル・G.プランマー，アレクサンドラ・トルチアック=デュヴァル編著　明石書店　2006.3　650p

Dubet, François　デュベ，フランソワ
◇民主主義の傲慢（廣瀬浩司訳）：介入？―人間の権利と国家の論理　エリ・ウィーゼル，川田順造編，広瀬浩司，林修訳　藤原書店　1997.6　294p

DuBois, Marc　デュボワ，マルク
◇警察のための人権教育（及川裕二，坂本旬訳）：世界の人権教育―理論と実践　ジョージ・J.アンドレオポロス，リチャード・ピエール・クロード編著，黒沢惟昭監訳　明石書店　1999.2　758p

Duby, Georges　デュビー，ジョルジュ
◇歴史認識における座標軸の転換：歴史・文化・表象―アナール派と歴史人類学　ジャック・ルゴフほか著，二宮宏之編訳　岩波書店　1992.12　263p　（New history）
◇女性，愛，そして騎士：愛と結婚とセクシュアリテの歴史―増補・愛とセクシュアリテの歴史　ジョルジュ・デュビーほか著，福井憲彦，松本雅弘訳　新曜社　1993.11　401p
◇宮廷風恋愛のモデル：女の歴史　2〔1〕　中世　1　杉村和子，志賀亮一監訳　クリスティアーヌ・クラピシュ=ズュベール編　藤原書店　1994.5　436p
◇供述，調書，告白：女の歴史　2〔2〕　中世　2　杉村和子，志賀亮一監訳　クリスティアーヌ・クラピシュ=ズュベール編　藤原書店　1994.5　p437〜886
◇女性史を書く（共著）（杉村和子訳）：ヘーゲル―イラスト版　R.スペンサー文，A.クラウゼ絵，椋田直子訳　現代書館　1996.9　174p　（For beginnersシリーズ 77）
◇女性史を書く（共著）（杉村和子，志賀亮一訳）：女の歴史　5〔1〕　二十世紀　1　G.デュビィ，M.ペロー監修，杉村和子，志賀亮一監訳　フランソワーズ・テボー編　藤原書店　1998.2　515p
◇歴史認識における座標軸の転換：歴史・文化・表象―アナール派と歴史人類学　ジャック・ルゴフほか著，二宮宏之編訳　岩波書店　1999.7　263p　（岩波モダンクラシックス）
◇遺産：地中海世界　フェルナン・ブローデル編，神沢栄三訳　みすず書房　2001　190，184p
◇俗人と「神の平和」（高木啓子訳）：紛争のなかのヨーロッパ中世　服部良久編訳　京都大学学術出版会　2006.7　372p

Duden, Babara　ドゥーデン，バーバラ
◇人口（山口洋子訳）：脱「開発」の時代―現代社会を解読するキーワード辞典　ヴォルフガング・ザックス編，イヴァン・イリッチ他著，三浦清隆他訳　晶文社　1996.9　396，12p

Dudley, Wade G.　ダドリー，W. G. *
◇大東亜共栄圏の確立―太平洋艦隊壊滅す：太平洋戦争の研究―こうすれば日本は勝っていた　ピーター・G.ツォーラス編著，左近允尚敏訳　PHP研究所　2002.12　387p

Dueck, Judith　デュエック，ジュディス
◇人権教育の資料情報センターの設立（久保内加菜訳）：世界の人権教育―理論と実践　ジョージ・J.アンドレオポーロス，リチャード・ピエール・クロード編著，黒沢惟昭監訳　明石書店　1999.2　758p

Duffy, Stephen　デューフィ，ステファン
◇インターネット・ロジスティクス―新しい顧客創出と競争（共著）：サプライチェーン戦略　ジョン・ガトーナ編，前田健蔵，田村誠一訳　東洋経済新報社　1999.5　377p　（Best solution）

Du Gay, Paul　ドゥ・ゲイ，ポール
◇組織するアイデンティティ，企業管理と公的経営（松畑強訳）：カルチュラル・アイデンティティの諸問題―誰がアイデンティティを必要とするのか？　スチュアート・ホール，ポール・ドゥ・ゲイ編，宇波彰監訳・解説　大村書店　2001.1　342p

Duker, Pieter C.　デューカー，P. *
◇重度あるいは最重度の知的障害者のためのマニュアルサインによるコミュニケーション（共著）：重度知的障害への挑戦　ボブ・レミントン編，小林重雄監訳，藤原義博，平沢紀子共訳　二瓶社　1999.3　461p

Dukes, Paul　デュークス，ポール
◇序論：トロツキー再評価　P.デュークス，T.ブラザーストン編　新評論　1994.12　381p

Dulong, Claude　デュロン，クロード
◇会話から創作へ：女の歴史 3〔2〕　十六―十八世紀 2　杉村和子，志賀亮一監訳　ナタリー・ゼモン＝デイヴィス，アルレット・ファルジュ編　藤原書店　1995.1　854p

Dumas, August　デュマ，オギュスト
◇フランス古法における債務法史：塙浩著作集―西洋法史研究 15　フランス債務法史　塙浩訳著　信山社出版　1998.3　844p

Dumas, Jean E.　デュマス，J. E.
◇母子相互作用における文脈効果：オペラント分析をこえて（日比野英子訳）：家族の感情心理学―そのよいときも，わるいときも　E.A.ブレックマン編著，浜治世，松山義則監訳　北大路書房　1998.4　275p

Duménil, Gérard　ドゥメニル，ジェラール
◇安定性の実物的決定要因と金融的決定要因（共著）：金融不安定性と景気循環　ウィリー・ゼムラー編，浅田統一郎訳　日本経済評論社　2007.7　353p　（ポスト・ケインジアン叢書）

Dummett, Michael A. E.　ダメット，マイケル
◇真理と意味：哲学者は何を考えているのか　ジュリアン・バジーニ，ジェレミー・スタンルーム編，松本俊吉訳　春秋社　2006.5　401, 13p　（現代哲学への招待 basics　丹治信春監修）
◇文脈原理（岩本敦訳）：フレーゲ哲学の最新像―ダメット，パーソンズ，ブーロス，ライト，ルフィーノ，ヘイル，アクゼル，スントホルム　岡本賢吾，金子洋之編　勁草書房　2007.2　374p　（双書現代哲学 5）

Dumont, Louis　デュモン，ルイ
◇現代人の起源・再考―近代個人主義のキリスト教的端緒（厚東洋輔訳）：人というカテゴリー　マイクル・カリザス，スティーヴン・コリンズ，スティーヴン・ルークス編，厚東洋輔，中島道男，中村牧子訳　紀伊國屋書店　1995.7　550p　（文化人類学叢書）
◇「非政治的」個人主義―トーマス・マンの『考察』における《Kultur》：個人について　ポール・ヴェーヌ他著，大谷尚文訳　法政大学出版局　1996.1　189p　（叢書・ウニベルシタス 517）

Dunbar, Christopher, Jr.　ダンバー，C., Jr.
◇ミシガン（共著）：格差社会アメリカの教育改革―市場モデルの学校選択は成功するか　フレデリック・M.ヘス，チェスター・E.フィンJr.編著，後洋一訳　明石書店　2007.7　465p　（明石ライブラリー 111）

Dunbar, Fred　ダンバー，フレッド
◇おみやげ：ニッポン不思議発見！―日本文化を英語で語る50の名エッセイ集　日本文化研究所編，松本道弘訳　講談社インターナショナル　1997.1　257p　（Bilingual books）

Duncan, A. A. M.　ダンカン，A. A. M.
◇王国の成立：スコットランド史―その意義と可能性　ロザリンド・ミチスン編，富田理恵，家入葉子訳　未来社　1998.10　220, 37p

Duncan, Ian　ダンカン，イアン
◇ブルデューにかんするブルデュー―『講義』という講義を学ぶ：ブルデュー入門―理論のプラチック　R.ハーカー，C.マハール，C.ウィルクス編，滝本往人，柳和樹訳　昭和堂　1993.4　380p

Duncan, James S.　ダンカン，J. S. *
◇意味付与の体系としての景観（西部均訳）：東南アジアにおける文化表象の諸相―環境モノグラフ調査資料集　21世紀COEプログラム「都市文化創造のための人文科学的研究」　山野正彦編　大阪市立大学大学院文学研究科「都市文化研究センター」　2004.3　143p

Duncan, Roderick　ダンカン，ロデリック
◇アメリカ合衆国の離婚をめぐる状況―法廷からの一考察（岡本潤子訳）：21世紀の民法―小野幸二教授還暦記念論集　法学書院　1996.12　970p

Duncan, Susan K.　ダンカン，スーザン・K.
◇天使のキス：空っぽのくつした―あなたの心に届ける16の贈り物　コリーン・セル選，立石美樹ほか訳　光文社　2002.11　213p

Duncan, Yvonne　ダンカン，イボンヌ
◇平和教育：写真集 原発と核のない国ニュージーランド　ギル・ハンリーほか著，楠瀬佳子，近藤和子訳　明石書店　1993.7　142p

Dundes, Alan　ダンダス，アラン
◇「赤ずきん」の精神分析学的な解釈（池上嘉彦訳）：「赤ずきん」の秘密―民俗学的アプローチ　アラン・ダンダス編，池上嘉彦，山崎和恕，三宮郁子訳　紀伊國屋書店　1994.12　325p
◇「赤ずきん」の精神分析学的な解釈（池上嘉彦訳）：「赤ずきん」の秘密―民俗学的アプローチ　アラン・ダンダス編，池上嘉彦ほか訳　新版　紀伊國屋書店　1996.6　325p

Dunham, Frances　ダンハム，F. *
◇社会的やりとりの最適な構造と乳児の適応的な発達

(共著)(遠藤利彦訳)：ジョイント・アテンション—心の起源とその発達を探る Chris Moore, Philip J.Dunham原編, 大神英裕監訳 ナカニシヤ出版 1999.8 309p

Dunham, Philip J. ダンハム, P. *
◇共同注意の研究動向 他(共著)(大神英裕訳)：ジョイント・アテンション—心の起源とその発達を探る Chris Moore, Philip J.Dunham原編, 大神英裕監訳 ナカニシヤ出版 1999.8 309p

Dunlap, Glen ダンラップ, グレン
◇直接訓練しない反応の般化と維持—遠隔的な随伴手続きを用いて(共著)：自閉症, 発達障害者の社会参加をめざして—応用行動分析学からのアプローチ R.ホーナー他著, 小林重雄, 加藤哲文監訳 二瓶社 1992.12 299p (叢書・現代の心理学 3)
◇教室での望ましい行動を増やすためのカリキュラムの変更(共著)(平澤紀子訳)：挑戦的行動の先行子操作—問題行動への新しい援助アプローチ ジェームズ・K.ルイセリー, マイケル・J.キャメロン編, 園山繁樹ほか訳 二瓶社 2001.8 390p

Dunlap, Katherine M. ダンラップ, ケイティー・M.
◇機能理論(中村和彦訳)：ソーシャルワーク・トリートメント—相互連結理論アプローチ 下 フランシス・J.ターナー編, 米本秀仁監訳 中央法規出版 1999.8 573p

Dunlap, Susan ダンラップ, スーザン
◇黄昏のソルト・レイク・シティ—アメリカ・ソルトレイクシティ：お気をつけて, いい旅を。—異国で出会った悲しくも可笑しい51の体験 メアリー・モリス, ポール・セロー, ジョー・ゴアス, イザベル・アジェンデ, ドミニク・ラビエールほか著, 古屋美登里, 中俣真知子訳 アスペクト 1995.7 366p

Dunlevy, John N. ダンレヴィー, J. N. *
◇CMBSストラクチャーの検討：CMBS—商業用モーゲージ証券 成長する新金融商品市場の特徴と実務 フランク・J.ファボッツィ, デイビッド・P.ジェイコブ編, 酒井吉弘監訳, 野村証券CMBS研究会訳 金融財政事情研究会 2000.12 672p

Dunn, Albert H. , III ダン, アルバート・H. , 3世
◇規律を乱す「やり手セールスマン」をいかに処遇すべきか(共著)：「問題社員」の管理術—ケース・スタディ Diamondハーバード・ビジネス・レビュー編集部編訳 ダイヤモンド社 2007.1 263p (Harvard business review anthology)

Dunn, Andrea L. ダン, A. L. *
◇運動処方(共著)(竹中晃二訳)：身体活動とメンタルヘルス ウイリアム・P.モーガン編, 竹中晃二, 征矢英昭監訳 大修館書店 1999.4 362p

Dunn, James D. G. ダン, ジェームズ・D. G.
◇イエス, 食卓の交わりそしてクムラン：イエスと死海文書 ジェームズ・H.チャールズワース編著, 山岡健訳 三交社 1996.12 476p

Dunn, Walter S. , Jr. ダン, ウォルター・S. , Jr.
◇ノルマンディー上陸作戦・一九四四年六月(共著)：ヒトラーが勝利する世界—歴史家たちが検証する第二次大戦・60の"if" ハロルド・C.ドィッチュ, デニス・E.ショウォルター編, 守屋純訳 学習研究社 2006.10 671p (WW selection)

Dunn, William N. ダン, W. N.
◇労働者自主管理と組織的パワー(高巌訳)：参加的組織の機能と構造—ユーゴスラヴィア自主管理企業の理論と実践 J.オブラドヴッチ, W.N.ダン編著, 笠原清志監訳 時潮社 1991.4 574p

Dunne, Paul ダン, P.
◇軍拡の統計学(良永康平訳)：現代イギリスの政治算術—統計は社会を変えるか D.ドーリング, S.シンプソン編著, 岩井浩ほか訳 北海道大学図書刊行会 2003.7 588p

DuPasquier, Jean-Noël デュパスキエ, J. *
◇社会的機能 他(共著)：日本版MDS-HC 2.0在宅ケアアセスメントマニュアル John N.Morris他編著, 池上直己訳 医学書院 1999.9 294p
◇社会的機能 他(共著)：日本版MDS-HC 2.0在宅ケアアセスメントマニュアル John N.Morris他編著, 池上直己訳 新訂版 医学書院 2004.11 298p

Dupont, Ann M. デュポン, アン・M.
◇メキシコの製造工場—マキマドーラにおける女性の労働力進出の経済・文化・家族に及ぼす影響について(菊池康子訳)：転換期の家族—ジェンダー・家族・開発 N.B.ライデンフロースト編, 家庭経営学部会訳 日本家政学会 1995.3 360p

Dupree, A. Hunter デュプリー, A. ハンター
◇ダーウィン時代のキリスト教と科学者共同体：神と自然—歴史における科学とキリスト教 デイビッド・C.リンドバーグ, R.L.ナンバーズ編, 渡辺正雄監訳 みすず書房 1994.6 528, 48p

Dupuis, Georges デュピュイ, ジョルジュ
◇行政機構の中央と周辺：フランスの事例の考察：自治と市民社会—翻訳版 no.1 チャドウィック・エフ・アルジャーほか著, 中央学院大学地方自治センター訳 中央学院大学地方自治センター 1990.3 165p

Duques, Ric デューク, リック
◇将来の「大」組織(共著)：企業の未来像—成功する組織の条件 フランシス・ヘッセルバイン, マーシャル・ゴールドスミス, リチャード・ベックハード編, 小坂恵理訳 トッパン 1998.7 462p (トッパンのビジネス経営書シリーズ 14)

Duquette, Donald N. ドゥケット, ドナルド・N.
◇子どもの保護における弁護士の役割：虐待された子ども—ザ・バタード・チャイルド メアリー・エドナ・ヘルファ, ルース・S.ケンプ, リチャード・D.クルーグマン編, 子どもの虐待防止センター監修, 坂井聖二監訳 明石書店 2003.12 1277p

Duran, Patrice デュラン, パトリス
◇フランス：転換期にある地方権威：国際比較から見た地方自治と都市問題—先進20カ国の分析 1 Joachim Jens Hesse編, 北海道比較地方自治研究会訳 北海道比較地方自治研究会 1994.3 208p
◇転換期にある地方権威-フランス：地方自治の世界的潮流—20カ国からの報告 下 ヨアヒム・J.ヘッセ編, 北海道比較地方自治研究会訳, 木佐茂男監修 信山社出版 1997.9 p337-650

Duran, Richard P. デュラン, R. P. *
◇言語的少数派へのテスト(孫媛訳)：教育測定学 下巻 ロバート・L.リン編, 池田央, 藤田恵璽, 柳井晴夫, 繁

桝算男訳・編　学習評価研究所　1992.12　411p

Durand, V. Mark　デュラン, V. *
◇『問題行動』への介入としての機能的に等価な反応の形成（共著）：重度知的障害への挑戦　ボブ・レミントン編, 小林重雄監訳, 藤原義博, 平沢紀子共訳　二瓶社　1999.3　461p

Dürkheim, Emile　デュルケーム, E.
◇人間社会の差異：ドゥルーズ初期―若き哲学者が作った教科書　ジル・ドゥルーズ編著, 加賀野井秀一訳注　夏目書房　1998.5　239p

Durrell, Lawrence　ダレル, ローレンス
◇ジョン・フォスター・ダレス国務長官―ディエン・ビエンフー陥落（津吉襄訳）：変貌する世界とアメリカ　板場良久スピーチ解説, 津吉襄訳　アルク　1998.5　148p　（20世紀の証言 英語スピーチでたどるこの100年 第2巻―CD book　松尾弌之監修・解説）

Düsing, Klaus　デュージング, クラウス
◇観念論的な実体形而上学（栗原隆, 滝口清栄訳）：続・ヘーゲル読本―翻訳篇/読みの水準　D.ヘンリッヒ他著, 加藤尚武, 座小田豊編訳　法政大学出版局　1997.3　324, 12p

Duskin, Elizabeth　ダスキン, エリザベス
◇公的年金と私的年金の役割分担の変化：企業年金改革―公私の役割分担をめぐって　OECD編, 船後正道監修, 厚生年金基金連合会訳　東洋経済新報社　1997.5　216p

Duus, Peter　ドゥス, ピーター
◇クリスチャンの政治評論家・吉野作造：アメリカ人の吉野作造論　B.S.シルバーマンほか著, 宮本盛太郎ほか編訳　風行社　1992.4　154p

Duverger, Maurice　デュベルジェ, モーリス
◇デュベルジェの法則―四〇年後の再考（岩崎正洋, 木暮健太郎訳）：選挙制度の思想と理論―Readings　加藤秀治郎編訳　芦書房　1998.1　306p

Dworkin, Ronald Myles　ドゥウォーキン, ロナルド・マイルス
◇政治は法によって統治されるか（共著）：哲学の原点―ドイツからの提言　ハンス・ゲオルク・ガダマー他著, U.ベーム編, 長倉誠一, 多田茂訳　未知谷　1999.7　272, 11p

Dyer, Christopher L.　ダイヤー, クリストファー・L.
◇物資とエネルギーの断続的劣化：災害の人類学―カタストロフィと文化　スザンナ・M.ホフマン, アンソニー・オリヴァー＝スミス編著, 若林佳史訳　明石書店　2006.11　327p

Dyer, Wayne W.　ダイアー, ウエイン・W.
◇空想家になる：魂をみがく30のレッスン　リチャード・カールソン, ベンジャミン・シールド編, 鴨志田千枝子訳　同朋舎　1998.6　252p
◇やるべきことを延ばさず成功する法：成功大学　オグ・マンディーノ編著, 箱田忠昭訳　日本経営合理化協会出版局　1998.9　689p
◇やるべきことを延ばさず成功する法：成功大学　オグ・マンディーノ編著, 箱田忠昭訳　皮革携帯版　日本経営合理化協会出版局　1998.9　689p

Dykens, E.　ディケンズ, E. *
◇脆弱X症候群の発達に関する諸問題（共著）：障害児理解の到達点―ジグラー学派の発達論的アプローチ　R.M.ホダップ, J.A.ブラック, E.ジグラー編, 小松秀茂, 清水貞夫訳　田研出版　1994.9　435p

Dym, Barry　ディム, バリー
◇起業家に対するコーチング（共著）：エグゼクティブ・コーチング―経営幹部の潜在能力を最大限に引き出す　キャサリン・フィッツジェラルド, ジェニファー・ガーヴェイ・バーガー編, 日本能率協会コンサルティング訳　日本能率協会マネジメントセンター　2005.4　370p

Dymski, Gary　ディムスキ, ゲーリー
◇アメリカの金融構造の再構築―競争条件の平等化と社会契約の更新 他（木村二郎訳）：アメリカ金融システムの転換―21世紀に公正と効率を求めて　ディムスキ, エプシュタイン, ポーリン編, 原田善教監訳　日本経済評論社　2001.8　445p　（ポスト・ケインジアン叢書 30）
◇金融不安定性の費用と便益 他（共著）：現代マクロ金融論―ポスト・ケインジアンの視角から　ゲーリー・ディムスキー, ロバート・ポーリン編, 藤井宏史, 高屋定美, 植田宏文訳　晃洋書房　2004.4　227p
◇アメリカの金融構造の再構築―競争条件の平等化と社会契約の更新 他（木村二郎訳）：アメリカ金融システムの転換―21世紀に公正と効率を求めて　ディムスキ, エプシュタイン, ポーリン編, 原田善教監訳　日本経済評論社　2005.4　445p　（ポスト・ケインジアン叢書 30）

Dyrendahl, Guri　デューレンダール, ギューリ
◇ノルウェー知的障害者親の会の活動 他（浅野俊道訳）：北欧の知的障害者―思想・政策と日常生活　ヤン・テッセブロー, アンデシュ・グスタフソン, ギューリ・デューレンダール編, 二文字理明監訳　青木書店　1999.8　289p

【E】

Eades, Norris M.　イーズ, N. *
◇カナダにおける特許侵害（田中光雄訳）：国際特許侵害―特許紛争処理の比較法的検討　青山葆, 木棚照一編　東京布井出版　1996.12　454p

Eadmerus（Cantuariensis）　エアドメルス（カンタベリーの）
◇聖母マリアの御やどりについて：中世思想原典集成 10　修道院神学　上智大学中世思想研究所編訳・監修　平凡社　1997.10　725p

Earhart, Amelia　イアハート, アメリア
◇アメリア・イアハート―女性パイロットの未来（楢原潤子訳）：アメリカの夢と理想の実現　板場良久スピーチ解説, 増田恵理子, 楢原潤子訳　アルク　1998.7　120p　（20世紀の証言 英語スピーチでたどるこの100年 第3巻―CD book　松尾弌之監修・解説）

Earl, Graham　アール, グラハム
◇環境投資の不確実性を低減する―ステイクホルダー価値を企業の意思決定に統合する（共著）：緑の利益―環境管理会計の展開　マーティン・ベネット, ピーター・ジェイムズ編著, 国部克彦監訳, 海野みづえ訳　産業環境管理協会　2000.12　542p

Earle, Peter　アール，ピーター
◇ロンドンにおける中流層（山本正訳）：イギリスのミドリング・ソート―中流層をとおしてみた近世社会　ジョナサン・バリー，クリストファ・ブルックス編，山本正監訳　昭和堂　1998.10　278, 54p

Earle, William Alexander　アール，ウィリアム・アレクサンダー
◇カール・ヤスパースの哲学における人間学（林田新二訳）：現代の哲学的人間学　ボルノウ，プレスナーほか著，藤田健治他訳　新装復刊　白水社　2002.6　332, 10p

Earley, P. Christopher　アーリー，P. クリストファー
◇CQ：多様性に適応する力（共著）：EQを鍛える　Diamondハーバード・ビジネス・レビュー編集部訳　ダイヤモンド社　2005.7　286p　（Harvard business review anthology）

Easley, David　イースレイ, D. *
◇マーケットマイクロストラクチャー（共著）（大橋和彦訳）：ファイナンスハンドブック　R.A.Jarrow, V.Maksimovic, W.T.Ziemba編，今野浩，古川浩一監訳　朝倉書店　1997.12　1121p

Easterbrooks, M. Ann　イースターブルックス, M. アン
◇よちよち歩き期及び幼稚園期の母親の就労（共著）（本郷一夫訳）：母親の就労と子どもの発達―縦断的研究　エイデル・E.ゴットフライド，アレン・W.ゴットフライド編著，佐々木保行監訳　ブレーン出版　1996.4　318p

Easterling, Ed　イースタリング，エド
◇リスクはリターンを得るための条件ではない：わが子と考えるオンリーワン投資法―門外不出の投資の知恵　ジョン・モールディン編，関本博英訳　パンローリング　2006.8　219p　（ウィザードブックシリーズ v.106）

Eastman, Mervyn　イーストマン，マーヴィン
◇いつ，どのような理由で施設ケアは機能しなくなるか？―高齢者虐待再考（斉藤千鶴訳）：施設ケア対コミュニティケア―福祉新時代における施設ケアの役割と機能　レイモンド・ジャック編著，小田兼三ほか監訳　勁草書房　1999.4　296p

Easton, Brian　イーストン，ブライアン
◇ロジャーノミックスからルーサネイジアへ―ニュージーランドのニュー・ライト経済学（齊藤實男訳）：超市場化の時代―効率から公正へ　スチュアート・リースほか編，川原紀美雄監訳　法律文化社　1996.10　372p

Easton, David　イーストン，デイヴィッド
◇政治体系のアイディアと政治研究の方向づけ　他：アメリカ政治学の展開―学説と歴史　ジェームズ・ファ，レイモンド・セイデルマン編著，本田弘，藤原孝，村山和宏，石川晃司，入江正俊ほか訳　サンワコーポレーション　1996.2　506p
◇デイビッド・イーストン（美奈川ゆかり訳）：アメリカ政治学を創った人たち―政治学の口述史　M.ベア，M.ジューエル，L.サイゲルマン編，内山秀夫監訳　ミネルヴァ書房　2001.12　387p　（Minerva人文・社会科学叢書 59）

Eathipol Srisawaluck　エアシポール・スリサワラック
◇タイ（下村誠訳）：アジア太平洋諸国の収用と補償　小高剛，デービッド・L.キャリーズ編著，小高剛監訳，永松正則，伊川正樹，松田聡子，下村誠共訳　成文堂　2006.12　377p

Eayrs, James　エアーズ，ジェームズ
◇カナダの国際的地位：カナダの外交―その理念と政策　J.L.グラナツティンほか編，吉田健正訳　御茶の水書房　1994.8　200p　（カナダ社会科学叢書 第4巻）

Ebach, Jürgen　エーバッハ，ユルゲン
◇旧約聖書は残酷な書物か　他：キリスト教とユダヤ教―キリスト教信仰のユダヤ的ルーツ　F.クリュゼマン，U.タイスマン編，大住雄一訳　教文館　2000.12　232p

Eberhard, Wolfram　エバハード，ウォルフラム
◇虎姑婆（山崎和恕訳）：「赤ずきん」の秘密―民俗学的アプローチ　アラン・ダンダス編，池上嘉彦，山崎和恕，三宮郁子訳　紀伊國屋書店　1994.12　325p
◇虎姑婆（山崎和恕訳）：「赤ずきん」の秘密―民俗学的アプローチ　アラン・ダンダス編，池上嘉彦ほか訳　新版　紀伊国屋書店　1996.6　325p

Eberstadt, Nicholas　エバースタット，ニコラス
◇朝鮮半島の統一を急げ：アメリカと北朝鮮―外交的解決か武力行使か　フォーリン・アフェアーズ・ジャパン編・監訳，竹下興喜監訳　朝日新聞社　2003.3　239, 4p

Ebert, Roger　エバート，ロジャー
◇スティーブン・スピルバーグ：TIMEが選ぶ20世紀の100人　下巻　アーチスト・エンターテイナー・ヒーロー・偶像・巨頭　徳岡孝夫監訳　アルク　1999.11　318p

Ebon, Martin　エボン，マーチン
◇超心理学の歴史　他：超心理学入門　J.B.ライン他著，長尾力他訳　青土社　1993.10　286p

Eccles, Robert G.　エックルス，ロバート・G.
◇1990年代における顧客リレーションシップ（共著）：金融サービス業―21世紀への戦略　サミュエル・L.ヘイズ3編，小西竜治訳　東洋経済新報社　1999.10　293p
◇業績評価基準を改革する：業績評価マネジメント　Harvard Business Review編，Diamondハーバード・ビジネス・レビュー編集部訳　ダイヤモンド社　2001.9　258p

Echegaray, J. Gonzalez　エチェガライ，J. ゴンザレス
◇リエバナのベアトゥス（大高保二郎訳）：ベアトゥス黙示録註解―ファクンドゥス写本　J.ゴンザレス・エチュガライ他解説，大高保二郎，安発和彰訳　岩波書店　1998.9　223p

Eck, Hélène　エック，エレーヌ
◇ヴィシー政権下の女性たち―敗戦のなかの女性たち，あるいは敗戦による女性市民の誕生（平野千果子訳）：女の歴史　5〔1〕　二十世紀　1　G.デュビィ，M.ペロー監修，杉村和子，志賀亮一監訳　フランソワーズ・テボー編　藤原書店　1998.2　515p

Eckalbar, John C.　エッカルバー，J. *
◇経済動学（吉田雅明訳）：Mathematica　経済・金融

モデリング　Hal R.ヴァリアン編、野口旭ほか共訳　トッパン　1996.12　553p

Eckbo, B. Espen　エクボ, B. *
◇株式発行：概観（共著）（蜂谷豊彦訳）：ファイナンスハンドブック　R.A.Jarrow, V.Maksimovic, W.T.Ziemba編、今野浩、古川浩一監訳　朝倉書店　1997.12　1121p

Eckersley, Robyn　エッカーズリー, ロビン
◇環境の計量化―おいくらですか？（齊藤實男訳）：超市場化の時代―効率から公正へ　スチュアート・リースほか編、川原紀美雄監訳　法律文化社　1996.10　372p

Eckert, Robert A.　エッカート, ロバート・A.
◇人を動かす知恵（共著）：動機づける力　Diamondハーバード・ビジネス・レビュー編集部編訳　ダイヤモンド社　2005.2　243p　（Harvard business review anthology）

Eckhart, Johannes　エックハルト, ヨハネス
◇能動知性と可能知性について 他（香田芳樹訳）：中世思想原典集成 16 ドイツ神秘学　上智大学中世思想研究所編訳・監修　平凡社　2001.4　977p

Eckstein, Max A.　エクスタイン, マックス
◇比較教育学における従属理論―12の教訓（共著）（松久玲子訳）：比較教育学の理論と方法　ユルゲン・シュリーバー編著、馬越徹、今井重孝監訳　東信堂　2000.11　278p

Eco, Umberto　エーコ, ウンベルト
◇共同体のコンセンサスに賭ける 他（廣瀬浩司訳）：介入？―人間の権利と国家の論理　エリ・ウィーゼル、川田順造編、広瀬浩司、林訳　藤原書店　1997.6　294p

Economy, Elizabeth　エコノミー, エリザベス
◇新指導層と中国の行方 他：次の超大国・中国の憂鬱な現実　フォーリン・アフェアーズ・ジャパン編・監訳、竹下興喜監訳　朝日新聞社　2003.4　267, 3p　（朝日文庫―フォーリン・アフェアーズ・コレクション）

Edelstein, Richard　エーデルシュタイン, リチャード
◇フランスにおける研究者養成制度―三つの専門分野についてのミクロ的研究（共著）（伊藤彰浩訳）：大学院教育の研究　バートン・クラーク編著、潮木守一監訳　東信堂　1999.5　523p

Eden, C.　イーデン, C. *
◇戦略的代案開発分析（SODA）のための認知地図：ソフト戦略思考　Jonathan Rosenhead編、木嶋恭一監訳　日刊工業新聞社　1992.6　432, 7p

Edenetal, C.　エデネタル, C. *
◇戦略的代案開発分析（SODA）と認知地図の適用：ソフト戦略思考　Jonathan Rosenhead編、木嶋恭一監訳　日刊工業新聞社　1992.6　432, 7p

Edgerton, Robert B.　エジャートン, ロバート・B.
◇縦断的研究の見方からのQOL：知的障害・発達障害を持つ人のQOL―ノーマライゼーションを超えて　Robert L.Schalock編、三谷嘉明、岩崎正子訳　医歯薬出版　1994.5　346p

Edison, M.　エディソン, M. *
◇精神遅滞者の機能におけるモチベーション要因の役割（共著）：障害児理解の到達点―ジグラー学派の発達論的アプローチ　R.M.ホダップ, J.A.ブラック, E.ジグラー編、小松秀茂、清水貞夫編訳　田研出版　1994.9　435p

Edison, Thomas Alva　エジソン, トーマス・アルヴァ
◇トマス・エディソン（柴田元幸訳）：インタヴューズ 1　クリストファー・シルヴェスター編、新庄哲夫ほか訳　文芸春秋　1998.11　462p
◇考えようとしない者たち（小林順子訳）：ビジネスの知恵50選―伝説的経営者が語る成功の条件　ピーター・クラス編、佐藤洋一監訳　トッパン　1999.2　543p　（トッパンのビジネス経営書シリーズ 26）

Edmondson, Amy　エドモンドソン, エイミー
◇チーム学習を左右するリーダーの条件（共著）：いかに「高業績チーム」をつくるか　Diamondハーバード・ビジネス・レビュー編集部編訳　ダイヤモンド社　2005.5　225p　（Harvard business review anthology）
◇チーム学習を左右するリーダーの条件（共著）：組織能力の経営論―学び続ける企業のベスト・プラクティス　Diamondハーバード・ビジネス・レビュー編集部編訳　ダイヤモンド社　2007.8　508p　（Harvard business review）

Edmund Terence Gomez　エドムント・テレンス・ゴメス
◇多人種国マレーシアにおけるレントと開発（共著）：東アジアの経済発展と政府の役割―比較制度分析アプローチ　青木昌彦、金瀅基、奥野正寛編、白鳥正喜監訳　日本経済新聞社　1997.11　465p

Edward　エドワード8世
◇エドワード王8世―英国国王の退位演説（津吉襄訳）：変貌する世界とアメリカ　板場良久スピーチ解説、津吉襄訳　アルク　1998.5　148p　（20世紀の証言 英語スピーチでたどるこの100年 第2巻―CD book　松尾弌之監修・解説）

Edwards, Anne　エドワーズ, アン
◇フェミニスト理論における男性暴力―セックス/ジェンダー暴力と男性支配の概念の変容に関する分析（横山美栄子訳）：ジェンダーと暴力―イギリスにおける社会学的研究　ジャルナ・ハマー、メアリー・メイナード編、堤かなめ監訳　明石書店　2001.10　346p　（明石ライブラリー 33）

Edwards, J.　エドワーズ, J.（スポーツ選手）*
◇先生の指導で、突然物理の勉強が素晴らしいものになった：心にのこる最高の先生―イギリス人の語る教師像　上林喜久子編訳著　関東学院大学出版会　2004.11　97p
◇先生の指導で、突然物理の勉強が素晴らしいものになった：イギリス人の語る心にのこる最高の先生　上林喜久子編訳　関東学院大学出版会　2005.6　68p

Edwards, Jean P.　エドワーズ, J. P. *
◇青年期と成人期のニーズを満たすための介入：ダウン症候群と療育の発展―理解の向上のために　Valentine Dmitriev, Patricia L.Oelwein編著、竹井和子訳　協同医書出版社　1992.6　274p

Edwards, Judith　エドワーズ, J.（自閉症）
◇ジョー：自閉症とパーソナリティ　アン・アルヴァレズ, スーザン・リード編, 倉光修監訳, 鵜飼奈津子, 広沢愛子, 若佐美奈子訳　創元社　2006.9　375p

Edwards, Michael　エドワーズ, マイケル（経済）
◇地球の公共財の供給ガバナンス──非国家主体の役割と正当性（共著）（金田晃一訳）：地球公共財の政治経済学　Inge Kaul, Pedro Conceicao, Katell Le Goulven, Ronald U.Mendoza編, 髙橋一生監訳・編　国際書院　2005.6　332p

Edwards, Susan S. M.　エドワーズ, スーザン・S. M.
◇「女性自身が殺人を挑発する」──コモン・ロー上の暴行から殺人まで（力武由美訳）：ジェンダーと暴力──イギリスにおける社会学的研究　ジャルナ・ハマー, メアリー・メイナード編, 堤かなめ監訳　明石書店　2001.10　346p　（明石ライブラリー 33）

Edye, Dave　エディ, デイヴ
◇欧州連合シティズンシップに対する意識：欧州統合とシティズンシップ教育──新しい政治学習の試み　クリスティーヌ・ロラン・レヴィ, アリステア・ロス編著, 中里重夫, 竹島博之監訳　明石書店　2006.3　286p　（明石ライブラリー 91）

Egelhoff, William G.　エゲルホフ, ウィリアム
◇情報処理理論と多国籍企業：組織理論と多国籍企業　スマントラ・ゴシャール, D.エレナ・ウエストニー編著, 江夏健一監訳, IBI国際ビジネス研究センター訳　文真堂　1998.10　452p

Eggers, Philipp　エガース, フィリップ
◇教育学の社会科学的な方向づけ（共著）（川瀬邦臣訳）：現代ドイツ教育学の潮流──W・フリットナー百歳記念論文集　ヘルマン・レールス, ハンス・ショイアール編, 天野正治訳　玉川大学出版部　1992.8　503p

Egoff, Sheila A.　イーゴフ, シーラ
◇批評家としてのリリアン・H.スミス（髙鷲志子訳）：本・子ども・図書館──リリアン・スミスが求めた世界　アデル・フェイジックほか編, 髙鷲志子, 髙橋久子訳　全国学校図書館協議会　1993.12　239p

Ehlers, Dirk　エーラース, ディルク
◇ヨーロッパにおける基本権保護（工藤達朗訳）：共演ドイツ法と日本法　石川敏行, ディルク・エーラース, ベルンハルト・グロスフェルト, 山内惟介著　中央大学出版部　2007.9　510, 11p　（日本比較法研究所研究叢書 73）

Ehli, Nick　エイリ, ニック
◇古いメモ：締切り間際の殺人事件簿──特ダネ事件記者が綴る11の難事件　リサ・ベス・ピュリッツァー編, 加藤洋子訳　原書房　1998.6　332p

Ehrenreich, Barbara　エーレンライク, バーバラ
◇豊かさの時代：ラディカル・デモクラシー──アイデンティティ, シティズンシップ, 国家　デイヴィッド・トレンド編, 佐藤正志ほか訳　三嶺書房　1998.4　408p
◇はじめに：アメリカの悪夢──9・11テロと単独行動主義　ジョン・フェッファー編, 南雲和夫監訳　耕文社　2004.12　319p
◇新テロ対策戦略：フェミニズム：もう戦争はさせない！──ブッシュを追いつめるアメリカ女性たち　メディア・ベンジャミン, ジョディ・エヴァンス編, 尾川寿江監訳, 尾川寿江, 真鍋穣, 米沢清恵訳　文理閣　2007.2　203p

Ehrenwald, Jan　エレンウォルド, ジャン
◇心霊研究における右半球的研究法と左半球的研究法：超常現象のとらえにくさ　笠原敏雄編　春秋社　1993.7　776, 61p
◇母子共生：ESPの揺り籠：超心理学入門　J.B.ライン他著, 長尾力他訳　青土社　1993.10　286p
◇心霊現象と脳研究：心霊研究──その歴史・原理・実践　イヴォール・グラッタン・ギネス編, 和田芳久訳　技術出版　1995.12　414p　（超心理学叢書 第4集）

Ehrlichman, Howard　アーリックマン, H.＊
◇情動の研究における香りの使用（共著）：香りの生理心理学　S.ヴァン・トラー, G.H.ドッド編, 印藤元一訳　フレグランスジャーナル社　1996.6　306p

Eichner, Alfred S.　アイクナー, アルフレッド・S.
◇総論 他：ポスト・ケインズ派経済学入門　A.S.アイクナー編, 緒方俊雄ほか共訳　オンデマンド版　日本経済評論社　2003.3　221p　（ポスト・ケインジアン叢書 2）

Eiduson, Barnice T.　アイダソン, バーニス・T.
◇伝統的家庭と反伝統的家庭における社会化の実践の比較：非伝統的家庭の子育て──伝統的家庭との比較研究　マイケル・E.ラム編著, 久米稔監訳　家政教育社　1993.8　468p．

Eijkman, A. J.　エイクマン, A. J.
◇蘭領印度史（共著）（村上直次郎, 原徹郎訳）：20世紀日本のアジア関係重要研究資料 1　東亜研究所刊行物　東亜研究所編　復刻版　竜渓書舎　2000.12　17（セット）

Einaudi, Luigi　エイノウデイ, ルイギイ
◇「重農主義」刊行の日付について：フランソワ・ケネーと重農主義　石井良明訳　石井良明　1992.7　550p

Einhorn, Hillel J.　アインホーン, ヒレル・J.
◇意思決定の質を高める思考法（共著）：不確実性の経営戦略　Harvard Business Review編, Diamondハーバード・ビジネス・レビュー編集部訳　ダイヤモンド社　2000.10　269p

Eisen, Roland　アイゼン, R.＊
◇ドイツ生命保険における広義の大規模利益──「生存技法」を使用する経験的研究（箸方幹逸訳）：ディーター・ファーニーと保険学──ファーニー教授還暦記念論文集より　ドイツ保険事情研究会訳　生命保険文化研究所　1996.3　201p　（文献叢書 16）

Eisenberg, Melvin Aron　アイゼンバーグ, メルヴィン・A.
◇契約法における表示ルールと申込・承諾の諸問題 他（上田誠一郎訳）：現代アメリカ契約法　ロバート・A.ヒルマン, 笠井修編著　弘文堂　2000.10　400p

Eisenberg, Nancy　アイゼンバーグ, ナンシー
◇生涯という視点から見た向社会的行動の発達（共著）（植之原薫訳）：生涯発達の心理学 2巻　気質・自己・パーソナリティ　東洋, 柏木惠子, 髙橋惠子編・監訳　新曜社　1993.10　204p

Eisenbud, Jule　アイゼンバッド, ジュール
◇サイと事物の本質：超常現象のとらえにくさ　笠原

103

敏雄編　春秋社　1993.7　776, 61p
◇念写：心霊研究—その歴史・原理・実践　イヴォール・グラッタン・ギネス編, 和田芳久訳　技術出版　1995.12　414p　（超心理学叢書 第4集）

Eisenhardt, Kathleen M.　アイゼンハート, キャサリン・M.
◇変化に確実に対処するタイムベーシング戦略（共著）：不確実性の経営戦略　Harvard Business Review編, Diamondハーバード・ビジネス・レビュー編集部訳　ダイヤモンド社　2000.10　269p
◇成功するマネジメント・チーム六つの戦術（共著）：コミュニケーション戦略スキル　Harvard Business Review編, Diamondハーバード・ビジネス・レビュー編集部訳　ダイヤモンド社　2002.1　260p
◇シンプル・ルール戦略他（共著）：「選択と集中」の戦略　Diamondハーバード・ビジネス・レビュー編集部編訳　ダイヤモンド社　2003.1　286p
◇戦略的意思決定：MITスローン・スクール 戦略論　マイケル・A.クスマノ, コンスタンチノス・C.マルキデス編, グロービス・マネジメント・インスティテュート訳　東洋経済新報社　2003.12　287p

Eisenhower, Dwight David　アイゼンハワー, ドワイト・D.
◇ドワイト・D.アイゼンハワー—共和党大会における演説（白須清美訳）：アメリカ政治の展開　板場良久スピーチ解説, 滝順子, 白須清美訳　アルク　1998.4　148p　（20世紀の証言 英語スピーチでたどる100年 第1巻—CD book　松尾弌之監修・解説）
◇ドワイト・D.アイゼンハワー大統領—大統領退任演説（楢原潤子訳）：アメリカの夢と理想の実現　板場良久スピーチ解説, 増田恵理子, 楢原潤子訳　アルク　1998.7　120p　（20世紀の証言 英語スピーチでたどるこの100年 第3巻—CD book　松尾弌之監修・解説）
◇アイゼンハワー共和党政権の特色と一般教書：資料 戦後米国大統領の「一般教書」　第1巻（1945年—1961年）　藤本一美, 浜賀祐子, 末次俊之訳著　大空社　2006.7　564p

Eisenstadt, Shmuel Noah　アイゼンシュタット, シュモール・N.
◇イスラエルの福祉制度：世界の福祉国家—課題と将来　白鳥令, R.ローズ編著, 木島賢, 川口洋子訳　新評論　2002.12　268p　（Shinhyoron selection 41）

Eisenstat, Russel　アイゼンシュタット, ラッセル
◇部門を越える「機会」志向型組織（共著）：マッキンゼー組織の進化—自立する個人と開かれた組織　平野正雄編著・監訳, 村井章子訳　ダイヤモンド社　2003.12　206p　（The McKinsey anthology）

Eisenstein, Ira　アイゼンシュタイン, イーラ
◇モルデカイ・M.カプラン（Mordecai M.Kaplan, 1881-1983）：二十世紀のユダヤ思想家　サイモン・ノベック編, 鵜沼秀夫訳　ミルトス　1996.10　412p

Eisler, Riane Tennenhaus　アイスラー, ライアネ
◇ガイアの伝統と共生の未来—エコフェミニスト宣言：世界を織りなおす—エコフェミニズムの開花　アイリーン・ダイアモンド, グロリア・フェマン・オレンスタイン編, 奥田暁子, 近藤和子訳　学芸書林　1994.3　457, 12p
◇社会の変遷と女性性—支配体制から協力体制へ（川戸圓訳）：女性の誕生—女性であること：意識的な女性性の誕生　コニー・ツヴァイク編, 川戸円訳　山王出版　1996.9　398p
◇社会の変遷と女性性：支配体制から協力体制へ（川戸圓訳）：女性の誕生—女性であること：意識的な女性性の誕生　コニー・ツヴァイク編, 川戸円, リース・滝幸子訳　第2版　山王出版　1997.9　403p
◇公正で思いやりのある世界を築く：4つの土台：もう戦争はさせない！—ブッシュを追いつめるアメリカ女性たち　メディア・ベンジャミン, ジョディ・エヴァンス編, 尾川寿江, 尾川寿江, 真鍋穣, 米沢清恵訳　文理閣　2007.2　203p

Eisner, Michael D.　アイズナー, マイケル
◇成功と失敗から学ぶこと：セルフヘルプ—なぜ, 私は困難を乗り越えられるのか 世界のビッグネーム自らの47の証言　ケン・シェルトン編著, 堀紘一監訳　フロンティア出版　1998.7　301p
◇組織の創造力を枯渇させないために：ウェルチはこうして組織を甦らせた—アメリカ・トップリーダーからの経営処方箋29　ケン・シェルトン編著, 堀紘一監修・訳　フロンティア出版　1999.12　281p
◇ディズニー・マジック：「創造する組織」のマネジメント：人材育成の戦略—評価, 教育, 動機づけのサイクルを回す　Diamondハーバード・ビジネス・レビュー編集部編訳　ダイヤモンド社　2007.3　450p （Harvard business review）

El-Agraa, Ali M.　エル・アグラ, アリ・M.
◇イギリスにおけるユーロ導入の可能性（兵頭直美, 岩田健治訳）：ユーロとEUの金融システム　H.-E.シャーラー他著, 岩田健治編著　日本経済評論社　2003.1　366p

Elberfeld, Rolf　エルバーフェルト, ロルフ
◇ドイツ語圏における日本哲学（松尸行雄訳）：日本哲学の国際性—海外における受容と展望　J.W.ハイジック編　世界思想社　2006.3　342, 9p　（Nanzan symposium 12）

Elder, Glen H.　エルダー, グレン・H.
◇変動している世界の中の子どもの研究 他（共著）（本田時雄訳）：時間と空間の中の子どもたち—社会変動と発達への学際的アプローチ　グレン・H.エルダー, ジョン・モデル, ロス・D.パーク編, 本田時雄監訳　金子書房　1997.10　379p
◇激動社会のなかの人生の軌跡（野口京子訳）：激動社会の中の自己効力　アルバート・バンデューラ編, 本明寛, 野口京子監訳　金子書房　1997.11　352p
◇歴史と人生を連動させること 他（共著）：ライフコース研究の方法—質的ならびに量的アプローチ　グレン・H.エルダー, ジャネット・Z.ジール編著, 正岡寛司, 藤見純子訳　明石書店　2003.10　528p　（明石ライブラリー 57）

Eley, Geoff　イリー, G.
◇私のドイツ近現代史研究の軌跡 他：イギリス社会史派のドイツ史論　D.ブラックボーンほか著, 望田幸男ほか訳　晃洋書房　1992.6　196, 46p

Elger, Tony　エルガー, トニー
◇非柔軟なフレキシビリティ：モジュール化のケース・スタディ（共著）（久富健治訳）：フォーディズムとフレキシビリティ—イギリスの検証　N.ギルバートほか編, 丸山恵也監訳　新評論　1996.9　238p

Eliade, Mircea　エリアーデ, ミルチャ
◇儀式的秩序：ドゥルーズ初期—若き哲学者が作った教

科書 ジル・ドゥルーズ編著, 加賀野井秀一訳注 夏目書房 1998.5 239p

Elizabeth(Princess) エリザベス王女
◇エリザベス王女/マーガレット王女――英国の子どもたちへの挨拶（共著）（楢原潤子訳）：アメリカの夢と理想の実現 板場良久スピーチ解説, 増田恵理子, 楢原潤子訳 アルク 1998.7 120p (20世紀の証言 英語スピーチでたどるこの100年 第3巻――CD book 松尾式之監修・解説)

Elkind, David エルキンド, D.
◇正規の学校教育と幼児教育――その本質的な違い 他：早期教育への警鐘――現代アメリカの幼児教育論 水田聖一編訳 創森出版 1997.4 188p

Elkington, John エルキントン, ジョン
◇トリプルボトムラインへの招待――トリプルボトムライン――3つの決算は統合できるか？ エイドリアン・ヘンリクス, ジュリー・リチャードソン編著, 大江宏, 小山良訳 創成社 2007.4 250p
◇グローバリゼーションの実態調査：論争グローバリゼーション――新自由主義対社会民主主義 デヴィッド・ヘルド編, 猪口孝訳 岩波書店 2007.5 241p

Ell, Kathleen イル, キャスリーン
◇危機理論（星野由利子, 杉谷一美, 野坂きみ子訳）：ソーシャルワーク・トリートメント――相互連結理論アプローチ 下 フランシス・J.ターナー編, 米本秀仁監訳 中央法規出版 1999.8 573p

Ellerbek, Aase エレルベック, アーサ
◇デンマーク・ヒレロードの高齢市民は良好な健康的生活条件をめざして自発的に行動しているか？（石田好江訳）：転換期の家族――ジェンダー・家族・開発 N.B.ライデンフロースト編, 家庭経営学部会訳 日本家政学会 1995.3 360p

Elliot, Colin エリオット, コリン
◇家族とリハビリテーション：精神保健リハビリテーション――医療・保健・福祉の統合をめざして C.ヒューム, I.プレン編著, 丸山晋ほか訳 岩崎学術出版社 1997.9 218p

Elliot, Gary L. エリオット, ゲアリー・L.
◇父親が親権を所有しているまま母家庭での社会的発達と親―子交流：非伝統的家庭の子育て――伝統的家庭との比較研究 マイケル・E.ラム編著, 久米稔監訳 家政教育社 1993.8 468p

Elliot, Jean Leonard エリオット, ジーン
◇「多様性から統一をつくり出すこと」――カナダの政策としての多文化主義（共著）（高村宏子訳）：多文化主義――アメリカ, カナダ, イギリス, オーストラリアの場合 多文化社会研究会編訳 木鐸社 1997.9 274, 8p

Elliott, Alan エリオット, アラン
◇日本の田舎で一歩誤ると…：私が出会った日本――オーストラリア人の異色体験・日本観 ジェニファー・ダフィ, ギャリー・アンソン編 サイマル出版会 1995.7 234p

Elliott, Jane エリオット, J.（社会統計学）
◇モデルは物語であって現実の生活を表したものではない（上藤一郎, 木村和範訳）：現代イギリスの政治算術――統計は社会を変えるか D.ドーリング, S.シンプソン編著, 岩井浩ほか監訳 北海道大学図書刊行会

2003.7 588p

Elliott, Ralph エリオット, ラルフ
◇ラーメンを求めて：私が出会った日本――オーストラリア人の異色体験・日本観 ジェニファー・ダフィ, ギャリー・アンソン編 サイマル出版会 1995.7 234p

Ellis, Cynthia R. エリス, C. R. *
◇精神薬理学と定常状態の行動（共著）（北原佶訳）：挑戦的行動の先行子操作――問題行動への新しい援助アプローチ ジェームズ・K.ルイセリー, マイケル・J.キャメロン編, 園山繁樹ほか訳 二瓶社 2001.8 390p

Ellis, Henry Havelock エリス, ヘンリー・ハヴロック
◇性的倒錯論：ホモセクシュアリティ 土屋恵一郎編, 富山太佳夫監訳 弘文堂 1994.9 309p （叢書・イギリスの思想と文化 2）
◇性的特徴（小倉清三郎訳）：世界女性学基礎文献集成 明治大正期 第14巻 水田珠枝監修 ゆまに書房 2001.6 357p
◇男性に於ける性的倒錯（増田一朗訳）：戦前期同性愛関連文献集成――編集復刻版 第1巻 古川誠, 赤枝香奈子編・解説 不二出版 2006.9 405p

Ellis, Hugh エリス, H. *
◇水と大気の質管理モデル（共著）（吉井邦恒訳）：公共政策ORハンドブック S.M.Pollock, M.H.Rothkopf, A.Barnett編, 大山達雄監訳 朝倉書店 1998.4 741p

Ellis, John Tracy エリス, ジョン・トレイシー
◇アングロ・サクソン世界におけるカトリシズム――一八五〇年以降のアメリカ合衆国：キリスト教史 第10巻 現代世界とキリスト教の発展 上智大学中世思想研究所編訳・監修 J.T.エリス他著 講談社 1991.7 499, 105p
◇一八五〇年以降のアメリカ合衆国：キリスト教史 10 現代世界とキリスト教の発展 上智大学中世思想研究所編訳・監修 J.T.エリスほか著 平凡社 1997.6 599p （平凡社ライブラリー）

Ellis, Sarah エリス, サラ
◇ヤングアダルトロマンスにおける無垢と経験（高鷲志子訳）：本・子ども・図書館――リリアン・スミスが求めた世界 アデル・フェイジックほか編, 高鷲志子, 高橋久子訳 全国学校図書館協議会 1993.12 239p

Ellis, William エリス, W. *
◇経済小学（神田孝平重訳）：幕末・明治初期邦訳経済学書 1 井上琢智編集・解説 ユーリカ・プレス c2006 1冊（ページ付なし） （幕末・明治期邦訳経済学書復刻シリーズ 第1期）

Elman, Colin エルマン, コリン
◇国際関係研究へのアプローチ（共著）（宮下明聡訳）：国際関係研究へのアプローチ――歴史学と政治学の対話 コリン・エルマン, ミリアム・フェンディアス・エルマン編, 渡辺昭夫監訳, 宮下明聡, 野口和彦, 戸谷美苗, 田中康友訳 東京大学出版会 2003.11 379p

Elman, Miriam Fendius エルマン, ミリアム・フェンディアス
◇国際関係研究へのアプローチ（共著）（宮下明聡訳）：国際関係研究へのアプローチ――歴史学と政治学の対話 コリン・エルマン, ミリアム・フェンディアス・

エルマン編、渡辺昭夫監訳、宮下明聡、野口和彦、戸谷美苗、田中康友訳　東京大学出版会　2003.11　379p

Elsas, Donald　エルザス，ドナルド
◇オランダのネットワーク：兼任の類型とネットワークの構造（共著）：企業権力のネットワーク—10カ国における役員兼任の比較分析　フラン・N.ストークマン，ロルフ・ツィーグラー，ジョン・スコット編著，上田義朗訳　文真堂　1993.11　340p

Elshtain, Jean Bethke　エルシュテイン，ジーン・ベスキー
◇ともに共同して（向山恭一訳）：グローバルな市民社会に向かって　マイケル・ウォルツァー編著，石田淳ほか訳　日本経済評論社　2001.10　397p
◇正義の戦争をどう戦うか：衝突を超えて—9・11後の世界秩序　K.ブース，T.ダン編，寺島隆吉監訳，塚田幸三，寺島美紀子訳　日本経済評論社　2003.5　469p

Elster, Jon　エルスター，ヤン
◇多数決原理と個人の権利：人権について—オックスフォード・アムネスティ・レクチャーズ　ジョン・ロールズ他著、スティーヴン・シュート，スーザン・ハーリー編、中島吉弘、松田まゆみ共訳　みすず書房　1998.11　304, 6p

Elvehøi, Ole-Martin　エルヴェホイ，オーレ・マルチン
◇スカンジナビア諸国における児童、高齢者、障害者向け社会サービスの沿革に関する統計的要約（共著）：社会ケアサービス—スカンジナビア福祉モデルを解く鍵　ヨルマ・シピラ編著，日野秀逸訳　本の泉社　2003.7　333p

Elvin, Mark　エルヴィン，マーク
◇天と地の間—中国における自己の概念（中村牧子訳）：人というカテゴリー　マイケル・カリザス，スティーヴン・コリンズ，スティーヴン・ルークス編，厚東洋輔，中島道男，中村牧子訳　紀伊國屋書店　1995.7　550p（文化人類学叢書）

Ely, Peter　エリー，ピーター
◇ヨーロッパ大陸の民主主義、ボランティア活動と社会福祉セクター：市民生活とボランティア—ヨーロッパの現実　ロドニ・ヘドリー，ジャスティン・デービス・スミス編、小田兼三、野上文夫監訳　新教出版社　1993.9　318p

Emad, Parvis　イマッド，パルヴィス
◇ハイデッガーの『哲学への寄与』におけるニーチェ（小柳美代子訳）：ハイデッガーとニーチェ—何をおいても私を取り違えることだけはしてくれるな！　M.リーデル他共著，川原栄峰監訳　南窓社　1998.4　318p

Embacher, Helga　エムバハー，ヘルガ
◇オーストリアにおけるイスラエル信徒集団の国内政治との関わり：「負の遺産」との取り組み—オーストリア・東西ドイツの戦後比較　ヴェルナー・ベルクマン，ライナー・エルブ，アルベルト・リヒトブラウ編著，岡田浩平訳　三元社　1999.3　617p

Emerson, Eric　エマーソン，エリック
◇ノーマリゼーションとは何か？他：ノーマリゼーションの展開—英国における理論と実践　ヘレン・スミス，ヒラリー・ブラウン編，中園康夫，小田兼三監訳　学苑社　1994.4　300p
◇英国における脱施設化がサービス利用者に与えた影響（共著）（橋本由紀子訳）：脱施設化と地域生活—英国・北欧・米国における比較研究　ジム・マンセル，ケント・エリクソン編著，中園康夫，末光茂監訳　相川書房　2000.7　318p

Emerson, Ralph Waldo　エマソン，ラルフ・ウォルドー
◇ラルフ・ワルド・エマルソンの読書観（高橋五郎訳）：近代「読書論」名著選集　第13巻　ゆまに書房　1994.6　442p（書誌書目シリーズ 37）

Emler, Nicolas　エムラー，ニコラス
◇子どもは社会学者—児童期の役割カテゴリーと社会組織に関する暗黙の理論の発達（共著）（渡辺弥生訳）：子どもは心理学者—心の理論の発達心理学　マーク・ベネット編，二宮克美，子安増生，渡辺弥生，首藤敏元訳　福村出版　1995.12　274p
◇仕事のための社会化（平林進訳）：仕事の社会心理学　Peter Collett, Adrian Furnham原著編，長田雅喜，平林進訳編　ナカニシヤ出版　2001.6　303p

Emmanue, Steven M.　エマヌエル，スティーヴン・M.
◇キェルケゴールの教義論—一つのポスト・モダン解釈（中里巧訳）：キェルケゴール—新しい解釈の試み　A.マッキノン他著，桝形公也編・監訳　昭和堂　1993.6　324p（キェルケゴール叢書）

Emmanuel, Clive　エマヌエル，クライブ
◇逆機能的行動に対する上位マネジャーの許容度—あるテストにおける業績評価の理論と実務—事業を成功に導く専門領域の障壁を越えて　アンディ・ニーリー編，清水孝訳　東洋経済新報社　2004.4　459p

Emmanuel, P.　エマニュエル，ピエール
◇永遠なる人：現代とキリスト教的ヒューマニズム—二十世紀フランスの試み　ジャック・ベジノ編　白水社　1993.3　241, 16p

Emmelkamp, Paul M. G.　エメルカンプ，ポール・M. G.
◇社会恐怖の認知行動療法マニュアル　他（共著）（宮前義和訳）：エビデンスベイスト心理治療マニュアル　V.B.V.ハッセル，M.ハーセン編著，坂野雄二，不安・抑うつ臨床研究会編訳　日本評論社　2000.11　371p

Enders, Jurgen　エンダース，J.*
◇移行期の講座制—ドイツ高等教育における任用、昇任及び評価（渡辺達雄訳）：構造改革時代における大学教員の人事政策—国際比較の視点から　広島大学高等教育研究開発センター編著　広島大学高等教育研究開発センター　2004.3　160p（COE研究シリーズ 5）

Endruweit, Günter　エントルーヴァイト，ギュンター
◇社会学説か、社会学理論か　他（山本鎮雄，小林君代訳）：現代の社会学理論　ギュンター・エントルーヴァイト編，鈴木幸寿ほか訳　恒星社厚生閣　2000.7　388, 19p

Enelow, James M.　エネロウ，ジェームス・M.
◇循環と多数決ルール（大岩雄次郎訳）：公共選択の展望—ハンドブック　第1巻　デニス・C.ミューラー編，関谷登，大岩雄次郎訳　多賀出版　2000.1　296p

Engel, Arthur　エンゲル，アルツール
◇イングランドの大学と専門職教育（大中勝美訳）：高等

教育の変貌1860-1930―拡張・多様化・機会開放・専門職化　コンラート・ヤーラオシュ編、望田幸男、安原義仁、橋本伸也監訳　昭和堂　2000.10　374, 48p

Engelhardt, Tom　エンゲルハート、トム
◇追いつめられた歴史　他（共著）：戦争と正義―エノラ・ゲイ展論争から　トム・エンゲルハート、エドワード・T.リネンソール編、島田三蔵訳　朝日新聞社　1998.8　300, 39p　（朝日選書607）

Engelhardt, Wolf von　エンゲルハルト、ヴォルフ・フォン
◇ヨハン・ヴォルフガング・ゲーテ（共著）（伊坂青司訳）：われわれは「自然」をどう考えてきたか　ゲルノート・ベーメ編、伊坂青司、長島隆監訳　どうぶつ社　1998.7　524p

Engelking, Barbara　エンゲルキング、バルバラ
◇ポーランドにおけるユダヤ人（共著）：ポーランドのユダヤ人―歴史・文化・ホロコースト　フェリクス・ティフ編著、阪東宏訳　みすず書房　2006.7　328p

Engelman, Robert　エンゲルマン、ロバート
◇水（共著）：マクミラン近未来地球地図　イアン・ビアスン編、松井孝典監訳　東京書籍　1999.11　115p

Engelmann, Arthur　エンゲルマン、アルトゥール
◇民事訴訟法史：塙浩著作集―西洋法史研究　20　ヨーロッパ私法史　塙浩著訳　信山社出版　2004.10　603p

Engels, Friedrich　エンゲルス、フリードリッヒ
◇ゴータ綱領批判・エルフルト綱領批判（共著）（近江谷左馬之介、細井雅夫訳）：ゴータ綱領批判・エルフルト綱領批判　マルクス、エンゲルス著、近江谷左馬之介、細井雅夫訳　労働大学　1994.11　156p　（古典シリーズ 4）

Engels, Netty　エンゲルス、ネッティー
◇ビーチェ―フォイヤーシュタイン・メソッドによって得られた統合の成功例：「このままでいい」なんていわなくて！―自閉症をはじめとする発達遅滞者の認知能力強化に向けて　ルーウェン・フォイヤーシュタイン、ヤーコヴ・ランド編、ロイド・B.グレハム訳　関西学院大学出版会　2000.7　540, 48p

Engen, T.　エンゲン、T. *
◇においに対する快感―不快感の獲得：香りの感性心理学　S.ヴァン・トラー、G.H.ドッド編、印藤元一訳　フレグランスジャーナル社　1994.2　238p

English, John　イングリッシュ、ジョン
◇同盟関係の変容と崩壊（共著）：カナダの外交―その理念と政策　J.L.グラナツティンほか編、吉田健正訳　御茶の水書房　1994.8　200p　（カナダ社会科学叢書 第4巻）

Ennis, Susan　エニス、スーザン
◇あなたの組織にエグゼクティブ・コーチングを導入する：エグゼクティブ・コーチング―経営幹部の潜在能力を最大限に引き出す　キャサリン・フィッツジェラルド、ジェニファー・ガーヴィー・バーガー編、日本能率協会コンサルティング訳　日本能率協会マネジメントセンター　2005.4　370p

Ensler, Eve　エンスラー、イヴ
◇私たちが生み出すあたらしいパラダイム（規範）：もう戦争はさせない！―ブッシュを追いつめるアメリカ女性たち　メディア・ベンジャミン、ジョディ・エヴァンス編、尾川寿江監訳、尾川寿江、真鍋穣、米沢清恵訳　文理閣　2007.2　203p

Eppenstein, Dieter　エッペンシュタイン、ディーター
◇白い環―犯罪被害者のための市民団体（信太秀一訳）：犯罪被害者と刑事司法　ギュンター・カイザー、H.クーリー、H.‐J.アルブレヒト編、宮沢浩一、田口守一、高橋則夫編訳　成文堂　1995.7　443p

Eppinger, Steven D.　エッピンガー、スティーブン・D.
◇デザイン・ストラクチャー・マトリックス法：いかに「プロジェクト」を成功させるか　Diamondハーバード・ビジネス・レビュー編集部編訳　ダイヤモンド社　2005.1　239p　（Harvard business review anthology）

Epstein, Barbara　エプシュタイン、バーバラ
◇ラディカル・デモクラシーと文化の政治―階級と政治権力を問う：ラディカル・デモクラシー―アイデンティティ、シティズンシップ、国家　デイヴィッド・トレンド編、佐藤正志ほか訳　三嶺書房　1998.4　408p

Epstein, Charles B.　エプスタイン、チャールズ・B.
◇成熟したマネージド・フューチャーズ：機関投資家のポートフォリオにおけるマネージド・フューチャーズ　チャールズ・B.エプスタイン編、日本商品ファンド業協会訳　日本商品ファンド業協会　1995.3　320p

Epstein, Erwin H.　エプスタイン、アーウィン
◇比較教育学における「比較」の意味（馬越徹訳）：比較教育学の理論と方法　ユルゲン・シュリーバー編著、馬越徹、今井重孝監訳　東信堂　2000.11　278p

Epstein, Gerald A.　エプスタイン、ジェラルド・A.
◇黄金時代の盛衰におけるマクロ政策（共著）：資本主義の黄金時代―マルクスとケインズを超えて　スティーブン・A.マーグリン、ジュリエット・B.ショアー編、磯谷明徳、植村博恭、海老塚明監訳　東洋経済新報社　1993.9　326p
◇1990年代の金融政策―公正と成長に対する障害を克服するために　他（原田善教訳）：アメリカ金融システムの転換―21世紀に公正と効率を求めて　ディムスキ、エプシュタイン、ポーリン編、原田善教監訳　日本経済評論社　2001.8　445p　（ポスト・ケインジアン叢書 30）
◇1990年代の金融政策―公正と成長に対する障害を克服するために　他（原田善教訳）：アメリカ金融システムの転換―21世紀に公正と効率を求めて　ディムスキ、エプシュタイン、ポーリン編、原田善教監訳　日本経済評論社　2005.4　445p　（ポスト・ケインジアン叢書 30）

Epstein, Marc J.　エプスタイン、マーク・J.
◇環境影響の資本投資決定への統合（共著）：緑の利益―環境管理会計の展開　マーティン・ベネット、ピーター・ジェイムズ編著、国部克彦監修、海野みづえ訳　産業環境管理協会　2000.12　542p

Epstein, Mark　エプスタイン、マーク
◇トランスパーソナル心理学へのフロイトの影響：テキスト/トランスパーソナル心理学・精神医学　B.W.スコットン、A.B.チネン、J.R.バティスタ編、安藤治、

107

池沢良郎, 是恒正達訳　日本評論社　1999.12　433p

Epston, David　エプストン, デイヴィッド
◇書きかえ療法（共著）（野村直樹訳）：ナラティヴ・セラピー——社会構成主義の実践　S.マクナミー, K.J.ガーゲン編, 野口裕二, 野村直樹訳　金剛出版　1997.12　232p
◇「スパイーカイアトリックな視線」から関心コミュニティへ 他（共著）：ナラティヴ・セラピーの冒険　デイヴィッド・エプストン著, 小森康永監訳　創元社　2005.2　337p

Erecinski, Tadeusz　エレチニスキ, T. *
◇ポーランド報告（1）（小木曽綾訳）：訴訟法における法族の再検討　小島武司編著　中央大学出版部　1999.4　578p　（日本比較法研究所研究叢書 46）

Erez, Edna　エレツ, エドナ
◇量刑手続への被害者の参加, 量刑の結果そして被害者の福祉（椎name隆幸訳）：犯罪被害者と刑事司法　ギュンター・カイザー, H.クーリー, H.‐J.アルブレヒト編, 宮沢浩一, 田口守一, 高橋則夫編訳　成文堂　1995.7　443p

Ergas, Yasmine　アーガス, ヤスミーヌ
◇主体としての女性——一九六〇‐八〇年代のフェミニズム（内村瑠美子訳）：女の歴史 5［2］二十世紀 2　G.デュビィ, M.ペロー監修, 杉村和子, 志賀亮一監訳　フランソワーズ・テボー編　藤原書店　1998.11　p517-1026

Erickson, Gaalen　エリクソン, ガーレン
◇熱と温度（共著）：子ども達の自然理解と理科授業　R.ドライヴァー, E.ゲスン, A.ティベルギエ編, 貫井正納ほか訳, 内田正男監訳　東洋館出版社　1993.2　249p

Ericsson, Kent　エリクソン, ケント
◇脱施設化に向けて 他（共著）（周藤泰之訳）：脱施設化と地域生活——英国・北欧・米国における比較研究　ジム・マンセル, ケント・エリクソン編著, 中園康夫, 末光茂監訳　相川書房　2000.7　318p

Erikson, Erik Homburger　エリクソン, エリック・H.
◇遊びと現実：遊びと発達の心理学　J.ピアジェ他著, 赤塚徳郎, 森楙監訳　黎明書房　2000.7　217, 3p （心理学選書 4）

Erikson, Robert　エリクソン, ロバート
◇不平等の記述：福祉調査に関するスウェーデン・アプローチ：クオリティー・オブ・ライフ——豊かさの本質とは　マーサ・ヌスバウム, アマルティア・セン編著, 竹友安彦監修, 水谷めぐみ訳　里文出版　2006.3　237p

Eriksson, Inger　エリクソン, I. *
◇情報化コミュニケーション技術がもたらす予想外の結果——管理者の持つジレンマ（共著）：新リレーションとモデルのためのIT企業戦略とデジタル社会　ゲイリー・ディクソン, ジェラルディン・デサンクティス編, 橋立克朗ほか訳　ピアソン・エデュケーション　2002.3　305p

Eringena, Johannes　エリウゲナ, ヨハネス
◇ペリフュセオン（自然について）：中世思想原典集成 6　カロリング・ルネサンス　上智大学中世思想研究所編訳・監修　平凡社　1992.6　765p

Erlandson, Eddie　アーランドソン, エディ
◇ボスザル社員を手なずける法（共著）：いかに「問題社員」を管理するか　Diamondハーバード・ビジネス・レビュー編集部訳　ダイヤモンド社　2005.1　262p　（Harvard business review anthology）
◇ボスザル社員を手なずける法（共著）：コーチングがリーダーを育てる　Diamondハーバード・ビジネス・レビュー編集部訳　ダイヤモンド社　2006.4　231p　（Harvard business review anthology）

Ersever, Oya G.　エルゼバー, O. G. *
◇戦争と大量殺戮の心理的影響に対するヒューマニストの視点（畠瀬直子訳）：エンカウンター・グループと国際交流　松本剛, 畠瀬直子, 野島一彦編著　ナカニシヤ出版　2005.10　166p

Ertel, Danny　アーテル, ダニー
◇交渉力のナレッジ・シェアリング：交渉の戦略スキル　Harvard Business Review編, Diamondハーバード・ビジネス・レビュー編集部訳　ダイヤモンド社　2002.2　274p
◇交渉は始まりにすぎない 他：「交渉」からビジネスは始まる　Diamondハーバード・ビジネス・レビュー編集部編訳　ダイヤモンド社　2005.4　272p　（Harvard business review anthology）

Ervolini, Michael A.　エルヴォリーニ, M. A. *
◇クレジット要因に基づく期限前償還およびデフォルト分析（共著）：CMBS——商業用モーゲージ証券 成長する新金融商品市場の特徴と実務　フランク・J.ファボッツィ, デイビッド・P.ジェイコブ編, 酒井吉広監訳, 野村證券CMBS研究会訳　金融財政事情研究会　2000.12　672p

Esam, Peter　エサム, ピーター
◇最低線——保守党の所得保障政策は貧困者を保護しているか？（広瀬真理子訳）：福祉大改革——イギリスの改革と検証　アラン・ウォーカーほか著, 佐藤進ほか訳　法律文化社　1994.9　256p

Escallier, C.　エスカリエ, クロード
◇キリストの二重のイマージュ——F・モーリャックの世界：現代とキリスト教的ヒューマニズム——二十世紀フランスの試み　ジャック・ベジノ編　白水社　1993.3　241, 16p

Eschbach, Paul　エシュバッハ, P. *
◇業績向上のためのビジネスプロセスの分析と設計——チェコの電力会社の事例（共著）：ARISを活用したビジネスプロセスマネジメント——欧米の先進事例に学ぶ　A.-W.シェアー他共編, 堀内正博, 田中正郎, 柳堀紀幸監訳　シュプリンガー・フェアラーク東京　2003.7　281p

Escher, Jean-Philippe　エッシャー, ジャン‐フィリップ
◇テクノロジー・マーケティング組織の設計と実施 他：科学経営のための実践的MOT——技術主導型企業からイノベーション主導型企業へ　ヒューゴ・チルキー編, 亀岡秋男監訳　日経BP社　2005.1　397p

Escobar, Arturo　エスコバル, アルトゥーロ
◇計画（三浦清隆訳）：脱「開発」の時代——現代社会を解読するキーワード辞典　ヴォルフガング・ザックス編, イヴァン・イリッチ他著, 三浦清隆訳　晶文社　1996.9　396, 12p
◇さまざまな別の世界が（すでに）可能だ（二宮元訳）：

帝国への挑戦—世界社会フォーラム　ジャイ・セン，アニタ・アナンド，アルトゥーロ・エスコバル，ピーター・ウォーターマン編，武藤一羊ほか監訳　作品社　2005.2　462p

Escoffier, Jeffrey　エスコフィアー，ジェフリー
◇文化戦争とアイデンティティの政治—宗教右翼とホモセクシュアリティの文化政治：ラディカル・デモクラシー—アイデンティティ，シティズンシップ，国家　デイヴィッド・トレンド編，佐藤正志ほか訳　三嶺書房　1998.4　408p

Escott, Paul D.　エスコット，ポール・D.
◇奴隷制度と南部の発展（宮井勢都子訳）：アメリカの歴史　2　合衆国の発展—18世紀末—19世紀前半　メアリー・ベス・ノートン他著　白井洋子ほか訳　三省堂　1996.6　350, 9p
◇領土拡張と奴隷制—戦争への道 他（宮井勢都子訳）：アメリカの歴史　3　南北戦争から20世紀へ—19世紀後半—20世紀　メアリー・ベス・ノートン他著　上杉忍ほか訳　三省堂　1996.9　328, 15p

Escoubas, Éliane　エスクーバ，エリアーヌ
◇カントあるいは崇高なるものの単独さ：崇高とは何か　ミシェル・ドゥギー他著，梅木達郎訳　法政大学出版局　1999.5　413p　（叢書・ウニベルシタス 640）

Eshof, Paul van den　エフソ，パウル・ファン・デン
◇犯罪者プロファイリング研究によるアプローチ（共著）（桐生正幸訳）：犯罪者プロファイリング—犯罪行動が明かす犯人像の断片　ジャネット・L.ジャクソン，デブラ・A.ベカリアン編，田村雅幸監訳，辻典明，岩見広一訳　北大路書房　2000.3　234p

Eskenazi, Tamara Cohn　エスケナズィ，タマラ・コーン
◇エズラ記・ネヘミヤ記（加藤明子訳）：女性たちの聖書注解—女性の視点で読む旧約・新約・外典の世界　C.A.ニューサム，S.H.リンジ編，加藤明子，小野功生，鈴木元子訳，荒井章三，山内一郎日本語版監修　新教出版社　1998.3　682p

Espinas　エスピナス
◇馴致：ドゥルーズ初期—若き哲学者が作った教科書　ジル・ドゥルーズ編著，加賀野井秀一訳注　夏目書房　1998.5　239p

Esping-Andersen, Gosta　エスピン・アンデルセン，イェスタ
◇トレードオフの世界でのプラスサムの解決？ 他（埋橋孝文訳）：転換期の福祉国家—グローバル経済下の適応戦略　G.エスピン・アンデルセン編，埋橋孝文監訳　早稲田大学出版部　2003.12　351p
◇労働市場の規制で不利益を受けるのは誰か？数量的実証 規制をめぐる諸事情（北明美訳）：労働市場の規制緩和を検証する—欧州8ヵ国の現状と課題　G.エスピン・アンデルセン，マリーノ・レジーニ編，伍賀一道ほか訳　青木書店　2004.2　418p

Essene, Virginia　エッセン，ヴァージニア
◇キリスト・イエス：アセンションするDNA—光の12存在からのメッセージ　ヴァージニア・エッセン編著，冬月翻訳　ナチュラルスピリット　1999.2　299p

Establet, Roger　エスタブレ，ロジェ
◇『資本論』プランの考察：資本論を読む　下　エチエンヌ・バリバールほか著，今村仁司訳　筑摩書房　1997.4　350p　（ちくま学芸文庫）

Estenne, Luc　エステンヌ，ルク
◇個人富裕層のヘッジファンド投資とリスク管理：実践 ヘッジファンド投資—成功するリスク管理　バージニア・レイノルズ・パーカー編，徳岡国見監訳　日本経済新聞社　2001.8　425p

Ester, Ralf Martin　エスター，R. M.
◇ブルガリアにおけるヘルスケア改革（共著）（戒野敏浩訳）：ARISを活用したチェンジマネジメント—ビジネスプロセスの変革を管理する　A.-W.シェアー，F.アボルハッサン，W.ヨースト，M.F.W.キルヒマー編，堀内正博，田中正郎，柳堀紀幸監訳　シュプリンガー・フェアラーク東京　2003.12　216p

Esteva, Gustavo　エステバ，グスタボ
◇開発（三浦清隆訳）：脱「開発」の時代—現代社会を解読するキイワード辞典　ヴォルフガング・ザックス編，イヴァン・イリッチ他著，三浦清隆他訳　晶文社　1996.9　396, 12p

Esty, Benjamin C.　エスティ，ベンジャミン・C.
◇貯蓄金融機関危機の教訓（共著）：金融サービス業—21世紀への戦略　サミュエル・L.ヘイズ3編，小西竜治監訳　東洋経済新報社　1999.10　293p

Etheredge, Lloyd S.　イサレッジ，ロイド・S.
◇人権教育と新しい通信技術（坂本旬訳）：世界の人権教育—理論と実践　ジョージ・J.アンドレオポーロス，リチャード・ピエール・クロード編著，黒沢惟昭監訳　明石書店　1999.2　758p

Etzioni, Amitai　エツィオーニ，アミタイ
◇多すぎる権利，少なすぎる責任（石田淳訳）：グローバルな市民社会に向かって　マイケル・ウォルツァー編著，石田淳ほか訳　日本経済評論社　2001.10　397p
◇自在流意思決定：意思決定の思考技術　Harvard Business Review編，Diamondハーバード・ビジネス・レビュー編集部訳　ダイヤモンド社　2001.12　264p
◇情報の限界を自覚した自在流意思決定：意思決定の技術　Diamondハーバード・ビジネス・レビュー編集部編訳　ダイヤモンド社　2006.1　247p　（Harvard business review anthology）

Euben, J. Peter　ユーベン，J. ピーター
◇街頭にもち出そう—ラディカル・デモクラシーと〈理論をラディカルにすること〉：ラディカル・デモクラシー—アイデンティティ，シティズンシップ，国家　デイヴィッド・トレンド編，佐藤正志ほか訳　三嶺書房　1998.4　408p

Eulau, Heinz　ユーロー，ハインツ
◇ウォーレン・E.ミラー 他（山本秀則訳）：アメリカ政治学を創った人たち—政治学の口述史　M.ベアー，M.ジューエル，L.サイゲルマン編，内山秀夫監訳　ミネルヴァ書房　2001.12　387p　（Minerva人文・社会科学叢書 59）

Euler, Leonhard　オイラー，レオンハルト
◇付録原典翻訳：『物体の諸要素に関する考察』：ニュートンからカントへ—力と物質の概念史　松山寿一著　晃洋書房　2004.12　197, 18p

Eusebiosof Caesarea　エウセビオス（カイサレイアの）
◇教区の信徒への手紙：中世思想原典集成　2　盛期ギ

リシア教父　上智大学中世思想研究所編訳・監修　平凡社　1992.9　687p
◇福音の論証：中世思想原典集成　1　初期ギリシア教父　上智大学中世思想研究所編訳・監修　平凡社　1995.2　877p

Euske, Ken　エウスク, ケン
◇業績の概念的および業務的記述（共著）：業績評価の理論と実務―事業を成功に導く専門領域の障壁を越えて　アンディ・ニーリー編著, 清水孝訳　東洋経済新報社　2004.4　459p

Evans, A.　エヴァンス, A.
◇コモン・ローおよび欧州共同体法の下における営業の自由―サッカー競技出場禁止措置の場合：イギリス法と欧州共同体法―比較法研究の一つの試み　M.A.ミルナーほか著, 矢頭敏也訳編　早稲田大学比較法研究所　1992.11　314p　（早稲田大学比較法研究所叢書 20号）

Evans, Craig A.　エヴァンス, クレイグ・A.
◇神殿に対する反対―イエスと死海文書：イエスと死海文書　ジェームズ・H.チャールズウァース編著, 山岡健訳　三交社　1996.12　476p

Evans, Ian M.　エヴァンス, I. M. *
◇行動システムとしての個人のレパートリー―プログラムのデザインと評定のための示唆（共著）：重度知的障害への挑戦　ボブ・レミントン編, 小林重雄監訳, 藤原義博, 平沢紀子訳　二瓶社　1999.3　461p

Evans, Jeff　エヴァンズ, J.
◇日常生活で統計を使う―はだしの統計家から批判的市民まで　他（共著）（上藤一郎訳）：現代イギリスの政治算術―統計は社会を変えるか　D.ドーリング, S.シンプソン編著, 岩井浩ほか監訳　北海道大学図書刊行会　2003.7　588p

Evans, John M.　エヴァンズ, ジョン・M.
◇遺された人たちへのサポート（梅本裕訳）：おとなのいのちの education　水野治太郎, 日野原重明, アルフォンス・デーケン編　河出書房新社　2006.11　238p

Evans, Richard J.　エヴァンズ, リチャード・J.
◇西ドイツ歴史学と「下から」の社会史　他：イギリス社会史派のドイツ史論　D.ブラックボーンほか著, 望田幸男ほか訳　晃洋書房　1992.6　196, 46p
◇『歴史とは何か』のいま（平田雅博訳）：いま歴史とは何か　D.キャナダイン編著, 平田雅博, 岩井淳, 菅原秀二, 細川道久訳　ミネルヴァ書房　2005.5　267, 14p　（Minerva歴史・文化ライブラリー 5）

Evans, Robert　エヴァンス, ロバート
◇戦略的サプライチェーン・マネジメント―サプライチェーンとビジネスの連携が生む株主価値　他（共著）：サプライチェーン戦略　ジョン・ガトーナ編, 前田健蔵, 田村誠一訳　東洋経済新報社　1999.5　377p　（Best solution）

Evans, Stephen　エヴァンズ, スティーヴン
◇宗教的言語の誤用（森田美芽訳）：宗教と倫理―キェルケゴールにおける実存の言語性　C.S.エヴァンス, H.フェッター他著, 桝形公也編訳　ナカニシヤ出版　1998.4　255p

Evaristo, Pasquale　エヴァリスト, P.
◇司法精神病院：改革は困難か　他（共著）：過渡期の精神医療―英国とイタリアの経験から　シュラミット・

ラモン, マリア・グラツィア・ジャンニケッダ編, 川田誉音訳　海声社　1992.10　424p

Everaert, Pierre J.　エイバラート, ピエール・J.
◇人びとを管理する感情, テンポ, タイミング：企業の未来像―成功する組織の条件　フランシス・ヘッセルバイン, マーシャル・ゴールドスミス, リチャード・ベックハード編, 小坂恵理訳　トッパン　1998.7　462p　（トッパンのビジネス経営書シリーズ 14）

Everett, Melissa　エヴァレット, M. *
◇役員室のグリーニングのために（共著）（見目善弘訳）：グリーニングチャレンジ―企業の環境戦略　Kurt Fischer, Johan Schot編, 藤森敬三監訳, 日本電気環境エンジニアリング訳　日科技連出版　1999.8　419p

Evers, Adalbert　エバース, アダルベルト
◇欧州サードセクターの定義　他（共著）：欧州サードセクター―歴史・理論・政策　A.エバース, J.-L.ラヴィル編, 内山哲朗, 柳沢敏勝訳　日本経済評論社　2007.6　368p

Evrard, Jane　エブラール, ジャン
◇ヴァランタン・ジャムレ＝デュヴァルはいかにして読むことを学んだか―独学の模範例：書物から読書へ　ロジェ・シャルチエ編, 水林章, 泉利明, 露崎俊和共訳　みすず書房　1992.5　374p
◇学校, 博物館, 図書館・三施設固有の問題：フランスの博物館と図書館　M.ブラン＝モンマイユール他著, 松本栄寿, 小浜清子訳　玉川大学出版部　2003.6　198p

Ewerhart, Georg　エーヴェルハート, G. *
◇過去の克服に代わる未来計画―環境経済報告におけるパラダイム変換（共著）：環境の経済計算―ドイツにおける新展開　C.シュターマー編著, 良永康平訳　ミネルヴァ書房　2000.1　264p　（シリーズ〈環境・エコロジー・人間〉3）
◇貨幣, 物の see 及び時間産業連関表―経済・環境・社会統合報告（共著）：持続可能な社会への2つの道―産業連関表で読み解く環境と社会・経済　C.シュターマー編著, 良永康平訳　ミネルヴァ書房　2006.10　257p　（シリーズ〈環境・エコロジー・人間〉7）

Ex, Nicole　エックス, ニコル
◇オランダ宮廷に見る東洋：日蘭交流400年の歴史と展望―日蘭交流400周年記念論文集 日本語版　レオナルド・ブリュッセイ, ウィレム・レメリンク, イフォ・スミッツ編　日蘭学会　2000.4　459p　（日蘭学会学術叢書 第20）

Exeler, Steffen　エグゼラー, S.
◇ARISを活用したチェンジマネジメント（共著）（田中正郎訳）：ARISを活用したチェンジマネジメント―ビジネスプロセスの変革を管理する　A.-W.シェアー, F.アボルハッサン, W.ヨースト, M.F.W.キルヒマー編, 堀内正博, 田中正郎, 柳堀紀幸監訳　シュプリンガー・フェアラーク東京　2003.12　216p

Eyberg, Sheila　アイベルク, S. *
◇反抗―挑戦的な幼児のための親訓練（共著）（福田恭介訳）：共同治療者としての親訓練ハンドブック　Charles E.Schaefer, James M.Briesmeister編, 山上敏子, 大隈紘子監訳　二瓶社　1996.11　332p

Eydal, Guðný　アイデル, グズニィ
◇新たな政策、新たな言葉―スカンジナビア社会政策におけるサービス概念 他（共著）：社会ケアサービス―スカンジナビア福祉モデルを解く鍵　ヨルマ・シピラ編著, 日野秀逸訳　本の泉社　2003.7　333p

Eysencle, H. J.　アイゼンク, H. J.
◇個性と感性の心理学：香りの生理心理学　S.ヴァン・トラー, G.H.ドッド編, 印藤元一訳　フレグランスジャーナル社　1996.6　306p

【F】

Fabes, Richard A.　フェビス, R. A.
◇生涯という視点から見た向社会的行動の発達（共著）（植之原薫訳）：生涯発達の心理学 2巻 気質・自己・パーソナリティ　東洋, 柏木恵子, 高橋恵子編・監訳　新曜社　1993.10　204p

Fabian, A. C.　フェビアン, アンドリュー
◇葛藤と紛争の舞台（共著）：コンフリクト　M.ジョーンズ, A.C.フェビアン共編, 大淵憲一, 熊谷智博共訳　培風館　2007.11　256p

Fabozzi, Frank J.　ファボッツィ, フランク・J.
◇1990年代の資産・負債総合管理（ALM）他（共著）（横井文一訳）：ALMの新手法―キャピタル・マーケット・アプローチ　フランク・J.ファボッツィ, 小西湛夫共編　金融財政事情研究会　1992.7　499p（ニューファイナンシャルシリーズ）

Fabre, Jean Henri　ファーブル, ジャン＝アンリ
◇無題他：ドゥルーズ初期―若き哲学者が作った教科書　ジル・ドゥルーズ編著, 加賀野井秀一訳注　夏目書房　1998.5　239p

Fagan, Brian M.　フェイガン, ブライアン・M.
◇ザンベジ川とリンポポ川の流域――一〇〇年――五〇〇年（市川光雄訳）：ユネスコ・アフリカの歴史 第4巻 一二世紀から一六世紀までのアフリカ　アフリカの歴史起草のためのユネスコ国際学術委員会編, 宮本正興責任編集　D.T.ニアヌ編　同朋舎出版　1992.9　2冊

Fagot-Largeault, A.　ファゴ＝ラルジョ, アン
◇生物学的規範性と社会的規範性：倫理は自然の中に根拠をもつか　マルク・キルシュ編, 松浦俊輔訳　産業図書　1995.8　387p

Fahrenbach, Helmut　ファーレンバッハ, ヘルムート
◇哲学に反映されたヴァイマル時代―特にシュペングラー, ハイデガー, ブロッホにおける哲学, 時代分析および政治：ヴァイマル共和国の思想史と精神史　フーベルト・カンツィク編, 池田昭, 浅野洋監訳　御茶の水書房　1993.2　434p
◇ハイデガーと〈哲学的〉人間学の問題（中埜肇訳）：現代の哲学的人間学　ボルノウ, プレスナーほか著, 藤田健治他訳　新装復刊　白水社　2002.6　332, 10p

Fairbank, Edwin　フェアバンク, エドウィン
◇じゃんけん 他：ニッポン不思議発見！―日本文化を英語で語る50の名エッセイ集　日本文化研究所編, 松本道弘訳　講談社インターナショナル　1997.1　257p（Bilingual books）

Fairbrother, Peter　フェアブラザー, ピーター
◇非柔軟なフレキシビリティ：モジュール化のケース・スタディ（共著）（久富健治訳）：フォーディズムとフレキシビリティ―イギリスの検証　N.ギルバートほか編, 丸山恵也監訳　新評論　1996.9　238p

Fairburn, Christopher G.　フェアバーン, クリストファ・G.
◇摂食障害：認知行動療法の科学と実践　David M.Clark, Christopher G.Fairburn編, 伊予雅臣監訳　星和書店　2003.4　280p

Fairless, Benjamin F.　フェアレス, ベンジャミン・F.
◇民主主義が私に与えたもの（小林順子訳）：ビジネスの知恵50選―伝説的経営者が語る成功の条件　ピーター・クラス編, 佐藤洋一監訳　トッパン　1999.2　543p（トッパンのビジネス経営書シリーズ 26）

Fairless, Matthew　フェアレス, M.＊
◇オペレーショナルリスク情報の定義と収集―リスク軽減と資本配分における応用（共著）：オペレーショナルリスク―金融機関リスクマネジメントの新潮流　アーサーアンダーセン編・訳　金融財政事情研究会　2001.1　413p

Falandry, Ludovic　ファランドリー, リュドヴィク
◇市民に奉仕する軍気（林修訳）：介入？―人間の権利と国家の論理　エリ・ウィーゼル, 川田順造編, 広瀬浩司, 林修訳　藤原書店　1997.6　294p

Falk, Richard A.　フォーク, リチャード
◇コスモポリタニズムを修正する（辰巳伸知訳）：国を愛するということ―愛国主義の限界をめぐる論争　マーサ・C.ヌスバウム他著, 辰巳伸知, 能川元一訳　人文書院　2000.5　269p
◇世界的規模のテロ戦争における愛国心と市民権を検証する：衝突を超えて―9.11後の世界秩序　K.ブース, T.ダン編, 寺島隆吉監訳, 塚田幸三, 寺島美紀子訳　日本経済評論社　2003.5　469p
◇米国対外政策のテロリスト的基盤：西側による国家テロ　アレクサンダー・ジョージ編, 古川久雄, 大木昌訳　勉誠出版　2003.8　275, 80p
◇人道的統治への道（大庭里美訳）：あなたの手で平和を！―31のメッセージ　フレドリック・S.ヘッファメール編, 大庭里美, 阿部純子訳　日本評論社　2005.3　260p

Falk, Zeév W.　ファルク, セイヴ・W.
◇児童の権利と自治および最善の利益（北脇敏一訳）：21世紀の民法―小野幸二教授還暦記念論集　法学書院　1996.12　970p

Falkus, Malcolm　ファルカス, マルコム
◇経済的公正と政治的・社会的安定を求めて 他（橋野篤訳）：所得不平等の政治経済学　南亮進, クワン・S.キム, マルコム・ファルカス編, 牧野文夫, 橋野篤, 橋野知子訳　東洋経済新報社　2000.11　278p

Farau, Alfred　ファラウ, アルフレッド
◇仕事 他（共著）：アドラーの思い出　G.J.マナスター, G.ペインター, D.ドイッチュ, B.J.オーバーホルト編, 柿内邦博, 井原文子, 野田俊作訳　創元社　2007.6　244p

Farber, Anne　ファーバー, アン
◇ピアノのレッスンにダルクローズのリトミックを取り入れるには？ 他：ダルクローズのリトミック―リ

111

トミック教育のための原理と指針　エリザベス・バンドゥレスパーほか著，石丸由理ほか訳　ドレミ楽譜出版社　1996.7　149p
◇ピアノのレッスンにダルクローズのリトミックを取り入れるには？　他：ダルクローズのリトミック―リトミック教育のための原理と指針　エリザベス・バンドゥレスパーほか著，石丸由理訳　ドレミ楽譜出版社　2002.1　143p

Farber, Daniel A.　ファーバー，ダニエル・A.
◇約束的禁反言をこえて（共著）（滝沢昌彦訳）：現代アメリカ契約法　ロバート・A.ヒルマン，笠井修編著　弘文堂　2000.10　400p

Färe, Rolf　フェール，R. *
◇スウェーデンの病院における生産性の発展：Malmquist出力指標の利用（共著）（上田徹訳）：経営効率評価ハンドブック―包絡分析法の理論と応用　Abraham Charnesほか編，刀根薫，上田徹監訳　朝倉書店　2000.2　465p

Farge, Arlette　ファルジュ，アルレット
◇女性史のとり組みとその成果：女性史は可能か　ミシェル・ペロー編，杉村和子，志賀亮一監訳　藤原書店　1992.5　435p
◇まぎれもない女性の暴徒たち　他：女の歴史　3〔2〕十六―十八世紀　2　杉村和子，志賀亮一監訳　ナタリー・ゼモン＝デイヴィス，アルレット・ファルジュ編　藤原書店　1995.1　854p
◇女性史のとり組みとその成果（藤本佳子訳）：女性史は可能か　ミシェル・ペロー編，杉村和子，志賀亮一監訳　新版　藤原書店　2001.4　437p
◇アナール学派とフーコー：「アナール」とは何か―進化しつづける「アナール」の一〇〇年　I.フランドロワ編，尾川直哉訳　藤原書店　2003.6　366p

Farkas, Charles M.　ファーカス，チャールズ・M.
◇高業績CEOが実践する五つの経営スタイル（共著）：リーダーシップ　Harvard Business Review編，Diamondハーバード・ビジネス・レビュー編集部訳　ダイヤモンド社　2002.4　295p

Färm, Kerstin　ファルム，シャシュテイン
◇書きことばの世界への参加―スウェーデン（藤澤和子訳）：北欧の知的障害者の思想・政策と日常生活　ヤン・テッセブロー，アンデシュ・グスタフソン，ギューリ・デューレンダール編，二文字理明監訳　青木書店　1999.8　289p

Farmer, David H.　ファーマー，デイヴィド
◇聖人と神秘家：キリスト教のスピリチュアリティ―その二千年の歴史　ゴードン・マーセル監修，G.マーセル他著，青山学院大学総合研究所訳　新教出版社　2006.4　415p

Farmer, Kathleen A.　ファーマー，キャスリーン・A.
◇詩編（加藤明子訳）：女性たちの聖書注解―女性の視点で読む旧約・新約・外典の世界　C.A.ニューサム，S.H.リンジ編，加藤明子，小野功生，鈴木元子訳，荒井章三，山内一郎日本語版監修　新教出版社　1998.3　682p

Farmer, Ruth　ファーマー，ルース
◇オークランドの香港中国人（共著）（白岩一彦訳）：香港を離れて―香港中国人移民の世界　ロナルド・スケルドン編，可兒弘明，森川真規雄，吉原和男監訳　行路社　1997.6　552p　（中国の底流シリーズ　4）

Farr, James　ファ，ジェームズ
◇政治学と国家：アメリカ政治学の展開―学説と歴史　ジェームズ・ファ，レイモンド・セイデルマン編著，本田弘，藤原孝，秋山和宏，石川晃司，入江正俊ほか訳　サンワコーポレーション　1996.2　506p

Farrell, Diana　ファレル，ダイアナ
◇ホット・マネーを動かずのはだれか（共著）：このままでは日本経済は崩壊する　フォーリン・アフェアーズ・ジャパン編・監訳，竹下興喜監訳　朝日新聞社　2003.2　282，11p　（朝日文庫―フォーリン・アフェアーズ・コレクション）
◇今度こそ正しいIT投資を（共著）（金平直人監訳）：マッキンゼーITの本質―情報システムを活かした「業務改革」で利益を創出する　横浜信一，萩平和巳，金平直人，大隈健史，琴坂将広編著・監訳，鈴木立哉訳　ダイヤモンド社　2005.3　212p　（The McKinsey anthology）
◇ニュー・エコノミーの真実：2010年の「マネジメント」を読み解く　Diamondハーバード・ビジネス・レビュー編集部編訳　ダイヤモンド社　2005.9　289p　（Harvard business review anthology）

Farr-Fahncke, Susan　ファー・ファンキー，スーザン
◇ニコラスの贈り物：空っぽのくつした―あなたの心に届ける16の贈り物　コリーン・セル選，立石美樹ほか訳　光文社　2002.11　213p

Farrington, David P.　ファリントン，デイヴィッド・P.
◇被害者供述と目撃者供述からの犯罪者プロファイルの予測（共著）（岩見広一訳）：犯罪者プロファイリング―犯罪行動が明かす犯人像の断片　ジャネット・L.ジャクソン，デブラ・A.ベカリアン編，田村雅幸監訳，辻南明，岩見広一訳編　北大路書房　2000.3　234p

Farson, Richard　ファーソン，リチャード
◇失敗に寛容な組織をつくる（共著）：EQを鍛える　Diamondハーバード・ビジネス・レビュー編集部編訳　ダイヤモンド社　2005.7　286p　（Harvard business review anthology）
◇失敗に寛容な組織をつくる（共著）：組織行動論の実学―心理学で経営課題を解明する　Diamondハーバード・ビジネス・レビュー編集部編訳　ダイヤモンド社　2007.9　425p　（Harvard business review）

Fasick, Adel M.　フェイジック，アデル・M.
◇児童図書館員の養成：伝統を継承していく中で（高鷲志子訳）：本・子ども・図書館―リリアン・スミスが求めた世界　アデル・フェイジックほか編，高鷲志子，高橋久子訳　全国学校図書館協議会　1993.12　239p

Faßbender, Monika　ファスベンダー，モーニカ
◇ドイツ自由民主党（FDP）にみるナチズム的な過去の処理について：「負の遺産」との取り組み―オーストリア・東西ドイツの戦後比較　ヴェルナー・ベルクマン，ライナー・エルブ，アルベルト・リヒトブラウ編著，岡田浩平訳　三元社　1999.3　479p

Fastovsky, Peter　ファストフスキー，P. *
◇CMBSにおける商業用モーゲージのバルーンリスクに関する理解とその管理（共著）：CMBS―商業用モーゲージ証券　成長する新金融商品市場の特徴と実務　フランク・J.ファボッツィ，デイビッド・P.ジェイコブ編，酒井吉諒監訳，野村証券CMBS研究会訳

金融財政事情研究会　2000.12　672p

Fauchois, Yann　フォーショワ, ヤン
◇中央集権化（富永茂樹訳）：フランス革命事典　6　フランソワ・フュレ, モナ・オズーフ編, 河野健二, 阪上孝, 富永茂樹監訳　みすず書房　2000.6　252p　（みすずライブラリー）

Favario-Constantin, Catherine　ファバリコ・コンスタンティン, C. *
◇痛みの管理（共著）：日本版MDS-HC 2.0在宅ケアアセスメントマニュアル　John N.Morris他編著, 池上直己訳　医学書院　1999.9　294p
◇痛みの管理（共著）：日本版MDS-HC 2.0在宅ケアアセスメントマニュアル　John N.Morris他編著, 池上直己訳　新訂版　医学書院　2004.11　298p

Favoreu, Louis　ファボルー, ルイ
◇憲法裁判の比較—アメリカ型とヨーロッパ型　他（植野妙実子訳）：フランス公法講演集　J.シュバリエほか著, 植野妙実子編訳　中央大学出版部　1998.12　235p　（日本比較法研究所翻訳叢書 40）

Fawcett, Louise L'Estrange　フォーセット, L.
◇第1章　序論　他（菅英輝訳）：地域主義と国際秩序　L.フォーセット, A.ハレル編, 菅英輝, 栗栖薫子監訳　九州大学出版会　1999.5　366p

Fawcett, Millicent Garrett　フォーセット, ミリセント・ギャレット
◇政治談　下（抄録）（渋谷愃爾訳）：世界女性学基礎文献集成　明治大正編　第3巻　水田珠枝監修　ゆまに書房　2001.6　390p
◇宝氏経済学. 巻之1-5（永田健助訳述）：幕末・明治初期邦訳経済学書　3　井上琢智編集・解説　ユーリカ・プレス　c2006　1冊　（幕末・明治期邦訳経済学書復刻シリーズ 第1期）

Fazio, Antonio　ファツィオ, アントーニオ
◇金融市場（市井勇人訳）：イタリアの金融・経済とEC統合　ロザリオ・ボナヴォーリア著, 岡本義行ほか訳　日本経済評論社　1992.6　304p

Fazzari, Steven M.　ファツァーリ, S.
◇負債の支払い約束と総需要（共著）：金融不安定性と景気循環　ウィリー・ゼムラー編, 浅田統一郎訳　日本経済評論社　2007.7　353p　（ポスト・ケインジアン叢書）

Featherman, David L.　フェザーマン, D.
◇社会科学研究における生涯発達的観点（日笠摩子訳）：生涯発達の心理学　3巻　家族・社会　東洋, 柏木恵子, 高橋恵子編・監訳　新曜社　1993.10　293p

Febvre, Lucien Paul Victor　フェーヴル, リュシアン
◇のびゆく本—『地中海』（浜田道夫訳）：『地中海』を読む　I.ウォーラーステイン他著, 藤原書店編集部編　藤原書店　1999.12　237p

Federici, Silvia　フェデリーチ, シルヴィア
◇サハラ以南アフリカにおける経済危機と人口政策—ナイジェリアの事例（古久保さくら訳）：約束された発展？—国際債務政策と第三世界の女たち　マリアローザ・ダラ・コスタ, ジョヴァンナ・フランカ・ダラ・コスタ編　インパクト出版会　1995.7　213p

Feeny, David F.　フィーニー, デイビッド・F.
◇ITの選択的アウトソーシング成功の条件（共著）：ITマネジメント　Harvard Business Review編, Diamondハーバード・ビジネス・レビュー編集部訳　ダイヤモンド社　2000.10　277p

Feertchak, Helene　フェートチャック, エレーヌ
◇今日のヨーロッパにおける若者, シティズンシップ, 政治：欧州統合とシティズンシップ教育—新しい政治学習の試み　クリスティーヌ・ロラン・レヴィ, アリステア・ロス編著, 中里亜夫, 竹島博之監訳　明石書店　2006.3　286p　（明石ライブラリー 91）

Feffer, John　フェッファー, ジョン
◇諸外国の反応　他：アメリカの悪夢—9・11テロと単独行動主義　ジョン・フェッファー編, 南雲和夫監訳　耕文社　2004.12　319p

Feichtinger, Frederic　ファイヒティンガー, フレデリック
◇仕事（共著）：アドラーの思い出　G.J.マナスター, G.ペインター, D.ドイッチュ, B.J.オーバーホルト編, 柿内邦博, 井原文子, 野田俊作訳　創元社　2007.6　244p

Fein, Helen　フェイン, ヘレン
◇危険に曝されている人びと—生命保全権侵害が示すもの：地域紛争時代のシナリオ—ポスト冷戦時代の国連の課題　クマール・ルペシンゲ, 黒田順子共編, 吉田康彦訳　スリーエーネットワーク　1994.3　358, 6p

Feinstein, Celia S.　ファインスタイン, C. S. *
◇QOLの測定：どこにいるのか？どこへ行くのか？（共著）：知的障害・発達障害をもつ人のQOL—ノーマライゼーションを超えて　Robert L.Schalock編, 三谷嘉明, 岩崎正子訳　医歯薬出版　1994.5　346p

Feinstein, Steven P.　ファインスタイン, スティーブン・P.
◇財務リスクの管理：MBA講座財務・会計　J.L.リビングストン編著, 朝日監査法人訳　日本経済新聞社　1998.12　494p

Feit, Theodore S.　フェイト, T. S. *
◇ダウン症における心臓病の見方：ダウン症候群と療育の発展—理解の向上のために　Valentine Dmitriev, Patricia L.Oelwein編著, 竹井和子訳　協同医書出版社　1992.6　274p

Felce, David　フェルス, デビッド
◇不適応行動の機能分析における携帯型マイクロコンピュータの使用　他（共著）：重度知的障害への挑戦　ボブ・レミントン編, 小林重雄監訳, 藤原義博, 平沢紀子共訳　二瓶社　1999.3　461p
◇普通の生活のための支援の質（村上武志訳）：脱施設化と地域生活—英国・北欧・米国における比較研究　ジム・マンセル, ケント・エリクソン編著, 中園康夫, 末光茂監訳　相川書房　2000.7　318p
◇生活の質：用語の広がりと測定への視点（共著）：障害をもつ人にとっての生活の質—モデル・調査研究および実践　ロイ・I.ブラウン編著, 中園康夫, 末光茂監訳　相川書房　2002.5　382p

Feldman, Esther　フェルドマン, E. *
◇社会的認知とソシオメトリック地位に関する議論（共著）（山崎晃訳）：子どもと仲間の心理学—友だちを拒否するこころ　S.R.アッシャー, J.D.クーイ編著, 山崎晃, 中沢潤監訳　北大路書房　1996.7　447p

Feldman, Gelrald D.　フェルドマン, ジェラルド・D.
◇第1次大戦後のドイツ企業への海外資本の参入：外国資本の支配の問題（竹村孝雄訳）：続 歴史のなかの多国籍企業―国際事業活動研究の拡大と深化　アリス・タイコーヴァ，モーリス・レヴィ・ルボワエ，ヘルガ・ヌスバウム編，浅野栄一，鮎沢成男，渋谷将，竹村孝雄，德重昌志，日高克平訳　中央大学出版部　1993.4　334p　（中央大学企業研究所翻訳叢書6）

Feldman, Kenneth Wayne　フェルドマン, ケニス・ウェイン
◇身体的虐待の評価：虐待された子ども―ザ・バタード・チャイルド　メアリー・エドナ・ヘルファ，ルース・S.ケンプ，リチャード・D.クルーグマン編，子どもの虐待防止センター監修，坂井聖二訳　明石書店　2003.12　1277p

Feldman, Michael　フェルドマン, M.*
◇スプリッティングと投影性同一化（木部則雄訳）：クラインとビオンの臨床講義　R.アンダーソン編，木部則雄ほか訳　岩崎学術出版社　1996.10　226p　（現代精神分析双書 第2期 第20巻）

Feldmann, Evelyn　フェルドマン, エヴリン
◇アドラーと過ごした三〇日間 他：アドラーの思い出　G.J.マナスター，G.ペインター，D.ドイッチュ，B.J.オーバーホルト編，柿内邦博，井原文子，野田俊作訳　創元社　2007.6　244p

Feldstein, Martin S.　フェルドシュタイン, マーティン
◇経済危機のリスク：経済危機―金融恐慌は来るか　マーティン・フェルドシュタイン編，祝迫得夫，中村洋訳，伊藤隆敏監訳　東洋経済新報社　1992.10　350p

Feldt, Leonard S.　フェルト, L. S.*
◇信頼性（共著）（柳井晴夫，小笠原春彦訳）：教育測定学 上巻　ロバート・L.リン編，池田央，藤田恵璽，柳井晴夫，繁桝算男訳・編　学習評価研究所　1992.12　469p

Fenger, Ole　フェンガー, オーレ
◇暴力と権力 他（熊野聡訳）：北欧のアイデンティティ　K.ハストロプ編，菅原邦城ほか訳　東海大学出版会　1996.5　243p　（北欧社会の基層と構造3）

Fennema, Meindert　フェンネマ, マインダート
◇超国籍ネットワーク（共著）：企業権力のネットワーク―10カ国における役員兼任の比較分析　フラン・N.ストークマン，ロルフ・ツィーグラー，ジョン・スコット編，上田義朗訳　文眞堂　1993.11　340p

Fensham, Peter J.　フェンシャム, P. J.
◇化学の授業を受けた学習者の認知構造の記述（共著）：認知構造と概念転換　L.H.T.ウエスト，A.L.パインズ編，野上智行，稲垣成哲，田中浩朗，森藤義孝訳，進藤公夫監訳　東洋館出版社　1994.5　327p

Fentiman, Richard　フェンティマン, R.*
◇イングランド報告(2)（宮島里史訳）：訴訟法における法族の再検討　小島武司編著　中央大学出版部　1999.4　578p　（日本比較法研究所研究叢書46）

Fenton-O'Creevy, Mark　フェントン・オクリーヴィ, マーク
◇心理学の理論と金融機関―意思決定と行動に対する個人と組織の影響（共著）：オペレーショナルリスク―金融機関リスクマネジメントの新潮流　アーサーアンダーセン編・訳　金融財政事情研究会　2001.1　413p
◇多国籍人材をまとめる欧州向け人事管理 他：ピープルマネジメント―21世紀の戦略的人材活用コンセプト　Financial Times編，日経情報ストラテジー監訳　日経BP社　2002.3　271p　（日経情報ストラテジー別冊）

Ferdinand, Peter　フェルディナンド, ピーター
◇中国における社会主義と民主主義：社会主義と民主主義　デヴィド・マクレラン，ショーン・セイヤーズ編著，吉田傑俊訳・解説　文理閣　1996.5　211p

Ferguson, Roy V.　ファーガソン, R. V.*
◇環境デザインと生活の質：障害をもつ人にとっての生活の質―モデル・調査研究および実践　ロイ・I.ブラウン編著，中園康夫，末光茂監訳　相川書房　2002.5　382p

Fernandez, Doreen G.　フェルナンデス, ドリーン・G.
◇「原点にもどった演劇」：フィリピンの大衆文化　寺見元恵編・訳　めこん　1992.12　263p

Ferney, Alice　フェルネー, アリス
◇そして今 愛は自由なのか？：世界で一番美しい愛の歴史　J.ル＝ゴフほか述，Dominique Simonnet編，小倉孝誠，後平隆，後平濤子訳　藤原書店　2004.12　269p

Fernie, Geoff　フェルニエ, G.*
◇介助装置，ロボット工学，虚弱な高齢者のQOL（坂田成輝訳）：虚弱な高齢者のQOL―その概念と測定　James E.Birrenほか編，三谷嘉明他訳　医歯薬出版　1998.9　481p

Ferns, Peter　ファーンズ, ピーター
◇ノーマリゼーションによる民族平等化の推進：ノーマリゼーションの展開―英国における理論と実践　ヘレン・スミス，ヒラリー・ブラウン編，中園康夫，小田兼三監訳　学苑社　1994.4　300p

Ferrier, Gray D.　フェリエ, G.*
◇所有権の形態，財産権と相対的効率（杉山訳）：経営効率評価ハンドブック―包絡分析法の理論と応用　Abraham Charnesほか編，刀根薫，上田徹監訳　朝倉書店　2000.2　465p

Ferro, Marc　フェロー, マルク
◇父の名において（山上浩嗣訳）：ブローデル帝国　M.フェロー他者，F.ドス監修，浜名優美監訳　藤原書店　2000.5　294p
◇『アナール』での三十年：「アナール」とは何か―進化しつづける「アナール」の一〇〇年　I.フランドロワ編，尾河直哉訳　藤原書店　2003.6　366p

Ferry, Luc　フェリー, リュック
◇序言 他（共著）：反ニーチェ―なぜわれわれはニーチェ主義者ではないのか　リュック・フェリー，アラン・ルノーほか著，遠藤文彦訳　法政大学出版局　1995.12　336, 6p　（叢書・ウニベルシタス）

Ferson, Wayne　ファーソン, W.*
◇資産評価モデルの理論と検証（中里宗敬訳）：ファイナンスハンドブック　R.A.Jarrow，V.Maksimovic，W.T.Ziemba編，今野浩，古川浩一監訳　朝倉書店　1997.12　1121p

Ferst, Joseph L. ファースト, J. L. *
◇REMICとCMBSについての連邦所得税制度（共著）：CMBS―商業用モーゲージ証券 成長する新金融商品市場の特徴と実務　フランク・J.ファボッツィ, デイビッド・P.ジェイコブ編, 酒井吉広監訳, 野村証券CMBS研究会訳　金融財政事情研究会　2000.12　672p

Fetscher, Iring フェッチャー, イーリング
◇イーリング・フェッチャー：戦後ドイツを生きて―知識人は語る　三島憲一編・訳　岩波書店　1994.10　370p

Fetters, Michael L. フェターズ, マイケル・L.
◇財務諸表を理解する：MBA講座財務・会計　J.L.リビングストン編著, 朝日監査法人訳　日本経済新聞社　1998.12　494p

Feuerbach, Ludwig Andreas フォイエルバハ, ルートヴィヒ
◇フォイエルバハ家の人たち アンゼルム・フォイエルバハの伝記的遺文集のための序言：近代刑法の遺産中　L.フォイエルバハほか著, 西村克彦訳　信山社出版　1998.6　383p

Feuerbach, Paul Johann Anselm von フォイエルバハ, アンゼルム
◇ドイツ普通刑法綱要：近代刑法の遺産　中　L.フォイエルバハほか著, 西村克彦訳　信山社出版　1998.6　383p

Feuerstein, Rafi フォイヤーシュタイン, ラフィー
◇エルハナン：「このままでいい」なんていわないで！―ダウン症をはじめとする発達遅滞者の認知能力強化に向けて　ルーヴェン・フォイヤーシュタイン, ヤーコヴ・ランド編, ロイド・B.グレハム訳　関西学院大学出版会　2000.7　540, 48p

Feuerstein, Reuven フォイヤーシュタイン, ルーヴェン
◇人間であるならば, 変容は可能だ―人間の認知構造変容の可能性に対する確信 他（共著）：「このままでいい」なんていわないで！―ダウン症をはじめとする発達遅滞者の認知能力強化に向けて　ルーヴェン・フォイヤーシュタイン, ヤーコヴ・ランド編著, ロイド・B.グレハム訳　関西学院大学出版会　2000.7　540, 48p

Fewell, Danna Nolan フューエル, ダナ・ノウラン
◇ヨシュア記 他（加藤明子訳）：女性たちの聖書注解―女性の視点で読む旧約・新約・外典の世界　C.A.ニューサム, S.H.リンジ編, 加藤明子, 小野功生, 鈴木元子訳, 荒井章三, 山内一郎日本語版監修　新教出版社　1998.3　682p

Fey, James T. フェイ, J. T. *
◇量：世界は数理でできている　L.A.スティーン編, 三輪辰郎訳　丸善　2000.3　322p

Fichte, Johann Gottlieb フィヒテ, ヨハン・ゴットリープ
◇ドイツ国民に告ぐ（細見和之, 上野成利訳）：国民とは何か　エルネスト・ルナンほか著, 鵜飼哲ほか訳　インスクリプト　1997.10　311p

Fickes, Bob フィックス, ボブ
◇女神アテナと風の神アイオロス：アセンションするDNA―光の12存在からのメッセージ　ヴァージニア・エッセン編著, 冬月晶訳　ナチュラルスピリット　1999.2　299p

Fiedler, Fred E. フィードラー, フレッド・E.
◇条件即応理論におけるリーダーシップ状況とブラックボックス：リーダーシップ理論と研究　マーティン・M.チェマーズ, ロヤ・エイマン編, 白樫三四郎訳編　黎明出版　1995.9　234p

Fielding, Dorothy フィールディング, D. *
◇健康心理学と臨床心理士の活動（共著）（及川恵訳）：専門職としての臨床心理士　ジョン・マツィリア, ジョン・ホール編, 下山晴彦編訳　東京大学出版会　2003.4　435p

Figal, Günter フィガール, ギュンター
◇解釈学的神学としての哲学（加藤裕記訳）：ハイデッガーとニーチェ―何をおいても私を取り違えることだけはしてくれるな！　M.リーデル他共著, 川原栄峰監訳　南窓社　1998.4　318p

Figlewski, Stephen フィグレフスキー, S. *
◇プログラムトレーディングと株式指数裁定取引（共著）（下村元之訳）：ファイナンスハンドブック　R.A.Jarrow, V.Maksimovic, W.T.Ziemba編, 今野浩, 古川浩一監訳　朝倉書店　1997.12　1121p

Fimreite, Anne Lise フィムライテ, アンネ・リーセ
◇実験はボトムアップの学習過程［ノルウェー］（共著）：北欧の地方分権改革―福祉国家におけるフリーコミューン実験　ハラール・ボルデシュハイム, クリステル・ストールバリ編著, 大和田建太郎, 小原亜生, 広田全男訳　日本評論社　1995.8　233p

Findlay, Christopher Charles フィンドレー, クリストファー
◇アメリカとEUの貿易政策（共著）：開発のための政策一貫性―東アジアの経済発展と先進諸国の役割　経済協力開発機構（OECD）財務省財務総合政策研究所共同研究プロジェクト　河合正弘, 深作喜一郎編著・監訳, マイケル・G.プランマー, アレクサンドラ・トルチアック＝デュヴァル監訳　明石書店　2006.3　650p

Fine, Agnès フィーヌ, アニェス
◇嫁入り道具は, 女性固有の文化か？：女性史は可能か　ミシェル・ペロー編, 杉村和子, 志賀亮一監訳　藤原書店　1992.5　435p
◇嫁入り道具は, 女性固有の文化か？（国領苑子訳）：女性史は可能か　ミシェル・ペロー編, 杉村和子, 志賀亮一監訳　新版　藤原書店　2001.4　437p

Finegold, David ファインゴールド, デイビッド
◇取締役会の業績評価（共著）：コーポレート・ガバナンス　Harvard Business Review編, Diamondハーバード・ビジネス・レビュー編集部訳　ダイヤモンド社　2001.6　270p

Finkelhor, David フィンケラー, デイヴィド
◇子どもの性的虐待の予防（共著）：虐待された子ども―ザ・バタード・チャイルド　メアリー・エドナ・ヘルファ, ルース・S.ケンプ, リチャード・D.クルーグマン編, 子どもの虐待防止センター監修, 坂井聖二監訳　明石書店　2003.12　1277p

Finkelstein, Barbara フィンケルスタイン, バーバラ
◇アメリカの学校教育―学習社会の出現、1820-1920年（共著）（田甫桂三訳）：子どもの時代―1820-1920年のアメリカ　バーバラ・フィンケルスタイン他著、田甫桂三監訳　学文社　1996.6　177p

Finkelstein, David M. フィンケルスタイン, デービッド・M.
◇戦争の代価についての中国の認識：中国が戦争を始める―その代価をめぐって　米陸軍大学戦略研究所編, 冨山泰, 渡辺孝訳　恒文社21　2002.6　253p

Finkelstein, Elliot フィンケルシュタイン, E.*
◇視覚（共著）：日本版MDS-HC 2.0在宅ケアアセスメントマニュアル　John N.Morris他編著、池上直己訳　医学書院　1999.9　294p
◇視覚（共著）：日本版MDS-HC 2.0在宅ケアアセスメントマニュアル　John N.Morris他編著、池上直己訳　新訂版　医学書院　2004.11　298p

Finkielkraut, Alain フィンケルクロート, アラン
◇左翼的思考の敗北：発言―米同時多発テロと23人の思想家たち　中山元編訳　朝日出版社　2002.1　247p

Finley, Karen フィンレー, カレン
◇キャレン・フィンリー：怒れる女たち―ANGRY WOMEN　1　アンドレア・ジュノー, V.ヴェイル編, 越智道雄訳　第三書館　1995.7　325p

Finn, Chester E., Jr. フィン, チェスター・E., Jr.
◇結論 他（共著）：格差社会アメリカの教育改革―市場モデルの学校選択は成功するか　フレデリック・M.ヘス, チェスター・E.フィンJr.編著, 後part一訳　明石書店　2007.7　465p（明石ライブラリー 111）

Finn, Dallas フィン, ダラス
◇ジョサイア・コンダー：英国と日本―架橋の人びとサー・ヒュー・コータッツイ, ゴードン・ダニエルズ編著, 横山俊夫解説, 大山瑞代訳　思文閣出版　1998.11　503, 68p

Fiorina, Carly フィオリーナ, カーリー
◇人を動かす知恵（共著）：動機づける力　Diamondハーバード・ビジネス・レビュー編集部編訳　ダイヤモンド社　2005.2　243p（Harvard business review anthology）

Firestone, Harvey S. ファイアストーン, ハービー・S.
◇人について分かったこと（前田寛子訳）：ビジネスの知恵50選―伝説的経営者が語る成功の条件　ピーター・クラス編, 佐藤洋一監訳　トッパン　1999.2　543p（トッパンのビジネス経営書シリーズ 26）

Fischer, Gerhard フィッシャー, G.*
◇知識ベース・システムによる漸新的学習過程の促進：知的教育システムと学習　Heinz Mandl, Alan Lesgold編, 菅井勝雄, 野嶋栄一郎監訳　共立出版　1992.5　370p

Fischer, Joschka フィッシャー, ヨシュカ
◇ヨシュカ・フィッシャー：戦後ドイツを生きて―知識人は語る　三島憲一編・訳　岩波書店　1994.10　370p

Fischer, Kurt フィッシャー, K.(環境問題)*
◇製造業のグリーニング 他（共著）（見目善弘訳）：グリーニングチャレンジ―企業の環境戦略　Kurt Fischer, Johan Schot編, 藤森敬三監訳, 日本電気環境エンジニアリング訳　日科技連出版　1999.8　419p

Fischer, Peter Michael フィッシャー, P. M.*
◇情報フィードバックによる知識獲得の促進（共著）：知的教育システムと学習　Heinz Mandl, Alan Lesgold編, 菅井勝雄, 野嶋栄一郎監訳　共立出版　1992.5　370p

Fischer, Rusty フィッシャー, ラスティ
◇メイヴィスとの感謝祭：空っぽのくつした―あなたの心に届ける16の贈り物　コリーン・セル選, 立石美樹ほか訳　光文社　2002.11　213p

Fischer, Stanley フィッシャー, スタンレー
◇資本自由化とIMFの役割：IMF資本自由化論争　S.フィッシャーほか著, 岩本武和監訳　岩波書店　1999.9　161p
◇危機からの教訓：IMF改廃論争の論点　ローレンス・J.マッキラン, ピーター・C.モントゴメリー編, 森川公隆監訳　東洋経済新報社　2000.11　285p

Fischoff, Ephraim フィショフ, エフライム
◇ヘルマン・コーヘン（Hermann Cohen, 1842-1918）：二十世紀のユダヤ思想家　サイモン・ノベック編, 鵜沼秀夫訳　ミルトス　1996.10　412p

Fish, Loretta C. フィッシュ, L. C.*
◇脱水（共著）：日本版MDS-HC 2.0在宅ケアアセスメントマニュアル　John N.Morris他編著, 池上直己訳　医学書院　1999.9　294p
◇脱水（共著）：日本版MDS-HC 2.0在宅ケアアセスメントマニュアル　John N.Morris他編著, 池上直己訳　新訂版　医学書院　2004.11　298p

Fish, Stanley Eugene フィッシュ, スタンリー
◇コメンタリー―若者と落ち着かぬ人々：ニュー・ヒストリシズム―文化とテクストの新歴史性を求めて　H.アラム・ヴィーザー編, 伊藤詔子ほか訳　英潮社　1992.11　291p

Fishburn, Peter C. フィッシュバーン, ピーター・C.
◇決定理論の未来：フューチャー・オブ・エコノミクス―21世紀への展望　ガルブレイス他著, J.D.ヘイ編, 鳥居泰彦訳　同文書院インターナショナル　1992.11　413p

Fishelson-Holstine, Hollis フィシェルソン＝ホルスタイン, ホリス
◇スコアリング・モデル構築の事例：クレジット・スコアリング　エリザベス・メイズ編, スコアリング研究会訳　シグマベイスキャピタル　2001.7　361p（金融職人技シリーズ no.33）

Fisher, Jeff フィッシャー, J.*
◇CMBSのリスクの評価（共著）：CMBS―商業用モーゲージ証券 成長する新金融商品市場の特徴と実務　フランク・J.ファボッツィ, デイビッド・P.ジェイコブ編, 酒井吉広監訳, 野村証券CMBS研究会訳　金融財政事情研究会　2000.12　672p

Fisher, Michael フィッシャー, マイケル・M. J.
◇民族性とポストモダンの記憶術：文化を書く　ジェ

イムズ・クリフォード, ジョージ・マーカス編, 春日直樹ほか訳 紀伊国屋書店 1996.11 546p (文化人類学叢書)

Fisher, Roger フィッシャー, ロジャー
◇「ハーバード流」交渉学講義：「交渉」からビジネスは始まる Diamondハーバード・ビジネス・レビュー編集部編訳 ダイヤモンド社 2005.4 272p (Harvard business review anthology)

Fisher, Ronald J. フィッシャー, R. J.
◇集団間紛争：紛争管理論―新たな視点と方向性 レビン小林久子訳編, モートン・ドイッチ, ピーター・T.コールマン編 日本加除出版 2003.10 285p

Fisher, William F. フィッシャー, ウィリアム・F.
◇序論―世界社会フォーラムと民主主義の新たな創造（共著）（木下ちがや訳）：もうひとつの世界は可能だ―世界社会フォーラムとグローバル化への民衆のオルタナティブ ウィリアム・F.フィッシャー, トーマス・ポニア編, 加藤哲郎監修, 大屋定晴, 山口響, 白井聡, 木下ちがや監訳 日本経済評論社 2003.12 461p

Fiske, John フィスク, ジョン
◇ポストモダニズムとテレビ：マスメディアと社会―新たな理論的潮流 J.カラン, M.グレヴィッチ編〔改訂版〕 勁草書房 1995.1 24, 240p

Fisscher, J. F. van Overmeer フィッセル, J.
◇フィッセル参府紀行（斎藤阿具訳註, 斎藤文樹校訂）：ヅーフ日本回想録 フィッセル参府紀行 ヅーフ, フィッセル著, 斎藤阿具訳註, 斎藤文樹校訂 雄松堂出版 2005.5 5, 344, 67p （異国叢書 第9巻）

Fitch, Noël Riley フィッチ, ノエル・ライリー
◇双子の星―アナイス・ニンとヘンリー・ミラー：カップルをめぐる13の物語―創造性とパートナーシップ 下 ホイットニー・チャドウィック, イザベル・ド・クールティヴロン編, 野中邦子, 桃井緑美子訳 平凡社 1996.3 227p （20世紀メモリアル）

Fitzgerald, Faith T. フィッツジェラルド, フェイス・T.
◇生き方の選択（下田充生訳）：ストレスと快楽 デイビッド・M.ウォーバートン, ニール・シャーウッド編著, 上里一郎監訳 金剛出版 1999.10 301p

Fitzgerald, Francis Scott Key フィッツジェラルド, F. スコット
◇F.スコット・フィッツジェラルド（村上春樹訳）：インタヴューズ 2 クリストファー・シルヴェスター編, 新庄哲夫ほか訳 文芸春秋 1998.11 451p

Fitzgibbon, Genevieve フィッツギボン, G. *
◇州助成による積極的地域内処遇事業の担当者研修（共著）：チームを育てる―精神障害リハビリテーションの技術 パトリック・W.コリガン, ダニエル・W.ギフォード編, 野中猛監訳, 柴田珠里訳・著 金剛出版 2002.5 168p

Fiumi, Maria Luisa フィウミ, マリア・ルイザ
◇ファシスタの母（小山栄次郎訳）：世界女性学基礎文献集成 昭和初期編第15巻 水田珠枝監修 ゆまに書房 2001.12 20, 461p

Flacks, Richard フレイクス, リチャード
◇行動的デモクラシーの復活―暗い時代の戦略についての考察：ラディカル・デモクラシー―アイデンティ

ティ, シティズンシップ, 国家 デイヴィッド・トレンド編, 佐藤正志ほか訳 三嶺書房 1998.4 408p

Flaherty, Susan L. Q. フラハティー, スーザン
◇シンクタンクの設立手続き―アメリカの場合：政策形成と日本型シンクタンク―国際化時代の「知」のモデル アーバン・インスティテュート編, 上野真城子監訳 東洋経済新報社 1994.4 174p

Flammer, August フラマー, A.
◇コントロールの信念の発達的分析（本明寛訳）：激動社会の中の自己効力 アルバート・バンデューラ編, 本明寛, 野口京子監訳 金子書房 1997.11 352p

Flandrin, Jean Louis フランドラン, J.-L.
◇食行動の人間化：食の歴史 1 J-L.フランドラン, M.モンタナーリ編, 宮原信, 北代美和子監訳 藤原書店 2006.1 429p
◇近代 他：食の歴史 2 J-L.フランドラン, M.モンタナーリ編, 宮原信, 北代美和子監訳 藤原書店 2006.2 p434-835
◇一九世紀と二〇世紀 他：食の歴史 3 J-L.フランドラン, M.モンタナーリ編, 宮原信, 北代美和子監訳 藤原書店 2006.3 p838-1209

Flandrois, Isabelle フランドロワ, I.
◇『歴史総合雑誌』から今日の『アナール』へ：「アナール」とは何か―進化しつづける「アナール」の一〇〇年 I.フランドロワ編, 尾河直哉訳 藤原書店 2003.6 366p

Flego, Gvozden フレゴ, グヴォズデン
◇社会なき共同体：ボスニア戦争とヨーロッパ N.ステファノフ, M.ヴェルツ編, 佐久間穆訳 朝日新聞社 1997.4 288p

Fleischer, Helmut フライシャー, ヘルムート
◇フリードリヒ・エンゲルス（黒崎剛訳）：われわれは「自然」をどう考えてきたか ゲルノート・ベーメ編, 伊坂青司, 長島隆監訳 どうぶつ社 1998.7 524p

Fleischmann, Julius フライシュマン, ジュリアス
◇経営における私の三つの要点（山本徹訳）：ビジネスの知恵50選―伝説的経営者が語る成功の条件 ピーター・クラス編, 佐藤洋一監訳 トッパン 1999.2 543p （トッパンのビジネス経営書シリーズ 26）

Fleming, Pat フレミング, パット
◇ドキュメント〈全生命の集い〉編（共著）：地球の声を聴く―ディープエコロジー・ワーク ジョン・シードほか著, 星川淳監訳 ほんの木 1993.4 240p

Fleming, William J. フレミング, ウィリアム・J.
◇利益とその思惑（今井圭子訳）：鉄道17万マイルの興亡―鉄道からみた帝国主義 クラレンス・B.デイヴィス, ケネス・E.ウィルバーン・Jr.編著, 原田勝正, 多田博一監訳 日本経済評論社 1996.9 290p

Fleras, Augie フレラス, オージー
◇「多様性から統一をつくり出すこと」―カナダの政策としての多文化主義（共著）（高村宏子訳）：多文化主義―アメリカ, カナダ, イギリス, オーストラリアの場合 多文化社会研究会編訳 木鐸社 1997.9 274, 8p

Flew, Terry フルー, テリー
◇脱西欧化の文化座標：オーストラリア（共著）（大畑裕

副訳)：メディア理論の脱西欧化　J.カラン，朴明珍編，杉山光信，大畑裕嗣訳　勁草書房　2003.2　306p

Flitner, Andreas　フリットナー，アンドレアス
◇成績能力の支援：教育学的に見ること考えることへの入門　アンドレアス・フリットナー，ハンス・ショイアール編，石川道夫訳　玉川大学出版部　1994.8　409p

Florida, Richard L.　フロリダ，リチャード
◇在米日系移植工場における作業システム革新(共著)：リメイド・イン・アメリカ—日本的経営システムの再文脈化　ジェフリー・K.ライカー，W.マーク・フルーイン，ポール・S.アドラー編著，林正樹監訳　中央大学出版部　2005.3　564p　(中央大学企業研究所翻訳叢書9)

Florsheim, Milton S.　フローシャイム，ミルトン・S.
◇起業家計画(山本徹訳)：ビジネスの知恵50選—伝説的経営者が語る成功の条件　ピーター・クラス編，佐藤洋一監訳　トッパン　1999.2　543p　(トッパンのビジネス経営書シリーズ26)

Flounders, Sara　フランダース，サラ
◇なぜ調査か：アメリカの戦争犯罪　ラムゼイ・クラーク編著，戦争犯罪を告発する会訳　柏書房　1992.12　346p　(ブックス・プラクシス6)

Flowers, Nancy　フラワーズ，ナンシー
◇教師教育と人権のビジョン(共著)(永井健夫訳)：世界の人権教育—理論と実践　ジョージ・J.アンドレオポーロス，リチャード・ピエール・クロード編著，黒沢惟昭監訳　明石書店　1999.2　758p

Flowers, Rick　フラワーズ，R.*
◇アボリジニと成人教育(共著)：オーストラリアの生活文化と生涯教育—多文化社会の光と影　マーク・テナント編著，中西直和訳　松籟社　1995.9　268p

Flusser, David　フルッサー，デヴィッド
◇不正な管理人の譬え—エッセネ派に対するイエスの批判：イエスと死海文書　ジェームズ・H.チャールズヴォース編著，山岡健訳　三交社　1996.12　476p

Flutter, Naomi　フルター，N.*
◇オーストラリア報告(2)(共著)(椎橋邦雄訳)：訴訟法における法族の再検討　小島武司編著　中央大学出版部　1999.4　578p　(日本比較法研究所研究叢書46)

Flying Hawk　フライング・ホーク
◇最初のイギリス植民地：北米インディアン生活誌　C.ハミルトン編，和巻耿介訳　社会評論社　1993.11　408p

Foa, Edna B.　フォア，エドナ・B.
◇強迫性障害の治療マニュアル(共著)(山下さおり，樋口輝彦訳)：エビデンスベイスト心理療法マニュアル　V.B.V.ハッセル，M.ハーセン編著，坂野雄二，不安・抑うつ臨床研究会編訳　日本評論社　2000.11　371p

Foecke, Terry　フォーク，テリー
◇電気メッキ操業における環境会計の適用(共著)：緑の利益—環境管理会計の展開　マーティン・ベネト，ピーター・ジェイムズ編著，国部克彦監訳，海野みづえ訳　産業環境管理協会　2000.12　542p

Foerster, Heinz von　フェルスター，H.フォン
◇自己組織化の諸原理—社会的—マネジメント的状況への適用：自己組織化とマネジメント　H.ウルリッヒ，G.J.B.プロブスト編，徳安彰訳　東海大学出版会　1992.11　235p

Fogel, Barry S.　フォーゲル，B. S.*
◇向精神薬(共著)：日本版MDS-HC 2.0在宅ケアアセスメントマニュアル　John N.Morris他編著，池上直己訳　医学書院　1999.9　294p
◇向精神薬(共著)：日本版MDS-HC 2.0在宅ケアアセスメントマニュアル　John N.Morris他編著，池上直己訳　新訂版　医学書院　2004.11　298p

Fogel, Joshua A.　フォーゲル，ジョシュア・A.
◇歴史のなかの南京大虐殺(岡田良之助訳)：歴史学のなかの南京大虐殺　ジョシュア・A.フォーゲル編，岡田良之助訳　柏書房　2000.5　223, 61p

Foley, Frank　フォーリー，フランク
◇八丈島—小さなオーストラリア：私が出会った日本—オーストラリア人の異色体験・日本観　ジェニファー・ダフィ，ギャリー・アンソン編　サイマル出版会　1995.7　234p

Foley, Griff　フォーリー，G.*
◇革新的な成人教育：オーストラリアの生活文化と生涯教育—多文化社会の光と影　マーク・テナント編著，中西直和訳　松籟社　1995.9　268p

Foley, Joseph J.　フォリー，J. J.
◇作文教育における学習の評価(石原敏道訳)：学習評価ハンドブック　B.S.ブルーム他著，渋谷憲一ほか訳　第一法規出版　1989.12　2冊

Follett, Mary Parker　フォレット，メアリー・パーカー
◇関連づけ—円環的対応　他(酒井甫訳)：メアリー・パーカー・フォレット　管理の予言者　ポウリン・グラハム編，三戸公，坂井正広監訳　文真堂　1999.5　360p

Fontaine, Carole R.　フォンテイン，キャロル・R.
◇箴言　他(加藤明子訳)：女性たちの聖書注解—女性の視点で読む旧約・新約・外典の世界　C.A.ニューサム，S.H.リンジ編，加藤明子，小野功生，鈴木元子訳，荒井章三，山内一郎日本語版監修　新教出版社　1998.3　682p

Fontana, Antonia Ida　フォンタナ，アントニア＝イーダ
◇災害からの教訓：1966-2002：ブルーシールド—危険に瀕する文化遺産の保護のために　国際図書館連盟第68回年次大会(2002年グラスゴー)資料保存コア活動・国立図書館分科会共催公開発表会報告集　国際図書館連盟資料保存コア活動　コリン・コッホ編訳，国立国会図書館日本語訳　日本図書館協会　2007.6　103p

Fooken, Insa　フォーケン，I.*
◇高齢者の自立能力(Kompetenz)—人間の心理にする寄与：高齢者の自立能力—今日と明日の概念 III　老年学週間論文集　Chr.Rott，F.Oswald編，石井毅訳　長寿社会開発センター　1994.3　200p

Foot, Rosemary　フット，ローズマリー
◇第8章　太平洋アジアにおける地域対話の発展(鄭敬娥訳)：地域主義と国際秩序　L.フォーセット，A.ハレル編，菅英輝，栗栖薫子監訳　九州大学出版会　1999.5　366p

Foote, Nathaniel フート, ナサニエル
◇部門を越える「機会」志向型組織(共著):マッキンゼー組織の進化―自立する個人と開かれた組織 平野正雄編著・監訳, 村井章子訳 ダイヤモンド社 2003.12 206p (The McKinsey anthology)

Foote, William W. フッテ, ウィリアム・W.
◇誘導イメージ療法:テキスト/トランスパーソナル心理学・精神医学 B.W.スコットン, A.B.チネン, J.R.バティスタ編, 安藤治, 池沢良郎, 是恒正達訳 日本評論社 1999.12 433p

Forbes, B. C. フォーブス, B. C.
◇自分の時間を大切にし、考える時間にあてなさい(福原由美子訳):ビジネスの知恵50選―伝説の経営者が語る成功の条件 ピーター・クラス編, 佐藤洋一監訳 トッパン 1999.2 543p (トッパンのビジネス経営書シリーズ 26)

Forbes, Malcolm S. フォーブス, マルコム・S.
◇成功を維持するために不可欠な要素他(小林順子訳):ビジネスの知恵50選―伝説の経営者が語る成功の条件 ピーター・クラス編, 佐藤洋一監訳 トッパン 1999.2 543p (トッパンのビジネス経営書シリーズ 26)

Ford, Gerald R. フォード, ジェラルド・R.
◇フォード共和党政権の特色と一般教書:資料 戦後米国大統領の「一般教書」 第2巻(1961年―1977年) 藤本一美, 浜賀祐子, 末次俊之訳著 大空社 2005.12 421p

Ford, Henry, II フォード, ヘンリー, 2世
◇私がビジネスについて学んだこと他(小林順子訳):ビジネスの知恵50選―伝説の経営者が語る成功の条件 ピーター・クラス編, 佐藤洋一監訳 トッパン 1999.2 543p (トッパンのビジネス経営書シリーズ 26)

Ford, Jill フォード, ジル
◇三つの実践場面におけるソーシャルワークとヘルスケア(共著):ソーシャルワークとヘルスケア―イギリスの実践に学ぶ レックス・テーラー, ジル・フォード編, 小松源助監訳 中央法規出版 1993.9 247p

Ford, Masako フォード, マサコ
◇おんぶ:ニッポン不思議発見!―日本文化を英語で語る50の名エッセイ集 日本文化研究所編, 松本道弘訳 講談社インターナショナル 1997.1 257p (Bilingual books)

Fordham, Michael フォーダム, マイケル
◇分析の終結他:ユング派の分析技法―転移と逆転移をめぐって マイケル・フォーダム, ローズマリー・ゴードン, ジュディス・ハバック, ケネス・ランバート共編, 氏原寛, 李敏子共訳 培風館 1992.7 290p (分析心理学シリーズ 2)

Foreman-Peck, James フォアマン=ペック, J.*
◇西欧の工業化時代の会計(野口昌良訳):欧州比較国際会計史論 P.ワルトン編著, 久野光朗監訳 同文館出版 1997.5 380p

Fores, Michael フォレス, マイケル
◇二つの世界のメタファー―アメリカ西部とイギリス産業革命と近代化理論(共著)(相本資子訳):アメリカ研究の方法 デイヴィッド・W.ノーブル編著, 相本資子ほか訳 山口書店 1993.8 311p

Forester, John フォレスター, ジョン(経営社会学)
◇批判的民俗学―ハーバーマスの手法によるフィールドワークについて(杉原周樹訳):経営と社会―批判的経営研究 マッツ・アルベッソン, ヒュー・ウィルモット編著, CMS研究会訳 同友館 2001.3 263p

Forrer, Matthi フォラー, マティ
◇オランダ国内の19世紀日本コレクション:日蘭交流400年の歴史と展望―日蘭交流400周年記念論文集 日本語版 レオナルド・ブリュッセイ, ウィレム・レメリンク, イフォ・スミッツ編 日蘭学会 2000.4 459p (日蘭学会学術叢書 第20)
◇オランダと長崎出島(フォラーくに子訳):復原オランダ商館―長崎出島ルネサンス 西和夫編 戎光祥出版 2004.2 254p

Forrest, Alan フォレスト, アラン
◇フランス人民戦線とジャック・ドリオの政略:フランスとスペインの人民戦線―50周年記念・全体像比較研究 S.マーティン・アレグザンダー, ヘレン・グラハム編, 向井喜典ほか訳 大阪経済法科大学出版部 1994.3 375p
◇革命とヨーロッパ(北垣徹訳):フランス革命事典 1 フランソワ・フュレ, モナ・オズーフ編, 河野健二, 阪上孝, 富永茂樹監訳 みすず書房 1998.6 349p (みすずライブラリー)
◇軍ču(西川長夫訳):フランス革命事典 4 フランソワ・フュレ, モナ・オズーフ編, 河野健二, 阪上孝, 富永茂樹監訳 みすず書房 1999.9 331p (みすずライブラリー)

Forsberg, Randall フォースバーグ, ランダル
◇核不拡散:アメリカ合衆国の帝国主義的なダブルスタンダード(二重基準)について:もう戦争はさせない!ブッシュを追いつめるアメリカ女性たち メディア・ベンジャミン, ジョディ・エヴァンス編, 尾川寿江監訳, 尾川寿江, 真鍋繊, 米沢清恵訳 文理閣 2007.2 203p

Førsund, Finn R. フォースンド, F.*
◇ノルウェーのフェリー輸送航路の比較分析(共著)(高井英造訳):経営効率評価ハンドブック―包絡分析法の理論と応用 Abraham Charnesほか編, 刀根薫, 上田徹監訳 朝倉書店 2000.2 465p

Forsyth, Murray フォーサイス, マリー
◇ホッブズの契約論 比較分析(佐藤正志訳):社会契約論の系譜―ホッブズからロールズまで D.バウチャー, P.ケリー編, 飯島昇蔵, 佐藤正志ほか訳 ナカニシヤ出版 1997.5 367p (叢書「フロネーシス」)

Fortes, Meyer フォーテス, マイヤー
◇単系出自集団の構造(大塚和夫訳):家族と親族 村武精一編, 小川正恭ほか訳 未来社 1992.7 331, 21p

Fortgang, Ron S. フォートガング, ロン・S.
◇同床異夢を回避する交渉プロセス(共著):「交渉」からビジネスは始まる Diamondハーバード・ビジネス・レビュー編集部訳 ダイヤモンド社 2005.4 272p (Harvard business review anthology)

Foster, Anne フォスター, A.*
◇大学における成人継続教育について:オーストラリアの生活文化と生涯教育―多文化社会の光と影 マーク・テナント編著, 中西直和訳 松籟社 1995.9 268p

Foster, Richard N. フォスター, リチャード・N.
◇創造的破壊―組織内に市場原理を導入する（共著）：マッキンゼー組織の進化―自立する個人と開かれた組織 平野正雄編著・監訳, 村井章子訳 ダイヤモンド社 2003.12 206p （The McKinsey anthology）

Foucault, Michel フーコー, ミシェル
◇真理・権力・自己―ミシェル・フーコーに聞く 一九八二年十月二十五日 他：自己のテクノロジー―フーコー・セミナーの記録 ミシェル・フーコーほか著, 田村俶, 雲和子訳 岩波書店 1999.9 249p （岩波モダンクラシックス）
◇個人にかんする政治テクノロジー 他：自己のテクノロジー―フーコー・セミナーの記録 ミシェル・フーコーほか著, 田村俶, 雲和子訳 岩波書店 2004.1 278p （岩波現代文庫 学術）

Foulkes, Fred K. フォウルクス, フレド・K.
◇雇われ幹部と既存経営陣はどのように協働すべきか（共著）：組織変革のジレンマ―ハーバード・ビジネス・レビュー・ケースブック Harvard Business Review編, Diamondハーバード・ビジネス・レビュー編集部訳 ダイヤモンド社 2004.11 218p

Fouque, Antoinette フーク, アントワネット
◇運動のなかの女たち（石川久美子訳）：女たちのフランス思想 棚沢直子編 勁草書房 1998.9 297, 11p

Fouquet, Catherine フーケ, カトリーヌ
◇身体史は女性史にとって必要なまわり道か？：女性史は可能か ミシェル・ペロー編, 杉村和子, 志賀亮一監訳 藤原書店 1992.5 435p

Fournier, P. フールニエ, P.
◇フランス中世カノン法訴訟制度要説：塙浩著作集―西洋法史研究 6 フランス民事訴訟法史 塙浩訳・著 信山社出版 1992.9 1042p

Fourquet, Francois フルケ, フランソワ
◇新しい空間＝時間：開かれた歴史学―ブローデルを読む イマニュエル・ウォーラーステインほか著, 浜田道夫, 末広菜穂子, 中村美幸訳 藤原書店 2006.4 318p

Fouskas, Vassilis フスカス, ヴァシリス
◇第3章 左翼とギリシャ第三共和政の危機―1989～97年（富山栄子訳）：現代ヨーロッパの社会民主主義―自己改革と政権奪取への道 ドナルド・サスーン編, 井雅夫, 富山栄子訳 日本経済評論社 1999.8 281p

Fowler, Edward ファウラー, エドワード
◇団体：ニッポン不思議発見！―日本文化を英語で語る50の名エッセイ集 日本文化研究所編, 松本道弘訳 講談社インターナショナル 1997.1 257p （Bilingual books）

Fowler, Sally ファウラー, サリー
◇【ケーススタディ】コンサルタントとクライアントが衝突したとき（共著）：交渉の戦略スキル Harvard Business Review編, Diamondハーバード・ビジネス・レビュー編集部訳 ダイヤモンド社 2002.2 274p

Fowler, Wyche, Jr. フォーラー, ワイチェ, Jr.
◇パレスチナ紛争と中東政治の現実（共著）：アメリカはなぜイラク攻撃をそんなに急ぐのか？ フォーリン・アフェアーズ・ジャパン編・監訳 朝日新聞社 2002.12 266, 4p （朝日文庫―フォーリン・アフェ

アーズ・コレクション）

Fox, Elliot M. フォックス, E. M. *
◇建設的コンフリクト 他（共著）（三戸公訳）：メアリー・パーカー・フォレット 管理の予言者 ポウリン・グラハム編, 三戸公, 坂井正広監訳 文真堂 1999.5 360p

Fox, Hazel フォックス, ヘイゼル
◇国家免除と通商者としての国家：国際経済法入門―途上国問題を中心に ヘイゼル・フォックス編著, 落合淳隆訳 敬文堂 1992.1 195p

Fox, James Alan フォックス, ジェームズ・アラン
◇変わり者をめぐる疑心暗鬼をいかになくすか（共著）：人材育成のジレンマ―ハーバード・ビジネス・レビューケースブック Harvard Business Review編, Diamondハーバード・ビジネス・レビュー編集部訳 ダイヤモンド社 2004.12 219p
◇変わり者をめぐる疑心暗鬼をいかになくすか（共著）：「問題社員」の管理術―ケース・スタディ Diamondハーバード・ビジネス・レビュー編集部編訳 ダイヤモンド社 2007.1 263p （Harvard business review anthology）

Fox, Jon フォックス, ジョン
◇ヒラリオン：アセンションするDNA―光の12存在からのメッセージ ヴァージニア・エッセン編著, 冬月晶訳 ナチュラルスピリット 1999.2 299p

Fox, William F. フォックス, ウィリアム・F.
◇消費税：ハワイ 楽園の代償 ランドール・W.ロス編 有信堂高文社 1995.9 248p

Fraisse, Geneviève フレス, ジュヌヴィエーヴ
◇フェミニズムの特異性―フランスにおけるフェミニズムの歴史―その批判的検討：女性史は可能か ミシェル・ペロー編, 杉村和子, 志賀亮一監訳 藤原書店 1992.5 435p
◇序・秩序と自由 他（共著）（志賀亮一訳）：ヘーゲル―イラスト版 R.スペンサー文, A.クラウゼ絵, 椋田直子訳 現代書館 1996.9 174p （For beginnersシリーズ 77）

Fraizer, Colin フレイザー, コリン
◇アメリカとイギリスにおける賃金の満足感（共著）（福住幸代訳）：仕事の社会心理学 Peter Collett, Adrian Furnham原著編, 長田雅喜, 平林進訳編 ナカニシヤ出版 2001.6 303p

Francesco d'Assisi, Saint フランチェスコ（アッシジの）〈聖〉
◇公認された会則・信者宛書簡1・2・遺言：中世思想原典集成 12 フランシスコ会学派 上智大学中世思想研究所編訳・監修 平凡社 2001.9 1047p

Franchi, Cristina フランチ, クリスティナ
◇子育ての基本的な基準の設定（共著）（岡本和子訳）：児童虐待への挑戦 ウェンディ・スティントン・ロジャース, デニス・ヒーヴィー, エリザベス・アッシュ編著, 福知栄子, 中野敏子, 田沢あけみほか訳 法律文化社 1993.11 261p

Francis, Douglas フランシス, ダグラス
◇プレーリー西部と新移民：カナダの地域と民族―歴史的アプローチ ダグラス・フランシス, 木村和男編著 同文舘出版 1993.11 309p

Francis, Graham　フランシス，グラハム
◇ベンチマーキングの名のもとで本当に起きていることは何なのか（共著）：業績評価の理論と実務―事業を成功に導く 専門領域の障壁を越えて　アンディ・ニーリー編著，清水孝訳　東洋経済新報社　2004.4　459p

Francis, Suzanne C.　フランシス，S. C. *
◇GEキャピタルによる事業統合のマネジメント：成長戦略論　Harvard Business Review編，Diamondハーバード・ビジネス・レビュー編集部訳　ダイヤモンド社　2001.4　254p

Franco, Aicil　フランコ，アイシル
◇ブラジル―ドーラ・カルフ亡き年月（中野祐子訳）：世界の箱庭療法―現在と未来　山中康裕，S.レーヴェン・ザイフェルト，K.ブラッドウェイ編　新曜社　2000.10　182p

Frank, Bernard　フランク，ベルナール
◇盆栽：ニッポン不思議発見！―日本文化を英語で語る50の名エッセイ集　日本文化研究所編，松本道弘訳　講談社インターナショナル　1997.1　257p（Bilingual books）

Frank, Harry Thomas　フランク，ハリー・トマス
◇巻物の発見：死海文書の研究　ハーシェル・シャンクス編，池田裕監修，高橋晶子，河合一充訳　ミルトス　1997.9　452p

Frank, Lawrence K.　フランク，ローレンス・K.
◇触覚的コミュニケーション：マクルーハン理論―電子メディアの可能性　マーシャル・マクルーハン，エドマンド・カーペンター編著，大前正臣，後藤和彦訳　平凡社　2003.3　331p（平凡社ライブラリー）

Franke, Reiner　フランケ，R.
◇動学的マクロ経済成長モデルにおける負債による企業の資金調達、安定性、循環（共著）：金融不安定性と景気循環　ウィリー・ゼムラー編，浅田統一郎訳　日本経済評論社　2007.7　353p（ポスト・ケインジアン叢書）

Frankel, Jeffrey　フランケル，ジェフリー
◇経済のグローバル化：グローバル化で世界はどう変わるか―ガバナンスへの挑戦と展望　ジョセフ・S.ナイ Jr.，ジョン・D.ドナヒュー編著，嶋本恵美訳　英治出版　2004.9　477p（英治出版MPAシリーズ）

Frankenberg, Ronald　フランケンバーグ，ロナルド
◇病んでいることと私であること（共著）：障害と文化―非欧米世界からの障害観の問いなおし　ベネディクト・イングスタッド，スーザン・レイノルズ・ホワイト編著，中村満紀男，山口恵里子監訳　明石書店　2006.2　555p（明石ライブラリー 88）

Frankenhaeuser, Marianne　フランケンハウザー，マリアンネ*
◇悪性ストレスのない明日の職場（瀬戸正弘訳）：ストレスと快楽　デイビッド・M.ウォーバートン，ニール・シャーウッド編著，上里一郎監訳　金剛出版　1999.10　301p

Franklin, Benjamin　フランクリン，ベンジャミン
◇悪い習慣を捨てる方法：成功大学　オグ・マンディーノ編著，箱田忠昭訳　日本経営合理化協会出版局　1998.9　689p

◇悪い習慣を捨てる方法：成功大学　オグ・マンディーノ編著，箱田忠昭訳　皮革携帯版　日本経営合理化協会出版局　1998.9　689p

◇富裕になる方法（前田寛子訳）：ビジネスの知恵50選―伝説の経営者が語る成功の条件　ピーター・クラ編，佐藤洋一監訳　トッパン　1999.2　543p（トッパンのビジネス経営書シリーズ 26）

Franzetti, Joseph C.　フランツェッティ，J. C. *
◇商業用モーゲージ証券の格付について：CMBS―商業用モーゲージ証券 成長する新金融商品市場の特徴と実務　フランク・J.ファボッツィ，デイビッド・P.ジェイコブズ編，酒井吉広監訳，野村証券CMBS研究会訳　金融財政事情研究会　2000.12　672p

Frasca, Francesco　フラスカ，フランチェスコ
◇構造成長（共著）（岡本義行訳）：イタリアの金融・経済とEC統合　ロザリオ・ボナヴォーリア編，岡本義行ほか訳　日本経済評論社　1992.6　304p

Fraser, Arvonne S.　フレイザー，アーヴォン・S.
◇「人間」への道（神崎智子訳）：女性の人権とジェンダー―地球規模の視座に立って　マージョリー・アゴシン編著，堀内光子，神崎智子，望月康恵，力武由美，ベバリー・アン山本訳　明石書店　2007.12　586p　（明石ライブラリー）

Fraser, Nancy　フレイザー，ナンシー
◇批判理論を批判する（永井務訳）：ハーバーマスとアメリカ・フランクフルト学派　マーティン・ジェイ編，竹内真澄監訳　青木書店　1997.10　343p

◇平等、差異、ラディカル・デモクラシー―合衆国におけるフェミニスト論争再考：ラディカル・デモクラシー―アイデンティティ、シティズンシップ、国家　デイヴィッド・トレンド編，佐藤正志ほか訳　三嶺書房　1998.4　408p

Frattali, Carol　フラッタリ，C. *
◇コミュニケーション障害（共著）：日本版MDS-HC 2.0在宅ケアアセスメントマニュアル　John N.Morris他編著，池上直己訳　医学書院　1999.9　294p

◇コミュニケーション障害（共著）：日本版MDS-HC 2.0在宅ケアアセスメントマニュアル　John N.Morris他編著，池上直己訳　新訂版　医学書院　2004.11　298p

Frazer, James George　フレイザー，J. G.
◇制度と本能とは反比例の関係にある：ドゥルーズ初期―若き哲学者が作った教科書　ジル・ドゥルーズ編著，加賀野井秀一訳注　夏目書房　1998.5　239p

Frechtling, Joy A.　クレクトリング，J. A. *
◇教育行政のテスト利用（池田輝政訳）：教育測定学 下巻　ロバート・L.リン編，池田央，藤田恵璽，柳井晴夫，繁桝算男訳・編　学習評価研究所　1992.12　411p

Fredericks, Debra W.　フレドリックス，D. W.
◇薬理療法の倫理―単に刺激性制御の問題か（内田一成訳）：発達障害に関する10の倫理的課題　リンダ・J.ヘイズ他著，望月昭，冨安ステファニー監訳　二瓶社　1998.6　177p

Freear, John　フリーアー，J. *
◇米国におけるビジネス・エンジェルの活性化について―ベンチャーキャピタルネットワーク（VCN）の経験から（共著）：ビジネス・エンジェルの時代―起業

家育成の新たな主役　R.T.ハリソン，C.M.メイソン編著，西沢昭夫監訳，通産省ビジネス・エンジェル研究会訳　東洋経済新報社　1997.6　245p

Freed, Alan　フリード，アラン
◇アラン・フリード—伝説のDJ最後の挨拶（川端伸子訳）：アメリカ社会の光と影　板場良久スピーチ解説，川端伸子訳　アルク　1998.7　138p　（20世紀の証言 英語スピーチでたどるこの100年 第4巻—CD book　松尾弌之監修・解説）

Freed, Barbara F.　フリード，バーバラ・F.
◇外国語必修について（森本豊富訳）：変革期の大学外国語教育　ウィルガ・M.リヴァーズ編著，上地安良，加須屋弘司，矢田裕士，森本豊富訳　桐原書店　1995.9　307p　（言語教育・応用言語学叢書）

Freedman, Chuck　フリードマン，チャック
◇主要な勢力：ハワイ 楽園の代償　ランドール・W.ロス編　有信堂高文社　1995.9　248p

Freedman, Estelle B.　フリードマン，エステル
◇エステル・フリードマン講演会「後戻りさせない—フェミニズムの歴史と女性の未来」：No turning back：F-GENSジャーナル—Frontiers of Gender Studies no.3　F-GENSジャーナル編集委員会編　お茶の水女子大学21世紀COEプログラムジェンダー研究のフロンティア　2005.3　327p

Freedman, Lawrence　フリードマン，ローレンス
◇新しい型の戦争：衝突を超えて—9・11後の世界秩序　K.ブース，T.ダン編，寺島隆吉監訳，塚田幸三，寺島美紀子訳　日本経済評論社　2003.5　469p

Freeman, Alan　フリーマン，A.
◇イギリス経済を測る（良永average平訳）：現代イギリスの政治算術—統計は社会を変えるか　D.ドーリング，S.シンプソン編著，岩井浩ほか監訳　北海道大学図書刊行会　2003.7　588p

Freeman, Elizabeth　フリーマン，エリザベス
◇欧州経済共同体条約第177条に基づく欧州共同体司法裁判所への付託 他：イギリス法と欧州共同体法—比較法研究の一つの試み　M.A.ミルナーほか著，矢頭敏也訳編　早稲田大学比較法研究所　1992.11　314p　（早稲田大学比較法研究所叢書 20号）

Freeman, Isobel　フリーマン，イソベル
◇ケースの認知—ソーシャルワークの応答を引き出すためにケース要約を用いることについて：ソーシャルワークとヘルスケア—イギリスの実践に学ぶ　レックス・テーラー，ジル・フォード編著，小松源助監訳　中央法規出版　1993.9　247p

Freeman, Michael　フリーマン，ミカエル
◇児童保護の原理とプロセス（阿部和光訳）：児童虐待への挑戦　ウェンディ・スティントン・ロジャース，デニス・ヒーヴィー，エリザベス・アッシュ編著，福知栄子，中野献児，田沢あけみほか訳　法律文化社　1993.11　261p

Freeman, Ray　フリーマン，R.
◇番兵の交代：資本主義経済の最高峰に向かうアメリカの興隆（高畑雄嗣訳）：「日米比較」企業行動と労働市場—日本経済研究センター・NBER共同研究　橘木俊詔，デービッド・ワイズ編　日本経済新聞社　2001.9　247p

French, William E.　フレンチ，ウィリアム・E.
◇発展の道（今井圭子訳）：鉄路17万マイルの興亡—鉄道からみた帝国主義　クラレンス・B.デイヴィス，ケネス・E.ウィルバーン・Jr.編著，原田勝正，多田博一監訳　日本経済評論社　1996.9　290p

Frenkel, Jacob A.　フレンケル，ジェイコブ・A.
◇介入，協調，そして危機：経済危機—金融恐慌は来るか　マーティン・フェルドシュタイン編，祝迫得夫，中村洋祐，伊藤隆敏監訳　東洋経済新報社　1992.10　350p

Freshfield, E. H.　フレシフィールド，E. H.
◇ロドス海法の解説と翻訳：ビザンツ法史断片　墺浩著　信山社出版　1998.2　564p　（墺浩著作集—西洋法史研究 16）

Frettlöh, Magdalene L.　フレットレー，マグダレーネ・L.
◇神は犠牲を必要とするか：キリスト教とユダヤ教—キリスト教信仰のユダヤ的ルーツ　F.クリュゼマン，U.タイスマン編，大住雄一訳　教文館　2000.12　232p

Freud, Sigmund　フロイト，ジークムント
◇強制的秩序：ドゥルーズ初期—若き哲学者が作った教科書　ジル・ドゥルーズ編著，加賀野井秀一訳注　夏目書房　1998.5　239p
◇ジグムント・フロイト（岸田秀訳）：インタヴューズ 1　クリストファー・シルヴェスター編，新庄哲夫ほか訳　文芸春秋　1998.11　462p

Freudenberg, Andreas　フロイデンベルク，アンドレアス
◇エコロジー簿記の利用—バート・ボル福音大学での実例—モデル探求の成果（共著）：エコノミーとエコロジー——「環境会計」による矛盾への挑戦　ウド・エルンスト・ジモニス編著，宮崎修行訳　創成社　1995.3　269p

Frevert, Ute　フレーフェルト，ウーテ
◇兵士、国家公民としての男らしさ：男の歴史—市民社会と〈男らしさ〉の神話　トーマス・キューネ編，星乃治彦訳　柏書房　1997.11　254p　（パルマケイア叢書 8）

Frey, Bruno S.　フライ，ブルーノ・S.
◇国際組織の公共選択（関谷登訳）：公共選択の展望—ハンドブック 第1巻　デニス・C.ミューラー編，関谷登，大岩雄次郎訳　多賀出版　2000.1　296p
◇業績給は本当に従業員に動機を与えるものなのか（共著）：業績評価の理論と実務—事業を成功に導く 専門領域の障壁を越えて　アンディ・ニーリー編著，清水孝訳　東洋経済新報社　2004.4　459p

Frey-Rohn, Liliane　フレイ・ローン，L.
◇心理学的に解明された「死」の経験：臨死の深層心理　A.ヤッフェほか著，氏原寛，李敏子訳　人文書院　1994.9　154p

Frick, Joachim　フリック，ヨアヒム
◇東西ドイツにおける所得分布と所得満足度（共著）：統一ドイツの生活実態—不均衡は均衡するのか　ヴォルフガング・グラッツァー，ハインツ・ヘルベルト・ノル編，長坂聡，近江谷左馬之介訳　勁草書房　1994.3　236p

Friedlander, Saul　フリードランダー，ソール
◇序論（上村忠男訳）：アウシュヴィッツと表象の限界

ソール・フリードランダー編, 上村忠男ほか訳　未来社　1994.4　260p　(ボイエーシス叢書23)

Friedman, Benjamin M.　フリードマン, ベンジャミン・M.
◇金融危機の蓋然性についてのいくつかの見解：経済危機—金融恐慌は来るか　マーティン・フェルドシュタイン編, 祝迫得夫, 中村洋訳, 伊藤隆敏監訳　東洋経済新報社　1992.10　350p
◇現在の日本と当時の米国：類似例からの教訓：日本の金融危機—米国の経験と日本への教訓　三木谷良一, アダム・S.ポーゼン編, 清水啓典監訳　東洋経済新報社　2001.8　263p

Friedman, Maurice　フリードマン, モーリス
◇マルチン・ブーバー(Martin Buber, 1878-1965)：二十世紀のユダヤ思想家　サイモン・ノベック編, 鵜沼秀夫訳　ミルトス　1996.10　412p

Friedman, Milton　フリードマン, ミルトン
◇新しき革袋に古き酒を：フューチャー・オブ・エコノミクス—21世紀への展望　ガルブレイス他著, J.D.ヘイ編, 鳥居泰彦訳　同文書院インターナショナル　1992.11　413p
◇ビル・ベネットへの公開状：ドラッグ全面解禁論　ディヴィッド・ボアズ編, 樋口幸子訳　第三書館　1994.11　364p
◇危機に際して市場機構を活用せよ：IMF改廃論争の論点　ローレンス・J.マッキラン, ピーター・C.モントゴメリー編, 森川公隆監訳　東洋経済新報社　2000.11　285p

Friedrich, Carl Joachim　フリードリヒ, カール・J.
◇選挙制度と民主政治(小林幸夫訳)：選挙制度の思想と理論—Readings　加藤秀治郎編訳　芦書房　1998.1　306p

Frieman, Wendy　フリーマン, ウェンディ
◇軍備管理およびミサイル防衛の影響：中国が戦争を始める—その代価をめぐって　米陸軍大学戦略研究所, 冨山泰, 渡辺孝訳　恒文社21　2002.6　253p

Friend, J.　フレンド, J. *
◇戦略的選択法アプローチ：ソフト戦略思考　Jonathan Rosenhead編, 木嶋恭一監訳　日刊工業新聞社　1992.6　432, 7p

Fries, Brant E.　フリーズ, B. E.
◇手段的日常生活能力(IADL) 他 (共著)：日本版MDS-HC 2.0在宅ケアアセスメントマニュアル　John N.Morris他編著, 池上直己訳　医学書院　1999.9　294p
◇栄養 他 (共著)：日本版MDS-HC 2.0在宅ケアアセスメントマニュアル　John N.Morris他編著, 池上直己訳　新訂版　医学書院　2004.11　298p

Fries, Ian Blair　フリーズ, I. B. *
◇痛みの管理 (共著)：日本版MDS-HC 2.0在宅ケアアセスメントマニュアル　John N.Morris他編著, 池上直己訳　医学書院　1999.9　294p
◇痛みの管理 (共著)：日本版MDS-HC 2.0在宅ケアアセスメントマニュアル　John N.Morris他編著, 池上直己訳　新訂版　医学書院　2004.11　298p

Frieze, Jennifer　フリーズ, ジェニファー
◇労働組合と内部告発 (共著) (石垣雅訳)：内部告発—その倫理と指針　David B.Lewis編, 日本技術士会訳編　丸善　2003.2　159p

Frijns, Jean　フリンス, ジャン
◇企業年金の安全性：企業年金改革—公私の役割分担をめぐって　OECD編, 船後正道監訳, 厚生年金基金連合会訳　東洋経済新報社　1997.5　216p

Frijters, Dinnus H. M.　フリテルス, D. H. M. *
◇緩和ケア 他 (共著)：日本版MDS-HC 2.0在宅ケアアセスメントマニュアル　John N.Morris他編著, 池上直己訳　医学書院　1999.9　294p
◇緩和ケア 他 (共著)：日本版MDS-HC 2.0在宅ケアアセスメントマニュアル　John N.Morris他編著, 池上直己訳　新訂版　医学書院　2004.11　298p

Frisby, David　フリスビー, デイヴィッド
◇近代の多義性—ゲオルク・ジンメルとマックス・ヴェーバー：マックス・ヴェーバーとその同時代人群像　W.J.モムゼン, J.オースターハメル, W.シュベントカー編著, 鈴木広, 米沢和彦, 嘉目克彦監訳　ミネルヴァ書房　1994.9　531, 4p

Frith, Simon　フリス, サイモン
◇音楽とアイデンティティ(柿沼敏江訳)：カルチュラル・アイデンティティの諸問題—誰がアイデンティティを必要とするのか？　スチュアート・ホール, ポール・ドゥ・ゲイ編, 宇波彰監訳・解説　大村書店　2001.1　342p

Fritz, Roger　フリッツ, ロジャー
◇"ロビン・フッド"に学ぶリーダーシップ：セルフヘルプ—自助＝他人に頼らず, 自分の力で生きていく！ 2　ケン・シェルトン編著, 堀紘一監訳　フロンティア出版　1998.12　283p

Froeschels, Emil　フローシェルズ, エミール
◇仕事 (共著)：アドラーの思い出　G.J.マナスター, G.ペインター, D.ドイッチュ, B.J.オーバーホルト編, 柿内邦博, 井原文子, 野田俊作訳　創元社　2007.6　244p

Frois, Luis　フロイス, ルイス
◇日本二十六聖人殉教記—1597 (結城了悟訳・解説, 純心女子短期大学長崎地方文化史研究所編)：日本二十六聖人殉教記—1597・聖ペトロ・バプチスタ書簡—1596-97　ルイス・フロイス文著, 結城了悟訳・解説, 純心女子短期大学長崎地方文化史研究所編　純心女子短期大学　1995.2　264p

Fromm, Erich　フロム, エーリッヒ
◇母権理論の社会心理学的意義 (鈴木純一訳)：バッハオーフェン論集成　臼井隆一郎編　世界書院　1992.10　248, 5p
◇現代における人間の条件：人間と歴史—1957年『岩波講座現代思想』より　K.レヴィットほか著, 柴田治三郎, 清水幾太郎, 阿部知二訳〈リキエスタ〉の会　2001.12　102p
◇哲学的人間学と心理分析—ジークムント・フロイトの人間像 (清水寛子訳)：現代の哲学的人間学　ボルノウ, プレスナーほか著, 藤田健治他訳　新装復刊　白水社　2002.6　332, 10p

Fromme, Allan　フロム, アラン
◇成功を継続させる法：成功大学　オグ・マンディーノ編著, 箱田忠昭訳　日本経営合理化協会出版局　1998.9　689p

123

◇成功を継続させる法：成功大学 オグ・マンディーノ編著，箱田忠昭訳 皮革携帯版 日本経営合理化協会出版局 1998.9 689p

Frommer, Judith G. フロマー，ジュディス・G．
◇職業に必要な語学（矢田裕士訳）：変革期の大学外国語教育 ウィルガ・M.リヴァーズ編著，上地安貞，加須屋弘司，矢田裕士，森本豊富訳 桐原書店 1995.9 307p （言語教育・応用言語学叢書）

Frossard, André フロッサール，アンドレ
◇強者から弱者へ（廣瀬浩司訳）：介入？―人間の権利と国家の論理 エリ・ウィーゼル，川田順造編，広瀬浩司，林訳 藤原書店 1997.6 294p

Frugoni, Chiara フルゴーニ，キアラ
◇イメージされた女性像：女の歴史 2 ［2］ 中世 2 杉村和子，志賀亮一監訳 クリスティアーヌ・クラピシュ=ズュベール編 藤原書店 1994.5 p437〜886

Frumkin, Peter フラムキン，ピーター
◇NGOとグローバル化（共著）：グローバル化で世界はどう変わるか―ガバナンスへの挑戦と展望 ジョセフ・S.ナイ Jr.，ジョン・D.ドナヒュー編著，嶋本恵美訳 英治出版 2004.9 477p （英治出版MPAシリーズ）

Fruzzetti, Alan E. フルゼッティ，アラン・E．
◇大人の親密さについての行動学的概念化に向けて：夫婦セラピーの意味するもの（共著）（余語優美訳）：家族の感情心理学―そのよいときも，わるいときも E.A.ブレックマン編著，浜治世，松山義則監訳 北大路書房 1998.4 275p

Fryer, Bronwyn フライヤー，ブロンウィン
◇ストーリーテリングが人を動かす：動機づける力 Diamondハーバード・ビジネス・レビュー編集部訳 ダイヤモンド社 2005.2 243p （Harvard business review anthology）
◇CEOが現場に口を挟むのは必要悪なのか 他（共著）：「問題社員」の管理術―ケース・スタディ Diamondハーバード・ビジネス・レビュー編集部訳 ダイヤモンド社 2007.1 263p （Harvard business review anthology）

Frymer-Kensky, Tikva フライマー＝ケンスキー，ティクヴァ
◇申命記（加藤明子訳）：女性たちの聖書注解―女性の視点で読む旧約・新約・外典の世界 C.A.ニューサム，S.H.リンジ編，加藤明子，小野功生，鈴木元子訳，荒井章三，山内一郎日本語版監修 新教出版社 1998.3 682p

Fuchs, Peter フュークス，ピーター
◇戦略論の新しいアプローチ―戦略と実行のダイナミックな連携（共著）：サプライチェーン戦略 ジョン・ガトーナ編，前田健蔵，田村誠一訳 東洋経済新報社 1999.5 377p （Best solution）

Fuchs, Reinhard フッカス，R．
◇危険行動の変容と健康行動の受容（共著）（野口京子訳）：激動社会の中の自己効力 アルバート・バンデューラ編，本明寛，野口京子訳 金子書房 1997.11 352p

Fuentes, Carlos フエンテス，カルロス
◇世界的統合への核となる連邦主義：知の大潮流―21世紀へのパラダイム転換 今世紀最高の頭脳が予見する

る未来 ネイサン・ガーデルズ編，仁保真佐子訳 徳間書店 1996.12 419p

Fuerth, Leon S. ファース，レオン・S．
◇サダム追放政策の全貌を検証する―国際協調と単独行動主義の間（共著）：アメリカはなぜイラク攻撃をそんなに急ぐのか？ フォーリン・アフェアーズ・ジャパン編・監訳 朝日新聞社 2002.12 266，4p （朝日文庫―フォーリン・アフェアーズ・コレクション）
◇核保有を断念したトルコの選択（稲葉千晴，今村栄一訳）：核兵器と国際関係 金沢工業大学国際学研究所編 内外出版 2006.3 271p

Fujii, Edwin T. フジイ，エドウィン・T．
◇福祉：ハワイ楽園の代償 ランドール・W.ロス編 有信堂高文社 1995.9 248p

Fujita, Akiko フジタ，アキコ*
◇黒澤清（共著）：世界の会計学者―17人の学説入門 ベルナルド・コラス編著，藤田晶子訳 中央経済社 2007.10 271p

Fujitani, T. フジタニ，T．
◇殺す権利，生かす権利―アジア・太平洋戦争下の日本人としての朝鮮人とアメリカ人としての日本人（小澤祥子訳）：岩波講座 アジア・太平洋戦争 3 動員・抵抗・翼賛 倉沢愛子，杉原達，成田竜一，テッサ・モーリス・スズキ，油井大三郎ほか編集委員 岩波書店 2006.1 384p

Fukuyama, Francis フクヤマ，フランシス
◇西洋の勝利：発言―米同時多発テロと23人の思想家たち 中山元編訳 朝日出版社 2002.1 247p
◇歴史と9・11：衝突を超えて―9・11後の世界秩序 K.ブース，T.ダン編，寺島隆吉監訳，塚田幸三，寺島美紀子訳 日本経済評論社 2003.5 469p

Fulghum, Robert フルガム，ロバート
◇気をつけて：魂をみがく30のレッスン リチャード・カールソン，ベンジャミン・シールド編，鴨志田千枝子訳 同朋舎 1998.6 252p

Fuller, J. F. C. フラー，J. F. C.*
◇戦争の背景（横井俊之訳）：第2次世界大戦に関する一考察 防衛研修所 1964 18p （読書資料 11-4101）

Fuller, Lon L. フラー，ロン・L．
◇契約上の損害賠償における信頼利益 他（共著）（渡辺達徳訳）：現代アメリカ契約法 ロバート・A.ヒルマン，笠井修編著 弘文堂 2000.10 400p

Fullwood, Janet フルウッド，ジャネット
◇メキシコ最悪のバスの旅―メキシコ・オアハカ：お気をつけて，いい旅を。―異国で出会った悲しくも可笑しい51の体験 メアリー・モリス，ポール・セロー・ゴアス，イザベル・アジェンデ，ドミニク・ラビエールほか著，古屋美登里，中俣真知子訳 アスペクト 1995.7 366p

Funtowicz, Silvio O. フントウィックス，シルビオ
◇セベソのダイオキシン爆発―矛盾をはらむ古典的災害（共著）（平野由紀子訳）：七つの巨大事故―復興への長い道のり ジェームズ・ミッチェル編，松崎早苗監修，平野由紀子訳 創芸出版 1999.10 302p

Furet, François フュレ，フランソワ
◇20世紀における革命の情念：20世紀を問う―革命と情

念のエクリール　フランソワ・フュレ他著，大宅由里子ほか訳　慶応義塾大学出版会　1996.4　221，11p
◇ヴァンデの反乱 他（垂水雄子訳）：フランス革命事典 1　フランソワ・フュレ，モナ・オズーフ編，河野健二，阪上孝，富永茂樹監訳　みすず書房　1998.6　349p　（みすずライブラリー）
◇バブーフ 他（垂水雄子訳）：フランス革命事典 2　フランソワ・フュレ，モナ・オズーフ編，河野健二，阪上孝，富永茂樹監訳　みすず書房　1998.12　228p　（みすずライブラリー）
◇ミラボー 他（垂水雄子訳）：フランス革命事典 3　フランソワ・フュレ，モナ・オズーフ編，河野健二，阪上孝，富永茂樹監訳　みすず書房　1999.3　234p　（みすずライブラリー）
◇革命政府 他（石井三記訳）：フランス革命事典 4　フランソワ・フュレ，モナ・オズーフ編，河野健二，阪上孝，富永茂樹監訳　みすず書房　1999.9　331p　（みすずライブラリー）
◇アンシャン・レジーム 他（木崎喜代治訳）：フランス革命事典 5　フランソワ・フュレ，モナ・オズーフ編，河野健二，阪上孝，富永茂樹監訳　2000.3　281p　（みすずライブラリー）
◇アンシャン・レジームと革命（天野知恵子訳）：記憶の場―フランス国民意識の文化＝社会史　第1巻　ピエール・ノラ編，谷川稔監訳　岩波書店　2002.11　466，13p

Fürstenberg, Friedrich　フュルステンベルク，フリードリッヒ
◇ドイツの労使関係（北林英明訳）：新版 先進諸国の労使関係―国際比較：21世紀に向けての課題と展望　桑原靖夫，グレッグ・J.バンバー，ラッセル・D.ランズベリー編　日本労働研究機構　1994.7　452p
◇ドイツの雇用関係（北林英明訳）：先進諸国の雇用・労使関係―国際比較：21世紀の課題と展望　桑原靖夫，グレッグ・バンバー，ラッセル・ランズベリー編 新版　日本労働研究機構　2000.7　551p

Furtmuller, Aline　フルトミューラー，アリーネ
◇家族と愛する人々（共著）：アドラーの思い出　G.J.マナスター，G.ペインター，D.ドイッチュ，B.J.オーバーホルト編，柿内邦博，井原文子，野田俊作訳　創元社　2007.6　244p

【G】

Gaarder, Jostein　ゴルデル，ヨースタイン
◇私たちは観客ではない（大庭里美訳）：あなたの手で平和を！―31のメッセージ　フレドリック・S.ヘッファメール編，大庭里美，阿部純子訳　日本評論社　2005.3　260p

Gacheva, Anastasiia Georgievna　ガーチェヴァ，A. G.
◇フョードロフ ニコライ・フョードロヴィッチ（一八二九―一九〇三）他（共著）：ロシアの宇宙精神　S.G.セミョーノヴァ，A.G.ガーチェヴァ編著，西中村浩訳　せりか書房　1997.1　351p

Gadamer, Hans Georg　ガダマー，ハンス＝ゲオルク
◇人間に欠けているもの（共著）：哲学の原点―ドイツからの提言　ハンス・ゲオルク・ガダマー他著，U.ベーム編，長倉誠一，多田茂訳　未知谷　1999.7　272，11p
◇理解の循環について 哲学的解釈学（竹市明弘訳）：哲学の変貌―現代ドイツ哲学　ガーダマーほか著，竹市明弘編　岩波書店　2000.9　298，36p　（岩波モダンクラシックス）
◇『真理と方法』初稿冒頭―ハイデッガーカッセル講演　マルティン・ハイデッガーほか著，後藤嘉也訳　平凡社　2006.12　313p　（平凡社ライブラリー 596）

Gaddis, John Lewis　ギャディス，ジョン・ルイス
◇限定的一般化を擁護して（田中康友訳）：国際関係研究へのアプローチ―歴史学と政治学の対話　コリン・エルマン，ミリアム・フェンディアス・エルマン編，渡辺昭夫監訳，宮下明聡，野口和彦，戸谷美由，田中康友訳　東京大学出版会　2003.11　379p

Gaddis, Vincent H.　ガディス，ヴィンセント・H.
◇人と動物の心霊的つながり：あなたが知らないペットたちの不思議な力―アンビリーバブルな動物たちの超常現象レポート　『FATE』Magazine編，宇佐和通訳　徳間書店　1999.2　276p

Gadiesh, Orit　ガディッシュ，オリット
◇実行性を念頭に置いた計画（共著）：企業の未来像―成功する組織の条件　フランシス・ヘッセルバイン，マーシャル・ゴールドスミス，リチャード・ベックハード編，小坂恵理訳　トッパン　1998.7　462p　（トッパンのビジネス経営書シリーズ 14）
◇ストラテジック・プリンシプル（共著）：「選択と集中」の戦略　Diamondハーバード・ビジネス・レビュー編集部編訳　ダイヤモンド社　2003.1　286p
◇プロフィット・プール・マップによる戦略発想 他（共著）：ビジネスモデル戦略論　Diamondハーバード・ビジネス・レビュー編集部編訳　ダイヤモンド社　2006.10　223p　（Harvard business review anthology）

Gaertner, Wulf　ガートナー，ウルフ
◇「潜在能力と福祉」の論評：クオリティー・オブ・ライフ―豊かさの本質とは　マーサ・ヌスバウム，アマルティア・セン編著，竹友安彦監修，水谷めぐみ訳　里文出版　2006.3　237p

Gahse, Frank　ガーセ，F.
◇自動車融資におけるエクセレンス―ダイムラー・クライスラー銀行のケース（共著）（小酒井正和訳）：ARISを活用したシステム構築―エンタープライズ・アーキテクチャの実践　A.-W.シェアー他編，堀内正博，田中正郎，力丘俊監訳　シュプリンガー・フェアラーク東京　2005.1　201p

Gaines, Stanley O. , Jr.　ゲインズ，スタンレー・O. , Jr.
◇2つの観点から異なる人種間の対人関係を見る（共著）（増田匡裕訳）：パーソナルな関係の社会心理学　W.イックス，S.ダック編，大坊郁夫，和田実監訳　北大路書房　2004.4　310p

Galai, Dan　ギャライ，D. *
◇一貫性のあるオペレーショナルリスクの計測および管理の構築手法（共著）：オペレーショナルリスク―金融機関リスクマネジメントの新潮流　アーサーアンダーセン編・訳　金融財政事情研究会　2001.1　413p

Galambos, Nancy L.　ギャランボス，ナンシー・L.
◇人生の諸段階と母親の就労の影響：ニューヨーク縦断研究 他（共著）（清水民子訳）：母親の就労と子ども

の発達―縦断的研究　エイデル・E.ゴットフライド，アレン・W.ゴットフライド編著，佐々木保行監訳　ブレーン出版　1996.4　318p

Galás, Diamanda　ギャラス，ディアマンダ
◇ディアマンダ・ギャラス：怒れる女たち―ANGRY WOMEN　1　アンドレア・ジュノー，V.ヴェイル編，越智道雄訳　第三書館　1995.7　325p

Galbraith, Jay R.　ガルブレイス，ジェイ・R.
◇既存の秩序への挑戦 他（共著）（柴田高訳）：21世紀企業の組織デザイン―マルチメディア時代に対応する　J.R.ガルブレイス他著，柴田高ほか訳　産能大学出版部　1996.9　294p
◇変化可能な組織：企業の未来像―成功する組織の条件　フランシス・ヘッセルバイン，マーシャル・ゴールドスミス，リチャード・ベックハード編，小坂恵理訳　トッパン　1998.7　462p　（トッパンのビジネス経営書シリーズ 14）
◇部門を越える「機会」志向型組織（共著）：マッキンゼー組織の進化―自立する個人と開かれた組織　平野正雄編著・監訳，村井章子訳　ダイヤモンド社　2003.12　206p　（The McKinsey anthology）

Galbraith, John Kenneth　ガルブレイス，ジョン・ケネス
◇奉仕する経済学と豊かな経済学：フューチャー・オブ・エコノミクス―21世紀への展望　ガルブレイス他著，J.D.ヘイ編，鳥居泰彦訳　同文書院インターナショナル　1992.11　413p

Galford, Robert　ギャルフォード，ロバート
◇雇われ幹部と既存経営陣はどのように協働すべきか（共著）：組織変革のジレンマ―ハーバード・ビジネス・レビュー編・ケースブック　Harvard Business Review編，Diamondハーバード・ビジネス・レビュー編集部訳　ダイヤモンド社　2004.11　218p
◇信頼の敵（共著）：組織行動論の実学―心理学で経営課題を解明する　Diamondハーバード・ビジネス・レビュー編集部編訳　ダイヤモンド社　2007.9　425p　（Harvard business review）

Galiber, Joseph L.　ギャリバー，ジョーゼフ・L.
◇ドラッグをアルコール並みの扱いに：ドラッグ全面解禁論　ディヴィッド・ボアズ編，樋口幸子訳　第三書館　1994.11　364p

Galinsky, Ellen　ガリンスキー，エレン
◇仕事と家族生活のバランス：研究と企業への適用（共著）（橘川喜美代訳）：母親の就労と子どもの発達―縦断的研究　エイデル・E.ゴットフライド，アレン・W.ゴットフライド編著，佐々木保行監訳　ブレーン出版　1996.4　318p
◇仕事との両立を支える次世代の育児支援策（共著）：ピープルマネジメント―21世紀の戦略的人材活用コンセプト　Financial Times編，日経情報ストラテジー監訳　日経BP社　2002.3　271p　（日経情報ストラテジー別冊）

Gallagher, Catherine　ギャラガー，キャサリン
◇マルクス主義批評と新歴史主義：ニュー・ヒストリシズム―文化とテクストの新歴史性を求めて　H.アラム・ヴィーザー編，伊藤詔子ほか訳　英潮社　1992.11　291p

Gallicchio, Marc　ガリキオ，マーク
◇アメリカ黒人の対日観の記憶（伊藤裕子訳）：記憶としてのパールハーバー　細谷千博，入江昭，大芝亮編　ミネルヴァ書房　2004.5　536, 10p
◇アフリカ系アメリカ人の戦争観・アジア観（伊藤裕子訳）：岩波講座 アジア・太平洋戦争　3　動員・抵抗・翼賛　倉沢愛子，杉原達，成田竜一，テッサ・モーリス・スズキ，油井大三郎ほか編集委員　岩波書店　2006.1　384p

Gallupe, Brent　ギャルップ，B.*
◇ビジネス教育の変化（共著）：新リレーションとモデルのためのIT企業戦略とデジタル社会　ゲイリー・ディクソン，ジェラルディン・デサンクティス編，橋立克朗訳　ピアソン・エデュケーション　2002.3　305p

Galtung, Johan　ガルトゥング，ヨハン
◇グランドセオリー序説（前田幸男訳）：平和のグランドセオリー序説　植田隆子，町野朔編　風行社　2007.6　196p　（ICU21世紀COEシリーズ 第1巻）

Gamble, Andrew　ギャンブル，アンドリュー
◇社会主義，ラディカル・デモクラシー，政治の階級性：社会主義と民主主義　デヴィド・マクレラン，ショーン・セイヤーズ編著，吉田傑俊訳・解説　文理閣　1996.5　211p
◇「第三の道」の今日的意義（近藤康史訳）：グローバル化と政治のイノベーション―「公正」の再構築をめざしての対話　髙木郁朗，住沢博紀，T.マイヤー編著　ミネルヴァ書房　2003.4　330p　（Minerva人文・社会科学叢書 81）

Gamble, William　ギャンブル，ウィリアム
◇腐敗が招く中国の財政危機：次の超大国・中国の憂鬱な現実　フォーリン・アフェアーズ・ジャパン編・監訳，竹下興喜監訳　朝日新聞社　2003.4　267, 3p　（朝日文庫―フォーリン・アフェアーズ・コレクション）

Gamm, Hans-Jochen　ガム，ハンス・ヨヘン
◇批判的・唯物論的基礎にたつ教育科学（今井康雄訳）：現代ドイツ教育学の潮流―W.フリットナー百歳記念論文集　ヘルマン・レールス，ハンス・ショイエル編，天野正治訳　玉川大学出版部　1992.8　503p

Gamroth, Lucia M.　ガムロス，ルシア
◇これからの課題（共著）：自立支援とはなにか―高齢者介護の戦略　ガムロス，セムラデック，トーンキスト編，岡本祐三，秦洋一訳　日本評論社　1999.9　207p

Gander, Hans-Helmuth　ガンダー，ハンス＝ヘルムート
◇ハイデッガーとニーチェ（川原栄峰訳）：ハイデッガーとニーチェ―何をおいても私を取り違えることだけはしてくれるな！　M.リーデル他共著，川原栄峰監訳　南窓社　1998.4　318p

Gandhi, Mohandas Karamchand　ガンジー，マハトマ
◇マハートマー・ガンディー（松本剛史訳）：インタヴューズ　2　クリストファー・シルヴェスター編，新庄哲夫ほか訳　文芸春秋　1998.11　451p

Gandotra, Veena　ガンドトラ，ヴィーナ
◇インドにおける女性の時間と活動パターン（丸島令子訳）：転換期の家族―ジェンダー・家族・開発　N.B.ライデンフロースト編，家庭経営学部会訳　日本家政学会　1995.3　360p

Ganiban, J. ガニバン, J.*
◇ダウン症における発達過程の体制化と整合性(共著)：障害児理解の到達点―ジグラー学派の発達論的アプローチ　R.M.ホダップ, J.A.ブゥラック, E.ジグラー編, 小松秀茂, 清水貞夫編訳　田研出版　1994.9　435p

Garb, Howard N. ガーブ, ハワード・N.
◇臨床家が疑似科学的手法を用いる理由―臨床的な判断に関する研究からの知見(共著)：臨床心理学における科学と疑似科学　S.O.リリエンフェルド, S.J.リン, J.M.ロー編, 厳島行雄, 横田正夫, 斎藤雅英監訳　北大路書房　2007.9　461p

Garb, Yaakov Jerome ガーブ, ヤーコブ・ジェローム
◇眺望, それとも逃避？ 現代的地球像に関するエコフェミニストの黙想：世界を織りなおす―エコフェミニズムの開花　アイリーン・ダイアモンド, グロリア・フェマン・オレンスタイン編, 奥田暁子, 近藤和子訳　学芸書林　1994.3　457, 12p

Garbarino, James ガルバリーノ, ジェームズ
◇子どもの虐待の社会的背景―経済的剥奪の役割：虐待された子ども―ザ・バタード・チャイルド　メアリー・エドナ・ヘルファ, ルース・S.ケンプ, リチャード・D.クルーグマン編, 子どもの虐待防止センター監修, 坂井聖二監訳　明石書店　2003.12　1277p

Garber, Peter M. ガーバー, ピーター・M.
◇長期的な利益と過渡期の危機：IMF資本自由化論争　S.フィッシャーほか著, 岩本武和監訳　岩波書店　1999.9　161p

Garbo, Greta ガルボ, グレタ
◇グレタ・ガルボ(永井淳訳)：インタヴューズ　1　クリストファー・シルヴェスター編, 新庄哲夫ほか訳　文芸春秋　1998.11　462p

Garcia, Clémence ガルシア, C.
◇黒澤清(共著)：世界の会計学者―17人の学説入門　ベルナルド・コラス編著, 藤田晶子訳　中央経済社　2007.10　271p

Garcia-Acosta, Virginia ガルシア＝アコスタ, バージニア
◇災害の歴史的研究：災害の人類学―カタストロフィと文化　スザンナ・M.ホフマン, アンソニー・オリヴァー＝スミス編著, 若林佳史訳　明石書店　2006.11　327p

Gardent, Henriette バルダン, H.*
◇薬剤管理(共著)：日本版MDS-HC 2.0在宅ケアアセスメントマニュアル　John N.Morris他編著, 池上直己訳　医学書院　1999.9　294p
◇薬剤管理(共著)：日本版MDS-HC 2.0在宅ケアアセスメントマニュアル　John N.Morris他編著, 池上直己訳　新訂版　医学書院　2004.11　298p

Gardiner, Harold ガーディナー, ハラルド
◇スウェーデンボルグと現代の宇宙論：スウェーデンボルグの創造的宇宙論　ヒューゴ・オドナー他著, 高橋和夫編訳　めるくまーる　1992.11　276p

Gardner, Howard ガードナー, ハワード
◇教室における認知の発見(共著)(光ணₒ隆訳)：分散認知―心理学的考察と教育実践上の意義　ガブリエル・ソロモン編, 松田文子監訳　協同出版　2004.7

343p　(現代基礎心理学選書 第9巻　利島保, 鳥居修晃, 望月登志子編)

Gardner, John N. ガードナー, ジョン・N.
◇アメリカにおける初年次教育の歴史(共著)(佐藤広志訳)：初年次教育―歴史・理論・実践と世界の動向　浜名篤, 川嶋太津夫監訳　丸善　2006.11　267p

Gardner, Nicole ガードナー, ニコール
◇重要幹部の癇癪によって巻き起こった社内騒動をどう収束させるか(共著)：人材育成のジレンマ―ハーバード・ビジネス・レビューケースブック　Harvard Business Review編, Diamondハーバード・ビジネス・レビュー編集部訳　ダイヤモンド社　2004.12　219p

Gardner, Robert W. ガードナー, ロバート・W.
◇人口規模：ハワイ楽園の代償　ランドール・W.ロス編　有信堂高文社　1995.9　248p

Garff, Joakim ガルフ, ヨアキム
◇わが親愛なる読者よ(平林孝裕訳)：宗教と倫理―キェルケゴールにおける実存の言語性　C.S.エヴァンス, H.フェッター他著, 桝形公也編監訳　ナカニシヤ出版　1998.4　255p

Garfinkel, Harold ガーフィンケル, ハロルド
◇日常活動の基盤―当り前を見る：日常性の解剖学―知と会話　G.サーサスほか著, 北沢裕, 西阪仰訳　新版　マルジュ社　1995.7　256, 3p

Garland, Jeff ガーランド, J.*
◇高齢者のための臨床心理サービス(松澤広和訳)：専門職としての臨床心理士　ジョン・マツィリア, ジョン・ホール編, 下山晴彦編訳　東京大学出版会　2003.4　435p

Gärling, Tommy ゲアリング, T.*
◇大規模空間における空間的選択とナビゲーションの研究(共著)：空間認知研究ハンドブック　ナイジェル・フォアマン, ラファエル・ジレット編, 竹内謙彰, 旦直子監訳　二瓶社　2001.12　247p

Garman, Andrew N. ガーマン, A.N.*
◇効果的なチームリーダーの育成(共著)：チームを育てる―精神障害リハビリテーションの技術　パトリック・W.コリガン, ダニエル・W.ギフォート編, 野中猛監訳, 柴田珠里訳・著　金剛出版　2002.5　168p

Garrahan, Philip ギャラン, フィリップ
◇マネジメントコントロールと懐柔の新体制：ポスト・フォーディズムと地域経済(共著)(久富健治訳)：フォーディズムとフレキシビリティ―イギリスの検証　N.ギルバートほか編, 丸山恵也監訳　新評論　1996.9　238p

Garrard, Janice E. ギャラード, J.E.
◇化学の授業を受けた学習者の認知構造の記述(共著)：認知構造と概念転換　L.H.T.ウエスト, A.L.パインズ編, 野上智行, 稲垣成哲, 田中浩朗, 森藤義孝訳, 進藤公夫監訳　東洋館出版社　1994.5　327p

Garrett, Kendra J. ギャレット, ケンドラ・J.
◇失われた環(共著)：スクールソーシャルワークとは何か―その理論と実践　全米ソーシャルワーカー協会編, 山下英三郎編訳　現代書館　1998.12　234p

Garrett, Susan R. ギャレット, スーザン・R.
◇ヨハネ黙示録(鈴木元子訳)：女性たちの聖書注解―

女性の視点で読む旧約・新約・外典の世界　C.A.ニューサム, S.H.リンジ編, 加藤明子, 小野功生, 鈴木元子訳, 荒井章三, 山内一郎日本語版監修　新教出版社　1998.3　682p

Garrod, Peter　ギャロッド, ピーター・V.
◇農地(共著)：ハワイ 楽園の代償　ランドール・W.ロス編　有信堂高文社　1995.9　248p

Garske, John P.　ガースク, ジョン・P.
◇科学的心理療法研究—現況と評価(共著)：臨床心理学における科学と疑似科学　S.O.リリエンフェルド, S.J.リン, J.M.ロー編, 厳島行雄, 横田正夫, 斎藤雅英監訳　北大路書房　2007.9　461p

Gartner, Alan　ガートナー, アラン
◇障害、人権と教育(共著)(嶺井正也訳)：障害、人権と教育　レン・バートン, フェリシティ・アームストロング編, 嶺井正也監訳　明石書店　2003.5　442p (明石ライブラリー 51)
◇インクルーシブ教育—民主制社会における要件(共著)(洪浄淑訳)：世界のインクルーシブ教育—多様性を認め、排除しない教育を　ハリー・ダニエルズ, フィリップ・ガーナー編著, 中村満紀男, 窪田真二監訳　明石書店　2006.3　540p (明石ライブラリー 92)

Gärtner, Reinhold　ゲルトナー, ラインホルト
◇オーストリアにおける追悼の場所や日の取り扱い：「負の遺産」との取り組み—オーストリア・東西ドイツの戦後比較　ヴェルナー・ベルクマン, ライナー・エルブ, アルベルト・リヒトブラウ編著, 岡田浩平訳　三元社　1999.3　479p

Garvin, David A.　ガービン, デービッド・A.
◇「学習する組織」の構築：ナレッジ・マネジメント　Harvard Business Review編, Diamondハーバード・ビジネス・レビュー編集部訳　ダイヤモンド社　2000.12　273p
◇プロセス重視の意思決定マネジメント(共著)：意思決定の技術　Diamondハーバード・ビジネス・レビュー編集部編訳　ダイヤモンド社　2006.1　247p (Harvard business review anthology)
◇「学習する組織」の実践プロセス：組織能力の経営論—学び続ける企業のベスト・プラクティス　Diamondハーバード・ビジネス・レビュー編集部編訳　ダイヤモンド社　2007.8　508p (Harvard business review)

Gascoigne, B.　ガスコイン, B. *
◇間違いを指摘するより、間違いを自分で発見させる指導が行われた：心にのこる最高の先生—イギリス人の語る教師像　上林喜久子編訳著　関東学院大学出版会　2004.11　97p
◇間違いを指摘するより、間違いを自分で発見させる指導が行われた：イギリス人の語る心にのこる最高の先生　上林喜久子編訳　関東学院大学出版会　2005.6　68p

Gaske, Paul　ガスク, ポール
◇将来の「大」組織(共著)：企業の未来像—成功する組織の条件　フランシス・ヘッセルバイン, マーシャル・ゴールドスミス, リチャード・ベックハード編, 小坂恵理訳　トッパン　1998.7　462p (トッパンのビジネス経営書シリーズ 14)

Gaskell, Ivan　ギャスケル, アイヴァン
◇イメージの歴史(川島昭夫訳)：ニュー・ヒストリーの現在—歴史叙述の新しい展望　ピーター・バーク編, 谷川稔他訳　人文書院　1996.6　352p

Gàspàrdy, Làszlo　ギャスパーディ, L. *
◇ハンガリー報告(小木曽綾訳)：訴訟法における法族の再検討　小島武司編著　中央大学出版部　1999.4　578p (日本比較法研究所研究叢書 46)

Gass, Saul I.　ガス, ソウル・I. *
◇公共部門分析とOR/MS(大村裕訳)：公共政策ORハンドブック　S.M.Pollock, M.H.Rothkopf, A.Barnett編, 大山達雄監訳　朝倉書店　1998.4　741p

Gasteren, Louis van　ハステレン, ルイ・ファン
◇19世紀末日本で活躍したオランダ人水工技師：日蘭交流400年の歴史と展望—日蘭交流400周年記念論文集 日本語版　レオナルド・ブリュッセル, ウィレム・レメリンク, イフォ・スミッツ編　日蘭学会　2000.4　459p (日蘭学会学術叢書 第20)

Gastil, Raymond D.　ガステイル, レイモンド・D.
◇ミサイル防御と戦略の原則 他：弾道弾迎撃ミサイルの必要性　〔防衛研修所〕　1971　340p (研究資料 71RT-12)

Gates, Bill　ゲイツ, ビル
◇ライト兄弟：TIMEが選ぶ20世紀の100人　上巻　指導者・革命家・科学者・思想家・起業家　徳岡孝夫監訳　アルク　1999.11　332p

Gatignon, Hubert　ガティノン, ヒューバート
◇競争相手の行動に対処する創造的な戦略(共著)(黒田康史訳)：ウォートンスクールのダイナミック競争戦略　ジョージ・デイ, デイビッド・レイブシュタイン編, 小林陽太郎監訳, 黒田康史訳　東洋経済新報社　1999.10　435p (Best solution)

Gattorna, John　ガトーナ, ジョン
◇サプライチェーン・アラインメント戦略 他：サプライチェーン戦略　ジョン・ガトーナ編, 前田健蔵, 田村誠一訳　東洋経済新報社　1999.5　377p (Best solution)

Gauchet, Marcel　ゴーシェ, マルセル
◇ネッケル(垂水洋子訳)：フランス革命事典 2　フランソワ・フュレ, モナ・オズーフ編, 河野健二, 阪上孝, 富永茂樹監訳　みすず書房　1998.12　228p (みすずライブラリー)
◇人間の権利(富永茂樹訳)：フランス革命事典 6　フランソワ・フュレ, モナ・オズーフ編, 河野健二, 阪上孝, 富永茂樹監訳　みすず書房　2000.6　252p (みすずライブラリー)

Gauguin, Paul　ゴーギャン, ポール
◇タヒチでの結婚(一八九二年)：歴史の目撃者　ジョン・ケアリー編, 仙名紀訳　朝日新聞社　1997.2　421p

Gaulunic, D. Charles　ゴルニック, D. シャルル
◇共進化のシナジー創造経営(共著)：「選択と集中」の戦略　Diamondハーバード・ビジネス・レビュー編集部編訳　ダイヤモンド社　2003.1　286p

Gause, F. Gregory, III　ゴーズ, F. グレゴリー, 3世
◇イラク経済制裁の戦略的解除を：アメリカはなぜイ

ラク攻撃をそんなに急ぐのか？ フォーリン・アフェアーズ・ジャパン編・監訳 朝日新聞社 2002.12 266, 4p （朝日文庫―フォーリン・アフェアーズ・コレクション）

Gavarini, Laurence ガヴァリニ, ロランス
◇医療・出産・フェミニズム―産婦と「生殖の新しい支配者たち」―序論 他：フェミニズムから見た母性 A.‐M.ド・ヴィレーヌ, L.ガヴァリニ, M.ル・コアディク編, 中嶋公子, 目崎光子, 磯本輝子, 横地良子, 宮本由美ほか訳 勁草書房 1995.10 270, 10p

Gaventa, Beverly Roberts ガヴェンタ, ベヴァリー・ロバーツ
◇ローマ書（鈴木元子訳）：女性たちの聖書注解―女性の視点で読む旧約・新約・外典の世界 C.A.ニューサム, S.H.リンジ編, 加藤明子, 小野功生, 鈴木元子訳, 荒井章三, 山内一郎日本語版監修 新教出版社 1998.3 682p

Gawain, Shakti ガーウェイン, シャクティ
◇しばらく家から出てみる：小さなことを大きな愛でやろう リチャード・カールソン, ベンジャミン・シールド編, 小谷啓子訳 PHP研究所 1999.11 263, 7p

Gay, Peter ゲイ, ピーター
◇ジークムント・フロイト：TIMEが選ぶ20世紀の100人 上巻 指導者・革命家・科学者・思想家・起業家 徳岡孝夫監訳 アルク 1999.11 332p

Gaylord-Ross, Robert ゲイロード・ロス, R.＊
◇発達障害者の雇用における社会的・職業的要因（共著）：重度知的障害への挑戦 ボブ・レミントン編, 小林重雄監訳, 藤原義博, 平沢紀子共訳 二瓶社 1999.3 461p

Gazalwin, Houda ガザルウィン, フーダ
◇パレスチナと湾岸戦争：アメリカの戦争犯罪 ラムゼイ・クラーク編著, 戦争犯罪を告発する会訳 柏書房 1992.12 346p （ブックス・プラクシス 6）

Gear, Felice D. ギア, フェリース・D.
◇女性の人権の主流化（堀内光子訳）：女性の人権とジェンダー―地球規模の視座に立って マージョリー・アゴシン編, 堀内光子, 神崎智子, 望月康恵, 力武由美, ベバリー・アン山本訳 明石書店 2007.12 586p （明石ライブラリー）

Gebhardt, Joan ゲバート, ジョーン
◇人間中心主義のリーダーシップを「軍隊」に学べ（共著）：ウェルチはこうして組織を甦らせた―アメリカ・トップリーダーからの経営処方箋29 ケン・シェルトン編, 堀紘一監修・訳 フロンティア出版 1999.12 281p

Gehlen, Arnold ゲーレン, アルノルト
◇行動学の倫理的射程（中埜肇訳）：現代の哲学的人間学 ボルノウ, プレスナーほか著, 藤田健治他訳 新装復刊 白水社 2002.6 332, 10p

Gehler, Michael ゲーラー, ミヒャエル
◇一九四五年から最近にいたる右翼保守主義、極右主義、ネオナチズム：「負の遺産」との取り組み―オーストリア・東西ドイツの戦後比較 ヴェルナー・ベルクマン, ライナー・エルプ, アルベルト・リヒトブラウ編著, 岡田浩平訳 三元社 1999.3 479p

Gehrig, Lou ゲーリッグ, ルー
◇ルー・ゲーリッグ一野球よ、さらば（楢原潤子訳）：アメリカの夢と理想の実現 板場良久スピーチ解説, 増田恵理子, 楢原潤子訳 アルク 1998.7 120p （20世紀の証言 英語スピーチでたどるこの100年 第3巻―CD book 松尾弌之監修・解説）

Geisler, Patric V. ガイスラー, パトリック・V.
◇ウンパンダの儀式的トランス霊査におけるバチェルダー的心理力動 他：超常現象のとらえにくさ 笠原敏雄編 春秋社 1993.7 776, 61p

Geißler, Erich E. ガイスラー, エーリッヒ・E.
◇技術はパートナーか、それともパートナーではないか（米山弘訳）：現代ドイツ教育学の潮流―W.フリットナー百歳記念論文集 ヘルマン・レールス, ハンス・ショイアール編, 天野正治訳 玉川大学出版部 1992.8 503p
◇高齢者のための教育―高齢における教育：高齢者の自立能力―今日と明日の概念 III 老年学週間論文集 Chr.Rott, F.Oswald編, 石井毅訳 長寿社会開発センター 1994.3 200p
◇権威：教育学的に見ること考えることへの入門 アンドレアス・フリットナー, ハンス・ショイアール編, 石川道夫訳 玉川大学出版部 1994.8 409p

Gelder, Michael ゲルダー, マイケル
◇認知行動療法の科学的基盤：認知行動療法の科学と実践 David M.Clark, Christopher G.Fairburn編, 伊予雅臣監訳 星和書店 2003.4 280p

Geliman, I. ゲリマン, I.
◇革命と性生活（広瀬猛訳）：世界女性学基礎文献集成 昭和初期編 第4巻 水田珠枝監修 ゆまに書房 2001.12 20, 486p

Gellert, Claudius ジェレット, クラウディアス
◇研究と大学院教育のドイツ・モデル 他（川嶋太津夫訳）：大学院教育の研究 バートン・クラーク編著, 潮木守一監訳 東信堂 1999.5 523p

Gemma, Gavrielle ジェンマ, ガヴリエラ
◇イラク社会に対する戦争の衝撃的影響（共著）：アメリカの戦争犯罪 ラムゼイ・クラーク編著, 戦争犯罪を告発する会訳 柏書房 1992.12 346p （ブックス・プラクシス 6）

Geneen, Harold ジェニーン, ハロルド
◇最悪の病―エゴチズム（前田寛子訳）：ビジネスの知恵50選―伝説的経営者が語る成功の条件 ピーター・クラス編, 佐藤洋一監訳 トッパン 1999.2 543p （トッパンのビジネス経営書シリーズ 26）

Gensicke, Thomas ゲンズィッケ, トーマス
◇東ドイツにおける価値観の変化―事実と説明モデル（共著）：統一ドイツの生活実態―不均衡は均衡するのか ヴォルフガング・グラッツァー, ハインツ・ヘルベルト・ノル編, 長坂聡, 近江谷左馬之介訳 勁草書房 1994.3 236p

Gentile, Kathleen M. ジェンタイル, K.＊
◇虚弱な高齢者への介入とQOLに関する文献展望（小池眞規子訳）：虚弱な高齢者のQOL―その概念と測定 James E.Birrenほか編, 三谷嘉明代訳 医歯薬出版 1998.9 481p

George, Alexander L. ジョージ, アレクサンダー・L.
◇テロ学批判：西側による国家テロ　アレクサンダー・ジョージ編, 古川久雄, 大木昌訳　勉誠出版　2003.8　275, 80p
◇歴史学, 政治学における事例研究と過程追跡（共著）（宮下明聡訳）：国際関係研究へのアプローチ―歴史学と政治学の対話　コリン・エルマン, ミリアム・フェンディアス・エルマン編, 渡辺昭夫監訳, 宮下明聡, 野口和彦, 戸谷美苗, 田中康友訳　東京大学出版会　2003.11　379p

George, David Lloyd ジョージ, デイヴィッド・ロイド
◇デイヴィッド・ロイド・ジョージ（山岡洋一訳）：インタヴューズ　2　クリストファー・シルヴェスター編, 新庄哲夫ほか訳　文芸春秋　1998.11　451p

George, Donald W. ジョージ, ドナルド・W.
◇地獄からの脱出―ロサンジェルス空港：お気をつけて, いい旅を。―異国で出会った悲しくも可笑しい51の体験　メアリー・モリス, ポール・セロー, ジョー・ゴアス, イザベル・アジェンデ, ドミニク・ラピエールほか著, 古屋美登里, 中俣真知子訳　アスペクト　1995.7　366p

George, Robert P. ジョージ, ロバート・P.
◇ジョセフ・ラズの非正統的自由主義―現代自由主義理論とその批判　C.ウルフ, J.ヒッティンガー編, 菊池理夫ほか訳　ナカニシヤ出版　1999.4　297p（叢書「フロネーシス」）

George, Susan ジョージ, スーザン
◇新自由主義小史：別のダボス―新自由主義グローバル化との闘い　フランソワ・ウタール, フランソワ・ポレ共編, 三輪昌男訳　柘植書房新社　2002.12　238p
◇何がポルトアレグレのポイントか？（共著）（福永真弓訳）：帝国への挑戦―世界社会フォーラム　ジャイ・セン, アニタ・アナンド, アルトーロ・エスコバル, ピーター・ウォーターマン編, 武藤一羊ほか監訳　作品社　2005.2　462p
◇貿易：G8―G8ってナンですか？　ノーム・チョムスキー, スーザン・ジョージ他著, 氷上春奈訳　ブーマー　2005.7　238p

George, Victor ジョージ, ヴィック
◇日本版への序文 他（共著）：福祉と財政―いかにしてイギリスは福祉需要に財政を調整してきたか？　ヴィック・ジョージ, スチュアート・ミラー編著, 高島進監訳　都市文化社　1997.11　308p

George, William ジョージ, ウィリアム
◇自己認識力を磨く：EQを鍛える　Diamondハーバード・ビジネス・レビュー編集部訳　ダイヤモンド社　2005.7　286p（Harvard business review anthology）

Georgescu-Roegen, Nicholas ジョージェスク＝レーゲン, ニコラス
◇自らを語る：現代経済学の巨星―自らが語る人生哲学　上　M.シェンバーグ編, 都留重人ほか訳　岩波書店　1994.11　321p

Gerber, Michael E. ガーバー, マイケル・E.
◇【ケーススタディ】チーム内の対立にどう対処するか（共著）：交渉の戦略スキル　Harvard Business Review編, Diamondハーバード・ビジネス・レビュー編集部訳　ダイヤモンド社　2002.2　274p

Gerchak, Yigal ゲルチャク, Y.*
◇スポーツのOR（増田文之訳）：公共政策ORハンドブック　S.M.Pollock, M.H.Rothkopf, A.Barnett編, 大山達雄監訳　朝倉書店　1998.4　741p

Geremek, Bronislaw ゲレメク, ブロニスラフ
◇極度の緊急状況 他（廣瀬浩司訳）：介入？―人間の権利と国家の論理　エリ・ウィーゼル, 川ель順造編, 広瀬浩司, 林修訳　藤原書店　1997.6　294p

Gergen, David ガーゲン, デイビッド
◇己の内に棲む悪魔と共存する：EQを鍛える　Diamondハーバード・ビジネス・レビュー編集部訳　ダイヤモンド社　2005.7　286p（Harvard business review anthology）

Gergen, Kenneth J. ガーゲン, ケネス・J.
◇序章 他（共著）：ナラティヴ・セラピー――社会構成主義の実践　S.マクナミー, K.J.ガーゲン編, 野口裕二, 野村直樹訳　金剛出版　1997.12　232p

Gergova, Diana ゲルゴーヴァ, ディアーナ
◇トラキア人と魂の不滅―古代トラキアにおける墓, 儀式, 信仰（松田陽訳）：死後の礼節―古代地中海圏の葬祭文化 紀元前7世紀-紀元前3世紀　シュテファン・シュタインクレーバー編　東京大学総合研究博物館　2000.12　202p

Gerhard, Volker ゲアハルト, フォルカー
◇私たちの社会を束ねるものは何か価値―何のためにそれを必要とするのか 他（共著）：哲学の原点―ドイツからの提言　ハンス・ゲオルク・ガダマー他著, U.ベーム編, 長倉誠一, 多田茂訳　未知谷　1999.7　272, 11p

Gerlich, Peter ゲルリヒ, ペーター
◇第8章 政治文化：現代オーストリアの政治　フォルクマール・ラウバー編, 須藤博忠訳　信山社出版　1997.3　321, 5p

Germain, Carel B. ジャーメイン, カーレル・B.
◇地域における生活環境としての学校：スクールソーシャルワークとは何か―その理論と実践　全米ソーシャルワーカー協会編, 山下英三郎編訳　現代書館　1998.12　234p

German, Lindsey ジャーマン, リンゼイ
◇戦争：G8―G8ってナンですか？　ノーム・チョムスキー, スーザン・ジョージ他著, 氷上春奈訳　ブーマー　2005.7　238p

Geronimo ジェロニモ
◇メキシコ人と戦う 他：北米インディアン生活誌　C.ハミルトン編, 和巻耿介訳　社会評論社　1993.11　408p

Gerson, Joseph ガーソン, ジョセフ
◇太陽が沈まないところ 他：ザ・サン・ネバー・セッツ―世界を覆う米軍基地　ジョセフ・ガーソン, ブルース・バーチャード編著, 佐藤昌一郎監訳　新日本出版社　1994.1　318p
◇全地球を植民地化に, 次々と基地に：もう戦争はさせない！―ブッシュを追いつめるアメリカ女性たち　メディア・ベンジャミン, ジョディ・エヴァンス編, 尾川寿江監訳, 尾川寿江, 真鍋穣, 米沢清恵訳　文理閣　2007.2　203p

Geske, Mary　ジェスク, メアリ
◇草の根組織と女性の人権（共著）（望月康恵訳）：女性の人権とジェンダー——地球規模の視座に立ってマージョリー・アゴシン編著, 堀内光子, 神崎智子, 望月康恵, 力武由美, ベバリー・アン山本訳　明石書店　2007.12　586p　（明石ライブラリー）

Gesmankit, Kullasap　ゲスマンキット, K.*
◇タイ（共著）：東アジア9か国の著作権法制と著作権事情——東アジア著作権セミナーにおける各国の報告書　著作権資料協会　1974.2　75p

Gethmmann-Siefert, Annemarie　ゲートマン＝ジーフェルト, アンネマリー
◇マルティン・ハイデガーと芸術学 他（吉本浩和訳）：ハイデガーと実践哲学　A.ゲートマン＝ジーフェルト, O.ペゲラー編, 下村鋭二, 竹市明弘, 宮原勇監訳　法政大学出版局　2001.2　519, 12p　（叢書・ウニベルシタス 550）

Getty, John Paul　ゲッティ, ジョン・ポール
◇可能と不可能を見分ける方法：成功大学　オグ・マンディーノ編著, 箱田忠昭訳　日本経営合理化協会出版局　1998.9　689p
◇可能と不可能を見分ける方法：成功大学　オグ・マンディーノ編著, 箱田忠昭訳　皮革携帯版　日本経営合理化協会出版局　1998.9　689p
◇個性を生かす方法（福原由美子訳）：ビジネスの知恵50選――伝説的経営者が語る成功の条件　ピーター・クラス編, 佐藤洋一監訳　トッパン　1999.2　543p　（トッパンのビジネス経営書シリーズ 26）

Geus, Arie P. de　グース, アリー・P. デ
◇組織的学習を促進するシナリオ・プランニング：不確実性の経営戦略　Harvard Business Review編, Diamondハーバード・ビジネス・レビュー編集部訳　ダイヤモンド社　2000.10　269p
◇リビング・カンパニー：成長戦略論　Harvard Business Review編, Diamondハーバード・ビジネス・レビュー編集部訳　ダイヤモンド社　2001.4　254p

Geuss, Raymond　ゲス, レイモンド
◇ブーブナーの論文についての覚書（藤沢賢一郎訳）：超越論哲学と分析哲学――ドイツ哲学と英米哲学の対決と対話　ヘンリッヒ他著, 竹市明弘編　産業図書　1992.11　451p

Geva, Benjamin　ゲバ, B.*
◇国際資金移動：国際電子銀行業　ジョゼフ・J.ノートン, クリス・リード, イアン・ウォルデン編著, 泉田栄一監訳, 佐々木信和, 西沢文幸訳　信山社出版　2002.10　979p

Ghai, Yash　ガイ, ヤシュ
◇中国と香港――1997年とその後（小林昌之訳）：香港・1997年・法　安田信之編, 小林昌之, 今泉慎也訳　アジア経済研究所　1993.12　149p　（経済協力シリーズ 法律 170）

Ghezzi, Patrick M.　ゲッチ, P. M.
◇サービスの能力（共著）（寺廷雅英訳）：発達障害に関する10の倫理的課題　リンダ・J.ヘイズ他著, 望月昭, 冨安ステファニー監訳　二瓶社　1998.6　177p

Ghoshal, Sumantra　ゴシャール, スマントラ
◇組織間ネットワークとしての多国籍企業：組織理論と多国籍企業　スマントラ・ゴシャール, D.エレナ・

ウエストニー編著, 江夏健一監訳, IBI国際ビジネス研究センター訳　文真堂　1998.10　452p
◇菓子, 衣服, 皇帝, そして死亡記事について（富岡昭訳）：国際経営学の誕生 3　組織理論と組織行動の視座　ブライアン・トイン, ダグラス・ナイ編, 村山元英監訳, 国際経営文化学会訳　文真堂　2000.3　392p
◇新しい企業の条件（共著）：MITスローン・スクール戦略論　マイケル・A.クスマノ, コンスタンチノス・C.マルキデス編, グロービス・マネジメント・インスティテュート訳　東洋経済新報社　2003.12　287p
◇国境を越えて管理する（共著）：スマート・グローバリゼーション　A.K.グプタ, D.E.ウエストニー編著, 諸上茂登監訳　同文舘出版　2005.3　234p
◇マネジャーが陥る多忙の罠（共著）：いかに「時間」を戦略的に使うか　Diamondハーバード・ビジネス・レビュー編集部編訳　ダイヤモンド社　2005.10　192p　（Harvard business review anthology）
◇行動するマネジャーの心得（共著）：人材育成の戦略――評価, 教育, 動機づけのサイクルを回す　Diamondハーバード・ビジネス・レビュー編集部編訳　ダイヤモンド社　2007.3　450p　（Harvard business review）

Giacobbi, Enrica　ジャコッピ, E.
◇イタリア精神医療制度における専門職の役割の変化（共著）：過渡期の精神医療――英国とイタリアの経験から　シュラミット・ラモン, マリア・グラツィア・ジャンニケッダ編, 川田誉音訳　海声社　1992.10　424p

Giangreco, D. M.　ジャングレコ, D. M.
◇勝利は神風に乗って――休戦協定を勝ちとった日本：太平洋戦争の研究――こうすれば日本は勝っていた　ピーター・G.ツォーラス編著, 左近允尚敏訳　PHP研究所　2002.12　387p

Giannichedda, Maria Grazia　ジャンニケッダ, マリア・グラツィア
◇社会的に隠蔽されない未来に向けて 他：過渡期の精神医療――英国とイタリアの経験から　シュラミット・ラモン, マリア・グラツィア・ジャンニケッダ編, 川田誉音訳　海声社　1992.10　424p

Giarini, Orio　ジャリニ, O.*
◇リスクと社会――保険事業の社会評価の文化的基盤（月足一清訳）：ディーター・ファーニーと保険学――ファーニー教授還暦記念論文集より　ドイツ保険事情研究会訳　生命保険文化研究所　1996.3　201p　（文研叢書 16）

Giarra, Paul S.　ジアラ, ポール
◇在日米軍基地 他（高橋杉雄訳）：日米同盟――米国の戦略　マイケル・グリーン, パトリック・クローニン編, 川上高司監訳　勁草書房　1999.9　229, 11p

Gibbard, Allan　ギバード, アラン
◇道徳性と人間の進化：倫理は自然の中に根拠をもつか　マルク・キルシュ編, 松浦俊輔訳　産業図書　1995.8　387p

Gibson, Eleanor Jack　ギブソン, エレノア・J.
◇心理学に未来はあるか 他（本多啓訳）：生態心理学の構想――アフォーダンスのルーツと尖端　佐々木正人, 三嶋博之編訳　東京大学出版会　2005.2　217p

Gibson, Faith　ギブソン, フェイス
◇その人の過去を通じて（共著）（小山憲一郎訳）：パーソン・センタード・ケア――認知症・個別ケアの創造的ア

ブローチ スー・ベンソン編, 稲谷ふみ枝, 石崎淳一監訳 改訂版 クリエイツかもがわ 2007.5 145p

Gibson, Josie ギブソン, ジョージー
◇戦争の記憶：私が出会った日本―オーストラリア人の異国体験・日本観 ジェニファー・ダフィ, ギャリー・アンソン編 サイマル出版会 1995.7 234p

Gibson, Langhorne, Ⅲ ギブソン, ラングホーン, 3世
◇年金基金に対する企業リスク管理：年金資産運用マネジメントのすべて―プラン・スポンサーの新潮流 フランク J.ファボッツィ編, 榊原茂樹監訳, 大和銀行信託財産運用部訳 金融財政事情研究会 1999.11 463p

Gichon, Galia ギチョン, G.＊
◇ハイイールド CMBS 他（共著）：CMBS―商業用モーゲージ証券 成長する新金融商品市場の特徴と実務 フランク・J.ファボッツィ, デイビッド・P.ジェイコブ編, 酒井吉広監訳, 野村證券CMBS研究会訳 金融財政事情研究会 2000.12 672p

Giddens, Anthony ギデンズ, アンソニー
◇ヴェーバーとデュルケム―一致と相違：マックス・ヴェーバーとその同時代人群像 W.J.モムゼン, J.オースターハメル, W.シュベントカー編著, 鈴木広, 米沢和彦, 嘉目克彦監訳 ミネルヴァ書房 1994.9 531, 4p

Gidlund, Gullan イードルンド, グッラン・M.
◇スウェーデンにおける政党財政の規制：民主主義のコスト―政治資金の国際比較 H.E.アレキサンダー, 白鳥令編著, 岩崎正洋訳 新評論 1995.11 261p

Giebeler, Cornelia ギーベラー, コルネリア
◇政治は男たちの仕事―COCEIと女たち 他（五十嵐蕗子訳）：女の町フチタン―メキシコの母系制社会 ヴェロニカ・ベンホルト＝トムゼン編, 加藤耀子他訳 藤原書店 1996.12 366p

Giedion, Sigfried ギーディオン, S.
◇先史芸術の空間概念：マクルーハン理論―電子メディアの可能性 マーシャル・マクルーハン, エドマンド・カーペンター編著, 大前正臣, 後藤和彦訳 平凡社 2003.3 331p （平凡社ライブラリー）

Giele, Janet Z. ジール, ジャネット・Z.
◇ライフコースを彩るイノヴェーション 他：ライフコース研究の方法―質的ならびに量的アプローチ グレン・H.エルダー, ジャネット・Z.ジール編, 正岡寛司, 藤見純子訳 明石書店 2003.10 528p （明石ライブラリー 57）

Gierycz, Dorota ギィエリチュ, ドロタ
◇変化をもたらす手段としての女性の人権教育（尾﨑公子訳）：世界の女性人権教育―理論と実践 ジョージ・J.アンドレオポーロス, リチャード・ピエール・クロード編, 黒沢惟昭監訳 明石書店 1999.2 758p

Giesen, Bernhard ギーゼン, ベルンハルト
◇還元からリンケージへ（共著）（内田健, 圓岡偉男訳）：ミクローマクロ・リンクの社会理論 ジェフリー・C.アレグザンダー, ニール・J, スメルサーほか編, 石井幸夫ほか訳 新泉社 1998.10 273p （「知」の扉をひらく）
◇闘争理論（大鐘武訳）：現代の社会学理論 ギュンター・エントルーヴァイト編, 鈴木幸寿ほか訳 恒星

社厚生閣 2000.7 388, 19p

Giffort, Daniel W. ギフォート, ダニエル・W.
◇システムズアプローチを用いたスタッフ研修計画：チームを育てる―精神障害リハビリテーションの技術 パトリック・W.コリガン, ダニエル・W.ギフォート編, 野中猛監訳, 柴田珠里訳・著 金剛出版 2002.5 168p

Giguère, Sylvain ジゲール, S.
◇地域雇用開発、分権化、ガバナンスと政府の役割：地域の雇用戦略―七ヵ国の経験に学ぶ"地方の取り組み" 樋口美雄, S.ジゲール, 労働政策研究・研修機構編 日本経済新聞社 2005.10 364p

Gilbert, G. Nigel ギルバート, N.
◇序文 他（共著）（高橋衛訳）：フォーディズムとフレキシビリティ―イギリスの検証 N.ギルバートほか編, 丸山恵也監訳 新評論 1996.9 238p

Gilbert, James L. ギルバート, ジェームズ・L.
◇ストラテジック・プリンシプル（共著）：「選択と集中」の戦略 Diamondハーバード・ビジネス・レビュー編集部編訳 ダイヤモンド社 2003.1 286p

Gilbert, John K. ギルバート, J. K.
◇事例面接法による生徒の認識調査（共著）：認知構造と概念転換 L.H.T.ウエスト, A.L.パインズ編, 野上智行, 稲垣成哲, 田中浩顕, 森藤義孝訳, 進藤公夫監訳 東洋館出版社 1994.5 327p

Gilboy, George ギルボーイ, ジョージ
◇中国の政治改革の行方（共著）：次の超大国・中国の憂鬱な現実 フォーリン・アフェアーズ・ジャパン編・監訳, 竹下興喜監訳 朝日新聞社 2003.4 267, 3p （朝日文庫―フォーリン・アフェアーズ・コレクション）

Giles, Molly ジャイルズ, モリー
◇オエー、ゲゲー―メキシコ：お気をつけて、いい旅を。―異国で出会った悲しくも可笑しい51の体験 メアリー・モリス, ポール・セロー, ジョー・ゴアス, イザベル・アジェンデ, ドミニク・ラビエールほか著, 古屋美登里, 中俣真知子訳 アスペクト 1995.7 366p

Gilgen, Ruedi ギルゲン, R.＊
◇栄養 他（共著）：日本版MDS-HC 2.0在宅ケアアセスメントマニュアル John N.Morris他編著, 池上直己訳 医学書院 1999.9 294p
◇栄養（共著）：日本版MDS-HC 2.0在宅ケアアセスメントマニュアル John N.Morris他編著, 池上直己訳 新訂版 医学書院 2004.11 298p

Gilkey, Langdon ギルキー, ラングドン
◇多元性とその神学的意味：キリスト教の絶対性を超えて―宗教的多元主義の神学 ポール・F.ニッター編, 八木誠一, 樋口恵訳 春秋社 1993.2 429p
◇教会と世界のために信仰を解釈する神学：神学者の使命―現代アメリカの神学的潮流 セオドア・W.ジェニングス編, 東方敬信, 伊藤悟訳 ヨルダン社 1994.7 203p

Gill, Bates ジル, ベイツ
◇中国に蔓延するHIVの脅威（共著）：次の超大国・中国の憂鬱な現実 フォーリン・アフェアーズ・ジャパン編・監訳, 竹下興喜監訳 朝日新聞社 2003.4

267, 3p （朝日文庫―フォーリン・アフェアーズ・コレクション）

Gill, John H.　ギル, J. H.（戦史）*
◇オーストラリア侵攻作戦―南半球のサムライ:太平洋戦争の研究―こうすれば日本は勝っていた　ピーター・G.ツォーラス編著, 左近允尚敏訳　PHP研究所　2002.12　387p

Gill, Thomas P.　ギル, トーマス・P.
◇民主党組織:ハワイ楽園の代償　ランドール・W.ロス編　有信堂高文社　1995.9　248p

Gillard, Derek　ギラード, デレク
◇いじめに立ち向かう子どもたち―マーストン・ミドル・スクールのケース:学校でのピア・カウンセリング―いじめ問題の解決にむけて　ヘレン・コウイー, ソニア・シャープ編, 高橋通子訳　川島書店　1997.6　210p

Gillespie, William H.　ギレスピー, W. H. *
◇女性と不満:女性の性愛性に関するFreudの見解の再評価（野中幸保訳）:英国独立学派の精神分析―対象関係論の展開　G.コーホン編, 西園昌久監訳　岩崎学術出版社　1992.6　278p　（現代精神分析双書 2‐17）

Gilliam-MacRae, Priscilla　ギリアム・マクリー, P. *
◇虚弱な高齢者の身体的な活動とQOL（共著）（小澤温訳）:虚弱な高齢者のQOL―その概念と測定　James E.Birrenほか編, 三谷嘉明他訳　医歯薬出版　1998.9　481p

Gillis, Jennifer　ギリス, ジェニファー
◇異論のある多くの自閉症治療法―効果に対する決定的評価（共著）:臨床心理学における科学と疑似科学　S.O.リリエンフェルド, S.J.リン, J.M.ルー編, 厳島行雄, 横田正夫, 斎藤雅英監訳　北大路書房　2007.9　461p

Gilmore, Jennifer　ギルモア, ジェニファー
◇潰瘍性大腸炎―私の病気を作品のネタにした彼女:女友だちの賞味期限―なぜ彼女は私を裏切ったか…　ジェニー・オフィル, エリッサ・シャッペル編, 糸井恵訳　プレジデント社　2006.3　343p

Gilmore, Michael T.　ギルモア, マイケル・T.
◇ホーソーンと中産階級の形成:階級を再考する―社会編成と文学批評の横断　ワイ・ディモック, マイケル・T.ギルモア編, 宮下雅年, 新関芳生, 久保拓也訳　松柏社　2001.5　391p

Gilomen, Heinz　ジロメン, ハインツ
◇期待される成果:キー・コンピテンシー―国際標準の学力をめざして OECD DeSeCo コンピテンシーの定義と選択　ドミニク・S.ライチェン, ローラ・H.サルガニク編, 立田慶裕監訳, 今西幸蔵, 岩崎久美子, 猿田祐嗣, 名取一好, 野村和, 平沢安政訳　明石書店　2006.5　248p

Gilroy, Paul　ギルロイ, ポール
◇人種主義のポリティクス（仲正昌樹訳）:法の他者　仲正昌樹編　御茶の水書房　2004.5　307p　（叢書・アレテイア 3）

Gimenez-Maceda, Teresita　ヒメネス‐マセダ, テレシタ
◇「ピノイ・ポップ」:フィリピンの大衆文化　寺見元恵編・監訳　めこん　1992.12　263p

Ginn, Jay　ジン, J.
◇年金政策をもてあそぶ―民営化の〈要約〉（杉森晃一訳）:現代イギリスの政治算術―統計は社会を変えるか　D.ドーリング, S.シンプソン編著, 岩井浩ほか監訳　北海道大学図書刊行会　2003.7　588p

Ginsberg, Barry G.　ギンスバーグ, B. G. *
◇里子や養子の子どもたちへの, 子どもらしさ治療の代理治療者となるための親訓練:共同治療者としての親訓練ハンドブック　下　Charles E.Schaefer, James M.Briesmeister編, 山上敏子, 大隈紘子監訳　二瓶社　1996.11　p334‐648

Gintis, Herbert　ギンタス, ハーバート
◇資本主義経済における富と力（共著）（野口真訳）:進化する資本主義　横川信治, 野口真, 伊藤誠編著　日本評論社　1999.2　323, 10p
◇平等主義を作り直す 他（共著）:平等主義の政治経済学―市場・国家・コミュニティのための新たなルール　サミュエル・ボールズ, ハーバート・ギンタス他著, エリック・オリン・ライト編, 遠山弘徳訳　大村書店　2002.7　327, 20p

Ginzburg, Carlo　ギンズブルグ, カルロ
◇ジャスト・ワン・ウィットネス（上村忠男訳）:アウシュヴィッツと表象の限界　ソール・フリードランダー編, 上村忠男ほか訳　未来社　1994.4　260p　（ポイエーシス叢書 23）
◇様式と時代（黒田辰男訳）:コレクション・モダン都市文化　第29巻　構成主義とマヴォ　和田博文監修　滝沢恭司編　ゆまに書房　2007.6　797p

Giorgio, Michela　ジョルジオ, ミケッラ・デ
◇善きカトリック信女（川口陽子訳）:ヘーゲル―イラスト版　R.スペンサー文, A.クラウゼ絵, 椋田直子訳　現代書館　1996.9　174p　（For beginnersシリーズ 77）

Giovanli, Mario　ジョヴァンリ, M. *
◇支払とネッティング・システムに関する法的諸問題:国際電子銀行業　ジョゼフ・J.ノートン, クリス・リード, イアン・ウォルデン編著, 泉田栄一監訳, 佐々木信和, 西沢文幸訳　信山社出版　2002.10　375p

Girard, Frédéric　ジラール, フレデリック
◇フランスにおける日本思想研究の現状（上原麻有子訳）:日本哲学の国際性―海外における受容と展望　J.W.ハイジック編　世界思想社　2006.3　342, 9p　（Nanzan symposium 12）

Girard, Rene　ジラール, ルネ
◇地球的な規模のミメーシス的な競争:発言―米同時多発テロと23人の思想家たち　中山元編訳　朝日出版社　2002.1　247p

Girardi, Girulio　ジラルディ, ジュリオ
◇Pの政治的な側面 他:二十一世紀を変革する人々―解放の神学が訴えるもの　ホセ・マリア・ビジル編, ステファニ・レナト訳　新世社　1997.8　211, 5p

Giroux, Henry A.　ジロー, ヘンリー・A.
◇「ポリティカル・コレクトネス」時代の教育とラディカル・デモクラシー:ラディカル・デモクラシー―アイデンティティ, シティズンシップ, 国家　ディヴィッド・トレンド編, 佐藤正志ほか訳　三嶺書房　1998.4　408p

Gist, Richard ギスト, リチャード
◇心的外傷後ストレス障害の新奇で論争となっている治療法（共著）：臨床心理学における科学と疑似科学 S.O.リリエンフェルド, S.J.リン, J.M.ロー編, 厳島行雄, 横田正夫, 斎藤雅英監訳 北大路書房 2007.9 461p

Gitta, Cosmas ギッタ, コスマス
◇取り残されたアフリカで人権教育を推進する（共著）（関直規訳）：世界の人権教育—理論と実践 ジョージ・J.アンドレオポーロス, リチャード・ピエール・クロード編著, 黒沢惟昭監訳 明石書店 1999.2 758p

Gittell, Jody Hoffer ギッテル, ジョディ・ホファー
◇機能しないのに高業績となる—高業績の変則性（共著）：業績評価の理論と実務—事業を成功に導く専門領域の障壁を越えて アンディ・ニーリー編著, 清水孝訳 東洋経済新報社 2004.4 459p

Gitterman, Alex ギッターマン, アレックス
◇ライフモデル理論（小高恵子訳）：ソーシャルワーク・トリートメント—相互連結理論アプローチ 上 フランシス・J.ターナー編, 米本秀仁監訳 中央法規出版 1999.4 574p

Giucca, Paola ジュッカ, パオラ
◇EMSからEMUへ（岡本義行訳）：イタリアの金融・経済とEC統合 ロザリオ・ボナヴォーリア編, 岡本義行ほか訳 日本経済評論社 1992.6 304p

Gjertsen, Derek イェルツェン, デレク
◇ニュートンの成功：ニュートン復活 J.フォーベル編, 平野葉一ほか訳 現代数学社 1996.11 454p

Gladdish, Ken グラディッシュ, K.
◇オランダの野党（若松新訳）：西ヨーロッパの野党 E.コリンスキー編, 清水望監訳 行人社 1998.5 398p

Gladicux, Lawrence E. グラディカックス, ローレンス・E.
◇連邦政府と高等教育：アメリカ社会と高等教育 P.G.アルトバック, R.O.バーダール, P.J.ガムポート編, 高橋靖直訳 玉川大学出版部 1998.2 354p

Gladwin, Thomas N. グラッドウィン, T.*
◇グリーニングの意味：組織論の弁護（見目善弘訳）：グリーニングチャレンジ—企業の環境戦略 Kurt Fischer, Johan Schot編, 藤森敬三監訳, 日本電気環境エンジニアリング訳 日科技連出版 1999.8 419p

Glantz, David M. グランツ, デビッド・M.
◇独ソ戦争 他：ヒトラーが勝利する世界—歴史家たちが検証する第二次大戦・60の"if" ハロルド・C.ドイッチュ, デニス・E.ショウォルター編, 守屋純訳 学習研究社 2006.10 671p （WW selection）

Glaser, Hermann グラーザー, ヘルマン
◇ヘルマン・グラーザー：戦後ドイツを生きて—知識人は語る 三島憲一編・訳 岩波書店 1994.10 530p

Glasgow, Russell E. グラスゴー, ラッセル・E.
◇自助療法—科学と心理学をばらまく商売（共著）：臨床心理学における科学と疑似科学 S.O.リリエンフェルド, S.J.リン, J.M.ロー編, 厳島行雄, 横田正夫, 斎藤雅英監訳 北大路書房 2007.9 461p

Glason, Ernest Désiré グラソン, E. D.
◇フランス民事訴訟法の法源と史的発展 他：堉浩著作集—西洋法史研究 6 フランス民事訴訟法史 堉浩訳・著 信山社出版 1992.9 1042p
◇フランス中世の犯罪論と諸種の犯罪：堉浩著作集—西洋法史研究 19 フランス刑事法史 堉浩訳著 信山社出版 2000.6 790p

Glatfelter, R. Edward グラットフェルター, R. エドワード
◇ロシア, ソ連と中東鉄道（内田知行訳）：鉄路17万マイルの興亡—鉄道からみた帝国主義 クラレンス・B.デイヴィス, ケネス・E.ウィルバーン・Jr.編著, 原田勝正, 多田博一監訳 日本経済評論社 1996.9 290p

Glatzer, Nahum Norbert グラッツァ, ナフム・N.
◇フランツ・ローゼンツヴァイク（Franz Rosenzweig, 1886-1929）：二十世紀のユダヤ思想家 サイモン・ノベック編, 鵜沼秀夫訳 ミルトス 1996.10 412p

Glauber, Robert R. グラウバー, ロバート・R.
◇ディスカッション：日本の金融危機—日米銀行危機の類似性：日本への教訓：日本の金融危機—米国の経験と日本への教訓 三木谷良一, アダム・S.ポーゼン編, 清水啓典監訳 東洋経済新報社 2001.8 263p

Glazer, Nathan グレイザー, ネイサン
◇忠誠の限界（辰巳伸知訳）：国を愛するということ—愛国主義の限界をめぐる論争 マーサ・C.ヌスバウム他著, 辰巳伸知, 能川元一訳 人文書院 2000.5 269p

Glazier-McDonald, Beth グレイジャー＝マクドナルド, ベス
◇ヨエル書 他（加藤明子訳）：女性たちの聖書注解—女性の視点で読む旧約・新約・外典の世界 C.A.ニューサム, S.H.リンジ編, 加藤明子, 小野功生, 鈴木元子訳, 荒井章三, 山内一郎日本語版監修 新教出版社 1998.3 682p

Gleason, Herbert P. グリーソン, ハーバート
◇高齢者の医療と福祉：プロダクティブ・エイジング—高齢者は未来を切り開く ロバート・バトラー, ハーバート・グリーソン編, 岡本祐三訳 日本評論社 1998.6 220p

Gleixner, Ulrike グライクスナー, ウルリケ
◇法による性差別—近代初期の「罌藪裁判」をめぐって（中祢勝美訳）：ヨーロッパの差別論 ヤン・C.ヨェルデン編, 田村光彰ほか訳 明石書店 1999.12 452p （世界人権問題叢書 34）

Glen, H. Patrick グレン, H. P.*
◇カナダ報告（山城崇夫訳）：訴訟法における法族の再検討 小島武司編著 中央大学出版部 1999.4 578p （日本比較法研究所研究叢書 46）

Glendenning, Frank グレンデニング, フランク
◇高齢者の人権を守るために 他（共著）（杉岡直人訳）：高齢者虐待—発見・予防のために ピーター・デカルマー, フランク・グレンデニング編, 田端光美, 杉岡直人監訳 ミネルヴァ書房 1998.2 246p （Minerva福祉ライブラリー 23）

Glendinning, Caroline グレンディニング, キャロライン
◇女性の貧困化（吉野由美子訳）：福祉大改革—イギリスの改革と検証 アラン・ウォーカーほか著, 佐藤進

ほか訳　法律文化社　1994.9　256p

GlenMaye, Linnea　グレンメイ, L. *
◇女性のエンパワーメント：ソーシャルワーク実践におけるエンパワーメント—その理論と実際の論考　L.M.グティエーレス, R.J.パーソンズ, E.O.コックス編著, 小松源助監訳　相川書房　2000.6　333p

Glenn, John　グレン, ジョン
◇ジョン・グレン中佐—米国人として初の地球周回を終えて（楢原潤子訳）：アメリカの夢と理想の実現　板垣良久スピーチ解説, 増田恵理子, 楢原潤子訳　アルク　1998.7　120p　(20世紀の証言 英語スピーチでたどるこの100年 第3巻—CD book　松尾弌之監修・解説)

Glenn, Jules　グレン, ジュール
◇フロイトによる症例研究の諸概念と様式について 他：フロイト症例の再検討 1 ドラとハンスの症例　マーク・カンザー, ジュール・グレン編　金剛出版　1995.1　208p

Glennon, Dennis C.　グレノン, デニス・C.
◇モデルの構築と実効性に関わる論点：クレジット・スコアリング　エリザベス・メイズ編, スコアリング研究会訳　シグマベイスキャピタル　2001.7　361p （金融職人技シリーズ no.33）

Glennon, Michael　グレノン, マイケル
◇単極構造世界と安保理の崩壊：ネオコンとアメリカ帝国の幻想　フォーリン・アフェアーズ・ジャパン編・監訳, 竹下興喜監訳　朝日新聞社　2003.7　292, 6p

Glissant, Edouard　グリッサン, エドゥアール
◇共通の場所の発案者：フェリックス・ガタリの思想圏—〈横断性〉から〈カオスモーズ〉へ　フェリックス・ガタリほか著, 杉村昌昭訳・編　大村書店　2001.8　189p

Glotfelty, Cheryll　グロトフェルティ, シェリル
◇スーザン・グリフィン：環境の思想家たち　下（現代編）　ジョイ・A.パルマー編, 須藤自由児訳　みすず書房　2004.11　320p　（エコロジーの思想）

Glotz, Peter　グロッツ, ペーター
◇何のために哲学は必要なのか（共著）：哲学の原点—ドイツからの提言　ハンス・ゲオルク・ガダマー他著, U.ベーム編, 長倉誠一, 多田茂訳　未知谷　1999.7　272, 11p
◇東ヨーロッパの改革と西ヨーロッパの統合（高橋康浩訳）：グローバルな市民社会に向かって　マイケル・ウォルツァー編著, 石田淳ほか訳　日本経済評論社　2001.10　397p

Glover, Diana　グローバー, D. *
◇1945年のソーシャルワーク（植田章訳）：医療ソーシャルワークの挑戦—イギリス保健関連ソーシャルワークの100年　ジョアン・バラクローほか編著, 児島美都子, 中村永司監訳　中央法規出版　1999.5　271p

Gluck, Carol　グラック, キャロル
◇現在のなかの過去（沢田博訳）：歴史としての戦後日本　上　アンドルー・ゴードン編, 中村政則監訳　みすず書房　2001.12　264, 29p
◇鏡の部屋（梅森直之訳）：ナショナル・ヒストリーを学び捨てる　酒井直樹編　東京大学出版会　2006.11　225p　（歴史の描き方 1　ひろたまさき, キャロル・グラック監修）

Gluck, Frederick W.　グラック, フレデリック・W.
◇戦略的経営の進化（共著）：マッキンゼー戦略の進化—不確実性時代を勝ち残る　名和高司, 近藤正晃ジェームス編著・監訳, 村井章子訳　ダイヤモンド社　2003.3　221p

Glucksmann, André　グリュックスマン, アンドレ
◇妖怪が世界をさまよう……。：発言—米同時多発テロと23人の思想家たち　中山元編訳　朝日出版社　2002.1　217p

Glyn, Andrew　グリン, アンドリュー
◇黄金時代の盛衰 他（共著）：資本主義の黄金時代—マルクスとケインズを超えて　スティーブン・A.マーグリン, ジュリエット・B.ショアー編, 磯谷明徳, 植村博恭, 海老塚明監訳　東洋経済新報社　1993.9　326p

Glynn, Sean　グリン, シーン
◇雇用—福祉, 仕事, 政治（高島進訳）：福祉と財政—いかにしてイギリスは福祉需要に財政を調整してきたか？　ヴィック・ジョージ, スチュアート・ミラー編著, 高島進監訳　都市文化社　1997.11　308p

Gobbi, Gianna　ゴッビ, ジャンナ
◇実践について：子どもが祈りはじめるとき—モンテッソーリ宗教教育　ソフィア・カヴァレッティ他著, クラウス・ルーメル, 江島正子共訳　ドン・ボスコ社　1998.7　221p

Goddeeris, John H.　ゴデリス, ジョン・H.
◇なぜ営利ではないのか？—営利転換と公共政策：NPOと政府　E.T.ボリス, C.E.スターリ編著, 上野真城子, 山内直人訳　ミネルヴァ書房　2007.3　346p

Godefridus Fontibus　ゴドフロワ（フォンテーヌの）
◇任意討論集：中世思想原典集成 18　後期スコラ学　上智大学中世思想研究所編訳・監修　平凡社　1998.9　923p

Godineau, Dominique　ゴディノー, ドミニク
◇自由の娘たちと革命的女性市民たち（柳原智子訳）：ヘーゲル—イラスト版　R.スペンサー文, A.クラウゼ絵, 椋田直子訳　現代書館　1996.9　174p　（For beginnersシリーズ 77）

Godlovitch, Glenys　ゴッドロビッチ, グレニス
◇ニュージーランド（伊川正樹訳）：アジア太平洋諸国の収用と補償　小高剛, デービッド・L.キャリーズ編著, 小高剛監訳, 永松正則, 伊川正樹, 松田聡子, 下村誠共訳　成文堂　2006.12　377p

Goetschy, Janine　ゲッチー, ジャニーヌ
◇フランスの労使関係（共著）（久保庭和子訳）：新版 先進諸国の労使関係—国際比較：21世紀に向けての課題と展望　桑原靖夫, グレッグ・J.バンバー, ラッセル・D.ランズベリー編　日本労働研究機構　1994.7　452p
◇フランスの雇用関係（共著）（久保庭和子訳）：先進諸国の雇用・労使関係—21世紀の課題と展望　桑原靖夫, グレッグ・バンバー, ラッセル・ランズベリー編　新版　日本労働研究機構　2000.7　551p

Goetz, Hans-Werner　ゲッツ, ハンス=ヴェルナー
◇近年の研究が照らしだす「神の平和」運動（宮坂康寿

訳)：紛争のなかのヨーロッパ中世　服部良久編訳　京都大学学術出版会　2006.7　372p

Goffee, Robert　ゴーフィー, ロバート
◇共感のリーダーシップで部下の力を引き出す(共著)：コーチングの思考技術　Diamondハーバード・ビジネス・レビュー編集部編訳　ダイヤモンド社　2001.12　266p
◇現代企業の求心力は何か(共著)：人材マネジメント　Harvard Business Review編, Diamondハーバード・ビジネス・レビュー編集部訳　ダイヤモンド社　2002.3　309p
◇シグナルを見逃さない：EQを鍛える　Diamondハーバード・ビジネス・レビュー編集部編訳　ダイヤモンド社　2005.7　286p（Harvard business review anthology）
◇優れたリーダーは自分の「持ち味」を管理する(共著)：人材育成の戦略—評価, 教育, 動機づけのサイクルを回す　Diamondハーバード・ビジネス・レビュー編集部編訳　ダイヤモンド社　2007.3　450p（Harvard business review）

Goheen, Peter G.　ゴヒーン, ピーター・G.＊
◇近代都市の公共空間と地理学(本岡拓哉, 若松司, 原口剛訳)：東南アジアにおける文化表象の諸相—21世紀COEプログラム「都市文化創造のための人文科学的研究」　第3集（環境モノグラフ調査資料集 3）　山野正彦編　大阪市立大学大学院文学研究科「都市文化研究センター」　2006.3　141p

Golany, Boaz　ゴラニィ, B.＊
◇競争的炭酸飲料業界におけるマーケット・セグメントとブランドの効率性に関する多期間分析 他(共著)（住田友文訳）：経営効率評価ハンドブック—包絡分析法の理論と応用　Abraham Charnesほか編, 刀根薫, 上田徹監訳　朝倉書店　2000.2　465p

Goldbeck-Wood, Sandra　ゴールドベック＝ウッド, サンドラ
◇新しい妊娠：マクミラン近未来地球地図　イアン・ピアスン編, 松井孝典監訳　東京書籍　1999.11　115p

Goldberg, David J.　ゴールドバーグ, デビッド・J.
◇ファイス, ギルソン, ジョセフ・ファイス社における科学的管理：1909〜1925年：科学的管理の展開—テイラーの精神革命論　ダニエル・ネルソン編著, アメリカ労務管理史研究会訳　税務経理協会　1994.4　334p

Goldberg, Elkhonon　ゴールドバーグ, エルコノン
◇資質ある者を選び, 鍛える：EQを鍛える　Diamondハーバード・ビジネス・レビュー編集部編訳　ダイヤモンド社　2005.7　286p（Harvard business review anthology）

Goldberg, Howard S.　ゴールドバーグ, ホワード・S.
◇政治—アメリカの政治における継続性と変化：アメリカ新研究　鵜木奎治郎編著　北樹出版　1992.11　295p

Goldberg, Wendy A.　ゴールドバーグ, ウェンディ・A.
◇よちよち歩き期及び幼稚園期の母親の就労(共著)(本郷一夫訳)：母親の就労と子どもの発達—縦断的研究　エイデル・E.ゴットフライド, アレン・W.ゴットフ

ライド編著, 佐々木保行監訳　ブレーン出版　1996.4　318p

Golden, Bruce L.　ゴールデン, B. L.＊
◇漁業資源, 森林, 野生生物, 水資源の管理：MSとORの天然資源管理問題への応用(共著)（西林寺隆, 小川美季, 訳）：公共政策ORハンドブック　S.M.Pollock, M.H.Rothkopf, A.Barnett編, 大山達雄監訳　朝倉書店　1998.4　741p

Goldenberg, Robert　ゴールデンバーグ, ロバート
◇生きている者の束にくくられて—ユダヤ教の伝統における死と来世：死と来世の系譜　ヒロシ・オオバヤシ編, 安藤泰至訳　時事通信社　1995.3　355, 17p

Golder, Paul　ゴルダー, ポール
◇ITとは？ボランタリー団体とNPOでのインフォメーションテクノロジーについて(共著)（大澤智子訳）：NPOマネージメント—ボランタリー組織のマネージメント　スティーヴン・P・オズボーン編, ニノミヤ・アキイエ・H.監訳　中央法規出版　1999.3　388p

Golding, Peter　ゴールディング, ピーター
◇文化, コミュニケーション, そして政治経済学(共著)：マスメディアと社会—新たな理論的潮流　J.カラン, M.グレヴィッチ編　〔改訂版〕　勁草書房　1995.1　24, 240p

Goldsbury, Tammi　ゴールズバリー, T.＊
◇子どものQOLから大人のQOLまで(共著)：知的障害・発達障害を持つ人のQOL—ノーマライゼーションを超えて　Robert L.Schalock編, 三谷嘉明, 岩崎正子訳　医歯薬出版　1994.5　346p

Goldsmith, Edward　ゴールドスミス, エドワード
◇家族・コミュニティー・民主主義(塚本しづ香訳)：グローバル経済が世界を破壊する　ジェリー・マンダー, エドワード・ゴールドスミス編, 小南祐一郎, 塚本しづ香訳　朝日新聞社　2000.4　259p

Goldsmith, Marshall　ゴールドスミス, マーシャル
◇最高の実践者を確保する：企業の未来像—成功する組織の条件　フランシス・ヘッセルバイン, マーシャル・ゴールドスミス, リチャード・ベックハード編, 小坂恵理訳　トッパン　1998.7　462p（トッパンのビジネス経営書シリーズ 14）
◇グローバル・コミュニケーションと選択の共同体：未来社会への変革—未来の共同体がもつ可能性　フランシス・ヘッセルバイン, マーシャル・ゴールドスミス, リチャード・F.シューベルト編, 加納明弘訳　フォレスト出版　1999.11　327p

Goldstein　ゴルトシュタイン
◇本能と反射：ドゥルーズ初期—若き哲学者が作った教科書　ジル・ドゥルーズ編著, 加賀野井秀一訳注　夏目書房　1998.5　239p

Goldstein, Eda　ゴールドスタイン, エダ
◇自我心理学理論(取手涼子訳)：ソーシャルワーク・トリートメント—相互連結理論アプローチ　下　フランシス・J.ターナー編, 米本秀仁監訳　中央法規出版　1999.8　573p

Goldstein, Harvey ゴールドステイン, H.
◇教育での実績指標というもの(杉森滉一訳):現代イギリスの政治算術—統計は社会を変えるか D.ドーリング, S.シンプソン編著, 岩井浩ほか監訳 北海道大学図書刊行会 2003.7 588p

Goldwatar, Barry ゴールドウォーター, バリー
◇バリー・ゴールドウォーター上院議員—大統領選挙戦における演説(滝順子訳):アメリカ政治の展開 板葺良久スピーチ解説, 滝順子, 白須清美訳 アルク 1998.4 148p (20世紀の証言 英語スピーチでたどるこの100年 第1巻—CD book 松尾弌之監修・解説)

Goleman, Daniel ゴールマン, ダニエル
◇EQとリーダー能力 EQとリーダーシップ・スタイル:コーチングの思考技術 Diamondハーバード・ビジネス・レビュー編集部編訳 ダイヤモンド社 2001.12 266p
◇「燃え尽き症候群」を回避する自己管理術 他(共著):EQを鍛える Diamondハーバード・ビジネス・レビュー編集部編訳 ダイヤモンド社 2005.7 286p (Harvard business review anthology)

Golinski, Jan ゴリンスキ, ヤン
◇隠れた錬金術師:ニュートン復活 J.フォーベル編, 平野葉一ほか訳 現代数学社 1996.11 454p

Gollenberg, Keith A. ゴレンバーグ, K. A. *
◇CMBSのIOトランチに関する投資家への手引き:CMBS—商業用モーゲージ証券 成長する新金融商品市場の特徴と実務 フランク・J.ファボッツィ, デイビッド・P.ジェイコブ編, 酒井吉弘監訳, 野村証券CMBS研究会訳 金融財事情研究会 2000.12 672p

Gollwitzer, Helmut ゴルヴィツァー, ヘルムート
◇民数記第一四章二節:光の降誕祭—20世紀クリスマス名説教集 ルードルフ・ランダウ編, 加藤常昭訳 再版 教文館 2004.9 308p

Gomez, E. T. ゴメス, E. T.
◇マレーシアの発展のジレンマ(共著):レント, レント・シーキング, 経済開発—新しい政治経済学の視点から ムスタク・H.カーン, ジョモ・K.サンダラム編著, 中村文隆, 武田巧, 堀金由美監訳 出版研 2007.7 437p

Gondor, Emory ゴンドール, エモリー
◇友人と仲間(共著):アドラーの思い出 G.J.マナスター, G.ペインター, D.ドイッチェ, B.J.オーバーホルト編, 柿内邦博, 井原文子, 野田俊作訳 創元社 2007.6 244p

Gondor, Lillian ゴンドール, リリアン
◇仕事(共著):アドラーの思い出 G.J.マナスター, G.ペインター, D.ドイッチェ, B.J.オーバーホルト編, 柿内邦博, 井原文子, 野田俊作訳 創元社 2007.6 244p

Gong, Yanan コウ, アダン(公亜男)
◇職業教育(石川啓二訳):日本の植民地教育・中国からの視点 王智新編著 社会評論社 2000.1 297p

Gonzalez, Richard ゴンザレス, リチャード
◇相互依存性についての統計学—二者間データの慎重な取り扱い(共著)(石盛真徳訳):パーソナルな関係の社会心理学 W.イックス, S.ダック編, 大坊郁夫, 和田実監訳 北大路書房 2004.4 310p

Good, Deirdre J. グッド, ディアドリ・J.
◇初期の新約聖書外典(鈴木元子訳):女性たちの聖書注解—女性の視点で読む旧約・新約・外典の世界 C.A.ニューサム, S.H.リンジ編, 加藤明子, 小野功生, 鈴木元子訳, 荒井章三, 山内一郎日本語版監修 新教出版社 1998.3 682p

Goode, David A. グード, D. A. *
◇QOLについての思想と議論:知的障害・発達障害を持つ人のQOL—ノーマライゼーションを超えて Robert L.Schalock編, 三谷嘉明, 岩崎正子訳 医歯薬出版 1994.5 346p
◇成人重度障害者の生活の質評価:障害をもつ人にとっての生活の質—モデル・調査研究および実践 ロイ・I.ブラウン編著, 中園康夫, 末光茂監訳 相川書房 2002.5 382p

Goode, Judith グード, ジュディス・G.
◇都市におけるエスニック集団(共著):「エスニック」とは何か—エスニシティ基本論文選 青柳まちこ編・監訳 新泉社 1996.3 221p (「知」の扉をひらく)

Goodkey, Rich グッドキー, リッチ
◇行政における業績の再定義(共著):業績評価の理論と実務—事業を成功に導く 専門領域の障壁を越えて アンディ・ニーリー編著, 清水孝訳 東洋経済新報社 2004.2 459p

Goodlad, John I. グッドラッド, ジョン・I.
◇教育再生に向けての学校と大学とのパートナーシップ—その論理と視座 他(中留武昭訳):学校と大学のパートナーシップ—理論と実践 ジョン・I.グッドラッド, ケニス・A.シロトニック著, 中留武昭監訳 玉川大学出版部 1994.2 355p

Goodman, David C. グッドマン, D. C.
◇啓蒙運動:理神論者と「理性主義者」:理性と信仰—科学革命とキリスト教 2 R.ホーイカース, C.ロウレス, D.グッドマン, N.コーリ, G.ロバーツほか著, 藤井清久訳 すぐ書房 2003.10 339p

Goodman, John グッドマン, ジョン
◇イギリスの雇用関係(林和訳):先進諸国の雇用・労使関係—国際比較:21世紀の課題と展望 桑原靖夫, グレッグ・バンバー, ラッセル・ランズベリー編 新版 日本労働研究機構 2000.7 551p

Goodman, John B. グッドマン, ジョン・B.
◇国際保険:金融サービス業—21世紀への戦略 サミュエル・L.ヘイズ3編, 小西竜治監訳 東洋経済新報社 1999.10 293p

Goodman, Julie グッドマン, J. *
◇伝達的なサインの指導—命名と要求そして機能の転移(共著):重度知的障害への挑戦 ボブ・レミントン編, 小林重雄監訳, 藤原義博, 平沢紀子共訳 二瓶社 1999.3 461p

Goodman, Robert G. グッドマン, ロベルト
◇効果的なビジネス・リーダーシップのためのシニア・エグゼクティブへのコーチング:エグゼクティブ・コーチング—経営幹部の潜在能力を最大限に引き出す キャサリン・フィッツジェラルド, ジェニファー・ガーヴェイ・バーガー編, 日本能率協会コンサルティング訳 日本能率協会マネジメントセンター 2005.4 370p

Goodman, Roger グッドマン, ロジャー
◇「帰国子女」論争（水口朋子訳）：海外における日本人、日本のなかの外国人─グローバルな移民流動とエスノスケープ　岩崎信彦、ケリ・ピーチ、宮島喬、ロジャー・グッドマン、油井清光編　昭和堂　2003.2　482p
◇日本の教育：デュルケムと現代教育　ジェフリー・ウォルフォード, W.S.F.ピカリング編、黒崎勲、清田夏代訳　同時代社　2003.4　335, 26p
◇東アジア福祉国家─逍遥的学習、適応性のある変化、国家建設（共著）（イト・ペング訳）：転換期の福祉国家─グローバル経済下の適応戦略　G.エスピン・アンデルセン編、埋橋孝文監訳　早稲田大学出版部　2003.12　351p
◇公的財から私的財へ（葛城浩一訳）：COE国際セミナー/8ヵ国会議21世紀型高等教育システム構築と質的保証　広島大学高等教育研究開発センター編　広島大学高等教育研究開発センター　2004.12　188p（COE研究シリーズ 13）

Goodnight, Jim グッドナイト, ジム
◇CEOが現場に口を挟むのは必要悪なのか（共著）：「問題社員」の管理術─ケース・スタディ　Diamondハーバード・ビジネス・レビュー編集部編訳　ダイヤモンド社　2007.1　263p　(Harvard business review anthology)

Goodwin, Richard Murphey グッドウィン, R. M.
◇ケインズの動学：一般理論─第二版─もしケインズが今日生きていたら　G.C.ハーコート, P.A.リーアック編、小山圧三訳　多賀出版　2005.6　922p

Goolishian, Harold グーリシャン, ハロルド
◇クライエントこそ専門家である（共著）（野口裕二訳）：ナラティヴ・セラピー─社会構成主義の実践　S.マクナミー, K.J.ガーゲン編、野口裕二、野村直樹訳　金剛出版　1997.12　232p

Gorbachev, Mikhail Sergeevich ゴルバチョフ, ミハイル・S.
◇どうしたらノーベル賞をもらえるの?：ノーベル賞受賞者にきく子どものなぜ？なに？　ベッティーナ・シュティーケル編、畔上司訳　主婦の友社　2003.1　286p
◇今こそ戦争を放棄するとき！（阿部純子訳）：あなたの手で平和を！─31のメッセージ　フレドリック・S.ヘッファメール編、大庭里美、阿部純子訳　日本評論社　2005.3　260p
◇どうしたらノーベル賞をもらえるの?：ノーベル賞受賞者にきく子どものなぜ？なに？　ベッティーナ・シュティーケル編、畔上司訳　主婦の友社　2005.10　222p

Gordenker, Leon ゴーデンカー, レオン
◇早期警報─そのコンセプトと課題：地域紛争解決のシナリオ─ポスト冷戦時代の国連の課題　クマール・ルペシンゲ、黒田順子共編、吉田康彦訳　スリーエーネットワーク　1994.3　358, 6p

Gordon, Andrew ゴードン, アンドルー
◇職場の争奪（森谷文昭訳）：歴史としての戦後日本　下　アンドルー・ゴードン編、中村政則監訳　みすず書房　2001.12　437, 37p
◇日本家庭経営法（三品裕子, 山本裕子訳）：戦後という地政学　西川祐子編　東京大学出版会　2006.11　268p　歴史の描き方 2　ひろたまさき、キャロル・グラック監修）

Gordon, Beate Sirota ゴードン, ベアテ・シロタ
◇ベアテ・シロタ・ゴードン：映画日本国憲法読本　島多惣作、竹井正和編　フォイル　2005.4　266p

Gordon, Chinese ゴードン, チャイニーズ
◇チャイニーズ・ゴードン（高橋健次訳）：インタヴューズ 1　クリストファー・シルヴェスター編、新庄哲夫ほか訳　文芸春秋　1998.11　462p

Gordon, David ゴードン, D.
◇貧困と障害児 他（共著）（近昭夫訳）：現代イギリスの政治算術─統計は社会を変えるか　D.ドーリング, S.シンプソン編著、岩井浩ほか監訳　北海道大学図書刊行会　2003.7　588p

Gordon, Haim ゴードン, ハイム
◇『畏れとおののき』に対するブーバー的批判（大利裕子訳）：宗教と倫理─キェルケゴールにおける実存の言語性　C.S.エヴァンス, H.フェッター他著、桝形公也編監訳　ナカニシヤ出版　1998.4　255p

Gordon, Marquis Lafayette ゴードン, M. L.
◇前橋ステーション以外を拠点とした宣教師の書簡（小野澤由紀子, 小林俊哉訳）：アメリカン・ボード宣教師文書─上州を中心として　新島学園女子短期大学新島文化研究所編訳　新教出版社　1999.2　432p

Gordon, Philip H. ゴードン, フィリップ・H.
◇米欧対立を埋めるには─ロバート・ケーガンの思想を読み解く：ネオコンとアメリカ帝国の幻想　フォーリン・アフェアーズ・ジャパン編・監訳、竹下興喜監訳　朝日新聞社　2003.7　292, 6p

Gordon, Rosemary ゴードン, ローズマリー
◇分析の支点としての転移：ユング派の分析技法─転移と逆転移をめぐって　マイケル・フォーダム、ローズマリー・ゴードン、ジュディス・ハバック、ケネス・ランバート共編、氏原寛、李敏子共訳　培風館　1992.7　290p　（分析心理学シリーズ 2）

Gore, Al ゴア, アル
◇他人には思いやりをもって：セルフヘルプ─なぜ、私は困難を乗り越えられるのか　世界のビッグネーム自らの47の証言　ケン・シェルトン編著、堀紘一監訳　フロンティア出版　1998.7　301p
◇悪の枢軸と国際協調の行方：ネオコンとアメリカ帝国の幻想　フォーリン・アフェアーズ・ジャパン編・監訳、竹下興喜監訳　朝日新聞社　2003.7　292, 6p

Gores, Joseph N. ゴアズ, ジョー
◇ハードボイルドな旅─ナイロビ/ナイル河沿岸：お気をつけて、いい旅を。─異国で出会った悲しくも可笑しい51の体験　メアリー・モリス、ポール・セロー、ジョー・ゴアス、イザベル・アジェンデ、ドミニク・ラビエールほか著、古屋美登里、中侯真知子訳　アスペクト　1995.7　366p

Gorman, Siobhan ゴーマン, S.
◇NCLB（子どもを一人も置き去りにしてはならない）の見えざる手：格差社会アメリカの教育改革─市場モデルの学校選択は成功するか　フレデリック・M.ヘス、チェスター・E.フィンJr.編著、後洋一訳　明石書店　2007.7　465p　（明石ライブラリー 111）

Gorodess, Margarett H. ゴロデス, マーガレット・H.
◇海外投資マネジャーの選定：年金資産運用マネジメントのすべて—プラン・スポンサーの新潮流　フランク J.ファボッツィ編, 榊原茂樹監訳, 大和銀行信託財産運用部訳　金融財政事情研究会　1999.11　463p

Gosling, Jonathan ゴスリング, ジョナサン
◇参加型リーダーのマインドセット（共著）：人材育成の戦略—評価, 教育, 動機づけのサイクルを回す　Diamondハーバード・ビジネス・レビュー編集部編訳　ダイヤモンド社　2007.3　450p　（Harvard business review）

Gossmann, Hilaria ゴスマン, ヒラリア
◇日独のテレビドラマ：メディアがつくるジェンダー—日独の男女・家族像を読みとく　村松泰子, ヒラリア・ゴスマン編　新曜社　1998.2　351p

Gostin, Lawrence ゴスティン, ローレンス
◇公衆衛生の実践者に対する人権の教授（共著）（室進一訳）：世界の人権教育—理論と実践　ジョージ・J.アンドレオポーロス, リチャード・ピエール・クロード編著, 黒沢惟昭監訳　明石書店　1999.2　758p

Gosztonyi, Alexsander ゴシュトニ, アレクサンダー
◇テイヤール・ド・シャルダンの人間学（清水宽子訳）：現代の哲学的人間学　ボルノウ, ブレスナーほか著, 藤田健治他訳　新装復刊　白水社　2002.6　332, 10p

Gottfredson, Stephen ゴットフレドスン, スティーヴン
◇環境設計・犯罪・予防—コミュニティのダイナミクスの検討（共著）：コミュニティと犯罪　2　アルバート・J.リース・ジュニア, マイケル・トンリィ共編, 伊藤康一郎訳　都市防犯研究センター　1995.3　233p

Gottfried, Adele Eskeles ゴットフライド, エイデル・エスケルス
◇母親の就労と子どもの発達：問題についての導入　他（高梨一彦訳）：母親の就労と子どもの発達—縦断的研究　エイデル・E.ゴットフライド, アレン・W.ゴットフライド編著, 佐々木保行監訳　ブレーン出版　1996.4　318p

Gottfried, Allen W. ゴットフライド, アレン・W.
◇母親の就労, 家族関係および子どもの発達：乳児期から学童期まで　他（共著）（大日向雅美訳）：母親の就労と子どもの発達—縦断的研究　エイデル・E.ゴットフライド, アレン・W.ゴットフライド編著, 佐々木保行監訳　ブレーン出版　1996.4　318p

Goubert, Pierre グベール, ピエール
◇歴史人口学の誕生：「アナール」とは何か—進化しつづける「アナール」の一〇〇年　I.フランドロワ編, 尾河直哉訳　藤原書店　2003.6　366p

Gough, Jamie ゴフ, ジャミー
◇「ポスト・フォーディズム」のどこに価値があるのか（高橋衛訳）：フォーディズムとフレキシビリティ—イギリスの検証　N.ギルバートほか編, 丸山恵也監訳　新評論　1996.9　238p

Gouhier, Henri Gaston グイエ, アンリ
◇いわゆる「デカルトの循環」について（佐々木周訳）：現代デカルト論集　1　フランス篇　デカルト研究会編　勁草書房　1996.6　343, 10p

Gouk, Penerope グーク, ピネラピ
◇ニュートン科学の"ハルモニア学"的起源：ニュートン復活　J.フォーベル編, 平野葉一ほか訳　現代数学社　1996.11　454p

Gould, Susan B. グールド, スーザン・B.
◇あなたもフリー・エージェントに（共著）：セルフヘルプ—自助＝他人に頼らず, 自分の力で生きていく！　2　ケン・シェルトン編著, 堀紘一監訳　フロンティア出版　1998.12　283p

Goulston, Mark グールストン, マーク
◇CEOが現場に口を挟むのは必要悪なのか（共著）：「問題社員」の管理術—ケース・スタディ　Diamondハーバード・ビジネス・レビュー編集部編訳　ダイヤモンド社　2007.1　263p　（Harvard business review anthology）

Gourmont, Rémy de グールモン, レミ・ド
◇恋愛の理学（桃井京次訳）：世界女性学基礎文献集成　明治大正編　第15巻　水田珠枝監修　ゆまに書房　2001.6　346p

Govender, Sararavani ゴヴェンダー, S.＊
◇参加による成長がコミュニケーション・パターンに影響する（畠瀬直子訳）：エンカウンター・グループと国際交流　松本剛, 畠瀬直子, 野島一彦編著　ナカニシヤ出版　2005.10　166p

Gow, Ian ガウ, イアン
◇英国海軍と日本　他（相沢淳訳）：日英交流史—1600-2000　3　軍事　3　細谷千博, イアン・ニッシュ監修　平間洋一, イアン・ガウ, 波多野澄雄編　東京大学出版会　2001.3　362, 10p

Gowan, Peter ガウアン, P.
◇第7章　東・中欧のポスト共産主義の社会主義者（細井雅夫訳）：現代ヨーロッパの社会民主主義—自己改革と政権党への道　ドナルド・サスーン編, 細井雅夫, 富山栄子訳　日本経済評論社　1999.8　281p

Gower, D. B. ガワー, D. B.＊
◇わきの下のにおいにおける有香性ステロイドの重要性（共著）：香りの感性心理学　S.ヴァン・トラー, G.H.ドッド編, 印藤元一訳　フレグランスジャーナル社　1994.2　238p

Goy, Joseph ゴワ, ジョゼフ
◇民法典（阪上孝訳）：フランス革命事典　4　フランソワ・フュレ, モナ・オズーフ編, 河野健二, 阪上孝, 富永茂樹監訳　みすず書房　1999.9　331p　（みすずライブラリー）

Gráda, Cormac Ó. グラダ, コーマク・O.
◇塩からい海をこえて—アメリカへのアイルランド人移住に関する若干の考察　一八〇〇—一八五〇：アイルランドとスコットランド—比較社会経済史　T.M.ディヴァイン, D.ディクソン編著, 津波古充文訳　論創社　1992.8　474p

Graeser, Andreas グレーザー, アンドレアス
◇ソクラテス以前の哲学者たち（篠澤和久訳）：われわれは「自然」をどう考えてきたか　ゲルノート・ベーメ編, 伊坂青司, 長島隆監訳　どうぶつ社　1998.7　524p

Graf, Friedrich Wilhelm グラーフ, フリードリッヒ・ヴィルヘルム
◇専門家どうしの友情―「マックス・ヴェーバーとエルンスト・トレルチ」に関する覚書:マックス・ヴェーバーとその同時代人群像 W.J.モムゼン, J.オースターハメル, W.シュベントカー編, 鈴木広, 米沢和彦, 嘉目克彦監訳 ミネルヴァ書房 1994.9 531, 4p
◇なぜヨーゼフ・ラッツィンガー枢機卿はベネディクト十六世になったのか(佐藤貴史訳):歴史と神学―大木英夫教授喜寿記念献呈論文集 下巻 古屋安雄, 倉松功, 近藤勝彦, 阿久戸光晴編 聖学院大学出版会 2006.8 666, 35p

Graf, K. D. グラフ, K. D. *
◇Sample of European and Western efforts in applying informatics for the sake of mathematics education(鈴木貴士訳):高度情報通信社会における学校数学の新たな展開 日本数学教育学会編 教育出版 2004.12 307p (日数教yearbook―日本の算数・数学教育 2004)

Graham, Helen グラハム, ヘレン
◇序説(共著):フランスとスペインの人民戦線―50周年記念・全体像比較研究 S.マーティン・アレグザンダー, ヘレン・グラハム編, 向井喜典ほか訳 大阪経済法科大学出版部 1994.3 375p

Graham, John L. グラハム, ジョン・L.
◇中国流交渉術(共著):「交渉」からビジネスは始まる Diamondハーバード・ビジネス・レビュー編集部編訳 ダイヤモンド社 2005.4 272p (Harvard business review anthology)

Graham, Linda L. グラハム, L. L. *
◇重篤な精神障害をもつ人たちとHIV感染症の問題(共著)(白井文恵, 土肥義胤訳):地域精神保健看護 ナンシー・K.ワーレイ原著編集, 早川和生監訳 医学書院 1999.9 304p

Graham, Pauline グラハム, ポーリン
◇メアリー・パーカー・フォレット―開拓者の道(榎本世彦訳):メアリー・パーカー・フォレット 管理の予言者 ポウリン・グラハム編, 三戸公, 坂井正広監訳 文眞堂 1999.5 360p

Graham, Stephen R. グラハム, スティーヴン・R.
◇アメリカにおけるプロテスタントの伝統:キリスト教のスピリチュアリティ―その二千年の歴史 ゴードン・マーセル監修, G.マーセル他著, 青山学院大学総合研究所訳 新教出版社 2006.4 415p

Gramsci, Antonio グラムシ, アントニオ
◇デ・サンクティスへの立ち戻り 芸術と新しい文化のための闘い(上村忠男訳):国民革命幻想―デ・サンクティスからグラムシへ 上村忠男編訳 未来社 2000.6 166p (転換期を読む 5)

Granastein, J. L. グラナツティン, ジャック・L.
◇カナダ外交の展開 他(共著):カナダの外交―その理念と政策 J.L.グラナツティンほか編, 吉田健正訳 御茶の水書房 1994.8 200p (カナダ社会科学叢書 第4巻)

Grand, Julian Le グラン, ジュリアン・レ
◇福祉の擬似市場(杉本敏夫訳):コミュニティケア改革とソーシャルワーク教育―イギリスの挑戦 S

チーヴ・トレビロン, ピーター・ベレスフォード編, 小田兼三, 杉本敏夫訳 筒井書房 1999.6 119p

Grandin, Temple グランディン, テンプル
◇自閉症の人たちの学習スタイル:社会性とコミュニケーションを育てる自閉症療育 Kathleen Ann Quill編, 安達潤ほか訳 松柏社 1999.9 481p

Granel, Gérard グラネル, ジェラール
◇主体の後に誰が来るのか?(安川慶治訳):主体の後に誰が来るのか? ジャン・リュック・ナンシー編著, アラン・バディウ, エチエンヌ・バリバール, モーリス・ブランショ, ミケル・ボルグ・ジャコブセン, ジャン・フランソワ・クルティーヌほか著, 港道隆, 鵜飼哲, 大西雅一郎, 松葉祥一, 安川慶治, 加国尚志, 広瀬浩司訳 現代企画室 1996.3 347p
◇『存在と時間』におけるハイデッガー思想への接近(足立和浩訳):二十世紀の哲学 中村雄二郎監訳 新装版 白水社 1998.6 386, 40p (西洋哲学の知 8 Francois Chatelet編)
◇スィボレートあるいは〈文字〉について(上田和彦訳):デリダと肯定の思考 カトリーヌ・マラブー編, 高橋哲哉, 増田一夫, 高桑和巳監訳 未来社 2001.10 502, 7p (ポイエーシス叢書 47)

Granovetter, Mark グラノヴェッター, マーク
◇弱い紐帯の強さ(大岡栄美訳):リーディングスネットワーク論―家族・コミュニティ・社会関係資本 野沢慎司編・監訳 勁草書房 2006.8 288p

Grant, A. グラント, アレグザンダ
◇中世スコットランド―独立のための戦い:スコットランド史―その意義と可能性 ロザリンド・ミチスン編, 富田理恵, 家入葉子訳 未来社 1998.10 220, 37p

Grant, Edward グラント, エドワード
◇中世における科学と神学:神と自然―歴史における科学とキリスト教 デイビッド・C.リンドバーグ, R.L.ナンバーズ編, 渡辺正雄監訳 みすず書房 1994.6 528, 48p

Grant, Jill R. グラント, ジル・R.
◇ボディイメージ障害の認知行動療法マニュアル(共著)(中里訳):エビデンスベイスト心理治療マニュアル V.B.V.ハッセル, M.ハーセン編著, 坂野雄二, 不安・抑うつ臨床研究会編訳 日本評論社 2000.11 371p

Grass, Günter グラス, ギュンター
◇ギュンター・グラス:戦後ドイツを生きて―知識人は語る 三島憲一編・訳 岩波書店 1994.10 370p

Grattan-Guinness, Ivor グラッタン・ギネス, イヴォール
◇それとも単なる偶然の一致であったのか 他:心霊研究―その歴史・原理・実践 イヴォール・グラッタン・ギネス編, 和田芳久訳 技術出版 1995.12 414p (超心理学叢書 第4巻)

Gratton, Chris グラットン, クリス *
◇快楽選択の経済学(共著)(松木修平訳):ストレスと快楽 デイビッド・M.ウォーバートン, ニール・シャーウッド編著, 上里一郎監訳 金剛出版 1999.10 301p

Gratzel, Brigitte グラーツェル, ブリギッテ
◇スイス―ドーラ・カルフ没後一〇年のスイスにおける箱庭療法の発展(山中康裕訳):世界の箱庭療法―

現在と未来　山中康裕，S.レーヴェン・ザイフェルト，K.ブラッドウェイ編　新曜社　2000.10　182p

Gray, Carol A.　グレイ，キャロル・A．
◇社会的状況を「読みとる」ことを自閉症の子どもたちに教える：社会性とコミュニケーションを育てる自閉症療育　Kathleen Ann Quill編，安達潤ほか訳　松柏社　1999.9　481p

Gray, John　グレイ，ジョン
◇魂のための愛のヴィタミン：魂をみがく30のレッスン　リチャード・カールソン，ベンジャミン・シールド編，鴨志田千枝子訳　同朋舎　1998.6　252p
◇寛大であれ：セルフヘルプ―なぜ，私は困難を乗り越えられるのか　世界のビッグネーム自らの47の証言　ケン・シェルトン編著，堀紘一監訳　フロンティア出版　1998.7　301p
◇ベスト・パートナーになるために：セルフヘルプ―自助=他人に頼らず，自分の力で生きていく！　2　ケン・シェルトン編著，堀紘一監訳　フロンティア出版　1998.12　283p

Gray, John　グレイ，ジョン（哲学）
◇ミルの幸福概念と個性の理論（野内聡訳）：ミル『自由論』再読　ジョン・グレイ，G.W.スミス編著，泉谷周三郎，大久保正健訳　木鐸社　2000.12　214p

Gray, Malcolm　グレイ，マルコム（経済）
◇スコットランドの農村低地地方における移住　一七五〇―一八五〇：アイルランドとスコットランド―比較社会経済史　T.M.ディヴァイン，D.ディクソン編著，津波古充文訳　論創社　1992.8　474p

Gray, Peter　グレイ，ピーター
◇教えることは学者としての活動である（片岡大輔訳）：アメリカの心理学者心理学教育を語る―授業実践と教科書執筆のためのTIPS　R.J.スタンバーグ編著，宮元博章，道田泰司訳　北大路書房　2000.6　247p

Gray, Rob　グレイ，ロブ
◇トリプルボトムラインの報告に向けて：幻想，方法，神話（共著）：トリプルボトムライン―3つの決算は統合できるか？　エイドリアン・ヘンリクス，ジュリー・リチャードソン編著，大江宏，小山良訳　創成社　2007.4　250p

Gray, Warren C.　グレー，ウォレン・C．
◇規律を乱す「やり手セールスマン」をいかに処遇すべきか（共著）：「問題社員」の管理術―ケース・スタディ　Diamondハーバード・ビジネス・レビュー編集部編訳　ダイヤモンド社　2007.1　263p（Harvard business review anthology）

Grayson, Goerge W.　グレイソン，ジョージ・W．
◇メキシコ―アングロ・アメリカに対する愛と憎しみの関係（加藤薫訳）：米国の国際交渉戦略　米国国務省外交研究センター編著，神奈川大学経営学部教師グループ訳・解説　中央経済社　1995.6　289p

Grebel, Conrad　グレーベル，コンラート
◇トーマス・ミュンツァーへの手紙（1524年）（森田安一訳）：宗教改革著作集　第8巻　再洗礼派　教文館　1992.10　510p

Greber, Judith　グリーバー，ジュディス
◇悪夢のようなわたしの楽園―バリ島：お気をつけて，いい旅を。―異国で出会った悲しくも可笑しい51の体験　メアリー・モリス，ポール・セロー，ジョー・

ゴアス，イザベル・アジェンデ，ドミニク・ラピエールほか著，古屋美登里，中俣真知子訳　アスペクト　1995.7　366p

Greeley, Horace　グリーリー，ホラス
◇ブリガム・ヤング（山形浩生訳）：インタヴューズ　1　クリストファー・シルヴェスター編，新庄哲夫ほか訳　文芸春秋　1998.11　462p
◇ビジネスの成功（前田寛子訳）：ビジネスの知恵50選―伝説的経営者が語る成功の条件　ピーター・クラス編，佐藤洋一監訳　トッパン　1999.2　543p（トッパンのビジネス経営書シリーズ　26）

Green, A.　グリーン，A．＊
◇香りの教育とにおいの心理学：香りの感性心理学　S.ヴァン・トラー，G.H.ドッド編，印藤元一訳　フレグランスジャーナル社　1994.2　238p

Green, Alan　グリーン，アラン
◇ギリシア―九月には，ロードス島車椅子二人旅：車椅子はパスポート―地球旅行の挑戦者たち　アリソン・ウォルシュ編，おそどまさこ日本語版責任編集，森実真弓訳　山と渓谷社　1994.3　687p

Green, Ann E.　グリーン，A. E.
◇労働市場への参加の測定にかんする諸問題（岩井浩訳）：現代イギリスの政治算術―統計は社会を変えるか　R.ドーリング，S.シンプソン編著，岩井浩ほか監訳　北海道大学図書刊行会　2003.7　588p

Green, Eileen　グリーン，アイリーン
◇女性，余暇，社会統制（共著）（喜多加実代訳）：ジェンダーと暴力―イギリスにおける社会学的研究　ジャルナ・ハマー，メアリー・メイナード編，堤かなめ監訳　明石書店　2001.10　346p　（明石ライブラリー　33）

Green, Harvey　グリーン，ハーヴェイ
◇アメリカにおける科学思想と子どもの特質―1820-1920年（本多泰洋訳）：子どもの時代―1820-1920年のアメリカ　バーバラ・フィンケルスタイン他著，田甫桂三監訳　学文社　1996.6　177p

Green, Martin　グリーン，マーティン
◇真理の山（進藤英樹訳）：エラノスへの招待―回想と資料　M.グリーンほか執筆，桂芳樹ほか訳　平凡社編　平凡社　1995.11　312p　（エラノス叢書　別巻）

Green, Michael J.　グリーン，マイケル・ジョナサン
◇将来への戦略（共著）（佐藤丙午訳）：日米同盟―米国の戦略　マイケル・グリーン，パトリック・クローニン編，川上高司監訳　勁草書房　1999.9　229, 11p
◇能動的な協力関係の構築に向けて（佐藤丙午訳）：日米戦後関係史―パートナーシップ 1951-2001　入江昭，ロバート・A.ワンプラー編，細谷千博，有賀貞監訳　講談社インターナショナル　2001.9　389p
◇米日同盟の役割と任務を再考する（共著）：「無条件勝利」のアメリカと日本の選択　ロナルド・A.モース編著，日下公人監修，時事通信社外信部ほか訳　時事通信社　2002.1　325p
◇力のバランス：対立か協調か―新しい日米パートナーシップを求めて　スティーヴン・K.ヴォーゲル編著，読売新聞社調査研究本部訳　中央公論新社　2002.4　374p

Green, Miranda　グリーン，ミランダ
◇古代ヨーロッパの太陽神（藤田治彦訳）：太陽神話―生命力の象徴　マダンジート・シン，UNESCO編，木

村重信監修　講談社　1997.2　399p

Green, Nancy　グリーン，ナンシー
◇ユダヤ人女性―形成と変化（内村瑠美子訳）：ヘーゲル―イラスト版　L.スペンサー文，A.クラウゼ絵，椋田直子訳　現代書館　1996.9　174p　（For beginnersシリーズ 77）

Green, P. E.　グリーン，ポール・E.
◇コンジョイント分析による競争の相互作用の考察（共著）（村手俊夫訳）：ウォートンスクールのダイナミック競争戦略　ジョージ・デイ，デイビッド・レイブシュタイン編，小林陽太郎監訳，黒田康史ほか訳　東洋経済新報社　1999.10　435p　（Best solution）

Green, Scott Christopher　グリーン，スコット・クリストファー
◇ダナー湖行き、ご一行様―アメリカ・シェラネバダ ダナー湖：お気をつけて、いい旅を。―異国で出会った悲しくも可笑しい51の体験　メアリー・モリス，ポール・セロー，ジョー・ゴアス，イザベル・アジェンデ，ドミニク・ラピエールほか著，古屋美登里，中俣真知子訳　アスペクト　1995.7　366p

Greenaway, David　グリーンナウェイ，デビッド
◇有効保護の分析，および産業内特化と不完全競争を伴う最適通商政策（共著）：産業内貿易―理論と実証　P.K.M.サラカン，ヤコブ・コル編著，小柴徹修，浜口登，利光強訳，佐々波楊子監訳　文真堂　1993.6　217p

Greenberg, Leslie S.　グリーンバーグ，L. S.
◇カップル・セラピーにおける情動の変化過程（共著）（三根久代訳）：家族の感情心理学―のよいときも，わるいときも　E.A.ブレックマン編著，浜治世，松山義則監訳　北大路書房　1998.4　275p

Greenblatt, Stephen Jay　グリーンブラット，スティーヴン・J.
◇文化の詩学に向けて：ニュー・ヒストリシズム―文化とテクストの新歴史性を求めて　H.アラム・ヴィーザー編，伊藤詔子ほか訳　英潮社　1992.11　291p

Greene, Daniel Crosby　グリーン，D. C.
◇前橋ステーション以外を拠点とした宣教師の書簡（小野澤由紀子，小林俊哉訳）：アメリカン・ボード宣教師文書―上州を中心として　新島学園女子短期大学新島文化研究所編訳　新教出版社　1999.2　432p

Greene, Gilbert J.　グリーン，ギルバート・J.
◇コミュニケーション理論（松井元子訳）：ソーシャルワーク・トリートメント―相互連結理論アプローチ　下　フランシス・J.ターナー編，米本秀仁監訳　中央法規出版　1999.8　573p

Greene, Jennifer　グリーン，ジェニファー
◇学力・能力テストの設計と開発（共著）（大塚雄介訳）：教育測定学　下巻　ロバート・L.リン編，池田央，藤田恵璽，柳井晴夫，繁桝算男訳・編　学習評価研究所　1992.12　411p

Greene, Timothy T.　グリーン，ティモシー・T.
◇選ばれなかった道―経営の意思決定において「環境に関する法規制の遵守というレベルを越えて」行動すること：緑の利益―環境管理会計の展開　マーティン・ベネット，ピーター・ジェイムズ編著，国部克彦監訳，海野みづえ訳　産業環境管理協会　2000.12　542p

Greenewalt, Crawford H.　グリーンウォルト，クロフォード・H.
◇自由と個性そして適応（福原由美子訳）：ビジネスの知恵50選―伝説的経営者が語る成功の条件　ピーター・クラス編，佐藤洋一監訳　トッパン　1999.2　543p　（トッパンのビジネス経営書シリーズ 26）

Greenfeld, Josh　グリーンフェルド，ジョシュ
◇アーサー・ミラー（野中邦子訳）：インタヴューズ　2　クリストファー・シルヴェスター編，新庄哲夫ほか訳　文芸春秋　1998.11　451p

Greenleaf, Simon　グリーンリーフ，S.
◇証拠論抜萃　第1巻（益田克徳翻訳）：日本立法資料全集　別巻 351　証拠論抜萃　第1巻　証拠論抜萃　第2巻　グリーンリーフ，ベリム原撰，益田克徳，黒川誠一郎，高木豊三翻訳　信山社出版　2005.6　136, 161p

Greenspan, Stephen　グリーンスパン，S. *
◇移行に直面している人（共著）：知的障害・発達障害を持つ人のQOL―ノーマライゼーションを超えて　Robert L.Schalock編，三谷嘉明，岩崎正子訳　医歯薬出版　1994.5　346p

Greenthal, Jill　グリーンサル，ジル
◇文化の異なる企業同士の合併をいかにして成功に導くか（共著）：組織変革のジレンマ―ハーバード・ビジネス・レビュー・ケースブック　Harvard Business Review編，Diamondハーバード・ビジネス・レビュー編集部訳　ダイヤモンド社　2004.11　218p

Greenwald, Jeff　グリーンウォルド，ジェフ
◇デンキブロの洗礼―東京：お気をつけて、いい旅を。―異国で出会った悲しくも可笑しい51の体験　メアリー・モリス，ポール・セロー，ジョー・ゴアス，イザベル・アジェンデ，ドミニク・ラピエールほか著，古屋美登里，中俣真知子訳　アスペクト　1995.7　366p

Gregorius　グレゴリウス1世
◇対話：中世思想原典集成　5　後期ラテン教父　上智大学中世思想研究所編訳・監修　平凡社　1993.9　669p

Gregorius Thaumaturgns　グレゴリオス・タウマトゥルゴス
◇信仰告白／テオポンポスへ：中世思想原典集成　1　初期ギリシア教父　上智大学中世思想研究所編訳・監修　平凡社　1995.2　877p

Gregory, Frederick　グレゴリー，フレデリック
◇十九世紀プロテスタント神学に対するダーウィン進化説の影響：神と自然―歴史における科学とキリスト教　デイビッド・C.リンドバーグ，R.L.ナンバーズ編，渡辺正雄監訳　みすず書房　1994.6　528, 48p

Gregory, Richard L.　グレゴリー，リチャード
◇視覚の知：知のしくみ―その多様性とダイナミズム　J.カルファ編，今井邦彦訳　新曜社　1997.8　308p

Greider, William　グレイダー，ウィリアム
◇"市民"GE（小南祐一郎訳）：グローバル経済が世界を破壊する　ジェリー・マンダー，エドワード・ゴールドスミス編，小南祐一郎，塚本しづ香訳　朝日新聞社　2000.4　259p

Greve, Wilfried　グレーヴェ，ヴィルフリート
◇『死に至る病』における倫理的なものの欠落（柳沢貴司訳）：宗教と倫理―キェルケゴールにおけ

る実存の言語性　C.S.エヴァンス, H.フェッター他著, 桝形公也編監訳　ナカニシヤ出版　1998.4　255p

Greyson, Bruce　グレイソン, ブルース
◇臨死体験者のカウンセリング(共著)：スピリチュアル・エマージェンシー—心の病と魂の成長について　スタニスラフ・グロフ, クリスティーナ・グロフ編著, 高岡よし子, 大口康子訳　春秋社　1999.6　341, 8p
◇トランスパーソナルな危機としての臨死体験：テキスト/トランスパーソナル心理学・精神医学　B.W.スコットン, A.B.チネン, J.R.バティスタ編, 安藤治, 池沢良郎, 是恒正達訳　日本評論社　1999.12　433p

Gribble, Helen　グリブル, H. *
◇女性と成人教育(共著)：オーストラリアの生活文化と生涯教育—多文化社会の光と影　マーク・テナント編著, 中西直和訳　松籟社　1995.9　268p

Griff, Catherine　グリフ, キャサリン
◇イギリスの企業ネットワークにおける銀行の影響圏(共著)：企業権力のネットワーク—10カ国における役員兼任の比較分析　フラン・N.ストークマン, ロルフ・ツィーグラー, ジョン・スコット編著, 上田義朗訳　文真堂　1993.11　340p

Griffin, Dale　グリフィン, デイル
◇相互依存性についての統計学—二者間データの慎重な取り扱い(共著)(石盛真徳訳)：パーソナルな関係の社会心理学　W.イックス, S.ダック編, 大坊郁夫, 和田実監訳　北大路書房　2004.4　310p

Griffin, James　グリフィン, ジェームス
◇「ヘルスケアにおけるQOLの測定と医療倫理」の論評：クオリティー・オブ・ライフ—豊かさの本質とは　マーサ・ヌスバウム, アマルティア・セン編著, 竹友安彦監修, 水谷めぐみ訳　里文出版　2006.3　237p

Griffin, Natalie Shope　グリフィン, ナタリー・ショップ
◇リーダーシップ開発は一人ひとり異なる：金融サービス業の戦略思考　Diamondハーバード・ビジネス・レビュー編集部訳　ダイヤモンド社　2005.12　225p （Harvard business review anthology）
◇リーダーシップ開発は一人ひとり異なる：人材育成の戦略—評価, 教育, 動機づけのサイクルを回す　Diamondハーバード・ビジネス・レビュー編集部訳　ダイヤモンド社　2007.3　450p （Harvard business review）

Griffin, Susan　グリフィン, スーザン
◇道にそったカーブ：世界を織りなおす—エコフェミニズムの開花　アイリーン・ダイアモンド, グロリア・フェマン・オレンスタイン編, 奥田暁子, 近藤和子訳　学芸書林　1994.3　457, 12p

Griffith-Jones, Stephany　グリフィス・ジョーンズ, ステファニー
◇地球公共財としての国際金融の安定と市場の効率性(湊直信訳)：地球公共財の政治経済学　Inge Kaul, Pedro Conceicao, Katell Le Goulven, Ronald U.Mendoza編, 高橋一生監訳・編　国際書院　2005.6　332p

Griffiths, Aled　グリフィス, アレッド
◇虐待と法的介入(共著)(宮崎昭夫訳)：高齢者虐待—発見・予防のために　ピーター・デカルマー, フランク・グレンディニング編著, 田端光美, 杉岡直人監訳　ミネルヴァ書房　1998.2　246p （Minerva福祉ライブラリー 23）

Griffiths, John　グリフィス, ジョン
◇欧州(共著)：企業チャイルドケア—仕事と家庭の調和　欧州・米国の企業保育実例集　クリスティーン・ベネロほか著, 笹川平和財団訳　笹川平和財団　1992.7　81p

Griffiths, Paul　グリフィス, ポール(児童問題)
◇児童虐待の疑いがあるケースの調査(松原康雄訳)：児童虐待への挑戦　ウェンディ・ステイントン・ロジャース, デニス・ヒーヴィー, エリザベス・アッシュ編著, 福知栄子, 中野敏子, 田沢あけみほか訳　法律文化社　1993.11　261p

Griffiths, Paul J.　グリフィス, ポール・J.(キリスト教)
◇キリスト教教理の唯一性を擁護する：キリスト教は他宗教をどう考えるか—ポスト多元主義の宗教と神学　G.デコスタ編, 森本あんり訳　教文館　1997.11　330p

Grimes, Andrew J.　グライムズ, アンドリュー・J.
◇個人・組織心理学—理論批判(共著)(杉原信男訳)：経営と社会—批判的経営研究　マッツ・アルベッソン, ヒュー・ウィルモット編著, CMS研究会訳　同友館　2001.3　263p

Grimes, William W.　グライムズ, ウイリアム・W.
◇経済的パフォーマンス：対立か協調か—新しい日米パートナーシップを求めて　スティーヴン・K.ヴォーゲル編著, 読売新聞社調査研究本部訳　中央公論新社　2002.4　374p

Grimm, Rüdiger　グリム, リューディガー
◇シュタイナー理論と治療教育：ドイツにおける精神遅滞者への療育理論と方法—心理・教育・福祉の諸アプローチ　ジルビア・ゲアレス, ゲルト・ハンゼン編, 三原博光訳　岩崎学術出版社　1995.5　198p

Grinblatt, Mark　グリンブラット, M. *
◇パフォーマンス評価(共著)(浅野幸弘訳)：ファイナンスハンドブック　R.A.Jarrow, V.Maksimovic, W.T.Ziemba編, 今野浩, 古川浩一監訳　朝倉書店　1997.12　1121p

Grindle, Merilee S.　グリンドル, メリリー・S.
◇政治的側面の探求：開発経済学の潮流—将来の展望　G.M.マイヤー, J.E.スティグリッツ共編, 関本勘次, 近藤正規, 国際協力研究グループ訳　シュプリンガー・フェアラーク東京　2003.7　412p
◇発展途上国とグローバル化：グローバル化で世界はどう変わるか—ガバナンスへの挑戦と展望　ジョセフ・S.ナイ Jr., ジョン・D.ドナヒュー編著, 嶋本恵美訳　英治出版　2004.9　477p （英治出版MPAシリーズ）

Griswald, Fanny E.　グリスウォルド, F. E.
◇前橋ステーションを拠点とした宣教師の書簡(小林俊哉, 下田尾誠訳)：アメリカン・ボード宣教師文書—上州を中心として　新島学園女子短期大学新島文化研究所編訳　新教出版社　1999.2　432p

Grob, Charles　グロブ, チャールズ
◇幻覚剤(サイケデリックス)とトランスパーソナル精神医学(共著)：テキスト/トランスパーソナル心理学・精神医学　B.W.スコットン, A.B.チネン, J.R.バ

ティスタ編, 安藤治, 池沢良郎, 是恒正達訳　日本評論社　1999.12　433p

Groden, June　グロードウン, ジューン
◇絵を用いた認知的リハーサル（共著）：社会性とコミュニケーションを育てる自閉症療育　Kathleen Ann Quill編, 安達潤ほか訳　松柏社　1999.9　481p

Groehler, Olaf　グレーラー, オーラフ
◇ソビエト占領地区や東ドイツにおける記念碑政策と「水晶の夜」との取り組みについて：「負の遺産」との取り組み―オーストリア・東西ドイツの戦後比較　ヴェルナー・ベルクマン, ライナー・エルプ, アルベルト・リヒトブラウ編著, 岡田浩平訳　三元社　1999.3　479p

Groenewegen, Peter　グローエネヴェーゲン, P. *
◇自動車のシュレッダーダスト問題の解決：自動車工業における企業間協力（共著）（飯田清人訳）：グリーニングチャレンジ―企業の環境戦略　Kurt Fischer, Johan Schot編, 藤森敬三監訳, 日本電気環境エンジニアリング訳　日科技連出版　1999.8　419p

Groenewgen, Peter P.　グローエネヴェーゲン, ペーター・P.
◇ルクセンブルグの在宅ケア（鈴木真理子訳）：ヨーロッパの在宅ケア　イェク・B.F.フッテン, アダ・ケルクストラ編, 西沢秀夫監訳　筒井書房　1999.6　404p

Grœthysen　グレトゥイゼン
◇諸制度の政治的な究極目的：安全か自由か：ドゥルーズ初期―若き哲学者が作った教科書　ジル・ドゥルーズ編著, 加賀野井秀一訳注　夏目書房　1998.5　239p

Grof, Christina　グロフ, クリスティーナ
◇スピリチュアル・エマージェンシー 他：スピリチュアル・エマージェンシー―心の病と魂の成長について　スタニスラフ・グロフ, クリスティーナ・グロフ編著, 高岡よし子, 大口康子訳　春秋社　1999.6　341, 8p

Grof, Stanislav　グロフ, スタニスラフ
◇死後の生―現代の意識研究から（菅靖彦訳）：死を超えて生きるもの―霊魂の永遠性について　ゲイリー・ドーア編, 井村宏治, 上野圭一, 笠原敏雄, 鹿子木大士郎, 菅靖彦, 中村正明, 橘村令助訳　春秋社　1993.11　407, 10p
◇スピリチュアル・エマージェンシー 他：スピリチュアル・エマージェンシー―心の病と魂の成長について　スタニスラフ・グロフ, クリスティーナ・グロフ編著, 高岡よし子, 大口康子訳　春秋社　1999.6　341, 8p
◇スピリチュアリティに目覚める方法：精神世界が見えてくる―人間とは何か気づきとは何か　サンマーク出版編集部編　サンマーク出版　1999.12　189p（エヴァ・ブックス）

Groger, Helmut　グレーガー, ヘルムート
◇オランダ史概説（大西吉之訳）：日蘭交流400年の歴史と展望―日蘭交流400周年記念論文集 日本語版　レオナルド・ブリュッセイ, ウィレム・レメリンク, イフォ・スミッツ編　日蘭学会　2000.4　459p（日蘭学会学術叢書 第20）

Gronemeyer, Marianne　グロネマイアー, マリアンネ
◇援助（匹瑳玲子訳）：脱「開発」の時代―現代社会を解読するキイワード辞典　ヴォルフガング・ザックス編, イヴァン・イリッチ他著, 三浦清隆他訳　晶文社　1996.9　396, 12p

Grønholdt, Lars　グロンホルスト, ラーズ
◇顧客満足度と事業業績（共著）：業績評価の理論と実務―事業を成功に導く専門領域の障壁を越えて　アンディ・ニーリー編著, 清水孝訳　東洋経済新報社　2004.4　459p

Groocock, Veronica　グルーコック, ヴェロニカ
◇公的世界の女性たち：メディア・セクシズム―男がつくる女　ジュリアンヌ・ディッキー, テレサ・ストラトフォード, キャス・デイビス編, 井上輝子, 女性雑誌研究会編訳　垣内出版　1995.6　342p

Groos　グルース
◇遊戯と本能：ドゥルーズ初期―若き哲学者が作った教科書　ジル・ドゥルーズ編著, 加賀野井秀一訳注　夏目書房　1998.5　239p

Groot, Henk de　フロート, ヘンク・デ
◇日本言語学のパイオニア 志筑忠雄：日蘭交流400年の歴史と展望―日蘭交流400周年記念論文集 日本語版　レオナルド・ブリュッセイ, ウィレム・レメリンク, イフォ・スミッツ編　日蘭学会　2000.4　459p（日蘭学会学術叢書 第20）

Groothoff, Hans-Hermann　グロートフ, ハンス・ヘルマン
◇カントにおける哲学と教育学の組み合わせの基礎づけとその問題性（山内芳文訳）：現代ドイツ教育学の潮流―W・フリットナー百歳記念論文集　ヘルマン・レールス, ハンス・ショイアール編, 天野正治訳　玉川大学出版部　1992.8　503p

Gros, François　グロ, フランソワ
◇救済される権利（廣瀬浩司訳）：介入？―人間の権利と国家の論理　エリ・ウィーゼル, 川田順造編, 広瀬浩司, 林修訳　藤原書店　1997.6　294p

Gross, John　グロス, ジョン
◇ジュリアン・バーンズ『フロベールの鸚鵡』（富士川義之訳）：ロンドンで本を読む　丸谷才一編著　マガジンハウス　2001.6　337, 8p

Gross, Ronald　グロス, ロナルド
◇学校をなくした後は自由学習を：脱学校化の可能性―学校をなくせばどうなるか？　イヴァン・イリッチほか著, 松崎巌訳　オンデマンド版　東京創元社　2003.6　218p（現代社会科学叢書）

Gross, Steven E.　グロス, スティーブン・E.
◇成果主義の評価基準はどこが違っていたのか（共著）：組織変革のジレンマ―ハーバード・ビジネス・レビュー・ケースブック　Harvard Business Review編, Diamondハーバード・ビジネス・レビュー編集部訳　ダイヤモンド社　2004.11　218p

Grosseteste, Robert　グロステスト, ロバート
◇物体の運動と光・真理論・命題の真理・神の知：中世思想原典集成 13 盛期スコラ学　上智大学中世思想研究所編訳・監修　平凡社　1993.2　845p
◇光について 色について 虹について（須藤和夫訳）：キリスト教神秘主義著作集 第3巻 サン・ヴィクトル派とその周辺　熊田陽一郎ほか訳　教文館　2000.4　319p

Grossfeld, Bernhard グロスフェルト, ベルンハルト
◇追悼ヘルムート・コロサー教授 他(山内惟介訳)：共演ドイツ法と日本法 石川敏行, ディルク・エーラース, ベルンハルト・グロスフェルト, 山内惟介編著 中央大学出版部 2007.9 510, 11p (日本比較法研究所研究叢書 73)

Grosskopf, Shawna グロスコプフ, S. *
◇スウェーデンの病院における生産性の発展：Malmquist出力指標の利用(共著)(上田徹訳)：経営効率評価ハンドブック―包絡分析法の理論と応用 Abraham Charnesほか編, 刀根薫, 上田徹監訳 朝倉書店 2000.2 465p

Grossmann, Atina グロスマン, アチナ
◇中絶と経済危機――一九三一年の第二一八条反対運動：生物学が運命を決めたとき――ワイマールとナチスドイツの女たち レナード・ブライデンソール, アチナ・グロスマン, マリオン・カプラン編著, 近藤和子訳 社会評論社 1992.11 413p

Grove, Andrew S. グローヴ, アンドリュー・S.
◇仕事を楽しんでしまう方法：セルフヘルプ―なぜ, 私は困難を乗り越えられるのか 世界のビッグネーム自らの47の証言 ケン・シェルトン編著, 堀紘一監訳 フロンティア出版 1998.7 301p
◇自分の仕事を楽しみなさい：セルフヘルプ―自助＝他人に頼らず, 自分の力で生きていく！ ケン・シェルトン編著, 堀紘一監訳 フロンティア出版 1998.12 283p
◇最も貴重な資源である時間(服部純子訳)：ビジネスの知恵50選―伝説の経営者が語る成功の条件 ピーター・クラス編, 佐藤洋一監訳 トッパン 1999.2 543p (トッパンのビジネス経営書シリーズ 26)

Groysberg, Boris グロイスバーグ, ボリス
◇スター・プレーヤーの中途採用は危険である(共著)：いかに「問題社員」を管理するか Diamondハーバード・ビジネス・レビュー編集部編訳 ダイヤモンド社 2005.1 262p (Harvard business review anthology)
◇スター・プレーヤーの中途採用は危険である(共著)：金融サービス業の戦略思考 Diamondハーバード・ビジネス・レビュー編集部編訳 ダイヤモンド社 2005.12 225p (Harvard business review anthology)

Gruber, Elisabeth グルーバー, E. *
◇オーストリアにおける財務報告の歴史(共著)(松本康一郎訳)：欧州比較国際会計史論 P.ワルトン編著, 久野光朗監訳 同文館出版 1997.5 380p

Gruchman, Grzegorz B. グルックマン, G. B. *
◇ビジネスプロセス管理(BPM)―品質向上と業績向上を同時に達成する(共著)：ARISを活用したビジネスプロセスマネジメント―欧米の先進事例に学ぶ A.-W.シェアー他共編, 堀内正博, 田中正郎, 柳堀紀幸監訳 シュプリンガー・フェアラーク東京 2003.7 281p

Gruenstein, John M. L. グルーエンスタイン, ジョン・M. L.
◇モデルを構築する際の統計技術の最適化：クレジット・スコアリング エリザベス・メイズ編, スコアリング研究会訳 シグマベイスキャピタル 2001.7 361p (金融職人技シリーズ no.33)

Grugel, Jean グルーゲル, J.
◇現代スペインの野党(共著)(若松新訳)：西ヨーロッパの野党 E.コリンスキー編, 清水望監訳 行人社 1998.5 398p

Grunberg, Isabelle グルンベルグ, イザベル
◇序論 他(共著)：地球公共財―グローバル時代の新しい課題 インゲ・カール, イザベル・グルンベルグ, マーク・A.スターン編, FASID国際開発研究センター訳 日本経済新聞社 1999.11 326p

Grundfest, Joseph A. グルントフェスト, ジョセフ・A.
◇市場が暴落するとき―流動性市場の情報の失敗の帰結：経済危機―金融恐慌は来るか マーティン・フェルドシュタイン編, 祝迫得夫, 中村洋訳, 伊藤隆敏監訳 東洋経済新報社 1992.10 350p

Grunsell, Ange グランセル, アンジェ
◇ワールド・スタディーズと機会均等―全学的取り組み(共著)(岩崎裕保訳)：地球市民教育のすすめかた―ワールド・スタディーズ・ワークブック デイヴィッド・ヒックス, ミリアム・スタイナー編, 岩崎裕保監訳 明石書店 1997.6 341p

Gruskin, Sofia グルスキン, ソフィア
◇公衆衛生の実践者に対する人権の教授(共著)(室進一訳)：世界の人権教育―理論と実践 ジョージ・J.アンドレオポーロス, リチャード・ピエール・クロード編著, 黒沢惟昭監訳 明石書店 1999.2 758p

Guattari, Felix ガタリ, フェリックス
◇一般概念＝普遍主義を超えて 他：フェリックス・ガタリの思想圏―〈横断性〉から〈カオスモーズ〉へ フェリックス・ガタリほか著, 杉村昌昭訳・編 大村書店 2001.8 189p

Gudjonsson, Gisli H. グッドジョンソン, ギスリ・H.
◇犯罪捜査における専門家の役割(共著)(横井幸久訳)：犯罪者プロファイリング―犯罪行動が明かす犯人像の断片 ジャネット・L.ジャクソン, デブラ・A.ベカリアン編, 田村雅幸監訳, 辻洵明, 岩見広一訳編 北大路書房 2000.3 234p

Gueniffer, Patrice ゲニフェー, パトリス
◇選挙(垂水洋子訳)：フランス革命事典 1 フランソワ・フュレ, モナ・オズーフ編, 河野健二, 阪上孝, 富永茂樹監訳 みすず書房 1998.6 349p (みすずライブラリー)
◇カルノー 他(北垣徹訳)：フランス革命事典 2 フランソワ・フュレ, モナ・オズーフ編, 河野健二, 阪上孝, 富永茂樹監訳 みすず書房 1998.12 228p (みすずライブラリー)
◇ラファイエット 他(垂水洋子訳)：フランス革命事典 3 フランソワ・フュレ, モナ・オズーフ編, 河野健二, 阪上孝, 富永茂樹監訳 みすず書房 1999.3 234p (みすずライブラリー)
◇投票制度 他(阪上孝訳)：フランス革命事典 4 フランソワ・フュレ, モナ・オズーフ編, 河野健二, 阪上孝, 富永茂樹監訳 みすず書房 1999.9 331p (みすずライブラリー)

Gueroult, Marcial ゲルー, マルシャル
◇デカルト形而上学と理由の順序 他(小泉義之訳)：現代デカルト論集 1 フランス篇 デカルト研究会編

Guerrand, Roger-Henri ゲラン, ロジェ＝アンリ
◇マスターベーション糾弾!：愛と結婚とセクシュアリテの歴史－増補・愛とセクシュアリテの歴史　ジョルジュ・デュビーほか著，福井憲彦，松本雅弘訳　新曜社　1993.11　401p

Guerricus（Igniacensis）グエリクス（イニーの）
◇説教集：中世思想原典集成　10　修道院神学　上智大学中世思想研究所編訳・監修　平凡社　1997.10　725p

Guesne, Edith ゲスン, エディス
◇光 他：子ども達の自然理解と理科授業　R.ドライヴァー, E.ゲスン, A.ティベルギェ編，貫井正納ほか訳，内田正男監訳　東洋館出版社　1993.2　249p

Guest, Philip ゲスト, フィリップ
◇タイにおける売買春（共著）（さくまゆみこ訳）：セックス「産業」－東南アジアにおける売買春の背景　リン・リーン・リム編著，津田守他訳　日本労働研究機構　1999.12　334p

Guha, Ranajit グハ, ラナジット
◇『サバルタン』研究第一巻への序文 他：サバルタンの歴史－インド史の脱構築　R.グハほか著，竹中千春訳　岩波書店　1998.11　360p

Guigo グイゴ1世
◇シャルトルーズ修道院慣習律：中世思想原典集成　10　修道院神学　上智大学中世思想研究所編訳・監修　平凡社　1997.10　725p

Guillaume ギヨーム
◇本能と習慣：ドゥルーズ初期－若き哲学者が作った教科書　ジル・ドゥルーズ編著，加賀野井秀一訳注　夏目書房　1998.5　239p

Guillaume（Sancti-Theodorici）ギヨーム（サン＝ティエリの）
◇愛の本性と尊厳について 他：中世思想原典集成　10　修道院神学　上智大学中世思想研究所編訳・監修　平凡社　1997.10　725p

Guillaume d'Auvergne ギヨーム（オーヴェルニュの）
◇三位一体論：中世思想原典集成　13　盛期スコラ学　上智大学中世思想研究所編訳・監修　平凡社　1993.2　845p

Guillaume d'Auxerre ギヨーム（オーセールの）
◇黄金大全：中世思想原典集成　13　盛期スコラ学　上智大学中世思想研究所編訳・監修　平凡社　1993.2　845p

Guillelmus（Campellensis）ギヨーム（シャンポーの）
◇命題集（桶笠勝士訳）：中世思想原典集成　7　前期スコラ学　上智大学中世思想研究所編訳・監修　平凡社　1996.6　953p

Guillory, John ギロリー, ジョン
◇知識人としての文学批評家－階級分析と人文科学の危機：階級を再考する－社会編成と文学批評の横断　ワイ・チー・ディモック, マイケル・T.ギルモア編著，宮下雅年，新関芳生，久保拓也訳　松柏社　2001.5　391p

Guindi, Fadwa El ギンディ, ファドワ・エル
◇文明に対する戦争行為：アメリカの戦争犯罪　ラムゼイ・クラーク編著，戦争犯罪を告発する会訳　柏書房　1992.12　346p　（ブックス・プラクシス 6）

Gulden, Royal Scott グルデン, ロイヤル・スコット
◇ロイヤル・スコット・グルデン（高橋健次訳）：イン タヴューズ　1　クリストファー・シルヴェスター編，新庄哲夫ほか訳　文芸春秋　1998.11　462p

Gulik, W. R. van フーリック, W. R. ファン
◇「西への巡礼」－蘭学のパイオニアとしての司馬江漢：日蘭交流400年の歴史と展望－日蘭交流400周年記念論文集 日本語版　レオナルド・ブリュッセイ, ウィレム・レメリンク, イフォ・スミッツ編　日蘭学会　2000.4　459p　（日蘭学会学術叢書 第20）

Gulledge, Thomas R. グレッジ, T. R.
◇SAPの相互運用を管理するためにARISを活用する－米海軍の事例（共著）：ARISを活用したビジネスプロセスマネジメント－欧米の先進事例に学ぶ　A.-W.シェアー他共編，堀内正博，田中正郎，柳堀紀幸監訳　シュプリンガー・フェアラーク東京　2003.7　281p
◇次期兵站計画をデザインするためにARISを活用する－米国国防総省のケース（共著）（木村祐介訳）：ARISを活用したチェンジマネジメント－ビジネスプロセスの変革を管理する　A.-W.シェアー, F.アボルハッサン, W.ヨースト, M.F.W.キルヒマー編，堀内正博，田中正郎，柳堀紀幸監訳　シュプリンガー・フェアラーク東京　2003.12　216p
◇SAPNetWeaver技術に基づいた兵站（ロジスティクス）のプロセス・オートメーション－米国陸軍のケース（共著）（宇野沢英治訳）：ARISを活用したシステム構築－エンタープライズ・アーキテクチャの実践　A.-W.シェアー他編，堀内正博，田中正郎，力正俊監訳　シュプリンガー・フェアラーク東京　2005.1　201p

Gulliver, T. ガリヴァー, T.＊
◇ダーツ競技に不可欠な自信を持たせられた：心にのこる最高の先生－イギリス人の語る教師像　上林喜久子編訳　関東学院大学出版会　2004.11　97p
◇ダーツ競技に不可欠な自信を持たせられた：イギリス人の語る心にのこる最高の先生　上林喜久子編訳　関東学院大学出版会　2005.6　68p

Gumpert, David E. ガンバート, デービッド・E.
◇成功するビジネス・プランを作るには：MBA起業家育成　ウィリアム・D.バイグレイブ編著，千本倖生＋バブソン起業家研究会訳　学習研究社　1996.12　369p

Gumport, Patricia J. ガムポート, パトリシア・J.
◇大学教育：アメリカ社会と高等教育　P.G.アルトバック, R.O.バーダール, P.J.ガムポート編，高橋靖直訳　玉川大学出版部　1998.2　354p
◇アメリカの大学院教育と組織的な研究 他（早川操訳）：大学院教育の研究　バートン・クラーク編著，潮木守一監訳　東信堂　1999.5　523p

Gunānanda, Mohottivatte グナーナンダ, モーホッティワッテ
◇仏教徒の主張：キリスト教か仏教か－歴史の証言　金漢益訳注　山喜房仏書林　1995.9　220p

Gundissalinus, Dominicus グンディサリヌス, ドミニクス
◇哲学の区分(三浦伸夫訳):中世思想原典集成 7 前期スコラ学 上智大学中世思想研究所編訳・監修 平凡社 1996.6 953p

Gunlicks, Arthur B. ガンリックス, アーサー・B.
◇アメリカの地方自治:多様性と不均一な発展:国際比較から見た地方自治と都市問題—先進20カ国の分析 1 Joachim Jens Hesse編, 北海道比較地方自治研究会訳 北海道比較地方自治研究会 1994.3 208p
◇アメリカの地方自治:地方自治の世界的潮流—20カ国からの報告 上 ヨアヒム・J.ヘッセ編, 北海道比較地方自治研究会訳, 木佐茂男監修 信山社出版 1997.9 335p

Gunnell, John G. ガンネル, ジョン・G.
◇アメリカ政治学・自由主義と政治理論の構築:アメリカ政治学の展開—学説と歴史 ジェームズ・ファ, レイモンド・セイデルマン編著, 本田弘, 森原孝, 秋山和宏, 石川晃司, 入江正俊ほか訳 サンワコーポレーション 1996.2 506p

Gunstone, Richard F. ガンストン, リチャード
◇力と運動(共著):子ども達の自然理解と理科授業 R.ドライヴァー, E.ゲスン, A.ティベルギェ編, 貫井正納ほか訳, 内田正男監修 東洋館出版社 1993.2 249p
◇物理現象についての学生の知識に対する学習指導の効果 他(共著):認知構造と概念転換 L.H.T.ウエスト, A.L.パインズ編, 野上智行, 稲垣成彦, 田中浩朗, 森藤義孝訳, 進藤公夫監訳 東洋館出版社 1994.5 327p

Günther, Klaus ギュンター, クラウス
◇道徳規範と法規範の公平な適用(菊池理夫訳):普遍主義対共同体主義 デヴィッド・ラスマッセン編, 菊池理夫, 山口晃, 有賀誠訳 日本経済評論社 1998.11 433p
◇政治は法によって統治されるか(共著):哲学の原点—ドイツからの提言 ハンス・ゲオルク・ガダマー他著, U.ベーム編, 長倉誠一, 多田茂訳 未知谷 1999.7 272, 11p

Gupta, Anil K. グプタ, アニル・K.
◇効果的なグローバル・ビジネス・チームの構築(共著):スマート・グローバリゼーション A.K.グプタ, D.E.ウエストニー編著, 諸上茂登監訳 同文舘出版 2005.3 234p

Gurevich, Aron Iakovlevich グレーヴィチ, アーロン
◇商人:中世の人間—ヨーロッパ人の精神構造と創造力 ジャック・ル・ゴフ編, 鎌田博夫訳 法政大学出版局 1999.7 440, 31p (叢書・ウニベルシタス 623)

Gurland, Barry J. ガーランド, J.
◇高齢者のQOLについての科学—課題と機会(共著)(石川道夫訳):虚弱な高齢者のQOL—その概念と測定 James E.Birrenほか編, 三谷嘉明他訳 医歯薬出版 1998.9 481p

Gustafsson, Gunnel グスタフソン, グンネル
◇スウェーデンの地方政府:合理性と合意の再考:国際比較から見た地方自治と都市問題—先進20カ国の分析 1 Joachim Jens Hesse編, 北海道比較地方自治研究会訳 北海道比較地方自治研究会 1994.3 208p

◇スウェーデンの地方政府:地方自治の世界的潮流—20カ国からの報告 上 ヨアヒム・J.ヘッセ編, 北海道比較地方自治研究会訳, 木佐茂男監修 信山社出版 1997.9 335p

Gustavsson, Anders グスタフソン, アンデシュ
◇序 他(共著):北欧の知的障害者—思想・政策と日常生活 ヤン・テッセブロー, アンデシュ・グスタフソン, ギューリ・デューレンダール編, 二文字理明監訳 青木書店 1999.8 289p
◇経験に近い視点から見た障害のある人たちの権利(スウェーデン)(滝沢亜紀訳):障害, 人権と教育 レン・バートン, フェリシティ・アームストロング編, 嶺井正也監訳 明石書店 2003.5 442p (明石ライブラリー 51)
◇転換期にある北欧型福祉国家における「統合」:世界のインクルーシブ教育—多様性を認め, 排除しない教育を ハリー・ダニエルズ, フィリップ・ガーナー編著, 中村満紀男, 窪田真二監訳 明石書店 2006.3 540p (明石ライブラリー 92)

Gusterson, Hugh ガスターソン, ヒュー
◇広島・長崎とアメリカの核兵器研究所(沼田知加訳):核時代に生きる私たち—広島・長崎から50年 マヤ・モリオカ・トデスキーニ編, 土屋由香, 友谷知己, 沼田憲治, 沼田知加, 日暮吉延ほか共訳 時事通信社 1995.8 413p

Guthrie, Harvey H. ガスリー, ハーヴェイ・H.
◇聖公会のスピリチュアリティ—気風といくつかの課題:聖公会の中心 W.J.ウルフ編, 西原廉太訳 聖公会出版 1995.8 303p

Gutierrez, Lorraine Margot グティエーレス, L. M.
◇エンパワーメント志向プログラムにとっての好機を作り出す 他(共著):ソーシャルワーク実践におけるエンパワーメント—その理論と実際の論考集 L.M.グティエーレス, R.J.パーソンズ, E.O.コックス編著, 小松源助監訳 相川書房 2000.6 333p

Gutmann, Amy ガットマン, エイミー
◇緒論(辻康夫訳):マルチカルチュラリズム エイミー・ガットマン編, 佐々木毅他訳 岩波書店 1996.10 240, 3p
◇民主的市民権(辰巳伸知訳):国を愛するということ—愛国主義の限界をめぐる論争 マーサ・C.ヌスバウム他著, 辰巳伸知, 能川元一訳 人文書院 2000.5 269p

Gutstein, Steven E. ガットステイン, スティーブン・E.
◇自閉症患者はEQが欠如している:EQを鍛える Diamondハーバード・ビジネス・レビュー編集部編訳 ダイヤモンド社 2005.7 286p (Harvard business review anthology)

Guttormsson, Loftur グットルムスソン, ロフトゥル
◇世帯 他(田辺欧訳):北欧のアイデンティティ K.ハストロプ編, 菅原邦城ほか訳 東海大学出版会 1996.5 243p (北欧社会の基層と構造 3)

Guu, Sy-ming グー, S.*
◇経済成長モデルのための摂動求解法(共著)(野口旭訳):Mathematica 経済・金融モデリング Hal R.ヴァリアン編, 野口旭ほか共訳 トッパン 1996.12 553p

Guzman, Laura グッズマン, ローラ
◇高齢の母の介護者としての女性―コスタリカとアメリカ合衆国について(共著)(宮下美智子訳)：転換期の家族―ジェンダー・家族・開発　N.B.ライデンフロースト編, 家庭経営学部会訳　日本家政学会　1995.3　360p

Gwinner, Wilhelm グヴィナー, ヴィルヘルム
◇身近に接したショーペンハウアー(斎藤忍随, 兵頭高夫訳)：ショーペンハウアー全集　別巻　ショーペンハウアー生涯と思想　白水社　1996.11　504p
◇身近に接したショーペンハウアー：ショーペンハウアー全集　別巻　ショーペンハウアー生涯と思想　金森誠也ほか著訳　新装復刊　白水社　2004.10　504p

【H】

Haas, Werner ハース, ヴェルナー
◇欧州各国に於ける国家革新運動：内閣情報部情報宣伝研究資料　第5巻　津金沢聡広, 佐藤卓己編　柏書房　1994.6　721p

Häberle, Peter ヘーベルレ, ペーター
◇立憲国家という事柄における各国の学者共同体の共同作業の可能性と限界(三宅雄彦訳)：日独憲法学の創造力―栗城寿夫先生古稀記念　下巻　樋口陽一編, 上村貞美, 戸波江二編集代表　信山社　2003.9　759p

Habermas, Jürgen ハーバーマス, ユルゲン
◇一種の損害補償―ドイツにおける現代史記述の弁護論的傾向　他(辰巳伸知訳)：過ぎ去ろうとしない過去―ナチズムとドイツ歴史家論争　ユルゲン・ハーバーマス他著, 徳永恂ほか訳　人文書院　1995.6　257p
◇民主的立憲国家における承認への闘争(向山恭一訳)：マルチカルチュラリズム　エイミー・ガットマン編, 佐々木毅他訳　岩波書店　1996.10　240, 9p
◇ヘーゲルの政治哲学(藤沢賢一郎, 座小田豊訳)：続・ヘーゲル読本―翻訳篇/読みの水準　D.ヘンリッヒ他著, 加藤尚武, 座小田豊編訳　法政大学出版局　1997.3　324, 12p
◇倫理・政治・歴史(菊池理夫訳)：普遍主義対共同体主義　デヴィッド・ラスムッセン編, 菊池理夫, 山口晃, 有賀誠訳　日本経済評論社　1998.11　433p
◇政治は法によって統治されるか(共著)：哲学の原点―ドイツからの提言　ハンス・ゲオルク・ガダマー他著, U.ベーム編, 長倉誠一, 多田茂訳　未知谷　1999.7　272, 11p
◇結論 ハーバマスとの対話(山本啓訳)：ハーバマスと公共圏　クレイグ・キャルホーン編, 山本啓, 新田滋訳　未来社　1999.2　348p (ポイエーシス叢書 41)
◇宗教の声に耳を傾けよ：発言―米同時多発テロと23人の思想家たち　中山元編訳　朝日出版社　2002.1　247p
◇二百年後から見たカントの永遠平和という理念：カントと永遠平和―世界市民という理念について　ジェームズ・ボーマン, マティアス・ルッツ＝バッハマン編, 紺野茂樹, 田辺俊明, 舟場保之訳　未来社　2006.1　261p
◇民主的立憲国家における承認への闘争：マルチカルチュラリズム　チャールズ・テイラー, ユルゲン・ハーバーマスほか著, エイミー・ガットマン編, 佐々木毅, 辻康夫, 向山恭一訳　岩波書店　2007.11　240, 3p (岩波モダンクラシックス)

Habich, Roland ハビヒ, ローラント
◇東西ドイツ生活における志向と主観的幸福度(共著)：統一ドイツの生活実態―不均衡は均衡するのか　ヴォルフガング・グラッツァー, ハインツ・ヘルベルト・ノル編, 長坂聡, 近江谷左馬之介訳　勁草書房　1994.3　236p

Hackel, Sergei ハッケル, セルゲイ
◇ロシアのスピリチュアリティ：キリスト教のスピリチュアリティ―その二千年の歴史　ゴードン・マーセル監修, G.マーセル他著, 青山学院大学総合研究所訳　新教出版社　2006.4　415p

Hacker, Peter Michael Stephan ハッカー, P. M. S.
◇20世紀分析哲学の生成：分析哲学の生成　ハンス＝ヨハン・グロック編, 吉田謙二, 新茂之, 溝口隆一訳　晃洋書房　2003.4　200p

Hackett, Gail ハケット, G.
◇職業選択と発達における自己効力(本明寛訳)：激動社会の中の自己効力　アルバート・バンデューラ編, 本明寛, 野口京子監訳　金子書房　1997.11　352p

Hackett, Jo Ann ハケット, ジョー・アン
◇サムエル記I・II(加藤明子訳)：女性たちの聖書注解―女性の視点で読む旧約・新約・外典の世界　C.A.ニューサム, S.H.リンジー編, 加藤明子, 小野功生, 鈴木元子訳, 荒井章三, 山内一郎日本語版監修　新教出版社　1998.3　682p

Hackfort, Dieter ハックフォート, D. *
◇高齢者のスポーツ―自立能力(Kompetenz)への一寄与(略)：高齢者の自立能力―今日と明日の概念 III 老年学週間論文集　Chr.Rott, F.Oswald編, 石井毅訳　長寿社会開発センター　1994.3　200p

Hackler, Tim ハックラー, ティム
◇ソーヒル女史の1週間―政策アナリストを追って：政策形成と日本型シンクタンク―国際化時代の「知」のモデル　アーバン・インスティテュート編, 上野真城子監訳　東洋経済新報社　1994.4　174p

Haddock, Bruce ハドック, ブルース
◇ヘーゲルの社会契約論批判(山田正行訳)：社会契約論の系譜―ホッブズからロールズまで　D.バウチャー, P.ケリー編, 飯島昇蔵, 佐藤正志ほか訳　ナカニシヤ出版　1997.5　367p (叢書「フロネーシス」)

Haddock, Gillian ハドック, ジリアン
◇幻覚と妄想に対する認知行動療法：実践の現状と将来の動向(共著)(熊谷直樹訳)：認知行動療法―臨床と研究の発展　ポール M.サルコフスキス編, 坂野雄二, 岩本隆茂監訳　金子書房　1998.10　217p

Hadley, Constance N. ハドリー, コンスタンス・N.
◇時間の制約は創造性を高められるか(共著)：いかに「プロジェクト」を成功させるか　Diamondハーバード・ビジネス・レビュー編集部編訳　ダイヤモンド社　2005.1　239p (Harvard business review anthology)
◇時間の制約は創造性を高められるか(共著)：いかに「時間」を戦略的に使うか　Diamondハーバード・ビジネス・レビュー編集部編訳　ダイヤモンド社　2005.10　192p (Harvard business review anthology)

Hadzipetros, Emmanuel ハディペトロ, E.
◇ハリウッドにおけるアプリケーション統合―大手映画スタジオのケース（共著）（浅利浩一訳）：ARISを活用したシステム構築―エンタープライズ・アーキテクチャの実践　A.-W.シェアー他編、堀内正person、田中正郎、力正俊監訳　シュプリンガー・フェアラーク東京　2005.1　201p

Haeckael, Stephen H. ヘッケル, スティーブン・H.
◇ITを活用する経営（共著）：ITマネジメント　Harvard Business Review編, Diamondハーバード・ビジネス・レビュー編集部訳　ダイヤモンド社　2000.10　277p

Haeckel, Ernst Heinrich ヘッケル, エルンスト・ハインリッヒ
◇男女淘汰論（共著）：世界女性学基礎文献集成　明治大正編 第6巻　水田珠枝監修　ゆまに書房　2001.6　333p

Haferkamp, Hans ハーファーカンプ, ハンス
◇複合性と行動の構造、計画的結合と構造の創造（木戸功訳）：ミクローマクロ・リンクの社会理論　ジェフリー・C.アレグザンダー、ニール・J.スメルサーほか編、石井幸夫ほか訳　新泉社　1998.10　273p（「知」の扉をひらく）

Hafez, Wael ハフェズ, W.
◇SAPNetWeaver技術に基づいた兵站（ロジスティクス）のプロセス・オートメーション―米国陸軍のケース（共著）（宇野沢英治訳）：ARISを活用したシステム構築―エンタープライズ・アーキテクチャの実践　A.-W.シェアー他編、堀内正person、田中正郎、力正俊監訳　シュプリンガー・フェアラーク東京　2005.1　201p

Hagel, John, Ⅲ ヘーゲル, ジョン, 3世
◇資源としての顧客情報 他（共著）：ネットワーク戦略論　ドン・タプスコット編、Diamondハーバード・ビジネス・レビュー編集部訳　ダイヤモンド社　2001.5　298p
◇攻勢に出るオフショア・ビジネス―コスト削減はほんの入り口にすぎない（琴坂将広監訳）：マッキンゼー　ITの本質―情報システムを活かした「業務改革」で利益を創出する　横浜信一、萩平和巳、金平直人、大隈健史、琴坂将広編著・監訳、鈴木立哉訳　ダイヤモンド社　2005.3　212p（The McKinsey anthology）

Hagemann, karen ハーゲマン, カーレン
◇愛国的な戦う男らしさ：男の歴史―市民社会と〈男らしさ〉の神話　トーマス・キューネ編、星乃治彦訳　柏書房　1997.11　254p（パルマケイア叢書 8）

Hagen, Kare Petter ハーゲン, K. P. *
◇統合ヨーロッパにおける北欧福祉国家の財政 他（共著）（野村容康訳）：北欧諸国の租税政策　ピーター・バーチ・ソレンセン編著, 馬場義久監訳　日本証券経済研究所　2001.9　260p

Hagen, Terje P. ハーゲン, タリエ・P.
◇政治的・行政的リーダーシップの新たな役割［ノルウェー］（共著）：北欧の地方分権改革―福祉国家におけるフリーコミューン実験　ハラール・ボルデシュハイム、クリステル・ストールバリ編著、大和田建太郎、小原亜生、広田全男訳　日本評論社　1995.8　233p

Hägglund, Bengt ヘグルント, B.
◇聖書の明瞭性―宗教改革の忘れられた根本的考えと、その考えの後代への影響（竹原創一訳）：宗教改革とその世界史的影響―倉松功先生献呈論文集　土戸清、近藤勝彦編　教文館　1998.9　351, 8p

Hahn, Carole L. ハーン, キャロル・L.
◇各国における「政治的になる」ということ：欧州統合とシティーンシップ教育―新しい政治学習の試み　クリスティーヌ・ロラン・レヴィ、アリステア・ロス編著, 中里亜夫、竹島博之監訳　明石書店　2006.3　286p（明石ライブラリー 91）

Hahn, Frank ハーン, フランク
◇新たなる一〇〇年の理論経済学：フューチャー・オブ・エコノミクス―21世紀への展望　ガルブレイス他著, J.D.ヘイ編, 鳥居泰彦訳　同文書院インターナショナル　1992.11　413p
◇反省をこめた自叙伝的覚え書：現代経済学の巨星―自らが語る人生哲学 下　M.シェンバーグ編　岩波書店　1994.12　292, 11p

Hahn, Roger ハーン, ロジャー
◇ラプラスと機械論的宇宙：神と自然―歴史における科学とキリスト教　デイビッド・C.リンドバーグ、R.L.ナンバーズ編, 渡辺正雄監訳　みすず書房　1994.6　528, 48p

Haig, Harold J. A. ヘイグ, H. J. A. *
◇クレジット要因に基づく期限前償還およびデフォルト分析（共著）：CMBS―商業用モーゲージ証券 成長する新金融商品市場の特徴と実務　フランク・J.ファボッツィ、デイビット・P.ジェイコブ編, 酒井吉広監訳, 野村証券CMBS研究会訳　金融財政事情研究会　2000.12　672p

Hajjar, Joseph N. ハヤール, ヨセフ
◇東方カトリック諸教会：キリスト教史 11 現代に生きる教会　上智大学中世思想研究所編訳・監修　ヨセフ・ハヤールほか著　平凡社　1997.7　545p（平凡社ライブラリー）

Hakansson, Nils H. ハッカンソン, N. *
◇資本成長理論（共著）（竹原均訳）：ファイナンスハンドブック　R.A.Jarrow, V.Maksimovic, W.T.Ziemba編, 今野浩, 古川浩一監訳　朝倉書店　1997.12　1121p

Haken, Hermann ハーケン, ハーマン
◇シナジェティクスはマネジメント理論の役に立ちうるか：自己組織化とマネジメント　H.ウルリッヒ、G.J.B.プロブスト編, 徳安彰訳　東海大学出版会　1992.11　235p

Hakfoort, Caspar ハクフォールト, カスパル
◇ニュートンの光学―科学を変えたスペクトル：ニュートン復活　J.フォーベル編, 平野葉一ほか訳　現代数学社　1996.11　454p

Halberstam, Judith ハルバースタム, J. *
◇ジュディス・ハルバーシュタム講演会「アブ・グレイブを挟むフィーメール・マスキュリニティの葛藤」：The contradictions of female masculinity before and after Abu Grahib：F-GENSジャーナル―Frontiers of Gender Studies　no.3　F-GENSジャーナル編集委員会編　お茶の水女子大学21世紀COEプログラムジェンダー研究のフロンティア　2005.3　327p

Halbwachs アルヴァックス
◇制度と組織：ドゥルーズ初期―若き哲学者が作った教科書　ジル・ドゥルーズ編著, 加賀野井秀一訳注　夏目書房　1998.5　239p

Hale, Bob ヘイル, ボブ
◇プラトニズムは認識論的に破綻しているか？（長谷川吉昌訳）：フレーゲ哲学の最新像―ダメット, パーソンズ, ブーロス, ライト, ルフィーノ, ヘイル, アクゼル, ストホルム　岡本賢吾, 金子洋之編　勁草書房　2007.2　374p　（双書現代哲学5）

Halevi, Ilan ハレヴィ, イラン
◇フェリックス・ガタリとパレスチナ：フェリックス・ガタリの思想圏―〈横断性〉から〈カオスモーズ〉へ　フェリックス・ガタリほか著, 杉村昌昭訳・編　大村書店　2001.8　189p

Halévi, Ran アレヴィ, ラン
◇全国三部会（垂水洋子訳）：フランス革命事典　1　フランソワ・フュレ, モナ・オズーフ編, 河野健二, 阪上孝, 富永茂樹監訳　みすず書房　1998.6　349p　（みすずライブラリー）
◇王政派 他（小川伸彦訳）：フランス革命事典　3　フランソワ・フュレ, モナ・オズーフ編, 河野健二, 阪上孝, 富永茂樹監訳　みすず書房　1999.3　234p　（みすずライブラリー）
◇クラブと民衆協会（共著）（牟田和恵訳）：フランス革命事典　4　フランソワ・フュレ, モナ・オズーフ編, 河野健二, 阪上孝, 富永茂樹監訳　みすず書房　1999.9　331p　（みすずライブラリー）

Halkyard-Harawira, Hilda ホークァード・ハラウィラ, ヒルダ
◇非核独立太平洋にむけて―マオリの立場から：写真集　原爆と核のない国ニュージーランド　ギル・ハンリーほか著, 楠瀬佳子, 近藤和子訳　明石書店　1993.7　142p

Hall, John ホール, ジョン
◇精神病への臨床心理サービス 他（上田裕美訳）：専門職としての臨床心理士　ジョン・マツィリア, ジョン・ホール編, 下山晴彦訳　東京大学出版会　2003.4　435p

Hall, M. E. ホール, M. E.
◇前橋ステーションを拠点とした宣教師の書簡（前田浩訳）：アメリカン・ボード宣教師文書―上州を中心として　新島学園女子短期大学新島文化研究所編訳　新教出版社　1999.2　432p

Hall, Peter A. ホール, ピーター・A.
◇相互依存の時代におけるヨーロッパの政治経済 他（長岡延孝訳）：制度の政治経済学　ロジャー・ホリングスワースほか著, 長尾伸一, 長岡延孝監訳　木鐸社　2000.5　307p
◇21世紀のグローバル都市地域：グローバル・シティー・リージョンズ―グローバル都市地域への理論と政策　アレン・J.スコット編著, 坂本秀和訳　ダイヤモンド社　2004.2　365p

Hall, Stuart ホール, スチュアート
◇ローカルなものとグローバルなもの―グローバル化とエスニシティ 他（安藤充訳）：文化とグローバル化―現代社会とアイデンティティ表現　A.D.キング編, 山中弘, 安藤充, 保呂篤彦訳　玉川大学出版部　1999.8　244p

◇誰がアイデンティティを必要とするのか？（宇波彰訳）：カルチュラル・アイデンティティの諸問題―誰がアイデンティティを必要とするのか？　スチュアート・ホール, ポール・ドゥ・ゲイ編, 宇波彰訳・解説　大村書店　2001.1　342p
◇「イデオロギー」の再発見（藤田真文訳）：リーディングス政治コミュニケーション　谷藤悦史, 大石裕編訳　一芸社　2002.4　284p
◇ジャマイカの宗教イデオロギーと社会運動：宗教を語りなおす―近代的カテゴリーの再考　磯前順一, タラル・アサド編　岩波書店　2006.7　289p

Hall, Terry ホール, テリー
◇マイケル・サンデルの共同体主義的自由主義：岐路に立つ自由主義―現代自由主義理論とその批判　C.ウルフ, J.ヒッティンガー編, 菊池理夫ほか訳　ナカニシヤ出版　1999.4　297p　（叢書「フロネーシス」）

Hallin, Daniel C. ハリン, ダニエル・C.
◇政治権力と民主化：メキシコ（杉山光信訳）：メディア理論の脱西欧化　J.カラン, 朴明珍編, 杉山光信, 大畑裕嗣訳　勁草書房　2003.2　306p

Halperin, Morton H. ハルペリン, モートン・H.
◇対イラク「封じ込めプラス」戦略で戦争回避を：アメリカはなぜイラク攻撃をそんなに急ぐのか　フォーリン・アフェアーズ・ジャパン編・監訳　朝日新聞社　2002.12　266, 4p　（朝日文庫―フォーリン・アフェアーズ・コレクション）

Halpern, Jack ハルペン, ジャック
◇気配り：ニッポン不思議発見！―日本文化を英語で語る50の名エッセイ集　日本文化研究所編, 松本道弘訳　講談社インターナショナル　1997.1　257p（Bilingual books）

Halsey, A. H. ハルゼー, A. H.
◇家族と社会正義 他（共著）：教育社会学―第三のソリューション　A.H.ハルゼー, H.ローダー, P.ブラウン, A.S.ウェルズ編, 住田正樹, 秋永雄一, 吉本圭一編訳　九州大学出版会　2005.2　660p

Hambleton, Ronald K. ハンブレットソン, R. K.*
◇項目応答理論の基礎と応用（野口裕之訳）：教育測定学　上巻　ロバート・L.リン編, 池田央, 藤田恵璽, 柳井晴夫, 繁桝算男訳・編　学習評価研究所　1992.12　469p

Hamel, Gary ハメル, ゲイリー
◇競争基盤を再構築する：21世紀ビジネスはこうなる―世界の叡智を結集　ロワン・ギブソン編, 島田晴雄監訳, 鈴木孝男, 竹内ふみえ訳　シュプリンガー・フェアラーク東京　1997.11　327p
◇ゲーリー・ハメル：コンセプトリーダーズ―新時代の経営への視点　ジョエル・クルツマン編, 日本ブーズ・アレン・アンド・ハミルトン訳　プレンティスホール出版　1998.12　298p
◇コア・コンピタンス経営（共著）：不確実性の経営戦略　Harvard Business Review編, Diamondハーバード・ビジネス・レビュー編集部訳　ダイヤモンド社　2000.10　269p
◇戦略の革新と価値探求：MITスローン・スクール 戦略論　マイケル・A.クスマノ, コンスタンチノス・C.マルキデス編, グロービス・マネジメント・インスティテュート訳　東洋経済新報社　2003.12　287p
◇企業のコア・コンピタンス 他（共著）：技術とイノ

ベーションの戦略的マネジメント 上 ロバート・A.バーゲルマン, クレイトン・M.クリステンセン, スティーヴン・C.ウィールライト編著, 青島矢一, 黒田光太郎, 志賀敏宏, 田辺孝二, 出川通, 和賀三和子日本語版監修, 岡真由美, 斉藤裕一, 桜井祐子, 中川泉, 山本章子訳 翔泳社 2007.7 735p

Hamel Green, Michael ハメル＝グリーン, マイケル
◇日本、オーストラリア、そして国連の軍縮への取り組み：多国間主義と同盟の狭間——岐路に立つ日本とオーストラリア マイケル・シーゲル, ジョセフ・カミレーリ編 国際書院 2006.9 305p

Hamilton, Bernard ハミルトン, バーナード
◇政治学における人権の認知ゲームと技能ゲーム（永井健夫訳）：世界の人権教育——理論と実践 ジョージ・J.アンドレオポーロス, リチャード・ピエール・クロード編著, 黒沢惟昭監訳 明石書店 1999.2 758p

Hamilton, Cynthia ハミルトン, シンシア
◇女性、家族、地域社会——都市の環境を守るたたかい：世界を織りなおす——エコフェミニズムの開花 アイリーン・ダイアモンド, グロリア・フェマン・オレンスタイン編, 奥田暁子, 近藤和子訳 学芸書林 1994.3 457, 12p

Hamilton, Ian ハミルトン, イアン
◇安物の靴下をはいたサムライ 他：私が出会った日本——オーストラリア人の異色体験・日本観 ジェニファー・ダフィ, ギャリー・アンソン編 サイマル出版会 1995.7 234p

Hammarqvist, Sten-Erik ハマークヴィスト, ステン・エリク
◇新たな政策、新たな言葉——スカンジナビア社会政策におけるサービス概念 他（共著）：社会ケアサービス——スカンジナビア福祉モデルを解く鍵 ヨルマ・シピラ編著, 日野秀逸訳 本の泉社 2003.7 333p

Hammarström, Olle ハマーシュトロム, オレ
◇スウェーデンの労使関係（久保庭和子訳）：新版 先進諸国の労使関係——国際比較：21世紀に向けての課題と展望 桑原靖夫, グレッグ・J.バンバー, ラッセル・D.ランズベリー編 日本労働研究機構 1994.7 452p
◇スウェーデンの雇用関係（共著）（久保庭和子訳）：先進諸国の雇用・労使関係——国際比較：21世紀の課題と展望 桑原靖夫, グレッグ・バンバー, ラッセル・ランズベリー編 新版 日本労働研究機構 2000.7 551p

Hammer, Michael ハマー, マイケル
◇経営管理の先にあるもの：21世紀ビジネスはこうなる——世界の叡智を結集 ロワン・ギブソン編, 島田晴雄監訳, 鈴木孝男, 竹内ふみえ訳 シュプリンガー・フェアラーク東京 1997.11 327p
◇新しい組織の魂：企業の未来像——成功する組織の条件 フランシス・ヘッセルバイン, マーシャル・ゴールドスミス, リチャード・ベックハード編, 小坂恵理訳 トッパン 1998.7 462p （トッパンのビジネス経営書シリーズ 14）

Hammerstein, Notker ハマーシュタイン, ノートカー
◇ザームエル・プーフェンドルフ：17・18世紀の国家思想家たち——帝国（国）法論・政治学・自然法論 ミヒャエル・シュトライス編, 佐々木有司, 柳原正治訳 木鐸社 1995.2 593, 13p

Hammond, Dennis R. ハモンド, デニス・R.
◇投資管理におけるパフォーマンスに基づく解雇基準の確立：年金資産運用マネジメントのすべて——プラン・スポンサーの新潮流 フランク J.ファボッツィ編, 榊原茂樹監訳, 大和銀行信託財産運用部訳 金融財政事情研究会 1999.11 463p

Hammond, John S. ハモンド, ジョン・S.
◇意思決定を歪める心理的落とし穴 他（共著）：意思決定の思考技術 Harvard Business Review編, Diamondハーバード・ビジネス・レビュー編集部訳 ダイヤモンド社 2001.12 264p
◇イーブン・スワップ法による意思決定の最適化 他（共著）：意思決定の技術 Diamondハーバード・ビジネス・レビュー編集部編訳 ダイヤモンド社 2006.1 247p （Harvard business review anthology）
◇意思決定を歪める心理的な陥とし穴（共著）：戦略思考力を鍛える Diamondハーバード・ビジネス・レビュー編集部編訳 ダイヤモンド社 2006.7 262p （Harvard business review anthology）

Hammond, Tammy R. ハモンド, タミー・R.
◇専門家証言の科学と疑似科学（共著）：臨床心理学における科学と疑似科学 S.O.リリエンフェルド, S.J.リン, J.M.ロー編, 厳島行雄, 横田正夫, 斎藤雅英監訳 北大路書房 2007.9 461p

Hampshire, Stuart ハンプシャー, スチュアート
◇正義と対立：哲学者は何を考えているのか ジュリアン・バジーニ, ジェレミー・スタンルーム編, 松本俊吉訳 春秋社 2006.5 401, 13p （現代哲学への招待 basics 丹治信春監修）

Hampson, Daphne ハンプソン, ダフネ
◇キェルケゴールの自己論（松島哲久訳）：キェルケゴール——新しい解釈の試み A.マッキノン他著, 桝形公也編・監訳 昭和堂 1993.6 324p （キェルケゴール叢書）

Hanaka, Martin E. ハネイカ, マーティン・E.
◇常勝の組織づくり（共著）：企業の未来像——成功する組織の条件 フランシス・ヘッセルバイン, マーシャル・ゴールドスミス, リチャード・ベックハード編, 小坂恵理訳 トッパン 1998.7 462p （トッパンのビジネス経営書シリーズ 14）

Hances, W. Travis, Ⅲ ヘインズ, W.トラビス, 3世
◇中央アフリカにおける鉄道政治と帝国主義（吉國恒雄訳）：鉄道17万マイルの興亡——鉄道からみた帝国主義 クラレンス・B.デイヴィス, ケネス・E.ウィルバーン・Jr.編著, 原田勝正, 多田博一監訳 日本経済評論社 1996.9 290p

Hancock, Charles ハンコック, チャールズ
◇縄のれん 他：ニッポン不思議発見！——日本文化を英語で語る50の名エッセイ集 日本文化研究所編, 松本道弘訳 講談社インターナショナル 1997.1 257p （Bilingual books）

Hancock, Emily ハンコック, エミリー
◇内なる少女——女性のアイデンティティのための試金石（川戸圓訳）：女性の誕生——女性であること：意識的な女性性の誕生 コニー・ツヴァイク編, 川戸円訳 山王出版 1996.9 398p
◇内なる少女：女性のアイデンティティのための試金石（川戸圓訳）：女性の誕生——女性であること：意識的

な女性性の誕生　コニー・ツヴァイク編, 川戸円, リース・滝幸子訳　第2版　山王出版　1997.9　403p

Hancock, Graham　ハンコック, グラハム
◇失われた聖櫃(アーク)を求めて：図説失われた聖櫃　ルール・ウースター編, グラハム・ハンコック他著, 大出健訳　原書房　1996.12　309, 10p

Hand, David J.　ハンド, デビッド・J.
◇与信管理における不受理者から学べること：クレジット・スコアリング　エリザベス・メイズ編, スコアリング研究会訳　シグマベイスキャピタル　2001.7　361p　(金融職人技シリーズ no.33)

Handfield-Jones, Helen　ハンドフィールド＝ジョーンズ, ヘレン
◇「Cクラス社員」のマネジメント(共著)：いかに「問題社員」を管理するか　Diamondハーバード・ビジネス・レビュー編集部訳　ダイヤモンド社　2005.1　262p　(Harvard business review anthology)

Handler, Richard　ハンドラー, リチャード
本物の伝統, 偽物の伝統(共著)：民俗学の政治性―アメリカ民俗学100年目の省察から　岩竹美加子編訳　未来社　1996.8　283, 6p　(ニュー・フォークロア双書 27)

Handy, Charles B.　ハンディ, チャールズ・B.
◇不確実性の中に意味を見出す：21世紀ビジネスはこうなる―世界の叡智を結集　ロワン・ギブソン編, 島田晴雄監訳, 鈴木孝男, 竹内久美子訳　シュプリンガー・フェアラーク東京　1997.11　327p
◇想像のつかない未来：企業の未来像―成功する組織の条件　フランシス・ヘッセルバイン, マーシャル・ゴールドスミス, リチャード・ベックハード編, 小坂恵理訳　トッパン　1998.7　462p　(トッパンのビジネス経営書シリーズ 14)
◇新しい言葉で語る組織とリーダー：未来組織のリーダー―ビジョン・戦略・実践の革新　フランシス・ヘッセルバイン, マーシャル・ゴールドスミス, リチャード・ベカード編, 田代正美訳　ダイヤモンド社　1998.7　239p
◇チャールズ・ハンディ：コンセプトリーダーズ―新時代の経営への視点　ジョエル・クルツマン編, 日本ブーズ・アレン・アンド・ハミルトン訳　プレンティスホール出版　1998.12　298p
◇バーチャル組織のマネジメント：ネットワーク戦略論　ドン・タプスコット編, Diamondハーバード・ビジネス・レビュー編集部訳　ダイヤモンド社　2001.5　298p
◇株主資本主義の軋み：2010年の「マネジメント」を読み解く　Diamondハーバード・ビジネス・レビュー編集部訳　ダイヤモンド社　2005.9　289p　(Harvard business review anthology)

Hanig, Robert　ハニグ, ロバート
◇BP：1万人のライン・マネジャー改造計画(共著)：人材育成の戦略―評価, 教育, 動機づけのサイクルを回す　Diamondハーバード・ビジネス・レビュー編集部訳　ダイヤモンド社　2007.3　450p　(Harvard business review)

Hanly, Tamsin　ハンリー, タムシン
◇平和活動(共著)：写真集 原発と核のない世界ニュージーランド　ギル・ハンリーほか著, 楠瀬佳子, 近藤和子訳　明石書店　1993.7　142p

Hanmer, Jalna　ハマー, ジャルナ
◇序論―暴力とジェンダー階層(共著)(堤かなめ訳)：ジェンダーと暴力―イギリスにおける社会学的研究　ジャルナ・ハマー, メアリー・メイナード編, 堤かなめ監訳　明石書店　2001.10　346p　(明石ライブラリー 33)

Hannah, Leslie　ハンナ, レスリー
◇OECD諸国の私的年金制度の相似点と相異点：企業年金改革―公私の役割分担をめぐって　OECD編, 船後正道監修, 厚生年金基金連合会訳　東洋経済新報社　1997.5　216p

Hannaway, Jane　ハナウェイ, J.
◇フロリダ(共著)：格差大国アメリカの教育改革―市場モデルの学校選択は成功するか　フレデリック・M.ヘス, チェスター・E.フィンJr.編著, 後洋一訳　明石書店　2007.7　465p　(明石ライブラリー 111)

Hannay, Alastair　ハネイ, アラステア
◇自己の道徳心理学をめぐってキェルケゴールがはたした貢献の再評価(田中一馬訳)：キェルケゴール―新しい解釈の試み　A.マッキノン他著, 桝形公也編・監訳　昭和堂　1993.6　324p　(キェルケゴール叢書)

Hannerz, Ulf　ハナーズ, ウルフ
◇周辺文化のためのシナリオ(保呂篤彦訳)：文化とグローバル化―現代社会とアイデンティティ表現　A.D.キング編, 山中弘, 安藤充, 保呂篤彦訳　玉川大学出版部　1999.8　244p

Hansen, Beth　ハンセン, B.*
◇農村の成人教育：オーストラリアの生活文化と生涯教育―多文化社会の光と影　マーク・テナント編著, 中西直和訳　松籟社　1995.9　268p

Hansen, Eric　ハンセン, エリック
◇冬のニューヨークでの一夜―ニューヨーク：お気をつけて, いい旅を。―異国で出会った悲しくも可笑しい51の体験　メアリー・モリス, ポール・セロー, ジョー・ゴアス, イザベル・アジェンデ, ドミニク・ラピエールほか著, 古屋美登里, 中俣真知子訳　アスペクト　1995.7　366p

Hansen, Gerd　ハンゼン, ゲルト
◇ゲシュタルト療法と精神遅滞者：ドイツにおける精神遅滞者への治療理論と方法―心理・教育・福祉の諸アプローチ　ジルビア・ゲアレス, ゲルト・ハンゼン編, 三原博光訳　岩崎学術出版社　1995.5　198p

Hansen, Jan-Inge　ハンセン, ヤン＝インゲ
◇転換期にある北欧型福祉国家(共著)(二文字理明訳)：北欧の知的障害者―思想・政策と日常生活　ヤン・テッセブロー, アンデシュ・グスタフソン, ギューリ・デューレンダール編, 二文字理明訳　青木書店　1999.8　289p
◇地方の視点から見たスカンジナビアモデル 他：社会ケアサービス―スカンジナビア福祉モデルを解く鍵　ヨルマ・シピラ編著, 日野秀逸訳　本の泉社　2003.7　333p

Hansen, Mark Victor　ハンセン, マーク・ヴィクター
◇困難は乗り越えるためにある(共著)：セルフヘルプ―なぜ, 私は困難を乗り越えられるのか 世界のビッグネーム自らの47の証言　ケン・シェルトン編著, 堀紘一監訳　フロンティア出版　1998.7　301p

Hansen, Tore ハンセン, トール
◇ノルウェーの地方政府：変化の後の安定：国際比較から見た地方自治と都市問題―先進20カ国の分析 1 Joachim Jens Hesse編, 北海道比較地方自治研究会訳 北海道比較地方自治研究会 1994.3 208p
◇ノルウェーの地方政府：地方自治の世界的潮流―20カ国からの報告 上 ヨアヒム・J.ヘッセ編, 北海道比較地方自治研究会訳, 木佐茂男監訳 信山社出版 1997.9 335p

Hanson, Carol ハンソン, C.(自閉症)
◇コナー：自閉症とパーソナリティ アン・アルヴァレズ, スーザン・リード編, 倉光修監訳, 鵜飼奈津子, 広沢愛子, 若佐美奈子訳 創元社 2006.9 375p

Hanson, Marci J. ハンソン, マルチ・J. *
◇発達における粗大運動活動の効果：ダウン症候群と療育の発展―理解の向上のために Valentine Dmitriev, Patricia L.Oelwein編著, 竹井科子訳 協同医療出版社 1992.6 274p

Hansson, Pär ハンソン, ペール
◇産業間貿易と産業内貿易の決定要因としての比較生産費と代替の弾力性(共著)：産業内貿易―理論と実証 P.K.M.サラカン, ヤコブ・コル編著, 小柴徹修, 浜口登, 利光強訳, 佐々波楊子監訳 文真堂 1993.6 217p

Hara, Isadora R. ヘアー, イサドラ・R.
◇スクールソーシャルワークとその社会的環境：スクールソーシャルワークとは何か―その理論と実践 全米ソーシャルワーカー協会編, 山下英三郎編訳 現代書館 1998.12 234p

Haraksingh, Kusha ハラクシン, クシャ
◇トリニダードのイギリス法と移植インド固有法(加藤哲実訳)：アジア法の環境―非西欧法の法社会学 千葉正士編 成文堂 1994.12 192p (アジア法叢書 19)

Haraway, Donna Jeanne ハラウェイ, ダナ
◇霊長類メス=女性の進化ポートフォリオの投資戦略(美馬達哉訳)：ボディ・ポリティクス―女と科学言説 M.ジャコーバス, E.F.ケラー, S.シャトルワース編, 田間泰子, 美馬達哉, 山本祥子監訳 世界思想社 2003.4 332p (Sekaishiso seminar)

Harcourt, Geoffrey Colin ハーコート, G. C.
◇単位と定義(共著)：一般理論―第二版―もしケインズが今日生きていたら G.C.ハーコート, P.A.リーアック編, 小山庄三訳 多賀出版 2005.6 922p

Hardie, Edward ハーディ, エドワード・T. L.
◇人を集めて、送り出す移民アドバイザーと流浪者の創出(芹澤知広訳)：香港を離れて―香港中国人移民の世界 ロナルド・スケルドン編, 可児弘明, 森川真規雄, 吉原和男訳 行路社 1997.6 552p (中国の底流シリーズ 4)

Hardin, Russell ハーディン, ラッセル
◇国家の経済理論(関谷登訳)：公共選択の展望―ハンドブック 第1巻 デニス・C.ミューラー編, 関谷登, 大岩雄次郎訳 多賀出版 2000.1 296p

Harding, Jay W. ハーディング, J. W. *
◇挑戦的行動に対する先行子の影響の実験的分析(共著)(山根正夫訳)：挑戦的行動の先行子操作―問題行動への新しい援助アプローチ ジェームズ・K.ルイセリー, マイケル・J.キャメロン編, 園山繁樹ほか訳 二瓶社 2001.8 390p

Hardisty, David R. ハーディスティ, D. *
◇イギリスにおける特許侵害(共著)(柴田康夫訳)：国際特許侵害―特許紛争処理の比較法的検討 青山葆, 木棚照一編 東京布井出版 1996.12 454p

Hardt, Michael ハート, マイケル
◇農民世界の薄明：新世界秩序批判―帝国とマルチチュードをめぐる対話 トマス・アトゥツェルト, ヨスト・ミュラー編, 島村賢一訳 以文社 2005.10 187p

Hardy, David B. ハーディー, デイヴィド・B.
◇心理的虐待(共著)：虐待された子ども―ザ・バタード・チャイルド メアリー・エドナ・ヘルファ, ルース・S.ケンプ, リチャード・D.クルーグマン編, 子どもの虐待防止センター監修, 坂井聖二監訳 明石書店 2003.12 1277p

Hardy, Steve ハーディ, スティーブ
◇リターン時系列に基づく投資スタイル評価方法(米川修訳)：資産運用新時代の株式投資スタイル―投資家とファンドマネジャーを結ぶ投資哲学 T.ダニエル・コギン, フランク・J.ファボツィ編 野村総合研究所 1996.3 329p
◇リターン時系列に基づく投資スタイル評価方法(米川修訳)：株式投資スタイル―投資家とファンドマネジャーを結ぶ投資哲学 T.ダニエル・コギン, フランク・J.ファボツィ, ロバート・D.アーノット編, 野村証券金融研究所編 増補改訂版 野村総合研究所情報リソース部 1998.3 450p
◇リターンベースのスタイル分析：年金資産運用マネジメントのすべて―プラン・スポンサーの新潮流 フランク・J.ファボツィ編, 榊原茂樹監訳, 大和銀行信託財産運用部訳 金融財政事情研究会 1999.11 463p

Hareven, Tamara K. ハレーヴン, タマラ・K.
◇人生の不利を乗り越える―大恐慌から戦争まで(共著)(沢井佳子訳)：時間と空間の中の子どもたち―社会変動と発達への学際的アプローチ グレン・H.エルダー, ジョン・モデル, ロス・D.パーク編, 本田時雄監訳 金子書房 1997.10 379p

Harisalo, Risto ハリサロ, リスト
◇自治体は新たな組織文化をもつか [フィンランド] (共著)：北欧の地方分権改革―福祉国家におけるフリーコミューン実験 ハラール・ボルデマンハイム, クリステル・ストールバリ編著, 大和田建太郎, 小原亜生, 広田全男訳 日本評論社 1995.8 233p

Harker, Richard Kendall ハーカー, リチャード
◇ブルデュー―教育と再生産 他：ブルデュー入門―理論のプラチック R.ハーカー, C.マハール, C.ウィルクス編, 滝本往人, 柳和樹訳 昭和堂 1993.4 380p

Harkness, John ハークネス, J. *
◇経費に関する誤った概念：生命保険業における戦略的課題 Hugh Macmillan, Mike Christophers編, 玉田巧訳 玉田巧 2002.3 206p

Harlow, Barbara ハーロウ, バーバラ
◇彼女はそこで何をしていたのか(力武由美訳)：女性の人権とジェンダー―地球規模の視座に立って マージョリー・アゴシン編著, 堀内光子, 神崎智子, 望月康恵, 力武由美, ベバリー・アン山本訳 明石書店

2007.12 586p （明石ライブラリー）

Harman, Sidney　ハーマン, シドニー
◇気取りを捨てて腹を割る：EQを鍛える　Diamond ハーバード・ビジネス・レビュー編集部編訳　ダイヤモンド社　2005.7　286p　（Harvard business review anthology）

Harmon, Frederick G.　ハーモン, フレデリック・G.
◇未来はすでに存在する：企業の未来像―成功する組織の条件　フランシス・ヘッセルバイン, マーシャル・ゴールドスミス, リチャード・ベックハード編, 小坂恵理訳　トッパン　1998.7　462p　（トッパンのビジネス経営書シリーズ 14）

Harmon, Lenore W.　ハーモン, L. W. *
◇カウンセリング（江上由実子訳）：教育測定学　下巻　ロバート・L.リン編, 池田央, 藤田恵璽, 柳井晴夫, 繁桝算男訳・編　学習評価研究所　1992.12　411p

Harootunian, Harry D.　ハルトゥーニアン, ハリー
◇記憶, 喪, 国民道徳：宗教を語りなおす―近代的カテゴリーの再考　磯前順一, タラル・アサド編　みすず書房　2006.7　289p
◇構成的な両義性（樹本健訳）：記憶が語りはじめる　冨山一郎編　東京大学出版会　2006.12　263p　（歴史の描き方 3　ひろたまさき, キャロル・グラック監修）

Harper, Albert Foster　ハーパー, A. F.
◇キリスト教教育における広範囲な働き 他：キリスト教教育の探求　サナー, ハーパー編, 千代崎秀雄ほか共訳　福音文書刊行会　1982.4　785p

Harper, T. J.　ハーパー, T. J.
◇ヨーロッパに伝えられた「浪人」と「武士道」：日蘭交流400年の歴史と展望―日蘭交流400周年記念論文集 日本語版　レオナルド・ブリュッセイ, ウィレム・レメリンク, イフォ・スミッツ編　日蘭学会　2000.4　459p　（日蘭学会学術叢書 第3号）

Harrari, Danielle　ハーラリ, D. *
◇排便の管理（共著）：日本版MDS-HC 2.0在宅ケアアセスメントマニュアル　John N.Morris他編著, 池上直己訳　医学書院　1999.9　294p
◇排便の管理（共著）：日本版MDS-HC 2.0在宅ケアアセスメントマニュアル　John N.Morris他編著, 池上直己訳　新訂版　医学書院　2004.11　298p

Harrell, Alvin C.　ハーレル, A. C. *
◇ホールセール資金移動：国際電子銀行業　ジョゼフ・J.ノートン, クリス・リード, イアン・ウォルデン編著, 泉田栄一, 佐々木信和, 西沢文幸訳　信山社出版　2002.10　375p

Harries, Phillip　ハリス, フィリップ
◇アーサー・ウェイリー：英国と日本―架橋の人びと　サー・ヒュー・コータッツイ, ゴードン・ダニエルズ編著, 横山俊夫解説, 大山瑞代訳　思文閣出版　1998.11　503, 68p

Harris, Barbara　ハリス, バーバラ
◇臨死体験者のカウンセリング（共著）：スピリチュアル・エマージェンシー―心の病と魂の成長について　スタニスラフ・グロフ, クリスティーナ・グロフ編著, 高岡よし子, 大口康子訳　春秋社　1999.6　341, 8p

Harris, Dan E.　ハリス, D. E. *
◇薬物療法の管理（共著）（桂敏樹, 右田周平訳）：地域精神保健看護　ナンシー・K.ワーレイ原著編集, 早川和生監訳　医学書院　1999.9　304p

Harris, Edward　ハリス, エドワード
◇キェルケゴールの「倫理的断片」に見られる道徳的行為主体（伊藤正博訳）：キェルケゴール―新しい解釈の試み　A.マッキノン他著, 桝形公也編・監訳　昭和堂　1993.6　324p　（キェルケゴール叢書）

Harris, Emma　ハリス, エンマ
◇ポーランドにおけるJ.&P.コーツ社（鮎沢成男訳）：続歴史のなかの多国籍企業―国際事業活動研究の拡大と深化　アリス・タイコーヴァ, モーリス・レヴィ・ルボワイエ, ヘルガ・ヌスバウム編, 浅野栄一, 鮎沢成男, 渋谷将, 竹村孝雄, 徳重昌志, 日高克平訳　中央大学出版部　1993.4　334p　（中央大学企業研究所翻訳叢書 6）

Harris, Frank　ハリス, フランク
◇フランク・ハリス（矢野浩三郎訳）：インタヴューズ 1　クリストファー・シルヴェスター編, 新庄哲夫ほか訳　文芸春秋　1998.11　462p

Harris, John　ハリス, ジョン
◇科学・倫理・社会：哲学者は何を考えているのか　ジュリアン・バジーニ, ジェレミー・スタンルーム編, 松本俊吉訳　春秋社　2006.5　401, 13p　（現代哲学への招待 basics　丹治信春監修）

Harris, Margaret　ハリス, マーガレット
◇経営陣との関係をマネージメントする（共著）（市川一宏訳）：NPOマネージメント―ボランタリー組織のマネージメント　スティーヴン・P.オズボーン編, ニノミヤ・アキイエ・H.監訳　中央法規出版　1999.3　388p

Harris, Maxine　ハリス, マクシン
◇慢性精神病患者に対するケースマネージメント―臨床的所見（共著）（池埜聡訳）：ケースマネージメントと社会福祉　ステファン・M.ローズ編, 白沢政和, 渡部律子, 岡田進一監訳　ミネルヴァ書房　1997.10　415p　（Minerva福祉ライブラリー 21）

Harris, Paul L.　ハリス, ポール・L.
◇情動の理解（渡辺弥生訳）：子どもは心理学者―心の理論の発達心理学　マーク・ベネット編, 二宮克美, 子安増生, 渡辺弥生, 首藤敏元訳　福村出版　1995.12　274p

Harris, Richard　ハリス, リチャード
◇国境線ブルース（トカゲとともに）―メキシコ＝アメリカ国境：お気をつけて, いい旅を．―異国で出会った悲しくも可笑しい51の体験　メアリー・モリス, ポール・セロー, ジョー・ゴアス, イザベル・アジェンデ, ドミニク・ラビエールほか著, 古屋美登里, 中俣真知子訳　アスペクト　1995.7　366p

Harrison, Ann　ハリスン, アン
◇生徒の学習能力を高めるためのパートナーシップ―学校改善のためのマサチューセッツ連合（共著）（八尾坂修訳）：学校と大学のパートナーシップ―理論と実践　ジョン・I.グッドラド, ケニス・A.シロトニック編, 中留武昭監訳　玉川大学出版部　1994.2　355p

Harrison, Frederic　ハリソン, フレデリク
◇フレデリク・ハリソンの読書観（高橋五郎訳）：近代

「読書論」名著選集 第13巻 ゆまに書房 1994.6 442p (書誌書目シリーズ 37)

Harrison, Mark ハリソン, マーク
◇19世紀初期イギリスの町におけるシンボリズム、「儀礼」、そして群衆空間(上山亜紀子訳):風景の図像学 D.コスグローブ, S.ダニエルス共編, 千田稔, 内田忠賢監訳 地人書房 2001.3 460p

Harrison, Michael M. ハリソン, マイケル・M.
◇フランス―外交における中級大国の自負(大場恒明訳):米国の国際交渉戦略 米国国務省外交研究センター編著, 神奈川大学経営学部教師グループ訳・解説 中央経済社 1995.6 289p

Harrison, Richard T. ハリソン, R. T.
◇ビジネス・エンジェルの誕生 他(共著):ビジネス・エンジェルの時代―起業家育成の新たな主役 R.T.ハリソン, C.M.メイソン編著, 西沢昭夫監訳, 通産省ビジネス・エンジェル研究会訳 東洋経済新報社 1997.6 245p

Harrison, Selig S. ハリソン, セリグ・S.
◇朝鮮半島の平和的進化への道筋―米軍の全面撤退を検討せよ:アメリカと北朝鮮―外交的解決か武力行使か フォーリン・アフェアーズ・ジャパン編・監訳, 竹下興喜監訳 朝日新聞社 2003.3 239, 4p

Harrison, Tina ハリソン, T. *
◇市場分割化への展望:保険業に対する市場の細分化:生命保険業における戦略的課題 Hugh Macmillan, Mike Christophers編, 玉田巧訳 玉田巧 2002.3 206p

Harriss, David ハリス, D. *
◇イギリスにおける特許侵害(共著)(柴田康夫訳):国際特許侵害―特許紛争処理の比較法的検討 青山葆, 木棚照一編 東京布井出版 1996.12 454p

Harrisville, Roy A. ハリスヴィル, R. A.
◇聖書的権威の喪失とその復権:聖書を取り戻す―教会における聖書の権威と解釈の危機 C.E.ブラーテン, R.W.ジェンソン編, 芳賀力訳 教文館 1998.5 234p

Hars, Alexander ハース, A. *
◇ビジネスプロセス教育でBPRツールを活用する―南カリフォルニア大学の事例:ARISを活用したビジネスプロセスマネジメント―欧米の先進事例に学ぶ A.-W.シェアー他共編, 堀内正博, 田中正郎, 柳堀紀幸監訳 シュプリンガー・フェアラーク東京 2003.7 281p

Hart, Charles ハート, チャールズ
◇自閉症の子供たちを教育すること:社会性とコミュニケーションを育てる自閉症療育 Kathleen Ann Quill編, 安達潤ほか訳 松柏社 1999.9 481p

Hart, Craig H. ハート, C. H. *
◇幼児の行動特性と仲間との接触パターン―仲間内地位を予測するか?(共著)(中澤小百合訳):子どもと仲間の心理学―友だちを拒否するこころ S.R.アッシャー, J.D.クーイ編著, 山崎晃, 中沢潤監訳 北大路書房 1996.7 447p

Hart, Oliver ハート, オリバー
◇企業理論に対する一経済学者のパースペクティブ(岩田浩訳):現代組織論とバーナード オリバー・E.

ウィリアムソン編, 飯野春樹監訳 文真堂 1997.3 280p

Hartley, William J. ハートリー, ウィリアム
◇個別化学習と児童期・青年期の変化する概念(共著):個別化していく教育 OECD教育研究革新センター編著, 岩崎久美子訳 明石書店 2007.7 227p (OECD未来の教育改革 2)

Hartmann, Karl Robert Eduard von ハルトマン, エドゥアルド・フォン
◇宗教哲学(姉崎正治訳):宗教学の形成過程 第7巻 島薗進, 高橋原, 星野靖二編 クレス出版 2006.10 1冊 (シリーズ日本の宗教学 4)

Hartmann, Klaus ハルトマン, クラウス
◇超越論的議論―様々な立場の考察(塚崎智, 宮原勇訳):超越哲学と分析哲学―ドイツ哲学と英米哲学の対決と対話 ヘンリッヒ他著, 竹市明弘編 産業図書 1992.11 451p

Hartmann, Thom ハートマン, トム
◇〈利己的遺伝子〉からの自由:神を見いだした科学者たち 2 E.C.バレット編, 佐藤是伸訳 いのちのことば社 1995.10 214p

Hartung, William D. ハートゥング, ウィリアム・D.
◇軍事:アメリカの悪夢―9・11テロと単独行動主義 ジョン・フェッファー編, 南雲和夫監訳 耕文社 2004.12 319p

Harvie, C. ハーヴィ, クリストファ
◇現代のスコットランド―人々の記憶:スコットランド史―その意義と可能性 ロザリンド・ミチスン編, 富田理恵, 家入葉子訳 未来社 1998.10 220, 37p

Hasenrader, Hubert ハーゼンレイダー, H. *
◇フランスにおける特許侵害(安井高明訳):国際特許侵害―特許紛争処理の比較法的検討 青山葆, 木棚照一編 東京布井出版 1996.12 454p

Hassner, Pierre アスネル, ピエール
◇20世紀、戦争と平和:20世紀を問う―革命と信念のエクリール フランソワ・フュレ他著, 大宅由里子ほか訳 慶應義塾大学出版会 1996.4 221, 11p

Hastings, Miriam ハスティングス, ミリアム
◇認定ソーシャルワーク訓練における精神保健システムへの当事者参加の重要性(杉本敏夫訳):コミュニティケア改革とソーシャルワーク教育―イギリスの挑戦 スチーヴ・トレビロン, ピーター・ベレスフォード編, 小田兼三, 杉本敏夫訳 筒井書房 1999.6 119p

Hastrup, Kirsten ハストロプ, キアステン
◇北欧人と他の諸民族(清水教男訳):北欧のアイデンティティ K.ハストロプ編, 菅原邦城ほか訳 東海大学出版会 1996.5 243p (北欧社会の基層と構造 3)
◇土の実り 他(熊野聰訳):北欧の自然と生業 K.ハストロプ編, 熊野聰ほか訳 東海大学出版会 1996.5 210p (北欧社会の基層と構造 2)
◇北欧的ということ(北欧性) 他(菅原邦城訳):北欧の世界観 K.ハストロプ編, 菅原邦城, 新谷俊裕訳 東海大学出版会 1996.5 311p (北欧社会の基層と構造 1)

Hatfield, Elaine ハットフィールド, エレイン
◇情動とは：分離しがたい3つの側面（共著）（鈴木直人訳）（家族の感情心理学―いいときも、わるいときも　E.A.ブレックマン編著, 浜治世, 松山義則監訳　北大路書房　1998.4　275p

Hatton, Chris ハットン, クリス
◇英国における脱施設化がサービス利用者に与えた影響（共著）（橋本由紀子訳）：脱施設化と地域生活―英国・北欧・米国における比較研究　ジム・マンセル, ケント・エリクソン編著, 中園康夫, 末光茂監訳　相川書房　2000.7　318p

Haug, Peder ハウグ, ペーデル
◇ノルウェーの特殊教育の歴史と現状（二文字理明訳）：インクルージョンの時代―北欧発「包括」教育理論の展望　ペーデル・ハウグ, ヤン・テッセブロー編, 二文字理明訳　明石書店　2004.7　246p　（明石ライブラリー　63）

Haugen, R. ハウゲン, R. *
◇市場のバイアスと投資スタイル―バリュー対グロース（竹崎竜二訳）：株式投資スタイル―投資家とファンドマネージャーを結ぶ投資哲学　T.ダニエル・コギン, フランク・J.ファボツィ, ロバート・D.アーノット編, 野村証券金融研究所訳　増補改訂版　野村総合研究所情報リソース部　1998.3　450p

Hauriou オーリウ
◇制度と法 他：ドゥルーズ初期―若き哲学者が作った教科書　ジル・ドゥルーズ編著, 加賀野井秀一訳注　夏目書房　1998.5　239p

Hausch, Donald B. ハオシュ, D. *
◇スポーツくじと宝くじと賭けの市場の効率性（共著）（渡辺隆裕訳）：ファイナンスハンドブック　R.A.Jarrow, V.Maksimovic, W.T.Ziemba編, 今野浩, 古川浩一監訳　朝倉書店　1997.12　1121p

Hauser, Richard ハウザー, リヒャルト
◇東西ドイツにおける所得分布と所得満足度（共著）：統一ドイツの生活実態―不均衡は均衡するのか　ヴォルフガング・グラッツァー, ハインツ・ヘルベルト・ノル編, 長坂聰, 近江谷左馬之介訳　勁草書房　1994.3　236p

Haushofer, Karl ハウスホーファー, カルル
◇太平洋地政治学（日本青年外交協会研究部訳）：太平洋地政治学―地理歴史相互関係の研究　カルル・ハウスホーファー著, 日本青年外交協会研究部訳　大空社　2005.5　1冊　（アジア学叢書　132）

Havelock, Eric ハヴロック, エリック
◇ギリシャの遺産：歴史のなかのコミュニケーション―メディア革命の社会文化史　デイヴィッド・クローリー, ポール・ヘイヤー編, 林進, 大久保公雄訳　新曜社　1995.4　354p

Haveman, Mark ヘイブマン, マーク
◇電気メッキ操業における環境会計の適用（共著）：緑の利益―環境管理会計の展開　マーティン・ベネット, ピーター・ジェイムス編, 国部克彦監修, 海野みづえ訳　産業環境管理協会　2000.12　542p

Hawawine, Gabriel ハウァウイン, G. *
◇株式収益率の予測可能性について：世界規模での証拠（共著）（岸本一男訳）：ファイナンスハンドブック　R.A.Jarrow, V.Maksimovic, W.T.Ziemba編, 今野浩, 古川浩一監訳　朝倉書店　1997.12　1121p

Hawes, Catherine ホーズ, C. *
◇手段的日常生活能力（IADL）他（共著）：日本版MDS-HC 2.0在宅ケアアセスメントマニュアル　John N.Morris他編著, 池上直己訳　医学書院　1999.9　294p
◇環境評価 他（共著）：日本版MDS-HC 2.0在宅ケアアセスメントマニュアル　John N.Morris他編著, 池上直己訳　新訂版　医学書院　2004.11　298p

Hawkins, Bill ホーキンズ, ビル
◇常勝の組織づくり（共著）：企業の未来像―成功する組織の条件　フランシス・ヘッセルバイン, マーシャル・ゴールドスミス, リチャード・ベックハード編, 小坂恵理訳　トッパン　1998.7　462p　（トッパンのビジネス経営書シリーズ　14）

Hawkins, Brian L. ホーキンス, ブライアン・L.
◇舞台の設定 他（共著）（広田とし子訳）：デジタル時代の大学と図書館―21世紀における学術情報資源マネジメント　B.L.ホーキンス, P.バッティン編著, 三浦逸雄, 斎藤泰則, 広田とし子訳　玉川大学出版部　2002.3　370p　（高等教育シリーズ　112）

Hawkins, Gordon ホーキンズ, ゴードン
◇新しい刑罰学：法と社会　ユージン・カメンカ, ロバート・ブラウン, アリス・イア・スーン・テイ編, 森村進訳　未来社　1993.2　243, 6p

Hax, Arnoldo C. ハックス, アーノルド・C.
◇デルタ・モデル（共著）：MITスローン・スクール戦略論　マイケル・A.クスマノ, コンスタンチノス・C.マルキデス編, グロービス・マネジメント・インスティテュート訳　東洋経済新報社　2003.12　287p

Hax, Herbert ハックス, ヘルベルト
◇市場変動とドイツの企業構造（石井聡, 竹内常善, 黒沢隆文共訳）：孤立と統合―日独戦後史の分岐点　渡辺尚, 今久保幸生, ヘルベルト・ハックス, ヲルフガンク・クレナー編　京都大学学術出版会　2006.3　395p

Hay, Louise L. ヘイ, ルイーズ・L.
◇ここから抜け出せば、いいことだけが待っている：小さなことを大きな愛でやろう　リチャード・カールソン, ベンジャミン・シールド編, 小谷啓子訳　PHP研究所　1999.11　263, 7p

Hayashi, Alden M. ハヤシ, オールデン・M.
◇直感の意思決定モデル：意思決定の思考技術　Harvard Business Review編, Diamondハーバード・ビジネス・レビュー編集部訳　ダイヤモンド社　2001.12　264p
◇「直感」の意思決定モデル：意思決定の技術　Diamondハーバード・ビジネス・レビュー編集部編訳　ダイヤモンド社　2006.1　247p　（Harvard business review anthology）
◇「直感」の意思決定モデル：戦略思考力を鍛える　Diamondハーバード・ビジネス・レビュー編集部編訳　ダイヤモンド社　2006.7　262p　（Harvard business review anthology）

Hayes, Gregory J. ヘイズ, G. J.
◇ルール支配の段階としての道徳性発達段階 他（共著）（園山繁樹訳）：発達障害に関する10の倫理的課題　リンダ・J.ヘイズ他著, 望月昭, 冨安ステファニー監訳　二瓶社　1998.6　177p

Hayes, Linda Jean ヘイズ, リンダ・J.
◇倫理・選択・価値（共著）（野崎和子訳）：発達障害に関する10の倫理的課題　リンダ・J.ヘイズ他著, 望月昭, 冨安ステファニー監訳　二瓶社　1998.6　177p

Hayes, Philip ヘイズ, P.
◇次期兵站計画をデザインするためにARISを活用する―米国国防総省のケース（共著）（木村祐介訳）：ARISを活用したチェンジマネジメント―ビジネスプロセスの変革を管理する　A.-W.シェアー, F.アボルハッサン, W.ヨースト, M.F.W.キルヒマー編, 堀内正博, 田中正郎, 柳堀紀幸監訳　シュプリンガー・フェアラーク東京　2003.12　216p

Hayes, Samuel L., Ⅲ　ヘイズ, サミュエル・L., 3世
◇証券引受と投資銀行の競争（共著）：金融サービス業―21世紀への戦略　サミュエル・L.ヘイズ3編, 小西竜治監訳　東洋経済新報社　1999.10　293p

Hayes, Steven C. ヘイズ, S. C.
◇ルール支配の段階としての道徳性発達段階（共著）（園山繁樹訳）：発達障害に関する10の倫理的課題　リンダ・J.ヘイズ他著, 望月昭, 冨安ステファニー監訳　二瓶社　1998.6　177p

Haynes, Kingsley ハインズ, K. *
◇位置決定支援のための空間効率性の枠組み（共著）（生田目崇訳）：経営効率評価ハンドブック―包絡分析法の理論と応用　Abraham Charnesほか編, 刀根薫, 上田徹監訳　朝倉書店　2000.2　465p

Hays, Richard B. ヘイズ, リチャード・B.
◇体の贖われることを待ち望みつつ（柴田ひさ子訳）：キリスト教は同性愛を受け入れられるか　ジェフリー・S.サイカー編, 森本あんり監訳　日本キリスト教団出版局　2002.4　312p
◇あなたを救い出そうとする神はどなたか　他：聖書を読む技法―ポストモダンと聖書の復権　エレン・デイヴィス, リチャード・ヘイズ編, 芳賀力訳　新教出版社　2007.9　428p

Hazan, Cindy ハザン, シンディー
◇成人のアタッチメント形成についてのプロセス・モデル（共著）（金敬祐司訳）：パーソナルな関係の社会心理学　W.イックス, S.ダック編, 大坊郁夫, 和田実監訳　北大路書房　2004.4　310p

Hazard, Geoffrey C. ハザード, ジェフリー
◇国際取引紛争と民事訴訟の統一化―アメリカ法の特質と意義（椎橋邦雄訳）：民事司法の国際動向　G.C.ハザード他著, 小島武司編訳　中央大学出版部　1996.5　164p　（日本比較法研究所翻訳叢書 37）

Head, Jenny ヘッド, J.
◇政府の保健統計は何を測定しているのか（共著）（藤岡光夫訳）：現代イギリスの政治算術―統計は社会を変えるか　D.ドーリング, S.シンプソン編, 下平浩ほか監訳　北海道大学図書刊行会　2003.7　588p

Head, John O. ヘッド, J. O.
◇言語・理解・コミットメント（共著）：認知構造と概念転換　L.H.T.ウエスト, A.L.パインズ編, 野上智行, 稲垣成哲, 田中浩朗, 森藤義孝訳, 進藤公夫監訳　東洋館出版社　1994.5　327p

Heal, Laird W. ヒール, L. W. *
◇知的障害を持つ人のQOLの測定の方法論的議論（共著）：知的障害・発達障害を持つ人のQOL―ノーマライゼーションを超えて　Robert L.Schalock編, 三谷嘉明, 岩崎正子訳　医歯薬出版　1994.5　346p

Heald, Gordon ヒールド, ゴードン
◇アメリカ、ヨーロッパ、日本における価値の比較：価値―新しい文明学の模索に向けて　ブレンダ・アーモンド, ブライアン・ウィルソン編, 玉井治, 山本慶裕訳　東海大学出版会　1994.3　308p

Healey, William C. ヒリー, W. C.
◇幼少期のサービスにおけるインクルージョン―倫理学と内的規範による責務感（井上雅彦訳）：発達障害に関する10の倫理的課題　リンダ・J.ヘイズ他著, 望月昭, 冨安ステファニー監訳　二瓶社　1998.6　177p

Hebert, Yvonne ユベール, イヴォンヌ
◇個別化学習と児童期・青年期の変化する概念（共著）：個別化していく教育　OECD教育研究革新センター編著, 岩崎久美子訳　明石書店　2007.7　227p　（OECD未来の教育改革 2）

Hebron, Sandra ヘブロン, サンドラ
◇女性、余暇、社会統制（共著）（喜多伽代訳）：ジェンダーと暴力―イギリスにおける社会学的研究　ジャルナ・ハマー, メアリー・メイナード編, 堤かなめ監訳　明石書店　2001.10　346p　（明石ライブラリー 33）

Hecht, Jeff ヘクト, ジェフ
◇海面の変化　他：マクミラン近未来地球地図　イアン・ピアスン編, 松井孝典監訳　東京書籍　1999.11　115p

Heckman, Paul ヘックマン, ポール
◇南カリフォルニアのパートナーシップ―回顧的な分析（加治佐哲也訳）：学校と大学のパートナーシップ―理論と実践　ジョン・I.グッドラッド, ケニス・A.シロトニク編, 中留武昭監訳　玉川大学出版部　1994.2　355p

Hedâyat, Sâdea ヘダーヤト, サーデク
◇不思議の国（奥西峻介訳註）：ペルシア民俗誌　平凡社　1999.1　337p　（東洋文庫）

Hedberg, John ヘドバーグ, J. *
◇大学における成人継続教育（共著）：オーストラリアの生活文化と生涯教育―多文化社会の光と影　マーク・テナント編著, 中西直和訳　松籟社　1995.9　268p

Hediger ヘディガー
◇動物心理学の原理：ドゥルーズ初期―若き哲学者が作った教科書　ジル・ドゥルーズ編著, 加賀野井秀一訳注　夏目書房　1998.5　239p

Hedley, Rodney ヘドリー, ロドニ
◇ボランティア運動への挑戦　他（共著）：市民生活とボランティア―ヨーロッパの現実　ロドニ・ヘドリー, ジャスティン・デービス・スミス編, 小田兼三, 野上文夫監訳　新教出版社　1993.9　318p

Hedlund, Gunnar ヘドランド, グンナー
◇ヒエラルキーの諸仮定とヘテラルキー：組織理論と多国籍企業　スマントラ・ゴシャール, D.エレナ・ウエストニー編著, 江夏健一監訳, IBI国際ビジネス研究センター訳　文眞堂　1998.10　452p
◇自己再生の多国籍企業理論の方向（共著）（富岡昭訳）：国際経営学の誕生　3　組織理論と組織行動の視座　ブライアン・トイン, ダグラス・ナイ編, 村山元英監

訳, 国際経営文化学会訳　文真堂　2000.3　392p

Heer, Friedrich ヘーア, フリードリヒ
◇ヴァイマル―宗教と世界観の空白地帯：ヴァイマル共和国の宗教史と精神史　フーベルト・カンツィク編, 池田昭, 浅野洋監訳　御茶の水書房　1993.2　434p

Heffermehl, Fredrik S. ヘッファメール, フレドリック・S.
◇共通の場を求めて（阿部純子, 大庭里美訳）：あなたの手で平和を！―31のメッセージ　フレドリック・S.ヘッファメール編, 大庭里美, 阿部純子訳　日本評論社　2005.3　260p

Heflin, Anna Hope ヘフリン, A. *
◇親子の相互作用（共著）（深田昭三訳）：子どもと仲間の心理学―友だちを拒否するこころ　S.R.アッシャー, J.D.クーイ編著, 山崎晃, 中沢潤監訳　北大路書房　1996.7　447p

Hegarty, Seamus ヘガティ, シーマス
◇イギリス他（渡邉健治, 新井英靖, 柴田久志訳）：特別なニーズ教育への転換―統合教育の先進6カ国比較研究　C.メイヤー, S.J.ペイル, S.ヘガティ編, 渡辺昌男監訳, 渡辺健治, 荒川智共訳　川島書店　1997.10　200p

Hegel, Georg Wilhelm Friedrich ヘーゲル, G. W. F.
◇新プラトン主義哲学：ヘーゲル「新プラトン主義哲学」註解―新版『哲学史講義』より　山口誠一, 伊東功著　知泉書館　2005.1　163p
◇F.H.ヤコービ著作集第三巻の書評 他：初期ヘーゲル哲学の軌跡―断片・講義・書評　ヘーゲルほか著, 寄川条路編訳　ナカニシヤ出版　2006.1　164p

Heginbotham, Eric ヘジンボサム, エリック
◇中国の政治改革の行方（共著）：次の超大国・中国の憂鬱な現実　フォーリン・アフェアーズ・ジャパン編・監訳, 竹下興喜監訳　朝日新聞社　2003.4　267, 3p　（朝日文庫―フォーリン・アフェアーズ・コレクション）

Heid, Helmut ハイト, ヘルムート
◇一人前への教育―議論すべきいくつかの前提（川瀬邦臣訳）：現代ドイツ教育学の潮流―W・フリットナー百歳記念論文集　ヘルマン・レールス, ハンス・ショイアール編, 天野正治訳　玉川大学出版部　1992.8　503p

Heidegger, Martin ハイデガー, マルティン
◇貧しさ：貧しさ　マルティン・ハイデガー, フィリップ・ラクー＝ラバルト著, 西山達也訳・解題　藤原書店　2007.4　213p

Heideman, Eugene P. ハイデマン, ユージン・P.
◇ジャン・ヘッセリンク：改革派神学の新しい視座―アイラ・ジャン・ヘッセリンクJr.博士献呈論文集　ユージン・P.ハイデマンほか著, 池永倫明, 池永順一共訳　一麦出版社　2002.6　206p

Heifetz, Ronald Abadian ハイフェッツ, ロナルド・A.
◇リーダーシップの新しい使命（共著）：リーダーシップ　Harvard Business Review編, Diamondハーバード・ビジネス・レビュー編集部訳　ダイヤモンド社　2002.4　295p
◇権威主義を排す：EQを鍛える　Diamondハーバー

ド・ビジネス・レビュー編集部訳　ダイヤモンド社　2005.7　286p　（Harvard business review anthology）

Heil, Oliver P. ヘイル, オリバー
◇競争相手にシグナルを送る（共著）（黒田康史訳）：ウォートンスクールのダイナミック競争戦略　ジョージ・デイ, デイビッド・レイブシュタイン編, 小林陽太郎監訳, 黒田康史ほか訳　東洋経済新報社　1999.10　435p　（Best solution）

Heilmann, Wolf-Rüdiger ハイルマン, W. *
◇ヨーロッパ域内保険市場のチャンスとリスク（江島広人訳）：ディーター・ファーニーと保険学―ファーニー教授還暦記念論文集より　ドイツ保険事情研究会訳　生命保険文化研究所　1996.3　201p　（文研叢書 16）

Heilpern, Jeffrey D. ハイルパーン, ジェフリー・D.
◇CEOの新たな役割：不連続の組織革命―ゼロベースから競争優位を創造するノウハウ　デービッド・A.ナドラーほか著, 平野和子訳　ダイヤモンド社　1997.2　358p

Heim, Theresa Marie ハイム, テレサ・マリー
◇ヴァイオリンの思い出：空っぽのくつした―あなたの心に届ける16の贈り物　コリーン・セル選, 立石美樹ほか訳　光文社　2002.11　213p

Heimberg, Richard G. ハイムバーグ, リチャード・G.
◇社会恐怖, 回避性人格障害および対人不安の多軸的概念化（神村栄一訳）：認知行動療法―臨床と研究の発展　ポール M.サルコフスキス編, 坂野雄二, 岩本隆茂監訳　金子書房　1998.10　217p

Heininger, Mary Lynn Stevens ハイニンガー, メアリー・ヤン・スティーヴンス
◇アメリカの変貌―子どもと幼年時代, 1820-1920年（海野優訳）：子どもの時代―1820-1920年のアメリカ　バーバラ・フィンケルスタイン他著, 田甫桂三監訳　学文社　1996.6　177p

Heinrich, Gregor C. ハインリヒ, G. C. *
◇資金移動, 支払及び支払システム：国際電子銀行業　ジョゼフ・J.ノートン, クリス・リード, イアン・ウォルデン編著, 泉田栄一監訳, 佐々木信和, 西沢文幸訳　信山社出版　2002.10　375p

Heinzel, Herbert ハインツェル, H. *
◇SCORなどの参照モデルとeビジネスプロセス・ネットワーク（共著）：ARISを活用したビジネスプロセスマネジメント―欧米の先進事例に学ぶ　A.-W.シェアー他共著, 堀内正博, 田中正郎, 柳堀紀幸監訳　シュプリンガー・フェアラーク東京　2003.7　281p

Heisig, James W. ハイジック, ジェームズ・W.
◇漢字：ニッポン不思議発見！―日本文化を英語で語る50の名エッセイ集　日本文化研究所編, 松本道弘訳　講談社インターナショナル　1997.1　257p　（Bilingual books）
◇定義された哲学を「再定義」する―『日本哲学資料集』へのアポロジー（山梨有季子訳）：日本哲学の国際性―海外における受容と展望　J.W.ハイジック編　世界思想社　2006.3　342, 9p　（Nanzan symposium 12）

Heiskanen, Ilkka　ヘイスカネン, イルッカ
◇フィンランドの役員兼任:制度的集団とその拡大する統合(共著):企業権力のネットワーク—10カ国における役員兼任の比較分析　フラン・N.ストークマン, ロルフ・ツィーグラー, ジョン・スコット編著, 上田義朗訳　文真堂　1993.11　340p

Heitger, Les　ハイトガー, レス
◇予測と予算管理:MBA講座財務・会計　J.L.リビングストン編著, 朝日監査法人訳　日本経済新聞社　1998.12　494p

Heitger, Marian　ハイトガー, マリアン
◇超越論哲学的教育の自己認識(鈴木晶子訳):現代ドイツ教育学の潮流—W.フリットナー百歳記念論文集　ヘルマン・レールス, ハンス・ショイアール編, 天野正治訳　玉川大学出版部　1992.8　503p

Hejl, Peter M.　ヘイル, P. M.
◇社会システムの理論を目ざして:自己組織化と自己維持, 自己言及と共同言及:自己組織化とマネジメント　H.ウルリッヒ, G.J.B.プロブスト編, 徳安彰訳　東海大学出版会　1992.11　235p

Helander, Bernhard　ヘランダー, バーナード
◇治療不可能な病いとしての障害:障害と文化―非欧米世界からの障害観の問いなおし　ベネディクト・イングスタッド, スーザン・レイノルズ・ホワイト編著, 中村満紀男, 山口恵里子監訳　明石書店　2006.2　555p (明石ライブラリー 88)

Held, David　ヘルド, デヴィッド
◇序論(中谷義和訳):グローバル化とは何か—文化・経済・政治　デヴィッド・ヘルド編, 中谷義和監訳　法律文化社　2002.10　208p
◇執行型からコスモポリタン型多国間主義へ:グローバル化をどうとらえるか—ガヴァナンスの新地平　D.ヘルド, M.K.アーキブージ編, 中谷義和監訳　法律文化社　2004.4　194p
◇世界市民的民主主義とグローバル秩序:カントと永遠平和—世界市民という理念について　ジェームズ・ボーマン, マティアス・ルッツ・バッハマン編, 紺野茂樹, 田辺俊明, 舟場保之訳　未来社　2006.1　261p
◇グローバリゼーション 他:論争グローバリゼーション—新自由主義対社会民主主義　デヴィッド・ヘルド編, 猪口孝訳　岩波書店　2007.5　241p

Held, Klaus　ヘルト, クラウス
◇哲学の現在的状況(宮原勇訳):ハイデガーと実践哲学　A.ゲートマン＝ジーフェルト, O.ペゲラー編, 下村鋖二, 竹市明弘, 宮原勇訳　法政大学出版局　2001.2　519, 12p (叢書・ウニベルシタス 550)

Heldrich, Andreas　ヘルドリヒ, アンドレアス
◇ミュンヘン大学の倫理:大学の倫理　蓮実重彦, アンドレアス・ヘルドリヒ, 広渡清吾編　東京大学出版会　2003.3　276p

Helfer, Mary Edna　ヘルファ, メアリー・エドナ
◇治療関係におけるコミュニケーション—その概念, 戦略, そして技術:虐待された子ども―ザ・バタード・チャイルド　メアリー・エドナ・ヘルファ, ルース・S.ケンプ, リチャード・D.クルーグマン編, 子どもの虐待防止センター監修, 坂井聖二監訳　明石書店　2003.12　1277p

Helfer, Ray E.　ヘルファ, レイ・E.
◇予防への臨床的及び発達的アプローチ(共著):虐待された子ども―ザ・バタード・チャイルド　メアリー・エドナ・ヘルファ, ルース・S.ケンプ, リチャード・D.クルーグマン編, 子どもの虐待防止センター監修, 坂井聖二監訳　明石書店　2003.12　1277p

Heller, Agnes　ヘラー, アグネス
◇自然法の限界と邪悪のパラドックス:人権について―オックスフォード・アムネスティ・レクチャーズ　ジョン・ロールズ他著, スティーヴン・シュート, スーザン・ハーリー編, 中島吉弘, 松田まゆみ共訳　みすず書房　1998.11　304, 6p
◇実践理性とは何であるのか, 何でないのか(山口晃訳):普遍主義対共同体主義　デヴィッド・ラスマッセン編, 菊池理夫, 山口晃, 有賀誠訳　日本経済評論社　1998.11　433p

Heller, Miriam　ヘラー, ミリアム
◇化学会社及び石油会社のための環境原価計算—ベンチマーキングの研究(共著):緑の利益―環境管理会計の展開　マーティン・ベネット, ピーター・ジェイムズ編著, 国部克彦監修, 海野みづえ訳　産業環境管理協会　2000.12　542p

Hellmann, Thomas　ヘルマン, トーマス
◇金融抑制(共著):東アジアの経済発展と政府の役割―比較制度分析アプローチ　青木昌彦, 金瀅基, 奥野正寛編, 白鳥正喜監訳　日本経済新聞社　1997.11　465p

Hellwig, Karen　ヘルウィグ, K.*
◇在宅ケア 他(岩村龍子訳):地域精神保健看護　ナンシー・K.ワーレイ原著編集, 早川和生訳　医学書院　1999.9　304p

Helmer, O.　ヘルマー, オラフ
◇未来分析のためのデルファイ手法:デルファイ手法の原理と応用―PPBS特集3　防衛研修所〔1970〕88p (研究資料 70RT-4)

Helms, L. V.　ヘルムズ, L. V.
◇一八五一年のカンボジア(共著):カンボジア旅行記―別世界との出会い 4　ブイユヴォーほか著, 北川香子訳　連合出版　2007.10　246p

Helmut, Kramer　ヘルムート, クラマー
◇第6章 外交政策:現代オーストリアの政治　フォルクマール・ラウバー編, 須藤博忠訳　信山社出版　1997.3　321, 5p

Helper, Susan　ヘルパー, スーザン
◇リーンなサプライヤーの創出―サプライチェーンを通じたリーン・プロダクションの普及(共著):リメイド・イン・アメリカ―日本的経営システムの再文脈化　ジェフリー・K.ライカー, W.マーク・フルーイン, ポール・S.アドラー編著, 林正樹監訳　中央大学出版部　2005.3　564p (中央大学企業研究所翻訳叢書 9)

Helwerth, Ulrike　ヘルヴァート, ウルリーケ
◇ふたりのクリスティーネ(神谷裕子訳):女たちのドイツ―東と西の対話　カトリン・ローンシュトック編, 神谷裕子ほか訳　明石書店　1996.11　208p

Hemingway, Ernest　ヘミングウェイ, アーネスト
◇ドイツのインフレ(一九二二年九月十九日):歴史の目撃者　ジョン・ケアリー編, 仙名紀訳　朝日新聞社

1997.2　421p
◇アーネスト・ヘミングウェイ（野中邦子訳）：インタヴューズ　2　クリストファー・シルヴェスター編，新庄哲夫ほか訳　文芸春秋　1998.11　451p

Hemingway, W.　ヘミングウェイ, W. *
◇大学では，唯一地理の教師に感化された：心にのこる最高の先生―イギリス人の語る教師像　上林喜久子編訳著　関東学院大学出版会　2004.11　97p
◇大学では，唯一地理の教師に感化された：イギリス人の語る心にのこる最高の先生　上林喜久子編訳　関東学院大学出版会　2005.6　68p

Hemming, James　ヘミング, ジェームズ
◇仕事（共著）：アドラーの思い出　G.J.マナスター，G.ペインター，D.ドイッチュ，B.J.オーバーホルト編，柿内邦博，井原文子，野田俊作訳　創元社　2007.6　244p

Hemond, Riva Aidus　ヘモンド, R. *
◇オプションの歴史：オプション―その基本と取引戦略　シカゴオプション取引所付属オプション専門学校編，可児滋訳　ときわ総合サービス出版調査部　1999.4　675p

Henare, Mānuka　ヘナレ, マーヌカ
◇持続可能な社会政策（福地潮人訳）：ニュージーランド福祉国家の再設計―課題・政策・展望　ジョナサン・ボストン, ポール・ダルジール, スーザン・セント・ジョン編，芝田英昭，福地潮人監訳　法律文化社　2004.12　394p

Hench, Thomas J.　ヘンチ, トーマス・J.
◇国際経営学の新生パラダイム（岡本博之訳）：基礎概念と研究領域　B.トイン, D.ナイ編，村山元英監訳，国際経営文化学会訳　文真堂　2001.11　285p　（国際経営学の誕生 2）

Henckmann, Wolfhart　ヘンクマン, ヴォルフハルト
◇K.W.F.ゾルガーの哲学における存在，非存在，認識，およびそれと連関する諸問題（小坂田英之訳）：論争の哲学史―カントからヘーゲルへ　W.イェシュケ編，高山守，藤田正勝監訳　理想社　2001.2　425, 4p

Hendel, Ronald S.　ヘンデル, ロナルド・S.
◇神の子らが人の娘たちと戯れたとき：死海文書の研究　ハーシェル・シャンクス編，池田裕監修，高橋晶子，河合一充訳　ミルトス　1997.9　452p

Henderson, Denys　ヘンダーソン, デニス
◇CEOと取締役会のバランスをどうとるか（共著）：コーポレート・ガバナンス　Harvard Business Review編，Diamondハーバード・ビジネス・レビュー編集部訳　ダイヤモンド社　2001.6　270p

Henderson, Mary G.　ヘンダーソン, メアリー・G.
◇医療ケースマネージメントにおける質の測定（共著）（中谷陽明訳）：ケースマネージメントと社会福祉　ステファン・M.ローズ編，白沢政和，渡部律子，岡田進一監訳　ミネルヴァ書房　1997.10　415p　（Minerva福祉ライブラリー 21）

Henderson, Theodore A.　ヘンダーソン, シオードー・A.
◇子どもと話そう（共著）：児童虐待の発見と防止―親や先生のためのハンドブック　ジェームズ・A.モンテリオン編著，加藤和生訳　慶応義塾大学出版会　2003.8　261p

Hendriksen, Carsten　ヘンドリクセン, C. *
◇健康増進（共著）：日本版MDS-HC 2.0在宅ケアアセスメントマニュアル　John N.Morris他編著，池上直己訳　医学書院　1999.9　294p
◇健康増進（共著）：日本版MDS-HC 2.0在宅ケアアセスメントマニュアル　John N.Morris他編著，池上直己訳　新訂版　医学書院　2004.11　298p

Hendy, Steve　ヘンディー, S. *
◇知的障害への臨床心理サービス（共著）（古池若葉訳）：専門職としての臨床心理士　ジョン・マツィリア，ジョン・ホール編，下山晴彦編訳　東京大学出版会　2003.4　435p

Hengstenberg, Hans Eduard　ヘングステンベルク, ハンス＝エードゥアルト
◇現代の哲学的人間学における責任ある言表の問題―合事象性の人間学の試み　他（新田義弘訳）：現代の哲学的人間学　ボルノウ, プレスナーほか著，藤田健治他訳　新装復刊　白水社　2002.6　332, 10p

Henkel, Mary　ヘンケル, メアリー
◇研究訓練と大学院教育―イギリスの全体構造（共著）（今津孝次郎訳）：大学院教育の研究　バートン・クラーク編著，潮木守一監訳　東信堂　1999.5　523p
◇大学のガバナンスとマネジメントの変容（田中正弘訳）：大学の組織変容に関する調査研究　広島大学高等教育研究開発センター編　広島大学高等教育研究開発センター　2007.2　269p　（COE研究シリーズ 27）

Hennart, Jean-François　ヘナート, ジャン・フランソワ
◇多国籍企業におけるコントロール：組織理論と多国籍企業　スマントラ・ゴシャール, D.エレナ・ウエストニー編著，江夏健一監訳，IBI国際ビジネス研究センター訳　文真堂　1998.10　452p

Hennelly, Rick　ヘネリー, R.
◇精神保護資源センター：過渡期の精神医療―英国とイタリアの経験から　シュラミット・ラモン, マリア・グラツィア・ジャンニケッダ編，川田誉音訳　海声社　1992.10　424p

Hennessy, Elizabeth　ヘネシー, エリザベス
◇イングランド銀行の総裁, 理事, 上級管理者（浜田康行訳）：イングランド銀行の300年―マネーパワー影響　リチャード・ロバーツ, デーヴィッド・カイナストン編，浜田康行ほか訳　東洋経済新報社　1996.12　329p

Henningsen, Jürgen　ヘニングセン, ユルゲン
◇ペーターが足を引っ張る：教育学的に見ること考えることへの入門　アンドレアス・フリットナー, ハンス・ショイアール編，石川道夫訳　玉川大学出版部　1994.8　409p

Henrich, Dieter　ヘンリッヒ, ディーター
◇挑戦者か競争者か―超越論的戦略に関するローティの報告について（冨田恭彦, 望月俊孝訳）：超越論哲学と分析哲学―ドイツ哲学と英米哲学の対決と対話　ヘンリッヒ他著，竹市明弘編　産業図書　1992.11　451p
◇離婚とその効果―ドイツの立法者の改正理念と法実務におけるその実現　他（田村五郎訳）：ドイツ現代家族法　W.ミュラー・フライエンフェルス他著，田村五郎編訳　中央大学出版部　1993.7　305p　（日本

比較法研究所翻訳叢書 33)
◇カール・ヤスパース―ヴェーバーをみつめる思考：マックス・ヴェーバーとその同時代人群像　W.J.モムゼン, J.オースターハメル, W.シュベントカー編著, 鈴木広, 米沢和彦, 嘉目克彦監訳　ミネルヴァ書房　1994.9　531, 4p
◇絶対精神と有限者の論理 (石川伊織, 座小田豊訳)：続・ヘーゲル読本―翻訳篇/読みの水準　D.ヘンリッヒ他著, 加藤尚武, 座小田豊編訳　法政大学出版局　1997.3　324, 12p
◇統一・私たちは再び一つの国民となったのか 他 (共著)：哲学の原点―ドイツからの提言　ハンス・ゲオルク・ガダマー他著, U.ベーム編, 長倉誠一, 多田茂訳　未知谷　1999.7　272, 11p

Henri de Gand　ヘンリクス (ガンの)
◇任意討論集：中世思想原典集成 13 盛期スコラ学　上智大学中世思想研究所編訳・監修　平凡社　1993.2　845p

Henrikson, Alan　ヘリクソン, アラン
◇第5章 地域機構の成長と国連の役割 (福田洋子訳)：地域主義と国際秩序　L.フォーセット, A.ハレル編, 菅英輝, 栗栖薫子監訳　九州大学出版会　1999.5　366p

Henrion, Emmanual　アンリオン, E.*
◇ベルギーにおける財務報告の歴史 (共著) (片山郁雄訳)：欧州比較国際会計史論　P.ワルトン編著, 久野光朗監訳　同文館出版　1997.5　380p

Henry, Gianna　ヘンリー, ジアンナ
◇考えることと学ぶことの難しさ：被虐待児の精神分析的心理療法―タビストック・クリニックのアプローチ　メアリー・ボストン, ロレーヌ・スザー編著, 平井正三, 鵜飼奈津子, 西村富士子監訳　金剛出版　2006.12　212p

Henry, John　ヘンリー, ジョン
◇ニュートン―物質と魔術：ニュートン復活　J.フォーベル編, 平野葉一ほか訳　現代数学社　1996.11　454p

Henry, Michel　アンリ, ミシェル
◇主体批判 (松葉祥一訳)：主体の後に誰が来るのか？　ジャン・リュック・ナンシー編著, アラン・バディウ, エチエンヌ・バリバール, モーリス・ブランショ, ミケル・ボルグ・ジャコブセン, ジャン・フランソワ・クルティーヌほか著, 港道隆, 鵜飼哲, 大西雅一郎, 松葉祥一, 安川慶治, 加国尚志, 広瀬浩司訳　現代企画室　1996.3　347p

Henry, Paolo　ヘンリー, P.
◇リハビリテーション精神医療に向けて：過渡期の精神医療―英国とイタリアの経験から　シュラミット・ラモン, マリア・グラツィア・ジャンニケッダ編, 川田誉音訳　海声社　1992.10　424p

Hentig, Hartmut von　ヘンティッヒ, ハルトムート・フォン
◇ちっちゃい子と大きな子：教育学的に見ること考えることへの入門　アンドレアス・フリットナー, ハンス・ショイアール編, 石川道夫訳　玉川大学出版部　1994.8　409p

Hentoff, Nat　ヘントフ, ナット
◇スピーチ・コードと言論の自由：アメリカの差別問題―PC (政治的正義) 論争をふまえて　Patricia Aufderheide編, 脇浜義明訳　明石書店　1995.6

208p

Henton, Douglas C.　ヘントン, D. C.
◇シリコンバレーの教訓：グローバル・シティー・リージョンズ―グローバル都市地域への理論と政策　アレン・J.スコット編著, 坂本秀和訳　ダイヤモンド社　2004.2　365p

Heper, Metin　ヘパー, メティン
◇トルコの地方自治体―特に大都市の自治体に関して：国際比較から見た地方自治と都市問題―先進20カ国の分析 2　Joachim Jens Hesse編, 北海道比較地方自治研究会訳　北海道比較地方自治研究会　1995.3　210p
◇トルコの地方自治体：地方自治の世界的潮流―20カ国からの報告 下　ヨアヒム・J.ヘッセ編, 北海道比較地方自治研究会訳, 木佐茂男監訳　信山社出版　1997.9　p337-650

Hērakleitos　ヘラクレイトス
◇ヘラクレイトス (三浦要, 内山勝利訳)：ソクラテス以前哲学者断片集　第1分冊　内山勝利編　岩波書店　1996.12　367p

Herb, Erika　ハーブ, エリカ
◇経営トップのチームワーク (共著)：マッキンゼー組織の進化―自立する個人と開かれた組織　平野正雄編著・監訳, 村井章子訳　ダイヤモンド社　2003.12　206p (The McKinsey anthology)

Herbst, Jurgen　ヘルプスト, J.*
◇アメリカ高等教育における多様化 (山田浩之訳)：高等教育の変貌1860-1930―拡張・多様化・機会開放・専門職化　コンラート・ヤーラオシュ編, 望田幸男, 安原義仁, 橋本伸也監訳　昭和堂　2000.10　374, 48p

Hermann, Ulrich　ヘルマン, ウルリヒ
◇生の形式・文明・合意、文明史としての教育史の諸範疇について (山内芳文訳)：現代ドイツ教育学の潮流―W.フリットナー百歳記念論文集　ヘルマン・レーレス, ハンス・ショイアール編, 天野正治訳　玉川大学出版部　1992.8　503p

Hermann, William　ハーマン, ウィリアム
◇ありきたりの殺人：締切り間際の殺人事件簿―特ダネ事件記者が綴る11の難事件　リサ・ベス・ピュリッツァー編, 加藤洋子訳　原書房　1998.6　332p

Hermlin, Stephan　ヘルムリーン, シュテファン
◇シュテファン・ヘルムリーン：戦後ドイツを生きて―知識人は語る　三島憲一編・訳　岩波書店　1994.10　370p

Hernaes, Erik　ヘルネス, E.*
◇ノルウェーのフェリー輸送航路に関する比較分析 (共著) (高井英造訳)：経営効率評価ハンドブック―包絡分析法の理論と応用　Abraham Charnesほか編, 刀根薫, 上田徹監訳　朝倉書店　2000.2　465p

Hernández, Diego E.　ヘルナンデス, ディエゴ・E.
◇成果主義の評価基準はどこが間違っていたのか (共著)：組織変革のジレンマ―ハーバード・ビジネス・レビュー・ケースブック　Harvard Business Review編, Diamondハーバード・ビジネス・レビュー編集部訳　ダイヤモンド社　2004.11　218p

Herrchen, I.　ハーチェン, I.*
◇貨幣, 物的及び時間産業連関表―経済・環境・社会統

合報告 他（共著）：持続可能な社会への2つの道—産業連関表で読み解く環境と社会・経済　C.シュターマー編著，良永康平訳　ミネルヴァ書房　2006.10　257p　（シリーズ〈環境・エコロジー・人間〉7）

Herrera, Hayden　エレーラ，ヘイデン
◇美女と野獣—フリーダ・カーロとディエゴ・リベラ：カップルをめぐる13の物語—創造性とパートナーシップ　下　ホイットニー・チャドウィック，イザベル・ド・クールティヴロン編，野中邦子，桃井緑美子訳　平凡社　1996.3　227p　（20世紀メモリアル）

Herrnstein Smith, Barbara　ハーヌスタイン・スミス，バーバラ
◇Contingencies of Value Alternative Perspectives for Critical Theory（価値の偶発性）：元帳の締め切り　川島貞一訳　〔川島貞一〕　2002.8　1冊

Hersen, Michel　ハーセン，マイケル
◇心理療法は患者に何を提供しているか 他（共著）（宮野秀市，坂野雄二訳）：エビデンスベイスト心理療法マニュアル　V.B.V.ハッセル，M.ハーセン編著，坂野雄二，不安・抑うつ臨床研究会編訳　日本評論社　2000.11　371p

Hersey, John　ハーシー，ジョン
◇気持ちの変化—医療検査に対する予測しない反応（共著）：ウォートンスクールの意思決定論　ステファン・J.ホッチ，ハワード・C.クンリューサー編，小林陽太郎監訳，黒田康史，大塔達也訳　東洋経済新報社　2006.8　374p　（Best solution）

Hertz, Mathilde　エルツ，M.
◇知的行動の原理は，本能の諸要素の内にある 他：ドゥルーズ初期—若き哲学者が作った教科書　ジル・ドゥルーズ編著，加賀野井秀一訳注　夏目書房　1998.5　239p

Hertzog, Robert　エルツォグ，ロベール
◇フランスにおける中央集権化と地方分権化—地方財政制度の実例：自治と市民社会—翻訳版　no.1　チャドウィック・エフ・アルジャーほか著，中央学院大学地方自治センター訳　中央学院大学地方自治センター　1990.3　165p
◇ヨーロッパの地方分権のモデル：自治と市民社会—翻訳版　no.2　カトリーヌ・ベナニほか著，中央学院大学地方自治研究センター訳　中央学院大学地方自治研究センター　1991.3　142p

Herzberg, Frederick　ハーズバーグ，フレデリック
◇モチベーションとは何か：動機づける力　Diamondハーバード・ビジネス・レビュー編集部編訳　ダイヤモンド社　2005.2　243p　（Harvard business review anthology）

Herzfeld, Charles M.　ハーツフェルド，チャールス・M.
◇ミサイル防御—それは作動し得るか：弾道弾迎撃ミサイルの必要性　〔防衛研修所〕　1971　340p　（研究資料 71RT-128）

Herzfeld, Michael　ハーツフェルド，マイケル
◇民俗学，イデオロギー，近代ギリシアの創造：民俗学の政治性—アメリカ民俗学100年目の省察から　岩竹美加子編訳　未來社　1996.8　283, 6p　（ニュー・フォークロア双書 27）

Hesiodos　ヘーシオドス
◇ヘシオドス（国方栄二訳）：ソクラテス以前哲学者断片集　第1分冊　内山勝利編　岩波書店　1996.12　367p

Heskett, James L.　ヘスケット，ジェームス・L.
◇未来共同体での結果管理：未来社会への変革—未来の共同体がもつ可能性　フランシス・ヘッセルバイン，マーシャル・ゴールドスミス，リチャード・ベックハード，リチャード・F.シューベルト編，加納明弘訳　フォレスト出版　1999.11　327p

Heslop, Pauline　ヘスロブ，P.
◇貧困と障害児（共著）（近昭夫訳）：現代イギリスの政治算術—統計は社会を変えるか　D.ドーリング，S.シンプソン編著，岩井浩ほか監訳　北海道大学図書刊行会　2003.7　588p

Hespe, Franz　ヘスペ，フランツ
◇歴史は〈自由の意識〉における進歩である（座小田豊，吉田達訳）：続・ヘーゲル読本—翻訳篇/読みの水準　D.ヘンリッヒ他著，加藤尚武，座小田豊編訳　法政大学出版局　1997.3　324, 12p

Hess, David J.　ヘス，デイヴィッド・J.
◇抵抗と信念—バチェルダー理論の一解釈：超常現象のとらえにくさ　笠原敏雄編　春秋社　1993.7　776, 61p

Hess, Frederick M.　ヘス，フレデリック・M.
◇結論 他（共著）：格差社会アメリカの教育改革—市場モデルの学校選択は成功するか　フレデリック・M.ヘス，チェスター・E.フィンJr.編著，後洋一訳　明石書店　2007.7　465p　（明石ライブラリー 111）

Hesse, Georgia　ヘッシ，ジョージア
◇素敵な北極探検旅行—北極：お気をつけて，いい旅を。—異国で出会った悲しくも可笑しい51の体験　メアリー・モリス，ポール・セロー，ジョー・ゴアス，イザベル・アジェンデ，ドミニク・ラビエールほか著，古屋美登里，中俣真知子訳　アスペクト　1995.7　366p

Hesse, Joachim Jens　ヘッセ，ヨアヒム・J.
◇連邦国家における地方政府：西ドイツの事例 他：国際比較から見た地方自治と都市問題—先進20カ国の分析　2　Joachim Jens Hesse編，北海道比較地方自治研究会訳　北海道比較地方自治研究会　1995.3　210p
◇連邦国家における地方政府西ドイツの事例 他：地方自治の世界的潮流—20カ国からの報告　下　ヨアヒム・J.ヘッセ編，北海道比較地方自治研究会訳，木佐茂男監修　信山社出版　1997.9　p337-650

Hesselbein, Frances　ヘッセルバイン，フランシス
◇円形の組織：企業の未来像—成功する条件　フランシス・ヘッセルバイン，マーシャル・ゴールドスミス，リチャード・ベックハード編，小坂恵理訳　トッパン　1998.7　462p　（トッパンのビジネス経営書シリーズ 14）
◇「いかなる存在か」を示すリーダー：未来組織のリーダー—ビジョン・戦略・実践の革新　フランシス・ヘッセルバイン，マーシャル・ゴールドスミス，リチャード・ベカード編，田代正美訳　ダイヤモンド社　1998.7　239p
◇われわれの目前に拡がる夢：未来社会への変革—未

来の共同体がもつ可能性　フランシス・ヘッセルバイン,マーシャル・ゴールドスミス,リチャード・ベックハード,リチャード・F.シューベルト編,加納明弘訳　フォレスト出版　1999.11　327p
◇戦略的なリーダーになるための一〇のチェックポイント：ウェルチはこうして組織を甦らせた―アメリカ・トップリーダーからの経営処方箋29　ケン・シェルトン編著,堀紘一監修・訳　フロンティア出版　1999.12　281p

Hesselink, Reinier H.　ヘスリンク,レイニアー・H.
◇芝蘭堂の阿蘭陀正月　他：日蘭交流400年の歴史と展望―日蘭交流400周年記念論文集　日本語版　レオナルド・ブリュッセイ,ウィレム・レメリンク,イフォ・スミッツ編　日蘭学会　2000.4　459p（日蘭学会学術叢書　第20)

Hetherington, E. Mavis　ヘザリントン,E.M.
◇離婚が親と子供に及ぼす影響（共著）：非伝統的家庭の子育て―伝統的家庭との比較研究　マイケル・E.ラム編著,久米稔監訳　家政教育社　1993.8　468p

Hevey, Denise　ヒーヴィー,デニス
◇身体的虐待,ネグレクトの影響　他（共著）（中野敏子訳）：児童虐待への挑戦　ウェンディ・スタイントン・ロジャース,デニス・ヒーヴィー,エリザベス・アッシュ編著,福知栄子,中野敏子,田沢あけみほか訳　法律文化社　1993.11　261p

Hewson, Mariana G. A'B.　ヒューソン,M.G.A'B.
◇コンセプションの起源における知的環境の役割：探索的研究：認知構造と概念転換　L.H.T.ウエスト,A.L.パインズ編,野上智行,稲垣成哲,田中浩朗,森藤義孝訳,進藤公夫監訳　東洋館出版社　1994.5　327p

Hewstone, Miles　ヒューストン,マイルズ
◇帰属理論と社会的説明（共著）（外山みどり訳）：社会心理学概論―ヨーロピアン・パースペクティブ　1　M.ヒューストンほか編,末永俊郎,安藤清志監訳　誠信書房　1994.10　355p

Heym, Stefan　ハイム,シュテファン
◇シュテファン・ハイム：戦後ドイツを生きて―知識人は語る　三島憲一編・訳　岩波書店　1994.10　370p

Heywood, Paul　ヘイウッド,ポール
◇スペインでのマルクス主義理論の発展と人民戦線：フランスとスペインの人民戦線―50周年記念・全体像比較研究　S.マーティン・アレグザンダー,ヘレン・グラハム編,向井喜典ほか訳　大阪経済法科大学出版部　1994.3　375p

Heyzer, Noeleen　ヘイザー,ノエリン
◇女性を平和会議のテーブルにつけよう：もう戦争はさせない！―ブッシュを追いつめるアメリカ女性たち　メディア・ベンジャミン,ジョディ・エヴァンス編,尾川寿江監訳,尾川寿江,真鍋穣,米沢清恵訳　文理閣　2007.2　203p

Hiatt, John F.　ヒアット,ジョン・F.
◇ヒンドゥー教とヨーガのトランスパーソナル精神医学への貢献　他：テキスト/トランスパーソナル心理学・精神医学　B.W.スコットン,A.B.チネン,J.R.バティスタ編,安藤治,池沢良郎,是恒正達訳　日本評論社　1999.12　433p

Hick, John　ヒック,ジョン
◇エイレナイオス型神義論：神は悪の問題に答えられるか―神義論をめぐる五つの答え　スティーヴン・T.デイヴィス編,本多峰子訳　教文館　2002.7　437p

Hick, John H.　ヒック,ジョン・H.
◇キリスト教の絶対性の超克：キリスト教の絶対性を超えて―宗教的多元主義の神学　ジョン・ヒック,ポール・F.ニッター編,八木誠一,樋口恵訳　春秋社　1993.2　429p

Hickling, A.　ヒックリング,A.＊
◇凍った炎で賭をする？：ソフト戦略思考　Jonathan Rosenhead編,木嶋恭一監訳　日刊工業新聞社　1992.6　432,7p

Hickman, Craig R.　ヒックマン,クレイグ・R.
◇リーダーは自分の魂と対話せよ：ウェルチはこうして組織を甦らせた―アメリカ・トップリーダーからの経営処方箋29　ケン・シェルトン編著,堀紘一監修・訳　フロンティア出版　1999.12　281p

Hicks, David　ヒックス,デイヴィッド
◇世界を理解する　他（木村一子訳）：地球市民教育のすすめかた―ワールド・スタディーズ・ワークブック　デイヴィッド・ヒックス,ミリアム・スタイナー編,岩崎裕保監訳　明石書店　1997.6　341p

Hicks, Donna　ヒックス,ドナ
◇葛藤・紛争の解決と人権教育―課題を拡大して（松岡廣路訳）：世界の人権教育―理論と実践　ジョージ・J.アンドレオポーロス,リチャード・ピエール・クロード編著,黒沢惟昭監訳　明石書店　1999.2　758p

Hiebert, Erwin N.　ヒーバート,アーウィン・N.
◇現代物理学とキリスト教信仰：神と自然―歴史における科学とキリスト教　デイビッド・C.リンドバーグ,R.L.ナンバーズ編,渡辺正雄監訳　みすず書房　1994.6　528,48p

Hieronymus　ヒエロニムス〈聖〉
◇最初の隠修士パウルスの生　他（荒井洋一訳）：中世思想原典集成　4　初期ラテン教父　上智大学中世思想研究所編訳・監修　平凡社　1999.6　1287p

Higgins, Catherine　ヒギンズ,キャサリン
◇いじめ解消の一環として校庭環境をいかに改善・整備するか：あなたの学校のいじめ解消にむけて―教師のための実践ハンドブック　ソニア・シャープ,ピーター・K.スミス編著,フォンス・智江子訳,東京都新教育研究会編　東洋館出版社　1996.4　211p
◇校庭環境を向上させる（高橋通子訳）：いじめととりくんだ学校―英国における4年間にわたる実証的研究の成果と展望　ピーター・K.スミス,ソニア・シャープ編,守屋慶子,高橋通子監訳　ミネルヴァ書房　1996.10　355p

Higgins, Donald　ヒギンズ,ドナルド
◇国際的視野における地方自治と都市問題：カナダ編：国際比較から見た地方自治と都市問題―先進20カ国の分析　1　Joachim Jens Hesse編,北海道比較地方自治研究会訳　北海道比較地方自治研究会　1994.3　208p
◇国際的視野における地方自治と都市問題：地方自治の世界的潮流―20カ国からの報告　上　ヨアヒム・J.ヘッセ編,北海道比較地方自治研究会訳,木佐茂男監修　信山社出版　1997.9　335p

Higgins, Jane ヒギンズ, ジェーン
◇ウエルフェアからワークシェアへ (William D.Y.McMicheal訳)：ニュージーランド福祉国家の再設計—課題・政策・展望 ジョナサン・ボストン，ポール・ダルジール，スーザン・セント・ジョン編，芝田英昭，福地潮人監訳 法律文化社 2004.12 394p

Higgins, Monica C. ヒギンズ, モニカ・C.
◇ベテランと若手が学び合う風土に変えられるか (共著)：組織変革のジレンマ—ハーバード・ビジネス・レビュー・ケースブック Harvard Business Review 編, Diamondハーバード・ビジネス・レビュー編集部訳 ダイヤモンド社 2004.11 218p
◇「ベテランと若手」が学び合う風土に変えられるか (共著)：「問題社員」の管理術—ケース・スタディ Diamondハーバード・ビジネス・レビュー編集部編訳 ダイヤモンド社 2007.1 263p (Harvard business review anthology)

Higgins, Richard S. ヒギンズ, リチャード
◇自由参入とレントシーキングの有効性 (共著) (玉村雅敏訳)：レントシーキングの経済理論 ロバート・トリソン，ロジャー・コングレトン編，加藤寛監訳 勁草書房 2002.7 264p

Higgins-Trenk, Ann ヒギンズ＝トレンク, A.
◇児童期から成人期にわたる女性の発達—職業指向と女性的役割指向 (共著) (舘脇千春訳)：生涯発達の心理学 3巻 家族・社会 東洋，柏木恵子，高橋恵子編・監訳 新曜社 1993.10 293p

Higonnet, Anne ヒゴネット, アン
◇創造の神話—カミーユ・クローデルとオーギュスト・ロダン：カップルをめぐる13の物語—創造性とパートナーシップ ホイットニー・チャドウィック，イザベル・ド・クールティヴロン編，野中邦子，桃井緑美子訳 平凡社 1996.3 233p (20世紀メモリアル)
◇女たちとイマージュ—外観，余暇，生計 他 (鈴木杜幾子訳)：ヘーゲル—イラスト版 R.スペンサー文，A.クラウゼ絵，椋田直子訳 現代書館 1996.9 174p (For beginnersシリーズ 77)
◇女性たち，イメージ，そして表象 (志賀亮一訳)：女の歴史 5〔2〕二十世紀 2 G.デュビィ，M.ペロー監修，杉村和子，志賀亮一監訳 フランソワーズ・テボー編 藤原書店 1998.11 p517-1026

Higonnet, Patrice イゴネ, パトリス
◇サン＝キュロット (牟田知美訳)：フランス革命事典 3 フランソワ・フュレ，モナ・オズーフ編，河野健二，阪上孝，富永茂樹監修 みすず書房 1999.3 234p (みすずライブラリー)

Hiken, Marti ハイケン, マーティ
◇新しい活動家を育てよう：もう戦争はさせない！—ブッシュを追いつめるアメリカ女性たち メディア・ベンジャミン，ジョディ・エヴァンス編，尾川寿江監訳，尾川寿江，真鍋穣，米沢清恵訳 文理閣 2007.2 203p

Hilarius (Pictaviensis) ヒラリウス (ポワティエの)
◇三位一体論・讃歌 (井村和彦訳)：中世思想原典集成 4 初期ラテン教父 上智大学中世思想研究所編訳・監修 平凡社 1999.6 1287p

Hildebrand, Kenneth ヒルデブランド, ケネス
◇能力を最大限に活用する法：成功大学 オグ・マンディーノ編著，箱田忠昭訳 日本経営合理化協会出版局 1998.9 689p
◇能力を最大限に活用する法：成功大学 オグ・マンディーノ編著，箱田忠昭訳 皮革携帯版 日本経営合理化協会出版局 1998.9 689p

Hildegard ヒルデガルト・フォン・ビンゲン
◇スキヴィアス (佐藤直子訳)：中世思想原典集成 15 女性の神秘家 上智大学中世思想研究所編訳・監修 平凡社 2002.4 1061p

Hildenbrand, Suzanne ヒルデンブランド, スザンヌ
◇図書館史における女性：アメリカ図書館史に女性を書きこむ スザンヌ・ヒルデンブランド編著，田口瑛子訳 京都大学図書館情報学研究会 2002.7 367p

Hill, G. Perry ヒル, G. ペリー
◇注意欠陥／多動性障害の子どものための実証済みの治療法，有望な治療法，および実証されていない治療法 (共著)：臨床心理学における科学と疑似科学 S.O.リリエンフェルド，S.J.リン，J.M.ロー編，厳島行雄，横田正夫，斎藤雅英監訳 北大路書房 2007.9 461p

Hill, Napoleon ヒル, ナポレオン
◇報酬増加の法則を活用する法：成功大学 オグ・マンディーノ編著，箱田忠昭訳 日本経営合理化協会出版局 1998.9 689p
◇報酬増加の法則を活用する法：成功大学 オグ・マンディーノ編著，箱田忠昭訳 皮革携帯版 日本経営合理化協会出版局 1998.9 689p

Hill, Reuben ヒル, R.
◇家族発達理論と生涯発達 (共著) (登張真稲訳)：生涯発達の心理学 3巻 家族・社会 東洋，柏木恵子，高橋恵子編・監訳 新曜社 1993.10 293p

Hill, Richard ヒル, リチャード
◇効率的消費者対応 (ECR) —食品業界における競争から協調への転換 (共著)：サプライチェーン戦略 ジョン・ガトーナ編，前田健蔵，田村誠一訳 東洋経済新報社 1999.5 377p (Best solution)

Hill, Rosanna ヒル, ロザンナ
◇異文化結婚序論 他 (共著)：異文化結婚—境界を越える試み ローズマリー・ブレーガー，ロザンナ・ヒル編著，吉田正紀監訳 新泉社 2005.4 310, 29p

Hillman, Arye L. ヒルマン, アリー
◇危険回避的レントシーキングと独占力の社会的費用 (共著) (片田興訳)：レントシーキングの経済理論 ロバート・トリソン，ロジャー・コングレトン編，加藤寛監訳 勁草書房 2002.7 264p

Hillman, Robert A. ヒルマン, ロバート・A.
◇契約上の免除と破産上の免責 他 (高谷知佐子訳)：現代アメリカ契約法 ロバート・A.ヒルマン，笠井修編著 弘文堂 2000.10 400p

Hillmer, Norman ヒルマー, ノーマン
◇同盟関係の変容と崩壊 (共著)：カナダの外交—その理念と政策 J.L.グラナツティンほか編，吉田健正訳 御茶の水書房 1994.8 200p (カナダ社会科学叢書 第4巻)

Hills, Carla H. ヒルズ, カーラ・H.
◇イラクを攻撃すべきこれだけの理由 (共著)：アメリカはなぜイラク攻撃をそんなに急ぐのか？ フォーリン・アフェアーズ・ジャパン編・監訳 朝日新聞社

2002.12 266, 4p （朝日文庫―フォーリン・アフェアーズ・コレクション）

Hills, Gerald E.　ヒルズ, ジェラルド・E.
◇市場機会とマーケティング：MBA起業家育成　ウィリアム・D.バイグレイブ編著, 千本倖生＋バブソン起業家研究会訳　学習研究社　1996.12　369p

Himley, Margaret　ヒムレイ, マーガレット
◇描写的吟味"人工物としての言語"他（白鳥信義訳）：描写レヴューで教師の力量を形成する―子どもを遠くまで観るために　M.ヒムレイ, P.F.カリーニ編, 小田勝己, 小田玲子, 白鳥信義訳　ミネルヴァ書房　2002.10　267p

Himmelhoch, Jonathan M.　ヒメルホック, ジョナサン・M.
◇うつ病に対する社会的スキル訓練―治療マニュアル（共著）（佐藤正二訳）：エビデンスベイスト心理治療マニュアル　V.B.V.ハッセル, M.ハーセン編著, 坂野雄二, 不安・抑うつ臨床研究会編訳　日本評論社　2000.11　371p

Himmelweit, Hilde　ヒンメルワイト, ヒルド
◇子どもたちとテレビ：アメリカ―コミュニケーション研究の源流　E.デニス, E.ウォーテラ編著, 伊達康博, 藤山新, 末永雅美, 四方由美, 栢沼利朗訳　春風社　2005.7　282p

Hincker, François　アンケール, フランソワ
◇第5章 フランス社会党―ポスト共和制の価値に向かうのか？（富山栄子訳）：現代ヨーロッパの社会民主主義―自己改革と政権党への道　ドナルド・サスーン編, 細井雅彦, 富山栄子訳　日本経済評論社　1999.8　281p

Hinde, Robert A.　ハインド, ロバート・A.
◇エソロジーと社会心理学（安藤清志訳）：社会心理学概論―ヨーロピアン・パースペクティブ　1　M.ヒューストンほか編, 末永俊郎, 安藤清志監訳　誠信書房　1994.10　355p
◇コンラート・ローレンツ, ニコラス・ティンバーゲン（吉川信訳）：心理学の7人の開拓者　レイ・フラー編, 大島由紀夫, 吉川信訳　法政大学出版局　2002.3　198, 21p　（りぶらりあ選書）

Hingston　ヒングストン
◇どこにおいて、本能は新たな状況に適応しなくなるのか：ドゥルーズ初期―若き哲学者が作った教科書　ジル・ドゥルーズ編著, 加賀野井秀一訳注　夏目書房　1998.5　239p

Hinkley, D. Michael　ヒンクリー, マイケル
◇人権と民主化のための軍隊の訓練（津田英二訳）：世界の人権教育―理論と実践　ジョージ・J.アンドレオポーロス, リチャード・ピエール・クロード編著, 黒沢惟昭監訳　明石書店　1999.2　758p

Hintikka, Jaakko　ヒンティッカ, ヤーッコ
◇超越論的認識のパラドックス（野家啓一, 宮原勇訳）：超越論哲学と分析哲学―ドイツ哲学と英米哲学の対決と対話　ヘンリッヒ他編, 竹market明弘編　産業図書　1992.11　451p
◇コギト・エルゴ・スムは推論か行為遂行か（小沢明也訳）：現代デカルト論集　2　英米篇　デカルト研究会編　勁草書房　1996.7　331, 9p

Hinton, Matthew　ヒントン, マシュー
◇ベンチマーキングの名のもとで本当に起きていることは何なのか（共著）：業績評価の理論と実務―事業を成功に導く専門領域の障壁を越えて　アンディ・ニーリー編著, 清水孝訳　東洋経済新報社　2004.4　459p

Hirabayashi, James A.　ヒラバヤシ, ジェイムズ・A.
◇回顧と展望 他（共著）：日系人とグローバリゼーション―北米, 南米, 日本　レイン・リョウ・ヒラバヤシ, アケミ・キクムラ＝ヤノ, ジェイムズ・A.ヒラバヤシ編, 移民研究会訳　人文書院　2006.6　532p

Hirabayashi, Lane Ryo　ヒラバヤシ, レイン・リョウ
◇回顧と展望 他（共著）：日系人とグローバリゼーション―北米, 南米, 日本　レイン・リョウ・ヒラバヤシ, アケミ・キクムラ＝ヤノ, ジェイムズ・A.ヒラバヤシ編, 移民研究会訳　人文書院　2006.6　532p

Hirdes, John P.　ハーデス, J.＊
◇健康増進（共著）：日本版MDS-HC 2.0在宅ケアアセスメントマニュアル　John N.Morris他編著, 池上直己訳　医学書院　1999.9　294p
◇健康増進（共著）：日本版MDS-HC 2.0在宅ケアアセスメントマニュアル　John N.Morris他編著, 池上直己訳　新訂版　医学書院　2004.11　298p

Hirsch, Amy B.　ハーシュ, エミー・B.
◇リスクへのこだわり：リスクバジェッティング―実務家が語る年金新時代のリスク管理　レスリー・ラール編, 三菱信託銀行受託財産運用部門訳　パンローリング　2002.4　575p　（ウィザードブックシリーズ 34）

Hirsch, Joachim　ヒルシュ, ヨアヒム
◇新しい世界秩序：新世界秩序批判―帝国とマルチチュードをめぐる対話　トマス・アトウツェルト, ヨスト・ミュラー編, 島村賢一訳　以文社　2005.10　187p

Hirschman, Albert O.　ハーシュマン, アルバート
◇政治的進歩と経済的進歩との偶然的関連について：20世紀を問う―革命と信念のエクリール　フランソワ・フュレ他著, 大宅由里子ほか訳　慶応義塾大学出版会　1996.4　221, 11p

Hirsh, Michael　ハーシュ, マイケル
◇日本経済再生の鍵（共著）：このままでは日本経済は崩壊する　フォーリン・アフェアーズ・ジャパン編・監訳, 竹下興喜監訳　朝日新聞社　2003.2　282, 11p　（朝日文庫―フォーリン・アフェアーズ・コレクション）
◇ジョージ・W.ブッシュの世界像―単独行動主義の思想と限界：ネオコンとアメリカ帝国の幻想　フォーリン・アフェアーズ・ジャパン編・監訳, 竹下興喜監訳　朝日新聞社　2003.7　292, 6p

Hirshleifer, David　ハーシュライファー, D.＊
◇合併と買収：戦略面と情報面からの考察（佐山展生訳）：ファイナンスハンドブック　R.A.Jarrow, V.Maksimovic, W.T.Ziemba編, 今野浩, 古川浩一監訳　朝倉書店　1997.12　1121p

Hirst, Francis Wrigley　ハースト, フランシス・W.
◇ウォルター・バジョット：『エコノミスト』の百年

1843 - 1943 エコノミスト社編, 岸田理訳 日本経済評論社 1994.11 320p

Hitchcock, Alfred Joseph ヒッチコック, アルフレッド
◇アルフレッド・ヒチコック (和田誠訳)：インタヴューズ 2 クリストファー・シルヴェスター編, 新庄哲夫ほか訳 文芸春秋 1998.11 451p

Hitler, Adolf ヒットラー, アドルフ
◇アドルフ・ヒットラー首相—ドイツのズデーテンランド占領 (津吉襄訳)：変貌する世界とアメリカ 板場良久スピーチ解説, 津吉襄訳 アルク 1998.5 148p (20世紀の証言 英語スピーチでたどるこの100年 第2巻—CD book 松尾弌之監修・解説)
◇アドルフ・ヒトラー (永井淳訳)：インタヴューズ 1 クリストファー・シルヴェスター編, 新庄哲夫ほか訳 文芸春秋 1998.11 462p

Hittinger, John ヒッティンガー, J.
◇デイヴィッド・A.J.リチャーズ：岐路に立つ自由主義—現代自由主義理論とその批判 C.ウルフ, J.ヒッティンガー編, 菊池理夫ほか訳 ナカニシヤ出版 1999.4 297p (叢書「フロネーシス」)

Hittinger, Russell ヒッティンガー, ラッセル
◇ロベルト・アンガー：岐路に立つ自由主義—現代自由主義理論とその批判 C.ウルフ, J.ヒッティンガー編, 菊池理夫ほか訳 ナカニシヤ出版 1999.4 297p (叢書「フロネーシス」)

Ho, Elsie S. ホー, エルシー・S.
◇オークランドの香港中国人 (共著) (白岩一彦訳)：香港を離れて—香港中国人移民の実像 ロナルド・スケルドン編, 可児弘明, 森川真規雄, 吉原和男監訳 行路社 1997.6 552p (中国の底流シリーズ 4)

Ho, Richard Yan Ki ホー, リチャード・Y.K.
◇銀行規制の枠組み 他 (斉藤武則訳)：香港の金融制度 リチャード・Y.K.ホー, ロバート・H.スコット, K.A.ウォン編著, 香港金融研究会訳 金融財政事情研究会 1993.5 313p

Ho, Teck Hua ホー, テック・フー
◇ゲーム理論と競争戦略 (共著) (池田仁一訳)：ウォートンスクールのダイナミック競争戦略 ジョージ・デイ, デイビッド・レイブシュタイン編, 小林陽太郎監訳, 黒田康史ほか訳 東洋経済新報社 1999.10 435p (Best solution)
◇戦略的学習と戦略的教育 (共著)：ウォートンスクールの意思決定論 ステファン・J.ホッチ, ハワード・C.クンリューサー編, 小林陽太郎監訳, 黒田康史, 大塚達也訳 東洋経済新報社 2006.8 374p (Best solution)

Hoagland, Jim ホーグランド, ジム
◇IMFの進路はどの方向か 他：IMF改廃論争の論点 ローレンス・J.マッキラン, ピーター・C.モントゴメリー編, 森川公隆監訳 東洋経済新報社 2000.11 285p

Hoang, Xuan Sinh ホアン, スアン・シン
◇ある民営大学の発展—タンロン大学の事例 (共著) (大塚豊訳)：変革期ベトナムの大学 デイヴィッド・スローバー, レ・タク・カン編著, 大塚豊監訳 東信堂 1998.9 245p

Hobbs, Walter C. ホブス, ウォルター・C.
◇裁判所：アメリカ社会と高等教育 P.G.アルトバック, R.O.バーダール, P.J.ガムポート編, 高橋靖直訳 玉川大学出版部 1998.2 354p

Hobsbawm, Eric J. ホブズボウム, エリック
◇序論—伝統は創り出される 他 (前川啓治訳)：創られた伝統 エリック・ホブズボウム, テレンス・レンジャー編, 前川啓治, 梶原景昭ほか訳 紀伊国屋書店 1992.6 488p (文化人類学叢書)
◇エスニシティ, 人口移動, 国民国家の有効性 (佐々木寛訳)：グローバルな市民社会に向かって マイケル・ウォルツァー編著, 石田淳ほか訳 日本経済評論社 2001.10 397p

Hoch, Edward D. ホック, エドワード・D.
◇ナチスドイツの人種差別と性差別—母性, 断種, 国家：生物学が運命を決めたとき—ワイマールとナチスドイツの女たち レナード・ブライデンソール, アチナ・グロスマン, マリオン・カプラン編著, 近藤和子訳 社会評論社 1992.11 413p

Hoch, Stephen James ホッチ, ステファン・J.
◇意思決定の複雑な関係 他 (共著)：ウォートンスクールの意思決定論 ステファン・J.ホッチ, ハワード・C.クンリューサー編, 小林陽太郎監訳, 黒田康史, 大塚達也訳 東洋経済新報社 2006.8 374p (Best solution)

Hock, Ellen ホック, エレン
◇母親の分離不安：乳児を持つ母親の就労と母性のバランス (共著) (山下景子訳)：母親の就労と子どもの発達—縦断的研究 エイデル・E.ゴットフライド, アレン・W.ゴットフライド編著, 佐々木保行監訳 ブレーン出版 1996.4 318p

Hodapp, Robert M. ホダップ, R. M.
◇発達順序類似説をめぐる諸問題—発達の道筋は一つか, それとも幾つもあるのか 他：障害児理解の到達点—ジグラー学派の発達論的アプローチ R.M.ホダップ, J.A.ブラック, E.ジグラー編, 小松秀茂, 清水貞夫編訳 田研出版 1994.9 435p

Hodgdon, Linda Quirk ホグドン, リンダ・クワーク
◇視覚的コミュニケーション援助を用いて社会行動上の問題を解決する：社会性とコミュニケーションを育てる自閉症療育 Kathleen Ann Quill編, 安達潤ほか訳 松柏社 1999.9 481p

Hodges, Vanessa G. ホッジズ, V. G. *
◇家族のエンパワーメント (共著)：ソーシャルワーク実践におけるエンパワーメント—その理論と実際の論考集 L.M.グティエーレス, R.J.パーソンズ, E.O.コックス編著, 小松源助監訳 相川書房 2000.6 333p

Hodgetts, William H. ホッジス, ウイリアム
◇組織におけるエグゼクティブ・コーチングの活用：エグゼクティブ・コーチング—経営幹部の潜在能力を最大限に引き出す キャサリン・フィッツジェラルド, ジェニファー・ガーヴェイ・バーガー編, 日本能率協会コンサルティング訳 日本能率協会マネジメントセンター 2005.4 370p

Hodgkinson, Virginia A. ホジキンソン, バージニア A.
◇社会需要を満たす—NPOセクターと政府の資源の比較 (共著)：NPOと政府 E.T.ボリス, C.E.スターリ

編著, 上野真城子, 山内直人訳 ミネルヴァ書房 2007.3 346p

Hodgson, Geoffrey Martin ホジソン, G. M.
◇制度派経済学と資本主義の進化(横川信治訳)：進化する資本主義 横川信治, 野口真, 伊藤誠編著 日本評論社 1999.2 323, 10p

Hoedeman, Olivier ホードマン, オリビエ
◇大企業の権力：G8—G8ってナンですか？ ノーム・チョムスキー, スーザン・ジョージ他著, 氷上春奈訳 ブーマー 2005.7 238p

Hofer, Paul ホーファー, ポール
◇欧州の合併規則執行における実証的手法適用の増加：過去の訓練と将来を見据えて(共著)：競争政策の経済学—競争政策の諸問題に対する経済学的アプローチ ローレンス・ウー編, 大西利佳, 森信夫, 中島敏監訳 NERA 2005.11 173p

Hoffa, Jimmy ホッファ, ジミー
◇ジミー・ホッファ(高橋健次訳)：インタヴューズ 2 クリストファー・シルヴェスター編, 新庄哲夫ほか訳 文芸春秋 1998.11 451p

Höffe, Otfried ヘッフェ, オトフリート
◇超越論的理性批判は言語哲学のなかで止揚されたのか—トゥーゲントハットの構想ならびにアーペルの構想との対決(北尾宏之訳)：超越論哲学と分析哲学—ドイツ哲学と英米哲学の対決と対話 ヘンリッヒ他著, 竹市明弘編 産業図書 1992.11 451p
◇道徳は現代的か(共著)：哲学の原点—ドイツからの提言 ハンス・ゲオルク・ガダマー他著, U.ベーム編, 長倉誠一、多田茂訳 未知谷 1999.7 272, 11p
◇現代哲学の問題構制 西ドイツ1960-1977年(椈形公也, 北岡武司訳)：哲学の変貌—現代ドイツ哲学 ガーダマーほか著, 竹市明弘編 岩波書店 2000.9 298, 36p （岩波モダンクラシックス）

Hoffman, Douglas G. ホフマン, D. G. *
◇オペレーショナルリスクの測定および管理の新動向：オペレーショナルリスク—金融機関リスクマネジメントの新潮流 アーサーアンダーセン編・訳 金融財政事情研究会 2001.1 413p

Hoffman, John ホフマン, ジョン
◇自由主義者と社会主義者 いずれが真の民主主義者か：社会主義と民主主義 デヴィド・マクレラン, ショーン・セイヤーズ編著, 吉田傑俊訳・解説 文理閣 1996.5 211p

Hoffman, Lynn ホフマン, リン
◇家族療法のための再帰的視点(野口裕二訳)：ナラティヴ・セラピー—社会構成主義の実践 S.マクナミー, K.J.ガーゲン編, 野口裕二, 野村直樹訳 金剛出版 1997.12 232p
◇家族療法の理論モデルをわきに置いて(伊藤順一郎, 馬場安希, 小林清香訳)：構成主義的心理療法ハンドブック マイケル・F.ホイト編, 児島達美監訳 金剛出版 2006.9 337p

Hoffmann, Jürgen ホフマン, ユルゲン
◇ドイツ：ドイツにおける労使関係と労働組合：現代化とグローバル化の圧力：ヨーロッパの労働組合—グローバル化と構造変化のなかで ジェレミー・ワディントン, レイナー・ホフマン編, 小川正浩訳 生活経済政策研究所 2004.11 318p （生活研ブックス 21）

Hoffmann, Pavel ホフマン, P. *
◇エンドルフィン仮説(斎藤剛, 征矢英昭訳)：身体活動とメンタルヘルス ウイリアム・P.モーガン編, 竹中晃二, 征矢英昭監訳 大修館書店 1999.4 362p

Hoffmann, Peter ホフマン, ピーター(戦史)
◇ヒトラー暗殺未遂事件・一九四四年七月二〇日：ヒトラーが勝利する世界—歴史家たちが検証する第二次大戦・60の"if" ハロルド・C.ドイッチュ, デニス・E.ショウォルター編, 守屋純訳 学習研究社 2006.10 671p （WW selection）

Hofland, Brain F. ホフランド, ブライアン
◇長期ケア施設における入居者の自立：自立支援とはなにか—高齢者介護の戦略 ガムロス, セムラデック, トーンキスト編, 岡本祐三, 秦洋一訳 日本評論社 1999.9 207p

Hofmann, Hasso ホーフマン, ハッソー
◇フーゴー・グロティウス：17・18世紀の国家思想家たち—帝国公(国)法論・政治学・自然法論 ミヒャエル・シュトライス編, 佐々木有司, 柳原正治訳 木鐸社 1995.2 593, 13p

Hofstadter, Douglas R. ホフスタッター, ダグラス・R.
◇テューリング・テスト—喫茶店での会話 他(土屋俊訳)：マインズ・アイ—コンピュータ時代の「心」と「私」 上 D.R.ホフスタッター, D.C.デネット編著, 坂本百大監訳 〔新装版〕 ティビーエス・ブリタニカ 1992.10 359p
◇アインシュタインの脳との会話(土屋俊訳)：マインズ・アイ—コンピュータ時代の「心」と「私」 下 D.R.ホフスタッター, D.C.デネット編著, 坂本百大監訳 〔新装版〕 ティビーエス・ブリタニカ 1992.10 365p
◇クルト・ゲーデル：TIMEが選ぶ20世紀の100人 上巻 指導者・革命家・科学者・思想家・起業家 徳岡孝夫監訳 アルク 1999.11 332p

Hogarth, Robin M. ホガース, ロビン・M.
◇意思決定の質を高める思考法(共著)：不確実性の経営戦略 Harvard Business Review編, Diamondハーバード・ビジネス・レビュー編集部訳 ダイヤモンド社 2000.10 269p

Hogg, James ホッグ, J. *
◇知的障害者の高齢化と生活の質に関する生態学的視点(共著)：障害をもつ人にとっての生活の質—モデル・調査研究および実践 ロイ・I.ブラウン編著, 中園康夫, 末光茂監訳 相川書房 2002.5 382p

Hoke, Rudolf ホーケ, ルードルフ
◇ヨハンネス・リムネウス 他：17・18世紀の国家思想家たち—帝国公(国)法論・政治学・自然法論 ミヒャエル・シュトライス編, 佐々木有司, 柳原正治訳 木鐸社 1995.2 593, 13p

Holbrooke, Richard C. ホルブルック, リチャード・C.
◇イラクを攻撃すべきこれだけの理由(共著)：アメリカはなぜイラク攻撃をそんなに急ぐのか？ フォーリン・アフェアーズ・ジャパン編・監訳 朝日新聞社 2002.12 266, 4p （朝日文庫—フォーリン・アフェアーズ・コレクション）
◇米欧間の亀裂をどう修復するか—駐米仏大使との対話(共著)：ネオコンとアメリカ帝国の幻想 フォー

リン・アフェアーズ・ジャパン編・監訳, 竹下興喜監訳　朝日新聞社　2003.7　292, 6p

Hölderlin, Johann Christian Friedrich　ヘルダーリン, フリードリヒ
◇精神たちのコミュニズム：貧しさ　マルティン・ハイデガー, フィリップ・ラクー＝ラバルト著, 西山達也訳・解題　藤原書店　2007.4　213p

Holenstein, Elmar　ホーレンシュタイン, エルマー
◇人類文化史の構想──ヘーゲル（一八三一年まで）からヤスパース（一九四九年）を経て現在（二〇〇二年）へ（野家伸也訳）：媒体性の現象学　新田義弘ほか著　青土社　2002.7　501p

Holland, Sue　ホーランド, S.
◇予防の定義とその試み：過渡期の精神医療──英国とイタリアの経験から　シュラミット・ラモン, マリア・グラツィア・ジャンニケッダ編, 川田誉音訳　海声社　1992.10　424p

Holliday, Simon　ホリディ, サイモン*
◇快楽選択の経済学（共著）（松木修平訳）：ストレスと快楽　デイビッド・M.ウォーバートン, ニール・シャーウッド編著, 上里一郎監訳　金剛出版　1999.10　301p

Hollingsworth, Joseph Rogers　ホリングスワース, ロジャー
◇経済主体の調整メカニズムと社会的生産システムの重要性（共著）（山本耕祝訳）：制度の政治経済学　ロジャー・ホリングスワースほか著, 長尾伸一, 長岡延孝編監訳　木鐸社　2000.5　307p
◇制度に埋め込まれたアメリカ資本主義：現代の資本主義制度──グローバリズムと多様性　コーリン・クラウチ, ウォルフガング・ストリーク編, 山田鋭夫訳　NTT出版　2001.7　301p

Hollis, Martin　ホリス, マーティン
◇仮面と人間（中村牧子訳）：人というカテゴリー　マイクル・カリザス, スティーヴン・コリンズ, スティーヴン・ルークス編, 厚東洋輔, 中島道男, 中村牧子訳　紀伊国屋書店　1995.7　550p　〔文化人類学叢書〕

Holloway, Jacky　ホロウェイ, ジャッキー
◇ベンチマーキングの名のもとでいま起きていることは何なのか（共著）：業績評価の理論と実務──事業を成功に導く専門領域の障壁を越えて　アンディ・ニーリー編著, 清水孝訳　東洋経済新報社　2004.4　459p

Holm, David F.　ホルム, デーヴィド・F.
◇タイの鉄道と非公式帝国主義（多田博一訳）：鉄路17万マイルの興亡──鉄道からみた帝国主義　クラレンス・B.デイヴィス, ケネス・E.ウィルバーン Jr.編著, 原田勝正, 多田博一監訳　日本経済評論社　1996.9　290p

Holm, Per　ホルム, ペア
◇生活の質の向上──デンマーク（共著）（岩切昌宏訳）：北欧の知的障害者──思想・政策と日常生活　ヤン・テッセブロー, アンデシュ・グスタフソン, ギューリ・デューレンダール編, 二文字理明監訳　青木書店　1999.8　289p

Holmes, Braian　ホームズ, ブライアン
◇社会科学としての比較教育学──因果関係論・決定論との関連において（望田研吾訳）：比較教育学の理論と方法　ユルゲン・シュリーバー編著, 馬越徹, 今井重孝監訳　東信堂　2000.11　278p

Holmes, Colin　ホームズ, コリン
◇シドニー＆ベアトリス・ウェッブ：英国と日本──架橋の人びと　サー・ヒュー・コータッツィ, ゴードン・ダニエルズ編著, 横山俊夫解説, 大山瑞代訳　思文閣出版　1998.11　503, 68p

Holmes, Eva　ホームズ, エバ
◇心理学的アセスメント：被虐待児の精神分析的心理療法──タビストック・クリニックのアプローチ　メアリー・ボストン, ロレーヌ・スザー編, 平井正三, 鵜飼奈津子, 西村富士子監訳　金剛出版　2006.12　212p

Holmes, Paul　ホームズ, ポール
◇オペレーショナルリスクと金融機関──はじめに（共著）：オペレーショナルリスク──金融機関リスクマネジメントの新潮流　アーサーアンダーセン編・訳　金融財政事情研究会　2001.1　413p

Holmes, Robert　ホームズ, ロバート
◇カメラマンは罪な職業──イギリス/サハラ砂漠/北パキスタン：お気をつけて、いい旅を。──異国で出会った悲しくも可笑しい51の体験　メアリー・モリス, ポール・セロー, ジョー・ゴアス, イザベル・アジェンデ, ドミニク・ラビエールほか著, 古屋美登里, 中俣真知子訳　アスペクト　1995.7　366p

Holowka, Jacek　ホロフカ, ヤツェク
◇差別と外国人嫌い──ある小村の三つのエピソードから（荻原達夫訳）：ヨーロッパの差別論　ヤン・C.ヨェルビン編, 田村光彰ほか訳　明石書店　1999.12　452p　〔世界人権問題叢書34〕

Holroyed, Glyn　ホルロイド, グリン
◇組織と感情──資本制企業における家族と合理性（共著）（寺倉卓訳）：フォーディズムとフレキシビリティ──イギリスの検証　N.ギルバートほか著, 丸山恵也監訳　新評論　1996.9　238p

Holst, Elke　ホルスト, エルケ
◇新旧連邦諸州における婦人の就業状況──社会・経済パネルの調査結果（共著）：統一ドイツの生活実態──不均衡は均衡するのか　ヴォルフガング・グラッツァー, ハインツ・ヘルベルト・ノル編, 長坂聰, 近江谷左馬之介訳　勁草書房　1994.3　236p

Holst, Jesper　ホルスト, イェスパー
◇生活の質の向上──デンマーク（共著）（岩切昌宏訳）：北欧の知的障害者──思想・政策と日常生活　ヤン・テッセブロー, アンデシュ・グスタフソン, ギューリ・デューレンダール編, 二文字理明監訳　青木書店　1999.8　289p

Holst, Johan J.　ホルスト, ヨハン・J.
◇ミサイル防御──ソ連及び軍備競争 他：弾道弾迎撃ミサイルの必要性　〔防衛研修所〕　1971　340p　（研究資料 71RT-12）

Holt, Bradley P.　ホルト, ブラッドレー・P.
◇二十世紀のスピリチュアリティ：キリスト教のスピリチュアリティ──その二千年の歴史　ゴードン・マーセル監修, G.マーセル他著, 青山学院大学総合研究所訳　新教出版社　2006.4　415p

Holtshouse, Dan　ホルツハウス, ダン
◇知識優位性の獲得（共著）：知識革新力　ルディ・ラグルス, ダン・ホルツハウス編, 木川田一栄訳　ダイヤモンド社　2001.7　321p

Holzer, Brigitte　ホルツァー, ブリギッテ
◇祭りの経済、経済としての祭り 他（五十嵐蕗子訳）：女の町フチタン―メキシコの母系制社会　ヴェロニカ・ベンホルト＝トムゼン編, 加藤曜子他訳　藤原書店　1996.12　366p

Homewood, Stephen　ホームウッド, ステフィン
◇地方官庁と内部告発（石川憲訳）：内部告発―その倫理と指針　David B.Lewis編, 日本技術士会訳編　丸善　2003.2　159p

Honan, James P.　ホーナン, J. P. *
◇アメリカの大学教授職―重要な政策的課題（共著）（福留東土訳）：構造改革時代における大学教員の人事政策―国際比較の視点から　広島大学高等教育研究開発センター編著　広島大学高等教育研究開発センター　2004.3　160p　（COE研究シリーズ 5）

Hond, Frank den　ホンド, F. *
◇自動車のシュレッダーダスト問題の解決：自動車工業における企業間協力（共著）（飯田清人訳）：グリーニングチャレンジ―企業の環境戦略　Kurt Fischer, Johan Schot編, 藤森敬三監訳, 日本電気環境エンジニアリング訳　日科技連出版　1999.8　419p

Honderich, Ted　ホンデリック, テッド
◇自由意志：哲学者は何を考えているのか　ジュリアン・バジーニ, ジェレミー・スタンルーム編, 松本俊吉訳　春秋社　2006.5　401, 13p　（現代哲学への招待 basics　丹治信春監修）

Hong, Grace　ホン, グレース
◇台湾―台湾における箱庭療法（山川裕樹訳）：世界の箱庭療法―現在と未来　山中康裕, S.レーヴェン・ザイフェルト, K.ブラッドウェイ編　新曜社　2000.10　182p

Hong, Ted C. H.　ホン, T. *
◇オプション理論を用いた商業用モーゲージローンとCMBSの価格/リスク分析（共著）：CMBS―商業用モーゲージ証券　成長する新金融商品市場の特徴と実務　フランク・J.ファボッツィ, デイビッド・P.ジェイコブ編, 酒井吉広監訳, 野村證券CMBS研究会訳　金融財政事情研究会　2000.12　672p

Honig, Bonnie　ホーニッグ, ボニー
◇アゴニスティック・フェミニズムに向かって 他：ハンナ・アーレントとフェミニズム―フェミニストはアーレントをどう理解したか　岡野八代, 志水紀代子訳　未来社　2001.6　285p

Honorton, Charles　ノートン, チャールズ
◇科学はサイ現象の主張と対峙するだけの力を養ってきたのか？：超心理学入門　J.B.ライン他著, 長尾力他訳　青土社　1993.10　286p

Hoo, Sybren de　フー, S. *
◇汚染防止とクリーン生産用に作ったプロセスに向けて：PRISMAプロジェクトの結果と意味（共著）（松梅紘一訳）：グリーニングチャレンジ―企業の環境戦略　Kurt Fischer, Johan Schot編, 藤森敬三監訳, 日本電気環境エンジニアリング訳　日科技連出版　1999.8　419p

Hoock-Demarle, Marie-Claire　ホック＝ドゥマルル, マリー＝クレール
◇ドイツにおける読むことと書くこと（内村瑠美子訳）：ヘーゲル―イラスト版　R.スペンサー文, A.クラウゼ絵, 椋田直子訳　現代書館　1996.9　174p　（For beginnersシリーズ 77）

Hood, Ann　フッド, アン
◇薄情者―人生の危機に私を見捨てた友人：女友だちの賞味期限―なぜ彼女は私を裏切ったのか…。　ジェニー・オフィル, エリッサ・シャッペル編著, 糸井恵訳　プレジデント社　2006.3　343p

Hook, Glenn D.　フック, グレン・D.
◇日本と東アジア（西本健太郎訳）：企業体制 下　有斐閣　2005.12　267p　（現代日本企業 2　工藤章, 橘川武郎, グレン・D.フック編）

Hooke, Wayne　フーク, ウェイン
◇心的外傷後ストレス障害の新奇で論争となっている治療法（共著）：臨床心理学における科学と疑似科学　S.O.リリエンフェルド, S.J.リン, J.M.ロー編, 厳島行雄, 横田正夫, 斎藤雅英監訳　北大路書房　2007.9　461p

Hooks, Bell　フックス, ベル
◇ベル・フックス：怒れる女たち―ANGRY WOMEN 1　アンドレア・ジュノー, V.ヴェイル編, 越智道雄訳　第三書館　1995.7　325p

Hoover, H. D.　フーバー, H. D. *
◇尺度化、規準化、および等化（共著）（前川真一訳）：教育測定学 上巻　ロバート・L.リン編, 池田央, 藤田恵璽, 柳井晴夫, 繁桝算男訳・編　学習評価研究所　1992.12　469p

Hoover, Helene　フーバー, ヘレナ
◇高齢の母の介護者としての女性―コスタリカとアメリカ合衆国について（共著）（宮下美智子訳）：転換期の家族―ジェンダー・家族・開発　N.B.ライデンフロースト編, 家庭経営学部会訳　日本家政学会　1995.3　360p

Hoover, Sally　フーバー, サリー
◇グッド・コミュニケーションのためのヒント：セルフヘルプ―自助＝他人に頼らず、自分の力で生きていく！ 2　ケン・シェルトン編著, 堀紘一監訳　フロンティア出版　1998.12　283p

Hooykaas, R.　ホーイカース, R.
◇「創世記」と地質学 他（共著）：理性と信仰―科学革命とキリスト教 2　R.ホーイカース, C.ロウレス, D.グッドマン, N.コーリ, G.ロバーツほか著, 藤井清久訳　すぐ書房　2003.10　339p

Hopkins, Terence K.　ホプキンス, テレンス・K.
◇世界システム―危機は到来したか（共著）：転移する時代―世界システムの軌道1945―2025　I.ウォーラーステイン編, 丸山勝訳　藤原書店　1999.6　378p
◇一八〇〇年以前の世界－経済における商品連鎖（共著）（原田太津男訳）：世界システム論の方法　イマニュエル・ウォーラーステイン責任編集, 山田鋭夫, 原田太津男, 尹春志訳　藤原書店　2002.9　203p　（叢書〈世界システム〉 3）
◇資本主義世界経済の循環リズムと長期的トレンド―いくつかの前提、仮説、問題（共著）（遠山弘徳訳）：長期波動 新装版　藤原書店　2002.9　217p　（叢書〈世界システム〉新装版 2　イマニュエル・

ウォーラースティン責任編集,山田鋭夫他訳)

Hopkins, Thomas J. ホプキンス, トーマス・J.
◇死と来世についてのヒンドゥー教の見方:死と来世の系譜 アンソニー・G.オオバヤシ編,安藤泰至訳 時事通信社 1995.3 355, 17p

Hopko, Thomas ホプコー, トーマス
◇教会、聖書、そして教会学:聖書を取り戻す―教会における聖書の権威と解釈の危機 C.E.ブラーテン, R.W.ジェンソン編,芳賀力訳 教文館 1998.5 234p

Hopwood, Anthony G. ホップウッド, アンソニー・G.
◇付加価値会計と国家の経済政策(共著)(上東正和訳):社会・組織を構築する会計―欧州における学際的研究 アンソニー・G.ホップウッド, ピーター・ミラー編著,岡野浩,国部克彦,柴健次監訳 中央経済社 2003.11 390p

Hörisch, Jochen ヘーリッシュ, ヨッヘン
◇人間に欠けているもの(共著):哲学の原点―ドイツからの提言 ハンス・ゲオルク・ガダマー他著, U.ベーム編,長倉誠一,多田茂訳 未知谷 1999.7 272, 11p

Horkheimer, Max ホルクハイマー, マックス
◇ショーペンハウアーの現代的意義(徳永恂訳):ショーペンハウアー全集 別巻 ショーペンハウアー生涯と思想 白水社 1996.11 504p
◇ショーペンハウアーの現代的意義:ショーペンハウアー全集 別巻 ショーペンハウアー生涯と思想 金森誠也ほか著 新装復刊 白水社 2004.10 504p

Hormats, Robert D. ホーマッツ, ロバート・D.
◇中国の貿易自由化と米中関係の行方(共著):次の超大国・中国の憂鬱な現実 フォーリン・アフェアーズ・ジャパン編・監訳,竹下興喜監訳 朝日新聞社 2003.4 267, 3p (朝日文庫―フォーリン・アフェアーズ・コレクション)
◇リンカーンの知恵:2010年の「マネジメント」を読み解く Diamondハーバード・ビジネス・レビュー編集部編訳 ダイヤモンド社 2005.9 289p (Harvard business review anthology)

Horn, Siegfried H. ホーン, ジークフリート・H.
◇王国の分裂―ユダ王国とイスラエル王国:最新・古代イスラエル史 P.カイル・マッカーター, Jr.ほか著,ハーシェル・シャンク編,池田裕,有馬七郎訳 ミルトス 1993.10 466p

Horn, Sin Kim ホルン, スィン・キム
◇カンボジアにおける医療専門家への人権教育プログラム(共著)(松岡廣路訳):世界の人権教育―理論と実践 ジョージ・J.アンドレオポーロス, リチャード・ピエール・クロード編著,黒沢惟昭監訳 明石書店 1999.2 758p

Horner, Franz ホルナー, フランツ
◇第9章 社会生活:現代オーストリアの政治 フォルクマール・ラウバー編,須藤博忠訳 信山社出版 1997.3 321, 5p

Horner, Linda ホーナー, リンダ
◇機会均等とアンチオプレッシブ実施のマネージメント(共著)(大澤智子訳):NPOマネージメント―ボランタリー組織のマネージメント スティーヴン・P.オズボーン編,ニノミヤ・アキエ・H.監訳 中央法規出版 1999.3 388p

Horner, Robert H. ホーナー, ロバート・H.
◇正確な般化―治療効果の適切な般化のために 他(共著):自閉症、発達障害者の社会参加をめざして―応用行動分析学からのアプローチ R.ホーナー他著,小林重雄,加藤哲文監訳 二瓶社 1992.12 299p (叢書・現代の心理学 3)

Hornig, George ホーニング, ジョージ
◇雇われ幹部と既存経営陣はどのように協働すべきか(共著):組織変革のジレンマ―ハーバード・ビジネス・レビュー・ケースブック Harvard Business Review編, Diamondハーバード・ビジネス・レビュー編集部訳 ダイヤモンド社 2004.11 218p

Horowitz, Amy ホロヴィッツ, エイミー
◇高齢化と視覚障害リハビリテーション研究への指導(共著)(鳴原純子訳):高齢化社会と視覚障害―新世紀に向けたアメリカの挑戦 ジョン・E.クルーズ,フランク・J.ウイッテングトン編,岩橋明子訳監修 日本盲人福祉委員会 2003.1 302p

Horowitz, Anthony ホロヴィッツ, アンソニー
◇先生からは、"自分は理解されているんだ"という気持が伝わってきた:心にのこる最高の先生―イギリス人の語る教師像 上林喜久子編訳著 関東学院大学出版会 2004.11 97p
◇先生からは、"自分は理解されているんだ"という気持が伝わってきた:イギリス人の語る心にのこる最高の先生 上林喜久子編訳 関東学院大学出版会 2005.6 68p

Horowitz, David H. ホロヴィッツ, D. H. *
◇オーディオビジュアルの作品に関する著作者の権利―ニューメディアに対する創作者・製作者とその相互の関係(黒川徳太郎訳):オーディオビジュアルの作品に関する著作者の権利―ニューメディアに対する創作者・製作者とその相互の関係 利用目的の権利 David H.Horowitz, Thierry Desurmon著,黒川徳太郎訳 著作権資料協会 1989.7 54p (著作権シリーズ 82)

Horowski, Witold ホロウスキー, W. *
◇戦略とプロセス―ポーランドZEC社における二兎追いプロジェクト(共著):ARISを活用したビジネスプロセスマネジメント―欧米の先進事例に学ぶ A.-W.シェアー他共編,堀内正博,田中正郎,柳堀紀幸監訳 シュプリンガー・フェアラーク東京 2003.7 281p

Horton-O'Connell, Terri ホートン・オコンネル, T. *
◇州助成による積極的地域内処遇事業の担当者研修(共著):チームを育てる―精神障害リハビリテーションの技術 パトリック・W.コリガン, ダニエル・W.ギフォート編,野中猛監訳,柴田珠里訳・著 金剛出版 2002.5 168p

Hoskin, Keith ホスキン, K. *
◇近代的な会計権力の起源(共著)(沢邉紀生訳):社会・組織を構築する会計―欧州における学際的研究 アンソニー・G.ホップウッド, ピーター・ミラー編著,岡野浩,国部克彦,柴健次監訳 中央経済社 2003.11 390p

Hoskins, Eric ホスキンズ, エリック
◇経済制裁の隠れた真実―食糧・医薬品の対イラク禁

輸に関する報告：アメリカの戦争犯罪　ラムゼイ・クラーク編著，戦争犯罪を告発する会訳　柏書房　1992.12　346p　（ブックス・プラクシス 6）

Hösle, Vittorio　ヘスレ，ヴィットリオ
◇究極の確実性（共著）：哲学の原点—ドイツからの提言　ハンス・ゲオルク・ガダマー他著，U.ベーメ編，長倉誠一，多田茂訳　未知谷　1999.7　272, 11p

Hoßfeld, Paul　ホスフェルト，パウル
◇アルベルトゥス・マグヌス（林明弘訳）：われわれは「自然」をどう考えてきたか　ゲルノート・ベーメ編，伊坂青司，長島隆監訳　どうぶつ社　1998.7　524p

Hotson, S.　ホットソン，S.*
◇脳と嗅覚：香りを享受した後で皮質情報を理解し始められるか？（共著）：香りの生理心理学　S.ヴァン・トラー，G.H.ドッド編，印藤元一訳　フレグランスジャーナル社　1996.6　306p

Houette, Alfred　ウエット，アルフレド
◇明治七年の富士登山（榊原直文訳）：フランス人の幕末維新　M.ド・モージュ他著，市川慎一，榊原直文訳　有隣堂　1996.6　185p　（有隣新書）

Houmanfar, Ramona　ハウメンファー，R.
◇あまりにかけ離れているというのは，どのくらいかけ離れているのか？（肥後祥治訳）：発達障害に関する10の倫理的課題　リンダ・J.ヘイズ他著，望月昭，冨安ステファニー監訳　二瓶社　1998.6　177p

Hourihan, Gary　フーリハン，ゲリー
◇リーダーシップの進化プロセス（共著）：人材育成の戦略—評価，教育，動機づけのサイクルを回す　Diamondハーバード・ビジネス・レビュー編集部編訳　ダイヤモンド社　2007.3　450p　（Harvard business review）

House, Charles H.　ハウス，チャールズ・H.
◇リターン・マップ：時間対効果の最適化（共著）：いかに「プロジェクト」を成功させるか　Diamondハーバード・ビジネス・レビュー編集部編訳　ダイヤモンド社　2005.1　239p　（Harvard business review anthology）
◇リターン・マップ：時間対効果の最適化（共著）：いかに「時間」を戦略的に使うか　Diamondハーバード・ビジネス・レビュー編集部編訳　ダイヤモンド社　2005.10　192p　（Harvard business review anthology）

House, John C.　ハウス，ジョン・C.
◇犯罪者プロファイリングの実用に向けて—RNC被疑者順位づけシステム（岩見広一訳）：犯罪者プロファイリング—犯罪行動が明かす犯人像の断片　ジャネット・L.ジャクソン，デブラ・A.ベカリアン編，田村雅幸監訳，辻典明，岩見広一訳　北大路書房　2000.3　234p

Houston, Gregory　ヒューストン，グレゴリー
◇バンドリングの競争の影響の評価—オーストラリアの事例（共著）：競争政策の経済学—競争政策の諸問題に対する経済学的アプローチ　ローレンス・ウー編，大西利佳，森信夫，中島敏監訳　NERA　2005.11　173p

Houtart, François　ウタール，フランソワ
◇新自由主義モデルへの代案　他：別のダボス—新自由主義グローバル化との闘い　フランソワ・ウタール，フランソワ・ポレ共編，三輪昌男訳　柘植書房新社　2002.12　238p
◇知識・著作権・特許：会議総括文書（白井聡訳）：もうひとつの世界は可能だ—世界社会フォーラムとグローバル化への民衆のオルタナティブ　ウィリアム・F.フィッシャー，トーマス・ポニア編，加藤哲郎監修，大屋定晴，山口響，白井聡，木下ちがや訳　日本経済評論社　2003.12　461p

Houten, Ron Van　ホウテン，R. V.
◇効果的な行動的トリートメントを受ける権利（肥後祥治訳）：発達障害に関する10の倫理的課題　リンダ・J.ヘイズ他著，望月昭，冨安ステファニー監訳　二瓶社　1998.6　177p

Houts, C.　ホウツ，C.*
◇一次性遺尿症の家庭治療（共著）（陣内咲子訳）：共同治療者としての親訓練ハンドブック　上　Charles E.Schaefer, James M.Briesmeister編，山上敏子，大隈紘子監訳　二瓶社　1996.11　332p

Hövelmann, Gerd H.　ヘーヴェルマン，ゲルト・H.
◇超心理学の未来を計画する（共著）：超常現象のとらえにくさ　笠原敏雄編　春秋社　1993.7　776, 61p

Howard, L. O.　ハワード，L. O.
◇有害動物もまた，馴致された動物となる：ドゥルーズ初期—若き哲学者が作った教科書　ジル・ドゥルーズ編著，加賀野井秀一訳注　夏目書房　1998.5　239p

Howard, N.　ハワード，N.*
◇政治家および司令官としてのマネージャ：協同とコンフリクトを分析するメタゲーム・アプローチ 他：ソフト戦略思考　Jonathan Rosenhead編，木嶋恭一監訳　日刊工業新聞社　1992.6　432, 7p

Howard, Rhoda E.　ハワード，ローダ・E.
◇学際型副専攻のためのカリキュラム開発（永井健介訳）：世界の人権教育—理論と実践　ジョージ・J.アンドレオポーロス，リチャード・ピエール・クロード編，黒沢惟昭監訳　明石書店　1999.2　758p

Howarth, Stephen　ハウワース，スティーブン
◇ドイツと大西洋海戦：ヒトラーの選択　ケネス・マクゼイ編，柘植久慶訳　原書房　1995.10　219p

Howe, Julia Ward　ホー，ジュリア・ウォード
◇母の日宣言：もう戦争はさせない！—ブッシュを追いつめるアメリカ女性たち　メディア・ベンジャミン，ジョディ・エヴァンス編，尾川寿江監訳，尾川寿江，真鍋篤，米沢清恵訳　文理閣　2007.2　203p

Howell, David　ハウエル，デヴィッド
◇暴力の近代化（友常勉訳）：ナショナル・ヒストリーを学び捨てる　酒井直樹編　東京大学出版会　2006.11　225p　（歴史の描き方 1　ひろたまさき，キャロル・グラック監修）

Howell, William　ハウウェル，W.
◇ウスター 他：格差社会アメリカの教育改革—市場モデルの学校選択は成功するか　フレデリック・M.ヘス，デーリー・E.フィンJr.編著，後洋一訳　明石書店　2007.7　465p　（明石ライブラリー 111）

Howes, Rupert　ハウズ，ルパート
◇環境コスト会計：独り立ちしたのか？環境の持続可能性に向けての組織的成果の追跡：トリプルボトムラ

イン―3つの決算は統合できるか？　エイドリアン・ヘンリクス，ジュリー・リチャードソン編著，大江宏，小山良訳　創成社　2007.4　250p

Hoxter, Shirley　ホクスター，シャーリー
◇被虐待児とのかかわりにおいて喚起される感情：被虐待児の精神分析的心理療法―タビストック・クリニックのアプローチ　メアリー・ボストン，ロレーヌ・スザー編著，平井正三，鵜飼奈津子，西村富士子監訳　金剛出版　2006.12　212p

Hrafnsdóttir, Steinunn　フラフンスドッティル，ステイヌン
◇アイスランドにおける地方当局の社会サービスの展開（共著）：社会ケアサービス―スカンジナビア福祉モデルを解く鍵　ヨルマ・シピラ編著，日野秀逸訳　本の泉社　2003.7　333p

Hrbek, Karel　ハーベック，K. *
◇業績向上のためのビジネスプロセスの分析と設計―チェコの電力会社の事例（共著）：ARISを活用したビジネスプロセスマネジメント―欧米の先進事例に学ぶ　A.-W.シェアー他共編，堀内正博，田中正郎，柳堀紀幸監訳　シュプリンガー・フェアラーク東京　2003.7　281p

Hu, Xiaolu　フー，X. *
◇中華人民共和国における道徳性の発達（共著）（井上香里訳）：世界の道徳教育　J.ウィルソン監修，押谷由夫，伴恒信編訳　玉川大学出版部　2002.4　212p

Huang, Jason　ファン，J. *
◇CMBSにおける期限前償還（共著）：CMBS―商業用モーゲージ証券　成長する新金融商品市場の特徴と実務　フランク・J.ファボッツィ，デイビッド・P.ジェイコブ編，酒井吉広監訳，野村証券CMBS研究会訳　金融財政事情研究会　2000.12　672p

Huang, Liqun　コウ，リグン（黄利群）
◇「九・一八」事変以前の中国東北教育（王智新訳）：日本の植民地教育・中国からの視点　王智新編著　社会評論社　2000.1　297p

Hubback, Judith　ハバック，ジュディス
◇心理治療における象徴的態度：ユング派の分析技法―転移と逆転移をめぐって　マイケル・フォーダム，ローズマリー・ゴードン，ジュディス・ハバック，ケネス・ランバート共編，氏原寛，李敏子共訳　培風館　1992.7　290p　（分析心理学シリーズ 2）

Hubbard, Elbert　ハバード，エルバート
◇あなたの使命をやり遂げる方法：成功大学　オグ・マンディーノ編著，箱田忠昭訳　日本経営合理化協会出版局　1998.9　689p
◇あなたの使命をやり遂げる方法：成功大学　オグ・マンディーノ編著，箱田忠昭訳　皮革携帯版　日本経営合理化協会出版局　1998.9　689p

Hubbard, Gill　ハバード，ジル
◇序章 他（共著）：G8―G8ってナンですか？　ノーム・チョムスキー，スーザン・ジョージ他著，氷上春奈訳　ブーマー　2005.7　238p

Hubbard, Thomas C.　ハッバード，トーマス・C.
◇日米パートナーシップと開発途上国：ポスト冷戦時代の開発援助と日米協力　海外開発評議会編，市川博也監訳　国際開発ジャーナル社　1995.3　334p（IDJ library）

Hübener, Anja　ヒューベナー，アンヤ
◇カール・フォン・リンネ（大和田日昭訳）：エマヌエル・スウェーデンボルグ―持続するヴィジョン　ロビン・ラーセン編　春秋社　1992.11　307p

Huber, Richard L.　ヒュバー，リチャード・L.
◇高固定費を付加価値に変えるアウトソーシング戦略：ITマネジメント　Harvard Business Review編，Diamondハーバード・ビジネス・レビュー編集部訳　ダイヤモンド社　2000.10　277p

Huber, Ulrich　フーバー，ウルリッヒ
◇過失及び予見可能性　過責，危殆及び相当性　民法上の過失：ドイツ不法行為法論文集　ウルリッヒ・フーバーほか著，吉田豊，吉田勢уカ訳　中央大学出版部　2000.1　592p　（日本比較法研究所翻訳叢書 42）

Hubmayer, Balthasar　フープマイア，バルターザル
◇信仰者のキリスト教的洗礼について（1525年）他（出村彰訳）：宗教改革著作集　第8巻　再洗礼派　教文館　1992.10　510p

Hübner, Ulrich　ヒュブナー，U. *
◇保険学の学際的性格―生命保険相互会社の包括移転による社員資格終了の経済的効果について（吉武正幸訳）：ディーター・ファーニーと保険学―ファーニー教授還暦記念論文集より　ドイツ保険事情研究会訳　生命保険文化研究所　1996.3　201p　（文献叢書 16）

Hübscher, Arthur　ヒューブシャー，アルトゥール
◇ショーペンハウアー（金森誠也訳）：ショーペンハウアー全集　別巻　ショーペンハウアー生涯と思想　白水社　1996.11　504p
◇ショーペンハウアー：ショーペンハウアー全集　別巻　ショーペンハウアー生涯と思想　金森誠也ほか著訳　新装復刻　白水社　2004.10　504p

Huckle, John　ハックル，ジョン
◇政治教育から学ぶこと（古橋政子訳）：地球市民教育のすすめかた―ワールド・スタディーズ・ワークブック　デイヴィッド・ヒックス，ミリアム・スタイナー編，岩崎裕保監訳　明石書店　1997.6　341p

Hudson, Diane　ハドソン，ダイアン
◇精神医学，精神外科と女性（堤明純訳）：ジェンダーと暴力―イギリスにおける社会学的研究　ジャルナ・ハマー，メアリー・メイナード編，堤かなめ監訳　明石書店　2001.10　346p　（明石ライブラリー 33）

Hudson, Judith A.　ハドスン，ジュディス
◇出来事の理解―スクリプト知識の発達（首藤敏元訳）：子どもは心理学者―心の理論の発達心理学　マーク・ベネット編，二宮克美，子安増生，渡辺弥生，首藤敏元訳　福村出版　1995.12　274p

Huffstertler, Lynn M.　ハフステトラー，リン・M.
◇ピンクのベスト：空っぽのくつした―あなたの心に届ける16の贈り物　コリーン・セル選，立石美樹ほか訳　光文社　2002.11　213p

Hufton, Olwen　ハフトン，オーウェン
◇労働と家族：女の歴史 3〔1〕　十六―十八世紀　1　杉村和子，志賀亮一監訳　ナタリー・ゼモン＝デイヴィス，アルレット・ファルジュ編　藤原書店　1995.1　424p
◇いま宗教史とは何か（菅原秀二訳）：いま歴史とは何

Hugel, Richard J. ヒューゲル, リチャード・J.
◇遠慮：ニッポン不思議発見！―日本文化を英語で語る50の名エッセイ集　日本文化研究所編, 松本道弘訳　講談社インターナショナル　1997.1　257p（Bilingual books）

Huggins, Elizabeth A. ハギンス, E. A. *
◇基本的なアセスメント技術（共著）（藤田真実訳）：地域精神保健看護　ナンシー・K.ワーレイ原著編集, 早川和生監訳　医学書院　1999.9　304p

Hughes, Alan ヒューズ, アラン
◇黄金時代の盛衰（共著）：資本主義の黄金時代―マルクスとケインズを超えて　スティーブン・A.マーグリン, ジュリエット・B.ショアー編, 磯谷明徳, 植村博恭, 海老塚明監訳　東洋経済新報社　1993.9　326p

Hughes, Diane ヒューズ, ダイアン
◇仕事と家族生活のバランス：研究と企業への適用（共著）（橋川喜美代訳）：母親の就労と子どもの発達―縦断的研究　エイデル・E.ゴットフライド, アレン・W.ゴットフライド編, 佐々木保行監訳　ブレーン出版　1996.4　318p

Hughes, Diane Owen ヒューズ, ダイアン=オーウェン
◇モード：女の歴史　2〔1〕中世　1　杉村和子, 志賀亮一監訳　クリスティアーヌ・クラピシュ=ズュベール編　藤原書店　1994.5　436p

Hughes, Holly ヒューズ, ホリー
◇ホリー・ヒューズ：怒れる女たち―ANGRY WOMEN 1　アンドレア・ジュノー, V.ヴェイル編, 越智道雄訳　第三書館　1995.7　325p

Hughes, Monica ヒューズ, モニカ
◇子どもの本の創作（高橋久子訳）：本・子ども・図書館―リリアン・スミスが求めた世界　アデル・フェイジック他編, 高鷲志子, 高橋久子訳　全国学校図書館協議会　1993.12　239p

Hughes, Neil C. ヒューズ, ニール・C.
◇迫りくる中国の激震―国有企業改革がもたらす中国の社会保障危機：次の超大国・中国の憂鬱な現実　フォーリン・アフェアーズ・ジャパン編・監訳, 竹下興喜監訳　朝日新聞社　2003.4　267, 3p（朝日文庫―フォーリン・アフェアーズ・コレクション）

Hughes, Robert ヒューズ, ロバート
◇パブロ・ピカソ：TIMEが選ぶ20世紀の100人　下巻　アーチスト・エンターテイナー・ヒーロー・偶像・巨頭　徳岡孝夫監訳　アルク　1999.11　318p

Hughes, Shirley ヒューズ, シャーリー
◇絵のなかへ（灰島かり訳）：子どもはどのように絵本を読むのか　ヴィクター・ワトソン, モラグ・スタイルズ編, 谷本誠剛監訳　柏書房　2002.11　382p（シリーズ〈子どもと本〉3）

Hugo, Victor Marie ユーゴー, ヴィクトル
◇ルイ・ナポレオン軍, パリを制圧（一八五一年十二月四日）：歴史の目撃者　ジョン・ケアリー編, 仙名紀訳　朝日新聞社　1997.2　421p

か　D.キャナダイン編著, 平田雅博, 岩井淳, 菅原秀二, 細川道久訳　ミネルヴァ書房　2005.5　267, 14p（Minerva歴史・文化ライブラリー 5）

Hull, Terence H. ハル, テレンス・H.
◇インドネシアにおける売買春（共著）（内藤文子訳）：セックス「産業」―東南アジアにおける売買春の背景　リン・リーン・リム編著, 津田守他訳　日本労働研究機構　1999.12　334p

Hume, David ヒューム, デイヴィッド（哲学）
◇有用性は制度を定義するのに十分であろうか　他：ドゥルーズ初期―若き哲学者が作った教科書　ジル・ドゥルーズ編著, 加賀野井秀一訳注　夏目書房　1998.5　239p

Hummel, Thomas フンメル, T. *
◇嗅覚誘発脳波と快不快感（共著）：香りの生理心理学　S.ヴァン・トラー, G.H.ドッド編, 印藤元一訳　フレグランスジャーナル社　1996.6　306p

Humphrey, Johnw ハンフリー, ジョン
◇一万人のリーダーたちの時代：ウェルチはこうして組織を甦らせた―アメリカ・トップリーダーからの経営処方箋29　ケン・シェルトン編著, 堀紘一監修・訳　フロンティア出版　1999.12　281p

Humphrey, Nicholas K. ハンフリー, ニコラス・K.
◇内的な目としての意識の利用（下山晴彦訳）：「意識」の進化論―脳 こころ AI　ジョン・ブロックマン編, 長尾力ほか訳　青土社　1992.10　366p

Hunsley, John ハンスリー, ジョン
◇論争の的になる疑わしい査定技法（共著）：臨床心理学における科学と疑似科学　S.O.リリエンフェルド, S.J.リン, J.M.ロー編, 厳島行雄, 横田正夫, 斎藤雅英監訳　北大路書房　2007.9　461p

Hunt, Haywood ハント, H. ヘイウッド
◇フランス急進党とスペインおよび宥和政策の出現：フランスとスペインの人民戦線―50周年記念・全体像比較研究　S.マーティン・アレグザンダー, ヘレン・グラハム編, 向井喜典ほか訳　大阪経済法科大学出版部　1994.3　375p

Hunt, Lynn Avery ハント, リン
◇歴史・文化・テクスト：文化の新しい歴史学　リン・ハント編, 筒井清忠訳　岩波書店　1993.1　363, 5p（NEW HISTORY）
◇チャールズ・ティリーの集合行動：歴史社会学の構想と戦略　T.スコチポル編著, 小田中直樹訳　木鐸社　1995.4　449p
◇歴史・文化・テクスト：文化の新しい歴史学　リン・ハント編, 筒井清忠訳　岩波書店　2000.9　363, 5p（岩波モダンクラシックス）
◇民主化と衰退？：人文科学に何が起きたか―アメリカの経験　A.カーナン編, 木村武史訳　玉川大学出版部　2001.10　301p（高等教育シリーズ 109）
◇ポルノグラフィとフランス革命 他（正岡和恵訳）：ポルノグラフィの発明―猥褻と近代の起源, 一五〇〇年から一八〇〇年へ　リン・ハント編著, 正岡和恵, 末広幹, 吉原ゆかり訳　ありな書房　2002.8　438p

Hunt, Nan ハント, ナン
◇母の膝の上で（川戸圓訳）：女性の誕生―女性であること：意識的な女性性の誕生　コニー・ツヴァイク編, 川戸円訳　山王出版　1996.9　398p
◇母の膝の上で（川戸圓訳）：女性の誕生―女性であること：意識的な女性性の誕生　コニー・ツヴァイク編, 川戸円, リース・滝幸子訳　第2版　山王出版

1997.9 403p

Hunter, Barbara　ハンター, B. *
◇社会サービスの提供とエンパワーメント―管理者の役割(共著)：ソーシャルワーク実践におけるエンパワーメント―その理論と実際の論考集　L.M.グティエーレス, R.J.パーソンズ, E.O.コックス編著, 小松源助監訳　相川書房　2000.6　333p

Hunter, Janet　ハンター, ジャネット
◇菊池恭三：英国と日本―架橋の人びと　サー・ヒュー・コータッツイ, ゴードン・ダニエルズ編著, 横山俊夫解説, 大山瑞代訳　思文閣出版　1998.11　503, 68p
◇日英経済関係史(共著)(三木さやこ訳)：日英交流史―1600-2000　4　経済　細谷千博, イアン・ニッシュ監修　杉山伸也, ジャネット・ハンター編　東京大学出版会　2001.6　332, 8p
◇前島密(大庭定男訳)：英国と日本―日英交流人物列伝　イアン・ニッシュ編, 日英文化交流研究会訳　博文館新社　2002.9　470p

Huntington, Greg　ハンティントン, G.
◇SAPNetWeaver技術に基づいた兵站(ロジスティクス)のプロセス・オートメーション―米国陸軍のケース(共著)(宇野沢英治訳)：ARISを活用したシステム構築―エンタープライズ・アーキテクチャの実践　A.-W.シェアー他編, 堀内明浩, 田中正郎, 力正俊監訳　シュプリンガー・フェアラーク東京　2005.1　201p

Huntington, Samuel P.　ハンチントン, サミュエル・P.
◇孤独な超大国 他：フォーリン・アフェアーズ傑作選―アメリカとアジアの出会い 1922-1999　下　フォーリン・アフェアーズ・ジャパン編・監訳　朝日新聞社　2001.2　327, 7p
◇孤独な超大国：ネオコンとアメリカ帝国の幻想　フォーリン・アフェアーズ・ジャパン編・監訳, 竹下興喜監訳　朝日新聞社　2003.7　292, 6p
◇政軍関係の改革(中道寿一訳)：シビリアン・コントロールとデモクラシー　L.ダイアモンド, M.F.プラットナー編, 中道寿一監訳　刀水書房　2006.3　256p (人間科学叢書 42)

Huntley, Kenneth R.　ハントリー, K. R.
◇ルール支配として構想された道徳性(園山繁樹訳)：発達障害に関する10の倫理的課題　リンダ・J.ヘイズ他著, 望月昭, 冨安ステファニー監訳　二瓶社　1998.6　177p

Hurley, Deborah　ハーリー, デボラ
◇情報政策とガバナンス 他(共著)：グローバル化で世界はどう変わるか―ガバナンスへの挑戦と展望　ジョセフ・S.ナイ Jr., ジョン・D.ドナヒュー編著, 嶋本恵美訳　英治出版　2004.9　477p (英治出版MPAシリーズ)

Hurrell, Andrew　ハレル, アンドリュー
◇第3章 地域主義の理論 他(来栖薫子訳)：地域主義と国際秩序　L.フォーセット, A.ハレル編, 菅英輝, 栗栖薫子監訳　九州大学出版会　1999.5　366p

Hurst, Eric M. Gordon von　ハースト, エリック・M. ゴードン・フォン
◇戒名：ニッポン不思議発見!―日本文化を英語で語る50の名エッセイ集　日本文化研究所編, 松本道弘訳　講談社インターナショナル　1997.1　257p (Bilingual books)

Hurtado, Sylvia　ウァターゾ, シルビア
◇変化する環境と学生(共著)：アメリカ社会と高等教育　P.G.アルトバック, R.O.バーダール, P.J.ガムポート編, 高橋靖直訳　玉川大学出版部　1998.2　354p

Hus, Jan　フス, ヤン
◇教会論(1413年)(中村賢二郎訳)：宗教改革著作集　第1巻　宗教改革の先駆者たち　教文館　2001.7　289p

Hüsing, Georg　ヒューズィング, ゲオルク
◇「赤ずきん」は神話か?(三宮郁子訳)：「赤ずきん」の秘密―民俗学的アプローチ　アラン・ダンダス編, 池上嘉彦, 山崎和恕, 三宮郁子訳　紀伊国屋書店　1994.12　325p
◇「赤ずきん」は神話か?(三宮郁子訳)：「赤ずきん」の秘密―民俗学的アプローチ　アラン・ダンダス編, 池上嘉彦ほか訳　新版　紀伊国屋書店　1996.6　325p

Hussey, D. E.　ハッセイ, D. E.
◇戦略経営の発展：戦略経営・21世紀へのダイナミクス　H.I.アンゾフほか著, 崔大竜訳　産能大学出版部　1992.9　269p

Huston-Stein, Aletha　ヒューストン=シュタイン, A.
◇児童期から成人期にわたる女性の発達―職業指向と女性的役割指向(共著)(舘脇千春訳)：生涯発達の心理学　3巻　家族・社会　東洋, 柏木恵子, 高橋恵子編・監訳　新曜社　1993.10　293p

Hut, Hans　フート, ハンス
◇キリスト教提要(1527年)(出村彰訳)：宗教改革著作集　第8巻　再洗礼派　教文館　1992.10　510p

Hutchcroft, Paul D.　ハッチクラフト, ポール・D.
◇発展を妨げる汚職：フィリピンの特権政治：レント, レント・シーキング, 経済開発―新しい政治経済学の視点から　ムスタク・H.カーン, ジョモ・K.サンダラム編著, 中村文隆, 武田巧, 堀金由美監訳　出版研　2007.7　437p

Hutten, Jack B. F.　フッテン, イェク・B. F.
◇序文 他(共著)：ヨーロッパの在宅ケア　イェク・B.F.フッテン, アダ・ケルクストラ編, 西沢秀夫監訳　筒井書房　1999.6　404p

Hutten, Joan　ハットン, ジョアン
◇公的保護の下にある子供たちについて共に考える：被虐待児の精神分析的心理療法―タビストック・クリニックのアプローチ　メアリー・ボストン, ロレーヌ・スザー編著, 平井正三, 鵜飼奈津子, 西村富士子監訳　金剛出版　2006.12　212p

Hutton, Graham　ハットン, グラハム
◇『エコノミスト』と外国事情：『エコノミスト』の百年 1843 - 1943　エコノミスト社編, 岸田理訳　日本経済評論社　1994.11　320p

Huxham, Chris　ハックスハム, クリス
◇組織間の関係をマネージする(共著)(立木茂雄訳)：NPOマネージメント―ボランタリー組織のマネージメント　スティーヴン・P.オズボーン編, ニノミヤ・アキイエ・H.監訳　中央法規出版　1999.3　388p

Huxley, Aldous Leonard　ハックスリー、オールダス
◇クリシュナムルティについて：クリシュナムルティの世界　大野純一編訳　コスモス・ライブラリー　1997.8　434p

Huxtable, Marion　ハックスタブル、マリオン
◇スクールソーシャルワーク：スクールソーシャルワークとは何か—その理論と実践　全米ソーシャルワーカー協会編、山下英三郎編訳　現代書館　1998.12　234p

Hylton, J.　ヒルトン、J.＊
◇生徒の個人的能力の発見と、それをどう伸ばすかを熟知されていた：心にのこる最高の先生—イギリス人の語る教師像　上林喜久子編訳著　関東学院大学出版会　2004.11　97p
◇生徒の個人的能力の発見と、それをどう伸ばすかを熟知されていた：イギリス人の語る心にのこる最高の先生　上林喜久子編訳　関東学院大学出版会　2005.6　68p

Hymel, Shelley　ハイメル、S.＊
◇世評の偏り—仲間集団からの見方　他（共著）（猪木省三訳）：子どもと仲間の心理学—友だちを拒否するころ　S.R.アッシャー、J.D.クーイ編著、山崎晃、中沢潤監訳　北大路書房　1996.7　447p

【I】

Iacocca, Lee　アイアコッカ、リー
◇結局、経営術とは（服部純子訳）：ビジネスの知恵50選—伝説的経営者が語る成功の条件　ピーター・クラス編、佐藤洋一監訳　トッパン　1999.2　543p（トッパンのビジネス経営書シリーズ 26）
◇ヘンリー・フォード：TIMEが選ぶ20世紀の100人　下巻　アーチスト・エンターテイナー・ヒーロー・偶像・巨頭　徳岡孝夫監訳　アルク　1999.11　318p

Iansiti, Marco　アイアンシティ、マルコ
◇インターネット時代の製品開発（共著）：ネットワーク戦略論　ドン・タプスコット編、Diamondハーバード・ビジネス・レビュー編集部訳　ダイヤモンド社　2001.5　298p

Ibarra, Herminia　イバーラ、ハーミニア
◇プロフェッショナル組織のメンター養成講座：コーチングの思考技術　Diamondハーバード・ビジネス・レビュー編集部編訳　ダイヤモンド社　2001.12　266p
◇女性社員を生かすキャリアマネジメント：ピープルマネジメント—21世紀の戦略的人材活用コンセプト　Financial Times編、日経情報ストラテジー監訳　日経BP社　2002.3　271p（日経情報ストラテジー別冊）

Ibbotson, Roger G.　イボットソン、ロジャー・G.
◇新規株式公開（共著）（鈴木茂央訳）：ファイナンスハンドブック　R.A.Jarrow, V.Maksimovic, W.T.Ziemba編、今野浩、古川浩一監訳　朝倉書店　1997.12　1121p

Ibn Rushd　イブン・ルシュド
◇矛盾の矛盾（竹下政孝訳）：中世思想原典集成　11　イスラーム哲学　上智大学中世思想研究所編訳・監修　平凡社　2000.12　1161p

Ibn Sina　イブン・シーナー
◇救済の書（小林春夫訳）：中世思想原典集成　11　イスラーム哲学　上智大学中世思想研究所編訳・監修　平凡社　2000.12　1161p

Ibsen, Henrik　イブセン、ヘンリク
◇ヘンリク・イブセン（吉田美枝訳）：インタヴューズ　1　クリストファー・シルヴェスター編、新庄哲夫ほか訳　文芸春秋　1998.11　462p

Icahn, Carl C.　アイカン、カール・C.
◇私を駆り立てるもの（山本徹訳）：ビジネスの知恵50選—伝説的経営者が語る成功の条件　ピーター・クラス編、佐藤洋一監訳　トッパン　1999.2　543p（トッパンのビジネス経営書シリーズ 26）

Ickes, William John　イックス、ウイリアム
◇2つの観点から異なる人種間の対人関係を見る　他（共著）（増田匡裕訳）：パーソナルな関係の社会心理学　W.イックス、S.ダック編、大坊郁夫、和田実監訳　北大路書房　2004.4　310p

Ige, Tokunbo　イゲ、トクンボ
◇取り残されたアフリカで人権教育を推進する（共著）（関directions）：世界の人権教育—理論と実践　ジョージ・J.アンドレオポーロス、リチャード・ピエール・クロード編著、黒沢惟昭監訳　明石書店　1999.2　758p

Ignacio de Loyola, Saint　イグナチオ・デ・ロヨラ
◇イエズス会会憲（1550年）（鈴木宣明訳）：宗教改革著作集　第13巻　カトリック改革　教文館　1994.4　595p

Ignatieff, Michael　イグナティエフ、マイケル
◇偶像崇拝としての人権　他：人権の政治学　マイケル・イグナティエフ著、エイミー・ガットマン編、添谷育志、金田耕一訳　風行社　2006.6　275, 9p

Ikenberry, G. John　アイケンベリー、G.ジョン
◇新帝国主義というアメリカの野望：ネオコンとアメリカ帝国の幻想　フォーリン・アフェアーズ・ジャパン編・監訳、竹下興喜監訳　朝日新聞社　2003.7　292, 6p
◇米国のリベラル・グランド・ストラテジー　他：アメリカによる民主主義の推進—なぜその理念にこだわるのか　猪口孝、マイケル・コックス、G.ジョン・アイケンベリー編　ミネルヴァ書房　2006.6　502, 12p（国際政治・日本外交叢書 1）

Illich, Ivan D.　イリッチ、イヴァン
◇ニーズ（初川宏子、三浦清隆訳）：脱「開発」の時代—現代社会を解読するキイワード辞典　ヴォルフガング・ザックス、イヴァン・イリッチ他著、三浦清隆他訳　晶文社　1996.9　396, 12p
◇未来への扉—「時計をなくした時代」への回帰：知の大潮流—21世紀へのパラダイム転換　今世紀最高の頭脳が予見する未来　ネイサン・ガーデルズ編、仁保真佐子訳　徳間書店　1996.12　419p
◇学校をなくせばどうなるか？：脱学校化の可能性—学校をなくせばどうなるか？　イヴァン・イリッチほか著、松崎巖訳　オンデマンド版　東京創元社　2003.6　218p（現代社会科学叢書）

Inchausti, Begoña Giner　インチオースチ、B.＊
◇スペインにおける財務報告の歴史（山本真樹夫訳）：欧州比較国際会計史論　P.ワルトン編著、久野光朗監訳　同文館出版　1997.5　380p

Indermill, Kathy L. インダーミル, キャシー・L.
◇高い自尊心をもって：セルフヘルプ―自helpを他人に頼らず、自分の力で生きていく！ 2 ケン・シェルトン編著, 堀紘一監訳 フロンティア出版 1998.12 283p

Ineichen, Alexander M. イネイチェン, アレクサンダー
◇統計データに基づくヘッジファンドリスク分析：実践ヘッジファンド投資―成功するリスク管理 バージニア・レイノルズ・パーカー編, 徳岡国見監訳 日本経済新聞社 2001.8 425p

Inglis, Christine イングリス, クリスティーン
◇シドニーの香港中国人（共著）（関根政美訳）：香港を離れて―香港中国人移民の世界 ロナルド・スケルドン編, 可児弘明, 森川真規雄, 吉原和男監訳 行路社 1997.6 552p （中国の底流シリーズ 4）

Ingram, Norma イングラム, N.
◇アボリジニと成人教育（共著）：オーストラリアの生活文化と生涯教育―多文化社会の光と影 マーク・テナント編著, 中西直和訳 松籟社 1995.9 268p

Inman, Robert P. インマン, ロバート・P.
◇連邦主義の政治経済学（共著）（関谷登訳）：公共選択の展望―ハンドブック 第1巻 デニス・C.ミューラー編, 関谷登, 大岩雄次郎訳 多賀出版 2000.1 296p

Innerhofer, Paul イナホッファー, パウル
◇障害者のいる家族（共著）：ドイツにおける精神遅滞者への治療理論と方法―心理・教育・福祉の諸アプローチ ジルビア・ゲアレス, ゲルト・ハンゼン編, 三原博光訳 岩崎学術出版社 1995.5 198p

Innes, Anthea インネス, エンシーア
◇唯一の悲しみの表し方（小田口将大訳）：パーソン・センタード・ケア―認知症・個別ケアの創造的アプローチ スー・ベンソン編, 稲谷ふみ枝, 石崎淳一監訳 改訂版 クリエイツかもがわ 2007.5 145p

Innes, Graham インズ, グラハム
◇グラハム・インズの証言：地球の声を聴く―ディープエコロジー・ワーク ジョン・シードほか著, 星川淳監訳 ほんの木 1993.4 240p

Innis, Harold イニス, ハロルド
◇古代帝国のメディア：歴史のなかのコミュニケーション―メディア革命の社会文化史 デイヴィッド・クローリー, ポール・ヘイヤー編, 林進, 大久保公雄訳 新曜社 1995.4 354p

Inouye, Dillon K. イノウエ, D. K. *
◇コンピュータ教育測定の4世代（共著）（繁桝算男訳）：教育測定学 下巻 ロバート・L.リン編, 池田央, 藤田恵璽, 柳井晴夫, 繁桝算男訳・編 学習評価研究所 1992.12 411p

Instefjord, Norvald インステフィヨルド, N. *
◇証券取引に関する不正事件―経営陣のためのケーススタディと問題点（共著）：オペレーショナルリスク―金融機関リスクマネジメントの新潮流 アーサーアンダーセン編・訳 金融財政事情研究会 2001.4 413p

Intagliata, James インタグリアタ, ジェームス
◇慢性精神障害者に対する地域ケアの質の向上―ケースマネージメントの役割（渡部律子訳）：ケースマネージメントと社会福祉 ステファン・M.ローズ編, 白沢政和, 渡部律子, 岡田進一監訳 ミネルヴァ書房 1997.10 415p （Minerva福祉ライブラリー 21）

Inverdale, J. インバーダール, J. *
◇クラスの中で自由な討論と自由な思考が飛び交うことを歓迎した：心にのこる最高の先生―イギリス人の語る教師像 上林喜久子編訳著 関東学院大学出版会 2004.11 97p
◇クラスの中で自由な討論と自由な思考が飛び交うことを歓迎した：イギリス人の語る心にのこる最高の先生 上林喜久子訳 関東学院大学出版会 2005.6 68p

Iohannes Paulus ヨハネ・パウロ2世
◇真の自由な文化をめざして：セルフヘルプ―なぜ、私は困難を乗り越えられるのか 世界のビッグネーム自らの47の証言 ケン・シェルトン編著, 堀紘一監訳 フロンティア出版 1998.7 301p

Ion, A. H. アイオン, A. H.
◇ウォルター・ウェストン：英国と日本―架橋の人びと サー・ヒュー・コータッツイ, ゴードン・ダニエルズ編著, 横山俊夫解説, 大山瑞代訳 思文閣出版 1998.11 503, 68p

Ions, Edmund S. アイアンズ, エドモンド
◇政治と価値：価値―新しい文明学の模索に向けて ブレンダ・アーモンド, ブライアン・ウィルソン編, 玉井治, 山本慶裕訳 東海大学出版会 1994.3 308p

Irenaeus エイレナイオス
◇使徒たちの使信の説明：中世思想原典集成 1 初期ギリシア教父 上智大学中世思想研究所編訳・監修 平凡社 1995.2 877p

Irigaray, Luce イリガライ, リュス
◇他者の問題（浜名優美訳）：女たちのフランス思想 棚沢直子編 勁草書房 1998.9 297, 11p

Iron Hawk アイアン・ホーク
◇対カスター戦：北米インディアン生活誌 C.ハミルトン編, 和巻耿介訳 社会評論社 1993.11 408p

Irsigler, Franz イルジーグラー, フランツ
◇中世における商人の心性：ドイツ中世の日常生活―騎士・農民・都市民 コルト・メクゼーパー, エリーザベト・シュラウト共編, 赤阪俊一, 佐藤専次共訳 刀水書房 1995.6 205p （刀水歴史全書 35）

Irwin, C. アーウィン, コリン
◇自然主義的倫理と集団の対立制御：倫理は自然の中に根拠をもつか マルク・キルシュ編, 松浦俊輔訳 産業図書 1995.8 387p

Isaacs, Julian アイザックス, ジュリアン
◇バチェルダーの研究法―その長所と短所：超常現象のとらえにくさ 笠原敏雄編 春秋社 1993.7 776, 61p
◇念力 他：心霊研究―その歴史・原理・実践 イヴォール・グラッタン・ギネス編, 和田芳久訳 技術出版 1995.12 414p （超心理学叢書 第4集）

Isaacs, Susan アイザックス, スーザン
◇空想の性質と機能（一木仁美訳）：対象関係論の基礎―クラインニアン・クラシックス 松木邦裕編・監訳 新曜社 2003.9 266p

Isajiw, W. W. イサジフ, ゼボルド・W.
◇さまざまなエスニシティ定義:「エスニック」とは何か—エスニシティ基本論文選 青柳まちこ編・監訳 新泉社 1996.3 221p (「知」の扉をひらく)

Isby, David C. イスビー, D. C.
◇英領インド帝国の陥落―歓迎されぬ日本軍:太平洋戦争の研究—こうすれば日本は勝っていた ピーター・G.ツォーラス編著, 左近允尚敏訳 PHP研究所 2002.12 387p

Ischinger, Wolfgang イッシンガー, W.
◇米欧間の亀裂をどう修復するか―駐米仏大使との対話(共著):ネオコンとアメリカ帝国の幻想 フォーリン・アフェアーズ・ジャパン編・監訳, 竹下興喜監訳 朝日新聞社 2003.7 292, 6p

Ivins, William アイヴィンス, ウィリアム
◇視覚芸術を変えた写真術:歴史のなかのコミュニケーション―メディア革命の社会文化史 デイヴィッド・クローリー, ポール・ヘイヤー編, 林進, 大久保鉱雄訳 新曜社 1995.4 354p

Ivry, Joann アイブリー, ジョアン
◇ケースマネージャーとしての家族—フォーマルとインフォーマルのサポート・ネットワークの協同体制(共著)(井元真澄訳):ケースマネージメントと社会福祉 ステファン・M.ローズ編, 白澤政和, 渡部律子, 岡田進一監訳 ミネルヴァ書房 1997.10 415p (Minerva福祉ライブラリー 21)

Iwand, Hans-Joachim イーヴァント, ハンス・ヨアヒム
◇ルカによる福音書第二章一〇—一二節 他:光の降誕祭—20世紀クリスマス名説教集 ルードルフ・ランダウ編, 加藤常昭訳 再版 教文館 2004.9 308p

Iyer, Pico アイヤー, ピコ
◇千夜二夜物語—カイロ:お気をつけて、いい旅を。—異国で出会った悲しくも可笑しい51の体験 メアリー・モリス, ポール・セロー, ジョー・ゴアス, イザベル・アジェンデ, ドミニク・ラピエールほか著, 古屋美登里, 中俣真知子訳 アスペクト 1995.7 366p
◇無名の反逆者:TIMEが選ぶ20世紀の100人 上巻 指導者・革命家・科学者・思想家・起業家 徳岡孝夫監訳 アルク 1999.11 332p

【J】

Jack, R. A. ジャック, ロバート・A.
◇多重人格患者の局所脳血流(共著):多重人格障害—その精神生理学的研究 F.パトナム他著, 笠原敏雄編 春秋社 1999.6 296p

Jack, Raymond ジャック, レイモンド
◇コミュニティケアにおける施設ケア(杉本敏夫訳):施設ケア対コミュニティケア—福祉新時代における施設ケアの役割と機能 レイモンド・ジャック編著, 小田兼三ほか監訳 勁草書房 1999.4 296p

Jackson, Donald De Avila ジャクソン, ドン・D.
◇作策仮説へ合意すること(望月昭訳):発達障害に関する10の倫理的課題 リンダ・J.ヘイズ他著, 望月昭, 冨安ステファニー監訳 二瓶社 1998.6 177p

Jackson, Edward T. ジャクソン, エドワード・T.
◇人権教育のための資金調達—持続する原則、登場する技術(共著)(久保内加菜訳):世界の人権教育—理論と実践 ジョージ・J.アンドレオポーロス, リチャード・ピエール・クロード編著, 黒沢惟昭監訳 明石書店 1999.2 758p

Jackson, Janet L. ジャクソン, ジャネット・L.
◇犯罪者プロファイリングの役割 他(共著)(岩見広一訳):犯罪者プロファイリング—犯罪行動が明かす犯人像の断片 ジャネット・L.ジャクソン, デブラ・A.ベカリアン編, 田村雅幸監訳, 辻典明, 岩見広一訳 北大路書房 2000.3 234p

Jackson, Janine ジャクソン, ジャニン
◇より良いメディアをつくる:もう戦争はさせない!—ブッシュを追いつめるアメリカ女性たち メディア・ベンジャミン, ジョディ・エヴァンス編, 尾川寿江監訳, 尾川寿江, 真鍋穣, 米沢清恵訳 文理閣 2007.2 203p

Jackson, Jesse ジャクソン, ジェシー
◇ジェシー・ジャクソン牧師—民主党大会における演説(滝順子訳):アメリカ政治の展開 板場良久スピーチ解説, 滝順子, 白須清美訳 アルク 1998.4 148p (20世紀の証言 英語スピーチでたどるこの100年 第1巻—CD book 松尾弌之監修・解説)

Jackson, Julian ジャクソン, ジュリアン
◇「余暇の時代」—人民戦線の理念のなかでの大衆的旅行と民衆の余暇:フランスとスペインの人民戦線—50周年記念・全体像比較研究 S.マーティン・アレグザンダー, ヘレン・グラハム編, 向井喜典ほか訳 大阪経済法科大学出版部 1994.3 375p

Jackson, Patricia ジャクソン, P.*
◇証券取引に関する不正事件—経営陣のためのケーススタディと問題点(共著):オペレーショナルリスク—金融機関リスクマネジメントの新潮流 アーサーアンダーセン編・訳 金融財政事情研究会 2001.1 413p

Jaco, Rose Marie ジェイコ, ローズ・マリー
◇問題解決理論(共著)(横山穣訳):ソーシャルワーク・トリートメント—相互連結理論アプローチ 上 フランシス・J.ターナー編, 米本秀仁監訳 中央法規出版 1999.4 574p

Jacob, David P. ジェイコブ, デイビッド・P.
◇ハイイールドCMBS 他(共著):CMBS—商業用モーゲージ証券 成長する新金融商品市場の特徴と実務 フランク・J.ファボッツィ, デイビッド・P.ジェイコブ編, 酒井吉広監訳, 野村證券CMBS研究会訳 金融財政事情研究会 2000.12 672p

Jacob, Margaret C. ジェイコブ, マーガレット
◇キリスト教とニュートン主義的世界観:神と自然—歴史における科学とキリスト教 デイビッド・C.リンドバーグ, R.L.ナンバーズ編, 渡辺正雄監訳 みすず書房 1994.6 528, 48p
◇ポルノグラフィの唯物論的世界(末広幹訳):ポルノグラフィの発明—猥褻と近代の起源、一五〇〇年から一八〇〇年へ リン・ハント編著, 正岡和恵, 末広幹, 吉原ゆかり訳 ありな書房 2002.8 438p

Jacobs, Wilhelm G.　ヤーコプス, ヴィルヘルム・G.
◇シェリング哲学前史への手掛り─理性のプロセスとしての歴史(共著)(伊坂青司訳)：シェリング哲学入門　H.バウムガルトナー編, 北村実監訳, 伊坂青司ほか訳　早稲田大学出版部　1997.2　210, 24p
◇ドイツ観念論におけるシェリング─相互影響と論争(内田浩明訳)：シェリング哲学─入門と研究の手引き　H.J.ザントキューラー編, 松山寿一監訳　昭和堂　2006.7　288, 59p

Jacobson, Bobbie　ジャコブソン, ボビー
◇煙が目にしみる─たばこ広告と女性(共著)：メディア・セクシズム─男がつくる女　ジュリアンヌ・ディッキー, テレサ・ストラトフォード, キャス・デイビス編, 井上輝子, 女性雑誌研究会編訳　垣内出版　1995.6　342p

Jacobson, Neil S.　ジェイコブソン, ニール
◇大人の親密さについての行動学的概念化に向けて：夫婦セラピーの意味するもの(共著)(余語優美訳)：家族の感情心理学─そのよいときも, わるいときも　E.A.ブレックマン編著, 浜治世, 松山義則監訳　北大路書房　1998.4　275p

Jacobson, Norman　ジェイコブソン, ノーマン
◇政治学と政治教育：アメリカ政治学の展開─学説と歴史　ジェームズ・ファ, レイモンド・セイデルマン編著, 本田弘, 藤原孝, 秋山和宏, 石川晃司, 入江正俊ほか訳　サンワコーポレーション　1996.2　506p

Jacobus, Mary　ジャコーバス, メアリー
◇括弧のなか(山本祥子訳)：ボディー・ポリティクス─女と科学言説　M.ジャコーバス, E.F.ケラー, S.シャトルワース編, 田間泰子, 美馬達哉, 山本祥子監訳　世界思想社　2003.4　332p (Sekaishiso seminar)

Jacoby, Henry　ジャコビー, ヘンリー
◇仕事(共著)：アドラーの思い出　G.J.マナスター, G.ペインター, D.ドイッチュ, B.J.オーバーホルト編, 柿内邦博, 井原文子, 野田俊作訳　創元社　2007.6　244p

Jacoby, Jeff　ジャコビー, J. *
◇妹Angie：姉妹の見方：知的障害・発達障害を持つ人のQOL─ノーマライゼーションを超えて　Robert L.Schalock編, 三谷嘉明, 岩崎正子訳　医歯薬出版　1994.5　346p

Jaeger, Richard M.　イェーガー, R. M. *
◇学生のコンピテンスの証明(井上俊哉訳)：教育測定学　下巻　ロバート・L.リン編, 池田央, 藤田恵璽, 柳井晴夫, 繁桝算男訳・編　学習評価研究所　1992.12　411p

Jaeger, Robert A.　イェーガー, ロバート
◇リスクの定義, 測定および管理：実践ヘッジファンド投資─成功するリスク管理　バージニア・レイノルズ・パーカー編, 徳岡国見監訳　日本経済新聞社　2001.8　425p

Jaeschke, Walter　イェシュケ, ヴァルター
◇ヘーゲルにおける教会と国家(山﨑純, 栗原隆訳)：続・ヘーゲル読本─翻訳篇/読みの水準　D.ヘンリッヒ他著, 加藤尚武, 座小田豊編訳　法政大学出版局　1997.3　324, 12p

Jaffé, Aniela　ヤッフェ, アニエラ
◇C・G・ユングの「心霊」世界：超心理学入門　J.B.ライン他著, 長尾力他訳　青土社　1993.10　286p
◇C.G.ユングの視点よりみた「死」：臨死の深層心理　A.ヤッフェほか著, 氏原寛, 李敏子訳　人文書院　1994.9　154p

Jäger, Hans-Wolf　イェーガー, ハンス＝ヴォルフ
◇赤ずきんは自由の帽子をかぶっているのであろうか─ティークとグリムの場合に想定されている意味合いについて(池上嘉彦訳)：「赤ずきん」の秘密─民俗学的アプローチ　アラン・ダンダス編, 池上嘉彦, 山崎和恕, 三宮郁子訳　紀伊国屋書店　1994.12　325p
◇赤ずきんは自由の帽子をかぶっているのであろうか─ティークとグリムの場合に想定されている意味合いについて(池上嘉彦訳)：「赤ずきん」の秘密─民俗学的アプローチ　アラン・ダンダス編, 池上嘉彦ほか訳　新版　紀伊国屋書店　1996.6　325p

Jain, Randhir B.　ジェーン, ランディール・B.
◇インドにおける改革努力：民主主義のコスト─政治資金の国際比較　H.E.アレキサンダー, 白鳥令編著, 岩崎正洋он訳　新評論　1995.11　261p

Jakšić, Pavle　ヤクシチ, P. *
◇正面戦争とパルチザン戦争との相互変換について：ユーゴスラビアの全人民防衛　〔防衛研修所〕　1975　82p (研究資料 75RT-2)

James, D. Clayton　ジェームス, D. クレイトン
◇太平洋戦争(共著)：ヒトラーが勝利する世界─歴史家たちが検証する第二次大戦・60の"if"　ハロルド・C.ドイッチ, デニス・E.ショウォルター編, 守屋純訳　学習研究社　2006.10　671p (WW selection)

James, Peter　ジェイムズ, ピーター
◇グリーンボトムライン(緑の利益)他(共著)：緑の利益─環境管理会計の展開　マーティン・ベネット, ピーター・ジェイムズ編著, 国部克彦監修, 海野みづえ訳　産業環境管理協会　2000.12　542p

Jameson, D. H.　ジェイムソン, ダグラス・H.
◇ある多重人格の客観的研究(共著)：多重人格障害─その精神生理学的研究　F.パトナム他著, 笠原敏雄編　春秋社　1999.6　296p

Jamme, Christoph　ヤメ, クリストフ
◇プラトン, ヘーゲル, そして神話(滝口清栄, 栗原隆訳)：続・ヘーゲル読本─翻訳篇/読みの水準　D.ヘンリッヒ他著, 加藤尚武, 座小田豊編訳　法政大学出版局　1997.3　324, 12p

Jampolsky, Gerald　ジャンポルスキー, ジェラルド
◇答えは愛：魂をみがく30のレッスン　リチャード・カールソン, ベンジャミン・シールド編, 鴨志田千枝子訳　同朋舎　1998.6　252p

Janicaud, Dominique　ジャニコー, ドミニク
◇現象学─自然的意識と技術的世界：現象学と形而上学　ジャン・リュック・マリオン, ギイ・プランティ・ボンジュール編, 三上真司, 重永哲也, 檜垣立哉訳　法政大学出版局　1994.3　375, 8p (叢書・ウニベルシタス 433)

Janicki, Matthew P.　ジャニキ, M. P. *
◇尊厳ある高齢者：生涯におよび障害を持つ高齢の人のQOL：知的障害・発達障害を持つ人のQOL─ノー

マライゼーションを超えて　Robert L.Schalock編，三谷嘉明，岩崎正子訳　医歯薬出版　1994.5　346p

Janoff, Dean S.　ジェノフ，ディーン・S．
◇原因帰属と行動変化の維持（共著）（下田方哲彦訳）：原因帰属と行動変容—心理臨床と教育実践への応用　チャールズ・アンタキ，クリス・ブレーウィン編，細田有雅，古市裕一監訳　ナカニシヤ出版　1993.12　243p

Jansen, Diana　ジャンセン，ダイアナ
◇イギリス——一九九〇年以降のイギリスにおける箱庭療法の発展（三枚奈穂訳）：世界の箱庭療法—現在と未来　山中康裕，S.レーヴェン・ザイフェルト，K.ブラッドウェイ編　新曜社　2000.10　182p

Jansen, Marius B.　ジャンセン，マリウス・B．
◇長崎の唐人屋敷：日蘭交流400年の歴史と展望—日蘭交流400周年記念論文集 日本語版　レオナルド・ブリュッセイ，ウィレム・レメリンク，イフォ・スミッツ編　日蘭学会　2000.4　459p （日蘭学会学術叢書第20）

Janson, Horst Woldemar　ジャンソン，ホルスト・ワルデマー
◇「美的許容」の誕生（成沢和子訳）：ルネサンスのパトロン制度　ガイ・フィッチ・ライトル，スティーヴン・オーゲル編著，有路雍子，成沢和子，舟木茂子訳　松柏社　2000.7　570p

Jao, Y. C.　ジャオ，Y．C．*
◇香港上海銀行の役割（福島薫，石出毅，矢野雅彦訳）：香港の金融制度　リチャード・Y.K.ホー，ロバート・H.スコット，K.A.ウォン編著，香港金融研究会訳　金融財政事情研究会　1993.5　313p

Jarausch, Konrad Hugo　ヤーラオシュ，コンラート
◇高等教育と社会変動—比較史的考察（橋本伸也訳）：高等教育の変貌1860-1930—拡張・多様化・機会開放・専門職化　コンラート・ヤーラオシュ編，望田幸男，安原義仁，橋本伸也監訳　昭和堂　2000.10　374，48p

Jarrow, Robert A.　ジャロウ，ロバート・A．
◇先物価格の期間構造を用いた派生証券評価の離散時間における統合 他（共著）（白川浩訳）：ファイナンスハンドブック　R.A.Jarrow, V.Maksimovic, W.T.Ziemba編，今野浩，古川浩一監訳　朝倉書店　1997.12　1121p

Jarvela, Sanna　ヤルベラ，サンナ
◇個別化学習とは—学習の潜在性を伸ばすための新しい知見：個別化していく教育　OECD教育研究革新センター編著，岩崎久美子訳　明石書店　2007.7　227p （OECD未来の教育改革 2）

Jarvenpaa, Sirkka　ヤルヴェンパー，S．*
◇未来のグローバルネットワークの組織—集権主義の高まりと長期契約関係（共著）：新リレーションとモデルのためのIT企業戦略とデジタル社会　ゲイリー・ディクソン，ジェラルディン・デサンクティス編，橋立克則訳　ピアソン・エデュケーション　2002.3　305p

Jauregui, Silvia　ハウレギ，S．*
◇南米とアルゼンチンにおけるパーソンセンタード・アプローチ（畠瀬直子訳）：エンカウンター・グルー

プと国際交流　松本剛，畠瀬直子，野島一彦編著　ナカニシヤ出版　2005.10　166p

Javeau, Claude　ジャヴォ，クロード*
◇人生の楽しみの選択と民主主義の防衛（下田充生訳）：ストレスと快楽　デイビッド・M.ウォーバートン，ニール・シャーウッド編著，上里一郎監訳　金剛出版　1999.10　301p

Javidi, Mitch　ジャビディ，ミッチ
◇取引と交渉のかけ橋（共著）（竹下裕子訳）：人間と組織　本名信行，秋山高二，竹下裕子，ベイツ・ホッファ，ブルックス・ヒル編著　三修社　2005.9　312p （異文化理解とコミュニケーション 第2版 2）

Javors, Irene　ジェイヴォアス，アイリーン
◇都市の女神：世界を織りなおす—エコフェミニズムの開花　アイリーン・ダイアモンド，グロリア・フェマン・オレンスタイン編，奥田暁子，近藤和子訳　学芸書林　1994.3　457，12p

Jax, Judy Annette　ジャックス，ジュディ・アネッタ
◇リーダーシップ開発のための批判的見地（福島由利子訳）：転換期の家族—ジェンダー・家族・開発　N.B.ライデンフロースト編，家庭経営学部会訳　日本家政学会　1995.3　360p

Jay, Antony　ジェイ，アントニー
◇会議をうまく運営し生産性を上げる法：コミュニケーション戦略スキル　Harvard Business Review編，Diamondハーバード・ビジネス・レビュー編集部訳　ダイヤモンド社　2002.1　260p

Jay, Martin　ジェイ，マーティン
◇序論 他（竹内真澄訳）：ハーバーマスとフランクフルト学派　マーティン・ジェイ編，竹内真澄監訳　青木書店　1997.10　343p
◇アメリカ批判理論の現在（竹内真澄訳）：アメリカ批判理論の現在—ベンヤミン，アドルノ，フロムを超えて　マーティン・ジェイ，永井務監訳　こうち書房　2000.10　511p

Jayapal, Pramila　ジャヤパル，プラミラ
◇アメリカを憎悪ゼロ（hate-free）地帯に：もう戦争はさせない！—ブッシュを追いつめるアメリカ女性たち　メディア・ベンジャミン，ジョディ・エヴァンス編，尾川寿江監訳，尾川寿江，真鍋穣，米沢清恵訳　文理閣　2007.2　203p

Jean, Carlo　ジャン，カルロ
◇国際政治とヨーロッパ政治（林修訳）：介入？—人間の権利と国家の論理　エリ・ウィーゼル，川田順造編，広瀬浩司，林修訳　藤原書店　1997.6　294p

Jeanjean, Thomas　ジャンジャン，T．*
◇ワッツ＆ジンマーマン—実証会計学の父：世界の会計学者—17人の学説入門　ベルナルド・コラス編著，藤田晶子訳　中央経済社　2007.10　271p

Jeanson, Francis　ジャンソン，フランシス
◇アルベール・カミュあるいは反抗心 他：革命か反抗か—カミュ＝サルトル論争　佐藤朔訳　新潮社　2004.2　174p　（新潮文庫）

Jeffereys, Sheila　ジェフレイズ，シェイラ
◇身体の政治学—反ポルノグラフィ運動：メディア・セクシズム—男がつくる女　ジュリアンヌ・ディッキー，

Jefferies, Michelle ジェフリーズ, ミッシェル
◇鎮静剤、手術、そして足の爪（共著）（田上昭観訳）：パーソン・センタード・ケア―認知症・個別ケアの創造的アプローチ スー・ベンソン編, 稲谷ふみ枝, 石崎淳一監訳 改訂版 クリエイツかもがわ 2007.5 145p

Jeffers, Robinson ジェファーズ, ロビンソン
◇おお、愛しい岩よ 他：地球の声を聴く―ディープエコロジー・ワーク ジョン・シードほか著, 星川淳監訳 ほんの木 1993.4 240p

Jelinek, Elfriede イェリネク, エルフリーデ
◇エルフリーデ・イェリネック：戦後ドイツを生きて―知識人は語る 三島憲一編・訳 岩波書店 1994.10 370p

Jelinek, Wolfgang イェリネク, W. *
◇オーストリア報告（森勇訳）：訴訟法における法族の再検討 小島武司編著 中央大学出版部 1999.4 578p（日本比較法研究所研究叢書 46）

Jelinek, Yeshayahu イリネック, イシャヤウ
◇ユダヤ人国際組織と西ドイツのユダヤ人協会の政策：「負の遺産」との取り組み―オーストリア・東西ドイツの戦後比較 ヴェルナー・ベルクマン, ライナー・エルブ, アルベルト・リヒトブラウ編著, 岡田浩平訳 三元社 1999.3 479p

Jellinek, Joseph Stephan イェリネック, J. シュテファン
◇香りの分類：新しいアプローチ：香りの生理心理学 S.ヴァン・トラー, G.H.ドッド編, 印藤元一訳 フレグランスジャーナル社 1996.6 306p

Jenke, Gaynor ジェンク, ゲイナー
◇座禅：ニッポン不思議発見！―日本文化を英語で語る50の名エッセイ集 日本文化研究所編, 松本道弘訳 講談社インターナショナル 1997.1 257p（Bilingual books）

Jenkins, Davis ジェンキンス, デイビス
◇在米日系移植工場における作業システム革新（共著）：リメイド・イン・アメリカ―日本的経営システムの再文脈化 ジェフリー・K.ライカー, W.マーク・フルーイン, ポール・S.アドラー編著, 林正樹監訳 中央大学出版部 2005.3 564p（中央大学企業研究所翻訳叢書 9）

Jenkis, Helmut ジェンキス, H. *
◇人口の老齢化と減少（栩沢能生訳）：土地バブル経済と法・都市の混迷 日本土地法学会編 有斐閣 2004.5 328p（土地問題叢書 35―創立30周年記念論集 2）

Jenks, R. Stephen ジェンクス, R. ステファン
◇起業家に対するコーチング（共著）：エグゼクティブ・コーチング―経営幹部の潜在能力を最大限に引き出す キャサリン・フィッツジェラルド, ジェニファー・ガーヴェイ・バーガー編, 日本能率協会コンサルティング訳 日本能率協会マネジメントセンター 2005.4 370p

Jenner, Alec ジェンナー, A.
◇英国における利用者と提供者に対する疎外：過渡期の精神医療―英国とイタリアの経験から シュラ

テレサ・ストラトフォード, キャス・デイビス編, 井上輝子, 女性雑誌研究会編訳 垣内出版 1995.6 342p

ミット・ラモン, マリア・グラツィア・ジャンニケッダ編, 川田誉音訳 海声社 1992.10 424p

Jennings, Jeremy ジェニングス, ジェレミー
◇ルソー、社会契約、近代のリヴァイアサン（金田耕一訳）：社会契約論の系譜―ホッブズからロールズまで D.バウチャー, P.ケリー編, 飯島昇蔵, 佐藤正志ほか訳 ナカニシヤ出版 1997.5 367p（叢書「フロネーシス」）

Jennings, Karen ジェニングス, カレン
◇労働組合と内部告発（共著）（石垣雅敏訳）：内部告発―その倫理と指針 David B.Lewis編, 日本技術士会訳編 丸善 2003.2 159p

Jennings, Theodore W., Jr. ジェニングス, セオドア・W., Jr.
◇教理を構築する神学：神学者の使命―現代アメリカの神学的潮流 セオドア・W.ジェニングス編, 東方敬信, 伊藤悟訳 ヨルダン社 1994.7 203p

Jennings, Vernon ジェニングス, バーノン
◇経済的ボトムラインへの取組み：トリプルボトムライン―3つの決算は統合できるか エイドリアン・ヘンリクス, ジュリー・リチャードソン編著, 大江宏, 小山良訳 創成社 2007.4 250p

Jenson, Robert W. ジェンソン, ロバート
◇福音、教会、そして聖書 他（共著）：聖書を取り戻す―教会における聖書の権威と解釈の危機 C.E.ブラーテン, R.W.ジェンソン編, 芳賀力訳 教文館 1998.5 234p
◇教会における聖書の権威：聖書を読む技法―ポストモダンと聖書の復権 エレン・デイヴィス, リチャード・ヘイズ編, 芳賀力訳 新教出版社 2007.9 428p

Jermier, John M. ジェルマイアー, ジョン・M.
◇経営者のための批判的社会科学―その成否の見込み（共著）（杉原信男訳）：経営と社会―批判的経営研究 マッツ・アルベッソン, ヒュー・ウィルモット編著, CMS研究会訳 同友館 2001.3 265p

Jernberg, Ann M. ジェーンバーグ, A. *
◇愛着行動に失敗した子どもをもつ親の訓練：共同治療者としての親訓練ハンドブック 下 Charles E.Schaefer, James M.Briesmeister編, 山上敏子, 大隈紘子監訳 二瓶社 1996.11 p334-648

Jerusalem, Matthias イェルサレム, M.
◇ストレスフルな人生移行における自己効力（共著）（山本多喜司訳）：激動社会の中の自己効力 アルバート・バンデューラ編, 本明寛, 野口京子監訳 金子書房 1997.11 352p

Jervis, Robert ジャーヴィス, ロバート
◇国際関係におけるイメージの論理（林ää隆訳）：リーディングス政治コミュニケーション 谷藤悦史, 大石裕編訳 一芸社 2002.4 284p
◇国際関係史と国際政治学（野口和彦訳）：国際関係研究へのアプローチ―歴史学と政治学の対話 コリン・エルマン, ミリアム・フェンディアス・エルマン編, 渡辺昭夫監訳, 宮下明聡, 野口和彦, 戸谷美苗, 田中康友訳 東京大学出版会 2003.11 379p

Jhally, Sut ジャリー, サット
◇広告・消費者・文化（共著）：歴史のなかのコミュニケーション―メディア革命の社会文化史 デイヴィッド・クローリー, ポール・ヘイヤー編, 林進, 大久保公

Jimenez, Felix ジメネッツ, F.
◇対外債務と成長の政治経済学(共著)：金融不安定性と景気循環　ウィリー・ゼムラー編、浅田統一郎訳　日本経済評論社　2007.7　353p（ポスト・ケインジアン叢書）

Jimenez, Susan ヒメネス, スーザン
◇ネットワーク・モデリング・ツール－サプライチェーン意思決定能力の向上(共著)：サプライチェーン戦略　ジョン・ガトーナ編、前田健蔵、田村誠一訳　東洋経済新報社　1999.5　377p（Best solution）

Joannes Climacus, St ヨアンネス・クリマクス
◇楽園の梯子：中世思想原典集成　3　後期ギリシア教父・ビザンティン思想　上智大学中世思想研究所編訳・監修　平凡社　1994.8　975p

Jobert, Annette ジョベール, アンネット
◇フランスの労使関係(共著)(久保庭和子訳)：新版　先進諸国の労使関係－国際比較：21世紀に向けての課題と展望　桑原靖夫、グレッグ・J.バンバー、ラッセル・D.ランズベリー編　日本労働研究機構　1994.7　452p
◇フランスの雇用関係(共著)(久保庭和子訳)：先進諸国の雇用・労使関係－国際比較：21世紀の課題と展望　桑原靖夫、グレッグ・バンバー、ラッセル・ランズベリー編　新版　日本労働研究機構　2000.7　551p

Jocano, F. Landa ホカーノ, F. ランダ
◇「民衆カトリシズム」：フィリピンの大衆文化　寺見元恵編・監訳　めこん　1992.12　263p

Joens, Michael ジェーンズ, M.＊
◇オーストラリアの地方自治：挑戦を待望して：国際比較から見た地方自治と都市問題－先進20カ国の分析　1　Joachim Jens Hesse編、北海道比較地方自治研究会訳　北海道比較地方自治研究会　1994.3　208p

Joensen, Jóan Pauli ヨーンセン, ヨアン・パウリ
◇船員の海漁民の海(早野勝巳訳)：北欧の自然と生業　K.ハストロブ編、熊野聡ほか訳　東海大学出版会　1996.5　210p（北欧社会の基層と構造 2）

Joerden, Jan C. ヨェルデン, ヤン・C.
◇序文 他(田村光彰訳)：ヨーロッパの差別論　ヤン・C.ヨェルデン編、田村光彰ほか訳　明石書店　1999.12　452p（世界人権問題叢書 34）

Joffe, Ellis ヨッフェ, エリス
◇台湾と中国軍：中国が戦争を始める－その代価をめぐって　米陸軍大学戦略研究所編、冨山泰、渡辺孝訳　恒文社21　2002.6　253p

Johannes(Fiscannensis) ヨハネス(フェカンの)
◇神学的告白：中世思想原典集成　10　修道院神学　上智大学中世思想研究所編訳・監修　平凡社　1997.10　725p

Johannes a Sancto Thoma ヨハネス・ア・サンクト・トマ
◇論理学(八木雄二訳)：中世思想原典集成　20　近世のスコラ学　上智大学中世思想研究所編訳・監修　平凡社　2000.8　1193p

Johannes de Lugo フアン・デ・ルーゴ
◇神への信仰の徳について(佐久間勤訳)：中世思想原典集成　20　近世のスコラ学　上智大学中世思想研究所編訳・監修　平凡社　2000.8　1193p

Johanson, Erkki ヨハンソン, エルッキ
◇フィンランドの役員兼任：制度的集団とその拡大する統合(共著)：企業権力のネットワーク－10カ国における役員兼任の比較分析　フラン・N.ストークマン、ロルフ・ツィーグラー、ジョン・スコット編著、上田義朗訳　文眞堂　1993.11　340p

Johansson, Bengt ヨハンソン, B.
◇異質コンセプション間の転換としての学習記述(共著)：認知構造と概念転換　L.H.T.ウエスト, A.L.パインズ編、野上智行、稲垣成哲、田中浩朗、森藤義孝訳、進藤公夫監訳　東洋館出版社　1994.5　327p

Johnson, Chalmers A. ジョンソン, チャルマーズ・A.
◇条約の平和的解体を(共著)：新覇権時代の「安全保障」－『フォーリン・アフェアーズ』アンソロジー　ジョゼフ・S.ナイほか著、竹下興喜監訳　中央公論社　1996.9　255p
◇中国と日本の相互認識(岡野哲朗訳)：フォーリン・アフェアーズ傑作選－アメリカとアジアの出会い　1922-1999　下　フォーリン・アフェアーズ・ジャパン編・監訳　朝日新聞社　2001.2　327, 7p
◇地球を覆う米軍基地戦略(井上利男訳)：世界は変えられる－TUPが伝えるイラク戦争の「真実」と「非戦」　TUP（Translators United for Peace＝平和をめざす翻訳者たち）監修　七つ森書館　2004.5　234, 5p
◇チャルマーズ・ジョンソン：映画日本国憲法読本　島多惣作、竹井正和編　フォイル　2005.4　266p

Johnson, David W. ジョンソン, デイビッド・W.
◇VNPOのためのプロジェクト・マネージメント(大澤智子訳)：NPOマネージメント－ボランタリー組織のマネージメント　スティーヴン・P.オズボーン編、ニノミヤ・アキイエ・H.監訳　中央法規出版　1999.3　388p
◇CEOと取締役会のバランスをどうとるか(共著)：コーポレート・ガバナンス　Harvard Business Review編、Diamondハーバード・ビジネス・レビュー編集部訳　ダイヤモンド社　2001.6　270p

Johnson, Dewey E. ジョンソン, デューイ・E.
◇多文化組織における状況性リーダーシップ(共著)：企業の未来像－成功する組織の条件　フランシス・ヘッセルバイン、マーシャル・ゴールドスミス、リチャード・ベックハード編、小坂恵理訳　トッパン　1998.7　462p（トッパンのビジネス経営書シリーズ 14）

Johnson, Edward C., Ⅲ ジョンソン, エドワード・C., 3世
◇逆張り投資家の冒険(山本啓訳)：ビジネスの知恵50選－伝説的経営者が語る成功の条件　ピーター・クラス編、佐藤洋一監訳　トッパン　1999.2　543p（トッパンのビジネス経営書シリーズ 26）

Johnson, E. Elizabeth ジョンソン, E. エリザベス
◇エフェソ書 他(鈴木元子訳)：女性たちの聖書注解－女性の視点で読む旧約・新約・外典の世界　C.A.ニューサム, S.H.リンジ編、加藤明子、小野功生、鈴木元子訳、荒井章三、山内一郎日本語版監訳　新教出版社　1998.3　682p

Johnson, Graham ジョンソン、グレアム・E.
◇香港中国人移民とバンクーバーの中国人コミュニティ他(吉原和男訳)：香港を離れて―香港中国人移民の世界　ロナルド・スケルドン編、可児弘明、森川真規雄、吉原和男訳　行路社　1997.6　552p　(中国の底流シリーズ 4)

Johnson, Harry Julius ジョンソン、ハリー・J.
◇ストレスとうまくつき合う方法：成功大学　オグ・マンディーノ編著、箱田忠昭訳　日本経営合理化協会出版局　1998.9　689p
◇ストレスとうまくつき合う方法：成功大学　オグ・マンディーノ編著、箱田忠昭訳　皮革携帯版　日本経営合理化協会出版局　1998.9　689p

Johnson, John J. ジョンソン、ジョン・J.
◇誰にでも、何でも五分以内に売る方法(山本徹訳)：ビジネスの知恵50選―伝説的経営者が語る成功の条件　ビーター・クラス編、佐藤洋一監訳　トッパン　1999.2　543p　(トッパンのビジネス経営書シリーズ 26)

Johnson, Kim K. P. ジョンソン、キム・K. P.
◇レイプサバイバー 他(橋本幸子訳)：外見とパワー　キム・K.P.ジョンソン、シャロン・J.レノン編著、高木修、神山進、井上和子監訳　北大路書房　2004.7　257p

Johnson, Lyndon Baines ジョンソン、リンドン・B.
◇リンドン・B.ジョンソン大統領―大統領選挙出馬辞退の声明(滝順子訳)：アメリカ政治の展開　板場良久スピーチ解説、滝順子、白須清美訳　アルク　1998.4　148p　(20世紀の証言 英語スピーチでたどるこの100年 第1巻―CD book 松尾式之監修・解説)
◇リンドン・B.ジョンソン大統領―公民権法への著名に際して(津吉襄訳)：変貌する世界とアメリカ　板場良久スピーチ解説、津吉襄訳　アルク　1998.5　148p　(20世紀の証言 英語スピーチでたどるこの100年 第2巻―CD book 松尾式之監修・解説)
◇リンドン・ジョンソン大統領就任演説：アメリカ大統領就任演説集―inaugural address　フロンティア文庫編集部編、Katokt訳　フロンティアニセン　2005.3(第2刷)　172p　(フロンティア文庫 44―風呂で読める文庫100選 44)
◇ジョンソン民主党政権の特色と一般教書：資料 戦後米国大統領の「一般教書」　第2巻(1961年―1977年)　藤本一美、浜賀祐子、末次俊之編著　大空社　2005.12　421p

Johnson, Marie-Jeanne ジョンソン、マリー＝ジーン
◇ラッシュアワー初体験／私が出会った日本―オーストラリア人の異国体験・日本観　ジェニファー・ダフィ、ギャリー・アンソン編　サイマル出版会　1995.7　234p

Johnson, Mary Ann ジョンソン、メアリー
◇ポートフォリオにヘッジファンドを組み込む際の留意点：実践ヘッジファンド投資―成功するリスク管理　バージニア・レイノルズ・パーカー編、徳岡国見監訳　日本経済新聞社　2001.8　425p

Johnson, Paul ジョンソン、ポール
◇ポール・ジョンソン(山岡洋一訳)：インタヴューズ2　クリストファー・シルヴェスター編、新庄哲夫ほか訳　文芸春秋　1998.11　451p

◇マーガレット・サッチャー：TIMEが選ぶ20世紀の100人　上巻　指導者・革命家・科学者・思想家・起業家　徳岡孝夫監訳　アルク　1999.11　332p

Johnson, Robert A. ジョンソン、ロバート・A.
◇回復された女性性(リース・滝・幸子訳)：女性の誕生―女性であること：意識的な女性性の誕生　コニー・ツヴァイク編、川戸円訳　山王出版　1996.9　398p
◇回復された女性性(リース・滝・幸子訳)：女性の誕生―女性であること：意識的な女性性の誕生　コニー・ツヴァイク編、川戸円、リース・滝幸子訳　第2版　山王出版　1997.9　403p

Johnson, Susan M. ジョンソン、S. M.
◇カップル・セラピーにおける情動の変化過程(共著)(三根久代訳)：家族の感情心理学(共著)、わるいときも　E.A.ブレックマン編著、浜治世、松山義則監訳　北大路書房　1998.4　275p

Johnston, Douglas ジョンストン、ダグラス
◇パワー・ポリティクスを越えて 他：宗教と国家―国際政治の盲点　ダグラス・ジョンストン、シンシア・サンプソン編著、橋本光平、畠山圭一監訳　PHP研究所　1997.9　618,16p

Johnston, Holly H. ジョンストン、H. H. *
◇米国航空業界における経営戦略が効率性に与える影響の評価(共著)(篠原正明訳)：経営効率評価ハンドブック―包絡分析法の理論と応用　Abraham Charnesほか編、刀根薫、上田徹監訳　朝倉書店　2000.2　465p

Johnston, Jack ジョンストン、ジャック
◇計量経済学の過去と未来：フューチャー・オブ・エコノミクス―21世紀への展望　ガルブレイス他著、J.D.ヘイ編、鳥居泰彦訳　同文書院インターナショナル　1992.11　413p

Johnston, Margaret ジョンストン、マーガレット
◇リリアン・H.スミスの生涯 他(高鷲志子訳)：本・子ども・図書館―リリアン・スミスが求めた世界　アデル・フェイジックほか編、高鷲志子、高橋久子訳　全国学校図書館協議会　1993.12　239p

Johnston, Ron ジョンストン、R.
◇イギリス選挙制度と有権者(要約)(共著)(良永康平訳)：現代イギリスの政治算術―統計は社会を変えるか　D.ドーリング、S.シンプソン編著、岩井浩ほか監訳　北海道大学図書刊行会　2003.7　588p

Johonstone, Diana ジョンストン、ダイアナ
◇重荷と栄光―ヨーロッパの米軍基地(共著)：ザ・サン・ネバー・セッツ―世界を覆う米軍基地　ジョセフ・ガーソン、ブルース・バーチャード編著、佐藤昌一郎監訳　新日本出版社　1994.1　318p

Johr, Barbara (Hrsg) ヨール、バーバラ
◇大量強姦をめぐる数字 他(寺崎あき子訳)：1945年・ベルリン解放の真実―戦争・強姦・子ども　ヘルケ・ザンダー、バーバラ・ヨール編著、寺崎あき子、伊藤明子訳　パンドラ　1996.7　354p

Jolly, Claude ジョリー、C. *
◇ノーデの理解のために(天満隆之輔訳)：いま、市民の図書館は何をすべきか―前川恒雄さんの古稀を祝して　前川恒雄先生古稀記念論集刊行会編　出版ニュース社　2001.4　413p

Jolowicz, J. A. ヨロヴィッツ, J. *
◇イングランド報告(1)(宮島里史記):訴訟法における法族の再検討　小島武司編著　中央大学出版部　1999.4　578p　(日本比較法研究所研究叢書 46)

Joly, Jean-Jacques ジョリ, J. -J. *
◇フランスにおける特許権の行使とそれに対する防御(安村高明訳):国際特許侵害―特許紛争処理の比較法的検討　青山葆, 木棚照一編　東京布井出版　1996.12　454p

Jomo Kwame Sundaram ジョモ・K. サンダラム
◇多人種国マレーシアにおけるレントと開発(共著):東アジアの経済発展と政府の役割―比較制度分析アプローチ　青木昌彦, 金瀅基, 奥野正寛編, 白鳥正喜監訳　日本経済新聞社　1997.11　465p
◇東南アジアにおけるグローバル化、自由化、貧困、所得不平等:開発途上国におけるグローバル化と貧困・不平等　リチャード・コール編著, 及川裕二訳　明石書店　2004.11　176p

Jonas, Hans ヨーナス, ハンス
◇精神と自然(共著):哲学の原点―ドイツからの提言　ハンス・ゲオルク・ガダマー他著, U.ベーム編, 長倉誠一, 多田茂訳　未知谷　1999.7　272, 11p

Jones, Charles T. ジョーンズ, チャールズ・トレメンダス
◇自分をヤル気にさせる方法:成功大学　オグ・マンディーノ編著, 箱田忠昭訳　日本経営合理化協会出版局　1998.9　689p
◇自分をヤル気にさせる方法:成功大学　オグ・マンディーノ編著, 箱田忠昭訳　皮革携帯版　日本経営合理化協会出版局　1998.9　689p

Jones, Daniel T. ジョーンズ, ダニエル・T.
◇「リーン企業体」による価値創造(共著):バリューチェーン・マネジメント　Harvard Business Review編, Diamondハーバード・ビジネス・レビュー編集部訳　ダイヤモンド社　2001.8　271p

Jones, David P. H. ジョウンズ, デイヴィド・P. H.
◇子どもと家族への治療―虐待やネグレクトが発生した家庭への援助 他:虐待された子ども―ザ・バタード・チャイルド　メアリー・エドナ・ヘルファー, ルース・S.ケンプ, リチャード・D.クルーグマン編, 子どもの虐待防止センター監修, 坂井聖二訳　明石書店　2003.12　1277p

Jones, Deborah A. ジョーンズ, D. A. *
◇長期介護における坐位の問題:個人に合わせた痴呆の介護―創造性と思いやりのアプローチ　J.レイダー, E.M.トーンキスト編, 大塚俊男監訳, 老齢健康科学研究財団訳　日本評論社　2000.1　269p

Jones, Evan ジョーンズ, エヴァン
◇経済用語, プロパガンダおよび異論(川原美紀雄訳):超市場化の時代―効率から公正へ　スチュアート・リースほか編, 川原紀美雄ほか訳　法律文化社　1996.10　372p

Jones, G. ジョーンズ, G. *
◇先生の物理に対する情熱は相当なものだった:心にのこる最高の先生―イギリス人の語る教師像　上林喜久子編訳著　関東学院大学出版会　2004.11　97p
◇先生の物理に対する情熱は相当なものだった:イギ

リス人の語る心にのこる最高の先生　上林喜久子編訳　関東学院大学出版会　2005.6　68p

Jones, Gareth ジョーンズ, ガレス
◇組織に創造性をどう根づかせるか(共著):ブレークスルー思考　Harvard Business Review編, Diamondハーバード・ビジネス・レビュー編集部訳　ダイヤモンド社　2001.10　221p
◇共感のリーダーシップで部下の力を引き出す(共著):コーチングの思考技術　Diamondハーバード・ビジネス・レビュー編集部訳　ダイヤモンド社　2001.12　266p
◇現代企業の求心力は何か(共著):人材マネジメント　Harvard Business Review編, Diamondハーバード・ビジネス・レビュー編集部訳　ダイヤモンド社　2002.3　309p
◇優れたリーダーは自分の「持ち味」を管理する(共著):人材育成の戦略―評価, 教育, 動機づけのサイクルを回す　Diamondハーバード・ビジネス・レビュー編集部編訳　ダイヤモンド社　2007.3　450p (Harvard business review)

Jones, Gavin W. ジョーンズ, ギャビン・W.
◇インドネシアにおける売買春(共著)(内藤文子訳):セックス「産業」―東南アジアにおける売買春の背景　リン・リーン・リム編著, 津田守他訳　日本労働研究機構　1999.12　334p

Jones, George W. ジョーンズ, ジョージ・W.
◇イギリスの地方政府 1988/89:国際比較から見た地方自治と都市問題―先進20カ国の分析　1　Joachim Jens Hesse編, 北海道比較地方自治研究会訳　北海道比較地方自治研究会　1994.3　210p
◇イギリスの地方政府1988・89:地方自治の世界的潮流―20カ国からの報告　上　ヨアヒム・J.ヘッセ編, 北海道比較地方自治研究会訳, 木佐茂男監修　信山社出版　1997.9　335p

Jones, Glenn R. ジョーンズ, グレン・R.
◇学習の使命を持つリーダーシップを備えた組織を創造する:企業の未来像―成功する組織の条件　フランシス・ヘッセルバイン, マーシャル・ゴールドスミス, リチャード・ベックハード編, 小island恵理訳　トッパン　1998.7　462p (トッパンのビジネス経営書シリーズ 14)

Jones, Kathleen ジョーンズ, キャサリン
◇「私たちにはベッドが必要だ」―継続的ケアとコミュニティケア(久田則夫訳):施設ケア対コミュニティケア―福祉新時代における施設ケアの役割と機能　レイモンド・ジャック編著, 小田兼三ほか監訳　勁草書房　1999.4　296p

Jones, Louis B. ジョーンズ, ルイス・B.
◇ライン川支流のゴムボート下り―ドイツ/オーストリア:お気をつけて, いい旅を―異国で出会った悲しくも可笑しい51の体験　メアリー・モリス, ポール・セロー, ジョー・ゴアス, イザベル・アジェンデ, ドミニク・ラビエールほか著, 古屋美登里, 中俣真知子訳　アスペクト　1995.7　366p

Jones, Martin ジョーンズ, マーチン
◇葛藤と紛争の舞台(共著):コンフリクト　M.ジョーンズ, A.C.フェビアン共編, 大淵憲一, 熊谷智博共訳　培風館　2007.11　256p

Jones, Michael ジョーンズ, マイケル
◇オーストラリアの地方自治：地方自治の世界的潮流—20カ国からの報告 上 ヨアヒム・J.ヘッセ編，北海道比較地方自治研究会訳，木佐茂男監修 信山社出版 1997.9 335p

Jones, Robert S. P. ジョーンズ, R. S. P.＊
◇非嫌悪的手続きを使用した不適切行動の低減—分化強化スケジュールの評価：重度知的障害者への挑戦 ボブ・レミントン編，小林重雄監訳，藤原義博，平沢紀子共訳 二瓶社 1999.3 461p

Jones, Ruth S. ジョーンズ, ルース・S.
◇アメリカ合衆国州レベルにおける選挙資金改革：民主主義のコスト—政治資金の国際比較 H.E.アレキサンダー，白鳥令編著，岩崎正洋他訳 新評論 1995.11 261p

Jónsonn, Palmi V. ジョンソン, P. V.＊
◇薬剤管理 他（共著）：日本版MDS-HC 2.0在宅ケアアセスメントマニュアル John N.Morris他編著，池上直己訳 医学書院 1999.9 294p
◇薬剤管理（共著）：日本版MDS-HC 2.0在宅ケアアセスメントマニュアル John N.Morris他編著，池上直己訳 新訂版 医学書院 2004.11 298p

Jonsson, Inge イョンソン, インゲ
◇世界の新エルサレム（佐々木貴顕訳）：エマヌエル・スウェーデンボルグ—持続するヴィジョン ロビン・ラーセン編 春秋社 1992.11 307p

Jónsson, Palmi V. ヨーンソン, P. V.＊
◇転倒（共著）：日本版MDS-HC 2.0在宅ケアアセスメントマニュアル John N.Morris他編著，池上直己訳 新訂版 医学書院 2004.11 298p

Jordan, Joe ジョーダン, ジョー
◇ネットワーク・モデリング・ツール—サプライチェーン意思決定能力の向上（共著）：サプライチェーン戦略 ジョン・ガトーナ編，前田健蔵，田村誠一訳 東洋経済新報社 1999.5 377p （Best solution）

Jordan, Kathleen ジョーダン, キャサリン
◇ミスを責め立てるスター社員にどう対処すべきか（共著）：人材育成のジレンマ—ハーバード・ビジネス・レビューケースブック Harvard Business Review編，Diamondハーバード・ビジネス・レビュー編集部訳 ダイヤモンド社 2004.12 219p
◇ミスを責め立てるスター社員にどう対処すべきか（共著）：「問題社員」の管理術—ケース・スタディ Diamondハーバード・ビジネス・レビュー編集部訳 ダイヤモンド社 2007.1 263p （Harvard business review anthology）

Jordan, Michael ジョーダン, マイケル
◇成功に近道なんてない：セルフヘルプ—なぜ, 私は困難を乗り越えられるのか 世界のビッグネーム自らの47の証言 ケン・シェルトン編著，堀紘一監訳 フロンティア出版 1998.7 301p

Jorden, Eleanor H. ジョーダン, エレノア・H.
◇伝統的領域の枠の拡大—「教授頻度の低い言語」と「真正の外国語」（上地安良訳）：変革期の大学外国語教育 ウィルガ・M.リヴァーズ編著，上地安良，加須屋弘司，矢田裕士，森本豊富訳 桐原書店 1995.9 307p （言語教育・応用言語学叢書）

Jörg, C. J. A. ユルグ, C. J. A.
◇有田とオランダの磁器貿易：日蘭交流400年の歴史と展望—日蘭交流400周年記念論文集 日本語版 レオナルド・ブリュッセイ，ウィレム・レメリンク，イフォ・スミッツ編 日蘭学会 2000.4 459p （日蘭学会学術叢書 第20）

Joseph, Betty ジョセフ, ベティ
◇投影同一化—いくつかの臨床側面（古賀靖彦訳）：メラニー・クライントゥデイ 1 精神病者の分析と投影同一化 E.B.スピリウス編，松木邦裕監訳 岩崎学術出版社 1993.7 212p
◇手の届き難い患者 転移：全体状況（古賀靖彦訳）：メラニー・クライントゥデイ 3 臨床と技法 E.B.スピリウス編，松木邦裕監訳 岩崎学術出版社 2000.4 316p
◇心的変化と精神分析の過程 他：現代クライン派の展開 ロイ・シェーファー編，福本修訳 誠信書房 2004.12 336p
◇転移：現代クライン派入門—基本概念の臨床的理解 カタリーナ・ブロンスタイン編，福本修，平井正三監訳，小野泉，阿比野宏, 子どもの心理療法セミナーin岐阜訳 岩崎学術出版社 2005.5 243p

Joseph, Randal ジョゼフ, R.＊
◇社会サービスの提供とエンパワーメント—管理者の役割（共著）：ソーシャルワーク実践におけるエンパワーメント—その理論と実際の論考集 L.M.グティエーレス, R.J.パーソンズ, E.O.コックス編著，小松源助監訳 相川書房 2000.6 333p

Joskow, Andrew S. ジョスコー, アンドリュー・S.
◇電力会社の合併による競争への影響予測：競争政策の経済学—競争政策の諸問題に対する経済学的アプローチ ローレンス・ホワイト，大西利佳, 森信夫, 中島敏監訳 NERA 2005.11 173p

Jost, Allen ジョスト, アレン
◇データ・マイニング：クレジット・スコアリング エリザベス・メイズ編，スコアリング研究会訳 シグマベイスキャピタル 2001.7 361p （金融職人技シリーズ no.33）

Jost, Wolfram ヨースト, W.
◇ARIS Toolset 他（共著）：ARISを活用したビジネスプロセスマネジメント—欧米の先進事例に学ぶ A.-W.シェアー他共著，堀内正晴, 田中正郎, 柳堀紀幸監訳 シュプリンガー・フェアラーク東京 2003.7 281p

Jouanique, Pierre ジョアニク, P.＊
◇ルカ・パチョーリ—世界で初めて印刷された会計書：世界の会計学者—17人の学説入門 ベルナルド・コラス編，藤田晶子訳 中央経済社 2007.10 271p

Joubert, Paul G. ジュベル, ポール・G.
◇株式公開：MBA講座財務・会計 J.L.リビングストン編，朝日監査法人訳 日本経済新聞社 1998.12 494p

Jouffroy, Henri ジュフロワ, H.＊
◇経済要論.巻1-2（古沢滋, バロン・アレクサンドル・フォン・シーボルト訳）：幕末・明治初期邦訳経済学書 4 井上琢智編集・解説 ユーリカ・プレス c2006 1冊 （幕末・明治期邦訳経済学書復刻シリーズ 第1期）

Jouriles, Ernest M. ジュリス, E. M.
◇親の気分がその行動に及ぼす影響（共著）（内山伊知郎訳）：家族の感情心理学—そのよいときも、わるいときも　E.A.ブレックマン編著, 浜治世, 松山義則監訳　北大路書房　1998.4　275p

Joutsen, Matti ヨーチェン, マッティ
◇被害者政策の変化：国際的動向（水谷規男訳）：犯罪被害者と刑事司法　ギュンター・カイザー, H.クーリー, H.-J.アルブレヒト編, 宮沢浩一, 田口守一, 高橋則夫編訳　成文堂　1995.7　443p

Joxe, Alain ジョックス, アラン
◇いくつものヒロシマ（平沢勝行訳）：核時代に生きる私たち—広島・長崎から50年　マヤ・モリオカ・トデスキーニ編, 土屋由香, 友谷知己, 沼田憲治, 沼田知加, 日暮吉延ほか共訳　時事通信社　1995.8　413p

Judd, Kenneth L. ジャッド, K.*
◇経済成長モデルのための摂動求解法（共著）（野口旭訳）：Mathematica 経済・金融モデリング　Hal R.ヴァリアン編, 野口旭ほか共訳　トッパン　1996.12　553p

Judson, Cornelia ジャジソン, コーネリア
◇コーネリア・ジャジソン書簡：松山関連宣教師文書 第1部　竹田照子, 本山哲人編訳　岩波ブックサービスセンター（製作）　1999.6　107p

Judy, Dwight H. ジュディ, ドゥワイト・H.
◇トランスパーソナル心理学—キリスト教神秘主義におけるルーツ：テキスト/トランスパーソナル心理学・精神医学　B.W.スコットン, A.B.チネン, J.R.バティスタ編, 安ং治, 池沢良郎, 是恒正達訳　日本評論社　1999.12　433p

Juliá, Santos フリア, サントス
◇スペイン人民戦線の起源と性格：フランスとスペインの人民戦線—50周年記念・全体像比較研究　S.マーティン・アレグザンダー, ヘレン・グラハム編, 向井喜典ほか訳　大阪経済法科大学出版部　1994.3　375p

Julian E. , Lange ラング, ジュリアン・E.
◇起業家とインターネット：MBA起業家育成　ウィリアム・D.バイグレイブ編著, 千本倖生+バブソン起業家研究会訳　学習研究社　1996.12　369p

Jung, Andrea ユン, アンドレア
◇率直な意見を求める：EQを鍛える　Diamondハーバード・ビジネス・レビュー編集部編訳　ダイヤモンド社　2005.7　286p　（Harvard business review anthology）

Jung, Carl Gustav ユング, カール・グスタフ
◇霊の信仰の心理学的基礎：超心理学入門　J.B.ライン他著, 長尾力他訳　青土社　1993.10　286p

Jung, K. ユング, K.*
◇日常生活におけるストレス・マネジメントのための効果的対処（杉山晴夫訳）：ストレスと快楽　デイビッド・M.ウォーバートン, ニール・シャーウッド編著, 上里一郎監訳　金剛出版　1999.10　301p

Jung, Michael ユング, マイケル
◇リーダーなきリーダーシップ（共著）：マッキンゼー組織の進化—自立する個人と開かれた組織　平野正雄編著・監訳, 村井章子訳　ダイヤモンド社　2003.12　206p　（The McKinsey anthology）

Jüngel, Eberhard ユンゲ, エーバハルト
◇イザヤ書第四九章一三——五節：光の降誕祭—20世紀クリスマス名説教集　ルードルフ・ランダウ編, 加藤常昭訳　再版　教文館　2004.9　308p

Jünger, Ernst ユンガー, エルンスト
◇エルンスト・ユンガー『労働者』（抄訳）（川合全弘訳）：産大法学　v.40 no.3・4（京都産業大学法学会40周年記念論集）〔電子資料〕〔京都産業大学法学会〕〔2007〕CD-ROM1枚

Juno, Andrea ジュノー, アンドレア
◇ワンダー・コールマン 他：慣れた女たち　アンドレア・ジュノー, V.ヴェイル編, 越智道雄訳　第三書館　1997.8　303p

Justinus ユスティノス
◇ユダヤ人トリュフォンとの対話：中世思想原典集成 1 初期ギリシア教父　上智大学中世思想研究所編訳・監修　平凡社　1995.2　877p

【K】

Kabasilas, Nikolaos カバシラス, ニコラオス
◇聖体礼儀註解：中世思想原典集成 3 後期ギリシア教父・ビザンティン思想　上智大学中世思想研究所編訳・監修　平凡社　1994.8　975p

Kadis, Asya L. カディス, アーシャ・L.
◇仕事（共著）：アドラーの思い出　G.J.マナスター, G.ペインター, D.ドイッチュ, B.J.オーバーホルト編, 柿内邦博, 井原文子, 野田俊作訳　創元社　2007.6　244p

Kagan, Sharon L. ケイガン, S. L.
◇幼児のために学校を準備する—論争と優先順位：早期教育への警鐘—現代アメリカの幼児教育論　水田聖一編訳　創森社　1997.4　188p

Kahn, Alice カーン, アリス
◇泥風呂のチン事—アメリカ・ウィスコンシン州ウォーキショー：お気をつけて、いい旅を。—異国で出会った悲しくも可笑しい51の体験　メアリー・モリス, ポール・セロー, ジョー・ゴアス, イザベル・アジェンデ, ドミニク・ラビエールほか共著, 古屋美登里, 中俣真知子訳　アスペクト　1995.7　366p

Kahn, Herman カーン, ハーマン
◇ミサイル防御論争の展望 他：弾道弾迎撃ミサイルの必要性　〔防衛研修所〕　1971　340p　（研究資料71RT-12）

Kahn, Robert L. カーン, R. L.
◇生涯にわたる「コンボイ」—愛着・役割・社会的支え（共著）（遠藤利彦訳）：生涯発達の心理学　2巻　気質・自己・パーソナリティ　東洋, 柏木恵子, 高橋恵子編・監訳　新曜社　1993.10　204p

Kahn, Ronald N. カーン, R. N.
◇スタイル別パフォーマンスの継続性—ミューチュアル・ファンドによる検証（共著）（川原淳次訳）：株式投資スタイル—投資家とファンドマネージャーを結ぶ投資哲学　T.ダニエル・コギン, フランク・J.ファボツィ, ロバート・D.アーノット編, 野村証券金融研究所訳　増補改訂版　野村総合研究所情報リソース部　1998.3　450p

Kahneman, Daniel カーネマン, ダニエル
◇楽観主義が意思決定を歪める(共著)：いかに「プロジェクト」を成功させるか　Diamondハーバード・ビジネス・レビュー編集部編訳　ダイヤモンド社　2005.1　239p　(Harvard business review anthology)
◇楽観主義が意思決定を歪める(共著)：組織行動論の実学—心理学で経営課題を解明する　Diamondハーバード・ビジネス・レビュー編集部編訳　ダイヤモンド社　2007.9　425p　(Harvard business review)

Kahwajy, Jean L. カワジー, ジーン・L.
◇成功するマネジメント・チーム六つの戦術(共著)：コミュニケーション戦略スキル　Harvard Business Review編, Diamondハーバード・ビジネス・レビュー編集部訳　ダイヤモンド社　2002.1　260p

Kaiser, Hella カイザー, ヘラ
◇子どもたちは異星人のように遠い存在だった(立川希代子訳)：女たちのドイツ—東と西の対話　カトリン・ローンシュトック編, 神谷裕子ほか訳　明石書店　1996.11　208p

Kaiser, Joseph H. カイザー, ヨーゼフ・H.
◇具体的秩序思考(高田篤訳)：カール・シュミットの遺産　ヘルムート・クヴァーリチ編, 初宿正典, 古賀敬太編訳　風行社　1993.10　402, 16p

Kaiser, Michael カイザー, ミヒャエル
◇被害者保護法からみた刑事司法制度における被害者の地位(田口守一訳)：犯罪被害者と刑事司法　ギュンター・カイザー, H.クーリー, H.‐J.アルブレヒト編, 宮沢浩一, 田口守一, 高橋則夫編訳　成文堂　1995.7　443p

Kalapa, Lowell L. カラパ, ローウェル・L.
◇ハワイ諸島間の公正：ハワイ楽園の代償　ランドール・W.ロス編　有信堂高文社　1995.9　248p

Kaldor, Mary カルドー, メアリー
◇反核運動—権力・政治・市民(高原孝生訳)：核と対決する20世紀　岩波書店　1999.7　379p　(核と人間 1　坂本義和編)
◇人間の安全保障とは何か：論争グローバリゼーション—新自由主義対社会民主主義　デヴィッド・ヘルド編, 猪口孝訳　岩波書店　2007.5　241p

Kālidāsa カーリダーサ
◇『王子の誕生』第二章和訳(立川武蔵訳)：アビダルマ仏教とインド思想—加藤純章博士還暦記念論集　加藤純章博士還暦記念論集刊行会編　春秋社　2000.10　6, 618p

Kalinowski, Marc カリノフスキー, マルク
◇馬王堆帛書『刑徳』試探(中村敏子訳)：東洋学論集—中村璋八博士古稀記念　中村璋八博士古稀記念論集編集委員会編　汲古院　1996.1　1272, 3p

Kallis, Aristotle A. カリス, アリストテレス・A.
◇歴史教育における自民族中心主義の叙述と「ヨーロッパの次元」：欧州統合とシティズンシップ教育—新しい政治学習の試み　クリスティーヌ・ロラン・レヴィ, アリステア・ロス編著, 中里亜夫, 竹島博之監訳　明石書店　2006.3　286p　(明石ライブラリー 91)

Kalten, Walter カルテン, W.*
◇保険代理人の競争力について(小林茂訳)：ディーター・ファーニーと保険学—ファーニー教授還暦記念論文集より　ドイツ保険事情研究会訳　生命保険文化研究所　1996.3　201p　(文研叢書 16)

Kaltenbrunner, Gabriele カルテンブラナー, G.
◇プロセス効率を改善する—シーメンス・オーストリア社のケース(共著)(小酒井正和訳)：ARISを活用したチェンジマネジメント—ビジネスプロセスの変革を管理する　A.-W.シェアー, F.アボルハッサン, W.ヨースト, M.F.W.キルヒマー編, 堀内正博, 田中正郎, 柳瀬紀幸監訳　シュプリンガー・フェアラーク東京　2003.12　216p

Kalweit, Holger カルヴァイト, ホルガー
◇狂気が祝福となるとき：スピリチュアル・エマージェンシー—心の病と魂の成長について　スタニスラフ・グロフ, クリスティーナ・グロフ編著, 高岡よし子, 大口康子訳　春秋社　1999.6　341, 8p

Kamarck, Elaine Ciulla カマーク, エレーヌ・シウラ
◇グローバル化と行政改革：グローバル化で世界はどう変わるか—ガバナンスへの挑戦と展望　ジョセフ・S.ナイ Jr., ジョン・D.ドナヒュー編著, 嶋本恵美訳　英治出版　2004.9　477p　(英治出版MPAシリーズ)

Kamauʻuʻ, Mahealani カマウウ, マヘアラン
◇主権(共著)：ハワイ楽園の代償　ランドール・W.ロス編　有信堂高文社　1995.9　248p

Kamenka, Eugene カメンカ, ユージン
◇社会主義・無政府主義・法(共著)：法と社会　ユージン・カメンカ, ロバート・ブラウン, アリス・イア・スーン・テイ編, 森村進訳　未来社　1993.2　243, 6p

Kamhi, Alan G. カミィ, アラン
◇差異論VS発達論(共著)(清水貞夫訳)：知的障害者の言語とコミュニケーション 上　マイケル・ベヴェリッジ, G.コンティ・ラムズデン, I.リュダー編, 今野和夫, 清水貞夫監訳　学苑社　1994.4　285p

Kamii, Constance K. カミィ, C.K.
◇幼児教育における学習の評価—社会・情緒, 知覚・運動, 認知の発達(金谷敏男訳)：学習評価ハンドブック　B.S.ブルーム他著, 渋谷憲一ほか訳　第一法規出版　1989.12　2冊

Kamsler, A. カムスラー, アマンダ
◇作りかけの彼女のストーリー—児童期に性的虐待を受けた女性の心理療法(古田愛子訳)：ナラティヴ・セラピーの実践　シェリル・ホワイト, デイヴィッド・デンボロウ編, 小森康永監訳　金剛出版　2000.2　275p

Kane, Alice ケイン, アリス
◇ストーリーテリングの魅力とその復活(高鷲志子訳)：本・子ども・図書館—リリアン・スミスが求めた世界　アデル・フェイジック ほか編, 高鷲志子, 高橋久子訳　全国学校図書館協議会　1993.12　239p

Kane, John H. ケイン, J. H.*
◇アメリカ合衆国報告(共著)(清水宏訳)：訴訟法における法族の再検討　小島武司編著　中央大学出版部　1999.4　578p　(日本比較法研究所研究叢書 46)

Kane, John M. ケーン, ジョン・M.*
◇アメリカ合衆国報告(共著)(清水宏訳)：訴訟法における法族の再検討　小島武司編著　中央大学出版部　1999.4　578p　(日本比較法研究所研究叢書 46)

Kane, Robert L. ケイン, ロバト
◇長期ケア財政の自立への影響：自立支援とはなにか—高齢者介護の戦略 ガムロス, セムラデック, トーンキスト編, 岡本祐三, 秦洋一訳 日本評論社 1999.9 207p

Kane, Rosalie A. ケイン, ロザリー・A.
◇ケースマネージメント—質の高い管理型ケアを行うにあたっての論理上の問題点（小山隆訳）：ケースマネージメントと社会福祉 ステファン・M.ローズ編, 白澤政和, 渡部律子, 岡田進一監訳 ミネルヴァ書房 1997.10 415p （Minerva福祉ライブラリー 21）
◇長期ケア施設居住者にとっての個人的自律性—概念と測定の問題（成田健一訳）：虚弱な高齢者のQOL—その概念と測定 James E.Birrenほか編, 三谷嘉明他訳 医歯薬出版 1998.9 481p
◇長期ケアにおける自立と規制：自立支援とはなにか—高齢者介護の戦略 ガムロス, セムラデック, トーンキスト編, 岡本祐三, 秦洋一訳 日本評論社 1999.9 207p
◇高齢者ケアが機能するモデル：高齢者ケアをどうするか—先進国の悩みと日本の選択 高木安雄監修・訳, 池上直己, ジョン・C.キャンベル編著 中央法規出版 2002.7 256p

Kanitscheider, Bernulf カニットシャイダー, ベルヌルフ
◇アルベルト・アインシュタイン（山本敦之, 長島隆, 渡辺浩訳）：われわれは「自然」をどう考えてきたか ゲルノート・ベーメ編, 伊坂青司, 長島隆監訳 どぶつ社 1998.7 524p

Kanjanasthiti, Euwadee カンジャナスティティ, ユウワディー
◇家庭内暴力予防にむけての公的私的領域の協力（松村祥子訳）：転換期の家族—ジェンダー・家族・開発 N.B.ライデンフロースト編, 家庭経営学部会訳 日本家政学会 1995.3 360p

Kanniainen, Vesa カニアイネン, V. *
◇北欧諸国の法人税政策（共著）（石田和之訳）：北欧諸国の租税政策 ピーター・バーチ・ソレンセン編著, 馬場義久監訳 日本証券経済研究所 2001.9 260p

Kant, Immanuel カント, イマーヌエル
◇道徳秩序：ドゥルーズ初期—若き哲学者が作った教科書 ジル・ドゥルーズ編著, 加賀野井秀一訳注 夏目書房 1998.5 239p

Kantanis, Tanya カンタニス, T.
◇モナッシュ移行プログラム（吉原惠子訳）：初年次教育—歴史・理論・実践と世界の動向 浜名篤, 川嶋太津夫監訳 丸善 2006.11 267p

Kanter, Joel S. キャンター, ジョエル・S.
◇精神保健ケースマネージメントは専門職の領域か（岡田まり訳）：ケースマネージメントと社会福祉 ステファン・M.ローズ編, 白澤政和, 渡部律子, 岡田進一監訳 ミネルヴァ書房 1997.10 415p （Minerva福祉ライブラリー 21）

Kanter, Rosabeth Moss カンター, ロザベス・モス
◇将来の組織の核心に人びとを立ち戻らせる：企業の未来像—成功する組織の条件 フランシス・ヘッセルバイン, マーシャル・ゴールドスミス, リチャード・ベックハード編, 小坂恵理訳 トッパン 1998.7 462p （トッパンのビジネス経営書シリーズ 14）
◇自信と信頼なくして企業再生なし：リーダーシップに「心理学」を生かす Diamondハーバード・ビジネス・レビュー編集部編訳 ダイヤモンド社 2005.9 294p （Harvard business review anthology）

Kanungo, Rabindra N. カヌンゴ, ラビンドラ・N.
◇カリスマ的リーダーを養成することは可能か？ 他（共著）（鈴木恭子訳）：カリスマ的リーダーシップ—ベンチャーを志す人の必読書 ジェイ・A.コンガー, ラビンドラ・N.カヌンゴほか著, 片柳佐智子, 山村宜子, 松本博子, 鈴木恭子訳 流通科学大学出版 1999.12 381p

Kanzer, Mark カンザー, マーク
◇ドラの心像—炎上する家からの逃走：フロイト症例の再検討 1 ドラとハンスの症例 マーク・カンザー, ジュール・グレン編 金剛出版 1995.1 208p

Kao, Duen-Li カオ, D. -L. *
◇CMBSのクレジットリスクの分析（共著）：CMBS—商業用モーゲージ証券 成長する新金融商品市場の特徴と実務 フランク・J.ファボッツィ, デイビッド・P.ジェイコブ編, 酒井吉広監訳, 野村証券CMBS研究会訳 金融財政事情研究会 2000.12 672p

Kao, John ケイオー, ジョン
◇ジョン・ケイオー：コンセプトリーダーズ—新時代の経営への視点 ジョエル・クルツマン編, 日本ブーズ・アレン・アンド・ハミルトン訳 プレンティスホール出版 1998.12 298p

Kapashi, Neha カパシ, ネハ
◇eビジネスの業績評価（共著）：業績評価の理論と実務—事業を成功に導く 専門領域の障壁を越えて アンディ・ニーリー編著, 清水孝訳 東洋経済新報社 2004.4 459p

Kaplan, Daniell カプラン, ダニエル
◇経営者は一貫した「行動」で自らを語れ！：ウェルチはこうして組織を甦らせた—アメリカ・トップリーダーからの経営処方箋29 ケン・シェルトン編著, 堀紘一監修・訳 フロンティア出版 1999.12 281p

Kaplan, Lawrence F. カプラン, ローレンス・F.
◇チェイニーとパウエルの対立：「無条件勝利」のアメリカと日本の選択 ロナルド・A.モース編, 日下公人監修, 時事通信社外信部ほか訳 時事通信社 2002.1 325p

Kaplan, Marion カプラン, マリオン
◇囚われの姉妹—ドイツのフェミニズムと反ユダヤ主義 一九〇四年—一九三八年：生物学が運命を決めたとき—ワイマールとナチスドイツの女たち レナード・ブライデンソール, アチナ・グロスマン, マリオン・カプラン編著, 近藤和子訳 社会評論社 1992.11 413p

Kaplan, Robert S. キャプラン, ロバート・S.
◇バランス・スコアカードとは何か バランス・スコアカードによる企業革新 バランス・スコアカードによる戦略的マネジメント（共著）：業績評価マネジメント Harvard Business Review編, Diamondハーバード・ビジネス・レビュー編集部訳 ダイヤモンド社 2001.9 258p
◇時間主導型ABCマネジメント（共著）：いかに「時間」を戦略的に使うか Diamondハーバード・ビジネス・

レビュー編集部編訳　ダイヤモンド社　2005.10　192p　（Harvard business review anthology）

Kaplan, Sarah　カプラン, サラ
◇創造的破壊―組織内に市場原理を導入する（共著）：マッキンゼー組織の進化―自立する個人と開かれた組織　平野正雄編著・監訳, 村井章子訳　ダイヤモンド社　2003.12　206p　（The McKinsey anthology）

Kaplan, Temma　カプラン, テーマ
◇人権としての女性の権利（望月康恵訳）：女性の人権とジェンダー―地球規模の視座に立って　マージョリー・アゴシン編著, 堀内光子, 神崎智子, 望月康恵, 力武由美, ベバリー・アン山本訳　明石書店　2007.12　586p　（明石ライブラリー）

Kaplan, Todd　カプラン, T. ＊
◇誘因両立的な契約の設計 他（共著）（吉田雅明訳）：Mathematica　経済・金融モデリング　Hal R.ヴァリアン編, 野口旭ほか共訳　トッパン　1996.12　553p

Kapor, Mitchell　カポール, ミッチェル
◇CEOをめぐるスキャンダルにいかに対処すべきか（共著）：人材育成のジレンマ―ハーバード・ビジネス・レビューケースブック　Harvard Business Review編, Diamondハーバード・ビジネス・レビュー編集部訳　ダイヤモンド社　2004.12　219p
◇カリスマCEOのスキャンダルにどう対処すべきか（共著）：「問題社員」の管理術―ケース・スタディ　Diamondハーバード・ビジネス・レビュー編集部編訳　ダイヤモンド社　2007.1　263p　（Harvard business review anthology）

Kappeli, Anne-Marie　ケッペーリ, アヌ＝マリー
◇フェミニズムの空間（シーン）（宇野木めぐみ訳）：女の歴史　4〔2〕　十九世紀　2　杉材和子, 志賀亮一監訳　ジュヌヴィエーヴ・フレス, ミシェル・ペロー編　藤原書店　1996.10　p513～992

Karau, Gisela　カラウ, ギーゼラ
◇年取った娘さんたちの微笑み（山田やす子訳）：女たちのドイツ東と西の対話　カトリン・ローンシュトック編, 神谷裕子ほか訳　明石書店　1996.11　208p

Karen, Orv. C.　カレン, O. C. ＊
◇移行に直面している人（共著）：知的障害・発達障害を持つ人のQOL―ノーマライゼーションを超えて　Robert L.Schalock編, 三谷嘉明, 岩崎正子訳　医歯薬出版　1994.5　346p

Kari, Nancy　カリ, ナンシー
◇自立に向けた施設改革：自立支援とはなにか―高齢者介護の戦略　ガムロス, セムラデック, トーンキスト編, 岡本祐三, 秦洋一訳　日本評論社　1999.9　207p

Karl　カール大帝
◇書簡集：中世思想原典集成　6　カロリング・ルネサンス　上智大学中世思想研究所編訳・監修　平凡社　1992.6　765p

Karpf, Anne　カーフ, アンヌ
◇「ラジオ・タイムズ」―女性は私領域、男性は公領域：メディア・セクシズム―男がつくる女　ジュリアンヌ・ディッキー, テレサ・ストラトフォード, キャス・デイビス編, 井上輝子, 女性雑誌研究会編訳　垣内出版　1995.6　342p

Karsh, Kathryn G.　カーシュ, K. G. ＊
◇不適応行動の機能分析における携帯型マイクロコンピュータの使用 他（共著）：重度知的障害への挑戦　ボブ・レミントン編, 小林重雄監訳, 藤原義博, 平沢紀子共訳　二瓶社　1999.3　461p

Karst, Kenneth L.　カースト, K. L.
◇ラテン・アメリカの法的諸制度の歴史的発展（共著）：堵浩著作集―西洋法史研究　12　ラテン・アメリカ法史　イスラム法史　堵浩訳　カースト他著, 堵浩訳, クルソン著, 堵浩訳　信山社出版　1998.2　426, 16p

Karsten, Uwe　カルステン, ウーベ
◇外国人問題：ようこそドイツへ（伊藤和男訳）：EUと現代ドイツ―歴史・文化・社会　浅川千尋, ウーベ・カルステン編　世界思想社　2003.10　270p　（Sekaishiso seminar）

Kasari, Connie　カサリ, C. ＊
◇精神遅滞における構造類似説と発達速度の差異（共著）：障害児理解の到達点―ジグラー学派の発達論的アプローチ　R.M.ホダップ, J.A.ブラック, E.ジグラー編, 小松秀茂, 清水由夫編訳　田研出版　1994.9　435p
◇自閉症児と健常児の様々な文脈における共同注意（共著）（別府哲訳）：ジョイント・アテンション―心の起源とその発達を探る　Chris Moore, Philip J.Dunham原編, 大神英裕監訳　ナカニシヤ出版　1999.8　309p

Kashyap, Anil K.　カシャップ, アニル・K.
◇ディスカッション：日本の金融危機―日本の経済・金融危機：合意点・相違点・政策課題：日本の金融危機―米国の経験と日本への教訓　三木谷良一, アダム・S.ポーゼン編, 清水啓典監訳　東洋経済新報社　2001.8　263p
◇銀行問題の解決法（共著）：ポスト平成不況の日本経済―政策志向アプローチによる分析　伊藤隆敏, H.パトリック, D.ワインシュタイン編, 祝迫得夫監訳　日本経済新聞社　2005.9　388p

Kast, Verena　カースト, ヴェレーナ
◇運命は変えられるか（豊田園子訳）：ユングの13人の弟子が今考えていること―現代分析心理学の鍵を開く　アン・ケースメント編, 氏原寛監訳　ミネルヴァ書房　2001.3　336p

Kasulis, Thomas P.　カスリス, トマス・P.
◇英語圏における日本哲学（宮野美子訳）：日本哲学の国際性―海外における受容と展望　J.W.ハイジック編　世界思想社　2006.3　342, 9p　（Nanzan symposium 12）

Katasonova, Elena Leont'evna　カタソノワ, エレーナ
◇現代ロシアにおけるリヒアルト・ゾルゲ：ゾルゲ事件関係外国語文献翻訳集　no.4　日露歴史研究センター事務局編　日露歴史研究センター事務局　2004.6　60p

Kati, Kozara　カティ, コザラ
◇民主主義への移行期にある三カ国での人権教育の実施―ルーマニア、スロヴァキア、アルバニア（共著）（梨本雄太郎訳）：世界の人権教育―理論と実践　ジョージ・J.アンドレオポーロス, リチャード・ピエール・クロード編著, 黒沢惟昭監訳　明石書店

1999.2　758p

Katila, Riitta　カティーラ, リイッタ
◇革新業績を評価する：業績評価の理論と実務―事業を成功に導く 専門領域の障壁を越えて　アンディ・ニーリー編者, 清水孝訳　東洋経済新報社　2004.4　459p

Katz, Elazar　カッツ, E.(不動産金融)*
◇CMBSの劣後トランチへの投資（共著）：CMBS―商業用モーゲージ証券 成長する新金融商品市場の特徴と実務　フランク・J.ファボッツィ, デイビッド・P.ジェイコブ編, 酒井吉広監訳, 野村証券CMBS研究会訳　金融財政事情研究会　2000.12　672p

Katz, Eliakim　カッツ, エリアキム
◇危険回避的レントシーキングと独占力の社会的費用（共著）（片田興訳）：レントシーキングの経済理論　ロバート・トリソン, ロジャー・コングレトン編, 加藤寛監訳　勁草書房　2002.7　264p

Katz, Elihu　カッツ, エリフ
◇コミュニケーションの2段の流れ（吉岡至訳）：リーディングス政治コミュニケーション　谷藤悦史, 大石裕編訳　一芸社　2002.4　284p
◇コロンビア大学における普及研究：アメリカ―コミュニケーション研究の源流　E.デニス, E.ウォーテラ編著, 伊— 康博, 藤山新, 末永雅美, 四方由美, 栢沼利朗訳　春風社　2005.7　282p

Katz, Elliot　カッツ, E.(株式投資)*
◇オプションの戦略：分析と選択：オプション—その基本と取引戦略　シカゴオプション取引所付属オプション専門学校編, 可児滋訳　ときわ総合サービス出版調査部　1999.4　675p

Katz, Jonathan　カッツ, ジョナサン
◇記号の芸術—ジャスパー・ジョーンズとロバート・ラウシェンバーグ：カップルをめぐる13の物語—創造性とパートナーシップ　下　ホイットニー・チャドウィック, イザベル・ド・クールティヴロン編, 野中邦子, 桃井緑美子訳　平凡社　1996.3　227p　(20世紀メモリアル)

Katz, Lilian G.　カッツ, L. G.
◇幼児期のプログラムの質について：早期教育への警鐘―現代アメリカの幼児教育論　水田聖一編訳　創森出版　1997.4　188p

Katz, Sidney　カッツ, S.*
◇高齢者のQOLについての科学—課題と機会（共著）（石川道夫訳）：虚弱な高齢者のQOL―その概念と測定　James E.Birrenほか編, 三谷嘉明他訳　医歯薬出版　1998.9　481p

Katzenbach, Jon R.　カッツェンバック, ジョン・R.
◇【ケーススタディ】チーム内の対立にどう対処するか（共著）：交渉の戦略スキル　Harvard Business Review編, Diamondハーバード・ビジネス・レビュー編集部訳　ダイヤモンド社　2002.2　274p
◇変革マネジメントの真のリーダー：マッキンゼー組織の進化—自立する個人と開かれた組織　平野正雄編著・監訳, 村井章子訳　ダイヤモンド社　2003.12　206p　(The McKinsey anthology)
◇チームとグループは異なる（共著）：いかに「高業績チーム」をつくるか　Diamondハーバード・ビジネス・レビュー編集部編訳　ダイヤモンド社　2005.2

225p　(Harvard business review anthology)

Katzman, Avi　カッツマン, アヴィ
◇死海文書編集責任者ストラグネルのインタヴュー：死海文書の研究　ハーシェル・シャンクス編, 池田裕監修, 高橋晶子, 河合一充訳　ミルトス　1997.9　452p

Katzman, David M.　キャッツマン, デーヴィッド・M.
◇自由の帝国 他（中徳献訳）：アメリカの歴史 2　合衆国の発展―18世紀末―19世紀前半　メアリー・ベス・ノートン他著　白井洋子ほか訳　三省堂　1996.6　350, 9p

Kaufer, Steve　カウファー, スティーブ
◇変わり者をめぐる疑心暗鬼をいかになくすか（共著）：人材育成のジレンマ―ハーバード・ビジネス・レビューケースブック　Harvard Business Review編, Diamondハーバード・ビジネス・レビュー編集部訳　ダイヤモンド社　2004.12　219p
◇変わり者をめぐる疑心暗鬼をいかになくすか（共著）：「問題社員」の管理術—ケース・スタディ　Diamondハーバード・ビジネス・レビュー編集部編訳　ダイヤモンド社　2007.1　263p　(Harvard business review anthology)

Kaufman, Edy　カウフマン, エディ
◇法執行のための人権教育（津田英二訳）：世界の人権教育—理論と実践　ジョージ・J.アンドレオポーロス, リチャード・ピエール・クロード編著, 黒沢惟昭監訳　明石書店　1999.2　758p

Kaufman, Gordon D.　カウフマン, ゴードン・D.
◇宗教の多様性と歴史認識とキリスト教神学：キリスト教の絶対性を超えて―宗教的多元主義の神学　ジョン・ヒック, ポール・F.ニッター編, 八木誠一, 樋口恵訳　春秋社　1993.2　429p
◇公共的使命としての神学：神学者の使命―現代アメリカの神学的潮流　セオドア・W.ジェニングス編, 東方敬信, 伊藤悟訳　ヨルダン社　1994.7　203p

Kaufman, Stephen P.　カウフマン, スティーブン・P.
◇戦略的経営の進化（共著）：マッキンゼー戦略の進化—不確実性時代を勝ち残る　名和高司, 近藤正晃ジェームス編著・監訳, 村井章子訳　ダイヤモンド社　2003.3　221p
◇成果主義の評価基準はどこが間違っていたのか（共著）：組織変革のジレンマ―ハーバード・ビジネス・レビュー・ケースブック　Harvard Business Review編, Diamondハーバード・ビジネス・レビュー編集部訳　ダイヤモンド社　2004.11　218p

Kaufmann, Daniel　カウフマン, ダニエル
◇ガバナンスと汚職防止：経済成長の「質」　ビノック・トーマスほか著, 小浜裕久, 織井啓介, 冨田陽子訳　東洋経済新報社　2002.4　280p

Kaul, Inge　カウル, インゲ
◇序論 他（共著）：地球公共財―グローバル時代の新しい課題　インゲ・カール, イザベル・グルンベルグ, マーク・A.スターン編, FASID国際開発研究センター訳　日本経済新聞社　1999.11　326p
◇今, なぜ地球公共財が重要なのか 他（共著）（谷村光浩訳）：地球公共財の政治経済学　Inge Kaul, Pedro Conceicao, Katell Le Goulven, Ronald U.Mendoza編, 高橋一生監訳・編　国際書院　2005.6　332p

Kavanagh, Aidan J. カヴァナフ, A.
◇聖書の言葉と礼拝：聖書を取り戻す―教会における聖書の権威と解釈の危機　C.E.ブラーテン, R.W.ジェンソン編, 芳賀力訳　教文館　1998.5　234p

Kay, Herma Hill ケイ, ヘルマ・ヒル
◇抵触法における同性婚―提案されている婚姻擁護法についての検討（棚村政行訳）：21世紀の民法―小野幸二教授還暦記念論集　法学書院　1996.12　970p

Kay, Ira ケイ, アイラ
◇給与情報はどのように共有されるべきか（共著）：人材育成のジレンマ―ハーバード・ビジネス・レビューケースブック　Harvard Business Review編, Diamondハーバード・ビジネス・レビュー編集部訳　ダイヤモンド社　2004.12　219p

Kay, John Anderson ケイ, ジョン・A.
◇経済学とビジネス：フューチャー・オブ・エコノミクス―21世紀への展望　ガルブレイス他著, J.D.ヘイ編, 鳥居泰彦訳　同文書院インターナショナル　1992.11　413p

Kay, Richard ケイ, リチャード
◇ボランタリー組織における契約のマネージメント（大澤智子訳）：NPOマネージメント―ボランタリー組織のマネージメント　スティーヴン・P・オズボーン編, ニノミヤ・アキエ・H.監訳　中央法規出版　1999.3　388p

Kay, Robert S. ケイ, R. S.
◇HANDBOOK OF ACCOUNTING AND AUDITING（会計と監査のハンドブック）（共著）：元帳の締め切り　川島貞一訳　〔川島貞一〕　2002.8　1冊

Kaye, John ケイ, ジョン
◇ナラティヴ・モデルを越えて（共著）（野口裕二訳）：ナラティヴ・セラピー―社会構成主義の実践　S.マクナミー, K.J.ガーゲン編, 野口裕二, 野村直樹訳　金剛出版　1997.12　232p

Kaye, Marilyn ケイ, マリリン
◇本のファーストシリーズ：図書館に「シリーズ本」は必要か（高橋久子訳）：本・子ども・図書館―リリアン・スミスが求めた世界　アデル・フェイジックほか編, 高鷲志子, 高橋久子訳　全国学校図書館協議会　1993.12　239p

Kazakov, Alex カザコフ, A. *
◇高速道路の保守パトロールの相対的効率性の測定と監視モニタリング（共著）（大屋隆生訳）：経営効率評価ハンドブック―包絡分析法の理論と応用　Abraham Charnesほか編, 刀根薫, 上田徹監訳　朝倉書店　2000.2　465p

Keane, John キーン, ジョン
◇民主主義と政治的左派の概念：社会主義と民主主義　デヴィド・マクレラン, ショーン・セイヤーズ編著, 吉田傑俊訳・解説　文理閣　1996.5　211p

Keating, Pamela キーティング, パメラ
◇リーダーシップの強調―ピューゲットサウンド教育協議会（共著）（坂本孝徳訳）：学校と大学のパートナーシップ―理論と実践　ジョン・I.グッドラッド, ケニス・A.シロトニック編, 中留武昭監訳　玉川大学出版部　1994.3　355p

Keck, Leander E. ケック, レアンダー・E.
◇新約聖書における死と来世：死と来世の系譜　ヒロシ・オオバヤシ編, 安藤泰至訳　時事通信社　1995.3　355, 17p

Kee, Howard Clark キー, ホワード・C.
◇クムランの契約の民とイエスの教えにおけるメンバーシップ：イエスと死海文書　ジェームズ・H.チャールズウァース編, 山岡健訳　三交社　1996.12　476p

Kee, Pookong キー, プーコン
◇香港中国人のオーストラリアへの移住と定着（共著）（関根政美訳）：香港を離れて―香港中国人移民の世界　ロナルド・スケルドン編, 可児弘明, 森川真規雄, 吉原和男監訳　行路社　1997.6　552p（中国の底流シリーズ 4）

Keefe, Thomas キーフ, トーマス
◇瞑想（唐鎌陽子訳）：ソーシャルワーク・トリートメント―相互連結理論アプローチ　上　フランシス・J.ターナー編, 米本秀仁監訳　中央法規出版　1999.4　574p

Keegan, John キーガン, ジョン
◇ウィンストン・チャーチル：TIMEが選ぶ20世紀の100人　上巻　指導者・革命家・科学者・思想家・起業家　徳岡孝夫監訳　アルク　1999.11　332p

Keen, Peter G. W. キーン, P. G. W. *
◇リレーションシップ―Eコマースにとっての必要条件 他：新リレーションシップとモデルのためのIT企業戦略とデジタル社会　ゲイリー・ディクソン, ジェラルディン・デサンクティス編, 橘立克朗ほか訳　ピアソン・エデュケーション　2002.3　305p

Keene, Donald キーン, ドナルド
◇歳時記 他：ニッポン不思議発見！―日本文化を英語で語る50の名エッセイ集　日本文化研究所編, 松本道弘訳　講談社インターナショナル　1997.1　257p（Bilingual books）

Keeney, Ralph L. キーニー, ラルフ・L.
◇意思決定を歪める心理的落とし穴 他（共著）：意思決定の思考技術　Harvard Business Review編, Diamondハーバード・ビジネス・レビュー編集部訳　ダイヤモンド社　2001.12　264p
◇イーブン・スワップ法による意思決定の最適化 他（共著）：意思決定の技術　Diamondハーバード・ビジネス・レビュー編集部編訳　ダイヤモンド社　2006.1　247p（Harvard business review anthology）
◇意思決定を歪める心理的な陥とし穴（共著）：戦略思考力を鍛える　Diamondハーバード・ビジネス・レビュー編集部編訳　ダイヤモンド社　2006.7　262p（Harvard business review anthology）

Keim, Donald B. カイム, ドナルド・B. *
◇株式収益率の予測可能性について：世界規模での証拠（共著）（岸本一男訳）：ファイナンスハンドブック　R.A.Jarrow, V.Maksimovic, W.T.Ziemba編, 今野浩, 古川浩一監訳　朝倉書店　1997.12　1121p

Keiser, Sarina カイザー, ザリナ
◇旧東西ドイツの児童の生活条件と保育の可能性（共著）：統一ドイツの生活実態―不均衡は均衡するのか　ヴォルフガング・グラッツァー, ハインツ・ヘルベルト・ノル編, 長坂聡, 近江谷左馬之介訳　勁草書房　1994.3　236p

Keiser, Thomas C.　カイザー,トーマス・C.
◇手強い顧客とわたりあう交渉術：交渉の戦略スキル　Harvard Business Review編, Diamondハーバード・ビジネス・レビュー編集部訳　ダイヤモンド社　2002.2　274p
◇手強い顧客と渡り合う交渉術：「交渉」からビジネスは始まる　Diamondハーバード・ビジネス・レビュー編集部編訳　ダイヤモンド社　2005.4　272p（Harvard business review anthology）

Keiter, Eric　カイター,エリック
◇モーゲージ投資戦略におけるリスク管理：実践ヘッジファンド投資—成功するリスク管理　バージニア・レイノルズ・バーカー編, 徳岡国見監訳　日本経済新聞社　2001.8　425p

Keith, Cora Frances　キース,C.F.
◇前橋ステーションを拠点とした宣教師の書簡（下田尾誠訳）：アメリカン・ボード宣教師文書—上州を中心として　新島学園女子短期大学新島文化研究所編訳　新教出版社　1999.2　432p

Keith, Kenneth D.　キース,K.D.＊
◇QOL：地域統合：知的障害・発達障害を持つ人のQOL—ノーマライゼーションを超えて　Robert L.Schalock編, 三谷嘉明, 岩崎正子訳　医歯薬出版　1994.5　346p

Keith, Kent M.　キース,ケント・M.
◇土地規制：ハワイ楽園の代償　ランドール・W.ロス編　有信堂高文社　1995.9　248p

Kellaher, Leonie　ケラハー,レオニー
◇いつ, いかなる時に施設が機能するか—「施設ケア改善プラン」の挑戦（得津慎子訳）：施設ケア対コミュニティケア—福祉新時代における施設ケアの役割と機能　レイモンド・ジャック編著, 小田兼三ほか監訳　勁草書房　1999.4　296p

Keller, Allen S.　ケラー,アレン・S.
◇カンボジアにおける医療専門家への人権教育プログラム（共著）（松岡廣路訳）：世界の人権教育—理論と実践　ジョージ・J.アンドレオポーロス, リチャード・ピエール・クロード編著, 黒沢惟昭監訳　明石書店　1999.2　758p

Keller, Catherine　ケラー,キャサリン
◇世界の浪費に反対する女たち—終末論とエコロジーに関する覚え書：世界を織りなおす—エコフェミニズムの開花　アイリーン・ダイアモンド, グロリア・フェマン・オレンスタイン編, 奥田暁子, 近藤和子訳　学芸書林　1994.3　457, 12p

Keller, Evelyn Fox　ケラー,エヴリン・フォックス
◇生命の秘密から死の秘密へ（田間泰子訳）：ボディー・ポリティクス—女と科学言説　M.ジャコーバス, E.F.ケラー, S.シャトルワース編, 田間泰子, 美馬達哉, 山本祥子監訳　世界思想社　2003.4　332p（Sekaishiso seminar）

Keller, Helen Adams　ケラー,ヘレン
◇井戸のそばで：教育学的に見ること考えることへの入門　アンドレアス・フリットナー, ハンス・ショイアール編, 石村道夫訳　玉川大学出版部　1994.8　409p

Keller, Mara Lynn　ケラー,マラ・リン
◇エレウシスの秘儀—デメテルとペルセポネを拝する古代自然宗教：世界を織りなおす—エコフェミニズムの開花　アイリーン・ダイアモンド, グロリア・フェマン・オレンスタイン編, 奥田暁子, 近藤和子訳　学芸書林　1994.3　457, 12p

Kelley, Patricia　ケリー,パトリシア
◇物語理論（中村和彦訳）：ソーシャルワーク・トリートメント—相互連結理論アプローチ　上　フランシス・J.ターナー編, 米本秀仁監訳　中央法規出版　1999.4　574p

Kelly, Francis　ケリー,フランシス
◇イラク人民に対する戦争犯罪：アメリカの戦争犯罪　ラムゼイ・クラーク編著, 戦争犯罪を告発する会訳　柏書房　1992.12　346p（ブックス・プラクシス6）

Kelly, Kevin　ケリー,ケビン
◇ビジネスへの新生物学的アプローチ：21世紀ビジネスはこうなる—世界の叡智を結集　ロワン・ギブソン編, 島田晴雄監訳, 鈴木孝男, 竹内ふみえ訳　シュプリンガー・フェアラーク東京　1997.11　327p

Kelly, Liz　ケリー,リズ
◇性暴力の連続体（喜多加実代訳）：ジェンダーと暴力—イギリスにおける社会学的研究　ジャルナ・ハマー, メアリー・メイナード編, 堤かなめ監訳　明石書店　2001.10　346p（明石ライブラリー33）

Kelly, Paul Joseph　ケリー,ポール
◇社会契約論とその批判者たち　概説　他（共著）（飯島昇蔵訳）：社会契約論の系譜—ホッブズからロールズまで　D.バウチャー, P.ケリー編, 飯島昇蔵, 佐藤正志ほか訳　ナカニシヤ出版　1997.5　367p（叢書「フロネーシス」）
◇契約論的社会正義（佐藤正志, 石川涼子訳）：社会正義論の系譜—ヒュームからウォルツァーまで　デイヴィッド・バウチャー, ポール・ケリー編, 飯島昇蔵, 佐藤正志訳者代表　ナカニシヤ出版　2002.3　391p（叢書「フロネーシス」）

Kelly, Tim　ケリー,ティム
◇デジタル経済における人的資本（共著）：企業の未来像—成功する組織の条件　フランシス・ヘッセルバイン, マーシャル・ゴールドスミス, リチャード・ベックハード編, 小坂恵理訳　トッパン　1998.7　462p（トッパンのビジネス経営書シリーズ14）

Keltner, Norman L.　ケルトナー,N.＊
◇薬物療法の管理（共著）（桂敏樹, 有田周平訳）：地域精神保健看護　ナンシー・K.ワーレイ原著編集, 早川和生監訳　医学書院　1999.9　304p

Kemp, Bryan J.　ケンプ,ブライアン・J.
◇高齢者リハビリテーションのモデルと視覚障害者のサービスに関する社会的・心理的側面から見た一考察（山口和彦訳）：高齢化社会と視覚障害—新世紀に向けたアメリカの挑戦　ジョン・E.クルーズ, フランク・J.ウイッテングトン編, 岩橋明子訳監修　日本盲人福祉委員会　2003.1　302p

Kemp, Peter　ケンプ,ピーター
◇倫理と言語（松島哲久訳）：宗教と倫理—キェルケゴールにおける実存の言語性　C.S.エヴァンス, H.フェッター他編, 桝形公也編監訳　ナカニシヤ出版　1998.4　255p
◇レイモンド・カーヴァー『ファイアズ（炎）』他（川

本三郎訳）：ロンドンで本を読む　丸谷才一編著　マガジンハウス　2001.6　337, 8p

Kemp, René ケンプ, R. *
◇クリーンな技術の経済的分析：理論と証拠（見目善弘訳）：グリーニングチャレンジ―企業の環境戦略　Kurt Fischer, Johan Schot編, 藤森敬三監訳, 日本電気環境エンジニアリング訳　日科技連出版　1999.8　419p

Kemp, Tom ケムプ, トム
◇トロツキストと人民戦線の左翼批判者：フランスとスペインの人民戦線—50周年記念・全体像比較研究　S.マーティン・アレグザンダー, ヘレン・グラハム編, 向井貴典ほか訳　大阪経済法科大学出版部　1994.3　375p

Kempe, Ruth S. ケンプ, ルース・S.
◇虐待された子どもの心理的ケア―発達的アプローチ　他：虐待された子ども―ザ・バタード・チャイルド　メアリー・エドナ・ヘルファ, ルース・S.ケンプ, リチャード・D.クルーグマン編, 子どもの虐待防止センター監修, 坂井聖二訳　明石書店　2003.12　1277p

Kemper, Werner ケンパー, ウェルナー
◇仕事（共著）：アドラーの思い出　G.J.マナスター, G.ペインター, D.ドイッチュ, B.J.オーバーホルト編, 柿内邦博, 井原文子, 野田俊作訳　創元社　2007.6　244p

Kendall, Leon T. ケンドール, レオン・T.
◇証券化：米国ファイナンスの新時代（前田和彦訳）：証券化の基礎と応用　L.T.ケンドール, M.J.フィッシュマン編, 前田和彦, 小池圭吾訳　東洋経済新報社　2000.2　220p

Kendall, Wilfrid S. ケンダル, W. *
◇Itovsn3：Mathematicaによる確率計算の実行（高籔学訳）：Mathematica 経済・金融モデリング　Hal R.ヴァリアン編, 野口旭ほか共訳　トッパン　1996.12　553p

Kendal-Reed, M. ケンダル・リード, M. *
◇脳と嗅覚：香りを甘受した後で皮質情報を理解し始められるか？（共著）：香りの生理心理学　S.ヴァン・トラー, G.H.ドッド編, 印藤元一訳　フレグランスジャーナル社　1996.6　306p

Kenen, Peter B. ケネン, ピーター・B.
◇為替相場システム改革の諸方策：21世紀の国際通貨システム―ブレトンウッズ委員会報告　ブレトンウッズ委員会日本委員会編　金融財政事情研究会　1995.2　245p

Kennan, George Frost ケナン, ジョージ・F.
◇アジアの冷戦と日本：戦後日米関係を読む―『フォーリン・アフェアーズ』の目　梅垣理郎編訳　中央公論社　1993.12　351p（中公叢書）
◇ソビエト対外行動の源泉（竹下興喜訳）：フォーリン・アフェアーズ傑作選―アメリカとアジアの出会い　1922-1999　上　フォーリン・アフェアーズ・ジャパン編・監訳　朝日新聞社　2001.2　331p

Kennedy, Craig H. ケネディ, C. H. *
◇確立操作と挑戦的行動の動機づけ（共著）（園山繁樹訳）：挑戦的行動の先行子操作—問題行動への新しい援助アプローチ　ジェームズ・K.ルイセリー, マイケル・J.キャメロン編, 園山繁樹ほか訳　二瓶社

Kennedy, Edward Moore ケネディ, エドワード・M.
◇エドワード・ケネディ上院議員―ロバート・F.ケネディへの追悼の辞（津吉襄訳）：変貌する世界とアメリカ　板場良久スピーチ解説, 津吉襄訳　アルク　1998.5　148p（20世紀の証言 英語スピーチでたどるこの100年 第2巻―CD book　松尾弌之監修・解説）
◇ヘッドスタート・移行プロジェクト：ヘッドスタートが小学校に入る：アメリカ幼児教育の未来―ヘッドスタート以後　エドワード・ジグラー, サリー・スティフコ編著, 田中道治訳　コレール社　1998.12　137p

Kennedy, Ellen ケネディ, エレン
◇政治的表現主義―カール・シュミットの政治的なものの概念の文化批判的および形而上学的淵源（栗原良子訳）：カール・シュミットの遺産　ヘルムート・クヴァーリチュ編, 初宿正典, 古賀敬太編訳　風行社　1993.10　402, 16p

Kennedy, George D. ケネディ, ジョージ・D.
◇だれがCEOを決めるのか〈座談会〉（共著）：コーポレート・ガバナンス　Harvard Business Review編, Diamondハーバード・ビジネス・レビュー編集部訳　ダイヤモンド社　2001.6　270p

Kennedy, John Fitzgerald ケネディ, ジョン・F.
◇J.F.ケネディ上院議員とニクソン副大統領―大統領選挙テレビ討論（共著）（瀧順子訳）：アメリカ政治の展開　板場良久スピーチ解説, 瀧順子, 白須清美訳　アルク　1998.4　148p（20世紀の証言 英語スピーチでたどるこの100年 第1巻―CD book　松尾弌之監修・解説）
◇ジョン・F.ケネディ大統領―キューバ・ミサイル危機（津吉襄訳）：変貌する世界とアメリカ　板場良久スピーチ解説, 津吉襄訳　アルク　1998.5　148p（20世紀の証言 英語スピーチでたどるこの100年 第2巻―CD book　松尾弌之監修・解説）
◇ジョン・F.ケネディ大統領―大統領就任演説（増田恵理子訳）：アメリカの夢と理想の実現　板場良久スピーチ解説, 増田恵理子, 楢原潤子訳　アルク　1998.7　120p（20世紀の証言 英語スピーチでたどるこの100年 第3巻―CD book　松尾弌之監修・解説）
◇ジョン・F.ケネディ（山形浩生訳）：インタヴューズ 2　クリストファー・シルヴェスター編, 新庄哲夫ほか訳　文芸春秋　1998.11　451p
◇J.F.ケネディ大統領就任演説：アメリカ大統領就任演説集―inaugural address　フロンティア文庫編集部編, Katokt訳　フロンティアニセン　2005.3（第2刷）172p（フロンティア文庫 44―風呂で読める文庫100選 44）
◇ケネディ民主党政権の特色と一般教書：資料 戦後米国大統領の「一般教書」 第2巻（1961年―1977年）　藤本一美, 浜賀祐子, 末次俊之訳著　大空社　2005.12　421p

Kennedy, Lerry D. ケネディ, L. D.（教育）
◇言語教育における学習の評価（共著）（井上尚美訳）：学習評価ハンドブック　B.S.ブルーム他著, 渋谷憲一ほか訳　第一法規出版　1989.12　2冊

Kennedy, Michael G. ケネディ, M. G. *
◇文化に関する判断能力（播本雅津子訳）：地域精神保

健看護　ナンシー・K.ワーレイ原著編集, 早川和生監訳　医学書院　1999.9　304p

Kennedy, Paul　ケネディ, ポール
◇新たな脅威と途上国支援(竹下興喜聞き手)：新脅威時代の「安全保障」―『フォーリン・アフェアーズ』アンソロジー　ジョセフ・S.ナイほか著, 竹下興喜監訳　中央公論社　1996.9　255p
◇第4章　スペイン社会主義労働者党―スペインにおける近代化と福祉国家(富山栄子訳)：現代ヨーロッパの社会民主主義―自己改革と政権党への道　ドナルド・サスーン編, 細井雅大, 富山栄子訳　日本経済評論社　1999.8　281p

Kennedy, Robert F.　ケネディ, ロバート・F.
◇ロバート・F.ケネディ上院議員―大統領選挙戦における演説(白須清美訳)：アメリカ政治の展開　板場良久スピーチ解説, 滝順子, 白須清美訳　アルク　1998.4　148p　(20世紀の証言　英語スピーチでたどるこの100年　第1巻―CD book　松尾式之監修・解説)

Kennerley, Mike　ケナーリー, マイク
◇業績評価のフレームワーク―レビュー(共著)：業績評価の理論と実務―事業を成功に導く　専門領域の障壁を越えて　アンディ・ニーリー編著, 清水孝訳　東洋経済新報社　2004.4　459p

Kenney, Martin　ケニー, マーティン
◇移植？日本における日本的テレビ組立工場の比較：リメイド・イン・アメリカ―日本的経営システムの再文脈化　ジェフリー・K.ライカー, W.マーク・フルーイン, ポール・S.アドラー編著, 林正樹監訳　中央大学出版部　2005.3　564p　(中央大学企業研究所翻訳叢書9)

Kenney, Robert J.　ケニー, R. *
◇特許侵害に対する防御　他(共著)(河宮治訳)：国際特許侵害―特許紛争処理の比較法的検討　青山葆, 木棚照一編　東京布井出版　1996.12　454p

Kenny, Anthony John Patrick　ケニー, アンソニー
◇中世哲学―アンソニー・ケニーとの対話(共著)(降旗芳彦訳)：西洋哲学の系譜―第一線の哲学者が語る西欧思想の伝統　ブライアン・マギー編, 高頭直樹ほか訳　晃洋書房　1993.5　482p
◇デカルト哲学における秘私性(田島由美子訳)：現代デカルト論集　2　英米篇　デカルト研究会編　勁草書房　1996.7　331, 9p

Kenny, Carolyn　ケニー, キャロライン
◇成人の心理療法における音楽的空間の活用：音楽療法ケーススタディ　下　成人に関する25の事例　ケネス・E.ブルシア編, よしだじゅんこ, 酒井智華訳　音楽之友社　2004.4　393p

Kenny, Don　ケニー, ダン
◇狂言：ニッポン不思議発見！―日本文化を英語で語る50の名エッセイ集　日本文化研究所編, 松本道弘訳　講談社インターナショナル　1997.1　257p　(Bilingual books)

Kenrick, Douglas T.　ケンリック, ダグラス
◇人間関係を進化論的視点から見る(共著)(岸本渉訳)：パーソナルな関係の社会心理学　W.イックス, S.ダック編, 大坊郁夫, 和田実監訳　北路書房　2004.4　310p

Kent, Gerry　ケント, G.
◇不安障害(大六一志訳)：認知臨床心理学入門―認知行動アプローチの実践的理解のために　W.ドライデン, R.レントゥル編, 丹野義彦監訳　東京大学出版会　1996.11　384p

Kent, Mary Day　ケント, メアリー・ディ
◇パナマ―アメリカの裏庭を守る：ザ・サン・ネバー・セッツ―世界を覆う米軍基地　ジョセフ・ガーソン, ブルース・バーチャード編著, 佐藤昌一郎監訳　新日本出版社　1994.1　318p

Kenward, Helen　ケンワード, ヘレン
◇身体的虐待, ネグレクトの影響　他(共著)(中野敏子訳)：児童虐待への挑戦　ウェンディ・スティントン・ロジャース, デニス・ヒーヴィー, エリザベス・アッシュ編著, 福知栄子, 中野敏子, 田沢あけみほか訳　法律文化社　1993.11　261p

Kenyon, Peter　ケニヨン, ピーター
◇価格設定：ポスト・ケインズ派経済学入門　A.S.アイクナー編, 緒方俊雄ほか共訳　オンデマンド版　日本経済評論社　2003.3　221p　(ポスト・ケインジアン叢書2)

Keohane, Robert Owen　コヘイン, ロバート・O.
◇情報化時代のソフトパワーを検証する(共著)：フォーリン・アフェアーズ傑作選―アメリカとアジアの出会い1922-1999　下　フォーリン・アフェアーズ・ジャパン編・監訳　朝日新聞社　2001.2　327, 7p
◇公論によるテロの非合法化と同盟政治：衝突を超えて―9・11後の世界秩序　K.ブース, T.ダン編, 寺島隆吉訳, 塚田幸三, 寺島美紀子訳　日本経済評論社　2003.5　469p
◇序論―グローバル化の実態(共著)：グローバル化で世界はどう変わるか―ガバナンスへの挑戦と展望　ジョセフ・S.ナイ Jr., ジョン・D.ドナヒュー編著, 嶋本恵美訳　英治出版　2004.9　477p　(英治出版MPAシリーズ)
◇部分的にグローバル化された世界のガバナンス：国際関係リーディングス　猪口孝編, 幸野良夫訳　東洋書林　2004.11　467p

Kepel, Gilles　ケベル, ジルス
◇パレスチナ紛争と中東政治の現実(共著)：アメリカはなぜイラク攻撃をそんなに急ぐのか？　フォーリン・アフェアーズ・ジャパン編・監訳　朝日新聞社　2002.12　266, 4p　(朝日文庫―フォーリン・アフェアーズ・コレクション)

Keppeler, H. K. Bruss　ケッペラー, H. K. ブラス
◇ハワイ先住民の権利主張　他：ハワイ楽園の代償　ランドール・W.ロス編　有信堂高文社　1995.9　248p

Kerber, Linda K.　カーバー, リンダ・K.
◇共和国の母と市民としての女性(小檜山ルイ訳)：ウィメンズ・アメリカ　論文編　リンダ・K.カーバー, ジェーン・シェロン・ドゥハート編著, 有賀夏紀ほか編訳　ドメス出版　2002.2　251, 6p

Kerényi, Károly　ケレーニイ, カール
◇バッハオーフェン　ニーチェとアリアドネ予備的研究(白井隆一郎訳)：バッハオーフェン論集成　臼井隆一郎編　世界書院　1992.10　248, 5p

Kerkhofs, Jan カークホフス, ジャン
◇ヨーロッパの価値と政治教育：欧州統合とシティズンシップ教育―新しい政治学習の試み　クリスティーヌ・ロラン・レヴィ, アリステア・ロス編著, 中里亜夫, 竹島博之監訳　明石書店　2006.3　286p　（明石ライブラリー 91）

Kerkstra, Ada ケルクストラ, アダ
◇序文 他（共著）：ヨーロッパの在宅ケア　イェク・B.F.フッテン, アダ・ケルクストラ編, 西沢秀夫監訳　筒井書房　1999.6　404p

Kern, Lee カーン, L.＊
◇教室での望ましい行動を増やすためのカリキュラムの変更（共著）（平澤紀子訳）：挑戦的行動の先行子操作―問題行動への新しい援助アプローチ　ジェームズ・K.ルイセリー, マイケル・J.キャメロン編, 園山繁樹ほか訳　二瓶社　2001.8　390p

Kern, Stephen カーン, スティーヴン
◇無線電信の世界：歴史のなかのコミュニケーション―メディア革命の社会文化史　デイヴィッド・クローリー, ポール・ヘイヤー編, 林進, 大久保公雄訳　新曜社　1995.4　354p

Kernan, Alvin B. カーナン, アルヴィン
◇人文科学と高等教育における変化：人文科学に何が起きたか―アメリカの経験　A.カーナン編, 木村武史訳　玉川大学出版部　2001.10　301p　（高等教育シリーズ 109）

Kernan, Keith T. カーナン, キース
◇コミュニティで生きる知的障害者（共著）：知的障害者の言語とコミュニケーション 下　マイケル・ベヴェリッジ, G.コンティ・ラムズデン, I.リュダー編, 今野和夫, 清水貞夫監訳　学苑社　1994.4　298p

Kerr, Clark カー, クラーク
◇主張するアメリカ社会：アメリカ社会と高等教育　P.G.アルトバック, R.O.バーダール, P.J.ガムポート編, 高橋靖直訳　玉川大学出版部　1998.2　354p

Kerr, Steve カー, S.＊
◇成果主義の評価基準はどこが間違っていたのか（共著）：組織変革のジレンマ―ハーバード・ビジネス・レビュー・ケースブック　Harvard Business Review編, Diamondハーバード・ビジネス・レビュー編集部訳　ダイヤモンド社　2004.11　218p

Kesner, Idalene F. ケスナー, アイダレーネ・F.
◇【ケーススタディ】コンサルタントとクライアントが衝突したとき（共著）：交渉の戦略スキル　Harvard Business Review編, Diamondハーバード・ビジネス・レビュー編集部訳　ダイヤモンド社　2002.2　274p

Kesselring, Thomas ケセルリング, トーマス
◇究極の確実性（共著）：哲学の原点―ドイツからの提言　ハンス・ゲオルク・ガダマー他著, U.ベーム編, 長倉誠一, 多田茂訳　未知谷　1999.7　272, 11p

Kessen, William ケッセン, ウィリアム
◇発達学者の省察（都筑学訳）：時間と空間の中の子どもたち―社会変動と発達への学際的アプローチ　グレン・H.エルダー, ジョン・モデル, ロス・D.パーク編, 本田時雄監訳　金子書房　1997.10　379p

Kessler, Andy ケスラー, アンディ
◇霧のなかの道標：わが子と考えるオンリーワン投資法―門外不出の投資の知恵　ジョン・モールディン編, 関本博英訳　パンローリング　2006.8　219p　（ウィザードブックシリーズ v.106）

Kester, W. Carl ケスター, W. カール
◇ボードルームの銀行：金融サービス業―21世紀への戦略　サミュエル・L.ヘイズ3編, 小西竜治監訳　東洋経済新報社　1999.10　293p

Ketelaar, Eric ケテラール, エリック
◇未来の時は過去の時のなかに（児玉優子訳）：入門・アーカイブズの世界―記憶と記録を未来に　翻訳論文集　記録管理学会, 日本アーカイブズ学会共編　日外アソシエーツ　2006.6　267p

Ketola, Outi ケトラ, オウティ
◇救貧から社会権および社会ケアサービス受給者制へ（共著）：社会ケアサービス―スカンジナビア福祉モデルを解く鍵　ヨルマ・シピラ編著, 日野秀逸訳　本の泉社　2003.7　333p

Kets de Vries, Manfred F. R. ケッツ・ド・ブリース, マンフレッド・F. R.
◇組織に創造性をどう根づかせるか（共著）：ブレークスルー思考　Harvard Business Review編, Diamondハーバード・ビジネス・レビュー編集部訳　ダイヤモンド社　2001.8　221p
◇リーダーシップの不条理：リーダーシップに「心理学」を生かす　Diamondハーバード・ビジネス・レビュー編集部編　ダイヤモンド社　2005.9　294p　（Harvard business review anthology）
◇リーダーシップの不条理 他（共著）：組織行動論の実学―心理学で経営課題を解明する　Diamondハーバード・ビジネス・レビュー編集部編訳　ダイヤモンド社　2007.9　425p　（Harvard business review）

Ketterer, Richard F. ケッテラー, リチャード・F.
◇経営幹部の開発―変革の強力な推進者を発掘, 育成する（共著）：不連続の組織革命―ゼロベースから競争優位を創造するノウハウ　デービッド・A.ナドラーほか著, 平野和子訳　ダイヤモンド社　1997.2　358p

Key, Ellen Karolina Sofia ケイ, エレン
◇母性の復興（平塚明子訳）：世界女性学基礎文献集成 明治大正編 第12巻　水田珠枝監修　ゆまに書房　2001.6　208p
◇新道徳と新不道徳（らいてう訳）：ビアトリス―大正5年7月～大正6年4月　岩田ななつ解説　復刻版　不二出版　2003.6　1冊

Keyes, Ralph キーズ, ラルフ
◇失敗に寛容な組織をつくる（共著）：EQを鍛える　Diamondハーバード・ビジネス・レビュー編集部編訳　ダイヤモンド社　2005.7　286p　（Harvard business review anthology）
◇失敗に寛容な組織をつくる（共著）：組織行動論の実学―心理学で経営課題を解明する　Diamondハーバード・ビジネス・レビュー編集部編訳　ダイヤモンド社　2007.9　425p　（Harvard business review）

Keyserlingk, Linde von カイザーリンク, リンデ・フォン
◇ラトヴィアーラトヴィアの箱庭療法（足立正道訳）：世界の箱庭療法―現在と未来　山中康裕, S.レーヴェ

ン・ザイフェルト, K.ブラッドウェイ編　新曜社
2000.10　182p

Khagram, Sanjeev　カグラム, サンジーブ
◇NGOとグローバル化（共著）：グローバル化で世界はどう変わるか──ガバナンスへの挑戦と展望　ジョセフ・S.ナイ Jr., ジョン・D.ドナヒュー編著, 嶋本恵美訳　英治出版　2004.9　477p（英治出版MPAシリーズ）

Khalfa, Jean　カルファ, ジャン
◇知とは何か?：知のしくみ──その多様性とダイナミズム　J.カルファ編, 今井邦彦訳　新曜社　1997.8　308p

Khan, Abrahim H.　カーン, エイブラヒム・H.
◇キェルケゴールとパトス──『後書』における一概念の研究（大利裕子訳）：キェルケゴール──新しい解釈の試み　A.マッキノン他著, 桝形公也編・監訳　昭和堂　1993.6　324p（キェルケゴール叢書）

Khan, Karen　カーン, カレン
◇ガブリエル（小田勝己訳）：描写レヴューで教師の力量を形成する──子どもを遠くまで観るために　M.ヒムレイ, P.F.カリーニ編, 小田勝己, 小田玲子, 白鳥信義訳　ミネルヴァ書房　2002.10　267p

Khan, Mushtaq Husain　カーン, ムスタク・H.
◇レント, 効率性, 成長 他：レント, レント・シーキング, 経済開発──新しい政治経済学の視点から　ムスタク・H.カーン, ジョモ・K.サンダラム編著, 中村文隆, 武田巧, 堀金由美監訳　出版研　2007.7　437p

Khānsārī　ハーンサーリー, A. J.
◇コルムスばあさん（岡田恵美子訳註）：ペルシア民俗誌　平凡社　1999.1　337p（東洋文庫）

Kheel, Marti　キール, マーチ
◇エコフェミニズムとディープ（深層）・エコロジー──類似点と相違点についての考察：世界を織りなおす──エコフェミニズムの開花　アイリーン・ダイアモンド, グロリア・フェマン・オレンスタイン編, 奥田暁子, 近藤和子訳　学芸書林　1994.3　457, 12p

Khon, Gregorio　ホーン, G.
◇逆転移：独立学派の見解（西村良二訳）：英国独立学派の精神分析──対象関係論の展開　G.コーホン編, 西園昌久監訳　岩崎学術出版社　1992.6　278p（現代精神分析双書 2-17）

Khrushchev, Nikita　フルシチョフ, ニキータ
◇ラヴレンティー 他：ベリヤ──スターリンに仕えた死刑執行人 ある出世主義者の末路　ヴラジーミル・F.ネクラーソフ編, 森田明訳　エディションq　1997.9　365p
◇ニクソン副大統領とフルシチョフ首相──「台所論争」（共著）（川端伸子訳）：アメリカ社会の光と影 板垣良久スピーチ解説, 川端伸子訳　アルク　1998.7　138p（20世紀の証言 英語スピーチでたどるこの100年 第4巻──CD book　松尾式之監修・解説）
◇ニキータ・フルシチョフ（鈴木主税訳）：インタヴューズ 2 クリストファー・シルヴェスター編, 新庄哲夫ほか訳　文芸春秋　1998.11　451p

Khurana, Rakesh　クラナ, ラケシュ
◇だれがCEOを決めるのか〈座談会〉（共著）：コーポレート・ガバナンス　Harvard Business Review編, Diamondハーバード・ビジネス・レビュー編集部訳　ダイヤモンド社　2001.6　270p

Kiam, Victor　カイアム, ヴィクター
◇自己評価に役立つツール（小林順子訳）：ビジネスの知恵50選──伝説的経営者が語る成功の条件　ピーター・クラス編, 佐藤洋一監訳　トッパン　1999.2　543p（トッパンのビジネス経営書シリーズ 26）

Kidder, Robert LeRoy　キッダー, ロバート・L.
◇アジア法システム研究における文化概念のイデオロギー性──インド法・日本法をアメリカ法と比較して（村山真維訳）：アジア法の環境──非西欧法の法社会学　千葉正士編　成文堂　1994.12　192p（アジア法叢書 19）

Kiefer, Ann Marie　キーファ, アン・マリー
◇ナチス女性の生活：世界女性学基礎文献集成　昭和初期編 第15巻　水田珠枝監修　ゆまに書房　2001.12　20, 461p

Kiel, Douglas P.　キール, D. P. *
◇転倒（共著）：日本版MDS-HC 2.0在宅ケアアセスメントマニュアル　John N.Morris他編著, 池上直己訳　医学書院　1999.9　294p
◇転倒（共著）：日本版MDS-HC 2.0在宅ケアアセスメントマニュアル　John N.Morris他編著, 池上直己訳　新訂版　医学書院　2004.11　298p

Kiel, Fred　キール, フレッド
◇境界線を越える（共著）：エグゼクティブ・コーチング──経営幹部の潜在能力を最大限に引き出す　キャサリン・フィッツジェラルド, ジェニファー・ガーヴェイ・バーガー編, 日本能率協会コンサルティング訳　日本能率協会マネジメントセンター　2005.4　370p

Kieran, Evelyn　キアラン, イヴリン
◇「約束の地」からの逃亡──エジプト・シナイ半島：お気をつけて、いい旅を──異国で出会った悲しくも可笑しい51の体験　メアリー・モリス, ポール・セロー, ジョー・ゴアス, イザベル・アジェンデ, ドミニク・ラピエール以下著, 古屋美登里, 中俣真知子訳　アスペクト　1995.7　366p

Kiernan, Chris　キールナン, C.
◇専門家の倫理──行動分析とノーマリゼーション：重度知的障害への挑戦　ボブ・レミントン編, 小林重雄監訳, 藤原義博, 平沢紀子共訳　二瓶社　1999.3　461p

Kiernan, William E.　キールナン, W. E. *
◇QWL（労働の質）（共著）：知的障害・発達障害を持つ人のQOL──ノーマライゼーションを超えて　Robert L.Schalock編, 三谷嘉明, 岩崎正子訳　医歯薬出版　1994.5　346p

Kierzkowski, Henryk　キャージョウスキー, ヘンリック
◇運輸サービスの産業内貿易：産業内貿易──理論と実証　P.K.M.サラカン, ヤコブ・コル編, 小栗徹修, 浜口登, 利光強訳, 佐々波楊子監訳　文真堂　1993.6　217p

Kijne, Hugo Jakob　キーネ, H. J.
◇時間および動作研究（百田義治訳）：科学的管理──F.W.テイラーの世界への贈りもの　J.-C.スペンダー, H.J.キーネ編, 三戸公, 小林康助監訳　文真堂　2000.5　273p

Kikumura-Yano, Akemi キクムラ=ヤノ, アケミ
◇回顧と展望 他（共著）：日系人とグローバリゼーション―北米，南米，日本 レイン・リョウ・ヒラバヤシ, アケミ・キクムラ＝ヤノ, ジェイムズ・A.ヒラバヤシ編, 移民研究会訳 人文書院 2006.6 532p

Kilbourne, Susan キルボーン, スーザン
◇女児の権利（共著）（ベバリー・アン山本訳）：女性の人権とジェンダー――地球規模の視座に立って マージョリー・アゴシン編, 堀内光子, 神崎智子, 望月康恵, 力武由美, ベバリー・アン山本訳 明石書店 2007.12 586p （明石ライブラリー）

Kilburg, Richard R. キルバーグ, リチャード
◇失敗とマイナスの結果：エグゼクティブ・コーチング―経営幹部の潜在能力を最大限に引き出す キャサリン・フィッツジェラルド, ジェニファー・ガーヴェイ・バーガー編, 日本能率協会コンサルティング訳 日本能率協会マネジメントセンター 2005.4 370p

Kilchling, Michael キルヒリンク, ミヒャエル
◇被害者の利益と公訴―全国調査の最初の結果（新屋達之訳）：犯罪被害者と刑事司法 ギュンター・カイザー, H.クーリー, H.-J.アルブレヒト編, 宮沢浩一, 田口守一, 高橋則夫編訳 成文堂 1995.7 443p

Kilduff, Martin キルダフ, マーティン
◇多国籍企業における組織慣性力の再生産：組織理論と多国籍企業 スマントラ・ゴシャール, D.エレナ・ウエストニー編著, 江夏健一監訳, IBI国際ビジネス研究センター訳 文真堂 1998.10 452p

Killeavy, Maureen キルリーヴィ, モウリーン
◇第三世界からの難民や亡命者の子どもたちが必要とする社会・政治学習：欧州統合とシティズンシップ教育―新しい政治学習の試み クリスティーヌ・ロラン・レヴィ, アリステア・ロス編著, 中里亜未, 竹島博之監訳 明石書店 2006.3 286p （明石ライブラリー 91）

Kilvert-Jones, Tim キルヴァート・ジョーンズ, ティム
◇血塗られたノルマンディー：ヒトラーの選択 ケネス・マクゼイ編, 柘植久慶訳 原書房 1995.10 219p

Kim, Chang-Nam キム, C.-N.*
◇グローバル化と強い国家：韓国（大畑裕嗣訳）：メディア理論の脱西欧化 J.カラン, 朴明珍編, 杉山光信, 大畑裕嗣訳 勁草書房 2003.2 306p

Kim, Jaegwon キム, ジェグォン
◇随伴的かつ付随的な因果（金杉武司訳）：シリーズ心の哲学―Series philosophy of mind 3（翻訳篇） 信原幸弘編 勁草書房 2004.8 276, 8p

Kim, Kwan S. キム, クワン・S.
◇所得分配と政治変動のダイナミズム 他（南亮進著・訳）：所得不平等の政治経済学 南亮進, クワン・S.キム, マルコム・ファルカス編, 牧野文夫, 橋野篤, 橋野知子訳 東洋経済新報社 2000.11 278p

Kim, Kyungja キム, キョンギャー
◇ユートピアの実現に向けて――各国の社会・経済生活への女性参加（共著）（藤田祥子訳）：転換期の家族――ジェンダー・家族・開発 N.B.ライデンフロースト編, 家庭経営学部会訳 日本家政学会 1995.3 360p

Kim, W. Chan キム, W. チャン
◇手続的正義論と多国籍企業：組織理論と多国籍企業 スマントラ・ゴシャール, D.エレナ・ウエストニー編著, 江夏健一監訳, IBI国際ビジネス研究センター訳 文真堂 1998.10 452p
◇バリュー・イノベーションによる価値創造戦略（共著）：成長戦略論 Harvard Business Review編, Diamondハーバード・ビジネス・レビュー編集部訳 ダイヤモンド社 2001.4 254p
◇信頼を築くフェア・プロセスの原理（共著）：戦略と経営 ジョーン・マグレッタ編, Diamondハーバード・ビジネス・レビュー編集部訳 ダイヤモンド社 2001.7 405p
◇社員のコミットメントはどうすれば獲得できるのか（共著）：ピープルマネジメント―21世紀の戦略的人材活用コンセプト Financial Times編, 日経情報ストラテジー監訳 日経BP社 2002.3 271p（日経情報ストラテジー別冊）
◇ストラテジー・キャンバスによる戦略再構築（共著）：「選択と集中」の戦略 Diamondハーバード・ビジネス・レビュー編集部編訳 ダイヤモンド社 2003.1 286p
◇戦略とバリューイノベーションと知識経済（共著）：MITスローン・スクール 戦略論 マイケル・A.クスマノ, コンスタンチノス・C.マルキデス編, グローバル・マネジメント・インスティテュート訳 東洋経済新報社 2003.12 287p
◇フェア・プロセス：信頼を積み上げるマネジメント（共著）：動機づける力 Diamondハーバード・ビジネス・レビュー編集部編訳 ダイヤモンド社 2005.2 243p （Harvard business review anthology）
◇グローバル戦略を機能させる（共著）：スマート・グローバリゼーション A.K.グプタ, D.E.ウエストニー編著, 諸上茂登監訳 同文舘出版 2005.3 234p
◇ストラテジー・キャンバスによる戦略再構築（共著）：戦略思考力を鍛える Diamondハーバード・ビジネス・レビュー編集部編訳 ダイヤモンド社 2006.7 262p （Harvard business review anthology）

Kimberly, John R. キンバリー, ジョン・R.
◇人生経験における仕事の位置づけを見直す 他（共著）：ピープルマネジメント―21世紀の戦略的人材活用コンセプト Financial Times編, 日経情報ストラテジー監訳 日経BP社 2002.3 271p（日経情報ストラテジー別冊）

Kimbrell, Andrew キンブレル, アンドリュー
◇バイオ植民地主義（塚本しづ香訳）：グローバル経済が世界を破壊する ジェリー・マンダー, エドワード・ゴールドスミス編, 小南祐一郎, 塚本しづ香訳 朝日新聞社 2000.4 259p

Kimmerle, Heinz キンメーレ, ハインツ
◇ゲオルグ・ヴィルヘルム・フリードリヒ・ヘーゲル（黒崎剛訳）：われわれは「自然」をどう考えてきたか ゲルノート・ベーメ編, 伊坂青司, 長島隆監訳 どうぶつ社 1998.7 524p

Kimmig, Thomas キミッヒ, トーマス
◇是が非でも平和なのか？（共著）：ボスニア戦争とヨーロッパ N.ステファノフ, M.ヴェルシ編, 佐久間穆訳 朝日新聞 1997.4 288p

Kindleberger, Charles Poor キンドルバーガー, チャールズ・P.
◇金融危機の国際的（そして地域間の）側面：経済危機

―金融恐慌は来るか　マーティン・フェルドシュタイン編,祝迫得夫,中村洋訳,伊藤隆敏監訳　東洋経済新報社　1992.10　350p
◇多国籍企業についての諸論文と論争に寄せて：20世紀における国際金融,市場および政府(渋谷将訳)：続歴史のなかの多国籍企業―国際事業活動研究の拡大と深化　アリス・タイコウヴァ,モーリス・レヴィ・ルボワイエ,ヘルガ・ヌスバウム編,浅野栄一,鮎沢成男,渋谷禎,竹村孝雄,徳重昌志,日高克平訳　中央大学出版部　1993.4　334p（中央大学企業研究所翻訳叢書6）
◇私の仕事哲学：現代経済学の巨星―自らが語る人生哲学　上　M.シェンバーグ編,都留重人ほか訳　岩波書店　1994.11　321p

King, Anthony D.　キング, アンソニー・D.
◇世界都市の再定義：文化的理論/社会的実践（大六野耕作訳）：世界都市の論理　ポール・L.ノックス,ピーター・J.テイラー共編,藤田直晴訳編　鹿島出版会　1997.5　204p
◇序論 文化の空間,知識の空間 他：文化とグローバル化―現代社会とアイデンティティ表現　A.D.キング編,山中弘,安藤充,保ся篤彦訳　玉川大学出版部　1999.8　244p

King, Chidi　キング, チディ
◇内部告発に対するアドバイス（小林宏臣訳）：内部告発―その倫理と指針　David B.Lewis編,日本技術士会訳編　丸善　2003.2　159p

King, David　キング, D.
◇精神病院に代わるより良いサービス：過渡期の精神医療―英国とイタリアの経験から　シュラミット・ラモン,マリア・グラツィア・ジャンニケッダ編,川田誉音訳　海声社　1992.10　424p

King, Helen　キング, ヘレン
◇半人動物：幻想の国に棲む動物たち　ジョン・チェリー編著,別宮貞徳訳　東洋書林　1997.5　257, 29p

King, J. R.　キング, J. R. *
◇においによって不安感をやわらげる：香りの感性心理学　S.ヴァン・トラー,G.H.ドッド編,印藤元一訳　フレグランスジャーナル社　1994.2　238p

King, L.　キング, L.
◇仕事（共著）：アドラーの思い出　G.J.マナスター, G.ペインター, D.ドイッチュ, B.J.オーバーホルト編, 柿内邦博,井原文子,野田俊作訳　創元社　2007.6　244p

King, Mackenzie　キング, マッケンジー
◇カナダ外交の基本原則：カナダの外交―その理念と政策　J.L.グラナツティンほか編,吉田健正訳　御茶の水書房　1994.8　200p（カナダ社会科学叢書第4巻）

King, Martin Luther, Jr.　キング, マーチン・ルーサー, Jr.
◇マーチン・ルーサー・キングJr.―ワシントン大行進における演説（増田恵理子訳）：アメリカの夢と理想の実現　板場良久スピーチ解説,増田恵理子,楢原潤子訳　アルク　1998.7　120p（20世紀の証言 英語スピーチでたどるこの100年 第3巻―CD book　松尾弌之監修・解説）

King, Rufus　キング, ルーファス
◇無益な撲滅運動：ドラッグ全面解禁論　ディヴィッド・ボアズ編,樋口幸子訳　第三書館　1994.11　364p

King, Wilfred Thomas Cousins　キング, W. T. C.
◇金融市場：『エコノミスト』の百年 1843‐1943　エコノミスト社編,岸田理訳　日本経済評論社　1994.11　320p

King, Ynestra　キング, イネストラ
◇傷を癒す―フェミニズム,エコロジー,自然―文化二元論：世界を織りなおす―エコフェミニズムの開花　アイリーン・ダイアモンド,グロリア・フェマン・オレンスタイン編,奥田暁子,近藤和子訳　学芸書林　1994.3　457, 12p

Kingma, Daphne Rose　キングマ, ダフニ・ローズ
◇心を開く歓び,受け入れる歓び：小さなことを大きな愛でやろう　リチャード・カールソン,ベンジャミン・シールド編,小谷啓子訳　PHP研究所　1999.11　263, 7p

Kingsley, G. Thomas　キングスレー, G.トマス
◇シンクタンクの運営―経営の視点から：政策形成と日本型シンクタンク―国際化時代の「知」のモデル　アーバン・インスティテュート編,上野真城子監訳　東洋経済新報社　1994.4　174p

Kingsley, Stephen　キングスレー, S. *
◇オペレーショナルリスクと金融機関―はじめに（共著）：オペレーショナルリスク―金融機関リスクマネジメントの新潮流　アーサーアンダーセン編・訳　金融財政事情研究会　2001.1　413p

Kingsley, Su　キングスリー, S.
◇英国における精神医療サービスの変化（共著）：過渡期の精神医療―英国とイタリアの経験から　シュラミット・ラモン,マリア・グラツィア・ジャンニケッダ編,川田誉音訳　海声社　1992.10　424p

Kingsolver, Barbara　キングソルヴァー, バーバラ
◇虹の部屋で起きたこと―ニューヨーク：お気をつけて,いい旅を。―異国で起きた悲しくも可笑しい51の体験　メアリー・モリス,ポール・セロー,ジョー・ゴアス,イザベル・アジェンデ,ドミニク・ラビエールほか著,古屋美登里,中俣真知子訳　アスペクト　1995.7　366p

Kinsella, Kevin　キンセラ, ケヴィン
◇人口 他：マクミラン近未来地球地図　イアン・ピアスン編,松井孝典監訳　東京書籍　1999.11　115p

Kinserdal, Arne　キンサーダル, A. *
◇ノルウェーにおける財務報告の歴史（石坂信一郎訳）：欧州比較国際会計史論　P.ワルトン編,久野光朗監訳　同文館出版　1997.5　380p

Kipling, Rudyard　キプリング, ラドヤード
◇ラドヤード・キプリング 他（小川高義訳）：インタヴューズ 1　クリストファー・シルヴェスター編,新庄哲夫ほか訳　文芸春秋　1998.11　462p

Kirby, Julia　カービー, ジュリア
◇コスト・センターをいかにプロフィット・センター化させるか（共著）：組織変革のジレンマ―ハーバード・ビジネス・レビュー・ケースブック　Harvard Business Review編,Diamondハーバード・ビジネス・レビュー編集部訳　ダイヤモンド社　2004.11

218p
◇対人関係力が問われる仕事に肥満社員は不適格なのか(共著):「問題社員」の管理術—ケース・スタディ Diamondハーバード・ビジネス・レビュー編集部訳 ダイヤモンド社 2007.1 263p (Harvard business review anthology)

Kirchmer, Mathias F. W. キルヒマー, M. F. W.
◇SCORなどの参照モデルとeビジネスプロセス・ネットワーク(共著):ARISを活用したビジネスプロセスマネジメント—欧米の先進事例に学ぶ A.-W.シェアー他共編, 堀内正博, 田中正郎, 柳堀紀幸監訳 シュプリンガー・フェアラーク東京 2003.7 281p
◇チェンジマネジメント—ビジネスプロセス・エクセレンスへのカギ(共著)(堀内正博訳):ARISを活用したチェンジマネジメント—ビジネスプロセスの変革を管理する A.-W.シェアー, F.アボルハッサン, W.ヨースト, M.F.W.キルヒマー編, 堀内正博, 田中正郎, 柳堀紀幸監訳 シュプリンガー・フェアラーク東京 2003.12 216p
◇ビジネスプロセス・オートメーション—ベストプラクティスとネクストプラクティスを結びつける(共著)(堀内正博訳):ARISを活用したシステム構築—エンタープライズ・アーキテクチャの視点 A.-W.シェアー他編, 堀内正博, 田中正郎, 力正俊監訳 シュプリンガー・フェアラーク東京 2005.1 201p

Kirk, Joan カーク, ジョアン
◇強迫性障害(共著):認知行動療法の科学と実践 David M.Clark, Christopher G.Fairburn編, 伊予雅臣監訳 星和書店 2003.4 280p

Kirkby, Elisabeth カービー, エリザベス
◇公共政策の視野の拡大(矢野俊平訳):超市場化の時代—効率から公正へ スチュアート・リースほか編, 川原紀美雄監訳 法律文化社 1996.10 372p

Kirkland, Jane カークランド, ジェーン
◇不確実時代の戦略と行動:不確実性の経営戦略 Harvard Business Review編, Diamondハーバード・ビジネス・レビュー編集部訳 ダイヤモンド社 2000.10 269p
◇不確実時代の戦略(共著):マッキンゼー戦略の進化—不確実時代を勝ち残る 名和高司, 近藤正晃ジェームス編著・監訳, 村井章子訳 ダイヤモンド社 2003.3 221p

Kirn, Walter N. キルン, W. *
◇特許権の行使前および行使に関するポリシー(鮫島睦訳):国際特許侵害—特許紛争処理の比較法的検討 青山葆, 木棚照一編 東京布井出版 1996.12 454p

Kirsch, Irving カーシュ, アーヴィン
◇ハーブ治療と抗うつ薬治療—類似データ, 拡散的結論(共著):臨床心理学における科学と疑似科学 S.O.リリエンフェルド, S.J.リン, J.M.ロー編, 厳島行雄, 横田正夫, 斎藤雅英監訳 北大路書房 2007.9 461p

Kirsch, Laurie J. カーシュ, L. J. *
◇未来のグローバルネットワークの組織—集権主義的の高まりと長期契約関係(共著):新リレーションとモデルのためのIT企業戦略とデジタル社会 ゲイリー・ディクソン, ジェラルディン・デサンクティス編, 橋立克朗ほか訳 ピアソン・エデュケーション 2002.3 305p

Kirsch, Marc キルシュ, マルク
◇序論:倫理は自然の中に根拠をもつか マルク・キルシュ編, 松浦俊輔訳 産業図書 1995.8 387p

Kirschenbaum, Daniel S. キルシェンバウム, D. S.
◇座位中心ライフスタイルの予防—理論的根拠と方法(東方美奈子訳):身体活動とメンタルヘルス ウイリアム・P.モーガン編, 竹中晃二, 征矢英昭監訳 大修館書店 1999.4 362p

Kirschner, Robert H. カーシュナー, ロバート・H.
◇子どもの虐待の病理学:虐待された子ども—ザ・バタード・チャイルド メアリー・エドナ・ヘルファ, ルース・S.ケンプ, リチャード・D.クルーグマン編, 子どもの虐待防止センター監修, 坂井聖二監訳 明石書店 2003.12 1277p

Kirshenblatt-Gimblett, Barbara カーシェンブラット・ギンブレット, バーバラ
◇誤りの二元論:民俗学の政治性—アメリカ民俗学100年目の省察から 岩竹美加子編訳 未来社 1996.8 283, 6p (ニュー・フォークロア双書 27)

Kirtikara, Krissanapong キルティカラ, K. *
◇官僚制下の大学から自治的大学への移行(渡辺達雄訳):COE国際セミナー/8ヵ国会議21世紀型高等教育システム構築と質的保証 広島大学高等教育研究開発センター編 広島大学高等教育研究開発センター 2004.12 188p (COE研究シリーズ 13)

Kirton, John カートン, ジョン
◇カナダ外交の理論的研究:カナダの外交—その理念と政策 J.L.グラナツティンほか編, 吉田健正訳 御茶の水書房 1994.8 200p (カナダ社会科学叢書 第4巻)
◇先進国サミット—太平洋パートナーシップへ向けて(立川京一訳):太平洋国家のトライアングル—現代の日米加関係 黒沢満, ジョン・カートン編 彩流社 1995.2 281p

Kirven, Robert H. カーヴァン, ロバート・H.
◇エマヌエル・スウェーデンボルグ図伝(共著)(島田恵, 高橋和夫訳):エマヌエル・スウェーデンボルグ—持続するヴィジョン ロビン・ラーセン編 春秋社 1992.11 307p

Kishor, Nalin キショー, ナリン
◇自然資本の維持:経済成長の「質」 ビノッド・トーマスほか著, 小浜裕久, 織井啓介, 冨田陽子訳 東洋経済新報社 2002.4 280p

Kissinger, Henry Alfred キッシンジャー, ヘンリー・A.
◇ペレ:TIMEが選ぶ20世紀の100人 下巻 アーチスト・エンターテイナー・ヒーロー・偶像・巨頭 徳岡孝夫監訳 アルク 1999.11 318p

Kisthardt, Walter E. キストハード, ウォルター・E.
◇原則と実践のかけ橋—ケースマネージメントにおける「強さ活用モデル」の実践(共著)(岡田進一訳):ケースマネージメントと社会福祉 ステファン・M.ローズ編, 白沢政和, 渡部律子, 岡田進一監訳 ミネルヴァ書房 1997.10 415p (Minerva福祉ライブラリー 21)

Kitchen, K. A.　キッチン，K. A.
◇ペリシテ人（有馬七郎訳）：旧約聖書時代の諸民族　D.J.ワイズマン編，池田裕監訳　日本基督教団出版局　1995.10　578p

Kittsteiner, Heinz D.　キットシュタイナー，ハインツ・D.
◇差別する視覚（中祢勝美訳）：ヨーロッパの差別論　ヤン・C.ヨェルデン編，田村光彰ほか訳　明石書店　1999.12　452p　（世界人権問題叢書 34）

Kitwood, T. M.　キットウッド，トム
◇よい実践をモザイクのように積み重ねて―パーソンセンタード・ケア13の物語から（稲谷ふみ枝訳）：パーソン・センタード・ケア―認知症・個別ケアの創造的アプローチ　スー・ベンソン編，稲谷ふみ枝，石崎淳一監訳　改訂版　クリエイツかもがわ　2007.5　145p

Kjellberg, Anders　シェルベリ，アンデレス
◇スウェーデン：スウェーデンの労働組合が直面するあまたの挑戦―ヨーロッパの労働組合―グローバル化と構造変化のなかで　ジェレミー・ワディントン，レイナー・ホフマン編，小川正浩訳　生活経済政策研究所　2004.11　318p　（生活研ブックス 21）

Kjervik, Diane K.　ケルビク，ダイアン・K.*
◇法的，倫理的論点（亀岬陽子訳）：地域精神保健看護　ナンシー・K.ワーレイ原著編集，早川和生監訳　医学書院　1999.9　304p

Klafki, Wolfgang　クラフキ，ヴォルフガング
◇教育科学は教育学的目的設定に根拠を与えられるか？―教育学的意思決定を問題にする場合に解釈学的・実証的・イデオロギー批判的探求を結びつける必然性について（渡辺光雄訳）：現代ドイツ教育学の潮流―W.フリットナー百歳記念論文集　ヘルマン・レールス，ハンス・ショイアール編，天野正治訳　玉川大学出版部　1992.8　503p

Klages, Helmut　クラーゲス，ヘルムート
◇東ドイツにおける価値観の変化―事実と説明モデル（共著）：統一ドイツの生活実態―不均衡は均衡するのか　ヴォルフガング・グラッツァー，ハインツ・ヘルベルト・ノル編，長坂聰，近江谷左馬之介訳　勁草書房　1994.3　236p

Klages, Ludwig　クラーゲス，ルートヴィヒ
◇バッハオーフェン・同害報復法（臼井隆一郎訳）：バッハオーフェン論集成　臼井隆一郎編　世界書院　1992.10　248, 5p

Klancher, Jon　クランチャー，ジョン
◇イギリス・ロマンティシズムと文化的生産：ニュー・ヒストリシズム―文化とテクストの新歴史性を求めて　H.アラム・ヴィーザー編，伊藤詔子ほか訳　英潮社　1992.11　291p

Klapisch-Zuber, Christiane　クラピシュ＝ズュベール，クリスティアーヌ
◇中世学者，女性，時系列研究：女性史は可能か　ミシェル・ペロー編，杉村和子，志賀亮一監訳　藤原書店　1992.5　435p
◇女性と家族―中世の人間―ヨーロッパ人の精神構造と創造力　ジャック・ル・ゴフ編，鎌田博夫訳　法政大学出版局　1999.7　440, 31p　（叢書・ウニベルシタス 623）
◇中世学者，女性，時系列研究（志賀亮一訳）：女性史は可能か　ミシェル・ペロー編，杉村和子，志賀亮一

監訳　新版　藤原書店　2001.4　437p

Klapper, Joseph T.　クラッパー，J. T.
◇マス・コミュニケーションの効果についての知識（吉岡至訳）：リーディングス政治コミュニケーション　谷藤悦史，大石裕編訳　一芸社　2002.4　284p

Klare, Michael T.　クレア，マイケル・T.
◇資源：アメリカの悪夢―9・11テロと単独行動主義　ジョン・フェッファー編，南雲和夫監訳　耕文社　2004.12　319p

Klauber, John　クラウバー，J.*
◇精神分析的関係の諸要因とその治療的意味（安岡誉訳）：英国独立学派の精神分析―対象関係論の展開　G.コーホン編，西園昌久監訳　岩崎学術出版社　1992.6　278p　（現代精神分析双書 2‒17）

Klauber, Trudy　クラウバー，T.
◇ウォレン他：自閉症とパーソナリティ　アン・アルヴァレズ，スーザン・リード編，倉光修監訳，鵜飼奈津子，広沢愛子，若佐美奈子訳　創元社　2006.9　375p

Kleidon, Allan W.　クライドン，A.*
◇株式市場の暴落（浅期幸弘訳）：ファイナンスハンドブック　R.A.Jarrow, V.Maksimovic, W.T.Ziemba編，今野浩，古川浩一監訳　朝倉書店　1997.12　1121p

Kleiman, Robert　クレイマン，ロバート
◇原子戦争写真第一号：新原子戦略研究資料―研修資料　防衛研修所　1955　99p　（研修所資料別冊　第48号）

Klein, Ferdinand　クライン，フェルディナンド
◇ロゴセラピーと精神遅滞者（共著）：ドイツにおける精神遅滞者への治療理論と方法―心理・教育・福祉の諸アプローチ　ジルビア・ゲアレス，ゲルト・ハンゼン編，三原博光訳　岩崎学術出版社　1995.5　198p

Klein, Freada Kapor　クライン，フリーダ・カポール
◇CEOをめぐるスキャンダルにいかに対処すべきか（共著）：人材育成のジレンマ―ハーバード・ビジネス・レビューケースブック　Harvard Business Review編，Diamondハーバード・ビジネス・レビュー編集部訳　ダイヤモンド社　2004.2　219p
◇カリスマCEOのスキャンダルにどう対処すべきか（共著）：「問題社員」の管理術―ケース・スタディ　Diamondハーバード・ビジネス・レビュー編集部編訳　ダイヤモンド社　2007.1　263p　（Harvard business review anthology）

Klein, Lawrence Robert　クライン，L. R.
◇私の職業人としての哲学：現代経済学の巨星―自らが語る人生哲学　下　M.シェンバーグ編　岩波書店　1994.12　292, 11p
◇研究課題：開発経済学の潮流―将来の展望　G.M.マイヤー，J.E.スティグリッツ共編，関本勘次，近藤正規，国際協力研究グループ訳　シュプリンガー・フェアラーク東京　2003.7　412p
◇中国の計量経済モデル　他（共著）：中国の計量経済学モデル　L.R.クライン，市村真一編　創文社　2006.3　343p　（ICSEAD研究叢書 4）

Klein, Naomi　クライン，ナオミ
◇ハリバートンを連れ戻せ：もう戦争はさせない！―ブッシュを追いつめるアメリカ女性たち　メディア・ベンジャミン，ジョディ・エヴァンス編，尾川寿江監

訳, 尾川寿江, 真鍋穣, 米沢清恵訳　文理閣　2007.2　203p

Klein, Pnina　クライーン, プニーナ
◇ダウン症児の幼児教育と両親（共著）:「このままでいい」なんていわないで！―ダウン症をはじめとする発達遅滞者の認知能力強化に向けて　ルーヴェン・フォイヤーシュタイン, ヤーコヴ・ランド編著, ロイド・B.グレハム訳　関西学院大学出版会　2000.7　540, 48p

Klein, P. W.　クレイン, P. W.
◇社会主義者がモデルにした日本―ファン・コルと改革諸案：日蘭交流400年の歴史と展望―日蘭交流400周年記念論文集 日本語版　レオナルド・ブリュッセイ, ウィレム・レメリンク, イフォ・スミッツ編　日蘭学会　2000.4　459p （日蘭学会学術叢書 第20）

Kleindorfer, Paul　クライドルファー, P. *
◇危険施設の配置（共著）（岩崎敏和訳）：公共政策ORハンドブック　S.M.Pollock, M.H.Rothkopf, A.Barnett編, 大山達雄監訳　朝倉書店　1998.4　741p

Kleinedler, Walt J.　クライネドラー, ウォルト・J.
◇余韻：ニッポン不思議発見！―日本文化を英語で語る50の名エッセイ集　日本文化研究所編, 松本道弘訳　講談社インターナショナル　1997.1　257p （Bilingual books）

Kleinschmidt, Harald　クラインシュミット, ハラルド
◇国際関係論の理論家としてのカール・シュミット（川喜田敦子訳）：カール・シュミットと現代　白井隆一郎編　沖積舎　2005.6　438p

Klementjew, Sergej　クレメンチェフ, セルゲイ
◇クーデター：ソ連邦崩壊―ペレストロイカの成功と失敗　ゲンナジ・アルバトフほか著, 水戸孝義訳　恒文社　1992.6　159p

Klena, Matthew　クリーナ, マシュー
◇Early indicator（共著）：クレジット・スコアリング　エリザベス・メイズ編, スコアリング研究会訳　シグマベイスキャピタル　2001.7　361p （金融職人技シリーズ no.33）

Kleuver, Esther E. de　クルウフェル, エステル・E. デ
◇犯罪者プロファイリング研究によるアプローチ（共著）（桐生正幸訳）：犯罪者プロファイリング―犯罪行動が明かす犯人像の断片　ジャネット・L.ジャクソン, デブラ・A.ベカリアン編, 田村雅幸監訳, 辻典明, 岩見広一訳編　北大路書房　2000.3　234p

Kline, Stephen　クライン, スティーヴン
◇広告・消費者・文化（共著）：歴史のなかのコミュニケーション―メディア革命の社会文化史　デイヴィッド・クローリー, ポール・ヘイヤー編, 林進, 大久保公雄訳　新曜社　1995.4　354p

Kling, Zainal　クリン, ザイナル
◇ムラユ社会の社会文化的構造の連続性：マレーシア～多民族社会の構造　サイド・フシン・アリ編著, 小野沢純, 吉田典巧訳　井村文化事業社　1994.6　288p （東南アジアブックス 114―マレーシアの社会 4）

Klöcker, Michael　クレッカー, ミヒャエル
◇性と宗教の問題提起（共著）：諸宗教の倫理学―その教理と実生活 第1巻 性の倫理　M.クレッカー, U.トゥヴォルシュカ編, 石橋孝明, 榎津重喜訳　九州大学出版会　1992.4　240, 3p
◇健康と宗教の関係への考察（共著）：諸宗教の倫理学―その教理と実生活 第3巻 健康の倫理　M.クレッカー, U.トゥヴォルシュカ編, 石橋孝明ほか訳　九州大学出版会　1994.9　212, 2p
◇宗教と環境―学的接近と中心的現象形態についての概観（共著）（山口意友訳）：諸宗教の倫理学―その教理と実生活 第5巻 環境の倫理　M.クレッカー, U.トゥヴォルシュカ編, 石橋孝明, 榎津重喜, 山口意友訳　九州大学出版会　1999.4　255, 3p
◇宗教的伝統における所有と貧困：要旨（共著）：諸宗教の倫理学―その教理と実生活 第4巻 所有と貧困の倫理　M.クレッカー, U.トゥヴォルシュカ編, 石橋孝明訳　九州大学出版会　2000.9　202, 2p

Klopfer, Leopold E.　クロッファ, L. E.
◇理科教育における学習の評価（藤田恵璽, 中島雄次郎共訳）：学習評価ハンドブック　B.S.ブルーム他著, 渋谷憲一ほか訳　第一法規出版　1989.12　2冊
◇物理現象についての学生の知識に対する学習指導の効果 他（共著）：認知構造と概念転換　L.H.T.ウエスト, A.L.パインズ編, 野上智行, 稲ನ成哉, 田中浩朗, 森undefined義孝訳, 進藤公夫監訳　東洋館出版社　1994.5　327p

Klossowski, Pierre　クロソウスキー, ピエール
◇怪物 他（兼子正勝訳）：無頭人　ジョルジュ・バタイユ他著, 兼子正勝, 中沢信一, 鈴木創士訳　現代思潮社　1999.7　246p （エートル叢書 4）
◇悪循環（林好雄訳）：ニーチェは, 今日？　J.デリダほか著, 林好雄, 本間邦雄, 森本和夫訳　筑摩書房　2002.1　366p （ちくま学芸文庫）

Knapp, M.　クナップ, M.
◇イギリスにおける「社会的経済」（共著）（中川雄一郎訳）：社会的経済―近未来の社会経済システム　J.ドゥフルニ, J.L.モンソン編著, 富沢賢治, 内山哲明, 佐藤誠, 石塚秀雄, 中川雄一郎ほか訳　日本経済評論社　1995.3　486p
◇イギリスにおける「社会的経済」（共著）（中川雄一郎訳）：社会的経済―近未来の社会経済システム　J.ドゥフルニ, J.L.モンソン編著, 富沢賢治ほか訳　オンデマンド版　日本経済評論社　2003.6　486p

Knauth, Lothar　クノート, ローター
◇ラテンアメリカにおける日本哲学（川田玲子訳）：日本哲学の国際性―海外における受容と展望　J.W.ハイジック編　世界思想社　2006.3　342, 9p （Nanzan symposium 12）

Knefelkamp, Ulrich　クネーフェルカンプ, ウルリヒ
◇売春による差別―十四―十六世紀の中部ヨーロッパにおける売春婦・娼婦と都市社会（中祢勝美訳）：ヨーロッパの差別論　ヤン・C.ヨェルデン編, 田村光彰ほか訳　明石書店　1999.12　452p （世界人権問題叢書 34）

Knibiehler, Yvonne　クニビエレール, イヴォンヌ
◇年代設定と女性史：女性史は可能か　ミシェル・ペロー編, 杉村和子, 志賀亮一監訳　藤原書店　1992.5　435p
◇母親と歴史学者 他：フェミニズムから見た母性　A.-M.ド・ヴィレーヌ, L.ガヴァリニ, M.ル・コアディ

ク編, 中嶋公子, 目崎光子, 磯本輝子, 横地良子, 宮本由美ほか訳 勁草書房 1995.10 270, 10p
◇身体とこころ(内藤義博訳):女の歴史 4〔2〕十九世紀 2 杉村和子, 志賀亮一監訳 ジュヌヴィエーヴ・フレス, ミシェル・ペロー編 藤原書店 1996.10 p513～992
◇年代設定と女性史(伊藤はるひ訳):女性史は可能か ミシェル・ペロー編, 杉村和子, 志賀亮一監訳 新版 藤原書店 2001.4 437p

Knierim, Rolf P. クニーリム, ロルフ・P.
◇極刑(加藤望訳):果てなき探究—旧約聖書の深みへ 左近淑記念論文集 大野恵正ほか編 教文館 2002.5 346p

Knight, Susan ナイト, S.*
◇大学における成人継続教育(共著):オーストラリアの生活文化と生涯教育—多文化社会の光と影 マーク・テナント編著, 中西直和訳 松籟社 1995.9 268p

Knitter, Paul F. ニッター, ポール・F.
◇「解放の神学」の視点から「宗教の神学」を建設するために:キリスト教の絶対性を超えて—宗教的多元主義の神学 ジョン・ヒック, ポール・F.ニッター編, 八木誠一, 樋口恵訳 春秋社 1993.2 429p

Knopf, Olga ノップ, オルガ
◇友人と仲間(共著):アドラーの思い出 G.J.マナスター, G.ペインター, D.ドイッチュ, B.J.オーバーホルト編, 柿内邦博, 井原文子, 野田俊作訳 創元社 2007.6 244p

Knowles, M. D. ノウルズ, M. D.
◇アングロ・サクソン世界におけるカトリシズム—英国—教会の復活 他(共著):キリスト教史 第10巻 現代世界とキリスト教の発展 上智大学中世思想研究所編訳・監修 J.T.エリス他著 講談社 1991.7 499, 105p

Knox, John ノックス, ジョン
◇女たちの奇怪な統治に反抗するラッパの最初の高鳴り(1558年)・規律の書(1560/61年)(飯島啓二訳):宗教改革著作集 第10巻 カルヴァンとその周辺 2 教文館 1993.3 405p

Knox, MacGregor ノックス, マクレガー
◇「軍事革命」とRMAに関する考察 他(共著):軍事革命とRMAの戦略史—軍事革命の史的変遷1300～2050年 マクレガー・ノックス, ウィリアムソン・マーレー編著, 今村伸哉訳 芙蓉書房出版 2004.6 318p

Knox, Paul L. ノックス, ポール・L.
◇世界都市研究の課題と方法(藤田直晴訳):世界都市の論理 ポール L.ノックス, ピーター・J.テイラー共編, 藤田直晴訳編 鹿島出版会 1997.5 204p

Knudson, Mary Jane ヌーソン, メリー・ジェーン
◇エグゼクティブ・コーチングとビジネス戦略:エグゼクティブ・コーチング—経営幹部の潜在能力を最大限に引き出す キャサリン・フィッツジェラルド, ジェニファー・ガーヴェイ・バーガー編, 日本能率協会コンサルティング訳 日本能率協会マネジメントセンター 2005.4 370p

Knutson, Kari ナットソン, K.*
◇QWL(労働の質)(共著):知的障害・発達障害を持つ人のQOL—ノーマライゼーションを超えて Robert L.Schalock編, 三谷嘉明, 岩崎正子訳 医歯薬出版 1994.5 346p

Kobal, Gerd コバル, G.*
◇嗅覚誘発脳波と不快感(共著):香りの生理心理学 S.ヴァン・トラー, G.H.ドッド編, 印藤元一訳 フレグランスジャーナル社 1996.6 306p

Köberle, Adolf ケーベルレ, アードルフ
◇プロテスタンティズム:諸宗教の倫理学—その教理と実生活 第3巻 健康の倫理 M.クレッカー, U.トゥヴォルシュカ編, 石橋孝明ほか訳 九州大学出版会 1994.9 212, 2p

Kobrin, Solomon コブリン, ソロモン
◇コミュニティの犯罪キャリア(共著):コミュニティと犯罪 1 アルバート・J.リース・ジュニア, マイケル・トンリィ共編, 伊藤康一郎訳 都市防犯研究センター 1994.3 268p

Koch, Andrew K. コック, A. K.
◇アメリカにおける初年次教育の歴史(共著)(佐藤広志訳):初年次教育—歴史・理論・実践と世界の動向 浜名篤, 川嶋太津夫監訳 丸善 2006.11 267p

Koch, Harald コッホ, H.*
◇ドイツ報告(萩澤達彦訳):訴訟法における法族の再検討 小島武司編著 中央大学出版部 1999.4 578p (日本比較法研究所研究叢書 46)

Kocka, Jürgen コッカ, ユルゲン
◇1945 新たな出発それとも復古? 他(末川清訳):ドイツ史の転換点—1848-1990 C.シュテルン, H.A.ヴィンクラー編著, 末川清ほか訳 晃洋書房 1992.3 243p
◇オットー・ヒンツェとマックス・ヴェーバー—比較の試み:マックス・ヴェーバーとその同時代人群像 W.J.モムゼン, J.オースターハメル, W.シュベントカー編著, 鈴木広, 米沢和彦, 嘉目克彦監訳 ミネルヴァ書房 1994.9 531, 4p
◇ヒトラーの記憶は、スターリンとポル・ポトを持ち出すことで抑圧・排除されてはならない—ナチスの犯罪の激烈さを相対化しようとするドイツの歴史家たちの試みについて(細見和之訳):過ぎ去ろうとしない過去—ナチズムとドイツ歴史家論争 ユルゲン・ハーバーマス他著, 徳永恂ほか訳 人文書院 1995.6 257p
◇現代における社会民主主義の基本価値(安井宏樹訳):21世紀社会民主主義 第7巻 新しいドイツ社民党・欧州中道左派の離難 生活経済政策研究所 2004.10 141p (生活研ブックス 20)

Koczanowicz, Leszek コチャノヴィッチ, レシェック
◇多数派が差別されることはあるのか(長岡亜生訳):ヨーロッパの差別論 ヤン・C.ヨェルデン編, 田村光彰ほか訳 明石書店 1999.12 452p (世界人権問題叢書 34)

Koegel, Lynn Kern ケーゲル, リン・カーン
◇反応性の鈍化と、その要となる行動(共著):自閉症、発達障害者の社会参加をめざして—応用行動分析学からのアプローチ R.ホーナー他著, 小林重雄, 加藤哲文監訳 二瓶社 1992.12 299p (叢書・現代の心理学 3)
◇親と教師のより良い連携を築き自閉症の子どもの動機づけを高める状況事象(共著)(平澤紀子訳):挑戦的

行動の先行子操作—問題行動への新しい援助アプローチ　ジェームズ・K.ルイセリー, マイケル・J.キャメロン編, 園山繁樹ほか訳　二瓶社　2001.8　390p

Koegel, Robert L.　ケーゲル, ロバート・L.
◇反応性の般化と、その要となる行動（共著）：自閉症、発達障害者の社会参加をめざして—応用行動分析学からのアプローチ　R.ホーナー他著, 小林重雄, 加藤哲文監訳　二瓶社　1992.12　299p　（叢書・現代の心理学 3）
◇親と教師のより良い連携を築き自閉症の子どもの動機づけを高める状況事象（共著）（平澤紀子訳）：挑戦的行動の先行子操作—問題行動への新しい援助アプローチ　ジェームズ・K.ルイセリー, マイケル・J.キャメロン編, 園山繁樹ほか訳　二瓶社　2001.8　390p

Koehler　ケーラー
◇高等なサル：道具の作成、既成の道具の使用：ドゥルーズ初期—若き哲学者が作った教科書　ジル・ドゥルーズ編著, 加賀野井秀一訳注　夏目書房　1998.5　239p

Koehn, Daryl　ケーン, ダリル
◇CEOをめぐるスキャンダルにいかに対処すべきか（共著）：人材育成のジレンマ—ハーバード・ビジネス・レビューケースブック　Harvard Business Review編, Diamondハーバード・ビジネス・レビュー編集部訳　ダイヤモンド社　2004.12　219p
◇カリスマCEOのスキャンダルにどう対処すべきか（共著）：「問題社員」の管理術—ケース・スタディ　Diamondハーバード・ビジネス・レビュー編集部編訳　ダイヤモンド社　2007.1　263p　（Harvard business review anthology）

Koeppl, Gina Krehbiel　ケプル, G.*
◇攻撃的で妨害的な拒否される子の抱える問題に対応した介入の方法（共著）（佐藤容子訳）：子どもと仲間の心理学—友だちを拒否するこころ　S.R.アッシャー, J.D.クーイ編著, 山崎晃, 中沢潤監訳　北大路書房　1996.7　447p

Kofman, Sarah　コフマン, サラ
◇女の問題、哲学者の袋小路（芝崎和美訳）：女たちのフランス思想　棚沢直子編著　勁草書房　1998.9　297, 11p
◇サラ・コフマンのテクスト（木村信子訳）：サラ・コフマン讃　F.コラン, J-L.ナンシー, J.デリダ他著, 棚沢直子, 木村信子他訳　未知谷　2005.8　323p

Kogan, Maurice　コーガン, モーリス
◇研究訓練と大学院教育—イギリスの全体構造（共著）（今津孝次郎訳）：大学院教育の研究　バートン・クラーク編著, 潮木守一監訳　東信堂　1999.5　523p

Kogut, Bruce　コグット, ブルース
◇学習, 慣性の重要性：組織理論と多国籍企業　スマントラ・ゴシャール, D.エレナ・ウエストニー編著, 江夏健一監訳, IBI国際ビジネス研究センター訳　文眞堂　1998.10　452p

Kohl, Richard　コール, リチャード
◇グローバル化と無料のクルマ：開発途上国におけるグローバル化と貧困・不平等　リチャード・コール編著, 及川裕二訳　明石書店　2004.11　176p

Kohler, Erik L.　コーラー, E. L.*
◇A Dictionary for Accounting（偶発債務）：元帳の締め切り　川島貞一訳　〔川島貞一〕　2002.8　1冊

Kohn, Richard H.　コーン, リチャード・H.
◇危険な状態：戦争と正義—エノラ・ゲイ展論争からトム・エンゲルハート, エドワード・T.リネンソール編, 島田三蔵訳　朝日新聞社　1998.8　300, 39p　（朝日選書 607）

Kohon, Gregorio　コーホン, G.
◇英国における精神分析の歴史に関する覚え書 他：英国独立学派の精神分析—対象関係論の展開　G.コーホン編, 西園昌久監訳　岩崎学術出版社　1992.6　278p　（現代精神分析双書 2 - 17）

Koke, Steve　コーク, スティーヴ
◇宗教的宇宙論の探究（木村清次訳）：エマヌエル・スウェーデンボルグ—持続するヴィジョン　ロビン・ラーセン編　春秋社　1992.11　307p

Kokkinaki, Flora　コッキナキ, フローラ
◇マーケティングの業績評価—どのような方法が行われているのか（共著）：業績評価の理論と実務—事業を成功に導く 専門領域の障壁を越えて　アンディ・ニーリー編著, 清水孝訳　東洋経済新報社　2004.4　459p

Kol, Jacob　コル, ヤコブ
◇産業内貿易, 伝統的貿易理論およびその展開 他（共著）：産業内貿易—理論と実証　P.K.M.サラカン, ヤコブ・コル編著, 小柴徹修, 浜口登, 利光強訳, 佐々波楊子監訳　文眞堂　1993.6　217p

Kolasch, Joseph A.　コラシュ, J.*
◇特許権の行使（共著）（河宮治訳）：国際特許侵害—特許紛争処理の比較法的検討　青山葆, 木棚照一編　東京布井出版　1996.12　454p

Kolb, Deborah M.　コルブ, デボラ・M.
◇ネゴシエーション・ブレークスルー（共著）：「交渉」からビジネスは始まる　Diamondハーバード・ビジネス・レビュー編集部編訳　ダイヤモンド社　2005.4　272p　（Harvard business review anthology）

Kolb, Eberhard　コルブ, エーベルハルト
◇1918/19 頓挫した革命（高橋秀寿訳）：ドイツ史の転換点—1848-1990　C.シュテルン, H.A.ヴィンクラー編著, 末川清ほか訳　晃洋書房　1992.3　243p

Kolen, Michael J.　コーレン, M. J.*
◇尺度化, 規準化, および等化（共著）（前川真一訳）：教育測定学　上巻　ロバート・L.リン編, 池田央, 藤田恵璽, 柳井晴夫, 繁桝算男訳・編　学習評価研究所　1992.12　469p

Kolinsky, Eva　コリンスキー, E.
◇西ドイツにおける議会外野党の変貌と平和運動（高見仁訳）：西ヨーロッパの野党　E.コリンスキー編, 清水望監訳　行人社　1998.5　398p

Koller, Tim　コラー, ティム
◇よい事業分割, 悪い事業分割（共著）：「選択と集中」の戦略　Diamondハーバード・ビジネス・レビュー編集部編　ダイヤモンド社　2003.1　286p

Kollhosser, Helmut　コロサー, ヘルムート
◇ドイツにおける離婚法の発展 他（共著）（田村五郎訳）：ドイツ現代家族法　W.ミュラー・フライエンフェルス他著, 田村五郎編訳　中央大学出版部　1993.7　305p　（日本比較法研究所翻訳叢書 33）

Kollontai, Alexandra Mikhaylovna コロンタイ, アレクサンドラ
◇婦人と家族制度(山川菊栄訳 他):世界女性学基礎文献集成 昭和初期編 第2巻 水田珠枝監修 ゆまに書房 2001.12 20, 421p

Kolodinsky, Jane コロディンスキー, ジェーン
◇家族の要求と女性の就労(紀嘉行訳):転換期の家族——ジェンダー・家族・開発 N.B.ライデンフロースト編, 家庭経営学部会訳 日本家政学会 1995.3 360p

Kolokowski, Leszek コラコフスキー, レスゼック
◇最悪の事態を避けること(廣瀬浩司訳):介入?―人間の権利と国家の論理 エリ・ウィーゼル, 川田順造編, 広瀬浩司, 林修訳 藤原書店 1997.6 294p

Koltyn, Kelli F. コルティン, K.*
◇体温仮説(大森武則訳):身体活動とメンタルヘルス ウイリアム・P.モーガン編, 竹中晃二, 征矢英昭監訳 大修館書店 1999.4 362p

Kondo, Dorinne コンドウ, ドリンヌ
◇ファッション産業における日本人のアイデンティティ——その美学と政治学:文化加工装置ニッポン——「リ=メイド・イン・ジャパン」とは何か ジョーゼフ・J.トービン編, 武田徹訳 時事通信社 1995.9 321, 14p

König, Suse ケーニッヒ, スーゼ
◇ピンパーネル 他(高橋弘子訳):幼児のためのメルヘン スーゼ・ケーニッヒ編著, 高橋弘子訳 水声社 1999.9 129p (シュタイナー教育文庫)

Koole, Ruud A. クール, ルード・A.
◇オランダの政党:カネとメッセージ:民主主義のコスト——政治資金の国際比較 H.E.アレキサンダー, 白鳥令編著, 岩崎正洋他訳 新評論 1995.11 261p

Kopf, Gereon コプフ, ゲレオン
◇ドイツにおける日本哲学の未来(松戸行雄訳):日本哲学の国際性——海外における受容と展望 J.W.ハイジック編 世界思想社 2006.3 342, 9p (Nanzan symposium 12)

Kopp, C. B. コップ, C. B.*
◇障害児の発達における多経路性の問題(共著):障害児理解の到達点——ジグラー学派の統合的アプローチ R.M.ホダップ, J.A.ブラック, E.ジグラー編, 小松秀茂, 清水貞夫編訳 田研出版 1994.9 435p

Korajczyk, Robert A. コラジーク, R.*
◇裁定価格理論と資産収益率のマルチファクターモデル(共著)(高山俊則訳):ファイナンスハンドブック R.A.Jarrow, V.Maksimovic, W.T.Ziemba編, 今野浩, 古川浩一監訳 朝倉書店 1997.12 1121p

Korbin, Jill E. コービン, ジル・E.
◇文化と子どもの虐待:虐待された子ども——ザ・バタード・チャイルド メアリー・エドナ・ヘルファ, ルース・S.ケンプ, リチャード・D.クルーグマン編, 子どもの虐待防止センター監修, 坂井聖二訳 明石書店 2003.12 1277p

Korczak, Janusz コルチャック, ヤヌシ
◇誰が教育者になることができるか?:教育学的に見ること考えることへの入門 アンドレアス・フリットナー, ハンス・ショイアール編, 石川道夫訳 玉川大学出版部 1994.8 409p

Korein, Julius コレイン, ジュリアス
◇現実と脳(河野貴美子訳):「意識」の進化論—脳 こころ AI ジョン・ブロックマン編, 長尾力ほか訳 青土社 1992.10 366p

Kornai, János コルナイ, ヤーノシュ
◇経済指導における過度の集権主義—軽工業に関する批判的分析:計画から市場へ—ハンガリー経済改革思想史 1954-1988 平泉公雄編訳 アジア経済研究所 1992.3 355p (翻訳シリーズ 32)

Kornfield, Jack コーンフィールド, ジャック
◇霊的修行における障害と変転:スピリチュアル・エマージェンシー—心の病と魂の成長について スタニスラフ・グロフ, クリスティーナ・グロフ編著, 高岡よし子, 大口康子訳 春秋社 1999.6 341, 8p
◇水があふれ出す所:小さなことを大きな愛でやろう リチャード・カールソン, ベンジャミン・シールド編, 小谷啓子訳 PHP研究所 1999.11 263, 7p

Kornicki, P. F. コーニッキー, P. F.
◇ウィリアム・ジョージ・アストン 他:英国と日本—架橋の人びと サー・ヒュー・コータッツイ, ゴードン・ダニエルズ編著, 横山俊夫解説, 大山瑞代訳 思文閣出版 1998.11 503, 68p

Korsan, Robert J. コーサン, R.*
◇Decision Analytica:Mathematicaによるベイジアン推定・決定理論の実例(高萩栄一郎訳):Mathematica経済・金融モデリング Hal R.ヴァリアン編, 野口広ほか共訳 トッパン 1996.12 553p

Korsgaard, Christine Marion コースガード, クリスティーン・M.
◇「何の平等か?厚生, 財, 潜在能力について」と「潜在能力と福祉」の論評:クオリティー・オブ・ライフ—豊かさの本質とは マーサ・ヌスバウム, アマルティア・セン編著, 竹友安彦監修, 水谷めぐみ訳 里文出版 2006.3 237p

Koruna, Stefan コルーナ, ステファン
◇技術移転—行動および技術的展望 他:科学経営のための実践的MOT—技術主導型企業からイノベーション主導型企業へ ヒューゴ・チルキー編, 亀岡秋男監訳 日経BP社 2005.1 397p

Koschmann, J. Victor コシュマン, J. ヴィクター
◇知識人と政治(葛西弘隆訳):歴史としての戦後日本 下 アンドルー・ゴードン編, 中村政則監訳 みすず書房 2001.12 437, 37p
◇主体性と動員(葛西弘隆訳):戦後という地政学 西川祐子編 東京大学出版会 2006.11 268p (歴史の描き方 2 ひろたまさき, キャロル・グラック監修)

Koslowski, Peter コスロフスキー, ペーター
◇資本主義の倫理(山脇直司, 橋本努訳):資本主義の倫理 ペーター・コスロフスキーほか著 新世社 1996.6 228p (新世叢書—経済学 2)

Kotański, Wiesław コタンスキ, W.
◇日本の「はじめにありしもの」は何か(松井嘉和訳):奥井省吾学長追悼論文集 奥井省吾学長追悼論文集刊行委員会編 大阪国際大学 1997.3 714p

Kotler, Philip コトラー, フィリップ
◇未来市場を予測する:21世紀ビジネスはこうなる—世界の叡智を結集 ロワン・ギブソン編, 島田晴雄監

訳, 鈴木孝男, 竹内ふみえ訳　シュプリンガー・フェアラーク東京　1997.11　327p
◇競争力と市民性：企業の未来像―成功する組織の条件　フランシス・ヘッセルバイン, マーシャル・ゴールドスミス, リチャード・ベックハード編, 小坂恵理訳　トッパン　1998.7　462p　(トッパンのビジネス経営書シリーズ 14)

Kotter, John P.　コッター, ジョン・P.
◇リーダーとマネジャーとの違い：リーダーシップ　Harvard Business Review編, Diamondハーバード・ビジネス・レビュー編集部訳　ダイヤモンド社　2002.4　295p
◇マネジャー研修とリーダー教育は異なる：人材育成の戦略―評価, 教育, 動機づけのサイクルを回す　Diamondハーバード・ビジネス・レビュー編集部編訳　ダイヤモンド社　2007.3　450p　(Harvard business review)

Kouchner, Bernard　クシュネル, ベルナール
◇防止のための介入(林修訳)：介入？―人間の権利と国家の論理　エリ・ウィーゼル, 川田順造編, 広瀬浩司, 林修訳　藤原書店　1997.6　294p

Kouzes, James M　コーゼズ, ジェームズ・M.
◇リーダーシップに関する迷信に惑わされるな(共著)：ウェルチはこうして組織を甦らせた―アメリカ・トップリーダーからの経営処方箋29　ケン・シェルトン編著, 堀紘一監修・訳　フロンティア出版　1999.12　281p

Kowalski, Robin M.　コワルスキ, R. M.
◇社会心理学と臨床心理学のインターフェイス：歴史と現状 他(共著)(安藤清志訳)：臨床社会心理学の進歩―実りあるインターフェイスをめざして　R.M.コワルスキ, M.R.リアリー編著, 安藤清志, 丹野義彦監訳　北大路書房　2001.10　465p

Kozak, Michael J.　コザック, マイケル・J.
◇強迫性障害の治療マニュアル(共著)(山下さおり, 樋口輝彦訳)：エビデンスベイスト心理療法マニュアル　V.B.V.ハッセル, M.ハーセン編著, 坂野雄二, 不安・抑うつ臨床研究会訳　日本評論社　2000.11　371p

Kozun, Wayne　コズン, ウェイン
◇年金基金におけるリスク・バジェッティング(共著)：リスクバジェッティング―実務家が語る年金新時代のリスク管理　レスリー・ラール編, 三菱信託銀行受託財産本部門訳　パンローリング　2002.4　575p　(ウィザードブックシリーズ 34)

Krackow, Elisa　クラッコー, エライザ
◇過去の出来事の想起―心理療法における問題となる記憶回復技法(共著)：臨床心理学における科学と疑似科学　S.O.リリエンフェルド, S.J.リン, J.M.ロー編, 厳島行雄, 横田正夫, 斎藤雅英監訳　北大路書房　2007.9　461p

Kraemer, Wolfgang　クレーマー, W.
◇バーチャル企業大学―その学習管理プロセスとアプリケーション・アーキテクチャ(共著)(宇野原英治訳)：ARISを活用したチェンジマネジメント―ビジネスプロセスの変革を管理する　A.-W.シェアー, F.アボルハッサン, W.ヨースト, M.F.W.キルヒマー編, 堀内正博, 田中正郎, 柳堀紀幸監訳　シュプリンガー・フェアラーク東京　2003.12　216p

Krafft Ebing, Richard Freiherr von　クラフト・エビング, リヒャルト・F. フォン
◇色情狂編(日本法醫學會譯述)：性と生殖の人権問題資料集成―編集復刻版　第27巻　不二出版　2000.12　8, 347p
◇変態性欲心理(黒沢良臣訳)：近代日本のセクシュアリティ 2　斎藤光編　ゆまに書房　2006.7　482, 10p
◇色情狂篇 他(波籠居士(土筆子)訳)：戦前期同性愛関連文献集成―編集復刻版　第1巻　古川誠, 赤枝香奈子編・解説　不二出版　2006.9　405p

Kraithman, David　クライスマン, デビット
◇労働市場の変化と労働編制(共著)(今井拓訳)：フォーディズムとフレキシビリティ―イギリスの検証　N.ギルバートほか編, 丸山恵也監訳　新評論　1996.9　238p

Kramer, Helmut　クライマー, ヘルムート
◇第1章 歴史と国際関係：現代オーストリアの政治　フォルクマール・ラウバー編, 須藤博忠訳　信山社出版　1997.3　321, 5p

Kramer, Lloyd S.　クレーマー, ロイド・S.
◇文学・批評・歴史的想像力―ヘイドン・ホワイトとドミニク・ラカプラの文学的挑戦：文化の新しい歴史学　リン・ハント編, 筒井清忠訳　岩波書店　1993.1　363, 5p　(NEW HISTORY)
◇文学・批評・歴史的想像力―ヘイドン・ホワイトとドミニク・ラカプラの文学的挑戦：文化の新しい歴史学　リン・ハント編, 筒井清忠訳　岩波書店　2000.9　363, 5p　(岩波モダンクラシックス)

Kramer, Robert J.　クレーマー, ロバート・J.
◇重要幹部の痴癖によって巻き起こった社内騒動をどう収束させるか(共著)：人材育成のジレンマ―ハーバード・ビジネス・レビューケーススタディ　Harvard Business Review編, Diamondハーバード・ビジネス・レビュー編集部訳　ダイヤモンド社　2004.12　219p

Kramer, Roderick M.　クラマー, ロデリック・M.
◇なぜ地位は人を堕落させるのか：リーダーシップに「心理学」を生かす　Diamondハーバード・ビジネス・レビュー編集部編訳　ダイヤモンド社　2005.9　294p　(Harvard business review anthology)
◇なぜ地位は人を堕落させるのか：組織行動論の実学―心理学で経営課題を解明する　Diamondハーバード・ビジネス・レビュー編集部編訳　ダイヤモンド社　2007.9　425p　(Harvard business review)

Kramer, Steven J.　クレイマー, スティーブン・J.
◇時間的制約は創造性を高められるか(共著)：いかに「プロジェクト」を成功させるか　Diamondハーバード・ビジネス・レビュー編集部編訳　ダイヤモンド社　2005.1　239p　(Harvard business review anthology)
◇時間的制約は創造性を高められるか(共著)：いかに「時間」を戦略的に使うか　Diamondハーバード・ビジネス・レビュー編集部編訳　ダイヤモンド社　2005.10　192p　(Harvard business review anthology)

Krammer, Ralph M.　クレーマー, ラルフ・M.
◇混合経済の新しいパラダイム―セクターの境界区分を再考する：欧州サードセクター―歴史・理論・政策　A.エバース, J.-L.ラヴィル編, 内山哲朗, 柳沢敏勝訳

日本経済評論社　2007.6　368p

Kramp, Wolfgang　クランプ, ヴォルフガング
◇教育的行為の問題と原則としての過大な要求：教育学的に見ること考えることへの入門　アンドレアス・フリットナー, ハンス・ショイアール編, 石川道夫訳　玉川大学出版部　1994.8　409p

Kraus, Hans-Christof　クラウス, ハンス＝クリストフ
◇エルンスト・ノルテの「歴史記述」：20世紀を問う—革命と情念のエクリール　フランソワ・フュレ編著, 大宅由里子ほか訳　慶応義塾大学出版会　1996.4　221, 11p

Kraus, Jobst　クラウス, ヨープスト
◇エコロジー簿記の利用—バート・ボル福音大学での実例—モデル探求の成果（共著）：エコノミーとエコロジー—「環境会計」による矛盾への挑戦　ウド・エルンスト・ジモニス編著, 宮崎修行訳　創成社　1995.3　269p

Krauss, Robert M.　クラウス, R. M.
◇コミュニケーションと紛争（共著）：紛争管理論—新たな視点と方向性　レビン小林久子訳編, モートン・ドイッチ, ピーター・T.コールマン編　日本加除出版　2003.10　285p

Krausz, Erwin　クラウズ, アーウィン
◇仕事（共著）：アドラーの思い出　G.J.マナスター, G.ペインター, D.ドイッチ, B.J.オーバーホルト編, 柿内邦博, 井原文子, 野田俊作訳　創元社　2007.6　244p

Kregel, J. A.　クリーゲル, ジョン・A.
◇所得分配：ポスト・ケインズ派経済学入門　A.S.アイクナー編, 緒方俊雄ほか共訳　オンデマンド版　日本経済評論社　2003.3　221p　（ポスト・ケインジアン叢書 2）

Kreis, Steven　クライス, スティーブン
◇科学的管理の普及：米英両国におけるブドー社（1926～1945年）：科学的管理の展開—テイラーの精神革命論　ダニエル・ネルソン編著, アメリカ労務管理史研究会訳　税務経理協会　1994.4　334p

Krieger, Abba M.　クリーガー, アバ・M.
◇コンジョイント分析による競争の相互作用の考察（共著）（村手俊夫訳）：ウォートンスクールのダイナミック競争戦略　ジョージ・デイ, デイビッド・レイブシュタイン編, 小林陽太郎監訳, 黒田康史ほか訳　東洋経済新報社　1999.10　435p　（Best solution）

Krieger, David　クリーガー, デイビッド
◇非脆弱性のドンキホーテ的探求 他：ミサイル防衛—大いなる幻想 東西の専門家20人が批判する　デービッド・クリーガー, カラー・オン・編, 梅林宏道, 黒崎輝訳　高文研　2002.11　155p

Kriener, Tobias　クリーナー, トビアス
◇復活はキリスト者だけの希望か：キリスト教とユダヤ教—キリスト教信仰のユダヤ的ルーツ　F.クリュゼマン, U.ライスマン編, 大住雄一訳　教文館　2000.12　232p

Krill, Donald F.　クリル, ドナルド
◇実存主義（米本秀仁訳）：ソーシャルワーク・トリートメント—相互連結理論アプローチ　下　フランシス・J.ターナー編, 米本秀仁監訳　中央法規出版　1999.8　573p

Krings, Ernst　クラン, E. *
◇ベルギー報告(2)（生田美弥子訳）：訴訟法における法族の再検討　小島武司編著　中央大学出版部　1999.4　578p　（日本比較法研究所研究叢書 46）

Krings, Hermann　クリングス, ヘルマン
◇経験とアプリオリ—超越論哲学と言語遂行論の関係に寄せて 他（池上哲司, 山本精一訳）：超越論哲学と分析哲学—ドイツ哲学と英米哲学の対決と対話　ヘンリッヒ他著, 竹市明弘編　産業図書　1992.11　451p
◇思惟の省察 超越論的の哲学（権八哲明, 竹内享訳）：哲学の変貌—現代ドイツ哲学　ガーダマーほか著, 竹市明弘編　岩波書店　2000.9　298, 36p　（岩波モダンクラシックス）

Krippner, Stanley　クリップナー, スタンリー
◇超心理学の未来を計画する（共著）：超常現象のとらえにくさ　笠原敏雄編　春秋社　1993.7　776, 61p
◇超心理学と人間性心理学を結ぶもの：超心理学入門　J.B.ライン他著, 長尾力他訳　青土社　1993.10　286p
◇パノラマ的ヴィジョン—幻覚か, 未知への架け橋か？（共著）（井村宏治訳）：死を超えて生きるもの—霊魂の永遠性について　ゲイリー・ドーア編, 井村宏治, 上野圭一, 笠原敏雄, 鹿子木大士郎, 菅靖彦, 中村正明, 橘村令助訳　春秋社　1993.11　407, 10p
◇心霊治療：心霊研究—その歴史・原理・実践　イヴォール・グラッタン・ギネス編, 和田芳久訳　技術出版　1995.12　414p　（超心理学叢書 第4集）

Kristensen, Kai　クリステンセン, カイ
◇顧客満足度と事業業績（共著）：業績評価の理論と実務—事業を成功に導く専門領域の障壁を越えて　アンディ・ニーリー編著, 清水孝訳　東洋経済新報社　2004.4　459p

Kristeva, Julia　クリステヴァ, ジュリア
◇母性愛：フェミニズムから見た母性　A.-M.ド・ヴィレーヌ, L.ガヴァリニ, M.ル・コアディク編, 中嶋公子, 目崎光子, 磯本輝子, 横地良子, 宮本由美ほか訳　勁草書房　1995.10　270, 10p
◇フロイトの聖母（木村信子訳）：女たちのフランス思想　棚沢直子編　勁草書房　1998.9　297, 11p

Kristol, William　クリストル, ウィリアム
◇台湾問題と二五年の経過：本当に「中国は一つ」なのか—アメリカの中国・台湾政策の転換　ジョン・J.タシクJr.編著, 小谷まさ代, 近藤明理訳　草思社　2005.12　269p

Kröger, Klaus　クレーガー, クラウス
◇カール・シュミットの『ローマ・カトリシズムと政治形態』への覚え書き（佐野誠訳）：カール・シュミットの遺産　ヘルムート・クヴァーリチュ編, 初宿正典, 古賀敬太編訳　風行社　1993.10　402, 16p

Kröger, Teppo　クレーガー, テッポ
◇スカンジナビアの地方政府—自律的な存在か, それとも福祉国家に統合されているのか：社会ケアサービス—スカンジナビア福祉モデルを解く鍵　ヨルマ・シピラ編著, 日野秀逸訳　本の泉社　2003.7　333p

Krogh, Georg von　クロー, ゲオルク・フォン
◇急成長のための3つの戦略（共著）：MITスローン・ス

クール 戦略論　マイケル・A.クスマノ, コンスタンチノス・C.マルキデス編, グロービス・マネジメント・インスティテュート訳　東洋経済新報社　2003.12　287p

Kronvall, Kai　クルーンバル, カイ
◇規制緩和と分権化［スウェーデン］：北欧の地方分権改革─福祉国家におけるフリーコミューン実験　ハラール・ボルデシュハイム, クリステル・ストールバリ編著, 大和田建太郎, 小原亜生, 広田全男訳　日本評論社　1995.8　233p

Kropotkin, Pyotr　クロポトキン, ピョートル
◇未来の社会組織の理想の考察にわれわれは取りかからねばならないか？：19世紀ロシアにおけるユートピア社会主義思想　森宏一編訳　光陽出版社　1994.3　397p

Krueger, Ann O.　クルーガー, アン・O.
◇レントシーキング社会の政治経済学（山下耕治訳）：レントシーキングの経済理論　ロバート・トリソン, ロジャー・コングレトン編, 加藤寛監訳　勁草書房　2002.7　264p

Kruger, Paul　クリューガー, ポール
◇ポール・クリューガー（林晃史訳）：インタヴューズ　1　クリストファー・シルヴェスター編, 新庄哲夫ほか訳　文芸春秋　1998.11　462p

Krugman, Paul Robin　クルーグマン, ポール・ロビン
◇国際経済における金融危機：経済危機─金融恐慌は来るか　マーティン・フェルドシュタイン編, 祝迫得夫, 中村保訳, 伊藤隆敏訳　東洋経済新報社　1992.10　350p
◇まぼろしのアジア経済：アジア成功への課題─『フォーリン・アフェアーズ』アンソロジー　P.クルーグマンほか著, 竹下興喜監訳　中央公論社　1995.3　266p
◇かけがえのないIMF：IMF改廃論争の論点　ローレンス・J.マッキラン, ピーター・C.モントゴメリー編, 森川公隆監訳　東洋経済新報社　2000.11　285p
◇まぼろしのアジア経済：フォーリン・アフェアーズ傑作選─アメリカとアジアの出会い 1922-1999　下　フォーリン・アフェアーズ・ジャパン編・監訳　朝日新聞社　2001.2　327, 7p
◇恐慌型経済への回帰：このままでは日本経済は崩壊する　フォーリン・アフェアーズ・ジャパン編・監訳, 竹下興喜監訳　朝日新聞社　2003.2　282, 11p（朝日文庫─フォーリン・アフェアーズ・コレクション）

Krugman, Richard D.　クルーグマン, リチャード・D.
◇子どもの保護政策　他：虐待された子ども─ザ・バタード・チャイルド　メアリー・エドナ・ヘルファ, ルース・S.ケンプ, リチャード・D.クルーグマン編, 子どもの虐待防止センター監修, 坂井聖二監訳　明石書店　2003.12　1277p

Kruse, Andreas　クルーゼ, アンドレアス
◇老人教育─老年学の理論的・実証的寄与（共著）（佐藤義雄訳）：現代ドイツ教育学の潮流─W.フリットナー百歳記念論文集　ヘルマン・レールス, ハンス・ショイアール編, 天野正治訳　玉川大学出版部　1992.8　503p
◇老年学におけるリハビリテーション─理論的根拠と経験的研究結果　他：高齢者の自立能力─今日と明日の

概念 III　老年学週間論文集　Chr.Rott, F.Oswald編, 石井毅訳　長寿社会開発センター　1994.3　200p

Kübler-Ross, Elizabeth　キューブラー＝ロス, エリザベス
◇見せかけの魂の贈り物：魂をみがく30のレッスン　リチャード・カールソン, ベンジャミン・シールド編, 鴨志田千枝子訳　同朋舎　1998.6　252p

Kuczynski, Jürgen　クチンスキー, ユルゲン
◇ユルゲン・クチンスキー：戦後ドイツを生きて─知識人は語る　三島憲一編・訳　岩波書店　1994.10　370p

Kugler, Walter　クーグラー, ヴァルター
◇生涯と芸術 芸術の理解から理解の芸術へ：ルドルフ・シュタイナー遺された黒板絵　ルドルフ・シュタイナーほか著, ヴァルター・クーグラ編, 高橋巌訳　筑摩書房　1996.11　154p

Kuhlthau, Carol C.　クールソ, キャロル
◇児童・青少年の成長段階と図書館利用指導プログラムとの関係（市古健次訳）：情報の要求と探索　J.ヴァーレイス編, 池谷のぞみ, 市古健次, 白石英理子, 田村俊作訳　勁草書房　1993.6　166p

Kuhn, Deanna　クーン, ディアナ
◇発達的観点から見た成人の思考（共著）（鈴木高志訳）：生涯発達の心理学　1巻　認知・知能・知恵　東洋, 柏木恵子, 高橋恵子編・監訳　新曜社　1993.10　250p

Kuhn, Dorothea　クーン, ドロテーア
◇ヨハン・ヴォルフガング・ゲーテ（共著）（伊坂青司訳）：われわれは「自然」をどう考えてきたか　ゲルノート・ベーメ編, 伊坂青司, 長島隆監訳　どうぶつ社　1998.7　524p

Kuhn, Michael　クーン, M.*
◇国民経済の環境・経済動向　他（共著）：環境の経済計算─ドイツにおける新展開　C.シュターマー編著, 良永康平訳　ミネルヴァ書房　2000.1　264p（シリーズ〈環境・エコロジー・人間〉3）

Kühne, Thomas　キューネ, トーマス
◇性の歴史としての男性史　他：男の歴史─市民社会と〈男らしさ〉の神話　トーマス・キューネ編, 星乃治彦訳　柏書房　1997.11　254p（パルマケイア叢書 8）

Kumar, Sarabajaya　クマー, サラバジャヤ
◇説明責任。それは何か, われわれに必要か？（大和三重訳）：NPOマネージメント─ボランタリー組織のマネージメント　スティーヴン・P.オズボーン編, ニノミヤ・アキイε・H.監訳　中央法規出版　1999.3　388p

Kumar, Satish　クマール, サティシュ
◇E.F.シューマッハー：環境の思想家たち　下（現代編）　ジョイ・A.パルマー編, 須藤自由児訳　みすず書房　2004.11　320p（エコロジーの思想）

Kunig, Philip　クーニヒ, フィーリプ
◇世界住民の法へと変貌する国際法（三島憲一訳）：グローバル化と法─〈日本におけるドイツ年〉法学研究集会　ハンス・ペーター・マルチュケ, 村上淳一編　信山社出版　2006.9　219p
◇ドイツ公法における比例適合性原理（小林宏晨, 槇裕輔訳）：法律学的対話におけるドイツと日本─ベルリン自由大学・日本大学共同シンポジウム　永田誠,

フィーリプ・クーニヒ編集代表　信山社　2006.12　385p

Kunreuther, Howard C.　クンリューサー, ハワード・C.
◇危険施設の配置（共著）（岩崎敏昭訳）：公共政策ORハンドブック　S.M.Pollock, M.H.Rothkopf, A.Barnett編, 大山達雄監訳　朝倉書店　1998.4　741p
◇意思決定の複雑な関係　他（共著）：ウォートンスクールの意思決定論　ステファン・J.ホッチ, ハワード・C.クンリューサー編, 小林陽太郎監訳, 黒田康史, 大塚達也訳　東洋経済新報社　2006.8　374p　(Best solution)

Kunstler, William　カンストラー, ウィリアム
◇兵役拒否者に対する苛酷な訴追：アメリカの戦争犯罪　ラムゼイ・クラーク編著, 戦争犯罪を告発する会訳　柏書房　1992.12　346p　(ブックス・プラクシス 6)

Kupersmidt, Janis B.　クーパルシュミッド, J. *
◇仲間集団行動と仲間内地位　他（共著）（前田健一訳）：子どもと仲間の心理学―友だちを拒否するこころ　S.R.アッシャー, J.D.クーイ編著, 山崎晃, 中沢潤監訳　北大路書房　1996.7　447p

Kusmirek, J.　クスミレク, J. *
◇アロマテラピーの展望：香りの生理心理学　S.ヴァン・トラー, G.H.ドッド編, 印藤元一訳　フレグランスジャーナル社　1996.6　306p

Kutler, Veena A.　カトラー, ヴェーナ・A.
◇マネー・マネジャーの選択：トップダウン・アプローチ：年金資産運用マネジメントのすべて―プラン・スポンサーの新潮流　フランク J.ファボッツィ編, 榊原茂樹監訳, 大和銀行信託財産運用部訳　金融財政事情研究会　1999.3　463p

Kutschmann, Werner　クッチュマン, ヴェルナー
◇アイザック・ニュートン（大西正人訳）：われわれは「自然」をどう考えてきたか　ゲルノート・ベーメ編, 伊坂青司, 長島隆訳　どうぶつ社　1998.7　524p

Kvale, Steinar　クヴァル, シュタイナー
◇ポストモダンの心理学　他（永井務訳）：心理学とポストモダニズム―社会構成主義とナラティヴ・セラピーの研究　シュタイナー・クヴァル編, 永井務訳　こうち書房　2001.7　294p

Kvičenska, Jana　クヴィエチンスカー, ヤナ
◇民主主義への移行期にある三カ国での人権教育の実施―ルーマニア, スロヴァキア, アルバニア（共著）（梨本雄太郎訳）：世界の人権教育―理論と実践　ジョージ・J.アンドレオポーロス, リチャード・ピエール・クロード編著, 黒沢惟昭監訳　明石書店　1999.2　758p

Kwak, Mary　クワック, メアリー
◇アップル, 1999年（共著）：技術とイノベーションの戦略的マネジメント　下　ロバート・A.バーゲルマン, クレイトン・M.クリステンセン, スティーヴン・C.ウィールライト編, 青島矢一, 黒田光太郎, 志賀敏宏, 田辺孝二, 出川通, 和賀三和子日本語版監訳, 岡真由美, 斉藤裕一, 桜井祐子, 中川泉, 山本章子訳　翔泳社　2007.7　595p

Kwong, Peter　クォン, ピーター
◇ニューヨークは香港ではない―実現されなかった小香港（木村英憲訳）：香港を離れて―香港中国人移民の世界　ロナルド・スケルドン編, 可児弘明, 森川真規雄, 吉原和男監訳　行路社　1997.6　552p　(中国の底流シリーズ 4)

Kyburz, Josef A.　キブルツ, ヨセフ
◇ヨーロッパと日本に於ける空間と時間の知覚（鈴村裕輔訳）：日本学とは何か―ヨーロッパから見た日本研究, 日本から見た日本研究　法政大学国際日本学研究所編　法政大学国際日本学研究センター　2007.3　301p　(21世紀COE国際日本学研究叢書 6)

Kynaston, David　カイナストン, デーヴィッド
◇イングランド銀行と政府（宮島茂紀訳）：イングランド銀行の300年―マネーパワー影響　リチャード・ロバーツ, デーヴィッド・カイナストン編, 浜田康行ほか訳　東洋経済新報社　1996.12　329p

Kyrillos of Alexandria　キュリロス（アレクサンドレイアの）
◇書簡集・キリストはひとりであること：中世思想原典集成　3　後期ギリシア教父・ビザンティン思想　上智大学中世思想研究所編訳・監修　平凡社　1994.8　975p

【L】

Labonte, Ronald　ラボンテ, ロナルド *
◇HIV・エイズ（共著）：G8―G8ってナンですか？　ノーム・チョムスキー, スーザン・ジョージ他著, 氷上春奈訳　ブーマー　2005.7　238p

Labows, John N.　ラボウズ, J. *
◇人間における情報伝達物質（共著）：香りの生理心理学　S.ヴァン・トラー, G.H.ドッド編, 印藤元一訳　フレグランスジャーナル社　1996.6　306p

LaCapra, Dominick　ラカプラ, ドミニク
◇ホロコーストを表象する―歴史家論争の省察（小沢弘明訳）：アウシュヴィッツと表象の限界　ソール・フリードランダー編, 上村忠男ほか訳　未来社　1994.4　260p　(ポイエーシス叢書 23)

Lacarrière, Jacques　ラカリエール, ジャック
◇フランスの民衆文化における太陽（藤田治彦訳）：太陽神話―生命力の象徴　マダンジート・シン, UNESCO編, 木村重信監修　講談社　1997.2　399p
◇古代の幼児期, 古風な幼児期（月村辰雄訳）：図説天才の子供時代―歴史のなかの神童たち　E.ル・ロワ・ラデュリー, ミシェル・サカン編, 二宮敬監訳　新曜社　1998.1　446p

Lacépède　ラセペード
◇制度としての動物園：四つの在り方の法則：ドゥルーズ初期―若き哲学者が作った教科書　ジル・ドゥルーズ編著, 加賀野井秀一訳注　夏目書房　1998.5　239p

Lacerda, Galeno　ラセルダ, G. *
◇ブラジル報告（西海真樹訳）：訴訟法における法族の再検討　小島武司編著　中央大学出版部　1999.4　578p　(日本比較法研究所研究叢書 46)

Lachmann, Jens-Peter　ラッハマン, J. -P. *
◇売買契約　他（共著）：ドイツの不動産―開発と投資の

法律および税務　R.フォルハード，D.ウェーバー，W.ウージンガー編，ドイツ・リアルエステイト・コンサルティング訳，平川純子監訳　ダイヤモンド社　1993.5　358p

Lacity, Mary C.　ラシティ，メアリー・C.
◇ITの選択的アウトソーシング成功の条件（共著）：ITマネジメント　Harvard Business Review編，Diamondハーバード・ビジネス・レビュー編集部訳　ダイヤモンド社　2000.10　277p

Laclau, Ernesto　ラクラウ，エルネスト
◇脱構築・プラグマティズム・ヘゲモニー：脱構築とプラグマティズム―来たるべき民主主義　シャンタル・ムフ編，青木隆嘉訳　法政大学出版局　2002.7　179p　（叢書・ウニベルシタス 741）

Lacoste, Yves　ラコスト，イヴ
◇地理学（実川敏夫訳）：人間科学と哲学　田島節夫監訳　新装版　白水社　1998.6　346,27p　（西洋哲学の知 7　Francois Chatelet編）
◇地理学とブローデル：「アナール」とは何か―進化しつづける「アナール」の一〇〇年　I.フランドロワ編，尾河直哉訳　藤原書店　2003.6　366p
◇地理学者ブローデル：開かれた歴史学―ブローデルを読む　イマニュエル・ウォーラーステインほか著，浜田道夫，末広菜穂子，中村美幸訳　藤原書店　2006.4　318p

Lacoue-Labarthe, Philippe　ラクー＝ラバルト，フィリップ
◇オデュッセウスの返答―アヴィタル・ロネルに捧ぐ（大西雅一郎訳）：主体の後に誰が来るのか？　ジャン・リュック・ナンシー編著，アラン・バディウ，エチエンヌ・バリバール，モーリス・ブランショ，ミケル・ボルグ・ジャコブセン，ジャン・フランソワ・クルティーヌほか著，港道隆，鵜飼哲，大西雅一郎，松葉祥一，安川慶治，加国尚志，広瀬浩司訳　現代企画室　1996.3　347p
◇崇高なる真理：崇高とは何か　ミシェル・ドゥギー他著，梅木達郎訳　法政大学出版局　1999.5　413p　（叢書・ウニベルシタス 640）
◇「貧しさ」を読む 他：貧しさ　マルティン・ハイデガー，フィリップ・ラクー＝ラバルト著，西山達也訳・解題　藤原書店　2007.4　213p

La Croix, Sumner J.　ラ・クロワ，サムナー・J.
◇住宅の値段 他：ハワイ楽園の代償　ランドール・W.ロス編　有信堂高文社　1995.9　248p

Lactantius, Lucius Caelius Firmianus　ラクタンティウス，L.
◇神の怒りについて（高橋英海訳）：中世思想原典集成 4　初期ラテン教父　上智大学中世思想研究所編訳・監修　平凡社　1999.6　1287p

Ladd, Gary W.　ラッド，G.*
◇幼児の行動特性と仲間との接触パターン―仲間内地位を予測するか？ 他（共著）（中澤小百合訳）：子どもと仲間の心理学―友だちを拒否するこころ　S.R.アッシャー，J.D.クーイ編著，山崎晃，中沢潤監訳　北大路書房　1996.7　447p

Ladduwahetti, I.　ラドゥワヘッティ，I.*
◇スリランカ報告（共著）（吉川昌寛，大村雅彦訳）：訴訟法における法族の再検討　小島武司編著　中央大学出版部　1999.4　578p　（日本比較法研究所研究叢書 46）

Ladouceur, Robert　ラドスール，ロバート
◇ギャンブル行動における認知的パースペクティブ（共著）（福田美喜子訳）：認知行動療法―臨床と研究の発展　ポール M.サルコフスキス，坂野雄二，岩本隆茂監訳　金子書房　1998.10　217p

Laffey, Alice L.　ラフェイ，アリス・L.
◇歴代誌I・II（加藤明子訳）：女性たちの聖書注解―女性の視点で読む旧約・新約・外典の世界　C.A.ニューサム，S.H.リンジ編，加藤明子，小野功生，鈴木元子訳，荒井章三，山内一郎日本語版監修　新教出版社　1998.3　682p

La Fontaine, Jean de　ラ・フォンテーヌ，ジャン・ド
◇人格と個人―人類学的考察（中村牧子訳）：人というカテゴリー　マイクル・カリザス，スティーヴン・コリンズ，スティーヴン・ルークス編，厚東洋輔，中島道男，中村牧子訳　紀伊國屋書店　1995.7　550p　（文化人類学叢書）

Lagana, Domenico　ラガナ，ドメニコ
◇敬語：ニッポン不思議発見！―日本文化を英語で語る50の名エッセイ集　日本文化研究所編，松本道弘訳　講談社インターナショナル　1997.1　257p　（Bilingual books）

Lagrave, Rose-Marie　ラグラーヴ，ローズ＝マリー
◇後見つきの解放―二十世紀における女性の教育と労働（天野知恵子訳）：女の歴史 5〔2〕　二十世紀 2　G.デュビィ，M.ペロー監修，杉村和子，志賀亮一監訳　フランソワーズ・テボー編　藤原書店　1998.11　p517-1026

Lahren, Brian　ラーレン，B.
◇倫理的行為（野崎和子訳）：発達障害に関する10の倫理的課題　リンダ・J.ヘイズ他著，望月昭，冨安ステファニー監訳　二瓶社　1998.6　177p

Laidler, D.　レイドラー，デイヴィッド・E. W.
◇マーシャルと貨幣的経済学の発展（藤井賢治訳）：マーシャル経済学の体系　J.K.ホイティカー編著，橋本昭一監訳　ミネルヴァ書房　1997.8　377p　（マーシャル経済学研究叢書 3）

Laing, Ronald David　レイン，R. D.（精神療法）
◇宗教および精神病との関連における超越体験：スピリチュアル・エマージェンシー―心の病と魂の成長について　スタニスラフ・グロフ，クリスティーナ・グロフ編著，高岡よし子，大口康子訳　春秋社　1999.6　341, 8p

Lair, Jess　レア，ジェス
◇子供たちを成功させる方法：成功大学　オグ・マンディーノ編著　箱田忠昭訳　日本経営合理化協会出版局　1998.9　689p
◇子供たちを成功させる方法：成功大学　オグ・マンディーノ編著，箱田忠昭訳　皮革携帯版　日本経営合理化協会出版局　1998.9　689p

Lajmi, Rajiv　ラジミ，R.
◇プロセス指向アプローチによるMicrosoft Axaptaの導入―バウン・グローバル・ソリューションズ社のケース（共著）（大崎恒次訳）：ARISを活用したシステム構築―エンタープライズ・アーキテクチャの実践

A.-W.シェアー他編，堀内正博，田中正郎，力正俊監訳　シュプリンガー・フェアラーク東京　2005.1　201p

Lakein, Alan　ラーキン，アラン
◇重要事項を最優先する方法：成功大学　オグ・マンディーノ編著，箱田忠昭訳　日本経営合理化協会出版局　1998.9　689p
◇重要事項を最優先する方法：成功大学　オグ・マンディーノ編著，箱田忠昭訳　皮革携帯版　日本経営合理化協会出版局　1998.9　689p

Lalich, Janja　ラリック，ジャンジャ
◇カルト教団という反面教師：EQを鍛える　Diamondハーバード・ビジネス・レビュー編集部編訳　ダイヤモンド社　2005.7　286p　（Harvard business review anthology）

Lam, James　ラム，J.*
◇統合リスクフレームワークにおけるオペレーショナルリスクの測定と管理―理論から実践へ（共著）：オペレーショナルリスク―金融機関リスクマネジメントの新潮流　アーサーアンダーセン編・訳　金融財政事情研究会　2001.1　413p

Lam, Lawrence　ラム，ローレンス
◇安寧の避難地をもとめて―香港中国人のトロントへの移住と定着（宮坂敬造訳）：香港を離れて―香港中国人移民の世界　ロナルド・スケルドン編，可児弘明，森川真規雄，吉原和男監訳　行路社　1997.6　552p　（中国の底流シリーズ 4）

Lam, N. Mark　ラム，N. マーク
◇中国流交渉術（共著）：「交渉」からビジネスは始まる　Diamondハーバード・ビジネス・レビュー編集部編訳　ダイヤモンド社　2005.4　272p　（Harvard business review anthology）

Lam, Quang Thiep　ラム，クアン・チェップ
◇高等教育の組織と管理運営（共著）（黒郷美貴訳）：変革期ベトナムの大学　デイヴィッド・スローパー，レ・タク・カン編著，大塚豊監訳　東信堂　1998.9　245p

Lamb, Michael E.　ラム，マイケル E.
◇非伝統的な家庭における親の行動と子供の発達―序論　他：非伝統的家庭の子育て―伝統的家庭との比較研究　マイケル・E.ラム編著，久米稔監訳　家政教育社　1993.8　468p
◇愛着，ソーシャル・ネットワーク，発達的文脈：愛着からソーシャル・ネットワークへ―発達心理学の新展開　マイケル・ルイス，高橋恵子編，高橋恵子監訳　新曜社　2007.5　197, 70p

Lambe, Loretto　ランベ，L.*
◇知的障害者の高齢化と生活の質に関する生態学的視点（共著）：障害をもつ人にとっての生活の質―モデル・調査研究および実践　ロイ・I.ブラウン編著，中園康夫，末光茂監訳　相川書房　2002.5　382p

Lambert, Kenneth　ランバート，ケネス
◇解釈と治療における分析家の人格他：ユング派の分析技法―転移と逆転移をめぐって　マイケル・フォーダム，ローズマリー・ゴードン，ジュディス・ハバック，ケネス・ランバート共編，氏原寛，李敏子訳　培風館　1992.7　290p　（分析心理学シリーズ 2）

Lambert, Richard D.　ランバート，リチャード・D.
◇外国語教育と国際研究（上地安貞訳）：変革期の大学外国語教育　ウィルガ・M.リヴァーズ編著，上地安貞，加須屋弘月，矢田裕士，森本豊富訳　桐原書店　1995.9　307p　（言語教育・応用言語学叢書）

Lambert, Sandra　ランパート，サンドラ
◇被害者供述と目撃者供述からの犯罪者プロファイルの予測（共著）（岩見広一訳）：犯罪者プロファイリング―犯罪行動が明かす犯人像の断片　ジャネット・L.ジャクソン，デブラ・A.ベカリアン編，田村雅幸監訳，辻典明，岩見広一訳編　北大路書房　2000.3　234p

Lambour, Gary　ランボー，G.*
◇移行に直面している人（共著）：知的障害・発達障害を持つ人のQOL―ノーマライゼーションを超えて　Robert L.Schalock編，三谷嘉明，岩崎正子訳　医歯薬出版　1994.5　346p

Lampel, Joseph　ランペル，ジョセフ
◇戦略プロセスに関する考察（共著）：MITスローン・スクール戦略論　マイケル・A.クスマノ，コンスタンチノス・C.マルキデス編，グロービス・マネジメント・インスティテュート訳　東洋経済新報社　2003.12　287p

Landau, Lev Davidovich　ランダウ，L. D.
◇研究は熱心にやればやるほどよい：物理学者ランダウ―スターリン体制への叛逆　佐々木力，山本義隆，桑野隆編訳　みすず書房　2004.12　331, 4p

Landers, G. J. B.　ランダース，G.*
◇社会的経済的変化および流行が国際的香料市場に及ぼす影響：香りの生理心理学　S.ヴァン・トラー，G.H.ドッド編，印藤元一訳　フレグランスジャーナル社　1996.6　306p

Landfried, Christine　ラントフリート，クリスティーネ
◇西ドイツの政治資金：民主主義のコスト―政治資金の国際比較　H.E.アレキサンダー，白鳥令編著，岩崎正洋他訳　新評論　1995.11　261p

Landon, Alf　ランドン，アルフ
◇アルフ・ランドン（高橋健次訳）：インタヴューズ　2　クリストファー・シルヴェスター編，新庄哲夫ほか訳　文芸春秋　1998.11　451p

Landrum, Jenniter　ランドラム，ジェニファー
◇健全な会社を長い目で構築する（共著）：企業の未来像―成功する組織の条件　フランシス・ヘッセルバイン，マーシャル・ゴールドスミス，リチャード・ベックハード編，小坂恵理訳　トッパン　1998.7　462p　（トッパンのビジネス経営書シリーズ 14）

Landry, Susan H.　ランドリー，S.*
◇低出生体重未熟児における共同注意の発達―早期の医学的合併症および注意を向けさせる母親の行動による影響（徳永豊訳）：ジョイント・アテンション―心の起源とその発達を探る　Chris Moore, Philip J.Dunham原編，大神英裕監訳　ナカニシヤ出版　1999.8　309p

Landsman, Stephan　ランズマン，ステファン
◇合衆国におけるアドヴァサリ・システム―民事訴訟法改革への挑戦（萩澤達彦訳）：民事司法の国際動向　G.C.ハザード他著，小島武司編訳　中央大学出版部　1996.5　164p　（日本比較法研究所翻訳叢書 37）

Landua, Detlef　ランドゥア, デートレフ
◇東西ドイツにおける志向と主観的幸福度（共著）：統一ドイツの生活実態―不均衡は均衡するのか　ヴォルフガング・グラッツァー, ハインツ・ヘルベルト・ノル編, 長坂聰, 近江谷左馬之介訳　勁草書房　1994.3　236p

Lane, Dean　レーン, ディーン
◇人材マネジメント―コミュニケーションとリーダーシップが現場の士気を向上　他：米先進企業CIOが明かすIT経営を成功させる17の「法則」　ディーン・レーン編, 飯田雅美, 高野恵里訳, 日経情報ストラテジー監訳　日経BP社　2005.7　431p

Laney, James T.　レーニー, ジェームス・T.
◇朝鮮半島危機を安定させるには―枠組み合意から包括合意へ　他（共著）：アメリカと北朝鮮―外交的解決か武力行使か　フォーリン・アフェアーズ・ジャパン編・監訳, 竹下興喜監訳　朝日新聞社　2003.3　239, 4p

Laney, Leroy O.　レイニー, ルロイ・O.
◇生活費　他：ハワイ　楽園の代償　ランドール・W.ロス編　有信堂高文社　1995.9　248p

Lanfrancus（Cantuariensis）　ランフランクス（カンタベリーの）
◇書簡集：中世思想原典集成 10　修道院神学　上智大学中世思想研究所編訳・監修　平凡社　1997.10　725p

Lang, Andrew　ラング, アンドルー
◇ながい鼻の小人（川端康成, 野上彰訳）：川原泉の本棚 2　おすすめ本アンソロジー＆ブックガイド　川原泉選・イラスト　白泉社　2004.2　263p

Lang, Brian　ラング, ブライアン
◇英国：21世紀の国立図書館―国際シンポジウム記録集　国立国会図書館訳・編　日本図書館協会　1997.10　8, 214p

Lang, Gladys E.　ラング, G. E.
◇マス・メディアと投票行動（共著）（大石裕訳）：リーディングス政治コミュニケーション　谷藤悦史, 大石裕訳　一芸社　2002.4　284p

Lang, Kurt　ラング, カート
◇マス・メディアと投票行動（共著）（大石裕訳）：リーディングス政治コミュニケーション　谷藤悦史, 大石裕訳　一芸社　2002.4　284p
◇ヨーロッパにおける研究のルーツ：アメリカ―コミュニケーション研究の源流　E.デニス, E.ウォーテラ編著, 伊達345博, 藤山新, 末永雅美, 四方由美, 栢沼利朗訳　春風社　2005.7　282p

Langdon, Nancy A.　ラングダン, N. A. *
◇先行子操作の2つの視点―微視的視点と巨視的視点（共著）（園山繁樹訳）：挑戦的行動の先行子操作―問題行動への新しい援助アプローチ　ジェームズ・K.ルイセリー, マイケル・J.キャメロン編, 園山繁樹ほか訳　二瓶社　2001.8　390p

Langford, David　ラングフォード, デイヴィッド
◇ジョン・ディー文書の解読：魔道書ネクロノミコン　コリン・ウィルソンほか著, ジョージ・ヘイ編, 大瀧啓裕訳　学習研究社　1994.8　239, 48p　（学研ホラーノベルズ）

Langley, Pat　ラングレイ, P. *
◇認知の診断におけるパス仮説に関する心理学的評価（共著）：知的教育システムと学習　Heinz Mandl, Alan Lesgold編, 菅井勝雄, 野嶋栄一郎監訳　共立出版　1992.5　370p

Langs, Robert　ラングズ, ロバート
◇システムとしての意識と無意識（下山晴彦訳）：「意識」の進化論―脳　こころ　AI　ジョン・ブロックマン編, 長尾力ほか訳　青土社　1992.10　366p
◇症例ドラにおける誤同盟：フロイト症例の再検討 1　ドラとハンスの症例　マーク・カンザー, ジュール・グレン編　金剛出版　1995.1　208p

Langton, Stuart　ラングトン, スチュアート
◇住民参加とテクノクラシー　他（共著）：公共の意思決定における住民参加　ジャック・デサリオ, スチュアート・ラングトン編　横浜市企画財政局企画調整室　1993.3　177p

Langtry, Lillie　ラングトリー, リリー
◇リリー・ラングトリー（渡辺武信訳）：インタヴューズ 1　クリストファー・シルヴェスター編, 新庄哲夫ほか訳　文芸春秋　1998.11　462p

Lannert, Stacey Ann　ランナート, ステイシー・アン
◇3人の近親相姦サバイバーの話―子どもへの性的虐待による影響：児童虐待の発見と防止―親や先生のためのハンドブック　ジェームズ・A.モンテリオン編著, 加藤和生訳　慶応義塾大学出版会　2003.8　261p

Lansbury, Russell D.　ランズベリー, ラッセル・D.
◇国際・比較労使関係の研究　他（共著）（林和彦訳）：新版　先進諸国の労使関係―国際比較：21世紀に向けての課題と展望　桑原靖夫, グレッグ・J.バンバー, ラッセル・D.ランズベリー編　日本労働研究機構　1994.7　452p
◇労使関係の国際比較により得られた知見の統合を目指して　他（藤原真砂訳）：先進諸国の雇用・労使関係―国際比較：21世紀の課題と展望　桑原靖夫, グレッグ・バンバー, ラッセル・ランズベリー編　新版　日本労働研究機構　2000.7　551p

Lanthier, Pierre　ランティエ, ピエール
◇多国籍企業とフランス電気産業, 1889-1940年（竹村孝雄訳）：続　歴史のなかの多国籍企業―国際事業活動研究の拡大と深化　アリス・タイコーヴァ, モーリス・レヴィ・ルボワイエ, ヘルガ・ヌスバウム編, 浅野栄一, 鮎沢成男, 渋谷祥, 竹村孝雄, 徳重昌志, 日高克平訳　中央大学出版部　1993.4　334p　（中央大学企業研究所翻訳叢書 6）

Lantos, Tom　ラントス, トム
◇サダム追放策と中東社会の民主化：アメリカはなぜイラク攻撃をそんなに急ぐのか？　フォーリン・アフェアーズ・ジャパン編・監訳　朝日新聞社　2002.12　266, 4p　（朝日文庫―フォーリン・アフェアーズ・コレクション）

Lantz, Jim　ランツ, ジム
◇認知理論（久能由弥訳）：ソーシャルワーク・トリートメント―相互連結理論アプローチ　下　フランシス・J.ターナー編, 米本秀仁監訳　中央法規出版　1999.8　573p

Lapham, Lewis H.　ラッファム, ルイス・H.
◇政治的アヘン：ドラッグ全面解禁論　ディヴィッド・ボアズ編, 樋口幸子訳　第三書館　1994.11　364p

Lapide, Ruth　ラピデ, ルツ
◇なぜユダヤ人はイエス・キリストを信じないか：キリスト教とユダヤ教―キリスト教信仰のユダヤ的ルーツ　F.クリュゼマン, U.タイスマン編, 大住雄一訳　教文館　2000.12　232p

Lapierre, Dominique　ラピエール, ドミニク
◇「歓喜の街」におもむいて―カルカッタ：お気をつけて、いい旅を。―異国で出会った悲しくも可笑しい51の体験　メアリー・モリス, ポール・セロー, ジョー・ゴアス, イザベル・アジェンデ, ドミニク・ラピエールほか著, 古屋美登里, 中俣真知子訳　アスペクト　1995.7　366p

Laporte, Roger　ラポルト, ロジェ
◇自分が話すのを聞く（王寺賢太訳）：デリダと肯定の思考　カトリーヌ・マラブー編, 高橋哲哉, 増田一夫, 高桑和巳監訳　未來社　2001.10　502, 7p（ポイエーシス叢書 47）

Laqueur, Thomas W.　ラカー, トマス・W.
◇身体・細部描写・人道主義的物語：文化の新しい歴史学　リン・ハント編, 筒井清忠訳　岩波書店　1993.1　363, 5p（NEW HISTORY）
◇身体・細部描写・人道主義的物語：文化の新しい歴史学　リン・ハント編, 筒井清忠訳　岩波書店　2000.9　363, 5p（岩波モダンクラシックス）
◇道徳的想像力と人権：人権の政治学　マイケル・イグナティエフ著, エイミー・ガットマン編, 添谷育志, 金田耕一訳　風行社　2006.6　275, 9p

Larkey, Pat　ラーキー, パット
◇業績評価の未来―知的作業の評価（共著）：業績評価の理論と実務―事業を成功に導く専門領域の障壁を越えて　アンディ・ニーリー編著, 清水孝訳　東洋経済新報社　2004.4　459p

Larkin, Sandar　ラーキン, サンダー
◇最前線社員とコミュニケーションをはかる法（共著）：コミュニケーション戦略スキル　Harvard Business Review編, Diamondハーバード・ビジネス・レビュー編集部訳　ダイヤモンド社　2002.1　260p

Larkin, T. J.　ラーキン, T. J.
◇最前線社員とコミュニケーションをはかる法（共著）：コミュニケーション戦略スキル　Harvard Business Review編, Diamondハーバード・ビジネス・レビュー編集部訳　ダイヤモンド社　2002.1　260p

Larmore, K.　ラーモア, キム
◇多重人格（共著）：多重人格障害―その精神生理学的研究　F.パトナム他著, 笠原敏雄編　春秋社　1999.6　296p

LaRouche, Lyndon　ラルーシュ, リンドン
◇私は彼らネオコンを「獣人」と呼ぶ　戦略としての自然幾何学　幾何学と同じほどの狂気、核戦争狂ラムズフェルド　チェイニー帝国の奇妙な宗教、パンテオ・コン　アシュクロフトの「ヒムラー新法」を阻止せよ　レオ・シュトラウスの本質的斯願：獣人ネオコン徹底批判　リンドン・ラルーシュ, EIR誌著, 太田竜監訳・解説　成甲書房　2004.5　381p

Larsen, Chonita　ラールセン, チョニタ
◇ハワイ―ハワイ箱庭療法評議会（安立奈歩訳）：世界の箱庭療法―現在と未来　山中康裕, S.レーヴェン・ザイフェルト, K.ブラッドウェイ編　新曜社　2000.10　182p

Larsen, Robin　ラーセン, ロビン
◇エマヌエル・スウェーデンボルグ図伝（共著）（島田恵, 高橋和夫訳）：エマヌエル・スウェーデンボルグ―持続するヴィジョン　ロビン・ラーセン編　春秋社　1992.11　307p

Larsen, Stephen　ラーセン, スティーヴン
◇スウェーデンボルグと幻視者の系譜 他（高橋和夫訳）：エマヌエル・スウェーデンボルグ―持続するヴィジョン　ロビン・ラーセン編　春秋社　1992.11　307p

Larsson, Rikard　ラーソン, リカルド
◇リーダーシップの進化プロセス（共著）：人材育成の戦略―評価, 教育, 動機づけのサイクルを回す　Diamondハーバード・ビジネス・レビュー編集部編訳　ダイヤモンド社　2007.3　450p（Harvard business review）

Lary, Diana　ラリー, ダイアナ
◇香港からカナダへの移民―その背景 他（共著）（深尾葉子訳）：香港を離れて―香港中国人移民の世界　ロナルド・スケルドン編, 可児弘明, 森川真規雄, 吉原和男監訳　行路社　1997.6　552p（中国の底流シリーズ 4）
◇戦争の地域へのインパクト（益尾知佐子訳）：中国の地域政権と日本の統治　姫田光義, 山田辰雄編　慶応義塾大学出版会　2006.6　381p（日中戦争の国際共同研究 1）

Las Casas, Bartolome de　ラス・カサス, バルトロメ・デ
◇西インド諸島におけるインディオ大虐殺（一五一三年ごろ～二〇年）：歴史の目撃者　ジョン・ケアリー編, 仙名紀訳　朝日新聞社　1997.2　421p
◇ペルーの財宝について―インディアス評議会に提出した嘆願書（J.ヨンパルト訳）：中世思想原典集成 20　近世のスコラ学　上智大学中世思想研究所編訳・監修　平凡社　2000.8　1193p

Lasmane, Skaidrite　ラスマネ, スカイドリテ
◇差別―社会的記憶と寛容（長岡亜生訳）：ヨーロッパの差別論　ヤン・C.ヨェルドン編, 田村光彰ほか訳　明石書店　1999.12　452p（世界人権問題叢書 34）

Lasok, D.　ラソク, D.
◇欧州共同体における消費者保護―特に製造物責任に関連して：イギリス法と欧州共同体法―比較法研究の一つの試み　M.A.ミルナーほか著, 矢頭敏也訳編　早稲田大学比較法研究所　1992.11　314p（早稲田大学比較法研究所叢書 20号）

Lasswell, Harold D.　ラスウェル, ハロルド・D.
◇情報についての専門化：アメリカ政治学の展開―学説と歴史　ジェームズ・ファ, レイモンド・セイデルマン編, 本田弘, 藤原孝, 秋山和宏, 石川晃司, 入江正俊ほか訳　サンワコーポレーション　1996.2　506p
◇社会におけるコミュニケーションの構造と機能（吉岡至訳）：リーディングス政治コミュニケーション　谷藤悦史, 大石裕綾訳　一芸社　2002.4　284p

Latchford, Gray　ラッチフォード, G.*
◇健康心理学と臨床心理士の活動（共著）（及川恵訳）：

専門職としての臨床心理士　ジョン・マツィリア，ジョン・ホール編，下山晴彦訳　東京大学出版会　2003.4　435p

Latimar, Pat　ラティマール，P.＊
◇ピーターとスーザン（前田美也子訳）：医療ソーシャルワークの挑戦——イギリス保健関連ソーシャルワークの100年　ジョアン・バラクローほか編著，児島美都子，中村永司監訳　中央法規出版　1999.5　271p

Lau, Cori　ラウ，コリ
◇性の平等：ハワイ楽園の代償　ランドール・W.ロス編　有信堂高文社　1995.9　248p

Lau, Lawrence J.　ロー，ローレンス・J.
◇経済発展における政府の役割：東アジアの経済発展と政府の役割——比較制度分析アプローチ　青木昌彦，金瀅基，奥野正寛編，白鳥正喜監訳　日本経済新聞社　1997.11　465p

Lauber, Volkmar　ラウバー，フォルクマール
◇第5章 経済政策 他：現代オーストリアの政治　フォルクマール・ラウバー編，須藤博忠訳　信山社出版　1997.3　321,5p

Lauder, Hugh　ローダー，H.（教育社会学）
◇教育・グローバリゼーション・経済発展 他（共著）：教育社会学——第三のソリューション　A.H.ハルゼー，H.ローダー，P.ブラウン，A.S.ウェルズ編，住田正樹，秋永雄一，吉本圭一編訳　九州大学出版会　2005.2　660p

Laufs, Adolf　ラウフス，アードルフ
◇ヨハン・ヤーコプ・モーザー：17・18世紀の国家思想家たち——帝国公(国)法論・政治学・自然法論　ミヒャエル・シュトライス編，佐々木有司，柳原正治訳　木鐸社　1995.2　593,13p

Laughlin, Richard　ラフリン，リチャード
◇批判理論と会計（共著）（高松正昭訳）：経営と社会——批判的経営研究　マッツ・アルベッソン，ヒュー・ウィルモット編著，CMS研究会訳　同友館　2001.3　263p

Laurent, Andre　ローラン，アンドレ
◇文化のフロー：組織理論と多国籍企業　スマントラ・ゴシャール，D.エレナ・ウエストニー編著，江夏健一監訳，IBI国際ビジネス研究センター訳　文真堂　1998.10　452p

Laurent, Eric　ロラン，エリック（精神分析）
◇クライン派解釈再考：クライン・ラカンダイアローグ　バゴーロ，サリヴァン編，新宮一成監訳，上尾真道，徳永健介，宇稔卓訳　誠信書房　2006.4　340p

Laurie, Donald L.　ローリー，ドナルド・L.
◇リーダーシップの新しい使命（共著）：リーダーシップ　Harvard Business Review編，Diamondハーバード・ビジネス・レビュー編集部訳　ダイヤモンド社　2002.4　295p

Lave, Lester B.　レイヴ，L. B.＊
◇健康と安全性のリスクについての予測および管理（畑正夫訳）：公共政策ORハンドブック　S.M.Pollock，M.H.Rothkopf，A.Barnett編，大山達雄監訳　朝倉書店　1998.4　741p

Laville, Jean-Louis　ラヴィル，ジャン・ルイ
◇欧州サードセクターの定義 他（共著）：欧州サードセクター——歴史・理論・政策　A.エバース，J.-L.ラヴィル編，内山哲朗，柳沢敏勝訳　日本経済評論社　2007.6　368p

Lawler, Edward E. , Ⅲ　ロウラー，エドワード・E.，3世
◇取締役会の業績評価（共著）：コーポレート・ガバナンス　Harvard Business Review編，Diamondハーバード・ビジネス・レビュー編集部訳　ダイヤモンド社　2001.6　270p

Lawler, William C.　ローラー，ウィリアム・C.
◇ABC（活動基準原価計算）：MBA講座財務・会計　J.L.リビングストン編著，朝日監査法人訳　日本経済新聞社　1998.12　494p

Lawless, Clive　ロウレス，クライブ
◇「創世記」と地質学 他（共著）：理性と信仰——科学革命とキリスト教　2　R.ホーイカース，C.ロウレス，D.グッドマン，N.コーリ，G.ロバーツほか著，藤井清久訳　すぐ書房　2003.10　339p

Lawrie, J. Michael　ローリー，J. マイケル
◇CEOが現場に口を挟むのは必要悪なのか（共著）：「問題社員」の管理術——ケース・スタディ　Diamondハーバード・ビジネス・レビュー編集部編訳　ダイヤモンド社　2007.1　263p　(Harvard business review anthology)

Lax, David A.　ラックス，デービッド・A.
◇同床異夢を回避する交渉プロセス（共著）：「交渉」からビジネスは始まる　Diamondハーバード・ビジネス・レビュー編集部編訳　ダイヤモンド社　2005.4　272p　(Harvard business review anthology)

Laycock, Mark　レイコック，M.＊
◇ミスハンドリングによる損失や処理エラーに関する分析：オペレーショナルリスク——金融機関リスクマネジメントの新潮流　アーサーアンダーセン編・訳　金融財政事情研究会　2001.1　413p

Layden, Mary Anne　レイデン，メリー・アン
◇帰属スタイル療法（古市裕一訳）：原因帰属と行動変容——心理臨床と教育実践への応用　チャールズ・アンタキ，クリス・ブレーウィン編，細田和雅，古市裕一監訳　ナカニシヤ出版　1993.12　243p

Layton, Thomas L.　レイトン，トーマス・L.
◇言葉のない自閉症の子どもたちのコミュニケーション能力を高める（共著）：社会性とコミュニケーションを育てる自閉症療育　Kathleen Ann Quill編，安達潤ほか訳　松柏社　1999.9　481p

Lazarsfeld, Sofie　ラザースフェルド，ソフィー
◇友人と仲間（共著）：アドラーの思い出　G.J.マナスター，G.ペインター，D.ドイッチュ，B.J.オーバーホルト編，柿内邦博，井原文子，野田俊作訳　創元社　2007.6　244p

Lazzarini, Zita　ラザリーニ，ジータ
◇公衆衛生の実践者に対する人権の教授（共著）（室進一訳）：世界の人権教育——理論と実践　ジョージ・J.アンドレオポニス，リチャード・ピエール・クロード編，黒沢惟昭監訳　明石書店　1999.2　758p

Le, Thac Can　レ，タク・カン
◇内側から開かれた扉（共著）（大塚豊訳）：変革期ベトナムの大学　ディヴィッド・スローパー，レ・タク・

カン編著, 大塚豊監訳　東信堂　1998.9　245p

Le, Thanh Khoi　レイ, タン・コイ
◇異文化間比較における概念の諸問題(前平泰志訳)：比較教育学の理論と方法　ユルゲン・シュリーバー編著, 馬越徹, 今井重孝監訳　東信堂　2000.11　278p

Leach, Edmund Ronald　リーチ, エドモンド・R.
◇二重出自体系の見落とされていた側面(大塚和夫訳)：家族と親族　村武精一編, 小川正恭ほか訳　未来社　1992.7　331, 21p

Leadbeater, Bonnie　リードビーター, ボニー
◇発達的観点から見た成人の思考(共著)(鈴木高志訳)：生涯発達の心理学　1巻　認知・知能・知恵　東洋, 柏木恵子, 高橋惠子編・監訳　新曜社　1993.10　250p
◇社会経済的に恵まれない未成年の母親とその幼児との共同注意に影響をおよぼす諸要因(共著)(古賀精治訳)：ジョイント・アテンション―心の起源とその発達を探る　Chris Moore, Philip J.Dunham原編, 大神英裕監訳　ナカニシヤ出版　1999.8　309p

Leadbeater, Charles　リードビーター, チャールズ
◇公共サービスの将来―個別化学習：個別化していく教育　OECD教育研究革新センター編著, 岩崎久美子訳　明石書店　2007.7　227p　(OECD未来の教育改革 2)

Leahy, Judy　リーイ, ジュディ
◇音韻の異常(共著)(小松歩, 広瀬信雄訳)：知的障害者の言語とコミュニケーション　マイケル・ベヴェリッジ, G.コンティ・ラムズデン, I.リュダー編, 今野和夫, 清水貞夫監訳　学苑社　1994.4　285p

Learned, Dwight Whitney　ラーネッド, D. W.
◇前橋ステーション以外を拠点とした宣教師の書簡(小野澤由紀子, 小林俊哉訳)：アメリカン・ボード宣教師文書―上州を中心として　新島学園女子短期大学新島文化研究所編訳　新教出版社　1999.2　432p

Learner, D. B.　ラーナー, D. *
◇競争的炭酸飲料業界におけるマーケット・セグメントとブランドの効率性に関する多期間分析(共著)(住田友文訳)：経営効率評価ハンドブック―包絡分析法の理論と応用　Abraham Charnesほか編, 刀根薫, 上田徹監訳　朝倉書店　2000.2　465p

Leary, Mark R.　レアリー, マーク・R.
◇自尊心のソシオメーター理論 他(小島弥生訳)：臨床社会心理学の進歩―実りあるインターフェイスをめざして　R.M.コワルスキ, M.R.リアリー編著, 安藤清志, 丹野義彦監訳　北大路書房　2001.10　465p
◇パーソナルな関係における自己呈示的なパースペクティブ(共著)(谷口淳一訳)：パーソナルな関係の社会心理学　W.イックス, S.ダック編, 大坊郁夫, 和田実監訳　北大路書房　2004.4　310p

Leavitt, Harold J.　レビット, ハロルド・J.
◇ホット・グループが生み出す創意と組織活力(共著)：いかに「高業績チーム」をつくるか　Diamondハーバード・ビジネス・レビュー編集部編　ダイヤモンド社　2005.5　225p　(Harvard business review anthology)

Lebas, Michel　レバス, マイケル
◇業績の概念的および業務的記述(共著)：業績評価の理論と実務―事業を成功に導く専門領域の障壁を越えて　アンディ・ニーリー編著, 清水孝訳　東洋経済新報社　2004.4　459p

Lebigre, Arlette　ルビグル, アルレット
◇離婚への長い歩み：愛と結婚とセクシュアリテの歴史―増補・愛とセクシュアリテの歴史　ジョルジュ・デュビーほか著, 福井憲彦, 松本雅弘訳　新曜社　1993.11　401p

LeBoeuf, Michael　ルボーフ, マイケル
◇行動を管理する方法：成功大学　オグ・マンディーノ編著, 箱田忠昭訳　日本経営合理化協会出版局　1998.9　689p
◇行動を管理する方法：成功大学　オグ・マンディーノ編著, 箱田忠昭訳　皮革携帯版　日本経営合理化協会出版局　1998.9　689p

Lebrun, François　ルブラン, フランソワ
◇避妊のはじまり：愛と結婚とセクシュアリテの歴史―増補・愛とセクシュアリテの歴史　ジョルジュ・デュビーほか著, 福井憲彦, 松本雅弘訳　新曜社　1993.11　401p

Leckman, J.　レックマン, J. *
◇脆弱X症候群の発達に関する諸問題(共著)：障害児理解の到達点―ジグラー学派の発達論的アプローチ　R.M.ホダッブ, J.A.ブラック, E.ジグラー編, 小松秀茂, 清水貞夫編訳　田研出版　1994.9　435p

Le Coadic, Michèle　ル・コアディク, M.
◇いさかいができる家族になるために 他：フェミニズムから見た母性　A.‐M.ドゥ・ヴィレーヌ, L.ガヴァリニ, M.ル・コアディク編, 中嶋公子, 目崎光子, 磯本輝子, 横地良子, 宮本由美ほか訳　勁草書房　1995.10　270, 10p

Le Cœur　ル・クール
◇制度の二つの極：ドゥルーズ初期―若き哲学者が作った教科書　ジル・ドゥルーズ編著, 加賀野井秀一訳注　夏目書房　1998.5　239p

Le Corbusier　ル・コルビュジエ
◇プレシジョン 他(井田安弘, 芝優子訳)：都市と郊外―リーディングズ 比較文化論への通路　今橋映子編著　NTT出版　2004.12　455, 14p

Lee, Andy　リー, アンディ
◇ヘッジファンドリスクの全体的管理(共著)：実践ヘッジファンド投資―成功するリスク管理　バージニア・レイノルズ・パーカー編, 徳加国見監訳　日本経済新聞社　2001.8　425p

Lee, Barbara　リー, バーバラ(平和運動)
◇私たちの良心を再び：もう戦争はさせない！―ブッシュを追いつめるアメリカ女性たち　メディア・ベンジャミン, ジョディ・エヴァンス編, 尾川寿江監訳, 尾川寿江, 真鍋穣, 米沢清恵訳　文理閣　2007.2　203p

Lee, Catherine M.　リー, キャサリン・M.
◇論争の的になる疑わしい査定技法(共著)：臨床心理学における科学と疑似科学　S.O.リリエンフェルド, S.J.リン, J.M.ロー編, 厳島行雄, 横田正夫, 斎藤雅英監訳　北大路書房　2007.9　461p

Lee, Chin-Chuan　リ, ジンチュエン
◇国家, 資本, メディア：台湾(大畑裕嗣訳)：メディア理論の脱西欧化　J.カラン, 朴明珍編, 杉山光信, 大

畑裕嗣訳　勁草書房　2003.2　306p

Lee, Dan　リー, D.＊
◇CMBSのリスクと相対価値分析に関するフレームワーク〈理論編〉（共著）：CMBS—商業用モーゲージ証券 成長する新金融商品市場の特徴と実務　フランク・J.ファボッツィ, デイビッド・P.ジェイコブ編, 酒井吉広監訳, 野村證券CMBS研究会訳　金融財政事情研究会　2000.12　672p

Lee, Hau　リー, ハウ
◇マス・カスタマイゼーションのための延期戦略—テーラーメード製品で顧客需要を満たす：サプライチェーン戦略　ジョン・ガトーナ編, 前田健蔵, 田村誠一訳　東洋経済新報社　1999.5　377p　(Best solution)

Lee, Judith A. B.　リー, ジュディス・A. B.
◇エンパワーメント・アプローチ（林浩康訳）：ソーシャルワーク・トリートメント—相互連結理論アプローチ　下　フランシス・J.ターナー編, 米本秀仁監訳　中央法規出版　1999.8　573p

Lee, Kathryn J.　リー, キャスリン・J.
◇ブレスワーク—理論と技法（共著）：テキスト/トランスパーソナル心理学・精神医学　B.W.スコットン, A.B.チネン, J.R.バティスタ編, 安藤治, 池沢良郎, 是恒正達訳　日本評論社　1999.12　433p

Lee, Kuan Yew　リー, クアンユー
◇文化は宿命である：アジア成功への課題—『フォーリン・アフェアーズ』アンソロジー　P.クルーグマンほか著, 竹下興喜監訳　中央公論社　1995.3　266p
◇進化するアジアの力学：知の大潮流—21世紀へのパラダイム転換 今世紀最高の頭脳が予見する未来　ネイサン・ガーデルズ編, 仁保真佐子訳　徳間書店　1996.12　419p
◇文化は宿命である（共著）：フォーリン・アフェアーズ傑作選—アメリカとアジアの出会い 1922-1999　下　フォーリン・アフェアーズ・ジャパン編・監訳　朝日新聞社　2001.2　327, 7p

Lee, Laurence H.　リー, L. H.＊
◇オプション理論を用いた商業用モーゲージローンとCMBSの価格/リスク分析（共著）：CMBS—商業用モーゲージ証券 成長する新金融商品市場の特徴と実務　フランク・J.ファボッツィ, デイビッド・P.ジェイコブ編, 酒井吉広監訳, 野村證券CMBS研究会訳　金融財政事情研究会　2000.12　672p

Lee, Peter　リー, P.
◇剥奪状態にある地域はどこか—都会と地方で剥奪状態を測定する（福島利夫訳）：現代イギリスの政治算術—統計は社会を変えるか　D.ドーリング, S.シンプソン編著, 岩井浩ほか監訳　北海道大学図書刊行会　2003.7　588p

Lee, Richard　リー, リチャード
◇知の構造：転移する時代—世界システムの軌道1945—2025　I.ウォーラーステイン編, 丸山勝訳　藤原書店　1999.6　378p

Leekam, Sue　リーカム, スー
◇子どもの〈心の理解〉（子安増生訳）：子どもは心理学者—心の理論の発達心理学　マーク・ベネット編, 二宮克美, 子安増生, 渡辺弥生, 首藤敏元訳　福村出版　1995.12　274p

Lefaucheur, Nadine　ルフォシュール, ナディーヌ
◇母性、家族、国家（伊藤はるひ訳）：女の歴史 5〔2〕二十世紀 2　G.デュビィ, M.ペロー監修, 杉村和子, 志賀亮一監訳　フランソワーズ・テボー編　藤原書店　1998.11　p517-1026

Leff, Julian　レフ, ジュリアン
◇精神病院の閉鎖にともなう諸問題—精神科サービスアセスメントチームからの教訓（共著）（西垣千春訳）：施設ケア対コミュニティケア—福祉新時代における施設ケアの役割と機能　レイモンド・ジャック編著, 小田兼三ほか監訳　勁草書房　1999.4　296p

Legendre, Pierre　ルジャンドル, ピエール
◇反理性主義の極み：発言—米同時多発テロと23人の思想家たち　中山元編訳　朝日出版社　2002.1　247p

Legêne, Susan　ルジェーヌ, スーザン
◇キリスト教の精神、貿易国家の精神：日蘭交流400年の歴史と展望—日蘭交流400周年記念論文集 日本語版　レオナルド・ブリュッセイ, ウィレム・レメリンク, イフォ・スミッツ編　日蘭学会　2000.4　459p （日蘭学会学術叢書 第20）

Leggett, Chris　レゲット, クリス
◇韓国の雇用関係（共著）（鈴木玲訳）：先進諸国の雇用・労使関係—国際比較：21世紀の課題と展望　桑原靖夫, グレッグ・バンバー, ラッセル・ランズベリー編　新版　日本労働研究機構　2000.7　551p

Leghorn, Richard S.　レグホーン, リチャード・S.
◇戦に勝つために都市爆撃は必要なし—空軍戦における新反撃戦略：新原子戦略研究資料—研修資料　防衛研修所　1955　99p　(研修所資料別冊 第48号)

Légier, Gérard　レジエ, ジェラール
◇フランス家族法における男女平等（佐藤修一郎訳）：21世紀の女性政策—日仏比較をふまえて　植野妙実子編著　中央大学出版部　2001.1　316p　（日本比較法研究所研究叢書）

Le Goff, Jacques　ル・ゴフ, ジャック
◇歴史学と民族学の現在—歴史学はどこへ行くか：歴史・文化・表象—アナール派と歴史人類学　ジャック・ルゴフほか著, 二宮宏之編訳　岩波書店　1992.12　263p　(New history)
◇快楽の拒否：愛と結婚とセクシュアリテの歴史—増補・愛とセクシュアリテの歴史　ジョルジュ・デュビーほか著, 福井憲彦, 松本雅弘訳　新曜社　1993.11　401p
◇歴史の操作（林修訳）：介入？—人間の権利と国家の論理　エリ・ウィーゼル, 川田順造編, 広瀬浩司, 林修訳　藤原書店　1997.6　294p
◇中世の人間：中世の人間—ヨーロッパ人の精神構造と創造力　ジャック・ル・ゴフ編, 鎌田博夫訳　法政大学出版局　1999.7　440, 31p　（叢書・ウニベルシタス 623）
◇歴史学と民族学の現在：歴史・文化・表象—アナール派と歴史人類学　ジャック・ルゴフほか著, 二宮宏之編訳　岩波書店　1999.7　263p　（岩波モダンクラシックス）
◇連続性のなかの変化（山上浩訳）：ブローデル帝国　M.フェロー他著, F.ドス編, 浜名優美監訳　藤原書店　2000.5　294p
◇進化しつづける『アナール』:「アナール」とは何か—進化しつづける「アナール」の一〇〇年　I.フランド

ロワ編，尾河直哉訳　藤原書店　2003.6　366p
◇中世 そして肉体は罪とみなされ……：世界で一番美しい愛の歴史　J.ル=ゴフほか著，Dominique Simonnet編，小倉孝誠，後平隆，後平澪子訳　藤原書店　2004.12　269p

Le Goulven, Katell　ル・グルヴァン，カテル
◇今，なぜ地球公共財が重要なのか 他（共著）（谷村光浩訳）：地球公共財の政治経済学　Inge Kaul, Pedro Conceicao, Katell Le Goulven, Ronald U.Mendoza編，高橋一生監訳・編　国際書院　2005.6　332p

Lehmann, W.　レーマン，W.*
◇卒中患者の自立能力(Kompetenz)――臨床的観点から（略）：高齢者の自立能力――今日と明日の概念 III　老年学週間論文集　Chr.Rott, F.Oswald編，石井毅訳　長寿社会開発センター　1994.3　200p

Lehmbruch, Gerhard　レームブルフ，ゲルハルト
◇中欧西部における団体協調型交渉デモクラシー（河越健次訳）：西欧比較政治――データ/キーワード/リーディングス　G.レームブルク, J.ブロンデル, H.ダールダーほか著，加藤秀治郎編　一芸社　2002.10　242p
◇中欧西部における団体協調型交渉デモクラシー（河越健次訳）：西欧比較政治――データ/キーワード/リーディングス　G.レームブルフほか著，加藤秀治郎編　第2版　一芸社　2004.4　276p

Lehr, Ursula Maria　レーア，ウルズラ・マリア
◇老人教育――老年学の理論的・実証的寄与（共著）（佐藤義雄訳）：現代ドイツ教育学の潮流――W・フリットナー百歳記念論文集　ヘルマン・レールス，ハンス・ショイアール編，天野正治訳　玉川大学出版部　1992.8　503p
◇高齢者の自立能力(Kompetenz)――老年学の研究と実践からの寄与：高齢者の自立能力――今日と明日の概念 III　老年学週間論文集　Chr.Rott, F.Oswald編，石井毅訳　長寿社会開発センター　1994.3　200p

Leiber, Justin　ライバー，ジャスティン
◇拒否反応を超えて（小林伝司訳）：マインズ・アイ――コンピュータ時代の「心」と「私」　下　D.R.ホフスタッター，D.C.デネット編著，坂本百大監訳　〔新装版〕　ティビーエス・ブリタニカ　1992.10　365p

Leibniz, Gottfried Wilhelm　ライプニッツ，ゴットフリート・ヴィルヘルム
◇知的であること，それは理性をもつこと：ドゥルーズ初期――若き哲学者が作った教科書　ジル・ドゥルーズ編著，加賀野井秀一訳注　夏目書房　1998.5　239p

Leidenfrost, Nancy B.　ライデンフロースト，ナンシー・B.
◇女性と家族のエンパワーに役立つ教育と普及の方法 他（花城梨枝子訳）：転換期の家族――ジェンダー・家族・開発　N.B.ライデンフロースト編，家庭経営学部会訳　日本家政学会　1995.3　364p

Leider, Dick J.　ライダー，ディック・J.
◇いい人生とは何なのか?：セルフヘルプ――自助=他人に頼らず，自分の力で生きていく！　2　ケン・シェルトン編著，堀紘一監訳　フロンティア出版　1998.12　283p

Leiderman, P. Herbert　リーダーマン，P. H.
◇個人治療における生涯発達的アプローチ（共著）（市川奈緒子訳）：生涯発達の心理学 2巻 気質・自己・

パーソナリティ　東洋，柏木恵子，高橋恵子編・監訳　新曜社　1993.10　204p

Leigh, Wendy　リー，ウェンディ
◇セックス観光――東南アジアの売買春と国際観光産業：ジェンダーと女性労働――その国際ケーススタディ　セア・シンクレア，ナニカ・レッドクリフト編，山本光子訳　柘植書房　1994.9　373p

Leipert, Christian　ライペルト，クリスチャン
◇経済発展のオルタナティブ――問題領域，目的および戦略（共著）：エコノミーとエコロジー――「環境会計」による矛盾への挑戦　ウド・エルンスト・ジモニス編著，宮崎修行訳　創成社　1995.3　269p

Leiss, William　ライス，ウィリアム
◇広告・消費者・文化（共著）：歴史のなかのコミュニケーション――メディア革命の社会文化史　デイヴィド・クローリー，ポール・ヘイヤー編，林進，大久保公雄訳　新曜社　1995.4　354p

Lekić, Danilo　ルキチュ，D.*
◇序論：ユーゴスラビアの全人民防衛　〔防衛研修所〕　1975　82p　（研究資料 75RT-2）

Lem, Stanisław　レム，スタニスワフ
◇王女イネファベル（雨宮民雄訳）：マインズ・アイ――コンピュータ時代の「心」と「私」　上　D.R.ホフスタッター，D.C.デネット編著，坂本百大監訳　〔新装版〕　ティビーエス・ブリタニカ　1992.10　359p
◇第七番目の旅――なぜトルルの完璧さが不幸な結果をもたらしたのか 他（雨宮民雄訳）：マインズ・アイ――コンピュータ時代の「心」と「私」　下　D.R.ホフスタッター，D.C.デネット編著，坂本百大監訳　〔新装版〕　ティビーエス・ブリタニカ　1992.10　365p

Lemaire, André　ルメール，アンドレ
◇統一王国――サウル，ダビデ，ソロモン：最新・古代イスラエル史　P.カイル・マッカーター, Jr.ほか著，ハーシェル・シャンク編，池田裕，有馬七郎訳　ミルトス　1993.10　466p

Leman, Steve　リーマン，スティブ
◇イギリスの通信販売業における性，技術とフレキシビリティ（劉永鴿訳）：フォーディズムとフレキシビリティ――イギリスの検証　N.ギルバートほか編，丸山恵也監訳　新評論　1996.9　238p

Lemarchand, Yannick　ルマーチャンド，Y.*
◇ジャック・サヴァリーとマチュー・ド・ラ・ポルト――フランスの大世紀を代表する簿記の大家：世界の会計学者――17人の学説入門　ベルナルド・コラス編著，藤田晶子訳　中央経済社　2007.10　271p

LeMare, Lucy J.　ルメール，L.*
◇児童期の社会的引っ込み思案――仲間による拒否の発達的道すじ（共著）（古城和敬訳）：子どもと仲間の心理学――友だちを拒否するこころ　S.R.アッシャー，J.D.クーイ編著，山崎晃，中沢潤監訳　北大路書房　1996.7　447p

Lempp, Reinhart　レムプ，ラインハルト
◇心理療法と精神遅滞：ドイツにおける精神遅滞者への治療理論と方法――心理・教育・福祉の諸アプローチ　ジルビア・ゲアレス，ゲルト・ハンゼン編，三原博光訳　岩崎学術出版社　1995.7　198p

Lenerz, Kathleen リナーズ, キャスリーン
◇母親の就労と青年期前期における性別化：同時的および縦断的関連（共著）（伴京子訳）：母親の就労と子どもの発達―縦断的研究　エイデル・E.ゴットフライド, アレン・W.ゴットフライド編著, 佐々木保行監訳　ブレーン出版　1996.4　318p

Lenhard, Hartmut レンハルト, ハルトムート
◇序：キリスト教とユダヤ教―キリスト教信仰のユダヤ的ルーツ　F.クリュゼマン, U.タイスマン編, 大住雄一訳　教文館　2000.12　232p

Lenhart, Volker レーンハルト, フォルカー
◇教育学の社会科学的な方向づけ（共著）（川瀬邦臣訳）：現代ドイツ教育学の潮流―W.フリットナー百歳記念論文集　ヘルマン・レールス, ハンス・ショイアール編, 天野正治訳　玉川大学出版部　1992.8　503p

Lenin, Vladimir Il'ich レーニン, V. I.
◇マルクス主義と婦人問題（抄）他（共著）（新城信一郎訳）：世界女性学基礎文献集成　昭和初期編 第3巻　水田珠枝監修　ゆまに書房　2001.12　20, 363p

Lenman, B. レンマン, B.
◇議会の合同, ジャコバイト主義, 啓蒙主義：スコットランド史―その意義と可能性　ロザリンド・ミチスン編, 富田理恵, 家入葉子訳　未来社　1998.10　220, 37p

Lennhoff, F. G. レンホフ, F. G.
◇仕事（共著）：アドラーの思い出　G.J.マナスター, G.ペインター, D.ドイッチェ, B.J.オーバーホルト編, 柿内邦博, 井原文子, 野田俊作訳　創元社　2007.6　244p

Lennon, John レノン, ジョン
◇ジョン・レノン（片岡義男訳）：インタヴューズ　2　クリストファー・シルヴェスター編, 新庄哲夫ほか訳　文芸春秋　1998.11　451p

Lennon, Sharron J. レノン, シャロン・J.
◇「新・スタートレック」に見る職場での性別, 服装, 勢力 他（土肥伊都子, 尾田貴子訳）：外見とパワー　キム・K.P.ジョンソン, シャロン・J.レノン編著, 高木修, 神山進, 井上和子監訳　北大路書房　2004.7　257p

Lentricchia, Frank レントリッキア, フランク
◇フーコーの遺産―新しい歴史主義?：ニュー・ヒストリシズム―文化とテクストの新歴史性を求めて　H.アラム・ヴィーザー編, 伊藤詔子ほか訳　英潮社　1992.11　291p

Leo レオ1世
◇書簡28（加藤和哉訳）：中世思想原典集成　4　初期ラテン教父　上智大学中世思想研究所編訳・監修　平凡社　1999.6　1287p

Leonard, Dorothy レオナルド, ドロシー
◇創造的摩擦を活用するマネジメント（共著）：ナレッジ・マネジメント　Harvard Business Review編, Diamondハーバード・ビジネス・レビュー編集部訳　ダイヤモンド社　2000.12　273p
◇「顧客の観察」から生まれるイノベーション（共著）：ブレークスルー思考　Harvard Business Review編, Diamondハーバード・ビジネス・レビュー編集部訳　ダイヤモンド社　2001.10　221p
◇ディープ・スマート：暗黙知の継承（共著）：組織能力の経営論―学び続ける企業のベスト・プラクティス　Diamondハーバード・ビジネス・レビュー編集部編訳　ダイヤモンド社　2007.8　508p（Harvard business review）

Leonard, Jennifer L. レナード, ジェニファー・L.
◇霊魂を歌う大家たち―イェイツに与えたスウェーデンボルグとブレイクの影響（渡辺俊一訳）：エマヌエル・スウェーデンボルグ―持続するヴィジョン　ロビン・ラーセン編　春秋社　1992.11　307p

Leonardi, Jeff レオナルディ, J. *
◇キリスト教, 禅, パーソンセンタード・アプローチ（畠瀬直子訳）：エンカウンター・グループと国際交流　松本剛, 畠瀬直子, 野島一彦編著　ナカニシヤ出版　2005.10　166p

Lepper, Charles レパー, チャールズ
◇ドラマにおける価値―プロローグ, 三幕, そしてエピローグ：価値―新しい文明学の模索に向けて　ブレンダ・アーモンド, ブライアン・ウィルソン編, 玉井治, 山本慶裕訳　東海大学出版会　1994.3　308p

Lepper, Mark R. レパー, M. R. *
◇知的個別指導者の社会化：コンピュータ教師と共感性（共著）：知的教育システムと学習　Heinz Mandl, Alan Lesgold編, 菅井勝雄, 野嶋栄一郎監訳　共立出版　1992.5　370p

Lequin, Frank レクイン, フランク
◇イサーク・ティチング：日蘭交流400年の歴史と展望―日蘭交流400周年記念論文集 日本語版　レオナルド・ブリュッセイ, ウィレム・レメリンク, イフォ・スミッツ編　日蘭学会　2000.4　459p（日蘭学会学術叢書 第20）
◇『ティツィング私信集』の序論（松井洋子訳）：オランダ商館長の見た日本―ティツィング往復書翰集　横山伊徳編　吉川弘文館　2005.2　506, 22p

Lerner, Jacquelin V. ラーナー, ジャックリーン・V.
◇生涯にわたる気質と適応―理論的・実証的研究上の問題（共著）（近藤清美訳）：生涯発達の心理学　2巻　気質・自己・パーソナリティ　東洋, 柏木恵子, 高橋恵子・監訳　新曜社　1993.10　204p
◇人生の諸段階と母親の就労の影響：ニューヨーク縦断研究（共著）（清水民子訳）：母親の就労と子どもの発達―縦断的研究　エイデル・E.ゴットフライド, アレン・W.ゴットフライド編著, 佐々木保行監訳　ブレーン出版　1996.4　318p

Lerner, Richard M. ラーナー, R. M.
◇生涯にわたる気質と適応―理論的・実証的研究上の問題（共著）（近藤清美訳）：生涯発達の心理学　2巻　気質・自己・パーソナリティ　東洋, 柏木恵子, 高橋恵子・監訳　新曜社　1993.10　204p

Leroy, Stephen F. ルロワ, S. *
◇ボラティリティ（共著）（下村元之訳）：ファイナンスハンドブック　R.A.Jarrow, V.Maksimovic, W.T.Ziemba編, 今野浩, 古川浩一監訳　朝倉書店　1997.12　1121p

Le Roy Ladurie, Emmanuel ル・ロワ・ラデュリ, エマニュエル
◇歴史家の領域―歴史学と人類学の交錯 他：歴史・文化・表象―アナール派と歴史人類学　ジャック・ルゴ

フほか著，二宮宏之編訳　岩波書店　1992.12　263p（New history）
◇歴史家の領域 他：歴史・文化・表象―アナール派と歴史人類学　ジャック・ルゴフほか著，二宮宏之編訳　岩波書店　1999.7　263p（岩波モダンクラシックス）
◇フランス歴史学の合流点：「アナール」とは何か―進化しつづける「アナール」の一〇〇年　I.フランドロワ編，尾河直哉訳　藤原書店　2003.6　366p

Lesgold, Alan M.　レスゴールド，A. M.＊
◇知的教授システムを設計するためのカリキュラム理論―新しい知的CAIの方向：知的教育システムと学習　Heinz Mandl, Alan Lesgold編，菅井勝雄，野嶋栄一郎監訳　共立出版　1992.5　370p

Lesjø, Jon Helge　レシュー，ヨン・ヘルゲ
◇地方の経済開発［ノルウェー］：北欧の地方分権改革―福祉国家におけるフリーコミューン実験　ハラール・ボルデシュハイム，クリステル・ストールバリ編著，大和田建太郎，小原亜生，広田全男訳　日本評論社　1995.8　233p

Leskin, Barry　レスキン，バリー
◇成果主義の評価基準はどこが間違っていたのか（共著）：組織変革のジレンマ―ハーバード・ビジネス・レビュー・ケースブック　Harvard Business Review編，Diamondハーバード・ビジネス・レビュー編集部訳　ダイヤモンド社　2004.11　218p

Leslie, Keith　レスリー，キース
◇経営トップのチームワーク（共著）：マッキンゼー組織の進化―自立する個人と開かれた組織　平野正雄編著・監訳，村井章子訳　ダイヤモンド社　2003.12　206p （The McKinsey anthology）
◇変革時の組織改革（共著）（近藤将士訳）：マッキンゼー事業再生―ターンアラウンドで企業価値を高める　本田桂子編著・監訳　ダイヤモンド社　2004.11　231p （The McKinsey anthology）

Lessius, Leonardus　レッシウス，レオンハルト
◇神の完徳と徳性について（土屋憲広訳）：中世思想原典集成　20　近世のスコラ学　上智大学中世思想研究所編訳・監修　平凡社　2000.8　1193p

Lester, Richard Keith　レスター，リチャード・K.
◇「解釈型」アプローチを経営に生かす（共著）：ブレークスルー思考　Harvard Business Review編，Diamondハーバード・ビジネス・レビュー編集部訳　ダイヤモンド社　2001.10　221p

Leudar, Ivan　リュダー，アイヴァン
◇コミュニケーション環境：知的障害者の言語とコミュニケーション　下　マイケル・ベヴェリッジ, G.コンティ・ラムズデン, I.リュダー編，今野和夫，清水貞夫監訳　学苑社　1994.4　298p

LeVasseur, Patricia　ルヴァッサー，パトリシア
◇絵を用いた認知的リハーサル（共著）：社会性とコミュニケーションを育てる自閉症療育　Kathleen Ann Quill編，安達潤ほか訳　松柏社　1999.9　481p

Lever, Maurice　ルヴェ，モーリス
◇オスカー・ワイルド裁判：愛と結婚とセクシュアリテの歴史―増補・愛とセクシュアリテの歴史　ジョルジュ・デュビーほか著，福井憲彦，松本雅弘訳　新曜社　1993.11　401p

Levi, Giovanni　レーヴィ，ジョヴァンニ
◇ミクロストーリア（谷口健治訳）：ニュー・ヒストリーの現在―歴史叙述の新しい展望　ピーター・バーク編，谷川稔他訳　人文書院　1996.6　352p

Levi, Michael　レヴィ，ミシェル
◇マンデルの革命的ヒューマニズム（湯川順夫訳）：エルネスト・マンデル―世界資本主義と二十世紀社会主義　ジルベール・アシュカル編，岡田光正ほか訳　柘植書房新社　2000.4　372p
◇価値：新しい文明の価値（共著）（二宮訳）：もうひとつの世界は可能だ―世界社会フォーラムとグローバル化への民衆のオルタナティブ　ウィリアム・F.フィッシャー，トーマス・ポニア編，加藤哲郎監修，大屋定晴，山口慶，白井聡，木下ちがや監訳　日本経済評論社　2003.12　461p
◇新しいインターナショナルに向かって？（二宮訳）：帝国への挑戦―世界社会フォーラム　ジャイ・セン，アニタ・アナンド，アルトゥーロ・エスコバル，ピーター・ウォーターマン編，武藤一羊ほか監訳　作品社　2005.2　462p

Levin, Barbara R.　レヴィン，バーバラ・R.
◇あなたもフリー・エージェントに（共著）：セルフヘルプ―自助＝他人に頼らず，自分の力で生きていく！　2　ケン・シェルトン編，堀紘一監訳　フロンティア出版　1998.12　283p

Levin, Enid　レヴィン，エニッド
◇福祉施設および医療系施設におけるレスパイトケア（共著）（大崎広行訳）：施設ケア対コミュニティケア―福祉新時代における施設ケアの役割と機能　レイモンド・ジャック編著，小田兼三ほか監訳　勁草書房　1999.4　296p

Levine, Amy-Jill　レヴァイン，エイミー＝ジル
◇ルツ記 他（加藤明子訳）：女性たちの聖書注解―女性の視点で読む旧約・新約・外典の世界　C.A.ニューサム, S.H.リンジ編，加藤明子，小野功生，鈴木元子訳，荒井章三，山内一郎日本語版監修　新教出版社　1998.3　682p

Levine, Fredric M.　レヴァイン，F. M.＊
◇随伴させた負の練習によるチックと吃音の家庭治療（共著）（伊藤啓介訳）：共同治療者としての親訓練ハンドブック　上　Charles E.Schaefer, James M.Briesmeister編，山上敏子，大隈紘子監訳　二瓶社　1996.11　332p

Levine, Lee I. A.　レヴァイン，リー・I. A.
◇ヘレニズム時代―アレクサンドロス大王とハスモン王国の興亡：最新・古代イスラエル史　P.カイル・マッカーター, Jr.ほか著，ハーシェル・シャンク編，池田裕，有馬七郎訳　ミルトス　1993.10　466p

Levine, Stephen　レヴァイン，スティーヴン
◇魂の大切さ：魂をみがく30のレッスン　リチャード・カールソン，ベンジャミン・シールド編，鴨志田千枝子訳　同朋舎　1998.6　252p

Levinson, David　レヴィンスン，デイヴィッド
◇イラクにおける保健衛生への戦争の影響：アメリカの戦争犯罪　ラムゼイ・クラーク編著，戦争犯罪を告発する会訳　柏書房　1992.12　346p（ブックス・プラクシス 6）

Levinson, Harry　レビンソン，ハリー
◇MBO失敗の本質：動機づける力　Diamondハーバー

ド・ビジネス・レビュー編集部編訳　ダイヤモンド社　2005.2　243p　（Harvard business review anthology）

Levison, Julie H.　レビソン，ジュリー・H.
◇女性の健康と人権（共著）（ベバリー・アン山本訳）：女性の人権とジェンダー——地球規模の視座に立って　マージョリー・アゴシン編著，堀内光子，神崎智子，望月康恵，力武由美，ベバリー・アン山本訳　明石書店　2007.12　586p　（明石ライブラリー）

Levison, Sandra P.　レビソン，サンドラ・P.
◇女性の健康と人権（共著）（ベバリー・アン山本訳）：女性の人権とジェンダー——地球規模の視座に立って　マージョリー・アゴシン編著，堀内光子，神崎智子，望月康恵，力武由美，ベバリー・アン山本訳　明石書店　2007.12　586p　（明石ライブラリー）

Lévi-Strauss, Claude　レヴィ＝ストロース，クロード
◇制度は傾向によっても欲求によっても説明されない　他：ドゥルーズ初期——若き哲学者が作った教科書　ジル・ドゥルーズ編著，加賀野井秀一訳　夏目書房　1998.5　239p
◇構造主義とは何か：構造主義とは何か——そのイデオロギーと方法　J.＝M.ドムナック編，伊東守男，谷亀利一訳　平凡社　2004.8　358p　（平凡社ライブラリー）

Levitt, Barbara　レビット，バーバラ
◇チェスター・I.バーナードと学習観（共著）（庭本佳和訳）：現代組織論とバーナード　オリバー・E.ウィリアムソン編，飯野春樹監訳　文真堂　1997.3　280p

Levitte, Jean D.　レビット，J. D.
◇米欧間の亀裂をどう修復するか——駐米仏大使との対話（共著）：ネオコンとアメリカ帝国の幻想　フォーリン・アフェアーズ・ジャパン編・監訳，竹下興喜監訳　朝日新聞社　2003.7　292, 6p

Levy, David A. L.　レヴィ，デーヴィド・A. L.
◇親分＝子分関係からコミュニズムへ——マルセイユの労働者階級と人民戦線：フランスとスペインの人民戦線一50周年記念・全体像比較研究　S.マーティン・アレグザンダー，ヘレン・グラハム編，向井喜典ほか訳　大阪経済法科大学出版部　1994.3　375p

Lévy, Dominique　レヴィ，ドミニック
◇安定性の実物的決定要因と金融的決定要因（共著）：金融不安定性と景気循環　ウィリー・ゼムラー編，浅田統一郎訳　日本経済評論社　2007.7　353p　（ポスト・ケインジアン叢書）

Levy, Paul F.　レビー，ポール・F.
◇模範的チームはなぜ失敗したか：いかに「高業績チーム」をつくるか　Diamondハーバード・ビジネス・レビュー編集部編訳　ダイヤモンド社　2005.5　225p　（Harvard business review anthology）

Levy, Raphael　レヴィ，ラファエル
◇最初の死海文書——50年早くエジプトで発見：死海文書の研究　ハーシェル・シャンクス編，池田裕監修，高橋晶子，河合一充訳　ミルトス　1997.9　452p

Lewin, Arie Y.　リューイン，A. Y.
◇米国の醸造産業における戦略的リーダー：産業内の優位な企業群（戦略グループ）を発見する時系列分析（共著）（住田友文訳）：経営効率評価ハンドブック——

包絡分析法の理論と応用　Abraham Charnesほか編，刀根薫，上田徹監訳　朝倉書店　2000.2　465p

Lewis, Anthony　ルイス，アントニー
◇破滅への道：ドラッグ全面解禁論　ディヴィッド・ボアズ編，樋口幸子訳　第三書館　1994.11　364p

Lewis, D.　ルイス，D. *
◇先生を通して身体の働きや健康な生活の大切さを教えられた：心にのこる最高の先生——イギリス人の語る教師像　上林喜久子編訳著　関東学院大学出版会　2004.11　97p
◇先生を通して身体の働きや健康な生活の大切さを教えられた：イギリス人の語る心にのこる最高の先生　上林喜久子編訳　関東学院大学出版会　2005.6　68p

Lewis, David B.　ルイス，デビッド・B.
◇内部告発に関する法律　他（共著）（小林宏臣訳）：内部告発——その倫理と指針　David B.Lewis編，日本技術士会訳編　丸善　2003.2　159p

Lewis, James R.　ルイス，ジェームズ・R.（宗教学）
◇西洋人読者のためのイントロダクション　他：オウム真理教と人権——新宗教・文化ジャーナル『SYZYGY』特別号日本語版　SYZYGY特別号日本語版刊行委員会　2000.4　108p

Lewis, Jane　ルイス，ジェーン
◇現代福祉国家における政府とサードセクター——自立性・道具性・パートナーシップ：欧州サードセクター——歴史・理論・政策　A.エバース，J.-L.ラヴィル編，内山哲朗，柳沢敏勝訳　日本経済評論社　2007.6　368p

Lewis, Michael　ルイス，マイケル（心理学）
◇子どもと家族：愛着からソーシャル・ネットワークへ——発達心理学の新展開　マイケル・ルイス，高橋恵子編，高橋恵子監訳　新曜社　2007.5　197, 70p

Lewis, Wyndham　ルイス，ウィンダム
◇ウィンダム・ルイス（野中邦子訳）：インタヴューズ　1　クリストファー・シルヴェスター編，新庄哲夫ほか訳　文芸春秋　1998.11　462p

Ley, Euardo　レイ，E. *
◇ベイジアン計量経済学——共益分析と棄却サンプリング（共著）（大林守訳）：Mathematica　経済・金融モデリング　Hal R.ヴァリアン編，野口旭ほか共訳　トッパン　1996.12　553p

Leys, Colin　レイズ，コリン
◇第1章 1989年以降のイギリス労働党（細井雅夫訳）：現代ヨーロッパの社会民主主義——自己改革と政権党への道　ドナルド・サスーン編，細井雅夫，富山栄子訳　日本経済評論社　1999.8　281p
◇リベラル・コーポラティズムの衰退：イギリス（共著）（杉山光信訳）：メディア理論の脱西欧化　J.カラン，朴明珍編，杉山光信，大畑裕嗣訳　勁草書房　2003.2　306p
◇民主主義：G8——G8ってナンですか？　ノーム・チョムスキー，スーザン・ジョージ他著，氷上春奈訳　ブーマー　2005.7　238p

L'hermitte-Leclercq, Paulette　レルミット＝ルクレルク，ポーレット
◇封建制の秩序（十一－十二世紀）：女の歴史　2　[1]　中世　1　杉村和子，志賀亮一監訳　クリスティアー

ヌ・クラピシュ＝ズュベール編　藤原書店　1994.5
436p

Li, Hongyu　リー，H.（経営分析）*
◇米国の醸造産業における戦略的リーダー：産業内の優位な企業群（戦略グループ）を発見する時系列分析（共著）（住田友文訳）：経営効率評価ハンドブック—包絡分析法の理論と応用　Abraham Charnesほか編，刀根薫，上田徹監訳　朝倉書店　2000.2　465p

Li, Narangoa　リ，ナランゴア
◇内モンゴルにおける「蒙疆」政権（寺島理人訳）：岩波講座 アジア・太平洋戦争　7　支配と暴力　倉沢愛子，杉原達，成田竜一，テッサ・モーリス・スズキ，油井大三郎ほか編集委員　岩波書店　2006.5　470p

Libaert, Sonia　リバイルト，S.*
◇オペレーショナルリスク情報の定義と収集—リスク軽減と資本配分における応用（共著）：オペレーショナルリスク—金融機関リスクマネジメントの新潮流　アーサーアンダーセン編・訳　金融財政事情研究会　2001.1　413p

Libassi, Mary Frances　リバッシー，メリー・フランシス
◇慢性精神病患者—ある実践アプローチ（酒巻有里訳）：ケースマネージメントと社会福祉　ステファン・M.ローズ編，白沢政和，渡部律子，岡田進一監訳　ミネルヴァ書房　1997.10　415p（Minerva福祉ライブラリー 21）

Liben, Lynn S.　リーベン，L. S.*
◇場所の空間表現に対する子どもの理解：方法論の景観地図を作製する試み：空間認知ハンドブック　ナイジェル・フォアマン，ラファエル・ジレット編，竹内謙彰，旦直子監訳　二瓶社　2001.12　247p

Lichstein, Kenneth L.　リックスティーン，ケネス・L.
◇不眠症の治療マニュアル（共著）（大嶋明彦，尾鷲登志美訳）：エビデンスベイスト心理治療マニュアル　V.B.V.ハッセル，M.ハーセン編著，坂野雄二，不安・抑うつ臨床研究会編訳　日本評論社　2000.11　371p

Lichtenstein, Aharon　リヒテンシュタイン，アーロン
◇ジョーゼフ・ソロヴェイチク（R.Joseph Soloveitchik, 1903-1993）：二十世紀のユダヤ思想家　サイモン・ノベック編，鵜沼秀夫訳　ミルトス　1996.10　412p

Lichtenthaler, Eckhard　リヒテンターラー，エクハルト
◇テクノロジー・インテリジェンス—技術に関する意思決定の改善：科学経営のための実践的MOT—技術主導型企業からイノベーション主導型企業へ　ヒューゴ・チルキー編，亀岡秋男監訳　日経BP社　2005.1　397p

Lidoff, Lorraine　リドフ，ロレイン
◇高齢化と行政サービスおよび経済的基盤（鴫原純子訳）：高齢化社会と視覚障害—新世紀に向けたアメリカの挑戦　ジョン・E.クルーズ，フランク・J.ウイッテングトン編，岩橋明子訳監修　日本盲人福祉委員会　2003.1　302p

Lidz, Charles W.　リッツ，チャールズ
◇医療モデルの自立への影響（共著）：自立支援とはなにか—高齢者介護の戦略　ガムロス，セムラデック，

トーンキスト編，岡本祐三，秦洋一訳　日本評論社　1999.9　207p

Lieber, Dorothea　リーバー，ドロテア
◇西から東へ、東から西への手紙（共著）（鈴木仁子訳）：女たちのドイツ—東と西の対話　カトリン・ローンシュトック編，神谷裕子ほか訳　明石書店　1996.11　208p

Lieber, Francis　リーバー，フランス
◇歴史と政治学—自由国家の必要な研究：アメリカ政治学の展開—学説と歴史　ジェームズ・ファ，レイモンド・セイデルマン編著，本田弘，藤原孝，秋山和宏，石川晃司，入江正俊ほか訳　サンワコーポレーション　1996.2　506p

Lieberman, Ann　リーバーマン，アン
◇メトロポリタン学校研究審議会—生きた歴史（牛渡淳訳）：学校と大学のパートナーシップ—理論と実践　ジョン・I.グッドラッド，ケニス・A.シロトニック編，中留武昭監訳　玉川大学出版部　1994.2　355p

Lieberman, Morton H.　リーバーマン，M.*
◇虚弱な高齢者の移転（古屋健訳）：虚弱な高齢者のQOL—その概念と測定　James E.Birrenほか編，三谷嘉明他訳　医歯薬出版　1998.9　481p

Liebmann, Susanne　リープマン，スザンネ
◇仕事（共著）：アドラーの思い出　G.J.マナスター，G.ペインター，D.ドイッチュ，B.J.オーバーホルト編，柿内邦博，井原文子，野田俊作訳　創元社　2007.6　244p

Liegle, Ludwig　リーグル，ルードウィヒ
◇文化と社会化—比較教育学における忘れられた伝統と新しい側面（伊藤彰浩訳）：比較教育学の理論と方法　ユルゲン・シュリーバー編著，馬越徹，今井重孝監訳　東信堂　2000.11　278p

Lifley, Harriet P.　レフリー，ハリエット・P.
◇リハビリテーションチームとして機能する専門家の育成：チームを育てる—精神障害リハビリテーションの技術　パトリック・W.コリガン，ダニエル・W.ギフォート編，野中猛監訳，柴田珠里訳・著　金剛出版　2002.5　168p

Lifton, Robert Jay　リフトン，ロバート・J.
◇ヒロシマの真実を再訪する（共著）（大塚隆訳）：核と対決する20世紀　岩波書店　1999.7　379p（核と人間 1　坂本義和編）

Light, Donald W.　ライト，D. W.*
◇アメリカにおけるプロフェッショナル・スクールの発展（山田浩之訳）：高等教育の変貌1860-1930—拡張・多様化・機会開放・専門職化　コンラート・ヤーラオシュ編，望田幸男，安原義仁，橋本伸也監訳　昭和堂　2000.10　374, 48p

Light, Paul　ライト，ポール
◇サイン言語（広瀬信雄訳）：知的障害者の言語とコミュニケーション　上　マイケル・ベヴェリッジ，G.コンティ・ラムズデン，I.リュダー編，今野和夫，清水貞夫監訳　学苑社　1994.4　285p
◇発達する心理学（子安増生訳）：子どもは心理学者—心の理論の発達心理学　マーク・ベネット編，二宮克美，子安増生，渡辺弥生，首藤敏元訳　福村出版　1995.12　274p

Ligocki, Kathleen リゴッキ, キャサリン
◇重要幹部の癲癇によって巻き起こった社内騒動をどう収束させるか（共著）：人材育成のジレンマ―ハーバード・ビジネス・レビューケースブック Harvard Business Review編, Diamondハーバード・ビジネス・レビュー編集部訳 ダイヤモンド社 2004.12 219p

Likhanov, Al'bert Anatol'evich リハーノフ, A.
◇子どもの世界（共著）：池田大作全集 第107巻 池田大作著 聖教新聞社 2003.9 645p

Lilienfeld, Scott O. リリエンフェルド, スコット・O.
◇過去の出来事の想起―心理療法における問題となる記憶回復技法 他（共著）：臨床心理学における科学と疑似科学 S.O.リリエンフェルド, S.J.リン, J.M.ロー編, 厳島行雄, 横山正夫, 斎藤雅英監訳 北大路書房 2007.9 461p

Lilienthal, David E. リリエンソール, デイヴィッド・E.
◇経営はヒューマニスト・アートである（服部純子訳）：ビジネスの知恵50選―伝説的経営者が語る成功の条件 ピーター・クラス編, 佐藤洋一監訳 トッパン 1999.2 543p （トッパンのビジネス経営書シリーズ 26）

Lim, Lin Lean リム, リン・リーン
◇東南アジアにおける売買春の経済的・社会的背景 他（大間知久美子訳）：セックス「産業」―東南アジアにおける売買春の背景 リン・リーン・リム編著, 津田守他訳 日本労働研究機構 1999.12 334p

Lincoln, Abraham リンカーン, エイブラハム
◇アブラハム・リンカーン大大統領就任演説 他：アメリカ大統領就任演説集―inaugural address フロンティア文庫編集部訳, Katokt訳 フロンティアニセン 2005.3（第2刷）172p （フロンティア文庫 44―風呂で読める名演説100選 44）

Lind, Jens リンド, ヤン
◇デンマーク：労働組合主義の世紀は生きている：ヨーロッパの労働組合―グローバル化と構造変化のなかで ジェレミー・ワディントン, レイナー・ホフマン編, 小川正浩訳 生活経済政策研究所 2004.11 318p （生活研ブックス 21）

Lindahl, Kirsten M. リンダール, K. M.
◇家族のコミュニケーションと否定的情緒の調節（共著）（伊池和恵訳）：家族の感情心理学―そのよいときも、わるいときも E.A.ブレックマン編著, 浜治世, 松山義則監訳 北大路書房 1998.4 275p

Lindberg, David C. リンドバーグ, デイヴィド・C.
◇科学と初期のキリスト教会：神と自然―歴史における科学とキリスト教 デイビッド・C.リンドバーグ, R.L.ナンバーズ編, 渡辺正雄監訳 みすず書房 1994.6 528, 48p

Lindbergh, Charles リンドバーグ, チャールズ
◇クーリッジ大統領とチャールズ・リンドバーグ―リンドバーグの帰国に際して（共著）（津吉寛訳）：変貌する世界とアメリカ 板場良久スピーチ解説, 津吉寛訳 アルク 1998.5 148p （20世紀の証言 英語スピーチでたどるこの100年 第2巻―CD book 松尾弌之監修・解説）
◇チャールズ・リンドバーグ―第二次世界大戦への参戦に反対する（川端伸子訳）：アメリカ社会の光と影 板場良久スピーチ解説, 川端伸子訳 アルク 1998.7 138p （20世紀の証言 英語スピーチでたどるこの100年 第4巻―CD book 松尾弌之監修・解説）

Lindbergh, Reeve リンドバーグ, リーブ
◇チャールズ・リンドバーグ：TIMEが選ぶ20世紀の100人 下巻 アーチスト・エンターテイナー・ヒーロー・偶像・巨頭 徳岡孝夫監訳 アルク 1999.11 318p

Lindblom, Charles リンドブルム, チャールズ・E.
◇もう一つの心境：アメリカ政治学の展開―学説と歴史 ジェームズ・ファ, レイモンド・セイデルマン編著, 本田弘, 藤原孝, 秋山和宏, 石川晃司, 入江正俊ほか訳 サンワコーポレーション 1996.2 506p

Linder, Wolf リンダー, ヴォルフ
◇スイスの地方政府：現実的対応と自立：国際比較から見た地方自治と都市問題―先進20カ国の分析 1 Joachim Jens Hesse編, 北海道比較地方自治研究会訳 北海道比較地方自治研究会 1994.3 208p
◇スイスの地方政府：地方自治の世界的潮流―20カ国からの報告 下 ヨアヒム・J.ヘッセ編, 北海道比較地方自治研究会訳, 木佐茂男監修 信山社出版 1997.9 p337-650

Lindgren, Björn リンドグレン, B. *
◇スウェーデンの病院における生産性の発展：Malmquist出力指標の利用（共著）（上田徹訳）：経営効率評価ハンドブック―包絡分析法の理論と応用 Abraham Charnesほか編, 刀根薫, 上田徹監訳 朝倉書店 2000.2 465p

Lindgren, Lena リンドグレーン, レーナ
◇政治改革と行政の抵抗［スウェーデン］（共著）：北欧の地方分権改革―福祉国家におけるフリーコミューン実験 ハラール・ボルデシュハイム, クリステル・ストールバリ編著, 大和田建太郎, 小原亜生, 広田全男訳 日本評論社 1995.8 233p

Lindley, Peter リンドレイ, ピーター
◇ノーマリゼーションの訓練―転換か関与か？（共著）：ノーマリゼーションの展開―英国における理論と実践 ヘレン・スミス, ヒラリー・ブラウン編著, 小田兼三監訳 学苑社 1994.4 300p

Lindsey, Benjamin Barr リンゼイ, B. B.
◇友愛結婚（原田実訳）：世界女性学基礎文献集成 昭和初期編 第11巻 水田珠枝監修 ゆまに書房 2001.12 20, 553p

Lindsey, Forrest R. リンゼイ, F. R. *
◇アメリカ本土攻撃作戦―ミッドウェーとカリフォルニアの戦い：太平洋戦争の研究―こうすれば日本は勝っていた ピーター・G.ツォーラス編著, 左近允尚敏訳 PHP研究所 2002.12 387p

Lindsey, Lawrence リンゼー, ローレンス・B.
◇救出に関する良くない消息：IMF改廃論争の論点 ローレンス・J.マッキラン, ピーター・C.モントゴメリー編, 森川公隆監訳 東洋経済新報社 2000.11 285p

Linenthal, Edward T. リネンソール, エドワード・T.
◇追いつめられた歴史 他(共著):戦争と正義―エノラ・ゲイ展論争から トム・エンゲルハート, エドワード・T.リネンソール編, 島田三蔵訳 朝日新聞社 1998.8 300, 39p (朝日選書 607)

Lingenthal, K. E. Zachariae Von リンゲンタール, K. E. ツァハリアェ・フォン
◇ギリシャ=ローマ法史 他:ビザンツ法史断片 塙浩著 信山社出版 1998.2 564p (塙浩著作集―西洋法史研究 16)

Link, Christoph リンク, クリストフ
◇ディートリヒ・ラインキンク 他:17・18世紀の国家思想家たち―帝国公(国)法論・政治学・自然法論 ミヒャエル・シュトライス編, 佐々木有司, 柳原正治訳 木鐸社 1995.2 593, 13p

Link, Rosemary リンク, ローズマリー
◇アメリカ中西部とロンドンにおけるスクールソーシャルワーク活動:スクールソーシャルワークとは何か―その理論と実践 全米ソーシャルワーカー協会編, 山下英三郎編訳 現代書館 1998.12 234p

Linn, Robert L. リン, ロバート・L.
◇現在の展望と将来の方向(池田央訳):教育測定学 上巻 ロバート・L.リン編, 池田央, 藤田恵璽, 柳井晴夫, 繁桝算男訳・編 学習評価研究所 1992.12 469p

Linnekin, Jocelyn リネキン, ジョスリン
◇本物の伝統, 偽物の伝統 (共著):民俗学の政治性―アメリカ民俗学100年目の省察から 岩竹美加子編訳 未来社 1996.8 283, 6p (ニュー・フォークロア双書 27)

Linz, Juan J. リンス, ファン・J.
◇大統領制民主主義か議院内閣制民主主義か:大統領制民主主義の失敗 理論編 その比較研究 J.リンス, A.バレンズエラ編, 中道寿一訳 南窓社 2003.11 220p

Lionni, Leo レオーニ, レオ
◇スイミー(谷川俊太郎訳):群読がいっぱい―授業・集会行事に生かす 葛岡雄治編 あゆみ出版 1998.4 159p (CDブック―葛岡雄治の群読教室)

Lipietz, Alain リピエッツ, アラン
◇危機の背後に―蓄積体制の枯渇 他(海老塚明訳):危機・資本主義 ロベール・ボワイエ, 山田鋭夫編 藤原書店 1993.4 319p (レギュラシオンコレクション 1)
◇黄金時代の盛衰 (共著):資本主義の黄金時代―マルクスとケインズを超えて スティーブン・A.マーグリン, ジュリエット・B.ショアー編, 磯谷明徳, 植村博恭, 海老塚明監訳 東洋経済新報社 1993.9 326p
◇生態系をめぐる地球的緊張の調整:難航する交渉 他(工藤秀明訳):国際レジームの再編 R.ボワイエ, 山田鋭夫共同編集 藤原書店 1997.9 374p (レギュラシオン・コレクション 4)
◇二十世紀のプルードン(高塚浩由樹訳):ブローデル帝国 M.フェロー他著, F.ドス編, 浜名優美監訳 藤原書店 2000.5 294p

Lipman-Bluman, Jean リプマン=ブルーメン, ジーン
◇ホット・グループが生み出す創意と組織活力(共著):いかに「高業績チーム」をつくるか Diamondハーバード・ビジネス・レビュー編集部編訳 ダイヤモンド社 2005.5 225p (Harvard business review anthology)

Lipnack, Jessica リップナック, ジェシカ
◇バーチャル・チームの優位性(共著):いかに「高業績チーム」をつくるか Diamondハーバード・ビジネス・レビュー編集部編訳 ダイヤモンド社 2005.5 225p (Harvard business review anthology)

Lippincott, Benjamin E. リッピンコット, ベンジャミン・E.
◇アメリカ政治学の傾向:アメリカ政治学の展開―学説と歴史 ジェームズ・ファ, レイモンド・セイデルマン編, 本田弘, 藤原孝, 秋山和宏, 石川忠司, 入江正俊ほか訳 サンワコーポレーション 1996.2 506p

Lipsett, Suzanne リプセット, スーザン
◇ヘア騒動―バンコク:お気をつけて, いい旅を。―異国で出会った悲しくも可笑しい51の体験 メアリー・モリス, ポール・セロー, ジョー・ゴアス, イザベル・アジェンデ, ドミニク・ラピエールほか著, 古屋美登里, 中俣真知子訳 アスペクト 1995.7 366p

Lipsitz, George リプシッツ, ジョージ
◇「これはただのサイドショーじゃないぜ」―歴史家とメディア研究(村上陽介訳):アメリカ研究の方法 デイヴィッド・W.ノーブル編著, 相本資子ほか訳 山口書店 1993.8 311p

Lipsitz, Lewis A. リプシッツ, L. A. *
◇心肺の管理 他(共著):日本版MDS-HC 2.0在宅ケアアセスメントマニュアル John N.Morris他著, 池上直己訳 医学書院 1999.9 294p
◇心肺の管理 他(共著):日本版MDS-HC 2.0在宅ケアアセスメントマニュアル John N.Morris他著, 池上直己訳 新訂版 医学書院 2004.11 298p

Liska, Tibor リシュカ, ティボル
◇批判と構想:経済メカニズム改革へのテーゼ:計画から市場へ―ハンガリー経済改革思想史 1954-1988 平泉公雄編訳 アジア経済研究所 1992.3 355p (翻訳シリーズ 32)

Lisman, Stephen A. リスマン, ステファン・A.
◇アルコール依存症の治療法に関する論争(共著):臨床心理学における科学と疑似科学 S.O.リリエンフェルド, S.J.リン, J.M.ロー編, 厳島行雄, 横田正夫, 斎藤雅英監訳 北大路書房 2007.9 461p

Lister, Ruth リスター, ルース
◇結論2―他の選択肢もある(金子和夫訳):福祉大改革―イギリスの改革と検証 アラン・ウォーカーほか著, 佐藤進ほか訳 法律文化社 1994.9 256p

Litchfield, Leon C. リッチフィールド, リーオン・C.
◇ケースマネージャーとしての家族―フォーマルとインフォーマルのサポート・ネットワークの協同体制(共著)(井元真澄訳):ケースマネージメントと社会福祉 ステファン・M.ローズ編, 白沢政和, 渡部律子, 岡田進一監訳 ミネルヴァ書房 1997.10 415p (Minerva福祉ライブラリー 21)

Littbarski, Sigurd リトバルスキー, ズィーグルト
◇保険法における差別(浅川千尋訳):ヨーロッパの差別論 ヤン・C.ヨェルデン編, 田村光彰ほか訳 明石

書店 1999.12 452p (世界人権問題叢書 34)

Litterman, Robert リッターマン, ロバート
◇アクティブ・ファンドマネージャーのためのリスク・バジェッティング―「グリーン・ゾーン」を用いたリターンの質の評価(共著):リスクバジェッティング―実務家が語る年金新時代のリスク管理 レスリー・ラール編, 三菱信託銀行受託財産運用部門訳 パンローリング 2002.4 575p (ウィザードブックシリーズ 34)

Little, Margaret I. リトル, マーガレット・I.
◇基本的一体性(一時的絶対的未分化)について(三崎久好訳):英国独立学派の精神分析―対象関係論の展開 G.コーヘン編, 西園昌久監訳 岩崎学術出版社 1992.6 278p (現代精神分析双書 2-17)

Littlehale, Steven リトルホール, S. *
◇ADL/リハビリテーションの可能性(共著):日本版MDS-HC 2.0在宅ケアアセスメントマニュアル John N.Morris他編著, 池上直己訳 医学書院 1999.9 294p
◇ADL/リハビリテーションの可能性(共著):日本版MDS-HC 2.0在宅ケアアセスメントマニュアル John N.Morris他編著, 池上直己訳 新訂版 医学書院 2004.11 298p

Liu, Zhaowei リュウ, チョウイ(劉兆偉)
◇儒教・仏教による偽満洲国の方略について(竹中憲一訳):日本の植民地教育・中国からの視点 王智新編著 社会評論社 2000.1 297p

Livingston, J. Sterling リビングストン, J. スターリング
◇マネジャーの期待と信頼が人を育てる:人材マネジメント Harvard Business Review編, Diamondハーバード・ビジネス・レビュー編集部訳 ダイヤモンド社 2002.3 309p
◇ピグマリオン・マネジメント:動機づける力 Diamondハーバード・ビジネス・レビュー編集部編訳 ダイヤモンド社 2005.2 243p (Harvard business review anthology)

Livingstone, John Leslie リビングストン, ジョン・レスリー
◇CVP分析:MBA講座財務・会計 J.L.リビングストン編著, 朝日監査法人訳 日本経済新聞社 1998.12 494p

Ljunggren, Gunnar リュングレン, G. *
◇褥瘡 他(共著):日本版MDS-HC 2.0在宅ケアアセスメントマニュアル John N.Morris他編著, 池上直己訳 医学書院 1999.9 294p
◇皮膚と足の状態 他(共著):日本版MDS-HC 2.0在宅ケアアセスメントマニュアル John N.Morris他編著, 池上直己訳 新訂版 医学書院 2004.11 298p

Llompart, José ヨンパルト, ホセ
◇自然法論の歴史と法学上の自然法の歴史性:法の理論 12 ホセ・ヨンパルト, 三島淑臣編 成文堂 1992.12 235p
◇法思考過程の出発点はどこか:法の理論 13 ホセ・ヨンパルト, 三島淑臣編 成文堂 1993.12 250p
◇合意が得られると、どうなるか 他:法の理論 14 ホセ・ヨンパルト, 三島淑臣編 成文堂 1994.11 227p
◇良心の自由はどれほど法に保障され得るか:法の理論 15 ホセ・ヨンパルト, 三島淑臣編 成文堂 1995.12 252p

Lloyd, Petter ロイド, ピーター
◇EUの政策プログラムとサードシステム:欧州サードセクター―歴史・理論・政策 A.エバース, J.-L.ラヴィル編, 内山哲朗, 柳沢敏勝訳 日本経済評論社 2007.6 368p

Lloyd, P. J. ロイド, P. J.
◇産業内貿易理論および要素賦存比率に関する考察:産業内貿易―理論と実証 P.K.M.サラカン, ヤコブ・コル編著, 小柴徹修, 浜口登, 利光強訳, 佐々波楊子監訳 文真堂 1993.6 217p

Loasby, B. J. ロースビー, ブライアン・J.
◇企業・市場および連続性の原理(井田高之訳):マーシャル経済学の体系 J.K.ホイティカー編著, 橋本昭一監訳 ミネルヴァ書房 1997.8 377p (マーシャル経済学研究叢書 3)

Lochman, Jan Milic ロッホマン, ヤン・ミリチ
◇エキュメニカルな「地」のためのプロテスタントの「塩」:改革派神学の新しい視座―アイラ・ジャン・ヘッセリンクJr.博士献呈論文集 ユージン・P.ハイデマンほか著, 池永倫明, 池永順一共訳 一麦出版社 2002.6 206p

Löchner, Stefan レヒナー, S. *
◇東独不動産法への手引 他(共著):ドイツの不動産―開発と投資の法律および税務 R.フォルハード, D.ウェーバー, W.ウージンガー編, ドイツ・リアルエステート・コンサルティング訳, 平川純子監訳 ダイヤモンド社 1993.5 358p

Lock, Timothy ロック, ティモシー
◇過去の出来事の想起―心理療法における問題となる記憶回復技法(共著):臨床心理学における科学と疑似科学 S.O.リリエンフェルド, S.J.リン, J.M.ロー編, 厳島行雄, 横田正夫, 斎藤雅英訳 北大路書房 2007.9 461p

Lockhart, D. G. ロックハート, D. G.
◇スコットランドとアイルランドにおける計画的村落の発展―一七〇〇―一八五〇:アイルランドとスコットランド―比較社会経済史 T.M.ディヴァイン, D.ディクソン編著, 津波古先文訳 創創社 1992.8 474p

Lodge, David ロッジ, デイヴィッド
◇ミラン・クンデラ『冗談』(富士川義之訳):ロンドンで本を読む 丸谷才一編著 マガジンハウス 2001.6 337, 8p

Löfgren, Orvar レーヴグレーン, オルヴァル
◇森の国 他(熊野聰訳):北欧の自然と生業 K.ハストロブ編, 熊野聰ほか訳 東海大学出版会 1996.5 210p (北欧社会の基層と構造 2)
◇旅の道 他(新谷俊裕訳):北欧の世界観 K.ハストロブ編, 菅原邦城, 新谷俊裕訳 東海大学出版会 1996.5 311p (北欧社会の基層と構造 1)

Loft, Anne ロフト, A. *
◇会計と第一次世界大戦(岡野浩, 藤井博義訳):社会・組織を構築する会計―欧州における学際的研究 アンソニー・G.ホップウッド, ピーター・ミラー編著, 岡野浩, 国部克彦, 柴健次監訳 中央経済社 2003.11 390p

Loftus, Elizabeth F. ロフタス, エリザベス・F.
◇過去の出来事の想起―心理療法における問題となる記憶回復技法（共著）：臨床心理学における科学と疑似科学　S.O.リリエンフェルド, S.J.リン, J.M.ロー編, 厳島行雄, 横田正夫, 斎藤雅英監訳　北大路書房　2007.9　461p

Logan, Dan ローガン, ダン
◇コスト・センターをいかにプロフィット・センター化させるか（共著）：組織変革のジレンマ―ハーバード・ビジネス・レビュー・ケースブック　Harvard Business Review編, Diamondハーバード・ビジネス・レビュー編集部訳　ダイヤモンド社　2004.11　218p

Lohman, David F. ローマン, D. F. ＊
◇認知心理学の教育測定に対する意義（共著）（大村彰道他訳）：教育測定学　上巻　ロバート・L.リン編, 池田央, 藤田恵璽, 柳井晴夫, 繁桝算男訳・編　学習評価研究所　1992.12　469p

Lohmeyer, Dan ローマイヤー, ダン
◇ITをめぐる説明責任と協力体制（共著）（大隈健史監訳）：マッキンゼーITの本質―情報システムを活かした「業務改革」で利益を創出する　横浜信一, 萩平和巳, 金平直人, 大隈健史, 琴坂将広編著・監訳, 鈴木立哉訳　ダイヤモンド社　2005.3　212p　（The McKinsey anthology）

Lohr, Jeffrey M. ロー, ジェフリー・M.
◇心的外傷後ストレス障害の新奇で論争となっている治療法　他（共著）：臨床心理学における科学と疑似科学　S.O.リリエンフェルド, S.J.リン, J.M.ロー編, 厳島行雄, 横田正夫, 斎藤雅英監訳　北大路書房　2007.9　461p

Lohrbächer, Alfred ロールベッヒャー, アルフレート
◇旧約聖書の神は「復讐の神」か　他：キリスト教とユダヤ教―キリスト教信仰のユダヤ的ルーツ　F.クリュゼマン, U.タイスマン編, 大住雄一訳　教文館　2000.12　232p

Lois, Julio ロイス, フリオ
◇「貧しい人々の側に立つ」とはどういうことか：二十一世紀を変革する人々―解放の神学が訴えるもの　ホセ・マリア・ビジル編, ステファニ・レナト訳　新世社　1997.8　211, 5p

Loitlsberger, Erich ロイトルスベルガー, エーリヒ
◇ニックリッシュ経営学の現代的意義―経営学と共同体思考（共著）（梶脇裕二訳）：ニックリッシュの経営学　大橋昭一編著, 渡辺朗監訳　同文舘出版　1996.8　217p

Lollis, Susan ロリス, S. ＊
◇児童期の社会的引っ込み思案―仲間による拒否への発達的道すじ（共著）（古城和敬訳）：子どもと仲間の心理学―友だちを拒否するこころ　S.R.アッシャー, J.D.クーイ編著, 山崎晃, 中沢潤監訳　北大路書房　1996.7　447p

Lomas, Gabriel C. J. ローマス, G. C. J. ＊
◇非英語圏移民の言語教育（共著）：オーストラリアの生活文化と生涯教育―多文化社会の光と影　マーク・テナント編, 中西直和訳　松籟社　1995.9　268p

Lombardi, Donald N. ロンバルディ, ドナルド・N.
◇家族と愛する人々（共著）：アドラーの思い出　G.J.マナスター, G.ペインター, D.ドイッチュ, B.J.オーバーホルト編, 柿内邦博, 井原文子, 野田俊作訳　創元社　2007.6　244p

Lombardo, Nancy Emerson ロンバード, N. E. ＊
◇認知（共著）：日本版MDS-HC 2.0在宅ケアアセスメントマニュアル　John N.Morris他編著, 池上直己訳　医学書院　1999.9　294p
◇認知（共著）：日本版MDS-HC 2.0在宅ケアアセスメントマニュアル　John N.Morris他編著, 池上直己訳　新訂版　医学書院　2004.11　298p

Lombardus, Petrus ロンバルドゥス, ペトルス
◇命題集（山内清海訳）：中世思想原典集成　7　前期スコラ学　上智大学中世思想研究所編訳・監修　平凡社　1996.6　953p

Loney, Martin ローニー, マーティン
◇社会との関係でとらえる児童虐待（中野敏子訳）：児童虐待への挑戦　ウェンディ・スティントン・ロジャース, デニス・ヒーヴィー, エリザベス・アッシュ編著, 福知栄子, 中野敏子, 田沢あけみほか訳　法律文化社　1993.11　261p
◇貧困との闘いか、それとも貧困者との闘いか（佐藤のり子訳）：福祉大改革―イギリスの改革と検証　アラン・ウォーカーほか著, 佐藤進ほか訳　法律文化社　1994.9　256p

Long, David ロング, デーヴィッド
◇戦間期理想主義・自由主義・現代の国際理論　他（関静雄訳）：危機の20年と思想家たち―戦間期理想主義の再評価　デーヴィッド・ロング, ピーター・ウィルソン編著, 宮本盛太郎, 関静雄監訳　ミネルヴァ書房　2002.10　371, 10p　（Minerva人文・社会科学叢書 68）

Long, Huey P. ロング, ヒューイ・P.
◇ヒューイ・P.ロング（吉田利子訳）：インタヴューズ　2　クリストファー・シルヴェスター編, 新庄哲夫ほか訳　文芸春秋　1998.11　451p

Long, Larry ロング, ラリー
◇取引と交渉のかけ橋（共著）（竹下裕子訳）：人間と組織　本名信行, 秋山高二, 竹下裕子, ベイツ・ホッファ, ブルックス・ヒル編著　三修社　2005.9　312p　（異文化理解とコミュニケーション　第2版 2）

Longerstaey, Jacques ロンガーステイ, ジャックス
◇アクティブ・ファンドマネージャーのためのリスクバジェッティング―「グリーン・ゾーン」を用いたリターンの質の評価（共著）：リスクバジェッティング―実務家が語る年金新時代のリスク管理　レスリー・ラール編, 三菱信託銀行受託財産用部門訳　パンローリング　2002.4　575p　（ウィザードブックシリーズ 34）

Longfellow, Henry Wadsworth ロングフェロー, ヘンリー・ワズワース
◇田舎鍛冶（植村正久訳）：植村正久著作集　第3巻　植村正久著, 熊野義孝, 石原謙, 斎藤勇, 大内三郎監修　新教出版社　2005.12　478p

Lönnqvist, Bo レンクヴィスト, ボー
◇言語障壁（清水育男訳）：北欧のアイデンティティ　K.ハストロプ編, 菅原邦城ほか訳　東海大学出版会　1996.5　243p　（北欧社会の基層と構造 3）
◇資源としての時間と空間（菅原邦城訳）：北欧の世界観　K.ハストロプ編, 菅原邦城, 新谷俊裕訳　東海大学出版会　1996.5　311p　（北欧社会の基層と構造 1）

Loomis, James F. ルーミス, ジェームス・F.
◇保健医療におけるケースマネージメント（加藤曜子訳）：ケースマネージメントと社会福祉　ステファン・M.ローズ編, 白沢政和, 渡邉律子, 岡田進一監訳　ミネルヴァ書房　1997.10　415p　（Minerva福祉ライブラリー 21）

López, Ramón E. ロペス, ラモン
◇資本・成長と社会的厚生：経済成長の「質」　ビノッド・トーマスほか著, 小浜裕久, 織井啓介, 冨田陽子訳　東洋経済新報社　2002.4　280p

Lord, Duane C. ロード, D. C.
◇優れた決断をする技術（寺田雅英訳）：発達障害に関する10の倫理的課題　リンダ・J.ヘイズ他著, 望月昭, 冨安ステファニー監訳　二瓶社　1998.6　177p

Lord, Winston ロード, ウィンストン
◇米韓対立というもう一つの朝鮮半島危機：アメリカと北朝鮮—外交的観点から武力行使か　フォーリン・アフェアーズ・ジャパン編・監訳, 竹下興喜監訳　朝日新聞社　2003.3　239, 4p

Lorde, Audre Geraldine ロード, オードリー
◇鎖：記憶の底から—家庭内性暴力を語る女性たち　トニー・A.H.マクナロン, ヤーロウ・モーガン編, 長谷川真美訳　青弓社　1995.12　247p

Lorenz, Konrad ローレンツ, コンラート
◇世代間の対立とその動物行動学的原因：遊びと発達の心理学　J.ピアジェ他著, 赤塚徳郎, 森楙監訳　黎明書房　2000.7　217, 3p　（心理学選書 4）

Lorig, Tyler S. ロリッグ, T. *
◇香りの認識下および非認識下における影響：電気生理的および行動的解明：香りの生理心理学　S.ヴァン・トラー, G.H.ドッド編, 印藤元一訳　フレグランスジャーナル社　1996.6　306p

Lorist, Monicque M. ロリスト, モニック・M. *
◇カフェインと情報処理（共著）（奥野英美訳）：ストレスと快楽　デイビッド・M.ウォーバートン, ニール・シャーウッド編, 上里一郎監訳　金剛出版　1999.10　301p

Lorsch, Jay W. ローシュ, ジェイ・W.
◇だれがCEOを決めるのか〈座談会〉 他（共著）：コーポレート・ガバナンス　Harvard Business Review編, Diamondハーバード・ビジネス・レビュー編集部訳　ダイヤモンド社　2001.6　270p

Lorsch, Jay William ロッシュ, ジェイ・W.
◇アタマ打ちマネジャーの活性術（共著）：いかに「問題社員」を管理するか　Diamondハーバード・ビジネス・レビュー編集部編訳　ダイヤモンド社　2005.1　262p　（Harvard business review anthology）

Losavio, Tommaso ロザヴィオ, T.
◇ローマにおける地域精神保健サービス：過渡期の精神医療—英国とイタリアの経験から　シュラミット・ラモン, マリア・グラツィア・ジャンニケッダ編, 川田誉音訳　海声社　1992.10　424p

Loske, Reinhard ロスケ, ラインハルト
◇エネルギー（共著）：マクミラン近未来地球地図　イアン・ピアスン編, 松井孝典監訳　東京書籍　1999.11　115p

Lot-Falck, E. ロット＝ファルク, E.
◇シベリアの神話 他：無文字民族の神話　ミシェル・パノフ他著, 大林太良, 宇野公一郎訳　新装復刊　白水社　1998.10　281, 12p

Lotterer, Alexander ロッテラー, A.
◇次期兵器計画をデザインするためにARISを活用する—米国国防総省のケース（共著）（木村祐介訳）：ARISを活用したチェンジマネジメント—ビジネスプロセスの変革を管理する　A.-W.シェアー, F.アボルハッサン, W.ヨースト, M.F.W.キルヒマー編, 堀内正博, 田中正郎, 柳堀紀幸訳　シュプリンガー・フェアラーク東京　2003.12　216p

Lovallo, Dan ロバロ, ダン
◇楽観主義が意思決定を歪める（共著）：いかに「プロジェクト」を成功させるか　Diamondハーバード・ビジネス・レビュー編集部訳　ダイヤモンド社　2005.1　239p　（Harvard business review anthology）
◇楽観主義が意思決定を歪める（共著）：組織行動論の実学—心理学で経営課題を解明する　Diamondハーバード・ビジネス・レビュー編集部編訳　ダイヤモンド社　2007.9　425p　（Harvard business review）

Love, Jason ラヴ, J. *
◇オペレーショナルリスク情報の定義と収集—リスク軽減と資本配分における応用（共著）：オペレーショナルリスク—金融機関リスクマネジメントの新潮流　アーサーアンダーセン編・訳　金融財政事情研究会　2001.1　413p

Love, Patricia ラブ, P. *
◇就学前年少プログラム：乳児期から幼児期への橋渡し：ダウン症候群と療育の発展—理解の向上のために　Valentine Dmitriev, Patricia L.Oelwein編著, 竹井和子訳　協同医書出版社　1992.6　274p

Love, Robert W. , Jr. ラブ, ロバート・W.・Jr.
◇海の戦い：ヒトラーが勝利する世界—歴史家たちが検証する第二次大戦・60の"if"　ハロルド・C.ドイッチュ, デニス・E.ショウォルター編, 守屋純訳　学習研究社　2006.10　671p　（WW selection）

Lovell, C. A. Knox ラヴェル, C. A.
◇修正DEAと回帰分析を用いた教育生産に関する階層化モデル 他（共著）（矢田健二訳）：経営効率評価ハンドブック—包絡分析法の理論と応用　Abraham Charnes他編, 刀根薫, 上田徹監訳　朝倉書店　2000.2　465p

Lowe, A. V. ロー, A. V. *
◇域外管轄権と国際法の構造：国際経済法入門—途上国問題を中心に　ヘイゼル・フォックス編著, 落合淳隆訳　敬文堂　1992.1　195p

Lowe, Geoff ロウ, ジェフ *
◇創造性 他（大塚明子訳）：ストレスと快楽　デイビッド・M.ウォーバートン, ニール・シャーウッド編著, 上里一郎監訳　金剛出版　1999.10　301p

Lowe, N. V. ロウ, ナイジェル・V.
◇英国1989年児童法―施行から5年期待どおりの成果があがっているか？（新島一彦訳）：21世紀の民法―小野幸二教授還暦記念論集　法学書院　1996.12　970p

Lowe, Roy ロー, R.
◇イングランドにおける高等教育の拡張（藤井泰訳）：高等教育の変貌1860-1930―拡張・多様化・機会開放・専門職化　コンラート・ヤーラオシュ編, 望田幸男, 安原義仁, 橋本伸也監訳　昭和堂　2000.10　374, 48p

Lowen-Seifert, Sigrid レーヴェン＝ザイフェルト, シグリット
◇ドイツ―一九九〇年代ドイツにおける箱庭療法の発展（山崎玲奈訳）：世界の箱庭療法―現在と未来　山中康裕, S.レーヴェン・ザイフェルト, K.ブラッドウェイ編　新曜社　2000.10　182p

Lowi, Theodore J. ローウィ, セオドア・J.
◇政治学における国家―研究対象との一体化：アメリカ政治学の展開―学説と歴史　ジェームズ・ファ, レイモンド・セイデルマン編著, 本田弘, 藤原孝, 秋山和宏, 石川晃司, 入江正俊ほか訳　サンワコーポレーション　1996.2　506p

Lowinsky, Naomi Ruth ローウィンスキー, ナオミ・ルース
◇母たちの母―女性の心（psyche）の中での祖母の力（リース・滝・幸子, 琴浦志津訳）：女性の誕生―女性であること：意識的な女性性の誕生　コニー・ツヴァイク編, 川戸円訳　山王出版　1996.9　398p
◇母たちの母：女性の心（psyche）の中での祖母の力（琴浦志津, リース・滝・幸子訳）：女性の誕生―女性であること：意識的な女性性の誕生　コニー・ツヴァイク編, 川戸円, リース・滝幸子訳　第2版　山王出版　1997.9　403p

Lowry, John ロウリー, ジョン
◇オーストラリアにおける財務会計と管理会計（共著）：アジア太平洋地域の会計　西村明ほか編, 西村明監訳　九州大学出版会　1995.8　285p

Loxley, Ann ロックスレイ, A.*
◇アーモナー研究所の教育―1958年（宮崎清恵訳）：医療ソーシャルワークの挑戦―イギリス保健関連ソーシャルワークの100年　ジョアン・バラクローほか編著, 児島美郎子, 中村永司監訳　中央法規出版　1999.5　271p

Loyrette, Henri ロワレット, アンリ
◇エッフェル塔（平野千果子訳）：記憶の場―フランス国民意識の文化＝社会史　第2巻　ピエール・ノラ編, 谷川稔監訳　岩波書店　2003.1　412, 13p

Lstouche, Serge ラトゥーシュ, セルジュ
◇生活水準（加地永都子訳）：脱「開発」の時代―現代社会を解読するキイワード辞典　ヴォルフガング・ザックス編, イヴァン・イリッチ他著, 三浦清隆他訳　晶文社　1996.9　396, 12p

Lu, Francis G. ルー, フランシス・G.
◇診断―宗教的・霊的内容に対するトランスパーソナルなアプローチ 他（共著）：テキスト／トランスパーソナル心理学・精神医学　B.W.スコットン, A.B.チネン, J.R.バティスタ編, 安藤治, 池沢良郎, 是恒正達訳　日本評論社　1999.12　433p

Lubarsky, Jared ルバスキー, シャレド
◇ジャーナリズム―日本とはひと味違うアメリカン・ジャーナリズムのど根性：アメリカ新研究　鵜木奎治郎編著　北樹出版　1992.11　295p

Lübcke, Poul リュブケ, ポウル
◇キェルケゴールを道徳哲学者として分析的に解釈すること（高橋健訳）：キェルケゴール―新しい解釈の試み　A.マッキノン他著, 桝形公也編・監訳　昭和堂　1993.6　324p　（キェルケゴール叢書）

Lubinski, Rosemary ルビンスキー, R.*
◇コミュニケーション障害（共著）：日本版MDS-HC 2.0在宅ケアアセスメントマニュアル　John N.Morris他編著, 池上直己訳　医学書院　1999.9　294p
◇コミュニケーション障害（共著）：日本版MDS-HC 2.0在宅ケアアセスメントマニュアル　John N.Morris他編著, 池上直己訳　新訂版　医学書院　2004.11　298p

Lucadou, Walter von ルカドウ, ヴァルター・フォン
◇サイの限界について―システム理論的研究法（共著）：超常現象のとらえにくさ　笠原敏雄編　春秋社　1993.7　776, 61p

Lucas, Caroline ルーカス, キャロライン
◇食糧安全保障（共著）：G8―G8ってナンですか？　ノーム・チョムスキー, スーザン・ジョージ他著, 氷上春奈訳　ブーマー　2005.7　238p

Lucas, James Sidney ルーカス, ジェイムズ
◇ヴォーダン作戦：ヒトラーの選択　ケネス・マクゼイ編, 柘植久慶訳　原書房　1995.10　219p

Luce, Henry R. ルース, ヘンリー・R.
◇ビジネスマンの性格（前田寛子訳）：ビジネスの知恵50選―伝説的経営者が語る成功の条件　ピーター・クラス編, 佐藤洋一監訳　トッパン　1999.2　543p　（トッパンのビジネス経営書シリーズ 26）

Luchsinger, Verena ルクシンジャー, V.*
◇痛みの管理（共著）：日本版MDS-HC 2.0在宅ケアアセスメントマニュアル　John N.Morris他編著, 池上直己訳　医学書院　1999.9　294p
◇痛みの管理（共著）：日本版MDS-HC 2.0在宅ケアアセスメントマニュアル　John N.Morris他編著, 池上直己訳　新訂版　医学書院　2004.11　298p

Luck, Mike ラック, マイク
◇ITとは？ボランタリー団体とNPOでのインフォメーションテクノロジーについて（共著）（大澤智子訳）：NPOマネージメント―ボランタリー組織のマネージメント　スティーヴン・P・オズボーン編, ニノミヤ・アキイエ・H.監訳　中央法規出版　1999.3　388p

Luckasson, Ruth ラッカソン, R.*
◇QOLについての法律家の見方：知的障害・発達障害を持つ人のQOL―ノーマライゼーションを超えて　Robert L.Schalock編, 三谷嘉明, 岩崎正子訳　医歯薬出版　1994.5　346p

Ludeman, Kate ルードマン, ケイト
◇ボスザル社員を手なずける法（共著）：いかに「問題社員」を管理するか　Diamondハーバード・ビジネス・レビュー編集部訳　ダイヤモンド社　2005.1　262p　（Harvard business review anthology）
◇ボスザル社員を手なずける法（共著）：コーチングが

リーダーを育てる Diamondハーバード・ビジネス・レビュー編集部編訳 ダイヤモンド社 2006.4 231p (Harvard business review anthology)

Luders, Marie Elizabeth リューダース, マリー・E.
◇知られざる軍隊(渡辺多恵子訳)：世界女性学基礎文献集成 昭和初期編 第14巻 水田珠枝監修 ゆまに書房 2001.12 20, 420p

Ludolf von Sachsen ルードルフ・フォン・ザクセン
◇キリスト伝(1350年?)(鈴木宣明訳)：宗教改革著作集 第13巻 カトリック改革 教文館 1994.4 595p

Ludwin, A. M. ラドウィッグ, アーノルド・M.
◇多重人格 他(共著)：多重人格障害——その精神生理学的研究 F.バトナム他著, 笠原敏雄編 春秋社 1999.6 296p

Luggen, Martin ラッジェン, マーティン
◇技術的コア・コンピタンスの開発——枠組みとアプリケーション(適応) 他(共著)：科学経営のための実践的MOT——技術主導型企業からイノベーション主導型企業へ ヒューゴ・チルキー編, 亀岡秋男監訳 日経BP社 2005.1 397p

Luhmann, Nikals ルーマン, ニクラス
◇社会と相互行為の進化的分化(圓岡偉男訳)：ミクロマクロ・リンクの社会理論 ジェフリー・C.アレグザンダー, ニール・J.スメルサーほか編, 石井幸夫ほか訳 新泉社 1998.10 273p (「知」の扉をひらく)

Lui, Y. H. ルイ, Y. H.*
◇マネー・マーケットとキャピタル・マーケット 他(井口雅夫訳)：香港の金融制度 リチャード・Y.K.ホー, ロバート・H.スコット, K.A.ウォン編著, 香港金融研究会訳 金融財政事情研究会 1993.5 313p

Luig, Klaus ルーイク, クラウス
◇クリスティアン・トマジウス：17・18世紀の国家思想家たち——帝国公(国)法論・政治学・自然法論 ミヒャエル・シュトライス編, 佐々木有司, 柳原正治訳 木鐸社 1995.2 593, 13p

Luik, John C. ルーイク, ジョン・C.*
◇快楽に対する猛攻撃(松木修平訳)：ストレスと快楽 デイビッド・M.ウォーバートン, ニール・シャーウッド編著, 上里一郎監訳 金剛出版 1999.10 301p

Luiselli, James K. ルイセリー, ジェームズ・K.
◇結論と今後の方向性 他(共著)(園山繁樹訳)：挑戦的行動の先行子操作——問題行動への新しい援助アプローチ ジェームズ・K.ルイセリー, マイケル・J.キャメロン編, 園山繁樹ほか訳 二瓶社 2001.8 390p

Luk, Bernard ルック, バーナード
◇トロントにおける香港中国人移民(共著)(小野澤正喜訳)：香港を離れて——香港中国人移民の世界 ロナルド・スケルドン編, 可児弘明, 森川真規雄, 吉原和男監訳 行路社 1997.6 552p (中国の底流シリーズ 4)

Lukacs, Gyorgy ルカーチ, G.
◇思想的自伝：人間と歴史——1957年『岩波講座現代思想』より K.レヴィットほか著, 柴田治三郎, 清水幾太郎, 阿部知二訳〈リキエスタ〉の会 2001.12 102p

Luke, David E. ルーク, D.
◇発達障害における倫理的擁護——遂行工学の観点(共著)(大野裕史訳)：発達障害に関する10の倫理的課題 リンダ・J.ヘイズ他著, 望月昭, 冨安ステファニー監訳 二瓶社 1998.6 177p

Lukes, Steven Michael ルークス, スティーヴン
◇人権をめぐる五つの寓話：人権について——オックスフォード・アムネスティ・レクチャーズ ジョン・ロールズ他著, スティーヴン・シュート, スーザン・ハーリー編, 中島吉弘, 松田まゆみ共訳 みすず書房 1998.11 304, 6p

Lukoff, David ルーコフ, デヴィッド
◇診断——宗教的・霊的な問題に対するトランスパーソナルなアプローチ 他(共著)：テキスト/トランスパーソナル心理学・精神医学 B.W.スコットン, A.B.チネン, J.R.バティスタ編, 安藤治, 池沢郎, 是恒正達訳 日本評論社 1999.12 433p

Lullus, Rainmundus ルルス, ライムンドゥス
◇愛する者と愛された者についての書(共著)：中世思想原典集成 18 後期スコラ学 上智大学中世思想研究所編訳・監修 平凡社 1998.9 923p

Lummis, C. Douglas ラミス, C.ダグラス
◇平等(三浦清隆訳)：脱「開発」の時代——現代社会を解読するキイワード辞典 ヴォルフガング・ザックス編, イヴァン・イリッチ他著, 三浦清隆他訳 晶文社 1996.9 396, 12p

Lunch, Lydia ランチ, リディア
◇リディア・ランチ：怒れる女たち——ANGRY WOMEN 1 アンドレア・ジュノー, V.ヴェイル編, 越智道雄訳 第三書館 1995.7 325p

Lundberg, Lars ルンドベリイ, ラーシュ
◇産業間貿易と産業内貿易の決定要因としての比較生産費と代替の弾力性(共著)：産業内貿易——理論と実証 P.K.M.サラカン, ヤコブ・コル編著, 小柴徹修, 浜口登, 利光強訳, 佐々楊子訳 文真堂 1993.6 217p

Lundgreen, Peter ルントグレーン, ペーター
◇ドイツ高等教育の分化(吉岡真佐樹訳)：高等教育の変貌1860-1930——拡張・多様化・機会開放・専門職化 コンラート・ヤーラオシュ編, 望田幸男, 安原義仁, 橋本伸也監訳 昭和堂 2000.10 374, 48p

Lurigio, Arthur J. ルリジオ, アーサー・J.
◇被害者サービスプログラムの効果(共著)(富田信穂訳)：犯罪被害者と刑事司法 ギュンター・カイザー, H.クーリー, H.・J.アルブレヒト編, 宮沢浩一, 田口守一, 高橋則夫編訳 成文堂 1995.7 443p

Luther, Kurt Richard ルター, クルト・リヒャルト
◇無批判的な自己描写と外部に対する無条件的断罪：「負の遺産」との取り組み——オーストリア・東西ドイツの戦後比較 ヴェルナー・ベルクマン, ライナー・エルブ, アルベルト・リヒトブラウ編著, 岡田浩平訳 三元社 1999.3 479p

Luther, Martin ルター, マルティン
◇小教理問答(1529年) 他(徳善義和訳)：宗教改革著作集 第14巻 信仰告白・信仰問答 教文館 1994.11

704p
◇聖書序文集(1522-45年)(徳善義和訳):宗教改革著作集 第4巻 ルターとその周辺 2 教文館 2003.3 380p

Lutyens, Edwin ラチェンス, エドウィン
◇サー・エドウィン・ラチェンス(高橋健次訳):インタヴューズ 1 クリストファー・シルヴェスター編, 新庄哲夫ほか訳 文芸春秋 1998.11 462p

Lutz-Bachmann, Matthias ルッツ-バッハマン, マティアス
◇カントの平和理念と世界共和国の法哲学的構想:カントと永遠平和—世界市民という理念について ジェームズ・ボーマン, マティアス・ルッツ-バッハマン編, 紺野茂樹, 田辺俊明, 舟場保之訳 未来社 2006.1 261p

Lyle, Sue ライル, スー
◇森林環境(中野佳昭訳):地球市民教育のすすめかた—ワールド・スタディーズ・ワークブック デイヴィッド・ヒックス, ミリアム・スタイナー編, 岩崎裕保監訳 明石書店 1997.6 341p

Lynch, Katherine リンチ, K. *
◇香港報告(二羽和彦訳):訴訟法における法族の再検討 小島武司編著 中央大学出版部 1999.4 578p (日本比較法研究所研究叢書 46)

Lynch, M. リンチ, マイケル
◇ルネサンスと宗教改革の時代:スコットランド史—その意義と可能性 ロザリンド・ミチスン編, 富田理恵, 家入葉子訳 未来社 1998.10 220, 37p

Lynch, Peter S. リンチ, ピーター
◇株で成功する資質があるか(山本徹訳):ビジネスの知恵50選—伝説的経営者が語る成功の条件 ピーター・クラス編, 佐藤洋一監訳 トッパン 1999.2 543p (トッパンのビジネス経営書シリーズ 26)

Lynn, Steven Jay リン, スティーブン・ジェイ
◇過去の出来事の想起—心理療法における問題となる記憶回復技法 他(共著):臨床心理学における科学と疑似科学 S.O.リリエンフェルド, S.J.リン, J.M.ロー編, 厳島行雄, 横田正夫, 斎藤雅英監訳 北大路書房 2007.9 461p

Lyon, Alfred E. リヨン, アルフレッド・E.
◇まず自分自身を売り込め(山本徹訳):ビジネスの知恵50選—伝説的経営者が語る成功の条件 ピーター・クラス編, 佐藤洋一監訳 トッパン 1999.2 543p (トッパンのビジネス経営書シリーズ 26)

Lyon, Peyton ライアン, ペイトン
◇連邦制度と外交政策(共著):カナダの外交—その理念と政策 J.L.グラナツティンほか著, 吉田健正訳 御茶の水書房 1994.8 200p (カナダ社会科学叢書 第4巻)

Lyons, James J. ライオンズ, ジェームズ・J.
◇連邦の二言語教育政策—過去・現在・未来(西村由起子訳):多文化主義—アメリカ, カナダ, イギリス, オーストラリアの場合 多文化社会研究会編訳 木鐸社 1997.9 274, 8p

Lyons, Mark リオンズ, マーク
◇VNPOのための戦略的マネージメント(大澤智子訳):NPOマネージメント—ボランタリー組織のマネージメント スティーヴン・P・オズボーン編, ニノミヤ・アキイエ・H.監訳 中央法規出版 1999.3 388p

Lyotard, Jean-François リオタール, ジャン=フランソワ
◇共通感覚—発生状態の主観(加国尚史訳):主体の後に誰が来るのか? ジャン・リュック・ナンシー編著, アラン・バディウ, エチエンヌ・バリバール, モーリス・ブランショ, ミケル・ボルグ・ジャコブセン, ジャン・フランソワ・クルティーヌほか著, 港道隆, 鵜飼哲, 大西雅一郎, 松葉祥一, 安川慶治, 加国尚志, 広瀬浩司訳 現代企画室 1996.3 347p
◇他者の権利:人権について—オックスフォード・アムネスティ・レクチャーズ ジョン・ロールズ他著, スティーヴン・シュート, スーザン・ハーリー編, 中島吉弘, 松田まゆみ訳 みすず書房 1998.11 304, 6p
◇崇高なるものの関心:崇高とは何か ミシェル・ドゥギー他著, 梅木達郎訳 法政大学出版局 1999.5 413p (叢書・ウニベルシタス 640)
◇翻訳者の註(高桑和巳訳):デリダと肯定の思考 カトリーヌ・マラブー編, 高橋哲哉, 増田一夫, 高桑和巳監訳 未来社 2001.10 502, 7p (ポイエーシス叢書 47)
◇回帰と資本についてのノート(本間邦雄訳):ニーチェは, 今日? J.デリダほか著, 林好雄, 本間邦雄, 森本和夫訳 筑摩書房 2002.1 366p (ちくま学芸文庫)

Lytle, Guy Fitch ライトル, ガイ・フィッチ
◇宗教と俗界のパトロン(有路雍子訳):ルネサンスのパトロン制度 ガイ・フィッチ・ライトル, スティーヴン・オーゲル編著, 有路雍子, 成沢和子, 舟木茂子訳 松柏社 2000.7 570p

Lyytinen, Kalle レティネン, カール
◇情報システムと批判理論(鈴木孜彦訳):経営と社会—批判的経営研究 マッツ・アルベッソン, ヒュー・ウィルモット編著, CMS研究会訳 同友館 2001.3 263p

【M】

Ma, Eric Kit-Wai マ, エリク・ジェイウェイ
◇メディア研究を再考する:中国(大畑裕嗣訳):メディア理論の脱西欧化 J.カラン, 朴明珍編, 杉山光信, 大畑裕嗣訳 勁草書房 2003.2 306p

Ma, Jun マー, J. *
◇技術力獲得における政府の役割(共著):東アジアの経済発展と政府の役割—比較制度分析アプローチ 青木昌彦, 金瀅基, 奥野正寛, 白鳥正喜監訳 日本経済新聞社 1997.11 465p

Maanen, John Van マアネン, ジョン・ヴァン
◇文化のフロー:組織理論と多国籍企業 スマントラ・ゴシャール, D.エレナ・ウエストニー編著, 江夏健一監訳, IBI国際ビジネス研究センター訳 文真堂 1998.10 452p

Maase, Kaspar マーゼ, カスパー
◇新しい男らしさの登場:男の歴史—市民社会と〈男らしさ〉の神話 トーマス・キューネ編, 星乃治彦訳 柏書房 1997.11 254p (パルマケイア叢書 8)

Maass, Eike マース, E. *
◇売買契約(共著):ドイツの不動産—開発と投資の法

律および税務　R.フォルハード，D.ウェーバー，W.ウージンガー編，ドイツ・リアルエステイト・コンサルティング訳，平川純子監訳　ダイヤモンド社　1993.5　358p

M. A. B.　エム・エイ・ビー*
◇星をグループ化して星座とすること：南方熊楠英文論考―「ネイチャー」誌篇　南方熊楠著，飯倉照平監修，松居竜五，田村義也，中西須美訳　集英社　2005.12　421p

Mabe, Jay　メイブ，ジェイ
◇需要計画のコンポーネント―成功の秘訣 他（共著）：サプライチェーン戦略　ジョン・ガトーナ編，前田健蔵，田村誠一訳　東洋経済新報社　1999.5　377p（Best solution）

McAfee, Andrew　マカフィー，アンドリュー
◇バーチャル・ファクトリーを機能させる条件（共著）：ネットワーク戦略論　ドン・タプスコット編，Diamondハーバード・ビジネス・レビュー編集部訳　ダイヤモンド社　2001.5　298p

MacArthur, Douglas　マッカーサー，ダグラス
◇ダグラス・マッカーサー将軍―合衆国議会における退任演説（津吉襄訳）：変貌する世界とアメリカ　板場良久スピーチ解説，津吉襄訳　アルク　1998.5　148p　（20世紀の証言 英語スピーチでたどるこの100年 第2巻―CD book　松尾式之監修・解説）

McArthur, Duncan　マッカーサ，D.*
◇共同注意，感情，文化（共著）（千川隆訳）：ジョイント・アテンション―心の起源とその発達を探る　Chris Moore, Philip J.Dunham原編，大神英裕監訳　ナカニシヤ出版　1999.8　309p

McBride, John　マクブライド，ジョン
◇五つの段階：私が出会った日本―オーストラリア人の異色体験・日本観　ジェニファー・ダフィ，ギャリー・アンソン編　サイマル出版会　1995.7　234p

McBride, Robert L.　マクブライド，ロバート・L.*
◇ブリスポイント（最適点）と快楽（富田拓郎訳）：ストレスと快楽　デイビッド・M.ウォーバートン，ニール・シャーウッド編，上里一郎監訳　金剛出版　1999.10　301p

McBride, Susan　マックブライド，スーザン
◇母親の分離不安：乳児を持つ母親の就労と母性とのバランス（共著）（山下景子訳）：母親の就労と子どもの発達―縦断的研究　エイデル・E.ゴットフライド，アレン・E.ゴットフライド編著，佐々木保行監訳　ブレーン出版　1996.4　318p

McCabe, J. Terrence　マケイブ，J. ターランス
◇災害と生態人類学：災害の人類学―カタストロフィと文化　スザンナ・M.ホフマン，アンソニー・オリヴァー＝スミス編著，若林佳史訳　明石書店　2006.11　327p

McCaffrey, John L.　マキャフリー，ジョン・L.
◇会社の社長が，夜に考えること（服部純子訳）：ビジネスの知恵50選―伝説的経営者が語る成功の条件　ピーター・クラス編，佐藤洋一監訳　トッパン　1999.2　543p　（トッパンのビジネス経営書シリーズ 26）

McCahill, Leonard J.　マッカヒル，レナード・J.
◇信用リスク・モデルの構築と維持に関する組織上の論点：クレジット・スコアリング　エリザベス・メイズ編，スコアリング研究会訳　シグマベイスキャピタル　2001.7　361p　（金融職人技シリーズ no.33）

McCall, Henrietta　マッコール，ヘンリエッタ
◇スフィンクス：幻想の国に棲む動物たち　ジョン・チェリー編著，別宮貞徳訳　東洋書林　1997.5　257, 29p

McCallion, Stephen W.　マッキャリオン，スティーブン・W.
◇先輩 他：ニッポン不思議発見！―日本文化を英語で語る50の名エッセイ集　日本文化研究所編，松本道弘訳　講談社インターナショナル　1997.1　257p（Bilingual books）

McCann, Joseph T.　マッキャン，ジョセフ・T.
◇専門家証言の科学と疑似科学（共著）：臨床心理学における科学と疑似科学　S.O.リリエンフェルド，S.J.リン，J.M.ロー編，厳島行雄，横田正夫，斎藤雅英監訳　北大路書房　2007.9　461p

McCann, Philip　マッカン，フィリップ
◇古典派・新古典派の立地―生産モデル（上遠野武司訳）：企業立地行動の経済学―都市・産業クラスターと現代企業行動への視角　フィリップ・マッカン編著，上遠野武司編訳　学文社　2007.2　227p

McCarter, P. Kyle, Jr.　マッカーター，ピーター・カイル，Jr.
◇族長時代―アブラハム，イサク，ヤコブ：最新・古代イスラエル史　P.カイル・マッカーター，Jr.ほか著，ハーシェル・シャンク編，池田裕，有馬七郎訳　ミルトス　1993.10　466p
◇銅の巻物の謎：死海文書の研究　ハーシェル・シャンクス編，池田裕監修，高橋晶子，河合一充訳　ミルトス　1997.9　452p

McCarthy, Joseph　マッカーシー，ジョセフ
◇ジョセフ・マッカーシー上院議員―共産主義者との戦い（川端伸子訳）：アメリカ社会の光と影　板場良久スピーチ解説，川端伸子訳　アルク　1998.7　138p　（20世紀の証言 英語スピーチでたどるこの100年 第4巻―CD book　松尾式之監修・解説）

McCarthy, Michelle　マッカーシー，ミッシェル
◇年金基金とファンドマネージャーのための，VaRを使ったリスク・バジェッティング：リスクバジェッティング―実務家が語る年金新時代のリスク管理　レスリー・ラール編，三菱信託銀行受託財産用部門訳　パンローリング　2002.4　575p（ウィザードブックシリーズ 34）

McCarthy, Thomas R.　マッカーシー，トーマス・R.
◇病院の契約慣行：競争政策の経済学―競争政策の諸問題に対する経済学的アプローチ　ローレンス・ウー編，大西利佳，森信夫，中島敏監訳　NERA　2005.11　173p

McCaskey, Michael B.　マッカスキー，マイケル・B.
◇マネジャーの隠されたメッセージを読み取る法：コミュニケーション戦略スキル　Harvard Business Review編，Diamondハーバード・ビジネス・レビュー編集部訳　ダイヤモンド社　2002.1　260p

McClain, David マクレイン, デイビッド
◇労働組合（共著）：ハワイ楽園の代償　ランドール・W.ロス編　有信堂高文社　1995.9　248p

McClelland, Charles E. マクレランド, チャールズ・E.
◇ドイツにおける専門職化と高等教育（吉岡真佐樹訳）：高等教育の変貌1860-1930—拡張・多様化・機会開放・専門職化　コンラート・ヤーラオシュ編、望田幸男, 安原義人, 橋本伸也監訳　昭和堂　2000.10　374, 48p

McClelland, David Clarence マクレランド, デイビッド・C.
◇モチベーショナル・リーダーの条件（共著）：動機づける力　Diamondハーバード・ビジネス・レビュー編集部編訳　ダイヤモンド社　2005.2　243p　（Harvard business review anthology）

McClelland, James マクレランド, J.*
◇ロシア・ソビエト高等教育における多様化（橋本伸也訳）：高等教育の変貌1860-1930—拡張・多様化・機会開放・専門職化　コンラート・ヤーラオシュ編、望田幸男, 安原義人, 橋本伸也監訳　昭和堂　2000.10　374, 48p

McClendon, John A. マックレンドン, ジョン・A.
◇アメリカ合衆国の雇用関係（共著）（藤原真砂訳）：先進国の雇用・労使関係—国際比較：21世紀の課題と展望　桑原靖夫, グレッグ・バンバー, ラッセル・ランズベリー編　新版　日本労働研究機構　2000.7　551p

McClenon, James マックレノン, ジェイムズ
◇社会科学としての心霊研究—身を潜める現象を研究する：超常現象のとらえにくさ　笠原敏雄編　春秋社　1993.7　776, 61p

Maccoby, Michael マコビー, マイケル
◇転移の力：フォロワーシップの心理学：リーダーシップに「心理学」を生かす　Diamondハーバード・ビジネス・レビュー編集部訳　ダイヤモンド社　2005.9　294p　（Harvard business review anthology）
◇転移の力：フォロワーシップの心理学：組織行動論の実学—心理学で経営課題を解明する　Diamondハーバード・ビジネス・レビュー編集部編訳　ダイヤモンド社　2007.9　425p　（Harvard business review）

McComas, Jennifer J. マッコーマス, J. F.*
◇指示制御に基づく指示不服従への介入（共著）（山根正夫訳）：挑戦的行動の先行子操作—問題行動への新しい援助アプローチ　ジェームズ・K.ルイセリー, マイケル・J.キャメロン編, 園山繁樹ほか訳　二瓶社　2001.8　390p

McCombs, Maxwell E. マコームズ, マックスウェル・E.
◇マス・メディアの議題設定の機能（共著）（谷藤悦史訳）：リーディングス政治コミュニケーション　谷藤悦史, 大石裕訳　一芸社　2002.4　284p

McConnell, David マッコーネル, デイヴィッド
◇子育てすれば日本が見える：わたしの日本学—外国人による日本学論文集　3　京都国際文化協会編　文理閣　1994.3　253p

McConnell, Robert A. マコンネル, ロバート・A.
◇ESPの証拠にまつわる相対立する信念の解消：超常現象のとらえにくさ　笠原敏雄編　春秋社　1993.7　776, 61p

McConnell, T. R. マコンル, T. R.
◇大学自治とアカウンタビリティ（共著）：アメリカ社会と高等教育　P.G.アルトバック, R.O.バーダール, P.J.ガムポート編, 高橋靖直訳　玉川大学出版部　1998.2　354p

McCormack, Gavan マコーマック, ガバン
◇「ハイ・タッチ」：日本の開発におけるレジャーとリゾート（青木秀和訳）：共生時代の日本とオーストラリア—日本の開発主義とオーストラリア多機能都市　ガバン・マコーマック, 佐々木雅幸, 青木秀和編　明石書店　1993.11　261p

McCormick, James マコーミック, ジェームズ*
◇健康に対する不安は貴方の健康に悪い（大久保雅夫訳）：ストレスと快楽　デイビッド・M.ウォーバートン, ニール・シャーウッド編著, 上里一郎監訳　金剛出版　1999.10　301p

McCoy, David マッコイ, D.*
◇HIV・エイズ（共著）：G8—G8ってナンですか？　ノーム・チョムスキー, スーザン・ジョージ他著, 氷上春奈訳　ブーマー　2005.7　238p

McCracken, Stanley Glenn マクラケン, S. G.
◇チーム育成と事業開発に対する双方向的アプローチ（共著）：チームを育てる—精神障害リハビリテーションの技術　パトリック・W.コリガン, ダニエル・W.ギフォート編, 野中猛監訳, 柴田珠里訳・著　金剛出版　2002.5　168p

McCrea, Celia マックリー, C.
◇摂食障害と肥満（廣中直行訳）：認知臨床心理学入門—認知行動療法アプローチの実践的理解のために　W.ドライデン, R.レントゥル編, 丹野義彦監訳　東京大学出版会　1996.11　384p

McDade, Paul V. マクデード, ポール・V.*
◇国際商品協定とすずの崩壊：国際経済法入門—途上国問題を中心に　ヘイゼル・フォックス編著, 落合淳隆訳　敬文堂　1992.1　195p

Macdonald, K. Hugh マクドナルド, K. ヒュー
◇事業戦略の展開・整序・再設計：情報技術と企業変革—MITから未来企業へのメッセージ　マイケル・S.スコット・モートン編, 砂田登士夫ほか訳, 宮川公男, 上田泰監訳　富士通経営研修所　1992.10　509p　（富士通ブックス）

McDonald, Scott C. マクドナルド, スコット・C.
◇コミュニティの高級化は、犯罪発生率に影響を与えるか：コミュニティと犯罪　1　アルバート・J.リース・ジュニア, マイケル・トンリイ共編, 伊藤康一郎訳　都市防犯研究センター　1994.3　268p

McDowell, Elizabeth H. マクドゥウェル, エリザベス・H.
◇仕事（共著）：アドラーの思い出　G.J.マナスター, G.ペインター, D.ドイッチュ, B.J.オーバーホルト編, 柿内邦博, 井原文子, 野田俊作訳　創元社　2007.6　244p

MacDuffie, John Paul マクダフィ, ジョン・ポール
◇リーンなサプライヤーの創出—サプライチェーンを通じたリーン・プロダクションの普及 他（共著）：リメイド・イン・アメリカ—日本的経営システムの再文脈化 ジェフリー・K.ライカー, W.マーク・フルーイン, ポール・S.アドラー編著, 林正樹監訳 中央大学出版部 2005.3 564p （中央大学企業研究所翻訳叢書 9）

McEnroe, Micael J. マッケンロー, M.＊
◇家族スキルトレーニング（FST）と子どものうつ病（共著）（益本佳枝訳）：共同治療者としての親訓練ハンドブック 上 Charles E.Schaefer, James M.Briesmeister編, 山上敏子, 大隈紘子監訳 二瓶社 1996.11 332p

McEvers, Joan マクエバーズ, ジョーン
◇愛情占星学の流れ：アメリカ占星学教科書 第7巻 愛情占星学 ジョーン・マクエバーズ編, 青木良仁訳, アレクサンドリア木星王監修・製作 魔女の家books 1998.2 272p

McFadden, Joan R. マックファーデン, ジョーン・R.
◇退職前の家族—退職への影響（共著）（中森千佳子訳）：転換期の家族—ジェンダー・家族・開発 N.B.ライデンフロースト編, 家庭経営学部会訳 日本家政学会 1995.3 360p

Mcfadzean, Elspeth マクファーゼン, エルスペス
◇組織に創造性をどう根づかせるか（共著）：ブレークスルー思考 Harvard Business Review編, Diamondハーバード・ビジネス・レビュー編集部訳 ダイヤモンド社 2001.10 221p

McFarland, Lynne Joy マクファーランド, リン・ジョイ
◇リーダーシップは二一世紀を生き抜く『通貨』だ（共著）：ウェルチはこうして組織を甦らせた—アメリカ・トップリーダーからの経営処方箋29 ケン・シェルトン編著, 堀紘一監修・訳 フロンティア出版 1999.12 281p

McFarlane, Alexander C. マクファーレン, アレクサンダー・C.
◇心的外傷後ストレス症候群再考：心的外傷の危機介入—短期療法による実践 ハワード・J.パラド, リビー・G.パラド編, 河野貴代美訳 金剛出版 2003.9 259p

Macfarlane, Alison マクファーレン, A.
◇統計と国民保健サービスおよび社会サービスの民営化 他（共著）（三輪眞知子訳）：現代イギリスの政治算術—統計は社会を変えるか D.ドーリング, S.シンプソン編著, 岩井浩ほか監訳 北海道大学図書刊行会 2003.7 588p

McGahan, Anita Marie マクガーハン, アニタ・M.
◇産業進化のダイナミズム：2010年の「マネジメント」を読み解く Diamondハーバード・ビジネス・レビュー編集部編訳 ダイヤモンド社 2005.9 289p （Harvard business review anthology）

McGahey, Richard M. マガヒー, リチャード・M.
◇経済状態・近隣組織・都市犯罪：コミュニティと犯罪 2 アルバート・J.リース・ジュニア, マイケル・トンリィ共編, 伊藤康一郎訳 都市防犯研究センター 1995.3 233p

McGarty, Craig マクガーティ, クレイグ
◇はしがき 他（共著）：ステレオタイプとは何か—「固定観念」から「世界を理解する"説明力"」へ クレイグ・マクガーティ, ビンセント・Y.イゼルビット, ラッセル・スピアーズ編著, 国広陽子監修, 有馬明恵, 山下玲子監訳 明石書店 2007.2 296p

McGee, J. Brad マギー, J. ブラッド
◇文化の異なる企業同士の合併をいかにして成功に導くか（共著）：組織変革のジレンマ—ハーバード・ビジネス・レビュー・ケースブック Harvard Business Review編, Diamondハーバード・ビジネス・レビュー編集部訳 ダイヤモンド社 2004.11 218p

McGill, Peter マギル, ピーター
◇ノーマリゼーションと応用行動分析—対人サービスにおける価値と技術（共著）：ノーマリゼーションの展開—英国における理論と実践 ヘレン・スミス, ヒラリー・ブラウン編, 中園康夫, 小田兼三監訳 学苑社 1994.4 300p

MacGillivray, Alex マクギリブレー, アレックス
◇機能する社会資本：管理者のための指針：トリプルボトムライン—3つの決算は統合できるか？ エイドリアン・ヘンリクス, ジュリー・リチャードソン編著, 大江宏, 小山良訳 創成社 2007.4 250p

McGinley, Patrick マッギンレー, P.＊
◇生活の質と人間の精神性との関係（共著）：障害をもつ人にとっての生活の質—モデル・調査研究および実践 ロイ・I.ブラウン編著, 中園康夫, 末光茂監訳 相川書房 2002.5 382p

McGonagill, Grady マクナージル, グラディ
◇反発的な実践家としてのコーチ：エグゼクティブ・コーチング—経営幹部の潜在能力を最大限に引き出す キャサリン・フィッツジェラルド, ジェニファー・ガーヴェイ・バーガー編, 日本能率協会コンサルティング訳 日本能率協会マネジメントセンター 2005.4 370p

McGrath, Alister E. マクグラース, A. E.
◇私たちのルーツとヴィジョンを取り戻す：聖書を取り戻す—教会における聖書の権威と解釈の危機 C.E.ブラーテン, R.W.ジェンソン編, 芳賀力訳 教文館 1998.5 234p

McGrath, Rita Gunther マグラス, リタ・G.
◇未知の分野を制覇する仮説のマネジメント（共著）：不確実性の経営戦略 Harvard Business Review編, Diamondハーバード・ビジネス・レビュー編集部訳 ダイヤモンド社 2000.10 269p
◇「脱」コモディティ化の成長戦略（共著）：ビジネスモデル戦略論 Diamondハーバード・ビジネス・レビュー編集部編訳 ダイヤモンド社 2006.10 223p （Harvard business review anthology）
◇発見主導型計画法（共著）：技術とイノベーションの戦略的マネジメント 下 ロバート・A.バーゲルマン, クレイトン・M.クリステンセン, スティーヴン・C.ウィールライト編著, 青島矢一, 黒田光太郎, 志賀敏宏, 田辺孝二, 出川通, 和賀三和子日本語版監修, 岡

真由美, 斉藤裕一, 桜井祐子, 中川泉, 山本章子訳　翔泳社　2007.7　595p

MacGregor, Alastàir　マグレガー, アレステア
◇日本株ロングショート戦略における リスク管理（共著）：実践ヘッジファンド投資—成功するリスク管理　バージニア・レイノルズ・パーカー編, 徳岡国見監訳　日本経済新聞社　2001.8　425p

McGrew, Anthony G.　マッグルー, アントニー・G.
◇権力移動—国民型政府からグローバル・ガヴァナンスへの移行（國廣敏文訳）：グローバル化とは何か—文化・経済・政治　デヴィッド・ヘルド編, 中谷義和監訳　法律文化社　2002.10　208p
◇民主主義は国境を越えるか 他（松下冽訳）：変容する民主主義—グローバル化のなかで　アントニー・G.マッグルー編, 松下冽監訳　日本経済評論社　2003.11　405p

McGuckin, John Anthony　マクガキン, ジョン・A.
◇初期教会教父 他：キリスト教のスピリチュアリティ—その二千年の歴史　ゴードン・マーセル監修, G.マーセル他著, 青山学院大学総合研究所訳　新教出版社　2006.4　415p

McGuinness, Aims C., Jr.　マガイネス, アミ・C., Jr.
◇州と高等教育：アメリカ社会と高等教育　P.G.アルトバック, R.O.バーダール, P.J.ガムポート編, 高橋靖直訳　玉川大学出版部　1998.2　354p

McGuire, James　マグァイア, J.*
◇犯罪と反社会的問題への臨床心理サービス（共著）（岡本潤子訳）：専門職としての臨床心理士　ジョン・マツィリア, ジョン・ホール編, 下山晴彦編訳　東京大学出版会　2003.4　435p

Macherey, Pierre　マシュレー, ピエール
◇『資本論』の叙述過程について：資本論を読む 上　ルイ・アルチュセールほか著, 今村仁司訳　筑摩書房　1996.10　409p （ちくま学芸文庫）

Machetzki, Rüdiger　マチェツキ, R.*
◇東アジアの経済発展—EUはどう見ているか 他：東アジア21世紀の経済と安全保障—ヨーロッパからの警告　ヴォルフガング・パーペ編, 田中素香, 佐藤秀夫訳　東洋経済新報社　1997.9　232p

MacIntyre, Andrew　マッキンタイヤー, アンドリュー
◇不透明な貨幣：レント, レント・シーキング, 経済開発—新しい政治経済学の視点から　ムスタク・H.カーン, ジョモ・K.サンダラム編著, 中村文隆, 武田巧, 堀金由美監訳　出版研　2007.7　437p

McIntyre, John　マッキンタイヤー, J.*
◇技術継続教育と成人教育：オーストラリアの生活文化と生涯教育—多文化社会の光と影　マーク・テナント編, 中西直和訳　松籟社　1995.9　268p

Mack, John E.　マック, J.*
◇役員室のグリーニングのために（共著）（見目善弘訳）：グリーニングチャレンジ—企業の環境戦略　Kurt Fischer, Johan Schot編, 藤森敬三監訳, 日本電気環境エンジニアリング訳　日科技連出版社　1999.8　419p

Mckay, Alida Zweider　マッケイ, アリダ・ツヴァイダー
◇戦略論の新しいアプローチ—戦略と実行のダイナミックな連携（共著）：サプライチェーン戦略　ジョン・ガトーナ編, 前田健蔵, 田村誠一訳　東洋経済新報社　1999.5　377p （Best solution）

Mackay, Harry A.　マッケイ, H.A.*
◇刺激等価性—適応行動の形成への示唆：重度知的障害への挑戦　ボブ・レミントン編, 小林重雄監訳, 藤原義博, 平沢紀子共訳　二瓶社　1999.3　461p

Mackay, Judith　マッカイ, ジュディス
◇細菌 他：マクミラン近未来地球地図　イアン・ピアソン編, 松井孝典監訳　東京書籍　1999.11　115p

McKee, Annie　マッキー, アニー
◇「燃え尽き症候群」を回避する自己管理術 他（共著）：EQを鍛える　Diamondハーバード・ビジネス・レビュー編集部編訳　ダイヤモンド社　2005.7　286p （Harvard business review anthology）

McKee, Robert　マッキー, ロバート（ビジネス）
◇ストーリーテリングが人を動かす：動機づける力　Diamondハーバード・ビジネス・レビュー編集部編訳　ダイヤモンド社　2005.2　243p （Harvard business review anthology）
◇ストーリーテリングが人を動かす：「説得」の戦略　Diamondハーバード・ビジネス・レビュー編集部編訳　ダイヤモンド社　2006.2　257p （Harvard business review anthology）

McKemmish, Sue　マケミッシュ, スー
◇きのう, きょう, あす（坂口貴弘, 古賀崇訳）：入門・アーカイブズの世界—記憶と記録を未来に　翻訳論文集　記録管理学会, 日本アーカイブズ学会共編　日外アソシエーツ　2006.6　267p

McKenna, Frank　マッケンナ, フランク*
◇リスクのある選択を理解すること（松木修平訳）：ストレスと快楽　デイビッド・M.ウォーバートン, ニール・シャーウッド編著, 上里一郎監訳　金剛出版　1999.10　301p

McKenna, Regis　マッケンナ, レジス
◇リアルタイム・マーケティング：ネットワーク戦略論　ドン・タプスコット編, Diamondハーバード・ビジネス・レビュー編集部訳　ダイヤモンド社　2001.5　298p
◇まえがき：米先進企業CIOが明かすIT経営を成功させる17の「法則」　ディーン・レーン編, 飯田雅美, 高野恵里訳, 日経情報ストラテジー監訳　日経BP社　2005.7　431p

Mckenney, Michael　マッケニー, マイケル
◇コスト・センターをいかにプロフィット・センター化させるか（共著）：組織変革のジレンマ—ハーバード・ビジネス・レビュー・ケースブック　Harvard Business Review編, Diamondハーバード・ビジネス・レビュー編集部訳　ダイヤモンド社　2004.11　218p

McKenzie, Chuck　マッケンジー, チャック
◇ミスを責め立てるスター社員にどう対処すべきか（共著）：人材育成のジレンマ—ハーバード・ビジネス・レビュー・ケースブック　Harvard Business Review編, Diamondハーバード・ビジネス・レビュー編集部訳　ダイヤモンド社　2004.12　219p

◇ミスを責め立てるスター社員にどう対処すべきか（共著）:「問題社員」の管理術—ケース・スタディ Diamondハーバード・ビジネス・レビュー編集部編訳 ダイヤモンド社 2007.1 263p （Harvard business review anthology）

Mackenzie, Donald Alexander マッケンジー, ドナルド・A.
◇イギリスにおける優生学と数理統計学の興隆（上藤一郎訳）:現代イギリスの政治算術—統計は社会を変えるか D.ドーリング, S.シンプソン編著, 岩井浩ほか監訳 北海道大学図書刊行会 2003.7 588p

MacKenzie, George マッケンジー, ジョージ
◇ブルーシールド:文化遺産保護の象徴:ブルーシールド—危険に瀕する文化遺産の保護のために 国際図書館連盟第68回年次大会（2002年グラスゴー）資料保存コア活動・国立図書館分科会共催公開発表会報告集 国際図書館連盟資料保存コア活動 コリン・コッホ編訳, 国立国会図書館日本語訳 日本図書館協会 2007.6 103p

Mckersie, Robert B. マッカージー, ロバート・B.
◇組織変革（共著）:情報技術と企業変革—MITから未来企業へのメッセージ マイケル・S.スコット・モートン編, 砂田登士夫ほか訳, 宮川公男, 上田泰監訳 富士通経営研修所 1992.10 509p （富士通ブックス）

Mackey, Harvey マッケイ, ハーヴェイ
◇「働きすぎ」で何が悪い？:セルフヘルプ—なぜ, 私は困難を乗り越えられるのか 世界のビッグネーム自らの47の証言 ケン・シェルトン編著, 堀紘一監訳 フロンティア出版 1998.7 301p
◇自信を獲得するために:セルフヘルプ—自助＝他人に頼らず, 自分の力で生きていく！ 2 ケン・シェルトン編著, 堀紘一監訳 フロンティア出版 1998.12 283p

Mackey, Mary マッケイ, メアリー
◇兵隊アリと過ごした夜—グアテマラ:お気をつけて, いい旅を。—異国で出会った悲しくも可笑しい51の体験 メアリー・モリス, ポール・セロー, ジョー・ゴアス, イザベル・アジェンデ, ドミニク・ラピエールほか共著, 古屋美登里, 中俣真知子訳 アスペクト 1995.7 366p

Mackey, Sandra マッケイ, サンドラ
◇パレスチナ紛争と中東政治の現実（共著）:アメリカはなぜイラク攻撃をそんなに急ぐのか？ フォーリン・アフェアーズ・ジャパン編・監訳 朝日新聞社 2002.12 266, 4p （朝日文庫—フォーリン・アフェアーズ・コレクション）

MacKillop, James マッキロップ, ジェームズ
◇アルコール依存症の治療法に関する論争（共著）:臨床心理学における科学と疑似科学 S.O.リリエンフェルド, S.J.リン, J.M.ロー編, 厳島行雄, 横田正夫, 斎藤雅英監訳 北大路書房 2007.9 461p

McKim, Donald K. マッキム, ドナルド・K.
◇改革派信仰の「心と中心」:改革派神学の新しい視座—アイラ・ジョン・ヘッセリンクJr.博士献呈論文集 ユージン・P.ハイデマンほか著, 池永倫明, 池永順一共訳 一麦出版社 2002.6 206p

McKinnell, Hank マッキンネル, ハンク
◇人を動かす知恵（共著）:動機づける力 Diamond ハーバード・ビジネス・レビュー編集部編訳 ダイヤモンド社 2005.2 243p （Harvard business review anthology）

McKinney, Cynthia マッキニー, シンシア
◇新しいアメリカ:もう戦争はさせない！—ブッシュを追いつめるアメリカ女性たち メディア・ベンジャミン, ジョディ・エヴァンス編, 尾川寿江監訳, 尾川寿江, 真鍋穣, 米沢清恵訳 文理閣 2007.2 203p

McKinnon, Alastair マッキノン, アラステア
◇キルケゴールによる善の提示（桝形公也訳）:キルケゴール—新しい解釈の試み A.マッキノン他著, 桝形公也編・監訳 昭和堂 1993.6 324p （キルケゴール叢書）
◇キルケゴールの言語論（長谷修季訳）:宗教と倫理—キルケゴールにおける実存の言語性 C.S.エヴァンス, H.フェッター他著, 桝形公也編監訳 ナカニシヤ出版 1998.4 255p

MacKinnon, Catharine A. マッキノン, キャサリン・A.
◇戦時の犯罪, 平時の犯罪:人権について—オックスフォード・アムネスティ・レクチャーズ ジョン・ロールズ他著, スティーヴン・シュート, スーザン・ハーリー編, 中島吉弘, 松田まゆみ共訳 みすず書房 1998.11 304, 6p

Mackintosh, Nicholas J. マキントッシュ, ニコラス・J.
◇進化の知:知のしくみ—その多様性とダイナミズム J.カルファ編, 今井邦彦訳 新曜社 1997.8 308p

Macksey, Kenneth John マクゼイ, ケネス
◇あしか作戦:ヒトラーの選択 ケネス・マクゼイ編, 柘植久慶訳 原書房 1995.10 219p

McLaren, John C. マクラレン, ジョン・C.
◇政治権力:ハワイ楽園の代償 ランドール・W.ロス編 有信堂高文社 1995.9 248p

Mclean, Robert J. マクリーン, ロバート・J.
◇成長の階段（共著）:マッキンゼー戦略の進化—不確実性時代を勝ち残る 名和高司, 近藤正晃ジェームス編著・監訳, 村井章子訳 ダイヤモンド社 2003.3 221p

MacLeod, Anne Scott マクロード, アン・スコット
◇19世紀アメリカの少女たち—『キャディ・ウッドローン』シンドローム（巽幸昇訳）:子どもの時代—1820-1920年のアメリカ バーバラ・フィンケルスタイン他著, 田甫桂三訳 学文社 1996.6 177p

Mcleod, Ken マクロード, ケン
◇MACS:市場重視の経営戦略フレームワーク（共著）:マッキンゼー戦略の進化—不確実性時代を勝ち残る 名和高司, 近藤正晃ジェームス編著・監訳, 村井章子訳 ダイヤモンド社 2003.3 221p

McLeod, Norman マクレオド, ノーマン
◇ノーマン・マクレオドの「日本案内」（久保有政訳）:「超図説」日本固有文明の謎はユダヤで解ける ノーマン・マクレオド, 久保有政著 徳間書店 2004.7 324p （超知ライブラリー 1）

McLuhan, Herbert Marshall マクルーハン, H.マーシャル
◇メディアの文法:マクルーハン理論—電子メディアの

McMillan, Daniel A. マクミラン, ダニエル・A.
◇スポーツと男らしさの理想：男の歴史―市民社会と〈男らしさ〉の神話　トーマス・キューネ編、星乃治彦訳　柏書房　1997.11　254p　（パルマケイア叢書 8）

Macmillan, Harold マクミラン, ハロルド
◇ハロルド・マクミラン（山岡洋一訳）：インタヴューズ 2　クリストファー・シルヴェスター編、新庄哲夫ほか訳　文芸春秋　1998.11　451p

Macmillan, Hugh マクミラン, H. *
◇次の経営戦略分野 他（共著）：生命保険業における戦略的課題　Hugh Macmillan, Mike Christophers編、玉田巧訳　玉田巧　2002.3　206p

MacMillan, Ian C. マクミラン, イアン・C.
◇反応予測：競争者の反応を形づくる要因（共著）（池田仁一訳）：ウォートンスクールのダイナミック競争戦略　ジョージ・デイ, デイビッド・レイブシュタイン編、小林陽太郎監訳、黒田康史ほか訳　東洋経済新報社　1999.10　435p　（Best solution）
◇未知の分野を制覇する仮説のマネジメント（共著）：不確実性の経営戦略　Harvard Business Review編、Diamondハーバード・ビジネス・レビュー編集部訳　ダイヤモンド社　2000.10　269p
◇「脱」コモディティ化の成長戦略（共著）：ビジネスモデル戦略論　Diamondハーバード・ビジネス・レビュー編集部編訳　ダイヤモンド社　2006.10　223p（Harvard business review anthology）
◇発見主導型計画法（共著）：技術とイノベーションの戦略的マネジメント　下　ロバート・A.バーゲルマン, クレイトン・M.クリステンセン, スティーヴン・C.ウィールライト編、青島矢一, 黒田光太郎, 志賀敏宏, 田辺孝二, 出川通, 和賀三和子日本語版監修, 岡真由美, 斉藤裕一, 桜井祐子, 中川泉, 山本章子訳　翔泳社　2007.7　595p

Mcnair, Brian マクネール, ブライアン
◇権力、利益、腐敗、嘘：一九九〇年代のロシア（杉山光信訳）：メディア理論の脱西欧化　J.カラン, 朴明珍編、杉山光信, 大畑裕嗣訳　勁草書房　2003.2　306p

McNamee, Sheila マクナミー, シーラ
◇序章（共著）：ナラティヴ・セラピー―社会構成主義の実践　S.マクナミー, K.J.ガーゲン編、野口裕二, 野村直樹訳　金剛出版　1997.12　232p

McNaron, Toni A. H. マクナロン, トニー・A. H.
◇母への儀式 他：記憶の底から―家庭内性暴力を語る女性たち　トニー・A.H.マクナロン, ヤーロウ・モーガン編、長谷川真実訳　青弓社　1995.12　247p

McNeese, Vicki マックニーズ, ビッキー
◇子どもと話そう（共著）：児童虐待の発見と防止―親や先生のためのハンドブック　ジェームズ・A.モンテリオン編、加藤和生訳　慶応義塾大学出版会　2003.8　261p

McNeil, Maureen マクニール, モーリーン
◇国民的英雄としてのニュートン：ニュートン復活　J.フォーベル編、平野葉一ほか訳　現代数学社　1996.11　454p

McNeill, Sandra マクニール, サンドラ
◇露出行為―女性への影響（石川由香里訳）：ジェンダーと暴力―イギリスにおける社会学的研究　ジャルナ・ハマー, メアリー・メイナード編、堤かなめ監訳　明石書店　2001.10　346p　（明石ライブラリー 33）

McNulty, Eric マクナルティ, E. *
◇保守的な組織風土をいかに改革するか（共著）：組織変革のジレンマ―ハーバード・ビジネス・レビュー・ケースブック　Harvard Business Review編、Diamondハーバード・ビジネス・レビュー編集部訳　ダイヤモンド社　2004.11　218p

McQuail, Denis マクウェル, デニス
◇公共性の観点からみたマスメディア―メディア・パフォーマンスのための規範の構築に向けて：マスメディアと社会―新たな理論的潮流　J.カラン, M.グレヴィッチ編　〔改訂版〕　勁草書房　1995.1　24, 240p

McQuillan, Lawrence J. マッキラン, ローレンス・J.
◇IMF割当額と連邦政府予算：IMF改廃論争の論点　ローレンス・J.マッキラン, ピーター・C.モントゴメリー編、森川公雄監訳　東洋経済新報社　2000.11　285p

McSweeney, Brendan マクスウィーニー, B. *
◇会計による管理（柴健次訳）：社会・組織を構築する会計―欧州における学際的研究　アンソニー・G.ホップウッド, ピーター・ミラー編著, 岡野浩, 国部克彦, 柴健次監訳　中央経済社　2003.11　390p

Macve, Richard マックヴェ, R. *
◇近代的な会計権力の起源（共著）（沢邉紀生訳）：社会・組織を構築する会計―欧州における学際的研究　アンソニー・G.ホップウッド, ピーター・ミラー編著, 岡野浩, 国部克彦, 柴健次監訳　中央経済社　2003.11　390p

Mcvicker, Helen マクビッカー, ヘレン
◇その人の過去を通じて（共著）（小山憲一郎訳）：パーソン・センタード・ケア―認知症・個別ケアの創造的アプローチ　スー・ベンソン編、稲谷ふみ枝, 石崎淳一監訳　改訂版　クリエイツかもがわ　2007.5　145p

McWaters, Cheryl Susan マクウォーターズ, C. S. *
◇リチャード・マテシッチ―応用科学としての会計学：世界の会計学者―17人の学説入門　ベルナルド・コラス編著, 藤田晶子訳　中央経済社　2007.10　271p

Macy, Joanna メイシー, ジョアンナ・R.
◇ガイアの瞑想 他（共著）：地球の声を聴く―ディープエコロジー・ワーク　ジョン・シードほか著, 星川淳監訳　ほんの木　1993.4　240p
◇地球は一つの生命体（阿部純子, 大庭里美訳）：あなたの手で平和を！―31のメッセージ　フレドリック・S.ヘッファメール編, 大庭里美, 阿部純子訳　日本評論社　2005.3　260p

Maddern, Eric マダン, エリック
◇アボリジニーの視点（志賀照明訳）：地球市民教育のすすめホーム・ワールド・スタディーズ・ワークブック　デイヴィッド・ヒックス, ミリアム・スタイナー編、岩崎裕保監訳　明石書店　1997.6　341p

Maddox, John マドックス, ジョン
◇核兵器の拡散―フランスの場合(共著)：フランス国防政策参考資料　防衛研修所　1964　87p　(読書資料 12-2309)

Madeuf, Bernadette マドゥフ, ベルナデット
◇国際的危機から世界的危機へ(共著)(坂口明義訳)：国際レジームの再編　R.ボワイエ, 山田鋭夫共同編集　藤原書店　1997.9　374p　(レギュラシオン・コレクション 4)

Madnick, Stuart E. マドニック, スチュワート・E.
◇情報技術の基盤：情報技術と企業変革―MITから未来企業へのメッセージ　マイケル・S.スコット・モートン編, 砂田登士夫ほか訳, 宮川公男, 上田泰監訳　富士通経営研修所　1992.10　509p　(富士通ブックス)

Mädrich, Matthias メートリッヒ, M.
◇一般的生活危険：ドイツ不法行為法論文集　ウルリッヒ・フーバーほか著, 吉田豊, 吉田勢子訳　中央大学出版部　2000.1　592p　(日本比較法研究所翻訳叢書 42)

Magdeburg, Mechthild von マグデブルク, メヒティルト・フォン
◇神性の流れる光：キリスト教神秘主義著作集　第4巻 1　中世の女性神秘家 1　植田兼義訳　教文館　1996.12　358, 3p

Magee, Bryan マギー, ブライアン
◇プラトン―マイルス・バーニアットとの対話 他(共著)(加藤直克訳)：西洋哲学の系譜―第一線の哲学者が語る西欧思想の伝統　ブライアン・マギー編, 高頭直樹ほか訳　晃洋書房　1993.5　482p

Magendzo, Abraham K. マヘンゾ, アブラハム・K.
◇中南米のよみがえる民主主義に向けた人権教育プラン作成の諸問題(尾崎公子訳)：世界の人権教育―理論と実践　ジョージ・J.アンドレオポーロス, リチャード・ピエール・クロード編著, 黒沢惟昭監訳　明石書店　1999.2　758p

Magito-McLaughlin, Darlene マギト・マクローリン, D.*
◇先行子操作の2つの視点―微視的視点と巨視的視点(共著)(園山繁樹訳)：挑戦的行動の先行子操作―問題行動への新しい援助アプローチ　ジェームズ・K.ルイセリー, マイケル・J.キャメロン編, 園山繁樹ほか訳　二瓶社　2001.8　390p

Magnan, Michel マニャン, M.*
◇ジェラルド・フェルサム―経済的観点からの会計情報(共著)：世界の会計学者―17人の学説入門　ベルナルド・コラス編著, 藤田晶子訳　中央経済社　2007.10　271p

Magnani, Marco マニャーニ, マルコ
◇構造成長(共著)(岡本義行訳)：イタリアの金融・経済とEC統合　ロザリオ・ボナヴォーリア編, 岡本義行ほか訳　日本経済評論社　1992.6　304p

Magrabi, Frances M. マグラビー, フランシス・M.
◇ユートピアの実現に向けて―各国の社会・経済生活への女性参加(共著)(藤田祥子訳)：転換期の家族―ジェンダー・家族・開発　N.B.ライデンフロースト編, 家庭経営学部会訳　日本家政学会　1995.3　360p

Magretta, Joan マグレッタ, ジョーン
◇持続可能性と企業成長 他：戦略と経営　ジョーン・マグレッタ著, Diamondハーバード・ビジネス・レビュー編集部訳　ダイヤモンド社　2001.7　405p

Maguire, Melissa マグワイア, M.(障害者教育)*
◇挑戦的行動に対する生活様式の影響(共著)(野口幸弘訳)：挑戦的行動の先行子操作―問題行動への新しい援助アプローチ　ジェームズ・K.ルイセリー, マイケル・J.キャメロン編, 園山繁樹ほか訳　二瓶社　2001.8　390p

Maguire, Russell W. マグワイア, R. W.*
◇挑戦的行動に対する生活様式の影響(共著)(野口幸弘訳)：挑戦的行動の先行子操作―問題行動への新しい援助アプローチ　ジェームズ・K.ルイセリー, マイケル・J.キャメロン編, 園山繁樹ほか訳　二瓶社　2001.8　390p

Mahalingam, M. マハリンガム, M.*
◇マレーシア：東アジア9か国の著作権法制と著作権事情―東アジア著作権セミナーにおける各国の報告書　著作権資料協会　1974.2　75p

Mahar, Cheleen マハール, シェリーン
◇ピエール・ブルデュー―知の投企 他：ブルデュー入門―理論のプラチック　R.ハーカー, C.マハール, C.ウィルクス編, 滝本往人, 柳和樹訳　昭和堂　1993.4　380p

Mahiue, H. L. B. マヒュー, H. L. B.
◇バンコン少年抑留所日誌(共著)(川戸れい子訳)：教科書に書かれなかった戦争　pt.24　ジャワ・オランダ人少年抑留所　梨の木舎　1997.10　229, 3p

Mahmud, Simeen マハムッド, サイミーン
◇生殖行動の鍵を握る女性の家庭内パワー(永原朗子訳)：転換期の家族―ジェンダー・家族・開発　N.B.ライデンフロースト編, 家庭経営学部会訳　日本家政学会　1995.3　360p

Maier, Christl マイヤー, クリストル
◇旧約聖書は家父長制的な書物か：キリスト教とユダヤ教―キリスト教信仰のユダヤ的ルーツ　F.クリュゼマン, U.タイスマン編, 大住雄一訳　教文館　2000.12　232p

Mailer, Norman メイラー, ノーマン
◇ノーマン・メイラー(山形浩生訳)：インタヴューズ 2　クリストファー・シルヴェスター編, 新庄哲夫ほか訳　文芸春秋　1998.11　451p

Mainairo, Lisa A. メイナロ, リサ・A.
◇カリスマCEOのスキャンダルにどう対処すべきか(共著)：「問題社員」の管理術―ケース・スタディ　Diamondハーバード・ビジネス・レビュー編集部訳　ダイヤモンド社　2007.1　263p　(Harvard business review anthology)

Mainiero, Lisa A. メイナイロ, リサ・A.
◇CEOをめぐるスキャンダルにいかに対処すべきか(共著)：人材育成のジレンマ―ハーバード・ビジネス・レビューズブック　Harvard Business Review編, Diamondハーバード・ビジネス・レビュー編集部訳　ダイヤモンド社　2004.12　219p

Mainzer, Klaus マインツァー, クラウス
◇二一世紀における複雑性の挑戦(佐藤誠司訳)：「統合

学」へのすすめ―生命と存在の深みから 文明の未来、その扉を開く 統合学術国際研究所編 晃洋書房 2007.1 385p （統合学研究叢書 第3巻）

Maister, David H. マイスター, デビッド・H.
◇【ケーススタディ】コンサルタントとクライアントが衝突したとき（共著）：交渉の戦略スキル Harvard Business Review編, Diamondハーバード・ビジネス・レビュー編集部訳 ダイヤモンド社 2002.2 274p

Majchrzak, Ann マイクルザック, アン
◇バーチャル・チームの優位性（共著）：いかに「高業績チーム」をつくるか Diamondハーバード・ビジネス・レビュー編集部編訳 ダイヤモンド社 2005.5 225p （Harvard business review anthology）

Mak, James マック, ジェイムズ
◇海外からの投資 他（共著）：ハワイ 楽園の代償 ランドール・W.ロス編 有信堂高文社 1995.9 248p

Makarova, Natalia マカロワ, ナタリア
◇サンクトペテルブルグ発タシケントゆき：世界・大鉄道の旅 クリーブ・アンダーソン他著, 種村直樹監訳, 栗原景訳 心交社 1997.5 295p

Makela, Carole J. マケラ, キャロル・J.
◇日常生活の要求に応える住居（共著）（飯村しのぶ訳）：転換期の家族―ジェンダー・家族・開発 N.B.ライデンフロースト編, 家庭経営学部会訳 日本家政学会 1995.3 360p

Maksimovic, Vojislav マキシモヴィッチ, V.*
◇財務構造と製品市場競争（花枝英樹, 坂口幸雄訳）：ファイナンスハンドブック R.A.Jarrow, V.Maksimovic, W.T.Ziemba編, 今野浩, 古川浩一監訳 朝倉書店 1997.12 1121p

Makuch, William M. マクーチ, ウィリアム・M.
◇スコアリング技術改善の基本 他（共著）：クレジット・スコアリング エリザベス・メイズ編, スコアリング研究会訳 シグマベイスキャピタル 2001.7 361p （金融職人技シリーズ no.33）

Malabou, Catherine マラブー, カトリーヌ
◇暴力の経済、経済の暴力（高桑和巳訳）：デリダと肯定の思考 カトリーヌ・マラブー編, 高橋哲哉, 増田一夫, 高桑和巳監訳 未来社 2001.10 502, 7p （ポイエーシス叢書 47）

Malamphy, Timothy J. マラムフィー, ティモシー・J.
◇Early indicator（共著）：クレジット・スコアリング エリザベス・メイズ編, スコアリング研究会訳 シグマベイスキャピタル 2001.7 361p （金融職人技シリーズ no.33）

Malan, Rian マラン, ライアン
◇ケープタウン発"失われた街"ゆき：世界・大鉄道の旅 クリーブ・アンダーソン他著, 種村直樹監訳, 栗原景訳 心交社 1997.5 295p

Malcolm, Ruth Riesenberg マルコム, R. R.*
◇かのように：学ばないという現象（平井正三訳）：クラインとビオンの臨床講義 R.アンダーソン編, 木部則雄ほか訳 岩崎学術出版社 1996.10 226p （現代精神分析双書 第2期 第20巻）

Malcolm X マルコム・エックス
◇マルコム・X―黒人がなすべきこと（川端伸子訳）：アメリカ社会の光と影 板垣良久スピーチ解説, 川端伸子訳 アルク 1998.7 138p （20世紀の証言 英語スピーチでたどるこの100年 第4巻―CD book 松尾弌之監修・解説）

Malek, Kamal M. マレク, カマル・M.
◇「解釈型」アプローチを経営に生かす（共著）：ブレークスルー思考 Harvard Business Review編, Diamondハーバード・ビジネス・レビュー編集部訳 ダイヤモンド社 2001.10 221p

Maletz, Mark C. マレツ, マーク・C.
◇ビジネス・プロセス―リエンジニアリングのロジックと限界に取り組む（共著）：不連続の組織革命―ゼロベースから競争優位を創造するノウハウ デービッド・A.ナドラーほか著, 平野和子訳 ダイヤモンド社 1997.2 358p

Malhotra, Arvind マルホトラ, アルビンド
◇バーチャル・チームの優位性（共著）：いかに「高業績チーム」をつくるか Diamondハーバード・ビジネス・レビュー編集部編訳 ダイヤモンド社 2005.5 225p （Harvard business review anthology）

Malik, Fredmind マリーク, F.
◇進化的マネジメント 他（共著）：自己組織化とマネジメント H.ウルリッヒ, G.J.B.プロブスト編, 徳安彰訳 東海大学出版会 1992.11 235p

Malinowski, Bronislaw マリノウスキー, B.
◇制度はいかにして傾向性を満足させるか 他：ドゥルーズ初期―若き哲学者が作った教科書 ジル・ドゥルーズ編著, 加賀野井秀一訳注 夏目書房 1998.5 239p
◇費孝通著『中国の農民生活』への序文（西沢治彦訳）：中国文化人類学リーディングス 瀬川昌久, 西沢治彦編訳 風響社 2006.12 354p

Malinvaud, Edmond マランボー, エドモン
◇過ぎ去りし半世紀、来たるべき半世紀：フューチャー・オブ・エコノミクス―21世紀への展望 ガルブレイス他著, J.D.ヘイ編, 鳥居泰彦訳 同文書院インターナショナル 1992.11 413p

Mallet, A. I. マレ, A. I.*
◇わきの下のにおいにおける有香性ステロイドの重要性（共著）：香りの感性心理学 S.ヴァン・トラー, G.H.ドッド編, 印藤元一訳 フレグランスジャーナル 1994.2 238p

Malliaris, A. G. マリアリス, A.*
◇ポートフォリオ理論（共著）（今野浩訳）：ファイナンスハンドブック R.A.Jarrow, V.Maksimovic, W.T.Ziemba編, 今野浩, 古川浩一監訳 朝倉書店 1997.12 1121p

Malone, Thomas W. マローン, トーマス・W.
◇e時代の組織とワークスタイル（共著）：戦略と経営 ジョーン・マグレッタ編, Diamondハーバード・ビジネス・レビュー編集部訳 ダイヤモンド社 2001.7 405p

Maloney, Margaret Crawford マロニー, マーガレット・クロフォード
◇トロント公共図書館の三つのコレクション（高鷲志子訳）：本・子ども・図書館―リリアン・スミスが求め

た世界　アデル・フェイジックほか編、髙鷲志子、高橋久子訳　全国学校図書館協議会　1993.12　239p

Malroutu, Lakshmi Y.　マルルーツ, Y. ラクシミ
◇退職前の家族―退職への影響（共著）（中森千佳子訳）：転換期の家族―ジェンダー・家族・開発　N.B.ライデンフロースト編、家庭経営学部会訳　日本家政学会　1995.3　360p

Maltz, Maxwell　マルツ, マクスウェル
◇否定的感情を打ち破る法：成功大学　オグ・マンディーノ編著、箱田忠昭訳　日本経営合理化協会出版局　1998.9　689p
◇否定的感情を打ち破る法：成功大学　オグ・マンディーノ編著、箱田忠昭訳　皮革携帯版　日本経営合理化協会出版局　1998.9　689p

Maltz, Michael D.　マルツ, M. *
◇公共部門におけるOR：序論と歴史 他（共著）（藤井睦子訳）：公共政策ORハンドブック　S.M.Pollock, M.H.Rothkopf, A.Barnett編、大山達雄監訳　朝倉書店　1998.4　741p

Malusio, Anthony　マルシオ, アントニー
◇学校・家庭・地域（共著）：スクールソーシャルワークとは何か―その理論と実践　全米ソーシャルワーカー協会編、山下英三郎編訳　現代書館　1998.12　234p

Mamalis, N.　ママリス, ニック
◇多重人格障害の眼科学的差異―その再検討 他（共著）：多重人格障害―その精神生理学的研究　F.パトナム他編、笠原敏雄編　春秋社　1999.6　296p

Manaster, Guy J.　マナスター, ジェーン
◇アルフレッド・アドラーの短い伝記：アドラーの思い出　G.J.マナスター, G.ペインター, D.ドイッチュ, B.J.オーバーホルト編、柿内邦博、井原文子、野田俊作訳　創元社　2007.6　244p

Mandel, Ernest　マンデル, エルネスト
◇なぜ私はマルクス主義者なのか？ 他（湯川順夫訳）：エルネスト・マンデル―世界資本主義と二十世紀社会主義　ジルベール・アシュカル編、岡田光正ほか訳　柘植書房新社　2000.4　372p

Mandela, Nelson　マンデラ, ネルソン
◇国民国家は衰退する：知の大潮流―21世紀へのパラダイム転換 今世紀最高の頭脳が予見する未来　ネイサン・ガーデルズ編、仁保真佐子訳　徳間書店　1996.12　419p
◇道が途絶えることはない：セルフヘルプ―なぜ、私は困難を乗り越えられるのか 世界のビッグネーム自らの47の証言　ケン・シェルトン編著、堀紘一監訳　フロンティア出版　1998.7　301p
◇ようこそ、監獄島へ！（阿部純子訳）：あなたの手で平和を！―31のメッセージ　フレドリック・S.ヘッファメール編、大庭里美、阿部純子訳　日本評論社　2005.2　260p

Mandell, Sibyl　マンデル, シビル
◇友人と仲間（共著）：アドラーの思い出　G.J.マナスター, G.ペインター, D.ドイッチュ, B.J.オーバーホルト編、柿内邦博、井原文子、野田俊作訳　創元社　2007.6　244p

Mander, Jerry　マンダー, ジェリー
◇時流に抗して（塚本しづ香訳）：グローバル経済が世界を破壊する　ジェリー・マンダー, エドワード・ゴールドスミス編、小南祐一郎、塚本しづ香訳　朝日新聞社　2000.4　259p

Mandino, Og　マンディーノ, オグ
◇自殺を思いとどまらせた「積極的心構え」の素晴らしさ：思考は現実化する―私はこうして思考を現実化した　実践編　ナポレオン・ヒル財団日本リソーセス編・訳　騎虎書房　1997.3　231p

Mandl, Heinz　マンドル, H. *
◇情報フィードバックによる知識獲得の促進（共著）：知的教育システムと学習　Heinz Mandl, Alan Lesgold編、菅井勝雄、野嶋栄一郎監訳　共立出版　1992.5　370p

Mane, Sherrill　メイン, S.
◇メディアと現実の社会的構成（共著）（大石裕訳）：リーディングス政治コミュニケーション　谷藤悦史、大石裕編訳　一藝社　2002.4　284p

Mang, Paul Y.　マン, ポール・Y.
◇イノベーションを育む組織（共著）：マッキンゼー組織の進化―自立する個人と開かれた組織　平野正雄編著・監訳、村井章子訳　ダイヤモンド社　2003.12　206p　(The McKinsey anthology)

Mangen, Steen　マンガン, S.
◇依存か自立か：過渡期の精神医療―英国とイタリアの経験から　シュラミット・ラモン、マリア・グラツィア・ジャンニケッダ編、川田誉音訳　海声社　1992.10　424p

Manguel, Alberto　マングェル, アルベルト
◇イタロ・カルヴィーノ『なぜ古典を読むのか』（大沢正佳訳）：ロンドンで本を読む　丸谷才一編著　マガジンハウス　2001.6　337, 8p

Manin, Bernard　マナン, ベルナール
◇モンテスキュー 他（柏木加代子訳）：フランス革命事典　6　フランソワ・フュレ、モナ・オズーフ編、河野健二、阪上孝、富永茂樹監訳　みすず書房　2000.6　252p　（みすずライブラリー）

Maniotis, Dimitoris　マニオティス, D. *
◇ギリシャ報告（大村雅彦、清水宏訳）：訴訟法における法族の再検討　小島武司編著　中央大学出版部　1999.4　578p　（日本比較法研究所研究叢書 46）

Mann, Donald C.　マン, ドナルド・C.
◇データベース分析とマーケティング計画の立案（共著）：金融データベース・マーケティング―米国における業務とシステムの実態　アーサー・F.ホルトマン, ドナルド・C.マン編著、森田秀和、田尾啓一訳　東洋経済新報社　1993.10　310p

Mann, Jonathan　マン, ジョナサン
◇公衆衛生の実践者に対する人権の教授（共著）（室進一訳）：世界の人権教育―理論と実践　ジョージ・J.アンドレオポーロス, リチャード・ピエール・クロード編著、黒沢惟昭訳　明石書店　1999.2　758p

Mann, Joy Hewitt　マン, ジョイ・ヒューイット
◇埋められた宝物：空っぽのくつした―あなたの心に届ける16の贈り物　コリーン・セル選、立石美樹ほか訳　光文社　2002.11　213p

Mann, Naomi　マン, ナオミ
◇不滅の至福の母を求めて―ヴァリカヴの寺院にて―

インド・ケララ州ヴァリカブ：お気をつけて、いい旅を。―異国で出会った悲しくも可笑しい51の体験　メアリー・モリス、ポール・セロー、ジョー・ゴアス、イザベル・アジェンデ、ドミニク・ラピエールほか著、古屋美登里、中俣真知子訳　アスペクト　1995.7　366p

Mann, Thomas　マン、トーマス
◇ショーペンハウアー（前田敬作訳）：ショーペンハウアー全集　別巻　ショーペンハウアー生涯と思想　白水社　1996.11　504p
◇ショーペンハウアー：ショーペンハウアー全集　別巻　ショーペンハウアー生涯と思想　金森誠也ほか著訳　新装復刊　白水社　2004.10　504p

Manning, Nick　マニング、ニック
◇保健医療サービス―圧力、成長、矛盾（青木郁夫訳）：福祉と財政―いかにしてイギリスは福祉需要に財政を調整してきたか　ヴィック・ジョージ、スチュアート・ミラー編著、髙島進監訳　都市文化社　1997.11　308p
◇ロシア：革命か、改良か？（共著）（三宅洋一訳）：社会政策の国際的展開―先進諸国における福祉レジーム　ピート・アルコック、ゲイリー・クレイグ編、埋橋孝文ほか共訳　晃洋書房　2003.5　328p

Manning, Robert A.　マニング、ロバート・A．
◇北朝鮮の意図を確認せよ―朝鮮半島政策の次なる課題（共著）：アメリカと北朝鮮―外交的解決か武力行使か　フォーリン・アフェアーズ・ジャパン編・監訳、竹下興喜監訳　朝日新聞社　2003.3　239、4p

Manning, Susan S.　マニング、S．S．*
◇精神保健プログラムにおけるエンパワーメント―声を傾聴する：ソーシャルワーク実践におけるエンパワーメント―その理論と実際の論考集　L.M.グティエーレス、R.J.パーソンズ、E.O.コックス編著、小松源助監訳　相川書房　2000.6　333p

Mannings, Robin　マニングス、ロビン
◇交通：マクミラン近未来地球地図　イアン・ピアスン編、松井孝典監訳　東京書籍　1999.11　115p

Manoschek, Walter　マノシェク、ヴァルター
◇オーストリア・ファシズムの形成過程について　他（共著）：オーストリア・ファシズム―一九三四年から一九三八年までの支配体制　エンマリヒ・タロシュ、ヴォルフガング・ノイゲバウアー編、田中浩、村松恵二訳　未来社　1996.10　292p
◇戦争の灰燼のなかから蘇って：「負の遺産」との取り組み―オーストリア・東西ドイツの戦後比較　ヴェルナー・ベルクマン、ライナー・エルブ、アルベルト・リヒトブラウ編著、岡田浩平訳　三元社　1999.3　479p

Manrique, Nelson　マンリケ、ネルソン
◇恐怖の時代：センデロ・ルミノソ―ペルーの「輝ける道」　カルロス・I.デグレゴリほか著、太田昌国、三浦清隆訳　現代企画室　1993.5　195p

Mansell, Jim　マンセル、ジム
◇脱施設化に向けて　他（共著）（伊藤泰之訳）：脱施設化と地域生活―英国・北欧・米国における比較研究　ジム・マンセル、ケント・エリクソン編著、中薗康夫、末光茂監訳　相川書房　2000.7　318p

Manser, Pat　マンセル、P．*
◇ニュー・サウス・ウェールズの夜間大学（共著）：オーストラリアの生活文化と生涯教育―多文化社会の光と影　マーク・テナント編著、中西直和訳　松籟社　1995.9　268p

Mansfield, Mike　マンスフィールド、マイク
◇アメリカと日本：戦後日米関係を読む―『フォーリン・アフェアーズ』の目　梅垣理郎編訳　中央公論社　1993.12　351p　（中公叢書）

Manthorpe, Jill　マンスロープ、ジル
◇虐待のソーシャルワーク実践（谷口政隆訳）：高齢者虐待―発見・予防のために　ピーター・デカルマー、フランク・グレンデニング編著、田端光美、杉岡直人監訳　ミネルヴァ書房　1998.2　246p　（Minerva福祉ライブラリー　23）

Mantle, Greg　マントル、グレッグ
◇コミュニティにおける刑罰と刑務所の未来（田淵創訳）：施設ケア対コミュニティケア―福祉新時代における施設ケアの役割と機能　レイモンド・ジャック編著、小田兼三ほか監訳　勁草書房　1999.4　296p

Mantsios, Gregory　マンツィオス、グレゴリー
◇労働組合は何のために闘うのか：新世紀の労働運動―アメリカの実験　グレゴリー・マンツィオス編、戸塚秀夫監訳　緑風出版　2001.12　360p　（国際労働問題叢書　2）

Manzoni, Jean-François　マンゾーニ、ジャン＝フランソワ
◇ダメージ症候群（共著）：人材マネジメント　Harvard Business Review編、Diamondハーバード・ビジネス・レビュー編集部訳　ダイヤモンド社　2002.3　309p
◇チェンジマネジメントが陥りやすい罠：ピープルマネジメント―21世紀の戦略的人材活用コンセプト　Financial Times編、日経情報ストラテジー監訳　日経BP社　2002.3　271p　（日経情報ストラテジー別冊）
◇正しい苦言の呈し方：動機づける力　Diamondハーバード・ビジネス・レビュー編集部編訳　ダイヤモンド社　2005.2　243p　（Harvard business review anthology）
◇正しい苦言の呈し方：「説得」の戦略　Diamondハーバード・ビジネス・レビュー編集部編訳　ダイヤモンド社　2006.2　257p　（Harvard business review anthology）
◇正しい苦言の呈し方：コーチングがリーダーを育てる　Diamondハーバード・ビジネス・レビュー編集部編訳　ダイヤモンド社　2006.4　231p　（Harvard business review anthology）

Maraldo, John C.　マラルド、ジョン・C．
◇生成中の哲学を定義すること（水野友晴訳）：日本哲学の国際性―海外における受容と展望　J.W.ハイジック編　世界思想社　2006.3　342、9p　（Nanzan symposium　12）

Maran, Rita　マラン、リタ
◇大学における人権教育―パラドックスと展望（永井健夫訳）：世界の人権教育―理論と実践　ジョージ・J.アンドレオポラス、リチャード・ピエール・クロード編著、黒沢惟昭監訳　明石書店　1999.2　758p

Maranto, April Gresham　マラント、A．G．
◇低所得生徒の選択肢（共著）：格差社会アメリカの教育改革―市場モデルの学校選択は成功するか　フレデリック・M.ヘス、チェスター・E.フィンJr.編著、後

maran

Maranto, Robert マラント, R.
◇低所得生徒の選択肢(共著)：格差社会アメリカの教育改革―市場モデルの学校選択は成功するか　フレデリック・M.ヘス、チェスター・E.フィンJr.編著、後洋一訳　明石書店　2007.7　465p　(明石ライブラリー 111)

Marasinghe, M. Lakshman マーラシンハ, M. ラクシマン
◇キャンディー法と仏教法―スリランカの固有法(奥山甚一訳)：アジア法の環境―非西欧法の法社会学　千葉正士編　成文堂　1994.12　192p　(アジア法叢書 19)

Marble, Annie Russel マーブル, アンニー・ラッセル
◇吾人を営養する書(高橋五郎訳)：近代「読書論」名著選集　第13巻　ゆまに書房　1994.6　442p　(書誌書目シリーズ 37)

March, James G. マーチ, ジェームス・G.
◇チェスター・I.バーナードと学習知(共著)(庭本佳和訳)：現代組織論とバーナード　オリバー・E.ウィリアムソン編、飯野春樹監訳　文真堂　1997.3　280p

Marchal マルシャル
◇本能とは、固体の役に立つ感覚的=運動的行為であるのか：ドゥルーズ初期―若き哲学者が作った教科書　ジル・ドゥルーズ編著、加賀野井秀一訳注　夏目書房　1998.5　239p

Marchi, Bruna De マルキ, ブルーナ・デ
◇セベソのダイオキシン爆発―矛盾をはらむ古典的災害(共著)(平野由紀子訳)：七つの巨大事故―復興への長い道のり　ジェームズ・ミッチェル編、松崎早苗監修、平野由紀子訳　創芸出版　1999.10　302p

Marchington, Mick マーチントン, M. *
◇イギリスの雇用関係(林和彦訳)：先進諸国の雇用・労使関係―国際比較：21世紀の課題と展望　桑原靖夫、グレッグ・バンバー、ラッセル・ランズベリー編　新版　日本労働研究機構　2000.7　551p

Marciniak, Barbara J. マーシニアック, バーバラ・J.
◇プレアデス：アセンションするDNA―光の12存在からのメッセージ　ヴァージニア・エッセン編、冬月晶訳　ナチュラルスピリット　1999.2　299p

Marconi, Guglielmo マルコーニ, グリエルモ
◇無線信号、大西洋初横断の成功(一九〇一年十二月十二日)：歴史の目撃者　ジョン・ケアリー編、仙名紀訳　朝日新聞社　1997.2　421p
◇グリエルモ・マルコーニ(柴田元幸訳)：インタヴューズ　1　クリストファー・シルヴェスター編、新庄哲夫ほか訳　文芸春秋　1998.11　462p

Marcus, Adrianne マーカス, エイドリアン
◇実存主義の洗濯機―パリ：お気をつけて、いい旅を。―異国で出会った悲しくも可笑しい51の体験　メアリー・モリス、ポール・セロー、ジョー・ゴアス、イザベル・アジェンデ、ドミニク・ラビエールほか著、中俣真知子訳　アスペクト　1995.7　366p

Marcus, Bernard マーカス, バーナード
◇CEOと取締役会のバランスをどうとるか(共著)：コーポレート・ガバナンス　Harvard Business Review編、Diamondハーバード・ビジネス・レビュー編集部訳　ダイヤモンド社　2001.6　270p

Marcus, George E. マーカス, ジョージ
◇現代世界システム内の民族誌とその今日的問題：文化を書く　ジェイムズ・クリフォード、ジョージ・マーカス編、春日直樹ほか訳　紀伊国屋書店　1996.11　546p　(文化人類学叢書)

Marcus, Jane マーカス, ジェーン
◇アンタイオスの精神病院―女、戦争、狂気―フェミニスト・フェティシズムはあるか？：ニュー・ヒストリシズム―文化とテクストの新歴史性を求めて　H.アラム・ヴィーザー編、伊藤詔子ほか訳　英潮社　1992.11　291p

Marcus, Lee M. マーカス, リー・M.
◇自閉症児に対する共同治療者としての親(共著)：共同治療者としての親訓練ハンドブック　下　Charles E.Schaefer, James M.Briesmeister編、山上敏子、大隈紘子監訳　二瓶社　1996.11　p334-648

Marcus, Richard L. マーカス, リチャード・L.
◇アメリカにおけるディスカヴァリの過去、現在、未来　他：アメリカ民事訴訟法の理論　大村雅彦、三木浩一編　商事法務　2006.6　362p

Mare, Gerard マレー, ジェラルド
◇ベトナム統一を考える：国家の分裂と国家の統一―中国、朝鮮、ドイツ、ベトナムの研究　趙全勝編著、朱継征監訳、佐木木そのみ訳　旬報社　1998.1　276p

Margaret(Princess)　マーガレット王女
◇エリザベス王女/マーガレット王女―英国の子どもたちへの挨拶(共著)(楢原潤子訳)：アメリカの夢と理想の実現　板場良久スピーチ解説、増田恵理子、楢原潤子訳　アルク　1998.7　120p　(20世紀の証言　英語スピーチでたどるこの100年　第3巻―CD book　松尾忠之監修・解説)

Marglin, Stephen A. マーグリン, スティーヴン・A.
◇戦後資本主義の黄金時代の教訓：概観　他：資本主義の黄金時代―マルクスとケインズを超えて　スティーブン・A.マーグリン、ジュリエット・B.ショア編、磯谷明徳、植村博恭、海老塚明監訳　東洋経済新報社　1993.9　326p

Margulis, Lynn マーギュリス, リン
◇思索についての思索(長尾力訳)：「意識」の進化論―脳　こころ　AI　ジョン・ブロックマン編、長尾力ほか訳　青土社　1992.10　366p

Mariana, Johannes マリアナ, ファン・デ
◇王と王の教育について(秋山学、宮崎和夫訳)：中世思想原典集成　20　近世のスコラ学　上智大学中世思想研究所編訳・監修　平凡社　2000.8　1193p

Mariategui, Jose Carlos マリアテギ, ホセ・カルロス
◇地方主義と中央集権：現代ラテンアメリカ思想の先駆者たち　レオポルド・セア編、小林一宏、三橋利光共訳　刀水書房　2002.6　250p　(人間科学叢書 34)

Marin, Louis マラン, ルイ
◇絵画を読む―プッサンの一通の手紙(一六三九年)をめぐって：書物から読書へ　ロジェ・シャルチエ編、

水林章, 泉利明, 露崎俊和共訳　みすず書房　1992.5　374p
◇プッサンの一枚の絵におけるバベルの塔について:崇高とは何か　ミシェル・ドゥギー他著, 梅木達郎訳　法政大学出版局　1999.5　413p　(叢書・ウニベルシタス 640)

Mariner, Marion B.　マリナー, マリオン・B.
◇リーダーシップをめざしてエンパワーする女性―政策声明書(小川直樹訳):転換期の家族―ジェンダー・家族・開発　N.B.ライデンフロースト編, 家庭経営学部会訳　日本家政学会　1995.3　360p

Marinetti, Filippo Tommaso　マリネッツィ, F. T.
◇電気人形(神原泰訳):コレクション・モダン都市文化　第27巻　未来主義と立体主義　和田博文監修　石田仁志編　ゆまに書房　2007.6　820p

Marini, Marcelle　マリーニ, マルセル
◇文化の生産における女性の位置―フランスの例(三宅京子訳):女の歴史 5〔1〕二十世紀 1　G.デュビィ, M.ペロー監修, 杉村和子, 志賀亮一監訳　フランソワーズ・テボー編　藤原書店　1998.2　515p

Marion, Jean-Luc　マリオン, ジャン=リュック
◇存在者と現象:現象学と形而上学　ジャン・リュック・マリオン, ギイ・プランティ・ボンジュール編, 三上真司, 重永杏也, 檜垣立哉訳　法政大学出版局　1994.3　375, 8p　(叢書・ウニベルシタス 433)
◇言葉を中断された者(大西雅一郎訳):主体の後に誰が来るのか?　ジャン・リュック・ナンシー編著, アラン・バディウ, エチエンヌ・バリバール, モーリス・ブランショ, ミケル・ボルグ・ジャコブセン, ジャン・フランソワ・クルティーヌほか著, 港道隆, 鵜飼哲, 大西雅一郎, 松葉祥一, 安川慶治, 加国尚志, 広瀬浩司訳　現代企画室　1996.3　347p
◇存在‐神‐論:現代デカルト論集 1　フランス篇　デカルト研究会編　勁草書房　1996.6　343, 10p

Mark, David　マーク, デビッド
◇次世代のCIOとは(共著)(金平直人監訳):マッキンゼーITの本質―情報システムを活かした「業務改革」で利益を創出する　横écha信一, 萩甲和巳, 金平直人, 大隈健史, 琴坂将広編著・監訳, 鈴木立哉訳　ダイヤモンド社　2005.3　212p　(The McKinsey anthology)

Mark, Robert　マーク, ロバート
◇一貫性のあるオペレーショナルリスクの計測および管理の構築手法(共著):オペレーショナルリスク―金融機関リスクマネジメントの新潮流　アーサーアンダーセン編・訳　金融財政事情研究会　2001.1　413p

Markell, Mary Jane　マーケル, メアリー・ジェーン
◇オランダ―オランダにおける著作活動を中心に(共著)(山川裕樹訳):世界の箱庭療法―現在と未来　山中康裕, S.レーヴェン・ザイフェルト, K.ブラッドウェイ編　新曜社　2000.10　182p

Markides, Constantinos C.　マルキデス, コンスタンチノス・C.
◇多角化と戦略的資産:成長戦略論　Harvard Business Review誌, Diamondハーバード・ビジネス・レビュー編集部訳　ダイヤモンド社　2001.4　254p
◇ダイナミックに戦略を見る:MITスローン・スクール

戦略論　マイケル・A.クスマノ, コンスタンチノス・C.マルキデス編, グロービス・マネジメント・インスティテュート訳　東洋経済新報社　2003.12　287p

Markman, Howard J.　マークマン, H. J.
◇家族のコミュニケーションと否定的情緒の調節(共著)(伊波和恵訳):家族の感情心理学―そのよいときも、わるいときも　E.A.ブレックマン編著, 浜治世, 松山義則監訳　北大路書房　1998.4　275p

Marks, Michell Lee　マークス, ミッチェル・リー
◇変革を支える―弾力的な組織をつくる(共著):不連続の組織革命―ゼロベースから競争優位を創造するノウハウ　デービッド・A.ナドラーほか著, 平野和子訳　ダイヤモンド社　1997.2　358p

Marks, Stephen P.　マークス, スティーヴン・P.
◇国連平和建設活動における人権教育―理論から実践へ(梨本雄太郎訳):世界の人権教育―理論と実践　ジョージ・J.アンドレオポーロス, リチャード・ピエール・クロード編著, 黒沢惟昭監訳　明石書店　1999.2　758p

Marlatt, G. Alan　マーラット, G. A.
◇自己効力と中毒行動(春木豊訳):激動社会の中の自己効力　アルバート・バンデューラ編, 本明寛, 野口京子監訳　金子書房　1997.11　352p

Marley, C.　マーリー, カーマ
◇2名の多重人格と対照群の脳波研究 他(共著):多重人格障害―その精神生理学的研究　F.パトナム他著, 笠原敏雄編　春秋社　1999.6　296p

Marley, Jo　マーレイ, ジョー
◇その人の過去を通じて(共著)(小山憲一郎訳):パーソン・センタード・ケア―認知症・個別ケアの創造的アプローチ　スー・ベンソン編, 稲谷ふみ枝, 石崎淳一監訳　改訂版　クリエイツかもがわ　2007.5　145p

Marmer, Harry S.　マーマー, ハリー・S.
◇進化する年金投資コンサルタントの役割:年金資産運用マネジメントのすべて―プラン・スポンサーの新潮流　フランク J.ファボッツィ編, 楠厚茂樹監訳, 大和銀行信託財産運用部訳　金融財政事情研究会　1999.11　463p

Marneffe, Catherine　マーンフィー, キャサリン
◇これまでとは違った新たな介入方法について:虐待された子ども―ザ・バタード・チャイルド　メアリー・エドナ・ヘルファ, ルース・S.ケンプ, リチャード・D.クルーグマン編, 子どもの虐待防止センター監修, 坂井聖二監訳　明石書店　2003.12　1277p

Marples, David R.　マープルス, デイビッド
◇チェルノブイリ原発事故―被害拡大への社会政治的要因(平野由紀子訳):七つの巨大事故―復興への長い道のり　ジェームズ・ミッチェル編, 松崎早苗監修, 平野由紀子訳　創芸出版　1999.10　302p

Marquard, Odo　マークァート, オード
◇何のために哲学は必要なのか 他(共著):哲学の原点―ドイツからの提言　ハンス・ゲオルク・ガダマー他著, U.ベーム編, 長倉誠一, 多田茂訳　未知谷　1999.7　272, 11p

Marquardt, Friedrich-Wilhelm　マルクヴァルト, フリートリッヒ=ヴィルヘルム
◇キリスト教の三位一体の神の教えはユダヤ教の神の

唯一性の強調といかなる関係があるか 他：キリスト教とユダヤ教—キリスト教信仰のユダヤ的ルーツ F.クリュゼマン, U.タイスマン編, 大住雄一訳 教文館 2000.12 232p

Marr, Bernard マール, バーナード
◇eビジネスの業績評価（共著）：業績評価の理論と実務—事業を成功に導く専門領域の障壁を越えて アンディ・ニーリー編著, 清水孝訳 東洋経済新報社 2004.4 459p

Marriott, Alison マリオット, アリスン
◇専門職による多角的アセスメント（共著）（稲葉昭英訳）：高齢者虐待—発見・予防のために ピーター・デカルマー, フランク・グレンデニング編著, 田端光美, 杉岡直人監訳 ミネルヴァ書房 1998.2 246p （Minerva福祉ライブラリー 23）

Marsh, Terry A. マーシュ, T. *
◇金利の期間構造と確定利付商品と債券の価格評価（長山いづみ訳）：ファイナンスハンドブック R.A.Jarrow, V.Maksimovic, W.T.Ziemba編, 今野浩, 古川浩一監訳 朝倉書店 1997.12 1121p

Marshack, Alexander マーシャック, アレクサンダー
◇氷河期の人間の美術とシンボル：歴史のなかのコミュニケーション—メディア革命の社会文化史 デイヴィッド・クローリー, ポール・ヘイヤー編, 林進, 大久保公雄訳 新曜社 1995.4 354p

Marshak, Boris I. マルシャーク, ボリス・I.
◇中央アジアのクヴェル太陽神崇拝（谷一尚訳）：太陽神話—生命力の象徴 マダンジート・シン, UNESCO編, 木村重信監修 講談社 1997.2 399p

Marshall, Ian マーシャル, イアン
◇フランス—より深い味わいを求めて, 年金暮らし記念の旅 他：車椅子はパスポート—地球旅行への挑戦者たち アリソン・ウォルシュ編, おそどまさこ日本語版責任編集, 森実真弓訳 山と渓谷社 1994.3 687p

Marshall, Stephanie Pace マーシャル, ステファニー・ペース
◇二十一世紀に向けて持続的な学習共同体を創造する：企業の未来像—成功する組織の条件 フランシス・ヘッセルバイン, マーシャル・ゴールドスミス, リチャード・ベックハード編, 小板恵理訳 トッパン 1998.7 462p （トッパンのビジネス経営書シリーズ 14）

Marsilius de Padua マルシリウス（パドヴァの）
◇平和の擁護者：中世思想原典集成 18 後期スコラ学 上智大学中世思想研究所編訳・監修 平凡社 1998.9 923p

Martens, Ekkehard マルテンス, エッケハルト
◇プラトン（篠澤和久訳）：われわれは「自然」をどう考えてきたか ゲルノート・ベーメ編, 伊坂青司, 長島隆監訳 どうぶつ社 1998.7 524p
◇哲学の現在的状況（共著）：哲学の基礎コース E.マルテンス, H.シュネーデルバッハ編著, 加藤篤子, 中川明博, 西卷丈児訳 晃洋書房 2001.4 222, 17p

Martensen, Anne マーテンセン, アン
◇顧客満足度と事業業績（共著）：業績評価の理論と実務—事業を成功に導く専門領域の障壁を越えて アンディ・ニーリー編著, 清水孝訳 東洋経済新報社 2004.4 459p

Martin, Anne マーティン, アン
◇描写的なスタンス—プロスペクトの教師たちによる作品（共著）（白鳥信義訳）：描写レヴューで教師の力量を形成する—子どもを遠くまで観るために M.ヒムレイ, P.F.カリーニ編, 小田勝己, 小田玲子, 白鳥信義訳 ミネルヴァ書房 2002.10 267p

Martin, Cloudia J. マーティン, クローディア・J.
◇ソ連流スキーの楽しみ方—ウズベキスタン（旧ソ連）：お気をつけて、いい旅を．—異国で出会った悲しくも可笑しい51の体験 メアリー・モリス, ポール・セロー, ジョー・ゴアス, イザベル・アジェンデ, ドミニク・ラビエールほか著, 古屋美登里, 中俣真知子訳 アスペクト 1995.7 366p

Martin, Emily マーチン, エミリー
◇性別とそれぞれの死生観：中国の死の儀礼 ジェイムズ・L.ワトソン, エヴリン・S.ロウスキ編, 西脇常記, 神田一世, 長尾佳代子訳 平凡社 1994.11 416p
◇科学と女の身体（足立佳美訳）：ボディー・ポリティクス—女と科学言説 M.ジャコーバス, E.F.ケラー, S.シャトルワース編, 田間泰子, 美馬達哉, 山本祥子監訳 世界思想社 2003.4 332p （Sekaishiso seminar）

Martin, Jean-Clet マルタン, ジャン＝クレ
◇ヴァンデ（中本真生子訳）：記憶の場—フランス国民意識の文化＝社会史 第2巻 ピエール・ノラ編, 谷川稔監訳 岩波書店 2003.1 412, 13p

Martin, J. Paul マーティン, J. ポール
◇取り残されたアフリカで人権教育を推進する 他（共著）（関直規訳）：世界の人権教育—理論と実践 ジョージ・J.アンドレオポーロス, リチャード・ピエール・クロード編著, 黒沢惟昭監訳 明石書店 1999.2 758p

Martin, Rachel マーティン, レイチェル
◇スウェーデンボルグとトランスパーソナル心理学および全一性（島田恵訳）：エマヌエル・スウェーデンボルグ―持続するヴィジョン ロビン・ラーセン編 春秋社 1992.11 307p

Martin, Raymond マーチン, R. *
◇フランス報告（深谷格訳）：訴訟法における法族の再検討 小島武司編著 中央大学出版部 1999.4 578p （日本比較法研究所研究叢書 46）

Martin, Rex マーティン, レックス
◇契約論とロールズの格差原理（渡辺幹雄訳）：社会契約論の系譜—ホッブズからロールズまで D.バウチャー, P.ケリー編, 飯島昇蔵, 佐藤正志ほか訳 ナカニシヤ出版 1997.5 367p （叢書「フロネーシス」）
◇民主主義・権利・経済における配分的正義（川上文雄訳）：社会正義論の系譜—ヒュームからウォルツァーまで デイヴィッド・バウチャー, ポール・ケリー編, 飯島昇蔵, 佐藤正志訳者代表 ナカニシヤ出版 2002.3 391p （叢書「フロネーシス」）

Martinez, Connie マルティネス, C. *
◇私の夢：知的障害・発達障害を持つ人のQOL—ノーマライゼーションを超えて Robert L.Schalock編, 三谷嘉明, 岩崎正子訳 医歯薬出版 1994.5 346p

Martiniello, Marco マルティニエッロ, マルコ
◇移民, ゲスト労働者, エスニック・マイノリティ—ベ

Martín Martín, JoséLuis マルティン・マルティン、ホセ・ルイス
◇エストレマドゥーラ地方における都市的機能（関哲行訳）：大航海の時代—スペインと新大陸　関哲行、立石博高編訳　同文館出版　1998.12　274p

Martinsen, Egil W. マルティンセン、E. *
◇運動の抗うつ効果 他（共著）（中宮敏之訳）：身体活動とメンタルヘルス　ウイリアム・P.モーガン編、竹中晃二、征矢英昭監訳　大修館書店　1999.4　362p

Marton, Ference マートン、F.
◇異質コンセプション間の転換としての学習記述（共著）：認知構造と概念転換　L.H.T.ウエスト、A.L.パインズ編、野上智行、稲垣成哲、田中浩朗、森藤義孝訳、進藤公夫監訳　東洋館出版社　1994.5　327p

Martynov, Anatoly Ivanovich マルティノフ、アナトリー・イワノビッチ
◇中央アジアの太陽の岩面画と諸文化（共著）（谷一尚訳）：太陽神話—生命力の象徴　マダンジート・シン、UNESCO編、木村重信監修　講談社　1997.2　399p

Marvin, Carolyn マーヴィン、キャロライン
◇初期の電話利用：歴史のなかのコミュニケーション—メディア革命の社会文化史　デイヴィッド・クローリー、ポール・ヘイヤー編、林進、大久保公雄訳　新曜社　1995.4　354p

Marx, Karl Heinrich マルクス、カール
◇ゴータ綱領批判（共著）（近江谷左馬之介訳）：ゴータ綱領批判・エルフルト綱領批判　マルクス、エンゲルス著、近江谷左馬之介、細井雅夫訳　労働大学　1994.11　156p　（古典シリーズ 4）
◇社会と人間の本質：ドゥルーズ初期—若き哲学者が作った数体系　ジル・ドゥルーズ編著、加賀野井秀一訳注　夏目書房　1998.5　239p
◇カール・マルクス（山形浩生訳）：インタヴューズ 1　クリストファー・シルヴェスター編、新庄哲夫ほか訳　文芸春秋　1998.11　462p
◇共産主義党の宣言：コミュニズム　木下正伸訳著〔木下正伸〕〔2004〕232p

Marx, Patricia マルクス、パトリシア
◇終身友情権—私のこと気兼ねなく利用してね：女友だちの賞味期限—なぜ彼女は私を裏切ったのか…。　ジェニー・オフィル、エリッサ・シャッペル編著、糸井恵訳　プレジデント社　2006.3　343p

Marzillier, John S. マツィリア、ジョン
◇プライマリケアと臨床心理士の活動 他（渡辺由佳訳）：専門職としての臨床心理士　ジョン・マツィリア、ジョン・ホール編、下山晴彦編訳　東京大学出版会　2003.4　435p

Marzolf, Donald P. マルゾフ、D. P. *
◇認知発達を測る方法としての探索課題（共著）：空間認知研究ハンドブック　ナイジェル・フォアマン、ラファエル・ジレット編、竹内謙彰、旦直子監訳　二瓶社　2001.12　247p

Maschke, Günter マシュケ、ギュンター
◇《決断》の二義性—カール・シュミットの著作におけるトマス・ホッブズとホアン・ドノソ・コルテス（古賀敬太訳）：カール・シュミットの遺産　ヘルムート・クヴァーリチュ編、初宿正典、古賀敬太編訳　風行社　1993.10　402, 16p

Maschmeier, Rainer マシュマイヤー、R. *
◇ドイツにおける会社法の基本概念：ドイツの不動産—開発と投資の法律および税務　R.フォルハード、D.ウェーバー、W.ウージンガー編、ドイツ・リアルエステイト・コンサルティング訳、平川純子監訳　ダイヤモンド社　1993.5　358p

Maser, Peter マーザァ、ペーター
◇東ドイツの国内政治におけるユダヤ人とユダヤ人協会：「負の遺産」との取り組み—オーストリア・東西ドイツの戦後比較　ヴェルナー・ベルクマン、ライナー・エルブ、アルベルト・リヒトブラウ編著、岡田浩平訳　三元社　1999.3　479p

Maslow, Abraham マズロー、エイブラハム
◇仕事（共著）：アドラーの思い出　G.J.マナスター、G.ペインター、D.ドイッチュ、B.J.オーバーホルト編、柿内邦博、井原文子、野田俊作訳　創元社　2007.6　244p

Mason, Colin M. メイソン、C. M.
◇ビジネス・エンジェルの誕生 他（共著）：ビジネス・エンジェルの時代—起業家育成の新たな主役　R.T.ハリソン、C.M.メイソン編著、西沢昭夫監訳、通産省ビジネス・エンジェル研究会訳　東洋経済新報社　1997.6　245p

Mason, Florence メイソン、F. *
◇インターネット時代のプライバシー（共著）：新リレーションとモデルのためのIT企業戦略とデジタル社会　ゲイリー・ディクソン、ジェラルディン・デサンクティス編、橋立克朗ほか訳　ピアソン・エデュケーション　2002.3　305p

Mason, Micheline メイソン、ミシュリン
◇「脚の悪いクララの勇気」—メディアと障害：メディア・セクシズム—男がつくる女　ジュリアナ・ディッキー、テレサ・ストラットフォード、キャス・デイビス編、井上輝子、女性雑誌研究会編訳　垣内出版　1995.6　342p

Mason, Richard O. メイソン、R. O. *
◇インターネット時代のプライバシー（共著）：新リレーションとモデルのためのIT企業戦略とデジタル社会　ゲイリー・ディクソン、ジェラルディン・デサンクティス編、橋立克朗ほか訳　ピアソン・エデュケーション　2002.3　305p

Massad, Carlos マサド、カルロス
◇チリの資本規制：IMF資本自由化論争　S.フィッシャーほか著、岩本武和監訳　岩波書店　1999.9　161p

Massarella, Derek マサレラ、デレク
◇一六〇〇年から一八五八年の英日関係（堀越庸一郎訳）：日英交流史—1600-2000　1　政治・外交　1　細谷千博、イアン・ニッシュ監修　木畑洋一ほか編　東京大学出版会　2000.3　336, 7p

Massey, Anne P. マシー、A. P. *
◇技術の重要性（共著）：新リレーションとモデルのため

のIT企業戦略とデジタル社会　ゲイリー・ディクソン，ジェラルデイン・デサンクティス編，橋立克朗ほか訳　ピアソン・エデュケーション　2002.3　305p

Masterson, Julie J.　マスターソン，ジュリー
◇差異論VS発達論（共著）（清水貞夫訳）：知的障害者の言語とコミュニケーション　上　マイケル・ベヴェリッジ，G.コンティ・ラムズデン，I.リュダー編，今野和夫，清水貞夫監訳　学苑社　1994.4　285p

Masulis, Ronald W.　マスリス，R. *
◇株式発行：概観（共著）（蜂谷豊彦訳）：ファイナンスハンドブック　R.A.Jarrow, V.Maksimovic, W.T.Ziemba編，今野浩，古川浩一監訳　朝倉書店　1997.12　1121p

Matayoshi, Coralie Chun　マタヨシ，コラリー・チュン
◇女性と職業：ハワイ楽園の代償　ランドール・W.ロス編　有信堂高文社　1995.9　248p

Mathes, Rainer　マティス，R.
◇「イベントとしてのイベント」と「ニュースとしてのイベント」（共著）（谷藤悦史訳）：リーディングス政治コミュニケーション　谷藤悦史，大石裕編訳　一芸社　2002.4　284p

Mathew, Jojy　マシュー，J.（不動産金融）*
◇CMBSの劣後トランチへの投資（共著）：CMBS—商業用モーゲージ証券　成長する新金融商品市場の特徴と実務　フランク・J.ファボッツィ，デイビッド・P.ジェイコブ編，酒井吉広監訳，野村証券CMBS研究会訳　金融財政事情研究会　2000.12　672p

Mathew, Roy J.　マシュー，ロイ・J.
◇多重人格患者の局所脳血流（共著）：多重人格障害—その精神生理学的研究　F.パトナム他著，笠原敏雄編　春秋社　1999.6　296p

Mathews, Andrew　マシュウズ，アンドリュー
◇情動障害における情報処理の偏り：認知行動療法の科学と実践　David M.Clark, Christopher G.Fairburn編，伊予雅臣監訳　星和書店　2003.4　280p

Mathews, Jessica Tuchman　マシューズ，ジェシカ・T.
◇パワー・シフト：フォーリン・アフェアーズ傑作選—アメリカとアジアの出会い 1922-1999　下　フォーリン・アフェアーズ・ジャパン編・監訳　朝日新聞社　2001.2　327, 7p

Mathieu, J.　マシュー，J.（教育）*
◇代数のマイクロワールドに基づくシステム設計のための実験的データ（共著）：知的教育システムと学習　Heinz Mandl, Alan Lesgold編，菅井勝雄，野嶋栄一郎監訳　共立出版　1992.5　370p

Matikka, Leena M.　マティッカ，レーナ・M.
◇知的障害者の職業訓練後の10年—フィンランド（藤野ゆき訳）：北欧の知的障害者—思想・政策と日常生活　ヤン・テッセブロー，アンデシュ・グスタフソン，ギューリ・デューレンダール編，二文字理明監訳　青木書店　1999.8　289p

Matschullat, Dale　マチュラット，デール
◇文化の異なる企業同士の合併をいかにして成功に導くか（共著）：組織変革のジレンマ—ハーバード・ビジネス・レビュー・ケースブック　Harvard Business Review編，Diamondハーバード・ビジネス・レビュー編集部訳　ダイヤモンド社　2004.11　218p

Matta, Nadim F.　マッタ，ナディム・F.
◇大プロジェクトは小さく管理する（共著）：いかに「プロジェクト」を成功させるか　Diamondハーバード・ビジネス・レビュー編集部訳　ダイヤモンド社　2005.1　239p　（Harvard business review anthology）

Mattern, Frank　マターン，フランク
◇ITの複雑さと戦う 他（共著）（琴坂将広監訳）：マッキンゼーITの本質—情報システムを活かした「業務改革」で利益を創出する　横浜信一，萩平和巳，金平直人，大隈健夫，琴坂将広編・監訳，鈴木立哉訳　ダイヤモンド社　2005.3　212p　（The McKinsey anthology）

Matteson, Priscilla　マテソン，プリシラ
◇友人と仲間（共著）：アドラーの思い出　G.J.マナスター，G.ペインター，D.ドイッチュ，B.J.オーバーホルト編，柿内邦博，井原文子，野田俊作訳　創元社　2007.6　244p

Mattessich, Paul　マテシック，P.
◇家族発達理論と生涯発達（共著）（登張真稲訳）：生涯発達の心理学　3巻　家族・社会　東洋，柏木恵子，高橋恵子編・監訳　新曜社　1993.10　293p

Matthews, Amy L.　マシューズ，A. L. *
◇先行子としての生理的状態—機能的分析における意義（共著）（北原信訳）：挑戦的行動の先行子操作—問題行動への新しい援助アプローチ　ジェームズ・K.ルイセリー，マイケル・J.キャメロン編，園山繁樹ほか訳　二瓶社　2001.8　390p

Matthews, Peter　マシューズ，ピーター
◇先物対株式：リスクの比較（共著）：機関投資家のポートフォリオにおけるマネージド・フューチャーズ　チャールズ・B.エプスタイン編，日本商品ファンド業協会訳　日本商品ファンド業協会　1995.3　320p

Matthews, R. C. O.　マシューズ，ロビン・C. O.
◇マーシャルと労働市場（近藤真司訳）：マーシャル経済学の体系　J.K.ホイテッカー編著，橋本昭一監訳　ミネルヴァ書房　1997.8　377p　（マーシャル経済学研究叢書 3）

Matthews Grieco, Sara F.　マシューズ＝グリーコ，サラ＝F.
◇身体、外見、そして性：女の歴史　3〔1〕　十六—十八世紀　1　杉村和子，志賀亮一監訳　ナタリー・ゼモン＝デイヴィス，アルレット・ファルジュ編　藤原書店　1995.1　434p

Matthiessen, Peter　マシーセン，ピーター
◇レイチェル・カーソン：TIMEが選ぶ20世紀の100人　上巻　指導者・革命家・科学者・思想家・起業家　徳岡孝夫監訳　アルク　1999.11　332p

Mauborgne, Renée　モボルニュ，レネ
◇手続的正義論と多国籍企業：組織理論と多国籍企業　スマントラ・ゴシャール，D.エレナ・ウエストニー編著，江夏健一監訳，IBI国際ビジネス研究センター訳　文真堂　1998.10　452p
◇バリュー・イノベーションによる価値創造戦略（共著）：成長戦略論　Harvard Business Review編，Diamondハーバード・ビジネス・レビュー編集部

ダイヤモンド社　2001.4　254p
◇信頼を築くフェア・プロセスの原理（共著）：戦略と経営　ジョーン・マグレッタ編，Diamondハーバード・ビジネス・レビュー編集部訳　ダイヤモンド社　2001.7　405p
◇ストラテジー・キャンバスによる戦略再構築（共著）：「選択と集中」の戦略　Diamondハーバード・ビジネス・レビュー編集部訳　ダイヤモンド社　2003.1　286p
◇戦略とバリューイノベーションと知識経済（共著）：MITスローン・スクール戦略論　マイケル・A.クスマノ，コンスタンチノス・C.マルキデス編，グロービス・マネジメント・インスティテュート訳　東洋経済新報社　2003.12　287p
◇フェア・プロセス：信頼を積み上げるマネジメント（共著）：動機づける力　Diamondハーバード・ビジネス・レビュー編集部訳　ダイヤモンド社　2005.2　243p（Harvard business review anthology）
◇グローバル戦略を機能させる（共著）：スマート・グローバリゼーション　A.K.グプタ，D.E.ウエスニー編著，諸上茂登監訳　同文舘出版　2005.3　234p
◇ストラテジー・キャンバスによる戦略再構築（共著）：戦略思考力を鍛える　Diamondハーバード・ビジネス・レビュー編集部訳　ダイヤモンド社　2006.7　262p（Harvard business review anthology）

Maugue, Annelise　モーグ，アンヌリーズ
◇新しきイヴと古きアダム—危機に瀕した性のアイデンティティ（川口陽子訳）：女の歴史　4〔2〕十九世紀　2　杉山和子，志賀亮一監訳　ジュヌヴィエーヴ・フレス，ミシェル・ペロー編　藤原書店　1996.10　p513〜992

Maulden, John　モールディン，ジョン
◇ミレニアムウエーブ：わが子と考えるオンリーワン投資法—門外不出の投資の知恵　ジョン・モールディン編，関本博英訳　パンローリング　2006.8　219p（ウィザードブックシリーズ v.106）

Mawhiney, Anne-Marie　モヒニー，アン・マリー
◇先住民の理論（共著）（志げ健一訳）：ソーシャルワーク・トリートメント—相互連結理論アプローチ　下　フランシス・J.ターナー編，米本秀仁監訳　中央法規出版　1999.8　573p

May, Irenee duP., Jr.　メイ，アイリーン，Jr.
◇ヘッジファンドへの信用供与者によるリスク管理：実践ヘッジファンド投資—成功するリスク管理　バージニア・レイノルズ・パーカー編，徳岡国見監訳　日本経済新聞社　2001.8　425p

Mayall, James　メイオール，ジェイムズ
◇第6章　ナショナル・アイデンティティと地域主義の復活（福田猛仁訳）：地域主義と国際秩序　L.フォーセット，A.ハレル編，菅英輝，栗栖薫子訳　九州大学出版会　1999.5　366p

Mayer, Hans　マイヤー，ハンス
◇ヴァイマル共和国の小説としてのトーマス・マンの『魔の山』：ヴァイマル共和国の宗教史と精神史　フーベルト・カンツィク編，池田昭，浅野洋監訳　御茶の水書房　1993.2　434p
◇ハンス・マイヤー：戦後ドイツを生きて—知識人は語る　三島憲一編・訳　岩波書店　1994.10　370p

Mayer, John D.　メイヤー，ジョン・D.
◇EQにまつわる誤解：EQを鍛える　Diamondハーバード・ビジネス・レビュー編集部訳　ダイヤモンド社　2005.7　286p（Harvard business review anthology）

Mayer-Schönberger, Viktor　マイヤシェーンバーガー，ビクター
◇情報政策とガバナンス　他（共著）：グローバル化で世界はどう変わるか—ガバナンスへの挑戦と展望　ジョセフ・S.ナイ Jr.，ジョン・D.ドナヒュー編著，嶋本恵美訳　英治出版　2004.9　477p（英治出版 MPAシリーズ）

Mayes, David G.　メイズ，デヴィッド・G.
◇EUにおける銀行監督の新展開　他（岩田健治訳）：ユーロとEUの金融システム　H.-E.シャーラー他著，岩田健治編著　日本経済評論社　2003.1　366p

Mayeur, Françoise　マイユール，フランソワーズ
◇娘たちの教育—非宗教的（ライック）モデル（天野知恵子訳）：ヘーゲル—イラスト版　R.スペンサー文，A.クラウゼ絵，椋田直子訳　現代書館　1996.9　174p（For beginnersシリーズ 77）

Mayle, David　メイル，デイビッド
◇ベンチマーキングの名のもとで本当に起きていること（共著）：業績評価の理論と実務—事業を成功に導く専門領域の障壁を越えて　アンディ・ニーリー編著，清水孝訳　東洋経済新報社　2004.4　459p

Maynard, Mary　メイナード，メアリー
◇序論—暴力とジェンダー階層（共著）（堤かなめ訳）：ジェンダーと暴力—イギリスにおける社会学的研究　ジャルナ・ハマー，メアリー・メイナード編，堤かなめ監訳　明石書店　2001.10　346p（明石ライブラリー 33）

Mazier, Jacques　マジエ，ジャック
◇ヨーロッパにおける経済・通貨統合と蓄積体制（花田昌宣訳）：国際レジームの再編　R.ボワイエ，山田鋭夫共同編集　藤原書店　1997.9　374p（レギュラシオン・コレクション 4）

Mazur, Mark J.　メーザー，M.*
◇野球選手の相対的効率性の評価（枇々木規雄訳）：経営効率評価ハンドブック—包絡分析法の理論と応用　Abraham Charnesほか編，刀根薫，上田徹監訳　朝倉書店　2000.2　465p

Mazzei, Marina　マッツェイ，マリーナ
◇ダウニアの葬祭絵画（飯塚隆，飯塚泉訳）：死後の礼節—古代地中海圏の葬祭文化　紀元前7世紀・紀元前3世紀　シュテファン・シュタイングレーバー編　東京大学総合研究博物館　2000.12　202p

Mazzola, Mario　マッツォーラ，マリオ
◇人を動かす知恵（共著）：動機づける力　Diamondハーバード・ビジネス・レビュー編集部訳　ダイヤモンド社　2005.2　243p（Harvard business review anthology）

Meakin, Annette　ミーキン，アネット
◇過渡時代の婦人（大日本文明協会編）：世界女性学基礎文献集成　明治大正編　第9巻　水田珠枝監修　ゆまに書房　2001.6　426p

Mechling, Jay　メックリング, ジェイ
◇地域研究への総合的アプローチ—彼らに四角いトマトが作れるのなら(佐々木隆訳)：アメリカ研究の方法　デイヴィッド・W.ノーブル編著, 相本資子ほか訳　山口書店　1993.8　311p
◇とらえにくい歴史の子ども—歴史学と心理学から子どもを理解する方法(共著)(都筑学訳)：時間と空間の中の子どもたち—社会変動と発達への学際的アプローチ　グレン・H.エルダー, ジョン・モデル, ロス・D.パーク編, 本田時雄監訳　金子書房　1997.10　379p

Mecke, I.　メック, I.*
◇子供のための時間—子供・青少年の世話と教育(共著)：持続可能な社会への2つの道—産業連関表で読み解く環境と社会・経済　C.シュターマー編著, 良永康平訳　ミネルヴァ書房　2006.10　257p (シリーズ〈環境・エコロジー・人間〉7)

Medhurst, James　メドハート, J.*
◇持続可能な未来のための企業戦略(共著)(藤森敬三訳)：グリーニングチャレンジ—企業の環境戦略　Kurt Fischer, Johan Schot編, 藤森敬三監訳, 日本電気環境エンジニアリング訳　日科技連出版　1999.8　419p

Medler, Alex　メドラー, A.
◇コロラド：格差社会アメリカの教育改革—市場モデルの学校選択は成功するか　フレデリック・M.ヘス, チェスター・E.フィンJr.編著, 後洋一訳　明石書店　2007.7　465p（明石ライブラリー 111）

Meeusen, Wim　ミーウセン, ウィム
◇役員兼任と企業の経済活動の相互作用 他(共著)：企業権力のネットワーク—10カ国における役員兼任の比較分析　フラン・N.ストークマン, ロルフ・ツィーグラー, ジョン・スコット編著, 上田義朗訳　文真堂　1993.11　340p

Megliola, Michael A.　メリオーラ, M. A.*
◇クレジット要因に基づき期限前償還およびデフォルト分析(共著)：CMBS—商業用モーゲージ証券 成長する新金融商品市場の特徴と実務　フランク・J.ファボッツィ, デイビッド・P.ジェイコブ編, 酒井吉広監訳, 野村証券CMBS研究会訳　金融財政事情研究会　2000.12　672p

Mehrenberger, G.　メランベルジェ, ガブリエル
◇「別の」ヒューマニズムに向かって—E・レヴィナスの知へのアプローチ：現代とキリスト教的ヒューマニズム—二十世紀フランスの試み　ジャック・ベジノ編　白水社　1993.3　241, 16p

Mehta, Lyla　メータ, ライラ
◇公共性と利用権—水分野からの視点(高橋一生訳)：地球公共財の政治経済学　Inge Kaul, Pedro Conceicao, Katell Le Goulven, Ronald U.Mendoza編, 高橋一生監訳・編　国際書院　2005.6　332p

Meier, Gerald Marvin　マイヤー, ジェラルド・M.
◇開発のアイディア 開発経済学の新旧世代：開発経済学の潮流—将来の展望　G.M.マイヤー, J.E.スティグリッツ共編, 近藤正規, 国際協力研究グループ訳　シュプリンガー・フェアラーク東京　2003.7　412p

Meier, Uta　マイヤー, ウタ
◇東西女性のフルタイム家事労働(中村真奈美訳)：女たちのドイツ—東と西の対話　カトリン・ローンシュトック編, 神谷裕子ほか訳　明石書店　1996.11　208p

Meiers, Joseph　マイアーズ, ジョセフ
◇友人と仲間(共著)：アドラーの思い出　G.J.マナスター, G.ペインター, D.ドイッチュ, B.J.オーバーホルト編, 柿内邦博, 井原文子, 野田俊作訳　創元社　2007.6　294p

Meijer, Cor J. W.　メイヤー, コール・J. W.
◇序章 他(共著)(渡邊益男訳)：特別なニーズ教育への転換—統合教育の先進6カ国比較研究　C.メイヤー, S.J.ペイル, S.ヘガティ編, 渡辺益男監訳, 渡辺健治, 荒川智共訳　川島書店　1997.10　200p

Meintjes, Elizabeth F.　メインチェス, エリザベス・F.
◇転換期の家族—変わる南アフリカの状況(谷口彩子訳)：転換期の家族—ジェンダー・家族・開発　N.B.ライデンフロースト編, 家庭経営学部会訳　日本家政学会　1995.3　360p

Meintjes, Garth　マインチェス, ガース
◇エンパワーメントとしての人権教育—教育学についての省察(関直規訳)：世界の人権教育—理論と実践　ジョージ・J.アンドレオポーロス, リチャード・ピエール・クロード編, 黒沢惟昭監訳　明石書店　1999.2　758p

Melanchthon, Philipp　メランヒトン, フィリップ
◇アウクスブルク信仰告白(1530年)(徳善義和訳)：宗教改革著作集　第14巻　信仰告白・信仰問答　教文館　1994.11　704p
◇神学要綱あるいは神学の基礎概念(1521年)(伊藤勝啓訳)：宗教改革著作集　第4巻　ルターとその周辺2　教文館　2003.3　380p

Melloan, George　メローン, ジョージ
◇直近のロシア救出：まだ先は長い：IMF改廃論争の論点　ローレンス・J.マッキラン, ピーター・C.モントゴメリー編, 森川公隆監訳　東洋経済新報社　2000.11　285p

Mellon, Michael W.　メロン, M.*
◇一次性遺尿症の家庭治療(共著)(陣内咲子訳)：共同治療者としての親訓練ハンドブック　上　Charles E.Schaefer, James M.Briesmeister編, 山上敏子, 大隈紘子監訳　二瓶社　1996.11　332p

Meltzer, Bert　メルツァー, バート
◇イスラエル—イスラエルにおける箱庭療法学会の歴史と活動——九八〇年〜現在(山森路子訳)：世界の箱庭療法—現在と未来　山中康裕, S.レーヴェン・ザイフェルト, K.ブラッドウェイ編　新曜社　2000.10　182p

Meltzer, Donald　メルツァー, ドナルド
◇肛門マスターベーションの投影同一化との関係(世良洋訳)：メラニー・クライントゥデイ　1　精神病者の分析と投影同一化　E.B.スピリウス編, 松木邦裕監訳　岩崎学術出版社　1993.7　212p
◇恐怖, 迫害, 恐れ—妄想性不安の解析(世良洋訳)：メラニー・クライントゥデイ　2　思索と人格病理　エリザベス・B.スピリウス編, 古賀靖彦, 白峰克彦, 世良洋, 田中俊孝, 中園聡訳, 松木邦裕監訳　岩崎学術出版社　1993.8　202p

Melvin, Bernice メルヴィン, バーニス
◇4年制大学：その長期的展望（共著）（森本豊富訳）：変革期の大学外国語教育 ウィルガ・M.リヴァーズ編著, 上地安貞, 加須屋弘司, 矢田裕士, 森本豊富訳 桐原書店 1995.9 307p （言語教育・応用言語学叢書）

Menand, Louis メナンド, ルイス
◇学問的権威の消滅：人文科学に何が起きたか―アメリカの経験 A.カーナン編, 木村武史訳 玉川大学出版部 2001.10 301p （高等教育シリーズ 109）

Mendenhall, George E. メンデンホール, ジョージ・E.
◇魔術から正義へ―旧約聖書における死と来世：死と来世の系譜 ヒロシ・オオバヤシ編, 安藤泰至訳 時事通信社 1995.3 355, 17p

Mendenhall, Mark E. メンデンホール, マーク・E.
◇研究領域とその交差点など（富岡昭訳）：国際経営学の誕生 3 組織理論と組織行動の視座 ブライアン・トイン, ダグラス・ナイ編, 村山元英監訳, 国際経営文化学会訳 文眞堂 2000.3 392p

Mendieta, Ramiro Matos メンディエタ, ラミーロ・マトス
◇インティ―アンデスの太陽神（熊谷俊美訳）：太陽神話―生命力の象徴 マダンジート・シン, UNESCO編, 木村重信監修 講談社 1997.2 399p

Mendoza, Ronald U. メンドーサ, ロナルド・U.
◇今, なぜ地球公共財が重要なのか 他（共著）（谷村光浩訳）：地球公共財の政治経済学 Inge Kaul, Pedro Conceicao, Katell Le Goulven, Ronald U.Mendoza編, 高橋一生監訳・編 国際書院 2005.6 332p

Mensing, J. メンシング, J.＊
◇香水選択の心理学（共著）（香りの感性心理学 S.ヴァン・トラー, G.H.ドッド編, 印藤元一訳 フレグランスジャーナル社 1994.2 238p

Mensink, Ron メンシンク, ロン
◇ファンドマネージャーのためのVaR（共著）：リスクバジェッティング―実務家が語る年金新時代のリスク管理 レスリー・ラール編, 三菱信託銀行受託財産用部門訳 パンローリング 2002.4 575p （ウィザードブックシリーズ 34）

Menssen, Michael J. メンセン, マイケル・J.
◇当市政策の説明：年金資産運用マネジメントのすべて―プラン・スポンサーの新潮流 フランクJ.ファボッシ編, 榊原茂樹監訳, 大和銀行信託財産運用部訳 金融財政事情研究会 1999.11 463p

Menze, Clemens メンツェ, クレメンス
◇今日の論議における教育学的ヒューマニズム（鈴木晶子訳）：現代ドイツ教育学の潮流―W・フリットナー百歳記念論文集 ヘルマン・レールス, ハンス・ショイアール編, 天野正治訳 玉川大学出版部 1992.8 503p

Merchant, Carolyn マーチャント, キャロリン
◇エコフェミニズムとフェミニズム理論：世界を織りなおす―エコフェミニズムの開花 アイリーン・ダイアモンド, グロリア・フェマン・オレンスタイン編, 奥田暁子, 近藤和子訳 学芸書林 1994.3 457, 12p

Meredith, George メレディス, ジョージ
◇ビーチャムの生涯（菊池勝也訳）：文学部の多様なる世界 盛岡大学文学部編, 加藤章監修 盛岡大学 2003.3 946p

Mérigeau, Martine メリジョー, マルティーヌ
◇最近のフランスにおける犯罪被害者にかかわる刑事司法政策に基づく損害補償実務の評価（小木曽綾訳）：犯罪被害者と刑事司法 ギュンター・カイザー, H.クーリー, H.-J.アルブレヒト編, 宮沢浩一, 田口守一, 高橋則夫編訳 成文堂 1995.7 443p

Merighi, J. メリヒ, J.＊
◇精神遅滞者の機能におけるモチベーション要因の役割（共著）：障害児理解の到達点―ジグラー学派の発達論的アプローチ R.M.ホダップ, J.A.ブゥラック, E.ジグラー編, 小松秀茂, 清水貞夫編訳 田研出版 1994.9 435p

Merlocco, Anthony メルロッコ, アンソニー
◇アンソニーの靴：空っぽのくつした―あなたの心に届ける16の贈り物 コリーン・セル選, 立石美樹ほか訳 光文社 2002.11 213p

Merriam, Charles D. メリアム, チャールズ・E.
◇政治学方法論における最近の進展：アメリカ政治学の展開―学説と歴史 ジェームズ・ファ, レイモンド・セイデルマン編著, 本田弘, 藤原孝, 秋山和宏, 石川晃司, 入江正俊ほか訳 サンワコーポレーション 1996.2 506p

Merrill, Christopher メリル, クリストファー
◇「力」という鏡の前で（力武由美訳）：女性の人権とジェンダー―地球規模の視座に立って マージョリー・アゴシン編著, 堀内光子, 神崎智子, 望月康恵, 力武由美, ベバリー・アン山本訳 明石書店 2007.12 586p （明石ライブラリー）

Merry, Sally Engle メリー, サリー・アングル
◇女性・暴力・人権システム（神崎智子訳）：女性の人権とジェンダー―地球規模の視座に立って マージョリー・アゴシン編著, 堀内光子, 神崎智子, 望月康恵, 力武由美, ベバリー・アン山本訳 明石書店 2007.12 586p （明石ライブラリー）

Mertens, Lother メルテンス, ロータル
◇社会主義統一党（SED）とナチズムという過去：「負の遺産」との取り組み―オーストリア・東西ドイツの戦後比較 ヴェルナー・ベルクマン, ライナー・エルブ, アルベルト・リヒトブラウ編著, 岡田浩平訳 三元社 1999.3 479p

Merton, Robert C. マートン, ロバート・C.
◇金融機関におけるリスク・キャピタルの管理（共著）：金融サービス業―21紀への戦略 サミュエル・L.ヘイズ3編, 小西竜治監訳 東洋経済新報社 1999.10 293p

Messenger, Charles メッセンジャー, チャールズ
◇ハルマゲドン作戦：ヒトラーの選択 ケネス・マクゼイ編, 柘植久慶訳 原書房 1995.10 219p

Messick, Samuel メズイック, S.＊
◇妥当性（池田央訳）：教育測定学 上巻 ロバート・L.リン編, 池田央, 藤田恵katy, 柳井晴夫, 繁枡算男訳・編 学習評価研究所 1992.12 469p

Mesurier, Lillian Le　ムジュリエ, リリアン・ル
◇女性に与ふる社会主義の修正(槇義衛訳)：世界女性学基礎文献集成　昭和初期編　第8巻　水田珠枝監修　ゆまに書房　2001.12　20, 271p

Methodios　メトディオス(オリュンポスの)
◇シュンポシオン(饗宴)あるいは純潔性について：中世思想原典集成　1　初期ギリシア教父　上智大学中世思想研究所編訳・監修　平凡社　1995.2　877p

Métraux, A.　メトロー, A.
◇南アメリカの神話：無文字民族の神話　ミシェル・パノフ他著, 大林太良, 宇野公一郎訳　新装復刊　白水社　1998.10　281, 12p

Metzger-Court, Sarah　メッツガー＝コート, セイラ
◇G.C.アレン：英国と日本―架橋の人びと　サー・ヒュー・コータッツィ, ゴードン・ダニエルズ編著, 横山俊夫解説, 大山瑞代訳　思文閣出版　1998.11　503, 68p

Meyer, Christopher　マイヤー, クリストファー
◇チームを活性化させる業績評価システム：業績評価マネジメント　Harvard Business Review編, Diamondハーバード・ビジネス・レビュー編集部訳　ダイヤモンド社　2001.9　258p
◇クロス・ファンクショナル・チームの業績評価システム：いかに「高業績チーム」をつくるか　Diamondハーバード・ビジネス・レビュー編集部編訳　ダイヤモンド社　2005.5　225p　(Harvard business review anthology)

Meyer, Kim A.　マイヤー, K. A. *
◇確立操作と挑戦の行動の動機づけ(共著)(園山繁樹訳)：挑戦的行動の先行子操作―問題行動への新しい援助アプローチ　ジェームズ・K.ルイセリー, マイケル・J.キャメロン編, 園山繁樹ほか訳　二瓶社　2001.8　390p

Meyer, Luanna H.　マイヤー, L. H. *
◇行動システムとしての個人のレパートリー―プログラムのデザインと評定のための示唆(共著)：重度知的障害への挑戦　ボブ・レミントン編, 小林重雄監訳, 藤原義博, 平訳紀子共訳　二瓶社　1999.3　461p

Meyer, Marshall W.　メイヤー, マーシャル・W.
◇業績を見出す―新しい経営管理理論：業績評価の理論と実務―事業を成功に導く専門領域の障壁を越えて　アンディ・ニーリー編著, 清水孝訳　東洋経済新報社　2004.4　459p

Meyer, Robert J.　マイヤー, ロバート
◇行動理論およびナイーブな戦略論(共著)(池田仁一訳)：ウォートンスクールのダイナミック競争戦略　ジョージ・デイ, デイビッド・レイブシュタイン編, 小林陽太郎監訳, 黒田康史ほか訳　東洋経済新報社　1999.10　435p　(Best solution)
◇無能な天才―多段階の意思決定における平凡な推論の力(共著)：ウォートンスクールの意思決定論　ステファン・J.ホッチ, ハワード・C.クンリーサー編, 小林陽太郎監訳, 黒田康史, 大塔達也訳　東洋経済新報社　2006.8　374p　(Best solution)

Meyer, Thomas　マイヤー, トーマス
◇第6章 ドイツ社会民主党の転換　第7章 東・中欧のポスト共産主義の社会主義者(細井雅夫訳)：現代ヨーロッパの社会民主主義―自己改革と政権党への道　ドナルド・サスーン編, 細井雅夫, 富山栄子訳　日本経済評論社　1999.8　281p
◇現代社会民主主義：共通の土俵と争点：ヨーロッパ社会民主主義「第3の道」論集　2　R.Cuperus, K.Duffek, J.Kandel編, 小川正浩訳　生活経済政策研究所　2001.7　81p　(生活研ブックス 9)
◇モダン社会民主主義(住沢博紀訳)：グローバル化と政治のイノベーション―「公正」の再構築をめざしての対話　高木郁朗, 住沢博紀, T.マイヤー編著　ミネルヴァ書房　2003.4　330p　(Minerva人文・社会科学叢書 81)
◇自由と公正(安井宏樹訳)：21世紀社会民主主義　第7集　新しいドイツ社民党・欧州中道左派の難題　生活経済政策研究所　2004.10　141p　(生活研ブックス 20)

Meyer-Abich, Klaus Michael　マイヤー・アビッヒ, クラウス・ミヒャエル
◇20世紀のホーリズム(黒崎剛訳)：われわれは「自然」をどう考えてきたか　ゲルノート・ベーメ編, 伊坂青司, 長島隆監訳　どうぶつ社　1998.7　524p

Meyers, Carol L.　マイアーズ, キャロル・L.
◇旧約時代の女性たちの日常生活(加藤明子訳)：女性たちの聖書注解―女性の視点で読む旧約・新約・外典の世界　C.A.ニューサム, S.H.リンジ編, 加藤明子, 小野功生, 鈴木元子訳, 荒井章三, 山内一郎日本語版監修　新教出版社　1998.3　682p

Mezzina, Roberto　メッズィーナ, R.
◇精神障害へのアプローチ(共著)：過渡期の精神医療―英国とイタリアの経験から　シュラミット・ラモン, マリア・グラツィア・ジャンニケッダ, 川田誉音訳　海声社　1992.10　424p

Miall, Hugh　ミアル, ヒュー
◇紛争の平和的解決に関する比較研究：地域紛争解決のシナリオ―ポスト冷戦時代の国連の課題　クマール・ルペシンア, 黒田順子共編, 古田康彦訳　スリーエーネットワーク　1994.3　358, 6p

Michaels, Ed　マイケルズ, エド
◇「Cクラス社員」のマネジメント(共著)：いかに「問題社員」を管理するか　Diamondハーバード・ビジネス・レビュー編集部編訳　ダイヤモンド社　2005.1　262p　(Harvard business review anthology)

Michaels, Jeff　マイケルズ, J.
◇プロセス指向アプローチによるMicrosoftAxaptaの導入―バウン・グローバル・ソリューションズ社のケース(共著)(大崎恒次訳)：ARISを活用したシステム構築―エンタープライズ・アーキテクチャの実践　A.-W.シェアー他編, 堀内正博, 田中正郎, 力正俊監訳　シュプリンガー・フェアラーク東京　2005.1　201p

Michaely, Roni　ミシェリー, R. *
◇配当政策(共著)(蜂谷豊彦訳)：ファイナンスハンドブック　R.A.Jarrow, V.Maksimovic, W.T.Ziemba編, 今野浩, 古川浩一監訳　朝倉書店　1997.12　1121p

Michailesco, Céline　ミヒャレスコ, C. *
◇ジャン・デュマルシェ―貸借対照表理論と価値理論への貢献：世界の会計学者―17人の学説入門　ベルナルド・コラス編著, 藤田晶子訳　中央経済社　2007.10　271p

Michalet, Charles-Albert ミシャレ, シャル
ル＝アルベール
◇国際的危機から世界の危機へ（共著）（坂口明義訳）：国際レジームの再編　R.ボワイエ, 山田鋭夫共同編集　藤原書店　1997.9　374p　（レギュラシオン・コレクション 4）

Michaud, Stéphane ミショー, ステファーヌ
◇偶像崇拝のかずかず―芸術と文学の表象（三宅京子訳）：ヘーゲル―イラスト版　R.スペンサー文, A.クラウゼ絵, 椋田直子訳　現代書館　1996.9　174p　（For beginnersシリーズ 77）

Michel, Andrée ミッシェル, アンドレ
◇アフリカの女性, 開発, 南北関係（武内旬子訳）：約束された発展？―国際債務政策と第三世界の女たち　マリアローザ・ダラ・コスタ, ジョヴァンナ・フランカ・ダラ・コスタ編　インパクト出版会　1995.7　213p

Michelson, G. G. マイケルソン, G. G.
◇だれがCEOを決めるのか〈座談会〉（共著）：コーポレート・ガバナンス　Harvard Business Review編, Diamondハーバード・ビジネス・レビュー編集部訳　ダイヤモンド社　2001.6　270p

Middleton, Ben ミドルトン, ベン
◇東京キャッツ：私が出会った日本―オーストラリア人の異色体験・日本観　ジェニファー・ダフィ, ギャリー・アンソン編　サイマル出版会　1995.7　234p

Midgley, Mary ミッジリー, メアリー
◇マードックと道徳性：哲学者は何を考えているのか　ジュリアン・バジーニ, ジェレミー・スタンルーム編, 松本俊吉訳　春秋社　2006.5　401, 13p　（現代哲学への招待 basics　丹治信春監修）

Mierlo, Antonius I. M. ミエルロ, A.＊
◇オランダ報告（大村雅彦, 清水宏訳）：訴訟法における法族の再検討　小島武司編著　中央大学出版部　1999.4　578p　（日本比較法研究所研究叢書 46）

Míguez-Bonino, José ミゲス＝ボニーノ, ホセ
◇批判的思索と解放の実践としての神学：神学者の使命―現代アメリカの神学的潮流　セオドア・W.ジェニングス編, 東方敬信, 伊藤悟訳　ヨルダン社　1994.7　203p

Mihaljevic, Antonela Divic ミハイエヴィッチ, A. D.＊
◇ARISを活用したプロセスの設計と導入―スロベニアの保険会社の事例：ARISを活用したビジネスプロセスマネジメント―欧米の先進事例に学ぶ　A.-W.シェアー他共著, 堀内正博, 田中正郎, 柳堀紀幸監訳　シュプリンガー・フェアラーク東京　2003.7　281p

Miklius, Walter ミクリアス, ウォルター
◇人の流出：ハワイ 楽園の代償　ランドール・W.ロス編　有信堂高文社　1995.9　248p

Mikol, Alain ミコル, A.＊
◇フランスにおける財務報告の歴史（旗本智之訳）：欧州比較国際会計史論　P.ワルトン編著, 久野光朗監訳　同文館出版　1997.5　380p

Miksch, Klaus ミクシュ, K.＊
◇業績向上のためのビジネスプロセスの分析と設計―チェコの電力会社の事例（共著）：ARISを活用したビジネスプロセスマネジメント―欧米の先進事例に学ぶ　A.-W.シェアー他共編, 堀内正博, 田中正郎, 柳堀紀幸監訳　シュプリンガー・フェアラーク東京　2003.7　281p

Mikulas, William L. ミクラス, W. L.＊
◇暗闇恐怖症児の家庭での治療（共著）（伊藤紀子訳）：共同治療者としての親訓練ハンドブック　上　Charles E.Schaefer, James M.Briesmeister編, 山上敏子, 大隈紘子監訳　二瓶社　1996.11　332p

Milbank, John ミルバンク, ジョン
◇対話の終わり：キリスト教は他宗教をどう考えるか―ポスト多元主義の宗教と神学　G.デコスタ編, 森本あんり訳　教文館　1997.11　330p

Miles, Ian マイルズ, イアン
◇誰が調査・研究にたいして支出しているのか―イギリスの統計素描〔要約〕（金子治平訳）：現代イギリスの政治算術―統計は社会を変えるか　D.ドーリング, S.シンプソン編著, 岩井浩ほか監訳　北海道大学図書刊行会　2003.7　588p

Miles, Robert マイルズ, ロバート
◇レイシズム―変動期における概念をめぐる論争の展開 他（丸山智恵子訳）：新しい移民大陸ヨーロッパ―比較のなかの西欧諸国・外国人労働者と移民政策　ディートリヒ・トレンハルト, 編著, 宮島喬, 丸山智恵子, 高坂扶美子, 分田順子, 新原道信, 定松文訳　明石書店　1994.3　368p

Miliband, David ミリバンド, デイヴィド
◇個別化学習における選択と発言：個別化していく教育　OECD教育研究革新センター編著, 岩崎久美子訳　明石書店　2007.7　227p　（OECD未来の教育改革 2）

Milis, Ludovicus ミリス, ルドー・J. R.
◇純潔, セックス, 罪 異教信仰の残滓 他：異教的中世　ルドー・J.R.ミリス編著, 武内信一訳　新評論　2002.3　352p

Mill, John Stuart ミル, ジョン・スチュアート
◇比例代表制導入の提唱（加藤秀治郎, 押川智彦訳）：選挙制度の思想と理論―Readings　加藤秀治郎編訳　芦書房　1998.1　306p
◇男女同権論（深間内基訳）：世界女性学基礎文献集成 明治大正編 第1巻　水田珠枝監修　ゆまに書房　2001.6　373p
◇弥児氏宗教三論.第1編（小幡篤次郎訳）：宗教学の形成過程 第2巻　島薗進, 高橋原, 星野靖二編　クレス出版　2006.10　1冊　（シリーズ日本の宗教学 4）

Millard, Matthias ミラールド, マッティアス
◇ユダヤ人とキリスト者は同じ神を信じているのか 他：キリスト教とユダヤ教―キリスト教信仰のユダヤ的ルーツ　F.クリュゼマン, U.タイスマン編, 大住雄一訳　教文館　2000.12　232p

Miller, Arthur ミラー, アーサー
◇アーサー・ミラー（野中邦子訳）：インタヴューズ 2　クリストファー・シルヴェスター編, 新庄哲夫ほか訳　文芸春秋　1998.11　451p

Miller, Danny ミラー, ダニー
◇部門を越える「機会」志向型組織（共著）：マッキンゼー組織の進化―自立する個人と開かれた組織　平野正雄編著・監訳, 村井章子訳　ダイヤモンド社　2003.12　206p　（The McKinsey anthology）

Miller, David　ミラー, デイヴィッド（政治学）
◇序章 他（共著）：G8―G8ってナンですか？　ノーム・チョムスキー, スーザン・ジョージ他著, 氷上春奈訳　ブーマー　2005.7　238p

Miller, David A.　ミラー, デビッド・A.
◇投資分析からみた環境会計―小規模平版印刷業者に関するトータルコストアセスメント（共著）：緑の利益―環境管理会計の展開　マーティン・ベネット, ピーター・ジェイムズ編著, 国部克彦監修, 海野みづえ訳　産業環境管理協会　2000.12　542p

Miller, Doug　ミラー, ダグ
◇将来の組織 カメレオン型組織での成功：企業の未来像―成功する組織の条件　フランシス・ヘッセルバイン, マーシャル・ゴールドスミス, リチャード・ベックハード編, 小坂恵理訳　トッパン　1998.7　462p（トッパンのビジネス経営書シリーズ 14）

Miller, Edward D.　ミラー, エドワード・D.
◇通信革命による衝撃波：企業の未来像―成功する組織の条件　フランシス・ヘッセルバイン, マーシャル・ゴールドスミス, リチャード・ベックハード編, 小坂恵理訳　トッパン　1998.7　462p（トッパンのビジネス経営書シリーズ 14）

Miller, Emma　ミラー, エマ
◇アフリカ：G8―G8ってナンですか？　ノーム・チョムスキー, スーザン・ジョージ他著, 氷上春奈訳　ブーマー　2005.7　238p

Miller, J. Irwin　ミラー, J. アーウィン
◇企業で働く人のジレンマ（福原由美子訳）：ビジネスの知恵50選―伝説の経営者が語る成功の条件　ピーター・クラス著, 佐藤洋一監訳　トッパン　1999.2　543p（トッパンのビジネス経営書シリーズ 26）

Miller, John　ミラー, ジョン
◇チャンネル戦略の策定―複雑なチャネル・ダイナミクスの習得方法：サプライチェーン戦略　ジョン・ガトーナ編, 前田健蔵, 田村誠一訳　東洋経済新報社　1999.5　377p（Best solution）

Miller, John Donald Bruce　ミラー, J. D. B.
◇ノーマン・エンジェルと国際関係における合理性（関静雄訳）：危機の20年と思想家たち―戦間期理想主義の再評価　デーヴィッド・ロング, ピーター・ウィルソン編著, 宮本盛太郎, 関静雄監訳　ミネルヴァ書房　2002.10　371, 10p（Minerva人文・社会科学叢書 68）

Miller, J. R.　ミラー, J. R.
◇北部と先住民（横山久美子訳）：カナダの地域と民族―歴史的アプローチ　ダグラス・フランシス, 木村和男編著　同文舘出版　1993.11　309p

Miller, Lyle H.　ミラー, ライル・H.
◇協調性なきクリエーターをいかに管理するか（共著）：「問題社員」の管理術―ケース・スタディ　Diamondハーバード・ビジネス・レビュー編集部編訳　ダイヤモンド社　2007.1　263p（Harvard business review anthology）

Miller, Martin A.　ミラー, M. A.*
◇GAAP GUIDE：元帳の締め切り　川島貞一訳〔川島貞一〕　2002.8　1冊

Miller, Mary Ellen　ミラー, マリー・エレン
◇マヤ世界の太陽（熊谷俊美訳）：太陽神話―生命力の象徴　マダンジート・シン, UNESCO編, 木村重信監修　講談社　1997.2　399p

Miller, Peter　ミラー, ピーター
◇人間を計算可能にして統治すること 他（共著）（国部克彦訳）：社会・組織を構築する会計―欧州における学際的研究　アンソニー・G.ホップウッド, ピーター・ミラー編著, 岡野浩, 国部克彦, 柴健次監訳　中央経済社　2003.11　390p

Miller, Riel　ミラー, リール
◇個別化―問題の正確な把握のために（共著）：個別化していく教育　OECD教育研究革新センター編著, 岩崎久美子訳　明石書店　2007.7　227p（OECD未来の教育改革 2）

Miller, Robert Bruce　ミラー, ロバート・B.
◇ビジネス説得術（共著）：「説得」の戦略　Diamondハーバード・ビジネス・レビュー編集部編訳　ダイヤモンド社　2006.2　257p（Harvard business review anthology）

Miller, Robert E.　ミラー, ロバート・E.
◇市場サイクル、予想バイアス、そして投資スタイル（共著）（中村陽一訳）：株式投資スタイル―投資家とファンドマネージャーを結ぶ投資哲学　T.ダニエル・コギン, フランク・J.ファボッツィ, ロバート・D.アーノット編, 野村証券金融研究所訳　増補改訂版　野村総合研究所情報リソース部　1998.3　450p
◇投資スタイル, 株式市場のサイクル, 投資家の予想および年金基金のパフォーマンス（共著）：年金資産運用マネジメントのすべて―プラン・スポンサーの新潮流　フランク J.ファボッツィ編, 榊原茂樹監訳, 大和銀行信託財産運用部訳　金融財政事情研究会　1999.11　463p

Miller, Ross M.　ミラー, R. M.（経済学）*
◇オプション価格評価（高籔学訳）：Mathematica 経済・金融モデリング　Hal R.ヴァリアン編, 野口旭ほか共訳　トッパン　1996.12　553p

Miller, Rowland S.　ミラー, ロウランド
◇パーソナルな関係における自己呈示的なパースペクティブ（共著）（谷口淳一訳）：パーソナルな関係の社会心理学　W.イックス, S.ダック編, 大坊郁夫, 和田実監訳　北大路書房　2004.4　310p

Miller, Scott D.　ミラー, スコット・D.
◇多重人格障害の精神生理学的研究 他（共著）：多重人格障害―その精神生理学的研究　F.パトナム他著, 笠原敏雄編　春秋社　1999.6　296p

Miller, Stewart　ミラー, スチュアート
◇日本版への序文 他（共著）：福祉と財政―いかにしてイギリスは福祉需要に財政を調整してきたか？　ヴィック・ジョージ, スチュアート・ミラー編著, 高島進監訳　都市文化社　1997.11　308p

Miller, William P., Ⅱ　ミラー, ウィリアム, 2世
◇公益法人のヘッジファンド投資とリスク管理：実践ヘッジファンド投資―成功するリスク管理　バージニア・レイノルズ・パーカー編, 徳岡国見監訳　日本経済新聞社　2001.8　425p

Millet, Lydia　ミレット, リディア
◇完璧な彼女―こよなく美しい彼女の許しがたい一面：

女友だちの賞味期限―なぜ彼女は私を裏切ったのか…。　ジェニー・オフィル，エリッサ・シャッペル編著，糸井恵訳　プレジデント社　2006.3　343p

Millikan, Ruth Garrett　ミリカン，ルース・G.
◇バイオセマンティックス（前田高弘訳）：シリーズ心の哲学―Series philosophy of mind　3（翻訳篇）　信原幸弘編　勁草書房　2004.8　276, 8p

Millman, Jason　ミルマン，J.*
◇学力・能力テストの設計と開発（共著）（大塚雄作訳）：教育測定学　下巻　ロバート・L.リン編，池田央，藤田恵璽，柳井晴夫，繁桝算男訳・編　学習評価研究所　1992.12　411p

Millner, Maurice Alfred　ミルナー，M. A.
◇契約および不法行為における対比：イギリス法と欧州共同体法―比較法研究の一つの試み　M.A.ミルナーほか著，矢頭敏也訳編　早稲田大学比較法研究所　1992.11　314p（早稲田大学比較法研究所叢書20号）

Milloy, Courtland　ミロイ，コートランド
◇ドラッグ雑感：ドラッグ全面解禁論　ディヴィッド・ボアズ編，樋口幸子訳　第三書館　1994.11　364p

Mills, Marie　ミルズ，マリー
◇友情という贈り物（石崎淳一訳）：パーソン・センタード・ケア―認知症・個別ケアの創造的アプローチ　スー・ベンソン編，稲谷ふみ枝，石崎淳一監訳　改訂版　クリエイツかもがわ　2007.5　145p

Milne, Frances　ミルン，フランシス
◇貨幣稀少性という錯覚の克服（矢野俊平訳）：超市場化の時代―効率から公正へ　スチュアート・リースほか編，川房紀雄監訳　法律文化社　1996.10　372p

Milne, Markus　ミルン，マーカス
◇トリプルボトムラインの報告に向けて：幻想，方法，神話（共著）：エイドリアン・ヘンリクス，ジュリー・リチャードソン編，大江宏，小山良訳　創成社　2007.4　250p

Milner, Chris　ミルナー，クリス
◇有効保護の分析，および産業内特化と不完全競争を伴う最適通商政策（共著）：産業内貿易―理論と実証　P.K.M.サラカン，ヤコブ・コル編，小柴徹修，浜口登，利光強訳，佐々波楊子監訳　文真堂　1993.6　217p

Milner, Neal　ミルナー，ニール
◇借家権の転換：ハワイ楽園の代償　ランドール・W.ロス編　有信堂高文社　1995.9　248p

Milnes, Irma McDonough　ミルンズ，イルマ・マクドナー
◇子どもと「知的自由」について（高鷲志子訳）：本・子ども・図書館―リリアン・スミスが求めた世界　アデル・フェイジック ほか編，高鷲志子，高橋久子訳　全国学校図書館協議会　1993.12　239p

Miłosz, Czesław　ミウォシュ，チェスワフ
◇ドストエフスキーとスウェーデンボルグ（越智洋訳）：エマヌエル・スウェーデンボルグ―持続するヴィジョン　ロビン・ラーセン編　春秋社　1992.11　307p
◇宗教的想像力と科学革命の命運：知の大潮流―21世紀へのパラダイム転換　今世紀最高の頭脳が予見する

未来　ネイサン・ガーデルズ編，仁保真佐子訳　徳間書店　1996.12　419p

Milstein, V.　ミルスタイン，ヴィクター
◇2名の多重人格と対照群の脳波研究 他（共著）：多重人格障害―その精神生理学的研究　F.パトナム他著，笠原敏雄編　春秋社　1999.6　296p

Miltenberger, Raymond G.　ミルテンバーガー，R. G.*
◇挑戦的行動に対する先行子の影響のアセスメント方法（平澤紀子訳）：挑戦的行動の先行子操作―問題行動への新しい援助アプローチ　ジェームズ・K.ルイセリー，マイケル・J.キャメロン編，園山繁樹ほか訳　二版社　2001.8　390p

Min, Y. B.　ミン，Y. B.*
◇韓国：東アジア9か国の著作権法制と著作権事情―東アジア著作権セミナーにおける各国の報告書　著作権資料協会　1974.2　75p

Min, Yeo Tiong　ミン，Y. T.*
◇国際民事紛争における当事者自治（中林啓一，斎藤彰訳）：国際取引紛争における当事者自治の進展　斎藤彰編著　法律文化社　2005.11　183p（CDAMS叢書）

Minaker, Kenneth　ミナカー，K.*
◇脱水（共著）：日本版MDS-HC 2.0在宅ケアアセスメントマニュアル　John N.Morris他編著，池上直己訳　医学書院　1999.9　294p

Minder, Robert　マンデル，ロベール
◇仕事（共著）：アドラーの思い出　G.J.マナスター，G.ペインター，D.ドイッチュ，B.J.オーバーホルト編，柿内邦博，井原文子，野田俊作訳　創元社　2007.6　244p

Minear, Richard H.　マイニア，リチャード・H.
◇二つのホロコースト―原爆とナチ（日暮吉延訳）：核時代に生きる私たち―広島・長崎から50年　マヤ・モリオカ・トデスキーニ編，土屋由香，友谷知己，沼田憲治，沼田知加，日暮吉延ほか共訳　時事通信社　1995.8　413p
◇日本の歴史家と戦争（中北浩爾訳）：過去の清算　中村政則，天川晃，尹健次，五十嵐武士編　岩波書店　2005.9　275p（戦後日本 占領と戦後改革 新装版 第5巻）

Mingers, John　ミンガース，ジョン
◇技術的，実践的そして批判的OR―過去，現在そして未来？（後藤文彦訳）：経営と社会―批判的経営研究　マッツ・アルベッソン，ヒュー・ウィルモット編著，CMS研究会訳　同友館　2001.3　263p

Ming-Jer, Chen　ミンドージャー，チェン
◇反応予測：競争者の反応を形づくる要因（共著）（池田仁一訳）：ウォートンスクールのダイナミック競争戦略　ジョージ・デイ，デイビッド・レイブシュタイン編，小林陽太郎監訳，黒田康史ほか訳　東洋経済新報社　1999.10　435p（Best solution）

Minnemann, Elisabeth　マインマン，E.*
◇高齢者の自立能力（Kompetenz）体験における技術の意味：高齢者の自立能力―今日と明日の概念 III　老年学週間論文集　Chr.Rott, F.Oswald編，石井毅訳　長寿社会開発センター　1994.3　200p

249

Minsky, Hyman P. ミンスキー, ハイマン・P.
◇金融不安定性仮説——一つの説明：経済危機—金融恐慌は来るか　マーティン・フェルドシュタイン編，祝迫得夫，中村洋訳，伊藤隆敏監訳　東洋経済新報社　1992.10　350p

Mintz, Beth ミンツ, ベス
◇アメリカの兼任ネットワークにおける地域性と統合（共著）：企業権力のネットワーク—10ヵ国における役員兼任の比較分析　フラン・N.ストークマン, ロルフ・ツィーグラー, ジョン・スコット編著, 上田義朗訳　文真堂　1993.11　340p

Mintzberg, Henry ミンツバーグ, ヘンリー
◇マネジメントへの新風（吉田優治訳）：メアリー・パーカー・フォレット　管理の予言者　ポウリン・グラハム編, 三戸公, 坂井正広監訳　文真堂　1999.5　360p
◇レベックとアイアコッカにみる戦略ビジョン（共著）（山村宜子訳）：カリスマ的リーダーシップ—ベンチャーを志す人の必読書　ジェイ・A.コンガー, ラビンドラ・N.カヌンゴほか著, 片柳佐智子, 山村宜子, 松本博之, 鈴木恭子訳　流通科学大学出版　1999.12　381p
◇プロフェッショナル組織を生かすリーダーシップ：戦略と経営　ジョーン・マグレッタ編, Diamondハーバード・ビジネス・レビュー編集部訳　ダイヤモンド社　2001.7　405p
◇マネジャーの職務：リーダーシップ　Harvard Business Review編, Diamondハーバード・ビジネス・レビュー編集部訳　ダイヤモンド社　2002.4　295p
◇戦略プロセスに関する考察（共著）：MITスローン・スクール戦略論　マイケル・A.クスマノ, コンスタンチノス・C.マルキデス編, グロービス・マネジメント・インスティテュート訳　東洋経済新報社　2003.12　287p
◇戦略クラフティング　他：戦略思考力を鍛える　Diamondハーバード・ビジネス・レビュー編集部訳　ダイヤモンド社　2006.7　262p （Harvard business review anthology）
◇参加型リーダーのマインドセット（共著）：人材育成の戦略—評価，教育，動機づけのサイクルを回す　Diamondハーバード・ビジネス・レビュー編集部訳　ダイヤモンド社　2007.3　450p （Harvard business review）

Mintzker, Yael ミンツガー, ヤエル
◇形成外科手術—積極的変容の極端な形態（共著）：「このままでいい」なんていわないで！—ダウン症をはじめとする発達遅滞者の認知能力強化に向けて　ルーヴェン・フォイヤーシュタイン, ヤーコヴ・ランド編著, ロイド・B.グレハム訳　関西学院大学出版会　2000.7　540, 48p

Minuth, Klaus ミヌス, K.*
◇建築家および技師との契約：ドイツの不動産—開発と投資の法律および税務　R.フォルハード, D.ウェーバー, W.ウージンガー編, ドイツ・リアルエステイト・コンサルティング訳, 平川純子監訳　ダイヤモンド社　1993.5　358p

Mirabella, Grace ミラベラ, グレース
◇エスティ・ローダー：TIMEが選ぶ20世紀の100人　上巻　指導者・革命家・科学者・思想家・起業家　徳岡孝夫監訳　アルク　1999.11　332p

Mireaux ミロー
◇オイディプス：いかにして制度を順送りにするか：ドゥルーズ初期—若き哲学者が作った教科書　ジル・ドゥルーズ編著, 加賀野井秀一訳注　夏目書房　1998.5　239p

Mirren, H. ミレン, H.*
◇先生に惹かれたのか, それとも地理という科目に惹かれたのか：心にのこる最高の先生—イギリス人の語る教師像　上林喜久子編訳著　関東学院大学出版会　2004.11　97p
◇先生に惹かれたのか, それとも地理という科目に惹かれたのか：イギリス人の語る心にのこる最高の先生　上林喜久子訳　関東学院大学出版会　2005.6　68p

Mistral, Jacques ミストラル, ジャック
◇内包的蓄積の国際的波及とその危機（山田鋭夫訳）：国際レジームの再編　R.ボワイエ, 山田鋭夫共同編集　藤原書店　1997.9　374p （レギュラシオン・コレクション 4）

Mitacek, Marek ミタチェク, M.*
◇ARIS Toolestを活用したプロセスモデルの設計—テレコム企業の事例（共著）：ARISを活用したビジネスプロセスマネジメント—欧米の先進事例に学ぶ　A.-W.シェアー他共編, 堀内正博, 田中正郎, 柳ис紀幸監訳　シュプリンガー・フェアラーク東京　2003.7　281p

Mitchell, David ミッチェル, D.*
◇障害をもつ人と家族との相互作用に重点をおく発達システム論アプローチと物語アプローチ（共著）：障害をもつ人にとっての生活の質—モデル・調査研究および実践　ロイ・I.ブラウン編著, 中園康夫, 末光茂監訳　相川書房　2002.5　382p

Mitchell, Greg ミッチェル, グレッグ
◇ヒロシマの真実を再訪する（共著）（大塚隆訳）：核と対決する20世紀　岩波書店　1999.7　379p （核と人間 1　坂本義和編）

Mitchell, James K. ミッチェル, ジェイムス・K.
◇産業災害とは何か—災害と対応のメカニズム 他（平野由紀子訳）：七つの巨大事故—復興への長い道のり　ジェームズ・ミッチェル編, 松崎早苗監修, 平野由紀子訳　創芸出版　1999.10　302p
◇おわりに—新世紀の都市政策における災害危機の役割 他（中林一樹訳）：巨大都市と変貌する災害—メガシティは災害を産み出すルツボである　ジェイムス・K.ミッチェル編, 中林一樹監訳　古今書院　2006.1　386p

Mitchell, Janet L. ミッチェル, ジャネット・L.
◇最初にすべきことは最初に—分離主義的理論：超常現象のとらえにくさ　笠原敏雄編　春秋社　1993.7　776, 61p

Mitchison, Rosalind ミチスン, ロザリンド
◇アイルランドとスコットランド, 一七世紀の遺産の比較：アイルランドとスコットランド—比較社会経済史　T.M.ディヴァイン, D.ディクソン編著, 津波古允文訳　論創社　1992.8　474p
◇編者序文：スコットランド史—その意義と可能性　ロザリンド・ミチスン編, 富田理恵, 家入葉子訳　未来社　1998.10　220, 37p

Mito, Takako ミト, タカコ*
◇看護とカウンセリング（共著）（畠瀬直子訳）：エンカ

ウンター・グループと国際交流　松本剛、畠瀬直子、野島一彦編著　ナカニシヤ出版　2005.10　166p

Mitroff, Ian　ミトロフ、イアン
◇健全なる組織はクライシス感度が高い（共著）：「リスク感度」の高いリーダーが成功を重ねる　Diamondハーバード・ビジネス・レビュー編集部編訳　ダイヤモンド社　2005.11　242p　（Harvard business review anthology）

Mittag, Waldemar　ミッタグ、W.
◇ストレスフルな人生移行における自己効力（共著）（山本多喜司訳）：激動社会の中の自己効力　アルバート・バンデューラ編、本明寛、野口京子監訳　金子書房　1997.11　352p

Mittelstraß, Jürgen　ミッテルシュトラース、ユルゲン
◇「超越論的」について（安彦一恵、嶺秀樹訳）：超越論哲学と分析哲学―ドイツ哲学と英米哲学の対決と対話　ヘンリッヒ他著、竹市明弘編　産業図書　1992.11　451p
◇ヨハネス・ケプラー（共著）（大西正人訳）：われわれは「自然」をどう考えてきたか　ゲルノート・ベーメ編、伊坂青司、長島隆監訳　法政大学出版局　1998.7　524p
◇私たちの社会を束ねるものは何か価値―何のためにそれを必要とするのか（共著）：哲学の原点―ドイツからの提言　ハンス・ゲオルク・ガダマー他著、U.ベーム編、長倉誠一、多田茂訳　未知谷　1999.7　272, 11p

Mitten, Richard　ミッテン、リヒャルト
◇償いは……できるだけ軽いものにしよう：「負の遺産」との取り組み―オーストリア・東西ドイツの戦後比較　ヴェルナー・ベルクマン、ライナー・エルプ、アルベルト・リヒトブラウ編著、岡田浩平訳　三元社　1999.3　479p

Mittermaier, Karl Joseph Anton　ミッタマイアー、K.
◇フォイエルバハの『特異犯罪録』のための手引：近代刑法の遺産　中　L.フォイエルバハほか著、西村克彦訳　信山社出版　1998.6　383p

Miyashiro, Milton K.　ミヤシロ、M. K. *
◇REMICとCMBSについての連邦所得税制度（共著）：CMBS―商業用モーゲージ証券　成長する新金融商品市場の特徴と実務　フランク・J.ファボッツィ、デイビッド・P.ジェイコブ編、酒井吉広監訳、野村證券CMBS研究会訳　金融財政事情研究会　2000.12　672p

Mize, Jacquelyn　マイズ、J. *
◇幼児のための社会的スキル訓練（共著）（佐藤正二訳）：子どもと仲間の心理学―友だちを拒否するこころ　S.R.アッシャー、J.D.コーイ編著、山崎晃、中沢潤監訳　北大路書房　1996.7　447p

Mochizuki, Mike M.　モチヅキ、マイク
◇経済と安全保障（佐藤丙午訳）：日米同盟―米国の戦略　マイケル・グリーン、パトリック・クローニン編、川上高司監訳　勁草書房　1999.9　229, 11p
◇アジア太平洋地域における日米関係（佐藤丙午訳）：日米戦後関係史―パートナーシップ 1951-2001　入江昭、ロバート・A.ワンプラー編、細谷千博、有賀貞監訳　講談社インターナショナル　2001.9　389p
◇社会契約の交渉（共著）（岡田信弘訳）：歴史としての戦後日本　上　アンドルー・ゴードン編、中村政則監訳　みすず書房　2001.12　264, 29p

Moctezuma, Eduardo Motos　モクテスマ、エドゥアルド・マトス
◇アステカ―太陽の民（熊谷俊美訳）：太陽神話―生命力の象徴　マダンジート・シン、UNESCO編、木村重信監修　講談社　1997.2　399p

Modell, John　モデル、ジョン
◇変動している世界の中の子どもの研究　他（共著）（本田時雄訳）：時間と空間の中の子どもたち―社会変動と発達への学際的アプローチ　グレン・H.エルダー、ジョン・モデル、ロス・D.パーク編、本田時雄監訳　金子書房　1997.10　379p

Moe, Terry M.　モー、テリー・M.
◇構造的選択の政治学―公的官僚制の理論に向けて（田中求之訳）：現代組織論とバーナード　オリバー・E.ウィリアムソン編、飯野春樹監訳　文真堂　1997.3　280p
◇官僚制の実証理論：公共選択の展望―ハンドブック　第3巻　デニス・C.ミューラー編、関谷登、大岩雄次郎訳　多賀出版　2001.9　p527-812
◇政治・市場・学校組織（共著）：教育社会学―第三のソリューション　A.H.ハルゼー、H.ローダー、P.ブラウン、A.S.ウェルズ編、住田正樹、秋永雄一、吉本圭一編訳　九州大学出版会　2005.2　660p

Moen, Phyllis　モウイン、フィリス
◇生計支持者が2人いる家庭―その顕在化している問題と潜在的問題：非伝統的家族の子育て―伝統的家庭との比較研究　マイケル・E.ラム編著、久米稔監訳　家政教育社　1993.8　468p

Moeshart, H. J.　ムースハルト、H. J.
◇写真術の日本伝来　他：日蘭交流400年の歴史と展望―日蘭交流400周年記念論文集　日本語版　レオナルド・ブリュッセイ、ウィレム・レメリンク、イフォ・スミッツ編　日蘭学会　2000.4　459p　（日蘭学会学術叢書　第20）

Mohan, Mohan　モハン、モハン
◇ベテランと若手が学び合う風土に変えられるか（共著）：組織変革のジレンマ―ハーバード・ビジネス・レビュー・ケースブック　Harvard Business Review編、Diamondハーバード・ビジネス・レビュー編集部訳　ダイヤモンド社　2004.11　218p
◇「ベテランと若手」が学び合う風土に変えられるか（共著）：「問題社員」の管理術―ケース・スタディ　Diamondハーバード・ビジネス・レビュー編集部編訳　ダイヤモンド社　2007.1　263p　（Harvard business review anthology）

Mohanty, J. N.　モハンティ、J. N.
◇ヒンティッカ論文に対する論評（野家啓一、宮原勇訳）：超越論哲学と分析哲学―ドイツ哲学と英米哲学の対決と対話　ヘンリッヒ他著、竹市明弘編　産業図書　1992.11　451p

Mohler, Armin　モーラー、アルミン
◇カール・シュミットと《保守革命》―非体系的考察（川合全弘訳）：カール・シュミットの遺産　ヘルムート・クヴァーリチュ編、初宿正典、古賀敬太編訳　風行社　1993.10　402, 16p

Mohr, Georg　モーア、ゲオルク
◇時間について（バンベルクの討議）（共著）：哲学の原点―ドイツからの提言　ハンス・ゲオルク・ガダマー

他著，U.ベーム編，長倉誠一，多田茂訳　未知谷　1999.7　272, 11p

Mohr, Manfred　モーア，マンフレート
◇国際法における差別禁止の最新概要（田村光彰訳）：ヨーロッパの差別論　ヤン・C.ヨェルデン編，田村光彰ほか訳　明石書店　1999.12　452p　（世界人権問題叢書 34）

Moilanen, Tuula　モイラネン，ツーラ
◇環境投資の不確実性を低減する―ステイクホルダー価値を企業の意思決定に統合する（共著）：緑の利益―環境管理会計の展開　マーティン・ベネット，ピーター・ジェイムズ編著，国部克彦監修，海野みづえ訳　産業環境管理協会　2000.12　542p

Mokyr, Joel　モキーア，ジョエル
◇不確実性と飢饉以前のアイルランド農業：アイルランドとスコットランド―比較社会経済史　T.M.ディヴァイン，D.ディクソン編著，津波古充文訳　論創社　1992.8　474p

Molema, Leloba Sefetogi　モレマ，レロバ
◇南部アフリカにおける女たちの声―歴史の書き換え（楠瀬佳子訳・解説）：南アフリカの女たち―闘争と亡命の語り　南部アフリカにおける女たちの声―歴史の書き換え　テルマ・ラヴェル＝ビント，レロバ・モレマ著，楠瀬佳子訳・解説　国立民族学博物館地域研究企画交流センター　2004.4　32p　（JCAS occasional paper no.22―JCAS連携研究報告書アフリカ女性史に関する基礎的研究 3）

Molina, Ludovicus　モリナ，ルイス・デ
◇恩寵の賜物、神の予知、摂理、予定および劫罰と自由裁量との調和（別宮幸徳訳）：中世思想原典集成 20　近世のスコラ学　上智大学中世思想研究所編訳・監修　平凡社　2000.8　1193p

Molina, Mario J.　モリナ，マリオ・J.
◇空はどうして青いの?：ノーベル賞受賞者にきく子どものなぜ？なに？　ベッティナ・シュティーケル編，畔上司訳　主婦の友社　2003.1　286p

Molinero, Cecilio Mar　モリネロ，C. マー
◇特殊教育のための特殊な統計〈要約〉（近昭夫訳）：現代イギリスの政治算術―統計は社会を変えるか　D.ドーリング，S.シンプソン編著，岩井浩ほか監訳　北海道大学図書刊行会　2003.7　588p

Moliterno, James E.　モリテルノ，J. E.
◇体験型シミュレーション技能プログラムによる法曹倫理教育：模擬法律事務所はロースクールを変えるか―シミュレーション教育の国際的経験を学ぶ 第2回国際シンポジウム報告書　関西学院大学法科大学院形成支援プログラム推進委員会編　関西学院大学出版会　2006.10　278p

Möllenberg, Holger　メレンベルク，ホルガー
◇インディアンの部族宗教（榎津重喜訳）：諸宗教の倫理学―その教理と実生活 第5巻 環境の倫理　M.クレッカー，U.トゥヴォルシュカ編，石橋孝明，榎津重喜，山口意友訳　九州大学出版会　1999.4　255, 3p

Mollenhauer, Klaus　モーレンハウアー，クラウス
◇批判としての美的教育。あるいは、「バウハウス」は教育理論をもっていたか？（今井康雄訳）：現代ドイツ教育学の潮流―W.フリットナー百歳記念論文集

ヘルマン・レールス，ハンス・ショイアール編，天野正治訳　玉川大学出版部　1992.8　503p
◇子どもたちと大人たち：教育学的に見ること考えることへの入門　アンドレアス・フリットナー，ハンス・ショイアール編，石川道夫訳　玉川大学出版部　1994.8　409p

Möller, Christian　メラー，クリスティアン
◇ゼールゾルゲ（魂への配慮）の概念の誕生と形成：聖書の牧会者たち　日本基督教団出版局　2000.2　186p　（魂への配慮の歴史 第1巻　C.メラー編，加藤常昭訳）
◇十六世紀、十七世紀、十八世紀における魂への配慮　マルティン・ルター：宗教改革期の牧会者たち　1　日本基督教団出版局　2001.8　288p　（魂への配慮の歴史 第5巻　C.メラー編，加藤常昭訳）
◇ヘルムート・タケ（共著）：第2次世界大戦後の牧会者たち　日本キリスト教団出版局　2004.7　317p　（魂への配慮の歴史 第12巻　C.メラー編，加藤常昭訳）

Moltmann, Jürgen　モルトマン，ユルゲン
◇多元主義神学は宗教間対話に有効か：キリスト教は他宗教をどう考えるか―ポスト多元主義の宗教と神学　G.デコスタ編，森本あんり訳　教文館　1997.11　330p
◇「神はすべてにおいてすべてとなられる！」（第一コリント十五・二八）：キリスト教とユダヤ教―キリスト教信仰のユダヤ的ルーツ　F.クリュゼマン，U.タイスマン編，大住雄一訳　教文館　2000.12　232p

Mommsen, Wolfgang J.　モムゼン，ヴォルフガング・J.
◇1933 指導者国家への逃走（末川清訳）：ドイツ史の転換点―1848-1990　C.シュテルン，H.A.ヴィンクラー編著，末川清ほか訳　晃洋書房　1992.3　243p
◇ローベルト・ミヘルスとマックス・ヴェーバー―心情倫理的ファンダメンタリズムと責任倫理的プラグマティズム：マックス・ヴェーバーとその同時代人群像　W.J.モムゼン，J.オースターハメル，W.シュベントカー編著，鈴木広，米沢和彦，嘉目克彦監訳　ミネルヴァ書房　1994.9　531, 4p
◇ヴォルフガング・モムゼン：戦後ドイツを生きて―知識人は語る　三島憲一編・訳　岩波書店　1994.10　370p

Monaghan, Paul　モナハン，ポール
◇実行第一、さもなくば沈黙を：トリプルボトムライン―3つの決算は統合できるか？　エイドリアン・ヘンリクス，ジュリー・リチャードソン編著，大江宏，小山良訳　創成社　2007.4　250p

Monaghan, Tom　モナハン，トム
◇成功への資質をクリア！トム・モナハンの栄光：思考は現実化する―私はこうして思考を現実化した 実践編　ナポレオン・ヒル財団日本リソーセス編・訳　騎虎書房　1997.3　231p
◇目標設定とブレーンストーミング（小林順子訳）：ビジネスの知恵50選―伝説的経営者が語る成功の条件　ピーター・クラス編，佐藤洋一監訳　トッパン　1999.2　543p　（トッパンのビジネス経営書シリーズ 26）

Monbiot, George　モンビオット，ジョージ
◇地球温暖化：G8―G8ってナンですか？　ノーム・チョムスキー，スーザン・ジョージ他著，氷上春奈訳　ブーマー　2005.7　238p

Moncur, James E. T. モンカー, ジェイムズ・E. T.
◇汚水処理 他：ハワイ 楽園の代償　ランドール・W. ロス編　有信堂高文社　1995.9　248p

Monier, Raymond モニエ, R.
◇リル市における一三世紀から一五世紀末までの民事訴訟手続の歴史：塙浩著作集―西洋法史研究　18　フランス民事訴訟法史　続　塙浩訳著　信山社出版　1999.1　915p

Monin, Ph. モナン, Ph.
◇北アメリカの神話（共著）：無文字民族の神話　ミシェル・パノフ他著, 大林太良, 宇野公一郎訳　新装復刊　白水社　1998.10　281, 12p

Monk, Ray モンク, レイ
◇ラッセルは分析哲学者か：分析哲学の生成　ハンス‐ヨハン・グロック編, 吉田謙二, 新茂之, 溝口隆一訳　晃洋書房　2003.4　200p
◇暗部：哲学者は何を考えているのか　ジュリアン・バジーニ, ジェレミー・スタンルーム編, 松本俊吉訳　春秋社　2006.5　401, 13p　（現代哲学への招待 basics　丹治信春監修）

Monks, Judith モンクス, ジュディス
◇病んでいることと私であること（共著）：障害と文化―非欧米世界からの障害観の問いなおし　ベネディクト・イングスタッド, スーザン・レイノルズ・ホワイト編著, 中村満紀男, 山口恵里子監訳　明石書店　2006.2　555p　（明石ライブラリー 88）

Monnerot, Jules モヌロ, ジュール
◇哲学者ディオニュソス「安心せよ, 私は神だ！これは私のまとった仮装なのだ」（中沢信一訳）：無頭人　ジョルジュ・バタイユ他著, 兼子正勝, 中沢信一, 鈴木創士訳　現代思潮社　1999.7　246p　（エートル叢書 4）

Monnoyer, Eric モンワイエ, エリック
◇次世代のCIOとは（共著）（金平直人監訳）：マッキンゼーITの本質―情報システムを活かした「業務改革」で利益を創出する　横浜信一, 萩平和志, 金平直人, 大隈健史, 琴坂将広編著・監訳, 鈴木立哉訳　ダイヤモンド社　2005.3　212p　（The McKinsey anthology）

Monroe, Marilyn モンロー, マリリン
◇マリリン・モンロー（宮本高晴訳）：インタヴューズ　2　クリストファー・シルヴェスター編, 新庄哲夫ほか訳　文芸春秋　1998.11　451p

Montanari, Massimo モンタナーリ, M.
◇ローマ人・蛮人・キリスト教徒 他：食の歴史　1　J-L.フランドラン, M.モンタナーリ編, 宮原信, 北代美和子監訳　藤原書店　2006.1　429p
◇食のモデルと文化的アイデンティティ 他：食の歴史　2　J-L.フランドラン, M.モンタナーリ編, 宮原信, 北代美和子監訳　藤原書店　2006.2　p434-835
◇現在と未来（共著）：食の歴史　3　J-L.フランドラン, M.モンタナーリ編, 宮原信, 北代美和子監訳　藤原書店　2006.3　p838-1209

Montanaro, Silvana Q. モンタナーロ, シルヴァナ・Q.
◇子どもを助ける：子どもが祈りはじめるとき―モンテッソーリ宗教教育　ソフィア・カヴァレッティ他著, クラウス・ルーメル, 江島正子共訳　ドン・ボス コ社　1998.7　221p

Montano, Linda モンターノ, リンダ
◇リンダ・モンターノ：怒れる女たち―ANGRY WOMEN　1　アンドレア・ジュノー, V.ヴェイル編, 越智道雄訳　第三書館　1995.7　325p

Monteleone, James A. モンテリオン, ジェームズ・A.
◇身体にあらわれる虐待のサイン 他：児童虐待の発見と防止―親や先生のためのハンドブック　ジェームズ・A.モンテリオン編著, 加藤和生訳　慶応義塾大学出版会　2003.8　261p

Montessori, Maria モンテッソーリ, マリア
◇きちんとした精神的発達：教育学的に見ること考えることへの入門　アンドレアス・フリットナー, ハンス・ショイアール編, 石川道夫訳　玉川大学出版部　1994.8　409p

Montgomery, Ann モンゴメリー, アン
◇バグダッドの小児科病院に対する経済制裁の衝撃的影響：アメリカの戦争犯罪　ラムゼイ・クラーク編著, 戦争犯罪を告発する会訳　柏書房　1992.12　346p　（ブックス・プラクシス 6）

Montier, James モンティア, ジェームス
◇投資の心理―考えることを考えるための投資ガイド：わが子と考えるオンリーワン投資法―門外不出の投資の知恵　ジョン・モールディン編, 関本博英訳　パンローリング　2006.8　219p　（ウィザードブックシリーズ v.106）

Montrelay, Michèle モントルレ, ミッシェル
◇ミッシェル・モントルレ：嫉妬する女たち　マドレーヌ・シャプサル編著, ソニア・リキエル他述, 小椋三嘉訳　東京創元社　1998.5　187p

Montrose, Louis A. モントローズ, ルイ・エイドリアン
◇ルネッサンスを生業として―文化の詩学と政治学：ニュー・ヒストリシズム―文化とテクストの新歴史性を求めて　H.アラム・ヴィーザー編, 伊藤詔子ほか訳　英潮社　1992.11　291p

Monzón Campos, JoséLuis モンソン・カンポス, ホセ・ルイス
◇スペインにおける社会的経済 他（共著）（長岡顕訳）：社会的経済―近未来の社会経済システム　J.ドゥフルニ, J.L.モンソン編著, 富沢賢治, 内山哲朗, 佐藤誠, 石塚秀雄, 中川雄一郎ほか訳　日本経済評論社　1995.3　486p
◇スペインにおける社会的経済（共著）（長岡顕訳）：社会的経済―近未来の社会経済システム　J.ドゥフルニ, J.L.モンソン編著, 富沢賢治ほか訳　オンデマンド版　日本経済評論社　2003.6　486p

Moon, Two ムーン, トゥー
◇トゥー・ムーン（松本剛史訳）：インタヴューズ　1　クリストファー・シルヴェスター編, 新庄哲夫ほか訳　文芸春秋　1998.11　462p

Mooney, Edward F. ムーニー, エドワード・F.
◇アブラハムとディレンマ―キルケゴールの目的論的停止再考（和田渡訳）：キルケゴール―新しい解釈の試み　A.マッキノン他著, 桝形公也編・監訳　昭和堂　1993.6　324p　（キルケゴール叢書）
◇カントはアブラハムを認めるべきか？（田中一馬訳）：

Moore, Basil J. ムーア, バジル・J.
◇貨幣的要因：ポスト・ケインズ派経済学入門　A.S.アイクナー編，緒方俊雄ほか共訳　オンデマンド版　日本経済評論社　2003.3　221p（ポスト・ケインジアン叢書2）

Moore, Chris ムア, C. *
◇共同注意の研究動向 他（共著）（大神英裕訳）：ジョイント・アテンション—心の起源とその発達を探る　Chris Moore, Philip J.Dunham原編，大神英裕監訳　ナカニシヤ出版　1999.8　309p

Moore, Cora ムーア, C. *
◇視覚的メタファー（共著）（畠瀬直子訳）：エンカウンター・グループと国際交流　松本剛，畠瀬直子，野島一彦編著　ナカニシヤ出版　2005.10　166p

Moore, David S. ムーア, D. S. *
◇不確実性：世界は数理でできている　L.A.スティーン編，三輪辰郎訳　丸善　2000.3　322p

Moore, Geoffrey A. ムーア, ジェフリー・A.
◇キャズムを越えて，その先に：技術とイノベーションの戦略的マネジメント　上　ロバート・A.バーゲルマン，クレイトン・M.クリステンセン，スティーヴン・C.ウィールライト編著，青島矢一，黒田光太郎，志賀敏宏，田辺孝二，出川通，和賀三和子日本語版監修，岡真由美，斉藤裕一，桜井祐子，中川泉，山本章子訳　翔泳社　2007.7　735p
◇断層の上で生き抜く：技術とイノベーションの戦略的マネジメント　下　ロバート・A.バーゲルマン，クレイトン・M.クリステンセン，スティーヴン・C.ウィールライト編著，青島矢一，黒田光太郎，志賀敏宏，出川通，和賀三和子日本語版監修，岡真由美，斉藤裕一，桜井祐子，中川泉，山本章子訳　翔泳社　2007.7　595p

Moore, George S. ムーア, ジョージ・S.
◇貸し付けの技（山本徹訳）：ビジネスの知恵50選—伝説的経営者が語る成功の条件　ピーター・クラス編，佐藤洋一監訳　トッパン　1999.2　543p（トッパンのビジネス経営書シリーズ 26）

Moore, James R. ムーア, ジェームズ・R.
◇十九世紀における地質学者と「創世記」の解釈者：神と自然—歴史における科学とキリスト教　デイビッド・C.リンドバーグ，R.L.ナンバーズ編，渡辺正雄監訳　みすず書房　1994.6　528, 48p

Moore, Margaret ムーア, マーガレット
◇ゴーティエの契約論的道徳性（中金聡訳）：社会契約論の系譜—ホッブズからロールズまで　D.バウチャー，P.ケリー編，飯島昇蔵，佐藤正志ほか訳　ナカニシヤ出版　1997.5　367p（叢書「フロネーシス」）

Moore, Mark H. ムーア, マーク・H.
◇NGOとグローバル化（共著）：グローバル化で世界はどう変わるか—ガバナンスへの挑戦と展望　ジョセフ・S.ナイ Jr.，ジョン・D.ドナヒュー編，嶋本恵美訳　英治出版　2004.9　477p（英治出版MPAシリーズ）

Moore, Merrill ムーア, メリル
◇仕事 他（共著）：アドラーの思い出　G.J.マナスター, G.ペインター，D.ドイッチュ，B.J.オーバーホルト編，柿内邦博，井原文子，野田俊作訳　創元社　2007.6　244p

Moore, Stephen C. ムーア, S. C.
◇成人へのサービス—能力を発揮する機会（渡部匡隆訳）：発達障害に関する10の倫理的課題　リンダ・J.ヘイズ他著，望月昭，冨安ステファニー監訳　二瓶社　1998.6　177p

Moore, Thomas ムーア, トマス
◇日々を抱きしめる：魂をみがく30のレッスン　リチャード・カールソン，ベンジャミン・シールド編，鴨志田千枝子訳　同朋舎　1998.6　252p

Moore, Timothy E. ムーア, ティモシー・E.
◇自助療法—科学と心理学をばらまく商売（共著）：臨床心理学における科学と疑似科学　S.O.リリエンフェルド，S.J.リン，J.M.ロー編，厳島行雄，横山正夫，斎藤雅英監訳　北大路書房　2007.9　461p

Moore, Walter John ムーア, W. J.
◇言語教育における学習の評価（共著）（井上尚美訳）：学習評価ハンドブック　B.S.ブルーム他著，渋谷憲一ほか訳　第一法規出版　1989.12　2冊

Moorehead, Monica モアヘッド, モニカ
◇新世界秩序—それはなにか，それとどう闘うか：アメリカの戦争犯罪　ラムゼイ・クラーク編著，戦争犯罪を告発する会訳　柏書房　1992.12　346p（ブックス・プラクシス 6）

Mor, Vincent モール, V. *
◇順守（コンプライアンス）他（共著）：日本版MDS-HC 2.0在宅ケアアセスメントマニュアル　John N.Morris他編著，池上直己訳　医学書院　1999.9　294p
◇緩和ケア 他（共著）：日本版MDS-HC 2.0在宅ケアアセスメントマニュアル　John N.Morris他編著，池上直己訳　新訂版　医学書院　2004.11　298p

Moraes, Wenceslau de モラエス, ヴェンセスラウ・デ
◇徳島の盆踊（抄録）（花野富蔵訳）：伝統のなかの都市　明石書店　2005.6　875p（都市民俗生活誌 第3巻　有末賢，内田忠賢，倉石忠彦，小林忠雄編）

Moran, Peter モラン, ピーター
◇新しい企業の条件（共著）：MITスローン・スクール戦略論　マイケル・A.クスマノ，コンスタンチノス・C.マルキデス編，グロービス・マネジメント・インスティテュート訳　東洋経済新報社　2003.12　287p

Morange, Françoise モランジュ, F. *
◇外界の空間での身振りの体制化：定位とリーチング（共著）：空間認知研究ハンドブック　ナイジェル・フォアマン，ラファエル・ジレット編，竹内謙彰，旦直子監訳　二瓶社　2001.12　247p

Morcaldo, Giancarlo モルカルド, ジャンカルロ
◇公的部門の歴史的役割（堺憲一訳）：イタリアの金融・経済とEC統合　ロザリオ・ボナヴォーリア編，岡本義行ほか訳　日本経済評論社　1992.6　304p

More, Sir Thomas, Saint モア, トマス
◇ピコ伝（1510年）（塚田富治訳）：宗教改革著作集　第13巻　カトリック改革　教文館　1994.4　595p

Moreau, Jeanne モロー, ジャンヌ
◇ジャンヌ・モロー：嫉妬する女たち　マドレーヌ・シャプサル編著, ソニア リキエル他述, 小椋三嘉訳　東京創元社　1998.5　187p

Morgan, David H. J. モーガン, デイビィド・H. J.
◇男性性と暴力(横山美栄子訳)：ジェンダーと暴力—イギリスにおける社会学的研究　ジャルナ・ハマー, メアリー・メイナード編, 堤かなめ監訳　明石書店　2001.10　346p　(明石ライブラリー 33)

Morgan, Glenn モーガン, グレン
◇マーケティングの討議と実践—批判分析に向けて(松浦浩司訳)：経営と社会—批判的経営研究　マッツ・アルベッソン, ヒュー・ウィルモット編著, CMS研究会訳　同友館　2001.3　263p

Morgan, Keith モーガン, K.(留学生)*
◇英国の大学の留学生募集(李東林訳)：外国人留学生確保戦略と国境を越える高等教育機関の動向に関する研究—英国・香港の事例　有本章, 横山恵子編　広島大学高等教育研究開発センター　2007.2　94p　(高等教育研究叢書 89)

Morgan, Prys モルガン, プリス
◇死から展望へ—ロマン主義時代におけるウェールズ的過去の探求(前川啓治, 長尾史郎訳)：創られた伝統　エリック・ホブズボウム, テレンス・レンジャー編, 前川啓治, 梶原景昭ほか訳　紀伊国屋書店　1992.6　488p　(文化人類学叢書)

Morgan, William P. モーガン, ウイリアム・P.
◇方法論の考察 他(竹中晃二, 岡浩一朗, 上地広昭訳)：身体活動とメンタルヘルス　ウイリアム・P.モーガン編, 竹中晃二, 征矢英昭監訳　大修館書店　1999.4　362p

Morgan, Yarrow モーガン, ヤーロウ
◇午前五時 他：記憶の底から—家庭内性暴力を語る女性たち　トニー・A.H.マクナロン, ヤーロウ・モーガン編, 長谷川真実訳　青弓社　1995.12　247p

Morgen, Sharon Prew モーゲン, シャロン
◇あなたのコミュニケーションは大丈夫?：セルフヘルプ—自助=他人に頼らず, 自分の力で生きていく! 2　ケン・シェルトン編著, 堀紘一監訳　フロンティア出版　1998.12　283p

Morgenbesser, Sidney モーゲンベッサー, シドニー
◇アメリカのプラグマティズム—シドニー・モーゲンベッサーとの対話(共著)(小原昭訳)：西洋哲学の系譜—第一線の哲学者が語る西欧思想の伝統　ブライアン・マギー編, 高頭直樹ほか訳　晃洋書房　1993.5　482p

Moriaty, Jo モリアーティ, ジョー
◇福祉施設および医療系施設におけるレスパイトケア(共著)(大崎広行訳)：施設ケアを問うケア—福祉新時代における施設ケアの役割と機能　レイモンド・ジャック編著, 小田兼三ほか監訳　勁草書房　1999.4　296p

Morillon, Philippe モリヨン, フィリップ
◇介入手段 他(林修訳)：介入?—人間の権利と国家の論理　エリ・ウィーゼル, 川田順造編, 広瀬浩司, 林修訳　藤原書店　1997.6　294p

Morineau, Michel モリノー, ミシェル
◇壮大な構想：開かれた歴史学—ブローデルを読む　イマニュエル・ウォーラーステインほか著, 浜田道夫, 末広菜穂子, 中村美幸訳　藤原書店　2006.4　318p

Morioka Todeschini, Maya モリオカ・トデスキーニ, マヤ
◇ヒロシマと私たち 他(平沢勝行訳)：核時代に生きる私たち—広島・長崎から50年　マヤ・モリオカ・トデスキーニ編, 土屋由香, 友谷知己, 沼田憲治, 沼田知加, 日暮吉延ほか共訳　時事通信社　1995.8　413p

Morison, William L. モリソン, W. L.
◇法的理想のための準拠枠：法と社会　ユージン・カメンカ, ロバート・ブラウン, アリス・イア・スーン・テイ編, 森村進訳　未来社　1993.2　243, 6p

Morissette, Paul モリセッテ, P.*
◇乳幼児期の指さしに関する2つの展望(共著)(安野博光訳)：ジョイント・アテンション—心の起源とその発達を探る　Chris Moore, Philip J.Dunham原編, 大神英裕監訳　ナカニシヤ出版　1999.8　309p

Morley, Eileen D. モーレイ, アイリーン
◇映画監督に学ぶ創造集団のマネジメント(共著)：ブレークスルー思考　Harvard Business Review編, Diamondハーバード・ビジネス・レビュー編集部訳　ダイヤモンド社　2001.10　221p

Morowitz, Harold J. モロウィッツ, ハロルド・J.
◇心の再発見(富田隆訳)：マインズ・アイ—コンピュータ時代の「心」と「私」　上　D.R.ホフスタッター, D.C.デネット編著, 坂本百大監訳　〔新装版〕ティビーエス・ブリタニカ　1992.10　359p

Morrel-Samuels, Palmer モレル・サミュエルズ, パルマー
◇モラル・サーベイにウェブを活用するコツ 他：人材育成の戦略—評価, 教育, 動機づけのサイクルを回す　Diamondハーバード・ビジネス・レビュー編集部訳　ダイヤモンド社　2007.3　450p　(Harvard business review)

Morris, Jan モリス, ジャン
◇悪いことなんか起こりっこない：お気をつけて, いい旅を。—異国で出会った悲しくも可笑しい51の体験　メアリー・モリス, ポール・セロー, ジョー・ゴアス, イザベル・アジェンデ, ドミニク・ラピエールほか著, 古屋美登里, 中俣真知子訳　アスペクト　1995.7　366p

Morris, John N. モリス, ジョン・N.
◇施設入所のリスク 他(共著)：日本版MDS-HC 2.0在宅ケアアセスメントマニュアル　John N.Morris他編著, 池上直己訳　医学書院　1999.9　294p

Morris, Kathleen F. モリス, キャスリーン・F.
◇変革マネジメントの原則(共著)：不連続の組織革命—ゼロベースから競争優位を創造するノウハウ　デービッド・A.ナドラーほか著, 平野和子訳　ダイヤモンド社　1997.2　358p

Morris, Leon モリス, レオン
◇ルツ記(岡田初枝訳)：士師記　ルツ記　アーサー・E.カンダル, レオン・モリス著, 佐々木哲夫, 岡田初枝訳　いのちのことば社　2006.12　318p　(ティンデル聖書注解)

Morris, Mary モリス, メアリー
◇予期せぬ災難、だから旅はおもしろい：お気をつけて、いい旅を。—異国で出会った悲しくも可笑しい51の体験 メアリー・モリス, ポール・セロー, ジョー・ゴアス, イザベル・アジェンデ, ドミニク・ラピエールほか著, 古屋美登里, 中俣真知子訳 アスペクト 1995.7 366p
◇巨匠の絵—お金の心配はしないでと言ったくせに：女友だちの賞味期限—なぜ彼女は私を裏切ったのか…。 ジェニー・オフィル, エリッサ・シャッペル編著, 糸井恵訳 プレジデント社 2006.3 343p

Morris, Roger モリス, R.（社会教育）*
◇労働組合教育：オーストラリアの生活文化と生涯教育—多文化社会の光と影 マーク・テナント編著, 中西直利訳 松籟社 1995.9 268p

Morris, Shirley A. モリス, S. A. *
◇もろい支援体制 他（共著）：日本版MDS-HC 2.0在宅ケアアセスメントマニュアル John N.Morris他編著, 池上直己訳 医学書院 1999.9 294p
◇施設入所のリスク 他（共著）：日本版MDS-HC 2.0在宅ケアアセスメントマニュアル John N.Morris他編著, 池上直己訳 新訂版 医学書院 2004.11 298p

Morrison, Alex モリソン, アレックス
◇岐路に立つ平和維持活動 他：国連平和活動と日本の役割 アレックス・モリソン, ジェームズ・キラス編, 内藤嘉昭訳 文化書房博文社 2001.5 198p

Morrison, Todd A. モリソン, トッド・A.
◇集団訴訟認定の経済学的要素：競争政策の経済学—競争政策の諸問題に対する経済学的アプローチ ローレンス・ウー編, 大西利佳, 森信夫, 中島敏監訳 NERA 2005.11 173p

Morrison, Toni モリスン, トニ
◇芸術の言語, メディアの言語, 外交の言語（廣瀬浩司訳）：人間の権利と国家の論理 エリ・ウィーゼル, 川田順造編, 広瀬浩司, 林修訳 藤原書店 1997.6 294p

Morrison, Tony モリソン, トニー
◇秘密にみちたナスカの線と地上絵：図説超古代の謎 ロエル・オーストラ編, ロバート・ボーヴァルほか著, 平井吉夫訳 河出書房新社 1997.10 127p

Morris-Suzuki, Tessa モーリス-スズキ, テッサ
◇グローバリゼーションと新しい文化経済：グローバリゼーションの文化政治 テッサ・モーリス＝スズキ, 吉見俊哉編 平凡社 2004.11 395p （グローバリゼーション・スタディーズ 2）
◇占領軍への有害な行動（辛島理人訳）：継続する植民地主義—ジェンダー／民族／人種／階級 岩崎稔, 大川正彦, 中野敏男, 李孝徳編著 青弓社 2005.2 393p

Morsella, Ezequiel モーセラ, E.
◇コミュニケーションと紛争（共著）：紛争管理論—新たな視点と方向性 レビン小林久子訳編, モートン・ドイッチ, ピーター・T.コールマン編 日本加除出版 2003.10 285p

Mosakowski, Elaine モサコフスキー, エレイン
◇CQ：多様性に適応する力（共著）：EQを鍛えるDiamondハーバード・ビジネス・レビュー編集部訳 ダイヤモンド社 2005.7 286p （Harvard business review anthology）

Moseley, Michael E. モーズリー, マイケル・E.
◇複数のカタストロフィの一体化：災害の人類学—カタストロフィと文化 スザンナ・M.ホフマン, アンソニー・オリヴァー＝スミス編著, 若林佳史訳 明石書店 2006.11 327p

Moskowitz, Richard モスカウィッツ, リチャード
◇同種療法とは何か（中川明博訳）：エマヌエル・スウェーデンボルグ—持続するヴィジョン ロビン・ラーセン編 春秋社 1992.11 307p

Moss, Pamela A. モス, P. A. *
◇テスト利用におけるバイアス（共著）（南風原朝和訳）：教育測定学 上巻 ロバート・L.リン編, 池田央, 藤田恵璽, 柳井晴夫, 繁桝算男訳・編 学事評価研究所 1992.12 469p

Mossé, Claude モセ, クロード
◇レスボスのサッフォー：愛と結婚とセクシュアリテの歴史—増補・愛とセクシュアリテの歴史 ジョルジュ・デュビーほか著, 福井憲彦, 松本雅弘訳 新曜社 1993.11 401p

Most, Kenneth S. モースト, ケネス・S.
◇長期設備投資の意思決定：MBA講座財務・会計 J.L.リビングストン編著, 朝日監査法人訳 日本経済新聞社 1998.12 494p

Mouffe, Chantal ムフ, シャンタル
◇ラディカル・デモクラシーかリベラル・デモクラシーか：ラディカル・デモクラシー—アイデンティティ, シティズンシップ, 国家 デイヴィド・トレンド編, 佐藤正志ほか訳 三嶺書房 1998.4 408p
◇ロールズ—政治なき政治哲学（菊池理夫訳）：普遍主義対共同体主義 デヴィッド・ラスマッセン編, 菊池理夫, 山口晃, 有賀誠訳 日本経済評論社 1998.11 433p
◇多元主義と左派のアイデンティティ（石田淳訳）：グローバルな市民社会に向かって マイケル・ウォルツァー編著, 石田淳ほか訳 日本経済評論社 2001.10 397p
◇脱構築およびプラグマティズムと民主政治：脱構築とプラグマティズム—来たるべき民主主義 シャンタル・ムフ編, 青木隆嘉訳 法政大学出版局 2002.7 179p （叢書・ウニベルシタス 741）
◇カール・シュミットと自由民主主義のパラドックス（青木裕子訳）：カール・シュミットの挑戦 シャンタル・ムフ編, 古賀敬太, 佐野誠編訳 風行社 2006.5 300, 9p

Moulin, Anne Marie ムーラン, アンヌ・マリー
◇梅毒はアメリカの病気か（共著）：愛と結婚とセクシュアリテの歴史—増補・愛とセクシュアリテの歴史 ジョルジュ・デュビーほか著, 福井憲彦, 松本雅弘訳 新曜社 1993.11 401p

Mousourakis, George ムスラキス, ジョージ
◇法実証主義における規範性・道徳・法的責務—英国と欧大陸の法思想についての比較法的一考察（山崎康仕訳）：法の理論 18 ホセ・ヨンパルト, 三島淑臣, 笹倉秀夫編 成文堂 1999.1 311p

Mouton, Jane S. ムートン, ジェイン・S.
◇積年の抗争を解消する二つのアプローチ（共著）：交渉の戦略スキル Harvard Business Review, Diamondハーバード・ビジネス・レビュー編集部訳

ダイヤモンド社　2002.2　274p

Mowrer, O. Hobart　マウラー, O. ホバート
◇友人と仲間 (共著)：アドラーの思い出　G.J.マナスター, G.ペインター, D.ドイッチュ, B.J.オーバーホルト編, 柿内邦啌, 井原文子, 野田俊作訳　創元社　2007.6　244p

Mroz, John Edwin　ムロズ, ジョン・エドウィン
◇新しい世界に求められる新しい能力 (共著)：企業の未来像—成功する組織の条件　フランシス・ヘッセルバイン, マーシャル・ゴールドスミス, リチャード・ベックハード編, 小坂恵理訳　トッパン　1998.7　462p　(トッパンのビジネス経営書シリーズ 14)

Mueller, Dennis C.　ミューラー, デニス・C.
◇公共選択展望 他 (関谷登訳)：公共選択の展望—ハンドブック 第1巻　デニス・C.ミューラー編, 関谷登, 大岩雄次郎訳　多賀出版　2000.1　296p

Mueller, James　ミューラー, ジェームズ
◇戦略, 情報技術, およびサプライチェーン—生き残るためではなく, 成功するための情報技術管理 (共著)：サプライチェーン戦略　ジョン・ガトーナ編, 前田健蔵, 田村誠一訳　東洋経済新報社　1999.5　377p　(Best solution)

Mueller, Marlies　ミューラー, マリーズ
◇異文化理解能力養成へのステップ—文学を通しての語学教育 (矢田裕士訳)：変革期の大学外国語教育　ウィルガ・M.リヴァーズ編著, 上地安良, 加須屋弘司, 矢田裕士, 森本豊富訳　桐原書店　1995.9　307p　(言語教育・応用言語学叢書)

Mukherji, Arijit　マッカジー, A. *
◇誘因両立的な契約の設計 (共著)(吉田雅明訳)：Mathematica 経済・金融モデリング　Hal R.ヴァリアン編, 野口旭ほか共訳　トッパン　1996.12　553p

Mulford, Charles W.　ムルフォード, チャールズ・W.
◇企業利益の分析 (共著)：MBA講座財務・会計　J.L.リビングストン編著, 朝日監査法人訳　日本経済新聞社　1998.12　494p

Mullane, J. D.　マラン, J. D.
◇だれがキャロルを殺したか?：締切り間際の殺人事件簿—特ダネ事件記者が綴る11の難事件　リサ・ベス・ピュリッツァー編, 加藤洋子訳　原書房　1998.6　332p

Müller, Christa　ミューラー, クリスタ
◇女中心の社会における女の愛 (入谷幸江訳)：女の町フチタン—メキシコの母系制社会　ヴェロニカ・ベンホルト＝トムゼン編, 加藤耀子他訳　藤原書店　1996.12　366p

Müller, Heiner　ミューラー, ハイナー
◇ハイナー・ミューラー：戦後ドイツを生きて—知識人は語る　三島憲一編・訳　岩波書店　1994.10　370p

Müller, Jost　ミューラー, ヨスト
◇帝国とマルチチュードの構成的権力 (共著)：新世界秩序批判—帝国とマルチチュードをめぐる対話　トマス・アトゥツェルト, ヨスト・ミューラー編, 島村賢一訳　以文社　2005.10　187p

Müller, Kaspar　ミューラー, カスパー
◇汚染予防の真の収益性を計る (共著)：緑の利益—環境管理会計の展開　マーティン・ベネット, ピーター・ジェイムズ編著, 国部克彦監修, 海野みづえ訳　産業環境管理協会　2000.12　542p

Müller, Klaus　ミューラー, クラウス
◇東西ドイツにおける所得分布と所得満足度 (共著)：統一ドイツの生活実態—不均衡は均衡するのか　ヴォルフガング・グラッツァー, ハインツ・ヘルベルト・ノル編, 長坂聡, 近江谷左馬之介訳　勁草書房　1994.3　236p
◇イエスはその民族性を脱却していたか：キリスト教とユダヤ教—キリスト教信仰のユダヤ的ルーツ　F.クリュゼマン, U.タイスマン編, 大住雄一訳　教文館　2000.12　232p

Muller, Marcia　マラー, マーシャ
◇町一番のレストラン？—アメリカ・アイダホ州 (共著)：お気をつけて, いい旅を。—異国で出会った悲しくも可笑しい51の体験　メアリー・モリス, ポール・セロー, ジョー・ゴアス, イザベル・アジェンデ, ドミニク・ラビエールほか共著, 古屋美登里, 中俣英知子訳　アスペクト　1995.7　366p

Muller, Thomas　ミューラー, トーマス
◇エネルギー (共著)：マクミラン近未来地球地図　イアン・ピアスン編, 松井孝典監訳　東京書籍　1999.11　115p

Müller, Wolfgang　ミューラー, W. *
◇保険商品記述モデルの情報経済学的基礎および実証的検証 (江澤雅彦訳)：ディーター・ファーニーと保険—ファーニー教授還暦記念論文集より　ドイツ保険事情研究会訳　生命保険文化研究所　1996.3　201p　(文研叢書 16)

Müller, Wolfgang C.　ミューラー, ウォルフガング・C.
◇第3章 政党 他：現代オーストリアの政治　フォルクマール・ラウバー編, 須藤博忠訳　信山社出版　1997.3　321, 5p

Müller-Freienfels, Wolfram　ミュラー・フライエンフェルス, ヴォルフラム
◇二〇世紀におけるドイツ家族法の変遷—第二次世界大戦終結後を中心に 他 (田村五郎訳)：ドイツ現代家族法　W.ミュラー・フライエンフェルス他著, 田村五郎編訳　中央大学出版部　1993.7　305p　(日本比較法研究所翻訳叢書 33)

Müller-Hohagen, Jürgen　ミューラー・ホッハーゲン, ユルゲン
◇心理療法と障害者—困難な治療介入：ドイツにおける精神遅滞者への治療理論と方法—心理・教育・福祉の諸アプローチ　ジルビア・ゲアレス, ゲルト・ハンゼン編, 三原博光訳　岩崎学術出版社　1995.5　198p

Müller-Lauter, Wolfgang　ミューラー＝ラウター, ヴォルフガング
◇ニヒリズムおよびニヒリズム超克の可能性について (町田輝雄訳)：ハイデッガーとニーチェ—何をおいても私を取り違えることだけはしてくれるな！　M.リーデル他共著, 川原栄峰監訳　南窓社　1998.4　318p

Müller-Rommel, Ferdinand ミューラー・ロンメル, F.
◇西欧諸国における内閣の比較研究(共著)(岩崎正洋訳):西欧比較政治—データ/キーワード/リーディングス G.レームブルッフほか著,加藤秀治郎編 第2版 一芸社 2004.4 276p

Mulvey, John M. マーベイ, J.*
◇グローバル環境における資産・負債配分(共著)(枇々木規雄訳):ファイナンスハンドブック R.A.Jarrow, V.Maksimovic, W.T.Ziemba編, 今野浩, 古川浩一監訳 朝倉書店 1997.12 1121p

Münch, Richard ミュンヒ, リヒャルト
◇複雑かつ不確定な制度的秩序におけるミクロ相互作用とマクロ構造の相互浸透(間淵領吾訳):ミクロ—マクロ・リンクの社会理論 ジェフリー・C.アレグザンダー, ニール・J, スメルサーほか編, 石井幸夫ほか訳 新泉社 1998.10 273p (「知」の扉をひらく)

Mundine, Kaye マンダイン, ケイ
◇正義と権利付与への先住民の展望(矢野俊平訳):超市場化の時代—効率から公正へ スチュアート・リースほか編, 川原紀美雄監訳 法律文化社 1996.10 372p

Mundy, Peter マンディ, P.*
◇精神遅滞における構造類似説と発達速度の差異(共著):障害児理解の到達点—ジグラー学派の発達論的アプローチ R.M.ホダップ, J.A.ブウラック, E.ジグラー編, 小松秀茂, 清水貞夫編訳 田研出版 1994.9 435p

Munholland, John Kim マンホランド, ジョン・キム
◇第二次世界大戦の勃発・一九三九年八〜九月:ヒトラーが勝利する世界—歴史家たちが検証する第二次大戦・60の"if" ハロルド・C.ドイッチュ, デニス・E.ショウォルター, 守屋純訳 学習研究社 2006.10 671p (WW selection)

Munkel, Wayne I. マンケル, ウエイン・I.
◇ネグレクトと遺棄:児童虐待の発見と防止—親や先生のためのハンドブック ジェームズ・A.モンテリオン編著, 加藤和生訳 慶応義塾大学出版会 2003.8 261p

Munn, C. W. マン, チャールズ・W.
◇スコットランドとアイルランドにおける株式銀行業の到来 一八二〇中頃—一八四五:アイルランドとスコットランド—比較社会経済史 T.M.デヴァイン, D.ディクソン編著, 津波古充文訳 論創社 1992.8 474p

Murase, Anne Elizabeth ムラセ, アン・エリザベス
◇夫婦茶碗:ニッポン不思議発見!—日本文化を英語で語る50の名エッセイ集 日本文化研究所編, 松本道弘訳 講談社インターナショナル 1997.1 257p (Bilingual books)

Murdock, Graham マードック, グラハム
◇文化, コミュニケーション, そして政治経済学(共著):マスメディアと社会—新たな理論的潮流 J.カラン, M.グレヴィッチ編 〔改訂版〕 勁草書房 1995.1 24, 240p

Murdok, Kevin マードック, K.*
◇『東アジアの奇跡』を超えて(共著):東アジアの経済発展と政府の役割—比較制度分析アプローチ 青木昌彦, 金瀅基, 奥野正寛編, 白鳥正喜監訳 日本経済新聞社 1997.11 465p

Murnane, William J. マーネイン, ウィリアム・J.
◇これを持ってあの世へ—古代エジプトにおける死と来世:死と来世の系譜 ヒロシ・オオバヤシ編, 安藤泰至訳 時事通信社 1995.3 355, 17p

Murphy, Gael マーフィー, ゲイル
◇守衛は眠っている(共著):もう戦争はさせない!—ブッシュを追いつめるアメリカ女性たち メディア・ベンジャミン, ジョディ・エヴァンス編, 尾川寿江監訳, 尾川寿江, 真鍋穣, 米沢清恵訳 文理閣 2007.2 203p

Murphy, John マーフィー, ジョン
◇市場間分析を利用したトレンド予測法:魔術師たちのトレーディングモデル—テクニカル分析の新境地 リック・ベンシニョール編, 長尾慎太郎ほか訳 パンローリング 2001.3 365p (ウィザードブックシリーズ 15)

Murphy, Katharine マーフィ, K.*
◇ADL/リハビリテーションの可能性 他(共著):日本版MDS-HC 2.0在宅ケアアセスメントマニュアル John N.Morris他編著, 池上直己訳 医学書院 1999.9 294p
◇ADL/リハビリテーションの可能性 他(共著):日本版MDS-HC 2.0在宅ケアアセスメントマニュアル John N.Morris他編著, 池上直己訳 新訂版 医学書院 2004.11 298p

Murphy, Laurence マーフィー, ローレンス
◇住宅政策(共著)(Zane Ritchie訳):ニュージーランド福祉国家の再設計—課題, 政策, 展望 ジョナサン・ボストン, ポール・ダルジール, スーザン・セント・ジョン編, 芝田英昭, 福地潮人訳 法律文化社 2004.12 394p

Murphy, Robert Francis マーフィー, ロバート・F.
◇出会い:障害と文化—非欧米世界からの障害学の問いなおし ベネディクト・イングスタッド, スーザン・レイノルズ・ホワイト編著, 中村満紀男, 山口恵里子監訳 明石書店 2006.2 555p (明石ライブラリー 88)

Murray, Charles マレー, チャールズ
◇麻薬戦争に勝利を収めるには:ドラッグ全面解禁論 デイヴィッド・ボアズ編, 樋口幸子訳 第三書館 1994.1 364p

Murray, Dain H. マレ, ダイアン・H.
◇中国の海賊:図説海賊大全 デイヴィッド・コーディングリ編, 増田義郎監修, 増田義郎, 竹内和世訳 東洋書林 2000.11 505, 18p
◇鄭一嫂(チェン・イ・サオ)—事実とフィクション:女海賊大全 ジョー・スタンリー編著, 竹内和世訳 東洋書林 2003.7 359, 5p

Murray, Elspeth ムーレイ, エラスペス
◇クリティカル・フュー(少数の重大要因)—戦略の有効性を示すパラメータ間の優先順位(共著):業績評価の理論と実務—事業を成功に導く 専門領域の障壁

を越えて　アンディ・ニーリー編著, 清水孝訳　東洋経済新報社　2004.4　459p

Murray, Marti P.　ミュレイ, マーティ
◇ディストレス投資戦略におけるリスク管理：実践ヘッジファンド投資―成功するリスク管理　バージニア・レイノルズ・パーカー編, 徳岡国見監訳　日本経済新聞社　2001.8　425p

Murray, T. Scott　マレー, T. スコット
◇国際コンピテンス評価をふり返って：キー・コンピテンシー―国際標準の学力をめざして　OECD DeSeCo コンピテンシーの定義と選択　ドミニク・S.ライチェン, ローラ・H.サルガニク編著, 立田慶裕監訳, 今西幸蔵, 岩崎久美子, 猿田祐嗣, 名取一好, 野村和, 平沢安政訳　明石書店　2006.5　248p

Murray, Vic　マレー, ヴィック
◇変化のマネージメント（共著）（立木茂雄訳）：NPOマネージメント―ボランタリー組織のマネージメント　スティーヴン・P.オズボーン編, ニノミヤ・アキイエ・H.監訳　中央法規出版　1999.3　388p

Murray, Williamson　マーレー, ウィリアムソン
◇「軍事革命」とRMAに関する考察 他（共著）：軍事革命とRMAの戦略史―軍事革命の史的変遷1300～2050年　マクレガー・ノックス, ウィリアムソン・マーレー編著　今村伸哉訳　芙蓉書房出版　2004.6　418p
◇第二次世界大戦における米国の戦略とリーダーシップ（石津朋之監訳）：日米戦略思想史―日米関係の新しい視点　石津朋之, ウィリアムソン・マーレー編　彩流社　2005.4　299, 3p
◇エア・パワーの誕生と発展（立川京一監訳）：21世紀のエア・パワー―日本の安全保障を考える　石津朋之, ウィリアムソン・マーレー共編著　芙蓉書房出版　2006.10　342p

Mussolini, Benito　ムッソリーニ, ベニト
◇ベニト・ムッソリーニ（山形浩生訳）：インタヴューズ　1　クリストファー・シルヴェスター編, 新庄哲夫ほか訳　文芸春秋　1998.11　462p

Muth, Jacob　ムート, ヤコブ
◇学校の一日の始まり：教育学的に見ること考えることへの入門　アンドレアス・フリットナー, ハンス・ショイアール編, 石川道夫訳　玉川大学出版部　1994.8　409p

Myers, David G.　マイヤーズ, デービッド・G.
◇紳士は日本酒がお好き：私が出会った日本―オーストラリア人の異色体験・日本観　ジェニファー・ダフィ, ギャリー・アンソン編　サイマル出版会　1995.7　234p

Myers, Eleanor W.　マイヤーズ, E. W.
◇ロースクールにおける効果的なシミュレーション教育の構成および実施方法：模擬法律事務所はロースクールを変えるか―シミュレーション教育の国際的経験を学ぶ　第2回国際シンポジウム報告書　関西学院大学法科大学院形成支援プログラム推進委員会編　関西学院大学出版会　2006.10　278p

Mrzble, Manning　マラブル, マニング
◇新しいアメリカの社会主義：ラディカル・デモクラシー―アイデンティティ, シティズンシップ, 国家　ディヴィッド・トレンド編, 佐藤正志ほか訳　三嶺書房　1998.4　408p

【N】

Nabigon, Herb　ナビゴン, ハーブ
◇先住民の理論（共著）（志村健一訳）：ソーシャルワーク・トリートメント―相互連結理論アプローチ　下　フランシス・J.ターナー編, 米本秀仁監訳　中央法規出版　1999.8　573p

Nabokov, Vladimir Vladimirovich　ナボコフ, ウラジーミル
◇ウラジーミル・ナボコフ（若島正訳）：インタヴューズ　2　クリストファー・シルヴェスター編, 新庄哲夫ほか訳　文芸春秋　1998.11　451p

Nachev, Gencho　ナシェフ, G.
◇ブルガリアにおけるヘルスケア改革（共著）（戒野敏浩訳）：ARISを活用したチェンジマネジメント―ビジネスプロセスの変革を管理する　A.-W.シェアー, F.アボルハッサン, W.ヨースト, M.F.W.キルヒマー編, 堀内正博, 田中正郎, 柳堀紀幸監訳　シュプリンガー・フェアラーク東京　2003.12　216p

Nader, Ralph　ネーダー, ラルフ
◇バークレー生協に何が起こったか：バークレー生協は, なぜ倒産したか―18人の証言　日本生活協同組合連合会国際部訳　コープ出版　1992.5　195p
◇原子力は単なる技術問題か（山本精一訳）：環境の倫理　下　K.S.シュレーダー・フレチェット編, 京都生命倫理研究会訳　晃洋書房　1993.11　683p
◇ガット, WTOと民主主義の崩壊（共著）（小南祐一郎訳）：グローバル経済が世界を破壊する　ジェリー・マンダー, エドワード・ゴールドスミス編, 小南祐一郎, 塚本しづ香訳　朝日新聞社　2000.4　259p

Nadler, David A.　ナドラー, デーヴィッド・A.
◇変革のリーダーシップ―二一世紀の中心的な能力 他（共著）：不連続の組織革命―ゼロベースから競争優位を創造するノウハウ　デービッド・A.ナドラーほか著, 平野和子訳　ダイヤモンド社　1997.2　358p

Naess, Arne　ネス, アルネ
◇自己実現 エコロジカルな生き方とは：地球の声を聴く―ディープエコロジー・ワーク　ジョン・シードほか著, 星川淳監訳　ほんの木　1993.4　240p

Nafisi, Azar　ナフィーシー, アーザル
◇夢の材料：イラン人は神の国イランをどう考えているか　レイラ・アーザム・ザンギャネ編, 白須英子訳　草思社　2007.2　231p

Nagaraj, Shyamala　ナガラジュ, シュヤマラ
◇マレーシアにおける売買春（共著）（石井由香訳）：セックス「産業」―東南アジアにおける売買春の背景　リン・リーン・リム編著, 津田守他訳　日本労働研究機構　1999.12　334p

Nagel, Thomas　ネーゲル, トマス
◇コウモリであることはいかなることか？（植村恒一郎訳）：マインズ・アイ―コンピュータ時代の「心」と「私」　下　D.R.ホフスタッター, D.C.デネット編著, 坂本百大監訳　〔新装版〕　ティビーエス・ブリタニカ　1992.10　365p

Nagy, Gregory　ナジー, グレゴリー
◇ギリシャの芸術と文化における太陽（共著）（常田益代訳）：太陽神話―生命力の象徴　マダンジート・シン,

UNESCO編, 木村重信監修　講談社　1997.2　399p

Nahoum-Grappe, Véronique　ナウム＝グラップ, ヴェロニック
◇美しき女：女の歴史 3 [1]　十六—十八世紀 1　杉村和子, 志賀亮一監訳　ナタリー・ゼモン＝デイヴィス, アルレット・ファルジュ編　藤原書店　1995.1　434p

Naidoo, Trevor　ナイドゥー, T.
◇プロジェクト管理とプロセス管理によって変革を管理する—Quixtar社のケース（共著）（竹田賢訳）：ARISを活用したチェンジマネジメント—ビジネスプロセスの変革を管理する　A.-W.シェアー, F.アボルハッサン, W.ヨースト, M.F.W.キルヒマー編, 堀内正博, 田中正郎, 柳堀紀幸監訳　シュプリンガー・フェアラーク東京　2003.12　216p
◇貸付（ローン）プロセスの自動化とモニタリング—アメリカン・ビジネス・フィナンシャル・サービス社のケース（共著）（浅利浩一訳）：ARISを活用したシステム構築—エンタープライズ・アーキテクチャの実践　A.-W.シェアー他編, 堀内正博, 田中正郎, 力正俊監訳　シュプリンガー・フェアラーク東京　2005.1　201p

Naik, Vasant　ナイク, V. *
◇有限状態証券市場モデルと裁定（今野浩訳）：ファイナンスハンドブック　R.A.Jarrow, V.Maksimovic, W.T.Ziemba編, 今野浩, 古川浩一監訳　朝倉書店　1997.12　1121p

Naipaul, Vidiadhar Surajprasad　ナイポール, V. S.
◇インドの知的革命—ヒンドゥ教徒の歴史的目覚め：知の大潮流—21世紀へのパラダイム転換　今世紀最高の頭脳が予見する未来　ネイサン・ガーデルズ編, 仁保真佐子訳　徳間書店　1996.12　419p

Naisbitt, John　ネイスビッツ, ジョン
◇従業員から最良のものを引き出すために（共著）：ウェルチはこうして組織を甦らせた—アメリカ・トップリーダーからの経営処方箋29　ケン・シェルトン編, 堀紘一監修・訳　フロンティア出版　1999.12　281p

Najita, Tetsuo　ナジタ, テツオ
◇吉野作造の政治思想における理想主義についての考察：アメリカ人の吉野作造論　B.S.シルバーマンほか著, 宮本盛太郎ほか編訳　風行社　1992.4　154p

Najjar, Mohammed Al　ナジャー, モハンマド・アル
◇財務業績を従業員・顧客満足度に関連付ける（共著）：業績評価の理論と実務—事業を成功に導く専門領域の障壁を越えて　アンディ・ニーリー編著, 清水孝訳　東洋経済新報社　2004.4　459p

Nalebuff, Barry J.　ネイルバフ, バリー・J.
◇ゲーム理論を活用した戦略形成（共著）：不確実性の経営戦略　Harvard Business Review編, Diamondハーバード・ビジネス・レビュー編集部訳　ダイヤモンド社　2000.10　269p

Nalty, Bernard C.　ノールティ, バーナード・C.
◇空の戦い（共著）：ヒトラーが勝利する世界—歴史家たちが検証した第二次大戦・60の"if"　ハロルド・C.ドイッチュ, デニス・E.ショウォルター編, 守屋純訳　学習研究社　2006.10　671p（WW selection）

Nan, Lin　ナン, リン
◇中国の都市における職業威信（共著）（橋本満訳）：現代中国の底流—痛みの中の近代化　橋本満, 深尾葉子編訳　増補新版　行路社　1998.5　524p（中国の底流シリーズ 1）

Nancy, Jean-Luc　ナンシー, ジャン＝リュック
◇提起（港道隆訳）：主体の後に誰が来るのか？　ジャン・リュック・ナンシー編著, アラン・バディウ, エチエンヌ・バリバール, モーリス・ブランショ, ミケル・ボルグ・ジャコブセン, ジャン・フランソワ・クルティーヌ他著, 港道隆, 鵜飼哲, 大西雅一郎, 松葉祥一, 安川慶治, 加国尚志, 広瀬浩司訳　現代企画室　1996.3　347p
◇崇高な捧げもの：崇高とは何か　ミシェル・ドゥギー他著, 梅木達郎訳　法政大学出版局　1999.5　413p（叢書・ウニベルシタス 640）
◇省略的な意味（高桑和巳訳）：デリダと肯定の思考　カトリーヌ・マラブー編, 高橋哲哉, 増田一夫, 高桑和巳監訳　未来社　2001.10　502, 7p（ポイエーシス叢書 47）
◇クール, サラ！（棚ină直子訳）：サラ・コフマン讃　F.コラン, J-L.ナンシー, J.デリダ他著, 棚ina直子, 木村信子他訳　未知谷　2005.8　323p

Nanda, Ashish　ナンダ, アシュ
◇スター・プレーヤーの中途採用は危険である（共著）：いかに「問題社員」を管理するか　Diamondハーバード・ビジネス・レビュー編集部編訳　ダイヤモンド社　2005.1　262p（Harvard business review anthology）
◇スター・プレーヤーの中途採用は危険である（共著）：金融サービス業の戦略思考　Diamondハーバード・ビジネス・レビュー編集部編訳　ダイヤモンド社　2005.12　225p（Harvard business review anthology）

Nandy, Ashis　ナンディ, アシース
◇国家（須藤章訳）：脱「開発」の時代—現代社会を解読するキイワード辞典　ヴォルフガング・ザックス編, イヴァン・イリッチ他著, 三浦清隆他訳　晶文社　1996.9　396, 12p
◇核時代を超えて—「未来のない」未来（竹中千春訳）：核を超える世界へ　岩波書店　1999.8　325p（核と人間 2　坂本義和編）

Napier, Christopher　ネーピア, C. *
◇イギリスにおける財務報告の歴史（野口昌良訳）：欧州比較国際会計史論　P.ワルトン編著, 久野光朗監訳　同文館出版　1997.5　380p

Narokobi, Bernard　ナロコビ, バーナード
◇移植民法と固有法の衝突—メラネシア法学の探求（和田仁孝訳）：アジア法の環境—非西欧法の法社会学　千葉正士編　成文堂　1994.12　192p（アジア法叢書 19）

Narus, James A.　ナルス, ジェームズ・A.
◇高収益メーカーはサービスを売る（共著）：成長戦略論　Harvard Business Review編, Diamondハーバード・ビジネス・レビュー編集部訳　ダイヤモンド社　2001.4　254p

Nash, Murray　ナッシュ, ミュレイ
◇ヘッジファンドリスクの全体的管理（共著）：実践ヘッジファンド投資—成功するリスク管理　バージニア・レイノルズ・パーカー編, 徳岡国見監訳　日本

経済新聞社　2001.8　425p

Näsi, Salme　ナージ, S.＊
◇フィンランドにおける財務報告と監査の歴史（長井敏行訳）：欧州比較国際会計史論　P.ワルトン編著, 久野光朗監訳　同文舘出版　1997.5　380p

Nassehi, Armin　ナセヒ, アルミン
◇国家の政治か社会の政治か？ 他：宗教システム／政治システム—正統性のパラドクス　土方透編著　新泉社　2004.5　266, 3p
◇何のための理論比較か（共著）：ブルデューとルーマン—理論比較の試み　アルミン・ナセヒ, ゲルト・ノルマン編, 森川剛光訳　新泉社　2006.11　277, 30p

Nassmacher, Karl-Heinz　ナスマッハ, カール・ハインツ
◇カナダとアメリカにおける公的助成：民主主義のコスト—政治資金の国際比較　H.E.アレキサンダー, 白鳥令監訳, 岩崎正洋訳　新評論　1995.11　261p

Nattermann, Peter　ナッターマン, P.
◇プロセス効率を改善する—シーメンス・オーストリア社のケース（共著）（小酒井正和訳）：ARISを活用したチェンジマネジメント—ビジネスプロセスの変革を管理する　A.-W.シェアー, F.アボルハッサン, W.ヨースト, M.F.W.キルヒマー編, 堀内光博, 田中正郎, 柳堀紀幸監訳　シュプリンガー・フェアラーク東京　2003.12　216p

Natynczuk, Stephan E.　ナティンクザック, S.＊
◇哺乳類と情報伝達物質（共著）：香りの生理心理学　S.ヴァン・トラール, G.H.ドッド編, 印藤元一訳　フレグランスジャーナル社　1996.6　306p

Nau, Henry R.　ナウ, ヘンリー・R.
◇米国のアイデンティティ, 民主主義の推進, 国益：アメリカによる民主主義の推進—なぜその理念にこだわるのか　猪口孝, マイケル・コックス, G.ジョン・アイケンベリー編　ミネルヴァ書房　2006.6　502, 12p　（国際政治・日本外交叢書 1）

Navailh, Françoise　ナヴァイユ, フランソワーズ
◇ソヴィエトのモデル（志賀亮一訳）：女の歴史 5〔1〕二十世紀 1　G.デュビィ, M.ペロー監修, 杉村和子, 志賀亮一監訳　フランソワーズ・テボー編　藤原書店　1998.2　515p

Navone, Andreina　ナヴォーネ, アンドレイーナ
◇イタリア—イタリアにおける組織の活動（山下美樹訳）：世界の箱庭療法—現在と未来　山中康裕, S.レーヴェン・ザイフェルト, K.ブラッドウェイ編　新曜社　2000.10　182p

Nazroo, James Y.　ナズロー, J. Y.
◇民族間の健康格差を人種の違いのせいにする〈要約〉（三輪眞知子訳）：現代イギリスの政治算術—統計は社会を変えるか　D.ドーリング, S.シンプソン編著, 岩井浩ほか監訳　北海道大学図書刊行会　2003.7　588p

Neacsu-Hendry, Ligia　ネアクス＝ヘンドリー, リジア
◇民主主義への移行期にある三カ国での人権教育の実施—ルーマニア, スロヴァキア, アルバニア（共著）（梨本雄太郎訳）：世界の人権教育—理論と実践　ジョージ・J.アンドレオポーロス, リチャード・ピ

エール・クロード編著, 黒沢惟昭監訳　明石書店　1999.2　758p

Nealer, Kevin G.　ニーラー, ケビン・G.
◇中国の貿易自由化と米中関係の行方（共著）：次の超大国・中国の憂鬱な現実　フォーリン・アフェアーズ・ジャパン編・監訳, 竹下興喜監訳　朝日新聞社　2003.4　267, 3p　（朝日文庫—フォーリン・アフェアーズ・コレクション）

Neary, Ian J.　ニアリー, イアン
◇衡平社と水平社 東アジアの人権運動：朝鮮の「身分」解放運動　民族教育文化センター訳, 衡平運動70周年記念事業会編　部落解放研究所　1994.7　223p

Neave, Guy　ニーブ, ガイ
◇教育組織と研究組織の分離—フランスにおける大学院レベルの教育と研究組織 他（三浦真琴訳）：大学院教育の研究　バートン・クラーク編著, 潮木守一監訳　東信堂　1999.5　523p

Neckermann, Josef　ネッカーマン, ヨーゼフ
◇ヨーゼフ・ネッカーマン（共著）：ドイツ企業のパイオニア—その成功の秘密　ヴォルフラム・ヴァイマー編, 和泉雅人訳　大修館書店　1996.5　427p

Nederlof, Maarten　ネーデルロフ, マールテン
◇株式スタイルマネジメントにおける補完ファンドの役割（共著）：年金資産運用マネジメントのすべて—プラン・スポンサーの成功の新潮流　フランク J.ファボッツィ編, 榊原茂樹監訳, 大和銀行信託財産運用部訳　金融財政事情研究会　1999.11　463p

Neely, Andy D.　ニーリー, アンディ・D.
◇eビジネスの業績評価 他（共著）：業績評価の理論と実務—事業を成功に導く 専門領域の障壁を越えて　アンディ・ニーリー編著, 清水孝訳　東洋経済新報社　2004.4　459p

Negri, Antonio　ネグリ, アントニオ
◇ドルのタリバンと石油のタリバンの戦い：発言—米同時多発テロと23人の思想家たち　中山元訳編　朝日出版社　2002.1　247p
◇マルチチュードの存在論的規定 他：新世界秩序批判—帝国とマルチチュードをめぐる対話　トマス・アトゥツェルト, ヨスト・ミュラー編, 島村賢一訳　以文社　2005.10　187p

Negt, Osker　ネークト, オスカー
◇オスカー・ネークト：戦後ドイツを生きて—知識人は語る　三島憲一編・訳　岩波書店　1994.10　370p

Neher, Erwin　ネーアー, エルウィン
◇忘れちゃうことと忘れないことがあるのはどうして？：ノーベル賞受賞者にきく子どものなぜ？なに？　ベッティーナ・シュティーケル編, 畔上司訳　主婦の友社　2003.1　286p
◇忘れちゃうことと忘れないことがあるのはどうして？：ノーベル賞受賞者にきく子どものなぜ？なに？　ベッティーナ・シュティーケル編, 畔上司訳　主婦の友社　2005.10　222p

Neilson, Gary L.　ニールソン, ゲイリー・L.
◇受動攻撃性：変化を拒む組織の病（共著）：組織行動論の実学—心理学で経営課題を解明する　Diamondハーバード・ビジネス・レビュー編集部編訳　ダイヤモンド社　2007.9　425p　（Harvard business review）

Nell, Edward J.　ネル, E. J.
◇対外債務と成長の政治経済学（共著）：金融不安定性と景気循環　ウィリー・ゼムラー編, 浅田統一郎訳　日本経済評論社　2007.7　353p　（ポスト・ケインジアン叢書）

Nelson, Daniel　ネルスン, ダニエル
◇科学的管理を回顧して 他：科学的管理の展開—テイラーの精神革命論　ダニエル・ネルスン編著, アメリカ労務管理史研究会訳　税務経理協会　1994.4　334p

Nelson, Hank　ネルソン, ハンク
◇パプアニューギニアとアジア・太平洋戦争（辛島理人訳）：岩波講座 アジア・太平洋戦争 3 動員・抵抗・翼賛　倉沢愛子, 杉原達, 成田竜一, テッサ・モーリス・スズキ, 油井大三郎ほか編集委員　岩波書店　2006.1　384p

Nelson, Lin　ネルソン, リン
◇汚染された地での女性の居場所：世界を織りなおす—エコフェミニズムの開花　アイリーン・ダイアモンド, グロリア・フェマン・オレンスタイン編, 奥田暁子, 近藤和子訳　学芸書林　1994.3　457, 12p

Nelson, Nickola Wolf　ネルソン, ニコラ・W.
◇学校における言語指導：子どもの言語とコミュニケーションの指導　D.K.バーンスタイン, E.ティーガーマン編, 池弘子, 内山千鶴子, 緒方明子共訳　東信堂　2000.6　242p

Nemeshegyi, P.　ネメシェギ, ペトロ
◇七つの命題—キリスト教的ヒューマニズム 他：現代とキリスト教的ヒューマニズム—二十世紀フランスの試み　ジャック・ベジノ編　白水社　1993.3　241, 16p

Nenola, Aili　ネノラ, アイリ
◇性・文化・伝統：ロウヒのことば—フィンランド女性の視角からみた民俗学　上　アイリ・ネノラ, センニ・ティモネン編, 目黒ゆみ訳　文理閣　2002.3　219p

Nerlich, Uwe　ネルリッヒ, ウーヴェ
◇ドイツと核武装：NATOの核問題　防衛研修所　1968　38p　（研究資料 第78号）

Nesaule, Agate　ニソール, エーガット
◇亡命はいつまで続くのか（力武由美訳）：女性の人権とジェンダー—地球規模の視座に立って　マージョリー・アゴシン編, 堀内光子, 神崎智子, 望月康恵, 力武由美, ベバリー・アン山本訳　明石書店　2007.12　586p　（明石ライブラリー）

Nestle, Heinrich　ネスレ, ハイリンヒ
◇ハインリヒ・ネスレ（共著）：ドイツ企業のパイオニア—その成功の秘密　ヴォルフラム・ヴァイマー編著, 和泉雅人訳　大修館書店　1996.5　427p

Netter, Petra　ネッター, ペトラ *
◇健康と快楽（張替裕子訳）：ストレスと快楽　デイビッド・M.ウォーバートン, ニール・シャーウッド編著, 上里一郎監訳　金剛出版　1999.4　301p

Neufeld, Irvin　ノイフェルト, アーヴィン
◇仕事（共著）：アドラーの思い出　G.J.マナスター, G.ペインター, D.ドイッチュ, B.J.オーバーホルト編, 柿内邦博, 井原文子, 野田俊作訳　創元社　2007.6　244p

Neufeldt, Aldred H.　ノイフェルト, A. H. *
◇生活の質と人間の精神性との関係（共著）：障害をもつ人にとっての生活の質—モデル, 調査研究および実践　ロイ・I.ブラウン編著, 中園康夫, 末光茂監訳　相川書房　2002.5　382p

Neugebauer, Bonnie　ノイゲバウエル, ボニー
◇子どもへの多文化理解教育の手初めとして：幼児のための多文化理解教育　ボニー・ノイゲバウエル編著, 谷口正子, 斉藤法子訳　明石書店　1997.4　165p

Neugebauer, Wolfgang　ノイゲバウアー, ヴォルフガング
◇第四版へのまえがき（共著）：オーストリア・ファシズム——九三四年から一九三八年までの支配体制　エンマリヒ・タロシュ, ヴォルフガング・ノイゲバウアー編, 田中浩, 村松恵二訳　未来社　1996.10　292p

Neuhaus, Dietrich　ノイハウス, ディートリッヒ
◇イエスは待望のメシアであったか：キリスト教とユダヤ教—キリスト教信仰のユダヤ的ルーツ　F.クリュゼマン, U.タイスマン編, 大住雄一訳　教文館　2000.12　232p

Neumann, Volker　ノイマン, フォルカー
◇イデーに照らしてみた現実（服部平治, 宮本盛太郎訳）：カール・シュミットの遺産　ヘルムート・クヴァーリチュ編, 初宿正典, 古賀敬太郎訳　風行社　1993.10　402, 16p

Neverla, Irene　ニィベルラ, イレーネ
◇時間について（バンベルクの討議）（共著）：哲学の原点—ドイツからの提言　ハンス・ゲオルク・ガダマー他著, U.ベーム編, 長倉誠一, 多田茂訳　未知谷　1999.7　272, 11p

Neves, Andrea M. P.　ネビス, アンドレア・M. P.
◇ファンドマネージャーのためのVaR（共著）：リスクバジェッティング—実務家が語る年金新時代のリスク管理　レスリー・ラール編, 三菱信託銀行受託財産用部門訳　パンローリング　2002.4　575p　（ウィザードブックシリーズ 34）

Neville, Katherine　ネヴィル, キャサリン
◇易経—ノコギリ草の教え—スイス マジョーレ湖：お気をつけて、いい旅を。—異国で出会った悲しくも可笑しい51の体験　メアリー・モリス, ポール・セロー, ジョー・ゴアス, イザベル・アジェンデ, ドミニク・ラビエール ほか著, 古屋美登里, 中俣真知子訳　アスペクト　1995.7　366p

Newbigin, Lesslie　ニュービギン, レスリー
◇市場社会の宗教：キリスト教は他宗教をどう考えるか—ポスト多元主義の宗教と神学　G.デコスタ編, 森本あんり訳　教文館　1997.11　330p

Newby, Jan　ニュービー, ジャン
◇ニュージーランドの実験の失敗（齊藤實男訳）：超市場化の時代—効率から公正へ　スチュアート・リースほか編, 川原紀美雄監訳　法律文化社　1996.10　372p

Newcombe, Nora S.　ニューカム, N. S. *
◇空間表象における新しい視点：異なった課題から位置記憶に関して何がわかるのか？：空間認知研究ハンドブック　ナイジェル・フォアマン, ラファエル・ジレット編, 竹内謙彰, 旦直子監訳　二瓶社　2001.12

247p

Newell, Anne ニューウェル, A. *
◇パーソンセンタード・アプローチと共に生きる（畠瀬直子訳）：エンカウンター・グループと国際交流 松本剛, 畠瀬直子, 野島一彦編著 ナカニシヤ出版 2005.10 166p

Newell, Robert ニューウェル, R.
◇認知行動アプローチの基礎理論（共著）（丹野義彦訳）：認知臨床心理学入門―認知行動アプローチの実践的理解のために W.ドライデン, R.レントゥル編, 丹野義彦監訳 東京大学出版会 1996.11 384p

Newland, Samuel J. ニューランド, サミュエル・J.
◇ヒトラーのソ連攻撃（共著）：ヒトラーが勝利する世界―歴史家たちが検証する第二次大戦・60の"if" ハロルド・C.ドイッチュ, デニス・E.ショウォルター編, 守屋純訳 学習研究社 2006.10 671p （WW selection）

Newman, James W. ニューマン, ジェームズ・W.
◇自信をつける法：成功大学 オグ・マンディーノ編著, 箱田忠昭訳 日本経営合理化協会出版局 1998.9 689p
◇自信をつける法：成功大学 オグ・マンディーノ編著, 箱田忠昭訳 皮革携帯版 日本経営合理化協会出版局 1998.9 689p

Newman, P. ニューマン, ピーター
◇バーター大論争（共著）（坂口正志訳）：マーシャル経済学の体系 J.K.ホイティカー編著, 橋本昭一監訳 ミネルヴァ書房 1997.8 377p （マーシャル経済学研究叢書 3）

Newman, Victor ニューマン, ビクター
◇重要幹部の癇癪に巻き込こった社内騒動をどう収束させるか（共著）：人材育成のジレンマ―ハーバード・ビジネス・レビューケースブック Harvard Business Review編, Diamondハーバード・ビジネス・レビュー編集部訳 ダイヤモンド社 2004.12 219p

Newsom, Carol Ann ニューサム, C. A.
◇ヨブ記（加藤明子訳）：女性たちの聖書注解―女性の視点で読む旧約・新約・外典の世界 C.A.ニューサム, S.H.リンジ編, 加藤明子, 小野功生, 鈴木元子訳, 荒井章三, 山内一郎日本語版監修 新教出版社 1998.3 682p

Newton, Judith Lowder ニュートン, ジュディス・ローダー
◇いつもの歴史？―フェミニズムと「新歴史主義」：ニュー・ヒストリシズム―文化とテクストの新歴史性を求めて H.アラム・ヴィーザー編, 伊藤詔子ほか訳 英潮社 1992.11 291p

Nghiem, Xuan Nung ギエム, スアン・ヌン
◇研究活動と高等教育（共著）（夏立憲訳）：変革期ベトナムの大学 ディヴィッド・スローバー, レ・タク・カン編著, 大塚豊監訳 東信堂 1998.9 245p

Ngiraked エラケツ*
◇ミクロネシア群島パラオの土俗と島語テキスト（宮武正道編）：単行図書資料 第83巻 竜渓書舎 2005.7 127p （20世紀日本のアジア関係重要研究資料 3）

Ngo Van Long ゴ・バン・ロング
◇シェアされるレントに対する危険回避的レントシーキング（共著）（川崎一泰訳）：レントシーキングの経済理論 ロバート・トリソン, ロジャー・コングレトン編, 加藤寛監訳 勁草書房 2002.7 264p

Nguyen, Duy Dung グエン, ズイ・ズン
◇アジア太平洋地域協力における越日関係他（大村晴, 古屋博子訳）：日本・ベトナム関係を学ぶ人のために 木村汎, グエン・ズイ・ズン, 古田元夫編 世界思想社 2000.10 270p

Nguyen, Duy Quy グエン, ズイ・クィ
◇1986年以降の社会・経済的背景―教育へのインパクト（共著）（秋庭裕子訳）：変革期ベトナムの大学 ディヴィッド・スローバー, レ・タク・カン編著, 大塚豊監訳 東信堂 1998.9 245p

Nguyen, Thi Tri グエン, ティ・チ
◇施設と学習リソース（共著）（渡邉志保訳）：変革期ベトナムの大学 ディヴィッド・スローバー, レ・タク・カン編著, 大塚豊監訳 東信堂 1998.9 245p

Nguyen, Tien Dat グエン, ティエン・ダット
◇大学院教育と大学教員の職階（共著）（渡邉志保訳）：変革期ベトナムの大学 ディヴィッド・スローバー, レ・タク・カン編著, 大塚豊監訳 東信堂 1998.9 245p

Niane, Djibril Tamsir ニアヌ, D. T.
◇序論他（宮本正興, 古玉融子訳）：ユネスコ・アフリカの歴史 第4巻 一二世紀から一六世紀までのアフリカ アフリカの歴史起草のためのユネスコ国際学術委員会編集, 宮本正興責任編集 D.T.ニアヌ編 同朋舎出版 1992.9 2冊

Nicholaisen, Ida ニコライセン, アイダ
◇人であるものと人でないもの：障害と文化―非欧米世界からの障害観の問いなおし ベネディクト・イングスタッド, スーザン・レイノルズ・ホワイト編著, 中村満紀男, 山口恵里子監訳 明石書店 2006.2 555p （明石ライブラリー 88）

Nicholas, J. K. B. M. ニコラス, J. K. B. M.
◇民法における価値：価値―新しい文明学の模索に向けて ブレンダ・アーモンド, ブライアン・ウィルソン編, 玉井治, 山本慶裕訳 東海大学出版会 1994.3 308p

Nicholas, Joseph G. ニコラス, ジョセフ・G.
◇ヘッジファンド投資ポートフォリオの構築（共著）：ヘッジファンドの世界―仕組み・投資手法・リスク J.レダーマン, R.A.クレイン編, オルタナティブアセット研究会訳 東洋経済新報社 1999.1 297p
◇マーケットニュートラル投資戦略：リスクバジェッティング―実務家が語る年金新時代のリスク管理 レスリー・ラール編, 三菱信託銀行受託財産用部門訳 パンローリング 2002.4 575p （ウィザードブックシリーズ 34）

Nichols, Ralph G. ニコルス, ラルフ・G.
◇「聞き上手」になる方法（共著）：コミュニケーション戦略スキル Harvard Business Review編, Diamondハーバード・ビジネス・レビュー編集部訳 ダイヤモンド社 2002.1 260p

Nichols, Theo ニコルス, T.
◇労働災害統計(藤岡光夫訳)：現代イギリスの政治算術—統計は社会を変えるか　D.ドーリング, S.シンプソン編著, 岩井浩ほか監訳　北海道大学図書刊行会　2003.7　588p

Nicholson, Eric A. ニコルソン, エリック・A.
◇演劇—かの女たちのイメージ：女の歴史　3〔2〕十六—十八世紀　2　杉村和子, 志賀亮一監訳　ナタリー・ゼモン=デイヴィス, アルレット・ファルジュ編　藤原書店　1995.1　854p

Nicholson, Nigel ニコルソン, ナイジェル
◇心理学の理論と金融機関—意思決定と行動に対する個人と組織の影響(共著)：オペレーショナルリスク—金融機関リスクマネジメントの新潮流　アーサーアンダーセン編・訳　金融財政事情研究会　2001.1　413p
◇「Cクラス社員」のモチベーションを高める法：いかに「問題社員」を管理するか　Diamondハーバード・ビジネス・レビュー編集部編訳　ダイヤモンド社　2005.1　262p　(Harvard business review anthology)

Nickles, Tom ニクルス, トム
◇戦略、情報技術、およびサプライチェーン—生き残るためではなく、成功するための情報技術管理(共著)：サプライチェーン戦略　ジョン・ガトーナ編, 前田健蔵, 田村誠一訳　東洋経済新報社　1999.5　377p　(Best solution)

Nicklisch, Heinrich ニックリッシュ, ハインリヒ
◇利己主義と義務感—講義記録 他(渡辺朗訳)：ニックリッシュの経営学　大橋昭一編著, 渡辺朗監訳　同文館出版　1996.8　217p

Niclas, Mark ニクラス, マーク
◇ティアナ、ソクリー博士、コートン：アセンションするDNA—光の12存在からのメッセージ　ヴァージニア・エッセン編著, 冬川晶訳　ナチュラルスピリット　1999.2　299p

Nicolaus Cusanus, Cardinal ニコラウス・クザーヌス
◇創造についての対話 他(酒井紀幸ほか訳)：中世思想原典集成　17　中世末期の神秘思想　上智大学中世思想研究所編訳・監修　平凡社　1992.2　677p
◇カトリック協和論(1432〜33年)(坂本堯訳)：宗教改革著作集　第13巻　カトリック改革　教文館　1994.4　595p

Nicoletti, Michele ニコレッティ, ミケーレ
◇カール・シュミットの《政治神学》の根源(高橋愛子訳)：カール・シュミットの遺産　ヘルムート・クヴァーリッチ編, 初宿正典, 古賀敬太編訳　風行社　1993.10　402, 16p

Niditch, Susan ニディッチ, スーザン
◇創世記(加藤明子訳)：女性たちの聖書注解—女性の視点で読む旧約・新約・外典の世界　C.A.ニューサム, S.H.リンジ編, 加藤明子, 小野功生, 鈴木元子訳, 荒井章二, 山内一郎日本語版監修　新教出版社　1998.3　682p

Niederfranke, Annette ニーダーフランケ, A.*
◇退職状態の自立能力(Kompetenz)維持：高齢者の自立能力—今日と明日の概念 III 老年学週間論文集　Chr.Rott, F.Oswald編, 石井毅訳　長寿社会開発センター　1994.3　200p

Nielsen, Hanne Warming ニールセン, ハンネ・ウォルミング
◇新たな政策、新たな言葉—スカンジナビア社会政策におけるサービス概念 他(共著)：社会ケアサービス—スカンジナビア福祉モデルを解く鍵　ヨルマ・シピラ編著, 日野秀逸訳　本の泉社　2003.7　333p

Niemöller, Martin ニーメラー, マルティン
◇ルカによる福音書第二章一〇——二節：光の降誕祭—20世紀クリスマス名説教集　ルードルフ・ランダウ編, 加藤常昭訳　再版　教文館　2004.9　308p

Nietzsche, Friedrich Wilhelm ニーチェ, フリードリッヒ・ヴィルヘルム
◇教育者としてのショーペンハウアー(金森誠也訳)：ショーペンハウアー全集　別巻　ショーペンハウアー生涯と思想　白水社　1996.11　504p
◇ツァラトゥストラ(抄録)(生田長江訳)：世界女性学基礎文献集成　明治大正編 第5巻　水田珠枝監修　ゆまに書房　2001.6　584p
◇教育者としてのショーペンハウアー：ショーペンハウアー全集　別巻　ショーペンハウアー生涯と思想　金森誠也ほか著訳　新装復刊　白水社　2004.10　504p

Nieuwenhuysen, Andrée Van ニーベンヒューゼン, アンドレー・ヴァン
◇建築記録の類型(共著)：建築記録アーカイブズ管理入門　国際アーカイブズ評議会建築記録部会編, 安沢秀一訳著　書肆ノワール　2006.7　293p　(Museum library archives 1)

Nievod, Abraham ニーボッド, アブラハム
◇ニューエイジ療法(共著)：臨床心理学における科学と疑似科学　S.O.リリエンフェルド, S.J.リン, J.M.ロー編, 厳島行雄, 横田正夫, 斎藤雅英監訳　北大路書房　2007.9　461p

Niggle, Christopher J. ニッグル, C. J.
◇企業の金融諸変数の比率の循環的変動とミンスキーの金融不安定性仮説：金融不安定性と景気循環　ウィリー・ゼムラー編, 浅田統一郎訳　日本経済評論社　2007.7　353p　(ポスト・ケインジアン叢書)

Nigh, Douglas William ナイ, ダグラス・W.
◇国際経営学誕生のパラダイム 他(共著)(村山元理訳)：基礎概念と研究領域　B.トイン, D.ナイ編, 村山元英監訳, 国際経営文化学会訳　文真堂　2001.11　285p　(国際経営学の誕生 1)
◇「経営と社会」の視座と「国際経営学」(共著)(持丸邦子訳)：社会経営学の視座　B.トイン, D.ナイ編, 村山元英監訳, 国際経営文化学会訳　文真堂　2004.10　312p　(国際経営学の誕生 2)

Nightingale, Earl ナイチンゲール, アール
◇E.ナイチンゲールの華麗な生涯を回想する：思考は現実化する—私はこうして思考を現実化した　実践編　ナポレオン・ヒル財団日本リソーセス編・訳　騎虎書房　1997.3　231p

Niiranen, Vuokko ニーラネン, ボッコ
◇自治体は新たな組織文化をもつか〔フィンランド〕(共著)：北欧の地方分権改革—福祉国家におけるフリーコミューン実験　ハラール・ボルデシュハイム, クリステル・ストールバリ編著, 大和田建太郎, 小原亜生, 広田全男訳　日本評論社　1995.8　233p

Nikitin, Marc　ニキーチン, M. *
◇エドモンド・デグランジュ父子——複式簿記の普及：世界の会計学者——17人の学説入門　ベルナルド・コラス編著, 藤田晶子訳　中央経済社　2007.10　271p

Nilsson, Sven-Arne　ニルソン, S. -A. *
◇スウェーデンにおける財務報告の歴史（高木秀典訳）：欧州比較国際会計史論　P.ワルトン編著, 久野光朗監訳　同文館出版　1997.5　380p

Nilsson, Tommy　ニルソン, トミー
◇スウェーデンの雇用関係（共著）（久保庭和子訳）：先進国の雇用・労使関係——国際比較：21世紀の課題と展望　桑原靖夫, グレッグ・バンバー, ラッセル・ランズベリー編　新版　日本労働研究機構　2000.7　551p

Nipkow, Karl Ernst　ニプコウ, カール・エルンスト
◇信仰から発する教育——人格的文化と教養の根源としてのキリスト教（福田弘訳）：現代ドイツ教育学の潮流——W. フリットナー百歳記念論文集　ヘルマン・レールス, ハンス・ショイアール編, 天野正治訳　玉川大学出版部　1992.8　503p

Nish, Ian Hill　ニッシュ, イアン・H.
◇林董：英国と日本——架橋の人びと　サー・ヒュー・コータッツイ, ゴードン・ダニエルズ編著, 横山俊夫解説, 大山瑞代訳　思文閣出版　1998.11　503, 68p
◇同盟のこだま（後藤春美訳）：日英交流史——1600-2000　1　政治・外交　1　細谷千博, イアン・ニッシュ監修　木畑洋一ほか編　東京大学出版会　2000.3　336, 7p
◇シンガポールから東京湾へ（共著）（池田清訳）：日英交流史——1600-2000　2　政治・外交　2　細谷千博, イアン・ニッシュ監修　木畑洋一ほか編　東京大学出版会　2000.5　365, 8p
◇岩倉使節団の余波とその評価 他（麻田貞雄訳）：欧米から見た岩倉使節団　イアン・ニッシュ編, 麻田貞雄他訳　ミネルヴァ書房　2002.4　263, 42p　（Minerva日本史ライブラリー 12）
◇松平恒雄 他（長岡祥三訳）：英国と日本——日英交流人物列伝　イアン・ニッシュ編, 日英文化交流研究会訳　博文館新社　2002.9　470p
◇サー・クロード・マクドナルド——駐日公使・初代大使一九〇〇-一二年 他（長岡祥三訳）：歴代の駐日英国大使——1859-1972　サー・ヒュー・コータッツィ編著, 日英文化交流研究会訳　文真堂　2007.7　480p

Nishimura, Akira　ニシムラ, アキラ
◇序言——アジア太平洋地域の会計 他（共著）：アジア太平洋地域の会計　西村明ほか編, 西村明監訳　九州大学出版会　1995.8　285p

Nitko, Anthony J.　ニッコ, A. J. *
◇教授と一体化されたテストの設計（馬場久志訳）：教育測定学　下巻　ロバート・L.リン編, 池田央, 藤田恵璽, 柳井晴夫, 繁桝算男訳・編　学習評価研究所　1992.12　411p

Niva, Roger A.　ニヴァ, R. A. *
◇目の異常とその治療：ダウン症候群と療育の発展——理解の向上のために　Valentine Dmitriev, Patricia L.Oelwein編, 竹井和子訳　協同医書出版社　1992.6　274p

Niven, Steve　ニベン, スティーブ
◇協調性なきクリエーターをいかに管理するか（共著）：「問題社員」の管理術——ケース・スタディ　Diamondハーバード・ビジネス・レビュー編集部訳　ダイヤモンド社　2007.1　263p　（Harvard business review anthology）

Nixdorf, Heinz　ニクスドルフ, ハインツ
◇ハインツ・ニクスドルフ（共著）：ドイツ企業のパイオニア——その成功の秘密　ヴォルフラム・ヴァイマー編著, 和泉雅人訳　大修館書店　1996.5　427p

Nixon, A.　ニクソン, A.（心理学）*
◇わきの下のにおいにおける有香性ステロイドの重要性（共著）：香りの感性心理学　S.ヴァン・トラー, G.H.ドッド編, 印藤元一訳　フレグランスジャーナル社　1994.2　238p

Nixon, Richard Milhous　ニクソン, リチャード・M.
◇リチャード・M.ニクソン上院議員——「チェッカーズ」弁明スピーチ 他（滝順子訳）：アメリカ政治の展開　板場良久スピーチ解説, 滝順子, 白須清美訳　アルク　1998.4　148p　（20世紀の証言 英語スピーチでたどるこの100年 第1巻——CD book　松尾弌之監修・解説）
◇リチャード・M.ニクソン大統領——ベトナム戦争の終結（津吉襄訳）：変貌する世界とアメリカ　板場良久スピーチ解説, 津吉襄訳　アルク　1998.5　148p　（20世紀の証言 英語スピーチでたどるこの100年 第2巻——CD book　松尾弌之監修・解説）
◇ニクソン副大統領とフルシチョフ首相——「台所論争」他（共著）（川端伸子訳）：アメリカ社会の光と影　板場良久スピーチ解説, 川端伸子訳　アルク　1998.7　138p　（20世紀の証言 英語スピーチでたどるこの100年 第4巻——CD book　松尾弌之監修・解説）
◇ベトナム後のアジア（熊谷晶子訳）：フォーリン・アフェアーズ傑作選——アメリカとアジアの出会い 1922-1999　上　フォーリン・アフェアーズ・ジャパン編・監訳　朝日新聞社　2001.2　331p
◇リチャード・ニクソン大統領就任演説 他：アメリカ大統領就任演説集——inaugural address　フロンティア文庫編集部編, Katokt訳　フロンティアニセン　2005.3（第2刷）　172p　（フロンティア文庫 44——風呂で読める文庫100選 44）
◇ニクソン共和党政権の特色と一般教書：資料 戦後米国大統領の「一般教書」　第2巻（1961年—1977年）　藤本一美, 浜賀祐子, 末次俊之訳著　大空社　2005.12　421p

Noah, Harold J.　ノア, ハロルド
◇比較教育学における従属理論——12の教訓（共著）（松久玲子訳）：比較教育学の理論と方法　ユルゲン・シュリーバー編著, 馬越徹, 今井重孝監訳　東信堂　2000.11　278p

Noaman, Abdel Hameed　ノーマン, アブデル・ハミード
◇イエメン——国連の買収と腐敗の犠牲者：アメリカの戦争犯罪　ラムゼイ・クラーク編著, 戦争犯罪を告発する会訳　柏書房　1992.12　346p　（ブックス・プラクシス 6）

Noble, David W.　ノーブル, デイヴィッド・W.
◇二つの世界のメタファー——アメリカ西部とイギリス産業革命と近代化理論 他（共著）（相本資子訳）：アメリカ研究の方法　デイヴィッド・W.ノーブル編著, 相本資子ほか訳　山口書店　1993.8　311p

Noelle-Neumann, Elisabeth　ノエル＝ノイマン, E.
◇「イベントとしてのイベント」と「ニュースとしてのイベント」(共著)(谷藤悦史訳)：リーディングス政治コミュニケーション　谷藤悦史, 大石裕編訳　一芸社　2002.4　284p

Noffsinger, Jay E.　ノフジンガー, ジェイ・E.
◇しつけの原理　何が虐待であり、何が虐待でないのか：児童虐待の発見と防止―親や先生のためのハンドブック　ジェームズ・A.モンテリオン編著, 加藤和生訳　慶応義塾大学出版会　2003.8　261p

Nofuente, Valerio　ノフェンテ, ヴァレリオ
◇「ジプニー」：フィリピンの大衆文化　寺見元恵編・監訳　めこん　1992.12　263p

Nohria, Nitin　ノーリア, ニティン
◇権力, 命令の授与, およびオーソリティに関するフォレットの見解―ハイアラーキの代替か空想的イデオロギーか(吉田優治訳)：メアリー・パーカー・フォレット　管理の予言者　ポウリン・グラハム編, 三戸公, 坂井正広監訳　文真堂　1999.5　360p
◇責任能力のあるマネジャーに何が起きたのか(共著)：リーダーシップ　Harvard Business Review編, Diamondハーバード・ビジネス・レビュー編集部訳　ダイヤモンド社　2002.4　295p
◇スター・プレーヤーの中途採用は危険である(共著)：いかに「問題社員」を管理するか　Diamondハーバード・ビジネス・レビュー編集部編訳　ダイヤモンド社　2005.1　262p　(Harvard business review anthology)
◇スター・プレーヤーの中途採用は危険である(共著)：金融サービス業の戦略思考　Diamondハーバード・ビジネス・レビュー編集部訳　ダイヤモンド社　2005.1　225p　(Harvard business review anthology)

Noiriel, Gerard　ノワリエル, ジェラール
◇フランス人と外国人(上垣豊訳)：記憶の場―フランス国民意識の文化＝社会史　第1巻　ピエール・ノラ編, 谷川稔監訳　岩波書店　2002.11　466, 13p

Nolan, Albert　ノーラン, アルベルト
◇Pの社会闘争と敵への愛　他　二十一世紀を変革する人々―解放の神学が訴えるもの　ホセ・マリア・ビジル編, ステファニ・レナト訳　新世社　1997.8　211, 5p

Nolan, Michael　ノーラン, マイケル
◇ケアリングとストレス(杉岡直人訳)：高齢者虐待―発見・予防のために　ピーター・デカルマー, フランク・グレンデニング編著, 田端光美, 杉岡直人監訳　ミネルヴァ書房　1998.2　246p　(Minerva福祉ライブラリー)

Nolan, Richard L.　ノラン, リチャード・L.
◇ITを活用する経営　他(共著)：ITマネジメント　Harvard Business Review編, Diamondハーバード・ビジネス・レビュー編集部訳　ダイヤモンド社　2000.10　277p

Noland, Marcus　ノーランド, マーカス
◇それでも北朝鮮は生き残る―アメリカと北朝鮮―外交的解決か武力行使か　フォーリン・アフェアーズ・ジャパン編・監訳, 竹下興喜監訳　朝日新聞社　2003.3　239, 4p

Noll, Heinz-Herbert　ノル, ハインツ＝ヘルベルト
◇社会的階層分化と社会的不平等―東西を比較して(共著)：統一ドイツの生活実態―不均衡は均衡するのか　ヴォルフガング・グラッツァー, ハインツ・ヘルベルト・ノル編, 長坂聡, 近江谷左馬之介訳　勁草書房　1994.3　236p

Noll, Peter　ノル, ペーター
◇形而上学のない刑罰(吉川経夫訳)：罪刑法定主義と刑法思想　吉川経夫著　法律文化社　2001.2　479p　(吉川経夫著作選集　第2巻)

Nollmann, Gerd　ノルマン, ゲルト
◇ルーマン, ブルデューおよび意味理解の社会学　他：ブルデューとルーマン―理論比較の試み　アルミン・ナセヒ, ゲルト・ノルマン編, 森川剛光訳　新泉社　2006.11　277, 30p

Nolte, Ernst　ノルテ, エルンスト
◇歴史伝説と修正主義のはざま？―一九八〇年の視角から見た第三帝国　他(徳永恂訳)：過ぎ去ろうとしない過去―ナチズムとドイツ歴史家論争　ユルゲン・ハーバーマス他著, 徳永恂ほか訳　人文書院　1995.6　257p
◇哲学とナチズム(森秀樹訳)：ハイデガーと実践哲学　A.ゲートマン＝ジーフェルト, O.ペゲラー編, 下村鎮二, 竹市明弘, 宮原勇監訳　法政大学出版局　2001.2　519, 12p　(叢書・ウニベルシタス　550)

Noone, John F.　ヌーン, ジョン・F.
◇家庭医の役割と臨床事例(共著)(青木信雄訳)：高齢者虐待―発見・予防のために　ピーター・デカルマー, フランク・グレンデニング編著, 田端光美, 杉岡直人監訳　ミネルヴァ書房　1998.2　246p　(Minerva福祉ライブラリー　23)

Nora, Pierre　ノラ, ピエール
◇共和国　他(小川伸彦訳)：フランス革命事典　5　フランソワ・フュレ, モナ・オズーフ編, 河野健二, 阪上孝, 富永茂樹監訳　みすず書房　2000.3　281p　(みすずライブラリー)
◇記憶と歴史のはざまに　他(長井伸仁訳)：記憶の場―フランス国民意識の文化＝社会史　第1巻　ピエール・ノラ編, 谷川稔監訳　岩波書店　2002.11　466, 13p
◇ラヴィス国民の教師(渡辺和行訳)：記憶の場―フランス国民意識の文化＝社会史　第2巻　ピエール・ノラ編, 谷川稔監訳　岩波書店　2003.1　412, 13p
◇コメモラシオンの時代(工藤光一訳)：記憶の場―フランス国民意識の文化＝社会史　第3巻　ピエール・ノラ編, 谷川稔監訳　岩波書店　2003.3　474, 15p

Norcy, S. Le　ノーシー, S. L.＊
◇香水を売る―技術か芸術か？：香りの感性心理学　S.ヴァン・トラー, G.H.ドッド編, 印藤元一訳　フレグランスジャーナル社　1994.2　238p

Nord, Walter R.　ノード, ウォルター・R.
◇経営者のための批判的社会科学―その成否の見込み(共著)(杉原信男訳)：経営と社会―批判的経営研究　マッツ・アルベッソン, ヒュー・ウィルモット編著, CMS研究会訳　同友館　2001.3　263p

Nordlander, Lars　ノルドランダー, ラース
◇数多くの普遍主義的公共サービス―どのようにして, なぜ, 4つのスカンジナビア諸国で, 社会ケアサービ

スモデルを採用したのか。(共著)：社会ケアサービス―スカンジナビア福祉モデルを解く鍵 ヨルマ・シピラ編, 日野秀逸訳 本の泉社 2003.7 333p

Norland, Erik ノーランド, エリク
◇ヘッジファンド運用を行う投資顧問会社のリスク管理(共著)：実践ヘッジファンド投資―成功するリスク管理 バージニア・レイノルズ・パーカー編, 徳岡国見訳 日本経済新聞社 2001.8 425p

Norman ノーマン
◇ノヴァ8：アセンションするDNA―光の12存在からのメッセージ ヴァージニア・エッセン編著, 冬月晶訳 ナチュラルスピリット 1999.2 299p

Norman, Richard ノーマン, リチャード
◇価値付加型から価値創造型企業への変革(共著)：バリューチェーン・マネジメント Harvard Business Review編, Diamondハーバード・ビジネス・レビュー編集部訳 ダイヤモンド社 2001.8 271p

Nornes, AbéMark ノーンズ, アベ・マーク
◇スミソニアン協会の挫折(沼田知加訳)：核時代に生きる私たち―広島・長崎から50年 マヤ・ロメイン・トデスキーニ編, 土屋由香, 友会知己, 沼田憲治, 沼田知加, 日暮吉延ほか共訳 時事通信社 1995.8 413p

Norris, Pippa ノリス, ピパ
◇グローバル・ガバナンスと世界市民：グローバル化で世界はどう変わるか―ガバナンスへの挑戦と展望 ジョセフ・S.ナイ Jr., ジョン・D.ドナヒュー編著, 嶋本恵美訳 英治出版 2004.9 477p (英治出版MPAシリーズ)

Norrman, Erik ノーマン, E.*
◇統合ヨーロッパにおける北欧福祉国家の財政(共著)(野村容康訳)：北欧諸国の租税政策 ピーター・バーチ・ソレンセン編著, 馬場義久監訳 日本証券経済研究所 2001.9 260p

North, Helen F. ノース, ヘレン・F.
◇ギリシア悲劇とプラトンにおける死と来世：死と来世の系譜 ヒロシ・オオバヤシ, 安藤泰至訳 時事通信社 1995.3 355, 17p

North, Oliver ノース, オリバー
◇オリバー・ノース中佐―イラン・コントラ事件公聴会での証言(川端伸子訳)：アメリカ社会の光と影 板場良久スピーチ解説, 川端伸子訳 アルク 1998.7 138p (20世紀の証言 英語スピーチでたどるこの100年 第4巻―CD book 松尾士之監修・解説)

Northcott, Jacquin ノースコット, J.*
◇ソーシャルワークの技術, アセスメントとケアマネジメント―1995年(宮崎清訳)：医療ソーシャルワークの挑戦―イギリス保健関連ソーシャルワークの100年 ジョアン・バラクロウほか編著, 児島美都子, 中村永司監訳 中央法規出版 1999.5 271p

Norton, David P. ノートン, デビッド・P.
◇バランス・スコアカードとは何か バランス・スコアカードによる企業革新 バランス・スコアカードによる戦略的マネジメント(共著)：業績評価マネジメント Harvard Business Review編, Diamondハーバード・ビジネス・レビュー編集部訳 ダイヤモンド社 2001.9 258p

Norton, Mary Beth ノートン, メアリー・ベス
◇旧世界と新世界との出会い 他(白井洋子訳)：アメリカの歴史 1 新世界への挑戦―15世紀―18世紀 メアリー・ベス・ノートン他著 白井洋子, 戸田徹子訳 三省堂 1996.6 325, 13p
◇新生共和国の政治と社会(白井洋子訳)：アメリカの歴史 2 合衆国の発展―18世紀末―19世紀前半 メアリー・ベス・ノートン他著 白井洋子ほか訳 三省堂 1996.6 350, 9p

Norwood, Mary Marcia ノーウッド, メアリー・マーシャ
◇涙の椅子：空っぽのくつした―あなたの心に届ける16の贈り物 コリーン・セル選, 立石美樹ほか訳 光文社 2002.11 213p

Notaro, Giancarlo ノターロ, G.*
◇イタリアにおける特許侵害(伊藤晃訳)：国際特許侵害―特許紛争処理の比較法的検討 青山葆, 木棚照一編 東京布井出版 1996.12 454p

Novak, Joseph Donald ノヴァック, J. D.
◇学び方の学習を援助するためのメタ学習とメタ知識方略：認知構造と概念転換 L.H.T.ウエスト, A.L.パインズ編, 野上智行, 稲垣成哲, 田中浩朗, 森藤義孝訳, 進藤公夫監訳 東洋館出版社 1994.5 327p

Novatianus ノウァティアヌス
◇貞操の賜物について(塩谷惇子訳)：中世思想原典集成 4 初期ラテン教父 上智大学中世思想研究所編訳・監修 平凡社 1999.6 1287p

Nove, Alec ノーヴ, アレック
◇トロツキーと新経済政策：トロツキー再評価 P.デュークス, T.ブラザーストン編 新評論 1994.12 381p

Noveck, Simon ノベック, サイモン
◇アハド・ハアム(Ahad Ha-am, 1856-1927) 他：二十世紀のユダヤ思想家 サイモン・ノベック編, 鵜沼秀夫訳 ミルトス 1996.10 412p

Nowotny, Christian ノヴォトニィ, C.*
◇オーストリアにおける財務報告の歴史(共著)(松本康一郎訳)：欧州比較国際会計史論 P.ワルトン編著, 久野光朗監訳 同文館出版 1997.5 380p

Nowotny, Helga ノヴォトニィ, ヘルガ
◇時間について(バンベルクの討議)(共著)：哲学の原点―ドイツからの提言 ハンス・ゲオルク・ガダマー他著, U.ベーム編, 長倉誠一, 多田茂訳 未知谷 1999.7 272, 11p

Noyes, William H. ノイス, W. H.
◇前橋ステーションを拠点とした宣教師の書簡(小野澤由紀子, 小林俊哉訳)：アメリカン・ボード宣教師文書―上州を中心として 新島学園女子短期大学新島文化研究所編 新教出版社 1999.2 432p

Nozick, Robert ノージック, ロバート
◇フィクション(大庭健訳)：マインズ・アイ―コンピュータ時代の「心」と「私」 下 D.R.ホフスタッター, D.C.デネット編著, 坂本百大監訳 〔新装版〕 ティビーエス・ブリタニカ 1992.10 365p

Nuffelen, M. Van ヌフェレン, M. ファン
◇バンコン少年抑留所日誌(共著)(川戸れい子訳)：教科書に書かれなかった戦争 pt.24 ジャワ・オラン

ダ人少年抑留所　梨の木舎　1997.10　229, 3p

Nugent, William　ニュージェント, ウィリアム
◇催眠の利用(北川晴美訳)：ソーシャルワーク・トリートメント―相互連結理論アプローチ　上　フランシス・J.ターナー編，米本秀仁監訳　中央法規出版　1999.4　574p

Numata, Wendy　ヌマタ, W.＊
◇ダウン症児たちにおける舌の突出：ダウン症候群と療育の発展―理解の向上のために　Valentine Dmitriev, Patricia L.Oelwein編著, 竹井和子訳　協同医書出版社　1992.6　274p

Numbers, Ronald L.　ナンバーズ, ロナルド・L.
◇創造論者：神と自然―歴史における科学とキリスト教　デイビッド・C.リンドバーグ, R.L.ナンバーズ編, 渡辺正雄監訳　みすず書房　1994.6　528, 48p

Nunamaker, Jay F. , Jr.　ナナメーカー, J. F. , Jr.＊
◇価値を生み出す技術―グループへのフォーカスの変化(共著)：新リレーションとモデルのためのIT企業戦略とデジタル社会　ゲイリー・ディクソン, ジェラルディン・デサンクティス編, 橘立克朗ほか訳　ピアソン・エデュケーション　2002.3　305p

Nussbaum, Joseph　ナスバウム, ジョゼフ
◇気体状態における物質の粒子性 他：子ども達の自然理解と理科授業　R.ドライヴァー, E.ゲスン, A.ティベルギェ編, 貫井正納ほか訳, 内田正男監訳　東洋館出版社　1993.2　249p

Nussbaum, Martha Craven　ヌスバウム, マーサ・C.
◇アリストテレス―マーサ・ヌスバウムとの対話(共著)(川口雅之訳)：西欧哲学の系譜―第一線の哲学者が語る西欧思想の伝統　ブライアン・マギー編, 高頭直樹ほか訳　晃洋書房　1993.5　482p
◇返青 他(能川元一訳)：国を愛するということ―愛国主義の限界をめぐる論争　マーサ・C.ヌスバウム他著, 辰巳伸知, 能川元一訳　人文書院　2000.5　269p
◇カントと世界市民主義：カントと永遠平和―世界市民という理念について　ジェームズ・ボーマン, マティアス・ルッツ=バッハマン編, 紺野茂樹, 田辺俊明, 舟場保之訳　未来社　2006.1　261p

Nüsslein-Volhard, Christiane　ニュスライン=フォルハルト, クリスチアーネ
◇どうして男の子と女の子がいるの?：ノーベル賞受賞者にきく子どものなぜ? なに?　ベッティーナ・シュティーケル編, 畔上司訳　主婦の友社　2003.1　286p
◇どうして男の子と女の子がいるの?：ノーベル賞受賞者にきく子どものなぜ? なに?　ベッティーナ・シュティーケル編, 畔上司訳　主婦の友社　2005.10　222p

Nuthall, Linda　ナットホール, リンダ
◇サプライチェーン・マネジメント・ツール―リスクを最小化し利益を最大化するための：サプライチェーン戦略　ジョン・ガトーナ編, 前田健蔵, 田村誠一訳　東洋経済新報社　1999.3　377p　(Best solution)

Nye, David E.　ナイ, デイヴィッド・E.
◇ディスコースの集合体としてのアメリカ研究(村上陽介訳)：アメリカ研究の方法　デイヴィッド・W.ノーブル編著, 相本資子ほか訳　山口書店　1993.8　311p
◇内部告発とビジネス倫理(共著)(小林宏臣訳)：内部告発―その倫理と指針　David B.Lewis編, 日本技術士会訳編　丸善　2003.2　159p

Nye, Joseph S. , Jr.　ナイ, ジョセフ・S. , Jr.
◇情報革命と新安全保障秩序 他(共著)：新脅威時代の「安全保障」―『フォーリン・アフェアーズ』アンソロジー　ジョセフ・S.ナイほか著, 竹下興喜監訳　中央公論社　1996.9　255p
◇情報化時代のソフトパワーを検証する(共著)：フォーリン・アフェアーズ傑作選―アメリカとアジアの出会い 1922-1999　下　フォーリン・アフェアーズ・ジャパン編・監訳　朝日新聞社　2001.2　327, 7p
◇勢力均衡論では二十一世紀は説明できない：ネオコンとアメリカ帝国の幻想　フォーリン・アフェアーズ・ジャパン編・監訳, 竹下興喜監訳　朝日新聞社　2003.7　292, 6p
◇序論―グローバル化の実態(共著)：グローバル化で世界はどう変わるか―ガバナンスへの挑戦と展望　ジョセフ・S.ナイ Jr., ジョン・D.ドナヒュー編著, 嶋本恵美訳　英治出版　2004.9　477p　(英治出版MPAシリーズ)
◇自由主義の伝統(中道寿一訳)：シビリアン・コントロールとデモクラシー　L.ダイアモンド, M.F.プラットナー編, 中道寿一監訳　刀水書房　2006.3　256p　(人間科学叢書 42)

Nygren, Lennart　ニグレン, レンナート
◇新たな政策、新たな言葉―スカンジナビア社会政策におけるサービス概念(共著)：社会ケアサービス―スカンジナビア福祉モデルを解く鍵　ヨルマ・シビラ編著, 日野秀逸訳　本の泉社　2003.7　333p

Nylund, David　ナイランド, デイヴィッド
◇暴力を振るう男性と行う内在化された他者への質問法(共著)(土岐篤史訳)：構成主義的心理療法ハンドブック　マイケル・F.ホイト編, 児島達美監訳　金剛出版　2006.9　337p

Nyssens, Marthe　ニッセンズ, マース
◇欧州サードセクターの定義(共著)：欧州サードセクター―歴史・理論・政策　A.エバース, J.-L.ラヴィル編, 内山哲朗, 柳沢敏勝訳　日本経済評論社　2007.6　368p

【O】

Oakley, Francis　オークレイ, フランシス
◇無知な群衆と真夜中の衝突：人文科学に何が起きたか―アメリカの経験　A.カーナン編, 木村武史訳　玉川大学出版部　2001.10　301p　(高等教育シリーズ 109)

Oakley, Ros　オークレイ, ロス
◇これまで通りのビジネスができなくなるとしたら(共著)：トリプルボトムライン―3つの決算は統合できるか?　エイドリアン・ヘンリクス, ジュリー・リチャードソン編, 大江宏, 小山良訳　創成社　2007.4　250p

Oates, R. Kim　オーツ, R. キム
◇乳幼児の発育不全(共著)：虐待された子ども―ザ・バタード・チャイルド　メアリー・エドナ・ヘルファ, ルース・S.ケンプ, リチャード・D.クルーグマン編, 子どもの虐待防止センター監修, 坂井聖二監訳　明石書店　2003.12　1277p

Obaze, David オバーゼ, デビッド
◇黒人とボランティア活動：市民生活とボランティア―ヨーロッパの現実 ロドニ・ヘドリー, ジャスティン・デービス・スミス編, 小田兼三, 野上文夫監訳 新教出版社 1993.9 318p

Oberdorfer, Don オーバードーファー, ドン
◇駐日米大使たち・一九七七.-一九九六年(関元訳)：日米戦後関係史―パートナーシップ 1951-2001 入江昭, ロバート・A.ワンプラー編, 細谷千博, 有賀貞監訳 講談社インターナショナル 2001.9 389p

Oberhuber, Konrad オーバーフーバー, コンラート
◇黒板絵をめぐって 芸術作品としてのシュタイナーの黒板絵：ルドルフ・シュタイナー遺された黒板絵 ルドルフ・シュタイナーほか著, ヴォルター・クーグラ編, 高橋巌訳 筑摩書房 1996.11 154p

Oberman, T. A. オバーマン, T. A. *
◇ "教育の目的は人間そのものを育てることにある" と述べられた：心にのこる最高の先生―イギリス人の語る教師像 上林喜久子編訳著 関東学院大学出版会 2004.11 97p
◇ "教育の目的は人間そのものを育てることにある" と述べられた：イギリス人の語る心にのこる最高の先生 上林喜久子編訳 関東学院大学出版会 2005.6 68p

Obradovic, Josip オブラドヴッチ, J.
◇企業の意思決定への参加 他(村上綱実訳)：参加的組織の機能と構造―ユーゴスラヴィア自主管理企業の理論と実践 J.オブラドヴッチ, W.N.ダン編著, 笠原清志監訳 時潮社 1991.4 574p

O'Brien, David オブライエン, D. *
◇オペレーショナルリスク情報の定義と収集―リスク軽減と資本配分における応用(共著)：オペレーショナルリスク―金融機関リスクマネジメントの新潮流 アーサーアンダーセン編・訳 金融財政事情研究会 2001.1 413p

O'Brien, D. P. オブライエン, デニス・P.
◇マーシャルと古典派経済学(岩下伸朗訳)：マーシャル経済学の体系 J.K.ホイティカー編著, 橋本昭一監訳 ミネルヴァ書房 1997.8 377p (マーシャル経済学研究叢書 3)

O'Brien, Edward L. オブライエン, エドワード・L.
◇法律、民主主義および人権のためのコミュニティ教育(室進一訳)：世界の人権教育―理論と実践 ジョージ J.アンドレオポーロス, リチャード・ピエール・クロード編著, 黒沢惟昭訳 明石書店 1999.2 758p

O'Brien, Patricia オブライエン, パトリシア
◇ミシェル・フーコーの文化史：文化の新しい歴史学 リン・ハント編, 筒井清忠訳 岩波書店 1993.1 363, 5p (NEW HISTORY)
◇ミシェル・フーコーの文化史：文化の新しい歴史学 リン・ハント編, 筒井清忠訳 岩波書店 2000.9 363, 5p (岩波モダンクラシックス)

Obrowsky, Walter オブロブスキー, W.
◇プロセス効率を改善する―シーメンス・オーストリア社のケース(共著)(小酒井正和訳)：ARISを活用したチェンジマネジメント―ビジネスプロセスの変革を管理する A.-W.シェアー, F.アボルハッサン, W.ヨースト, M.F.W.キルヒマー編, 堀内正博, 田中正郎, 柳堀紀幸監訳 シュプリンガー・フェアラーク東京 2003.12 216p

Obst, Gabriele オープスト, ガブリエレ
◇キリスト者は旧約聖書の律法を守るべきか 他(共著)：キリスト教とユダヤ教―キリスト教信仰のユダヤ的ルーツ F.クリュゼマン, U.タイスマン編, 大住雄一訳 教文館 2000.12 232p

Ockham, William オッカム, ウィリアム
◇命題集第一巻註解(オルディナティオ) 他：中世思想原典集成 18 後期スコラ学 上智大学中世思想研究所編訳・監修 平凡社 1998.9 923p
◇教皇ベネディクトゥス(12世)への反論(1337年) 他(池谷文夫訳)：宗教改革著作集 第1巻 宗教改革の先駆者たち 教文館 2001.7 289p

O'Connell, Stephen A. オコンネル, S.
◇ミンスキー恐慌(共著)：金融不安定性と景気循環 ウィリー・ゼムラー編, 浅田統一郎訳 日本経済評論社 2007.7 353p (ポスト・ケインジアン叢書)

O'Connor, David オコナー, デービッド
◇環境政策と持続可能な発展：開発のための政策一貫性―東アジアの経済発展と先進諸国の役割 経済協力開発機構(OECD)財務省財務総合政策研究所共同研究プロジェクト 河合正弘, 深作喜一郎編著・監訳, マイケル・G.プランマー, アレクサンドラ・トルチアック=デュヴァル編著 明石書店 2006.3 650p

O'Connor, Kathleen M. オコナー, キャスリーン・M.
◇エレミヤ書 他(加藤明子訳)：女性たちの聖書注解―女性の視点で読む旧約・新約・外典の世界 C.A.ニューサム, S.H.リンジ編, 加藤明子, 小野功生, 鈴木元子訳, 荒井章三, 山内一郎日本語版監修 新教出版社 1998.3 682p

O'Connor, Larry オコナー, ラリー
◇「太陽の町」―ハイチ：お気をつけて、いい旅を。―異国で出会った悲しくも可笑しい51の体験 メアリー・モリス, ポール・セロー, ジョー・ゴアス, イザベル・アジェンデ, ドミニク・ラピエールほか著, 古屋美登里, 中俣真知子訳 アスペクト 1995.7 366p

O'Connor, Patrick J. オコーナー, P. J. *
◇オーバートレーニングとステイルネス(上村真訳)：身体活動とメンタルヘルス ウイリアム・P.モーガン編, 竹中晃二, 征矢英昭監訳 大修館書店 1999.4 362p

O'Day, Gail R. オデイ, ゲイル・R.
◇ヨハネ書I・II・III 他(鈴木元子訳)：女性たちの聖書注解―女性の視点で読む旧約・新約・外典の世界 C.A.ニューサム, S.H.リンジ編, 加藤明子, 小野功生, 鈴木元子訳, 荒井章三, 山内一郎日本語版監修 新教出版社 1998.3 682p

Odhner, Hugo Lj オードナー, ヒューゴ・Lj
◇創造の宇宙論：スウェーデンボルグの創造的宇宙論 ヒューゴ・オドナー他著, 高橋和夫訳 めるくまーる 1992.11 276p

Odling-Smee, F. John オドリング・スミー, F. ジョン*
◇ミームの進化(共著)(坪井りん訳)：ダーウィン文化論―科学としてのミーム ロバート・アンジェ編, ダニエル・デネット序文, 佐倉統, 巌谷薫, 鈴木崇史, 坪

井りん訳　産業図書　2004.9　277p

Odo, Franklin　オードー, フランクリン
◇人種・民族（共著）：ハワイ楽園の代償　ランドール・W.ロス編　有信堂高文社　1995.9　248p

Odoni, Amedeo R.　オドーニ, A. *
◇都市交通と航空輸送のモデル（共著）（五十嵐幸仁, 宮村安治訳）：公共政策ORハンドブック　S.M.Pollock, M.H.Rothkopf, A.Barnett編, 大山達雄監訳　朝倉書店　1998.4　741p

Oelwein, Patricia L.　オールウェイン, P. L. *
◇プリスクールと幼稚園プログラム：目標達成のための方法 他：ダウン症候群と療育の発展―理解の向上のために　Valentine Dmitriev, Patricia L.Oelwein編著, 竹井和子訳　協同医書出版社　1992.6　274p

Oerter, Rolf　エルター, R.
◇生涯にわたる発達課題―古い概念への新しいアプローチ（高辻玲子訳）：生涯発達の心理学　3巻　家族・社会　東洋, 柏木恵子, 高橋恵子編・監訳　新曜社　1993.10　293p

Oester, Stefan　エスター, ステファン
◇ボスニアとヨーロッパ：ボスニア戦争とヨーロッパ　N.ステファノフ, M.ヴェルツ編, 佐久間穆訳　朝日新聞社　1997.4　288p

Oesterreich, Klaus　オーステライヒ, K. *
◇老年精神医学における自立能力（Kompetenz）の伝達：高齢者の自立能力―今日と明日の概念 III 老年学週間論文集　Chr.Rott, F.Oswald編, 石井毅訳　長寿社会開発センター　1994.3　200p

Oettingen, Gabriele　オッティンゲン, G.
◇自己効力における比較文化的視点（春木豊訳）：激動社会の中の自己効力　アルバート・バンデューラ編, 本明寛, 野口京子監訳　金子書房　1997.11　352p

Offermann, Lynn R.　オファーマン, リン・R.
◇リーダーが部下に翻弄される時：いかに「問題社員」を管理するか　Diamondハーバード・ビジネス・レビュー編集部編訳　ダイヤモンド社　2005.1　262p（Harvard business review anthology）

O'Flanagan, Patrick　オフラナガン, パトリック
◇アイルランドにおける定住の展開と取引一六〇〇一一八〇〇, 予備的調査：アイルランドとスコットランド―比較社会経済史　T.M.ディヴァイン, D.ディクソン編著, 津波古充文訳　論創社　1992.8　474p

Ofreneo, Rene E.　オフレネオ, レネ・E.
◇フィリピンにおける売買春（共著）（津田守訳）：セックス「産業」―東南アジアにおける売買春の背景　リン・リーン・リム編著, 津田守他訳　日本労働研究機構　1999.12　334p

Ofreneo, Rosalinda Pineda　オフレネオ, ロサリンダ・ピニェダ
◇フィリピンにおける売買春（共著）（津田守訳）：セックス「産業」―東南アジアにおける売買春の背景　リン・リーン・リム編著, 津田守他訳　日本労働研究機構　1999.12　334p

Ogan, Christine L.　オーガン, クリスティン・L.
◇コミュニケーションと開発―女性たちの輪（共著）（小玉美意子訳）：新しいコミュニケーションとの出会い―ジェンダーギャップの橋渡し　ラモーナ・R.ラッ

シュ, ドナ・アレン, 村松泰子編訳　垣内出版　1992.4　314, 10p

Ogata, Ken　オガタ, ケン
◇行政における業績の再定義（共著）：業績評価の理論と実務―事業を成功に導く専門領域の障壁を越えて　アンディ・ニーリー編著, 清水孝訳　東洋経済新報社　2004.4　459p

Ogawa, Yoshikazu　オガワ, ヨシカズ
◇地域及び国別主要文献目録（葛城浩一訳）：構造改革時代における大学教員の人事政策―国際比較の視点から　広島大学高等教育研究開発センター編著　広島大学高等教育研究開発センター　2004.3　160p（COE研究シリーズ 5）

Ogilvie, Dan　オグルヴィー, ダン
◇懸念すべき状況といつくしまれる結末（長尾力訳）：「意識」の進化論―脳 こころ AI　ジョン・ブロックマン編, 長尾力ほか訳　青土社　1992.10　366p

Ogilvy, David　オーグルビー, デビッド
◇リーダーシップ（前田寛子訳）：ビジネスの知恵50選―伝説的経営者が語る成功の条件　ピーター・クラス編, 佐藤洋一監訳　トッパン　1999.2　543p（トッパンのビジネス経営書シリーズ 26）

Ogle, John William　オーグル, ジョン・ウィリアム
◇晩婚論（田中太郎訳）：世界女性学基礎文献集成　明治大正編第4巻　水田珠枝監修　ゆまに書房　2001.6　439p

Ogston, W. D.　オグストン, ウィリアム・D.
◇「イヴの三つの顔」再考（共著）：多重人格障害―その精神生理学的研究　F.パトナム他著, 笠原敏雄編　春秋社　1999.6　296p

O'Hagan, Howard　オヘイガン, ハワード
◇マーケットマイクロストラクチャー（共著）（大橋和彦訳）：ファイナンスハンドブック　R.A.Jarrow, V.Maksimovic, W.T.Ziemba編, 今野浩, 古川浩一監訳　朝倉書店　1997.12　1121p

O'Hanlon, William Hudson　オハンロン, ウィリアム
◇可能性療法（原口葉一郎, 竹田菜穂子訳）：構成主義的心理療法ハンドブック　マイケル・F.ホイト編, 児島達美監訳　金剛出版　2006.9　337p

O'Hear, Philip　オヒアー, フィリップ
◇アクランド・バーリー校の反いじめキャンペーン（共著）：学校でのピア・カウンセリング―いじめ問題の解決にむけて　ヘレン・コウイー, ソニア・シャープ編, 高橋通子訳　川島書店　1997.6　210p

Ohlsson, Stellan　ウルソン, S. *
◇認知の診断におけるパス仮説に関する心理学的評価（共著）：知的教育システムと学習　Heinz Mandl, Alan Lesgold編, 菅井勝雄, 野嶋栄一郎監訳　共立出版　1992.5　370p

Okamura, Norman H.　オカムラ, ノーマン・H.
◇政府の腐敗：ハワイ楽園の代償　ランドール・W.ロス編　有信堂高文社　1995.9　248p

Okazawa-Rey, Margo　オカザワ・レイ, M. *
◇貧困にあるコミュニティ・オブ・カラー（COC）のエンパワーメント―セルフヘルプ・モデル：ソーシャル

ワーク実践におけるエンパワーメント―その理論と実際の論考集　L.M.グティエーレス, R.J.パーソンズ, E.O.コックス編著, 小松源助監訳　相川書房　2000.6　333p

Okri, B.　オクリ, B. *
◇生徒が本来持っている能力を引き出すことが教育である：心にのこる最高の先生―イギリス人の語る教師像　上林喜久子編訳著　関東学院大学出版会　2004.11　97p
◇生徒が本来持っている能力を引き出すことが教育である：イギリス人の語る心にのこる最高の先生　上林喜久子訳　関東学院大学出版会　2005.6　68p

Olbrich, Erhard　オルブリッヒ, E. *
◇高齢者の自立能力 (Kompetenz) 的行動―新時代を画する側面：高齢者の自立能力―今日と明日の概念 III　老年学週間論文集　Chr.Rott, F.Oswald編, 石井毅訳　長寿社会開発センター　1994.3　200p

Oldfield, Amelia　オールドフィールド, アメリア
◇音楽を介した前言語的コミュニケーション：言語障害をのりこえるために：音楽療法ケーススタディ　上児童・青年に関する17の事例　ケネス・E.ブルシア編, 酒井智華ほか訳　音楽之友社　2004.2　285p

Oldfield, Dick　オールドフィールド, ディック
◇捜査側のニーズに対する支援 (本間洋司訳)：犯罪者プロファイリング―犯罪行動が明かす犯人像の断片　ジャネット・L.ジャクソン, デブラ・A.ベカリアン編, 田村雅幸監訳, 辻典明, 岩見広一訳編　北大路書房　2000.3　234p

Olds, G. D.　オールズ, G. D.
◇家庭と性教育 (馬場嘉市, 蜂谷貞子訳)：性と生殖の人権問題資料集成―編集復刻版　第32巻　不二出版　2001.9　320p

O'Leary, K. Daniel　オリアリイ, K. D.
◇親の気分がその行動に及ぼす影響 (共著)(内山伊知郎訳)：家族の感情心理学―そのよいときも、わるいときも　E.A.ブレックマン編著, 浜治世, 松山義則監訳　北大路書房　1998.4　275p

O'Leary, Ted　オリアリー, T. *
◇人間を計算可能にして統治すること (共著)(国部克彦訳)：社会・組織を構築する会計―欧州における学際的研究　アンソニー・G.ホップウッド, ピーター・ミラー編著, 岡野浩, 国部克彦, 柴健次監訳　中央経済社　2003.11　390p

Oliveira, Angela Martins　オリヴェイラ, アンジェラ・マーティンス
◇労働：マクミラン近未来地球地図　イアン・ピアスン編, 松井孝典監訳　東京書籍　1999.11　115p

Oliveira de Aguiar, Roberto　オリヴェイラ・デ・アギアール, ロベルト
◇ブラジルにおける選挙運動費用：民主主義のコスト―政治資金の国際比較　H.E.アレキサンダー, 白鳥令編著, 岩崎正洋他訳　新評論　1995.11　261p

Oliver, Chris　オリヴァー, C. *
◇「問題行動」の機能分析へのアナログ方法論の適用：重度知的障害への挑戦　ボブ・レミントン編, 小林重雄監訳, 藤原義博, 平沢紀子他訳　二瓶社　1999.3　461p

Olivera, Carlos E.　オリベラ, カルロス・E.
◇比較教育学における「知」(三浦真琴訳)：比較教育学の理論と方法　ユルゲン・シュリーバー編著, 馬越徹, 今井重孝監訳　東信堂　2000.11　278p

Oliver-Smith, Anthony　オリヴァー＝スミス, アンソニー
◇災害の人類学的研究の意義 他 (共著)：災害の人類学―カタストロフィと文化　スザンナ・M.ホフマン, アンソニー・オリヴァー＝スミス編著, 若林佳史訳　明石書店　2006.11　327p

Olivet, Scott　オリヴェット, スコット
◇実行性を念頭に置いた計画 (共著)：企業の未来像―成功する組織の条件　フランシス・ヘッセルバイン, マーシャル・ゴールドスミス, リチャード・ベックハード編, 小坂恵理訳　トッパン　1998.7　462p (トッパンのビジネス経営書シリーズ 14)

Olivier-Martin, Fr.　オリヴィエ・マルタン, Fr.
◇パリ地方慣習法 (共著)：塙浩著作集―西洋法史研究 15　フランス債務法史　塙浩訳著　信山社出版　1998.3　844p

Oller, Olga Brody　オラー, オルガ・ブロディ
◇仕事 (共著)：アドラーの思い出　G.J.マナスター, G.ペインター, D.ドイッチュ, B.J.オーバーホルト編, 柿内邦博, 井原文子, 野田俊作訳　創元社　2007.6　244p

Olsen, David　オルセン, デーヴィッド
◇管理能力のないヒットメーカー社員をどのように扱うべきか (共著)：人材育成のジレンマ―ハーバード・ビジネス・レビューケースブック　Harvard Business Review編, Diamondハーバード・ビジネス・レビュー編集部訳　ダイヤモンド社　2004.12　219p

Olsen, James B.　オルセン, J. B. *
◇コンピュータ教育測定の4世代 (共著)(繁桝算男訳)：教育測定学　下巻　ロバート・L.リン編, 池田央, 藤田恵璽, 柳井晴夫, 繁桝算男訳・編　学習評価研究所　1992.12　411p

Olsen, Søs Balch　オルセン, セス・バルク
◇生活の質の向上―デンマーク (共著)(岩切昌宏訳)：北欧の知的障害者―思想・政策と日常生活　ヤン・テッセブロー, アンデシュ・グスタフソン, ギューリ・デューレンダール編, 二文字理明監訳　青木書店　1999.8　289p

Olssen, Mark　オルセン, マーク
◇競争国家における義務教育 (抄)(共著)(村上真抄訳)：ニュージーランド福祉国家の再設計―課題・政策・展望　ジョナサン・ボストン, ポール・ダルジール, スーザン・セント・ジョン編, 芝田英昭, 福地潮人監訳　法律文化社　2004.12　394p

Olsztynski, Pawl　オルスティンスキー, P. *
◇戦略とプロセス―ポーランドZEC社における二兎追いプロジェクト (共著)：ARISを活用したビジネスプロセスマネジメント―欧米の先進事例に学ぶ　A.-W.シェアー他共編, 堀内正彦, 田中正郎, 柳堀紀幸監訳　シュプリンガー・フェアラーク東京　2003.7　281p

Omi, Michael　オミ, マイケル
◇天国など存在しないと想像してごらん―反動の時代におけるラディカル・ポリティクス (共著)：ラディカル・デモクラシー―アイデンティティ, シティズン

シップ、国家　デイヴィッド・トレンド編，佐藤正志ほか訳　三嶺書房　1998.4　408p

Ominami, Carlos　オミナミ，カルロス
◇国際的危機から世界的危機へ（共著）（坂口明義訳）：国際レジームの再編　R.ボワイエ，山田鋭夫共同編集　藤原書店　1997.9　374p　（レギュラシオン・コレクション 4）

O'Neill, Eugene Gladstone　オニール，ユージン
◇ユージン・オニール（内野儀訳）：インタヴューズ 1　クリストファー・シルヴェスター編，新庄哲夫ほか訳　文芸春秋　1998.11　462p

Ong, Michael K.　オン，M. K.＊
◇オペレーショナルリスクの計量化について—別の視点からの議論：オペレーショナルリスク—金融機関リスクマネジメントの新潮流　アーサーアンダーセン編・訳　金融財政事情研究会　2001.1　413p

Ong, Walter J.　オング，ウォルター・J.
◇印刷、スペース、閉ざされたテキスト：歴史のなかのコミュニケーション—メディア革命の社会文化史　デイヴィッド・クローリー，ポール・ヘイヤー編，林進，大久保公雄訳　新曜社　1995.4　354p

Oosterveld, Jan P.　オスターバルト，ヤン・P.
◇内部ガバナンスの変更（共著）：MITスローン・スクール 戦略論　マイケル・A.クスマノ，コンスタンチノス・C.マルキデス編，グロービス・マネジメント・インスティテュート訳　東洋経済新報社　2003.12　287p

Oostra, Roel　ウースター，ルール
◇未知への冒険 他：図説失われた聖櫃　ルール・ウースター，グラハム・ハンコック他著，大出健訳　原書房　1996.12　309, 10p
◇ノアの箱船はどこに漂着したか？：図説超古代の謎　ロエル・オーストラ編，ロバート・ボーヴァルほか著，平井吉夫訳　河出書房新社　1997.10　127p

Opitz, Claudia　オピッツ，クラウディア
◇束縛と自由（一二五〇～一五〇〇年）：女の歴史 2〔2〕中世 2　杉村和子，志賀亮一監訳　クリスティアーヌ・クラピシュ＝ズュベール編　藤原書店　1994.5　p437～886

Opotow, Susan　オプトウ，S.
◇攻撃性と暴力：紛争管理の新たな視点と方向性　レビン小林久子訳編，モートン・ドイッチ，ピーター・T.コールマン編　日本加除出版　2003.10　285p

Orenstein, Gloria Feman　オレンスタイン，グロリア・フェマン
◇癒しの芸術家—いのちを産む文化をめざして：世界を織りなおす—エコフェミニズムの開花　アイリーン・ダイアモンド，グロリア・フェマン・オレンスタイン編，奥田暁子，近藤和子訳　学芸書林　1994.3　457, 12p

Oreščanin, Bogdan　オレスカニン，B.＊
◇解放戦争と民族の歴史的目ざめ—闘争要因の一つとしての人間：ユーゴスラビアの全人民防衛　〔防衛研修所〕　1975　82p　（研究資料 75RT-2）

Oresick, Robert　オーレシック，R.＊
◇役員室のグリーニングのために（共著）（見目善弘訳）：グリーニングチャレンジ—企業の環境戦略　Kurt Fischer, Johan Schot編，藤森敬三監訳，日本電気環境エンジニアリング訳　日科技連出版　1999.8　419p

Oresme, Nicole d'　オレーム，ニコル
◇質と運動の図形化：中世思想原典集成 19　中世末期の言語・自然哲学　上智大学中世思想研究所編訳・監修　平凡社　1994.1　615p

Orgel, Stephen　オーゲル，スティーヴン
◇王の劇場と王の演じる役（有路雍子訳）：ルネサンスのパトロン制度　ガイ・フィッチ・ライトル，スティーヴン・オーゲル編著，有路雍子，成沢和子，舟木茂子訳　松柏社　2000.7　570p

Origenes　オリゲネス
◇創世記講話/出エジプト記講話/民数記講話：中世思想原典集成 1　初期ギリシア教父　上智大学中世思想研究所編訳・監修　平凡社　1995.2　877p

Orlandi, Lisanio R.　オルランディ，L. R.
◇社会科教育における学習の評価（関明美訳）：学習評価ハンドブック　B.S.ブルーム他著，渋谷憲一ほか訳　第一法規出版　1989.12　2冊

Orlin, Theodore S.　オーリン，テオドレ・S.
◇民主主義への移行期にある三カ国での人権教育の実施—ルーマニア，スロヴァキア，アルバニア（共著）（梨土雄太郎訳）：世界の人権教育—理論と実践　ジョージ・J.アンドレオポーロス，リチャード・ピエール・クロード編著，黒沢惟昭監訳　明石書店　1999.2　758p

Orlowska, Danuta　オルロウスカ，ダニュータ
◇不満の訴えから運動へ（共著）（周藤泰之訳）：脱施設化と地域生活—英国・北欧・米国における比較研究　ジム・マンセル，ケント・エリクソン編著，中園康夫，末光茂監訳　相川書房　2000.7　318p

Orr, Alberta L.　オル，アルバータ・L.
◇高齢化と視覚喪失—協力援助体制への基礎知識：高齢化社会と視覚障害—新世紀に向けたアメリカの挑戦　ジョン・E.クルーズ，フランク・J.ウイッテントン編，岩橋明子訳監修　日本盲人福祉委員会　2003.1　302p

Orr, Robert M., Jr.　オアー，ロバート・M.，Jr.
◇対外援助と日米間の政治的課題—新たな世界秩序の模索—ポスト冷戦時代の開発援助と日米協力　海外開発評議会編，市川博也監訳　国際開発ジャーナル社　1995.3　334p　（IDJ library）

Ortega, Debra　オルテガ，D.＊
◇家族のエンパワーメント（共著）：ソーシャルワーク実践におけるエンパワーメント—その理論と実際の論考集　L.M.グティエーレス，R.J.パーソンズ，E.O.コックス編著，小松源助監訳　相川書房　2000.6　333p

Orton, Joe　オートン，ジョー
◇ジョー・オートン（吉田美枝訳）：インタヴューズ 2　クリストファー・シルヴェスター編，新庄哲夫ほか訳　文芸春秋　1998.11　451p

Örücü, Esin　エルジュ，E.＊
◇スコットランド報告（山口裕美訳）：訴訟法における法族の再検討　小島武司編著　中央大学出版部　1999.4　578p　（日本比較法研究所研究叢書 46）

Osbaldeston, Gordon　オズバルデストン, ゴードン
◇対外政策の決定：カナダの外交―その理念と政策　J.L.グラナツティンほか編, 吉田健正訳　御茶の水書房　1994.8　200p　(カナダ社会科学叢書 第4巻)

Osborn, Hazel　オズボーン, H.(社会福祉)*
◇一つのドア―多くの部屋：1974～1995年(松平千佳訳)：医療ソーシャルワークの挑戦―イギリス保健関連ソーシャルワークの100年　ジョアン・バラクローほか編著, 児島美都子, 中村永司監訳　中央法規出版　1999.5　271p

Osborne, Avril　オズボーン, アブリル
◇児童保護活動における機関相互間の協力(田沢あけみ訳)：児童虐待への挑戦　ウェンディ・スティントン・ロジャース, デニス・ヒーヴィー, エリザベス・アッシュ編著, 福知栄子, 中野敏子, 田沢あけみほか訳　法律文化社　1993.11　261p

Osborne, Carol　オズボーン, キャロル
◇バンドリングの競争の影響の評価：オーストラリアの事例(共著)：競争政策の経済学―競争政策の諸問題に対する経済学的アプローチ　ローレンス・ウー編, 大西利佳, 森信夫, 中島敏監訳　NERA　2005.11　173p

Osborne, Marian　オズボーン, マリアン
◇機会均等とアンチオプレッシブ実施のマネージメント(共著)(大澤智子訳)：NPOマネージメント―ボランタリー組織のマネージメント　スティーヴン・P・オズボーン編, ニノミヤ・アキイエ・H.監訳　中央法規出版　1999.3　388p

Osborne, Roger J.　オズボーン, R. J.
◇事例面接法による生徒の認識調査(共著)：認知構造と概念転換　L.H.T.ウエスト, A.L.パインズ編, 野上智行, 稲垣成097ft, 田中浩朗, 森藤義孝訳, 進藤公夫監訳　東洋館出版社　1994.5　327p

Osborne, Stephen P.　オズボーン, スティーヴン・P.
◇ボランタリー非営利セクターの何が「ボランタリー」であるのか？ 他(植戸貴子訳)：NPOマネージメント―ボランタリー組織のマネージメント　スティーヴン・P・オズボーン編, ニノミヤ・アキイエ・H.監訳　中央法規出版　1999.3　388p

O'Shaughnessy, Edna　オショーネシー, エドナ
◇精神病：奇怪な世界での思考作用の欠如(平井正三訳)：クラインとビオンの臨床講義　R.アンダーソン編, 木部則雄ほか訳　岩崎学術出版社　1996.10　226p　(現代精神分析双書 第2期 第20巻)
◇見えないエディプス・コンプレックス(田中晶子訳)：メラニー・クライントゥデイ 3 臨床と技法　E.B.スピリウス編, 松木邦裕監訳　岩崎学術出版社　2000.4　316p
◇臨床的事実とは何か：現代クライン派の展開　ロイ・シェーファー編, 福本修訳　誠信書房　2004.12　336p

O'Shea, Tim　オシエイ, T.*
◇物理の問題解決における認知的節約仮説とその教材開発における意味(共著)：知的教育システムと学習　Heinz Mandl, Alan Lesgold編, 菅井勝雄, 野嶋栄一郎監訳　共立出版　1992.5　370p

Osiek, Carolyn　オシェク, カロリン
◇ガラテヤ書(鈴木元子訳)：女性たちの聖書注解―女性の視点で読む旧約・新約・外典の世界　C.A.ニューサム, S.H.リンジ編, 加藤明子, 小野功生, 鈴木元子訳, 荒井章三, 山内一郎日本語版監修　新教出版社　1998.3　682p

Osler, Audrey　オスラー, オードリー
◇開発のための教育 他(川上具美訳)：世界の開発教育―教師のためのグローバル・カリキュラム　オードリー・オスラー編, 中里亜夫監訳, 中野和光, 吉野あかね, 川上具美訳　明石書店　2002.8　498p

Osler, Ruth　オスラー, ルース
◇あとがき(高鷲志子訳)：本・子ども・図書館―リリアン・スミスが求めた世界　アデル・フェイジックほか編, 高鷲志子, 高橋久子訳　全国学校図書館協議会　1993.12　239p

Osman, Sanusi　オスマン, サヌシ
◇エスニック連帯と階級的連帯 他：マレーシア～多民族社会の構造　サイド・フシン・アリ編著, 小野沢純, 吉田典巧訳　井村文化事業社　1994.6　288p　(東南アジアブックス 114―マレーシアの社会 4)

Oster, Peter　オスター, P.*
◇高齢者の自立能力(Kompetenz)と長寿―医学的観点から：高齢者の自立能力―今日と明日の典範 III 老年学週間論文集　Chr.Rott, F.Oswald編, 石井毅訳　長寿社会開発センター　1994.3　200p

Osterhammel, J.　オースターハメル, ユルゲン
◇ふたつの社会経済学―シュンペーターとヴェーバー：マックス・ヴェーバーとその同時代人群像　W.J.モムゼン, J.オースターハメル, W.シュベトカー編著, 鈴木広, 米沢和彦, 嘉目克彦監訳　ミネルヴァ書房　1994.9　531, 4p

Osterhaven, M. Eugene　オスターヘーベン, M. ユージン
◇信仰・理性・神学：改革派神学の新しい視座―アイラ・ジャン・ヘッセリンクJr.博士献呈論文集　ユージン・P.ハイデマンほか著, 池永倫明, 池永順一共訳　一麦出版社　2002.6　206p

Osterloh, Margit　オステロフ, マーギット
◇業績給は本当に従業員に動機を与えるものなのか(共著)：業績評価の理論と実務―事業を成功に導く専門領域の障壁を越えて　アンディ・ニーリー編著, 清水孝訳　東洋経済新報社　2004.4　459p

Osterman, Paul　オスターマン, ポール
◇仕事およびスキルへのITのインパクト：情報技術と企業変革―MITから未来企業へのメッセージ　マイケル・S.スコット・モートン編, 砂田登士夫ほか訳, 宮川公男, 上田泰監訳　富士通経営研修所　1992.10　509p　(富士通ブックス)

Ostrom, Elinor　オストロム, エリノア
◇市場でも国家でもなく(共著)(関谷登訳)：公共選択の展望―ハンドブック 第1巻　デニス・C.ミューラー編, 関谷登, 大岩雄次郎訳　多賀出版　2000.1　296p
◇ノルムと効率性：平等主義の政治経済学―市場・国家・コミュニティのための新たなルール　サミュエル・ボールズ, ハーバート・ギンタス他著, エリック・オリン・ライト編, 遠山弘徳訳　大村書店　2002.7　327, 20p

Ostrosky, Joyce　オストロスキー, ジョイス
◇シェアード・セービング制度と環境管理会計―革新的な化学薬品の供給戦略（共著）：緑の利益―環境管理会計の展開　マーティン・ベネット, ピーター・ジェイムズ編著, 国部克彦監修, 海野みづえ訳　産業環境管理協会　2000.12　542p

Ostrowski, James　オストロフスキ, ジェイムズ
◇ドラッグ解禁について考える：ドラッグ全面解禁論　ディヴィッド・ボアズ編, 樋口幸子訳　第三書館　1994.11　364p

Oswald, Andrew J.　オズワルド, アンドリュー・J.
◇経済学の進歩とミクロ・データ：フューチャー・オブ・エコノミクス―21世紀への展望　ガルブレイス他著, J.D.ヘイ編, 鳥居泰彦訳　同文書院インターナショナル　1992.11　413p

Oswald, Wolf D.　オズワルド, W. D.*
◇高齢者の自立能力（Kompetenz）と知能―認知機能の改善：高齢者の自立能力―今日と明日の概念 III　老年学週間論文集　Chr.Rott, F.Oswald編, 石井毅訳　長寿社会開発センター　1994.3　200p

Otazo, Karen L.　オタゾ, カレン
◇国や文化を越えるコーチング：エグゼクティブ・コーチング―経営幹部の潜在能力を最大限に引き出す　キャサリン・フィッツジェラルド, ジェニファー・ガーヴェイ・バーガー編, 日本能率協会コンサルティング訳　日本能率協会マネジメントセンター　2005.4　370p

Otley, David　オットレー, デイビッド
◇業績評価の会計的視点：業績評価の理論と実務―事業を成功に導く専門領域の障壁を越えて　アンディ・ニーリー編著, 清水孝訳　東洋経済新報社　2004.4　459p

Otterman, Gabriel　オッターマン, ガブリエル
◇カンボジアにおける医療専門家への人権教育プログラム（共著）（松岡廣路訳）：世界の人権教育―理論と実践　ジョージ・J.アンドレオポーロス, リチャード・ピエール・クロード編著, 黒沢惟昭監訳　明石書店　1999.2　758p

Otto, Werner　オットー, ヴェルナー
◇ヴェルナー・オットー：ドイツ企業のパイオニア―その成功の秘密　ヴォルフラム・ヴァイマー編著, 和泉雅人訳　大修館書店　1996.5　427p

Overby, Charles M.　オーバービー, チャールズ・M.
◇付録1 オーバービー氏の初の来日平和講演記録（対訳）：第9条と国際貢献―戦争のない世界を求めて　勝守寛著　影書房　2003.11　171p

Overy, Richard　オヴァリー, リチャード・J.
◇空の戦い（共著）：ヒトラーが勝利した世界―歴史家たちが検証する第二次大戦・60の"if"　ハロルド・C.ドイッチュ, デニス・E.ショウォルター編, 守屋純訳　学習研究社　2006.10　671p　（WW selection）

Owen, Alan R. G.　オーウェン, アラン・R・G.
◇超心理学―失敗か成功か：超常現象のとらえにくさ　笠原敏雄編　春秋社　1993.7　776, 61p

Owen, Charlie　オーウェン, C.
◇政府の世帯調査（金子治平訳）：現代イギリスの政治算術―統計は社会を変えるか　D.ドーリング, S.シンプソン編著, 岩井浩ほか監訳　北海道大学図書刊行会　2003.7　588p

Owen, Iris　オーウェン, アイリス・M.
◇四年目の"フィリップ"：超常現象のとらえにくさ　笠原敏雄編　春秋社　1993.7　776, 61p

Owen, Margaret Tresch　オーウェン, マーガレット・トレッシュ
◇母親の就労と親であることへの移行（共著）（中村悦子訳）：母親の就労と子どもの発達―縦断的研究　エイデル・E.ゴットフライド, アレン・W.ゴットフライド編著, 佐々木保行監訳　ブレーン出版　1996.4　318p

Owens, Robert　オーウィンズ, ロバート
◇認知発達と言語指導（細渕富夫訳）：知的障害者の言語とコミュニケーション　上　マイケル・ベヴェリッジ, G.コンティ・ラムズデン, I.リュダー編, 今野和夫, 清水貞夫監訳　学苑社　1994.4　285p

Owens, V. Jann　オーエンズ, V. J.*
◇学校（共著）（泊祐子訳）：地域精神保健看護　ナンシー・K.ワーレイ原著編集, 早川和生監訳　医学書院　1999.9　304p

Oz, Amos　オズ, アモス
◇ダビッド・ベン＝グリオン：TIMEが選ぶ20世紀の100人　上巻　指導者・革命家・科学者・思想家・起業家　徳岡孝夫監訳　アルク　1999.11　332p

Ozouf, Mona　オズーフ, モナ
◇ヴァレンヌ逃亡… 他（垂水洋子訳）：フランス革命事典　1　フランソワ・フュレ, モナ・オズーフ編, 河野健二, 阪上孝, 富永茂樹監訳　みすず書房　1998.6　349p　（みすずライブラリー）
◇サン＝ジュスト 他（北垣徹訳）：フランス革命事典　2　フランソワ・フュレ, モナ・オズーフ編, 河野健二, 阪上孝, 富永茂樹監訳　みすず書房　1998.12　228p　（みすずライブラリー）
◇ジロンド派 他（河野健二訳）：フランス革命事典　3　フランソワ・フュレ, モナ・オズーフ編, 河野健二, 阪上孝, 富永茂樹監訳　みすず書房　1999.3　234p　（みすずライブラリー）
◇革命的宗教（阪上孝訳）：フランス革命事典　4　フランソワ・フュレ, モナ・オズーフ編, 河野健二, 阪上孝, 富永茂樹監訳　みすず書房　1999.9　331p　（みすずライブラリー）
◇ヴォルテール 他（柏木加代子訳）：フランス革命事典　5　フランソワ・フュレ, モナ・オズーフ編, 河野健二, 阪上孝, 富永茂樹監訳　みすず書房　2000.3　281p　（みすずライブラリー）
◇二人の子どものフランス巡歴 他（共著）（平野千果子訳）：記憶の場―フランス国民意識の文化＝社会史　第2巻　ピエール・ノラ編, 谷川稔監訳　岩波書店　2003.1　412, 13p
◇フランス革命 美徳の恐怖政治：世界で一番美しい愛の歴史　J.ルーゴフほか述, Dominique Simonnet編, 小倉孝誠, 後平隆, 後平澪子訳　藤原書店　2004.12　269p

Özsunay, Ergun　エズスネイ, E.*
◇トルコ報告（二羽和彦訳）：訴訟法における法族の再検討　小島武司編著　中央大学出版部　1999.4　578p　（日本比較法研究所研究叢書 46）

【P】

Packer, Frank パッカー, フランク
◇長期信用銀行の役割とメインバンク・システム：日本のメインバンク・システム 青木昌彦, ヒュー・パトリック編, 東銀リサーチインターナショナル訳 東洋経済新報社 1996.5 495p
◇日本における不良債権処理(竹内哲治訳)：日本金融システムの危機と変貌 星岳雄, ヒュー・パトリック編, 筒井義郎監訳 日本経済新聞社 2001.5 360p

Packer, Tracy パッカー, トレイシー
◇鎮静剤, 手術, そして足の爪(共著)(田上昭観訳)：パーソン・センタード・ケア—認知症・個別ケアの創造的アプローチ スー・ベンソン編, 稲谷ふみ枝, 石崎淳一監訳 改訂版 クリエイツかもがわ 2007.5 145p

Pacoe, L. V. ペコー, ラリー・V.
◇「イヴの三つの顔」再考(共著)：多重人格障害—その精神生理学的研究 F.パトナム他著, 笠原敏雄編 春秋社 1999.6 296p

Padden, Carol パッデン, キャロル
◇ろう社会とろう者の文化(鈴木清史訳)：アメリカのろう文化 シャーマン・ウィルコックス編, 鈴木清史, 酒井信雄, 太田憲男訳 明石書店 2001.3 301p (明石ライブラリー 29)

Padel, John ペイデル, J. *
◇現在の思考における自我(堤啓訳)：英国独立学派の精神分析—対象関係論の展開 G.コーホン編, 西園昌久監訳 岩崎学術出版社 1992.6 278p (現代精神分析双書 2-17)

Padoa-Schioppa, Tommaso パドア・スキオッパ, トマーゾ
◇ヨーロッパ中央銀行の見通し(岡本義行訳)：イタリアの金融・経済とEC統合 ロザリオ・ボナヴォーリア編, 岡本義行ほか訳 日本経済評論社 1992.6 304p

Pagano, Ugo パガノ, U.
◇情報技術と組織的均衡の多様性(西部忠訳)：進化する資本主義 横川信治, 野口真, 伊藤誠編著 日本評論社 1999.2 323, 10p

Pagli, John Michael, Jr. パグリ, ジョン・マイケル, Jr.
◇転換社債アービトラージ戦略におけるリスク管理(共著)：実践ヘッジファンド投資—成功するリスク管理 バージニア・レイノルズ・バーカー編, 徳岡国見監訳 日本経済新聞社 2001.8 425p

Pain, Barry ペイン, バリー
◇インタヴューはありがたいか, 迷惑か？(岩崎徹訳)：インタヴューズ 1 クリストファー・シルヴェスター編, 新庄哲夫ほか訳 文芸春秋 1998.11 462p

Paine, Robert ペイン, ロバート
◇危険とリスク否定論：災害の人類学—カタストロフィと文化 スザンナ・M.ホフマン, アンソニー・オリヴァー＝スミス編著, 若林佳史訳 明石書店 2006.11 327p

Pajk, Marilyn ペイジュク, M. *
◇褥瘡(共著)：日本版MDS-HC 2.0在宅ケアアセスメントマニュアル John N.Morris他編著, 池上直己訳 医学書院 1999.9 294p
◇褥瘡(共著)：日本版MDS-HC 2.0在宅ケアアセスメントマニュアル John N.Morris他編著, 池上直己訳 新訂版 医学書院 2004.11 298p

Pakaluk, Michael パカラック, マイケル
◇ジョン・ロールズの自由主義：岐路に立つ自由主義—現代自由主義理論とその批判 C.ウルフ, J.ヒッティンガー編, 菊池理夫ほか訳 ナカニシヤ出版 1999.4 297p (叢書「フロネーシス」)

Palamās, Grēgorios パラマス, グレゴリオス
◇聖なるヘシュカスト(静寂主義者)のための弁護・講和集：中世思想原典集成 3 後期ギリシア教父・ビザンティン思想 上智大学中世思想研究所編訳・監修 平凡社 1994.8 975p

Palin, Michael ペリン, マイケル
◇デリー発ケリーゆき：世界・大鉄道の旅 クリーブ・アンダーソン他著, 種村直樹監訳, 栗原景訳 心交社 1997.5 295p

Palme, Joakim パーム, J. *
◇社会保障の給付と財源(伊沢知法, 稲富七海訳)：社会保障制度改革—日本と諸外国の選択 国立社会保障・人口問題研究所編 国立社会保障・人口問題研究所 2005.11印刷 323p (社会保障研究シリーズ)
◇社会保障の給付と財源(伊沢知法, 稲富七海訳)：社会保障制度改革—日本と諸外国の選択 国立社会保障・人口問題研究所編 東京大学出版会 2005.12 323p (社会保障研究シリーズ)

Palmer, John パーマー, ジョン
◇われわれはサイの事実性を立証したか 他：超常現象のとらえにくさ 笠原敏雄編 春秋社 1993.7 776, 61p

Palmer, Joy パルマー, ジョイ・A.
◇グロ・ハーレム・ブルントラント 他：環境の思想家たち 下(現代編) ジョイ・A.パルマー編, 須藤自由児訳 みすず書房 2004.11 320p (エコロジーの思想)

Palmer, Michael パーマー, マイケル(中国法)
◇法と社会制度—家族法と慣習法を中心にして(今泉慎也訳)：香港・1997年・法 安田信之編, 小林昌之, 今泉慎也訳 アジア経済研究所 1993.12 149p (経済協力シリーズ 法律 170)

Palmer, Paul パーマー, ポール
◇ボランタリー非営利管理者のための財務報告と会計(植戸貴子訳)：NPOマネージメント—ボランタリー組織のマネージメント スティーヴン・P.オズボーン編, ニノミヤ・アキエ・H.監訳 中央法規出版 1999.3 388p

Palmer, Sarah パーマー, セーラ
◇中国に蔓延するHIVの脅威(共著)：次の超大国・中国の憂鬱な現実 フォーリン・アフェアーズ・ジャパン編・監訳, 竹下興喜監訳 朝日新聞社 2003.4 267, 3p (朝日文庫—フォーリン・アフェアーズ・コレクション)

Palmer, Tom G. パーマー, トム・G.
◇合法化を「一本」打たなくちゃ(共著)：ドラッグ全面解禁論 ディヴィッド・ボアズ編, 樋口幸平訳 第三書館 1994.11 364p

Paludan, Johan Peter パルーダン, ヨハン・ペーター
◇2025年には個別化学習はどうなるか：個別化していく教育　OECD教育研究革新センター編著, 岩崎久美子訳　明石書店　2007.7　227p　(OECD未来の教育改革 2)

Pampuch, Peter パムプッフ, ペーター
◇授業と治療：ドイツにおける精神遅滞者への治療理論と方法—心理・教育・福祉の諸アプローチ　ジルビア・ゲアレス, ゲルト・ハンゼン編, 三原博光訳　岩崎学術出版社　1995.5　198p

Pandey, Gyanendra パーンデー, ギャーネンドラ
◇日本語版への序文 他：サバルタンの歴史—インド史の脱構築　R.グハほか著, 竹中千春訳　岩波書店　1998.11　360p

Pangestu, Mari パンゲスツ, マリ
◇東南アジアにおけるグローバル化の社会的影響：開発途上国におけるグローバル化と貧困・不平等　リチャード・コール編著, 及川裕二訳　明石書店　2004.11　176p

Paniagua, Freddy A. パニアーガ, F. A. *
◇言行一致訓練と言語的媒介（野口幸弘訳）：挑戦的行動の先行子操作—問題行動への新しい援助アプローチ　ジェームズ・K.ルイセリー, マイケル・J.キャメロン編, 園山繁樹ほか訳　二瓶社　2001.8　390p

Panikkar, Raimundo パニカー, レイムンド
◇ヨルダン河, ティベル河, ガンジス河—キリスト教的自覚の三つのカイロス的契機：キリスト教の絶対性を超えて—宗教的多元主義の神学　ジョン・ヒック, ポール・F.ニッター編, 八木誠一, 樋口恵訳　春秋社　1993.2　429p

Pankhurst, Christabel パンクハースト, クリスタベル
◇クリスタベル・パンクハースト（吉田利子訳）：インタヴューズ 1　クリストファー・シルヴェスター編, 新庄哲夫ほか訳　文芸春秋　1998.11　462p

Pankhurst, Estelle Sylvia パンカースト, シルヴィア
◇母を救へ（牧賽一, 磯村英一訳）：世界女性学基礎文献集成　昭和初期編 第13巻　水田珠枝監修　ゆまに書房　2001.12　20, 362p

Pannenberg, Wolfhart パネンベルク, ヴォルフハルト
◇緒論 他：歴史としての啓示　ヴォルフハルト・パネンベルク編, 大木英夫ほか訳　聖学院大学出版会　1994.11　322p
◇精神とその他者（共著）（山口誠一, 座小田豊訳）：続・ヘーゲル読本—翻訳篇／読みの水準　D.ヘンリッヒ他著, 加藤尚武, 座小田豊編訳　法政大学出版局　1997.3　324, 12p
◇多元主義と真理主張—宗教の神学の諸問題：キリスト教は他宗教をどう考えるか—ポスト多元主義の宗教と神学　G.デコスタ編, 森本あんり訳　教文館　1997.11　330p

Panoff, Michel パノフ, ミシェル
◇オセアニアの神話：無文字民族の神話　ミシェル・パノフ他著, 大林太良, 宇野公一郎訳　新装復刊　白水社　1998.10　281, 12p

Panozzo, Fabrizio パノッツォ, F. *
◇ジノ・ザッパ—財務会計における制度主義者：世界の会計学者—17人の学説入門　ベルナルド・コラス編著, 藤田晶子訳　中央経済社　2007.10　271p

Pantazis, Christina パンタツィス, C.
◇犯罪と犯罪の恐怖に「貧しい人たち」のほうが出会いやすいか（共著）（福島利夫訳）：現代イギリスの政治算術—統計は社会を変えるか　D.ドーリング, S.シンプソン編著, 岩井浩ほか監訳　北海道大学図書刊行会　2003.7　588p

Papanek, Ernst パパーネック, エルンスト
◇仕事（共著）：アドラーの思い出　G.J.マナスター, G.ペインター, D.ドイッチュ, B.J.オーバーホルト編, 柿内邦博, 井原文子, 野田俊作訳　創元社　2007.6　244p

Papanek, Helene パパーネック, ヘレネ
◇友人と仲間（共著）：アドラーの思い出　G.J.マナスター, G.ペインター, D.ドイッチュ, B.J.オーバーホルト編, 柿内邦博, 井原文子, 野田俊作訳　創元社　2007.6　244p

Pape, Wolfgang パーペ, ヴォルフガング
◇オムニラテラリズム—東アジアに向かうEUと米国 他：東アジア21世紀の経済と安全保障—ヨーロッパからの警告　ヴォルフガング・パーペ編, 田中素香, 佐藤秀夫訳　東洋経済新報社　1997.9　232p

Pappadopoulos, George J. パパドプウロス, G. J. *
◇CMBSのためのモンテカルロ価格評価モデル 他：CMBS—商業用モーゲージ証券 成長する新金融商品市場の特徴と実務　フランク・J.ファボッツィ, デイビッド・P.ジェイコブ編, 酒井吉広監訳, 野村証券CMBS研究会訳　金融財政事情研究会　2000.12　672p

Paracelsus, Philippus Aureolus パラケルスス
◇聖ヨハネ草について, 磁石の力について, 魔術について, 神と人の合一について：キリスト教神秘主義著作集 16　近代の自然神秘思想　中井章子, 本間邦雄, 岡部雄三訳　教文館　1993.8　614, 42p

Parad, Howard J. パラド, ハワード・J.
◇危機介入（共著）：心的外傷の危機介入—短期療法による実践　ハワード・J.パラド, リビー・G.パラド編, 河野貴代美訳　金剛出版　2003.9　259p

Parad, Libbie G. パラド, リビー・G.
◇危機介入（共著）：心的外傷の危機介入—短期療法による実践　ハワード・J.パラド, リビー・G.パラド編, 河野貴代美訳　金剛出版　2003.9　259p

Pardoe, Jon パードウ, ジョン
◇マルコム・ケネディ：英国と日本—架橋の人びと　サー・ヒュー・コータッツィ, ゴードン・ダニエルズ編, 横山俊夫解説, 大山瑞代訳　思文閣出版　1998.11　503, 68p
◇同時代英国の日本時評（真壁広道訳）：日英交流史—1600-2000　5　社会・文化　細谷千博, イアン・ニッシュ監修　都築忠七, ゴードン・ダニエルズ, 草光俊雄編　東京大学出版会　2001.8　398, 8p

Parin, Paul パリン, パウル
◇西側の大うそ：ボスニア戦争とヨーロッパ　N.ステ

ファノフ, M.ヴェルツ編, 佐久間穆訳 朝日新聞社 1997.4 288p

Park, Russ パーク, ラス
◇スピリチュアル・エマージェンス・ネットワーク(共著)：スピリチュアル・エマージェンシー——心の病と魂の成長について スタニスラフ・グロフ, クリスティーナ・グロフ編著, 高岡よし子, 大口康子訳 春秋社 1999.6 341, 8p

Park, Sung-Jo パク, S. P. *
◇グローバリゼーション理解の類似性と多様性(鄭炳武, 高橋由明訳)：グローバリゼーションと東アジア シンポジウム研究叢書編集委員会ほか編 中央大学出版部 2004.7 356p (中央大学学術シンポジウム研究叢書 4)

Parke, Ross D. パーク, ロス・D.
◇変動している世界の中の子どもの研究 他(共著)(本田時雄訳)：時間と空間の中の子どもたち——社会変動と発達への学際的アプローチ グレン・H.エルダー, ジョン・モデル, ロス・D.パーク編, 本田時雄監訳 金子書房 1997.10 379p

Parker, Frederick D. パーカー, フレデリック・D.
◇真珠湾(共著)：ヒトラーが勝利する世界——歴史家たちが検証する第二次大戦・60の"if" ハロルド・C.ドイッチュ, デニス・E.ショウォルター編, 守屋純訳 学習研究社 2006.10 671p (WW selection)

Parker, Ian パーカー, I.
◇質的データと「客観的」事実の主観性(上藤一郎, 木村和範訳)：現代イギリスの政治算術——統計は社会を変えるか D.ドーリング, S.シンプソン編著, 岩井浩ほか監訳 北海道大学図書刊行会 2003.7 588p

Parker, Peter パーカー, ピーター
◇フォレットの5つの現代的意義——最も多く引用されながら最も注目されない人物(高橋公夫訳)：メアリー・パーカー・フォレット 管理の予言者 ポウリン・グラハム編, 三戸公, 坂井正広監訳 文真堂 1999.5 360p

Parkhurst, Jennifer T. パーカースト, J. *
◇児童期の仲間からの拒否と孤独感(共著)(篠数朝子訳)：子どもと仲間の心理学——友だちを拒否するこころ S.R.アッシャー, J.D.クーイ編著, 山崎晃, 中沢潤監訳 北大路書房 1996.7 447p

Parkins, Caroline パーキンズ, C. *
◇HIV感染者——エイズ患者とソーシャルワーク(前田美也子訳)：医療ソーシャルワークの挑戦——イギリス保健関連ソーシャルワークの100年 ジョアン・バラクローほか編著, 児島美都子, 中村永司監訳 中央法規出版 1999.5 271p

Parkinson, Hargreaves パーキンソン, ハーグリーヴズ
◇証券取引所：『エコノミスト』の百年 1843-1943 エコノミスト社編, 岸田理訳 日本経済評論社 1994.11 320p

Parkinson, Michael パーキンソン, マイケル
◇契約の概念と慣行(共著)(江口真理子訳)：人間と組織 本名信行, 秋山高二, 竹下裕子, ベイツ・ホッファ, ブルックス・ヒル編著 三修社 2005.9 312p (異文化理解とコミュニケーション 第2版 2)

Parlow, Anita パーロウ, アニタ
◇公式記事の向こう側——ジャーナリストが知らねばならぬこと(佐藤貴虎訳)：世界の人権教育——理論と実践 ジョージ・J.アンドレオポーロス, リチャード・ピエール・クロード編著, 黒沢惟昭監訳 明石書店 1999.2 758p

Parmelee, Harriet Frances パーメリー, H. F.
◇前橋ステーションを拠点とした宣教師の書簡(斉藤直一訳)：アメリカン・ボード宣教師文書——上州を中心として 新島学園女子短期大学新島文化研究所編訳 新教出版社 1999.2 432p

Parmenter, Trevor パーメンター, T. *
◇生活の質の次元分析(共著)：障害をもつ人にとっての生活の質——モデル・調査研究および実践 ロイ・I.ブラウン編著, 中園康夫, 末光茂監訳 相川書房 2002.5 382p

Parmentier, Klaus パルマンティーア, クラウス
◇東部ドイツにおける労働市場の動向——『労働市場モニター速報』の調査結果：統一ドイツの生活実態——不均衡は均衡するのか ヴォルフガング・グラッツァー, ハインツ・ヘルベルト・ノル編, 長坂聰, 近江谷左馬之介訳 勁草書房 1994.3 236p

Parrenas, Rhacel Salazar パレーニャス, R. S. *
◇ラセル・S.パレーニャス講演会「家族の幸せのために——フィリピン人海外労の経済的原因におけるジェンダー作用」：Caring for the Filipino family：F-GENSジャーナル——Frontiers of Gender Studies no.3 F-GENSジャーナル編集委員会編 お茶の水女子大学21世紀COEプログラムジェンダー研究のフロンティア 2005.3 327p

Parrish, John M. パリッシュ, J. M. *
◇医学的身体的ハンディキャップをもつ子どもの親訓練(共著)：共同治療者としての親訓練ハンドブック 下 Charles E.Schaefer, James M.Briesmeister編, 山上敏子, 大隈紘子監訳 二瓶社 1996.11 p334-648

Parsons, Charles パーソンズ, チャールズ
◇フレーゲの数の理論(小川芳範訳)：フレーゲ哲学の最新像——ダメット, パーソンズ, ブーロス, ライト, ルフィーノ, ヘイル, アクゼル, スントホルム 岡本賢吾, 金子洋之編 勁草書房 2007.2 374p (双書現代哲学 5)

Parsons, Ruth J. パーソンズ, R. J.
◇エンパワーメント志向プログラムにとっての好機を作り出す 他(共著)：ソーシャルワーク実践におけるエンパワーメント——その理論と実際の論考集 L.M.グティエーレス, R.J.パーソンズ, E.O.コックス編著, 小松源助監訳 相川書房 2000.6 333p

Parsons, Talcott パーソンズ, タルコット
◇アメリカの価値についての試論(進藤雄三訳)：近代性の理論——パーソンズの射程 ロランド・ロバートソン, ブライアン・S.ターナー編, 中久郎, 清野正義, 進藤雄三訳 恒星社厚生閣 1995.12 354, 37p

Parston, Greg パーストン, グレッグ
◇社会的成果をあげる：企業の未来像——成功する組織の条件 フランシス・ヘッセルバイン, マーシャル・ゴールドスミス, リチャード・ベックハード編, 小坂恵理訳 トッパン 1998.7 462p (トッパンのビジネス経営書シリーズ 14)

Pascale, Richard T. パスカル, リチャード・T.
◇カオスの縁でのマネジメント：MITスローン・スクール戦略論　マイケル・A.クスマノ, コンスタンチノス・C.マルキデス編, グロービス・マネジメント・インスティテュート訳　東洋経済新報社　2003.12　287p

Pascual, Amparo Serrano パスクュアル, アンパロ・セラーノ
◇国内行動計画における「ジェンダー主流化」の適用を比較する(共著)：ジェンダー主流化と雇用戦略―ヨーロッパ諸国の事例　ユテ・ベーニング, アンパロ・セラーノ・パスクュアル編, 高木郁朗, 麻生裕子編　明石書店　2003.11　281p

Pasha, Mustapha Kamal パシャ, ムスタファ・カマル
◇9・11同時多発テロと人間の安全保障(藤原郁郎訳)：人間の安全保障―世界危機への挑戦　佐藤誠, 安藤次男編　東信堂　2004.11　363p
◇ヘゲモニー、危険な帝国、そして人間の安全保障：多国間主義と同盟の狭間―岐路に立つ日本とオーストラリア　マイケル・シーゲル, ジョセフ・カミレーリ編　国際書院　2006.9　305p

Pasquino, Pasquale パスクィーノ, パスクァーレ
◇エマニュエル・シエースとカール・シュミットにおける《憲法制定権力》論―現代民主主義理論の基礎研究のための一寄与(初宿正典訳)：カール・シュミットの遺産　ヘルムート・クヴァーリチュ編, 初宿正典, 古賀敬太編訳　風行社　1993.10　402, 16p

Passerini, Luisa パセリーニ, ルイサ
◇消費社会と大衆文化(次田健作訳)：女の歴史　5〔2〕二十世紀　2　G.デュビィ, M.ペロー監修, 杉村和子, 志賀亮一監訳　フランソワーズ・テボー編　藤原書店　1998.11　p517-1026

Passeron, Jean-Claude パスロン, ジャン＝クロード
◇教育場面における言語と言語に対する関係(共著)：教師と学生のコミュニケーション　ピエール・ブルデュー他著, 安田尚訳　藤原書店　1999.4　198p

Passmore, John パスモア, ジョン
◇ヒューム―ジョン・パスモアとの対話(共著)(長倉誠一訳)：西洋哲学の系譜―第一線の哲学者が語る西欧思想の伝統　ブライアン・マギー編, 高頭直樹ほか訳　晃洋書房　1993.5　482p

Pastizzi-Ferencic, Dunja パスティツィー＝フェレンチック, ドゥニャ
◇開発における女性と家族(中間美砂子訳)：転換期の家族―ジェンダー・家族・開発　N.B.ライデンフロースト編, 家庭経営学部会訳　日本家政学会　1995.3　360p

Pastoureau, Michel パストゥロー, ミシェル
◇神童、悪魔の申し子(田桐正彦訳)：図説天才の子供時代―歴史のなかの神童たち　E.ル・ロワ・ラデュリー, ミシェル・サカン編, 二宮敬監訳　新曜社　1998.1　446p
◇青から黒へ(徳井淑子, 伊藤亜紀訳)：中世衣生活誌―日常風景から想像世界まで　徳井淑子編訳　勁草書房　2000.4　216, 30p

Paterson, Hilary パタソン, ヒラリー
◇アクランド・バーリー校の反いじめキャンペーン(共著)：学校でのピア・カウンセリング―いじめ問題の解決にむけて　ヘレン・コウイー, ソニア・シャープ編, 高橋通子訳　川島書店　1997.6　210p

Paterson, Jane E. パターソン, J. E. *
◇もう一つの分野――一般医療へのアーモナーの導入(植田章訳)：医療ソーシャルワークの挑戦―イギリス保健関連ソーシャルワークの100年　ジョアン・バラクローほか編著, 児島美都子, 中村永司監訳　中央法規出版　1999.5　271p

Paterson, Ron パタースン, ロン
◇UK GAAP Generally Accepted Accounting Practice in the United Kingdom(共著)：元帳の締め切り　川島貞一訳　〔川島貞一〕　2002.8　1冊

Paterson, Thomas G. パタソン, トマス・G.
◇帝国への道　他(大辻千恵子訳)：アメリカの歴史　4　アメリカ社会と第一次世界大戦―19世紀末―20世紀　メアリー・ベス・ノートン他著　上杉忍ほか訳　三省堂　1996.9　317, 15p
◇砕かれた夢　他(上杉忍訳)：アメリカの歴史　5　大恐慌から超大国へ―20世紀　メアリー・ベス・ノートン他著　上杉忍ほか訳　三省堂　1996.11　310, 17p
◇ベトナムと冷戦―アメリカの外交政策　他(中條献訳)：アメリカの歴史　6　冷戦体制から21世紀へ―20世紀　メアリー・ベス・ノートン他著　上杉忍ほか訳　三省堂　1996.11　305, 17p

Paterson, William E. パターソン, W. E.
◇ドイツ連邦共和国(西ドイツ)：野党の再出現か？(共著)(高見仁訳)：西ヨーロッパの野党　E.コリンスキー編, 清水望監訳　行人社　1998.3　398p

Patience, Allan ペイシェンス, アラン
◇南太平洋における日豪両国のニッチ外交の可能性：多国間主義と同盟の狭間―岐路に立つ日本とオーストラリア　マイケル・シーゲル, ジョセフ・カミレーリ編　国際書院　2006.9　305p

Patmore, Coventry パトモア, カヴェントリ
◇頑是なき我ら(植村正久訳)：植村正久著作集　第3巻　植村正久著, 熊野義孝, 石原謙, 斎藤勇, 大内三郎監修　新教出版社　2005.12　478p

Paton, Colin ペイトン, C. *
◇BTにおけるARIS(共著)：ARISを活用したビジネスプロセスマネジメント―欧米の先進事例に学ぶ　A.-W.シェアー他共編, 堀内正博, 田中正郎, 柳堀紀幸監訳　シュプリンガー・フェアラーク東京　2003.7　281p

Patrick, Hugh Talbot パトリック, ヒュー
◇序章　他(青木昌彦訳)：日本のメインバンク・システム　青木昌彦, ヒュー・パトリック編, 東銀リサーチインターナショナル訳　東洋経済新報社　1996.5　495p
◇日本の金融システム(共著)(鯉淵賢訳)：日本金融システムの危機と変貌　星岳雄, ヒュー・パトリック編, 筒井義郎監訳　日本経済新聞社　2001.5　360p
◇大平総理の遺産(渡辺昭夫訳)：アジア太平洋連帯構想　渡辺昭夫編著　NTT出版　2005.6　367p

Patricof, Alan J. パトリコフ, アラン・J.
◇CEOと取締役会のバランスをどうとるか(共著)：コーポレート・ガバナンス　Harvard Business Review編, Diamondハーバード・ビジネス・レビュー編集部訳　ダイヤモンド社　2001.6　270p

Pattanaik, Prasanta K.　パタナイク，プラサンタ・K.
◇選好集計のいくつかパラドックス（大岩雄次郎訳）：公共選択の展望—ハンドブック　第1巻　デニス・C.ミューラー編，関谷登，大岩雄次郎訳　多賀出版　2000.1　296p

Pattie, Charles　パティー，C.
◇イギリス選挙制度と有権者〈要約〉（共著）（良永康平訳）：現代イギリスの政治算術—統計は社会を変えるか　D.ドーリング，S.シンプソン編著，岩井浩ほか監訳　北海道大学図書刊行会　2003.7　588p

Pattison, George　パティソン，ジョージ
◇美学と「美学的なるもの」（江口聡訳）：キェルケゴール—新しい解釈の試み　A.マッキノン他著，桝形公也編・監訳　昭和堂　1993.6　324p（キェルケゴール叢書）
◇『建徳的談話』における言語とコミュニケーション（築山修道訳）：宗教と倫理—キェルケゴールにおける実存の言語性　C.S.エヴァンス，H.フェッター他著，桝形公也監訳　ナカニシヤ出版　1998.4　255p

Pattison, Ned　パティスン，ネッド
◇ドラッグをめぐる犯罪や汚職と戦うためにドラッグを合法化せよ：ドラッグ全面解禁論　デイヴィッド・ボアズ編，樋口幸子訳　第三書館　1994.11　364p

Patzaurek, Susanne　パッツォレック，スザンヌ
◇オーストリアの家族における男女のパートナーシップ（共著）：転換期の家族—ジェンダー・家族・開発　N.B.ライデンフロースト編，家庭経営学部会訳　日本家政学会　1995.3　360p

Paul, Bill　ポール，ビル
◇文化の異なる企業同士の合併をいかにして成功に導くか（共著）：組織変革のジレンマ—ハーバード・ビジネス・レビュー・ケースブック　Harvard Business Review編，Diamondハーバード・ビジネス・レビュー編集部訳　ダイヤモンド社　2004.11　218p

Paul, James C. N.　ポール，ジェームズ・C. N.
◇サブサハラ地域諸国における基本権の現状と課題（飯山昌弘訳）：アジア法の環境—非西欧法の法社会学　千葉正士編　成文堂　1994.12　192p（アジア法叢書 19）

Pauli, Gunter A.　パウリ，グンター
◇ゼロ・エミッション—二一世紀の産業クラスタ 他：ゼロ・エミッション—持続可能な産業システムへの挑戦　フリッチョフ・カプラ，グンター・パウリ編著　ダイヤモンド社　1996.3　240p

Paulinus, Anicius, Meropius Pontius　パウリヌス（ノラの）
◇歌謡31（加藤武訳）：中世思想原典集成　4　初期ラテン教父　上智大学中世思想研究所編訳・監修　平凡社　1999.6　1287p

Paulson, John　ポールソン，ジョン
◇M&Aアービトラージ戦略におけるリスク管理：実践ヘッジファンド投資—成功するリスク管理　バージニア・レイノルズ・パーカー編，徳岡国見監訳　日本経済新聞社　2001.8　425p

Paulus　パウルス3世
◇教会改革建議書（1537年）（加賀美久夫訳）：宗教改革著作集　第13巻　カトリック改革　教文館　1994.4　595p

Pavlat, Leo　パヴラート，レオ
◇ゴーレム—ある太古の伝説：図説超古代の謎　ロエル・オーストラ編，ロバート・ボーヴァルほか著，平井吉夫訳　河出書房新社　1997.10　127p

Payne, David　ペイン，デイヴィット
◇宇宙：マクミラン近未来地球地図　イアン・ピアスン編，松井孝典監訳　東京書籍　1999.11　115p

Paz, Octavio　パス，オクタビオ
◇歴史の終わりに西洋は東洋に目を向ける：知の大潮流—21世紀へのパラダイム転換　今世紀最高の頭脳が予見する未来　ネイサン・ガーデルズ編，仁保真佐子訳　徳間書店　1996.12　419p

Peace, Brian　ピース，B.*
◇ニュー・サウス・ウェールズの夜間大学（共著）：オーストラリアの生活文化と生涯教育—多文化社会の光と影　マーク・テナント編著，中西直和訳　松籟社　1995.9　268p

Peach, Ceri　ピーチ，ケリ
◇エスニックな多元性と都市 他（油井清光訳）：海外における日本人、日本のなかの外国人—グローバルな移民流動とエスノスケープ　岩崎信彦，ケリ・ピーチ，宮島喬，ロジャー・グッドマン，油井清光編　昭和堂　2003.2　482p

Peacock, Lyn　ピーコック，リン
◇高等教育における家庭内暴力の学習内容（大谷陽子，松岡明子訳）：転換期の家族—ジェンダー・家族・開発　N.B.ライデンフロースト編，家庭経営学部会訳　日本家政学会　1995.3　360p

Peale, Norman Vincent　ピール，ノーマン・ヴィンセント
◇あなたは驚くべき力を秘めている：セルフヘルプ—なぜ、私は困難を乗り越えられるのか 世界のビッグネーム自らの47の証言　ケン・シェルトン編著，堀紘一監訳　フロンティア出版　1998.7　301p
◇人生を最高に楽しむ法：成功大学　オグ・マンディーノ編，箱田忠昭訳　日本経営合理化協会出版局　1998.9　689p
◇人生を最高に楽しむ法：成功大学　オグ・マンディーノ編，箱田忠昭訳　皮革携帯版　日本経営合理化協会出版局　1998.9　689p
◇ある一つの驚くべき奇跡：セルフヘルプ—自助＝他人に頼らず、自分の力で生きていく！　2　ケン・シェルトン編著，堀紘一監訳　フロンティア出版　1998.12　283p

Pearl, Peggy S.　パール，ペギー・S.
◇子どもの養育者をどう選ぶか 他：児童虐待の発見と防止—親や先生のためのハンドブック　ジェームズ・A.モンテリオン編著，加藤和生訳　慶応義塾大学出版会　2003.8　261p

Pearson, Christine　ピアソン，クリスティーン
◇変わり者をめぐる疑心暗鬼をいかになくすか（共著）：人材育成のジレンマ—ハーバード・ビジネス・レビューケースブック　Harvard Business Review編，Diamondハーバード・ビジネス・レビュー編集部訳　ダイヤモンド社　2004.12　219p
◇変わり者をめぐる疑心暗鬼をいかになくすか（共著）：「問題社員」の管理術—ケース・スタディ　Diamondハーバード・ビジネス・レビュー編集部訳　ダイヤ

Pearson, Debora ピアソン, デボラ
◇リリアン・H.スミスの著作から(鳥鷺志子訳)：本・子ども・図書館—リリアン・スミスが求めた世界 アデル・フェイジックほか編, 鳥鷺志子, 高橋久子訳 全国学校図書館協議会 1993.12 239p モンド社 2007.1 263p （Harvard business review anthology）

Pearson, Ian ピアスン, イアン
◇つながる世界 他：マクミラン近未来地球地図 イアン・ピアスン編, 松井孝典監訳 東京書籍 1999.11 115p

Pearson, Stuart ピアソン, スチュアート
◇ベテランと若手が学び合う風土に変えられるか(共著)：組織変革のジレンマ—ハーバード・ビジネス・レビュー・ケースブック Harvard Business Review編, Diamondハーバード・ビジネス・レビュー編集部訳 ダイヤモンド社 2004.11 218p
◇「ベテランと若手」が学び合う風土に変えられるか(共著)：「問題社員」の管理術—ケース・スタディ Diamondハーバード・ビジネス・レビュー編集部編訳 ダイヤモンド社 2007.1 263p （Harvard business review anthology）

Pecaut, David K. ペコー, D. K. *
◇「妥協の排除」が成長を生み出す：成長戦略論 Harvard Business Review編, Diamondハーバード・ビジネス・レビュー編集部訳 ダイヤモンド社 2001.4 254p

Peccorini, Carole L. ペッコリーニ, キャロル・L.
◇禁じられた愛—ボルネオ島：お気をつけて、いい旅を。—異国で出会った悲しくも可笑しい51の体験 メアリー・モリス, ポール・セロー, ジョー・ゴアス, イザベル・アジェンデ, ドミニク・ラビエールほか著, 古屋美登里, 中俣真知子訳 アスペクト 1995.7 366p

Peck, Jamie ペック, J.
◇魔術的経済学—雇用予測における「芸術」と「科学」(村上雅俊訳)：現代イギリスの政治算術—統計は社会を変えるか D.ドーリング, S.シンプソン編著, 岩井浩ほか監訳 北海道大学図書刊行会 2003.7 588p

Peck, Jennifer ペック, ジェニファー
◇女性に対する暴力：メディア・セクシズム—男がつくる女 ジュリアンヌ・ディッキー, テレサ・ストラトフォード, キャス・デイビス編, 井上輝子, 女性雑誌研究会編訳 垣内出版 1995.6 342p

Peck, Morgan Scott ペック, M. スコット
◇人間の選択力：セルフヘルプ—なぜ, 私は困難を乗り越えられるのか 世界のビッグネーム自らの47の証言 ケン・シェルトン編著, 堀紘一監訳 フロンティア出版 1998.7 301p

Pecotic, Branka ペコティック, B.
◇エドワード：自閉症とパーソナリティ アン・アルヴァレズ, スーザン・リード編, 倉光修監訳, 鵜飼奈津子, 広沢愛子, 若佐美奈子訳 創元社 2006.9 375p

Pedley, James Hilton ペドレー, H.
◇前橋ステーションを拠点とした宣教師の書簡(下田尾誠, 加賀田浩訳)：アメリカン・ボード宣教師文書—上州を中心として 新島学園女子短期大学新島文化研究所編訳 新教出版社 1999.2 432p

Peebles, Elinoore ピーブルズ, エリナ
◇同種療法と新教会(中川明博訳)：エマヌエル・スウェーデンボルグ—持続するヴィジョン ロビン・ラーセン編 春秋社 1992.11 307p

Pehnt, Wolfgang ペント, ヴォルフガング
◇生涯と作品 凡てに魂が吹き込まれて—ルドルフ・シュタイナーと人智学建築：ルドルフ・シュタイナー遺された黒板絵 ルドルフ・シュタイナーほか著, ヴォルター・クーグラ編, 高橋巌訳 筑摩書房 1996.11 154p

Pei, Minxin ペイ, ミンシン
◇統治危機が招く中国の憂鬱な未来—世界の対中認識は間違っている 他：次の超大国・中国の憂鬱な現実 フォーリン・アフェアーズ・ジャパン編・監訳, 竹下興喜監訳 朝日新聞社 2003.4 267, 3p （朝日文庫—フォーリン・アフェアーズ・コレクション）

Peifer, Daralyn B. ペイファー, デラリン・B.
◇ベンチマーク・ポートフォリオ：スポンサーの視点：年金資産運用マネジメントのすべて—プラン・スポンサーの新潮流 フランクJ.ファボッツィ編, 榊原茂樹監訳, 大和銀行信託財産運用部訳 金融財政事情研究会 1999.11 463p

Peiperl, Maury A. パイパール, モーリー・A.
◇三六〇度評価を成功させる法：人材育成の戦略—評価, 教育, 動機づけのサイクルを回す Diamondハーバード・ビジネス・レビュー編集部編訳 ダイヤモンド社 2007.3 450p （Harvard business review）

Pelagius ペラギウス
◇デメトリアスへの手紙(鎌田伊知郎訳)：中世思想原典集成 4 初期ラテン教父 上智大学中世思想研究所編訳・監修 平凡社 1999.6 1287p

Peled-Elhanan, Nurit プレド・エルハナン, ヌリット
◇母の訴え：もう戦争はさせない！—ブッシュを追いつめるアメリカ女性たち メディア・ベンジャミン, ジョディ・エヴァンス編, 尾川寿江監訳, 尾川寿江, 真鍋穣, 米沢清恵訳 文理閣 2007.2 203p

Pelizzon, Sheila ペリゾン, シーラ
◇世界人間福祉(共著)：転移する時代—世界システムの軌道1945—2025 I.ウォーラーステイン編, 丸山勝訳 藤原書店 1999.6 378p

Pellegrini, Claudio ペレグリーニ, クラウディオ
◇イタリアの労使関係(佐治孝夫訳)：新版 先進諸国の労使関係—国際比較：21世紀に向けての課題と展望 桑原靖夫, グレッグ・J.バンバー, ラッセル・D.ランズベリー編 日本労働研究機構 1994.7 452p
◇イタリアの雇用関係(佐治孝夫訳)：先進諸国の雇用・労使関係—国際比較：21世紀の課題と展望 桑原靖夫, グレッグ・バンバー, ラッセル・ランズベリー編 新版 日本労働研究機構 2000.7 551p

Pelletier, Rodney ペレティエ, R. *
◇商業用モーゲージローンのデフォルトとロス(共著)：CMBS—商業用モーゲージ証券 成長する新金融商品市場の特徴と実務 フランク・J.ファボッツィ, デイビッド・P.ジェイコブ編, 酒井吉廣監訳, 野村証券CMBS研究会訳 金融財政事情研究会 2000.12 672p

Pencavel, John　ペンカベル, ジョン
◇経済学と経済学者への期待：フューチャー・オブ・エコノミクス—21世紀への展望　ガルブレイス他著, J.D.ヘイ編, 鳥居泰彦訳　同文書院インターナショナル　1992.11　413p

Peng, T. K.　ペン, T. K.
◇経営管理方式の移転促進と海外派遣監督者の活用—日本のエレクトロニクス企業の経験から（共著）：リメイド・イン・アメリカ—日本的経営システムの再文脈化　ジェフリー・K.ライカー, W.マーク・フルーイン, ポール・S.アドラー編著, 林正樹監訳　中央大学出版部　2005.3　564p　(中央大学企業研究所翻訳叢書 9）

Peng, Zeping　ホウ, タクヘイ（彭沢平）
◇中国淪陥区における奴隷化教育について（共著）（世良正浩訳）：日本の植民地教育・中国からの視点　王智新編著　社会評論社　2000.1　297p

Penn, Roger　ペン, ロジャー
◇1980年代のイギリスにおけるフレキシビリティ—最近の検証（今井拓訳）：フォーディズムとフレキシビリティ—イギリスの検証　N.ギルバートほか編, 丸山恵司監訳　新評論　1996.9　238p

Pennant-Rea, Rupert　ペナント・リー, ルパート
◇イングランド銀行：昨日, 今日, 明日（浜田康行訳）：イングランド銀行の300年—マネーパワー影響　リチャード・ロバーツ, デーヴィッド・カイナストン編, 浜田康行ほか訳　東洋経済新報社　1996.12　329p
◇公共選択と公共政策（中村匡克訳）：経済政策の公共選択分析　アレック・クリスタル, ルパート・ペナンリー編, 黒川和美監訳　勁草書房　2002.7　232p

Penney, J. C.　ペニー, J. C.
◇一つは欲求, もう一つは決意（前田寛子訳）：ビジネスの知恵50選—伝説的経営者が語る成功の条件　ピーター・クラス編, 佐藤洋一監訳　トッパン　1999.2　543p　(トッパンのビジネス経営書シリーズ 26）

Pennington, Nancy　ペニントン, ナンシー
◇発達的観点から見た成人の思考（共著）（鈴木高志訳）：生涯発達の心理学　1巻　認知・知能・知恵　東洋, 柏木恵子, 高橋恵子編・監訳　新曜社　1993.10　250p

Pennington, Randy G.　ペニングトン, ランディ・G.
◇成功の設計図：セルフヘルプ—自助=他人に頼らず, 自分の力で生きていく！　2　ケン・シェルトン編著, 堀紘一監訳　フロンティア出版　1998.12　283p

Penrose, Edith　ペンローズ, エディス
◇歴史, 社会科学, および経済「理論」：特に多国籍企業との関連において（浅野栄一訳）：続 歴史のなかの多国籍企業—国際事業活動研究の拡大と深化　アリス・タイコーヴァ, モーリス・レヴィ・ルボワイエ, ヘルガ・ヌスバウム編, 浅野栄一, 鮎沢成男, 渋谷将, 竹村孝雄, 徳重昌志, 日高克平訳　中央大学出版部　1993.4　334p　(中央大学企業研究所翻訳叢書 6）

Penrose, Roger　ペンローズ, ロジャー
◇数学的知：知のしくみ—その多様性とダイナミズム　J.カルファ編, 今井邦彦訳　新曜社　1997.8　308p

Pepper, Jon　ペッパー, ジョン
◇数学研究：ニュートン復活　J.フォーベル編, 平野葉一ほか訳　現代数学社　1996.11　454p

Percheron, Gérard　ペルシュロン, ジェラール
◇神経神話—大脳, 個人, 種, および社会：個人についてポール・ヴェーヌ他著, 大谷尚文訳　法政大学出版局　1996.1　189p　(叢書・ウニベルシタス 517）

Perera, M. H. B.　ペレラ, M. H. B.
◇ニュージーランドにおける会計とその環境（共著）：アジア太平洋地域の会計　西村明ほか編, 西村明監訳　九州大学出版会　1995.8　285p

Peres, Shimon　ペレス, シモン
◇歴史における「狩りの時代」の終焉：知の大潮流—21世紀へのパラダイム転換 今世紀最高の頭脳が予見する未来　ネイサン・ガーデルズ編, 仁保真佐子訳　徳間書店　1996.12　419p
◇政治って何？：ノーベル賞受賞者にきく子どものなぜ？なに？　ベッティーナ・シュティーケル編, 畔上司訳　主婦の友社　2003.1　286p
◇政治って何？：ノーベル賞受賞者にきく子どものなぜ？なに？　ベッティーナ・シュティーケル編, 畔上司訳　主婦の友社　2005.10　222p

Pérez Perdomo, Rogelio　ペレス・ペルドーモ, ロヘリオ
◇ラテンアメリカ法社会学における西欧対非西欧（和田安弘訳）：アジア法の環境—非西欧法の法社会学　千葉正士編　成文堂　1994.12　192p　(アジア法叢書 19）

Perkin, Harold　パーキン, H.
◇イングランド社会の変貌のパターン（福石賢一訳）：高等教育の変貌1860-1930—拡張・多様化・機会開放・専門職化　コンラート・ヤーラオシュ編, 望田幸男, 安原義仁, 橋本伸也監訳　昭和堂　2000.10　374, 48p

Perkins, George W.　パーキンズ, ジョージ・W.
◇近代の会社（福原由美子訳）：ビジネスの知恵50選—伝説的経営者が語る成功の条件　ピーター・クラス編, 佐藤洋一監訳　トッパン　1999.2　543p　(トッパンのビジネス経営書シリーズ 26）

Perkins, Pheme　パーキンズ, フィーム
◇フィリピ書 他（鈴木元子訳）：女性たちの聖書注解—女性の視点で読む旧約・新約・外典の世界　C.A.ニューサム, S.H.リンジ編, 加藤明子, 小野功生, 鈴木元子訳, 荒井章三, 山内一郎日本語版監修　新教出版社　1998.3　682p

Perkins, Robert L.　パーキンズ, ロバート・L.
◇思慮分別（Klogskab)—美徳から悪徳へ（田中克明訳）：キェルケゴール—新しい解釈の試み　A.マッキノン他著, 桝形公也編・監訳　昭和堂　1993.6　324p　(キェルケゴール叢書）

Perkowski, Jan L.　ペルコウスキー, ヤン
◇スラブ文化における太陽（常田益代訳）：太陽神話—生命力の象徴　マダンジート・シン, UNESCO編, 木村重信監修　講談社　1997.2　309p

Perle, Richard N.　パール, リチャード・N.
◇サダム追放策の全貌を検証する—国際協調と単独行動主義の間（共著）：アメリカはなぜイラク攻撃をそんなに急ぐのか？　フォーリン・アフェアーズ・ジャパン編・監訳　朝日新聞社　2002.12　266, 4p　(朝日文庫—フォーリン・アフェアーズ・コレクション）

Perlitt, Lothar パーリット，ローター
◇「とこしえの光が射しこみ」(福音主義教会讃美歌第一五番四節、六節):光の降誕祭—20世紀クリスマス名説教集 ルードルフ・ランダウ編, 加藤常昭訳 再版 教文館 2004.9 308p

Perlmutter, Marion パールムッター，マリオン
◇記憶の生涯発達的アプローチ(唐沢真弓訳):生涯発達の心理学 1巻 認知・知能・知恵 東洋,柏木恵子,高橋恵子編・監訳 新曜社 1993.10 250p

Perlow, Leslie パルロー，レスリー
◇沈黙が組織を殺す(共著):組織行動論の実学—心理学で経営課題を解明する Diamondハーバード・ビジネス・レビュー編集部訳 ダイヤモンド社 2007.9 425p (Harvard business review)

Perlt, Birger ペールト，ビルイェル
◇生活の質の向上—デンマーク(共著)(岩切昌宏訳):北欧の知的障害者—思想・政策と日常生活 ヤン・テッセブロー,アンデシュ・グスタフソン,ギューリ・デューレンダール編,二文字理明訳 青木書店 1999.8 289p

Perold, Andre ペロルド，アンドレ・F.
◇金融機関におけるリスク・キャピタルの管理(共著):金融サービス業—21世紀への戦略 サムエル・L.ヘイズ3編,小西竜治監訳 東洋経済新報社 1999.10 293p

Perot, H. Ross ペロー，H. ロス
◇有能なリーダーを育てる「気配り」のすすめ:ウェルチはこうして組織を甦らせた—アメリカ・トップリーダーからの経営処方箋29 ケン・シェルトン編著,堀紘一監修・訳 フロンティア出版 1999.12 281p

Perraudin, William ペローディン，W.＊
◇証券取引に関する不正事件—経営陣のためのケーススタディと問題点(共著):オペレーショナルリスク—金融機関リスクマネジメントの新潮流 アーサーアンダーセン編・訳 金融財政事情研究会 2001.1 413p

Perrault, Charles ペロー，シャルル
◇赤ずきんちゃん(三宮郁子訳):「赤ずきん」の秘密—民俗学的アプローチ アラン・ダンダス編,池上嘉彦,山崎和恕,三宮郁子訳 紀伊国屋書店 1994.12 325p
◇赤ずきんちゃん(三宮郁子訳):「赤ずきん」の秘密—民俗学的アプローチ アラン・ダンダス編,池上嘉彦ほか訳 新版 紀伊国屋書店 1996.6 325p

Perrin, Pat ペリン，パット
◇メディア・ニュートラル(共著)(長尾力訳):「意識」の進化論—脳 こころ AI ジョン・ブロックマン編,長尾力ほか訳 青土社 1992.10 366p

Perrons, Diane ペロンズ，D.
◇消えている主体か—政府統計にジェンダーを求めて(岩崎俊夫訳):現代イギリスの政治計算術—統計は社会を変えるか D.ドーリング,S.シンプソン編著,岩井浩ほか監訳 北海道大学図書刊行会 2003.7 588p

Perrot, Michelle ペロー，ミシェル
◇女性,権力,歴史:女性史は可能か ミシェル・ペロー編,杉村和子,志賀亮一監訳 藤原書店 1992.5 435p
◇序 他:「女の歴史」を批判する G.デュビィ,M.ペロー編,小倉和子訳 藤原書店 1996.5 259p
◇女性史を書く 他(共著)(杉村和子訳):ヘーゲル—イラスト版 R.スペンサー文,A.クラウゼ絵,椋田直子訳 現代書館 1996.9 174p (For beginnersシリーズ 77)
◇家のそとに出る(次田健作訳):女の歴史 4 [2] 十九世紀 2 杉村和子,志賀亮一監訳 ジュヌヴィエーヴ・フレス,ミシェル・ペロー編 藤原書店 1996.10 p513～992
◇女性史を書く(共著)(杉村和子,志賀亮一訳):女の歴史 5 [1] 二十世紀 1 G.デュビィ,M.ペロー監修,杉村和子,志賀亮一監訳 フランソワーズ・テボー編 藤原書店 1998.2 515p
◇フランスの女性史研究はどこまできたか(塩川浩子訳):女たちのフランス思想 棚沢直子編 勁草書房 1998.9 297, 11p
◇最近三年間の女性史(1984—1987年) 他(志賀亮一訳):女性史は可能か ミシェル・ペロー編,杉村和子,志賀亮一監訳 新版 藤原書店 2001.4 437p

Perry, Arthur Latham ペリー，A. L.＊
◇彼理氏普増補改正理財原論.巻1—巻10(川本清一訳):幕末・明治初期邦訳経済学書 6 井上琢智編集・解説 ユーリカ・プレス c2006 486p (幕末・明治期邦訳経済学書復刻シリーズ 第1期)

Perry, John Weir ペリー，ジョン・ウィアー
◇精神の出現と刷新:スピリチュアル・エマージェンシー—心の病と魂の成長について スタニスラフ・グロフ,クリスティーナ・グロフ編著,高岡よし子,大口康子訳 春秋社 1999.6 341, 8p

Perry, Jonathan ペリー，J.(障害者福祉)＊
◇生活の質:用語の広がりと測定への視点(共著):障害をもつ人にとっての生活の質—モデル・調査研究および実践 ロイ・I.ブラウン編著,中園康夫,末光茂監訳 相川書房 2002.5 382p

Perry, Matthew Calbraith ペリー，マシュー・C.
◇日本人,西洋の技術に出合う(一八五四年三月):歴史の目撃者 ジョン・ケアリー編,仙名紀訳 朝日新聞社 1997.2 421p

Pershing, J. J. パーシング，J. J.
◇J.J.パーシング将軍—大戦下のフランスからの呼びかけ(津吉襄訳):変貌する世界とアメリカ 板場良久スピーチ解説,津吉襄訳 アルク 1998.5 148p (20世紀の証言 英語スピーチでたどるこの100年 第2巻—CD book 松尾弌之監修・解説)

Pesando, James E. ベサンド，ジェームス・E.
◇企業年金の経済効果:企業年金改革—公私の役割分担をめぐって OECD編,船後正道監訳,厚生年金基金連合会訳 東洋経済新報社 1997.5 216p

Pestenhofer, Hubert ペステンホーファー，H.＊
◇自由化の前後におけるドイツの生命保険の本質的特徴(小畑文俊訳):ディーター・ファーニーと保険学—ファーニー教授還暦記念論集より ドイツ保険事情研究会 生命保険文化研究所 1996.3 201p (文研叢書 16)

Pestiau, Pierre ベスティオー，ピエール
◇私的年金の公平性:企業年金改革—公私の役割分担をめぐって OECD編,船後正道監訳,厚生年金基金連合会訳 東洋経済新報社 1997.5 216p

Pestoff, Victor　ペストフ, ヴィクトール
◇スウェーデン社会的経済の発展と未来 他：欧州サードセクター―歴史・理論・政策　A.エバース, J.-L.ラヴィル編, 内山哲朗, 柳沢敏勝訳　日本経済評論社　2007.6　368p

Peter, Dimity　ピーター, D. *
◇個人、理論、現実に焦点を当てて―個人生活を通しての関連づけ：障害をもつ人にとっての生活の質―モデル・調査研究および実践　ロイ・I.ブラウン編著, 中園康夫, 末光茂監訳　相川書房　2002.5　382p

Péter, György　ペーテル, ジョルジュ
◇計画的経済管理における経済性の意義と役割：計画から市場へ―ハンガリー経済改革思想史 1954-1988　平泉公雄編訳　アジア経済研究所　1992.3　355p（翻訳シリーズ 32）

Peterander, Franz　ペテランダー, フランツ
◇障害者のいる家族（共著）：ドイツにおける精神遅滞者への治療理論と方法―心理・教育・福祉の諸アプローチ　ジルビア・ゲアレス, ゲルト・ハンゼン編, 三原博規訳　岩崎学術出版社　1995.5　198p

Peters, Anne　ペータース, アンネ
◇比較法にみる女性クオーター制―ドイツ連邦共和国とアメリカ合衆国の憲法ならびに欧州法における最新の論点の展開（田村光彰訳）：ヨーロッパの差別論　ヤン・C.ヨェルデン編, 田村光彰ほか訳　明石書店　1999.12　452p（世界人権問題叢書 34）

Peters, Larry G.　ピーターズ, ラリー・G.
◇人類学のトランスパーソナル精神医学への貢献：テキスト/トランスパーソナル心理学/精神医学　B.W.スコットン, A.B.チネン, J.R.バティスタ編, 安藤治, 池沢良郎, 是恒正達訳　日本評論社　1999.12　433p

Peters, Michael　ピーターズ, マイケル
◇福祉とコミュニティの展望―ニュージーランドの実験（齊藤實男訳）：超市場化の時代―効率から公正へ　スチュアート・リースほか著, 川原紀美雄監訳　法律文化社　1996.10　372p
◇競争国家における義務教育（抄）（共著）（村上真抄訳）：ニュージーランド福祉国家の再設計―課題・政策・展望　ジョナサン・ボストン, ポール・ダルジール, スーザン・セント・ジョン編, 芝田英昭, 福地潮人監訳　法律文化社　2004.12　394p

Peters, Thomas J.　ピーターズ, トム
◇5つの不変定理が成功を支える：ウェルチはこうして組織を甦らせた―アメリカ・トップリーダーからの経営処方箋29　ケン・シェルトン編著, 堀紘一監修・訳　フロンティア出版　1999.12　281p

Petersen, Anne C.　ピーターセン, アン・C.
◇母親の就労と青年期前期における性別化：同時的および縦断的関連（共著）（伴京子訳）：母親の就労と子どもの発達―縦断的研究　エイデル・E.ゴットフライド, アレン・W.ゴットフライド編著, 佐々木保行監訳　ブレーン出版　1996.4　318p

Petersen, Carel　ペーテルセン, カレル
◇企業年金の安全性：企業年金改革―公私の役割分担をめぐって　OECD編, 船後正道監修, 厚生年金基金連合会訳　東洋経済新報社　1996.7　216p

Petersen, Nancy S.　ピーターセン, N. S. *
◇尺度化、規準化、および等化（共著）（前川真一訳）：教育測定学 上巻　ロバート・L.リン編, 池田央, 藤田恵璽, 柳井晴夫, 繁桝算男訳・編　学習評価研究所　1992.12　469p

Peterson, Albert W.　ピーターソン, アルバート・W.
◇ボーナス：ニッポン不思議発見！―日本文化を英語で語る50の名エッセイ集　日本文化研究所編, 松本道弘訳　講談社インターナショナル　1997.1　257p（Bilingual books）

Peterson, Christopher　ピータースン, クリストファー
◇学習性無力感とうつ病の帰属論的治療法（古市裕一訳）：原因帰属と行動変容―心理臨床と教育実践への応用　チャールズ・アンタキ, クリス・ブレーウィン編, 細田和雅, 古市裕一監訳　ナカニシヤ出版　1993.12　243p

Peterson, Mark F.　ピーターソン, マーク・F.
◇経営管理方式の移転促進と海外派遣監督者の活用―日本のエレクトロニクス企業の経験から（共著）：リメイド・イン・アメリカ―日本的経営システムの再文脈化　ジェフリー・K.ライカー, W.マーク・フルーイン, ポール・S.アドラー編著, 林正樹監訳　中央大学出版部　2005.3　564p（中央大学企業研究所翻訳叢書 9）

Peterson, Theodore　ピーターソン, セオドア
◇社会制度としてのプレス：アメリカ―コミュニケーション研究の源流　E.デニス, E.ウォーテラ編著, 伊達康博, 藁山新, 末永雅美, 四方由美, 栢沼利朗訳　春風社　2005.7　282p

Petre, Tracy　ペーター, トレイシー
◇リズムのある社交的な人生に戻る（井上慶子訳）：パーソン・センタード・ケア―認知症・個別ケアの創造的アプローチ　スー・ベンソン編, 稲谷ふみ枝, 石崎淳一監訳　改訂版　クリエイツかもがわ　2007.5　145p

Petrella, Riccardo　ペトレーラ, R. *
◇排除のメカニズム 他：別のダボス―新自由主義グローバル化との闘い　フランソワ・ウタール, フランソワ・ポレ共編, 三輪昌男訳　柘植書房新社　2002.12　238p

Petri, Silvana　ペトリ, S.
◇イタリアのサービスにおける性（共著）：過渡期の精神医療―英国とイタリアの経験から　シュラミット・ラモン, マリア・グラツィア・ジャンニケッダ編, 川田誉音訳　海声社　1992.10　424p

Petrocelli, William　ペトロセッリ, ウィリアム
◇テロントーラ駅の三度の呪い―イタリア：お気をつけて、いい旅を。―異国で出会った悲しくも可笑しい51の体験　メアリー・モリス, ポール・セロー, ジョー・ゴアス, イザベル・アジェンデ, ドミニク・ラピエールほか著, 古屋美登里, 中俣真知子訳　アスペクト　1995.7　366p

Petrus（Blesensis）　ペトルス（ブロワの）
◇キリスト教的友愛について、および神への愛と隣人愛について（樋笠勝士訳）：中世思想原典集成 7 前期スコラ学　上智大学中世思想研究所編訳・監修　平凡社　1996.6　953p

Petschauer, Joni Webb　ピッチャウバー, J. W.
◇アパラチアン州立大学（共著）：初年次教育──歴史・理論・実践と世界の動向　浜名篤, 川嶋太津夫監訳　丸善　2006.11　267p

Petty, J. Willam　ペティ, J. ウイリアム
◇収穫──ハーベスティング：MBA起業家育成　ウィリアム・D.バイグレイブ編著, 千本倖生＋バブソン起業家研究会訳　学習研究社　1996.12　369p

Petzel, Todd E.　ペッツェル, トッド・E.
◇条件付きリスク許容度の下でのリスク・バジェッティング（共著）：リスクバジェッティング──実務家が語る年金新時代のリスク管理　レスリー・ラール編, 三菱信託銀行受託財産用部門訳　パンローリング　2002.4　575p　（ウィザードブックシリーズ 34）

Peyceré, David　ペイセル, ダビッド
◇建築記録の類型 他（共著）：建築記録アーカイブズ管理入門　国際アーカイブズ評議会建築記録部会編, 安沢秀一訳著　書肆ノワール　2006.7　293p　（Museum library archives 1）

Pfeffer, Jeffrey　フェファー, ジェフリー
◇組織におけるインセンティブ──社会的関係の重要性（藤井一弘訳）：現代組織論とバーナード　オリバー・E.ウィリアムソン編, 飯野春樹監訳　文真堂　1997.3　280p
◇将来の組織は過去の間違いを繰り返すか：企業の未来像──成功する組織の条件　フランシス・ヘッセルバイン, マーシャル・ゴールドスミス, リチャード・ベックハード編, 小坂恵理訳　トッパン　1998.7　462p　（トッパンのビジネス経営書シリーズ 14）
◇報酬をめぐる六つの危険な神話：人材マネジメント　Harvard Business Review編, Diamondハーバード・ビジネス・レビュー編集部訳　ダイヤモンド社　2002.3　309p
◇エビデンス・マネジメント（共著）：意思決定のサイエンス　Diamondハーバード・ビジネス・レビュー編集部編訳　ダイヤモンド社　2007.3　238p　（Harvard business review anthology）
◇エビデンス・マネジメント（共著）：組織能力の経営論──学び続ける企業のベスト・プラクティス　Diamondハーバード・ビジネス・レビュー編集部編訳　ダイヤモンド社　2007.8　508p　（Harvard business review）

Pfendsack, Werner　プフェントザック, ヴェルナー
◇「私は来る！」ヨハネの黙示録第三章七──三節：光の降誕祭──20世紀クリスマス名説教集　ルードルフ・ランダウ編, 加藤常昭訳　再版　教文館　2004.9　308p

Pham, Minh Hac　ファン, ミン・ハク
◇教育制度の変遷（秋庭裕子訳）：変革期ベトナムの大学　デイヴィッド・スローパー, レ・タク・カン編著, 大塚豊監訳　東信堂　1998.9　245p

Pham, Quang Sang　ファン, クアン・サン
◇高等教育経費と財政問題 他（共著）（大塚豊訳）：変革期ベトナムの大学　デイヴィッド・スローパー, レ・タク・カン編著, 大塚豊監訳　東信堂　1998.9　245p

Pham, Thanh Nghi　ファン, タン・ギ
◇大学教員のプロフィール（共著）（大塚豊訳）：変革期ベトナムの大学　デイヴィッド・スローパー, レ・タク・カン編著, 大塚豊監訳　東信堂　1998.9　245p

Phan, An　ファン, A.（民俗学）*
◇1975年以降のベトナム南部の少数民族に関する研究状況（今村宣勝訳）：民俗文化の再生と創造──東アジア沿海地域の人類学的研究　三尾裕子編　風響社　2005.3　275p　（アジア研究報告シリーズ no.5）

Philips, Thomas K.　フィリップ, トーマス・K.
◇ポートフォリオの最適化と資産/負債モデルのためのリスクの尺度：年金資産運用マネジメントのすべて──ブラン・スポンサーの新潮流　フランク J.ファボッツィ編, 榊原茂樹監訳, 大和銀行信託財産運用部訳　金融財政事情研究会　1999.11　463p

Phillips, Charles D.　フィリップス, C. D. *
◇アルコール依存と危険な飲酒 他（共著）：日本版MDS-HC 2.0在宅ケアアセスメントマニュアル　John N.Morris他編著, 池上直己訳　医学書院　1999.9　294p
◇うつと不安 他（共著）：日本版MDS-HC 2.0在宅ケアアセスメントマニュアル　John N.Morris他編著, 池上直己訳　新訂版　医学書院　2004.11　298p

Phillips, Fred Y.　フィリップス, F. Y. *
◇競争的炭酸飲料業界におけるマーケット・セグメントとブランドの効率性に関する多期間分析（共著）（住田友文訳）：経営効率評価ハンドブック──包絡分析法の理論と応用　Abraham Charnesほか編, 刀根薫, 上田徹監訳　朝倉書店　2000.2　465p

Phillipson, Chris　フィリプスン, クリス
◇虐待の社会学的な解明（杉岡直人訳）：高齢者虐待──発見・予防のために　ピーター・デカルマー, フランク・グレンデニング編著, 田端光美, 杉岡直人監訳　ミネルヴァ書房　1998.2　246p　（Minerva福祉ライブラリー 23）

Philson, Michael　フィルソン, M. *
◇大学教員のキャリア開発（土屋聡, 芹沢真五訳）：諸外国の大学職員　米国・英国編　大場淳編　広島大学高等教育研究開発センター　2004.3　114p　（高等教育研究叢書 79）

Phyeras, Mario　パジェラス, マリオ
◇セルバの日々：禁じられた歴史の証言──中米に映る世界の影　ロケ・ダルトンほか著, 飯島みどり編訳　現代企画室　1996.7　269p　（インディアス群書 第19巻）

Phylos, Orpheus　ファイロス, オルフェウス
◇大天使ミカエル：アセンションするDNA──光の12存在からのメッセージ　ヴァージニア・エッセン編著, 冬目晶訳　ナチュラルスピリット　1999.2　299p

Piachaud, David　ピアショー, デヴィッド
◇貧困の増大（佐藤のり子訳）：福祉大改革──イギリスの改革と検証　アラン・ウォーカーほか著, 佐藤進ほか訳　法律文化社　1994.9　256p

Piaget, Jean　ピアジェ, ジャン
◇子どもの正義の概念：教育学的に見ること考えることへの入門　アンドレアス・フリットナー, ハンス・ショイアール編, 石川道夫訳　玉川大学出版部　1994.8　409p
◇操作の諸側面：遊びと発達の心理学　J.ピアジェ他著, 赤塚徳郎, 森楙監訳　黎明書房　2000.7　217, 3p　（心理学選書 4）

Piatnitsky, Yuri A. ピアツニスキー, ユリ
◇ビザンティンとロシア美術における太陽（共著）（常田益代訳）：太陽神話―生命力の象徴　マダンジート・シン，UNESCO編，木村重信監修　誕談社　1997.2　399p

Picasso, Pablo ピカソ, パブロ
◇パブロ・ピカソ（野中邦子訳）：インタヴューズ　2　クリストファー・シルヴェスター編，新庄哲夫ほか訳　文芸春秋　1998.11　451p

Pickens, T. Boone ピケンズ, T. ブーン
◇リーダーシップ（前田寛子訳）：ビジネスの知恵50選―伝説的経営者が語る成功の条件　ピーター・クラン編，佐藤洋一監訳　トッパン　1999.2　543p（トッパンのビジネス経営書シリーズ 26）

Pickering, W. S. F. ピカリング, W. S. F.
◇学校における罰の執行：デュルケムと現代教育　ジェフリー・ウォルフォード，W.S.F.ピカリング編，黒崎勲，清田夏代訳　同時代社　2003.4　335, 26p

Pidaev, Shakirdzhan Rasulovich ピダエフ, Sh.
◇テルメズの歴史（アラブ以前）―都市の起源と発展 他・アイハヌム―加藤九祚一人雑誌　2007　加藤九祚編訳　東海大学出版会　2007.10　144p

Pieper, Annemarie ピーパー, アンネマリー
◇シェリングの影響概観（共著）（北沢恒人訳）：シェリング哲学入門　H.バウムガルトナー編，北村実監訳，伊坂青司ほか訳　早稲田大学出版部　1997.2　210, 24p

Pieper, Ernst ピーパー, エルンスト
◇ピーパー社の見解（英語版後書き）（辰巳伸知訳）：過ぎ去ろうとしない過去―ナチズムとドイツ歴史家論争　ユルゲン・ハーバーマス他著，徳永恂ほか訳　人文書院　1995.6　257p

Pierce, John D., Jr. ピアス, J. D., Jr. *
◇嗅覚能力における個人差（共著）：香りの生理心理学　S.ヴァン・トラー，G.H.ドッド編，印藤元一訳　フレグランスジャーナル社　1996.6　306p

Pierides, Yiannos A. ピエリデス, Y. A. *
◇モデルリスクの計測―新しいアプローチ（共著）：オペレーショナルリスク―金融機関リスクマネジメントの新潮流　アーサーアンダーセン編・訳　金融財政事情研究会　2001.1　413p

Pieris, Aloysius ピエリス, アロイシウス
◇ブッダとキリスト，解放の仲介者：キリスト教の絶対性を超えて―宗教的多元主義の神学　ジョン・ヒック，ポール・F.ニッター編，八木誠一，樋口恵訳　春秋社　1993.2　429p

Pierskalla, William P. ピエールスカラ, W. *
◇保健ケア実施におけるORの適用（共著）（伊勢亮子訳）：公共政策ORハンドブック　S.M.Pollock, M.H.Rothkopf, A.Barnett編，大山達雄監訳　朝倉書店　1998.4　741p

Piggott, Lester ピゴット, レスター
◇レスター・ビゴット 他（松本剛史訳）：インタヴューズ　2　クリストファー・シルヴェスター編，新庄哲夫ほか訳　文芸春秋　1998.11　451p

Pijl, Sip Jan ペイル, シップ・ヤン
◇序章 他（共著）（渡邊益男訳）：特別なニーズ教育への転換―統合教育の先進6カ国比較研究　C.メイヤー，S.J.ペイル，S.ヘガティ編，渡辺益男監訳，渡辺健治，荒川智共訳　川島書店　1997.10　200p
◇オランダ―キャッシュフローの方向性変更による統合への支援（共著）（吉利宗久訳）：世界のインクルーシブ教育―多様性を認め，排除しない教育を　ハリー・ダニエルズ，フィリップ・ガーナー編著，中村満紀男，窪田真二監訳　明石書店　2006.3　540p（明石ライブラリー 92）

Pike, Frederick Braun パイク, フレデリック・ブラウン
◇ラテンアメリカにおけるカトリシズム：キリスト教史　第10巻　現代世界とキリスト教の発展　上智大学中世思想研究所編訳・監修　J.T.エリス他著　講談社　1991.7　499, 105p
◇ラテン・アメリカのカトリシズム：キリスト教史　10　現代世界とキリスト教の発展　上智大学中世思想研究所編訳・監修　J.T.エリスほか著　平凡社　1997.6　599p（平凡社ライブラリー）

Pike, Graham パイク, グラハム
◇グローバル教育再論（藻谷容子訳）：グローバル教育からの提案―生活指導・総合学習の創造　浅野誠，デイヴィッド・セルビー編　日本評論社　2002.3　289p

Pike, Ruth パイク, ルース
◇一六世紀におけるセビーリャ貴族と新世界貿易（立石博高訳）：大航海の時代―スペインと新大陸　関哲行，立石博高編訳　同文館出版　1998.12　274p

Pil, Frits K. ピル, フリッツ・K.
◇国境を越えた競争優位の移転―北米における日系自動車移植工場の研究（共著）：リメイド・イン・アメリカ―日本的経営システムの再文脈化　ジェフリー・K.ライカー，W.マーク・フルーイン，ポール・S.アドラー編著，林正樹監訳　中央大学出版部　2005.3　564p（中央大学企業研究所翻訳叢書 9）

Pilgrim, David ピルグリム, D.
◇英国の特別病院：過渡期の精神医療―英国とイタリアの経験から　シュラミット・ラモン，マリア・グラツィア・ジャンニケッダ編，川田誉音訳　海声社　1992.10　424p

Pillari, Ross J. ピラリ, ロス・J.
◇人を動かす知恵（共著）：動機づける力　Diamondハーバード・ビジネス・レビュー編集部編訳　ダイヤモンド社　2005.2　243p（Harvard business review anthology）

Pinao, Noralynne K. ピナオ, ノラリン・K.
◇アロハ精神（共著）：ハワイ 楽園の代償　ランドール・W.ロス編　有信堂高文社　1995.9　248p

Pincetich, Maria T. ピンスティック, マリア・T.
◇消費者信用情報の利用（共著）：クレジット・スコアリング　エリザベス・メイズ編，スコアリング研究会訳　シグマベイスキャピタル　2001.7　361p（金融職人技シリーズ no.33）

Pine, C. パイン, C. *
◇『C.ミンガス自伝』を与えられ，自分の人生観は変わった：心にのこる最高の先生―イギリス人の語る教師像　上林喜久子編訳著　関東学院大学出版会　2004.11　97p

◇『C.ミンガス自伝』を与えられ、自分の人生観は変わった：イギリス人の語る心にのこる最高の先生　上林喜久子編訳　関東学院大学出版会　2005.6　68p

Pines, A. Leon　パインズ, A. L.
◇概念的関係の分類学と認知構造の評価にとってのその意味：認知構造と概念転換　L.H.T.ウエスト, A.L.パインズ編, 野上智行, 稲垣成哲, 田中浩朗, 森藤義孝訳, 進藤公夫監訳　東洋館出版社　1994.5　327p

Pines, Malcolm　パイン, マルコム
◇境界例患者 他（田宮聡訳）：分析的グループセラピー　ジェフ・ロバーツ, マルコム・パイン編, 浅田護, 衣笠隆幸監訳　金剛出版　1999.1　261p

Pini, Maria Teresa　ピーニ, M. T.
◇イタリアのサービスにおける性（共著）：過渡期の精神医療—英国とイタリアの経験から　シュラミット・ラモン, マリア・グラツィア・ジャンニケッダ編, 川田誉音訳　海声社　1992.10　424p

Pinto-Duschinsky, Michael　ピント・ドゥシンスキー, マイケル
◇イギリスにおける政党の政治資金：1983-88年：民主主義のコスト—政治資金の国際比較　H.E.アレキサンダー, 白鳥令編著, 岩崎正洋他訳　新評論　1995.11　261p

Piontek, Eugeniusz　ピオンテク, ユージーナス*
◇国際経済法上の平等および相互主義の原則：国際経済法入門—途上国問題を中心に　ヘイゼル・フォックス編, 落合淳隆訳　敬文堂　1992.1　195p

Piore, Michael J.　ピオーレ, マイケル J.
◇「解釈型」アプローチを経営に生かす（共著）：ブレークスルー思考　Harvard Business Review編, Diamondハーバード・ビジネス・レビュー編集部訳　ダイヤモンド社　2001.10　221p

Pipes, Peggy L.　パイプス, P. L. *
◇ダウン症児たちの摂食管理：ダウン症候群と療育の発展—理解の向上のために　Valentine Dmitriev, Patricia L.Oelwein編著, 竹井和子訳　協同医書出版社　1992.6　274p

Piponnier, Françoise　ピポニエ, フランソワーズ
◇女の宇宙—空間と道具：女の歴史　2〔2〕　中世　2　杉村和子, 志賀亮一監訳　クリスティアーヌ・クラピシュ＝ズュベール編　藤原書店　1994.5　p437〜886
◇都市の布と宮廷の布 他（徳井淑子訳）：中世衣生活誌—日常風景から想像世界まで　徳井淑子編訳　勁草書房　2000.4　216, 30p
◇火から食卓へ：食の歴史　2　J-L.フランドラン, M.モンタナーリ編, 宮原信, 北代美和子監訳　藤原書店　2006.2　p434-835

Pisano, Gary　ピサノ, ゲイリー
◇チーム学習を左右するリーダーの条件（共著）：いかに「高業績チーム」をつくるか　Diamondハーバード・ビジネス・レビュー編集部訳　ダイヤモンド社　2005.6　225p　(Harvard business review anthology)
◇チーム学習を左右するリーダーの条件（共著）：組織能力の経営論—学び続ける企業のベスト・プラクティス　Diamondハーバード・ビジネス・レビュー編集部編訳　ダイヤモンド社　2007.8　508p　(Harvard business review)

Pisarev, Dmitrii Ivanovich　ピーサレフ, ドミートリ
◇労働の歴史の概観 他：19世紀ロシアにおけるユートピア社会主義思想　森宏一編訳　光陽出版社　1994.3　397p

Pistarino, Geo　ピスタリーノ, ジェーオ
◇ナスル朝時代のジェノヴァとグラナダ（斉藤寛海訳）：大航海の時代—スペインと新大陸　関哲行, 立石博高編訳　同文館出版　1998.12　274p

Pitte, Jean-Robert　ピット, ジャン・ロベール
◇EU統合とフランス（手塚章訳）：EU統合下におけるフランスの地方中心都市—リヨン・リール・トゥールーズ　高橋伸夫, 手塚章, 村山祐司, ジャン・ロベール・ピット編　古今書院　2003.2　265p
◇レストランの誕生と発展：食の歴史　3　J-L.フランドラン, M.モンタナーリ編, 宮原信, 北代美和子監訳　藤原書店　2006.3　p838-1209

Piva, Michael　パイヴァ, マイクル
◇オンタリオとイギリス系カナダ人（安達清昭訳）：カナダの地域と民族—歴史的アプローチ　ダグラス・フランシス, 木村和男編著　同文舘出版　1993.11　309p

Pixley, Jorge　ピスリ, ホルゲ
◇Pと聖書の神：二十一世紀を変革する人々—解放の神学が訴えるもの　ホセ・マリア・ビジル編, ステファニ・レナト訳　新世社　1997.8　211, 5p

Plank, David N.　プランク, D. N.
◇ミシガン（共著）：格差社会アメリカの教育改革—市場モデルの学校選択は成功するか　フレデリック・M.ヘス, チェスター・E.フィンJr.編著, 後洋一訳　明石書店　2007.7　465p　(明石ライブラリー 111)

Plank, Robert　プランク, ロバート
◇仕事（共著）：アドラーの思い出　G.J.マナスター, G.ペインター, D.ドイッチュ, B.J.オーバーホルト編, 柿内邦博, 井原文子, 野田俊作訳　創元社　2007.6　244p

Plant, Judith　プラント, ジュディス
◇共通基盤を求めて—エコフェミニズムと生活圏地域主義：世界を織りなおす—エコフェミニズムの開花　アイリーン・ダイアモンド, グロリア・フェマン・オレンスタイン編, 奥田暁子, 近藤和子訳　学芸書林　1994.3　457, 12p

Plantilla, Jefferson R.　プランティリア, ジェファーソン・R.
◇法学者と社会的責任（勝田卓也訳）：グローバル化時代の法と法律家　阿部昌樹, 佐々木雅寿, 平覚編　日本評論社　2004.2　363p
◇アジア・太平洋地域における人権教育の動向（野沢萌子訳）：企業の社会的責任と人権　アジア・太平洋人権情報センター編　現代人文社　2004.6　260p　(アジア・太平洋人権レビュー 2004)
◇「国連10年」を成功させる（岡田仁子訳）：国際人権法と国際人道法の交錯　アジア・太平洋人権情報センター編　現代人文社　2005.6　190p　(アジア・太平洋人権レビュー 2005)

Planty-Bonjour, Guy　プランティ＝ボンジュール, ギイ
◇現象なき現象学：現象学と形而上学　ジャン・リュック・マリオン, ギイ・プランティ・ボンジュール編, 三上真司, 重永哲也, 檜垣立哉訳　法政大学出版局

1994.3 375, 8p （叢書・ウニベルシタス 433）

Plasch, Bruce S. ブラッシュ, ブルース・S.
◇ゴルフ場 他：ハワイ 楽園の代償 ランドール・W. ロス編 有信堂高文社 1995.9 248p

Platon プラトーン
◇ソクラテスの死（BC三三九年）：歴史の目撃者 ジョン・ケアリー編, 仙名紀訳 朝日新聞社 1997.2 421p

Platt, Denise プラット, デニス
◇保健関連ソーシャルワーク100周年記念祭公開講演——過去, 現在, そしてこれから（渡辺千壽子訳）：医療ソーシャルワークの挑戦——イギリス保健関連ソーシャルワークの100年 ジョアン・バラクローほか編著, 児島美都子, 中村永司監訳 中央法規出版 1999.5 271p
◇前進への道（杉本敏夫訳）：コミュニティケア改革とソーシャルワーク教育——イギリスの挑戦 スチーヴ・トレビロン, ピーター・ベレスフォード編, 小田兼三, 杉本敏夫訳 筒井書房 1999.6 119p

Platt, Lewis E. プラット, ルイス・E.
◇従業員の仕事と生活のバランス 競争上の利点：企業の未来像——成功する組織の条件 フランシス・ヘッセルバイン, マーシャル・ゴールドスミス, リチャード・ベックハード編, 小坂恵理訳 ダイヤモンド社 1998.7 462p （トッパンのビジネス経営書シリーズ 14）

Platt, Richard プラット, リチャード
◇地中海の私掠船：図説海賊大全 デイヴィッド・コーディングリ編, 増田義郎監修, 増田義郎, 竹内和世訳 東洋書林 2000.11 505, 18p

Plessner, Helmuth プレスナー, ヘルムート
◇隠れたる人間（ホモ・アブスコンディトゥス）他（新田義弘訳）：現代の哲学的人間学 ボルノウ, プレスナーほか著, 藤田健治他訳 新装復刊 白水社 2002.6 332, 10p
◇ヘルムート・プレスナー：回想のマックス・ウェーバー——同時代人の証言 安藤英治聞き手, 亀嶋庸一編, 今野元訳 岩波書店 2005.7 272, 5p

Plewis, Ian プルイス, I.
◇教育では何を比較するべきなのか（杉森滉一訳）：現代イギリスの政治算術——統計は社会を変えるか D. ドーリング, S.シンプソン編著, 岩井浩ほか監訳 北海道大学図書刊行会 2003.7 588p

Plihon, Dominique プリオン, ドミニク
◇金融危機の新たな展開（共著）：別のダボス——新自由主義グローバル化との闘い フランソワ・ウタール, フランソワ・ポレ共編, 三輪昌男訳 柘植書房新社 2002.12 238p

Plimpton, George プリンプトン, ジョージ
◇モハメド・アリ：TIMEが選ぶ20世紀の100人 下巻 アーチスト・エンターテイナー・ヒーロー・偶像・巨頭 徳岡孝夫監訳 アルク 1999.11 318p

Plinius プリニウス〈小〉
◇ヴェスヴィオ火山の噴火（七九年八月二十四日）：歴史の目撃者 ジョン・ケアリー編, 仙名紀訳 朝日新聞社 1997.2 421p

Plotke, David プロック, デイヴィッド
◇デモクラシーについての対談（共著）：ラディカル・デモクラシー——アイデンティティ, シティズンシップ, 国家 デイヴィッド・トレンド編, 佐藤正志ほか訳 三嶺書房 1998.4 408p

Plott, Charles R. プロット, チャールズ・R.
◇二〇九〇年の経済学——実験経済学：フューチャー・オブ・エコノミクス——21世紀への展望 ガルブレイス他著, J.D.ヘイ編, 鳥居泰彦訳 同文書院インターナショナル 1992.11 413p

Plucinski, Andrzej プルシンスキ, A. *
◇ビジネスプロセス管理（BPM）——品質向上と業績向上を同時に達成する（共著）：ARISを活用したビジネスプロセスマネジメント——欧米の先進事例に学ぶ A.-W. シェアー他共編, 堀内正博, 田中正郎, 柳堀紀幸監訳 シュプリンガー・フェアラーク東京 2003.7 281p

Plutchik, Anita プルチック, A.
◇家庭内のコミュニケーションと対処（共著）（余語真夫訳）：家族の感情心理学——そのよいときも, わるいときも E.A.ブレックマン編著, 浜治世, 松山義則監訳 北大路書房 1998.4 275p

Plutchik, Rebert プルチック, R.
◇家庭内のコミュニケーションと対処（共著）（余語真夫訳）：家族の感情心理学——そのよいときも, わるいときも E.A.ブレックマン編著, 浜治世, 松山義則監訳 北大路書房 1998.4 275p

Poelgeest, L. van プールヘースト, L. ファン
◇講和条約と保護主義——オランダと日本の外交関係 1945-1971年：日蘭交流400年の歴史と展望——日蘭交流400周年記念論文集 日本語版 レオナルド・ブリュッセイ, ウィレム・レメリンク, イフォ・スミッツ編 日蘭学会 2000.4 459p （日蘭学会学術叢書第20）

Pöggeler, Franz ペゲラー, フランツ
◇生涯教育のパースペクティヴ（三輪建二訳）：現代ドイツ教育学の潮流——W・フリットナー百歳記念論文集 ヘルマン・レールス, ハンス・ショイアール編, 天野正治訳 玉川大学出版部 1992.8 503p

Pöggeler, Otto ペゲラー, オットー
◇ヘーゲルにおける現象学と論理学：現象学と形而上学 ジャン・リュック・マリオン, ギイ・プランティ・ボンジュール編, 三上真司, 重永哲也, 檜垣立哉訳 法政大学出版局 1994.3 375, 8p （叢書・ウニベルシタス 433）
◇精神現象学の解釈について（奥谷浩一, 藤田正勝訳）：続・ヘーゲル読本——翻訳篇/読みの水準 D.ヘンリッヒ他著, 加藤尚武, 座小田豊編訳 法政大学出版局 1997.3 324, 12p
◇ハイデガーは自分を政治的にどう理解していたか（高田珠樹訳）：ハイデガーと実践哲学 A.ゲートマン＝ジーフェルト, O.ペゲラー編, 下村鍈二, 竹中明弘, 宮原勇監訳 法政大学出版局 2001.2 519, 12p （叢書・ウニベルシタス 550）

Pogreb, Sofya ポグレブ, ソフィア
◇ITをめぐる説明責任と協力体制（共著）（大隈健史監訳）：マッキンゼーITの本質——情報システムを活かした「業務改革」で利益を創出する 横浜信一, 萩平和巳, 金平直人, 大隈健史, 琴坂将広編著・監訳, 鈴木立哉訳 ダイヤモンド社 2005.3 212p （The McKinsey anthology）

Pohl, Manfred ポール, M.＊
◇岐路に立つ日本 他（共著）：東アジア21世紀の経済と安全保障―ヨーロッパからの警告 ヴォルフガング・バーベ編，田中素香，佐藤秀夫訳 東洋経済新報社 1997.9 232p

Polak, Jacques J. ポラック，ジャック・J.
◇IMF協定改正と資本自由化：IMF資本自由化論争 S.フィッシャーほか著，岩本武和監訳 岩波書店 1999.9 161p

Polet, François ポレ，フランソワ
◇いくつかの基本統計：別のダボス―新自由主義グローバル化との闘い フランソワ・ウタール，フランソワ・ポレ共編，三輪昌男訳 柘植書房新社 2002.12 238p

Poliakov, Léon ポリアコフ，レオン
◇オーストリア 他：現代の反ユダヤ主義 レオン・ポリアコフ編著，菅野賢治，合田正人監訳，小幡佐友二，高橋博美，宮崎海子訳 筑摩書房 2007.3 576, 43p （反ユダヤ主義の歴史 第5巻）

Poling, Alan ポーリング，A.
◇精神遅滞を伴う人々の行動問題に対する薬理学的治療―いくつかの倫理的考察（内田一成訳）：発達障害に関する10の倫理的課題 リンダ・J.ヘイズ他著，望月昭，冨安ステファニー監訳 二瓶社 1998.6 177p

Pollack, Benny ポーラック，B.
◇現代スペインの野党（共著）（若松新訳）：西ヨーロッパの野党 E.コリンスキー編，清水望監訳 行人社 1998.5 398p

Pollack, Kenneth M. ポラック，ケニース・M.
◇イラク侵攻というアメリカのジレンマ 他：アメリカはなぜイラク攻撃をそんなに急ぐのか フォーリン・アフェアーズ・ジャパン編・監訳 朝日新聞社 2002.12 266, 4p （朝日文庫―フォーリン・アフェアーズ・コレクション）

Pollert, Anna ポラート，A.
◇序文（共著）（高橋衛訳）：フォーディズムとフレキシビリティ―イギリスの検証 N.ギルバートほか編，丸山恵也監訳 新評論 1996.9 238p

Pollin, Robert ポーリン，ロバート
◇連邦準備による公的な信用配分―なぜ必要か，どうすべきか 他（掛下達郎訳）：アメリカ金融システムの転換―21世紀に公正と効率を求めて ディムスキ，エプシュタイン，ポーリン編，原田善教監訳 日本経済評論社 2001.8 445p （ポスト・ケインジアン叢書 30）
◇金融不安定性の費用と便益 他（共著）：現代マクロ金融論―ポスト・ケインジアンの視角から ゲーリー・ディムスキー，ロバート・ポーリン編，藤井宏史，高屋定美，植田宏文訳 晃洋書房 2004.4 227p
◇連邦準備による公的な信用配分―なぜ必要か，どうすべきか 他（掛下達郎訳）：アメリカ金融システムの転換―21世紀に公正と効率を求めて ディムスキ，エプシュタイン，ポーリン編，原田善教監訳 日本経済評論社 2005.4 445p （ポスト・ケインジアン叢書 30）

Pollock, Allyson ポラック，A.
◇統計と国民保健サービスおよび社会サービスの民営化（共著）（三輪眞知子訳）：現代イギリスの政治算術―統計は社会を変えるか D.ドーリング，S.シンプソ

ン編，岩井浩ほか監訳 北海道大学図書刊行会 2003.7 588p

Pollock, Griselda ポロック，グリゼルダ＊
◇グリゼルダ・ポロック講演会「性のヴィジョン：仮想フェミニズム美術館道遙―1920年代を中心に」：Visions of sex：F-GENSジャーナル―Frontiers of Gender Studies no.5（報告篇） F-GENSジャーナル編集委員会編 お茶の水女子大学21世紀COEプログラムジェンダー研究のフロンティア 2006.3 269p

Pollock, Stephen M. ポロック，S.＊
◇公共部門におけるOR：序論と歴史（共著）（藤井睦子訳）：公共政策ORハンドブック S.M.Pollock, M.H.Rothkopf, A.Barnett編，大山達雄監訳 朝倉書店 1998.4 741p

Pöltner, Günther ペルトナー，ギュンター
◇ニヒリズム（渋谷治美訳）：ニヒリズムとの対話―東京・ウィーン往復シンポジウム G.ペルトナー，渋谷治美編著 晃洋書房 2005.4 207p

Pomfret, Richard ポンフレット，リチャード
◇中央アジアへの教訓：開発のための政策一貫性―東アジアの経済発展と先進諸国の役割 経済協力開発機構（OECD）財務省財務総合政策研究所共同研究プロジェクト 河合正弘，深作喜一郎編著・監訳，マイケル・G.プランマー，アレクサンドラ・トルチアーニ＝デュヴァル編著 明石書店 2006.3 650p

Pomian, Krzysztof ポミアン，クシシトフ
◇フランク人とガリア人（上垣豊訳）：記憶の場―フランス国民意識の文化＝社会史 第1巻 ピエール・ノラ編，谷川稔監訳 岩波書店 2002.11 466, 13p

Ponniah, Thomas ポニア，トーマス
◇序論―世界社会フォーラムと民主主義の新たな創造（共著）（木下ちがや訳）：もうひとつの世界は可能だ―世界社会フォーラムとグローバル化への民衆のオルタナティブ ウィリアム・F.フィッシャー，トーマス・ポニア編，加藤哲郎監修，大屋定晴，山口響，白井聡，木下ちがや監訳 日本経済評論社 2003.12 461p
◇ポルトアレグレの木の下で（木下ちがや訳）：帝国への挑戦―世界社会フォーラム ジャイ・セン，アニタ・アナンド，アルトゥーロ・エスコバル，ピーター・ウォーターマン編，武藤一羊ほか監訳 作品社 2005.2 462p

Pontrandolfo, Angela ポントゥランドルフォ，アンジェラ
◇パエストゥムの葬祭絵画（飯塚隆，飯塚泉訳）：死後の礼節―古代地中海圏の葬祭文化 紀元前7世紀・紀元前3世紀 ステファン・シュタインクレーバー編 東京大学総合研究博物館 2000.12 202p

Pool, Jackie プール，ジャッキー
◇社会的な役割から締め出されて（村田伸訳）：パーソン・センタード・ケア―認知症・個別ケアの創造的アプローチ スー・ベンソン編，稲谷ふみ枝，石崎淳一監訳 改訂版 クリエイツかもがわ 2007.5 145p

Poole, William プール，ウィリアム
◇金融危機のマクロ経済的影響：経済危機―金融恐慌は来るか マーティン・フェルドシュタイン編，祝迫得夫，中村洋訳，伊藤隆敏監訳 東洋経済新報社 1992.10 350p

Popov, Nebojša　ポポフ，ネボイシャ
◇臨戦平和：ボスニア戦争とヨーロッパ　N.ステファノフ，M.ヴェルツ編，佐久間穆訳　朝日新聞社　1997.4　288p

Porath, Christine　ポラス，クリスティーン
◇変わり者をめぐる疑心暗鬼をいかになくすか（共著）：人材育成のジレンマ―ハーバード・ビジネス・レビューケースブック　Harvard Business Review編，Diamondハーバード・ビジネス・レビュー編集部訳　ダイヤモンド社　2004.12　219p
◇変わり者をめぐる疑心暗鬼をいかになくすか（共著）：「問題社員」の管理術―ケース・スタディ　Diamondハーバード・ビジネス・レビュー編集部訳　ダイヤモンド社　2007.1　263p　（Harvard business review anthology）

Pormente, Georges　ポルマンテ，ジョルジュ
◇平和の建設―被援助国を愛すること（共著）：介入？―人間の権利と国家の論理　エリ・ウィーゼル，川田順造編，広瀬浩司，林修訳　藤原書店　1997.6　294p

Porrit, Jonathon　ポリット，ジョナソン
◇政府にボトムラインを課すこと：トリプルボトムライン―3つの決算は統合できるか？　エイドリアン・ヘンリクス，ジュリー・リチャードソン編著，大江宏，小山良訳　創成社　2007.4　250p

Porsche, Ferdinand, Jr.　ポルシェ，フェルディナント，Jr.
◇フェルディナント・ポルシェ（共著）：ドイツ企業のパイオニア―その成功の秘密　ヴォルフラム・ヴァイマー編著，和泉雅人訳　大修館書店　1996.5　427p

Porter, Michael E.　ポーター，マイケル・E.
◇未来の競争を有利に戦う：21世紀ビジネスはこうなる―世界の叡智を結集　ロワン・ギブソン編，島田晴雄監訳，鈴木孝男，竹内ふみえ訳　シュプリンガー・フェアラーク東京　1997.11　327p
◇クラスターが生む新たなグローバル競争優位：戦略と経営　ジョーン・マグレッタ編，Diamondハーバード・ビジネス・レビュー編集部訳　ダイヤモンド社　2001.7　405p
◇地域、そして競争の新しい経済学：グローバル・シティー・リージョンズ―グローバル都市地域への理論と政策　アレン・J.スコット編著，坂本秀和訳　ダイヤモンド社　2004.2　365p
◇戦略とは何か？：技術とイノベーションの戦略的マネジメント　上　ロバート・A.バーゲルマン，クレイトン・M.クリステンセン，スティーヴン・C.ウィールライト編著，青島矢一，黒田光太郎，志賀敏宏，田辺孝二，出川通，和賀三和子日本語版監修，岡真由美，斉藤裕一，桜井祐子，中川潔，山本章子訳　翔泳社　2007.7　735p

Porter, Roy　ポーター，ロイ
◇身体の歴史（林田敏子，谷川稔訳）：ニュー・ヒストリーの現在―歴史叙述の新しい展望　ピーター・バーク編，谷川稔他訳　人文書院　1996.5　352p

Portmann, Adolf　ポルトマン，アドルフ
◇エラノス会議の意義について（共著）（桂芳樹訳）：エラノスへの招待―回想と資料　M.グリーンほか執筆，桂芳樹ほか訳，平凡社編　平凡社　1995.11　312p（エラノス叢書　別巻）
◇生物学と精神（新田義弘訳）：現代の哲学的人間学　ボルノウ，プレスナーほか著，藤田健治他訳　新装復刊　白水社　2002.6　332, 10p

Posen, Adam Simon　ポーゼン，アダム・S.
◇ディスカッション：日本の金融政策―デフレ金融政策の政治経済学　他：日本の金融危機―米国の経験と日本への教訓　三木谷良一，アダム・S.ポーゼン編，清水啓典監訳　東洋経済新報社　2001.8　263p
◇金融：対立か協調か―新しい日米パートナーシップを求めて　スティーヴン・K.ヴォーゲル編著，読売新聞社調査研究本部訳　中央公論新社　2002.4　374p

Poser, Hans　ポーザー，ハンス
◇論理的言語ゲームの意味論は超越論的か（野家啓一，宮原勇訳）：超越論哲学と分析哲学―ドイツ哲学と英米哲学の対決と対話　ヘンリッヒ他著，竹市明弘編　産業図書　1992.11　451p
◇複雑系科学の「予測問題」（大西光弘訳）：複雑系、諸学の統合を求めて―文明の未来、その扉を開く　統合学術国際研究所編　晃洋書房　2005.4　343p（統合学研究叢書　第2巻）

Posner, Barry Z.　ポスナー，バリー・Z.
◇リーダーシップに関する迷信に惑わされるな（共著）：ウェルチはこうして組織を甦らせた―アメリカ・トップリーダーからの経営処方箋29　ケン・シェルトン編著，堀紘一監修・訳　フロンティア出版　1999.12　281p

Posner, George J.　ポスナー，G. J.
◇概念転換として見た学習と理解（共著）：認知構造と概念転換　L.H.T.ウエスト，A.L.パインズ編，野上智行，稲垣成哲，田中浩朗，森藤義孝訳，進藤公夫監訳　東洋館出版社　1994.5　327p

Posner, Richard A.　ポズナー，リチャード
◇ネグリジェンスの理論（深谷格訳）：不法行為法の新世界　松浦好治編訳　木鐸社　1994.8　172p（「法と経済学」叢書 2）
◇独占と規制の社会的費用（鷲見英司訳）：レントシーキングの経済理論　ロバート・トリソン，ロジャー・コングレトン編，加藤寛監訳　勁草書房　2002.7　264p

Post, P.　ポスト，P.
◇蘭印の日本人薬売り：日蘭交流400年の歴史と展望―日蘭交流400周年記念論文集　日本語版　レオナルド・ブリュッセイ，ウィレム・レメリンク，イフォ・スミッツ編　日蘭学会　2000.4　459p（日蘭学会学術叢書　第20）

Post, R. M.　ポスト，ロバート・M.
◇多重人格障害における自律神経活動の差 他（共著）：多重人格障害―その精神生理学的研究　F.パトナム他著，笠原敏雄編　春秋社　1999.6　296p

Pothier, R. J.　ポチエ，R. J.
◇民事訴訟手続論（要約）：墙岡著作集―西洋法史研究 18　フランス民事訴訟法史　続　墙岡訳著　信山社出版　1999.1　915p

Potter, Daivid　ポッター，デイヴィッド
◇民主主義：マクミラン近未来地球地図　イアン・ピアスン編，松井孝典監訳　東京書籍　1999.11　115p

Potthoff, Heinrich　ポットホフ，ハインリヒ
◇ドイツ社会民主党や労働組合のナチズム体制やホロコーストとの取り組み：「負の遺産」との取り組み―オーストリア・東西ドイツの戦後比較　ヴェルナー・ベルクマン，ライナー・エルプ，アルベルト・リヒト

ブラウ編著, 岡田浩平訳　三元社　1999.3　479p

Pound, John　パウンド, ジョン
◇コーポレート・ガバナンスの政治的アプローチ 他：コーポレート・ガバナンス　Harvard Business Review編, Diamondハーバード・ビジネス・レビュー編集部訳　ダイヤモンド社　2001.6　270p

Powell, Anthony　ポウエル, アントニー
◇マルセル・プルースト『失われた時を求めて』(出淵博訳)：ロンドンで本を読む　丸谷才一編著　マガジンハウス　2001.6　337, 8p

Powell, Brian　パウエル, ブライアン
◇坪内逍遙：英国と日本―架橋の人びと　サー・ヒュー・コータッツイ, ゴードン・ダニエルズ編著, 横山俊夫解説, 大山瑞代訳　思文閣出版　1998.11　503, 68p
◇二つの演劇文化が交わるとき(永井大輔訳)：日英交流史―1600-2000　5　社会・文化　細谷千博, イアン・ニッシュ監修　都築忠七, ゴードン・ダニエルズ, 草光俊雄編　東京大学出版会　2001.8　398, 8p

Powell, Colin L.　パウエル, コリン L.
◇幸運な人間としての責任：セルフヘルプ―自助― 他人に頼らず、自分の力で生きていく！　2　ケン・シェルトン編著, 堀紘一監訳　フロンティア出版　1998.12　283p
◇GI：TIMEが選ぶ20世紀の100人　下巻　アーチスト・エンターテイナー・ヒーロー・偶像・巨頭　徳岡孝夫監訳　アルク　1999.11　318p

Powell Lawton, M.　パウエル・ロートン, M. *
◇虚弱な高齢者のQOLの多次元的な見方(三谷嘉明訳)：虚弱な高齢者のQOL―その概念と測定　James E.Birrenほか編, 三谷嘉明他訳　医歯薬出版　1998.9　481p

Power, Michael　パワー, マイケル
◇批判理論と会計(共著)(高松正昭訳)：経営と社会―批判的経営研究　マッツ・アルベッソン, ヒュー・ウィルモット編著, CMS研究会訳　同友館　2001.3　263p
◇監査社会(坂上学訳)：社会・組織を構築する会計―欧州における学際的研究　アンソニー・G.ホップウッド, ピーター・ミラー編著, 岡野浩, 国部克彦, 柴健次監訳　中央経済社　2003.11　390p

Powers, Becky J.　パワーズ, ベッキー・J.
◇インターネット上での子どもの安全を守る(共著)：児童虐待の発見と防止―親や先生のためのハンドブック　ジェームズ・A.モンテリオン編著, 加藤和生訳　慶應義塾大学出版会　2003.8　261p

Prahalad, C. K.　プラハラード, C. K.
◇成長のための戦略：21世紀ビジネスはこうなる―世界の叡智を結集　ロワン・ギブソン編, 島田晴雄監訳, 鈴木孝男, 竹内ふみえ訳　シュプリンガー・フェアラーク東京　1997.11　327p
◇競争社会の台頭のなか、新しい時代の管理職には何が求められるか：企業の未来像―成功する組織の条件　フランシス・ヘッセルバイン, マーシャル・ゴールドスミス, リチャード・ベックハード編, 小坂恵理訳　1998.7　462p　(トッパンのビジネス経営書シリーズ　14)
◇多角化した多国籍企業のマネジメント：組織理論と多国籍企業　スマントラ・ゴシャール, D.エレナ・ウ

エストニー編著, 江夏健一監訳, IBI国際ビジネス研究センター訳　文眞堂　1998.10　452p
◇C.K.プラハラード：コンセプトリーダーズ―新時代の経営への視点　ジョエル・クルツマン編, 日本ブーズ・アレン・アンド・ハミルトン訳　プレンティスホール出版　1998.12　298p
◇コア・コンピタンス経営(共著)：不確実性の経営戦略　Harvard Business Review編, Diamondハーバード・ビジネス・レビュー編集部訳　ダイヤモンド社　2000.10　269p
◇企業「帝国主義」の終焉(共著)：戦略と経営　ジョーン・マグレッタ編, Diamondハーバード・ビジネス・レビュー編集部訳　ダイヤモンド社　2001.7　405p
◇内部ガバナンスの変更(共著)：MITスローン・スクール戦略論　マイケル・A.クスマノ, コンスタンチノス・C.マルキデス編, グロービス・マネジメント・インスティテュート訳　東洋経済新報社　2003.12　287p
◇第三世界は知られざる巨大市場(共著)：2010年の「マネジメント」を読み解く　Diamondハーバード・ビジネス・レビュー編集部編訳　ダイヤモンド社　2005.9　289p　(Harvard business review anthology)
◇企業のコア・コンピタンス 他(共著)：技術とイノベーションの戦略的マネジメント　上　ロバート・A.バーゲルマン, クレイトン・M.クリステンセン, スティーヴン・C.ウィールライト編著, 青島矢一, 黒田光太郎, 志賀敏宏, 田辺孝二, 出川通, 和賀三和子日本語版監修, 岡真由美, 斉藤裕一, 桜井祐子, 中川泉, 山本章子訳　翔泳社　2007.7　735p

Prasenjit Duara　プラセンジット・ドゥアラ
◇満州国における民族と民族学(内田じゅん訳)：岩波講座 アジア・太平洋戦争　7　支配と暴力　倉沢愛子, 杉原達, 成田竜一, テッサ・モーリス・スズキ, 油井大三郎ほか編集委員　岩波書店　2006.5　470p

Prather, Gayle　プレイザー, ゲイル
◇少しだけ神を真似て行動してみる(共著)：小さなことを大きな愛でやろう　リチャード・カールソン, ベンジャミン・シールド編, 小谷啓子訳　PHP研究所　1999.1　263, 7p

Prather, Hugh　プレイザー, ヒュー
◇少しだけ神を真似て行動してみる(共著)：小さなことを大きな愛でやろう　リチャード・カールソン, ベンジャミン・シールド編, 小谷啓子訳　PHP研究所　1999.1　263, 7p

Pratt, Mary　プラット, メアリー・ルイーズ
◇共有された場をめぐるフィールドワーク：文化を書く　ジェイムズ・クリフォード, ジョージ・マーカス編, 春日直樹ほか訳　紀伊國屋書店　1996.11　546p　(文化人類学叢書)

Prauss, Gerold　プラウス, ゲロルト
◇ハイデガーと実践哲学(加藤泰史訳)：ハイデガーと実践哲学　A.ゲートマン＝ジーフェルト, O.ペゲラー編, 下村鉱二, 竹市明弘, 宮原勇監訳　法政大学出版局　2001.2　519, 12p　(叢書・ウニベルシタス 550)

Prekop, Jirina　プレコップ, ユリナ
◇抱っこ法と精神遅滞者：ドイツにおける精神遅滞者への治療理論と方法―心理・教育・福祉の諸アプローチ　ジルビア・ゲアレス, ゲルト・ハンゼン編, 三原博光訳　岩崎学術出版社　1995.5　198p

Premack, David プレマック, デイヴィッド
◇幼児における道徳的「知識」:倫理は自然の中に根拠をもつか マルク・キルシュ編,松浦俊輔訳 産業図書 1995.8 387p

Prescott, Gerald H. プレスコット, G. H. *
◇ダウン症に関する家族のための遺伝相談:ダウン症候群と療育の発展―理解の向上のために Valentine Dmitriev, Patricia L.Oelwein編著,竹井和子訳 協同医書出版社 1992.6 274p

Preston, Martin プレストン, M.
◇精神分裂病(共著)(丸田伯子訳):認知臨床心理学入門―認知行動アプローチの実践的理解のために W.ドライデン,R.レントゥル編,丹野義彦監訳 東京大学出版会 1996.11 384p

Preston-Sabin, Jennie プレストン・サビン, ジェニー
◇アンジェラ:自分の力を利用する:障害のある学生を支える―教員の体験談を通じて教育機関の役割を探る ボニー・M.ホッジ,ジェニー・プレストン・サビン編,太田晴康監訳,三沢かがり訳 文理閣 2006.12 228p

Preti, George プレティ, G. *
◇人間における情報伝達物質(共著):香りの生理心理学 S.ヴァン・トラー,G.H.ドッド編,印藤元一訳 フレグランスジャーナル社 1996.6 306p

Prevatt, Janeane プレヴァット, ジャニーン
◇スピリチュアル・エマージェンス・ネットワーク(共著):スピリチュアル・エマージェンシー―心の病と魂の成長について スタニスラフ・グロフ,クリスティーナ・グロフ編著,高岡よし子,大口康子訳 春秋社 1999.6 341, 8p

Previts, Gary John プレヴィッツ, ガーリィ・J. *
◇ペイトン&リトルトン―帰納学派と演繹学派による会計基準化の試み(共著):世界の会計学者―17人の学説入門 ベルナルド・コラス編著,藤田晶子訳 中央経済社 2007.10 271p

Price, Brian プライス, ブライアン
◇ギルブレス夫妻と動作研究論争:1907~1930年:科学的管理の展開―テイラーの精神革命論 ダニエル・ネルスン編著,アメリカ労務管理史研究会訳 税務経理協会 1994.4 334p

Price, Colin プライス, コリン
◇経営トップのチームワーク(共著):マッキンゼー組織の進化―自立する個人と開かれた組織 平野正雄編著・監訳,村井章子訳 ダイヤモンド社 2003.12 206p (The McKinsey anthology)

Price, Joseph M. プライス, J. M. *
◇幼児の行動特性と仲間との接触パターン―仲間内地位を予測するか?(共著)(中澤小百合訳):子どもと仲間の心理学―友だちを拒否するこころ S.R.アッシャー,J.D.クーイ編著,山崎晃,中沢潤監訳 北大路書房 1996.7 447p

Price, Penny プライス, ペニー
◇言語指導と母子相互作用:知的障害者の言語とコミュニケーション 下 マイケル・ベヴェリッジ,G.コンティ・ラムズデン,I.リュダー編,今野和夫,清水貞夫監訳 学苑社 1994.4 298p

Price, Raymond L. プライス, レイモンド・L.
◇リターン・マップ:時間対効果の最適化(共著):いかに「プロジェクト」を成功させるか Diamondハーバード・ビジネス・レビュー編集部編訳 ダイヤモンド社 2005.1 239p (Harvard business review anthology)
◇リターン・マップ:時間対効果の最適化(共著):いかに「時間」を戦略的に使うか Diamondハーバード・ビジネス・レビュー編集部編訳 ダイヤモンド社 2005.10 192p (Harvard business review anthology)

Price, Richard プライス, リチャード
◇批判的国際関係論と構成主義は危険な関係か(共著):国際関係リーディングズ 猪口孝編,幸野良夫訳 東洋書林 2004.11 467p

Price, Robert プライス, R. *
◇情報技術の管理―21世紀へ向けての、ITモデルの変遷(共著):新リレーションとモデルのためのIT企業戦略とデジタル社会 ゲイリー・ディクソン,ジェラルディン・デサンクティス編,橘立克朗ほか訳 ピアソン・エデュケーション 2002.3 305p

Price-Williams, Douglass プライス・ウィリアムズ, ダグラス
◇精神疾患を伴う者へのセラピー:知的障害者の言語とコミュニケーション 下 マイケル・ベヴェリッジ,G.コンティ・ラムズデン,I.リュダー編,今野和夫,清水貞夫監訳 学苑社 1994.4 298p

Pridham, Geoffrey プライダム, G.
◇イタリアの野党(土屋彰久訳):西ヨーロッパの野党 E.コリンスキー編,清水望監訳 行人社 1998.5 398p

Priestland, Andreas プリーストランド, アンドレアス
◇BP:1万人のライン・マネジャー改造計画(共著):人材育成の戦略―評価、教育、動機づけのサイクルを回す Diamondハーバード・ビジネス・レビュー編集部編訳 ダイヤモンド社 2007.3 450p (Harvard business review)

Prigogine, Ilya プリゴジン, イリヤ
◇時間について(バンベルクの討議)(共著):哲学の原点―ドイツからの提言 ハンス・ゲオルク・ガダマー他著,U.ベーム編,長倉誠一,多田茂訳 未知谷 1999.7 272, 11p

Priller, Eckhard プリラー, エックハルト
◇旧東ドイツの転換と時間利用:統一ドイツの生活実態―不均衡は均衡するのか ヴォルフガング・グラツァー,ハインツ・ヘルベルト・ノル編,長坂聡,近江谷左馬之介訳 勁草書房 1994.3 236p

Prince, George M. プリンス, ジョージ・M.
◇創造的解決策を得るためのマネジャーの役割:コミュニケーション戦略スキル Harvard Business Review編,Diamondハーバード・ビジネス・レビュー編集部訳 ダイヤモンド社 2002.1 260p

Pringle, Robert プリングル, ロバート
◇イングランド銀行と中央銀行間協力―1970~1994年(小平良一訳):イングランド銀行の300年―マネーパワー影響 リチャード・ロバーツ,デーヴィッド・カイナストン編,浜田康行ほか訳 東洋経済新報社 1996.12 329p

Prins, Gwyn プリンス, グイン
◇オーラル・ヒストリー（中本真生子, 谷川稔訳）：ニュー・ヒストリーの現在─歴史叙述の新しい展望 ピーター・バーク編, 谷川稔他訳 人文書院 1996.6 352p

Pritchard, John プリチャード, ジョン
◇BC級戦犯と英国の対応（ジョセフ・クラーク, マリコ・クラーク訳）：日英交流史─1600-2000 3 軍事 3 細谷千博, イアン・ニッシュ監修 平間洋一, イアン・ガウ, 波多野澄雄編 東京大学出版会 2001.3 362, 10p

Pritchett, Victor Sawdon プリチェット, V. S.
◇エマニュエル・ル＝ロワ＝ラデュリー『モンタイユー』他（富山太佳夫訳）：ロンドンで本を読む 丸谷才一編著 マガジンハウス 2001.6 337, 8p

Prizant, Barry M. プライザント, バリー・M.
◇反響言語のある子どもたちのアセスメントと療育的介入（共著）：社会性とコミュニケーションを育てる自閉症療育 Kathleen Ann Quill編, 安達潤ほか訳 松柏社 1999.9 481p

Probst, Gilbert プロブスト, G. J. B.
◇進化的マネジメント 他（共著）：自己組織化とマネジメント H.ウルリッヒ, G.J.B.プロブスト編, 徳安彰訳 東海大学出版会 1992.11 235p

Progar, Patrick R. プロガー, P. R. *
◇指示制御に基づく指示不服従への介入（共著）（山根正夫訳）：挑戦的行動の先行子操作─問題行動への新しい援助アプローチ ジェームズ・K.ルイセリ, マイケル・J.キャメロン編, 園山繁樹ほか訳 二瓶社 2001.8 390p

Promitzer, Christian プロミッツァー, クリスティアン
◇多様性の平準化：ボスニア戦争とヨーロッパ N.ステファノフ, M.ヴェルツ編, 佐久間穆訳 朝日新聞社 1997.4 288p

Pronzini, Bill プロンジーニ, ビル
◇町一番のレストラン？─アメリカ・アイダホ州（共著）：お気をつけて, いい旅を。─異国で出会った悲しくも可笑しい51の体験 メアリー・モリス, ポール・セロー, ジョー・ゴアス, イザベル・アジェンデ, ドミニク・ラピエールほか著, 古屋美登里, 中俣真知子訳 アスペクト 1995.7 366p

Prosper（Aquitanus） プロスペル（アクイタニアの）
◇ルフィヌスへの手紙（樋笠勝士訳）：中世思想原典集成 4 初期ラテン教父 上智大学中世思想研究所編訳・監修 平凡社 1999.6 1287p

Prudentius, Aurelius Clemens プルデンティウス, アウレリウス・クレメンス
◇アポテオシス（加藤武訳）：中世思想原典集成 4 初期ラテン教父 上智大学中世思想研究所編訳・監修 平凡社 1999.6 1287p

Pruess, James B. プレス, J. B. *
◇ダウン症に対する伝統的でない薬物療法は有効か：ダウン症候群と療育の発展─理解の向上のために Valentine Dmitriev, Patricia L.Oelwein編著, 竹井和子訳 協同医書出版社 1992.6 274p

Prusak, Laurence プルサック, ローレンス
◇アイデアの具現者が企業を動かす（共著）：いかに「プロジェクト」を成功させるか Diamondハーバード・ビジネス・レビュー編集部編訳 ダイヤモンド社 2005.1 239p （Harvard business review anthology）

Psathas, George サーサス, ジョージ
◇序論 エスノメソドロジー─社会科学における新たな展開：日常性の解剖学─知と会話 G.サーサスほか著, 北澤裕, 西阪仰訳 新版 マルジュ社 1995.7 256, 3p

Pueschel, Eny V. プエスケル, E. V. *
◇ダウン症児：家族への影響（共著）：ダウン症候群と療育の発展─理解の向上のために Valentine Dmitriev, Patricia L.Oelwein編著, 竹井和子訳 協同医書出版社 1992.6 274p

Pueschel, Siegfried M. プエスケル, S. M. *
◇ダウン症児：家族への影響（共著）：ダウン症候群と療育の発展─理解の向上のために Valentine Dmitriev, Patricia L.Oelwein編著, 竹井和子訳 協同医書出版社 1992.6 274p

Pugh, Gillian ピュー, ジリアン
◇1980年代の親業（共著）（岡本和子訳）：児童虐待への挑戦 ウェンディ・スティントン・ロジャース, デニス・ヒーヴィー, エリザベス・アッシュ編著, 福知栄子, 中野敏子, 田沢あけみほか訳 法律文化社 1993.11 261p

Puiseux, Hélène ピュイズー, エレーヌ
◇21世紀のある若い男の日記の断片（沼田憲治訳）：核時代に生きる私たち─広島・長崎から50年 マヤ・モリオカ・トデスキーニ編, 土屋由香, 友谷知己, 沼田憲治, 沼田知加, 日暮吉延ほか共訳 時事通信社 1995.8 413p

Pulitzer, Lisa Beth ピュリッツァー, リサ・ベス
◇五時三十三分の殺人：締切り間際の殺人事件簿─特ダネ事件記者が綴る11の難事件 リサ・ベス・ピュリッツァー編, 加藤洋子訳 原書房 1998.6 332p

Pulzer, Peter パルザー, P.
◇ダール以後の野党政治の動き（土屋彰久訳）：西ヨーロッパの野党 E.コリンスキー編, 清水望監訳 行人社 1998.5 398p

Pundick, Michele パンディック, M.
◇カルメン：自閉症とパーソナリティ アン・アルヴァレズ, スーザン・リード編, 倉光修監訳, 鵜飼奈津子, 広沢愛子, 若佐美奈子訳 創元社 2006.9 375p

Purkis, Jenny パーキス, J. *
◇腎臓ソーシャルワーク─ケースワークかケアマネジメントか？（前田美也子訳）：医療ソーシャルワークの挑戦─イギリス保健関連ソーシャルワークの100年 ジョアン・バラクローほか編著, 児島美都子, 中村永司監訳 中央法規出版 1999.5 271p

Pursey, Ann パーシー, A.
◇多文化組織における状況性リーダーシップ（共著）：企業の未来像─成功する組織の条件 フランシス・ヘッセルバイン, マーシャル・ゴールドスミス, リチャード・ベックハード編, 小坂恵理訳 トッパン 1998.7 462p （トッパンのビジネス経営書シリーズ 14）

Purves, Alan C. パーブス, A. C.
◇文学教育における学習の評価(窪田愛子, J.A.ジョンソン共訳):学習評価ハンドブック B.S.ブルーム他著, 渋谷憲一ほか訳 第一法規出版 1989.12 2冊

Purvis, James D. パーヴィス, ジェイムズ・D.
◇捕囚と帰還―ユダ王国の滅亡から捕囚民の帰還まで:最新・古代イスラエル史 P.カイル・マッカーター, Jr.ほか著, ハーシェル・シャンク編, 池田裕, 有馬七郎訳 ミルトス 1993.10 466p

Putallaz, Martha パタラス, M.*
◇子どもたちの仲間入り行動 他(共著)(青井倫子訳):子どもと仲間の心理学―友だちを拒否するこころ S.R.アッシャー, J.D.クーイ編著, 山崎晃, 中沢潤監訳 北大路書房 1996.7 447p

Putnam, F. W. パトナム, フランク・W.
◇多重人格障害における自律神経活動の差 他(共著):多重人格障害―その精神生理学的研究 F.パトナム他著, 笠原敏雄編 春秋社 1999.6 296p

Putnam, Hilary パトナム, ヒラリー
◇われわれは愛国主義か普遍的理性かを選ばねばならないのか(能川元一訳):国を愛するということ―愛国主義の限界をめぐる論争 マーサ・C.ヌスバウム他著, 辰巳伸知, 能川元一訳 人文書院 2000.5 269p
◇頭のなかから抜け出して:哲学者は何を考えているのか ジュリアン・バジーニ, ジェレミー・スタンルーム編, 松本俊吉訳 春秋社 2006.5 401, 13p (現代哲学への招待 basics 丹治信春監修)

Puxty, Tony パクスティー, T.*
◇イギリスにおける会計規制(共著)(向山敦夫訳):社会・組織を構築する会計―欧州における学際的研究 アンソニー・G.ホップウッド, ピーター・ミラー編著, 岡野浩, 国部克彦, 柴健次監訳 中央経済社 2003.11 390p

Pye, Michael パイ, マイケル(宗教学)
◇仏教とキリスト教との出逢い:仏教とキリスト教の対話―浄土真宗と福音主義神学 ハンス=マルティン・バールト, マイケル・パイ, 箕浦恵了編 法蔵館 2000.11 311p
◇宗教と宗教間の対話(箕浦恵了訳):仏教とキリスト教の対話 2 マイケル・パイ, 宮下晴輝, 箕浦恵了編 法蔵館 2003.12 296p
◇宗教間対話の正当性, 構造およびその実施について(大河内了義訳):仏教とキリスト教の対話 3 ハンス・マルティン・バールト, マイケル・パイ, 箕浦恵了, 門脇健編 法蔵館 2004.3 281p

Pyle, David H. パイル, D.*
◇米国貯蓄貸付組合危機(後藤公彦訳):ファイナンスハンドブック R.A.Jarrow, V.Maksimovic, W.T.Ziemba編, 今野浩, 古川浩一監訳 朝倉書店 1997.12 1121p

Pynoos, Jon パイヌース, J.*
◇虚弱な高齢者のための住環境の改善―理論と応用の架け橋(共著)(佐藤眞一訳):虚弱な高齢者のQOL―その概念と測定 James E.Birrenほか編, 三谷嘉明他訳 医歯薬出版 1998.9 481p

【Q】

Qi, Hongshen セイ, コウシン(斉紅深)
◇皇民化教育, 同化教育と奴隷化教育 他(王智新訳):日本の植民地教育・中国からの視点 王智新編著 社会評論社 2000.1 297p

Qi, Jianmin キ, ケンミン(祁建民)
◇蒙疆政権の教育政策について(佐藤尚子訳):日本の植民地教育・中国からの視点 王智新編著 社会評論社 2000.1 297p

Quandt, William B. クウォント, ウィリアム・B.
◇エジプト―強いナショナル・アイデンティティの意識(青山保訳):米国の国際交渉戦略 米国国務省外交研究センター編著, 神奈川大学経営学部教師グループ訳・解説 中央経済社 1995.6 289p

Quaritsch, Helmut クヴァーリチュ, ヘルムート
◇カール・シュミットとその著作の取扱いについて(初宿正典, 古賀敬太訳):カール・シュミットの遺産 ヘルムート・クヴァーリチュ編, 初宿正典, 古賀敬太編訳 風行社 1993.10 402, 16p

Quesada, Miguel Angel Ladero ケサーダ, ミゲル・アンヘル・ラデロ
◇コロンブスの時代のアンダルシア(大内一訳):大航海の時代―スペインと新大陸 関哲行, 立石博高編訳 同文館出版 1998.12 274p

Quiason, Serafin D. キアソン, S. D.*
◇フィリピン(共著):東アジア9か国の著作権法制と著作権事情―東アジア著作権セミナーにおける各国の報告書 著作権資料協会 1974.2 75p

Quill, Kathleen Ann クィル, K. A.*
◇子どもの社会コミュニケーション的やりとりを高める:社会性とコミュニケーションを育てる自閉症療育 Kathleen Ann Quill編, 安達潤ほか訳 松柏社 1999.9 481p

Quinby, Lee クインビー, リー
◇エコフェミニズムと抵抗の政治:世界を織りなおす―エコフェミニズムの開花 アイリーン・ダイアモンド, グロリア・フェマン・オレンスタイン編, 奥田暁子, 近藤和子訳 学芸書林 1994.3 457, 12p

Quinlan, Joseph P. クインラン, ジョセフ・P.
◇変貌する米中通商関係:次の超大国・中国の憂鬱な現実 フォーリン・アフェアーズ・ジャパン編・監訳, 竹下興喜監訳 朝日新聞社 2003.4 267, 3p (朝日文庫―フォーリン・アフェアーズ・コレクション)

Quinn, Daniel J. クィン, D.*
◇ヒストリカル・シュミレーション法によるVARの推定(土居雅昭, 塚本卓治, 佐藤由美子訳):統合リスク管理への挑戦―VARの基礎・手法 ロッド・A.ベックストローム, アリス・R.キャンベル編著, 大和証券業務開発部訳 金融財事情研究会 1996.7 170p

Quintana, JoséM. キンタナ, ホセ
◇ヘッジファンド運用を行う投資顧問会社のリスク管理(共著):実践ヘッジファンド投資―成功するリスク管理 バージニア・レイノルズ・パーカー編, 徳岡国見監訳 日本経済新聞社 2001.8 425p

Quinton, Anthony クイントン, アンソニー
◇スピノザとライプニッツ―アンソニー・クイントンとの対話(共著)(京屋憲治訳):西洋哲学の系譜―第一

quint

293

線の哲学者が語る西欧思想の伝統 ブライアン・マギー編, 高頭直樹ほか訳 晃洋書房 1993.5 482p

Quittner, Joshua クイットナー, ヨシュア
◇ティム・バーナーズリー：TIMEが選ぶ20世紀の100人 上巻 指導者・革命家・科学者・思想家・起業家 徳岡孝夫監訳 アルク 1999.11 332p

Quraishi, Shahid H. クライシ, S. H.*
◇商業用モーゲージローンの証券化における金融面のデューデリジェンス（共著）：CMBS—商業用モーゲージ証券 成長する新金融商品市場の特徴と実務 フランク・J.ファボッツィ, デイビッド・P.ジェイコブ編, 酒井吉広監訳, 野村証券CMBS研究会訳 金融財政事情研究会 2000.12 672p

Qureshi, Sajda クレシ, S.*
◇拡大するビジネス環境を管理する—バーチャル空間からの価値の創造（共著）：新リレーションとモデルのためのIT企業戦略とデジタル社会 ゲイリー・ディクソン, ジェラルディン・デサンクティス編, 橋立克朗ほか訳 ピアソン・エデュケーション 2002.3 305p

【R】

Raben, Charles S. レーベン, チャールズ・S.
◇変革マネジメントの原則（共著）：不連続の組織革命—ゼロベースから競争優位を創造するノウハウ デービッド・A.ナドラーほか著, 平野和子訳 ダイヤモンド社 1997.2 358p

Raben, Remco ラーベン, レムコ
◇戦争の記憶—インドネシアにおける日本統治の歴史とその認識：日蘭交流400年の歴史と展望—日蘭交流400周年記念論文集 日本語版 レオナルド・ブリュッセイ, ウィレム・レメリンク, イフォ・スミッツ編 日蘭学会 2000.4 459p （日蘭学会学術叢書 第2期）

Rabinow, Paul ラビノー, ポール
◇社会的事実としての表現：文化を書く ジェイムズ・クリフォード, ジョージ・マーカス編, 春日直樹ほか訳 紀伊国屋書店 1996.11 546p （文化人類学叢書）

Rache, Joerg ラッシュ, ユルグ
◇オーストラリア、ニュージーランド—オーストラリア、ニュージーランドでの箱庭療法—一九九四〜五年を中心に（秦真理子訳）：世界の箱庭療法—現在と未来 山中康裕, S.レーヴェン・ザイフェルト, K.ブラッドウェイ編 新曜社 2000.10 182p

Rachlin, Chris ラクリン, C.*
◇リテールバンキングにおけるオペレーショナルリスク—銀行グループにおけるリスク管理意識の向上と定着：オペレーショナルリスク—金融機関リスクマネジメントの新潮流 アーサーアンダーセン編・訳 金融財政事情研究会 2001.1 413p

Rachman, Stanley J. ラックマン, スタンレイ・J.
◇認知療法と行動療法の動向（岩本隆茂, 森伸幸訳）：認知行動療法—臨床と研究の発展 ポール M.サルコフスキス編, 坂野雄二, 岩本隆茂監訳 金子書房 1998.10 217p
◇認知行動療法の進歩：認知行動療法の科学と実践 David M.Clark, Christopher G.Fairburn編, 伊予雅

臣監訳 星和書店 2003.4 280p

Raczko, Frank ラズコー, フランク
◇高齢労働者雇用—1980年代における変化と連続性（共著）（宮寺卓訳）：フォーディズムとフレキシビリティ—イギリスの検証 N.ギルバートほか編, 丸山恵也監訳 新評論 1996.9 238p

Rad, Gerhard von ラート, ゲルハルト・フォン
◇イザヤ書第二九章九——四節 他：光の降誕祭—20世紀クリスマス名説教集 ルードルフ・ランダウ編, 加藤常昭訳 再版 教文館 2004.9 308p

Radbill, Samuel X. ラッドビル, サミュエル・X.
◇暴力に満ちた世界の中の子どもたち—子どもの虐待の根源（共著）：虐待された子ども—ザ・バタード・チャイルド メアリー・エドナ・ヘルファ, ルース・S.ケンプ, リチャード・D.クルーグマン編, 子どもの虐待防止センター監修, 坂井聖二監訳 明石書店 2003.12 1277p

Radbruch, Gustav ラートブルフ, グスタフ
◇『法哲学』後書き草稿（陶久利彦, 足立英彦訳）：法の理論 21 ホセ・ヨンパルト, 三島淑臣, 笹倉秀夫編 成文堂 2001.12 272p
◇ルドルフ・フォン・イェーリングの著作『法をめぐる闘争』の予定された出版のための序文：イェーリング法学論集 山口廸彦編訳 信山社出版 2002.11 333p

Rademacher, W. ラーデマッヘル, W.*
◇国民経済の環境・経済動向（共著）：環境の経済計算—ドイツにおける新展開 C.シュターマー編著, 良永康平訳 ミネルヴァ書房 2000.1 264p （シリーズ〈環境・エコロジー・人間〉3）

Rader, Joanne ラーダー, ジョアンヌ
◇抑制を減らすプロジェクト：自立支援とはなにか—高齢者介護の戦略 ガムロス, セムラデック, トーンキスト編, 岡本祐三, 秦洋一訳 日本評論社 1999.9 207p
◇入居者のニーズを評価する 他（共著）：個人に合わせた痴呆の介護—創造性と思いやりのアプローチ J.レイダー, E.M.トーンキスト編, 大塚俊男監訳, 老齢健康科学研究財団訳 日本評論社 2000.1 269p

Radermacher, W. ラーダーマッハー, W.*
◇ドイツにおける環境経済計算—環境サテライトシステムから環境経済計算へ 他（共著）：環境の経済計算—ドイツにおける新展開 C.シュターマー編著, 良永康平訳 ミネルヴァ書房 2000.1 264p （シリーズ〈環境・エコロジー・人間〉3）

Radford, Jill ラドフォード, ジル
◇男性暴力の警備—女性の警備（力武由美訳）：ジェンダーと暴力—イギリスにおける社会学的研究 ジャルナ・ハマー, メアリー・メイナード編, 堤かなめ監訳 明石書店 2001.10 346p （明石ライブラリー 33）

Radford, Lorraine ラドフォード, ロレイン
◇司法過程での女性虐待（力武由美訳）：ジェンダーと暴力—イギリスにおける社会学的研究 ジャルナ・ハマー, メアリー・メイナード編, 堤かなめ監訳 明石書店 2001.10 346p （明石ライブラリー 33）

Radhakrishnan, N. ラダクリシュナン, N.
◇経済の人道化：文明間の対話 マジッド・テヘラニアン, デイビッド・W.チャペル編, 戸田記念国際平和研

究所監訳　潮出版社　2004.2　446, 47p

Radin, Norma　レイディン, ノーマ
◇主たる育児担当者の役割を負う父親たち：非伝統的家庭の子育て—伝統的家庭との比較研究　マイケル・E. ラム編著, 久米稔監訳　家政教育社　1993.8　468p

Rae, Douglas W.　リー, ダグラス・W.
◇多数決ルール（共著）（大岩雄次郎訳）：公共選択の展望—ハンドブック　第1巻　デニス・C. ミューラー編, 関谷登, 大岩雄次郎訳　多賀出版　2000.1　296p

Raff, Murray　ラフ, ムレー
◇オーストラリア（永松正則訳）：アジア太平洋諸国の収用と補償　小高剛, デービッド・L. キャリーズ編著, 小高剛監訳, 永松正則, 伊川正樹, 松田聡子, 下村誠共訳　成文堂　2006.12　377p

Raglin, John S.　ラグリン, J.*
◇身体活動の抗不安効果（上地広昭訳）：身体活動とメンタルヘルス　ウイリアム・P. モーガン編, 竹中晃二, 征矢英昭監訳　大修館書店　1999.4　362p

Rahl, Leslie　ラール, レスリー
◇リスク・バジェッティング：リスク管理新手法の探求-経験者の視点から：リスクバジェッティング—実務家が語る年金新時代のリスク管理　レスリー・ラール編, 三菱信託銀行受託財産運用部門訳　バンローリング　2002.4　575p　（ウィザードブックシリーズ 34）

Rahman, A. R.　ラーマン, A. R.
◇ニュージーランドにおける会計とその環境（共著）：アジア太平洋地域の会計　西村明ほか編, 西村明監訳　九州大学出版会　1995.8　285p

Rahman, Mustafizur　ラーマン, ムスタフィズー
◇南アジアへの教訓：開発のための政策一貫性—東アジアの経済発展と先進諸国の役割　経済協力開発機構（OECD）財務省財務総合政策研究所共同研究プロジェクト　河合正弘, 深作喜一郎編著・監訳, マイケル・G. プランマー, アレクサンドラ・トルチアック＝デュヴァル編　明石書店　2006.3　650p

Rahnema, Majid　ラーネマ, マジッド
◇参加 他（中川紘司訳）：脱「開発」の時代—現代社会を解読するキイワード辞典　ヴォルフガング・ザックス編, イヴァン・イリッチ他著, 三浦清隆他訳　晶文社　1996.9　396, 12p

Raiffa, Howard　ライファ, ハワード
◇意思決定を歪める心理的落とし穴 他（共著）：意思決定の思考技術　Harvard Business Review編, Diamondハーバード・ビジネス・レビュー編集部訳　ダイヤモンド社　2001.12　264p
◇イーブン・スワップ法による意思決定の最適化 他（共著）：意思決定の技術　Diamondハーバード・ビジネス・レビュー編集部編訳　ダイヤモンド社　2006.1　247p　（Harvard business review anthology）
◇意思決定を歪める心理的な陥とし穴（共著）：戦略思考力を鍛える　Diamondハーバード・ビジネス・レビュー編集部編訳　ダイヤモンド社　2006.7　262p　（Harvard business review anthology）

Rainnie, Al　レイニー, アル
◇労働市場の変化と労働編制（共著）（今井拓訳）：フォーディズムとフレキシビリティ—イギリスの検証　N. ギルバートほか編, 丸山恵也監訳　新評論　1996.9　238p

Rajagopal, Lakshmi Santha　サンタ・ラジャゴパル, ラクシミイ
◇インドの社会的背景のなかでの女性と開発（共著）（正保正恵訳）：転換期の家族—ジェンダー・家族・開発　N.B. ライデンフロースト編, 家庭経営学部会訳　日本家政学会　1995.3　360p

Rajamani, Lavanya　ラジャマニ, ラバンニャ
◇より対等な立場へ—途上国の交渉能力とその戦略（共著）（森祐次訳）：地球公共財の政治経済学　Inge Kaul, Pedro Conceicao, Katell Le Goulven, Ronald U. Mendoza編, 高橋一生監訳・　国際書院　2005.6　332p

Rajan, S. Ravi　ラジャン, S. ラヴィ
◇専門知識の欠如と断定的政治運動と慢性的災害：災害の人類学—カタストロフィと文化　スザンナ・M. ホフマン, アンソニー・オリヴァー＝スミス編著, 若林佳史訳　明石書店　2006.11　327p

Rajoo, R.　ラジョ, R.
◇インド人社会のディレンマ—カースト、エスニシティ、階級：マレーシア—多民族社会の構造　サイド・フシン・アリ編著, 小野沢純, 吉田典巧訳　井村文化事業社　1994.6　288p　（東南アジアブックス 114—マレーシアの社会 4）

Raju, J. S.　ラジュ, ジャグモハン
◇競争上の関係を理解する（共著）（黒田康史訳）：ウォートンスクールのダイナミック競争戦略　ジョージ・デイ, デイビッド・レイブシュタイン編, 小林陽太郎監修, 黒田康史ほか訳　東洋経済新報社　1999.10　435p　（Best solution）

Ralph, LeAnn　ラルフ, リーアン
◇母の勇気：空っぽのくつした—あなたの心に届ける 16の贈り物　コリーン・セル選, 立石美樹ほか訳　光文社　2002.10　213p

Ralston, T. N.　ロールストン, T. N.
◇キリスト者の完全：メソジスト聖化論 1　T. N. ロールストンほか著, 蔦田真実訳　日本ウェスレー出版協会　1976.11　271p

Ramachandran, R.　ラマチャンドラン, R.
◇シンガポール：21世紀の国立図書館—国際シンポジウム記録集　国立国会図書館館・編　日本図書館協会　1997.10　8, 214p

Ramazanoglu, Caroline　ラマザノグル, キャロリン
◇大学における性と暴力—女性誌を貶める構造（堤かなめ訳）：ジェンダーと暴力—イギリスにおける社会学的研究　ジャルナ・ハマー, メアリー・メイナード編, 堤かなめ監訳　明石書店　2001.10　346p　（明石ライブラリー 33）

Ramcharan, Gangapersand　ラムチャラン, ガンガペルサンド
◇国連の総合戦略における早期警報：地域紛争解決のシナリオ—ポスト冷戦時代の国連の課題　クマール・ルペシンゲ, 黒田順子共編, 吉田康彦訳　スリーエーネットワーク　1994.3　358, 6p

Ramey, Craig T.　ラミイ, C. T.
◇学校への移行—なぜ最初の数年間が人生にとって重要か（共著）：早期教育への警鐘—現代アメリカの幼児教育論　水田聖一編訳　創森出版　1997.4　188p

Ramey, Sharon L. ラミイ, S. L.
◇学校への移行——なぜ最初の数年間が人生にとって重要なか(共著):早期教育への警鐘——現代アメリカの幼児教育論 水田聖一編訳 創森出版 1997.4 188p

Ramirez, Rafael ラミレス, R. *
◇随伴させた負の練習によるチックと吃音の家庭治療(共著)(伊廉啓介訳):共同治療者としての親訓練ハンドブック 上 Charles E.Schaefer, James M.Briesmeister編, 山上敏子, 大隈紘子監訳 二瓶社 1996.11 332p

Ramon, Shulamit レイモン, シュラミット
◇序章 他:過渡期の精神医療——英国とイタリアの経験から シュラミット・ラモン, マリア・グラツィア・ジャンニケッダ編, 川田誉音訳 海声社 1992.10 424p
◇ノーマリゼーションの原理と概念 他(中園康夫訳):コミュニティケアを超えて——ノーマリゼーションと統合の実践 シュラミット・レイモン編, 中園康夫ほか訳 雄山閣出版 1995.10 228p

Ramsay, Ansil ラムゼイ, アンシル
◇タイのレント・シーキングと経済発展(共著):レント, レント・シーキング, 経済開発——新しい政治経済学の視点から ムスタク・H.カーン, ジョモ・K.サンダラム編著, 中村文隆, 武田巧, 堀金由美監訳 出版研 2007.7 437p

Ramster, J. Mark ラムスター, J. マーク
◇黙示的契約の明示的理由——日本のメインバンク・システムの法的論理:日本のメインバンク・システム 青木昌彦, ヒュー・パトリック編, 東銀リサーチインターナショナル訳 東洋経済新報社 1996.5 495p

Rancière, Jacques ランシエール, ジャック
◇何の後に(広瀬浩司訳):主体の後に誰が来るのか? ジャン・リュック・ナンシー編著, アラン・バディウ, エチエンヌ・バリバール, モーリス・ブランショ, ミケル・ボルグ・ジャコブセン, ジャン・フランソワ・クルティーヌほか著, 港道隆, 鵜飼哲, 大西雅一郎, 松葉祥一, 安川慶治, 加国尚志, 広瀬浩司訳 現代企画室 1996.3 347p
◇『女の歴史』(IV十九世紀)について:「女の歴史」を批判する G.デュビイ, M.ペロー編, 小倉和子訳 藤原書店 1996.5 259p
◇『一八四四年の草稿』から『資本論』までの批判の概念と経済学批判:資本論を読む 上 ルイ・アルチュセールほか著, 今村仁司訳 筑摩書房 1996.10 409p (ちくま学芸文庫)

Rand, Ya'acov ランド, ヤーコヴ
◇人間であるならば, 変容は可能だ——人間の認知構造変容可能性に対する確信 他(共著):「このままでいい」なんていわないで!——ダウン症をはじめとする発達遅滞者の認知能力強化に向けて ルーヴェン・フォイヤーシュタイン, ヤーコヴ・ランド編著, ロイド・B.グレハム訳 関西学院大学出版会 2000.7 540, 48p

Randall, John ランダル, ジョン
◇カメラを恥ずかしがる念力:超常現象のとらえにくさ 笠原敏雄編 春秋社 1993.7 776, 61p
◇超感覚的知覚と念力の研究法:心霊研究——その歴史・原理・実践 イヴォール・グラッタン・ギネス編, 和田芳久訳 技術出版 1995.12 414p (超心理学叢書 第4集)

Randall, Stephen J. ランドール, スティーヴン・J.
◇アメリカ合衆国における国家と民間企業:ラテン・アメリカ石油政策をめぐって(徳重昌志訳):続 歴史のなかの多国籍企業——国際事業活動研究の拡大と深化 アリス・タイコーヴァ, モーリス・レヴィ・ルボワイエ, ヘルガ・ヌスバウム編, 浅野栄一, 鮎沢成男, 渋谷将, 竹村孝雄, 徳重昌志, 日高克平訳 中央大学出版部 1993.4 334p (中央大学企業研究所翻訳叢書 6)

Ranganathan, Janet ランガナサン, ジャネット
◇グリーン・レジャー(緑の元帳)(共著):緑の利益——環境管理会計の展開 マーティン・ベネット, ピーター・ジェイムズ編著, 国部克彦監修, 海野みづえ訳 産業環境管理協会 2000.12 542p

Ranger, Terence レンジャー, テレンス
◇植民地下のアフリカにおける創り出された伝統(中林伸浩, 亀井哲也訳):創られた伝統 エリック・ホブズボウム, テレンス・レンジャー編, 前川啓治, 梶原景昭ほか訳 紀伊国屋書店 1992.6 488p (文化人類学叢書)

Ranke, Leopold von ランケ, レオポルト・フォン
◇自伝(林健太郎訳):林健太郎著作集 第1巻 歴史学と歴史理論 山川出版社 1993.1 422p

Rapin, Charles-Henri ラピン, C. *
◇痛みの管理(共著):日本版MDS-HC 2.0在宅ケアアセスメントマニュアル John N.Morris他編著, 池上直己訳 医学書院 1999.9 294p
◇痛みの管理(共著):日本版MDS-HC 2.0在宅ケアアセスメントマニュアル John N.Morris他編著, 池上直己訳 新訂版 医学書院 2004.11 298p

Rapmmund, Val ラプムンド, V. *
◇視覚的メタファー(共著)(畠瀬直子訳):エンカウンター・グループと国際交流 松本剛, 畠瀬直子, 野島一彦編著 ナカニシヤ出版 2005.10 166p

Rapoport, Roger ラポポート, ロジャー
◇マウイ島, 独身ひとり旅——ハワイ・マウイ島:お気をつけて, いい旅を……異国で出会った悲しくも可笑しい51の体験 メアリー・モリス, ポール・セロー, ジョー・ゴアス, イザベル・アジェンデ, ドミニク・ラピエールほか著, 古屋美登里, 中俣真知子訳 アスペクト 1995.7 366p

Rapp, Charles A. ラップ, チャールズ・A.
◇原則と実践のかけ橋——ケースマネージメントにおける「強さ活用モデル」の実践(共著)(岡田進一訳):ケースマネージメントと社会福祉 ステファン・M.ローズ編, 白沢政和, 渡部律子, 岡田進一監訳 ミネルヴァ書房 1997.10 415p (Minerva福祉ライブラリー 21)

Rapp, Richard T. ラップ, リチャード・T.
◇技術革新市場分析:ジェンザイム・ノバザイム買収ケースからの教訓:競争政策の経済学——競争政策の諸問題に対する経済学的アプローチ ローレンス・ウー編, 大西利佳, 森信夫, 中島敏監訳 NERA 2005.11 173p

Rappaport, Ivan ラパポート, I.
◇日常生活で統計を使う——はるしの統計家から批判的市民まで 他(共著)(上藤一郎訳):現代イギリスの政治算術——統計は社会を変えるか D.ドーリング, S.シ

ンプソン編著, 岩井浩ほか監訳　北海道大学図書刊行会　2003.7　588p

Rapson, Richard　ラプソン, R.
◇情動とは：分離しがたい3つの側面（共著）（鈴木直人訳）：家族の感情心理学—そのよいときも, わるいときも　E.A.ブレックマン編著, 浜治世, 松山義則監訳　北大路書房　1998.4　275p

Raschke, Linda Bradford　ラシュキ, リンダ・ブラッドフォード
◇スイング・トレーディングとそのテクニカル分析の基本原理：魔術師たちのトレーディングモデル—テクニカル分析の新境地　リック・ベンシニョール編, 長尾慎太郎ほか訳　パンローリング　2001.3　365p（ウィザードブックシリーズ 15）

Raskall, Phil　ラスカル, フィル
◇オーストラリアにおける所得不均衡の拡大（守山昭男訳）：超市場化の時代—効率から公正へ　スチュアート・リースほか編, 川原紀美雄監訳　法律文化社　1996.10　372p

Rasmussen, David M.　ラスマッセン, デヴィッド
◇普遍主義対共同体主義（菊池理夫訳）：普遍主義対共同体主義　デヴィッド・ラスマッセン編, 菊池理夫, 山口晃, 有賀誠訳　日本経済評論社　1998.11　433p

Rasy, Loeuk　レイジー, L.
◇クメール：東アジア9か国の著作権法制と著作権事情—東アジア著作権セミナーにおける各国の報告書　著作権資料協会　1974.2　75p

Ratner, Michael　ラトナー, マイケル
◇国際法と戦争犯罪：アメリカの戦争犯罪　ラムゼイ・クラーク編著, 戦争犯罪を告発する会訳　柏書房　1992.12　346p（ブックス・プラクシス 6）
◇国際法（共著）：アメリカの悪夢—9・11テロと単独行動主義　ジョン・フェッファー編, 南雲和夫監訳　耕文社　2004.12　319p

Rattansi, Piyo　ラッタンシ, ピヨ
◇ニュートンと古代人の叡智：ニュートン復活　J. フォーベル編, 平野葉一ほか訳　現代数学社　1996.11　454p

Rattner Gelbart, Nina　ラトナー＝ゲルバート, ニーナ
◇女性ジャーナリストと出版物（十七・十八世紀）：女の歴史 3 ［2］　十六-十八世紀 2　杉村和子, 志賀亮一監訳　ナタリー・ゼモン＝デイヴィス, アルレット・ファルジュ編　藤原書店　1995.1　854p

Rauhala, Pirkko-Liisa　ラウハラ, ピルッコ・リイサ
◇社会ケアサービスはなぜジェンダー問題なのか　他：社会ケアサービス—スカンジナビア福祉モデルを解く鍵　ヨルマ・シピラ編著, 日野秀逸訳　本の泉社　2003.7　333p

Rauschenberger, Hans　ラウシェンベルガー, ハンス
◇教育することと哲学すること：教育学的に見ること考えることへの入門　アンドレアス・フリットナー, ハンス・ショイアール編, 石川道夫訳　玉川大学出版部　1994.8　409p

Ravell-Pinto, Thelma　ラヴェル＝ピント, テルマ
◇南アフリカの女たち—闘争と亡命の語り（楠瀬佳子訳・解説）：南アフリカの女たち—闘争と亡命の語り　南部アフリカにおける女たちの声—歴史の書き換え　テルマ・ラヴェル＝ピント, レバニ・モレマ著, 楠瀬佳子訳・解説　国立民族学博物館地域研究企画交流センター　2004.4　32p（JCAS occasional paper no.22—JCAS連携研究報告書アフリカ女性史に関する基礎的研究 3）

Raver, C. Cybele　レイバー, C. C. *
◇社会経済的に恵まれない未成年の母親とその幼児との共同注意に影響をおよぼす諸要因（共著）（古賀精治訳）：ジョイント・アテンション—心の起源とその発達を探る　Chris Moore, Philip J.Dunham原編, 大神英裕監訳　ナカニシヤ出版　1999.8　309p

Ravetz, Jerome R.　ラベッツ, ジェローム
◇セベソのダイオキシン爆発—矛盾をはらむ古典的災害（共著）（平野由紀子訳）：七つの巨大事故—復興への長い道のり　ジェームズ・ミッチェル編, 松崎早苗監修, 平野由紀子訳　創芸出版　1999.10　302p

Ravich, Diane　ラヴィッチ, ダイアン
◇多文化主義—多から成る多（宇田川史子訳）：多文化主義—アメリカ, カナダ, イギリス, オーストラリアの場合　多文化社会研究会編訳　木鐸社　1997.9　274, 8p

Ravoux-Rallo, Elisabeth　ラヴー＝ラロ, エリザベット
◇肉体・死体・テクスト（共著）：女性史は可能か　ミシェル・ペロー編, 杉村和子, 志賀亮一監訳　藤原書店　1992.5　435p
◇肉体・死体・テクスト（共著）（国領苑子訳）：女性史は可能か　ミシェル・ペロー編, 杉村和子, 志賀亮一監訳　新版　藤原書店　2001.4　437p

Rawls, John　ロールズ, ジョン
◇万民の法：人権について—オックスフォード・アムネスティ・レクチャーズ　ジョン・ロールズ他著, スティーヴン・シュート, スーザン・ハーリー編, 中島吉弘, 松田まゆみ共訳　みすず書房　1998.11　304, 6p

Rawski, Evelyn Sakakida　ロウスキ, エヴリン・S.
◇歴史家による中国葬礼の研究法　他：中国の死の儀礼　ジェイムズ・L.ワトソン, エヴリン・S.ロウスキ編, 西脇常記, 神田一世, 長尾佳代子訳　平凡社　1994.11　416p

Ray, J.　レー, J.
◇立法者の実際的規則と状況の組織化：ドゥルーズ初期—若き哲学者が作った教科書　ジル・ドゥルーズ編著, 加賀野井秀一訳注　夏目書房　1998.5　239p

Rayment, Paul　レイメント, ポール
◇アーリン・ヤング流の特化と産業内貿易における中間財（共著）：産業内貿易—理論と実証　P.K.M.サラカン, ヤコブ・コル編著, 小柴徹修, 浜口登, 利光強訳, 佐々波楊子監訳　文真堂　1993.6　217p

Raynaud, Philippe　レイノー, フィリップ
◇教育者ニーチェ：反ニーチェ—なぜわれわれはニーチェ主義者ではないのか　リュック・フェリー, アラン・ルノーほか著, 遠藤文彦訳　法政大学出版局　1995.12　336, 6p（叢書・ウニベルシタス）

◇アメリカ革命 他 (石井三記訳) : フランス革命事典 5 フランソワ・フュレ, モナ・オズーフ編, 河野健二, 阪上孝, 富永茂樹監修 みすず書房 2000.3 281p (みすずライブラリー)

Raynor, Michael E. レイナー, マイケル・E.
◇戦略本社の共創リーダーシップ (共著) : 「選択と集中」の戦略 Diamondハーバード・ビジネス・レビュー編集部編訳 ダイヤモンド社 2003.1 286p

Rayport, Jeffrey F. レイポート, ジェフリー・F.
◇バーチャル・バリューチェーンによる事業創造 (共著) : 成長戦略論 Harvard Business Review編, Diamondハーバード・ビジネス・レビュー編集部訳 ダイヤモンド社 2001.4 254p
◇資源としての顧客情報 (共著) : ネットワーク戦略論 ドン・タプスコット編, Diamondハーバード・ビジネス・レビュー編集部訳 ダイヤモンド社 2001.5 298p
◇「顧客の観察」から生まれるイノベーション (共著) : ブレークスルー思考 Harvard Business Review編, Diamondハーバード・ビジネス・レビュー編集部訳 ダイヤモンド社 2001.10 221p

Razak, Arisika ラザク, アリシカ
◇出産についてのウーマニストの分析 : 世界を織りなおすーエコフェミニズムの開花 アイリーン・ダイアモンド, グロリア・フェマン・オレンスタイン編, 奥田暁子, 近藤和子訳 学芸書林 1994.3 457, 12p

Read, Herbert Edward リード, ハーバート・E.
◇マス・プロダクション時代の芸術 : 人間と歴史—1957年『岩波講座現代思想』より K.レヴィットほか著, 柴田治三郎, 清水幾太郎, 阿部知二訳〈リキエスタ〉の会 2001.12 102p

Reagan, Ronald レーガン, ロナルド
◇ロナルド・レーガン大統領—第一期大統領就任演説 (滝順子訳) : アメリカ政治の展開 板場良久スピーチ解説, 滝順子, 白須清美訳 アルク 1998.4 148p (20世紀の証言 英語スピーチでたどるこの100年 第1巻—CD book 松尾弌之監修・解説)
◇ロナルド・レーガン—ベルリンの壁を間近に見て (楢原潤子訳) : アメリカの夢と理想の実現 板場良久スピーチ解説, 増田恵理子, 楢原潤子訳 アルク 1998.7 120p (20世紀の証言 英語スピーチでたどるこの100年 第3巻—CD book 松尾弌之監修・解説)
◇ロナルド・レーガン大統領就任演説 他 : アメリカ大統領就任演説集—inaugural address フロンティア文庫編集部編, Katokt訳 フロンティアニセン 2005.3 (第2刷) 172p (フロンティア文庫 44—風呂で読める文庫100選 44)
◇レーガン共和党政権の特色と一般教書 : 資料 戦後米国大統領の「一般教書」第3巻 (1978年—1992年) 藤本一美, 浜賀祐子, 末次俊之訳著 大空社 2007.3 481p

Réage, Pauline レアージュ, ポーリーヌ
◇ポーリーヌ・レアージュ : 嫉妬する女たち マドレーヌ・シャプサル編著, ソニア・リキエル他述, 小椋三嘉訳 東京創元社 1998.5 187p

Reale, Mario レアーレ, M.
◇どうすれば精神病院を廃止できるか (共著) : 過渡期の精神医療—英国とイタリアの経験から シュラミット・ラモン, マリア・グラツィア・ジャンニケッダ編, 川田誉音訳 海声社 1992.10 424p

Reamer, Frederic G. リーマー, フリードリッヒ・G.
◇診断関連グループ (DRG) に直面して (岡田まり訳) : ケースマネージメントと社会福祉 ステファン・M.ローズ編, 白沢政和, 渡部律子, 岡田進一監訳 ミネルヴァ書房 1997.10 415p (Minerva福祉ライブラリー 21)

Reardon, Betty A. リアドン, ベティー・A.
◇平和のための教育としての人権 (佐々木英和訳) : 世界の人権教育—理論と実践 ジョージ・J.アンドレオポーロス, リチャード・ピエール・クロード編著, 黒沢惟昭監訳 明石書店 1999.2 758p

Rebillot, Paul レビロー, ポール
◇英雄の旅 : スピリチュアル・エマージェンシー—心の病と魂の成長について スタニスラフ・グロフ, クリスティーナ・グロフ編著, 高岡よし子, 大口康子訳 春秋社 1999.6 341, 8p

Recchia, S. L. レッシア, S. L. *
◇障害児の発達における多経路性の問題 (共著) : 障害児理解の到達点—ジグラー学派の発達論的アプローチ R.M.ホダップ, J.A.ブラック, E.ジグラー編, 小松秀茂, 清水貞夫編訳 田研出版 1994.9 435p

Redfern, Sally J. レッドファーン, サリー・J.
◇長期ケア領域に看護の役割を見出せるか? (土田美世子訳) : 施設ケア対コミュニティケア—福祉新時代における施設ケアの役割と機能 レイモンド・ジャック編著, 小田兼三ほか監訳 勁草書房 1999.4 296p

Redfield, James レッドフィールド, ジェームズ
◇いらないものは、人生から手放そう (共著) : 小さなことを大きな愛でやろう リチャード・カールソン, ベンジャミン・シールド編, 小谷啓子訳 PHP研究所 1999.11 263, 7p

Redfield, Salle Merrill レッドフィールド, サリー・メリル
◇いらないものは、人生から手放そう (共著) : 小さなことを大きな愛でやろう リチャード・カールソン, ベンジャミン・シールド編, 小谷啓子訳 PHP研究所 1999.11 263, 7p

Redlin, Wiltraud レドリン, ヴィルトラウト
◇行動療法と精神遅滞者 : ドイツにおける精神遅滞者への治療理論と方法—心理・教育・福祉の諸アプローチ ジルビア・ゲアレス, ゲルト・ハンゼン編, 三原博光訳 岩崎学術出版社 1995.5 198p

Redwin, Eleanor レッドウィン, エレノア
◇仕事 (共著) : アドラーの思い出 G.J.マナスター, G.ペインター, D.ドイッチュ, B.J.オーバーホルト編, 柿内邦博, 井原文子, 野田俊作訳 創元社 2007.6 244p

Ree, Jonathan レー, ジョナサン
◇実在論と反実在論を超えて : 哲学者は何を考えているのか ジュリアン・バジーニ, ジェレミー・スタンルーム編, 松本俊吉訳 春秋社 2006.5 401, 13p (現代哲学への招待 basics 丹治信春監修)

Reed, Chris リード, クリス
◇消費者電子銀行業 : 国際電子銀行業 ジョゼフ・J.ノートン, クリス・リード, イアン・ウォルデン編著, 泉田栄一監訳, 佐々木信和, 西沢文彦訳 信山社出版

2002.10 375p

Reed, Douglas S. リード, D. S.
◇モントゴメリー郡:格差社会アメリカの教育改革―市場モデルの学校選択は成功するか フレデリック・M.ヘス, チェスター・E.フィンJr.編著, 後洋一訳 明石書店 2007.7 465p (明石ライブラリー 111)

Reed, Edward S. リード, エドワード・S.
◇ダーウィン進化論の哲学(細田直哉訳):アフォーダンスの構想―知覚研究の生態心理学的デザイン 佐々木正人, 三嶋博之編訳 東京大学出版会 2001.2 329p

Rees, Robert M. リーズ, ロバート・M.
◇労働組合(共著):ハワイ楽園の代償 ランドール・W.ロス編 有信堂高文社 1995.9 248p

Rees, Stephen リース, ステファン
◇ファンドマネージャーにとってのVaR:リスクバジェッティング―実務家が語る年金新時代のリスク管理 レスリー・ラール編, 三菱信託銀行受託財産部門訳 パンローリング 2002.4 575p (ウィザードブックシリーズ 34)

Rees, Stuart リース, スチュアート
◇社会的公正のための行動と政策 他(川原美紀雄訳):超市場化の時代―効率から公正へ スチュアート・リースほか編, 川原紀美雄訳 法律文化社 1996.10 372p
◇青年のエンパワーメント:ソーシャルワーク実践におけるエンパワーメント―その理論と実際の論考集 L.M.グティエーレス, R.J.パーソンズ, E.O.コックス編著, 小松源助監訳 相川書房 2000.6 333p
◇完全雇用の創出:文明間の対話 マジッド・テヘラニアン, デイビッド・W.チャペル編, 戸田記念国際平和研究所監訳 潮出版社 2004.2 446, 47p

Regalia, Ida レガーリア, イダ
◇イタリア:協調時代のイタリア労働組合の展望(共著):ヨーロッパの労働組合―グローバル化と構造変化のなかで ジェレミー・ワディントン, レイナー・ホフマン編, 小川正浩訳 生活経済政策研究所 2004.11 318p (生活研ブックス 21)

Regan, Andrew D. リーガン, アンドリュー・D.
◇証券引受と投資銀行の競争(共著):金融サービス業―21世紀への戦略 サミュエル・L.ヘイズ3編, 小西竜治監訳 東洋経済新報社 1999.10 293p

Regan, Colm レーガン, コルム
◇食べ物第一(共著)(藤原孝章訳):地球市民教育のすすめかた―ワールド・スタディーズ・ワークブック デイヴィッド・ヒックス, ミリアム・スタイナー編, 岩崎裕保監訳 明石書店 1997.6 341p

Regini, Marino レジーニ, マリーノ
◇社会制度と生産構造:現代の資本主義制度―グローバリズムと多様性 コーリン・クラウチ, ウォルフガング・ストリーク編, 山田鋭夫訳 NTT出版 2001.7 301p
◇労働市場規制のディレンマ(伍賀一道訳):労働市場の規制緩和を検証する―欧州8カ国の現状と課題 G.エスピン・アンデルセン, マリーノ・レジーニ編, 伍賀一道ほか訳 青木書店 2004.2 418p
◇イタリア:協調時代のイタリア労働組合の展望(共著):ヨーロッパの労働組合―グローバル化と構造変化のなかで ジェレミー・ワディントン, レイナー・ホフマン編, 小川正浩訳 生活経済政策研究所 2004.11 318p (生活研ブックス 21)

Regnier, Victor レニエ, V.*
◇虚弱な高齢者のための住環境の改善―理論と応用の架け橋(共著)(佐藤眞一訳):虚弱な高齢者のQOL―その概念と測定 James E.Birrenほか編, 三谷嘉明他訳 医歯薬出版 1998.9 481p

Regnier-Bohler, Danielle レニエ=ボレール, ダニエル
◇文学の声, 神秘の声:女の歴史 2〔2〕 中世 2 杉村和子, 志賀亮一監訳 クリスティアーヌ・クラピシュ=ズュベール編 藤原書店 1994.5 p437~886

Rehfeldt, Ruth Ann リーフェルト, R. A.
◇サービスの能力(共著)(寺田雅英訳):発達障害に関する10の倫理的課題 リンダ・J.ヘイズ他著, 望月昭, 冨安ステファニー監訳 二瓶社 1998.6 177p

Reibstein, David J. レイブシュタイン, デイビッド
◇競争相手の行動に対処する創造的な戦略 他(共著)(黒田康史訳):ウォートンスクールのダイナミック競争戦略 ジョージ・デイ, デイビッド・レイブシュタイン編, 小林陽太郎監訳, 黒田康史ほか訳 東洋経済新報社 1999.10 435p (Best solution)

Reichbart, Richard ライヒバート, リチャード
◇魔術とサイ―両者の関係に関する若干の考察:超常現象のとらえにくさ 笠原敏雄編著 春秋社 1993.7 776, 61p

Reichert, Susan K. ライカート, スーザン・K.
◇性的虐待を受けた子どもの医学的評価:虐待された子ども―ザ・バタード・チャイルド メアリー・エドナ・ヘルファ, ルース・S.ケンプ, リチャード・D.クルーグマン編, 子どもの虐待防止センター監修, 坂井聖二監訳 明石書店 2003.12 1277p

Reichle, Joe ライクル, J.*
◇重度障害者のための補助的コミュニケーションシステムへの着手(共著):重度知的障害への挑戦 ボブ・レミントン編, 小林重雄監訳, 藤原義博, 平沢紀子共訳 二瓶社 1999.3 461p

Reid, Elizabeth J. レイド, エリザベス・J.
◇NPO・アドボカシーと政治参加:NPOと政府 E.T.ボリス, C.E.スターリ編著, 上野真城子, 山内直人訳 ミネルヴァ書房 2007.3 346p

Reid, Susan リード, スーザン
◇キャサリン 他:自閉症とパーソナリティ アン・アルヴァレス, スーザン・リード編, 倉光修監訳, 鵜飼奈津子, 広沢愛子, 若佐美奈子訳 創元社 2006.9 375p

Reid, William J. ライド, ウィリアム・J.
◇課題中心(松本幸則訳):ソーシャルワーク・トリートメント―相互連結理論アプローチ 上 フランシス・J.ターナー編, 米本秀仁監訳 中央法規出版 1999.4 574p

Reif, F. レイフ, F.
◇科学的概念の効果的な理解の獲得:認知構造と概念転換 L.H.T.ウエスト, A.L.パインズ編, 野上智行, 稲垣成哲, 田中浩朗, 森藤義孝訳, 進藤公夫監訳 東洋館出版 1994.5 327p

Reif, Linda　リーフ，リンダ
◇北米自由貿易協定における環境保護の側面：国際貿易と労働基準・環境保護　桑原昌宏編訳著　信山出版（製作発行）　1997.10　237p　（SBC法律学講義シリーズ 22）

Reifer, Thomas　ライファー，トマス
◇国家間システム（共著）：転移する時代──世界システムの軌道1945─2025　I.ウォーラーステイン編，丸山勝訳　藤原書店　1999.6　378p

Reinbold, Cynthia A.　ラインボールド，C. A.
◇遂行工学モデル（大野裕史訳）：発達障害に関する10の倫理的課題　リンダ・J.ヘイズ他著，望月昭，冨安ステファニー監訳　二瓶社　1998.6　177p

Reisberg, Sidney　ライズバーグ，シドニー
◇「汝自身を知れ！」これが成功への一番の近道だ（共著）：ウェルチはこうして組織を甦らせた──アメリカ・トップリーダーからの経営処方箋29　ケン・シェルトン編著，堀紘一監修・訳　フロンティア出版　1999.12　281p

Reischauer, Edwin Oldfather　ライシャワー，エドウィン・O.
◇ブロークン・ダイアローグ：戦後日米関係を読む──『フォーリン・アフェアーズ』の目　梅垣理郎編訳　中央公論社　1993.12　351p　（中公叢書）

Reisenhuber, Klaus　リーゼンフーバー，クラウス
◇総序：中世思想原典集成　4　初期ラテン教父　上智大学中世思想研究所編訳・監修　平凡社　1999.6　1287p

Reisinger, Peter　ライジンガー，ピーター
◇超越論的図式論と算術──ミッテルシュトラース批判（安井邦夫, 加藤泰史訳）：超越論哲学と分析哲学──ドイツ哲学と英米哲学の対決と対話　ヘンリッヒ他著，竹市明弘編　産業図書　1992.11　451p

Reiskin, Edward D.　レイスキン，エドワード・D.
◇投資分析からみた環境会計──小規模平版印刷業者に関するトータルコストアセスメント（共著）：緑の利益──環境管理会計の展開　マーティン・ベネット，ピーター・ジェイムズ編著，國部克彦監修，海野みづえ訳　産業環境管理協会　2000.12　542p

Reiss, Albert J., Jr.　リース，アルバート・J.，Jr.
◇犯罪現象の解明において，なぜコミュニティが重要となるのか：コミュニティと犯罪　1　アルバート・J.リース・ジュニア，マイケル・トンリイ共編，伊藤康一郎訳　都市防犯研究センター　1994.3　268p

Reiss, Sidonia　ライス，シドニア
◇仕事（共著）：アドラーの思い出　G.J.マナスター，G.ペインター，D.ドイッチ，B.J.オーバーホルト編，柿内邦博，井原文子，野田俊作訳　創元社　2007.6　244p

Reissner, Gerhard　ライスナー，ゲヤハルト
◇オーストリア株式会社（共著）：企業権力のネットワーク──10カ国における役員兼任の比較分析　フラン・N.ストークマン，ロルフ・ツィーグラー，ジョン・スコット編，上田義朗訳　文眞堂　1993.11　340p

Reiter, Margit　ライター，マルギット
◇反ファシズムと愛国主義の間で：「負の遺産」との取り組み──オーストリア・東西ドイツの戦後比較　ヴェルナー・ベルクマン，ライナー・エルプ，アルベルト・リヒトブラウ編著，岡田浩平訳　三元社　1999.3　479p

Remington, Bob　レミントン，ボブ
◇序文　他：重度知的障害への挑戦　ボブ・レミントン編，小林重雄監訳，藤原義博，平沢紀子共訳　二瓶社　1999.3　461p

Remmelink, Willem G. J.　レメリンク，ウィレム
◇リーフデ号の航海：日蘭交流400年の歴史と展望──日蘭交流400周年記念論文集　日本語版　レオナルド・ブリュッセイ，ウィレム・レメリンク，イフォ・スミッツ編　日蘭学会　2000.4　459p　（日蘭学会学術叢書 第20）

Remy, Pierre Jean　レミ，ピエール＝ジャン
◇少女たちのほうへ──デイジー・アシュフォードとミヌウ・ドルウエ（塚本昌則訳）：図説天才の子供時代──歴史のなかの神童たち　E.ル・ロワ・ラデュリー，ミシェル・サカン編，二宮敬監訳　新曜社　1998.1　446p

Renan, Ernest　ルナン，エルネスト
◇国民とは何か（鵜飼哲訳）：国民とは何か　エルネスト・ルナンほか著，鵜飼哲ほか訳　インスクリプト　1997.10　311p

Renard, R. G.　ルナール，R.
◇制度と契約：ドゥルーズ初期──若き哲学者が作った教科書　ジル・ドゥルーズ編著，加賀野井秀一訳注　夏目書房　1998.5　239p

Renato, Stefani　レナト，ステファニ
◇あとがきにかえて：二十一世紀を変革する人々──解放の神学が訴えるもの　ホセ・マリア・ビジル編，ステファニ・レナト訳　新世社　1997.8　211, 5p

Renaut, Alain　ルノー，アラン
◇序言　他（共著）：反ニーチェ──なぜわれわれはニーチェ主義者ではないのか　リュック・フェリー，アラン・ルノーほか著，遠藤文彦訳　法政大学出版局　1995.12　336, 6p　（叢書・ウニベルシタス）

Rendell, Ruth　レンデル，ルース
◇アニータ・ブルックナー『異国の秋』（小野寺健訳）：ロンドンで本を読む　丸谷才一編著　マガジンハウス　2001.6　337, 8p

Rendtorff, Rolf　レントルフ，ロルフ
◇古代イスラエルにおける啓示の概念：歴史としての啓示　ヴォルフハルト・パネンベルク編著，大木英夫ほか訳　聖学院大学出版会　1994.11　322p
◇新しい契約は古い契約を排除したか：キリスト教とユダヤ教──キリスト教信仰のユダヤ的ルーツ　F.クリュゼマン，U.タイスマン編，大住雄一訳　教文館　2000.12　232p

Rendtorff, T.　レントルフ，トゥルッツ
◇教会概念における啓示の問題：歴史としての啓示　ヴォルフハルト・パネンベルク編著，大木英夫ほか訳　聖学院大学出版会　1994.11　322p

Rénique, JoséLuis レニケ、ホセ・ルイス
◇獄中革命：センデロ・ルミノソ―ペルーの「輝ける道」 カルロス・I.デグレゴリほか著、太田昌国、三浦清隆訳 現代企画室 1993.5 195p

Renoux, Thierry ルノー、ティエリー
◇フランスにおける権力分立論の適用への憲法院の貢献（福岡英明、植野妙実子訳）：フランス公法講演集 J.シュバリエほか著、植野妙実子編訳 中央大学出版部 1998.12 235p （日本比較法研究所翻訳叢書 40）

Renz-Beaulaurier, Richard レンツ・ボーローリエ、R. *
◇障害者のエンパワーメント―選択する役割：ソーシャルワーク実践におけるエンパワーメント―その理論と実際の論考集 L.M.グティエーレス、R.J.パーソンズ、E.O.コックス編著、小松源助監訳 相川書房 2000.6 333p

Repp, Alan C. レップ、A. *
◇不適応行動の機能分析における携帯型マイクロコンピュータの使用 他（共著）：重度知的障害への挑戦 ボブ・レミントン編、小林重雄監訳、藤原義博、平沢紀子共訳 二瓶社 1999.3 461p

Resnick, Neil レズニック、N. *
◇尿失禁と留置カテーテル（共著）：日本版MDS-HC 2.0在宅ケアアセスメントマニュアル John N.Morris他編著、池上直己訳 医学書院 1999.9 294p
◇尿失禁と留置カテーテル（共著）：日本版MDS-HC 2.0在宅ケアアセスメントマニュアル John N.Morris他編著、池上直己訳 新訂版 医学書院 2004.11 298p

Ress, Georg レス、ゲオルク
◇ヨーロッパ統合へのドイツ諸州の参加（大浜しのぶ訳）：EU法の現状と発展―ゲオルク・レス教授65歳記念論文集 石川明ほか編 信山社出版 2001.9 414p

Reulecke, Jürgen ロイレッケ、エルゲン
◇「男の哀愁」という麻薬：男の歴史―市民社会と〈男らしさ〉の神話 トーマス・キューネ編、星乃治彦訳 柏書房 1997.11 254p （パルマケイア叢書 8）

Reuter, Edzard ロイター、エッツァルト
◇エッツァルト・ロイター：戦後ドイツを生きて―知識人は語る 三島憲一編・訳 岩波書店 1994.10 370p
◇ゴットリープ・ダイムラー＆カール・ベンツ（共著）：ドイツ企業のパイオニア―その成功の秘密 ヴォルフラム・ヴァイマー編著、和泉雅人訳 大修館書店 1996.5 427p

Revel, Jacques ルヴェル、ジャック
◇男性/女性―歴史叙述における性による役割分担の意味：女性史は可能か ミシェル・ペロー編、杉村和子、志賀亮一監訳 藤原書店 1992.5 435p
◇大恐怖（森岡邦泰訳）：フランス革命事典 1 フランソワ・フュレ、モナ・オズーフ編、河野健二、阪上孝、富永茂樹監訳 みすず書房 1998.6 349p （みすずライブラリー）
◇マリー=アントワネット（西川祐子訳）：フランス革命事典 2 フランソワ・フュレ、モナ・オズーフ編、河野健二、阪上孝、富永茂樹監訳 みすず書房 1998.12 228p （みすずライブラリー）
◇真似のできない業績（山上浩嗣訳）：ブローデル帝国 M.フェロー他著、F.ドス編、浜名優美監訳 藤原書店 2000.5 294p
◇絶対君主政（河野健二訳）：フランス革命事典 6 フランソワ・フュレ、モナ・オズーフ編、河野健二、阪上孝、富永茂樹監訳 みすず書房 2000.6 252p （みすずライブラリー）

Revelle, Charles レヴェル、C. *
◇水と大気の質管理モデル（共著）（吉井恒憲訳）：公共政策ORハンドブック S.M.Pollock, M.H.Rothkopf, A.Barnett編、大山達雄監訳 朝倉書店 1998.4 741p

Revers, Wilhelm Josef レーヴェルス、ヴィルヘルム・ヨーゼフ
◇心理学における身体の問題（尾йн幸雄訳）：現代の哲学的人間学 ボルノウ、プレスナーほか著、藤田健治他訳 新装復刊 白水社 2002.6 332, 10p

Rex, John レックス、ジョン
◇多文化社会の概念（稲村美貴子、勝田晴美訳）：多文化主義―アメリカ、カナダ、イギリス、オーストラリアの場合 多文化社会研究会編訳 木鐸社 1997.9 274, 8p

Rey, J. Henri レイ、J. ヘンリ
◇ボーダーライン患者におけるシゾイド現象（田中俊孝訳）：メラニー・クライン トゥデイ 2 思索と人格病理 エリザベス・B.スピリウス編、古賀靖彦、白峰克彦、世良洋、田中俊孝、東中園聡訳、松木邦裕監訳 岩崎学術出版社 1993.8 202p

Rey, Michel レ、ミシェル
◇秘密の儀式：愛と結婚とセクシュアリテの歴史―増補・愛とセクシュアリテの歴史 ジョルジュ・デュビーほか編、福井憲彦、松本雅弘訳 新曜社 1993.11 401p

Reyes, Jose Javier レイエス、ホセ・ハヴィエール
◇「メロドラマ」：フィリピンの大衆文化 寺見元恵編・監訳 めこん 1992.12 263p

Reyes, Soledad S. レイエス、ソレダッド・S.
◇「庶民の心を映す鏡」：フィリピンの大衆文化 寺見元恵編・監訳 めこん 1992.12 263p

Reynolds, Frank E. レイノルズ、フランク・E.
◇脅威としての死、達成としての死―仏教、特に上座部仏教の伝統における死のとらえ方：死と来世の系譜 ヒロシ・オオバヤシ編、安藤泰至訳 時事通信社 1995.3 355, 17p

Reynolds, Siân レイノルズ、シアン
◇フランスの女性と男性と1936年のストライキ：フランスとスペインの人民戦線―50周年記念・全体像比較研究 S.マーティン・アレグザンダー、ヘレン・グラハム編、向井喜典ほか訳 大阪経済法科大学出版部 1994.3 375p

Rheinberger, Marguerite M. ラインバーガー、マルグリート・M.
◇暴力に満ちた世界の中の子どもたち―子どもの虐待の根源（共著）：虐待された子ども―ザ・バタード・チャイルド メアリー・エドナ・ヘルファ、ルース・S.ケンプ、リチャード・D.クルーグマン編、子どもの虐待防止センター監訳、坂井聖二監訳 明石書店 2003.12 1277p

Rheingold, Howard　ラインゴールド，ハワード
◇仮想共同体―バーチャル・コミュニティ：未来社会への変革―未来の共同体がもつ可能性　フランシス・ヘッセルバイン，マーシャル・ゴールドスミス，リチャード・ベックハード，リチャード・F.シューベルト編，加納明弘訳　フォレスト出版　1999.11　327p

Rhine, Joseph Banks　ライン，ジョゼフ・B.
◇超心理学における障害の原因：超常現象のとらえにくさ　笠原敏雄編　春秋社　1993.7　776, 61p
◇超心理学の一世紀：超心理学入門　J.B.ライン他著，長尾力他訳　青土社　1993.10　286p

Rhine, Louisa E.　ライン，ルイザ・E.
◇サイミッシングの理解に向けて：超常現象のとらえにくさ　笠原敏雄編　春秋社　1993.7　776, 61p

Rhode, Maria　ロード，M.
◇エコーか答えか：自閉症とパーソナリティ　アン・アルヴァレズ，スーザン・リード編，倉光修監訳，鵜飼奈津子，広沢愛子，若佐美奈子訳　創元社　2006.9　375p

Rhodes, Cecil　ローズ，セシル
◇セシル・ローズ（林晃史訳）：インタヴューズ　1　クリストファー・シルヴェスター編，新庄哲夫ほか訳　文芸春秋　1998.11　462p

Rhodes, Leon S.　ロウズ，レオン・S.
◇永遠の生命に関する報告（島田恵訳）：エマヌエル・スウェーデンボルグ―持続するヴィジョン　ロビン・ラーセン編　春秋社　1992.11　307p

Rhodes, Richard　ローズ，リチャード
◇エンリコ・フェルミ：TIMEが選ぶ20世紀の100人　上巻　指導者・革命家・科学者・思想家・起業家　徳岡孝夫訳　アルク　1999.11　332p

Riach, P. A.　リーアック，P. A.
◇序（共著）：一般理論―第二版―もしケインズが今日生きていたら　G.C.ハーコート，P.A.リーアック編，小山庄三訳　多賀出版　2005.6　922p

Ribes, Emilio　リベス，エミリオ
◇行動発達の一つの理論とその応用の特徴に関する若干の考察 他：行動分析学からの発達アプローチ　シドニー・W.ビジュー，エミリオ・リベス編，山口薫，清水直治監訳　二瓶社　2001.7　253p

Ricci, David M.　リッシー，デーヴィッド・M.
◇政治学の矛盾：アメリカ政治学の展開―学説と歴史　ジェームズ・ファ，レイモンド・セイデルマン編著，本田弘，藤原孝，秋山和宏，石川晃司，入江正俊ほか訳　サンワコーポレーション　1996.2　506p

Rice, Condoleezza　ライス，コンドリーザ
◇国益に基づく国際主義を模索せよ：「無条件勝利」のアメリカと日本の選択　ロナルド・A.モース編著，日下公人監修, 時事通信社外信部ほか訳　時事通信社　2002.1　325p
◇国益に基づく国勢主義を模索せよ：ネオコンとアメリカ帝国の幻想　フォーリン・アフェアーズ・ジャパン編・監訳，竹下興喜訳　朝日新聞社　2003.7　292, 6p

Rice, Mark P.　ライス，マーク・P.
◇コスト・センターをいかにプロフィット・センター化させるか（共著）：組織変革のジレンマ―ハーバード・

ビジネス・レビュー・ケースブック　Harvard Business Review編，Diamondハーバード・ビジネス・レビュー編集部訳　ダイヤモンド社　2004.11　218p

Richard, Chrystelle　リチャード，C.*
◇アンソニー・ホープウッド―行動科学としての会計学：世界の会計学者―17人の学説入門　ベルナルド・コラス編著，藤田晶子訳　中央経済社　2007.10　271p

Richard, Jacques　リチャード，J.*
◇シモン，シュマーレンバッハ，シュミット―ドイツ会計学の3S：世界の会計学者―17人の学説入門　ベルナルド・コラス編著，藤田晶子訳　中央経済社　2007.10　271p

Richard, Marcelle　リチャード，M.
◇乳幼児期の指さしに関する2つの展望（共著）（安曇博光訳）：ジョイント・アテンション―心の起源とその発達を探る　Chris Moore, Philip J.Dunham原編，大神英裕監訳　ナカニシヤ出版　1999.8　309p

Richardos a St. Victore　リカルドゥス（サン＝ヴィクトル）
◇大ベニヤミン・三位一体論・力強い愛の四つの段階について：中世思想原典集成　9　サン＝ヴィクトル学系　上智大学中世思想研究所編訳・監修　平凡社　1996.1　727p
◇観想への魂の準備（石井雅之訳）：キリスト教神秘主義著作集　第3巻　サン・ヴィクトル派とその周辺　熊田陽一郎ほか訳　教文館　2000.4　319p

Richards, Bernard G.　リチャーズ，バーナード・G.
◇価値と小説：価値―新しい文明学の模索に向けて　ブレンダ・アーモンド，ブライアン・ウィルソン編，玉井治，山本慶裕訳　東海大学出版会　1994.3　308p

Richards, Janet Radcliffe　リチャーズ，ジャネット・ラドクリフ
◇ダーウィン，自然，人間の思い上がり：哲学者は何を考えているのか　ジュリアン・バジーニ，ジェレミー・スタンルーム編，松村俊吉訳　春秋社　2006.5　401, 13p　（現代哲学への招待 basics　丹治信春監修）

Richards, Joscelyn　リチャーズ，ジョセリン
◇内的同棲という概念：精神分析的心理療法の現在―ウィニコットと英国独立派の潮流　スー・ジョンソン，スタンリー・ルーゼンスキー編，倉ひろ子訳　岩崎学術出版社　2007.9　181p

Richardson, Peter　リチャードソン，ピーター
◇クリティカル・フュー（少数の重大要因）―戦略の有効性を示すパラメータ間の優先順位（共著）：業績評価の理論と実務―事業を成功に導く専門領域の障壁を越えて　アンディ・ニーリー編著，清水孝訳　東洋経済新報社　2004.4　459p

Richet, Denis　リシェ，ドニ
◇イタリア戦役 他（鈴木啓司訳）：フランス革命事典　1　フランソワ・フュレ，モナ・オズーフ編，河野健二，阪上孝，富永茂樹監訳　みすず書房　1998.6　349p　（みすずライブラリー）
◇アンラジェ 他（小川伸彦訳）：フランス革命事典　3　フランソワ・フュレ，モナ・オズーフ編，河野健二，阪上孝，富永茂樹監訳　みすず書房　1999.3　234p　（みすずライブラリー）

◇革命の諸議会 他（河野健二訳）：フランス革命事典 4 フランソワ・フュレ、モナ・オズーフ編、河野健二、阪上孝、富永茂樹監訳 みすず書房 1999.9 331p （みすずライブラリー）
◇自然国境（阪上孝訳）：フランス革命事典 5 フランソワ・フュレ、モナ・オズーフ編、河野健二、阪上孝、富永茂樹監訳 みすず書房 2000.3 281p （みすずライブラリー）

Richie, Donald リチー，ドナルド
◇外人 他：ニッポン不思議発見！―日本文化を英語で語る50の名エッセイ集 日本文化研究所編、松本道弘訳 講談社インターナショナル 1997.1 257p （Bilingual books）

Richmond, Bruce リッチモンド，ブルース
◇サプライチェーン・マネジメント・ツール―リスクを最小化し利益を最大化する（共著）：サプライチェーン戦略 ジョン・ガトーナ編、前田健蔵、田村誠一訳 東洋経済新報社 1999.5 377p （Best solution）

Richter, Ansgar リヒター，アンズガー
◇イノベーションを育む組織（共著）：マッキンゼー組織の進化―自立する個人と開かれた組織 平野正雄編著・監訳、村井章子訳 ダイヤモンド社 2003.12 206p （The McKinsey anthology）

Richter, Horst-Eberhard リヒター，ホルスト・エーベルハルト
◇身代わり：教育学的に見ること考えることへの入門 アンドレアス・フリットナー、ハンス・ショイアール編、石川道夫訳 玉川大学出版部 1994.8 409p

Richter, Wolfgang リヒター，W.*
◇環境法：ドイツの不動産―開発と投資の法律および税務 R.フォルハルト、D.ウェーバー、W.ウージンガー編、ドイツ・リアルエステイト・コンサルティング訳、平川純子監訳 ダイヤモンド社 1993.5 358p

Ricks, Christopher B. リックス，クリストファー
◇メタファーの探求：人文科学に何が起きたか―アメリカの経験 A.カーナン編、木村武史訳 玉川大学出版部 2001.10 301p （高等教育シリーズ 109）

Ricoeur, Paul リクール，ポール
◇個人と自己同一性：個人について ポール・ヴェーヌ他著、大谷尚文訳 法政大学出版局 1996.1 189p （叢書・ウニベルシタス 517）
◇苦しみゆえの義務 他（廣瀬浩司訳）：介入？―人間の権利と国家の論理 エリ・ウィーゼル、川田順造編、広瀬浩司、林修訳 藤原書店 1997.6 294p
◇構造、言葉、出来事：構造主義とは何か―そのイデオロギーと方法 J.=M.ドムナック編、伊東守男、谷亀利一訳 平凡社 2004.8 358p （平凡社ライブラリー）

Ricquier, William J. M. リクエア，ウィリアム・J. M.
◇シンガポール（下村誠訳）：アジア太平洋諸国の収用と補償 小高剛、デービッド・L.キャリーズ編著、小高剛監訳、永松正則、伊月正樹、松田聡子、下村誠訳 成文堂 2006.12 377p

Riding, Allann リーディング，A.*
◇ビジネス・エンジェルの広がり（共著）：ビジネス・エンジェルの時代―起業家育成の新たな主役 R.T.ハリソン、C.M.メイソン編著、西沢昭夫訳、通産省ビジネス・エンジェル研究会訳 東洋経済新報社 1997.6 245p

Riedel, Brant W. リーデル，ブラント・W.
◇不眠症の治療マニュアル（共著）（大嶋明彦、尾鷲登志美訳）：エビデンスベイスト心理治療マニュアル V.B.V.ハッセル、M.ハーセン編著、坂野雄二、不安・抑うつ臨床研究会編訳 日本評論社 2000.11 371p

Riedel, Manfred リーデル，マンフレート
◇思惟に習熟する（関口浩訳）：ハイデッガーとニーチェ―何をおいても私を取り違えることだけはしてくれるな！ M.リーデル他共著、川原栄峰監訳 南窓社 1998.4 318p

Riedl, Rupert リードル，R.
◇自己組織化：幾つかの理論的相互関係：自己組織化とマネジメント H.ウルリッヒ、G.J.B.プロブスト編、徳安彰訳 東海大学出版会 1992.11 235p

Ries, Al リース，アル
◇あいまいさに流されることなく焦点を絞ること（共著）：21世紀ビジネスはこうなる―世界の叡智を結集 ロワン・ギブソン編、島田晴雄監訳、鈴木孝男、竹内ふみえ訳 シュプリンガー・フェアラーク東京 1997.11 327p

Riesner, Rainer リースナー，ライナー
◇イエス、原始共同体、そしてエルサレムのエッセネ派居住地：イエスと死海文書 ジェームズ・H.チャールズワース編著、山岡健訳 三交社 1996.12 476p

Riggs, Lynne E. リッグス，リン・E.
◇塾：ニッポン不思議発見！―日本文化を英語で語る50の名エッセイ集 日本文化研究所編、松本道弘訳 講談社インターナショナル 1997.1 257p （Bilingual books）

Riker, William H. ライカー，W. H.
◇二党制とデュヴェルジェの法則―政治史学に関する小論：アメリカ政治学の展開―学説と歴史 ジェームズ・ファ、レイモンド・セイデルマン編著、本田弘、藤原孝、秋山和宏、石川晃司、入江正俊ほか訳 サンワコーポレーション 1996.2 506p

Riley, Anne W.* ライリー，A. W.*
◇医学的身体的ハンディキャップをもつ子どもの親訓練（共著）：共同治療者としての親訓練ハンドブック 下 Charles E.Schaefer, James M.Briesmeister編、山上敏子、大隈紘子監訳 二瓶社 1996.11 p334-648

Rimmer, Peter J. リマー，ピーター・J.
◇二一世紀の世界テクノベルト（青木秀和訳）：共生時代の日本とオーストラリア―日本の開発主義とオーストラリア多機能都市 ガバン・マコーマック、佐々木雅幸、青木秀和編 明石書店 1993.11 261p

Ring, Kenneth リング，ケネス
◇『オメガをめざして』よりの抜粋（島田恵訳）：エマヌエル・スウェーデンボルグ―持続するヴィジョン ロビン・ラーセン編 春秋社 1992.11 307p
◇シャーマンの通過儀礼、心像界、死後の光（笠原敏雄訳）：死を超えて生きるもの―霊魂の永遠性について ゲイリー・ドーア編、井村宏治、上野圭一、笠原敏雄、鹿子木大士郎、菅靖彦、中村正明、橋村令助訳 春秋社 1993.11 407, 10p

Rinpoche, Sogyal　リンポチェ, ソギャル
◇死を超えて生きつづけるものは何か?―チベット仏教の教え(鹿子木大士郎訳):死を超えて生きるもの―霊魂の永遠性について　ゲイリー・ドーア編, 井村宏治, 上野圭一, 笠原敏雄, 鹿子木大士郎, 菅靖彦, 中村正明, 橋村令助訳　春秋社　1993.11　407, 10p

Ripley, Kimberly　リプリイ, キンバリー
◇深夜の帰郷:空っぽのくつした―あなたの心に届ける16の贈り物　コリーン・セル選, 立石美樹ほか訳　光文社　2002.11　213p

Rischel, Anna-Grethe　リシェル, アンナ＝グレーテ
◇楼蘭古紙の科学的分析:流沙出土の文字資料―楼蘭・尼雅出土文書を中心に　冨谷至編著, 赤松明彦, アンナ＝グレーテ・リシェル, 梅原郁, スタファン・ローゼン, ホーカン・ヴォルケスト, 籾山明執筆　京都大学学術出版会　2001.3　543p

Rispens, Jan　リスペンス, ヤン
◇インテグレーションの途再考―過去から何を学ぶことができるか(渡邊益男訳):特別なニーズ教育への転換―統合教育の先進6カ国比較研究　C.メイヤー, S.J.ペイル, S.ヘガティ編, 渡辺益男監訳, 渡辺健治, 荒川智共訳　川島書店　1997.10　200p

Ritsema, Rudolf　リッツェマ, ルドルフ
◇エラノス会議の意義について(共著)(桂芳樹訳):エラノスへの招待―回想と資料　M.グリーンほか執筆, 桂芳樹ほか訳, 平凡社編　平凡社　1995.11　312p (エラノス叢書 別巻)

Ritter, Christian　リッター, クリスティアン
◇イマーヌエル・カント:17・18世紀の国家思想家たち―帝国公(国)法論・政治学・自然法論　ミヒャエル・シュトライス編, 佐々木有司, 柳原正治訳　木鐸社　1995.2　593, 13p

Ritter, Jay R.　リッター, J.*
◇新規株式公開(共著)(鈴木茂央訳):ファイナンスハンドブック　R.A.Jarrow, V.Maksimovic, W.T.Ziemba編, 今野浩, 古川浩一監訳　朝倉書店　1997.12　1121p

Ritter, Joachim　リッター, ヨアヒム
◇道徳性と人倫(栗原隆, 座小田豊訳):続・ヘーゲル読本―翻訳篇/読みの水準　D.ヘンリッヒ他著, 加藤尚武, 座小田豊編訳　法政大学出版局　1997.3　324, 12p

Ritz, Stacy　リッツ, ステイシー
◇恐怖のマッサージ―ベリーズ(中米カリブ海の国):お気をつけて、いい旅を。―異国で出会った悲しくも可笑しい51の体験　メアリー・モリス, ポール・セロー, ジョー・ゴアス, イザベル・アジェンデ, ドミニク・ラビエールほか著, 古屋美登里, 中俣真知子訳　アスペクト　1995.7　366p

Rivers, Ian　リバース, イアン
◇シェフィールド・プロジェクト(共著)(土田宣明訳):いじめととりくんだ学校―英国における4年間にわたる実証的研究の成果と展望　ピーター・K.スミス, ソニア・シャープ編, 守屋慶子, 高橋通子監訳　ミネルヴァ書房　1996.10　355p

Rivers, Wilga M.　リヴァーズ, ウィルガ・M.
◇学部の課程 I―全学生対象の履修科目 他(上地安良訳):変革期の大学外国語教育　ウィルガ・M.リヴァーズ編, 上地安良, 加須屋弘司, 矢田裕士, 森本豊富訳　桐原書店　1995.9　307p (言語教育・応用言語学叢書)

Roach-Higgins, Mary Ellen　ローチ＝ヒギンス, メアリ・エレン
◇意志決定における夫婦期勢力についての妻の認知(共著)(高田洋子, 荒井紀子訳):転換期の家族―ジェンダー・家族・開発　N.B.ライデンフロースト編, 家庭経営学部会訳　日本家政学会　1995.3　360p

Robb, Michael P.　ロブ, マイケル・P.
◇早期コミュニケーションの評価と指導(共著):子どものコミュニケーションの指導　D.K.バーンスタイン, E.ティーガーマン編, 池弘子, 内山千鶴子, 緒方明子共訳　東信堂　2000.6　242p

Robbins, Clive　ロビンズ, クライヴ
◇創造的音楽療法:脳損傷のある思春期女子の生活に、秩序と変化とコミュニケーションをもたらす 他(共著):音楽療法ケーススタディ 上　児童・青年に関する17の事例　ケネス・E.ブルシア編, 酒井智華ほか訳　音楽之友社　2004.2　285p

Robbins, Louise S.　ロビンズ, ルイーズ・S.
◇大義の擁護者:1950年代のアメリカの図書館員と『図書館の権利宣言』(川崎良孝訳):『図書館の権利宣言』を論じる　ウェイン・A.ウィーガンド編, 川崎良孝, 薬師院はるみ訳　京都大学図書館情報学研究会　2000.9　195p

Robert, Jacques　ロベール, ジャック
◇裁判官の独立性について(横尾日出雄訳):フランス公法講演集　J.シュバリエほか著, 植野妙実子編訳　中央大学出版部　1998.12　235p (日本比較法研究所翻訳叢書 40)

Robert, Jean　ロベール, ジャン
◇生産(三浦清隆訳):脱「開発」の時代―現代社会を解読するキイワード辞典　ヴォルフガング・ザックス編, イヴァン・イリッチ他著, 三浦清隆他訳　晶文社　1996.9　396, 12p

Robert, Jean-Noel　ロベール, ジャン・ノエル
◇『法華経』における竺法護の翻訳の方法:中国宗教文献研究　京都大学人文科学研究所編　臨川書店　2007.2　487p
◇「神聖言語」ユーラシア文明における神聖・伝統的言語の重要性:文化の多様性と通底の価値―聖俗の拮抗をめぐる東西対話　服部英二監修　麗沢大学出版会　2007.11　305, 11p

Roberto, Michael A.　ロベルト, マイケル・A.
◇プロセス重視の意思決定マネジメント(共著):意思決定の技術　Diamondハーバード・ビジネス・レビュー編集部編訳　ダイヤモンド社　2006.1　247p (Harvard business review anthology)

Roberts, Allen F.　ロバーツ, アレン・F.
◇サハラ以南アフリカの両義的太陽(共著)(佐々木重洋訳):太陽神話―生命力の象徴　マダンジート・シン, UNESCO編, 木村重信監修　講談社　1997.2　399p

Roberts, Fred S.　ロバーツ, F.S.*
◇計測尺度に基づく結論の限界(御幡優二, 山本洋史訳):公共政策ORハンドブック　S.M.Pollock, M.H.Rothkopf, A.Barnett編, 大山達雄監訳　朝倉書

Roberts, Gerrylynn ロバーツ, G.
◇非国教主義と技術の発展(共著)：理性と信仰―科学革命とキリスト教　2　R.ホーイカース, C.ロウレス, D.グッドマン, N.コーリ, G.ロバーツほか著, 藤井清久訳　すぐ書房　2003.10　339p

Roberts, Gwyneth ロバーツ, グウネス
◇虐待と法的介入(共著)(宮崎昭夫訳)：高齢者虐待―発見・予防のために　ピーター・デカルマー, フランク・グレンデニング編著, 田端光美, 杉岡直人監訳　ミネルヴァ書房　1998.2　246p　(Minerva福祉ライブラリー 23)

Roberts, Ian ロバーツ, アイアン
◇組織と感情―資本制企業における家族と合理性(共著)(寺田博訳)：フォーディズムとフレキシビリティ―イギリスの検証　N.ギルバートほか編, 丸山恵也監訳　新評論　1996.9　238p

Roberts, Jeff ロバーツ, ジェフ
◇グループ分析プラクティスの歴史 他(矢野栄一, 平山壮一郎訳)：分析的グループセラピー　ジェフ・ロバーツ, マルコム・パイン編, 浅田護, 衣笠隆幸訳　金剛出版　1999.1　261p

Roberts, John ロバーツ, ジョン
◇取締役会の行動に対する最善慣行規範の影響(上田亮子訳)：コーポレート・ガバナンス―英国の企業改革　日本コーポレート・ガバナンス・フォーラム編　商事法務研究会　2001.3　435p
◇イノベーションを育む組織(共著)：マッキンゼー組織の進化―自立する個人と開かれた組織　平野正雄編著・監訳, 村井章子訳　ダイヤモンド社　2003.12　206p　(The McKinsey anthology)

Roberts, Richard ロバーツ, リチャード
◇イングランド銀行とシティ(浜田康行訳)：イングランド銀行の300年―マネーパワー影響　リチャード・ロバーツ, デーヴィッド・カイナストン編, 浜田康行ほか訳　東洋経済新報社　1996.12　329p

Robertson, Roland ロバートソン, ローランド
◇社会理論における宗教の枢要性―叙事詩的理論家としてのパーソンズ 他(進藤雄三訳)：近代性の理論―パーソンズの射程　ロランド・ロバートソン, ブライアン・S.ターナー編, 中久郎, 清野正義, 進藤雄三訳　恒星社厚生閣　1995.12　354, 37p
◇社会理論, 文化相対主義およびグローバル性の問題(安藤充訳)：文化とグローバル化―現代社会とアイデンティティ表現　A.D.キング編, 山中弘, 安藤充, 保呂篤彦訳　玉川大学出版部　1999.8　244p
◇パーソンズとグローバリゼーション(富永健一, 徳安彰訳)：パーソンズ・ルネッサンスへの招待―タルコット・パーソンズ生誕百年を記念して　富永健一, 徳安彰編著　勁草書房　2004.3　290p

Robertson, Sheila ロバートソン, シイラ
◇一般病院におけるグループワーク：ソーシャルワークとヘルスケア―イギリスの実践に学ぶ　レックス・テーラー, ジル・フォード編著, 小松源助監訳　中央法規　1993.9　247p

Robertus(Melodunensis) ロベルトゥス(ムランの)
◇命題集(中村秀樹訳)：中世思想原典集成 7　前期スコラ学　上智大学中世思想研究所編訳・監修　平凡社　1996.6　953p

Robins, Kevin ロビンス, ケヴィン
◇トルコ・ヨーロッパ, 干渉するアイデンティティ(松畑強訳)：カルチュラル・アイデンティティの諸問題―誰がアイデンティティを必要とするのか？　スチュアート・ホール, ポール・ドゥ・ゲイ編, 宇波彰監訳・解説　大村書店　2001.1　342p
◇空間を横断する思考：グローバリゼーションの文化政治　テッサ・モーリス=スズキ, 吉見俊哉編　平凡社　2004.11　395p　(グローバリゼーション・スタディーズ 2)

Robinson, David ロビンソン, デイビッド
◇モンゴル帝国の崩壊と高麗恭愍王の外交政策(水越知訳)：中国東アジア外交交流史の研究　夫馬進編　京都大学学術出版会　2007.3　598p

Robinson, Edward Austin Gossage ロビンソン, オースチン
◇英国王立経済学会と経済学者たちの未来：フューチャー・オブ・エコノミクス―21世紀への展望　ガルブレイス他著, J.D.ヘイ編, 鳥居泰彦訳　同文書院インターナショナル　1992.11　413p
◇経済学者としての私の実習時代：現代経済学の巨星―自らが語る人生哲学　上　M.シェンバーグ編, 都留重人ほか訳　岩波書店　1994.11　321p

Robinson, Gertrude J. ロビンソン, ガートルード・J.
◇北米コミュニケーション研究における学史的研究の構築：アメリカ―コミュニケーション研究の源流　E.デニス, E.ウォーテラ編著, 伊directed康博, 藤山新, 末永雅美, 四方由美, 栢沼利朗訳　春風社　2005.7　282p

Robinson, Howard ロビンソン, ハワード
◇心理社会的理論(共著)(高橋学訳)：ソーシャルワーク・トリートメント―相互連結理論アプローチ　上　フランシス・J.ターナー編, 米本秀仁監訳　中央法規出版　1999.4　574p

Robinson, Joan ロビンソン, ジョーン(経済学)
◇序文：ポスト・ケインズ派経済学入門　A.S.アイクナー編, 緒方俊雄ほか共訳　オンデマンド版　日本経済評論社　2003.3　221p　(ポスト・ケインジアン叢書 2)

Robinson, Nancy B. ロビンソン, ナンシー・B.
◇早期コミュニケーションの評価と指導(共著)：子どもの言語とコミュニケーションの指導　D.K.バーンスタイン, E.ティーガーマン編, 池弘子, 内山千鶴子, 緒方明子共訳　東信堂　2000.6　242p

Robinson, Peter ロビンソン, ピーター
◇仕事の社会心理学(斉藤和志訳)：仕事の社会心理学　Peter Collett, Adrian Furnham原著編, 長田雅喜, 平林進訳編　ナカニシヤ出版　2001.6　303p

Robinson, Ronald E. ロビンソン, ロナルド・E.
◇鉄道帝国主義 他(原田勝正, 多田博一訳)：鉄道17万マイルの興亡―鉄道からみた帝国主義　クラレンス・B.デイヴィス, ケネス・E.ウィルバーン・Jr.編著, 原田勝正, 多田博一訳　日本経済評論社　1996.9　290p

Robinson, Scott ロビンソン, スコット
◇ITをめぐる説明責任と協力体制(共著)(大原健史監訳)：マッキンゼーITの本質―情報システムを活かし

た「業務改革」で利益を創出する　横浜信一、萩平和巳、金平直人、大隈健史、琴坂将広編著・監訳、鈴木立哉訳　ダイヤモンド社　2005.3　212p　（The McKinsey anthology）

Robson, Keith　ロブソン，K.
◇イギリスにおける会計規制（共著）（向山敦夫訳）：社会・組織を構築する会計―欧州における学際的研究　アンソニー・G.ホップウッド、ピーター・ミラー編著、岡野浩、国部克彦、柴健次監訳　中央経済社　2003.11　390p

Roces, Alejandro R.　ロセス，アレハンドロ・R.
◇「闘鶏」：フィリピンの大衆文化　寺見元恵編・監訳　めこん　1992.12　263p

Roche, Anne　ロッシュ，アンヌ
◇肉体・死体・テクスト（共著）（吉川和子訳）：女性史は可能か　ミシェル・ペロー編、杉村和子、志賀亮一監訳　藤原書店　1992.5　435p

Roche, Daniel　ロッシュ，ダニエル
◇社会生活のなかの文字文化―十八世紀フランスの都市の場合：書物から読書へ　ロジェ・シャルチェ編、水林章、泉利明、露崎俊和共訳　みすず書房　1992.5　374p
◇二人に一台のベッド：愛と結婚とセクシュアリテの歴史―増補・愛とセクシュアリテの歴史　ジョルジュ・デュビーほか著、福井憲彦、松本雅弘訳　新曜社　1993.11　401p

Roche, Eileen　ロッシュ，アイリーン
◇変わり者をめぐる疑心暗鬼をいかになくすか（共著）：人材育成のジレンマ―ハーバード・ビジネス・レビューケースブック　Harvard Business Review編、Diamondハーバード・ビジネス・レビュー編集部訳　ダイヤモンド社　2004.12　219p
◇変わり者をめぐる疑心暗鬼をいかになくすか（共著）：「問題社員」の管理術―ケース・スタディ　Diamondハーバード・ビジネス・レビュー編集部訳　ダイヤモンド社　2007.1　263p　（Harvard business review anthology）

Roche, Jeremy　ロッチェ，ジェルミー
◇子どもの権利と児童の福祉（阿部和光訳）：児童虐待への挑戦　ウェンディ・スティントン・ロジャース、デニス・ヒーヴィー、エリザベス・アッシュ編著、福知児、中野敏子、田沢あけみほか訳　法律文化社　1993.11　261p

Roche, John　ローチ，ジョン
◇ニュートンの『プリンキピア』：ニュートン復活　J.フォーベル編、平野葉一ほか訳　現代数学社　1996.11　454p

Rochefort, Henri　ロッシュフォール，アンリ
◇アンリ・ロッシュフォール（鹿島茂訳）：インタヴューズ　1　クリストファー・シルヴェスター編、新庄哲夫ほか訳　文芸春秋　1998.11　462p

Rochester, Colin　ロチェスター，コリン
◇コミュニティ・オーガニゼーションとボランティア活動：市民生活とボランティア―ヨーロッパの現実　ロドニ・ヘドリー、ジャスティン・デービス・スミス編、小田兼三、野上文夫監訳　新教出版社　1993.9　318p
◇経営陣との関係をマネージメントする（共著）（市川一宏訳）：NPOマネージメント―ボランタリー組織のマネージメント　スティーヴン・P.オズボーン編、

ニノミヤ・アキイエ・H.監訳　中央法規出版　1999.3　388p

Rock, Michael T.　ロック，マイケル・T.
◇タイの古い官僚政体と新しい半民主主義：レント、レント・シーキング、経済開発―新しい政治経済学の視点から　ムスタク・H.カーン、ジョモ・K.サンダラム編著、中村文隆、武田巧、堀金由美監訳　出版研　2007.7　437p

Rock, Stephen L.　ロック，S. L.
◇より高い水準にインクルージョンを保つために（井上雅彦訳）：発達障害に関する10の倫理的課題　リンダ・J.ヘイズ他著、望月昭、富安ステファニー監訳　二瓶社　1998.6　177p

Rockart, John F.　ロッカート，ジョン・F.
◇ネットワーク組織と相互依存の管理（共著）：情報技術と企業変革―MITから未来企業へのメッセージ　マイケル・S.スコット・モートン編、砂田登士夫ほか訳、宮川公男、上田泰監訳　富士通経営研修所　1992.10　509p　（富士通ブックス）
◇IT投資をいかに成功させるか：ITマネジメント　Harvard Business Review編、Diamondハーバード・ビジネス・レビュー編集部訳　ダイヤモンド社　2000.10　277p

Rockefeller, John D.　ロックフェラー，ジョン・D.
◇米国の実業家（小林順子訳）：ビジネスの知恵50選―伝説的経営者が語る成功の条件　ピーター・クラス編、佐藤洋一監訳　トッパン　1999.2　543p　（トッパンのビジネス経営書シリーズ　26）

Rockefeller, Steven C.　ロックフェラー，スティーヴン・C.
◇自由主義と承認をめぐる政治（向山恭一訳）：マルチカルチュラリズム　エイミー・ガットマン編、佐々木毅他訳　岩波書店　1996.10　240, 3p
◇自由主義と承認をめぐる政治：マルチカルチュラリズム　チャールズ・テイラー、ユルゲン・ハーバーマスほか著、エイミー・ガットマン編、佐々木毅、辻康夫、向山恭一訳　岩波書店　2007.11　240, 3p　（岩波モダンクラシックス）

Rockwell, Willard F., Jr.　ロックウェル，ウィラード・F., Jr.
◇学ぶ心（福原由美子訳）：ビジネスの知恵50選―伝説的経営者が語る成功の条件　ピーター・クラス編、佐藤洋一監訳　トッパン　1999.2　543p　（トッパンのビジネス経営書シリーズ　26）

Rodditer, Adrian　ロシター，エイドリアン
◇ブルム内閣と国民経済審議会と経済政策：フランスとスペインの人民戦線―50周年記念・全体像比較研究　S.マーティン・アレグザンダー、ヘレン・グラハム編、向井章典ほか訳　大阪経済法科大学出版部　1994.3　375p

Rodis-Lewis, Geneviève　ロディス・レヴィス，ジュヌヴィエーヴ
◇デカルトにおける永遠真理の創造―極端な懐疑と不可能性の限界　他（西村哲一訳）：現代デカルト論集　1　フランス篇　デカルト研究会編　勁草書房　1996.6　343, 10p

Rodley, Gordon　ロッドレイ，ゴードン
◇市場を超えた変化の達成―システム思考的接近　他

(川原美紀雄訳):超市場化の時代―効率から公正へ スチュアート・リースほか編, 川原紀美雄監訳 法律文化社 1996.10 372p

Rodrignez, Yolanda ロドリゲス, ヨランダ
◇失踪:締切り間際の殺人事件簿―特ダネ事件記者が綴る11の難事件 リサ・ベス・ピュリッツァー編, 加藤洋子訳 原書房 1998.6 332p

Rodrik, Dani ロドリック, ダニ
◇誰が資本自由化を望むのか:IMF資本自由化論争 S.フィッシャーほか著, 岩本武和訳 岩波書店 1999.9 161p
◇経済のグローバル化の管理:グローバル化で世界はどう変わるか―ガバナンスへの挑戦と展望 ジョセフ・S.ナイ Jr., ジョン・D.ドナヒュー編著, 嶋本恵美訳 英治出版 2004.9 477p (英治出版MPAシリーズ)

Roehling, Mark V. ローリング, マーク・V.
◇対人関係力が問われる仕事に肥満社員は不適格なのか(共著):「問題社員」の管理術―ケース・スタディ Diamondハーバード・ビジネス・レビュー編集部編訳 ダイヤモンド社 2007.1 263p (Harvard business review anthology)

Roemer, John E. ローマー, ジョン・E.
◇私有財産ベースの平等主義の限界:平等主義の政治経済学―市場・国家・コミュニティのための新たなルール サミュエル・ボールズ, ハーバート・ギンタス他著, エリック・オリン・ライト編, 遠山弘徳訳 大村書店 2002.7 327, 20p

Roger, Jacques ロジェ, ジャック
◇生命の機械論的概念:神と自然―歴史における科学とキリスト教 デイビッド・C.リンドバーグ, R.L.ナンバーズ編, 渡辺正雄監訳 みすず書房 1994.6 528, 48p

Rogers, Colin G. ロジャーズ, コリン・G.
◇教育研究への帰属理論の寄与(浅川潔司訳):原因帰属と行動変容―心理臨床と教育実践への応用 チャールズ・アンタキ, クリス・ブレーウィン編, 細田和雅, 古市裕一監訳 ナカニシヤ出版 1993.12 243p

Rogers, Nicholas ロジャーズ, ニコラス
◇一八世紀における政治と中流層(金澤周作訳):イギリスのミドリング・ソート―中流層をとおしてみた近世社会 ジョナサン・バリー, クリストファ・ブルックス編, 山本正監訳 昭和堂 1998.10 278, 54p

Rogers, Paul ロジャース, ポール(平和学)
◇政治的暴力と世界秩序:衝突を超えて―9・11後の世界秩序 K.ブース, T.ダン編, 寺島隆吉訳, 塚田幸三, 寺島美紀子訳 日本経済評論社 2003.5 469p

Rogers, Rex Stainton ロジャース, レックス・スティントン
◇児童期の社会的構造(秦野悦子訳):児童虐待への挑戦 ウェンディ・スティントン・ロジャース, デニス・ヒーヴィー, エリザベス・アッシュ編著, 福知栄子, 中野敏子, 田沢あけみほか訳 法律文化社 1993.11 261p

Rogerson, John William ロジャーソン, ジョン
◇人類学と旧約聖書(宮崎修二訳):古代イスラエルの世界―社会学・人類学・政治学からの展望 R.E.クレメンツ編, 木田献一, 月本昭男監訳 リトン 2002.11 654p

Rogialli, Sandra ロジャッリ, S.
◇イタリア精神医療制度における専門職の役割の変化(共著):過渡期の精神医療―英国とイタリアの経験から シュラミット・ラモン, マリア・グラツィア・ジャンニケッダ編, 川田誉音訳 海声社 1992.10 424p

Rogier, L. J. ロジエ, L. J.
◇アングロ・サクソン世界におけるカトリシズム―英国―教会の復活 他(共著):キリスト教史 第10巻 現代世界とキリスト教の発展 上智大学中世思想研究所編訳・監修 J.T.エリス他著 講談社 1991.7 499, 105p

Rogozinski, Jacob ロゴザンスキー, ジャコブ
◇世界の贈与:崇高とは何か ミシェル・ドゥギー他著, 梅木達郎訳 法政大学出版局 1999.5 413p (叢書・ウニベルシタス 640)

Róheim, Géza ローハイム, ゲーザ
◇昔話と夢:「赤ずきん」の話をめぐって(池上嘉彦訳):「赤ずきん」の秘密―民俗学的アプローチ アラン・ダンダス編, 池上嘉彦, 山崎和恕, 三宮郁子訳 紀伊国屋書店 1994.12 325p
◇昔話と夢:「赤ずきん」の話をめぐって(池上嘉彦訳):「赤ずきん」の秘密―民俗学的アプローチ アラン・ダンダス編, 池上嘉彦ほか訳 新版 紀伊国屋書店 1996.6 325p

Rohnstock, Katrin ローンシュトック, カトリン
◇沈黙してしまった東の女性(奈倉洋子訳):女たちのドイツ―東と西の対話 カトリン・ローンシュトック編, 神谷裕子ほか訳 明石書店 1996.11 208p

Röhrs, Hermann レールス, ヘルマン
◇教育科学における流派の争いと教育学的合意―問題設定への導入のために(天野正治訳):現代ドイツ教育学の潮流―W.フリットナー百歳記念論文集 ヘルマン・レールス, ハンス・ショイアール編, 天野正治訳 玉川大学出版部 1992.8 503p

Roiphe, Katie ロイフェ, ケイティー
◇三角関係―親友の恋人を盗った言いわけ:女友だちの賞味期限―なぜ彼女は私を裏切ったのか…。 ジェニー・オフィル, エリッサ・シャッペル編著, 糸井恵訳 プレジデント社 2006.3 343p

Rokkan, Stein ロッカン, スタイン
◇選挙制度(加藤秀治郎, 湯浅墾道訳):選挙制度の思想と理論―Readings 加藤秀治郎編訳 芦書房 1998.1 306p

Rokoff, June ロコフ, ジューン
◇管理能力のないヒットメーカー社員をどのように扱うべきか(共著):人材育成のジレンマ―ハーバード・ビジネス・レビューケースブック Harvard Business Review編, Diamondハーバード・ビジネス・レビュー編集部訳 ダイヤモンド社 2004.12 219p

Roland-Lévy, Christine ロラン・レヴィ, クリスティーヌ
◇イントロダクション 他(共著):欧州統合とシティズンシップ教育―新しい政治学習の試み クリス ティーヌ・ロラン・レヴィ, アリステア・ロス編著, 中里亜夫, 竹島博之監訳 明石書店 2006.3 286p (明石ライブラリー 91)

Roll, Richard ロール, R. *
◇投資スタイルの違いによるパフォーマンスへの影響

(中嶋啓浩訳)：株式投資スタイル―投資家とファンドマネージャーを結ぶ投資哲学　T.ダニエル・コギン，フランク・J.ファボツィ，ロバート・D.アーノルド編，野村證券金融研究所編　増補改訂版　野村総合研究所情報リソース部　1998.3　450p

Roll, Yaakov ロール, Y.*
◇高速道路の保守パトロールの相対的効率性の測定と監視モニタリング 他(共著)(大屋隆生訳)：経営効率評価ハンドブック―包絡分析法の理論と応用　Abraham Charnesほか編，刀根薫，上田徹監訳　朝倉書店　2000.2　465p

Rolland, André ローラン, A.*
◇オペレーショナルリスクと金融機関―はじめに(共著)：オペレーショナルリスク―金融機関リスクマネジメントの新潮流　アーサーアンダーセン編・訳　金融財政事情研究会　2001.1　413p

Rolland, Romain ロラン, ロマン
◇クリシュナムルティ：クリシュナムルティの世界　大野純一編訳　コスモス・ライブラリー　1997.8　434p

Rollin, Jean ロラン, ジャン(思想)
◇人間の実現(兼子正勝訳)：無頭人　ジョルジュ・バタイユ他著，兼子正勝，中沢信一，鈴木創士訳　現代思潮社　1999.7　246p　(エートル叢書4)

Rollins, Billy J. ロリンズ, ビリー・J.
◇規律を乱す「やり手セールスマン」をいかに処遇すべきか(共著)：「問題社員」の管理術―ケース・スタディ　Diamondハーバード・ビジネス・レビュー編集部編訳　ダイヤモンド社　2007.1　263p　(Harvard business review anthology)

Rom, Paul ロム, ポール
◇仕事 他(共著)：アドラーの思い出　G.J.マナスター，G.ペインター，D.ドイッチュ，B.J.オーバーホルト編，柿内邦博，井原文子，野田俊作訳　創元社　2007.6　244p

Roman, Donald W. ローマン, ドナルド・W.
◇カナダにおける鉄道帝国主義(原田勝正訳)：鉄路17万マイルの興亡―鉄道からみた帝国主義　クラレンス・B.デイヴィス，ケネス・E.ウィルバーン・Jr.編著，原田勝正，多田博一監訳　日本経済評論社　1996.9　290p

Roman, Joël ロマン, ジョエル
◇二つの国民概念(大西雅一郎訳)：国民とは何か　エルネスト・ルナンほか著，鵜飼哲ほか訳　インスクリプト　1997.10　311p

Romanczyk, Raymond G. ロマンジーク, レイモンド・G.
◇先行子としての生理的状態―機能的分析における意義(共著)(北原佶訳)：挑戦的行動の先行子操作―問題行動への新しい援助アプローチ　ジェームズ・K.ルイシーン，マイケル・J.キャメロン編，園山繁樹ほか訳　二瓶社　2001.8　390p
◇異論のある多くの自閉症治療法―効果に対する決定的評価(共著)：臨床心理学における科学と疑似科学　S.O.リリエンフェルド，S.J.リン，J.M.ロー編，厳島行雄，横田正夫，斎藤雅英監訳　北大路書房　2007.9　461p

Romanes ロマネス
◇本能は完成に向かう：知的な習得：ドゥルーズ初期―若き哲学者が作った教科書　ジル・ドゥルーズ編著，加賀野井秀一訳注　夏目書房　1998.5　239p

Romano, James F. ロマーノ, ジェームズ・F.
◇古代エジプトの太陽文化(小川稔訳)：太陽神話―生命力の象徴　マダンジート・シン, UNESCO編，木村重信監修　講談社　1997.2　399p

Rombach, Heinrich ロムバッハ, ハインリッヒ
◇哲学の現在　構造存在論(富田恭彦，門田克弘訳)：哲学の変貌―現代ドイツ哲学　ガーダマーほか著，竹内明弘編　岩波書店　2000.9　298, 36p　(岩波モダンクラシックス)

Romero, Manueru Peresu ロメーロ, マヌエル・ペーレス
◇墨西哥と其天産(村岡玄訳)：初期在北米日本人の記録　北米編　第73冊　墨西哥と其天産　墨西哥・中米大観　奥泉栄三郎監修　マヌエル・ペーレス・ロメーロ著，村岡玄訳，海野稔著　文生書院　2007.10　102, 187p 図版72枚　(Bunsei Shoin digital library)

Romualdi, Antonella ロムアルディ, アントネッラ
◇ポプローニアの考古学公園と北エトルリアの豪壮な墓(広瀬三矢子訳)：死後の礼節―古代地中海圏の葬祭文化 紀元前7世紀-紀元前3世紀　シュテファン・シュタイングレーバー編　東京大学総合研究博物館　2000.12　202p

Roncaglia, Alessandro ロンカッリア, アレッサンドロ
◇スラッファの貢献：ポスト・ケインズ派経済学入門　A.S.アイクナー編，緒方俊雄ほか共訳　オンデマンド版　日本経済評論社　2003.3　221p　(ポスト・ケインジアン叢書2)

Rongé, Yves De ロンゲ, Y.*
◇ベルギーにおける財務報告の歴史(共著)(片山郁雄訳)：欧州比較国際会計史論　P.ワルトン編著，久野光朗監訳　同文舘出版　1997.5　380p

Ronstadt, Robert ロンスタッド, ロバート
◇正しい財務予測の仕方：MBA起業家育成　ウィリアム・D.バイグレイブ編著，千本倖生+バブソン起業家研究会訳　学習研究社　1996.12　369p

Roos, Pontus ルース, P.*
◇スウェーデンの病院における生産性の発展：Malmquist出力指標の利用(共著)(上田訳)：経営効率評価ハンドブック―包絡分析法の理論と応用　Abraham Charnesほか編，刀根薫，上田徹監訳　朝倉書店　2000.2　465p

Roosevelt, Franklin D. ルーズベルト, フランクリン・D.
◇フランクリン・D.ローズベルト大統領―第一期大統領就任演説 他(白須清美訳)：アメリカ政治の展開　板場良久スピーチ解説，滝順子，白須清美訳　アルク　1998.4　148p　(20世紀の証言 英語スピーチでたどるこの100年 第1巻―CD book　松尾士之監修・解説)
◇フランクリン・D.ルーズベルト大統領―アメリカの対日宣戦布告(津吉襄訳)：変貌する世界とアメリカ　板場良久スピーチ解説，津吉襄訳　アルク　1998.5　148p　(20世紀の証言 英語スピーチでたどるこの

100年 第2巻―CD book 松尾弌之監修・解説）
◇ルーズベルト民主党政権の特色と一般教書：資料 戦後米国大統領の「一般教書」 第1巻（1945年―1961年） 藤本一美、浜賀祐子、末次俊之訳著 大空社 2006.7 564p

Roosevelt, Theodore ルーズベルト, セオドア
◇セオドア・ローズベルト前大統領―青少年革新同盟へ向けての演説（白須清美訳）：アメリカ政治の展開 板垣良久スピーチ解説、滝順子、白須清美訳 アルク 1998.4 148p （20世紀の証言 英語スピーチでたどるこの100年 第1巻―CD book 松尾弌之監修・解説）
◇シオドア・ローズヴェルト（高橋健次訳）：インタヴューズ 1 クリストファー・シルヴェスター編、新庄哲夫ほか訳 文芸春秋 1998.11 462p

Rorty, Richard ローティ, リチャード
◇超越論的論証・自己関係・プラグマティズム（冨田恭彦、望月俊孝訳）：超越論哲学と分析哲学―ドイツ哲学と英米哲学の対決と対話 ヘンリッヒ他著、竹市明弘編 産業図書 1992.11 451p
◇人権、理性、感情：人権について―オックスフォード・アムネスティ・レクチャーズ ジョン・ロールズ他著、スティーヴン・シュート、スーザン・ハーリー編、中島吉弘、松田まゆみ共訳 みすず書房 1998.11 304, 5p
◇時間について（バンベルクの討議）（共著）：哲学の原点―ドイツからの提言 ハンス・ゲオルク・ガダマー他著、U.ベーメ編、長倉誠一、多田茂訳 未知谷 1999.7 272, 11p
◇軍事国家アメリカ：発言―米国同時多発テロと23人の思想家たち 中山元編訳 朝日出版社 2002.1 247p
◇脱構築とプラグマティズムについての考察 他：脱構築とプラグマティズム―来たるべき民主主義 シャンタル・ムフ編、青木隆嘉訳 法政大学出版局 2002.7 179p （叢書・ウニベルシタス 741）

Rosaldo, Renato ロサルド, レナート
◇テントの入口から：文化を書く ジェイムズ・クリフォード、ジョージ・マーカス編、春日直樹ほか訳 紀伊国屋書店 1996.11 546p （文化人類学叢書）

Rosanvallon, Pierre ロザンヴァロン, ピエール
◇婦人参政権の歴史―フランスの特殊性に関する考察：「女の歴史」を批判する G.デュビィ、M.ペロー編、小倉和子訳 藤原書店 1996.5 259p
◇重農学派（河野健二訳）：フランス革命事典 6 フランソワ・フュレ、モナ・オズーフ編、河野健二、阪上孝、富永茂樹監訳 みすず書房 2000.6 252p （みすずライブラリー）

Rose, Colin ローズ, コリン*
◇有界および非有界の確率過程（野口旭訳）：Mathematica 経済・金融モデリング Hal R.ヴァリアン編、野口旭ほか共訳 トッパン 1996.12 553p

Rose, Gideon ローズ, ギデオン
◇サダム・フセインは追放できるか（共著）：アメリカはなぜイラク攻撃をそんなに急ぐのか？ フォーリン・アフェアーズ・ジャパン編・監訳 朝日新聞社 2002.12 266, 4p （朝日文庫―フォーリン・アフェアーズ・コレクション）

Rose, Gillian ローズ, ジリアン
◇隔たり、見せかけ、どこか（神谷浩夫訳）：ジェンダーの地理学 神谷浩夫編監訳、影山穂波ほか訳 古今書院 2002.4 294p （大学の地理学）

Rose, Lawrence ローズ, ローレンス
◇自治体における組織改革の運営［ノルウェー］：北欧の地方分権改革―福祉国家におけるフリーコミューン実験 ハラール・ボルドスハイム、クリステル・ストールバリ編著、大和田建太郎、小原亜生、広田全男訳 日本評論社 1995.8 233p

Rose, Richard ローズ, リチャード（福祉）
◇イギリスにおける混合福祉の動態 他：世界の福祉国家―課題と将来 白鳥令、R.ローズ編著、木島賢、川口洋子訳 新評論 2002.12 268p （Shinhyoron selection 41）

Rose, Stephen M. ローズ, ステファン・M.
◇ケースマネージメントと社会福祉実践―その歴史と背景 他（岡田進一訳）：ケースマネージメントと社会福祉 ステファン・M.ローズ編、白沢政和、渡部律子、岡田進一監訳 ミネルヴァ書房 1997.10 415p （Minerva福祉ライブラリー 21）

Rosecrance, Richard N. ローズクランス, リチャード
◇バーチャル国家の台頭：フォーリン・アフェアーズ傑作選―アメリカとアジアの出会い 1922-1999 下 フォーリン・アフェアーズ・ジャパン編・監訳 朝日新聞社 2001.2 327, 7p

Rosegrant, Mark W. ローズグラント, マーク
◇水 他（共著）：マクミラン近未来地球地図 イアン・ピアスン編、松井孝典監訳 東京書籍 1999.11 115p

Rosemann, Michael ロゼマン, M.*
◇メディア業界におけるプロセスモデリングとシミュレーション―テレビ・ニュージーランドの事例（共著）：ARISを活用したビジネスプロセスマネジメント―欧米の先進事例他 A.-W.シェアー他編、堀内正博、田中正郎、柳堀紀幸監訳 シュプリンガー・フェアラーク東京 2003.7 281p

Rosen, Gerald M. ローゼン, ジェラルド・M.
◇自助療法―科学と心理学をばらまく商売（共著）：臨床心理学における科学と疑似科学 S.O.リリエンフェルド、S.J.リン、J.M.ロー編、厳島行雄、横田正夫、斎藤雅英監訳 北大路書房 2007.9 461p

Rosen, Michael ローゼン, マイケル
◇『ビーノ』を読む（笹田裕子訳）：子どもはどのように絵本を読むのか ヴィクター・ワトソン、モラグ・スタイルズ編、谷本誠剛監訳 柏書房 2002.11 382p （シリーズ〈子どもと本〉3)

Rosen, Robert H. ローゼン, ロバート・H.
◇導くことを学ぶ：企業の未来像―成功する組織の条件 フランシス・ヘッセルバイン、マーシャル・ゴールドスミス、リチャード・ベックハード編、小坂恵理訳 トッパン 1998.7 462p （トッパンのビジネス経営書シリーズ 14）

Rosén, Staffan ローゼン, スタファン
◇スウェン・ヘディンコレクションにおける偽造サカ文書 他：流沙出土の文字資料―楼蘭・尼雅出土文書を中心に 冨谷至編著、赤松明彦、アンナ＝グレーテ・リシェル、梅原郁、スタファン・ローゼン、ホーカン・ヴォルケスト、籾山明執筆 京都大学学術出版会

2001.3 543p

Rosenbaum, Deborah ローゼンバウム, デボラ
◇アルコール依存症の治療法に関する論争(共著)：臨床心理学における科学と疑似科学　S.O.リリエンフェルド, S.J.リン, J.M.ロー編, 厳島行雄, 横田正夫, 斎藤雅英監訳　北大路書房　2007.9　461p

Rosenberg, Donna Andrea ローゼンバーグ, ドナ・アンドレア
◇稀なタイプの子どもの虐待 他：虐待された子ども—ザ・バタード・チャイルド　メアリー・エドナ・ヘルファ, ルース・S.ケンプ, リチャード・D.クルーグマン編, 子どもの虐待防止センター監修, 坂井聖二監訳　明石書店　2003.12　1277p

Rosenberg, Emily S. ローゼンバーグ, エミリー・S.
◇パールハーバー(飯倉章訳)：記憶としてのパールハーバー　細谷千博, 入江昭, 大芝亮編　ミネルヴァ書房　2004.5　536, 10p

Rosenberg, Jay F. ローゼンバーグ, ジェイ・F.
◇アプリオリと再構成への批判—ミッテルシュトラース批判(安井邦夫, 加藤泰史訳)：超越論哲学と分析哲学—ドイツ哲学と英米哲学の対決と対話　ヘンリッヒ他著, 竹市明弘編　産業図書　1992.11　451p

Rosenberg, Viqui ローゼンバーグ, ヴィッキー
◇逆転移における性愛転移とその変遷：精神分析的心理療法の現在—ウィニコットと英国独立派の潮流　スー・ジョンソン, スタンリー・ルーゼンスキー編, 倉ひろ子訳　岩崎学術出版社　2007.9　181p

Rosenberger, Nancy ローゼンバーガー, ナンシー
◇西洋のイメージ—日本の雑誌に見る住宅スタイル：文化加工装置ニッポン—「リ=メイド・イン・ジャパン」とは何か　ジョーゼフ・J.トービン編, 武田徹訳　時事通信社　1995.9　321, 14p

Rosenberger, Ross D. ローゼンバーガー, ロス・D.
◇友人と仲間(共著)：アドラーの思い出　G.J.マナスター, G.ペインター, D.ドイッチュ, B.J.オーバーホルト編, 柿内邦博, 井原文子, 野田俊行訳　創元社　2007.6　244p

Rosenblatt, Roger ローゼンブラット, ロジャー
◇アンネ・フランク：TIMEが選ぶ20世紀の100人 下巻 アーチスト・エンターテイナー・ヒーロー・偶像・巨頭　徳岡孝夫監訳　アルク　1999.11　318p

Rosenbloom, Alfred A., Jr. ローゼンブルーム, アルフレッド・A., Jr.
◇高齢者の眼科医療と弱視者サービスへの刷新と向上(乙川利夫訳)：高齢化社会と視覚障害—新世紀に向けたアメリカの挑戦　ジョン・E.クルーズ, フランク・J.ウイッテングトン編, 岩橋明子訳監修　日本盲人福祉委員会　2003.1　302p

Rosendorf, Neal M. ローゼンドルフ, ニール・M.
◇社会と文化のグローバル化—概念, 歴史, 米国の役割：グローバル化で世界はどう変わるか—ガバナンスへの挑戦と展望　ジョセフ・S.ナイ Jr., ジョン・D.ドナヒュー編著, 嶋本恵美訳　英治出版　2004.9　477p　(英治出版MPAシリーズ)

Rosenfeld, Herbert ローゼンフェルド, ハーバート
◇急性精神分裂病者の超自我葛藤の精神分析 他(古賀靖彦訳)：メラニー・クラインとゥデイ 1　精神病者の分析と投影同一化　E.B.スピリウス編, 松木邦裕監訳　岩崎学術出版社　1993.7　212p
◇性と死の本能についての精神分析理論への臨床からの接近(松木邦裕訳)：メラニー・クライン トゥデイ 2　思索と人格病理　エリザベス・B.スピリウス編, 古賀靖彦, 白峰克彦, 世良洋, 田中俊孝, 東中園聡訳, 松木邦裕監訳　岩崎学術出版社　1993.8　202p

Rosengarten, Jacob ローゼンガーテン, ヤコブ
◇アクティブ・ファンドマネージャーのためのリスクバジェッティング—「グリーン・ゾーン」を用いたリターンの質の評価(共著)：リスクバジェッティング—実務家が語る年金新時代のリスク管理　レスリー・ラール編, 三菱信託銀行受託財産用部門訳　パンローリング　2002.4　575p　(ウィザードブックシリーズ 34)

Rosenhead, Jonathan ローゼンヘッド, J.*
◇問題解決の新しいパラダイム：ソフト戦略思考　Jonathan Rosenhead編, 木嶋恭一監訳　日刊工業新聞社　1992.6　432, 7p

Rosenn, S. ロウゼン, K. S.
◇ラテン・アメリカの法的諸制度の歴史的発展(共著)：塙浩著作集—西洋法史研究 12 ラテン・アメリカ法史 イスラム法史　塙浩訳著　カースト他著, 塙浩訳, クルソン著, 塙浩訳　信山社出版　1998.2　426, 16p

Rosenthal, Philipp, Jr. ローゼンタール, フィリップ, Jr.
◇フィリップ・ローゼンタール 他(共著)：ドイツ企業のパイオニア—その成功の秘密　ヴォルフラム・ヴァイマー編著, 和泉雅人訳　大修館書店　1996.5　427p

Rosewarne, Stuart ローズウォーン, スチュアート
◇環境の売却—市場生態学批判(守山朋男訳)：超市場化の時代—効率から公正へ　スチュアート・リースほか編, 川原紀美雄監訳　法律文化社　1996.10　372p

Rosewater, Lynne Bravo ローズウォーター, リン・B.
◇精神分裂病？ 境界例？ 虐待例？ 他：フェミニスト心理療法ハンドブック—女性臨床心理の理論と実践　L.B.ローズウォーター, L.E.A.ウォーカー編著, 河野貴代美, 井上摩耶子訳　ヒューマン・リーグ　1994.12　317p

Ross, Carol ロス, キャロル
◇ワールド・スタディーズと機会均等—全学的取り組み(共著)(岩崎裕保訳)：地球市民教育のすすめかた—ワールド・スタディーズ・ワークブック　デイヴィッド・ヒックス, ミリアム・スタイナー編, 岩崎裕保監訳　明石書店　1997.6　341p

Ross, Dorothy ロス, ドロシィー
◇社会科学の発展：アメリカ政治学の展開—学説と歴史　ジェームズ・ファ, レイモンド・セイデルマン編著, 本田弘, 藤原孝, 秋山和宏, 石川晃司, 入江正俊ほか訳　サンワコーポレーション　1996.2　506p

Ross, Peter ロス, ピーター
◇雇用, 経済, 労使関係：比較統計(藤原真砂訳)：先進諸国の雇用・労使関係—国際比較：21世紀の課題と展

望　桑原靖夫, グレッグ・バンバー, ラッセル・ランズベリー編　新版　日本労働研究機構　2000.7　551p

Ross, William James　ロス, ウィリアム・ジェームス
◇寅さん：ニッポン不思議発見！―日本文化を英語で語る50の名エッセイ集　日本文化研究所編, 松本道弘訳　講談社インターナショナル　1997.1　257p　(Bilingual books)

Rossi, Alice S.　ロッシ, A.
◇中年期の親と加齢(登張真稲訳)：生涯発達の心理学3巻　家族・社会　東洋, 柏木恵子, 高橋恵子編・監訳　新曜社　1993.10　293p

Rossiter, David　ロッシター, D.
◇イギリス選挙制度と有権者〈要約〉(共著)(良永康平訳)：現代イギリスの政治算術―統計は社会を変えるか　D.ドーリング, S.シンプソン編著, 岩井浩ほか監訳　北海道大学図書刊行会　2003.7　588p

Rossmo, D. Kim　ロスモ, D. キム
◇地理プロファイリング(三本照美訳)：犯罪者プロファイリング―犯罪行動が明かす犯人像の断片　ジャネット・L.ジャクソン, デブラ・A.ベカリアン編, 田村雅幸監訳, 辻典ική, 岩見広一訳編　北大路書房　2000.3　234p

Rössner, Dieter　レスナー, ディーター
◇弁償と制裁―紛争解決助力としての裁判所援助(吉田敏雄訳)：犯罪被害者と刑事司法　ギュンター・カイザー, H.クーリー, H.‐J.アルブレヒト編, 宮沢浩一, 田口守一, 高橋則夫訳編　成文堂　1995.7　443p

Rossum, Walter Van　ロッスム, ヴァルター・フォン
◇自分の生活を求めて(共著)：哲学の原点―ドイツからの提言　ハンス・ゲオルク・ガダマー他著, U.ベーム編, 長倉誠一, 多田茂訳　未知谷　1999.7　272, 11p

Rostow, Walt Whitman　ロストウ, ウォルト・W.
◇バジョットと景気循環：『エコノミスト』の百年 1843‐1943　エコノミスト社編, 岸田理訳　日本経済評論社　1994.11　320p
◇政治経済学についての省察―過去, 現在, そして未来：現代経済学の巨星―自らが語る人生哲学　下　M.シェンバーグ編　岩波書店　1994.12　292, 11p
◇人口停滞の経済的側面：開発経済学の潮流―将来の展望　G.M.マイヤー, J.E.スティグリッツ共編, 岡本勘ニ, 近藤正規, 国際協力研究グループ訳　シュプリンガー・フェアラーク東京　2003.7　412p

Rotblat, Joseph　ロートブラット, ジョセフ
◇ミサイル防衛のばかげた口実：ミサイル防衛―大いなる幻想 東西の専門家20人が批判する　デービッド・クリーガー, カラー・オン編, 梅林宏道, 黒崎輝訳　高文研　2002.11　155p
◇科学と文明：文明間の対話　マジッド・テヘラニアン, デイビッド・W.チャベル編, 戸田記念国際平和研究所監訳　潮出版社　2004.2　446, 47p
◇パグウォッシュ会議と科学者の社会的責任(阿部純子訳)：あなたの手で平和を！―31のメッセージ　フレドリック・S.ヘッファメール編, 大庭里美, 阿部純子訳　日本評論社　2005.3　260p

Rotelli, Franco　ロテッリ, F.
◇イタリアにおける精神医療サービスの変化：過渡期の精神医療―英国とイタリアの経験から　シュラミット・ラモン, マリア・グラツィア・ジャンニケッダ編, 川田誉音訳　海声社　1992.10　424p

Rotemberg, Julio J.　ローテンバーグ, ジュリオ・J.
◇企業間の競争と協働(共著)：情報技術と企業変革―MITから未来企業へのメッセージ　マイケル・S.スコット・モートン編, 砂田登士夫ほか訳, 宮川公男, 上田泰監訳　富士通経営研修所　1992.10　509p　(富士通ブックス)

Roth, Alvin E.　ロス, アルビン・E.
◇経験科学としてのゲーム理論：フューチャー・オブ・エコノミクス―21世紀への展望　ガルブレイス他著, J.D.ヘイ, 鳥居泰彦訳　同文書院インターナショナル　1992.11　413p

Roth, Harrison　ロス, H. *
◇小口投資家のためのオプション取引：オプション―その基本と取引戦略　シカゴオプション取引所付属オプション専門学校編, 可児滋訳　ときわ総合サービス出版調査部　1999.4　675p

Roth, Heinrich　ロート, ハインリッヒ
◇天分と天分を与えること：教育学的に見ること考えることへの入門　アンドレアス・フリットナー, ハンス・ショイアール編, 石川道夫訳　玉川大学出版部　1994.8　409p

Roth, John K.　ロス, ジョン・K.
◇抗議の神義論：神は悪の問題に答えられるか―神義論をめぐる五つの答え　スティーヴン・T.デイヴィス編, 本多峰子訳　教文館　2002.7　437p

Roth, Randall W.　ロス, ランドール・W.
◇固定資産税：ハワイ 楽園の代償　ランドール・W.ロス編　有信堂高文社　1995.9　248p

Roth, Sydney　ロス, シドニー
◇仕事 他(共著)：アドラーの思い出　G.J.マナスター, G.ペインター, D.ドイッチュ, B.J.オーバーホルト編, 柿内邦博, 井原文子, 野田俊作訳　創元社　2007.6　244p

Rothblatt, Sheldon　ロスブラット, S.
◇イングランドにおける高等教育の多様化(安原義仁訳)：高等教育の変貌1860‐1930―拡張・多様化・機会開放・専門職化　コンラート・ヤーラオシュ編, 望田幸男, 安原義仁, 橋本伸也監訳　昭和堂　2000.10　374, 48p

Rothkopf, Michael H.　ロースコプフ, M. *
◇競売と競争入札のモデル(栗崎寿也訳)：公共政策ORハンドブック　S.M.Pollock, M.H.Rothkopf, A.Barnett編, 大山達雄監訳　朝倉書店　1998.4　741p

Rothstein, Lawrence R.　ロススタイン, ローレンス・R.
◇協調性なきクリエーターをいかに管理するか(共著)：「問題社員」の管理術―ケース・スタディ　Diamondハーバード・ビジネス・レビュー編集部編訳　ダイヤモンド社　2007.1　263p　(Harvard business review anthology)

Rott, Christoph　ロット, C. *
◇高齢者の問題解決戦略 他：高齢者の自立能力―今日

と明日の概念 III 老年学週間論文集 Chr.Rott, F.Oswald編, 石井毅訳 長寿社会開発センター 1994.3 200p

Roubin, N. ルーバン, ニコル
◇『エヴ』の織りなすもの―Ch.ペギーの世界：現代とキリスト教的ヒューマニズム―二十世紀フランスの試み ジャック・ベジノ編 白水社 1993.3 241, 16p

Roule ルール
◇トロピズム［＝向性］と差異感覚：ドゥルーズ初期―若き哲学者が作った教科書 ジル・ドゥルーズ編著, 加賀野井秀一訳注 夏目書房 1998.5 239p

Rousseau, Jean Jacques ルソー, ジャン＝ジャック
◇立法者の純粋観念：ドゥルーズ初期―若き哲学者が作った教科書 ジル・ドゥルーズ編著, 加賀野井秀一訳注 夏目書房 1998.5 239p

Rousseau, Jean-Marc ルソー, J. -M. ＊
◇都市交通と航空輸送のモデル（共著）（五十嵐幸仁, 宮村安治訳）：公共政策ORハンドブック S.M.Pollock, M.H.Rothkopf, A.Barnett編, 大山達雄監訳 朝倉書店 1998.4 741p

Rousseau, John J. ルソー, J. J. ＊
◇競争的炭酸飲料業界におけるマーケット・セグメントとブランドの効率性に関する多期間分析（共著）（住田友文訳）：経営効率評価ハンドブック―包絡分析法の理論と応用 Abraham Charnesほか編, 刀根薫, 上田徹監訳 朝倉書店 2000.2 465p

Roux, André ルー, アンドレ
◇基本権の保障（藤野美都子訳）：フランス公法講演集 J.シュバリエほか著, 植野妙実子編訳 中央大学出版部 1998.12 235p （日本比較法研究所翻訳叢書 40）

Roux-Levrat, Serge ルー・ルヴラ, S. ＊
◇価値創出と価値保全の経営行動 他：生命保険業における戦略的課題 Hugh Macmillan, Mike Christophers編, 玉田巧訳 玉田巧 2002.3 206p

Rowe, Mary ロー, メリー
◇ミスを責め立てるスター社員にどう対処すべきか（共著）：人材育成のジレンマ―ハーバード・ビジネス・レビューケースブック Harvard Business Review編, Diamondハーバード・ビジネス・レビュー編集部訳 ダイヤモンド社 2004.12 219p
◇ミスを責め立てるスター社員にどう対処すべきか（共著）：「問題社員」の管理術―ケース・スタディ Diamondハーバード・ビジネス・レビュー編集部訳 ダイヤモンド社 2007.1 263p （Harvard business review anthology）

Rowe, Thomas D. , Jr. ロウ, トーマス・D. , Jr.
◇アメリカ民事訴訟におけるプライヴァシーおよび営業秘密の保護 他：アメリカ民事訴訟法の理論 大村雅彦, 三木浩一編 商事法務 2006.4 362p

Rowe, William ロウ, ウィリアム
◇クライエント中心理論―人間中心的アプローチ（相場幸子訳）：ソーシャル・ワーク・トリートメント―相互連結理論アプローチ 下 フランシス・J.ターナー編, 米本秀仁監訳 中央法規出版 1999.8 573p
◇ソーシャルワーク実践からの声（星野晴彦訳）：ソー

シャルワークとグローバリゼーション カナダソーシャルワーカー協会編, 日本ソーシャルワーカー協会国際委員会訳, 仲村優一監訳 相川書房 2003.8 186p

Rowlands, Graham ロウランズ, グラハム
◇プライムブローカーによるリスク管理：実践ヘッジファンド投資―成功するリスク管理 バージニア・レイノルズ・パーカー編, 徳岡百見監訳 日本経済新聞社 2001.8 425p

Rowthorn, Bob R. E. ローソン, B.
◇先進経済はどこへ行くのか（横川信治訳）：進化する資本主義 横川信治, 野口真, 伊藤誠編著 日本評論社 1999.2 323, 10p

Rowthorn, Robert ローソン, ロバート（法学）
◇シグナルとしての結婚（飯田高訳）：結婚と離婚の法と経済学 アントニィ・W.ドゥネス, ロバート・ローソン編著, 太田勝造監訳 木鐸社 2004.11 348p （「法と経済学」叢書 5）

Rowthorn, Robert E. ローソン, ボブ
◇1973年以降の多様な失業経験（共著）：資本主義の黄金時代―マルクスとケインズを超えて スティーブン・A.マーグリン, ジュリエット・B.ショアー編, 磯谷明徳, 植村博恭, 海老塚明監訳 東洋経済新報社 1993.9 326p

Roy, A. ロイ, アビク
◇競争上の関係を理解する（共著）（黒田康史訳）：ウォートンスクールのダイナミック競争戦略 ジョージ・デイ, デイビッド・レイブシュタイン編, 小林陽太郎監訳, 黒田康史ほか訳 東洋経済新報社 1999.10 435p （Best solution）

Roy, Arundhati ロイ, アルンダティ
◇「無限の正義」の算術：発言―米同時多発テロと23人の思想家たち 中山元編訳 朝日出版社 2002.1 247p

Roy, Christopher D. ロイ, クリストファー
◇サハラ以南アフリカの両義的な太陽（共著）（佐々木重洋訳）：太陽神話―生命力の象徴 マダンジート・シン, UNESCO編, 木村重信監修 講談社 1997.2 399p

Roy, Marie-Josee ロイ, マリー・ホセ
◇環境影響の資本投資決定への統合（共著）：緑の利益―環境管理会計の展開 マーティン・ベネット, ピーター・ジェイムズ編著, 国部克彦監修, 海野みづえ訳 産業環境管理協会 2000.12 542p

Royce, Anya Peterson ロイス, アニヤ・P.
◇キリスト教徒でもユダヤ教徒でもなく：「エスニック」とは何か―エスニシティ基本論文選 青柳まちこ編・監訳 新泉社 1996.3 221p （「知」の扉をひらく）

Royer, Isabelle ロワイエ, イザベル
◇なぜプロジェクトの迷走を止められないのか：いかに「プロジェクト」を成功させるか Diamondハーバード・ビジネス・レビュー編集部編訳 ダイヤモンド社 2005.1 239p （Harvard business review anthology）

Royes, Heather ロイズ, ヘザー
◇ハイテクメディアは、女性の入力を待っている。（田口久美子訳）：新しいコミュニケーションとの出会い―ジェンダーギャップの橋渡し ラモーナ・R.ラッ

シュ,ドナ・アレン編,村松泰子編訳　垣内出版　1992.4　314, 10p

Royko, Mike　ロイコ,マイク
◇麻薬戦争の現場から:ドラッグ全面解禁論　ディヴィッド・ボアズ編,樋口幸子訳　第三書館　1994.11　364p

Rozman, Gilbert　ロズマン,ギルバート
◇序論 他(共著):ロシアの総合的安全保障環境に関する研究—東アジア地域における諸問題　総合研究開発機構　2000.3　225p　(NIRA研究報告書)

Rtveladze, Edvard Vasilévich　ルトヴェラゼ,エドヴァルド
◇中央アジア史上のテルメズとその意義:アイハヌム—加藤九祚一人雑誌 2007　加藤九祚編訳　東海大学出版会　2007.10　144p

Ruano-Borbalan, Jean-Claude　ルアノ＝ボルバラン,ジャン＝クロード
◇個別化学習のための政策展開:個別化していく教育　OECD教育研究革新センター編著,岩崎久美子訳　明石書店　2007.7　227p　(OECD未来の教育改革 2)

Rubienska, Anne　ルビエンスカ,アン
◇ボランタリーセクターにおけるマーケティング(共著)(植戸貴子訳):NPOマネージメント—ボランタリー組織のマネージメント　スティーヴン・P・オズボーン編,ニノミヤ・アキイェ・H.監訳　中央法規出版　1999.3　388p

Rubin, Allan　ルビン,アレン
◇ケースマネージメント(白澤政和訳):ケースマネージメントと社会福祉　ステファン・M.ローズ編,白沢政和,渡部律子,岡田進一監訳　ミネルヴァ書房　1997.10　415p　(Minerva福祉ライブラリー 21)

Rubin, Jay　ルービン,ジェイ
◇「平和の武器」としての原爆—占領下における原爆文学の検閲(土屋由香訳):核時代に生きる私たち—広島・長崎から50年　マヤ・モリオカ・トデスキーニ編,土屋由香,友谷知己,沼田憲治,沼田知加,日暮吉延ほか共訳　時事通信社　1995.8　413p

Rubin, Jerry　ルビン,ジェリー
◇ジェリー・ルビン—イッピー集会における演説(川端伸訳):アメリカ社会の光と影　板坂良久スピーチ解説,川端伸訳　アルク　1998.7　138p　(20世紀の証言 英語スピーチでたどるこの100年 第4巻・CD book　松尾弌之監修・解説)

Rubin, Kenneth H.　ラビン, K.(心理学)*
◇児童期の社会的引っ込み思案—仲間による拒否への発達的道すじ(共著)(古城和敬訳):子どもと仲間の心理学—友だちを拒否するこころ　S.R.アッシャー,J.D.クーイ編著,山崎晃,中沢潤監訳　北大路書房　1996.7　447p

Rubinfeld, Daniel L.　ルビンフェルド,ダニエル・L.
◇連邦主義の政治経済学(共著)(関谷登訳):公共選択の展望—ハンドブック 第1巻　デニス・C.ミューラー編,関谷登,大岩雄次郎訳　多賀出版　2000.1　296p

Rubinstein, Gregg A.　ルービンスタイン,グレッグ
◇日米武器協力(浅野一弘訳):日米同盟—米国の戦略マイケル・グリーン,パトリック・クローニン編,川

上高司監訳　勁草書房　1999.9　229, 11p

Rucker, Rudy von Bitter　ラッカー,ルーディ
◇ソフトウェア(木原英逸訳):マインズ・アイ—コンピュータ時代の「心」と「私」　下　D.R.ホフスタッター, D.C.デネット編著,坂本百大監訳　〔新装版〕　ティビーエス・ブリタニカ　1992.10　365p

Rückriem, Georg　リュックリーム,ゲオルク
◇ラモンとハラルド:教育学的に見ること考えることへの入門　アンドレアス・フリットナー,ハンス・ショイアール編,石川道夫訳　玉川大学出版部　1994.8　409p

Rudd, Andrew　ラデ, A.*
◇スタイル別パフォーマンスの継続性—ミューチュアル・ファンドによる検証(共著)(川原淳次訳):株式投資スタイル—投資家と「ファンドマネージャーを結ぶ投資哲学　T.ダニエル・コギン,フランク・J.ファボッツィ,ロバート・D.アーノット編,野村証券金融研究所訳　増補改訂版　野村総合研究所情報リソース部　1998.3　450p

Rudenstein, Andrew P.　ルーデンスタイン, A.*
◇商業用モーゲージローンのデフォルトとロス(共著):CMBS—商業用モーゲージ証券 成長する新金融商品市場の特徴と実務　フランク・J.ファボッツィ,デイビッド・P.ジェイコブ編,酒井吉広監訳,野村証券CMBS研究会　金融財政事情研究会　2000.12　672p

Rudolph, Enno　ルドルフ,エンノ
◇テオプラストス(林明弘訳):われわれは「自然」をどう考えてきたか　ゲルノート・ベーメ編,伊坂青司,長島隆監訳　どうぶつ社　1998.7　524p

Rudwick, Martin J. S.　ルドウィック,マーティン・J. S.
◇地球史の形態と意味:神と自然—歴史における科学とキリスト教　デイビッド・C.リンドバーグ, R.L.ナンバーズ編,渡辺正雄監訳　みすず書房　1994.6　528, 48p

Ruether, Rosemary Radford　リューサー,ローズマリー・ラドフォード
◇フェミニズムとユダヤ教—キリスト教の対話—宗教的真理の探求における特殊主義と普遍主義:キリスト教の絶対性を超えて—宗教的多元主義の神学　ジョン・ヒック,ポール・F.ニッター編,八木誠一,樋口恵訳　春秋社　1993.2　429p
◇性差別を批判し解放する神学:神学者の使命—現代アメリカの神学的潮流　セオドア・W.ジェニングス編,東方敬信,伊藤悟訳　ヨルダン社　1994.7　203p

Ruff, Anne　ルフ,アンヌ
◇教育機関における内部告発(共著)(鹿島實訳):内部告発—その倫理と指針　David B.Lewis編,日本技術士会訳編　丸善　2003.2　159p

Ruff, Martha H.　ラフ, M.*
◇家族スキルトレーニング(FST)と子どものうつ病(共著)(益本佳枝訳):共同治療者としての親訓練ハンドブック　上　Charles E.Schaefer, James M.Briesmeister編,山上敏子,大隈紘子監訳　二瓶社　1996.11　332p

Ruffino, Marco ルフィーノ, マルコ
◇フレーゲはなぜ新フレーゲ主義者ではなかったか？（須長一幸訳）：フレーゲ哲学の最新像―ダメット、パーソンズ、ブーロス、ライト、ルフィーノ、ヘイル、アクゼル、スントホルム　岡本賢吾, 金子洋之編　勁草書房　2007.2　374p　(双書現代哲学 5)

Rugaas, Bendik ルーガス, ベンディク
◇ノルウェー：21世紀の国立図書館―国際シンポジウム記録集　国立国会図書館訳・編　日本図書館協会　1997.10　8, 214p

Ruggles, Rudy L. ラグルス, ルディ
◇知識優位性の獲得（共著）：知識革新力　ルディ・ラグルス、ダン・ホルツハウス編, 木川田一栄訳　ダイヤモンド社　2001.7　321p

Ruhlin, Susan ルーリン, S. *
◇ホームレスの人々と家族へのエンパワーメント実践（共著）：ソーシャルワーク実践におけるエンパワーメント―その理論と実際の論考集　L.M.グティエーレス, R.J.パーソンズ, E.O.コックス編著, 小松源助監訳　相川書房　2000.6　333p

Rumley, Dennis ラムリー, D. *
◇地政学的コンテクスト 他（高木彰彦訳）：アジア太平洋と国際関係の変動―その地政学的展望　Dennis Rumley編, 高木彰彦, 千葉立也, 福嶋依子編　古今書院　1998.2　431p

Rumley, Hilary ラムリー, ヒラリー
◇「月の木台」の日々：私が出会った日本―オーストラリア人の異色体験・日本観　ジェニファー・ダフィ, ギャリー・アンソン編　サイマル出版会　1995.7　234p

Rumm, John C. ラム, ジョン・C.
◇デュポン社における科学的管理とインダストリアル・エンジニアリング：科学的管理の展開―テイラーの精神革命制　ダニエル・ネルスン編著, アメリカ労務管理史研究会訳　税務経理協会　1994.4　334p

Rumsfeld, Donald H. ラムズフェルド, ドナルド・H.
◇まったく新しい戦争：発言―米同時多発テロと23人の思想家たち　中山元編訳　朝日出版社　2002.1　247p
◇対テロ戦争と新国防戦略：「無条件勝利」のアメリカと日本の選択　ロナルド・A.モース編著, 日下公人監修, 時事通信社外信部ほか訳　時事通信社　2002.1　325p

Runciman, Phyllis ランシュマン, フィリス
◇高齢者のヘルスアセスメント―学際的視点：ソーシャルワークとヘルスケア―イギリスの実践に学ぶ　レックス・テーラー, ジル・フォード編著, 小松源助監訳　中央法規出版　1993.9　247p

Rupertus(Tuitiensis) ルペルトゥス（ドイツの）
◇ヨハネ福音書註解：中世思想原典集成 10　修道院神学　上智大学中世思想研究所編訳・監修　平凡社　1997.10　725p

Rupesinghe, Kumar ルペシンゲ, クマール
◇予防外交の前進のために（日本語版特別寄稿）―重要性を増すNGOの役割：地域紛争解決のシナリオ―ポスト冷戦時代の国連の課題　クマール・ルペシンゲ, 黒田順子共編, 吉田康彦訳　スリーエーネットワーク　1994.3　358, 6p

Rusbult, Caryl E. ラズバルト, キャリル
◇パーソナルな関係における相互依存性（共著）（石盛真徳訳）：パーソナルな関係の社会心理学　W.イックス, S.ダック編, 大坊郁夫, 和田実監訳　北大路書房　2004.4　310p

Ruse, M. ルーズ, マイケル
◇進化論的倫理の擁護：倫理は自然の中に根拠をもつか　マルク・キルシュ編, 松浦俊輔訳　産業図書　1995.8　387p

Rush, Ramona R. ラッシュ, ラモーナ・R.
◇新しいコミュニケーションとの出会い―ジェンダー・ギャップの橋渡し 他（中村雅子訳）：新しいコミュニケーションとの出会い―ジェンダーギャップの橋渡し　ラモーナ・R.ラッシュ, ドナ・アレン編, 村松泰子編訳　垣内出版　1992.4　314, 10p

Rushdie, Salman ラシュディ, サルマン
◇モハンダス・ガンジー：TIMEが選ぶ20世紀の100人　上巻 指導者・革命家・科学者・思想家・起業家　徳岡孝夫監訳　アルク　1999.11　332p
◇スティーヴン・W.ホーキング『ホーキング, 宇宙を語る』他（池沢夏樹訳）：ロンドンで本を読む　丸谷才一編　マガジンハウス　2001.6　337, 8p
◇日常の生活に戻ろう：発言―米同時多発テロと23人の思想家たち　中山元編訳　朝日出版社　2002.1　247p

Ruskin, John ラスキン, ジョン
◇らすきん氏読書論（小林一郎訳述）：近代「読書論」名著選集 第11巻　ゆまに書房　1994.6　448p　(書誌書目シリーズ 37)
◇ジョン・ラスキンの読書観（高橋五郎訳）：近代「読書論」名著選集 第13巻　ゆまに書房　1994.6　442p　(書誌書目シリーズ 37)
◇女子の本分（下田次郎訳）：世界女性学基礎文献集成　明治大正編 第4巻　水田珠枝監修　ゆまに書房　2001.6　439p

Russel, Nicholas ラッセル, N. *
◇受動的歴史と自動的歴史：山川均全集 第1巻　一九〇七年―一九一八年六月　山川均著, 田中勝之, 山崎耕一郎編　勁草書房　2003.2　582p

Russell, Graeme ラッセル, グレイム
◇育児を分担している家庭―オーストラリアでの研究：非伝統的家庭の子育て―伝統的家庭との比較研究　マイケル・E.ラム編著, 久米稔監訳　家政教育社　1993.8　468p

Russell, James R. ラッセル, ジェームズ・R.
◇ゾロアスター文化の太陽（谷一尚訳）：太陽神話―生命力の象徴　マダンジート・シン, UNESCO編, 木村重信監修　講談社　1997.2　399p

Russell, Julia Scofield ラッセル, ジュリア・スコフィールド
◇エコフェミニストの誕生：世界を織りなおす―エコフェミニズムの開花　アイリーン・ダイアモンド, グロリア・フェマン・オレンスタイン編, 奥田暁子, 近藤和子訳　学芸書林　1994.3　457, 12p

Russell, William Howard ラッセル, ウィリアム・ハワード
◇ウィリアム・ハワード・ラッセル（高橋健次訳）：イ

ンタヴューズ　1　クリストファー・シルヴェスター編，新庄哲夫ほか訳　文芸春秋　1998.11　462p

Russo, J. Edward　ルッソ，J. エドワード
◇共進化(coevolution)：競争上の意思決定を分析する第3の思考フレームへ(共著)(池田仁一訳)：ウォートンスクールのダイナミック競争戦略　ジョージ・デイ，デイビッド・レイブシュタイン編，小林陽太郎監訳，黒田康史ほか訳　東洋経済新報社　1999.10　435p （Best solution）
◇より良い意思決定のためのフレームをうまく扱う(共著)：ウォートンスクールの意思決定論　ステファン・J.ホッチ，ハワード・C.クンリューサー編，小林陽太郎監訳，黒田康史，大塔達也訳　東洋経済新報社　2006.8　374p （Best solution）

Rusterholz, Peter　ルスターホルツ，ピーター
◇センターにおける銀行：分権化されたスイスの統合：企業権力のネットワーク―10カ国における役員兼任の比較分析　フラン・N.ストークマン，ロルフ・ツィーグラー，ジョン・スコット編著，上田義朗訳　文真堂　1993.11　340p

Rustin, Margaret　ラスティン，M.
◇クライン派の児童精神療法：クライン・ラカンダイアローグ　バゴーイン，サリヴァン編，新宮一成監訳，上尾具道，徳永健介，宇梶卓訳　誠信書房　2006.4　340p

Rustin, Micheal　ラスティン，マイケル
◇市民権とはいかなる権利か：社会主義と民主主義　デヴィド・マクレラン，ショーン・セイヤーズ編著，吉田傑俊訳・解説　文理閣　1996.5　211p

Ruth, Babe　ルース，ベーブ
◇ベーブ・ルース―野球ファンへの最後の挨拶(楢原潤子訳)：アメリカの夢と理想の実現　板場良久スピーチ解説，増田恵理子，楢原潤子訳　アルク　1998.7　120p ［20世紀の証言 英語スピーチでたどるこの100年 第3巻―CD book　松尾弌之監修・解説］

Rütten, ursula　リュッテン，ウルズラ
◇人間を水鏡としたサラエヴォ：ボスニア戦争とヨーロッパ　M.ステファノフ，M.ヴェルツ編，佐久間穆訳　朝日新聞社　1997.4　288p

Ruxton, Ian C.　ラックストン，イアン・C.
◇イギリス2岩倉使節団―その意図，目的，成果(西田毅訳)：欧米から見た岩倉使節団　イアン・ニッシュ編，麻田貞雄他訳　ミネルヴァ書房　2002.4　263，42p （Minerva日本史ライブラリー 12）
◇英国公使サー・アーネスト・サトウが北京から見た日露戦争(平川幸訳)：日露戦争　1　国際的文脈　軍事史学会編，錦正社　2004.12　347p
◇サー・アーネスト・サトウ―駐日公使　一八九五―一九〇〇年(長岡祥三訳)：歴代の駐日英国大使―1859-1972　サー・ヒュー・コータッツィ編著，日英文化交流研究会訳　文真堂　2007.7　480p

Ryan, Alan　ライアン，アラン
◇J.S.ミルの「生活の技術」(大久保正健訳)：ミル『自由論』再読　ジョン・グレイ，G.W.スミス編著，泉谷周三郎，大久保正健訳　木鐸社　2000.12　214p

Ryan, Gail　ライアン，ゲイル
◇性的虐待者：虐待された子ども―ザ・バタード・チャイルド　メアリー・エドナ・ヘルファ，ルース・S.ケンプ，リチャード・D.クルーグマン編，子どもの虐待防止センター監修，坂井聖二監訳　明石書店　2003.12　1277p

Ryan, Kathleen　ライアン，キャサリン
◇女と平和運動：写真集 原発と核のない国ニュージーランド　ギル・ハンリーほか著，楠瀬佳子，近藤和子訳　明石書店　1993.7　142p

Ryan, Mary　ライアン，メアリー
◇アメリカのパレード――九世紀における社会秩序の表象：文化の新しい歴史学　リン・ハント編，筒井清忠監訳　岩波書店　1993.1　363，5p （NEW HISTORY）
◇アメリカのパレード――九世紀における社会秩序の表象：文化の新しい歴史学　リン・ハント編，筒井清忠訳　岩波書店　2000.9　363，5p （岩波モダンクラシックス）

Ryan, Ronald J.　ライアン，ロナルド・J.
◇年金債務：本来の目的：年金資産運用マネジメントのすべて―プラン・スポンサーの新潮流　フランク J.ファボッツィ編，榊原茂樹監訳，大和銀行信託財産運用部訳　金融財政事情研究会　1999.11　463p

Ryan, Stephen　ライアン，ステファン
◇エスニック紛争と国連の役割―平和創造・平和維持・平和構築・少数民族保護：地域紛争解決のシナリオ―ポスト冷戦時代の国連の課題　クマール・ルペシンゲ，黒田順子共編，吉田康彦訳　スリーエーネットワーク　1994.3　358，6p

Ryang, Sonia　リャン，ソニア
◇大阪のトランスナショナルな街：ディアスポラとしてのコリアン―北米・東アジア・中央アジア　高全恵星監修，柏崎千佳子監訳　新幹社　2007.10　578p

Ryazanov, David Borisovich　リャザノフ，ダーヴィト・ボリーソヴィッチ
◇マルクス主義と婦人問題(抄)(共著)(新城信一郎訳)：世界女性学基礎文献集成　昭和初期編 第3巻　水田珠枝監訳　ゆまに書房　2001.12　20，363p

Rydeen, Kristi L.　ライディーン，K. L.
◇倫理・選択・価値(共著)(野崎和子訳)：発達障害に関する10の倫理的課題　リンダ・J.ヘイズ他著，望月昭，冨安ステファニー監訳　二瓶社　1998.6　177p

Rydell, Patrick J.　ライデル，パトリック・J.
◇反響言語のある子どもたちのアセスメントと療育的介入(共著)：社会性とコミュニケーションを育てる自閉症療育　Kathleen Ann Quill編，安達潤ほか訳　松柏社　1999.9　481p

Ryder, E. C.　ライダー，E. C.
◇財産法と共同市場：イギリス法と欧州共同体法―比較法研究の一つの試み　M.A.ミルナーほか著，矢頭敏也訳編　早稲田大学比較法研究所　1992.11　314p （早稲田大学比較法研究所叢書 20号）

Rykiel, Sonia　リキエル，ソニア
◇ソニア・リキエル：嫉妬する女たち　マドレーヌ・シャプサル編，ソニア・リキエル他述，小檜三嘉訳　東京創元社　1998.5　187p

Rynders, John E.　ラインダース，ジョン・E.
◇ダウン症児の幼児教育と両親　他(共著)：「このままでいい」なんていわないで！―ダウン症をはじめとする発達遅滞者の認知能力強化に向けて　ルーヴェ

ン・フォイヤーシュタイン，ヤーコヴ・ランド編著，ロイド・B.グレハム訳　関西学院大学出版会　2000.7　540, 48p

【S】

Saad, Neal　サード，ニール
◇政府のアラブ人民に対する攻撃と暴行：アメリカの戦争犯罪　ラムゼイ・クラーク編著，戦争犯罪を告発する会訳　柏書房　1992.12　346p　（ブックス・プラクシス 6）

Saadawi, Nawal El　サーダウィ，ナワル・エル
◇女性と子どもに対する湾岸戦争の衝撃的影響：アメリカの戦争犯罪　ラムゼイ・クラーク編著，戦争犯罪を告発する会訳　柏書房　1992.12　346p　（ブックス・プラクシス 6）
◇もう一つの世界は必要だ（福永真弓訳）：帝国への挑戦―世界社会フォーラム　ジャイ・セン，アニタ・アナンド，アルトゥーロ・エスコバル，ピーター・ウォーターマン編，武藤一羊ほか監訳　作品社　2005.2　462p

Saarni, Carolyn　サーニ，C.
◇情動調節の発達：情動状態と情動表出に及ぼす影響（共著）（興津真理子訳）：家族の感情心理学―そのいときも、わるいときも　E.A.ブレックマン編著，浜治世，松山義則監訳　北大路書房　1998.4　275p

Sabouret, Christophe　サブレ，クリストフ
◇沈黙へのコンセンサス―広島・長崎（平沢勝行訳）：核時代に生きる私たち―広島・長崎から50年　マヤ・モリオカ・トデスキーニ編，土屋由香，友谷知己，沼田憲治，沼田知加，日暮吉延ほか共訳　時事通信社　1995.8　413p

Sabsay, Sharon　サブセイ，シャロン
◇コミュニティで生きる知的障害者（共著）：知的障害者の言語とコミュニケーション　下　マイケル・ベヴェリッジ，G.コンティ・ラムズデン，I.リューダー編，今野和夫，清水貞夫監訳　学苑社　1994.4　298p

Sacchi, Paolo　サッキ，パオロ
◇イエスの形成の背景の回復：イエスと死海文書　ジェームズ・H.チャールズワース編著，山岡健訳　三交社　1996.12　476p

Sachs, Hans　ザックス，ハンス
◇ヴィッテンベルクの小夜啼鳥：ヴィッテンベルクの小夜啼鳥―ザックス、デューラーと歩く宗教改革　藤代幸一著　八坂書房　2006.12　273p

Sachs, Jeffrey　サックス，ジェフリー・D.
◇ルーブルの法則　他：IMF改憲論争の論点　ローレンス・J.マッキラン，ピーター・C.モントゴメリー編，森川公隆監訳　東洋経済新報社　2000.11　285p

Sachs, Wolfgang　ザックス，ヴォルフガング
◇環境　他（奥田浩之，中川紘司訳）：脱「開発」の時代―現代社会を解読するキイワード辞典　ヴォルフガング・ザックス編，イヴァン・イリッチ他著，三浦清隆他訳　晶文社　1996.9　396, 12p
◇新開発政策（小南祐一郎訳）：グローバル経済が世界を破壊する　ジェリー・マンダー，エドワード・ゴールドスミス編，小南祐一郎，塚本しづ香訳　朝日新聞社　2000.4　259p

Sacks, Harvey　サックス，ハーヴィー
◇会話データの利用法―会話分析事始め　他：日常性の解剖学―知と会話　G.サーサス他か著，北沢裕，西阪仰訳　新版　マルジュ社　1995.7　256, 3p

Sacks, Lisbeth　サックス，リズベス
◇障害と移民：障害と文化―非欧米世界からの障害観の問いなおし　ベネディクト・イングスタッド，スーザン・レイノルズ・ホワイト編著，中村満紀男，山口恵里子監訳　明石書店　2006.2　555p　（明石ライブラリー 88）

Sacquin, Michèle　サカン，ミシェル
◇若き科学者たち　他（佐野泰雄訳）：図説天才の子供時代―歴史のなかの神童たち　E.ル・ロワ・ラデュリ，ミシェル・サカン編，二宮敬監訳　新曜社　1998.1　446p

Sadria, Modjtaba　サドリア，モジュタバ*
◇東アジアの経験（中田麻美子訳）：グローバリゼーションと東アジア　シンポジウム研究叢書編集委員会ほか編著　中央大学出版部　2004.7　356p　（中央大学学術シンポジウム研究叢書 4）
◇国際関係論における日本の衰退と「知識生産」（石綿寛訳）：日本論―グローバル化する日本　田中教輔　中央大学出版部　2007.3　331p　（中央大学政策文化総合研究所研究叢書 5）

Safran, Jeremy D.　サフラン，ジェレミー・D.
◇認知行動理論と認知行動療法における情動の扱い方（福井至訳）：認知行動療法―臨床と研究の発展　ポール M.サルコフスキス編，坂野雄二，岩本隆茂監訳　金子書房　1998.10　217p

Sagan, Dorion　セーガン，ドリオン
◇ナルキッソスの観たものは？（加藤正訳）：「意識」の進化論―脳　こころ　AI　ジョン・ブロックマン編，長尾力ほか訳　青土社　1992.10　366p

Sagi, Abraham　サジ，エイブラハム
◇育児への父親のさまざまな程度の関与がもたらす結果―イスラエルでの研究：非伝統的家庭の子育て―伝統的家庭との比較研究　マイケル・E.ラム編著，久米稔監訳　家政教育社　1993.8　468p

Saich, Tony　サイク，トニー
◇中国はグローバル社会へどう統合するか：グローバル化で世界はどう変わるか―ガバナンスへの挑戦と展望　ジョセフ・S.ナイ Jr.，ジョン・D.ドナヒュー編著，嶋本恵美訳　英治出版　2004.9　477p　（英治出版MPAシリーズ）

Said, Edward W.　サイード，エドワード・W.
◇西洋とイスラムの対立ではなく：発言―米同時多発テロと23人の思想家たち　中山元編訳　朝日出版社　2002.1　247p

Saint-Hilaire, Paul de　サン=ティレール，ポール・ド
◇ヘントの祭壇画―盗まれた「神の小羊」：図説失われた聖櫃　ルール・ウースター編，グラハム・ハンコック他著，大出健訳　原書房　1996.12　309, 10p

St. John, Susan　セント・ジョン，スーザン
◇1990年代の年金改革―大変困難な改革　他（密田逸郎訳）：ニュージーランド福祉国家の再設計―課題・政策・展望　ジョナサン・ボストン，ポール・ダルジール，スーザン・セント・ジョン編，芝田英昭，福地潮人

監訳 法律文化社 2004.12 394p

Saint-Just サン＝ジュスト
◇制度、習俗、法：ドゥルーズ初期―若き哲学者が作った教科書 ジル・ドゥルーズ編著、加賀野井秀一訳注 夏目書房 1998.5 239p

Saintyves, P. センティーヴ, P.
◇赤ずきん―小さな五月祭の女王(三宮郁子訳)：「赤ずきん」の秘密―民俗学的アプローチ アラン・ダンダス編、池上嘉彦、山崎和恕、三宮郁子訳 紀伊国屋書店 1994.12 325p
◇赤ずきん―小さな五月祭の女王(三宮郁子訳)：「赤ずきん」の秘密―民俗学的アプローチ アラン・ダンダス編、池上嘉彦ほか訳 新版 紀伊国屋書店 1996.6 325p

Sakai, Marcia Y. サカイ, マーシア・Y.
◇海外からの投資(共著)：ハワイ 楽園の代償 ランドール・W.ロス編 有信堂高文社 1995.9 248p

Sakenfeld, Katharine Doob セイケンフェルド, キャサリーン・ドゥーブ
◇民数記(加藤明子訳)：女性たちの聖書注解―女性の視点で読む旧約・新約・外典の世界 C.A.ニューサム, S.H.リンジ編、加藤明子、小野功生、鈴木元子訳、荒井章三、山内一郎日本版監修 新教出版社 1998.3 682p

Sakoda, Robin H. サコダ, ロビン
◇米日同盟の役割と任務を再考する(共著)：「無条件勝利」のアメリカと日本の選択 ロナルド・A.モース編著、日下公人監修、時事通信社外信部ほか訳 時事通信社 2002.1 325p

Sakwa, Richard サクワ, リチャード
◇ペレストロイカにおける民主主義の新しい概念：社会主義と民主主義 デヴィド・マクレラン、ショーン・セイヤーズ編著、吉田傑俊訳・解説 文理閣 1996.5 211p

Sala, F. Jim Della サラ, F. J. D. *
◇トラスティー(受託会社)の役割(共著)：CMBS―商業用モーゲージ証券 成長する新金融商品市場の特徴と実務 フランク・J.ファボッツィ、デイビッド・P.ジェイコブ編、酒井吉広監訳、野村証券CMBS研究会訳 金融財政事情研究会 2000.12 672p

Saladin d'Anglure, Bernard サラダン＝ダングリュール, ベルナール
◇原住民族の世界人権宣言のために(廣瀬浩司訳)：介入？―人間の権利と国家の論理 エリ・ウィーゼル、川田順造編、広瀬浩司、林修訳 藤原書店 1997.6 294p

Salamon, Lester M. サラモン, レスター・M.
◇福祉国家の衰退と非営利団体の台頭：フォーリン・アフェアーズ傑作選―アメリカとアジアの出会い 1922-1999 下 フォーリン・アフェアーズ・ジャパン編・監訳 朝日新聞社 2001.2 327, 7p
◇NPOセクターと連邦政府予算―最近の動向と今後の展望 他(共著)：NPOと政府 E.T.ボリス, C.E.スターリ編著、上野真城子、山内直人訳 ミネルヴァ書房 2007.3 346p

Salazar, Ronald サラサール, R. *
◇米国の醸造産業における戦略的リーダー：産業内の優位な企業群(戦略グループ)を再編する時系列分析

(共著)(住田友文訳)：経営効率評価ハンドブック―包絡分析法の理論と応用 Abraham Charnesほか編、刀根薫、上田徹監訳 朝倉書店 2000.2 465p

Saliba, Anthony J. サリバ, A. *
◇マーケットメーカーのためのオプション取引：オプション―その基本と取引戦略 シカゴオプション取引所付属オプション専門学校編、可児滋訳 ときわ総合サービス出版調査部 1999.4 675p

Salin, Edgar ザリーン, エドガール
◇エドガール・ザリーン：回想のマックス・ウェーバー―同時代人の証言 安藤英治聞き手、亀嶋庸一編、今野元訳 岩波書店 2005.7 272, 5p

Salkovskis, Paul M. サルコフスキス, ポール・M.
◇信念によって動機づけられた回避行動：認知－行動論争の一つの解決(熊野宏昭訳)：認知行動療法―臨床と研究の発展 ポール M.サルコフスキス編、坂野雄二、岩本隆茂監訳 金子書房 1998.10 217p
◇強迫性障害 他(共著)：認知行動療法の科学と実践 David M.Clark, Christopher G.Fairburn編、伊予雅臣監訳 星和書店 2003.4 280p

Sallmann, Jean-Michel サルマン, ジャン＝ミシェル
◇魔女：女の歴史 3〔2〕 十六―十八世紀 2 杉村和子、志賀亮一監訳 ナタリー・ゼモン＝デイヴィス、アルレット・ファルジュ編 藤原書店 1995.1 854p

Salmon, Walter J. サモン, ウォルター・J.
◇取締役会をどう改革するか：コーポレート・ガバナンス Harvard Business Review編、Diamondハーバード・ビジネス・レビュー編集部訳 ダイヤモンド社 2001.6 270p

Salomon, Gavriel ソロモン, ガブリエル
◇個人の認知なくして、分散認知はあるのか(日下部典子)：分散認知―心理学的考察と教育実践上の意義 ガブリエル・ソロモン編、松田文子監訳 協同出版 2004.7 343p (現代基礎心理学選書 第9巻 利島保、鳥居修晃、望月登志子編)

Saloner, Garth サロナー, ガース
◇企業間の競争と協働(共著)：情報技術と企業変革―MITから未来企業へのメッセージ マイケル・S.スコット・モートン編、砂田登士夫ほか訳、宮川公男、上田泰監訳 富士通経営研修所 1992.10 509p (富士通ブックス)

Saloviita, Timo サロビータ, ティモ
◇脱施設化がもたらす直接の心理的影響(橋本由紀子訳)：脱施設化と地域生活―英国・北欧・米国における比較研究 ジム・マンセル、ケント・エリクソン編著、中園康夫、末光茂監訳 相川書房 2000.7 318p

Salvage, Jane サルベッジ, ジェーン
◇「私たちは天使じゃない」―看護婦のイメージ：メディア・セクシズム―男がつくる女 ジュリアンヌ・ディッキー、テレサ・ストラトフォード、キャス・デイビス編、井上輝子、女性雑誌研究会訳 垣内出版 1995.6 342p

Salvemini, Giancarlo サルヴェーミニ, ジャンカルロ
◇政府の資金調達(堺憲一訳)：イタリアの金融・経済とEC統合 ロザリオ・ボナヴォーリア編、岡本義行

ほか訳　日本経済評論社　1992.6　304p

Salvi, Enrico　サルビ, E.
◇普通校に通う障害児（共著）：過渡期の精神医療―英国とイタリアの経験から　シュラミット・ラモン, マリア・グラツィア・ジャンニケッダ編, 川田誉音訳　海声社　1992.10　424p

Salzberg, Chuck　ザルツベルク, C. *
◇発達障害者の雇用における社会的・職業的要因（共著）：重度知的障害への挑戦　ボブ・レミントン編, 小林重雄監訳, 藤原義博, 平訳紀子共訳　二瓶社　1999.3　461p

Samad-Matias, M. A.　サマド＝マチアス, M. A.
◇外国人労働者の追放とアフリカに対する衝撃的影響：アメリカの戦争犯罪　ラムゼイ・クラーク編著, 戦争犯罪を告発する会訳　柏書房　1992.12　346p（ブックス・プラクシス 6）

Samartha, Stanley J.　サマルサ, スタンレイ・J.
◇十字架と虹―多宗教の文化におけるキリスト：キリスト教の絶対性を超えて―宗教的多元主義の神学　ジョン・ヒック, ポール・F.ニッター編, 八木誠一, 樋口恵訳　春秋社　1993.2　429p

Samary, Catherine　サマリ, カトリーヌ
◇マンデルと社会主義への過渡期論（湯川順夫訳）：エルネスト・マンデル―世界資本主義と二十世紀社会主義　ジルベール・アシュカル編, 岡田光正ほか訳　柘植書房新社　2000.4　372p

Sambamurthy, V.　サンバムルティ, V. *
◇デジタル時代のIT管理（共著）：新リレーションとモデルのためのIT企業戦略とデジタル社会　ゲイリー・ディクソン, ジェラルディン・デサンクティス編, 橋立克朗ほか訳　ピアソン・エデュケーション　2002.3　305p

Sameroff, C. J.　セームロフ, C. J. *
◇発達理論における新環境論的観点：障害児理解の到達点―ジグラー学派の発達論的アプローチ　R.M.ホダップ, J.A.ブウラック, E.ジグラー編, 小松秀茂, 清水貞夫編訳　田研出版　1994.9　435p

Sampson, Cynthia　サンプソン, シンシア
◇ナイジェリア内戦とクウェーカーの調停活動：宗教と国家―国際政治の盲点　ダグラス・ジョンストン, シンシア・サンプソン編著, 橋本光平, 畠山圭一監訳　PHP研究所　1997.9　618, 16p

Sampson, Robert J.　サンプスン, ロバート・J.
◇都市の犯罪―公式・非公式の社会統制の影響力：コミュニティと犯罪 2　アルバート・J.リース・ジュニア, マイケル・トンリ共編, 伊藤康一郎訳　都市防犯研究センター　1995.3　233p

Samuels, Andrew　サミュエルズ, アンドリュー
◇ポスト・ユンギアンに未来はあるか？（山下八郎訳）：ユングの13人の弟子が今考えていること―現代分析心理学の鍵を開く　アン・ケースメント編, 氏原寛訳　ミネルヴァ書房　2001.3　336p

Samuels, Richard J.　サミュエルス, リチャード・J.
◇太平洋を睨む鷲（共著）（神保謙訳）：日米同盟―米国の戦略　マイケル・グリーン, パトリック・クローニン編, 川上高司監訳　勁草書房　1999.9　229, 11p

Samuelson, Paul Anthony　サムエルソン, ポール・A.
◇危機と経済循環についての個人的見解：経済危機―金融恐慌は来るか　マーティン・フェルドシュタイン編, 祝迫得夫, 中村洋祐, 伊藤隆敏監訳　東洋経済新報社　1992.10　350p
◇私の人生哲学―政策信条とその運用方法：現代経済学の巨星―自らが語る人生哲学　下　M.シェンバーグ編　岩波書店　1994.12　292, 11p
◇成長の場に散る火花と破片：開発経済学の潮流―将来の展望　G.M.マイヤー, J.E.スティグリッツ共編, 関本勘次, 近藤正規, 国際協力研究グループ訳　シュプリンガー・フェアラーク東京　2003.7　412p

Samuelson, Robert J.　サミュエルソン, ロバート・J.
◇なぜIMFを必要とするのか：IMF改廃論争の論点　ローレンス・J.マッキラン, ピーター・C.モントゴメリー編, 森川公隆監訳　東洋経済新報社　2000.11　285p

Sandall, Susan R.　サンダル, S. R. *
◇親と子の相互交渉：やりとりすることを学ぶ：ダウン症候群と療育の発展―理解の向上のために　Valentine Dmitriev, Patricia L.Oelwein編著, 竹井和子訳　協同医術出版社　1992.6　274p

Sander, Helke　ザンダー, H.
◇記憶の抑圧を解き放つ 他（寺崎あき子訳）：1945年・ベルリン解放の真実―戦争・強姦・子ども　ヘルケ・ザンダー, バーバラ・ヨール編著, 寺崎あき子, 伊藤明子訳　パンドラ　1996.9　354p

Sanderson, Judith E.　サンダーソン, ジュディス・E.
◇アモス書 他（加藤明子訳）：女性たちの聖書注解―女性の視点で読む旧約・新約・外典の世界　C.A.ニューサム, S.H.リンジ編, 加藤明子, 小野功生, 鈴木元子訳, 荒井章三, 山内一郎日本語版監修　新教出版社　1998.3　682p

Sandkühler, Hans-Jörg　ザントキューラー, ハンス・イェルク
◇F.W.J.シェリング（生成途上にある作品）―入門 他（浅沼光樹訳）：シェリング哲学―入門と研究の手引き　H.J.ザントキューラー編, 松山寿一訳　昭和堂　2006.7　288, 59p

Sandvin, Johans Tveit　サンヴィン, ヨハンス・トヴェイト
◇福祉国家の再建 他（共著）（山根祥雄訳）：北欧の知的障害者―思想・政策と日常生活　ヤン・テッセブロー, アンデシュ・グスタフソン, ギューリ・デューレンダール編, 二文字理明監訳　青木書店　1999.8　289p
◇ノルウェーにおける地域サービスへの移行（田中礼子訳）：脱施設化と地域生活―英国・北欧・米国における比較研究　ジム・マンセル, ケント・エリクソン編著, 中園康夫, 末光茂監訳　相川書房　2000.7　318p

Sanford, David　サンフォード, デイヴィド
◇私はどこにいたのか（伊藤笏康訳）：マインズ・アイ―コンピュータ時代の「心」と「私」　上　D.R.ホフスタッター, D.C.デネット編著, 坂本百大監訳〔新装版〕　ティビーエス・ブリタニカ　1992.10　359p

Sanger, Margaret　サンガー, マーガレット
◇産児調節論（奥俊貞訳）：性と生殖の人権問題資料集成―編集復刻版　第1巻　不二出版　2000.6　347p

◇避妊の実行方法（山中静也訳）：性と生殖の人権問題資料集成―編集復刻版　第5巻　不二出版　2001.2　413p
◇性教育は斯く実施せよ（烏山朝榮訳）：近代日本のセクシュアリティ　16　鈴木貞美編　ゆまに書房　2007.7　1冊

Sangha, Balvinder S.　サンガ，バルビンダー・S.
◇クレジット・スコア推奨無視管理の整合的アプローチ：クレジット・スコアリング　エリザベス・メイズ編，スコアリング研究会訳　シグマベイスキャピタル　2001.7　361p　（金融職人技シリーズ no.33）

Sannella, Lee　サネラ，リー
◇クンダリニー：スピリチュアル・エマージェンシー―心の病と魂の成長について　スタニスラフ・グロフ，クリスティーナ・グロフ編著，高岡よし子，大口康子訳　春秋社　1999.6　341, 8p

Sanner, A. Elwood　サナー，A. エルウッド
◇キリスト教教育の範囲　他：キリスト教教育の探求　サナー，ハーパー編，千代崎秀雄ほか共訳　福音文書刊行会　1982.4　785p

Sansom, George Bailey　サンソム，ジョージ・ベイリー
◇日本再建の問題点：戦後日米関係を読む―『フォーリン・アフェアーズ』の目　梅垣理郎編訳　中央公論社　1993.12　351p　（中公叢書）

Santa Cruz, Adriana　サンタ・クルーズ，アドリアナ
◇ラテン・アメリカ女性と"もう一つの"コミュニケーション（松下子訳）：新しいコミュニケーションとの出会い―ジェンダーギャップの橋渡し　ラモーナ・R.ラッシュ，ドナ・アレン編，村松泰子編訳　垣内出版　1992.4　314, 10p

Santel, Bernhard　サンテル，ベルンハルト
◇ヨーロッパ共同体と庇護申立者―庇護政策の調整（高坂扶美子訳）：新しい移民大陸ヨーロッパ―比較のなかの西欧諸国・外国人労働者と移民政策　ディートリヒ・トレンハルト, 編著，宮島喬，丸山智恵子，高坂扶美子，分田順子，新原道信，定松文訳　明石書店　1994.3　368p

Santiago, Carmen E.　サンチェゴ，カルメン・E.
◇「食べものが伝える言葉」：フィリピンの大衆文化　寺見元恵編・監訳　めこん　1992.12　263p

Santoro, Massimiliano　サントロ，マッシミリアーノ
◇サン＝ドマングの革命（阪上孝訳）：フランス革命事典　1　フランソワ・フュレ，モナ・オズーフ編，河野健二，阪上孝，富永茂樹監訳　みすず書房　1998.6　349p　（みすずライブラリー）

Santrock, John W.　サントロック，ジョン・W.
◇父親が親権を所有しているまま母家庭での社会的発達と親―子交流（共著）：非伝統的家庭の子育て―伝統的家庭との比較研究　マイケル・E.ラム編著，久米稔監訳　家政教育社　1993.8　468p

Sapelli, Giulio　サペリ，ジュリオ
◇第2章 1989年以降のイタリア左翼―継続性と転換（富山栄訳）：現代ヨーロッパの社会民主主義―自己改革と政権党への道　ドナルド・サスーン編，細井雅夫，富山栄訳　日本経済評論社　1999.8　281p

Sapphire　サファイア
◇サファイア：慣れる女たち　アンドレア・ジュノー，V.ヴェイル編，越智道雄訳　第三書館　1997.8　303p

Saracevic, Tefko　サラセヴィック，T.
◇オンライン検索における認知パターン（池谷のぞみ，市古健次，白石英理子，田村俊作訳）：情報の要求と探索　J.ヴァーレイス編，池谷のぞみ，市古健次，白石英理子，田村俊作訳　勁草書房　1993.6　166p

Sargeant, Malcolm　サージェント，マルコム
◇内部告発と人事管理（共著）（福本宗樹訳）：内部告発―その倫理と指針　David B.Lewis編，日本技術士会訳編　丸善　2003.2　159p

Sarinana, Maria Elena Castro　サリナナ，マリア・エレナ・カストロ
◇青年期の情緒的・身体的暴力に対する家政学的アプローチ（上村協子訳）：転換期の家族―ジェンダー・家族・開発　N.B.ライデンフロースト編，家庭経営学部会訳　日本家政学会　1995.3　360p

Sárközy, Tamás　シャールキョジ，タマーシュ
◇所有者組織の諸問題：計画から市場へ―ハンガリー経済改革思想史 1954-1988　平泉公雄編訳　アジア経済研究所　1992.3　355p　（翻訳シリーズ 32）

Sarna, Nahum M.　サルナ，ナフム・M.
◇エジプトにおけるイスラエル―エジプト滞在と出エジプト：最新・古代イスラエル史　P.カイル・マッカーター, Jr.ほか著，ハーシェル・シャンク編，池田裕，有馬七郎訳　ミルトス　1993.10　466p

Sarsfield, Patrick　サースフィールド，P.
◇戦争における目標：ブラッセー軍事年鑑　1958年版抄訳　防衛研修所　1959　82p　（研修資料　第211号）
◇宇宙旅行と防衛：ブラッセイ軍事年鑑　1959年版抄訳　防衛研修所　1960　88p　（研修資料　第234号）

Sartori, Giovanni　サルトーリ，ジョバンニ
◇大統領制でも議院内閣制でもなく：大統領制民主主義の失敗 理論編　その比較研究　J.リンス，A.バレンズエラ編，中道寿一訳　南窓社　2003.11　220p

Sartre, Jean-Paul　サルトル，ジャン＝ポール
◇アルベール・カミュに答える：革命か反抗か―カミュ＝サルトル論争　佐藤朔訳　新潮社　2004.2　174p　（新潮文庫）

Sassen, Saskia　サッセン，サスキア
◇世界都市における集中と中心性について（神谷浩夫訳）：世界都市の論理　ポール・L.ノックス，ピーター・J.テイラー共編，藤田直晴訳編　鹿島出版会　1997.5　204p
◇複数のグローバリゼーション：発言―米同時多発テロと23人の思想家たち　中山元編訳　朝日出版社　2002.1　247p
◇グローバル金融センターの将来：このままでは日本経済は崩壊する　フォーリン・アフェアーズ・ジャパン編・監訳，竹下興喜監訳　朝日新聞社　2003.2　282, 11p　（朝日文庫―フォーリン・アフェアーズ・コレクション）
◇統治をめぐって：衝突を超えて―9・11後の世界秩序　K.ブース，T.ダン編，寺島隆吉監訳，塚田幸三，寺島美紀子訳　日本経済評論社　2003.5　469p
◇グローバル都市とグローバル都市地域：グローバル・シティ・リージョンズ―グローバル都市地域への

理論と政策　アレン・J.スコット編著, 坂本秀和訳　ダイヤモンド社　2004.2　365p
◇都市からみるグローバル経済パワーの生態学(寺田篤生訳)：グローバル化時代の都市　植田和弘, 神野直彦, 西村幸夫, 間宮陽介編　岩波書店　2005.10　256p (岩波講座都市の再生を考える第8巻　植田和弘, 神野直彦, 西村幸夫, 間宮陽介編)

Sasser, W. Earl, Jr.　サッサー, W. アール, Jr.
◇新製品開発マップ(共著)：技術とイノベーションの戦略的マネジメント　下　ロバート・A.バーゲルマン, クレイトン・M.クリステンセン, スティーヴン・C.ウィールライト編著, 青島矢一, 黒田光太郎, 志賀敏宏, 田辺孝二, 出川通, 和賀三和子日本語版監修, 岡真由美, 斉藤裕一, 桜井祐子, 中川泉, 山本章子訳　翔泳社　2007.7　595p

Sasso, Ferdinando　サッソ, フェルディナンド
◇決済制度(岡本義行訳)：イタリアの金融・経済とEC統合　ロザリオ・ボナヴォーリア編, 岡本義行ほか訳　日本経済評論社　1992.6　304p

Sassoon, Anne Showstack　サスーン, アン・ショースタック
◇平等と差異　市民権の新しい概念の生成：社会主義と民主主義　デヴィド・マクレラン, ショーン・セイヤーズ編著, 吉田傑俊訳・解説　文理閣　1996.5　211p

Sato, Christine　サト, クリスティン
◇移ろう月影の下で：わたしの日本学—外国人による日本学論文集　3　京都国際文化協会編　文理閣　1994.3　253p

Satrapi, Marjane　サトラピ, マルジャン
◇どうしたらペルシア人になれるか？：イラン人は神の国イランをどう考えているか　レイラ・アーザム・ザンギャネー編, 白須英子訳　草思社　2007.2　231p

Satterthwaite, David　サッタースウェイト, デイヴィット
◇都市：マクミラン近未来地球地図　イアン・ビアスン編, 松井孝典監訳　東京書籍　1999.11　115p

Sauber, Tim　サウバー, ティム
◇イノベーション・アーキテクチャーに基づくイノベーション戦略開発プロセス：科学経営のための実践的MOT—技術主導型企業からイノベーション主導型企業へ　ヒューゴ・チルキー編, 亀岡秋男監訳　日経BP社　2005.1　397p

Saunders, Bernard　サンダース, バーナード
◇IMFはロシアを「救済」すべきか：IMF改廃論争の論点　ローレンス・J.マッキラン, ピーター・C.モントゴメリー編, 森川公隆監訳　東洋経済新報社　2000.11　285p

Saunders, Cicely　ソンダース, シシリー
◇医学の研究の重要性と, 記録を保持することの大切さを教えられた：心にのこる最高の先生—イギリス人の語る教師観　上林喜久子編訳著　関東学院大学出版会　2004.11　97p
◇医学の研究の重要性と, 記録を保持することの大切さを教えられた：イギリス人の語る心にのこる最高の先生　上林喜久子訳　関東学院大学出版会　2005.6　68p

Saunders, Muriel D.　サウンダース, M. D. *
◇日課援助法(共著)(野口幸弘訳)：挑戦的行動の先行子操作—問題行動への新しい援助アプローチ　ジェームズ・K.ルイセリー, マイケル・J.キャメロン編, 園山繁樹ほか訳　二瓶社　2001.8　390p

Saunders, Richard R.　サウンダース, R. R. *
◇日課援助法(共著)(野口幸弘訳)：挑戦的行動の先行子操作—問題行動への新しい援助アプローチ　ジェームズ・K.ルイセリー, マイケル・J.キャメロン編, 園山繁樹ほか訳　二瓶社　2001.8　390p

Sautter, Christian　ソテール, クリスチャン
◇フランスと日本(渡辺純子訳)：脱グローバリズム宣言—パクス・アメリカーナを超えて　R.ボワイエ, P-F.スイリ編, 青木昌彦他著, 山田鋭夫, 渡辺純子訳　藤原書店　2002.9　262p

Sauvageot, A.　ソヴァジェオ, A.
◇ウラル諸族の神話：無文字民族の神話　ミシェル・バノフ他著, 大林太良, 宇野公一郎訳　新装覆刊　白水社　1998.10　281, 12p

Savage, Deborah E.　サベージ, デボラ・E.
◇投資分析からみた環境会計—小規模平版印刷業者に関するトータルコストアセスメント(共著)：緑の利益—環境管理会計の展開　マーティン・ベネット, ピーター・ジェイムズ編著, 国部克彦監修, 海野みづえ訳　産業環境管理協会　2000.12　542p

Savigliano, Marta E.　サヴィリャーノ, マルタ・E.
◇日本におけるタンゴと情熱をめぐる世界経済：文化加工装置ニッポン—「リ＝メイド・イン・ジャパン」とは何か　ジョーゼフ・J.トービン編, 武田徹訳　時事通信社　1995.9　321, 14p

Savitsky, James D.　サヴィツキー, J. D. *
◇CMBSのモデル作成および分析のためのフレームワーク(共著)：CMBS—商業用モーゲージ証券　成長する新金融商品市場の特徴と実務　フランク・J.ファボッツィ, デイビッド・P.ジェイコブ編, 酒井吉広監訳, 野村證券CMBS研究会訳　金融財政事情研究会　2000.12　672p

Savonarola, Girolamo Maria Francesco Matteo　サヴォナローラ, ジローラモ
◇説教(1495年)　神愛兄弟会会則(1497年)(沢田和夫訳)：宗教改革著作集　第13巻　カトリック改革　教文館　1994.4　595p

Sawczuk, Mieczystaw　ザウチェク, M. *
◇ポーランド報告(2)(西澤宗英訳)：訴訟法における法族の再検討　小島武司編著　中央大学出版部　1999.4　578p (日本比較法研究所研究叢書 46)

Sayeeda, Bano　サイーダ, B. *
◇グローバリゼーションと国際貿易(鄭炳和訳)：グローバリゼーションと東アジア　シンポジウム研究叢書編集委員会ほか編　中央大学出版部　2004.7　356p (中央大学学術シンポジウム研究叢書 4)

Sayers, Sean　セイヤーズ, ショーン
◇序章：社会主義と民主主義　デヴィド・マクレラン, ショーン・セイヤーズ編著, 吉田傑俊訳・解説　文理閣　1996.5　211p

Saywell, John T. セイウェル, ジョン
◇カナダ外交の展開（共著）：カナダの外交―その理念と政策 J.L.グラナツタイン ほか編, 吉田健正訳 御茶の水書房 1994.8 200p （カナダ社会科学叢書 第4巻）

Sbert, JoséMaría スベルト, ホセ・マリア
◇進歩（三浦清隆訳）：脱「開発」の時代―現代社会を解読するキイワード辞典 ヴォルフガング・ザックス編, イヴァン・イリッチ他著, 三浦清隆他訳 晶文社 1996.9 396, 12p

Sbriccoli, Mario ズブリッコリ, マリオ
◇国家統一から第二次世界大戦後までの刑法の理論と思想（小原耕一訳）：イタリア近代法史 パオロ・グロッシ, 村上義和編 明石書店 1998.7 290p

Scafe, Suzanne スカーフ, スザンヌ
◇人種／民族差別と文化（共著）：メディア・セクシズム―男がつくる女 ジュリアンヌ・ディッキー, テレサ・ストラトフォード, キャス・デイビス編, 井上輝子, 女性雑誌研究会編訳 垣内出版 1995.6 342p

Scamell, E. H. スキャメル, E. H.
◇共同市場と法書：イギリス法と欧州共同体法―比較法研究の一つの試み M.A.ミルナーほか著, 矢頭敏也編 早稲田大学比較法研究所 1992.11 314p （早稲田大学比較法研究所叢書 20号）

Scanlo, Brian L. スキャンロン, ブライアン・L.
◇IT購買における質と決定者の変化（共著）（金平直人監訳）：マッキンゼーITの本質―情報システムを活かした「業務改革」で利益を創出する 横浜信一, 萩平和巳, 金平直人, 大隈明彦, 琴坂将広編著・監訳, 鈴木立哉訳 ダイヤモンド社 2005.3 212p （The McKinsey anthology）

Scanlon, Eileen スキャンロン, E. *
◇物理の問題解決における認知的節約仮説とその教材開発における意味（共著）：知的教育システムと学習 Heinz Mandl, Alan Lesgold編, 菅井勝雄, 野嶋栄一郎監訳 共立出版 1992.5 370p

Schaberg, Jane シェイバーグ, ジェイン
◇ルカ福音書（小野功生訳）：女性たちの聖書注解―女性の視点で読む旧約・新約・外典の世界 C.A.ニューサム, S.H.リンジ編, 加藤明子, 小野功生, 鈴木元子訳, 荒井章三, 山内一郎日本語版監修 新教出版社 1998.3 682p

Schädler, Wolfram シェトラー, ヴォルフラム
◇報告された犯罪の被害者―その期待, ニーズ及び見通し。被害者保護, 被害者援助及び和解に関する犯罪被害者の調査（共著）（辰野文理訳）：犯罪被害者と刑事司法 ギュンター・カイザー, H.クーリー, H. - J.アルブレヒト編, 宮沢浩一, 田口守一, 高橋則夫編訳 成文堂 1995.7 443p

Schaef, Anne Wilson シェフ, アン・ウィルソン
◇旧システムとパラダイムの転換―メディアは変化を促すか？（小玉美意子訳）：新しいコミュニケーションとの出会い―ジェンダーギャップの橋渡し ラモーナ・R.ラッシュ, ドナ・アレン編, 村松泰子編訳 垣内出版 1992.4 314, 10p

Schafer, Roy シェーファー, ロイ
◇ロンドン現代クライン派：現代クライン派の展開 ロイ・シェーファー編, 福本修訳 誠信書房 2004.12 336p

Schaffer, A. シェイファー, A. *
◇社会・経済的産業連関計算（共著）：持続可能な社会への2つの道―産業連関表で読み解く環境と社会・経済 C.シュターマー編著, 良永康平訳 ミネルヴァ書房 2006.10 257p （シリーズ〈環境・エコロジー・人間〉 7）

Schaffer, Herbert シャフェ, エルベール
◇仕事 他（共著）：アドラーの思い出 G.J.マナスター, G.ペインター, D.ドイッチュ, B.J.オーバーホルト編, 柿内邦博, 井原文子, 野田俊作訳 創元社 2007.6 244p

Schaie, K. Warner シャイエ, K. ワーナー
◇成人の基本的知能―知能の測定に関する1つの研究（高辻玲子訳）：生涯発達の心理学 1巻 認知・知能・知恵 東洋, 柏木恵子, 高橋恵子編・監訳 新曜社 1993.10 250p

Schaller, Klaus シャラー, クラウス
◇「批判的・意志疎通的」教育学（佐藤晋一, 田代尚弘訳）：現代ドイツ教育学の潮流―W・フリットナー百歳記念論文集 ヘルマン・レールス, ハンス・ショイアール編, 天野正治訳 玉川大学出版部 1992.8 503p

Schaller, Michael シャラー, マイケル
◇日米中関係、この五〇年（広部泉訳）：日米戦後関係史―パートナーシップ 1951-2001 入江昭, ロバート・A.ワンプラー編, 細谷千博, 有賀貞監訳 講談社インターナショナル 2001.9 389p

Schalock, Robert L. シャロック, R. L.
◇QOLの概念化と測定の試み 他：知的障害・発達障害を持つ人のQOL―ノーマライゼーションを超えて Robert L.Schalock編, 三谷嘉明, 岩崎正子訳 医歯薬出版 1994.5 346p
◇21世紀障害プログラムにおける生活の質の概念：障害をもつ人にとっての生活の質―モデル・調査研究および実践 ロイ・I.ブラウン編著, 中園康夫, 末光茂監訳 相川書房 2002.5 382p

Schaltegger, Stefan シャルテガー, シュテファン
◇汚染予防の真の収益性を計る（共著）：緑の利益―環境管理会計の展開 マーティン・ベネット, ピーター・ジェイムズ編著, 国部克彦監修, 海野みづえ訳 産業環境管理協会 2000.12 542p

Schamberger, Reglindis シャムベルガー, レグリンディス
◇家族メンバーの治療参加：ドイツにおける精神遅滞者への治療理論と方法―心理・教育・福祉の諸アプローチ ジルビア・ゲアレス, ゲルト・ハンゼン編, 三原博光訳 岩崎学術出版社 1995.5 198p

Scharfman, M. A. シャーフマン, メルビン・A.
◇ドラ再考：フロイト症例の再検討 1 ドラとハンスの症例 マーク・カンザー, ジュール・グレン編 金剛出版 1995.1 208p

Scharfman, Ronnie シャーフマン, ロニー
◇かけがえのない他者―シモーヌ・シュヴァルツ・バルトとアンドレ・シュヴァルツバルト：カップルをめぐる13の物語―創造性とパートナーシップ 上 ホイットニー・チャドウィック, イザベル・ド・クールティヴロン編, 野中邦子, 桃井緑美子訳 平凡社

1996.3 233p （20世紀メモリアル）

Scharrer, Hans-Eckart シャーラー, ハンス‐エッカート
◇欧州における通貨同盟とユーロ（伊鹿倉正司, 岩田健治訳）：ユーロとEUの金融システム H.-E.シャーラー他著, 岩田健治編著　日本経済評論社　2003.1　366p

Scharsig, Marc シャールシッヒ, M.
◇ARISを活用したビジネスプロセスの改善とソフトウェアの選択—中間型向け製造業の事例（共著）：ARISを活用したビジネスプロセスマネジメント—欧米の先進事例に学ぶ　A.-W.シェアー他共編, 堀内正博, 田中正郎, 柳堀紀幸監訳　シュプリンガー・フェアラーク東京　2003.7　281p
◇ERP導入の備えとなる情報とコミュニケーション—アメリカン・メーター社のケース（共著）（浅利浩一訳）：ARISを活用したチェンジマネジメント—ビジネスプロセスの変革を管理する　A.-W.シェアー, F.アボルハッサン, W.ヨースト, M.F.W.キルヒマー編, 堀内正博, 田中正郎, 柳堀紀幸監訳　シュプリンガー・フェアラーク東京　2003.12　216p
◇製造支援プロセスの自動化—アメリカン・メーター社のケース（共著）（竹田賢訳）：ARISを活用したシステム構築—エンタープライズ・アーキテクチャの実践　A.-W.シェアー他編, 堀内正博, 田中正郎, 力己俊監訳　シュプリンガー・フェアラーク東京　2005.1　201p

Schatz, Klaus シャッツ, クラウス
◇第二ヴァティカン公会議以後の教会：キリスト教史11　現代に生きる教会　上智大学中世思想研究所編訳・監修　ヨセフ・ハヤール ほか著　平凡社　1997.7　545p　（平凡社ライブラリー）

Schauer, Frederick シャウアー, フレデリック
◇法律とグローバル化：グローバル化で世界はどう変わるか—ガバナンスへの挑戦と展望　ジョセフ・S.ナイ Jr., ジョン・D.ドナヒュー編著, 嶋本恵美訳　英治出版　2004.9　477p　（英治出版MPAシリーズ）

Scheer, August-Wilhelm シェアー, A.-W.
◇ARIS—ビジョンからプロセスコントロールの実践へ 他：ARISを活用したビジネスプロセスマネジメント—欧米の先進事例に学ぶ　A.-W.シェアー他共編, 堀内正博, 田中正郎, 柳堀紀幸監訳　シュプリンガー・フェアラーク東京　2003.7　281p
◇ジャズの即興演奏とマネジメント 他（宇野淑英治訳）：ARISを活用したチェンジマネジメント—ビジネスプロセスの変革を管理する　A.-W.シェアー, F.アボルハッサン, W.ヨースト, M.F.W.キルヒマー編, 堀内正博, 田中正郎, 柳堀紀幸監訳　シュプリンガー・フェアラーク東京　2003.12　216p
◇ビジネスプロセス・オートメーション—ベストプラクティスとネクストプラクティスを結びつける（共著）（堀内正博訳）：ARISを活用したシステム構築—エンタープライズ・アーキテクチャの実践　A.-W.シェアー他編, 堀内正博, 田中正郎, 力己俊監訳　シュプリンガー・フェアラーク東京　2005.1　201p

Scheffler, Uwe シェフラー, ウーヴェ
◇逸脱行為という犯罪社会学上の考え方は社会的に疎外された人々を差別するものか—問題点と他の考え方（柳勉訳）：ヨーロッパの差別論　ヤン・C.ヨエルデン編, 田村光彰ほか訳　明石書店　1999.12　452p　（世界人権問題叢書 34）

Scheibe, Erhard シャイベ, エアハルト
◇コペンハーゲン学派（山本敦之, 長島隆, 渡辺浩訳）：われわれは「自然」をどう考えてきたか　ゲルノート・ベーメ編, 伊坂青司, 長島隆監訳　どうぶつ社　1998.7　524p

Scheier, Claus-Artur シャイアー, クラウス‐アルトゥール
◇アプリオリな総合（藤田正勝訳）：論争の哲学史—カントからヘーゲルへ　W.イェシュケ編, 高山守, 藤田正勝監訳　理想社　2001.2　425, 4p

Schein, Edgar H. シャイン, エドガー・H.
◇リーダーシップと組織文化：未来組織のリーダー—ビジョン・戦略・実践の革新　フランシス・ヘッセルバイン, マーシャル・ゴールドスミス, リチャード・ベカード編, 田代正美訳　ダイヤモンド社　1998.7　239p
◇学習の心理学：リーダーシップに「心理学」を生かす　Diamondハーバード・ビジネス・レビュー編集部編訳　ダイヤモンド社　2005.9　294p　(Harvard business review anthology)

Schelling, Friedrich Wilhelm Joseph von シェリング, フリードリヒ
◇クララとの対話：キリスト教神秘主義著作集 16　近代の自然神秘思想　中井章子, 本間邦雄, 岡部雄三訳　教文館　1993.9　614, 42p

Schellong, Dieter シェロング, ディーター
◇最も危機の瞬間—ヴァイマル末期のプロテスタント神学の状況について：ヴァイマル共和国の宗教史と精神史　フーベルト・カンツィク編, 池田昭, 浅野洋監訳　御茶の水書房　1993.2　434p

Schelnberger, Franz-Josef シェルンベルガー, F.-J.
◇資産の譲渡に関する税金：ドイツの不動産—開発と投資の法律および税務　R.フォルハード, D.ウェーバー, W.ウージンガー編, ドイツ・リアルエステイト・コンサルティング訳, 平川純子監訳　ダイヤモンド社　1993.5　358p

Schenck, Kersten von スケンク, K.フォン*
◇融資：ドイツの不動産—開発と投資の法律および税務　R.フォルハード, D.ウェーバー, W.ウージンガー編, ドイツ・リアルエステイト・コンサルティング訳, 平川純子監訳　ダイヤモンド社　1993.5　358p

Schenk, Kernsten V. シェンク, K.V.*
◇東部ドイツにおける民間部門融資（共著）：ドイツの不動産—開発と投資の法律および税務　R.フォルハード, D.ウェーバー, W.ウージンガー編, ドイツ・リアルエステイト・コンサルティング訳, 平川純子監訳　ダイヤモンド社　1993.5　358p

Schérer, René シェレール, ルネ
◇フッサール, 現象学とその展開（杉山吉弘訳）：産業社会の哲学—ニーチェからフッサールへ　花田圭介監訳　新装版　白水社　1998.6　326, 35p　（西洋哲学の知 6　Francois Chatelet編）
◇フェリックスの燃え立つような心：フェリックス・ガタリの思想圏—〈横断性〉から〈カオスモーズ〉へ　フェリックス・ガタリほか著, 杉村昌昭訳・編　大村書店　2001.8　189p

Scheuerl, Hans ショイアール, ハンス
◇われわれは教育的な行為の諸基準をどこに見い出す

か?(長島啓記訳):現代ドイツ教育学の潮流―W・フリットナー百歳記念論文集 ヘルマン・レールス,ハンス・ショイアール編,天野正治訳 玉川大学出版部 1992.8 503p
◇教育と授業のなかの対話:教育学的に見ること考えることへの入門 アンドレアス・フリットナー,ハンス・ショイアール編,石川道夫訳 玉川大学出版部 1994.8 409p

Schickler, Eric シックラー,エリック
◇多数決ルール(共著)(大岩雄次郎訳):公共選択の展望―ハンドブック 第1巻 デニス・C.ミューラー編,関谷登,大岩雄次郎訳 多賀出版 2000.1 296p

Schiebinger, Londa シービンガー, L.*
◇ロンダ・シービンガー講演会「エキゾチックな中絶薬―18世紀大西洋世界の植物をめぐるジェンダー・ポリティクス」:Exotic abortifacients:F-GENS ジャーナル―Frontiers of Gender Studies no.3 F-GENSジャーナル編集委員会編 お茶の水女子大学21世紀COEプログラムジェンダー研究のフロンティア 2005.3 327p

Schieder, Wolfgang シーダー,ヴォルフガング
◇1848/49 望まれなかった革命(若原憲和訳):ドイツ史の転換点―1848-1990 C.シュテルン,H.A.ヴィンクラー編著,末川清ほか訳 晃洋書房 1992.3 243p

Schiffels, Waltraud シッフェルス,ワルトラウト
◇男から女へ 他:偽りの肉体―性転換のすべて バーバラ・カンブラート,ワルトラウト・シッフェルス編著,近藤聡子訳 信山社出版 1998.6 210p

Schiffman, Lawrence H. シフマン,ローレンス・H.
◇死海文書の宗旨はサドカイ派から生まれた 他:死海文書の研究 ハーシェル・シャンクス編,池田裕監訳,高橋晶子,河合一充訳 ミルトス 1997.9 452p

Schiffman, Richard シフマン,リチャード
◇モデルの評価と観察:クレジット・スコアリング エリザベス・メイズ編,スコアリング研究会訳 シグマベイスキャピタル 2001.7 361p (金融職人技シリーズ no.33)

Schiffman, Susan S. シフマン, S.*
◇加齢と嗅覚:香りの生理心理学 S.ヴァン・トラー,G.H.ドッド編,印藤元一訳 フレグランスジャーナル社 1996.6 306p

Schijf, Huibert スチフ,ヒューバート
◇超国籍ネットワーク(共著):企業権力のネットワーク―10カ国における役員兼任の比較分析 フラン・N.ストークマン,ロルフ・ツィーグラー,ジョン・スコット編著,上田義朗訳 文真堂 1993.11 340p

Schilken, Eberhard シルキン, E.*
◇ドイツ民訴法における作為・不作為執行の今日的諸問題 他:ドイツ強制執行法と基本権 石川明著 信山社出版 2003.2 254, 3p

Schiller, Dieter シラー,ディーター
◇日常,抵抗,ユダヤ人の運命「負の遺産」との取り組み―オーストリア・東西ドイツの戦後比較 ヴェルナー・ベルクマン,ライナー・エルプ,アルベルト・リヒトブラウ編著,岡田浩平訳 三元社 1999.3 479p

Schily, Otto シリー,オットー
◇オットー・シリー:戦後ドイツを生きて―知識人は語る 三島憲一編・訳 岩波書店 1994.10 370p

Schimmel, David シメル,デヴィッド
◇コンセンサスから混乱へ―政教分離の壁は取り除かれるべきかそれとも再建されるべきか(世取山洋介訳):「教育改革」と教育基本法制―日本教育法学会年報 第31号(2002) 日本教育法学会編 有斐閣 2002.3 237p

Schioppa, Antonio padoa スキオッパ,アントーニオ・パドア
◇ナポレオン法典から一九四二年までの商法史(小原耕一訳):イタリア近代法史 パオロ・グロッシ,村上義和編 明石書店 1998.7 290p

Schipperges, Heinrich シッパーゲス,ハインリッヒ
◇パラケルスス(今井正浩訳):われわれは「自然」をどう考えてきたか ゲルノート・ベーメ編,伊坂青司,長島隆監訳 どうぶつ社 1998.7 524p

Schirmer, Helmut シルマー, H.*
◇保険相互会社の法形態の今後の発展に関する考察(青木孝弘訳):ディーター・ファーニーと保険学―ファーニー教授還暦記念論文集より ドイツ保険事情研究会訳 生命保険文化研究所 1996.3 201p (文研叢書 16)

Schiwy Sj, Günther シヴィー,ギュンター
◇ピエール・テイヤール・ド・シャルダン(平尾始訳):われわれは「自然」をどう考えてきたか ゲルノート・ベーメ編,伊坂青司,長島隆監訳 どうぶつ社 1998.7 524p
◇構造主義と哲学的人間学(中埜肇訳):現代の哲学的人間学 ボルノウ,プレスナーほか著,藤田健治他訳 新装復刊 白水社 2002.6 332, 10p

Schlechtriem, Peter シュレヒトリーム,ペーター
◇契約の解消(石崎泰雄著・訳):ヨーロッパ統一契約法への道 ユルゲン・バセドウ編,半田吉信ほか訳 法律文化社 2004.6 388p
◇開会の言葉―ヨーロッパにおける債務法の変遷 他(半田吉信訳):ヨーロッパ債務法の変遷 ペーター・シュレヒトリーム編 信山社 2007.3 434p (学術選書 法律学編 ドイツ民法)

Schlechty, Phillip C. シュレクティー,フィリップ・C.
◇課題と展望の共有化―有機的協働性(共著)(小松茂昭訳):学校と大学のパートナーシップ―理論と実践 ジョン・I.グッドラッド,ケニス・A.シロトニック編,中留武昭監訳 玉川大学出版部 1994.2 355p

Schleicher, Andreas シュライヒャー,アンドレア
◇国際学力評価のための長期戦略の開発:キー・コンピテンシー―国際標準の学力をめざして OECD DeSeCo コンピテンシーの定義と選択 ドミニク・S.ライチェン,ローラ・H.サルガニク編著,立田慶裕監訳,今西幸蔵,岩崎久美子,猿田祐嗣,名取一好,野村和,平沢安政訳 明石書店 2006.5 248p

Schleidt, Margret シュライト, M.*
◇人間の嗅覚と情報伝達:生物学的考察:香りの生理心理学 S.ヴァン・トラー,G.H.ドッド編,印藤元一訳

フレグランスジャーナル社　1996.6　306p

Schlierf, Günter　シュリーフ, G. *
◇リハビリテーションによる自立能力（Kompetenz）の獲得―老年医学の一課題：高齢者の自立能力―今日と明日の概念 III 老年学週間論文集　Chr.Rott, F.Oswald編, 石井毅訳　長寿社会開発センター　1994.3　200p

Schlosser, Peter　シュロッサー, ペーター
◇ドイツの仲裁法と実務 他（椎橋邦雄訳）：各国仲裁の法とプラクティス　P.シュロッサー他著, 小島武司編訳　中央大学出版部　1992.8　147p　（日本比較法研究所翻訳叢書 30）

Schlossman, Steven　シュロスマン, スティーヴン
◇問題のある少女―過去と現在の観察（共著）（大熊保彦訳）：時間と空間の中の子どもたち―社会変動と発達への学際的アプローチ　グレン・H.エルダー, ジョン・モデル, ロス・D.パーク編, 本田時雄監訳　金子書房　1997.10　379p

Schlosssten, Steven　シュロススタイン, スティーブン
◇"怪物ニッポン"の弱点：アメリカの対日依存が始まる―日米関係の真実　J.E.カーボー, Jr., 加瀬英明編・監訳　光文社　1992.12　184p　（カッパ・ブックス）

Schmalensee, Richard　シュマレンシー, リチャード
◇産業としての経済学：フューチャー・オブ・エコノミクス―21世紀への展望　ガルブレイス他著, J.D.ヘイ編, 鳥居泰彦訳　同文舘インターナショナル　1992.11　413p
◇ロシアにおける民営化（共著）（谷口洋志訳）：取引費用経済学―最新の展開　クロード・メナード編著, 中島正人, 谷口洋志, 長谷川啓之監訳　文眞堂　2002.12　207p

Schmall, Vicki L.　シュマル, V. *
◇シミュレーション―高齢化に伴う身体の変化を理解する法：個人に合わせた痴呆の介護―創造性と思いやりのアプローチ　J.レイダー, E.M.トーンキスト編, 大塚俊男監訳, 老齢健康科学研究財団訳　日本評論社　2000.1　269p

Schmidt, Burghart　シュミット, ブルクハルト
◇エルンスト・ブロッホ（長島隆訳）：われわれは「自然」をどう考えてきたか　ゲルノート・ベーメ編, 伊坂青司, 長島隆監訳　どうぶつ社　1998.7　524p

Schmidt, Hilary J.　シュミット, H. J. *
◇幼児および小児におけるにおいの快不快感：香りの生理心理学　S.ヴァン・トラー, G.H.ドッド訳, 印藤元一訳　フレグランスジャーナル社　1996.6　306p

Schmidt, Lynda　シュミット, リンダ・W.
◇如何にして父の娘が母を見いだしたか（川戸圓訳）：女性の誕生―女性であること：意識的な女性性の誕生　コニー・ツヴァイク編, 川戸円訳　山王出版　1996.9　398p
◇如何にして父の娘が母を見いだしたか（川戸圓訳）：女性の誕生―女性であること：意識的な女性性の誕生　コニー・ツヴァイク編, 川戸円, リース・滝幸子訳　第2版　山王出版　1997.9　403p

Schmidt, Reimer　シュミット, R.（保険学）*
◇保険法に対する経営学の成果の重要性に関する一考察（平沢敦訳）：ディーター・ファーニーと保険学―ファーニー教授還暦記念論文集より　ドイツ保険事情研究会訳　生命保険文化研究所　1996.3　201p（文研叢書 16）

Schmidt, Susan　シュミット, スーザン
◇ラジオ体操：ニッポン不思議発見！―日本文化を英語で語る50の名エッセイ集　日本文化研究所編, 松本道弘訳　講談社インターナショナル　1997.1　257p（Bilingual books）

Schmidt, Ute　シュミット, ウーテ
◇ドイツ・キリスト教民主同盟（CDU）とナチズム, ホロコースト：「負の遺産」との取り組み―オーストリア・東西ドイツの戦後比較　ヴェルナー・ベルクマン, ライナー・エルプ, アルベルト・リヒトブラウ編著, 岡田浩平訳　三元社　1999.3　479p

Schmidt, Warren H.　シュミット, ウォレン・H.
◇「対立」をマネジメントする（共著）：交渉の戦略スキル　Harvard Business Review編, Diamondハーバード・ビジネス・レビュー編集部訳　ダイヤモンド社　2002.2　274p

Schmidt-Thimme, Drothea　シュミット・テム, ドロテーア
◇ロゴセラピーと精神遅滞者（共著）：ドイツにおける精神遅滞者への治療理論と方法―心理・教育・福祉の諸アプローチ　ジルビア・ゲアレス, ゲルト・ハンゼン編, 三原博光訳　岩崎学術出版社　1995.5　198p

Schmidt-Waldherr, Hiltraud　シュミット＝ヴァルトヘル, ヒルトラオト
◇「父親不在社会」から「新しい父親らしさ」へ（古寺浩訳）：転換期の家族―ジェンダー・家族・開発　N.B.ライデンフロースト編, 家庭経営学部会訳　日本家政学会　1995.3　360p

Schmied-Kowarzik, Wolfdietrich　シュミート＝コヴァルティーク, ヴォルフディートリヒ
◇フリードリヒ・ヴィルヘルム・ヨーゼフ・シェリング（首原潤訳）：われわれは「自然」をどう考えてきたか　ゲルノート・ベーメ編, 伊坂青司, 長島隆訳　どうぶつ社　1998.7　524p

Schmitt, Carl　シュミット, カール
◇カール・シュミットの安藤英治宛書簡：回想のマックス・ウェーバー―同時代人の証言　安藤英治聞き手, 亀嶋庸一編, 今野元訳　岩波書店　2005.7　272, 5p

Schmitt, Maurice　シュミット, モーリス
◇安全, 防衛, 倫理（林修訳）：介入？―人間の権利と国家の論理　エリ・ウィーゼル, 川田順造編, 広瀬浩司, 林修訳　藤原書店　1997.6　294p

Schmitter, Philippe C.　シュミッター, フィリップ・C.
◇ヨーロッパ連合の政治体制が各国資本主義に与える影響（畑島宏之訳）：制度の政治経済学　ロジャー・ホリングスワースほか著, 長尾伸一, 長岡延孝編監訳　木鐸社　2000.5　307p

Schmitt-Pantel, Pauline　シュミット＝パンテル, ポーリーヌ
◇性差, 歴史, 人類学, そして古代ギリシアのポリス：女性史は可能か　ミシェル・ペロー編, 杉村和子, 志

賀亮一監訳　藤原書店　1992.5　435p
◇性差、歴史、人類学、そして古代ギリシアのポリス（次田健作訳）：女性史は可能か　ミシェル・ペロー編、杉村和子、志賀亮一監訳　新版　藤原書店　2001.4　437p

Schmitz-Scherzer, Reinhard　シュミッツ・シェーザー, R.＊
◇高齢者の自立能力（Kompetenz）と余暇時間の過ごし方：高齢者の自立能力―今日と明日の概念 III 老年学週間論文集　Chr.Rott, F.Oswald編、石井毅訳　長寿社会開発センター　1994.3　200p

Schmoke, Kurt L.　シュモーク, カート
◇健康及び経済問題としてのドラッグ：ドラッグ全面解禁論　ディヴィッド・ボアズ編、樋口幸子訳　第三書館　1994.11　364p

Schnadelbach, Herbert　シュネーデルバッハ, H.
◇理性 他：哲学の基礎コース　E.マルテンス, H.シュネーデルバッハ編著、加藤篤子、中川明博、西巻丈児訳　晃洋書房　2001.4　222, 17p

Schneemann, Caroliee　シュニーマン, キャロリー
◇キャロリー・シュニーマン：怒れる女たち―ANGRY WOMEN 1　アンドレア・ジュノー, V.ヴェイル編、越智道雄訳　第三書館　1995.7　325p

Schneewind, Klaus A.　シュニーウィンド, K. A.
◇コントロールの信念に関する家族の影響（本明寛訳）：激動社会の中の自己効力　アルバート・バンデューラ編、本明寛、野口京子監訳　金子書房　1997.11　352p

Schneider, Antoon　シュネイダー, アントゥーン
◇よい事業分割、悪い事業分割（共著）：「選択と集中」の戦略　Diamondハーバード・ビジネス・レビュー編集部編訳　ダイヤモンド社　2003.1　286p

Schneider, Dieter　シュナイダー, D.＊
◇ドイツにおける財務報告の歴史（松本康一郎訳）：欧州比較国際会計史論　P.ワルトン編著、久野光朗監訳　同文舘出版　1997.5　380p

Schneider, Hans Joachim　シュナイダー, ハンス・ヨアヒム
◇刑罰の代替策としての損害回復―発展という文脈の中での犯罪予防及び刑事司法の新たな方向づけ（宮崎英生訳）：犯罪被害者と刑事司法　ギュンター・カイザー, H.クーリー, H.‐J.アルブレヒト編、宮沢浩一、田口守一、高橋則夫編訳　成文堂　1995.7　443p

Schneider, Hans-Josef　シュナイダー, H.‐J.＊
◇国土計画法、建築法および地区施設整備：ドイツの不動産―開発と投資の法律および税務　R.フォルハード, D.ウェーバー, W.ウージンガー編、ドイツ・リアルエステイト・コンサルティング訳、平川純子監訳　ダイヤモンド社　1993.5　358p

Schneider, Hans-Peter　シュナイダー, ハンス＝ペーター
◇ゴットフリート・ヴィルヘルム・ライプニッツ：17・18世紀の国家思想家たち―帝国（国）法論・政治学・自然法論　ミヒャエル・シュトライス編、佐々木有司、柳原正治訳　木鐸社　1995.2　593, 13p

Schneider, Jeremy　シュナイダー, ジェレミー・D.
◇IT購買における質と決定者の変化（共著）（金平直人監訳）：マッキンゼーITの本質―情報システムを活かした「業務改革」で利益を創出する　横浜信一、萩平和巳、金平直人、大隈健史、琴坂将広編著・監訳、鈴木立哉訳　ダイヤモンド社　2005.3　212p　（The McKinsey anthology）

Schneider, Peter　シュナイダー, ペーター
◇ペーター・シュナイダー：戦後ドイツを生きて―知識人は語る　三島憲一編・訳　岩波書店　1994.10　370p

Schneider, William, Jr.　シュナイダー, ウイリアム, Jr.
◇ミサイル防衛システム―過去、現在及び将来：弾道弾迎撃ミサイルの必要性　〔防衛研修所〕　1971　340p　（研究資料 71RT-12）

Schnitzerling, Claus　シュニッツァーリング, C.＊
◇東部ドイツにおける民間部門融資（共著）：ドイツの不動産―開発と投資の法律および税務　R.フォルハード, D.ウェーバー, W.ウージンガー編、ドイツ・リアルエステイト・コンサルティング訳、平川純子監訳　ダイヤモンド社　1993.5　358p

Schober, Florian　シュオバー, F.
◇プロセス効率を改善する―シーメンス・オーストリア社のケース（共著）（小酒井正和訳）：ARISを活用したチェンジマネジメント―ビジネスプロセスの変革を管理する　A.‐W.シェアー, F.アボルハッサン, W.ヨースト, M.F.W.キルヒマー編、堀内正博、田中正郎、柳堀紀幸監訳　シュプリンガー・フェアラーク東京　2003.12　216p

Schöch, Heinz　シェッヒ, ハインツ
◇ドイツにおける被害者―加害者の和解―実績調査と刑事政策的結論（共著）（比嘉康光訳）：国際被害者と刑事司法　ギュンター・カイザー, H.クーリー, H.‐J.アルブレヒト編、宮沢浩一、田口守一、高橋則夫編訳　成文堂　1995.7　443p

Schoemaker, Paul J. H.　シューメーカー, ポール・J. H.
◇ケイパビリティーの競争ダイナミクス：多様な将来への戦略資産開発（共著）（村手俊夫訳）：ウォートンスクールのダイナミック競争戦略　ジョージ・デイ, デイビッド・レイブシュタイン編、小林陽太郎監訳、黒田康史ほか訳　東洋経済新報社　1999.10　435p　（Best solution）
◇より良い意思決定のためのフレームをうまく扱う（共著）：ウォートンスクールの意思決定論　ステファン・J.ホッチ, ハワード・C.クンリューサー編、小林陽太郎監訳、黒田康史、大塔達也訳　東洋経済新報社　2006.8　374p　（Best solution）

Schofield, Jill　スコーフィールド, ジル
◇ボランタリーおよび非営利組織の業務計画（平本実訳）：NPOマネージメント―ボランタリー組織のマネージメント　スティーヴン・P.オズボーン編、ニノミヤ・アキイエ・H.監訳　中央法規出版　1999.3　388p

Scholes, Myron S.　ショールズ, マイロン
◇金融危機とリスク管理：リスクバジェッティング―実務家が語る年金新時代のリスク管理　レスリー・ラー

Scholing, Agnes スコーリング, アグネス
◇社会恐怖の認知行動療法マニュアル（共著）（宮前義和訳）：エビデンスベイスト心理治療マニュアル V.B.V.ハッセル, M.ハーセン編著, 坂野雄二・不安・抑うつ臨床研究会編訳 日本評論社 2000.11 371p

Scholl, Hans ショル, ハンス
◇ジャン・カルヴァン：宗教改革期の牧会者たち 1 日本基督教団出版局 2001.8 288p（魂への配慮の歴史 第5巻 C.メラー編, 加藤常昭訳）

Schollhammer, Hans ショールハマー, ハンス
◇事始め・国際経営学の意味論争（持丸邦子訳）：基礎概念と研究領域 B.トイン, D.ナイ編, 村山元英監訳, 国際経営文化学会訳 文眞堂 2001.11 285p（国際経営学の誕生 1）

Scholtz, Gunter ショルツ, グンター
◇ヘルダーと形而上学（小田部胤久訳）：論争の哲学史—カントからヘーゲルへ W.イェシュケ編, 高山守, 藤田正勝監訳 理想社 2001.2 425, 4p

Scholz, Alfred ショルツ, アルフレッド
◇親分：ニッポン不思議発見！—日本文化を英語で語る50の名エッセイ集 日本文化研究所編, 松本道弘訳 講談社インターナショナル 1997.1 257p（Bilingual books）

Scholz, Hannelore ショルツ, ハンネローレ
◇頭のなかの壁（小林昌子訳）：女たちのドイツ—東と西の対話 カトリン・ローンシュトック編, 神谷裕子ほか訳 明石書店 1996.11 208p

Scholz, Torsten ショルツ, T.
◇次世代のビジネスプロセス・マネジメント—ARIS ProcessPlatformとSAPNetWeaver（共著）（戒野敏浩訳）：ARISを活用したシステム構築—エンタープライズ・アーキテクチャの実践 A.-W.シェアー他編, 堀内正博, 田中正郎, 力武俊彦監訳 シュプリンガー・フェアラーク東京 2005.1 201p

Schönwälder, Stephan シェーンヴェルダー, シュテファン
◇ITの複雑さと戦う（共著）（琴坂将広監訳）：マッキンゼーITの本質—情報システムを活かした「業務改革」で利益を創出する 横浜信一, 萩平和彦, 金平貴人, 大隈健史, 琴坂将広編著・監訳, 鈴木立哉訳 ダイヤモンド社 2005.3 212p（The McKinsey anthology）

Schopenhauer, Arthur ショーペンハウエル, アルトゥール
◇アーサル・ショッペンハウエルの読書観（高橋五郎訳）：近代「読書論」名著選集 第13巻 ゆまに書房 1994.6 442p（書誌書目シリーズ 37）
◇固体の幻想：ドゥルーズ初期—若き哲学者が作った教科書 ジル・ドゥルーズ編著, 加賀野井秀一訳注 夏目書房 1998.5 239p
◇充足根拠律の4方向に分岐した根について：ショーペンハウアー哲学の再構築 鎌田康男ほか訳著 法政大学出版局 2000.10 265, 11p
◇恋愛と芸術と天才と（角田浩々編）：世界女性学基礎文献集成 明治大正編第5巻 水田珠枝監修 ゆまに書房 2001.6 584p

Schopler, Eric ショプラー, エリック
◇自閉症児に対する共同治療者としての親（共著）：共同治療者としての親訓練ハンドブック 下 Charles E.Schaefer, James M.Briesmeister編, 山上敏子, 大隈紘子監訳 二瓶社 1996.11 p334-648

Schor, Juliet B. ショアー, ジュリエット・B.
◇黄金時代の盛衰におけるマクロ政策（共著）：資本主義の黄金時代—マルクスとケインズを超えて スティーブン・A.マーグリン, ジュリエット・B.ショアー編, 磯谷明徳, 植村博恭, 海老塚明監訳 東洋経済新報社 1993.9 326p

Schot, Johan ショット, J.*
◇製造業のグリーニング 他（共著）（見目善弘訳）：グリーニングチャレンジ—企業の環境戦略 Kurt Fischer, Johan Schot編, 藤森敬三監訳, 日本電気環境エンジニアリング訳 日科技連出版 1999.8 419p

Schott, Ian ショット, イアン
◇有名なギャングたち（熊谷小百合訳）：世界大犯罪劇場 コリン・ウィルソンほか著, 松浦俊輔他訳 青土社 1997.2 532p

Schottroff, Luise ショットロフ, ルイーゼ
◇新約聖書, すなわちユダヤ人に対立する書物か 他：キリスト教とユダヤ教—キリスト教信仰のユダヤ的ルーツ F.クリュゼマン, U.タイスマン編, 大住雄一訳 教文館 2000.12 232p

Schouten, Ronald スハウテン, ロナルド
◇変わり者をめぐる疑心暗鬼をいかになくすか（共著）：人材育成のジレンマ—ハーバード・ビジネス・レビューケースブック Harvard Business Review編, Diamondハーバード・ビジネス・レビュー編集部訳 ダイヤモンド社 2004.12 219p
◇変わり者をめぐる疑心暗鬼をいかになくすか（共著）：「問題社員」の管理術—ケース・スタディ Diamondハーバード・ビジネス・レビュー編集部訳 ダイヤモンド社 2007.1 263p（Harvard business review anthology）

Schramm, Gottfried シュラム, ゴットフリート
◇1914 岐路にたつ社会民主党（高橋秀寿訳）：ドイツ史の転換点—1848-1990 C.シュテルン, H.A.ヴィンクラー編, 末川清ほか訳 晃洋書房 1992.3 243p

Schramm, Wilbur シュラム, ウィルバー
◇優れた先達：アメリカ—コミュニケーション研究の源流 E.デニス, E.ウォーテラ編著, 伊ної康博, 藤山新, 末永雅美, 四方由美, 栢沼利朗訳 春風社 2005.7 282p

Schratz, Paul R. シュラッツ, ポール・R.
◇太平洋戦争の終結：ヒトラーが勝利する世界—歴史家たちが検証する第二次大戦・60の"if" ハロルド・C.ドイッチュ, デニス・E.ショウォルター編, 守屋純訳 学習研究社 2006.10 671p（WW selection）

Schrecker, Ted シュレッカー, T.*
◇HIV・エイズ（共著）：G8—G8ってナンですか？ ノーム・チョムスキー, スーザン・ジョージ他著, 氷上春奈訳 ブーマー 2005.7 238p

Schreiner, Günter シュライナー, ギュンター
◇学校の成績評価の意味と無意味：教育学的に見ることと考えることへの入門 アンドレアス・フリット

ナー，ハンス・ショイアール編，石川道夫訳 玉川大学出版部 1994.8 409p

Schreiner, Olive シュライナー，オリーヴ
◇婦人と寄生（神近市子訳）：世界女性学基礎文献集成 明治大正編 第11巻 水田珠枝監修 ゆまに書房 2001.6 244p

Schriewer, Jürgen シュリーバー，ユルゲン
◇比較の方法と外化の必要性—方法論的諸基準と社会学的諸概念（今井重孝訳）：比較教育学の理論と方法 ユルゲン・シュリーバー編著，馬越徹，今井重孝監訳 東信堂 2000.11 278p
◇民主主義・国民国家・教育（鈴木慎一訳）：教育の共生体へ—ボディ・エデュケーショナルの思想圏 田中智志編 東信堂 2004.4 261p

Schröder, Jan シュレーダー，ヤン
◇ユストゥス・メーザー：17・18世紀の国家思想家たち—帝国公（国）法論・政治学・自然法論 ミヒャエル・シュトライス編，佐々木有司，柳原正治訳 木鐸社 1995.2 593, 13p

Schroder, Kate シュレーダー，ケイト
◇内部告発者の立場（石垣雅敏訳）：内部告発—その倫理と指針 David B.Lewis編，日本技術士会訳編 丸善 2003.2 159p

Schroeder, Georg シュレーダー，ゲオルグ
◇ズルツァー・テクノロジー社における環境会計（共著）：緑の利益—環境管理会計の展開 マーティン・ベネット，ピーター・ジェイムズ編著，国部克彦監修，海野みづえ訳 産業環境管理協会 2000.12 542p

Schroeder, Roger G. シュレーダー，ロジャー・G.
◇ジャスト・イン・タイムとその他の製造管理方式—米国製造業への影響（共著）：リメイド・イン・アメリカ—日本的経営システムの再文脈化 ジェフリー・K.ライカー，W.マーク・フルーイン，ポール・S.アドラー編著，林正樹監訳 中央大学出版部 2003.5 564p （中央大学企業研究所翻訳叢書 9）

Schroll, Marianne シュロール，M.＊
◇健康増進 他（共著）：日本版MDS-HC 2.0在宅ケアアセスメントマニュアル John N.Morris他編著，池上直己訳 医学書院 1999.9 294p
◇栄養 他（共著）：日本版MDS-HC 2.0在宅ケアアセスメントマニュアル John N.Morris他編著，池上直己訳 新訂版 医学書院 2004.11 298p

Schubert, Richard F. シューベルト，リチャード・F.
◇子供たちは共同体の未来である（共著）：未来社会への変革—未来の共同体がもつ可能性 フランシス・ヘッセルバイン，マーシャル・ゴールドスミス，リチャード・ベックハード，リチャード・F.シューベルト編，加納明弘訳 フォレスト出版 1999.11 327p

Schuberth, Ernst シューベルト，エルンスト
◇ドイツ中世都市におけるペテン師・売春婦・無頼の徒：ドイツ中世の日常生活—騎士・農民・都市民 コルト・メクゼーパー，エリーザベト・シュラウト共編，赤阪俊一，佐藤専次共訳 刀水書房 1995.6 205p （刀水歴史全書 35）

Schuddekopf, Charles シュッデコプフ，カール
◇家庭内で進行するファッショ化：ナチズム下の女たち—第三帝国の日常生活 カール・シュッデコプフ編，香川檀，秦由紀子，石井栄子訳 復刊 未来社 1998.7 354p

Schudson, Michael シュッドソン，マイケル
◇ニュー・ジャーナリズム：歴史のなかのコミュニケーション—メディア革命の社会文化史 デイヴィッド・クローリー，ポール・ヘイヤー編，林進，大久保公雄訳 新曜社 1995.4 354p

Schuerman, Leo シュアーマン，レオ
◇コミュニティの犯罪キャリア（共著）：コミュニティと犯罪 1 アルバート・J.リース・ジュニア，マイケル・トンリィ共編，伊藤康一郎訳 都市防犯研究センター 1994.3 268p

Schulenburg, Matthias Graf v. d シュレンベルク，M.＊
◇公的医療保険による基本保障と補正的医療保障システムの需要—若干の理論的基礎（下和田功訳）：ディーター・ファーニーと保険学—ファーニー教授還暦記念論文集より ドイツ保険事情研究会訳 生命保険文化研究所 1996.3 201p （文研叢書 16）

Schuler, Adriana L. シューラー，アドリアーナ・L.
◇自閉症の思考：社会性とコミュニケーションを育てる自閉症療育 Kathleen Ann Quill編，安達潤ほか訳 松柏社 1999.9 481p

Schuller, Eileen M. シュラー，アイリーン・M.
◇旧約外典（加藤明子訳）：女性たちの聖書注解—女性の視点で読む旧約・新約・外典の世界 C.A.ニューサム，S.H.リンジ編，加藤明子，小野功生，鈴木元子訳，荒井章三，山内一郎日本語版監修 新教出版社 1998.3 682p

Schuller, Robert Harold シュラー，ロバート
◇リーダーシップを放棄するな：セルフヘルプ—なぜ，私は困難を乗り越えられるのか 世界のビッグネーム自らの47の証言 ケン・シェルトン編著，堀紘一監訳 フロンティア出版 1998.7 301p
◇勇気を持って成功を引きよせろ！：セルフヘルプ—自助=他人に頼らず，自分の力で生きていく！ 2 ケン・シェルトン編著，堀紘一監訳 フロンティア出版 1998.12 283p

Schulman, Helen シュルマン，ヘレン
◇優等生—彼女が逝ってしまってから：女友だちの賞味期限—彼女は私を裏切ったのか…。 ジェニー・オフィル，エリッサ・シャッペル編著，糸井恵訳 プレジデント社 2006.3 343p

Schulte, Barbara シュルテ，バルバラ
◇文化言語学の中国的特質への問いかけ（朱浩東，鄭萍訳）：国際化時代の教育課題と人間形成—論集 朱浩東ほか編 三一書房 2004.7 244p
◇社会の階層構造と集団的連帯：比較教育学—伝統・挑戦・新しいパラダイムを求めて マーク・ブレイ編著，馬越徹，大塚豊監訳 東信堂 2005.12 361p

Schultz, Elizabeth シュルツ，エリザベス
◇日本の芸術，文化における太陽（共著）（小川稔訳）：太陽神話—生命力の象徴 マダンジート・シン，UNESCO編，木村重信監修 講談社 1997.2 399p

Schupp, Jurgen シュップ，ユルゲン
◇新旧連邦諸州における婦人の就業状況—社会・経済

パネルの調査結果（共著）：統一ドイツの生活実態―不均衡は均衡するのか　ヴォルフガング・グラッツァー，ハインツ・ヘルベルト・ノル編，長坂聡，近江谷左馬之介訳　勁草書房　1994.3　236p

Schüßler, Ingeborg　シュスラー，インゲボルク
◇ニーチェとハイデッガーとにおける真理の問題（稲田知己訳）：ハイデッガーとニーチェ―何をおいても私を取り違えることだけはしてくれるな！　M.リーデル他共著，川原栄峰監訳　南窓社　1998.4　318p

Schuster, Friedrich　シュスター，フリードリッヒ
◇社会的階層分化と社会的不平等―東西を比較して（共著）：統一ドイツの生活実態―不均衡は均衡するのか　ヴォルフガング・グラッツァー，ハインツ・ヘルベルト・ノル編，長坂聡，近江谷左馬之介訳　勁草書房　1994.3　236p

Schuurman, Donna　シャーマン，ドナ
◇子どもへの「死の教育」（水野修次郎訳）：おとなのいのちの教育　水野治太郎，日野原重明，アルフォンス・デーケン編著　河出書房新社　2006.11　238p

Schwab, Charles M.　シュワブ，チャールズ・M.
◇自分の資質を活かして成功する方法（小林順子訳）：ビジネスの知恵50選―伝説的経営者が語る成功の条件　ピーター・クラス編，佐藤洋一監訳　トッパン　1999.2　543p　（トッパンのビジネス経営書シリーズ 26）

Schwartz, David J.　シュワルツ，ダビッド・J.
◇力強い信念を持て：セルフヘルプ―自助＝他人に頼らず，自分の力で生きていく！　2　ケン・シェルトン編著，堀紘一監訳　フロンティア出版　1998.12　283p

Schwartz, Ellen　シュワルツ，エレン
◇描写的なスタンス―プロスペクトの教師たちによる作品（共著）（白鳥信義訳）：描写レヴューで教師の力量を形成する―子どもを遠くまで導くために　M.ヒムレイ，P.F.カリーニ編，小田勝己，小田玲子，白鳥信義訳　ミネルヴァ書房　2002.10　267p

Schwartz, Steven　シュワルツ，スティーブン
◇利益の持続性についての論点：競争政策の経済学―競争政策の諸問題に対する経済学的アプローチ　ローレンス・ウー編，大西利佳，森undefined信夫，中島敏監訳　NERA　2005.11　173p

Schwarz, Bluma　シュワルツ，ブルーマ
◇わたしのウエイター：空っぽのくつした―あなたの心に届ける16の贈り物　コリーン・セル選，立石美樹ほか訳　光文社　2002.11　213p

Schwarzenegger, Arnold　シュワルツェネッガー，アーノルド
◇奉仕によって得られる最高の喜び：セルフヘルプ―なぜ，私は困難を乗り越えられるのか　世界のビッグネーム自らの47の証言　ケン・シェルトン編著，堀紘一監訳　フロンティア出版　1998.7　301p

Schwarzer, Ralf　シュワツァー，R.
◇危険行動の変容と健康行動の受容（共著）（野口京子訳）：激動社会の中の自己効力　アルバート・バンデューラ編，本明寛，野口京子訳　金子書房　1997.11　352p

Schwarzwäller, Klaus　シュヴァルツヴェラー，K.
◇ルターにおける義認と聖化（佐伯啓，佐藤司郎訳）：宗教改革とその世界史的影響―倉松功先生献呈論文集　土戸清，近藤勝彦編　教文館　1998.9　351, 8p

Schweber, Miriam　シュウェーバー，M.*
◇老化がダウン症の成人におけるアルツハイマー病の発症に及ぼす影響：ダウン症候群と療育の発展―理解の向上のために　Valentine Dmitriev, Patricia L.Oelwein編著，竹井和子訳　協同医書出版社　1992.6　274p

Schwebler, Robert　シュヴェブラー，R.*
◇アルフィナンツと保険―暫定的試論（梶田信昭訳）：ディーター・ファーニーと保険学―ファーニー教授還暦記念論文集より　ドイツ保険事情研究会訳　生命保険文化研究所　1996.3　201p　（文研叢書 16）

Schweitzer, Ursula　シュバイツァー，ウルスラ
◇ドイツにおける離婚法の発展（共著）（田村五郎訳）：ドイツ現代家族法　W.ミュラー・フライエンフェルス他著，田村五郎訳　中央大学出版部　1993.7　305p　（日本比較法研究所翻訳叢書 33）

Schwentker, W.　シュベントカー，ヴォルフガング
◇生活形式としての情熱―オットー・グロースをめぐるサークルとマックス・ヴェーバーにおける性愛と道徳：マックス・ヴェーバーとその同時代人群像　W.J.モムゼン，J.オースターハメル，W.シュベントカー編著，鈴木広，米沢和彦，嘉目克彦監訳　ミネルヴァ書房　1994.9　531, 4p

Schwöbel, Christoph　シュヴェーベル，クリストフ
◇個別性・普遍性・諸宗教―宗教の神学の構築をめざして：キリスト教は他宗教をどう考えるか―ポスト多元主義の宗教と神学　G.デコスタ編，森本あんり訳　教文館　1997.11　330p
◇信仰に由来する寛容（片柳栄一，佐藤啓介共訳）：人文知の新たな総合に向けて―21世紀COEプログラム「グローバル化時代の多元的人文学の拠点形成」　第2回報告書3（哲学篇 2）　京都大学大学院文学研究科21世紀COEプログラム「グローバル化時代の多元的人文学の拠点形成」編　京都大学大学院文学研究科21世紀COEプログラム「グローバル化時代の多元的人文学の拠点形成」　2004.3　295p

Scitovsky, Tibor　シトフスキー，ティボール
◇私の福祉への模索：現代経済学の巨星―自らが語る人生哲学　上　M.シェンバーグ編，都留重人ほか訳　岩波書店　1994.11　321p

Sclare, Irene　スクレイア，I.*
◇小児と少年のための臨床心理サービス（大西晶子訳）：専門職としての臨床心理士　ジョン・マツィリア，ジョン・ホール編，下山晴彦翻訳　東京大学出版会　2003.4　435p

Scobell, Andrew　スコーベル，アンドルー
◇序論（共著）：中国が戦争を始める―その代価をめぐって　米陸軍大学戦略研究所編，冨山泰，渡辺умова訳　恒文社21　2002.6　253p

Scoggin, J. Allen　スコッジン，J.*
◇南極探検―スコット大佐の日記（一九一二年三月）：歴史の目撃者　ジョン・ケアリー編，仙名紀訳　朝日新聞社　1997.2　421p

Scott, Allen John スコット，アレン・J.
◇グローバル都市地域：グローバル・シティー・リージョンズ―グローバル都市地域への理論と政策　アレン・J.スコット編著，坂本秀和訳　ダイヤモンド社　2004.2　365p

Scott, Jan スコット，J.（心理学）
◇抑うつ（共著）（坂本真士訳）：認知臨床心理学入門―認知的アプローチの実践的理解のために　W.ドライデン，R.レントゥル編，丹野義彦監訳　東京大学出版会　1996.11　384p

Scott, Joan スコット，ジョーン
◇女性の歴史（太田和子訳）：ニュー・ヒストリーの現在―歴史叙述の新しい展望　ピーター・バーク編，谷川稔他訳　人文書院　1996.6　352p

Scott, Joan Wallach スコット，ジョーン・ウォレク
◇コンセンサスを越えた大学コミュニティ像：アメリカの差別問題―PC（政治的正義）論争をふまえて　Patricia Aufderheide編，脇浜義明編訳　明石書店　1995.6　208p
◇女性労働者（藤本佳子訳）：女の歴史　4〔2〕　十九世紀　2　杉村和子，志賀亮一監訳　ジュヌヴィエーヴ・フレス，ミシェル・ペロー編　藤原書店　1996.10　p513～992
◇オランプ・ドゥ・グージュの想像力：フェミニズムの古典と現代―甦るウルストンクラフト　アイリーン・ジェインズ・ヨー編，永井義雄，梅垣千尋訳　現代思潮新社　2002.2　290p

Scott, John スコット，ジョン
◇イギリスの企業ネットワークにおける銀行の影響圏　他（共著）：企業権力のネットワーク―10カ国における役員兼任の比較分析　フラン・N.ストークマン，ロルフ・ツィーグラー，ジョン・スコット編著，上田義朗訳　文真堂　1993.11　340p

Scott, Peter スコット，ピーター（経済学）
◇平等主義的政策の危機と資産ベースの再分配の見込み（共著）：平等主義の政治経済学―市場・国家・コミュニティのための新たなルール　サミュエル・ボールズ，ハーバート・ギンタス他著，エリック・オリン・ライト編，遠山弘徳訳　大村書店　2002.7　327, 20p

Scott, Robert Haney スコット，ロバート・H.
◇マーチャント・バンキング　他（友貞秀之，木村雅一訳）：香港の金融制度　リチャード・Y.K.ホー，ロバート・H.スコット，K.A.ウォン編著，香港金融研究会訳　金融財政事情研究会　1993.5　313p

Scott, W. Richard スコット，W.リチャード
◇シンボルと組織―バーナードから制度論まで（藤井一弘訳）：現代組織論とバーナード　オリバー・E.ウィリアムソン編，飯野春樹監訳　文真堂　1997.3　280p

Scotti, Joseph R. スコッティ，J.*
◇行動научтеとしての個人のレパートリー―プログラムのデザインと評定のための示唆（共著）：重度知的障害への挑戦　ボブ・レミントン編，小林重雄監訳，藤原義博，平訳紀子共訳　二瓶社　1999.3　461p

Scott Morton, Michael S. スコット・モートン，マイケル・S.
◇90年代プログラムの概要：情報技術と企業変革―MITから未来企業へのメッセージ　マイケル・S.スコット・モートン編，砂田登士夫ほか訳，宮川公男，上田泰監訳　富士通経営研修所　1992.10　509p（富士通ブックス）

Scotton, Bruce W. スコットン，ブルース・W.
◇トランスパーソナル精神医学―その紹介と定義　他：テキスト/トランスパーソナル心理学・精神医学　B.W.スコットン，A.B.チネン，J.R.バティスタ編，安藤治，池沢良郎，是恒正達訳　日本評論社　1999.12　433p

Scotus, Johannes Duns スコトゥス，ヨハネス・ドゥンス
◇命題集註解（オルディナティオ）第1巻　他（共著）：中世思想原典集成　18　後期スコラ学　上智大学中世思想研究所編訳・監修　平凡社　1998.9　923p

Scripps, E. W. スクリップス，E. W.
◇金儲けの奇妙な法則（小林順子訳）：ビジネスの知恵50選―伝説的経営者が語る成功の条件　ピーター・クラス編，佐藤洋一監訳　トッパン　1999.2　543p（トッパンのビジネス経営書シリーズ 26）

Scruton, Roger スクルートン，ロジャー
◇芸術の価値：哲学者は何を考えているのか　ジュリアン・バジーニ，ジェレミー・スタンルーム編，松本俊吉訳　春秋社　2006.5　401, 13p（現代哲学への招待 basics　丹治信春監修）
◇国際主義の妄想：論争グローバリゼーション―新自由主義対社会民主主義　デヴィッド・ヘルド編，猪口孝訳　岩波書店　2007.5　241p

Scudder, Doremus スカダー，D.
◇前橋ステーション以外を拠点とした宣教師の書簡（小野澤由紀子訳）：アメリカン・ボード宣教師文書―上州を中心として　新島学園女子短期大学新島文化研究所編訳　新教出版社　1999.2　432p

Scully, Thomas スカリー，T.
◇過去を忘れるな（山本淳一訳）：発達障害に関する10の倫理的課題　リンダ・J.ヘイズ他著，望月昭，冨安ステファニー監訳　二瓶社　1998.6　177p

Seabright, Paul シーブライト，ポール
◇学者、経済学者、計算家―経済学における価値の概念について：価値―新しい文明学の模索に向けて　ブレンダ・アーモンド，ブライアン・ウィルソン編，玉井治，山本慶裕訳　東海大学出版会　1994.3　308p

Seabury, David シーベリー，デヴィッド
◇敵をコントロールする方法：成功大学　オグ・マンディーノ編，箱田忠昭訳　日本経営合理化協会出版局　1998.9　689p
◇敵をコントロールする方法：成功大学　オグ・マンディーノ編，箱田忠昭訳　皮革携帯版　日本経営合理化協会出版局　1998.9　689p

Seagull, Elizabeth A. W. シーガル，エリザベス・A. W.
◇家族の評価：虐待された子ども―ザ・バタード・チャイルド　メアリー・エドナ・ヘルファ，ルース・S.ケンプ，リチャード・D.クルーグマン編，子どもの虐待防止センター監修，坂井聖二訳　明石書店　2003.12　1277p

Searfoss, D. Gerald セアフォス，D. G.
◇HANDBOOK OF ACCOUNTING AND AUDITING（会計と監査のハンドブック）（共著）：

元帳の締め切り　川島貞一訳　〔川島貞一〕
2002.8　1冊

Searle, John R.　サール、ジョン・R.
◇心・脳・プログラム（久慈要, 守屋唱進訳）：マインズ・アイ―コンピュータ時代の「心」と「私」　下　D.R.ホフスタッター, D.C.デネット編著, 坂本百大監訳　〔新装版〕　ティビーエス・ブリタニカ　1992.10　365p
◇ウィトゲンシュタイン―ジョン・サールとの対話（共著）（森田茂行訳）：西洋哲学の系譜―第一線の哲学者が語る西欧思想の伝統　ブライアン・マギー編, 高頭直樹ほか訳　晃洋書房　1993.5　482p
◇実在論：哲学者は何を考えているのか　ジュリアン・バジーニ, ジェレミー・スタンルーム編, 松本俊吉訳　春秋社　2006.5　401, 13p　（現代哲学への招待 basics　丹治信春監修）

Sears, Richard W.　シアーズ、リチャード・W.
◇ビジネスという銃を使う従業員たち（前田寛之訳）：ビジネスの知恵50選―伝説的経営者が語る成功の条件　ピーター・クラス編, 佐藤洋一監訳　トッパン　1999.2　543p　（トッパンのビジネス経営書シリーズ 26）

Sebenius, James K.　セベニウス、ジェームズ・K.
◇交渉に失敗する6つの悪癖 他：「交渉」からビジネスは始まる　Diamondハーバード・ビジネス・レビュー編集部編訳　ダイヤモンド社　2005.4　272p　（Harvard business review anthology）

Sedgwick, Mitchel　セジウィック、ミッチェル
◇日本の（フォーマルな）組織におけるインフォーマル活動（浦野篤也訳）：日本の組織―社縁文化とインフォーマル活動　中牧弘允, ミッチェル・セジウィック編　東方出版　2003.7　386p

Sedyawati, Edi　セディアワット、エディ
◇インドネシア文化における太陽（秋山光文, 桑原由紀子, イエニー・シムリア訳）：太陽神話―生命力の象徴　マダンジート・シン, UNESCO編, 木村重信監修　講談社　1997.2　399p

Seed, John　シード、ジョン
◇祈り 他：地球の声を聴く―ディープエコロジー・ワーク　ジョン・シードほか著, 星川淳監訳　ほんの木　1993.4　240p

Seffrin, John R.　セフリン、ジョン・R.
◇将来のボランティア保健団体：企業の未来像―成功する組織の条件　フランシス・ヘッセルバイン, マーシャル・ゴールドスミス, リチャード・ベックハード編, 小坂恵理訳　トッパン　1998.7　462p　（トッパンのビジネス経営書シリーズ 14）

Segal, Alan F.　セーガル、アラン・F.
◇クムランに照らした復活のキリストと天使の仲介者像：イエスと死海文書　ジェームズ・H.チャールズウォース編, 山岡健二訳　三交社　1996.12　476p

Segal, Hanna　スィーガル、ハンナ
◇精神分裂病者での抑うつ（松本邦裕訳）：メラニー・クラインにトゥデイ 1　精神病者の分析と投影同一化　E.B.スピリウス編, 松木邦裕監訳　岩崎学術出版社　1993.7　212p
◇象徴形成について（松木邦裕訳）：メラニー・クラインにトゥデイ 2　思索と人格病理　エリザベス・B.スピリウス編, 古賀靖彦, 白峰克彦, 世良洋, 田中俊

孝, 東中薗聡訳, 松木邦裕監訳　岩崎学術出版社　1993.8　202p
◇空想と現実：現代クライン派の展開　ロイ・シェーファー編, 福本修訳　誠信書房　2004.12　336p
◇象徴化 他：現代クライン派入門―基本概念の臨床的理解　カタリーナ・ブロンスタイン編, 福本修, 平井正三監訳, 小野泉, 阿比野宏, 子どもの心理療法セミナーin岐阜訳　岩崎学術出版社　2005.5　243p

Segers, Rien T.　セーヘルス、リーン・T.
◇ルイ・クベールの日本：日蘭交流400年の歴史と展望―日蘭交流400周年記念論文集 日本語版　レオナルド・ブリュッセイ, ウィレム・レメリンク, イフォ・スミッツ編　日蘭学会　2000.4　459p　（日蘭学会学術叢書 第20）

Segrera, Albert S.　セグレータ、A. S. *
◇PCAファミリー（畠瀬直子訳）：エンカウンター・グループと国際交流　松本剛, 畠瀬直子, 野島一彦編著　ナカニシヤ出版　2005.10　166p

Seidelman, Raymond　セイデルマン、レイモンド
◇政治学者・迷いから覚めた理想主義者・消えゆく民主主義者：アメリカ政治学の展開―学説と歴史　ジェームズ・ファ, レイモンド・セイデルマン編著, 本田弘, 藤原孝, 秋山和宏, 石川晃司, 入江正俊ほか訳　サンワコーポレーション　1996.2　506p

Seidensticker, Edward G.　サイデンステッカー、エドワード・G.
◇道 他：ニッポン不思議発見！―日本文化を英語で語る50の名エッセイ集　日本文化研究所編, 松本道弘訳　講談社インターナショナル　1997.1　257p　(Bilingual books)

Seiford, Lawrence M.　ザイフォルト、L. *
◇DEAの文献目録（1978～1996年）（枇々木規雄訳）：経営効率評価ハンドブック―包絡分析法の理論と応用　Abraham Charnesほか編, 刀根薫, 上田徹監訳　朝倉書店　2000.2　465p

Seiler, Tamara Palmer　セイラー、タマラ・パーマー
◇多文化主義の展開（森岡佳子訳）：カナダの地域と民族―歴史的アプローチ　ダグラス・フランシス, 木村和男編著　同文舘出版　1993.11　309p

Seitz, Manfred　ザイツ、マンフレート
◇砂漠の修道士たち―祈っていると感銘を与えた人びと：古代教会の牧会者たち 1　日本基督教団出版局　2000.6　241p　（魂への配慮の歴史 第2巻　C.メーラー編, 加藤常昭訳）
◇マタイによる福音書第二四章――四節：光の降誕祭―20世紀クリスマス名説教集　ルードルフ・ランダウ編, 加藤常昭訳　再版　教文館　2004.9　308p

Seitz, Sue　ザイツ、S. *
◇乳幼児期の親子相互交渉における療法的アプローチとしての遊び：ダウン症候群と療育の発展―理解の為のために　Valentine Dmitriev, Patricia L.Oelwein編, 竹井和子訳　協同医書出版社　1992.6　274p

Seizelet, Eric　セーズレ、エリック
◇核をめぐる日本の政治的発言（友谷知己訳）：核時代に生きる私たち―広島・長崎から50年　マヤ・モリオカ・トデスキーニ編, 土屋由香, 友谷知己, 沼田憲治, 沼田知加, 日暮吉延ほか共訳　時事通信社

1995.8　413p

Sekulič, Božidar Gajo　セクリッチ, ボジダル・ガヨ
◇"ヒューマニズム"の危機と合理的皆殺し：ボスニア戦争とヨーロッパ　N.ステファノフ, M.ヴェルツ編, 佐久間穆訳　朝日新聞社　1997.4　288p

Selart, Marcus　セラート, M. *
◇大規模空間における空間的選択とナビゲーションの研究（共著）：空間認知研究ハンドブック　ナイジェル・フォアマン, ラファエル・ジレット編, 竹内謙彰, 旦直子監訳　二瓶社　2001.12　247p

Selby, David　セルビー, デイヴィッド
◇ウェブ（網目）を越えて　他（浅野誠訳）：グローバル教育への提案―生活指導・総合学習の創造　浅野誠, デイヴィッド・セルビー編　日本評論社　2002.3　289p

Selderhuis, Herman J.　セルダーヘイス, ヘルマン・J.
◇ヨーロッパ・プロテスタントの伝統：キリスト教のスピリチュアリティ―その二千年の歴史　ゴードン・マーセル監修, G.マーセル他著, 青山学院大学総合研究所訳　新教出版社　2006.4　415p

Selig, Naomi　スィーリッグ, N.
◇不快な問題としての性と民族：過渡期の精神医療―英国とイタリアの経験から　シュラミット・ラモン, マリア・グラツィア・ジャンニケッダ編, 川田誉音訳　海声社　1992.10　424p

Sellors, Anne　セラーズ, アン
◇いじめと取り組むピア・カウンセリング―ある取り組みの3年間：学校でのピア・カウンセリング―いじめ問題の解決にむけて　ヘレン・コウイー, ソニア・シャープ編, 高橋通子訳　川島書店　1997.6　210p

Sells, Kath Gillespie　セルス, カース・ジレスピー
◇アドボカシーと平等（小田兼三訳）：コミュニティケア改革とソーシャルワーク教育―イギリスの挑戦　スチーヴ・トレビロン, ピーター・ベレスフォード編, 小田兼三, 杉本敏夫訳　筒井書房　1999.6　119p

Sellwood, William　セルウッド, ウィリアム
◇幻覚と妄想に対する認知行動療法：実践の現状と将来の動向（共著）（熊谷直樹訳）：認知行動療法―臨床と研究の発展　ポール M.サルコフスキス編, 坂野雄二, 岩本隆茂監訳　金子書房　1998.10　217p

Seltzer, Marsha Mailick　セルツァー, マーシャ・マイリック
◇ケースマネージャーとしての家族―フォーマルとインフォーマルのサポート・ネットワークの協同体制（共著）（井元真澄訳）：ケースマネージメントと社会福祉　ステファン M.ローズ編, 白沢政和, 渡部律子, 岡田進一監訳　ミネルヴァ書房　1997.10　415p（Minerva福祉ライブラリー 21）

Selvaratnam, Viswanathan　セルバラトナム, ヴィスワナタン
◇マレーシアにおける大学の発展―持続の中の変容：アジアの大学―従属から自立へ　フィリップ・G.アルトバック, ヴィスワナタン・セルバラトナム編, 馬越徹, 大塚豊監訳　玉川大学出版部　1993.10　380p

Selznick, Philip　セルズニック, フィリップ
◇社会主義から共同体主義へ（向山恭一訳）：グローバルな市民社会に向かって　マイケル・ウォルツァー編著, 石田淳ほか訳　日本経済評論社　2001.10　397p

Semenova, S. G.　セミョーノヴァ, S. G.
◇フョードロフ ニコライ・フョードロヴィッチ（一八二九―一九〇三）他（共著）：ロシアの宇宙精神　S.G.セミョーノヴァ, A.G.ガーチェヴァ編著, 西中村浩訳　せりか書房　1997.1　351p

Semmler, Willi　ゼムラー, ウィリー
◇動学的マクロ経済成長モデルにおける負債による企業の資金調達, 安定性, 循環（共著）：金融不安定性と景気循環　ウィリー・ゼムラー編, 浅田統一郎訳　日本経済評論社　2007.7　353p（ポスト・ケインジアン叢書）

Semprun, Jorge　センプルン, ホルヘ
◇普遍的な民主主義へ（林修訳）：介入？―人間の権利と国家の論理　エリ・ウィーゼル, 川田順造編, 広瀬浩司, 林修訳　藤原書店　1997.6　294p

Semradek, Joyce A.　セムラデック, J.
◇これからの課題（共著）：自立支援とはなにか―高齢者介護の戦略　ガムロス, セムラデック, トーンキスト編, 岡本祐三, 秦洋一訳　日本評論社　1999.9　207p

Sen, Amartya Kumar　セン, アマルティア
◇グローバルな正義―国際的な公正を超えて（内山田康訳）：地球公共財―グローバル化時代の新しい課題　インゲ・カール, イザベル・グルンベルグ, マーク・A.スターン編, FASID国際開発研究センター訳　日本経済新聞社　1999.11　326p
◇人間性と市民権（能川元一訳）：国を愛するということ―愛国主義の限界をめぐる論争　マーサ・C.ヌスバウム他著, 辰巳伸知, 能川元一訳　人文書院　2000.5　269p

Sen, Jai　セン, ジャイ
◇もうひとつの世界への長い道のり　他（大屋定晴訳）：帝国への挑戦―世界社会フォーラム　ジャイ・セン, アニタ・アナンド, アルトゥーロ・エスコバル, ピーター・ウォーターマン編, 武藤一羊ほか監訳　作品社　2005.2　462p

Senbet, Lemma W.　センベット, L. *
◇財務的破綻, 破産および会社更正（共著）（古川浩一, 福原康文訳）：ファイナンスハンドブック　R.A.Jarrow, V.Maksimovic, W.T.Ziemba編, 今野浩, 古川浩一監訳　朝倉書店　1997.12　1121p

Senechal, Marjorie　セネシャル, マージョリー
◇形：世界は数理でできている　L.A.スティーン編, 三輪辰郎訳　丸善　2000.3　322p

Senge, Peter　センゲ, ピーター・M
◇難関をくぐりぬける：21世紀ビジネスはこうなる―世界の叡智を結集　ロワン・ギブソン編, 島田晴雄監訳, 鈴木孝男, 竹内ふみえ訳　シュプリンガー・フェアラーク東京　1997.11　327p
◇学習する組織をリードする：未来組織のリーダー―ビジョン・戦略・実践の革新　フランシス・ヘッセルバイン, マーシャル・ゴールドスミス, リチャード・ベカード編, 田代正美訳　ダイヤモンド社　1998.7　239p
◇「学習する組織」に存在する三つのリーダーシップ：

ウェルチはこうして組織を甦らせた—アメリカ・トップリーダーからの経営処方箋29　ケン・シェルトン編著, 堀紘一監修・訳　フロンティア出版　1999.12　281p

Senior, Clarence　シニオア, クラレンス
◇仕事(共著)：アドラーの思い出　G.J.マナスター, G.ペインター, D.ドイッチュ, B.J.オーバーホルト編, 柿内邦博, 井原文子, 野田俊作訳　創元社　2007.6　244p

Senn, Larry E.　セン, ラリー・E.
◇リーダーシップは二一世紀を生き抜く『通貨』だ(共著)：ウェルチはこうして組織を甦らせた—アメリカ・トップリーダーからの経営処方箋29　ケン・シェルトン編著, 堀紘一監修・訳　フロンティア出版　1999.12　281p

Sennett, Richard　セネット, リチャード
◇時間について(バンベルクの討議)(共著)：哲学の原点—ドイツからの提言　ハンス・ゲオルク・ガダマー他著, U.ベーム編, 長倉誠一, 多田茂訳　未知谷　1999.7　272, 11p

Senser, Robert A.　センサー, ロバート・A.
◇開放路線下ですすむ労働者虐待(共著)：次の超大国・中国の憂鬱な現実　フォーリン・アフェアーズ・ジャパン編・監訳, 竹下興喜監訳　朝日新聞社　2003.4　267, 3p　(朝日文庫—フォーリン・アフェアーズ・コレクション)

Sentumbwe, Nayinda　セントゥンブウェ, ナインダ
◇晴眼の恋人と盲の夫：障害と文化—非欧米世界からの障害観の問いなおし　ベネディクト・イングスタッド, スーザン・レイノルズ・ホワイト編著, 中村満紀男, 山口恵里子監訳　明石書店　2006.2　555p　(明石ライブラリー　88)

Séré, Marie-Geneviève　セレ, マリー=ジェネビエブ
◇気体状態：子ども達の自然理解と理科授業　R.ドライヴァー, E.ゲスン, A.ティベルギェ編, 貫井正納ほか訳, 内田正男監訳　東洋館出版社　1993.2　249p

Sereny, Gitta　セレニー, ギッタ
◇先生は個々の生徒の抱く些細な問題にも気がつかれた：心にのこる最高の先生—イギリス人の語る教師像　上林喜久子編訳著　関東学院大学出版会　2004.11　97p
◇先生は個々の生徒の抱く些細な問題にも気がつかれた：イギリス人の語る心にのこる最高の先生　上林喜久子訳　関東学院大学出版会　2005.4　68p

Šesáková, Monika　シェスタコヴァ, モニカ
◇アメリカ超国籍企業の資金操作：第2次世界大戦後の発展と最近の傾向(徳重昌志訳)：続　歴史のなかの多国籍企業—国際事業活動研究の拡大と深化　アリス・タイコーヴァ, モーリス・レヴィ・ルボワイエ, ヘルガ・ヌスバウム編, 浅野亨, 鮎沢成男, 渋谷将, 竹村孝雄, 徳重昌志, 日高克平訳　中央大学出版部　1993.4　334p　(中央大学企業研究所翻訳叢書 6)

Sesser, Stan　セッサー, スタン
◇ウン蓄ある私の話を聞いてくれ—ネパール：お気をつけて, いい旅を。—異国で出会った悲しくも可笑しい51の体験　メアリー・モリス, ポール・セロー, ジョー・ゴアス, イザベル・アジェンデ, ドミニク・ラピエールほか著, 古屋美登里, 中俣真知子訳　アスペクト　1995.7　366p

Sestito, Paolo　セスティト, パオロ
◇労働市場(山口浩一郎訳)：イタリアの金融・経済とEC統合　ロザリオ・ボナヴォーリア編, 岡本義行ほか訳　日本経済評論社　1992.6　304p

Setel, Drodah O'Donnell　セテル, ドローラ・オウドンネル
◇出エジプト記(加藤明子訳)：女性たちの聖書注解—女性の視点で読む旧約・新約・外典の世界　C.A.ニューサム, S.H.リンジ編, 加藤明子, 小野功生, 鈴木元子訳, 荒井章三, 山内一郎日本語版監修　新教出版社　1998.3　682p

Sethi, Deepak　セシ, ディーパク
◇自尊についての七つのR：企業の未来像—成功する組織の条件　フランシス・ヘッセルバイン, マーシャル・ゴールドスミス, リチャード・ベックハード編, 小坂恵理訳　トッパン　1998.7　462p　(トッパンのビジネス経営書シリーズ 14)
◇両端から見るリーダー(共著)：未来組織のリーダー—ビジョン・戦略・実践の革新　フランシス・ヘッセルバイン, マーシャル・ゴールドスミス, リチャード・ベカード編, 田代正美訳　ダイヤモンド社　1998.7　239p

Sethia, Tara　セティア, タラ
◇鉄道と植民地統治とインド藩王国(多田博一訳)：鉄路17万マイルの興亡—鉄道からみた帝国主義　クラレンス・B.デイヴィス, ケネス・E.ウィルバーン・Jr.編著, 原田勝正, 多田博一監訳　日本経済評論社　1996.9　290p

Settekorn, Marion　ゼッテコルン, M.
◇ドイツ現代芸術論：パンドラの箱(浅川千尋訳)：EUと現代ドイツ—歴史・文化・社会　浅川千尋, ウーベ・カルステン編　世界思想社　2003.10　270p　(Sekaishiso seminar)

Seuse, Heinrich　ゾイゼ, ハインリヒ
◇ドイツ語著作集：キリスト教神秘主義著作集 9　ゾイゼとリュースブルク　植田兼義訳　教文館　1995.1　444, 6p
◇永遠の知恵の書(橋本裕明訳)：中世思想原典集成 16　ドイツ神秘思想　上智大学中世思想研究所編訳・監修　平凡社　2001.4　977p

Severin-Kaiser, Martina　セヴェリン=カイザー, マルティナ
◇イエスは十字架上で私たちのために死んだのか：キリスト教とユダヤ教—キリスト教信仰のユダヤ的ルーツ　F.クリュゼマン, U.タイスマン編, 大住雄一訳　教文館　2000.12　232p

Severus, Sulpicius　セウェルス, スルピキウス
◇聖マルティヌス伝(橋本龍幸訳)：中世思想原典集成 4　初期ラテン教父　上智大学中世思想研究所編訳・監修　平凡社　1999.6　1287p

Seward, James K.　スワード, J.*
◇財務的破綻, 破産および会社更正(共著)(古川浩一, 福原康文訳)：ファイナンスハンドブック　R.A.Jarrow, V.Maksimovic, W.T.Ziemba編, 今野浩, 古川浩一監訳　朝倉書店　1997.12　1121p

Sewell, John W. スーウェル，ジョン・W.
◇開発問題の再考―アメリカからの視点：ポスト冷戦時代の開発援助と日米協力 海外開発評議会編，市川博也監訳 国際開発ジャーナル社 1995.3 334p (IDJ library)

Seydegart, Magda J. サイデガルト，マグダ・J.
◇人権教育のための資金調達―持続する原則，登場する技術（共著）（久保内加菜訳）：世界の人権教育―理論と実践 ジョージ・J.アンドレオポーロス，リチャード・ピエール・クロード編著，黒沢惟昭監訳 明石書店 1999.2 758p

Sgadari, Antonio セガダーリ，A.*
◇順守（コンプライアンス）他（共著）：日本版 MDS-HC 2.0在宅ケアアセスメントマニュアル John N.Morris他編著，池上直己訳 医学書院 1999.9 294p
◇順守（コンプライアンス）他（共著）：日本版 MDS-HC 2.0在宅ケアアセスメントマニュアル John N.Morris他編著，池上直己訳 新訂版 医学書院 2004.11 298p

Shafer, Jeffery S. シェイファー，ジェフリー・S.
◇ディスカッション：日本の金融政策―日本の金融政策の国際的側面：日本の金融危機―米国の経験と日本への教訓 三木谷良一，アダム・S.ポーゼン編，清水啓典監訳 東洋経済新報社 2001.8 263p

Shah, Rupesh シャー，ラペシュ
◇何と素晴らしい混乱ぶりか！持続可能な発展のために，単純な問題解決を超えて行くこと：トリプルボトムライン―3つの決算は統合できるか？ エイドリアン・ヘンリクス，ジュリー・リチャードソン編著，大江宏，小山良訳 創成社 2007.4 250p

Shaikh, Anwar シャイク，A.
◇マルクス，ケインズ，カレツキにおける蓄積，資金調達，有効需要：金融不安定性と景気循環 ウィリー・ゼムラー編，浅田統一郎訳 日本経済評論社 2007.7 353p （ポスト・ケインジアン叢書）

Shakespeare, Steven シェイクスピア，スティーヴン
◇キェルケゴール（林忠良訳）：宗教と倫理―キェルケゴールにおける実存の言語性 C.S.エヴァンス，H.フェッター他著，桝形公也編監訳 ナカニシヤ出版 1998.4 255p

Shank, Roger シャンク，ロジャー
◇知を高める（共著）：知のしくみ―その多様性とダイナミズム J.カルファ編，今井邦彦訳 新曜社 1997.8 308p

Shanks, Hershel シャンクス，ハーシェル
◇概観―洞穴と学者たち 他：死海文書の研究 ハーシェル・シャンクス編，池田裕監修，高橋晶子，河合一充訳 ミルトス 1997.9 452p

Shannon, Harry シャノン，H.*
◇国際的視野から観た租税（共著）：ドイツの不動産―開発と投資の法律および税務 R.フォルハード，D.ウェーバー，W.ウージンガー編，ドイツ・リアルエステイト・コンサルティング訳，平川純子監訳 ダイヤモンド社 1993.5 358p

Shaplen, Jason T. シャプレン，ジェイソン・T.
◇朝鮮半島危機を安定させるには―枠組み合意から包括合意へ（共著）：アメリカと北朝鮮―外交的解決か武力行使か フォーリン・アフェアーズ・ジャパン編・監訳，竹下興喜監訳 朝日新聞社 2003.3 239, 4p

Sharma, Robin S. シャーマ，ロビン・S.
◇成功者たちの四つの習慣：セルフヘルプ―自助＝他人に頼らず，自分の力で生きていく！ 2 ケン・シェルトン編著，堀紘一監訳 フロンティア出版 1998.12 283p

Sharp, David シャープ，デビッド
◇効率的消費者対応（ECR）―食品業界における競争から協調への転換（共著）：サプライチェーン戦略 ジョン・ガトーナ編，前田健蔵，田村誠一訳 東洋経済新報社 1999.5 377p (Best solution)

Sharp, Mitchell シャープ，ミッチェル
◇米加関係と「第三の選択」：カナダの外交―その理念と政策 J.L.グラナツティンほか編，吉田健正訳 御茶の水書房 1994.8 200p （カナダ社会科学叢書 第4巻）

Sharp, Sonia シャープ，ソニア
◇いじめの意味を理解する 他（共著）：あなたの学校のいじめ解消にむけて―教師のための実践ハンドブック ソニア・シャープ，ピーター・K.スミス編著，フォンス・智江子訳，東京都新教育研究会編 東洋館出版 1996.4 211p
◇学校でのいじめという問題 他（共著）（高橋通子訳）：いじめととりくんだ学校―英国における4年間にわたる実証的研究の成果と展望 ピーター・K.スミス，ソニア・シャープ編，守屋慶子，高橋通子監訳 ミネルヴァ書房 1996.10 355p
◇概説 他（共著）：学校でのピア・カウンセリング―いじめ問題の解決にむけて ヘレン・コウイー，ソニア・シャープ編，高橋通子訳 川島書店 1997.6 210p

Sharpe, Jim シャープ，ジム
◇下からの歴史（川島昭夫訳）：ニュー・ヒストリーの現在―歴史叙述の新しい展望 ピーター・バーク編，谷川稔他訳 人文書院 1996.6 352p

Sharpe, Laurence J. シャープ，ローレンス・J.
◇結論：国際的視座から見た地方自治―比較考察（共著）：国際比較から見た地方自治と都市問題―先進20カ国の分析 2 Joachim Jens Hesse編，北海道比較地方自治研究会訳 北海道比較地方自治研究会 1995.3 210p
◇国際的視座から見た地方自治（共著）：地方自治の世界的潮流―20カ国からの報告 下 ヨアヒム・J.ヘッセ編，北海道比較地方自治研究会訳，木佐茂男監修 信山社出版 1997.9 p337-750

Shattock, Michael シャトック，M.*
◇英国における大学教授職―変化への適応失敗に関する研究（杉本和弘訳）：構造改革時代における大学教員の人事政策―国際比較の視点から 広島大学高等教育研究開発センター編著 広島大学高等教育研究開発センター 2004.3 160p （COE研究シリーズ 5）

Shavit, Zohar シャヴィト，Z.
◇「児童期」観と子供の民話：テストケースとしての「赤ずきん」（山崎和恕訳）：「赤ずきん」の秘密―民俗学的アプローチ アラン・ダンダス編，池上嘉彦，山崎和恕，三宮郁子訳 紀伊国屋書店 1994.12 325p
◇「児童期」観と子供の民話：テストケースとしての「赤ずきん」（山崎和恕訳）：「赤ずきん」の秘密―民

俗学的アプローチ　アラン・ダンダス編, 池上嘉彦ほか訳　新版　紀伊国屋書店　1996.6　325p

Shaw, Donald L.　ショー, D. L.
◇マス・メディアの議題設定の機能（共著）（谷藤悦史訳）：リーディングス政治コミュニケーション　谷藤悦史, 大石裕編訳　一芸社　2002.4　284p

Shaw, George Bernard　ショー, ジョージ・バーナード
◇ジョージ・バーナード・ショー（矢野浩三郎訳）：インタヴューズ　1　クリストファー・シルヴェスター編, 新庄哲夫ほか訳　文芸春秋　1998.11　462p
◇解説社会主義と資本主義—有識婦人のために　上（加藤朝鳥訳）：世界女性学基礎文献集成　昭和初期編第6巻　水田珠枝監修　ゆまに書房　2001.12　20, 390p
◇解説社会主義と資本主義—有識婦人のために　下（加藤朝鳥訳）：世界女性学基礎文献集成　昭和初期編第7巻　水田珠枝監修　ゆまに書房　2001.12　20, 499p

Shaw, Lois B.　ショー, L. B. *
◇「翻訳」高年齢労働者—第3章高年齢女子労働者のかかえる諸問題：労働法の潮流　入江信子著　三省堂　2004.9　536p

Shaw, Mary　ショウ, M.
◇食習慣を測る—国民食料調査についての若干の問題〈要約〉（杉森滉一訳）：現代イギリスの政治算術—統計は女性を変えるか　D.ドーリング, S.シンプソン編著, 岩井浩ほか監訳　北海道大学図書刊行会　2003.7　588p

Shaw, Robert B.　ショー, ロバート・ブルース
◇変革のリーダーシップ—二一世紀の中心的な能力　他（共著）：不連続の組織革命—ゼロベースから競争優位を創造するノウハウ　デービッド・A.ナドラーほか著, 平野和子訳　ダイヤモンド社　1997.2　358p

Shaw, Tara　ショウ, タラ
◇ヴィクトリア（小田玲子訳）：描写レヴューで教師の力量を形成する—子どもを遠くまで観るために　M.ヒムレイ, P.F.カリーニ編, 小田勝己, 小田玲子, 白鳥信義訳　ミネルヴァ書房　2002.10　267p

Shawcross, William　ショークロス, ウィリアム
◇メコン河：世界の川を旅する—外輪船でのんびり、ボートでアドベンチャー　マイケル・ウッドほか著, 鴻巣友季子訳　白揚社　1995.6　327p

Shay, Kenneth　シェイ, K. *
◇口腔衛生（共著）：日本版MDS-HC 2.0在宅ケアアセスメントマニュアル　John N.Morris他編著, 池上直己訳　医学書院　1999.9　294p
◇口腔衛生（共著）：日本版MDS-HC 2.0在宅ケアアセスメントマニュアル　John N.Morris他編著, 池上直己訳　新訂版　医学書院　2004.11　298p

Shcoles, G.　シュコールズ, ゲイリー
◇多重人格障害の眼科学的差異—その再検討　他（共著）：多重人格障害—その精神生理学的研究　F.パトナム他著, 笠原敏雄編　春秋社　1999.6　296p

Shea, William R.　シェイ, ウィリアム・R.
◇ガリレオと教会：神と自然—歴史における科学とキリスト教　デイビッド・C.リンドバーグ, R.L.ナンバーズ編, 渡辺正雄監訳　みすず書房　1994.6　528, 48p

Sheard, Jos　シェアード, ジョス
◇ボランティアと社会（一九六〇年から一九九〇年まで）：市民生活とボランティア—ヨーロッパの現実　ロドニ・ヘドリー, ジャスティン・デービス・スミス編, 小田兼三, 野上文夫監訳　新教出版社　1993.9　318p

Sheard, Paul　シェアード, ポール
◇日本のメインバンク・システム：概観　他（共著）（青木昌彦訳）：日本のメインバンク・システム　青木昌彦, ヒュー・パトリック編, 東銀リサーチインターナショナル訳　東洋経済新報社　1996.5　495p

Shed, Mary H.　シェッド, M. H.
◇前橋ステーションを拠点とした宣教師の書簡（小野澤由紀子, 斉藤直一訳）：アメリカン・ボード宣教師文書—上州を中心として　新島学園女子短期大学新島文化研究所編訳　新教出版社　1999.2　432p

Shedd, Ed　シェッド, エド
◇詐欺・ペてん（牧野美佐緒訳）：世界大犯罪劇場　コリン・ウィルソンほか著, 松浦俊輔他訳　青土社　1997.2　532p

Sheehan, Carly　シーハン, カーリー
◇揺りかごで揺られてまどろむアメリカ国民：もう戦争はさせない！—ブッシュを追いつめるアメリカ女性たち　メディア・ベンジャミン, ジョディ・エヴァンス編, 尾川寿江監訳, 尾川寿江, 真鍋穣, 米沢清恵訳　文理閣　2007.2　203p

Sheehan, Cindy　シーハン, シンディ
◇シンディーからジョージへ：もう戦争はさせない！—ブッシュを追いつめるアメリカ女性たち　メディア・ベンジャミン, ジョディ・エヴァンス編, 尾川寿江監訳, 尾川寿江, 真鍋穣, 米沢清恵訳　文理閣　2007.2　203p

Shegolff, Emanuel A.　シェグロフ, エマニュエル・A.
◇会話はどのように終了されるのか（共著）：日常性の解剖学—会話分析へ　G.サーサスほか著, 北沢裕, 西阪仰訳　新版　マルジュ社　1995.7　256, 3p
◇ミクロとマクロの間（石井幸夫訳）：ミクロ—マクロ・リンクの社会理論　ジェフリー・C.アレグザンダー, ニール・J, スメルサーほか編, 石井幸夫ほか訳　新泉社　1998.10　273p　（「知」の扉をひらく）

Shehadeh, Ramsey D.　シェハデ, ラムジー・D.
◇合併規則執行における競争阻害の新旧理論を用いたあいまいな経済分析：競争政策の経済学—競争政策の諸問題に対する経済学的アプローチ　ローレンス・ウー編, 大西利佳, 森信夫, 中島敏監訳　NERA　2005.11　173p

Sheldrake, Rupert　シェルドレイク, ルパート
◇記憶は脳の死後も存在しうるか？（橋村令助訳）：死を超えて生きるもの—霊魂の永遠性について　ゲイリー・ドーア編, 井村宏治, 上野圭一, 笠原敏雄, 麁子木大士郎, 菅靖彦, 中村正明, 橋村令助訳　春秋社　1993.11　407, 10p

Shelton, Ken　シェルトン, ケン
◇あなたは「奴隷」になっていないか？：セルフヘルプ—なぜ、私は困難を乗り越えられるのか　世界のビッグネーム自らの47の証言　ケン・シェルトン編著, 堀紘一訳　フロンティア出版　1998.7　301p
◇見せかけのリーダーシップに騙されない：ウェルチはこうして組織を甦らせた—アメリカ・トップリー

ダーからの経営処方箋29　ケン・シェルトン編著, 堀紘一監修・訳　フロンティア出版　1999.12　281p

Shemmings, Yvonne　シェミングス, イヴォンヌ
◇高齢者施設における死と末期ケア（日下菜穂子訳）: 施設ケア対コミュニティケア―福祉新時代における施設ケアの役割と機能　レイモンド・ジャック編著, 小田兼三ほか監訳　勁草書房　1999.4　296p

Shepard, Lorrie A.　シェパード, L. A.
◇軽度障害児の判定（西村純一訳）: 教育測定学　下巻　ロバート・L.リン編, 池田央, 藤田恵璽, 柳井晴夫, 繁桝算男訳・編　学習評価研究所　1992.12　411p
◇幼児を適切に評価するという挑戦: 早期教育への警鐘―現代アメリカの幼児教育論　水田聖一編訳　創森出版　1997.4　188p

Shepheard-Wallwyn, Tim　シェパード・ウォールウィン, T.
◇オペレーショナルリスク情報の定義と収集―リスク軽減と資本配分における応用（共著）: オペレーショナルリスク―金融機関リスクマネジメントの新潮流　アーサーアンダーセン編・訳　金融財政事情研究会　2001.1　413p

Shepherd, Jack R.　シェパード, ジャック・R.
◇子どもの虐待とネグレクトを調査する際の「警察」の役割: 虐待された子どものケア―ザ・バタード・チャイルド　メアリー・エドナ・ヘルファ, ルース・S.ケンプ, リチャード・D.クルーグマン編, 子どもの虐待防止センター監修, 坂井聖二監訳　明石書店　2003.12　1277p

Shepherd, Phil　シェパード, フィル
◇超国籍企業とラテン・アメリカ巻煙草産業の民営化（渋谷将訳）: 続 歴史のなかの多国籍企業―国際事業活動研究の拡大と深化　アリス・タイコーヴァ, モーリス・レヴィ・ルボワイエ, ヘルガ・ヌスバウム編, 浅野栄一, 鮎沢成男, 渋谷将, 竹村孝雄, 徳重昌志, 日高克平訳　中央大学出版部　1993.4　334p　（中央大学企業研究所翻訳叢書6）

Sherk, Donald R.　シャーク, ドナルド・R.
◇国際開発金融機関―国際機関の新たな役割: ポスト冷戦時代の開発援助と日米協力　海外開発評議会編, 市川博也監訳　国際開発ジャーナル社　1995.3　334p　（IDJ library）

Sherman, Lawrence W.　シャーマン, ローレンス・W.
◇コミュニティにおける警察活動―なにが有効な方策か: コミュニティと犯罪 2　アルバート・J.リース・ジュニア, マイケル・トンリィ共編, 伊藤康一郎訳　都市防犯研究センター　1995.3　233p

Sherman, Michael E.　シャーマン, ミカエル・E.
◇ミサイル防御と核拡散防止―味方か敵か: 弾道弾迎撃ミサイルの必要性　〔防衛研修所〕　1971　340p　（研究資料 71RT-12）

Sherry, Michael S.　シェリー, マイクル・S.
◇愛国的文化から愛国正教へ: 戦争と正義―エノラ・ゲイ展論争から　トム・エンゲルハート, エドワード・T.リネンソール編, 島田三蔵訳　朝日新聞社　1998.8　300, 39p　（朝日選書 607）

Sherwood, Neil　シャーウッド, ニール
◇ストレッサー, 物質の使用および日常生活のスキル他（三浦正江訳）: ストレスと快楽　デイビッド・M.ウォーバートン, ニール・シャーウッド編著, 上里一郎監訳　金剛出版　1999.10　301p

Sherwood, Sylvia　シャーウッド, S.*
◇施設入所のリスク 他（共著）: 日本版MDS-HC 2.0在宅ケアアセスメントマニュアル　John N.Morris他編著, 池上直己訳　医学書院　1999.9　294p
◇もろい支援体制 他（共著）: 日本版MDS-HC 2.0在宅ケアアセスメントマニュアル　John N.Morris他編著, 池上直己訳　新訂版　医学書院　2004.11　298p

Shield, Benjamin　シールド, ベンジャミン
◇序文 他（共著）: 魂をみがく30のレッスン　リチャード・カールソン, ベンジャミン・シールド編, 鴨志田千枝子訳　同朋舎　1998.6　252p
◇シンプルなもののなかにある大切なこと: 小さなことを大きな愛でやろう　リチャード・カールソン, ベンジャミン・シールド編, 小谷啓子訳　PHP研究所　1999.11　263, 7p

Shields, David　シールズ, デビッド
◇化学会社及び石油会社のための環境原価計算―ベンチマーキングの研究（共著）: 緑の利益―環境管理会計の展開　マーティン・ベネット, ピーター・ジェイムズ編著, 国部克彦監修, 海野みづえ訳　産業環境管理協会　2000.12　542p

Shils, Edward　シルズ, エドワード
◇価値と伝統: 価値―新しい文明学の模索に向けて　ブレンダ・アーモンド, ブライアン・ウィルソン編, 玉井治, 山本慶裕訳　東海大学出版会　1994.3　308p
◇マックス・ヴェーバーと一九二〇年以降の世界: マックス・ヴェーバーとその同時代人群像　W.J.モムゼン, J.オースターハメル, W.シュベントカー編著, 鈴木広, 米沢和彦, 嘉目克彦監訳　ミネルヴァ書房　1994.3　531, 4p

Shiman, David A.　シャイマン, デイヴィッド・A.
◇教師教育と人権のビジョン（共著）（永井健夫訳）: 世界の人権教育―理論と実践　ジョージ・J.アンドレオポーロス, リチャード・ピエール・クロード編著, 黒沢惟昭監訳　明石書店　1999.2　758p

Shindler, Kelley L.　シンドラー, ケリー・L.
◇専門家証言の科学と疑似科学（共著）: 臨床心理学における科学と疑似科学　S.O.リリエンフェルド, S.J.リン, J.M.ロー編, 厳島行雄, 横田正夫, 斎藤雅英監訳　北大路書房　2007.9　461p

Ship, Jonathan　シップ, J.*
◇口腔衛生（共著）: 日本版MDS-HC 2.0在宅ケアアセスメントマニュアル　John N.Morris他編著, 池上直己訳　医学書院　1999.9　294p
◇口腔衛生（共著）: 日本版MDS-HC 2.0在宅ケアアセスメントマニュアル　John N.Morris他編著, 池上直己訳　新訂版　医学書院　2004.11　298p

Shipstone, David　シップストン, デイヴィッド
◇単純な回路を流れる電気: 子ども達の自然理解と理科授業　R.ドライヴァー, E.ゲスン, A.ティベルギェ編, 貫井正納ほか訳, 内田正男監訳　東洋館出版社　1993.2　249p

Shirer, Frank R.　シャイラー, F. R.*
◇真珠湾の大勝利―アメリカの防衛線の後退: 太平洋戦争の研究―こうすれば日本は勝っていた　ピー

ター・G.ツォーラス編著, 左近允尚敏訳　PHP研究所　2002.12　387p

Shishkin, Sergei Nikolaevich　シーシキン, S. N.
◇一九三九年のハルハ河畔における赤軍の戦闘行動：ノモンハンの戦い　シーシキン他著, 田中克彦編訳　岩波書店　2006.1　200p　(岩波現代文庫 社会)

Shiva, Vandana　シヴァ, ヴァンダナ
◇西欧家父長制の新しいプロジェクトとしての開発：世界を織りなおす—エコフェミニズムの開花　アイリーン・ダイアモンド, グロリア・フェマン・オレンスタイン編, 奥田暁子, 近藤和子訳　学芸書林　1994.3　457, 12p
◇資源(加藤和恵訳)：脱「開発」の時代—現代社会を解読するキイワード辞典　ヴォルフガング・ザックス編, イヴァン・イリッチ他著, 三浦清隆他訳　晶文社　1996.9　396, 12p
◇環境と持続可能性：生命系民主主義運動(中村好孝訳)：もうひとつの世界は可能だ—世界社会フォーラムとグローバル化への民衆のオルタナティブ　ウィリアム・F.フィッシャー, トーマス・ポニア編, 加藤哲郎監修, 大屋定晴, 山口響, 白井聡, 木下ちがや監訳　日本経済評論社　2003.12　461p
◇企業支配拡大に戦争という口実(森田玄訳)：世界は変えられる—TUPが伝えるイラク戦争の「真実」と「非戦」　TUP (Translators United for Peace＝平和をめざす翻訳者たち)監修　七つ森書館　2004.5　234, 5p

Shoobs, Nahum E.　ショブス, ネイハム・E.
◇仕事 他(共著)：アドラーの思い出　G.J.マナスター, G.ペインター, D.ディッチュ, B.J.オーバーホルト編, 柿内邦博, 井原文子, 野田俊作訳　創元社　2007.6　244p

Short, James E.　ショート, ジェームス・E.
◇ネットワーク組織と相互依存の管理(共著)：情報技術と企業変革—MITから未来企業へのメッセージ　マイケル・S.スコット・モートン編, 砂田登士夫ほか訳, 宮川公男, 上田泰監訳　富士通経営研究所　1992.10　509p　(富士通ブックス)

Show, J.　ショー, J.(司会者)*
◇生徒一人一人を価値ある存在として信じて下さった：イギリス人の語る心にのこる最高の先生　上林喜久子編訳　関東学院大学出版会　2005.6　68p

Showalter, Dennis E.　ショウォルター, デニス・E.
◇プロイセン—ドイツのRMA.1840～1871年：軍事革命とRMAの戦略史—軍事革命の史的変遷1300～2050年　マクレガー・ノックス, ウィリアムソン・マーレー編著, 今村伸哉訳　芙蓉書房出版　2004.6　318p
◇もしヒトラーが勝っていたら(共著)：ヒトラーが勝利した世界—歴史家たちが検証する第二次大戦・60の"if"　ハロルド・C.ドイッチ, デニス・E.ショウォルター編, 守屋純訳　学習研究社　2006.10　671p　(WW selection)

Shrader Frechette, K. S.　シュレーダー・フレチェット, K. S.
◇環境についての責任と古典的倫理理論 他(竹山重光訳)：環境の倫理　上　K.S.シュレーダー・フレチェット編, 京都生命倫理研究会訳　晃洋書房　1993.4　355p

◇農薬の毒性—倫理的概観(加茂直樹訳)：環境の倫理　下　K.S.シュレーダー・フレチェット編, 京都生命倫理研究会訳　晃洋書房　1993.11　683p

Shrivastava, Paul　シュリバスタバ, ポール
◇ボパール危機—災害長期化の要因(平野由紀子訳)：七つの巨大事故—復興への長い道のり　ジェームズ・ミッチェル編, 松崎早苗監修, 平野由紀子訳　創芸出版　1999.10　302p

Shubert, Adrian　シューバート, エイドリアン
◇スペイン人民戦線の再解釈—アストゥリアスの場合：フランスとスペインの人民戦線—50周年記念・全体像比較研究　S.マーティン・アレグザンダー, ヘレン・グラハム編, 向井喜典ほか訳　大阪経済法科大学出版部　1994.3　375p

Shuell, Thomas J.　シュエル, T. J.
◇知識表現, 認知構造, 学校での学習：歴史的パースペクティブ：認知構造と概念転換　L.H.T.ウエスト, A.L.パインズ編, 野上智行, 稲垣成哲, 田中浩朗, 森藤義孝訳, 進藤公夫監訳　東洋館出版社　1994.5　327p

Shughart, William F., II　シュガルト, ウィリアム, 2世
◇自由参入とレントシーキングの有効性(共著)(玉村雅敏訳)：レントシーキングの経済理論　ロバート・トリソン, ロジャー・コングレトン編, 加藤寛監訳　勁草書房　2002.7　264p

Shulte van Kessel, Elisja　シュルテ＝ファン・ケッセル, エリジア
◇天と地のあいだの処女と母—近世におけるキリスト教徒の女性たち：女の歴史　3 [1]　十六—十八世紀　1　杉村和子, 志賀亮一監訳　ナタリー・ゼモン＝デイヴィス, アルレット・ファルジュ編　藤原書店　1995.1　434p

Shultze, Horst　シュルツ, ホルスト
◇企業再建は, リーダー自ら真っ先に行動せよ(共著)：ウェルチはこうして組織を甦らせた—アメリカ・トップリーダーからの経営処方箋29　ケン・シェルトン編著, 堀紘一監修・訳　フロンティア出版　1999.12　281p

Shumway, Donald　シャムウェイ, ドナルド
◇ラコニア施設の閉鎖(田中礼子訳)：脱施設化と地域生活—英国・北欧・米国における比較研究　ジム・マンセル, ケント・エリクソン編著, 中園康夫, 末光茂監訳　相川書房　2000.7　318p

Shuttleworth, Sally　シャトルワース, サリー
◇女性の循環(中島憲子訳)：ボディー・ポリティクス—女と科学言説　M.ジャコーバス, E.F.ケラー, S.シャトルワース編, 田間泰子, 美馬達哉, 山本祥子監訳　世界思想社　2003.4　332p　(Sekaishiso seminar)

Sibley, David　シブリー, D.
◇統計学の及ばぬ世界—異文化の理解と誤解(上藤一郎, 木村和範訳)：現代イギリスの政治算術—統計は社会を変えるか　D.ドーリング, S.シンプソン編著, 岩井浩ほか監訳　北海道大学図書刊行会　2003.7　588p

Sicher, Harry　ジッヒャー, ハリー
◇仕事 他(共著)：アドラーの思い出　G.J.マナスター, G.ペインター, D.ディッチュ, B.J.オーバーホルト編, 柿内邦博, 井原文子, 野田俊作訳　創元社　2007.6　244p

Sicher, Lydia　ジッヒャー, リディア
◇仕事（共著）：アドラーの思い出　G.J.マナスター, G.ペインター, D.ドィッチュ, B.J.オーバーホルト編, 柿内邦博, 井原文子, 野田俊作訳　創元社　2007.6　244p

Sick, Gordon A.　シック, G. *
◇実物オプション（今井潤一訳）：ファイナンスハンドブック　R.A.Jarrow, V.Maksimovic, W.T.Ziemba編, 今野浩, 古川浩一監訳　朝倉書店　1997.12　1121p

Sidoli, Mara　シドリ, マラ
◇乳児期における元型的パターン、心的表象、模倣過程（山下景子訳）：ユングの13人の弟子が今考えていること―現代分析心理学の鍵を開く　アン・ケースメント編, 氏原寛監訳　ミネルヴァ書房　2001.3　336p

Sieben, Günter　ジーベン, ギュンタ*
◇生命保険会社の総価値の測定―企業評価理論の視点からの一分析（林勲訳）：ディーター・ファーニーと保険学―ファーニー教授還暦記念論文集より　ドイツ保険事情研究会訳　生命保険文化研究所　1996.3　201p（文研叢書 16）

Siebert, Muriel　シーバート, ムリエル
◇チャンスは自分の手で掴むもの（山本徹訳）：ビジネスの知恵50選―伝説的経営者が語る成功の条件　ピーター・クラス編, 佐藤洋一監訳　トッパン　1999.2　543p（トッパンのビジネス経営書シリーズ 26）

Siegel, Bernie S.　シーゲル, バーニー
◇愛―魂の仕事：魂をみがく30のレッスン　リチャード・カールソン, ベンジャミン・シールド編, 鴨志田千枝子訳　同朋舎　1998.6　252p
◇お互いのために変装した天使になる：小さなことを大きな愛でやろう　リチャード・カールソン, ベンジャミン・シールド編, 小谷啓子訳　PHP研究所　1999.11　263, 7p

Siegele-Wenschkewitz, Leonore　ジーゲレ＝ヴェンシュケヴィッツ, レオノーレ
◇ユダヤ人たちはイエスの死について責任があるか：キリスト教とユダヤ教―キリスト教信仰のユダヤ的ルーツ　F.クリュゼマン, U.タイスマン編, 大住雄一訳　教文館　2000.12　232p

Siegenthaler, David　シーゲンターラー, デヴィッド
◇聖公会のスピリチュアリティと文学：聖公会の中心　W.J.ウルフ編, 西原廉太訳　聖公会出版　1995.8　303p

Siegler, Robert S.　ジーグラー, ロバート・S.
◇子どもの発達と人間の多様性（共著）（岡林秀樹訳）：時間と空間の中の子どもたち―社会変動と発達への学際的アプローチ　グレン・H.エルダー, ジョン・モデル, ロス・D.パーク編, 本田時雄監訳　金子書房　1997.10　379p

Siemens, Werner Von　ジーメンス, ヴェルナー・フォン
◇ヴェルナー・フォン・ジーメンス（共著）：ドイツ企業のパイオニア―その成功の秘密　ヴォルフラム・ヴァイマー編, 和泉雅人訳　大修館書店　1996.5　427p

Sigafoos, Jeff　シガフーズ, J. *
◇重度障害者のための補助的コミュニケーションシステムへの着手（共著）：重度知的障害への挑戦　ボブ・レミントン編, 小林重雄監訳, 藤原義博, 平沢紀子共訳　二瓶社　1999.3　461p
◇選択と個人特有の選択方法（平澤紀子訳）：挑戦的行動の先行子操作―問題行動への新しい援助アプローチ　ジェームズ・K.ルイセリー, マイケル・J.キャメロン編, 園山繁樹ほか訳　二瓶社　2001.8　390p

Sigelman, Carol K.　シーゲルマン, C. K. *
◇知的障害を持つ人のQOLの測定の方法論的議論（共著）：知的障害・発達障害を持つ人のQOL―ノーマライゼーションを超えて　Robert L.Schalock編, 三谷嘉明, 岩崎正子訳　医歯薬出版　1994.5　346p

Siger de Brabant　シゲルス（ブラバンス）
◇世界の永遠性について：中世思想原典集成 13　盛期スコラ学　上智大学中世思想研究所編訳・監修　平凡社　1993.2　845p

Sigman, Marian　シグマン, M. *
◇自閉症児と健常児の様々な文脈における共同注意（共著）（別府哲訳）：ジョイント・アテンション―心の起源とその発達を探る　Chris Moore, Philip J.Dunham原編, 大神英裕監訳　ナカニシヤ出版　1999.8　309p

Sigurðardóttir, H. Sigurveig　シグルザルドッティル, H. シグルヴェイグ
◇アイスランドにおける地方当局の社会サービスの展開（共著）：社会ケアサービス―スカンジナビア福祉モデルを解く鍵　ヨルマ・シピラ編著, 日野秀逸訳　本の泉社　2003.7　333p

Siker, Jeffrey S.　サイカー, ジェフリー・S.
◇同性愛キリスト者・聖書・異邦人の受容（森本あんり訳）：キリスト教は同性愛を受け入れられるか　ジェフリー・S.サイカー編, 森本あんり監訳　日本キリスト教団出版局　2002.4　312p

Sikorsky, Igor I.　シコルスキー, イゴーリ・I.
◇不可思議な能力（小林順三訳）：ビジネスの知恵50選―伝説的経営者が語る成功の条件　ピーター・クラス編, 佐藤洋一監訳　トッパン　1999.2　543p（トッパンのビジネス経営書シリーズ 26）

Silard, Stephen A.　シラード, ステーブン・A. *
◇国際経済機関―調整への挑戦：国際経済法入門―途上国問題を中心に　ヘイゼル・フォックス編著, 落合淳隆訳　敬文堂　1992.1　195p

Silber, John R.　シルバー, ジョン
◇和平の支援か、正義の支援か（林訳）：介入？―人間の権利と国家の論理　エリ・ウィーゼル, 川田順造編, 広瀬浩司, 林修訳　藤原書店　1997.6　294p

Sills, David L.　シルズ, デビッド・L.
◇スタントン, ラザースフェルド, そしてマートン―コミュニケーション研究のパイオニアたち：アメリカ―コミュニケーション研究の源流　E.デニス, E.ウォーテラ編著, 伊達康夫, 藤山新, 末永雅美, 四方由美, 栢沼利朗訳　春風社　2005.7　282p

Silonis, R. L.　シロニス, ラファエル・ロペス
◇人間、その希望に向かう存在―G・マルセル：現代とキリスト教的ヒューマニズム―二十世紀フランスの試み　ジャック・ベジノ編　白水社　1993.3　241, 16p

Silva, J. Artuo　シルヴァ, J. A.
◇個人治療における生涯発達的アプローチ（共著）（市川奈緒子訳）：生涯発達の心理学　2巻　気質・自己・パーソナリティ　東洋, 柏木恵子, 高橋恵子編・監訳　新曜社　1993.10　204p

Silva, S. N.　シルヴァ, S. ＊
◇スリランカ報告（共著）（吉川昌寛, 大村雅彦訳）：訴訟法における法族の再検討　小島武司編著　中央大学出版部　1999.4　578p（日本比較法研究所研究叢書 46）

Silver, Andrew　シルバー, アンドリュー
◇映画監督に学ぶ創造集団のマネジメント（共著）：ブレークスルー思考　Harvard Business Review編, Diamondハーバード・ビジネス・レビュー編集部訳　ダイヤモンド社　2001.10　221p

Silverberg, Helene　シルバーバーグ, ヘレン
◇ジェンダー研究と政治学―"行動論者の妥協"の歴史：アメリカ政治学の展開―学説と歴史　ジェームズ・ファ, レイモンド・セイデルマン編, 本田弘, 藤原孝, 秋山和宏, 石川晃司, 入江正俊ほか訳　サンワコーポレーション　1996.2　506p

Silverman, Bernard S.　シルバーマン, バーナード・S.
◇吉野作造の政治理論と政治プログラム：アメリカ人の吉野作造論　B.S.シルバーマンほか著, 宮本盛太郎ほか編訳　風行社　1992.4　154p

Silverman, M.　シルバーマン, マルチン・A.
◇少年ハンス症例の新たな検討：フロイト症例の再検討　1　ドラとハンスの症例　マーク・カンザー, ジュール・グレン編　金剛出版　1995.1　208p

Silverstone, Barbara　シルバーストン, バーバラ
◇加齢・視覚障害リハビリテーション・家族（山口和彦訳）：高齢化社会と視覚障害―新世紀に向けたアメリカの挑戦　ジョン・E.クルーズ, フランク・J.ウイッテングトン編, 岩橋明子訳監修　日本盲人福祉委員会　2003.1　302p

Silverstone, Roger　シルバーストーン, ロジャー
◇メディア：マクミラン近未来地球地図　イアン・ピアスン編, 松井孝典監訳　東京書籍　1999.11　115p

Sim, Stuart　シム, スチュアート
◇哲学とポストモダニズム：ポストモダニズムとは何か　スチュアート・シム編, 杉野健太郎ほか訳　松柏社　2002.6　303p（松柏社叢書―言語科学の冒険 22）

Sim, Victor　シム, ビクター
◇給与情報はどのように共有されるべきか（共著）：人材育成のジレンマ―ハーバード・ビジネス・レビュー ケースブック　Harvard Business Review編, Diamondハーバード・ビジネス・レビュー編集部訳　ダイヤモンド社　2004.12　219p

Simeon　シメオン
◇一〇〇の実践的・神学の主要則：中世思想原典集成　3　後期ギリシア教父・ビザンティン思想　上智大学中世思想研究所編訳・監修　平凡社　1994.8　975p

Simmons, Peter　シモンズ, P. ＊
◇レスポンシブル・ケア：信頼, 真実性, 環境管理（共著）（神酒慎一訳）：グリーニングチャレンジ―企業の環境戦略　Kurt Fischer, Johan Schot編, 藤森敬三

監訳, 日本電気環境エンジニアリング訳　日科技連出版　1999.8　419p

Simon, Georg　サイモン, G.
◇SAPの相互運用を管理するためにARISを活用する―米海軍の事例（共著）：ARISを活用したビジネスプロセスマネジメント―欧米の先進事例に学ぶ　A.-W.シェアー他共編, 堀内正博, 田中正郎, 柳堀紀幸監訳　シュプリンガー・フェアラーク東京　2003.7　281p
◇次期兵站計画をデザインするためにARISを活用する―米国国防総省のケース（共著）（木村祐介訳）：ARISを活用したチェンジマネジメント―ビジネスプロセスの変革を管理する　A.-W.シェアー, F.アボルハッサン, W.ヨースト, M.F.W.キルヒマー編, 堀内正博, 田中正郎, 柳堀紀幸監訳　シュプリンガー・フェアラーク東京　2003.12　216p
◇SAPNetWeaver技術に基づいた兵站（ロジスティクス）のプロセス・オートメーション―米国陸軍のケース（共著）（宇野沢英治訳）：ARISを活用したシステム構築―エンタープライズ・アーキテクチャの実践　A.-W.シェアー他編, 堀内正博, 田中正郎, 力正俊監訳　シュプリンガー・フェアラーク東京　2005.1　201p

Simon, Herbert Alexander　サイモン, ハーバート・A.
◇学脈的の場に生きて：現代経済学の巨星―自らが語る人生哲学　下　M.シェンバーグ編　岩波書店　1994.12　292, 11p

Simon, Josef　ジーモン, ヨーゼフ
◇世界―内―存在（中島徹訳）：ハイデッガーとニーチェ―何をおいても私を取り違えることだけはしてくれるな！　M.リーデル他共著, 川原栄峰監訳　南窓社　1998.4　318p

Simon, William E.　サイモン, ウィリアム・E.
◇誰がIMFを必要としているのか（共著）：IMF改廃論争の論点　ローレンス・J.マッキラン, ピーター・C.モントゴメリー編, 森川公隆監訳　東洋経済新報社　2000.11　285p

Simoni, M.　シモニ, M.
◇中央アメリカの神話：無文字民族の神話　ミシェル・パノフ他著, 大林太良, 宇野公一郎訳　新装復刊　白水社　1998.10　281, 12p

Simonis, Udo Ernst　ジモニス, ウド・エルンスト
◇エコノミーとエコロジー　他：エコノミーとエコロジー―「環境会計」による矛盾への挑戦　ウド・エルンスト・ジモニス編著, 宮崎修行訳　創成社　1995.3　269p

Simonnet, Dominique　シモネ, ドミニク
◇プロローグ：世界で一番美しい愛の歴史　J.ル＝ゴフほか述, Dominique Simonnet編, 小倉孝誠, 後平隆, 後平澪子訳　藤原書店　2004.12　269p

Simonov, Konstantin Mikhailovich　シーモノフ, コンスタンチン・M.
◇恐ろしい人間：ベリヤ―スターリンに仕えた死刑執行人　ある出生主義者の末路　ヴラジーミル・F.ネクラーソフ編, 森田明訳　エディションq　1997.9　365p
◇ハルハ河の回想：ノモンハンの戦い　シーシキン他著, 田中克彦訳　岩波書店　2006.1　200p（岩波現代文庫 社会）

Simons, Robert　サイモンズ, ロバート
◇組織エネルギーを引き出すマネジメント指標（共著）：業績評価マネジメント　Harvard Business Review編, Diamondハーバード・ビジネス・レビュー編集部訳　ダイヤモンド社　2001.9　258p

Simonson, William　サイモンソン, W.＊
◇精神作用薬の使用：個人に合わせた痴呆の介護―創造性と思いやりのアプローチ　J.レイダー, E.M.トーンキスト編, 大塚俊男監訳, 老齢健康科学研究財団訳　日本評論社　2000.1　269p

Simpson, David　シンプソン, デイビッド
◇規制：生命保険業における戦略的課題　Hugh Macmillan, Mike Christophers編, 玉田巧訳　玉田巧　2002.3　206p

Simpson, Michael　シンプソン, マイケル
◇科学の世界における創造性（小坂和子訳）：ユングの世界―現代の視点から　E.クリストファー, H.M.ソロモン共編, 氏原寛, 織田尚生監訳　培風館　2003.3　339p

Simpson, Stephen　シンプソン, S.（社会統計学）
◇序論 他（共著）（近ин)夫訳）：現代イギリスの政治算術―統計は社会を変えるか　D.ドーリング, S.シンプソン編著, 岩井浩ほか監訳　北海道大学図書刊行会　2003.7　588p

Sinagra, Laura　シナグラ, ローラ
◇境界線を越える（共著）：エグゼクティブ・コーチング―経営幹部の潜在能力を最大限に引き出す　キャサリン・フィッツジェラルド, ジェニファー・ガーヴェイ・バーガー編, 日本能率協会コンサルティング訳　日本能率協会マネジメントセンター　2005.4　370p

Sinclair, M. Thea　シンクレア, セア
◇女性と労働と技能―経済学理論とフェミニズムの視角：ジェンダーと女性労働―その国際ケーススタディ　セア・シンクレア, ナニカ・レッドクリフト編, 山本光子訳　柘植書房　1994.9　373p

Sinclair, Robert L.　シンクレア, ロバート・L.
◇生徒の学習能力を高めるためのパートナーシップ―学校改善のためのマサチューセッツ連合（共著）（八尾坂修訳）：学校と大学のパートナーシップ―理論と実践　ジョン・I.グッドラッド, ケニス・A.シロトニック編, 中留武昭監訳　玉川大学出版部　1994.2　355p

Sineau, Mariette　シノー, マリエット
◇法と民主主義（杉村和子, 志賀亮一訳）：女の歴史　5〔2〕　二十世紀　2　G.デュビィ, M.ペロー監修, 杉村和子, 志賀亮一監訳　フランソワーズ・テボー編　藤原書店　1998.11　p517-1026

Singer, Franny　シンガー, フラニー
◇アクランド・バーリー校の反いじめキャンペーン（共著）：学校でのピア・カウンセリング―いじめ問題の解決にむけて　ヘレン・コウイー, ソニア・シャープ編, 高橋通子訳　川島書店　1997.6　210p

Singer, Margaret Thaler　シンガー, マーガレット・サラー
◇ニューエイジ療法（共著）：臨床心理学における科学と疑似科学　S.O.リリエンフェルド, S.J.リン, J.M.ロー編, 厳島行雄, 横田正夫, 斎藤雅英監訳　北大路書房　2007.9　461p

Singer, Peter　シンガー, ピーター
◇ヘーゲルとマルクス―ピーター・シンガーとの対話（共著）（杉田広和訳）：西洋哲学の系譜―第一線の哲学者が語る西欧思想の伝統　ブライアン・マギー編, 高頭直樹ほか訳　晃洋書房　1993.5　482p
◇ダーウィンと倫理：哲学者は何を考えているのか　ジュリアン・バジーニ, ジェレミー・スタンルーム編, 松本俊吉訳　春秋社　2006.5　401, 13p　（現代哲学への招待 basics　丹治信春監修）

Singh, Ajit　シン, アジト
◇黄金時代の盛衰（共著）：資本主義の黄金時代―マルクスとケインズを超えて　スティーブン・A.マーグリン, ジュリエット・B.ショアー編, 磯谷明徳, 植村博恭, 海老塚明監訳　東洋経済新報社　1993.9　326p

Singh, Madanjeet　シン, マダンジート
◇総論 他（小川稔訳）：太陽神話―生命力の象徴　マダンジート・シン, UNESCO編, 木村重信監修　講談社　1997.2　399p

Singh, Nirbhay N.　シン, N. N.＊
◇精神薬理学と定常状態の行動（共著）（北原佶訳）：挑戦的行動の先行子操作―問題行動への新しい援助アプローチ　ジェームズ・K.ルイセリー, マイケル・J.キャメロン編, 園山繁樹ほか訳　二瓶社　2001.8　390p

Singleton, Ann　シングルトン, A.
◇国際移住を測る―測定装置はまだ動いていない（杉森滉一訳）：現代イギリスの政治算術―統計は社会を変えるか　D.ドーリング, S.シンプソン編著, 岩井浩ほか監訳　北海道大学図書刊行会　2003.7　588p

Sipilä, Jorma　シピラ, ヨルマ
◇序説 他：社会ケアサービス―スカンジナビア福祉モデルを解く鍵　ヨルマ・シピラ編著, 日野秀逸訳　本の泉社　2003.7　333p

Sirimannna　シリマンナ
◇キリスト教徒の主張（共著）：キリスト教か仏教か―歴史の証言　金漢益訳注　山喜房仏書林　1995.9　220p

Sirkin, Harold L.　サーキン, ハロルド・L.
◇新商品戦略：バリューチェーンの選択（共著）：ビジネスモデル戦略論　Diamondハーバード・ビジネス・レビュー編集部編訳　ダイヤモンド社　2006.10　223p　（Harvard business review anthology）

Sirotnik, Kenneth A.　シロトニック, ケニス・A.
◇学校と大学間のパートナーシップにおける協働研究の意義と実践 他（竺沙知章, 藤原初世訳）：学校と大学のパートナーシップ―理論と実践　ジョン・I.グッドラッド, ケニス・A.シロトニック編, 中留武昭監訳　玉川大学出版部　1994.2　355p

Sirri, Erik R.　シリー, エリック・R.
◇投資信託業の競争と変化（共著）：金融サービス業―21世紀への戦略　サミュエル・L.ヘイズ3編, 小西竜治訳　東洋経済新報社　1999.10　293p

Sitting Bull　シッティング・ブル
◇シッティング・ブルの主張 他：北米インディアン生活誌　C.ハミルトン編, 和巻耿介訳　社会評論社　1993.11　408p

Sitzer, Joshua シッツァ, ジョシュア
◇四国遍路考：わたしの日本学—外国人による日本学論文集 3 京都国際文化協会編 文理閣 1994.3 253p

Skard, Torild スカード, トリルド
◇女性ジャーナリストの両刃の剣—ノルウェーからの報告（影山礼子訳）：新しいコミュニケーションとの出会い—ジェンダーギャップの橋渡し ラモーナ・R.ラッシュ, ドナ・アレン編, 村松泰子編訳 垣内出版 1992.4 314, 10p

Skeldon, Ronald スケルドン, ロナルド
◇いやいやながらの流浪者？ それとも大胆なパイオニア？—香港中国人移民序説 他（森川眞規雄訳）：香港を離れて—香港中国人移民の世界 ロナルド・スケルドン編, 可児弘明, 森川眞規雄, 吉原和男訳 行路社 1997.6 552p （中国の底流シリーズ 4）

Skinner, Alice B. スキナー, アリス・B.
◇スウェーデンボルグに結びついた誌人たち（高橋和夫, 根岸愛子訳）：エマヌエル・スウェーデンボルグ—持続するヴィジョン ロビン・ラーセン編 春秋社 1992.11 307p

Skinner, Burrhus Frederic スキナー, B. F.
◇感情の科学のアウトライン（濱治世訳）：家族の感情心理学—そのよいときも、わるいときも E.A.ブレックマン編, 浜治世, 松山義則監訳 北大路書房 1998.4 275p

Skinner, John E. スキナー, J. E.
◇受肉のスピリチュアリティ：聖公会の中心 W.J.ウルフ編, 西原廉太訳 聖公会出版 1995.8 303p

Skinner, Michael スキナー, マイケル*
◇気分と化学物質（共訳）：香りの心理的効果とアロマテラピー—香りの生理心理学 S.ヴァン・トラー, G.H.ドッド編, 印藤元一訳 フレグランスジャーナル社 1996.6 306p

Skinner, Scott スキナー, スコット
◇インターネット上での子どもの安全を守る（共訳）：児童虐待の発見と防止—親を支えるためのハンドブック ジェームズ・A.モンテリオン編著, 加藤和生訳 慶応義塾大学出版会 2003.8 261p

Skipper, Harold D., Jr. スキッパー, ハロルド・D., Jr.
◇経済発展におけるリスク・マネジメントと保険 他（西村延恵訳）：国際的リスク・マネジメントと保険 ハロルド・D.スキッパー, ジュニア編著, 武井勲監訳 生命保険文化研究所 1999.10 729p

Sklarz, Michael A. スクラーズ, マイケル・A.
◇高い家賃：ハワイ楽園の代償 ランドール・W.ロス編 有信堂高文社 1995.9 248p

Skogan, Wesley スコーガン, ウェズリー
◇犯罪に対する恐怖感と住区の変容：コミュニティと犯罪 1 アルバート・J.リース・ジュニア, マイケル・トンリィ共編, 伊скора康一郎訳 都市防犯研究センター 1994.3 268p
◇被害者サービスプログラムの効果（共訳）（富田信穂訳）：犯罪被害者と刑事司法 ギュンター・カイザー, H.クーリー, H.・J.アルブレヒト編, 宮沢浩一, 田口守一, 高橋則夫編訳 成文堂 1995.7 443p

Slater, Pater スレーター, P. *
◇オペレーショナルリスク情報の定義と収集—リスク軽減と資本配分における応用：オペレーショナルリスク—金融機関リスクマネジメントの新潮流 アーサーアンダーセン編・訳 金融財政事情研究会 2001.1 413p

Slaughter, Joseph スローター, ジョセフ
◇法文書（共著）（力武由美訳）：女性の人権とジェンダー—地球規模の視座に立って マージョリー・アゴシン編著, 堀内光子, 神崎智子, 望月康恵, 力武由美, ベバリー・アン山本訳 明石書店 2007.12 586p （明石ライブラリー）

Sledziewski, Elisabeth G. スレジエフスキ, エリザベット=G
◇フランス革命—転換点（柳原邦光訳）：ヘーゲル—イラスト版 R.スペンサー文, A.クラウゼ絵, 椋田直子訳 現代書館 1996.9 174p （For beginnersシリーズ 77）

Slessor, John スレッサー, ジョン
◇ジョン・スレッサー卿の論評：NATOの核問題 防衛研修所 1968 38p （研究資料 第78号）

Sloan, Alfred P., Jr. スローン, アルフレッド・P., Jr.
◇私が学んだ経営の重要事項（服部純子訳）：ビジネスの知恵50選—伝説的経営者が語る成功の条件 ピーター・クラス編, 佐藤洋一監訳 トッパン 1999.2 543p （トッパンのビジネス経営書シリーズ 26）

Sloan, Matthew T. スローン, マシュー・T.
◇年金財務と企業財務の統合に対する実務的アプローチ：年金資産運用マネジメントのすべて—プラン・スポンサーの新潮流 フランクJ.ファボッツィ編, 榊原茂樹監訳, 大和銀行信託財産運用部訳 金融財政事情研究会 1999.11 463p

Sloper, David スローパー, デイヴィット
◇内側から開かれた扉 他（共著）（大塚豊訳）：変革期ベトナムの大学 ディヴィッド・スローパー, レ・タク・カン編著, 大塚豊訳 東信堂 1998.9 245p

Sloss, Leon スロス, リーオン
◇ロシア—交渉を通しての支配力と影響力の追求（共著）（木村一郎訳）：米国の国際交渉戦略 米国国務省外交研究センター編著, 神奈川大学経営学部教師グループ訳・解説 中央経済社 1995.6 289p

Sloterdijk, Peter スローターダイク, ペーター
◇近代テロの指標：発言—米同時多発テロと23人の思想家たち 中山元訳 朝日出版社 2002.1 247p

Sluyter, Gary V. スライター, G. V. *
◇行動保健サービスにおける総合的な質の管理：チームを育てる—精神障害リハビリテーションの技術 パトリック・W.コリガン, ダニエル・W.ギフォート編, 野中猛監訳, 柴田珠里訳・著 金剛出版 2002.5 168p

Slywotzky, Adrian J. スライウォッキー, エイドリアン・J.
◇二桁成長の戦略デザイン（共著）：「選択と集中」の戦略 Diamondハーバード・ビジネス・レビュー編集部編訳 ダイヤモンド社 2003.1 286p

Smale, John G. スメール, ジョン・G.
◇CEOと取締役会のバランスをどうとるか（共著）：

コーポレート・ガバナンス Harvard Business Review編, Diamondハーバード・ビジネス・レビュー編集部訳 ダイヤモンド社 2001.6 270p

Smallwood, W. Norman スモールウッド, ノーマン
◇組織能力の評価法（共著）：組織能力の経営論―学び続ける企業のベスト・プラクティス Diamondハーバード・ビジネス・レビュー編集部編訳 ダイヤモンド社 2007.8 508p （Harvard business review）

Smart, Josephine スマート, ジョセフィン
◇カナダへのビジネス移民―欺瞞と搾取（鈴木健司訳）：香港を離れて―香港中国人移民の世界 ロナルド・スケルドン編, 可児弘明, 森川真規雄, 吉原和男監訳 行路社 1997.6 552p （中国の底流シリーズ 4）

Smetana, Judith G. スメタナ, ジュディス
◇社会的ルールの理解（首藤敏元訳）：子どもは心理学者―心の理論の発達心理学 マーク・ベネット編, 二宮克美, 子安増生, 渡辺弥生, 首藤敏元訳 福村出版 1995.12 274p

Smidt-Jernstrom, Kurt シュミット・ジャンストーム, K.*
◇入居者のニーズを評価する（共著）：個人に合わせた痴呆の介護―創造性と思いやりのアプローチ J.レイダー, E.M.トーンキスト編, 大塚俊男監訳, 老齢保健科学研究財団訳 日本評論社 2000.1 269p

Smiles, Samuel スマイルズ, サミュエル
◇サミュエル・スマイルズ（岩崎徹訳）：インタヴューズ 1 クリストファー・シルヴェスター編, 新庄哲夫ほか訳 文芸春秋 1998.11 462p

Smith, Alan スミス, アラン
◇断層：マクミラン近未来地球地図 イアン・ピアスン編, 松井孝典監訳 東京書籍 1999.11 115p

Smith, Andrew スミス, アンドリュー*
◇食べ物、飲み物と精神的パフォーマンス（富田拓郎訳）：ストレスと快楽 デイビッド・M.ウォーバートン, ニール・シャーウッド編著, 上里一郎監訳 金剛出版 1999.10 301p

Smith, Anthony スミス, アンソニー
◇コンピュータ時代の新聞：歴史のなかのコミュニケーション―メディア革命の社会文化史 デイヴィッド・クローリー, ポール・ヘイヤー編, 林進, 大久保公雄訳 新曜社 1995.4 354p

Smith, Anthony F. スミス, アンソニー・F.
◇デジタル経済における人的資本（共著）：企業の未来像―成功する組織の条件 フランシス・ヘッセルバイン, マーシャル・ゴールドスミス, リチャード・ベックハード編, 小坂恵理訳 トッパン 1998.7 462p （トッパンのビジネス経営書シリーズ 14）
◇リーダーのジレンマ（共著）：未来組織のリーダー―ビジョン・戦略・実践の革新 フランシス・ヘッセルバイン, マーシャル・ゴールドスミス, リチャード・ベカード編, 田代正美訳 ダイヤモンド社 1998.7 239p

Smith, Barbara スミス, バーバラ
◇私たちの出版社―有色女性出版社・キッチンテーブル（堀川恵子訳）：新しいコミュニケーションとの出会い―ジェンダーギャップの橋渡し ラモーナ・R.ラッシュ, ドナ・アレン編, 村松泰子編訳 垣内出版 1992.4 314, 10p

Smith, Dennis スミス, デニス
◇サー・チャールズ・エリオット：英国と日本―架橋の人びと サー・ヒュー・コータッツイ, ゴードン・ダニエルズ編著, 横山俊夫解説, 大山瑞代訳 思文閣出版 1998.11 503, 68p

Smith, Douglas A. スミス, ダグラス・A.
◇警察活動の背景にある近隣住区の状況：コミュニティと犯罪 2 アルバート・J.リース・ジュニア, マイケル・トンリィ共編, 伊藤康一郎訳 都市防犯研究センター 1995.3 233p

Smith, Douglas K. スミス, ダグラス・K.
◇リードするとともに従う：未来組織のリーダー―ビジョン・戦略・実践の革新 フランシス・ヘッセルバイン, マーシャル・ゴールドスミス, リチャード・ベカード編, 田代正美訳 ダイヤモンド社 1998.7 239p
◇チームとグループは異なる（共著）：いかに「高業績チーム」をつくるか Diamondハーバード・ビジネス・レビュー編集部編訳 ダイヤモンド社 2005.5 225p （Harvard business review anthology）

Smith, George Davey スミス, G. デイヴィー
◇健康の不平等にかんする統計について考える（共著）（藤岡光夫訳）：現代イギリスの政治算術―統計は社会を変えるか D.ドーリング, S.シンプソン編著, 岩井浩ほか監訳 北海道大学図書刊行会 2003.7 588p

Smith, Gorden スミス, G.（政治学）
◇政党と抵抗活動（髙見仁訳）：西ヨーロッパの野党 E.コリンスキー編, 清水望監訳 行人社 1998.5 398p

Smith, G. W. スミス, G. W.
◇社会的自由と自由な行為者（泉谷周三郎訳）：ミル『自由論』再読 ジョン・グレイ, G.W.スミス編著, 泉谷周三郎, 大久保圭訳 木鐸社 2000.12 214p

Smith, Helen スミス, ヘレン
◇内面性の表出―ノーマリゼーションへの精神力動的アプローチ 他（共著）：ノーマリゼーションの展開―英国における理論と実践 ヘレン・スミス, ヒラリー・ブラウン編, 中園康夫, 小田兼三監訳 学苑社 1994.4 300p

Smith, Hyrum W. スミス, ハイラム・W.
◇十の自然法則に従って生きる：セルフヘルプ―なぜ、私は困難を乗り越えられるのか 世界のビッグネーム自らの47の証言 ケン・シェルトン編著, 堀紘一監訳 フロンティア出版 1998.7 301p
◇与えること、それが豊かさをもたらす：セルフヘルプ―自助：他人に頼らず、自分の力で生きていく！ 2 ケン・シェルトン編著, 堀紘一監訳 フロンティア出版 1998.12 283p

Smith, Jessica スミス, ゼシカ
◇ソヴェート・ロシヤに於ける婦人の生活（神近市子訳）：世界女性学基礎文献集成 昭和初期編 第4巻 水田珠枝監修 ゆまに書房 2001.12 20, 486p

Smith, Justin Davis スミス, ジャスティン・デービス
◇ボランティア運動への挑戦 他（共著）：市民生活とボランティア―ヨーロッパの現実 ロドニ・ヘドリー, ジャスティン・デービス・スミス編, 小田兼三, 野上文夫監訳 新教出版社 1993.9 318p

Smith, Kirk R. スミス, カーク・R.
◇環境：ハワイ楽園の代償　ランドール・W.ロス編　有信堂高文社　1995.9　248p

Smith, Kit スミス, キット
◇保険：ハワイ楽園の代償　ランドール・W.ロス編　有信堂高文社　1995.9　248p

Smith, Marcom スミス, M.(法学)＊
◇オーストラリア報告(1)（山口努訳）：訴訟法における法族の再検討　小島武司編著　中央大学出版部　1999.4　578p　〔日本比較法研究所研究叢書46〕

Smith, Mark スミス, マーク
◇雇われ幹部と既存経営陣はどのように協働すべきか（共著）：組織変革のジレンマ―ハーバード・ビジネス・レビュー・ケースブック　Harvard Business Review編, Diamondハーバード・ビジネス・レビュー編集部訳　ダイヤモンド社　2004.11　218p

Smith, Maureen スミス, M.(社会教育)＊
◇成人教育と遠隔地教育：オーストラリアの生活文化と生涯教育―多文化社会の光と影　マーク・テナント編著, 中西直和訳　松籟社　1995.9　268p

Smith, Morton スミス, モートン
◇前五八七年以前のイスラエルにおける宗教グループ：唯一なる神―聖書における唯一神教の誕生　B.ラング編, 荒井章三, 辻学訳　新教出版社　1994.4　246p（新教ブックス）
◇天に昇った二人の人物―イエスと4Q491の著者：イエスと死海文書　ジェームズ・H.チャールズワース編著, 山岡健訳　三交社　1996.12　476p

Smith, Peter B. スミス, ピーター・B.
◇経営管理方式の移転促進と海外派遣監督者の活用―日本のエレクトロニクス企業の経験から（共著）：リメイド・イン・アメリカ―日本的経営システムの再文脈化　ジェフリー・K.ライカー, W.マーク・フルーイン, ポール・S.アドラー編著, 林正樹監訳　中央大学出版部　2005.3　564p（中央大学企業研究所翻訳叢書9）

Smith, Peter K. スミス, ピーター・K.
◇いじめの意味を理解する 他（共著）：あなたの学校のいじめ解消にむけて―教師のための実践ハンドブック　ソニア・シャープ, ピーター・K.スミス編著, フォンス・智江子訳, 東京都新教育研究会編　東洋館出版社　1996.4　211p
◇学校でのいじめという問題 他（共著）（高橋通子訳）：いじめととりくんだ学校―英国における4年間にわたる実証的研究の成果と展望　ピーター・K.スミス, ソニア・シャープ編, 守屋慶子, 高橋通子監訳　ミネルヴァ書房　1996.10　355p
◇イングランド・ウェールズ（川口仁志訳）：世界のいじめ―各国の現状と取り組み　森田洋司総監修・監訳, P.K.スミスほか編, 川口仁志ほか訳　金子書房　1998.11　463p
◇学校における「いじめ」研究：いじめととりくんだ国々―日本と世界の学校におけるいじめへの対応と施策　土屋基規, P.K.スミス, 添田久美子, 折出健二編著　ミネルヴァ書房　2005.12　259p

Smith, Shaila A. スミス, シーラ
◇日米同盟における防衛協力の進展（高橋杉雄訳）：日米同盟―米国の戦略　マイケル・グリーン, パトリック・クローニン編, 川上高司監訳　勁草書房　1999.9　229, 11p

◇隔てられた場所(広部泉訳)：日米戦後関係史―パートナーシップ1951-2001　入江昭, ロバート・A.ワンブラー編, 細谷千博, 有賀貞監訳　講談社インターナショナル　2001.9　389p

Smith, Stephen Lloyd スミス, ステファン・ロイド
◇敷居を越えて？―新情報技術在宅労働における公的選択と個人の選択（共著）(宮寺卓訳)：フォーディズムとフレキシビリティ―イギリスの検証　N.ギルバートほか編, 丸山恵也監訳　新評論　1996.9　238p

Smith, Stephen R. スミス, スティーヴン・R.
◇変化する酒市場における飲酒の作法：文化加工装置ニッポン―「リ＝メイド・イン・ジャパン」とは何か　ジョーゼフ・J.トービン編, 武田徹訳　時事通信社　1995.9　321, 14p

Smith, Steven R. スミス, スティーブン・R.
◇政府によるNPO活動への資金供給：NPOと政府　E.T.ボリス, C.E.スターリ編著, 上野真城子, 山内直人訳　ミネルヴァ書房　2007.3　346p

Smith, Todd スミス, トッド
◇需要計画のコンポーネント―成功の秘訣（共著）：サプライチェーン戦略　ジョン・ガトーナ編, 前田健蔵, 田村誠一訳　東洋経済新報社　1999.5　377p（Best solution）

Smith, Wilbur L. スミス, ウィルバ・L.
◇子どもの虐待における画像診断：虐待された子ども―ザ・バタード・チャイルド　メアリー・エドナ・ヘルファ, ルース・S.ケンプ, リチャード・D.クルーグマン編, 子どもの虐待防止センター監修, 坂井聖二監訳　明石書店　2003.12　1277p

Smith, Wilfred Cantwell スミス, ウィルフレド・カントウェル
◇偶像崇拝―比較の視座において：キリスト教の絶対性を超えて―宗教的多元主義の神学　ジョン・ヒック, ポール・F.ニッター編, 八木誠一, 樋口恵訳　春秋社　1993.2　429p

Smits, Ivo スミッツ, イフォ
◇文学における日蘭交流 他：日蘭交流400年の歴史と展望―日蘭交流400周年記念論文集　日本語版　レオナルド・ブリュッセイ, ウィレム・レメリンク, イフォ・スミッツ編　日蘭学会　2000.4　459p（日蘭学会学術叢書 第20）

Smullyan, Raymond M. スマリヤン, レイモンド
◇神は道教徒か 他（大庭健訳）：マインズ・アイ―コンピュータ時代の「心」と「私」 下　D.R.ホフスタッター, D.C.デネット編著, 坂本百大監訳　〔新装版〕　ティビーエス・ブリタニカ　1992.10　365p

Smyser, A. A. "Bud" スマイザー, A. A. "バッド"
◇国際的役割：ハワイ楽園の代償　ランドール・W.ロス編　有信堂高文社　1995.9　248p

Snape, Ed スネープ, エドワード
◇イギリスの労使関係（共著）（林和彦訳）：新版 先進諸国の労使関係―国際比較：21世紀に向けての課題と展望　桑原靖夫, グレッグ・J.バンバー, ラッセル・D.ランズベリー編　日本労働研究機構　1994.7　452p

◇イギリスの雇用関係（林和彦訳）：先進諸国の雇用・労使関係―国際比較：21世紀の課題と展望　桑原靖夫，グレッグ・バンバー，ラッセル・ランズベリー編　新版　日本労働研究機構　2000.7　551p

Snel, Jan　スネル，ヤン
◇カフェインと情報処理（共著）（奥野英美訳）：ストレスと快楽　デイビッド・M.ウォーバートン，ニール・シャーウッド編著，上里一郎監訳　金剛出版　1999.10　301p

Snitow, Ann Barr　スニトウ，アン
◇抑圧か転換か―反ポルノグラフィ・ムーヴメントのポリティクス：ポルノと検閲　アン・スニトウほか著，藤井麻利，藤井雅実訳　青弓社　2002.9　264p（クリティーク叢書 22）

Snook, Ivan　スヌーク，イバン
◇言語，真理そして権力―ブルデューの代理執行機関―ブルデュー入門―理論のプラチック　R.ハーカー，C.マハール，C.ウィルクス編，滝本佳人，柳井樹訳　昭和堂　1993.4　380p

Snow, Charles Percy　スノウ，C. P.
◇紫式部『源氏物語』（丸谷才一訳）：ロンドンで本を読む　丸谷才一編著　マガジンハウス　2001.6　337, 8p

Snow, J.　スノー，J. *
◇生徒一人一人を価値ある存在として信じて下さった：心にのこる最高の先生―イギリス人の語る教師像　上林喜久子編訳著　関東学院大学出版会　2004.11　97p

Snow, Richard E.　スノー，R. E. *
◇認知心理学の教育測定に対する意義（共著）（大村彰道他訳）：教育測定学　上巻　ロバート・L.リン編，池田央，藤田恵шnowy，柳井晴夫，繁枡算男訳・編　学習評価研究所　1992.12　469p

Snyder, Chris　シュナイダー，C.（データ処理）
◇プロセス指向アプローチによるMicrosoft Axaptaの導入―バウン・グローバル・ソリューション社のケース（共著）（大崎恒次訳）：ARISを活用したシステム構築―エンタープライズ・アーキテクチャの実践　A.-W.シェアー他編，堀内正博，田中正郎，力正俊監訳　シュプリンガー・フェアラーク東京　2005.1　201p

Snyder, Gary　シュナイダー，ゲイリー
◇すべての脅かされた存在たちに捧げる歌：地球の声を聴く―ディープエコロジー・ワーク　ジョン・シードほか著，星川淳監訳　ほんの木　1993.4　240p

Snyder, Margaret　スナイダー，マーガレット
◇女性と仕事（服部哲子訳）：転換期の家族―ジェンダー・家族・開発　N.B.ライデンフロースト編，家庭経営学部会訳　日本家政学会　1995.3　360p

So, Alvin Y.　ソー，アルヴィン・Y.
◇ハワイの香港中国人―コミュニティ形成と適応戦略（共著）（中間由洋，河口充勇訳）：香港を離れて―香港中国人移民の世界　ロナルド・スケルドン編，可児弘明，森田真規雄，吉原和男監訳　行路社　1997.6　552p（中国の底流シリーズ 4）

Soane, Emma　ソーン，E. *
◇心理学の理論と金融機関―意思決定に対する個人と組織の影響（共著）：オペレーショナルリスク―金融機関リスクマネジメントの新潮流　アーサーアンダーセン編・訳　金融財政事情研究会　2001.1　413p

Sobell, Linda C.　ソーベル，リンダ・C.
◇アルコール問題から脱却する隘路としてのコントロール（共著）（千丈雅徳訳）：認知行動療法―臨床と研究の発展　ポール M.サルコフスキス編，坂野雄二，岩本隆茂監訳　金子書房　1998.10　217p

Sobell, Mark B.　ソーベル，マーク・B.
◇アルコール問題から脱却する隘路としてのコントロール（共著）（千丈雅徳訳）：認知行動療法―臨床と研究の発展　ポール M.サルコフスキス編，坂野雄二，岩本隆茂監訳　金子書房　1998.10　217p

Sobrino, Jon　ソブリノ，ジョン
◇イエス，貧しい人々と神：二十一世紀を変革する人々―解放の神学が訴えるもの　ホセ・マリア・ビジル編，ステファニ・レナト訳　新世社　1997.8　211, 5p

Söder, Mårten　セーデル，モーテン
◇転換期にある北欧型福祉国家 他（共著）（二文字理明訳）：北欧の知的障害者―思想・政策と日常生活　ヤン・テッセブロー，アンデシュ・グスタフソン，ギューリ・デューレンダール編，二文字理明監訳　青木書店　1999.8　289p

Södersten, Jan　ゼダーステン，J. *
◇北欧諸国の法人税政策（共著）（石田和之訳）：北欧諸国の租税政策　ピーター・バーチ・ソレンセン編著，馬場義久監訳　日本証券経済研究所　2001.9　260p

Soesastro, Hadi　ソエサストロ，ハディ
◇援助の役割：開発のための政策一貫性―東アジアの経済発展と先進諸国の役割　経済協力開発機構（OECD）財務省財務総合政策研究所共同研究プロジェクト　河合正弘，深作喜一郎編著・監訳，マイケル・G.プランマー，アレクサンドラ・トルチアック＝デュヴァル編著　明石書店　2006.3　650p

Sohn, Anne-Marie　ソーン，アンヌ＝マリー
◇両次大戦のあいだ―フランスとイギリスにおける女性の役割（宇野木めぐみ訳）：女の歴史 5［1］　二十世紀 1　G.デュビィ，M.ペロー監修，杉村和子，志賀亮一監訳　フランソワーズ・テボー編　藤原書店　1998.2　515p
◇狂乱の歳月 これからは気に入られなければならない！：世界一番美しい愛の歴史　J.ル＝ゴフほか述，Dominique Simonnet編，小倉孝誠，後平隆，後平澪子訳　藤原書店　2004.12　269p

Sohn, Byung-Woo　ソーン，B. -W. *
◇グローバル化と強い国家：韓国（大畑裕嗣訳）：メディア理論の脱西欧化　J.カラン，朴明珍編，杉山光信，大畑裕嗣訳　勁草書房　2003.2　306p

Sohn, Leslie　ソーン，レスリー
◇自己愛構造体，投影同一化とアイデンティフィケート形成（東中園聡訳）：メラニー・クライン トゥデイ 2　思索と人格病理　エリザベス・B.スピリウス編，古賀靖彦，白峰克彦，世良洋，田中俊孝，東中園聡訳，松木邦裕監訳　岩崎学術出版社　1993.8　202p

Sokal, Alan　ソーカル，アラン
◇科学と相対主義：哲学者は何を考えているのか　ジュリアン・バジーニ，ジェレミー・スタンルーム編，松本俊吉訳　春秋社　2006.5　401, 13p（現代哲学へ

343

の招待 basics　丹治信春監修〕

Sokalski, Henryk J.　ソカルスキー, ヘンリック・J.
◇家族の変動（吉本敏子訳）：転換期の家族―ジェンダー・家族・開発　N.B.ライデンフロースト編, 家庭経営学部会訳　日本家政学会　1995.3　360p

Solano, Francisco de　ソラーノ, フランシスコ・デ
◇スペイン人コンキスタドール（篠原愛人訳）：大航海の時代―スペインと新大陸　関哲行, 立石博高編訳　同文舘出版　1998.12　274p

Solar, Peter　ソーラー, ピーター・M.
◇一九世紀初期のアイルランドとスコットランドにおける農業生産性と経済的発展：アイルランドとスコットランド―比較社会経済史　T.M.ディヴァイン, D.ディクソン編著, 津波古充文訳　論創社　1992.8　474p

Solé, Jacques　ソレ, ジャック
◇トゥルバドゥールと情熱の愛：愛と結婚とセクシュアリテの歴史―増補・愛とセクシュアリテの歴史　ジョルジュ・デュビーほか著, 福井憲彦, 松本雅弘訳　新曜社　1993.11　401p
◇アンシアン・レジーム 性秩序の支配：世界で一番美しい愛の歴史　J.ル=ゴフほか述, Dominique Simonnet編, 小倉孝誠, 後平隆, 後平澪子訳　藤原書店　2004.12　269p

Solnit, Rebecca　ソルニット, レベッカ
◇マイアミ市街戦のタンク・ガール（井上城男訳）：世界は変えられる―TUPが伝えるイラク戦争の「真実」と「非戦」　TUP (Translators United for Peace＝平和をめざす翻訳者たち) 監修　七つ森書館　2004.5　234, 5p

Solomon, Hester　ソロモン, ヘスター・マクファーランド
◇倫理的なセルフ 他（広瀬隆訳）：ユングの世界―現代の視点から　E.クリストファー, H.M.ソロモン共編, 氏原寛, 織田尚生監訳　培風館　2003.3　339p

Solomon, Phyllis　ソロモン, P.*
◇精神障害リハビリテーションの提供者としての技術（共著）：チームを育てる―精神障害リハビリテーションの技術　パトリック・W.コリガン, ダニエル・W.ギフォート編, 野中猛監訳, 柴田珠里訳・著　金剛出版　2002.5　168p

Solomon, Richard H.　ソロモン, リチャード・H.
◇中国―中国人の交渉スタイルにおける友情と義務（広田律子訳）：米国の国際交渉戦略　米国国務省外交研究センター編著, 神奈川大学経営学部教師グループ訳・解説　中央経済社　1995.6　289p

Solomon, Robert　ソロモン, ロバート
◇IMFにも一定の評価を：IMF改廃論争の論点　ローレンス・J.マッキラン, ピーター・C.モントゴメリー編, 森川公隆監訳　東洋経済新報社　2000.11　285p

Solovay, Sondra　ソロベイ, サンドラ
◇対人関係力が問われる仕事に肥満社員は不適格なのか（共著）：「問題社員」の管理術―ケース・スタディ　Diamondハーバード・ビジネス・レビュー編集部編　ダイヤモンド社　2007.1　263p　(Harvard business review anthology)

Solow, Robert M.　ソロー, ロバート・M.
◇私の処世術：現代経済学の巨星―自らが語る人生哲学 下　M.シェンバーグ編　岩波書店　1994.12　292, 11p
◇開発経済学の研究課題案：開発経済学の潮流―将来の展望　G.M.マイヤー, J.E.スティグリッツ共編, 関本勘次, 近藤正規, 国際協力研究グループ訳　シュプリンガー・フェアラーク東京　2003.7　412p

Solzhenitsyn, Aleksandr Isaevich　ソルジェニーツィン, A.
◇神に破門された人類を救うモラルの規準：知の大潮流―21世紀へのパラダイム転換 今世紀最高の頭脳が予見する未来　ネイサン・ガーデルズ編, 仁保真佐子訳　徳間書店　1996.12　419p

Sombart, Nicolaus　ゾンバルト, ニコラウス
◇「男性同盟」と政治文化：男の歴史―市民社会と〈男らしさ〉の神話　トーマス・キューネ編, 星乃治彦訳　柏書房　1997.11　254p　（パルマケイア叢書 8）

Somerville, Iain　ソマーヴィル, イアン
◇新しい世界に求められる新しい能力（共著）：企業の未来像―成功する組織の条件　フランシス・ヘッセルバイン, マーシャル・ゴールドスミス, リチャード・ベックハード編, 小坂恵理訳　トッパン　1998.7　462p　（トッパンのビジネス経営書シリーズ 14）

Sommer, Rainer A.　ゾンマー, R. A.*
◇SAPの相互運用を管理するためにARISを活用する―米海軍の事例（共著）：ARISを活用したビジネスプロセスマネジメント―欧米の先進事例に学ぶ　A.-W.シェアー他共編, 堀内正博, 田中正郎, 柳堀紀幸監訳　シュプリンガー・フェアラーク東京　2003.7　281p

Sondermann, F.　ゾンダーマン, F.
◇Das Wort sie sollen lassen stahn―アモンによるルター訳聖書改訂の試みについて（川端純四郎訳）：宗教改革とその世界史的影響―倉松功先生献呈論文集　土戸清, 近藤勝彦編　教文館　1998.9　351, 8p

Sonduck, Michael　ソンディック, マイケル
◇起業家に対するコーチング（共著）：エグゼクティブ・コーチング―経営幹部の潜在能力を最大限に引き出す　キャサリン・フィッツジェラルド, ジェニファー・ガーヴェイ・バーガー編, 日本能率協会コンサルティング訳　日本能率協会マネジメントセンター　2005.4　370p

Sonne, Janet L.　ソン, ジャネット・L.
◇原因帰属と行動変化の維持（共著）（佐方哲彦訳）：原因帰属と行動変容―心理臨床と教育実践への応用　チャールズ・アンタキ, クリス・ブレーウィン編, 細田和雅, 古市裕一監訳　ナカニシヤ出版　1993.12　243p

Sonnet, Martine　ソネ, マルティーヌ
◇教育の対象としての娘たち：女の歴史 3 〔1〕　十六―十八世紀 1　杉村和子, 志賀亮一監訳　ナタリー・ゼモン＝デイヴィス, アルレット・ファルジュ編　藤原書店　1995.1　434p

Sonstroern, Robert J.　ソンストローン, R.*
◇身体活動とセルフエスティーム（堤俊彦訳）：身体活動とメンタルヘルス　ウイリアム・P.モーガン編, 竹中晃二, 征矢英昭監訳　大修館書店　1999.4　362p

Soorya, Latha V. ソーリャ, ラサ・V.
◇異論のある多くの自閉症治療法―効果に対する決定的評価（共著）：臨床心理学における科学と疑似科学 S.O.リリエンフェルド, S.J.リン, J.M.ロー編, 厳島行雄, 横田正夫, 斎藤雅英監訳　北大路書房　2007.9　461p

Sopheap, Sam ソフィープ, サム
◇カンボジアにおける医療専門家への人権教育プログラム（共著）（松岡廣路訳）：世界の人権教育―理論と実践　ジョージ・J.アンドレオポーロス, リチャード・ピエール・クロード編著, 黒沢惟昭監訳　明石書店　1999.2　758p

Sorcher, Melvin ソーチャー, メルビン
◇グループ評価でリーダーの資質を見抜く（共著）：人材育成の戦略―評価、教育、動機づけのサイクルを回す　Diamondハーバード・ビジネス・レビュー編集部編訳　ダイヤモンド社　2007.3　450p（Harvard business review）

Sørensen, Peter Birch ソレンセン, ピーター・バーチ
◇北欧の租税政策における近年の新機軸―総合所得税から二元的所得税へ他（青柳龍司訳）：北欧諸国の租税政策　ピーター・バーチ・ソレンセン編著, 馬場義久監訳　日本証券経済研究所　2001.9　260p

Sørensen, Preben Meulengracht セーアンセン, プレイン・モイゲンラクト
◇北欧における諸言語（菅原邦城訳）：北欧のアイデンティティ　K.ハストロプ編, 菅原邦城ほか訳　東海大学出版会　1996.5　243p（北欧社会の基層と構造3）

Sorkhabi, Rasoul ソルハビ, ラソール
◇日本と西アジア：相互理解をめざして：わたしの日本学―外国人による日本学論文集　3　京都国際文化協会編　文理閣　1994.3　253p

Sot, Michel ソ, ミシェル
◇キリスト教的結婚の生成：愛と結婚とセクシュアリテの歴史―増補・愛とセクシュアリテの歴史　ジョルジュ・デュビーほか著, 福井憲彦, 松本雅弘訳　新曜社　1993.11　401p

Soto, Dominicus ソト, ドミンゴ・デ
◇正義と法について（秋山学訳）：中世思想原典集成 20　近世のスコラ学　上智大学中世思想研究所編訳・監修　平凡社　2000.8　1193p

Southall, Humphrey サウソール, H.
◇歴史統計によって貧困と経済的困窮を研究する（岩井浩訳）：現代イギリスの政治算術―統計は社会を変えるか　D.ドーリング, S.シンプソン編著, 岩井浩ほか監訳　北海道大学図書刊行会　2003.7　588p

Southwood, Peter サウスウッド, ピーター
◇内部告発と会計職（福本宗樹訳）：内部告発―その倫理と指針　David B.Lewis編, 日本技術士会訳編　丸善　2003.2　159p

Southworth, Jo サウスワース, J.
◇宗教にかんする質問―実態を表すのか混乱を深めるのか（杉森滉一訳）：現代イギリスの政治算術―統計は社会を変えるか　D.ドーリング, S.シンプソン編著, 岩井浩ほか監訳　北海道大学図書刊行会　2003.7　588p

Sowell, Thomas サウエル, トマス
◇ドラッグを解禁せよ：ドラッグ全面解禁論　ディヴィッド・ボアズ編, 樋口幸子訳　第三書館　1994.11　364p

Soyinka, Wole ショインカ, ウォレ
◇アフリカの希望と恐怖―"植民地主義の亡霊"との闘い：知の大潮流―21世紀へのパラダイム転換 今世紀最高の頭脳が予見する未来　ネイサン・ガーデルズ編, 仁保真佐子訳　徳間書店　1996.12　419p
◇アフリカ―記憶と必要のあいだで（廣瀬浩司訳）：介入？―人間の権利と国家の論理　エリ・ウィーゼル, 川田順造編, 広瀬浩司, 林修訳　藤原書店　1997.6　294p

Spang, Stefan シュパン, シュテファン
◇ドイツ銀行のIT革命―ドイツ銀行ヘルマン-ヨゼフ・ランベルティCOO兼CIOインタビュー 他（共著）（大隈健史監訳）：マッキンゼーITの本質―情報システムを活かした「業務改革」で利益を創出する　横浜信一, 萩平和巳, 金平直人, 大隈健史, 琴坂将広編著・監訳, 鈴木立哉訳　ダイヤモンド社　2005.3　212p（The McKinsey anthology）

Sparks, Colin スパークス, コリン
◇コミュニズム崩壊後のメディア理論（杉山光信訳）：メディア理論の脱西欧化　J.カラン, 朴明珍編, 杉山光信, 大畑裕嗣訳　勁草書房　2003.2　306p

Spartianus, Aelius スパルティアヌス, アエリウス
◇アエリウスの生涯 他：ローマ皇帝群像　1　アエリウス・スパルティアヌス他著, 南川高志訳　京都大学学術出版会　2004.1　258p（西洋古典叢書）
◇アントニヌス・カラカルスの生涯 他（井上文則訳）：ローマ皇帝群像　2　アエリウス・スパルティアヌス他著, 桑山由文, 井上文則, 南川高志訳　京都大学学術出版会　2006.6　347p（西洋古典叢書）

Spears, Russell スピアーズ, ラッセル
◇はしがき 他（共著）：ステレオタイプとは何か―「固定観念」から「世界を理解する」説明力へ　クレイグ・マクガーティ, ビンセント・Y.イゼルビット, ラッセル・スピアーズ編著, 国広陽子監修, 有馬明恵, 山下玲子監訳　明石書店　2007.2　296p

Spector, Paul スペクター, ポール
◇トレーナーの研修（永井健夫訳）：世界の人権教育―理論と実践　ジョージ・J.アンドレオポーロス, リチャード・ピエール・クロード編著, 黒沢惟昭監訳　明石書店　1999.2　758p

Speier, Patricia L. スパイアー, パトリシア・L.
◇ブレスワーク―理論と技法（共著）：テキスト/トランスパーソナル心理学・精神医学　B.W.スコットン, A.B.チネン, J.R.バティスタ編, 安藤治, 池沢良郎, 是恒正達訳　日本評論社　1999.12　433p

Spellenberg, Anette シュペレーベルク, アネッテ
◇東西ドイツにおける志向と主観的幸福度（共著）：統一ドイツの生活実態―不均衡は均衡するのか　ヴォルフガング・グラッツァー, ハインツ・ヘルベルト・ノル編, 長坂聡, 近江谷左馬之介訳　勁草書房　1994.3　236p

Spence, Jonathan D. スペンス, ジョナサン・D.
◇毛沢東：TIMEが選ぶ20世紀の100人　上巻　指導

者・革命家・科学者・思想家・起業家 徳岡孝夫監訳 アルク 1999.11 332p

Spencer, Herbert スペンサー、ハーバート
◇社会的権論(抄録)(松島剛訳):世界女性学基礎文献集成 明治大正編 第2巻 水田珠枝監修 ゆまに書房 2001.6 331, 1p
◇宗教進化論(高橋達郎訳):宗教学の形成過程 第2巻 島薗進、高橋原、星野靖二編 クレス出版 2006.10 1冊 (シリーズ日本の宗教学 4)

Spencer, Len スペンサー、レン
◇レン・スペンサー—エジソン蓄音機の製品紹介(津吉襄訳):変貌する世界とアメリカ 板場良久スピーチ解説、津吉襄訳 アルク 1998.5 148p (20世紀の証言 英語スピーチでたどるこの100年 第2巻=CD book 松尾弌之監修・解説)

Spencer, Maureen スペンサー、モーリーン
◇内部告発に関する法律(共著)(小林宏臣訳):内部告発—その倫理と指針 David B.Lewis編、日本技術士会訳編 丸善 2003.2 159p

Spender, J.-C. スペンダー、J.-C.
◇悪玉か、犠牲者か、それとも空想家か?(今井斉訳):科学的管理—F.W.テイラーの世界への贈りもの J.-C.スペンダー、H.J.キーネ編、三戸公、小林康助監訳 文眞堂 2000.5 273p

Sperber, Dan スペルベル、ダン
◇道徳的相対主義についての人類学的見解:倫理は自然の中に根拠をもつか マルク・キルシュ編、松浦俊輔訳 産業図書 1995.8 387p
◇ことばの理解を理解する:知のしくみ—その多様性とダイナミズム J.カルファ編、今井邦彦訳 新曜社 1997.8 308p
◇文化へのミーム的アプローチに反論する(鈴木崇史訳):ダーウィン文化論—科学としてのミーム ロバート・アンジェ編、ダニエル・デネット序文、佐倉統、巌谷薫、鈴木崇史、坪井りん訳 産業図書 2004.9 277p

Spillius, Elizabeth Bott スピリウス、エリザベス・ボット
◇精神病者の分析 他(松木邦裕訳):メラニー・クライントゥデイ 1 精神病者の分析と投影同一化 E.B.スピリウス編、松木邦裕監訳 岩崎学術出版社 1993.7 212p
◇思索について 他(松木邦裕訳):メラニー・クライントゥデイ 2 思索と人格病理 エリザベス・B.スピリウス編、古賀靖彦、白峰克彦、世良洋、田中俊孝、東中園聡訳、松木邦裕監訳 岩崎学術出版社 1993.8 202p
◇投影性同一化の臨床経験(木部則雄訳):クラインとビオンの臨床講義 R.アンダーソン編、木部則雄ほか訳 岩崎学術出版社 1996.10 226p (現代精神分析双書 第2期 第20巻)
◇さまざまな羨望の経験:現代クライン派の展開 ロイ・シェーファー編、福本修訳 誠信書房 2004.12 336p
◇フロイトとクラインにおける空想(Phantasy)の概念:現代クライン派入門—基本概念の臨床的理解 カタリーナ・ブロンスタイン編、福本修、平井正三監訳、小野泉、阿比野宏、子どもの心理療法セミナーin岐阜訳 岩崎学術出版社 2005.5 243p

Spinelli, Stephan, Jr. スピネリ、ステファン、Jr.
◇フランチャイズ化:MBA起業家育成 ウィリアム・D.バイグレイブ編著、千本倖生+バブソン起業家研究会訳 学習研究社 1996.12 369p

Spirduso, Waneen W. スパーデュソ、W.*
◇虚弱な高齢者の身体的な活動とQOL(共著)(小澤温訳):虚弱な高齢者のQOL—その概念と測定 James E.Birrenほか編、三谷嘉明他訳 医歯薬出版 1998.9 481p

Spirer, Herbert スパイラー、ハーバート
◇科学、科学者、そして人権教育(共著)(久保内加菜訳):世界の人権教育—理論と実践 ジョージ・J.アンドレオポーロス、リチャード・ピエール・クロード編著、黒沢惟昭監訳 明石書店 1999.2 758p

Spirer, Louise スパイラー、ルイーズ
◇科学、科学者、そして人権教育(共著)(久保内加菜訳):世界の人権教育—理論と実践 ジョージ・J.アンドレオポーロス、リチャード・ピエール・クロード編著、黒沢惟昭監訳 明石書店 1999.2 758p

Spitzer, Manfred シュピッツアー、マンフレート
◇脳科学研究とライフサイクルにおける学習:個別化していく教育 OECD教育研究革新センター編著、岩崎久美子訳 明石書店 2007.7 227p (OECD未来の教育改革 2)

Spivax, Gayatori Chakravorty スピヴァック、ガヤトリ・チャクラヴォーティ
◇デモクラシーについての対談(共著):ラディカル・デモクラシー—アイデンティティ、シティズンシップ、国家 デイヴィッド・トレンド編、佐藤正志ほか訳 三嶺書房 1998.4 408p
◇サバルタン研究:サバルタンの歴史—インド史の脱構築 R.グハほか著、竹中千春訳 岩波書店 1998.11 360p

Sprague, Irvine H. スプラーグ、アーヴィン・H.
◇金融リスクと危機:経済危機—金融恐慌は来るか マーティン・フェルドシュタイン編、祝迫得夫、中村洋訳、伊藤隆敏監訳 東洋経済新報社 1992.10 350p

Sprenger, Peter シュプレンガー、P.
◇バーチャル企業大学—その学習管理プロセスとアプリケーション・アーキテクチャ(共著)(宇野沢英治訳):ARISを活用したチェンジマネジメント—ビジネスプロセスの変革を管理する A.-W.シェアー、F.アボルハッサン、W.ヨースト、M.F.W.キルヒマー編、堀内正博、田中正郎、柳堀紀幸監訳 シュプリンガー・フェアラーク東京 2003.12 216p

Spretnak, Charlene スプレトナク、シャーリーン
◇エコフェミニズム—わたしたちの根と開花:世界を織りなおす—エコフェミニズムの開花 アイリーン・ダイアモンド、グロリア・フェマン・オレンスタイン編、奥田暁子、近藤和子訳 学芸書林 1994.3 457, 12p

Sprinkle, Annie スプリンクル、アニー
◇アニー・スプリンクル:怒れる女たち—ANGRY WOMEN 1 アンドレア・ジュノー、V.ヴェイル編、越智道雄訳 第三書館 1995.7 325p

Sreberny-Mohammadi, Annabelle スレバーニ・モハマディ、アナベル
◇国際コミュニケーションにおける「グローバル」と「ローカル」:マスメディアと社会—新たな理論的潮流

J.カラン，M.グレヴィッチ編　〔改訂版〕　勁草書房　1995.1　24, 240p

Sriram, Rajalakshmi　スリイラム，ラジャラクシミィ
◇転換期の女性と家族——インドの現状（共著）（横石多希子訳）：転換期の家族——ジェンダー・家族・開発　N.B.ライデンフロースト編，家庭経営学部員訳　日本家政学会　1995.3　360p

Srowe, Charles R. B.　スロウ，C.＊
◇米国の個人投資家のネットワーク（共著）：ビジネス・エンジェルの時代——起業家育成の新たな主役　R.T.ハリソン，C.M.メイソン編著，西野昭夫監訳，通産省ビジネス・エンジェル研究会訳　東洋経済新報社　1997.6　245p

Stadler, Ulrich　シュタトラー，ウルリヒ
◇信仰の手引き（1539年頃）（出村彰訳）：宗教改革著作集　第8巻　再洗礼派　教文館　1992.10　510p

Ståhlberg, Krister　ストールバリ，クリステル
◇実験というよりは改革［フィンランド］他：北欧の地方分権改革——福祉国家におけるフリーコミューン実験　ハラール・ボルデシュハイム，クリステル・ストールバリ編著，大和田建太郎，小原亜佐，広田全男訳　日本評論社　1995.8　233p

Stahmer, Carsten　シュターマー，C.
◇国連「環境・経済統合計算」概説　他：環境の経済計算——ドイツにおける新展開　C.シュターマー編著，良永康平訳　ミネルヴァ書房　2000.1　264p（シリーズ〈環境・エコロジー・人間〉3）

Staines, Anthony　ステインズ，A.
◇貧困と健康（藤岡光夫訳）：現代イギリスの政治算術——統計は社会を変えるか　D.ドーリング，S.シンプソン編著，岩井浩ほか監訳　北海道大学図書刊行会　2003.7　588p

Stalin, Joseph　スターリン，ヨシフ
◇ヨシフ・スターリン（鈴木主税訳）：インタヴューズ 1　クリストファー・シルヴェスター編，新庄哲夫ほか訳　文芸春秋　1998.11　462p
◇ヨシフ・スターリン（新庄哲夫訳）：インタヴューズ 2　クリストファー・シルヴェスター編，新庄哲夫ほか訳　文芸春秋　1998.11　451p

Stalk, George, Jr.　ストーク，ジョージ，Jr.
◇ケイパビリティに基づく経営戦略（共著）：経営戦略論　Harvard Business Review編，Diamondハーバード・ビジネス・レビュー編集部編訳　ダイヤモンド社　2001.1　268p
◇「妥協の排除」が成長を生み出す：成長戦略論　Harvard Business Review編，Diamondハーバード・ビジネス・レビュー編集部編訳　ダイヤモンド社　2001.4　254p
◇日本企業に迫られるタイムベース競争の再検討（共著）：いかに「時間」を戦略的に使うか　Diamondハーバード・ビジネス・レビュー編集部編訳　ダイヤモンド社　2005.10　192p（Harvard business review anthology）

Stallings, Barbara　ストーリングス，バーバラ
◇一九九〇年代の展開——日米のパラダイム：ポスト冷戦時代の開発援助と日米協力　海外開発議会編，市川博也監訳　国際開発ジャーナル社　1995.3　334p（IDJ library）
◇ラテンアメリカ地域分科会報告：開発途上国におけるグローバル化と貧困・不平等　リチャード・コール編著，及川裕二訳　明石書店　2004.11　176p
◇ラテンアメリカへの教訓：開発のための政策一貫性——東アジアの経済発展と先進諸国の役割　経済協力開発機構（OECD）財務省財務総合政策研究所共同研究プロジェクト　河合正弘，深作喜一郎編著・監訳，マイケル・G.プランマー，アレクサンドラ・トルチアック＝デュヴァル編著　明石書店　2006.3　650p

Stamps, Jeffrey　スタンプス，ジェフリー
◇バーチャル・チームの優位性（共著）：いかに「高業績チーム」をつくるか　Diamondハーバード・ビジネス・レビュー編集部編訳　ダイヤモンド社　2005.5　225p（Harvard business review anthology）

Stanberry, Anne M.　スタンベリー，アン・M.
◇差異化についての世代間展望（共著）（鈴木真由子訳）：転換期の家族——ジェンダー・家族・開発　N.B.ライデンフロースト編，家庭経営学部員訳　日本家政学会　1995.3　360p

Stanberry, James Phillip　フィリップ・スタンベリー，ジェームス
◇差異化についての世代間展望（共著）（鈴木真由子訳）：転換期の家族——ジェンダー・家族・開発　N.B.ライデンフロースト編，家庭経営学部員訳　日本家政学会　1995.3　360p

Standing Bear　スタンディング・ベア
◇プロローグ　他：北米インディアン生活誌　C.ハミルトン編，和巻耿介訳　社会評論社　1993.11　408p

Stanford, Arthur Willis　スタンフォード，A. W.
◇前橋ステーション以外を拠点とした宣教師の書簡（小野澤由紀子訳）：アメリカン・ボード宣教師文書——上州を中心として　新島学園女子短期大学新島文化研究所編訳　新教出版社　1999.2　432p

Stanford, E. Percil　スタンフォード，E. P.＊
◇虚弱な高齢者におけるマイノリティ問題とQOL（初谷良彦訳）：虚弱な高齢者のQOL——その概念と測定　James E.Birrenほか編，三谷嘉明他訳　医歯薬出版　1998.9　481p

Stanghelle, J. K.　スタンゲル，J.＊
◇薬物治療と身体活動（共著）（藤川隆彦訳）：身体活動とメンタルヘルス　ウイリアム・P.モーガン編，竹中晃二，征矢英昭監訳　大修館書店　1999.4　362p

Stanko, Elizabeth A.　スタンコ，エリザベス・A.
◇典型的暴力と標準的予防——イングランド，ウェールズ，スコットランド，米国における対人暴力とジェンダー（川上具美訳）：ジェンダーと暴力——イギリスにおける社会学的研究　ジャルナ・ハマー，メアリー・メイナード編，堤かなめ監訳　明石書店　2001.10　346p（明石ライブラリー 33）

Stanlaw, James　スタンロー，ジェームズ
◇「フォー・ビューティフル・ヒューマン・ライフ」——日本における英語の使用：文化加工装置ニッポン——「リ＝メイド・イン・ジャパン」とは何か　ジョーゼフ・J.トービン編，武田徹訳　時事通信社　1995.9　321, 14p

Stanley, Henry Morton スタンレー, ヘンリー＝モートン
◇スタンリー, リヴィングストン博士を発見(一八七一年十一月十日)：歴史の目撃者　ジョン・ケアリー編, 仙名紀訳　朝日新聞社　1997.2　421p
◇ヘンリー・スタンレー(高橋健次訳)：インタヴューズ　1　クリストファー・シルヴェスター編, 新庄哲夫ほか訳　文芸春秋　1998.11　462p

Stannard, Russell スタナード, ラッセル
◇科学と宗教：哲学者は何を考えているのか　ジュリアン・バジーニ, ジェレミー・スタンルーム編, 松本俊吉訳　春秋社　2006.5　401, 13p　(現代哲学への招待 basics　丹治信春監修)

Stanton, Martin スタントン, マーティン
◇フランスの知識人集団と人民戦線――メディアの利用の伝統と革新：フランスとスペインの人民戦線―50周年記念・全体像比較研究　S.マーティン・アレグザンダー, ヘレン・グラハム編, 向井喜典ほか訳　大阪経済法科大学出版部　1994.3　375p

Stanton, Theodore スタントン, セオドール
◇西国婦人立志編(住田頼之助訳)：世界女性学基礎文献集成　明治大正期　第3巻　水田珠枝監修　ゆまに書房　2001.6　390p

Stapel, F. W. スターペル, F. W.
◇蘭領印度史(共著)(村上直次郎, 原械郎訳)：20世紀日本のアジア関係重要研究資料　1　東亜研究所刊行物　東亜研究所編　復刻版　竜渓書舎　2000.12　17冊(セット)

Stapleton, Jane ステイプルトン, ジェーン
◇隔たりを超えて：女性の人権とジェンダー―地球規模の視座に立って　マージョリー・アゴシン編著, 堀内光子, 神崎智子, 望月康恵, 力武由美, ベバリー・アン山本訳　明石書店　2007.12　586p　(明石ライブラリー)

Starhawk スターホーク
◇権力・権威・神秘――エコフェミニズムと地球にもとづく霊性：世界を織りなおす―エコフェミニズムの開花　アイリーン・ダイアモンド, グロリア・フェマン・オレンスタイン編, 奥田暁子, 近藤和子訳　学芸書林　1994.3　457, 12p

Staritz, Dietrich シュターリッツ, ヘディートリヒ
◇「ユダヤ人ポグロムの恥辱」から「シオニズム的な破壊活動」:「負の遺産」との取り組み―オーストリア・東西ドイツの戦後比較　ヴェルナー・ベルクマン, ライナー・エルブ, アルベルト・リヒトブラウ編著, 岡田浩平訳　三元社　1999.3　479p

Stark, Jack A. スターク, J. A. *
◇子どものQOLから大人のQOLまで(共著)：知的障害・発達障害を持つ人のQOL―ノーマライゼーションを超えて　Robert L.Schalock編, 三谷嘉明, 岩崎正子訳　医歯薬出版　1994.5　346p

Starn, Randolph スターン, ランドルフ
◇ルネサンス君主の部屋における視覚文化：文化の新しい歴史学　リン・ハント編, 筒井清忠訳　岩波書店　1993.1　363, 5p　(NEW HISTORY)
◇ルネサンス君主の部屋における視覚文化：文化の新しい歴史学　リン・ハント編, 筒井清忠訳　岩波書店　2000.9　363, 5p　(岩波モダンクラシックス)

Starobinski, Jean スタロバンスキー, ジャン
◇恐怖に打ち克つ：十八世紀の恐怖―言説・表象・実践　ジャック・ベールシュトルド, ミシェル・ポレ編, 飯田和夫, 田所光男, 中島ひかる訳　法政大学出版局　2003.12　446p　(叢書・ウニベルシタス 782)

Statham, Daphne ステイサム, ダフネ
◇ソーシャルワーク教育への挑戦(小田兼三訳)：コミュニティケア改革とソーシャルワーク教育―イギリスの挑戦　スチーヴ・トレビロン, ピーター・ベレスフォード編, 小田兼三, 杉本敏夫訳　筒井書房　1999.6　119p

St Aubin de Terán, Lisa セイント・オービン・ドゥ・テラン, リーサ
◇サントス発サンタクルスゆき：世界・大鉄道の旅　クリーブ・アンダーソン他著, 種村直樹監訳, 栗原景訳　心交社　1997.5　295p

Staviskii, B. Ya. スタヴィスキー, B.
◇カラテパ南丘の発掘(1961-1994)他：アイハヌム――加藤九祚一人雑誌　2007　加藤九祚訳　東海大学出版会　2007.10　144p

Stead, W. T. ステッド, W. T.
◇W.T.ステッド　他(高橋健次訳)：インタヴューズ　1　クリストファー・シルヴェスター編, 新庄哲夫ほか訳　文芸春秋　1998.11　462p

Stearns, Peter N. スターンズ, ピーター・N.
◇父親と子育て(共著)(斉藤哲訳)：時間と空間の中の子どもたち―社会変動と発達への学際的アプローチ　グレン・H.エルダー, ジョン・モデル, ロス・D.パーク編, 本田時雄監訳　金子書房　1997.10　379p

Steber, Sara-Ann ステバー, S. *
◇家族および消費者運動(横山美江訳)：地域精神保健看護　ナンシー・K.ワーレイ原著編集, 早川和生監訳　医学書院　1999.9　304p

Steel, James スティール, ジェームズ
◇「手をさしのべる」戦術とフランス共産党とカトリック教会―1935-7年：フランスとスペインの人民戦線―50周年記念・全体像比較研究　S.マーティン・アレグザンダー, ヘレン・グラハム編, 向井喜典ほか訳　大阪経済法科大学出版部　1994.3　375p

Steel, Knight スティール, K. *
◇保健予防サービス　他：日本版MDS-HC 2.0在宅ケアアセスメントマニュアル　John N.Morris他編著, 池上直己訳　医学書院　1999.9　294p
◇環境評価(共著)：日本版MDS-HC 2.0在宅ケアアセスメントマニュアル　John N.Morris他編著, 池上直己訳　新訂版　医学書院　2004.11　298p

Steel, Mark F. スティール, M. F. *
◇ベイジアン計量経済学―共益分析と棄却サンプリング(共著)(大林守訳)：Mathematica　経済・金融モデリング　Hal R.ヴァリアン編, 野口旭ほか共訳　トッパン　1996.12　553p

Steele, Brandt F. スティール, ブラント・F.
◇虐待者の治療再考　他：虐待された子ども―ザ・バタード・チャイルド　メアリー・エドナ・ヘルファー, ルース・S.ケンプ, リチャード・D.クルーグマン編, 子どもの虐待防止センター監修, 坂井聖二監訳　明石書店　2003.12　1277p

Steele, J. Michael　スティール, J. M.＊
◇Mathematicaと拡散過程（共著）（高籔学訳）：Mathematica 経済・金融モデリング　Hal R.ヴァリアン編, 野口旭ほか共訳　トッパン　1996.12　553p

Steele, John J.　スティール, J. J.＊
◇古代エジプトと南アメリカシャーマニズムにおける香りの文化人類学：香りの生理心理学　S.ヴァン・トラー, G.H.ドッド編, 印藤元一訳　フレグランスジャーナル社　1996.6　306p

Steen, Lynn Arthur　スティーン, L. A.
◇パターン：世界は数理でできている　L.A.スティーン編, 三輪辰郎訳　丸善　2000.3　322p

Steffy, Brian D.　ステッフィ, ブライアン・D.
◇個人・組織心理学—理論批判（共著）（杉原信男訳）：経営と社会—批判的経営研究　マッツ・アルベッソン, ヒュー・ウィルモット編著, CMS研究会訳　同友館　2001.3　263p

Stegeman, Hartmut　ステーゲマン, ハルトムート
◇「神殿の巻物」2500年間の眠り 他：死海文書の研究　ハーシェル・シャンクス編, 池田裕監修, 高橋晶子, 河合一充訳　ミルトス　1997.9　452p

Steger, Ulrich　スティーガー, ウルリッヒ
◇重役会議室のグリーニング：ドイツの会社はどのように環境問題を処理しているか（市村潤二訳）：グリーニングチャレンジ—企業の環境戦略　Kurt Fischer, Johan Schot編, 藤森敬三監訳, 日本電気環境エンジニアリング訳　日科技連出版　1999.8　419p

Steiger, Lothar　シュタイガー, ローター
◇ルカによる福音書第二章一五—二〇節：光の降誕祭—20世紀クリスマス名説教集　ルードルフ・ランダウ編, 加藤常昭訳　再版　教文館　2004.9　308p

Steigerwald, Douglas G.　スタイゲルワルド, D.＊
◇ボラティリティ（共著）（下村元之訳）：ファイナンスハンドブック　R.A.Jarrow, V.Maksimovic, W.T.Ziemba編, 今野浩, 古川浩一監訳　朝倉書店　1997.12　1121p

Steigman, Pamela J.　スタイグマン, P. J.＊
◇州助成による積極的な地域内処遇事業の担当者研修（共著）：チームを育てる—精神障害リハビリテーションの技術　パトリック・W.コリガン, ダニエル・W.ギフォート編, 野中猛監訳, 柴田珠里訳・著　金剛出版　2002.5　168p

Stein, Alexandra　スタイン, アレクサンドラ
◇カルトの中の母親たち—母子関係にカルトが与える影響：カルト宗教—性的虐待と児童虐待はなぜ起きるのか　紀藤正樹, 山口貴士著・訳　アスコム　2007.3　303p

Stein, Edith　シュタイン, エディット
◇わたしはどのようにして, ケルンのカルメル会に入会したか（西宮カルメル会訳）：エディット・シュタイン—小伝と手記　女子パウロ会　1999.10　124p

Stein, Gertrude　スタイン, ガートルード
◇ガートルード・スタイン（落石八月月訳）：インタヴューズ 2　クリストファー・シルヴェスター編, 新庄哲夫ほか訳　文芸春秋　1998.11　451p

Stein, Lorenz von　シュタイン, ローレンツ・フォン
◇日本帝国史および法史の研究（滝井一博訳）：国際比較法制研究—ユリスプルデンティア　4　石田喜久夫ほか編　比較法制研究所　1995.6　173, 48p

Stein, Robert M.　スタイン, ロバート・M.
◇女性の解放から女性性の解放へ（南川節子訳）：女性の誕生—女性であること：意識的な女性性の誕生　コニー・ツヴァイク編, 川戸円訳　山王出版　1996.9　398p
◇女性の解放から女性性の解放へ（南川節子訳）：女性の誕生—女性であること：意識的な女性性の誕生　コニー・ツヴァイク編, 川戸円, リース・滝幸子訳　第2版　山王出版　1997.9　403p

Stein, Wolfram　シュタイン, ウォルフラム
◇ITの複雑さと戦う（共著）（琴坂将広監訳）：マッキンゼーITの本質—情報システムを活かした「業務改革」で利益を創出する　横ής信一, 萩平和巳, 金平直人, 大隈健史, 琴坂将広編著・監訳, 鈴木立я訳　ダイヤモンド社　2005.3　212p（The McKinsey anthology）

Steinberg, Laurence D.　スタインバーグ, L. D.
◇昼間保育の生態（共著）：非伝統的家庭の子育て—伝統的家庭との比較研究　マイケル・E.ラム編著, 久米稔監訳　家政教育社　1993.8　468p

Steinem, Gloria　スタイナム, グロリア
◇グロリア・スタイナム—アメリカの女性に向けて（川端伸子訳）：アメリカ社会の光と影　板場良久スピーチ解説, 川端伸子訳　アルク　1998.7　138p（20世紀の証言 英語スピーチでたどるこの100年 第4巻—CD book　松尾弌之監修・解説）
◇マーガレット・サンガー：TIMEが選ぶ20世紀の100人 上巻　指導者・革命家・科学者・思想家・起業家　徳岡孝夫監訳　アルク　1999.11　332p

Steiner, Donald　シュタイナー, D.
◇移動体（モバイル）環境におけるビジネスプロセス・マネジメント—WebV2社のケース（戒野敏浩訳）：ARISを活用したシステム構築—エンタープライズ・アーキテクチャの実践　A.-W.シェアー他編, 堀内正博, 田中正郎, 力広俊訳　シュプリンガー・フェアラーク東京　2005.1　201p

Steiner, George　スタイナー, ジョージ
◇ワルター・ベンヤミン『ワルター・ベンヤミン著作選集』1（土岐恒二訳）：ロンドンで本を読む　丸谷才一編著　マガジンハウス　2001.6　337, 8p

Steiner, John　スタイナー, ジョン
◇病理構造体と妄想−分裂態勢, 抑うつ態勢の相互作用（世良洋訳）：メラニー・クラインとフロイディ 2　思索と人格病理　エリザベス・B.スピリウス編, 古賀靖彦, 白峰克彦, 世良洋, 田中俊孝, 東中園聡紘, 松木邦裕監訳　岩崎学術出版社　1993.8　202p
◇妄想分裂ポジションと抑うつポジション間の平衡（平井正三訳）：クラインとビオンの臨床講義　R.アンダーソン編, 木部則雄ほか訳　岩崎学術出版社　1996.10　226p（現代精神分析双書 第2期 第20巻）

Steiner, Miriam　スタイナー, ミリアム
◇教えることと学ぶこと 他（栗原真造訳）：地球市民教育のすすめかた—ワールド・スタディーズ・ワーク

ブック デイヴィッド・ヒックス, ミリアム・スタイナー編, 岩崎裕保監訳 明石書店 1997.6 341p

Steiner, Nathalie シュタイナー, N. *
◇痛みの管理(共著):日本版MDS-HC 2.0在宅ケアアセスメントマニュアル John N.Morris他編著, 池上直己訳 医学書院 1999.9 294p
◇痛みの管理(共著):日本版MDS-HC 2.0在宅ケアアセスメントマニュアル John N.Morris他編著, 池上直己訳 新訂版 医学書院 2004.11 298p

Steiner, Philippe ステネール, フィリップ
◇封建君主とブルジョワ(高塚浩由樹訳):ブローデル帝国 M.フェロー他著, F.ドス編, 浜名優美監訳 藤原書店 2000.5 294p
◇資本主義と近代性:開かれた歴史学―ブローデルを読む イマニュエル・ウォーラーステインほか著, 浜田道夫, 末広菜穂子, 中村美幸訳 藤原書店 2006.4 318p

Steingräber, Stephan シュタイングレーバー, シュテファン
◇エトルリアのネクロポリス、墓、葬祭絵画 他(大槻泉訳):死後の礼節―古代地中海圏の葬祭文化 紀元前7世紀‐紀元前3世紀 シュテファン・シュタイングレーバー編 東京大学総合研究博物館 2000.12 202p

Stella, Isaac ステラ, イサアク
◇魂についての書簡:中世思想原典集成 10 修道院神学 上智大学中世思想研究所編訳・監修 平凡社 1997.10 725p

Stengel, Casey ステンゲル, ケーシー
◇ケーシー・ステンゲル―野球と独占禁止法に関する議会証言(楢原潤子訳):アメリカの夢と理想の実現 板場良久スピーチ解説, 増田恵理子, 楢原潤子訳 アルク 1998.7 120p (20世紀の証言 英語スピーチでたどるこの100年 第3巻―CD book 松尾弌之監修・解説)

Stephens, Maria スティーブン, マリア
◇政策と実践にみるコンピテンスの優先順序(共著):キー・コンピテンシー―国際標準の学力をめざして OECD DeSeCo コンピテンシーの定義と選択 ドミニク・S.ライチェン, ローラ・H.サルガニク編著, 立田慶裕監訳, 今西幸蔵, 岩崎久美子, 猿田祐嗣, 名取一好, 野村和, 平沢安政訳 明石書店 2006.5 248p

Stephens, Mitchell スティーヴンス, ミッチェル
◇ニュースを変えたテレビ:歴史のなかのコミュニケーション―メディア革命の社会文化史 デイヴィッド・クローリー, ポール・ヘイヤー編, 林進, 大久保公雄訳 新曜社 1995.4 354p

Stephens, Robert ステファンズ, ロバート
◇貧困, 家計そして社会保障(黒川章子訳):ニュージーランド福祉国家の再設計―課題・政策・展望 ジョナサン・ボストン, ポール・ダルジール, スーザン・セント・ジョン編, 芝田英昭, 福地潮人監訳 法律文化社 2004.12 394p

Stephens, Sharon スティーヴンス, シャロン
◇不確実性の封じ込め:災害の人類学―カタストロフィと文化 スザンナ・M.ホフマン, アンソニー・オリヴァー=スミス編著, 若林佳史訳 明石書店 2006.11 327p

Stephenson, G. M. スティヴンソン, ジェフリー・M.
◇応用社会心理学(渡辺浪二訳):社会心理学概論―ヨーロピアン・パースペクティブ 2 M.ヒューストン, W.シュトレーベ, J.P.コドル, G.M.スティヴンソン編 誠信書房 1995.1 353p

Stern, J. P. スターン, J. P.
◇ニーチェ―J.P.スターンとの対話(共著)(西江秀三訳):西洋哲学の系譜―第一線の哲学者が語る西欧思想の伝統 ブライアン・マギー編, 高頭直樹ほか訳 晃洋書房 1993.5 482p

Stern, Marc A. スターン, マーク・A.
◇序論 他(共著):地球公共財―グローバル時代の新しい課題 インゲ・カール, イザベル・グルンベルグ, マーク・A.スターン編, FASID国際開発研究センター訳 日本経済新聞社 1999.11 326p

Stern, Nicholas Herbert スターン, ニコラス
◇経済発展と経済成長理論:フューチャー・オブ・エコノミクス―21世紀への展望 ガルブレイス他著, J.D.ヘイ編, 鳥居泰彦訳 同文書院インターナショナル 1992.11 413p

Sternberg, Robert J. スタンバーグ, ロバート・J.
◇閉ざされた扉の背後で(駒沢純訳):「意識」の進化論―脳 こころ AI ジョン・ブロックマン編, 長尾力ほか訳 青土社 1992.10 366p
◇心理学者のように考える方法を教える(広岡秀一訳):アメリカの心理学者心理学教育を語る―授業実践と教科書執筆のためのTIPS R.J.スタンバーグ編著, 宮元博章, 道田泰司訳 北大路書房 2000.6 247p

Sterrett, Christina ステレット, クリスチナ
◇幼稚園、ありがとう:わたしの日本学―外国人による日本学論文集 3 京都国際文化協会編 文理閣 1994.3 253p

Stetson, Charlotte Perkins ステッツオン, C. P.
◇婦人と経済(大日本文明協会編):世界女性学基礎文献集成 明治大正編 第8巻 水田珠枝監修 ゆまに書房 2001.6 354p

Steuerle, C. Eugene スターリ, C. ユージン
◇NPOセクターと連邦政府予算―最近の動向と今後の展望 他(共著):NPOと政府 E.T.ボリス, C.E.スターリ編著, 上野真城子, 山内直人訳 ミネルヴァ書房 2007.3 346p

Stevens, Bernard ステヴァンス, ベルナール
◇フランス語圏における現代日本哲学研究(上原麻有子訳):日本哲学の国際性―海外における受容と展望 J.W.ハイジック編 世界思想社 2006.3 342, 9p (Nanzan symposium 12)

Stevens, John A. スティーブンズ, ジョン・A.
◇犯罪捜査の標準的ツールと犯罪者プロファイリング(長澤秀利訳):犯罪者プロファイリング―犯罪行動が明かす犯人像の断片 ジャネット・L.ジャクソン, デブラ・A.ベカリアン編, 田村雅幸監訳, 辻典明, 岩見広一訳編 北大路書房 2000.3 234p

Stevens, Leonard A. スティーブンス, レオナルド・A.
◇「聞き上手」になる方法(共著):コミュニケーショ

ン戦略スキル　Harvard Business Review編，Diamondハーバード・ビジネス・レビュー編集部訳　ダイヤモンド社　2002.1　260p

Stevens, Rick　スティーブズ，リック
◇イスタンブールからヘラートに至るのろのろ道――イスタンブール/アフガニスタン：お気をつけて、いい旅を。――異国で出会った悲しくも可笑しい51の体験　メアリー・モリス、ポール・セロー、ジョー・ゴアス、イザベル・アジェンデ、ドミニク・ラピエールほか著，古屋美登里、中俣真知子訳　アスペクト　1995.7　366p

Stevenson, Adlai　スティーブンソン，アドレイ
◇アドレイ・スティーブンソン知事――大統領選挙戦における演説(滝順元訳)：アメリカ政治の展開　板場良久スピーチ解説、滝順元、白須清美訳　アルク　1998.4　148p　(20世紀の証言英語スピーチでたどるこの100年 第1巻=CD book　松尾弌之監修・解説)
◇アドレイ・スティーブンソン国連大使――キューバのミサイルをめぐる米ソの対立(津吉襄訳)：変貌する世界とアメリカ　板場良久スピーチ解説、津吉襄訳　アルク　1998.5　148p　(20世紀の証言英語スピーチでたどるこの100年 第2巻=CD book　松尾弌之監修・解説)

Stevenson, D.　スティヴンスン，デイヴィッド
◇十七世紀スコットランド史――黄昏か暁闇か：スコットランド史――その意義と可能性　ロザリンド・ミチスン編、富田理恵、家入葉子訳　未来社　1998.10　220, 37p

Stevenson, Ian　スティーヴンソン，イアン
◇超心理学を独立した科学分野と見なそうとしたのは見当違いであったか：超常現象のとらえにくさ　笠原敏雄編　春秋社　1993.7　776, 61p
◇死後生存――証拠と問題点：心霊研究――その歴史・原理・実践　イヴォール・グラッタン・ギネス編、和田芳久訳　技術出版　1995.12　414p　(超心理学叢書 第4巻)

Stevenson, Robert Louis Balfour　スティーヴンスン，ロバート・ルイス
◇ある移民のアメリカ大陸横断(一八七九年八月二十三日)：歴史の目撃者　ジョン・ケアリー編、仙名紀訳　朝日新聞社　1997.2　421p
◇ロバート・ルイス・スティーヴンスン(海保眞夫訳)：インタヴューズ　1　クリストファー・シルヴェスター編、新庄哲夫ほか訳　文芸春秋　1998.11　462p

Stevick, Daniel B.　スティーヴィック，D. B.
◇祈禱書のスピリチュアリティ：聖公会の中心　W.J.ウルフ編、西原廉太訳　聖公会出版　1995.8　303p

Stewart, Francis　スチュワート，フランシス
◇援助と貧困：ポスト冷戦時代の開発援助と日米協力　海外開発評議会編、市川博也監訳　国際開発ジャーナル社　1995.3　334p　(IDJ library)

Stewart, Harold　スチュアート，H.＊
◇ヒステリー性幻覚症患者を精神分析する際の操作上の諸問題について(堀川公平訳)：英国独立学派の精神分析――対象関係論の展開　G.コーホン編、西園昌久監訳　岩崎学術出版社　1992.6　278p　(現代精神分析双書 2-17)

Stewart, Ian　スチュアート，イアン
◇変化：世界は数理でできている　L.A.スティーン編、

三輪辰郎訳　丸善　2000.3　322p

Stewart, Raymond C.　スチュアート，R. C.＊
◇特許侵害に対する防御(共著)(河宮治訳)：国際特許侵害――特許紛争処理の比較法的検討　青山葆、木棚照一編　東京布井出版　1996.12　454p

Stewart, Thomas A.　スチュワート，トマス・A.
◇IBMバリュー：コミットメント――熱意とモラールの経営　Diamondハーバード・ビジネス・レビュー編集部訳　ダイヤモンド社　2007.4　270p　(Harvard business review)

Stibbe, Hugo L. P.　スティッブ，ヒューゴ・L. P.
◇国際記述標準の理論と技法：ISAD(G)とISAAR(CPF)の活用法：記録史料記述の国際標準　国際文書館評議会編、アーカイブズ・インフォメーション研究会編訳　北海道大学図書刊行会　2001.2　164p　(Archival information management study series no.1)

Stichweh, Wilhelm　シュティッヒベー，ビルヘルム
◇ヴィルヘルム・シュティッヒヴェー：回想のマックス・ウェーバー――同時代人の証言　安藤英治聞き手、亀嶋庸一編、今野元訳　岩波書店　2005.7　272, 5p

Stielow, Frederick J.　スティロー，フレデリック・J.
◇司書職の専門職化の重要な時代 他：アメリカ図書館界と積極的活動主義――1962-1973年　メアリー・リー・バンディ、フレデリック・J.スティロー編著、川崎良孝、森田千幸、村上加代子訳　京都大学図書館情報学研究会　2005.6　279p

Stifter, Adalbert　シュティフター，アーダルベルト
◇荒野の村：日独国際親善の旅　島田四郎著　近代文芸社　1993.5　210
◇水晶(手塚富雄訳)：川原泉の本棚　2　おすすめ本アンソロジー＆ブックガイド　川原泉選・イラスト　白泉社　2004.2　263p

Stigler, G. J.　スティグラー，ジョージ・J.
◇経済発展史上におけるマーシャル『原理』の位置(上宮正一郎訳)：マーシャル経済学の体系　J.K.ホイティカー編著、橋本昭一監訳　ミネルヴァ書房　1997.8　377p　(マーシャル経済学研究叢書 3)

Stiglitz, Joseph Eugene　スティグリッツ，ジョセフ・E.
◇経済科学の新時代：フューチャー・オブ・エコノミクス――21世紀への展望　ガルブレイス他著、J.D.ヘイ編、鳥居泰彦訳　同文書院インターナショナル　1992.11　413p
◇地球公共財としての知識(鈴木直喜訳)：地球公共財――グローバル時代の新しい課題　インゲ・カール、イザベル・グルンベルグ、マーク・A.スターン編、FASID国際開発研究センター訳　日本経済新聞社　1999.11　326p
◇現代の経済学理論と開発 他(共著)：開発経済学の潮流――将来の展望　G.M.マイヤー、J.E.スティグリッツ共編、関本勘次、近藤正規、国際協力グループ訳　シュプリンガー・フェアラーク東京　2003.7　412p
◇グローバル化と開発：グローバル化をどうとらえるか――ガヴァナンスの新地平　D.ヘルド、M.K.アーキブージ編、中谷義和監訳　法律文化社　2004.4　194p
◇年金改革再考(共著)(岡野裕介訳・解題)：脱=「年

金依存」社会　藤原書店　2004.12　253p　(別冊『環』9)

Stilwell, Frank　スティルウェル, フランク
◇経済合理主義―政策のための健全な基礎か？ 他(守山昭男訳)：超市場化の時代―効率から公正へ　スチュアート・リースほか編, 川原紀美雄監訳　法律文化社　1996.10　372p

Stine, Robert A.　スタイン, R. A. *
◇Mathematicaと拡散過程 他(共著)(高籔学訳)：Mathematica 経済・金融モデリング　Hal R.ヴァリアン編, 野口旭ほか共訳　トッパン　1996.12　553p

Stinson, Burke　スティンソン, バーク
◇CEOをめぐるスキャンダルにいかに対処すべきか(共著)：人材育成のジレンマ―ハーバード・ビジネス・レビューケースブック　Harvard Business Review編, Diamondハーバード・ビジネス・レビュー編集部訳　ダイヤモンド社　2004.12　219p
◇カリスマCEOのスキャンダルにどう対処すべきか(共著)：「問題社員」の管理術―ケース・スタディ　Diamondハーバード・ビジネス・レビュー編集部編訳　ダイヤモンド社　2007.1　263p　(Harvard business review anthology)

Stock, Sarah Geraldine　ストック, S. G.
◇天に一人を増しぬ(植村正久訳)：植村正久著作集 第3巻　植村正久著, 熊野義孝, 石原謙, 斎藤勇, 大内三郎監修　新教出版社　2005.12　478p

Stockenström, Göran　ストッケンストレーム, イェーラン
◇ストリンドベリとスウェーデンボルグ(渡辺千枝子訳)：エマヌエル・スウェーデンボルグ―持続するヴィジョン　ロビン・ラーセン編　春秋社　1992.11　307p

Stoddart, D. M.　シュトッダルト, D. M. *
◇ヒトの香り文化：動物学的背景：香りの感性心理学　S.ヴァン・トラー, G.H.ドッド編, 印藤元一訳　フレグランスジャーナル社　1994.2　238p

Stöhr, Martin　シュテール, マルティン
◇キリスト者はイスラエル国家と連帯する責任があるか：キリスト教とユダヤ教―キリスト教信仰のユダヤ的ルーツ　F.クリューゼマン, U.タイスマン編, 大住雄一訳　教文館　2000.12　232p

Stokes, Bruce　ストークス, ブルース
◇「日米自由貿易圏」を構築せよ：このままでは日本経済は崩壊する　フォーリン・アフェアーズ・ジャパン編・監訳, 竹下興喜監訳　朝日新聞社　2003.2　282, 11p　(朝日文庫―フォーリン・アフェアーズ・コレクション)

Stokes, Graham　ストークス, グラハム
◇恐怖に駆られて安全な世界を守る 他(國本佳未訳)：パーソン・センタード・ケア―認知症・個別ケアの創造的アプローチ　スー・ベンソン編, 稲谷ふみ枝, 石崎淳一編訳　改訂版　クリエイツかもがわ　2007.5　145p

Stokman, Frans N.　ストークマン, フラン・N.
◇オランダのネットワーク：兼任の類型とネットワークの構造 他(共著)：企業権力のネットワーク―10カ国における役員兼任の比較分析　フラン・N.ストークマン, ロルフ・ツィーグラー, ジョン・スコット編著, 上田義朗訳　文真堂　1993.11　340p

Stolk, A. A. H.　ストルク, A. A. H.
◇外交官・植民地軍司令官ヤン・シャールス・パブスト：日蘭交流400年の歴史と展望―日蘭交流400周年記念論文集 日本語版　レオナルド・ブリュッセイ, ウィレム・レメリンク, イフォ・スミッツ編　日蘭学会　2000.4　459p　(日蘭学会学術叢書 第20)

Stolleis, Michael　シュトライス, ミヒャエル
◇一七・一八世紀の帝国(公)国)法論―政治学―自然法論 他：17・18世紀の国家思想家たち―帝国(公)国)法論・政治学・自然法論　ミヒャエル・シュトライス編, 佐々木有司, 柳原正治訳　木鐸社　1995.2　593, 13p

Stone, Laura　ストーン, ローラ
◇貿易と安全保障の漂流(佐藤丙午訳)：日米同盟―米国の戦略　マイケル・グリーン, パトリック・クローニン編, 川上高司監訳　勁草書房　1999.9　229, 11p

Stone, Linda　ストーン, リンダ
◇共感にもバランスが大切：EQを鍛える　Diamondハーバード・ビジネス・レビュー編集部訳　ダイヤモンド社　2005.7　286p　(Harvard business review anthology)

Stone, W. Clement　ストーン, W. クレメント
◇「人生を成功に導く」画期的なプログラムを今、日本の皆様にご紹介できる喜び―日本の皆様へ 他：思考は現実化する―私はこうして思考を現実化した 実践編　ナポレオン・ヒル財団日本リソーセス編・訳　騎虎書房　1997.3　231p
◇熱意をもちつづける方法：成功大学　オグ・マンディーノ編, 箱田忠昭訳　日本経営合理化協会出版局　1998.9　689p
◇熱意をもちつづける方法：成功大学　オグ・マンディーノ編, 箱田忠昭訳　皮革携帯版　日本経営合理化協会出版局　1998.9　689p

Stopes, Marie Carmichael　ストープス, マリー・カーミチェル
◇避妊乃研究(馬島僩訳)：性と生殖の人権問題資料集成―編集復刻版 第5巻　不二出版　2001.2　413p

Storbeck, James　シュトルベック, J. *
◇位置決定支援のための空間効率性の枠組み(共著)(生田目崇訳)：経営効率評価ハンドブック―包絡分析法の理論と応用　Abraham Charnesほか編, 刀根薫, 上田徹監訳　朝倉書店　2000.2　465p

Storey, H.　ストレイ, H. *
◇その人物の持つ最高の能力や特色が引き出された：心にのこる最高の先生―イギリス人の語る教師像　上林喜久子編訳著　関東学院大学出版会　2004.11　97p
◇その人物の持つ最高の能力や特色が引き出された：イギリス人の語る心にのこる最高の先生　上林喜久子編訳　関東学院大学出版会　2005.6　68p

Storey, Keith　ストウレイ, K. *
◇発達障害者の雇用における社会的・職業的要因(共著)：重度知的障害への挑戦　ボブ・レミントン編, 小林重雄監訳, 藤原義博, 平沢紀子共訳　二瓶社　1999.3　461p

Storr, Anthony　ストー, アンソニー
◇ジグムント・フロイト(大島由紀夫訳)：心理学の7人の開拓者　レイ・フラー編, 大島由紀夫, 吉川信訳

Stott, John R. W. ストット, ジョン・R. W.
◇生ける神は宣教の神：世界宣教の展望 ラルフ・D. ウィンター, スティーブン・C.ホーソーン編, 倉沢正則, 日置善一訳 いのちのことば社 2003.12 239p

Strange, Susan ストレンジ, スーザン
◇グローバル資本主義の将来：現代の資本主義制度——グローバリズムと多様性 コーリン・クラウチ, ウォルフガング・ストリーク編, 山田鋭夫訳 NTT出版 2001.7 301p

Strasser, Dale C. ストレッサー, ディール・C.
◇高齢者のリハビリテーションにおける医学的考察（山口和彦訳）：高齢化社会と視覚障害——新世紀に向けたアメリカの挑戦 ジョン・E.クルーズ, フランク・J.ウィッテングトン編, 岩橋明子訳監修 日本盲人福祉委員会 2003.1 302p

Strasser, Johano シュトラッサー, ヨハノ
◇社会進化論と過保護国家の間で（石田淳訳）：グローバルな市民社会に向かって マイケル・ウォルツァー編著, 石田淳ほか訳 日本経済評論社 2001.10 397p

Stratford, Teresa ストラトフォード, テレサ
◇「私は彼のもの」——ロマンス小説 他：メディア・セクシズム——男がつくる女 ジュリアンヌ・ディッキー, テレサ・ストラトフォード, キャス・デイビス編, 井上輝子, 女性雑誌研究会編訳 垣内出版 1995.6 342p

Straub, Detmar W. シュトラウブ, D. W. *
◇デジタル時代のIT管理（共著）：新リレーションとモデルのためのIT企業戦略とデジタル社会 ゲイリー・ディクソン, ジェラルディン・デサンクティス編, 橋立克樹ほか訳 ピアソン・エデュケーション 2002.3 305p

Strausbaugh, John ストロースボー, ジョン
◇はじめに（高城恭子訳）：ドラッグ・ユーザー ジョン・ストロースボー, ドナルド・プレイス編, 高城恭子ほか訳 青弓社 1995.9 219p

Strean, Herbert S. ストリーン, ハーバート・S.
◇精神分析理論（山下格訳）：ソーシャルワーク・トリートメント——相互連結理論アプローチ 上 フランシス・J.ターナー編, 米本秀仁監訳 中央法規出版 1999.4 574p

Streeck, Wolfgang ストリーク, ウォルフガング
◇ドイツ資本主義 他：現代の資本主義制度——グローバリズムと多様性 コーリン・クラウチ, ウォルフガング・ストリーク編, 山田鋭夫訳 NTT出版 2001.7 301p

Streitz, Norbert A. シュトライツ, N. A. *
◇メンタル・モデルとメタファ：適応型ユーザシステム・インタフェース設計の意味するもの：知的教育システムと学習 Heinz Mandl, Alan Lesgold編, 菅井勝雄, 野嶋栄一郎監訳 共立出版 1992.5 370p

Streshinsky, Shirley ストレシンスキー, シャーリー
◇大切な友人と旅をするということ——インド：お気をつけて, いい旅を。——異国で出会った悲しくも可笑しい51の体験 メアリー・モリス, ポール・セロー, ジョー・ゴアス, イザベル・アジェンデ, ドミニク・

ラピエールほか著, 古屋美登里, 中俣真知子訳 アスペクト 1995.7 366p

Striegel-Moore, Ruth ストリーゲル＝モア, ルース
◇症状選択における連続性と変化——拒食症（共著）（大熊保彦訳）：時間と空間の中の子どもたち——社会変動と発達への学際的アプローチ グレン・H.エルダー, ジョン・モデル, ロス・D.パーク編, 本田時雄監訳 金子書房 1997.10 379p

Strike, Kenneth A. ストライク, K. A.
◇概念転換として見た学習と理解（共著）：認知構造と概念転換 L.H.T.ウエスト, A.L.パインズ編, 野上智行, 稲垣成哲, 田中浩朗, 森藤義孝訳, 進藤公夫監訳 東洋館出版社 1994.5 327p

Stroebe, W. シュトレーベ, ヴォルフガング
◇態度II：態度変容の方略（共著）（上野徳美訳）：社会心理学概論——ヨーロピアン・パースペクティブ 1 M.ヒューストンほか編, 末永俊郎, 安藤清志監訳 誠信書房 1994.10 355p

Strömberg, Lars ストレムベリ, ラーシュ
◇政治改革と行政の抵抗［スウェーデン］（共著）：北欧の地方分権改革——福祉国家におけるフリーコミューン実験 ハラール・ボルデシュハイム, クリステル・ストールバリ編著, 大和田建太郎, 小原亜生, 広田全男訳 日本評論社 1995.8 233p

Strout, Elizabeth ストラウト, エリザベス
◇被害妄想——私を消耗させた友だちの「自分探し」：女友だちの賞味期限——なぜ彼女は私を裏切ったのか…. ジェニー・オフィル, エリッサ・シャッペル編, 糸井恵訳 プレジデント社 2006.3 343p

Strumpf, Casey ストランプ, キャセイ
◇社内コーチによるコーチング：エグゼクティブ・コーチング——経営幹部の潜在能力を最大限に引き出す キャサリン・フィッツジェラルド, ジェニファー・ガーヴェイ・バーガー編, 日本能率協会コンサルティング訳 日本能率協会マネジメントセンター 2005.4 370p

Strunk, Norman ストランク, ノーマン
◇貯蓄貸付金融機関物語：経済危機——金融恐慌は来るか マーティン・フェルドシュタイン編, 祝迫得夫, 中村洋訳, 伊藤隆敏監訳 東洋経済新報社 1992.10 350p

Struyk, Raymond J. ストライク, レイモンド・J.
◇序論 他：政策形成と日本型シンクタンク——国際化時代の「知」のモデル アーバン・インスティテュート編, 上野真城子監訳 東洋経済新報社 1994.7 174p

Stryker, Perrin ストライカー, ペリン
◇問題の分析方法：問題編 問題の分析方法：解決編：意思決定の思考技術 Harvard Business Review編, Diamondハーバード・ビジネス・レビュー編集部訳 ダイヤモンド社 2001.12 264p

Stryker, Sheldon ストライカー, S.
◇ライフコースにわたる自己の安定性と変化（共著）（小野寺敦子訳）：生涯発達の心理学 2巻 気質・自己・パーソナリティ 東洋, 柏木恵子, 高橋恵子編・監訳 新曜社 1993.10 204p

Stuart, Marth スチュアート, マーサ
◇人間的交流を通じての社会変化——聴くことは話すこ

Stuckey, John スタッキー, ジョン
◇MACS：市場重視の経営戦略フレームワーク（共著）：マッキンゼー戦略の進化—不確実性時代を勝ち残る　名和高司, 近藤正晃ジェームス編著・監訳, 村井章子訳　ダイヤモンド社　2003.3　221p

Stuckey, Roy T. スタッキー, R. T.
◇米国および英国における法曹実務教育：模擬法律事務所はロースクールを変えるか—シミュレーション教育の国際的経験を学ぶ第2回国際シンポジウム報告書　関西学院大学法科大学院形成支援プログラム推進委員会編　関西学院大学出版会　2006.10　278p

Stuen, Cynthia ステュエン, シンシア
◇高齢化と視覚障害リハビリテーション研究への指ारन（共著）（鴫原純子訳）：高齢化社会と視覚障害—新世紀に向けたアメリカの挑戦　ジョン・E.クルーズ, フランク・J.ウイッテングトン編, 岩橋明子訳監修　日本盲人福祉委員会　2003.1　302p

Stulz, RenéM. スタルフ, R. *
◇国際ポートフォリオ選択と資産評価：統合的なサーベイ（鈴木賢一訳）：ファイナンスハンドブック　R.A.Jarrow, V.Maksimovic, W.T.Ziemba編, 今野浩, 古川浩一監訳　朝倉書店　1997.12　1121p

Stumbras, Sheryl ストゥムブラス, シェリル
◇草の根レベルにおける女性エンパワーメント構想に注目する（共著）（尾崎公子訳）：世界の人権教育—理論と実践　ジョージ・J.アンドレオポーロス, リチャード・ピエール・クロード編著, 黒沢惟昭監訳　明石書店　1999.2　758p

Sturdy, Deborah ストゥルデ, D. *
◇高齢者の虐待（共著）：日本版MDS-HC 2.0在宅ケアアセスメントマニュアル　John N.Morris他編著, 池上直己訳　医学書院　1999.9　294p
◇高齢者の虐待（共著）：日本版MDS-HC 2.0在宅ケアアセスメントマニュアル　John N.Morris他編著, 池上直己訳　新訂版　医学書院　2004.11　298p

Sturm, Lynne ストゥルム, L. *
◇成長不全（FTT）子どもの親訓練（共著）：共同治療者としての親訓練ハンドブック　下　Charles E.Schaefer, James M.Briesmeister編, 山上敏子, 大隈紘子監訳　二瓶社　1996.11　p334-648

Sturma, Dieter シュトゥアマ, ディーター
◇時間について（バンベルクの討議）（共著）：哲学の原点—ドイツからの提言　ハンス・ゲオルク・ガダマー他著, U.ベーム編, 長倉誠一, 多田茂訳　未知谷　1999.7　272, 11p

Stürmer, Michael シュテュルマー, ミヒャエル
◇ミヒャエル・シュテュルマー：戦後ドイツを生きて—知識人は語る　三島憲一編・訳　岩波書店　1994.10　370p
◇歴史なき国における歴史（三島憲一訳）：過ぎ去ろうとしない過去—ナチズムとドイツ歴史家論争　ユルゲン・ハーバーマス他著, 徳永恂ほか訳　人文書院　1995.6　257p

Stuwart, Paul スチュアート, ポール
◇マネジメントコントロールと懐柔の新体制：ポスト・フォーディズムと地域経済（共著）（久富健治訳）：フォーディズムとフレキシビリティ—イギリスの検証　N.ギルバートほか著, 丸山恵也監訳　新評論　1996.9　238p

Styfco, Sally J. スティフコ, サリー・J.
◇調和の力：連邦政府による幼児教育プログラムの統合化 他（共著）：アメリカ幼児教育の未来—ヘッドスタート以後　エドワード・ジグラー, サリー・スティフコ編著, 田中道治訳　コレール社　1998.12　137p

Styles, Morag スタイルズ, モラグ
◇トンネルのなかで（谷本誠剛訳）：子どもはどのように絵本を読むのか　ヴィクター・ワトソン, モラグ・スタイルズ編, 谷本誠剛監訳　柏書房　2002.11　382p　（シリーズ〈子どもと本〉3）

Suarez, Franciscus スアレス, フランシスコ
◇法律についての、そして立法者たる神についての論究 他（山辺建訳）：中世思想原典集成 20　近世のスコラ学　上智大学中世思想研究所編訳・監修　平凡社　2000.8　1193p

Suarez, Simplicio U. スアレス, S. U. *
◇フィリピン（共著）：東アジア9か国の著作権法制と著作権事情—東アジア著作権セミナーにおける各国の報告書　著作権資料協会　1974.2　75p

Suarez-Orozco, Carola スアレズ＝オロズコ, カローラ
◇若年移住者の適応反応に見る心理的・文化的要因（ベバリー・アン山本訳）：女性の人権とジェンダー—地球規模の視座に立って　マージョリー・アゴシン編著, 堀内光子, 神崎智子, 望月康恵, 力武由美, ベバリー・アン山本訳　明石書店　2007.12　586p　（明石ライブラリー）

Subramaniam, Som サブラマニアム, ソム
◇規律ある戦略（共著）：マッキンゼー戦略の進化—不確実性時代を勝ち残る　名和高司, 近藤正晃ジェームス編著・監訳, 村井章子訳　ダイヤモンド社　2003.3　221p
◇企業価値を高める資本政策（共著）（山下明訳）：マッキンゼー事業再生—ターンアラウンドで企業価値を高める　本田桂子編著・監訳　ダイヤモンド社　2004.11　231p　（The McKinsey anthology）

Suchocki, Majorie Hewitt スチョーキー, マジョリー・ヒューウィット
◇正義を求めて—フェミニスト的観点からの宗教的多元主義：キリスト教の絶対性を超えて—宗教的多元主義の神学　ジョン・ヒック, ポール・F.ニッター編, 八木誠一, 樋口恵訳　春秋社　1993.2　429p

Süchting, Joachim シューチング, J. *
◇銀行と保険会社のリスク状況について—あわせて監督制度の議論に関する一試論（中村高幸訳）：ディーター・ファーニー と保険学—ファーニー教授還暦記念論文集より　ドイツ保険事情研究会訳　生命保険文化研究所　1996.3　201p　（文研叢書 16）

Sudler, Jamie サドラー, ジェイミー
◇国家間システム（共著）：転移する時代—世界システムの軌道1945—2025　I.ウォーラーステイン編, 丸山勝訳　藤原書店　1999.6　378p

Sugano, H.　スガノ, H.＊
◇香りの心理生理学的研究：香りの生理心理学　S.ヴァン・トラー, G.H.ドッド編, 印藤元一訳　フレグランスジャーナル社　1996.6　306p

Sugar, Judith A.　シュガー, J.＊
◇施設におけるQOLの規定要因—施設に居住する虚弱な高齢者・スタッフ・家族の意識（共著）（岩崎正子訳）：虚弱な高齢者のQOL—その概念と測定　James E.Birrenほか編, 三谷嘉明他訳　医歯薬出版　1998.9　481p

Sugarman, Stephen D.　シュガーマン, ステファン・D.
◇アメリカ家族法における最近の論争（北脇敏一訳）：21世紀の民法—小野幸二教授還暦記念論集　法学書院　1996.12　970p

Sugden, N.　サグデン, N.＊
◇学際的チームにおける差別に反対するソーシャルワーク実践（前田美也子訳）：医療ソーシャルワークの挑戦—イギリス保健関連ソーシャルワークの100年　ジョアン・バラクローほか編著, 児島美都子, 中村永司監訳　中央法規出版　1999.5　271p

Sugg, Diana K.　サグ, ダイアナ・K.
◇門毎：締切り間際の殺人事件簿—特ダネ事件記者が綴る11の難事件　リサ・ベス・ピュリッツァー編, 加藤洋子訳　原書房　1998.6　332p

Suiter, Judy I.　スーター, ジュディ・I.＊
◇仕事に対する不満のコスト　他（共著）（三浦正江訳）：ストレスと快楽　デイビッド・M.ウォーバートン, ニール・シャーウッド編著, 上里一郎監訳　金剛出版　1999.10　301p

Suleiman, Susan Rubin　スレイマン, スーザン・ルービン
◇鳥の王者と風の花嫁の出会い—レオノーラ・キャリントンとマックス・エルンスト：カップルをめぐる13の物語—創造性とパートナーシップ　上　ホイットニー・チャドウィック, イザベル・ド・クールティヴロン編, 野中邦子, 桃井緑美子訳　平凡社　1996.3　233p　（20世紀メモリアル）

Sulistyaningsih, Endang　スリスティアニンシ, エンダン
◇インドネシアにおける売買春（共著）（内藤文子訳）：セックス「産業」—東南アジアにおける売買春の背景　リン・リーン・リム編著, 津田守他訳　日本労働研究機構　1999.12　334p

Sulkowicz, Kerry J.　サルコビッチ, ケリー・J.
◇悪の腹心：いかに「問題社員」を管理するか　Diamondハーバード・ビジネス・レビュー編集部編訳　ダイヤモンド社　2005.1　262p　（Harvard business review anthology）

Sull, Donald Norman　サル, ドナルド・N.
◇シンプル・ルール戦略（共著）：「選択と集中」の戦略　Diamondハーバード・ビジネス・レビュー編集部編訳　ダイヤモンド社　2003.1　286p
◇コミットメント・マネジメント　他（共著）：コミットメント—熱意とモラールの経営　Diamondハーバード・ビジネス・レビュー編集部編訳　ダイヤモンド社　2007.4　270p　（Harvard business review）

Sullivan, Arthur　サリヴァン, アーサー
◇サー・アーサー・サリヴァン（高橋健次訳）：インタヴューズ　1　クリストファー・シルヴェスター編, 新庄哲夫ほか訳　文芸春秋　1998.11　462p

Sullivan, Martin　サリヴァン, M.（獣医学）＊
◇テネシー州の地域ネットワークとビジネス・エンジェル：ビジネス・エンジェルの時代—起業家育成の新たな主役　R.T.ハリソン, C.M.メイソン編著, 西沢昭夫監訳, 通産省ビジネス・エンジェル研究会訳　東洋経済新報社　1997.6　245p

Sullivan, Melinda　サリヴァン, M.（老人介護）＊
◇入居者のニーズを評価する（共著）：個人に合わせた痴呆の介護—創造性と思いやりのアプローチ　J.レイダー, E.M.トーンキスト編, 大塚俊男監訳, 老齢健康科学研究財団訳　日本評論社　2000.1　269p

Sullivan, Michael　サリバン, マイケル
◇インターネット上での子どもの安全を守る（共著）：児童虐待の発見と防止—親や先生のためのハンドブック　ジェームズ・A.モンテリオン編著, 加藤和生訳　慶応義塾大学出版会　2003.8　261p

Sullivan, William　サリバン, ウィリアム
◇アメリカの社会改革と新たな近代性（越智敏夫訳）：グローバルな市民社会に向かって　マイケル・ウォルツァー編著, 石田淳ほか訳　日本経済評論社　2001.10　397p

Summers, Lawrence H.　サマーズ, ローレンス・H.
◇将来の金融危機に向けて何をなすべきか：経済危機—金融恐慌は来るか　マーティン・フェルドシュタイン編, 祝迫得夫, 中村洋訳, 伊藤隆敏監訳　東洋経済新報社　1992.10　350p
◇なぜアメリカにはIMFが必要か：IMF改廃論争の論点　ローレンス・J.マッキラン, ピーター・C.モントゴメリー編, 森川公隆監訳　東洋経済新報社　2000.11　285p

Sundholm, Goran　スントホルム, ヨラン
◇証明論的意味論と命題についてのフレーゲ的同一性規準（金子洋之訳）：フレーゲ哲学の最新像—ダメット, パーソンズ, ブーロス, ライト, ルフィーノ, ヘイル, アクゼル, スントホルム　岡本賢吾, 金子洋之編　勁草書房　2007.2　374p　（双書現代哲学 5）

Sungkawan, Decha　サングカワン, デチャ
◇タイの福祉国家の出現（堀田学, 久保谷政義訳）：アジアの福祉国家政策　白鳥令, デチャ・サングカワン, シュヴェン・E.オルソン＝ホート編　芦書房　2006.5　276p

Sung Sil Lee Sohng　スン・シル・リー・ソーン＊
◇エンパワメント戦略としての調査：ソーシャルワーク実践におけるエンパワーメント—その理論と実際の論考集　L.M.グティエーレス, R.J.パーソンズ, E.O.コックス編著, 小松源助監訳　相川書房　2000.6　333p

Supple, Barry　サップル, バーリ
◇多国籍企業（浅野栄一訳）：続 歴史のなかの多国籍企業—国際事業活動研究の拡大と深化　アリス・タイコーヴァ, モーリス・レヴィ・ルボワイエ, ヘルガ・ヌスバウム編, 浅野栄一, 鮎沢成男, 渋谷将, 竹村孝雄, 徳重昆志, 日高克平訳　中央大学出版部　1993.4　334p　（中央大学企業研究所翻訳叢書 6）

Surin, Kenneth スリン, ケネス
◇言語の政治学―マクドナルド・ハンバーガー時代の宗教多元主義：キリスト教は他宗教をどう考えるか―ポスト多元主義の宗教と神学　G.デコスタ編, 森本あんり訳　教文館　1997.11　330p

Surz, Ron シュルツ, ロン
◇コンピュータを使った年金投資の意思決定：年金資産運用マネジメントのすべて―プラン・スポンサーの新潮流　フランクJ.ファボッツィ編, 榊原茂樹監訳, 大和銀行信託財産運用部訳　金融財政事情研究会　1999.11　463p

Suters, Everett T. サッターズ, エヴェレット・T.
◇部下に任せることで、組織には「活力」を吹き込め―ウェルチはこうして組織を甦らせた―アメリカ・トップリーダーからの経営処方箋29　ケン・シェルトン編著, 堀紘一監修・訳　フロンティア出版　1999.12　281p

Suther, Judith D. サザー, ジュディス・D.
◇別々の仕事場―ケイ・セージとイヴ・タンギー：カップルをめぐる13の物語―創造性とパートナーシップ　下　ホイットニー・チャドウィック, イザベル・ド・クールティヴロン編, 野中邦子, 桃井緑美子訳　平凡社　1996.3　227p　（20世紀メモリアル）

Sutter, Robert サッター, ロバート
◇分裂と統一の今後およびアメリカ外交政策への意義：国家の分裂と国家の統一―中国、朝鮮、ドイツ、ベトナムの研究　趙全勝編著, 朱継征監訳, 佐佐木そのみ訳　旬報社　1998.1　276p

Sutton, Clive R. サットン, C. R.
◇言語・理解・コミットメント（共著）：認知構造と概念転換　L.H.T.ウエスト, A.L.パインズ編, 野上智行, 稲垣成美, 田中浩朗, 森藤義孝訳, 進藤公夫監訳　東洋館出版社　1994.5　327p

Sutton, Robert I. サットン, ロバート・I.
◇エビデンス・マネジメント（共著）：意思決定のサイエンス　Diamondハーバード・ビジネス・レビュー編集部訳　ダイヤモンド社　2007.3　238p　（Harvard business review anthology）
◇エビデンス・マネジメント（共著）：組織能力の経営論―学び続ける企業のベスト・プラクティス　Diamondハーバード・ビジネス・レビュー編集部編訳　ダイヤモンド社　2007.8　508p　（Harvard business review）

Sutton-Smith, Brian スットン＝スミス, ブリアン
◇とらえにくい歴史の子ども―歴史学と心理学から子どもを理解する方法（共著）（都筑学訳）：時間と空間の中の子どもたち―社会変動と発達への学際的アプローチ　グレン・H.エルダー, ジョン・モデル, ロス・D.パーク編, 本田時雄監訳　金子書房　1997.10　379p

Suyderhoud, Jack P. サイダーハウド, ジャック・P.
◇政府の規模：ハワイ楽園の代償　ランドール・W.ロス編　有信堂高文社　1995.9　248p

Svensson, Lennart スベンソン, L.
◇異なるコンセプション間の転換としての学習記述（共著）：認知構造と概念転換　L.H.T.ウエスト, A.L.パインズ編, 野上智行, 稲垣成美, 田中浩朗, 森藤義孝訳, 進藤公夫監訳　東洋館出版社　1994.5　327p

Svensson, Torbjörn スウェンソン, T. *
◇虚弱な高齢者の知的訓練とQOL（大川一郎訳）：虚弱な高齢者のQOL―その概念と測定　James E.Birrenほか編, 三谷嘉明他訳　医歯薬出版　1998.9　481p

Sviokla, John J. スビオクラ, ジョン・J.
◇バーチャル・バリューチェーンによる事業創造（共著）：成長戦略論　Harvard Business Review編, Diamondハーバード・ビジネス・レビュー編集部訳　ダイヤモンド社　2001.4　254p

Swain, Mark A. スウェイン, M. A.
◇発達障害、行動の変化、そして分化の変容―子どものための最適な環境へ（加藤哲文訳）：発達障害に関する10の倫理的課題　リンダ・J.ヘイズ他著, 望月昭, 冨安ステファニー監訳　二瓶社　1998.6　177p

Swap, Walter C. スワップ, ウォルター・C.
◇ディープ・スマート：暗黙知の継承（共著）：組織能力の経営論―学び続ける企業のベスト・プラクティス　Diamondハーバード・ビジネス・レビュー編集部編訳　ダイヤモンド社　2007.8　508p　（Harvard business review）

Swartz, David シュワーツ, デビッド
◇フランスの役員兼任：金融集団と産業集団：企業権力のネットワーク―10カ国における役員兼任の比較分析　フランN.ストークマン, ロルフ・ツィーグラー, ジョン・スコット編著, 上田義朗訳　文眞堂　1993.11　340p

Swedenborg, Emanuel スウェーデンボルグ, エマヌエル
◇新宗教論　天界と地獄（鈴木貞太郎訳）：鈴木大拙全集　第23巻　鈴木大拙著　増補新版　岩波書店　2001.8　563p
◇神智と神愛（鈴木大拙訳）：鈴木大拙全集　第25巻　鈴木大拙著, 久松真一, 山口益, 古田紹欽編　増補新版　岩波書店　2001.10　591p

Swenson, Cynthia Cupit スウェンソン, C. *
◇児童・青年期（共著）（大脇万起子訳）：地域精神保健看護　ナンシー・K.ワーレイ原著編集, 早川和生監訳　医学書院　1999.9　304p

Swersey, Arthur J. スウェルセイ, A. *
◇警察、消防、救急医療施設の配置（西村健治, 金森禎土訳）：公共政策ORハンドブック　S.M.Pollock, M.H.Rothkopf, A.Barnett編, 大山達雄監訳　朝倉書店　1998.4　741p

Swimme, Brian スウィム, ブライアン
◇ロボトミーの癒し手：世界を織りなすローエコフェミニズムの開花　アイリーン・ダイアモンド, グロリア・フェマン・オレンスタイン編, 奥田暁子, 近藤和子訳　学芸書林　1994.3　457, 12p

Swinburne, Richard スウィンバーン, リチャード
◇自由と悪：哲学者は何を考えているのか　ジュリアン・バジーニ, ジェレミー・スタンルーム編, 松本俊吉訳　春秋社　2006.5　401, 13p　（現代哲学への招待 basics　丹治信春監修）

Swing, Randy L. スウィング, R. L.
◇初年次教育の世界的動向 他（佐野秀行訳）：初年次教育―歴史・理論・実践と世界の動向　浜名篤, 川嶋太津夫監訳　丸善　2006.11　267p

Swoboda, Peter　スヴォボダ, P.(金融)*
◇財務構造と税制(共著)(佐山展生訳)：ファイナンスハンドブック　R.A.Jarrow, V.Maksimovic, W.T.Ziemba編, 今野浩, 古川浩一監訳　朝倉書店　1997.12　1121p

Symington, Neville　シミントン, ネヴィル
◇治療的変化をおこす主体としての分析者の自由な行為：英国独立学派の精神分析―対象関係論の展開　G.コーホン編, 西園昌久監訳　岩崎学術出版社　1992.6　278p　(現代精神分析双書 2・17)

Symonds, J. A.　シモンズ, ジョン・アディントン
◇現代の倫理学の一問題：ホモセクシュアリティ　土屋恵一郎ほか編, 富山太佳夫監訳　弘文堂　1994.9　309p　(叢書・イギリスの思想と文化 2)

Symonides, Janusz　シモニデス, ヤヌシュ
◇文化的権利(富田麻理訳)：国際人権法マニュアル―世界的視野から見た人権の理念と実践　ヤヌシュ・シモニデス編著, 横田洋三監修, 秋月弘子, 滝沢美佐子, 富田麻理, 望月康恵訳　明石書店　2004.3　467p

Szippl, Richard F.　ツィプル, リチャード・F.
◇披露宴：ニッポン不思議発見！―日本文化を英語で語る50の名エッセイ集　日本文化研究所編, 松本道弘訳　講談社インターナショナル　1997.1　257p　(Bilingual books)

Szivos, Sue　スジビョウ, スー
◇統合の限界：ノーマリゼーションの展開―英国における理論と実践　ヘレン・スミス, ヒラリー・ブラウン編, 中園康夫, 小田兼三監訳　学苑社　1994.4　300p

Szwarc, Andrzej J.　シュヴァルツ, アンジェイ・J.
◇エイズと差別(中祐勝美訳)：ヨーロッパの差別論　ヤン・C.ヨェルデン編, 田村光彰ほか訳　明石書店　1999.12　452p　(世界人権問題叢書 34)

【T】

Tabak, Faruk　タバク, ファルーク
◇世界労働力：転移する時代―世界システムの軌道 1945―2025　I.ウォーラーステイン編, 丸山勝訳　藤原書店　1999.6　378p

Taft, William Howard　タフト, ウィリアム・ハワード
◇ウィリアム・ハワード・タフト大統領候補―農民と共和党について(滝順子訳)：アメリカ政治の展開　板場良久スピーチ解説, 滝順子, 白須清美訳　アルク　1998.4　148p　(20世紀の証言　英語スピーチでたどるこの100年　第1巻―CD book　松尾弌之監修・解説)
◇ウィリアム・ハワード・タフト(高橋健次訳)：インタヴューズ　1　クリストファー・シルヴェスター編, 新庄哲夫ほか訳　文芸春秋　1998.11　462p

Tagg, John　タッグ, ジョン
◇グローバル化, 全体化, 言説的領域(保呂篤彦訳)：文化とグローバル化―現代社会とアイデンティティ表現　A.D.キング編, 山中弘, 安藤充, 保呂篤彦訳　玉川大学出版部　1999.8　244p

Taguieff, P. -A.　タギエフ, ピエール＝アンドレ
◇反動的レトリックの中のニーチェ　伝統主義のパラダイム―近代への嫌悪と反自由主義：反ニーチェ―なぜわれわれはニーチェ主義者ではないのか　リュック・フェリー, アラン・ルノーほか著, 遠藤文彦訳　法政大学出版局　1995.12　336, 6p　(叢書・ウニベルシタス)

Taine　テーヌ
◇芸術と制度：ドゥルーズ初期―若き哲学者が作った教科書　ジル・ドゥルーズ編著, 加賀野井秀一訳注　夏目書房　1998.5　239p

Takacs, Timothy　タカクス, ティモシー
◇戦略, 情報技術, およびサプライチェーン―生き残るためではなく, 成功するための情報技術管理(共著)　ジョン・ガトーナ編, 前田健蔵, 田村誠一訳　東洋経済新報社　1999.5　377p　(Best solution)

Talbot, Alan　タルボット, アラン
◇お巡りさん：ニッポン不思議発見！―日本文化を英語で語る50の名エッセイ集　日本文化研究所編, 松本道弘訳　講談社インターナショナル　1997.1　257p　(Bilingual books)

Talbot, Karen　タルボット, カレン
◇湾岸戦争―アフリカ・アジア人民に対する犯罪：アメリカの戦争犯罪　ラムゼイ・クラーク編著, 戦争犯罪を告発する会訳　柏書房　1992.12　346p　(ブックス・プラクシス 6)

Talle, Aud　ターレ, オウド
◇子どもは子どもである：障害と文化―非欧米世界からの障害観の問いなおし　ベネディクト・イングスタッド, スーザン・レイノルズ・ホワイト編著, 中村満紀男, 山口恵里子監訳　明石書店　2006.2　555p　(明石ライブラリー 88)

Tálos, Emmerich　タローシュ, エンマリヒ
◇第四版へのまえがき 他(共著)：オーストリア・ファシズム―一九三四年から一九三八年までの支配体制　エンマリヒ・タロシュ, ヴォルフガング・ノイゲバウアー編, 田中浩, 村松恵二訳　未来社　1996.10　292p
◇第4章 コーポラティズム―オーストリア・モデル：現代オーストリアの政治　フォルクマール・ラウバー編, 須藤博忠訳　信山社出版　1997.3　321, 5p

Talsma, Kelly　タルスマ, K.
◇プロジェクト管理とプロセス管理によって変革を管理する―Quixtar社のケース(共著)(竹田賢訳)：ARISを活用したチェンジマネジメント―ビジネスプロセスの変革を管理する　A.-W.シェアー, F.アボルハッサン, W.ヨースト, M.F.W.キルヒマー編, 堀内正博, 田中正郎, 柳堀紀幸監訳　シュプリンガー・フェアラーク東京　2003.12　216p

Tamm, M.　タム, M.*
◇私たちが何かを提案するたびに, いつも"Good, Good！"と言われた：心にのこる最高の先生―イギリス人の語る教師像　上林喜久子編訳著　関東学院大学出版会　2004.11　97p
◇私たちが何かを提案するたびに, いつも"Good, Good！"と言われた：イギリス人の語る心にのこる最高の先生　上林喜久子訳　関東学院大学出版会　2005.6　87p

Tan, Chee Beng　タン, チーベン
◇華人社会の文化変容, 同化, 統合：マレーシア～多民

族社会の構造 サイド・フシン・アリ編著, 小野沢純, 吉田典巧訳 井村文化事業社 1994.6 288p （東南アジアブックス 114—マレーシアの社会 4）

Tanaka-Van Daalen, Isabel タナカ・ファンダーレン, イサベル
◇舶来品はどう利用されたか 他：日蘭交流400年の歴史と展望—日蘭交流400周年記念論文集 日本語版 レオナルド・ブリュッセイ, ウィレム・レメリンク, イフォ・スミッツ編 日蘭学会 2000.4 459p （日蘭学会学術叢書 第20）

Tannenbaum, Robert タンネンバウム, ロバート
◇「対立」をマネジメントする（共著）：交渉の戦略スキル Harvard Business Review編, Diamondハーバード・ビジネス・レビュー編集部訳 ダイヤモンド社 2002.2 274p

Tansley, Isaiah ターンスリー, アイザイアー
◇宇宙論者としてのスウェーデンボルグ：スウェーデンボルグの創造的宇宙論 ヒューゴ・オドナー他著, 高橋和夫編訳 めるくまーる 1992.11 276p

Tapscott, Don タプスコット, ドン
◇デジタル・エコノミーの価値創造：ネットワーク戦略論 ドン・タプスコット編, Diamondハーバード・ビジネス・レビュー編集部訳 ダイヤモンド社 2001.5 298p

Tarapore, Savak S. タラポール, サバック・S.
◇インドの資本自由化：IMF資本自由化論争 S.フィッシャーほか著, 岩本武和監訳 岩波書店 1999.9 161p

Tardif, Adolphe タルディフ, A.
◇一三世紀および一四世紀におけるフランスの民事および刑事の訴訟手続：塙浩著作集—西洋法史研究 18 フランス民事訴訟法史 続 塙浩訳 信山社出版 1999.1 915p

Tardos, Márton タルドシュ, マールトン
◇経済管理方式, 組織システムの発展プログラム：計画から市場へ—ハンガリー経済改革思想史 1954-1988 平泉公雄訳 アジア経済研究所 1992.3 355p （翻訳シリーズ 32）

Tarrier, Nicholas タリアー, ニコラス
◇幻覚と妄想に対する認知行動療法：実践の現状と将来の動向（共著）（熊谷直樹訳）：認知行動療法—臨床と研究の発展 ポール M.サルコフスキス編, 坂野雄二, 岩本隆茂監訳 金子書房 1998.10 217p

Tart, Charles T. タート, チャールズ・T.
◇サイに対する恐怖を認め, それに対処する 他：超常現象のとらえにくさ 笠原敏雄編 春秋社 1993.7 776, 61p
◇体外離脱体験：その精神生理学的研究：超心理学入門 J.B.ラインほか著, 長尾力他訳 青土社 1993.10 286p
◇誰が死を超えて生きつづけるのか？—現代の意識研究との関係（笠原敏雄訳）：死を超えて生きるもの—霊魂の永遠性について ゲイリー・ドーア編, 井村宏治, 上野圭一, 笠原敏雄, 鹿子木大士郎, 菅靖彦, 中村正明, 橘村令助訳 春秋社 1993.11 407, 10p
◇超心理学とトランスパーソナル心理学：テキスト/トランスパーソナル心理学・精神医学 B.W.スコットン, A.B.チネン, J.R.バティスタ編, 安藤治, 池沢良

郎, 是恒正達訳 日本評論社 1999.12 433p

Tarzia, Giussepe ターツィア, G. *
◇イタリア報告（1）（山口龍之訳）：訴訟法における法族の再検討 小島武司編著 中央大学出版部 1999.4 578p （日本比較法研究所研究叢書 46）

Tassie, Bill タッシー, ビル
◇変化のマネージメント（共著）（立木茂雄訳）：NPOマネージメント—ボランタリー組織のマネージメント スティーヴン・P.オズボーン編, ニノミヤ・アキイエ・H.監訳 中央法規出版 1999.3 388p

Tatten, Sue タッテン, スー
◇草の根レベルにおける女性エンパワーメント構想に注目する（共著）（尾﨑公子訳）：世界の人権教育—理論と実践 ジョージ・J.アンドレオポーロス, リチャード・ピエール・クロード編著, 黒沢惟昭監訳 明石書店 1999.2 758p

Tattum, Delwyn P. タタム, デルウィン・P.
◇学校における暴力と攻撃性：いじめの発見と対策—イギリスの実践に学ぶ デルウィン・P.タタム, デヴィッド・A.レーン編, 影local任佐, 斎藤憲司訳 日本評論社 1996.10 236p

Tauchner, Paul タウシュナー, P. *
◇特許権の行使と防御 他（山崎宏訳）：国際特許侵害—特許紛争処理の比較法的検討 青山葆, 木棚照一編 東京布井出版 1996.12 454p

Tay, Alice Erh Soon テイ, アリス・イア・スーン
◇法・市民・国家 他：法と社会 ユージン・カメンカ, ロバート・ブラウン, アリス・イア・スーン・テイ編, 森村進訳 未来社 1993.2 243, 6p

Taylor, Charles テイラー, チャールズ（政治）
◇承認をめぐる政治（辻康夫訳）：マルチカルチュラリズム エイミー・ガットマン編, 佐々木毅他訳 岩波書店 1996.10 240, 3p
◇なぜ民主主義は愛国主義を必要とするのか（能川元一訳）：国を愛するということ—愛国主義の限界をめぐる論争 マーサ・C.ヌスバウム他著, 辰巳伸知, 能川元一訳 人文書院 2000.5 269p

Taylor, Cory テイラー, コリー
◇三人の外国人妻：私が出会った日本—オーストラリア人の異色体験・日本観 ジェニファー・ダフィ, ギャリー・アンソン編 サイマル出版会 1995.7 234p

Taylor, David テイラー, デーヴィッド
◇失業生活（相沢京美訳）：福祉大改革—イギリスの改革と検証 アラン・ウォーカーほか著, 佐藤進ほか訳 法律文化社 1994.9 256p

Taylor, Eugene テイラー, ユージン
◇エマソン—スウェーデンボルグ主義と超絶主義の架け橋（荒井優二郎訳）：エマヌエル・スウェーデンボルグ—持続するヴィジョン ロビン・ラーセン編 春秋社 1992.11 307p
◇ウィリアム・ジェイムズとトランスパーソナル精神医学：テキスト/トランスパーソナル心理学・精神医学 B.W.スコットン, A.B.チネン, J.R.バティスタ編, 安藤治, 池沢良郎, 是恒正達訳 日本評論社 1999.12 433p

Taylor, Gillian テーラー, ギリアン
◇ダニエルの「友達の輪」—情緒・行動障害の子を支援

する同輩支援プログラム:学校でのピア・カウンセリング—いじめ問題の解決にむけて ヘレン・コウイー,ソニア・シャープ編,高橋通子訳 川島書店 1997.6 210p

Taylor, Ian テーラー,イアン
◇ボランタリーセクターにおける倫理とマネージメント(大和三重訳):NPOマネージメント—ボランタリー組織のマネージメント スティーヴン・P・オズボーン編,ニノミヤ・アキイエ・H.監訳 中央法規出版 1999.3 388p

Taylor, James B. テーラー,ジェームズ・B.
◇六ヵ国の長期波動—新しい方法にもとづく諸結果と考察 他(岡久啓一訳):長期波動 新装版 藤原書店 2002.9 217p (叢書〈世界システム〉 新装版 2 イマニュエル・ウォーラーステイン責任編集,山田鋭夫他訳)

Taylor, Lance J. テーラー,L. J.
◇ミンスキー恐慌(共著):金融不安定性と景気循環 ウィリー・ゼムラー編,浅田統一郎訳 日本経済評論社 2007.7 353p (ポスト・ケインジアン叢書)

Taylor, Marilyn テーラー,マリリン
◇イギリスの福祉ミックス:欧州サードセクター—歴史・理論・政策 A.エバース,J.-L.ラヴィル編,内山哲朗,柳沢敏勝訳 日本経済評論社 2007.6 368p

Taylor, Peter テーラー,ピーター
◇Accounting Theory and Policy Making(会計理論と政策決定)(共著):元帳の締め切り 川島貞一訳〔川島貞一〕 2002.8 1冊

Taylor, Peter James テーラー,ピーター・J.
◇世界都市と領域国家:その相互性の隆盛と衰退(神谷浩夫訳):世界都市の論理 ポール・L.ノックス,ピーター・J.テイラー共編,藤田直晴訳編 鹿島出版会 1997.5 204p

Taylor, Ralph B. テーラー,ラルフ・B.
◇環境設計・犯罪・予防—コミュニティのダイナミクスの検討(共著):コミュニティと犯罪 2 アルバート・J.リース・ジュニア,マイケル・トンリィ共編,伊藤康一郎訳 都市防犯研究センター 1995.3 233p

Taylor, Rex テーラー,レックス
◇三つの実践場面におけるソーシャルワークとヘルスケア(共著):ソーシャルワークとヘルスケア—イギリスの実践に学ぶ レックス・テーラー,ジル・フォード編,小松源助監訳 中央法規出版 1993.9 247p

Taylor, Steve テイラー,ステーブ
◇児童虐待はどれぐらい広がっているか(田沢あけみ訳):児童虐待への挑戦 ウェンディ・スティントン・ロジャース,デニス・ヒーヴィー,エリザベス・アッシュ編,福知栄子,中野敏子,田沢あけみほか訳 法律文化社 1993.11 261p

Taylor, Steven J. テイラー,S. J. *
◇QOLと個人の見方(共著):知的障害・発達障害を持つ人のQOL—ノーマライゼーションを超えて Robert L.Schalock編,三谷嘉明,岩崎正子訳 医歯薬出版 1994.5 346p

Taylor, Veronica テイラー,V. *
◇オーストラリア報告(2)(共著)(椎ं邦雄訳):訴訟法における法族の再検討 小島武司編著 中央大学出版部 1999.4 578p (日本比較法研究所研究叢書 46)

Taylor-Gooby, Peter テイラー・グッビィ,ピーター
◇教育—国家の繁栄と個人の機会(藤田弘之訳):福祉と財政—いかにしてイギリスは福祉需要に財政を調整してきたか? ヴィック・ジョージ,スチュアート・ミラー編著,高島進監訳 都市文化社 1997.11 308p
◇イギリスの年金改革(和足憲明訳):年金改革の比較政治学—経路依存性と非難回避 新川敏光,ジュリアーノ・ボノーリ編著,新川敏光監訳 ミネルヴァ書房 2004.10 341p (ガヴァナンス叢書 第1巻)

Teferra, Domtew タファッラ,D. *
◇アメリカの大学教授陣—重要な政策的課題(共著)(福留東土訳):構造改革時代における大学教員の人事政策—国際比較の視点から 広島大学高等教育研究開発センター編著 広島大学高等教育研究開発センター 2004.3 160p (COE研究シリーズ 5)

Tehranian, Majid テヘラニアン,マジッド
◇情報文明 他:文明間の対話 マジッド・テヘラニアン,デイビッド・W.チャベル編,戸田記念国際平和研究所監訳 潮出版社 2004.2 446, 47p

Teich, Mikuláš ティシュ,ミクラシュ
◇電気事業部門における研究調査,標準化と法人経済の発端(鮎沢成男訳):続 歴史のなかの多国籍企業—国際事業活動研究の拡大と深化 アリス・タイコーヴァ,モーリス・レヴィ・ルボワイエ,ヘルガ・ヌスバウム編,浅野栄一,鮎沢成男,渋谷将,竹村孝雄,徳重昌志,日高克平訳 中央大学出版部 1993.4 334p (中央大学企業研究所翻訳叢書 6)

Teisberg, Elizabeth Olmsted タイスバーグ,エリザベス・オルムステッド
◇夢へたどり着くための五つのステップ:セルフヘルプ—自助:他人に頼らず,自分の力で生きていく! 2 ケン・シェルトン編著,堀紘一監訳 フロンティア出版 1998.12 283p
◇次世代へ受け継がれる「リミットレス・リーダーシップ」:ウェルチはこうして組織を甦らせた—アメリカ・トップリーダーからの経営処方箋 29 ケン・シェルトン編著,堀紘一監修・訳 フロンティア出版 1999.12 281p

Ten Bensel, Robert W. テン・ベンセル,ロバート・W.
◇暴力に満ちた世界の中の子どもたち—子どもの虐待の根源(共著):虐待された子ども—ザ・バタード・チャイルド メアリー・エドナ・ヘルファ,ルース・S.ケンプ,リチャード・D.クルーグマン編,子どもの虐待防止センター監修,坂井聖二監訳 明石書店 2003.12 277p

Tenbruck, Friedrich Heinrich テンブルック,フリードリッヒ・H.
◇マックス・ヴェーバーとエードゥアルト・マイアー:マックス・ヴェーバーとその同時代人群像 W.J.モムゼン,J.オースターハメル,W.シュベントカー編著,鈴木広,米沢和彦,嘉目克彦監訳 ミネルヴァ書房 1994.9 531, 4p

Teng, Jian トウ,ケン(滕健)
◇反満抗日教育運動の展開(王智新訳):日本の植民地教育・中国からの視点 王智新編著 社会評論社 2000.1 297p

Tennant, Mark テナント、マーク
◇ニュー・サウス・ウェールズの夜間大学（共著）：オーストラリアの生活文化と生涯教育―多文化社会の光と影　マーク・テナント編著、中西直和訳　松籟社　1995.9　268p

Teow, Martin トロウ、マーチン
◇高等教育のリーダーシップに関する比較考察：アメリカ社会と高等教育　P.G.アルトバック、R.O.バーダール、P.J.ガムポート編、高橋靖直訳　玉川大学出版部　1998.2　354p

Teresa, Mother テレサ、マザー
◇愛を行動に：セルフヘルプ―なぜ、私は困難を乗り越えられるのか　世界のビッグネーム自らの47の証言　ケン・シェルトン編著、堀紘一監訳　フロンティア出版　1998.7　301p

Terry, Nicholas テリー、N.*
◇職域年金制度：その戦略的課題（共著）：生命保険業における戦略的課題　Hugh Macmillan, Mike Christophers編、玉田巧訳　玉田巧　2002.3　206p

Tertullianus, Quintus Septimius Florens テルトゥリアヌス
◇洗礼について魂の証言について殉教者たちへ　他（佐藤吉昭訳）：中世思想原典集成　4　初期ラテン教父　上智大学中世思想研究所編訳・監修　平凡社　1999.6　1287p

Terwilliger, Terra ターウィリガー、テラ
◇今度こそ正しいIT投資を（共著）（金平直人監訳）：マッキンゼーITの本質―情報システムを活かした「業務改革」で利益を創出する　横浜信一、萩平和巳、金平直人、大隈健夫、琴坂将広編著・監訳、鈴木立哉訳　ダイヤモンド社　2005.3　212p　（The McKinsey anthology）

Terwogt, Mark Meerum タウォークト、マーク・メーラム
◇情動の理解（共著）（渡辺弥生訳）：子どもは心理学者―心の理論の発達心理学　マーク・ベネット編、二宮克美、子安増生、渡辺弥生、首藤敏元訳　福村出版　1995.12　274p

Teske, Raymond H. C., Jr. テスキ、レイモンド・H. C., Jr.
◇アメリカ合衆国とドイツ連邦共和国における被害者化の比較研究―主たる成果の記述（共著）（奥村正雄訳）：犯罪被害者と刑事司法　ギュンター・カイザー、H.クーリー、H.‐J.アルブレヒト編、宮沢浩一、田口守一、高橋則夫編訳　成文堂　1995.7　443p

Tétry, Andrée テトリ、A.
◇有機組織的な道具と生体：ドゥルーズ初期―若き哲学者が作った教科書　ジル・ドゥルーズ編著、加賀野井秀一訳注　夏目書房　1998.5　239p

Teubner, Gunther トイプナー、G.
◇グローバル化時代における法の役割変化（村上淳一訳）：グローバル化と法―〈日本におけるドイツ年〉法学研究集会　ハンス・ペーター・マルチュケ、村上淳一編　信山社出版　2006.9　219p

Teysseyre, Laurent テイセール、L. *
◇エールフランス人事部のISO9001認証取得（共著）：ARISを活用したビジネスプロセスマネジメント―欧米の先進事例に学ぶ　A.‐W.シェアー他共編、堀内浩

博、田中正郎、柳堀紀幸監訳　シュプリンガー・フェアラーク東京　2003.7　281p

Thackray, Mark サッカレー、マーク
◇オートバイと病院と：私が出会った日本―オーストラリア人の異До体験・日本観　ジェニファー・ダフィ、ギャリー・アンソン編　サイマル出版会　1995.7　234p

Thakor, Anjan サコール、A. *
◇金融仲介業務と信用のマーケット（後藤公彦訳）：ファイナンスハンドブック　R.A.Jarrow, V.Maksimovic, W.T.Ziemba編、今野浩、古川浩一監訳　朝倉書店　1997.12　1121p

Thalēs タレス
◇タレス（内山勝利訳）：ソクラテス以前哲学者断片集　第1分冊　内山勝利編　岩波書店　1996.12　367p

Thangamani, K. サンガマニー、K.
◇インドの社会的背景のなかでの女性と開発（共著）（正保正恵訳）：転換期の家族―ジェンダー・家族・開発　N.B.ライデンフロースト編、家庭経営学部会訳　日本家政学会　1995.3　360p

Tharakan, P. K. Mathew サラカン、P. K. M.
◇要素賦存パターンが異なる国々の間の二国間産業内貿易　他：産業内貿易―理論と実証　P.K.M.サラカン、ヤコブ・コル編著、小柴徹修、浜口登、利光強訳、佐々波楊子監訳　文真堂　1993.6　217p

Thase, Michael E. テイス、マイケル・E.
◇入院うつ病患者治療のための認知行動療法マニュアル（加藤忠史、森嶋之訳）：エビデンスベイスト心理治療マニュアル　V.B.V.ハッセル、M.ハーセン編著、坂野雄二、不安・抑うつ臨床研究会編訳　日本評論社　2000.11　371p

Thatcher, Margaret サッチャー、マーガレット
◇マーガレット・サッチャー（山岡洋一訳）：インタヴューズ　2　クリストファー・シルヴェスター編、新庄哲夫ほか訳　文芸春秋　1998.11　451p

Thayer, Carlyle A. セイヤー、カーライル・A.
◇戦争が中国と東南アジア各地域に及ぼす影響：中国が戦争を始める―その代価をめぐって　米陸軍大学戦略研究所編、冨山泰、渡辺孝訳　恒文社21　2002.6　253p

Thayer, Nathaniel B. セイヤー、ナサニエル・B.
◇日本―旧小国の変化する論理（共著）（金谷良夫訳）：米国の国際交渉戦略　米国国務省外交研究センター編著、神奈川大学経営学部教師グループ訳・解説　中央経済社　1995.6　289p
◇駐日アメリカ大使の軌跡・一九四五―一九七二年（近藤健訳）：日米戦後関係史―パートナーシップ1951‐2001　入江昭、ロバート・A.ワンプラー編、細谷千博、有賀貞監訳　講談社インターナショナル　2001.9　389p

Thébaud, Françoise テボー、フランソワーズ
◇懐胎の恐怖：愛と結婚とセクシュアリテの歴史―増補・愛とセクシュアリテの歴史　ジョルジュ・デュビーほか著、福井憲彦、松本雅弘訳　新曜社　1993.11　401p
◇序　他（杉村和子、志賀亮一訳）：女の歴史　5　[1]　二十世紀　1　G.デュビィ、M.ペロー監修、杉村和子、志賀亮一監訳　フランソワーズ・テボー編　藤原書

店　1998.2　515p

Thelin, John R.　スィーリン, ジョン・R.
◇大学と国家：アメリカ社会と高等教育　P.G.アルトバック, R.O.バーダール, P.J.ガムポート編, 高橋靖直訳　玉川大学出版部　1998.2　354p

Theroux, Paul　セロー, ポール
◇アフリカ流のクリスマス―ザンビア：お気をつけて、いい旅を。―異国で出会った悲しくも可笑しい51の体験　メアリー・モリス, ポール・セロー, ジョー・ゴアス, イザベル・アジェンデ, ドミニク・ラビエールほか著, 古屋美登里, 中俣真知子訳　アスペクト　1995.7　366p

Thiberg, Sven　ティーベイ, スヴェン
◇知識の集積と研究の必要性：スウェーデンの住環境計画　スヴェン・ティーベイ編著, 外山義訳　鹿島出版会　1996.2　292p

Thiele-Mühlhan, Irene　シエール・ミュールハン, I.*
◇不動産コンサルタント 他：ドイツの不動産―開発と投資の法律および税務　R.フォルハード, D.ウェーバー, W.ウージンガー編, ドイツ・リアルエステート・コンサルティング訳, 平川純子監訳　ダイヤモンド社　1993.5　358p

Thiele-Wittig, Maria　ティーレ＝ヴィッティヒ, マリア
◇家族と生活関連の諸機関との相互関連（沢井セイ子訳）：転換期の家族―ジェンダー・家族・開発　N.B.ライデンフロースト編, 家庭経営学部会訳　日本家政学会　1995.3　360p

Thomä, Dieter　トメー, ディーター
◇時間について（バンベルクの討議）（共著）：哲学の原点―ドイツからの提言　ハンス・ゲオルク・ガダマー他著, U.ベーム編, 長倉誠一, 多田茂訳　未知谷　1999.7　272, 11p

Thomae, Hans　トメー, ハンス*
◇高齢者の自立能力（Kompetenz）の型 他：高齢者の自立能力―今日と明日の概念 III 老年学週間論文集　Chr.Rott, F.Oswald編, 石井毅訳　長寿社会開発センター　1994.3　200p

Thomann, Marcel　トマン, マルセル
◇クリスチアン・ヴォルフ：17・18世紀の国家思想家たち―帝国公(国)法論・政治学・自然法論　ミヒャエル・シュトライス編, 佐々木有司, 柳原正治訳　木鐸社　1995.2　593, 13p

Thomas　トマ
◇われわれは、種の利益をまったく参照することなしに済ませられるだろうか―ドゥルーズ初期―若き哲学者が作った教科書　ジル・ドゥルーズ編著, 加賀野井秀一訳　夏目書房　1998.5　239p

Thomas, Ben　トーマス, ベン
◇チームワーク：精神保健リハビリテーション―医療・保健・福祉の統合をめざして　C.ヒューム, I.プレン編著, 丸山晋ほか訳　岩崎学術出版社　1997.9　218p

Thomas, Dave　トーマス, デイヴ
◇ウェンディーズ流「成功のレシピ」：セルフヘルプ―なぜ、私は困難を乗り越えられるのか 世界のビッグネーム自らの47の証言　ケン・シェルトン編著, 堀紘一監訳　フロンティア出版　1998.7　301p
◇あらゆる努力を惜しまない：セルフヘルプ―自助＝他人に頼らず, 自分の力で生きていく！ 2　ケン・シェルトン編著, 堀紘一監訳　フロンティア出版　1998.12　283p

Thomas, Dylan　トマス, ディラン
◇ディラン・トマス（柳瀬尚紀訳）：インタヴューズ 2　クリストファー・シルヴェスター編, 新庄哲夫ほか訳　文芸春秋　1998.11　451p

Thomas, Helen　トーマス, ヘレン
◇守衛は眠っている（共著）：もう戦争はさせない！―ブッシュを追いつめるアメリカ女性たち　メディア・ベンジャミン, ジョディ・エヴァンス編, 尾川寿江監訳, 尾川寿江, 真鍋穣, 米沢清恵訳　文理閣　2007.2　203p

Thomas, L. A.　トーマス, ルイス・A.
◇コミットメント：選択の幅を絞っていかに競争上の立場を強化できるか？（黒田康史訳）：ウォートンスクールのダイナミック競争戦略　ジョージ・デイ, デイビッド・レイプシュタイン編, 小林陽太郎監訳, 黒田康史ほか訳　東洋経済新報社　1999.10　435p（Best solution）

Thomas, Madathiparambil Mammen　トーマス, M. M.
◇キリスト中心的ヒューマニズムから見た他宗教―インド的多元主義の文脈で：キリスト教は他宗教をどう考えるか―ポスト多元主義の宗教と神学　G.デコスタ編, 森本あんり訳　教文館　1997.11　330p

Thomas, Michael Tilson　トーマス, マイケル・ティルソン
◇みんなと気持ちを合わせる：EQを鍛える　Diamondハーバード・ビジネス・レビュー編集部編訳　ダイヤモンド社　2005.7　286p（Harvard business review anthology）

Thomas, Ray　トーマス, R.
◇失業・雇用統計の政治と改革（岩井浩訳）：現代イギリスの政治算術―統計は社会を変えるか　D.ドーリング, S.シンプソン編著, 岩井浩ほか監訳　北海道大学図書刊行会　2003.7　588p

Thomas, R. Roosevelt, Jr.　トーマス, R. ルーズベルト, Jr.
◇多様性と将来の組織：企業の未来像―成功する組織の条件　フランシス・ヘッセルバイン, マーシャル・ゴールドスミス, リチャード・ベックハード編, 小坂恵理訳　トッパン　1998.7　462p（トッパンのビジネス経営書シリーズ 14）
◇共同体の多様性：未来社会への変革―未来の共同体がもつ可能性　フランシス・ヘッセルバイン, マーシャル・ゴールドスミス, リチャード・ベックハード, リチャード・F.シューベルト編, 加納明弘訳　フォレスト出版　1999.11　327p

Thomas a Kempis　トマス・ア・ケンピス
◇貧者の宿（兼利琢也, 小阪康治訳）：中世思想原典集成 17　中世末期の神秘思想　上智大学中世思想研究所編訳・監修　平凡社　1992.2　677p
◇すべての聖性のもとである謙遜のすすめ(1420～41年) 霊的修練についての短い訓戒(1441年)（徳田直宏訳）：宗教改革著作集　第13巻　カトリック改革　教文館　1994.4　595p

Thomassen, Theo トマセン, テオ
◇アーカイブズ学入門（石原一則訳）：入門・アーカイブズの世界—記憶と記録を未来に 翻訳論文集 記録管理学会, 日本アーカイブズ学会共編 日外アソシエーツ 2006.2 267p

Thomasset, Claude トマセ, クロード
◇女の本性について：女の歴史 2〔1〕 中世 1 杉村和子, 志賀亮一監訳 クリスティアーヌ・クラピシュ＝ズュベール編 藤原書店 1994.5 436p

Thomlison, Barbara トムリソン, バーバラ
◇行動理論（共著）（久能由弥訳）：ソーシャルワーク・トリートメント—相互連結理論アプローチ 下 フランシス・J.ターナー編, 米本秀仁監訳 中央法規出版 1999.8 573p

Thomlison, Ray トムリソン, レイ
◇行動理論（共著）（久能由弥訳）：ソーシャルワーク・トリートメント—相互連結理論アプローチ 下 フランシス・J.ターナー編, 米本秀仁監訳 中央法規出版 1999.8 573p

Thompson, David トンプソン, デイヴィッド
◇全校あげてのいじめ対策をいかに確立するか（共著）：あなたの学校のいじめ解消にむけて—教師のための実践ハンドブック ソニア・シャープ, ピーター・K.スミス編著, フォンス・智江子訳, 東京都教育研究会編 東洋館出版社 1996.4 211p
◇「全校的反いじめ指針・対策」の役割 他（共著）（山崎史郎訳）：いじめととりくんだ学校—英国における4年間にわたる実証的研究の成果と展望 ピーター・K.スミス, ソニア・シャープ編, 守屋慶子, 高橋通子監訳 ミネルヴァ書房 1996.10 355p

Thompson, Grahame トンプソン, G. *
◇初期の複式簿記と会計計算のレトリック（小津稚加子訳）：社会・組織を構築する会計—欧州における学際的研究 アンソニー・G.ホップウッド, ピーター・ミラー編著, 岡野浩, 国部克彦, 柴健次監訳 中央経済社 2003.11 390p

Thompson, Henry トンプソン, ヘンリー
◇産業内貿易および多国籍企業の実証分析（共著）：産業内貿易—理論と実証 P.K.M.サラカン, ヤコブ・コル編, 小896徹修, 浜口登, 利光強訳, 佐々波楊子監訳 文眞堂 1993.6 217p

Thompson, Keith トンプソン, キース
◇変容の危機としてのUFO遭遇体験：スピリチュアル・エマージェンシー—心の病と魂の成長について スタニスラフ・グロフ, クリスティーナ・グロフ編著, 高岡よし子, 大口康子訳 春秋社 1999.6 341, 8p

Thompson, Mark トンプソン, マーク
◇カナダの労使関係（菅野栄介訳）：新版 先進諸国の労使関係—国際比較：21世紀に向けての課題と展望 桑原靖夫, グレッグ・J.バンバー, ラッセル・D.ランズベリー編 日本労働研究機構 1994.7 452p
◇カナダの雇用関係（菅野栄介訳）：先進諸国の雇用・労使関係—国際比較：21世紀の課題と展望 桑原靖夫, グレッグ・バンバー, ラッセル・ランズベリー編 日本労働研究機構 2000.7 551p

Thompson, Martyn P. トンプソン, マーティン
◇ロック契約論の文脈（山岡龍一訳）：社会契約論の系譜—ホッブズからロールズまで D.バウチャー, P.ケリー編, 飯島昇蔵, 佐藤正志ほか訳 ナカニシヤ出版 1997.5 367p （叢書「フロネーシス」）

Thompson, Rex トンプソン, R.（金融）*
◇企業財務論におけるイベントスタディの実証方法（河栄徳訳）：ファイナンスハンドブック R.A.Jarrow, V.Maksimovic, W.T.Ziemba編, 今野浩, 古川浩一監訳 朝倉書店 1997.12 1121p

Thompson, Russell トンプソン, R.（経営分析）*
◇効率性尺度の感度分析：カンザス州の農業とイリノイ州の石炭業への応用（共著）（森田浩訳）：経営効率評価ハンドブック—包絡分析法の理論と応用 Abraham Charnesほか編, 刀根薫, 上田徹監訳 朝倉書店 2000.2 465p

Thomsen, Kåre トムセン, コーレ
◇数多くの普遍主義的公共サービス—どのようにして, なぜ, 4つのスカンジナビア諸国で, 社会ケアサービスモデルを採用したのか. 他（共著）：社会ケアサービス—スカンジナビア福祉モデルを解く鍵 ヨルマ・シピラ編著, 日野秀逸訳 本の泉社 2003.7 333p

Thöndl, Michael テンズル, ミハエル
◇教えを与えた女性 他（奥田治人訳）：ニックリッシュの経営学 大橋昭一編著, 渡辺朗監訳 同文館出版 1996.8 217p

Thoolen, Hans トーレン, ハンス
◇人道的早期警報の情報的側面：地域紛争解決のシナリオ—ポスト冷戦時代の国連の課題 クマール・ルペシンゲ, 黒田順子共編, 吉田康彦訳 スリーエーネットワーク 1994.3 358, 6p

Thorin, Suzanne E. ソーリン, スザン
◇米国：21世紀の国立図書館—国際シンポジウム記録集 国立国会図書館訳・編 日本図書館協会 1997.10 8, 214p

Thornhill, N. W. ソーンヒル, ナンシー・ウィルムセン
◇レイプ後の心理的傷の性質と, いくつかの倫理的な意味：倫理は自然の中に根拠をもつか マルク・キルシュ編, 松浦俊輔訳 産業図書 1995.8 387p

Thornley, Margo L. ソーンレイ, M. L. *
◇グループ・ホームと地域での生活：ダウン症候群と療育の発展—理解の向上のために Valentine Dmitriev, Patricia L.Oelwein編著, 竹井和子訳 協同医書出版社 1992.6 274p

Thornton, Doris M. ソーントン, D. M. *
◇戦時（下）の病院ソーシャルワーク（植田章訳）：医療ソーシャルワークの挑戦—イギリス保健関連ソーシャルワークの100年 ジョアン・バラクローほか編, 児島美都子, 中村永司監訳 中央法規出版 1999.5 271p

Thorpe, Tony ソープ, トニー
◇市民としての思考と行動（共著）：欧州統合とシティズンシップ教育—新しい政治学習の試み クリスティーヌ・ロラン・レヴィ, アリステア・ロス編著, 中里亜木, 竹島博之監訳 明石書店 2006.3 286p （明石ライブラリー 91）

Thrall, Robert M. トロール, R. M. *
◇効率性尺度の感度分析：カンザス州の農業とイリノイ州の石炭業への応用（共著）（森田浩訳）：経営効率評価ハンドブック—包絡分析法の理論と応用

Abraham Charnesほか編, 刀根薫, 上田徹監訳 朝倉書店 2000.2 465p

Thränhardt, Dietrich トレンハルト, ディートリヒ
◇新移民大陸ヨーロッパ――九四五年以降の政治と政策：比較の視点から 他(宮島喬訳)：新しい移民大陸ヨーロッパ――比較のなかの西欧諸国・外国人労働者と移民政策 ディートリヒ・トレンハルト, 編著, 宮島喬, 丸山智恵子, 高坂扶美子, 分田順子, 新原道信, 定松文訳 明石書店 1994.3 368p

Thread, Common スレッド, コモン
◇労働者階級の女性とメディア：メディア・セクシズム――男がつくる女 ジュリアンヌ・ディッキー, テレサ・ストラトフォード, キャス・デイビス編, 井上輝子, 女性雑誌研究会編訳 垣内出版 1995.6 342p

Thurneysen, Eduard トゥルンアイゼン, エドゥアルト
◇ルカによる福音書第二章一―一四節 他：光の降誕祭――20世紀クリスマス名説教集 ルードルフ・ランダウ編, 加藤常昭訳 再版 教文館 2004.9 308p

Thurow, Lester C. サロー, レスター・C.
◇資本主義の変質：21世紀ビジネスはこうなる――世界の叡智を結集 ロワン・ギブソン編, 島田晴雄監訳, 鈴木孝男, 竹内ふみえ訳 シュプリンガー・フェアラーク東京 1997.11 327p
◇経済的共同体と社会投資：未来社会への変革――未来の共同体がもつ可能性 フランシス・ヘッセルバイン, マーシャル・ゴールドスミス, リチャード・ベックハード, リチャード・F.シューベルト編, 加納明弘訳 フォレスト出版 1999.11 327p
◇頭脳と資本主義の未来：知識革新力 ルディ・ラグルス, ダン・ホルツハウス編, 木川田一栄訳 ダイヤモンド社 2001.7 321p

Thurston, Pauline サーストン, ポーリン
◇地域の平和運動：写真集 原発と核のない国ニュージーランド ギル・ハンリーほか著, 楠瀬佳子, 近藤和子訳 明石書店 1993.7 142p

Tibbitt, John ティビット, ジョン
◇病院ソーシャルワークの変化と多様性(共著)：ソーシャルワークとヘルスケア――イギリスの実践に学ぶ レックス・テーラー, ジル・フォード編著, 小松源助監訳 中央法規出版 1993.9 247p

Tibbs, Margaret Anne ティブス, マーガレット・アン
◇自己の喪失と再発見(上原美穂訳)：パーソン・センタード・ケア――認知症・個別ケアの創造的アプローチ スー・ブライデン, 稲谷ふみ枝, 石崎淳一監訳 改訂版 クリエイツかもがわ 2007.5 145p

Tiberghien, Andrée ティベルギエ, アンドレ
◇子ども達の考え方と理科学習 他(共著)：子ども達の自然理解と理科授業 R.ドライヴァー, E.ゲスン, A.ティベルギエ編, 貫井正納ほか訳, 内田正男監訳 東洋館出版社 1993.2 249p

Tichy, Noel M. ティシー, ノール・M.
◇企業内大学が企業変革を加速する：人材育成の戦略――評価, 教育, 動機づけのサイクルを回す Diamondハーバード・ビジネス・レビュー編集部訳 ダイヤモンド社 2007.3 450p (Harvard business review)

Tickner, Lisa ティクナー, ライザ
◇「左手同士の結婚」――ヴァネッサ・ベルとダンカン・グラント：カップルをめぐる13の物語――創造性とパートナーシップ 上 ホイットニー・チャドウィック, イザベル・ド・クールティヴロン編, 野中邦子, 桃井緑美子訳 平凡社 1996.3 233p (20世紀メモリアル)

Tideman, Magnus ティーデマン, マグヌス
◇知的障害者の生活――スウェーデンとノルウェー(共著)(徳本達夫訳)：北欧の知的障害者――思想・政策と日常生活 ヤン・テッセブロー, アンデシュ・グスタフソン, ギューリ・デューレンダール編, 二文字理明監訳 青木書店 1999.8 289p

Tideman, T. Nicolaus タイドマン, T. ニコラス
◇公共事業に対する投票と選好顕示(大岩雄次郎訳)：公共選択の展望――ハンドブック 第1巻 デニス・C.ミューラー編, 関谷登, 大岩雄次郎訳 多賀出版 2000.1 296p

Tiller, Emerson H. ティラー, E. H. *
◇未来のグローバルネットワークの組織――集権主義の高まりと長期契約関係(共著)：新リレーションとモデルのためのIT企業戦略とデジタル社会 ゲイリー・ディクソン, ジェラルディン・デサンクティス編, 橋立克朗ほか訳 ピアソン・エデュケーション 2002.3 305p

Tilley, Nicholas ティリー, ニコラス
◇虐待者――処罰か治療か(阿部和光訳)：児童虐待への挑戦 ウェンディ・スティントン・ロジャース, デニス・ヒーヴィー, エリザベス・アッシュ編著, 福知栄子, 中野敏子, 田沢あけみほか訳 法律文化社 1993.11 261p

Tilliette, Xavier ティリエッテ, シャヴィエル
◇もっとヨーロッパが必要か?：ヨーロッパ学事始め――観念史の立場から マンフレート・ブール, シャヴィエル・ティリエッテ編著, 谷口伊兵衛訳 而立書房 2004.4 113p

Tilquin ティルカン
◇生理学的状態：ドゥルーズ初期――若き哲学者が作った教科書 ジル・ドゥルーズ編著, 加賀野井秀一訳注 夏目書房 1998.5 239p

Timberlake, Charles E. ティンバーレイク, C. E.
◇ロシアにおける高等教育・国家・専門職(青島陽子訳)：高等教育の変貌1860-1930――拡張・多様化・機会開放・専門職化 コンラート・ヤーラオシュ編, 望田幸男, 安原義仁, 橋本伸也監訳 昭和堂 2000.10 374, 48p

Timmons, Jeffry A. ティモンズ, ジェフリー・A.
◇チャンスの見極め：潜在力の高いベンチャーを探す MBA起業家育成 ウィリアム・D.バイグレイブ編著, 千本倖生+バブソン起業家研究会訳 学習研究社 1996.12 399p
◇事業計画：MBA講座 財務・会計 J.L.リビングストン編著, 朝日監査法人訳 日本経済新聞社 1998.12 494p

Timmons, Vianne ティモンズ, V. *
◇生活の質：障害児にかかわる問題(共著)：障害をもつ人にとっての生活の質――モデル・調査研究および実践 ロイ・I.ブラウン編著, 中園康夫, 末光茂監訳

Timonen, Senni　ティモネン, センニ
◇女奴隷、王女、そして解放問題：ロウヒのことば―フィンランド女性の視角からみた民俗学　下　アイリ・ネノラ，センニ・ティモネン編，目荒ゆみ訳　文理閣　2003.7　233p

Ting, Wan-Qi　ティン, ワン・キー
◇Early indicator（共著）：クレジット・スコアリング　エリザベス・メイズ編，スコアリング研究会訳　シグマベイスキャピタル　2001.7　361p（金融職人技シリーズ no.33）

Tinny, Andrew　ティニー, A.＊
◇オペレーショナルリスクと金融機関―はじめに（共著）：オペレーショナルリスク―金融機関リスクマネジメントの新潮流　アーサーアンダーセン編・訳　金融財政事情研究会　2001.1　413p

Tiongson, Nicanor G.　チョンソン, ニカノール・G.
◇「ステージからスクリーンへ」：フィリピンの大衆文化　寺見元恵編・監訳　めこん　1992.12　263p

Tischbirek, Wolfgang　ティッシュビレク, W.＊
◇不動産の保有にかかる諸税および売却益に対する課税他（共著）：ドイツの不動産―開発と投資の法律および税務　R.フォルハルト，D.ウェーバー，W.ウージンガー編，ドイツ・リアルエステイト・コンサルティング，平山純子監訳　ダイヤモンド社　1993.5　358p

Tisdale, Jane　ティズデール, ジェーン
◇米国株式市場中立戦略におけるリスク管理：実践ヘッジファンド投資―成功するリスク管理　バージニア・レイノルズ・バーカー編，徳岡国見監訳　日本経済新聞社　2001.8　425p

Tisserand, R.　ティスランド, R.＊
◇精神療法用の精油：香りの感性心理学　S.ヴァン・トラー，G.H.ドッド編，印藤元一訳　フレグランスジャーナル社　1994.2　238p

Titman, Sheridan　ティトマン, S.＊
◇パフォーマンス評価（共著）（浅野幸弘訳）：ファイナンスハンドブック　R.A.Jarrow, V.Maksimovic, W.T.Ziemba編，今野浩，古川浩一編訳　朝倉書店　1997.12　1121p

Titze, Hartmut　ティッツェ, H.＊
◇ドイツにおける大学就学者の拡張と大卒者の過剰（吉門昌宏訳）：高等教育の変貌1860-1930―拡張・多様化・機会開放・専門職化　コンラート・ヤーラオシュ編，望田幸男，安原義仁，橋本伸也監訳　昭和堂　2000.10　374, 48p

Tkachov, Pytr　トカチョーフ, ピョートル
◇ユ・ゲ・ジュコフスキー「一六世紀の政治的および社会的理論」および「プルードンとルイ＝ブラン」の批判 他：19世紀ロシアにおけるユートピア社会主義思想　森宏一編訳　光陽社　1994.3　397p

Tkacik, John　タシック, ジョン
◇台湾の依存性：中国が戦争を始める―その代価をめぐって　米陸軍大学戦略研究所編，冨山泰，渡辺実訳　恒文社21　2002.6　253p

Tobin, Jeffery　トービン, ジェフリー
◇日本風フランス料理店inハワイ：文化加工装置ニッポン―「リ＝メイド・イン・ジャパン」とは何か　ジョーゼフ・J.トービン編，武田徹訳　時事通信社　1995.9　321, 14p

Tobin, Joseph Jay　トービン, ジョーゼフ・J.
◇西洋を根づかせる：文化加工装置ニッポン―「リ＝メイド・イン・ジャパン」とは何か　ジョーゼフ・J.トービン編，武田徹訳　時事通信社　1995.9　321, 14p

Tobin, Kristin M.　トービン, クリスティン・M.
◇消費者信用情報の利用（共著）：クレジット・スコアリング　エリザベス・メイズ編，スコアリング研究会訳　シグマベイスキャピタル　2001.7　361p（金融職人技シリーズ no.33）

Todd, John　トッド, ジョン
◇勤学要訣（吉田巳之助訳）：近代「読書論」名著選集　第2巻　ゆまに書房　1994.4　489p（書誌書目シリーズ 37）
◇リビング・マシン（共著）：ゼロ・エミッション―持続可能な産業システムへの挑戦　フリッチョフ・カプラ，グンター・パウリ編著　ダイヤモンド社　1996.3　240p

Todd, Nancy Jack　トッド, ナンシー・ジャック
◇リビング・マシン（共著）：ゼロ・エミッション―持続可能な産業システムへの挑戦　フリッチョフ・カプラ，グンター・パウリ編著　ダイヤモンド社　1996.3　240p

Todd, Paul　トッド, P.（国際金融）＊
◇国際取引証券の不発行化：国際電子銀行業　ジョゼフ・J.ノートン，クリス・リード，イアン・ウォルデン編著，泉田栄一監訳，佐々木信和，西沢文幸訳　信山社出版　2002.10　375p

Todrank, Josephine　トドランク, J.＊
◇嗅覚能力における個人差（共著）：香りの生理心理学　S.ヴァン・トラー，G.H.ドッド編，印藤元一訳　フレグランスジャーナル社　1996.6　306p

Toffler, Alvin　トフラー, アルビン
◇富者の反乱が世界を襲う（共著）：知の大潮流―21世紀へのパラダイム転換 今世紀最高の頭脳が予見する未来　ネイサン・ガーデルズ編，仁保真佐子訳　徳間書店　1996.12　419p

Tokić, Seifdin　トキッチ, セイフディン
◇民族イデオロギーと侵略戦争：ボスニア戦争とヨーロッパ　N.ステファノフ，M.ヴェルツ編，佐久間朝日新聞社　1997.4　288p

Toksvig, S.　トクスヴィグ, S.＊
◇授業の中心は"自由に考えること"にあった：心にのこる最高の先生―イギリス人の語る教師像　上林喜久子編訳著　関東学院大学出版会　2004.11　97p
◇授業の中心は"自由に考えること"にあった：イギリス人の語る心にのこる最高の先生　上林喜久子編訳　関東学院大学出版会　2005.6　68p

Tolbert, Mary Ann　トルバート, メアリー・アン
◇マルコ福音書（小野功生訳）：女性たちの聖書注解―女性の視点で読む旧約・新約・外典の世界　C.A.ニューサム，S.H.リンジ編，加藤明子，小野功生，鈴木元子訳，荒井章三，山内一郎日本語版監修　新教出版社　1998.3　682p

Toletus, Franciscus トレド, フランシスコ・デ
◇アリストテレス霊魂論註解（中沢務，三浦洋訳）：中世思想原典集成 20 近世のスコラ学 上智大学中世思想研究所編・監修 平凡社 2000.8 1193p

Tolin, David F. トーリン, デヴィット・F.
◇心的外傷後ストレス障害の新奇で論争となっている治療法（共著）：臨床心理学における科学と疑似科学 S.O.リリエンフェルド，S.J.リン，J.M.ロー編，厳島行雄，横田正夫，斎藤雅英監訳 北大路書房 2007.9 461p

Toller, Ernst トラア, エルンスト
◇燕の書（村山知義訳）：コレクション・モダン都市文化 第29巻 構成主義とマヴォ 和田博文監修 滝沢恭司編 ゆまに書房 2007.6 797p
◇独逸男ヒンケマン（北村喜八訳）：コレクション・モダン都市文化 第30巻 表現主義 和田博文監修 鈴木貴宇編 ゆまに書房 2007.6 721p

Toller, S. Van トラー, S. V. *
◇情動と脳：香りの感性心理学 S.ヴァン・トラー，G.H.ドッド編，印藤元一訳 フレグランスジャーナル社 1994.2 238p

Tollison, Robert D. トリソン, ロバート
◇レント・シーキング：公共選択の展望―ハンドブック 第3巻 デニス・C.ミューラー編，関谷登，大岩雄次郎訳 多賀出版 2001.9 p527-812
◇レントシーキング 他（山内弘隆訳）：レントシーキングの経済理論 ロバート・トリソン，ロジャー・コングレトン編，加藤寛監訳 勁草書房 2002.7 264p

Tolman, Norman H. トールマン, ノーマン・H.
◇挨拶：ニッポン不思議発見！―日本文化を英語で語る50の名エッセイ集 日本文化研究所編，松本道弘訳 講談社インターナショナル 1997.1 257p （Bilingual books）

Tolstaia, Tat'iana トルスタヤ, タチヤーナ
◇ミハイル・ゴルバチョフ：TIMEが選ぶ20世紀の100人 上巻 指導者・革命家・科学者・思想家・起業家 徳岡孝夫監訳 アルク 1999.11 332p

Tolstoi, Lev Nikolaevich トルストイ, レフ・ニコラエヴィチ
◇レフ・ニコラエヴィチ・トルストイ（矢野浩三郎訳）：インタヴューズ 1 クリストファー・シルヴェスター編，新庄哲夫ほか訳 文芸春秋 1998.11 462p
◇男女両性観（平野臥竜訳）：世界女性学基礎文献集成 明治大正期 第4巻 水田珠枝監修 ゆまに書房 2001.6 439p
◇トルストイの日露戦争論（平民社訳）：幸徳秋水 幸徳秋水原著，山泉進編集・解題 論創社 2002.10 420p （平民社百年コレクション 第1集 平民社資料センター監修）

Tomaselli, Keyan G. トマセリ, ケイヤン・G.
◇グローバル化対政治経済：南アフリカ（大畑裕嗣訳）：メディア理論の脱西欧化 J.カラン，朴明珍編，杉山光信，大畑裕嗣訳 勁草書房 2003.2 306p

Tomasello, Michael トマセロ, M. *
◇社会的認知としての共同注意（山野留美子訳）：ジョイント・アテンション―心の起源とその発達を探る Chris Moore, Philip J.Dunham原編，大神英裕監訳 ナカニシヤ出版 1999.8 309p

Tomasevski, Katarina トマチェフスキー, カタリナ
◇女性の権利（滝沢美佐子訳）：国際人権法マニュアル―世界的視野から見た人権の理念と実践 ヤヌシュ・シモニデス編著，横田洋三監修，秋月弘子，滝沢美佐子，富田麻理，望月康恵訳 明石書店 2004.3 467p

Tomlinson, Jim トムリンソン, J.（会計学）
◇経済測定における政治的要素（鈴木智英訳）：社会・組織を構築する会計―欧州における学際的研究 アンソニー・G.ホップウッド，ピーター・ミラー編著，岡野浩，国部克彦，柴健次監訳 中央経済社 2003.11 390p

Tomlinson, R. トムリンソン, R. *
◇ギャングリーダーだった私の高揚する気分は冷却させられた：心にのこる最高の先生―イギリス人の語る教師像 上林喜久子編訳著 関東学院大学出版会 2004.11 97p
◇ギャングリーダーだった私の高揚する気分は冷却させられた：イギリス人の語る心にのこる最高の先生 上林喜久子編訳 関東学院大学出版会 2005.6 68p

Tong, Lynn トン, L. *
◇CMBSのリスクと相対価値分析に関するフレームワーク〈理論編〉 他（共著）：CMBS―商業用モーゲージ証券 成長する新金融商品市場の特徴と実務 フランク・J.ファボッツィ，デイビッド・P.ジェイコブ編，酒井吉広監訳，野村証券CMBS研究会訳 金融財政事情研究会 2000.12 672p

Took, Laurence トゥーク, L. *
◇イタリアにおける財務報告の歴史（渡辺和夫訳）：欧州比較国際会計史論 P.ワルトン編著，久野光朗監訳 同文館出版 1997.5 380p

Toole, Richard トゥール, リチャード
◇サプライチェーン・マネジメント・ツール―リスクを最小化し利益を最大化する（共著）：サプライチェーン戦略 ジョン・ガトーナ編，前田健蔵，田村誠一訳 東洋経済新報社 1999.5 377p （Best solution）

Toonen, Theo A. J. トーネン, テオ・A. J.
◇継続の中の変化：オランダにおける地方政府と都市問題：国際比較からみた地方自治と都市問題―先進20カ国の分析 2 Joachim Jens Hesse編，北海道比較地方自治研究会訳 北海道比較地方自治研究会 1995.3 210p
◇継続の中の変化・オランダにおける地方政府と都市問題：地方自治の世界的潮流―20カ国からの報告 上 ヨアヒム・J.ヘッセ編，北海道比較地方自治研究会訳，木佐茂男監修 信山社出版 1997.9 335p

Torii, S. トリイ, S. *
◇随伴性陰性変動（CNV）とにおいの心理学的影響：香りの感性心理学 S.ヴァン・トラー，G.H.ドッド編，印藤元一訳 フレグランスジャーナル社 1994.2 238p

Torney-Purta, Judith トーニィ・パータ, ジュディス
◇評価の諸問題（大津和子訳）：地球市民教育のすすめかた―ワールド・スタディーズ・ワークブック デイヴィッド・ヒックス，ミリアム・スタイナー編，岩崎裕保監訳 明石書店 1997.6 341p

Torous, Walter N. トラウス, W. *
◇モーゲージ担保証券（今野浩訳）：ファイナンスハン

ドブック　R.A.Jarrow, V.Maksimovic, W.T.Ziemba編，今野浩，古川浩一監訳　朝倉書店　1997.12　1121p

Torres, Nayda I.　トレース，ナイダ・I.
◇グローバルな認識—変化への過程（共著）（赤星礼子訳）：転換期の家族—ジェンダー・家族・開発　N.B.ライデンフロースト編，家庭経営学部会訳　日本家政学会　1995.3　360p

Torres, Santos, Jr.　トーレス，サントス
◇アメリカにおけるスクールソーシャルワーカーの現状：スクールソーシャルワークとは何か—その理論と実践　全米ソーシャルワーカー協会編，山下英三郎編訳　現代書館　1998.12　234p

Tosolini, Tiziano　トゾリーニ，ティツィアノ
◇イタリアにおける日本の哲学の未来（米山優訳）：日本哲学の国際性—海外における受容と展望　J.W.ハイジック編　世界思想社　2006.3　342, 9p（Nanzan symposium 12）

Tøssebro, Jan　テッセブロー，ヤン
◇序 他（共著）：北欧の知的障害者—思想・政策と日常生活　ヤン・テッセブロー，アンデシュ・グスタフソン，ギューリ・デューレンダール編，二文字理明監訳　青木書店　1999.8　289p
◇福祉国家ノルウェーにおける脱施設化 他（末光茂訳）：脱施設化と地域生活—英国・北欧・米国における比較研究　ジム・マンセル，ケント・エリクソン編著，中園康夫，末光茂監訳　相川書房　2000.7　318p

Totman, Richard　トットマン，リチャード
◇帰属療法の哲学的基礎（永田博訳）：原因帰属と行動変容—心理臨床と教育実践への応用　チャールズ・アンタキ，クリス・ブレーウィン編，細田和雅，古市裕一監訳　ナカニシヤ出版　1993.12　243p

Totten, George O.　トッテン，ジョージ・O.
◇南韓の内政と南北韓の統一（共著）：国家の分裂と国家の統一—中国，朝鮮，ドイツ，ベトナムの研究　趙全勝編著，朱継征監訳，佐佐木そのみ訳　旬報社　1998.1　276p

Touron, Michel　トゥロン，ミシェル
◇人道主義精神と人道援助（林修訳）：介入？—人間の権利と国家の論理　エリ・ウィーゼル，川田順造編，広瀬浩司，林修訳　藤原書店　1997.4　294p

Toussaint, Eric　トゥサン，エリック
◇新しい債務危機 他：別のダボス—新自由主義グローバル化との闘い　フランソワ・ウタール，フランソワ・ポレ共編，三輪昌男訳　柘植書房新社　2002.12　238p
◇対外債務—自由な開発のために債務帳消しを（共著）（深井英喜訳）：もうひとつの世界は可能だ—世界社会フォーラムとグローバル化への民衆のオルタナティブ　ウィリアム・F.フィッシャー，トーマス・ポニア編，加藤哲郎監修，大屋定晴，山口響，白井聡，木下ちがや監訳　日本経済評論社　2003.12　461p

Touwen-Bouwsma, Elly　タウエン＝バウスマ，エリー
◇日本軍の慰安所と従軍慰安婦問題 他：日蘭交流400年の歴史と展望—日蘭交流400周年記念論文集 日本語版　レオナルド・ブリュッセイ，ウィレム・レメリンク，イフォ・スミッツ編　日蘭学会　2000.4　459p（日蘭学会学術叢書 第20）

Towell, Dabid　タウェル，D.
◇英国における精神医療サービスの変化（共著）：過渡期の精神医療—英国とイタリアの経験から　シュラミット・ラモン，マリア・グラツィア・ジャンニケッダ編，川田誉音訳　海声社　1992.10　424p

Towle, Philip　トウル，フィリップ
◇ゲリラ戦と捕虜取扱い 他（小菅信子訳）：戦争の記憶と捕虜問題　木畑洋一，小菅信子，フィリップ・トウル編　東京大学出版会　2003.5　262p

Townsend, Patrick　タウンゼンド，パトリック
◇人間中心主義のリーダーシップを「軍隊」に学べ（共著）：ウェルチはこうして組織を甦らせた—アメリカ・トップリーダーからの経営処方箋29　ケン・シェルトン編，堀紘一監修・訳　フロンティア出版　1999.12　281p

Townsend, Peter　タウンゼント，ピーター
◇貧困と健康状態（相沢京美訳）：福祉大改革—イギリスの改革と検証　アラン・ウォーカーほか著，佐藤進ほか訳　法律文化社　1994.9　256p
◇貧困理論と社会政策の役割（柴田謙治，下平好博訳）：イギリス社会政策論の新潮流—福祉国家の危機を超えて　ジョーン・クラーク，ディビド・ポスウェル編，大山博，武川正吾，平岡公一ほか訳　法律文化社　1995.4　231p

Toynbee, Philip　トインビー，フィリップ
◇ウラジーミル・ナボコフ『ロリータ』（富士川義之訳）：ロンドンで本を読む　丸谷才一編著　マガジンハウス　2001.6　337, 8p

Toyne, Brian　トイン，ブライアン
◇国際経営学誕生のパラダイム基盤 他（共著）（村山元理訳）：基礎概念と研究領域　B.トイン，D.ナイ編，村山元英監訳，国際経営文化学会訳　文眞堂　2001.11　285p（国際経営学の誕生 1）
◇「経営と社会」の視座と「国際経営学」（共著）（持丸邦子訳）：社会経営学の視座　B.トイン，D.ナイ編，村山元英監訳，国際経営文化学会訳　文眞堂　2004.10　312p（国際経営学の誕生 2）

Tracy, Brian　トレーシー，ブライアン
◇目標を明確にするための七つのカギ：セルフヘルプ—なぜ，私は困難を乗り越えられるのか 世界のビッグネーム自らの47の証言　ケン・シェルトン編，堀紘一監訳　フロンティア出版　1998.7　301p
◇あなたは人生を変えることができる：セルフヘルプ—自助＝他人に頼らず，自分の力で生きていく！ 2　ケン・シェルトン編，堀紘一監訳　フロンティア出版　1998.12　283p

Tran, Chi Dao　チャン，チ・ダオ
◇高等教育の組織と管理運営 他（共著）（黒郷美貴訳）：変革期ベトナムの大学　ディヴィッド・スローパー，レ・タク・カン編著，大塚豊監訳　東信堂　1998.9　245p

Tran, Hong Quan　チャン，ホン・クアン
◇政策決定の背景と教育・訓練政策（共著）（夏立憲訳）：変革期ベトナムの大学　ディヴィッド・スローパー，レ・タク・カン編著，大塚豊監訳　東信堂　1998.9　245p

Trauffler, Gaston　トラウフラー，ガストン
◇非連続的な技術変化のマネジメントに伴う問題：科

学経営のための実践的MOT—技術主導型企業からイノベーション主導型企業へ ヒューゴ・チルキー編, 亀岡秋男監訳 日経BP社 2005.1 397p

Traugh, Cecilia トラウ, セシリア
◇ホールスクールによる研究—その理念と指導(白鳥信義訳):描写レヴューで教師の力量を形成する—子どもを遠くまで観るために M.ヒムレイ, P.F.カリーニ編, 小田勝己, 小田玲子, 白鳥信義訳 ミネルヴァ書房 2002.10 267p

Traustadóttir, Rannverig トレウスタドウッティル, ランヴェイク
◇知的障害者の生活と仕事—アイスランド(吉原雅昭訳):北欧の知的障害者—思想・政策と日常生活 ヤン・テッセブロー, アンデシュ・グスタフソン, ギューリ・デューレンダール編, 二文字理明監訳 青木書店 1999.8 289p

Trebach, Arnold S. トレバック, アーノルド・S.
◇麻薬戦争に終止符を打ち、ドラッグを合法化せよ:ドラッグ全面解禁論 ディヴィッド・ボアズ編, 樋口幸子訳 第三書館 1994.11 364p

Trend, David トレンド, デイヴィッド
◇デモクラシーの意味の危機 他:ラディカル・デモクラシー—アイデンティティ, シティズンシップ, 国家 デイヴィッド・トレンド編, 佐藤正志ほか訳 三嶺書房 1998.4 408p

Trennepohl, Gary L. トレンポール, G.*
◇機関投資家のオプション活用:ケーススタディ(共著):オプション—その基本と取引戦略 シカゴオプション取引所附属オプション専門学校編, 可児滋訳 ときわ総合サービス出版調査部 1999.4 675p

Trepp, Anne-Charlott トレップ, アンネ‐シャルロット
◇家庭のなかでの男らしさ:男の歴史—市民社会と〈男らしさ〉の神話 トーマス・キューネ編, 星乃治彦訳 柏書房 1997.11 254p (パルムケイア叢書 8)

Trepp, Richard C. トレップ, R. C.*
◇CMBSのモデル作成および分析のためのフレームワーク(共著):CMBS—商業用モーゲージ証券 成長する新金融商品市場の特徴と実務 フランク・J.ファボッツィ, デイビッド・P.ジェイコブ編, 酒井吉広監訳, 野村証券CMBS研究会訳 金融財政事情研究会 2000.12 672p

Trevillion, Steve トレビロン, スチーヴ
◇ネットワーキングとソーシャルワーク教育(杉本敏夫訳):コミュニティケア改革とソーシャルワーク教育—イギリスの挑戦 スチーヴ・トレビロン, ピーター・ベレスフォード編, 小田兼三, 杉本敏夫訳 筒井書房 1999.6 119p

Trevor-Roper, Hugh Redwald トレヴァー=ローパー, ヒュー
◇伝統の捏造—スコットランド高地の伝統(梶原景昭訳):創られた伝統 エリック・ホブズボウム, テレンス・レンジャー編, 前川啓治, 梶原景昭ほか訳 紀伊国屋書店 1992.6 488p (文化人類学叢書)

Trieman, Naomi トリーマン, ネイオミ
◇精神病院の閉鎖にともなう諸問題—精神科サービスアセスメントチームからの教訓(共著)(西垣千春訳):施設ケア対コミュニティケア—福祉新時代における施設ケアの役割と機能 レイモンド・ジャック編著, 小田兼三ほか訳 勁草書房 1999.4 296p

Triggiano, P. J. トリッギアーノ, パトリック・J.
◇多重人格障害の精神生理学的研究(共著):多重人格障害—その精神生理学的研究 F.パトナム他著, 笠原敏雄編 春秋社 1999.6 296p

Trintignant, Nadine トランティニャン, ナディーヌ
◇ナディーヌ・トランティニャン:嫉妬する女たち マドレーヌ・シャプサル編著, ソニア・リキエル他述, 小椋三嘉訳 東京創元社 1998.5 187p

Tripp, Charles トリップ, チャールズ
◇第10章 アラブ中東の地域機構(来栖薫子訳):地域主義と国際秩序 L.フォーセット, A.ハレル編, 菅英輝, 栗栖薫子監訳 九州大学出版会 1999.5 366p

Tripple, Patricia A. トリプル, パトリシア・A.
◇日常生活の要求に応える住居(飯村しのぶ訳):転換期の家族—ジェンダー・家族・開発 N.B.ライデンフロスト編, 家庭経営学部訳 日本家政学会 1995.3 360p

Trocker, Nicolò トロッカー, ニコロ
◇イタリア民事司法改革の概要(吉田宣之訳):民事司法の国際動向 G.C.ハザード他著, 小島武司編訳 中央大学出版部 1996.5 164p (日本比較法研究所翻訳叢書 37)

Trost, Melanie R. トロスト, メラニー・R.
◇人間関係を進化論的視点から見る(共著)(岸本浩訳):パーソナルな関係の社会心理学 W.イックス, S.ダック編, 大坊郁夫, 和田実監訳 北大路書房 2004.4 310p

Trotter, Lloyd トロッター, ロイド
◇ベテランと若手が学び合う風土に変えられるか(共著):組織変革のジレンマ—ハーバード・ビジネス・レビュー・ケースブック Harvard Business Review編, Diamondハーバード・ビジネス・レビュー編集部訳 ダイヤモンド社 2004.11 283p
◇「ベテランと若手」が学び合う風土に変えられるか(共著):「問題社員」の管理術―ケース・スタディ Diamondハーバード・ビジネス・レビュー編集部編訳 ダイヤモンド社 2007.1 263p (Harvard business review anthology)

Trounstine, Jean トラウンスタイン, ジーン
◇忘れ去られたマイノリティ(望月康恵訳):女性の人権とジェンダー—地球規模の視座に立って マージョリー・アゴシン編著, 堀内光子, 神崎智子, 望月康恵, 力武由美, ベバリー・アン山本訳 明石書店 2007.12 586p (明石ライブラリー)

Trout, Jack トラウト, ジャック
◇あいまいさに流されることなく焦点を絞ること(共著):21世紀ビジネスはこうなる—世界の叡智を結集 ロワン・ギブソン編, 島田晴雄監訳, 鈴木孝男, 竹内ふみえ訳 シュプリンガー・フェアラーク東京 1997.11 327p

Truckle, Brian トラックル, ブライアン
◇フィールド・ワーク—里親家庭への初めての訪問:被虐待児の精神分析的心理療法—タビストック・クリニックのアプローチ メアリー・ボストン, ロレーヌ・スザー編著, 平井正三, 鵜飼奈津子, 西村富士子

Truman, Harry S. トルーマン, ハリー・S.
◇ハリー・S.トルーマン大統領―大統領就任演説（白須清美訳）：アメリカ政治の展開　板場良久スピーチ解説，滝順子，白須清美訳　アルク　1998.4　148p（20世紀の証言　英語スピーチでたどるこの100年　第1巻―CD book　松尾弌之監修・解説）
◇ハリー・S.トルーマン大統領―広島への原子爆弾投下（津吉襄訳）：変貌する世界とアメリカ　板場良久スピーチ解説，津吉襄訳　アルク　1998.5　148p（20世紀の証言　英語スピーチでたどるこの100年　第2巻―CD book　松尾弌之監修・解説）
◇トルーマン共和党政権の特色と一般教書：資料　戦後米国大統領の「一般教書」　第1巻（1945年―1961年）　藤本一美，浜賀祐子，末次俊之訳著　大空社　2006.7　564p

Trumbull, Suzanne トランベル, スザンヌ
◇おしぼり：ニッポン不思議発見！―日本文化を英語で語る50の名エッセイ集　日本文化研究所編，松本道弘訳　講談社インターナショナル　1997.1　257p（Bilingual books）

Tryon, Adeline S. トライオン, A.*
◇家族スキルトレーニング（FST）と子どものうつ病（共著）（益本佳枝訳）：共同治療者としての親訓練ハンドブック　Charles E.Schaefer, James M.Briesmeister編，山上敏子，大隈紘子監訳　二瓶社　1996.11　332p

Trzcinka, Charles トルツィンカ, C.*
◇投資スタイルと超過リターン―バリュー対グロース他（共著）（福嶋和子訳）：株式投資スタイル―投資家とファンドマネージャーを結ぶ投資哲学　T.ダニエル・コギン，フランク・J.ファボツィ，ロバート・D.アーノット編，野村證券金融研究所訳　増補改訂版　野村総合研究所情報リソース部　1998.3　450p

Tschirky, Hugo チルキー, ヒューゴ
◇一般経営における技術アウェアネスのギャップ　他：科学経営のための実践的MOT―技術主導型企業からイノベーション主導型企業へ　ヒューゴ・チルキー編，亀岡秋男監訳　日経BP社　2005.1　397p

Tsibidou, Maria ツイビドゥ・アプロニティ, マリア
◇「マケドニア」の墓群―古代ギリシアにおける埋葬建造物の特殊カテゴリー（松田陽訳）：死後の礼節―古代地中海圏の葬祭文化　紀元前7世紀・紀元前3世紀　シュテファン・シュタイングレーバー編　東京大学総合研究博物館　2000.12　202p

Tsimara Papastamatiou, Hera ツイマラ・パパスタマシュウ, ヘラ*
◇ストレッサーとがん（瀬戸正弘訳）：ストレスと快楽　デイビッド・M.ウォーバートン，ニール・シャーウッド編著，上里一郎監訳　金剛出版　1999.10　301p

Tsouras, Peter G. ツォーラス, ピーター・G.
◇ウラジオストック占領―シベリアの虎，山下奉文　太平洋戦争の研究―こうすれば日本は勝っていた　ピーター・G.ツォーラス編著，左近允尚敏訳　PHP研究所　2002.12　387p

Tuck, Richard タック, リチャード
◇政治思想史（谷口健治訳）：ニュー・ヒストリーの現在―歴史叙述の新しい展望　ピーター・バーク編，谷川稔他訳　人文書院　1996.6　352p

Tucker, Beverley D. タッカー, ベバリー・D.
◇エイゴ：ニッポン不思議発見！―日本文化を英語で語る50の名エッセイ集　日本文化研究所編，松本道弘訳　講談社インターナショナル　1997.1　257p（Bilingual books）

Tucker, C. R.(Sonny) タッカー, C.*
◇機関投資家のオプション活用：ケーススタディ（共著）：オプション―その基本と取引戦略　シカゴオプション取引所付属オプション専門学校編，可児滋訳　ときわ総合サービス出版調査部　1999.4　675p

Tucker, Ken タッカー, ケン
◇観光地としての魅力：ハワイ　楽園の代償　ランドー・W.ロス編　有信堂高文社　1995.9　248p

Tucker, Robert B. タッカー, ロバート・B.
◇将来に対しては進んで積極的になれ！：思考は現実化する―私はこうして思考を現実化した　実践編　ナポレオン・ヒル財団日本リソーセス編・訳　騎虎書房　1997.3　231p

Tufano, Peter テュファーノ, ピーター
◇投資信託業の競争と変化（共著）：金融サービス業―21世紀への戦略　サミュエル・L.ヘイズ3編，小西竜治監訳　東洋経済新報社　1999.10　293p

Tuieta チューイエッタ
◇宇宙のキリストの一しずく：アセンションするDNA―光の12存在からのメッセージ　ヴァージニア・エッセン編著，冬月晶訳　ナチュラルスピリット　1999.2　299p

Tulgan, Bruce タルガン, ブルース
◇給与情報はどのように共有されるべきか（共著）：人材育成のジレンマ―ハーバード・ビジネス・レビューケースブック　Harvard Business Review編，Diamondハーバード・ビジネス・レビュー編集部訳　ダイヤモンド社　2004.12　219p

Tulloch, G. Janet ツロフ, ジャネット
◇入居者からみた自立：自立支援とはなにか―高齢者介護の戦略　ガムロス，セムラデック，トーンキスト編，岡本佑三，秦洋一訳　日本評論社　1999.9　207p

Tullock, Gordon タロック, ゴードン
◇関税，独占と窃盗の厚生費用　他（太田耕史郎訳）：レントシーキングの経済理論　ロバート・トリソン，ロジャー・コングレトン編，加藤寛監訳　勁草書房　2002.7　264p

Tully, Mark トゥリー, マーク
◇カラチ発カイバルゆき：世界・大鉄道の旅　クリーブ・アンダーソン他著，種村直樹監訳，栗原景訳　心交社　1997.5　295p

Tunnard, Jo ターナード, ジョー
◇虐待の疑いをかけられた親の支援（松原康雄訳）：児童虐待への挑戦　ウェンディ・スティントン・ロジャース，デニス・ヒーヴィー，エリザベス・アッシュ編著，福知栄子，中野敏子，田沢あけみほか訳　法律文化社　1993.11　261p

Turek, Ivan トゥレック, イヴァン
◇民主主義への移行期にある三カ国での人権教育の実施―ルーマニア，スロヴァキア，アルバニア（共著）（梨本雄太郎訳）：世界の人権教育―理論と実践

ジョージ・J.アンドレオポーロス，リチャード・ピエール・クロード編著，黒沢惟昭監訳　明石書店　1999.2　758p

Turiel, E.　チュリエル，エリオット
◇子供における社会的推論の性質と基盤：倫理は自然の中に根拠をもつか　マルク・キルシュ編，松浦俊輔訳　産業図書　1995.8　387p

Turim, Maureen　テューリム，モーリーン
◇特殊性と文化(保呂篤彦訳)：文化とグローバル化—現代社会とアイデンティティ表現　A.D.キング編，山中弘，安藤充，保呂篤彦訳　玉川大学出版部　1999.8　244p

Turing, Alan Mathison　チューリング，アラン・M.
◇計算機械と知能(藤村龍雄訳)：マインズ・アイ—コンピュータ時代の「心」と「私」　上　D.R.ホフスタッター，D.C.デネット編，坂本百大監訳　〔新装版〕ティビーエス・ブリタニカ　1992.10　359p

Turkle, Sherry　タークル，シェリ
◇IT社会の心理学：2010年の「マネジメント」を読み解く　Diamondハーバード・ビジネス・レビュー編集部編訳　ダイヤモンド社　2005.9　289p (Harvard business review anthology)

Turnbull, H. Rutherford, Ⅲ　ターンブル，H.ラザンフォード，3世
◇QOLと公共哲学(共著)：知的障害・発達障害を持つ人のQOL—ノーマライゼーションを超えて　Robert L.Schalock編，三谷嘉明，岩崎正子訳　医歯薬出版　1994.5　346p

Turnbull, Steve　ターンブル，S.*
◇FiCADを用いたVARアプリケーションの作成(土居雅紹，塚本卓治，佐藤由美子訳)：統合リスク管理への挑戦—VARの基礎・手法　ロッド・A.ベックストローム，アリス・R.キャンベル編著，大和証券業務開発部訳　金融財政事情研究会　1996.7　170p

Turner, A.　ターナー，A.(司会者)*
◇課題授業に熱中する私たちは，いつも励まされた：心にのこる最高の先生—イギリス人の語る教師像　上林喜久子編訳著　関東学院大学出版会　2004.11　97p
◇課題授業に熱中する私たちは，いつも励まされた：イギリス人の語る心にのこる最高の先生　上林喜久子編訳　関東学院大学出版会　2005.6　68p

Turner, Bryan S.　ターナー，ブライアン・S.
◇機能主義と「新しい理論動向」—パーソンズ以後のドイツとアメリカ間の接近 他(進藤雄三訳)：近代性の理論—パーソンズの射程　ロランド・ロバートソン，ブライアン・S.ターナー編，中久郎，清野正義，進藤雄三訳　恒星社厚生閣　1995.12　354, 37p

Turner, Charles H.　ターナー，チャールズ・H.
◇労働組合(共著)：ハワイ 楽園の代償　ランドール・W.ロス編　有信堂高文社　1995.9　245p

Turner, David R.　ターナー，デビット・D.
◇比較教育学におけるゲーム理論—展望と提案(佐藤広志訳)：比較教育学の理論と方法　ユルゲン・シュリーバー編著，馬越徹，今井重孝監訳　東信堂　2000.11　278p

Turner, Francis Joseph　ターナー，フランシス・J.
◇トリートメントのための相互連結的視野(米本秀仁訳)：ソーシャルワーク・トリートメント—相互連結理論アプローチ　上　フランシス・J.ターナー編，米本秀仁監訳　中央法規出版　1999.4　574p
◇理論とソーシャルワーク・トリートメント 他(米本秀仁訳)：ソーシャルワーク・トリートメント—相互連結理論アプローチ　下　フランシス・J.ターナー編，米本秀仁監訳　中央法規出版　1999.8　573p

Turner, Joanne　ターナー，ジョアン・L.
◇問題解決理論(共著)(横山穣訳)：ソーシャルワーク・トリートメント—相互連結理論アプローチ　上　フランシス・J.ターナー編，米本秀仁監訳　中央法規出版　1999.4　574p

Turner, Robert　ターナー，ロバート
◇『ネクロノミコン』注解：魔道書ネクロノミコン　コリン・ウィルソンほか著，ジョージ・ヘイ編，大滝啓裕訳　学習研究社　1994.8　239, 48p　(学研ホラーノベルズ)
◇診断—宗教的・霊的な問題に対するトランスパーソナルなアプローチ(共著)：テキスト/トランスパーソナル心理学・精神医学　B.W.スコットン，A.B.チネン，J.R.バティスタ編，安藤治，池沢良彦，是恒正達訳　日本評論社　1999.12　433p

Turner, Sandra　ターナー，サンドラ
◇交流分析理論(共著)(田村里子訳)：ソーシャルワーク・トリートメント—相互連結理論アプローチ　上　フランシス・J.ターナー編，米本秀仁監訳　中央法規出版　1999.4　574p

Turner, Trevor　ターナー，トレバー
◇統合的業績評価システム—その構造とダイナミクス(共著)：業績評価の理論と実務—事業を成功に導く専門領域の障壁を越えて　アンディ・ニーリー編著，清水孝訳　東洋経済新報社　2004.4　459p

Turner, Victor　ターナー，ヴィクター
◇解説と結論(井上兼行訳)：さかさまの世界—芸術と社会における象徴的逆転　バーバラ・A.バブコック編，岩崎宗治，井上兼行訳　岩波書店　2000.11　310, 34p　(岩波モダンクラシックス)

Turnovsky, Stephen J.　ターノフスキー，スティーブン・J.
◇経済動学とマクロ経済学：フューチャー・オブ・エコノミクス—21世紀への展望　ガルブレイス他著，J.D.ヘイ編，鳥居泰彦訳　同文書院インターナショナル　1992.11　419p

Turremark, Ulla　ツレマーク，ウーラ
◇スウェーデン・モデル：自立支援とはなにか—高齢者介護の戦略　ガムロス，セムラデック，トーンキスト編，岡本祐三，秦洋一訳　日本評論社　1999.9　207p

Tushman, Michael L.　タッシュマン，マイケル・L.
◇組織変革のタイプ—漸進的変革と不連続変革 他(共著)：不連続の組織革命—ゼロベースから競争優位を創造するノウハウ　デービッド・A.ナドラーほか著，平野和子訳　ダイヤモンド社　1997.2　358p

Tuttle, William M., Jr.　タトル，ウィリアム・M., Jr.
◇大恐慌とニューディール 他(上杉忍訳)：アメリカの

歴史 5 大恐慌から超大国へ—20世紀 メアリー・ベス・ノートン他著 上杉忍ほか訳 三省堂 1996.11 310, 17p
◇戦後の繁栄とアメリカ社会 他(大沼千恵子訳)：アメリカの歴史 6 冷戦体制から21世紀へ—20世紀 メアリー・ベス・ノートン他著 上杉忍ほか訳 三省堂 1996.11 305, 17p
◇第二次世界大戦下のアメリカの銃後の子ども(大井直子訳)：時間と空間の中の子どもたち—社会変動と発達への学際的アプローチ グレン・H.エルダー, ジョン・モデル, ロス・D.パーク編, 本田時雄監訳 金子書房 1997.10 379p

Tuvesson, Barbro テューベソン, バーブロ
◇施設の閉鎖に関する親族の意見(共著)(松永公隆訳)：脱施設化と地域生活—英国・北欧・米国における比較研究 ジム・マンセル, ケント・エリクソン編著, 中園康夫, 末光茂監訳 相川書房 2000.7 318p

Twachtman, Diane D. トウォッチトマン, ダイアン・D.
◇言葉のある子どもたちのコミュニケーションを促進する方法：社会性とコミュニケーションを育てる自閉症療育 Kathleen Ann Quill編, 安達潤ほか訳 松柏社 1999.9 481p

Twaddle, Vivien トワドル, V.
◇抑うつ(共著)(坂本真士訳)：認知臨床心理学入門—認知行動アプローチの実践的理解のために W.ドライデン, R.レントゥル編, 丹野義彦監訳 東京大学出版会 1996.11 384p

Twain, Mark トウェイン, マーク
◇マーク・トウェイン(小川高義訳)：インタヴューズ 1 クリストファー・シルヴェスター編, 新庄哲夫ほか訳 文芸春秋 1998.11 462p
◇オーストリア議会見聞記：ケルゼン研究 2 長尾龍一著 信山社出版 2005.6 327, 17p (信山社叢書)

Twomey, Christopher P. トゥーミー, クリストファー
◇太平洋を睨む鷲(共著)(神保謙訳)：日米同盟—米国の戦略 マイケル・グリーン, パトリック・クローニン編, 川上高司監訳 勁草書房 1999.9 229, 11p

Tworuschka, Udo トゥヴォルシュカ, ウド
◇性と宗教の問題提起(共著)：諸宗教の倫理学—その教理と実生活 第1巻 性の倫理 M.クレッカー, U.トゥヴォルシュカ編, 石橋孝明, 榎津重喜訳 九州大学出版会 1992.4 240, 3p
◇若干の小宗教共同体における健康 他：諸宗教の倫理学—その教理と実生活 第3巻 健康の倫理 M.クレッカー, U.トゥヴォルシュカ編, 石橋孝明ほか訳 九州大学出版会 1994.9 212, 2p
◇宗教と環境—学的接近と中心的現象形態についての概観(共著)(山口意友訳)：諸宗教の倫理学—その教理と実生活 第5巻 環境の倫理 M.クレッカー, U.トゥヴォルシュカ編, 石橋孝明, 榎津重喜, 山口意友訳 九州大学出版会 1999.4 255, 3p
◇宗教の伝統における所有と貧困：要旨(共著)：諸宗教の倫理学—その教理と実生活 第4巻 所有と貧困の倫理 M.クレッカー, U.トゥヴォルシュカ編, 石橋孝明訳 九州大学出版会 2000.9 202, 2p

Tyerman, Andy タイアーマン, A.*
◇神経心理学と臨床心理士の活動(共著)(望月聡訳)：専門職としての臨床心理士 ジョン・マツィリア, ジョン・ホール編, 下山晴彦編訳 東京大学出版会 2003.4 435p

Tylecote, Andrew ティルコット, アンドリュー
◇一七八〇年から二〇〇〇年までの長期波動の解釈のために(岡久啓一訳)：長期波動 新装版 藤原書店 2002.9 217p (叢書〈世界システム〉新装版 2 イマニュエル・ウォーラースティン責任編集, 山田鋭夫他訳)

Tyler, Stephen A. タイラー, スティーヴン・A.
◇ポストモダンの民族誌：文化を書く ジェイムズ・クリフォード, ジョージ・マーカス編, 春日直樹ほか訳 紀伊国屋書店 1996.11 546p (文化人類学叢書)

Tyndale, Anne ティンデイル, アン
◇転移解釈は心的変化にどの程度必要なのか：精神分析的心理療法の現在—ウィニコットと英国独立派の潮流 スー・ジョンソン, スタンリー・ルーゼンスキー編, 倉ひろ子訳 岩崎学術出版社 2007.9 181p

Tyne, Alan タイネ, アラン
◇ノーマリゼーション—理論から実践へ：ノーマリゼーションの展開—英国における理論と実践 ヘレン・スミス, ヒラリー・ブラウン編, 中園康夫, 小田兼三監訳 学苑社 1994.4 300p

【U】

Udry, Charles-Andre ウドリー, C.-A.*
◇排除のメカニズム 他：別のダボス—新自由主義グローバル化との闘い フランソワ・ウタール, フランソワ・ポレ共編, 三輪昌男訳 柘植書房新社 2002.12 238p

Ullrich, Otto ウルリッヒ, オットー
◇技術(須藤章訳)：脱「開発」の時代—現代社会を解読するキイワード辞典 ヴォルフガング・ザックス編, イヴァン・イリッチ他著, 三浦清隆他訳 晶文社 1996.9 396, 12p

Ulmen, Gary L. ウルメン, G.L.
◇政治神学と政治経済学—カール・シュミットとマックス・ヴェーバーについて(佐野誠訳)：カール・シュミットの遺産 ヘルムート・クヴァーリチュ編, 初宿正典, 古賀敬太編訳 風行社 1993.10 402, 16p

Ulrich, Dave ウールリッチ, デイヴ
◇能力のまわりに組織を作る：企業の未来像—成功する組織の条件 フランシス・ヘッセルバイン, マーシャル・ゴールドスミス, リチャード・ベックハード編, 小坂恵理訳 トッパン 1998.7 462p (トッパンのビジネス経営管理シリーズ 14)
◇無形資産を利益に変える人材活用戦略 他(共著)：ピープルマネジメント—21世紀の戦略的人材活用コンセプト Financial Times編, 日経情報ストラテジー監訳 日経BP社 2002.3 271p (日経情報ストラテジー別冊)

Ulrich, Hans ウルリッヒ, H.
◇マネジメント—誤解された社会的機能 他：自己組織化とマネジメント H.ウルリッヒ, G.J.B.プロブスト編, 徳安彰訳 東海大学出版会 1992.11 235p

Ulrich von Strassburg ウルリヒ（シュトラスブルクの）
◇最高善について：中世思想原典集成 13 盛期スコラ学 上智大学中世思想研究所編訳・監修 平凡社 1993.2 845p
◇美・光・愛について（熊田陽一郎訳）：キリスト教神秘主義著作集 第3巻 サン・ヴィクトル派とその周辺 熊田陽一郎ほか訳 教文館 2000.4 319p

Underdown, Brian アンダーダウン，B. *
◇Accounting Theory and Policy Making（会計理論と政策決定）（共著）：元帳の締め切り 川島貞一訳〔川島貞一〕 2002.8 1冊

Underwood, Deb アンダーウッド，デブ
◇被虐待児の親たち—性的虐待のサインとその見つけ方：児童虐待の発見と防止—親や先生のためのハンドブック ジェームズ・A.モンテリオン編著, 加藤和生訳 慶応義塾大学出版会 2003.8 261p

Ungerson, Clare アンガーソン，クレア
◇住宅—ニード，公平，所有，経済（藤原一哉訳）：福祉と財政—いかにしてイギリスは福祉需要に財政を調整してきたか？ ヴィック・ジョージ, スチュアート・ミラー編著, 高島進監訳 都市文化社 1997.11 308p

Unseld, Siegfried ウンゼルト，ジークフリート
◇ジークフリート・ウンゼルト：戦後ドイツを生きて—知識人は語る 三島憲一編・訳 岩波書店 1994.10 370p

Upton, Graham アプトン，G.
◇社会統計を彩る〈要約〉（良永康平訳）：現代イギリスの政治算術—統計は社会を変えるか D.ドーリング, S.シンプソン編著, 岩井浩ほか監訳 北海道大学図書刊行会 2003.7 588p

Ursinus, Zachrias ウルシヌス，ツァハリアス
◇ハイデルベルク教理問答（1563年）（登家勝也訳）：宗教改革著作集 第14巻 信仰告白・信仰問答 教文館 1994.11 704p

Urwick, L. アーウィック，L. *
◇建設的コンフリクト 他（共著）（三戸公訳）：メアリー・パーカー・フォレット 管理の予言者 ポウリン・グラハム編, 三戸公, 坂井正弘監訳 文真堂 1999.5 360p

Usakiewicz, Wojciech ウサキェヴィチ, ヴォイチェフ
◇エスペランティストが抱える文学上の困難—文学における自然言語と計画言語（渡辺克義訳）：地域から世界へ—異文化へのまなざし 渡辺克義編著・訳 山口新聞 2001.12 245p

Useem, Michael ユシーム，マイケル
◇リーダーシップをどう発揮するか：ピープルマネジメント—21世紀の戦略的人材活用コンセプト Financial Times編, 日経情報ストラテジー監訳 日経BP社 2002.3 271p （日経情報ストラテジー別冊）

Usinger, Wolfgang ウージンガー，W.
◇建設契約 他：ドイツの不動産—開発と投資の法律および税務 R.フォルハード, D.ウェーバー, W.ウージンガー編, ドイツ・リアルエステイト・コンサルティング訳, 平川純子監訳 ダイヤモンド社 1993.5 358p

【V】

Vael, Claude ヴァエル，C. *
◇ベルギーにおける財務報告の歴史（共著）（片山郁雄訳）：欧州比較国際会計史論 P.ワルトン編著, 久野光朗監訳 同文館出版 1997.5 380p

Vajda, Mihály ヴァイダー，ミハイリー
◇性起の思惟と, 存在の歴史としての形而上学（鈴木哲訳）：ハイデッガーとニーチェ—何をおいても私を取り違えることだけはしてくれるな！ M.リーデル他共著, 川原栄峰監訳 南窓社 1998.4 318p

Valdmanis, Vivian ヴァルドマニス，V. *
◇病院の技術的効率性と配分効率性の分析（共著）（上田徹訳）：経営効率評価ハンドブック—包絡分析法の理論と応用 Abraham Charnesほか編, 刀根薫, 上田徹監訳 朝倉書店 2000.2 465p

Vale, V. ヴェイル，V.
◇ワンダー・コールマン 他：慣れる女たち アンドレア・ジュノー, V.ヴェイル編, 越智道雄訳 第三書館 1997.8 303p

Valentich, Mary ヴァレンティック，メアリー
◇フェミニスト理論（河股智子訳）：ソーシャルワーク・トリートメント—相互連結理論アプローチ 下 フランシス・J.ターナー編, 米本秀仁監訳 中央法規出版 1999.8 573p

Valette, Rebecca M. ヴァレット，レベッカ・M.
◇外国語教育における学習の評価（窪田愛子, J.A.ジョンソン共訳）：学習評価ハンドブック B.S.ブルーム他著, 渋谷憲一ほか訳 第一法規出版 1989.12 2冊
◇学生および教師のための指針としてのテスト—プレイスメント・アチーブメント・プロフィシェンシーテスト（森本豊富訳）：変革期の大学外国語教育 ウィルガ・M.リヴァーズ編著, 上地安良, 加須屋弘司, 矢田裕士, 森本豊富訳 桐原書店 1995.9 307p （言語教育・応用言語学叢書）

Valeva, Julia ヴァレーヴァ，ユリア
◇古代トラキアにおける大型記念墓・墓に描かれた絵画・埋葬習慣（松田陽訳）：死後の礼節—古代地中海圏の葬祭文化 紀元前7世紀‐紀元前3世紀 シュテファン・シュタイングレーバー編 東京大学総合研究博物館 2000.12 202p

Valkenburg, Ben ファルケンブルグ，ベン
◇オランダ：変化するオランダの労働組合運動—批判的分析：ヨーロッパの労働組合—グローバル化と構造変化のなかで ジェレミー・ワディントン, レイナー・ホフマン編, 小川正浩訳 生活経済政策研究所 2004.11 318p （生活研ブックス 21）

Vallet, Odon ヴァレ，オドン
◇時間の概念：文化の多様性と通底の価値—聖俗の拮抗をめぐる東西対話 服部英二監修 麗澤大学出版会 2007.11 305, 11p

van Amsterdam-Kisleva, Larisa ヴァン・アムステルダム・キスレヴァ，L. *
◇ワークショップ：全く異なる体制の壁を超えた体験のshare（畠瀬直子訳）：エンカウンター・グループと国際交流 松本剛, 畠瀬直子, 野島一彦編著 ナカニシ

ヤ出版 2005.10 166p

Van Brunt, David L. ヴァン・ブラント, ディビッド・L.
◇不眠症の治療マニュアル（共著）（大嶋明彦, 尾鷲登志美訳）：エビデンスベイスト心理治療マニュアル V.B.V.ハッセル, M.ハーセン編著, 坂野雄二, 不安・抑うつ臨床研究会編訳　日本評論社　2000.11　371p

Van Camp, Carole M. ヴァン・キャンプ, C.M. *
◇先行子制御を査定する実験デザイン（共著）（山根正夫訳）：挑戦的行動の先行子操作―問題行動への新しい援助アプローチ　ジェームズ・K.ルイセリー, マイケル・J.キャメロン編, 園山繁樹ほか訳　二瓶社　2001.8　390p

Van de Casteele-Schweitzer, Sylvie ヴァン＝ド＝カステル＝シュヴァイツァー, シルヴィー
◇女性史のための聴きとり資料（共著）：女性史は可能か　ミシェル・ペロー編, 杉村和子, 志賀亮一監訳　藤原書店　1992.5　435p
◇女性史のための聴きとり資料（共著）（伊藤はるひ訳）：女性史は可能か　ミシェル・ペロー編, 杉村和子, 志賀亮一監訳　新版　藤原書店　2001.4　437p

Vandell, Kathey ヴァンデル, キャシー
◇アメリカの学校教育―学習社会の出現, 1820-1920年（共著）（田甫桂三訳）：子どもの時代―1820-1920年のアメリカ　バーバラ・フィンケルスタイン他著, 田甫桂三訳　学文社　1996.6　177p

Vandergrift, Kay E. ヴァンダーグリフト, ケイ・E.
◇児童・青少年向けの蔵書構築とサービス計画への読者反応理論の適用（白石英里子訳）：情報の要求と探索　J.ヴァーレイス編, 池谷のぞみ, 市古健次, 田村俊作監訳　勁草書房　1993.6　166p

VanderKam, James C. ヴァンダーカム, ジェームス・C.
◇死海文書の人々―エッセネ派かサドカイ派か 他（共著）：死海文書の研究　ハーシェル・シャンクス編, 池田裕監修, 高橋晶子, 河合一充訳　ミルトス　1997.9　452p

van der Lugt, Cornis バン・デール・ルグト, コーニス
◇グローバル統治の追求と持続可能性：システムは機能しているか？（共著）：トリプルボトムライン―3つの決算は統合できるか？　エイドリアン・ヘンリクス, ジュリー・リチャードソン編著, 大江宏, 小山良訳　創成社　2007.4　250p

van Dijk, Jan J. M. ヴァン・ダイク, J.J.M.
◇地域的・国内的・国際的犯罪調査の活用について（諸沢英道, 渡辺真男訳）：犯罪被害者と刑事司法　ギュンター・カイザー, H.クーリー, H.-J.アルブレヒト編, 宮沢浩一, 田口守一, 高橋則夫編訳　成文堂　1995.7　443p

Van Dun, Frank ファン・ドゥン, フランク*
◇快楽と政治的文化（大久保雅夫訳）：ストレスと快楽　デイビッド・M.ウォーバートン, ニール・シャーウッド編, 上里一郎訳　金剛出版　1999.10　301p

Vangen, Siv ヴァガン, シヴ
◇組織間の関係をマネージする（共著）（立木茂雄訳）：NPOマネージメント―ボランタリー組織のマネージメント　スティーヴン・P.オズボーン編, ニノミヤ

アキイエ・H.監訳　中央法規出版　1999.3　388p

Van Hasselt, Vincent B. ヴァン・ハッセル, ヴィンセント・B.
◇心理療法は患者に何を提供しているか（共著）（宮野秀市, 坂野雄二訳）：エビデンスベイスト心理治療マニュアル V.B.V.ハッセル, M.ハーセン編著, 坂野雄二, 不安・抑うつ臨床研究会編訳　日本評論社　2000.11　371p

VanLehn, Kurt ヴァン・レーン, K.*
◇行き詰まり駆動の学習理論に向けて：知的教育システムと学習　Heinz Mandl, Alan Lesgold編, 菅井勝雄, 野嶋栄一郎監訳　共立出版　1992.5　370p

Vannier, Benoit ヴァニエ, B.*
◇エールフランス人事部のISO9001認証取得（共著）：ARISを活用したビジネスプロセスマネジメント―欧米の先進事例に学ぶ　A.-W.シェアー他共編, 堀内正博, 田中正郎, 柳堀紀幸監訳　シュプリンガー・フェアラーク東京　2003.7　281p

Van Oppen, Patricia ヴァン・オッペン, パトリシア
◇社会恐怖の認知行動療法マニュアル（共著）（宮前義和訳）：エビデンスベイスト心理治療マニュアル V.B.V.ハッセル, M.ハーセン編著, 坂野雄二, 不安・抑うつ臨床研究会編訳　日本評論社　2000.11　371p

Van Toller, Steve ヴァン・トラー, S.
◇緒言 他（共著）：香りの生理心理学　S.ヴァン・トラー, G.H.ドッド編, 印藤元一訳　フレグランスジャーナル社　1996.6　306p

Vardy, Peter ヴァーディ, ピーター
◇宗教哲学：哲学者は何を考えているのか　ジュリアン・バジーニ, ジェレミー・スタンルーム編, 松本俊吉訳　春秋社　2006.5　401, 13p　（現代哲学への招待 basics　丹治信春監修）

Varela, Francisco J. ヴァレーラ, フランシスコ・J.
◇自己組織化の2つの原理：自己組織化とマネジメント　H.ウルリッヒ, G.J.B.プロブスト編, 徳安彰訳　東海大学出版会　1992.11　235p
◇個体性―生体の自律性：個人について　ポール・ヴェーヌ他著, 大谷尚文訳　法政大学出版局　1996.1　189p　（叢書・ウニベルシタス 517）

Varian, Hal R. ヴァリアン, ハル・R.
◇記号的な最適化（野口旭訳）：Mathematica　経済・金融モデリング　Hal R.ヴァリアン編, 野口旭ほか共訳　トッパン　1996.12　553p

Varlamoff, Marie-Thérèse バーラモフ, マリー＝テレーズ
◇優先事項としての資料防災計画」：立案と実行：ブルーシールド―危険に瀕する文化遺産の保護のために　国際図書館連盟第68回年次大会（2002年グラスゴー）資料保存コア活動・国立国会図書館分科会共催公開発表会報告集　国際図書館連盟資料保存コア活動　コリン・コッホ編, 国立国会図書館日本語訳　日本図書館協会　2007.6　103p

Varlejs, Jana ヴァーレイス, J.
◇情報の要求と探索：視点の変化（田村俊作訳）：情報の要求と探索　J.ヴァーレイス編, 池谷のぞみ, 市古健次, 白石英里子, 田村俊作訳　勁草書房　1993.6

166p

Varoufakis, Yanis ヴァロウファキス, ヤニス
◇経済合理主義者の声明書に関する陳述(川原美紀雄訳)：超市場化の時代─効率から公正へ　スチュアート・リースほか編, 川原紀美雄監訳　法律文化社　1996.10　372p

Vasella, Daniel バセラ, ダニエル
◇文化の異なる企業同士の合併をいかにして成功に導くか(共著)：組織変革のジレンマ─ハーバード・ビジネス・レビュー・ケースブック　Harvard Business Review編, Diamondハーバード・ビジネス・レビュー編集部訳　ダイヤモンド社　2004.11　218p

Vassilieva, Anna ワシリエバ, アンナ
◇ロシア人の現代日本におけるプレゼンス　他(共著)：国境を越える人々─北東アジアにおける人口移動　赤羽恒雄監修, 赤羽恒雄, アンナ・ワシリエバ編　国際書院　2006.6　316p

Vaughan, Frances ヴォーン, フランシス
◇ケン・ウィルバーの世界観(共著)：テキスト/トランスパーソナル心理学・精神医学　B.W.スコット, A.B.チネン, J.R.バティスタ編, 安藤治, 池沢良郎, 是恒正達訳　日本評論社　1999.12　433p

Vaughan, Michalina ボーハン, M.
◇フランスの反体制極右勢力(土屋彰久訳)：西ヨーロッパの野党　E.コリンスキー編, 清水望監訳　行人社　1998.5　398p

Vazquez, Gabriel バスケス, ガブリエル
◇日本の倫理上の諸問題について(川村信三訳)：中世思想原典集成　20　近世のスコラ学　上智大学中世思想研究所編訳・監修　平凡社　2000.8　1193p

Veatch, Chauncey ベッチ, チョーンシー
◇人を動かす知恵(共著)：動機づける力　Diamondハーバード・ビジネス・レビュー編集部編訳　ダイヤモンド社　2005.2　243p（Harvard business review anthology）

Vecchio, Silvana ヴェッキオ, シルヴァーナ
◇良き妻：女の歴史　2〔1〕中世　1　杉村和子, 志賀亮一監訳　クリスティアーヌ・クラピシュ＝ズュベール編　藤原書店　1994.5　436p

Veelken, Ludger ヴィールケン, L.*
◇高齢者の研究─高齢自立能力(Kompetenz)の一例：高齢者の自立能力─今日と明日の概念 III 老年学週間論文集　Chr.Rott, F.Oswald編, 石井毅訳　長寿社会開発センター　1994.3　200p

Velasquez, Marina Meneses ベラスケス, マリーナ・メネセス
◇女としての生涯の節目(五十嵐蕗子訳)：女の町フチタン─メキシコの母系制社会　ヴェロニカ・ベンホルト─トムゼン編, 加藤耀子他訳　藤原書店　1996.12　366p

Velde, Beth P. ヴェルデ, B. P.*
◇生活の質と個人的に充実した活動：障害をもつ人にとっての生活の質─モデル・調査研究および実践　ロイ・I.ブラウン編著, 中園康夫, 末光茂監訳　相川書房　2002.5　382p

Velde, C. J. H. van de フェルデ, C. J. H. ファン・デ
◇日蘭外科医療の交流：日蘭交流400年の歴史と展望─日蘭交流400周年記念論文集　日本語版　レオナルド・ブリュッセイ, ウィレム・レメリンク, イフォ・スミッツ編　日蘭学会　2000.4　459p（日蘭学会学術叢書　第20）

Velde, P. G. E. I. J. van der フェルデ, P. G. E. I. J. ファン・デル
◇今村源右衛門英生：日蘭交流400年の歴史と展望─日蘭交流400周年記念論文集　日本語版　レオナルド・ブリュッセイ, ウィレム・レメリンク, イフォ・スミッツ編　日蘭学会　2000.4　459p（日蘭学会学術叢書　第20）

Velleman, Richard ベルマン, R.（臨床心理学）
◇アルコール依存・薬物依存(伊藤忠弘訳)：認知臨床心理学入門─認知行動アプローチの実践的理解のために　W.ドライデン, R.レントゥル編, 丹野義彦監訳　東京大学出版会　1996.11　384p

Venerabilis, Petrus ウェネラビリス, ペトルス
◇書簡集（他(須藤和夫訳)：中世思想原典集成　7　前期スコラ学　上智大学中世思想研究所編訳・監修　平凡社　1996.6　953p

Venkatraman, N. ベンカトラマン, N.
◇情報技術がもたらす事業再編成：情報技術と企業変革─MITから未来企業へのメッセージ　マイケル・S.スコット・モートン編, 砂田登士夫ほか訳, 宮川公男, 上田泰監訳　富士通経営研修所　1992.10　509p（富士通ブックス）

Vera, José Manuel Macarro ベラ, ホセ・マヌエル・マカロ
◇スペイン左翼の社会・経済諸政策の理論と実践：フランスとスペインの人民戦線─50周年記念・全体像比較研究　S.マーティン・アレグザンダー, ヘレン・グラハム編, 向井喜典ほか訳　大阪経済法科大学出版部　1994.3　375p

Verheij, Robert A. フェルハイ, ロベルト・A.
◇フランスの在宅ケア(鈴木真理子訳)：ヨーロッパの在宅ケア　イェク・B.F.フッテン, アダ・ケルクストラ編, 西沢秀夫監訳　筒井書房　1999.6　404p

Verheyen, Dirk ヴァーヘイエン, ダーク
◇ドイツ問題を縦横に論ずる：国家の分裂と国家の統一─中国, 朝鮮, ドイツ, ベトナムの研究　趙全勝編著, 朱継征監訳, 佐佐木そのみ訳　旬報社　1998.1　276p

Verlaine, L. ヴェルレーヌ, L.
◇どこにおいて, 本能は新たな状況に適応するようになるのか：ルリジガバチ　他　哲学者が作った教科書　ジル・ドゥルーズ編著, 加賀野井秀一訳注　夏目書房　1998.5　239p

Verma, Amita ヴェルマ, アミタ
◇転換期の女性と家族─インドの現状(共著)（槙石多希子訳）：転換期の家族─ジェンダー・家族・開発　N.B.ライデンフロースト編, 家庭経営学部会訳　日本家政学会　1995.3　360p

Vernant, Jean-Pierre ヴェルナン, ジャン＝ピエール
◇都市国家における個人：個人について　ポール・

ヴェーヌ他著, 大谷尚文訳　法政大学出版局　1996.1　189p　(叢書・ウニベルシタス 517)

Verwayen, F. B.　フェルヴァーイエン, F. B.
◇法知識の伝達：日蘭交流400年の歴史と展望—日蘭交流400周年記念論文集 日本語版　レオナルド・ブリュッセイ, ウィレム・レメリンク, イフォ・スミッツ編　日蘭学会　2000.4　459p　(日蘭学会学術叢書 第20)

Vescovi, Enrique　ヴェスコヴィ, E. *
◇ウルグアイ報告(2)(力丸祥子訳)：訴訟法における法族の再検討　小島武司編著　中央大学出版部　1999.4　578p　(日本比較法研究所研究叢書 46)

Vetter, Helmuth　フェッター, ヘルムート
◇魔力(デモニー)と啓示(山下一道訳)：宗教と倫理—キェルケゴールにおける実存の言語性　C.S.エヴァンス, H.フェッター他著, 桝形公也編監訳　ナカニシヤ出版　1998.4　255p
◇キェルケゴールとニヒリズム(渋谷治美訳)：ニヒリズムとの対話—東京・ウィーン往復シンポジウム　G.ペルトナー, 渋谷治美編著　晃洋書房　2005.4　207p

Veuthey, Michel　ヴーテ, ミシェル
◇人道介入におけるNGO(林修訳)：介入？—人間の権利と国家の論理　エリ・ウィーゼル, 川田順造編, 広瀬浩司, 林修訳　藤原書店　1997.6　294p

Veyne, Paul　ヴェーヌ, ポール
◇ローマ時代の結婚 他：愛と結婚とセクシュアリテの歴史—増補・愛とセクシュアリテの歴史　ジョルジュ・デュビーほか著, 福井憲彦, 松本雅弘訳　新曜社　1993.11　401p
◇公権力によって核心部を犯された個人：個人について　ポール・ヴェーヌ他著, 大谷尚文訳　法政大学出版局　1996.1　189p　(叢書・ウニベルシタス 517)
◇ローマ時代 禁欲的な夫婦の出現：世界で一番美しい愛の歴史　J.ル＝ゴフほか述, Dominique Simonnet編, 小倉孝誠, 後平隆, 後平澪子訳　藤原書店　2004.12　269p

Viallé, Cynthia　フィアレイ, シンティア
◇漆器：日蘭交流400年の歴史と展望—日蘭交流400周年記念論文集 日本語版　レオナルド・ブリュッセイ, ウィレム・レメリンク, イフォ・スミッツ編　日蘭学会　2000.4　459p　(日蘭学会学術叢書 第20)

Vickers, Lucy　ヴィカーズ, ラッキー
◇医療サービスにおける内部告発(工藤飛車訳)：内部告発—その倫理と指針　David B.Lewis編, 日本技術士会訳編　丸善　2003.2　159p

Victor, Bruce S.　ヴィクター, ブルース・S.
◇精神薬理学とトランスパーソナル心理学：テキスト/トランスパーソナル心理学・精神医学　B.W.スコットン, A.B.チネン, J.R.バティスタ編, 安藤治, 池沢良郎, 是恒正達訳　日本評論社　1999.12　433p

Victoria, Fransiscus de　ビトリア, フランシスコ・デ
◇国家権力についての特別講義 他(工藤佳枝訳)：中世思想原典集成　20　近世のスコラ学　上智大学中世思想研究所編訳・監修　平凡社　2000.8　1193p

Victorinus, Caius Marius　ウィクトリヌス, マリウス
◇アリウス主義者カンディドゥスのウィクトリヌスへの手紙・アリウス主義者カンディドゥスへの手紙 他(高橋雅人訳)：中世思想原典集成　4　初期ラテン教父　上智大学中世思想研究所編訳・監修　平凡社　1999.6　1287p

Vietor, Richard H. K.　ビーター, リチャード・H. K.
◇バンク・オブ・アメリカと規制緩和：金融サービス業—21世紀への戦略　サミュエル・L.ヘイズ3編, 小西竜治監訳　東洋経済新報社　1999.10　293p

Vigarello, Georges　ヴィガレロ, ジョルジュ
◇ツール・ド・フランス(杉本淑彦訳)：記憶の場—フランス国民意識の文化＝社会史　第3巻　ピエール・ノラ編, 谷川稔監訳　岩波書店　2003.3　474, 15p

Vigil, Jose Maria　ビジル, ホセ・マリア
◇Pは「貧しい人々を“優先し”、他を除外しない」他：二十一世紀を変革する人々—解放の神学が訴えるもの　ホセ・マリア・ビジル編, ステファニ・レナト訳　新世社　1997.8　211, 5p

Viguerie, Rick Pat　ビゲリエ, R. P. *
◇不確実時代の戦略と行動：不確実性の経営戦略　Harvard Business Review編, Diamondハーバード・ビジネス・レビュー編集部訳　ダイヤモンド社　2000.10　269p

Viguerie, S. Patrick　ヴィゲリー, S. パトリック
◇不確実時代の戦略(共著)：マッキンゼー戦略の進化—不確実性時代を勝ち残る　名和高司, 近藤正晃ジェームス編著・監訳, 村井章子訳　ダイヤモンド社　2003.3　221p

Vijayaraghavan, Vineeta　ビジャヤラガバン, ビニータ
◇「Bクラス社員」のレーゾンデートル(共著)：いかに「問題社員」を管理するか　Diamondハーバード・ビジネス・レビュー編集部編訳　ダイヤモンド社　2005.1　262p　(Harvard business review anthology)

Vilaine, Anne Marie de　ヴィレーヌ, アンヌ＝マリー・ド
◇女たち—もう一つの文化？ 他：フェミニズムから見た母性　A.-M.ド・ヴィレーヌ, L.ガヴァリニ, M.ル・コアディク編, 中嶋公子, 目崎光子, 磯本輝子, 横地良子, 宮本由美ほか訳　勁草書房　1995.10　270, 10p

Villarón, Fernando　ビリャロン, フェルナンド
◇アキノ政権期およびラモス政権期におけるフィリピン・日本政治関係(佐久間美穂訳)：近現代日本・フィリピン関係史　池端雪浦, リディア・N.ユー・ホセ編　岩波書店　2004.2　659, 18p

Villmow, Bernhard　フィルモウ, ベルンハルト
◇西欧諸国における被害者補償(高橋則夫訳)：犯罪被害者と刑事司法　ギュンター・カイザー, H.クーリー, H.-J.アルプレヒト編, 宮沢浩一, 田口守一, 高橋則夫編訳　成文堂　1995.7　443p

Vilmar, Fritz　フィルマー, フリッツ
◇社会文化制度の「止揚」他(共著)：岐路に立つ統一ドイツ—果てしなき「東」の植民地化　フリッツ・フィルマー編著, 木戸衛一訳　青木書店　2001.10　341p

Vincent, Andrew　ヴィンセント, アンドリュー
◇環境的正義は誤称なのか(栗栖聡訳)：社会正義論の系譜—ヒュームからウォルツァーまで　デイヴィッ

ド・バウチャー, ポール・ケリー編, 飯島昇蔵, 佐藤正志訳者代表 ナカニシヤ出版 2002.3 391p （叢書「フロネーシス」）

Vincent, Mary ヴィンセント, メアリー
◇スペインの教会と人民戦線―サラマンカ県の経験：フランスとスペインの人民戦線―50周年記念・全体像比較研究 S.マーティン・アレグザンダー, ヘレン・グラハム編, 向井喜典ほか訳 大阪経済法科大学出版部 1994.3 375p

Vincent de Beauvais ウィンケンティウス（ボーヴェの）
◇大きな鏡：中世思想原典集成 13 盛期スコラ学 上智大学中世思想研究所編訳・監修 平凡社 1993.2 845p

Virilio, Paul ヴィリリオ, ポール
◇予測が的中して残念だ：発言―米同時多発テロと23人の思想家たち 中山元翻訳 朝日出版社 2002.1 247p

Viscio, Albert J. ビシオ, アルバート・J.
◇文化の異なる企業同士の合併をいかにして成功に導くか（共著）：組織変革のジレンマ―ハーバード・ビジネス・レビュー・ケースブック Harvard Business Review編, Diamondハーバード・ビジネス・レビュー編集部訳 ダイヤモンド社 2004.11 218p

Vishnevskaya, Galina ヴィシネフスカヤ, ガリーナ
◇ガリーナ・ヴィシネフスカヤ（吉田美枝訳）：インタヴューズ 2 クリストファー・シルヴェスター編, 新庄哲夫ほか訳 文芸春秋 1998.11 451p

Vithoulkas, George ヴィソルカス, ジョージ
◇人はどうして病気になるの?：ノーベル賞受賞者にきく子どものなぜ？なに？ ベッティーナ・シュティーケル編, 畔上司訳 主婦の友社 2003.1 286p
◇人はどうして病気になるの?：ノーベル賞受賞者にきく子どものなぜ？なに？ ベッティーナ・シュティーケル編, 畔上司訳 主婦の友社 2005.10 222p

Vivero, Rodrigo de ビベロ, ロドリゴ・デ
◇ドン・ロドリゴ日本見聞録（村上直次郎原註）：ドン・ロドリゴ日本見聞録 ビスカイノ金銀島探検報告 ドン・ロドリゴ, ビスカイノ著, 村上直次郎訳註 雄松堂出版 2005.5 174, 182p 図版12枚 （異国叢書 第11巻）

Vizcaíno, Sebastián ビスカイノ, S.
◇ビスカイノ金銀島探検報告（村上直次郎原註）：ドン・ロドリゴ日本見聞録 ビスカイノ金銀島探検報告 ドン・ロドリゴ, ビスカイノ著, 村上直次郎訳註 雄松堂出版 2005.5 174, 182p 図版12枚 （異国叢書 第11巻）

Vodinelic, Rakic ヴォジネリック, R.＊
◇ユーゴスラヴィア報告（山口博之訳）：訴訟法における法族の再検討 小島武司編著 中央大学出版部 1999.4 578p （日本比較法研究所研究叢書 46）

Vogel, Ezra F. ヴォーゲル, エズラ・F.
◇パックス・ニポニカ？：戦後日米関係を読む―『フォーリン・アフェアーズ』の目 梅垣理郎編訳 中央公論社 1993.12 351p （中公叢書）

Vogel, Steven Kent ヴォーゲル, スティーヴン・K.
◇日米関係はどこに向かうのか？ 他：対立か協調か―新しい日米パートナーシップを求めて スティーヴン・K.ヴォーゲル編, 読売新聞社調査研究本部訳 中央公論新社 2002.4 374p

Vogelpohl, Theresa ボーゲルプール, テレサ
◇認知障害と自立（共著）：自立支援とはなにか―高齢者介護の戦略 ガムロス, セムラデック, トーンキスト編, 岡本祐三, 秦洋一訳 日本評論社 1999.9 207p

Volcker, Paul A. ボルカー, ポール・A
◇金融危機とマクロ経済：経済危機―金融恐慌は来るか マーティン・フェルドシュタイン編, 祝迫得夫, 中村洋訳, 伊藤隆敏監訳 東洋経済新報社 1992.10 350p
◇ワシントン会議の総括：21世紀の国際通貨システム―ブレトンウッズ委員会報告 ブレトンウッズ委員会日本委員会編 金融財政事情研究会 1995.2 245p

Voldman, Danièle ヴォルドマン, ダニエル
◇女性史のための聴きとり資料（共著）：女性史は可能か ミシェル・ペロー編, 杉村和子, 志賀亮一監訳 藤原書店 1992.5 435p
◇女性史のための聴きとり資料（共著）（伊藤はるひ訳）：女性史は可能か ミシェル・ペロー編, 杉村和子, 志賀亮一監訳 新版 藤原書店 2001.4 437p

Völker, Gerhard フェルカー, ゲルハルト
◇ニックリッシュ経営学の基礎（渡辺朗訳）：ニックリッシュの経営学 大橋昭一編著, 渡辺朗監訳 同文館出版 1996.8 217p

Volkmar, Fred R. フォルクマー, フレッド・R.
◇自閉症研究における逸脱論的アプローチと発達論的アプローチ（共著）：障害児理解の到達点―ジグラー学派の発達論的アプローチ R.M.ホダップ, J.A.ブラック, E.ジグラー編, 小松秀茂, 清水貞夫編訳 川島書店 1999.4 435p

Volkogonov, Dmitrii Antonovich ヴォルコゴーノフ, ドミートリー
◇スターリンお抱えの妖怪：ベリヤ―スターリンに仕えた死刑執行人 ある出世主義者の末路 ヴラジーミル・F.ネクラーソフ編, 森田明訳 エディションq 1997.9 365p

Vollmer, Timothy R. フォルマー, T. R.＊
◇先行子制御を査定する実験デザイン（共著）（山根正夫訳）：挑戦的行動の先行子操作―問題行動への新しい援助アプローチ ジェームズ・K.ルイセリー, マイケル・J.キャメロン編, 園山繁樹ほか訳 二瓶社 2001.8 390p

Vona, Stefano ヴォーナ, ステーファノ
◇国際競争力 他（堺憲一訳）：イタリアの金融・経済とEC統合 ロザリオ・ボナヴォーリア編, 岡本義行ほか訳 日本経済評論社 1992.6 304p

von Franz, Marie-Louise フォン・フランツ, M.-L.
◇「死の間際」の元型的経験：臨死の深層心理 A.ヤッフェほか著, 氏原寛, 李敏子訳 人文書院 1994.9 154p

Vos, Ken フォス, ケン
◇オランダ人のための絵画―絵師川原慶賀と研究者シーボルト：日蘭交流400年の歴史と展望―日蘭交流

400周年記念論文集 日本語版 レオナルド・ブリュッセイ, ウィレム・レメリンク, イフォ・スミッツ編 日蘭学会 2000.4 459p（日蘭学会学術叢書 第20）

Voss, Michael フォス, ミヒャエル
◇被害者の期待、ディヴァージョン、非公式の解決：被害者調査の結果（加藤克佳訳）：犯罪被害者と刑事司法 ギュンター・カイザー, H.クーリー, H.‐J.アルブレヒト編, 宮沢浩一, 田口守一, 高橋則夫編訳 成文堂 1995.7 443p

Vossius, Volker ヴォシウス, V.*
◇ドイツ特許の保護範囲の決定（クレームの解釈）他（田村恭生訳）：国際特許侵害—特許紛争処理の比較法的検討 青山葆, 木棚照一編 東京布井出版 1996.12 454p

Vousden, Neil ボーデン, ニール
◇シェアされるレントに対する危険回避的レントシーキング（共著）（川崎一泰訳）：レントシーキングの経済理論 ロバート・トリソン, ロジャー・コングレト編, 加藤寛監訳 勁草書房 2002.2 264p

Vovelle, Michel ヴォヴェル, ミシェル
◇ブローデル派よりもむしろラブルース派として（山上浩嗣訳）：ブローデル帝国 M.フェロー他著, F.ドス編, 浜名優美監訳 藤原書店 2000.5 294p
◇ラ・マルセイエーズ（竹中幸史訳）：記憶の場—フランス国民意識の文化＝社会史 第2巻 ピエール・ノラ編, 谷川稔監訳 岩波書店 2003.1 412, 13p

Vranić, Mirko ヴラニック, M.*
◇全人民防衛戦争における軍隊の戦略的使用：ユーゴスラビアの全人民防衛 〔防衛研修所〕 1975 82p（研究資料 75RT-2）

Vranken, Jan フランケン, ヤン
◇移民、ゲスト労働者、エスニック・マイノリティ—ベルギーの移民の歴史的パターン、最近の傾向、社会的な意味（共著）（定松文訳）：新しい移民大陸ヨーロッパ—比較のなかの西欧諸国・外国人労働者と移民政策 ディートリヒ・トレンハルト, 編著, 宮島喬, 丸山智恵子, 高坂扶美子, 分田順子, 新原道信, 定松文訳 明石書店 1994.3 368p

Vries, Jan de フリース, ヤン・デ
◇日本海軍の草創期：日蘭交流400年の歴史と展望—日蘭交流400周年記念論文集 日本語版 レオナルド・ブリュッセイ, ウィレム・レメリンク, イフォ・スミッツ編 日蘭学会 2000.4 459p（日蘭学会学術叢書 第20）

Vroom, Victor ブルーム, ビクター
◇管理能力のないヒットメーカー社員をどのように扱うべきか（共著）：人材育成のジレンマ—ハーバード・ビジネス・レビューケースブック Harvard Business Review編, Diamondハーバード・ビジネス・レビュー編集部訳 ダイヤモンド社 2004.12 219p

Vu, Van Tao ブ, バン・タオ
◇政策決定の背景と教育・訓練政策（共著）（夏立憲訳）：変革期ベトナムの大学 デイヴィッド・スローバー, レ・タク・カン編著, 大塚豊監訳 東信堂 1998.9 245p

Vuijsje, Herman ファウシェ, ヘルマン
◇巡礼の道—不思議な再生：図説失われた聖櫃 ルール・ウースター編, グラハム・ハンコック他著, 大

健訳 原書房 1996.12 309, 10p

【W】

Wachsmuth, Ipke バックスムース, I.*
◇数学学習者の知識ベースのモデル化—状況依存知識と状況非依存知識：知的教育システムと学習 Heinz Mandl, Alan Lesgold編, 菅井勝雄, 野嶋栄一郎監訳 共立出版 1992.5 370p

Wachtel, Nathan ワシュテル, ナタン
◇合意（廣瀬浩司訳）：介入？—人間の権利と国家の論理 エリ・ウィーゼル, 川田順造編, 広瀬浩司, 林修訳 藤原書店 1997.6 294p

Wacker, David P. ワッカー, D. P.*
◇重度の知的障害者のための強化子のアセスメントと評価（共著）：重度知的障害への挑戦 ボブ・レミントン編, 小林重雄監訳, 藤原義博, 平沢紀子共訳 二瓶社 1999.3 461p
◇挑戦的行動に対する先行子の影響の実験的分析（共著）（山根正夫訳）：挑戦的行動の先行子操作—問題行動への新しい援助アプローチ ジェームズ・K.ルイセリー, マイケル・J.キャメロン編, 園山繁樹ほか訳 二瓶社 2001.8 390p

Wadlow, Angela ワドロー, アンジェラ
◇欧州（共著）：企業チャイルドケア—仕事と家庭の調和 欧州・米国の企業保育実例集 クリスティーン・ベネロほか著, 笹川平和財団訳 笹川平和財団 1992.7 81p

Wagenschein, Martin ヴァーゲンシャイン, マルティン
◇曖昧にする知識：教育学的に見ること考えることへの入門 アンドレアス・フリットナー, ハンス・ショイアール編, 石川道夫訳 玉川大学出版部 1994.8 409p

Wagner, Anne M. ワグナー, アン・M.
◇フィクション—リー・クラズナーとジャクソン・ポロック：カップルをめぐる13の物語—創造性とパートナーシップ 下 ホイットニー・チャドウィック, イザベル・ド・クールティヴロン編, 野中邦子, 大槻緑美訳 平凡社 1996.3 227p（20世紀メモリアル）

Wagner, Cordura ワグナー, コルドゥラ
◇オーストリアの在宅ケア（森山治訳）：ヨーロッパの在宅ケア イェク・B.F.フッテン, アダ・ケルクストラ編, 西沢秀夫監訳 筒井書房 1999.6 404p

Wagner, David M. ワーグナー, デイヴィッド・M.
◇アラスデア・マッキンタイア：岐路に立つ自由主義—現代自由主義理論とその批判 C.ウルフ, J.ヒッティンガー編, 菊池理夫ほか訳 ナカニシヤ出版 1999.4 297p（叢書「フロネーシス」）

Wagner, Esther ヴァグナー, E.*
◇世俗の偏り—仲間集団からの見方（共著）（猪木省三訳）：子どもと仲間の心理学—友だちを拒否するこころ S.R.アッシャー, J.D.クーイ編著, 山崎晃, 中沢潤監訳 北大路書房 1996.7 447p

Wagner, Gert ヴァーグナー, ゲルト
◇東西ドイツにおける所得分布と所得満足度（共著）：統一ドイツの生活実態—不均衡は均衡するのか

ヴォルフガング・グラッツァー、ハインツ・ヘルベルト・ノル編、長坂聡、近江谷左馬之介訳 勁草書房 1994.3 236p

Wagner, Gillian ワグナー、ジリアン
◇ボランティア活動と非営利活動による児童の救済（林修訳）：介入？―人間の権利と国家の論理 エリ・ウィーゼル、川田順造編、広瀬浩司、林修訳 藤原書店 1997.6 294p

Wagner, Karl ワグナー、K.
◇ARIS Toolset（共著）：ARISを活用したビジネスプロセスマネジメント―欧米の先進事例に学ぶ A.-W.シェアー他共編、堀内正博、田中正郎、柳堀紀幸監訳 シュプリンガー・フェアラーク東京 2003.7 281p
◇次世代のビジネスプロセス・マネジメント―ARISProcessPlatformとSAPNetWeaver（共著）（戒野敏浩訳）：ARISを活用したシステム構築―エンタープライズ・アーキテクチャの実践 A.-W.シェアー他編、堀内正博、田中正郎、力丘俊監訳 シュプリンガー・フェアラーク東京 2005.1 201p

Wagner, Lis ワグナー、リズ
◇デンマーク・モデル：自立支援とはなにか―高齢者介護の戦略 ガムロス、セムラデック、トーンキスト編、岡本祐三、秦洋一訳 日本評論社 1999.8 207p

Wagner, Peter ヴァーグナー、ペーター
◇なぜキリスト者はユダヤ教と取り組まなければならないか：キリスト教とユダヤ教―キリスト教信仰のユダヤ的ルーツ F.クリュゼマン、U.タイスマン編、大住雄一訳 教文館 2000.12 232p

Wagner, Richard S. ワグナー、リチャード
◇経済改革の理想と現実（共著）（田中宏樹訳）：レントシーキングの経済理論 ロバート・トリソン、ロジャー・コングレトン編、加藤寛監訳 勁草書房 2002.7 264p

Wagner, Wilhelm Richard ワーグナー、リヒャルト
◇ショーペンハウアー讃（金森誠也訳）：ショーペンハウアー全集 別巻 ショーペンハウアー生涯と思想 白水社 1996.11 504p
◇ショーペンハウアー讃：ショーペンハウアー全集 別巻 ショーペンハウアー生涯と思想 金森誠也ほか著訳 新装復刊 白水社 2004.10 504p

Wahl, Jean ヴァール、ジャン
◇ニーチェと神と死―ヤスパースの『ニーチェ』についてのメモ（兼子正勝訳）：無頭人 ジョルジュ・バタイユ著、兼子正勝、中沢信一、鈴木創士訳 現代思潮社 1999.7 246p（エートル叢書 4）

Wahlquist, Håkan ヴォルケスト、ホーカン
◇西域考古学の誕生と展開―スウェーデンの貢献：流沙出土の文字資料―楼蘭・尼雅出土文書を中心に 冨谷至編著、赤松明彦、アンナ＝グレーテ・リシェル、梅原郁、スタファン・ローゼン、ホーカン・ヴォルケスト、籾山明執筆 京都大学学術出版会 2001.3 543p

Wahlstetter, Albert ウォルステッター、アルバート
◇戦略兵力防御の場合：弾道弾迎撃ミサイルの必要性〔防衛研修所〕 1971 340p（研究資料 71RT-4）

Wainwright, Eric ウェインライト、エリック
◇オーストラリア：21世紀の国立図書館―国際シンポジウム記録集 国立国会図書館訳・編 日本図書館協会 1997.10 8, 214p

Wainwright, Geoffrey ウェインライト、ジェフェリー
◇教会的省察としての神学：神学者の使命―現代アメリカの神学的潮流 セオドア・W.ジェニングス編、東方敬治、伊藤悟訳 ヨルダン社 1994.7 203p

Wainwright, Hilary ウエインライト、ヒラリー
◇社会主義再生への民主主義の新形態：社会主義と民主主義 デヴィド・マクレラン、ショーン・セイヤーズ編著、吉田傑俊訳・解説 文理閣 1996.5 211p

Wainwright, Tony ウェインライト、トニー
◇ノーマリゼーションの訓練―転換か関与か？（共著）：ノーマリゼーションの展開―英国における理論と実践 ヘレン・スミス、ヒラリー・ブラウン編、中園康夫、小田兼三監訳 学苑社 1994.4 300p

Waitley, Denis ウェイトリー、デニス
◇人生の台本を書くのは、あなた自身：セルフヘルプ―なぜ、私は困難を乗り越えられるのか 世界のビッグネーム自らの47の証言 ケン・シェルトン編著、堀紘一監訳 フロンティア出版 1998.7 301p
◇自分を知ることから成功がはじまる：セルフヘルプ―自助―他人に頼らず、自分の力で生きていく！ 2 ケン・シェルトン編著、堀紘一監訳 フロンティア出版 1998.12 283p

Walach, Harald ワラック、ハラルド
◇ハーブ治療と抗うつ薬治療―類似データ、拡散的結論（共著）：臨床心理学における科学と疑似科学 S.O.リリエンフェルド、S.J.リン、J.M.ロー編、厳島行雄、横田正夫、斎藤雅英監訳 北大路書房 2007.9 461p

Walden, Ian ウォルデン、イアン
◇データ・セキュリティと文書イメージ処理：国際電子銀行業 ジョゼフ・J.ノートン、クリス・リード、イアン・ウォルデン編著、泉田栄一監訳、佐々木信和、西沢文幸訳 信山社出版 2002.10 375p

Waldenfels, Bernhard ヴァルデンフェルス、ベルンハルト
◇世界の不可視性、あるいは眼差しから退くもの（村井則夫訳）：媒体性の現象学 新田義弘ほか著 青土社 2002.7 501p
◇メルロ＝ポンティにおける表現のパラドクス（本郷均訳）：フッサール『幾何学の起源』講義 モーリス・メルロ＝ポンティ著、加賀野井秀一、伊藤泰雄、本郷均訳 法政大学出版局 2005.3 571, 9p（叢書・ウニベルシタス 815）

Walder, Andrew ワルダー、アンドリュー・G.
◇中国産業における組織的依存と権威の文化（橋本満訳）：現代中国の底流―痛みの中の近代化 橋本満、深尾葉子編著 増補新版 行路社 1998.5 524p（中国の底流シリーズ 1）

Waldron, Arthur ウォルドロン、アーサー
◇アメリカ外交と台湾海峡危機の原因：本当に「中国は一つ」なのか―アメリカの中国・台湾政策の転換 ジョン・J.タシク Jr.編著、小谷まさ代、近藤明理訳 草思社 2005.12 269p

Waldron, Jeremy ウォルドロン、ジェレミー
◇ジョン・ロック 社会契約と政治人類学との対抗（山岡龍一訳）：社会契約論の系譜―ホッブズからロールズ

waldr

まで D.バウチャー, P.ケリー編, 飯島昇蔵, 佐藤正志ほか訳 ナカニシヤ出版 1997.5 367p （叢書「フロネーシス」）

Waldroop, James ウォルドループ，ジェームズ
◇有能な人材の「悪癖」を取り除く方法 キャリア・デザインで優れた人材を活かす（共著）：コーチングの思考技術 Diamondハーバード・ビジネス・レビュー編集部編訳 ダイヤモンド社 2001.12 266p
◇ミスを責め立てるスター社員にどう対処すべきか（共著）：人材育成のジレンマ—ハーバード・ビジネス・レビューケースブック Harvard Business Review 編, Diamondハーバード・ビジネス・レビュー編集部訳 ダイヤモンド社 2004.12 219p
◇有能な人材の「悪癖」を取り除く方法（共著）：いかに「問題社員」を管理するか Diamondハーバード・ビジネス・レビュー編集部編訳 ダイヤモンド社 2005.1 262p （Harvard business review anthology）
◇キャリア・デザインで優れた人材を生かす 他（共著）：コーチングがリーダーを育てる Diamondハーバード・ビジネス・レビュー編集部訳 ダイヤモンド社 2006.4 231p （Harvard business review anthology）
◇ミスを責め立てるスター社員にどう対処すべきか（共著）：「問題社員」の管理術—ケース・スタディ Diamondハーバード・ビジネス・レビュー編集部編訳 ダイヤモンド社 2007.1 263p （Harvard business review anthology）

Wales, Nym ウェールズ，ニム
◇支那民主主義建設—支那工業合作社問題関係資料（2）：20世紀日本のアジア関係重要研究資料 1 東亜研究所刊行物 東亜研究所編著 竜渓書舎 1999.12 16冊（セット）

Walford, Geoffrey ウォルフォード，ジェフリー
◇パブリックスクールにおけるいじめ—神話と現実：いじめの発見と対策—イギリスの実践に学ぶ デルウィン・P.タツム, デヴィッド・A.レーン編, 影山任佐, 斎藤憲司訳 日本評論社 1996.10 236p
◇民主主義と多様性とデュルケム：デュルケムと現代教育 ジェフリー・ウォルフォード, W.S.F.ピカリング編, 黒崎勲, 清田夏代訳 同時代社 2003.4 335, 26p

Walker, Alan ウォーカー，アラン
◇序論—二つの国民に対する政策 他（佐藤進訳）：福祉大改革—イギリスの改革と検証 アラン・ウォーカーほか著, 佐藤進ほか訳 法律文化社 1994.9 256p
◇社会政策および社会行政と福祉の社会的構成（高野utilizar良訳）：イギリス社会政策論の新潮流—福祉国家の危機を超えて ジョーン・クラーク, ディビド・ボスウェル編, 大山博, 武川正吾, 平岡公一ほか訳 法律文化社 1995.4 227p

Walker, Ann P. ウォーカー，アン・P.
◇昼間保育の生態（共著）：非伝統的家庭の子育て—伝統的家庭との比較研究 マイケル・E.ラム編著, 久米稔監訳 家政教育社 1993.8 468p

Walker, Carol ウォーカー，キャロル
◇申請を無視した社会保障改革（広瀬真理子訳）：福祉大改革—イギリスの改革と検証 アラン・ウォーカーほか著, 佐藤進ほか訳 法律文化社 1994.9 256p

Walker, James ウォーカー，ジェイムス
◇市場でも国家でもなく（共著）（関谷登訳）：公共政策の展望—ハンドブック 第1巻 デニス・C.ミューラー編, 関谷登, 大岩雄次郎訳 多賀出版 2000.1 296p

Walker, Lenore E. A. ウォーカー，レノア・E. A.
◇対人間暴力の被害者/生還者とのフェミニストセラピィ 他：フェミニスト心理療法ハンドブック—女性臨床心理の理論と実践 L.B.ローズウォーター, L.E.A.ウォーカー編著, 河野貴代美, 井上摩耶子訳 ヒューマン・リーグ 1994.12 317p

Walker, Michael ウォーカー，マイケル
◇ギャンブル行動における認知的パースペクティブ（共著）（福田美喜子訳）：認知行動療法—臨床と研究の発展 ポール M.サルコフスキス編, 坂野雄二, 岩本隆茂監訳 金子書房 1998.10 217p

Walker, Paul ウォーカー，ポール
◇アメリカの爆撃—湾岸戦争における外科手術的爆撃の神話：アメリカの戦争犯罪 ラムゼイ・クラーク編著, 戦争犯罪を告発する会訳 柏書房 1992.12 346p （ブックス・プラクシス 6）
◇米軍事力の海外投入：ザ・サン・ネバー・セッツ—世界を覆う米軍基地 ジョセフ・ガーソン, ブルース・バーチャード編著, 佐藤昌一郎監訳 新日本出版社 1994.1 318p

Walker, Peter ウォーカー，ピーター
◇飢餓早期警報と現地事情—現地指向型情報システムを目指して：地域紛争解決のシナリオ—ポスト冷戦時代の国連の課題 クマール・ルペシンゲ, 黒田順子共編, 吉田康彦訳 スリーエーネットワーク 1994.3 358, 6p

Walker, Ralph C. S. ウォーカー，ラルフ・C. S.
◇ミッテルシュトラース論文についてのいくつかの疑問（安井邦夫, 加藤泰史訳）：超越論哲学と分析哲学—ドイツ哲学と英米哲学の対決と対話 ヘンリッヒ他著, 竹市明弘編 産業図書 1992.11 451p

Walkowitz, Judith ウォルコウィッツ，ジュディス
◇危険な性行動（セクシュアリテ）（栖原弥生訳）：女の歴史 4〔2〕十九世紀 2 杉村和子, 志賀亮一監訳 ジュヌヴィエーヴ・フレス, ミシェル・ペロー編 藤原書店 1996.10 p513〜992

Wallace, Anthony F. C. ウォレス，アンソニー・F. C.
◇文化変動のパラダイム的過程（佐々木隆訳）：アメリカ研究の方法 デイヴィッド・W.ノーブル編著, 相本資子ほか訳 山口書店 1993.8 311p

Wallace, Daphne ウォレス，ダフネ
◇最上級のサービスを求めた英国紳士（前原武子訳）：パーソン・センタード・ケア—認知症・個別ケアの創造的アプローチ スー・ベンソン編, 稲谷ふみ枝, 石崎淳一監訳 改訂版 クリエイツかもがわ 2007.5 145p

Wallace, Mike ウォレス，マイク
◇文化をめぐる戦争：戦争と正義—エノラ・ゲイ展論争から トム・エンゲルハート, エドワード・T.リネンソール編, 島田三訳 朝日新聞社 1998.8 300, 39p （朝日選書 607）

Wallace, William ウォーレス, ウィリアム
◇第7章 欧州の地域主義：模範，それとも例外？（福田 猛仁訳）：地域主義と国際秩序 L.フォーセット, A. ハレル編，菅英輝，栗栖薫子監訳 九州大学出版会 1999.5 366p

Wallcraft, Jan ウォルクラフト, ジャン
◇エンパワメントと利用者参加（杉本敏夫訳）：コミュニティケア改革とソーシャルワーク教育—イギリスの挑戦 スチーヴ・トレビロン, ピーター・ベレスフォード編，小田兼次，杉本敏夫訳 筒井書房 1999.6 119p

Walleck, A. Stephen ワレック, A. スティーブン
◇戦略的経営の進化（共著）：マッキンゼー戦略の進化—不確実性時代を勝ち残る 名和高司, 近藤正晃ジェームス編著・監訳，村井章子訳 ダイヤモンド社 2003.3 221p

Wallerstein, Immanuel Maurice ウォーラーステイン, イマニュエル
◇東アジアの台頭と21世紀の世界システム（竹内啓訳）：進化する資本主義 横川信治, 野口真, 伊藤誠編著 日本評論社 1999.2 323, 10p
◇日本は興隆するのか, 衰滅するのか 他：転移する時代—世界システムの軌道1945—2025 I.ウォーラーステイン編，丸山勝訳 藤原書店 1999.6 378p
◇国家的なものと普遍的なもの—世界文化というようなものがありうるか（保呂篤彦訳）：文化とグローバル化—現代社会とアイデンティティ表現 A.D.キング編，山中弘，安藤充，保呂篤彦訳 玉川大学出版部 1999.8 244p
◇愛国主義でもコスモポリタニズムでもなく（能川元一訳）：国を愛するということ—愛国主義の限界をめぐる論争 マーサ・C.ヌスバウム他著，辰巳伸知，能川元一訳 人文書院 2000.5 269p
◇アメリカ大陸の歓待（高塚浩由樹訳）：ブローデル帝国 M.フェロー他著, F.ドス編，浜名優美訳 藤原書店 2000.5 294p
◇一八〇〇年以前の世界—経済における商品連鎖 他（共著）（原田太津男訳）：世界システム論の方法 イマニュエル・ウォーラーステイン責任編集，山田鋭夫，原田太津男，尹春志訳 藤原書店 2002.9 203p （叢書《世界システム》3）
◇資本主義世界経済の循環リズムと長期的トレンド—いくつかの前提, 仮説, 問題（共著）（遠山弘徳訳）：長期波動 新装版 藤原書店 2002.9 217p （叢書《世界システム》新装版 2 イマニュエル・ウォーラーステイン責任編集, 山田鋭夫他訳）
◇ブローデルの資本主義：入門・ブローデル イマニュエル・ウォーラーステイン他著，浜名優美監訳, 尾河直哉訳 藤原書店 2003.3 255p
◇ブッシュのテロとの戦争：衝突を超えて—9・11後の世界秩序 K.ブース, T.ダン編，寺島隆吉監訳，塚田幸三, 寺島美紀子訳 日本経済評論社 2003.5 469p

Wallot, Jean-Pierre ワロー, ジャン＝ピエール
◇現在の歴史を生きた記憶として刻印する（塚田治郎訳）：入門・アーカイブズの世界—記憶と記録を未来に 翻訳論文集 記録管理学会, 日本アーカイブズ学会共編 日外アソシエーツ 2006.6 267p

Walsch, Neale Donald ウォルシュ, ニール・ドナルド
◇「神との対話」のすべて：精神世界が見えてくる—人間とは何か気づきとは何か サンマーク出版編集部編 サンマーク出版 1999.12 189p （エヴァ・ブックス）

Walser, Martin ヴァルザー, マルティン
◇マルティン・ヴァルザー：戦後ドイツを生きて—知識人は語る 三島憲一編・訳 岩波書店 1994.10 370p

Walsh, Alison ウォルシュ, アリソン
◇フランス—自分の足でパリの街を一日中歩きまわれたら 他：車椅子はパスポート—地球旅行の挑戦者たち アリソン・ウォルシュ編，おそどまさこ日本語版責任編集，森implantes真弓訳 山と渓谷社 1994.3 687p

Walsh, Bill ウォルシュ, ビル
◇勝てるチームづくりの秘訣（共著）：いかに「高業績チーム」をつくるか Diamondハーバード・ビジネス・レビュー編集部編訳 ダイヤモンド社 2005.5 225p （Harvard business review anthology）

Walsh, Diana Chapman ウォルシュ, ダイアナ・チャップマン
◇リーダーシップに必要な内面的資源を育む：企業の未来像—成功する組織の条件 フランシス・ヘッセルバイン, マーシャル・ゴールドスミス, リチャード・ベックハード編，小坂恵理訳 トッパン 1998.7 462p （トッパンのビジネス経営書シリーズ 14）

Walsh, Pat ウォルシュ, パット
◇労使関係の再設計—雇用契約法とその結果（共著）（福地潮人訳）：ニュージーランド福祉国家の再設計—課題・政策・展望 ジョナサン・ボストン, ポール・ダルジール, スーザン・セント・ジョン編，芝田英昭, 福地潮人監訳 法律文化社 2004.12 394p

Walsh, Roger N. ウォルシュ, ロジャー
◇ケン・ウィルバーの世界観 他（共著）：テキスト／トランスパーソナル心理学・精神医学 B.W.スコット, A.B.チネン, J.R.バティスタ編，安藤治, 池沢良郎, 是恒正達訳 日本評論社 1999.12 433p

Walsh, Sylvia I. ウォルシュ, シルヴィア・I.
◇絶望の「女性的」ならびに「男性的」形態について（大桃裕子訳）：キェルケゴール—新しい解釈の試み A.マッキノン他著，桝形公也編・監訳 昭和堂 1993.6 324p （キェルケゴール叢書）

Walt, Cathy ウォルト, キャシー
◇新時代のサプライチェーン・リーダーシップ—サプライチェーンとリーダーシップの連携（共著）：サプライチェーン戦略 ジョン・ガトーナ編，前田健義, 田村誠一訳 東洋経済新報社 1999.5 377p （Best solution）

Walters, Gae ワルタース, ゲイ
◇孤立したエグゼクティブのコーチング：エグゼクティブ・コーチング—経営幹部の潜在能力を最大限に引き出す キャサリン・フィッツジェラルド, ジェニファー・ガーヴェイ・バーガー編，日本能率協会コンサルティング編訳 日本能率協会マネジメントセンター 2005.4 370p

Walters, Lawrence C. ウォルターズ, L. C.*
◇修正DEAと回帰分析を用いた教育生産に関する階層化モデル（共著）（矢田健訳）：経営効率評価ハンドブック—包絡分析法の理論と応用 Abraham Charnesほか編，刀根薫, 上田徹監訳 朝倉書店 2000.2 465p

Walton, A. Elise　ウォルトン, A. エリーズ
◇結論—不連続変革の教訓 他（共著）：不連続の組織革命—ゼロベースから競争優位を創造するノウハウ　デービッド・A.ナドラーほか著, 平野和子訳　ダイヤモンド社　1997.2　358p

Walton, Peter P.　ワルトン, P.
◇国際会計と歴史（久野光朗訳）：欧州比較国際会計史論　P.ワルトン編著, 久野光朗監訳　同文舘出版　1997.5　380p

Walton, Richard E.　ウォルトン, リチャード・E.
◇組織変革（共著）：情報技術と企業変革—MITから未来企業へのメッセージ　マイケル・S.スコット・モートン編, 砂田登士夫ほか著, 宮川公男, 上田泰監訳　富士通経営研修所　1992.10　509p　（富士通ブックス）

Walton, Sam　ウォルトン, サム
◇成功する会社を運営するために—私を支えた十の法則（服部純子訳）：ビジネスの知恵50選—伝説の経営者が語る成功の条件　ピーター・クラス編, 佐藤洋一監訳　トッパン　1999.2　543p　（トッパンのビジネス経営書シリーズ 26）

Walzer, Michael　ウォルツァー, マイケル
◇二つの自由主義（向山恭一訳）：マルチカルチュラリズム　エイミー・ガットマン編, 佐々木毅他訳　岩波書店　1996.10　240, 3p
◇愛情の圏域（能川元一訳）：国を愛するということ—愛国主義の限界をめぐる論争　マーサ・C.ヌスバウム他著, 辰巳伸知, 能川元一訳　人文書院　2000.5　269p
◇市民社会の概念（高橋康浩訳）：グローバルな市民社会に向かって　マイケル・ウォルツァー編, 石田淳ほか訳　日本経済評論社　2001.10　397p
◇二つの自由主義：マルチカルチュラリズム　チャールズ・テイラー, ユルゲン・ハーバーマス他著, エイミー・ガットマン編, 佐々木毅, 辻康夫, 向山恭一訳　岩波書店　2007.11　240, 3p　（岩波モダンクラシックス）

Wampler, Robert A.　ワンプラー, ロバート・A.
◇運勢の逆転？アメリカにおける「ジャパン・アズ・ナンバーワン」イメージの変遷一九七九-二〇〇〇年（飯倉章訳）：日米戦後関係史—パートナーシップ 1951-2001　入江昭, ロバート・A.ワンプラー編, 細谷千博, 有賀貞監訳　講談社インターナショナル　2001.9　389p

Wan, Hashim　ワン, ハシム
◇エスニック集団のステレオタイプの形成：マレーシア～多民族社会の構造　サイド・フシン・アリ編著, 小野沢純, 吉田典巧訳　井村文化事業社　1994.6　288p　（東南アジアブックス 114—マレーシアの社会 4）

Wan, Joseph S.　ワン, J.S.（金融）*
◇中国銀行グループの役割（渡辺淳一郎訳）：香港の金融制度　リチャード・Y.K.ホー, ロバート・H.スコット, K.A.ウォン編著, 香港金融研究会訳　金融財政事情研究会　1993.5　313p

Wang, Gui　オウ, ケイ（王桂）
◇偽満洲国「学制要綱」批判（共著）（蘇林訳）：日本の植民地教育・中国からの視点　王智新編著　社会評論社　2000.1　297p

Wang, Shaohai　オウ, ショウカイ（王紹海）
◇偽満洲国の成立と教育政策の展開（王智新訳）：日本の植民地教育・中国からの視点　王智新編著　社会評論社　2000.1　297p

Wang, Yan　ワン, ヤン
◇機会分配の改善：経済成長の「質」　ビノッド・トーマスほか著, 小浜裕久, 織井啓介, 冨田陽子訳　東洋経済新報社　2002.4　280p

Wang, Yeping　オウ, ヤヘイ（王野平）
◇初等教育—奴隷化の第一歩 他（王智新訳）：日本の植民地教育・中国からの視点　王智新編著　社会評論社　2000.1　297p

Wang, Zhixin　ワン, ツーシン
◇中国における「日本侵華教育史」研究の動向と課題 他：日本の植民地教育・中国からの視点　王智新編著　社会評論社　2000.1　297p

Wank, David L.　ワンク, デヴィット
◇世界システム論の理論的枠組みと問題点 他：グローバル社会のダイナミズム—理論と展望　村井吉敬, 安野正士, デヴィット・ワンク, 上智大学21世紀COEプログラム共編　Sophia University Press上智大学出版　2007.8　284p　（地域立脚型グローバル・スタディーズ叢書 第1巻）

Wann, Mai　ワン, メイ
◇セルフヘルプ・グループ—ボランティア活動の場はあるか？：市民生活とボランティア—ヨーロッパの現実　ロドニ・ヘドリー, ジャスティン・デービス・スミス編, 小田兼三, 野上文夫監訳　新教出版社　1993.9　318p

Warburton, David M.　ウォーバートン, デイビッド・M.
◇快楽の機能 他（小野高弘訳）：ストレスと快楽　デイビッド・M.ウォーバートン, ニール・シャーウッド編著, 上里一郎監訳　金剛出版　1999.10　301p

Ward, Adrian　ワード, エイドリアン
◇他人の子どもの世話（福知栄子訳）：児童虐待への挑戦　ウェンディ・スティントン・ロジャース, デニス・ヒーヴィー, エリザベス・アッシュ編著, 福知栄子, 中野敏子, 田沢あけみほか訳　法律文化社　1993.11　261p

Ward, Colin　ウォード, コリン*
◇「アナーキー」総目次—私家版：ギリシャ哲学におけるアナキズム—私家版　リバタリアン犯罪学考—私家版　「アナーキー」総目次—私家版　D.フェラリ著, トニー・ギブソン著, Colin Ward編　〔出版者不明〕　2005　1冊

Ward, Lester Frank　ウォード, レスター・フランク
◇女性中心説（堺利彦訳）：世界女性学基礎文献集成 明治大正編 第10巻　水田珠枝監修　ゆまに書房　2001.6　180, 32p

Ward, Nancy　ウォード, N.*
◇私のQOLの感想：当時と現在：知的障害・発達障害を持つ人のQOL—ノーマライゼーションを超えて　Robert L.Schalock編, 三谷嘉明, 岩崎正子訳　医歯薬出版　1994.5　346p

Wardenaar, Willem　ワルデナール, ウィレム
◇ウィレム・ワルデナールの秘密日記——八〇〇年七月十六日—十一月五日 他（金井円訳）：長崎オランダ商館日記 4　秘密日記—1800年度～1810年度　日蘭学会編, 日蘭交渉史研究会訳注　雄松堂出版　1992.3　382, 20p　（日蘭学会学術叢書 第11）

Ware, Alyn ワレ，アイリン
◇平和学習におけるカリキュラム：写真集 原発と核のない国ニュージーランド ギル・ハンリー ほか著，楠瀬佳子，近藤和子訳 明石書店 1993.7 142p
◇核軍縮に向けてのロビー活動（阿部純子訳）：あなたの手で平和を！―31のメッセージ フレデリック・S.ヘッファメール編，大庭里美，阿部純子訳 日本評論社 2005.3 260p

Warning, Stephen P. ワーニング，ステファン・P.
◇ドラッカーの目標管理と科学的管理に対するコーポラティスト的批判：科学的管理の展開―テイラーの精神革命論 ダニエル・ネルスン編著，アメリカ労務管理史研究会訳 税務経理協会 1994.4 334p

Warnock, Geoffrey フォーノック，ジェフリー
◇カント―ジェフリー・フォーノックとの対話（共著）（田山令史訳）：西洋哲学の系譜―第一線の哲学者が語る西欧思想の伝統 ブライアン・マギー編，高頭直樹ほか訳 晃洋書房 1993.5 482p

Warnock, Mary ワーノック，メアリー
◇女性哲学者たち：哲学者は何を考えているのか ジュリアン・バジーニ，ジェレミー・スタンルーム編，松本俊吉訳 春秋社 2006.5 401, 13p （現代哲学への招待 basics 丹治信春監修）

Warren, Bernie ウォレン，B.*
◇変化と必然性：障害者の創造的活動，幸福と生活の質：障害をもつ人にとっての生活の質―モデル・調査研究および実践 ロイ・I.ブラウン編著，中園康夫，末光茂監訳 相川書房 2002.5 382p

Warshak, Richard A. ウォーシアク，リチャード・A.
◇父親が親権を所有しているまま家庭での社会的発達と親子交流（共著）：非伝統的家庭の子育て―伝統的家庭との比較研究 マイケル・E.ラム編著，久米稔監訳 家政教育社 1993.8 468p

Wartella, Ellen ウオーテラ，エレン
◇再考されていく歴史：アメリカ―コミュニケーション研究の源流 E.デニス，E.ウォーテラ編著，伊達康男，藤山新，末永雅美，四方由美，柏沼利朗訳 春風社 2005.7 282p

Waschbusch, Daniel A. ワックバック，ダニエル・A.
◇注意欠陥/多動性障害の子どものための実証済みの治療法，有望な治療法，および実証されていない治療法（共著）：臨床心理学における科学と疑似科学 S.O.リリエンフェルド, S.J.リン, J.M.ロー編，厳島行雄，横田正夫，斎藤雅英監訳 北大路書房 2007.9 461p

Washburn, Alan ウォッシュバーン，A.*
◇軍事のOR（丸山明訳）：公共政策ORハンドブック S.M.Pollock, M.H.Rothkopf, A.Barnett編，大山達雄監訳 朝倉書店 1998.2 741p

Washi, Sigida ワシィー，シジダ
◇女性の割礼の根絶―農村の女性指導者の養成（共著）（草野篤子訳）：転換期の家族―ジェンダー・家族・開発 N.B.ライデンフロースト編，家庭経営学部会訳 日本家政学会 1995.3 360p

Wasil, Edward Andrew ワーシル，E.*
◇漁業資源，森林，野生生物，水資源の管理：MSとOR の天然資源管理問題への応用（共著）（西林寺隆，小川美桜訳）：公共政策ORハンドブック S.M.Pollock, M.H.Rothkopf, A.Barnett編，大山達雄監訳 朝倉書店 1998.4 741p

Wasserman, Aviva ワッサーマン，A.*
◇子どもたちの仲間入り行動（共著）（青井倫子訳）：子どもと仲間の心理学―友だちを拒否するこころ S.R.アッシャー, J.D.クーイ編著，山崎晃，中沢潤監訳 北大路書房 1996.7 447p

Wasseur, Frans バッサー，フラン・W.
◇オランダのネットワーク：兼任の類型とネットワークの構造 他（共著）：企業権力のネットワーク―10カ国における役員兼任の比較分析 フラン・N.ストークマン，ロルフ・ツィーグラー，ジョン・スコット編著，上田義朗訳 文眞堂 1993.11 340p

Watanabe McFerrin, Linda ワタナベ・マクフェリン，リンダ
◇好色なフィンランド人―スエーデン・オーレブロ～パリ：お気をつけて、いい旅を。―異国で出会った悲しくも可笑しい51の体験 メアリー・モリス，ポール・セロー，ジョー・ゴアス，イザベル・アジェンデ，ドミニク・ラビエールほか著，古屋美登里，中俣真知子訳 アスペクト 1995.7 366p

Waterman, Peter ウォーターマン，ピーター
◇グローバル・ジャスティス＆連帯運動、そして世界社会フォーラム 他（松田洋介訳）：帝国への挑戦―世界社会フォーラム ジャイ・セン，アニタ・アナンド，アルトゥーロ・エスコバル，ピーター・ウォーターマン編，武藤一羊ほか監訳 作品社 2005.2 462p

Waterstraat, Frank L. ウォーターストラット，フランク・L.
◇シェアード・セービング制度と環境管理会計―革新的な化学薬品の供給戦略（共著）：緑の利益―環境管理会計の展開 マーティン・ベネット，ピーター・ジェイムズ編，国部克彦監修，海野みづえ訳 産業環境管理協会 2000.12 542p

Watkin, Julia ワトキン，ジュリア
◇倫理的＝宗教的権威の規準―キェルケゴールとアドルフ・アズラー（田中一馬訳）：キェルケゴール―新しい解釈の試み A.マッキノン他著，桝形公也編・監訳 昭和堂 1993.6 324p （キェルケゴール叢書）
◇キェルケゴールの著作活動における「透明性」概念（中里巧訳）：宗教と倫理―キェルケゴールにおける実存の言語性 C.S.エヴァンス, H.フェッター他著，桝形公也編監訳 ナカニシヤ出版 1998.4 255p

Watson, Charles ワトソン，チャールズ
◇あなたの脳は死んでいないか?：セルフヘルプ―自助＝他人に頼らず、自分の力で生きていく！ 2 ケン・シェルトン編著，堀紘一監訳 フロンティア出版 1998.12 283p

Watson, Geoffrey ワトソン，ジョーフリー
◇障害を持つ児童・青年―虐待の危険性と援助方法（中野敏子訳）：児童虐待への挑戦 ウェンディ・スティントン・ロジャース，デニス・ヒーヴィー，エリザベス・アッシュ編，福知栄子，中野敏子，田沢あけみほか訳 法律文化社 1993.11 261p

Watson, James Gerard ワトソン，ジェームズ・G.
◇ジェームズ・G.ワトソン前駐ドイツ大使―ドイツ人

問題 (津吉襄訳)：変貌する世界とアメリカ　板場良久スピーチ解説, 津吉襄訳　アルク　1998.5　148p　(20世紀の証言 英語スピーチでたどるこの100年 第2巻―CD book　松尾弌之監修・解説)

Watson, James L.　ワトソン, ジェイムズ・L.
◇中国の葬儀の構造―基本の型・儀式の手順・実施の優位 他：中国の死の儀礼　ジェイムズ・L.ワトソン, エヴリン・S.ロウスキ編, 西脇常記, 神田一世, 長尾佳代子訳　平凡社　1994.11　416p
◇マクドナルド, 中国へ行く：次の超大国・中国の憂鬱な現実　フォーリン・アフェアーズ・ジャパン編・監訳, 竹下興喜監訳　朝日新聞社　2003.4　267, 3p　(朝日文庫―フォーリン・アフェアーズ・コレクション)
◇中国の葬儀の構造 (西脇常記訳)：中国文化人類学リーディングス　瀬川昌久, 西沢治彦編訳　風響社　2006.12　354p

Watson, Linda R.　ワトソン, L. R.
◇言葉のない自閉症の子どもたちのコミュニケーション能力を高める (共著)：社会性とコミュニケーションを育てる自閉症療育　Kathleen Ann Quill編, 安達潤ほか訳　松柏社　1999.9　481p

Watson, Michael　ワトソン, マイケル
◇結び――一九七〇年代, 八〇年代, そしてそれ以後：マイノリティ・ナショナリズムの現在　マイケル・ワトソン編, 浦野起央, 荒井功訳　刀水書房　1995.11　346p　(人間科学叢書)

Watson, Richard T.　ワトソン, R. T. (経営情報)*
◇デジタル時代のIT管理 (共著)：新リレーションとモデルのためのIT企業戦略とデジタル社会　ゲイリー・ディクソン, ジェラルディン・デサンクティス編, 橋立克朗ほか訳　ピアソン・エデュケーション　2002.3　305p

Watson, Sophie　ワトソン, ソフィー
◇明日の都市における労働と余暇 (矢野俊平訳)：超市場化の時代―効率から公正へ　スチュアート・リースほか編, 川原紀美雄監訳　法律文化社　1996.10　372p

Watson, Thomas J., Jr.　ワトソン, トーマス・J., Jr.
◇誠意をもって売る 他 (山本徹訳)：ビジネスの知恵50選―伝説的経営者が語る成功の条件　ピーター・クラス編, 佐藤洋一訳　トッパン　1999.2　543p　(トッパンのビジネス経営書シリーズ 26)

Watson, Victor　ワトソン, ヴィクター
◇『おじいちゃん』を "想像のまんなか" する 他 (灰島かり訳)：子どもはどのように絵本を読むのか　ヴィクター・ワトソン, モラグ・スタイルズ編, 谷本誠剛監訳　柏書房　2002.11　382p　(シリーズ〈子どもと本〉3)

Watts, D. Michael　ワッツ, D. M.
◇事例面接法による生徒の認識調査 (共著)：認知構造と概念転換　L.H.T.ウエスト, A.L.パインズ編, 野上智行, 稲垣成哲, 田中浩斯, 森藤義孝訳, 進藤公夫監訳　東洋館出版社　1994.5　327p

Watts, Mike　ワッツ, マイク
◇力と運動 (共著)：子ども達の自然理解と理科授業　R.ドライヴァー, E.ゲスン, A.ティベルギエ編, 貫井正納ほか訳, 内田正男監訳　東洋館出版社　1993.2　249p

Waugh, Evelyn　ウォー, イーヴリン
◇優雅なインタヴュー対応術 イーヴリン・ウォー 他 (小野寺健訳)：インタヴューズ 2　クリストファー・シルヴェスター編, 新庄哲夫ほか訳　文芸春秋　1998.11　451p
◇グレアム・グリーン『事件の核心』(小野寺健訳)：ロンドンで本を読む　丸谷才一編著　マガジンハウス　2001.6　337, 8p

Way, Lewis　ウェイ, ルイス
◇友人と仲間 (共著)：アドラーの思い出　G.J.マナスター, G.ペインター, D.ドイッチュ, B.J.オーバーホルト編, 柿内邦博, 井原文子, 野田俊作訳　創元社　2007.6　244p

Wayland, Francis　ウェイランド, F. *
◇世渡の杖―名経済便覧.巻1-2・後編 巻1-2 (瓊江何礼之訳)：幕末・明治初期邦訳経済学書 2　井上琢智編集・解説　ユーリカ・プレス　c2006　1冊 (ページ付なし)　(幕末・明治期邦訳経済学書復刻シリーズ 第1期)

Weatherford, William　ウェザフォード, ウィリアム
◇ウェザフォードの降伏：北米インディアン生活誌　C.ハミルトン編, 和巻耿介訳　社会評論社　1993.11　408p

Weaver, Doris　ウィーヴァー, D. *
◇活動による介入：個人に合わせた痴呆の介護―創造性と思いやりのアプローチ　J.レイダー, E.M.トーンキスト編, 大塚俊男監訳, 老齢健康科学研究財団訳　日本評論社　2000.1　269p

Webb, Allen P.　ウェブ, アレン
◇今度こそ正しいIT投資を (共著) (金平直人監訳)：マッキンゼーITの本質―情報システムを活かした「業務改革」で利益を創出する　横浜信一, 萩平和巳, 金平直人, 大隈健史, 琴坂将広編著・監訳, 鈴木立哉訳　ダイヤモンド社　2005.3　212p　(The McKinsey anthology)

Webb, Susan　ウェブ, スーザン
◇ストラクチャードファンド構築におけるリスク管理：実践ヘッジファンド投資―成功するリスク管理　バージニア・レイノルズ・パーカー編, 徳岡国見監訳　日本経済新聞社　2001.8　425p

Webber, Douglas　ヴェッバー, D.
◇ドイツ連邦共和国 (西ドイツ)：野党の再出現か？ (共著) (高見仁訳)：西ヨーロッパの野党　E.コリンスキー編, 清水望監訳　行人社　1998.5　398p

Weber, Hermann　ヴェーバー, ヘルマン
◇ヘルマン・ヴェーバー：戦後ドイツを生きて―知識人は語る　三島憲一編・訳　岩波書店　1994.10　370p

Weber, Ingbert　ヴェーバー, インクベルト
◇旧東西ドイツ住民の健康状態：統一ドイツの生活実態―不均衡は均衡するのか　ヴォルフガング・グラッツァー, ハインツ・ヘルベルト・ノル編, 長坂聰, 近江谷左馬之介訳　勁草書房　1994.3　236p

Weber, Luc E.　ウェーバー, L. *
◇競争的環境におけるヨーロッパの研究大学 (葛城浩一訳)：COE国際セミナー／8ヵ国会議21世紀型高等教

Weber, Max ウェーバー, マックス
◇立体派の詩(篠崎初太郎訳):コレクション・モダン都市文化 第27巻 未来主義と立体主義 和田博文監修 石田仁志編 ゆまに書房 2007.6 820p

Weber, Michael W. ウィーバー, マイケル
◇子どもの虐待の評価—子どもの保護機関の主要な機能:虐待された子ども—ザ・バタード・チャイルド メアリー・エドナ・ヘルファ, ルース・S.ケンプ, リチャード・D.クルーグマン編, 子どもの虐待防止センター監修, 坂井聖二監訳 明石書店 2003.12 1277p

Webster, Charles ウェブスター, チャールズ
◇ピューリタニズム, 分離主義, および科学:神と自然—歴史における科学とキリスト教 デイビッド・C.リンドバーグ, R.L.ナンバーズ編, 渡辺正雄監訳 みすず書房 1994.6 528, 48p

Wedding, Lee ウェディング, リー・J.
◇漁業:マクミラン近未来地球地図 イアン・ピアスン編, 松井孝典監訳 東京書籍 1999.11 115p

Wedekind, Joachim ヴェデキント, J.*
◇コンピュータ支援によるモデル構築:知的教育システムと学習 Heinz Mandl, Alan Lesgold編, 菅井勝雄, 野嶋栄一郎監訳 共立出版 1992.5 370p

Wedgwood-Benn, Anthony ウェッジウッド＝ベン, アントニー
◇アントニー・ウェッジウッド＝ベン(山岡洋一訳):インタヴューズ 2 クリストファー・シルヴェスター編, 新庄哲夫ほか訳 文芸春秋 1998.11 451p

Weems, Renita J. ウィームズ, レニータ・J.
◇雅歌(加藤明子訳):女性たちの聖書注解—女性の視点で読む旧約・新約・外典の世界 C.A.ニューサム, S.H.リンジ編, 加藤明子, 小野功生, 鈴木元子訳, 荒井章三, 山内一郎日本語版監修 新教出版社 1998.3 682p

Wegner, Harold C. ウェクナー, H.*
◇合衆国におけるクレーム解釈(皆納英士訳):国際特許侵害—特許紛争処理の比較法的検討 青山葆, 木棚照一編 東京布井出版 1996.12 454p

Wegner, Judith Romney ウェグナー, ジュディス・ロムニー
◇レビ記(加藤明子訳):女性たちの聖書注解—女性の視点で読む旧約・新約・外典の世界 C.A.ニューサム, S.H.リンジ編, 加藤明子, 小野功生, 鈴木元子訳, 荒井章三, 山内一郎日本語版監修 新教出版社 1998.3 682p

Wei, Zhengshu ギ, セイショ(魏正書)
◇教育の交流から対立へ(張海英訳):日本の植民地教育・中国からの視点 王智新編著 社会評論社 2000.1 297p

Weick, Karl E. ワイク, カール・E.
◇「不測の事態」の心理学:リーダーシップに「心理」を生かす Diamondハーバード・ビジネス・レビュー編集部編訳 ダイヤモンド社 2005.9 294p (Harvard business review anthology)
◇「不測の事態」の心理学(共著):「リスク感度」の高いリーダーが成功を重ねる Diamondハーバード・ビジネス・レビュー編集部編訳 ダイヤモンド社 2005.11 242p (Harvard business review anthology)
◇「不測の事態」の心理学(共著):組織行動論の実学—心理学で経営課題を解明する Diamondハーバード・ビジネス・レビュー編集部編訳 ダイヤモンド社 2007.9 425p (Harvard business review)

Weigelt, Keith ワイゲルト, キース
◇ゲーム理論と競争戦略(共著)(池田仁一訳):ウォートンスクールのダイナミック競争戦略 ジョージ・デイ, デイビッド・レイブシュタイン編, 小林陽太郎監訳, 黒田康史ほか訳 東洋経済新報社 1999.10 435p (Best solution)
◇よく考えられた意思決定vs.ご都合主義の意思決定—東洋と西洋の視点(共著):ウォートンスクールの意思決定論 ステファン・J.ホッチ, ハワード・C.クンリューサー編, 小林陽太郎監訳, 黒田康史, 大塔達也訳 東洋経済新報社 2006.8 374p (Best solution)

Weil, Andrew ワイル, アンドリュー
◇恋に落ちるための処方箋:小さなことを大きな愛でやろう リチャード・カールソン, ベンジャミン・シールド編, 小谷啓子訳 PHP研究所 1999.11 263, 7p

Weimer, Wolfram ヴァイマー, ヴォルフラム
◇ゴットリープ・ダイムラーとカール・ベンツ他(共著):ドイツ企業のパイオニア—その成功の秘密 ヴォルフラム・ヴァイマー編著, 和泉雅人訳 大修館書店 1996.5 427p

Weinberg, Brenda ワインバーグ, ブレンダ
◇カナダ—カナダからの寄稿(西隆太朗訳):世界の箱庭療法—現在と未来 山中康裕, S.レーヴェン・ザイフェルト, K.ブラッドウェイ編 新曜社 2000.10 182p

Weinberg, Gerhard L. ワインバーグ, ジェラード・L.
◇ヒトラーの役割:ヒトラーが勝利する世界—歴史家たちが検証する第二次大戦・60の"if" ハロルド・C.ドイッチュ, デニス・E.ショウォルター編, 守屋純訳 学習研究社 2006.10 671p (WW selection)

Weiner, Kerry J. ワイナー, ケリー・J.
◇あなたもフリー・エージェントに(共訳):セルフヘルプ—自助=他人に頼らず, 自分の力で生きていく! 2 ケン・シェルトン編著, 堀紘一監訳 フロンティア出版 1998.12 283p

Weiner, Myron ウェイナー, マイロン
◇移民が生み出す世界の新力学:新脅威時代の「安全保障」—『フォーリン・アフェアーズ』アンソロジー ジョゼフ・S.ナイほか著, 竹下興喜監訳 中央公論社 1996.9 255p

Weinert, Franz E. ヴァイネルト, フランツ・E.
◇教育学における心理学的志向(渡辺光雄訳):現代ドイツ教育学の潮流—W.フリットナー百歳記念論文集 ヘルマン・レールス, ハンス・ショイアール編, 天野正治訳 玉川大学出版部 1992.8 503p

Weingast, Barry R. ウエインガスト, バリー・R.
◇制度, 政府行動主義と経済発展(共著):東アジアの経済発展と政府の役割—比較制度分析アプローチ 青木昌彦, 金瀅基, 奥野正寛編, 白鳥正喜監訳 日本経済新聞社 1997.11 465p

Weininger, Otto　ヴァイニンガー，オットー
◇男女と天才（片山正雄訳）：世界女性学基礎文献集成　明治大正編 第5巻　水田珠枝監修　ゆまに書房　2001.6　584p

Weinrich, Michael　ヴァインリッヒ，ミヒャエル
◇ユダヤ人たちは神に選ばれた民か：キリスト教とユダヤ教—キリスト教信仰のユダヤ的ルーツ　F.クリュゼマン, U.タイスマン編，大住雄一訳　教文館　2000.12　232p

Weinstein, Allison　ウェンスタイン，アリソン
◇アルコール依存症の治療法に関する論争（共著）：臨床心理学における科学と疑似科学　S.O.リリエンフェルド，S.J.リン, J.M.ロー編，厳島行雄，横田正夫，斎藤雅英監訳　北大路書房　2007.9　461p

Weinstein, David E.　ワインシュタイン，D.
◇日本の財政の持続可能性の再評価（共著）：ポスト平成不況の日本経済—政策志向アプローチによる分析　伊藤隆敏, H.パトリック, D.ワインシュタイン編，祝迫得夫監訳　日本経済新聞社　2005.9　388p

Weisman, Andrew B.　ワイズマン，アンドリュー・B.
◇ヒストリカルデータにひそむ危険性（共著）：リスクバジェッティング—実務家が語る年金新時代のリスク管理　レスリー・ラール編，三菱信託銀行受託財産用部門訳　パンローリング　2002.4　575p（ウィザードブックシリーズ 34）

Weiss, Amy L.　ワイス，エイミー・L.
◇幼児の言語指導計画の立案：子どもの言語とコミュニケーションの指導　D.K.バーンスタイン, E.ティーガーマン編，池弘子，内山千鶴子，緒方明子共訳　東信堂　2000.6　242p

Weiss, Brian Leslie　ワイス，ブライアン・L.
◇魂の伝説：魂をみがく30のレッスン　リチャード・カールソン，ベンジャミン・シールド編，鴨志田千枝子訳　同朋舎　1998.6　252p

Weiss, Oded　バイス，オーディッド
◇IT購買における質と決定者の変化（共著）（金平直人監訳）：マッキンゼーITの本質—情報システムを活かした「業務改革」で利益を創出する　横浜信一，萩平和巳，金平直人，大隈健史，琴坂将広編著・監訳，鈴木立哉訳　ダイヤモンド社　2005.3　212p（The McKinsey anthology）

Weiss, Stephen E.　ワイス，スティヴン・E.
◇日本—旧小国の変化する論理（共著）（金谷良夫訳）：米国の国際交渉戦略　米国国務省外交研究センター編著，神奈川大学経営学部教師グループ訳・解説　中央経済社　1995.6　289p

Weisser-Lohmann, Elisabeth　ヴァイサー・ローマン，エリーザベト
◇分割して統治せよDIVIDE*ET*IMPERA（共著）（多田茂, 滝口清栄訳）：続・ヘーゲル読本—翻訳篇/読みの水準　D.ヘンリッヒ他著，加藤尚武，座小田豊編訳　法政大学出版局　1997.3　324, 12p

Weisz, J. R.　ワイス，J. R. *
◇文化—家族性精神遅滞—認知的パフォーマンスと"無気力"行動に関する発達論的観点：障害児理解の到達点—ジグラー学派の発達論的アプローチ　R.M.ホダップ, J.A.ブゥラック, E.ジグラー編，小松秀茂，清水貞夫編訳　田研出版　1994.9　435p

Weitekamp, Elmar　ヴァイテカンプ，エルマー
◇アメリカ合衆国及びカナダにおける，被害者への弁償と被害者/加害者間の和解に関する最近の発展（中野目善則訳）：犯罪被害者と刑事司法　ギュンター・カイザー, H.クーリー, H.‐J.アルブレヒト編，宮沢浩一，田口守一，高橋則夫編訳　成文堂　1995.7　443p

Weitzer, Ronald John　ワイツァー，ロナルド
◇セックス・ワーク調査の必要性 他：セックス・フォー・セール—売春・ポルノ・法規制・支援団体のフィールドワーク　ロナルド・ワイツァー編，岸田美貴訳，松沢呉一監修　ポット出版　2004.8　438p

Weizsäcker, Carl-Friedrich Von　ヴァイツゼッカー，カール・フリードリッヒ・フォン
◇地球倫理についての宣言：今こそ地球倫理を　ハンス・キューング編，吉田収訳　世界聖典刊行協会　1997.10　346p（ぼんブックス 39）
◇精神と自然（共著）：哲学の原点—ドイツからの提言　ハンス・ゲオルク・ガダマー他著，U.ベーム編，長倉誠一，多田茂訳　未知谷　1999.7　272, 11p

Weizsacker, Richard　ヴァイツゼッカー，リヒャルト・フォン
◇地球倫理共有に向けて：今こそ地球倫理を　ハンス・キューング編，吉田収訳　世界聖典刊行協会　1997.10　346p（ぼんブックス 39）

Welch, Anthony　ウェルチ，A. *
◇岐路に立つ東南アジア高等教育のシステム構築と質的保証（杉本和弘訳）：COE国際セミナー/8ヵ国会議　21世紀型高等教育システム構築と質的保証　広島大学高等教育研究開発センター編　広島大学高等教育研究開発センター　2004.12　188p（COE研究シリーズ 13）

Welch, Bob　ウェルシュ，ボブ
◇祖父のブーツ：空っぽのくつした—あなたの心に届ける16の贈り物　コリーン・セル選，立石美樹ほか訳　光文社　2002.11　213p

Welch, Jack F.　ウェルチ，ジャック・F.
◇ビッグ・イズ・ビューティフル！—大きいことは素晴らしい：ウェルチはこうして組織を甦らせた—アメリカ・トップリーダーからの経営処方箋29　ケン・シェルトン編著，堀紘一監修・訳　フロンティア出版　1999.12　281p

Welch, John F., Jr.　ウェルチ，ジョン・F., Jr.
◇成功するための教訓（前用寛子訳）：ビジネスの知恵50選—伝説的経営者が語る成功の条件　ピーター・クラス編，佐藤洋一監訳　トッパン　1999.2　543p（トッパンのビジネス経営書シリーズ 26）

Welch, Laurence　ウェルチ，L. *
◇他国と比較した日本の特許訴訟の印象（山本宗雄訳）：国際特許侵害—特許紛争処理の比較法的検討　青山葆, 木棚照一編　東京布井出版　1996.12　454p

Welchering, Björn　ヴェルヘリング，B.
◇リアルタイム・エンタープライズの考え方を使ったプロセス・オートメーション（共著）（田中正郎訳）：ARISを活用したシステム構築—エンタープライズ・アーキテクチャの実践　A.-W.シェアー他編，堀内正博，田中正郎，力正俊監訳　シュプリンガー・フェアラーク東京　2005.1　201p

Wellmer, Albrecht ヴェルマー, アルブレヒト
◇統一・私たちは再び一つの国民となったのか(共著)：哲学の原点—ドイツからの提言　ハンス・ゲオルク・ガダマー他著, U.ベーム編, 長倉誠一, 多田茂訳　未知谷　1999.7　272, 11p

Wells, Adrian ウェルズ, エイドリアン
◇全般性不安障害(共著)：認知行動療法の科学と実践　David M.Clark, Christopher G.Fairburn編, 伊予雅臣監訳　星和書店　2003.4　280p

Wells, Anne Sharp ウェルズ, アン・シャープ
◇太平洋戦争(共著)：ヒトラーが勝利する世界—歴史家たちが検証する第二次大戦・60の"if"　ハロルド・C.ドイッチュ, デニス・E.ショウォルター編, 守屋純訳　学習研究社　2006.10　671p　(WW selection)

Wells, Herbert George ウェルズ, ハーバート・ジョージ
◇ヨシフ・スターリン(新庄哲夫訳)：インタヴューズ 2　クリストファー・シルヴェスター編, 新庄哲夫ほか訳　文芸春秋　1998.11　451p

Wells, L. Edward ウェルズ, L. E.
◇ライフコースにわたる自己の安定性と変化(共著)(小野寺敦子訳)：生涯発達の心理学 2巻 気質・自己・パーソナリティ　東洋, 柏木恵子, 高橋恵子編・監訳　新曜社　1993.10　204p

Wells, Murray C. ウェルズ, マレイ・C.
◇オーストラリアにおける財務会計と管理会計(共著)：アジア太平洋地域の会計　西村明ほか編, 西村明監訳　九州大学出版会　1995.8　285p

Welsch, Glenn A. ウェルシュ, グレン・A.
◇INTERMEDIATE ACCOUNTING(共著)：元帳の締め切り　川島貞一訳　〔川島貞一〕　2002.8　1冊

Welwood, John ウェルウッド, ジョン
◇ありのままでいるほうが何倍もいい：小さなことを大きな愛でやろう　リチャード・カールソン, ベンジャミン・シールド編, 小谷啓子訳　PHP研究所　1999.11　263, 7p

Wemple, Suzanne Fonay ウェンプル, スザンヌ=フォネイ
◇ローマの伝統、ゲルマンの伝統、キリスト教の伝統：女の歴史 2〔1〕中世 1　杉村和子, 志賀亮一監訳　クリスティアーヌ・クラピシュ=ズュベール編　藤原書店　1994.5　436p

Wen, Xie ウェン, シエ
◇中国の都市における職業威信(共著)(橋本満訳)：現代中国の底流—痛みの中の近代化　橋本満, 深尾葉子編訳　増補新版　行路社　1998.5　524p　(中国の底流シリーズ 1)

Wenden, Catherine Wihthol de ウェンデン, カトリーヌ・ヴィートル・ド
◇フランスにおける移民と移民政策(宮島喬訳)：新しい移民大陸ヨーロッパ—比較のなかの西欧諸国・外国人労働者と移民政策　ディートリヒ・トレンハルト, 編著, 宮島喬, 丸山智恵子, 宏友扶美子, 分田順子訳, 新原道信, 定松文訳　明石書店　1994.3　368p

Wendt, Henry ベント, ヘンリー
◇だれがCEOを決めるのか〈座談会〉(共著)：コーポレート・ガバナンス　Harvard Business Review編, Diamondハーバード・ビジネス・レビュー編集部訳　ダイヤモンド社　2001.6　270p

Wengst, Klaus ヴェングスト, クラウス
◇新約聖書は何が新しいか 他：キリスト教とユダヤ教—キリスト教信仰のユダヤ的ルーツ　F.クリュゼマン, U.タイスマン編, 大住雄一訳　教文館　2000.12　232p

Wenk, Ruedi Müller ヴェンク, ルディー・ミュラー
◇エコロジー簿記の基礎：エコノミーとエコロジー—「環境会計」による矛盾への挑戦　ウド・エルンスト・ジモニス編著, 宮崎修行訳　創成社　1995.3　269p

Wenzel, Jennifer ヴェンツェル, ジェニファー
◇法文書(共著)(力武由美訳)：女性の人権とジェンダー—地球規模の視座に立って　マージョリー・アゴシン編著, 堀内光子, 神崎智子, 望月康恵, 力武由美, ベバリー・アン山本訳　明石書店　2007.12　586p　(明石ライブラリー)

Werth, Dirk ヴェルス, D.
◇国家間電子政府とARIS—InfoCitizenにおける行政サービスの統合オートメーション(共著)(圓丸哲麻訳)：ARISを活用したシステム構築—エンタープライズ・アーキテクチャの実践　A.-W.シェアー他編, 堀内正博, 田中正郎, 力正俊監訳　シュプリンガー・フェアラーク東京　2005.1　201p

Wesseling, Henk ヴェッセリング, ヘンク
◇海外の歴史(谷口健治訳)：ニュー・ヒストリーの現在—歴史叙述の新しい展望　ピーター・バーク編, 谷川稔他訳　人文書院　1996.6　352p

West, Lee ウェスト, リー
◇社会的なるものをパーソナルな関係とその研究に取り込むには(共著)(増田国裕訳)：パーソナルな関係の社会心理学　W.イックス, S.ダック編, 大坊郁夫, 和田実監訳　北大路書房　2004.4　310p

West, Leo H. T. ウェスト, L. H. T.
◇化学の授業を受けた学習者の認知構造の記述(共著)：認知構造と概念転換　L.H.T.ウエスト, A.L.パインズ編, 野上智行, 稲垣成哲, 田中浩朗, 森藤義孝訳, 進藤公夫監訳　東洋館出版社　1994.5　327p

West, Mae ウェスト, メイ
◇メイ・ウェスト(宮本高晴訳)：インタヴューズ 2　クリストファー・シルヴェスター編, 新庄哲夫ほか訳　文芸春秋　1998.11　451p

West, W. S. ウェスト, W. スコット
◇多重人格患者の局所脳血流(共著)：多重人格障害—その精神生理学的研究　F.パトナム他著, 笠原敏雄編　春秋社　1999.6　296p

Westermann, Peter ヴェスターマン, P.
◇自動車融資におけるエクセレンス—ダイムラー・クライスラー銀行のケース(共著)(小酒井正和訳)：ARISを活用したシステム構築—エンタープライズ・アーキテクチャの実践　A.-W.シェアー他編, 堀内正博, 田中正郎, 力正俊監訳　シュプリンガー・フェアラーク東京　2005.1　201p

Western, Colin ウェスタン, C.
◇ハリウッドにおけるアプリケーション統合—大手映画スタジオのケース(共著)(浅利浩一訳)：ARISを

活用したシステム構築―エンタープライズ・アーキテクチャの実践　A.-W.シェアー他編，堀内正博，田中正郎，力武俊監訳　シュプリンガー・フェアラーク東京　2005.1　201p

Westfall, Bill　ウェストフォール，ビル
◇組織に宿る「魂」の力を呼び起こす，それがリーダーだ！：ウェルチはこうして組織を甦らせた―アメリカ・トップリーダーからの経営処方箋29　ケン・シェルトン編著，堀紘一監修・訳　フロンティア出版　1999.12　281p

Westfall, Richard Samuel　ウェストフォール，リチャード・S.
◇科学の勃興と正統キリスト教の衰退―ケプラー，デカルト，ニュートンの研究：神と自然―歴史における科学とキリスト教　デイビッド・C.リンドバーグ，R.L.ナンバーズ編，渡辺正雄監訳　みすず書房　1994.6　528, 48p

Westman, Robert S.　ウェストマン，R. S.
◇コペルニクス主義者と諸教会：神と自然―歴史における科学とキリスト教　デイビッド・C.リンドバーグ，R.L.ナンバーズ編，渡辺正雄監訳　みすず書房　1994.6　528, 48p

Westney, D. Eleanor　ウェストニー，D. エレノア
◇制度化理論と多国籍企業：組織理論と多国籍企業　スマントラ・ゴシャール，D.エレナ・ウエストニー編著，江夏健一監訳，IBI国際ビジネス研究センター訳　文眞堂　1998.10　452p
◇組織パターンの国際移転に関する組織論の理論的潮流：リメイド・イン・アメリカ―日本的経営システムの再文脈化　ジェフリー・K.ライカー，W.マーク・フルーイン，ポール・S.アドラー編著，林正樹監訳　中央大学出版部　2005.3　564p　（中央大学企業研究所翻訳叢書 9）

Wesuls, Elisabeth　ヴェズルス，エリザベト
◇いま自由を手にしたというけれど（神谷裕子訳）：女たちのドイツ―東と西の話　カトリン・ローンシュトック編，神谷裕子ほか訳　明石書店　1996.11　208p

Wetlaufer, Suzy　ウェットローファー，スージー
◇組織に創造性をどう根づかせるか（共著）：ブレークスルー思考　Harvard Business Review編，Diamondハーバード・ビジネス・レビュー編集部訳　ダイヤモンド社　2001.10　221p
◇【ケーススタディ】チーム内の対立にどう対処するか（共著）：交渉の戦略スキル　Harvard Business Review編，Diamondハーバード・ビジネス・レビュー編集部訳　ダイヤモンド社　2002.2　274p
◇高業績CEOが実践する五つの経営スタイル（共著）：リーダーシップ　Harvard Business Review編，Diamondハーバード・ビジネス・レビュー編集部訳　ダイヤモンド社　2002.4　295p
◇CEOをめぐるスキャンダルにいかに対処すべきか（共著）：人材育成のジレンマ―ハーバード・ビジネス・レビューケースブック　Harvard Business Review編，Diamondハーバード・ビジネス・レビュー編集部訳　ダイヤモンド社　2004.12　219p
◇カリスマCEOのスキャンダルにどう対処すべきか（共著）：「問題社員」の管理術―ケース・スタディ　Diamondハーバード・ビジネス・レビュー編集部訳　ダイヤモンド社　2007.1　263p　（Harvard business review anthology）
◇ディズニー・マジック：「創造する組織」のマネジメント：人材育成の戦略―評価，教育，動機づけのサイクルを回す　Diamondハーバード・ビジネス・レビュー編集部訳　ダイヤモンド社　2007.3　450p　（Harvard business review）

Wetle, Terrie　ウェトル，T. *
◇施設で暮らす虚弱な高齢者の意思決定とQOL（西山健訳）：虚弱な高齢者のQOL―その概念と測定　James E.Birrenほか編，三谷嘉明他訳　医歯薬出版　1998.9　481p

Wetzel, William E. , Jr.　ウェツェル，ウィリアム・E．, Jr.
◇ベンチャー・キャピタル：MBA起業家育成　ウィリアム・D.バイグレイブ編著，千本倖生＋バブソン起業家研究会訳　学習研究社　1996.12　369p
◇米国におけるビジネス・エンジェルの活性化について―ベンチャーキャピタルネットワーク（VCN）の経験から（共著）：ビジネス・エンジェルの時代―起業家育成の新たな主役　R.T.ハリソン，C.M.メイソン編著，西沢昭夫監訳，通産省ビジネス・エンジェル研究会訳　東洋経済新報社　1997.6　245p

Weyant, John P.　ウェイアント，J. *
◇ORのエネルギー政策への適用（室озик洋一訳）：公共政策ORハンドブック　S.M.Pollock, M.H.Rothkopf, A.Barnett編，大山達雄監訳　朝倉書店　1998.4　741p

Weyers, Howard　ウェヤーズ，ハワード
◇対人関係力が問われる仕事に肥満社員は不適格なのか（共著）：「問題社員」の管理術―ケース・スタディ　Diamondハーバード・ビジネス・レビュー編集部訳　ダイヤモンド社　2007.1　263p　（Harvard business review anthology）

Weymann, Volker　ヴァイマン，フォルカー
◇ヨブ：聖書の牧会者たち　日本基督教団出版局　2000.2　186p　（魂への配慮の歴史 第1巻　C.メラー編，加藤常昭訳）

Whately, Richard　ウェイトリー，R. *
◇経済入門―名生産道案内（小幡篤次郎抄訳）：幕末・明治初期邦訳経済学書　4　井上琢智編集・解説　ユーリカ・プレス　c2006　1冊　（幕末・明治期邦訳経済学書復刻シリーズ 第1期）

Wheeler, Bradley C.　ホィーラー，B. C. *
◇技術の重要性（共著）：新リレーションとモデルのためのIT企業戦略とデジタル社会　ゲイリー・ディクソン，ジェラルディン・デサンクティス編，橘立克朗ほか訳　ピアソン・エデュケーション　2002.3　305p

Wheeler, Hoyt N.　ウィラー，ホイト
◇アメリカ合衆国の労使関係（藤原真砂訳）：新版　先進諸国の労使関係―国際比較：21世紀に向けての課題と展望　桑原靖夫，グレッグ・J.バンバー，ラッセル・D.ランズベリー編　日本労働研究機構　1994.7　452p
◇アメリカ合衆国の雇用関係（共著）（藤原真砂訳）：先進諸国の雇用・労使関係―国際比較：21世紀の課題と展望　桑原靖夫，グレッグ・バンバー，ラッセル・ランズベリー編　新版　日本労働研究機構　2000.7　551p

Wheeler, Tony　ホイーラー，トニー
◇失くしものをしたこと，ありますか？―サンフランシ

スコ/インドネシア：お気をつけて、いい旅を。—異国で出会った悲しくも可笑しい51の体験　メアリー・モリス, ポール・セロー, ジョー・ゴアス, イザベル・アジェンデ, ドミニク・ラピエールほか著, 古屋美登里, 中俣真知子訳　アスペクト　1995.7　366p

Wheelwright, Julie　フィールライト，ジュリー
◇船乗り、売春婦、剣をふるう暴れ者：女海賊大全　ジョー・スタンリー編著, 竹内和世訳　東洋書林　2003.7　359, 5p

Wheelwright, Steven C.　ウィールライト，スティーヴン・C.
◇「重量級」開発チームの編成と誘導 他（共著）：技術とイノベーションの戦略的マネジメント　下　ロバート・A.バーゲルマン, クレイトン・M.クリステンセン, スティーヴン・C.ウィールライト編著, 青島矢一, 黒田光太郎, 志賀敏宏, 田辺孝二, 出川通, 和賀三和子日本語版監修, 岡真由美, 斉藤裕一, 桜井祐子, 中川泉, 山本章子訳　翔泳社　2007.7　595p

Wheelwright, Ted　ホイールライト，テッド
◇日本の世界経済戦略とオーストラリア（共著）（青木秀和訳）：共生時代の日本とオーストラリア—日本の開発主義とオーストラリア多機能都市　ガバン・マコーマック, 佐々木雅幸, 青木秀和編　明石書店　1993.11　261p
◇社会経済的のための経済統制（守山昭男訳）：超市場化の時代—効率から公正へ　スチュアート・リースほか編, 川原紀美雄監訳　法律文化社　1996.10　372p

Whipple, Jeremy　ホイップル，ジェレミー
◇社宅：ニッポン不思議発見！—日本文化を英語で語る50の名エッセイ集　日本文化研究所編, 松本道弘訳　講談社インターナショナル　1997.1　257p（Bilingual books）

Whitaker, J. K.　ホイティカー，ジョン・K.
◇『経済学原理』の第2巻はどうなった？（西岡幹雄訳）：マーシャル経済学の体系　J.K.ホイティカー編著, 橋本昭一監訳　ミネルヴァ書房　1997.8　377p（マーシャル経済学研究叢書 3）

Whitbeck, Caroline　ウィットベック，キャロライン
◇科学、科学者、そして人権教育（共著）（久保内加菜訳）：世界の人権教育—理論と実践　ジョージ・J.アンドレオポーロス, リチャード・ピエール・クロード編, 黒沢惟昭監訳　明石書店　1999.2　758p

White, Alison　ホワイト，アリソン
◇カリブ海における栄養面での健康的ライフスタイルの促進（共著）（渡辺広二訳）：転換期の家族—ジェンダー・家族・開発　N.B.ライデンフロースト編, 家庭経営学部会訳　日本家政学会　1995.3　360p

White, Anne　ホワイト，A.（社会教育）*
◇オーストラリアのU3A（第3世代大学）の発展：オーストラリアの生活文化と生涯教育—多文化社会の光と影　マーク・テナント編著, 中西直和訳　松籟社　1995.9　268p

White, David　ホワイト，デービッド
◇成長の階段（共著）：マッキンゼー戦略の進化—不確実性時代を勝ち残る　名和高司, 近藤正晃ジェームス編・監訳, 村井章子訳　ダイヤモンド社　2003.3　221p

White, Geoffrey Miles　ホワイト，ジェフリー・M.
◇西ソロモン諸島における日本軍の前線の背後で 他：ビッグ・デス—ソロモン人が回想する第二次世界大戦　ジェフリー・ホワイトほか編, 小柏葉子監訳, 小柏葉子, 今泉裕美子訳　現代史料出版　1999.8　226p

White, Gillian M.　ワイト，ギリアン・M.*
◇国際経済法の諸原則：国際経済法入門—途上国問題を中心に　ヘイゼル・フォックス編著, 落合淳隆訳　敬文堂　1992.1　195p

White, G. L.　ホワイト，ジョージ・L.
◇多重人格障害の眼科学的差異—その再検討 他（共著）：多重人格障害—その精神生理学的研究　F.パトナム他著, 笠原敏雄編　春秋社　1999.6　296p

White, John Arch　ホワイト，J. A.*
◇INTERMEDIATE ACCOUNTING（共著）：元帳の締め切り　川島貞一訳　〔川島貞一〕　2002.8　1冊

White, Leonard D.　ホワイト，レオナード・D.
◇世紀半ばの政治学：アメリカ政治学の展開—学説と歴史　ジェームズ・ファ, レイモンド・セイデルマン編著, 本田弘, 藤原孝, 秋山和宏, 石川晃司, 入江正俊ほか訳　サンワコーポレーション　1996.2　506p

White, Marsha C.　ホワイト，マーシャ・C.
◇ヨナ書（加藤明子訳）：女性たちの聖書注解—女性の視点で読む旧約・新約・外典の世界　C.A.ニューサム, S.H.リンジ編, 加藤明子, 小野功生, 鈴木元子訳, 荒井章三, 山内一郎日本語版監修　新教出版社　1998.3　682p

White, Michael　ホワイト，マイケル
◇書きかえ療法（共著）（野村直樹訳）：ナラティヴ・セラピー—社会構成主義の実践　S.マクナミー, K.J.ガーゲン編, 野口裕二, 野村直樹訳　金剛出版　1997.12　232p
◇再会—悲哀の解決における失われた関係の取り込み 他（小森康永訳）：ナラティヴ・セラピーの実践　シェリル・ホワイト, デイヴィッド・デンボロウ編, 小森康永訳　金剛出版　2000.2　275p

White, Phil　ホワイト，P.*
◇職域年金制度：その戦略的課題（共著）：生命保険業における戦略的課題　Hugh Macmillan, Mike Christophers編, 玉田巧訳　玉田巧　2002.3　206p

White, Rhea A.　ホワイト，リーア・A.
◇偶発的現象、想像的現象、サイ現象—深層超心理学の基礎：超常現象のとらえにくさ　笠原敏雄編　春秋社　1993.7　776, 61p

White, Richard Thomas　ホワイト，リチャード
◇面接プロトコルと認知構造の次元：認知構造と概念転換　L.H.T.ウエスト, A.L.パインズ編, 野上智行, 稲垣成哲, 田中浩朗, 森藤義孝訳, 進藤公夫監訳　東洋館出版社　1994.5　327p

White, Sheldon H.　ホワイト，シェルドン・H.
◇読みにくい歴史の子ども—歴史学と心理学から子どもを理解する方法（共著）（都筑学訳）：時間と空間の中の子どもたち—社会変動と発達への学際的アプローチ　グレン・H.エルダー, ジョン・モデル, ロス・D.パーク編, 本田時雄監訳　金子書房　1997.10　379p

White, Sidnie Ann ホワイト, シドニー・アン
◇エステル記(加藤明子訳):女性たちの聖書注解―女性の視点で読む旧約・新約・外典の世界 C.A.ニューサム, S.H.リンジ編, 加藤明子, 小野功生, 鈴木元子訳, 荒井章三, 山内一郎日本語版監修 新教出版社 1998.3 682p

Whitebook, Joel ホワイトブック, ジョエル
◇シェーンベルクからオデュッセウスへ(小林清治訳):アメリカ批判理論の現在―ベンヤミン、アドルノ、フロムを超えて マーティン・ジェイ編, 永井務監訳 こうち書房 2000.10 511p

Whitehead, Simion ホワイトヘッド, シモン
◇ノーマリゼーションの社会的起源:ノーマリゼーションの展開―英国における理論と実践 ヘレン・スミス, ヒラリー・ブラウン編, 中園康夫, 小田兼三監訳 学苑社 1994.4 300p

Whitehouse, Gillian ホワイトハウス, ギリアン
◇雇用、経済、労使関係:比較統計(共著)(藤原真砂訳):新版 先進諸国の労使関係―国際比較:21世紀に向けての課題と展望 桑原靖夫, グレッグ・J.バンバー, ラッセル・D.ランズベリー編 日本労働研究機構 1994.7 452p
◇雇用、経済、労使関係:比較統計(藤原真砂訳):先進諸国の雇用・労使関係―国際比較:21世紀の課題と展望 桑原靖夫, グレッグ・バンバー, ラッセル・ランズベリー編 新版 日本労働研究機構 2000.7 551p

Whitehouse, Peter J. ホワイトハウス, ピーター・J.
◇高齢者ケアと痴呆:高齢者ケアをどうするか―先進国の悩みと日本の選択 高木安雄監修・訳, 池上直己, ジョン・C.キャンベル編著 中央法規出版 2002.7 256p

Whiteman, J. H. M. ホワイトマン, ジョゼフ・H. M.
◇科学的実験における再現性の概念について:超常現象のとらえにくさ 笠原敏雄編 春秋社 1993.7 776, 61p

Whitemore, Fred ホワイトモア, フレッド
◇イギリスにおける社会主義と民主主義の考察:社会主義と民主主義 デヴィド・マクレラン, ショーン・セイヤーズ編著, 吉田傑俊訳・解説 文理閣 1996.5 211p

Whitford, Betty Lou ホワイトフォード, ベティー・ルー
◇課題と展望の共有化―有機的協働化(共著)(小松茂昭訳):学校と大学のパートナーシップ―理論と実践 ジョン・I.グッドラッド, ケニス・A.シロトニック編, 中留武昭監訳 玉川大学出版部 1994.2 355p

Whitman, Howard ホイットマン, ハワード
◇自分にとっての成功の定義を明確にする法 他:成功大学 オグ・マンディーノ編著, 箱田忠昭訳 日本経営合理化協会出版局 1998.9 689p
◇自分にとっての成功の定義を明確にする法 他:成功大学 オグ・マンディーノ編著, 箱田忠昭訳 皮革携帯版 日本経営合理化協会出版局 1998.9 689p

Whitman, Walt ホイットマン, ウォルト
◇リンカンの大統領の暗殺(一八六五年四月十四日):歴史の目撃者 ジョン・ケアリー編, 仙名紀訳 朝日新聞社 1997.2 421p

Whitmont, Edward C. ホイットモント, エドワード・C.
◇同種療法と元型的意味(中川明博訳):エマヌエル・スウェーデンボルグ―持続するヴィジョン ロビン・ラーセン編 春秋社 1992.11 307p

Whitney, Douglas R. ホイットニー, D. R. *
◇入学許可と教育配置(池田輝政訳):教育測定学 下巻 ロバート・L.リン編, 池田央, 藤田恵璽, 柳井晴夫, 繁桝算男訳・編 学習評価研究所 1992.12 411p

Whitney, Irene ウィトニー, アイリーン
◇あなたの学校のいじめをいかに把握するか(共著):あなたの学校のいじめ解消にむけて―教師のための実践ハンドブック ソニア・シャープ, ピーター・K.スミス編著, フォンス・智江子訳, 東京都新教育研究会編 東洋館出版社 1996.4 211p
◇シェフィールド・プロジェクト(共著)(土田宣明訳):いじめととりくんだ学校―英国における4年間にわたる実証的研究の成果と展望 ピーター・K.スミス, ソニア・シャープ編, 守屋慶子, 高橋通子訳 ミネルヴァ書房 1996.10 355p

Whitty, Geoff ウィッティー, ジェフ
◇イングランドとウェールズにおける教育改革の動向―それは果たしてポスト・モダン的現象か?:カリキュラム・ポリティックス―現代の教育改革とナショナル・カリキュラム マイケル・W.アップルほか共著 東信堂 1994.6 167p
◇市場化・国家・教職の再編:教育社会学―第三のソリューション A.H.ハルゼー, H.ローダー, P.ブラウン, A.S.ウェルズ編, 住田正樹, 秋永雄一, 吉本圭一編訳 九州大学出版会 2005.2 660p

Whybray, R. Norman ワイブレイ, R. N.
◇知恵文学作家の社会的環境世界(石川立訳):古代イスラエルの世界―社会学・人類学・政治学からの展望 R.E.クレメンツ編, 木田献一, 月本昭男監訳 リトン 2002.11 654p

Whyte, I. D. ホワイト, I. D.
◇一七世紀低地スコットランドにおける農村社会構造についての若干の展望(共著):アイルランドとスコットランド―比較社会経済史 T.M.ディヴァイン, D.ディクソン編著, 津波古充文訳 創創社 1992.8 474p

Wiberg, Hakan ウィベリー, ホーカン
◇安全保障政策の文脈から見た非攻撃的防衛(永田尚見訳):新発想の防衛論―非攻撃的防衛の展開 児玉克哉, ホーカン・ウィベリー編著 大学教育出版 2001.11 177p

Wice, Betsy ワイス, ベッツィー
◇座長の役割(小田勝己訳):描写レヴューで教師の力量を形成する―子どもを遠くまで観るために M.ヒムレイ, P.F.カリーニ編, 小田勝己, 小田玲子, 白鳥信義訳 ミネルヴァ書房 2002.10 267p

Wickberg, Edgar ウィックバーグ, エドガー
◇中国人移民の適応組織―過去と現在(小瀬木えりの訳):香港を離れて―香港中国人移民の世界 ロナルド・スケルドン編, 可児弘明, 森内真規雄, 吉原和男監訳 行路社 1997.6 552p (中国の底流シリーズ 4)

Wickert, Rosie ウィッカート, R. *
◇成人基礎教育(共著):オーストラリアの生活文化と生涯教育―多文化社会の光と影 マーク・テナント

編著,中西直和訳 松籟社 1995.9 268p

Wickert, Ulrich ヴィッケルト,ウルリッヒ
◇道徳は現代的か(共著):哲学の原点―ドイツからの提言 ハンス・ゲオルク・ガダマー他著,U.ベーム編,長倉誠一,多田茂訳 未知谷 1999.7 272,11p

Wickham, Elizabeth ウィッカム,エリザベス
◇産業内貿易および多国籍企業の実証分析(共著):産業内貿易―理論と実証 P.K.M.サラカン,ヤコブ・コル編,小柴徹修,浜口登,利光強訳,佐々波楊子監訳 文眞堂 1993.6 217p

Widdowfield, Rebekah ウィドゥフィールド,R.
◇ホームレス状態にかんする政府統計の限界(芳賀寛訳):現代イギリスの政治算術―統計は社会を変えるか D.ドーリング,S.シンプソン編著,岩井浩ほか監訳 北海道大学図書刊行会 2003.7 588p

Widengren, Geo ウィーデングレン,G.
◇ペルシア人(有馬七郎訳):旧約聖書時代の諸民族 D.J.ワイズマン編,池田裕監訳 日本基督教団出版局 1995.10 578p

Wiener, John ウィーナー,ジョン(教育)
◇ハーヴァード大学で何が起こったか:アメリカの差別問題―PC(政治的正義)論争をふまえて Patricia Aufderheide編,脇浜義明訳 明石書店 1995.6 208p

Wieschaus, Eric ヴィーシャウス,エリック
◇もうすぐぼくと同じ人ができるようになるってホント?:ノーベル賞受賞者にきく子どものなぜ?なに? ベッティーナ・シュティーケル編,畔上司訳 主婦の友社 2003.1 286p
◇もうすぐぼくと同じ人ができるようになるってホント?:ノーベル賞受賞者にきく子どものなぜ?なに? ベッティーナ・シュティーケル編,畔上司訳 主婦の友社 2005.10 222p

Wiesel, Eliezer ヴィーゼル,エリ
◇ホロコーストの意味:思いやる勇気―ユダヤ人をホロコーストから救った人びと キャロル・リトナー,サンドラ・マイヤーズ編,食野雅子訳 サイマル出版会 1997.4 282p
◇人類と創造者を尊重する倫理に向けて:今こそ地球倫理を ハンス・キューング編,吉田真訳 世界聖典刊行協会 1997.10 346p (ぼんブックス 39)
◇アドルフ・ヒトラー:TIMEが選ぶ20世紀の100人 上巻 指導者・革命家・科学者・思想家・起業家 徳岡孝夫監訳 アルク 1999.11 332p
◇結びに:未来社会への変革―未来の共同体がもつ可能性 フランシス・ヘッセルバイン,マーシャル・ゴールドスミス,リチャード・ベックハード,リチャード・F.シューベルト編,加納明弘訳 フォレスト出版 1999.11 327p
◇戦争はどうして起こるの?:ノーベル賞受賞者にきく子どものなぜ?なに? ベッティーナ・シュティーケル編,畔上司訳 主婦の友社 2003.1 286p
◇戦争はどうして起こるの?:ノーベル賞受賞者にきく子どものなぜ?なに? ベッティーナ・シュティーケル編,畔上司訳 主婦の友社 2005.10 222p

Wiggenhorn, William ウィッゲンホーン,ウィリアム
◇モトローラ大学物語:人材育成の戦略―評価,教育,動機づけのサイクルを回す Diamondハーバード・ビジネス・レビュー編集部編訳 ダイヤモンド社 2007.3 450p (Harvard business review)

Wigram, Tony ウィグラム,トニー
◇レット症候群をもつ少女との音楽療法:構造と自由―2つのアプローチのバランス:音楽療法ケーススタディ 上 児童・青年に関する17の事例 ケネス・E.ブルシア編,酒井智華ほか訳 音楽之友社 2004.2 285p

Wijayatilake, Y. J. W. ウィジャヤティレーク,Y.*
◇スリランカ報告(共著)(吉川昌寛,大村雅彦訳):訴訟法における法族の再検討 小島武司編著 中央大学出版部 1999.4 578p (日本比較法研究所研究叢書 46)

Wilber, Ken ウィルバー,ケン
◇死,生まれ変わり,瞑想(菅靖彦訳):死を超えて生きるもの―霊魂の永遠性について ゲイリー・ドーア編,井村宏次,上野圭一,笠原敏雄,鹿子木大士郎,菅靖彦,中村正明,橋村令助訳 春秋社 1993.11 407,10p

Wilbers, Joachim ウィルバース,J.*
◇単身化―将来の発達:高齢者の自立能力―今日と明日の概念 III 老年学週間論文集 Chr.Rott,F.Oswald編,石井毅訳 長寿社会開発センター 1994.3 200p

Wilbur, C. B. ウィルバー,コーネリア・B.
◇ある多重人格の客観的研究(共著):多重人格障害―その精神生理学的研究 F.パトナム他著,笠原敏雄編 春秋社 1999.6 296p

Wilburn, Kenneth E. , Jr. ウィルバーン,ケネス・E.,Jr.
◇帝国推進と独立保全の「動力」(吉田昌夫訳):鉄路17万マイルの興亡―鉄道からみた帝国主義 クラレンス・B.デイヴィス,ケネス・E.ウィルバーン・Jr.編著,原田勝正,多田博一監訳 日本経済評論社 1996.9 290p

Wilckens, U. ヴィルケンス,ウルリッヒ
◇原始キリスト教史における啓示理解:歴史としての啓示 ヴォルフハルト・パネンベルク編著,大木英夫ほか訳 聖学院大学出版会 1994.11 322p

Wilcox, Sherman ウィルコックス,シャーマン
◇学校でスタック 他(太田憲男訳):アメリカのろう文化 シャーマン・ウィルコックス編,鈴木清史,酒井信雄,太田憲男訳 明石書店 2001.3 301p (明石ライブラリー 29)

Wilde, Dean L. , II ワイルド,ディーン・L.,2世
◇デルタ・モデル(共著):MITスローン・スクール 戦略論 マイケル・A.クスマノ,コンスタンチノス・C.マルキデス編,グロービス・マネジメント・インスティテュート訳 東洋経済新報社 2003.12 287p

Wilde, Lawrence ワイルド,ローレンス
◇社会契約の反対者マルクス(大中一彌訳):社会契約論の系譜―ホッブズからロールズまで D.バウチャー,P.ケリー編,飯島昇蔵,佐藤正志ほか訳 ナカニシヤ出版 1997.5 367p (叢書「フロネーシス」)

Wilde, Oscar ワイルド,オスカー
◇オスカー・ワイルド(ロバート・ロスインタビュアー,海保眞夫訳):インタヴューズ 1 クリストファー・

シルヴェスター編, 新庄哲夫ほか訳　文芸春秋　1998.11　462p

Wilensky, Amy　ウィリンスキー, エイミー
◇対人関係力が問われる仕事に肥満社員は不適格なのか(共著):「問題社員」の管理術—ケース・スタディ　Diamondハーバード・ビジネス・レビュー編集部編訳　ダイヤモンド社　2007.1　263p　(Harvard business review anthology)

Wiles, Paul　ワイルズ, ポール
◇イギリスにおける住宅保有形態と住宅コミュニティの犯罪キャリア(共著):コミュニティと犯罪　1　アルバート・J.リース・ジュニア, マイケル・トンリィ共編, 伊藤康一郎訳　都市防犯研究センター　1994.3　268p

Wilford, D. Sykes　ウィルフォード, D. サイクス
◇ヘッジファンド運用を行う投資顧問会社のリスク管理(共著):実践ヘッジファンド投資—成功するリスク管理　バージニア・レイノルズ・パーカー編, 徳岡国見監訳　日本経済新聞社　2001.8　425p

Wilkes, Chris　ウィルクス, クリス
◇ブルデューの階級 他:ブルデュー入門—理論のプラチック　R.ハーカー, C.マハール, C.ウィルクス編, 滝本往人, 柳和樹訳　昭和堂　1993.4　380p

Wilkins, Mira　ウィルキンス, マイラ
◇企業史研究視座と国際経営学の概念領域 他(馬越恵子訳):基礎概念と研究領域　B.トイン, D.ナイ編, 村山元英監訳, 国際経営文化学会　文眞堂　2001.11　285p　(国際経営学の誕生 1)

Willes, Burl　ウィルズ, バール
◇戻ってこないのはベルトだけ—バリ島:お気をつけていい旅を。—異国で出会った悲しくも可笑しい51の体験　メアリー・モリス, ポール・セロー, ジョー・ゴアス, イザベル・アジェンデ, ドミニク・ラピエールほか著, 古屋美登里, 中俣真知子訳　アスペクト　1995.7　366p

Willett, Albert V.　ウィレット, アルバート・V.
◇規律を乱す「やり手セールスマン」をいかに処遇すべきか(共著):「問題社員」の管理術—ケース・スタディ　Diamondハーバード・ビジネス・レビュー編集部編訳　ダイヤモンド社　2007.1　263p　(Harvard business review anthology)

Willett, Roger　ウィレット, ロジャー
◇序言—アジア太平洋地域の会計 他(共著):アジア太平洋地域の会計　西村明ほか編, 西村明監訳　九州大学出版会　1995.8　285p

Williams, Bernard　ウィリアムズ, バーナード
◇デカルト—バーナード・ウィリアムズとの対話(共著)(高頭直樹訳):西洋哲学の系譜—第一線の哲学者が語る西欧思想の伝統　ブライアン・マギー編, 高頭直樹ほか訳　晃洋書房　1993.5　482p
◇コギトの確実性(香川知晶訳):現代デカルト論集　2　英米篇　デカルト研究会編　勁草書房　1996.7　331, 9p

Williams, Carol A.　ウィリアムズ, C. A. *
◇サイコエデュケーション(祖父江育子訳):地域精神保健看護　ナンシー・K.ワーレイ原著編集, 早川和生監訳　医学書院　1999.9　304p

Williams, David D.　ウィリアムズ, デビッド・D.
◇ブリガムヤング大学と公立学校とのパートナーシップ(大倉健太郎訳):学校と大学のパートナーシップ—理論と実践　ジョン・I.グッドラッド, ケニス・A.シロトニック編, 中留武昭監訳　玉川大学出版部　1994.2　355p

Williams, Doris K.　ウィリアムズ, ドリス・K.
◇開発途上国の女性—食物・技術・日常生活(花崎正子訳):転換期の家族—ジェンダー・家族・開発　N.B.ライデンフロスト編, 家庭経営学部会訳　日本家政学会　1995.3　360p

Williams, E. Faye　ウィリアムズ, E. フェイ
◇女性のピース・ボートに対する攻撃:アメリカの戦争犯罪　ラムゼイ・クラーク編著, 戦争犯罪を告発する会訳　柏書房　1992.12　346p　(ブックス・プラクシス 6)

Williams, Gary A.　ウィリアムズ, ゲイリー・A.
◇ビジネス説得術(共著):「説得」の戦略　Diamondハーバード・ビジネス・レビュー編集部編訳　ダイヤモンド社　2006.2　257p　(Harvard business review anthology)

Williams, Gladys A.　ウィリアムズ, G. A. *
◇児童期の仲間からの拒否と孤独感(共著)(嘉数junior訳):子どもと仲間の心理学—友だちを拒否するこころ　S.R.アッシャー, J.D.クーイ編著, 山崎晃, 中沢潤監訳　北大路書房　1996.3　447p

Williams, Howard　ウィリアムズ, ハワード
◇権利とマイノリティ・ナショナリズム:マイノリティ・ナショナリズムの現在　マイケル・ワトソン編, 浦野起央, 荒井功訳　刀水書房　1995.11　346p　(人間科学叢書)
◇カントと社会契約(谷澤正嗣訳):社会契約論の系譜—ホッブズからロールズまで　D.バウチャー, P.ケリー編, 飯島昇蔵, 佐藤正志ほか訳　ナカニシヤ出版　1997.5　367p　(叢書「フロネーシス」)
◇カント, 限界のない理論家(共著)(谷沢正嗣訳):国際関係思想史—論争の座標軸　イアン・クラーク, アイヴァー・B.ノイマン編, 押村高, 飯島昇蔵訳者代表　新評論　2003.4　338p

Williams, Hugh E.　ウィリアムズ, H. E. *
◇持続可能な未来のための企業戦略(共著)(藤森敬三訳):グリーニングチャレンジ—企業の環境戦略　Kurt Fischer, Johan Schot編, 藤森敬三監訳, 日本電気環境エンジニアリング訳　日科技連出版　1999.8　419p

Williams, J. Mark G.　ウィリアムズ, J. マーク・G.
◇予期×価値:帰属が学業成績に及ぼす効果に関するモデル(古城和敬訳):原因帰属と行動変容—心理臨床と教育実践への応用　チャールズ・アンタキ, クリス・ブレーウィン編, 細田和雅, 古市裕一監訳　ナカニシヤ出版　1993.12　243p
◇人格障害と意思:分裂病型人格障害への認知神経心理学的接近 他(共著)(木津明彦訳):認知行動療法—臨床と研究の発展　ポール M.サルコフスキス編, 坂野雄二, 岩本隆茂監訳　金子書房　1998.10　217p
◇うつ病:認知行動療法の科学と実践　David M.Clark, Christopher G.Fairburn編, 伊予雅臣訳　星和書店　2003.4　280p

Williams, John ウイリアムス, ジョン（高齢者問題）
◇虐待と法的介入（共著）(宮崎昭夫訳)：高齢者虐待—発見・予防のために ピーター・デカルマー, フランク・グレンデニング編著, 田端光美, 杉岡直人監訳 ミネルヴァ書房 1998.2 246p (Minerva福祉ライブラリー 23)

Williams, Judith ウイリアムズ, ジュディス
◇ネゴシエーション・ブレークスルー（共著）：「交渉」からビジネスは始まる Diamondハーバード・ビジネス・レビュー編集部編訳 ダイヤモンド社 2005.4 272p (Harvard business review anthology)

Williams, Kathryn ウイリアムズ, キャサリン
◇境界線を越える（共著）：エグゼクティブ・コーチング—経営幹部の潜在能力を最大限に引き出す キャサリン・フィッツジェラルド, ジェニファー・ガーヴェイ・バーガー編, 日本能率協会コンサルティング訳 日本能率協会マネジメントセンター 2005.4 370p

Williams, Larry R. ウイリアムズ, ラリー
◇個別株市場における投資家心理の測定法：魔術師たちのトレーディングモデル—テクニカル分析の新境地 リック・ベンシニョール編, 長尾慎太郎ほか訳 パンローリング 2001.3 365p (ウィザードブックシリーズ 15)
◇ラリー・ウィリアムズの伝説的パフォーマンスを振り返る：ロビンスカップの魔術師たち—トレードコンテストのチャンピオンが語るトレーディングの極意 チャック・フランク, パトリシア・クリサフリ編, 古河みつる訳 パンローリング 2006.5 273p (ウィザードブックシリーズ v.102)

Williams, Mark ウイリアムズ, マーク
◇欧州の合併規則執行における実証的手法適用の増加：過去の訓練と将来を見据えて（共著）：競争政策の経済学—競争政策の諸問題に対する経済学的アプローチ ローレンス・ウー編, 大西利佳, 森信夫, 中島敏監訳 NERA 2005.11 173p

Williams, Raymond ウイリアムズ, レイモンド
◇テレビと社会：歴史のなかのコミュニケーション—メディア革命の社会文化史 デイヴィッド・クローリー, ポール・ヘイヤー編, 林進, 大久保公雄訳 新曜社 1995.4 354p

Williams, Rosalind H. ウイリアムズ, ロザリンド・H.
◇夢の消費社会：歴史のなかのコミュニケーション—メディア革命の社会文化史 デイヴィッド・クローリー, ポール・ヘイヤー編, 林進, 大久保公雄訳 新曜社 1995.4 354p

Williamson, John ウイリアムソン, ジョン
◇目標相場圏もしくは「青写真」の機は熟しているのか（共著）：21世紀の国際通貨システム—ブレトンウッズ委員会報告 ブレトンウッズ委員会日本委員会 金融財政事情研究会 1995.2 245p
◇IMFの目的変更は是か非か：IMF改廃論争の論点 ローレンス・J.マッキラン, ピーター・C.モントゴメリー編, 森川公隆監訳 東洋経済新報社 2000.11 285p

Williamson, Marianne ウイリアムソン, マリアン
◇「ハートワーク」で心の静けさを取り戻す：小さなことを大きな愛でやろう リチャード・カールソン, ベンジャミン・シールド編, 小谷啓子訳 PHP研究所 1999.11 263, 7p

Williamson, Oliver E. ウィリアムソン, オリバー・E.
◇序説 他（庭本佳和訳）：現代組織論とバーナード オリバー・E.ウィリアムソン編, 飯野春樹監訳 文眞堂 1997.3 280p
◇経済におけるヒエラルキー, 市場, および権力（太田仁志訳）：取引費用経済学—最新の展開 クロード・メナード編著, 中島正人, 谷口洋志, 長谷川啓之監訳 文眞堂 2002.12 207p

Williamson, Peter J. ウィリアムソン, ピーター・J.
◇将来のための戦略オプション：MITスローン・スクール 戦略論 マイケル・A.クスマノ, コンスタンチノス・C.マルキデス編, グロービス・マネジメント・インスティテュート訳 東洋経済新報社 2003.12 287p

Willis, Elaine ウィリス, エレーヌ
◇弁護者としてのボランティア活動——九九〇年代の展望：市民生活とボランティア—ヨーロッパの現実 ロドニ・ヘドリー, ジャスティン・デービス・スミス編, 小田兼三, 野上文夫監訳 新萌出版社 1993.9 318p

Willis, Ellen ウィリス, エレン
◇ラディカルで行こう—なぜ右翼は絶好調なのか：ラディカル・デモクラシー—アイデンティティ, シティズンシップ, 国家 ディヴィッド・トレンド編, 佐藤正志ほか訳 三嶺書房 1998.4 408p
◇フェミニズム, モラリズム, ポルノグラフィ：ポルノと検閲 アン・スニトウほか著, 藤井麻利, 藤井雅実訳 青弓社 2002.9 264p (クリティーク叢書 22)

Willis, P. ウィリス, P.（教育）*
◇私がかかえる問題を的確にとらえて下さった：心にのこる最高の先生—イギリス人の語る教師像 上林喜久子編訳著 関東学院大学出版会 2004.11 97p
◇私がかかえる問題を的確にとらえて下さった：イギリス人の語る心にのこる最高の先生 上林喜久子編訳 関東学院大学出版会 2005.6 68p

Willman, Paul ウィルマン, P.
◇心理学の理論と金融機関—意思決定と行動に対する個人と組織の影響（共著）：オペレーショナルリスク—金融機関リスクマネジメントの新潮流 アーサーアンダーセン編・訳 金融財政事情研究会 2001.1 413p

Willmott, Hugh ウィルモット, ヒュー
◇批判理論と経営学—イントロダクション（共著）（杉原周樹訳）：経営と社会—批判的経営研究 マッツ・アルベッソン, ヒュー・ウィルモット編著, CMS研究会訳 同友館 2001.3 263p
◇イギリスにおける会計規制（共著）（向山敦夫訳）：社会・組織を構築する会計—欧州における学際的研究 アンソニー・G.ホップウッド, ピーター・ミラー編著, 岡野浩, 国部克彦, 柴健次監訳 中央経済社 2003.11 390p

Willmott, Phyllis ウィルモット, P.*
◇1895–1945年 最初の50年（中村永司訳）：医療ソーシャルワークの挑戦—イギリス保健関連ソーシャルワークの100年 ジョアン・バラクローほか編著, 児島美都子, 中村永司監訳 中央法規出版 1999.5

Willms, Bernard ヴィルムス, ベルナルト
◇カール・シュミットは政治思想における最新の古典的大家か?（植村和秀訳）: カール・シュミットの遺産 ヘルムート・クヴァーリチ編, 初宿正典, 古賀敬太編訳 風行社 1993.10 402, 16p

Willoughby, Westel W. ウィロビー, W. W.
◇アメリカ政治学会: アメリカ政治学の展開—学説と歴史 ジェームズ・ファ, レイモンド・セイデルマン編著, 本田弘, 藤原孝, 秋山和宏, 石川晃司, 入江正俊ほか訳 サンワコーポレーション 1996.2 506p
◇支那事変と日本（小川平二, 大山梓訳）: 20世紀日本のアジア関係重要研究資料 1 東亜研究所刊行物 東亜研究所編著 竜渓書舎 1999.12 16冊（セット）

Willoweit, Dietmar ヴィッロヴァイト, ディートマル
◇ヘルマン・コンリング: 17・18世紀の国家思想家たち—帝国公(国)法論・政治学・自然法論 ミヒャエル・シュトライス編, 佐々木有司, 柳原正治訳 木鐸社 1995.2 593, 13p

Wills, Garry ウィルス, ギャリー
◇自由世界の問題児, アメリカ: ネオコンとアメリカ帝国の幻想 フォーリン・アフェアーズ・ジャパン編・監訳, 竹下興喜監訳 朝日新聞社 2003.7 292, 6p

Wills, Thomas Ashby ウィルズ, T. A.
◇ソーシャル・サポートと家族（福岡欣治訳）: 家族の感情心理学—そのよいときも, わるいときも E.A.ブレックマン編著, 浜治世, 松山義則監訳 北大路書房 1998.4 271p

Willson, Thomas ウィルソン, トーマス
◇単なる給与制度を超えた21世紀の報酬システム: ピープルマネジメント—21世紀の戦略的人材活用コンセプト Financial Times編, 日経情報ストラテジー編 日経BP社 2002.3 271p（日経情報ストラテジー別冊）

Wilms, Sven ウィルムス, S.
◇ARISを活用したチェンジマネジメント（共著）（田中正郎訳）: ARISを活用したチェンジマネジメント—ビジネスプロセスの変革を管理する A.-W.シェアー, F.アボルハッサン, W.ヨースト, M.F.W.キルヒマー編, 堀内正博, 田中正郎, 柳堀紀幸監訳 シュプリンガー・フェアラーク東京 2003.12 216p

Wilson, Allister ウィルスン, アリスター
◇UK GAAP Generally Accepted Accounting Practice in the United Kingdom（共著）: 元帳の締め切り 川島貞一訳〔川島貞一〕2002.8 1冊

Wilson, Andrew ウィルソン, アンドリュー
◇健全なライフスタイルの確立—人格基調の取り組みが必須 他（共著）:「人格教育」のすすめ—アメリカ・教育改革の新しい潮流 トニー・ディヴァイン, ジュンホ・ソク, アンドリュー・ウィルソン編, 上寺久雄監訳 コスモトゥーワン 2003.2 491, 40p

Wilson, Angus ウィルソン, アンガス
◇マルセル・プルースト『失われた時を求めて』（出淵博訳）: ロンドンで本を読む 丸谷才一編著 マガジンハウス 2001.6 337, 8p

Wilson, Bryan ウィルソン, ブライアン
◇価値の概念 他: 価値—新しい文明学の模索に向けて ブレンダ・アーモンド, ブライアン・ウィルソン編, 玉井治, 山本慶裕訳 東海大学出版会 1994.3 308p

Wilson, Colin ウィルソン, コリン
◇より広大な世界の瞥見（中村正明訳）: 死を超えて生きるもの—霊魂の永遠性について ゲイリー・ドーア編, 井村宏治, 上野圭一, 笠原敏雄, 鹿子木大士郎, 菅靖彦, 中村正明, 橋村令助訳 春秋社 1993.11 407, 10p
◇序文: 魔道書ネクロノミコン コリン・ウィルソンほか著, ジョージ・ヘイ編, 大滝啓裕訳 学習研究社 1994.8 239, 48p（学研ホラーノベルズ）
◇盗賊たち 他（共著）（大矢埴康訳）: 世界大犯罪劇場 コリン・ウィルソンほか著, 松浦俊輔他訳 青土社 1997.2 532p

Wilson, Damon ウィルソン, デイモン
◇盗賊たち 他（共著）（大矢埴康訳）: 世界大犯罪劇場 コリン・ウィルソンほか著, 松浦俊輔他訳 青土社 1997.2 532p

Wilson, Douglas A. ウィルソン, ダグラス・A.
◇人格が人生を決める: セルフヘルプ—自助＝他人に頼らず, 自分の力で生きていく! 2 ケン・シェルトン編著, 堀紘一監訳 フロンティア出版 1998.12 283p

Wilson, Edward Osborne ウィルソン, エドワード・O.
◇新たな哲学としての科学: 哲学者は何を考えているのか ジュリアン・バジーニ, ジェレミー・スタンルーム編, 松本俊吉訳 春秋社 2006.5 401, 13p（現代哲学への招待 basics 丹治信春監修）

Wilson, Frances ウィルスン, F.*
◇成長不全（FTT）子どもの親訓練（共著）: 共同治療者としての親訓練ハンドブック 下 Charles E.Schaefer, James M.Briesmeister編, 山上敏子, 大隈紘子監訳 二瓶社 1996.11 p334-648

Wilson, Glenn Daniel ウィルソン, グレン・D.
◇私ってどんな人?: あなたを生かす自己表現—自分の魅せ方, 見られ方 グレン・ウィルソン編著, 徳永優子訳 同朋舎 1998.1 151p

Wilson, H. James ウィルソン, H. ジェームズ
◇アイデアの実現者が企業を動かす（共著）: いかに「プロジェクト」を成功させるか Diamondハーバード・ビジネス・レビュー編集部訳編 ダイヤモンド社 2005.1 239p（Harvard business review anthology）

Wilson, Ian ウィルソン, イアン
◇トリノの聖骸布の謎—聖骸布は本物か: 図説失われた聖櫃 ルール・ウースター編, グラハム・ハンコック他著, 大出健訳 原書房 1996.12 309, 10p

Wilson, James W. ウィルソン, J. W.
◇数学教育における学習の評価（渋谷憲一, 沢田利夫共訳）: 学習評価ハンドブック B.S.ブルーム他著, 渋谷憲一ほか訳 第一法規出版 1989.12 2冊

Wilson, Jean Goddy ウィルソン, ジーン・ギャディ
◇メディアの中の女性の未来（松村泰子訳）: 新しいコミュニケーションとの出会い—ジェンダーギャップの橋渡し ラモーナ・R.ラッシュ, ドナ・アレン編, 村松泰子訳 垣内出版 1992.4 314, 10p

Wilson, John ウィルソン, ジョン
◇教育における価値：価値―新しい文明学の模索に向けて　ブレンダ・アーモンド、ブライアン・ウィルソン編、玉井治、山本慶裕訳　東海大学出版会　1994.3　308p

Wilson, Keren Brown ウィルソン, ケレン・ブラウン
◇ケア付き住宅：自立支援とはなにか―高齢者介護の戦略　ガムロス、セムラデック、トーンキスト編、岡本祐三、秦洋一訳　日本評論社　1999.9　207p

Wilson, Margaret D. ウィルソン, マーガレット・D.
◇デカルトにおける心身区別の認識論的証明（太田学訳）：現代デカルト論集　2　英米篇　デカルト研究会編　勁草書房　1996.7　331, 9p

Wilson, Meena S. ウィルソン, ミーナ・S.
◇文化を超えて指導する五つの大切な能力（共著）：企業の未来像―成功する組織の条件　フランシス・ヘッセルバイン、マーシャル・ゴールドスミス、リチャード・ベックハード編、小坂恵理訳　トッパン　1998.7　462p　（トッパンのビジネス経営書シリーズ 14）

Wilson, Nigel H. M. ウィルスン, N. H. M.＊
◇都市交通と航空輸送のモデル（共著）（五十嵐幸仁、宮村安治訳）：公共政策ORハンドブック　S.M.Pollock, M.H.Rothkopf, A.Barnett編、大山達雄監訳　朝倉書店　1998.4　741p

Wilson, Nona ウィルソン, ノーナ
◇精神保健問題の商業化―娯楽、広告、心理学の助言：臨床心理学における科学と疑似科学　S.O.リリエンフェルド, S.J.リン, J.M.ロー編、厳島行雄、横田正夫、斎藤雅英監訳　北大路書房　2007.9　461p

Wilson, Paul N. ウィルソン, P. N.＊
◇空間学習研究における仮想現実技術の利用：空間認知研究ハンドブック　ナイジェル・フォアマン、ラファエル・ジレット編、竹内謙彰、旦直子監訳　二瓶社　2001.12　247p

Wilson, Peter Colin ウィルソン, ピーター・C.
◇レナード・ウルフと国際政府 他（西田悦二訳）：危機の20年と思想家たち―戦間期理想主義の再評価　デーヴィッド・ロング、ピーター・ウィルソン編著、宮本盛太郎、関静雄監訳　ミネルヴァ書房　2002.10　371, 10p　（Minerva人文・社会科学叢書 68）

Wilson, Richard J. ウィルソン, リチャード・J.
◇人権擁護者のための臨床的法学教育（関直規訳）：世界の人権教育―理論と実践　ジョージ・J.アンドレオポーロス、リチャード・ピエール・クロード編著、黒沢惟昭監訳　明石書店　1999.2　758p

Wilson, Rowan ウィルソン, ローワン
◇盗賊たち 他（共著）（大矢埴康訳）：世界大犯罪劇場　コリン・ウィルソンほか著、松浦俊輔他訳　青土社　1997.2　532p

Wilson, Susan F. ウィルソン, スーザン・F.
◇地域支援と地域統合―クライエントに対する効果研究の新しい方向性（武田丈訳）：ケースマネージメントと社会福祉　ステファン・M.ローズ編、白沢政和、渡部律子、岡田進一監訳　ミネルヴァ書房　1997.10　415p　（Minerva福祉ライブラリー 21）

Wilson, William A. ウィルソン, ウィリアム・A.
◇ヘルダー、民俗学、ロマン主義的ナショナリズム：民俗学の政治性―アメリカ民俗学100年目の省察から　岩竹美加子編訳　未来社　1996.8　283, 6p　（ニュー・フォークロア双書 27）

Wilson, William J. ウィルソン, ウィリアム・ジュリアス
◇ウッドロー・ウィルソン（高橋健次訳）：インタヴューズ　1　クリストファー・シルヴェスター編、新庄哲夫ほか訳　文芸春秋　1998.11　462p

Wilson, Woodrow ウィルソン, ウッドロウ
◇行政の研究：アメリカ政治学の展開―学説と歴史　ジェームズ・ファ、レイモンド・セイデルマン編、本田弘、藤原孝、秋山和宏、石川晃司、入江正俊ほか訳　サンワコーポレーション　1996.2　506p
◇ウッドロウ・ウィルソン大統領―インディアンへ向けての演説（白須清美訳）：アメリカ政治の展開　板場良久スピーチ解説、滝順子、白須清美訳　アルク　1998.4　148p　（20世紀の証言　英語スピーチでたどるこの100年　第1巻―CD book　松尾弌之監修・解説）

Winant, Howard ウィナント, ハワード
◇天国など存在しないと想像してごらん―反動の時代におけるラディカル・ポリティクス（共著）：ラディカル・デモクラシー―アイデンティティ、シティズンシップ、国家　デイヴィッド・トレンド編、佐藤正志ほか訳　三嶺書房　1998.4　408p

Wind, Yoram "Jerry" ウィンド, ヨーラム "ジェリー"
◇ベテランと若手が学び合う風土に変えられるか（共著）：組織変革のジレンマ―ハーバード・ビジネス・レビュー・ケースブック　Harvard Business Review編、Diamondハーバード・ビジネス・レビュー編集部訳　ダイヤモンド社　2004.11　218p
◇「ベテランと若手」が学び合う風土に変えられるか（共著）：「問題社員」の管理術―ケース・スタディ　Diamondハーバード・ビジネス・レビュー編集部編訳　ダイヤモンド社　2007.1　263p　（Harvard business review anthology）

Wine, Abigail ワイン, アビゲイル
◇カリブのお話―キューバ・ハヴァナ：お気をつけて、いい旅を。―異国で出会った悲しくも可笑しい51の体験　メアリー・モリス、ポール・セロー、ジョー・ゴアス、イザベル・アジェンデ、ドミニク・ラビエールほか著、古屋美登里、中俣真知子訳　アスペクト　1995.7　366p

Winfery, Oprah ウィンフリー, オプラー
◇自分自身を愛するために：セルフヘルプ―自助：他人に頼らず、自分の力で生きていく！　2　ケン・シェルトン編著、堀紘一監訳　フロンティア出版　1998.12　283p

Wing, Christine ウィング, クリスティン
◇太平洋におけるアメリカ：ザ・サン・ネバー・セッツ―世界を覆う米軍基地　ジョセフ・ガーソン、ブルース・バーチャード編著、佐藤昌一郎監訳　新日本出版社　1994.1　318p

Winkelmann, Kurt ウィンクルマン, カート
◇リスク・バジェッティング―ファンド全体でのアクティブリスク管理 他：リスクバジェッティング―実務家が語る年金新時代のリスク管理　レスリー・ラー

ル編, 三菱信託銀行受託財産用部門訳　バンローリング　2002.4　575p　(ウィザードブックシリーズ 34)

Winkler, Heinrich August　ヴィンクラー, ハインリッヒ・アウグスト
◇1866・1878 ブルジョアの権力放棄 (末川清, 高橋秀寿訳): ドイツ史の転換点—1848-1990　C.シュテルン, H.A.ヴィンクラー編著, 末川清ほか訳　晃洋書房　1992.3　243p

Winnicott, Donald Woods　ウィニコット, D. W.
◇発狂恐怖 (牛島定信訳): 英国独立学派の精神分析—対象関係論の展開　G.コーホン編, 西園昌久監訳　岩崎学術出版社　1992.6　278p　(現代精神分析双書 2-17)

Winock, Michel　ヴィノック, ミシェル
◇ジャンヌ・ダルク (渡辺和行訳): 記憶の場—フランス国民意識の文化=社会史　第3巻　ピエール・ノラ編, 谷川稔監訳　岩波書店　2003.3　474, 15p

Winslade, John　ウィンスレイド, J.
◇障害をもつ人と家族との相互作用に重点をおく発達システム論アプローチと物語アプローチ (共著): 障害をもつ人にとっての生活の質—モデル・調査研究および実践　ロイ・I.ブラウン編, 中園康夫, 末光茂監訳　相川書房　2002.5　382p

Winston, R.　ウィンストン, R. *
◇体当たりの教育で学生を育てようとされた: 心にのこる最高の先生—イギリス人の語る教師像　上林喜久子編訳　関東学院大学出版会　2004.11　97p
◇体当たりの教育で学生を育てようとされた: イギリス人の語る心にのこる最高の先生　上林喜久子編訳　関東学院大学出版会　2005.6　68p

Winter, Chris　ウィンター, クリス
◇人工知能: マクミラン近未来地球地図　イアン・ピアスン編, 松井孝典監訳　東京書籍　1999.11　115p

Winter, Matthias　ヴィンター, マティアス
◇ズルツァー・テクノロジー社における環境会計 (共著): 緑の利益—環境管理会計の展開　マーティン・ベネット, ピーター・ジェイムズ編著, 国部克彦監修, 海野みづえ訳　産業環境管理協会　2000.12　542p

Winter, Ralph D.　ウィンター, ラルフ・D.
◇神による救霊のための二つの組織形態　他: 世界宣教の展望　ラルフ・D.ウィンター, スティーブン・C.ホーソーン編, 倉沢正則, 日置善一訳　いのちのことば社　2003.12　239p

Winters, Peter Jochen　ヴィンタース, ペーター・ヨッヘン
◇ヨハンネス・アルトゥジウス: 17・18世紀の国家思想家たち—帝国公 (国) 法論・政治学・自然法論　ミヒャエル・シュトライス編, 佐々木有司, 柳原正治訳　木鐸社　1995.2　593, 13p

Winters, Wendy　ウィンタース, ウェンディー
◇学校・家庭・地域 (共著): スクールソーシャルワークとは何か—その理論と実践　全米ソーシャルワーカー協会編, 山下英三郎編訳　現代書館　1998.12　234p

Winton, Andrew　ウィントン, A. *
◇企業の財務構造, 誘因および最適契約 (共著) (三輪晋也訳): ファイナンスハンドブック　R.A.Jarrow, V.Maksimovic, W.T.Ziemba編, 今野浩, 古川浩一監訳　朝倉書店　1997.12　1121p

Wintrop, Norman　ウィントロープ, ノーマン
◇自由民主主義: 新自由主義 他: 自由民主主義の理論とその批判　上巻　ノーマン・ウィントロープ編, 氏家伸一訳　晃洋書房　1992.11　300p

Wise, David A.　ワイズ, デービッド
◇HRSデータを用いたオプションバリューの推定 (共著) (武内智彦訳): 「日米比較」企業行動と労働市場—日本経済研究センター・NBER共同研究　橘木俊詔, デービッド・ワイズ編　日本経済新聞社　2001.9　247p

Wise, Gene　ワイズ, ジーン
◇アメリカ研究における「パラダイム・ドラマ」—文化と制度から見た運動の歴史 (大井浩二訳): アメリカ研究の方法　デイヴィッド・W.ノーブル編著, 相本資子ほか訳　山口書店　1993.8　311p

Wise, Richard　ワイズ, リチャード
◇二桁成長の戦略デザイン (共著): 「選択と集中」の戦略　Diamondハーバード・ビジネス・レビュー編集部編訳　ダイヤモンド社　2003.1　286p

Wiseman, Donald John　ワイズマン, D. J.
◇諸民族と諸国民 (田沢恵子訳): 旧約聖書時代の諸民族　D.J.ワイズマン編, 池田裕監訳　日本基督教団出版局　1995.10　578p

Wiseman, Jack　ワイズマン, ジャック
◇ブラックボックス: フューチャー・オブ・エコノミクス—21世紀への展望　ガルブレイス他著, J.D.ヘイ編, 鳥居泰彦訳　同文書院インターナショナル　1992.11　413p

Witham, Anna　ウィッザム, アナ
◇夢を見ることと白昼夢を見ること: 精神分析的心理療法の現在—ウィニコットと英国独立派の潮流　スー・ジョンソン, スタンリー・ルーゼンスキー編, 倉ひろ子訳　岩崎学術出版社　2007.9　181p

Witheridge, Thomas F.　ウィザリッジ, トーマス・F.
◇アサーティブ・コミュニティ処遇ワーカー—専門的研修の新たな役割とその内容 (植田彌生訳): ケースマネージメントと社会福祉　ステファン・M.ローズ編, 白沢政和, 渡部律子, 岡田進一監訳　ミネルヴァ書房　1997.10　415p　(Minerva福祉ライブラリー 21)

Wittmann, Roland　ヴィットマン, ローランド
◇カント倫理学における平等思想に寄せて (宮島光志訳): ヨーロッパの差別論　ヤン・C.ヨェルデン, 田村光彰ほか訳　明石書店　1999.12　452p　(世界人権問題叢書 34)

Wittrock, Merlin C.　ウィトロック, M. C.
◇古いアイデアからの新しいコンセプションの生成による理科学習: 認知構造と概念転換　L.H.T.ウエスト, A.L.パインズ編, 野上智行, 稲垣成哲, 田中浩朗, 森藤義孝訳, 進藤公夫監訳　東洋館出版社　1994.5　327p

Wittstock, Alfred　ヴィットシュトック, アルフレート
◇キリスト者はユダヤ人の実生活から何を学ぶことができるか: キリスト教とユダヤ教—キリスト教信仰のユダヤ的ルーツ　F.クリュゼマン, U.タイスマン編, 大住雄一訳　教文館　2000.12　232p

Wodeham, Adam de　ヴォデハム、アダム・デ
◇命題集第一巻第二講義(共著)：中世思想原典集成 18　後期スコラ学　上智大学中世思想研究所編訳・監修　平凡社　1998.9　923p

Wohlert, Klaus　ヴォーレット、クラウス
◇多国籍企業──金融、貿易、外交：スウェーデンの場合(鮎沢成男訳)：続 歴史のなかの多国籍企業──国際事業活動研究の拡大と深化　アリス・タイコーヴァ、モーリス・レヴィ・ルボワイエ、ヘルガ・ヌスバウム編、浅野栄一、鮎沢成男、渋谷将、竹村孝雄、徳重昌志、日高克平訳　中央大学出版部　1993.4　334p　(中央大学企業研究所翻訳叢書 6)

Wohlforth, William C.　ウォールフォース、W.
◇アメリカの覇権という現実を直視せよ──単極構造時代の機会と危機(共著)：ネオコンとアメリカ帝国の幻想　フォーリン・アフェアーズ・ジャパン編・監訳、竹下興喜監訳　朝日新聞社　2003.7　292, 6p

Wojciechowski, Krzysztof　ヴォイチェホフスキ、クシシュトフ
◇国境での差別──価値論の絡んだある事件現場の地勢図(江口豊訳)：ヨーロッパの差別論　ヤン・C.ヨェルデン編、田村光彰ほか訳　明石書店　1999.12　452p　(世界人権問題叢書 34)

Wolcocks, Leslie P.　ウィルコックス、レスリー・P.
◇ITの選択的アウトソーシング成功の条件(共著)：ITマネジメント　Harvard Business Review編、Diamondハーバード・ビジネス・レビュー編集部訳　ダイヤモンド社　2000.10　277p

Wolf, Christa　ヴォルフ、クリスタ
◇クリスタ・ヴォルフ：戦後ドイツを生きて──知識人は語る　三島憲一編・訳　岩波書店　1994.10　370p

Wolf, Gerhard　ヴォルフ、ゲールハルト
◇差別の可罰性？(相内信訳)：ヨーロッパの差別論　ヤン・C.ヨェルデン編、田村光彰ほか訳　明石書店　1999.12　452p　(世界人権問題叢書 34)

Wolf, Janet　ウルフ、ジャネット
◇グローバルなものと特殊なもの──相反する文化理論の調停(保昌篤彦訳)：文化とグローバル化──現代社会とアイデンティティ表現　A.D.キング編、山中弘、安藤充、保昌篤彦訳　玉川大学出版部　1999.8　244p

Wolf, Joseph Georg　ヴォルフ、J. G.
◇不法行為法における規範目的：ドイツ不法行為法論文集　ウルリッヒ・フーバーほか著、吉田豊、吉田勢子訳　中央大学出版部　2000.1　592p　(日本比較法研究所翻訳叢書 42)

Wolf, Rosalie　ウォルフ、R. *
◇高齢者の虐待(共著)：日本版MDS-HC 2.0在宅ケアアセスメントマニュアル　John N.Morris他編著、池上直己訳　医学書院　1999.9　294p
◇高齢者の虐待(共著)：日本版MDS-HC 2.0在宅ケアアセスメントマニュアル　John N.Morris他編著、池上直己訳　新訂版　医学書院　2004.11　298p

Wolf, Susan　ウルフ、スーザン
◇多文化主義と教育(辻康夫訳)：マルチカルチュラリズム　エイミー・ガットマン編、佐々木毅他訳　岩波書店　1996.10　240, 3p
◇多文化主義と教育：マルチカルチュラリズム　チャールズ・テイラー、ユルゲン・ハーバーマスほか著、エイミー・ガットマン編、佐々木毅、辻康夫、向山恭一訳　岩波書店　2007.11　240, 3p　(岩波モダンクラシックス)

Wolf, William J.　ウルフ、W. J.
◇トマス・トラハーンのスピリチュアリティ：聖公会の中心　W.J.ウルフ著、西原廉太訳　聖公会出版　1995.8　303p

Wolfberg, Pamela J.　ウォルフバーグ、パミラ・J.
◇子どもの遊びを高める：社会性とコミュニケーションを育てる自閉症療育　Kathleen Ann Quill編、安達潤ほか訳　松柏社　1999.9　481p

Wolfe, Alan　ウルフ、アラン
◇政治でも経済でもなく(石田淳訳)：グローバルな市民社会に向かって　マイケル・ウォルツァー編著、石田淳ほか訳　日本経済評論社　2001.10　397p

Wolfe, Christopher　ウルフ、クリストファー
◇ドゥウォーキンの平等主義的自由主義：岐路に立つ自由主義──現代自由主義理論とその批判　C.ウルフ、J.ヒッティンガー編、菊池理夫ほか訳　ナカニシヤ出版　1999.4　297p　(叢書「フロネーシス」)

Wolferen, Karel van　ウォルフレン、カレル・ヴァン
◇日本問題：戦後日米関係を読む──『フォーリン・アフェアーズ』の目　梅垣理郎訳　中央公論社　1993.12　351p　(中公叢書)
◇オランダ人から見た戦後日本──戦争犯罪と歴史の効用をめぐって：日蘭交流400年の歴史と展望──日蘭交流400周年記念論文集 日本語版　レオナルド・ブリュッセイ、ウィレム・レメリンク、イフォ・スミッツ編　日蘭学会　2000.4　459p　(日蘭学会学術叢書 第20)
◇日本問題：フォーリン・アフェアーズ傑作選──アメリカとアジアの出会い 1922-1999　下　フォーリン・アフェアーズ・ジャパン編・監訳　朝日新聞社　2001.2　327, 7p

Wolff, Steven B.　ウルフ、スティーブン・B.
◇チームEQの強化法(共著)：いかに「プロジェクト」を成功させるか　Diamondハーバード・ビジネス・レビュー編集部編訳　ダイヤモンド社　2005.1　239p　(Harvard business review anthology)
◇チームEQの強化法(共著)：EQを鍛える　Diamondハーバード・ビジネス・レビュー編集部編訳　ダイヤモンド社　2005.7　286p　(Harvard business review anthology)

Wolf-Gazo, Ernest　ヴォルフ=ガゾ、エルネスト
◇アルフレッド・ノース・ホワイトヘッド(平尾始訳)：われわれは「自然」をどう考えてきたか　ゲルノート・ベーメ編、伊坂青司、長島隆監訳　どうぶつ社　1998.7　524p

Wolfowitz, Paul　ウルフォウィッツ、ポール
◇真の脅威から米国・同盟国を守るために：「無条件勝利」のアメリカと日本の選択　ロナルド・A.モース編、日下公人監修、時事通信社外信部ほか訳　時事通信社　2002.1　325p

Wolfson, Martin H.　ウォルフソン、マーティン・H.
◇金融システムの進化と改革の可能性(原田善教訳)：アメリカ金融システムの転換──21世紀に公正と効率

を求めて　ディムスキ, エプシュタイン, ポーリン編, 原田善教監訳　日本経済評論社　2001.8　445p （ポスト・ケインジアン叢書30)
◇金融システムの進化と改革の可能性 (原田善教訳)：アメリカ金融システムの転換——21世紀に公正と効率を求めて　ディムスキ, エプシュタイン, ポーリン編, 原田善教監訳　日本経済評論社　2005.4　445p （ポスト・ケインジアン叢書30)
◇金融恐慌の諸理論：金融不安定性と景気循環　ウィリー・ゼムラー編, 浅田統一郎訳　日本経済評論社　2007.7　353p　（ポスト・ケインジアン叢書)

Wolin, Richard　ウォーリン, リチャード
◇トラシュマコスの亡霊 (豊泉周治訳)：ハーバーマスとアメリカ・フランクフルト学派　マーティン・ジェイ編, 竹内真澄監訳　青木書店　1997.10　343p

Wolk, Harman S.　ウォーク, ハーマン・S.
◇空の戦い (共著)：ヒトラーが勝利する世界——歴史家たちが検証する第二次大戦・60の"if"　ハロルド・C.ドイッチュ, デニス・E.ショウォルター編, 守屋純訳　学習研究社　2006.10　671p　(WW selection)

Wolters, Gereon　ヴォルタース, ゲレオン
◇イマヌエル・カント (菅原潤訳)：われわれは「自然」をどう考えてきたか　ゲルノート・ベーメ編, 伊坂青司, 長島隆監訳　どうぶつ社　1998.7　524p

Wolton, Dominique　ウォルトン, D.
◇政治コミュニケーションに関する西ヨーロッパの視座 (共著)（藤田真文訳）：リーディングス政治コミュニケーション　谷藤悦史, 大石裕編訳　一芸社　2002.4　284p

Womack, James P.　ウォーマック, ジェームズ・P.
◇「リーン企業体」による価値創造 (共著)：バリューチェーン・マネジメント　Harvard Business Review編, Diamondハーバード・ビジネス・レビュー編集部訳　ダイヤモンド社　2001.8　271p

Wong, Bernard P.　ウォン, バーナード
◇サンフランシスコの香港中国人移民 (稲村訳編)：香港を離れて——香港中国人移民　ロナルド・スケルドン編, 可児弘明, 森川真規雄, 吉原和男監訳　行路社　1997.6　552p　（中国の底流シリーズ 4)

Wong, Gordon W.　ウォン, G. W.*
◇香港金融先物市場 (小川隆平, 神垣勝年訳)：香港の金融制度　リチャード・Y.K.ホー, ロバート・H.スコット, K.A.ウォン編著, 香港金融研究会訳　金融財政事情研究会　1993.5　313p

Wong, Jim H. Y.　ウォン, J. H. Y.*
◇香港の保険業 (岩附康司訳)：香港の金融制度　リチャード・Y.K.ホー, ロバート・H.スコット, K.A.ウォン編著, 香港金融研究会訳　金融財政事情研究会　1993.5　313p

Wong, Kent　ウォン, ケント
◇AFL-CIOにおける多様性と包括性の追求 (共著)：新世紀の労働運動——アメリカの実験　グレゴリー・マンツィオス編, 戸塚秀夫監訳　緑風出版　2001.12　360p　（国際労働問題叢書 2)

Wong, Kie Ann　ウォン, K. A.
◇香港株式市場 (小川久徳, 黄耀華訳)：香港の金融制度　リチャード・Y.K.ホー, ロバート・H.スコット, K.A.

ウォン編著, 香港金融研究会訳　金融財政事情研究会　1993.5　313p

Woo-Cumings, Meredith　ウー—カミングス, メレディス
◇東アジアにおける成長の政治経済学：東アジアの経済発展と政府の役割——比較制度分析アプローチ　青木昌彦, 金瀅基, 奥野正寛編, 白鳥正喜監訳　日本経済新聞社　1997.11　465p

Wood, D.　ウッド, D.*
◇どちらかと言えば先生は, 教師と言うよりは友達のような存在であった：心にのこる最高の先生——イギリス人の語る教師像　上林喜久子編訳著　関東学院大学出版会　2004.11　97p
◇どちらかと言えば先生は, 教師と言うよりは友達のような存在であった：イギリス人の語る心にのこる最高の先生　上林喜久子編訳　関東学院大学出版会　2005.6　68p

Wood, James M.　ウッド, ジェームズ・M.
◇論争の的になる疑わしい査定技法 (共著)：臨床心理学における科学と疑似科学　S.O.リリエンフェルド, S.J.リン, J.M.ロー編, 厳島行雄, 横田正夫, 斎藤雅英監訳　北大路書房　2007.9　461p

Wood, Lisa L.　ウッド, L. L.
◇修正DEAと回帰分析を用いた教育生産に関する階層化モデル (共著)（矢田健訳）：経営効率評価ハンドブック——包絡分析法の理論と応用　Abraham Charnesほか編, 刀根薫, 上田徹監訳　朝倉書店　2000.2　465p

Wood, Michael　ウッド, マイケル
◇コンゴ河：世界の川を旅する——外輪船でのんびり, ボートでアドベンチャー　マイケル・ウッドほか著, 鴻巣友季子訳　白揚社　1995.6　327p

Wood, Michael　ウッド, マイケル (文学)
◇ホルヘ・ルイス・ボルヘス『ボルヘス全小説』他 (土岐恒二訳)：ロンドンで本を読む　丸谷才一編著　マガジンハウス　2001.6　337, 8p

Wood, Richard　ウッド, リチャード
◇運動会：ニッポン不思議発見！——日本文化を英語で語る50の名エッセイ集　日本文化研究所編, 松本道弘訳　講談社インターナショナル　1997.1　257p　(Bilingual books)

Woodford, Michael　ウッドフォード, M.
◇資金調達, 不安定性, 循環：金融不安定性と景気循環　ウィリー・ゼムラー編, 浅田統一郎訳　日本経済評論社　2007.7　353p　（ポスト・ケインジアン叢書)

Woodin, Michael　ウディン, マイケル
◇食糧安全保障 (共著)：G8—G8ってナンですか？　ノーム・チョムスキー, スーザン・ジョージ他著, 氷上春奈訳　ブーマー　2005.7　238p

Woodman, Gordon R.　ウッドマン, ゴードン・R.
◇アフリカ固有法の非国家性・無境界性・反体系性 (大津亨訳)：アジア法の環境——非西欧法の法社会学　千葉正士編　成文堂　1994.12　192p　（アジア法叢書 19)

Woodman, Marion　ウッドマン, マリオン
◇意識的な女性性——母, 処女, 老婆 (リース・滝・幸子訳)：女性の誕生——女性であること：意識的な女性性

の誕生 コニー・ツヴァイク編、川戸円訳 山王出版 1996.9 398p
意識的な女性性：母, 処女, 老婆（リース・滝・幸子訳）：女性の誕生―女性であること：意識的な女性性の誕生 コニー・ツヴァイク編、川戸円、リース・滝・幸子訳 第2版 山王出版 1997.9 403p
魂の時間：魂をみがく30のレッスン リチャード・カールソン、ベンジャミン・シールド編、鴨志田千枝子訳 同朋舎 1998.6 252p

Woodruff, Robert W. ウッドラフ, ロバート・W.
◇営業の世界に身をおく者として（山本徹訳）：ビジネスの知恵50選―伝説的経営者が語る成功の条件 ピーター・クラス編、佐藤洋一監訳 トッパン 1999.2 543p （トッパンのビジネス経営書シリーズ 26）

Woods, Bob ウッズ, ボブ
◇パーソンセンタード・ケアの「成功物語」とは？（石崎淳一訳）：パーソン・センタード・ケア―認知症・個別ケアの創造的アプローチ スー・ベンソン編、稲谷ふみ枝、石崎淳一監訳 改訂版 クリエイツかもがわ 2007.5 145p

Woods, Mary E. ウッズ, メアリー・E.
◇心理社会的理論（共著）（髙橋学訳）：ソーシャルワーク・トリートメント―相互連結理論アプローチ 上 フランシス・J.ターナー編、米本秀仁監訳 中央法規出版 1999.4 574p

Woodward, Diana ウッドワード, ダイアナ
◇女性, 余暇, 社会統制（共著）（喜多加実代訳）：ジェンダーと暴力―イギリスにおける社会学的研究 ジャルナ・ハマー、メアリー・メイナード編、堤かなめ監訳 明石書店 2001.10 346p （明石ライブラリー 33）

Woodward, E. ウッドワード, E. *
◇何とか一人前の人間になれるよう、心を砕いて下さった：心にのこる最高の先生―イギリス人の語る教師像 上林喜久子編訳著 関東学院大学出版会 2004.11 97p
◇何かと一人前の人間になれるよう、心を砕いて下さった：イギリス人の語る心にのこる最高の先生 上林喜久子編訳 関東学院大学出版会 2005.6 68p

Woodward, Ernest Llewellyn ウッドワード, E. L.
◇政治の回顧：『エコノミスト』の百年 1843-1943 エコノミスト社編、岸田理訳 日本経済評論社 1994.11 320p

Woodward, James ウッドワード, ジェームズ
◇もしイエスさまと話せなかったら、どうして天国へ行けるの（太田憲男訳）：アメリカのろう文化 シャーマン・ウィルコックス編、鈴木清史、酒井信雄、太田憲男訳 明石書店 2001.3 301p （明石ライブラリー 29）

Woolf, Karen ウルフ, カレン
◇描写的なスタンス―プロスペクトの教師たちによる作品（共著）（白鳥信義訳）：描写レヴューで教師の力量を形成する―子どもを遠くまで観るために M.ヒムレイ, P.F.カリーニ編、小田勝己、小田玲子、白鳥信義訳 ミネルヴァ書房 2002.10 267p

Woolsey, Lynn ウールジー, リン
◇SMARTの安全保障対策を採用せよ：もう戦争はさせない！―ブッシュを追いつめるアメリカ女性たち メディア・ベンジャミン、ジョディ・エヴァンス編、尾川寿江監訳、尾川寿江、真鍋穣、米沢清恵訳 文理閣 2007.2 203p

Wootton, Anthony ウートン, アントニー
◇ダウン症児の発声分析：知的障害者の言語とコミュニケーション 下 マイケル・ベヴェリッジ, G.コンティ・ラムズデン, I.リュダー編、今野和夫、清水貞夫監訳 学苑社 1994.4 298p

Wordelman, Amy L. ワーデルマン, エイミ・L.
◇新約時代の女性たちの日常生活（鈴木元子訳）：女性たちの聖書注解―女性の視点で読む旧約・新約・外典の世界 C.A.ニューサム, S.H.リンジ編、加藤明子、小野功生、鈴木元子訳、荒井章三、山内一郎日本語版監修 新教出版社 1998.3 602p

Worley, Nancy K. ワーレイ, ナンシー・K.
◇予防のレベル 他（深江久代訳）：地域精神保健看護 ナンシー・K.ワーレイ原著編集、早川和生監訳 医学書院 1999.9 304p

Wortzel, Larry M. ワーツェル, ラリー・M.
◇序論（共著）：中国が戦争を始める―その代価をめぐって 米陸軍大学戦略研究所編、冨山泰、渡辺孝行 恒文社21 2002.6 253p

Wright, Crispin ライト, クリスピン
◇ヒュームの原理は分析的か（津留竜馬訳）：フレーゲ哲学の最新像―ダメット、パーソンズ、ブーロス、ライト、ルフィーノ、ヘイル、アクゼル、スントホルム 岡本賢吾、金子洋之編 勁草書房 2007.2 374p （双書現代哲学 5）

Wright, Daniel B. ライト, D. B.
◇科学, 統計学および3つの「心理学」〈要約〉（上藤一郎訳）：現代イギリスの政治算術―統計は社会をかえるか D.ドーリング, S.シンプソン編著、岩井浩ほか監訳 北海道大学図書刊行会 2003.7 588p

Wright, Erik Olin ライト, エリック・オリン
◇平等性, コミュニティ, および「効率的再分配」：平等主義の政治経済学―市場・国家・コミュニティのための新たなルール サミュエル・ボールズ、ハーバート・ギンタス他編、エリック・オリン・ライト、遠山弘徳訳 大村書店 2002.7 327, 20p

Wright, Frank Lloyd ライト, フランク・ロイド
◇フランク・ロイド・ライト（渡辺武信訳）：インタヴューズ 2 クリストファー・シルヴェスター編、新庄哲夫ほか訳 文芸春秋 1998.11 451p

Wright, Lore K. ライト, L. K. *
◇精神疾患をもつ老年者（伊藤美樹子、三上洋訳）：地域精神保健看護 ナンシー・K.ワーレイ原著編集、早川和生監訳 医学書院 1999.9 304p

Wright, Mary Ann ライト, メアリー・アン
◇やむにやまれぬ異義申し立て：もう戦争はさせない！―ブッシュを追いつめるアメリカ女性たち メディア・ベンジャミン、ジョディ・エヴァンス編、尾川寿江監訳、尾川寿江、真鍋穣、米沢清恵訳 文理閣 2007.2 203p

Wright, R. George ライト, R. ジョージ
◇ロバート・ノージックと政治的個人主義の基礎づけ：岐路に立つ自由主義―現代自由主義理論とその批判 C.ウルフ, J.ヒッティンガー編、菊池理夫ほか訳 ナ

カニシヤ出版　1999.4　297p　（叢書「フロネーシス」）

Wright, Robert　ライト, ロバート
◇ワトソンとクリック：TIMEが選ぶ20世紀の100人　上巻　指導者・革命家・科学者・思想家・起業家　徳岡孝夫監訳　アルク　1999.11　332p

Wrightson, Keith　ライトソン, キース
◇テューダー・ステュアート朝イングランドにおける「人びとの類い（ソーツ オヴ ピープル）」（山本範子訳）：イギリスのミドリング・ソート—中流層をとおしてみた近世社会　ジョナサン・バリー, クリストファ・ブルックス編, 山本正監訳　昭和堂　1998.10　278, 54p

Wu, Chung-tong　ウー, チュン・トン
◇シドニーの香港中国人（共著）（関763政美訳）：香港を離れて—香港中国人移民の世界　ロナルド・スケルドン編, 可児弘明, 森川真規雄, 吉原和男監訳　行路社　1997.6　552p　（中国の底流シリーズ 4）

Wu, Hongcheng　ゴ, コウセイ（呉洪成）
◇中国倫陥区における奴隷化教育について（共著）（世良正浩訳）：日本の植民地教育・中国からの視点　王智新編著　社会評論社　2000.1　297p

Wu, Lawrence　ウー, ローレンス
◇欧州の合併規則執行における実証的手法適用の増加：過去の訓練と将来を見据えて（共著）：競争政策の経済学—競争政策の諸問題に対する経済学的アプローチ　ローレンス・ウー編, 大西利佳, 森信夫, 中島義敏監訳　NERA　2005.11　173p

Wu, Qiang　ブ, キョウ（武強）
◇侵華期における植民地教育政策（藤沢健一訳）：日本の植民地教育・中国からの視点　王智新編著　社会評論社　2000.1　297p

Wulf, Christoph　ヴルフ, クリストフ
◇展望 他（高橋勝訳）：教育人間学入門　クリストフ・ヴルフ編著, 高橋勝監訳　玉川大学出版部　2001.4　210p

Wurm, Clemens A.　ヴルム, クレメンス・A.
◇国際的産業カルテル, 国家と政策：両大戦間期のイギリス（浅野栄一訳）：続 歴史のなかの多国籍企業—国際事業活動研究の拡大と深化　アリス・タイコーヴァ, モーリス・レヴィ・ルボワイエ, ヘルガ・ヌスバウム編, 浅野栄一, 鮎沢成男, 渋谷将, 竹村孝雄, 徳重昌志, 日高克平訳　中央大学出版部　1993.4　334p　（中央大学企業研究所翻訳叢書 6）

Wurster, Thomas S.　ウースター, トーマス・S.
◇ネットワーク経済が迫るバリューチェーン再構築（共著）：戦略と経営　ジョーン・マグレッタ編, Diamondハーバード・ビジネス・レビュー編集部訳　ダイヤモンド社　2001.7　405p

Wuthnow, Robert　ウスナウ, ロベート
◇価値の衝突—国家, 宗教, 芸術：NPOと政府　E.T.ボリス, C.E.スターリ編著, 上野真城子, 山内直人訳　ミネルヴァ書房　2007.3　346p

Wyatt, Donna　ワイアット, ドナー
◇人生は山登りの要領で：セルフヘルプ—自助＝他人に頼らず, 自分の力で生きていく！　2　ケン・シェルトン編, 堀紘一監訳　フロンティア出版　1998.12　283p

Wyatt-Walter, Andrew　ワイアット＝ウォルター, アンドリュー
◇第4章 地域主義, グローバル化, 世界経済秩序（福田洋子訳）：地域主義と国際秩序　L.フォーセット, A.ハレル編, 菅英輝, 栗栖薫子監訳　九州大学出版会　1999.5　366p

Wyclif, John　ウィクリフ, ジョン
◇祭壇の秘跡について（1381年頃）他（出村彰訳）：宗教改革著作集　第1巻　宗教改革の先駆者たち　教文館　2001.7　289p

Wynne, Brian　ウィン, B. *
◇レスポンシブル・ケア：信頼, 真実性, 環境管理（共著）（神酒慎一訳）：グリーニングチャレンジ—企業の環境戦略　Kurt Fischer, Johan Schot編, 藤森敬三監訳, 日本電気環境エンジニアリング訳　日科技連出版　1999.8　419p

Wynne-Jones, Tim　ウィンジョーンズ, ティム
◇だれのために書くのか（高鷲志子訳）：本・子ども・図書館—リリアン・スミスが求めた世界　アデル・フェイジックほか編, 高鷲志子, 高橋久子訳　全国学校図書館協議会　1993.12　239p

Wysocki, Charles J.　ウィソッキー, C. J. *
◇嗅覚能力における個人差（共著）：香りの生理心理学　S.ヴァン・トラー, G.H.ドッド編, 印藤元一訳　フレグランスジャーナル社　1996.6　306p

【X】

Xavier, Francisco de Yasu y　ザビエル, フランシスコ
◇宣教書簡（1542～52年）（鈴木宣明訳）：宗教改革著作集　第13巻　カトリック改革　教文館　1994.4　595p

Xavier, Grace　ザビエル, グレース
◇マレーシア（伊川正樹訳）：アジア太平洋諸国の収用と補償　小高剛, デービッド・L.キャリーズ編著, 小高剛監訳, 永松正則, 伊川正樹, 松田聡子, 下村誠共訳　成文堂　2006.12　377p

Xenophanēs　クセノパネス
◇クセノパネス（三浦要, 藤沢令夫, 内山勝利訳）：ソクラテス以前哲学者断片集　第1分冊　内山勝利編　岩波書店　1996.12　367p

Xiong, Xianjun　ユウ, ケンクン（熊賢君）
◇偽満洲国教育と教会学校教育（共著）（蘇林訳）：日本の植民地教育・中国からの視点　王智新編著　社会評論社　2000.1　297p

【Y】

Yadin, Yigael　ヤディン, イガエル
◇「神殿の巻物」最長の死海文書：死海文書の研究　ハーシェル・シャンクス編, 池田裕監修, 高橋晶子, 河合一充訳　ミルトス　1997.9　452p

Yahya, Siti Rohani　ヤハヤ, シティ・ロハニ
◇マレーシアにおける売買春（共著）（石井由香訳）：

セックス「産業」—東南アジアにおける売買春の背景　リン・リーン・リム編著, 津田守他訳　日本労働研究機構　1999.12　334p

Yakhontoff, Victor A.　ヤコントフ, V. A. ＊
◇中国ソヴエート (竹内善一郎訳) : 20世紀日本のアジア関係重要研究資料　1　東亜研究所刊行物　東亜研究所編著　竜渓書舎　1999.12　16冊 (セット)

Yalman, Nur　ヤーマン, ヌール
◇宗教と文明 : 文明間の対話　マジッド・テヘラニアン, デイビッド・W.チャペル編, 戸田記念国際平和研究所監訳　潮出版社　2004.2　446, 47p

Yamey, B. S.　イェミー, B. S. ＊
◇Some Reflections on the Writing of a General History of Accounting (会計の全般的歴史に関する著書についての考察) 他 : 元帳の締め切り　川島貞一訳　〔川島貞一〕　2002.8　1冊

Yandell, Keith E.　ヤンデル, キース・E.
◇プロテスタント神学と二十世紀の自然科学 : 神と自然—歴史における科学とキリスト教　デイビッド・C.リンドバーグ, R.L.ナンバーズ編, 渡辺正雄監訳　みすず書房　1994.6　528, 48p

Yang, Xiao　ヨウ, ギョウ (楊暁)
◇関東州教育の典型的な特色—双軌制 : 日本の植民地教育・中国からの視点　王智新編著　社会評論社　2000.1　297p

Yaqoob, Salma　ヤコブ, サルマ
◇人種差別, 亡命, 移民 : G8—G8ってナンですか？　ノーム・チョムスキー, スーザン・ジョージ他著, 氷上春奈訳　ブーマー　2005.7　238p

Yarbrough, Scott C.　ヤボロウ, S. C. ＊
◇先行子操作の2つの視点—微視的視点と巨視的視点 (共著) (園山繁樹訳) : 挑戦的行動の先行子操作—問題行動への新しい援助アプローチ　ジェームズ・K.ルイセリー, マイケル・J.キャメロン編, 園山繁樹ほか訳　二瓶社　2001.8　390p

Yardley, D. C. M.　ヤードリー, D. C. M.
◇正義 : 価値—新しい文明学の模索に向けて　ブレンダ・アーモンド, ブライアン・ウィルソン編, 玉井治, 山本慶裕訳　東海大学出版会　1994.3　308p

Yaroshinska, Alla　ヤロシンスカヤ, アラ
◇ロシアからの視座 : ミサイル防衛—大いなる幻想　東西の専門家20人が批判する　デービッド・クリーガー, カラー・オン編, 梅ături宏道, 黒崎輝訳　高文研　2002.11　155p

Yates, James W. , Jr.　イェイツ, J. W. ＊
◇オプション市場情報の株式投資への活用 : オプション—その基本と取引戦略　シカゴオプション取引所付属オプション専門学校編, 可児滋訳　ときわ総合サービス出版調査部　1999.4　675p

Yates, Joanne　イェーツ, ジョアンヌ
◇情報技術の過去と現在—未来への窓として (共著) : 情報技術と企業変革—MITから未来企業へのメッセージ　マイケル・S.スコット・モートン編, 砂田登士夫注訳, 宮川公男, 上田泰監修　富士通経営研修所　1992.10　509p　(富士通ブックス)

Yee, Gale A.　イー, ゲイル・A.
◇ホセア書 (加藤明子訳) : 女性たちの聖書注解—女性の視点で読む旧約・新約・外典の世界　C.A.ニューサム, S.H.リンジ編, 加藤明子, 小野功生, 鈴木元子訳, 荒井章三, 山内一郎日本語版監修　新教出版社　1998.3　682p

Yellow Wolf　イエロー・ウルフ
◇棍棒と呼笛作り　他 : 北米インディアン生活誌　C.ハミルトン編, 和巻耿介訳　社会評論社　1993.11　408p

Yensen, Richard　イェンセン, リチャード
◇スタニスラフ・グロフの意識研究 (共著) : テキスト/トランスパーソナル心理学・精神医学　B.W.スコットン, A.B.チネン, J.R.バティスタ編, 安藤治, 池沢良郎, 是恒正達訳　日本評論社　1999.12　433p

Yim, Susan　ユイム, スーザン
◇人種・民族 (共著) : ハワイ 楽園の代償　ランドール・W.ロス編　有信堂高文社　1995.9　248p

Yingyi, Qian　インギ, キアン
◇制度, 政府行動主義と経済発展 (共著) : 東アジアの経済発展と政府の役割—比較制度分析アプローチ　青木昌彦, 金瀅基, 奥野正寛編, 白鳥正喜監訳　日本経済新聞社　1997.11　465p

Yoffie, David B.　ヨフィー, デイビッド
◇アップル, 1999年 (共著) : 技術とイノベーションの戦略的マネジメント　下　ロバート・A.バーゲルマン, クレイトン・M.クリステンセン, スティーヴン・C.ウィールライト編著, 青島矢一, 黒田光太郎, 志賀敏宏, 田辺孝二, 出川通, 和賀三和子日本語版監修, 岡真由美, 斉藤裕一, 桜井祐子, 中川泉, 山本章子訳　翔泳社　2007.7　595p

Yolton, J.　ヨルトン, ジョン・W.
◇デカルトにおける物体の知覚認識 (安藤正人訳) : 現代デカルト論集　2　英米篇　デカルト研究会編　勁草書房　1996.7　331, 9p

Yongyuth Chalamwong　ヨンユート・チャラムウォン
◇高度熟練労働移動と経済発展 : 開発のための政策一貫性—東アジアの経済発展と先進諸国の役割　経済協力開発機構 (OECD) 財務省財務総合政策研究所共同研究プロジェクト　河合正弘, 深作喜一郎編著, 監訳, マイケル・G.プランマー, アレクサンドラ・トルチアック=デュヴァル編著　明石書店　2006.3　650p

Yorke, Margaret　ヨーク, マーガレット
◇バイオテクノロジー—家庭から研究室へ移行できる技術 (長嶋俊介訳) : 転換期の家族—ジェンダー・家族・開発　N.B.ライデンフロースト編, 家庭経営学部会訳　日本家政学会　1995.3　360p

Youell, Biddy　ユール, B.
◇マシュー : 自閉症とパーソナリティ　アン・アルヴァレズ, スーザン・リード編, 倉光修監訳, 鵜飼奈津子, 広沢愛子, 若佐美奈子訳　創元社　2006.9　375p

Young, Andrew　ヤング, アンドリュー
◇戦略論の新しいアプローチ—戦略と実行のダイナミックな連携 (共著) : サプライチェーン戦略　ジョン・ガトーナ編, 前田健蔵, 田村誠一訳　東洋経済新報社　1999.5　377p　(Best solution)

Young, Brigham　ヤング, ブリガム
◇ブリガム・ヤング (山形浩生訳) : インタヴューズ　1

クリストファー・シルヴェスター編, 新庄哲夫ほか訳 文芸春秋 1998.11 462p

Young, Dennis R.　ヤング, デニス・R.
◇相補か, 補完か, 敵対か—米国のNPOと政府との関係をめぐる理論的, 歴史的検証：NPOと政府　E.T.ボリス, C.E.スターリ編著, 上野真城子, 山内直人訳　ミネルヴァ書房　2007.3　346p

Young, Howard　ヤング, ハワード
◇私的年金の適性化：企業年金改革—公私の役割分担をめぐって　OECD編, 船後正道監修, 厚生年金基金連合会訳　東洋経済新報社　1997.5　216p

Young, H. Peyton　ヤング, H. ペイトン
◇議員定数配分（共著）（谷内浩史訳）：公共政策ORハンドブック　S.M.Pollock, M.H.Rothkopf, A.Barnett編, 大山達雄監訳　朝倉書店　1998.4　741p
◇集団選択と個人の判断（大岩雄次郎訳）：公共選択の展望—ハンドブック　第1巻　デニス・C.ミューラー編, 関谷登, 大岩雄次郎訳　多賀出版　2000.1　296p

Young, Marilyn B.　ヤング, マリリン・B.
◇ヴェトナムと「良い戦争」：戦争と正義—エノラ・ゲイ展論争から　トム・エンゲルハート, エドワード・T.リネンソール編, 島田三蔵訳　朝日新聞社　1998.8　300, 39p　（朝日選書 607）

Young, Owen D.　ヤング, オーエン・D.
◇「景気の動向」を理解する（前田越之訳）：ビジネスの知恵50選—伝説的経営者が語る成功の条件　ピーター・クラス編, 佐藤洋一訳　トッパン　1999.2　543p　（トッパンのビジネス経営書シリーズ 26）

Young, Steve　ヤング, スティーブ
◇ひたすら前に進め!：セルフヘルプ—なぜ, 私は困難を乗り越えられるのか 世界のビッグネーム自らの47の証言　ケン・シェルトン編著, 堀紘一監訳　フロンティア出版　1998.7　301p
◇繁栄をもたらす不滅の信条：セルフヘルプ—自助＝他人に頼らず, 自分の力で生きていく！ 2　ケン・シェルトン編著, 堀紘一監訳　フロンティア出版　1998.12　283p

Young-Eisendrath, Polly　ヤング＝エイゼンドラス, ポリー
◇フェミニズム, アニムス, 女性性の再考（リース・滝・幸子訳）：女性の誕生—女性であること：意識的な女性性の誕生　コニー・ツヴァイク編, 川戸円訳　山王出版　1996.9　398p
◇異性性と欲望の弁証法（山口素子訳）：ユングの13人の弟子が今考えていること—現代分析心理学の鍵を開く　アン・ケースメント編, 氏原寛監訳　ミネルヴァ書房　2001.3　336p

Ysander, Bengt-Christer　イサンダル, ベングト・クリスタ
◇「不平等の記述：福祉調査に関するスウェーデン・アプローチ」の論評：クオリティー・オブ・ライフ—豊かさの本質とは　マーサ・ヌスバウム, アマルティア・セン編著, 竹友安彦監修, 水谷めぐみ訳　里文出版　2006.3　237p

Yu, Fengchun　ウ, ホウシュン（于逢春）
◇「私塾」の静かなる抵抗：日本の植民地教育・中国からの視点　王智新編著　社会評論社　2000.1　297p

Yuill, Nicola　ユイル, ニコラ
◇パーソナリティと傾性の理解（二宮克美訳）：子どもは心理学者—心の理論の発達心理学　マーク・ベネット編, 二宮克美, 子安増生, 渡辺弥生, 首藤敏元訳　福村出版　1995.12　274p

Yule, William　ユール, ウィリアム
◇学校恐怖症児治療への親の参加（中野俊明訳）：共同治療者としての親訓練ハンドブック　上　Charles E.Schaefer, James M.Briesmeister編, 山上敏子, 大隈紘子監訳　二瓶社　1996.11　332p
◇子どもの心的外傷後ストレス障害（市井雅哉訳）：認知行動療法—臨床と研究の発展　ポール・M.サルコフスキス編, 坂野雄二, 岩本隆茂監訳　金子書房　1998.10　217p

Yusuf, Shahid　ユスフ, シャヒッド
◇開発の諸問題（共著）：開発経済学の潮流—将来の展望　G.M.マイヤー, J.E.スティグリッツ共編, 関本勘次, 近藤正規, 国際協力研究グループ訳　シュプリンガー・フェアラーク東京　2003.7　412p

Yusupoff, Lawrence　ユスポフ, ローレンス
◇幻覚と妄想に対する認知行動療法：実践の現状と将来の動向（共著）（熊谷直樹訳）：認知行動療法—臨床と研究の発展　ポール M.サルコフスキス編, 坂野雄二, 岩本隆茂監訳　金子書房　1998.10　217p

Yves, d'Evreux　デヴルー, イーヴ
◇マラニャン見聞実記（大久保康明訳）：マラニャン布教史 マラニャン見聞実記　クロード・ダブヴィル, イーヴ・デヴルー著, 大久保康明訳　岩波書店　2004.3　495p　（17・18世紀大旅行記叢書 第2期 第4巻　中川久定ほか編）

Yzerbyt, Vincent Y.　イゼルビット, ビンセント・Y.
◇ステレオタイプ形成の社会的・文化的・認知的要因他（共著）（有馬明恵, 山下玲子監訳）：ステレオタイプとは何か—「固定観念」から「世界を理解する"説明力"」へ　クレイグ・マクガーティ, ビンセント・Y.イゼルビット, ラッセル・スピアーズ編著, 国広陽子監修, 有馬明恵, 山下玲子監訳　明石書店　2007.2　296p

【Z】

Zadek, Simon　ザデック, サイモン
◇地球の公共財の供給ガバナンス—非国家主体の役割と正当性（共著）（金田晃一訳）：地球公共財の政治経済学　Inge Kaul, Pedro Conceicao, Katell Le Goulven, Ronald U.Mendoza編, 高橋一生監訳・編　国際書院　2005.6　332p

Zaglagin, V. V.　ザクラジン, V. V.
◇ソ連対外政策についてのレーニングの道：ソ連の軍事面における核革命　ウィリアム・キントナー, ハリエット・ファスト・スコット編　[防衛研修所]　1970　345p　（研究資料 70RT-9）

Zagoria, Donald S.　ザゴリア, ドナルド・S.
◇中国の静かな革命（湯浅墾道訳）：フォーリン・アフェアーズ傑作選—アメリカとアジアの出会い 1922-1999　下　フォーリン・アフェアーズ・ジャパン編・監訳　朝日新聞社　2001.2　327, 7p

Zahn, T. P. ザーン, シオドア・P.
◇多重人格障害における自律神経活動の差 他 (共著)：多重人格障害―その精神生理学的研究 F.パトナム他著, 笠原敏雄編 春秋社 1999.6 296p

Zalesskaya, Vera N. ザレスカヤ, ベラ
◇ビザンティンとロシア美術における太陽 (共著) (常田益代訳)：太陽神話―生命力の象徴 マダンジート・シン, UNESCO編, 木村重信監修 講談社 1997.2 399p

Zandi, Mark ザンディ, マーク・M.
◇貸出意思決定と経済情勢：クレジット・スコアリング エリザベス・メイズ編, スコアリング研究会訳 シグマベイスキャピタル 2001.7 361p (金融職人技シリーズ no.33)

Zangle, Fabrice ザングル, F.
◇国家間電子政府とARIS—InfoCitizenにおける行政サービスの統合オートメーション (共著)：ARISを活用したシステム構築―エンタープライズ・アーキテクチャの実践 A.-W.シェアー他著, 堀内正博, 田中正郎, 力正俊監訳 シュプリンガー・フェアラーク東京 2005.1 201p

Zapf, Wolfgang ツァップ, ウォルフガング
◇ドイツ社会国家の発展, 構造および展望：世界の福祉国家―課題と将来 白鳥令, R.ローズ編著, 木島賢, 川口洋子訳 新評論 2002.12 268p (Shinhyoron selection 41)

Zaretsky, Eli ザレツキィ, エリ
◇アイデンティティとデモクラシー―批判的展望：ラディカル・デモクラシー―アイデンティティ, シティズンシップ, 国家 デイヴィッド・トレンド編, 佐藤正志ほか訳 三嶺書房 1998.4 408p

Zauner, Margrit ツァウナー, マルグリット
◇損失―あるいは新しい義理の姉妹からなにが得られるか (立川希代子訳)：女たちのドイツ―東と西の対話 カトリン・ローンシュトック, 神谷裕子ほか訳 明石書店 1996.11 208p

Zavodny, Zdenek ザヴォニー, Z. *
◇ARIS Toolsetを活用したプロセスモデルの設計―テレコム企業の事例 (共著)：ARISを活用したビジネスプロセスマネジメント―欧米の先進事例に学ぶ A.-W.シェアー他共編, 堀内正博, 田中正郎, 柳堀紀幸監訳 シュプリンガー・フェアラーク東京 2003.7 281p

Zbikowski, Andrzej ジビコフスキ, アンジェイ
◇ポーランドにおけるユダヤ人 (共著)：ポーランドのユダヤ人―歴史・文化・ホロコースト フェリクス・ティフ編著, 阪東宏訳 みすず書房 2006.7 328p

Zechner, Josef ゼックナー, J. *
◇財務構造と税制 (共著) (佐山展生訳)：ファイナンスハンドブック R.A.Jarrow, V.Maksimovic, W.T.Ziemba編, 今野浩, 古川浩一監訳 朝倉書店 1997.12 1121p

Zeien, Alfred M. ザイエン, アルフレッド・M.
◇だれがCEOを決めるのか〈座談会〉(共著)：コーポレート・ガバナンス Harvard Business Review編, Diamondハーバード・ビジネス・レビュー編集部訳 ダイヤモンド社 2001.6 270p

Zeifman, Debra ザイフマン, デイーブラ
◇成人のアタッチメント形成についてのプロセス・モデル (共著) (金政祐司訳)：パーソナルな関係の社会心理学 W.イックス, S.ダック編, 大坊郁夫, 和田実監訳 北大路書房 2004.4 310p

Zeimal', T. I. ゼイマリ, T.
◇カラテパ北丘の発掘 (1985-1989)：アイハヌム―加藤九祚一人雑誌 2007 加藤九祚訳 東海大学出版会 2007.10 144p

Zemon Davis, Natalie ゼモン＝デイヴィス, ナタリー
◇「政治における」女性：女の歴史 3〔1〕十六―十八世紀 1 杉町和子, 志賀亮一監訳 ナタリー・ゼモン＝デイヴィス, アルレット・ファルジュ編 藤原書店 1995.1 434p
◇グリュッケル・ハメルン―ユダヤ人の女仲買商, ハンブルク―メッス, 十七世紀：女の歴史 3〔2〕十六―十八世紀 2 杉町和子, 志賀亮一監訳 ナタリー・ゼモン＝デイヴィス, アルレット・ファルジュ編 藤原書店 1995.1 854p

Zenger, John H. ゼンガー, ジョン・H.
◇「チーム制」において力を発揮するための技術を身につけよ：ウェルチはこうして組織を甦らせた―アメリカ・トップリーダーからの経営処方箋29 ケン・シェルトン編著, 堀紘一監修・訳 フロンティア出版 1999.12 281p

Zenios, Stavros A. ゼニオス, S. A. *
◇モデルリスクの計測―新しいアプローチ (共著)：オペレーショナルリスク―金融機関リスクマネジメントの新潮流 アーサーアンダーセン編・訳 金融財政事情研究会 2001.1 413p

Zetkin, Clara ツェトキン, クララ
◇婦人に与ふ レーニンは労働婦人になんと呼びかけたか (共著) (水野正次訳)：世界女性学基礎文献集成 昭和初期編 第3巻 水田珠枝監修 ゆまに書房 2001.12 20, 363p

Zias, Joe ジアス, ジョー
◇十字架―考古学, イエスそして死海文書 (共著)：イエスと死海文書 ジェームズ・H.チャールズワース編著, 山岡健訳 三交社 1996.12 476p

Ziegler, Rolf ツィーグラー, ロルフ
◇オーストリア株式会社 他 (共著)：企業権力のネットワーク―10カ国における役員兼任の比較分析 フラン・N.ストークマン, ロルフ・ツィーグラー, ジョン・スコット編著, 上田義朗訳 文真堂 1993.11 340p

Ziehr, Wilhelm ジール, ヴィルヘルム
◇死海文書の秘密：図説失われた聖櫃 ルール・ウースター編, グラハム・ハンコック他著, 大出健訳 原書房 1996.12 309, 10p

Ziemba, W. T. ジーンバ, W. *
◇資本成長理論 他 (共著) (竹原均訳)：ファイナンスハンドブック R.A.Jarrow, V.Maksimovic, W.T.Ziemba編, 今野浩, 古川浩一監訳 朝倉書店 1997.12 1121p

Zieschang, Kimberly D. ジーシャング, K. *
◇物価指数構成における新しい言語と消えていく言語に関する問題 (共著) (山田善靖訳)：経営効率評価ハンドブック―包絡分析法の理論と応用 Abraham

Ziglar, Zig　ジグラー, ジグ
◇仕事と家庭とをバランスよく：セルフヘルプ—なぜ、私は困難を乗り越えられるのか 世界のビッグネーム自らの47の証言　ケン・シェルトン編著, 堀紘一監訳　フロンティア出版　1998.7　301p
◇あなたは今の自分を変えることができる：セルフヘルプ—自助＝他人に頼らず、自分の力で生きていく！ 2　ケン・シェルトン編著, 堀紘一監訳　フロンティア出版　1998.12　283p

Zigler, Edward　ジグラー, エドワード
◇精神遅滞の分野における発達論的観点 他（共著）：障害児理解の到達点—ジグラー学派の発達論的アプローチ　R.M.ホダップ, J.A.ブラック, E.ジグラー編, 小松秀茂, 清水貞夫編訳　田研出版　1994.9　435p
◇調和の力：連邦政府による幼児教育プログラムの統合化 他（共著）：アメリカ幼児教育の未来—ヘッドスタート以後　エドワード・ジグラー, サリー・スティフコ編著, 田中道治訳　コレール社　1998.12　137p

Zigurs, Ilze　ジグラス, I.＊
◇拡大するビジネス環境を管理する—バーチャル空間からの価値の創造（共著）：新リレーションとモデルのためのIT企業戦略とデジタル社会　ゲイリー・ディクソン, ジェラルディン・デサンクティス編, 橋立克朗ほか訳　ピアソン・エデュケーション　2002.3　305p

Zimbardo, Philip G.　ジンバルドー, フィリップ・G.
◇心理学への情熱（谷口高士訳）：アメリカの心理学者 心理学教育を語る—授業実践と教科書執筆のためのTIPS　R.J.スタンバーグ編著, 宮元博章, 道田泰司訳　北大路書房　2000.6　247p

Zimmerli, Walter Ch.　ツィンマーリ, ヴァルター・Ch
◇時間について（バンベルクの討議）他（共著）：哲学の原点—ドイツからの提言　ハンス・ゲオルク・ガダマー他著, U.ベーム編, 長倉誠一, 多田茂訳　未知谷　1999.7　272, 11p

Zimmermam, Barry J.　ジンマーマン, B. J.
◇自己効力と教育的発達（野口京子訳）：激動社会の中の自己効力　アルバート・バンデューラ編, 本明寛, 野口京子監訳　金子書房　1997.11　352p

Zimmerman, Joseph F.　ジンマーマン, ジョセフ・エフ
◇地方自治制度の最大化と市民による管理：ひとつのモデル：自治と市民社会—翻訳版 no.1　チャドウィック・エフ・アルジャーほか著, 中央学院大学地方自治センター訳　中央学院大学地方自治センター　1990.3　165p

Zimmerman, Julia　ジンマーマン, J.＊
◇成人基礎教育（共著）：オーストラリアの生活文化と生涯教育—多文化社会の光と影　マーク・テナント編, 中西直和訳　松籟社　1995.9　268p

Zimmerman, Michael E.　ジンマーマン, マイケル・E.
◇ディープ・エコロジーとエコフェミニズム—対話を求めて：世界を織りなおす—エコフェミニズムの開花　アイリーン・ダイアモンド, グロリア・フェマン・オ

レンスタイン編, 奥田暁子, 近藤和子訳　学芸書林　1994.3　457, 12p

Zimmermann-Lössl, Christine　ジマーマン・レスル, C.＊
◇中国と「大中国圏」—開発は成功するか（共著）：東アジア21世紀の経済と安全保障—ヨーロッパからの警告　ヴォルフガング・パーペ編, 田中素香, 佐藤秀夫訳　東洋経済新報社　1997.9　232p

Zinn, Howard　ジン, ハワード
◇希望を持ちつづけよう（阿部純子, 大庭里美訳）：あなたの手で平和を！—31のメッセージ　フレドリック・S.ヘッファメール編, 大庭里美, 阿部純子訳　日本評論社　2005.3　260p

Zipes, Jack David　ザイプス, ジャック
◇男性による創造、投影としての「赤ずきん」（三宮郁子訳）：「赤ずきん」の秘密—民俗学的アプローチ　アラン・ダンダス編, 池上嘉彦, 山崎和恕, 三宮郁子訳　紀伊国屋書店　1994.12　325p
◇男性による創造、投影としての「赤ずきん」（三宮郁子訳）：「赤ずきん」の秘密—民俗学的アプローチ　アラン・ダンダス編, 池上嘉彦ほか訳　新版　紀伊国屋書店　1996.6　325p

Žižek, Slavoj　ジジェク, スラヴォイ
◇現実の砂漠にようこそ：発言—米同時多発テロと23人の思想家たち　中山元編訳　朝日出版社　2002.1　247p
◇ポスト一政治の時代におけるカール・シュミット（上谷修一郎訳）：カール・シュミットの挑戦　シャンタル・ムフ編, 古賀敬太, 佐野誠編訳　風行社　2006.5　300, 9p

Zlatkovich, Charles T.　ズラトコヴィチ, C. T.＊
◇INTERMEDIATE ACCOUNTING（共著）：元帳の締め切り　川島貞一訳〔川島貞一〕　2002.8　1冊

Zohar, Asaf　ゾーファー, アザフ
◇変化のマネージメント（共著）（立木茂雄訳）：NPOマネージメント—ボランタリー組織のマネージメント　スティーヴン・P・オズボーン編, ニノミヤ・アキイエ・H.監訳　中央法規出版　1999.3　388p

Zola, Émile Edouard Charles Antoine　ゾラ, エミール
◇エミール・ゾラ（鹿島茂訳）：インタヴューズ 1　クリストファー・シルヴェスター編, 新庄哲夫ほか訳　文芸春秋　1998.11　462p

Zonabend, Francoise　ゾナベンド, フランソワーズ
◇原子力施設と日常（友谷知己訳）：核時代に生きる私たち—広島・長崎から50年　マヤ・モリオカ・トデスキーニ編, 土屋由香, 友谷知己, 沼田憲治, 沼田知加, 日暮吉延ほか共訳　時事通信社　1995.8　413p

Zoonen, Liesbet van　ゾーネン, リスベット・ファン
◇メディアに対するフェミニズムの視点：マスメディアと社会—新たな理論的潮流　J.カラン, M.グレヴィッチ編〔改訂版〕勁草書房　1995.1　24, 240p

Zuckerman, Michael　ザッカーマン, マイケル
◇歴史学と発達心理学, 危険な関係—歴史学者のパースペクティブ（都築学訳）：時間と空間の中の子どもたち—社会変動と発達への学際的アプローチ　グレン・

H.エルダー, ジョン・モデル, ロス・D.パーク編, 本田時雄監訳　金子書房　1997.10　379p

Zusman, Ami　ザスマン, アミ
◇アメリカ高等教育の緊急課題：アメリカ社会と高等教育　P.G.アルトバック, R.O.バーダール, P.J.ガムポート編, 高橋靖直訳　玉川大学出版部　1998.2　354p

Zvan, Barbara　ズバン, バーバラ
◇年金基金におけるリスク・バジェッティング（共著）：リスクバジェッティング―実務家が語る年金新時代のリスク管理　レスリー・ラール編, 三菱信託銀行受託財産用部門訳　パンローリング　2002.4　575p（ウィザードブックシリーズ 34）

Zweig, Stefan　ツヴァイク, シュテファン
◇シュテファン・ツヴァイク（新庄哲夫訳）：インタヴューズ　2　クリストファー・シルヴェスター編, 新庄哲夫ほか訳　文芸春秋　1998.11　451p

Zyndul, Jolanta　ジィンドゥル, ヨランタ
◇ユダヤ人とは誰なのか？ 他：ポーランドのユダヤ人―歴史・文化・ホロコースト　フェリクス・ティフ編著, 阪東宏訳　みすず書房　2006.7　328p

Zysman, John　ザイスマン, ジョン
◇技術（共著）：対立か協調か―新しい日米パートナーシップを求めて　スティーヴン・K.ヴォーゲル編著, 読売新聞社調査研究本部訳　中央公論新社　2002.4　374p

原著者名カナ・漢字表記

【ア】

阿雯　ア, ブン*
◇片道切符：大人の恋の真実　2　司徒玫編, 佐藤嘉江子訳　はまの出版　1999.3　270p

アイオン, ハーミッシュ
◇開国前後の日英軍事関係（ジョセフ・クラーク, マリコ・クラーク訳）：日英交流史—1600-2000　3　軍事　3　細谷千博, イアン・ニッシュ監修　平間洋一, イアン・ガウ, 波多野澄雄編　東京大学出版会　2001.3　362, 10p
◇十字架の勝利のために（光永雅明訳）：日英交流史—1600-2000　5　社会・文化　細谷千博, イアン・ニッシュ監修　都築忠七, ゴードン・ダニエルズ, 草光俊雄編　東京大学出版会　2001.8　398, 8p

アイキオ, ペッカ
◇フィンランド—森に残された最後の木々：先住民族—地球環境の危機を語る　インター・プレス・サービス編, 清水知久訳　明石書店　1993.9　242p　（世界人権問題叢書 9）

アイクル, フレッド・C.
◇核時代の再来と国際管理：新脅威時代の「安全保障」—『フォーリン・アフェアーズ』アンソロジー　ジョゼフ・S.ナイほか著, 竹下興喜監訳　中央公論社　1996.9　255p

アイゲランド, トール
◇アルプ・ハーラス：知られざる辺境へ—世界の自然と人々　ナショナル・ジオグラフィック協会編, 亀井よし子訳　岩波書店　1992.7　216p　（地球発見ブックス）

アイコト, マーク
◇侵略, 加害および南京大虐殺にかかわる中国の歴史学（岡田良之助訳）：歴史学のなかの南京大虐殺　ジョシュア・A.フォーゲル編, 岡田良之助訳　柏書房　2000.5　223, 61p

アイスナー, ロバート
◇資本の限界効率と投資：一般理論—第二版—もしケインズが今日生きていたら　G.C.ハーコート, P.A.リーアック編, 小山庄三訳　多賀出版　2005.6　922p

アイゼンドロース, ポリー・ヤング
◇フェミニズム, アニムス, 女性性の再考（リース・滝幸子訳）：女性の誕生—女性であること：意識的な女性性の誕生　コニー・ツヴァイク編, 川戸円, リース・滝幸子訳　第2版　山王出版　1997.9　403p

アイゼンバーグ, ドレーヌ
◇金融脆弱性と大恐慌：現代マクロ金融論—ポスト・ケインジアンの視角から　ゲーリー・ディムスキー, ロバート・ポーリン編, 藤井宏史, 高屋定美, 植田宏文訳　晃洋書房　2004.4　227p

アイデ, アズビョルン
◇経済的および社会的権利（秋月弘子訳）：国際人権法マニュアル—世界的視野から見た人権の理念と実践　ヤヌシュ・シモニデス編著, 横田洋三監修, 秋月弘子, 滝沢美佐子, 富田麻理, 望月康恵訳　明石書店　2004.3　467p

アイヒャー, ヴォルフ
◇男から女への性適合手術：偽りの肉体—性転換のすべて　バーバラ・カンプラート, ワルトラウト・シッフェルス編著, 近藤聡子訳　信山社出版　1998.6　210p

アイビンズ, モリー
◇ウィリス・キャリアー：TIMEが選ぶ20世紀の100人　上巻　指導者・革命家・科学者・思想家・起業家　徳岡孝夫監訳　アルク　1999.11　332p

アイフ, ジム
◇地方化したニーズとグローバル化した経済（恒川京子訳）：ソーシャルワークとグローバリゼーション　カナダソーシャルワーカー協会編, 日本ソーシャルワーカー協会国際委員会訳, 仲村優一監訳　相川書房　2003.8　186p

アイラペトフ, オレーグ・P.
◇分散した攻勢の袋小路（土屋好古訳）：日露戦争研究の新視点　日露戦争研究会編　成文社　2005.5　541p

アイリー, コン
◇アジア太平洋地域における新たな状況に対する中国の地政学的戦略（共著）（森崎正寛訳）：アジア太平洋と国際関係の変動—その地政学的展望　Dennis Rumley編, 高木彰彦, 千葉立也, 福嶋依子編　古今書院　1998.2　431p

アイリッシュ, マリアン・D.
◇マリアン・D.アイリッシュ（堀悦子訳）：アメリカ政治学を創った人たち—政治学の口述史　M.ベアー, M.ジューエル, L.サイゲルマン編, 内山秀夫監訳　ミネルヴァ書房　2001.12　387p　（Minerva人文・社会科学叢書 59）

アイリッシュ, レオン
◇強制拠出という制度：アメリカ年金事情—エリサ法（従業員退職所得保障法）制定20年後の真実　ダラス・L.ソールズベリー編, 鈴木旭監修, 大川洋三訳　新水社　2002.10　195p

アーヴァイン, A. K.
◇アラブ人とエチオピア人（有馬七郎訳）：旧約聖書時代の諸民族　D.J.ワイズマン編, 池田裕監訳　日本基督教団出版局　1995.10　578p

アーウィン, ジュリー
◇価値観と意思決定（共著）：ウォートンスクールの意思決定論　ステファン・J.ホッチ, ハワード・C.クンリューサー編, 小林陽太郎監訳, 黒田康史, 大塔達也訳　東洋経済新報社　2006.8　374p　（Best solution）

アーウィン, スコット・H.
◇法人年金ポートフォリオにおけるマネージド・フューチャーズの潜在的役割：機関投資家のポートフォリオにおけるマネージド・フューチャーズ　チャールズ・B.エプスタイン編, 日本商品ファンド業協会訳　日本商品ファンド協会　1995.3　320p

アーヴィン, レベッカ
◇赤十字国際委員会と戦争—極限の光景：欧米人捕虜と赤十字活動—パラヴィチーニ博士の復権　大川四郎編訳　論創社　2006.1　247p

アヴェロエス
◇霊魂論註解(花井一典, 中沢務訳)：中世思想原典集成 11 イスラーム哲学 上智大学中世思想研究所編訳・監修 平凡社 2000.12 1161p

アヴォリ, ブルース・J.
◇カリスマ的リーダーはいかに自分自身と部下を成長させるか！(共著)(鈴木恭子訳)：カリスマ的リーダーシップ―ベンチャーを志す人の必読書 ジェイ・A.コンガー, ラビンドラ・N.カヌンゴほか著, 片柳佐智子, 山村宜子, 松本博子, 鈴木恭子訳 流通科学大学出版 1999.12 381p

アヴジェヴァ
◇サウエート同盟に於ける婦人活動に關する報告：世界女性学基礎文献集成 昭和初期編 第9巻 水田珠枝監修 ゆまに書房 2001.12 20, 387p

アウステルリッツ, R.
◇ニヴフのシャマニズム語彙について(河村俊明訳, 荻原真子校閲)：ユーラシアにおける精神文化の研究 2005-2006年度 荻原真子編 千葉大学大学院人文社会科学研究科 2007.2 99p (人文社会科学研究科研究プロジェクト成果報告書 第149集)

アウトウサル, カルメン
◇チリ：女性が語る第三世界の素顔―環境・開発レポート アニータ・アナンド編, WFS日本事務局訳 明石書店 1994.6 317p

アエイディン, シリ・S.
◇オプション・モデルを用いた所有期間総合利回りアプローチによる資産・負債総合管理 (共著)(山中宏訳)：ALMの新手法―キャピタル・マーケット・アプローチ フランク・J.ファボッツィ, 小西湊夫共編 金融財政事情研究会 1992.7 499p (ニューファイナンシャルシリーズ)

青木 昌彦 アオキ, マサヒコ
◇システムとしての日本企業―英文文献の展望と研究課題：国際・学際研究 システムとしての日本企業 青木昌彦, ロナルド・ドーア編, NTTデータ通信システム科学研究所訳 NTT出版 1995.12 503p
◇メインバンク・システムのモニタリング機能としての特徴：日本のメインバンク・システム 青木昌彦, ヒュー・パトリック編, 東銀リサーチインターナショナル訳 東洋経済新報社 1996.5 495p
◇なぜ制度の多様性は進化しながらも存続するのか (渡辺純子訳)：脱グローバリズム宣言―パクス・アメリカーナを超えて R.ボワイエ, P-F.スィリ編, 青木昌彦他著, 山田鋭夫, 渡辺純子訳 藤原書店 2002.9 262p

アガーポフ, V. L.
◇研究ノート：露日戦争におけるウラジオ巡洋艦戦隊の作戦(進明夫訳)：日露戦争 2 戦いの諸相と遺産 軍事史学会編 錦正社 2005.6 339p

アカーリャ, アミターフ
◇「国家―国民」関係：衝突を超えて―9・11後の世界秩序 K.ブース, T.ダン編, 寺島隆吉監訳, 塚田幸人, 寺島美紀子訳 日本経済評論社 2003.5 469p

アカルドゥス (サン＝ヴィクトルの)
◇神の一性と被造物の多数性について：中世思想原典集成 9 サン＝ヴィクトル学派 上智大学中世思想研究所編訳・監修 平凡社 1996.1 727p

アーキブージ, マーティアス・ケーニッヒ
◇グローバル化とカヴァナンスの課題：グローバル化をどうとらえるか―ガヴァナンスの新地平 D.ヘルド, M.K.アーキブージ編, 中谷義和監訳 法律文化社 2004.4 194p

アギーレ・ロハス, カルロス・アントーニオ
◇長期持続と全体史：入門・ブローデル イマニュエル・ウォーラーステイン他著, 浜名優美監訳, 尾formal直哉訳 藤原書店 2003.3 255p

アクゥシラオス
◇アクゥシラオス(丸橋裕訳)：ソクラテス以前哲学者断片集 第1分冊 内山勝利編 岩波書店 1996.12 367p

アクサム, ジョン・A.
◇いま1つのフィラデルフィア物語：アメリカ図書館界と積極的活動主義―1962-1973年 メアリー・リー・バンディ, フレデリック・J.スティロー編著, 川崎良孝, 森田千幸, 村上加代子訳 京都大学図書館情報学研究会 2005.6 279p

アクスワージ, ロイド
◇人道的世界を築く新外交 (共著)(大庭里美訳)：あなたの手で平和を！―31のメッセージ フレドリック・S.ヘッファメール編, 大庭里美, 阿部純子訳 日本評論社 2005.3 260p

アグダシュルー, ショーレー
◇なぜ演じることが私を自由にしたか：イラン人は神の国イランをどう考えているか レイラ・アーザム・ザンギャネー編, 白須英子訳 草思社 2007.2 231p

アクテ, W.
◇ケニア (共著)：女性が語る第三世界の素顔―環境・開発レポート アニータ・アナンド編, WFS日本事務局訳 明石書店 1994.6 317p

アクトン, ジョン
◇『君主論』への序文(石黒盛久訳)：マキァヴェッリ全集 補巻 筑摩書房 2002.3 239, 89p

アグニュー, ウェンディ
◇目に見える世界で(浅野誠訳)：グローバル教育からの提案―生活指導・総合学習の創造 浅野誠, デイヴィッド・セルビー編 日本評論社 2002.3 289p

アクーン, アンドレ
◇社会学(鈴木修一訳)：人間科学と哲学 田島節夫監訳 新装版 白水社 1998.6 346, 27p (西洋哲学の知 7 Francois Chatelet編)

アコスタ, ホセ・デ
◇アステカの人身御供 (一五二〇年ごろ)：歴史の目撃者 ジョン・ケアリー編, 仙名紀訳 朝日新聞社 1997.2 421p

アゴバルドゥス
◇神の判決について：中世思想原典集成 6 カロリング・ルネサンス 上智大学中世思想研究所編訳・監修 平凡社 1992.6 765p

アゴンシリョ, テオドロ・A.
◇フィリピン史への招待 (栗山敦史訳)：フィリピンの歴史教科書から見た日本 佐藤義朗編, 後藤直三, 栗山敦史訳 明石書店 1997.7 174p

405

アサ, チャイム
◇功を奏した市民の団結：思いやる勇気―ユダヤ人をホロコーストから救った人びと　キャロル・リトナー, サンドラ・マイヤーズ編　食野雅子訳　サイマル出版会　1997.4　282p

アーサイエシュ, ゲラーレ
◇私は白人だと思って育った：イラン人は神の国イランをどう考えているか　レイラ・アーザム・ザンギャネー編, 白須英子訳　草思社　2007.2　231p

浅沼 万里　アサヌマ, マリ*
◇グローバル化の途次にある企業ネットワークの中での生産と流通のコーディネーション―日本の自動車産業で達成されたフレキシビリティの評価：国際・学際研究 システムとしての日本企業　青木昌彦, ロナルド・ドーア編　NTTデータ通信システム科学研究所訳　NTT出版　1995.12　503p

浅野 健一　アサノ, ケンイチ
◇天皇の軍隊の時代から不変の日本社会「反オウム」からあらゆる異端を排除へ：オウム真理教と人権―新宗教・文化ジャーナル『SYZYGY』特別号日本語版　SYZYGY特別号日本語版刊行委員会　2000.4　108p

浅野 慎一　アサノ, シンイチ
◇世紀末・中国（共著）：世紀末・中国　中国ジャーナリスト集団共著, 郝在今編, 佟岩, 浅野慎一著・訳　東銀座出版社　1997.6　231p

アシーニ, タニエン
◇カナダ―断崖の端に追いつめられて：先住民族―地球環境の危機を語る　インター・プレス・サービス編, 清水知久訳　明石書店　1993.9　242p　（世界人権問題叢書 9）

アシャー, ムクル・G.
◇一九九七年通貨危機後の東南アジアにおける年金制度改革（共著）（守谷謙二訳）：アジアの福祉国家政策　白鳥令, デチャ・サングコワン, シュヴェン・E.オルソン＝ホート編　芦書房　2006.3　276p

アシュトン, ジェニファー
◇なぜ, バラはバラはバラなのか？（三浦玲一訳）：文化アイデンティティの行方―一橋大学言語社会研究科国際シンポジウムの記録　恒川邦夫ほか編著　彩流社　2004.2　456p

アシュトン, デイヴィッド・N.
◇教育・技能形成・経済発展（共著）：教育社会学―第三のソリューション　A.H.ハルゼー, H.ローダー, P.ブラウン, A.S.ウェルズ編, 住田正樹, 秋永雄一, 吉本圭一編訳　九州大学出版会　2005.2　660p

アジュベイ, アレクセイ
◇カメレオン：ベリヤ―スターリンに仕えた死刑執行人ある出世主義者の末路　ウラジーミル・F.ネクラーソフ編, 森田明訳　エディションq　1997.9　365p

アーズィミー, ネガール
◇アメリカよ, 私のために泣かないで：イラン人は神の国イランをどう考えているか　レイラ・アーザム・ザンギャネー編, 白須英子訳　草思社　2007.2　231p

アスキン, デービッド・J.
◇銀行自己資本新ガイドライン―銀行の資産ポートフェリオおよび金融市場への意義（共著）（渡辺守訳）：ALMの新手法―キャピタル・マーケット・アプローチ　フランク・J.ファボッツィ, 小西湛夫共編　金融財政事情研究会　1992.7　499p　（ニューファイナンシャルシリーズ）

アステテ, フランシスコ・エルナンデス
◇アンデスにおける人という概念の生成史（小山朋子訳）：植民地期ラテンアメリカにおける異文化間の相互作用―文字テクストからの視点　武田和久, 平田和重, 溝田のぞみ編　国立民族学博物館地域研究企画交流センター　2006.2　41p　（JCAS occasional paper no.27―JCAS-JCAS series地域研究コンソーシアム次世代ワークショップ報告書 1）

アストレイ, グラハム・W.
◇多国籍企業の組織開放について（富ھ昭訳）：国際経営学の誕生　3　組織理論と組織行動の視座　ブライアン・トイン, ダグラス・ナイ編, 村山元英監訳, 国際経営文化学会訳　文真堂　2000.3　392p

アスプルンド, アンネリ
◇オクセンヤの娘クラウディア：ロウヒのことば―フィンランド女性の視角からみた民俗学　上　アイリ・ネノラ, センニ・ティモネン編, 目荒ゆみ訳　文理閣　2002.3　219p

アスムセン, ボブ
◇失敗からたくさんのことを学ぶ：子供たちへの手紙―あなたにこれだけは伝えたい　エリカ・グッド編, 中埜有理訳　三田出版会　1997.7　371p

アスラン, レザー
◇宗教指導者国の本山へ：イラン人は神の国イランをどう考えているか　レイラ・アーザム・ザンギャネー編, 白須英子訳　草思社　2007.2　231p

アセンソー, A.B.
◇異文化結婚の政治学（共著）：異文化結婚―境界を越える試み　ローズマリー・ブレーガー, ロザンナ・ヒル編著, 吉田正紀監訳　新泉社　2005.4　310, 29p

アゾッパルディ, アルフレッド
◇フィリピン―フィリピンでは身障者に偏見なし, 特権もなし：車椅子はパスポート―地球旅行の挑戦者たち　アリソン・ウォルシュ編, おそどまさこ日本語版責任編集, 森実真弓訳　山と渓谷社　1994.3　687p

アターバック, ジェームス・M.
◇産業イノベーションのパターン（共著）：技術とイノベーションの戦略的マネジメント　上　ロバート・A.バーゲルマン, クレイトン・M.クリステンセン, スティーヴン・C.ウィールライト編著, 青島矢一, 黒田光太郎, 志賀敏宏, 田辺孝二, 出川通, 和賀三和子日本語版監修, 岡真由美, 斉藤裕一, 桜井éliton子, 中川泉, 山本章子訳　翔泳社　2007.7　735p

アダム, M.
◇中央スーダンにおけるハウサ人と近隣諸民族（砂野幸稔訳）：ユネスコ・アフリカの歴史　第4巻　一二世紀から一六世紀までのアフリカ　アフリカの歴史起草のためのユネスコ国際学術委員会編, 宮本正興責任編集　D.T.ニアヌ編　同朋舎出版　1992.9　2冊

アダム, クラウス
◇性転換（共著）：偽りの肉体―性転換のすべて　バーバラ・カンプラート, ワルトラウト・シッフェルス編著, 近藤聡子訳　信山社出版　1998.6　210p

アダム(サン=ヴィクトルの)
◇セクエンティア集：中世思想原典集成 9 サン＝ヴィクトル学派 上智大学中世思想研究所編訳・監修 平凡社 1996.1 727p

アダムズ, マリリン・マッコード
◇あとがき：神は悪の問題に答えられるか—神義論をめぐる五つの答え スティーヴン・T.デイヴィス編, 本多峰子訳 教文館 2002.7 437p

アダムズ, ラッセル
◇ロバート・マーティン(近藤雅子訳)：アメリカ政治学を創った人たち—政治学の口述史 M.ベアー, M.ジューエル, L.サイゲルマン編, 内山秀夫監訳 ミネルヴァ書房 2001.12 387p (Minerva人文・社会科学叢書 59)

アダムス, リチャード・グルド
◇水爆に反対する人達：ブラッセー軍事年鑑 1958年版抄訳 防衛研修所 1959 82p (研修資料 第211号)

アダモフ＝オートリュソー, ジャックリーヌ
◇《アウフクレールング》、ロマン主義(沢崎浩平訳)：啓蒙時代の哲学 野沢協監訳 新装版 白水社 1998.6 290, 34p (西洋哲学の知 4 Francois Chatelet編)

アッサファー, イフワーン
◇イフワーン・アッサファー書簡集(菊地達也訳)：中世思想原典集成 11 イスラーム哲学 上智大学中世思想研究所編訳・監訳 平凡社 2000.12 1161p

アッシュ, ディビッド・A.
◇気持ちの変化—医療検査に対する予測しない反応(共著)：ウォートンスクールの意思決定論 ステファン・J.ホッチ, ハワード・C.クンリューサー編, 小林陽太郎監訳, 黒田康史, 大塔達也訳 東洋経済新報社 2006.8 374p (Best solution)

アッシュ, ティモシー・ガートン
◇レフ・ワレサ：TIMEが選ぶ20世紀の100人 上巻 指導者・革命家・科学者・思想家・起業家 徳岡孝夫監訳 アルク 1999.11 332p

アッディーン, ベハー
◇イスラム教徒が見た十字軍(一一九一年八月二〜二十日)：歴史の目撃者 ジョン・ケアリー編, 仙名紀訳 朝日新聞社 1997.2 421p

アッティング, ウィリアム
◇人々のためのケア—改革の推進(小田兼三訳)：コミュニティケア改革とソーシャルワーク教育—イギリスの挑戦 スチーヴ・トレビロン, ピーター・ベレスフォード編, 小田兼三, 杉本敏夫訳 筒井書房 1999.6 119p

アップトン, デイビッド・M.
◇バーチャル・ファクトリーを機能させる条件(共著)：ネットワーク戦略論 ドン・タプスコット編, Diamondハーバード・ビジネス・レビュー編集部訳 ダイヤモンド社 2001.5 298p

アッベ, エルンスト
◇カール・ツァイス(共著)：ドイツ企業のパイオニア—その成功の秘密 ヴォルフラム・ヴァイマー編, 和泉雅人訳 大修館書店 1996.5 427p

アーディッティ, ジョイス・A.
◇離婚後子供の扶養を承諾しない父親—親としての責任の再考(小池のり子訳)：女と離婚/男と離婚—ジェンダーの相違による別居・離婚・再婚の実態 サンドラ・S.ヴォルギー編著, 小池のり子, 村上弘子訳 家政教育社 1996.9 238p

アティヤル, レーラマ
◇女性と聖霊教義：聖霊は女性ではないのか—フェミニスト神学試論 E.モルトマン＝ヴェンデル編, 内藤道雄訳 新教出版社 1996.11 281p (21世紀キリスト教選書 11)

アトキンソン, バリー
◇マルタ島—ひとりで生きる！リハビリを兼ねた島の旅 他：車椅子はパスポート—地球旅行の挑戦者たち アリソン・ウォルシュ編, おそどまさこ日本語版責任編集, 森実真弓訳 山と渓谷社 1994.3 687p

アドコック, ビビアン
◇イギリス—村の農場で過ごす車椅子の素敵な休暇：車椅子はパスポート—地球旅行の挑戦者たち アリソン・ウォルシュ編, おそどまさこ日本語版責任編集, 森実真弓訳 山と渓谷社 1994.3 687p

アドナン, リカルディ・S.
◇改革のための学生による運動(共著)(鈴木聖子訳)：インドネシア・改革闘争記—21世紀市民社会への挑戦 セロ・スマルジャン編, 中村光男監訳 明石書店 2003.1 432p (明石ライブラリー 46)

アドラー, アリス・ダン
◇人間に希望を抱き, PMAを実践してきた女性：思考は現実化する—私はこうして思考を現実化した 実践編 ナポレオン・ヒル財団日本リソーセス編・訳 騎虎書房 1997.3 231p

アドラー, ペーテル
◇新築 他：スウェーデンの住環境計画 スヴェン・ティーベイ編著, 外山義訳 鹿島出版会 1996.2 292p

アトリー, フランシス・リー
◇民衆文学—研究方法からの定義(春田節子訳)：フォークロアの理論—歴史地理的方法を越えて アラン・ダンデス他著, 荒木博之訳 法政大学出版局 1994.1 202p

アトリー, マイク
◇マイク・アトリーの最大の挑戦：思考は現実化する—私はこうして思考を現実化した 実践編 ナポレオン・ヒル財団日本リソーセス編・訳 騎虎書房 1997.3 231p

アドルナ, セシリオ
◇大人に平和を教える子どもたち(大庭里美訳)：あなたの手で平和を！—31のメッセージ フレドリック・S.ヘッファメール編, 大庭里美, 阿部純子訳 日本評論社 2005.3 260p

アードンメツ, デニース
◇再びピアノを弾くために：左脳血管発作(脳卒中)のリハビリテーション：音楽療法ケーススタディ 下 成人に関する25の事例 ケネス・E.ブルシア編, よしだじゅんこ, 酒井智華訳 音楽之友社 2004.4 393p

アナクサル　　　　　　　　　　全集・合集収載 翻訳図書目録 1992-2007　Ⅰ

アナクサルコス
◇アナクサルコス（鎌田邦宏訳）：ソクラテス以前哲学者断片集　第4分冊　内山勝利編　岩波書店 1998.2　329p

アナクシマンドロス
◇アナクシマンドロス（内山勝利訳）：ソクラテス以前哲学者断片集　第1分冊　内山勝利編　岩波書店 1996.12　367p

アナクシメネス
◇アナクシメネス（内山勝利訳）：ソクラテス以前哲学者断片集　第1分冊　内山勝利編　岩波書店 1996.12　367p

アナニアディス, グリゴリス
◇カール・シュミットとマックス・アドラー（青木裕子訳）：カール・シュミットの挑戦　シャンタル・ムフ編, 古賀敬太, 佐野誠編訳　風行社　2006.5　300, 9p

アナファルタ, メルタム
◇愛着、人間関係、「よいことはすべて一緒におこる」という理念（共著）：愛着からソーシャル・ネットワークへ―発達心理学の新展開　マイケル・ルイス, 高橋恵子編, 高橋恵子監訳　新曜社　2007.5　197, 70p

『アナール』編集部　《Annales》
◇アナール歴史と社会科学―危機的な曲がり角か？：歴史・文化・表象―アナール派と歴史人類学　ジャック・ルゴフほか著, 二宮宏之編訳　岩波書店 1992.12　263p　(New history)
◇アナール歴史と社会科学：歴史・文化・表象―アナール派と歴史人類学　ジャック・ルゴフほか著, 二宮宏之編訳　岩波書店　1999.7　263p　（岩波モダンクラシックス）

アナンド, ニクヒル
◇移動性への拘束？（戸313清訳）：帝国への挑戦―世界社会フォーラム　ジャイ・セン, アニタ・アナンド, アルトゥーロ・エスコバル, ピーター・ウォーターマン編, 武藤一羊ほか監訳　作品社　2005.2　462p

アニジャール, ギル
◇法の外（藤原俊博訳）：カール・シュミットと現代　白井隆一郎編　沖積舎　2005.6　438p

アニョレット, ヴィットリオ
◇グローバルな市民社会運動：会議総括文書（白井聡, 徳永理彩訳）：もうひとつの世界は可能だ―世界社会フォーラムとグローバル化への民衆のオルタナティブ　W.F.フィッシャー, トーマス・ポニア編, 加藤哲郎監修, 大屋定晴, 山口響, 白井聡, 木下ちがや監訳　日本経済評論社　2003.12　461p

姉崎 正平　アネザキ, マサヒラ*
◇ゴールデン・エイジ―日本における高齢化：明日をさがす―高齢化社会を生きる　オーストラリア聖公会シドニー教区社会問題委員会編, 関澄子訳　聖公会出版　1999.9　156p

アノウラ, クリスティーナ
◇ウルグアイ：女性が語る第三世界の素顔―環境・開発レポート　アニータ・アナンド編, WFS日本事務局訳　明石書店　1994.6　317p

アーノット, マデリン
◇将来は女性の時代か？（共著）：教育社会学―第三のソリューション　A.H.ハルゼー, H.ローダー, P.ブラウン, A.S.ウェルズ編, 住田正樹, 秋永雄一, 吉本圭一編訳　九州大学出版会　2005.2　660p

アーノルディ, メリー・ジョー
◇ハーバート・ウォードの「民族誌的彫刻」：スミソニアンは何を展示してきたか　A.ヘンダーソン, A.L.ケプラー編, 松本栄寿, 小浜清子訳　玉川大学出版部　2003.5　309p

アーノルド, デイビット・J.
◇新興市場における新しい戦略（共著）：スマート・グローバリゼーション　A.K.グプタ, D.E.ウエストニー編著, 諸上茂登監訳　同文舘出版　2005.3　234p

アーノルド, ヘレン
◇色のないのは一ペニー、色つきのは二ペンス（笹田裕子訳）：子どもはどのように絵本を読むのか　ヴィクター・ワトソン, モラグ・スタイルズ編, 谷本誠剛監訳　柏書房　2002.11　382p　（シリーズ〈子どもと本〉3）

アハティサーリ, マルッティ
◇国際的責任の共有：今こそ地球倫理を　ハンス・キューング編, 吉田収訳　世界聖典刊行協会　1997.10　346p　（ぽんブックス39）

アバド, アントニオ・デ・フアン
◇マドリード大学の評価：高等教育における評価と意思決定過程―フランス、スペイン、ドイツの経験　OECD編, 服部憲児訳　広島大学大学教育研究センター　1997.2　151p　（高等教育研究叢書43）

アバナシー, ウィリアム・J.
◇産業イノベーションのパターン（共著）：技術とイノベーションの戦略的マネジメント　上　ロバート・A.バーゲルマン, クレイトン・M.クリステンセン, スティーヴン・C.ウィールライト編著, 青島矢一, 黒田光太郎, 志賀敏宏, 田辺孝二, 出川通, 和賀三和子日本語版監修, 岡真由美, 斉藤裕一, 桜井祐子, 中川泉, 山本章訳　翔泳社　2007.7　735p

アバーバネル, ゲイル
◇レイプの被害者（共著）：心的外傷の危機介入―短期療法による実践　ハワード・J.パラド, リビー・G.パラド編, 河野貴代美訳　金剛出版　2003.9　259p

アハマッド, アクバル・S.
◇人間を幸福にしないメディアの時代：知の大潮流―21世紀へのパラダイム転換　今世紀最高の頭脳が予見する未来　ネイサン・ガーデルズ編, 仁保真佐子訳　徳間書店　1996.12　419p

アパム, フランク
◇社会的弱者の人権（古関彰一訳）：歴史としての戦後日本　下　アンドルー・ゴードン編, 中村政則監訳　みすず書房　2001.12　437, 37p

アパリシオ, カロロ
◇多国籍企業―論点と提案（共著）（深井英喜訳）：もうひとつの世界は可能だ―世界社会フォーラムとグローバル化への民衆のオルタナティブ　ウィリアム・F.フィッシャー, トーマス・ポニア編, 加藤哲郎監修, 大屋定晴, 山口響, 白井聡, 木下ちがや訳　日本経済評論社　2003.12　461p

アーバン, ジョージ
◇ガリーナ・ヴィシネフスカヤ（吉田美枝訳）：インタ

408

ヴューズ 2 クリストファー・シルヴェスター編, 新庄哲夫ほか訳 文芸春秋 1998.11 451p

アフェルマト, エディ・ファン
◇小集団における社会的影響(小関八重子訳)：社会心理学概論—ヨーロピアン・パースペクティブ 2 M.ヒューストン, W.シュトレーベ, J.P.コドル, G.M.スティヴンソン編 誠信書房 1995.1 353p

アプガー, マーロン, 4世
◇AW：よりよい「仕事場」の創造：人材マネジメント Harvard Business Review編, Diamondハーバード・ビジネス・レビュー編集部訳 ダイヤモンド社 2002.3 309p

アフシャール, イーラジュ
◇太陽の輝く国「日本」(羽田亨一訳)：三笠宮殿下米寿記念論集 三笠宮殿下米寿記念論集刊行会編著 刀水書房 2004.11 953, 12p

アブデル・マレク, アヌアル
◇イブン・ハルドゥーン(柏木英彦訳)：中世の哲学 山田晶監訳 新装版 白水社 1998.6 324, 15p (西洋哲学の知 2 Francois Chatelet編)

アブドー, サーラール
◇テヘラン・アンダーグラウンド：イラン人は神の国イランをどう考えているか レイラ・アーザム・ザンギャネー編, 白須英子訳 草思社 2007.2 231p

アブドゥル・マリク
◇インドネシアにおける高等教育の発展(共著)：アジアの高等教育改革 フィリップ・G.アルトバック, 馬越徹編, 北村友人監訳 玉川大学出版部 2006.9 412p (高等教育シリーズ 137)

アプ＝トーマス, D. R.
◇フェニキア人(有馬七郎訳)：旧約聖書時代の諸民族 D.J.ワイズマン編, 池田裕監訳 日本基督教団出版局 1995.10 578p

アブドレイム(阿不都衣木)
◇ウイグル(維吾尓)族(共著)(曽士才訳)：中国少数民族の婚姻と家族 下巻 厳汝嫺主編, 江守五夫監訳, 百田弥栄子, 曽士才, 栗原悟訳 第一書房 1996.12 335, 11p (Academic series—New Asia 20)

アフマド, ラヒマ・ハジ
◇マレーシア(共著)(川口仁志訳)：世界のいじめ—各国の現状と取り組み 森田洋司総監修・監訳, P.K.スミスほか編, 川口仁志ほか訳 金子書房 1998.11 463p

阿部 浩己 アベ, ヒロノリ*
◇難民への眼差し(福本渉訳)：グローバル化時代の法と法律家 阿部昌樹, 佐々木雅寿, 平覚編 日本評論社 2004.2 363p

アベカシス, フィリップ
◇ゲーム理論における慣行の動態(共著)(片岡浩二訳)：コンヴァンシオン理論の射程—政治経済学の復権 フィリップ・バティフリエ編, 海老塚明, 須田文明訳 昭和堂 2006.11 419p

アベキャシ, アラン
◇国と大学との契約政策—静かなる革命の進行(共著)：高等教育における評価と意思決定過程—フランス, スペイン, ドイツの経験 OECD編, 服部憲児訳 広島大学大学教育研究センター 1997.2 151p (高等教育研究叢書 43)

アーベーラルモン, ウルズラ
◇心理テストにおける境界例(少女)の家族力学 他：星と波の世界への招待—星と波テスト&解説書 小野瑠美子編訳, ブルーノ・リーネル監修 SWT-Japan 1998.5 23p (大空の星シリーズ 入門編)

アペル, ルディ
◇生存者の証言(共著)：思いやる勇気—ユダヤ人をホロコーストから救った人びと キャロル・リトナー, サンドラ・マイヤーズ編, 食野雅子訳 サイマル出版会 1997.4 282p

アポ, サトゥ
◇女性の視角からみた民話：ロウヒのことば—フィンランド女性の視角からみた民俗学 上 アイリ・ネノラ, センニ・ティモネン編, 目荒ゆみ訳 文理閣 2002.3 219p

アボット, シャロン・A.
◇ポルノ俳優をめざした動機：セックス・フォー・セール—売春・ポルノ・法規制・支援団体のフィールドワーク ロナルド・ワイツァー編, 岸田美貴訳, 松沢呉一監修 ポット出版 2004.8 438p

アポロドロス
◇アポロドロス(鎌田邦宏訳)：ソクラテス以前哲学者断片集 第4分冊 内山勝利編 岩波書店 1998.2 329p

アーマド, N.
◇南アジアの編入と周辺化(共著)(原田太津男訳)：世界システム論の方法 イマニュエル・ウォーラーステイン責任編集, 山田鋭夫, 原田太津男, 尹春志訳 藤原書店 2002.9 203p (叢書〈世界システム〉3)

アマート, アイバン
◇リーオ・ベークランド：TIMEが選ぶ20世紀の100人 上巻 指導者・革命家・科学者・思想家・起業家 徳岡孝夫監訳 アルク 1999.11 332p

アマルヴィ, クリスチャン
◇共和国の模範児童(中地義和訳)：図説天才の子供時代—歴史のなかの神童たち E.ル・ロワ・ラデュリー, ミシェル・サカン編, 二宮敬監訳 新曜社 1998.1 446p
◇七月十四日(長井伸仁訳)：記憶の場—フランス国民意識の文化＝社会史 第2巻 ピエール・ノラ編, 谷川稔監訳 岩波書店 2003.1 412, 13p

アームストロング, ジュディ
◇ITのマーケティング—顧客の期待を管理せよ 他(共著)：米先進企業CIOが明かすIT経営を成功させる17の「法則」 ディーン・レーン編, 飯田雅美, 高野恵里訳, 日経情報ストラテジー監訳 日経BP社 2005.7 431p

アームストロング, デリック
◇トリニダード・トバゴにおける人権とインクルーシヴ教育のための闘い(共著)(望月宏美訳)：障害, 人権と教育 レン・バートン, フェリシティ・アームストロング編, 嶺井正也監訳 明石書店 2003.5 442p (明石ライブラリー 51)

アームストロング, フランキー
◇働くこと―白内障に負けず世界中をワーキングホリデイ；車椅子はパスポート―地球旅行の挑戦者たち　アリソン・ウォルシュ編，おそどまさこ日本語版責任編集，森実真弓訳　山と渓谷社　1994.3　687p

アムレッティ, M. -C.
◇ギリシアにおける都市と農村：食の歴史　1　J-L.フランドラン, M.モンタナーリ編，宮原信, 北代美和子監訳　藤原書店　2006.1　429p

アメス, ジャクリーヌ
◇スコラ学時代の読書形式（横山安由美訳）：読むことの歴史―ヨーロッパ読書史　ロジェ・シャルティエ, グリエルモ・カヴァッロ編，田村毅ほか共訳　大修館書店　2000.5　634p

アメー・ソー
◇思い出の面影たちとともに：女たちのビルマ―軍事政権下を生きる女たちの声　藤目ゆき監修，タナッカーの会編，富田あかり訳　明石書店　2007.12　446p　（アジア現代女性史 4）

アメリカ科学財団
◇数学・理科成績向上のための活動戦略（共著）：アメリカの教育改革　アメリカ教育省他著，西村和雄, 戸瀬信之編訳　京都大学学術出版会　2004.7　329p

アメリカ合衆国議会下院
◇米国の赤狩り旋風とゾルゲ事件―米国下院非米活動調査委員会公聴会の全記録：ゾルゲ事件関係外国語文献翻訳集　no.2　日露歴史研究センター事務局編　日露歴史研究センター事務局　2004.2　57p
◇米国の赤狩り旋風とゾルゲ事件―米国下院非米活動調査委員会公聴会の全記録：ゾルゲ事件関係外国語文献翻訳集　no.3　日露歴史研究センター事務局編　日露歴史研究センター事務局　2004.4　65p
◇米国の赤狩り旋風とゾルゲ事件―米国下院非米活動調査委員会公聴会の全記録：ゾルゲ事件関係外国語文献翻訳集　no.4　日露歴史研究センター事務局編　日露歴史研究センター事務局　2004.6　60p
◇米国の赤狩り旋風とゾルゲ事件―米国下院非米活動調査委員会公聴会の全記録：ゾルゲ事件関係外国語文献翻訳集　no.5　日露歴史研究センター事務局編　日露歴史研究センター事務局　2004.9　65p

アメリカ合衆国陸軍
◇米陸軍法務総監法務センター・法務学校作成の『作戦法規便覧二〇〇六年版』（一）（岩本誠吾訳）：産大法学　v.40 no.3・4（京都産業大学法学会40周年記念論集）　〔電子資料〕　〔京都産業大学法学会〕　〔2007〕　CD-ROM1枚

アメリカ環境保護庁　《US Environmental Protection Agency》
◇経営管理手法としての環境会計入門―基本概念と用語 他：緑の利益―環境管理会計の展開　マーティン・ベネット, ピーター・ジェイムズ編，国部克彦監修，海野みづえ訳　産業環境管理協会　2000.12　542p

アメリカ共和党
◇クリントン政権の過ちを正す：「無条件勝利」のアメリカと日本の選択　ロナルド・A.モース編著，日下公人監修，時事通信社外信部ほか訳　時事通信社　2002.1　325p

アメリカ病院協会　《American Hospital Association》
◇ケースマネージメント―ケアの質と継続性への援助（林浩康訳）：ケースマネージメントと社会福祉　ステファン・M.ローズ編，白沢政和, 渡部律子, 岡田進一監訳　ミネルヴァ書房　1997.10　415p　（Minerva福祉ライブラリー 21）

アモウ・アームードウ
◇脅しと消えたアヒル：女たちのビルマ―軍事政権下を生きる女たちの声　藤目ゆき監修，タナッカーの会編，富田あかり訳　明石書店　2007.12　446p　（アジア現代女性史 4）

アモロス, セリア
◇価値：フェミニズムと三つの啓蒙理念（二宮元訳）：もうひとつの世界は可能だ―世界社会フォーラムとグローバル化への民衆のオルタナティブ　ウィリアム・F.フィッシャー, トーマス・ポニア編，加藤哲郎監修，大屋定晴, 山口響, 白井聡, 木下ちがや監訳　日本経済評論社　2003.12　461p

アライン
◇いい女の子は天国にいき，悪い女の子はどこへでもいく：セックス・ワーク―性産業に携わる女性たちの声　フレデリック・デラコステ, プリシラ・アレキサンダー編　パンドラ　1993.11　426, 26p

アラキ, ラウル
◇ペルーの日系人アイデンティティの形成に関する一考察：日系人とグローバリゼーション―北米，南米，日本　レイン・リョウ・ヒラバヤシ, アケミ・キクムラ＝ヤノ, ジェイムズ・A.ヒラバヤシ編，移民研究会訳　人文書院　2006.6　532p

アラート, エリック
◇スカンディナヴィアの福祉国家概念：世界の福祉国家―課題と将来　白鳥令, R.ローズ編著，木島賢, 川口洋子訳　新評論　2002.12　268p　（Shinhyoron selection 41）

アラヌス・アブ・インスリス
◇アンティクラウディアヌス（秋山学, 大谷啓治訳）：中世思想原典集成　8　シャルトル学派　上智大学中世思想研究所編訳・監修　平凡社　2002.9　1041p

アラバガリ, ダミエン
◇パプア・ニューギニア―彼らは私たちのタブーを踏み荒らした：先住民族―地球環境の危機を語る　インター・プレス・サービス編，清水知久訳　明石書店　1993.9　242p　（世界人権問題叢書 9）

アラム, バクティアル
◇グローバル化と大学：大学の倫理　蓮実重彦, アンドレアス・ヘルドリヒ, 広渡清吾編　東京大学出版会　2003.3　276p

アラン, ジュリー
◇教室内の特殊教育を理論化する（石橋正浩訳）：インクルージョンの時代―北欧発「包括」教育理論の展望　ペーデル・ハウグ, ヤン・テッセブロー編，二文字理明監訳　明石書店　2004.7　246p　（明石ライブラリー 63）

アーリー, スティーブ
◇組合員を基礎とした組織化運動：新世紀の労働運動―アメリカの実験　グレゴリー・マンツィオス編，戸塚秀夫訳　緑風出版　2001.12　360p　（国際労働

問題叢書 2）

アリウンサイハン，マンダフ
◇「日ソ関係とモンゴル—満州事変から日ソ中立条約締結まで」より抜粋．上：ゾルゲ事件関係外国語文献翻訳集　no.14　日露歴史研究センター事務局編　日露歴史研究センター事務局　2007.2　73p
◇モンゴルの大粛清とソ連の内政干渉：ゾルゲ事件関係外国語文献翻訳集　no.15　日露歴史研究センター事務局編　日露歴史研究センター事務局　2007.5　69p

アリソン，ダイアン
◇出産時の音楽療法：音楽療法ケーススタディ　下　成人に関する25の事例　ケネス・E.ブルシア編，よしだじゅんこ，酒井智華訳　音楽之友社　2004.4　393p

アーリック，デイブ
◇信頼性と組織上の能力を兼ね備えたリーダー：未来組織のリーダー——ビジョン・戦略・実践の革新　フランシス・ヘッセルバイン，マーシャル・ゴールドスミス，リチャード・ベカード編，田代正美訳　ダイヤモンド社　1998.7　239p

アリベール
◇同性愛の種々相（花房四郎訳）：戦前期同性愛関連文献集成—編集復刻版　第2巻　古川誠，赤枝香奈子編・解説　不二出版　2006.9　307p

アーリン，エンジェル
◇魂への門：魂をみがく30のレッスン　リチャード・カールソン，ベンジャミン・シールド編，鴨志田千枝子訳　同朋舎　1998.6　252p

アルー，ファトマ
◇文化—文化の多様性、文化の生産とアイデンティティ（共著）（白井聡訳）：もうひとつの世界は可能だ—世界社会フォーラムとグローバル化への民衆のオルタナティブ　ウィリアム・F.フィッシャー，トーマス・ポニア編，加藤哲郎監修，大屋定晴，山口響，白井聡，木下ちがや監訳　日本経済評論社　2003.12　461p

アール，ミシェル
◇デリダにおけるニーチェの作用（高桑和巳訳）：デリダと肯定の思考　カトリーヌ・マラブー編，高橋哲哉，増田一夫，高桑和巳監訳　未来社　2001.10　502，7p　（ポイエーシス叢書 47）
◇後期メルロ＝ポンティにおけるハイデガーとの近さと隔たり（本郷均訳）：フッサール『幾何学の起源』講義　モーリス・メルロ＝ポンティ著，加賀野井秀一，伊藤泰雄，本郷均訳　法政大学出版局　2005.3　571，9p　（叢書・ウニベルシタス 815）

アルウィン，デュアン
◇縦断研究における人生史の遡及法と逐次法による測定（共著）：ライフコース研究の方法—質的ならびに量的アプローチ　グレン・H.エルダー，ジャネット・Z.ジール編著，正岡寛司，藤見純子訳　明石書店　2003.10　528p　（明石ライブラリー 57）

アルカー，H. R.，Jr.
◇世界秩序の弁証法（共著）：国際関係リーディングズ　猪口孝，幸野良夫訳　東洋書林　2004.11　467p

アルガージ，ガーディ
◇オットー・ブルンナー（小野清樹訳）：ナチズムと歴史家たち　P.シェットラー編，木谷勤，小野清美，芝健介訳　名古屋大学出版会　2001.8　287，7p

アルゲミ，オーレリ
◇文化—文化の多様性、文化の生産とアイデンティティ（共著）（白井聡訳）：もうひとつの世界は可能だ—世界社会フォーラムとグローバル化への民衆のオルタナティブ　ウィリアム・F.フィッシャー，トーマス・ポニア編，加藤哲郎監修，大屋定晴，山口響，白井聡，木下ちがや監訳　日本経済評論社　2003.12　461p

アルサカー，フランソワーズ・D.
◇スイス（共著）（金口恭久訳）：世界のいじめ—各国の現状と取り組み　森田洋司総監修・監訳，P.K.スミスほか編，川口仁志ほか訳　金子書房　1998.11　463p

アルゼンシェク，V.
◇管理の正当性と組織上のコンフリクト（安村克己訳）：参加的組織の機能と構造—ユーゴスラヴィア自主管理企業の理論と実践　J.オブラドヴッチ，W.N.ダン編著，笠原清志監訳　時潮社　1991.4　574p

アルタイザー，ロレイ・D.
◇クリエイティブな開拓：金融データベース・マーケティング—米国における業務とシステムの実態　アーサー・F.ホルトマン，ドナルド・C.マン編著，森田秀和，田尾啓一訳　東洋経済新報社　1993.10　310p

アルダーファー，ハンナ
◇デザイナーから（共著）：ポルノと検閲　アン・スニトウほか著，藤井麻利，藤井雅実訳　青弓社　2002.9　264p　（クリティーク叢書 22）

アルチューホワ
◇大きなしらかば（西郷竹彦訳）：もう一度読みたい国語教科書　小学校篇　ダルマックス編　ぶんか社　2002.4　221p

アルティミア，オスカー
◇ラテンアメリカにおける所得分配と政治・経済（橋野篤訳）：所得不平等の政治経済学　南亮進，クワン・S.キム，マルコム・ファルカス編，牧野文夫，橋野篤，橋野知子訳　東洋経済新報社　2000.11　278p

アルテン，ミシェル
◇スター誕生（山上浩嗣訳）：ブローデル帝国　M.フェロー他著，F.ドス編，浜名優美監訳　藤原書店　2000.5　294p

アルドリッチ，ジョン・H.
◇投票することはどんなときに合理的か：公共選択の展望—ハンドブック　第2巻　デニス・C.ミューラー編，関谷登，大岩雄次郎訳　多賀出版　2001.7　p297-526

アルナルデス，ロジェ
◇唯一の神：地中海世界　フェルナン・ブローデル編，神沢栄三訳　みすず書房　2000.1　190，184p

アルノー，アンドレーアス・フォン
◇法の一般原則を通じた法の同化？：法の同化—その基礎、方法、内容　ドイツからの見方と日本からの見方　カール・リーゼンフーバー，高山佳奈子編　De Gruyter Recht　c2006　27，651p　（Schriften zum Europäischen und Internationalen Privat-, Bank-und Wirtschaftsrecht Bd.10）
◇ニュルンベルクと東京における平和に対する犯罪とその帰結（小林宏爲，天野聖悦訳）：法律学的対話におけるドイツと日本—ベルリン自由大学・日本大学共同シンポジウム　永田誠，フィーリプ・クーニヒ編集代表　信山社　2006.12　385p

アルハザード, アブドゥル
◇『ネクロノミコン』断章：魔道書ネクロノミコン　コリン・ウィルソンほか著、ジョージ・ヘイ編、大滝啓裕訳　学習研究社　1994.8　239, 48p　（学研ホラーノベルズ）

アルパスラン, ミュラト・C.
◇健全なる組織はクライシス感度が高い（共著）：「リスク感度」の高いリーダーが成功を重ねる　Diamondハーバード・ビジネス・レビュー編集部編訳　ダイヤモンド社　2005.11　242p　（Harvard business review anthology）

アルバート, マイケル（社会運動）
◇WSFは、どこへ向かおうとしているのか？（木下がや訳）：帝国への挑戦―世界社会フォーラム　ジャイ・セン、アニタ・アナンド、アルトゥーロ・エスコバル、ピーター・ウォーターマン編、武藤一羊ほか監訳　作品社　2005.2　462p

アルバラシン, ヘスス
◇後期資本主義（共著）（西島栄訳）：エルネスト・マンデル―世界資本主義と二十世紀社会主義　ジルベール・アシュカル編、岡田光正ほか訳　柘植書房新社　2000.4　372p

アルバレス, ソニア
◇もう一つの（フェミニストの）世界は可能だ（福永真弓訳）：帝国への挑戦―世界社会フォーラム　ジャイ・セン、アニタ・アナンド、アルトゥーロ・エスコバル、ピーター・ウォーターマン編、武藤一羊ほか監訳　作品社　2005.2　462p

アルビン, リチャード・W.
◇正確な般化―治療効果の適切な般化のために（共著）：自閉症、発達障害者の社会参加をめざして―応用行動分析学からのアプローチ　R.ホーナー他著、小林重雄、加藤哲文監訳　二瓶社　1992.12　299p　（叢書・現代の心理学 3）

アルブレヒト, クラウス
◇ルードルフ・カールシュタット（共著）：ドイツ企業のパイオニア―その成功の秘密　ヴォルフラム・ヴァイマー編著、和泉雅人訳　大修館書店　1996.5　427p

アルペラン, ジャン-ルイ
◇コード・シヴィルの二〇〇年　他（野上博義訳）：コード・シヴィルの200年―法制史と民法からのまなざし　石井三記編　創文社　2007.2　334, 20p

アルボノロス, コンスエロ
◇エクアドル：女性が語る第三世界の素顔―環境・開発レポート　アニータ・アナンド編、WFS日本事務局訳　明石書店　1994.6　317p

アルボーレラリ
◇勞働組合婦人委員會國際會議の成果：世界女性学基礎文献集成　昭和初期第9巻　水田珠枝監修　ゆまに書房　2001.12　20, 387p

アルボーン, リチャード・E.
◇ズーニーの彫像（共著）：スミソニアンは何を展示してきたか　A.ヘンダーソン、A.L.ケプラー編、松本栄寿、小浜清子訳　玉川大学出版部　2003.5　309p

アルムブリュスター, クリスティアン
◇通常の消滅時効期間（永田誠、山下良訳）：法律学的対話におけるドイツと日本―ベルリン自由大学・日本大学共同シンポジウム　永田誠、フィーリプ・クーニヒ編集代表　信山社　2006.12　385p

アルメイダ, アナ・マリア・トマス・デ
◇ポルトガル（金口恭久訳）：世界のいじめ―各国の現状と取り組み　森田洋司総監修・監訳、P.K.スミスほか編、川口仁志ほか訳　金子書房　1998.11　463p

アルメスト, フェリペ・フェルナンデス
◇いま歴史とは何か（岩山淳訳）：いま歴史とは何か　D.キャナダイン編、平田雅博、岩井淳、菅原秀二、細川道久訳　ミネルヴァ書房　2005.9　267, 14p　（Minerva歴史・文化ライブラリー 5）

アルメダー, ロバート
◇生まれ変わりについて（笠原敏雄訳）：死を超えて生きるもの―霊魂の永遠性について　ゲイリー・ドーア編、井村宏次、上野圭一、笠原敏雄、鹿子木大士郎、菅靖彦、中村正明、橘村令助訳　春秋社　1993.11　407, 10p

アルンス, パウロ・エヴァリスト
◇平和の倫理：今こそ地球倫理を　ハンス・キューング編、吉田収訳　世界聖典刊行協会　1997.10　346p　（ほんブックス 39）

アレ, モーリス
◇研究に向けての情熱：現代経済学の巨星―自らが語る人生哲学　上　M.シェンバーグ編、都留重人ほか訳　岩波書店　1994.11　321p

アレイオス
◇書簡集：中世思想原典集成　2　盛期ギリシア教父　上智大学中世思想研究所編訳・監修　平凡社　1992.9　687p

アレイト, アンドルー
◇市民社会と社会理論（竹内真澄訳）：ハーバーマスとアメリカ・フランクフルト学派　マーティン・ジェイ編、竹内真澄訳　青木書店　1997.10　343p

アレヴェル, カール
◇ドイツ高等教育における総合評価制度の実施に関する考察：高等教育における評価と意思決定過程―フランス、スペイン、ドイツの経験　OECD編、服部憲児訳　広島大学大学教育研究センター　1997.2　151p　（高等教育研究叢書 43）

アレクサンダー, マーカス
◇ペアレンティング：多角化企業の事業戦略（共著）：経営戦略編　Harvard Business Review編、Diamondハーバード・ビジネス・レビュー編集訳　ダイヤモンド社　2001.7　268p

アレクサンデル（ヘールズの）
◇神学大全：中世思想原典集成　12　フランシスコ会学派　上智大学中世思想研究所編訳・監修　平凡社　2001.9　1047p

アレクサンドル＝ビドン, ダニエル
◇幼年期と少年期（久保田勝一訳）：図説天才の子供時代―歴史のなかの神童たち　E.ル・ロワ・ラデュリー、ミシェル・サカン編、二宮敬監訳　新曜社　1998.1　446p
◇巻き紐から衣服へ（徳井淑子、伊藤亜紀訳）：中世衣生活誌―日常風景から想像世界まで　徳井淑子編訳　勁草書房　2000.4　216, 30p

◇イメージの宴会と彩飾「オードブル」：食の歴史 2 J-L.フランドラン, M.モンタナーリ編, 宮原信, 北代美和子監訳 藤原書店 2006.2 p434-835

アレクサンドロス（アレクサンドレイアの）
◇すべての司教への手紙：中世思想原典集成 2 盛期ギリシア教父 上智大学中世思想研究所編訳・監修 平凡社 1992.9 687p

アレックス - アセンソー, イヴェティ
◇異文化結婚の政治学（共著）：異文化結婚―境界を越える試み ローズマリー・ブレーガー, ロザンナ・ヒル編著, 吉田正紀監訳 新泉社 2005.4 310, 29p

アレン, E. L.
◇刑務所にクリスマスがやってきた：とっておきのクリスマス―やさしい気持ちになる9つのおはなし 続 ガイドポスト編, 佐藤敬訳 いのちのことば社（発売） 1998.10 87p

アレン, N. J.
◇人格というカテゴリー―モール晩期の論文を読む（中島道男訳）：人というカテゴリー マイクル・カリザス, スティーヴン・コリンズ, スティーヴン・ルークス編, 厚東洋輔, 中島道男, 中村牧子訳 紀伊国屋書店 1995.5 550p （文化人類学叢書）

アレン, ギャリー・M.
◇投資スタイルによる年金資産のリスク管理（荻島誠治訳）：資産運用新時代の株式投資スタイル―投資家とファンドマネジャーを結ぶ投資哲学 T.ダニエル・コギン, フランク・J.ファボツィ編 野村総合研究所 1996.3 329p
◇投資スタイルとリスク管理（荻島誠治訳）：株式投資スタイル―投資家とファンドマネージャーを結ぶ投資哲学 T.ダニエル・コギン, フランク・J.ファボツィ, ロバート・D.アーノット編, 野村証券金融研究所 増補改訂版 野村総合研究所情報リソース部 1998.3 450p

アレン, キャロル
◇老いへの備え：明日をさがす―高齢化社会を生きる オーストラリア聖公会シドニー教区社会問題委員会編, 関澄子訳 聖公会出版 1999.9 156p

アレン, ジェイムズ・R.
◇再決断療法（共著）（深沢道子訳）：構成主義的心理療法ハンドブック マイケル・F.ホイト編, 児島達美監訳 金剛出版 2006.9 337p

アレン, ジャクリーン・ヒューイット
◇ドラム缶に詰められた贈り物：とっておきのクリスマス―やさしい気持ちになる9つのおはなし 続 ガイドポスト編, 佐藤敬訳 いのちのことば社（発売） 1998.10 87p

アレン, ダグラス
◇結婚と離婚に対する法制度改革の影響（藤田政博訳）：結婚と離婚の法と経済学 アントニィ・W.ドゥネス, ロバート・ローソン編著, 太田勝造監訳 木鐸社 2004.11 348p （「法と経済学」叢書 5）

アレン, トム（経営学）
◇本書によせて：科学経営のための実践的MOT―技術主導型企業からイノベーション主導型企業へ ヒューゴ・チルキー編, 亀岡秋男監訳 日経BP社 2005.1 397p

アレン, バーバラ・A.
◇再決断療法（共著）（深沢道子訳）：構成主義的心理療法ハンドブック マイケル・F.ホイト編, 児島達美監訳 金剛出版 2006.9 337p

アレン, レスリー
◇ティエラ・デル・フエゴ：知られざる辺境へ―世界の自然と人々 ナショナル・ジオグラフィック協会編, 亀井よし子訳 岩波書店 1992.7 216p （地球発見ブックス）

アーロン, ヘンリー
◇ジャッキー・ロビンソン：TIMEが選ぶ20世紀の100人 下巻 アーチスト・エンターテイナー・ヒーロー・偶像・巨頭 徳岡孝夫監訳 アルク 1999.11 318p

安 栄洙 アン, エイシュ*
◇大学間地域協力の展望（申銀珠訳）：東アジア〈共生〉の条件 佐々木寛編 世織書房 2006.3 404p

安 含老 アン, ガンロウ*
◇三聖記：桓檀古記―蒙古斑族淵源物語 桂延寿編, 朴尚得訳 春風書房 2003.7 410p

安 琪 アン, キ*
◇集権解体後におけるマスコミの役割と位置づけ：鄧小平後の中国―中国人専門家50人による多角的な分析 下巻 何頻編著, 現代中国事情研究会訳 三交社 1994.12 396p

安 国臣 アン, クックシン*
◇所得分配と社会的・政治的不安定性―韓国の経験（橋野知子訳）：所得不平等の政治経済学 南亮進, クワン・S.キム, マルコム・ファルカス編, 牧野文夫, 橋野篤, 橋野知子訳 東洋経済新報社 2000.11 278p

安 剣星 アン, ケンセイ
◇商売と人間―日本人との付き合いについて：中国人の見た日本―留学経験者の視点から 段躍中編, 朱建栄ほか著, 田縁美幸ほか訳 日本僑報社 2000.7 240p

安 志敏 アン, シビン* 《An, Zhi-Min》
◇高床式建築と『楼観』：東アジアの古代をどう考えるか―東アジア古代史再構築のために 第1回東アジア歴史国際シンポジウム 第1回東アジア歴史国際シンポジウム記録編集部編 飛鳥評論社 1993.7 242p

安 善国 アン, ソング
◇安善国 元人民軍ミサイル将校の証言：「北朝鮮」知識人からの内部告発 辺真一責任編集・訳 三笠書房 2000.1 219p （知的生きかた文庫）

安 燦一 アン, チャンイル
◇北に対する南の誤解、南に対する北の捏造：北朝鮮―その衝撃の実像 朝鮮日報『月刊朝鮮』編, 黄民基訳 新訂 講談社 1994.10 549p

安 秉俊 アン, ビュンスン 《Ahn, Byung-Joon》
◇北朝鮮問題にどう対応すべきか：アジア成功への課題―『フォーリン・アフェアーズ』アンソロジー P.クルーグマンほか著, 竹下興喜監訳 中央公論社 1995.3 266p
◇南北韓の平和・協力・統一：国家の分裂と国家の統一―中国、朝鮮、ドイツ、ベトナムの研究 趙全勝編著, 朱継征監訳, 佐佐木のぞみ訳 旬報社 1998.1 276p

安 赫 アン, ヒョク
◇収容者たちはまだ生きているのか？（共著）：北朝鮮大動乱　朝鮮日報『月刊朝鮮』編，黄民基訳　講談社　1994.11　545p

安 平秋 アン, ヘイシュウ*
◇アメリカの図書館に所蔵される宋元版漢籍の概況（共著）（稲畑耕一郎訳）：中国古籍流通学の確立―流通する古籍・流通する文化　中国古籍文化研究所編　雄山閣　2007.3　410p　（アジア地域文化学叢書 6）

安 蘭 アン, ラン*
◇イ（彝）族―涼山地区（共著）（栗原悟訳）：中国少数民族の婚姻と家族　上巻　厳汝嫺主編，江守五夫監訳，百田弥栄子，曽士才，栗原悟訳　第一書房　1996.12　298p　（Academic series—New Asia 18）

アンウィン, ジュディス
◇医療ソーシャルワークの特質（共著）：医療ソーシャルワークの実践　ミーケ・バドウィ, ブレンダ・ビアモンティ編　中央法規出版　1994.9　245p

アンガマール, マックス
◇恐怖から不安へ：十八世紀の恐怖―言説・表象・実践　ジャック・ベールシュトルド, ミシェル・ポレ編, 飯野和夫, 田所光男, 中島ひかる訳　法政大学出版局　2003.12　446p　（叢書・ウニベルシタス 782）

アング, イエン
◇ディアスポラを解体する：グローバリゼーションの文化政治　テッサ・モーリス＝スズキ, 吉見俊哉編　平凡社　2004.11　395p　（グローバリゼーション・スタディーズ 2）

アングルバール, ヴィクトール
◇マルケサス諸島：知られざる辺境へ―世界の自然と人々　ナショナル・ジオグラフィック協会編, 亀井よし子訳　岩波書店　1992.7　216p　（地球発見ブックス）

晏子 アンシ
◇国訳晏子春秋・賈誼新書・公孫竜子（藤田剣峰他訳註）：国訳漢文大成　第2巻　経子史部　第1輯下　日本図書センター　2000.9　p899-2201

アンジェラ（フォリーニョの）
◇幻視と教えの書（富原真弓訳）：中世思想原典集成 15　女性の神秘家　上智大学中世思想研究所翻訳・監修　平凡社　2002.4　1061p

アンジャー, ボブ
◇歌のパフォーマンスで成功した二人の弁護士（共著）：思考は現実化する―私はこうして思考を現実化した実践編　ナポレオン・ヒル財団日本リソーセス編・訳　騎虎書房　1997.3　231p

アンジャリア, シャイレンドラ・J.
◇IMFの使命（共著）：IMF改廃論争の論点　ローレンス・J.マッキラン, ピーター・C.モントゴメリー編, 森川公隆監訳　東洋経済新報社　2000.11　285p

アンスリンジャー, パット
◇企業価値を高める資本政策（共著）（山下明訳）：マッキンゼー事業再生―ターンアラウンドで企業価値を高める　本田桂子編著・監訳　ダイヤモンド社　2004.11　231p　（The McKinsey anthology）

アンダ, メナルド・O.
◇フィリピン―過去と現在 小学生のための歴史と政府（共著）（栗山敦史訳）：フィリピンの歴史教科書から見た日本　佐藤義朗編, 後藤直三, 栗山敦史訳　明石書店　1997.7　174p

アンダーソン, カトリナ
◇タン・キムのジレンマ（中村圭太訳）：トラウマ的記憶の社会史―抑圧の歴史を生きた民衆の物語　大阪外国語大学グローバル・ダイアログ研究会, 松野明久編　明石書店　2007.9　186p

アンダーソン, カレン・M.
◇スウェーデンの年金改革（小島一生訳）：年金改革の比較政治学―経路依存性と非難回避　新川敏光, ジュリアーノ・ボノーリ編, 新川敏光監訳　ミネルヴァ書房　2004.10　341p　（ガヴァナンス叢書 第1巻）

アンダーソン, ジャッキー
◇地域社会での集中指導法―機能的な般化技能の形成モデル（共著）：自閉症, 発達障害者の社会参加をめざして―応用行動分析学からのアプローチ　R.ホーナー他著, 小林重雄, 加藤哲文監訳　二瓶社　1992.12　299p　（叢書・現代の心理学 3）

アンダーソン, ジャック
◇私の確認した金大中拉致事件―アメリカコラムニスト, ジャック・アンダーソンの記事：金大中拉致事件の真相　金大中先生拉致事件の真相糾明を求める市民の会（韓国）編著, 大畑正姫訳　三一書房　1999.7　397p　図版14p

アンダーソン, ジョエル
◇貧困問題の解決策を示唆するヘーゲルの見解：リベラリズムとコミュニタリアニズムを超えて―ヘーゲル法哲学の研究　ロバート・R.ウイリアムズ編, 中村浩爾, 牧野広義, 形野清貴, 田中幸世訳　文理閣　2006.12　369p

アンダーソン, スティーブン・R.
◇時間主導型ABCマネジメント（共著）：いかに「時間」を戦略的に使うか　Diamondハーバード・ビジネス・レビュー編集部編訳　ダイヤモンド社　2005.10　192p　（Harvard business review anthology）

アンダーソン, リサ
◇中東の紛争：コンフリクト　M.ジョーンズ, A.C.フェビアン共編, 大淵憲一, 熊谷智博共訳　培風館　2007.11　256p

アンダーハイデン, M.
◇臓器移植法と死期の憲法問題（畑尻剛訳）：先端科学技術と人権―日独共同研究シンポジウム　ドイツ憲法判例研究会編　信山社出版　2005.2　428p

アンティポン（ソフィストの）
◇ソフィストのアンティポン（朴一功訳）：ソクラテス以前哲学者断片集　第5分冊　内山勝利編　岩波書店　1997.3　255p

アンデション, ビルギッタ・ホルムダール
◇住宅覚え書き：スウェーデンの住環境計画　スヴェン・ティーベイ編著, 外山義訳　鹿島出版会　1996.2　292p

アンデンホフ, リータ
◇マックス・ヴェーバーと福音社会会議：マックス・

ヴェーバーとその同時代人群像　W.J.モムゼン，J.オースターハメル，W.シュベントカー編著，鈴木広，米沢和彦，嘉目克彦監訳　ミネルヴァ書房　1994.9　531, 4p

アントニウス(パドヴァの)
◇主日説教集・祝日説教集:中世思想原典集成 12 フランシスコ会学派　上智大学中世思想研究所編訳・監修　平凡社　2001.9　1047p

アントーノフ, ウラジミール
◇九・一一以後の「アメリカ問題」(アレクサンドル・ブラーソル訳):東アジア〈共生〉の条件　佐々木寛編　世織書房　2006.3　404p

アントーノフ=オフセーエンコ, A.
◇出世の道程─ベリヤの横顔・素描:ベリヤ=スターリンに仕えた死刑執行人 ある出世主義者の末路　ヴラジーミル・F.ネクラーソフ編，森島明訳　エディションq　1997.9　365p

アンドレアス(サン=ヴィクトルの)
◇七書註解:中世思想原典集成 9　サン=ヴィクトル学系　上智大学中世思想研究所編訳・監修　平凡社　1996.1　727p

アンナーイム, アブドラヒ・アハメド
◇イスラムのジハードと米国のジハードに反対し、国際的合法性を維持する:衝突を超えて─9・11後の世界秩序　K.ブース，T.ダン編，寺島隆吉監訳，塚田幸三，寺島美紀子訳　日本経済評論社　2003.5　469p

アンフェールト, トマス
◇リンネの旅行者たち(篠田真理子訳):十八世紀における他者のイメージ─アジアの側から、そしてヨーロッパの側から　中川久定，J.シュローバハ編　河合文化教育研究所　2006.3　370p

アンリ=レヴィ, ベルナール
◇ボスニアとダイエットコーク文明:知の大潮流─21世紀へのパラダイム転換 今世紀最高の頭脳が予見する未来　ネイサン・ガーデルズ編，仁保真佐子訳　徳間書店　1996.12　419p

【イ】

李 玉粉　イ, オクブン
◇十二歳のとき、ゴム跳びをしていて:証言─強制連行された朝鮮人軍慰安婦たち　韓国挺身隊問題対策協議会・挺身隊研究会編，従軍慰安婦問題ウリヨソンネットワーク訳　明石書店　1993.10　345p

李 琦雨　イ, キウ
◇韓国における法治行政の原理、地方自治法、警察行政法:韓国法の現在　上　小島昌夫，韓相範編　中央大学出版部　1993.3　470p　(日本比較法研究所研究叢書 24)

李 基東　イ, ギドン
◇韓国古代史研究の現状と課題:東アジアの古代をどう考えるか─東アジア古代史再構築のために 第1回東アジア歴史国際シンポジウム　第1回東アジア歴史国際シンポジウム記録編集部編　飛鳥評論社　1993.7　242p
◇韓国古代木簡の発見による新羅・百済史研究の新たな進展(朴ミン慶訳):韓国出土木簡の世界　朝鮮文化研究所編　雄山閣　2007.3　402p　(アジア地域文化学叢書 4)

イ, ギボム
◇韓国の平和運動と平和教育(抄訳)(金敬黙訳):北朝鮮の人びとと人道支援─市民がつくる共生社会・平和文化　日本国際ボランティアセンター(JVC)編　明石書店　2004.7　169p

イ, クァンギュ
◇中国朝鮮族アイデンティティの変容:ディアスポラとしてのコリアン─北米・東アジア・中央アジア　高全恵星監修，柏崎千佳子監訳　新幹社　2007.10　578p

韋 恒　イ, コウ*
◇小城鎮の問題─第三の足で歩む(共著):現代中国の実像─江沢民ブレーン集団が明かす 全27の課題とその解決策　劉吉，許明，黄葦青編著，謝端明，岡田久典日本語版監修，中川友訳　ダイヤモンド社　1999.5　687p

李 建中　イ, コンジュン*
◇ロシアをさ迷う亡命知識人の手紙:金正日の衝撃の実像　朝鮮日報『月刊朝鮮』編，黄民基訳　講談社　1994.11　568p

李 建容　イ, コンヨン*
◇民族音楽論の理論と実践(琴玲夏訳):韓国社会論争─最新ガイド　月刊『社会評論』(韓国)編集部編，文京洙ほか監訳　社会評論社　1992.10　299p

李 三悦　イ, サミョル
◇人権思想の発展と実践課題(高正子, 安聖民訳):グローバル時代の人権を展望する─日本と韓国の対話 衡平運動80周年記念国際学術会議から　金仲燮，友永健三編著，高正子，安聖民，李嘉永訳　部落解放・人権研究所　2004.3　218p

李 三星　イ, サムソン
◇東北アジア非核兵器地帯とミサイル防衛:ミサイル防衛─大いなる幻想 東西の専門家20人が批判する　デービッド・クリーガー，カラー・オン編，梅林宏道，黒崎輝訳　高文研　2002.11　155p

李 祥雨　イ, サンウ
◇国家権力が介入した不道徳と陰謀に満ちた事件─朴正熙氏拉致事件と田中角栄内閣のスキャンダル:金大中拉致事件の真相　金大中先生拉致事件の真相糾明を求める市民の会(韓国)編著，大畑正姫訳　三一書房　1999.7　397p 図版14p

李 相禹　イ, サンウ
◇金日成神政体制の強いところ:北朝鮮─その衝撃の実像　朝鮮日報『月刊朝鮮』編，黄民基訳　新訂　講談社　1994.10　549p

李 相玉　イ, サンオク
◇初潮前に処女を奪われ:証言─強制連行された朝鮮人軍慰安婦たち　韓国挺身隊問題対策協議会・挺身隊研究会編，従軍慰安婦問題ウリヨソンネットワーク訳　明石書店　1993.10　345p

李 相高　イ, サンコ*
◇韓国の石干見漁業(共著)(金秀姫訳):石干見─最古の漁法　田和正孝編　法政大学出版局　2007.2　313p　(ものと人間の文化史 135)

イ, サンファ
◇哲学におけるフェミニズム受容と哲学体系の変化：韓国フェミニズムの潮流　チャン・ピルファ, クォン・インスク, キム・ヒョンスク, イ・サンファ, シン・オクヒ, シン・イルリョン, ユン・フジョン著, 西村裕美編訳　明石書店　2006.4　336p　（明石ライブラリー 95）

李 商永　イ, サンヨン*
◇韓国の個人信用回復支援制度の特色（尹竜沢訳）：ADRの実際と理論　2　小島武司編　中央大学出版部　2005.3　427p　（日本比較法研究所研究叢書 68）

李 載殷　イ, ジェウン*
◇韓国における地方税制改革（兪和訳）：三位一体改革のネクスト・ステージ　日本地方財政学会編　勁草書房　2007.10　250p　（日本地方財政学会研究叢書）

李 在熙　イ, ジェヒ*
◇社会の性格と発展展望（呉輝邦訳）：韓国社会論争―最新ガイド　月刊『社会評論』（韓国）編集部編, 文京洙ほか監訳　社会評論社　1992.10　299p

李 在賢　イ, ジェヒョン*
◇九〇年代の文学論争（河賢一訳）：韓国社会論争―最新ガイド　月刊『社会評論』（韓国）編集部編, 文京洙ほか監訳　社会評論社　1992.10　299p

李 長熙　イ, ジャンヒ*
◇国際法―韓国の国際法学の現在と未来：韓国法の現在　上　小島武司, 韓相範編　中央大学出版部　1993.3　470p　（日本比較法研究所研究叢書 24）

李 鐘旿　イ, ジョンオ*
◇民衆の政治勢力化と社会変革（朴知美訳）：韓国社会論争―最新ガイド　月刊『社会評論』（韓国）編集部編, 文京洙ほか監訳　社会評論社　1992.10　299p

李 貞玉　イ, ジョンオク*
◇21世紀における人権概念の変化とNGOの対応（高正子, 安聖民訳）：グローバル時代の人権を展望する―日本と韓国の対話　衡平運動80周年記念国際学術会議から　金仲燮, 友永健三編著, 高正子, 安聖民, 李嘉永訳　部落解放・人権研究所　2004.3　218p

李 鐘珏　イ, ジョンガク*
◇李厚洛証言―事件当時のKCIA部長―四年目にして口を開く　他：金大中拉致事件の真相　金大中先生拉致事件の真相糾明を求める市民の会（韓国）編著, 大畑正姫訳　三一書房　1999.7　397p　図版14p

李 鍾振　イ, ジョンジン*
◇比較文学の観点から見た韓国・日本・中国近代文学の特徴（辛夏寧訳）：人文知の新たな総合に向けて―21世紀COEプログラム「グローバル化時代の多元的人文学の拠点形成」　第2回報告書 4（文学篇1（論文））　京都大学大学院文学研究科21世紀COEプログラム「グローバル化時代の多元的人文学の拠点形成」編　京都大学大学院文学研究科21世紀COEプログラム「グローバル化時代の多元的人文学の拠点形成」　2004.3　432p

李 宗錫　イ, ジョンソク*
◇北朝鮮の政治（高正臣訳）：韓国社会論争―最新ガイド　月刊『社会評論』（韓国）編集部編, 文京洙ほか監訳　社会評論社　1992.10　299p

李 政勳　イ, ジョンフン
◇巨大なサボタージュの共和国：北朝鮮大動乱　朝鮮日報『月刊朝鮮』編, 黄民基訳　講談社　1994.11　545p
◇ポスト金日成体制の寿命を予測：金正日その衝撃の実像　朝鮮日報『月刊朝鮮』編, 黄民基訳　講談社　1994.11　568p

李 鍾玟　イ, ジョンミン*
◇青磁窯址発掘調査の成果と検討（李聖子訳）：考古学論集　第6号　考古学を学ぶ会編　歴文堂書房　2005.10　203p

李 順玉　イ, スノク
◇「処女供出」を逃れたつもりが……：証言―強制連行された朝鮮人軍慰安婦たち　韓国挺身隊問題対策協議会・挺身隊研究会編, 従軍慰安婦問題ウリヨソンネットワーク訳　明石書店　1993.10　345p

李 秀蓮　イ, スリョン
◇消えた北送僑胞：どん底の北朝鮮―二〇〇四年ついにここまできてしまった！　趙甲済編, 中根悠訳　ビジネス社　2004.1　230p

李 淳鎮　イ, スンジン
◇新しく発掘された黄垈城跡：朝鮮民族と国家の源流―神話と考古学　在日本朝鮮歴史考古学協会編訳　雄山閣出版　1995.7　270p　（考古学選書）

李 承赫　イ, スンヒョク
◇満王朝の滅亡と楽浪国：朝鮮民族と国家の源流―神話と考古学　在日本朝鮮歴史考古学協会編訳　雄山閣出版　1995.7　270p　（考古学選書）

イ, スンミ
◇韓国国家人権委員会（朴君愛訳）：人権をどう教えるのか―「人権」の共通理解と実践　アジア・太平洋人権情報センター編　現代人文社　2007.6　197p　（アジア・太平洋人権レビュー 2007）

李 盛周　イ, ソンジュ
◇考古学からみた新羅の成立とアイデンティティ（岡田裕之訳）：東アジア古代国家論―プロセス・モデル・アイデンティティ　田中良之, 川本芳昭編　すいれん舎　2006.4　385p

李 宣泰　イ, ソンテ*
◇韓国の主体思想論争（高正臣訳）：韓国社会論争―最新ガイド　月刊『社会評論』（韓国）編集部編, 文京洙ほか監訳　社会評論社　1992.10　299p

イ, ソンファン
◇余暇の享有権（稲木隆憲訳）：社会文化研究　第4号　行為としての社会文化　『社会文化研究』編集委員会編　社会文化学会　2001.5　118p

李 星鎬　イ, ソンホ*
◇韓国における近代大学の登場：アジアの大学―従属から自立へ　フィリップ・G.アルトバック, ヴィスワナタン・セルバラトナム編, 馬越徹, 大塚豊監訳　玉川大学出版部　1993.10　380p
◇韓国の高等教育：アジアの高等教育改革　フィリップ・G.アルトバック, 馬越徹編, 北村友人監訳　玉川大学出版部　2006.9　412p　（高等教育シリーズ 137）

李 成茂　イ, ソンム
◇国史編纂委員会の史料調査・編纂事業（吉田光男訳）：歴史学と史料研究　東京大学史料編纂所編　山川出版社　2003.7　278p

李 德周　イ, ドクジュ*
◇三・一運動と堤岩里教会事件：三・一独立運動と堤岩里教会事件　韓国基督教歴史研究所編著, 信長正義訳　神戸学生青年センター出版部　1998.5　252p

李 得南　イ, ドクナム
◇満州、漢口、クタラジャを転々と：証言―強制連行された朝鮮人軍慰安婦たち　韓国挺身隊問題対策協議会・挺身隊研究会編, 従軍慰安婦問題ウリヨソンネットワーク訳　明石書店　1993.10　345p

李 東昱　イ, ドンウク
◇アウシュビッツ―耀徳 人間抹殺工場：北朝鮮大動乱　朝鮮日報『月刊朝鮮』編, 黄民基訳　講談社　1994.11　545p
◇金日成死去のニュースを聞いた亡命者たち 他：金正日その衝撃の実像　朝鮮日報『月刊朝鮮』編, 黄民基訳　講談社　1994.11　568p
◇朝鮮労働党の国・北朝鮮―北朝鮮の権力構造分析：金正日, したたかで危険な実像　朝鮮日報『月刊朝鮮』編, 黄珉基訳　講談社　1997.12　301p（講談社+α文庫）

李 孝仁　イ, ヒョイン*
◇韓国社会と映画（朴恒有訳）：韓国社会論争―最新ガイド　月刊『社会評論』（韓国）編集部編, 文京洙ほか監訳　社会評論社　1992.10　299p

李 効再　イ, ヒョジェ*
◇日本軍慰安婦問題解決運動の展開過程：韓国女性人権運動史　韓国女性ホットライン連合編, 山下英愛訳　明石書店　2004.7　653p（世界人権問題叢書 51）

李 賢淑　イ, ヒョンスク*
◇妻への殴打「DV」追放運動史（共著）：韓国女性人権運動史　韓国女性ホットライン連合編, 山下英愛訳　明石書店　2004.7　653p（世界人権問題叢書 51）

李 鉉清　イ, ヒョンチョン*
◇大学のパラダイム転換と韓国高等教育システムの改革（渡辺達雄訳）：COE国際セミナー/8ヵ国会議21世紀型高等教育システム構築と質的保証　広島大学高等教育研究開発センター編　広島大学高等教育研究開発センター　2004.12　188p（COE研究シリーズ 13）

李 炳泰　イ, ビョンテ*
◇韓国の会社法：韓国法の現在　下　小島武司, 韓相範編　中央大学出版部　1993.10　477p（日本比較法研究所研究叢書 27）

李 炳魯　イ, ビョンロ*
◇韓国における日本学研究の現況と展望（宣憲洋訳）：日韓経済および企業経営の諸問題　桃山学院大学総合研究所編　桃山学院大学総合研究所　2004.10　275p（桃山学院大学・啓明大学校国際学術セミナー 7）

李 興在　イ, フンヨン*
◇社会保障法の現況と問題点：韓国法の現在　下　小島武司, 韓相範編　中央大学出版部　1993.10　477p（日本比較法研究所研究叢書 27）

イ, ヘギョン
◇韓国福祉国家性格論争の含意と研究方向：韓国福祉国家性格論争　金淵明編, 韓国社会保障研究会訳　流通経済大学出版会　2006.1　433p

李 ヘソル　イ, ヘソル*
◇韓国レズビアン人権運動史：韓国女性人権運動史　韓国女性ホットライン連合編, 山下英愛訳　明石書店　2004.7　653p（世界人権問題叢書 51）

李 洪九　イ, ホング
◇北方政策と統一の展望：北朝鮮―その衝撃の実像　朝鮮日報『月刊朝鮮』編, 黄民基訳　新訂　講談社　1994.10　549p

李 峰峡　イ, ボンヒョプ
◇住民弾圧機関の掌握力が弱まっている：北朝鮮大動乱　朝鮮日報『月刊朝鮮』編, 黄民基訳　講談社　1994.11　545p

李 万宇　イ, マンウ*
◇北朝鮮の経済（高正臣訳）：韓国社会論争―最新ガイド　月刊『社会評論』（韓国）編集部編, 文京洙ほか監訳　社会評論社　1992.10　299p

李 万烈　イ, マンヨル*
◇三・一運動とキリスト教（講演）：三・一独立運動と堤岩里教会事件　韓国基督教歴史研究所編著, 信長正義訳　神戸学生青年センター出版部　1998.5　252p

李 命英　イ, ミョンヨン*
◇金日成伝説の始まり：金正日その衝撃の実像　朝鮮日報『月刊朝鮮』編, 黄民基訳　講談社　1994.11　568p

李 敏雄　イ, ミンウン*
◇丁酉再乱期における漆川梁海戦の背景と主要経過（太田秀春訳）：韓国の倭城と壬辰倭乱　黒田慶一編　岩田書院　2004.11　558, 15p

李 文永　イ, ムンヨン*
◇金大中事件の解決とは何か―民主主義の原点を忘れてはならない：金大中拉致事件の真相　金大中先生拉致事件の真相糾明を求める市民の会（韓国）編著, 大畑正姫訳　三一書房　1999.7　397p 図版14p

李 栄旭　イ, ヨンウク*
◇美術運動の成果と争点（琴珍夏訳）：韓国社会論争―最新ガイド　月刊『社会評論』（韓国）編集部編, 文京洙ほか監訳　社会評論社　1992.10　299p

李 栄植　イ, ヨンシク*
◇韓国人の日本観II（共著）：嫌韓反日の構造　望月幹夫, 林永春編著, 尹大辰訳　白帝社　1997.8　235p

李 英俊　イ, ヨンジュン（法律）*
◇韓国仲裁法と仲裁合意（尹竜沢訳）：ADRの実際と理論　2　小島武司編　中央大学出版部　2005.3　427p（日本比較法研究所研究叢書 68）

李 容洙　イ, ヨンス
◇くやしい！私の青春を返して：証言―強制連行された朝鮮人軍慰安婦たち　韓国挺身隊問題対策協議会・挺身隊研究会編, 従軍慰安婦問題ウリヨソンネットワーク訳　明石書店　1993.10　345p

李 英淑　イ, ヨンスク
◇決して忘れることはできないけれど、もう恨まない：

証言―強制連行された朝鮮人軍慰安婦たち　韓国挺身隊問題対策協議会・挺身隊研究会編，従軍慰安婦問題ウリヨソンネットワーク訳　明石書店　1993.10　345p

李 英石　イ，ヨンソク*
◇金鍾泌と李厚洛の対立―李厚洛はなぜ口を開いたか：金大中拉致事件の真相　金大中先生拉致事件の真相糾明を求める市民の会（韓国）編著，大畑正姫訳　三一書房　1999.7　397p　図版14p

李 用女　イ，ヨンニョ
◇ここで死ぬんだなあ：証言―強制連行された朝鮮人軍慰安婦たち　韓国挺身隊問題対策協議会・挺身隊研究会編，従軍慰安婦問題ウリヨソンネットワーク訳　明石書店　1993.10　345p

李 鎔賢　イ，ヨンヒョン*
◇咸安城山山城出土木簡（橋本繁訳）：韓国出土木簡の世界　朝鮮文化研究所編　雄山閣　2007.3　402p　（アジア地域文化学叢書 4）

李 栄薫　イ，ヨンフン*
◇19世紀ソウル財貨市場の動向（朴晩奉訳）：東アジア近代経済の形成と発展　中村哲編著　日本評論社　2005.3　288p　（東アジア資本主義形成史 1）
◇18世紀朝鮮王朝の経済体制（共著）（木村拓訳）：近代東アジア経済の史的構造　中村哲編著　日本評論社　2007.3　398p　（東アジア資本主義形成史 3）

李 暎美　イ，ヨンミ*
◇民族刷運動論の流れ（呉輝邦訳）：韓国社会論争―最新ガイド　月刊『社会評論』（韓国）編集部編，文京洙ほか監訳　社会評論社　1992.10　299p

李 蓮花　イ，リェンファ*
◇木炭車で走る共和国：北朝鮮―その衝撃の実像　朝鮮日報『月刊朝鮮』編，黄民基訳　新訂　講談社　1994.10　549p

イヴェル，J.
◇フランス西部の慣習群の基本的諸特徴：塙浩著作集―西洋法史研究 20 ヨーロッパ私法史　塙浩訳著　信山社出版　2004.10　603p

イーヴォーズ，E. M.
◇クリスタベル・パンクハースト（吉田利子訳）：インタヴューズ 1 クリストファー・シルヴェスター編，新庄哲夫ほか訳　文芸春秋　1998.11　462p

イェーガ，ジャン
◇あなたの評価を高める六つのマナー：セルフヘルプ―なぜ、私は困難を乗り越えられるのか 世界のビッグネーム自らの47の証言　ケン・シェルトン編著，堀紘一監訳　フロンティア出版　1998.7　301p

イェーガー，レランド・B.
◇IMF成立の背景とその目的：IMF改廃論争の論点　ローレンス・J.マッキラン，ピーター・C.モントゴメリー編，森川公隆訳　東洋経済新報社　2000.11　285p

イェッケル，エーバーハルト
◇想定家たちの不毛なやり口―ナチスによる犯罪の唯一性は否定しえない（細見和之訳）：過ぎ去ろうとしない過去―ナチズムとドイツ歴史家論争　ユルゲン・ハーバーマス他著，徳永恂ほか訳　人文書院　1995.6　257p

イエピシエフ，A. A.
◇第23回ソ連共産党大会に対する演説：ソ連の軍事面における核革命　ウィリアム・キントナー，ハリエット・ファスト・スコット編　〔防衛研修所〕　1970　345p　（研究資料 70RT-9）

イェフティチ，ボリヨヴェ
◇共謀者が語るサライェヴォ事件（一九一四年六月二十八日）：歴史の目撃者　ジョン・ケアリー編，仙名紀訳　朝日新聞社　1997.2　421p

イエルデ，ピエール・F.
◇グローバル化時代のソーシャル・ネットワーク研究（共著）：愛着からソーシャル・ネットワークへ―発達心理学の新展開　マイケル・ルイス，高橋恵子編，高橋恵子監訳　新曜社　2007.5　197, 70p

イエロブシェク，J.
◇自主管理企業における効率と民主性（共著）（村上網実訳）：参加的組織の機能と構造―ユーゴスラヴィア自主管理企業の理論と実践　J.オブラドヴッチ，W.N.ダン編著，笠原清志監訳　時潮社　1991.4　574p

イエングスト，ウィリアム
◇近い過去と博物館（共著）：スミソニアンは何を展示してきたか　A.ヘンダーソン，A.L.ケプラー編，松本栄寿，小浜清子訳　玉川大学出版部　2003.5　309p

イェン・チェリー
◇民族再統一に向かって：女たちのビルマ―軍事政権下を生きる女たちの声　藤目ゆき監修，タナッカーの会編，富田あかり訳　明石書店　2007.12　446p　（アジア現代女性史 4）

イーガン，マーク
◇最初の90日―経営陣と良好な関係を築く：米先進企業CIOが明かすIT経営を成功させる17の「法則」　ディーン・レーン編，飯田雅美，高野恵里訳，日経情報ストラテジー監訳　日経BP社　2005.7　431p

郁 達夫　イク，タツブ
◇飲食は福州にあり：中国人、「食」を語る　暁白，暁珊選編，多田敏宏訳　近代文芸社　2003.12　219p

池上 直己　イケガミ，ナオキ
◇アルコール依存と危険な飲酒（共著）：日本版MDS-HC 2.0在宅ケアアセスメントマニュアル　John N.Morris他編著，池上直己訳　医学書院　1999.9　294p

池田 清　イケダ，キヨシ
◇寡黙の提督東郷平八郎と英国（大庭定男訳）：英国と日本―日英交流人物列伝　イアン・ニッシュ編，日英文化交流研究会訳　博文館新社　2002.9　470p

イーゲルホフ，ウィリアム・G.
◇多国籍企業の調整と意思疎通のための情報技術（IT）の役割（富岡昭訳）：国際経営学の誕生 3 組織理論と組織行動の視座　ブライアン・トイン，ダグラス・ナイ編，村山元英監訳，国際経営文化学会訳　文真堂　2000.3　392p

イザール，M.
◇一二世紀から一六世紀までのニジェール川湾曲部およびボルタ川流域の諸民族と諸王国（阿久津昌三訳）：ユネスコ・アフリカの歴史　第4巻　一二世紀から一六世紀までのアフリカ　アフリカの歴史起草のため

418

イシ, アンジェロ
◇「ポスト・デカセギ時代」の日系ブラジル人による国際戦略の挑戦：海外における日本人、日本のなかの外国人―グローバルな移民流動とエスノスケープ　岩崎信彦, ケリ・ピーチ, 宮島喬, ロジャー・グッドマン, 油井清光編　昭和堂　2003.2　482p

イシドルス（セビリャの）
◇語源・著名者列伝：中世思想原典集成　5　後期ラテン教父　上智大学中世思想研究所編訳・監修　平凡社　1993.9　669p

イージング, ディーター
◇ヨーハン・クリストフ・ブルームハルト：19世紀の牧会者たち　2　日本キリスト教団出版局　2003.6　184p（魂への配慮の歴史　第10巻　C.メラー編、加藤常昭訳）

イーストホープ, アントニー
◇批評理論・文化理論とポストモダニズム：ポストモダニズムとは何か　スチュアート・シム編, 杉野健太郎ほか訳　松柏社　2002.6　303p（松柏社叢書―言語科学の冒険　22）

イスラム, イヤナトゥル
◇インドネシアにおける民主主義・経済回復・人間開発（共著）（堀江新子訳）：アジアの開発と貧困―可能力、女性のエンパワーメントとQOL　松井範惇, 池本幸生編著　明石書店　2006.4　372p

イスラム, シャフィカル
◇日本封じ込めを憂う：戦後日米関係を読む―『フォーリン・アフェアーズ』の目　梅垣理郎編訳　中央公論社　1993.12　351p（中公叢書）

イスラム, マムダ
◇バングラデシュの変わりゆく家族とジェンダー：アジアの経済発展と家族及びジェンダー　篠崎正美監著, アジア女性交流・研究フォーラム編　改訂版　アジア女性交流・研究フォーラム　2000.3　203p

イタリア大使館情報官室
◇イタリアの女性とファシズモ：世界女性学基礎文献集成　昭和初期編　第15巻　水田珠枝監修　ゆまに書房　2001.12　20, 461p

一条 和生　イチジョウ, カズオ*
◇知識ベース能力の戦略的マネジメント：より高度の知識経済化で一層の発展をめざす日本―諸外国への教訓　柴田勉, 竹内弘高共訳, 田村勝male訳　一灯舎　2007.10　472, 36p

逸夫　イツ, フ
◇周恩来の曲線救国：人間・周恩来―紅朝宰相の真実　金鐘編, 松田州二訳　原書房　2007.8　370p

イッシュ, チャールズ
◇家族を友達だと思ってほしい：子供たちへの手紙―あなたにこれだけは伝えたい　エリカ・グッド編, 中埜有理訳　三田出版会　1997.7　371p

イップ, ジョージ・S.
◇バランスのとれたグローバル戦略：スマート・グローバリゼーション　A.K.グプタ, D.E.ウエストニー編著, 諸上茂登監訳　同文舘出版　2005.3　234p

イーディ, ベティ
◇神聖な精神：魂をみがく30のレッスン　リチャード・カールソン, ベンジャミン・シールド編, 鴨志田千枝子訳　同朋舎　1998.6　252p
◇自分を受け入れ、愛することを学ぶ：小さなことを大きな愛でやろう　リチャード・カールソン, ベンジャミン・シールド編, 小谷啓子訳　PHP研究所　1999.11　263, 7p

イーデル, モーシェ
◇宗教、思想及び態度―ユダヤ人への追放の影響：スペインのユダヤ人―1492年の追放とその後　エリー・ケドゥリー編, 関哲行, 立石博高, 宮前安子訳　平凡社　1995.12　285p

伊藤 隆敏　イトウ, タカトシ
◇1990年代に頭打ちになった日本経済（堀敬一訳）：日本金融システムの危機と変貌　星岳雄, ヒュー・パトリック編, 筒井義郎監訳　日本経済新聞社　2001.5　360p

伊藤 秀史　イトウ, ヒデフミ*
◇インセンティブ理論の見地からみた日本企業の人的資源のマネジメント　他：国際・学際研究　システムとしての日本企業　青木昌彦, ロナルド・ドーア編, NTTデータ通信システム科学研究所訳　NTT出版　1995.12　553p

イドリース, R.
◇ムワッヒド朝滅亡後のマグレブ社会（竹田真理訳）：ユネスコ・アフリカの歴史　第4巻　一二世紀から一六世紀までのアフリカ　アフリカの歴史起草のためのユネスコ国際学術委員会編, 宮本正興責任編集　D.T.ニアヌ編　同朋舎出版　1992.9　2冊

イニエスタ, アルベルト
◇『黙示録』―危機の時代の書（大高保二郎訳）：ベアトゥス黙示録註解―ファクンドゥス写本　J.ゴンザレス・エチュガライほか解説, 大高保二郎, 安発和彰訳　岩波書店　1998.9　223p

イヌイ, ロイド
◇序論：日系人とグローバリゼーション―北米、南米、日本　レイン・リョウ・ヒラバヤシ, アケミ・キクムラ=ヤノ, ジェイムズ・A.ヒラバヤシ編, 移民研究会訳　人文書院　2006.6　532p

イーバー, ナンドー
◇イタリア統一―パレルモ解放従軍記（一八六〇年五月二十七～三十一日）：歴史の目撃者　ジョン・ケアリー編, 仙名紀訳　朝日新聞社　1997.2　421p

イプゼン, ヨルン
◇一般裁判所、憲法裁判所およびヨーロッパ人権裁判所による基本権保護（嶋崎健太郎訳）：憲法裁判の国際的発展―日独共同研究シンポジウム　ドイツ憲法判例研究会編　信山社出版　2004.2　385, 12p

イフタヘル, オレン
◇民主主義とエスノクラシーの間（黒木英充訳）：紛争現場からの平和構築―国際刑事司法の役割と課題　城山英明, 石田勇治, 遠藤乾編　東信堂　2007.10　208p（未来を拓く人文・社会科学シリーズ　0）

イブハマー, マーガレッタ
◇ケアの社会的側面と医療との関係：高齢者ケアをどうするか―先進国の悩みと日本の選択　高木安雄監

イフンアル

修・訳，池上直子，ジョン・C.キャンベル編著　中央法規出版　2002.7　256p

イブン・アル・ハイサム
◇「光に関する論攷」抄訳（甲子雅代訳）：神話・象徴・イメージ—Hommage a Kosaku Maeda　蔵持不三也，永沢峻，松枝到編　原書房　2003.3　416p

イブン・トゥファイル
◇ヤクザーンの子ハイイの物語（垂井弘志訳）：中世思想原典集成　11　イスラーム哲学　上智大学中世思想研究所編訳・監修　平凡社　2000.12　1161p

イブン・バーッジャ
◇孤独者の経綸　知性と人間の結合（竹下政孝訳）：中世思想原典集成　11　イスラーム哲学　上智大学中世思想研究所編訳・監修　平凡社　2000.12　1161p

林　貞姫　イム，ジョンヒ
◇腹をすかした患者たちの脱出騒動：北朝鮮—その衝撃の実像　朝鮮日報『月刊朝鮮』編，黄民基訳　新訂　講談社　1994.10　549p

林　淳万　イム，スンマン
◇キリスト教の布教と「白丁」共同体：朝鮮の「身分」解放運動　民族教育文化センター訳，衡平運動70周年記念事業会編　部落解放研究所　1994.7　223p

林　昊俊　イム，ホジュン
◇核がないと信じる北朝鮮国民はいない：北朝鮮大動乱　朝鮮日報『月刊朝鮮』編，黄民基訳　講談社　1994.11　545p

林　永珍　イム，ヨンジン*
◇韓国南西部の前方後円形古墳と埴輪状土製品（大京姫通訳）：王の墓と奉仕する人びと—歴博フォーラム　国立歴史民俗博物館編　山川出版社　2004.8　223p

林　永宣　イム，ヨンソン
◇大動乱前夜—軍部内の離反：北朝鮮大動乱　朝鮮日報『月刊朝鮮』編，黄民基訳　講談社　1994.11　545p

林　永春　イム，ヨンチュン
◇『醜い韓国人（歴史検証編）』に反駁する（共著）（尹大辰訳）：嫌韓反日の構造　望月幹夫，林永春編著，尹大辰訳　白帝社　1997.8　235p

イームズ，エドウィン
◇都市におけるエスニック集団（共著）：「エスニック」とは何か—エスニシティ基本論文選　青柳まちこ編・監訳　新泉社　1996.3　221p　（「知」の扉をひらく）

イメル，メアリー・ブレア
◇赤ちゃんのおかげで：とっておきのクリスマス—やさしい気持ちになる9つのおはなし　続　ガイドポスト編，佐藤敬訳　いのちのことば社（発売）　1998.10　87p

イーリー，ロビン・J.
◇多様性を競争優位に変える新たなパラダイム（共著）：人材マネジメント　Harvard Business Review編，Diamondハーバード・ビジネス・レビュー編集部訳　ダイヤモンド社　2002.3　309p

入江　昭　イリエ，アキラ
◇個人，国家，および世界の記憶（篠原初枝訳）：記憶としてのパールハーバー　細谷千博，入江昭，大芝亮編　ミネルヴァ書房　2004.5　536, 10p

イリーン，イヴァン
◇力による悪への抵抗に関して（大山麻稀子ほか訳）：20世紀ロシア思想の一断面—亡命ロシア人を中心として　御子柴道夫編　千葉大学大学院社会文化科学研究科　2005.3　303p　（社会文化科学研究科研究プロジェクト報告書　第106集）

イールジェン，ダニエル・R.
◇1990年代のチーム研究：リーダーシップ理論と研究　マーティン・M.チェマーズ，ロヤ・エイマン編，白樫三四郎訳編　黎明出版　1995.9　234p

イルデフォンスス（トレドの）
◇著名者列伝：中世思想原典集成　5　後期ラテン教父　上智大学中世思想研究所編訳・監修　平凡社　1993.9　669p

イロマキ，ヘンニ
◇うちの小鳥（可愛い嫁の呼称）は，よく仕事をする：ロウヒのことば—フィンランド女性の視角からみた民俗学　下　アイリ・ネノラ，センニ・ティモネン編，目荒ゆみ訳　文理閣　2003.7　233p

イワノフ
◇「ラムゼイ」は応信する：ゾルゲ事件関係外国語文献翻訳集　no.5　日露歴史研究センター事務局編　日露歴史研究センター事務局　2004.9　65p
◇「ラムゼイ」は応信する：ゾルゲ事件関係外国語文献翻訳集　no.6　日露歴史研究センター事務局編　日露歴史研究センター事務局　2005.2　52p
◇「ラムゼイ」は応信する．最終回：ゾルゲ事件関係外国語文献翻訳集　no.7　日露歴史研究センター事務局編　日露歴史研究センター事務局　2005.4　68p

イワーノフ，V.D.
◇軍事的脅威と国家の防衛力強化の問題に関するソ連共産党第23回党大会（共著）：ソ連の軍事面における核革命　ウィリアム・キントナー，ハリエット・ファスト・スコット編　〔防衛研修所〕　1970　345p　（研究資料 70RT-9）

イワーノフ，ヴャチェスラフ・フセヴォロドヴィチ
◇ロシア人研究者の見た日本の仏教（堤正典訳）：世界から見た日本化—多文化共生社会の構築のために　神奈川大学人文学研究所編　御茶の水書房　2007.3　191, 5p　（神奈川大学人文学研究叢書 23）

岩村　正彦　イワムラ，マサヒコ*
◇男女共同参画と社会法（柴田洋二郎訳）：雇用・社会保障とジェンダー　嵩さやか，田中重人編　東北大学出版会　2007.5　438p　（ジェンダー法・政策研究叢書 東北大学21世紀COEプログラム 第9巻　辻村みよ子監修）

尹　慧筠　イン，ケイイン
◇帝国の逆襲：香港回帰—ジャーナリストが見た'97.7.1　ユエン・チャン，盧敬華共編，日野みどり訳　凱風社　1998.6　197p

殷　建光　イン，ケンコウ*
◇職階評定外国語試験は廃止すべきか：必読！今，中国が面白い—中国が解る60編　2007年版　而立会訳，三潴正道監訳　日本僑報社　2007.8　240p

尹　豪　イン，ゴウ*
◇都市住民の就業状況 他：中国の都市人口と生活水準—瀋陽・長春・ハルビン　王勝今ほか著，早瀬保子，

王勝今編訳　アジア経済研究所　1994.2　319p（翻訳シリーズ 34）

尹　萍　イン, ヘイ*
◇きらめく水果てしない海――一六二〇――一八四〇年：台湾の歴史―日台交渉の三百年　殷允芃編, 丸山勝訳　藤原書店　1996.12　436p

イング, ウイリヤム・レイフ
◇適才教育.第壱輯（共著）（山田勝太郎, 二宮源兵訳, 脇田良吉編）：知的・身体障害者問題資料集成　戦前編第5巻（1927年―1929年）　編集復刻版　不二出版　2005.12　348p

イングラム, ケイト
◇抜け出そう自由になろう―アノレキシア・ネルボーザから人生を取り戻したいと願う若い女性のためのグループ・プログラム（共著）（奥野光訳）：ナラティヴ・セラピーの実践　シェリル・ホワイト, デイヴィッド・デンボロウ編, 小森康永監訳　金剛出版　2000.2　275p

イングラム, デヴィッド
◇民主主義とコミュニケーション倫理学（赤井正二訳）：ハーバーマスとアメリカ・フランクフルト学派　マーティン・ジェイ編, 竹内真澄監訳　青木書店　1997.10　343p

イングリッシュ, デーヴッド・M.
◇アメリカ信託法への誘い（大塚正民訳）：信託と信託法の広がり―報告書　トラスト60　2005.11　219p（トラスト60研究叢書）

インゲルスタム, マルガリータ
◇紛争解決に防火の思想を（大庭里美訳）：あなたの手で平和を！―31のメッセージ　フレドリック・S.ヘッファメール編, 大庭里美, 阿部純子訳　日本評論社　2005.3　260p

隠元　隆琦　インゲン, リュウキ
◇黄檗清規：黄檗宗の歴史・人物・文化　木村得玄編　春秋社　2005.9　505, 9p

インディペンデント
◇今すぐ麻薬取引を認可制に：ドラッグ全面解禁論　ディヴィッド・ボアズ編, 樋口幸子訳　第三書館　1994.11　364p

インバー, マーク
◇民主主義なき地球ガバナンスか（松下冽訳）：変容する民主主義―グローバル化のなかで　アントニー・G.マッグルー編, 松下冽監訳　日本経済評論社　2003.12　405p

【ウ】

禹　仁秀　ウ, インス*
◇蔚山地域壬乱義兵の活動とその性格（黒田慶一訳）：韓国の倭城と壬辰倭乱　黒田慶一編　岩田書院　2004.11　558, 15p

ウー, オドリック
◇河南省における食糧欠乏と日本の穀物徴発活動（吉田豊訳）：中国の地域政策と日本の統治　姫田光義, 山田辰雄編　慶応義塾大学出版会　2006.6　381p（日中戦争の国際共同研究 1）

于　学軍　ウ, ガクグン*
◇一人っ子政策の成果と展望：中国人口問題のいま―中国人研究者の視点から　若林敬子編著, 筒井紀美訳　ミネルヴァ書房　2006.9　369p

禹　克坤　ウ, コクコン*
◇老子と中国文学の魂（共著）：老子は生きている―現代に探る「道」　葛栄晋主編, 徐海, 石川泰成訳　地湧社　1992.8　320p

于　植元　ウ, ショクゲン*
◇弘法大師と中国書道：中国人の見た中国・日本関係史―唐代から現代まで　中国東北地区中日関係史研究会編, 鈴木静夫, 高田祥平編訳　東方出版　1992.12　450p

于　斉生　ウ, セイセイ*
◇刑法の効力：中国刑法教科書―総論　何秉松主編, 長井円編訳　八千代出版　2002.5　22, 619, 26p
◇国家の安全を害する罪　他：中国刑法教科書―各論　何秉松主編, 長井円編訳　八千代出版　2003.6　19, 549, 34p

于　宗先　ウ, ソウセン*
◇中小企業：台湾の四十年―国家経済建設のグランドデザイン　下　高希均, 李誠編, 小林幹夫, 塚越敏彦訳　連合出版　1993.3　217p

于　明　ウ, メイ
◇顧順章事件と伍豪脱党広告：人間・周恩来―紅朝宰相の真実　金鐘編, 松田州二訳　原書房　2007.8　370p

于　猛　ウ, モウ*
◇水道会社がへそを曲げると　他：必読！今、中国が面白い―中国が解る60編　2007年版　而立会訳, 三瀦正道監訳　日本僑報社　2007.8　240p

ヴァイアー, ミヒェル
◇ジョン・ウェスリ：正統派, 敬虔派, 啓蒙派の時代の牧会者たち　2　日本キリスト教団出版局　2002.10　268p（魂への配慮の歴史 第8巻　C.メラー編, 加藤常昭訳）

ヴァイアン, エミリア
◇社会博物館：フランスの博物館と図書館　M.ブラン＝モンマイユール他著, 松本栄寿, 小浜清子訳　玉川大学出版部　2003.6　198p

ヴァイス, アーニャ
◇区別する区別：ブルデューとルーマン―理論比較の試み　アルミン・ナセヒ, ゲルト・ノルマン編, 森川剛光訳　新泉社　2006.11　277, 30p

ヴァイス, シャーリー
◇隠遁者（佐原由美, 菱沼裕子訳）：ナイチンゲールとその時代　モニカ・ベイリー他著, 平尾真智子, 小沢道子他訳, 小林章夫監訳　うぶすな書院　2000.12　258p

ヴァイゼ, マルティン
◇現代の教育学の問題性（高橋貴美子訳）：子どものための教育―徹底的学校改革者同盟教育研究大会（1932年）報告『子どもの苦難と教育』より　船尾日出志監修, 久野弘幸編訳　学文社　2004.3　254, 4p

ヴァイマー, アロイス
◇フリードリヒ・クルップ　他：ドイツ企業のパイオニ

ア—その成功の秘密　ヴォルフラム・ヴァイマー編著, 和泉雅人訳　大修館書店　1996.5　427p

ヴァインツィアル, ゼバスチアン
◇インターネットによるヨーロッパ共同体における事実上の調和化の強制：法の同化—その基礎, 方法, 内容　ドイツからの見方と日本からの見方　カール・リーゼンフーバー, 高山佳奈子編　De Gruyter Recht c2006　27, 651p　(Schriften zum Europäischen und Internationalen Privat-, Bank-und Wirtschaftsrecht Bd.10)

ヴァイントラテール, メイール
◇シオンの悪しきユダヤ人—反シオニズムと反ユダヤ主義, ある概念の辿った道のり：現代の反ユダヤ主義　レオン・ポリアコフ編著, 菅野賢治, 合田正人監訳, 小幡谷友二, 高橋博美, 宮崎海詩訳　筑摩書房　2007.3　576, 43p　(反ユダヤ主義の歴史 第5巻)

ヴァインバッハ, クリスティネ
◇そして一緒に精神の子供を作る：ブルデューとルーマン—理論比較の試み　アルミン・ナセヒ, ゲルト・ノルマン編, 森川剛光訳　新泉社　2006.11　277, 30p

ヴァーグナ, R.
◇海法史序説：塙浩著作集—西洋法史研究　7　ヨーロッパ商法史　塙浩訳・著　信山社出版　1992.8　663p

ヴァケ, フランソワーズ
◇文芸共和国の子供博士（プエル・ドクトゥス）（塩川徹也訳）：図説天才の子供時代—歴史のなかの神童たち　E.ル・ロワ・ラデュリー, ミシェル・サカン編, 二宮敬監訳　新曜社　1998.1　446p

ヴァスラ, ヘンリー
◇サンタイザベルでの偵察と戦闘（共著）：ビッグ・デス—ソロモン人が回想する第二次世界大戦　ジェフリー・ホワイトほか編, 小柏葉子監訳, 小柏裕人, 今泉裕美子訳　現代史料出版　1999.8　226p

ヴァッテンベルク, ウルリヒ
◇ドイツ・二つの新興国の出会い（望田幸男訳）：欧米から見た岩倉使節団　イアン・ニッシュ編, 麻田貞雄他訳　ミネルヴァ書房　2002.4　263, 42p　(Minerva日本史ライブラリー 12)

ヴァトリン, ア
◇決裂前夜—一九二八年におけるトロツキーとコミンテルン：トロツキー再評価　P.デュークス, T.ブラザーストン編　新評論　1994.12　381p

ヴァラヴァニス, パノス
◇ギリシャの芸術と文化における太陽（共著）（常田益代訳）：太陽神話—生命力の象徴　マダンジート・シン, UNESCO編, 木村重信監修　講談社　1997.2　399p

ヴァラス, アレクシス
◇フランスの裁判官の抜きがたい二元論（府川繭子, 徳永貴志, 中島宏訳）：公共空間における裁判権—フランスのまなざし　日仏公法セミナー編　有信堂高文社　2007.2　313p

ヴァール, ライナー
◇現代の国家タイプとしての開かれた立憲国家（浅川千尋訳）：日独憲法学の創造力—栗城寿夫先生古稀記念　下巻　樋口陽一, 上村貞美, 戸波江二編集代表　信山社　2003.9　759p

◇日本とドイツの比較における生命医学の憲法問題 他（平松毅訳）：先端科学技術と人権—日独共同研究シンポジウム　ドイツ憲法判例研究会編　信山社出版　2005.2　428p
◇国際的レベルでの団体の役割（松本博之訳）：団体・組織と法—日独シンポジウム　松本博之, 西谷敏, 守矢健一編　信山社出版　2006.9　388, 3p

ヴァルガス, ジーナ
◇第三回世界社会フォーラムと, グローバルなオルタナティブ的思考の構築における緊張関係（福永真弓訳）：帝国への挑戦—世界社会フォーラム　ジャイ・セン, アニタ・アナンド, アルトゥーロ・エスコバル, ピーター・ウォーターマン編, 武藤一羊ほか監訳　作品社　2005.2　462p

ヴァルター, ノルベルト
◇ノルベルト・ヴァルター：コンセプトリーダーズ—新時代の経営への視点　ジョエル・クルツマン編, 日本ブーズ・アレン・アンド・ハミルトン訳　プレンティスホール出版　1998.12　298p

ヴァルデンヴェルガー, フランツ
◇グローバル化と大学：大学の倫理　蓮実重彦, アンドレアス・ヘルドリヒ, 広渡清吾編　東京大学出版会　2003.3　276p

ヴァルブール, ミソン・ドゥ
◇イギリス人の格闘好き（一六八五年）：歴史の目撃者　ジョン・ケアリー編, 仙名紀訳　朝日新聞社　1997.2　421p

ヴァルポット, ペーター
◇剣について（1577年）（出村彰訳）：宗教改革著作集　第8巻　再洗礼派　教文館　1992.10　510p

ヴァルマン, ヨハネス
◇フィリップ・ヤーコプ・シュペーナー：正統派, 敬虔派, 啓蒙派の時代の牧会者たち　1　日本キリスト教団出版局　2002.6　284p　(魂への配慮の歴史 第7巻　C.メラー編, 加藤常昭訳)

ヴァレ, エディス
◇「子どもはいらない, と女が言う」ことについて：フェミニズムから見た母性　A.‐M.ド・ヴィレーヌ, L.ガヴァリニ, M.ル・コアディク編, 中嶋公子, 目崎光子, 磯本輝子, 横地良子, 宮本由美ほか訳　勁草書房　1995.10　270, 10p

ヴァロン, エマヌエル
◇博物館と図書館の対立点：フランスの博物館と図書館　M.ブラン＝モンマイユール他著, 松本栄寿, 小浜清子訳　玉川大学出版部　2003.6　198p

ヴァン・アースドル, モーリス・D., Jr.
◇北東アジアの人口動態傾向と移民パターン：国境を越える人々—北東アジアにおける人口移動　赤羽恒雄監修, 赤羽恒雄, アンナ・ワシリエバ編　国際書院　2006.6　316p

ヴァン・イーゼンドーン, マリナス・H.
◇ソーシャル・ネットワークの中の愛着：愛着からソーシャル・ネットワークへ—発達心理学の新展開　マイケル・ルイス, 高橋惠子編, 高橋惠子監訳　新曜社　2007.5　197, 70p

ヴァン・ヴァリー, トーマス・L.
◇公共サービス研究センター：ミシガン州の例（共著）：公共の意思決定における住民参加　ジャック・デサリオ, スチュアート・ラングトン編　横浜市企画財政局企画調整室　1993.3　177p

ヴァンサン, ギイ
◇教師と教育に対する学生の態度：教師と学生のコミュニケーション　ピエール・ブルデュー他著, 安田尚訳　藤原書店　1999.4　198p

ヴァン・ザント, H.
◇日本進出へのカギ―ビジネスと文化：戦後日米関係を読む―『フォーリン・アフェアーズ』の目　梅垣理郎編訳　中央公論社　1993.12　351p　（中公叢書）

ヴァンス, キャロル・S.
◇偽りの約束―フェミニスト反ポルノ立法（共著）：ポルノと検閲　アン・スニトウほか著, 藤井麻利, 藤井雅実訳　青弓社　2002.9　264p　（クリティーク叢書 22）

ヴァンダービルト, コーネリアス, Jr.
◇アル・カポネ（柴田元幸訳）：インタヴューズ　1　クリストファー・シルヴェスター編, 新庄哲夫ほか訳　文芸春秋　1998.11　462p

ヴァンデアモレン, ヘンク・T.
◇社会的スキルと仕事（共著）（栗林克匡訳）：仕事の社会心理学　Peter Collett, Adrian Furnham原著編, 長田雅喜, 平林進訳編　ナカニシヤ出版　2001.6　303p

ヴァン・デ・ヴェン, ハンス
◇中国軍事史の文脈から見る日中戦争（潘亮訳）：日中戦争の軍事的展開　波多野澄雄, 戸部良一編　慶応義塾大学出版会　2006.4　468p　（日中戦争の国際共同研究 2）

ヴァン・デル・ズィジェン, テリー
◇ザ・レッド・スレッド（赤い糸）―オランダの娼婦運動（共著）：セックス・ワーク―性産業に携わる女性たちの声　フレデリック・デラコステ, プリシラ・アレキサンダー編　パンドラ　1993.11　426, 26p

ヴァン・デン・ハルク, ヨス
◇強迫神経症と人格障害をもつ男性の治療における即興演奏（共著）：音楽療法ケーススタディ　下　成人に関する25の事例　ケネス・E.ブルシア編, よしだじゅんこ, 酒井智華訳　音楽之友社　2004.4　393p

ヴァンドゥ・ワラ, ウィリー
◇ベルギー・小国が偉大になる方法（富沢克訳）：欧米から見た岩倉使節団　イアン・ニッシュ編, 麻田貞雄他訳　ミネルヴァ書房　2002.4　263, 42p　（Minerva日本史ライブラリー 12）
◇中華文化の領分と日本文化の領分（松井久訳）：日本学とは何か―ヨーロッパから見た日本研究, 日本から見た日本研究　法政大学国際日本学研究所編　法政大学国際日本学研究センター　2007.3　301p　（21世紀COE国際日本学研究叢書 6）

ヴァン・ドーステン, J.
◇文学のパトロン制度（舟木茂夫訳）：ルネサンスのパトロン制度　ガイ・フィッチ・ライトル, スティーヴン・オーゲル編, 有路雍子, 成沢和子, 舟木茂夫訳　松柏社　2000.7　570p

ヴァンドラック, ルイーズ
◇母性の内側―セックスとセクシュアリティ：フェミニズムから見た母性　A.・M.ド・ヴィレーヌ, L.ガヴァリニ, M.ル・コアディク編, 中嶋公子, 目崎光子, 磯本輝子, 横地良子, 宮本由美子ほか訳　勁草書房　1995.10　270, 10p

ヴァンノーニ, ルカ
◇語られる主体（広瀬純訳）：ドゥルーズ, 映画を思考する　ロベルト・デ・ガエターノ編, 広瀬純, 増田靖彦訳　勁草書房　2000.12　403p

ヴァンメトレー, エヴァン・S.
◇サービス業の再生への挑戦（共著）（鷹野薫訳）：マッキンゼー事業再生―ターンアラウンドで企業価値を高める　本田桂子編著・監訳　ダイヤモンド社　2004.11　231p　（The McKinsey anthology）

ウィー, ヴィヴィアン
◇シンガポールにおける少子化と家族政策（共著）：アジアの経済発展と家族及びジェンダー　篠崎正美監訳・著, アジア女性交流・研究フォーラム編　改訂版　アジア女性交流・研究フォーラム　2000.3　203p

ウィア, ジャック
◇ホームズ・ロールストン：環境の思想家たち　下（現代編）　ジョイ・A.パルマー編, 須藤自由児訳　みすず書房　2004.11　320p　（エコロジーの思想）

ヴィアッカー, フランツ
◇ルドルフ・フォン・イェーリング論：イェーリング法学論集　山口硯彦訳　信山社出版　2002.11　333p

ヴィアット, ジェルマン
◇ポンピドゥー・センター構想　他：フランスの博物館と図書館　M.ブラン＝モンマイユール他著, 松本栄寿, 小浜清子訳　玉川大学出版部　2003.6　198p

ヴィアラ, アレクサンドル
◇憲法論における裁判所の位置づけ（馬場里美訳）：公共空間における裁判権―フランスのまなざし　日仏公法セミナー編　有信堂高文社　2007.2　313p

ウィーヴァー, R.ケント
◇アメリカの公的年金改革（豊福実紀訳）：年金改革の比較政治学―経路依存性と非難回避　新川敏光, ジュリアーノ・ボノーリ編著, 新川敏光監訳　ミネルヴァ書房　2004.10　341p　（ガヴァナンス叢書 第1巻）

ヴィエヤール＝バロン, ジャン＝ルイ
◇ヘーゲルの遺産におけるヨーロッパの理念と精神的地理：ヨーロッパ学事始め―観念史の立場から　マンフレート・ブール, シャヴィエル・ティリエッテ編, 谷口伊兵衛訳　而立書房　2004.4　113p

ヴィエンニ, クロード
◇フランスの社会的経済の諸組織―その内容と統計的計測（共著）（石塚秀雄訳）：社会的経済―近未来の社会経済システム　J.ドゥフルニ, J.L.モンソン編著, 富沢賢治, 内山哲朗, 佐藤誠, 石塚秀雄, 中川雄一郎ほか訳　日本経済評論社　1995.3　486p
◇フランスの社会的経済の諸組織―その内容と統計的計測（共著）（石塚秀雄訳）：社会的経済―近未来の社会経済システム　J.ドゥフルニ, J.L.モンソン編著, 富沢賢治ほか訳　オンデマンド版　日本経済評論社　2003.6　486p

ウィーガンド, シャーリー・A.
◇現実の一撃：レトリック、権利、現実の衝突と『図書館の権利宣言』（川崎良孝訳）：『図書館の権利宣言』を論じる　ウェイン・A.ウィーガンド編, 川崎良孝, 薬師院はるみ訳　京都大学図書館情報学研究会　2000.9　195p

ヴィーガン, マルク＝アンドレ
◇国際的な法関係における国家概念の解消：法の同化——その基礎、方法、内容 ドイツからの見方と日本からの見方　カール・リーゼンフーバー, 高山佳奈子編　De Gruyter Recht　c2006　27, 651p（Schriften zum Europäischen und Internationalen Privat-, Bank-und Wirtschaftsrecht Bd.10）

ヴィクシュートローム, トーマス
◇改築（共著）：スウェーデンの住環境計画　スヴェン・ティーベイ編著, 外山義訳　鹿島出版会　1996.2　292p

ウィークス, ウィリアム・アール
◇建国初期の対外政策研究の新たな方向性：アメリカ大国への道——学説史から見た対外政策　マイケル・J.ホーガン編, 林義勝訳　彩流社　2005.6　284, 89p

ウィークス, ジョン（マーケティング）
◇社風と企業文化を浸透させるための条件 他（共著）：ピープルマネジメント——21世紀の戦略的人材活用コンセプト　Financial Times編, 日経情報ストラテジー監訳　日経BP社　2002.3　271p（日経情報ストラテジー別冊）

ウィークス, ホリー
◇ストレス・コミュニケーションの対処法：コーチングがリーダーを育てる　Diamondハーバード・ビジネス・レビュー編集部訳　ダイヤモンド社　2006.4　231p（Harvard business review anthology）

ウィーグマン, ロビン
◇母、そして愛：記憶の底から——家庭内性暴力を語る女性たち　トニー・A.H.マクナロン, ヤーロウ・モーガン編, 長谷川真実訳　青弓社　1995.12　247p

ウィサヌ・ワランヨウ
◇タイにおける人権及び立憲主義（今泉慎也訳）：アジア立憲主義の展望——アジア・オセアニア立憲主義シンポジウム　全国憲法研究会編, 大須賀明編集代表　信山社　2003.9　435p

ウィスナー, スコット
◇モデリング：金融データベース・マーケティング——米国における業務とシステムの実態　アーサー・F.ホルトマン, ドナルド・C.マン編著, 森田秀和, 田尻啓一訳　東洋経済新報社　1993.10　310p

ヴィソッキー, H. M.
◇リハビリテーション・プログラムと政策：精神障害患者の人権——国際法律家委員会レポート　国際法律家委員会編, 広田伊蘇夫, 永野貫太郎監訳　明石書店　1996.8　312p

ヴィータ, シルヴィオ
◇唐代石刻に見える僧侶と経典：中国宗教文献研究　京都大学人文科学研究所編　臨川書店　2007.2　487p

ウィタケル, チコ
◇開かれた空間としての世界社会フォーラム（久保木匡介訳）：帝国への挑戦——世界社会フォーラム　ジャイ・セン, アニタ・アナンド, アルトゥーロ・エスコバル, ピーター・ウォーターマン編, 武藤一羊ほか監訳　作品社　2005.2　462p

ヴィーダーマン, スティーヴン
◇新しい受託者責任と社会的投資（共著）：ゼロ・エミッション——持続可能な産業システムへの挑戦　フリッチョフ・カプラ, グンター・パウリ編著　ダイヤモンド社　1996.3　240p

ウィタール, ジェイン
◇緩和ケア病棟に響く歌：妻からの最後の贈りもの：音楽療法ケーススタディ　下　成人に関する25の事例　ケネス・E.ブルシア編, よしだじゅんこ, 酒井智華訳　音楽之友社　2004.4　393p

ヴィチナス, マーサ
◇ヒロインの条件（助川尚子訳）：ナイチンゲールとその時代　モニカ・ベイリー他著, 平尾真智子, 小沢道子他訳, 小林章夫監訳　うぶすな書院　2000.12　258p

ウィッシュニック, エリザベス
◇移住と経済安全保障：国境を越える人々——北東アジアにおける人口移動　赤羽恒雄監修, 赤羽恒雄, アンナ・ワシリエバ編　国際書院　2006.6　316p

ヴィッセン, レオ・J. G. ヴァン
◇企業の移動（共著）（内藤二郎訳）：企業立地行動の経済学——都市・産業クラスターと現代企業行動への視角　フィリップ・マッカン編著, 上遠野武司編訳　学文社　2007.2　227p

ウィットストック, ローラ
◇民族の絆：風の言葉を伝えて＝ネイティブ・アメリカンの女たち　ジェーン・キャッツ編, 船木アデルみさ, 船木卓也訳　築地書館　1998.3　262p

ウィットビーン, G. ピーター
◇日本の市民社会と共同体づくりにおける市民参加（青木七穂, 國美穂子訳）：日本の組織——社縁文化とインフォーマル活動　中牧弘允, ミッチェル・セジウィック編　東方出版　2003.7　386p

ウィットフォード, ウィリアム
◇契約法学へのイアン・マクニールの貢献（上田誠一郎訳）：現代アメリカ契約法　ロバート・A.ヒルマン, 笠井修編著　弘文堂　2000.10　400p

ウィットマン, ジム
◇価値体系・社会的過程と人間の安全保障（藤田明史訳）：人間の安全保障——世界危機への挑戦　佐藤誠, 安藤次男編　東信堂　2004.11　363p

ヴィットマン, ラインハルト
◇十八世紀末に読書革命は起ったか（大野英二郎訳）：読むことの歴史——ヨーロッパ読書史　ロジェ・シャルティエ, グリエルモ・カヴァッロ編, 田村毅ほか共訳　大修館書店　2000.5　634p

ウィットモント, エドワード・C.
◇女性性の未来（リース・滝・幸子訳）：女性の誕生——女性であること：意識的な女性性の誕生　コニー・ツヴァイク編, 川戸円訳　山王出版　1996.9　398p
◇女性性の未来（リース・滝・幸子訳）：女性の誕生——女性であること：意識的な女性性の誕生　コニー・ツヴァイク編, 川戸円, リース・滝幸子訳　第2版　山王

出版 1997.9 403p

ヴィドゥッケル, ディーター
◇主権と立憲性の憲法理論的・憲法史的展望（渡辺洋訳）：日独憲法学の創造力―栗城寿夫先生古稀記念 下巻　樋口陽一, 上村貞美, 戸波江二編集代表　信山社　2003.9　759p

ヴィトコフスカイア, ガリナ・S.
◇新しい脅威 ロシアから見て：ロシアの総合的安全保障環境に関する研究―東アジア地域における諸問題　総合研究開発機構　2000.3　225p　（NIRA研究報告書）

ウィートレー, マーガレット・J.
◇共同体の逆説と可能性（共著）：未来社会への変革―未来の共同体がもつ可能性　フランシス・ヘッセルバイン, マーシャル・ゴールドスミス, リチャード・ベックハード, リチャード・F.シューベルト編, 加納明弘訳　フォレスト出版　1999.11　327p

ウィーナー, ギャビー
◇将来は女性の時代か？（共著）：教育社会学―第三のソリューション　A.H.ハルゼー, H.ローダー, P.ブラウン, A.S.ウェルズ編, 住田正樹, 秋永雄一, 吉本圭一編訳　九州大学出版会　2005.2　660p

ウィナー, ジョシュア・M.
◇施設ケア・在宅ケア・地域ケアにおけるバランス：高齢者ケアをどうするか―先進国の悩みと日本の選択　高木安雄監修・訳, 池上直己, ジョン・C.キャンベル編著　中央法規出版　2002.7　256p

ウイナー, スタンレー・L.
◇課税の政治経済学（共著）：公共選択の展望―ハンドブック　第3巻　デニス・C.ミューラー編, 関谷登, 大岩雄次郎訳　多賀出版　2001.9　p527-812

ウィニー
◇大いなる理解をもって―娘より：女たちのビルマ―軍事政権下を生きる女たちの声　藤目ゆき監修, タナッキーの会編, 富田あかり訳　明石書店　2007.12　446p　（アジア現代女性史 4）

ウィプロッツ, チャールズ
◇国際金融の不安定性（広田政一訳）：地球公共財―グローバル時代の新しい課題　インゲ・カール, イザベル・グルンベルグ, マーク・A.スターン編, FASID国際開発研究センター訳　日本経済新聞社　1999.11　326p

ヴィマー, ミヒャエル
◇他者への問い（桜井佳樹訳）：教育人間学入門　クリストフ・ヴルフ編著, 高橋勝監訳　玉川大学出版部　2001.4　210p

ウィーマン, ジョン・M.
◇対人コミュニケーション（共著）（和田実訳）：社会心理学概論―ヨーロピアン・パースペクティブ　1　M.ヒューストンほか編, 末永俊郎, 安藤清志監訳　誠信書房　1994.10　355p

ヴィムスター, サム
◇ランプレヒトとヴェーバー―方法論争における歴史社会学の発展の限界：マックス・ヴェーバーとその同時代人群像　W.J.モムゼン, J.オースターハメル, W.シュベントカー編著, 鈴木広, 米沢和彦, 嘉目克彦監訳　ミネルヴァ書房　1994.9　531, 4p

ウィメンズ・モニタリング・ネットワーク
《Women's Monitoring Network》
◇性的対象物としての女性 他：メディア・セクシズム―男がつくる女　ジュリアンヌ・ディッキー, テレサ・ストラトフォード, キャス・デイビス編, 井上輝子, 女性雑誌研究会編訳　垣内出版　1995.6　342p

ウィリアムス, C.ノラ
◇投資スタイル入門（共著）（加藤康之訳）：資産運用新時代の株式投資スタイル―投資家とファンドマネジャーを結ぶ投資哲学　T.ダニエル・コギン, フランク・J.ファボツィ編　野村総合研究所　1996.3　329p
◇投資スタイルとは何か（共著）（加藤康之訳）：株式投資スタイル―投資家とファンドマネージャーを結ぶ投資哲学　T.ダニエル・コギン, フランク・J.ファボツィ, ロバート・D.アーノット編, 野村証券金融研究所訳　増補改訂版　野村総合研究所情報リソース部　1998.3　450p

ウィリアムズ, R.J.
◇エジプト人（有馬七郎訳）：旧約聖書時代の諸民族　D.J.ワイズマン編, 池田裕監訳　日本基督教団出版局　1995.10　578p

ウィリアムズ, グエンドリン・ローズ・ブラッドフォード
◇外見ではなく, 内面の美しさが大事：子供たちへの手紙―あなたにこれだけは伝えたい　エリカ・グッド編, 中埜有理訳　三田出版会　1997.7　371p

ウィリアムズ, シアン
◇イタリア―ヴェネチアは障害物いっぱいの街だろうか 他：車椅子はパスポート―地球旅行の挑戦者たち　アリソン・ウォルシュ編, おそどまさこ日本語版責任編集, 森実真弓訳　山と渓谷社　1994.3　687p

ウィリアムズ, ジョディ
◇地雷の全面禁止を求めて（大庭里美訳）：あなたの手で平和を！―31のメッセージ　フレドリック・S.ヘッファメール編, 大庭里美, 阿部純子訳　日本評論社　2005.3　260p

ウィリアムズ, ジョン・R.
◇健全なライフスタイルの確立―人格基調の取り組みが必須 他（共著）：「人格教育」のすすめ―アメリカ・教育改革の新しい潮流　トニー・ディヴァイン, ジュンホ・ソク, アンドリュー・ウィルソン編, 上寺久雄監訳　コスモトゥーワン　2003.2　491, 40p

ウィリアムズ, ステフアニー（組織心理学）
◇沈黙が組織を殺す（共著）：組織行動論の実学―心理学で経営課題を解明する　Diamondハーバード・ビジネス・レビュー編集部編訳　ダイヤモンド社　2007.9　425p　（Harvard business review）

ウィリアムズ, パトリシア・J.
◇成果を守ること：アメリカの差別問題―PC（政治的正義）論争をふまえて　Patricia Aufderheide編, 脇浜義明訳　明石書店　1995.6　208p
◇平和, 詩, そしてペンタゴン用語：衝突を超えて―9・11後の世界秩序　K.ブース, T.ダン編, 寺島隆吉監訳, 塚田幸三, 寺島美紀子訳　日本経済評論社　2003.5　469p

ウィリアムズ, ハロルド
◇レフ・ニコラエヴィチ・トルストイ（矢野浩三郎訳）：インタヴューズ　1　クリストファー・シルヴェス

ウィリアムズ, フランク
◇ステップファミリーのカウンセリング（共著）（江口真理子訳）：アドラー家族カウンセリング—カウンセラー、教師、セラピストのための実践マニュアル　オスカー・C.クリステンセン編著，江口真理子，柴山謙二，山口茂雄訳　春秋社　2000.5　287, 9p

ウィリアムズ, ヘレン・E.
◇白人図書館学校での黒人の経験、1962-1974年：アメリカ図書館界と積極的活動主義—1962-1973年　メアリー・リー・バンディ, フレデリック・J.スティロー編著，川崎良孝，森田千幸，村上加代子訳　京都大学図書館情報学研究会　2005.6　279p

ウィリアムズ, マーク
◇翻案すべきか、せざるべきか（共著）（後藤はる美訳）：日英交流史—1600-2000　5　社会・文化　細谷千博，イアン・ニッシュ監修　都築忠七，ゴードン・ダニエルズ，草光俊雄編　東京大学出版会　2001.8　398, 8p

ウィリアムズ, H. G. M.
◇変容するイスラムの概念（山田雅道訳）：古代イスラエルの世界—社会学・人類学・政治学からの展望　R.E.クレメンツ編，木田献一，月本昭男監訳　リトン　2002.11　654p

ウィリアムソン, サミュエル・R.
◇変化が唯一の定数になるとき（三浦逸雄訳）：デジタル時代の大学と図書館—21世紀における学術情報資源マネジメント　B.L.ホーキンス, P.バッティン編，三浦逸雄，斎藤泰則，広田とし子訳　玉川大学出版部　2002.3　370p　（高等教育シリーズ 112）

ウィーリス, アレン
＊精神（永井均訳）：マインズ・アイ—コンピュータ時代の「心」と「私」　上　D.R.ホフスタッター, D.C.デネット編著，坂本百大監訳　〔新装版〕　ティビーエス・ブリタニカ　1992.10　359p

ウィール, アルバート
◇社会政策における価値と原理の諸問題（伊藤周平訳）：イギリス社会政策論の新潮流—福祉国家の危機を超えて　ジョーン・クラーク, ディビド・ボスウェル編，大山博，武川正吾，平岡公一ほか訳　法律文化社　1995.4　227p

ウィルキンス, ロジャー
◇古き良くなかった昔：アメリカの差別問題—PC（政治的正義）論争をふまえて　Patricia Aufderheide編，脇浜義明編訳　明石書店　1995.6　208p

ウィルキンソン, ジェイン
◇ゴードン・マンロー（小林功芳訳）：英国と日本—日英交流人物列伝　イアン・ニッシュ編，日英文化交流研究会訳　博文館新社　2002.9　470p

ウィルキンソン, ジェンス
◇欧米人—日本における複雑な立場（角谷多佳子訳）：多文化社会への道　駒井洋監著　明石書店　2003.12　382p　（講座グローバル化する日本と移民問題 第6巻　駒井洋監修）

ウィルクソン, サミュエル
◇南北戦争—ゲティスバーグの激戦（一八六三年七月三日）：歴史の目撃者　ジョン・ケアリー編，仙名紀訳　朝日新聞社　1997.2　421p

ウィルケ, ヘンク
◇集団生産性（共著）（和田万紀訳）：社会心理学概論—ヨーロピアン・パースペクティブ　2　M.ヒューストン, W.シュトレーベ, J.P.コドル, G.M.スティヴンソン編　誠信書房　1995.1　353p

ウィルコックス, クライド
◇アメリカにおけるジェンダー・ポリティックス（共著）（上野友也訳）：ジェンダー法学・政治学の可能性—東北大学COE国際シンポジウム・日本学術会議シンポジウム　辻村みよ子，山元一編　東北大学出版会　2005.4　332p　（ジェンダー法・政策研究叢書　東北大学21世紀COEプログラム　第3巻　辻村みよ子監修）

ウィルソン, F. W.
◇スタンレー・ボールドウィン（山岡洋一訳）：インタヴューズ　1　クリストファー・シルヴェスター編，新庄哲夫ほか訳　文芸春秋　1998.11　462p

ウィルソン, エリザベス
◇フェミニズムと社会政策（武川正吾訳）：イギリス社会政策論の新潮流—福祉国家の危機を超えて　ジョーン・クラーク, ディビド・ボスウェル編，大山博，武川正吾，平岡公一ほか訳　法律文化社　1995.4　227p

ウィルソン, デーヴィッド
◇グローバル化した世界における比較・国際教育学の未来：比較教育学—伝統・挑戦・新しいパラダイムを求めて　マーク・ブレイ編著，馬越徹，大塚豊監訳　東信堂　2005.12　361p

ヴィルタネン, レアア
◇フィンランドの伝統で淫売と呼ばれた女性：ロウヒのことば—フィンランド女性の視角からみた民俗学下　アイリ・ネノラ, センニ・ティモネン編，目荒ゆみ訳　文理閣　2003.7　233p

ウィルディング, ポール
◇香港：国家と市場との間で（共著）（三宅洋一訳）：社会政策の国際的展開—先進諸国における福祉レジーム　ピート・アルコック, ゲイリー・クレイグ編，埋橋孝文ほか共訳　晃洋書房　2003.5　328p

ヴィルト, クリストフ
◇シェリング哲学におけるアプリオリズムの自己批判（共著）（北沢恒人訳）：シェリング哲学入門　H.バウムガルトナー編，北村実監訳，伊坂青司ほか訳　早稲田大学出版部　1997.2　210, 24p

ウイルバー, ロニー・B.
◇言語上の少数者としてのろう児（共著）（酒井信雄訳）：アメリカのろう文化　シャーマン・ウィルコックス編，鈴木清史，酒井信雄，太田憲男訳　明石書店　2001.3　301p　（明石ライブラリー 29）

ウィルムズ, J. ダグラス
◇平等化と改善（共著）：教育社会学—第三のソリューション　A.H.ハルゼー, H.ローダー, P.ブラウン, A.S.ウェルズ編，住田正樹，秋永雄一，吉本圭一編訳　九州大学出版会　2005.2　660p

ウィルモット, H. P.
◇歴史的展望の中の日露戦争（小谷賢訳）：日露戦争　2　戦いの諸相と遺産　軍事史学会編　錦正社　2005.6　339p

ヴィーレック, ジョージ・シルヴェスター
◇ジョルジュ・クレマンソー 他(海保眞夫訳)：インタヴューズ 1 クリストファー・シルヴェスター編，新庄哲夫ほか訳 文芸春秋 1998.11 462p

ウィローレート, アビー
◇時間の魔力：魔女手帖 エリザベス・パレット他著，鏡リュウジ監修 大和書房 2005.12 141p

ウィンガード, バーバラ
◇「シュガー」の紹介 他(土岐宏枝訳)：ナラティヴ・セラピーの実践 シェリル・ホワイト, デイヴィッド・デンボロウ編, 小森康永監訳 金剛出版 2000.2 275p

ウィンクフィールド, ロバート
◇スコットランド女王メアリの処刑(一五八六年二月八日)：歴史の目撃者 ジョン・ケアリー編, 仙名紀訳 朝日新聞社 1997.2 421p

ウィンクマン, ハラルド
◇エリオ・エンジニアリング社(共著)：技術とイノベーションの戦略的マネジメント 上 ロバート・A.バーゲルマン, クレイトン・M.クリステンセン, スティーヴン・C.ウィールライト編著, 青島矢一, 黒田光太郎, 志賀敏宏, 田辺孝二, 出川通, 和賀三和子日本語版監修, 岡真由美, 斉藤裕一, 桜井祐子, 中川泉, 山本章子訳 翔泳社 2007.7 735p

ウィンクラー, テリー
◇自分の生き方は自分で決める：子供たちへの手紙—あなたにこれだけは伝えたい エリカ・グッド編, 中埜有理訳 三田出版会 1997.7 371p

ヴィングリ, フルドリヒ
◇キリスト教信仰の解明(1531年)(出村彰訳)：宗教改革著作集 第14巻 信仰告白・信仰問答 教文館 1994.11 704p

ウインザー, マーガレット・A.
◇カナダにおけるインクルージョン運動—哲学, 展望そして実践：世界のインクルーシブ教育—多様性を認め, 排除しない教育 ハリー・ダニエルズ, フィリップ・ガーナー編著, 中村満紀男, 窪田眞二監訳 明石書店 2006.3 540p (明石ライブラリー 92)

ウィンスロップ, ジョン
◇魂になってもきみのそばにいる：子供たちへの手紙—あなたにこれだけは伝えたい エリカ・グッド編, 中埜有理訳 三田出版会 1997.7 371p

ウィンター, サラ
◇WHISPER 売春制度の中で傷つき反乱を起こす女たち：セックス・ワーク—性産業に携わる女性たちの声 フレデリック・デラコステ, プリシラ・アレキサンダー編 パンドラ 1993.11 426, 26p

ウィンター, シドニー
◇成功は再現できる(共著)：ビジネスモデル戦略論 Diamondハーバード・ビジネス・レビュー編集部訳 ダイヤモンド社 2006.10 223p (Harvard business review anthology)

ウインダム, E. H.
◇NATOと将来：ブラッセイ軍事年鑑 1959年版抄訳 防衛研修所 1960 88p (研修資料 第234号)

ウィンダム, キャスリン
◇埋められることない穴：話はめぐる—聞き手から語り手へ 子どもと大人のためのストーリーテリング ナショナル・ストーリーテリング保存育成協会編, 佐藤涼子訳 リブリオ出版 1999.11 166p

ウィンチェスター, R.
◇ワーテルローの戦い(一八一五年六月十八日午後二〜三時)：歴史の目撃者 ジョン・ケアリー編, 仙名紀訳 朝日新聞社 1997.2 421p

ウィンド, ジェリー
◇先制戦略(黒田康史訳)：ウォートンスクールのダイナミック競争戦略 ジョージ・デイ, デイビッド・レイブシュタイン編, 小林陽太郎監訳, 黒田康史ほか訳 東洋経済新報社 1999.10 435p (Best solution)

ウィンフィールド, リチャード・ディーン
◇ポストコロニアリズムと権利：リベラリズムとコミュニタリアニズムを超えて—ヘーゲル法哲学の研究 ロバート・R.ウイリアムズ編, 中村浩爾, 牧野広義, 形野清貴, 田中幸世訳 文理閣 2006.12 369p

ウェイ, ザン
◇アジア太平洋地域における新たな状況に対する中国の地政学的戦略(共著)(森崎正寛訳)：アジア太平洋と国際関係の変動—その地政学的展望 Dennis Rumley編, 高木彰彦, 千葉立也, 福嶋依子訳 古今書院 1998.2 431p

ウェイクマン, フレデリック・E., Jr.
◇毛沢東の遺体：中国の死の儀礼 ジェイムズ・L.ワトソン, エヴリン・S.ロウスキ編, 西脇常記, 神田一世, 長尾佳代子訳 平凡社 1994.11 416p
◇占領下の上海における中国医師界(杉本公子訳)：中国の地域政権と日本の統治 姫田光義, 山田辰雄編 慶應義塾大学出版会 2006.6 381p (日中戦争の国際共同研究 1)

ウェイサート, ウィリアム
◇効果的な在宅ケアのための報酬とは：高齢者ケアをどうするか—先進国の悩みと日本の選択 高木安雄監修・訳, 池上直己, ジョン・C.キャンベル編著 中央法規出版 2002.7 256p

ウェイジャー, ジェフリー・D.
◇スピンアウトの成功モデル(共著)：ビジネスモデル戦略論 Diamondハーバード・ビジネス・レビュー編集部訳 ダイヤモンド社 2006.10 223p (Harvard business review anthology)

ウェイスブロート, マーク
◇対外経済政策：アメリカの悪夢—9・11テロと単独行動主義 ジョン・フェッファー編, 南雲和夫監訳 耕文社 2004.12 319p

ウェイド, キャロル・E.
◇心理学入門についてクリティカルに考えるということ(宮元博章訳)：アメリカの心理学者心理学教育を語る—授業実践と教科書執筆のためのTIPS R.J.スタンバーグ編, 宮元博章, 道田泰司訳 北大路書房 2000.6 247p

ウェイド, ロバート・ハンター
◇貧困と不平等の深刻な広がり：グローバル化をどうとらえるか—ガヴァナンスの新地平 D.ヘルド, M.K.アーキブージ編, 中谷義和監訳 法律文化社

2004.4 194p

ウェイドナー, ジョン
◇救援組織「ダッチ・パリ」：思いやる勇気―ユダヤ人をホロコーストから救った人びと　キャロル・リトナー, サンドラ・マイヤーズ編, 食野雅子訳　サイマル出版会　1997.4　282p

ウェイブル, レナート
◇スウェーデン―強固さと変化（共著）：世界のメディア・アカウンタビリティ制度―デモクラシーを守る七つ道具　クロード・ジャン・ベルトラン編著, 前沢猛訳　明石書店　2003.5　590p（明石ライブラリー 49）

ウェイル, レイチェル
◇時に王錫は王錫でしかないこともある（吉原ゆかり, 末広幹訳）：ポルノグラフィの発明―猥褻と近代の起源、一五〇〇年から一八〇〇年へ　リン・ハント編著, 正岡和恵, 末広幹, 吉原ゆかり訳　ありな書房　2002.8　438p

ヴェーガ, A.
◇近世の美術における食のイメージ：食の歴史 3　J-L.フランドラン, M.モンタナーリ編, 宮原信, 北代美和子監訳　藤原書店　2006.3　p838-1209

ウェクスラー, ジュディス
◇人間喜劇（高山宏訳）：都市と郊外―リーディングズ 比較文化論への通路　今橋映子編著　NTT出版　2004.12　455, 14p

ヴェクスラー, フィリップ
◇デュルケム・社会的再生・教育・宗教（共著）：デュルケムと現代教育　ジェフリー・ウォルフォード, W.S.F.ピカリング編, 黒崎勲, 清田夏代訳　同時代社　2003.4　335, 26p

ヴェーグマン, アニック
◇中世の女性預言者：異教的中世　ルドー・J.R.ミリス編著, 武内信一訳　新評論　2002.3　352p

ウェスターマン, ジョージ
◇差異化可能性の破壊、分離、消散（共著）：技術とイノベーションの戦略的マネジメント 上　ロバート・A.バーゲルマン, クレイトン・M.クリステンセン, スティーヴン・C.ウィールライト編著, 青島矢一, 黒田光太郎, 志賀敏宏, 田辺孝二, 出川通, 和賀三和子日本語版監修, 岡真由美, 斉藤裕一, 桜井祐子, 中川泉, 山本章子訳　翔泳社　2007.7　735p

ウェスティ, ジョン
◇東南アジア、ジェット・エンジン、エネルギー（三木さやこ訳）：日英交流史―1600-2000　4　経済　細谷千博, イアン・ニッシュ監修　杉山伸也, ジャネット・ハンター編　東京大学出版会　2001.6　332, 8p

ウェスト, G. S.
◇ピトフォラの分布：南方熊楠英文論考―「ネイチャー」誌篇　南方熊楠著, 飯倉照平監修, 松居竜五, 田村義也, 中西須美訳　集英社　2005.12　421p

ウェスト, ジョナサン
◇ディスプレイ・テクノロジー（要約）（共著）：技術とイノベーションの戦略的マネジメント 上　ロバート・A.バーゲルマン, クレイトン・M.クリステンセン, スティーヴン・C.ウィールライト編著, 青島矢一, 黒田光太郎, 志賀敏宏, 田辺孝二, 出川通, 和賀三和子日本語版監修, 岡真由美, 斉藤裕一, 桜井祐子, 中川泉, 山本章子訳　翔泳社　2007.7　735p

ウェスト, デイヴィッド
◇社会正義と社会民主主義の彼方に（田中智彦訳）：社会正義論の系譜―ヒュームからウォルツァーまで　デイヴィッド・バウチャー, ポール・ケリー編, 飯島昇蔵, 佐藤正志訳者代表　ナカニシヤ出版　2002.3　391p　（叢書「フロネーシス」）

ウェスト, レイチェル
◇アメリカ売春婦協会：セックス・ワーク―性産業に携わる女性たちの声　フレデリック・デラコスト, プリシラ・アレキサンダー編　パンドラ　1993.11　426, 26p

ウエストニー, エレノア・D.
◇日本企業の研究開発：国際・学際研究　システムとしての日本企業　青木昌彦, ロナルド・ドーア編, NTTデータ通信システム科学研究所　NTT出版　1995.12　503p
◇国際経営学と組織理論の展望（富岡昭訳）：国際経営学の誕生 3　組織理論と組織行動の視座　ブライアン・トイン, ダグラス・ナイ編, 村山元英監訳, 国際経営文化学会訳　文真堂　2000.3　392p

ヴェスプッチ, アメリゴ
◇新世界に関する報告（一五〇二年一月〜二月）：歴史の目撃者　ジョン・ケアリー編, 仙名紀訳　朝日新聞社　1997.2　421p

ウェスリー, フランシス・R.
◇レベックとアイアコッカにみる戦略ビジョン（共著）（山村宜子訳）：カリスマ的リーダーシップ―ベンチャーを志す人の必読書　ジェイ・A.コンガー, ラビンドラ・N.カヌンゴほか著, 片柳佐智子, 山村宜子, 松本博子, 鈴木恭子訳　流通科学大学出版　1999.12　381p

ヴェセリンフ, アントン・A.
◇エミール・デュルケム・市民性・現代教育：デュルケムと現代教育　ジェフリー・ウォルフォード, W.S.F.ピカリング編, 黒崎勲, 清田夏代訳　同時代社　2003.4　335, 26p

植田 和男　ウエダ, カズオ
◇メインバンク・システムの制度的・規制的側面：日本のメインバンク・システム　青木昌彦, ヒュー・パトリック編, 東銀リサーチインターナショナル訳　東洋経済新報社　1996.5　495p
◇1990年代における日本の不良債権問題の原因（村上正泰訳）：日本金融システムの危機と変貌　星岳雄, ヒュー・パトリック編, 筒井義郎監訳　日本経済新聞社　2001.5　360p

ヴェッタ, M.
◇シュンポシオン（饗宴）の文化：食の歴史 1　J-L.フランドラン, M.モンタナーリ編, 宮原信, 北代美和子監訳　藤原書店　2006.1　429p

ヴェッテンベルグ, ニコル
◇ベルギー（金口恭久訳）：世界のいじめ―各国の現状と取り組み　森田洋司総監修・監訳, P.K.スミスほか編, 川口ято志ほか訳　金子書房　1998.11　463p

ウェッブ, ナンシィ・ボイド
◇危機状況のコンサルテーション：心的外傷の危機介

ウェップ，リリィ
◇入――短期療法による実践　ハワード・J.バラド，リビー・G.バラド編，河野貴代美訳　金剛出版　2003.9　259p

ウェップ，リリィ
◇イギリス紡績婦人労働者の闘争：世界女性学基礎文献集成　昭和初期編　第9巻　水田珠枝監修　ゆまに書房　2001.12　20, 387p

ウェート，ネイサン
◇ソロモン諸島――潟に生きる民：先住民族―地球環境の危機を語る　インター・プレス・サービス編，清水知久訳　明石書店　1993.9　242p　(世界人権問題叢書 9)

ヴェドリーヌ，エレーヌ
◇新しい世界像(清水富雄記)：近代世界の哲学―ミュンツァーからライプニッツへ　竹内良知監訳　新装版　白水社　1998.6　287, 21p　(西洋哲学の知 3　Francois Chatelet編)

ウェーナー，ヤーン
◇ジョン・レノン(片岡義男訳)：インタヴューズ 2　クリストファー・シルヴェスター編，新庄哲夫ほか訳　文芸春秋　1998.11　451p

ヴェネッソン，パスカル
◇グローバリゼーションとヨーロッパ流の戦争方法(佐藤壮訳)：衝突と和解のヨーロッパ―ユーロ・グローバリズムの挑戦　大芝亮，山内進編著　ミネルヴァ書房　2007.3　313, 5p

ウェネラビリス，ベーダ
◇福音書説教集・事物の本性について：中世思想原典集成 6　カロリング・ルネサンス　上智大学中世思想研究所編訳・監修　平凡社　1992.6　765p

上野 真城子　ウエノ，マキコ*
◇日本型モデルを求めて(共著)：政策形成と日本型シンクタンク―国際化時代の「知」のモデル　アーバン・インスティテュート編，上野真城子監訳　東洋経済新報社　1994.4　174p

ウェーバー，アラン・M.
◇民主主義時代の知識革命：知識革新力　ルディ・ラグルス，ダン・ホルツハウス編，木川田一栄訳　ダイヤモンド社　2001.7　321p
◇日本企業に迫られるタイムベース競争の再検討(共著)：いかに「時間」を戦略的に使うか　Diamond ハーバード・ビジネス・レビュー編集部訳　ダイヤモンド社　2005.10　192p　(Harvard business review anthology)

ヴェーバー，アルプレヒト
◇憲法裁判の類型(玉虫由樹訳)：憲法裁判の国際的発展―日独共同研究シンポジウム　ドイツ憲法判例研究会編　信山社出版　2004.2　385, 12p

ウェーバー，アンドリュー・ロイド
◇ロジャーズとハマースタイン：TIMEが選ぶ20世紀の100人 下巻　アーチスト・エンターテイナー・ヒーロー・偶像・巨頭　徳岡孝夫訳　アルク　1999.11　318p

ウェバー，ウェンディ
◇トリプルボトムライン：文献レビュー(共著)：トリプルボトムライン―3つの決算は統合できるか？　エイドリアン・ヘンリクス，ジュリー・リチャードソン編著，大江宏，小山良訳　創成社　2007.4　250p

ウェーバー，フリッツ
◇インフレーションから不況へ――九一八年から一九三四年までのオーストリア経済(共著)：オーストリア・ファシズム――九三四年から一九三八年までの支配体制　エンマリヒ・タロシュ，ヴォルフガング・ノイゲバウアー編，田中浩，村松恵二訳　未来社　1996.10　292p

ウェブ，メイナード
◇まえがき：米先進企業CIOが明かすIT経営を成功させる17の「法則」　ディーン・レーン編，飯島雅美，高野恵里訳，日経情報ストラテジー監訳　日経BP社　2005.7　431p

ウェブスター，ポーラ
◇ポルノグラフィと快楽：ポルノと検閲　アン・スニトウほか著，藤井麻利，藤井雅実訳　青弓社　2002.9　264p　(クリティーク叢書 22)

ヴェルケ，イェンス
◇「ドイツ国民が自由な決定で決めた」憲法の不在(共著)：岐路に立つ統一ドイツ―果てしなき「東」の植民地化　フリッツ・フィルマー編著，木戸衛一訳　青木書店　2001.10　341p

ヴェルザー，ルドルフ
◇消費用品売買指令とそのオーストリアおよびドイツにおける国内施行(田中志津子訳)：ヨーロッパ債務法の変遷　ペーター・シュレヒトリーム編　信山社　2007.3　434p　(学術選書 法律学編 ドイツ民法)

ウェルシュ，ジェニファー・M.
◇エドマンド・バークとヨーロッパというコモンウェルス(髙橋和則訳)：国際関係思想史―論争の座標軸　イアン・クラーク，アイヴァー・B.ノイマン編，押村高，飯島昇蔵訳者代表　新評論　2003.4　338p

ウェルズ，パメラ
◇私が本当に望んでいること：あなたを生かす自己表現―自分の魅せ方，見られ方　グレン・ウィルソン編著，徳永優子訳　同朋舎　1998.1　151p

ウェルズ，ブライアン・W.P.
◇自分の資質を探る 他：あなたを生かす自己表現―自分の魅せ方，見られ方　グレン・ウィルソン編著，徳永優子訳　同朋舎　1998.1　151p

ウェールズ，ヘンリー・G.
◇マタ・ハリの処刑(一九一七年十月十八日)：歴史の目撃者　ジョン・ケアリー編，仙名紀訳　朝日新聞社　1997.2　421p

ウェルズ，リーア
◇ミサイル防衛メンタリティと学校：ミサイル防衛―大いなる幻想 東西の専門家20人が批判する　デービッド・クリーガー，カラー・オン編，梅林宏道，黒崎輝訳　高文研　2002.11　155p

ウェールズ，リプトン，2世
◇UNOSOM：ソマリアからの教訓：国連平和活動と日本の役割　アレックス・モリソン，ジェームズ・キラス編，内藤嘉昭訳　文化書房博文社　2001.5　198p

ヴェルセリ，アレッサンドロ
◇ケインズ，シュンペーターを越えて　一つの非還元主

ウエルテイ

義的見解：一般理論—第二版—もしケインズが今日生きていたら　G.C.ハーコート，P.A.リーアック編，小山庄三訳　多賀出版　2005.6　922p

ヴェルディエ，チエリ
◇グローバル化と内生的な教育的対応（共著）：開発途上国におけるグローバル化と貧困・不平等　リチャード・コール編著，及川裕二訳　明石書店　2004.11　176p

ヴェルドナル，ルネ
◇アントワーヌ・A.クルノー他（花田圭介訳）：産業社会の哲学—ニーチェからフッサールへ　花田圭介監訳　新装版　白水社　1998.6　326, 35p　（西洋哲学の知 6　Francois Chatelet編）
◇オーギュスト・コントの実証哲学（橋本峰雄訳）：哲学と歴史—カントからマルクスへ　野田又夫監訳　新装版　白水社　1998.6　396, 31p　（西洋哲学の知 5　Francois Chatelet編）

ウェルナー，トム
◇デービッド・サーノフ（共著）：TIMEが選ぶ20世紀の100人　上巻　指導者・革命家・科学者・思想家・起業家　徳岡孝夫監訳　アルク　1999.11　332p

ヴェルニエル，ゼ
◇機械論者たちとの闘争の外見の下に，いかにルービンの見解の体系がまかり通っているか（1929年）：ルービンと批判者たち—原典資料20年代ソ連の価値論論争　竹永進編訳　情況出版　1997.12　250p

ヴェルビーク，ハンシェ
◇ザ・レッド・スレッド（赤い糸）—オランダの娼婦運動（共著）：セックス・ワーク—性産業に携わる女性たちの声　フレデリック・デラコステ，プリシラ・アレキサンダー編　パンドラ　1993.11　426, 26p

ウェルマン，ジュディス
◇セネカ・フォールズ女性権利大会（栗原涼子訳）：ウィメンズ・アメリカ　論文編　リンダ・K.カーバー，ジェーン・シェロン・ドゥハート編著，有賀夏紀ほか訳　ドメス出版　2002.2　251, 6p

ウェルマン，バリー
◇コミュニティ問題（野沢慎司，立山徳子訳）：リーディングスネットワーク論—家族・コミュニティ・社会関係資本　野沢慎司編・監訳　勁草書房　2006.8　288p

ヴェレレン，フランシスクス
◇儀礼のあかり：中国宗教文献研究　京都大学人文科学研究所編　臨川書店　2007.2　487p

ヴェロニカ
◇パワー・トゥ・アワ・ジャーニー—勇気ある旅立ち（共著）（宮里マチ子訳）：ナラティヴ・セラピーの実践　シェリル・ホワイト，デイヴィッド・デンボロウ編，小森康永監訳　金剛出版　2000.2　275p

ウェンガー，エティエンヌ・C.
◇「場」のイノベーション・パワー（共著）：組織能力の経営論—学び続ける企業のベスト・プラクティス　Diamondハーバード・ビジネス・レビュー編集部編訳　ダイヤモンド社　2007.8　508p　（Harvard business review）

ウェンダー，メリッサ
◇身体で歴史を刻む：ディアスポラとしてのコリアン

—北米・東アジア・中央アジア　高全恵星監修，柏崎千佳子監訳　新幹社　2007.10　578p

ヴェンドレー，ウィリアム
◇宗教教団への教訓（共著）：宗教と国家—国際政治の盲点　ダグラス・ジョンストン，シンシア・サンプソン編著，橋本光平，畠山圭一監訳　PHP研究所　1997.9　618, 16p

ウォー，ピーター
◇年齢と仕事（松浦均訳）：仕事の社会心理学　Peter Collett, Adrian Furnham原著編，長田雅喜，平林進訳編　ナカニシヤ出版　2001.6　303p

ウォイキ，ジェームズ
◇アメリカ歴代大統領にみる，カリスマと非カリスマ（共著）（山村宜子訳）：カリスマ的リーダーシップ—ベンチャーを志す人の必読書　ジェイ・A.コンガー，ラビンドラ・N.カヌンゴほか著，片柳佐智子，山村宜子，松本博子，鈴木恭子訳　流通科学大学出版　1999.12　381p

ウォーカー，キャロル・A.
◇新人マネジャーを育てるコーチング技法：コーチングがリーダーを育てる　Diamondハーバード・ビジネス・レビュー編集部訳　ダイヤモンド社　2006.4　231p　（Harvard business review anthology）

ウォーカー，デイビッド
◇退職後の生活安定に向けた総合的な政策：アメリカ年金事情—エリサ法（従業員退職所得保障法）制定20年後の真実　ダラス・L.ソールズベリー編，鈴木旭監修，大川洋三訳　新水社　2002.10　195p

ウォーカー，リチャード
◇壊血病（一七四一年）：歴史の目撃者　ジョン・ケアリ編，仙名紀訳　朝日新聞社　1997.2　421p

ヴォーシェ，アンドレ
◇聖者：中世の人間—ヨーロッパ人の精神構造と創造力　ジャック・ル・ゴフ編，鎌田博夫訳　法政大学出版局　1999.7　440, 31p　（叢書・ウニベルシタス 623）
◇カテドラル（江川温訳）：記憶の場—フランス国民意識の文化＝社会史　第3巻　ピエール・ノラ編，谷川稔監訳　岩波書店　2003.3　474, 15p

ウォータース，エヴァレット
◇愛着，人間関係，「よいことはすべて一緒におこる」という理念（共著）：愛着からソーシャル・ネットワークへ—発達心理学の新展開　マイケル・ルイス，高橋恵子編，高橋恵子監訳　新曜社　2007.5　197, 70p

ウォーターズ，ドナルド・J.
◇デジタル保存システムへの諸段階（斎藤泰則訳）：デジタル時代の大学と図書館—21世紀における学術情報資源マネジメント　B.L.ホーキンス，P.バッティン編，三浦逸雄，斎藤泰則，広田とし子訳　玉川大学出版部　2002.3　370p　（高等教育シリーズ 112）

ウォーターハウス，レイチェル
◇モザンビーク（共著）：女性が語る第三世界の素顔—環境・開発レポート　アニータ・アナンド編，WFS日本事務局訳　明石書店　1994.6　317p

ウォード，バーバラ
◇さまざまな意識モデル（瀬川昌久訳）：中国文化人類学リーディングス　瀬川昌久，西澤治彦編訳　風響社

2006.12　354p

ヴォートケ＝ヴェルナー, フェレーナ
◇ヴァシャリングの三位一体のフレスコ画に描かれているのは聖霊か女聖霊か?: 聖霊は女性ではないのか—フェミニスト神学試論　E.モルトマン＝ヴェンデル編, 内藤道雄訳　新教出版社　1996.11　281p　(21世紀キリスト教選書 11)

ウォーナー, マリーナ
◇エメリン・パンクハースト：TIMEが選ぶ20世紀の100人　下巻　アーチスト・エンターテイナー・ヒーロー・偶像・巨頭　徳岡孝夫監訳　アルク　1999.11　318p
◇マドンナ写真集『SEX』(沢崎順之助訳)：ロンドンで本を読む　丸谷才一編著　マガジンハウス　2001.6　337, 8p

ウォーナー, リチャード
◇創造的プログラム（清水隆則訳）：コミュニティケアを超えて—ノーマリゼーションと統合の実践　シュラミット・レイモン編, 中園康夫ほか訳　雄山閣出版　1995.10　228p

ウォーマー, R.
◇夫婦の育児休暇—子どもを育てるための解決策をさぐる：フェミニズムから見た母性　A.-M.ド・ヴィレーヌ, L.ガヴァリニ, M.ル・コアディク編, 中嶋公子, 目崎光子, 磯本輝子, 横地良子, 宮本由美ほか訳　勁草書房　1995.10　270, 10p

ウォーモルド, パトリック
◇アングロ＝サクソン期イングランドにおける証書・法・紛争解決（中村敦子訳）：紛争のなかのヨーロッパ中世　服部良久編訳　京都大学学術出版会　2006.7　372p

ウォーラー, J. マイケル
◇IMFとロシアのミサイル：IMF改廃論争の論点　ローレンス・J.マッキラン, ピーター・C.モントゴメリー編, 森川公隆監訳　東洋経済新報社　2000.11　285p

ウォーラーステイン, マイケル
◇資産の再分配VS所得の再分配（共著）：平等主義の政治経済学—市場・国家・コミュニティのための新たなルール　サミュエル・ボールズ, ハーバート・ギンタス他著, エリック・オリン・ライト編, 遠山弘徳訳　大村書店　2002.7　327, 20p

ウォラック, ローリ
◇ガット、WTOと民主主義の崩壊（共著）（小南祐一郎訳）：グローバル経済が世界を破壊する　ジェリー・マンダー, エドワード・ゴールドスミス編, 小南祐一郎, 塚本しづ香訳　朝日新聞社　2000.4　259p

ウォリンスキー, カリリ
◇ボルガ川：グレートリバー—地球に生きる・地球と生きる　National Geographic Society編, 田村協子訳　同朋舎出版　1993.7　448p

ヴォルケ, ディエター
◇「いじめ」に巻き込まれた人々の登場人物と社会的な人間関係の創造（共著）：いじめととりくんだ国々—日本と世界の学校におけるいじめへの対応と施策　土屋基規, P.K.スミス, 添田久美子, 折出健二編著　ミネルヴァ書房　2005.12　320p

ウォルシュ, ジェーン・マクラレン
◇水晶の頭蓋骨：スミソニアンは何を展示してきたか　A.ヘンダーソン, A.L.ケプラー編, 松本栄寿, 小浜清子訳　玉川大学出版部　2003.5　309p

ウォールズ, ローラ・ダソー
◇ヘンリー・デヴィッド・ソロー：環境の思想家たち　上（古代—近代編）　ジョイ・A.パルマー編, 須藤自由児訳　みすず書房　2004.9　309p　(エコロジーの思想)

ウォール・ストリート・ジャーナル編集部
◇何のためのIMFか　他：IMF改廃論争の論点　ローレンス・J.マッキラン, ピーター・C.モントゴメリー編, 森川公隆監訳　東洋経済新報社　2000.11　285p

ウォルター, アンドルー・ワイアット
◇アダム・スミスと国際関係論の自由主義的伝統（高橋良輔訳）：国際関係思想史—論争の座標軸　イアン・クラーク, アイヴァー・B.ノイマン編, 押村高, 飯島昇蔵訳者代表　新評論　2003.4　338p

ウォルツ, ケニス・N.
◇国際政治の継続性：衝突を超えて—9・11後の世界秩序　K.ブース, T.ダン編, 寺島隆吉監訳, 塚田幸三, 寺島美紀子訳　日本経済評論社　2003.5　469p

ヴォルツォーゲン, クリストフ・フォン
◇それは与える（下村鋭二, 松尾宣昭訳）：ハイデガーと実践哲学　A.ゲートマン＝ジーフェルト, O.ペゲラー編, 下村鋭二, 竹市明弘, 宮原勇監訳　法政大学出版局　2001.2　519, 12p　(叢書・ウニベルシタス 550)

ウォルトマー, マンフレート
◇ワルターからワルトラウトへ：偽りの肉体—性転換のすべて　バーバラ・カンプラート, ワルトラウト・シッフェルス編著, 近藤聡子訳　信山社出版　1998.6　210p

ウォルドレン, ジャッキー
◇文化を超えて：異文化結婚—境界を越える試み　ローズマリー・ブレーガー, ロザンナ・ヒル編著, 吉田正紀監訳　新泉社　2005.4　310, 29p

ウォルトン, ジェニー
◇労働組合とジェンダー—イギリスの女性職場委員たち：ジェンダーと女性労働—その国際ケーススタディ　セア・シンクレア, ナニカ・レッドクリフト編, 山本光子訳　柘植書房　1994.9　373p

ウォルビー, シルビア
◇イギリスのケース：ジェンダー主流化と雇用戦略—ヨーロッパ諸国の事例　ユテ・ベーニング, アンパロ・セラーノ・パスキュアル編, 高木郁朗, 麻生裕子編　明石書店　2003.11　281p

ウォルフ, ピーター・H.
◇操作的思考と社会的適応：遊びと発達の心理学　J.ピアジェ他著, 赤塚徳郎, 森楙監訳　黎明書房　2000.7　217, 3p　(心理学選書 4)

ヴォルフ, マンフレート
◇ヨーロッパ契約法における意思の瑕疵および意思決定の自由に対するその他の妨害（松尾弘訳）：ヨーロッパ統一契約法への道　ユルゲン・バセドウ編, 半田吉信ほか訳　法律文化社　2004.6　388p

431

ウォルフ, レオン
◇セクシャル・ハラスメント規制の企業化と男女平等政策への示唆(柴田洋二郎訳)：雇用・社会保障とジェンダー 嵩さやか,田中重人編 東北大学出版会 2007.5 438p (ジェンダー法・政策研究叢書 東北大学21世紀COEプログラム 第9巻 辻村みよ子監修)

ウォルフウッド, テレサ
◇もうひとつの世界は可能だ・民衆によるグローバル化(松田洋介訳)：帝国への挑戦—世界社会フォーラム ジャイ・セン, アニタ・アナンド, アルトゥーロ・エスコバル, ピーター・ウォーターマン編, 武藤一羊ほか監訳 作品社 2005.2 462p

ウォルフェンソン, ジェームズ・D.
◇世界銀行とグローバル都市地域：グローバル・シティー・リージョンズ—グローバル都市地域への理論と政策 アレン・J.スコット編著, 坂本秀和訳 ダイヤモンド社 2004.2 365p

ウォルヘイム, リチャード
◇J.S.ミルとアイザイア・バーリン(大久保任健訳)：ミル『自由論』再読 ジョン・グレイ, G.W.スミス編著, 泉谷周三郎, 大久保任健訳 木鐸社 2000.12 214p

ウォルムス, フレデリック
◇直感と反省のあいだ・メルロ＝ポンティの現象学における批判の意味(本郷均訳)：フッサール『幾何学の起源』講義 モーリス・メルロ＝ポンティ著, 加賀野井秀一, 伊藤泰雄, 本郷均訳 法政大学出版局 2005.3 571, 9p (叢書・ウニベルシタス 815)

ウォレス, マイケル
◇四面楚歌の構想：ミサイル防衛—大いなる幻想 東西の専門家20人が批判する デービッド・クリーガー, カラー・オン編, 梅林宏道, 黒崎輝訳 高文研 2002.11 155p

ウォレン, ウィリアム
◇スペリオル湖の人肉食 他：北米インディアン生活誌 C.ハミルトン編, 和巻耿介訳 社会評論社 1993.11 408p

ウォン, シビル
◇レーガン・ドクトリンと南部アフリカの「不安定化」(共著)：西側による国家テロ アレクサンダー・ジョージ編, 古川久雄, 大木昌訳 勉誠出版 2003.8 275, 80p

ウォン, ション
◇ステレオタイプと感性：アメリカの差別問題—PC(政治的正義)論争をふまえて Patricia Aufderheide編, 脇浜義明編訳 明石書店 1995.6 208p

ウガヤ, ヒロミチ
◇クリントン政権に対する日本の活字メディアの姿(C-NET訳)：クリントン政権に対する日本の活字メディアの姿勢・日米新経済協議の枠組み ウガヤヒロミチほか, ウィリアム・H.クーパー著, C-NET訳 C-NET 1993.2 1冊 (米国議会調査局報告書)

ウーキー, E. E.
◇催眠：心霊研究—その歴史・原理・実践 イヴォール・グラッタン・ギネス編, 和田芳久訳 技術出版 1995.12 414p (超心理学叢書 第4集)

ヴザン, ジャン
◇西洋中世の筆写用具(西村善矢訳)：テクストの宇宙—生成・機能・布置 21世紀COEプログラム「統合テクスト科学の構築」SITES講演録2004-2005年 佐藤彰一編 名古屋大学大学院文学研究科 2006.3 296p

ウスター, ヘンリー
◇フィリピン・カトリック教会と一九八六年革命：宗教と国家—国際政治の盲点 ダグラス・ジョンストン, シンシア・サンプソン編著, 橋本光平, 畠山圭一監訳 PHP研究所 1997.9 618, 16p

埋橋 孝文 ウズハシ, タカフミ
◇日本：福祉社会との訣別(門林道子ほか訳)：社会政策の国際的展開—先進諸国における福祉レジーム ピート・アルコック, ゲイリー・クレイグ編, 埋橋孝文ほか共訳 晃洋書房 2003.5 328p

ウーソフ, ビクトル・N.
◇中国におけるゾルゲ諜報団の活躍(1930-1932年).上：ゾルゲ事件関係外国語文献翻訳集 no.13 日露歴史研究センター事務局編 日露歴史研究センター事務局 2006.11 68p
◇中国におけるゾルゲ諜報団の活躍(1930-1932年).下：ゾルゲ事件関係外国語文献翻訳集 no.14 日露歴史研究センター事務局編 日露歴史研究センター事務局 2007.2 73p

ウタル, ブロ
◇ゼロックスからスピンアウトした研究所：技術とイノベーションの戦略的マネジメント 下 ロバート・A.バーゲルマン, クレイトン・M.クリステンセン, スティーヴン・C.ウィールライト編著, 青島矢一, 黒田光太郎, 志賀敏宏, 田辺孝二, 出川通, 和賀三和子日本語版監修, 岡真由美, 斉藤裕一, 桜井祐子, 中川泉, 山本章子訳 翔泳社 2007.7 595p

ウチテル, ルイス
◇失業の犠牲者たち(共著)：ダウンサイジング・オブ・アメリカ—大量失業に引き裂かれる社会 ニューヨークタイムズ編, 矢作弘訳 日本経済新聞社 1996.11 246p

ウチテレ, ルイス
◇救出がもたらすマイナス面：IMF改廃論争の論点 ローレンス・J.マッキラン, ピーター・C.モントゴメリー編, 森武公隆監訳 東洋経済新報社 2000.11 285p

ウッグ, アンリ
◇フランソワ・ケネーの「経済表」の機構：フランソワ・ケネーと重農主義 石井良明訳 石井良明 1992.7 550p

ウッズ, サラ
◇「いじめ」に巻き込まれた人々の登場人物と社会的な人間関係の創造(共著)：いじめととりくんだ国々—日本と世界の学校におけるいじめへの対応と施策 土屋基規, P.K.スミス, 添田久美子, 折出健二編著 ミネルヴァ書房 2005.12 320p

ウッド, J. V.
◇低自尊心者の社会的比較(共著)(山上真貴子訳)：臨床社会心理学の進歩—実りあるインターフェイスをめざして R.M.コワルスキ, M.R.リアリー編著, 安藤清志, 丹野義彦監訳 北大路書房 2001.10 465p

432

ウッド, ドナ・J.
◇国際経営と社会(共著)(南雲和夫訳):社会経営学の視座 B.トイン, D.ナイ編, 村山元英監訳, 国際経営文化学会訳 文眞堂 2004.10 312p (国際経営学の誕生 2)

ウッドゥン・レッグ
◇平原インディアンのスポーツ 他:北米インディアン生活誌 C.ハミルトン編, 和巻耿介訳 社会評論社 1993.11 408p

ウットゴフ, キャスリーン
◇年金の拡充と貯蓄の増加:アメリカ年金事情—エリサ法(従業員退職所得保障法)制定20年後の真実 ダラス・L.ソールズベリー編, 鈴木旭監修, 大川洋三訳 新水社 2002.10 195p

ウッド=トンプソン, スーザン
◇熱:記憶の底から—家庭内性暴力を語る女性たち トニー・A.H.マクナロン, ヤーロウ・モーガン編, 長谷川真実訳 青弓社 1995.12 247p

ウッドハウス, マーク・B.
◇二元論と物質主義を超えて—死後存続の新しいモデル(橋村令助訳):死を超えて生きるもの—霊魂の永遠性について ゲイリー・ドーア編, 井村宏治, 上野圭一, 笠原敏雄, 鹿子木大土郎, 菅靖彦, 中村正明, 橋村令助訳 春秋社 1993.11 407, 10p

ウッドフォード, ジャック
◇神に能力を授かった馬:あなたが知らないペットたちの不思議な力—アンビリーバブルな動物たちの超常現象レポート 『FATE』Magazine編, 宇佐和通訳 徳間書店 1999.2 276p

ウッドホール, モーリーン
◇人的資本の諸概念:教育社会学—第三のソリューション A.H.ハルゼー, H.ローダー, P.ブラウン, A.S.ウェルズ編, 住田正樹, 秋永雄一, 吉本圭一編訳 九州大学出版会 2005.2 660p

ウッドラフ, トーマス
◇年金拡大にむけ早期に結集:アメリカ年金事情—エリサ法(従業員退職所得保障法)制定20年後の真実 ダラス・L.ソールズベリー編, 鈴木旭監修, 大川洋三訳 新水社 2002.10 195p

ウツドロー, ヘルバート
◇適才教育.第壱輯(共著)(山田勝太郎, 二宮源兵訳, 脇田良吉編):知的・身体障害者問題資料集成 戦前編 第5巻(1927年—1929年) 編集復刻版 不二出版 2005.12 348p

ウッドワード, C・ヴァン
◇大学と自由:アメリカの差別問題—PC(政治的正義)論争をふまえて Patricia Aufderheide編, 脇浜義明編訳 明石書店 1995.6 208p

ヴトケ-グローネベルク, ヴァルター
◇撃破の力、忍耐の力—ヴァイマル共和国における医学改革運動と学校医学の危機:ヴァイマル共和国の宗教史と精神史 フーベルト・カンツィク編, 池田昭, 浅野洋監訳 御茶の水書房 1993.2 434p

ウムステッド, デビッド・A.
◇国際的なスタイル・インデックスの比較(浅井重子訳):株式投資スタイル—投資家とファンドマネージャーを結ぶ投資哲学 T.ダニエル・コギン, フランク・J.ファボッツィ, ロバート・D.アーノット編, 野村證券金融研究所訳 増補改訂版 野村総合研究所情報リソース部 1998.3 450p

ヴュルテンベルガー, トーマス
◇学問の自由の限界(古野豊秋訳):先端科学技術と人権—日独共同研究シンポジウム ドイツ憲法判例研究会編 信山社出版 2005.2 428p
◇多元主義国家の理論と実際(西谷敏訳):団体・組織と法—日独シンポジウム 松本博之, 西谷敏, 守矢健一編 信山社出版 2006.9 388, 3p

烏力吉図 ウリキキット*
◇モンゴル(蒙古)族—内蒙古自治区(百田弥栄子訳):中国少数民族の婚姻と家族 中巻 厳汝嫻主編, 江守五夫監訳, 百田弥栄子, 曽士才, 栗原悟訳 第一書房 1996.12 315p (Academic series—New Asia 19)

ヴリート, マルクース
◇ヨーハン・フォン・シュタウビッツ:宗教改革期の牧会者たち 1 日本基督教団出版局 2001.8 288p (魂への配慮の歴史 第5巻 C.メラー編, 加藤常昭訳)

ウルコフ, キャスリーン・ニーチェ
◇ホロコースト否定文献の問題と図書館(薬剤院はるみ訳):『図書館の権利宣言』を論じる ウェイン・A.ウィーガンド編, 川崎良孝, 薬剤院はるみ訳 京都大学図書館情報学研究会 2000.9 195p

ウルティアグル, ダニエル
◇恣意的な根拠に基づいて相互に調整することができるか(共著)(須田文明訳):コンヴァンシオン理論の射程—政治経済学の復権 フィリップ・バティフリ編, 海老塚明, 須田文明監訳 昭和堂 2006.11 419p

ウルバートン, テリー
◇沈黙は秘密を嘘へと変える:記憶の底から—家庭内性暴力を語る女性たち トニー・A.H.マクナロン, ヤーロウ・モーガン編, 長谷川真実訳 青弓社 1995.12 247p

ウルバーン, ウルズラ
◇チュング・ヒュン・キュングの講演の注釈:聖霊は女性ではないのか—フェミニスト神学試論 E.モルトマン=ヴェンデル編, 内藤道雄訳 新教出版社 1996.11 281p (21世紀キリスト教選書 11)

ウルバンヴェストブロ, ディック
◇住居形態を開発せよ(共著):スウェーデンの住環境計画 スヴェン・ティーベイ編著, 外山義訳 鹿島出版会 1996.2 292p

ウルフ, ペンロープ
◇第二帝政のシンボル(西律子訳):風景の図像学 D.コスグローブ, S.ダニエルス共編, 千田稔, 内田忠賢監訳 地人書房 2001.3 460p

ウルフ, マーティン
◇楽観主義擁護論:論争グローバリゼーション—新自由主義対社会民主主義 デヴィッド・ヘルド編, 猪口孝訳 岩波書店 2007.5 241p

ウルフ, レスリー
◇偏見による憎悪の犯罪としての女性への暴力(共著):世界の女性と暴力 ミランダ・デービス編, 鈴木研一

ウルフイツ　　　　　全集・合集収載 翻訳図書目録 1992-2007　Ⅰ

訳　明石書店　1998.4　472p　（明石ライブラリー 4）

ウールフィット, アダム
◇ダニューブ川：グレートリバー─地球に生きる・地球と生きる　National Geographic Society編, 田村協子訳　同朋舎出版　1993.7　448p

ウルフ＝ヌッツ, ウルリカ
◇遺体洗浄─女性の仕事：ロウヒのことば─フィンランド女性の視角からみた民俗学　下　アイリ・ネノラ, センニ・ティモネン編, 目荒ゆみ訳　文理閣　2003.7　233p

ウルヘッド, C.
◇柔軟な労働市場の形成（共著）：地域の雇用戦略─七ヵ国の経験に学ぶ"地方の取り組み"　樋口美雄, S.ジゲール, 労働政策研究・研修機構編　日本経済新聞社　2005.10　364p

ウルマー, オイゲン
◇ドイツ連邦共和国とベルヌ同盟：ベルヌ条約100周年記念論文集─ベルヌ条約と国内法　WIPO国際事務局編, 原田文夫訳　著作権資料協会　1987.3　123p　(著作権シリーズ 76)

ウルリッヒ, デイビッド
◇組織能力の評価法（共著）：組織能力の経営論─学び続ける企業のベスト・プラクティス　Diamondハーバード・ビジネス・レビュー編集部訳　ダイヤモンド社　2007.8　508p　(Harvard business review)

ウルリッヒ, デイブ
◇近さではなく価値で結ばれる共同体の六つの条件：未来社会への変革─未来の共同体がもつ可能性　フランシス・ヘッセルバイン, マーシャル・ゴールドスミス, リチャード・ベックハード, リチャード・F.シューベルト編, 加納明弘訳　フォレスト出版　1999.11　327p

ウレーニャ, ペドロ・エンリーケス
◇アメリカのユートピア：現代ラテンアメリカ思想の先駆者たち　レオポルド・セア編, 小林一宏, 三橋利光共訳　刀水書房　2002.6　250p　(人間科学叢書 34)

ウンダー, ハイデ
◇愚かで抜け目ない農民：ドイツ中世の日常生活─騎士・農民・都市民　コルト・メクゼーパー, エリーザベト・シュラウト共編, 赤阪俊一, 佐藤専次共訳　刀水書房　1995.6　205p　(刀水歴史全書 35)

【エ】

エー
◇未来への希望：女たちのビルマ─軍事政権下を生きる女たちの声　藤目ゆき監訳, タナッカーの会編, 富田あかり訳　明石書店　2007.12　446p　(アジア現代女性史 4)

エアハルト, ヴァルター・E.
◇シェリング研究の水準について（竹花洋佑, 守津隆訳）：シェリング哲学─入門と研究の手引き　H.J.ザントキューラー編, 松山寿一監訳　昭和堂　2006.7　288, 59p

エアリー, ベティ
◇クルーズ─とても楽しい四日間のミニクルーズ：車椅子はパスポート─地球旅行の挑戦者たち　アリソン・ウォルシュ編, おそどまさこ日本語版責任編集, 森実真弓訳　山と渓谷社　1994.3　687p

栄　新江　エイ, シンコウ*
◇唐代の仏・道二教から見た外道：中国宗教文献研究　京都大学人文科学研究所編　臨川書店　2007.2　487p

エイギン, ケネス
◇創造的ファンタジー, そして音楽と詞の即興：行動化する天才児との音楽療法：音楽療法ケーススタディ 上　児童・青年に関する17の事例　ケネス・E.ブルシア編, 酒井智麻ほか訳　音楽之友社　2004.2　285p

エイキン, デービッド
◇第二次世界大戦とマアシナ・ルールの起源─あるクワイオの見解：ビッグ・デス─ソロモン人が回想する第二次世界大戦　ジェフリー・ホワイトほか編, 小柏葉子編, 小柏葉子, 今泉裕美子訳　現代史料出版　1999.8　226p

英国ソーシャルワーカー協会　〈British Association of Social Workers〉
◇英国ソーシャルワーカー協会政策声明：1991年6月　保健機関におけるソーシャルワーク他：医療ソーシャルワークの挑戦─イギリス保健関連ソーシャルワークの100年　ジョアン・バラクローほか編著, 児島美都子, 中村永司監訳　中央法規出版　1999.5　271p

英子　エイシ
◇周恩来の女性遍歴：人間・周恩来─紅朝宰相の真実　金鐘編, 松田州二訳　原書房　2007.8　370p

エイシス, マルジャ・M. B.
◇家族の愛のために：アジアの経済発展と家族及びジェンダー　篠崎正美監訳・著, アジア女性交流・研究フォーラム編　改訂版　アジア女性交流・研究フォーラム　2000.3　203p

エイティンガー, レオ
◇真夜中の救出作戦：思いやる勇気─ユダヤ人をホロコーストから救った人びと　キャロル・リトナー, サンドラ・マイヤーズ編, 食野雅子訳　サイマル出版会　1997.4　282p

エイド, ウイメンズ
◇ドメスティック・バイオレンス：世界の女性と暴力　ミランダ・デービス編, 鈴木研一訳　明石書店　1998.4　472p　（明石ライブラリー 4）

APM世界ネットワーク
◇食糧─生産し, 自給し, 食糧主権を行使する民衆の権利（石田ismayat訳）：もうひとつの世界は可能だ─世界社会フォーラムとグローバル化への民衆のオルタナティブ　ウィリアム・F.フィッシャー, トーマス・ポニア編, 加藤哲郎監訳, 大屋定晴, 山口響, 白井聡, 木下ちがや監訳　日本経済評論社　2003.12　461p

エイプス, ウィリアム
◇清教徒の侵入　他：北米インディアン生活誌　C.ハミルトン編, 和巻耿介訳　社会評論社　1993.11　408p

エイブラハムズ＝リンコック, イングリッド
◇イギリスの中等学校での開発教育（吉野あかね訳）：

434

世界の開発教育—教師のためのグローバル・カリキュラム　オードリー・オスラー編、中里亜夫監訳、中野和光、吉野あかね、川上具実訳　明石書店　2002.8　498p

エイブラム, ジェイ
◇人生は結果じゃない：子供たちへの手紙—あなたにこれだけは伝えたい　エリカ・グッド編、中埜有理訳　三田出版会　1997.7　371p

エイベル, サム
◇ティエラ・デル・フエゴ：知られざる辺境へ—世界の自然と人々　ナショナル・ジオグラフィック協会編、亀井よし子訳　岩波書店　1992.7　216p（地球発見ブックス）

エイモス, ウォーリー
◇不利な状況をも自分の味方にする：セルフヘルプ—なぜ、私は困難を乗り越えられるのか　世界のビッグネーム自らの47の証言　ケン・シェルトン編著、堀紘一監訳　フロンティア出版　1998.7　301p

エイモス, ケント
◇子どもが必要とする限り、積極的生き方を教えたい！：思考は現実化する—私はこうして思考を現実化した　実践編　ナポレオン・ヒル財団日本リソーセス編・訳　騎虎書房　1997.3　231p

エヴァ, ファブリツィオ
◇アジア太平洋地域のゆくえ：政治的・経済的共同体にか、それとも競合しあい断片かするか？　他（福嶋依子訳）：アジア太平洋と国際関係の変動—その地政学的展望　Dennis Rumley編、高木彰彦、千葉立也、福嶋依子編　古今書院　1998.2　431p

エヴァーツ, ケリー
◇トリプル・トリート（サマーラとのインタビュー）：セックス・ワーク—性産業に携わる女性たちの声　フレデリック・デラコステ、プリシラ・アレキサンダー編　パンドラ　1993.11　426, 26p

エヴァルド, ウヴェ
◇グローバル・ガバナンス、国際刑事司法、そしてICTYの法実行から浮かび上がる被害者の態様（五十嵐元道、城山英明訳）：紛争現場からの平和構築—国際刑事司法の役割と課題　城山英明、石田勇治、遠藤乾編　東信堂　2007.10　208p（未来を拓く人文・社会科学シリーズ 0）

エヴァンス, サラ・M.
◇パブリック・リレイションの政治学：アメリカの差別問題—PC（政治的正義）論争をふまえて　Patricia Aufderheide編、脇浜義明訳　明石書店　1995.6　208p

エヴァンズ, ポール
◇人間の安全保障をめぐるアジアからの視座（和田賢治訳）：人間の安全保障—世界危機への挑戦　佐藤誠、安藤次男編　東信堂　2004.11　363p

エヴリー, ピーター
◇映画とポストモダニズム（共著）：ポストモダニズムとは何か　スチュアート・シム編、杉野健太郎ほか訳　松柏社　2002.6　303p（松柏社叢書—言語科学の冒険 22）

エーガー, ミカエラ＝ラリッサ
◇新しい名前に乾杯：偽りの肉体—性転換のすべて　バーバラ・カンプラート、ワルトラウト・シッフェルス編著、近藤聡子訳　信山社出版　1998.6　210p

エガディング, ミヒャエル
◇ヨハネス・タウラー：中世の牧会者たち　日本基督教団出版局　2001.6　266p（魂への配慮の歴史 第4巻　C.メラー編、加藤常昭訳）

エーキング, ギゼラ
◇女から男への性適合手術（共著）：偽りの肉体—性転換のすべて　バーバラ・カンプラート、ワルトラウト・シッフェルス編著、近藤聡子訳　信山社出版　1998.6　210p

エクスポート, ヴァリー
◇ヴァリー・エクスポート：慣れる女たち　アンドレア・ジュノー、V.ヴェイル編、越智道雄訳　第三書館　1997.8　303p

エコノミスト誌
◇不可能な課題：ドラッグ全面解禁論　ディヴィッド・ボアズ編、樋口幸子訳　第三書館　1994.11　364p
◇エリツィン氏の言いなりになる友達：IMF改廃論争の論点　ローレンス・J.マッキラン、ピーター・C.モントゴメリ編著、森川公隆監訳　東洋経済新報社　2000.11　285p

エシック, ジョアン
◇薬物依存の学生を立ち直らせる努力：障害のある学生を支える—教員の体験談を通じて教育機関の役割を探る　ボニー・M.ホッジ、ジェニー・プレストン＝サビン編、太田晴康監訳、三沢かがり訳　文理閣　2006.12　228p

エシュト, ジャクリーヌ
◇フランソワ・ケネーの一生：フランソワ・ケネーと重農主義　石井良明訳　石井良明　1992.7　550p

エスアベルマンドルウス, F.
◇一二世紀から一六世紀のマダガスカルと近隣の島々（深沢秀夫訳）：ユネスコ・アフリカの歴史 第4巻　一二世紀から一六世紀までのアフリカ　アフリカの歴史起草のためのユネスコ国際学術委員会編、宮本正興責任編集　D.T.ニアヌ編　同朋舎出版　1992.9　2冊

S. R. ブラウンの母
◇夕暮れ静かに（植村正久訳）：植村正久著作集　第3巻　植村正久著、熊野義孝、石原謙、斎藤勇、大内三郎監修　新教出版社　2005.12　478p

エスクリバノ, マルセラ
◇軍国主義とグローバル化：会議総括文書（山口響訳）：もうひとつの世界は可能だ—世界社会フォーラムとグローバル化への民衆のオルタナティブ　ウィリアム・F.フィッシャー、トーマス・ポニア編、加藤哲郎監修、大屋定晴、山口響、白井聡、木下ちがや訳　日本経済評論社　2003.12　461p

エスケナジ, ジャン＝ピエール
◇「シネマ」の理念、そして「フイルム」の理念について（広瀬純訳）：ドゥルーズ、映画を思考する　ロベルト・デ・ガエターノ編、広瀬純、増田靖彦訳　勁草書房　2000.12　403p

エスコベード, アンナ
◇スペインのケース：ジェンダー主流化と雇用戦略—ヨーロッパ諸国の事例　ユテ・ベーニング、アンパロ・セラーノ・パスキュアル編、高木郁朗、麻生裕子

エストライ

編　明石書店　2003.11　281p

エストライヒ, パウル
◇人類の苦難と子どもの苦難（高橋貴美子訳）：子どものための教育—徹底的学校改革者同盟教育研究大会（1932年）報告『子どもの苦難と教育』より　船尾日出志監修, 久野弘幸編訳　学文社　2004.3　254, 4p

エストラーダ, エセキエル・マルティーネス
◇孤立：現代ラテンアメリカ思想の先駆者たち　レオポルド・セア編, 小林一宏, 三橋利光共訳　刀水書房　2002.6　250p　（人間科学叢書 34）

エスピエール, ヘクトール・グロス
◇国際人道法と人権（望月康恵訳）：国際人権法マニュアル—世界的視野から見た人権の理念と実践　ヤヌシュ・シモニデス編著, 横田洋三監修, 秋月弘子, 滝沢美佐子, 富田麻理, 望月康恵訳　明石書店　2004.3　467p

エスピノーザ, ファニータ
◇聖なる風の女：風の言葉を伝えて＝ネイティブ・アメリカンの女たち　ジェーン・キャッツ編, 船木アデルみさ, 船木卓也訳　築地書館　1998.3　262p

エスポジト, モニカ
◇逆転した像（梅川純代訳）：中国思想における身体・自然・信仰—坂出祥伸先生退休記念論集　坂出祥伸先生退休記念論集刊行会編　東方書店　2004.8　25, 690p
◇清代における金蓋山竜門派の設立と『金華宗旨』：中国宗教文献研究　京都大学人文科学研究所編　臨川書店　2007.2　487p

エスマン, A.
◇フランス刑事訴訟法史：塙浩著作集—西洋法史研究 19　フランス刑事法史　塙浩訳著　信山社出版　2000.6　790p

エスリッジ, マーカス・E.
◇環境政策に住民が参加するための手続き：政策に対する効果のアセスメント：公共の意思決定における住民参加　ジャック・デサリオ, スチュアート・ラングトン編　横浜市企画財政局企画調整室　1993.3　177p

エーダー, フランツ・X.
◇買いだめ・節約・より良き生活への希望（永川聡訳）：東京とウィーン—占領期から60年代までの日常と余暇　明治大学・ウィーン大学第5回共同シンポジウム論文集　吉田正彦, 井戸田総一郎編　明治大学文学部　2007.3　180p

エチェベリーア, ボリーバル
◇ブローデルとマルクス：入門・ブローデル　イマニュエル・ウォーラーステイン他著, 浜名優美監修, 尾河直哉訳　藤原書店　2003.3　255p

エチオーニ, アミタイ
◇なぜ「市民社会」だけでは充分でないのか：文化の多様性と通底の価値—聖俗の拮抗をめぐる東西対話　服部英二監修　麗澤大学出版会　2007.11　305, 11p

エッカルツハウゼン
◇自然の魔法の力：キリスト教神秘主義著作集 16　近代の自然神秘思想　中井章子, 本間邦雄, 岡部雄三訳　教文館　1993.9　614, 42p

エックハルト, マイスター
◇霊的識別の講話（1294～98年）他（オイゲン・ルカほか訳）：宗教改革著作集　第13巻　カトリック改革　教文館　1994.4　595p

エッチュビット, イルディッシュ
◇工場での管理・統制—トルコの女性工業労働力の構造：ジェンダーと女性労働—その国際ケーススタディ　セア・シンクレア, ナニカ・レッドクリフト編, 山本光子訳　柘植書房　1994.9　373p

エッツェル, バーバラ・C.
◇概念的行動の発達を調整する：刺激制御のテクノロジー（共著）：行動分析学からの発達アプローチ　シドニー・W.ビジュー, エミリオ・リベス編, 山口薫, 清水直治監訳　二瓶社　2001.7　253p

エディー, ケート
◇紛争の観察：コンフリクト　M.ジョーンズ, A.C.フェビアン共編, 大淵憲一, 熊谷智博共訳　培風館　2007.11　256p

エーティンガー
◇聖書とエンブレムの辞書：キリスト教神秘主義著作集 16　近代の自然神秘思想　中井章子, 本間邦雄, 岡部雄三訳　教文館　1993.9　614, 42p

エデルスタイン, ジュディ
◇マッサージ・パーラーで：セックス・ワーク—性産業に携わる女性たちの声　フレデリック・デラコステ, プリシラ・アレキサンダー編　パンドラ　1993.11　426, 26p

エーデルマン, I.
◇開発理論における誤謬と政策への示唆：開発経済学の潮流—将来の展望　G.M.マイヤー, J.E.スティグリッツ共編, 関本勘次, 近藤正規, 国際協力研究グループ訳　シュプリンガー・フェアラーク東京　2003.7　412p

エーデルマン, マラ・B.
◇ペアになる（共著）：ベストパートナーの見分け方　ロザリー・バーネット編著, 鈴木理恵子訳　同朋舎　1997.9　151p

エデレン, マーシャ
◇取り組まれなかった職員参加：バークレー生協は, なぜ倒産したか—18人の証言　日本生活協同組合連合会国際部訳　コープ出版　1992.5　195p

エドストロム, ベルト
◇スウェーデン・使節団に対する接待外交（伊藤弥彦訳）：欧米から見た岩倉使節団　イアン・ニッシュ編, 麻田貞雄他訳　ミネルヴァ書房　2002.4　263, 42p　（Minerva日本史ライブラリー 12）

エドワーズ, セバスチャン
◇政治的視点から見たIMFと債務危機：IMF改廃論争の論点　ローレンス・J.マッキラン, ピーター・C.モントゴメリー編, 森川公隆監訳　東洋経済新報社　2000.11　285p

エドワード, セバスチャン
◇最近のコンディショナリティの検証：IMF改廃論争の論点　ローレンス・J.マッキラン, ピーター・C.モントゴメリー編, 森川公隆監訳　東洋経済新報社　2000.11　285p

エドワードソン, デリック
◇腐った少女の臭い：平気で人を殺す人たち―心の中に棲む悪魔　ブライアン・キング編, 船津歩訳　イースト・プレス　1997.10　319p

エニー, パトリシア
◇自己充足へ向けて：筆記に障害のある学生とともに学ぶ：障害のある学生を支える―教員の体験談を通じて教育機関の役割を探る　ボニー・M.ホッジ, ジェニー・プレストン・サビン編, 太田晴康監訳, 三沢かがり訳　文理閣　2006.12　228p

榎本 世彦　エノモト, トキヒコ
◇集団の中の個人（榎本世彦訳）：メアリー・パーカー・フォレット　管理の予言者　ポウリン・グラハム編, 三戸公, 坂井正広監訳　文眞堂　1999.5　360p

エバーズ・ウィリアムズ, マイリー
◇人を憎んではいけない：子供たちへの手紙―あなたにこれだけは伝えたい　エリカ・グッド編, 中埜有理訳　三田出版会　1997.7　371p

エバーツ, R.
◇小さな政府の国におけるさらなる分権化：地域の雇用戦略―七ヵ国の経験に学ぶ"地方の取り組み"　樋口美雄, S.ジゲール, 労働政策研究・研修機構編　日本経済新聞社　2005.10　364p

エバンス, カレン
◇成人生活で市民であるための学習（不破和彦訳）：成人教育と市民社会―行動的シティズンシップの可能性　不破和彦訳　青木書店　2002.7　214p

エバンス, トニー
◇民主化と人権（松下冽訳）：変容する民主主義―グローバル化のなかで　アントニー・G.マッグレー編, 松下冽監訳　日本経済評論社　2003.11　405p

エバンズ, ピーター
◇グローバリゼーションと文化伝達―展開しつつあるインクルージョンの実践における国際機関の役割（石田祥代訳）：世界のインクルーシブ教育―多様性を認め, 排除しない教育を　ハリー・ダニエルズ, フィリップ・ガーナー編著, 中村満紀男, 窪田真二監訳　明石書店　2006.3　540p　（明石ライブラリー 92）

エバンス, フィリップ・B.
◇ケイパビリティに基づく経営戦略（共著）：経営戦略論　Harvard Business Review編, Diamondハーバード・ビジネス・レビュー編集部訳　ダイヤモンド社　2001.1　268p
◇ネットワーク経済が迫るバリューチェーン再構築（共著）：戦略と経営　ジョーン・マグレッタ編, Diamondハーバード・ビジネス・レビュー編集部訳　ダイヤモンド社　2001.7　405p

エピメニデス
◇エピメニデス（山口義久訳）：ソクラテス以前哲学者断片集　第1分冊　内山勝利編　岩波書店　1996.12　367p

エプステイン, バーバラ
◇政治的正義とアイデンティティ路線：アメリカの差別問題―PC（政治的正義）論争をふまえて　Patricia Aufderheide編, 脇浜義明訳　明石書店　1995.6　208p

エーブナー, クリスティーネ
◇溢れる恩寵についての書（小竹澄栄訳）：中世思想原典集成　15　女性の神秘家　上智大学中世思想研究所編訳・監修　平凡社　2002.4　1061p

エーブナー, マルガレータ
◇主の祈り（高橋由美子訳）：中世思想原典集成　15　女性の神秘家　上智大学中世思想研究所編訳・監修　平凡社　2002.4　1061p

エフ・フ
◇國際婦人デーの歴史：世界女性学基礎文献集成　昭和初期編　第9巻　水田珠枝監修　ゆまに書房　2001.12　20, 387p

エブラーヒミヤン, バーバク
◇神の夢よりも緑濃き小道：イラン人は神の国イランをどう考えているか　レイラ・アーザム・ザンギャネー編, 白須英子訳　草思社　2007.2　231p

エブリー, P. B.
◇王朝時代後期中国（1000-1940年）における親族組織・序文（共著）（川口幸大訳）：中国文化人類学リーディングス　瀬川昌久, 西澤治彦編訳　風響社　2006.12　354p

エーベルト, フリードリッヒ・アドルフ
◇司書の自己修練（三宅悟, 河井弘志訳）：司書の教養　河井弘志編訳　京都大学図書館情報学研究会　2004.8　127p

エマーソン, G. E.
◇古代イスラエルにおける女性（金井美彦訳）：古代イスラエルの世界―社会学・人類学・政治学からの展望　R.E.クレメンツ編, 木田献一, 月本昭男監訳　リトン　2002.11　654p

エマニュエルソン, インゲマール
◇普通教育の発展の鍵としての「包括教育」（渡辺実訳）：インクルージョンの時代―北欧発「包括」教育理論の展望　ペーデル・ハウグ, ヤン・テッセブロー編, 二文字理明監訳　明石書店　2004.7　246p　（明石ライブラリー 63）

エマール‐デュヴルネ, フランソワ
◇コンヴァンシオン経済学に政治理論はあるか（須田文明訳）：コンヴァンシオン理論の射程―政治経済学の復権　フィリップ・バティフリエ編, 海老塚明, 須田文明監訳　昭和堂　2006.11　419p

エーミピュー
◇化粧で汚れた紙幣の切れ端：女たちのビルマ―軍事政権下を生きる女たちの声　藤目ゆき監修, タナッカーの会編, 富田あかり訳　明石書店　2007.12　446p　（アジア現代女性史 4）

エミン, ジャン・クロード
◇世界のいじめ（共著）（金口恭久訳）：世界のいじめ―各国の現状と取り組み　森田洋司総監修・監訳, P.K.スミスほか編, 川口仁志ほか訳　金子書房　1998.11　463p

エリ, F.
◇フランス古法における公訴と私訴：塙浩著作集―西洋法史研究　19　フランス刑事法史　塙浩著訳　信山社出版　2000.6　790p

エリアデス, ピーター
◇株価変動の予測に関するサイクルの活用法：魔術師

エリオツト

たちのトレーディングモデル—テクニカル分析の新境地　リック・ベンショール編，長尾慎太郎ほか訳　パンローリング　2001.3　365p（ウィザードブックシリーズ 15）

エリオット，T. R.
◇集団はメンタルヘルスにどんな影響を与えるか：グループ・ダイナミックスと心理的幸福（共著）／友田貴子訳）：臨床社会心理学の進歩—実りあるインターフェイスをめざして　R.M.コワルスキ，M.R.リアリー編，安藤清志，丹野義彦監訳　北大路書房　2001.10　465p

エリオット，グレース
◇オペラ劇場のマリ・アントワネット（一七九二年七月）：歴史の目撃者　ジョン・ケアリー編，仙名紀訳　朝日新聞社　1997.2　421p

エリオット，ダグ
◇オポッサムとカメとオオカミ：話はめぐる—聞き手から語り手へ　子どもと大人のためのストーリーテリング　ナショナル・ストーリーテリング保存育成協会編，佐藤涼子訳　リブリオ出版　1999.11　166p

エリオット，ロジャー
◇オーストラリア—車椅子でクイーンズランド冒険旅行：車椅子はパスポート—地球旅行の挑戦者たち　アリソン・ウォルシュ編，おそどまさこ日本語版責任編集，森実真弓訳　山と渓谷社　1994.3　687p

エリオット，ロバート・S.
◇ストレスに潰されないための処方箋：セルフヘルプ—なぜ，私は困難を乗り越えられるのか　世界のビッグネーム自らの47の証言　ケン・シェルトン編著，堀紘一監訳　フロンティア出版　1998.7　301p

エリクスン，ジョン
◇ナポレオン・ヒル・プログラムを学ぶ学生たち：思考は現実化する—私はこうして思考を現実化した　実践編　ナポレオン・ヒル財団日本リソーセス編・訳　騎虎書房　1997.3　231p

エリクソン，タマラ
◇「退職」という概念はもう古い（共著）：2010年の「マネジメント」を読み解く　Diamondハーバード・ビジネス・レビュー編集部編訳　ダイヤモンド社　2005.9　289p（Harvard business review anthology）

エリクソン，ヤン
◇世帯と住居（共著）：スウェーデンの住環境計画　スヴェン・ティーベイ編著，外山義訳　鹿島出版会　1996.2　292p

エリス
◇トラファルガーの海戦（一八〇五年十月二十一日）：歴史の目撃者　ジョン・ケアリー編，仙名紀訳　朝日新聞社　1997.2　421p

エリス，アーサー・K.
◇アメリカの道徳教育のパラダイムにおけるエミール・デュルケム：デュルケムと現代教育　ジェフリー・ウォルフォード，W.S.F.ピカリング編，黒崎勲，清田夏代訳　同時代社　2003.4　335, 26p

エリス，エリザベス
◇花とそばかす取りくらべ：話はめぐる—聞き手から語り手へ　子どもと大人のためのストーリーテリン

グ　ナショナル・ストーリーテリング保存育成協会編，佐藤涼子訳　リブリオ出版　1999.11　166p

エリス，ケイト
◇ポルノグラフィとフェミニストの想像力—ローリング・ストーンズにやられちゃった，でもどう感じてるか，よくわかんない　他：ポルノと検閲　アン・スニトウほか著，藤井麻利，藤井雅実訳　青弓社　2002.9　264p（クリティーク叢書 22）

エリス，ブレット・イーストン
◇国を愛する心と表象の批判（三浦玲一訳）：文化アイデンティティの行方—一橋大学言語社会研究科国際シンポジウムの記録　恒川邦夫ほか編著　彩流社　2004.2　456p

エリセーフ，ダニエル
◇儒教的価値：文化の多様性と通底の価値—聖俗の拮抗をめぐる東西対話　服部英二監修　麗澤大学出版会　2007.11　305, 11p

エリソン，アーサー・J.
◇キルリアン写真：心霊研究—その歴史・原理・実践　イヴォール・グラッタン・ギネス編，和田芳久訳　技術出版　1995.12　414p（超心理学叢書 第4集）

エリチエ＝オージェ，フランソワーズ
◇女性のふたしかな権力について：「女の歴史」を批判する　G.デュビィ，M.ペロー編，小倉和子訳　藤原書店　1996.5　259p

エーリヒセン，ハンス・ウーヴェ
◇ドイツにおける学修課程認証評価の法的諸局面（山内惟介訳）：共演ドイツ法と日本法　石川敏行，ディルク・エーラース，ベルンハルト・グロスフェルト，山内惟介編著　中央大学出版部　2007.9　510, 11p（日本比較法研究所研究叢書 73）

エールス，イアン
◇不完全契約における欠缺補充（共著）（渡辺達徳訳）：現代アメリカ契約法　ロバート・A.ヒルマン，笠井修編著　弘文堂　2000.10　400p

エルス，キム
◇東アジアと共通価値の進化：文化の多様性と通底の価値—聖俗の拮抗をめぐる東西対話　服部英二監修　麗澤大学出版会　2007.11　305, 11p

エルスター，チュール
◇モスクワへの平和行進（大庭里美訳）：あなたの手で平和を！—31のメッセージ　フレドリック・S.ヘッファメール編，大庭里美，阿部純子訳　日本評論社　2005.3　260p

エルズバーグ，ダニエル
◇わが世界にこの身を捧ぐ（大庭里美訳）：あなたの手で平和を！—31のメッセージ　フレドリック・S.ヘッファメール編，大庭里美，阿部純子訳　日本評論社　2005.3　260p

エルズバック，キンバリー・D.
◇共鳴の演出法：「説得」の戦略　Diamondハーバード・ビジネス・レビュー編集部編訳　ダイヤモンド社　2006.2　257p（Harvard business review anthology）

エルゾク，ロベール
◇公共空間における裁判官の地位の拡大（斉藤笑美子

訳)：公共空間における裁判権—フランスのまなざし　日仏公法セミナー編　有信堂高文社　2007.2　313p

エルソン, ディアンヌ
◇「器用な指先が安い労働者を生み出す」のだろうか？(共著)(神谷浩夫訳)：ジェンダーの地理学　神谷浩夫監訳, 影山穂波ほか訳　古今書院　2002.4　294p　(大学の地理学)

エールト, アドルフ
◇列国に於ける共産主義運動：内閣情報部情報宣伝研究資料　第4巻　津金沢聡広, 佐藤卓己編　柏書房　1994.6　810p

エルトル, ヴォルフガング
◇自由と決定論をめぐるカントとディヴィドソンの対立(堂園俊彦訳)：近代からの問いかけ—啓蒙と理性批判　カント研究会編　晃洋書房　2004.5　262, 48p　(現代カント研究 9)

エルフリック
◇対話・説教集：中世思想原典集成　6　カロリング・ルネサンス　上智大学中世思想研究所編訳・監修　平凡社　1992.6　765p

エルモント, マキシン
◇共に実行できることを見落としてはいけない：障害のある学生を支える—教員の体験談を通じて教育機関の役割を探る　ボニー・M.ホッジ, ジェニー・プレストン・サビン編, 太田晴康監訳, 三沢かがり訳　文理閣　2006.12　228p

エルワージー, シラ
◇女性性器切除(共著)：世界の女性と暴力　ミランダ・デービス編, 鈴木研一訳　明石書店　1998.4　472p　(明石ライブラリー 4)
◇権力との直接対話(共著)：あなたの手で平和を！—31のメッセージ　フレドリック・S.ヘッファメール編, 大庭里美, 阿部純子訳　日本評論社　2005.3　260p

エルンスト, ヴォルフガング
◇ヨーロッパ契約法原則および国際商事契約原則における給付義務(半田吉信訳)：ヨーロッパ統一契約法への道　ユルゲン・バゼドウ編, 半田吉信ほか訳　法律文化社　2004.6　388p

エーレト, C.
◇海岸地方と大湖地方の間(重田真義訳)：ユネスコ・アフリカの歴史　第4巻　一二世紀から一六世紀までのアフリカ　アフリカの歴史起草のためのユネスコ国際学術委員会編, 宮本正興責任編集　D.T.ニアヌ編　同朋舎出版　1992.9　2冊

エレン, エリック
◇今日の海賊：図説海賊大全　デイヴィッド・コーディングリ編, 増田義郎監修, 増田義郎, 竹内和世訳　東洋書林　2000.11　505, 18p

エワン, ダーレン
◇日本のろう児にはJSL(日本手話)を(中村成子訳)：ぼくたちの言葉を奪わないで！—ろう児の人権宣言　全国ろう児をもつ親の会編　明石書店　2003.5　207p

袁 岳　エン, ガク*
◇思い切ってやらねばならない—四川省成都市青羊区における「行政訴訟法」実施効果調査報告：法治の理想と現実　龔祥瑞ほか著, 浅井敦ほか訳　新評論　1996.12　382p　(愛知大学国研叢書 第2期 第2冊)

燕 紅忠　エン, コウチュウ*
◇中国近代の家族規模に関する分析(共著)(崔蘭英訳)：1930年代の東アジア経済　中村哲編著　日本評論社　2006.2　191p　(東アジア資本主義形成史 2)

袁 志英　エン, シエイ*
◇『黄報』が見た日本：〈意〉の文化と〈情〉の文化—中国における日本研究　王敏編著, 岡部明日香ほか訳　中央公論新社　2004.10　444p　(中公叢書)

閻 鳳橋　エン, フウキョウ*
◇1980-2001年における中国の大学行政組織の発展(李東林訳)：COE国際セミナー/8ヵ国会議21世紀型高等教育システム構築と質的保証　広島大学高等教育研究開発センター編　広島大学高等教育研究開発センター　2004.12　188p　(COE研究シリーズ 13)

エングラー, クリスチアーネ
◇性転換：偽りの肉体—性転換のすべて　バーバラ・カンブラート, ワルトラウト・シッフェルス編著, 近藤聡子訳　信山社出版　1998.6　210p

エンゲストレム, ユルジェ
◇分散認知への文化・歴史的アプローチ(共著)(森田愛子訳)：分散認知—心理学的考察と教育実践上の意義　ガブリエル・ソロモン編, 松田文子ほか訳　協同出版　2004.7　343p　(現代基礎心理学選書 第9巻　利島保, 鳥居修晃, 望月登志子編)

エンゲルス, ペティ
◇権利擁護, 自己権利擁護とインクルーシブな活動—まとめ(共著)(窪田眞二訳)：世界のインクルーシブ教育—多様性を認め, 排除しない教育を　ハリー・ダニエルズ, フィリップ・ガーナー編著, 中村満紀男, 窪田眞二監訳　明石書店　2006.3　540p　(明石ライブラリー 92)

エンゲレン, ヘンドリック・ヘラルト
◇ヘンドリック・ヘラルト・エンゲレンの留守日記—1822年二月六日—六月五日 他(金井圓訳)：長崎オランダ商館日記　10　1822年度—1823年度　日蘭学会編, 日蘭交渉史研究会訳注　雄松堂出版　1999.12　426, 25p　(日蘭学会学術叢書 第19)

エンフアムガラン, A.
◇ウブルハンガイ県における放牧地利用の現状及び放牧地の持続的管理の実現に関する諸問題(共著)(加藤真紀子訳)：モンゴル国における土地資源と遊牧民—過去, 現在, 未来 特定領域研究「資源人類学/8 生態資源の象徴化」班国際シンポジウム記録　小長谷有紀, 辛嶋博善, 印東道子, 内堀基光監修　〔東京外国語大学アジア・アフリカ言語文化研究所〕文部科学省科学研究費補助金特定領域研究『資源の分配と共有に関する人類学的統合領域の構築』総括班　2005.3　157p

エンヘー, B.
◇モンゴル国の遊牧民の現在の生活状況及び牧地, 水資源の適正利用, マネージメントとの関係(辛嶋博善訳)：モンゴル国における土地資源と遊牧民—過去, 現在, 未来 特定領域研究「資源人類学・生態資源の象徴化」班国際シンポジウム記録　小長谷有紀, 辛嶋博善, 印東道子, 内堀基光監修　〔東京外国語大学アジア・アフリカ言語文化研究所〕文部科学省科学研究費補助金特定領域研究『資源の分配と共有に関する人類学的統合領域の構築』総括班　2005.3　157p

【オ】

呉 五穆　オ, オモク
◇紡績工場に行くと言ったのに：証言―強制連行された朝鮮人軍慰安婦たち　韓国挺身隊問題対策協議会・挺身隊研究会編, 従軍慰安婦問題ウリヨソンネットワーク訳　明石書店　1993.10　345p

オー, ジュリエット
◇慢性疾患における心理的諸問題：医療ソーシャルワークの実践　ミーケ・バドウィ, ブレンダ・ピアモンティ編著　中央法規出版　1994.9　245p

呉 世昌　オ, セチャン*
◇韓・日貿易におけるIncoterms選定基準に関する研究（宣憲洋訳）：日韓経済および企業経営の諸問題　桃山学院大学総合研究所編　桃山学院大学総合研究所　2004.10　275p　（桃山学院大学・啓明大学校国際学術セミナー 7）

呉 太鎮　オ, テジン
◇一九九〇年十月、平壌：北朝鮮―その衝撃の実像　朝鮮日報『月刊朝鮮』編, 黄民基訳　新訂　講談社　1994.10　549p

オイテンガー, ボルコ・フォン
◇T型マネジメント：知識共有の技術（共著）：組織能力の経営論―学び続ける企業のベスト・プラクティス　Diamondハーバード・ビジネス・レビュー編集部編訳　ダイヤモンド社　2007.8　508p　（Harvard business review）

王 維　オウ, イ
◇陶淵明集・王右丞集（釈清潭訳解）：国訳漢文大成　第15巻　続文学部　第1輯 上　日本図書センター　2000.9　871p

王 煒　オウ, イ*
◇金庸の小説、あちこちで無断の商標登録（共著）：必読！今、中国が面白い―中国が解る60編　2007年版而立会訳, 三潴正道監訳　日本僑報社　2007.8　240p

王 逸舟　オウ, イツシュウ*
◇新しい脅威 東アジアから見て（共著）：ロシアの総合的安全保障環境に関する研究―東アジア地域における諸問題　総合研究開発機構　2000.3　225p　（NIRA研究報告書）

汪 彝定　オウ, イテイ*
◇貿易政策：台湾の四十年―国家経済建設のグランドデザイン 上　高希均, 李誠暉, 小林幹夫, 塚越敏彦訳　連合出版　1993.3　230p

王 允武　オウ, インブ*
◇民俗区域自治法律制度 他（西島和彦訳）：中国民族法概論　呉宗金編著, 西村幸次郎監訳　成文堂　1998.10　310p　（アジア法叢書 24）

王 雅萍　オウ, ガヘイ*
◇台湾原住民族史研究の回顧（及川茜訳）：台湾原住民研究―日本と台湾における回顧と展望　台湾原住民研究シンポジウム実行委員会編　風響社　2006.1　222p　（台湾原住民研究「別冊」2）

王 圻　オウ, キ*
◇三才図会 他：明代琉球資料集成　原田禹雄訳注　榕樹書林　2004.12　553p

王 貴忠　オウ, キチュウ*
◇中日延吉辺境地問題交渉と呉禄貞（共著）：中国人の見た中日関係史―唐代から現代まで　中国東北地区中日関係史研究会編, 鈴木静夫, 高田祥平編訳　東方出版　1992.12　450p

王 暁平　オウ, ギョウヘイ*
◇敦煌文学と『万葉集』：〈意〉の文化と〈情〉の文化―中国における日本研究　王敏編著, 岡部明日香ほか訳　中央公論新社　2004.10　444p　（中公叢書）

王 暁明　オウ, ギョウメイ*
◇近代中国における民族主義（坂井洋史訳）：文化アイデンティティの行方―一橋大学言語社会研究科国際シンポジウムの記録　恒川邦夫ほか編著　彩流社　2004.2　456p

王 玉茹　オウ, ギョクジョ*
◇日中資本主義制度成立の環境比較（北波道子訳）：東アジア近代経済の形成と発展　中村哲編著　日本評論社　2005.3　288p　（東アジア資本主義形成史 1）
◇中国近代の家族規模に関する分析（共著）（崔areel英訳）：1930年代の東アジア経済　中村哲編著　日本評論社　2006.2　191p　（東アジア資本主義形成史 2）
◇中国近代の経済成長と中長期周期波動（木越義則訳）：近代東アジア経済の史的構造　中村哲編著　日本評論社　2007.3　398p　（東アジア資本主義形成史 3）

汪 玉林　オウ, ギョクリン*
◇トンシャン（東郷）族（曽土才訳）：中国少数民族の婚姻と家族 下巻　厳汝嫻主編, 江守五夫監訳, 百田弥栄子, 曽士才, 栗原悟訳　第一書房　1996.12　335, 11p　（Academic series—New Asia 20）

王 金林　オウ, キンリン*
◇鑑真と「奈良旧教団」―汪向栄氏への質問状：中国人の見た中日関係史―唐代から現代まで　中国東北地区中日関係史研究会編, 鈴木静夫, 高田祥平編訳　東方出版　1992.12　450p
◇徐福東渡と漢以前の中日文化交流：不老を夢みた徐福と始皇帝―中国の徐福研究最前線　池上正治編訳　勉誠社　1997.7　195, 3p

王 金玲　オウ, キンレイ*
◇封建迷信：中国の社会病理　張萍編著, 杉山太郎監訳, 馬場節子訳　亜紀書房　1997.6　276p

王 慶英　オウ, ケイエイ*
◇解放軍軍医出身の厚生大臣―戸井田三郎氏：新中国に貢献した日本人たち―友情で綴る戦後史の一コマ　中国中日関係史学会編, 武吉次朗訳　日本僑報社　2005.11　520p

王 慧琴　オウ, ケイキン*
◇ミャオ（苗）族 他（曽土才訳）：中国少数民族の婚姻と家族 下巻　厳汝嫻主編, 江守五夫監訳, 百田弥栄子, 曽士才, 栗原悟訳　第一書房　1996.12　335, 11p　（Academic series—New Asia 20）

王 慧炯　オウ, ケイケイ*
◇地域間投入産出表の作成方法（共著）：中国経済の地域間産業連関分析　市村真一, 王慧炯編　創文社　2004.2　210p　（ICSEAD研究叢書 2　阿部茂行ほか編）

王 啓発　オウ, ケイハツ*
◇近十年来中国大陸両漢儒学研究的基本走向和最新進展(西山尚志訳)：両漢の儒教と政治権力　渡辺義浩編　汲古書院　2005.9　326p
◇『礼記』王制篇と古代国家法思想 他(李承律訳)：両漢における易と三礼　渡辺義浩編　汲古書院　2006.9　487p

王 慧敏　オウ, ケイビン*
◇カレーズ、更に一〇〇年命拾い―新疆ウイグル自治区、二億五千万元で「地下の万里の長城」保護事業を本格スタート：必読！今、中国が面白い―中国が解る60編　2007年版　而立会訳, 三潴正道監訳　日本僑報社　2007.8　240p

王 建華　オウ, ケンカ*
◇山東省仰韶時代の人口規模およびその環境と変遷(柏倉伸哉訳)：黄河下流域の歴史と環境―東アジア海文明への道　鶴間和幸編著　東方書店　2007.2　375p (学習院大学東洋文化研究叢書)

王 健群　オウ, ケングン*
◇中国五・六世紀東アジア史研究の現状と研究課題：東アジアの古代をどう考えるか―東アジア古代史再構築のために　第1回アジア歴史国際シンポジウム　第1回アジア歴史国際シンポジウム記録編集部編　飛鳥評論社　1993.7　242p

王 建新　オウ, ケンシン*
◇自社開発特許製品に模倣被害―特許技術はなぜ度々「ただ乗り」されるのか：必読！今、中国が面白い―中国が解る60編　2007年版　而立会訳, 三潴正道監訳　日本僑報社　2007.8　240p

汪 紅　オウ, コウ*
◇彼はもう優しい夫には戻れない：大人の恋の真実 2　司徒玫編, 佐藤嘉江子訳　はまの出版　1999.3　270p

王 光英　オウ, コウエイ
◇真理の炎(吉田富夫訳)：消された国家主席劉少奇　王光美, 劉源他著, 吉田富夫, 萩野脩二訳　日本放送出版協会　2002.9　365p

王 効賢　オウ, コウケン*
◇中日友好の種子として―森川和代さん：新中国に貢献した日本人たち―友情で綴る戦後史の一コマ　続　中国中日関係史学会編, 武吉次朗訳　日本僑報社　2005.11　520p

王 紅崗　オウ, コウコウ*
◇上海人をバラバラにする(共著)：中国人も愛読する中国人の話　上巻　中華人民共和国民政部中国社会出版社編, 朔方南編訳　はまの出版　1997.5　261p

王 光美　オウ, コウビ
◇悔いなき旅路 他(吉田富夫訳)：消された国家主席劉少奇　王光美, 劉源他著, 吉田富夫, 萩野脩二訳　日本放送出版協会　2002.9　365p

王 作栄　オウ, サクエイ*
◇台湾発展初期のインフレと対策：台湾の四十年―国家経済建設のグランドデザイン　上　高希均, 李誠編, 小林幹夫, 塚越敏彦訳　連合出版　1993.3　230p

王 作富　オウ, サクフ*　《Wang, Zuo Fu》
◇中国における反革命罪の意義：中国の死刑制度と労働改造　鈴木敬夫編訳　成文堂　1994.8　298p

(アジア法叢書 18)

王 珊　オウ, サン*
◇日本における新国家主義の発展(共著)：〈意〉の文化と〈情〉の文化―中国における日本研究　王敏編著, 岡部明日香ほか訳　中央公論新社　2004.10　444p (中公叢書)

王 志凱　オウ, シガイ*
◇市場経済の観点からみた中国の社会保障制度(山下雄一朗訳)：アジアの福祉国家政策　白鳥令, デチャ・サングカワン, シュヴェン・E. オルソン＝ホート編　芦書房　2006.5　276p

王 子今　オウ, シコン*
◇漢魏時代黄河中下流域における環境と交通の関係(放生青玉訳)：黄河下流域の歴史と環境―東アジア海文明への道　鶴間和幸編著　東方書店　2007.2　375p (学習院大学東洋文化研究叢書)

王 実甫　オウ, ジッポ*
◇国訳西廂記(宮原民平註)：国訳漢文大成　第6巻　文学部　第1輯　下　日本図書センター　2000.9　p1001-2148

王 若望　オウ, ジャクボウ*
◇動揺のなかからこそ新しいものが生まれる：鄧小平後の中国―中国人専門家50人による多角的な分析　上巻　何頻編著, 現代中国事情研究会訳　三交社　1994.12　386p
◇ラサ訪問とチベット独立：中国民主活動家チベットを語る　曹長青編著, ペマ・ギャルポ監訳, 金谷譲訳　日中出版　1999.11　366p　(チベット選書)

王 守華　オウ, シュカ*
◇宗教哲学と日本人の宗教意識 他：戦後日本哲学思想概論　卞崇道編著, 本間史訳　農山漁村文化協会　1999.11　556, 11p

王 勝今　オウ, ショウキン*
◇序論 他：中国の都市人口と生活水準―瀋陽・長春・ハルビン　王勝今ほか著, 早瀬保子, 王勝今編訳　アジア経済研究所　1994.2　319p　(翻訳シリーズ 34)

王 紹光　オウ, ショウコウ*
◇強力な力を必要としている中央政府：鄧小平後の中国―中国人専門家50人による多角的な分析　上巻　何頻編著, 現代中国事情研究会訳　三交社　1994.12　386p

応 松年　オウ, ショウネン*
◇行政の法執行：中国行政法概論 1　羅豪才, 応松年編, 上杉信敬訳　近代文芸社　1995.9　276p

王 昭武　オウ, ショウブ*
◇ムーラオ(仫佬)族 他(共著)(百田弥栄子訳)：中国少数民族の婚姻と家族　中巻　厳汝嫻主編, 江守五夫監訳, 百田弥栄子, 曽士才, 栗原悟訳　第一書房　1996.12　315p　(Academic series—New Asia 19)

王 承文　オウ, ショウブン*
◇霊宝「天文」信仰と古霊宝経教義の展開：中国宗教文献研究　京都大学人文科学研究所編　臨川書店　2007.2　487p

王 照利　オウ, ショウリ*
◇東北人にいいたい放題(共著)：中国人も愛読する中国人の話　下巻　中華人民共和国民政部中国社会出

版社編, 朔方南編訳　はまの出版　1997.5　254p

王 震　オウ, シン*
◇忠誠の戦士, 輝かしい一生―賀竜同志を記念する：中国建軍50周年(1977年8月1日)記念論文集　〔防衛研修所〕　1979　151p　(参考資料 79ZT-10R)

王 新建　オウ, シンケン*
◇天空の「蛇口」を有効利用―北京市, 市共産党委員会・市政府庁舎を始めに市内全域で毎年九〇万立方メートル余りの雨水を利用可能に(共著)：必読！今, 中国が面白い―中国が解る60編　2007年版　而立会訳, 三潴正道監訳　日本僑報社　2007.8　240p

王 新生　オウ, シンセイ*
◇国際協調と対外拡張との葛藤(肖伝国訳)：平和と暴走の葛藤―日本はどこへ行くべきなのか　高増杰編著　公共政策研究所　2004.3　304p　(政策シリーズ no.4)

王 振中　オウ, シンチュウ*
◇地域格差の問題―「ともに豊かになる」は幻想か(共著)：現代中国の実像―江沢民ブレーン集団が明かす全27の課題とその解決策　劉吉, 許明, 黄傳青編著, 謝端明, 岡田久典日本語版監修, 中川訳訳　ダイヤモンド社　1999.5　687p

王 全彦　オウ, ゼンゲン
◇鄧小平の毛・周擁護発言：人間・周恩来―紅朝宰相の真実　金鐘編, 松田州二訳　原書房　2007.8　370p

王 峭　オウ, ソウ*
◇僕はどうしたいのか？：大人の恋の真実　2　司徒玫編, 佐藤嘉江子訳　はまの出版　1999.3　270p

汪 曽祺　オウ, ソウキ*
◇故郷の食物：中国人、「食」を語る　暁白, 暁珊選編, 多田敏宏訳　近代文芸社　2003.12　219p

王 泰升　オウ, タイショウ*
◇旧台湾総督府法院司法文書の保存と利用(松平徳仁訳)：明治前期の法と裁判　林屋礼二, 石井紫郎, 青山善充編　信山社出版　2003.3　441p

王 大道　オウ, タイドウ*
◇現代の石笵鋳造から見た雲南青銅器鋳造の諸問題(飯田史恵訳)：鏡笵研究　3　清水康二, 三船温尚編　奈良県立橿原考古学研究所　2005.7　119p

王 泰平　オウ, タイヘイ
◇中国への熱き想い―永野治己氏, 本田夫妻, 井上新一郎氏：新中国に貢献した日本人たち―友情で綴る戦後史の一コマ　続　中国中日関係史学会編, 武吉次朗訳　日本僑報社　2005.11　520p

王 丹　オウ, タン*
◇中国の政治が新たに選択する発展へのチャンス：鄧小平後の中国―中国人専門家50人による多角的な分析　上巻　何頻編著, 現代中国事情研究会訳　三交社　1994.12　386p

王 仲殊　オウ, チュウシュ　《Wang, Zhong Shu》
◇耶馬台国の男王『帥升等』について　他：東アジアの古代をどう考えるか―東アジア古代史再構築のための第1回アジア歴史国際シンポジウム　第1回東アジア歴史国際シンポジウム記録編集部編　飛鳥評論社　1993.7　242p

王 中田　オウ, チュウデン*
◇倫理学研究と日本社会：戦後日本哲学思想概論　下　崇道編著, 本間功訳　農山漁村文化協会　1999.11　556, 11p

汪 長緯　オウ, チョウイ*
◇「テスト点水増し」と「売位売官」：必読！今, 中国が面白い―中国が解る60編　2007年版　而立会訳, 三潴正道監訳　日本僑報社　2007.8　240p

王 兆軍　オウ, チョウグン*
◇動揺に直面する中国の農村：鄧小平後の中国―中国人専門家50人による多角的な分析　下巻　何頻編著, 現代中国事情研究会訳　三交社　1994.12　396p

王 寵恵　オウ, チョウケイ
◇『東亞新秩序』の謬説を駁斥す(酒井忠夫編訳)：20世紀日本のアジア関係重要研究資料　1　東亜研究所刊行物　東亜研究所編著　竜溪書舎　1999.12　16冊(セット)

汪 朝光　オウ, チョウコウ*
◇戦後中国をめぐる葛藤(楊子震, 南竜瑞訳)：日中戦争の軍事的展開　波多野澄雄, 戸部良一編　慶応義塾大学出版会　2006.4　468p　(日中戦争の国際共同研究 2)

王 兆春　オウ, チョウシュン*
◇日清戦争中の北洋海軍使用問題について(共著)：中国人の見た中国・日本関係史―唐代から現代まで　中国東北地区中日関係史研究会編, 鈴木静夫, 高田祥平編訳　東方出版　1992.12　450p

王 鉄　オウ, テツ*
◇公職者の腐敗・汚職：中国の社会病理　張萍編著, 杉山太郎監訳, 馬場節子訳　亜紀書房　1997.6　276p

王 鉄橋　オウ, テッキョウ*
◇衣食住から見た日本人の「和洋折衷」：中国人の見た日本―留学経験者の視点から　段躍中編, 朱建栄ほか著, 田縁美幸ほか訳　日本僑報社　2000.7　240p

王 敏　オウ, ビン
◇日本研究の改革開放への長い道―〈意〉の文化と〈情〉の文化―中国における日本研究　王敏編著, 岡部明日香ほか訳　中央公論新社　2004.10　444p　(中公叢書)

王 夫之　オウ, フシ
◇国訳読通鑑論(公田連太郎訳註)：国訳漢文大成　第14巻　続経子史部　第3輯　下　日本図書センター　2000.9　p671-1770

王 文亮　オウ, ブンリョウ
◇日本心録：中国人の見た日本―留学経験者の視点から　段躍中編, 朱建栄ほか著, 田縁美幸ほか訳　日本僑報社　2000.7　240p

王 邦維　オウ, ホウイ*
◇洛州無影：中国宗教文献研究　京都大学人文科学研究所編　臨川書店　2007.2　487p

王 宝平　オウ, ホウヘイ*
◇『日本国志』の出典を探る：〈意〉の文化と〈情〉の文化―中国における日本研究　王敏編著, 岡部明日香ほか訳　中央公論新社　2004.10　444p　(中公叢書)

王 蒙　オウ, モウ
◇私は粥が好きだ：中国人、「食」を語る　晩白、晩珊選編、多田敏宏訳　近代文芸社　2003.12　219p

王 勇　オウ, ユウ
◇日本扇の起源と中国における伝播：〈意〉の文化と〈情〉の文化—中国における日本研究　王敏編著, 岡部明日香ほか訳　中央公論新社　2004.10　444p（中公叢書）

王 有佳　オウ, ユウカ*
◇「孟母堂」、上海に出現 現代版私塾、学校教育に挑戦—「古典に親しみ、孔孟を尊び、シェークスピアを讃え、理数を学ぶ」：必読！今、中国が面白い—中国が解る60編　2007年版　而立会訳, 三潴正道監訳　日本僑報社　2007.8　240p

王 利器　オウ, リキ*
◇真誥と讖緯（李雲訳）：緯学研究論叢—安居香山博士追悼　中村璋八編　平河出版社　1993.2　417p

王 立新　オウ, リッシン*
◇四川妹子（すーちょあんメイツ）他：中国式愛のかけひき—北京・上海・広東・四川、素顔の女たち　周慶豊主編, 鈴木博訳　はまの出版　1998.5　325p

王 了一　オウ, リョウイツ*
◇人に料理を薦める 他：中国人、「食」を語る　晩白、晩珊選編、多田敏宏訳　近代文芸社　2003.12　219p

王 霊書　オウ, レイショ*
◇消えた子どもたち：世紀末・中国 中国ジャーナリスト集団共著, 都在今編, 佟岩, 浅野慎一・著・訳　東銀座出版社　1997.6　231p

オーウェン, ジョン・M., 4世
◇多国間リベラリズムとアメリカの優位：国際関係リーディングズ　猪口孝編, 幸野良夫訳　東洋書林　2004.11　467p

オーウェンス, マッキュービン・T.
◇米国の外交政策と戦略（道下徳成監訳）：日米戦略思想史—日米関係の新しい視点　石津朋之, ウィリアムソン・マーレー編　彩流社　2005.4　299, 3p

オーウェンズ, メイジャー・R.
◇「貧困との闘い」とコミュニティ・アウトリーチ：アメリカ図書館界と積極的活動主義—1962-1973年　メアリー・リー・バンディ, フレデリック・J.スティロー編著, 川崎良孝, 森田千幸, 村上加代子訳　京都大学図書館情報学研究会　2005.6　279p

オーウェンズ, リンダ
◇尊敬は努力して獲得するもの：子供たちへの手紙—あなたにこれだけは伝えたい　エリカ・グッド編, 中埜有理訳　三田出版会　1997.7　371p

欧陽潔　オウヨウ, ケツ*
◇中国の幹線道路はここから始まる—天安門広場の「零キロ」標識、今日から正式公開：必読！今、中国が面白い—中国が解る60編　2007年版　而立会訳, 三潴正道監訳　日本僑報社　2007.8　240p

オーエンス, ウィリアム
◇情報革命と新安全保障秩序（共著）：新脅威時代の「安全保障」—『フォーリン・アフェアーズ』アンソロジー　ジョセフ・S.ナイほか著, 竹下興喜監訳　中央公論社　1996.9　255p

大今 歩　オオイマ, アユミ
◇「連座制」とオウム排除：オウム真理教と人権—新宗教・文化ジャーナル『SYZYGY』特別号日本語版 SYZYGY特別号日本語版刊行委員会　2000.4　108p*

大木・エーハン デイヴィット　オオキ・エーハン, デイヴィット
◇契約、共同体、法（矢野和江訳）：歴史と神学—大木英夫教授喜寿記念献呈論文集 下巻　古屋安雄, 倉松功, 近藤勝彦, 阿久戸光晴編　聖学院大学出版会　2006.8　666, 35p

大薗 恵美　オオソノ, エミ*
◇学習し自己革新するネットワーク組織：より高度の知識経済化で一層の発展をめざす日本―諸外国への教訓　柴田勉, 竹内弘高共編, 田村勝行訳　一灯舎　2007.10　472, 36p

大林 浩　オオバヤシ, ヒロシ
◇序論 他：死と来世の系譜　ヒロシ・オオバヤシ編, 安藤泰至訳　時事通信社　1995.3　355, 17p

岡崎 哲二　オカザキ, テツジ*
◇日本におけるコーポレート・ガバナンスの発展—歴史的パースペクティブ：国際・学際研究 システムとしての日本企業　青木昌彦, ロナルド・ドーア編, NTTデータ通信システム科学研究所訳　NTT出版　1995.12　503p

オーガスティン, ノーマン・R.
◇クライシス・マネジメントはリーダーの仕事：「リスク感度」の高いリーダーが成功を重ねる　Diamond ハーバード・ビジネス・レビュー編集部編訳　ダイヤモンド社　2005.11　242p（Harvard business review anthology）

オガリョーフ, ニコライ
◇ロシアの問題 他：19世紀ロシアにおけるユートピア社会主義思想　森宏一編訳　光陽出版社　1994.3　397p

小川 一夫　オガワ, カズオ
◇わが国の銀行貸出行動（共著）（本間哲志訳）：日本金融システムの危機と変貌　星岳雄, ヒュー・パトリック編, 筒井義郎監訳　日本経済新聞社　2001.5　360p

オキモト, ダニエル
◇日米半導体産業における研究開発組織（共著）：国際・学際研究 システムとしての日本企業　ロナルド・ドーア編, NTTデータ通信システム科学研究所訳　NTT出版　1995.12　503p

オキャラハン, ジェイ
◇オレンジ色のほっぺた：話はめぐる—聞き手から語り手へ 子どもと大人のためのストーリーテリング　ナショナル・ストーリーテリング保存育成協会編, 佐藤涼子訳　リブリオ出版　1999.11　166p

オークス, ガイ
◇マックス・ヴェーバーと西南ドイツ学派—歴史的個体の概念とその発生：マックス・ヴェーバーとその同時代人群像　W.J.モムゼン, J.オースターハメル, W.シュヴェントカー編著, 鈴木広, 米沢和彦, 嘉日克彦監訳　ミネルヴァ書房　1994.9　531, 4p

オークス, ペネロペ・J.
◇個人の心象から世界の集合的道具へ—共有されたス

オクマ、キエケ・G. H.
◇社会政策としての高齢者ケア：高齢者ケアをどうするか―先進国の悩みと日本の選択　高木安雄監修・訳，池上直己，ジョン・C.キャンベル編著　中央法規出版　2002.7　256p

オグラディ、ティモシー・J.
◇為替オーバーレイ管理（共著）：為替オーバーレイ―CFA institute（CFA協会）コンフェレンス議事録　森谷博之訳　パンローリング　2004.8　263p

オークランド・トリビューン
◇今こそ平和攻勢を開始せよ：ドラッグ全面解禁論　ディヴィッド・ボアズ編，樋口幸子訳　第三書館　1994.11　364p

オークリー、エルウッド・F.，3世
◇リスクと保険に関する法的環境（共著）（山崎博司訳）：国際的リスク・マネジメントと保険　ハロルド・D.スキッパー，ジュニア編著，武井勲監訳　生命保険文化研究所　1999.10　729p

オーグル、ジェニファー・パフ
◇大衆雑誌に見られる成功のためのドレス（共著）（辻幸恵，立阪浩訳）：外見とパワー　キム・K.P.ジョンソン，シャロン・J.レノン編著，高木修，神山進，井上和子監訳　北大路書房　2004.7　257p

オゴト，B. A.
◇大湖地方（栗本英世訳）：ユネスコ・アフリカの歴史　第4巻　二世紀から一六世紀までのアフリカ　アフリカの歴史起草のためのユネスコ国際学術委員会編，宮本正興責任編集　D.T.ニアヌ編　同朋舎出版　1992.9　2冊

オコネル、アンドリュー
◇意思決定科学の歴史（共著）：意思決定のサイエンス　Diamondハーバード・ビジネス・レビュー編集部編訳　ダイヤモンド社　2007.3　238p（Harvard business review anthology）

オサガエ、エゴーサ・E.
◇アフリカにおけるエスニシティと国家の再構築（杉本明子訳）：アフリカ国家を再考する　川端正久，落合雄彦編　晃洋書房　2006.3　389p（竜谷大学社会科学研究所叢書 第65巻）

オザーク，P. R.
◇年金改革再考（共著）（岡野裕介訳・解題）：脱＝「年金依存」社会　藤原書店　2004.12　253p（別冊『環』9）

オサリヴァン、ゲリー
◇テロ問題（共著）：西側による国家テロ　アレクサンダー・ジョージ編，古川久雄，大木昌訳　勉誠出版　2003.8　275，80p

オジェール、ルクレシア
◇ドメスティック・バイオレンス：世界の女性と暴力　ミランダ・デービス編，鈴木研一訳　明石書店　1998.4　472p（明石ライブラリー 4）

オシャール、パトリック
◇オッカムのウィリアム（長倉久子訳）：中世の哲学　山田晶監訳　新装版　白水社　1998.6　324，15p（西洋哲学の知 2　Francois Chatelet編）

オジュワン、アルフレッド
◇ケニアの『バイド・クロウ』誌（吉野あかね訳）：世界の開発教育―教師のためのグローバル・カリキュラム　オードリー・オスラー編，中里亜夫監訳，中野和光，吉野あかね，川上具実訳　明石書店　2002.8　498p

オショネシー、マーティン
◇開発教育と外国語教育（中野和光訳）：世界の開発教育―教師のためのグローバル・カリキュラム　オードリー・オスラー編，中里亜夫監訳，中野和光，吉野あかね，川上具実訳　明石書店　2002.8　498p

オズグッド、カー
◇アンドリュー・マーシャル：獣人ネオコン徹底批判　リンドン・ラルーシュ，EIR誌著，太田竜監訳・解説　成甲書房　2004.5　381p

オスターウェイル、ミハル
◇フォーラムの脱中心化（戸ního清訳）：帝国への挑戦―世界社会フォーラム　ジャイ・セン，アニタ・アナンド，アルトゥロ・エスコバル，ピーター・ウォーターマン編，武藤一羊ほか監訳　作品社　2005.2　462p

オスターマイヤー、エリザベット
◇ある市民党員の家庭がうけた弾圧：ナチズム下の女たち―第三帝国の日常生活　カール・シュッデコプフ編，香川檀，秦由紀子，石井栄子訳　復刊　未来社　1998.7　354p

オスターマン、カリン
◇フィンランド（共著）（川口仁志訳）：世界のいじめ―各国の現状と取り組み　森田洋司総監修・監訳，P.K.スミスほか編，川口仁志ほか訳　金子書房　1998.11　463p

オースティン、ダイアン・スノウ
◇音楽という鏡：自己愛性人格障害の女性との音楽療法：音楽療法ケーススタディ　下　成人に関する25の事例　ケネス・E.ブルシア編，よしだじゅんこ，酒井智華訳　音楽之友社　2004.4　393p

オースティン、ボブ・リー
◇幽霊馬が息子を連れ去った：あなたが知らないペットたちの不思議な力―アンビリバブルな動物たちの超常現象レポート　『FATE』Magazine編，宇佐和通訳　徳間書店　1999.2　276p

オースティン＝スミス、デーヴィッド
◇利益集団：公共選択の展望―ハンドブック　第2巻　デニス・C.ミューラー編，関谷登，大岩雄次郎訳　多賀出版　2001.7　p297-526

オステン＝サッケン，C. R.
◇『古代人のブーゴニア伝説の解説への追補』6中国と日本の文献に登場するハナアブ 他：南方熊楠英文論考―「ネイチャー」誌篇　南方熊楠著，飯倉照平監修，松居竜五，田村義也，中西須美訳　集英社　2005.12　421p

オーストラリア大学質保証機構
◇オーストラリアにおける「質保証」関連語の定義（杉本和弘解説・訳）：大学改革における評価制度の研究

広島大学高等教育研究開発センター編　広島大学高等教育研究開発センター　2007.2　125p　（COE研究シリーズ 28）

オズーフ, ジャック
◇二人の子どものフランス巡歴（共著）（平野千果子訳）：記憶の場―フランス国民意識の文化＝社会史　第2巻　ピエール・ノラ編，谷川稔監訳　岩波書店　2003.1　412, 13p

オスファテル, ドミニック
◇モーツァルトたること―ヴォルフガングとそのライバルたち（大久保康明訳）：図説天才の子供時代―歴史のなかの神童たち　E.ル・ロワ・ラデュリー，ミシェル・サカン編，二宮敬監訳　新曜社　1998.1　446p

オズボーン, ブライアン・S.
◇カナダ芸術における国家のイコノグラフィ（熊谷里美訳）：風景の図像学　D.コスグローブ, S.ダニエルズ共編，千田稔，内田忠賢監訳　地人書房　2001.3　460p

オースンズ, パメラ・G.
◇般化と維持を促進する応用的技法―これまでの成果（共著）：自閉症、発達障害者の社会参加をめざして―応用行動分析学からのアプローチ　R.ホーナー他著，小林重雄，加藤哲文監訳　二瓶社　1992.12　299p　（叢書・現代の心理学 3）

オソリオ, フリアン・サンタマリア
◇新世界秩序あるいは無秩序に関する考察（佐々木寛訳）：グローバルな市民社会に向かって　マイケル・ウォルツァー編著，石田淳ほか訳　日本経済評論社　2001.10　397p

オゾルノイ, ゲンナジー・I.
◇対アジア太平洋政策を模索するソ連崩壊後のロシア（竹中克行訳）：アジア太平洋と国際関係の変動―その地政学的展望　Dennis Rumley編，高木彰彦，千葉立也，福嶋伎子編　古今書院　1998.3　431p

小田切 宏之　オダギリ, ヒロユキ*
◇ナショナル・イノベーション・システム：より高度の知識経済化で一層の発展をめざす日本―諸外国への教訓　柴田勉，竹内弘高共編，田村勝省訳　一灯舎　2007.10　472, 36p

オーチンクロス, イヴ
◇ノーマン・メイラー（山形浩生訳）：インタヴューズ 2　クリストファー・シルヴェスター編，新庄哲夫ほか訳　文芸春秋　1998.11　451p

オックスファム・インターナショナル　《Oxfam International》
◇知識・著作権・特許：知的所有権と知的格差（白井聡訳）：もうひとつの世界は可能だ―世界社会フォーラムとグローバル化への民衆のオルタナティブ　ウィリアム・F.フィッシャー，トーマス・ポニア編，加藤哲郎監修，大屋定晴，山口響，白井聡，木下ちがや監訳　日本経済評論社　2003.12　461p

オッテ, クラウス
◇真仏教とキリスト教との宗教的―存在論的対話における導入的解釈学の諸相：仏教とキリスト教の対話―浄土真宗と福音主義神学　ハンスマルティン・バルト，マイケル・パイ，箕浦恵了編　法蔵館　2000.11　311p
◇キリスト教的視点から見た仏教側の反応（村山保史訳）：仏教とキリスト教の対話 3　ハンス・マルティン・バルト，マイケル・パイ，箕浦恵了，門脇健編　法蔵館　2004.3　281p

オット, ハインリッヒ
◇意味と現実（中野修身訳）：宗教・科学・いのち―新しい対話の道を求めて　金城学院大学キリスト教文化研究所編　新教出版社　2006.7　339p

オット, フーゴー
◇マルティン・ハイデガーと国家社会主義（加藤恵介訳）：ハイデガーと実践哲学　A.ゲートマン＝ジーフェルト, O.ペゲラー編，下村鎚二，竹市明弘，宮原勇監訳　法政大学出版局　2001.2　519, 12p　（叢書・ウニベルシタス 550）

オデアー, バーバラ
◇セックスに関するいくつかの前提 他（共著）：ポルノと検閲　アン・スニトウほか著，藤井麻利，藤井雅実訳　青弓社　2002.9　264p　（クリティーク叢書 22）

オディ, マーク
◇テレビとポストモダニズム：ポストモダニズムとは何か　スチュアート・シム編，杉野健太郎ほか訳　松柏社　2002.6　303p　（松柏社叢書―言語科学の冒険 22）

オードシュック, ピーター・C.
◇選挙と委員会の空間分析：公共選択の展望―ハンドブック 第2巻　デニス・C.ミューラー編，関谷登，大岩雄次郎訳　多賀出版　2001.7　p297-526

オードノホー, ベネディクト
◇イギリスにおけるサルトル（鈴木正道訳）：サルトル 21世紀の思想家―国際シンポジウム記録論集　石崎晴己，沢田直編　思潮社　2007.4　330, 19p

オドリンスミー, ジョン
◇用心深いIMF：IMF改廃論争の論点　ローレンス・J.マッキラン，ピーター・C.モントゴメリー編，森川公隆監訳　東洋経済新報社　2000.11　285p

オドルム, エドワード
◇日本人とは誰か（久保有政訳）：「超図説」日本固有文明の謎はユダヤで解ける　ノーマン・マクレオド，久保有政著　徳間書店　2004.7　324p　（超知ライブラリー 1）

オドンネル, ロッド
◇ケインズと形式主義：一般理論―第二版―もしケインズが今日生きていたら　G.C.ハーコート, P.A.リーアック編，小山庄三訳　多賀出版　2005.6　922p

オニシキエヴィチ, ヤヌシュ
◇ポーランドにおけるシビリアン・コントロールへの道程（植木淳訳）：シビリアン・コントロールとデモクラシー　L.ダイアモンド, M.F.プラットナー編，中道寿一訳　刀水書房　2006.3　256p　（人間科学叢書 42）

オニール, グウェンドリン・S.
◇スタイルのパワー（柏尾真津子訳）：外見とパワー　キム・K.P.ジョンソン，シャロン・J.レノン編著，高木修，神山進，井上和子監訳　北大路書房　2004.7　257p

オニール, マギー
◇英国、スペインにおける売春婦に対する虐待と福祉

オハクロメ

団体(共著)：セックス・フォー・セール—売春・ポルノ・法規制・支援団体のフィールドワーク　ロナルド・ワイツァー編、岸田美貴訳、松沢呉一監修　ポット出版　2004.8　438p

オーバークローメ, ヴィリィ
◇歴史、民族および理論(小野清美訳)：ナチズムと歴史家たち　P.シェットラー編、木谷勤、小野清美、芝健介訳　名古屋大学出版会　2001.8　287, 7p

オーバードルフ, マイケル
◇破壊的変化の困難を乗り切る(共著)：技術とイノベーションの戦略的マネジメント　上　ロバート・A.バーゲルマン, クレイトン・M.クリステンセン, スティーヴン・C.ウィールライト編著、青島矢一、黒田光太郎、志賀敏宏、田辺孝二、出川通、和賀三和子日本語版監修、岡真由美、斉藤裕一、桜井祐子、中川泉、山本章子訳　翔泳社　2007.7　735p

オバードルファー, ベルント
◇「愛の神はすべてを見通す」—その神をわれわれは傍らで眺める：宗教システム/政治システム—正統性のパラドクス　土方透編著　新泉社　2004.5　266, 3p

オーバーホルト, ウィリアム・H.
◇このままでは日本は崩壊する：このままでは日本経済は崩壊する　フォーリン・アフェアーズ・ジャパン編・監訳、竹下興喜監訳　朝日新聞社　2003.2　282, 11p　(朝日文庫—フォーリン・アフェアーズ・コレクション)

オーバンク, ピエール
◇ヘレニズム期の諸哲学 他(水地宗明訳)：ギリシア哲学　藤沢令夫監訳　新装版　白水社　1998.6　336, 21p　(西洋哲学の知 1　Francois Chatelet編)

オハーン=ホール, リン
◇ステップファミリーのカウンセリング(共著)(江口真理子訳)：アドラー家族カウンセリング—カウンセラー、教師、セラピストのための実践マニュアル　オスカー・C.クリステンセン編著、江口真理子、柴山謙二、山口茂嘉訳　春秋社　2000.5　287, 9p

オヒエサ
◇純潔の乙女の宴 他：北米インディアン生活誌　C.ハミルトン編、和巻耿介訳　社会評論社　1993.11　408p

オピッツ, ペーター・J.
◇儒教/道教：諸宗教の倫理学—その教理と実生活　第4巻　所有と貧困の倫理　M.クレッカー, U.トゥヴォルシュカ編、石橋孝明訳　九州大学出版会　2000.9　202, 2p

オブシャンコフ, A.
◇軍事的脅威と国家の防衛力強化の問題に関するソ連共産党第23回党大会(共著)：ソ連の軍事面における核革命　ウィリアム・キントナー, ハリエット・ファスト・スコット編　〔防衛研修所〕　1970　345p　(研究資料 70RT-9)

オプダイク, アイリーン・グート
◇悲しみを乗り越えて：思いやる勇気—ユダヤ人をホロコーストから救った人びと　キャロル・リトナー, サンドラ・マイヤーズ編、食野雅子訳　サイマル出版会　1997.4　282p

オブライエン, アン
◇家庭における児童への性的虐待(共著)：心的外傷の危機介入—短期療法による実践　ハワード・J.パラド, リビー・G.パラド編、河野貴代美訳　金剛出版　2003.9　259p

オブライエン, バイオレット・M.
◇愛犬スモーキーとの不思議な体験：あなたが知らないペットたちの不思議な力—アンビリーバブルな動物たちの超常現象レポート　『FATE』Magazine編、宇佐和通訳　徳間書店　1999.2　276p

オーベルラッハ, レーネ
◇ドイツに於ける一九三〇年の國際婦人デー：世界女性学基礎文献集成　昭和初期編 第9巻　水田珠枝監修　ゆまに書房　2001.12　20, 387p

オポコノ, ヴィターリ
◇ベリヤの時代(共著)：ベリヤ—スターリンに仕えた死刑執行人 ある出世主義者の末路　ヴラジーミル・F.ネクラーソフ編、森田明訳　エディションq　1997.9　365p

オマー, ハイム
◇治療的スプリットを使って共感的ナラティヴをつくる(玉真慎子訳)：構成主義的心理療法ハンドブック　マイケル・F.ホイト編、児島達美監訳　金剛出版　2006.9　337p

オマーズ, J.
◇社会—臨床心理学の過去・現在・未来(共著)(丹野義彦訳)：臨床社会心理学の進歩—ових あるインターフェイスをめざして　R.M.コワルスキ, M.R.リアリー編著、安藤清志、丹野義彦監訳　北大路書房　2001.10　465p

オームステッド, パトリシア
◇海外留学がホーム・キャンパスと国際学カリキュラムに及ぼす影響(共著)：アメリカの学生と海外留学　B.B.バーン編、井上雍雄訳　玉川大学出版部　1998.8　198p

オユンゲル, J.
◇モンゴル国の新社会経済体制下における人口流動の地理学的研究(島村一平訳)：モンゴル国における土地資源と遊牧民—過去、現在、未来 特定領域研究「資源人類学・生態資源の象徴化」班国際シンポジウム記録　小長谷有紀, 辛嶋博善, 印東道子編、内堀基光監修　〔東京外国語大学アジア・アフリカ言語文化研究所〕文部科学省科学研究費補助金特定領域研究『資源の分配と共有に関する人類学的統合領域の構築』総括班　2005.3　157p

オーライリー, チャールズ・A., 3世
◇2つの顔を持つ組織：漸進的な変化と改革的な変化のマネジメント(共著)：技術とイノベーションの戦略的マネジメント　下　ロバート・A.バーゲルマン, クレイトン・M.クリステンセン, スティーヴン・C.ウィールライト編著、青島矢一、黒田光太郎、志賀敏宏、田辺孝二、出川通、和賀三和子日本語版監修、岡真由美、斉藤裕一、桜井祐子、中川泉、山本章子訳　翔泳社　2007.7　595p

オライリー, フェイス
◇アメリカ民事訴訟における質問書(椎橋邦雄訳)：民事紛争をめぐる法的諸問題　白川和雄先生古稀記念編集刊行委員会編　信山社出版　1999.4　643p

オラフソン, ラグナー・F.
◇学校における「いじめ」対処法:いじめととりくんだ国々―日本と世界の学校におけるいじめへの対応と施策　土屋基規, P.K.スミス, 添田久美子, 折出健二編著　ミネルヴァ書房　2005.12　320p

オラム, アーサー・T.
◇占星術:心霊研究―その歴史・原理・実践　イヴォール・グラットン・ギネス編, 和田芳久訳　技術出版　1995.12　414p　(超心理学叢書　第4集)

オランド, アンヘラ・M.
◇ライフコース研究の技能:ライフコース研究の方法―質的ならびに量的アプローチ　グレン・H.エルダー, ジャネット・Z.ジール編著, 正岡寛司, 藤見純子訳　明石書店　2003.10　528p　(明石ライブラリー 57)

オリイ, パスカル
◇フランス革命一〇〇年祭(渡辺和行訳):記憶の場―フランス国民意識の文化＝社会史　第2巻　ピエール・ノラ編, 谷川稔監訳　岩波書店　2003.1　412, 13p
◇ガストロノミー(長井伸仁訳):記憶の場―フランス国民意識の文化＝社会史　第3巻　ピエール・ノラ編, 谷川稔監訳　岩波書店　2003.3　474, 15p

オリヴァー, C.C.
◇1995年のエレクトロニック・アーツ:技術とイノベーションの戦略的マネジメント　上　ロバート・A.バーゲルマン, クレイトン・M.クリステンセン, スティーヴン・C.ウィールライト編著, 青島矢一, 黒田光太郎, 志賀敏宏, 田辺孝二, 出川通, 和賀三和子日本語版監修, 岡真由美, 斉藤裕一, 桜井祐子, 中川泉, 山本章子訳　翔泳社　2007.7　735p

オリヴィ, ペトルス・ヨハニス
◇受肉と贖罪についての問題集:中世思想原典集成　12　フランシスコ会学派　上智大学中世思想研究所編訳・監修　平凡社　2001.9　1047p

オリヴィエ, エミール
◇未来にためされる根おろしと移動(恒川邦夫訳):文化アイデンティティの行方―橋大学言語社会研究科国際シンポジウムの記録　恒川邦夫ほか編著　彩流社　2004.2　456p

オリバー, ジュリア
◇マネージド・フューチャーズとオプションに対する米国の会計制度と税制(共著):機関投資家のポートフォリオにおけるマネージド・フューチャーズ　チャールズ・B.エプスタイン編, 日本商品ファンド業協会訳　日本商品ファンド業協会　1995.3　320p

オリビエ, バーナード
◇中国東北部コリアンの政治的手段としての民族性(エスニシティ):ディアスポラとしてのコリアン―北米・東アジア・中央アジア　高全恵星監修, 柏崎千佳子監訳　新幹社　2007.10　578p

オリーブグレン, ヨハネス
◇住まい手参加の促進(共著):スウェーデンの住環境計画　スヴェン・ティーベイ編著, 外山義訳　鹿島出版会　1996.2　292p

オルヴェウス, ダン
◇スウェーデン 他(川口仁志訳):世界のいじめ―各国の現状と取り組み　森田洋司総監修・監訳, P.K.スミスほか編, 川口仁志ほか訳　金子書房　1998.11　463p

オルセン, フランシス
◇フェミニスト法理論の制度化(早川のぞみ訳):ジェンダー法学・政治学の可能性―東北大学COE国際シンポジウム・日本学術会議シンポジウム　辻村みよ子, 山元一編　東北大学出版会　2005.4　332p　(ジェンダー法・政策研究叢書　東北大学21世紀COEプログラム　第3巻　辻村みよ子監修)

オルソン, デービッド・ルイス
◇アマゾン川 他:グレートリバー―地球に生きる・地球と生きる　National Geographic Society編, 田村協子訳　同朋舎出版　1993.7　448p

オルソン, マンカー, 2世
◇集団財, 比較優位, および同盟の効率性(共著):国防経済学上の諸問題―米国専門家の論文集　〔防衛研修所〕　1972　74p　(研究資料 72RT-11)

オルダス, クリストファー
◇英国衰亡をかくす仮面かその刻印か(菅靖子訳):日英交流史―1600-2000　5　社会・文化　細谷千博, イアン・ニッシュ監修　都築忠七, ゴードン・ダニエルズ, 草光俊雄編　東京大学出版会　2001.8　398, 8p

オールダー・フェミニスト・ネットワーク
《Older Feminists' Network》
◇メディアに見られる中高年女性のイメージ:メディア・セクシズム―男がつくる女　ジュリアンヌ・ディッキー, テレサ・ストラトフォード, キャス・デイビス編, 井上輝子, 女性雑誌研究会編訳　垣内出版　1995.6　342p

オルティス, エンリケ
◇シンポジウム:世界の大地震と被災者の人権(共著)(穂坂光彦, 中井伊都子通訳):救済はいつの日か―豊かな国の居住権侵害　国連NGO・ハビタット国際連合阪神大震災調査団報告書・シンポジウム　ハビタット国際連合阪神大震災調査団著, 近畿弁護士会連合会編著, 阿部浩己監訳　近畿弁護士会連合会　1996.11　134, 68p

オルテガ, マルティン・C.
◇ビトリアと国際関係の普遍主義的構想(松森奈津子訳):国際関係思想史―論争の座標軸　イアン・クラーク, アイヴァー・B.ノイマン編, 押村高, 飯島昇蔵訳者代表　新評論　2003.4　338p

オルテガ, ロザリオ
◇スペイン(共著)(金口恭久訳):世界のいじめ―各国の現状と取り組み　森田洋司総監修・監訳, P.K.スミスほか編, 川口仁志ほか訳　金子書房　1998.11　463p
◇Convivencia:いじめととりくんだ国々―日本と世界の学校におけるいじめへの対応と施策　土屋基規, P.K.スミス, 添田久美子, 折出健二編著　ミネルヴァ書房　2005.12　320p

オルトナサン, M.
◇ウブルハンガイ県における放牧地利用の現状と放牧地の持続的管理の実現に関する諸問題(共著)(加藤真紀子訳):モンゴル国における土地資源と遊牧民―過去, 現在, 未来　特定領域研究「資源人類学・生態資源の象徴化」班国際シンポジウム記録　小長谷有紀, 辛嶋博善, 印東道子編, 内堀基光監修　〔東京外国語大学アジア・アフリカ言語文化研究所〕文部科学省科学研究費補助金特定領域研究「資源の分配と共有に関す

オルトフイ

オールドフィールド, デビッド
◇精神の若さと年齢は関係ない：子供たちへの手紙—あなたにこれだけは伝えたい　エリカ・グッド編，中塗有理訳　三田出版会　1997.7　371p

オルドリン, エドウィン・E.
◇人類，月に立つ（一九六九年七月二十一日）（共著）：歴史の目撃者　ジョン・ケアリー編，仙名紀訳　朝日新聞社　1997.2　421p

オルバン, ステファン
◇オーストリアの社会的経済（共著）（石塚秀雄訳）：社会的経済—近未来の社会経済システム　J.ドゥフルニ，J.L.モンソン編著，富沢賢治，内山哲朗，佐藤誠，石塚秀雄，中川雄一郎ほか訳　日本経済評論社　1995.3　486p
◇オーストリアの社会的経済（共著）（石塚秀雄訳）：社会的経済—近未来の社会経済システム　J.ドゥフルニ，J.L.モンソン編著，富沢賢治ほか訳　オンデマンド版　日本経済評論社　2003.6　486p

オルペウス
◇オルペウス（三浦要訳）：ソクラテス以前哲学者断片集　第1分冊　内山勝利編　岩波書店　1996.12　367p

オルレアン, マイロン
◇継父であることに適応する—結婚歴の影響及び子供とのかかわり方（共著）（小池のり子訳）：女と離婚/男と離婚—ジェンダーの相違による別居・離婚・再婚の実態　サンドラ・S.ヴォルギー編著，小池のり子，村上弘子訳　家政教育社　1996.9　238p

オレントリッチャー, ダイアン・F.
◇相対主義と宗教：人権の政治学　マイケル・イグナティエフ著，エイミー・ガットマン編，添谷育志，金田耕一訳　風行社　2006.6　275, 9p

温 桂芳　オン, ケイホウ*
◇中国における化学製品の流通（共著）：中国における生産財流通—商品と機構　原田忠夫編　アジア経済研究所　1995.3　168p　（ASEAN等現地研究シリーズ No.29）

【カ】

賀 衛方　ガ, エイホウ*
◇中国の法専門職（阿部昌樹訳）：グローバル化時代の法と法律家　阿部昌樹，佐々木雅寿，平覚編　日本評論社　2004.2　363p

カー, エドワード・G.
◇反応般化のメカニズムとしての機能的等価性：自閉症，発達障害者の社会参加をめざして—応用行動分析学からのアプローチ　R.ホーナー他著，小林重雄，加藤哲文監訳　二瓶社　1992.12　299p　（叢書・現代の心理学 3）

夏 丐尊　カ, カイソン
◇「食」を語る：中国人，「食」を語る　晩白，晩珊選編，多田敏宏訳　近代文芸社　2003.12　219p

何 家棟　カ, カトウ
◇"四清"疑惑（共著）（萩野脩二訳）：消された国家主席　劉少奇　王光美，劉源他著，吉田富夫，萩野脩二訳　日本放送出版協会　2002.9　365p

何 幹之　カ, カンシ*
◇日支事変と支那経済関係の変化（浅川謙次訳）：20世紀日本のアジア関係重要研究資料　1　東亜研究所刊行物　東亜研究所編　復刻版　竜渓書舎　2000.12　17冊（セット）

賈 誼　カ, ギ
◇国訳晏子春秋・賈誼新書・公孫竜子（藤田剣峰他訳註）：国訳漢文大成　第2巻　経子史部　第1輯　下　日本図書センター　2000.9　p899-2201

何 喬遠　カ, キョウエン*
◇〔ビン〕書 他：明代琉球資料集成　原田禹雄訳注　榕樹書林　2004.12　553p

夏 暁陽　カ, ギョウヨウ*
◇母の教訓を決して忘れない：大人の恋の真実　2　司徒玟編，佐藤嘉江子訳　はまの出版　1999.3　270p

何 去非　カ, キョヒ
◇国訳七書（児島献吉郎訳註）：国訳漢文大成　第3巻　経子史部　第2輯　上　日本図書センター　2000.9　1152p

何 義麟　カ, ギリン*
◇戦後台湾抗日運動史の構築（北波道子訳）：戦後台湾における〈日本〉—植民地経験の連続・変貌・利用　五十嵐真子，三尾裕子編　風響社　2006.3　334p

賈 合甫　カ, ゴウホ*
◇カザフ（哈薩克）族（共著）（曽土才訳）：中国少数民族の婚姻と家族　下巻　厳汝嫻主編，江守五夫監訳，百田弥栄子，曽士才，栗原悟訳　第一書房　1996.12　335, 11p　（Academic series—New Asia 20）

賈 三強　カ, サンキョウ*
◇九〇年代中国大陸の唐代文学研究（土屋昌明訳）：長安都市文化と朝鮮・日本　矢野建一，李浩編　汲古書院　2007.9　352, 5p

夏 述貴　カ, ジュツキ*
◇讖緯の学と漢晋の志怪小説（小川隆訳）：緯学研究論叢—安居香山博士追悼　中村璋八編　平河出版社　1993.2　417p

カー, ジョアン
◇真実を語る物語：記憶の底から—家庭内性暴力を語る女性たち　トニー・A.H.マクナロン，ヤーロウ・モーガン編，長谷川真実訳　青弓社　1995.12　247p

何 小燕　カ, ショウエン*
◇給食—なぜ生徒に喜ばれないのか：必読！今，中国が面白い—中国が解る60編　2007年版　而立会訳，三潴正道監訳　日本僑報社　2007.8　240p

何 翔皓　カ, ショウコウ*
◇科学技術戦略の問題（共著）：栄光の日はいつ来るのか（共著）：現代中国の実像—江沢民ブレーン集団が明かす全27の課題とその解決策　劉吉，許明，黄萬青編著，謝端明，岡田久典日本語版監修，中川友訳　ダイヤモンド社　1999.5　687p

何 新　カ, シン*
◇いままさに衰退に向かう中国経済：鄧小平後の中国—中国人専門家50人による多角的な分析　上巻　何頻編著，現代中国事情研究会訳　三交社　1994.12

386p

何 清漣 カ, セイレン
◇国家資源配分の問題―パイをどう分けるか：現代中国の実像―江沢民ブレーン集団が明かす 全27の課題とその解決策 劉吉, 許明, 黄葦青編著, 謝端明, 岡田久典日本語版監修, 中川友訳 ダイヤモンド社 1999.5 687p
◇中華民族の傷口＝人口圧力―中国の農村, 農民, 農業についての対話（共著）（坂井臣之助訳）：中国経済超えられない八つの難題―『当代中国研究』論文選 程暁農編著, 坂井臣之助, 中川友訳 草思社 2003.12 238p

夏 天陽 カ, テンヨウ*
◇教育の問題―転換と二一世紀に向けた挑戦（共著）：現代中国の実像―江沢民ブレーン集団が明かす 全27の課題とその解決策 劉吉, 許明, 黄葦青編著, 謝端明, 岡田久典日本語版監修, 中川友訳 ダイヤモンド社 1999.5 687p

華 濤 カ, トウ 《Hua, Tao》
◇中国文化における太陽（塚田誠之訳）：太陽神話―生命力の象徴 マダンジート・シン, UNESCO編, 木村重信監修 講談社 1997.2 399p

何 帆 カ, ハン*
◇財政の問題―市場経済に「立憲」を：現代中国の実像―江沢民ブレーン集団が明かす 全27の課題とその解決策 劉吉, 許明, 黄葦青編著, 謝端明, 岡田久典日本語版監修, 中川友訳 ダイヤモンド社 1999.5 687p

カー, ベアトリス・フォン・グッゲンバーグ
◇後悔から学ぶこともある：子供たちへの手紙―あなたにこれだけは伝えたい エリカ・グッド編, 中埜有理訳 三田出版会 1997.7 371p

賈 平凹 カ, ヘイオウ
◇陝西の軽食類：中国人, 「食」を語る 暁白, 暁珊選編, 多田敏宏訳 近代文芸社 2003.12 219p

何 秉松 カ, ヘイショウ*
◇刑法 概論 他：中国刑法教科書―総論 何秉松主編, 長井円編訳 八千代出版 2002.5 22, 619, 26p

過 放 カ, ホウ*
◇在日中国人と国際結婚：海外における日本人, 日本のなかの外国人―グローバルな移民流動とエスノスケープ 岩崎信彦, ケリ・ピーチ, 宮島喬, ロジャー・グッドマン, 油井清光編 昭和堂 2003.2 482p

夏 鵬翔 カ, ホウショウ
◇指導教授の素質を問う：中国人の見た日本―留学経験者の視点から 段躍中編, 朱建栄ほか著, 田縁美幸ほか訳 日本僑報社 2000.7 240p

何 勇 カ, ユウ*
◇葬儀改革は何処へ：必読！今, 中国が面白い―中国が解る60編 2007年版 而立会訳, 三潴正道監訳 日本僑報社 2007.8 240p

戈 楊 カ, ヨウ*
◇真の安定はありえない：鄧小平後の中国―中国人専門家50人による多角的な分析 下巻 何頻編著, 現代中国事情研究会訳 三交社 1994.12 396p

柯 良棟 カ, リョウトウ*
◇麻薬犯罪：中国の社会病理 張萍編著, 杉山太郎監訳, 馬場節子訳 亜紀書房 1997.6 276p

カー, レイモンド
◇フェルナン・ブローデル『地中海』（富山太佳夫訳）：ロンドンで本を読む 丸谷才一編著 マガジンハウス 2001.6 337, 8p

カー＆マレイ
◇カー＆マレイ（共著）：慣れる女たち アンドレア・ジュノー, V.ヴェイル編, 越智道雄訳 第三書館 1997.8 303p

解 学詩 カイ, ガクシ*
◇「満洲国」の政権体制と基層社会組織（小都晶子訳）：中国の地域政権と日本の統治 姫田光義, 山田辰雄編 慶応義塾大学出版会 2006.6 381p （日中戦争の国際共同研究 1）

ガイ, ダーラム
◇序：転換期の福祉国家―グローバル経済下の適応戦略 G.エスピン・アンデルセン編, 埋橋孝文監訳 早稲田大学出版部 2003.12 351p

艾 端午 ガイ, タンゴ*
◇解放軍事戦略の動向：鄧小平後の中国―中国人専門家50人による多角的な分析 下巻 何頻編著, 現代中国事情研究会訳 三交社 1994.12 396p

海 波 カイ, ハ
◇知られざる劉少奇（吉田富夫訳）：消された国家主席劉少奇 王光美, 劉源他著, 吉田富夫, 萩野脩二訳 日本放送出版協会 2002.9 365p

凱 豊 ガイ, ホウ
◇抗日民族統一戦線（東亜研究所第三部訳）：20世紀日本のアジア関係重要研究資料 1 東亜研究所刊行物 東亜研究所編著 竜渓書舎 1999.12 16冊（セット）

艾克拜尔 ガイコクハイジ*
◇ウズベク（烏孜別克）族：中国少数民族の婚姻と家族 下巻 厳汝嫺主編, 江守五夫監訳, 百田弥栄子, 曽士才, 栗原悟訳 第一書房 1996.12 335, 11p （Academic series—New Asia 20）

カイザー, ウォルター・C. , Jr.
◇イスラエルの宣教的召命：世界宣教の展望 ラルフ・D.ウィンター, スティーブン・C.ホーソーン編, 倉沢正則, 日置善一訳 いのちのことば社 2003.12 239p

カイザー, ギュンター
◇注目される経済犯罪（大山徹訳）：神山敏雄先生古稀祝賀論文集 第2巻 経済刑法 斉藤豊治, 日高義博, 甲斐克則, 大塚裕史編 成文堂 2006.8 546p

カイザー, シャロン
◇態度 他：セックス・ワーク―性産業に携わる女性たちの声 フレデリック・デラコステ, プリシラ・アレキサンダー編 パンドラ 1993.11 426, 26p

カイザー, ヨッヘン-クリストフ
◇ヨーロッパそしてドイツにおける世俗化の根源（岡本敦之訳）：仏教とキリスト教の対話 3 ハンス・マルティン・バールト, マイケル・パイ, 箕浦恵了, 門脇健編 法蔵館 2004.3 281p

カイザーリング, エトヴィン
◇なぜ人間は死ぬの？：子ども大学講座 第1学期 ウ

449

カイスリン

ルリヒ・ヤンセン，ウラ・シュトイアナーゲル編，畔上司訳　主婦の友社　2004.7　285p

カイスリング，マリーア
◇ロシア正教会の牧会者・長老たち（共著）：第2次世界大戦後の牧会者たち　日本キリスト教団出版局　2004.7　317p　（魂への配慮の歴史　第12巻　C.メラー編，加藤常昭訳）

カイッジ＝ムゲルワ，スティーヴ
◇グローバル化，経済成長，所得不平等：開発途上国におけるグローバル化と貧困・不平等　リチャード・コール編著，及川裕二訳　明石書店　2004.11　176p

カイト，マーシャ
◇ママのかわりにあなたの成長を見守るわ：子供たちへの手紙—あなたにこれだけは伝えたい　エリカ・グッド編，中埜有理訳　三田出版会　1997.7　371p

艾比不拉　ガイヒフラ*
◇ウイグル（維吾尓）族（共著）（曽土才訳）：中国少数民族の婚姻と家族　下巻　厳汝嫻主編，江守五夫監訳，百田弥栄子，曽士才，栗原悟訳　第一書房　1996.12　335, 11p　（Academic series—New Asia 20）

解放軍報
◇国防の現代化を速めよう（共著）：中国建軍50周年（1977年8月1日）記念論文集　〔防衛研修所〕　1979　151p　（参考資料 79ZT-10R）

ガイマー，トレバー
◇嵐に強められて：神を見いだした科学者たち　2　E.C.バレット編，佐藤を伸訳　いのちのことば社　1995.10　214p

カイル，ロジャー・モネー
◇正常な逆転移とその逸脱（永松優一訳）：メラニー・クラインとゥデイ　3　臨床と技法　E.B.スピリウス編，松木邦裕監訳　岩崎学術出版社　2000.4　316p

カイルハック，イルマ
◇一女性市民党員の闘い：ナチズム下の女たち—第三帝国の日常生活　カール・シュッデコプフ編，香川檀，秦由紀子，石井栄子訳　復刊　未来社　1998.7　354p

ガーヴァー，ウイリアム・W.
◇いったい何が開こえているんだろう？（黄倉雅広，筧一彦訳）：アフォーダンスの構想—知覚研究の生態心理学的デザイン　佐々木正人，三嶋博之編訳　東京大学出版会　2001.2　329p

カヴァナ，ジョン
◇電子マネーとカジノ経済（共著）（小南祐一郎訳）：グローバル経済が世界を破壊する　ジェリー・マンダー，エドワード・ゴールドスミス編，小南祐一郎，塚本しづ香訳　朝日新聞社　2000.4　259p

カウイ，ヘレン
◇ピア・サポート：いじめととりくんだ国々—日本と世界の学校におけるいじめへの対応と施策　土屋基規，P.K.スミス，添田久美子，折出健二編著　ミネルヴァ書房　2005.12　320p

ガーヴィス，チャールズ
◇初恋（坂本野母訳）：ビアトリス—大正5年7月〜大正6年4月　岩田ななつ解説　復刻版　不二出版　2003.6　1冊

ガヴィヨ，A.
◇トルコ等とヨーロッパ諸国との『カピチュラシヨン』：塙浩著作集—西洋法史研究　17　ヨーロッパ商法史　続　塙浩訳著　信山社出版　1999.1　932p

ガーヴィン，デイビッド・A.
◇「学習する組織」の構築：技術とイノベーションの戦略的マネジメント　下　ロバート・A.バーゲルマン，クレイトン・M.クリステンセン，スティーヴン・C.ウィールライト編著，青島矢一，黒田光太郎，志賀敏宏，田辺孝二，出川通，和賀三和子日本語版監修，岡真由美，斉藤裕一，桜井祐子，中川泉，山本章子訳　翔泳社　2007.7　595p

カーウェイト，ナンシー
◇データの組織化と概念化（共著）：ライフコース研究の方法—質的ならびに量的アプローチ　グレン・H.エルダー，ジャネット・Z.ジール編著，正岡寛司，藤見純子訳　明石書店　2003.10　528p　（明石ライブラリー 57）

カウエル，スーザン
◇女性労働者を代弁して：アメリカ年金事情—エリサ法（従業員退職所得保障法）制定20年後の真実　ダラス・L.ソールズベリー編，鈴木旭監修，大川洋三訳　新水社　2002.10　195p

ガウディアーニ，クレア・L.
◇繁栄する共同体の資本としての知恵：未来社会への変革—未来の共同体がもつ可能性　フランシス・ヘッセルバイン，マーシャル・ゴールドスミス，リチャード・ベックハード，リチャード・F.シューベルト編，加納明弘訳　フォレスト出版　1999.11　327p

カウフマン，ジョン・M.
◇川、海へ流れ下る：グレートリバー—地球に生きる・地球と生きる　National Geographic Society編，田村協子訳　同朋舎出版　1993.7　448p

カウフマン，ポーラ
◇構造と危機（三浦逸雄訳）：デジタル時代の大学と図書館—21世紀における学術情報資源マネジメント　B.L.ホーキンス，P.バッティン編，三浦逸雄，斎藤泰則，広田とし子訳　玉川大学出版部　2002.3　370p　（高等教育シリーズ 112）

カウリケ，ペーター
◇日本人によるペルーの考古学研究の重要性（関雄二訳）：歴史の山脈—日本人によるアンデス研究の回顧と展望　藤井竜彦教授退官記念シンポジウム報告書　関雄二，木村秀雄，人間文化研究機構国立民族学博物館編　人間文化研究機構国立民族学博物館　2005.5　238p　（国立民族学博物館調査報告 55）

カエス，アントン
◇ホロコーストと歴史の終焉—映画にみるポストモダン的歴史叙述（岩崎稔訳）：アウシュヴィッツと表象の限界　ソール・フリードランダー編，上村忠男ほか訳　未来社　1994.4　260p　（ポイエーシス叢書 23）

カガーノフ，M. I.
◇理論物理学のエンサイクロペディア：物理学者ランダウ—スターリン体制への叛逆　佐々木力，山本義隆，桑野隆範訳　みすず書房　2004.12　331, 4p

郭 維森　カク，イシン
◇『易伝』の文学思想とその影響（中島隆博訳）：占い

郭 藨華　カク, ウンカ
◇ウイグル（維吾尓）族 他（共著）（曽土才訳）：中国少数民族の婚姻と家族　下巻　厳汝嫻主編, 江守五夫監訳, 百田弥栄子, 曽士才, 栗原悟訳　第一書房　1996.12　335, 11p　（Academic series—New Asia 20）

郭 金梅　カク, キンバイ
◇私の日本観：中国人の見た日本—留学経験者の視点から　段躍中編, 朱建栄ほか著, 田縁美幸ほか訳　日本僑報社　2000.7　240p

郭 建　カク, ケン*
◇上海近代の都市計画の歴史とそのパラダイム研究（共著）（孫安石訳）：中国における日本租界—重慶・漢口・杭州・上海　神奈川大学人文学研究所編, 大里浩秋, 孫安石編著　御茶の水書房　2006.3　478, 5p　（神奈川大学人文学研究叢書 22）

岳 騫　ガク, ケン
◇古今無双の迎合主義者：人間・周恩来—紅朝宰相の真実　金鐘編, 松田州二訳　原書房　2007.8　370p

岳 健勇　ガク, ケンユウ
◇市場と引き換えに技術進歩を獲得したのか—中国の外資導入戦略の分析（共著）（坂井臣之助訳）：中国経済超えられない八つの難題—『当代中国研究』論文選　程暁農編著, 坂井臣之助, 中川友訳　草思社　2003.12　238p

郝 在今　カク, ザイキン
◇民族の大移動—出稼ぎと放浪：世紀末・中国　中国ジャーナリスト集団共著, 郝在今編, 俢岩, 浅野慎一著・訳　東銀座出版社　1997.6　231p

郭 志剛　カク, シゴウ*
◇1990年代の合計特殊出生率に関する研究と議論：中国人口問題のいま—中国人研究者の視点から　若林敬子編著, 筒井紀美訳　ミネルヴァ書房　2006.9　369p

郭 翔　カク, ショウ*
◇グループ犯罪：中国の社会病理　張萍編著, 杉山太郎監訳, 馬場節子訳　亜紀書房　1997.6　276p

郭 世佑　カク, セイユウ*
◇辛亥革命の歴史的結果とその実質（川尻文彦訳）：辛亥革命の多元構造—辛亥革命90周年国際学術討論会（神戸）孫文研究会編　汲古書院　2003.12　442p　（孫中山記念会研究叢書 4）

郭 鉄椿　カク, テツショウ*
◇中国人民の真の友人—宮崎寅蔵：中国人の見た中国・日本関係史—唐代から現代まで　中国東北地区中日関係史研究会編, 鈴木静夫, 高田祥平訳　東方出版　1992.12　450p

郭 道暉　カク, ドウキ　《Guo, Dao Hui》
◇人権の階級性と普遍性について：中国の死刑制度と労働改造　鈴木敬夫訳　成文堂　1994.8　298p　（アジア法叢書 18）
◇人権の階級性と普遍性について：中国の人権論と相対主義　鈴木敬夫編訳　成文堂　1997.10　314p　（アジア法叢書 22）

郭 風　カク, フウ*
◇サツマイモ：中国人、「食」を語る　暁白, 暁珊選編, 多田敏宏訳　近代文芸社　2003.12　219p

郭 沫若　カク, マツジャク
◇世界新秩序の建設（酒井忠夫編訳）：20世紀日本のアジア関係重要研究資料 1　東亜研究所刊行物　東亜研究所編著　竜渓書舎　1999.12　16冊（セット）
◇『周易』の制作時代（池田知久訳）：占いの創造力—現代中国周易論文集　池田知久ほか編訳, 郭沫若ほか原著　勉誠出版　2003.3　387p

カク, マンジュ
◇インド：女性が語る第三世界の素顔—環境・開発レポート　アニータ・アナンド編, WFS日本事務局訳　明石書店　1994.6　317p

カークマン, ボブ
◇橋を封鎖する（共著）：新世紀の労働運動—アメリカの実験　グレゴリー・マンツィオス編, 戸塚秀夫監訳　緑風出版　2001.12　360p　（国際労働問題叢書 2）

カーゲ ガガーボー
◇オジブワ族の絵文字 他：北米インディアン生活誌　C.ハミルトン編, 和巻耿介訳　社会評論社　1993.11　408p

カーケワクォナビー
◇魔術信仰 他：北米インディアン生活誌　C.ハミルトン編, 和巻耿介訳　社会評論社　1993.11　408p

カーザー, M.
◇ローマ刑事法概観：塙浩著作集—西洋法史研究 19　フランス刑事法史　塙浩訳著　信山社出版　2000.6　790p

カサマツ, エミ
◇パラグアイにおける日系人の日本語教育：日系人とグローバリゼーション—北米、南米、日本　レイン・リョウ・ヒラバヤシ, アケミ・キクムラ＝ヤノ, ジェイムズ・A.ヒラバヤシ編, 移民研究会訳　人文書院　2006.6　532p

ガザリ, ムハンマド・エル
◇より高い倫理への努力：今こそ地球倫理を　ハンス・キューング編, 吉田収訳　世界聖典刊行協会　1997.10　346p　（ぼんブックス 39）

カサル, ポーラ
◇ピーター・シンガー：環境の思想家たち　下（現代編）ジョイ・A.パルマー編, 須藤自由児訳　みすず書房　2004.11　320p　（エコロジーの思想）

カージー, マーシー
◇デービッド・サーノフ（共著）：TIMEが選ぶ20世紀の100人　上巻　指導者・革命家・科学者・思想家・起業家　徳岡孝夫監訳　アルク　1999.11　332p

カシミール, H.
◇若き日のランダウ：物理学者ランダウ—スターリン体制への叛逆　佐々木力, 山本義隆, 桑野隆訳　みすず書房　2004.12　331, 4p

カシャーロ, ティツィアーナ
◇「愛すべき愚か者」と「有能な嫌われ者」の活用（共著）：コーチングがリーダーを育てる　Diamondハーバード・ビジネス・レビュー編集部編訳　ダイヤモンド社　2006.4　231p　（Harvard business review anthology）

カシユマン

ガーシュマン, ジョン
◇アジア：アメリカの悪夢—9・11テロと単独行動主義　ジョン・フェッファー編, 南雲和夫監訳　耕文社　2004.12　319p

カスター, ウイリアム・S.
◇社会保険(岡田太訳)：国際的リスク・マネジメントと保険　ハロルド・D.スキッパー, ジュニア編著, 武井勲監訳　生命保険文化研究所　1999.10　729p

カステヤノス, アンハラ
◇コロンビア：女性が語る第三世界の素顔—環境・開発レポート　アニータ・アナンド編, WFS日本事務局訳　明石書店　1994.6　317p

カステリョ, セバスチャン
◇異端は迫害さるべきか(1554年)(出村彰訳)：宗教改革著作集　第10巻　カルヴァンとその周辺　2　教文館　1993.3　405p

カステルヌオーヴォ, エンリコ
◇芸術家：中世の人間—ヨーロッパ人の精神構造と創造力　ジャック・ル・ゴフ編, 鎌田博夫訳　法政大学出版局　1999.7　440, 31p　(叢書・ウニベルシタス　623)

ガーストル, アンドリュー
◇遊びの文化(杉井正史訳)：都市の異文化交流—大阪と世界を結ぶ　大阪市立大学文学研究科叢書編集委員会編　清文堂出版　2004.3　299p　(大阪市立大学文学研究科叢書　第2巻)

カストロ, クラウディオ・デ・モウラ
◇見えざる手は私学高等教育を救い給うか(共著)：私学高等教育の潮流　P.G.アルトバック編, 森利枝訳　玉川大学出版部　2004.10　253p　(高等教育シリーズ　128)

カスー=ノゲス, ピエール
◇メルロ=ポンティにおける数学の問題(伊藤泰雄訳)：フッサール『幾何学の起源』講義　モーリス・メルロ=ポンティ著, 加賀野井秀一, 伊藤泰雄, 本郷均訳　法政大学出版局　2005.3　571, 9p　(叢書・ウニベルシタス　815)

カゼル, H.
◇ヘブライ人(唐橋文訳)：旧約聖書時代の諸民族　D.J.ワイズマン編, 池田裕監訳　日本基督教団出版局　1995.10　578p

カセンダ, サルマン
◇インドネシア近代高等教育の起源(共著)：アジアの大学—従属から自立へ　フィリップ・G.アルトバック, ヴィスワナタン・セルバラトナム編, 馬越徹, 大塚豊監訳　玉川大学出版部　1993.10　380p

カーソ, アントニオ
◇社会問題と政治問題：現代ラテンアメリカ思想の先駆者たち　レオポルド・セア編, 小林一宏, 三橋利光共訳　刀水書房　2002.6　250p　(人間科学叢書　34)

カーソフ, レーモンド・エル
◇政治と戦争(ソ軍教義より)：ソ連の戦争理論—研修資料　防衛研修所　1956　60p　(研修資料別冊　第122号)

カーソン, スーザン
◇たった2人の殺人世界革命：平気で人を殺す人たち—心の中に棲む悪魔　ブライアン・キング編, 船津歩訳　イースト・プレス　1997.10　319p

カーソン, マイケル
◇たった2人の殺人世界革命：平気で人を殺す人たち—心の中に棲む悪魔　ブライアン・キング編, 船津歩訳　イースト・プレス　1997.10　319p

カーター, サニー
◇もっとも役に立つ道具：セックス・ワーク—性産業に携わる女性たちの声　フレデリック・デラコステ, プリシラ・アレキサンダー編　パンドラ　1993.11　426, 26p

カタウイ, マリア・リバノス
◇グローバル・エコノミーの与える機会：未来社会への変革—未来の共同体がもつ可能性　フランシス・ヘッセルバイン, マーシャル・ゴールドスミス, リチャード・ベックハード, リチャード・F.シューベルト編, 加納明弘訳　フォレスト出版　1999.11　327p
◇実行の試金石：論争グローバリゼーション—新自由主義対社会民主主義　デヴィッド・ヘルド編, 猪口孝訳　岩波書店　2007.5　241p

カタラーノ, リチャード・F.
◇アメリカ合衆国　他(共著)(金口恭久訳)：世界のいじめ—各国の現状と取り組み　森田洋司総監修・監訳, P.K.スミスほか編, 川口仁志ほか訳　金子書房　1998.11　463p

カタリッジ, デビッド
◇持続可能性評価モデル：プロジェクトの経済, 資源, 環境および社会の各フローのモデル化(共著)：トリプルボトムライン—3つの決算は統合できるか？　エイドリアン・ヘンリクス, ジュリー・リチャードソン編著, 大江亮, 小山良訳　創成社　2007.4　250p

カタリナ(ジェノヴァの)
◇煉獄論　他(伊藤博明訳)：中世思想原典集成　15　女性の神秘家　上智大学中世思想研究所編訳・監修　平凡社　2002.4　1061p

カーチス, ケネス
◇アメリカ, 日本, ヨーロッパ(山田鋭夫訳)：脱グローバリズム宣言—パクス・アメリカーナを超えて　R.ボワイエ, P-F.スイリ編, 青木昌彦他著, 山田鋭夫, 渡辺純子訳　藤原書店　2002.9　262p

カーチス, ジェラルド
◇転換期にきた日本の安全保障政策：戦後日米関係を読む—『フォーリン・アフェアーズ』の目　梅垣理郎編訳　中央公論社　1993.12　351p　(中公叢書)

葛　栄晉　カツ, エイシン
◇老子と人生哲学：老子は生きている—現代に探る「道」　葛栄晉主編, 徐海, 石川泰成訳　地湧社　1992.8　320p

葛　家澍　カツ, カジュ*　《Ge, Jia Shu》
◇中国における会計基準と会計実践(共著)：アジア太平洋地域の会計　西村明ほか編, 西村明監訳　九州大学出版会　1995.8　285p

葛　剣雄　カツ, ケンユウ*
◇移民から見た黄河下流域の外向傾向の変遷(福島恵訳)：黄河下流域の歴史と環境—東アジア海文明への道　鶴間和幸編著　東方書店　2007.2　375p　(学

全集・合集収載 翻訳図書目録 1992-2007　I　　　　カナウ

習院大学東洋文化研究叢書）

葛 洪 カツ, コウ
◇列仙伝（沢田瑞穂訳）：列仙伝・神仙伝　劉向, 葛洪著, 沢田瑞穂訳　平凡社　1993.9　462p　（平凡社ライブラリー）

カーツァー, デービッド
◇データの組織化と概念化（共著）：ライフコース研究の方法―質的ならびに量的アプローチ　グレン・H. エルダー, ジャネット・Z. ジール編著, 正岡寛司, 藤見純子訳　明石書店　2003.10　528p　（明石ライブラリー 57）

カックレイン, アレン
◇グローバル化する社会（共著）（高嶋正晴訳）：グローバル化とは何か―文化・経済・政治　デヴィッド・ヘルド編, 中谷義和監訳　法律文化社　2002.10　208p

カッセン, ベルナール
◇国際貿易―会議総括文書（大屋定晴訳）：もうひとつの世界は可能だ―世界社会フォーラムとグローバル化への民衆のオルタナティブ　ウィリアム・F. フィッシャー, トーマス・ポニア編, 加藤哲郎監修, 大屋定晴, 山口響, 白井聡, 木下ちがや監訳　日本経済評論社　2003.12　461p

カッツ, ナンシー
◇あなたのチームをフル稼働させる法：いかに「高業績チーム」をつくるか　Diamondハーバード・ビジネス・レビュー編集部編訳　ダイヤモンド社　2005.5　225p　（Harvard business review anthology）

カッツ, リチャード・N.
◇将来における学術情報資源の管理（斎藤泰則訳）：デジタル時代の大学と図書館―21世紀における学術情報資源マネジメント　B.L. ホーキンス, P. バッティン編, 三浦逸雄, 斎藤泰則, 広田とし子訳　玉川大学出版部　2002.3　370p　（高等教育シリーズ 112）

カッツ, ルース
◇結婚生活における地位と幸福―イスラエルの未亡人の母親, 離婚した母親・結婚している母親の比較（村上弘子訳）：女と離婚／男と離婚―ジェンダーの相違による別居・離婚・再婚の実態　サンドラ・S. ヴォルギー編著, 小池のり子, 村上弘子訳　家政教育社　1996.9　238p

カッツェンスタイン, ピーター
◇国際経済に開かれた小国経済（田中祥子訳）：制度の政治経済学　ロジャー・ホリングスワースほか著, 長尾伸一, 長岡延孝監訳　木鐸社　2000.5　307p

カッツマン, デイヴィッド・M.
◇週七日（篠田靖子訳）：ウィメンズ・アメリカ　論文編　リンダ・K. カーバー, ジェーン・シェロン・ドゥハート編, 有賀夏紀ほか編訳　ドメス出版　2002.2　251, 6p

カットフォース, ルネ
◇朝鮮戦争の戦争孤児たち（一九五〇年十二月）：歴史の目撃者　ジョン・ケアリー編, 仙名紀訳　朝日新聞社　1997.2　421p

カッパード, マーガレット
◇患者としての, そしてクライエントとしての高齢者：医療ソーシャルワークの実践　ミーケ・バドウィ, ブレンダ・ピアモンティ編著　中央法規出版　1994.9

245p

カツンバ, レベッカ
◇ウガンダ 他：女性が語る第三世界の素顔―環境・開発レポート　アニータ・アナンド編, WFS日本事務局訳　明石書店　1994.6　371p

カティブーチャヒディ, ジェーン
◇機会, 選択, 環境（共著）：異文化結婚―境界を越える試み　ローズマリー・ブレーガー, ロザンナ・ヒル編著, 吉田正紀監訳　新泉社　2005.4　310, 29p

カーディヤ, キム
◇グローバル化時代のソーシャル・ネットワーク研究（共著）：愛着からソーシャル・ネットワークへ―発達心理学の新展開　マイケル・ルイス, 高橋恵子編, 高橋恵子監訳　新曜社　2007.5　197, 70p

カトナー, K.
◇「失われた十年」からの教訓（共著）：ポスト平成不況の日本経済―政策志向アプローチによる分析　伊藤隆敏, H. パトリック, D. ワインシュタイン編, 祝迫得夫監訳　日本経済新聞社　2005.9　388p

ガートナー, ロバート
◇不完全契約における欠缺補充（共著）（渡辺達徳訳）：現代アメリカ契約法　ロバート・A. ヒルマン, 笠井修編著　弘文堂　2000.10　400p

ガートマン, デニス
◇それほど簡単ではないトレーディングルール：わが子と考えるオンリーワン投資法―門外不出の投資の知恵　ジョン・モールディン編, 関本博英訳　パンローリング　2006.8　219p　（ウィザードブックシリーズ v.106）

カトラー, ニール・E.
◇リスクと保険に対する人口動態的環境：老年財政学の展望（共著）（大久保則訳）：国際的リスク・マネジメントと保険　ハロルド・D. スキッパー, ジュニア編著, 武井勲監訳　生命保険文化研究所　1999.10　729p

カトラー, リチャード
◇信頼が肝心：子供たちへの手紙―あなたにこれだけは伝えたい　エリカ・グッド編, 中埜有理訳　三田出版会　1997.7　371p

カートリッジ, ポール
◇いま社会史とは何か（菅原秀二訳）：いま歴史とは何か　D. キャナダイン編著, 平田雅博, 岩井淳, 菅原秀二, 細川道久訳　ミネルヴァ書房　2005.5　267, 14p　（Minerva歴史・文化ライブラリー 5）

カトリング, パトリック・スキーン
◇J.D. サリンジャー『ライ麦畑でつかまえて』『エズメに捧ぐ・その他の短篇』『フラニーとズーイ』『大工よ, 屋根の梁を高く上げよ・シーモア序章』イアン・ハミルトン『サリンジャーを探して』（富山太佳夫訳）：ロンドンで本を読む　丸谷才一編著　マガジンハウス　2001.6　337, 8p

カドレック, ダニエル
◇A.P. ジアニーニ：TIMEが選ぶ20世紀の100人　上巻　指導者・革命家・科学者・思想家・起業家　徳岡孝夫監訳　アルク　1999.11　332p

カーナウ, スタンレー
◇ホー・チ・ミン：TIMEが選ぶ20世紀の100人　上巻

453

指導者・革命家・科学者・思想家・起業家　徳岡孝夫監訳　アルク　1999.11　332p

カナペル, バーバラ
◇〈ろう〉コミュニティの内側（鈴木清史訳）：アメリカのろう文化　シャーマン・ウィルコックス編, 鈴木清史, 酒井信雄, 太田憲男訳　明石書店　2001.3　301p　（明石ライブラリー 29）

カナーリス, クラウス・ヴィルヘルム
◇法源の体系の中での「ユニドロワ原則」と「ヨーロッパ契約法原則」の位置（半田吉信訳）：ヨーロッパ統一契約法への道　ユルゲン・バセドウ編, 半田吉信ほか訳　法律文化社　2004.6　388p

カーナン, ミカエル
◇危機、変化、内なる平和：クリシュナムルティの世界　大野純一編訳　コスモス・ライブラリー　1997.8　434p

カニンガム, ウィリアム・D.
◇アメリカ図書館協会ブラック・コーカス：アメリカ図書館界と積極的活動主義—1962-1973年　メアリー・リー・バンディ, フレデリック・J.スティロー編著, 川崎良孝, 森田千幸, 村上加代子訳　京都大学図書館情報学研究会　2005.6　279p

ガネル, ジョン
◇デイビッド・イーストン（美奈川ゆかり訳）：アメリカ政治学を創った人たち—政治学の口述史　M.ベアー, M.ジューエル, L.サイゲルマン編, 内山秀夫監訳　ミネルヴァ書房　2001.12　387p　（Minervaライブラリー 人文・社会科学叢書 59）

ガノン, フェデリック
◇進化ゲームにおける慣行の競合と共存（共著）（立見淳哉訳）：コンヴァンシオン理論の射程—政治経済学の復権　フィリップ・バティフリエ編, 海老塚明, 須田文明監訳　昭和堂　2006.11　419p

ガーバー, ラルフ
◇ソーシャルワークとソーシャルディベロップメント教育に関するセンサス（春見静子訳）：ソーシャルワークとグローバリゼーション　カナダソーシャルワーカー協会編, 日本ソーシャルワーカー協会国際委員会訳, 仲村優一監訳　相川書房　2003.8　186p

カバッソ, ジャクリーン
◇グローバル化と新たな軍備競争（共著）：ミサイル防衛—大いなる幻想　東西の専門家20人が批判する　デービッド・クリーガー, カラー・オン編, 梅林宏道, 黒崎輝訳　高文研　2002.11　155p

カパッティ, A.
◇保存食品の味：食の歴史　3　J-L.フランドラン, M.モンタナーリ編, 宮原信, 北代美和子監訳　藤原書店　2006.3　p838-1209

カービー, ヘーゼル・V.
◇女性の時代の出発点に立って（坂下史子訳）：アメリカ研究の理論と実践—多民族社会における文化のポリティクス　佐々木隆監修, 和泉真澄, 趙無名編訳　世界思想社　2007.3　260p

カヒィー, ボブ
◇生徒に「積極的心構え」を植えつけ、働きながら学ばせる：思考は現実化する—私はこうして思考を現実化した　実践編　ナポレオン・ヒル財団日本リソーセス編・訳　騎虎書房　1997.3　231p

カピタン, ダヴィッド
◇行政裁判官と自由の保護（飯島淳子訳）：公共空間における裁判権—フランスのまなざし　日仏公法セミナー編　有信堂高文社　2007.2　313p

カピトリヌス, ユリウス
◇アントニヌス・ピウスの生涯 他：ローマ皇帝群像　1　アエリウス・スパルティアヌス他著, 南川高志訳　京都大学学術出版会　2004.1　258p　（西洋古典叢書）
◇オピリウス・マクリヌスの生涯 他（桑山由文訳）：ローマ皇帝群像　2　アエリウス・スパルティアヌス他著, 桑山由文, 井上文則, 南川高志訳　京都大学学術出版会　2006.6　347p　（西洋古典叢書）

ガフ, E. キャスリーン
◇ナーヤルと婚姻の定義（杉本良男訳）：家族と親族　村武精一編, 小川正恭ほか訳　未来社　1992.7　331, 21p

ガフ, アイザック
◇マライタ避難, ガダルカナル労働隊（共著）：ビッグ・デス—ソロモン人が回想する第二次世界大戦　ジェフリー・ホワイトほか編, 小柏葉子監訳, 小柏葉子, 今泉裕美子訳　現代史料出版　1999.8　226p

ガーフィールド, チャールズ
◇成功者たちの共通項：セルフヘルプ—なぜ、私は困難を乗り越えられるのか　世界のビッグネーム自らの47の証言　ケン・シェルトン編著, 堀紘一監訳　フロンティア出版　1998.7　301p

カプシチンスキー, リヒャルト
◇地球次の未来像—アメリカの「世界人」：知の大潮流—21世紀へのパラダイム転換　今世紀最高の頭脳が予見する未来　ネイサン・ガーデルズ編, 仁保真佐子訳　徳間書店　1996.12　419p

カフタン, アリサ
◇ゾルゲが愛したロシア人妻と30人の日本人女性：ゾルゲ事件関係外国語文献翻訳集　no.6　日露歴史研究センター事務局編　日露歴史研究センター事務局　2005.2　52p

カプート, ロバート
◇ナイル川（写真）：グレートリバー—地球に生きる・地球と生きる　National Geographic Society編, 田村協子訳　同朋舎出版　1993.7　448p

カプヘル, イェルク・フォン
◇イェルク・フォン・カプヘル男爵の弔辞：回想のマックス・ウェーバー—同時代人の証言　安藤英治聞き手, 亀嶋庸一編, 今野元訳　岩波書店　2005.7　272, 5p

カプラン, モーリス・B.
◇ユダヤ人問題再考：ハンナ・アーレントとフェミニズム—フェミニストはアーレントをどう理解したか　ボニー・ホーニッグ編, 岡野八代, 志水紀代子訳　未来社　2001.6　285p

ガブリエル, ジグマール
◇人々が強くなれば、問題は解決する（安井宏樹訳）：21世紀社会民主主義　第7集　新しいドイツ社民党・欧州中道左派の難題　生活経済政策研究所　2004.10　141p　（生活研ブックス 20）

ガブリエル, パスカル
◇コンセンサスとコンフリクトの間での慣行のダイナミズム（共著）（須田文明訳）：コンヴァンシオン理論の射程―政治経済学の復権　フィリップ・バティフリエ編, 海老塚明, 須田文明監訳　昭和堂　2006.11　419p

カブレラ＝ジメノ, ヴェロニク
◇フランスにおける裁判諸機関の相互関係（稲葉実香訳）：公共空間における裁判権―フランスのまなざし　日仏公法セミナー編　有信堂高文社　2007.2　313p

ガベッティ, ジョバンニ
◇アナロジカル・シンキング（共著）：戦略思考力を鍛える　Diamondハーバード・ビジネス・レビュー編集部編訳　ダイヤモンド社　2006.7　262p　（Harvard business review anthology）

カペローン, ニールス
◇セーレン・キェルケゴールの新版原典全集の刊行（橋本淳訳）：キェルケゴールとキリスト教神学の展望―〈人間が壊れる〉時代の中で　橋本淳先生退職記念論文集　松木真一編著　日本キェルケゴール研究センター　2006.3　335p

カーボー, J.
◇日本とアメリカ―「新しい」二大超大国の時代：アメリカの対日依存が始まる―日米関係の真実　J.E.カーボー, Jr., 加瀬英明編・監訳　光文社　1992.12　184p　（カッパ・ブックス）

ガポン
◇ペテルブルク血の日曜日事件―一九〇五年一月二十二日：歴史の目撃者　ジョン・ケアリー編, 仙名紀訳　朝日新聞社　1997.2　421p

カーマーカー, ウダイ
◇サービス革命の本質：2010年の「マネジメント」を読み解く　Diamondハーバード・ビジネス・レビュー編集部編訳　ダイヤモンド社　2005.9　289p　（Harvard business review anthology）

カマーニ, ロベルト
◇グローバル都市地域の経済的役割と空間的矛盾：グローバル・シティー・リージョンズ―グローバル都市地域への理論と政策　アレン・J.スコット編著, 坂本秀和訳　ダイヤモンド社　2004.2　365p

カマメイヤー, マーガレット
◇自分に正直なら人にも正直でいられる：子供たちへの手紙―あなたにこれだけは伝えたい　エリカ・グッド編, 中埜有ेग訳　三田出版会　1997.7　371p

カマル, バヘール
◇エジプト―私たちはナイル川を奪われた：先住民族―地球環境の危機を語る　インター・プレス・サービス編, 清水知久訳　明石書店　1993.9　242p　（世界人権問題叢書 9）

神坂 直樹　カミサカ, ナオキ
◇「教団」を裁いた論理の誤り―宗教法人法に基づく解散命令の検討を中心に：オウム真理教と人権―新宗教・文化ジャーナル『SYZYGY』特別号日本語版　SYZYGY特別号日本語版刊行委員会　2000.4　108p

カミル, アドルフ
◇欠けていた管理能力：バークレー生協は, なぜ倒産したか―18人の証言　日本生活協同組合連合会国際部訳　コープ出版　1992.5　195p

カミングス, ウィリアム
◇インドネシア近代高等教育の起源（共著）：アジアの大学―従属から自立へ　フィリップ・G.アルトバック, ヴィスワナタン・セルバラトナム編, 馬越徹, 大塚豊監訳　玉川大学出版部　1993.10　380p

カーメン, ヘンリー
◇追放―その目的と結果：スペインのユダヤ人―1492年の追放とその後　エリー・ケドゥリー編, 関哲行, 立石博高, 宮前安子訳　平凡社　1995.12　285p

カラーディ, エーヴァ
◇ヴェーバー＝クライスにおけるエルンスト・ブロッホとゲオルク・ルカーチ―比較の試み：マックス・ヴェーバーとその同時代人群像　W.J.モムゼン, J.オースターハメル, W.シュベントカー編, 鈴木広, 米沢和彦, 嘉目克彦監訳　ミネルヴァ書房　1994.9　531, 4p

ガーランド, ハムリン
◇トゥー・ムーン（松本剛史訳）：インタヴューズ　1　クリストファー・シルヴェスター編, 新庄哲夫ほか訳　文藝春秋　1998.11　462p

ガーランド, ロバート
◇古代ギリシア人の死生観（山口拓夢訳）：死と来世の神話学　永沢峻編　言叢社　2007.2　350p

ガリカヌス, ウルカキウス
◇アウィディウス・カッシウスの生涯：ローマ皇帝群像　1　アエリウス・スパルティアヌス他著, 南川高志訳　京都大学学術出版会　2004.1　258p　（西洋古典叢書）

カリース, グラルフ＝ペーター
◇ラフ・コンセンサスとランニング・コード：法の同化―その基礎, 方法, 内容ドイツからの見方と日本からの見方　カール・リーゼンフーバー, 高山佳奈子編　De Gruyter Recht c2006　27, 651p　（Schriften zum Europäischen und Internationalen Privat-, Bank-und Wirtschaftsrecht Bd.10）

ガリッチオ, マーク
◇占領, 支配, そして同盟（伊原裕子訳）：日米戦後関係史―パートナーシップ 1951-2001　入江昭, ロバート・A.ワンプラー編, 細谷千博, 有賀貞監訳　講談社インターナショナル　2001.9　389p

カーリナー, ジョシュア
◇多国籍企業―論点と提案（共著）（深井英喜訳）：もうひとつの世界は可能だ―世界社会フォーラムとグローバル化への民衆のオルタナティブ　ウィリアム・F.フィッシャー, トーマス・ポニア編, 加藤哲郎監修, 大屋定晴, 山口響, 白井聡, 木下ちがや訳　日本経済評論社　2003.12　461p

カリーノ, アゴスティーノ
◇カール・シュミットとヨーロッパ法学（塩見佳也訳）：カール・シュミットの挑戦　シャンタル・ムフ編, 古賀敬太, 佐野誠編訳　風行社　2006.5　300, 9p

カリポン
◇カリポンとデモケデス（共著）（国方栄二訳）：ソクラテス以前哲学者断片集　第1分冊　内山勝利編　岩波書店　1996.12　367p

カリヤーニー
◇文化的束縛か政治的制約か 他：女たちのビルマ―軍事政権下を生きる女たちの声 藤目ゆき監修, タナッカーの会編, 富田あかり訳 明石書店 2007.12 446p （アジア現代女性史 4）

ガーリン, センダー
◇ヒューイ・P.ロング（吉田利子訳）：インタヴューズ 2 クリストファー・シルヴェスター編, 新庄哲夫ほか訳 文芸春秋 1998.11 451p

カリン, リチャード
◇ホープ・ダイヤモンド：スミソニアンは何を展示してきたか A.ヘンダーソン, A.L.ケプラー編, 松本栄寿, 小浜清子訳 玉川大学出版部 2003.5 309p

カル, アンドリュー
◇錯誤, フラストレーションおよび契約上の救済の棚ぼた原則 他（鹿野菜穂子訳）：現代アメリカ契約法 ロバート・A.ヒルマン, 笠井修編著 弘文堂 2000.10 400p

カルー, ケイト
◇グリエルモ・マルコーニ（柴田元幸訳）：インタヴューズ 1 クリストファー・シルヴェスター編, 新庄哲夫ほか訳 文芸春秋 1998.11 462p

カール, ジーン
◇保健・医療機関におけるソーシャルワーカーの組織（共著）：医療ソーシャルワークの実践 ミーケ・バドウィ, ブレンダ・ピアモンティ編著 中央法規出版 1994.9 245p

カール, メーランギーズ
◇マネキンの死：イラン人は神の国イランをどう考えているか レイラ・アーザム・ザンギャネー編, 白須英子訳 草思社 2007.2 231p

カルヴァリョ, ダニエラ・デ
◇日本の日系人コミュニティ（水口朋子訳）：海外における日本人, 日本のなかの外国人―グローバルな移民流動とエスノスケープ 岩崎信彦, ケリ・ピーチ, 宮島喬, ロジャー・グッドマン, 油井清光編 昭和堂 2003.2 482p

カルヴェス, グウェナエル
◇フランス憲法院と年金改革（阿部智洋訳）：政治参画とジェンダー 川人貞史, 山元一編 東北大学出版会 2007.3 393p （ジェンダー法・政策研究叢書 東北大学21世紀COEプログラム 第8巻 辻村みよ子監修）

ガルキン, M. I.
◇軍事的脅威と国家の防衛力強化の問題に関するソ連共産党第23回党大会（共著）：ソ連の軍事面における核革命 ウィリアム・キントナー, ハリエット・ファスト・スコット編 〔防衛研修所〕 1970 345p （研究資料 70RT-9）

カルキン, ジョン・M
◇マクルーハン理論とは何か：マクルーハン理論―電子メディアの可能性 マーシャル・マクルーハン, エドマンド・カーペンター編著, 大前正臣, 後藤和彦訳 平凡社 2003.3 331p （平凡社ライブラリー）

ガルサン, J. C.
◇エジプトとムスリム世界（竹田新訳）：ユネスコ・アフリカの歴史 第4巻 一二世紀から一六世紀までのアフリカ アフリカの歴史起草のためのユネスコ国際学術委員会編, 宮本正興責任編集 D.T.ニアヌ編 同朋舎出版 1992.9 2冊

ガルシア, ジョン
◇パールハーバー（一九四一年十二月七日）：歴史の目撃者 ジョン・ケアリー編, 仙名紀訳 朝日新聞社 1997.2 421p

カルシェッド, ドナルド・E.
◇早期外傷体験のある患者の元型的感情, 不安および防衛（田畑洋子訳）：ユングの13人の弟子が今考えていること―現代分析心理学の鍵を開く アン・ケースメント編, 氏原寛監訳 ミネルヴァ書房 2001.3 336p

カルショイアー, オットー
◇共同体主義の名称と理性について（向山恭一訳）：グローバルな市民社会に向かって マイケル・ウォルツァー編著, 石田淳ほか訳 日本経済評論社 2001.10 397p

ガルストン, ウィリアム
◇進歩派の政治と共同体主義の文化（向山恭一訳）：グローバルな市民社会に向かって マイケル・ウォルツァー編著, 石田淳ほか訳 日本経済評論社 2001.10 397p

カールスバーグ＝クルマ, メアリー
◇新しい組織形態としての女たちの協同組合―ギリシャの女性と観光業：ジェンダーと女性労働―その国際ケーススタディ セア・シンクレア, ナニカ・レッドクリフト編, 山本光子訳 柘植書房 1994.9 373p

カールセン, キャロル・F.
◇女の姿をした悪魔（滝田佳子訳）：ウィメンズ・アメリカ 論文編 リンダ・K.カーバー, ジェーン・シェロン・ドゥハート編著, 有賀夏紀ほか編訳 ドメス出版 2002.2 251, 6p

カールソン, ジェリー
◇海外留学検討プロジェクトの成果：アメリカの学生と海外留学 B.B.バーン編, 井上雍雄訳 玉川大学出版部 1998.8 198p

カールソン, スティーブン・J.
◇仕組み裁定取引分析（共著）（高木信彦訳）：ALMの新手法―キャピタル・マーケット・アプローチ フランク・J.ファボッツィ, 小西湛夫共編 金融財政事情研究会 1992.7 499p （ニューファイナンシャルシリーズ）

カルディーニ, フランコ
◇戦士と騎士：中世の人間―ヨーロッパ人の精神構造と創造力 ジャック・ル・ゴフ編, 鎌田博夫訳 法政大学出版局 1999.7 440, 31p （叢書・ウニベルシタス 623）

ガルニック, チャールズ
◇社風と企業文化を浸透させるための条件 他（共著）：ピープルマネジメント―21世紀の戦略的人材活用コンセプト Financial Times編, 日経情報ストラテジー監訳 日経BP社 2002.3 271p （日経情報ストラテジー別冊）

カルピンテロ, フランチスコ
◇いま話題のコンセンサスについて（編集者訳）：法の理論 13 ホセ・ヨンパルト, 三島淑臣編 成文堂 1993.12 250p

カルプ, セルゲイ
◇『両インド史』の十八世紀ロシアにおける翻訳(王寺賢太訳)：十八世紀における他者のイメージ―アジアの側から、そしてヨーロッパの側から　中川久定, J. シュローバハ編　河合文化教育研究所　2006.3　370p

ガルボ, ロベルタ
◇権利擁護、自己権利擁護とインクルーシブな活動―まとめ(共著)(窪田眞二訳)：世界のインクルーシブ教育―多様性を認め、排除しない教育を　ハリー・ダニエルズ, フィリップ・ガーナー編著, 中村満紀男, 窪田真二監訳　明石書店　2006.3　540p (明石ライブラリー 92)

カルボニエ, ジャン
◇コード・シヴィル(野上博義, 金山直樹訳)：コード・シヴィルの200年―法制史と民法からのまなざし　石井三記編　創文社　2007.2　334, 20p

カルボーネ, マウロ
◇可感的なものと剰余(伊藤泰雄訳)：フッサール『幾何学の起源』講義　モーリス・メルロ＝ポンティ著, 加賀野井秀一, 伊藤泰雄, 本郷均訳　法政大学出版局　2005.3　571, 9p (叢書・ウニベルシタス 815)

ガーレイ, パダム・シン
◇ネパール―バルパックからカトマンズへの道は遠い：先住民族―地球環境の危機を語る　インター・プレス・サービス編, 清水知久訳　明石書店　1993.9　242p (世界人権問題叢書 9)

ガレリ, ジャック
◇端緒について(本郷均訳)：フッサール『幾何学の起源』講義　モーリス・メルロ＝ポンティ著, 加賀野井秀一, 伊藤泰雄, 本郷均訳　法政大学出版局　2005.3　571, 9p (叢書・ウニベルシタス 815)

カレン
◇ポンびきの警官 他：セックス・ワーク―性産業に携わる女性たちの声　フレデリック・デラコステ, プリシラ・アレキサンダー編　パンドラ　1993.11　426, 26p

ガロ, R.
◇フランス近代の刑法史：塙浩著作集―西洋法史研究 19　フランス刑事法史　塙浩訳著　信山社出版　2000.6　790p

ガロア, ピエール・M.
◇米国の新外交とヨーロッパの安全：フランス国防政策参考資料　防衛研修所　1964　87p (読書資料 12-2309)

カロザーズ, トマス
◇民主主義支援に対する評価：アメリカによる民主主義の推進―なぜその理念にこだわるのか　猪口孝, マイケル・コックス, G.ジョン・アイケンベリー編　ミネルヴァ書房　2006.2　502, 12p (国際政治・日本外交叢書 1)

カロッツィ, クロード
◇彼岸とテクストの曖昧さ(加納修訳)：テクストの宇宙―生成・機能・布置 21世紀COEプログラム「統合テクスト科学の構築」SITES講演録2004-2005年　佐藤彰一編　名古屋大学大学院文学研究科　2006.3　296p

ガロン, シェルドン
◇社会契約の交渉(共著)(岡田信弘訳)：歴史としての戦後日本　上　アンドルー・ゴードン編, 中村政則監訳　みすず書房　2001.12　264, 29p

河合 隼雄　カワイ, ハヤオ
◇スプリッティング：解消か、保持か(河合隼雄著・訳, 三船直子訳)：ユングの13人の弟子が今考えていること―現代分析心理学の鍵を開く　アン・ケースメン編, 氏原寛監訳　ミネルヴァ書房　2001.3　336p

川田 順造　カワダ, ジュンゾウ
◇おびやかされた諸文化と国民国家(廣瀬浩司訳)：介入？―人間の権利と国家の論理　エリ・ウィーゼル, 川田順造編, 広瀬浩司, 林珠訳　藤原書店　1997.6　294p

川辺 信雄　カワベ, ノブオ*
◇第2次世界大戦前のアメリカ合衆国における日本企業：三井と三菱の事例について(竹村孝雄訳)：続 歴史のなかの多国籍企業―国際事業活動研究の拡大と深化　アリス・タイコーヴァ, モーリス・レヴィ・ルボワイエ, ヘルガ・ヌスバウム編, 浅野栄一, 鮎沢成男, 渋谷将, 竹村孝雄, 徳重昌志, 日高克平訳　中央大学出版部　1993.4　334p (中央大学企業研究所翻訳叢書 6)

ガワン, チェペル
◇中国占領下チベットに於ける人権問題：現在チベットの現状　柴田竜男訳　チベット・スノーライオン友愛会　1992.6　1冊

ガン, アレクセイ
◇構成主義芸術論(黒田辰男訳)：コレクション・モダン都市文化　第29巻　構成主義とマヴォ　和田博文監修　滝沢恭司編　ゆまに書房　2007.6　797p

姜 仁求　カン, イング
◇風水思想と墓地選定 他：東アジアの古代をどう考えるか―東アジア古代史再構築のために 第1回東アジア歴史国際シンポジウム　第1回東アジア歴史国際シンポジウム記録編集部編　飛鳥評論社　1993.7　242p

姜 仁淑　カン, インスク
◇古朝鮮の建国年代と檀君朝鮮の存続期間：朝鮮民族と国家の源流―神話と考古学　在日本朝鮮歴史考古学協会編　雄山閣出版　1995.7　270p (考古学選書)

姜 仁仙　カン, インソン
◇北朝鮮住民の胸に染み込む『愛の迷路』：北朝鮮大動乱　朝鮮日報『月刊朝鮮』編, 黄民基訳　講談社　1994.1　545p

康 仁徳　カン, インドク*
◇韓国中央情報部北朝鮮専門家が会った金日成と金正日 他：金正日その衝撃の実像　朝鮮日報『月刊朝鮮』編, 黄民基訳　講談社　1994.11　568p

姜 元敦　カン, ウォンドン*
◇宗教問題(高利文訳)：韓国社会論争―最新ガイド　月刊『社会評論』(韓国)編集部編, 文京洙ほか監訳　社会評論社　1992.10　299p

カーン, エド
◇ハインツ・コフートにおける共感について(畠瀬直子訳)：エンカウンター・グループと国際交流　松本剛, 畠瀬直子, 野島一彦編著　ナカニシヤ出版　2005.10　166p

457

カン

甘 懐真　カン, カイシン*
◇東アジア世界の冊封体制と儒教（奥村佳代子訳）：東アジア世界と儒教—国際シンポジウム　吾妻重二主編, 黄俊傑副主編　東方書店　2005.3　405p

カン, ケイレン
◇果たすべき務めを全うして：香港回帰—ジャーナリストが見た'97.7.1　ユエン・チャン, 盧敬華共編, 日野みどり訳　凱風社　1998.6　197p

韓 建業　カン, ケンギョウ*
◇サラ（撒拉）族（曽士才訳）：中国少数民族の婚姻と家族　下巻　厳汝嫺主編, 江守五夫監訳, 百田弥栄子, 曽士才, 栗原悟訳　第一書房　1996.12　335, 11p（Academic series—New Asia 20）

ガン, コリー
◇子づれ保父体験記（共著）：幼児のための多文化理解教育　ボニー・ノイゲバウエル編著, 谷口正子, 斉藤法子訳　明石書店　1997.4　165p

顔 思久　ガン, シキュウ*
◇プーラン（布朗）族（百田弥栄子訳）：中国少数民族の婚姻と家族　上巻　厳汝嫺主編, 江守五夫監訳, 百田弥栄子, 曽士才, 栗原悟訳　第一書房　1996.12　298p（Academic series—New Asia 18）

カーン, シャロン・E.
◇女性のカウンセリングコースについての評価調査：ケーススタディ（共著）：フェミニスト心理療法ハンドブック—女性臨床心理の理論と実践　L.B.ローズウォーター, L.E.A.ウォーカー編著, 河野貴代美, 井上摩耶子訳　ヒューマン・リーグ　1994.12　317p

関 捷　カン, ショウ*
◇回顧と展望—近年の中日関係史研究について：中国人の見た中国・日本関係史—唐代から現代まで　中国東北地区中日関係史研究会編, 鈴木静夫, 高田祥平編訳　東方出版　1992.12　450p

韓 少華　カン, ショウカ*
◇豆汁を飲む：中国人、「食」を語る　暁白, 暁珊選編, 多田敏宏訳　近代文芸社　2003.12　219p

顔 真　ガン, シン*
◇鄧の死は中国に重大な影響をもたらすか：鄧小平後の中国—中国人専門家50人による多角的な分析　上巻　何頻編著, 現代中国事情研究会訳　三交社　1994.12　386p

姜 承男　カン, スンナム*
◇古朝鮮の青銅および製鋼技術：朝鮮民族と国家の源流—神話と考古学　在日本朝鮮歴史考古学協会編訳　雄山閣出版　1995.7　270p　（考古学選書）

関 世華　カン, セイカ　《Guan, Shihua》
◇侵華教育研究の概念と方法（王智新訳）：日本の植民地教育・中国からの視点　王智新編著　社会評論社　2000.1　297p

韓 増禄　カン, ゾウロク*
◇『老子』と建築：老子は生きている—現代に探る「道」　葛栄晋主編, 徐海, 石川泰成訳　地湧社　1992.8　320p

干 大海　カン, タイカイ*
◇チベットと民主化運動の民族政策：中国民主活動家チベットを語る　曹長青編著, ペマ・ギャルポ監訳, 金谷譲訳　日中出版　1999.11　366p　（チベット選書）

甘 超英　カン, チョウエイ*
◇中国憲法と「一国二制度」原則（土屋英雄訳）：アジア立憲主義の展望—アジア・オセアニア立憲主義シンポジウム　全国憲法研究会編, 大須賀明編集代表　信山社　2003.9　435p

姜 哲煥　カン, チョルファン*
◇収容者たちはまだ生きているのか？（共著）：北朝鮮大動乱　朝鮮日報『月刊朝鮮』編, 黄民基訳　講談社　1994.11　545p

姜 徳景　カン, ドクキョン*
◇勤労挺身隊から慰安婦に：証言—強制連行された朝鮮人軍慰安婦たち　韓国挺身隊問題対策協議会・挺身隊研究会編, 従軍慰安婦問題ウリヨソンネットワーク訳　明石書店　1993.10　345p

姜 来熙　カン, ネヒ*
◇脱植民地化または植民地残滓清算の亡霊学（尹嘉子訳）：ポストコロニアルと非西欧世界　御茶の水書房　2002.9　351p　（神奈川大学評論叢書 第10巻　神奈川大学評論編集専門委員会編）

カーン, バーバラ・E.
◇選択の多様性（共著）：ウォートンスクールの意思決定論　ステファン・J.ホッチ, ハワード・C.クリューサー編, 小林陽太郎監訳, 黒田康史, 大塔達也訳　東洋経済新報社　2006.8　374p　（Best solution）

韓 非　カン, ピ*
◇国訳韓非子（宇野哲人訳註）：国訳漢文大成　第3巻　経子史部　第2輯 上　日本図書センター　2000.9　1152p

姜 浩出　カン, ホチュル*
◇国外民族解放運動勢力と民族唯一党運動：朝鮮民族解放運動の歴史—平和的統一への模索　姜万吉編著, 太田修, 庵逧由香訳　法政大学出版局　2005.4　369, 29p　（韓国の学術と文化 21）

姜 万吉　カン, マンギル*
◇おわりに—分断時代の統一運動の歴史性 他：朝鮮民族解放運動の歴史—平和的統一への模索　姜万吉編著, 太田修, 庵逧由香訳　法政大学出版局　2005.4　369, 29p　（韓国の学術と文化 21）

姜 明求　カン, ミョング*
◇メディア問題（高正臣訳）：韓国社会論争—最新ガイド　月刊『社会評論』（韓国）編集部編, 文京洙ほか監訳　社会評論社　1992.10　299p

康 明道　カン, ミョンド*
◇エリート層にもひろがる挫折感（共著）：北朝鮮大動乱　朝鮮日報『月刊朝鮮』編, 黄民基訳　講談社　1994.11　545p

姜 汶奎　カン, ムンキュ*
◇金大中先生の今後に望む—歴史の探究を忘れずに：金大中拉致事件の真相　金大中先生拉致事件の真相糾明を求める市民の会（韓国）編著, 大畑正姫訳　三一書房　1999.7　397p 図版14p

カーン, モーシン・S.
◇IMFプログラムのマクロ経済的効果：IMF改廃論争の論点　ローレンス・J.マッキラン, ピーター・C.モントゴメリー編, 森川公隆監訳　東洋経済新報社

2000.11　285p

韓愈　カン, ユ
◇韓昌黎詩集(久保天随訳解)：国訳漢文大成　第19巻　続文学部　第3輯 上　日本図書センター　2000.9　777p

姜侖希　カン, ユンヒ*
◇韓国政治史から見る国家と女性(趙胤修訳)：国際法・国際関係とジェンダー　植木俊哉, 土佐弘之編　東北大学出版会　2007.2　368p　(ジェンダー法・政策研究叢書 東北大学21世紀COEプログラム 第7巻　辻村みよ子監修)

韓理洲　カン, リシュウ*
◇『隋唐文化研究基礎資料庫』の学術的価値(土屋昌明訳)：長安都市文化と朝鮮・日本　矢野建一, 李浩編　汲古書院　2007.9　352, 5p

関立彤　カン, リットウ*
◇後方病院の思い出―佐藤康行氏 他：新中国に貢献した日本人たち―友情で綴る戦後史の一コマ　続 中国中日関係史学会編, 武吉次朗訳　日本僑報社　2005.11　520p

管子　カンシ
◇国訳管子(公田連太郎訳註)：国訳漢文大成　第2巻　経子史部　第1輯 下　日本図書センター　2000.9　p899-2201

ガーンジイ, P.
◇政治的理由：食の歴史　1　J-L.フランドラン, M.モンタナーリ編, 宮原信, 北代美和子監訳　藤原書店　2006.1　429p

カンズル, デイヴィド
◇さかさま世界―ヨーロッパにおける瓦版(ブロードシート)の一類型とその図像学(岩崎宗治訳)：さかさまの世界―芸術と社会における象徴的逆転　バーバラ・A.バブコック編, 岩崎宗治, 井上兼行訳　岩波書店　2000.11　310, 34p　(岩波モダンクラシックス)

神田秀樹　カンダ, ヒデキ
◇日本の金融ビッグバン(江口寛章訳)：日本金融システムの危機と変貌　星岳雄, ヒュー・パトリック編, 筒井義郎監訳　日本経済新聞社　2001.5　360p

ガンダーシェイマー, ワーナー・L.
◇ルネサンスのパトロン制度(成沢和子訳)：ルネサンスのパトロン制度　ガイ・フィッチ・ライトル, スティーヴン・オーゲル編著, 有路雍子, 成沢和子, 舟木茂人訳　松柏社　2000.7　570p

カーンナ, タルン
◇集中戦略はなぜ新興市場で機能しないのか(共著)：経営戦略論　Harvard Business Review編, Diamondハーバード・ビジネス・レビュー編集部訳　ダイヤモンド社　2001.1　268p

ガーンナム, ニコラス
◇メディアと公共圏(山本啓訳)：ハーバマスと公共圏　クレイグ・キャルホーン編, 山本啓, 新田滋訳　未来社　1999.9　348p　(ポイエーシス叢書 41)

カンピサノ, クリストファー・J.
◇補完ファンドによる投資スタイルの管理(共著)(大庭昭彦訳)：資産運用新時代の株式投資スタイル―投資家とファンドマネジャーを結ぶ投資哲学　T.ダニエル・コギン, フランク・J.ファボツィ編　野村総合研究所　1996.3　329p

ガンビーニ, ロベルト
◇後向きの挑戦(角野善宏訳)：ユングの13人の弟子が今考えていること―現代分析心理学の鍵を開く　アン・ケースメント編, 氏原寛監訳　ミネルヴァ書房　2001.3　336p

カンブール, R.
◇貧困をとらえる考え方の進化(共著)：開発経済学の潮流―将来の展望　G.M.マイヤー, J.E.スティグリッツ共編, 関本勘次, 近藤正規, 国際協力研究グループ訳　シュプリンガー・フェアラーク東京　2003.7　412p

カンブール, ラビ
◇国際公共財と援助の正当化(共著)(恩地一樹訳)：地球公共財―グローバル時代の新しい課題　インゲ・カール, イザベル・グルンベルグ, マーク・A.スターン編, FASID国際開発研究センター訳　日本経済新聞社　1999.11　326p

カンボス, ジェームズ
◇忘れられた祭典：魔女手帖　エリザベス・バレット他著, 鏡リュウジ監修　大和書房　2005.12　141p

カンマニ・カンダスワミ
◇自然保護区のなかで暮らす人びと(池谷和信監訳)：熱帯アジアの森の民―資源利用の環境人類学　池谷和信編　人文書院　2005.6　318p

カンリフ, ベリー
◇戦争の起源：コンフリクト　M.ジョーンズ, A.C.フェビアン共編, 大淵憲一, 熊谷智博共訳　培風館　2007.11　256p

【キ】

ギー, キャシー
◇地域社会での集中指導法―機能的な般化技能の形成モデル(共著)：自閉症, 発達障害者の社会参加をめざして―応用行動分析学からのアプローチ　R.ホーナー他著, 小林重雄, 加藤輝文監訳　二瓶社　1992.12　299p　(叢書・現代の心理学 3)

魏京生　ギ, キョウセイ
◇「安定がすべて」ではない：鄧小平後の中国―中国人専門家50人による多角的な分析　下巻　何頻編著, 現代中国事情研究会訳　三交社　1994.12　396p
◇チベット問題に関する鄧小平獄中書簡：中国民主活動家チベットを語る　曹長青編著, ペマ・ギャルポ監訳, 金谷譲訳　日中出版　1999.11　366p　(チベット選書)

魏宏運　ギ, コウウン*
◇晋冀魯予抗日根拠地における商業交易(1937-1945)(上田貴子訳)：中国の地域政権と日本の統治　姫田光義, 山田辰雄編　慶応義塾大学出版会　2006.6　381p　(日中戦争の国際共同研究 1)

魏克家　ギ, コクカ
◇量刑：中国刑法教科書―総論　何秉松主編, 長井円編訳　八千代出版　2002.5　22, 619, 26p
◇公共の安全を害する罪：中国刑法教科書―各論　何秉松主編, 長井円編訳　八千代出版　2003.6　19, 549, 34p

魏 修良　ギ, シュウリョウ*
◇母が縫ってくれた刺繍入り中敷：必読！今、中国が面白い—中国が解る60編　2007年版　而立会訳, 三潴正道監訳　日本僑報社　2007.8　240p

魏 常海　ギ, ジョウカイ*
◇日本文化論学派：戦後日本哲学思想概論　卞崇道編著, 本間史訳　農山漁村文化協会　1999.11　556, 11p

魏 徴　ギ, チョウ
◇隋書：新訂 魏志倭人伝・後漢書倭伝・宋書倭国伝・隋書倭国伝—中国正史日本伝　1　石原道博編訳　岩波書店　2003.4　167p　（岩波文庫）

ギエルミ, ルイ
◇イマヌエル・カントと批判哲学（井上庄七訳）：哲学と歴史—カントからマルクスへ　野田又夫監訳　新装版　白水社　1998.6　396, 31p　（西洋哲学の知 5　Francois Chatelet編）

キーオ, ドナルド
◇肩書きなしの自分が本当の私だ：思考は現実化する—私はこうして思考を現実化した　実践編　ナポレオン・ヒル財団日本リソーセス編・訳　騎虎書房　1997.3　231p

キーガン, ロバート
◇自己変革の心理学（共著）：リーダーシップに「心理学」を生かす　Diamondハーバード・ビジネス・レビュー編集部訳　ダイヤモンド社　2005.9　294p　（Harvard business review anthology）

菊池 裕子　キクチ, ヒロコ
◇英国における日本美術の発見（共著）（杉田雅子訳）：日英交流史—1600-2000　5　社会・文化　細谷千博, イアン・ニッシュ監修　都築忠七, ゴードン・ダニエルズ, 草光俊雄編　東京大学出版会　2001.8　398, 8p

鬼谷子　キコクシ
◇国訳鬼谷子（児島献吉郎訳註）：国訳漢文大成　第3巻　経子史部　第2輯 上　日本図書センター　2000.9　1152p

ギジンガー, シャン
◇離婚した父親が前の妻について述べる—価値の引き下げと対比（共著）（小池のり子訳）：女と離婚/男と離婚—ジェンダーの相違による別居・離婚・再婚の実態　サンドラ・S.ヴォルギー編著, 小池のり子, 村上弘子訳　家政教育社　1996.9　238p

木附 千晶　キズキ, チアキ
◇オウムの子どもたち：オウム真理教と人権—新宗教・文化ジャーナル『SYZYGY』特別号日本語版　SYZYGY特別号日本語版刊行委員会　2000.4　108p

キスリンガー, E.
◇オリエントのキリスト教徒：食の歴史　2　J-L.フランドラン, M.モンタナーリ編, 宮原信, 北代美和子監訳　藤原書店　2006.2　p434-835

北坂 真一　キタサカ, シンイチ
◇わが国の銀行貸出行動（共著）（本間哲訳）：日本金融システムの危機と変貌　星岳雄, ヒュー・パトリック編, 筒井義郎監訳　日本経済新聞社　2001.5　360p

ギーツィ, ティーハ・フォン
◇メタファーを戦略思考に生かす：戦略思考力を鍛える　Diamondハーバード・ビジネス・レビュー編集部訳　ダイヤモンド社　2006.7　262p　（Harvard business review anthology）

キーティング, マイケル
◇マイノリティ・ナショナリズムと国家—ヨーロッパの場合：マイノリティ・ナショナリズムの現在　マイケル・ワトソン編, 浦野起央, 荒井功訳　刀水書房　1995.11　346p　（人間科学叢書）
◇統治する都市と地域：グローバル・シティー・リージョンズ—グローバル都市地域への理論と政策　アレン・J.スコット編著, 坂本秀和訳　ダイヤモンド社　2004.2　365p

キーナスト, アニー
◇職場でのファシズムと労働組合：ナチズム下の女たち—第三帝国の日常生活　カール・シュッデコプフ編, 香川檀, 秦由紀子, 石井栄子訳　復刊　未来社　1998.7　354p

キーニンガー, エヴァ・マリア
◇大学教育におけるヨーロッパ契約法（半田吉信訳）：ヨーロッパ統一契約法への道　ユルゲン・バセドウ編, 半田吉信ほか訳　法律文化社　2004.6　388p

ギフィン, アンドリュー・F.
◇金融サービスの世界的再編成（共著）（西山均訳）：国際的リスク・マネジメントと保険　ハロルド・D.スキッパー, ジュニア編著, 武井勲監訳　生命保険文化研究所　1999.10　729p

ギブス, フィリップ
◇ロシアの飢饉（1921年十月）：歴史の目撃者　ジョン・ケアリー編, 仙名紀訳　朝日新聞社　1997.2　421p

ギブソン, トニー
◇リバタリアン犯罪学考—私家版：ギリシャ哲学におけるアナキズム—リバタリアン犯罪学考—私家版　『アナーキー』総目次—私家版　D.フェラリ著, トニー・ギブソン著, Colin Ward編　〔出版者不明〕　2005　1冊

ギブソン, マイケル
◇ビッグバンと日本のコーポレート・ガバナンス（内田浩史訳）：日本金融システムの危機と変貌　星岳雄, ヒュー・パトリック編, 筒井義郎監訳　日本経済新聞社　2001.5　360p

ギブニー, フランク
◇ジャーナリズムの五〇年、日本型とアメリカ型と（関元訳）：日米戦後関係史—パートナーシップ　1951-2001　入江昭, ロバート・A.ワンプラー編, 細谷千博, 有賀貞監訳　講談社インターナショナル　2001.9　389p

キプリング, ゴードン
◇チューダー朝パトロン制度の誕生（舟木茂子訳）：ルネサンスのパトロン制度　ガイ・フィッチ・ライトル, スティーヴン・オーゲル編著, 有路雍子, 成沢和子, 舟木茂子訳　松柏社　2000.7　570p

キプレ, P.
◇コートジボアールの沼沢地方からボルタ川まで（宮本正興, 古旦融子訳）：ユネスコ・アフリカの歴史　第4巻　一二世紀から一六世紀までのアフリカ　アフリカの歴史起草のためのユネスコ国際学術委員会編, 宮本正興責任編集　D.T.ニアヌ編　同朋舎出版

1992.9　2冊

ギベール, ベルナール
◇平等な経済的地位に向けて：グローバル化とジェンダー—「女の視点」「男の視点」を超えた政策を求めて「アジア・欧州対話：ジェンダーをめぐる課題」木更津会議（2001年）　デルフィン・コロメ, 目黒依子, 山本正編　日本国際交流センター　2002.5　198p

ギボンズ, トレーシー・C.
◇カリスマ的リーダーはいかに自分自身と部下を成長させるか！（共著）（鈴木恭子訳）：カリスマ的リーダーシップ―ベンチャーを志す人の必読書　ジェイ・A.コンガー, ラビンドラ・N.カヌンゴほか著, 片柳佐智子, 山村宜子, 松本博子, 鈴木恭子訳　流通科学大学出版　1999.12　381p

キミシス, エフィー
◇オペラント言語獲得パラダイムとその経験的支持（共著）：行動分析学からの発達アプローチ　シドニー・W.ビジュー, エミリオ・リベス編, 山口薫, 清水直治監訳　二瓶社　2001.7　253p

金 仁鎬　キム, インホ
◇古代東方文化の発展に寄与した民族固有の文字・神誌文字：朝鮮民族と国家の源流―神話と考古学　在日本朝鮮歴史考古学協会編訳　雄山閣出版　1995.7　270p　（考古学選書）

キム, ウォン・ペ
◇都市地域再び：グローバル・シティー・リージョンズ―グローバル都市地域への理論と政策　アレン・J.スコット編著, 坂本秀和訳　ダイヤモンド社　2004.2　365p

金 恩廷　キム, ウンジョン*
◇正常さに挑戦する女性たち：韓国女性人権運動史　韓国女性ホットライン連合編, 山下英愛訳　明石書店　2004.7　653p　（世界人権問題叢書 51）

金 恩実　キム, ウンシル*
◇「冬ソナ」の視聴を通して日本女性たちが発見した文化的な差異（李南錦訳）：F-GENSジャーナル―Frontiers of Gender Studies　no.5（報告篇）　F-GENSジャーナル編集委員会編　お茶の水女子大学21世紀COEプログラムジェンダー研究のフロンティア　2006.3　269p

キム, エレーン・H.
◇ハイブリッドと母国（岡田泰平訳）：文化アイデンティティの行方―一橋大学言語社会研究科国際シンポジウムの記録　恒川邦夫ほか編著　彩流社　2004.2　456p

金 貴玉　キム, ギオク*
◇朝鮮戦争と女性（趙慶喜訳）：沖縄の占領と日本の復興―植民地主義はいかに継続したか　中野敏男, 波平恒男, 屋嘉比収, 李孝徳編著　青弓社　2006.12　366p

金 基承　キム, ギスン
◇南北協商運動と統一運動の開始：朝鮮民族解放運動の歴史―平和的統一への模索　姜万吉編著, 太田修, 庵逧由香訳　法政大学出版局　2005.4　369, 29p　（韓国の学術と文化 21）

金 教京　キム, キョギョン
◇平壌一帯の檀君・古朝鮮関係遺跡に対する年代測定結果：朝鮮民族と国家の源流―神話と考古学　在日本朝鮮歴史考古学協会編訳　雄山閣出版　1995.7　270p　（考古学選書）

金 教誠　キム, キョソン
◇韓国の年金改革（共著）（相馬直子訳）：年金改革の比較政治学―経路依存性と非難回避　新川敏光, ジュリアーノ・ボノーリ編著, 新川敏光監訳　ミネルヴァ書房　2004.10　341p　（ガヴァナンス叢書 第1巻）

金 京姫　キム, キョンヒ
◇女性運動（川村祥生, 朴仁京訳）：現代韓国の市民社会・利益団体―日韓比較による体制移行の研究　辻中豊, 廉載鎬編著　木鐸社　2004.4　490p　（現代世界の市民社会・利益団体研究叢書 2　辻中豊編）

金 光玉　キム, クァンオク*
◇学生はよく働く：北朝鮮―その衝撃の実像　朝鮮日報『月刊朝鮮』編, 黄民基訳　新訂　講談社　1994.10　549p

金 光叫　キム, クァンギュ*
◇出身成分が将来を決める：北朝鮮―その衝撃の実像　朝鮮日報『月刊朝鮮』編, 黄民基訳　新訂　講談社　1994.10　549p

キム, クァン・チョン
◇コリア系移民の教会（共著）：ディアスポラとしてのコリアン―北米・東アジア・中央アジア　高全恵星監修, 柏崎千佳子監訳　新幹社　2007.10　578p

金 光互　キム, クァンホ*
◇「よく働けば新しい本をやる」：北朝鮮―その衝撃の実像　朝鮮日報『月刊朝鮮』編, 黄民基訳　新訂　講談社　1994.10　549p

キム, ゲルマン・N.
◇カザフスタンにおけるコリアン運動 他（共著）：ディアスポラとしてのコリアン―北米・東アジア・中央アジア　高全恵星監修, 柏崎千佳子訳　新幹社　2007.10　578p

キム, ジウン
◇「朴正煕逆徒が銃弾を受けて死んだ」：北朝鮮―その衝撃の実像　朝鮮日報『月刊朝鮮』編, 黄民基訳　新訂　講談社　1994.10　549p

金 柱澈　キム, ジュチョル*
◇労働党哀史 労働党エリートたちはどのように消えたか：金正日その衝撃の実像　朝鮮日報『月刊朝鮮』編, 黄民基訳　講談社　1994.11　568p

金 俊享　キム, ジュニョン
◇晋州地域における衡平運動の歴史的背景：朝鮮の「身分」解放運動　民族教育文化センター訳, 衡平運動70周年記念事業会編　部落解放研究所　1994.7　223p

金 俊基　キム, ジュンギ
◇神母神話の文学的変容：民俗研究―神話・伝承　島根県古代文化センター監訳　島根県古代文化センター　2004.3　106p

金 仲変　キム, ジュンソプ
◇衡平運動の指向と戦略：朝鮮の「身分」解放運動　民族教育文化センター訳, 衡平運動70周年記念事業会編　部落解放研究所　1994.7　223p

金 鍾赫　キム, ジョンヒョク
◇新しく発掘された龍山里殉葬墓：朝鮮民族と国家の

キム

源流―神話と考古学　在日本朝鮮歴史考古学協会編訳　雄山閣出版　1995.7　270p　（考古学選書）

キム, シン
◇コリア系移民の教会(共著)：ディアスポラとしてのコリアン―北米・東アジア・中央アジア　高全恵星監修, 柏崎千佳子監訳　新幹社　2007.10　578p

金 秀幸　キム, スヘン
◇政府には「統制経済」が, 人民には「暗市場」がある：北朝鮮大動乱　朝鮮日報『月刊朝鮮』編, 黄民基訳　講談社　1994.11　545p
◇元対南工作員が見た韓国社会：金正日その衝撃の実像　朝鮮日報『月刊朝鮮』編, 黄民基訳　講談社　1994.11　545p
◇駐北京北朝鮮大使館の密入北アジト―元対南工作員が見た韓国社会：金正日, したたかで危険な実像　朝鮮日報『月刊朝鮮』編著, 黄珉基訳　講談社　1997.12　301p　（講談社+α文庫）

金 承台　キム, スンテ*
◇堤岩里教会事件と西欧人の反応 他：三・一独立運動と堤岩里教会事件　韓国基督教歴史研究所編著, 信長正義訳　神戸学生青年センター出版部　1998.5　252p

金 錫亨　キム, ソクヒョン
◇檀君朝鮮史を体系化するうえで提起される幾つかの問題：朝鮮民族と国家の源流―神話と考古学　在日本朝鮮歴史考古学協会編訳　雄山閣出版　1995.7　270p　（考古学選書）

金 善日　キム, ソンイル
◇物資不足による構造的犯罪環境：北朝鮮―その衝撃の実像　朝鮮日報『月刊朝鮮』編, 黄民基訳　新訂　講談社　1994.10　549p

キム, ソンウク
◇法女性学の新たな方向(安藤純子訳)：ジェンダー法学・政治学の可能性―東北大学COE国際シンポジウム・日本学術会議シンポジウム　辻村みよ子, 山元一編　東北大学出版会　2005.4　332p　（ジェンダー法・政策研究叢書 東北大学21世紀COEプログラム 第3巻　辻村みよ子監修）

金 成礼　キム, ソンレ*
◇大虐殺の後で(藤枝真訳)：戦後思想のポリティクス　大越愛子, 井桁碧編著　青弓社　2005.11　300p　（戦後・暴力・ジェンダー 1）

金 昌秀　キム, チャンス*
◇平和・軍縮問題研究の現状(琴玲夏訳)：韓国社会論争―最新ガイド　月刊『社会評論』(韓国)編集部編, 文京洙ほか監訳　社会評論社　1992.10　299p

金 昌南　キム, チャンナム*
◇大衆文化(朴恒488訳)：韓国社会論争―最新ガイド　月刊『社会評論』(韓国)編集部編, 文京洙ほか監訳　社会評論社　1992.10　299p

金 蒼浩　キム, チャンホ*
◇マルクス主義研究の動向(呉輝邦訳)：韓国社会論争―最新ガイド　月刊『社会評論』(韓国)編集部編, 文京洙ほか監訳　社会評論社　1992.10　299p

金 哲　キム, チョル
◇脱北そして保衛部のスパイへ：どん底の北朝鮮―二〇〇四年ついにここまできてしまった！　趙甲済編, 中根悳訳　ビジネス社　2004.1　230p

金 真英　キム, チンヨン*
◇韓国企業の顧客関係管理(CRM)システムの運営および活用実態(共著)(宣憲洋訳)：日韓経済および企業経営の諸問題　桃山学院大学総合研究所編　桃山学院大学総合研究所　2004.10　275p　（桃山学院大学・啓明大学校国際学術セミナー 7）

金 泰虎　キム, テイホウ　《Kim, Taeho》
◇中国にとっての戦争の代価：中国が戦争を始める―その代価をめぐって　米陸軍大学戦略研究所編, 冨山泰, 渡辺孝訳　恒文社21　2002.6　253p

金 大中　キム, デジュン
◇文化ではなく, 民主主義こそ宿命である―リー・クアンユーへの反論：アジア成功への課題―『フォーリン・アフェアーズ』アンソロジー　P.クルーグマンほか著, 竹下興喜監訳　中央公論社　1995.3　266p
◇金大中氏の証言―玄界灘であった神：金大中拉致事件の真相　金大中先生拉致事件の真相糾明を求める市民の会(韓国)編著, 大畑正姫訳　三一書房　1999.7　397p 図版14p

金 台善　キム, テソン
◇ビルマの密林で死線をさまよい：証言―強制連行された朝鮮人軍慰安婦たち　韓国挺身隊問題対策協議会・挺身隊研究会編, 従軍慰安婦問題ウリヨソンネットワーク訳　明石書店　1993.10　345p

金 度憲　キム, ドギョン*
◇韓半島南部地方の先史時代農耕(金憲セキ訳)：縄文時代から弥生時代へ　西本豊弘編　雄山閣　2007.5　185p　（新弥生時代のはじまり 第2巻）

金 徳鎮　キム, ドクジン
◇韓国政府にも訴えたい：証言―強制連行された朝鮮人軍慰安婦たち　韓国挺身隊問題対策協議会・挺身隊研究会編, 従軍慰安婦問題ウリヨソンネットワーク訳　明石書店　1993.10　345p

金 東珍　キム, ドンチュン*
◇社会構成体論争(孫明修訳)：韓国社会論争―最新ガイド　月刊『社会評論』(韓国)編集部編, 文京洙ほか監訳　社会評論社　1992.10　299p

金 東鉉　キム, ドンヒョン*
◇人民の考えが急変している：北朝鮮―その衝撃の実像　朝鮮日報『月刊朝鮮』編, 黄民基訳　新訂　講談社　1994.10　549p
◇指揮体系さえ断てば北朝鮮群は瓦解する 他：北朝鮮大動乱　朝鮮日報『月刊朝鮮』編, 黄民基訳　講談社　1994.11　545p
◇中国が金正日：金正日その衝撃の実像　朝鮮日報『月刊朝鮮』編, 黄民基訳　講談社　1994.11　568p

金 南俊　キム, ナムジュン
◇流刑地のような独裁対象区域：北朝鮮―その衝撃の実像　朝鮮日報『月刊朝鮮』編, 黄民基訳　新訂　講談社　1994.10　549p

金 学順　キム, ハクスン
◇意を決して証言の口火を：証言―強制連行された朝鮮人軍慰安婦たち　韓国挺身隊問題対策協議会・挺身隊研究会編, 従軍慰安婦問題ウリヨソンネットワーク訳　明石書店　1993.10　345p

金 学俊　キム, ハクチュン　《Kim, Hak Joon》
◇金日成・金正日をどのように見るか：金正日その衝撃

の実像　朝鮮日報『月刊朝鮮』編、黄民基訳　講談社　1994.11　568p

金 瀅基　キム、ヒュンキ　《Kim, Hyung-Ki》
◇序章 他（共著）：東アジアの経済発展と政府の役割——比較制度分析アプローチ　青木昌彦、金瀅基、奥野正寛編、白鳥正喜監訳　日本経済新聞社　1997.11　465p

金 平一　キム、ピョンイル
◇鴨緑江警備隊は賄賂軍隊：どん底の北朝鮮——二〇〇四年ついにここまできてしまった！　趙甲済編、中根悠訳　ビジネス社　2004.1　230p

金 炯旭　キム、ヒョンウク*
◇金大中拉致事件と韓国中央情報部（KCIA）——『金炯旭回顧録』から：金大中拉致事件の真相　金大中先生拉致事件の真相糾明を求める市民の会（韓国）編著、大畑正姫訳　三一書房　1999.7　397p 図版14p

金 炯基　キム、ヒョンギ*
◇労働問題（咸勝主訳）：韓国社会論争——最新ガイド　月刊『社会評論』（韓国）編集部編、文京洙ほか監訳　社会評論社　1992.10　299p

金 秉俊　キム、ピョンジュン*
◇地方自治の現況と未来（郭辰雄訳）：韓国社会論争——最新ガイド　月刊『社会評論』（韓国）編集部編、文京洙ほか監訳　社会評論社　1992.10　299p

キム、ヒョンスク（フェミニズム）
◇北朝鮮文学に現れた女性登場人物形象化の意味：韓国フェミニズムの潮流　チャン・ピルファ、クォン・インスク、キム・ヒョンスク、イ・サンファ、シン・オクヒ、シン・イルリョン、ユン・フジョン著、西村裕美編訳　明石書店　2006.4　336p（明石ライブラリー 95）

金 賢淑　キム、ヒョンスク（歴史）
◇高句麗の国家形成とアイデンティティ（一宮啓祥訳）：東アジア古代国家論——プロセス・モデル・アイデンティティ　田中良之、川本芳昭編　すいれん舎　2006.4　385p

金 炳龍　キム、ピョンリョン
◇古朝鮮の中心地とその領域：朝鮮民族と国家の源流——神話と考古学　在日本朝鮮歴史考古学協会編訳　雄山閣出版　1995.7　270p（考古学選書）

金 鵬煥　キム、プンファン
◇江東と成川一帯に分布している檀君・古朝鮮関係の地名：朝鮮民族と国家の源流——神話と考古学　在日本朝鮮歴史考古学協会編訳　雄山閣出版　1995.7　270p（考古学選書）

金 恵敬　キム、ヘギョン*
◇女性問題（金英То訳）：韓国社会論争——最新ガイド　月刊『社会評論』（韓国）編集部編、文京洙ほか監訳　社会評論社　1992.10　299p

金 万鉄　キム、マンチョル
◇給料の大半は食糧として消える：北朝鮮——その衝撃の実像　朝鮮日報『月刊朝鮮』編、黄民基訳　新訂　講談社　1994.10　549p

金 万欽　キム、マンフム*
◇地域葛藤問題（慎健富訳）：韓国社会論争——最新ガイド　月刊『社会評論』（韓国）編集部編、文京洙ほか監

訳　社会評論社　1992.10　299p

金 美淑　キム、ミスク*
◇韓国人とアメリカ白人児童の表現スキルに見られる文化と学年による差異：比較教育学——伝統・挑戦・新しいパラダイムを求めて　マーク・ブレイ編著、馬越徹、大塚豊監訳　東信堂　2005.12　361p

金 明仁　キム、ミョンイン*
◇文学・芸術の現状（朴在哲訳）：韓国社会論争——最新ガイド　月刊『社会評論』（韓国）編集部編、文京洙ほか監訳　社会評論社　1992.10　299p

金 明九　キム、ミョング
◇民族解放運動の発展と流れ：朝鮮民族解放運動の歴史——平和的統一への模索　姜万吉編著、太田修、庵逧由香訳　法政大学出版局　2005.4　369, 29p（韓国の学術と文化 21）

金 明哲　キム、ミョンチョル
◇抱腹絶倒！金王朝貴族たちの変態生活：北朝鮮大動乱　朝鮮日報『月刊朝鮮』編、黄民基訳　講談社　1994.11　545p
◇元護衛総局警護員の手記：金正日その衝撃の実像　朝鮮日報『月刊朝鮮』編、黄民基訳　講談社　1994.11　568p
◇金日成・金正日の知られざる素顔——元護衛総局警護員の手記：金正日、したたかで危険な実像　朝鮮日報『月刊朝鮮』編著、黄民基訳　講談社　1997.12　301p（講談社+α文庫）

金 裕澈　キム、ユチョル
◇古朝鮮の経済制度：朝鮮民族と国家の源流——神話と考古学　在日本朝鮮歴史考古学協会編訳　雄山閣出版　1995.7　270p（考古学選書）

金 胤橋　キム、ユンキョ
◇古代文字と訓民正音にみえる共通性：朝鮮民族と国家の源流——神話と考古学　在日本朝鮮歴史考古学協会編訳　雄山閣出版　1995.7　270p（考古学選書）

金 潤子　キム、ユンジャ*
◇社会主義経済論（金泰明訳）：韓国社会論争——最新ガイド　月刊『社会評論』（韓国）編集部編、文京洙ほか監訳　社会評論社　1992.10　299p

金 演光　キム、ヨンガン
◇鼻をつながれた牛のように死地に引かれていく（共著）：北朝鮮大動乱　朝鮮日報『月刊朝鮮』編、黄民基訳　講談社　1994.11　545p
◇金日成の葬儀に参列したある在日朝鮮人の証言 他：金正日その衝撃の実像　朝鮮日報『月刊朝鮮』編、黄民基訳　講談社　1994.11　568p

金 容三　キム、ヨンサム
◇最初の脱北保衛部員：どん底の北朝鮮——二〇〇四年ついにここまできてしまった！　趙甲済編、中根悠訳　ビジネス社　2004.1　230p

金 栄搢　キム、ヨンジン
◇発掘された古朝鮮初期の陶器：朝鮮民族と国家の源流——神話と考古学　在日本朝鮮歴史考古学協会編訳　雄山閣出版　1995.7　270p（考古学選書）

金 永秀　キム、ヨンス
◇私一人では死なない：北朝鮮大動乱　朝鮮日報『月刊朝鮮』編、黄民基訳　講談社　1994.11　545p

金 英秀　キム，ヨンス
◇主要論文・著作から見た金正日路線の本質：金正日その衝撃の実像　朝鮮日報『月刊朝鮮』編，黄民基訳　講談社　1994.11　568p
◇「金正日イメージ」のつくり方―主要論文・著作から見た金正日：金正日，したたかで危険な実像　朝鮮日報『月刊朝鮮』編著，黄民基訳　講談社　1997.12　301p　（講談社＋α文庫）

金 永大　キム，ヨンデ
◇「白丁」は人間ではないのか 末裔がみた衡平運動：朝鮮の「身分」解放運動　民族教育文化センター訳，衡平運動70周年記念事業会編　部落解放研究所　1994.7　223p

キム，ヨンボム
◇韓国福祉国会の類型化に関する批判的検討 他：韓国福祉国家性格論争　金淵明編，韓国社会保障研究会訳　流通経済大学出版会　2006.1　433p

金 淵明　キム，ヨンミョン
◇韓国の年金改革（共著）（相馬直子訳）：年金改革の比較政治学―経路依存性と非難回避　新川敏光，ジュリアーノ・ボノーリ編著，新川敏光監訳　ミネルヴァ書房　2004.10　341p　（ガヴァナンス叢書 第1巻）
◇「国家福祉強化論」批判に対する再批判と争点 他：韓国福祉国家性格論争　金淵明編，韓国社会保障研究会訳　流通経済大学出版会　2006.1　433p

金 容文　キム，ヨンムーン＊　〈Kim, Yong-Moon〉
◇韓国：21世紀の国立図書館―国際シンポジウム記録集　国立国会図書館訳・編　日本図書館協会　1997.10　8, 214p

木村 汎　キムラ，ヒロシ
◇国境問題 東アジアから見て（共著）：ロシアの総合的安全保障環境に関する研究―東アジア地域における諸問題　総合研究開発機構　2000.3　225p　（NIRA研究報告書）

キメッツァ，ロバート
◇ジンバブエにおいて社会正義を求める障害のある人々（共著）（中川千恵訳）：障害、人権と教育　レン・バートン，フェリシティ・アームストロング編，嶺井正也監訳　明石書店　2003.5　442p　（明石ライブラリー 51）

ギャグノン，ブルース・K.
◇宇宙を平和に：ミサイル防衛―大いなる幻想 東西の専門家20人が批判する　デービッド・クリーガー，カラー・オン編，梅林宏道，黒崎輝訳　高文研　2002.11　155p

キャシディー，ナンシー
◇愛情面での月の要素：アメリカ占星学教科書 第7巻 愛情占星学　ジョーン・マクエバーズ編，青木良仁訳，アレクサンドリア木星王監修・製作　魔女の家books　1998.2　272p

キャスカート，ジム
◇確実な成功をもたらす二つのキーワード：セルフヘルプ―なぜ、私は困難を乗り越えられたのか 世界のビッグネーム自らの47の証言　ケン・シェルトン編著，堀紘一監訳　フロンティア出版　1998.7　301p

キャズナヴ，フィリップ
◇序 他：高等教育における評価と意思決定過程―フランス、スペイン、ドイツの経験　OECD編，服部憲児訳　広島大学大学教育研究センター　1997.2　151p　（高等教育研究叢書 43）

キャスパー，クリスチャン・G.
◇シスコシステムズ：製造のための買収統合（共著）：技術とイノベーションの戦略的マネジメント 下　ロバート・A.バーゲルマン，クレイトン・M.クリステンセン，スティーヴン・C.ウィールライト編著，青島矢一，黒田光太郎，志賀敏宏，田辺孝二，出川通，和賀三和子日本語版監修，岡真由美，斉藤裕一，桜井祐子，中川泉，山本章子訳　翔泳社　2007.7　595p

キャスパリ，ヴォルカー
◇自己利子率と、それが不完全雇用均衡点の存在に対してもつ意味（共著）：一般理論―第二版―もしケインズが今日生きていたら　G.C.ハーコート，P.A.リーアック編，小山庄三訳　多賀出版　2005.6　922p

キャセル，ケイ・アン
◇図書館界での女性の権利を求める闘い：アメリカ図書館界と積極的活動主義―1962-1973年　メアリー・リー・バンディ，フレデリック・J.スティロー編著，川崎良孝，森田千幸，村上加代子訳　京都大学図書館情報学研究会　2005.6　279p

キャッシュ，デビッド・P.
◇学習曲線（共著）：ロビンスカップの魔術師たち―トレードコンテストのチャンピオンが語るトレーディングの極意　チャック・フランク，パトリシア・クリサフリ編，古河みつる訳　パンローリング　2006.5　273p　（ウィザードブックシリーズ v.102）

キャッスルズ，フランシス
◇経済的不平等と民主主義―理論と知見に関する研究展望（橋野知子訳）：所得不平等の政治経済学　南亮進，クワン・S.キム，マルコム・ファルカス編，牧野文夫，橋野篤，橋野知子訳　東洋経済新報社　2000.11　278p

キャッスルズ，フランシス・G.
◇ニードにもとづく社会保護の戦略―オーストラリアとニュージーランド（門林道子訳）：転換期の福祉国家―グローバル経済下の適応戦略　G.エスピン-アンデルセン編，埋橋孝文監訳　早稲田大学出版部　2003.12　351p

キャッデル，デイヴィッド
◇継父であることに適応する―結婚歴の影響及び子供とのかかわり方（共著）（小池のり子訳）：女と離婚／男と離婚―ジェンダーの相違による別居・離婚・再婚の実態　サンドラ・S.ヴォルギー編著，小池のり子，村上弘子訳　家政教育社　1996.9　238p

キャノン，アン
◇創造的幻想としての転移：ユング派の分析技法―転移と逆転移をめぐって　マイケル・フォーダム，ローズマリー・ゴードン，ジュディス・ハバック，ケネス・ランバート共編，氏原寛，李敏子共訳　培風館　1992.7　290p　（分析心理学シリーズ 2）

キャバンヌ，ヴィヴィアンヌ
◇近代化の過程：フランスの博物館と図書館　M.ブラン＝モンマイユール他著，松本栄寿，小浜清子訳　玉川大学出版部　2003.6　198p

キャプゴン・サキャ・ティチェン・リンポチェ
◇四つの執着からの解脱:チベット仏教の神髄 チベット・ハウス編,小林秀英訳 日中出版 2002.3 427p

キャプジェ・カルー・リンポチェ
◇瞑想による安らぎと悟り:チベット仏教の神髄 チベット・ハウス編,小林秀英訳 日中出版 2002.3 427p

キャプジェ・ディンゴ・ケンツェ・リンポチェ
◇覚者の心の宝:チベット仏教の神髄 チベット・ハウス編,小林秀英訳 日中出版 2002.3 427p

キャプジェ・ヨンズィンリン・リンポチェ
◇四種の観法:チベット仏教の神髄 チベット・ハウス編,小林秀英訳 日中出版 2002.3 427p

キャブレラ,ジェームズ
◇自分のキャリア設計に責任をもつ(共著):セルフヘルプ—なぜ、私は困難を乗り越えられるのか 世界のビッグネーム自らの47の証言 ケン・シェルトン編著,堀紘一監訳 フロンティア出版 1998.7 301p

キャメラー,コリン・F.
◇戦略的学習と戦略的教育(共著):ウォートンスクールの意思決定論 ステファン・J.ホッチ,ハワード・C.クンリューサー編,小林陽太郎監訳,黒田康史,大塚達也訳 東洋経済新報社 2006.8 374p (Best solution)

ギャラット,ディーン
◇経済政策と公共選択の分析(共著)(斎藤明子訳):経済政策の公共選択分析 アレック・クリスタル,ルパート・ペナンリー編,黒川和美監訳 勁草書房 2002.7 224p

キャラハン,D.
◇倫理と人口制限(平石隆敏訳):環境の倫理 下 K.S.シュレーダー・フレチェット編,京都生命倫理研究会訳 晃洋書房 1993.11 683p

ギャラン,ニコラス
◇フランスにおける教育機会と平等についての多義的見解(共著)(中川千夏訳):障害、人権と教育 レン・バートン,フェリシティ・アームストロング編,嶺井正也監訳 明石書店 2003.5 442p (明石ライブラリー 51)

キャリコット,J.ベアード
◇ブラック・エルク:環境の思想家たち 上(古代—近代編) ジョイ・A.パルマー編,須藤自由児訳 みすず書房 2004.9 309p (エコロジーの思想)
◇アルド・レオポルド:環境の思想家たち 下(現代編) ジョイ・A.パルマー編,須藤自由児訳 みすず書房 2004.11 320p (エコロジーの思想)

ギャレット,エドマンド
◇ポール・クリューガー 他(林晃史訳):インタヴュース 1 クリストファー・シルヴェスター編,新庄哲夫ほか訳 文芸春秋 1998.11 462p

ギャレット,ローリー
◇感染症という名の新たな脅威:新脅威時代の「安全保障」—『フォーリン・アフェアーズ』アンソロジー ジョゼフ・S.ナイほか著,竹下興喜監訳 中央公論社 1996.9 255p

ギャロウェイ,チェスター・O.
◇キリスト教教育の歴史的発展 他:キリスト教教育の探求 サナー,ハーパー編,千代崎秀雄ほか共訳 福音文書刊行会 1982.4 785p

キヤーロスタミ,アッバース
◇私の映画の味:イラン人は神の国イランをどう考えているか レイラ・アーザム・ザンギャネ編,白須英子訳 草思社 2007.2 231p

キャロール
◇デブラとのインタビュー:セックス・ワーク—性産業に携わる女性たちの声 フレデリック・デラコステ,プリシラ・アレキサンダー編 パンドラ 1993.11 426, 26p

キャロル,R. P.
◇預言と社会(小津薫訳):古代イスラエルの世界—社会学・人類学・政治学からの展望 R.E.クレメンツ編,木田献一,月本昭男監訳 リトン 2002.11 654p

キャロル,ポール
◇マイクロソフトの内幕:インターネットのおかげで、ビル・ゲイツが進路を変えざるを得なかったという裏話:技術とイノベーションの戦略的マネジメント 上 ロバート・A.バーゲルマン,クレイトン・M.クリステンセン,スティーヴン・C.ウィールライト編著,青島矢一,黒田光太郎,志賀敏宏,田辺孝二,出川通,和賀三和子日本語版監修,岡真由美,斉藤裕一,桜井祐子,中川泉,山本章子訳 翔泳社 2007.7 735p

キャロル,ユージン,Jr.
◇なぜ憂慮するのか:ミサイル防衛—大いなる幻想 東西の専門家20人が批判する デービッド・クリーガー,カラー・オン編,梅林宏道,黒崎輝訳 高文研 2002.11 155p

キャントウェル,デニス・M.
◇公開企業の資金調達における証券化の活用方法:クライスラー・ファイナンシャル・コーポレーションの場合(前田和彦訳):証券化の基礎と応用 L.T.ケンドール,M.J.フィッシュマン編,前田和彦,小池圭吾訳 東洋経済新報社 2000.2 220p

キャンベル,アンドリュー
◇ペアレンティング:多角化企業の事業戦略 他(共著):経営戦略論 Harvard Business Review編,Diamondハーバード・ビジネス・レビュー編集部訳 ダイヤモンド社 2001.1 155p

キャンベル,ギャヴィン・J.
◇「南部淑女」、それとも「ふしだら女」?(鳥居祐介訳):アメリカ研究の理論と実践—多民族社会における文化のポリティクス 佐々木隆監修,和泉真澄,趙無名編著 世界思想社 2007.3 260p

キャンペン,ジェームズ・T.
◇銀行と地域社会,公共政策(原田善教訳):アメリカ金融システムの転換—21世紀に公正と効率を求めて ディムスキ,エプシュタイン,ポーリン編,原田善教監訳 日本経済評論社 2001.8 445p (ポスト・ケインジアン叢書 30)
◇銀行と地域社会,公共政策(原田善教訳):アメリカ金融システムの転換—21世紀に公正と効率を求めて ディムスキ,エプシュタイン,ポーリン編,原田善教監訳 日本経済評論社 2005.4 445p (ポスト・ケインジアン叢書 30)

キュウ

丘 剛　キュウ, ゴウ*
◇開封宋城考古述略(翻訳)：宋代開封の研究　久保田和男著　汲古書院　2007.2　395, 20p　(汲古叢書70)

丘 宏達　キュウ, コウタツ　《Chiu, Hungdah》
◇大陸の対台湾政策と統一への見通し：国家の分裂と国家の統一――中国、朝鮮、ドイツ、ベトナムの研究　趙全勝編著, 朱継征監訳, 佐佐木そのみ訳　旬報社　1998.1　276p

邱 興隆　キュウ, コウリュウ*
◇死刑の道徳的属性：東アジアの死刑廃止論考　鈴木敬夫編訳　成文堂　2007.2　261p　(アジア法叢書26)

宮 薇　キュウ, ビ
◇日本に対する感想：中国人の見た日本――留学経験者の視点から　段躍中編, 朱建栄ほか著, 田縁美幸ほか訳　日本僑報社　2000.7　240p

キュキュザ, トーマス・G.
◇ABCを経営に生かす法(共著)：業績評価マネジメント　Harvard Business Review編, Diamondハーバード・ビジネス・レビュー編集部訳　ダイヤモンド社　2001.9　258p

ギュット, ポール
◇ムスティク砂ばくへいく(塚原亮一訳)：川原泉の本棚 2 おすすめ本アンソロジー&ブックガイド　川原泉選・イラスト　白泉社　2004.2　263p

キュピク, アンヌ
◇図書館と公衆との関係：フランスの博物館と図書館　M.ブラン＝モンマイユール他著, 松本栄寿, 小浜清子訳　玉川大学出版部　2003.6　198p

キュピラス, ジョン
◇歌のパフォーマンスで成功した二人の弁護士(共著)：思考は現実化する――私はこうして思考を現実化した 実践編　ナポレオン・ヒル財団日本リソーセス編・訳　騎虎書房　1997.3　231p

キュペルス, ルネ
◇共通性のなかの差異(安井宏樹訳)：グローバル化と政治のイノベーション――「公正」の再構築をめざしての対話　高木郁朗, 住沢博紀, T.マイヤー編著　ミネルヴァ書房　2003.4　330p　(Minerva人文・社会科学叢書81)
◇なぜオランダは"no"と投票したのか(高安健将訳)：21世紀社会民主主義　第8集　生活経済政策研究所　2006.1　187p　(生活研ブックス24)

キュモン, フランツ
◇ローマ人の葬礼のシンボリズムに関する調査研究(永沢峻訳)：死と来世の神話学　永沢峻編　言叢社　2007.2　350p

キュリロス(エルサレムの)
◇洗礼志願者のための秘義教話：中世思想原典集成 2 盛期ギリシア教父　上智大学中世思想研究所編訳・監修　平凡社　1992.9　687p

キュング, チュング・ヒュン
◇来たれ聖霊よ、被造物をすべて新たにされたし：聖霊は女性ではないのか――フェミニスト神学試論　E.モルトマン＝ヴェンデル編, 内藤道雄訳　新教出版社　1996.11　281p　(21世紀キリスト教選書11)

キュンケル, フリッツ
◇教育者の教育(松尾恭代訳)：子どものための教育――徹底的改革者同盟教育研究大会(1932年)報告『子どもの苦難と教育』より　船尾日出志監修, 久野弘幸編訳　学文社　2004.3　254, 4p

ギュンター, R.
◇ローマ共和政末期における精神的対決の証言としての前兆と予兆(坂口明訳)：躍動する古代ローマ世界――支配と解放運動をめぐって　土井正興先生追悼論文集　倉橋良伸ほか編　理想社　2002.6　409p

ギュンター, ハンス - ルートヴィヒ
◇犯罪構成要件の発生(日高義博, 森住信人, 岡田好史訳)：刑事法の諸問題 6　専修大学法学研究所編　専修大学法学研究所　2003.3　136, 104, 13p　(専修大学法学研究所紀要28)

キューンハルト, ルートガー
◇西欧の憲法理解に対する南側のオールターナティブをめぐって(重松博之, 高橋洋城訳)：法の理論 15　ホセ・ヨンパルト, 三島淑臣編　成文堂　1995.12　252p

キュンメル, ユリアーネ
◇中世後期における手工業者の平日と祭日：ドイツ中世の日常生活――騎士・農民・都市民　コルト・メクゼーバー, エリーザベト・シュラウト共編, 赤阪俊一, 佐藤専次共訳　刀水書房　1995.6　205p　(刀水歴史全書35)

許 慧琦　キョ, ケイキ*
◇『婦女雑誌』からみる自由離婚の思想とその実践(陳姃湲訳)：『婦女雑誌』からみる近代中国女性　村田雄二郎編著　研文出版　2005.2　408p

許 行　キョ, コウ
◇序文：人間・周恩来――紅朝宰相の真実　金鐘編, 松田州二訳　原書房　2007.8　370p

許 宏　キョ, コウ*
◇二里頭遺跡から見た華夏初期国家の特質(徳留大輔訳)：東アジア古代国家論――プロセス・モデル・アイデンティティ　田中良之, 川本芳昭編　すいれん舎　2006.4　385p

許 興凱　キョ, コウガイ*
◇東三省に於ける日本の文化侵略(松浦珪三訳)：「満洲・満洲国」教育資料集成　第23巻　抗日教育　槻木瑞生解説　エムティ出版　1993.5　506p　(「満洲国」教育資料集成 3期)

許 滌新　キョ, ジョウシン
◇陜甘寧邊區及び敵後抗日根據地の財政経済：20世紀日本のアジア関係重要研究資料 1　東亜研究所刊行物　東亜研究所編著　竜渓書舎　1999.12　16冊(セット)

許 成磊　キョ, セイライ*
◇中国に固有な死刑制度への批判(共著)：東アジアの死刑廃止論考　鈴木敬夫編訳　成文堂　2007.2　261p　(アジア法叢書26)

許 宗力　キョ, ソウリキ*
◇台湾における憲法裁判(宮地基訳)：憲法裁判の国際的発展――日独共同研究シンポジウム　ドイツ憲法判例研究会編　信山社出版　2004.2　385, 12p

許 忠民 キョ, チュウミン*
◇どこで行き違ってしまったのだろう：大人の恋の真相 2 司徒玟編, 佐藤嘉江子訳 はまの出版 1999.3 270p

龔 永泉 キョウ, エイセン*
◇「ブログ訴訟第一号」南京で開廷（共著）：必読！今、中国が面白い―中国が解る60編 2007年版 而立会訳, 三潴正道監訳 日本僑報社 2007.8 240p

暁 暉 ギョウ, キ
◇ニューヨークでのダライ・ラマへのインタビュー（共著）：中国民主活動家チベットを語る 曹長青編著, ペマ・ギャルポ監訳, 金谷譲訳 日中出版 1999.11 366p （チベット選書）

姜 国柱 キョウ, コクチュウ*
◇老子と兵法：老子は生きている―現代に探る「道」 葛栄晋主編, 徐海, 石川泰成訳 地湧社 1992.8 320p

龔 祥瑞 キョウ, ショウズイ
◇「行政訴訟法」実施現状と今後の動向に関する―アンケート調査：法治の理想と現実 龔祥瑞ほか編, 浅井敦ほか訳 新評論 1996.12 382p （愛知大学国研叢書第2期 第2冊）

龔 刃靭 キョウ, ジンジン*
◇日本国憲法9条と国際法（中村睦男訳）：アジア立憲主義の展望―アジア・オセアニア立憲主義シンポジウム 全国憲法研究会編, 大須賀明編集代表 信山社 2003.9 435p

喬 辺 キョウ, ヘン*
◇光は東方より射す：ノーと言える中国 宋強ほか著, 莫邦富ほか訳 日本経済新聞社 1996.11 371p
◇光は東方より射す：ノーと言える中国 張蔵蔵ほか著, 莫邦富編訳 新潮社 1999.9 507p （新潮文庫）

姜 明安 キョウ, メイアン*
◇行政立法：中国行政法概論 1 羅豪才, 応松年編, 上杉信敬訳 近代文芸社 1995.9 276p

教育改革のためのビジネス連合
◇成功のための公式：アメリカの教育改革 アメリカ教育省他著, 西村和雄, 戸瀬信之編訳 京都大学学術出版会 2004.7 329p

僑務委員会秘書処
◇華僑関係法規集（中輝雄訳）：20世紀日本のアジア関係重要研究資料 1 東亜研究所刊行物 東亜研究所編 復刻版 竜渓書舎 2000.12 17冊（セット）

曲 初 キョク, ショ*
◇戦犯改造への周恩来総理と史良司法部長の関心：覚醒―撫順戦犯管理所の六年 中国戦犯改造の記録 撫順市政協文史委員会編, 中国帰還者連絡会翻訳編集委員会訳 新風書房 1995.4 288p

曲 新久 キョク, シンキュウ*
◇社会主義の市場経済秩序を害する罪 他：中国刑法教科書―各論 何秉松主編, 長井円編訳 八千代出版 2003.6 19, 549, 34p

玉 明 ギョク, メイ*
◇『紅楼夢』、なぜ今人気に？：必読！今、中国が面白い―中国が解る60編 2007年版 而立会訳, 三潴正道

監訳 日本僑報社 2007.8 240p

曲 蘭 キョク, ラン*
◇心の崩壊―精神病患者の増大（共著）：世紀末・中国 中国ジャーナリスト集団共著, 郝市今編, 俣岩, 浅野慎一著・訳 東銀座出版社 1997.6 231p

ギョジャナン, オリヴィエ
◇フランスにおける中世史史料（渡辺節夫訳・注）：歴史学と史料研究 東京大学史料編纂所編 山川出版社 2003.7 278p

ギョーム（コンシュの）
◇宇宙の哲学 他（神崎繁ほか訳）：中世思想原典集成 8 シャルトル学派 上智大学中世思想研究所編訳・監修 平凡社 2002.9 1041p

キーラー, ヨルゲン
◇積極的抵抗か、消極的抵抗か：思いやる勇気―ユダヤ人をホロコーストから救った人びと キャロル・リトナー, サンドラ・マイヤーズ編, 食野雅子訳 サイマル出版会 1997.4 282p

キラコフ, クリフォード・A., Jr.
◇果たして「ネオコン」とは何者か：獣ムネオコン徹底批判 リンドン・ラルーシュ, EIR誌著, 太田竜監訳・解説 成甲書房 2004.5 381p

ギラーダッチ, テレサ
◇年金基金と資本市場, 経済の将来展望（共著）（青山和司訳）：アメリカ金融システムの転換―21世紀に公正と効率を求めて ディムスキ, エプシュタイン, ポーリン編, 原田善教監訳 日本経済評論社 2001.8 445p （ポスト・ケインジアン叢書 30）
◇401(k)に対する三つの疑問：アメリカ年金事情―エリサ法（従業員退職所得保障法）制定20年後の真実 ダラス・L.ソールズベリー編, 鈴木旭監修, 大川洋三訳 新水社 2002.10 195p

ギラドゥーチ, テレサ
◇年金基金と資本市場, 経済の将来展望（共著）（青山和司訳）：アメリカ金融システムの転換―21世紀に公正と効率を求めて ディムスキ, エプシュタイン, ポーリン編, 原田善教監訳 日本経済評論社 2005.4 445p （ポスト・ケインジアン叢書 30）

ギラム, クリストファー
◇地理情報システムと予測モデル（共著）（加藤元康, 加藤ユーリア訳）：東アジア世界における日本基層文化の考古学的解明―国学院大学21世紀COEプログラム国際シンポジウム予稿集 小林達雄, 藤本強, 杉山林継, 吉田恵二監修, 伊藤慎二, 山添奈苗編 国学院大学21世紀COEプログラム第1グループ考古学班 2006.9 209p （21COE考古学シリーズ 7）

ギランター, デービッド
◇ビル・ゲイツ：TIMEが選ぶ20世紀の100人 下巻 アーチスト・エンターテイナー・ヒーロー・偶像・巨頭 徳岡孝夫監訳 アルク 1999.11 318p

ギリアット, ペネロピ
◇ウラジーミル・ナボコフ（若島正訳）：インタヴューズ 2 クリストファー・シルヴェスター編, 新庄哲夫ほか訳 文芸春秋 1998.11 451p

ギリガン, ロバート・L., 2世
◇自己資本規制の戦略企画への応用（吉田秀俊訳）：

ギルズ, バリー・K.
◇ALMの新手法―キャピタル・マーケット・アプローチ　フランク・J.ファボッツィ, 小西湛夫共編　金融財政事情研究会　1992.7　499p　(ニューファイナンシャルシリーズ)

ギルズ, バリー・K.
◇不安定な三位一体：アメリカによる民主主義の推進―なぜその理念にこだわるのか　猪口孝, マイケル・コックス, G.ジョン・アイケンベリー編　ミネルヴァ書房　2006.6　502, 12p　(国際政治・日本外交叢書 1)

ギルズ, ポーラ・A.
◇注意欠陥障害の学生を助ける：障害のある学生を支える―教員の体験談を通じて教育機関の役割を探る　ボニー・M.ホッジ, ジェニー・プレストン‐サビン編, 太田晴康監訳, 三沢かがり訳　文理閣　2006.12　228p

ギルソン, ジェリー
◇EUとASEM (福井英次郎訳)：EU統合の軌跡とベクトル―トランスナショナルな政治社会秩序形成への模索　田中俊郎, 庄司克宏編著　慶応義塾大学出版会　2006.11　409p　(叢書21COE-CCC多文化世界における市民意識の動態 17)

ギルドリー, メレディス
◇アメリカ手話から英語へ言語コミュニケーション：障害のある学生を支える―教員の体験談を通じて教育機関の役割を探る　ボニー・M.ホッジ, ジェニー・プレストン‐サビン編, 太田晴康監訳, 三沢かがり訳　文理閣　2006.12　228p

ギルバート, ジェームズ・L.
◇プロフィット・プール・マップによる戦略発想 他 (共著)：ビジネスモデル戦略論　Diamondハーバード・ビジネス・レビュー編集部編訳　ダイヤモンド社　2006.10　223p　(Harvard business review anthology)

ギルブレス, フランク
◇手数省略新式工場管理法 (大壁早治訳)：日本科学的管理史資料集　第2集 (図書篇) 第1巻 初期翻訳書・翻案　奥田健二, 佐々木聡編　五山堂書店　1995.9

ギルベルトゥス (トゥルネの)
◇平和について：中世思想原典集成　12　フランシスコ会学派　上智大学中世思想研究所編訳・監修　平凡社　2001.9　1047p

ギルベルトゥス・ポレタヌス
◇ボエティウス・デ・ヘブドマディブス註解 (伊藤博明, 富松保文訳)：中世思想原典集成　8　シャルトル学派　上智大学中世思想研究所編訳・監修　平凡社　2002.9　1041p

キルマーニー
◇知性の安息 (菊地達也訳)：中世思想原典集成　11　イスラーム哲学　上智大学中世思想研究所編訳・監修　平凡社　2000.12　1161p

ギルマール, アンヌ＝マリ
◇労働市場における高齢者層の参加 (松村祥子訳)：高齢社会と生活の質―フランスと日本の比較から　佐々木交賢, ピエール・アンサール編　専修大学出版局　2003.10　219p

ギルマン, エリザベス
◇恵まれない就学前児童に対する全米ヘッドスタート・プログラム (共著)：アメリカ幼児教育の未来―ヘッドスタート以後　エドワード・ジグラー, サリー・スティフコ編著, 田中道治訳　コレール社　1998.12　137p

ギルマン夫人
◇健康と美 上・下 (岡田幸子訳)：ビアトリス―大正5年7月～大正6年4月　岩田ななつ解説　復刻版　不二出版　2003.6　1冊

ギロビッチ, T.
◇日常生活の中の自己中心性と対人的問題 (共著) (伊藤忠弘訳)：臨床社会心理学の進歩―実りあるインターフェイスをめざして　R.M.コワルスキ, M.R.リアリー編著, 安藤清志, 丹野義彦監訳　北大路書房　2001.10　465p

キーン, E. B.
◇条約の平和的解体を (共著)：新脅威時代の「安全保障」―『フォーリン・アフェアーズ』アンソロジー　ジョゼフ・S.ナイほか著, 竹下興喜監訳　中央公論社　1996.9　255p

金 一中　キン, イッチュウ*
◇アジアの経済システムと環境問題 (藪田雅弘訳)：アジア経済のゆくえ―成長・環境・公正　中央大学経済研究所創立40周年記念シンポジウム　井村進哉, 深町英夫, 田村ަ文編　中央大学出版部　2005.7　280p　(中央大学経済研究所研究叢書 40)

金 熙德　キン, キトク
◇冷戦後の国際政治思想 (大崎久美訳)：平和と暴走の葛藤―日本はどこへ行くべきなのか　高増杰編著　公共政策研究所　2004.3　304p　(政策シリーズ no.4)

金 堯如　キン, ギョウジョ*
◇共産党上層部の新たな権力分布：鄧小平後の中国―中国人専門家50人による多角的な分析　下巻　何頻編著, 現代中国事情研究会訳　三交社　1994.12　396p

金 源　キン, ゲン*
◇歴史上経験のない偉大な実践：覚醒―撫順戦犯管理所の六年　日本戦犯改造の記録　撫順市政協文史委員会原編, 中国帰還者連絡会翻訳編集委員会訳編　新風書房　1995.4　288p

金 鐘　キン, ショウ
◇忠君思想と天下大乱：人間・周恩来―紅朝宰相の真実　金鐘編, 松田州二訳　原書房　2007.8　370p

ギン, ジョン
◇PMAの力で, より豊かな充実した人生を送る：思考は現実化する―私はこうして思考を現実化した 実践編　ナポレオン・ヒル財団日本リソーセス編・訳　騎虎書房　1997.3　231p

金 仁烈　キン, ジンレツ*
◇エア・パワーの役割をめぐる理論的考察 (柳沢潤監訳)：21世紀のエア・パワー―日本の安全保障を考える　石津朋之, ウィリアムソン・マーレー共編著　芙蓉書房出版　2006.10　342p

金 世柏　キン, セイハク*
◇国際社会における教育課題及び人間形成―環境教育の観点から (鄭萍訳)：国際化時代の教育課題と人間形成―論集　朱浩東ほか編　三一書房　2004.7　244p

金 聖甫　キン, セイホ*
◇東アジアの歴史認識共有への第一歩（牧瀬暁子訳）：歴史教科書問題　三谷博編著　日本図書センター　2007.6　384p　（リーディングス日本の教育と社会 第6巻　広田照幸監修）

金 洙謙　キン, ソウケン*
◇憲法上の司法保障請求権とADR（尹竜沢訳）：ADRの実際と理論　2　小島武司編　中央大学出版部　2005.3　427p　（日本比較法研究所研究叢書 68）

金 大煥　キン, タイカン*
◇グローバリゼーションをこえ, より良き世界を目指して（小野以秩子訳）：グローバル化と政治のイノベーション―「公正」の再構築をめざしての対話　高木郁朗, 住沢博紀, T.マイヤー編著　ミネルヴァ書房　2003.4　330p　（Minerva人文・社会科学叢書 81）

金 碚　キン, ハイ*
◇国有企業の問題―選択の行方：現代中国の実像―江沢民ブレーン集団が明かす 全27の課題とその解決策　劉吉, 許明, 黄葦青編著, 謝端明, 岡田久典日本語版監修, 中川友訳　ダイヤモンド社　1999.5　687p

金 文学　キン, ブンガク*
◇雑色の日本：中国人の見た日本―留学経験者の視点から　段躍中編, 朱建栄ほか著, 田縁美幸ほか訳　日本僑報社　2000.7　240p

キンヴィック, クリフォード
◇連合軍捕虜と泰緬鉄道（池田一人訳）：戦争の記憶と捕虜問題　木畑洋一, 小菅信子, フィリップ・トウル編　東京大学出版会　2003.5　262p

キング, J. E.
◇過少消費：一般理論―第二版―もしケインズが今日生きていたら　G.C.ハーコート, P.A.リーアック編, 小山庄三訳　多賀出版　2005.6　922p

キングスバリー, ベネディクト
◇グロティウス, 法, 道徳的懐疑主義（太田義器訳）：国際関係思想史―論争の座標軸　イアン・クラーク, アイヴァー・B.ノイマン編, 押村高, 飯島昇蔵訳者代表　新評論　2003.4　338p

欽則活仏　キンソクカツブツ*
◇衛蔵道場勝迹志：中国歴代西域紀行選　渡辺義一郎編訳　ベースボール・マガジン社　1997.8　328p

キンディ
◇知性に関する書簡（竹下政孝訳）：中世思想原典集成 11　イスラーム哲学　上智大学中世思想研究所編訳・監修　平凡社　2000.12　1161p

ギンティス, ハーバード
◇教育の経済学のために―イヴァン・イリッチの『脱学校の社会』についての根本的一批判：脱学校化の可能性―学校をなくせばどうなるか？　イヴァン・イリッチほか著, 松崎巌訳　オンデマンド版　東京創元社　2003.6　218p　（現代社会科学叢書）

キンティーダー
◇哀悼 他：女たちのビルマ―軍事政権下を生きる女たちの声　藤目ゆき監修, タナッカーの会編, 富田あかり訳　明石書店　2007.12　446p　（アジア現代女性史 4）

キンテーラ, サンドラ
◇連帯経済：会議総括文書（大屋定晴訳）：もうひとつの世界は可能だ―世界社会フォーラムとグローバル化への民衆のオルタナティブ　ウィリアム・F.フィッシャー, トーマス・ポニア編, 加藤哲郎監修, 大屋定晴, 山口響, 白井聡, 木下ちがや監訳　日本経済評論社　2003.12　461p

キンブル, リンダ
◇自分の信じるものが正しいと心に刻む：子供たちへの手紙―あなたにこれだけは伝えたい　エリカ・グッド編, 中埜有理訳　三田出版会　1997.7　371p

キンブロ, デニス
◇ヒル博士の未完の原稿を貧困にもめげず完成！：思考は現実化する―私はこうして思考を現実化した　実践編　ナポレオン・ヒル財団日本リソーセス編・訳　騎虎書房　1997.3　231p

金曜朝の会
◇結論―批判：ブルデュー入門―理論のプラチック　R.ハーカー, C.マハール, C.ウィルクス編, 滝本住人, 柳和樹訳　昭和堂　1993.4　380p

【ク】

クー, デビッド
◇真の永続的な治療法：神を見いだした科学者たち　2　E.C.バレット編, 佐藤是伸訳　いのちのことば社　1995.10　214p

具 孝珍　ク, ヒョジン*
◇韓国における「いじめ」, ワンタの現状（共著）：いじめととりくんだ国々―日本と世界の学校におけるいじめへの対応と施策　土屋基規, P.K.スミス, 添田久美子, 折出健二編著　ミネルヴァ書房　2005.12　320p

瞿 佑　ク, ユウ*
◇国訳剪灯新話（塩谷温訳註）：国訳漢文大成　第7巻　文学部　第2輯　上　日本図書センター　2000.9　1275p

虞 和平　グ, ワヘイ*
◇清朝末期から民国初期における商事仲裁制度の確立（宋晴美訳）：辛亥革命の多元構造―辛亥革命90周年国際学術討論会（神戸）　孫文研究会編　汲古書院　2003.12　442p　（孫中山記念会研究叢書 4）

郭 錦珠　クァク, クムジュ*
◇韓国における「いじめ」, ワンタの現状（共著）：いじめととりくんだ国々―日本と世界の学校におけるいじめへの対応と施策　土屋基規, P.K.スミス, 添田久美子, 折出健二編著　ミネルヴァ書房　2005.12　320p

郭 相鎮　クァク, サンジン*
◇韓国の人権発展と国家制度（高正子, 安聖民訳）：グローバル時代の人権を展望する―日本と韓国の対話　衡平運動80周年記念国際学術会議から　金中燮, 友永健三編著, 高正子, 安聖民, 李嘉永訳　部落解放・人権研究所　2004.3　218p

クアン, アンディ
◇ペドフィリアと政治（河口和也訳）：実践するセクシュアリティ―同性愛/異性愛の政治学　風間孝, キース・

クイ

ヴィンセント,河口和也編　動くゲイとレズビアンの会　1998.8　263p　(アイデンティティ研究叢書1)

クィ,ゲン・フウィ
◇トップが認識すべきミドル・マネージャーの貢献：コミットメント—熱意とモラールの経営　Diamondハーバード・ビジネス・レビュー編集部訳　ダイヤモンド社　2007.4　270p　(Harvard business review)

クイッグ,フィリップ
◇同盟日本の諸問題：戦後日米関係を読む—『フォーリン・アフェアーズ』の目　梅垣理郎編訳　中央公論社　1993.12　351p　(中公叢書)

クイディン,ユーリ
◇核実験場を閉鎖したカザフスタンの人びと(共著)(大庭里美訳)：あなたの手で平和を！—31のメッセージ　フレドリック・S.ヘッファメール編,大庭里美,阿部純子訳　日本評論社　2005.3　260p

グイドロズ,キャスリーン
◇テレホン・セックス・オペレーター(共著)：セックス・フォー・セール—売春・ポルノ・法規制・支援団体のフィールドワーク　ロナルド・ワイツァー編,岸田美貴訳,松沢呉一監修　ポット出版　2004.8　438p

クイン,ジェームス・ブライアン
◇プロフェッショナルの知的能力のマネジメント(共著)：ナレッジ・マネジメント　Harvard Business Review編,Diamondハーバード・ビジネス・レビュー編集部訳　ダイヤモンド社　2000.12　273p

クイントン,キース
◇バリュー／グロース・ベータによる投資スタイル分析(福嶋和子訳)：資産運用新時代の株式投資スタイル—投資家とファンドマネジャーを結ぶ投資哲学　T.ダニエル・コギン,フランク・J.ファボツィ編　野村総合研究所　1996.3　329p
◇スタイル・ベータ(福嶋和子訳)：株式投資スタイル—投資家とファンドマネジャーを結ぶ投資哲学　T.ダニエル・コギン,フランク・J.ファボツィ,ロバート・D.アーノット編,野村証券金融研究所訳　増補改訂版　野村総合研究所情報リソース部　1998.3　450p

クヴァンタリアーニ,N.
◇どのようにして権力を手にいれたか：ベリヤ—スターリンに仕えた死刑執行人　ある出世主義者の末路　ヴラジーミル・F.ネクラーソフ編,森田明訳　エディションq　1997.9　365p

クウィン,ジェームズ・ブライアン
◇知識を活用したイノベーションの進展：知識革新力　ルディ・ラグルス,ダン・ホルツハウス編,木川田一栄訳　ダイヤモンド社　2001.7　321p

クウェイト,メアリー・グリゼリ
◇政策分析の政治：分析的な意思決定における住民参加の役割(共著)：公共の意思決定における住民参加　ジャック・デサリオ,スチュアート・ラングトン編　横浜市企画財政局企画調整室　1993.3　177p

クウェイト,ロバート・M.
◇政策分析の政治：分析的な意思決定における住民参加の役割(共著)：公共の意思決定における住民参加　ジャック・デサリオ,スチュアート・ラングトン編　横浜市企画財政局企画調整室　1993.3　177p

グエッリエーリ,ジャンニ
◇イタリアの社会的経済(共著)(菅野正純訳)：社会的経済—近未来の社会経済システム　J.ドゥフルニ,J.L.モンソン編著,富沢賢治,内山哲朗,佐藤誠,石塚秀雄,中川雄一郎ほか訳　日本経済評論社　1995.3　486p
◇イタリアの社会的経済(共著)(菅野正純訳)：社会的経済—近未来の社会経済システム　J.ドゥフルニ,J.L.モンソン編著,富沢賢治ほか訳　オンデマンド版　日本経済評論社　2003.6　486p

クエール,ダン
◇家庭の大切さを考えよ(共著)：セルフヘルプ—なぜ,私は困難を乗り越えられるのか　世界のビッグネーム自らの47の証言　ケン・シェルトン編,堀紘一監訳　フロンティア出版　1998.7　301p

クェルチ,ジョン・A.
◇グローバル価格設定契約への準備 他(共著)：スマート・グローバリゼーション　A.K.グプタ,D.E.ウエストニー編著,諸上茂登監訳　同文舘出版　2005.3　234p

権 仁淑　クォン,インスク
◇韓国の軍事化と女性性・男性性(日本語訳)：連携研究「アジア認識とジェンダー」シンポジウム—東アジアの『戦後』60年：軍事化とセクシュアリティ　お茶の水女子大学21世紀COEプログラム：「ジェンダー研究のフロンティア」連携研究：「アジア認識とジェンダー」研究会　2006.3　76p　(F-GENS publication series 18)
◇我われの生に内在する軍事主義：韓国フェミニズムの潮流　チャン・ピルファ,クォン・インスク,キム・ヒョンスク,イ・サンファ,シン・オクヒ,シン・イルリョン,ユン・フジョン著,西village裕美編訳　明石書店　2006.4　336p　(明石ライブラリー 95)

権 相璋　クォン,サンジャン*
◇先物市場の発展と自律規制(金ヨウ淇訳)：日韓経済および企業経営の諸問題　桃山学院大学総合研究所編　桃山学院大学総合研究所　2004.10　275p　(桃山学院大学・啓明大学校国際学術セミナー 7)

クォン,テファン
◇見通しが立たない朝鮮族の将来：ディアスポラとしてのコリアン—北米・東アジア・中央アジア　高全恵星監修,柏崎千佳子訳　新幹社　2007.10　578p

クォン,ホックチュ
◇韓国における経済危機と福祉改革の政治(佐藤陵一訳)：アジアの福祉国家政策　白鳥令,デチャ・サングカワン,シュヴェン・E.オルソン＝ホート編　芦書房　2006.5　276p

権 寧弼　クォン,ヨンピル*
◇韓国国立中央博物館所蔵の大谷コレクションと中央アジア美術(李美香訳)：仏の来た道—シルクロードの文物　杉村棟,徐光輝編　東方出版　2005.6　120p

クーシェイン,トマス・J.
◇北米の地域国家としてのオンタリオとグローバル都市地域としてのトロント：グローバル・シティー・リージョンズ—グローバル都市地域への理論と政策　アレン・J.スコット編著,坂本秀和訳　ダイヤモンド社　2004.2　365p

クーシニュー, フィル
◇魂は動詞：魂をみがく30のレッスン　リチャード・カールソン, ベンジャミン・シールド編, 鴨志田千枝子訳　同朋舎　1998.6　252p

クシュナー, ラビ・ハロルド
◇魂につけられた神の指紋：魂をみがく30のレッスン　リチャード・カールソン, ベンジャミン・シールド編, 鴨志田千枝子訳　同朋舎　1998.6　252p
◇幸せはいつも何かの副産物：小さなことを大きな愛でやろう　リチャード・カールソン, ベンジャミン・シールド編, 小谷啓子訳　PHP研究所　1999.11　263, 7p

クズネツォフ, アナトリー
◇極東の石器時代における新石器石刃伝統（イリーナ＝ズエヴァ・ノソヴァ訳）：東アジア世界における日本基層文化の考古学的解明―国学院大学21世紀COEプログラム国際シンポジウム予稿集　小林達雄, 藤本強, 杉山林継, 吉田恵二監修, 伊藤慎二, 山添奈苗編　国学院大学21世紀COEプログラム第1グループ考古学班　2006.9　209p　（21COE考古学シリーズ 7）

楠木 建　クスノキ, ケン*
◇差別化の目に見えない側面：より高度の知識経済化で一層の発展をめざす日本―諸外国への教訓　柴田勉, 竹内弘高共編, 田村勝省訳　一灯舎　2007.10　472, 36p

クーセー
◇我が信念：女たちのビルマ―軍事政権下を生きる女たちの声　藤目ゆき監修, タナッカーの会編, 富田あかり訳　明石書店　2007.12　446p　（アジア現代女性史 4）

クセニアデス
◇クセニアデス（内山勝利訳）：ソクラテス以前哲学者断片集　第5分冊　内山勝利編　岩波書店　1997.3　255p

クチャヴァ, ミトロファン
◇特別法廷判事の日記から：ベリヤ―スターリンに仕えた死刑執行人 ある出世主義者の末路　ヴラジーミル・F.ネクラーソフ編, 森田明訳　エディションq　1997.9　365p

屈 原　クツ, ゲン
◇国訳楚辞（釈清潭訳註）：国訳漢文大成　第5巻　文学部　第1輯 上　日本図書センター　2000.9　999p

屈 万里　クツ, バンリ
◇漢魏時代の『易』解釈（久保田知敏, 伊藤文生訳）：占いの創造力―現代中国周易論文集　池田知久ほか編訳, 郭沫若ほか原著　勉誠出版　2003.3　387p

クック, H. N.
◇トラック一杯のクリスマス・プレゼント：とっておきのクリスマス―やさしい気持ちになる9つのおはなし 続　ガイドポスト編, 佐藤敬訳　いのちのことば社（発売）　1998.10　87p

クック, トビアス
◇議論の総括（半田吉信訳）：ヨーロッパ債務法の変遷　ペーター・シュレヒトリーム編　信山社　2007.3　434p　（学術選書 法律学編 ドイツ民法）

クック, マーク
◇パーソナリティと生産性（森久美子訳）：仕事の社会心理学　Peter Collett, Adrian Furnham原著編, 長田雅喜, 平林進訳編　ナカニシヤ出版　2001.6　303p

クック, リサ・D.
◇国際援助における地域公共財（共著）（吉田秀美訳）：地球公共財―グローバル時代の新しい課題　インゲ・カール, イザベル・グルンベルグ, マーク・A.スターン編, FASID国際開発研究センター訳　日本経済新聞社　1999.11　326p

クッツラー, クルト
◇ベルリン工科大学における学内研究奨励と評価：高等教育における評価と意思決定過程―フランス, スペイン, ドイツの経験　OECD編, 服部憲児訳　広島大学大学教育研究センター　1997.2　151p　（高等教育研究叢書 43）

グッドイナフ, W. H.
◇マラヨ＝ポリネシアにおける社会組織の問題（河合利光訳）：家族と親族　村武精一編, 小川正恭ほか訳　未来社　1992.7　331, 21p

グッドウィン, ドリス・カーンズ
◇エレノア・ルーズベルト：TIMEが選ぶ20世紀の100人　上巻　指導者・革命家・科学者・思想家・起業家　徳岡孝夫監訳　アルク　1999.11　332p

グッドソン, アイバー
◇従順な身体（共著）（山本雄二訳）：フーコーと教育―〈知＝権力〉の解読　S.J.ボール編著, 稲垣恭子, 喜名信之, 山本雄二監訳　勁草書房　1999.4　285, 4p

グッドバード, エドワード
◇神助を求めて：北米インディアン生活誌　C.ハミルトン編, 和巻耿介訳　社会評論社　1993.11　408p

グッドマン, ジェイムズ
◇欧州連合（国広敏文訳）：変容する民主主義―グローバル化のなかで　アントニー・G.マッグルー編, 松下冽監訳　日本経済評論社　2003.11　405p

グッドマン, ハック
◇ルソーの『告白』―自己のテクノロジー：自己のテクノロジー―フーコー・セミナーの記録　ミシェル・フーコーほか著, 田村俶, 雲和子訳　岩波書店　1999.9　249p　（岩波モダンクラシックス）
◇ルソーの『告白』―自己のテクノロジー：自己のテクノロジー―フーコー・セミナーの記録　ミシェル・フーコーほか著, 田村俶, 雲和子訳　岩波書店　2004.1　278p　（岩波現代文庫 学術）

グッドマン, メルビン・D.
◇情報：アメリカの悪夢―9・11テロと単独行動主義　ジョン・フェッファー編, 南雲和夫監訳　耕文社　2004.12　319p

グッドマン, ルイス・W.
◇軍の役割（力久昌幸訳）：シビリアン・コントロールとデモクラシー　L.ダイアモンド, M.F.プラットナー編, 中道寿一監訳　刀水書房　2006.3　256p　（人間科学叢書 42）

グッドマン, ローリー・S.
◇時価と金利差益：二つのアプローチは同じものか（共著）（高橋健一訳）：ALMの新手法―キャピタル・

マーケット・アプローチ　フランク・J.ファボッツィ，小西湛夫共編　金融財政事情研究会　1992.7　499p　（ニューファイナンシャルシリーズ）

クティネッリ，エマヌエル・レンディナ
◇マキァヴェッリ研究史（服部文彦訳）：マキァヴェッリ全集　補巻　筑摩書房　2002.3　239，89p

グーディン，ロバート・E.
◇正義のグローバル化：グローバル化をどうとらえるか─ガヴァナンスの新地平　D.ヘルド，M.K.アーキブージ編，中谷義和監訳　法律文化社　2004.4　194p

クテック，アン
◇相容れない対立物　他（吉関恒生訳）：ユングの世界─現代の視点から　E.クリストファー，H.M.ソロモン共編，氏原寛，織田尚生監訳　培風館　2003.3　339p

グドー，マリー
◇母─娘─母─断絶と繰り返し─序論（共著）：フェミニズムから見た母性　A.-M.ド・ヴィレーヌ，L.ガヴァリニ，M.ル・コアディク編，中嶋公子，目崎光子，磯本輝子，横地良子，宮本由美ほか訳　勁草書房　1995.10　270，10p

グトヴィルト，エレアザル
◇追放に向けて──三九一〜一四九二年：スペインのユダヤ人─1492年の追放とその後　エリー・ケドゥリー編，関哲行，立石博高，宮前安子訳　平凡社　1995.12　285p

クドリャショフ，セルゲイ
◇トロツキーと第二次世界大戦：トロツキー再評価　P.デュークス，T.ブラザーストン編　新評論　1994.12　381p

クナーゼ，ゲオルギー・F.
◇国境問題　ロシアから見て：ロシアの総合的安全保障環境に関する研究─東アジア地域における諸問題　総合研究開発機構　2000.3　225p　（NIRA研究報告書）

クナッツ，ロータル
◇芸術哲学（田中均訳）：シェリング哲学─入門と研究の手引き　H.J.ザントキューラー編，松山壽一監訳　昭和堂　2006.7　288，59p

クニッペンベルク，アド・ファン
◇集団生産性（共著）（和田万紀訳）：社会心理学概論─ヨーロピアン・パースペクティブ　2　M.ヒュースト，W.シュトレーベ，J.P.コドル，G.M.スティヴンソン編　誠信書房　1995.1　353p

クニール，ゲオルグ
◇ルーマンとブルデューにおける分化：ブルデューとルーマン─理論比較の試み　アルミン・ナセヒ，ゲルト・ノルマン編，森川剛光訳　新泉社　2006.11　277，30p

クーパー，アダム
◇もしミームが答えなら，何が問題なのだ？（巌谷薫訳）：ダーウィン文化論─科学としてのミーム　ロバート・アンジェ編，ダニエル・デネット序文，佐倉統，巌谷薫，鈴木崇史，坪井りん訳　産業図書　2004.9　277p

クーパー，ジョーン
◇スペイン─貴重品は車椅子のお尻の下に：車椅子はパスポート─地球旅行の挑戦者たち　アリソン・ウォルシュ編，おそどまさこ日本語版責任編集，森実真弓訳　山と渓谷社　1994.3　687p

クーパー，デヴィッド・E.
◇荘子　アリストテレス：環境の思想家たち　上（古代─近代編）　ジョイ・A.パルマー編，須藤自由児訳　みすず書房　2004.9　309p　（エコロジーの思想）
◇アルネ・ネス　ジョン・パスモア：環境の思想家たち　下（現代編）　ジョイ・A.パルマー編，須藤自由児訳　みすず書房　2004.11　320p　（エコロジーの思想）

クーパーズ・アンド・ライブランド　《Coopers & Lybrand》
◇Manual of Auditing：元帳の締め切り　川島貞一訳〔川島貞一〕　2002.8　1冊

グプタ，カリアン・セン
◇ラビンドゥラナート・タゴール：環境の思想家たち　上（古代─近代編）　ジョイ・A.パルマー編，須藤自由児訳　みすず書房　2004.9　309p　（エコロジーの思想）

クーペルス，ルネ
◇新しい世界と社会民主主義の回答：ヨーロッパ社会民主主義「第3の道」論集　2　R.Cuperus，K.Duffek，J.Kandel編，小川正浩訳　生活経済政策研究所　2001.7　81p　（生活研ブックス9）

クマー，クリシャン
◇ポストモダンの条件：教育社会学─第三のソリューション　A.H.ハルゼー，H.ローダー，P.ブラウン，A.S.ウェルズ編，住田正樹，秋永雄一，吉本圭一編訳　九州大学出版会　2005.2　660p

クマール，ニールマリア
◇メーカーと小売企業の信頼の関係：バリューチェーン・マネジメント　Harvard Business Review編，Diamondハーバード・ビジネス・レビュー編集部訳　ダイヤモンド社　2001.8　271p

グーマン，ポール・A. S.
◇南アジア系青年と人種差別，エスニック・アイデンティティ，教育：世界のインクルーシブ教育─多様性を認め，排除しない教育を　ハリー・ダニエルズ，フィリップ・ガーナー編著，中村満紀男，窪田眞二訳　明石書店　2006.3　540p　（明石ライブラリー92）

クメール，ウォルター
◇NEC：プリンストンにおけるR&Dの現場：技術とイノベーションの戦略的マネジメント　ロバート・A.バーゲルマン，クレイトン・M.クリステンセン，スティーヴン・C.ウィールライト編著，青島矢一，黒田光太郎，志賀敏宏，田辺孝二，出川通，和賀三和子日本語版監修，岡真由美，斉藤裕一，桜井祐子，中川泉，山本章子訳　翔泳社　2007.7　595p

クライスラー，ピーター
◇ケインズ，カレツキおよび『一般理論』：一般理論─第二版─もしケインズが今日生きていたら　G.C.ハーコート，P.A.リーアック編，小山庄三訳　多賀出版　2005.6　922p

クライダー，ジェームズ・W.
◇長期間のクライアントとのよりブリーフなセラピーについての，ソリューション・フォーカスト的なアイデア（白木孝二訳）：構成主義的心理療法ハンドブッ

ク　マイケル・F.ホイト編, 児島達美監訳　金剛出版
2006.9　337p

グライフ, アヴナー
◇歴史比較制度分析のフロンティア(河野勝訳)：制度
からガヴァナンスへ—社会科学における知の交差
河野勝編　東京大学出版会 2006.1　255p

クライマー, アダム
◇レイオフの政治学(共著)：ダウンサイジング・オブ・
アメリカ—大量失業に引き裂かれる社会　ニュー
ヨークタイムズ編, 矢作弘訳　日本経済新聞社
1996.11　246p

クライン, ジョージ・L.
◇テロリズムの擁護—トロツキーとその主要な批判者
たち：トロツキー再評価　P.デュークス, T.ブラザー
ストン編　新評論　1994.12　381p

クライン, レナーテ
◇向社会的行動(共著)(小西啓史訳)：社会心理学概論
—ヨーロピアン・パースペクティブ　2　M.ヒュース
トン, W.シュトレーベ, J.P.コドル, G.M.スティヴン
ソン編　誠信書房　1995.1　353p

クラインディンスト, マーク
◇アメリカ合衆国における「社会的経済」を求めて—1
つの提言(共著)(佐藤誠, 石塚秀雄訳)：社会的経済
—近未来の社会経済システム　J.ドゥフルニ, J.L.モ
ンソン編著, 富沢賢治, 内山哲朗, 佐藤誠, 石塚秀雄,
中川雄一郎ほか訳　日本経済評論社　1995.3　486p
◇アメリカ合衆国における「社会的経済」を求めて—1
つの提言(共著)(佐藤誠, 石塚秀雄訳)：社会的経済
—近未来の社会経済システム　J.ドゥフルニ, J.L.モ
ンソン編著, 富沢賢治ほか訳　オンデマンド版　日本
経済評論社　2003.6　486p

クラインドルファー, ポール・R.
◇複雑な環境下での意思決定—新しい時代のための新
しいツール：ウォートンスクールの意思決定論　ス
テファン・J.ホッチ, ハワード・C.クンリューサー編,
小林陽太郎監訳, 黒田康史, 大塔達也訳　東洋経済新
報社　2006.8　374p　(Best solution)

クラインフィールド, N. R.
◇失業の犠牲者たち 他(共著)：ダウンサイジング・オ
ブ・アメリカ—大量失業に引き裂かれる社会
ニューヨークタイムズ編, 矢作弘訳　日本経済新聞社
1996.11　246p

クラウアー, ロバート・W.
◇有効需要再訪：一般理論—第二版—もしケインズが
今日生きていたら　G.C.ハーコート, P.A.リーアッ
ク編, 小山庄三訳　多賀出版　2005.6　922p

クラウチ, スタンレー
◇ルイ・アームストロング：TIMEが選ぶ20世紀の100
人　下巻　アーチスト・エンターテイナー・ヒー
ロー・偶像・巨頭　徳岡孝夫監訳　アルク　1999.11
318p

クラウチ, トム・D.
◇飛べる：スミソニアンは何を展示してきたか　A.ヘ
ンダーソン, A.L.ケプラー編, 松本栄寿, 小浜清子訳
玉川大学出版部　2003.5　309p

クラウチェンコ
◇共同経営に於ける婦人：世界女性学基礎文献集成
昭和初期編　第9巻　水田珠枝監修　ゆまに書房
2001.12　20, 387p

クラウド, ジョン
◇ハーベイ・ミルク：TIMEが選ぶ20世紀の100人　下
巻　アーチスト・エンターテイナー・ヒーロー・偶
像・巨頭　徳岡孝夫監訳　アルク　1999.11　318p

グラウマン, カール・F.
◇社会心理学史入門(末永俊郎訳)：社会心理学概論—
ヨーロピアン・パースペクティブ　1　M.ヒュース
トンほか編, 末永俊郎, 安藤清志監訳　誠信書房
1994.10　355p

クラウリー, ジェームス
◇日本とアメリカは、危機的状況に突入するか：アメ
リカの対日依存が始まる—日米関係の真実　J.E.
カーボー, Jr., 加瀬英明編・監訳　光文社　1992.12
184p　(カッパ・ブックス)

クラーク, G. W.
◇テイラリズムのルーツとしての機械工場(広瀬幹好
訳)：科学的管理—F.W.テイラーの世界への贈りも
の　J.-C.スペンダー, H.J.キーネ編, 三戸公, 小林康
助監訳　文真堂　2000.5　273p

クラーク, アラン
◇偏見・無知・パニック！たかり屋にふさわしい国に
おける民衆政治(平岡公一訳)：イギリス社会政策論
の新潮流—福祉国家の危機を超えて　ジョーン・ク
ラーク, デイビッド・ボスウェル編, 大山博, 武川正吾,
平岡公一ほか訳　法律文化社　1995.4　227p

クラーク, イアン
◇思想の伝統と古典的国際関係理論(飯島昇蔵訳)：国
際関係思想史—論争の座標軸　イアン・クラーク, ア
イヴァー・B.ノイマン編, 押村高, 飯島昇蔵訳者代表
新評論　2003.4　338p

クラーク, ジェニファー
◇結婚を修復する(共著)：神を見いだした科学者たち
2　E.C.バレット編, 佐藤是伸訳　いのちのことば社
1995.10　214p

クラーク, ジョン・I.
◇トーマス・ロバート・マルサス：環境の思想家たち
上(古代—近代編)　ジョイ・A.パルマー編, 須藤自
由児訳　みすず書房　2004.9　309p　(エコロジー
の思想)

クラーク, デイビット・D.
◇社会化された仕事(中村和彦訳)：仕事の社会心理学
Peter Collett, Adrian Furnham原著編, 長田雅喜,
平林進訳編　ナカニシヤ出版　2001.6　303p

クラーク, デーン
◇結婚を修復する(共著)：神を見いだした科学者たち
2　E.C.バレット編, 佐藤是伸訳　いのちのことば社
1995.10　214p

クラーク, ピーター・D.
◇老チーフの計略 他：北米インディアン生活誌　C.ハ
ミルトン編, 和巻耿介訳　社会評論社　1993.11
408p

クラーク, ブライアン
◇第8ハウス—エロスの隠れ家：アメリカ占星学教科書 第7巻 愛情占星学 ジョーン・マクエバーズ編, 青木良仁訳, アレクサンドリア木星王監修・製作 魔女の家books 1998.2 272p

クラーク, ポール・G.
◇論evo その1：国防経済学上の諸問題—米国専門家の論文集 〔防衛研修所〕 1972 74p （研究資料 72RT-11）

クラーク, マリリン・F.
◇アダルト・セルフの出現：GIM（音楽による心象誘導）療法において：音楽療法ケーススタディ 下 成人に関する25の事例 ケネス・E.ブルシア編, よしだじゅんこ, 酒井智華訳 音楽之友社 2004.4 393p

クラークソン, ジンジャー
◇自閉症をもつ表出言語の少ない成人との音楽療法：音楽療法ケーススタディ 下 成人に関する25の事例 ケネス・E.ブルシア編, よしだじゅんこ, 酒井智華訳 音楽之友社 2004.4 393p

グラーザ, クリス
◇愛の名を敢えて祈らない愛（柴田ひさ子訳）：キリスト教は同性愛を受け入れられるか ジェフリー・S.サイカー編, 森本あんり監訳 日本キリスト教団出版局 2002.4 312p

クラシゲ, ロン
◇二文化主義の問題（和泉真澄訳）：アメリカ研究の理論と実践—多民族社会における文化のポリティクス 佐々木隆監修, 和泉真澄, 趙無名編著 世界思想社 2007.3 260p

グラショー, シェルダン
◇地球はいつまで回っているの？：ノーベル賞受賞者にきく子どものなぜ？なに？ ベッティーナ・シュティーケル編, 畔上司訳 主婦の友社 2003.1 286p
◇地球はいつまで回っているの？：ノーベル賞受賞者にきく子どものなぜ？なに？ ベッティーナ・シュティーケル編, 畔上司訳 主婦の友社 2005.10 222p

グラス, フィリップ
◇イーゴル・ストラビンスキー：TIMEが選ぶ20世紀の100人 下巻 アーチスト・エンターテイナー・ヒーロー・偶像・巨頭 徳岡孝夫監訳 アルク 1999.11 318p

グラスマン, ジェームズ・K.
◇誰がIMFを必要としているのか：IMF改廃論争の論点 ローレンス・J.マッキラン, ピーター・C.モントゴメリー編, 森川公隆監訳 東洋経済新報社 2000.11 285p

グラゾフ, V. V.
◇戦闘方法の発展と変化の規則性：ソ連の軍事面における核革命 ウィリアム・キントナー, ハリエット・ファスト・スコット編 〔防衛研修所〕 1970 345p （研究資料 70RT-9）

グラタルー, クリスティアン
◇大きな空間への訴え（坂本佳子訳）：ブローデル帝国 M.フェロー他著, F.ドス編, 浜名優美監訳 藤原書店 2000.5 294p

グラッサー, アーサー・F.
◇使徒パウロと宣教の使命 他：世界宣教の展望 ラルフ・D.ウィンター, スティーブン・C.ホーソーン編, 倉沢正則, 日置善一訳 いのちのことば社 2003.12 239p

グラッサー, セオドア・L.
◇新聞オンブズマンとアカウンタビリティ：世界のメディア・アカウンタビリティ制度—デモクラシーを守る七つ道具 クロード・ジャン・ベルトラン編著, 前沢猛訳 明石書店 2003.5 590p （明石ライブラリー 49）

グラットマン, ハーヴェイ
◇死にゆく女の連続写真：平気で人を殺す人たち—心の中に棲む悪魔 ブライアン・キング編, 船津歩訳 イースト・プレス 1997.10 319p

クラディス, マーク
◇エミール・デュルケムと多元化社会における道徳教育：デュルケムと現代教育 ジェフリー・ウォルフォード, W.S.F.ピカリング編, 黒崎勲, 清田夏代訳 2003.4 335, 26p

クラトーリウム作業委員会
◇ドイツ諸州連邦憲法のための提言 他：21世紀の憲法—ドイツ市民による改正論議 クラトーリウム編, ドイツ国法研究会・グルッペ'94訳 三省堂 1996.6 234p

クラーネフース, アネレーン
◇女性による女性のためのメディア戦略（鈴木芳子訳）：メディアがつくるジェンダー—日独の男女・家族像を読みとく 村松泰子, ヒラリア・ゴスマン編 新曜社 1998.2 351p

グラハム, アンドリュー
◇一九七九〜九五年のイギリス：現代の資本主義制度—グローバリズムと多様性 コリン・クラウチ, ウォルフガング・ストリーク編, 山田鋭夫訳 NTT出版 2001.7 301p

グラパール, アラン・G.
◇山王信仰における言語のキュービズム（奥山倫明訳）：異文化から見た日本宗教の世界 ポール・L.スワンソン, 林淳編 法蔵館 2000.9 302p （叢書・現代世界と宗教 2）

グラファム, ロバート・D.
◇国際資本市場における証券化のケーススタディ：発展途上国のニーズへの対応（小池圭吾訳）：証券化の基礎と応用 L.T.ケンドル, M.J.フィッシュマン編, 前田和彦, 小池圭吾訳 東洋経済新報社 2000.2 220p

クラフチック, マリウシュ・K.
◇EUの拡大と中東欧移行経済における銀行部門の再編成：ユーロとEUの金融システム H.-E.シャーラー他著, 岩田健治編著 日本経済評論社 2003.1 366p

クラフツ, N.
◇開発・発展をめぐる歴史的概観：開発経済学の潮流—将来の展望 G.M.マイヤー, J.E.スティグリッツ共編, 関本勘次, 近藤正規, 国際協力研究グループ訳 シュプリンガー・フェアラーク東京 2003.7 412p

グラフトン, アンソニー
◇人文主義者が読む（片山英男訳）：読むことの歴史—

ヨーロッパ読書史　ロジェ・シャルティエ，グリエルモ・カヴァッロ編，田村毅ほか共訳　大修館書店　2000.5　634p

クラボル，エドワード・P.
◇帝国との和解：アメリカ大国への道—学説史から見た対外政策　マイケル・J.ホーガン編，林義勝訳　彩流社　2005.6　284, 89p

クラマー，ロルフ
◇プロテスタンティズム：諸宗教の倫理学—その倫理と実生活　第4巻　所有と貧困の倫理　M.クレッカー，U.トゥヴォルシュカ編，石橋孝則訳　九州大学出版会　2000.9　202, 2p

クラーミ，ハンヌ・ターパニ
◇フィンランド証拠法の発展と現況—スウェーデンと対比しつつ　他：訴訟における主張・証明の法理—スウェーデン法と日本法を中心にして　萩原金美著　信山社　2002.6　504p　（神奈川大学法学研究叢書 18）

クラム，トーマス
◇まずは明確なビジョンを持て：セルフヘルプ—なぜ，私は困難を乗り越えられるのか　世界のビッグネーム自らの47の証言　ケン・シェルトン編著，堀紘一監訳　フロンティア出版　1998.9　301p

クラリッジ，ローズマリー
◇病院と子ども（共著）：医療ソーシャルワークの実践　ミーケ・バドウィ，ブレンダ・ピアモンティ編著　中央法規出版　1994.9　245p

クラレンバルドゥス（アラスの）
◇創世記についての小論考（須藤和夫訳）：中世思想原典集成　8　シャルトル学派　上智大学中世思想研究所編訳・監修　平凡社　2002.9　1041p

クランツ，ビルギット
◇住宅研究史：スウェーデンの住環境計画　スヴェン・ティーベイ編著，外山義訳　鹿島出版会　1996.2　292p

グランデ，マウリツィオ
◇鏡に映った時間（増田靖彦訳）：ドゥルーズ，映画を思考する　ロベルト・デ・ガエターノ編，広瀬純，増田靖彦訳　勁草書房　2000.12　403p

グランディ＝ワー，カール
◇成長の三角地帯，国際的経済統合とシンガポール・インドネシア国境地帯（共著）（新井祥穂訳）：アジア太平洋と国際関係の変動—その地政学的展望　Dennis Rumley編，高木彰úss，千葉立也，福嶋依子編　古今書院　1998.2　431p

グラント，イアン・ハミルトン
◇科学・テクノロジーとポストモダニズム　他：ポストモダニズムとは何か　スチュアート・シム編，杉野健太郎ほか訳　松柏社　2002.6　303p　（松柏社叢書—言語科学の冒険 22）

グラント，エリック
◇北方のスフィンクス（前屋敷史子訳）：風景の図像学　D.コスグローヴ，S.ダニエルズ共編，千田稔，内田忠賢監訳　地人書房　2001.3　460p

グリア，コリン
◇すべてが学校化しくされている：脱学校化の可能性—学校をなくせばどうなるか？　イヴァン・イリッチほか著，松崎巌訳　オンデマンド版　東京創元社　2003.6　218p　（現代社会科学叢書）

グリア，ジャーメイン
◇サンフランシスコ川：世界の川を旅する—外輪船でのんびり，ボートでアドベンチャー　マイケル・ウッドほか著，鴻巣友季子訳　白揚社　1995.6　327p

クリアン，アルメル
◇中世アルル周辺における水力利用施設の配置（鎌田隆行訳）：歴史・地図テクストの生成—「統合テクスト科学の構築」第10回国際研究集会報告書　佐藤彰一編　名古屋大学大学院文学研究科　2007.3　112p　(21st century COE program international conference series no.10—テクスト/コンテクスト 2)

クリヴェット，ハインツ
◇アウグスト・テュッセン（共著）：ドイツ企業のパイオニア—その成功の秘密　ヴォルフラム・ヴァイマー編著，和泉雅人訳　大修館書店　1996.5　427p

クリーガー，ライオネル
◇週2回のグループ　他（田宮聡訳）：分析的グループセラピー　ジェフ・ロバーツ，マルコム・パイン編，浅田護，衣笠隆幸監訳　金剛出版　1999.1　261p

クリーク，オットー
◇戦争か平和か：内閣情報部情報宣伝研究資料　第7巻　津金沢聡広，佐藤卓己編　柏書房　1994.6　639p

グリーコ，A. J.
◇中世末期とルネサンスにおける食と社会階級：食の歴史　2　J-L.フランドラン，M.モンタナーリ編，宮原信，北代美和子監訳　藤原書店　2006.2　p434-835

クリシュナ，ミーナ
◇ヒンドゥー合同家族におけるイギリス人と北アメリカ人の義理の娘（共著）：異文化結婚—境界を越える試み　ローズマリー・ブレーガー，ロザンナ・ヒル編著，吉田正紀監訳　新泉社　2005.4　310, 29p

クリシュナン，ヴィシュ・V.
◇デルコンピュータの製品開発（共著）：技術とイノベーションの戦略的マネジメント　下　ロバート・A.バーゲルマン，クレイトン・M.クリステンセン，スティーヴン・C.ウィールライト編著，青島矢一，黒田光太郎，志賀敏宏，田辺孝二，出川通，和賀三和子日本語版監修，岡真由美，斉藤裕一，桜井祐子，中川泉，山本章子訳　翔泳社　2007.7　595p

クリース，ジョン
◇ユーモアがあなたの能力を全開にする：セルフヘルプ—なぜ，私は困難を乗り越えられるのか　世界のビッグネーム自らの47の証言　ケン・シェルトン編著，堀紘一監訳　フロンティア出版　1998.9　301p

クリス，ジョン
◇公共選択（共著）（平野修訳）：経済政策の公共選択分析　アレック・クリスタル，ルパート・ペナンリー編，黒川和美監訳　勁草書房　2002.7　232p

クリスチャンズ，クリフォード・C.
◇社会的責任，企業のモラル，倫理規定：世界のメディア・アカウンタビリティ制度—デモクラシーを守る七つ道具　クロード・ジャン・ベルトラン編著，前沢猛訳　明石書店　2003.5　590p　（明石ライブラリー 49）

クリスチャンソン, ディーン
◇学習障害のある学生に初等数学を教える：事例研究（共著）：障害のある学生を支える―教員の体験談を通じて教育機関の役割を探る　ボニー・M.ホッジ, ジェニー・プレストン-サビン編, 太田晴康監訳, 三沢かがり訳　文理閣　2006.12　228p

クリスティー, ケネス
◇アジア太平洋における経済安全保障の諸概念：紛争か協力か？（松本健志訳）：アジア太平洋と国際関係の変動―その地政学的展望　Dennis Rumley編, 高木彰彦, 千葉立也, 福嶋依子編　古今書院　1998.2　431p

クリスティー, パム
◇南アフリカにおけるインクルーシブ教育―公正と多数派の権利の達成（石田祥代訳）：世界のインクルーシブ教育―多様性を認め, 排除しない教育を　ハリー・ダニエルズ, フィリップ・ガーナー編著, 中村満紀男, 窪田真二監訳　明石書店　2006.3　540p（明石ライブラリー 92）

クリストフ, N.
◇中国の台頭は何を意味するか：アジア成功への課題―『フォーリン・アフェアーズ』アンソロジー　P.クルーグマンほか著, 竹下興喜監訳　中央公論社　1995.3　266p

クリストファー, エルフィス
◇ジェンダーの問題（宮野素子訳）：ユングの世界―現代の視点から　E.クリストファー, H.M.ソロモン共編, 氏原寛, 織田尚生監訳　培風館　2003.3　339p

クリス・レーワー
◇最後の牛までも―あるロヒンギャー女性へのインタビュー：女たちのビルマ―軍事政権下を生きる女たちの声　藤目ゆき監修, タナッカーの会編, 富田あかり訳　明石書店　2007.12　446p（アジア現代女性史 4）

クリーダー, デビッド
◇グローバル・スタイル・ローテーション運用（共著）（太田洋子訳）：資産運用新時代の株式投資スタイル―投資家とファンドマネジャーを結ぶ投資哲学　T.ダニエル・コギン, フランク・J.ファボツィ編　野村総合研究所　1996.3　329p

クリック, ジャン・コール
◇どの子どもみんな特別です：幼児のための多文化理解教育　ボニー・ノイゲバウエル編著, 谷口正子, 斉藤法子訳　明石書店　1997.4　165p

グリック, スティーブン
◇交渉における評判（共著）：ウォートンスクールの意思決定論　ステファン・J.ホッチ, ハワード・C.クンリューサー編, 小林陽太郎監訳, 黒田康史, 大塔達也訳　東洋経済新報社　2006.8　374p（Best solution）

クリッチリー, サイモン
◇脱構築とプラグマティズム：脱構築とプラグマティズム―来たるべき民主主義　シャンタル・ムフ編, 青木隆嘉訳　法政大学出版局　2002.7　179p（叢書・ウニベルシタス 741）

クリッツィング, クラウス・フォン
◇どうしてプリンは柔らかいのに, 石は硬いの？：ノーベル賞受賞者にきく子どものなぜ？なに？　ベッティーナ・シュティーケル編, 畔上司訳　主婦の友社

2003.1　286p
◇どうしてプリンは柔らかいのに石は硬いの？：ノーベル賞受賞者にきく子どものなぜ？なに？　ベッティーナ・シュティーケル編, 畔上司訳　主婦の友社　2005.10　222p

クリッツマン, マーク・P.
◇フォワードレートバイアス：為替オーバーレイ―CFA institute（CFA協会）コンフェレンス議事録　森谷博之訳　パンローリング　2004.8　263p

グリップ-ハーゲルシュタンゲ, ヘルガ
◇初めに区別がある：宗教システム/政治システム―正統性のパラドクス　土方透編著　新泉社　2004.5　266, 3p

クリティアス
◇クリティアス（瀬口昌久訳）：ソクラテス以前哲学者断片集　第5分冊　内山勝利編　岩波書店　1997.3　255p

クリトン, パスカル
◇生きる活力を与えてくれる思想家：フェリックス・ガタリの思想圏―〈横断性〉から〈カオスモーズ〉へ　フェリックス・ガタリほか著, 杉村昌昭訳・編　大村書店　2001.8　189p

グリーファーン, モニカ
◇政府の役割：ゼロ・エミッション―持続可能な産業システムへの挑戦　フリッチョフ・カプラ, グンター・パウリ編　ダイヤモンド社　1996.3　240p

グリフィス, ホセ=マリー
◇なぜウェブは図書館ではないのか（斎藤泰則訳）：デジタル時代の大学と図書館―21世紀における学術情報資源マネジメント　B.L.ホーキンス, P.バッティン編, 三浦逸雄, 斎藤泰則, 広田とし子訳　玉川大学出版部　2002.3　370p（高等教育シリーズ 112）

グリフィン, デイヴィッド・レイ
◇無からの創造・混沌からの創造と, 悪の問題：神は悪の問題に答えられるか―神義論をめぐる五つの答え　スティーヴン・T.デイヴィス編, 本多峰子訳　教文館　2002.7　437p

グリフィン, ニコラス
◇ヴァル・プラムウッド：環境の思想家たち　下（現代編）　ジョイ・A.パルマー編, 須藤自由児訳　みすず書房　2004.11　320p（エコロジーの思想）

グリマッシ, レイヴン
◇人生を歩むということ：魔女手帖　エリザベス・パレット他著, 鏡リュウジ監修　大和書房　2005.12　141p

グリーマン, ジム
◇多様性とお互いの対立：幼児のための多文化理解教育　ボニー・ノイゲバウエル編著, 谷口正子, 斉藤法子訳　明石書店　1997.4　165p

グリムズリー, マーク
◇生き残った「軍事革命」：軍事革命とRMAの戦略史―軍事革命の史的変遷1300～2050年　マクレガー・ノックス, ウィリアムソン・マーレー編著, 今村伸哉訳　芙蓉書房出版　2004.6　318p

グリム兄弟　《Grimm》
◇小さな赤頭巾 他（共著）（三宮郁子訳）：「赤ずきん」

の秘密―民俗学的アプローチ　アラン・ダンダス編、池上嘉彦, 山崎和恵, 三宮郁子訳　紀伊国屋書店　1994.12　325p
◇小さな赤帽子 他（共著）（三宮郁子訳）：「赤ずきん」の秘密―民俗学的アプローチ　アラン・ダンダス編、池上嘉彦ほか訳　新版　紀伊国屋書店　1996.6　325p

グリューゲル, ジャン
◇バスク：マイノリティ・ナショナリズムの現在　マイケル・ワトソン編, 浦野起央, 荒井功訳　刀水書房　1995.11　346p　（人間科学叢書）

グリュンワルド, ゲラルド
◇証人宣誓の問題性について（佐藤芳男訳）：刑事法学の新動向―下村康正先生古稀祝賀　下巻　西原春夫ほか編　成文堂　1995.2　492p

クリーリィ, キャサリーン・W.
◇数学の学習障害のある学生への支援：障害のある学生を支える―教員の体験談を通じて教育機関の役割を探る　ボニー・M.ホッジ, ジェニー・プレストン＝サビン編, 太田晴康監訳, 三沢かがり訳　文理閣　2006.12　228p

グリーン, A. C.
◇責任感のある人間になる：子供たちへの手紙―あなたにこれだけは伝えたい　エリカ・グッド編, 中埜有理訳　三田出版会　1997.7　371p

グリーン, F. ゴードン
◇パノラマ的ヴィジョン―幻覚か, 未知への架け橋か？（共著）（井村宏治訳）：死を超えて生きるもの―霊魂の永遠性について　ゲイリー・ドーア編, 井村宏治, 上野圭一, 笠原敏雄, 鹿子木大士郎, 菅靖彦, 中村正明, 橋村令助訳　春秋社　1993.11　407, 10p

グリーン, アンディ
◇教育における集権化：教育社会学―第三のソリューション　A.H.ハルゼー, H.ローダー, P.ブラウン, A.S.ウェルズ編, 住田正樹, 秋永雄一, 吉本圭一編訳　九州大学出版会　2005.2　660p

グリーン, マクサイン
◇今なお, それはニュースである：脱学校化の可能性―学校をなくせばどうなるか？　イヴァン・イリッチほか著, 松崎巖訳　オンデマンド版　東京創元社　2003.6　218p　（現代社会科学叢書）

グリンウォルド, ジョン
◇トーマス・ワトソン・ジュニア：TIMEが選ぶ20世紀の100人　下巻　アーチスト・エンターテイナー・ヒーロー・偶像・巨頭　徳岡孝夫監訳　アルク　1999.11　332p

グリーンスタイン, フレッド
◇E.ペンドルトン・ヘリング（市雄貴訳）：アメリカ政治学を創った人たち―政治学の口述史　M.ベアー, M.ジューエル, L.サイゲルマン編, 内山秀夫監訳　ミネルヴァ書房　2001.12　387p　(Minerva人文・社会科学叢書 59)

グリンバーグ, ダグラス
◇駱駝引きと招かれざる者（三浦逸雄訳）：デジタル時代の大学と図書館―21世紀における学術情報資源マネジメント　B.L.ホーキンス, P.バッティン編, 三浦逸雄, 斎藤泰則, 広田とし子訳　玉川大学出版部　2002.3　370p　（高等教育シリーズ 112）

グリンバーグ, レオン
◇患者の投影同一化による逆転移のある特異面（下河重雄訳）：対象関係論の基礎―クラインアン・クラシックス　松木邦裕編・監訳　新曜社　2003.9　266p

グリーンバーグ, ロバート
◇アメリカ合衆国における反ユダヤ主義（共著）：現代の反ユダヤ主義　レオン・ポリアコフ編著, 菅野賢治, 合田正人監訳, 小幡谷友二, 高橋博美, 宮崎海子訳　筑摩書房　2007.3　576, 43p　（反ユダヤ主義の歴史 第5巻）

グリンパス, ベネディクト
◇中国の思想（興膳宏訳）：中世の哲学　山田晶監訳　新装版　白水社　1998.6　324, 15p　（西洋哲学の知 2　Francois Chatelet編）

クルーガー, J.
◇日常生活の中の自己中心性と対人的問題（共著）（伊藤忠弘訳）：臨床社会心理学の進歩―実りあるインターフェイスをめざして　R.M.コワルスキ, M.R.リアリー編著, 安藤清志, 丹野義彦監訳　北大路書房　2001.10　465p

クルーガー, ジェフリー
◇ロバート・ゴダード：TIMEが選ぶ20世紀の100人　上巻　指導者・革命家・科学者・思想家・起業家　徳岡孝夫監訳　アルク　1999.11　332p

クルーグマン, デイビッド
◇どうしたら生協を潰せるのか：バークレー生協は, なぜ倒産したか―18人の証言　日本生活協同組合連合会国際部編　コープ出版　1992.5　195p

クルス, ビクトル・ヘルナンデス
◇スペイン語を忘れないで：子供たちへの手紙―あなたにこれだけは伝えたい　エリカ・グッド編, 中埜有理訳　三田出版会　1997.7　371p

グルスマン, ヴォルフ・ディートリッヒ
◇アドルフ・ユリウス・メルクル 上（小田桐忍訳）：国際比較法制研究―ユリスプルデンティア 4　石田喜久夫ほか編　比較法制研究所　1995.6　173, 48p

グルゼラク, ヤヌス
◇葛藤と協同（八木保樹訳）：社会心理学概論―ヨーロピアン・パースペクティブ 2　M.ヒューストン, W.シュトレーベ, J.P.コドル, G.M.スティヴンソン編　誠信書房　1995.1　353p

グルソラ, ジャン=マルク
◇交換のはたらき 他（高塚浩由樹訳）：ブローデル帝国　M.フェロー他著, F.ドス編, 浜名優美監訳　藤原書店　2000.5　294p

クルツ, シュテファン
◇人形の家はいらない！：偽りの肉体―性転換のすべて　バーバラ・カンプラート, ワルトラウト・シッフェル編著, 近藤聡子訳　信山社出版　1998.6　210p

グルデイニン, I. A.
◇現代戦における時間的要素 他：ソ連の軍事面における核革命　ウィリアム・キントナー, ハリエット・ファスト・スコット編　〔防衛研修所〕　1970　345p　（研究資料 70RT-9）

クルト

クルート, セドリック
◇信頼と勤勉の大切さ：子供たちへの手紙―あなたにこれだけは伝えたい　エリカ・グッド編，中埜有理訳　三田出版会　1997.7　371p

グールド, マイケル
◇ペアレンティング：多角化企業の事業戦略　他（共著）：経営戦略論　Harvard Business Review編，Diamondハーバード・ビジネス・レビュー編集部訳　ダイヤモンド社　2001.1　268p

グルドー＝モンターニュ, モーリス
◇画期的変化を前にした国家の役割（渡辺純子訳）：脱グローバリズム宣言―パクス・アメリカーナを超えて　R.ボワイエ，P-F.スイリ編，青木昌彦他著，山田鋭夫，渡辺純子訳　藤原書店　2002.9　262p

グルーネンベルク, ニーナ
◇ハインツ・ニクスドルフ（共著）：ドイツ企業のパイオニア―その成功の秘密　ヴォルフラム・ヴァイマー編著，和泉雅人訳　大修館書店　1996.5　427p

グルーバー, エルマー・R.
◇心霊研究の歴史―ヨーロッパ：心霊研究―その歴史・原理・実践　イヴォール・グラッタン・ギネス編，和田芳久訳　技術出版　1995.12　414p　（超心理学叢書　第4集）

グルバチク, アンドレイ
◇もうひとつのアナーキズムに向かって（木下ちがや訳）：帝国への挑戦―世界社会フォーラム　ジャイ・セン，アニタ・アナンド，アルトゥーロ・エスコバル，ピーター・ウォーターマン編，武藤一羊ほか監訳　作品社　2005.2　462p

クルピヤンコ, アレクサンドル
◇東シホテ＝アリニ(ロシア沿海地方)考古学の新資料（加藤ユーリア，加藤元康訳）：東アジア世界における日本基層文化の考古学的解明―国学院大学21世紀COEプログラム国際シンポジウム予稿集　小林達雄，藤本強，杉山林継，吉田恵二監修，伊藤慎二，山添奈苗編　国学院大学21世紀COEプログラム第1グループ考古学班　2006.9　209p　（21COE考古学シリーズ　7）

クルプスカヤ, N.
◇三月八日：世界女性学基礎文献集成　昭和初期編　第9巻　水田珠枝監修　ゆまに書房　2001.12　20, 387p

グールモ, ジャン＝マリー
◇意味生産行為としての読書：書物から読書へ　ロジェ・シャルチェ編，水林章，泉利明，露崎俊和共訳　みすず書房　1992.5　374p

グルンダー, ハンス＝ウルリヒ
◇なぜ学校はつまらないの?：子ども大学講座　第1学期　ウルリヒ・ヤンセン，ウラ・シュトイアナーゲル編，畔上司訳　主婦の友社　2004.7　285p

クレア, M.（政治）
◇アジアにおける軍拡競争の行方：アジア成功への課題―『フォーリン・アフェアーズ』アンソロジー　P.クルーグマンほか著，竹下興喜監訳　中央公論社　1995.3　266p

クレア, アリシア・アン
◇重度の退行がみられ、アルツハイマー病の疑いがある患者の音楽療法：音楽療法ケーススタディ　下　成人に関する25の事例　ケネス・E.ブルシア編，よしだじゅんこ，酒井智華訳　音楽之友社　2004.4　393p

クレア, リンダ・セント
◇ハイテクによる都市型共同体の発展(共著)：未来社会への変革―未来の共同体がもつ可能性　フランシス・ヘッセルバイン，マーシャル・ゴールドスミス，リチャード・ベックハード，リチャード・F.シューベルト編，加納明弘訳　フォレスト出版　1999.11　327p

グレイ, H. ピーター
◇国際金融システムにおけるミンスキー的不安定性(共著)：現代マクロ金融論―ポスト・ケインジアンの視角から　ゲーリー・ディムスキー，ロバート・ポーリン編，藤井宏文，高屋定美，植ији宏文訳　晃洋書房　2004.4　227p

クレイ, エリザベス
◇子どもが感じている「違い」とその対応方法：幼児のための多文化理解教育　ボニー・ノイゲバウエル編著，谷口正子，斉藤法子訳　明石書店　1997.4　165p

グレイ, コリン
◇9・11後も変らぬ世界政治：衝突を超えて―9・11後の世界秩序　K.ブース，T.ダン編，寺島隆吉監訳，塚田幸三，寺島美紀子訳　日本経済評論社　2003.5　469p

グレイ, ジャン・M.
◇国際金融システムにおけるミンスキー的不安定性(共著)：現代マクロ金融論―ポスト・ケインジアンの視角から　ゲーリー・ディムスキー，ロバート・ポーリン編，藤井宏文，高屋定美，植岛宏文訳　晃洋書房　2004.4　227p

クレイ, ジョン
◇文学と芸術におけるユングの影響（田中信市訳）：ユングの現代的な視点から　E.クリストファー，H.M.ソロモン共編，氏原寛，織田尚生監訳　培風館　2003.3　339p

グレイ, ディビッド
◇ニュージーランド―ハンド・コントロールのレンタカーでひとり旅：車椅子はパスポート―地球旅行の挑戦者たち　アリソン・ウォルシュ編，おそどまさこ日本語版責任編集，森実真弓訳　山と渓谷社　1994.3　687p

グレイ, パトリック
◇東京はエルサレムといかなる関係をもっているのか（矢野和江訳）：歴史と神学―大木英夫教授喜寿記念献呈論文集　下巻　古屋安雄，倉松功，近藤勝彦，阿久戸光晴編　聖学院大学出版会　2006.8　666, 35p

グレイ, ポール
◇アラン・チューリング：TIMEが選ぶ20世紀の100人　上巻　指導者・革命家・科学者・思想家・起業家　徳岡孝夫監訳　アルク　1999.11　332p
◇ジェームズ・ジョイス：TIMEが選ぶ20世紀の100人　下巻　アーチスト・エンターテイナー・ヒーロー・偶像・巨頭　徳岡孝夫監訳　アルク　1999.11　318p

グレイ, メアリー
◇雁はどこへ飛んで行く？：聖霊は女性ではないのか―フェミニスト神学試論　E.モルトマン＝ヴェンデル編，内藤道雄訳　新教出版社　1996.11　281p　（21世紀キリスト教選書 11）

グレイ, ロナルド・F.
◇キリスト教教育の心理学的根拠 他：キリスト教教育の探求 サナー, ハーパー編, 千代崎秀雄ほか共訳 福音文書刊行会 1982.4 785p

クレイク, ウエンディ
◇いじめ問題の発達的, 体系的な展望（共著）：いじめととりくんだ国々―日本と世界の学校におけるいじめへの対応と施策 土屋基規, P.K.スミス, 添田久美子, 折出健二編著 ミネルヴァ書房 2005.12 320p

クレイグ, エリザベス
◇人生経験における仕事の位置づけを見直す（共著）：ピープルマネジメント―21世紀の戦略的人材活用コンセプト Financial Times編, 日経情報ストラテジー監訳 日経BP社 2002.3 271p（日経情報ストラテジー別冊）

グレイク, ジェームズ
◇アルバート・アインシュタイン：TIMEが選ぶ20世紀の100人 上巻 指導者・革命家・科学者・思想家・起業家 徳岡孝夫監訳 アルク 1999.11 332p

グレイス, マーティン・F.
◇国際的保険取引：経済学的側面と政策（共著）(長屋順之訳)：国際的リスク・マネジメントと保険 ハロルド・D.スキッパー, ジュニア編著, 武井勲監訳 生命保険文化研究所 1999.10 729p

グレイソン, ジョン
◇映画が私たちにもたらすもの：実践するセクシュアリティ―同性愛/異性愛の政治学 風間孝, キース・ヴィンセント, 河口和也編 動くゲイとレズビアンの会 1998.8 263p（アイデンティティ研究叢書1）

クレイナー, アート
◇ラーニング・ヒストリー：経験を企業に活かす法（共著）：ナレッジ・マネジメント Harvard Business Review編, Diamondハーバード・ビジネス・レビュー編集部訳 ダイヤモンド社 2000.12 273p

クレイナー, マリリン
◇抜け出そう 自由になろう―アノレキシア・ネルボーザから人生を取り戻したいと願う若い女性のためのグループ・プログラム（共著）(奥野光訳)：ナラティヴ・セラピーの実践 シェリル・ホワイト, デイヴィッド・デンボロウ編, 小森康永監訳 金剛出版 2000.2 275p

グレイバー, デイビッド
◇前衛主義のたそがれ（二宮元訳）：帝国への挑戦―世界社会フォーラム ジャイ・セン, アニタ・アナンド, アルトゥーロ・エスコバル, ピーター・ウォーターマン編, 武藤一羊ほか監訳 作品社 2005.2 462p

グレイバ, ヘルマン
◇ウクライナにおけるユダヤ人虐殺（一九四二年十月）：歴史の目撃者 ジョン・ケアリー編, 仙名紀訳 朝日新聞社 1997.2 421p

クレイビル, H. F.
◇農薬の毒性と発ガンの可能性（松島哲久訳）：環境の倫理 下 K.S.シュレーダー・フレチェット編, 京都生命倫理研究会訳 晃洋書房 1993.11 683p

クレイビル, ロン
◇ローデシアからジンバブエへ：宗教と国家―国際政治の盲点 ダグラス・ジョンストン, シンシア・サンプソン編著, 橋本光平, 畠山圭一監訳 PHP研究所 1997.9 618, 16p

グレヴィル, チャールズ
◇ヴィクトリア女王の戴冠式（一八三八年六月二十九日）：歴史の目撃者 ジョン・ケアリー編, 仙名紀訳 朝日新聞社 1997.2 421p

クレオストラトス
◇クレオストラトス（国方栄二訳）：ソクラテス以前哲学者断片集 第1分冊 内山勝利編 岩波書店 1996.12 367p

クレーゲル, J. A.
◇価値理論, 期待および『一般理論』の第一七章：一般理論―第二版―もしケインズが今日生きていたら G.C.ハーコート, P.A.リーアック編, 小山庄三訳 多賀出版 2005.6 922p

グレゴリー, アニタ
◇心霊研究の歴史―ロシアおよびソビエト連邦 他：心霊研究―その歴史・原理・実践 イヴォール・グラタン・ギネス編, 和田芳久訳 技術出版 1995.12 414p（超心理学叢書 第4集）

グレゴリオス（ナジアンゾスの）
◇神学講話・クレドニオスへの第一の手紙：中世思想原典集成 2 盛期ギリシア教父 上智大学中世思想研究所編訳・監修 平凡社 1992.9 687p

グレゴリオス（ニュッサの）
◇雅歌講話・人間創造論・教理大講話：中世思想原典集成 2 盛期ギリシア教父 上智大学中世思想研究所編訳・監修 平凡社 1992.9 687p
◇モーセの生涯：キリスト教神秘主義著作集 1 ギリシア教父の神秘主義 谷隆一郎, 熊田陽一郎訳 教文館 1992.11 402, 6p

グレゴワール
◇国立工芸院の設立にかんする報告：フランス革命期の公教育論 コンドルセ他著, 阪上孝編訳 岩波書店 2002.1 460, 9p（岩波文庫）

グレーザー, ジョン
◇ジャスト・イン・タイム型ナレッジ・マネジメント（共著）：いかに「時間」を戦略的に使うか Diamondハーバード・ビジネス・レビュー編集部訳 ダイヤモンド社 2005.10 192p（Harvard business review anthology）

グレーザー, ネイサン
◇福祉概念とアメリカ型「福祉」：世界の福祉国家―課題と将来 白鳥令, R.ローズ編著, 木島賢, 川口洋子訳 新評論 2002.12 268p（Shinhyoron selection 41）

クレスポ, セシリア
◇ボリビア（共著）：女性が語る第三世界の素顔―環境・開発レポート アニータ・アナンド編, WFS日本事務局訳 明石書店 1994.6 317p

クレスラー, エリカ
◇ちょうちんごっこ（高橋弘子訳）：幼児のためのメルヘン スーゼ・ケーニッヒ編著, 高橋弘子訳 水声社 1999.9 129p（シュタイナー教育文庫）

グレーソン, ジェームス・H.
◇神社参拝反対と殉教(崔吉城訳)：植民地の朝鮮と台湾—歴史・文化人類学的研究　崔吉城, 原田環共編　第一書房　2007.6　380p　(Academic series new Asia 50)

クレーツ, ジャン＝ルイ
◇メディアの爆発力(山上浩嗣訳)：ブローデル帝国　M.フェロー他著, F.ドス編, 浜名優美監訳　藤原書店　2000.5　294p

グレツィンガー, アルブレヒト
◇エードゥアルト・トゥルンアイゼン：第2次世界大戦後の牧会者たち　日本キリスト教団出版局　2004.7　317p　(魂への配慮の歴史　第12巻　C.メラー編, 加藤常昭訳)

クレッシー, ウィリアム
◇海外留学プログラムとホーム・キャンパスのカリキュラムとの間の橋渡し作業：アメリカの学生と海外留学　B.B.バーン編, 井上雍雄訳　玉川大学出版部　1998.8　198p

グーレット, アゴタ
◇トロツキーの対外経済関係観：トロツキー再評価　P.デュークス, T.ブラザーストン編　新評論　1994.12　381p

クレッパー, スティーブ
◇企業価値を高める資本政策(共著)(山下明訳)：マッキンゼー事業再生—ターンアラウンドで企業価値を高める　本田桂子編著・監訳　ダイヤモンド社　2004.11　231p　(The McKinsey anthology)

クレナー, ウォルフガンク
◇ドイツから見た日本型秩序論争(黒沢隆文訳)：孤立と統合—日独戦後史の分岐点　渡辺尚, 今久保幸生, ヘルベルト・ハックス, ヲルフガンク・クレナー編　京都大学学術出版会　2006.3　395p

グレハン, ファレル
◇ローヌ川(写真)：グレートリバー—地球に生きる・地球と生きる　National Geographic Society編, 田村協之訳　同朋舎出版　1993.7　448p

グレビーズ, ブノワ
◇メディア倫理規定—国際比較研究：世界のメディア・アカウンタビリティ制度—デモクラシーを守る七つ道具　クロード・ジャン・ベルトラン編著, 前沢猛訳　明石書店　2003.5　590p　(明石ライブラリー 49)

グレフ, X.
◇中央集権国家における地域雇用開発：地域の雇用戦略—七ヵ国の経験に学ぶ"地方の取り組み"　樋口美雄, S.ジゲール, 労働政策研究・研修機構編　日本経済新聞社　2005.10　364p

クレフェルト, ヴォルフ
◇世話事件における鑑定人(佐上善和訳)：成年後見事件の審理—ドイツの成年後見事件手続からの示唆　佐上善和著　信山社出版　2000.12　382, 5p

クレプノフ, S. I.
◇弁証法に従って：ソ連の軍事面における核革命　ウィリアム・キントナー, ハリエット・ファスト・スコット編　〔防衛研修所〕　1970　345p　(研究資料 70RT-9)

クレプファー, M.
◇動物保護の憲法問題(赤坂正浩訳)：先端科学技術と人権—日独共同研究シンポジウム　ドイツ憲法判例研究会編　信山社出版　2005.2　428p

グレーベ, ギュンター
◇デュッセルドルフの日本人コミュニティ(水口朋子訳)：海外における日本人, 日本のなかの外国人—グローバルな移民流動とエスノスケープ　岩崎信彦, ケリ・ピーチ, 宮島喬, ロジャー・グッドマン, 油井清光編　昭和堂　2003.2　482p

グレーベ, ヘルマン
◇何かしなければ(共著)：思いやる勇気—ユダヤ人をホロコーストから救った人びと　キャロル・リトナー, サンドラ・マイヤーズ編, 食野雅子訳　サイマル出版会　1997.4　282p

グレボフ, I.
◇作戦術の発達：軍事における革命, その意義と結果—1964年度の赤星の代表的軍事論文集　防衛研修所　1965　158p　(読書資料 12-4-3)

クレーマー, W. P.
◇認識されない逆転移の危険性：ユング派の分析技法—転移と逆転移をめぐって　マイケル・フォーダム, ローズマリー・ゴードン, ジュディス・ハバック, ケネス・ランバート共編, 氏原寛, 李敏子共訳　培風館　1992.7　290p　(分析心理学シリーズ 2)

クレーマース, ルードルフ
◇ヨーゼフ・ヴィッティヒ：第1次世界大戦後の牧会者たち　日本キリスト教団出版局　2004.3　286p　(魂への配慮の歴史　第11巻　C.メラー編, 加藤常昭訳)

クレメンス(アレクサンドレイアの)
◇ストロマテイス, 救われる富者は誰か：中世思想原典集成 1　初期ギリシア教父　上智大学中世思想研究所編訳・監修　平凡社　1995.2　877p

クレール, クリストフ
◇欧州勾留状についての連邦憲法裁判所の判断：法の同化—その基礎, 方法, 内容　ドイツからの見方と日本からの見方　カール・リーゼンフーバー, 高山佳奈子編　De Gruyter Recht　c2006　27, 651p　(Schriften zum Europäischen und Internationalen Privat-, Bank-und Wirtschaftsrecht Bd.10)

クレール, デイヴィッド・ファレル
◇最も純粋な私生児(高桑和巳訳)：デリダと肯定の思考　カトリーヌ・マラブー編, 高橋哲哉, 増田一夫, 高桑和巳監訳　未來社　2001.10　502, 7p　(ポイエーシス叢書 47)

クレレンド, ウィリアム・J.
◇機関投資家のヘッジファンド活用：ヘッジファンドの世界—仕組み・投資手法・リスク　J.レダーマン, R.A.クレイン編, 中央信託銀行オルタナティブアセット研究会訳　東洋経済新報社　1999.1　297p

クーレン, ローター
◇とくにいわゆる業務受託者における正犯と共犯の区別(前嶋匠訳)：組織内犯罪と個人の刑事責任　クヌート・アメルング編著, 山中敬一監訳　成文堂　2002.12　287p

480

グレンドニング, クリスティーナ
◇ヘイ、ヘイ、アナメイ 他：記憶の底から—家庭内暴力を語る女性たち トニー・A.H.マクナロン、ヤーロウ・モーガン編、長谷川真実訳 青弓社 1995.12 247p

クレンナー, ヘルマン
◇比較法と人権（吉川経夫訳）：罪刑法定主義と刑法思想 吉川経夫著 法律文化社 2001.2 479p （吉川経夫著作選集 第2巻）

グローヴ, ノエル
◇ルウェンゾーリ：知られざる辺境へ—世界の自然と人々 ナショナル・ジオグラフィック協会編、亀井よし子訳 岩波書店 1992.7 216p （地球発見ブックス）

黒川 高　クロカワ, タカシ
◇マインドコントロール理論と新宗教：オウム真理教と人権—新宗教・文化ジャーナル『SYZYGY』特別号日本版 SYZYGY特別号日本語版刊行委員会 2000.4 108p

クロコム, ロン
◇太平洋島嶼における地政学的変動（千葉摩, 千葉立也訳）：アジア太平洋と国際関係の変動—その地政学的展望 Dennis Rumley編、高木彰彦、千葉立也、福嶋依子編 古今書院 1998.2 431p

クロス, サム・Y.
◇国際通貨制度とIMFの将来：21世紀の国際通貨システム—ブレトンウッズ委員会報告 ブレトンウッズ委員会日本委員会編　金融財政事情研究会 1995.2 245p

グロス, ステファン
◇ユングの影における人種差別（田畑洋子訳）：ユングの世界—現代の視点から E.クリストファー、H.M.ソロモン共編、氏原寛、織田尚生監訳 培風館 2003.3 339p

グロス, マーチン・J.
◇ファンドオブファンズ：ヘッジファンドの世界—仕組み・投資手法・リスク J.レダーマン, R.A.クレイン編、中央信託銀行オルタナティブアセット研究会訳 東洋経済新報社 1999.1 297p

グロスバーグ, ローレンス
◇アイデンティティとカルチュラル・スタディーズ（佐復秀樹訳）：カルチュラル・アイデンティティの諸問題—誰がアイデンティティを必要とするのか？ スチュアート・ホール、ポール・ドゥ・ゲイ編、宇波彰監訳・解説 大村書店 2001.1 342p

グロスフォーゲル, ラモン
◇カリブの都市システムとグローバル・ロジック：マイアミの事例（川口太郎訳）：世界都市の論理 ポール・L.ノックス、ピーター・J.テイラー共編、藤田直晴訳編 鹿島出版会 1997.5 204p

クローソン, レイチェル
◇交渉における評判（共著）：ウォートンスクールの意思決定論 ステファン・J.ホッチ、ハワード・C.クンリューサー編、小林陽太郎監訳、黒田康史、大塚達也訳 東洋経済新報社 2006.8 374p （Best solution）

クロチキン, P.
◇現代戦と単一指揮：軍事における革命、その意義と結果—1964年度の赤星の代表的軍事論文集 防衛研修所 1965 158p （読書資料 12-4-3）

グロッソ, マイケル
◇死後の世界にたいする恐怖（笠原敏雄訳）：死を超えて生きるもの—霊魂の永遠性について ゲイリー・ドーア編、井村宏治、上野圭一、笠原敏雄、鹿子木大士郎、菅靖彦、中村正明、橘村令助訳 春秋社 1993.11 407, 10p

グロッタネッリ, C.
◇肉とその儀式：食の歴史 1 J-L.フランドラン, M.モンタナーリ編、宮原信、北代美和子監訳 藤原書店 2006.1 429p

クロッティ, ジェームズ・R.
◇アメリカ金融市場は信用を効率的に配分したか—1980年代の企業リストラについて（共著）（仲村靖訳）：アメリカ金融システムの転換—21世紀に公正と効率を求めて ディムスキ、エプシュタイン、ポーリン編、原田善教監訳 日本経済評論社 2001.8 445p （ポスト・ケインジアン叢書 30）
◇アメリカ金融市場は信用を効率的に配分したか—1980年代の企業リストラについて（共著）（仲村靖訳）：アメリカ金融システムの転換—21世紀に公正と効率を求めて ディムスキ、エプシュタイン、ポーリン編、原田善教監訳 日本経済評論社 2005.4 445p （ポスト・ケインジアン叢書 30）

クロッペンシュタイン, エドゥアルト
◇スイスをめぐる俳句旅行（増本浩子訳）：スイスと日本—日本におけるスイス受容の諸相 森田安一編 刀水書房 2004.10 314p

クロトコフ, ユーリー
◇私はベリヤの命令を執行した：ベリヤ—スターリンに仕えた死刑執行人 ある出世主義者の末路 ヴラジーミル・F.ネクラーソフ編、森田明訳 エディションq 1997.9 365p

グローナー, ポール
◇奈良時代末期及び平安時代初期の尼僧受戒の変容（庄山則子訳）：ジェンダーの日本史 上 宗教と民俗 身体と性愛 脇田晴子, S.B.ハンレー編 東京大学出版会 1994.11 670p
◇最澄の戒律観（柳沢正志訳）：最澄—山家の大師 大久保良峻編 吉川弘文館 2004.6 212p （日本の名僧 3）

クロパチェク, L.
◇一二世紀後半から一六世紀初頭のフンジ征服までのヌビア（小森淳子訳）：ユネスコ・アフリカの歴史 第4巻 一二世紀から一六世紀までのアフリカ アフリカの歴史起草のためのユネスコ国際学術委員会編、宮本正興責任編集 D.T.ニアヌ編 同朋舎出版 1992.9 2冊

グローブ, アンドリュー・S.
◇戦略的不協和（共著）：技術とイノベーションの戦略的マネジメント 上 ロバート・A.バーゲルマン, クレイトン・M.クリステンセン、スティーヴン・C.ウィールライト編著、青島矢一、黒田光太郎、志賀敏宏、田辺孝二、出川通、和賀三和子日本語版監修、岡真由美、斉藤裕一、桜井祐子、中川泉、山本章子訳 翔泳社 2007.7 735p

481

グローブ, リンダ
◇一九三二年上智大学靖国事件(福武慎太郎訳):ヤスクニとむきあう 中野晃一,上智大学21世紀COEプログラム編 めこん 2006.8 419p

グローベン, K. K. フォン・デア
◇地球倫理財団の設立について:今こそ地球倫理を ハンス・キューング編,吉田収訳 世界聖典刊行協会 1997.10 346p (ぽんブックス 39)

クローマン, H. フェリックス
◇キャプティブ保険会社(石井征一郎訳):国際的リスク・マネジメントと保険 ハロルド・D.スキッパー,ジュニア編著,武井勲監訳 生命保険文化研究所 1999.10 729p

グロムイコ, アンドレイ
◇ソ連版ヒムラー:ベリヤ―スターリンに仕えた死刑執行人 ある出世主義者の末路 ヴラジーミル・F.ネクラーソフ編,森田明訳 エディションq 1997.9 365p

クローリ, セシリア
◇学生の海外留学プログラム参加決定に影響を与える要因:アメリカの学生と海外留学 B.B.バーン編,井上雍雄訳 玉川大学出版部 1998.8 198p

グロリシャール, アラン
◇人間の恐怖:十八世紀の恐怖―言説・表象・実践 ジャック・ベールシュトルド,ミシェル・ポレ編,飯野和夫,田所光男,中島ひかる訳 法政大学出版局 2003.12 446p (叢書・ウニベルシタス 782)

クロンツ, ブライアン・K.
◇金融サービスの世界的再編成(共著)(西山均訳):国際的リスク・マネジメントと保険 ハロルド・D.スキッパー,ジュニア編著,武井勲監訳 生命保険文化研究所 1999.10 729p

クロンマン, アンソニー・T.
◇錯誤,開示,情報および契約法 他(鹿野菜穂子訳):現代アメリカ契約法 ロバート・A.ヒルマン,笠井修編著 弘文堂 2000.10 400p

クワニック, K. D.
◇不適応的な印象維持(共著)(勝谷紀子訳):臨床社会心理学の進歩―実りあるインターフェイスをめざして R.M.コワルスキ,M.R.リアリー編著,安藤清志,丹野義彦監訳 北大路書房 2001.10 465p

桑原 哲也 クワハラ, テツヤ*
◇第2次世界大戦前の日本紡績業の中国への直接投資(渋谷将訳):続 歴史のなかの多国籍企業―国際事業活動研究の拡大と深化 アリス・タイコーヴァ,モーリス・レヴィ・ルボワイエ,ヘルガ・ヌスバウム編,浅野栄一,鮎沢成男,渋谷将,竹村孝雄,徳重昌志,日高克平訳 中央大学出版部 1993.4 334p (中央大学企業研究所翻訳叢書 6)

桑原 靖夫 クワハラ, ヤスオ
◇日本の雇用・労使関係:先進諸国の雇用・労使関係―国際比較:21世紀の課題と展望 桑原靖夫,グレッグ・バンパー,ラッセル・ランズベリー編 新版 日本労働研究機構 2000.7 551p

桑山 敬己 クワヤマ, タカミ*
◇境界を越えて(千田啓之訳):日本学とは何か―ヨーロッパから見た日本研究、日本から見た日本研究 法政大学国際日本学研究所編 法政大学国際日本学研究センター 2007.3 301p (21世紀COE国際日本学研究叢書 6)

軍事科学院戦史研究部
◇人民解放軍の五十年の歩み:中国建軍50周年(1977年8月1日)記念論文集 〔防衛研修所〕 1979 151p (参考資料 79ZT-10R)

クーンズ, クローディア
◇女の生活圏をめぐる争い――九二八年―一九三四年 他:生物学が運命を決めたとき―ワイマールとナチスドイツの女たち レナード・ブライデンソール,アチナ・グロスマン,マリオン・カプラン編著,近藤和子訳 社会評論社 1992.11 413p

【ケ】

CAREカウンセラー
◇少しずつ私たちは結束する(共著)(土岐篤史訳):ナラティヴ・セラピーの実践 シェリル・ホワイト,デイヴィッド・デンボロウ編,小森康永監訳 金剛出版 2000.2 275p

ゲアバー, クリスティーネ
◇プネウマは吹くがままに吹く:聖霊は女性ではないのか―フェミニスト神学試論 E.モルトマン=ヴェンデル編,内藤道雄訳 新教出版社 1996.11 281p (21世紀キリスト教選書 11)

ゲーアマン, ウード
◇トロツキーとロシア社会民主党―比較革命史論争:トロツキー再評価 P.デュークス,T.ブラザーストン編 新評論 1994.12 381p

ケアモード, フランク
◇変化の時代:人文科学に何が起きたか―アメリカの経験 A.カーナン編,木村武史訳 玉川大学出版部 2001.10 301p (高等教育シリーズ 109)

ゲイ, エドウィン・F.
◇大恐慌(杉田米行訳):フォーリン・アフェアーズ傑作選―アメリカとアジアの出会い 1922-1999 上 フォーリン・アフェアーズ・ジャパン編・監訳 朝日新聞社 2001.2 331p

卿 希泰 ケイ, キタイ
◇道教の倫理道徳思想(方亞平訳):東洋学論集―中村璋八博士古稀記念 中村璋八博士古稀記念論集編集委員会編 汲古書院 1996.1 1272, 3p

桂 玉植 ケイ, ギョクショク
◇私から見た日本人と日本社会:中国人の見た日本―留学経験者の視点から 段躍中編,朱建栄ほか著,田縁美幸ほか訳 日本僑報社 2000.7 240p

邢 志強 ケイ, シキョウ
◇日本の教育:中国人の見た日本―留学経験者の視点から 段躍中編,朱建栄ほか著,田縁美幸ほか訳 日本僑報社 2000.7 240p

邢 衆 ケイ, シュウ* 《Xing, Zhong》
◇死緩制度の必要性に関する試論:中国の死刑制度と労働改造 鈴木敬夫編訳 成文堂 1994.8 298p (アジア法叢書 18)

桂 世勲　ケイ, セイクン*
◇80歳以上後期高齢者の長期介護ニーズと対策：中国人口問題のいま—中国人研究者の視点から　若林敬子編著, 筒井紀美訳　ミネルヴァ書房　2006.9　369p

ケイ, ビバリー・L.
◇リーダーたるための技能（共著）：未来組織のリーダー—ビジョン・戦略・実践の革新　フランシス・ヘッセルバイン, マーシャル・ゴールドスミス, リチャード・ベカード編, 田代正美訳　ダイヤモンド社　1998.7　239p

計画簡素化専門委員会　《A tervezés egyszerusítésével foglalkozószakbizottság》
◇計画化の簡素化：計画から市場へ—ハンガリー経済改革思想史 1954-1988　平泉公雄編訳　アジア経済研究所　1992.3　355p　（翻訳シリーズ 32）

ケイザー, マーサ
◇離婚問題であなたを傷つけてしまった：子供たちへの手紙—あなたにこれだけは伝えたい　エリカ・グッド編, 中埜有理訳　三田出版会　1997.7　371p

経済委員会　《Közgazdasági Bizottság》
◇国民経済計画化, 計画遂行の要因と方法 他：計画から市場へ—ハンガリー経済改革思想史 1954-1988　平泉公雄編訳　アジア経済研究所　1992.3　355p　（翻訳シリーズ 32）

経済協力開発機構　《OECD》
◇公共の科学と技術：アメリカの教育改革　アメリカ教育省他著, 西村和雄, 戸瀬信之編訳　京都大学学術出版会　2004.7　329p

ゲイジー, トリシア
◇結婚という選択（共著）：ベストパートナーの見分け方　ロザリー・バーネット編著, 鈴木理恵子訳　同朋舎　1997.9　151p

ケイツ, キャレン
◇世代間ギャップを超えて中高年社員を働かせる方程式（共著）：ピープルマネジメント—21世紀の戦略的人材活用コンセプト　Financial Times編, 日経情報ストラテジー監訳　日経BP社　2002.3　271p　（日経情報ストラテジー別冊）

ケイツ, ジェームス・E.
◇ビジネス・インテリジェンス—インテリジェンスのはしごを上る：米先進企業CIOが明かすIT経営を成功させる17の「法則」　ディーン・レーン編, 飯田雅美, 高野恵里訳, 日経情報ストラテジー監訳　日経BP社　2005.7　431p

ゲイツ, フィリップ・J.
◇エドワード・オズボーン・ウィルソン：環境の思想家たち　下（現代編）　ジョイ・A.パルマー編, 須藤自由児訳　みすず書房　2004.11　320p　（エコロジーの思想）

ケイト, ロドニー・M.
◇ペアになる（共著）：ベストパートナーの見分け方　ロザリー・バーネット編著, 鈴木理恵子訳　同朋舎　1997.9　151p

ゲイラー, マイケル
◇考える人々の信仰（共著）：神を見いだした科学者たち 2　E.C.バレット編, 佐藤是伸訳　いのちのことば社　1995.10　214p

ゲイラー, ルース
◇考える人々の信仰（共著）：神を見いだした科学者たち 2　E.C.バレット編, 佐藤是伸訳　いのちのことば社　1995.10　214p

ケイン, H. H.
◇ニューヨークのハシシ・ハウス（下薗淳子訳）：ドラッグ・ユーザー　ジョン・ストロースボー, ドナルド・ブレイス編, 高城恭子ほか訳　青弓社　1995.9　219p

ゲヴァーツ, ジェイコブ・L.
◇全体の環境と生体が変化する文脈のなかで, 学習は行動発達の主要な基盤を提供する（共著）：行動分析学からの発達アプローチ　シドニー・W.ビジュー, エミリオ・リベス編, 山口薫, 清水直治監訳　二瓶社　2001.7　253p

ケアリ, ジョージ
◇寛容と自分自身の信仰に誠実であることは互いに排除し合うものではない：今こそ地球倫理を　ハンス・キューング編, 吉田収訳　世界聖典刊行協会　1997.10　346p　（ぼんブックス 39）

ゲオルギエフ, ユーリー
◇『リヒアルト・ゾルゲ伝記的スケッチ』（上下2巻）の抄訳　ゾルゲ事件関係外国語文献翻訳集 no.1　日露歴史研究センター事務局編　日露歴史研究センター事務局　2003.10　44p
◇「ゾルゲ誤報者説」の狙いと論拠について：ゾルゲ事件関係外国語文献翻訳集 no.6　日露歴史研究センター事務局編　日露歴史研究センター事務局　2005.2　52p
◇ゾルゲとリュシコフについてのロシア人研究者の見解：ゾルゲ事件関係外国語文献翻訳集 no.9　日露歴史研究センター事務局編　日露歴史研究センター事務局　2005.10　73p
◇ジョー・コイデ（小出）と国際レーニン学校：ゾルゲ事件関係外国語文献翻訳集 no.10　日露歴史研究センター事務局編　日露歴史研究センター事務局　2005.12　64p
◇ゾルゲ巣鴨監獄における最後の戦い：ゾルゲ事件関係外国語文献翻訳集 no.11　日露歴史研究センター事務局編　日露歴史研究センター事務局　2006.3　65p
◇リヒアルト・ゾルゲと第2次世界大戦の秘密の解明：ゾルゲ事件関係外国語文献翻訳集 no.15　日露歴史研究センター事務局編　日露歴史研究センター事務局　2007.5　69p

ゲゲオ, デービッド・W.
◇西ソロモン諸島における日本軍の前線の背後で 他：ビッグ・デス—ソロモン人が回想する第二次世界大戦　ジェフリー・ホワイトほか編, 小柏葉子監訳, 小柏葉子, 今貝裕美子訳　現代史料出版　1999.8　226p

ゲーゲン, ケネス・J.
◇ポストモダン心理学にむけて（永井務訳）：心理学とポストモダニズム—社会構成主義とナラティヴ・セラピーの研究　シュタイナー・クヴァル編, 永井務監訳　こうち書房　2001.7　294p

ケスタース, ウィム
◇EU東方拡大とドイツ（共著）（今久保幸生訳）：孤立と統合—日独戦後史の分岐点　渡辺尚, 今久保幸生, ヘルベルト・ハックス, ヲルフガンク・クレナー編　京都大学学術出版会　2006.3　395p

ゲストリヒ, クリストフ
◇恩寵のキリスト教的理解：仏教とキリスト教の対話――浄土真宗と福音主義神学　ハンス＝マルティン・バールト，マイケル・パイ，箕浦恵了編　法蔵館 2000.11　311p

ゲスナー, ヨハン・マティアス
◇司書の特性（河井弘志訳）：司書の教養　河井弘志編訳　京都大学図書館情報学研究会　2004.8　127p

ケスラー, フリードリッヒ
◇附合契約―契約自由に関する考察（曽野裕夫訳）：現代アメリカ契約法　ロバート・A.ヒルマン，笠井修編著　弘文堂　2000.10　400p

ケスラー＝ハリス, アリス
◇いまジェンダー史とは何か（細川道久訳）：いま歴史とは何か　D.キャナダイン編著，平田雅博，岩井淳，菅原秀二，細川道久訳　ミネルヴァ書房　2005.5　267, 14p　（Minerva歴史・文化ライブラリー 5）

月刊朝鮮編集部
◇悪魔と地獄、そして人間 他：北朝鮮大動乱　朝鮮日報『月刊朝鮮』編，黄民基訳　講談社　1994.11　545p
◇金日成・金正日と会った韓国の密使たち 他：金正日その衝撃の実像　朝鮮日報『月刊朝鮮』編，黄民基訳　講談社　1994.11　568p
◇「変人」か「卓越した指導者」か？―証言 近くで見た金正日：金正日、したたかで危険な実像　朝鮮日報『月刊朝鮮』編著，黄珉基訳　講談社　1997.12　301p　（講談社+α文庫）

ゲッツ, T.
◇第一回婦人労働者労働組合會議：世界女性学基礎文献集成　昭和初期編 第9巻　水田珠枝監修　ゆまに書房　2001.12　20, 387p

ゲッツ, ヴェルナー
◇騎士の生活：ドイツ中世の日常生活―騎士・農民・都市民　コルト・メクゼーパー，エリーゼベト・シュラウト共編，赤阪俊一，佐藤専次共訳　刀水書房 1995.6　205p　（刀水歴史全書 35）

ゲッツ, クリスティアーネ
◇フィリップ・ホルツマン 他（共著）：ドイツ企業のパイオニア―その成功の秘密　ヴォルフラム・ヴァマー編著，和泉雅人訳　大修館書店　1996.5　427p

ゲッペルト, クラウス
◇詐欺罪について（杉山和之訳）：法律学的対話におけるドイツと日本―ベルリン自由大学・日本大学共同シンポジウム　永田誠，フィーリプ・クーニヒ編集代表　信山社　2006.12　385p

ゲディックス, ジェイン
◇統合法人データベースの開発：金融データベース・マーケティング―米国における業務とシステムの実態　アーサー・F.ホルトマン，ドナルド・C.マン編著，森田秀和，田尾啓一訳　東洋経済新報社 1993.10　310p

ゲートマン, カール・フリードリヒ
◇『存在と時間』におけるハイデガーの行為概念（吉本浩訳）：ハイデガーと実践哲学　A.ゲートマン＝ジーフェルト，O.ペゲラー編，村鍛二，竹市明弘，宮原勇監訳　法政大学出版局　2001.2　519, 12p　（叢書・ウニベルシタス 550）

ケーニーグ, エヴリーヌ
◇スペインならびにラテン・アメリカにおける反ユダヤ主義：現代の反ユダヤ主義　レオン・ポリアコフ編著，菅野賢治，合田正人監訳，小幡谷友二，高橋博美，宮崎海子訳　筑摩書房　2007.3　576, 43p　（反ユダヤ主義の歴史 第5巻）

ケーニッヒ, フランツ
◇運命の共同体としての人類：今こそ地球倫理を　ハンス・キューング編，吉田収訳　世界聖典刊行協会 1997.10　346p　（ほんブックス 39）

ケネディ, ドナルド
◇変化のために（三浦逸雄訳）：デジタル時代の大学と図書館―21世紀における学術情報資源マネジメント　B.L.ホーキンス，P.バッティン編，三浦逸雄，斎藤泰則，広田とし子訳　玉川大学出版部　2002.3　370p　（高等教育シリーズ 112）

ケネディ, バーデリイ・B.
◇テキストにマーキングする：集中力、理解力、持続力を向上させる支援：障害のある学生を支える―教員の体験談を通じて教育機関の役割を探る　ボニー・M.ホッジ，ジェニー・プレストン−サビン編，太田晴康監訳，三沢かがり訳　文理閣　2006.12　228p

ケーヒル, リサ・ソール
◇同性愛（有村浩一訳）：キリスト教は同性愛を受け入れられるか　ジェフリー・S.サイカー編，森本あんり監訳　日本キリスト教団出版局　2002.4　312p

ケーブル, ウルズラ
◇ドイツ労働・社会法秩序における団体の機能（西谷敏訳）：団体・組織と法―日独シンポジウム　松本博之，西谷敏，守矢健一編　信山社出版　2006.9　388, 3p

ケベック連帯経済グループ
◇連帯経済：抵抗と建設（大屋定晴訳）：もうひとつの世界は可能だ―世界社会フォーラムとグローバル化への民衆のオルタナティブ　ウィリアム・F.フィッシャー，トーマス・ポニア編，加藤哲郎監修，大屋定晴，山口響，白井聡，木下ちがや監訳　日本経済評論社　2003.12　461p

ゲーベル, アンドレアス
◇政治システムの自己記述：宗教システム/政治システム――正統性のパラドクス　土方透編著　新泉社 2004.5　266, 3p

ケヤード, エドワード
◇宗教進化論（融適玄訳）：宗教学の形成過程　第2巻　島薗進，鶴岡賀雄，星野靖二訳　クレス出版　2006.10 1冊　（シリーズ日本の宗教学 4）

ケラー, S.
◇研究から開発への技術移転（共著）：技術とイノベーションの戦略的マネジメント　下　ロバート・A.バーゲルマン，クレイトン・M.クリステンセン，スティーヴン・C.ウィールライト編著，青島矢一，黒田光太郎，志賀敏宏，田辺孝二，出川通，和賀三和子日本語版監修，岡真由美，斉藤裕一，桜井祐子，中川泉，山本章子訳　翔泳社　2007.7　595p

ケーラー, ギュンター
◇ヴァイマル共和国の社会階級と宗教：ヴァイマル共和国の宗教史と精神史　フーベルト・カンツィク編，池田昭，浅野洋監訳　御茶の水書房　1993.2　434p

ケラー, ジェフ
◇人々の潜在能力を目覚めさせる、それが彼の使命だ：思考は現実化する―私はこうして思考を現実化した 実践編　ナポレオン・ヒル財団日本リソーセス編・訳　騎虎書房　1997.3　231p

ケーラー, ヘルムート
◇契約締結の手続（滝沢昌彦訳）：ヨーロッパ統一契約法への道　ユルゲン・バセドウ編、半田吉信ほか訳　法律文化社　2004.6　388p

ケラー, マルティ
◇クローゼット：記憶の底から―家庭内性暴力を語る女性たち　トニー・A.H.マクナロン、ヤーロウ・モーガン編、長谷川真実訳　青弓社　1995.12　247p

ケリー, ウィリアム・W.
◇都会における場の発見（白鳥義彦訳）：歴史としての戦後日本　下　アンドルー・ゴードン編、中村政則監訳　みすず書房　2001.12　437, 37p

ケリー, キャロリン
◇教育が単独でできること（共著）：教育社会学―第三のソリューション　A.H.ハルゼー、H.ローダー、P.ブラウン、A.S.ウェルズ編、住田正樹、秋永雄一、吉本圭一編訳　九州大学出版会　2005.2　660p

ケリー, スー
◇モルジブ―夫と娘に介助され、島のバンガロー滞在他：車椅子はパスポート―地球旅行の挑戦者たち　アリソン・ウォルシュ編、おそどまさこ日本語版責任編集、森実真弓訳　山と渓谷社　1994.3　687p

ケリー, マイケル
◇ガダマー・ハーバーマス論争、再考―倫理問題をめぐって（山口晃訳）：普遍主義対共同体主義　デヴィッド・ラスマッセン編、菊池理夫、山口晃、有賀誠訳　日本経済評論社　1998.11　433p

ケリアン, アンヌ
◇マルチチュードの逃亡線：新世界秩序批判―帝国とマルチチュードをめぐる対話　トマス・アトゥッェル、ヨスト・ミュラー編、島村賢一訳　以文社　2005.10　187p

ケリクホヴ, デリク・デ
◇ニュー・サイコテクノロジー：歴史のなかのコミュニケーション―メディア革命の社会文化史　デイヴィッド・クローリー、ポール・ヘイヤー編、林進、大久保広雄訳　新曜社　1995.4　354p

ゲーリシュ, ラインハルト
◇マティーアス・クラウディウス：正統派、敬虔派、啓蒙派の時代の牧会者たち　2　日本キリスト教団出版局　2002.10　268p（魂への配慮の歴史 第8巻　C.メラー編、加藤常昭訳）

ゲーリッツ, ペーター
◇仏教：諸宗教の倫理学―その教理と実生活　第1巻　性の倫理　M.クレッカー、U.トゥヴォルシュカ編、石橋孝明、榎津重喜訳　九州大学出版会　1992.4　240, 3p
◇日本の新興宗教：諸宗教の倫理学―その教理と実生活　第3巻　健康の倫理　M.クレッカー、U.トゥヴォルシュカ編、石橋孝明ほか訳　九州大学出版会　1994.9　212, 2p

ゲルー, サリナ
◇ザンビア（共著）：女性が語る第三世界の素顔―環境・開発レポート　アニータ・アナンド編、WFS日本事務局訳　明石書店　1994.6　317p

ゲルヴァシ, セアン
◇レーガン・ドクトリンと南部アフリカの「不安定化」（共著）：西側による国家テロ　アレクサンダー・ジョージ編、古川久雄、大木昌訳　勉誠出版　2003.8　275, 80p

ケルヴェガン, ジャン＝フランソワ
◇カール・シュミットと「世界統一」（古賀敬太訳）：カール・シュミットの挑戦　シャンタル・ムフ編、古賀敬太、佐野誠訳　風行社　2006.5　300, 9p

ケルコプス
◇ケルコプス（国方栄二訳）：ソクラテス以前哲学者断片集　第1分冊　内山勝利編　岩波書店　1996.12　367p

ケルシー, マイケル
◇救われる蛇と救う蛇（林淳訳）：異文化から見た日本宗教の世界　ポール・L.スワンソン、林淳編　法蔵館　2000.9　302p（叢書・現代世界と宗教 2）

ゲルスター, ゲオルグ
◇ザイール川：グレートリバー―地球に生きる・地球と生きる　National Geographic Society編、田村協子訳　同朋舎出版　1993.7　448p

ゲルダー, ロバート・ヴァン
◇シュテファン・ツヴァイク（新庄哲夫訳）：インタヴューズ　2　クリストファー・シルヴェスター編、新庄哲夫ほか訳　文芸春秋　1998.11　451p

ゲルツェン, アレクサンドル
◇学問におけるディレッタンティズム 他：19世紀ロシアにおけるユートピア社会主義思想　森宏一編訳　光陽出版社　1994.3　397p

ゲルトルート（ヘルフタの）
◇神の愛の使者（小竹澄栄訳）：中世思想原典集成　15　女性の神秘家　上智大学中世思想研究所編訳・監修　平凡社　2002.4　1061p

ケルナー, ダグラス
◇エーリッヒ・フロム、フェミニズム、そしてフランクフルト学派（清真人訳）：アメリカ批判理論の現在―ベンヤミン、アドルノ、フロムを超えて　マーティン・ジェイ編、永井務監訳　こうち書房　2000.10　511p

ケルナー, ラインハルト
◇十字架のヨハネ：宗教改革期の牧会者たち　2　日本基督教団出版局　2001.10　212p（魂への配慮の歴史 第6巻　C.メラー編、加藤常昭訳）

ケルナーロジャース, マイロン
◇共同体の逆説と可能性（共著）：未来社会への変革―未来の共同体がもつ可能性　フランシス・ヘッセルバイン、マーシャル・ゴールドスミス、リチャード・ベックハード、リチャード・F.シューベルト編、加納明弘訳　フォレスト出版　1999.11　327p

ゲルハルツ, カール
◇モンテッソーリ学校の有機的下部構造としてのモンテッソーリの『子どもの家』（久野弘幸訳）：子どものための教育―徹底的学校改革者同盟教育研究大会

485

ケルヒニ

(1932年)報告『子どもの苦難と教育』より　船尾日出志監修, 久野弘幸編訳　学文社　2004.3　254, 4p

ケルビーニ, ジョヴァンニ
◇農民と農作業：中世の人間——ヨーロッパ人の精神構造と創造力　ジャック・ル・ゴフ編, 鎌田博夫訳　法政大学出版局　1999.7　440, 31p　(叢書・ウニベルシタス 623)

ゲルル, ハンナ＝バーバラ
◇シエナのカテリーナ：中世の牧会者たち　日本基督教団出版局　2001.6　266p　(魂への配慮の歴史 第4巻　C.メラー編, 加藤常昭訳)

ケルンバウアー, ハンス
◇インフレーションから不況へ——九一八年から一九三四年までのオーストリア経済(共著)：オーストリア・ファシズム——九三四年から一九三八年までの支配体制　エンマリヒ・タロヴォ, ヴォルフガング・ノイゲバウアー編, 田中浩, 村松恵二訳　未来社　1996.10　292p

厳 家其　ゲン, カキ
◇国家連邦の特色を持った連邦制の実現を：鄧小平後の中国——中国人専門家50人による多角的な分析　上巻　何頻編著, 現代中国事情研究会訳　三交社　1994.12　386p
◇連邦制とチベットの未来：中国民主活動家チベットを語る　曹長青編著, ペマ・ギャルポ監訳, 金谷譲訳　日中出版　1999.11　366p　(チベット選書)

権 憲益　ケン, ケンエキ*
◇ヴェトナムにおけるアメリカ戦の亡霊(堀田義太郎訳)：脱暴力へのマトリックス　大越愛子, 井桁碧編著　青弓社　2007.3　314p　(戦後・暴力・ジェンダー 2)

厳 従簡　ゲン, ジュウカン*
◇殊域周咨録：明代琉球資料集成　原田禹雄訳注　榕樹書林　2004.12　553p

厳 汝嫻　ゲン, ジョカン*
◇ナシ(納西)族——永寧地区 他(百田弥栄子訳)：中国少数民族の婚姻と家族　上巻　厳汝嫻主編, 江守五夫監訳, 百田弥栄子, 曽士才, 栗原悟訳　第一書房　1996.12　298p　(Academic series—New Asia 18)
◇トゥ(土)族(曽士才訳)：中国少数民族の婚姻と家族　下巻　厳汝嫻主編, 江守五夫監訳, 百田弥栄子, 曽士才, 栗原悟訳　第一書房　1996.12　335, 11p　(Academic series—New Asia 20)

阮 斉林　ゲン, セイリン
◇社会の管理秩序を害する罪 他(共著)：中国刑法教科書——各論　何秉松主編, 長井円編訳　八千代出版　2003.6　19, 549, 34p

厳 存生　ゲン, ゾンセイ　《Yan, Cun Sheng》
◇人権主体論：中国の人権論と相対主義　鈴木敬夫編訳　成文堂　1997.10　314p　(アジア法叢書 22)

阮 大鍼　ゲン, タイセイ
◇国朝燕子箋(宮原民平訳註)：国訳漢文大成　第7巻　文学部　第2輯 上　日本図書センター　2000.9　1275p

阮 直　ゲン, チョク*
◇爆竹の思い出：必読！今, 中国が面白い——中国が解る60編　2007年版　而立会訳, 三潴正道監訳　日本僑報社　2007.8　240p

元 董仲　ゲン, トウチュウ*
◇三聖記：桓檀古記——蒙古斑族淵源物語　桂延寿編, 朴尚得訳　春風書房　2003.7　410p

阮 銘　ゲン, メイ
◇民衆はテロリストではない：鄧小平後の中国——中国人専門家50人による多角的な分析　上巻　何頻編著, 現代中国事情研究会訳　三交社　1994.12　386p
◇回り舞台の周恩来：人間・周恩来——紅朝宰相の真実　金鐘編, 松田州二訳　原書房　2007.8　370p

ケンウェイ, ジェイン
◇教育と保守主義の言説のポリティクス(樋田大二郎訳)：フーコーと教育——〈知＝権力〉の解読　S.J.ボール編著, 稲垣恭子, 喜名信之, 山本雄二監訳　勁草書房　1999.4　285, 4p

ケンダル, J.
◇イギリスにおける「社会的経済」(共著)(中川雄一郎訳)：社会的経済——近未来の社会経済システム　J.ドゥフルニ, J.L.モンソン編著, 富沢賢治, 内山哲朗, 佐藤誠, 石塚秀雄, 中川雄一郎ほか訳　日本経済評論社　1995.3　486p
◇イギリスにおける「社会的経済」(共著)(中川雄一郎訳)：社会的経済——近未来の社会経済システム　J.ドゥフルニ, J.L.モンソン編著, 富沢賢治ほか訳　オンデマンド版　日本経済評論社　2003.6　486p

ケンプ, ジャック
◇誰がIMFを必要としているのか：IMF改廃論争の論点　ローレンス・J.マッキラン, ピーター・C.モントゴメリー編, 森川公隆監訳　東洋経済新報社　2000.11　285p

ケンプ, ベルナルト
◇ヨーハン・フリードリヒ・オーバリン：正統派, 敬虔派, 啓蒙派の時代の牧会者たち 2　日本キリスト教団出版局　2002.10　268p　(魂への配慮の歴史 第8巻　C.メラー編, 加藤常昭訳)

ケンプ, マージェリー
◇マージェリー・ケンプの書(松井倫子訳)：中世思想原典集成 15　女性の神秘家　上智大学中世思想研究所編訳・監修　平凡社　2002.4　1061p

ケンブル, フランシス・アン
◇鉄道開通——リバプール—マンチェスター間(一八三〇年九月十五日)：歴史の目撃者　ジョン・ケアリー編, 仙名紀訳　朝日新聞社　1997.2　421p

【コ】

高 日東　コ, イルドン
◇経済安全保障 東アジアから見て 他(共著)：ロシアの総合的安全保障環境に関する研究——東アジア地域における諸問題　総合研究開発機構　2000.3　225p　(NIRA研究報告書)

呉 咏梅　ゴ, エイバイ*
◇プチブル気分と日本のテレビドラマ：〈意〉の文化と〈情〉の文化——中国における日本研究　王敏編著, 岡部明日香ほか訳　中央公論新社　2004.10　444p　(中公叢書)

呉 焔　ゴ, エン*
◇下部組織まで厳正な会計監査を：必読！今、中国が面白い―中国が解る60編　2007年版　而立会訳, 三潴正道監訳　日本僑報社　2007.8　240p

呉 学文　ゴ, ガクブン*
◇中国の戦友と歩む大いなる道―兵頭義清氏：新中国に貢献した日本人たち―友情で綴る戦後史の一コマ続　中国中日関係史学会編, 武吉次朗訳　日本僑報社　2005.11　520p

呉 競　ゴ, キョウ
◇国訳貞観政要（公田連太郎訳註）：国訳漢文大成　第13巻　続経子史部　第3輯　上　日本図書センター　2000.9　670p

胡 暁真　ゴ, ギョウシン*
◇文苑・多羅・華蔓（福士由紀訳）：『婦女雑誌』からみる近代中国女性　村田雄二郎編著　研文出版　2005.2　408p

胡 暁琳　ゴ, ギョウリン*
◇社会参加の意識と行動 他：中国の女性―社会的地位の調査報告　陶春芳, 蒋永萍編, 山下威士, 山下泰子監訳　尚学社　1995.7　354, 108, 4p

呉 潔雯　ゴ, ケツブン*
◇セントラルから上海バンドへ：香港回帰―ジャーナリストが見た'97.7.1　ユエン・チャン, 盧敬華共編, 日野みどり訳　凱風社　1998.6　197p

胡 建華　ゴ, ケンカ*
◇高等教育管理体制の改革（鮑威訳）：1990年代以降の中国高等教育の改革と課題　黄福濤編著　広島大学高等教育研究開発センター　2005.3　121p　（高等教育研究叢書 81）

呉 浩然　ゴ, コウゼン*
◇尉官級以下の日本戦犯改造：覚醒―撫順戦犯管理所の六年 日本戦犯改造の記録　撫順市政協文史委員会原編, 中国帰還者連絡会翻訳編集委員会訳編　新風書房　1995.4　288p

呉 克堅　ゴ, コクケン*
◇陝甘寧邊區施政綱領を論ず 他：20世紀日本のアジア関係重要研究資料　1　東亜研究所刊行物　東亜研究所編著　竜渓書舎　1999.12　16冊（セット）

呉 志光　ゴ, シコウ*
◇わが国における死刑執行停止の方法（共著）：東アジアの死刑廃止論考　鈴木敬夫編訳　成文堂　2007.2　261p　（アジア法叢書 26）

高 濬煥　ゴ, ジュンファン*
◇韓国の仲裁法：韓国法の現在　下　小島武司, 韓相範編　中央大学出版部　1993.10　477p　（日本比較法研究所研究叢書 27）

顧 肖栄　ゴ, ショウエイ*
◇マネーロンダリング犯罪処罰規制の国際化と中国の法的対応（金永明訳）：神山敏雄先生古稀祝賀論文集第2巻　経済刑法　斉藤豊治, 日高義博, 甲斐克則, 大塚裕史編　成文堂　2006.8　546p

呉 松弟　ゴ, ショウテイ*
◇遼宋金元時代の中国における南北人口発展の重大な不均衡とその相関問題（遠藤隆俊訳）：宋代の長江流域―社会経済史の視点から　宋代史研究会編　汲古書院　2006.10　304, 8p　（宋代史研究会研究報告 第8集）

呉 如嵩　ゴ, ジョスウ*
◇日清戦争中の北洋海軍使用問題について（共著）：中国人の見た中国・日本関係史―唐代から現代まで　中国東北地区中日関係史研究会編, 鈴木静夫, 高田祥平編訳　東方出版　1992.12　450p

高 珽烋　ゴ, ジョンヒュ
◇八・一五前後の国際情勢と政治勢力の動向：朝鮮民族解放運動の歴史―平和的統一への模索　姜万吉編著, 太田修, 庵逧由香訳　法政大学出版局　2005.4　369, 29p　（韓国の学術と文化 21）

伍 振鷟　ゴ, シンサク*
◇台湾における高等教育の発展（共著）：アジアの大学―従属から自立へ　フィリップ・G.アルトバック, ヴィスワナタン・セルバラトナム編, 馬越徹, 大塚豊監訳　玉川大学出版部　1993.10　380p

呉 心伯　ゴ, シンハク*
◇中国の朝鮮半島政策を解題する（山根健至訳）：東アジア共同体という幻想　中逵啓示編　ナカニシヤ出版　2006.8　232p

高 淑和　ゴ, スクヮ
◇日帝下における社会運動と衡平運動：朝鮮の「身分」解放運動　民族教育文化センター訳, 衡平運動70周年記念事業会編　部落解放研究所　1994.7　223p

胡 靖　ゴ, セイ*
◇琉球記他：明代琉球資料集成　原田禹雄訳注　榕樹書林　2004.12　553p

古 清正　ゴ, セイショウ*
◇中国は行動すべきだ：ノーと言える中国　宋強ほか著, 莫邦富ほか訳　日本経済新聞社　1996.11　371p
◇中国は行動すべきだ：ノーと言える中国　張蔵編ほか著, 莫邦富編訳　新潮社　1999.9　507p　（新潮文庫）

呉 正章　ゴ, セイショウ*
◇中国の地域区分と地域の特徴（共著）：中国経済の地域間産業連関分析　市村真一, 王慧炯編　創文社　2004.2　210p　（ICSEAD研究叢書 2　阿部茂行ほか編）

呉 宗金　ゴ, ソウキン
◇序論 他（廣江倫子訳）：中国民族法概論　呉宗金編著, 西村幸次郎監訳　成文堂　1998.10　310p　（アジア法叢書 24）

呉 祖光　ゴ, ソコウ*
◇食を語る―中国人、「食」を語る　晩白, 晩珊選編, 多田敏宏訳　近代文芸社　2003.12　219p

呉 大華　ゴ, タイカ*
◇少数民族の特徴に依る変通補充法律制度（小林正典訳）：中国民族法概論　呉宗金編著, 西村幸次郎監訳　成文堂　1998.10　310p　（アジア法叢書 24）

高 太宇　ゴ, テウ*
◇新言語と共に革命が完成される：北朝鮮―その衝撃の実像　朝鮮日報『月刊朝鮮』編, 黄民基訳　新訂講談社　1994.10　549p
◇金日成の家計図を分析する 他：金正日その衝撃の実像　朝鮮日報『月刊朝鮮』編, 黄民基訳　講談社　1994.11　568p

コ

呉 展良　ゴ, テンリョウ*
◇朱子の認識観および認知方式の基本性質(佐藤実訳): 東アジア世界と儒教―国際シンポジウム　吾妻重二主編, 黄俊傑副主編　東方書店　2005.3　405p

呉 万標　ゴ, バンヒョウ*
◇地域間産業連関表による地域間依存関係の分析(共著): 中国経済の地域間産業連関分析　市村真一, 王慧炯編　創文社　2004.2　210p　(ICSEAD研究叢書 2　阿部茂行ほか編)

呉 文正　ゴ, ブンセイ
◇ひとり気ままに 他: 香港回帰―ジャーナリストが見た'97.7.1　ユエン・チャン, 盧敬華共編, 日野みどり訳　凱風社　1998.6　197p

呉 文星　ゴ, ブンセイ*
◇台湾における高等教育の発展(共著): アジアの大学―従属から自立へ　フィリップ・G.アルトバック, ヴィスワナタン・セルバラトナム編, 馬越徹, 大塚豊監訳　玉川大学出版部　1993.10　380p

胡 平　コ, ヘイ*
◇左翼独裁から右翼独裁へ(共著): 鄧小平後の中国―中国人専門家50人による多角的な分析　上巻　何頻編著, 現代中国事情研究会訳　三交社　1994.12　386p

胡 謀　コ, ボウ*
◇天空の「蛇口」を有効利用―北京市, 市共産党委員会・市政府庁舎を手始めに市内全域で毎年九〇万立方メートル余りの雨水を利用可能に(共著): 必読! 今, 中国が面白い―中国が解る60編　2007年版　而立会訳, 三瀦正道監訳　日本僑報社　2007.8　240p

顧 宝昌　コ, ホウショウ*
◇計画出産の改革: 中国人口問題のいま―中国人研究者の視点から　若林敬子編著, 筒井紀美訳　ミネルヴァ書房　2006.9　369p

呉 密察　ゴ, ミッサツ
◇植民地大学とその戦後(食野充宏訳): 記憶する台湾―帝国との相剋　呉密察, 黄英哲, 垂水千恵編　東京大学出版会　2005.5　341, 7p

顧 明遠　コ, メイエン*
◇文化研究と比較教育: 国際化時代の教育課題と人間形成―論集　朱浩東ほか編　三一書房　2004.7　244p

呉 立広　ゴ, リツコウ*
◇WTO加盟後中国東部沿岸地域のFDI誘致, 潜在力の変化とその提起(共著)(トウ婉訳): 21世紀における日中経済の課題―兵庫県立大学・曁南大学交流20周年記念　陳来幸編　兵庫県立大学経済経営研究所　2007.2　126p　(研究資料 no.208)

ゴア, ポール
◇アメリカ合衆国におけるキャリア教育の現状と今後の展望(川嶋太津夫訳): アメリカにおけるキャリア教育の現状と課題―第26回公開研究会から　日本私立大学協会附置私学高等教育研究所　2007.10　70p　(私学高等教育研究所シリーズ no.25)

コア, マーティン
◇グローバル経済と第三世界(塚本しづ香訳): グローバル経済が世界を破壊する　ジェリー・マンダー, エドワード・ゴールドスミス編, 小南祐一郎, 塚本しづ香訳　朝日新聞社　2000.4　259p

コーイ, テリー
◇二言語・二文化による英語教育(共著)(太田憲男訳): アメリカのろう文化　シャーマン・ウィルコックス編, 鈴木清史, 酒井信雄, 太田憲男訳　明石書店　2001.3　301p　(明石ライブラリー 29)

小池 和男　コイケ, カズオ*
◇技能形成の方式と報酬の方式―日本の職場で: 国際・学際研究 システムとしての日本企業　青木昌彦, ロナルド・ドーア編, NTTデータ通信情報システム科学研究所訳　NTT出版　1995.12　503p

黄 亜平　コウ, アヘイ*
◇上海近代の都市計画の歴史とそのパラダイム研究(共著)(孫安石訳): 中国における日本租界―重慶・漢口・杭州・上海　神奈川大学人文学研究所編, 大里浩秋, 孫安石編著　御茶の水書房　2006.3　478, 5p　(神奈川大学人文学研究叢書 22)

高 維晞　コウ, イキ*
◇煎餅果子あれこれ: 中国人, 「食」を語る　晩白, 晩珊選編, 多田敏宏訳　近代文芸社　2003.12　219p

黄 宇和　コウ, ウワ*
◇1897年ロンドンにおける孫文と南方熊楠の交友(久保純太郎訳): 孫文と南方熊楠―孫文生誕140周年記念国際学術シンポジウム論文集　日本孫文研究会編　汲古書院　2007.8　250p　(孫中山記念会研究叢書 5)

黄 栄清　コウ, エイセイ*
◇中国の少数民族人口をめぐって: 中国人口問題のいま―中国人研究者の視点から　若林敬子編著, 筒井紀美訳　ミネルヴァ書房　2006.9　369p

高 栄盛　コウ, エイセイ*
◇シハーブッディーンと元代の行泉府司(小野裕子訳): 内陸圏・海域圏交流ネットワークとイスラム　森川哲雄, 佐伯弘次編　櫂歌書房　2006.5　250p

高 渕　コウ, エン*
◇いかに「土地経済」から抜け出すか: 必読! 今, 中国が面白い―中国が解る60編　2007年版　而立会訳, 三瀦正道監訳　日本僑報社　2007.8　240p

高 海寛　コウ, カイカン*
◇芸術で結んだ友誼―武村泰太郎氏 他: 新中国に貢献した日本人たち―友情で綴る戦後史の一コマ　中国中日関係史学会編, 武吉次朗訳　日本僑報社　2003.10　460p
◇ドイツ人の夫と中国に生きる―中村京子さん 他: 新中国に貢献した日本人たち―友情で綴る戦後史の一コマ　続　中国中日関係史学会編, 武吉次朗訳　日本僑報社　2005.11　520p

黄 介正　コウ, カイセイ　《Huang, Alexander Chieh-cheng》
◇台湾の特性に合った本土防衛: 中国が戦争を始める―その代価をめぐって　米陸軍大学戦略研究所編, 冨山泰, 渡辺学訳　恒文社21　2002.6　253p

侯家駒　コウ,カク*
◇輸出加工区:台湾の四十年―国家経済建設のグランドデザイン　下　高希均,李誠編,小林幹夫,塚越敏彦訳　連合出版　1993.3　217p

高岐　コウ,キ*
◇福建省舶提挙司志:明代琉球資料集成　原田禹雄訳注　榕樹書林　2004.12　553p

高希均　コウ,キキン
◇台湾経済の発展過程:台湾の四十年―国家経済建設のグランドデザイン　上　高希均,李誠編,小林幹夫,塚越敏彦訳　連合出版　1993.3　230p

高強　コウ,キョウ*
◇造園術と十八世紀中国(桑瀬章二郎訳):十八世紀における他者のイメージ―アジアの側から、そしてヨーロッパの側から　中川久定,J.シュローバハ編　河合文化教育研究所　2006.3　370p

江暁東　コウ,ギョウトウ*
◇独占業界、その給料は?―近頃、業種間の収入格差、特に一部の独占業界の飛びぬけた収入が多くの人の関心を集めている(共著):必読!今、中国が面白い―中国が解る60編　2007年版　而立訳編,三瀦正道監訳　日本僑報社　2007.8　240p

高居誨　コウ,キョカイ
◇使于闐記:中国歴代西域紀行選　渡辺義一郎編訳　ベースボール・マガジン社　1997.8　328p

黄勤帯　コウ,キンタイ
◇戻れない道:香港回帰―ジャーナリストが見た'97.7.1　ユエン・チャン,盧敬華共編,日野みどり訳　凱風社　1998.6　197p

高啓　コウ,ケイ
◇高青邱詩集(久保天随訳):国訳漢文大成　第18巻　続文学部　第2輯　下　日本図書センター　2000.9　p899-1750

黄幸　コウ,コウ*
◇鶴崗炭鉱の日本人労働者:新中国に貢献した日本人たち―友情で綴る戦後史の一コマ　中国中日関係史学会編,武吉次朗訳　日本僑報社　2003.10　460p
◇全国労働模範チームの一員―中村良一氏:新中国に貢献した日本人たち―友情で綴る戦後史の一コマ　続　中国中日関係史学会編,武吉次朗訳　日本僑報社　2005.11　520p

高洪　コウ,コウ*
◇戦後日本国際政治思想の軌跡(肖伝国訳):平和と暴走の葛藤―日本はどこへ行くべきなのか　高増杰編著　公共政策研究所　2004.3　304p　(政策シリーズ　no.4)

高鋼　コウ,コウ*
◇心の崩壊―精神病患者の増大(共著):世紀末・中国　中国ジャーナリスト集団共著,郝在今編,俢岩,浅野慎一著・訳　東銀座出版社　1997.6　231p

高豪河　コウ,ゴウカ*
◇良渚文化の居住形態に関する研究(掛川まどか訳):住の考古学　藤本強編　同成社　1997.3　347p

江公懐　コウ,コウカイ
◇「日本製大亞細亞主義を論ず」(侵略者と漢奸との理論の批判の一)(酒井忠夫編訳):20世紀日本のアジア関係重要研究資料　1　東亜研究所刊行物　東亜研究所編著　竜渓書舎　1999.12　16冊(セット)

黄向陽　コウ,コウヨウ*
◇中国の学校における「いじめ」対策:いじめととりくんだ国々―日本と世界の学校におけるいじめへの対応と施策　土屋基規,P.K.スミス,添田久美子,折出健二編著　ミネルヴァ書房　2005.12　320p

黄国城　コウ,コクジョウ*
◇戦犯の食生活:覚醒―撫順戦犯管理所の六年　日本戦犯改造の記録　撫順市政協文史委員会原編,中国帰還者連絡会翻訳編集委員会訳編　新風書房　1995.4　288p

黄式憲　コウ,シキケン*
◇シネマ市場に一筋の清流:必読!今、中国が面白い―中国が解る60編　2007年版　而立訳編,三瀦正道監訳　日本僑報社　2007.8　240p

黄俊傑　コウ,シュンケツ
◇二十世紀初頭の日本人漢学者の目に映った文化の中国と現実の中国(森岡ゆかり訳):日本漢学研究初探　楊儒賓,張宝三共編　勉誠出版　2002.10　436p
◇荻生徂徠の『論語』解釈における三つの軸(中尾一成訳):東アジア世界と儒教―国際シンポジウム　吾妻重二主編,黄俊傑副主編　東方書店　2005.3　405p

洪昇　コウ,ショウ
◇国訳長生殿伝奇(塩谷温訳註):国訳漢文大成　第7巻　文学部　第2輯　上　日本図書センター　2000.9　1275p

項小吉　コウ,ショウキツ
◇民主・自由・平等と独立・分離・自治:中国民主活動家チベットを語る　曹長青編著,ペマ・ギャルポ監訳,金谷譲訳　日中出版　1999.11　366p　(チベット選書)

黄昭元　コウ,ショウゲン*
◇台湾の民主化における司法創造的立憲主義(安西文雄訳):アジア立憲主義の展望―アジア・オセアニア立憲主義シンポジウム　全国憲法研究会編,大須賀明編集代表　信山社　2003.9　435p

孔尚任　コウ,ショウジン
◇国訳桃花扇伝奇(塩谷温訳註):国訳漢文大成　第7巻　文学部　第2輯　上　日本図書センター　2000.9　1275p

孔捷生　コウ,ショウセイ*
◇ルールなき社会をより広い視野で見る:鄧小平後の中国―中国人専門家50人による多角的な分析　下巻　何頻編著,現代中国事情研究会訳　三交社　1994.12　396p

高新　コウ,シン
◇党権力の中枢を透視する:鄧小平後の中国―中国人専門家50人による多角的な分析　下巻　何頻編著,現代中国事情研究会訳　三交社　1994.12　396p

高震　コウ,シン*
◇戦犯改造中の物資調達:覚醒―撫順戦犯管理所の六年　日本戦犯改造の記録　撫順市政協文史委員会原編,中国帰還者連絡会翻訳編集委員会訳編　新風書房　1995.4　288p

コウ

黄 仁宇 コウ, ジンウ 《Huang, Ray》
◇歴史的角度から見ると中国には大乱が起こらない？：鄧小平後の中国―中国人専門家50人による多角的な分析 上巻 何頻編著, 現代中国事情研究会訳 三交社 1994.12 386p

黄 晴 コウ, セイ*
◇子の出世を望むも、意なるなかれ固なるなかれ：必読！今、中国が面白い―中国が解る60編 2007年版 而立会訳, 三瀦正道監訳 日本僑報社 2007.8 240p

黄 宗英 コウ, ソウエイ*
◇食事に感謝：中国人、「食」を語る 晩白, 晩珊選編, 多田敏宏訳 近代文芸社 2003.12 219p

高 増杰 コウ, ゾウケツ
◇近代国際政治思想の形成 他(加治宏基訳)：平和と暴走の葛藤―日本はどこへ行くべきなのか 高増杰編著 公共政策研究所 2004.3 304p (政策シリーズ no.4)

高 大倫 コウ, タイリン*
◇早期蜀文化における日月神崇拝初探(佐藤実訳)：中国思想における身体・自然・信仰―坂出祥伸先生退休記念論集 坂出祥伸先生退休記念論集刊行会編 東方書店 2004.8 25, 690p

江 丹林 コウ, タンリン*
◇社会制度の問題―中国的特色をもった社会主義：現代中国の実像―江沢民ブレーン集団が明かす 全27の課題とその解決策 劉吉, 許明, 黄焘青編著, 謝端明, 岡田久典日本語版監修, 中川友訳 ダイヤモンド社 1999.5 687p

黄 庭輝 コウ, テイキ*
◇回族(曽土才訳)：中国少数民族の婚姻と家族 下巻 厳汝嫺主編, 江守五夫監訳, 百田弥栄子, 曽土才, 栗原悟訳 第一書房 1996.12 335, 11p (Academic series—New Asia 20)

黄 文弼 コウ, ブンピツ*
◇タクラマカン砂漠横断記：中国歴代西域紀行選 渡辺義一郎編訳 ベースボール・マガジン社 1997.8 328p

黄 平 コウ, ヘイ*
◇9・11事件の後に(宮尾正樹訳)：グローバル化と政治のイノベーション―「公正」の再構築をめざしての対話 高木郁朗, 住沢博紀, T.マイヤー編著 ミネルヴァ書房 2003.4 330p (Minerva人文・社会科学叢書 81)

高 烽 コウ, ホウ*
◇白い死―アヘンとヘロイン：世紀末・中国 中国ジャーナリスト集団共著, 郝在今編, 佟岩, 浅野慎一著・訳 東銀座出版社 1997.6 231p

高 明 コウ, メイ
◇国訳琵琶記(塩谷温訳註)：国訳漢文大成 第6巻 文学部 第1輯 下 日本図書センター 2000.9 p1001-2148

高 銘暄 コウ, メイケン* 《Gao, Ming Xuan》
◇刑法における毛沢東思想の指導的意義：中国の死刑制度と労働改造 鈴木敬夫編訳 成文堂 1994.4 298p (アジア法叢書 18)

高 明士 コウ, メイシ
◇唐律の共犯規定より見た家長の責任(大浦太治訳)：律令論纂 小林宏編 汲古書院 2003.2 379p

江 勇振 コウ, ユウシン*
◇男性は「人」、女性は「他者」(石井弓訳)：『婦女雑誌』からみる近代中国女性 村田雄二郎編著 研文出版 2005.2 408p

コウ, ユージン
◇エイズ患者への最善の助け：神を見いだした科学者たち E.C.バレット編, 佐藤是伸訳 いのちのことば社 1995.10 214p

高 立保 コウ, リツホ*
◇徐福が稲作文化を伝えた可能性は：不老を夢みた徐福と始皇帝―中国の徐福研究最前線 池上正治編訳 勉誠社 1997.7 195, 3p

洪 亮吉 コウ, リョウキツ
◇伊犁日記：中国歴代西域紀行選 渡辺義一郎編訳 ベースボール・マガジン社 1997.8 328p

黄 鈴華 コウ, レイカ*
◇二月政治改革と原民会の設立(久保田祐紀子訳)：台湾原住民研究―日本と台湾における回顧と展望 台湾原住民研究シンポジウム実行委員会編 風響社 2006.1 222p (台湾原住民研究「別冊」2)

ゴヴァール, クロード
◇恩赦と死刑(轟木広太郎訳)：紛争のなかのヨーロッパ中世 服部良久編著 京都大学学術出版会 2006.7 372p

コーヴィ, スティーヴン
◇良心の導き：魂をみがく30のレッスン リチャード・カールソン, ベンジャミン・シールド編, 鴨志田千枝子訳 同朋舎 1998.6 252p

ゴヴィンダラージャン, ヴィジャイ
◇効果的なグローバル・ビジネス・チームの構築(共著)：スマート・グローバリゼーション A.K.グプタ, D.E.ウエストニー編著, 諸上茂登監訳 同文舘出版 2005.3 234p

コーウェル, バーバラ
◇道徳的思考のための基盤形成(伴京子訳)：世界の道徳教育 J.ウィルソン監修, 押谷由夫, 伴恒信編訳 玉川大学出版部 2002.4 212p

紅旗
◇国防の現代化を速めよう(共著)：中国建軍50周年(1977年8月1日)記念論文集 〔防衛研修所〕 1979 151p (参考資料 79ZT-10R)

孔子 コウシ
◇論語：必携対訳論語老子等読本 茂木雅夫編著 名鑑社 2000.8 135p

公孫 竜 コウソン, リュウ
◇国訳晏子春秋・賈誼新書・公孫竜子(藤田剣峰他訳註)：国訳漢文大成 第2巻 経子史部 第1輯 下 日本図書センター 2000.9 p899-2201

コウウラ, エルキ
◇国際刑事裁判所の機能と課題(五十嵐元道, 城山英明訳)：紛争現場からの平和構築―国際刑事司法の役割と課題 城山英明, 石田勇治, 遠藤乾編 東信堂

2007.10 208p （未来を拓く人文・社会科学シリーズ 0）

ゴエツ, ローリ
◇地域社会での集中指導法―機能的な般化技能の形成モデル（共著）：自閉症、発達障害者の社会参加をめざして―応用行動分析学からのアプローチ　R.ホーナー他著, 小林重雄, 加藤哲文監訳　二瓶社　1992.12　299p　（叢書・現代の心理学 3）

コーエン, B.
◇原子力が健康に及ぼす危険（木岡伸夫訳）：環境の倫理　下　K.S.シュレーダー・フレチェット編, 京都生命倫理研究会訳　晃洋書房　1993.11　683p

コーエン, H.
◇研究から開発への技術移転（共著）：技術とイノベーションの戦略的マネジメント　下　ロバート・A.バーゲルマン, クレイトン・M.クリステンセン, スティーヴン・C.ウィールライト編著, 青島矢一, 黒田光太郎, 志賀敏宏, 田辺孝二, 出川通, 和賀三和子日本語版監修, 岡真由美, 斉藤裕一, 桜井祐子, 中川泉, 山本章子訳　翔泳社　2007.7　595p

コーエン, ウェスリー・M.
◇吸収能力：学習とイノベーションに関する新しい視覚（共著）：技術とイノベーションの戦略的マネジメント　下　ロバート・A.バーゲルマン, クレイトン・M.クリステンセン, スティーヴン・C.ウィールライト編著, 青島矢一, 黒田光太郎, 志賀敏宏, 田辺孝二, 出川通, 和賀三和子日本語版監修, 岡真由美, 斉藤裕一, 桜井祐子, 中川泉, 山本章子訳　翔泳社　2007.7　595p

コーエン, ギャビー
◇子どもたちの悲しみと勇気：思いやる勇気―ユダヤ人をホロコーストから救った人びと　キャロル・リトナー, サンドラ・マイヤーズ編, 食野雅子訳　サイマル出版会　1997.4　282p

コーエン, スーザン・G.
◇チームワークへの新しいアプローチ（柴田道子訳）：21世紀企業の組織デザイン―マルチメディア時代に対応する　J.R.ガルブレイス他著, 柴田高ほか訳　産能大学出版部　1996.9　294p

コーエン, ダニエル
◇サハラ以南のアフリカ地域分科会報告：開発途上国におけるグローバル化と貧困・不平等　リチャード・コール編著, 及川裕二訳　明石書店　2004.11　176p

コーエン, ニッキー
◇音声訓練と個人指導の効果：聴覚障害をもつ子どもの発声の正確さ（2つのケーススタディ）（共著）：音楽療法ケーススタディ　上　児童・青年に関する17の事例　ケネス・E.ブルシア編, 酒井智febほか訳　音楽之友社　2004.2　285p

コーエン, パメラ・シュワルツ
◇日本における精神病患者の人権についての調査：精神障害患者の人権―国際法律家委員会レポート　国際法律家委員会編, 広田伊蘇夫, 永野貫太郎監訳　明石書店　1996.8　212p

コーエン, マイロン・L.
◇魂と救済―中国民間宗教における背反する主題：中国の死の儀礼　ジェイムズ・L.ワトソン, エヴリン・S.ロウスキ編, 西脇常記, 神田一世, 長尾佳代子訳　平凡社　1994.11　416p

コーエン, ミッチェル
◇コスモポリタニズムを支えるもの（佐々木寛訳）：グローバルな市民社会に向かって　マイケル・ウォルツァー編著, 石田淳ほか訳　日本経済評論社　2001.10　397p

コーエン, ロイド
◇結婚（太田勝造訳）：結婚と離婚の法と経済学　アントニィ・W.ドゥネス, ロバート・ローソン編著, 太田勝造監訳　木鐸社　2004.11　348p　（「法と経済学」叢書 5）

コーガン, ジョージ・W.
◇インテル：DRAMの決断 他（共著）：技術とイノベーションの戦略的マネジメント　上　ロバート・A.バーゲルマン, クレイトン・M.クリステンセン, スティーヴン・C.ウィールライト編著, 青島矢一, 黒田光太郎, 志賀敏宏, 田辺孝二, 出川通, 和賀三和子日本語版監修, 岡真由美, 斉藤裕一, 桜井祐子, 中川泉, 山本章子訳　翔泳社　2007.7　735p

コギンス, R. J.
◇ユダヤ人ディアスポラの起源（石川立訳）：古代イスラエルの世界―社会学・人類学・政治学からの展望　R.E.クレメンツ編, 木田献一, 月本昭男監訳　リトン　2002.11　654p

国際通貨基金〈IMF〉
◇持続的な政策遂行促進の要 他：IMF改廃論争の論点　ローレンス・J.マッキラン, ピーター・C.モントゴメリー編, 森川公隆監訳　東洋経済新報社　2000.11　285p

コグート, ブルース
◇グローバル戦略のデザイン：スマート・グローバリゼーション　A.K.グプタ, D.E.ウエストニー編著, 諸上茂登監訳　同文舘出版　2005.3　234p

国土統一院
◇金正日偶像化指令の全容：金正日その衝撃の実像　朝鮮日報『月刊朝鮮』編, 黄民基訳　講談社　1994.11　568p
◇金正日ができあがるまで―金正日偶像化の全容：金正日, したたかで危険な実像　朝鮮日報『月刊朝鮮』編著, 黄民基訳　講談社　1997.12　301p　（講談社＋α文庫）

コクラン, フィリップ・L.
◇国際経営学と社会研究の将来方向（Young Ae Benson訳）：社会経営学の視座　B.トイン, D.ナイ編, 村山元英監訳, 国際経営文化学会訳　文眞堂　2004.10　312p　（国際経営学の誕生 2）

コーコラン, デーヴィド
◇愛着, 人間関係, 「よいことはすべて一緒におこる」という理念（共著）：愛着からソーシャル・ネットワークへ―発達心理学の新展開　マイケル・ルイス, 高橋恵子編, 高橋恵子監訳　新曜社　2007.5　197, 70p

コサキ, リチャード
◇序論：日系人とグローバリゼーション―北米, 南米, 日本　レイン・リョウ・ヒラバヤシ, アケミ・キクムラ＝ヤノ, ジェイムズ・A.ヒラバヤシ編, 移民研究会訳　人文書院　2006.6　532p

コザック, デイビッド・M.
◇商品ファンド組成の手引(共著):機関投資家のポートフォリオにおけるマネージド・フューチャーズ チャールズ・B.エプスタイン編, 日本商品ファンド業協会訳 日本商品ファンド業協会 1995.3 320p

コジャノフ, K.
◇最高度の軍記:軍事における革命、その意義と結果―1964年度の赤星の代表的軍事論文集 防衛研修所 1965 158p (読書資料 12-4-3)

ゴーシュ, シカール
◇インターネット・ビジネスの可能性:ネットワーク戦略論 ドン・タプスコット編, Diamondハーバード・ビジネス・レビュー編集部訳 ダイヤモンド社 2001.5 298p

小杉 礼子 コスギ, レイコ*
◇教育・訓練・人的資源(共著):より高度の知識経済化で一層の発展をめざす日本―諸外国への教訓 柴田勉, 竹内弘高共編, 田村勝省訳 一灯舎 2007.10 472, 36p

コスタビーレ, アンジェラ
◇イタリア(共著)(金口恭久訳):世界のいじめ―各国の現状と取り組み 森田洋司総監修・監訳, P.K.スミスほか編, 川口仁志ほか訳 金子書房 1998.11 463p

コスト, G.
◇サルトルを読むバルト(鈴木正道訳):サルトル―1905-80 他者・言葉・全体性 藤原書店 2005.10 303p (別冊「環」11)

コスビール, フーゴ
◇人経済(吉田修訳):一般経営経済学 第3巻 F.X.ベアほか編著 森山書店 2000.12 228, 4p

ゴスレン, メアリー・アン
◇再婚した男女の自分・相手志向性と性別役割分業志向性について(共著)(小池のり子訳):女と離婚/男と離婚―ジェンダーの相違による別居・離婚・再婚の実態 サンドラ・S.ヴォルギー編著, 小池のり子, 村上弘子訳 家政教育社 1996.9 238p

コーソン, アラン
◇公共政策と民間企業の利害(畑島宏之訳):制度の政治経済学 ロジャー・ホリングスワースほか著, 長尾伸一, 長岡延孝編監訳 木鐸社 2000.5 307p

小高 剛 コタカ, ツヨシ
◇日本(小高剛著・訳):アジア太平洋諸国の収用と補償 デービッド・L.キャリーズ編, 小高剛監訳, 永松正則, 伊川正樹, 松田聡子, 下村誠共訳 成文堂 2006.12 377p

ゴーチィエ=ダルシェ, パトリック
◇中世における地図表象(永田道弘訳):歴史・地図テクストの生成―「統合テクスト科学の構築」第10回国際研究集会報告書 佐藤彰一編 名古屋大学大学院文学研究科 2007.3 112p (21st century COE program international conference series no.10―テクスト/コンテクスト 2)

コチェナー, デボラ・J.
◇音なき世界における代数学:障害のある学生を支える―教員の体験談を通じて教育機関の役割を探る ボニー・M.ホッジ, ジェニー・プレストン-サビン編, 太田晴康監訳, 三沢かがり訳 文理閣 2006.12 228p

コーチャン, ニール
◇証券化に対する投資家の視点:商品・価格と投資家ニーズ(小池圭吾訳):証券化の基礎と応用 L.T.ケンドール, M.J.フィッシュマン編, 前田和彦, 小池圭吾訳 東洋経済新報社 2000.2 220p

コーツ, ジョン
◇ケインズ、あいまいな概念、およびファジー論理:一般理論―第二版―もしケインズが今日生きていたら G.C.ハーコート, P.A.リーアック編, 小山庄三訳 多賀出版 2005.6 922p

コツィオール, ヘルムート
◇ヨーロッパ契約法統一とドイツ損害賠償法(共著)(福田清明訳):ヨーロッパ統一契約法への道 ユルゲン・バセドウ編, 半田吉信ほか訳 法律文化社 2004.6 388p

コック, マーク
◇他の人はどう見える?:あなたを生かす自己表現―自分の魅せ方、見られ方 グレン・ウィルソン編著, 徳永優子訳 同朋舎 1998.1 151p

コックス, エリザベス・シュレーダー
◇中米における性暴力と女性の健康:世界の女性と暴力 ミランダ・デービス編, 鈴木研一訳 明石書店 1998.4 472p (明石ライブラリー 4)

コックス, サミュエル・H.
◇金融の視点から見た保険のリスク(西山均訳):国際的リスク・マネジメントと保険 ハロルド・D.スキッパー, ジュニア編著, 武井勲監訳 生命保険文化研究所 1999.10 729p

コックス, ジェイ
◇ボブ・ディラン:TIMEが選ぶ20世紀の100人 下巻 アーチスト・エンターテイナー・ヒーロー・偶像・巨頭 徳岡孝夫監訳 アルク 1999.11 318p

コックス, ハーヴィー
◇世界宗教と紛争解決:宗教と国家―国際政治の盲点 ダグラス・ジョンストン, シンシア・サンプソン編著, 橋本光平, 畠山圭一監訳 PHP研究所 1997.9 618, 16p

コックス, マイケル(政治学)
◇勝利の意味:衝突を超えて―9・11後の世界秩序 K.ブース, T.ダン編, 寺島隆吉監訳, 塚田幸三, 寺島美紀子訳 日本経済評論社 2003.5 469p
◇ウィルソン主義の復活か 他:アメリカによる民主主義の推進―なぜその理念にこだわるのか 猪口孝, マイケル・コックス, G.ジョン・アイケンベリー編 ミネルヴァ書房 2006.6 502, 12p (国際政治・日本外交叢書 1)

コックス, ロバート
◇困難な時代にある民主主義(国広敏文訳):変容する民主主義―グローバル化のなかで アントニー・G.マッグルー編, 松下冽監訳 日本経済評論社 2003.11 405p

コッター, ジョン
◇企業文化と変革への連合:21世紀ビジネスはこうなる―世界の叡智を結集 ロワン・ギブソン編, 島田晴雄監訳, 鈴木孝男, 竹内ふみえ訳 シュプリンガー・

フェアラーク東京　1997.11　327p

コッテリア, マーク
◇シスコシステムズ：ERPの導入：技術とイノベーションの戦略的マネジメント　下　ロバート・A.バーゲルマン, クレイトン・M.クリステンセン, スティーヴン・C.ウィールライト編著, 青島矢一, 黒田光太郎, 志賀敏宏, 田辺孝二, 出川通, 和賀三和子日本語版監修, 斉藤裕一, 桜井祐子, 中川泉, 山本章子訳　翔泳社　2007.7　595p

ゴットマン, カール・ハインツ
◇仏教：諸宗教の倫理学――その教理と実生活　第3巻　健康の倫理　M.クレッカー, U.トゥヴォルシュカ編, 石橋秀明ほか訳　九州大学出版会　1994.9　212, 2p

ゴッドマン, コリン
◇心霊研究とマス・メディア：心霊研究――その歴史・原理・実践　イヴォール・グラッタン・ギネス編, 和田芳久訳　技術出版　1995.12　414p　（超心理学叢書　第4集）

コップ, E. H. W.
◇科学と軍事：ブラッセー軍事年鑑――研修資料〔1955年版〕　防衛研修所　1957　98p　（研修資料別冊　第150号）

ゴフ＝ルボー, ジョエル・ル
◇自宅出産：フェミニズムから見た母性　A.-M.ド・ヴィレーヌ, L.ガヴァリニ, M.ル・コアディク編, 中嶋公子, 目崎光子, 磯本輝子, 横地良子, 宮本由美ほか訳　勁草書房　1995.10　270, 10p

コレレ, テッディ
◇地球倫理の企画へエルサレムからの回答：今こそ地球倫理を　ハンス・キューング編, 吉田収訳　世界聖典刊行協会　1997.10　346p　（ぽんブックス 39）

ゴーティエ, ジェローム
◇フランス――規制緩和と無縁の国（共著）（白井邦彦訳）：労働市場の規制緩和を検証する――欧州8カ国の現状と課題　G.エスピン-アンデルセン, マリーノ・レジーニ編, 伍賀一道ほか訳　青木書店　2004.2　418p

ゴーティエ, デイヴィッド
◇契約論者ヒューム（輪島達郎訳）：社会正義論の系譜――ヒュームからウォルツァーまで　デイヴィッド・バウチャー, ポール・ケリー編, 飯島昇蔵, 佐藤正志訳者代表　ナカニシヤ出版　2002.3　391p　（叢書「フロネーシス」）

ゴーデル, エーリカ
◇女霊が母なる教会の客人であれば：聖霊は女性ではないのか――フェミニスト神学試論　E.モルトマン-ヴェンデル編, 内藤道雄訳　新教出版社　1996.11　281p　（21世紀キリスト教選書 11）

コーテン, デイヴィッド・C.
◇市場資本主義の偽りの勝利　他（小南祐一郎訳）：グローバル経済が世界を破壊する　ジェリー・マンダー, エドワード・ゴールドスミス編, 小南祐一郎, 塚本しづ香訳　朝日新聞社　2000.4　259p

コートイス, クリスチン・A.
◇近親姦と性的虐待を受けた成人サバイバー：心的外傷の危機介入――短期療法による実践　ハワード・J.パラド, リビー・G.パラド編, 河野貴代美訳　金剛出版　2003.9　259p

後藤　春美　ゴトウ, ハルミ*
◇サー・ジョン・ティリー――駐日大使 一九二六-三一年（中須賀哲朗訳）：歴代の駐日英国大使―1859-1972　サー・ヒュー・コータッツィ編著, 日英文化交流研究会訳　文真堂　2007.7　480p

ゴドシル, ジェラルディン
◇冬の荒々しい手（横山恭子訳）：ユングの世界―現代の視点から　E.クリストファー, H.M.ソロモン共編, 氏原寛, 織田尚生監訳　培風館　2003.3　339p

ゴドメ, ジャン
◇ローマの奇蹟：地中海世界　フェルナン・ブローデル編, 神沢栄三訳　みすず書房　2000.1　190, 184p

コートライト, デイビット
◇「ソ連が金でやらせたこと」の真相（阿部純子訳）：あなたの手で平和を！―31のメッセージ　フレドリック・S.ヘッファメール編, 大庭里美, 阿部純子訳　日本評論社　2005.3　260p

ゴドリエ, モーリス
◇女性と政治的権力――人類学者の視点：「女の歴史」を批判する　G.デュビィ, M.ペロー編, 小倉和子訳　藤原書店　1996.5　259p

ゴドルロワ（サン＝ヴィクトルの）
◇哲学の泉：中世思想原典集成 9　サン＝ヴィクトル学系　上智大学中世思想研究所編訳・監修　平凡社　1996.1　727p

ゴードン, イアン・R.
◇グローバル・シティ, 国際化, 都市システム（渡部茂訳）：企業立地行動の経済学――都市・産業クラスターと現代企業行動への視角　フィリップ・マッカン編著, 上達野武司編訳　学文社　2007.2　227p

ゴードン, カーメン
◇何かを信じたら進む道は見える：子供たちへの手紙――あなたにこれだけは伝えたい　エリカ・グッド編, 中埜有理訳　三田出版会　1997.7　371p

ゴードン, ジャイルズ
◇ジョー・オートン（吉田美枝訳）：インタヴューズ 2　クリストファー・シルヴェスター編, 新庄哲夫ほか訳　文芸春秋　1998.11　451p

ゴードン, ステュワート
◇法の政治学とイラク侵攻（岡田仁子訳）：国際人権法と国際人道法の交錯　アジア・太平洋人権情報センター編　現代人文社　2005.6　190p　（アジア・太平洋人権レビュー 2005）

ゴードン, デーヴィッド・M.
◇対立と協調：平等主義の政治経済学―市場・国家・コミュニティのための新たなルール　サミュエル・ボールズ, ハーバート・ギンタス他著, エリック・オリン・ライト編, 遠山弘徳訳　大村書店　2002.7　327, 20p

ゴードン, マイケル
◇炭疽菌論争の解決（瀬戸口明久訳）：人文知の新たな総合に向けて―21世紀COEプログラム「グローバル化時代の多元的人文学の拠点形成」　第2回報告書 2（哲学篇）　京都大学大学院文学研究科21世紀COEプログラム「グローバル化時代の多元的人文学の拠点形成」編　京都大学大学院文学研究科21世紀COEプログラム「グローバル化時代の多元的人文学の拠

点形成」 2004.3 303p

ゴードン, マイロン・J.
◇ケインズの金融理論とそのマクロ経済学的意味：一般理論—第二版—もしケインズが今日生きていたら　G.C.ハーコート, P.A.リーアック編, 小山庄三訳　多賀出版　2005.6　922p

ゴードン, マーガレット・S.
◇バークレー生協の興亡：バークレー生協は、なぜ倒産したか—18人の証言　日本生活協同組合連合会国際部訳　コープ出版　1992.5　195p

ゴードン, リンダ
◇弱者の力(内田綾子訳)：ウィメンズ・アメリカ　論文編　リンダ・K.カーバー, ジェーン・シェロン・ドゥハート編著, 有賀夏紀ほか編訳　ドメス出版　2002.2　251, 6p

コナーズ, ジェーン
◇女性への暴力に取り組む政府の措置：世界の女性と暴力　ミランダ・デービス編, 鈴木研一訳　明石書店　1998.4　472p　(明石ライブラリー 4)

コナード, ニコラス
◇なぜサルから人間になったの?：子ども大学講座　第1学期　ウルリヒ・ヤンセン, ウラ・シュトイアナーゲル編, 畔上司訳　主婦の友社　2004.7　285p

コナン, ジュール
◇ケネー博士の人口統計学的着想：フランソワ・ケネーと重農主義　石井良明訳　石井良明　1992.7　550p

小西 湛夫 コニシ, アツオ*
◇1990年代の資産・負債総合管理(ALM)(共著)(横井文一訳)：ALMの新手法—キャピタル・マーケット・アプローチ　フランク・J.ファボッツィ, 小西湛夫共編　金融財政事情研究会　1992.7　499p　(ニューファイナンシャルシリーズ)

コニョン, マーティン
◇経営への参加意識を促すプロフィット・シェアリング(共著)：ピープルマネジメント—21世紀の戦略的人材活用コンセプト　Financial Times編, 日経情報ストラテジー監訳　日経BP社　2002.3　271p　(日経情報ストラテジー別冊)

コニール, ジャン
◇マルクス主義と構造主義：構造主義とは何か—そのイデオロギーと方法　J.=M.ドムナック編, 伊東守男, 谷亀利一訳　平凡社　2004.8　358p　(平凡社ライブラリー)

コーネリアス, ステラ
◇紛争解決のための一二の技術(共著)(大庭里美訳)：あなたの手で平和を！—31のメッセージ　フレドリック・S.ヘッファメール編, 大庭里美, 阿部純子訳　日本評論社　2005.3　260p

コーネリアス, ヘレナ
◇紛争解決のための一二の技術(共著)(大庭里美訳)：あなたの手で平和を！—31のメッセージ　フレドリック・S.ヘッファメール編, 大庭里美, 阿部純子訳　日本評論社　2005.3　260p

コパニッチ, マイケル・J., Jr.
◇合衆国のスロヴァキア人(香坂直樹訳)：エスニック・アイデンティティの研究—流転するスロヴァキアの民　川崎嘉元編著　中央大学出版部　2007.3　305p　(中央大学社会科学研究所研究叢書 18)

コバヤシ, オードリー
◇ジェンダー問題〈切り抜け〉としての移民(山本祥子訳)：海外における日本人、日本のなかの外国人—グローバルな移民流動とエスノスケープ　岩崎信彦, ケリ・ピーチ, 宮島喬, ロジャー・グッドマン, 油井清光編　昭和堂　2003.2　482p
◇ジェンダー克服としての海外移住：日系人とグローバリゼーション—北米、南米、日本　レイン・リョウ・ヒラバヤシ, アケミ・キクムラ＝ヤノ, ジェイムズ・A.ヒラバヤシ編, 移民研究会訳　人文書院　2006.6　532p

コーピアス, ジョージ
◇国際労働基準の発展と実行(共著)：新世紀の労働運動—アメリカの実験　グレゴリー・マンツィオス編, 戸塚秀夫監訳　緑風出版　2001.12　360p　(国際労働問題叢書 2)

ゴピナタン, S.
◇シンガポールの大学教育—ある国立大学の創設：アジアの大学—従属から自立へ　フィリップ・G.アルトバック, ヴィスワナタン・セルバラトナム編, 馬越徹, 大塚豊監訳　玉川大学出版部　1993.10　380p

コビング, アンドリュー
◇ヴィクトリア朝英国への日本人渡航者たち(伊藤航多訳)：日英交流史—1600-2000　5　社会・文化　細谷千博, イアン・ニッシュ監修　都築忠七, ゴードン・ダニエルズ, 草光俊雄編　東京大学出版会　2001.8　398, 8p
◇イギリス1明治初年の海外旅行体験(西田毅訳)：欧米から見た岩倉使節団　イアン・ニッシュ編, 麻田貞雄他訳　ミネルヴァ書房　2002.4　263, 42p　(Minerva日本史ライブラリー 12)

ゴフ, スタン
◇兵士たちよ、人間らしさを手放すな(パンタ笛吹訳)：世界は変えられる—TUPが伝えるイラク戦争の「真実」と「非戦」　TUP (Translators United for Peace＝平和をめざす翻訳者たち)監修　七つ森書館　2004.5　234, 5p

コブ, ダラス・ジェニファー
◇魔法のガーデニング：魔女手帖　エリザベス・バレット他著, 鏡リュウジ監修　大和書房　2005.12　141p

コーファー, T.
◇標準と内部労働市場の発展(桑原源次訳)：科学的管理—F.W.テイラーの世界への贈りもの　J.-C.スペンダー, H.J.キーネ編, 三戸公, 小林康助監訳　文真堂　2000.5　273p

コーフィールド, P. J.
◇クリストファ・ヒル知の軌跡(菅原秀二, 山本信太郎訳)：イギリス革命論の軌跡—ヒルとトレヴァ＝ローパー　岩井淳, 大西晴樹編著　蒼天社出版　2005.2　221p

コーフマン, サマーリア・ライト
◇何かを変えるたびに、あなたはもっと幸せになる：小さなことを大きな愛でやろう　リチャード・カールソン, ベンジャミン・シールド編, 小谷啓子訳　PHP研究所　1999.11　263, 7p

コーフマン, バリー・ニール
◇人生に愛を活かす驚くほど簡単な方法：小さなことを大きな愛でやろう　リチャード・カールソン, ベンジャミン・シールド編, 小谷啓子訳　PHP研究所　1999.11　263, 7p

コーフマン, ピエール
◇フロイトの文化理論（坂部恵訳）：二十世紀の哲学　中村雄二郎監訳　新装版　白水社　1998.6　386, 40p　（西洋哲学の知 8　Francois Chatelet編）

コープランド, ロイス
◇偏見による憎悪の犯罪としての女性への暴力（共著）：世界の女性と暴力　ミランダ・デービス編, 鈴木研一訳　明石書店　1998.4　472p　（明石ライブラリー 4）

ゴベイユ＝ノエル, マドレーヌ
◇カナダにおけるサルトルのプレゼンス（石崎晴己訳）：サルトル21世紀の思想家—国際シンポジウム記録論集　石崎晴己, 沢田直編　思潮社　2007.4　330, 19p

コペレフ, レフ
◇人類の運命は危うい：今こそ地球倫理を　ハンス・キューング編, 吉田収訳　世界聖典刊行協会　1997.10　346p　（ぼんブックス 39）

コーヘン, S. ミシェル
◇セラピーにおける階層的関係の最少化（志村宗生訳）：構成主義的心理療法ハンドブック　マイケル・F.ホイト編, 児島達美監訳　金剛出版　2006.9　337p

コーヘン, ジーン
◇市民社会と社会理論（竹内真澄訳）：ハーバーマスとアメリカ・フランクフルト学派　マーティン・ジェイ編, 竹内真澄監訳　青木書店　1997.10　343p
◇市民社会概念の解釈（越智敏夫訳）：グローバルな市民社会に向かって　マイケル・ウォルツァー編著, 石田淳ほか訳　日本経済評論社　2001.10　397p

コヘーン, ロバート・O.
◇グローバル・ガヴァナンスと民主的アカウンタビリティ：グローバル化をどうとらえるか—ガヴァナンスの新地平　D.ヘルド, M.K.アーキブージ編, 中谷義和監訳　法律文化社　2004.4　194p

ゴムパート, デービット・C.
◇グローバル化時代の米国の同盟関係：「無条件勝利」のアメリカと日本の選択　ロナルド・A.モース編著, 日下公人監修, 時事通信社外信部ほか訳　時事通信社　2002.1　325p

ゴメズ＝レイノ, ヘレン
◇芸術家の目で絵本を読みとる（藤本朝巳訳）：子どもはどのように絵本を読むのか　ヴィクター・ワトソン, モラグ・スタイルズ編, 谷本誠剛監訳　柏書房　2002.11　382p　（シリーズ〈子どもと本〉3）

コーラー, ヨゼフ
◇フリージアの田舎牧師イェーリング：イェーリング法学論集　山口廸彦編訳　信山社出版　2002.11　333p

コーリ, アンナ
◇父さん：記憶の底から—家庭内性暴力を語る女性たち　トニー・A.H.マクナロン, ヤーロウ・モーガン編, 長谷川真実訳　青弓社　1995.12　247p

コリー, リンダ
◇いま帝国史とは何か（細川道久訳）：いま歴史とは何か　D.キャナダイン編著, 平田雅博, 岩井淳, 菅原秀二, 細川道久訳　ミネルヴァ書房　2005.5　267, 14p　（Minerva歴史・文化ライブラリー 5）

コリス, デイビッド・J.
◇コア・コンピタンスを実現する経営資源再評価 他（共著）：経営戦略論　Harvard Business Review編, Diamondハーバード・ビジネス・レビュー編集部訳　ダイヤモンド社　2001.1　268p

コーリス, リチャード
◇バート・シンプソン：TIMEが選ぶ20世紀の100人 下巻　アーチスト・エンターテイナー・ヒーロー・偶像・巨ънと　徳岡孝夫監訳　アルク　1999.11　318p

ゴリチェーヴァ, タチアーナ
◇ロシア正教会の牧会者・長老たち（共著）：第2次世界大戦後の牧会者たち　日本キリスト教団出版局　2004.7　317p　（魂への配慮の歴史 第12巻　C.メラー編, 加藤常昭訳）

コリヨ＝テレーヌ, カトリーヌ
◇カール・シュミット対マックス・ヴェーバー（内藤葉子訳）：カール・シュミットの挑戦　シャンタル・ムフ編, 古賀敬太, 佐野誠編訳　風行社　2006.5　300, 9p

コリン, リチャード・H.
◇「共生」対「ヘゲモニー」：アメリカ大国への道—学説史から見た対外政策　マイケル・J.ホーガン編, 林義勝訳　彩流社　2005.6　284, 89p

コリンズ, アーディス・B.
◇ヘーゲルによるカント道徳性の批判的獲得：リベラリズムとコミュニタリアニズムを超えて—ヘーゲル法哲学の研究　ロバート・R.ウイリアムズ編, 中村浩爾, 牧野広義, 形野清貴, 田中幸世訳　文理閣　2006.12　369p

コリンズ, ジェームズ
◇ジム・ヘンソン：TIMEが選ぶ20世紀の100人 下巻　アーチスト・エンターテイナー・ヒーロー・偶像・巨頭　徳岡孝夫監訳　アルク　1999.11　318p

コリンズ, ジョイス・L.
◇野生動物との心の交流：あなたが知らないペットたちの不思議な力—アンビリーバブルな動物たちの超常現象レポート　『FATE』Magazine編, 宇佐和通訳　徳間書店　1999.2　276p

コリンズ, ジョセフ・P.
◇受託者の選択とERISAに依り禁止されている取引（共著）：機関投資家のポートフォリオにおけるマネージド・フューチャーズ　チャールズ・B.エプスタイン編, 日本商品ファンド業協会訳　日本商品ファンド業協会　1995.3　320p

コリンズ, マイケル（社会教育）
◇シティズンシップ, 市民社会そして成人教育（不破和彦訳）：成人教育と市民社会—行動的シティズンシップの可能性　不破和彦編訳　青木書店　2002.7　214p

コール, A. J.
◇資源枯渇に関する一経済学者の見解（夏目隆訳）：環境の倫理　上　K.S.シュレーダー・フレチェット編,

京都生命倫理研究会訳　晃洋書房　1993.4　355p

コール, R. テイラー
◇R.テイラー・コール（告井健二訳）：アメリカ政治学を創った人たち—政治学の口述史　M.ベアー, M.ジューエル, L.サイゲルマン編, 内山秀夫監訳　ミネルヴァ書房　2001.12　387p　（Minerva人文・社会科学叢書 59）

コール, サルー
◇夢：記憶の底から—家庭内性暴力を語る女性たち　トニー・A.H.マクナロン, ヤーロウ・モーガン編, 長谷川真実訳　青弓社　1995.12　247p

コール, マイケル
◇分散認知への文化・歴史的アプローチ（共著）（森田愛子訳）：分散認知—心理学的考察と教育実践上の意義　ガブリエル・ソロモン編, 松田文子監訳　協同出版　2004.7　343p　（現代基礎心理学選書 第9巻　利島保, 鳥居修晃, 望月登志子編）

ゴルギアス
◇ゴルギアス（小池澄夫訳）：ソクラテス以前哲学者断片集　第5分冊　内山勝利編　岩波書店　1997.3　255p

コルコラン, ピーター・ブレーズ
◇ジョン・ミューア アンナ・ボツフォード・コムストック：環境の思想家たち　上（古代—近代編）　ジョイ・A.パルマー編, 須藤自由児訳　みすず書房　2004.9　309p　（エコロジーの思想）
◇レイチェル・カーソン：環境の思想家たち　下（現代編）　ジョイ・A.パルマー編, 須藤自由児訳　みすず書房　2004.11　320p　（エコロジーの思想）

コルシグリア, ヴィクター
◇暴力を振るう男性と行う内在化された他者への質問法（共著）（土岐篤史訳）：構成主義的心理療法ハンドブック　マイケル・F.ホイト編, 児島達美監訳　金剛出版　2006.9　337p

コルシュ, ディートリッヒ
◇キリスト教的な祈りの特徴：仏教とキリスト教の対話—浄土真宗と福音主義神学　ハンスーマルティン・バールト, マイケル・バイ, 箕浦恵了編　法蔵館　2000.11　311p

コルズン, L.
◇現代戦の防御：軍事における革命、その意義と結果—1964年度の赤星の代表的軍事論文集　防衛研修所　1965　158p　（読書資料 12-4-3）

ゴルチャコフ, オビジイ
◇大いなる生涯の断片：ゾルゲ事件関係外国語文献翻訳集 no.10　日露歴史研究センター事務局編　日露歴史研究センター事務局　2005.12　64p

ゴールド, マーク
◇『社会的行為の構造』—時代を少なくとも六〇年先行していたもの（清野正訳）：近代性の理論—パーソンズの射程　ロランド・ロバートソン, ブライアン・S.ターナー編, 中久郎, 清野正義, 進藤雄三訳　恒星社厚生閣　1995.12　354, 37p

コールドウェル, テッド
◇イントロダクション：秀でたパフォーマンスを実現するための手法：ヘッジファンドの世界—仕組み・投資手法・リスク　J.レダーマン, R.A.クレイン編, 中央信託銀行オルタナティブアセット研究会訳　東洋経済新報社　1999.1　297p

ゴールドシュタイン, ドン
◇アメリカ金融市場は信用を効率的に配分したか—1980年代の企業リストラについて（共著）（仲村靖訳）：アメリカ金融システムの転換—21世紀に公正と効率を求めて　ディムスキ, エプシュタイン, ポーリン編, 原田善教監訳　日本経済評論社　2001.8　445p　（ポスト・ケインジアン叢書 30）
◇アメリカ金融市場は信用を効率的に配分したか—1980年代の企業リストラについて（共著）（仲村靖訳）：アメリカ金融システムの転換—21世紀に公正と効率を求めて　ディムスキ, エプシュタイン, ポーリン編, 原田善教監訳　日本経済評論社　2005.4　445p　（ポスト・ケインジアン叢書 30）

ゴルトシュミト, L.
◇世界商法史—保険：塙浩著作集—西洋法史研究　7　ヨーロッパ商法史　塙浩訳・著　信山社出版　1992.8　663p

ゴールドスミス, M.
◇問いかけ、学び、フォローし、成長していくこと：未来組織のリーダー—ビジョン・戦略・実践の革新　フランシス・ヘッセルバイン, マーシャル・ゴールドスミス, リチャード・ベカード編, 田代正美訳　ダイヤモンド社　1998.7　239p

ゴールドスミス, アレキサンダー
◇搾取の種（小南祐一郎訳）：グローバル経済が世界を破壊する　ジェリー・マンダー, エドワード・ゴールドスミス編, 小南祐一郎, 塚本しづ香訳　朝日新聞社　2000.4　259p

ゴールドソープ, ジョン・H.
◇「メリトクラシー」の諸問題：教育社会学—第三のソリューション　A.H.ハルゼー, H.ローダー, P.ブラウン, A.S.ウェルズ編, 住田正樹, 秋永雄一, 吉本圭一編訳　九州大学出版会　2005.2　660p

ゴールドナー, エリオット・M.
◇拒食症へのナラティヴ・アプローチ（共著）（大河原美以訳）：構成主義的心理療法ハンドブック　マイケル・F.ホイト編, 児島達美監訳　金剛出版　2006.9　337p

コルトネージ, A.
◇自家消費と市場のはざまで：食の歴史　2　J-L.フランドラン, M.モンタナーリ編, 宮原信, 北代美和子監訳　藤原書店　2006.2　p434-835

ゴールドバーガー, レオ
◇逃避行：思いやる勇気—ユダヤ人をホロコーストから救った人びと　キャロル・リトナー, サンドラ・マイヤーズ編, 食野雅子訳　サイマル出版会　1997.4　282p

ゴールドブラット, デヴィッド
◇リベラル・デモクラシーと環境リスクのグローバリゼーション（浜中新吾訳）：変容する民主主義—グローバル化のなかで　アントニー・G.マッグルー編, 松下冽監訳　日本経済評論社　2003.11　405p

ゴールドマン, アルヴィン・L.
◇アメリカ合衆国における連邦の労働・雇用関係法からの逸脱（桑村裕美子訳）：労働法における規制手法・規制対象の新展開と契約自由・労使自治・法規制　労

働問題リサーチセンター　2006.3　350p

コルネイユ, オリビエ
◇依存性と集団に関するステレオタイプ的信念の形成——対人間の認知から集団間の認知へ（共著）：ステレオタイプとは何か——「固定観念」から「世界を理解する"説明力"」へ　クレイグ・マクガーティ, ビンセント・Y.イゼルビット, ラッセル・スピアーズ編著, 国広陽子監修, 有馬明恵, 山下玲子監訳　明石書店　2007.2　296p

コルネール, ドミニク・ファーブル
◇フランス（共著）（金口恭久訳）：世界のいじめ——各国の現状と取り組み　森田洋司総監修・監訳, P.K.スミスほか編, 川口仁志ほか訳　金子書房　1998.11　463p

コルバート, エリザベス
◇レイオフの政治学（共著）：ダウンサイジング・オブ・アメリカ——大量失業に引き裂かれる社会　ニューヨークタイムズ編, 矢作弘訳　日本経済新聞社　1996.11　246p

コルビエ, M.
◇ソラマメとウツボ：食の歴史　1　J-L.フランドラン, M.モンタナーリ編, 宮原信, 北代美和子監訳　藤原書店　2006.1　429p

ゴルビッチ, D.
◇労働者管理企業〔Ⅰ〕その制度的発展段階　他（安村克己訳）：参加的組織の機能と構造——ユーゴスラヴィア自主管理企業の理論と実践　J.オブラドヴッチ, W.N.ダン編著, 笠原清志監訳　時潮社　1991.4　574p

コルベ, ヤン
◇ベルヌ条約とベルギー著作権法：ベルヌ条約100周年記念論文集——ベルヌ条約と国内法　WIPO国際事務局編, 原田文夫訳　著作権資料協会　1987.3　123p　（著作権シリーズ 76）

コルボン, ジャン
◇中東の教会とエキュメニカル運動：中東キリスト教の歴史　中東教会協議会編, 村山盛忠, 小田原緑訳　日本基督教団出版局　1993.2　154p

コールマン, ウォレン
◇セルフに関するモデル（杉原保史訳）：ユングの世界——現代の視点から　E.クリストファー, H.M.ソロモン共編, 氏原寛, 織田尚生監訳　培風館　2003.3　339p

コールマン, テリー
◇マーガレット・サッチャー（山岡洋一訳）：インタヴューズ　2　クリストファー・シルヴェスター編, 新庄哲夫ほか訳　文芸春秋　1998.11　451p

コールマン, ワンダー
◇ワンダー・コールマン：慣れる女たち　アンドレア・ジュノー, V.ヴェイル編, 越智道雄訳　第三書館　1997.8　303p

コルム, セルジュ＝クリストフ
◇果たされなかった出会い（高塚浩由樹訳）：ブローデル帝国　M.フェロー他著, F.ドス編, 浜名優美監訳　藤原書店　2000.5　294p

コレ, クルト
◇精神医学からみたナチ迫害の犠牲者：ドイツ精神病理学の戦後史——強制収容所体験と戦後補償　小俣和一郎著　現代書館　2002.4　230p

コレア, ソニア
◇医薬品・保健・エイズ：会議総括文書（二宮元訳）：もうひとつの世界は可能だ——世界社会フォーラムとグローバル化への民衆のオルタナティブ　ウィリアム・F.フィッシャー, トーマス・ポニヤ編, 加藤哲郎監修, 大屋定晴, 山口響, 白井聡, 木下ちがや監訳　日本経済評論社　2003.12　461p

コレイ, セデフ
◇移動労働者の権利（共著）（滝沢美佐子訳）：国際人権法マニュアル——世界的視野から見た人権の理念と実践　ヤヌシュ・シモニデス編著, 横田洋三監修, 秋月弘子, 滝沢美佐子, 富田麻里, 望月康恵訳　明石書店　2004.3　467p

コレグレイヴ, スキー
◇人間の意識性の中で開花する女性原理（川戸圓訳）：女性の誕生——女性であること：意識的な女性性の誕生　コニー・ツヴァイク編, 川戸円訳　山王出版　1996.9　398p
◇人間の意識性の中で開花する女性原理（川戸圓訳）：女性の誕生——女性であること：意識的な女性性の誕生　コニー・ツヴァイク編, 川戸円, リース・滝幸子訳　第2版　山王出版　1997.9　403p

コレッタ, W. ジョン
◇ウィリアム・ワーズワス　ジョン・クレア：環境の思想家たち　上（古代——近代編）　ジョイ・A.パルマー編, 須藤自由児訳　みすず書房　2004.9　309p　（エコロジーの思想）

ゴレーリク, ゲンナージイ
◇レフ・ランダウの最高機密生活：物理学者ランダウ——スターリン体制への叛逆　佐々木力, 山本義隆, 桑野隆編訳　みすず書房　2004.12　331, 4p

コーレル, マーク・L.
◇プライベート・モーゲージ・バンカーと証券化コンデュイットの機能（前田和彦訳）：証券化の基礎と応用　L.T.ケンドール, M.J.フィッシュマン編, 前田和彦, 小池圭吾訳　東洋経済新報社　2000.2　220p

ゴーレン, ルイス・J. G.
◇神の創造を完結させるために…：偽りの肉体——性転換のすべて　バーバラ・カンプラート, ワルトラウト・シッフェルス編著, 近藤聡子訳　信山社出版　1998.6　210p

コーロス, トーマス・S.
◇中華人民共和国における道徳性の発達（共著）（井上香里訳）：世界の道徳教育　J.ウィルソン監修, 押谷由夫, 伴恒信編訳　玉川大学出版部　2002.4　212p

ゴロスティガ, ザビエル
◇教育と開発の間：私学高等教育の潮流　P.G.アルトバック編, 森利枝訳　玉川大学出版部　2004.10　253p　（高等教育シリーズ 128）

コロソフ, ヴラディミール
◇岐路に立つロシア極東地域：その国家的および国際的地政学的課題（岡本勝規訳）：アジア太平洋と国際関係の変動——その地政学的展望　Dennis Rumley編, 高木彰彦, 千葉立也, 福嶋依子編　古今書院　1998.2　431p

コロソフ, ユーリ
◇子どもの権利（秋月弘子訳）：国際人権法マニュアル

コン

―世界的視野から見た人権の理念と実践 ヤヌシュ・シモニデス編著, 横田洋三監修, 秋月弘子, 滝沢美佐子, 富田麻理, 望月康恵訳 明石書店 2004.3 467p

コーン, ジョナサン
◇クレジットラインの活性化：金融データベース・マーケティング―米国における業務とシステムの実態 アーサー・F.ホルトマン, ドナルド・C.マン編著, 森田秀和, 田尾啓一訳 東洋経済新報社 1993.10 310p

コーン, ダニエル
◇ヴェルテルを忘れること（大野英二郎訳）：図説天才の子供時代―歴史のなかの神童たち E.ル・ロワ・ラデュリー, ミシェル・サカン編, 二宮敬監訳 新曜社 1998.1 446p

コーン, タマラ
◇異国の異性の魅力：異文化結婚―境界を越える試み ローズマリー・ブレーガー, ロザンナ・ヒル編著, 吉田正紀監訳 新泉社 2005.4 310, 29p

コーン, ボンニジャン
◇継父であることに適応する―結婚歴の影響及び子供とのかかわり方（共著）（小池のり子訳）：女と離婚/男と離婚―ジェンダーの相違による離婚・再婚の実態 サンドラ・S.ヴォルギー編著, 小池のり子, 村上弘子訳 家政教育社 1996.9 238p

コン, メイ
◇自分のルーツを見つける：子供たちへの手紙―あなたにこれだけは伝えたい エリカ・グッド編, 中埜有理訳 三田出版会 1997.7 371p

コーンヴァッハス, クラウス
◇サイの限界について―システム理論的研究法（共著）：超常現象のとらえにくさ 笠原敏雄編 春秋社 1993.7 776, 61p

ゴンゴ, L. D.
◇南部アフリカ―その諸民族と社会構造（共著）（大崎雅一訳）：ユネスコ・アフリカの歴史 第4巻 一二世紀から一六世紀までのアフリカ アフリカの歴史起草のためのユネスコ国際学術委員会編, 宮本正興責任編集 D.T.ニアヌ編 同朋舎出版 1992.9 2冊

コンサド, ジョセフ
◇基督教と国政（水野忠丸訳）：近代日本「平和運動」資料集成 付録 編集復刻版 不二出版 2005.10 228p

ゴンサルヴェス, ジョアキム・セルケイラ
◇ヨーロッパの文化, 思想：ヨーロッパ学事始め―観念史の立場から マンフレート・ブール, シャヴィエル・ティリエッテ編著, 谷口伊兵衛訳 而立書房 2004.4 113p

ゴンザレス, アンドリュー
◇フィリピン高等教育への西洋のインパクト：アジアの大学―従属から自立へ フィリップ・G.アルトバック, ヴィスワナタン・セルバラトナム編, 馬越徹, 大塚豊監訳 玉川大学出版部 1993.10 380p
◇フィリピンの私学高等教育：私学高等教育の潮流 P.G.アルトバック編, 森利枝訳 玉川大学出版部 2004.10 253p （高等教育シリーズ 128）
◇フィリピン：アジアの高等教育改革 フィリップ・G.アルトバック, 馬越徹編, 北村友人監訳 玉川大学出版部 2006.9 412p （高等教育シリーズ 137）

ゴンザレス, デイヴィッド
◇小鳥とともに歌うように：全盲の4歳児との即興的音楽療法：音楽療法ケーススタディ 上 児童・青年に関する17の事例 ケネス・E.ブルシア編, 酒井智華ほか訳 音楽之友社 2004.2 285p

ゴンザレス, フェリペ
◇自決の境界線をいかにして定めるか：知の大潮流―21世紀へのパラダイム転換 今世紀最高の頭脳が予見する未来 ネイサン・ガーデルズ編, 仁保真佐子訳 徳間書店 1996.12 419p

コンテ, ロザリン
◇心を（社会的に）通したミーム（坪井りん訳）：ダーウィン文化論―科学としてのミーム ロバート・アンジェ編, ダニエル・デネット序文, 佐倉統, 巌谷薫, 鈴木崇史, 坪井りん訳 産業図書 2004.9 277p

コンテ＝ヘルム, マリー
◇戦後の日英投資関係（鷲崎俊太郎訳）：日英交流史―1600-2000 4 経済 細谷千博, イアン・ニッシュ監修 杉山伸也, ジャネット・ハンター編 東京大学出版会 2001.6 332, 8p
◇アームストロング社及びヴィッカーズ社と日本（牧田健史訳）：英国と日本―日英交流人物列伝 イアン・ニッシュ編, 日英文化交流研究会訳 博文館新社 2002.9 470p

ゴーント, ラリー・D.
◇再保険の役割, 重要性および機能の発揮 他（斎藤芳裕訳）：国際的リスク・マネジメントと保険 ハロルド・D.スキッパー, ジュニア編著, 武井勲監訳 生命保険文化研究所 1999.10 729p

コンリー, ロバート・S.
◇真の成功とは何か：セルフヘルプ―なぜ, 私は困難を乗り越えられるのか 世界のビッグネーム自らの47の証言 ケン・シェルトン編著, 堀紘一監訳 フロンティア出版 1998.7 301p

【サ】

左 学金 サ, ガクキン*
◇社会保障制度の改革：中国人口問題のいま―中国人研究者の視点から 若林敬子編著, 筒井紀美訳 ミネルヴァ書房 2006.9 369p

査 道炯 サ, ドウケイ*
◇現代日本における中国人移民：国境を越える人々―北東アジアにおける人口移動 赤羽恒雄監修, 赤羽恒雄, アンナ・ワシリエバ編 国際書院 2006.6 316p

サアダ, リュシエンヌ
◇マグリブ地域―聖戦のプラクシス：現代の反ユダヤ主義 レオン・ポリアコフ編著, 菅野賢治, 合田正人監訳, 小幡谷友二, 高橋博美, 宮崎海子訳 筑摩書房 2007.3 576, 43p （反ユダヤ主義の歴史 第5巻）

蔡 詠梅 サイ, エイバイ
◇周恩来と江青の間の恩響 他：人間・周恩来―紅朝宰相の真実 金鐘編, 松田州二訳 原書房 2007.8 370p

蔡 罕 サイ, カン*
◇宋代四明史氏墓葬遺跡について（岡元司解題・訳・写真）：宋―明宗族の研究 井上徹, 遠藤隆俊編 汲古書院 2005.3 536, 15p

崔 吉順 サイ, キツジュン*
◇ヌーラン事件とその結末：ゾルゲ事件関係外国語文献翻訳集 no.10 日露歴史研究センター事務局 日露歴史研究センター事務局 2005.12 64p

崔 希亮 サイ, キリョウ*
◇教育とは何か―言語教育の角度から教育の性格を見る（鄭萍訳）：国際化時代の教育課題と人間形成―論集 朱浩東ほか編 三一書房 2004.7 244p

蔡 錦堂 サイ, キンドウ*
◇日本統治時代と国民党統治時代に跨って生きた台湾人の日本観（水口拓寿訳）：戦後台湾における〈日本〉―植民地経験の連続・変貌・利用 五十嵐真子, 三尾裕子編 風響社 2006.3 334p

蔡 少錦 サイ, ショウキン
◇この二日：香港回帰―ジャーナリストが見た'97.7.1 ユエン・チャン, 盧敬華共編, 日野みどり訳 凱風社 1998.6 197p

蔡 汝賢 サイ, ジョケン*
◇東夷図説 他：明代琉球資料集成 原田禹雄訳注 榕樹書林 2004.12 553p

斎 舒暢 サイ, ジョチョウ*
◇中国経済の地域間産業連関表（共著）：中国経済の地域間産業連関分析 市村真一, 王慧炯編 創文社 2004.2 210p（ICSEAD研究叢書 2 阿部茂行ほか編）

崔 仁傑 サイ, ジンケツ*
◇将官佐官級の日本戦犯の改造：覚醒―撫順戦犯管理所の六年 日本戦犯改造の記録 撫順市政協文史委員会原編, 中国帰還者連絡会翻訳編集委員会訳編 新風書房 1995.4 288p

蔡 振豊 サイ, シンホウ*
◇伊藤仁斎と荻生徂徠の『中庸』注解（城山陽宣訳）：東アジア世界と儒教―国際シンポジウム 吾妻重二主編, 黄俊傑副主編 東方書店 2005.3 405p

蔡 崇国 サイ, スウコク
◇ダライ・ラマへのインタビュー：中国民主活動家チベットを語る 曹長青編著, ペマ・ギャルポ監訳, 金谷譲訳 日中出版 1999.11 366p（チベット選書）

崔 世広 サイ, セイコウ*
◇「意」の文化と「情」の文化：〈意〉の文化と〈情〉の文化―中国における日本研究 王敏編著, 岡部明日香ほか訳 中央公論新社 2004.10 444p（中公叢書）

柴 生芳 サイ, セイホウ*
◇敦煌漢晋懸泉遺址（藤井律之訳）：辺境出土木簡の研究 冨谷至編 朋友書店 2003.2 576p（京都大学人文科学研究所研究報告）

蔡 昉 サイ, ボウ
◇流動人口の問題―「民工潮」は福か禍か：現代中国の実像―江沢民ブレーン集団が明かす全27の課題とその解決策 劉吉, 許明, 黄竟青編著, 謝端明, 岡田久典日本版監修, 中川友訳 ダイヤモンド社 1999.5 687p
◇人口転換期における労働市場：中国人口問題のいま―中国人研究者の視点から 若林敬子編著, 筒井紀美訳 ミネルヴァ書房 2006.9 369p

サイエス, ベラ・ルシア
◇ブラジル：女性が語る第三世界の素顔―環境・開発レポート アニータ・アナンド編, WFS日本事務局訳 明石書店 1994.6 317p

サイグーシュキン, エム
◇唯物論的範疇としての抽象的労働（1929年）：ルービンと批判者たち―原典資料20年代ソ連の価値論争 竹永進編訳 情況出版 1997.12 250p

ザイーダ, ジョセフ
◇生涯学習と成人教育：比較教育学―伝統・挑戦・新しいパラダイムを求めて マーク・ブレイ編著, 馬越徹, 大塚豊監訳 東信堂 2005.12 361p

サイダー, ロン
◇御国の福音：世界宣教の展望 ラルフ・D.ウィンター, スティーブン・C.ホーソーン編, 倉沢正則, 日置善一訳 いのちのことば社 2003.12 239p

ザイデ, グレゴリオ・F.
◇アジア諸国の歴史 他（共著）（後藤直三訳）：フィリピンの歴史教科書から見た日本 佐藤義朗編, 後藤直三, 栗山敦史訳 明石書店 1997.7 174p

ザイデ, ソニア・M.
◇アジア諸国の歴史 他（共著）（後藤直三訳）：フィリピンの歴史教科書から見た日本 佐藤義朗編, 後藤直三, 栗山敦史訳 明石書店 1997.7 174p

サイディ, O.
◇アル・ムワッヒド指導下のマグレブの統合（余部福三訳）：ユネスコ・アフリカの歴史 第4巻 一二世紀から一六世紀までのアフリカ アフリカの歴史起草のためのユネスコ国際学術委員会編, 宮本正興責任編集 D.T.ニアヌ編 同朋舎出版 1992.9 2冊

サイディ, ヒュー
◇ケネディ家：TIMEが選ぶ20世紀の100人 下巻 アーチスト・エンターテイナー・ヒーロー・偶像・巨頭 徳岡孝夫監訳 アルク 1999.11 318p

サイポルダ, T.
◇モンゴルにおける牧畜の現状（阿比留美帆訳）：モンゴルにおける土地資源と遊牧民―過去, 現在, 未来 特定領域研究「資源人類学・生態資源の象徴化」班国際シンポジウム記録 小長谷有紀, 辛嶋博善, 印東道子編, 内堀基光監修（東京外国語大学アジア・アフリカ言語文化研究所）文部科学省科学研究費補助金特定領域研究「資源の分配と共有に関する人類学的統合領域の構築」総括班 2005.3 157p

ザイモーヴァ, ライア
◇東洋と西洋の間に位置するブルガリア人（桑瀬章二郎, 田村健訳）：十八世紀における他者のイメージ―アジアの側から, そしてヨーロッパの側から 中川久定, J.シュローバハ編 河合文化教育研究所 2006.3 370p

サイモン, デビッド
◇世界都市仮説：周辺からの省察（廣松悟訳）：世界都市の論理 ポール・L.ノックス, ピーター・J.テイラー共編, 藤田直晴訳編 鹿島出版会 1997.5 204p

サイモンズ, ロバート
◇企業に潜む「リスク」を測る：「リスク感度」の高いリーダーが成功を重ねる Diamondハーバード・ビ

ジネス・レビュー編集部編訳　ダイヤモンド社　2005.11　242p　(Harvard business review anthology)
◇業績は「権限と責任」に従う：コミットメント—熱意とモラールの経営　Diamondハーバード・ビジネス・レビュー編集部編訳　ダイヤモンド社　2007.4　270p　(Harvard business review)

サイラー, エレノア
◇サマンサ：時間管理と学習技術：障害のある学生を支える—教員の体験談を通じて教育機関の役割を探る　ボニー・M.ホッジ, ジェニー・プレストン - サビン編, 太田晴康監訳, 三沢かがり訳　文理閣　2006.12　228p

ザイラー, トマス・W.
◇ビジネスは戦争（阿部司訳）：日米戦後関係史—パートナーシップ 1951-2001　入江昭, ロバート・A.ワンプラー編, 細谷千博, 有賀貞監訳　講談社インターナショナル　2001.9　389p

ザヴァツキ, ポール
◇ポーランド：現代の反ユダヤ主義　レオン・ポリアコフ編著, 菅野賢治, 合田正人監訳, 小幡谷友二, 高橋博美, 宮崎海子訳　筑摩書房　2007.3　576, 43p　(反ユダヤ主義の歴史 第5巻)

サウィオス, パスカル
◇オポチュニティー・ランドスケープを用いたコンピタンス・マネジメント 他：科学経営のための実践的MOT—技術主導型企業からイノベーション主導型企業へ　ヒューゴ・チルキー編, 亀岡秋男監訳　日経BP社　2005.1　397p

サーエンス, ロシオ
◇ロシオ・サーエンス（渡辺治子訳）：アメリカ労働運動のニューボイス—立ち上がるマイノリティー、女性たち　ケント・ウォン編, 戸塚秀夫, 山崎精一監訳　彩流社　2003.10　256p

サオ, ジェームス
◇サンタイザベルでの偵察と戦闘（共著）：ビッグ・デス—ソロモン人が回想する第二次世界大戦　ジェフリー・ホワイトほか編, 小柏葉子監訳, 小柏葉子, 今泉裕美子訳　現代史料出版　1999.8　226p

ザオリャンキ
◇世界の力関係の多極化：文明間の対話　マジッド・テヘラニアン, デイビッド・W.チャペル編, 戸田記念国際平和研究所監訳　潮出版社　2004.2　446, 47p

ザーガー, B. J.
◇新製品の学習サイクル（共著）：技術とイノベーションの戦略的マネジメント 下　ロバート・A.バーゲルマン, クレイトン・M.クリステンセン, スティーヴン・C.ウィールライト編著, 青島矢一, 黒田光太郎, 志賀敏宏, 田辺孝二, 出川通, 和賀三和子日本語版監修, 岡真由美, 斉藤裕一, 桜井祐子, 中川泉, 山本章子訳　翔泳社　2007.7　595p

サカエダ, カート
◇システマチックトレーダー（共著）：ロビンスカップの魔術師たち—トレードコンテストのチャンピオンが語るトレーディングの極意　チャック・フランク, パトリシア・クリサフリ編, 古河みつる訳　パンローリング　2006.5　273p　(ウィザードブックシリーズ v.102)

榊原 英資　サカキバラ, エイスケ
◇デジタル時代におけるアジアの地域協力（渡辺純子訳）：脱グローバリズム宣言—パクス・アメリカーナを超えて　R.ボワイエ, P-F.スイリ編, 青木昌彦他著, 山田鋭夫, 渡辺純子訳　藤原書店　2002.9　262p

ザカリア, F.
◇文化は宿命である：アジア成功への課題—『フォーリン・アフェアーズ』アンソロジー　P.クルーグマンほか著, 竹下興喜監訳　中央公論社　1995.3　266p

ザカリア, ファリード
◇アメリカとアジア、アメリカと世界（共著）（竹下興喜訳）：フォーリン・アフェアーズ傑作選—アメリカとアジアの出会い 1922-1999　上　フォーリン・アフェアーズ・ジャパン編・監訳　朝日新聞社　2001.2　331p
◇文化は宿命である（共著）：フォーリン・アフェアーズ傑作選—アメリカとアジアの出会い 1922-1999　下　フォーリン・アフェアーズ・ジャパン編・監訳　朝日新聞社　2001.2　327, 7p

ザク, スティーヴン・ヴィナレ
◇サンタイザベルでの偵察と戦闘（共著）：ビッグ・デス—ソロモン人が回想する第二次世界大戦　ジェフリー・ホワイトほか編, 小柏葉子監訳, 小柏葉子, 今泉裕美子訳　現代史料出版　1999.8　226p

ザクゾウク, マハモウド
◇人間の一体化と平等について：今こそ地球倫理を　ハンス・キューング編, 吉田収訳　世界聖典刊行協会　1997.10　346p　(ぼんブックス 39)

サクソンハウス, ゲーリー
◇日本は、アメリカの救世主だ：日米関係の対日依存が始まる—日米関係の真実　J.E.カーボー, Jr., 加瀬英明編・監訳　光文社　1992.12　184p　(カッパ・ブックス)

ザーケ, イルムヒルト
◇経験の理論：ブルデューとルーマン—理論比較の試み　アルミン・ナセヒ, ゲルト・ノルマン編, 森川剛光訳　新泉社　2006.11　277, 30p

酒向 真理　サコウ, マリ*
◇日本の多国籍企業における技能訓練・生産性・品質管理：国際・学際研究 システムとしての日本企業　青木昌彦, ロナルド・ドーア編, NTTデータ通信システム科学研究所訳　NTT出版　1995.12　503p

佐々木 かをり　ササキ, カオリ
◇日本におけるeエコノミーの予期せぬ道（渡辺純子訳）：脱グローバリズム宣言—パクス・アメリカーナを超えて　R.ボワイエ, P-F.スイリ編, 青木昌彦他著, 山田鋭夫, 渡辺純子訳　藤原書店　2002.9　262p

サザーランド, マーゴット
◇1999年のチャールズ・シュワブ証券（共著）：技術とイノベーションの戦略的マネジメント　上　ロバート・A.バーゲルマン, クレイトン・M.クリステンセン, スティーヴン・C.ウィールライト編著, 青島矢一, 黒田光太郎, 志賀敏宏, 田辺孝二, 出川通, 和賀三和子日本語版監修, 岡真由美, 斉藤裕一, 桜井祐子, 中川泉, 山本章子訳　翔泳社　2007.7　735p

ザシャリー, アルノー
◇対外債務—自由な開発のために債務帳消しを（共著）

（深井英喜訳）：もうひとつの世界は可能だ──世界社会フォーラムとグローバル化への民衆のオルタナティブ　ウィリアム・F.フィッシャー，トーマス・ポニア編，加藤哲郎監修，大屋定晴，山口響，白井聡，木下ちがや監訳　日本経済評論社　2003.12　461p

サシュキン，マーシャル
◇組織を変革するビジョナリーリーダーとは？（山村宜子訳）：カリスマ的リーダーシップ──ベンチャーを志す人の必読書　ジェイ・A.コンガー，ラビンドラ・N.カヌンゴほか著，片柳佐智子，山村宜子，松本博子，鈴木恭子訳　流通科学大学出版　1999.12　381p

サス，ルイス・A.
◇不信の叙事詩（安藤哲郎訳）：心理学とポストモダニズム──社会構成主義とナラティヴ・セラピーの研究　シュタイナー・クヴァル編，永井務監訳　こうち書房　2001.7　294p

薩　日娜　サツ，ニチダ*
◇清末の漢訳西洋数学書の明治初期日本への伝播とその影響：中日近現代数学教育史　第6巻　北京師範大学横地清文庫国際セミナー研究報告　横地清，鍾善基，李迪編集代表　北京師範大学　2007.9　155p

サッグス，H. W. F.
◇アッシリア人（唐橋文訳）：旧約聖書時代の諸民族　D.J.ワイズマン編，池田裕監訳　日本基督教団出版局　1995.10　578p

サックス，ジェフリー
◇国際援助における地域公共財（共著）（吉田秀美訳）：地球公共財──グローバル時代の新しい課題　インゲ・カール，イザベル・グルンベルグ，マーク・A.スターン編，FASID国際開発研究センター訳　日本経済新聞社　1999.11　326p

サックス，デイビッド
◇IMFによる巨額の資産再配分（共著）：IMF改廃論争の論点　ローレンス・J.マッキラン，ピーター・C.モントゴメリー編，森川公隆監訳　東洋経済新報社　2000.11　285p

サックス，マイケル・アラン
◇社員の不満を意欲に変える摩擦回避の新手法（共著）：ピープルマネジメント──21世紀の戦略的人材活用コンセプト　Financial Times編，日経情報ストラテジー監修　日経BP社　2002.3　271p　（日経情報ストラテジー別冊）

サックス，マリヤン
◇ザ・ピンク・スレッド（ピンクの糸）：セックス・ワーク──性産業に携わる女性たちの声　フレデリック・デラコステ，プリシラ・アレキサンダー編　パンドラ　1993.11　426, 26p

サッサテッリ，G.
◇エトルリア人の食生活：食の歴史　1　J-L.フランドラン，M.モンタナーリ編，宮原信，北代美和子監訳　藤原書店　2006.1　429p

ザッチャー，マーク・W.
◇地球規模での伝染病サーベイランス──伝染病をモニタリングするための国際協力（藤田春子訳）：地球公共財──グローバル時代の新しい課題　インゲ・カール，イザベル・グルンベルグ，マーク・A.スターン編，FASID国際開発研究センター訳　日本経済新聞社　1999.11　326p

佐藤　経明　サトウ，ツネアキ
◇経済安全保障　東アジアから見て（共著）：ロシアの総合的安全保障環境に関する研究──東アジア地域における諸問題　総合研究開発機構　2000.3　225p　（NIRA研究報告書）

サートゥーコーターバレー
◇我が家は近い，気を引き締めろ!：女たちのビルマ──軍事政権下を生きる女たちの声　藤目ゆき監修，タナッカーの会編，富田あかり訳　明石書店　2007.12　446p　（アジア現代女性史 4）

サドヴニク，アラン・R.
◇デュルケム・デューイ・進歩主義教育（共著）：デュルケムと現代教育　ジェフリー・ウォルフォード，W.S.F.ピカリング編，黒崎勲，清田夏代訳　同時代社　2003.4　335, 26p

サドラー，ポール
◇高齢者に対する虐待──キリスト者としての応答：明日をさがす──高齢化社会を生きる　オーストラリア聖公会シドニー教区社会問題委員会編，関澄子訳　聖公会出版　1999.9　156p

ザトラー，ミヒャエル
◇神の子らの兄弟の一致（シュライトハイム信仰告白）（1527年）（出村彰訳）：宗教改革著作集　第8巻　再洗礼派　教文館　1992.10　510p

ザナシ，マルガリータ
◇旧帝国から近代国家へ（根岸智代訳）：孫文と南方熊楠──孫文生誕140周年記念国際学術シンポジウム論文集　日本孫文研究会編　汲古書院　2007.8　250p　（孫中山記念会研究叢書 5）

サーニー，フィリップ・G.
◇国際金融と資本主義的多様性の侵食：現代の資本主義制度──グローバリズムと多様性　コーリン・クラウチ，ウォルフガング・ストリーク編，山田鋭夫訳　NTT出版　2001.7　301p

ザーバ，ジェニファ
◇大胆に教え，大胆に学ぶ（浅野誠訳）：グローバル教育からの提案──生活指導・総合学習の創造　浅野誠，デイヴィッド・セルビー編　日本評論社　2002.3　289p

サバナヤナ，ウッタマ
◇複数CTA商品ポートフォリオ：リスク・収益分析（共著）：機関投資家のポートフォリオにおけるマネージド・フューチャーズ　チャールズ・B.エプスタイン編，日本商品ファンド業協会訳　日本商品ファンド業協会　1995.3　327p

サハロフ，ワレンチン
◇ラムゼイの歯から作られた婚約指輪：ゾルゲ事件関係外国語文献翻訳集　no.5　日露歴史研究センター事務局編　日露歴史研究センター事務局　2004.9　65p
◇もしスターリングがゾルゲを信じたなら…：ゾルゲ事件関係外国語文献翻訳集　no.16　日露歴史研究センター事務局編　日露歴史研究センター事務局　2007.8　68p

ザビアーロフ，I. G.
◇ソ連軍事ドクトリンについて：ソ連の軍事面における核革命　ウィリアム・キントナー，ハリエット・ファスト・スコット編　〔防衛研修所〕　1970

345p （研究資料 70RT-9）

サビジャー, ピーター
◇コルシカ：マイノリティ・ナショナリズムの現在　マイケル・ワトソン編, 浦野起央, 荒井功訳　刀水書房　1995.11　346p　（人間科学叢書）

サビツキー, K.
◇日常生活の中の自己中心性と対人的問題（共著）（伊藤忠弘訳）：臨床社会心理学の進歩―実りあるインターフェイスをめざして　R.M.コワルスキ, M.R.リアリー編著, 安藤清志, 丹野義彦監訳　北大路書房　2001.10　465p

サビン, マージェリー
◇進化と革命：人文科学に何が起きたか―アメリカの経験　A.カーナン編, 木村武史訳　玉川大学出版部　2001.10　301p　（高等教育シリーズ 109）

サファイア
◇彼女は雨が嫌いだった：セックス・ワーク―性産業に携わる女性たちの声　フレデリック・デラコステ, プリシラ・アレキサンダー編　パンドラ　1993.11　426, 26p

ザベェー
◇反逆者の娘：女たちのビルマ―軍事政権下を生きる女たちの声　藤目ゆき監修, タナッカーの会編, 富田あかり訳　明石書店　2007.12　446p　（アジア現代女性史 4）

サマーズ, ロバート・S.
◇信義誠実の一般的義務（曽野裕夫訳）：現代アメリカ契約法　ロバート・A.ヒルマン, 笠井修編著　弘文堂　2000.10　400p

サマラ, ムサナ
◇「いじめ」に巻き込まれた人々の登場人物と社会的な人間関係の創造（共著）：いじめととりくんだ国々―日本と世界の学校におけるいじめへの対応と施策　土屋基規, P.K.スミス, 添田久美子, 折出健二編著　ミネルヴァ書房　2005.12　320p

サーマン, リン
◇クリスマスに与えられた赤ちゃん：とっておきのクリスマス―やさしい気持ちになる9つのおはなし　続ガイドポスト編, 佐藤敬訳　いのちのことば社（発売）　1998.10　87p

サム, アグネッタ・モディグ
◇高齢者ケアにおける住宅の役割：高齢者ケアをどうするか―先進国の悩みと日本の選択　高木安雄監修・訳, 池上直己, ジョン・C.キャンベル編著　中央法規出版　2002.7　256p

サムウィック, A.
◇HRSデータを用いたオプションバリューの推定（共著）（武内智彦訳）：「日米比較」企業行動と労働市場―日本経済研究センター・NBER共同研究　橘木俊詔, デービッド・ワイズ編　日本経済新聞社　2001.9　247p

サムソン, ロバート・J.
◇量的データと質的データの統合（共著）：ライフコース研究の方法―質的ならびに量的アプローチ　グレン・H.エルダー, ジャネット・Z.ジール編著, 正岡寛司, 藤見純子訳　明石書店　2003.10　528p　（明石ライブラリー 57）

サーモン, スコット
◇世界都市, 多国籍企業, 都市階層：アメリカ合衆国の事例（共著）（藤田直晴訳）：世界都市の論理　ポール・L.ノックス, ピーター・J.テイラー共編, 藤田直晴訳編　鹿島出版会　1997.5　204p

サラ, ノラニ・ムハマド
◇マレーシア（共著）（川口仁志訳）：世界のいじめ―各国の現状と取り組み　森田洋司総監修・監訳, P.K.スミスほか編, 川口仁志ほか訳　金子書房　1998.11　463p

サラス, ジョー
◇小鳥とともに歌うように：全盲の4歳児との即興的音楽療法（共著）：音楽療法ケーススタディ　上　児童・青年に関する17の事例　ケネス・E.ブルシア編, 酒井智華ほか訳　音楽之友社　2004.2　285p

サラス, ドゥニ
◇民主主義社会における裁判官の役割（山元一訳）：公共空間における裁判権―フランスのまなざし　日仏公法セミナー編　有信堂高文社　2007.2　313p

サリス, ジョン
◇二重化（東浩紀, 高桑和巳訳）：デリダと肯定の思考　カトリーヌ・マラブー編, 高橋哲哉, 増田一夫, 高桑和巳監訳　未来社　2001.10　502, 7p　（ポイエーシス叢書 47）

サリナス, エレーン
◇生存という奇跡：風の言葉を伝えて＝ネイティブ・アメリカンの女たち　ジェーン・キャッツ編, 船木アデルみさと, 船木卓也訳　築地書館　1998.3　262p

サリバン, キース
◇ニュージーランド（金口恭久訳）：世界のいじめ―各国の現状と取り組み　森田洋司総監修・監訳, P.K.スミスほか編, 川口仁志ほか訳　金子書房　1998.11　463p

サリバン, ジェレミア
◇国際経営学研究における理論開発（富岡昭訳）：国際経営学の誕生　3　組織理論と組織行動の視座　ブライアン・トイン, ダグラス・ナイ編, 村山元英監訳, 国際経営文化学会訳　文真堂　2000.3　392p

サルツ, ロン
◇投資スタイルとグローバル・パフォーマンス評価―ポートフォリオ機会分布の導入（大本隆訳）：株式投資スタイル―投資家とファンドマネジャーを結ぶ投資哲学　T.ダニエル・コギン, フランク・J.ファボツィ, ロバート・D.アーノット編, 野村証券金融研究所訳　増補改訂版　野村総合研究所情報リソース部　1998.3　450p

ザルツバーグ, シャロン
◇わたしたち自身が変化になる：小さなことを大きな愛でやろう　リチャード・カールソン, ベンジャミン・シールド編, 小谷啓子訳　PHP研究所　1999.11　263, 7p

サルツマン, ポウリーン
◇大鴉に呪われたハプスブルク家：あなたが知らないペットたちの不思議な力―アンビリーバブルな動物たちの超常現象レポート　『FATE』Magazine編, 宇佐和通訳　徳間書店　1999.2　276p

サルドーニ, クラウディオ
◇ケインズとマルクス：一般理論—第二版—もしケインズが今日生きていたら　G.C.ハーコート, P.A.リーアック編, 小山庄三訳　多賀出版　2005.6　922p

ザルバフィヤン, ナグメー
◇テヘランでクンデラを読めば：イラン人は神の国イランをどう考えているか　レイラ・アーザム・ザンギャネー編, 白須英子訳　草思社　2007.2　231p

サルロン, ルイ
◇重農主義者の純生産：フランソワ・ケネーと重農主義　石井良明訳　石井良明　1992.7　550p

サルワル, ビーナ
◇……不倫関係を疑って：世界の女性と暴力　ミランダ・デービス編, 鈴木研一訳　明石書店　1998.4　472p　（明石ライブラリー 4）

ザレズニック, アブラハム
◇マネジャーとリーダー：リーダーシップ　Harvard Business Review編, Diamondハーバード・ビジネス・レビュー編集部訳　ダイヤモンド社　2002.4　295p

サロネン, タピオ
◇スウェーデン：モデルと現実の間で（清水弥生訳）：社会政策の国際的展開—先進諸国における福祉レジーム　ピート・アルコック, ゲイリー・クレイグ編, 埋橋孝文ほか共訳　晃洋書房　2003.5　328p

サロベイ, P.
◇恥・罪悪感・嫉妬・妬み：問題をはらむ社会的感情（共著）（野和田武夫訳）：臨床社会心理学の進歩—実りあるインターフェイスをめざして　R.M.コワルスキ, M.R.リアリー編著, 安藤清志, 丹野義彦監訳　北大路書房　2001.10　465p

ザロモン
◇史的唯物論とイデオロギー論（坂田太郎訳）：イデオロギー論の系譜　坂田太郎, 田中義久編　こぶし書房　1995.4　308p　（こぶし文庫）

サロモン＝バイユ, クレール
◇ジャン＝ジャック・ルソー（小池健男訳）：啓蒙時代の哲学　野沢協監訳　新装版　白水社　1998.6　290, 34p　（西洋哲学の知 4　Francois Chatelet編）

サンガー, デービッド・E.
◇答えを追い求めて（共著）：ダウンサイジング・オブ・アメリカ―大量失業に引き裂かれた社会　ニューヨークタイムズ編, 矢作弘訳　日本経済新聞社　1996.11　246p

サンガー, ポール
◇中世後期の読書（横山安由美訳）：読むことの歴史—ヨーロッパ読書史　ロジェ・シャルティエ, グリエルモ・カヴァッロ編, 田村毅ほか共訳　大修館書店　2000.5　634p

サンカラ, ハリ
◇エリオ・エンジニアリング社（共著）：技術とイノベーションの戦略的マネジメント　上　ロバート・A.バーゲルマン, クレイトン・M.クリステンセン, スティーヴン・C.ウィールライト編著, 青島矢一, 黒田光太郎, 志賀敏宏, 田辺孝二, 出川通, 和賀三和子日本語版監訳　岡真由美, 斉藤裕一, 桜井祐子, 中川泉, 山本章子訳　翔泳社　2007.7　735p

ザンク, ミシェル
◇現在, 文学を研究すること（松沢和宏, 鎌田隆行訳）：テクストの宇宙—生成・機能・布置　21世紀COEプログラム「統合テクスト科学の構築」SITES講演録　2004-2005年　佐藤彰一編　名古屋大学大学院文学研究科　2006.3　296p

サンクティス, バレリオ・デ
◇ベルヌ条約の100回目の誕生日, 条約と国内法の間の相互作用から生ずる著作権の分野の法の発展（永野正雄訳）：ベルヌ条約100周年記念論文集—ベルヌ条約と国内法　WIPO国際事務局編, 原田文夫訳　著作権資料協会　1987.3　123p　（著作権シリーズ 76）

サンクティス, フランチェスコ・デ
◇学問と生（上村忠男訳）：国民革命幻想—デ・サンクティスからグラムシへ　上村忠男訳　未来社　2000.6　166p　（転換期を読む 5）
◇マキァヴェッリ（藤沢道郎訳）：マキァヴェッリ全集　補巻　筑摩書房　2002.3　239, 89p

サングリー, フランソワ・ド
◇現代フランスにおけるジェンダー間の闘争：「女の歴史」を批判する　G.デュビィ, M.ペロー編, 小倉和子訳　藤原書店　1996.5　259p

サンジャー, デイビッド・E.　他
◇人権侵害者への貸し付けに議会の攻撃　他：IMF改廃論争の論点　ローレンス・J.マッキラン, ピーター・C.モントゴメリー編, 森川公隆監訳　東洋経済新報社　2000.11　313p

サンステッド, エバ
◇小規模世帯：スウェーデンの住環境計画　スヴェン・ティーベイ編著, 外山義訳　鹿島出版会　1996.2　292p

サンダーソン, アレクシス
◇カシミールのバラモンにおける浄と力（中村牧子訳）：人というカテゴリー　マイケル・カリザス, スティーヴン・コリンズ, スティーヴン・ルークス編, 厚東洋輔, 中島道男, 中村牧子訳　紀伊国屋書店　1995.7　550p　（文化人類学叢書）

サンダーソン, ジョン
◇UNTAC：カンボジアからの教訓：国連平和活動と日本の役割　アレックス・モリソン, ジェームズ・キラス編, 内藤嘉昭訳　文化書房博文社　2001.5　198p

サンダール, デビ
◇ストリッパー：セックス・ワーク—性産業に携わる女性たちの声　フレデリック・デラコステ, プリシラ・アレキサンダー編　パンドラ　1993.11　426, 26p

サンテク, イム
◇韓半島尖底櫛文土器社会の動態と東北アジア新石器文化の広域変動（古川義久訳）：東アジア世界における日本基層文化の考古学的解明—国学院大学21世紀COEプログラム国際シンポジウム予稿集　小林達雄, 藤本強, 杉山林継, 吉田恵二監修, 伊藤慎二, 山添奈苗編　国学院大学21世紀COEプログラム第1グループ考古学班　2006.9　209p　（21COE考古学シリーズ 7）

サン＝テチエンヌ, ラボー
◇国民教育案：フランス革命期の公教育論　コンドル

サントス

セ他著, 阪上孝編訳　岩波書店　2002.1　460, 9p （岩波文庫）

サントス, エルジー・K.
◇フィリピン：女性が語る第三世界の素顔—環境・開発レポート　アニータ・アナンド編, WFS日本事務局訳　明石書店　1994.6　317p

サントス, パブロ
◇フィリピン—ピナツボ山がノーと言った日：先住民族—地球環境の危機を語る　インター・プレス・サービス編, 清水知久訳　明石書店　1993.9　242p （世界人権問題叢書 9）

ザントロック, オットー
◇ドイツに管理機関の本拠を有する日本会社(山内惟介訳)：共演ドイツ法と日本法　石川敏行, ディルク・エーラース, ベルンハルト・グロスフェルト, 山内惟介編著　中央大学出版部　2007.9　510, 11p （日本比較法研究所研究叢書 73）

サン・マルタン, ルイ・クロード・ド
◇リール大学図書館の利用者(共著)：教師と学生のコミュニケーション　ピエール・ブルデュー他著, 安田尚訳　藤原書店　1999.4　198p

【シ】

施 建生　シ, ケンセイ*
◇政府の経済発展に占める役割：台湾の四十年—国家経済建設のグランドデザイン　上　高希均, 李誠編, 小林幹夫, 塚越敏彦訳　連合出版　1993.3　230p

史 樹新　シ, ジュシン*
◇清代文化の日本への影響：中国人の見た中国・日本関係史—唐代から現代まで　中国東北地区中日関係史研究会編, 鈴木静夫, 高田祥平編訳　東方出版　1992.12　450p

シー, スタン
◇スタン・シー：コンセプトリーダーズ—新時代の経営への視点　ジョエル・クルツマン編, 日本ブーズ・アレン・アンド・ハミルトン訳　プレンティスホール出版　1998.12　298p

施 耐庵　シ, タイアン
◇国訳水滸伝(幸田露伴訳註)：国訳漢文大成　第7巻　文学部　第2輯　上　日本図書センター　2000.9　1275p

史 朝　シ, チョウ*
◇中国高等教育機関の位置づけと発展の特徴(劉振宇訳)：1990年代以降の中国高等教育の改革と課題　黄福濤編著　広島大学高等教育研究開発センター　2005.3　121p　（高等教育研究叢書 81）

爾 超軍　ジ, チョウグン
◇表紙を換えて：香港回帰—ジャーナリストが見た'97.7.1　ユエン・チャン, 盧敬華共編, 日野みどり訳　凱風社　1998.6　317p

シー, フェリックス・オーバーホルツァー
◇学習者か, レミングか—情報カスケードの特徴：ウォートンスクールの意思決定論　ステファン・J.ホッチ, ハワード・C.クンリューサー編, 小林陽太郎監訳, 黒田典史, 大塔達也訳　東洋経済新報社

2006.8　374p　（Best solution）

シー, ベン
◇シェナ(共著)：技術とイノベーションの戦略的マネジメント　上　ロバート・A.バーゲルマン, クレイトン・M.クリステンセン, スティーヴン・C.ウィールライト編著, 青島矢一, 黒田光太郎, 志賀敏宏, 田辺孝二, 出川通, 和賀三和子日本語版監修, 岡真由美, 斉藤裕一, 桜井祐子, 中川泉, 山本章子訳　翔泳社　2007.7　735p

ジアニーニ＝ベロッティ, エレナ
◇新しい母文化：フェミニズムから見た母性　A.・M.ド・ヴィレーヌ, L.ガヴァリニ, M.ル・コアディク編, 中嶋公子, 目崎充子, 磯本輝子, 横地良子, 宮本由美共訳　勁草書房　1995.10　270, 10p

ジアーラ, マイケル・J.
◇リスク管理の収益側面 他(伊丹照人訳)：ALMの新手法—キャピタル・マーケット・アプローチ　フランク・J.ファボッツィ, 小西湛夫共編　金融財政事情研究会　1992.7　499p　（ニューファイナンシャルシリーズ）

シアルス
◇シアトル首長のメッセージ：地球の声を聴く—ディープエコロジー・ワーク　ジョン・シードほか著, 星川淳監訳　ほんの木　1993.4　240p

シィベル, I.
◇企業の権力構造の認知(村上綱実訳)：参加的組織の機能と構造—ユーゴスラヴィア自主管理企業の理論と実践　J.オブラドヴッチ, W.N.ダン編著, 笠原清志監訳　時潮社　1991.4　574p

シヴァドン, ダニエル
◇フェリックスと〈シメールの家〉：フェリックス・ガタリの思想圏—〈横断性〉から〈カオスモーズ〉へ　フェリックス・ガタリほか著, 杉村昌昭訳・編　大村書店　2001.8　189p

シヴァラーマン, S.
◇クリシュナムルティの詩の哲学：クリシュナムルティの世界　大野純一訳　コスモス・ライブラリー　1997.8　434p

シェアード, ポール
◇株式持合いとコーポレート・ガバナンス：国際・学際研究 システムとしての日本企業　青木昌彦, ロナルド・ドーア編, NTTデータ通信システム科学研究所訳　NTT出版　1995.12　503p

ジェイカー, ベス
◇デザイナーから(共著)：ポルノと検閲　アン・スニトウほか著, 藤井麻利, 藤井雅実訳　青弓社　2002.9　264p　（クリティーク叢書 22）

ジェイコブズ, ジェーン・M.
◇大地への敬意(大城直樹訳)：ジェンダーの地理学　神谷浩夫編監訳, 影山穂波ほか訳　古今書院　2002.4　294p　（大学の地理学）

ジェイ・ピー・モーガン　《J. P. Morgan&Co.》
◇RISKMETRICS™　入門(土居雅紹, 塚本卓治, 佐藤由美子訳)：統合リスク管理への挑戦—VARの基礎・手法　ロッド・A.ベックストローム, アリス・R.キャンベル編著, 大和証券業務開発部訳　金融財政事情研

シェヴィッツ, ゲイル・P.
◇犬の霊が仲良し山羊を救った：あなたが知らないペットたちの不思議な力――アンビリーバブルな動物たちの超常現象レポート 『FATE』Magazine編, 宇佐和通訳 徳間書店 1999.2 276p

シェスタク, トーマス
◇名―乗る（磯忍訳）：カール・シュミットと現代 白井隆一郎ほか訳 沖積舎 2005.6 438p

ジェッソーラ, マティオ
◇イタリアの年金改革（共著）（城戸英樹訳）：年金改革の比較政治学――経路依存性と非難回避 新川敏光, ジュリアーノ・ボノーリ編著, 新川敏光監訳 ミネルヴァ書房 2004.10 341p （ガヴァナンス叢書 第1巻）

シェッツカット, ロナルド
◇ドイツ―規制されたフレキシビリティ（共著）（沢田幹訳）：労働市場の規制緩和を検証する―欧州8カ国の現状と課題 G.エスピン・アンデルセン, マリーノ・レジーニ編, 伍賀一道ほか訳 青木書店 2004.2 418p

シェットラー, ペーター
◇歴史学の「西方研究」他（木谷勤訳）：ナチズムと歴史家たち P.シェットラー編, 木谷勤, 小野清美, 芝健介訳 名古屋大学出版会 2001.8 287, 7p

シェディヴィ, ロベルト
◇オーストリアの社会的経済（共著）（石塚秀雄訳）：社会的経済―近未来の社会経済システム J.ドゥフルニ, J.L.モンソン編著, 富沢賢治, 内山哲朗, 佐藤誠, 石塚秀雄, 中川雄一郎ほか訳 日本経済評論社 1995.3 486p
◇オーストリアの社会的経済（共著）（石塚秀雄訳）：社会的経済―近未来の社会経済システム J.ドゥフルニ, J.L.モンソン編著, 富沢賢治ほか訳 オンデマンド版 日本経済評論社 2003.6 486p

シェーニング, クラス
◇改築（共著）：スウェーデンの住環境計画 スヴェン・ティーベイ編著, 外山義訳 鹿島出版会 1996.2 292p

シェパード, J. A.
◇不適応的な印象維持（共著）（勝谷紀子訳）：臨床社会心理学の進歩―実りあるインターフェイスをめざして R.M.コワルスキ, M.R.リアリー編著, 安藤清志, 丹野義彦監訳 北大路書房 2001.10 465p

ジェブ, ジュリアン
◇イーヴリン・ウォー（小野寺健訳）：インタヴューズ 2 クリストファー・シルヴェスター編, 新庄哲夫ほか訳 文芸春秋 1998.11 451p

シェーファー, ハインツ
◇憲法裁判のオーストリア・ドイツモデルのスペインにおける継受（共著）（古野豊秋訳）：憲法裁判の国際的発展―日独共同研究シンポジウム ドイツ憲法判例研究会編 信山社出版 2004.12 385, 12p

シェファー, バーニー
◇市場心理によってテクニカル分析を強化する方法：魔術師たちのトレーディングモデル―テクニカル分析の新地 リック・ベンシニョール編, 長尾慎太郎ほか訳 パンローリング 2001.3 365p （ウィザードブックシリーズ 15）

シェーファー, ブレッド・D.
◇なぜIMFは非効率なのか（共著）：IMF改廃論争の論点 ローレンス・J.マッキラン, ピーター・C.モントゴメリー編, 森川公隆監訳 東洋経済新報社 2000.11 285p

シェーファー, ロバート・H.
◇【ケーススタディ】コンサルタントとクライアントが衝突したとき（共著）：交渉の戦略スキル Harvard Business Review編, Diamondハーバード・ビジネス・レビュー編集部訳 ダイヤモンド社 2002.2 274p

ジェファーソン, プランティリア
◇アジアの学校における人権教育の状況（小森恵訳）：人権をどう教えるのか―「人権」の共通理解と実践 アジア・太平洋人権情報センター編 現代人文社 2007.6 197p （アジア・太平洋人権レビュー 2007）

シェフォールト, ベルトラン
◇ドイツ歴史学派（塘茂樹訳）：歴史学派の世界 住谷一彦, 八木紀一郎編 オンデマンド版 日本経済評論社 2003.3 296p

シェフツォヴァ, リリア
◇ロシアにおける軍の分裂（戸蒔仁司訳）：シビリアン・コントロールとデモクラシー L.ダイアモンド, M.F.プラットナー編, 中道寿一監訳 刀水書房 2006.3 256p （人間科学叢書 42）

シェフラー, H. W.
◇出自概念と出自集団―マオリ族の事例（笠原政治訳）：家族と親族 村武精一編, 小川正恭ほか訳 未来社 1992.7 331, 21p

シェフラー, リヒャルト
◇ハイデガーと神学（有馬善一訳）：ハイデガーと実践哲学 A.ゲートマン＝ジーフェルト, O.ペゲラー編, 下村鎭二, 竹市明弘, 宮原勇監訳 法政大学出版局 2001.2 519, 12p （叢書・ウニベルシタス 550）

シェフラン, ユルゲン
◇ミサイル防衛よりもミサイル軍縮：ミサイル防衛―大いなる幻想 東西の専門家20人が批判する デービッド・クリーガー, カラー・オン編, 梅林宏道, 黒崎輝訳 高文研 2002.11 155p

ジェームズ, P. J.
◇グローバル化に代わる世界社会フォーラムの「たくさんのオルタナティブ」（二宮元訳）：帝国への挑戦―世界社会フォーラム ジャイ・セン, アニタ・アナンド, アルトゥーロ・エスコバル, ピーター・ウォーターマン編, 武藤一羊ほか監訳 作品社 2005.2 462p

ジェームズ, アラン
◇国連平和活動と日本の役割：イギリスの見解：国連平和活動と日本の役割 アレックス・モリソン, ジェームズ・キラス編, 内藤嘉昭訳 文化書房博文社 2001.5 198p

ジェームズ, コリン
◇境界例患者, もう一つの観点（田宮聡訳）：分析的グループセラピー ジェフ・ロバーツ, マルコム・パイン編, 浅田護, 衣笠隆幸監訳 金剛出版 1999.1 261p

505

ジェームズ, サイモン・P.
◇マルティン・ハイデガー：環境の思想家たち　下（現代編）　ジョイ・A.パルマー編，須藤自由児訳　みすず書房　2004.11　320p　（エコロジーの思想）

ジェームズ, サラ
◇我らカリーブの民：風の言葉を伝えて＝ネイティブ・アメリカンの女たち　ジェーン・キャッツ編，船木アデルみさ，船木卓也訳　築地書館　1998.3　262p

ジェームズ, フラン
◇自然の恵みに支えられて：風の言葉を伝えて＝ネイティブ・アメリカンの女たち　ジェーン・キャッツ編，船木アデルみさ，船木卓也訳　築地書館　1998.3　262p

シェーラー, バーバラ
◇国際労働基準の発展と実行（共著）：新世紀の労働運動―アメリカの実験　グレゴリー・マンツィオス編，戸塚秀夫監訳　緑風出版　2001.12　360p　（国際労働問題叢書 2）

シェラード, R. H.
◇トマス・エディソン他（柴田元幸訳）：インタヴューズ 1　クリストファー・シルヴェスター編，新庄哲夫ほか訳　文芸春秋　1998.11　462p

ジェラード, ビル
◇ケインズの『一般理論』における方法と方法論：一般理論―第二版―もしケインズが今日生きていたら　G.C.ハーコート，P.A.リーアック編，小山庄三訳　多賀出版　2005.6　922p

ジェラルディン, フィリップ
◇ラカンの見地による無意識：クライン-ラカンダイアローグ　バゴーイン，サリヴァン編，新宮一成監訳，上尾真道，徳永健介，宇梶卓訳　誠信書房　2006.4　340p

シェリー, アナベル
◇異文化出身の家族に対して：医療ソーシャルワークの実践　ミーケ・バドウィ，ブレンダ・ピアモンティ編著　中央法規出版　1994.9　245p

シェリル, エリザベス
◇戦場のクリスマス：とっておきのクリスマス―やさしい気持ちになる9つのおはなし　続　ガイドポスト編，佐藤敬訳　いのちのことば社（発売）　1998.10　87p

シェル, G. リチャード
◇商業契約の交渉における機会主義と信頼（上田誠一郎訳）：現代アメリカ契約法　ロバート・A.ヒルマン，笠井修編著　弘文堂　2000.10　400p
◇電子交渉―電子メールの危険性とコンピュータを利用した交渉の展望：ウォートンスクールの意思決定論　ステファン・J.ホッチ，ハワード・C.クンリューサー編，小林陽太郎監訳，黒田康史，大塔達也訳　東洋経済新報社　2006.8　374p　（Best solution）

シェル, オーヴィル
◇ダボスに現れた"裸の王様"（井上利男訳）：世界は変えられる―TUPが伝えるイラク戦争の「真実」と「非戦」　TUP（Translators United for Peace＝平和をめざす翻訳者たち）監修　七つ森書館　2004.5　234, 5p

ジェルソン, ジャン・シャルリエ
◇神秘神学（上野正二，八巻和彦訳）：中世思想原典集成 17　中世末期の神秘思想　上智大学中世思想研究所編訳・監修　平凡社　1992.2　677p
◇学者の好奇心を戒む（1402年）（徳田直宏訳）：宗教改革著作集　第13巻　カトリック改革　教文館　1994.4　595p

シェルツベルク, ルチア
◇聖霊の話はフェミニスト神学に役だつだろうか？：聖霊は女性ではないのか―フェミニスト神学試論　E.モルトマン＝ヴェンデル編，内藤道雄訳　新教出版社　1996.11　281p　（21世紀キリスト教選書 11）

シェルトン, ジュディ
◇新ブレトンウッズ考案の時：IMF改廃論争の論点　ローレンス・J.マッキラン，ピーター・C.モントゴメリー編，森川公隆監訳　東洋経済新報社　2000.11　285p

ジェレメック, ブロニスラフ
◇周辺人：中世の人間―ヨーロッパ人の精神構造と創造力　ジャック・ル・ゴフ編，鎌田博夫訳　法政大学出版局　1999.7　440, 31p　（叢書・ウニベルシタス 623）

シェレンベルガー, ベルナルディン
◇クレルヴォーのベルナール：中世の牧会者たち　日本基督教団出版局　2001.6　266p　（魂への配慮の歴史 第4巻　C.メラー編，加藤常昭訳）

シェロツキ, タデウシュ
◇オスカル・ランゲ（高松鶴吉訳）：大東文化大学創立七十周年記念論集　中巻　大東文化大学創立七十周年記念出版推進委員会　大東文化学園七十周年記念事業事務室　1993.9　474p

ジェローム, ジャドソン
◇イリッチ案実施以後はどうなるか？：脱学校化の可能性―学校をなくせばどうなるか？　イヴァン・イリッチほか著，松崎巌訳　オンデマンド版　東京創元社　2003.6　218p　（現代社会科学叢書）

ジェン, カレン・A.
◇よく考えられた意思決定vs.ご都合主義の意思決定―東洋と西洋の視点（共著）：ウォートンスクールの意思決定論　ステファン・J.ホッチ，ハワード・C.クンリューサー編，小林陽太郎監訳，黒田康史，大塔達也訳　東洋経済新報社　2006.8　374p　（Best solution）

シェーン, マンフレッド
◇グスタフ・シュモラーとマックス・ヴェーバー：マックス・ヴェーバーとその同時代人群像　W.J.モムゼン，J.オースターハメル，W.シュベントカー編著，鈴木広，米沢和彦，嘉目克彦監訳　ミネルヴァ書房　1994.9　531, 4p

シェーンアイヒ, ハインリヒ
◇女から男への性適合手術（共著）：偽りの肉体―性転換のすべて　バーバラ・カンプラート，ワルトラウト・シッフェルス編著，近藤聡子訳　信山社出版　1998.6　210p

シェーンアウアー, ゲアハルト
◇ヴィルヘルム・レーエ：19世紀の牧会者たち 2　日本キリスト教団出版局　2003.6　184p　（魂への配慮の歴史 第10巻　C.メラー編，加藤常昭訳）

シェンヴェルダー, カレン
◇諸民族と青年の教師(小野清美訳):ナチズムと歴史家たち P.シェットラー編, 木谷勤, 小野清美, 芝健介訳 名古屋大学出版会 2001.8 287, 7p

シェンカー, イズレイアル
◇サミュエル・ベケット(柳瀬尚紀訳):インタヴューズ 2 クリストファー・シルヴェスター編, 新庄哲夫ほか訳 文藝春秋 1998.11 451p

ジェンキンズ, クリスティン
◇「今日の図書館員のあまりに多くが女性なので……」:アメリカ図書館職における女性と知的自由, 1890-1990年:アメリカ図書館史に女性を書きこむ スザンヌ・ヒルデンブランド編著, 田口瑛子訳 京都大学図書館情報学研究会 2002.7 367p

シェーンズ, ショーナ・ラニ
◇アメリカにおけるジェンダー・ポリティックス(共著)(上野友也訳):ジェンダー法学・政治学の可能性—東北大学COE国際シンポジウム・日本学術会議シンポジウム 辻村みよ子, 山元一編 東北大学出版会 2005.4 332p (ジェンダー法・政策研究叢書 東北大学21世紀COEプログラム 第3巻 辻村みよ子監修)

ジェンセン, カール
◇検閲のモニター:世界のメディア・アカウンタビリティ制度—デモクラシーを守る七つ道具 クロード‐ジャン・ベルトラン編著, 前沢猛訳 明石書店 2003.5 590p (明石ライブラリー 49)

ジェンセン, ブラッドリー
◇家庭とはきみを無条件に愛してくれる場所:子供たちへの手紙—あなたにこれだけは伝えたい エリカ・グッド編, 中埜有理訳 三田出版会 1997.7 371p

ジェンダ, マリア・ルイザ
◇イタリア(共著)(金口恭久訳):世界のいじめ—各国の現状と取り組み 森田洋司総監修・監訳, P.K.スミスほか編, 川口仁志ほか訳 金子書房 1998.11 463p

シェンツレ, アクセル
◇科学の倫理と科学者:大学の倫理 蓮実重彦, アンドレアス・ヘルドリヒ, 広渡清吾編 東京大学出版会 2003.3 276p

ジェンティーレ, ジョヴァンニ
◇クローチェの自由主義 他(上村忠男訳):国民革命幻想から—デ・サンクティスからグラムシへ 上村忠男編訳 未来社 2000.6 166p (転換期を読む 5)

シェンマン, ミカエル
◇グローバリゼイション時代のシティズンシップと成人教育(不破和彦訳):成人教育と市民社会—行動的シティズンシップの可能性 不破和彦編訳 青木書店 2002.7 214p

シオルデ, フレドリック
◇戦いの中に慈悲を(インテル・アルマ・カリタス)—第2次世界大戦中の赤十字国際委員会による人道活動 第3版(抄訳):欧米人捕虜と赤十字活動—パラヴィチーニ博士の復権 大川四郎訳 論創社 2006.1 247p

シカゴ・カルチュラル・スタディーズ・グループ
《Chicago Cultural Studies Group》
◇批判的多文化主義(梅山香代子訳):多文化主義—アメリカ, カナダ, イギリス, オーストラリアの場合 多文化社会研究会訳 木鐸社 1997.9 274, 8p

シカール
◇先天聾の教育課程:聾の経験—18世紀における手話の「発見」 ハーラン・レイン編, 石村多門訳 東京電機大学出版局 2000.10 439p

シーガル, G.
◇中華帝国は分裂するのか:アジア成功への課題—『フォーリン・アフェアーズ』アンソロジー P.クルーグマンほか著, 竹下興喜監訳 中央公論社 1995.3 266p

シーガル, ジュリア
◇対人サービス専門職者による展望(小田兼三訳):コミュニティケアを超えて—ノーマリゼーションと統合の実践 シュラミット・レイモン編, 中園康夫ほか訳 雄山閣出版 1995.10 228p

シカール, ミシェル
◇解放された芸術(黒川学訳):サルトル21世紀の思想家—国際シンポジウム記録論集 石崎晴己, 沢田直編 思潮社 2007.4 330, 19p

シクロバー, イジナ
◇ポスト共産主義のチェコスロバキアにおける女性と暴力(共著):世界の女性と暴力 ミランダ・デービス編, 鈴木研一訳 明石書店 1998.4 472p (明石ライブラリー 4)

シーゲル, ルース・F.
◇フェミニストセラピ:非力な人のためにパワーを再定義すること(共著):フェミニスト心理療法ハンドブック—女性臨床心理の理論と実践 L.B.ローズウォーター, L.E.A.ウォーカー編著, 河野貴代美, 井上摩耶子訳 ヒューマン・リーグ 1994.12 317p

シシー, イングリッド
◇ココ・シャネル:TIMEが選ぶ20世紀の100人 下巻 アーチスト・エンターテイナー・ヒーロー・偶像・巨頭 徳岡孝夫監訳 アルク 1999.11 318p

シースタック, ジェローム・J.
◇人権の哲学的基礎(望月康恵訳):国際人権法マニュアル—世界的視野から見た人権の理念と実践 ヤヌシュ・シモニデス編著, 横田洋三監訳, 秋月弘子, 滝沢美佐子, 富田麻理, 望月康恵訳 明石書店 2004.3 467p

シソコ, S. M.
◇一二世紀から一六世紀までのソンガイ人(竹村景子訳):ユネスコ・アフリカの歴史 第4巻 一二世紀から一六世紀までのアフリカ アフリカの歴史起草のためのユネスコ国際学術委員会編, 宮本正興責任編集 D.T.ニアヌ編 同朋舎出版 1992.9 2冊

シタス, エドウアルド
◇精神のヨーロッパに関する五つのテーゼ:ヨーロッパ学事始め—観念史の立場から マンフレート・ブール, シャヴィエル・ティリエッテ編著, 谷口伊兵衛訳 而立書房 2004.4 113p

志丹県革命委員会
◇党と国家のための忠信は耿々たり—劉志丹同志をしのんで(共著):中国建軍50周年(1977年8月1日)記念論文集 [防衛研修所] 1979 151p (参考資料 79ZT-10R)

507

シチャスト

シチャストニー, ズデニェク
◇北ハンガリーのスロヴァキア人（川崎嘉元訳）：エスニック・アイデンティティの研究―流転するスロヴァキアの民　川崎嘉元編著　中央大学出版部　2007.3　305p　（中央大学社会科学研究所研究叢書 18）

シッケル, リチャード
◇マーロン・ブランド 他：TIMEが選ぶ20世紀の100人　下巻　アーチスト・エンターテイナー・ヒーロー・偶像・巨頭　徳岡孝夫監訳　アルク　1999.11　318p

シッター, クララ・L.
◇ファニー・エリザベス・ラチフォード：図書館員で、文献探偵で、学者：アメリカ図書館史に女性を書きこむ　スザンヌ・ヒルデンブランド編著、田口瑛子訳　京都大学図書館情報学研究会　2002.7　367p

シッパース, ジョーブ
◇オランダのケース：ジェンダー主流化と雇用戦略―ヨーロッパ諸国の事例　ユテ・ベーニング、アンバロ・セラーノ・パスクアル編, 高木郁朗、麻生裕子編　明石書店　2003.11　281p

シディキ, M. A. R.
◇モスクの現状と展望（角谷多佳子訳）：多文化社会への道　駒井洋編著　明石書店　2003.12　382p　（講座グローバル化する日本と移民問題 第6巻　駒井洋監修）

シテーガ, ブリギッテ
◇「インフォーマルな活動」としての居眠り（山本泰子, 岡美穂子訳）：日本の組織―社縁文化とインフォーマル活動　中牧弘允, ミッチェル・セジウィック編　東方出版　2003.7　386p

シテメンコ, セルゲイ・マトベビッチ
◇戦場の女王はその王冠をもたらす：ソ連の軍事面における核革命　ウィリアム・キントナー, ハリエット・ファスト・スコット編　〔防衛研修所〕　1970　345p　（研究資料 70RT-9）

シデル, スコット・R.
◇IMFコンディショナリティの略史：IMF改廃論争の論点　ローレンス・J.マッキラン, ピーター・C.モントゴメリー編, 森川公隆監訳　東洋経済新報社　2000.11　285p

シード, ウィルフリッド
◇ジョナス・ソーク：TIMEが選ぶ20世紀の100人　上巻　指導者・革命家・科学者・思想家・起業家　徳岡孝夫監訳　アルク　1999.11　332p

シドウ, フォン
◇民話について（谷口幸男訳）：フォークロアの理論―歴史地理的方法を越えて　アラン・ダンデス他著, 荒木博之編訳　法政大学出版局　1994.1　202p

シトー会　〈Cisterciensis, Ordo〉
◇愛の憲章（後期の）：中世思想原典集成 10　修道院神学　上智大学中世思想研究所編訳・監修　平凡社　1997.10　725p

シードラー‐フェラー, ドリーン
◇セックスセラピィへのフェミニストの批判：フェミニスト心理療法ハンドブック―女性臨床心理の理論と実践　L.B.ローズウォーター, L.E.A.ウォーカー編著, 河野貴代美, 井上摩耶子訳　ヒューマン・リーグ　1994.12　317p

シドレンコ, A.
◇現段階における戦術（共著）：軍事における革命、その意義と結果―1964年度の赤星の代表的軍事論文集　防衛研修所　1965　158p　（読書資料 12-4-3）

シトン, イヴ
◇十八世紀における不能の恐怖と叙述装置：十八世紀の恐怖―言説・表象・実践　ジャック・ベールシュルド, ミシェル・ポレ編, 飯野和夫, 田所光男, 中島ひかる訳　法政大学出版局　2003.12　446p　（叢書・ウニベルシタス 782）

司馬 光　シバ, コウ
◇国訳資治通鑑 第1‐第4（加藤繁, 公田連太郎訳註）：国訳漢文大成　第9巻　続経子史部　第1輯 上　日本図書センター　2000.9　641p
◇国訳資治通鑑 第5‐第8（加藤繁, 公田連太郎訳註）：国訳漢文大成　第10巻　続経子史部　第1輯 下　日本図書センター　2000.9　p643-1763
◇国訳資治通鑑 第9‐第13（加藤繁, 公田連太郎訳註）：国訳漢文大成　第11巻　続経子史部　第2輯 上　日本図書センター　2000.9　829p
◇国訳資治通鑑 第14‐第16（加藤繁, 公田連太郎訳注）：国訳漢文大成　第12巻　続経子史部　第2輯 下　日本図書センター　2000.9　p831-1824
◇国訳資治通鑑目録（加藤繁, 公田連太郎訳）：国訳漢文大成　第14巻　続経子史部　第3輯 下　日本図書センター　2000.9　p671-1770

シーバー, シルベスター
◇年金加入者・給付額の実態：アメリカ年金事情―エリサ法（従業員退職所得保障法）制定20年後の真実　ダラス・L.ソールズベリー編, 鈴木旭監修, 大川洋三訳　新水社　2002.10　195p

司馬 遷　シバ, セン
◇史記伯夷列伝第一（宮崎市定訳）：東洋的古代　宮崎市定著, 礪波護編　中央公論新社　2000.2　318p　（中公文庫）
◇国訳史記本紀・国訳史記表（公田連太郎訳註）：国訳漢文大成　第3巻　経子史部　第2輯 上　日本図書センター　2000.9　1152p
◇国訳史記書・国訳史記世家・国訳史記列伝（公田連太郎, 箭内亙訳註）：国訳漢文大成　第4巻　経子史部　第2輯 下　日本図書センター　2000.9　p1153-2178
◇『漢書』司馬遷伝訳注：中国古代の歴史家たち―司馬遷・班固・范曄・陳寿の列伝訳注　福井重雅編　早稲田大学出版部　2006.3　300, 13p

司馬 璐　シバ, ロ
◇中国政局の「つかのまの安定」：鄧小平後の中国―中国人専門家50人による多角的な分析　上巻　何頻編著, 現代中国事情研究会訳　三交社　1994.12　386p
◇周恩来と張若名, 鄧穎超との三角関係 他：人間・周恩来―紅粉宰相の真実　金鐘編, 松田州二訳　原書房　2007.8　370p

柴田 勉　シバタ, ツトム
◇はじめに 他：より高度の知識経済化で一層の発展をめざす日本―諸外国への教訓　柴田勉, 竹内弘高共編, 田村勝able訳　一灯舎　2007.10　472, 36p

シーバーベルグ, ハンス・ユルゲン
◇ドイツの心を呪縛する"民主主義による抑圧"：知の

大潮流—21世紀へのパラダイム転換 今世紀最高の頭脳が予見する未来　ネイサン・ガーデルズ編, 仁保真佐子訳　徳間書店　1996.12　419p

ジーフェルニヒ, ミヒャエル
◇フリードリヒ・シュペー：宗教改革期の牧会者たち2　日本基督教団出版局　2001.10　212p　（魂への配慮の歴史 第6巻　C.メラー編, 加藤常昭訳）
◇カール・ゾンネンシャイン：第1次世界大戦後の牧会者たち　日本キリスト教団出版局　2004.3　286p　（魂への配慮の歴史 第11巻　C.メラー編, 加藤常昭訳）

シマー, R.
◇健康と人生（共著）：池田大作全集　第107巻　池田大作著　聖教新聞社　2003.9　645p

島田 信吾　シマダ, シンゴ*
◇文化比較と翻訳（大橋基訳）：日本学とは何か―ヨーロッパから見た日本研究, 日本から見た日本研究　法政大学国際日本学研究所編　法政大学国際日本学研究センター　2007.3　301p　（21世紀COE国際日本学研究叢書 6）

シマンジュタック, フリッツ・E.
◇ハビビ政権の正当性（共著）（水上浩訳）：インドネシア・改革闘争記—21世紀市民社会への挑戦　セロ・スマルジャン編, 中村光男監訳　明石書店　2003.1　432p　（明石ライブラリー 46）

シミズ, ヒデタダ
◇癒しの社会に向かって—日本の特殊教育からの見地（共著）：世界のインクルーシブ教育—多様性を認め、排除しない教育を　ハリー・ダニエルズ, フィリップ・ガーナー編著, 中村満紀男, 窪田眞二監訳　明石書店　2006.3　540p　（明石ライブラリー 92）

市民教育研究グループ
◇フェミニスト市民教育について：世界の女性と暴力　ミランダ・デービス編, 鈴木研一訳　明石書店　1998.4　472p　（明石ライブラリー 4）

市民のために金融投機に課税を求めるアソシエーション　《ATTAC (Association for the Taxation of Financial Transactions in the Interests of the Citizen)》
◇世界の未来を、皆で一緒に、取り戻そう：別のダボス—新自由主義グローバル化との闘い　フランソワ・ウタール, フランソワ・ポレ共編, 三輪昌男訳　柘植書房新社　2002.12　238p
◇金融資本—金融資本の規制（共著）（大屋定晴訳）：もうひとつの世界は可能だ—世界社会フォーラムとグローバル化への民衆のオルタナティブ　ウィリアム・F.フィッシャー, トーマス・ポニア編, 加藤哲郎監修, 大屋定晴, 山口響, 白井聡, 木下ちがや監訳　日本経済評論社　2003.12　461p

沈 在宇　シム, ジェウ*
◇人間の尊厳と死刑廃止論：東アジアの死刑廃止論考　鈴木敬夫編訳　成文堂　2007.2　261p　（アジア法叢書 26）

沈 晟晋　シム, ソンジン*
◇教育問題（朴恒有訳）：韓国社会論争―最新ガイド月刊『社会評論』（韓国）編集部編, 文京洙ほか監訳　社会評論社　1992.10　299p

シムジア, ハリー
◇ぎりぎりの暮らし—ザンビアにおける高齢化：明日をさがす—高齢化社会を生きる　オーストラリア聖公会シドニー教区社会問題委員会編, 関澄子訳　聖公会出版　1999.9　156p

シムズ, リチャード
◇フランス・友好的イメージをつくるには（富沢克訳）：欧米から見た岩倉使節団　イアン・ニッシュ編, 麻田貞雄他訳　ミネルヴァ書房　2002.4　263, 42p　（Minerva日本史ライブラリー 12）

シムズ, ローラ
◇娘と幽霊：話はめぐる—聞き手から語り手へ 子どもと大人のためのストーリーテリング　ナショナル・ストーリーテリング保存育成協会編, 佐藤涼子訳　リブリオ出版　1999.11　166p

シムロン, P.
◇独立ルカニアの最期（田村孝訳）：躍動する古代ローマ世界—支配と解放運動をめぐって　土井正興先生追悼論文集　倉橋良伸ほか編　理想社　2002.6　409p

シモンズ, イアン・G.
◇ポール・エーリック：環境の思想家たち 下（現代編）　ジョイ・A.パルマー編, 須藤自由児訳　みすず書房　2004.11　320p　（エコロジーの思想）

シモンズ, ホリー
◇アーキテクチャー—経営戦略に沿ったIT基盤を構築せよ（共著）：米先進企業CIOが明かすIT経営を成功させる17の「法則」　ディーン・レーン編, 飯田雅美, 高野恵里訳, 日経情報ストラテジー監訳　日経BP社　2005.7　431p

シモンズ, メノ
◇新生(1537年)・プロシアにある教会への警戒(1549年)・行政長官への嘆願(1552年)・神学者たちへの短い抗弁(1552年)・病める聖徒を慰める手紙(1557年)（矢口以文訳）：宗教改革著作集　第8巻　再洗礼派　教文館　1992.10　510p

謝 俊美　シャ, シュンビ*
◇情報伝達と辛亥革命（三輪雅人訳）：辛亥革命の多元構造—辛亥革命90周年国際学術討論会（神戸）　孫文研究会編　汲古書院　2003.12　442p　（孫中山記念会研究叢書 4）

謝 端明　シャ, タンメイ*
◇二一世紀に向けた中国の虚像と実像：現代中国の実像—江沢民ブレーン集団が明かす 全27の課題とその解決策　劉吉, 許明, 黄葦青編著, 謝端明, 岡田久典日本語版監修, 中川友訳　ダイヤモンド社　1999.5　687p

謝 肇制　シャ, チョウセイ*
◇五雑組：明代琉球資料集成　原田禹雄訳注　榕樹書林　2004.12　553p

シャーイエガン, ダリューシュ
◇遠のく世界：イラン人は神の国イランをどう考えているか　レイラ・アーザム・ザンギャネー編, 白須英子訳　草思社　2007.2　231p

シャイヒ, エバーハルト
◇なぜ貧しい人とお金持ちがいるの？：子ども大学講座 第1学期　ウルリヒ・ヤンセン, ウラ・シュトイアナーゲル編, 畔上司訳　主婦の友社　2004.7　285p

509

シャイビー, ベネディクト・バース
◇ミアの「運命の交響曲」：音楽療法学生との精神力動的即興演奏によるセラピー：音楽療法ケーススタディ下　成人に関する25の事例　ケネス・E.ブルシア編, よしだじゅんこ, 酒井智華訳　音楽之友社　2004.4　393p

ジャイルズ, ホワード
◇対人コミュニケーション（共著）（和田実訳）：社会心理学概論―ヨーロピアン・パースペクティブ　1　M.ヒューストンほか編, 末永俊郎, 安藤清志監訳　誠信書房　1994.10　355p

シャウベ, A.
◇保険制度成立期における保険の真の情況 他：塙浩著作集―西洋法史研究　7　ヨーロッパ商法史　塙浩訳・著　信山社出版　1992.8　663p

シャウベッカー, デトレフ・F.
◇独日文化交流：ドイツ・日本問題研究　2　ドイツ・日本問題研究班著　関西大学経済・政治研究所　1994.9　362p　(研究双書　第88冊)

シャーキー, ジョン
◇英日関係における経済外交（石井修訳）：日英交流史―1600-2000　2　政治・外交　2　細谷千博, イアン・ニッシュ監修　木畑洋一ほか訳　東京大学出版会　2000.5　365, 8p
◇一九二〇年代における英国の対日経済認識（岸田真訳）：日英交流史―1600-2000　4　経済　細谷千博, イアン・ニッシュ監修　杉山伸也, ジャネット・ハンター編　東京大学出版会　2001.6　332, 8p

ジャキエ, クレール
◇身持ちの堅い貞淑な女性：十八世紀の恐怖―言説・表象・実践　ジャック・ベールシュトルド, ミシェル・ポレ編, 飯野和夫, 田所光男, 中島ひかる訳　法政大学出版局　2003.12　446p　(叢書・ウニベルシタス　782)

ジャクソン, B. S.
◇法と法的統治の観念（北博訳）：古代イスラエルの世界―社会学・人類学・政治学からの展望　R.E.クレメンツ編, 木田献一, 月本昭男監訳　リトン　2002.11　654p

ジャクソン, スーザン
◇企業買収・合併の成否を分ける人材政策（共著）：ピープルマネジメント―21世紀の戦略的人材活用コンセプト　Financial Times編, 日経情報ストラテジー監訳　日経BP社　2002.3　271p　(日経情報ストラテジー別冊)

ジャクソン, ピーター
◇経済政策と公共選択の分析（共著）（斎藤明子訳）：経済政策の公共選択分析　アレック・クリスタル, ルパート・ペナンリー編, 黒川和美訳　勁草書房　2002.7　232p

ジャクソン, ブルース
◇逸脱による成功―悪いこととされた役割の二重の逆転（井上兼行訳）：さかさまの世界―芸術と社会における象徴的逆転　バーバラ・A.バブコック編, 岩崎宗治, 井上兼行訳　岩波書店　2000.11　310, 34p　(岩波モダンクラシックス)

ジャコビー, アルフレッド
◇新聞オンブズマン―初期の個人的記録：世界のメディア・アカウンタビリティ制度―デモクラシーを守る七つ道具　クロード‐ジャン・ベルトラン編著, 前沢猛訳　明石書店　2003.5　590p　(明石ライブラリー　49)

ジャコビィ, ラッセル
◇知識人の責任とは（永井務訳）：アメリカ批判理論の現在―ベンヤミン, アドルノ, フロムを超えて　マーティン・ジェイ編, 永井務監訳　こうち書房　2000.10　511p

ジャコボ, M. R.
◇フィリピンの歴史（共著）（栗山敦史訳）：フィリピンの歴史教科書から見た日本　佐藤義朗編, 後藤直三, 栗山敦史訳　明石書店　1997.7　174p

ジャコムッツィー, ペーター
◇ハイズル解説 他（古沢ゆう子訳）：文化アイデンティティの行方――橋大学言語社会研究科国際シンポジウムの記録　恒川邦夫ほか編著　彩流社　2004.2　456p

ジャスティス, クレイグ
◇貯蓄, 資金調達および利子率（共著）：現代マクロ金融論―ポスト・ケインジアンの視角から　ゲーリー・ディムスキー, ロバート・ポーリン編, 藤井宏史, 高屋定美, 植田宏文訳　晃洋書房　2004.4　227p

シャセラン, カミーユ
◇コンヴァンシオンの経済理論の源泉へ 他（共著）（海老塚明訳）：コンヴァンシオン理論の射程―政治経済学の復権　フィリップ・バティフリエ編, 海老塚明, 須田文明監訳　昭和堂　2006.11　419p

シャゼル, シーリア
◇八世紀イングランドにおける聖書（木俣元一訳）：テクストの宇宙―生成・機能・布置　21世紀COEプログラム「統合テクスト科学の構築」SITES講演録　2004-2005年　佐藤彰一編　名古屋大学大学院文学研究科　2006.3　296p

ジャック, エドゥアード
◇馬の鞍に飛び乗ってきた幽霊犬：あなたが知らないペットたちの不思議な力―アンビリーバブルな動物たちの超常現象レポート　『FATE』Magazine編, 宇佐和通訳　徳間書店　1999.2　276p

ジャックス, エリオット
◇死と中年期危機（木部邦裕訳）：メラニー・クライントゥデイ　3　臨床と技法　E.B.スピリウス編, 松木邦裕監訳　岩崎学術出版社　2000.4　316p

ジャッジ, パトリシャ
◇老いを考える：明日をさがす―高齢化社会を生きる　オーストラリア聖公会シドニー教区社会問題委員会編, 関澄子訳　聖公会出版　1999.9　156p

シャッベル, クリスティアン
◇ドイツから見た独日経済関係の展望（共著）（八林秀一訳）：孤立と統合―日独戦後史の分岐点　渡辺尚, 今久保幸生, ヘルベルト・ハックス, ヲルフガンク・クレナー編　京都大学学術出版会　2006.3　395p

ジャティマン, サルジョノ
◇ゴルカルに対する改革の衝撃（共著）（水上浩訳）：イ

ンドネシア・改革闘争記―21世紀市民社会への挑戦 セロ・スマルジャン編, 中村光男監訳 明石書店 2003.1 432p （明石ライブラリー 46）

シャーニー, ジョルジアンドレア
◇グローバリゼーションとアイデンティティ（山根健至訳）：統合と分離の国際政治経済学―グローバリゼーションの現代的位相 関下稔, 小林誠編 ナカニシヤ出版 2004.4 269p
◇グローバリゼーション・人間の安全保障・「テロとの戦い」（佐々木章江訳）：人間の安全保障―世界危機への挑戦 佐藤誠, 安藤次男編 東信堂 2004.11 363p

ジャネット, ドリス
◇フェミニズムに未来はあるか？：フェミニスト心理療法ハンドブック―女性臨床心理の理論と実践 L.B.ローズウォーター, L.E.A.ウォーカー編著, 河野貴代美, 井上摩耶子訳 ヒューマン・リーグ 1994.12 317p

ジャノウィッツ, アン
◇階級と文学―ロマン主義的チャーティスト運動の場合：階級を再考する―社会編成と文学批評の横断 ワイ・チー・ディモック, マイケル・T.ギルモア編著, 宮下雅年, 新関芳生, 久保拓也訳 松柏社 2001.5 391p

シャヒード, ファリダ
◇パキスタンの経験：世界の女性と暴力 ミランダ・デービス編, 鈴木研一訳 明石書店 1998.4 472p （明石ライブラリー 4）

シャピロ, セダ
◇教員のサポート, 求められる絆：アメリカの学生と海外留学 B.B.バーン編, 井上雍雄訳 玉川大学出版部 1998.8 179p

シャピロ, ダニエル・S.
◇非課税投資家の証券パートナーシップ出資に関する非関連事業課税所得：ヘッジファンドの世界―仕組み・投資手法・リスク J.レダーマン, R.A.クレイン編, 中央信託銀行オルタナティブアセット研究会訳 東洋経済新報社 1999.1 297p

シャピロ, ニーナ
◇不完全競争とケインズ：一般理論―第二版―もしケインズが今日生きていたら G.C.ハーコート, P.A.リーアック, 小山庄三訳 多賀出版 2005.6 922p

シャピロ, ニナ
◇ジンバブエ（共著）：女性が語る第三世界の素顔―環境・開発レポート アニータ・アナンド編, WFS日本事務局訳 明石書店 1994.6 317p

シャピロ, ロバート・B.
◇持続可能性と企業成長：戦略と経営 ジョーン・マグレッタ編, Diamondハーバード・ビジネス・レビュー編集部訳 ダイヤモンド社 2001.7 405p

シャープ, メグ
◇グループ分析の訓練と訓練生 他（共著）（大月道世訳）：分析的グループセラピー ジェフ・ロバーツ, マルコム・パイン編, 浅田護, 衣笠隆幸監訳 金剛出版 1999.1 261p

シャフト, ジェイ
◇石油のために死ぬのはイヤだ（パンタ笛吹訳）：世界

は変えられる―TUPが伝えるイラク戦争の「真実」と「非戦」 TUP (Translators United for Peace＝平和をめざす翻訳者たち）監修 七つ森書館 2004.5 234, 5p

シャブロ, クリストフ
◇フランスにおける裁判官の専門化（阿部智洋訳）：公共空間における裁判権―フランスのまなざし 日仏公法セミナー編 有信堂高文社 2007.2 313p

シャブン, ジョン
◇貯蓄率低下と年金の動向：アメリカ年金事情―エリサ法（従業員退職所得保障法）制定20年後の真実 ダラス・L.ソールズベリー編, 鈴木旭監修, 大川洋三訳 新水社 2002.10 195p

シャーミア, ボアス
◇変革的・カリスマ的・予言者的リーダーシップ理論の統合（共著）：リーダーシップ理論と研究 マーティン・M.チェマーズ, ロヤ・エイマン編, 白樫三四郎訳編 黎明出版 1995.9 234p

シャヤヴィーラ, スヴァルナ
◇スリランカにおける家族, ジェンダー及び社会経済の変化：アジアの経済発展と家族及びジェンダー 篠崎正美監訳・著, アジア女性交流・研究フォーラム編 改訂版 アジア女性交流・研究フォーラム 2000.3 203p

ジャヤディ, M. イクバル
◇暴動と改革（青木武信訳）：インドネシア・改革闘争記―21世紀市民社会への挑戦 セロ・スマルジャン編, 中村光男監訳 明石書店 2003.1 432p （明石ライブラリー 46）

ジャヤラマン, ラジシュリ
◇国際公共財と援助の正当化（共著）（恩地一樹訳）：地球公共財―グローバル時代の新しい課題 インゲ・カール, イザベル・グルンベルグ, マーク・A.スターン編, FASID国際開発研究センター訳 日本経済新聞社 1999.11 326p

ジャヤラム, N.
◇インドの高等教育：アジアの高等教育改革 フィリップ・G.アルトバック, 馬越徹編, 北村友人監訳 玉川大学出版部 2006.9 412p （高等教育シリーズ 137）

ジャヤンタ, バッタ
◇『聖典騒動』序幕・第一幕（片岡啓訳）：人文知の新たな総合に向けて―21世紀COEプログラム「グローバル化時代の多元的人文学の拠点形成」 第2回報告書5（文学篇2（翻訳・注釈）） 京都大学大学院文学研究科21世紀COEプログラム「グローバル化時代の多元的人文学の拠点形成」編 京都大学大学院文学研究科21世紀COEプログラム「グローバル化時代の多元的人文学の拠点形成」 2004.3 222p

シャラム, ベルント
◇タイにおける社会保障の展開（木村諭訳）：アジアの福祉国家政策 白鳥令, デチャ・サングカワン, シュヴェ・E.オルソン＝ホート編 芦書房 2006.8 276p

ジャララバディ, アショック
◇泳ぎを習う：神を見いだした科学者たち 2 E.C.バレット編, 佐藤是伸訳 いのちのことば社 1995.10 214p

シヤリエ　　　　　全集・合集収載　翻訳図書目録 1992-2007　Ⅰ

シャーリエ, フィリップ
◇日本海軍の戦術と技術に対する英海軍の評価(潘亮訳)：日英交流史―1600-2000　3　軍事　3　細谷千博, イアン・ニッシュ監修　平間洋一, イアン・ガウ, 波多野澄雄編　東京大学出版会　2001.3　362, 10p
◇国民をして国民に平和を語らしめん(共著)(高田明佳訳)：日英交流史―1600-2000　5　社会・文化　細谷千博, イアン・ニッシュ監修　都築忠七, ゴードン・ダニエルズ, 草光俊雄編　東京大学出版会　2001.8　398, 8p

シャーリコワ, ヴィクトーリア
◇山本正美を父にもち(牧野守雄訳)：山本正美治安維持法裁判陳述集　山本正美述, 刊行委員会監　新泉社　2005.7　524p　(山本正美裁判関係記録・論文集　続)

ジャルスリック, マーク
◇ケインズの景気循環理論：一般理論―第二版―もしケインズが今日生きていたら　G.C.ハーコート, P.A.リーアック編, 小山庄三訳　多賀出版　2005.6　922p

シャルプ, フリッツ・W.
◇オープン・エコノミー下の雇用と福祉国家：ヨーロッパ社会民主主義「第3の道」論集　2　R.Cuperus, K.Duffek, J.Kandel編, 小川正浩訳　生活経済政策研究所　2001.7　81p　(生活研ブックス　9)
◇現代国家の任務　他(安井宏樹訳)：21世紀社会民主主義　第7集　新しいドイツ社民党・欧州中道左派の難題　生活経済政策研究所　2004.10　141p　(生活研ブックス　20)

シャルロ, ベルナルド
◇教育：会議総括文書(共著)(中村好孝訳)：もうひとつの世界は可能だ―世界社会フォーラムとグローバル化への民衆のオルタナティブ　ウィリアム・F.フィッシャー, トーマス・ポニア編, 加藤哲郎監修, 大屋定晴, 山口響, 白井聡, 木下ちがや監訳　日本経済評論社　2003.12　461p

シャルンシュラーガー, レーオポルト
◇寛容の求め(1534年)(出村彰訳)：宗教改革著作集　第8巻　再洗礼派　教文館　1992.10　510p

シャロン, ヴェロニーク
◇薬草の知識：異教的中世　ルドー・J.R.ミリス編著, 武内信一訳　新評論　2002.3　352p

ジャン, ウェンラン
◇所得分布の社会的・政治的衝撃―日本の経験(南亮進著・訳)：所得不平等の政治経済学　南亮進, クワン・S.キム, マルコム・ファルカス編, 牧野文夫, 橋野篤, 橋野知子訳　東洋経済新報社　2000.11　278p

ジャンメッラーロ, A. S.
◇フェニキア人とカルタゴ人：食の歴史　1　J-L.フランドラン, M.モンタナーリ編, 宮原信, 北代美和子監訳　藤原書店　2006.1　429p

朱 園　シュ, エン
◇周恩来への思い入れ　他：人間・周恩来―紅朝宰相の真実　金鐘編, 松田州二訳　原書房　2007.8　370p

朱 化雨　シュ, カウ*
◇南洋華僑教育調査研究(共著)：20世紀日本のアジア関係重要研究資料　1　東亜研究所刊行物　東亜研究所編　復刻版　竜溪書舎　2000.12　17冊(セット)

朱 家駿　シュ, カシュン*
◇神霊の「音づれ」：わたしの日本学―外国人による日本学論文集　3　京都国際文化協会編　文理閣　1994.3　253p

朱 嘉明　シュ, カメイ*
◇慣性と客観的法則を持つ中国経済の将来：鄧小平後の中国―中国人専門家50人による多角的な分析　上巻　何頻編著, 現代中国事情研究会訳　三交社　1994.12　386p

朱 建栄　シュ, ケンエイ
◇日本見る中国人の複雑な眼差し(序)：中国人の見た日本―留学経験者の視点から　段躍中編, 朱建栄ほか著, 田縁美幸ほか訳　日本僑報社　2000.7　240p

朱 守仁　シュ, シュジン*
◇「満州事変」と日本国民の反戦および中国支援運動：中国人の見た中国・日本関係史―唐代から現代まで　中国東北地区中日関係史研究会編, 鈴木静夫, 高田祥平編訳　東方出版　1992.12　450p

朱 福来　シュ, フクライ*
◇『民主新聞』と井上林氏　他(共著)：新中国に貢献した日本人たち―友情で綴る戦後史の一コマ　中国中日関係史学会編, 武吉次朗訳　日本僑報社　2003.10　460p
◇幾山河超えさりゆかば―浜高家三次, 久保賢治, 松原勲三医博　他：新中国に貢献した日本人たち―友情で綴る戦後史の一コマ　続　中国中日関係史学会編, 武吉次朗訳　日本僑報社　2005.11　520p

朱 文芳　シュ, ブンホウ*
◇21世紀中国基礎数学教育改革の重点：中日近現代数学教育史　第6巻　北京師範大学横地清文庫国際セミナー研究報告　横地清, 鍾善基, 李迪編集代表　北京師範大学　2007.9　155p

ジュアンジャン, オリヴィエ
◇フランス法における男女平等(山元一訳)：世界のポジティヴ・アクションと男女共同参画　辻村みよ子編　東北大学出版会　2004.3　354p　(ジェンダー法・政策研究叢書　東北大学21世紀COEプログラム　第1巻　辻村みよ子監修)
◇裁判と公共空間(阿部智洋, 佐々木くみ訳)：公共空間における裁判権―フランスのまなざし　日仏公法セミナー編　有信堂高文社　2007.2　313p

周 希武　シュウ, キブ
◇寧海紀行：中国歴代西域紀行選　渡辺義一郎編訳　ベースボール・マガジン社　1997.8　328p

周 暁亮　シュウ, ギョウリョウ*
◇中国における西洋哲学の普及(白井順訳)：東アジアと哲学　藤田正勝, 卞崇道, 高坂史朗編　ナカニシヤ出版　2003.2　436p

周 慧菁　シュウ, ケイセイ*
◇現代化, 苦難の新しい道――一八四〇――一八九五　他(共著)：台湾の歴史―日台交渉の三百年　殷允芃編, 丸山勝訳　藤原書店　1996.12　436p

周 慶明　シュウ, ケイメイ*
◇高山族(共著)(百田弥栄子訳)：中国少数民族の婚姻と家族　中巻　厳汝嫻主編, 江守五夫監訳, 百田弥栄子, 曽士才, 栗原悟訳　第一書房　1996.12　315p　(Academic series―New Asia 19)

周 作人　シュウ, サクジン*
◇南北の点心：中国人、「食」を語る　晩白, 晩珊選編, 多田敏宏訳　近代文芸社　2003.12　219p

周 樹興　シュウ, ジュコウ*
◇広東人の品定め 他（共著）：中国人も愛読する中国人の話 下巻　中華人民共和国民政部中国社会出版社編, 朔方南翻訳　はまの出版　1997.5　254p

周 振想　シュウ, シンソウ*　《Zhou, Zhen Xiang》
◇死緩等刑罰の種類に関する諸問題：中国の死刑制度と労働改造　鈴木敬夫編訳　成文堂　1994.8　298p（アジア法叢書 18）

周 舵　シュウ, ダ*
◇急進民主派が政権を握れば天下は大混乱：鄧小平後の中国―中国人専門家50人による多角的な分析　上巻　何頼編著, 現代中国事情研究会訳　三交社　1994.12　386p

周 長海　シュウ, チョウカイ
◇日本の先輩と後輩：中国人の見た日本―留学経験者の視点から　段躍中編, 朱建栄ほか著, 田縁美幸ほか訳　日本僑報社　2000.7　240p

周 弼　シュウ, ヒツ
◇国訳三体詩（釈清潭訳註）：国訳漢文大成　第6巻　文学部　第1輯 下　日本図書センター　2000.9　p1001-2148

周 方　シュウ, ホウ*
◇全要素生産性の成長の自然分解：中国の計量経済学モデル　L.R.クライン, 市村真一編　創文社　2006.3　343p（ICSEAD研究叢書 4）

周 立耘　シュウ, リツウン*
◇刑務所見学、内助の功？：必読！今、中国が面白い―中国が解る60編　2007年版　而立会訳, 三潴正道監訳　日本僑報社　2007.8　240p

シュヴァルツェ, ユルゲン
◇ヨーロッパにおける法の現今の動向（松原敬之訳）：グローバル化と法―〈日本におけるドイツ年〉法学研究集　ハンス・ペーター・マルチュケ, 村上淳一編　信山社出版　2006.9　219p

シュヴァールバッハ
◇14世紀パリ最高法院の民事訴訟手続：塙浩著作集―西洋法史研究 6　フランス民事訴訟法史　塙浩・著　信山社出版　1992.9　1042p

シュヴァン, アレクサンダー
◇後期ハイデガー哲学における時代批判と政治（松尾宣昭, 戸島貴代志訳）：ハイデガーと実践哲学　A.ゲートマン＝ジーフェルト, O.ペゲラー編, 下村鉱二, 竹市明弘, 宮原勇監訳　法政大学出版局　2001.2　519, 12p（叢書・ウニベルシタス 550）

シュヴァーン, ゲジーネ
◇Global governanceか、good global governanceか？（松原敬之訳）：グローバル化と法―〈日本におけるドイツ年〉法学研究集　ハンス・ペーター・マルチュケ, 村上淳一編　信山社出版　2006.9　219p

シュウェムレイン, ピーター
◇すべて洗い流されて：神を見いだした科学者たち 2　E.C.バレット編, 佐藤是伸訳　いのちのことば社　1995.10　214p

シュウェラー, ランドール・L.
◇危機の二十世1919-39（戸谷美苗訳）：国際関係研究へのアプローチ―歴史学と政治学の対話　コリン・エルマン, ミリアム・フェンディアス・エルマン編, 渡辺昭夫監訳, 宮下明聡, 野口和彦, 戸谷美苗, 田中康友訳　東京大学出版会　2003.11　379p
◇米国による民主主義の推進：アメリカによる民主主義の推進―なぜその理念にこだわるのか　猪口孝, マイケル・コックス, G.ジョン・アイケンベリー編　ミネルヴァ書房　2006.6　502, 12p（国際政治・日本外交叢書 1）

シュヴェンツァー, インゲボルグ
◇ウィーン売買法、ヨーロッパ契約法原則、ユニドロワ契約法原則、ガンドルフィー草案およびドイツ債務法現代化法における法的救済と解除清算モデル（石崎泰雄訳）：ヨーロッパ債務法の変遷　ペーター・シュレヒトリーム編　信山社　2007.3　434p（学術選書 法律学編 ドイツ民法）

シュガー, ジェイムズ・A.
◇ルウェンゾーリ（写真）：知られざる辺境へ―世界の自然と人々　ナショナル・ジオグラフィック協会編, 亀井よし子訳　岩波書店　1992.7　216p（地球発見ブックス）

ジューコフ, ゲオルギー
◇危機一髪の作戦：ベリヤ―スターリンに仕えた死刑執行人 ある出世主義者の末路　ヴラジーミル・F.ネクラーソフ編, 森田明訳　エディションq　1997.9　365p

朱子　シュシ
◇国訳宋名臣言行録（公田連太郎訳註）：国訳漢文大成　第13巻　続経子史部　第3輯 上　日本図書センター　2000.9　670p

シュスター, ヴィルヘルム
◇司書の一般教養―司書の養成における文化論・学問論（河井弘志訳）：司書の教養　河井弘志訳　京都大学図書館情報学研究会　2004.8　127p

ジュスムート, リタ
◇社会の将来的可能性：未来社会への変革―未来の共同体がもつ可能性　フランシス・ヘッセルバイン, マーシャル・ゴールドスミス, リチャード・ベックハード, リチャード・F.シューベルト編, 加納明弘訳　フォレスト出版　1999.11　327p

シュタイナー, ミカエル
◇クラスターとネットワーク―制度的背景と戦略的視点（渡部茂訳）：企業立地行動の経済学―都市・産業クラスターと現代企業行動への視角　フィリップ・マッカン編著, 上遠野武司編訳　学文社　2007.2　227p

シュタイニッツ, クラウス
◇非工業化（共著）：岐路に立つ統一ドイツ―果てしなき「東」の植民地化　フリッツ・フィルマー編著, 木戸衛一訳　青木書店　2001.10　341p

シュタイン, L.
◇フランス近世の刑法史：塙浩著作集―西洋法史研究 19　フランス刑事法史　塙浩訳著　信山社出版　2000.6　790p

シュタイン, シャロン
◇子づれ保父体験記（共著）：幼児のための多文化理解

教育　ボニー・ノイゲバウエル編著, 谷口正子, 斉藤法子訳　明石書店　1997.4　165p

シュタインベルク, R.
◇原子力廃止の法的問題（門田孝訳）：先端科学技術と人権—日独共同研究シンポジウム　ドイツ憲法判例研究会編　信山社出版　2005.2　428p

シュタインメッツ, デイヴィッド
◇第二のナラティヴを発見する：聖書を読む技法—ポストモダンと聖書の復権　エレン・デイヴィス, リチャード・ヘイズ編, 芳賀力訳　新教出版社　2007.9　428p

シュターク, クリスティアン
◇権力分立と憲法裁判 他（光田督良訳）：憲法裁判の国際的発展—日独共同研究シンポジウム　ドイツ憲法判例研究会編　信山社出版　2004.2　385, 12p

シュターマー, カールステン
◇貨幣, 物的及び時間産業連関表—経済・環境・社会総合報告 他（共著）：持続可能な社会への2つの道—産業連関表で読み解く環境と社会・経済　C.シュターマー編著, 良永康平訳　ミネルヴァ書房　2006.10　257p　（シリーズ〈環境・エコロジー・人間〉7）

ジュタール, フィリップ
◇プロテスタント（和田光司訳）：記憶の場—フランス国民意識の文化=社会史　第1巻　ピエール・ノラ編, 谷川稔監訳　岩波書店　2002.11　466, 13p

シュタールバーク, ダグマール
◇態度I：態度の構造, 測定, および機能（共著）（渡辺芳之訳）：社会心理学概論—ヨーロピアン・パースペクティブ　1　M.ヒューストンほか編, 末永俊郎, 安藤清志監訳　誠信書房　1994.10　355p

シュッデコプフ, イルムガルト
◇銃後を守って—チューリンゲンの森の中で：ナチズム下の女たち—第三帝国の日常生活　カール・シュッデコプフ編, 香川檀, 秦由紀子, 石井栄子訳　復刊　未来社　1998.7　354p

シュティヒヴェー, ルドルフ
◇政治と世界社会 他：宗教システム/政治システム—正統性のパラドクス　土方透編著　新泉社　2004.5　266, 3p

シュテファニデス, ヤニス
◇農業協同組合（共著）：岐路に立つ統一ドイツ—果てしなき「東」の植民地化　フリッツ・フィルマー編著, 木戸衛一訳　青木書店　2001.10　341p

シュテュルナー, ロルフ
◇クラス・アクションと人権（松本博之訳）：団体・組織と法—日独シンポジウム　松本博之, 西谷敏, 守矢健一編　信山社出版　2006.9　388, 3p

シュテルン, ケーテ
◇就学前期の子どもにおける創造的空想力の問題について（久野弘幸訳）：子どものための教育—徹底的学校改革者同盟教育研究大会（1932年）報告『子どもの苦難と教育』より　船尾日出志監修, 久野弘幸編訳　学文社　2004.3　254, 4p

シュテンガー, ゲオルグ
◇可視的なものの生成性—現象学と芸術の交錯という現象, アジアを見やって（山口一郎訳）：媒体性の現象学　新田義弘ほか著　青土社　2002.7　501p

シュート, スーザン
◇黒人の娘が聖なる母性を知る：記憶の底から—家庭内性暴力を語る女性たち　トニー・A.H.マクナロン, ヤーロウ・モーガン編, 長谷川真実訳　青弓社　1995.12　247p

シュトゥールプファラー, カール
◇オーストリア・ファシズム外交—その枠組みとなった条件と影響：オーストリア・ファシズム—一九三四年から一九三八年までの支配体制　エンマリヒ・タロシュ, ヴォルフガング・ノイゲバウアー編, 田中浩, 村松恵二訳　未来社　1996.10　292p

シュトゥンプ, ガブリエレ
◇救済を詩的言語に求めて（臼井隆一郎訳）：カール・シュミットと現代　臼井隆一郎編　沖積舎　2005.6　438p

シュドソン, マイケル
◇かつて公共圏は存在したのか？存在したとすればいつなのか？アメリカの事例の考察（新田滋, 山本啓訳）：ハーバマスと公共圏　クレイグ・キャルホーン編, 山本啓, 新田滋訳　未来社　1999.9　348p　（ポイエーシス叢書 41）

シュトラウス, R.
◇多様の中に共通性を探る：地域の雇用戦略—七ヵ国の経験に学ぶ"地方の取り組み"　樋口美雄, S.ジゲール, 労働政策研究・研修機構編　日本経済新聞社　2005.10　364p

シュトラッサー, イルゼ
◇家庭内で進行するファッショ化：ナチズム下の女たち—第三帝国の日常生活　カール・シュッデコプフ編, 香川檀, 秦由紀子, 石井栄子訳　復刊　未来社　1998.7　354p

シュトルテン, インゲ
◇ファシズム下の青春—ある女優の場合：ナチズム下の女たち—第三帝国の日常生活　カール・シュッデコプフ編, 香川檀, 秦由紀子, 石井栄子訳　復刊　未来社　1998.7　354p

シュトルベルク, ディートリヒ
◇シューアド・ヒルトナー：第2次世界大戦後の牧会者たち　日本キリスト教団出版局　2004.7　317p　（魂への配慮の歴史 第12巻　C.メラー編, 加藤常昭訳）

シュトロース, ルース
◇逆転移：ユング派の分析技法—転移と逆転移をめぐって　マイケル・フォーダム, ローズマリー・ゴードン, ジュディス・ハバック, ケネス・ランバート共編, 氏原寛, 李敏子共訳　培風館　1992.7　290p　（分析心理学シリーズ 2）

シュトローメ, マッティアス
◇債務者の義務, 契約障害および責任（笠井修訳）：ヨーロッパ債務法の変遷　ペーター・シュレヒトリーム編　信山社　2007.3　434p　（学術選書 法律学編 ドイツ民法）

シュナイダー, フリードリッヒ
◇欧州連邦同盟の要素（鷲見英司訳）：経済政策の公共選択分析　アレック・クリスタル, ルパート・ペナンリー編, 黒川和美監訳　勁草書房　2002.7　232p

シュナイダーマン, デイヴィッド
◇先住権とグローバリゼーション（佐々木雅寿訳）：グローバル化時代の法と法律家　阿部昌樹, 佐々木雅寿, 平覚編　日本評論社　2004.2　363p

シュナーデルバッハ, R. テリー
◇フレデリック・ロー・オムステッド：環境の思想家たち　上（古代―近代編）　ジョイ・A.パルマー編, 須藤自由児訳　みすず書房　2004.9　309p　（エコロジーの思想）
◇イアン・マクハーグ：環境の思想家たち　下（現代編）　ジョイ・A.パルマー編, 須藤自由児訳　みすず書房　2004.11　320p　（エコロジーの思想）

シュニーデル, ハルデリーケ
◇パラグアイの征服（一五三七〜一四〇年）：歴史の目撃者　ジョン・ケアリー編, 仙名紀訳　朝日新聞社　1997.2　421p

シュニーワイス, トーマス
◇複数CTA商品ポートフォリオ：リスク・収益分析（共著）：機関投資家のポートフォリオにおけるマネージド・フューチャーズ　チャールズ・B.エプスタイン編, 日本商品ファンド業協会訳　日本商品ファンド業協会　1995.3　320p

シュネデール, モニック
◇視線と女（天野千穂子訳）：サラ・コフマン讃　F.コラン, J-L.ナンシー, J.デリダ他訳, 棚沢直子, 木村信子他訳　未知谷　2005.8　321p

ジュノー, マルセル
◇一か月後のヒロシマ（一九四五年九月九日）：歴史の目撃者　ジョン・ケアリー編, 仙名紀訳　朝日新聞社　1997.2　421p

シュバイツアー, モーリス・E.
◇交渉における欺き―ウォートンスクールの意思決定論　ステファン・J.ホッチ, ハワード・C.クンリューサー編, 小林陽太郎監訳, 黒田康史, 大塔達也訳　東洋経済新報社　2006.8　374p　（Best solution）

ジュパノブ, J.
◇平等主義と産業主義 他（儘田徹訳）：参加的組織の機能と構造―ユーゴスラヴィア自主管理企業の理論と実践　J.オブラドヴッチ, W.N.ダン編著, 笠原清志監訳　時潮社　1991.4　574p

シュパング, クリスティアン・W.
◇カール・ハウスホーファーと日本の地政学 他（石井素介訳）：太平洋地政学―地理歴史相互関係の研究　カール・ハウスホーファー著, 日本青年外交協会研究部訳　大空社　2005.5　1冊　（アジア学叢書 132）

シュピーゲル誌
◇フランスの核武装：フランス国防政策参考資料　防衛研修所　1964　87p　（読書資料 12-2309）

シュペック, R.
◇参加と産業民主主義（高巌訳）：参加的組織の機能と構造―ユーゴスラヴィア自主管理企業の理論と実践　J.オブラドヴッチ, W.N.ダン編著, 笠原清志監訳　時潮社　1991.4　574p

シュペート, ロータル
◇カール・ツァイス（共著）：ドイツ企業のパイオニア―その成功の秘訣　ヴォルフラム・ヴァイマー編著,

和泉雅人訳　大修館書店　1996.5　427p

シュマイドラー, ガートルード・R.
◇透視とテレパシー 他：心霊研究―その歴史・原理・実践　イヴォール・グラットン・ギネス編, 和田芳久訳　技術出版　1995.12　414p　（超心理学叢書 第4集）

シューマーク, ヘレン
◇ピアノで即興：行動障害をもつ全盲の少年の関与性、および参加性の発達：音楽療法ケーススタディ　上　児童・青年に関する17の事例　ケネス・E.ブルシア編, 酒井智華ほか訳　音楽之友社　2004.2　285p

シューマン, フレデリック・L.
◇冷戦の終結なし（本橋正訳）：太平洋戦争をめぐる日米外交と戦後の米ソ対立　本橋正著　学術出版会　2006.8　608p　（学術叢書）

シュミッツ, ヒューバート
◇地域の統治と対立の管理：グローバル・シティー・リージョンズ―グローバル都市地域への理論と政策　アレン・J.スコット編著, 坂本秀和訳　ダイヤモンド社　2004.2　365p

シュミット, エーベルハルト
◇『ドイツ刑事司法史』「第三部 近代的刑事政策の発展　第一編 啓蒙主義」1（山内進, 屋敷二郎訳）：国際比較法制研究―ユリスプルデンティア 4　石田喜久夫ほか編　比較法制研究所　1995.6　173, 48p

シュミット, カルステン
◇Lex mercatoria（松原敬之訳）：グローバル化と法―〈日本におけるドイツ年〉法学研究集会　ハンス・ペーター・マルチュケ, 村上淳一編　信山社出版　2006.9　219p

シュミット, ヘルムート
◇人道的社会のための鍵となる原則：今こそ地球倫理を　ハンス・キューング編, 吉田収訳　世界聖典刊行協会　1997.10　346p　（ぽんブックス 39）

シュミット, マルゴット
◇ビンゲンのヒルデガルト：中世の牧会者たち　日本基督教団出版局　2001.6　266p　（魂への配慮の歴史 第4巻　C.メラー編, 加藤常昭訳）

シュミット＝デングラー, ヴェンデリーン
◇戦後の語り方（広沢絵里子訳）：東京とウィーン―占領期から60年代までの日常と余暇　明治大学・ウィーン大学第5回共同シンポジウム論集　吉田正彦, 井戸田総一郎編　明治大学文学部　2007.3　180p

シュミット＝ハルツバッハ, イングリット
◇一九四五年ベルリン・四月の一週間（寺崎あき子訳）：1945年・ベルリン解放の真実―戦争・強姦・子ども　ヘルケ・ザンダー, バーバラ・ヨール編著, 寺崎あき子, 伊藤明子訳　パンドラ　1996.9　354p

シュミットホーファ, クラウディア
◇1920年代における日本への旅（広沢絵里子, 渡辺徳美, 宗宮朋子訳）：1920年代の日常とあそびの世界―東京とウィーン　明治大学・ウィーン大学第3回共同シンポジウム　吉田正彦, 井戸田総一郎編　明治大学文学部　2005.3　125p

シュミット・ロスト, ラインハルト
◇オスカー・フィスター：第1次世界大戦後の牧会者たち　日本キリスト教団出版局　2004.3　286p　（魂

シユラ　　　　　　　全集・合集収載 翻訳図書目録 1992-2007　Ⅰ

への配慮の歴史 第11巻　C.メラー編, 加藤常昭訳)

シューラー, アルフレート
◇永遠の都の本質(鍜治哲郎訳)：バッハオーフェン論集成　臼井隆一郎編　世界書院　1992.10　248, 5p

シュラー, トム
◇成人教育と市民参加の結合の探求(不破和彦訳)：成人教育と市民社会―行動的シティズンシップの可能性　不破和彦訳　青木書店　2002.7　214p

シュラー, ランドル
◇企業買収・合併の成否を分ける人材政策(共著)：ピープルマネジメント―21世紀の戦略的人材活用コンセプト　Financial Times編, 日経情報ストラテジー監訳　日経BP社　2002.3　271p　(日経情報ストラテジー別冊)

ジュライ
◇悲劇の家族：女たちのビルマ―軍事政権下を生きる女たちの声　藤目ゆき監修, タナッカーの会編, 富田あかり訳　明石書店　2007.12　446p　(アジア現代女性史 4)

シュライブマン, L.
◇自閉症児の親訓練―訓練効果の般化を促進するために：自閉症, 発達障害者の社会参加をめざして―応用行動分析学からのアプローチ　R.ホーナー他著, 小林重雄, 加藤哲文監訳　二瓶社　1992.12　299p　(叢書・現代の心理学 3)

シュライム, アヴィ
◇米国とイスラエル・パレスチナ紛争：衝突を超えて―9・11後の世界秩序　K.ブース, T.ダン編, 吉島隆吉監訳, 塚田幸三, 寺島美紀子訳　日本経済評論社　2003.5　469p

シュラーヴェン, マルティン
◇シェリングにおける法, 国家, 政治(松倉寿訳)：シェリング哲学―入門と研究の手引き　H.J.ザントキューラー編, 山本寿一監訳　昭和堂　2006.7　288, 59p

ジュラセック, リチャード
◇キャンパス外での学習とキャンパス内学習との関連性：アメリカの学生と海外留学　B.B.バーン編, 井上雍雄訳　玉川大学出版部　1998.8　198p

シュラーダー, ヴォルフガング・H.
◇C.L.ラインホルトの「体系転換」(竹島尚仁訳)：論争の哲学史―カントからヘーゲルへ　W.イェシュケ編, 高山守, 藤田正勝監訳　理想社　2001.2　425, 4p

シュラドウェイラー, クリス
◇『図書館の権利宣言』と知的自由：精選文献一覧(川崎良孝訳)：『図書館の権利宣言』を論じる　ウェイン・A.ウィーガンド編, 川崎良孝, 薬師院はるみ訳　京都大学図書館情報学研究会　2000.9　195p

シュラーバウム, ゲリー・G.
◇株式のバリュー投資戦略(田村浩訳)：株式投資スタイル―投資家とファンドマネージャーを結ぶ投資哲学　T.ダニエル・コギン, フランク・J.ファボツィ, ロバート・D.アーノット編, 野村証券金融研究所増補改訂版　野村総合研究所情報リソース部　1998.3　450p

シュラフ, リー・アン
◇手紙：記憶の底から―家庭内性暴力を語る女性たち

トニー・A.H.マクナロン, ヤーロウ・モーガン編, 長谷川真実訳　青弓社　1995.12　247p

シュランスキー, ガブリエル
◇成功は再現できる(共著)：ビジネスモデル戦略論　Diamondハーバード・ビジネス・レビュー編集部編訳　ダイヤモンド社　2006.10　223p　(Harvard business review anthology)

ジュリア, ドミニク
◇読書と反宗教改革(平野隆文訳)：読むことの歴史―ヨーロッパ読書史　ロジェ・シャルティエ, グリエルモ・カヴァッロ編, 田村毅ほか共訳　大修館書店　2000.5　634p

ジュリアン(ノリッジの)
◇神の愛の啓示(川中なほ子訳)：中世思想原典集成 15 女性の神秘家　上智大学中世思想研究所編訳・監修　平凡社　2002.4　1061p

シュリューター, ヴィルフリート
◇ドイツ連邦共和国における団結の自由と労働争議権(角田邦重訳)：共演ドイツ法と日本法　石川敏行, ディルク・エーラース, ベルンハルト・グロスフェルト, 山内惟介編著　中央大学出版部　2007.9　510, 11p　(日本比較法研究所研究叢書 73)

シュリンプトン, ニコラス
◇ウンベルト・エーコ『薔薇の名前』(富山太佳夫訳)：ロンドンで本を読む　丸谷才一編著　マガジンハウス　2001.6　337, 8p

シュール, ダイアン
◇ヘレン・ケラー：TIMEが選ぶ20世紀の100人　下巻　アーチスト・エンターテイナー・ヒーロー・偶像・巨頭　徳岡孝夫監訳　アルク　1999.11　318p

シュルツ, ヴァルター
◇カギとしての言語(共著)(仲正昌樹訳)：差異化する正義　仲正昌樹編　御茶の水書房　2004.7　285p　(叢書・アレテイア 4)

シュルツ, カリン・L.
◇リンダに数学を理解させる学習法：障害のある学生を支える―教員の体験談を通じて教育機関の役割を探る　ボニー・M.ホッジ, ジェニー・ブレストン‐サビン編, 太田晴康監訳, 三沢かがり訳　文理閣　2006.12　228p

シュルツ, ジョージ・P.
◇誰がIMFを必要としているのか(共著)：IMF改廃論争の論点　ローレンス・J.マッキネン, ピーター・C.モントゴメリー編, 森ınning公隆監訳　東洋経済新報社　2000.11　285p

シュルツ, ソルベイ
◇住まい手参加の促進(共著)：スウェーデンの住環境計画　スヴェン・ティーベイ編著, 外山義訳　鹿島出版会　1996.2　292p

シュルドバーク, デイヴィッド
◇離婚した父親が前の妻について述べる―価値の引き下げと対比(共著)(小池のり子訳)：女と離婚/男と離婚―ジェンダーの相違による別居・離婚・再婚の実態　サンドラ・S.ヴォルギー編著, 小池のり子, 村上弘子訳　家政教育社　1996.9　238p

516

シュルバーグ, バド
◇ルイス・B.メイヤー：TIMEが選ぶ20世紀の100人 上巻 指導者・革命家・科学者・思想家・起業家 徳岡孝夫監訳 アルク 1999.11 332p

シュルマン, ローレンス・E.
◇ケイパビリティに基づく経営戦略（共著）：経営戦略論 Harvard Business Review編, Diamondハーバード・ビジネス・レビュー編集部訳 ダイヤモンド社 2001.1 268p

シューレ, アンニカ・フォン
◇子どもと家族：スウェーデンの住環境計画 スヴェン・ティーベイ編著, 外山義訳 鹿島出版会 1996.2 292p

シュレーア, マルクス
◇アンガジュマンと距離を置くことの間で：ブルデューとルーマン―理論比較の試み アルミン・ナセヒ, ゲルト・ノルマン編, 森川剛光訳 新泉社 2006.11 277, 30p

シュレジンガー, トム
◇パラレル・バンキング・システム（共著）（原田善教訳）：アメリカ金融システムの転換―21世紀に公正と効率を求めて ディムスキ, エプシュタイン, ポーリン編, 原田善教監訳 日本経済評論社 2001.8 445p （ポスト・ケインジアン叢書 30）
◇パラレル・バンキング・システム（共著）（原田善教訳）：アメリカ金融システムの転換―21世紀に公正と効率を求めて ディムスキ, エプシュタイン, ポーリン編, 原田善教監訳 日本経済評論社 2005.4 445p （ポスト・ケインジアン叢書 30）

シュレージンジャー, アーサー, Jr.
◇フランクリン・デラノ・ルーズベルト：TIMEが選ぶ20世紀の100人 上巻 指導者・革命家・科学者・思想家・起業家 徳岡孝夫監訳 アルク 1999.11 332p

シュレスタ, マノジ
◇ODAの現状と課題：わたしの日本学―外国人による日本学論文集 3 京都国際文化協会編 文理閣 1994.3 253p

シュレーダー, R.
◇私たちの社会を束ねるものは何か価値 – 何のためにそれを必要とするのか（共著）：哲学の原点―ドイツからの提言 ハンス・ゲオルク・ガダマー他著, U.ベーム編, 長倉誠一, 多田茂訳 未知谷 1999.7 272, 11p

シューレンブルク, J. マティアス・グラフ・フォン・デア
◇高齢者ケアの財源：高齢者ケアをどうするか―先進国の悩みと日本の選択 髙木安雄監修・訳, 池上直己, ジョン・C.キャンベル編著 中央法規出版 2002.7 256p

シュローダー, ポール・W.
◇国際関係史（野口和彦訳）：国際関係研究へのアプローチ―歴史学と政治学の対話 コリン・エルマン, ミリアム・フェンディアス・エルマン編, 渡辺昭夫監訳, 宮下明聡, 野口和彦, 戸谷美苗, 田中康友訳 東京大学出版会 2003.11 379p

シュローダー, リチャード
◇ガンビアにおける土地への「権利再主張」（吉田雄介訳）：ジェンダーの地理学 神谷浩夫編監訳, 影山穂波ほか訳 古今書院 2002.4 294p （大学の地理学）

シューローバハ, ヨヘン
◇ヴォルテールから得られる教訓 他（増田真訳）：十八世紀における他者のイメージ―アジアの側から、そしてヨーロッパの側から 中川久定, J.シューローバハ編 河合文化教育研究所 2006.3 370p

シュワーツ, イーディス
◇キーワードはパートナーシップ：子供たちへの手紙―あなたにこれだけは伝えたい エリカ・グッド編, 中埜有理訳 三田出版会 1997.7 371p

ジュワナ, ヒクマハント
◇経済法制度の改革と実効性（佐藤百合訳）：インドネシアの経済再編―構造・制度・アクター 佐藤百合編 日本貿易振興機構アジア経済研究所 2004.10 444p （研究双書 no.537）

シュワルツ, アンナ・J.
◇IMF終結の時：IMF改廃論争の論点 ローレンス・J.マッキラン, ピーター・C.モントゴメリー編, 森川公隆監訳 東洋経済新報社 2000.11 285p

シュワルツ, ウィリアム
◇中東の諸教会理解のために―西側プロテスタントの観点から：中東キリスト教の歴史 中東教会協議会編, 村山盛忠, 小田原緑訳 日本基督教団出版局 1993.2 154p

シュワルツ, ゴードン
◇グローバル価格設定契約への準備（共著）：スマート・グローバリゼーション A.K.グプタ, D.E.ウエストニー編著, 諸上茂登監訳 同文舘出版 2005.3 234p

シュンゲル＝シュトラウマン, ヘレン
◇聖書のルアハ表象のダイナミズムについて：聖霊は女性ではないのか―フェミニスト神学試論 E.モルトマン＝ヴェンデル編, 内藤道雄訳 新教出版社 1996.11 281p （21世紀キリスト教選書 11）

荀子 ジュンシ
◇国訳荀子（笹川臨風訳註）：国訳漢文大成 第3巻 経子史部 第2輯 上 日本図書センター 2000.9 1152p

徐 亜平 ジョ, アヘイ*
◇中国の保税区―発生と成長：中国における生産財流通―商品と機構 原田忠夫編 アジア経済研究所 1995.3 168p （ASEAN等現地研究シリーズ No.29）

徐 安琪 ジョ, アンキ*
◇離婚および女性の家族内地位と権益：中国人口問題のいま―中国人研究者の視点から 若林敬子編著, 筒井紀美訳 ミネルヴァ書房 2006.9 369p

徐 育珠 ジョ, イクシュ*
◇財政政策：台湾の四十年―国家経済建設のグランドデザイン 上 高希均, 李誠編, 小林幹夫, 塚越敏彦訳 連合出版 1993.3 230p

除 一平 ジョ, イチヘイ*
◇コーパス言語学から見た日本語研究：〈意〉の文化と〈情〉の文化―中国における日本研究 王敏編著, 岡部明日香ほか訳 中央公論新社 2004.10 444p （中公叢書）

茹 一夫　ジョ, イップ*
◇通化暴動平定記（前田光繁訳）：通化二三暴動の真相
　——彼らはなぜ中国で死んだのか　中国の証言　前田光
　繁編・訳・著　教育出版センター　1993.4　167p

舒 湮　ジョ, イン
◇邊區實録：20世紀日本のアジア関係重要研究資料　1
　東亜研究所刊行物　東亜研究所編著　竜渓書舎
　1999.12　16冊（セット）

徐 益初　ジョ, エキショ
◇中国刑事立法の発展 他（日吉尚子訳）：現代中国刑事
　法論　徐益初, 井戸田侃編著, 宇野木洋監訳　法律文
　化社　1992.9　178p　（現代中国法叢書 第3巻）

書 華　ショ, カ
◇一九四一年の陝甘寧邊區經濟建設計畫：20世紀日本
　のアジア関係重要研究資料　1　東亜研究所刊行物
　東亜研究所編著　竜渓書舎　1999.12　16冊（セット）

徐 啓新　ジョ, ケイシン*
◇保健衛生と防疫の功労者——今村・豊平医師：新中国に
　貢献した日本人たち——友情で綴る戦後史の一コマ
　続　中国中日関係史学会編, 武吉次朗訳　日本僑報社
　2005.11　520p

徐 顕明　ジョ, ケンメイ　《Xu, Xian Ming》
◇人権主体をめぐる論争から導かれる幾つかの理論問
　題：中国の人権論と相対主義　鈴木敬夫編訳　成文
　堂　1997.10　314p　（アジア法叢書 22）

徐 虹　ジョ, コウ*
◇『婦女雑誌』と二〇世紀前期の女性美術（姚毅訳）：
　『婦女雑誌』からみる近代中国女性　村田雄二郎編著
　研文出版　2005.2　408p

徐 淑希　ジョ, シュクキ*
◇翻訳：南京安全区档案：「南京安全地帯の記録」完
　訳と研究　冨沢繁信著　展転社　2004.9　354p

徐 松　ジョ, ショウ
◇西域水道記（抄）巻三：中国歴代西域紀行選　渡辺義一
　郎編訳　ベースボール・マガジン社　1997.8　328p

徐 靖静　ジョ, セイセイ*
◇清明節は本来の姿で——「気は清らかにして景は明ら
　かなり」（共著）：必読！今、中国が面白い——中国が
　解る60編　2007年版　而立会研, 三瀦正道監訳　日
　本僑報社　2007.8　240p

徐 素華　ジョ, ソカ
◇中国におけるマルクス主義哲学（畑忍訳）：東アジア
　と哲学　藤田正勝, 卞崇道, 高坂史朗編　ナカニシヤ
　出版　2003.2　436p

舒 娜　ジョ, ダ*
◇モンゴル（蒙古）族——新疆自治区（百田弥栄子訳）：中
　国少数民族の婚姻と家族　中巻　厳汝嫻主編, 江守五
　夫監訳, 百田弥栄子, 曽士才, 栗原悟訳　第一書房
　1996.12　315p　（Academic series—New Asia 19）

徐 琛　ジョ, チン*
◇円仁の入唐求法経路考——中国江蘇省南通・如皋におけ
　る上陸地と経路（鈴木靖民訳）：日本古代の国家と祭儀
　林陸朗, 鈴木靖民編　雄山閣出版　1996.7　740p

舒 婷　ジョ, テイ
◇春巻 他：中国人、「食」を語る　晩白, 曉珊選編, 多

田敏宏訳　近代文芸社　2003.12　219p

徐 佩瑩　ジョ, ハイエイ
◇山中にて一日：香港回帰——ジャーナリストが見
　た'97.7.1　ユエン・チャン, 盧敬華共編, 日野みどり
　訳　凱風社　1998.6　197p

徐 氷　ジョ, ヒョウ*
◇海味二題：中国人、「食」を語る　晩白, 曉珊選編, 多
　田敏宏訳　近代文芸社　2003.12　219p

徐 奉賢　ジョ, ホウジン*
◇地域格差の問題——「ともに豊かになる」は幻想か（共
　著）：現代中国の実像——江沢民ブレーン集団が明かす
　全27の課題とその解決策　劉吉, 許明, 黄焉青編著,
　謝鴻明, 岡田久典日本語版監修, 中川友訳　ダイヤモ
　ンド社　1999.5　687p

徐 歩青　ジョ, ホセイ*
◇ライバルからパートナーに——ジェトロ理事長 渡辺修
　氏を訪問：必読！今、中国が面白い——中国が解る60
　編　2007年版　而立会研, 三瀦正道監訳　日本僑報
　社　2007.8　240p

ショー, マーティン
◇グローバリゼーションとポスト軍事型デモクラシー
　（松下冽訳）：変容する民主主義——グローバル化のな
　かで　アントニー・G.マッグルー編, 松下冽監訳　日
　本経済評論社　2003.11　405p

徐 琳　ジョ, リン*
◇ペー（白）族（栗原悟訳）：中国少数民族の婚姻と家族
　上巻　厳汝嫻主編, 江守五夫監訳, 百田弥栄子, 曽士
　才, 栗原悟訳　第一書房　1996.12　298p
　（Academic series—New Asia 18）

ショー, ロバート
◇対ケニア貸し付けの早期再開は期待薄：IMF改革論
　争の論点　ローレンス・J.マッキラン, ピーター・C.
　モントゴメリー編, 森川公隆監訳　東洋経済新報社
　2000.11　285p

ジョアネス, F.
◇初期文明における宴会の社会的役割：食の歴史　1
　J-L.フランドラン, M.モンタナーリ編, 宮原信, 北代
　美和子監訳　藤原書店　2006.1　429p

ショイイング, D. H.
◇ヨーロッパ環境法における規制と市場の自由（工藤達
　朗訳）：先端科学技術と人権——日独共同研究シンポジ
　ウム　ドイツ憲法判例研究会編　信山社出版
　2005.2　428p

蕭 阿勤　ショウ, アキン*
◇抗日集団的記憶の民族化（和泉司訳）：記憶する台湾
　——帝国との相剋　呉密察, 黄英哲, 垂水千恵編　東京
　大学出版会　2005.5　341, 7p

蒋 永萍　ショウ, エイヘイ
◇中国女性の社会的地位に関する理論的認識 他：中国
　の女性——社会的地位の調査報告　陶春芳, 蒋永萍編,
　山下威士, 山下泰子監訳　尚学社　1995.7　354,
　108, 4p

蒋 介石　ショウ, カイセキ
◇蒋介石の近衛聲明反駁の記念週演説（酒井忠夫編訳）：
　20世紀日本のアジア関係重要研究資料　1　東亜研究
　所刊行物　東亜研究所編著　竜渓書舎　1999.12　16

冊（セット）

尚 会鵬　ショウ, カイホウ*
◇儒家の文化戦略と中国人の日本観の深層：〈意〉の文化と〈情〉の文化—中国における日本研究　王敏編著, 岡部明日香ほか訳　中央公論新社　2004.10　444p　（中公叢書）

邵 翰斎　ショウ, カンセイ
◇中国憲政運動の発展と最近の動向（福満武雄訳）：20世紀日本のアジア関係重要研究資料　1　東亜研究所刊行物　東亜研究所編著　竜渓書舎　1999.12　16冊（セット）

蕭 漢明　ショウ, カンメイ*
◇漢代易学の基本的な特徴について（白井順訳）：両漢における易と三礼　渡辺義浩編　汲古書院　2006.9　487p

常 玉生　ジョウ, ギョクセイ*
◇「帰国後教育」の困惑：必読！今、中国が面白い—中国が解る60編　2007年版　而立会訳, 三潴正道監訳　日本僑報社　2007.8　240p

章 慧敏　ショウ, ケイビン*
◇傾く赤十字—医療と金：世紀末・中国　中国ジャーナリスト集団共著, 郝在今編, 佟岩, 浅野慎一著・訳　東銀座出版社　1997.6　231p

邵 建華　ショウ, ケンカク*
◇中華材流通の発展と現状（共著）：中国における生産財流通—商品と機構　原田忠夫編　アジア経済研究所　1995.3　168p　（ASEAN等現地研究シリーズ No.29）

邵 剣平　ショウ, ケンペイ*
◇中国経済改革への評価とポスト鄧小平時代の経済（共著）：鄧小平後の中国—中国人専門家50人による多角的分析　上巻　何頻編著, 現代中国事情研究会訳　三交社　1994.12　386p

章 潢　ショウ, コウ*
◇図書編：明代琉球資料集成　原田禹雄訳注　榕樹書林　2004.12　553p

釗 作俊　ショウ, サクシュン*
◇死刑の司法現状とその展望：東アジアの死刑廃止論考　鈴木敬夫編訳　成文堂　2007.2　261p　（アジア法叢書 26）

蕭 新煌　ショウ, シンコウ*
◇グローバリゼーションと文化変動（園田茂人訳）：グローバリゼーションと東アジア　シンポジウム研究叢書編集委員会ほか編著　中央大学出版部　2004.7　356p　（中央大学学術シンポジウム研究叢書 4）

邵 振国　ショウ, シンコク*
◇蘭州白ウリ：中国人、「食」を語る　暁白, 暁珊選編, 多田敏宏訳　近代文芸社　2003.12　219p

常 清　ジョウ, セイ*
◇中国における先物市場の生成とその現状：中国における生産財流通—商品と機構　原田忠夫編　アジア経済研究所　1995.3　168p　（ASEAN等現地研究シリーズ No.29）

肖 致治　ショウ, チジ*
◇魏源の『海国図志』とその日本への影響：中国人の見た中国・日本関係史—唐代から現代まで　中国東北地区中日関係史研究会編, 鈴木静夫, 高田祥平編訳　東方出版　1992.12　450p

蕭 統　ショウ, トウ
◇国訳文選（岡田正之, 佐久節訳註）：国訳漢文大成　第5巻　文学部　第1輯　上　日本図書センター　2000.9　999p

蒋 道鼎　ショウ, ドウテイ*
◇解放軍の同志として—高橋範子さん：新中国に貢献した日本人たち—友情で綴る戦後史の一コマ　中国中日関係史学会編, 武吉次朗訳　日本僑報社　2003.10　460p

蒋 培坤　ショウ, バイコン*
◇知識人にはチベットの人権に関心を持つ責任がある（共著）：中国民主活動家チベットを語る　曹長青編著, ペマ・ギャルポ監訳, 金谷譲訳　日中出版　1999.11　366p　（チベット選書）

肖 瀋瀋　ショウ, ハンハン*
◇「ブログ訴訟第一号」南京で開廷（共著）：必読！今、中国が面白い—中国が解る60編　2007年版　而立会訳, 三潴正道監訳　日本僑報社　2007.8　240p

尚 彬　ショウ, ヒン*
◇中日の異文化コミュニケーションと相互理解における阻隔（共著）（坂部晶子訳）：相互理解としての日本研究—日中比較による新展開　法政大学国際日本学研究所編　法政大学国際日本学研究センター　2007.3　356p　（21世紀COE国際日本学研究叢書 5）

邵 銘煌　ショウ, メイコウ*
◇変調する「雨夜花」（福士由紀訳）：中国の地域政権と日本の統治　姫田光義, 山田辰雄編　慶応義塾大学出版会　2006.6　381p　（日中戦争の国際共同研究 1）

ショウ, ロバート・E.
◇生態物理学と物理心理学の構築にむけて（共著）（高瀬弘樹, 三嶋博之訳）：生態心理学の構想—アフォーダンスのルーツと尖端　佐々木正人, 三嶋博之編訳　東京大学出版会　2005.2　217p

商子　ショウシ
◇国訳商子（小柳司気太訳註）：国訳漢文大成　第3巻　経子史部　第2輯　上　日本図書センター　2000.9　1152p

ジョシ, メアリー・シッソン
◇ヒンドゥー合同家族におけるイギリス人と北アメリカ人の義理の娘（共著）：異文化結婚—境界を越える試み　ローズマリー・ブレーガー, ロザンナ・ヒル編著, 吉田正紀監訳　新泉社　2005.4　310, 29p

ジョズィー, E. J.
◇公民権運動とアメリカ図書館界：アメリカ図書館界と積極的活動主義—1962-1973年　メアリー・リー・バンディ, フレデリック・J.スティロー編著, 川崎良孝, 森田千幸, 村上加代子訳　京都大学図書館情報学研究会　2005.6　279p

ジョスコー, ポール・L.
◇ロシアにおける民営化（共著）（谷口洋志訳）：取引費用経済学—最新の展開　クロード・メナード編著, 中島正人, 谷口洋志, 長谷川啓之監訳　文真堂　2002.12　207p

ジョセフ
◇ネ・ペルセ族の逃避行 他：北米インディアン生活誌 C.ハミルトン編, 和巻耿介訳 社会評論社 1993.11 408p

ショタール, ロイック
◇夭折の芸術家の肖像（中地義和訳）：図説天才の子供時代—歴史のなかの神童たち E.ル・ロワ・ラデュリー, ミシェル・サカン編, 二宮敬監訳 新曜社 1998.1 446p

ジョダン, デビッド
◇「天の偉大な収穫者」を否む：神を見いだした科学者たち 2 E.C.バレット編, 佐藤是伸訳 いのちのことば社 1995.10 214p

ジョダン, バーバラ
◇いたずらかごほうびか、絵本と喜劇の形式（藤本朝巳訳）：子どもはどのように絵本を読むのか ヴィクター・ワトソン, モラグ・スタイルズ編, 谷本誠剛監訳 柏書房 2002.11 382p （シリーズ〈子どもと本〉3）

ショッター, ジョン
◇触れること（永井務, 村沢啓訳）：心理学とポストモダニズムを求めて—社会構成主義とナラティヴ・セラピーの研究 シュタイナー・クヴァル編, 永井務監訳 こうち書房 2001.7 294p

ショッパ, レナード・J.
◇国内政治：対立か協調か—新しい日米パートナーシップを求めて スティーヴン・K.ヴォーゲル編, 読売新聞社調査研究本部訳 中央公論新社 2002.4 374p

◇崩壊する「日本というシステム」：このままでは日本経済は崩壊する フォーリン・アフェアーズ・ジャパン編・監訳, 竹下興喜監訳 朝日新聞社 2003.2 282, 11p （朝日文庫—フォーリン・アフェアーズ・コレクション）

ショッホ, フリードリヒ
◇廃棄物処理に関するヨーロッパ法諸問題（川又伸彦訳）：先端科学技術と人権—日独共同研究シンポジウム ドイツ憲法判例研究会編 信山社出版 2005.2 428p

◇国家の秩序枠組みのなかでの社会の自己統御（中原茂樹訳）：団体・組織と法—日独シンポジウム 松本博之, 西谷敏, 守矢健一編 信山社出版 2006.9 388, 3p

ショーニュ, ピエール
◇「時系列」の歴史学：「アナール」とは何か—進化しつづける「アナール」の一〇〇年 I.フランドロワ編, 尾河直哉訳 藤原書店 2003.6 366p

ショープ, マリアンヌ
◇トーマス・ミュンツァー 他（倉塚平訳）：近代世界の哲学—ミュンツァーからライプニッツへ 竹内良知監訳 新装版 白水社 1998.6 287, 21p （西洋哲学の知 3 Francois Chatelet編）

ショーフィールド, ノーマン
◇多党選挙政治：公共選択の展望—ハンドブック 第2巻 デニス・C.ミューラー編, 関谷登, 大岩雄次郎訳 多賀出版 2001.7 p297-526

ショールズ, ホリー
◇人生は出産で始まり、死で終わる：子供たちへの手紙—あなたにこれだけは伝えたい エリカ・グッド編, 中埜有理訳 三田出版会 1997.7 371p

ジョワー, ジェフ
◇恋愛関係のパラドックス：アメリカ占星学教科書 第7巻 愛情占星学 ジョーン・マクエバーズ編, 青木良仁訳, アレクサンドリア木星王監修・製作 魔女の家books 1998.2 272p

ジョーンズ, G. H.
◇聖戦の概念（木田献一訳）：古代イスラエルの世界—社会学・人類学・政治学からの展望 R.E.クレメンツ編, 木田献一, 月本昭男監訳 リトン 2002.11 654p

ジョーンズ, L. グレゴリー
◇信仰共同体における聖書の受肉：聖書を読む技法—ポストモダンと聖書の復権 エレン・デイヴィス, リチャード・ヘイズ編, 芳賀力訳 新教出版社 2007.9 428p

ジョーンズ, ウィリアム
◇「暗黒のプリンス」リチャード・パールの国連制度改革要求：獣人ネオコン徹底批判 リンドン・ラルーシュ, EIR誌著, 太田竜監訳・解説 成甲書房 2004.5 381p

ジョーンズ, キャスリン・アン
◇幼年時代：記憶の底から—家庭内性暴力を語る女性たち A.H.マクナロン, ヤーロウ・モーガン編, 長谷川真実訳 青弓社 1995.12 247p

ジョーンズ, スタントン・L.
◇行動科学と教会（共著）（上遠恵彦訳）：キリスト教は同性愛を受け入れられるか ジェフリー・S.サイカー編, 森本あんり監訳 日本キリスト教団出版局 2002.4 312p

ジョーンズ, デイブ
◇都市の学校教師（薬師院仁志訳）：フーコーと教育—〈知＝権力〉の解読 S.J.ボール編著, 稲垣恭子, 喜名信之, 山本雄二監訳 勁草書房 1999.4 285, 4p

ジョーンズ, ヒュー
◇太平洋アジアの国際的移住システムにおける人口統計的, 経済的基盤（水口朋子訳）：海外における日本人、日本のなかの外国人—グローバルな移民流動とエスノスケープ 岩崎信彦, ケリ・ピーチ, 宮島喬, ロジャー・グッドマン, 油井清光編 昭和堂 2003.2 482p

ジョーンズ, フィリップ
◇公共選択（共著）（平野修訳）：経済政策の公共選択分析 アレック・クリスタル, ルパート・ペナンリー編, 黒川和美監訳 勁草書房 2002.7 232p

ジョーンズ, リチャード
◇教育プラティックと科学的知識（喜名信之訳）：フーコーと教育—〈知＝権力〉の解読 S.J.ボール編著, 稲垣恭子, 喜名信之, 山本雄二監訳 勁草書房 1999.4 285, 4p

ジョンストン, ジョン
◇内在の眩暈：フェリックス・ガタリの思想圏—〈横断性〉から〈カオスモーズ〉へ フェリックス・ガタリ

ほか著, 杉村昌昭訳・編 大村書店 2001.8 189p

ジョンストン, ジーン
◇外の寒さの中で 他：セックス・ワーク—性産業に携わる女性たちの声 フレデリック・デラコステ, プリシラ・アレキサンダー編 パンドラ 1993.11 426, 26p

ジョンスン, エリアス
◇大いなる伝説 他：北米インディアン生活誌 C.ハミルトン編, 和巻耿介訳 社会評論社 1993.11 408p

ジョンソン, ウイリアム・ステイシー
◇ポストモダンの時代に聖書を忠実に読む：聖書を読む技法—ポストモダンと聖書の復権 エレン・デイヴィス, リチャード・ヘイズ編, 芳賀力訳 新教出版社 2007.9 428p

ジョンソン, エリザベス・L.
◇死者のために嘆き, 生者のために嘆く—客家の女の哀悼歌：中国の死の儀礼 ジェイムズ・L.ワトソン, エヴリン・S.ロウスキ編, 西脇常記, 神田一世, 長尾佳代子訳 平凡社 1994.11 416p

ジョンソン, エリック・J.
◇共進化(coevolution)：競争上の意思決定を分析する第3の思考フレームへ（共著）（池田仁一訳）：ウォートンスクールのダイナミック競争戦略 ジョージ・デイ, デイビッド・レイブシュタイン編, 小林陽太郎監訳, 黒田康史ほか訳 東洋経済新報社 1999.10 435p（Best solution）

ジョンソン, カーク
◇バックネル大学一九七〇年卒業組：ダウンサイジング・オブ・アメリカ—大量失業に引き裂かれる社会 ニューヨークタイムズ編, 矢作弘訳 日本経済新聞社 1996.11 246p

ジョンソン, ブライアン・T.
◇なぜIMFは非効率なのか（共著）：IMF改廃論争の論点 ローレンス・J.マッキラン, ピーター・C.モントゴメリー編, 森川公隆監訳 東洋経済新報社 2000.11 285p

ジョンソン, マイケル
◇完璧さを求めて：セルフヘルプ—なぜ, 私は困難を乗り越えられるのか 世界のビッグネーム自らの47の証言 ケン・シェルトン編著, 堀紘一監訳 フロンティア出版 1998.7 301p

ジョンソン＝クーパー, グレンダ
◇アフリカ系アメリカ人の歴史的連続性：アメリカ図書館史に女性を書きこむ スザンヌ・ヒルデンブランド編著, 田口瑛子訳 京都大学図書館情報学研究会 2002.7 367p

シラー, ジャッキー
◇南アフリカにおける安全保障と民主化（中道寿一訳）：シビリアン・コントロールとデモクラシー L.ダイアモンド, M.F.プラットナー編, 中道寿一監訳 刀水書房 2006.3 256p（人間科学叢書 42）

シーライト, エイミー・E.
◇国際機関：対立か協調か—新しい日米パートナーシップを求めて スティーヴン・K.ヴォーゲル編著, 読売新聞社調査研究本部訳 中央公論新社 2002.4 374p

ジラス, ノーマン
◇ホロコーストの前に立つマルクス主義者（西島栄訳）：エルネスト・マンデル—世界資本主義と二十世紀社会主義 ジルベール・アシュカル編, 岡田光正ほか訳 柘植書房新社 2000.4 372p

シラード, キャシー
◇女性の自立を助ける：世界の女性と暴力 ミランダ・デービス編, 鈴木研一訳 明石書店 1998.4 472p（明石ライブラリー 4）

白鳥 令 シラトリ, レイ
◇序章（共著）：民主主義のコスト—政治資金の国際比較 H.E.アレキサンダー, 白鳥令編著, 岩崎正洋ほか訳 新評論 1995.11 261p

ジラルデ, ラウル
◇三色旗（天野知恵子訳）：記憶の場—フランス国民意識の文化＝社会史 第2巻 ピエール・ノラ編, 谷川稔監訳 岩波書店 2003.1 412, 13p

シリング, ゲーリー
◇ザ・ロング・ボンド：わが子と考えるオンリーワン投資法—門外不出の投資の知恵 ジョン・モールディン編, 関本博英訳 パンローリング 2006.8 219p（ウィザードブックシリーズ v.106）

ジルー, ヘンリー
◇越境する教育言説：教育社会学—第三のソリューション A.H.ハルゼー, H.ローダー, P.ブラウン, A.S.ウェルズ編, 住田正樹, 秋永雄一, 吉本圭一編訳 九州大学出版会 2005.2 660p

シルヴァ, デイヴィツ・デ
◇キリスト教徒の主張（共著）：キリスト教か仏教か—歴史の証言 金漢益訳注 山喜房仏書林 1995.9 220p

シルジゲン, ロバート
◇原則無視による失敗：バークレー生協は, なぜ倒産したか—18人の証言 日本生活協同組合連合会国際部訳 コープ出版 1992.5 195p

シルトワ, A. P.
◇南ベトナムにおけるアメリカの勢力伸長：ベトナム現代史—論文集 防衛研修所 1964 175p（研究資料 第35号）

シルベラ, ラチェル
◇フランスのケース（共著）：ジェンダー主流化と雇用戦略—ヨーロッパ諸国の事例 ユテ・ベーニング, アンパロ・セラーノ・パスキュアル編, 高木郁朗, 麻生裕子編 明石書店 2003.11 281p

ジルモン, ジャン＝フランソワ
◇宗教改革と読書（平野隆文訳）：読むことの歴史—ヨーロッパ読書史 ロジェ・シャルティエ, グリエルモ・カヴァッロ編, 田村毅ほか共訳 大修館書店 2000.5 634p

シーレブアディヤ, S.
◇ウブルハンガイ県における放牧地利用の現状と放牧地の持続的管理の実現に関する諸問題（共著）（加藤真紀子訳）：モンゴル国における土地資源と遊牧民—過去, 現在, 未来 特定領域研究「資源人類学・生態資源の象徴化」班国際シンポジウム記録 小長谷有紀, 辛嶋博善, 印東道子編, 内堀基光監修 〔東京外国語大学

シロ

シロー, ダニエル
◇マルク＝ブロックの社会的歴史的展望 他：歴史社会学の構想と戦略　T.スコチポル編著, 小田中直樹訳　木鐸社　1995.4　449p

シロス, フレデリック
◇リスクと保険に対する政治的環境（岡田太訳）：国際的リスク・マネジメントと保険　ハロルド・D.スキッパー, ジュニア編著, 武井勲監訳　生命保険文化研究所　1999.10　729p

シワラク, スラク
◇平和への教育：文明間の対話　マジッド・テヘラニアン, デイビッド・W.チャペル編, 戸田記念国際平和研究所監訳　潮出版社　2004.2　446, 47p

瀋 亞南　シン, アナン*
◇いい妻、幸せな家庭を得るための不倫：大人の恋の真実 2　司徒玫編, 佐藤嘉江子訳　はまの出版　1999.3　270p

辛 仁羚　シン, インヨン*
◇韓国社会における労働法の諸問題：韓国法の現在 下　小島晴洋, 韓相範訳　中央大学出版部　1993.10　477p　（日本比較法研究所研究叢書 27）

岑 蘊華　シン, ウンカ
◇交響曲「運命」：香港回帰—ジャーナリストが見た'97.7.1　ユエン・チャン, 盧敬華共編, 日野みどり訳　凱風社　1998.6　197p

沈 衛栄　シン, エイエイ*
◇"懐柔遠夷"言説における明代中国・チベットの政治・文化関係（片桐宏道訳）：中国東アジア外交交流史の研究　夫馬進編　京都大学学術出版会　2007.3　598p

秦 海　シン, カイ*
◇市場経済の問題—社会主義の独創的な再構築に向けて：現代中国の実像—江沢民ブレーン集団が明かす全27の課題とその解決策　劉吉, 許明, 黄雋青編著, 謝端明, 岡田久典日本語版監修, 中川友訳　ダイヤモンド社　1999.5　687p

沈 驥如　シン, キジョ*
◇国際戦略の問題—多極化する世界と中国：現代中国の実像—江沢民ブレーン集団が明かす全27の課題とその解決策　劉吉, 許明, 黄雋青編著, 謝端明, 岡田久典日本語版監修, 中川友訳　ダイヤモンド社　1999.5　687p

辛 基秀　シン, ギス
◇衡平社と水平社の交流：朝鮮の「身分」解放運動　民族教育文化センター訳, 衡平運動70周年記念事業会編　部落解放研究所　1994.7　223p

秦 弓　シン, キュウ
◇雑色文化：中国人の見た日本—留学経験者の視点から　段躍中編, 朱建栄ほか著, 田縁美幸ほか訳　日本僑報社　2000.7　240p

申 敬澈　シン, キョンチョル
◇加耶文化と東アジア：東アジアの古代をどう考えるか—東アジア古代史再構築のために 第1回東アジア歴史国際シンポジウム　第1回東アジア歴史国際シン ポジウム記録編集部編　飛鳥評論社　1993.7　242p

沈 潔　シン, ケツ
◇日本の貧困：中国人の見た日本—留学経験者の視点から　段躍中編, 朱建栄ほか著, 田縁美幸ほか訳　日本僑報社　2000.7　240p

申 相玉　シン, サンオク
◇孤独な独裁者（共著）：北朝鮮—その衝撃の実像　朝鮮日報『月刊朝鮮』編, 黄民基訳　新訂　講談社　1994.10　549p

任 常毅　ジン, ジョウキ
◇ある中国人の日本観：中国人の見た日本—留学経験者の視点から　段躍中編, 朱建栄ほか著, 田縁美幸ほか訳　日本僑報社　2000.7　240p

ジン, ジョン・カバット
◇魂の作用：魂をみがく30のレッスン　リチャード・カールソン, ベンジャミン・シールド編, 鴨志田千枝子訳　同朋舎　1998.6　252p

陳 正八　ジン, ジョンパル
◇吉竜号の船員一四名は拉北された：どん底の北朝鮮—二〇〇四年ついにここまできてしまった！　趙甲済編, 中根悠訳　ビジネス社　2004.1　230p

申 正完　シン, ジョンワン*
◇マルクスの新たな潮流（河賢一訳）：韓国社会論争—最新ガイド　月刊『社会評論』（韓国）編集部編, 文京洙ほか監訳　社会評論社　1992.10　299p

沈 仁安　シン, ジンアン*
◇倭王氏上表文考：東アジアの古代をどう考えるか—東アジア古代史再構築のために 第1回東アジア歴史国際シンポジウム　第1回東アジア歴史国際シンポジウム記録編集部編　飛鳥評論社　1993.7　242p

信 春鷹　シン, シンヨウ　《Xin, Chun Ying》
◇人権概念と国際社会における人権観：中国の人権論と相対主義　鈴木敬夫編訳　成文堂　1997.10　314p　（アジア法叢書 22）

沈 崇麟　シン, スウリン*
◇都市と農村における家族の消費機能と生産機能の変遷 他（共著）（松川昭子訳）：現代中国家族の変容と適応戦略　石原邦雄編　ナカニシヤ出版　2004.3　353p

沈 祖煒　シン, ソイ
◇近代長江沿岸都市の商業と埠頭貿易（渡辺彰子訳）：上海—重層的なネットワーク　日本上海史研究会編　汲古書院　2000.3　527, 22p

沈 宗霊　シン, ソウレイ　《Shen, Zong Ling》
◇人権とはどのような意味における権利か：中国の死刑制度と労働改造　鈴木敬夫訳　成文堂　1994.8　298p　（アジア法叢書 18）
◇ラートブルフの相対主義法学とその後の転向：中国の人権論と相対主義　鈴木敬夫編訳　成文堂　1997.10　314p　（アジア法叢書 22）

沈 彤　シン, タン
◇避けて通れないチベット問題：中国民主活動家チベットを語る　曹長青編著, ペマ・ギャルポ監訳, 金谷譲訳　日中出版　1999.11　366p　（チベット選書）

シン, チャンドラ・パル
◇新たな均衡に向けて：インド, アジア太平洋, グロー

バルな地政学的変化(高木彰彦訳):アジア太平洋と国際関係の変動—その地政学的展望　Dennis Rumley編,高木彰彦,千葉立也,福嶋依子編　古今書院　1998.2　431p

沈　丁立　シン,テイリツ
◇中国の懸念:ミサイル防衛—大いなる幻想　東西の専門家20人が批判する　デービッド・クリーガー,カラー・オン編,梅林宏道,黒崎輝訳　高文研　2002.11　155p

沈　徳咏　シン,トクエイ*　《Shen, Deh Yung》
◇経済犯に対する死刑適用の当否(共著):中国の死刑制度と労働改造　鈴木敬夫編訳　成文堂　1994.8　298p　(アジア法叢書 18)

沈　徳潜　シン,トクセン
◇国訳唐宋八家文(笹川臨風訳註):国訳漢文大成　第6巻　文学部　第1輯下　日本図書センター　2000.9　p1001-2148

沈　徳符　シン,トクフ*
◇万暦野獲編:明代琉球資料集成　原田禹雄訳注　榕樹書林　2004.12　553p

シン, ナーマル
◇仕組み裁定取引分析(共著)(高木信彦訳):ALMの新手法—キャピタル・マーケット・アプローチ　フランク・J.ファボッツィ,小西湛夫共編　金融財政事情研究会　1992.7　499p　(ニューファイナンシャルシリーズ)

辛　培林　シン,バイリン*
◇東北における日本「開拓団」始末記(共著):中国人の見た中国・日本関係史—唐代から現代まで　中国東北地区中日関係史研究会編,鈴木静夫,高田祥平編訳　東方出版　1992.12　450p

シン, パーマナンド
◇インドにおける公益訴訟による人権の保障(孝忠延夫訳):アジア立憲主義の展望—アジア・オセアニア立憲主義シンポジウム　全国憲法研究会編,大須賀明編集代表　信山社　2003.9　435p

申　恵秀　シン,ヘス*
◇女性に関する国際人権条約と女性運動:韓国女性人権運動史　韓国女性ホットライン連合編,山下英愛訳　明石書店　2004.7　653p　(世界人権問題叢書 51)

沈　約　シン,ヤク
◇宋書:新訂 魏志倭人伝・後漢書倭伝・宋書倭国伝・隋書倭国伝—中国正史日本伝 1　石原道博編訳　岩波書店　2003.4　167p　(岩波文庫)

沈　利生　シン,リセイ*
◇中国のマクロ計量経済年次モデル:中国の計量経済学モデル　L.R.クライン,市村真一編　創文社　2006.3　343p　(ICSEAD研究叢書 4)

慎　麗華　シン,レイカ
◇愛に満ちた思い出の数々:中国人の見た日本—留学経験者の視点から　段躍中編,朱建栄ほか著,田縁美幸ほか訳　日本僑報社　2000.7　240p

シンガー, H.
◇草分けが再び門をたたかれて:開発経済学の潮流—将来の展望　G.M.マイヤー, J.E.スティグリッツ共編,関本勘六,近藤正規,国際協力研究グループ訳　シュプリンガー・フェアラーク東京　2003.7　412p

シンガー, P.
◇動物の解放(村上弥生訳):環境の倫理　上　K.S.シュレーダー・フレチェット編,京都生命倫理研究会訳　晃洋書房　1993.4　355p

シンガー, ジェローム・L.
◇ウィリアム・ジェイムズ(大島由紀夫訳):心理学の7人の開拓者　レイ・フラー編,大島由紀夫,吉川信訳　法政大学出版局　2002.3　198, 21p　(りぶらりあ選書)

シンガー, ジューン
◇ユダヤ=キリスト教の伝統の中で失われた女性性の発見(川戸圓訳):女性の誕生—女性であること:意識的な女性性の誕生　コニー・ツヴァイク編,川戸円訳　山王出版　1996.9　398p
◇ユダヤ=キリスト教の伝統の中で失われた女性性の発見(川戸圓訳):女性の誕生—女性であること:意識的な女性性の誕生　コニー・ツヴァイク編,川戸円,リース・滝幸子訳　第2版　山王出版　1997.9　403p

ジンキン, ルイス
◇分析技法の柔軟性:ユング派の分析技法—転移と逆転移をめぐって　マイケル・フォーダム,ローズマリー・ゴードン,ジュディス・ハバック,ケネス・ランバート共編,氏原寛,李敏子共訳　培風館　1992.7　290p　(分析心理学シリーズ 2)

シングリ, フランソワ・ド
◇公共へのサービスと図書館:フランスの博物館と図書館　M.ブラン=モンマイユール他著,松本栄寿,小浜清子訳　玉川大学出版部　2003.6　198p

シンクレア, W. F.
◇ムカデクジラ:南方熊楠英文論考—「ネイチャー」誌篇　南方熊楠著,飯倉照平監修,松居竜五,田村義也,中西須美訳　集英社　2005.12　421p

シンクレア, スコット
◇学校教育への開発教育の導入(川上具実訳):世界の開発教育—教師のためのグローバル・カリキュラム　オードリー・オスラー編,中里亜夫監訳,中野和光,吉野あかね,川上具実訳　明石書店　2002.8　498p

人民日報
◇国防の現代化を速めよう(共著):中国建軍50周年(1977年8月1日)記念論文集　[防衛研修所]　1979　151p　(参考資料 79ZT-10R)

シンメルペンニンク, D.
◇ロシア陸軍の満州作戦(横山久幸訳):日露戦争 2　戦いの諸相と遺産　軍事学会編　錦正社　2005.6　339p

シンライク, リチャード・H.
◇戦略は偶然の産物(立川京一監訳):日米戦略思想史—日米関係の新しい視点　石津朋之,ウィリアムソン・マーレー編　彩流社　2005.4　299, 3p

人類改善財団
◇断種(斎藤茂三郎訳):知的・身体障害者問題資料集成　戦前編 第8巻(1934年—1935年)　編集復刻版　不二出版　2005.12　412p

心霊研究協会
◇心霊研究協会の目的:超常現象のとらえにくさ　笠

原敏雄編　春秋社　1993.7　776, 61p

【ス】

スー
◇パワー・トゥ・アワ・ジャーニー——勇気ある旅立ち（共著）（宮里マチ子訳）：ナラティヴ・セラピーの実践　シェリル・ホワイト, デイヴィッド・デンボロウ編, 小森康永監訳　金剛出版　2000.2　275p

徐　元宇　スー, ウォンウー
◇韓国（松田聰子訳）：アジア太平洋諸国の収用と補償　小高剛, デービッド・L.キャリーズ編著, 小高剛監訳, 永松正則, 伊川正樹, 松田聰子, 下村誠共訳　成文堂　2006.12　377p

スィヴァラクサ, スーラク
◇仏教徒として私は支持します：今こそ地球倫理を　ハンス・キューング編, 吉田収訳　世界聖典刊行協会　1997.10　346p　（ぽんブックス 39）

ズィーヴキング, クラウス
◇外国人労働者雇用を導く法律家の社会的責任（国友明彦訳）：グローバル化時代の法と法律家　阿部昌樹, 佐々木雅寿, 平覚編　日本評論社　2004.2　363p

スィーバート, ジョン・A., Jr.
◇契約上の訴訟における懲罰的損害賠償と非金銭的損害賠償（渡辺達徳訳）：現代アメリカ契約法　ロバート・A.ヒルマン, 笠井修編著　弘文堂　2000.10　400p

スィラ, ルネ－サミュエル
◇希望のしるし——地球倫理についての便り：今こそ地球倫理を　ハンス・キューング編, 吉田収訳　世界聖典刊行協会　1997.10　346p　（ぽんブックス 39）

スィール, スティーブ
◇90条の約束的基礎（共著）（滝沢昌彦訳）：現代アメリカ契約法　ロバート・A.ヒルマン, 笠井修編著　弘文堂　2000.10　400p

スィングヴィ, L. M.
◇地球秩序の憲章：今こそ地球倫理を　ハンス・キューング編, 吉田収訳　世界聖典刊行協会　1997.10　346p　（ぽんブックス 39）

ズヴィダヴァート, ランバート
◇自律的芸術の社会的意義（吉田正岳訳）：アメリカ批判理論の現在——ベンヤミン, アドルノ, フロムを超えて　マーティン・ジェイ編, 永井務監訳　こうち書房　2000.10　511p

スヴィテク, ギュンター
◇イグナティウス・デ・ロヨラ：宗教改革期の牧会者たち　2　日本基督教団出版局　2001.10　212p（魂への配慮の歴史 第6巻　C.メラー編, 加藤常昭訳）

スウイトクス, グレン
◇水——公共財：会議総括文書（共著）（中村好孝訳）：もうひとつの世界は可能だ——世界社会フォーラムとグローバル化への民衆のオルタナティブ　ウィリアム・F.フィッシャー, トーマス・ポニア編, 加藤哲郎監修, 大屋定晴, 山口響, 白井聡, 木下ちがや監訳　日本経済評論社　2003.12　461p

スヴィトフ, I. I.
◇狙撃師団及び戦車（機械化）軍団の攻撃戦闘：戦例にみるソ軍師団戦術　A.I.ラジェフスキー編　防衛研修所　1979　296p　（参考資料 79ZT-16H）

スウェイト, アントニー
◇遠藤周作『侍』（小野寺健訳）：ロンドンで本を読む　丸谷才一編著　マガジンハウス　2001.6　337, 8p

スヴェイビー, カール・エリック
◇知識時代の事業戦略デザイン：知識革新力　ルディ・ラグルス, ダン・ホルツハウス編, 木川田一栄訳　ダイヤモンド社　2001.7　321p

スウェイル, アリステイア
◇アメリカ・文明開化の探求の第一歩（麻田貞雄訳）：欧米から見た岩倉使節団　イアン・ニッシュ編, 麻田貞雄他訳　ミネルヴァ書房　2002.4　263, 42p　（Minerva日本史ライブラリー 12）

スウェイン, クリスティン・E.
◇インフォーマルケアとフォーマルケアの関係：高齢者ケアをどうするか——先進国の悩みと日本の選択　高木安雄監修・訳, 池上直己, ジョン・C.キャンベル編著　中央法規出版　2002.7　256p

スウェーデン社会民主党
◇スウェーデン社会民主党綱領（宮本太郎訳・解説）：ヨーロッパ社会民主主義論集　4　生活経済政策研究所　2002.12　116p　（生活研ブックス 16）

スヴェンソン, ロッドニー
◇知覚－行為サイクルの熱力学的根拠（共著）（土明文訳）：アフォーダンスの構想——知覚研究の生態心理学的デザイン　佐々木正人, 三嶋博之編訳　東京大学出版会　2001.2　329p

スヴェンブロ, ジェスペル
◇アルカイック期と古典期のギリシャ（片山英男訳）：読むことの歴史——ヨーロッパ読書史　ロジェ・シャルティエ, グリエルモ・カヴァッロ編, 田村毅ほか訳　大修館書店　2000.5　634p

スェーシェー
◇希望を信じる日に向かって：女たちのビルマ——軍事政権下を生きる女たちの声　藤目ゆき監修, タナッカーの会編, 富田あかり訳　明石書店　2007.12　446p　（アジア現代女性史 4）

スオミ, ステファン・J.
◇アカゲザルの母子の愛着, 仲間関係, ソーシャル・ネットワークの発達：愛着からソーシャル・ネットワークへ——発達心理学の新展開　マイケル・ルイス, 高橋恵子, 高橋恵子監訳　新曜社　2007.5　197, 70p

スカッチ, シンディ
◇大統領制と議院内閣制に関する比較研究（共著）：大統領制民主主義の失敗 理論編　その比較研究　J.リンス, A.バレンズエラ編, 中道寿一訳　南窓社　2003.11　220p

スカーフ, アン・ウィルスン
◇魂にあふれた生活：魂をみがく30のレッスン　リチャード・カールソン, ベンジャミン・シールド編, 鴨志田千枝子訳　同朋舎　1998.6　252p

スカラ, アンドレ
◇時間のシーニュ(増田靖彦訳)：ドゥルーズ、映画を思考する　ロベルト・デ・ガエターノ編、広瀬純、増田靖彦訳　勁草書房　2000.12　403p

スカリー, エレイン
◇他者を想像することの困難さ(能川元一訳)：国を愛するということ―愛国主義の限界をめぐる論争　マーサ・C.ヌスバウム他著、辰巳伸知、能川元一訳　人文書院　2000.5　269p

スカルティニンシ, ジョセファ
◇女が政治囚になったとき(亀山恵理子訳)：痛みと怒り―圧政を生き抜いた女性のオーラル・ヒストリー　大阪外国語大学グローバル・ダイアログ研究会編　明石書店　2006.5　197p

スキッドモア, デイヴィッド
◇対立する教育言説(山根祥雄訳)：インクルージョンの時代―北欧発「包括」教育理論の展望　ペーデル・ハウグ、ヤン・テッセブロー編、二文字理明監訳　明石書店　2004.7　246p　(明石ライブラリー　63)

スキッパー, タラ
◇リスクと保険をめぐる社会文化的環境(共著)(大久保明訳)：国際的リスク・マネジメントと保険　ハロルド・D.スキッパー、ジュニア編著、武井勲監訳　生命保険文化研究所　1999.10　729p

スキデルスキー, ロバート
◇ケインズの「結論的覚書」：一般理論―第二版―もしケインズが今日生きていたら　G.C.ハーコート、P.A.リーアック、小山庄三訳　多賀出版　2005.6　922p

スキナー, G. W.
◇中国史の構造(中島楽章訳)：宋代の長江流域―社会経済史の視点から　宋代史研究会編　汲古書院　2006.10　304, 8p　(宋代史研究会研究報告　第8集)
◇中国研究は社会科学に何をなしえるか　他(西沢治彦訳)：中国文化人類学リーディングス　瀬川昌久、西沢治彦編訳　風響社　2006.12　354p

スキナー, ロビン
◇グループにおけるカップル(田宮聡訳)：分析的グループセラピー　ジェフ・ロバーツ、マルコム・パイン編、浅田護、衣笠隆幸監訳　金剛出版　1999.1　261p

スキャッグス, リン
◇視覚に障害のある人を指導する：障害のある学生を支える―教員の体験談を通じて教育機関の役割を探る　ボニー・M.ホッジ、ジェニー・プレストン・サビン編、太田晴康監訳、三沢かがり訳　文理閣　2006.12　228p

杉山 伸也　スギヤマ, シンヤ
◇日英経済関係史(共著)(三木さやこ訳)：日英交流史―1600-2000　4　経済　細谷千博、イアン・ニッシュ監修　杉山伸也、ジャネット・ハンター編　東京大学出版会　2001.6　332, 8p

ズーク, クリス
◇成功パターンの展開力(共著)：ビジネスモデル戦略論　Diamondハーバード・ビジネス・レビュー編集部訳　ダイヤモンド社　2006.10　223p　(Harvard business review anthology)

スクシペク, マリアン
◇複数の顔を持つ孔子(小関武史訳)：十八世紀における他者のイメージ―アジアの側から、そしてヨーロッパの側から　中川久定、J.シュローバハ編　河合文化教育研究所　2006.3　370p

スクラー, キャスリン・キッシュ
◇キャサリン・ビーチャー(佐藤宏子訳)：ウィメンズ・アメリカ　論文編　リンダ・K.カーバー、ジェーン・シェロン・ドゥハート編著、有賀夏紀ほか編訳　ドメス出版　2002.2　251, 6p

スクロク, マリイ
◇脱走―The Life story of a Russian exileの一節(斎賀琴子訳)：ビアトリス―大正5年7月～大正6年4月　岩田ななつ解説　復刻版　不二出版　2003.6　1冊

スクワイア
◇レナド：もう一度読みたい国語教科書　小学校篇　ダルマックス編　ぶんか社　2002.4　221p

スクワイア, L.
◇貧困をとらえる考え方の進化(共著)：開発経済学の潮流―将来の展望　G.M.マイヤー、J.E.スティグリッツ共編、関本勘次、近藤正規、国際協力研究グループ訳　シュプリンガー・フェアラーク東京　2003.7　412p

スコチポル, シーダ
◇社会学の歴史的想像力　他：歴史社会学の構想と戦略　T.スコチポル編著、小田中直樹訳　木鐸社　1995.4　449p

スコット, エリザベス
◇結婚のコミットメントと離婚の法的規整(太田勝造ほか訳)：結婚と離婚の法と経済学　アントニ・W.ドゥネス、ロバート・ローソン編著、太田勝造監訳　木鐸社　2004.11　348p　(「法と経済学」叢書　5)

スコット, サラ
◇いのちがけのプレゼント(共著)：とっておきのクリスマス―やさしい気持ちになる9つのおはなし　続　ガイドポスト編、佐藤敬訳　いのちのことば社(発売)　1998.10　87p

スコット, ジャクリーヌ
◇縦断研究における人生史の遡及法と逐次法による測定(共著)：ライフコース研究の方法―質的ならびに量的アプローチ　グレン・H.エルダー、ジャネット・Z.ジール編著、正岡寛司、藤見純子訳　明石書店　2003.10　528p　(明石ライブラリー　57)

スコット, デレク
◇音楽とポストモダニズム：ポストモダニズムとは何か　スチュアート・シム編、杉野健太郎ほか訳　松柏社　2002.6　303p　(松柏社叢書―言語科学の冒険　22)

スコット, ベネト
◇いのちがけのプレゼント(共著)：とっておきのクリスマス―やさしい気持ちになる9つのおはなし　続　ガイドポスト編、佐藤敬訳　いのちのことば社(発売)　1998.10　87p

スコット, ラリー
◇不採算顧客で儲けるビジネスモデル(共著)：ビジネスモデル戦略論　Diamondハーバード・ビジネス・レビュー編集部訳　ダイヤモンド社　2006.10　223p　(Harvard business review anthology)

スコラプスキ, ジョン
◇なぜ言語は分析哲学の問題か：分析哲学の生成　ハンス‐ヨハン・グロック編, 吉田謙二, 新茂之, 溝口隆一訳　晃洋書房　2003.4　200p

スコロホドフ, A.
◇対ベリヤ戦争への備え：ベリヤ―スターリンに仕えた死刑執行人 ある出世主義者の末路　ヴラジーミル・F.ネクラーソフ編, 森田明訳　エディションq　1997.9　365p

スシコ, N. IA.
◇民族解放戦争―「戦争と軍隊に関するマルクス・レーニン主義」より（共著）：ソ連の軍事面における核革命　ウィリアム・キントナー, ハリエット・ファスト・スコット編　〔防衛研修所〕　1970　345p（研究資料 70RT-9）

ズーシャッテレー, エム・バレン
◇西洋娼妓事情（横山訳訳）：近代日本のセクシュアリティ 7　岩見照代編　ゆまに書房　2007.3　1冊

スジャトミコ, イワン・ガルドノ
◇国軍に対する改革の衝撃 他（共著）（水上浩訳）：インドネシア・改革闘争記―21世紀市民社会への挑戦　セロ・スマルジャン編, 中村光男監訳　明石書店　2003.1　432p（明石ライブラリー 46）

スーシュ＝ダーグ, ドゥニーズ
◇『精神の現象学』における「理性」：現象学と形而上学　ジャン・リュック・マリオン, ギイ・プランティ・ボンジュール編, 三上真司, 重永哲也, 檜垣立哉訳　法政大学出版局　1994.3　375, 8p（叢書・ウニベルシタス 433）

スジョルプ, カレン
◇デンマークのケース：ジェンダー主流化と雇用戦略―ヨーロッパ諸国の事例　ユテ・ベーニング, アンパロ・セラーノ・パスキュアル編, 高木郁朗, 麻生裕子編　明石書店　2003.11　281p

スシロ, アリ・S.
◇国軍に対する改革の衝撃（共著）（水上浩訳）：インドネシア・改革闘争記―21世紀市民社会への挑戦　セロ・スマルジャン編, 中村光男監訳　明石書店　2003.1　432p（明石ライブラリー 46）

鈴木 大拙　スズキ, ダイセツ
◇禅仏教に関する講演（小堀宗柏訳）：鈴木大拙全集 第28巻　鈴木大拙著　増補新版　岩波書店　2002.1　494p
◇禅における個人（田丸徳善訳）：鈴木大拙全集　第29巻　鈴木大拙著　増補新版　岩波書店　2002.2　565p
◇仏教における象徴主義：マクルーハン理論―電子メディアの可能性　マーシャル・マクルーハン, エドマンド・カーペンター編著, 大前正臣, 後藤和彦訳　平凡社　2003.3　331p（平凡社ライブラリー）

スタイルズ, フィリップ
◇戦略に関する取締役会の役割（上田亮介訳）：コーポレート・ガバナンス―英国の企業改革　日本コーポレート・ガバナンス・フォーラム編　商事法務研究会　2001.3　435p

スタイン, ジョエル
◇ブルース・リー：TIMEが選ぶ20世紀の100人　下巻　アーチスト・エンターテイナー・ヒーロー・偶像・巨頭　徳岡孝夫監訳　アルク　1999.11　318p

スタインバーグ, ジェフリー
◇チェイニーの「フレンチ・コネクション」他：獣人ネオコン徹底批判　リンドン・ラルーシュ, EIR誌著, 太田竜監訳・解説　成甲書房　2004.5　381p

スタインバーグ, マイケル
◇シリア戦争・よみがえるネオコンの「完全な断絶」：獣人ネオコン徹底批判　リンドン・ラルーシュ, EIR誌著, 太田竜監訳・解説　成甲書房　2004.5　381p

スタインバーグ, ミシェル
◇「ウォルフォウィッツ秘密結社」はアメリカ内部に巣食う敵である：獣人ネオコン徹底批判　リンドン・ラルーシュ, EIR誌著, 太田竜監訳・解説　成甲書房　2004.5　381p

スターキー, ヒュー
◇開発教育と人権教育（川上具美訳）：世界の開発教育―教師のためのグローバル・カリキュラム　オードリー・オスラー編, 中里亜夫監訳, 中野和光, 吉野あかね, 川上具美訳　明石書店　2002.8　498p

スターク, ロドニー
◇経験的研究におけるデータの「発見」（片野洋平, 阿部悠貴訳）：〈社会〉への知／現代社会学の理論と方法 下　経験知の現在　盛山和夫, 土場学, 野宮大志郎, 織田輝哉編著　勁草書房　2005.8　217p

スタップ, ヘンリー・P.
◇道徳理論の一基盤としての科学的人間概念：文化の多様性と通底の価値―聖俗の拮抗をめぐる東西対話　服部英二監修　麗沢大学出版会　2007.11　305, 11p

スタネツキ, ジェリー
◇ジミー・ホッファ（高橋健次訳）：インタヴューズ 2　クリストファー・シルヴェスター編, 新庄哲夫ほか訳　文芸春秋　1998.11　451p

スタマス, ジョージ・P.
◇認識しにくいリスク（共著）（百瀬茂訳）：統合リスク管理への挑戦―VARの基礎・手法　ロッド・A.ベックストローム, アリス・R.キャンベル編著, 大和証券業務開発部訳　金融財政事情研究会　1996.7　170p

スタルコフ, ボリス
◇トロツキーとリューチン――九三〇年代における反スターリン抵抗運動の歴史から：トロツキー再評価　P.デュークス, T.ブラザーストン編　新評論　1994.12　381p

スタロスティン, ニコライ
◇スタロスティン兄弟事件：ベリヤ―スターリンに仕えた死刑執行人 ある出世主義者の末路　ヴラジーミル・F.ネクラーソフ編, 森田明訳　エディションq　1997.9　365p

スタロック, ピーター・A.
◇科学的探検学会が設立されるまで：超常現象のとらえにくさ　笠原敏雄訳　春秋社　1993.7　776, 61p

スタロポリ, アンドレ
◇フランスの大学評価 他：高等教育における評価と意思決定過程―フランス, スペイン, ドイツの経験　OECD編, 服部憲児訳　広島大学大学教育研究センター　1997.2　151p（高等教育研究叢書 43）

スターン, P.
◇太平洋コミュニティに未来はあるか（共著）：アジア成功への課題―『フォーリン・アフェアーズ』アンソロジー　P.クルーグマンほか著, 竹下興喜監訳　中央公論社　1995.3　266p

スタンヴィーク, グンナール
◇特殊教育改革プロジェクトの批判的・理論的分析（古田弘子訳）：インクルージョンの時代―北欧発「包括」教育理論の展望　ベーデル・ハウグ, ヤン・テッセブロー編, 二文字理明監訳　明石書店　2004.7　246p　（明石ライブラリー 63）

スターンバーグ, スィグムンド
◇世界は道徳的, 精神的指導力を求めている：今こそ地球倫理を　ハンス・キューング編, 吉田収訳　世界聖典刊行協会　1997.10　346p　（ぽんブックス 39）

スタンフォード, レックス・G.
◇実験による検証が可能な偶発性超感覚的現象のモデル：心霊研究―その歴史・原理・実践　イヴォール・グラッタン・ギネス編, 和田芳久訳　技術出版　1995.12　414p　（超心理学叢書 第4巻）

スチーブンソン, S. S.
◇海軍における作業研究：ブラッセイ軍事年鑑　1959年版抄訳　防衛研修所　1960　88p　（研修資料 第234号）

スチュアート, R. B.
◇自由と健全さと友愛の逆説―良好な環境の集合的性質と行政行為の司法審査（小林和之訳）：環境の倫理　上　K.S.シュレーダー・フレチェット編, 京都生命倫理研究会訳　晃洋書房　1993.4　355p

スチューベル
◇刑法汎論の体系：近代刑法の遺産　中　L.フォイエルバハほか著, 西村克彦訳　信山社出版　1998.6　383p

スッテ, ジャン
◇ケネーと医学：フランソワ・ケネーと重農主義　石井良明訳　石井良明　1992.7　550p

ステア, リンダ・K.
◇フェミニスト自己主張トレーニング：女性のための技能訓練としての自己尊重グループ：フェミニスト心理療法ハンドブック―女性臨床心理の理論と実践　L.B.ローズウォーター, L.E.A.ウォーカー編著, 河野貴代美, 井上摩耶子訳　ヒューマン・リーグ　1994.12　317p

スティア, ウィリアム・C., Jr.
◇明日のエグゼクティブの課題：未来組織のリーダー―戦略・戦術・実践の革新　フランシス・ヘッセルバイン, マーシャル・ゴールドスミス, リチャード・ベカード編, 田代正美訳　ダイヤモンド社　1998.7　239p

スティーヴンズ, ジョセリン
◇ハロルド・マクミラン（山岡洋一訳）：インタヴューズ　2　クリストファー・シルヴェスター編, 新庄哲夫ほか訳　文芸春秋　1998.11　451p

スティーヴンソン, ピート
◇小学校におけるいじめ（共著）：いじめの発見と対策―イギリスの実践に学ぶ　デルウィン・P.タツム, デヴィッド・A.レーン編, 影山任佐, 斎藤憲訳　日本評論社　1996.10　236p

スティガーウォルド, デヴィッド
◇ウッドロー・ウィルソンの再生か：アメリカ大国への道―学説史から見た対外政策　マイケル・J.ホーガン編, 林義勝訳　彩流社　2005.6　284, 89p

スティグレール, ベルナール
◇歪んだ記憶（荒原邦博, 荒原由紀子訳）：デリダと肯定の思考　カトリーヌ・マラブー編, 高橋哲哉, 増田一夫, 高桑和巳監訳　未来社　2001.10　502, 7p　（ポイエーシス叢書 47）

スティーズ, デイヴィッド
◇相互の便宜による帝国主義国の結婚（村島滋訳）：日英交流史―1600-2000　1　政治・外交　1　細谷千博, イアン・ニッシュ監修　木畑洋一ほか編　東京大学出版会　2000.3　336, 7p

スティーブンソン, シルビア
◇医療ソーシャルワークの特質（共著）：医療ソーシャルワークの実践　ミーケ・バドウィ, ブレンダ・ビアモンティ編著　中央法規出版　1994.9　245p

スティムソン, ヘンリー・L.
◇不戦条約と極東におけるアメリカの立場（篠原初枝訳）：フォーリン・アフェアーズ傑作選―アメリカとアジアの出会い 1922-1999　上　フォーリン・アフェアーズ・ジャパン編・監訳　朝日新聞社　2001.2　331p

スティール, ウィリアム
◇アジアにおける人権の発展について（李嘉永訳）：グローバル時代の人権を展望する―日本と韓国の対話　衡平運動80周年記念国際学術会議から　金仲燮, 友永健三編著, 高正子, 安里民, 李嘉永訳　部落解放・人権研究所　2004.3　218p

スティール, デービッド
◇独仏和解における他宗教の役割 他：宗教と国家―国際政治の盲点　ダグラス・ジョンストン, シンシア・サンプソン編著, 橋本光平, 畠山圭一監訳　PHP研究所　1997.9　618, 16p

スティール, ミルドレッド・R.
◇スペリング能力に深刻な欠陥のある学生に向けられた希望と支援：障害のある学生を支える―教員の体験談を通じて教育機関の役割を探る　ボニー・M.ホッジ, ジェニー・プレストン・サビン編著, 太田晴康監訳, 三沢かがり訳　文理閣　2006.12　228p

スティール, リチャード
◇戦略立案と意思決定の断絶（共著）：意思決定のサイエンス　Diamondハーバード・ビジネス・レビュー編集部編訳　ダイヤモンド社　2007.3　238p　（Harvard business review anthology）

スタイン, ポール
◇デュルケム・社会的再生・教育・宗教（共著）：デュルケムと現代教育　ジェフリー・ウォルフォード, W.S.F.ピカリング編, 黒崎勲, 清田夏代訳　同時代社　2003.4　335, 26p

スティング, ステファン
◇文字と主体（今井康雄訳）：教育人間学入門　クリストフ・ヴルフ編著, 高橋勝監訳　玉川大学出版部　2001.4　210p

ステパン, アルフレッド
◇大統領制と議院内閣制に関する比較研究（共著）：大統領制民主主義の失敗 理論編　その比較研究　J.リンス, A.バレンズエラ編，中道寿一訳　南窓社　2003.11　220p

ステファンス, ジョン・D.
◇スカンジナビアの福祉国家―達成, 危機と展望（木下淑恵訳）：転換期の福祉国家―グローバル経済下の適応戦略　G.エスピン‐アンデルセン編，埋橋孝文監訳　早稲田大学出版部　2003.12　351p

ステペルヴィッチ, ローレンス・S.
◇戦争, 奴隷制, そしてアメリカ南北戦争のアイロニー：リベラリズムとコミュニタリアニズムを超えて―ヘーゲル法哲学の研究　ロバート・R.ウイリアムズ編，中村浩爾, 牧野広義, 形野清貴, 田中幸世訳　文理閣　2006.12　369p

ステーリン, ポール
◇ランバス社（共著）：技術とイノベーションの戦略的マネジメント　上　ロバート・A.バーゲルマン, クレイトン・M.クリステンセン, スティーヴン・C.ウィールライト編著，青島矢一, 黒田光太郎, 志賀敏宏, 田辺孝二, 出川通, 和賀三和子日本語版監修，岡真由美, 斉藤裕一, 桜井祐子, 中川泉, 山本章子訳　翔泳社　2007.7　735p

ステルザー, アーウィン
◇対日貿易と自由貿易体制：アメリカの対日依存が始まる―日米関係の真実　J.E.カーボー, Jr., 加瀬英明編・監訳　光文社　1992.12　184p　（カッパ・ブックス）

ステンゲル, リチャード
◇ポール・ジョンソン（山岡洋一訳）：インタヴューズ 2　クリストファー・シルヴェスター編，新庄哲夫ほか訳　文芸春秋　1998.11　451p

ストウ, デーヴィッド・W.
◇カフェ・ソサエティのポリティクス（石原剛訳）：アメリカ研究の理論と実践―多民族社会における文化のポリティクス　佐々木隆監修，和泉真澄, 趙無名編著　世界思想社　2007.3　260p

ストーヴァー, エリク
◇大量虐殺後の社会再建と正義（石田勇治訳）：紛争現場からの平和構築―国際刑事司法の役割と課題　城山英明, 石田勇治, 遠藤乾編　東信堂　2007.10　208p　（未来を拓く人文・社会科学シリーズ 0）

ストークス, ジェフ
◇ニュー・レフトと対抗文化 他：自由民主主義の理論とその批判 下巻　ノーマン・ウィントロープ編，氏家伸一訳　晃洋書房　1994.2　611p

ストークス, ドナルド
◇デイビッド・トルーマン（品川暁子訳）：アメリカ政治学を創った人たち―政治学の口述史　M.ベアー, M.ジューエル, L.サイゲルマン編，内山秀夫監訳　ミネルヴァ書房　2001.12　387p（Minerva人文・社会科学叢書 59）

ストークス, トレバー・F.
◇般化と維持を促進する応用的技法―これまでの成果（共著）：自閉症, 発達障害者の社会参加をめざして―応用行動分析学からのアプローチ　R.ホーナー他著, 小林重雄, 加藤哲文監訳　二瓶社　1992.12　299p　（叢書・現代の心理学 3）

ストコー, ウィリアム
◇異なる次元（鈴木清史訳）：アメリカのろう文化　シャーマン・ウィルコックス編，鈴木清史, 酒井信雄, 太田憲男訳　明石書店　2001.3　301p　（明石ライブラリー 29）

ストッフレーゲン, トーマス・A.
◇定位の生態学理論と前庭システム（共著）（伊藤精英訳）：アフォーダンスの構想―知覚研究の生態心理学的デザイン　佐々木正人, 三嶋博之編訳　東京大学出版会　2001.2　329p

ズートブラック, ヨーゼフ
◇マイスター・エックハルト：中世の牧会者たち　日本基督教団出版局　2001.6　266p　（魂への配慮の歴史 第4巻　C.メラー編，加藤常昭訳）

ストフレーゲン, トーマス・A.
◇特定化と感覚（共著）（丸山慎訳）：生態心理学の構想―アフォーダンスのルーツと尖端　佐々木正人, 三嶋博之編訳　東京大学出版会　2005.2　217p

ストラウス, スーザン
◇創造的摩擦を活用するマネジメント（共著）：ナレッジ・マネジメント　Harvard Business Review編，Diamondハーバード・ビジネス・レビュー編集部訳　ダイヤモンド社　2000.12　273p

ストラザーン, マリリン
◇アイデンティティの権限付与？（林完枝訳）：カルチュラル・アイデンティティの諸問題―誰がアイデンティティを必要とするのか？　スチュアート・ホール, ポール・ドゥ・ゲイ編，宇波彰監訳・解説　大村書店　2001.1　342p

ストラットマン, デイヴィッド・G.
◇クリスマス休戦（千早訳）：世界は変えられる―TUPが伝えるイラク戦争の「真実」と「非戦」　TUP（Translators United for Peace＝平和をめざす翻訳者たち）監修　七つ森書館　2004.5　234, 5p

ストラットマン, トーマス
◇ログ・ローリング：公共選択の展望―ハンドブック 第2巻　デニス・C.ミューラー編，関谷登, 大岩雄次郎訳　多賀出版　2001.7　p297-526

ストラハン, エリザベス・S.
◇血の彼方へ―ある年齢の女性たち（リース・滝・幸子訳）：女性の誕生―女性であること：意識的な女性性の誕生　コニー・ツヴァイク編，川戸円訳　山王出版　1996.9　398p
◇血の彼方へ：ある年齢の女性たち（リース・滝・幸子訳）：女性の誕生―女性であること：意識的な女性性の誕生　コニー・ツヴァイク編，川戸円, リース・滝幸子訳　第2版　山王出版　1997.9　403p

ストラボ, ヴァラフリド
◇ヴェッティヌスの幻視：中世思想原典集成 6　カロリング・ルネサンス　上智大学中世思想研究所編訳・監修　平凡社　1992.6　765p

ストーリー, ジョン（人事管理）
◇社内ネットワークが人事部門を革新する：ピープルマネジメント―21世紀の戦略的人材活用コンセプト

Financial Times編, 日経情報ストラテジー監訳　日経BP社　2002.3　271p　（日経情報ストラテジー別冊）

ストーリー, ジョン（文化）
◇ポピュラー・カルチャーとポストモダニズム：ポストモダニズムとは何か　スチュアート・シム編, 杉野健太郎ほか訳　松柏社　2002.6　303p　（松柏社叢書―言語科学の冒険 22）

ストリウ, ジャック・ヴァン・イペルゼル・ド
◇論評 その 3：国防経済学上の諸問題―米国専門家の論文集　〔防衛研修所〕　1972　74p　（研究資料 72RT-11）

ストリクリン, ナンシー・A.
◇学習障害のある学生に対する作文教育―カセットテープレコーダを導入する：障害のある学生を支える―教員の体験談を通じて教育機関の役割を探る　ボニー・M.ホッジ, ジェニー・プレストン-サビン編, 太田晴康監訳, 三沢かがり訳　文理閣　2006.12　228p

ストリーター, D.
◇研究から開発への技術移転（共著）：技術とイノベーションの戦略的マネジメント　下　ロバート・A.バーゲルマン, クレイトン・M.クリステンセン, スティーヴン・C.ウィールライト編著, 青島矢一, 黒田光太郎, 志賀敏宏, 田辺孝二, 出川通, 和賀三和子日本語版監修, 岡真由美, 斉藤裕一, 桜井祐子, 中川泉, 山本章子訳　翔泳社　2007.7　595p

ストルーソヴァー, マーリア
◇多民族と交差, 共生するスロヴァキア人（共著）（川崎嘉元訳）：エスニック・アイデンティティの研究―流転するスロヴァキアの民　川崎嘉元編著　中央大学出版部　2007.3　305p　（中央大学社会科学研究所研究叢書 18）

ストレイチー, ジェイムス
◇精神分析の治療作用の本質（山本優美訳）：対象関係論の基礎―クラインニアン・クラシックス　松木邦裕編・監訳　新曜社　2003.9　266p

ストレンジ, ブライアン・B.
◇ベンチマークの確立と付加価値の決定：為替オーバーレイ―CFA institute（CFA協会）コンファレンス議事録　森谷博之訳　パンローリング　2004.8　263p

ストロコフ, A. A.
◇戦後の時期における軍事技術―「軍事技術の歴史」より：ソ連の軍事面における核革命　ウィリアム・キントナー, ハリエット・ファスト・スコット編　〔防衛研修所〕　1970　345p　（研究資料 70RT-9）

ストロング, D. H.
◇倫理か便宜か―環境についての問い（共著）（田中茂樹訳）：環境の倫理　上　K.S.シュレーダー・フレチェット編, 京都生命倫理研究会訳　晃洋書房　1993.4　355p

ストロング, トレイシー・B.
◇ヴェーバーとフロイト―職業と自己認識：マックス・ヴェーバーとその同時代人群像　W.J.モムゼン, J.オースターハメル, W.シュベントカー編著, 鈴木礼, 米沢和彦, 嘉目克彦監訳　ミネルヴァ書房　1994.9　531, 4p
◇市民社会, 解ற़のない領域, 冷戦の終焉（佐々木寛訳）：グローバルな市民社会に向かって　マイケル・ウォルツァー編著, 石田淳ほか訳　日本経済評論社　2001.10　397p

ストーン, オリヴァー
◇真実の追求―大脳への断片的映像から潜在意識へ：知の大潮流―21世紀へのパラダイム転換　今世紀最高の頭脳が予見する未来　ネイサン・ガーデルズ編, 仁保真佐子訳　徳間書店　1996.12　419p

ストーン, キャシー
◇高齢化を迎える教会：明日をさがす―高齢化社会を生きる　オーストラリア聖公会シドニー教区社会問題委員会編, 関澄子訳　聖公会出版　1999.9　156p

ストーン, メーリン
◇女神の歴史の再生による贈り物（川戸圓訳）：女性の誕生―女性であること：意識的な女性性の誕生　コニー・ツヴァイク編, 川戸円訳　山王出版　1996.9　398p
◇女神の歴史の再生による贈り物（川戸圓訳）：女性の誕生―女性であること：意識的な女性性の誕生　コニー・ツヴァイク編, 川戸円, リース・滝幸子訳　第2版　山王出版　1997.9　403p

スナイダー, ウィリアム・M.
◇「場」のイノベーション・パワー（共著）：組織能力の経営論―学び続ける企業のベスト・プラクティス　Diamondハーバード・ビジネス・レビュー編集部編訳　ダイヤモンド社　2007.8　508p　（Harvard business review）

スナイダー, ハワード・A.
◇神のご計画における教会：世界宣教の展望　ラルフ・D.ウィンター, スティーブン・C.ホーソーン編, 倉沢正則, 日置善一訳　いのちのことば社　2003.12　239p

砂村 賢　スナムラ, ケン*
◇メインバンクの人材育成と管理技能の向上：日本のメインバンク・システム　青木昌彦, ヒュー・パトリック編, 東銀リサーチインターナショナル訳　東洋経済新報社　1996.5　495p

スネーク
◇影響なんて：記憶の底から―家庭内性暴力を語る女性たち　トニー・A.H.マクナロン, ヤーロウ・モーガン編, 長谷川真実訳　青弓社　1995.12　247p

ズーネス, ステファン
◇中東：アメリカの悪夢―9・11テロと単独行動主義　ジョン・フェッファー編, 南雲和夫監訳　耕文社　2004.12　319p

スノー, エドガー
◇毛沢東（新庄哲夫訳）：インタヴューズ　2　クリストファー・シルヴェスター編, 新庄哲夫ほか訳　文芸春秋　1998.11　451p

スパイロ, メルフォード・E.
◇家族は普遍的か（河合利光訳）：家族と親族　村武精一編, 小川正恭ほか訳　未来社　1992.7　331, 21p

スパークス, アリスター
◇対話が奇跡を生む（大庭里美訳）：あなたの手で平和を！―31のメッセージ　フレドリック・S.ヘッファメール編, 大庭里美, 阿部純子訳　日本評論社

2005.3　260p

スパークス, ルイス・ダーマン
◇基本理念「それってちょっと不公平じゃない！」：幼児のための多文化理解教育　ボニー・ノイゲバウエル編著, 谷口正子, 斉藤法子訳　明石書店　1997.4　165p

スパーツ, キャスリン
◇ルイジアナ州の婚姻契約法（西本健太郎訳）：結婚と離婚の法と経済学　アントニィ・W.ドゥネス, ロバート・ローソン編著, 太田勝造監訳　木鐸社　2004.11　348p　（「法と経済学」叢書5）

スバンドロ, アリ・ウイノト
◇通貨危機から経済危機へ（小国和子訳）：インドネシア・改革闘争記—21世紀市民社会への挑戦　セロ・スマルジャン編, 中村光男監訳　明石書店　2003.1　432p　（明石ライブラリー46）

スバンボーグ, アルバー
◇生物医学と環境からみた「老い」他：プロダクティブ・エイジング—高齢者は未来を切り開く　ロバート・バトラー, ハーバート・グリーソン編, 岡本祐三訳　日本評論社　1998.6　220p

スピア, スティーブン・J.
◇トヨタ生産方式はこうして再現される：組織能力の経営論—学び続ける企業のベスト・プラクティス　Diamondハーバード・ビジネス・レビュー編集部編訳　ダイヤモンド社　2007.8　508p　（Harvard business review）

スピアン, ヴィクトル・B.
◇経済安全保障 ロシアから見て（共著）：ロシアの総合的安全保障環境に関する研究—東アジア地域における諸問題　総合研究開発機構　2000.3　225p　（NIRA研究報告書）

スピヴァク, ジョン・L.
◇ロイヤル・スコット・グルデン（高橋健次訳）：インタヴューズ　1　クリストファー・シルヴェスター編, 新庄哲夫ほか訳　文芸春秋　1998.11　462p

スピース, キャスリーン・リオダン
◇マドンナ（川戸圓訳）：女性の誕生—女性であること：意識的な女性性の誕生　コニー・ツヴァイク編, 川戸円訳　山王出版　1996.9　398p
◇マドンナ（川戸圓訳）：女性の誕生—女性であること：意識的な女性性の誕生　コニー・ツヴァイク編, 川戸円, リース・滝幸子訳　第2版　山王出版　1997.9　403p

スピッツ, レネー・A.
◇基礎教育—発達モデルとしての対象関係：遊びと発達の心理学　J.ピアジェ他著, 赤塚徳郎, 森楙監訳　黎明書房　2000.7　217, 3p　（心理学選書4）

スピトフ, N. A.
◇軍事における革命とその結果：ソ連の軍事面における核革命　ウィリアム・キントナー, ハリエット・ファスト・スコット編　〔防衛研修所〕　1970　345p　（研究資料70RT-3）

スピール, アントワーヌ
◇一般概念＝普遍主義を超えて：フェリックス・ガタリの思想圏—〈横断性〉から〈カオスモーズ〉へ　フェリックス・ガタリほか著, 杉村昌昭訳, 編　大村書店　2001.8　189p

スブラマニアン, ムクンド
◇情動と憑依された肉体：宗教を語りなおす—近代的カテゴリーの再考　磯前順一, タラル・アサド編　みすず書房　2006.7　289p

スフラワルディー
◇光の拝殿（小林春夫訳）：中世思想原典集成　11　イスラーム哲学　上智大学中世思想研究所編訳・監修　平凡社　2000.12　1161p

スプリンガー, アン
◇女性の同性愛についての考察（マーガレット・リース, 高石恭子訳）：ユングの13人の弟子が今考えていること—現代分析心理学の鍵を開く　アン・ケースメント編, 氏原寛監訳　ミネルヴァ書房　2001.3　336p

スプリングス, エリザ・ローリング
◇それで、なにがあったの？：記憶の底から—家庭内性暴力を語る女性たち　トニー・A.H.マクナロン, ヤーロウ・モーガン編, 長谷川真実訳　青弓社　1995.12　247p

スプレンクル, ダグラス・H.
◇大学生の離婚に対する態度と結婚意欲に見られるジェンダーによる相違（共著）（小池のり子訳）：女と離婚/男と離婚—ジェンダーの相違による別居・離婚・再婚の実態　サンドラ・S.ヴォルギー編著, 小池のり子, 村上弘子訳　家政教育社　1996.9　238p

スペイト, J. M.
◇勢力均衡：ブラッセー軍事年鑑—研修資料　〔1955年版〕　防衛研修所　1957　98p　（研修資料別冊　第150号）

スペングラー, ジョセフ・J.
◇哲学者, 経験論者, 経済学者としてのケネー：フランソワ・ケネーと重農主義　石井良明訳　石井良明　1992.7　550p

スペンサー, ロイ
◇心を開いて聖書に近づく：神を見いだした科学者たち　2　E.C.バレット編, 佐藤是伸訳　いのちのことば社　1995.10　214p

スペンサー, ロイド
◇ポストモダニズ, モダニティ, 不同意の伝統：ポストモダニズムとは何か　スチュアート・シム編, 杉野健太郎ほか訳　松柏社　2002.6　303p　（松柏社叢書—言語科学の冒険22）

スペンダー, デイル
◇命名の政治1（稲垣紀代訳）：創立四十五周年記念論文集　四国学院大学文化学会　1995.2　415p

スポッティド・テイル
◇白人のデタラメ宗教：北米インディアン生活誌　C. ハミルトン編, 和巻耿介訳　社会評論社　1993.11　408p

ズボナレヴッチ, W.
◇社会的権力, 情報, 動機付け（村上綱実訳）：参加的組織の機能と構造—ユーゴスラヴィア自主管理企業の理論と実践　J.オブラドヴッチ, W.N.ダン編著, 笠原清志監訳　国文社　1991.4　574p

ズボフ, アーノルド
◇ある脳の物語（鈴木登訳）：マインズ・アイ—コンピュータ時代の「心」と「私」　上　D.R.ホフス

タッター，D.C.デネット編著，坂本百大監訳　〔新装版〕　ティビーエス・ブリタニカ　1992.10　359p

スマイストス，ヘンク
◇強迫神経症と人格障害をもつ男性の治療における即興演奏（共著）：音楽療法ケーススタディ　下　成人に関する25の事例　ケネス・E.ブルシア編，よしだじゅんこ，酒井智華訳　音楽之友社　2004.4　393p

スマッツ，マルカム
◇スチュアート朝文化を支えるパトロン制度と政治（有路雍子訳）：ルネサンスのパトロン制度　ガイ・フィッチ・ライトル，スティーヴン・オーゲル編著，有路雍子，成沢和子，舟木茂子訳　松柏社　2000.7　570p

スマントリ，スリ
◇インドネシアにおける経済危機と新たな立憲政府（稲正樹訳）：アジア立憲主義の展望－アジア・オセアニア立憲主義シンポジウム　全国憲法研究会編，大須賀明編代表　信山社　2003.9　435p

スミス，J.（国際経済）
◇世帯構造のパターンと世界－経済（共著）（原田太津男訳）：世界システム論の方法　イマニュエル・ウォーラーステイン責任編集，山田鋭夫，原田太津男，尹春志訳　藤原書店　2002.9　203p　（叢書〈世界システム〉3）

スミス，イアン
◇ヨーロッパ諸国の離婚法，離婚率，およびその影響（長谷川貴陽史訳）：結婚と離婚の法と経済学　アントニー・W.ドウネス，ロバート・ローソン編著，太田勝造監訳　木鐸社　2004.11　348p　（「法と経済学」叢書　5）

スミス，ヴェロニカ
◇イギリス―車椅子でのロック・クライミングは可能か：車椅子はパスポート―地球旅行の挑戦者たち　アリソン・ウォルシュ，おそどまさこ日本語版責任編集，森実真弓訳　山と渓谷社　1994.3　687p

スミス，ウェンディ
◇グローバル化した日系新宗教の社縁文化（深水顕真訳）：日本の組織―社縁文化とインフォーマル活動　中牧弘允，ミッチェル・セジウィック編　東方出版　2003.7　386p

スミス，エイドリアン・J.
◇フェミニストセラピィ：非力な人のためにパワーを再定義すること（共著）：フェミニスト心理療法ハンドブック―女性臨床心理の理論と実践　L.B.ローズウォーター，L.E.A.ウォーカー編著，河野貴代美，井上摩耶子訳　ヒューマン・リーグ　1994.12　317p

スミス，コートニー
◇マネーマネジメント・テクニックでリスクをコントロールする方法：魔術師たちのトレーディングモデル―テクニカル分析の新境地　リック・ベンシニョール編，長尾慎太郎ほか訳　パンローリング　2001.3　365p　（ウィザードブックシリーズ15）

スミス，ジェーン
◇映画づくり：セックス・ワーク―性産業に携わる女性たちの声　フレデリック・デラコステ，プリシラ・アレキサンダー編　パンドラ　1993.11　426，26p

スミス，ジョージア・ハドソン
◇歌作りのプロセス：鬱と自殺企図のある女性：音楽療法ケーススタディ　下　成人に関する25の事例　ケネス・E.ブルシア編，よしだじゅんこ，酒井智華訳　音楽之友社　2004.4　393p

スミス，ジョシュア・M.
◇あなたの興味の生かし方とティーチングアシスタントの使い方（共著）（平真木夫訳）：アメリカの心理学者心理学教育を語る―授業実践と教科書執筆のためのTIPS　R.J.スタンバーグ編著，宮元博章，道田泰司訳　北大路書房　2000.6　247p

スミス，スティーブ
◇未回答の問い：衝突を超えて―9・11後の世界秩序　K.ブース，T.ダン編，寺島隆吉監訳，塚田幸三，寺島美紀子訳　日本経済評論社　2003.5　469p
◇米国の民主主義推進が抱える重大な問題：アメリカによる民主主義の推進―なぜその理念にこだわるのか　猪口孝，マイケル・コックス，G.ジョン・アイケンベリー編　ミネルヴァ書房　2006.6　502,12p　（国際政治・日本外交叢書1）

スミス，ダニエル・C.
◇クロス・ファンクショナル・チームの落とし穴（共著）：いかに「高業績チーム」をつくるか　Diamondハーバード・ビジネス・レビュー編集部訳編　ダイヤモンド社　2005.5　225p　（Harvard business review anthology）

スミス，デイヴ
◇小学校におけるいじめ（共著）：いじめの発見と対策―イギリスの実践に学ぶ　デルウィン・P.タツム，デヴィッド・A.レーン編，影山任佐，斎藤憲司訳　日本評論社　1996.10　236p

スミス，デニス
◇事実と価値とを発見する：バリントン・ムアの歴史社会学：歴史社会学の構想と戦略　T.スコチポル編著，小田中直樹訳　木鐸社　1995.4　449p
◇サー・チャールズ・エリオット―駐日大使　一九一九－二五年（大山瑞仕訳）：歴代の駐日英国大使―1859-1972　サー・ヒュー・コータッツィ編著，日英文化交流研究会訳　文真堂　2007.7　480p

スミス，デビッド・A.
◇グローバル・マトリックスのなかの都市：世界システムからみた都市システムの地図化に向けて（共著）（川口太郎訳）：世界都市の論理　ポール・L.ノックス，ピーター・J.テイラー共編，藤田直晴訳編　鹿島出版会　1997.5　204p

スミス，デルフォード
◇妥協を許さないクオリティに，運命の女神が微笑んだ：思考は現実化する―私はこうして思考を現実化した　実践編　ナポレオン・ヒル財団日本リソーセス編・訳　騎虎書房　1997.3　231p

スミス，トニー
◇国家安全保障リベラリズムと米国の外交政策：アメリカによる民主主義の推進―なぜその理念にこだわるのか　猪口孝，マイケル・コックス，G.ジョン・アイケンベリー編　ミネルヴァ書房　2006.6　502,12p　（国際政治・日本外交叢書1）

スミス，バードウェル
◇水子供養における死との直面（山中弘訳）：異文化から見た日本宗教の世界　ポール・L.スワンソン，林淳編　法蔵館　2000.9　302p　（叢書・現代世界と宗教2）

スミス, ヒュー
◇国連平和維持活動における日本の役割：オーストラリアの見解　国連平和活動と日本の役割　アレック ス・モリソン, ジェームズ・キラス編, 内藤嘉昭訳　文化書房博文社　2001.5　198p

スミス, ヘーゼル
◇中国における北朝鮮人：国境を越える人々—北東アジアにおける人口移動　赤羽恒雄監修, 赤羽恒雄, アンナ・ワシリエバ編　国際書院　2006.6　316p

スミス, マイケル・ピーター
◇世界都市の消滅と地域政治のグローバル化（大六野耕作訳）：世界都市の論理　ポール・L.ノックス, ピーター・J.テイラー共編, 藤田直晴訳編　鹿島出版会　1997.5　204p

スミス, マルコム
◇オーストラリアにおける法学教育（勝田卓也訳）：グローバル化時代の法と法律家　阿部昌樹, 佐々木雅寿, 平覚編　日本評論社　2004.2　363p
◇オーストラリア法（共著）（佐藤智晶訳）：アクセスガイド外国法　北村一郎編　東京大学出版会　2004.6　540p

スミス, リチャード（思想）
◇カール・マルクス ジョン・ラスキン：環境の思想家たち　上（古代—近代編）　ジョイ・A.パルマー編, 須藤自由児訳　みすず書房　2004.9　309p（エコロジーの思想）

スミス, レベッカ・M.
◇再婚した男女の自分・相手志向性と性別役割分業志向性について（共著）（小池のり子訳）：女と離婚／男と離婚—ジェンダーの相違による別居・離婚・再婚の実態　サンドラ・S.ヴォルギー編, 小池のり子, 村上弘子訳　家政教育社　1996.9　238p

スミス, ロイド・A.
◇悪魔の蛇が襲って来る：あなたが知らないペットたちの不思議な力—アンビリーバブルな動物たちの超常現象レポート　『FATE』Magazine編, 宇佐和通訳　徳間書店　1999.2　276p

スミス, ロバート
◇貯蓄金融機関公報13号：貯蓄金融機関へのインパクト（村田真吾訳）：ALMの新手法—キャピタル・マーケット・アプローチ　フランク J.ファボッツィ, 小西湛夫共編　金融財政事情研究会　1992.7　499p（ニューファイナンシャルシリーズ）

スミス, ローリン・W.
◇子どもたちが泣いている場所—死後の世界でシャーマンがすること（共著）（鹿子木大士郎訳）：死を超えて生きるもの—霊魂の永遠性について　ゲイリー・ドーア編, 井村宏治, 上野圭一, 笠原敏雄, 鹿子木大士郎, 菅靖彦, 中村正明, 橘村令助訳　春秋社　1993.11　407, 10p

スメサースト, ジュリー
◇スペイン—国立盲人協会企画のツアーにひとりで参加 他：車椅子はパスポート—地球旅行の挑戦者たち　アリソン・ウォルシュ編, おそどまさこ日本語版責任編集, 森実真り訳　山と渓谷社　1994.3　687p

スモリャク, A. V.
◇ナーナイのアニミズムおよびシャマニズムについて（河村俊明訳, 荻原真子校閲）：ユーラシアにおける精神文化の研究　2005-2006年度　荻原真子編　千葉大学大学院人文社会科学研究科　2007.2　99p（人文社会科学研究科研究プロジェクト成果報告書　第149集）

スーラー, ギセラ・M.
◇女性のカウンセリングコースについての評価調査：ケーススタディ（共著）：フェミニスト心理療法ハンドブック—女性臨床心理の理論と実践　L.B.ローズウォーター, L.E.A.ウォーカー編著, 河野貴代美, 井上摩耶子訳　ヒューマン・リーグ　1994.12　317p

スラプケー, ノイ
◇文化：アメリカの悪夢—9・11テロと単独行動主義　ジョン・フェッファー編, 南雲和夫監訳　耕文社　2004.12　319p

スラムキェヴィチ, R.
◇商法史講義：塙浩著作集—西洋法史研究　17　ヨーロッパ商法史　続　塙浩訳著　信山社出版　1999.1　932p

スリー, フィリップ・T.
◇オーストラリア（共著）（金口恭久訳）：世界のいじめ—各国の現状と取り組み　森田洋司総監修・監訳, P.K.スミスほか編, 川口仁志ほか訳　金子書房　1998.11　463p
◇オーストラリアの「いじめ」防止の取り組み：いじめととりくんだ国々—日本と世界の学校におけるいじめへの対応と施策　土屋基規, P.K.スミス, 添田久美子, 折出健二編著　ミネルヴァ書房　2005.12　320p

スリー, ロジャー
◇オーストラリアの特別教育と人権（藤井美智子訳）：障害, 人権と教育　レン・バートン, フェリシティ・アームストロング編, 嶺井正也監訳　明石書店　2003.5　442p（明石ライブラリー 51）
◇政策と実践？ インクルーシブ教育と学校教育への影響（窪田眞二訳）：世界のインクルーシブ教育—多様性を認め, 排除しない教育を　ハリー・ダニエルズ, フィリップ・ガーナー編著, 中村満紀男, 窪田真二監訳　明石書店　2006.3　540p（明石ライブラリー 92）

スリー, ロン
◇社会民主主義の理論（共著）：自由民主主義の理論とその批判　下巻　ノーマン・ウィントロープ編, 氏家伸一訳　晃洋書房　1994.2　611p

スリダール, V.
◇グローバル, そしてナショナルな闘いのために（木下ちがや訳）：帝国への挑戦—世界社会フォーラム　ジャイ・セン, アニタ・アナンド, アルトゥーロ・エスコバル, ピーター・ウォーターマン編, 武藤一羊ほか監訳　作品社　2005.2　462p

スリープ, イヴォンヌ
◇少しずつ私たちは結束する（共著）（土岐篤史訳）：ナラティヴ・セラピーの実践　シェリル・ホワイト, デイヴィッド・デンボロウ編, 小森康永監訳　金剛出版　2000.2　275p

スルガ, ハンス
◇フレーゲ：分析哲学の生成　ハンス・ヨハン・グロック編, 吉田謙二, 新茂之, 溝口隆一訳　晃洋書房　2003.4　200p

スルツキー, カルロス・E.
◇家族療法でのストレンジ・アトラクタとナラティヴ による変容(中村伸一訳):構成主義的心理療法ハンドブック マイケル・F.ホイト編, 児島達美監訳 金剛出版 2006.9 337p

スレイター, デビッド
◇ワーキング・クラスの公立高校におけるインフォーマル・ストラクチャー(岡美穂子訳):日本の組織―社縁文化とインフォーマル活動 中牧弘允, ミッチェル・セジウィック編 東方出版 2003.7 386p

スローター, S.
◇アカデミック・キャピタリズム(および訳者解説)(共著)(成定薫訳):高等教育システムにおけるガバナンスと組織の変容 広島大学高等教育研究開発センター編著 広島大学高等教育研究開発センター 2004.3 266p (COE研究シリーズ 8)

スローター, アン=マリー
◇グローバル・ガバナンスを機能させる盟約(共著):論争グローバリゼーション―新自由主義対社会民主主義 デヴィッド・ヘルド編, 猪口孝訳 岩波書店 2007.5 241p

スワンク, ピーター
◇グローバル・マーケット・ニュートラル戦略(共著)(林宏文訳):株式投資スタイル―投資家とファンドマネージャーを結ぶ投資哲学 T.ダニエル・コギン, フランク・J.ファボツィ, ロバート・D.アーノット編, 野村證券金融研究所訳 増補改訂版 野村総合研究所情報リソース部 1998.3 450p

スワードロウ, エイミー
◇議事堂における淑女の日(上杉佐代子訳):ウィメンズ・アメリカ 論文編 リンダ・K.カーバー, ジェーン・シェロン・ドゥハート編著, 有賀夏紀ほか編訳 ドメス出版 2002.2 251, 6p

スワン, クリスチーネ
◇カナダ―障害者にもやさしいホテルや観光地を調べ歩く:車椅子はパスポート―地球旅行の挑戦者たち アリソン・ウォルシュ編, おそるまさこ日本語版責任編集, 森実真弓訳 山と渓谷社 1994.3 687p

スワンク, シンシア・カレン
◇リーン生産方式でサービス企業は甦る:金融サービス業の戦略思考 Diamondハーバード・ビジネス・レビュー編集部翻訳 ダイヤモンド社 2005.12 225p (Harvard business review anthology)

スワンク, ピーター
◇グローバル・スタイル・ローテーション運用(共著)(太田洋子訳):資産運用新時代の株式投資スタイル―投資家とファンドマネジャーを結ぶ投資哲学 T.ダニエル・コギン, フランク・J.ファボツィ編 野村総合研究所 1996.3 329p

スン, ジョニー
◇教育・技能形成・経済発展(共著):教育社会学―第三のソリューション A.H.ハルゼー, H.ローダー, P.ブラウン, A.S.ウェルズ編, 住田正樹, 秋永雄一, 吉本圭一編訳 九州大学出版会 2005.2 660p

【セ】

斉 海山 セイ, カイサン*
◇清明節は本来の姿で―「気は清らかにして景は明らかなり」(共著):必読!今, 中国が面白い―中国が解る60編 2007年版 而立会編, 三瀦正道監訳 日本僑報社 2007.8 240p

青 之 セイ, シ
◇新中華の黎明:20世紀日本のアジア関係重要研究資料 1 東亜研究所刊行物 東亜研究所編著 竜溪書舎 1999.12 16冊(セット)

成 良文 セイ, リョウブン* 《Cheng, Liang Wen》
◇死緩犯に対する減刑と仮釈放の問題について:中国の死刑制度と労働改造 鈴木敬夫編訳 成文堂 1994.8 298p (アジア法叢書 18)

セイズ, J. オッティス
◇キリスト教教育の聖書的基盤 他:キリスト教教育の探求 サナー, ハーパー編, 千代崎秀雄ほか共訳 福音文書刊行会 1982.4 785p

セイビン, フィリップ
◇弱者にとってのエア・パワー(永末聡訳):エア・パワー―その理論と実践 石津朋之, 立川京一, 道下徳成, 塚本勝也編著 芙蓉書房出版 2005.6 351p (シリーズ軍事力の本質 1)
◇エア・パワーの最初の世紀と技術, 文化, その軍事的有用性(立川京一監訳):21世紀のエア・パワー―日本の安全保障を考える 石津朋之, ウィリアムソン・マーレー共編著 芙蓉書房出版 2006.10 342p

セイメック, トニ
◇1960年代の『図書館の権利宣言』:1つの司書職と1つの倫理(薬師院はるみ訳):『図書館の権利宣言』を論じる ウェイン・A.ウィーガンド編, 川崎良孝, 薬師院はるみ訳 京都大学図書館情報学研究会 2000.9 195p

セイラー, ウェイン
◇地域社会での集中指導法―機能的な般化技能の形成モデル(共著):自閉症, 発達障害者の社会参加をめざして―応用行動分析学からのアプローチ R.ホーナー他著, 小林重雄, 加藤哲文監訳 二瓶社 1992.12 299p (叢書・現代の心理学 3)

セイルズ, レオナード・R.
◇インベンションをイノベーションに変える:概念化期(共著):技術とイノベーションの戦略的マネジメント 下 クレイトン・A.バーゲルマン, クレイトン・M.クリステンセン, スティーヴン・C.ウィールライト編著, 青島矢一, 黒田光太郎, 志賀敏宏, 田辺孝二, 出川通, 和賀三和子日本語版監修, 岡真由美, 斉藤裕一, 桜井祐子, 中川泉, 山本章子訳 翔泳社 2007.7 595p

セインセイン
◇民主主義を切に願いて:女たちのビルマ―軍事政権下を生きる女たちの声 藤目ゆき監修, タナッカーの会編, 富田あかり訳 明石書店 2007.12 446p (アジア現代女性史 4)

セーヴ, ルネ
◇欲求としての倫理:倫理は自然の中に根拠をもつか マルク・キルシュ編, 松浦俊輔訳 産業図書 1995.8 387p

世界出版社
◇中外を震驚せる皖南惨案:20世紀日本のアジア関係

重要研究資料　1　東亜研究所刊行物　東亜研究所編著　竜渓書舎　1999.12　16冊(セット)

世界女性行進
◇暴力：女性に対する暴力—「来るべき世界」が行動するべきこと(松田洋介訳)：もうひとつの世界は可能だ—世界社会フォーラムとグローバル化への民衆のオルタナティブ　ウィリアム・F.フィッシャー、トーマス・ポニア編、加藤哲郎監修、大屋定晴、山口響、白井聡、木下ちがや監訳　日本経済評論社　2003.12　461p
◇世界女性行進から、女性の展望について(福永真弓訳)：帝国への挑戦—世界社会フォーラム　ジャイ・セン、アニタ・アナンド、アルトゥロ・エスコバル、ピーター・ウォーターマン編、武藤一羊ほか監訳　作品社　2005.2　462p

世界労働にかんする研究ワーキンググループ
◇歴史的視点からみた労働運動のグローバル・パターン(山田鋭夫訳)：世界システム論の方法　イマニュエル・ウォーラーステイン責任編集、山田鋭夫、原田太津男、尹春志訳　藤原書店　2002.9　203p　(叢書〈世界システム〉3)

セガル, ジェネイーブ
◇【ケーススタディ】チーム内の対立にどう対処するか(共著)：交渉の戦略スキル　Harvard Business Review編、Diamondハーバード・ビジネス・レビュー編集部訳　ダイヤモンド社　2002.2　274p

戚 其章　セキ, キショウ*
◇北洋艦隊に関するいくつかの問題点：中国人の見た中国・日本関係史—唐代から現代まで　中国東北地区中日関係史研究会編、鈴木静夫、高田祥平編訳　東方出版　1992.12　450p

石 之瑜　セキ, シユ*
◇アジアに戻るのか？日本の中国勃興認識における思想的基礎(林幸司訳)：東アジア共同体の可能性—日中関係の再検討　佐藤東洋士、李恩民編　御茶の水書房　2006.7　534p

赤十字国際委員会　《ICRC》
◇第2次世界大戦中(1939年9月1日—1947年6月30日)の赤十字国際委員会活動に関する報告(抄訳).第1巻 他：欧米人捕虜と赤十字活動—パラヴィチーニ博士の復権　大川四郎編訳　論創社　2006.1　247p

セージ, ローナ
◇マルグリット・デュラス『愛人』(出淵博訳)：ロンドンで本を読む　丸谷才一編著　マガジンハウス　2001.6　337, 8p

セシィ, ラジェ
◇クロス・ファンクショナル・チームの落とし穴(共著)：いかに「高業績チーム」をつくるか　Diamondハーバード・ビジネス・レビュー編集部訳　ダイヤモンド社　2005.5　225p　(Harvard business review anthology)

薛 琦　セツ, キ*
◇外国資本・技術の導入：台湾の四十年—国家経済建設のグランドデザイン　下　高希均、李誠編、小林幹夫、塚越敏彦訳　連合出版　1993.3　217p

薛 瑞麟　セツ, ズイリン*
◇刑罰　概論 他：中国刑法教科書—総論　何秉松主編、長井円編訳　八千代出版　2002.5　22, 619, 26p

◇財産を害する罪 他：中国刑法教科書—各論　何秉松主編、長井円編訳　八千代出版　2003.6　19, 549, 34p

ゼックハウザー, リチャード
◇集団財、比較優位、および同盟の効率性(共著)：国防経済学上の諸問題—米国専門家の論文集　〔防衛研修所〕　1972　74p　(研究資料 72RT-11)

セックラー, ジェローム
◇パブロ・ピカソ(野中邦子訳)：インタヴューズ 2　クリストファー・シルヴェスター編, 新庄哲夫ほか訳　文芸春秋　1998.11　451p

ゼップ, ハンス・ライナー
◇像と形而上学—芸術作品を媒体と見なすハイデガーの解釈について(丹木博一訳)：媒体性の現象学　新田義弘ほか著　青土社　2002.7　501p

セディーン, マーガレット
◇ボルガ川：グレートリバー—地球に生きる・地球と生きる　National Geographic Society編、田村協子訳　同朋舎出版　1993.7　448p

セナルディ, マルコ
◇カオスといかに闘うか：フェリックス・ガタリの思想圏—〈横断性〉から〈カオスモーズ〉へ　フェリックス・ガタリほか著, 杉村昌昭訳・編　大村書店　2001.8　189p

セニア, ハリー
◇タイタニック号の沈没—ある夫人の談話(一九一二年四月十五日)：歴史の目撃者　ジョン・ケアリー編、仙名紀訳　朝日新聞社　1997.2　421p

ゼービ, アルベルト
◇イタリアの社会的経済(共著)(菅野正純訳)：社会的経済—近未来の社会経済システム　J.ドゥフルニ、J.L.モンソン編著, 富沢賢治、内山哲朗、佐藤誠、石塚秀雄、中川雄一郎ほか訳　日本経済評論社　1995.3　486p
◇イタリアの社会的経済(共著)(菅野正純訳)：社会的経済—近未来の社会経済システム　J.ドゥフルニ、J.L.モンソン編著, 富沢賢治ほか訳　オンデマンド版　日本経済評論社　2003.6　486p

セプティ, A.
◇シャリーフィズム、象徴、歴史(斎藤剛、森本一夫訳)：イスラームの神秘主義と聖者信仰　赤堀雅幸、東長靖、堀川徹編　東京大学出版会　2005.1　340p　(イスラーム地域研究叢書 7)

ゼフナー, ハンス=ゲオルク
◇フォーマルな組織における個人の権力と無権力(立石雅彦訳)：組織内犯罪と個人の刑事責任　クヌート・アメルング編著, 山中敬一監訳　成文堂　2002.12　287p

セマフム, サンユ
◇選択の自由か、パンドラの箱か？：異文化結婚—境界を越える試み　ローズマリー・ブレーガー、ロザンナ・ヒル編著, 吉田正紀監訳　新泉社　2005.4　310, 29p

セミン, G. R.
◇社会心理学における方法論：アイデアから研究の実践へ(共著)(小口孝司訳)：社会心理学概論—ヨーロピアン・パースペクティブ 1　M.ヒューストンほか編、

末永俊郎, 安藤清志監訳　誠信書房　1994.10　355p

セムベル, ロッド
◇カナダ―電動車椅子でひとり旅をしている若者に出会った!：車椅子はパスポート―地球旅行の挑戦者たち　アリソン・ウォルシュ編, おぞぴまさこ日本語版責任編集, 森実真弓訳　山と渓谷社　1994.3　687p

セーメー
◇幻の父を探して：女たちのビルマ―軍事政権下を生きる女たちの声　藤目ゆき監修, タナッカーの会編, 富田あかり訳　明石書店　2007.12　446p　(アジア現代女性史 4)

セメル, スーザン・F.
◇デュルケム・デューイ・進歩主義教育 (共著)：デュルケムと現代教育　ジェフリー・ウォルフォード, W.S.F.ピカリング編, 黒崎勲, 清田夏代訳　同時代社　2003.4　335, 26p

セラ, ナルシス
◇グローバリゼーションに関する論議：論争グローバリゼーション―新自由主義対社会民主主義　デヴィッド・ヘルド編, 猪口孝訳　岩波書店　2007.5　241p

ゼラー, ベル
◇ベル・ゼラー (堀悦子訳)：アメリカ政治学を創った人たち―政治学の口述史　M.ベアー, M.ジューエル, L.サイゲルマン編, 内山秀夫監訳　ミネルヴァ書房　2001.12　387p (Minerva人文・社会科学叢書 59)

セラゲルディン, イズマイル
◇公共財としての文化遺産―歴史都市の経済分析 (稲垣妙子訳)：地球公共財―グローバル時代の新しい課題　インゲ・カール, イザベル・グルンベルグ, マーク・A.スターン編, FASID国際開発研究センター訳　日本経済新聞社　1999.12　326p

セリベルティ, リリアン
◇差別と不寛容：会議総括文書 (石田隆至訳)：もうひとつの世界は可能だ―世界社会フォーラムとグローバル化への民衆のオルタナティブ　ウィリアム・F.フィッシャー, トーマス・ポニア編, 加藤哲郎監修, 大屋定晴, 山口響, 白井聡, 木下ちがや訳　日本経済評論社　2003.12　461p

ゼル, ベルント
◇民主社会主義党：岐路に立つ統一ドイツ―果てしなき「東」の植民地化　フリッツ・フィルマー編著, 木戸衛一訳　青木書店　2001.10　341p

セルヴェストゥス, ミカエル
◇三位一体論の誤謬について (1531年) (出村彰訳)：宗教改革著作集　第10巻　カルヴァンとその周辺 2　教文館　1993.3　405p

セルク, メリー・プロジェット
◇失われたバークレー生協の特性：バークレー生協は, なぜ倒産したか―18人の証言　日本生活協同組合連合会国際部訳　コープ出版　1992.5　195p

セルゴ, J.
◇地方料理の抬頭―フランス：食の歴史 3　J-L.フランドラン, M.モンタナーリ編, 宮原信, 北代美和子監訳　藤原書店　2006.3　p838-1209

ゼルダー, マーティン
◇より良くか, より悪くか？結婚や離婚における交渉は効率的なのか？ (三村智和訳)：結婚と離婚の法と経済学　アントニィ・W.ドゥネス, ロバート・ローソン編著, 太田勝造監訳　木鐸社　2004.11　348p (「法と経済学」叢書 5)

セルデス, ギルバート
◇コミュニケーション革命：マクルーハン理論―電子メディアの可能性　マーシャル・マクルーハン, エドマンド・カーペンター編著, 大前正臣, 後藤和彦訳　平凡社　2003.3　331p (平凡社ライブラリー)

ゼルテン, ラインハルト
◇どうしてママとパパは働かなくちゃいけないの？：ノーベル賞受賞者にきく子どものなぜ？なに？　ベッティーナ・シュティーケル編, 畔上司訳　主婦の友社　2003.1　286p
◇どうしてママとパパは働かなくちゃいけないの？：ノーベル賞受賞者にきく子どものなぜ？なに？　ベッティーナ・シュティーケル編, 畔上司訳　主婦の友社　2005.10　222p

ゼールバッハ, ホルスト
◇投資 (森昭夫訳)：一般経営経済学　第3巻　F.X.ベアほか編著　森山書店　2000.12　228, 4p

ゼレンツォフ, V. A.
◇ベトナム民主共和国経済の発展：ベトナム現代史―論文集　防衛研修所　1964　175p (研究資料　第35号)

セン, A. K.
◇開発は何に関連しているのだろうか：開発経済学の潮流―将来の展望　G.M.マイヤー, J.E.スティグリッツ共編, 関本勘次, 近藤正規, 国際協力研究グループ訳　シュプリンガー・フェアラーク東京　2003.7　412p

戦 吉　セン, キツ*
◇カラオケとダンス：世紀末・中国　中国ジャーナリスト集団共著, 郝在今編, 佟岩, 浅野慎一著・訳　東銀座出版社　1997.6　231p

戦 憲斌　セン, ケンヒン
◇中国 (永松正則訳)：アジア太平洋諸国の収用と補償　小高剛, デービッド・L.キャリーズ編著, 小高剛監訳, 永松正則, 伊川正樹, 松田聡子, 下村誠共訳　成文堂　2006.12　377p

セン, テーズ・L.
◇「成功の法則」を実践し, 夢を追い続ける73歳：思考は現実化する―私はこうして思考を現実化した　実践編　ナポレオン・ヒル財団日本リソーセス・訳　騎虎書房　1997.3　231p

セン, ファルク
◇移動労働者の権利 (共著) (滝沢美佐子訳)：国際人権法マニュアル―世界的視野から見た人権の理念と実践　ヤヌシュ・シモニデス編著, 横田洋三監修, 秋月弘子, 滝沢美佐子, 富田麻理, 望月康恵訳　明石書店　2004.3　467p

千石 保　センゴク, タモツ*
◇日本人は不可解か―プロローグ 他：日本人のライフスタイル―アメリカ人が見た《特質》　ロイス＆ジョエル・デビッツほか共著, 梁井秀雄訳　サイマル出版会　1996.9　231p

全米学識者協会　《NAS》
◇誤れる民族差別施策：アメリカの差別問題―PC (政

治的正義)論争をふまえて Patricia Aufderheide編, 脇浜義明編訳 明石書店 1995.6 208p

全米社会科協議会 《National Council for Social Studies》
◇多文化教育のためのカリキュラム・ガイドライン(宮井勢都子訳):多文化主義―アメリカ,カナダ,イギリス,オーストラリアの場合 多文化社会研究会編訳 木鐸社 1997.9 274,8p

全米ソーシャルワーカー協会 《National Association of Social Workers》
◇保健医療,教育,福祉サービス領域でのケースマネージメント(白澤政和訳):ケースマネージメントと社会福祉 ステファン・M.ローズ編著,白沢政和,渡部律子,岡田進一監訳 ミネルヴァ書房 1997.10 415p (Minerva福祉ライブラリー 21)

【ソ】

蘇 婭 ソ,ア*
◇婚外マラソン:大人の恋の真実 2 司徒玫編,佐藤嘉江子訳 はまの出版 1999.3 270p

徐 仁錫 ソ,インソク*
◇統一政策の分析と争点(都和美訳):韓国社会論争―最新ガイド 月刊『社会評論』(韓国)編集部編,文京洙ほか監訳 社会評論社 1992.10 299p

蘇 顕竜 ソ,ケンリュウ*
◇「公開逮捕大会」は徐々に廃止を:必読!今,中国が面白い―中国が解る60冊 2007年版 而立会誌,三潴正道監訳 日本僑報社 2007.8 240p

徐 時柱 ソ,シジュ
◇しわがれ声の健康な老人:北朝鮮―その衝撃の実像 朝鮮日報『月刊朝鮮』編,黄民基訳 新訂 講談社 1994.10 549p

蘇 俊雄 ソ,シュンユウ*
◇死刑制度と理性的批判:東アジアの死刑廃止論考 鈴木敬夫編訳 成文堂 2007.2 261p (アジア法叢書 26)

蘇 軾 ソ,ショク
◇蘇東坡詩集 第1巻・第2巻(岩垂憲徳訳解):国訳漢文大成 第19巻 続文学部 第3輯 上 日本図書センター 2000.9 777p
◇蘇東坡詩集 第3巻~第6巻(釈清潭,久保天随訳解):国訳漢文大成 第20巻 続文学部 第3輯 下 日本図書センター 2000.9 1冊

徐 正敏 ソ,ジョンミン*
◇堤岩里教会事件に対する日本側の反応:三・一独立運動と堤岩里教会事件 韓国基督教歴史研究所編著,信長正義訳 神戸学生青年センター出版部 1998.5 252p

蘇 仁彦 ソ,ジンゲン
◇周恩来と林彪逃亡死の謎 他:人間・周恩来―紅朝宰相の真相 金鐘顕,松田州二訳 原書房 2007.8 370p

蘇 崇民 ソ,スウミン*
◇日本の東北地方侵略過程における満鉄の地位と役割:中国人の見た中国・日本関係史―唐代から現代まで 中国東北地区日中関係史研究会編,鈴木静夫,高田祥平編訳 東方出版 1992.12 450p

徐 大粛 ソ,デスク
◇北朝鮮の変化と南北関係:北朝鮮―その衝撃の実像 朝鮮日報『月刊朝鮮』編,黄民基訳 新訂 講談社 1994.10 549p

徐 東翼 ソ,ドンイク
◇北朝鮮の人びとの平均的な一生:北朝鮮―その衝撃の実像 朝鮮日報『月刊朝鮮』編,黄民基訳 新訂 講談社 1994.10 549p

蘇 文杰 ソ,ブンケツ*
◇バスの悲喜劇(共著):世紀末・中国 中国ジャーナリスト集団共著,都在今編,佟岩,浅野慎一著・訳 東銀座出版社 1997.6 231p

蘇 培慶 ソ,ベギョン*
◇韓国・金海市官洞里遺跡の古代桟橋(武末純一訳):大王の棺を運ぶ実験航海 研究編 石棺文化研究会編 石棺文化研究会 2007.10 282p 図版8p

蘇 明 ソ,メイ
◇施政綱領に対し持つべき認識:20世紀日本のアジア関係重要研究資料 1 東亜研究所刊行物 東亜研究所編 竜溪書舎 1999.12 16冊(セット)

ソイサル,ヤスミン・ヌホグル
◇脱国民国家型の市民権:グローバル社会のダイナミズム―理論と展望 村井吉敬,安野正士,デヴィット・ワンク,上智大学21世紀COEプログラム共編 Sophia University Press上智大学出版 2007.8 284p (地域立脚型グローバル・スタディーズ叢書 第1巻)

ゾイボルト,ギュンター
◇ハイデッガーの遺したクレーに関する覚書(宮島光志訳):実存思想論集 9 ニーチェ 実存思想協会編 以文社 1994.6 205,5p

ソイン,カンウリジット
◇アジア諸国の現状と課題:グローバル化とジェンダー―「女の視点」「男の視点」を超えた政策を求めて「アジア・欧州対話:ジェンダーをめぐる課題」木更津会議(2001年) デルフィン・コロメ,目黒依子,山本正編 日本国際交流センター 2002.5 198p

宋 恩栄 ソウ,オンエイ 《Song, Enrong》
◇偽満洲国教育と教会学校教育(共著)(蘇林訳):日本の植民地教育・中国からの視点 王智新編著 社会評論社 2000.1 297p

宋 強 ソウ,キョウ
◇世替わりの時代がやってきた:ノーと言える中国 宋強ほか著,莫邦富ほか訳 日本経済新聞社 1996.11 371p
◇世替わりの時代がやってきた:ノーと言える中国 張蔵蔵ほか著,莫邦富編訳 新潮社 1999.9 507p (新潮文庫)

臧 健 ゾウ,ケン*
◇宋元から明清時代の家法が規定する男女の役割(大平幸世訳):ジェンダーからみた中国の家と女 関西中国女性史研究会編 東方書店 2004.2 373p

荘 鴻鋳 ソウ,コウチュウ*
◇孫文と日本:中国人の見た中国・日本関係史―唐代から現代まで 中国東北地区中日関係史研究会編,鈴木静夫,高田祥平編訳 東方出版 1992.12 450p

曹 成章　ソウ, セイショウ*
◇タイ(傣)族(栗原悟訳)：中国少数民族の婚姻と家族　上巻　厳汝嫻主編, 江守五夫監訳, 百田弥栄子, 曽士才, 栗原悟訳　第一書房　1996.12　298p（Academic series—New Asia 18）

曹 雪芹　ソウ, セッキン
◇国訳紅楼夢(幸田露伴, 平岡竜城訳註)：国訳漢文大成　第8巻　文学部　第2輯 下　日本図書センター　2000.9　p1277-2260

叢 甦　ソウ, ソ
◇打ち砕かれた神話：人間・周恩来─紅朝宰相の真実　金鐘編, 松田州二訳　原書房　2007.8　370p

叢 中笑　ソウ, チュウショウ
◇中国人記者が見た日本男性の一面：中国人の見た日本─留学経験者の視点から　段躍中編, 朱建栄ほか著, 田縁美幸ほか訳　日本僑報社　2000.7　240p

曹 長青　ソウ, チョウセイ
◇報道の自由に未来はあるか：鄧小平後の中国─中国人専門家50人による多角的な分析　下巻　何頻編著, 現代中国事情研究会訳　三交社　1994.12　396p
◇独立はチベットの権利である 他：中国民主活動家チベットを語る　曹長青編著, ペマ・ギャルポ監訳, 金谷譲訳　日中出版　1999.11　366p　(チベット選書)

宋 兆麟　ソウ, チョウリン*
◇高山族(共著)(百田弥栄子訳)：中国少数民族の婚姻と家族　中巻　厳汝嫻主編, 江守五夫監訳, 百田弥栄子, 曽士才, 栗原悟訳　第一書房　1996.12　315p（Academic series—New Asia 19）
◇ヌー(怒)族(曽土才訳)：中国少数民族の婚姻と家族　下巻　厳汝嫻主編, 江守五夫監訳, 百田弥栄子, 曽士才, 栗原悟訳　第一書房　1996.12　335, 11p（Academic series—New Asia 20）

曽 文彬　ソウ, ブンヒン*
◇航空学校の教官─筒井重雄氏 他：新中国に貢献した日本人たち─友情で綴る戦後史のひとコマ　中国中日関係史学会編, 武吉次朗訳　日本僑報社　2003.10　460p

曹 鳳　ソウ, ホウ
◇犯罪の問題─裏と表の力比べ：現代中国の実像─江沢民ブレーン集団が明かす全27の課題とその解決策　劉吉, 許明, 黄葦青編著, 謝端明, 岡田久典日本語版監修, 中川友訳　ダイヤモンド社　1999.5　687p

宋 黎明　ソウ, レイメイ
◇「一七条協定」を再評価せよ：中国民主活動家チベットを語る　曹長青編著, ペマ・ギャルポ監訳, 金谷譲訳　日中出版　1999.11　366p　(チベット選書)

ソウィン, パトリシア・E.
◇リョンロト好みのカレワラ女性像：ロウヒのことば─フィンランド女性の視角からみた民俗学　上　アイリ・ネノラ, センニ・ティモネン編, 目荒ゆみ訳　文理閣　2002.3　219p

荘子　ソウシ
◇荘子その他：必携対訳論語老子等読本　茂木雅夫編著　名著社　2000.8　135p
◇国訳老子・列子・荘子(小柳司気太訳註)：国訳漢文大成　第2巻　経子史部　第1輯 下　日本図書センター　2000.9　p899-2201

ソウソウウェー
◇私の見解─協議と支援：女たちのビルマ─軍事政権下を生きる女たちの声　藤目ゆき監訳, タナッカーの会編, 富田あかり訳　明石書店　2007.12　446p（アジア現代女性史 4）

ソウベル・デ・アヤーラ, ジェイミー・A., 2世
◇未来の共同体への予感：未来社会への変革─未来の共同体がもつ可能性　フランシス・ヘッセルバイン, マーシャル・ゴールドスミス, リチャード・ベックハード, リチャード・F.シューベルト編, 加納明弘訳　フォレスト出版　1999.11　327p

総理府内閣官房多文化問題局　《Department of the Prime Minister and Cabinet Office of Multicultural Affairs》
◇多文化国家オーストラリアのための全国計画(鈴木顕介訳)：多文化主義─アメリカ, カナダ, イギリス, オーストラリアの場合　多文化社会研究会編訳　木鐸社　1997.9　274, 8p

石 光濬　ソク, クァンジュン
◇平壌一帯において新しく発掘された支石墓と石棺墓：朝鮮民族と国家の源流─神話と考古学　在日本朝鮮歴史考古学協会編訳　雄山閣出版　1995.7　270p　(考古学選書)

粟 裕　ゾク, ユウ*
◇毛主席の戦争指導路線の偉大な勝利 他：中国建軍50周年(1977年8月1日)記念論文集　〔防衛研修所〕　1979　151p　(参考資料 79ZT-10R)

ゾグリン, リチャード
◇ルシル・ボール：TIMEが選ぶ20世紀の100人　下巻　アーチスト・エンターテイナー・ヒーロー・偶像・巨頭　徳岡孝夫監訳　アルク　1999.11　318p

ソコール, アンソニー・E.
◇海上権力とソ連：ブラッセイ軍事年鑑─研修資料　1956～57年版抄訳　防衛研修所　1958　92p　(研修資料 第182号)
◇今日の海軍戦略：ブラッセー軍事年鑑　1958年版抄訳　防衛研修所　1959　82p　(研修資料 第211号)

ソコロフスキー, V. D.
◇新段階における兵術(1) 他：軍事における革命, その意義と結果─1964年度の赤星の代表的軍事論文集　防衛研修所　1965　158p　(読書資料 12-4-3)
◇現代軍事戦略について(共著)：ソ連の軍事面における核革命　ウィリアム・キントナー, ハリエット・ファスト・スコット編　〔防衛研修所〕　1970　345p　(研究資料 70RT-7)

ゾスタック・ピース, スザンヌ
◇イーブンファーザー(雪村まゆみ訳)：外見とパワー　キム・K.P.ジョンソン, シャロン・J.レノン編著, 高木修, 神山進, 井上和子監訳　北大路書房　2004.7　257p

ゾッピ, スティーブン
◇ITのマーケティング─顧客の期待を管理せよ 他(共著)：米先進企業CIOが明かすIT経営を成功させる17の「法則」　ディーン・レーン編, 飯田雅美, 高野恵里訳, 日経情報ストラテジー監訳　日経BP社　2005.7　431p

ソドレ, イグネス
◇強迫的確信対強迫的疑念：現代クライン派の展開　ロイ・シェーファー編，福本修訳　誠信書房　2004.12　336p

ソーパー, ケイト
◇裸の人間性と慣習という衣裳：フェミニズムの古典と現代―甦るウルストンクラフト　アイリーン・ジェインズ・ヨー編，永井義雄，梅垣千尋訳　現代思潮新社　2002.2　290p

ソバージュ, ピエール
◇ル・シャンボン村の場合 他：思いやる勇気―ユダヤ人をホロコーストから救った人びと　キャロル・リトナー，サンドラ・マイヤーズ編，食野雅子訳　サイマル出版会　1997.4　282p

ソーファ, カトリーヌ
◇子どもか仕事か―性別分業の今後の展望：フェミニズムから見た母性　A.‐M.ド・ヴィレーヌ，L.ガヴァリニ，M.ル・コアディク編，中嶋公子，目崎光子，磯本輝子，横地良子，宮本由美ほか訳　勁草書房　1995.10　270, 19p

ソマヴィア, ファン
◇私達すべてへの霊感：今こそ地球倫理を　ハンス・キューング編，吉田収訳　世界聖典刊行協会　1997.10　346p　（ぽんブックス 39）

ソマーズ, マーガレット・R.
◇経済還元主義的過誤を超えて：カール＝ポラニーの包括的社会学（共著）：歴史社会学の構想と戦略　T.スコチポル編著，小田中直樹訳　木鐸社　1995.4　449p

ゾヤ, ルイジ
◇分析と悲劇（高石浩一訳）：ユングの13人の弟子が今考えていること―現代分析心理学の鍵を開く　アン・ケースメント編，氏原寛監訳　ミネルヴァ書房　2001.3　336p

ソラ, フランセスコ
◇カタロニア理工大学における評価と意思決定（共著）：高等教育における評価と意思決定過程―フランス，スペイン，ドイツの経験　OECD編，服部憲児訳　広島大学大学教育研究センター　1997.2　151p　（高等教育研究叢書 43）

ソリナス, ピエールジョルジョ
◇家族：地中海世界　フェルナン・ブローデル編，神沢栄三訳　みすず書房　2000.1　190, 184p

ソーリャ, ユーリー
◇カチンの森の悲劇を演出した男：ベリヤ―スターリンに仕えた死刑執行人 ある出世主義者の末路　ヴラジーミル・F.ネクラーソフ編，森田明訳　エディションq　1997.9　365p

ソルヴェトラ, ヨハンナ
◇北欧における証明論・証明責任論の新しい動向―証拠に関する理由づけの合理性について―一つのモデル（共著）：訴訟における主張・証明の法理―スウェーデン法と日本法を中心にして　萩原金美著　信山社　2002.6　504p　（神奈川大学法学研究叢書 18）

ソルチネッリ, P.
◇食と健康：食の歴史 3　J‐L.フランドラン，M.モンタナーリ編，宮原信，北代美和子監訳　藤原書店

2006.3　p838-1209

ソルニック, ブルーノ
◇通貨の理解：為替オーバーレイ―CFA institute（CFA協会）コンフェレンス議事録　森谷博之訳　パンローリング　2004.8　263p

ソレッキィ, ウイリアム・D.
◇自然災害時の多様な組織・団体のコーリション（連携）（牧ørd男版）：巨大都市と変貌する災害―メガシティは災害を産み出すルツボである　ジェイムズ・K.ミッチェル編，中林一樹監訳　古今書院　2006.1　386p

ソレール, J.
◇聖書の道理：食の歴史 1　J‐L.フランドラン，M.モンタナーリ編，宮原信，北代美和子監訳　藤原書店　2006.1　429p

ソレンセン, ゲオルグ
◇袋小路に陥った第三世界の民主化：アメリカによる民主主義の推進―なぜその理念にこだわるのか　猪口孝，マイケル・コックス，G.ジョン・アイケンベリー編　ミネルヴァ書房　2006.6　502, 12p　（国際政治・日本外交叢書 1）

ソロヴィヨフ, ウラジーミル
◇反キリスト物語（御子柴道夫訳）：20世紀ロシア思想の一断面―亡命ロシア人を中心として　御子柴道夫編　千葉大学大学院社会文化科学研究科　2005.3　303p　（社会文化科学研究科研究プロジェクト報告書 第106集）

ソロモン, ハンス
◇生存者の証言（共著）：思いやる勇気―ユダヤ人をホロコーストから救った人びと　キャロル・リトナー，サンドラ・マイヤーズ編，食野雅子訳　サイマル出版会　1997.4　282p

ソロモン, フセイン
◇南部アフリカにおける人間の安全保障（藤原郁郎訳）：人間の安全保障―世界危機への挑戦　佐藤誠，安藤次男編　東信堂　2004.11　363p
◇アフリカの「影の国家」（共著）（藤本義彦訳）：アフリカ国家を再考する　川端正久，落合雄彦編　晃洋書房　2006.3　389p　（竜谷大学社会科学研究所叢書 第65巻）

ソーン, ウィリアム
◇愛する者を出迎える馬の霊：あなたが知らないペットたちの不思議な力―アンビリーバブルな動物たちの超常現象レポート　『FATE』Magazine編，宇佐和通訳　徳間書店　1999.2　276p

ソン, ギョンリュン
◇民主主義の堅固化と福祉国家の発展：韓国福祉国家性格論争　金淵明編，韓国社会保障研究会訳　流通経済大学出版会　2006.1　433p

孫 継武　ソン, ケイブ*
◇張作霖と日本：中国人の見た中国・日本関係史―唐代から現代まで　中国東北地区中日関係史研究会編，鈴木静夫，高田祥平編訳　東方出版　1992.12　450p

宋 在国　ソン, ジェグク*
◇孔子・孟子の哲学に照らしてみた金父子の非倫理性：金正日の衝撃の実像　朝鮮日報『月刊朝鮮』編，黄民基訳　講談社　1994.11　568p

孫　若梅　ソン, ジャクバイ*
◇環境の問題―払いきれない代価 (共著)：現代中国の実像―江沢民ブレーン集団が明かす 全27の課題とその解決策　劉吉, 許明, 黄葦青編著, 謝端明, 岡田久典日本語版監修, 中川友訳　ダイヤモンド社　1999.5　687p

孫　戎　ソン, ジュウ*
◇社会における交際の構造と内容 他：中国の女性―社会的地位の調査報告　陶春芳, 蒋永萍編, 山下威士, 山下泰子監訳　尚学社　1995.7　354, 108, 4p

孫　晶　ソン, ショウ*
◇インド哲学研究：戦後日本哲学思想概論　卞崇道編著, 本間史訳　農山漁村文化協会　1999.11　556, 11p

孫　振遠　ソン, シンエン*
◇食糧の問題―また飢えの時代がやってくるのか：現代中国の実像―江沢民ブレーン集団が明かす 全27の課題とその解決策　劉吉, 許明, 黄葦青編著, 謝端明, 岡田久典日本語版監修, 中川友訳　ダイヤモンド社　1999.5　687p

宋　純卓　ソン, スンタク
◇初の国号・朝鮮の起源：朝鮮民族と国家の源流―神話と考古学　在日本朝鮮歴史考古学協会編訳　雄山閣出版　1995.7　270p　(考古学選書)

宗　承鎬　ソン, スンホ
◇中国監獄の人権抹殺：どん底の北朝鮮―二〇〇四年ついにここまできてしまった！　趙甲済編, 中根悠訳　ビジネス社　2004.1　230p

孫　政　ソン, セイ*
◇日本における新国家主義の発展 (共著)：〈意〉の文化と〈情〉の文化―中国における日本研究　王敏編著, 岡部明日香ほか訳　中央公論新社　2004.10　444p　(中公叢書)

孫　潭鎮　ソン, タンチン*
◇中薬材流通の発展と現状 (共著)：中国における生産財流通―商品と機構　原田忠夫編　アジア経済研究所　1995.3　168p　(ASEAN等現地研究シリーズ No.29)

孫　忠務　ソン, チュンム*
◇億万長者になった拉致事件の現場責任者, 金基完―アメリカで大富豪のなるまでの二〇年間：金大中拉致事件の真相　金大中先生拉致事件の真相糾明を求める市民の会 (韓国) 編著, 大畑正姫訳　三一書房　1999.7　397p 図版14p

孫　童　ソン, ドウドウ*
◇三回目の年女：大人の恋の真実　2　司徒玫編, 佐藤嘉江子訳　はまの出版　1999.3　270p

孫　東民　ソン, トウミン*
◇新中国の日本語放送と八木寛氏：新中国に貢献した日本人たち―友情で綴る戦後史の一コマ　中国中日関係史学会編, 武吉次朗訳　日本僑報社　2003.10　460p
◇中国鉄道建設に燃やした青春―浜岡礼蔵氏：新中国に貢献した日本人たち―友情で綴る戦後史の一コマ　続　中国中日関係史学会編, 武吉次朗訳　日本僑報社　2005.11　520p

孫　蓓欣　ソン, バイキン*　《Sun, Beixin》
◇中国：21世紀の国立図書館―国際シンポジウム記録集　国立国会図書館訳・編　日本図書館協会　1997.10　8, 214p

孫　浩哲　ソン, ホチョル*
◇国家論研究の現況 (呉輝邦訳)：韓国社会論争―最新ガイド　月刊『社会評論』(韓国) 編集部編, 文京洙ほか監訳　社会評論社　1992.10　299p

孫　明斎　ソン, メイサイ*
◇管理所長を勤めて：覚醒―撫順戦犯管理所の六年 日本戦犯改造の記録　撫順市政協文史委員会原編, 中国帰還者連絡会翻訳編集委員会訳編　新風書房　1995.4　288p

孫　永鐘　ソン, ヨンチョン
◇後期古朝鮮は檀君朝鮮の継承国：朝鮮民族と国家の源流―神話と考古学　在日本朝鮮歴史考古学協会編訳　雄山閣出版　1995.7　270p　(考古学選書)

ソング, ヤング・I.
◇離婚して独身となったアジア系アメリカ女性―落ち込み感情と社会的支持の変化 (村上弘子訳)：女と離婚／男と離婚―ジェンダーの相違による別居・離婚・再婚の実態　サンドラ・S.ヴォルギー編著, 小池のり子, 村上弘子訳　家政教育社　1996.9　238p

ソンタグ, フレデリック
◇神の回答「今こそこれを聞け」：神は悪の問題に答えられるか―神義論をめぐる五つの答え　スティーヴン・T.デイヴィス編, 本多峰子訳　教文館　2002.7　437p

ソンダーズ, シェリル
◇アジア, オセアニアと立憲主義 (阪口正二郎訳)：アジア立憲主義の展望―アジア・オセアニア立憲主義シンポジウム　全国憲法研究会編, 大須賀明編集代表　信山社　2003.9　435p

ソーンダース, ジューン
◇健全なライフスタイルの確立―人格基調の取り組みが必須 他 (共著)：「人格教育」のすすめ―アメリカ・教育改革の新しい潮流　トニー・ディヴァイン, ジュンホ・ソク, アンドリュー・ウィルソン編, 上寺久雄監訳　コスモトゥーワン　2003.2　491, 40p

ゾントハイマー, クルト
◇メーキャップ師たちが新たなアイデンティティーに化粧を施す (辰巳伸知訳)：過ぎ去ろうとしない過去―ナチズムとドイツ歴史家論争　ユルゲン・ハーバーマス他著, 徳永恂ほか訳　人文書院　1995.6　257p

ソーンビー, ロバート
◇原爆時代における英国海軍：ブラッセー軍事年鑑―研修資料　〔1955年版〕　防衛研修所　1957　98p　(研修資料別冊　第150号)
◇核時代における国防：ブラッセイ軍事年鑑―研修資料　1956～57年版抄訳　防衛研修所　1958　92p　(研修資料　第182号)
◇原子時代の英国空軍：ブラッセー軍事年鑑　1958年版抄訳　防衛研修所　1959　82p　(研修資料　第211号)
◇抑制力の防衛：ブラッセイ軍事年鑑　1959年版抄訳　防衛研修所　1960　88p　(研修資料　第234号)

ゾンマーフェルト, ヴァルター
◇ドイツ人考古学者からのバグダッド便り（美濃口坦訳）：世界は変えられる—TUPが伝えるイラク戦争の「真実」と「非戦」　TUP（Translators United for Peace＝平和をめざす翻訳者たち）監修　七つ森書館　2004.5　234, 5p

ソンマルガ, コルネリオ
◇生き残るために不可欠：今こそ地球倫理を　ハンス・キューング編, 吉田収訳　世界聖典刊行協会　1997.10　346p　（ぼんブックス 39）

【夕】

戴 季陶　タイ, キトウ
◇我が日本観：戴季陶の対日観と中国革命　嵯峨隆著　東方書店　2003.7　206p

代 欽　ダイ, キン*
◇中国清末民国期間数学教育研究之経緯：中日近現代数学教育史　第6巻　北京師範大学横地清文庫国際セミナー研究報告　横地清, 鍾善基, 李迪編集代表　北京師範大学　2007.9　155p

戴 錦華　タイ, キンカ
◇ことばを取り戻す女のたたかい—「歴史の地表に浮かび出る」序（共著）（田畑佐和子訳）：中国の女性学—平等幻想に挑む　秋山洋子ほか編訳　勁草書房　1998.3　250p
◇ポスト冷戦期の文化政治とジェンダー（小林さつき訳）：F-GENSジャーナル—Frontiers of Gender Studies no.5（報告篇）　F-GENSジャーナル編集委員会編　お茶の水女子大学21世紀COEプログラムジェンダー研究のフロンティア　2006.3　269p

戴 晴　タイ, セイ
◇劇的な大変動の可能性はどれだけあるのか：鄧小平後の中国—中国人専門家50人による多角的な分析　上巻　何頻編著, 現代中国事情研究会訳　三交社　1994.12　386p

泰 佩華　タイ, ハイカ*
◇金庸の小説、あちこちで無断の商標登録（共著）：必読！今、中国が面白い—中国が解る60編　2007年版　而立会訳, 三潴正道監訳　日本僑報社　2007.8　240p

タイアウィット, ジャクリーヌ
◇動く目：マクルーハン理論—電子メディアの可能性　マーシャル・マクルーハン, エドマンド・カーペンター編著, 大前正臣, 後藤和彦訳　平凡社　2003.3　331p　（平凡社ライブラリー）

ダイアモンド, サラ
◇NASの資金源：アメリカの差別問題—PC（政治的正義）論争をふまえて　Patricia Aufderheide編, 脇浜義明訳　明石書店　1995.6　208p

ダイガート, ダイアン・V.
◇受託者の選択とERISAに依り禁止されている取引（共著）：機関投資家のポートフォリオにおけるマネージド・フューチャーズ　チャールズ・B.エプスタイン編, 日本商品ファンド業協会訳　日本商品ファンド業協会　1995.3　320p

ダイク, ジョウク・ヴァン
◇企業の移動（共著）（内藤二郎訳）：企業立地行動の経済学—都市・産業クラスターと現代企業行動への視角　フィリップ・マッカン編著, 上遠野武司郎訳　学文社　2007.2　227p

タイス, ルー
◇勝ちぐせのついた、優れたリーダーになるために：セルフヘルプ—なぜ、私は困難を乗り越えられるのか　世界のビッグネーム自らの47の証言　ケン・シェルトン編著, 堀紘一監訳　フロンティア出版　1998.7　301p

ダイゼンハウス, デイビッド
◇国家への信頼の回復（高橋愛子訳）：カール・シュミットの挑戦　シャンタル・ムフ編, 古賀敬太, 佐野誠編訳　風行社　2006.5　300, 9p

ダイソン, アラン
◇特別なニーズ教育の理論と実践（共著）（浅野俊道訳）：インクルージョンの時代—北欧発「包括」教育理論の展望　ペーデル・ハウグ, ヤン・テッセブロー編, 二文字理明訳　明石書店　2004.7　246p　（明石ライブラリー 63）
◇インクルージョンとインクルージョンズ—インクルーシブ教育の理論と言説（宮内久絵訳）：世界のインクルーシブ教育—多様性を認め、排除しない教育を　ハリー・ダニエルズ, フィリップ・ガーナー編著, 中村満紀男, 窪田真二監訳　明石書店　2006.3　540p　（明石ライブラリー 92）

タイナー, ペーター
◇フリードリッヒ・ナウマンとマックス・ヴェーバー—共通の政治的立場：マックス・ヴェーバーとその同時代人群像　W.J.モムゼン, J.オースターハメル, W.シュベントカー編著, 鈴木広, 米沢和彦, 嘉目克彦監訳　ミネルヴァ書房　1994.9　531, 4p

タイプキャスト
◇まさに私好み—秘書のイメージ：メディア・セクシズム—男がつくる女　ジュリアンヌ・ディッキー, テレサ・ストラトフォード, キャス・デイビス編, 井上輝子, 女性雑誌研究会編訳　垣内出版　1995.6　342p

タイム編集部
◇ソンミの虐殺（一九六八年三月十六日）：歴史の目撃者　ジョン・ケアリー編, 仙名紀訳　朝日新聞社　1997.8　421p

ダイヤー, ウェイン
◇エゴを締め出した究極の自己実現：セルフヘルプ—なぜ、私は困難を乗り越えられるのか　世界のビッグネーム自らの47の証言　ケン・シェルトン編著, 堀紘一監訳　フロンティア出版　1998.7　301p

タイラー, ロイヤル
◇現世主義的日本人観を疑う（林淳訳）：異文化から見た日本宗教の世界　ポール・L.スワンソン, 林淳編　法蔵館　2000.9　302p　（叢書・現代世界と宗教 2）

ダウ, シェイラ・C.
◇内生的貨幣：一般理論—第二版—もしケインズが今日生きていたら　G.C.ハーコート, P.A.リーアック編, 小山庄三訳　多賀出版　2005.6　922p

ダーヴァス, ペーター
◇ハンガリーの私学高等教育（共著）：私学高等教育の潮流　P.G.アルトバック編, 森利枝訳　玉川大学出版部　2004.10　253p　（高等教育シリーズ 128）

タヴィアーニ＝カロッツィ, ユゲット
◇ラウル・グラベール『歴史』における紀元千年の異端（西村善矢訳）：テクストの宇宙—生成・機能・布置 21世紀COEプログラム「統合テクスト科学の構築」SITES講演録2004-2005年 佐藤彰一編 名古屋大学大学院文学研究科 2006.3 296p

ダーヴィト（アウクスブルクの）
◇祈りの七つの階梯 主の祈り（香田芳樹訳）：中世思想原典集成 16 ドイツ神秘思想 上智大学中世思想研究所編訳・監修 平凡社 2001.4 977p

ダヴィド（ディナンの）
◇クアテルヌリ（小四部作）—区分について：中世思想原典集成 13 盛期スコラ学 上智大学中世思想研究所編訳・監修 平凡社 1993.2 845p

ダヴィドヴァ, ナディア
◇ロシア：革命か, 改良か？（共著）（三宅洋一訳）：社会政策の国際的展開—先進諸国における福祉レジーム ピート・アルコック, ゲイリー・クレイグ編, 埋橋孝文ほか共訳 晃洋書房 2003.5 328p

ダヴィラ, アントニオ
◇組織エネルギーを引き出すマネジメント指標（共著）：業績評価マネジメント Harvard Business Review 編, Diamondハーバード・ビジネス・レビュー編集部訳 ダイヤモンド社 2001.9 258p

ターヴェイ, マイケル・T.
◇知覚－行為サイクルの熱力学的根拠 他（共著）（土明文訳）：アフォーダンスの構想—知覚研究の生態心理学的デザイン 佐々木正人, 三嶋博之編訳 東京大学出版会 2001.2 329p
◇生態物理学と物理心理学の構築にむけて（共著）（高瀬弘樹, 三嶋博之訳）：生態心理学の構想—アフォーダンスのルーツと尖端 佐々木正人, 三嶋博之編訳 東京大学出版会 2005.2 217p

タヴェルニエ, ジャン＝バプティスト
◇未亡人殉死の習慣（一六五〇年前後）：歴史の目撃者 ジョン・ケアリー編, 仙名紀訳 朝日新聞社 1997.2 421p

ダーウォル, クリスティナ
◇プレイスウェア：ゼロックスの技術 スピンアウトを構築する問題（共著）：技術とイノベーションの戦略的マネジメント 下 ロバート・A.バーゲルマン, クレイトン・M.クリステンセン, スティーヴン・C.ウィールライト編著, 青島矢一, 黒田光太郎, 志賀敏宏, 田辺孝二, 出川通, 和賀三和子日本語版監修, 岡真由美, 斉藤裕一, 桜井祐子, 中川泉, 山本章子訳 翔泳社 2007.7 595p

タウラー, ヨハネス
◇説教集（橋本裕明訳）：中世思想原典集成 16 ドイツ神秘思想 上智大学中世思想研究所編訳・監修 平凡社 2001.4 977p

タウンゼント, スーザン・C.
◇矢内原忠雄と大英帝国（見市雅俊訳）：日英交流史—1600-2000 5 社会・文化 細谷千博, イアン・ニッシュ監修 都築忠七, ゴードン・ダニエルズ, 草光俊雄編 東京大学出版会 2001.8 398, 8p
◇戦時下の大日本帝国における文化, 人種, 権力（三鬼晴子訳）：戦争の記憶と捕虜問題 木畑洋一, 小菅信子, フィリップ・トウル編 東京大学出版会 2003.5 262p

ダエス, エリカ・イリーネ・A.
◇世界の先住民族の人権と保護（富田麻理訳）：国際人権法マニュアル—世界的視野から見た人権の理念と実践 ヤヌシュ・シモニデス編著, 横田洋三監修, 秋月弘子, 滝沢美佐子, 富田麻理, 望月康恵訳 明石書店 2004.3 467p

タオン, マリー＝ブランシュ
◇コフマンによるルソー読解—敬遠（加藤康子訳）：サラ・コフマン讃 F.コラン, J-L.ナンシー, J.デリダ他著, 棚沢直子, 木村信子他訳 未知谷 2005.8 323p

髙木 晴夫 タカギ, ハルオ*
◇アタマ打ちマネジャーの活性術（共著）：いかに「問題社員」を管理するか Diamondハーバード・ビジネス・レビュー編集部編訳 ダイヤモンド社 2005.1 262p （Harvard business review anthology）

高崎 毅志 タカサキ, ツヨシ*
◇牧会の神学としてのカルヴァンの神学：改革派神学の新しい視座—アイラ・ジャン・ヘッセリンクJr.博士献呈論文集 ユージン・P.ハイデマンほか著, 池永倫明, 池永順一共訳 一麦出版社 2002.6 206p

ダガン, リサ
◇偽りの約束—フェミニスト反ポルノ立法他（共著）：ポルノと検閲 アン・スニトウほか著, 藤井麻利, 藤井雅実訳 青弓社 2002.9 264p （クリティーク叢書 22）

ダーキン, ケヴィン
◇社会性の発達の社会的側面（塚本伸一訳）：社会心理学概論—ヨーロピアン・パースペクティブ 1 M.ヒューストンほか編, 末永俊郎, 安藤清志監訳 誠信書房 1994.10 355p

ダークスター, ケイト・ミューラライル
◇マイクへ：記憶の底から—家庭内性暴力を語る女性たち トニー・A.H.マクナロン, ヤーロウ・モーガン編, 長谷川真実訳 青弓社 1995.12 247p

ダグラス, アン
◇チャーリー・チャプリン：TIMEが選ぶ20世紀の100人 下巻 アーチスト・エンターテイナー・ヒーロー・偶像・巨頭 徳岡孝夫訳 アルク 1999.11 318p

ダグラス, マイケル
◇都市間の競争と経済的弾力性の問題：グローバル・シティー・リージョンズ—グローバル都市地域への理論と政策 アレン・J.スコット編著, 坂本秀和訳 ダイヤモンド社 2004.2 365p

ダグラス, メアリ・A.
◇フェミニストセラピにおけるパワーの役割：組み換え／フェミニスト心理療法ハンドブック—女性臨床心理の理論と実践 L.B.ローズウォーター, L.E.A.ウォーカー編著, 河野貴代美, 井上摩耶訳 ヒューマン・リーグ 1994.12 317p

竹内 弘高 タケウチ, ヒロタカ*
◇シマノにおける組織間知識の創造 他：より高度の知識経済化で一層の発展をめざす日本—諸外国への教訓 柴田勉, 竹内弘高共編, 田村勝省訳 一灯舎 2007.10 472, 36p

ダシコフスキー
◇マルクスの抽象的労働と経済的諸範疇(1926年)：ルービンと批判者たち―原典資料20年代ソ連の価値論論争　竹永進編訳　情況出版　1997.12　250p

タシュマン, マイケル・L.
◇2つの顔を持つ組織：漸進的な変化と改革的な変化のマネジメント(共著)：技術とイノベーションの戦略的マネジメント　下　ロバート・A.バーゲルマン, クレイトン・M.クリステンセン, スティーヴン・C.ウィールライト編著, 青島矢一, 黒田光太郎, 志賀敏宏, 田辺孝二, 出川通, 和賀三和子日本語版監修, 岡真由美, 斉藤裕一, 桜井祐子, 中川泉, 山本章子訳　翔泳社　2007.7　595p

タスク, エドワード
◇新しい受託者責任と社会的投資(共著)：ゼロ・エミッション―持続可能な産業システムへの挑戦　フリッチョフ・カプラ, グンター・パウリ編著　ダイヤモンド社　1996.3　240p

ダスター, トロイ
◇神話を越えて：アメリカの差別問題―PC(政治的正義)論争をふまえて　Patricia Aufderheide編, 脇浜義明編訳　明石書店　1995.6　208p

ダステュール, フランソワーズ
◇ことば(パロール)の身体(本郷均訳)：フッサール『幾何学の起源』講義　モーリス・メルロ＝ポンティ著, 加賀野井秀一, 伊藤泰雄, 本郷均訳　法政大学出版局　2005.3　571, 9p　(叢書・ウニベルシタス 815)

ダースト, デイヴィッド・C.
◇ヘーゲル法哲学における国家の(諸)目的：リベラリズムとコミュニタリアニズムを超えて―ヘーゲル法哲学の研究　ロバート・R.ウイリアムズ編, 中村浩爾, 牧野広義, 形野清貴, 田中幸世訳　文理閣　2006.12　369p

ダターラク, ダンブージャ
◇オーストラリア―傷を癒やす木 イハラン：先住民族―地球環境の危機を語る　インター・プレス・サービス編, 清水知久訳　明石書店　1993.9　242p　(世界人権問題叢書 9)

タッカー, ブラバ
◇ネパールの家族の変容：アジアの経済発展と家族及びジェンダー　篠崎正美監訳・著, アジア女性交流・研究フォーラム編　改訂版　アジア女性交流・研究フォーラム　2000.3　203p

ダック, スティーヴン・W.
◇ペアになる(共著)：ベストパートナーの見分け方　ロザリー・バーネット編著, 鈴木理恵子訳　同朋舎　1997.9　151p
◇パーソナルな関係と社会心理学 他(共著)(大坊郁夫訳)：パーソナルな関係の社会心理学　W.イックス, S.ダック編, 大坊郁夫, 和田実監訳　北大路書房　2004.4　310p

タッケ, オットー
◇徹底的な学校改革としての子どもの教育(中村主訳)：子どものための教育―徹底的学校改革者同盟教育研究大会(1932年)報告『子どもの苦難と教育』より　船尾日出志監修, 久野弘幸編訳　学文社　2004.3　254, 4p

ダッセンブロック, リード・ウエイ
◇多元文化西洋：アメリカの差別問題―PC(政治的正義)論争をふまえて　Patricia Aufderheide編, 脇浜義明編訳　明石書店　1995.6　208p

ダッタ, バークティ
◇ヒンドゥー教：諸宗教の倫理学―その教理と実生活　第1巻 性の倫理　M.クレッカー, U.トゥヴォルシュカ編, 石橋孝明, 榎津重喜訳　九州大学出版会　1992.4　240, 3p

ダッタトレーヤ, ラビ・E.
◇実践的ALMアプローチ 他(寺中伸之訳)：ALMの新手法―キャピタル・マーケット・アプローチ　フランク・J.ファボッツィ, 小西湛夫共編　金融財政事情研究会　1992.7　499p　(ニューファイナンシャルシリーズ)

ダッデン, アレクシス
◇国際的視野から見た朝鮮支配：近代東アジアのグローバリゼーション　マーク・カプリオ編, 中西恭子訳　明石書店　2006.7　266p

ダッドレー, ジェームズ・R.
◇離婚した父親が扶養契約書に喜んでサインするには(小池のり子訳)：女と離婚/男と離婚―ジェンダーの相違による別居・離婚・再婚の実態　サンドラ・S.ヴォルギー編著, 小池のり子, 村上弘子訳　家政教育社　1996.9　238p

ダデスキー, ジャック
◇アフリカ/ブラジル―会議総括文書(大屋定晴訳)：もうひとつの世界は可能だ―世界社会フォーラムとグローバル化への民衆のオルタナティブ　ウィリアム・F.フィッシャー, トーマス・ポニア編, 加藤哲郎監修, 大屋定晴, 山口響, 白井聡, 木下ちがや監訳　日本経済評論社　2003.12　461p

ターナー, ジョン・C.
◇ステレオタイプの内容形成における理論の役割 他(共著)(有馬明恵監訳)：ステレオタイプとは何か―「固定観念」から「世界を理解する"説明力"」へ　クレイグ・マクガーティ, ビンセント・Y.イゼルビット, ラッセル・スピアーズ編著, 国広陽子監修, 有馬明恵, 山下玲子監訳　明石書店　2007.2　296p

ターナー, スティーブン
◇デュルケム道徳教育論に対するコールバーグの批判：デュルケムと現代教育　ジェフリー・ウォルフォード, W.S.F.ピカリング編, 黒崎勲, 清田夏代訳　同時代社　2003.4　335, 26p

ターナー, ナンシー
◇カナダ先住民のハーブ療法(谷口文章抄訳)：環境教材の国際ネットワーク化　谷口文章編著　甲南大学総合研究所　2005.3　266p　(甲南大学総合研究所叢書 77)

ターナー, ミッシェル
◇ツーリング―車椅子の僕らでもオートキャンピングができる：車椅子はパスポート―地球旅行の挑戦者たち　アリソン・ウォルシュ編, おそどまさこ日本語版責任編集, 森実真弓訳　山と渓谷社　1994.3　687p

ダニエルズ, ロバート・V.
◇トロツキーの革命過程論：トロツキー再評価　P.デュークス, T.ブラザーストン編　新評論　1994.12

381p

ターニング・ホーク
◇ウンデッドニーの虐殺：北米インディアン生活誌　C.ハミルトン編, 和巻耿介訳　社会評論社　1993.11　408p

タネイ, イマニュエル
◇修道院も安全ではなかった：思いやる勇気―ユダヤ人をホロコーストから救った人びと　キャロル・リトナー, サンドラ・マイヤーズ編, 食野雅子訳　サイマル出版会　1997.4　282p

ダネカー, ゲルハルト
◇フォーマルな組織における過失（須之内克彦訳）：組織内犯罪と個人の刑事責任　クヌート・アメルング編著, 山中敬一監訳　成文堂　2002.12　287p

タネン, デボラ
◇オプラ・ウィンフリー：TIMEが選ぶ20世紀の100人　下巻　アーチスト・エンターテイナー・ヒーロー・偶像・巨頭　徳岡孝夫監訳　アルク　1999.11　318p

タノン
◇14世紀パリ・シャトレ裁判所の民事訴訟手続：塙浩著作集―西洋史研究　6　フランス民事訴訟法史　塙浩訳・著　信山社出版　1992.9　1042p

ダーハイム, ハンスユルゲン
◇構造＝機能理論（山本鑛雄, 小林君代訳）：現代の社会学理論　ギュンター・エントルーヴァイト編, 鈴木幸寿ほか訳　恒星社厚生閣　2000.7　388, 19p

タパジョス, ルル
◇先住民：先住民委員会の声明（共著）（石田隆至訳）：もうひとつの世界は可能だ―世界社会フォーラムとグローバル化への民衆のオルタナティブ　ウィリアム・F.フィッシャー, トーマス・ポニア編, 加藤哲郎監修, 大屋定晴, 山口響, 白井聡, 木下ちがや監訳　日本経済評論社　2003.12　461p

タバトニ, ピエール
◇評価と意思決定システム：高等教育における評価と意思決定過程―フランス, スペイン, ドイツの経験　OECD編, 服部憲児訳　広島大学大学教育研究センター　1997.2　151p　（高等教育研究叢書 43）

タバレフ, アンドレイ
◇サケの民 他（阿部昭典, 加藤元康訳）：東アジア世界における日本基層文化の考古学的解明―国学院大21世紀COEプログラム国際シンポジウム予稿集　小林達雄, 藤本強, 杉山林継, 吉田恵二監修, 伊藤慎二, 山添奈苗編　国学院大学21世紀COEプログラム第1グループ考古学班　2006.9　209p　（21COE考古学シリーズ 7）

ダービー, クリストファー・A. R.
◇安全なITシステムなどない（共著）：「リスク感度」の高いリーダーが成功を重ねる　Diamondハーバード・ビジネス・レビュー編集部編訳　ダイヤモンド社　2005.11　242p　（Harvard business review anthology）

ダビッドソン, アンドリュー・S.
◇モーゲージ・バック証券分析手法の比較（共著）（大鹿幸一朗訳）：ALMの新手法―キャピタル・マーケット・アプローチ　フランク・J.ファボッツィ, 小西湛夫共編　金融財政事情研究会　1992.7　499p

（ニューファイナンシャルシリーズ）

タヒラッサウィチ
◇明けの星に捧げる聖歌：北米インディアン生活誌　C.ハミルトン編, 和巻耿介訳　社会評論社　1993.11　408p

ターボックス, メアリー・P.
◇優しくも激しく（菱沼裕子訳）：ナイチンゲールとその時代　モニカ・ベイリー他著, 平尾真智子, 小沢道子他訳, 小林章夫監訳　うぶすな書院　2000.12　258p

玉置 紀夫　タマキ, ノリオ
◇日本の金本位制採用を一八八一―一九〇三年のロンドン金融市場（関口英男, 鎌倉啓三訳）：英国と日本―日英交流人物列伝　イアン・ニッシュ編, 日英文化交流研究会訳　博文館新社　2002.9　470p

ダミアニ, マジダ
◇南ブラジルにおける教授法に関する言説と学業不振：世界のインクルーシブ教育―多様性を認め, 排除しない教育から　ハリー・ダニエルズ, フィリップ・ガーナー編著, 中村満紀男, 窪田真二監訳　明石書店　2006.3　540p　（明石ライブラリー 92）

ダミコ, マソリーノ
◇ウンベルト・エーコ『薔薇の名前』（富山太佳夫訳）：ロンドンで本を読む　丸谷才一編著　マガジンハウス　2001.6　337, 8p

タミニオー, ジャック
◇ハイデガーの〈基礎的存在論〉における「声」と「現象」（慎改康之訳）：デリダと肯定の思考　カトリーヌ・マラブー編, 高橋哲哉, 増田一夫, 高桑和巳監訳　未来社　2001.10　502, 7p　（ポイエーシス叢書 47）

ダムコフスキー, マルタ
◇青春をレジスタンスに捧げて：ナチズム下の女たち―第三帝国の日常生活　カール・シュッデコプフ編, 香川檀, 秦由紀子, 石井栄子訳　復刊　未来社　1998.7　354p

ダームズ, ジョン・H.
◇一九七〇年から九五年までの人文科学における財政支援の傾向：人文科学に何が起きたか―アメリカの経験　A.カーナン編, 木村武史訳　玉川大学出版部　2001.10　301p　（高等教育シリーズ 109）

ダムホースト, メアリー・リン
◇大衆雑誌に見られる成功のためのドレス（共著）（辻幸恵, 立岡浩訳）：外見とパワー　キム・K.P.ジョンソン, シャロン・J.レノン編著, 高木修, 神山進, 井上和子監訳　北大路書房　2004.7　257p

タムラト, T.
◇アフリカの角地域―エチオピアのソロモン王朝とアフリカの角地域の諸国家（松田凡訳）：ユネスコ・アフリカの歴史　第4巻　一二世紀から一六世紀までのアフリカ　アフリカの歴史起草のためのユネスコ国際学術委員会編, 宮本正興責任編集　D.T.ニアヌ編　同朋舎出版　1992.9　2冊

タライエスバ, ドン・C.
◇大自然の中のホピ族 他：北米インディアン生活誌　C.ハミルトン編, 和巻耿介訳　社会評論社　1993.11　408p

ダラス, ジョー
◇もう一つの選択肢(柴田ひさ子訳):キリスト教は同性愛を受け入れられるか ジェフリー・S.サイカー編, 森本あんり監訳 日本キリスト教団出版局 2002.4 312p

タラル, ハッサン・ビン
◇新しい考え方のために:今こそ地球倫理を ハンス・キューング編, 吉田収訳 世界聖典刊行協会 1997.10 346p (ぽんブックス 39)

タリアフェッロ, C.
◇地域雇用戦略の優等生:地域の雇用戦略—七ヵ国の経験に学ぶ"地方の取り組み" 樋口美雄, S.ジゲール, 労働政策研究・研修機構編 日本経済新聞社 2005.10 364p

ダリスタ, ジェーン
◇もはや銀行救済は必要ない—預金保険改革に関する提案 他(片桐謙訳):アメリカ金融システムの転換—21世紀に公正と効率を求めて ディムスキ, エプシュタイン, ポーリン編, 原田善教監訳 日本経済評論社 2001.8 445p (ポスト・ケインジアン叢書 30)
◇もはや銀行救済は必要ない—預金保険改革に関する提案 他(片桐謙訳):アメリカ金融システムの転換—21世紀に公正と効率を求めて ディムスキ, エプシュタイン, ポーリン編, 原田善教監訳 日本経済評論社 2005.4 445p (ポスト・ケインジアン叢書 30)

ダリットの人権に関する全国運動
◇差別と不寛容:差別と不寛容とのたたかい(石田隆至訳):もうひとつの世界は可能だ—世界社会フォーラムとグローバル化への民衆のオルタナティブ ウィリアム・F.フィッシャー, トーマス・ポニア編, 加藤哲郎監修, 大屋定晴, 山口響, 白井聡, 木下ちがや監訳 日本経済評論社 2003.12 461p

ダリティ, ウィリアム, Jr.
◇『一般理論』第二章の書き直しについて—ケインズの, 非自発的失業の概念(共著):一般理論—第二版—もしケインズが今日生きていたら G.C.ハーコート, P.A.リーアック編, 小山庄三訳 多賀出版 2005.6 922p

ダーリング, マリリン
◇AAR:アメリカ陸軍の学習法(共著):組織能力の経営論—学び続ける企業のベスト・プラクティス Diamondハーバード・ビジネス・レビュー編集部編訳 ダイヤモンド社 2007.8 508p (Harvard business review)

ダール, ファイサル
◇夜を照らす暗黒:レイラ・ザーナ—クルド人女性国会議員の闘い レイラ・ザーナ著, 中川喜与志, 大倉幸宏, 武田歩編 新泉社 2006.1 350, 14p (クルド学叢書)

タルク, バートラム
◇グローバル教育の出発(浅野誠訳):グローバル教育からの提案—生活指導・総合学習の創造 浅野誠, デイヴィッド・セルビー編 日本評論社 2002.3 289p

タルッカ, ロッテ
◇彼岸の人々, 此岸の人々, そして性:ロウヒのことば—フィンランド女性の視角からみた民俗学 下 アイリ・ネノラ, センニ・ティモネン編, 目荒ゆみ訳 文理閣 2003.7 233p

タルビ, M.
◇マグレブにおける文明の普及とその西洋文明への影響(西尾哲夫訳):ユネスコ・アフリカの歴史 第4巻 一二世紀から一六世紀までのアフリカ アフリカの歴史起草のためのユネスコ国際学術委員会編, 宮本正興責任編集 D.T.ニアヌ編 同朋舎出版 1992.9 2冊

タルビ, ムハンマッド
◇義務の憲章と全人類の課業:今こそ地球倫理を ハンス・キューング編, 吉田収訳 世界聖典刊行協会 1997.10 346p (ぽんブックス 39)

タールホヴァ, N. S.
◇トロツキーの列車—内戦史の知られざる一ページ:トロツキー再評価 P.デュークス, T.ブラザーストン編 新評論 1994.12 381p

ダルマイヤー, フレッド
◇キリスト教と文明:文明間の対話 マジッド・テヘラニアン, デイビッド・W.チャベル編, 戸田記念国際平和研究所監訳 潮出版社 2004.2 446, 47p
◇異文化間の対話様式:文化の多様性と通底の価値—聖俗の拮抗をめぐる東西対話 服部英二監修 麗澤大学出版会 2007.11 305, 11p

ダルマーニュ, ジャン=リュク
◇経済学・ユートピア社会主義(共著)(橋本峰雄訳):哲学と歴史—カントからマルクスへ 野田又夫監訳 新装版 白水社 1998.6 396, 31p (西洋哲学の知 5 Francois Chatelet編)

ダールマン, ディットマー
◇マックス・ヴェーバーのアナーキズムとアナーキストに対する関係—エルンスト・トラーの場合:マックス・ヴェーバーとその同時代人群像 W.J.モムゼン, J.オースターハメル, W.シュベントカー編著, 鈴木広, 米沢和彦, 嘉目克彦監訳 ミネルヴァ書房 1994.9 531, 4p

ダレス, ジョン・F.
◇太平洋の安全保障と日米関係:戦後日米関係を読む—『フォーリン・アフェアーズ』の目 梅垣理郎編訳 中央公論社 1993.12 351p (中公叢書)

ダーレンドルフ, ラルフ
◇マックス・ヴェーバーと現代の社会科学:マックス・ヴェーバーとその同時代人群像 W.J.モムゼン, J.オースターハメル, W.シュベントカー編著, 鈴木広, 米沢和彦, 嘉目克彦監訳 ミネルヴァ書房 1994.9 531, 4p

ダロウ, アリス=アン
◇音感訓練と個人指導の効果:聴覚障害をもつ子どもの発声の正確さ(2つのケーススタディ)(共著):音楽療法ケーススタディ 上 児童・青年に関する17の事例 ケネス・E.ブルシア編, 酒井智華ほか訳 音楽之友社 2004.2 285p

タワー, ケネス・G.
◇ポイントアンドフィギュア移動平均の利用法:魔術師たちのトレーディングモデル—テクニカル分析の新境地 リック・ベンシニョール編, 長尾慎太郎ほか訳 パンローリング 2001.3 365p (ウィザードブックシリーズ 15)

単 会府 タン, カイフ*
◇徐福の時代の医薬学と東渡の関係:不老を夢みた徐

譚 家健　タン, カケン*
◇老子と中国文学の魂（共著）：老子は生きている―現代に探る「道」　葛榮晋主編, 徐海, 石川泰成訳　地湧社　1992.8　320p

ダン, カレン
◇ルーマニアにおける障害、人権、及び教育（共著）（福山文子訳）：障害、人権と教育　レン・バートン, フェリシティ・アームストロング編, 嶺井正也監訳　明石書店　2003.5　442p　（明石ライブラリー 51）

単 強　タン, キョウ*
◇小城鎮の問題―第三の足で歩む（共著）：現代中国の実像―江沢民ブレーン集団が明かす 全27の課題とその解決策　劉吉, 許明, 黄葦青編著, 謝端明, 岡田久典日本版監修, 中川友訳　ダイヤモンド社　1999.5　687p

タン, ケイ・フーン
◇シンガポールにおける少子化と家族政策（共著）：アジアの経済発展と家族及びジェンダー　篠崎正美監訳・著, アジア女性交流・研究フォーラム編　改訂版 アジア女性交流・研究フォーラム　2000.3　203p

タン, ジェイソン
◇シンガポールの高等教育：アジアの高等教育改革　フィリップ・G.アルトバック, 馬越徹編, 北村友人監訳　玉川大学出版部　2006.9　412p　（高等教育シリーズ 137）

笪 志剛　タン, シゴウ
◇富士山の涙：中国人の見た日本―留学経験者の視点から　段躍中編, 朱建栄ほか著, 田縁美幸ほか訳　日本僑報社　2000.7　240p

譚 深　タン, シン*
◇経済改革と女性問題（前山加奈子訳）：中国の女性学―平等幻想に挑む　秋山洋子ほか編訳　勁草書房　1998.3　250p

譚 震林　タン, シンリン*
◇光明磊落、革命の一生―陳毅同志をしのぶ（共著）：中国建軍50周年（1977年8月1日）記念論文集　〔防衛研修所〕　1979　151p　（参考資料 79ZT-10R）

ダーン, ダニエラ
◇内なる不統一に関する一〇テーゼ：岐路に立つ統一ドイツ―果てしなき「東」の植民地化　フリッツ・フィルマー編著, 木戸衛一訳　青木書店　2001.10　341p

段 端聡　ダン, タンソウ
◇私と東京西ロータリークラブ：中国人の見た日本―留学経験者の視点から　段躍中編, 朱建栄ほか著, 田縁美幸ほか訳　日本僑報社　2000.7　240p

湛 中楽　タン, チュウガク*
◇前途は明るいが、道は曲折している―河南省南陽地区における「行政訴訟法」実施効果調査報告（共著）：法治の理想と現実　麗祥瑞ほか編, 浅井敦ほか訳　新評論　1996.12　382p　（愛知大学国研叢書 第2期第2冊）

ダン, ティム
◇衝突し合う世界（共著）：衝突を超えて―9・11後の世界秩序　K.ブース, T.ダン編, 寺島隆吉監訳, 塚田幸三, 寺島美紀子訳　日本経済評論社　2003.5　469p

段 本洛　ダン, ホンラク*
◇小城鎮の問題―第三の足で歩む（共著）：現代中国の実像―江沢民ブレーン集団が明かす 全27の課題とその解決策　劉吉, 許明, 黄葦青編著, 謝端明, 岡田久典日本語版監修, 中川友訳　ダイヤモンド社　1999.5　687p

段 躍中　ダン, ヤクチュウ
◇新潟見聞録：中国人の見た日本―留学経験者の視点から　段躍中編, 朱建栄ほか著, 田縁美幸ほか訳　日本僑報社　2000.7　240p

タン, ロサリナ・パランカ
◇戦後のフィリピン・日本貿易関係（中島醸訳）：近現代日本・フィリピン関係史　池端雪浦, リディア・N. ユー・ホセ編　岩波書店　2004.2　659, 18p

ダンカン, ピーター
◇ソヴィエト連邦：マイノリティ・ナショナリズムの現在　マイケル・ワトソン編, 浦野起央, 荒井功訳　刀水書房　1995.11　346p　（人間科学叢書）

ダンカン, ブレイク〈スキッパー〉
◇失敗を恐れるな：子供たちへの手紙―あなたにこれだけは伝えたい　エリカ・グッド編, 中埜有理訳　三田出版会　1997.7　371p

タングネー, J. P.
◇恥・罪悪感・嫉妬・妬み：問題をはらむ社会的感情（共著）（野和田武夫訳）：臨床社会心理学の進歩―実りあるインターフェイスをめざして　R.M.コワルスキ, M.R.リアリー編著, 安藤清志, 丹野義彦監訳　北大路書房　2001.10　465p

タンザニア・メディア女性協会
◇タンザニアにおけるセクシャル・ハラスメントの広がり：世界の女性と暴力　ミランダ・デービス編, 鈴木研一訳　明石書店　1998.4　472p　（明石ライブラリー 4）

タンズマン, ミッチェル・A.
◇個人富裕層にとってのヘッジファンド投資：その長所と短所：ヘッジファンドの世界―仕組み・投資手法・リスク　J.レダーマン, R.A.クレイン編, 中央信託銀行オルタナティブアセット研究会訳　東洋経済新報社　1999.1　297p

ダンダパーニ, クリシュナン
◇資産証券化：その将来性と問題点（共著）（寺田徹訳）：ALMの新手法―キャピタル・マーケット・アプローチ　フランク・J.ファボッツィ, 小西湛夫共編　金融財政事情研究会　1992.7　499p　（ニューファイナンシャルシリーズ）

ダンツ, クリスチャン
◇啓示の哲学（後藤正英訳）：シェリング哲学―入門と研究の手引き　H.J.ザントキューラー編, 松山寿一監訳　昭和堂　2006.7　288, 59p

ダンデス, アラン
◇フォークロアとは何か 他（荒木博之訳）：フォークロアの理論―歴史地理的方法を越えて　アラン・ダンデス他著, 荒木博之訳　法政大学出版局　1994.1　202p

タンピエ, エティエンヌ

◇一二七〇年の非難宣言――二七七年の禁令：中世思想原典集成 13 盛期スコラ学 上智大学中世思想研究所編訳・監修 平凡社 1993.2 845p

ダンブル, リネット・J.

◇ヴァンダナ・シヴァ：環境の思想家たち 下(現代編) ジョイ・A.パルマー編, 須藤自由児訳 みすず書房 2004.11 320p （エコロジーの思想）

ダンマイア, マイク

◇年金ポートフォリオにおける代替投資戦略とマネージド・フューチャーズ取引の使用：機関投資家のポートフォリオにおけるマネージド・フューチャーズ チャールズ・B.エプスタイン編, 日本商品ファンド業協会訳 日本商品ファンド業協会 1995.3 320p

ダンマイアー, マイケル・E.

◇ヘッジファンド投資のリスク評価：ヘッジファンドの世界―仕組み・投資手法・リスク J.レダーマン, R.A.クレイン編, 中央信託銀行オルタナティブアセット研究会訳 東洋経済新報社 1999.1 297p

【チ】

池 賢娥 チ, ケンスク*
◇『婦女雑誌』からみる子どもの言説（陳ジョン涙訳）：『婦女雑誌』からみる近代中国女性 村田雄二郎編著 研文出版 2005.2 408p

池 秀傑 チ, スゴル
◇満洲地域での民族解放運動の変化と民族統一戦線の新たな模索：朝鮮民族解放運動の歴史―平和的統一への模索 姜万吉編著, 太田修, 庵逧由香訳 法政大学出版局 2005.4 369, 29p （韓国の学術と文化 21)

崔 銀姫 チェ, ウニ
◇孤独な独裁者（共著）：北朝鮮―その衝撃の実像 朝鮮日報『月刊朝鮮』編, 黄民基訳 新訂 講談社 1994.10 549p

崔 圭夏 チェ, ギュハ*
◇歴代大統領による金日成死後の展望（共著）：金正日 その衝撃の実像 朝鮮日報『月刊朝鮮』編, 黄民基訳 講談社 1994.11 568p

崔 壮源 チェ, ジャンウォン*
◇情報工作団員・尹鎭遠―すべてを知っているミステリアスな男：金大中拉致事件の真相 金大中先生拉致事件の真相糾明を求める市民の会（韓国）編著, 大畑正姫訳 三一書房 1999.7 397p 図版14p

崔 治先 チェ, チソン*
◇いい暮らしは犬の角を探すようなもの（共著）：北朝鮮―その衝撃の実像 朝鮮日報『月刊朝鮮』編, 黄民基訳 新訂 講談社 1994.10 549p

蔡 泰亨 チェ, テヒョン
◇渤海国の領域：東アジアの古代をどう考えるか―東アジア古代史再構築のために 第1回東アジア歴史国際シンポジウム 第1回東アジア歴史国際シンポジウム記録編集部編 飛鳥評論社 1993.7 242p

崔 平渉 チェ, ピョンソプ*
◇木炭車と主牌遊びの経済社会学：北朝鮮―その衝撃の実像 朝鮮日報『月刊朝鮮』編, 黄民基訳 新訂

講談社 1994.10 549p

崔 普植 チェ, ボシク
◇体制の全面的崩壊が迫った 他：北朝鮮大動乱 朝鮮日報『月刊朝鮮』編, 黄民基訳 講談社 1994.11 545p

崔 奉礼 チェ, ボンレ*
◇男よりも仕事が多かった：北朝鮮―その衝撃の実像 朝鮮日報『月刊朝鮮』編, 黄民基訳 新訂 講談社 1994.10 549p

崔 明順 チェ, ミョンスン
◇無念の日々、慟哭もできず：証言―強制連行された朝鮮人軍隊慰安婦たち 韓国挺身隊問題対策協議会・挺身隊研究会編, 従軍慰安婦問題ウリヨソンネットワーク訳 明石書店 1993.10 345p

崔 武振 チェ, ムジン*
◇韓国企業の顧客関係管理（CRM）システムの運営および活用実態（共著）（宣憲洋訳）：日韓経済および企業経営の諸問題 桃山学院大学総合研究所 桃山学院大学総合研究所 2004.10 275p （桃山学院大学・啓明大学校国際学術セミナー 7)

崔 洌 チェ, リェ*
◇環境問題（呉輝邦訳）：韓国社会論争―最新ガイド 月刊『社会評論』（韓国）編集部編, 文京洙ほか監訳 社会評論社 1992.10 299p

チェイエット, フレドリック・L.
◇各人にその取り分を（図師宣忠訳）：紛争のなかのヨーロッパ中世 服部良久編訳 京都大学学術出版会 2006.7 372p

チェイザン, モーリス
◇幼稚園におけるいじめ：いじめの発見と対策―イギリスの実践に学ぶ デルウィン・P.タツム, デヴィド・A.レーン編, 影山任佐, 斎藤憲司訳 日本評論社 1996.10 236p

チェイス, ロバート・S.
◇「新たな脅威」と新「ドミノ理論：新脅威時代の「安全保障」 フォーリン・アフェアーズ アンソロジー ジョゼフ・S.ナイほか著, 竹下興喜監訳 中央公論社 1996.9 255p

チェイター, H. J.
◇読むことと書くこと：歴史のなかのコミュニケーション―メディア革命の社会文化史 デイヴィッド・クローリー, ポール・ヘイヤー編, 林進, 大久保公雄訳 新曜社 1995.4 354p

◇読むことと書くこと：マクルーハン理論―電子メディアの可能性 マーシャル・マクルーハン, エドマンド・カーペンター編著, 大前正臣, 後藤和彦訳 平凡社 2003.3 331p （平凡社ライブラリー）

チェイニー, バート
◇戦車が戦場に出現した日（一九一六年九月十五日）：歴史の目撃者 ジョン・ケアリー編, 仙名紀訳 朝日新聞 1997.2 421p

チェカ, ニコラス
◇「新世界無秩序」の時代（共著）：2010年の「マネジメント」を読み解く Diamondハーバード・ビジネス・レビュー編集部編訳 ダイヤモンド社 2005.9 289p （Harvard business review anthology）

チヤ

チェクリン, セス
◇理論から実践へ、実践から理論へ(田脇宗宏訳)：心理学とポストモダニズム―社会構成主義とナラティヴ・セラピーの研究　シュタイナー, クヴァル編，永井務監訳　こうち書房　2001.7　294p

チェシコフスキ
◇歴史知序論(柴田隆行訳)：ヘーゲル左派論叢　第2巻　行為の哲学　良知力，広松渉編　御茶の水書房　2006.2　395, 9p

チェスニー, ハティー
◇犬は人間の気持ちを理解している：あなたが知らないペットたちの不思議な力―アンビリーバブルな動物たちの超常現象レポート　『FATE』Magazine編，宇佐和通訳　徳間書店　1999.2　276p

チェッシャー, アイリーン
◇ジャーニー―冒険によるナラティヴ・アプローチ(共著)(小森康永，平井麻里訳)：ナラティヴ・セラピーの実践　シェリル・ホワイト，デイヴィッド・デンボロウ編，小森康永監訳　金剛出版　2000.2　275p

チェデック, ジョイス
◇「死のハイウェイ」における撤退兵士の虐殺：アメリカの戦争犯罪　ラムゼイ・クラーク編著，戦争犯罪を告発する会訳　柏書房　1992.12　346p　(ブックス・プラクシス 6)

チェルナ, マリー
◇チェコ共和国におけるインクルーシブ教育の課題―変わりゆくシステム：世界のインクルーシブ教育―多様性を認め、排除しない教育を　ハリー・ダニエルズ，フィリップ・ガーナー編著，中村満紀男，窪田眞二監訳　明石書店　2006.3　540p　(明石ライブラリー 92)

チェルニヤフスキー, ビタリー
◇特務の活動に関する神話が作られる：ゾルゲ事件関係外国語文献翻訳集　no.14　日露歴史研究センター事務局編　日露歴史研究センター事務局　2007.2　73p
◇特務の活動に関する神話が作られる：ゾルゲ事件関係外国語文献翻訳集　no.15　日露歴史研究センター事務局編　日露歴史研究センター事務局　2007.5　69p

チェルノフ, ビクター
◇レーニンとは何者だったのか(杉田米行訳)：フォーリン・アフェアーズ傑作選―アメリカとアジアの出会い 1922-1999　上　フォーリン・アフェアーズ・ジャパン編・監訳　朝日新聞社　2001.2　331p

陳 秀英　チェン, シュウイン
◇ブイ(布依)族(曽土才訳)：中国少数民族の婚姻と家族　下巻　厳汝嫻主編，江守五夫監訳，百田弥栄子，曽土才，栗原悟訳　第一書房　1996.12　335, 11p　(Academic series—New Asia 20)

チェン, メイ
◇AFL-CIOにおける多様性と包括性の追求(共著)：新世紀の労働運動―アメリカの実験　グレゴリー・マンツィオス編，戸塚秀夫監訳　緑風社　2001.12　360p　(国際労働問題叢書 2)
◇メイ・チェン(小谷幸訳)：アメリカ労働運動のニューボイス―立ち上がるマイノリティー、女性たち　ケント・ウォン編，戸塚秀夫，山崎精一監訳　彩流社　2003.10　256p

陳 立夫　チェン, リーフー
◇台湾(下村誠訳)：アジア太平洋諸国の収用と補償　小高剛，デービッド・L.キャリーズ編著，小高剛監訳，永松正則，伊川正樹，松田聡子，下村誠共訳　成文堂　2006.12　377p

チェンバース, ジョン・T.
◇ジョン・T.チェンバース：コンセプトリーダーズ―新時代の経営への視点　ジョエル・クルツマン編，日本ブーズ・アレン・アンド・ハミルトン訳　プレンティスホール出版　1998.12　298p

チカタ, イヴォンヌ・M.
◇サハラ以南のアフリカにおけるグローバル化、貧困、不平等の政治経済学：開発途上国におけるグローバル化と貧困・不平等　リチャード・コール編著，及川裕二訳　明石書店　2004.11　176p

チーグラー, ウイルヘルム
◇独英は斯く鬩ふ(共著)：内閣情報部情報宣伝研究資料　第8巻　津金沢聡広，佐藤卓己編　柏書房　1994.6　412p

チーザ, マルコ
◇羨望と感謝：現代クライン派入門―基本概念の臨床的理解　カタリーナ・ブロンスタイン編，福本修，平井正三監訳，小野泉，阿比野宏，子どもの心理療法セミナーin岐阜訳　岩崎学術出版社　2005.5　243p

チシュカ, アントン
◇世界に於ける日本：内閣情報部情報宣伝研究資料　第6巻　津金沢聡広，佐藤卓己編　柏書房　1994.6　676p

チック, ヴィクトリア
◇乗数と金融：一般理論―第二版―もしケインズが今日生きていたら　G.C.ハーコート，P.A.リーアック編，小山庄三訳　多賀出版　2005.6　922p

チデスター, デイヴィッド
◇現代の南アフリカにおける「宗教」と「暴力」：宗教を語りなおす―近代的カテゴリーの再考　磯前順一，タラル・アサド編　みすず書房　2006.7　289p

チネワ
◇帝國主義戦争に對する闘争に於ける婦人：世界女性学基礎文献集成　昭和初期編　第9巻　水田珠枝監修　ゆまに書房　2001.12　20, 387p

チーバー, スーザン
◇ビル・W：TIMEが選ぶ20世紀の100人　下巻　アーチスト・エンターテイナー・ヒーロー・偶像・巨頭　徳岡孝夫監訳　アルク　1999.11　318p

チャ, インスク
◇グローバリゼーションの時代における生活世界のムンディアリゼーション：文化の多様性と通底の価値―聖俗の拮抗をめぐる東西対話　服部英二監修　麗沢大学出版会　2007.11　305, 11p

チャー, ベンジャミン
◇2001年のデジタル配信と音楽産業(共著)：技術とイノベーションの戦略的マネジメント　上　ロバート・A.バーゲルマン，クレイトン・M.クリステンセン，スティーヴン・C.ウィールライト編著，青島矢一，黒田光太郎，志賀敏宏，田辺孝二，出川通，和賀三和子日本語版監修，岡真由美，斉藤裕一，桜井祐子，中川泉，山

チャイ

本章子訳　翔泳社　2007.7　735p

チャイ, リゴベルト・クエーメ
◇グアテマラ─とうもろこし人間は古代の神々を忘れたことはない：先住民族─地球環境の危機を語る　インター・プレス・サービス編, 清水知久訳　明石書店　1993.9　242p　（世界人権問題叢書 9）

チャイトキン, アントン
◇民主党解党をもくろむリーバーマン一味（共著）：獣人ネオコン徹底批判　リンドン・ラルーシュ, EIR誌著, 太田竜監訳・解説　成甲書房　2004.5　381p

チャーチ, ジョージ・J.
◇スティーブン・ベクテル：TIMEが選ぶ20世紀の100人　下巻　アーチスト・エンターテイナー・ヒーロー・偶像・巨頭　徳岡孝夫監訳　アルク　1999.11　318p

チャーチ, ヘイデン
◇ジョージ・バーナード・ショー（矢野浩三郎訳）：インタヴューズ　1　クリストファー・シルヴェスター編, 新庄哲夫ほか訳　文芸春秋　1998.11　462p

チャップマン, J. P. J.
◇わたしの命を救ってくれた犬 他：あなたが知らないペットたちの不思議な力─アンビリーバブルな動物たちの超常現象レポート　『FATE』Magazine編, 宇佐和通訳　徳間書店　1999.2　276p

チャップマン, ジョン
◇戦略的情報活動と日英関係 他（佐藤亰午訳）：日英交流史─1600-2000　3　軍事　3　細谷千博, イアン・ニッシュ監修　平間洋一, イアン・ガウ, 波多野澄雄編　東京大学出版会　2001.3　362, 10p

チャドウィック, アンドリュー
◇進歩主義的学習：神を見いだした科学者たち　2　E.C.バレット編, 佐藤是伸訳　いのちのことば社　1995.10　214p

チャドウィック, デビッド
◇個人的実験：神を見いだした科学者たち　2　E.C.バレット編, 佐藤是伸訳　いのちのことば社　1995.10　214p

チャーニアク, クリストファー
◇宇宙の謎とその解決（木原英逸訳）：マインズ・アイ─コンピュータ時代の「心」と「私」　下　D.R.ホフスタッター, D.C.デネット編著, 坂本百大監訳　〔新装版〕　ティビーエス・ブリタニカ　1992.10　365p

チャピュィス, バーティル
◇ハイテク業界の再編・淘汰（共著）（山下明訳）：マッキンゼー事業再生─ターンアラウンドで企業価値を高める　本田桂子編著・監訳　ダイヤモンド社　2004.11　231p　（The McKinsey anthology）

チャブ, ジョン・E.
◇政治・市場・学校組織（共著）：教育社会学─第三のソリューション　A.H.ハルゼー, H.ローダー, P.ブラウン, A.S.ウェルズ編, 住田正樹, 秋永雄一, 吉本圭一編訳　九州大学出版会　2005.2　660p

チャフ, ドリー
◇道徳家ほど己の偏見に気づかない（共著）：リーダーシップに「心理学」を生かす　Diamondハーバード・ビジネス・レビュー編集部訳　ダイヤモンド社　2005.9　294p　（Harvard business review anthology）

チャプキス, ウェンディ
◇風俗産業における力と規制：セックス・フォー・セール─売春・ポルノ・法規制・支援団体のフィールドワーク　ロナルド・ワイツァー編, 岸田美貴訳, 松沢呉一監修　ポット出版　2004.8　438p

チャベス, アルベルト・オーツス
◇イースター島─大地を売ったら 太陽はどうなる：先住民族─地球環境の危機を語る　インター・プレス・サービス編, 清水知久訳　明石書店　1993.9　242p　（世界人権問題叢書 9）

チャロウ, ベーダ・R.
◇言語上の少数者としてのろう児（共著）（酒井信雄訳）：アメリカのろう文化　シャーマン・ウィルコックス編, 鈴木清史, 酒井信雄, 太田憲男訳　明石書店　2001.3　301p　（明石ライブラリー 29）

張 宇鎮　チャン, ウジン
◇平壌一帯の古朝鮮遺跡から発掘された人骨：朝鮮民族と国家の源流─神話と考古学　在日本朝鮮歴史考古学協会編訳　雄山閣出版　1995.7　270p　（考古学選書）

チャン, エドワード・テハン
◇中国東北部（満州）への朝鮮人移住一八六九～一九四五 他：ディアスポラとしてのコリアン─北米・東アジア・中央アジア　高全恵星監修, 柏崎千佳子訳　新幹社　2007.10　578p

張 国鍾　チャン, クッチョン
◇高句麗の五部五京制と渤海の五京制：東アジアの古代をどう考えるか─東アジア古代史再構築のために　第1回東アジア歴史国際シンポジウム　第1回東アジア歴史国際シンポジウム記録編集部編　飛鳥評論社　1993.7　242p
◇古朝鮮の政治制度：朝鮮民族と国家の源流─神話と考古学　在日本朝鮮歴史考古学協会編訳　雄山閣出版　1995.7　270p　（考古学選書）

張 相煥　チャン, サンファン*
◇財閥問題（孫明修訳）：韓国経済論争─最新ガイド　月刊『社会評論』（韓国）編集部編, 文京洙ほか監訳　社会評論社　1992.10　299p

チャン, ジェフ（心理療法）
◇子どもたちのストーリー, 子どもたちの解決（森俊夫, 黒沢幸子訳）：構成主義的心理療法ハンドブック　マイケル・F.ホイト編, 児島達美監訳　金剛出版　2006.9　337p

チャン, ジャネット
◇離婚を経験したコリア系移民の女性たち：ディアスポラとしてのコリアン─北米・東アジア・中央アジア　高全恵星監修, 柏崎千佳子訳　新幹社　2007.10　578p

チャン, ツェ・チュイーン
◇シンガポールにおける少子化と家族政策（共著）：アジアの経済発展と家族及びジェンダー　篠崎正美監訳・著, アジア女性交流・研究フォーラム編　改訂版　アジア女性交流・研究フォーラム　2000.3　203p

張 必和　チャン, ビルファ
◇性差別と性倫理：韓国フェミニズムの潮流　チャン・

ビルファ, クォン・インスク, キム・ヒョンスク, イ・サンフィ, シン・オクヒ, シン・イルリョン, ユン・フジョン著, 西村裕美編訳　明石書店　2006.4　336p　(明石ライブラリー 95)

チャン, フランシスコ
◇フランシスコ・チャン (渡辺治子訳)：アメリカ労働運動のニューボイス—立ち上がるマイノリティー、女性たち　ケント・ウォン編, 戸塚秀夫, 山崎精一監訳　彩流社　2003.10　256p

チャン, ユエン
◇一九九七年六月三十日の花火 他：香港回帰—ジャーナリストが見た'97.7.1　ユエン・チャン, 盧敬華共編, 日野みどり訳　凱風社　1998.6　197p

チャンドラー, シャーロット
◇メイ・ウェスト (宮本高晴訳)：インタヴューズ 2　クリストファー・シルヴェスター編, 新庄哲夫ほか訳　文芸春秋　1998.11　451p

チャンドラー, マーディ
◇病院と子ども (共著)：医療ソーシャルワークの実践　ミーケ・バドウィ, ブレンダ・ビアモンティ編著　中央法規出版　1994.9　245p

チャンプリン, ジャック・D.
◇正しい支店の評価：金融データベース・マーケティング—米国における業務とシステムの実態　アーサー・F.ホルトマン, ドナルド・C.マン編著, 森田秀和, 田尾啓一訳　東洋経済新報社　1993.10　310p

チャンプリン, ブラッド
◇当座預金のマーケティング効率向上のためのMCIF活用：金融データベース・マーケティング—米国における業務とシステムの実態　アーサー・F.ホルトマン, ドナルド・C.マン編著, 森田秀和, 田尾啓一訳　東洋経済新報社　1993.10　310p

朱 昇沢　チュ, スンテク*
◇高句麗建国神話の再検討：民俗研究—神話・伝承　島根県古代文化センター監訳　島根県古代文化センター　2004.3　106p

チュイコフ, V. I.
◇任務は重且つ大：ソ連の軍事面における核革命　ウィリアム・キントナー, ハリエット・ファスト・スコット編　〔防衛研修所〕　1970　345p　(研究資料 70RT-9)

中 五　チュウ, ゴ
◇『東亞新秩序建設』の反駁 (酒井忠夫編訳)：20世紀日本のアジア関係重要研究資料 1　東亜研究所刊行物　東亜研究所編著　竜渓書舎　1999.12　16冊 (セット)

仲 大軍　チュウ, タイグン
◇中国経済は「ひとり勝ち」か—中国経済のいびつな発展と隠された問題 (中川友訳)：中国経済超えられない八つの難関—『当代中国研究』論文選　程暁農編著, 坂井臣之助, 中川友訳　草思社　2003.12　238p

中華全国総工会　《All-China Federation of Trade Union》
◇中国工会の労働者の権利を守る活動白書：中国の労働団体と労使関係—工会の組織と機能　千嶋明著, 社会経済生産性本部生産性労働情報センター編　社会経済生産性本部生産性労働情報センター　2003.11　123p

中国
◇中華人民共和国民法草案第九編渉外民事関係の法律の適用法—全国人民代表大会常務委員会法制工作委員会 他 (西村峯裕, 周哲訳)：産大法学　v.40 no.3・4 (京都産業大学法学会40周年記念論集)　〔電子資料〕〔京都産業大学法学会〕　〔2007〕　CD-ROM1枚

中国共産党陝西省志丹県委員会
◇党と国家のための忠信は耿々たり—劉志丹同志をしのんで (共著)：中国建軍50周年 (1977年8月1日) 記念論文集　〔防衛研修所〕　1979　151p　(参考資料 79ZT-10R)

中国国民党中央執行委員会宣伝部
◇七項運動宣伝綱要 (東亜研究所第三部訳)：20世紀日本のアジア関係重要研究資料 1　東亜研究所刊行物　東亜研究所編著　竜渓書舎　1999.12　16冊 (セット)

中国人民解放軍軍事科学院理論組
◇有能勇敢 頑強不屈—葉挺同志を記念する 他：中国建軍50周年 (1977年8月1日) 記念論文集　〔防衛研修所〕　1979　151p　(参考資料 79ZT-10R)

中国人民解放軍総参謀部理論組
◇敬愛する朱徳委員長を心からしたう：中国建軍50周年 (1977年8月1日) 記念論文集　〔防衛研修所〕　1979　151p　(参考資料 79ZT-10R)

中国人民解放軍総政治部理論組
◇毛主席の路線に数十年一日の如く忠誠を尽くす—羅栄桓同志に学ぶ：中国建軍50周年 (1977年8月1日) 記念論文集　〔防衛研修所〕　1979　151p　(参考資料 79ZT-10R)

中国人民革命軍事博物館
◇耿々たる赤心 錚々たる鉄骨—方志敏烈士をはるかにしのぶ：中国建軍50周年 (1977年8月1日) 記念論文集　〔防衛研修所〕　1979　151p　(参考資料 79ZT-10R)

チュシケビッチ, S. A.
◇民族解放戦争—「戦争と軍隊に関するマルクス・レーニン主義」より (共著)：ソ連の軍事面における核革命　ウィリアム・キントナー, ハリエット・ファスト・スコット編　〔防衛研修所〕　1970　345p　(研究資料 70RT-9)

チュッシル, マーク・J.
◇実践前の予行演習：シミュレーションによる競争戦略の分析と開発 (共著) (村手俊夫訳)：ウォートンスクールのダイナミック競争戦略　ジョージ・デイ, デイビッド・レイブシュタイン編, 小林陽太郎監訳, 黒田康史ほか訳　東洋経済新報社　1999.10　435p (Best solution)

チュムリー, ジェーン
◇資本主義世界でのフェミニズム・ビジネス—女たちの本屋「シルバームーン」：ジェンダーと女性労働—その国際ケーススタディ　セア・シンクレア, ナニカ・レッドクリフト編, 山本光子訳　柘植書房　1994.9　373p

チュメレル, ピエールジャン
◇リール大都市圏の歴史地理的特性と将来展望 (手塚章訳)：EU統合下におけるフランスの地方中心都市—リヨン・リール・トゥールーズ　高橋伸夫, 手塚章, 村山祐司, ジャン・ロベール・ピット編　古今書院　2003.2　265p

チュラール, ジャン
◇遺骸の帰還(杉本淑彦訳):記憶の場—フランス国民意識の文化=社会史　第3巻　ピエール・ノラ編, 谷川稔監訳　岩波書店　2003.3　474, 15p

チュルン, ミヒャエル
◇ヨーロッパのなかのドイツ、世界のなかのヨーロッパ(安井宏樹訳):21世紀社会民主主義　第7集　新しいドイツ社民党・欧州中道左派の難局　生活経済政策研究所　2004.10　141p (生活研ブックス 20)

チュン
◇ビルマ兵 他:女たちのビルマ—軍事政権下を生きる女たちの声　藤目ゆき監修, タナッカーの会編, 富田あかり訳　明石書店　2007.12　446p (アジア現代女性史 4)

曹 国　チョ, グク*
◇男性中心的な韓国刑事司法に対する批判(蘇恩瑩訳):セクシュアリティと法　斉藤豊治, 青井秀夫編　東北大学出版会　2006.3　437p (ジェンダー法・政策研究叢書 東北大学21世紀COEプログラム 第5巻　辻村みよ子監修)

曹 中植　チョ, ジュンシク*
◇元安企部北韓局長が語る金正日体制の未来:金正日その衝撃の実像　朝鮮日報『月刊朝鮮』編, 黄民基訳　講談社　1994.11　568p

趙 澈行　チョ, チョレン
◇初期大韓民国臨時政府と国民代表会運動:朝鮮民族解放運動の歴史—平和的統一への模索　姜万吉編著, 太田修, 庵逧由香訳　法政大学出版局　2005.4　369, 29p (韓国の学術と文化 21)

趙 大燁　チョ, デヨプ
◇市民運動と市民団体の理念・組織・行為様式(朴仁京訳):現代韓国の市民社会・利益団体—日韓比較による体制移行の研究　辻中豊, 廉載鎬編著　木鐸社　2004.4　490p (現代世界の市民社会・利益団体研究叢書 2　辻中豊編)

趙 明哲　チョ, ミョンチョル
◇エリート層にもひろがる挫折感(共著):北朝鮮大動乱　朝鮮日報『月刊朝鮮』編, 黄民基訳　講談社　1994.11　545p
◇北朝鮮—南北経済協力の現状と課題(李愛俐娥訳):変貌する韓国経済　朴一編　世界思想社　2004.10　290p (Sekaishiso seminar)

曺 英卓　チョ, ヨンタク*
◇農業問題(河ум一訳):韓国社会論争—最新ガイド　月刊『社会評論』(韓国)編集部編, 文京洙ほか監訳　社会評論社　1992.10　299p

曺 英煥　チョ, ヨンファン
◇南韓の内政と南北韓の統一(共著):国家の分裂と国家の統一—中国、朝鮮、ドイツ、ベトナムの研究　趙全勝編著, 朱継征監訳, 佐々木そのみ訳　旬報社　1998.1　276p

チョ, ヨンフン
◇「生産的福祉論」と韓国福祉国家の未来 他:韓国福祉国家性格論争　金淵明編, 韓国社会保障研究会訳　流通経済大学出版会　2006.1　433p

チョイ, ビュンドゥー
◇北東アジアにおける政治経済と環境問題(山崎孝史訳):アジア太平洋と国際関係の変動—その地政学的展望　Dennis Rumley編, 高木彰彦, 千葉立也, 福嶋依子編　古今書院　1998.2　431p

チョーイマン
◇私と手品:女たちのビルマ—軍事政権下を生きる女たちの声　藤目ゆき監修, タナッカーの会編, 富田あかり訳　明石書店　2007.12　446p (アジア現代女性史 4)

趙 安博　チョウ, アンハク*
◇往事を回顧:新中国に貢献した日本人たち—友情で綴る戦後史の一コマ　中国中日関係史学会編, 武吉次朗訳　日本僑報社　2003.10　460p

趙 毓英　チョウ, イクエイ*
◇改造中の医療看護:覚醒—撫順戦犯管理所の六年 日本戦犯改造の記録　撫順市政協文史委員会原編, 中国帰還者連絡会翻訳編集委員会編　新風書房　1995.4　288p

張 偉国　チョウ, イコク*
◇中国に三権分立が出現する可能性:鄧小平後の中国—中国人専門家50人による多角的な分析　上巻　何頻編著, 現代中国事情研究会訳　三交社　1994.12　386p

趙 蔚　チョウ, ウツ*
◇趙紫陽は再登板となるか:鄧小平後の中国—中国人専門家50人による多角的な分析　上巻　何頻編著, 現代中国事情研究会訳　三交社　1994.12　386p

張 蔚萌　チョウ, ウツボウ*
◇中国における世界一流大学の創建に関する政策策定プロセス(共著)(李東astringil訳):1990年代以降の中国高等教育の改革と課題　黄福濤編著　広島大学高等教育研究開発センター　2005.3　121p (高等教育研究叢書 81)

張 雲方　チョウ, ウンホウ*
◇渦巻きの中の青春—船木完氏:新中国に貢献した日本人たち—友情で綴る戦後史の一コマ　中国中日関係史学会編, 武吉次朗訳　日本僑報社　2003.10　460p

張 永　チョウ, エイ*
◇教育のレベルと機会 他:中国の女性—社会的地位の調査報告　陶春芳, 蒋永萍編, 山下威士, 山下泰子監訳　尚学社　1995.7　354, 108, 4p

張 詠　チョウ, エイ*
◇上海人をバラバラにする(共著):中国人も愛読する中国人の話　上巻　中華人民共和国民政部中国社会出版社編, 朔方南編訳　はまの出版　1997.5　261p

趙 燕　チョウ, エン*
◇イ(彝)族—圭山地区(共著)(栗原悟訳):中国少数民族の婚姻と家族　上巻　厳汝嫻主編, 江守五夫監訳, 百田弥栄子, 曽士才, 栗原悟訳　第一書房　1996.12　298p (Academic series—New Asia 18)

張 旺棟　チョウ, オウトウ*
◇農村医療に捧げた生涯—藤田良徳医師:新中国に貢献した日本人たち—友情で綴る戦後史の一コマ　中国中日関係史学会編, 武吉次朗訳　日本僑報社　2003.10　460p

◇第三八軍の功労者―村井良一氏 他：新中国に貢献した日本人たち―友情で綴る戦後史の一コマ　続　中国中日関係史学会編，武吉次朗訳　日本僑報社　2005.11　520p

張　応竜　チョウ，オウリュウ*
◇1978年以来の日本華僑と広東の僑郷との関係（陳悠加訳）：21世紀における日中経済の課題―兵庫県立大学・暨南大学交流20周年記念　陳東幸編　兵庫県立大学経済経営研究所　2007.2　126p　（研究資料 no.208）

趙　華　チョウ，カ*
◇オロス（俄羅斯）族（曽土才訳）：中国少数民族の婚姻と家族　下巻　厳汝嫻主編，江守五夫監訳，百田弥栄子，曽土才，栗原悟訳　第一書房　1996.12　335，11p　(Academic series―New Asia 20)

張　海鵬　チョウ，カイホウ*
◇辛亥革命を記念する政治・学術の意義（小林善文訳）：辛亥革命の多元構造―辛亥革命90周年国際学術討論会（神戸）　孫文研究会編　汲古書院　2003.12　442p　（孫中山記念会研究叢書 4）

趙　嘉栄　チョウ，カエイ
◇いやな雲行き、他人ごとなり：香港回帰―ジャーナリストが見た'97.7.1　ユエン・チャン，盧敬華共編，日野みどり訳　凱風社　1998.6　197p

張　珏鵾　チョウ，カクケン*
◇成都に「詩歌の殿堂」―二五体の詩人像　四大区画で構成：必読！今、中国が面白い―中国が解る60編　2007年版　而立会民，三潴正道監訳　日本僑報社　2007.8　240p

張　学鋒　チョウ，ガクホウ*
◇四～五世紀における東アジア世界の形成と東晋南朝（稲住哲朗，福永善隆訳）：東アジア古代国家論―プロセス・モデル・アイデンティティ　田中良之，川本芳昭編　すいれん舎　2006.4　385p

趙　甲済　チョウ，カプチェ
◇金正日をどう見るべきか 他：金正日その衝撃の実像　朝鮮日報『月刊朝鮮』編，黄民基訳　講談社　1994.11　568p
◇主席宮の政変はもう始まっている―文庫版のための序文：金正日、したたかで危険な実像　朝鮮日報『月刊朝鮮』編著，黄珉基訳　講談社　1997.12　301p　（講談社+α 文庫）
◇大統領が命令、李厚洛が実行―李厚洛の退場と米CIA：金大中拉致事件の真相　金大中先生拉致事件の真相糾明を求める市民の会（韓国）編著，大畑正姫訳　三一書房　1999.7　397p 図版14p

趙　崏　チョウ，カン
◇訪古遊記（愛宕元訳注）：遊城南記　訪古遊記　張礼，趙崏撰，愛宕元訳注　京都大学学術出版会　2004.10　300p

趙　晗　チョウ，カン*
◇北京人を叱る（共著）：中国人も愛読する中国人の話　上巻　中華人民共和国民政部中国社会出版社編，朔方南編訳　はまの出版　1997.5　261p

張　煥光　チョウ，カンコウ
◇行政法関係の主体：中国行政法概論　1　羅豪才，応松年編，上杉信敬訳　近代文芸社　1995.9　276p

張　其昀　チョウ，キイン
◇闢和議謬論（酒井忠夫編訳）：20世紀日本のアジア関係重要研究資料　1　東亜研究所刊行物　東亜研究所編著　竜渓書舎　1999.12　16冊（セット）

趙　強　チョウ，キョウ*
◇責任を放棄した男は、もっとも絶望した男：大人の恋の真実　2　司徒玫編，佐藤嘉江子訳　はまの出版　1999.3　270p

趙　暁薇　チョウ，ギョウビ
◇チベットの自由な選択について：中国民主活動家チベットを語る　曹長青編著，ペマ・ギャルポ監訳，金谷譲訳　日中出版　1999.11　366p　（チベット選書）

張　暁明　チョウ，ギョウメイ
◇マルクス主義の合作化理論と生産責任制（共著）（深尾葉子訳）：現代中国の底流―痛みの中の近代化　橋本満，深尾葉子編　増補新版　行路社　1998.5　524p　（中国の底流シリーズ 1）

張　旭成　チョウ，キョクセイ*
◇鄧小平以後における中国共産党の権力闘争と台湾関係の変遷：鄧小平後の中国―中国人専門家50人による多角的分析　下巻　何頻編著，現代中国事情研究会訳　三交社　1994.12　396p

張　羣　チョウ，グン
◇所謂「東亞新秩序」を斥く（酒井忠夫編訳）：20世紀日本のアジア関係重要研究資料　1　東亜研究所刊行物　東亜研究所編著　竜渓書舎　1999.12　16冊（セット）

趙　娟　チョウ，ケン*
◇WTO加盟後中国東部沿岸地域のFDI誘致、潜在力の変化とその提起（共著）（トウ婉沂）：21世紀における日中経済の課題―兵庫県立大学・暨南大学交流20周年記念　陳東幸編　兵庫県立大学経済経営研究所　2007.2　126p　（研究資料 no.208）

張　建国　チョウ，ケンコク
◇背水の陣を敷く日本：中国人の見た日本―留学経験者の視点から　段躍中編，朱建栄ほか著，田縁美幸ほか訳　日本僑報社　2000.7　240p

張　憲文　チョウ，ケンブン*
◇辛亥革命の若干の問題に関する考察（要木佳美訳）：辛亥革命の多元構造―辛亥革命90周年国際学術討論会（神戸）　孫文研究会編　汲古書院　2003.12　442p　（孫中山記念会研究叢書 4）

張　宏　チョウ，コウ*
◇中国における化学製品の流通（共著）：中国における生産財流通―商品と機構　原田忠夫編　アジア経済研究所　1995.3　168p　（ASEAN等現地研究シリーズ No.29）

張　策　チョウ，サク*
◇バスの悲喜劇（共著）：世紀末・中国　中国ジャーナリスト集団共著，郝在今編，俣信，浅野慎一著・訳　東銀座出版社　1997.6　231p

張　志峰　チョウ，シホウ*
◇湖北省の裁判官、四年で一〇〇〇余人減少―厳しくなった任官資格　司法試験に合格した大学生を政策的に地方裁判所へ引き寄せる必要が：必読！今、中国が面白い―中国が解る60編　2007年版　而立会民、三潴正道監訳　日本僑報社　2007.8　240p

チョウ

張 樹義　チョウ, ジュギ*
◇前途は明るいが、道は曲折している―河南省南陽地区における「行政訴訟法」実施効果調査報告 他(共著)：法治の理想と現実　龔祥瑞ほか編, 浅井敦ほか訳　新評論　1996.12　382p　(愛知大学国研叢書 第2期 第2冊)

張 淳　チョウ, ジュン
◇南京大学大学生の対日観：中国人の見た日本―留学経験者の視点から　段躍中編, 朱建栄ほか著, 田縁美幸ほか訳　日本僑報社　2000.7　240p

張 晶　チョウ, ショウ
◇日本人の熱心さと冷淡さ：中国人の見た日本―留学経験者の視点から　段躍中編, 朱建栄ほか著, 田縁美幸ほか訳　日本僑報社　2000.7　240p

張 韶岩　チョウ, ショウガン
◇中国人の目に映る日本と日本人：中国人の見た日本―留学経験者の視点から　段躍中編, 朱建栄ほか著, 田縁美幸ほか訳　日本僑報社　2000.7　240p

趙 小琪　チョウ, ショウキ*
◇広東小姐(こあんとんシアオチエ)：中国式愛のかけひき―北京・上海・広東・四川、素顔の女たち　周慶豊主編, 鈴木博訳　はまの出版　1998.5　325p

張 芝聯　チョウ, シレン
◇現象としての「啓蒙」(佐藤淳二訳)：十八世紀における他者のイメージ―アジアの側から、そしてヨーロッパの側から　中川久定, J.シュローバハ編　河合文化教育研究所　2006.3　370p

張 新穎　チョウ, シンエイ*
◇モダンという苦境における言語体験(坂井洋史訳)：文化アイデンティティの行方――橘大学言語社会研究科国際シンポジウムの記録　恒川邦夫ほか編　彩流社　2004.2　456p

張 瑞徳　チョウ, ズイトク*
◇遠隔操縦(鬼頭今日子訳)：中国の地域政権と日本の統治　姫田光義, 山田辰雄編　慶応義塾大学出版会　2006.6　381p　(日中戦争の国際共同研究 1)

張 済順　チョウ, セイジュン
◇アメリカ文化伝播ネットワークと上海の知識人階層(福士由紀訳)：上海―重層するネットワーク　日本上海史研究会編　汲古書院　2000.3　527, 22p
◇映像文化における転換と継続、1950-1960年代初期(加島潤訳)：1949年前後の中国　久保亨編著　汲古書院　2006.12　399p

張 正倫　チョウ, セイリン*
◇科学技術戦略の問題―栄光の日はいつ来るのか(共著)：現代中国の実像―江沢民ブレーン集団が明かす全27の課題とその解決策　劉吉, 許明, 黄鳴青編著, 謝端明, 岡田久典日本語版監修, 中川友訳　ダイヤモンド社　1999.5　687p

趙 全勝　チョウ, ゼンショウ　《Zhao, Quansheng》
◇連邦制および民主化と中国統一との関連：国家の分裂と国家の統一――中国、朝鮮、ドイツ、ベトナムの研究　趙全勝編著, 朱継征監訳, 佐佐木そのみ訳　旬報社　1998.1　276p
◇変容する東アジアの地域的経済および安全保障の枠組み(佐藤史郎訳)：東アジア共同体という幻想　中逵啓示編　ナカニシヤ出版　2006.8　232p

張 善良　チョウ, ゼンリョウ*
◇中国における木材流通制度 他：中国における生産財流通―商品と機構　原田忠夫編　アジア経済研究所　1995.3　168p　(ASEAN等現地研究シリーズ No.29)

張 蔵蔵　チョウ, ゾウゾウ
◇ポスト冷戦時代の選択：ノーと言える中国　宋強ほか著, 莫邦富ほか訳　日本経済新聞社　1996.11　371p
◇ポスト冷戦時代の選択：ノーと言える中国　張蔵蔵ほか著, 莫邦富編訳　新潮社　1999.9　507p　(新潮文庫)

趙 長青　チョウ, チョウセイ*　《Zhao, Chang Qing》
◇死緩犯の「改造を拒み情状が悪質」についての分析：中国の死刑制度と労働改造　鈴木敬夫編訳　成文堂　1994.8　298p　(アジア法叢書 18)

張 哲嘉　チョウ, テツカ*
◇「医事衛生顧問」について(陳ジョン涅訳)：『婦女雑誌』からみる近代中国女性　村田雄二郎編著　研文出版　2005.2　408p

趙 復興　チョウ, フッコウ*
◇オロチョン(鄂倫春)族(百田弥栄子訳)：中国少数民族の婚姻と家族　中巻　厳汝嫻主編, 江守五夫監訳, 百田弥栄子, 曽士才, 栗原悟訳　第一書房　1996.12　315p　(Academic series―New Asia 19)

張 文顕　チョウ, ブンケン　《Zhang, Wen Xian》
◇人権の主体と主体的人権：中国の人権論と相対主義　鈴木敬夫編訳　成文堂　1997.10　314p　(アジア法叢書 22)

張 文山　チョウ, ブンザン*
◇少数民族言語文字法律制度 他(西島和彦訳)：中国民族法概論　呉宗金編著, 西村幸次郎監訳　成文堂　1998.10　310p　(アジア法叢書 24)

張 文利　チョウ, ブンリ*
◇蘇軾と関中の名勝(三浦理一郎訳)：長安都市文化と朝鮮・日本　矢野建一, 李浩編　汲古書院　2007.9　352, 5p

張 萍　チョウ, ヘイ
◇売買春 他：中国の社会病理　張萍編著, 杉山太郎監訳, 馬場節子訳　亜紀書房　1997.6　276p

趙 秉志　チョウ, ヘイシ*　《Zhao, Bing Zhi》
◇反革命罪に未遂が成立するか否かという問題：中国の死刑制度と労働改造　鈴木敬夫編訳　成文堂　1994.8　298p　(アジア法叢書 18)
◇死刑廃止への構想：東アジアの死刑廃止論考　鈴木敬夫編訳　成文堂　2007.2　261p　(アジア法叢書 26)

張 宝三　チョウ, ホウサン
◇台北帝国大学在職期における神田喜一郎の研究(川路祥代訳)：日本漢学研究初探　楊儒賓, 張宝三共編　勉誠出版　2002.10　436p

張 鳳仙　チョウ, ホウセン*
◇「三国干渉」と「遼東半島返還」を論ず：中国人の見た中国・日本関係史―唐代から現代まで　中国東北地区中日関係史研究会編, 鈴木静夫, 高田祥平編訳　東方出版　1992.12　450p

552

張 民　チョウ，ミン＊
◇トン(侗)族(曽土才訳)：中国少数民族の婚姻と家族　下巻　厳汝嫻主編，江守五夫監訳，百田弥栄子，曽士才，栗原悟訳　第一書房　1996.12　335，11p　(Academic series—New Asia 20)

張 躍斌　チョウ，ヤクヒン＊
◇三人の体験は物語る：新中国に貢献した日本人たち—友情で綴る戦後史の一コマ　中国中日関係史学会編，武吉次朗訳　日本僑報社　2003.10　460p

趙 耀東　チョウ，ヨウトウ＊
◇公営事業：台湾の四十年—国家経済建設のグランドデザイン　下　高希均，李誠編，小林幹夫，塚越敏彦訳　連合出版　1993.3　217p

張 耀南　チョウ，ヨウナン＊
◇北京姑娘(ぺいちんクーニアン)：中国式愛のかけひき—北京・上海・広安・四川，素顔の女たち　周慶豊主編，鈴木博訳　はまの出版　1998.5　325p

趙 翼　チョウ，ヨク
◇国訳廿二史箚記(笹川臨風，公田連太郎訳註)：国訳漢文大成　第13巻　続経子史部　第3輯　上　日本図書センター　2000.9　670p

張 立凡　チョウ，リツボン＊
◇勘合貿易をめぐる明日関係への試論：中国人の見た中国・日本関係史—唐代から現代まで　中国東北地区中日関係史研究会編，鈴木静夫，高田祥平編訳　東方出版　1992.12　450p

張 礼　チョウ，レイ
◇遊城南記(愛宕元訳注)：遊城南記　訪古遊記　張礼，趙崡撰，愛宕元訳注　京都大学学術出版会　2004.10　300p

チョウ，レイ(社会哲学)
◇ポストコロニアルな差異：文化的正当化における教訓(仲正昌樹訳)：差異化する正義　仲正昌樹編　御茶の水書房　2004.7　285p　(叢書・アレテイア 4)

超心理学協会
◇超心理学研究における用語と方法：超常現象のとらえにくさ　笠原敏雄編　春秋社　1993.7　776，61p

チョウドリ，アニス
◇インドネシアにおける民主主義・経済回復・人間開発(共著)(堀江訳)：アジアの開発と貧困—可能力，女性のエンパワーメントとQOL　松井範惇，池本幸生編著　明石書店　2006.4　372p

チョウラキ，アンドレ
◇聖書，福音書，クルアーンによる地球倫理のための土台：今こそ地球倫理を　ハンス・キューング編，吉田収訳　世界聖典刊行協会　1997.10　346p　(ぽんブックス 39)

チョーダリー，T. H.
◇ヒンズー教と文明：文明間の対話　マジッド・テヘラニアン，デイビッド・W.チャペル編，戸田記念国際平和研究所監訳　潮出版社　2004.2　446，47p

チョドロウ，スタンレー
◇新たな情報環境における大学の責務 他(共著)(斎藤泰則訳)：デジタル時代の大学と図書館—21世紀における学術情報資源マネジメント　B.L.ホーキンス，P.バッティン編，三浦逸雄，斎藤泰則，広田とし子訳　玉川大学出版部　2002.3　370p　(高等教育シリーズ 112)

チョバン
◇ルーマニアの婦人活動に関する報告：世界女性学基礎文献集成　昭和初期編 第9巻　水田珠枝監修　ゆまに書房　2001.12　20，387p

千代丸 健二　チヨマル，ケンジ
◇オウムを利用する公権力犯罪：オウム真理教と人権—新宗教・文化ジャーナル『SYZYGY』特別号日本語版　SYZYGY特別号日本語版刊行委員会　2000.4　108p

チョン，アンジー・Y.
◇コリアタウンの若者たち：ディアスポラとしてのコリアン—北米・東アジア・中央アジア　高全恵星監修，柏崎千佳子訳　新幹社　2007.10　578p

チョン，キョンオク
◇韓国における女性と政治，そして大学と研究におけるジェンダー・ポリティクス(安藤純子訳)：ジェンダー法学・政治学の可能性—東北大学COE国際シンポジウム・日本学術会議シンポジウム　辻村みよ子，山元一編　東北大学出版会　2005.4　332p　(ジェンダー法・政策研究叢書 東北大学21世紀COEプログラム 第3巻　辻村みよ子監修)

全 京秀　チョン，ギョンス
◇植民地の帝国大学における人類学的研究(太田心平訳)：東洋学の磁場　岸本美緒責任編集　岩波書店　2006.5　32，41p　(岩波講座「帝国」日本の学知 第3巻　山本武利，田中耕司，杉山伸也，末広昭，山室信一，岸本美緒，藤井省三，酒井哲哉編)

全 俊鉉　チョン，ジュンヒョン
◇三韓問題の再検討：朝鮮民族と国家の源流—神話と考古学　在日本朝鮮歴史考古学協会編訳　雄山閣出版　1995.7　270p　(考古学選書)

鄭 聖哲　チョン，ソンチョル
◇古朝鮮の哲学思想：朝鮮民族と国家の源流—神話と考古学　在日本朝鮮歴史考古学協会編訳　雄山閣出版　1995.7　270p　(考古学選書)

鄭 春淑　チョン，チュンスク＊
◇妻への殴打「DV」追放運動史(共著)：韓国女性人権運動史　韓国女性ホットライン連合編，山下英愛訳　明石書店　2004.7　653p　(世界人権問題叢書 51)

全 斗煥　チョン，ドゥファン＊
◇歴代大統領による金日成死後の展望(共著)：金正日その衝撃の実像　朝鮮日報『月刊朝鮮』編，黄民基訳　講談社　1994.11　568p

鄭 東潤　チョン，ドンユン
◇韓国民事訴訟法の現況と課題：韓国法の現在　下　小島武司，韓相範編　中央大学出版部　1993.10　477p　(日本比較法研究所研究叢書 27)

鄭 喜鎮　チョン，ヒジン＊
◇死んでこそ生かされる女性たちの人権：韓国女性人権運動史　韓国女性ホットライン連合編，山下英愛訳　明石書店　2004.7　653p　(世界人権問題叢書 51)

チョン，ビョンホ
◇過去を越えた多文化共生社会へ—在日朝鮮学校の存在と民族教育実践の意味(抄訳)(寺西澄子訳)：北朝

鮮の人びとと人道支援—市民がつくる共生社会・平和文化　日本国際ボランティアセンター(JVC)編　明石書店　2004.7　169p

鄭 海具　チョン, ヘク*
◇北朝鮮の統一政策(高正臣訳)：韓国社会論争—最新ガイド　月刊『社会評論』(韓国)編集部編, 文京洙ほか監訳　社会評論社　1992.10　299p

千 恵淑　チョン, ヘスク*
◇蔚珍の漁村神話と祭儀 他：民俗研究—神話・伝承　島根県古代文化センター監訳　島根県古代文化センター　2004.3　106p

鄭 洪教　チョン, ホンキョ
◇檀君説話の特徴：朝鮮民族と国家の源流—神話と考古学　在日本朝鮮歴史考古学協会編訳　雄山閣出版　1995.7　270p　(考古学選書)

チョン, ムグォン
◇「国民の政府」の社会政策 他：韓国福祉国家性格論争　金淵明編, 韓国社会保障研究会訳　流通経済大学出版会　2006.1　433p

鄭 永一　チョン, ヨンイル*
◇韓国人の日本観I(尹大辰訳)：嫌韓反日の構造　望月幹夫, 林永春編著, 尹大辰訳　白帝社　1997.8　235p

鄭 永信　チョン, ヨンシン*
◇韓国の経験で占領はなぜなじまないのか(金美恵訳)：沖縄の占領と日本の復興—植民地主義はいかに継続したか　中野敏男, 波平恒男, 屋嘉比収, 李孝徳編著　青弓社　2006.12　366p

チレドニチェンコ
◇現代軍事戦略について(共著)：ソ連の軍事面における核革命　ウィリアム・キントナー, ハリエット・ファスト・スコット編　[防衛研修所]　1970　345p　(研究資料 70RT-9)

陳 偉　チン, イ*
◇上博楚簡『昭王毀室』等三篇の作者と作品のスタイルをめぐって(工藤元男訳)：長江流域と巴蜀、楚の地域文化　長江流域文化研究会編　雄山閣　2006.11　291p　(アジア地域文化学叢書 3)

陳 一諮　チン, イッシ　《Chen, Yi Zi》
◇独裁支配から「群竜治水」(集団指導)へ：鄧小平後の中国—中国人専門家50人による多角的な分析　上巻　何頻編著, 現代中国事情研究会訳　三交社　1994.12　386p

陳 偉民　チン, イミン
◇空が落ちてくる：香港回帰—ジャーナリストが見た'97.7.1　ユエン・チャン, 盧敬華共編, 日野みどり訳　凱風社　1998.6　197p

陳 学飛　チン, ガクヒ*
◇中国における世界一流大学の創建に関する政策策定プロセス(共著)(李東林訳)：1990年代以降の中国高等教育の改革と課題　黄福濤編著　広島大学高等教育研究開発センター　2005.3　121p　(高等教育研究叢書 81)

陳 誼誠　チン, ギセイ*
◇台湾原住民語の能力認定とその振興(松崎寛子訳)：台湾原住民研究—日本と台湾における回顧と展望　台湾原住民研究シンポジウム実行委員会編　風響社　2006.1　222p　(台湾原住民研究「別冊」2)

陳 其南　チン, キナン
◇房と伝統的中国家族制度(小熊誠訳)：現代中国の底流—痛みの中の近代化　橋本満, 深尾葉子編訳　増補新版　行路社　1998.5　524p　(中国の底流シリーズ 1)
◇房と伝統的中国家族制度(小熊誠訳)：中国文化人類学リーディングス　瀬川昌久, 西澤治彦編訳　風響社　2006.12　354p

陳 奎徳　チン, ケイトク
◇左翼独裁から右翼独裁へ(共著)：鄧小平後の中国—中国人専門家50人による多角的な分析　上巻　何頻編著, 現代中国事情研究会訳　三交社　1994.12　386p
◇中共体制化のシンボル：人間・周恩来—紅朝宰相の真実　金鐘編, 松田州二訳　原書房　2007.8　370p

陳 剣祥　チン, ケンショウ*
◇上海人をバラバラにする(共著)：中国人も愛読する中国人の話　上巻　中華人民共和国民政部中国社会出版社編, 朔方南編訳　はまの出版　1997.3　261p

陳 敏娟　チン, ケンビン
◇公式発表：香港回帰—ジャーナリストが見た'97.7.1　ユエン・チャン, 盧敬華共編, 日野みどり訳　凱風社　1998.6　197p

陳 謙平　チン, ケンヘイ*
◇一党独裁制から多党「襯託」制へ(小野寺史郎訳)：1949年前後の中国　久保亨編著　汲古院　2006.12　399p

陳 弘　チン, コウ*
◇新中国空軍の友—林弥一郎氏：新中国に貢献した日本人たち—友情で綴る戦後史の一コマ　中国中日関係史学会編, 武吉次朗訳　日本僑報社　2003.10　460p

陳 広君　チン, コウクン*　《Chen, Guang Jun》
◇我が国の死緩制度について：中国の死刑制度と労働改造　鈴木敬夫編訳　成文堂　1994.8　298p　(アジア法叢書 18)

陳 興良　チン, コウリョウ*
◇経済犯罪：中国の社会病理　張萍編著, 杉山太郎監訳, 馬場節子訳　亜紀書房　1997.6　276p
◇死刑存廃の当為と存在：東アジアの死刑廃止論考　鈴木敬夫編訳　成文堂　2007.2　261p　(アジア法叢書 26)

チン, コック・フェイ
◇マレーシア国内における金融部門のレント(共著)：レント、レント・シーキング、経済開発—新しい政治経済学の視点から　ムスタク・H.カーン, ジョモ・K.サンダラム編著, 中村文隆, 武田巧, 堀金由美監訳　出版研　2007.7　437p

陳 志貴　チン, シキ*
◇唐代中日関係への試論：中国人の見た中国・日本関係史—唐代から現代まで　中国東北地区中日関係史研究会編, 鈴木静夫, 高田祥平編訳　東方出版　1992.12　450p

陳 実　チン, ジツ
◇中国で水害と干害が絶えないのはなぜか—水利事業五〇年を評す(中川友訳)：中国経済超えられない八つの難題—『当代中国研究』論文選　程曉農編著, 坂

井臣之助, 中川友訳　草思社　2003.12　238p

陳 寿　チン, ジュ
◇三国志：新訂 魏志倭人伝・後漢書倭伝・宋書倭国伝・隋書倭国伝—中国正史日本伝　1　石原道博訳　岩波書店　2003.4　167p　(岩波文庫)
◇『華陽国志』後賢志陳寿伝訳注 他：中国古代の歴史家たち—司馬遷・班固・范曄・陳寿の列伝訳注　福井重雅編　早稲田大学出版部　2006.3　300, 13p

陳 俊傑　チン, シュンケツ
◇中国人の出産・育児観—個人本位か家本位か(共著)(江上幸子訳)：中国の女性学—平等幻想に挑む　秋山洋子ほか編訳　勁草書房　1998.3　250p

陳 俊男　チン, シュンダン*
◇サキザヤ(奇萊族)の民族認定(及川茜訳)：台湾原住民研究—日本と台湾における回顧と展望　台湾原住民研究シンポジウム実行委員会編　風響社　2006.1　222p　(台湾原住民研究「別冊」2)

陳 舜芬　チン, シュンフン*
◇台湾における高等教育の発展(共著)：アジアの大学—従属から自立へ　フィリップ・G.アルトバック, ヴィスワナタン・セルバラトナム編, 馬越徹, 大塚豊監訳　玉川大学出版部　1993.10　380p

陳 紹禹　チン, ショウウ
◇汪と近衛と合作演出せる舊陰謀の新形式(酒井忠夫編訳)：20世紀日本のアジア関係重要研究資料　1　東亜研究所刊行物　東亜研究所編著　竜渓書舎　1999.12　16冊(セット)

陳 昭瑛　チン, ショウエイ*
◇連横『台湾通史』における「民族」概念(山田明広訳)：東アジア世界と儒教—国際シンポジウム　吾妻重二主編, 黄俊傑副主編　東方書店　2005.3　405p

陳 尚勝　チン, ショウショウ*
◇明前期の海外交通と海外ムスリム商人(都甲亜沙美訳)：内陸圏・海域圏交流ネットワークとイスラム　森川哲雄, 佐伯弘次編　櫂歌書房　2006.5　250p

陳 勝利　チン, ショウリ*
◇調査方案の設計：中国の都市人口と生活水準—瀋陽・長春・ハルビン　王勝今ほか著, 早瀬保子, 王勝今編訳　アジア経済研究所　1994.2　319p　(翻訳シリーズ 34)

陳 仁錫　チン, ジンセキ*
◇皇明世法録 他：明代琉球資料集成　原田禹雄訳注　榕樹書林　2004.12　553p

陳 清偉　チン, セイイ
◇隣の席の周恩来、映画の中の周恩来：人間・周恩来—紅朝宰相の真実　金鐘編, 松田州二訳　原書房　2007.8　370p

陳 西瀅　チン, セイエイ*
◇獨伊日同盟と中國(酒井忠夫編訳)：20世紀日本のアジア関係重要研究資料　1　東亜研究所刊行物　東亜研究所編著　竜渓書舎　1999.12　16冊(セット)

陳 祖恩　チン, ソオン*
◇日中戦争期における上海日本人学校(前田輝人訳)：戦時上海—1937〜45年　高綱博文編著　研文出版　2005.4　404, 10p
◇西洋上海と日本人居留民社会(谷川雄一郎訳)：中国

における日本租界—重慶・漢口・杭州・上海　神奈川大学人文学研究所編, 大里浩秋, 孫安石編著　御茶の水書房　2006.3　478, 5p　(神奈川大学人文学研究叢書 22)

陳 耐軒　チン, タイケン
◇北京大学の日本語教師—児玉綾子先生(共著)：新中国に貢献した日本人たち—友情で綴る戦後史の一コマ　中国中日関係史学会編, 武吉次朗訳　日本僑報社　2003.10　460p

陳 乃文　チン, ダイブン*
◇メンパ(門巴)族(栗原悟訳)：中国少数民族の婚姻と家族　上巻　厳汝嫻主編, 江守五夫監訳, 百田弥栄子, 曽士才, 栗原悟訳　第一書房　1996.12　298p　(Academic series—New Asia 18)

陳 沢憲　チン, タクケン*
◇死刑適用の厳格化について：東アジアの死刑廃止論考　鈴木敬夫編訳　成文堂　2007.2　261p　(アジア法叢書 26)

陳 超　チン, チョウ*
◇キルギス(柯尓克孜)族(曽士才訳)：中国少数民族の婚姻と家族　下巻　厳汝嫻主編, 江守五夫監訳, 百田弥栄子, 曽士才, 栗原悟訳　第一書房　1996.12　335, 11p　(Academic series—New Asia 20)

陳 徳奎　チン, ドッキュ*
◇思想史的にとらえた衡平運動：朝鮮の「身分」解放運動　民族教育文化センター訳, 衡平運動70周年記念事業会編　部落解放研究所　1994.7　223p

陳 槃　チン, ハン*
◇黄家当立説の根拠を弁ず(方亜平訳)：緯学研究論叢—安居香山博士追悼　中村璋八編　平河出版社　1993.2　417p

陳 文科　チン, ブンカ*
◇農民の問題—あの情熱をもう一度(共著)：現代中国の実像—江沢民ブレーン集団が明かす 全27の課題とその解決策　劉吉, 許明, 黄焔青編著, 謝端明, 岡田久典日本語版監修, 中川友訳　ダイヤモンド社　1999.5　687p

陳 峯君　チン, ホウクン*
◇東南アジアの構造的変化と発展趨勢(浦野起央, 劉甦朝訳)：新国際秩序の構想—浦野起央博士還暦記念論文集　山影進編　南窓社　1994.3　286p

陳 宝樹　チン, ホウジュ*
◇犯罪論 他(原田正信訳)：現代中国刑事法論　徐益初, 井戸田侃編著, 宇野木洋監訳　法律文化社　1992.9　178p　(現代中国法叢書 第3巻)

陳 漫　チン, マン
◇市場と引き換えに技術進歩を獲得したのか—中国の外資導入戦略の分析(共著)(坂井臣之助訳)：中国経済超えられない八つの難題—『当代中国研究』論文選　程暁農編著, 坂井臣之助, 中川友訳　草思社　2003.12　239p

陳 有為　チン, ユウイ*
◇鄧小平の外交戦略と鄧以後の中国外交：鄧小平後の中国—中国人専門家50人による多角的な分析　下巻　何頻編著, 現代中国事情研究会訳　三交社　1994.12　396p

陳　瀾燕　チン，ランエン*
◇ジェンダー・センシティブな予算―フィリピンにおける「ジェンダーと開発予算」の試み：グローバル化とジェンダー―「女の視点」「男の視点」を超えた政策を求めて　「アジア・欧州対話：ジェンダーをめぐる課題」木更津会議（2001年）　デルフィン・コロメ，目黒依子，山本正編　日本国際交流センター　2002.5　198p

チン，レオ
◇思考不可能性としての霧社事件（長谷川健治訳）：記憶する台湾―帝国との相剋　呉密察，黄英哲，垂水千恵編　東京大学出版会　2005.5　341，7p

チンメル，ハンス
◇武器に依らざる世界大戦：内閣情報部情報宣伝研究資料　第2巻　津金沢聡広，佐藤卓己編　柏書房　1994.6　713p

チンワース，マイケル
◇日米軍事同盟の実践（阿部訳）：日米戦後関係史―パートナーシップ 1951-2001　入江昭，ロバート・A.ワンプラー編，細谷千博，有賀貞監訳　講談社インターナショナル　2001.9　389p

【ツ】

ツ，マリア・E.
◇バリューおよびグロース・インデックスの派生証券（共著）（張替一彰訳）：株式投資スタイル―投資家とファンドマネージャーを結ぶ投資哲学　T.ダニエル・コギン，フランク・J.ファボツィ，ロバート・D.アーノット編，野村證券金融研究所編　増補改訂版　野村総合研究所情報リソース部　1998.3　450p

ツァネルト，P.
◇炎の城に閉じこめられた王女さま―P・ツァネルト『グリム以来のメルヘン』より（高橋弘子訳）：幼児のためのメルヘン　スーゼ・ケーニッヒ編著，高橋弘子訳　水声社　1999.9　129p　（シュタイナー教育文庫）

ツィルファス，イエルク
◇倫理学と人間学のかけ橋としての幸福（木内陽一訳）：教育人間学入門　クリストフ・ヴルフ編著，高橋勝監訳　玉川大学出版部　2001.4　210p

ツィレッセン，ディートリッヒ
◇プロテスタンティズム：諸宗教の倫理学―その教理と実生活　第1巻　性の倫理　M.クレッカー，U.トゥヴォルシュカ編，石橋孝明，榎津重喜訳　九州大学出版会　1992.4　240，3p

ツィンマーマン，ラインハルト
◇ドイツの新時効法（遠藤研一郎訳）：ヨーロッパ債務法の変遷　ペーター・シュレヒトリーム編　信山社　2007.3　434p　（学術選書　法律学編　ドイツ民法）

ツィンマーマン，ロルフ
◇平等性・政治秩序・倫理学―ホッブスと民主主義的合理性の体系学（菊池理夫訳）：普遍主義対共同体主義　デヴィッド・ラスマッセン編，菊池理夫，山口晃，有賀誠訳　日本経済評論社　1998.11　433p

ツィンメラー，ユルゲン
◇旧ドイツ領西南アフリカ（現ナミビア）の先住民ジェ

ノサイド（石田勇治訳）：紛争現場からの平和構築―国際刑事司法の役割と課題　城山英明，石田勇治，遠藤乾編　東信堂　2007.10　208p　（未来を拓く人文・社会科学シリーズ 0）

ツヴェヤッカー，アンドレ
◇フランスの開発教育（吉野あかね訳）：世界の開発教育―教師たちのグローバル・カリキュラム　オードリー・オスラー編，中里亜夫監訳，中野和光，吉野あかね，川上具実訳　明石書店　2002.8　498p

ツェデンダンバ バトバヤル
◇モンゴルにおける外国人移民問題：国境を越える人々―北東アジアにおける人口移動　赤羽恒雄監修，赤羽恒雄，アンナ・ワシリエバ編　国際書院　2006.6　316p

ツェルトナー，ヘルマン
◇同一性の体系（共著）（高山守訳）：シェリング哲学入門　H.バウムガルトナー編，北村実監訳，伊坂青司ほか訳　早稲田大学出版部　1997.2　210，24p

ツェルボウ，マリア
◇ギリシャのケース：ジェンダー主流化と雇用戦略―ヨーロッパ諸国の事例　ユテ・ベーニング，アンパロ・セラーノ・パスクアル編，高木郁朗，麻生裕子編　明石書店　2003.11　281p

ツェレンハンド，G.
◇ネグデル牧民の牧地利用について（阿比留美帆訳）：モンゴル国における土地資源と遊牧民―過去、現在、未来　特定領域研究「資源人類学・生態資源の象徴化」班国際シンポジウム記録　小長谷有紀，辛嶋博善，印東道子編，内堀基光監修　［東京外国語大学アジア・アフリカ言語文化研究所］　文部科学省科学研究費補助金特定領域研究『資源の分配と共有に関する人類学的統合領域の構築』総括班　2005.3　157p

ツォ，ティアン
◇ADSL（非対称型デジタル加入者回線）：1997年における展望：ロボットとイノベーションの戦略的マネジメント　上　ロバート・A.バーゲルマン，クレイトン・M.クリステンセン，スティーヴン・C.ウィールライト編著，青島矢一，黒田光太郎，志賀敏宏，田辺孝二，出川通，和電第三日本語版監修，岡真由美，斉藤裕一，桜井祐子，中川泉，山本章子訳　翔泳社　2007.7　735p

ツォコワ，ディアナ
◇ブルガリア―ジプシーの子どもと特殊教育に関する社会的概念の変化（共著）：世界のインクルーシブ教育―多様性を認め、排除しない教育を　ハリー・ダニエルズ，フィリップ・ガーナー編著，中村満紀男，窪田真二監訳　明石書店　2006.3　540p　（明石ライブラリー 92）

ツォルン，ゲルダ
◇青年運動とナチ・プロパガンダ機構：ナチズム下の女たち―第三帝国の日常生活　カール・シュッデコプフ編，香月恵，秦由紀子，石井栄子訳　復刊　未来社　1998.7　354p

都留　重人　ツル，シゲト
◇科学的ヒューマニズムを理想とする：現代経済学の巨星―自らが語る人生哲学　下　M.シェンバーグ編　岩波書店　1994.12　292，11p

ツルチンカ，チャールズ
◇投資スタイル管理は年金スポンサーにとって必要か

(西迫伸一訳):資産運用新時代の株式投資スタイル―投資家とファンドマネジャーを結ぶ投資哲学 T.ダニエル・コギン, フランク・J.ファボツィ編 野村総合研究所 1996.3 329p

ツンプ, ヘルガ
◇チョウチョのきょうだい(高橋弘子訳):幼児のためのメルヘン スーゼ・ケーニッヒ編著, 高橋弘子訳 水声社 1999.9 129p (シュタイナー教育文庫)

【テ】

テアゲネス
◇テアゲネス(丸橋裕訳):ソクラテス以前哲学者断片集 第1分冊 内山勝利編 岩波書店 1996.12 367p

鄭 逸宇 テイ, イツウ
◇やさしい仕事:香港回帰―ジャーナリストが見た'97.7.1 ユエン・チャン, 盧敬華共編, 日野みどり訳 凱風社 1998.6 197p

鄭 易生 テイ, エキセイ*
◇「持続可能な発展」の問題―われわれには危機意識が足りない:現代中国の実像―江沢民ブレーン集団が明かす 全27の課題とその解決策 劉吉, 許明, 黄葦青編著, 謝端明, 岡田久典日本語版監修, 中川友訳 ダイヤモンド社 1999.5 687p

程 介明 テイ, カイメイ*
◇中国とインドにおける初等学校教育(共著):比較教育学―伝統・挑戦・新しいパラダイムを求めて マーク・ブレイ編著, 馬越徹, 大塚豊監訳 東信堂 2005.12 361p

定 宜庄 テイ, ギショウ*
◇清代北京城内の八旗鰥夫(上田貴子訳):東アジア近世都市における社会的結合―諸分・諸階層の存在形態 井上徹, 塚田孝編 清文堂出版 2005.3 326p (大阪市立大学文学研究科叢書 第3巻)

鄭 吉雲 テイ, キツウン*
◇朝鮮族(共著)(百田弥栄子訳):中国少数民族の婚姻と家族 中巻 厳汝嫻主編, 江守五夫監訳, 百田弥栄子, 曽士才, 栗原悟訳 第一書房 1996.12 315p (Academic series―New Asia 19)

鄭 吉雄 テイ, キツユウ*
◇戴震の共同体意識について(橋本昭典訳):東アジア世界と儒教―国際シンポジウム 吾妻重二編, 黄俊傑副編 東方書店 2005.3 405p

鄭 暁 テイ, ギョウ*
◇皇明四夷考:明代琉球資料集成 原田禹雄訳注 榕樹書林 2004.12 553p

丁 娟 テイ, ケン*
◇二〇世紀中国の「女性主義」思想(江上幸子訳):中国の女性学―平等幻想に挑む 秋山洋子ほか編訳 勁草書房 1998.3 250p

鄭 若曽 テイ, ジャクソウ*
◇広輿図『琉球図』他:明代琉球資料集成 原田禹雄訳注 榕樹書林 2004.12 553p

丁 子霖 テイ, シリン
◇知識人にはチベットの人権に関心を持つ責任がある

(共著):中国民主動家チベットを語る 曹長青編著, ペマ・ギャルポ監訳, 金谷譲訳 日中出版 1999.11 366p (チベット選書)

鄭 翠懐 テイ, スイカイ
◇政権交代, この華麗なる縁:香港回帰―ジャーナリストが見た'97.7.1 ユエン・チャン, 盧敬華共編, 日野みどり訳 凱風社 1998.6 197p

丁 正華 テイ, セイカ*
◇徐福の東渡の歴史的な意義を考える:不老を夢みた徐福と始皇帝―中国の徐福研究最前線 池上正治編訳 勉誠社 1997.7 195, 3p

鄭 清茂 テイ, セイモ
◇日本の漢学が華人に与えるもの(増田政広訳):日本漢学研究初探 楊儒賓, 張宝三共編 勉誠出版 2002.10 436p

鄭 成良 テイ, セイリョウ 《Zhegh, Cheng Liang》
◇権利本位論:中国の人権論と相対主義 鈴木敬夫編訳 成文堂 1997.10 314p (アジア法叢書 22)

丁 楚 テイ, ソ*
◇江沢民, 時運に乗って前途洋々:鄧小平後の中国―中国人専門家50人による多角的な分析 下巻 何頻編著, 現代中国事情研究会訳 三交社 1994.12 396p

鄭 竹園 テイ, チクエン*
◇「大中華」経済圏―必然的趨勢:鄧小平後の中国―中国人専門家50人による多角的な分析 上巻 何頻編著, 現代中国事情研究会訳 三交社 1994.12 386p

鄭 同修 テイ, ドウシュウ*
◇斉国故城遺跡の概況およびその手工業工房(川村佳男訳):鏡范研究 2 清水康二, 三船温尚編 奈良県立橿原考古学研究所 2005.7 93p

鄭 万喜 テイ, バンキ*
◇日本国憲法と周辺憲態法(清野幾久子訳):アジア立憲主義の展望―アジア・オセアニア立憲主義シンポジウム 全国憲法研究会編, 大須賀明編集代表 信山社 2003.9 435p

テイ, ブーン・ンガ
◇高齢化への経済対策(相馬直子訳):年金改革の比較政治学―経路依存性と非難回避 新川敏光, ジュリアーノ・ボノーリ編著, 新川敏光監訳 ミネルヴァ書房 2004.10 341p (ガヴァナンス叢書 第1巻)

鄭 鵬 テイ, ホウ*
◇東北における日本「開拓団」始末記(共著):中国人の見た中国・日本関係史―唐代から現代まで 中国東北地区日中日関係史研究会編, 鈴木静夫, 高田祥平編訳 東方出版 1992.12 450p

丁 民 テイ, ミン*
◇『民主新聞』と井上林氏(共著):新中国に貢献した日本人たち―友情で綴る戦後史の一コマ 中国中日関係史学会編, 武吉次朗訳 日本僑報社 2003.10 460p
◇すべてを日中友好事業に―金丸千尋氏 他:新中国に貢献した日本人たち―友情で綴る戦後史の一コマ 続 中国中日関係史学会編, 武吉次朗訳 日本僑報社 2005.11 520p

デイ, リチャード
◇ヘーゲルとハーバマスの間―トロツキーの政治理論:トロツキー再評価 P.デュークス, T.ブラザース

テイ

程 麟蓀 テイ,リンソン*
◇国民政府資源委員会とその人民共和国への遺産（関智英訳）：1949年前後の中国 久保亨編著 汲古書院 2006.12 399p

ディア,ラマタ
◇マリ：女性が語る第三世界の素顔—環境・開発レポート アニータ・アナンド編,WFS日本事務局訳 明石書店 1994.6 317p

ディアス,イザベル・マトス
◇モーリス・メルロ=ポンティ（本郷均訳）：フッサール『幾何学の起源』講義 モーリス・メルロ=ポンティ著,加賀野井秀一,伊藤泰雄,本郷均訳 法政大学出版局 2005.3 571, 9p （叢書・ウニベルシタス 815）

ディアス,ジョゼ=リュイ
◇崇高なる子供（田村毅訳）：図説天才の子供時代—歴史のなかの神童たち E.ル・ロワ・ラデュリー,ミシェル・サカン編,二宮敬監訳 新曜社 1998.1 446p

ディアミーシス-バーク,ジョリーン
◇I-プラン：自己認識と自己擁護：障害のある学生を支える—教員の体験談を通じて教育機関の役割を探る ボニー・M.ホッジ,ジェニー・プレストン-サビン編,太田晴康監訳,三沢かがり訳 文理閣 2006.12 228p

ディアレクセイス
◇両論（ディアレクセイス）（山口義久訳）：ソクラテス以前哲学者断片集 第5分冊 内山勝利編 岩波書店 1997.3 255p

デイヴィー,ジュディス
◇ニュージーランド：平等主義の神話（門林道子ほか訳）：社会政策の国際的展開—先進諸国における福祉レジーム ピート・アルコック,ゲイリー・クレイグ編,埋橋孝文ほか共訳 晃洋書房 2003.5 328p

デイヴィーズ
◇保健医療の経済化（矢野俊平訳）：超市場化の時代—効率から公正へ スチュアート・リースほか編,川原紀美雄監訳 法律文化社 1996.10 372p

デイヴィス,E. W.
◇土地（金井美喜訳）：古代イスラエルの世界—社会学・人類学・政治学からの展望 R.E.クレメンツ編,木田献一,月本昭男監訳 リトン 2002.11 654p

デイヴィス,P. R.
◇黙示文書の社会的環境世界（石川立訳）：古代イスラエルの世界—社会学・人類学・政治学からの展望 R.E.クレメンツ編,木田献一,月本昭男監訳 リトン 2002.11 654p

デイヴィス,W. H.（環境問題）
◇土地は生きなければならない（田村公江訳）：環境の倫理 K.S.シュレーダー・フレチェット編,京都生命倫理研究会訳 晃洋書房 1993.4 355p

デイヴィス,サイモン（歴史）
◇アイルランドの劇作家アーサー・マーフィーと『中国の孤児』（原田範行訳）：十八世紀における他者のイメージ—アジアの側から,そしてヨーロッパの側から 中川久定,J.シュローバハ編 河合文化教育研究所 2006.3 370p

ディヴィス,ドナルド
◇お・か・し・い・人：話はめぐる—聞き手から語り手へ 子どもと大人のためのストーリーテリング ナショナル・ストーリーテリング保存育成協会編,佐藤涼子訳 リブリオ出版 1999.11 166p

デイヴィス,ナタリー・ジーモン
◇女性上位—性の象徴的逆転と近代初期ヨーロッパにおける政治的混乱（岩崎宗治訳）：さかさまの世界—芸術と社会における象徴的逆転 バーバラ・A.バブコック編,岩崎宗治,井上兼行訳 岩波書店 2000.11 310, 34p （岩波モダンクラシックス）

デイヴィス,ロバート
◇海外留学がホーム・キャンパスと国際学カリキュラムに及ぼす影響（共著）：アメリカの学生と海外留学 B.B.バーン編,井上雍雄訳 玉川大学出版部 1998.8 198p

デイヴィッド,ミリアム
◇将来は女性の時代か？（共著）：教育社会学—第三のソリューション A.H.ハルゼー,H.ローダー,P.ブラウン,A.S.ウェルズ編,住田正樹,秋永雄一,吉本圭一編訳 九州大学出版会 2005.2 660p

ティエリ,イヴ
◇感覚経験としての「コギト」（伊藤泰雄訳）：フッサール『幾何学の起源』講義 モーリス・メルロ=ポンティ著,加賀野井秀一,伊藤泰雄,本郷均訳 法政大学出版局 2005.3 571, 9p （叢書・ウニベルシタス 815）

ティエリ（シャルトルの）
◇六日の業に関する論考ヘプタテウコン（井沢清訳）：中世思想原典集成 8 シャルトル学派 上智大学中世思想研究所編訳・監修 平凡社 2002.9 1041p

ティエル,ピーター
◇IMFによる巨額の資産再配分（共著）：IMF改革論争の論点 ローレンス・J.マッキラン,ピーター・C.モントゴメリー編,森川公隆監訳 東洋経済新報社 2000.11 285p

ディオゲネス（スミュルナの）
◇スミュルナのディオゲネス（鎌田邦宏訳）：ソクラテス以前哲学者断片集 第4分冊 内山勝利編 岩波書店 1998.2 329p

ディオティモス
◇ディオティモス（鎌田邦宏訳）：ソクラテス以前哲学者断片集 第4分冊 内山勝利編 岩波書店 1998.2 329p

ディオニシオス・アレオパギテース
◇神名論・神秘神学：キリスト教神秘主義著作集 1 ギリシア教父の神秘主義 谷隆一郎,熊田陽一郎訳 教文館 1992.11 402, 6p
◇天上位階論・神秘神学・書簡集：中世思想原典集成 3 後期ギリシア教父・ビザンティン思想 上智大学中世思想研究所編訳・監修 平凡社 1994.8 975p

ディオニュシウス（カルトゥジア会の）
◇先行する諸著作における主要な困難についての必要最小限の解決（八巻和彦訳）：中世思想原典集成 16 ドイツ神秘思想 上智大学中世思想研究所編訳・監修 平凡社 2001.4 977p

ディーキン, アンジェラ
◇USA—重度障害の八歳の子を連れた旅：車椅子はパスポート—地球旅行の挑戦者たち　アリソン・ウォルシュ編, おそどまさこ日本語版責任編集, 森実真弓訳　山と渓谷社　1994.3　687p

ティクティン, ヒレル
◇トロツキーの資本主義経済学：トロツキー再評価　P.デュークス, T.プラザーストン編　新評論　1994.12　381p

ティクナー, J. アン
◇あなたがわかっていないだけだよ：国際関係リーディングズ　猪口孝編, 幸野良夫訳　東洋書林　2004.11　467p

ディークマン, ベルンハルト
◇経験することと学び（高橋勝訳）：教育人間学入門　クリストフ・ヴルフ編著, 高橋勝訳　玉川大学出版部　2001.4　210p

ディケンソン, ドナ
◇女性の参加（中根智子訳）：変容する民主主義—グローバル化のなかで　アントニー・G.マッグルー編, 松下洌監訳　日本経済評論社　2003.11　405p

テイシィ, ディヴィッド
◇ジェームズ・ヒルマンに見られるねじれと裏返し（川戸円訳）：ユングの13人の弟子が今考えていること—現代分析心理学の鍵を開く　アン・ケースメント編, 氏原寛監訳　ミネルヴァ書房　2001.3　336p

ティース, デイビッド J.
◇技術イノベーションを利益へ：統合、協業、ライセンス契約、公共政策への影響：技術とイノベーションの戦略的マネジメント　上　ロバート・A.バーゲルマン, クレイトン・M.クリステンセン, スティーヴン・C.ウィールライト編著, 青島矢一, 黒田光太郎, 志賀敏宏, 田辺孝二, 出川通, 和賀三和子日本語版監修, 岡真由美, 斉藤裕一, 桜井祐子, 中川泉, 山本章子訳　翔泳社　2007.7　735p

ディステルラート, ギュンター
◇宇和島藩の思想と政治（ギュンター・ディステルラート, 小室正紀共訳）：日本の経済思想世界—「十九世紀」の企業者・政策者・知識人　川口浩編著　日本経済評論社　2004.12　530p

ディスレーリ, アイザク
◇アイザク・ヂスレーリの読書観（高橋五郎訳）：近代「読書論」名著選集　第13巻　ゆまに書房　1994.6　442p　（書誌書目シリーズ 37）

ティーチアウト, テリー
◇マーサ・グレアム：TIMEが選ぶ20世紀の100人　下巻　アーチスト・エンターテイナー・ヒーロー・偶像・巨頭　徳岡孝夫訳　アルク　1999.11　318p

ディーツ, メアリー・G.
◇フェミニストによるハンナ・アーレント理解：ハンナ・アーレントとフェミニズム—フェミニストはアーレントをどう理解したか　ボニー・ホーニッグ編, 岡野八代, 志水紀代子訳　未來社　2001.6　285p

ティツィ, ノエル・M.
◇ハイテクによる都市型共同体の発展（共著）：未来社会への変革—未来の共同体がもつ可能性　フランシス・ヘッセルバイン, マーシャル・ゴールドスミス, リチャード・ベックハード, リチャード・F.シューベルト編, 加納明弘訳　フォレスト出版　1999.11　327p

ディッキンソン, メアリー・B.
◇ローヌ川：グレートリバー—地球に生きる・地球と生きる　National Geographic Society編, 田村協子訳　同朋舎出版　1993.7　448p

ディック, ジョン
◇アーキテクチャー—経営戦略に沿ったIT基盤を構築せよ 他（共著）：米先進企業CIOが明かすIT経営を成功させる17の「法則」　ディーン・レーン編, 飯田雅美, 高野恵里訳, 日経情報ストラテジー監訳　日経BP社　2005.7　431p

ディッシュ, リサ・J.
◇「暗い時代」の友愛について：ハンナ・アーレントとフェミニズム—フェミニストはアーレントをどう理解したか　ボニー・ホーニッグ編, 岡野八代, 志水紀代子訳　未來社　2001.6　285p

ティッツマン, ウェンディ
◇子どもたちの恐れに対する大人の反応—援助資源を含めて：いじめの発見と対策—イギリスの実践に学ぶ　デルウィン・P.タツム, デヴィッド・A.レーン編, 影山任佐, 斎藤憲司訳　日本評論社　1996.10　236p

ティーデマン, クラウス
◇欧州憲法条約における経済刑法（山本雅昭訳）：神山敏雄先生古稀祝賀論文集　第2巻　経済刑法　斉藤豊治, 日髙義博, 甲斐克則, 大塚裕史編　成文堂　2006.8　546p

ティーデマン, ディーテリッヒ
◇プロクロス：ヘーゲル「新プラトン主義哲学」註解—新版『哲学史講義』より　山口誠一, 伊藤功著　知泉書館　2005.1　163p

ディードリック, パトリシア
◇離婚適応のジェンダーによる相違—男性と女性はそれぞれどのように離婚に適応するか（小池のり子訳）：女と離婚／男と離婚—ジェンダーの相違による別居・離婚・再婚の実態　サンドラ・S.ヴォルギー編著, 小池のり子, 村上弘子訳　家政教育社　1996.9　238p

ディートリヒ（フライベルクの）
◇至福直観について：中世思想原典集成　13　盛期スコラ学　上智大学中世思想研究所編訳・監修　平凡社　1993.2　845p

ティトル, ウォルター
◇ウィリアム・ハワード・タフト（高橋健次訳）：インタヴューズ　1　クリストファー・シルヴェスター編, 新庄哲夫ほか訳　文藝春秋　1998.11　462p

ティナ・某
◇カサブランカでの手術：偽りの肉体—性転換のすべて　バーバラ・カンプラート, ワルトラウト・シッフェルス編著, 近藤聡子訳　信山社出版　1998.6　210p

テイパイネン, テイボ
◇国際権力構造：会議総括文書（山口響訳）：もうひとつの世界は可能だ—世界社会フォーラムとグローバル化への民衆のオルタナティブ　ウィリアム・F.フィッシャー, トーマス・ポニア編, 加藤哲郎監修, 大屋定晴, 山口響, 白井聡, 木下ちがや監訳　日本経済評論社　2003.12　461p

◇世界社会フォーラムは、舞台か、演技者か？（久保木匡介訳）：帝国への挑戦―世界社会フォーラム　ジャイ・セン、アニタ・アナンド、アルトゥーロ・エスコバル、ピーター・ウォーターマン編、武藤一羊ほか監訳　作品社　2005.2　462p

ディバッツ, ダン
◇アメリカにおける自由民主主義：自由民主主義の理論とその批判　上巻　ノーマン・ウィントロープ編、氏家伸一訳　晃洋書房　1992.11　300p

T. ハンナン
◇秘密の旅：女たちのビルマ―軍事政権下を生きる女たちの声　藤目ゆき監修、タナッカーの会編、富田あかり訳　明石書店　2007.12　446p　（アジア現代女性史 4）

ディビス, アイボア
◇著作権の1世紀、英国とベルヌ条約：ベルヌ条約100周年記念論文集―ベルヌ条約と国内法　WIPO国際事務局編、原田文夫訳　著作権資料協会　1987.3　123p　（著作権シリーズ 76）

ディヒトバルト, ケン
◇「退職」という概念はもう古い（共著）：2010年の「マネジメント」を読み解く　Diamondハーバード・ビジネス・レビュー編集部訳　ダイヤモンド社　2005.9　289p　（Harvard business review anthology）

ディヒトル, エルウィン
◇マーケティング（共著）（西村慶一訳）：一般経営経済学　第3巻　F.X.ベアほか編著　森山書店　2000.12　228, 4p

ティーベイ, アリス
◇基本的要求の尊重（共著）：スウェーデンの住環境計画　スヴェン・ティーベイ編著、外山義訳　鹿島出版会　1996.2　292p

ティーメ, イェルク
◇ドイツの対外経済関係とEU（黒沢隆文訳）：孤立と統合―日独戦後史の分岐点　渡辺尚、今久保幸生、ヘルベルト・ハックス、ヲルフガンク・クレナー編　京都大学学術出版会　2006.3　395p

ディユク, アルフォンス・ヴァン
◇ヒンドゥー教（石橋孝明訳）：諸宗教の倫理学―その教理と実生活　第5巻　環境の倫理　M.クレッカー、U.トゥヴォルシュカ編、石橋孝明、榎津重喜、山口意友訳　九州大学出版会　1999.4　255, 3p

テイラー, J. W. R.
◇第2線抑制力：ブラッセイ軍事年鑑　1959年版抄訳　防衛研修所　1960　88p　（研修資料 第234号）

テイラー, アーチャー
◇フォークロアと文学研究者（伊藤詔子訳）：フォークロアの理論―歴史地理的方法を越えて　アラン・ダンデス他編、荒木博之編訳　法政大学出版局　1994.1　202p

テイラー, チャールズ（人格）
◇人格（中島道男訳）：人というカテゴリー　マイクル・カリザス、スティーヴン・コリンズ、スティーヴン・ルークス編、厚東洋輔、中島道男、中村牧子訳　紀伊国屋書店　1995.7　550p　（文化人類学叢書）

テイラー, バーバラ
◇神の愛のために：フェミニズムの古典と現代―甦るウルストンクラフト　アイリーン・ジェインズ・ヨー編、永井義雄、梅垣千尋訳　現代思潮新社　2002.2　290p

テイラー, ランス
◇金融の脆弱性：現代マクロ金融論―ポスト・ケインジアンの視角から　ゲーリー・ディムスキー、ロバート・ポーリン編、藤井宏史、高屋定美、植田宏文訳　晃洋書房　2004.4　227p

ティラック, ジョンディアラ・B. G.
◇インドの高等教育：私学高等教育の潮流　P.G.アルトバック編、森利枝訳　玉川大学出版部　2004.10　253p　（高等教育シリーズ 128）

デイリー, ブライアン・E.
◇教父たちの釈義はまだ有用か：聖書を読む技法―ポストモダンと聖書の復権　エレン・デイヴィス、リチャード・ヘイズ編、芳賀力訳　新教出版社　2007.9　428p

ティリエット, クサヴィエ
◇自由 他（共著）（松山寿一訳）：シェリング哲学入門　H.バウムガルトナー編、北村実監訳、伊波青司ほか訳　早稲田大学出版部　1997.2　210, 24p

ディーリックス, マリアンヌ・A.
◇高額預金者への目標設定：金融データベース・マーケティング―米国における業務とシステムの実態　アーサー・F.ホルトマン、ドナルド・C.マン編著、森田秀和、田尾啓一訳　東洋経済新報社　1993.10　310p

デイル, K. L.
◇自己制御と精神病理（共著）（渡辺浪二訳）：臨床社会心理学の進歩―実りあるインタフェイスをめざして　R.M.コワルスキ, M.R.リアリー編著、安藤清志、丹野義彦監訳　北大路書房　2001.10　465p

ディール, ジェフリー・H.
◇クライスラーのアメリカ式「系列」：バリューチェーン・マネジメント　Harvard Business Review編、Diamondハーバード・ビジネス・レビュー編集部訳　ダイヤモンド社　2001.8　271p

ティール, トーマス
◇マネジメントの人間的側面：リーダーシップ　Harvard Business Review編、Diamondハーバード・ビジネス・レビュー編集部訳　ダイヤモンド社　2002.4　295p

ディールキンス, アラン
◇考古学的裏付け：異教的中世　ルドー・J.R.ミリス編著、武内信一訳　新評論　2002.3　352p

ディルクス, ヴァルター
◇ドイツのカトリックの世界像、時代意識並びに政治理論における欠陥：ヴァイマル共和国の宗教史と精神史　フーベルト・カンツィク編、池田昭、浅野洋監訳　御茶の水書房　1993.2　434p

ディールゼ, ウルリッヒ
◇ブーターヴェクの論証法の構想（黒崎剛訳）：論争の哲学史―カントからヘーゲルへ　W.イェシュケ編、高山守、藤田正勝監訳　理想社　2001.2　425, 4p

ティルトン, マーク・C.
◇アメリカ：電気通信市場規制における米独日比較(石塚史樹訳)：グローバル・レビュー 有斐閣 2006.3 276p （現代日本企業 3 工藤章, 橘川武郎, グレン・D.フック編）

ディーン, ジョナサン
◇戦争に終止符を打つ方法論：文明間の対話 マジッド・テヘラニアン, デイビッド・W.チャペル編, 戸田記念国際平和研究所監訳 潮出版社 2004.2 446, 47p

ディーン, ピーター
◇社員が納得する倫理規定をどう作るか：ピープルマネジメント―21世紀の戦略的人材活用コンセプト Financial Times編, 日経情報ストラテジー監訳 日経BP社 2002.3 271p （日経情報ストラテジー別冊）

ティンカー, デイビット
◇映画じゃなかった(阿部純子訳)：あなたの手で平和を！―31のメッセージ フレドリック・S.ヘッファメール編, 大庭里美, 阿部純子訳 日本評論社 2005.3 260p

ディーンズ, フィル
◇東アジアのナショナリズムをめぐる靖国問題(早川美也子訳)：ヤスクニとむきあう 中野晃一, 上智大学21世紀COEプログラム編 めこん 2006.8 419p

ティンターシェー
◇戻れない道：女たちのビルマ―軍事政権下を生きる女たちの声 藤目ゆき監修, タナッカーの会編, 富田あかり訳 明石書店 2007.12 446p （アジア現代女性史 4）

ティンバーレイク, マイケル
◇グローバル・マトリックスのなかの都市：世界システムからみた都市システムの地図化に向けて(共著) 川口太郎訳)：世界都市の論理 ポール・L.ノックス, ピーター・J.テイラー共編, 藤田直晴訳編 鹿島出版会 1997.5 204p

ティンベルヘン, ヤン
◇最も緊急な問題をまず最初に解決しよう：現代経済学の巨星―自らが語る人生哲学 上 M.シェンバーグ編, 都留重人ほか訳 岩波書店 1994.11 321p

デーヴィス, ジョン・B.
◇歴史と慣行についてのJ.M.ケインズの見解：一般理論―第二版―もしケインズが今日生きていたら G.C.ハーコート, P.A.リーアック編, 小山庄三訳 多賀出版 2005.6 922p

デーヴィス, ナネット・J.
◇街娼の更生を助ける：セックス・フォー・セール―売春・ポルノ・法規制・支援団体のフィールドワーク ロナルド・ワイツァー編, 岸田美貴訳, 松沢呉一監修 ポット出版 2004.8 438p

テヴノン, オリヴィエ
◇コンヴァンシオンの経済理論の源泉へ 他(共著)(海老塚明訳)：コンヴァンシオン理論の射程―政治経済学の復権 フィリップ・バティフリエ編, 海老塚明, 須田文明監訳 昭和堂 2006.11 419p

デ・ヴリース, マンフレッド・F. R. ケッツ
◇カリスマの成り立ち―リーダーと部下を結ぶきずな(松本博子訳)：カリスマ的リーダーシップ―ベンチャーを志す人の必読書 ジェイ・A.コンガー, ラビンドラ・N.カヌンゴほか著, 片柳佐智子, 山村宜子, 松本博子, 鈴木恭子訳 流通科学大学出版 1999.12 381p

デオット, ジャン＝ルイ
◇博物館と近代社会 他：フランスの博物館と図書館 M.ブラン＝モンマイユール他著, 松本栄寿, 小浜清子訳 玉川大学出版部 2003.6 198p

テオドゥルフス
◇詩歌集：中世思想原典集成 6 カロリング・ルネサンス 上智大学中世思想研究所編訳・監修 平凡社 1992.6 765p

テオドロス（ストゥディオスの）
◇聖画像破壊論者への第一の駁論：中世思想原典集成 3 後期ギリシア教父・ビザンティン思想 上智大学中世思想研究所編訳・監修 平凡社 1994.8 975p

テオフィロス（アンティオケイアの）
◇アウトリュコスに送る：中世思想原典集成 1 初期ギリシア教父 上智大学中世思想研究所編訳・監修 平凡社 1995.2 877p

テカムセ
◇わが土地を守れ：北米インディアン生活誌 C.ハミルトン編, 和巻耿介訳 社会評論社 1993.11 408p

デカンプ, クリスチャン
◇実存主義(市川浩訳)：二十世紀の哲学 中村雄二郎監訳 白水社 1998.6 386, 40p （西洋哲学の知 8 Francois Chatelet編）

翟 凡 テキ, ボン*
◇中国経済の計算可能一般均衡モデル(共著)：中国の計量経済学モデル L.R.クライン, 市村真一編 創文社 2006.3 343p （ICSEAD研究叢書 4）

デーキン, シモン
◇事態の根本的改善か, それとも悪化か？1980年代, 90年代におけるイギリスの規制緩和と雇用(共著)(白井邦彦訳)：労働市場の規制緩和を検証する―欧州8カ国の現状と課題 G.エスピン－アンデルセン, マリーノ・レジーニ編, 伍賀一道ほか訳 青木書店 2004.2 418p

デーク, マックス
◇瓦礫の山から神を掘る：中国宗教文献研究 京都大学人文科学研究所編 臨川書店 2007.2 487p

テクソン, グウェンドリン・R.
◇戦後日本の対フィリピン直接投資(中島醸訳)：近現代日本・フィリピン関係史 池端雪浦, リディア・N.ユー・ホセ編 岩波書店 2004.2 659, 18p

デクレイン, アルフレッド・C., Jr.
◇リーダーシップの基本モデル：未来組織のリーダー―ビジョン・戦略・実践の革新 フランシス・ヘッセルバイン, マーシャル・ゴールドスミス, リチャード・ベカード編, 田代正美訳 ダイヤモンド社 1998.7 239p

デケイザー, ルーク
◇社会運動と行動的シティズンシップの学習(内藤隆史

テケヒセ

訳):成人教育と市民社会―行動的シティズンシップの可能性 不破和彦編訳 青木書店 2002.7 214p

テーゲ=ビゼー, ユタ
◇女の姿をした聖霊:聖霊は女性ではないのか―フェミニスト神学試論 E.モルトマン=ヴェンデル編,内藤道雄訳 新教出版社 1996.11 281p (21世紀キリスト教選書 11)

デコット, ロルフ
◇クレメンス・マリーア・ホーフバウアー:正統派、敬虔派、啓蒙派の時代の牧会者たち 2 日本キリスト教団出版局 2002.10 268p (魂への配慮の歴史 第8巻 C.メラー編, 加藤常昭訳)

デサイ, メグナド
◇社会民主主義は世界の万能薬か?:論争グローバリゼーション―新自由主義対社会民主主義 デヴィッド・ヘルド編, 猪口孝訳 岩波書店 2007.5 241p

テーシュ, ライサ
◇ママは言ってた:記憶の底から―家庭内性暴力を語る女性たち トニー・A.H.マクナロン、ヤーロウ・モーガン編, 長谷川真実訳 青弓社 1995.12 247p

デスキャンプス, フレデリック
◇2002年のエレクトロニック・アーツ:技術とイノベーションの戦略的マネジメント 上 ロバート・A.バーゲルマン、クレイトン・M.クリステンセン、スティーヴン・C.ウィールライト編、青島矢一、黒田光太郎、志賀敏宏、田辺孝二、和賀三和子日本語版監修, 岡真由美、斉藤裕一、桜井祐子、中川泉、山本章子訳 翔泳社 2007.7 735p

デスネ, ロラン
◇十八世紀のフランス啓学(野沢協訳):啓蒙時代の哲学 野沢協監訳 新装版 白水社 1998.6 290, 34p (西洋哲学の知 4 Francois Chatelet編)

デゼラエールス, パウル
◇ヨハネス・ブールス:第2次世界大戦後の牧会者たち 日本キリスト教団出版局 2004.7 317p (魂への配慮の歴史 第12巻 C.メラー編, 加藤常昭訳)

鉄 林 テツ, リン*
◇イデオロギーの問題―中華民族の精神に筋金入りの支柱を:現代中国の実像―江沢民ブレーン集団が明かす全27の課題とその解決策 劉吉、許明、黄葦青編著, 謝端明、岡田久典日本語版監修, 中川友訳 ダイヤモンド社 1999.5 687p

デッケ, ズィーグルト・マルティン
◇キリスト教(榎津重喜訳):諸宗教の倫理学―その教理と実生活 第5巻 環境の倫理 M.クレッカー、U.トゥヴォルシュカ編, 石橋孝明、榎津重喜、山口意友訳 九州大学出版会 1999.4 255, 3p

デッケン, フランク
◇人間と環境(安井宏樹訳):21世紀社会民主主義 第7集 新しいドイツ社民党・欧州中道左派の難題 生活経済政策研究所 2004.10 141p (生活研ブックス 20)

デッシュ, マイケル・C.
◇脅威を与える環境と軍の役割(戸蒔仁司訳):シビリアン・コントロールとデモクラシー L.ダイアモンド編, M.F.プラットナー編, 中道寿一監訳 刀水書房 2006.3 256p (人間科学叢書 42)

テニイ, ジェームズ・P.
◇リスクと保険に関する法的環境(共著)(山崎博司訳):国際的リスク・マネジメントと保険 ハロルド・D.スキッパー、ジュニア編著, 武井勲監訳 生命保険文化研究所 1999.10 729p

デニス, ボブ
◇予算編成―IT予算の管理基準を確立せよ(共著):米先進企業CIOが明かすIT経営を成功させる17の「法則」 ディーン・レーン編, 飯田雅美、高野恵里訳, 日経情報ストラテジー監訳 日経BP社 2005.7 431p

テネンハウス, レナード
◇ウォルター・ローリー卿(有路雍子訳):ルネサンスのパトロン制度 ガイ・フィッチ・ライトル、スティーヴン・オーゲル編著, 有路雍子、成沢和子、舟木茂子訳 松柏社 2000.7 570p

デ・パオリス, フェルナンド
◇バングラデシュ(共著)(堀江新子訳):アジアの開発と貧困―可能力、女性のエンパワーメントとQOL 松井範惟、池本幸生編著 明石書店 2006.4 372p

デハート, ドリス・C.
◇フェミニストセラピストはクライエントの異性愛関係を励ましえるか?:フェミニスト心理療法ハンドブック―女性臨床心理の理論と実践 L.B.ローズウォーター、L.E.A.ウォーカー編著, 河野貴代美、井上摩耶子訳 ヒューマン・リーグ 1994.12 317p

デパルマ, アンソニー
◇国境両側で無視されたペソの病(共著):IMF改革論争の論点 ローレンス・J.マッキラン、ピーター・C.モントゴメリー編, 森川公隆監訳 東洋経済新報社 2000.11 285p

デービス, P. C. W.
◇暴力的な宇宙の生命:コンフリクト M.ジョーンズ、A.C.フェビアン共編, 大淵憲一、熊谷智博共訳 培風館 2007.11 256p

デービス, ジェームズ・マーチン
◇仲間との絆はけっして消えない:子供たちへの手紙―あなたにこれだけは伝えたい エリカ・グッド編, 中埜有理訳 三田出版会 1997.7 371p

デービス, ジョン・ディフォー
◇イングランドとウェールズ―「競争と管理」か「関係当事者による参加とインクルージョン」か(共著):世界のインクルーシブ教育―多様性を認め、排除しない教育を ハリー・ダニエルズ、フィリップ・ガーナー編著, 中村満紀男、窪田真二監訳 明石書店 2006.3 540p (明石ライブラリー 92)

デービッド, アマド
◇アマド・デービッド(神野圭介訳):アメリカ労働運動のニューボイス―立ち上がるマイノリティー、女性たち ケント・ウォン編, 戸塚秀夫、山崎精一監訳 彩流社 2003.10 256p

デフェンソル(リギュジェの)
◇火花の書:中世思想原典集成 5 後期ラテン教父 上智大学中世思想研究所編訳・監修 平凡社 1993.9 669p

デブリン, スティーブン・J.
◇リスクと保険に対する人口動態の環境:老年財政学の

展望（共著）（大久保明訳）：国際的リスク・マネジメントと保険　ハロルド・D.スキッパー、ジュニア編著、武井勲監訳　生命保険文化研究所　1999.10　729p

テヘイロ, ホセ・バレア
◇スペインにおける社会的経済（共著）（長岡顕訳）：社会的経済—近未来の社会経済システム　J.ドゥフルニ, J.L.モンソン編著、富沢賢治、内山哲朗、佐藤誠、石塚秀雄、中川雄一郎ほか訳　日本経済評論社　1995.3　486p
◇スペインにおける社会的経済（共著）（長岡顕訳）：社会的経済—近未来の社会経済システム　J.ドゥフルニ, J.L.モンソン編著、富沢賢治ほか訳　オンデマンド版　日本経済評論社　2003.6　486p

デポルト, F.
◇食の職業：食の歴史　2　J-L.フランドラン, M.モンタナーリ編、宮原信、北代美和子監訳　藤原書店　2006.2　p434-835

デム, エベルハルト
◇社会政策学会におけるヴェーバー兄弟：マックス・ヴェーバーとその同時代人群像　W.J.モムゼン, J.オースターハメル, W.シュベントカー編著、鈴木広、米沢和彦、嘉目克彦監訳　ミネルヴァ書房　1994.9　531, 4p

デーメス, ヘルムート
◇労働組織の日独比較（大塚忠訳）：ドイツ・日本問題研究　2　ドイツ・日本問題研究班著　関西大学経済・政治研究所　1994.9　362p　（研究双書 第88冊）

デモケデス
◇カリポンとデモケデス（共著）（国方栄二訳）：ソクラテス以前哲学者断片集　第1分冊　内山勝利編　岩波書店　1996.12　367p

デーモン, ウィリアム
◇健全な野心をもて：子供たちへの手紙—あなたにこれだけは伝えたい　エリカ・グッド編、中埜有理訳　三田出版会　1997.7　371p

デューイ, C. ジョン
◇グループ音楽療法：多重人格障害をもつ女性たち：音楽療法ケーススタディ　下　成人に関する25の事例　ケネス・E.ブルシア編、よしだじゅんこ、酒井智華訳　音楽之友社　2004.4　393p

デュガイド, ポール
◇デジタル時代における大学（共著）（三浦逸雄訳）：デジタル時代の大学と図書館—21世紀における学術情報資源マネジメント　B.L.ホーキンス, P.バッティン編、三浦逸雄、斎藤泰則、広田とし子訳　玉川大学出版部　2002.3　370p　（高等教育シリーズ 112）

デュクロ, シャルル・P.
◇当世習俗論（森村敏己訳）：習俗—生き方の探求　立川孝一訳　国書刊行会　2001.10　396p　（十八世紀叢書 第2巻　中川久定、村上陽一郎責任編集）

デュシェノー, フランソワ
◇ジョン・ロック（中野重伸訳）：啓蒙時代の哲学　野沢協監訳　新装版　白水社　1998.6　290, 34p　（西洋哲学の知 4　Francois Chatelet編）
◇英米哲学（花田圭介訳）：産業社会の哲学—ニーチェからフッサールへ　花田圭介監訳　新装版　白水社　1998.6　326, 35p　（西洋哲学の知 6　Francois

Chatelet編）

デュース, ケイト
◇法廷にもちこまれた核兵器（阿部純子訳）：あなたの手で平和を！—31のメッセージ　フレドリック・S.ヘッファメール編、大庭里美、阿部純子訳　日本評論社　2005.3　260p

デューズィング, クラウス
◇思弁的観念論の成立（高山守訳）：論争の哲学史—カントからヘーゲルへ　W.イェシュケ編、高山守、藤田正勝監訳　理想社　2001.2　425, 4p

デュットマン, アレクサンダー・ガルシア
◇決定と至高性（小森謙一郎訳）：カール・シュミットと現代　臼井隆一郎編　沖積舎　2005.6　438p

テュニック, マーク
◇政治的アイデンティティとそれをもたらす絆についてのヘーゲルの思想：リベラリズムとコミュニタリアニズムを超えて—ヘーゲル法哲学の研究　ロバート・R.ウィリアムズ編、中村浩麗、牧野広義、形野清貴、田中幸世訳　文理閣　2006.12　369p

デュフレーヌ, ミケール
◇構造主義の哲学：構造主義とは何か—そのイデオロギーと方法　J.=M.ドムナック編、伊東守男、谷亀利一訳　平凡社　2004.8　358p　（平凡社ライブラリー）

デュボア
◇フランスのプロレタリア婦人活動に関する報告：世界女性学基礎文献集成　昭和初期編 第9巻　水田珠枝監修　ゆまに書房　2001.12　20, 387p

デュボア, ケリー
◇1999年のチャールズ・シュワブ証券（共著）：技術とイノベーションの戦略的マネジメント　上　ロバート・A.バーゲルマン, クレイトン・M.クリステンセン, スティーヴン・C.ウィールライト編著、青島矢一、黒田光太郎、志賀敏宏、田辺孝二、出川通、和賀三和子日本語版監修、岡真由美、斉藤裕一、桜井祐子、中川泉、山本章子訳　翔泳社　2007.7　735p

デュポン, F.
◇ローマ人の食と食事の文法：食の歴史　1　J-L.フランドラン, M.モンタナーリ編、宮原信、北代美和子監訳　藤原書店　2006.1　429p

デュマス, アンジェラ
◇デザイン再考と第3の道（杉山三七男訳）：メアリー・パーカー・フォレット　管理の予言者　ポウリン・グラハム編、三戸公、坂井正広監訳　文真堂　1999.5　360p

デュムーラン, オリヴィエ
◇人間科学の「起業家」（山上浩嗣訳）：ブローデル帝国　M.フェロー他著、F.ドス編、浜名優美監訳　藤原書店　2000.5　294p

デュ・リー, マルク
◇メルツァーへのインタビュー：クライン-ラカンダイアローグ　バゴーイン, サリヴァン編、新宮一成監訳、上尾真道、徳永健介、字梶卓訳　誠信書房　2006.4　340p

デュリ＝ベラ, マリー
◇教育、ひとつの獲得物、しかし何をするための？：「女

の歴史」を批判する　G.デュビィ, M.ペロー編, 小倉和子訳　藤原書店　1996.5　259p

デュルー, フランソワーズ
◇女はいかに哲学するか(木村信子訳)：サラ・コフマン讃　F.コラン, J-L.ナンシー, J.デリダ他著, 棚沢直子, 木村信子他訳　未知谷　2005.8　323p

デュール, マルガレッタ
◇環境と開発(吉野あかね訳)：世界の開発教育―教師のためのグローバル・カリキュラム　オードリー・オスラー編, 中里亜夫監訳, 中野和光, 吉野あかね, 川上具実訳　明石書店　2002.8　498p

デュルカーツィク, ヨッヘン
◇資本調達(小嶋博訳)：一般経営経済学　第3巻　F.X.ベアほか編著　森山書店　2000.12　228, 4p

テューロック, I.
◇ジェントルマンの"ニューディール"：地域の雇用戦略―七ヵ国の経験に学ぶ"地方の取り組み"　樋口美雄, S.ジゲール, 労働政策研究・研修機構編　日本経済新聞社　2005.10　364p

テュロック, クリスティーヌ
◇健康な患者(共著)：医療ソーシャルワークの実践　ミーケ・バドウィ, ブレンダ・ピアモンティ編著　中央法規出版　1994.9　245p

デ・ヨング, マルト＝ヤン
◇多元化社会における社会統合のための教育(共著)：デュルケムと現代教育　ジェフリー・ウォルフォード, W.S.F.ピカリング編, 黒崎勲, 清田夏代訳　同時代社　2003.4　335, 26p

テーラー, フレドリック・ウィンスロー
◇科学的経営法原理(横河民輔纂訳)：日本科学的管理史資料集　第2集(図書篇)　第1巻　初期翻訳書・翻案奥田健二, 佐々木聡編　五山堂書店　1995.9　1冊

寺崎 康博　テラサキ, ヤスヒロ
◇経済成長, 所得格差および政治・社会不安(寺崎康博著・訳)：所得不平等の政治経済学　南亮進, クワン・S.キム, マルコム・ファルカス編, 牧野文夫, 橋野篤, 橋野知子訳　東洋経済新報社　2000.11　278p

デラニー, ジーン
◇国際関係論専攻学生の例：アメリカの学生と海外留学　B.B.バーン編, 井上雍雄訳　玉川大学出版部　1998.8　198p

寺西 和史　テラニシ, カズシ
◇オウム真理教徒への差別について：オウム真理教と人権―新宗教・文化ジャーナル『SYZYGY』特別号日本語版　SYZYGY特別号日本語版刊行委員会　2000.4　108p

寺西 重郎　テラニシ, シゲオ*
◇戦時期日本のローン・シンジケーションとメインバンク・システムの源流(寺西重郎訳)：日本のメインバンク・システム　青木昌彦, ヒュー・パトリック編, 東銀リサーチインターナショナル訳　東洋経済新報社　1996.5　495p

デーリー, グレン・C.
◇プライムブローカー：ヘッジファンドの世界―仕組み・投資手法・リスク　J.レダーマン, R.A.クレイン編, 中央信託銀行オルタナティブアセット研究会訳

東洋経済新報社　1999.1　297p

デリン, アニー
◇ポーランド―バギー車で巡った一二日間の旅：車椅子がパスポート―地球旅行の挑戦者たち　アリソン・ウォルシュ編, おそどまさこ日本語版責任編集, 森実真弓訳　山と渓谷社　1994.3　687p

デル, フロイド
◇機械時代の恋愛(中島幸子, 田村とし子訳)：近代日本のセクシュアリティ　5　斎藤光編　ゆまに書房　2006.7　266, 285, 8p

デルデリアン, ジェイムズ
◇脅迫：衝突を超えて―9・11後の世界秩序　K.ブース, T.ダン編, 寺島隆吉監訳, 塚田幸三, 寺島美紀子訳　日本経済評論社　2003.5　469p

デルナー, ハインリッヒ
◇ヨーロッパ共同体規則二〇〇三年第二二〇一号による離婚の国際裁判管轄権と離婚判決の承認(山内惟介訳)：共演ドイツ法と日本法　石川敏行, ディルク・エーラース, ベルンハルト・グロスフェルト, 山内惟介編著　中央大学出版部　2007.9　510, 11p　(日本比較法研究所研究叢書 73)

デルマー, D. ゼフトン
◇ドイツ国会議事堂炎上(一九三三年二月二十七日)：歴史の目撃者　ジョン・ケアリー編, 仙名紀訳　朝日新聞社　1997.2　421p

デ・レオン, テレシータ・メナ
◇新勧告案の趣旨と要点：ILO・国連の協同組合政策と日本　日本協同組合学会編訳　日本経済評論社　2003.5　278p

テレナ, マルコス
◇ブラジル―森の声の歌をうたおう：先住民族―地球環境の危機を語る　インター・プレス・サービス編, 清水知久訳　明石書店　1993.9　242p　(世界人権問題叢書 9)

デレン, ラーク
◇手短に：記憶の底から―家庭内性暴力を語る女性たち　トニー・A.H.マクナロン, ヤーロウ・モーガン編, 長谷川真実訳　青弓社　1995.12　247p

テロ, マリオ
◇EUの経験からの理論的な貢献(福田潤一訳)：平和のグランドセオリー序説　植田隆子, 町野朔編　風行社　2007.6　196p　(ICU21世紀COEシリーズ 第1巻)

デローザ, デビット
◇新興成長市場と通貨危機：為替オーバーレイ―CFA institute(CFA協会)コンファレンス議事録　森谷博之訳　パンローリング　2004.8　263p

デローザ, ポール
◇時価と金利差益：二つのアプローチは同じものか(共著)(高橋健一訳)：ALMの新手法―キャピタル・マーケット・アプローチ　フランク・J.ファボッツィ, 小西湛夫共編　金融財政事情研究会　1992.7　499p　(ニューファイナンシャルシリーズ)

デロージュ
◇ろう者の意見：聾の経験―18世紀における手話の「発見」　ハーラン・レイン編, 石村多門訳　東京電機大学出版局　2000.10　439p

デロング, クリストファー
◇効果的だったペソ支援政策（共著）：IMF改廃論争の論点　ローレンス・J.マッキラン, ピーター・C.モントゴメリー編, 森川公隆監訳　東洋経済新報社　2000.11　285p

デロング, ブラッドフォード
◇効果的だったペソ支援政策（共著）：IMF改廃論争の論点　ローレンス・J.マッキラン, ピーター・C.モントゴメリー編, 森川公隆監訳　東洋経済新報社　2000.11　285p

デーワ, シャンテ
◇入菩薩行（河口慧海訳）：河口慧海著作集　第5巻　河口慧海著, 松濤誠達, 金子英一監修　うしお書店　2001.10　1冊

テン, C. L.
◇ミルによる自由の擁護（泉谷周三郎訳）：ミル『自由論』再読　ジョン・グレイ, G.W.スミス編著, 泉谷周三郎, 大久保正健訳　木鐸社　2000.12　214p

田 雨　デン, ウ*
◇試される危機管理システム：必読！今、中国が面白い―中国が解る60編　2007年版　而立会訳, 三潴正道監訳　日本僑報社　2007.8　240p

田 久川　デン, キュウセン*
◇日本陸軍士官学校と中国留学生：中国人の見た中国・日本関係史―唐代から現代まで　中国東北地区中日関係史研究会編, 鈴木静夫, 高田祥平編訳　東方出版　1992.12　450p

田 光華　デン, コウカ*
◇科学技術戦略の問題―栄光の日はいつ来るのか（共著）：現代中国の実像―江沢民ブレーン集団が明かす全27の課題とその解決策　劉吉, 許明, 黄楠青編著, 謝端期, 岡田久典日本語版監修, 中川友訳　ダイヤモンド社　1999.5　687p

田 俊栄　デン, シュンエイ*
◇もし惣菜屋が開業していたら 他：必読！今、中国が面白い―中国が解る60編　2007年版　而立会訳, 三潴正道監訳　日本僑報社　2007.8　240p

田 春生　デン, シュンセイ*
◇経済安全保障 東アジアから見て（共著）：ロシアの総合的安全保障環境に関する研究―東アジア地域における諸問題　総合研究開発機構　2000.3　225p（NIRA研究報告書）

田 雪原　デン, セツゲン*
◇人口の問題―張りつめた弦：現代中国の実像―江沢民ブレーン集団が明かす全27の課題とその解決策　劉吉, 許明, 黄楠青編著, 謝端期, 岡田久典日本語版監修, 中川友訳　ダイヤモンド社　1999.5　687p
◇中国人口問題の現状と将来：中国人口問題のいま―中国人研究者の視点から　若林敬子編著, 筒井紀美訳　ミネルヴァ書房　2006.9　369p

田 豆豆　デン, トウトウ*
◇「命の教育」を教室へ：必読！今、中国が面白い―中国が解る60編　2007年版　而立会訳, 三潴正道監訳　日本僑報社　2007.8　240p

田 万蒼　デン, バンソウ*
◇中日経済合作への私見（崔瞳訳）：日中の金融・産業政策比較　鹿児嶋治利, 建部正義, 田万蒼編著　中央大学出版部　2000.5　188p（中央大学企業研究所研究叢書 17）

デンカー, フリートリッヒ
◇委員会における共同正犯（塩見知伸訳）：組織内犯罪と個人の刑事責任　クヌート・アメルング編著, 山中敬一監訳　成文堂　2002.12　287p

デンク, ハンス
◇信仰告白文（1525年）・真の愛について（1527年）（出村彰訳）：宗教改革著作集　第8巻　再洗礼派　教文館　1992.10　510p

テンズ, ケイトリン
◇ドイツのケース（共著）：ジェンダー主流化と雇用戦略―ヨーロッパ諸国の事例　ユテ・ベーニング, アンパロ・セラーノ・パスキュアル編, 高木郁朗, 麻生裕子編　明石書店　2003.11　281p

テンパリー, ジェーン
◇抑うつポジション：現代クライン派入門―基本概念の臨床的理解　カタリーナ・ブロンスタイン編, 福本修, 平井正三監訳, 小野泉, 阿比留宏, 子どもの心理療法セミナーin岐阜訳　岩崎学術出版社　2005.5　243p
◇セクシュアリティーについてのクラインの見解：クライン・ラカンダイアローグ　バゴーイン, サリヴァン編, 新宮一成監訳, 上尾真道, 徳永健介, 宇梶卓訳　誠信書房　2006.4　340p

デンプスター＝マクレイン, ドナ
◇追跡接続調査における対象者の探索（共著）：ライフコース研究の方法―質的ならびに量的アプローチ　グレン・H.エルダー, ジャネット・Z.ジール編著, 正岡寛司, 藤見純子訳　明石書店　2003.10　528p（明石ライブラリー 57）

テンベ, ピナ
◇先住民：先住民委員会の声明（共著）（石田隆至訳）：もうひとつの世界は可能だ―世界社会フォーラムとグローバル化への民衆のオルタナティブ　ウィリアム・F.フィッシャー, トーマス・ポニア編, 加藤哲郎監修, 大屋定晴, 山口響, 白井聡, 木下ちがや監訳　日本経済評論社　2003.12　461p

テンペスト, ニコル
◇シスコシステムズ：製造のための買収統合（共著）：技術とイノベーションの戦略的マネジメント　ロバート・A.バーゲルマン, クレイトン・M.クリステンセン, スティーヴン・C.ウィールライト編著, 青島矢一, 黒田光太郎, 志賀敏宏, 田辺孝二, 出川通, 和賀三和子日本語版監修, 岡真由美, 斉藤裕一, 桜井祐子, 中川泉, 山本章子訳　翔泳社　2007.7　595p

【ト】

杜 維明　ト, イメイ*
◇儒教倫理と東アジアの近代化の精神：文化の多様性と通底の価値―聖俗の拮抗をめぐる東西対話　服部英二監修　麗澤大学出版会　2007.11　305, 11p

杜 玉亭　ト, ギョクテイ*
◇チノー（基諾）族（曽士才訳）：中国少数民族の婚姻と家族　下巻　厳汝嫺主編, 江守五夫監訳, 百田弥栄子, 曽士才, 栗原悟訳　第一書房　1996.12　335, 11p（Academic series—New Asia 20）

565

杜 建人 ト, ケンジン
◇日本の野望(共著)：中国人の見た日本―留学経験者の視点から　段躍中編, 朱建栄ほか著, 田縁美幸ほか訳　日本僑報社　2000.7　240p

杜 鋼建 ト, コウケン 《Du, Gang Jian》
◇価値寛容主義と改革・開放、法文化の発展 他：中国の人権論と相対主義　鈴木敬夫編訳　成文堂　1997.10　314p　(アジア法叢書22)

杜 国庠 ト, コクショウ
◇陰陽五行思想と易伝の思想(池田知久, 久保田知敏訳)：占いの創造力―現代中国周易論文集　池田知久ほか編訳, 郭沫若ほか原著　勉誠出版　2003.3　387p

杜 若君 ト, ジャククン
◇日本の『東亞新秩序』と第三國在華利益(酒井忠夫編訳)：20世紀日本のアジア関係重要研究資料　1　東亜研究所刊行物　東亜研究所編著　竜渓書舎　1999.12　16冊(セット)

都 正逸 ド, ジョンイル*
◇ポストモダニズム論争(金東秀訳)：韓国社会論争―最新ガイド　月刊『社会評論』(韓国)編集部編, 文京洙ほか監訳　社会評論社　1992.10　299p

杜 正勝 ト, セイショウ*
◇夏代考古及びその国家発展の探索(木下明明訳)：考古学論集　第6集　考古学を学ぶ会編　歴文堂書房　2005.10　203p

杜 哲森 ト, テッシン*
◇老子思想と中国絵画：老子は生きている―現代に探る「道」　葛栄晋主編, 徐海, 石川泰弘訳　地湧社　1992.8　320p

杜 甫 ト, ホ
◇杜少陵詩集(鈴木虎雄訳解)：国訳漢文大成　第16巻　続文学部　第1輯　下　日本図書センター　2000.9　p873-1634

杜 鵬 ト, ホウ*
◇人口高齢化とその将来推計：中国人口問題のいま―中国人研究者の視点から　若林敬子編著, 筒井紀美訳　ミネルヴァ書房　2006.9　369p

杜 芳琴 ト, ホウキン*
◇産育文化の歴史的考察：中国の女性学―平等幻想に挑む　秋山洋子ほか編訳　勁草書房　1998.3　250p

杜 耀明 ト, ヨウメイ
◇はじめて ひらめく感覚で見届ける歴史：香港回帰―ジャーナリストが見た'97.7.1　ユエン・チャン, 盧敬華共編, 日野みどり訳　凱風社　1998.6　197p

トアリア, ルイス
◇スペインの経験 他(共著)(沢田幹訳)：労働市場の規制緩和を検証する―欧州8カ国の現状と課題　G.エスピン・アンデルセン, マリーノ・レジーニ編, 伍賀一道ほか訳　青木書店　2004.2　418p

ドイス, ヴァルター
◇ルードルフ・カールシュタット(共著)：ドイツ企業のパイオニア―その成功の秘密　ヴォルフラム・ヴァイマー編著, 和泉雅人訳　大修館書店　1996.5　427p

ドイチ, サラ
◇南西部フロンティアにおけるヒスパニック系村落の女性たち(粂井輝子訳)：ウィメンズ・アメリカ　論文編　リンダ・K.カーバー, ジェーン・シェロン・ドゥハート編著, 有賀夏紀ほか編訳　ドメス出版　2002.2　251, 6p

ドイツ共産党
◇婦人の解放と政治(水野正次訳)：世界女性学基礎文献集成　昭和初期編　第3巻　水田珠枝監修　ゆまに書房　2001.12　20, 363p

ドイツ社会民主党基本価値委員会
◇自由・公正・連帯：21世紀における社会民主主義政治の基準と原則(安井宏樹訳・解説)：ヨーロッパ社会民主主義論集　4　生活経済政策研究所　2002.12　116p　(生活研ブックス16)

トイテベルク, H.-J.
◇食品消費の変化(共著)：食の歴史　3　J-L.フランドラン, M.モンタナーリ編, 宮原信, 北代美和子監訳　藤原書店　2006.3　p838-1209

ドイル, マイケル
◇平和、自由、民主主義：アメリカによる民主主義の推進―なぜその理念にこだわるのか　猪口孝, マイケル・コックス, G.ジョン・アイケンベリー編　ミネルヴァ書房　2006.6　502, 12p　(国際政治・日本外交叢書1)

ドイル, マイケル・W.
◇カント、自由主義の遺産、外交：国際関係リーディングズ　猪口孝編, 幸野良夫訳　東洋書林　2004.11　467p

鄧 圩 トウ, ウ*
◇「デジタル市政」が「地下迷宮」をあばく：必読！今、中国が面白い―中国が解る60編　2007年版　而立会訳, 三潴正道監訳　日本僑報社　2007.8　240p

董 永裁 トウ, エイサイ*
◇忘れがたい激動の歳月―「長白会」の皆さん：新中国に貢献した日本人たち―友情で綴る戦後史の一コマ　中国中日関係史学会編, 武吉次朗訳　日本僑報社　2003.10　460p

湯 永進 トウ, エイシン*
◇一場の静かなる革命―「中華人民共和国行政訴訟法」実施状況研究調査分析報告 他：法治の理想と現実　龔祥瑞ほか編, 浅井敦ほか訳　新評論　1996.12　382p　(愛知大学国研叢書　第2期　第2冊)

湯 学智 トウ, ガクチ*
◇文学の問題―文学の危機は精神の危機である：現代中国の実像―江沢民ブレーン集団が明かす 全27の課題とその解決策　劉吉, 許明, 黄鳥青編著, 謝端明, 岡田久典日本語版監修, 中川友訳　ダイヤモンド社　1999.5　687p

佟 岩 トウ, ガン
◇世紀末・中国(共著)：世紀末・中国　中国ジャーナリスト集団共著, 郝在今編, 佟岩, 浅野慎一著・訳　東銀座出版社　1997.6　231p

陶 希聖 トウ, キセイ
◇『東亞新秩序』と民族主義 他(酒井忠夫編訳)：20世紀日本のアジア関係重要研究資料　1　東亜研究所刊行物　東亜研究所編著　竜渓書舎　1999.12　16冊(セット)

鄧　暁華　トウ,ギョウカ*
◇宗族社会と民間信仰（共著）（ウチラルト,三尾裕子訳）：民俗文化の再生と創造―東アジア沿海地域の人類学的研究　三尾裕子編　風響社　2005.3　275p（アジア研究報告シリーズ no.5）

滕　軍　トウ,グン*
◇「和物」の誕生と草庵茶道の形成：〈意〉の文化と〈情〉の文化―中国における日本研究　王敏編著,岡部明日香ほか訳　中央公論新社　2004.10　444p（中公叢書）

鄧　継山　トウ,ケイザン
◇この両手で日本を知った：中国人の見た日本―留学経験者の視点から　段躍中編,朱建栄ほか訳,田縁美幸ほか訳　日本僑報社　2000.7　240p

湯　顕祖　トウ,ケンソ
◇国訳還魂記（宮原民平訳註）：国訳漢文大成　第6巻　文学部　第1輯　下　日本図書センター　2000.9　p1001-2148

陶　宏　トウ,コウ*
◇愛国心、三つの性質：必読！今、中国が面白い―中国が解る60編　2007年版　而立会訳,三潴正道監訳　日本僑報社　2007.8　240p

董　光璧　トウ,コウヘキ*
◇「道」の幻影と「無」の科学：老子は生きている―現代に探る「道」　葛栄晋主編,徐海,石川泰成訳　地涌社　1992.8　320p

唐　国興　トウ,コクコウ*
◇中国の国際収支と貨幣供給のモデル分析：中国の計量経済学モデル　L.R.クライン,市村真一編　創文社　2006.3　343p（ICSEAD研究叢書 4）

佟　克力　トウ,コクリキ*
◇シボ（錫伯）族（曽士才訳）：中国少数民族の婚姻と家族　下巻　厳汝嫻主編,江守五夫監訳,百田弥栄子,曽士才,栗原悟訳　第一書房　1996.12　335, 11p（Academic series―New Asia 20）

陶　宗儀　トウ,シュウギ*
◇書史会要：明代琉球資料集成　原田禹雄訳注　榕樹書林　2004.12　553p

湯　重南　トウ,ジュウナン*
◇科学者出身の貿易促進家―萩原定司氏：新中国に貢献した日本人たち―友情で綴る戦後史の一コマ　中国中日関係史学会編,武吉次朗訳　日本僑報社　2003.10　460p
◇中国化学工業への献身―丸沢常哉博士：新中国に貢献した日本人たち―友情で綴る戦後史の一コマ　続　中国中日関係史学会編,武吉次朗訳　日本僑報社　2005.11　520p

湯　正宇　トウ,セイウ*
◇中華魂の復興：ノーと言える中国　宋強ほか著,莫邦富ほか訳　日本経済新聞社　1996.11　371p
◇中華魂の復興：ノーと言える中国　張藏藏ほか著,莫邦富編訳　新潮社　1999.9　507p（新潮文庫）

陶　潜　トウ,セン
◇陶淵明集・王右丞集（釈清潭訳解）：国訳漢文大成　第15巻　続文学部　第1輯　上　日本図書センター　2000.9　871p

唐　柏橋　トウ,ハクキョウ
◇陳光第の死と周恩来：人間・周恩来―紅朝宰相の真実　金鐘編,松田州二訳　原書房　2007.8　370p

ドゥアーピンゴース,ヘレン・I.
◇ヘルスケアのファイナンシング（斎藤芳裕訳）：国際的リスク・マネジメントと保険　ハロルド・D.スキッパー,ジュニア編著,武井勲監訳　生命保険文化研究所　1999.10　729p

ドゥアラ,プラセンジット
◇中国におけるグローバリゼーション史の諸相：近代東アジアのグローバリゼーション　マーク・カプリオ編,中西恭子訳　明石書店　2006.7　266p

ドゥイファット,エミル
◇新聞学　上：内閣情報部情報宣伝研究資料　第3巻　津金沢聡広,佐藤卓己編　柏書房　1994.6　587p

トゥウェイミン
◇四つの新潮流と文明：文明間の対話　マジッド・テヘラニアン,デイビッド・W.チャペル編,戸田記念国際平和研究所監訳　潮出版社　2004.2　446, 47p

トゥヴォルシュカ,モニカ
◇イスラム教：諸宗教の倫理学―その教理と実生活　第1巻　性の倫理　M.クレッカー,U.トゥヴォルシュカ編,石橋孝明,榎津重喜訳　九州大学出版会　1992.4　240, 3p
◇イスラム教：諸宗教の倫理学―その教理と実生活　第3巻　健康の倫理　M.クレッカー,U.トゥヴォルシュカ編,石橋孝明ほか訳　九州大学出版会　1994.9　212, 2p
◇イスラム教（石橋孝明訳）：諸宗教の倫理学―その教理と実生活　第5巻　環境の倫理　M.クレッカー,U.トゥヴォルシュカ編,石橋孝明,榎津重喜,山口意友訳　九州大学出版会　1999.4　255, 3p
◇イスラム教：諸宗教の倫理学―その教理と実生活　第4巻　所有と貧困の倫理　M.クレッカー,U.トゥヴォルシュカ編,石橋孝明訳　九州大学出版会　2000.9　202, 2p

ドゥヴロワ,ジャン＝ピエール
◇人文科学の研究・教育基盤としての大学図書館（岡崎敦訳）：テクストの宇宙―生成・機能・布置　21世紀COEプログラム「統合テクスト科学の構築」SITES講演録2004-2005年　佐藤彰一編　名古屋大学大学院文学研究科　2006.3　296p

ドヴォーキン,ジャニス・M.
◇境界性人格障害をもつ思春期の少女との個人セッション：対象関係論的アプローチ：音楽療法ケーススタディ　I　児童・青年に関する17の事例　ケネス・E.ブルシア編,酒井智華ほか訳　音楽之友社　2004.2　285p

トゥサン,フランソワ＝ヴァンサン
◇習俗論（立川孝一,渡部望訳）：習俗―生き方の探求　立川孝一ほか訳　国書刊行会　2001.10　396p（十八世紀叢書 第2巻　中川久定,村上陽一郎責任編集）

トゥシュレイ,コリーヌ
◇子供と出版（塩川浩子訳）：図説天才の子供時代―歴史のなかの神童たち　E.ル・ロワ・ラデュリー,ミシェル・サカン編,二宮完敬監訳　新曜社　1998.1　446p

567

トゥトゥ, デスモンド
◇宗教と人権：今こそ地球倫理を　ハンス・キューング編, 吉田収訳　世界聖典刊行協会　1997.10　346p（ぼんブックス 39）

ドゥードゥレ, ウルス
◇性適合の結果：偽りの肉体—性転換のすべて　バーバラ・カンプラート, ワルトラウト・シッフェルス編著, 近藤聡訳　信山社出版　1998.6　210p

ドゥドニク, Z. V.
◇南ゴトナムにおける農業協同組合と農業金融：ベトナム現代史—論文集　防衛研修所　1964　175p（研究資料　第35号）

ドゥビギン, イアン
◇従順な身体（共著）（山本雄二訳）：フーコーと教育—〈知＝権力〉の解読　S.J.ボール編著, 稲垣恭子, 喜名信之, 山本雄二監訳　勁草書房　1999.4　285, 4p

ドゥ・フィールモン, ヘンリー・エセックス・エッジワース
◇ルイ十六世の処刑（一七九三年一月二十一日）：歴史の目撃者　ジョン・ケアリー編, 仙名紀訳　朝日新聞社　1997.2　421p

ドゥプラズ, ナタリー
◇現象学的形而上学を求めて—ミシェル・アンリとマイスター・エックハルト（伊藤泰雄訳）：媒体性の現象学　新田義弘ほか訳　青土社　2002.7　501p

ドゥブリュー, ジェラール
◇無作為遊歩と人生哲学：現代経済学の巨星—自らが語る人生哲学　下　M.シェンバーグ編　岩波書店　1994.12　292, 11p

ドゥホルム, ニルス
◇デンマーク（金口恭久訳）：世界のいじめ—各国の現状と取り組み　森田洋司総監修・監訳, P.K.スミスほか編, 川口仁志ほか訳　金子書房　1998.11　463p

ドゥマン, A.
◇アドルフ＝ヒトラーの政治思想におけるローマとゲルマニア（栗田伸子訳）：躍動する古代ローマ世界—支配と解放運動をめぐって　土井正興先生追悼論文集　倉橋良伸ほか編　理想社　2002.6　409p

ドゥムール, ジャン＝ポール
◇ラスコー（長井伸仁訳）：記憶の場—フランス国民意識の文化＝社会史　第3巻　ピエール・ノラ編, 谷川稔監訳　岩波書店　2003.3　474, 15p

ドゥ・メネヴァル, クロード・フランソワ
◇ナポレオンのモスクワ進攻（一八一二年九月十四日）：歴史の目撃者　ジョン・ケアリー編, 仙名紀訳　朝日新聞社　1997.2　421p

ドゥラソ, マリア・エレナ
◇マリア・エレナ・ドゥラソ（荒谷幸江訳）：アメリカ労働運動のニューボイス—立ち上がるマイノリティー, 女性たち　ケント・ウォン編, 戸塚秀夫, 山崎精一監訳　彩流社　2003.10　256p

ドゥ・ラルキエ, ギュイメット
◇慣行とその使用法について　他（共著）（海老塚明訳）：コンヴァンシオン理論の射程—政治経済学の復権　フィリップ・バティフリエ編, 海老塚明, 須田文明監訳　昭和堂　2006.11　419p

トゥーリ, ジャック
◇キプロス—たとえ体の自由がきかなくても, 旅にいよう！：車椅子はパスポート—地球旅行の挑戦者たち　アリソン・ウォルシュ編, おそどまさこ日本語版責任編集, 森実真弓訳　山と渓谷社　1994.3　687p

トゥリスタン, フローラ
◇ロンドンの売春婦（一八三九年）：歴史の目撃者　ジョン・ケアリー編, 仙名紀訳　朝日新聞社　1997.2　421p

ドゥルー, ジョエル
◇旧体制との連続あるいは断絶？山間の大恐怖：十八世紀の恐怖—言説・表象・実践　ジャック・ベールシュトルド, ミシェル・ポレ編, 飯ថ和夫, 田所光男, 中島ひかる訳　法政大学出版局　2003.12　446p（叢書・ウニベルシタス 782）

トゥルヴァニ, マルゲリータ
◇非合法市場と新制度派経済学（中島正人訳）：取引費用経済学—最新の展開　クロード・メナード編著, 中島正人, 谷口洋志, 長谷川啓之監訳　文真堂　2002.12　207p

ドゥルウィッチ, ビクター
◇オンラインによる心理測定テストの功罪：ピープルマネジメント—21世紀の戦略的人材活用コンセプト　Financial Times編, 日経情報ストラテジー監訳　日経BP社　2002.3　271p（日経情報ストラテジー別冊）

トゥルツァスカリク, フリードリッヒ
◇カトリシズム：諸宗教の倫理学—その教理と実生活　第1巻　性の倫理　M.クレッカー, U.トゥヴォルシュカ編, 石橋孝明, 榎津重喜訳　九州大学出版会　1992.4　240, 3p
◇カトリシズム：諸宗教の倫理学—その教理と実生活　第3巻　健康の倫理　M.クレッカー, U.トゥヴォルシュカ編, 石橋孝明ほか訳　九州大学出版会　1994.9　212, 2p
◇カトリシズム：諸宗教の倫理学—その教理と実生活　第4巻　所有と貧困の倫理　M.クレッカー, U.トゥヴォルシュカ編, 石橋孝明訳　九州大学出版会　2000.9　202, 2p

トゥールテロ, ジョナサン・B.
◇アマゾン川：グレートリバー—地球に生きる・地球と生きる　National Geographic Society編, 田村協子訳　同朋舎出版　1993.7　448p

ドゥン, メアリー・アン
◇テクノフィリア（中川輝彦訳）：ボディ・ポリティクス—女と科学言説　M.ジャコーバス, E.F.ケラー, S.シャトルワース編, 田間泰子, 美馬達哉, 山本祥子監訳　世界思想社　2003.4　332p（Sekaishiso seminar）

ドエラー, ラリーン・コリンズ
◇CTAの評価：機関投資家のポートフォリオにおけるマネージド・フューチャーズ　チャールズ・B.エプスタイン編, 日本商品ファンド業協会訳　日本商品ファンド業協会　1995.3　320p

ドー・キンエーミン
◇鳴き続けなさい白鳩よ：女たちのビルマ—軍事政権下を生きる女たちの声　藤田ゆき監修, タナッカーの会編, 富田あかり訳　明石書店　2007.12　446p（アジア現代女性史 4）

徳 全英　トク，ゼンエイ*
◇小数民族文化科学技術法律制度（共著）（三村光弘訳）：中国民族法概論　呉宗金編著，西村幸次郎監訳　成文堂　1998.10　310p　（アジア法叢書24）

ドクター・シンシア・マウン
◇こちら側の保健事情：女たちのビルマ―軍事政権下を生きる女たちの声　藤目ゆき監修，タナッカーの会編，富田あかり訳　明石書店　2007.12　446p　（アジア現代女性史4）

ドクター・チーメーカウン
◇移行期のビルマの女たち：女たちのビルマ―軍事政権下を生きる女たちの声　藤目ゆき監修，タナッカーの会編，富田あかり訳　明石書店　2007.12　446p　（アジア現代女性史4）

ドザンティ，ジャン＝トゥサン
◇ガリレイと新しい自然概念（坂本賢三訳）：近代世界の哲学―ミュンツァーからライプニッツへ　竹内良知監訳　新装版　白水社　1998.6　287, 21p　（西洋哲学の知3　Francois Chatelet編）
◇数学―「現代性」の誕生（1850〜1900）（静間良次訳）：産業社会の哲学―ニーチェからフッサールへ　花田圭介監訳　新装版　白水社　1998.3　326, 35p　（西洋哲学の知6　Francois Chatelet編）

ドジャン，ジョウン
◇ポルノグラフィの政治学（正岡和恵訳）：ポルノグラフィの発明―猥褻と近代の起源，一五〇〇年から一八〇〇年へ　リン・ハント編著，正岡和恵，末広幹，吉原ゆかり訳　ありな書房　2002.8　438p

ドズ，イヴ・L.
◇戦略統合の力（共著）：技術とイノベーションの戦略的マネジメント　下　ロバート・A.バーゲルマン，クレイトン・M.クリステンセン，スティーヴン・C.ウィールライト編著，青島矢一，黒田光太郎，志賀敏宏，田辺孝二，出川通，和賀三和子日本語版監修，岡真由美，斉藤裕一，桜井祐子，中川泉，山本章子訳　翔泳社　2007.7　595p

ドス，フランソワ
◇ブローデル館長の真新しい服 他（尾河直哉訳）：ブローデル帝国　M.フェロー他著，F.ドス編，浜名優美監訳　藤原書店　2000.5　294p

ドスーザ，ディネッシュ
◇ツィードを着た西ゴート人：アメリカの差別問題―PC（政治的正義）論争をふまえて　Patricia Aufderheide編，脇浜義明訳　明石書店　1995.6　208p

ドーゼ，ベルトイアン
◇個人の心象から世界の集合的道具へ―共有されたステレオタイプによって集団はどのように社会的現実を表象し変化させるか（共著）：ステレオタイプとは何か―「固定観念」から「世界を理解する”説明力”」へ　クレイグ・マクガーティ，ビンセント・Y.イゼルビット，ラッセル・スピアーズ編著，国広陽子監修，有馬明恵，山下玲子監訳　明石書店　2007.2　296p

トーツィナー，ジム
◇グローバリゼーション，不平等（の問題）と和平の構築（大井英子訳）：ソーシャルワークとグローバリゼーション　カナダソーシャルワーカー協会編，日本ソーシャルワーカー協会国際委員会訳，仲村優一監訳　相

川書房　2003.8　186p

ドッジ，ウィリアム・S.
◇契約上の懲罰的損害賠償に適する事例（渡辺達徳訳）：現代アメリカ契約法　ロバート・A.ヒルマン，笠井修編著　弘文堂　2000.10　400p

トッド，ウォーカー・F.
◇メキシコへの施しは誰を救出するのか：IMF改廃論争の論点　ローレンス・J.マッキラン，ピーター・C.モントゴメリー編，森川公隆監訳　東洋経済新報社　2000.11　285p

ドッペルト，ジェラルド
◇自由主義と共同体主義を超えて―社会的正義の批判理論に向けて（有賀誠訳）：普遍主義対共同体主義　デヴィッド・ラスマッセン編，菊池理夫，山口晃，有賀誠訳　日本経済評論社　1998.11　433p

ドティ，ジョージ・E.
◇カールからカールへ（佐野誠訳）：カール・シュミットの挑戦　シャンタル・ムフ編，古賀敬太，佐野誠編訳　風行社　2006.5　300, 9p

トーディ，ヤコポーネ・ダ
◇讃歌：中世思想原典集成12　フランシスコ会学派　上智大学中世思想研究所編訳・監修　平凡社　2001.9　1047p

トート，イシュトヴァーン・ジェルジ
◇十八世紀東欧より見た東アジア（定森亮訳）：十八世紀における他者のイメージ―アジアの側から，そしてヨーロッパの側から　中川久定，J.シュローバハ編　河合文化教育研究所　2006.3　370p

トナー，マルティン
◇投資手段の発展のために国家の法秩序が果たす役割：法の同化―その基礎，方法，内容　ドイツからの見方と日本からの見方　カール・リーゼンフーバー，高山佳奈子編　De Gruyter Recht　c2006　27, 651p（Schriften zum Europäischen und Internationalen Privat-, Bank-und Wirtschaftsrecht Bd.10）

ドナヒュー，デニス
◇読書の実践：人文科学に何が起きたか―アメリカの経験　A.カーナン編，木村武史訳　玉川大学出版部　2001.10　301p　（高等教育シリーズ109）

ドナルド，ジェイムズ
◇市民と都市民（松畑強訳）：カルチュラル・アイデンティティの諸問題―誰がアイデンティティを必要とするのか？　スチュアート・ホール，ポール・ドゥ・ゲイ編，宇波彰監訳・解説　大村書店　2001.1　342p

ドーヌー
◇師範学校の閉鎖にかんする報告 他：フランス革命期の公教育論　コンドルセ他著，阪上孝編訳　岩波書店　2002.1　460, 9p　（岩波文庫）

ドーネック，ジャスティス・D.
◇合衆国とヨーロッパ戦争，一九三九―一九四一年：アメリカ大国への道―学説史から見た対外政策　マイケル・J.ホーガン編，林義勝訳　彩流社　2005.6　284, 89p

トネルソン，アラン
◇ブッシュの外交革命と日本：「無条件勝利」のアメリカと日本の選択　ロナルド・A.モース編著，日下公人

トハリ

監修，時事通信社外信部ほか訳　時事通信社　2002.1　325p

ド・バリー，ブレット
◇間＝文化的イマジナリーにおけるオリエンタリズム（村田泰子訳）：記憶が語りはじめる　冨山一郎編　東京大学出版会　2006.12　263p　（歴史の描き方 3　ひろたまさき，キャロル・グラック監修）

トーバル，サーディア
◇国連は本当に紛争を調停できるのか：新脅威時代の「安全保障」―『フォーリン・アフェアーズ』アンソロジー　ジョゼフ・S．ナイほか著，竹下興喜監訳　中央公論社　1996.9　255p

ドー・ピェゾウン
◇女と和平：女たちのビルマ―軍事政権下を生きる女たちの声　藤目ゆき監修，タナッカーの会編，富田あかり訳　明石書店　2007.12　446p　（アジア現代女性史 4）

ドビス，J．
◇大陸間諸関係から見たアフリカ（共著）（楠瀬佳子訳）：ユネスコ・アフリカの歴史　第4巻　一二世紀から一六世紀までのアフリカ　アフリカの歴史起草のためのユネスコ国際学術委員会編，宮本正興責任編集　D.T.ニアヌ編　同朋舎出版　1992.9　2冊

ド＝ピュイメージュ，ジェラール
◇兵士ショーヴァン（上垣豊訳）：記憶の場―フランス国民意識の文化＝社会史　第3巻　ピエール・ノラ編，谷川稔監訳　岩波書店　2003.3　474, 15p

トービン，ジェームズ（経済学）
◇国際通貨改革のための提案（岡野裕介訳・解題）：税とは何か　藤原書店　2003.11　225p
◇『一般理論』概観：一般理論―第二版―もしケインズが今日生きていたら　G.C.ハーコート，P.A.リーアック編，小山庄三訳　多賀出版　2005.6　922p

ドーブ，リタ
◇ローザ・パークス：TIMEが選ぶ20世紀の100人　下巻　アーチスト・エンターテイナー・ヒーロー・偶像・巨頭　徳岡孝夫監訳　アルク　1999.11　318p

ドーブ，レオナード・W．
◇宣伝の心理と技術：内閣情報部情報宣伝研究資料　第5巻　津金沢聡広，佐藤卓己編　柏書房　1994.6　721p

ドブソン，ウェンディ
◇制度化された経済政策協調？―G7とブレトンウッズ機関の将来：21世紀の国際通貨システム―ブレトンウッズ委員会報告　ブレトンウッズ委員会日本委員会編　金融財政事情研究会　1995.2　245p

ドブハーン，ウルリヒ
◇アヴィラのテレジア：宗教改革期の牧会者たち　2　日本基督教団出版局　2001.10　212p　（魂への配慮の歴史　第6巻　C.メラー編，加藤常昭訳）

ドー・フマン
◇体験の真相：女たちのビルマ―軍事政権下を生きる女たちの声　藤目ゆき監修，タナッカーの会編，富田あかり訳　明石書店　2007.12　446p　（アジア現代女性史 4）

トフラー，ハイジ
◇富者の反乱が世界を襲う（共著）：知の大潮流―21世紀へのパラダイム転換　今世紀最高の頭脳が予見する未来　ネイサン・ガーデルズ編，仁保真佐子訳　徳間書店　1996.12　419p

ドー・フラフラモウ
◇闘う女の声：女たちのビルマ―軍事政権下を生きる女たちの声　藤目ゆき監修，タナッカーの会編，富田あかり訳　明石書店　2007.12　446p　（アジア現代女性史 4）

ドブレフ，ズラトコ
◇ブルガリア―ジプシーの子どもと特殊教育に関する社会的概念の変化（共著）：世界のインクルーシブ教育―多様性を認め，排除しない教育を　ハリー・ダニエルズ，フィリップ・ガーナー編著，中村満紀男，窪田真二監訳　明石書店　2006.3　540p　（明石ライブラリー 92）

ドベーキー，マイケル
◇自分の脳力を信じ，エンージアズム（熱意）で成功を勝ち取った男：思考は現実化する―私はこうして思考を現実化した　実践編　ナポレオン・ヒル財団日本リソーセス編・訳　騎虎書房　1997.3　231p

ド・ベーズ，テオドール
◇為政者の臣下に対する権利（1574年）（丸山忠孝訳）：宗教改革著作集　第10巻　カルヴァンとその周辺　2　教文館　1993.3　405p

ドーマー，エフセイ・D．
◇私はどのように経済学者になるべく努力したか：現代経済学の巨星―自らが語る人生哲学　下　M.シェンバーグ編　岩波書店　1994.12　292, 11p

トマ，ルイ＝ヴァンサン
◇民族学　脱神話化と脱膊着化（加藤茂訳）：人間科学と哲学　田島節夫監訳　新装版　白水社　1998.6　346, 27p　（西洋哲学の知 7　Francois Chatelet編）

トマス，A．（経済学）
◇イギリスにおける「社会的経済」（共著）（中川雄一郎訳）：社会的経済―近未来の社会経済システム　J.ドゥフルニ，J.L.モンソン編著，富沢賢治，内山哲朗，佐藤誠，石塚秀雄，中川雄一郎ほか訳　日本経済評論社　1995.3　486p
◇イギリスにおける「社会的経済」（共著）（中川雄一郎訳）：社会的経済―近未来の社会経済システム　J.ドゥフルニ，J.L.モンソン編著，富沢賢治ほか訳　オンデマンド版　日本経済評論社　2003.6　486p

トーマス，R．デヴィッド
◇トーマスのやり方こそまさにPMA：思考は現実化する―私はこうして思考を現実化した　実践編　ナポレオン・ヒル財団日本リソーセス編・訳　騎虎書房　1997.3　231p

トーマス，V．
◇開発への挑戦の再検討：開発経済学の潮流―将来の展望　G.M.マイヤー，J.E.スティグリッツ共編，関本勘ço，近藤正規，国際協力研究グループ訳　シュプリンガー・フェアラーク東京　2003.7　412p

トーマス，キャメロン
◇テムズ川：グレートリバー―地球に生きる・地球と生きる　National Geographic Society編，田村協子訳

同朋舎出版　1993.7　448p

トマス, キャロル・R.
◇家族カウンセリングの理論（共著）（江口真理子訳）：アドラー家族カウンセリング―カウンセラー、教師、セラピストのための実践マニュアル　オスカー・C.クリステンセン編著, 江口真理子, 柴山謙二, 山口茂嘉訳　春秋社　2000.5　287, 9p

トマス, ギュンター
◇三位一体区別と偶発性定式としての神の統一：宗教システム/政治システム―正統性のパラドクス　土方透編著　新泉社　2004.5　266, 3p

トマス, クリストファー
◇光学部品産業：その展望：技術とイノベーションの戦略的マネジメント　上　ロバート・A.バーゲルマン, クレイトン・M.クリステンセン, スティーヴン・C.ウィールライト編著, 青島矢一, 黒田光太郎, 志賀敏宏, 田辺孝二, 出川通, 和賀三和子日本語版監修, 岡真由美, 斉藤裕一, 桜井祐子, 中川泉, 山本章子訳　翔泳社　2007.7　735p

トーマス, ゲイリー
◇イングランドとウェールズ―「競争と管理」か「関係当事者による参加とインクルージョン」か（共著）：世界のインクルーシブ教育―多様性を認め、排除しない教育を　ハリー・ダニエルズ, フィリップ・ガーナー編著, 中村満紀男, 窪田真二監訳　明石書店　2006.3　540p　（明石ライブラリー 92）

トーマス, ジム（経済学）
◇消費性向と乗数：一般理論―第二版―もしケインズが今日生きていたら　G.C.ハーコート, P.A.リーアック編, 小山庄三訳　多賀出版　2005.6　922p

トーマス, ジョー・A.
◇ゲイ・ポルノの過去、現在、未来：セックス・フォー・セール―売春・ポルノ・法規制・支援団体のフィールドワーク　ロナルド・ワイツァー編, 岸田美貴訳, 松沢呉一監修　ポット出版　2004.8　438p

トーマス, デイビッド・A.
◇多様性を競争優位に変える新たなパラダイム（共著）：人材マネジメント　Harvard Business Review編, Diamondハーバード・ビジネス・レビュー編集部訳　ダイヤモンド社　2002.3　309p
◇ガースナー改革：コミットメント―熱意とモラールの経営　Diamondハーバード・ビジネス・レビュー編集部編訳　ダイヤモンド社　2007.4　270p　（Harvard business review）

トーマス, ドロシー・Q.
◇解決策を求めて：世界の女性と暴力　ミランダ・デービス編, 鈴木研一訳　明石書店　1998.4　472p　（明石ライブラリー 4）

トーマス, バーバラ
◇ドイツ―制度的なギャップ：世界のメディア・アカウンタビリティ制度―デモクラシーを守る七つの道具　クロード‐ジャン・ベルトラン編著, 前沢猛訳　明石書店　2003.5　590p　（明石ライブラリー 49）

トーマス, ビル
◇ユーコン川：グレートリバー―地球に生きる・地球と生きる　National Geographic Society編, 田村協二訳　同朋舎出版　1993.7　448p

トーマス, フィリッパ
◇オランダ―娘に元気づけられ一緒に旅したアムステルダム：車椅子はパスポート―地球旅行の挑戦者たち　アリソン・ウォルシュ編, おそどまさこ日本語版責任編集, 森実真弓訳　山と渓谷社　1994.3　687p

トマス（エルフルトの）
◇表示の諸様態あるいは思弁文法学について：中世思想原典集成 19　中世末期の言語・自然哲学　上智大学中世思想研究所編訳・監修　平凡社　1994.1　615p

トマス（ヨークの）
◇説教―われらの主イエス・キリストの受難について：中世思想原典集成 12　フランシスコ会学派　上智大学中世思想研究所編訳・監修　平凡社　2001.9　1047p

トムク, ステファン
◇バンク・オブ・アメリカ：サービスのR&D活動：金融サービス業の戦略思考　Diamondハーバード・ビジネス・レビュー編集部編訳　ダイヤモンド社　2005.12　225p　（Harvard business review anthology）
◇アメリカの新薬開発に関する小論　他（共著）：技術とイノベーションの戦略的マネジメント　上　ロバート・A.バーゲルマン, クレイトン・M.クリステンセン, スティーヴン・C.ウィールライト編著, 青島矢一, 黒田光太郎, 志賀敏宏, 田辺孝二, 出川通, 和賀三和子日本語版監修, 岡真由美, 斉藤裕一, 桜井祐子, 中川泉, 山本章子訳　翔泳社　2007.7　735p
◇3Mにおけるイノベーション　他（共著）：技術とイノベーションの戦略的マネジメント　下　ロバート・A.バーゲルマン, クレイトン・M.クリステンセン, スティーヴン・C.ウィールライト編著, 青島矢一, 黒田光太郎, 志賀敏宏, 田辺孝二, 出川通, 和賀三和子日本語版監修, 岡真由美, 斉藤裕一, 桜井祐子, 中川泉, 山本章子訳　翔泳社　2007.7　595p

トムズ, ウィリアム
◇フォークロア（荒木博之訳）：フォークロアの理論―歴史地理的方法を越えて　アラン・ダンデス他著, 荒木博之訳　法政大学出版局　1994.1　202p

トムソン, アンナ
◇イタリア―温泉療養地アーバノ・テルメへひとり旅：車椅子はパスポート―地球旅行の挑戦者たち　アリソン・ウォルシュ編, おそどまさこ日本語版責任編集, 森実真弓訳　山と渓谷社　1994.3　687p

トムソン, スチュアート・E.
◇死、食品、そして一族の繁栄：中国の死の儀礼　ジェイムズ・L.ワトソン, エヴリン・S.ロウスキ編, 西脇常記, 神田一世, 長尾佳代子訳　平凡社　1994.11　416p

トムリンセン, ダグ
◇不採算顧客で儲けるビジネスモデル（共著）：ビジネスモデル戦略論　Diamondハーバード・ビジネス・レビュー編集部訳　ダイヤモンド社　2006.10　223p　（Harvard business review anthology）

トムリンソン, B. R.
◇二十世紀南アジアにおける帝国とヘゲモン（渡辺昭一訳）：帝国の終焉とアメリカ―アジア国際秩序の再編　渡辺昭一編　山川出版社　2006.5　313, 10p

トムリンソン, サリー
◇排除―中産階級と共通善（窪田眞二訳）：世界のインクルーシブ教育―多様性を認め、排除しない教育を　ハリー・ダニエルズ，フィリップ・ガーナー編著，中村満紀男，窪田真二監訳　明石書店　2006.3　540p（明石ライブラリー 92）

友永 健三　トモナガ, ケンゾウ*
◇アジアの反差別運動と衡平運動：朝鮮の「身分」解放運動　民族教育文化センター訳，衡平運動70周年記念事業会編　部落解放研究所　1994.7　223p

トライクラー, ポーラ・A.
◇フェミニズム、医療、出産の意味（門野里栄子訳）：ボディ・ポリティクス―女と科学言説　M.ジャコーバス，E.F.ケラー，S.シャトルワース編，田間泰子，美馬達哉，山本祥子監訳　世界思想社　2003.4　332p（Sekaishiso seminar）

ドライバーグ, トム
◇ニキータ・フルシチョフ（鈴木主税訳）：インタヴューズ　2　クリストファー・シルヴェスター編，新庄哲夫ほか訳　文芸春秋　1998.11　451p

トライブ, キース
◇ポリティカル・エコノミーの歴史主義化（小林純訳）：歴史学派の世界　住谷一彦，八木紀一郎訳　オンデマンド版　日本経済評論社　2003.3　296p

トラウトマン, エドガー・C.
◇解放一五年後のナチ強制収容所生き残りに関する精神医学の調査：ドイツ精神病理学の戦後史―強制収容所体験と戦後補償　小俣和一郎著　現代書館　2002.4　230p

トラウワー, ピーター
◇社会的スキルと仕事（共著）（栗林克匡訳）：仕事の社会心理学　Peter Collett, Adrian Furnham原著編，長田雅喜，平林進訳編　ナカニシヤ出版　2001.6　303p

ドラカンパーニュ, クリスティアン
◇フランスにおける反ユダヤ主義（一九四五―九三年）：現代の反ユダヤ主義　レオン・ポリアコフ編著，菅野賢治，合田正人監訳，小幡谷友二，高橋博美，宮崎海子訳　筑摩書房　2007.3　576, 43p（反ユダヤ主義の歴史 第5巻）

トラクト, マーク・M.
◇リスクと保険に関する法的環境（共著）（山崎博司訳）：国際的リスク・マネジメントと保険　ハロルド・D.スキッパー，ジュニア編著，武井勲監訳　生命保険文化研究所　1999.10　729p

トラシー, デステュット・ド
◇現在の公教育制度についての観察：フランス革命期の公教育論　コンドルセ他著，阪上孝訳編　岩波書店　2002.1　460, 9p（岩波文庫）

トラシュマコス
◇トラシュマコス（朴一功訳）：ソクラテス以前哲学者断片集　第5分冊　内山勝利編　岩波書店　1997.3　255p

トラスク, ハウナニ＝ケイ
◇先住民族の人権：文明間の対話　マジッド・テヘラニアン，デイビッド・W.チャペル編，戸田記念国際平和研究所監訳　潮出版社　2004.2　446, 47p

ドーラック, アンドラ
◇髪の後ろに隠して：障害のある学生を支える―教員の体験談を通じて教育機関の役割を探る　ボニー・M.ホッジ，ジェニー・プレストン－サビン編，太田晴康監訳，三沢かがり訳　文理閣　2006.12　228p

トラック, ソーグ
◇生命を祝う：風の言葉を伝えて＝ネイティブ・アメリカンの女たち　ジェーン・キャッツ編，船木アデルみさ，船木卓也訳　築地書館　1998.3　262p

ドラッフェル, アン
◇タヌキの晩餐：あなたが知らないペットたちの不思議な力―アンビリーバブルな動物たちの超常現象レポート　『FATE』Magazine編，宇佐和通訳　徳間書店　1999.2　276p

ド・ラン, A. ユエ
◇植民地原産の飲料と砂糖の飛躍的発展：食の歴史　3　J-L.フランドラン，M.モンタナーリ編，宮原信，北代美和子監訳　藤原書店　2006.3　p838-1209

ドランゲル, J.
◇世界－経済の階層化（共著）（尹春志訳）：世界システム論の方法　イマニュエル・ウォーラーステイン責任編集，山田鋭夫，原田太津男，尹春志訳　藤原書店　2002.9　203p（叢書〈世界システム〉3）

トランバック, ランドルフ
◇啓蒙主義時代のイギリスにおけるエロティックな幻想と男性のリベルタン思想（末広幹訳）：ポルノグラフィの発明―猥褻と近代の起源，一五〇〇年から一八〇〇年まで　リン・ハント編著，正岡和恵，末広幹，吉原ゆかり訳　ありな書房　2002.8　438p

ドリアック, カトリーヌ
◇メルロ＝ポンティにおける表現と存在（本郷均訳）：フッサール『幾何学の起源』講義　モーリス・メルロ＝ポンティ著，加賀野井秀一，伊藤泰雄，本郷均訳　法政大学出版局　2005.3　571, 9p（叢書・ウニベルシタス 815）

ドリアン, ジョン・L.
◇スタイル・ローテーション運用（共著）（田村浩道訳）：資産運用新時代の株式投資スタイル―投資家とファンドマネジャーを結ぶ投資哲学　T.ダニエル・コギン，フランク・J.ファボツィ編　野村総合研究所　1996.3　329p

トリアンディス, ハリー・C.
◇異文化間的視点からの条件即応モデル：リーダーシップ理論と文化　マーティン・M.チェマーズ，ロヤ・エイマン編，白樫三四郎訳編　黎明出版　1995.9　234p

トリッテン, デニス・J.
◇ポートフォリオ特性に基づく投資スタイル評価方法（共著）（上田和之訳）：資産運用新時代の株式投資スタイル―投資家とファンドマネジャーを結ぶ投資哲学　T.ダニエル・コギン，フランク・J.ファボツィ編　野村総合研究所　1996.3　329p

ドリーブ, ディーン・J.
◇意味付けの復活（シュエリン・公子訳）：複雑系、諸学の統合を求めて―文明の未来、その扉を開く　統合学国際研究所編　晃洋書房　2005.3　343p（統合学研究叢書 第2巻）

トリムバーガー, エレン・ケイ
◇E.P.トムソン：歴史の過程を理解する：歴史社会学の構想と戦略　T.スコチポル編著, 小田中直樹訳　木鐸社　1995.4　449p

トリュフィエ, ジャン＝ピエール
◇フランスにおける裁判所系統の二元性および権力分立に関する史的考察(中島宏, 水鳥能伸訳)：公共空間における裁判権―フランスのまなざし　日仏公法セミナー編　有信堂高文社　2007.2　313p

ドーリン, アレクサンダー
◇斎藤茂吉の「赤光」と自然：わたしの日本学―外国人による日本学論文集　3　京都国際文化協会編　文理閣　1994.3　253p

トール, クリストファー
◇使用者費用：一般理論―第二版―もしケインズが今日生きていたら　G.C.ハーコート, P.A.リーアック編, 小山庄三訳　多賀出版　2005.6　922p

ドルグネル
◇ドイツの婦人運動に関する報告：世界女性学基礎文献集成　昭和初期編 第9巻　水田珠枝監修　ゆまに書房　2001.12　20, 387p

ドルケヌー, エフア
◇女性性器切除(共著)：世界の女性と暴力　ミランダ・デービス編, 鈴木研一訳　明石書店　1998.4　472p　(明石ライブラリー 4)

トルットナー, ウィリアム・H.
◇美術館の観客に向けて：スミソニアンは何を展示してきたか　A.ヘンダーソン, A.L.ケプラー編, 松本栄寿, 小浜清子訳　玉川大学出版部　2003.5　309p

トルドー, ピエール
◇ナショナリズムは人類を退化させる：知の大潮流―21世紀へのパラダイム転換 今世紀最高の頭脳が予見する未来　ネイサン・ガーデルズ編, 仁保真佐子訳　徳間書店　1996.12　419p

ドルニック, ディーン
◇セックスと親密さを求めて(共著)：セックス・フォー・セール―売春・ポルノ・法規制・支援団体のフィールドワーク　ロナルド・ワイツァー編, 岸田美貴訳, 松沢呉一監修　ポット出版　2004.8　438p

トルネール, ヌリア・ガレッタ
◇大学制度の質を評価するための実験的プログラム：高等教育における評価と意思決定過程―フランス, スペイン, ドイツの経験　OECD編, 服部憲児訳　広島大学大学教育研究センター　1997.2　151p　(高等教育研究叢書 43)

トルベツコイ, エウゲニイ
◇戦争とロシアの世界的使命(浅野知史ほか訳)：20世紀ロシア思想の一断面―亡命ロシア人を中心として　御子柴道夫編　千葉大学大学院社会文化科学研究科　2005.3　303p　(社会文化科学研究科研究プロジェクト報告集第106集)

トールボット, ヒュー・C.
◇エクアドル―下半身麻痺の夫と妻がアマゾンで金婚式：車椅子はパスポート―地球旅行の挑戦者たち　アリソン・ウォルシュ編, おそどまさこ日本語版責任編集, 森実真弓訳　山と溪谷社　1994.3　687p

トールマー, アビー
◇セックスに関するいくつかの前提 他(共著)：ポルノと検閲　アン・スニトウほか著, 藤井麻利, 藤井雅実訳　青弓社　2002.9　264p　(クリティーク叢書 22)

トルーマン, デイビッド
◇デイビッド・トルーマン(品川暁子訳)：アメリカ政治学を創った人たち―政治学の口述史　M.ベアー, M.ジューエル, L.サイゲルマン編, 内山秀夫監訳　ミネルヴァ書房　2001.12　387p　(Minerva人文・社会科学叢書 59)

ドレー, エドワード・J.
◇戦争前夜(戸部良一訳)：日中戦争の軍事的展開　波多野澄雄, 戸部良一編　慶応義塾大学出版会　2006.4　468p　(日中戦争の国際共同研究 2)

ドレアー, ジョージ
◇ゴールと人事戦略を直結する方法：ピープルマネジメント―21世紀の戦略的人材活用コンセプト　Financial Times編, 日経情報ストラテジー監訳　日経BP社　2002.3　271p　(日経情報ストラテジー別冊)

ドレイマニス, ジョン
◇アフリカーナー：マイノリティ・ナショナリズムの現在　マイケル・ワトソン編, 浦野起央, 荒井功訳　刀水書房　1995.11　346p　(人間科学叢書)

トレーガー, アンマリー
◇女性アセンブリーライン・プロレタリアートの形成：生物学が運命を決めたとき―ワイマールとナチスドイツの女たち　レナード・ブライデンソール, アチナ・グロスマン, マリオン・カプラン編著, 近藤和子訳　社会評論社　1992.11　413p

ドレクスル, ヨーゼフ
◇消費者法(半田吉信訳)：ヨーロッパ債務法の変遷　ペーター・シュレヒトリーム編　信山社　2007.3　434p　(学術選書 法律学編 ドイツ民法)

トレス, シルビア
◇ニカラグア：女性が語る第三世界の素顔―環境・開発レポート　アニータ・アナンド編, WFS日本事務局訳　明石書店　1994.6　317p

ドレフュス, フランソワーズ
◇フランスの税法における男女平等 他(佐藤修一郎訳)：21世紀の女性政策―日仏比較をふまえて　植野妙実子編著　中央大学出版部　2001.1　316p　(日本比較法研究所研究叢書)

ド・レペ
◇真の聾唖教育法：聾の経験―18世紀における手話の「発見」　ハーラン・レイン編, 石村多門訳　東京電機大学出版局　2000.10　439p

トレンス, ジャッキー
◇悪賢いジョンと悪魔：話はめぐる―聞き手から語り手へ 子どもと大人のためのストーリーテリング　ナショナル・ストーリーテリング保存育成協会編, 佐藤涼子訳　リブリオ出版　1999.11　166p

トレント公会議
◇啓示の源泉に関する教令(1546年) 義化についての教令(1547年)(ハンス・ユーゲン・マルクス訳)：宗教改革著作集　第13巻　カトリック改革　教文館　1994.4　595p

トロ, マリア・スアレス
◇世界情勢について話しあう「女性サミット」に向けて（福永真弓訳）：帝国への挑戦―世界社会フォーラム ジャイ・セン, アニタ・アナンド, アルトゥーロ・エスコバル, ピーター・ウォーターマン編, 武藤一羊ほか監訳 作品社 2005.2 462p

ドローヴァー, グレン
◇グローバル時代における社会的市民権の再定義（宮野誠保訳）：ソーシャルワークとグローバリゼーション カナダソーシャルワーカー協会編, 日本ソーシャルワーカー協会国際委員会訳, 仲村優一監訳 相川書房 2003.8 186p

トロウトマン, ケン
◇自分に厳しくありたい：子供たちへの手紙—あなたにこれだけは伝えたい エリカ・グッド編, 中埜有理訳 三田出版会 1997.7 371p

トロクメ, マグダ
◇勇気へのメッセージ：思いやる勇気—ユダヤ人をホロコーストから救った人びと キャロル・リトナー, サンドラ・マイヤーズ編, 食野雅子訳 サイマル出版会 1997.4 282p

トロスマン, エルンスト
◇調達とロジスティクス（西村慶一訳）：一般経営経済学 第3巻 F.X.ベアほか編著 森山書店 2000.12 228, 4p

トロッド, コリント
◇美術とポストモダニズム：ポストモダニズムとは何か スチュアート・シム編, 杉野健太郎ほか訳 松柏社 2002.6 303p （松柏社叢書—言語科学の冒険 22）

ドロープニッヒ, ウールリッヒ
◇担保行為（舟橋秀明訳）：ヨーロッパ債務法の変遷 ペーター・シュレヒトリーム編 信山社 2007.3 434p （学術選書 法律学編 ドイツ民法）

トロルラー, アロイス
◇ベルヌ条約100周年, 条約とスイス法の相互作用を通じた著作権の分野における法の発展：ベルヌ条約100周年記念論文集—ベルヌ条約と国内法 WIPO国際事務局編, 原田文夫訳 著作権資料協会 1987.3 123p （著作権シリーズ 76）

ドロン, ミシェル
◇東洋的残酷さについて（辻部大介訳）：十八世紀における他者のイメージ—アジアの側から, そしてヨーロッパの側から 中川久定, J.シュローバハ編 河合文化教育研究所 2006.3 370p

ドウン, マルグリット
◇鏡（細川哲士訳）：中世思想原典集成 15 女性の神秘家 上智大学中世思想研究所編訳・監修 平凡社 2002.4 1061p

ドンキン, リチャード
◇「仕事」の歴史が示す労使関係の進化：ピープルマネジメント—21世紀の戦略的人材活用コンセプト Financial Times編, 日経情報ストラテジー監訳 日経BP社 2002.3 271p （日経情報ストラテジー別冊）

トンプソン, ウィリアム・R.
◇進化論的アプローチから見た二一世紀の長期・短期

的グローバル政治（共著）：国際関係リーディングズ 猪口孝編, 幸野良夫訳 東洋書林 2004.11 467p

トンプソン, グレアム
◇経済のグローバル化（篠田武司訳）：グローバル化とは何か—文化・経済・政治 デヴィッド・ヘルド編, 中谷義和監訳 法律文化社 2002.10 208p
◇多国籍企業と民主的ガバナンス（井出文紀訳）：変容する民主主義—グローバル化のなかで アントニー・G.マッグルー編, 松下冽監訳 日本経済評論社 2003.11 405p
◇グローバリゼーションの限界：論争グローバリゼーション—新自由主義対社会民主主義 デヴィッド・ヘルド編, 猪口孝訳 岩波書店 2007.5 241p

トンプソン, ケヴィン
◇制度的規範性：リベラリズムとコミュニタリアニズムを超えて—ヘーゲル法哲学の研究 ロバート・R.ウイリアムズ編, 中村浩爾, 牧野広義, 形野清貴, 田中幸世訳 文理閣 2006.12 369p

トンプソン, スコット
◇民主党解党をもくろむリーバーマン一味（共著）：獣人ネオコン徹底批判 リンドン・ラルーシュ, EIR誌著, 太田龍監訳・解説 成甲書房 2004.5 381p

トンプソン, デイビッド・J.
◇カリフォルニアの新しい生協運動 他：バークレー生協は, なぜ倒産したか—18人の証言 日本生活協同組合連合会国際部訳 コープ出版 1992.5 195p

トンプソン, ブライアン
◇ナイル河：世界の川を旅する—外輪船でのんびり, ボートでアドベンチャー マイケル・ウッドほか著, 鴻巣友季子訳 白揚社 1995.6 327p

トンプソン, ボックスカー・バーサ
◇ストリート・ジャンキー（下園淳子訳）：ドラッグ・ユーザー ジョン・ストロースボー, ドナルド・プレイ編, 高城恭子ほか訳 青弓社 1995.9 219p

トンプソン, ロス・A.
◇複数の人間関係についての多面的な考察：愛着からソーシャル・ネットワークへ—発達心理学の新展開 マイケル・ルイス, 高橋恵子編, 高橋恵子監訳 新曜社 2007.5 197, 70p

【ナ】

ナイクィスト, メアリ
◇保護を求めて：フェミニズムの古典と現代—甦るウルストンクラフト アイリーン・ジェインズ・ヨー編, 永井義雄, 梅垣千尋訳 現代思潮新社 2002.2 290p

ナイダ, ユージン・A.
◇コミュニケーションと社会構造：世界宣教の展望 ラルフ・D.ウィンター, スティーブン・C.ホーソーン編, 倉沢正則, 日置善一訳 いのちのことば社 2003.12 239p

ナイト, ジョン
◇ヘゲモニーの脱構築（石飛和彦訳）：フーコーと教育—〈知＝権力〉の解読 S.J.ボール編著, 稲垣恭子, 喜名信之, 山本雄二監訳 勁草書房 1999.4 285, 4p

ナイトン, ヘンリー
◇黒死病（一三四八年）：歴史の目撃者　ジョン・ケアリー編，仙名紀訳　朝日新聞社　1997.2　421p

ナイトル, メアリー
◇『バルタイ』から『スミヤキストQの冒険』へ（井上麻依子, 村井まや子訳）：世界から見た日本文化―多文化共生社会の構築のために　神奈川大学人文学研究所編　御茶の水書房　2007.3　191, 5p　（神奈川大学人文学研究叢書 23）

ナイマン, ジェーン
◇ベルギー―九二歳の尼さんの素敵な生き方：車椅子はパスポート―地球旅行の挑戦者たち　アリソン・ウォルシュ編, おそどまさこ日本語版責任編集, 森実真弓訳　山と渓谷社　1994.3　687p

ナイール, スロチャナ
◇開発と女性（張志宇, 武井泉訳）：アジアの開発と貧困―可能力, 女性のエンパワーメントとQOL　松井範惇, 池本幸生編著　明石書店　2006.4　372p

ナイルズ, ドナ・マリー
◇聖職・売春婦の告白：セックス・ワーク―性産業に携わる女性たちの声　フレデリック・デラコステ, プリシラ・アレキサンダー編　パンドラ　1993.11　426, 26p

ナヴァリ, コーネリア
◇デーヴィッド・ミトラニーと国際機能主義（嘉戸一将訳）：危機の20年と思想家たち―戦間期理想主義の再評価　デーヴィッド・ロング, ピーター・ウィルソン編著, 宮本盛太郎, 関静雄監訳　ミネルヴァ書房　2002.10　371, 10p　（Minerva人文・社会科学叢書 68）
◇ホッブズ, 自然状態, 自然法（佐藤正志, 和田泰一訳）：国際関係思想史―論争の座標軸　イアン・クラーク, アイヴァー・B.ノイマン編, 押村高, 飯島昇蔵訳者代表　新評論　2003.4　338p

ナヴァロ, ホアン・カルロス
◇見えざる手は私学高等教育を救い給うか（共著）：私学高等教育の潮流　P.G.アルトバック編, 森利枝訳　玉川大学出版部　2004.10　253p　（高等教育シリーズ 128）

ナウシパネス
◇ナウシパネス（鎌田邦宏訳）：ソクラテス以前哲学者断片集　第4分冊　内山勝利編　岩波書店　1998.2　329p

ナカガワ, トレバー・H.
◇暗号の解読：アジアにおける日本企業の成功物語―市場戦略と非市場戦略の分析　V.K.アガワル, 浦田秀次郎編, 浦田秀次郎監訳　早稲田大学出版部　2004.5　327p

中川 久定　ナカガワ, ヒサヤス
◇土井有隣の屏風絵について　他（多賀茂訳）：十八世紀における他者のイメージ―アジアの側から, そしてヨーロッパの側から　中川久定, J.シュローバハ編　河合文化教育研究所　1996.3　370p

中逵 啓示　ナカツジ, ケイジ
◇教科書・セーフガード問題（吉川卓郎訳）：東アジア共同体という幻想　中逵啓示編　ナカニシヤ出版　2006.8　232p

中山 茂　ナカヤマ, シゲル*
◇日本の高等教育に対する西洋のインパクト―自立と選択：アジアの大学―従属から自立へ　フィリップ・G.アルトバック, ヴィスワナタン・セルバラトナム編, 馬越徹, 大塚豊監訳　玉川大学出版部　1993.10　380p

ナキャーン, スーザン
◇華北の葬礼―画一性と多様性：中国の死の儀礼　ジェイムズ・L.ワトソン, エヴリン・S.ロウスキ編, 西脇常記, 神田一世, 長尾佳代子訳　平凡社　1994.11　416p

ナグルスキ, トレイシー
◇パパへ：記憶の底から―家庭内性暴力を語る女性たち　トニー・A.H.マクナロン, ヤーロウ・モーガン編, 長谷川真実訳　青弓社　1995.12　247p

ナサル, バヒフ
◇中東における代替策：ミサイル防衛―大いなる幻想　東西の専門家20人が批判する　デービッド・クリーガー, カラー・オン編, 梅林宏道, 黒崎輝訳　高文研　2002.11　155p

ナジー - ダーヴァス, ジュディス
◇ハンガリーの私学高等教育（共著）：私学高等教育の潮流　P.G.アルトバック編, 森利枝訳　玉川大学出版部　2004.10　253p　（高等教育シリーズ 128）

ナゼ＝アローシュ, ドミニク
◇フランスにおける女性とパートタイム労働（福岡英明訳）：21世紀の女性政策―日仏比較をふまえて　植野妙実子編著　中央大学出版部　2001.1　316p　（日本比較法研究所研究叢書）

ナセンジ, ロバート
◇支店設置場所の決定（共著）：金融データベース・マーケティング―米国における業務とシステムの実態　アーサー・F.ホルトマン, ドナルド・C.マン編著, 森田秀和, 田尾啓一訳　東洋経済新報社　1993.10　310p

ナチヴィダッド, テレジータ
◇もつ価値のある富：神を見いだした科学者たち　2　E.C.バレット編, 佐藤是伸訳　いのちのことば社　1995.10　214p

ナッサーロ, オレステ
◇イタリアの社会的経済（共著）（菅原正純訳）：社会的経済―近未来の社会経済システム　J.ドゥフルニ, J.L.モンソン編著, 富沢賢治, 内山哲朗, 佐藤誠, 石塚秀雄, 中川雄一郎ほか訳　日本経済評論社　1995.3　486p
◇イタリアの社会的経済（共著）（菅原正純訳）：社会的経済―近未来の社会経済システム　J.ドゥフルニ, J.L.モンソン編著, 富沢賢治ほか訳　オンデマンド版　日本経済評論社　2003.6　486p

ナーディン, テリー
◇市民社会における私的役割と公的役割（越智敏夫訳）：グローバルな市民社会に向かって　マイケル・ウォルツァー編著, 石田淳ほか訳　日本経済評論社　2001.10　397p

ナヒルニー, ジェームス・J.
◇サービス業の再生への挑戦（共著）（鷹野薫訳）：マッキンゼー事業再生―ターンアラウンドで企業価値を高める　本田桂子編著・監訳　ダイヤモンド社

2004.11 231p （The McKinsey anthology）

ナポレオン・ヒル財団
◇豊かな生涯―ナポレオン・ヒル博士について：思考は現実化する―私はこうして思考を現実化した 実践編 ナポレオン・ヒル財団日本リソーセス編・訳 騎虎書房 1997.3 231p

南 一龍 ナム, イルリョン
◇新しく発掘された古代土城跡：朝鮮民族と国家の源流―神話と考古学 在日本朝鮮歴史考古学協会編訳 雄山閣出版 1995.7 270p （考古学選書）

ナム, チャンソプ
◇「新自由主義論」の内容と評価 他：韓国福祉国家性格論争 金淵明編, 韓国社会保障研究会訳 流通経済大学出版会 2006.1 433p

ナムソー, アン・シェロル
◇トリニダード・トバゴにおける人権とインクルーシヴ教育のための闘い（共著）（望月宏美訳）：障害、人権と教育 レン・バートン, フェリシティ・アームストロング編, 嶺井正也監訳 明石書店 2003.5 442p （明石ライブラリー 51）

ナヤ, セイジ・F.
◇バングラデシュ（共著）（堀江新子訳）：アジアの開発と貧困―可能力、女性のエンパワーメントとQOL 松井範惇, 池本幸生編著 明石書店 2006.4 372p

ナラシマン, シャクンタラー
◇インド：世界の女性と暴力 ミランダ・デービス編, 鈴木研一訳 明石書店 1998.4 472p （明石ライブラリー 4）

ナラヤン, ウマ
◇文化を食べる：グローバリゼーションの文化政治 テッサ・モーリス＝スズキ, 吉見俊哉編 平凡社 2004.11 395p （グローバリゼーション・スタディーズ 2）

ナラヤンダス, ダス
◇グローバル価格設定契約への準備（共著）：スマート・グローバリゼーション A.K.グプタ, D.E.ウエストニー編著, 諸上茂登監訳 同文舘出版 2005.3 234p

ナレイン, キルティ
◇中国とインドにおける初等学校教育（共著）：比較教育学―伝統・挑戦・新しいパラダイムを求めて マーク・ブレイ編著, 馬越徹, 大塚豊監訳 東信堂 2005.12 361p

ナン・チャーンタウン
◇無比の教育：女たちのビルマ―軍事政権下を生きる女たちの声 藤目ゆき監修, タナッカーの会編, 富田あかり訳 明石書店 2007.12 446p （アジア現代女性史 4）

ナンディ, アマレンドウ
◇一九九七年通貨危機後の東南アジアにおける年金制度改革（共著）（守谷誠二訳）：アジアの福祉国家政策 白鳥令, デチャ・サングカワン, シュヴェン・E.オルソン＝ホート編 芦書房 2006.5 276p

ナン・モウガンホン
◇女性兵士だった頃：女たちのビルマ―軍事政権下を生きる女たちの声 藤目ゆき監修, タナッカーの会編, 富田あかり訳 明石書店 2007.12 446p （アジア現代女性史 4）

ナン・ローラーウン
◇民主主義の意味と私たちビルマ女性：女たちのビルマ―軍事政権下を生きる女たちの声 藤目ゆき監修, タナッカーの会編, 富田あかり訳 明石書店 2007.12 446p （アジア現代女性史 4）

ナン・ワーワー
◇私の空：女たちのビルマ―軍事政権下を生きる女たちの声 藤目ゆき監修, タナッカーの会編, 富田あかり訳 明石書店 2007.12 446p （アジア現代女性史 4）

【ニ】

ニカンドロフ, ニコライ・D.
◇ペレストロイカ以降の教育（井上香里訳）：世界の道徳教育 J.ウィルソン監修, 押谷由夫, 伴恒信編訳 玉川大学出版部 2002.4 212p

ニキチン, アレキサンダー
◇戦争と平和の原因を分析する：文明間の対話 マジッド・テヘラニアン, デイビッド・W.チャペル編, 戸田記念国際平和研究所監訳 潮出版社 2004.2 446, 47p

ニクソン, ミッキー
◇イギリス―ロンドン乗換え、ランカシャーへ列車のひとり旅：車椅子はパスポート―地球旅行の挑戦者たち アリソン・ウォルシュ編, おそどまさこ日本語版責任編集, 森実真弓訳 山と渓谷社 1994.3 687p

ニコラー, ジョセフ
◇白人の到来：北米インディアン生活誌 C.ハミルトン編, 和巻耿介訳 社会評論社 1993.11 408p

ニコライ
◇大戦間独逸の諜報及宣伝：内閣情報部情報宣伝研究資料 第1巻 津金沢聡広, 佐藤卓己編 柏書房 1994.6 758p
◇秘密の力：内閣情報部情報宣伝研究資料 第3巻 津金沢聡広, 佐藤卓己編 柏書房 1994.6 587p

ニコライ, ロイス・アン
◇核実験場を閉鎖したカザフスタンの人びと（共著）（大庭里美訳）：あなたの手で平和を！―31のメッセージ フレドリック・S.ヘッファメール, 大庭里美, 阿部純子訳 日本評論社 2005.3 260p

ニコラウス（〈偽〉フリューエの）
◇巡礼者の書（高冣八訳）：中世思想原典集成 16 ドイツ神秘思想 上智大学中世思想研究所編訳・監修 平凡社 2001.4 977p

ニコラウス（オートクールの）
◇断罪箇条 他：中世思想原典集成 19 中世末期の言語・自然哲学 上智大学中世思想研究所編訳・監修 平凡社 1994.1 615p

ニコラウス（シェトラスブルクの）
◇説教集（岡裕人訳）：中世思想原典集成 16 ドイツ神秘思想 上智大学中世思想研究所編訳・監修 平凡社 2001.4 977p

ニコラス, M. ダイアン
◇概念的行動の発達を調整する：刺激制御のテクノロジー（共著）：行動分析学からの発達アプローチ　シドニー・W.ビジュー, エミリオ・リベス編, 山口薫, 清水直治訳　二瓶社　2001.7　253p

ニコラス, ジョン・P.
◇ヘッジファンド投資ポートフォリオの構築（共著）：ヘッジファンドの世界—仕組み・投資手法・リスク　J.レダーマン, R.A.クレイン編, 中央信託銀行オルタナティブアセット研究会訳　東洋経済新報社　1999.1　297p

ニコル, J. フレーザー
◇心霊研究の歴史—英国：心霊研究—その歴史・原理・実践　イヴォール・グラッタン・ギネス編, 和田芳久訳　技術出版　1995.12　414p　（超心理学叢書　第4集）

ニコルス, ジョージ
◇シャーマン将軍勝利の行進（一八六四年十月～六五年二月）：歴史の目撃者　ジョン・ケアリー編, 仙名紀訳　朝日新聞社　1997.2　421p

ニコルス, ブルース
◇サンディニスタとインディオとの宗教的和解：宗教と国家—国際政治の盲点　ダグラス・ジョンストン, シンシア・サンプソン編著, 橋本光平, 畠山圭一監訳　PHP研究所　1997.9　618, 16p

ニコルズ, ベヴァリー
◇サー・エドウィン・ラチェンス（高橋健次訳）：インタヴューズ　1　クリストファー・シルヴェスター編, 新庄哲夫ほか訳　文芸春秋　1998.11　462p

ニコルセン, シェリー・ウェーバー
◇アドルノにおける主観的な美的経験とその歴史的軌跡（福山隆夫訳）：アメリカ批判理論の現在—ベンヤミン, アドルノ, フロムを超えて　マーティン・ジェイ編, 永井務監訳　こうち書房　2000.10　511p

ニコルソン, ハロルド
◇独英は斯く愬ふ（共著）：内閣情報部情報宣伝研究資料　第8巻　津金沢聡広, 佐藤卓己編　柏書房　1994.6　412p

西 義雄　ニシ, ヨシオ*
◇日米半導体産業における研究開発組織（共著）：国際・学際研究　システムとしての日本企業　青木昌彦, ロナルド・ドーア編, NTTデータ通信システム科学研究所訳　NTT出版　1995.12　503p

ニスベット, ブライアン・C.
◇霊姿 他：心霊研究—その歴史・原理・実践　イヴォール・グラッタン・ギネス編, 和田芳久訳　技術出版　1995.12　414p　（超心理学叢書 第4集）

ニッカーソン, レイモンド・S.
◇認知の分散についてのいくつかの考察（小嶋佳子訳）：分散認知—心理学的考察と教育実践上の意義　ガブリエル・ソロモン編, 松田文子監訳　協同出版　2004.7　343p　（現代基礎心理学選書　第9巻　利島保, 鳥居修晃, 望月登志子編）

ニッタ, キース・A.
◇パラダイム：対立か協調か—新しい日米パートナーシップを求めて　スティーヴン・K.ヴォーゲル編著,

読売新聞社調査研究本部訳　中央公論新社　2002.4　374p

新田 文輝　ニッタ, フミテル
◇ハワイでお土産ショッピング：文化加工装置ニッポン—「リ＝メイド・イン・ジャパン」とは何か　ジョーゼフ・J.トービン編, 武田徹訳　時事通信社　1995.9　321, 14p

ニードルマン, ジェイコブ
◇聖なる衝動：魂をみがく30のレッスン　リチャード・カールソン, ベンジャミン・シールド編, 鴨志田千枝子訳　同朋舎　1998.6　252p

ニードルマン, ルース
◇女性労働者：新世紀の労働運動—アメリカの実験　グレゴリー・マンツィオス編, 戸塚秀夫監訳　緑風出版　2001.12　360p　（国際労働問題叢書 2）

ニブ, M. A.
◇旧約聖書における生と死（金井美彦訳）：古代イスラエルの世界—社会学・人類学・政治学からの展望　R.E.クレメンツ編, 木田献一, 月本昭男監訳　リトン　2002.11　654p

ニムゲード, アショク
◇アメリカの新薬開発に関する小論 他（共著）：技術とイノベーションの戦略的マネジメント　上　ロバート・A.バーゲルマン, クレイトン・M.クリステンセン, スティーヴン・C.ウィールライト編著, 青島矢一, 黒田光太郎, 志賀敏宏, 田辺孝二, 出川通, 和賀三和子日本語版監修, 岡真由美, 斉藤裕一, 桜井祐子, 中川泉, 山本章子訳　翔泳社　2007.7　735p
◇3Mにおけるイノベーション 他（共著）：技術とイノベーションの戦略的マネジメント　下　ロバート・A.バーゲルマン, クレイトン・M.クリステンセン, スティーヴン・C.ウィールライト編著, 青島矢一, 黒田光太郎, 志賀敏宏, 田辺孝二, 出川通, 和賀三和子日本語版監修, 岡真由美, 斉藤裕一, 桜井祐子, 中川泉, 山本章子訳　翔泳社　2007.7　595p

ニャムドルジ, Y.
◇モンゴル国の遊牧民の現在の生活状況及び牧地, 水資源の適正利用, マネージメントとの関係（共著）（辛嶋博善訳）：モンゴル国における土地資源と遊牧民—過去, 現在, 未来　特定領域研究「資源人類学・生態資源の象徴化」班国際シンポジウム記録　小長谷有紀, 辛嶋博善, 印東道子編, 内堀基光監修　〔東京外国語大学アジア・アフリカ言語文化研究所〕文部科学省科学研究費補助金特定領域研究『資源の分配と共有に関する人類学的統合領域の構築』総括班　2005.3　157p

ニューキスト, ロイ
◇マーガレット・バーク＝ホワイト（鈴木主税訳）：インタヴューズ　2　クリストファー・シルヴェスター編, 新庄哲夫ほか訳　文芸春秋　1998.11　451p

ニューコム, マイケル・D.
◇結婚という選択（共著）：ベストパートナーの見分け方　ロザリー・バーネット編著, 鈴木理恵子訳　同朋舎　1997.9　151p

ニュース, マイク
◇クロスセリングの重要性：金融データベース・マーケティング—米国における業務とシステムの実態　アーサー・F.ホルトマン, ドナルド・C.マン編著, 森田秀

ニュスホム

和，田尾啓一訳　東洋経済新報社　1993.10　310p

ニュスボーム，アーサー
◇国際法の歴史 その2(広井大三訳)：大東文化大学創立七十周年記念論集　下巻　大東文化大学創立七十周年記念出版推進委員会編　大東文化学園七十周年記念事業事務室　1993.9　296, 336p

ニューマン，F. ジェリー
◇犬の霊が引き起こす旧家の怪：あなたが知らないペットたちの不思議な力―アンビリーバブルな動物たちの超常現象レポート　『FATE』Magazine編，宇佐和通訳　徳間書店　1999.2　276p

ニューヨークタイムズ編集部
◇危機だが必要な救出：IMF改廃論争の論点　ローレンス・J.マッキラン，ピーター・C.モントゴメリー編，森川公隆監訳　東洋経済新報社　2000.11　285p

ニール，ロドニー
◇善と悪の大きな対決：神を見いだした科学者たち　2　E.C.バレット編，佐藤是伸訳　いのちのことば社　1995.10　214p

ニールセン，カイ
◇現代市民社会概念の再構成(佐々木寛訳)：グローバルな市民社会に向かって　マイケル・ウォルツァー編著，石田淳ほか訳　日本経済評論社　2001.10　397p

ニールセン，ヤン・K.
◇パーソンズの政治意識―第二次大戦と戦後期について(進藤雄三訳)：近代性の理論―パーソンズの射程　ロランド・ロバートソン，ブライアン・S.ターナー編，中久郎，清野正義，進藤雄三訳　恒星社厚生閣　1995.12　354, 37p

ニルソン，スティーブ
◇ローソク足を利用した転換シグナルの早期発見法：魔術師たちのトレーディングモデル―テクニカル分析の新境地　リック・ベンシニョール編，長尾慎太郎ほか訳　パンローリング　2001.3　365p　(ウィザードブックシリーズ 15)

任 興洲　ニン，コウシュウ*
◇中国における石炭流通の歴史と現状：中国における生産財流通―商品と機構　原田忠夫編　アジア経済研究所　1995.3　168p　(ASEAN等現地研究シリーズ No.29)

任 鴻章　ニン，コウショウ*
◇棹銅と清代前期における中日貿易：中国人の見た中国・日本関係史―唐代から現代まで　中国東北地区中日関係史研究会編，鈴木静夫，高田祥平編訳　東方出版　1992.12　450p

任 青雲　ニン，セイウン*
◇農村における性別役割の変化―黄河中流域の「男工女耕」現象(前山加奈子，田畑佐和子訳)：中国の女性学―平等幻想に挑む　秋山洋子ほか編訳　勁草書房　1998.3　250p

ニンコビッチ，フランク
◇戦後の日米関係における歴史と記憶(井口治夫訳)：記憶としてのパールハーバー　細谷千博，入江昭，大芝亮編　ミネルヴァ書房　2004.5　536, 10p

【ヌ】

ヌッゾ，アンジェリカ
◇身体における自由：リベラリズムとコミュニタリアニズムを超えて―ヘーゲル法哲学の研究　ロバート・R.ウイリアムズ編，中村浩爾，牧野広義，形野清貴，田中幸世訳　文理閣　2006.12　369p

ヌーデルマン，F.
◇脱世代化するサルトル(永野潤訳)：サルトル―1905-80 他者・言葉・全体性　藤原書店　2005.10　303p　(別冊『環』11)

ヌーナン，ペギー
◇ロナルド・レーガン：TIMEが選ぶ20世紀の100人　上巻　指導者・革命家・科学者・思想家・起業家　徳岡孝夫監訳　アルク　1999.11　332p

【ネ】

ネイエルツ，ヴェロニック
◇結論：「女の歴史」を批判する　G.デュビィ，M.ペロー編，小倉和子訳　藤原書店　1996.5　259p

ネイスビッツ，ジョン
◇国民国家から企業間のネットワークへ：21世紀ビジネスはこうなる―世界の叡智を結集　ロワン・ギブソン編，島田晴雄監訳，鈴木孝男，竹内ふみえ訳　シュプリンガー・フェアラーク東京　1997.11　327p

ネイディス，フレッド
◇アメリカン・スタディーズにおける文化の意義(和泉真澄訳)：アメリカ研究の理論と実践―多民族社会における文化のポリティクス　佐々木隆監修，和泉真澄，趙無名編著　世界思想社　2007.3　260p

ネイピア，スーザン・J.
◇旅先より世界を眺めて(有光道生，辻秀雄訳)：文化の受容と変貌　荒このみ，生井英考編著　ミネルヴァ書房　2007.11　399, 3p　(シリーズ・アメリカ研究の越境 第6巻)

ネイリー，J. E.
◇ブーア戦争―マフェキング住民の飢餓地獄(一九〇〇年一〜五月)：歴史の目撃者　ジョン・ケアリー編，仙名紀訳　朝日新聞社　1997.2　421p

ネクラーソフ，ヴラジーミル・F.
◇権力の末路：ベリヤーズターリンに仕えた死刑執行人ある出世主義者の末路　ヴラジーミル・F.ネクラーソフ編，森田明訳　エディションq　1997.9　365p

ネシャート，シーリーン
◇男のいない女たち：イラン人は神の国イランをどう考えているか　レイラ・アーザム・ザンギャネー編，白須英子訳　草思社　2007.2　231p

ネス，ジョセフ・A.
◇ABCを経営に生かす法(共著)：業績評価マネジメント　Harvard Business Review編，Diamondハーバード・ビジネス・レビュー編集部訳　ダイヤモンド社　2001.9　258p

根津 利三郎　ネズ，リサブロウ*
◇情報インフラ：より高度の知識経済化で一層の発展

をめざす日本——諸外国への教訓　柴田勉，竹内弘高共編，田村勝省訳　一灯舎　2007.10　472, 36p

ネストリオス
◇アレクサンドレイアのキュリロスへの第二の手紙：中世思想原典集成　3　後期ギリシア教父・ビザンティン思想　上智大学中世思想研究所編訳・監修　平凡社　1994.8　975p

ネダーロフ，マーテン
◇補完ファンドによる投資スタイルの管理（共著）（大庭昭彦訳）：資産運用新時代の株式投資スタイル—投資家とファンドマネジャーを結ぶ投資哲学　T.ダニエル・コギン，フランク・J.ファボツィ　野村総合研究所　1996.3　329p
◇補完ファンドによる投資スタイルの管理（共著）（大庭昭彦訳）：株式投資スタイル—投資家とファンドマネージャーを結ぶ投資哲学　T.ダニエル・コギン，フランク・J.ファボツィ，ロバート・D.アーノット編，野村証券金融研究所訳　増補改訂版　野村総合研究所情報リソース部　1998.3　450p

ネッサス
◇ネッサス（鎌田邦宏訳）：ソクラテス以前哲学者断片集　第4分冊　内山勝利編　岩波書店　1998.2　329p

ネッスル，ジョーン
◇レズビアンと売春婦—歴史的姉妹関係：セックス・ワーク—性産業に携わる女性たちの声　フレデリック・デラコステ，プリシラ・アレキサンダー編　パンドラ　1993.11　426, 26p

ネッビア，トーマス
◇揚子江（写真）：グレートリバー——地球に生きる・地球と生きる　National Geographic Society編，田村協子訳　同朋舎出版　1993.7　448p

ネートヘーフェル，ヴォルフガング
◇グローバル化の時代の神学的社会倫理学：仏教とキリスト教の対話—浄土真宗と福音主義神学　ハンス・マルティン・バールト，マイケル・パイ，箕浦恵了編　法蔵館　2000.11　311p
◇西洋における宗教批判と仏教教化，そして脱宗派化（奥田万里子訳）：仏教とキリスト教の対話　3　ハンス・マルティン・バールト，マイケル・パイ，箕浦恵了，門脇健編　法蔵館　2004.3　281p

ネーナパー・ワイラートサック
◇東南アジア：日本企業をめぐる教育と研究（藪下訳）：グローバル・レビュー　有斐閣　2006.3　276p　（現代日本企業　3　工藤章，橘川武郎，グレン・D.フック編）

ネプチューン，ロバート
◇カリフォルニアの生協の失敗は避けられなかったか：バークレー生協は，なぜ倒産したか—18人の証言　日本生協協同組合連合会国際部訳　コープ出版　1992.5　195p

ネーベル，ルート
◇ルートの話：生物学が運命を決めたとき—ワイマールとナチスドイツの女たち　レナード・ブライデンソール，アチナ・グロスマン，マリオン・カプラン編著，近藤和子訳　社会評論社　1992.11　413p

ネル，アヴィタル
◇アヴィタル・ネル：慣れる女たち　アンドレア・ジュノー，V.ヴェイル編，越智道雄訳　第三書館　1997.8　303p

ネル，ディーター
◇イルニ市法八四章（九表B欄九——一〇行）「悪意でなされたと主張される，組合，信託若しくは委任各訴権以外」条項について（西村重雄訳）：法の生成と民法の体系——無償行為論・法過程論・民法体系論　広中俊雄先生傘寿祝賀記念論集　林信夫，佐藤岩夫編　創文社　2006.12　796p

ネルソン，ジェイムズ・A.
◇変革を求める会議：アメリカ図書館界と積極的活動主義—1962-1973年　メアリー・リー・バンディ，フレデリック・J.スティロー編著，川崎良孝，森田千幸，村上加代子訳　京都大学図書館情報学研究会　2005.6　279p

ネルソン，ジェームズ・B.
◇身体神学の典拠（有村浩一訳）：キリスト教は同性愛を受け入れられるか　ジェフリー・S.サイカー編，森本あんり監訳　日本キリスト教団出版局　2002.4　312p

ネルソン，マイケル・P.
◇J.ベアード・キャリコット　他：環境の思想家たち　下（現代編）　ジョイ・A.パルマー編，須藤自由児訳　みすず書房　2004.11　320p　（エコロジーの思想）

ネルソン，メアリベス
◇デザイナーから（共著）：ポルノと検閲　アン・スニトウほか著，藤井麻利，藤井雅実訳　青弓社　2002.9　264p　（クリティーク叢書 22）

【ノ】

盧 景彩　ノ，ギョンチェ
◇中国関内での民族解放運動と戦線統一運動　他：朝鮮民族解放運動の歴史—平和的統一への模索　姜万吉編著，太田修，庵逧由香訳　法政大学出版局　2005.4　369, 29p　（韓国の学術と文化 21）

盧 泰愚　ノ，テウ
◇歴代大統領による金日成死後の展望（共著）：金正日その衝撃の実像　朝鮮日報『月刊朝鮮』編，黄民基訳　講談社　1994.11　568p

盧 永九　ノ，ヨング*
◇壬辰倭乱初期の様相に対する再検討と「壬辰倭乱図屏風」の新たな解釈（太田秀春訳）：韓国の倭城と壬辰倭乱　黒田慶一編　岩田書院　2004.11　558, 15p

ノイ，ライナー
◇仏教（共著）（石橋孝明訳）：諸宗教の倫理学—その教理と実生活　第5巻　環境の倫理　M.クレッカー，U.トゥヴォルシュカ編，石橋孝明，榎津重喜，山口意友訳　九州大学出版会　1999.4　255, 3p

ノイアー，アレクサンダー
◇個人心理学と教育（舩尾恭代訳）：子どものための教育—徹底的学校改革者同盟教育研究大会（1932年）報告『子どもの苦難と教育』より　船尾田志監駅，久野弘幸編訳　学文社　2004.3　254, 4p

ノヴァエス，シモーヌ・B.
◇人工生殖技術に社会が賭けるもの：フェミニズムか

579

ノウイコフ

ら見た母性　A.‐M.ド・ヴィレーヌ，L.ガヴァリニ，M.ル・コアディク編，中嶋公子，目崎光子，磯本輝子，横地良子，宮本由美ほか訳　勁草書房　1995.10　270, 10p

ノヴィコフ, ヴラジーミル
◇庇護者ベリヤ：ベリヤ─スターリンに仕えた死刑執行人ある出世主義者の末路　ヴラジーミル・F.ネクラーソフ編，森田明訳　エディションq　1997.9　365p

ノヴォハトコ, エム
◇国家の道具としての軍隊（近藤克栄訳）：ソ連の戦争理論─研修資料　防衛研修所　1956　60p　（研修資料別冊　第122号）

ノヴゴロツェフ, パーヴェル
◇聖なるものの復興（浅野知史ほか訳）：20世紀ロシア思想の一断面─亡命ロシア人を中心として　御子柴道夫編　千葉大学大学院社会文化科学研究科　2005.3　303p　（社会文化科学研究科研究プロジェクト報告書　第106集）

ノウシアイネン, メルヴィ
◇ひそかにおこなわれる公然の選別：ロウヒのことば─フィンランド女性の視角からみた民俗学　下　アイリ・ネノラ，センニ・ティモネン編，目黒ゆみ訳　文理閣　2003.7　233p

ノー・オウンフラ
◇国民が選んだ勢力から国民の権利というゴール：女たちのビルマ─軍事政権下を生きる女たちの声　藤目ゆき監修，タナッカーの会編，富田あかり訳　明石書店　2007.12　446p　（アジア現代女性史4）

ノー・カインマーチョーゾー
◇河は途切れず 樹は枯れず：女たちのビルマ─軍事政権下を生きる女たちの声　藤目ゆき監修，タナッカーの会編，富田あかり訳　明石書店　2007.12　446p　（アジア現代女性史4）

ノグチ, ロリ
◇住民参加の開発を推進するために：文明間の対話　マジッド・テヘラニアン，デイビッド・W.チャペル編，戸田記念国際平和研究所監訳　潮出版社　2004.2　446, 47p

ノース, D. C.
◇求む：変動の理論：開発経済学の潮流─将来の展望　G.M.マイヤー，J.E.スティグリッツ共編，関本勘次，近藤正規，国際協力研究グループ訳　シュプリンガー・フェアラーク東京　2003.7　412p

ノース, ダグラス
◇時間を通してみた取引費用（長谷川啓之訳）：取引費用経済学─最新の展開　クロード・メナード編著，中島正人，谷口洋志，長谷川啓之監訳　文眞堂　2002.12　207p

ノスワシー, シャロン
◇引っかき傷が自己虐待になる時─私たちはそれをどのように学んだか：若者との共同研究　他（共著）（井上恭子訳）：ナラティヴ・セラピーの実践　シェリル・ホワイト，デイヴィッド・デンボロウ編，小森康永監訳　金剛出版　2000.2　275p

ノソフ, ミハエル・G
◇結論　他（共著）：ロシアの総合的安全保障環境に関す

る研究─東アジア地域における諸問題　総合研究開発機構　2000.3　225p　（NIRA研究報告書）

ノタ, ニコル
◇女性の経済的自立：「女の歴史」を批判する　G.デュビィ，M.ペロー編，小倉和子訳　藤原書店　1996.5　259p

ノーチェラ, ジョセフ
◇チャールズ・メリル：TIMEが選ぶ20世紀の100人　上巻　指導者・革命家・科学者・思想家・起業家　徳岡孝夫監訳　アルク　1999.11　332p

ノー・チョーチョーカイン
◇人生大学：女たちのビルマ─軍事政権下を生きる女たちの声　藤目ゆき監修，タナッカーの会編，富田あかり訳　明石書店　2007.12　446p　（アジア現代女性史4）

ノック, スティーヴン
◇力の弱い男と整理整頓のできない女（共著）（佐藤通生訳）：結婚と離婚の法と経済学　アントニィ・W.ドゥネス，ロバート・ローソン編著，太田勝造監訳　木鐸社　2004.11　348p　（「法と経済学」叢書5）

ノートケル
◇讃歌集：中世思想原典集成　6　カロリング・ルネサンス　上智大学中世思想研究所編訳・監修　平凡社　1992.6　765p

ノートン, ジョン
◇アンドリュー・モートン『ダイアナ妃の真実』（沢崎順之助訳）：ロンドンで本を読む　丸谷才一編著　マガジンハウス　2001.6　337, 8p

野中 郁次郎　ノナカ, イクジロウ
◇知識創造企業：ナレッジ・マネジメント　Harvard Business Review編，Diamondハーバード・ビジネス・レビュー編集部訳　ダイヤモンド社　2000.12　273p
◇知識創造のダイナミクス：知識革新力　ルディ・ラグルス，ダン・ホルツハウス編，木川田一栄訳　ダイヤモンド社　2001.7　321p
◇コンビニエンスストア業界における知識創造：より高度の知識経済化で一層の発展をめざす日本─諸外国への教訓　柴田勉，竹内弘高共編，田村勝省訳　一灯舎　2007.10　472, 36p

ノーバーグ, キャスリン
◇リベルタン売春婦（正岡和恵訳）：ポルノグラフィの発明─猥褻と近代の起源，一五〇〇年から一八〇〇年へ　リン・ハント編著，正岡和恵，末広幹，吉原ゆかり訳　ありな書房　2002.8　438p

ノパーク, ベラ
◇ユーゴースラビヤに於ける婦人勞働者の状態：世界女性学基礎文献集成　昭和初期編第9巻　水田珠枝監修　ゆまに書房　2001.12　20, 387p

ノー・パティーポー
◇祈りから行動へ：女たちのビルマ─軍事政権下を生きる女たちの声　藤目ゆき監修，タナッカーの会編，富田あかり訳　明石書店　2007.12　446p　（アジア現代女性史4）

ノブス, ダニー
◇性の喜劇を理論化する：クライン・ラカンダイアローグ　バゴーイン，サリヴァン編，新宮一成監訳，上尾

ノーブル, グレゴリー・W.
◇アジアへの道：アジアにおける日本企業の成功物語――市場戦略と非市場戦略の分析　V.K.アガワル, 浦田秀次郎編, 浦田秀次郎監訳　早稲田大学出版部　2004.5　327p
◇政治的リーダーシップと構造改革 他（杉之原真子訳）：小泉改革への時代　東京大学社会科学研究所編　東京大学出版会　2006.2　386p（「失われた10年」を超えて 2）

ノーラン, ポール
◇グループ即興音楽療法：双極性障害（躁病）で、抵抗が強い女性：音楽療法ケーススタディ　下　成人に関する25の事例　ケネス・E.ブルシア編, よしだじゅんこ, 酒井智華訳　音楽之友社　2004.4　393p

ノリス, スーザン・マリー
◇神に誓って 他：記憶の底から――家庭内性暴力を語る女性たち　トニー・A.H.マクナロン, ヤーロウ・モーガン編, 長谷川美実訳　青弓社　1995.12　247p

ノールズ, ダドリー
◇ヘーゲルの刑罰正当化論：リベラリズムとコミュニタリアニズムを超えて――ヘーゲル法哲学の研究　ロバート・R.ウイリアムズ編, 中村浩爾, 牧野広義, 形野清貴, 田中幸世訳　文理閣　2006.12　369p

ノワック, マンフレッド
◇市民的および政治的権利（滝沢美佐子訳）：国際人権法マニュアル――世界的視野から見た人権の理念と実践　ヤヌシュ・シモニデス編著, 横田洋三監修, 秋月弘子, 滝沢美佐子, 富田麻里, 望月康恵訳　明石書店　2004.3　467p

【ハ】

バー, K.
◇南アジアの編入と周辺化（共著）（原田太津男訳）：世界システム論の方法　イマニュエル・ウォーラーステイン責任編集, 山田鋭夫, 原田太津男, 尹春志訳　藤原書店　2002.9　203p（叢書〈世界システム〉3）

馬 湘泳　バ, ショウエイ＊
◇徐福は偉大な航海家の先駆である：不老を夢みた徐福と始皇帝――中国の徐福研究最前線　池上正治編訳　勉誠社　1997.7　195, 3p

馬 瑞芳　バ, ズイホウ＊
◇煎餅のこと：中国人、「食」を語る　晩白, 暁珊選編, 多田敏宏訳　近代文芸社　2003.12　219p

河 順女　ハ, スンニョ
◇娘を嘆き悶死した父：証言――強制連行された朝鮮人軍慰安婦たち　韓国挺身隊問題対策協議会・挺身隊研究会編, 従軍慰安婦問題ウリヨソンネットワーク訳　明石書店　1993.10　345p

馬 世冊　バ, セイサク＊
◇ラフ（拉祜）族（百田弥栄子訳）：中国少数民族の婚姻と家族　上巻　厳汝嫻主編, 江守五夫監訳, 百田弥栄子, 曽士才, 栗原悟訳　第一書房　1996.12　298p（Academic series―New Asia 18）

馬 致遠　バ, チエン
◇国訳漢宮図（宮原民平訳註）：国訳漢文大成　第6巻　文学部　第1輯 下　日本図書センター　2000.9　p1001-2148

バー, チャンドラー
◇同性愛と生物学（上遠岳彦訳）：キリスト教は同性愛を受け入れられるか　ジェフリー・S.サイカー編, 森本あんり監訳　日本キリスト教団出版局　2002.4　312p

馬 登民　バ, トウミン
◇刑の執行猶予・減刑・仮釈放 他：中国刑法教科書――総論　何秉松主編, 長井円翻訳　八千代出版　2002.5　22, 619, 26p
◇社会の管理秩序を害する罪（共著）：中国刑法教科書――各論　何秉松主編, 長井円翻訳　八千代出版　2003.6　19, 549, 34p

裴 広川　ハイ, コウセン
◇刑法学 概論：中国刑法教科書――総論　何秉松主編, 長井円翻訳　八千代出版　2002.5　22, 619, 26p
◇公民の人身・民主の権利を害する罪：中国刑法教科書――各論　何秉松主編, 長井円翻訳　八千代出版　2003.6　19, 549, 34p

拝 根興　ハイ, コンコウ＊
◇韓国における東アジア史研究（三浦理一郎訳）：長安都市文化と朝鮮・日本　矢野建一, 李浩編　汲古書院　2007.9　352, 5p

梅 雪芹　バイ, セツキン＊
◇「平等互助」の東アジアのために（区建英訳）：東アジア〈共生〉の条件　佐々木寛編　世織書房　2006.3　404p

バイアーズ, マイケル
◇テロと国際法の未来：衝突を超えて――9・11後の世界秩序　K.ブース, T.ダン編, 寺島隆吉監訳, 塚田幸三, 寺島美紀子訳　日本経済評論社　2003.5　469p
◇ヨーロッパ、戦時法規そして地政学的変化（栢木めぐみ訳）：衝突と和解のヨーロッパ――ユーロ・グローバリズムの挑戦　大芝亮, 山内進編著　ミネルヴァ書房　2007.3　313, 5p

ハイアムズ, ポール・R.
◇中世イングランドにおけるフェーデ（西岡健司訳）：紛争のなかのヨーロッパ中世　服部良久編訳　京都大学学術出版会　2006.7　372p

バイアン, ジョン
◇ガレー船見聞記（一七〇三～〇四年）：歴史の目撃者　ジョン・ケアリー編, 仙名紀訳　朝日新聞社　1997.2　421p

ハイグレイ, ジョージア・M.
◇カレッジ、地域社会、そして図書館職：アメリカ図書館史に女性を書きこむ　スザンヌ・ヒルデンブランド編, 田口瑛子訳　京都大学図書館情報学研究会　2002.7　367p

パイス, キャシー
◇流行のスタイルで気どって（能登路雅子訳）：ウィメンズ・アメリカ　論文編　リンダ・K.カーバー, ジェーン・シェロン・ドゥハート編著, 有賀夏紀ほか編訳　ドメス出版　2002.2　251, 6p

ハイズル, ハインツ・D.
◇日常的なことの正当化、あるいは若き「彼」の通りに立つ三つの言葉の家（山室信高訳）：文化アイデンティティの行方——橋大学言語社会研究科国際シンポジウムの記録　恒川邦夫ほか編著　彩流社　2004.2　456p

ハイデス, マーガレット
◇オーストリア—スキー場でスキー抜きの楽しみ方：車椅子はパスポート—地球旅行の挑戦者たち　アリソン・ウォルシュ編、おそどまさこ日本語版責任編集、森実真弓訳　山と渓谷社　1994.3　687p

ハイドゥク, ギュンター
◇ドイツから見た独日経済関係の展望（共著）（八林秀一訳）：孤立と統合—日独戦後史の分岐点　渡辺尚、今久保幸生、ヘルベルト・ハックス、ヲルフガンク・クレナー編　京都大学学術出版会　2006.3　395p

パイトゥーン・シンララート
◇タイの大学：アジアの高等教育改革　フィリップ・G.アルトバック, 馬越徹編、北村友人監訳　玉川大学出版部　2006.9　412p　（高等教育シリーズ137）

ハイドマン, ウーテ
◇洞窟への下降と死の恐怖の象徴的体験：十八世紀の恐怖—言説・表象・実践　ジャック・ベールシュトルド, ミシェル・ポレ編、飯野和夫、田所光男、中島ひかる訳　法政大学出版局　2003.12　446p　（叢書・ウニベルシタス782）

バイナルト, ハイム
◇コンベルソと彼らの運命：スペインのユダヤ人—1492年の追放とその後　エリー・ケドゥリー編、関哲行, 立石博高, 宮前安子訳　平凡社　1995.12　285p

ハイネマン, チャールズ
◇チャールズ・ハイネマン（吉村美紀訳）：アメリカ政治学を創った人たち—政治学の口述史　M.ベアー, M.ジューエル, L.サイゲルマン編、内山秀夫監訳　ミネルヴァ書房　2001.12　387p　（Minerva人文・社会科学叢書59）

ハイマン, M.
◇料理を印刷する（共著）：食の歴史　3　J-L.フランドラン, M.モンタナーリ編、宮原信, 北代美和子監訳　藤原書店　2006.3　p838-1209

ハイマン, Ph.
◇料理を印刷する（共著）：食の歴史　3　J-L.フランドラン, M.モンタナーリ編、宮原信, 北代美和子監訳　藤原書店　2006.3　p838-1209

ハイマン, ポーラ
◇逆転移について（原田剛志訳）：対象関係論の基礎—クライニアン・クラシックス　松木邦裕編・監訳　新曜社　2003.9　266p

ハイメル, ミヒャエル
◇セーレン・キェルケゴール：19世紀の牧会者たち　2　日本キリスト教団出版局　2003.6　184p　（魂への配慮の歴史　第10巻　C.メラー編、加藤常昭訳）

バイヤー, ピーター
◇コミュニケーションとしての宗教：宗教システム／政治システム—正統性のパラドクス　土方透編著　新泉社　2004.5　266, 3p

バイラム, マイケル・S.
◇イギリスにおける教育改革と教師教育（冨田祐一訳）：これからの学校教育と教員養成カリキュラム—授業研究をとおした教師の学びとその支援　東京学芸大学教員養成カリキュラム開発研究センター　〔2004〕71p　（東京学芸大学教員養成カリキュラム開発研究センター主催シンポジウム記録集　第5回）

ハイン, カール・E.
◇憲法の諸段階と憲法裁判（渡辺洋訳）：憲法裁判の国際的発展—日独共同研究シンポジウム　ドイツ憲法判例研究会編　信山社出版　2004.2　385, 12p

パイン, ジョン・W.
◇意思決定のトレードオフにおける感情的性質（共著）：ウォートンスクールの意思決定論　ステファン・J.ホッチ, ハワード・C.クンリューサー編、小林陽太郎監訳、黒田康史, 大塔達也訳　東洋経済新報社　2006.8　374p　（Best solution）

ハイン, ローラ・E.
◇成長即成功か（松居弘道訳）：歴史としての戦後日本　上　アンドルー・ゴードン編、中村政則監訳　みすず書房　2001.12　264, 29p

ハインツ, ヴォルフガング
◇刑法による経済犯罪の予防（戸浦雄史訳）：神山敏雄先生古稀祝賀論文集　第2巻　経済刑法　斉藤豊治, 日高義博, 甲斐克則, 大塚裕史編　成文堂　2006.8　546p

ハインリックス, ウォルド
◇競合する公的記憶とエノラ・ゲイ論争（佐藤丙午訳）：記憶としてのパールハーバー　細谷千博, 入江昭, 大芝亮編　ミネルヴァ書房　2004.5　536, 10p

ハウ, ジュディス
◇国連高齢者問題会議：プロダクティブ・エイジング—高齢者は未来を切り開く　ロバート・バトラー, ハーバート・グリーソン編、岡本祐三訳　日本評論社　1998.6　220p

ハウ, ハリー
◇ウィリアム・ハワード・ラッセル（高橋健次訳）：インタヴューズ　1　クリストファー・シルヴェスター編、新庄哲夫ほか訳　文芸春秋　1998.11　462p

ハウアー, ジョセフィン
◇人生目標と人格教育の枠組み—人格形成を実践するには（共著）：「人格教育」のすすめ—アメリカ・教育改革の新しい潮流　トニー・ディヴァイン, ジュンホ・ソク, アンドリュー・ウィルソン編、上寺久雄監訳　コスモトゥーワン　2003.2　491, 40p

ハウイット, ピーター
◇最近のケインジアン・モデルにおける期待と不確実性：一般理論—第二版—もしケインズが今日生きていたら　G.C.ハーコート, P.A.リーアック編、小山庄三訳　多賀出版　2005.6　922p

ハーヴェー, イアン
◇民防衛—第4軍：ブラッセー軍事年鑑—研修資料〔1955年版〕　防衛研修所　1957　98p　（研修資料別冊第150号）

ハーヴェイ, エルウッド
◇奴隷売買の現場（一八四六年十二月）：歴史の目撃者

ジョン・ケアリー編, 仙名紀訳　朝日新聞社　1997.2　421p

ハーヴェイ, マイルズ
◇政治的正義は政治に有罪：アメリカの差別問題—PC (政治的正義) 論争をふまえて　Patricia Aufderheide編, 脇浜義明編訳　明石書店　1995.6　208p

ハウエル, ジェームズ
◇キリストは聖フランチェスコのようであった：聖書を読む技法—ポストモダンと聖書の復権　エレン・デイヴィス, リチャード・ヘイズ編, 芳賀力訳　新教出版社　2007.9　428p

ハウエル, ジェーン・M.
◇カリスマのもつ二つの顔—社会派型リーダーと個人派型リーダー (松本博子訳)：カリスマと研究リーダーシップ—ベンチャーを志す人の必読書　ジェイ・A. コンガー, ラビンドラ・N. カヌンゴほか著, 片柳佐智子, 山村宜子, 松本博子, 鈴木恭子訳　流通科学大学出版　1999.12　381p

パウエル, バーバラ・C.
◇ペットの犬に会いに帰ってきた亡き夫：あなたが知らないペットたちの不思議な力—アンビリーバブルな動物たちの超常現象レポート　『FATE』Magazine編, 宇佐和通訳　徳間書店　1999.2　276p

パウエル, ロバート
◇クリシュナムルティ入門：クリシュナムルティの世界　大野純一編訳　コスモス・ライブラリー　1997.8　434p

パウエルズ, B. E.
◇社会—臨床心理学の過去・現在・未来 (共著) (丹野義彦訳)：臨床社会心理学の進歩—実りあるインターフェイスをめざして　R.M. コワルスキ, M.R. リアリー編著, 安藤清志, 丹野義彦監訳　北大路書房　2001.10　465p

ハウザー＝ショイブリーン, ブリギッタ
◇母権と女性運動 (岡本麻美子訳)：バッハオーフェン論集成　臼井隆一郎編　世界書院　1992.10　248, 5p

ハウズ, グレイアム
◇トリニティ・ホールの反逆者たち (矢野和江訳)：歴史と神学—大木英夫教授喜寿献呈論文集　下巻　古屋安雄, 倉松功, 近藤勝彦, 阿久戸光晴編　聖学院大学出版会　2006.8　666, 35p

ハウス, ロバート・J.
◇変革的・カリスマ的・予言者的リーダーシップ理論の統合 (共著)：リーダーシップ理論と研究　マーティン・M. チェマーズ, ロヤ・エイマン編, 白樫三四郎訳編　黎明出版　1995.9　234p
◇アメリカ歴代大統領にみる, カリスマと非カリスマ (共著) (山村宜子訳)：カリスマ的リーダーシップ—ベンチャーを志す人の必読書　ジェイ・A. コンガー, ラビンドラ・N. カヌンゴほか著, 片柳佐智子, 山村宜子, 松本博子, 鈴木恭子訳　流通科学大学出版　1999.12　381p

ハウゼン, カリン
◇ワイマール共和国の母の日：生物学が運命を決めたとき—ワイマールとナチスドイツの女たち　レナード・ブライデンソール, アチナ・グロスマン, マリオン・カプラン編著, 近藤和子訳　社会評論社　1992.11　413p

ハウプトマン, ワルター
◇文化的進化の産物としての法 (江崎一朗訳)：法の理論 14　ホセ・ヨンパルト, 三島淑臣編　成文堂　1994.11　227p

バウベル, ローランド
◇コンディショナリティの実際 他：IMF改廃論争の論点　ローレンス・J. マッキラン, ピーター・C. モントゴメリー編, 森川公隆監訳　東洋経済新報社　2000.11　285p

バウマイスター, R. F.
◇自己制御と精神病理 (共著) (渡辺浪二訳)：臨床社会心理学の進歩—実りあるインターフェイスをめざして　R.M. コワルスキ, M.R. リアリー編著, 安藤清志, 丹野義彦監訳　北大路書房　2001.10　465p

バウム, スティーブン・P.
◇商業不動産担保貸付の証券化 (前田和彦訳)：証券化の基礎と応用　L.T. ケンドール, M.J. フィッシュマン編, 前田和彦, 小池圭吾訳　東洋経済新報社　2000.2　220p

バエサ, パトリシア
◇ラテン・アメリカ概観：女性が語る第三世界の素顔—環境・開発レポート　アニータ・アナンド編, WFS日本事務局訳　明石書店　1994.6　317p

バエズ, マリア
◇比較特殊教育学 (尾崎輝子訳)：インクルージョンの時代—北欧発「包括」教育理論の展望　ペーデル・ハウグ, ヤン・テッセブロー編, 二文字理明監訳　明石書店　2004.7　246p (明石ライブラリー 63)
◇チリにおけるインクルーシブ教育の開発—私的制度対公的制度：世界のインクルーシブ教育—多様性を認め, 排除しない教育　ハリー・ダニエルズ, フィリップ・ガーナー編著, 中村満紀男, 窪田真二監訳　明石書店　2006.3　540p (明石ライブラリー 92)

バオ, フ
◇中国に於ける乳幼児虐殺の実態：現在チベットの現状　柴田竜男訳　チベット・スノーライオン友愛会　1992.6　1冊

バーガー, アーサー・S.
◇死者との交信実験 (笠原敏雄訳)：死を超えて生きるもの—霊魂の永遠性について　ゲイリー・ドーア編, 井村宏治, 上野圭一, 笠原敏雄, 鹿子木大士郎, 菅靖彦, 中村正明, 橘村令助訳　春秋社　1993.11　407, 10p

パーカー, セリア
◇アメリカ合衆国の階級闘争に於いて婦人のもつ増大しつつある意義：世界女性学基礎文献集成　昭和初期編　第9巻　水田珠枝監修　ゆまに書房　2001.12　20, 387p

パーカー, デニス・J.
◇ロンドンにおける災害対応 (加藤孝明訳)：巨大都市と変貌する災害—メガシティは災害を産み出すルツボである　ジェイムス・K. ミッチェル編, 中林一樹監訳　古今書院　2006.1　386p

バーカー, ハリエット
◇ドミノとクーケー—バルドパスにおける高齢化：明

日をさがす―高齢化社会を生きる オーストラリア聖公会シドニー教区社会問題委員会編, 関澄子訳 聖公会出版 1999.9 156p

パーカー, ポール
◇日本と地球環境：環境技術におけるリーダーシップ（山崎孝史訳）：アジア太平洋と国際関係の変動―その地政学的展望 Dennis Rumley編, 高木彰彦, 千葉立也, 福嶋依子編 古今書院 1998.2 431p

ハーガー, ヨハンネス
◇ドイツ民法からみたユニドロワ原則およびヨーロッパ契約法原則における契約締結上の過失（半田吉信著・訳）：ヨーロッパ統一契約法への道 ユルゲン・バセドウ編, 半田吉信ほか訳 法律文化社 2004.6 388p

パーカー, ルビー
◇蜂たちは父の死を知っていた：あなたが知らないペットたちの不思議な力―アンビリーバブルな動物たちの超常現象レポート 『FATE』Magazine編, 宇佐和通訳 徳間書店 1999.2 276p

バーカイル, ヨハンネス
◇世界宣教命令の聖書的基盤：世界宣教の展望 ラルフ・D.ウィンター, スティーブン・C.ホーソーン編, 倉沢正則, 日置善一訳 いのちのことば社 2003.12 239p

ハガート, ジョン・P.
◇発明の価値：価値一新しい文明学の模索に向けて ブレンダ・アーモンド, ブライアン・ウィルソン編, 玉井治, 山本慶裕訳 東海大学出版会 1994.3 308p

バカリ, イムルー
◇文化―文化の多様性, 文化の生産とアイデンティティ（共著）（白井聡訳）：もうひとつの世界は可能だ―世界社会フォーラムとグローバル化への民衆のオルタナティブ ウィリアム・F.フィッシャー, トーマス・ポニア編, 加藤哲郎監修, 大屋定晴, 山口響, 白井聡, 木下ちがや監訳 日本経済評論社 2003.12 461p

バーキン, トーマス・I.
◇サービス業の再生への挑戦（共著）（鷹野薫訳）：マッキンゼー事業再生―ターンアラウンドで企業価値を高める 本田桂子編著・監訳 ダイヤモンド社 2004.11 231p（The McKinsey anthology）

パーキン, ベティ
◇クルーズ―キャンベラ号にひとり乗船してノルウェーへ：車椅子はパスポート―地球旅行の挑戦者たち アリソン・ウォルシュ編, おそどまさこ日本語版責任編集, 森実真弓訳 山と渓谷社 1994.3 687p

バーキンシャー, クレアー
◇雇用にかかわる法的問題との向き合い方（共著）：ピープルマネジメント―21世紀の戦略的人材活用コンセプト Financial Times編, 日経情報ストラテジー監訳 日経BP社 2002.3 271p（日経情報ストラテジー別冊）

パーキンス, D. N.
◇パーソン・プラス（日下部典子訳）：分散認知―心理学的考察と教育実践上の意義 ガブリエル・ソロモン編, 松田文子監訳 協同出版 2004.7 343p（現代基礎心理学選書 第9巻 利島保, 鳥居修晃, 望月登志子編）

パーク, C. ワン
◇クロス・ファンクショナル・チームの落とし穴（共著）：いかに「高業績チーム」をつくるか Diamondハーバード・ビジネス・レビュー編集部編訳 ダイヤモンド社 2005.5 225p（Harvard business review anthology）

麦 慰宗　バク, イクソウ
◇カウントダウン：香港回帰―ジャーナリストが見た'97.7.1 ユエン・チャン, 盧敬華共編, 日野みどり訳 凱風社 1998.6 197p

朴 二沢　バク, イテク
◇18世紀朝鮮王朝の経済体制（共著）（木村拓訳）：近代東アジア経済の史的構造 中村哲編著 日本評論社 2007.3 398p（東アジア資本主義形成史 3）

朴 銀韓　バク, ウンハン
◇金正日を解剖する：金正日その衝撃の実像 朝鮮日報『月刊朝鮮』編, 黄民基訳 講談社 1994.11 568p
◇金正日の履歴書―裸の王様を解剖する：金正日, したたかで危険な実像 朝鮮日報『月刊朝鮮』編著, 黄珉基訳 講談社 1997.12 301p（講談社+α文庫）

白 雲翔　ハク, ウンショウ*
◇山東省臨淄斉国故城出土の漢代鏡范の調査と研究（井之口茂訳）：鏡范研究 2 清水康二, 三船温尚編 奈良県立橿原考古学研究所 2005.7 93p

麦 燕庭　バク, エンテイ
◇愛さずして茫然：香港回帰―ジャーナリストが見た'97.7.1 ユエン・チャン, 盧敬華共編, 日野みどり訳 凱風社 1998.6 197p

白 華　ハク, カ*
◇年下の男を愛する難しさ：大人の恋の真実 2 司徒玫編, 佐藤嘉江子訳 はまの出版 1999.3 270p

白 居易　ハク, キョイ
◇白楽天詩集・白楽天詩後集（佐久節訳解）：国訳漢文大成 第17巻 続文学部 第2輯 上 日本図書センター 2000.9 897p

パーク, ケリー
◇悲しみをのりこえるために：怒りと困惑の表出：音楽療法ケーススタディ 上 児童・青年に関する17の事例 ケネス・E.ブルシア編, 酒井智華ほか訳 音楽之友社 2004.2 285p

白 剣峰　ハク, ケンホウ*
◇「天使」はなぜ「逃げ去って」しまったか 他：必読！今, 中国が面白い―中国が解る60編 2007年版 而立会訳, 三潴正道監訳 日本僑報社 2007.8 240p

朴 相基　バク, サンギ*
◇韓国の刑法：韓国法の現在 上 小島武司, 韓相範編 中央大学出版部 1993.3 470p（日本比較法研究所研究叢書）
◇韓国刑法改正案の新たな内容：韓国法の現在 下 小島武司, 韓相範編 中央大学出版部 1993.10 477p（日本比較法研究所研究叢書 27）

パーク, ジェイホン
◇銀行の再生（共著）（近藤将士訳）：マッキンゼー事業再生―ターンアラウンドで企業価値を高める 本田桂子編著・監訳 ダイヤモンド社 2004.11 231p（The McKinsey anthology）

朴 珠洪　パク, ジュホン
◇韓国企業と日本企業の革新比較(宣憲洋訳)：日韓経済および企業経営の諸問題　桃山学院大学総合研究所編　桃山学院大学総合研究所　2004.10　275p　(桃山学院大学・啓明大学校国際学術セミナー 7)

莫 俊卿　パク, シュンキョウ*
◇チワン(仕)族 他(百田弥栄子訳)：中国少数民族の婚姻と家族　中巻　厳汝嫻主編, 江守五夫監訳, 百田弥栄子, 曽士才, 栗原悟訳　第一書房　1996.12　315p　(Academic series—New Asia 19)

朴 鐘益　パク, ジョンイク*
◇咸安城山山城の発掘調査と出土木簡の性格(朴ミン慶訳)：韓国出土木簡の世界　朝鮮文化研究所編　雄山閣　2007.3　402p　(アジア地域文化学叢書 4)

朴 振喜　パク, ジンヒ*
◇科学技術問題(尹秀薫訳)：韓国社会論争—最新ガイド　月刊『社会評論』(韓国)編集部編, 文京洙ほか監訳　社会評論社　1992.10　299p

朴 順愛　パク, スネ
◇「慰問団募集」で慰安婦に：証言—強制連行された朝鮮人軍慰安婦たち　韓国挺身隊問題対策協議会・挺身隊研究会編, 従軍慰安婦問題ウリヨソンネットワーク訳　明石書店　1993.10　345p

朴 ソプ　パク, ソプ*
◇韓国経済における政府と生産者団体(朴晩奉訳)：東アジア近代経済の形成と発展　中村哲編著　日本評論社　2005.3　288p　(東アジア資本主義形成史 1)

朴 晟希　パク, ソンヒ
◇知識人の悩みは深い：北朝鮮—その衝撃の実像　朝鮮日報『月刊朝鮮』編, 黄民基訳　新訂　講談社　1994.10　549p

朴 成勲　パク, ソンフン*
◇東アジアの経済統合(井出文紀訳)：東アジア共同体という幻想　中逵啓示編　ナカニシヤ出版　2006.8　232p

朴 宣冷　パク, ソンレン*
◇孫文と南方熊楠そして朝鮮知識人(安成浩訳)：孫文と南方熊楠—孫文生誕140周年記念国際学術シンポジウム論文集　日本孫文研究会編　汲古書院　2007.8　250p　(孫中山記念会研究叢書 5)

朴 賛郁　パク, チャンウク*　《Park, Chan Wook》
◇韓国における政党の資金調達：1988-1991年：民主主義のコスト—政治資金の国際比較　H.E.アレキサンダー, 白鳥令編著, 岩崎正洋訳　新評論　1995.11　261p

朴 哲河　パク, チョラ
◇国内民族解放運動の活性化と新幹会運動：朝鮮民族解放運動の歴史—平和的統一への模索　姜万吉編著, 太田修, 庵逧由香訳　法政大学出版局　2005.4　369, 29p　(韓国の学術と文化 21)

朴 晋煜　パク, チンウク*
◇古朝鮮の琵琶形銅剣文化の再検討：朝鮮民族と国家の源流—神話と考古学　在日本朝鮮歴史考古学協会編訳　雄山閣出版　1995.7　270p　(考古学選書)

白 天亮　ハク, テンリョウ*
◇中央企業の主要製品, 半数に特許なし：必読！今, 中国が面白い—中国が解る60編　2007年版　而立会訳, 三潴正道監訳　日本僑報社　2007.8　240p

莫 徳　パク, トク*
◇『追溯数学思想発展的源流』概要：中日近現代数学教育史　第6巻　北京師範大学横地清文庫国際セミナー研究報告　横地清, 鍾善基, 李迪編集代表　北京師範大学　2007.9　155p

朴 度栄　パク, ドヨン*
◇現代資本主義論争(朴在哲訳)：韓国社会論争—最新ガイド　月刊『社会評論』(韓国)編集部編, 文京洙ほか監訳　社会評論社　1992.10　299p

朴 漢龍　パク, ハニョン
◇「恐慌期」の国内民族解放運動の高揚と民族統一戦線運動の屈折 他：朝鮮民族解放運動の歴史—平和的統一への模索　姜万吉編著, 太田修, 庵逧由香訳　法政大学出版局　2005.4　369, 29p　(韓国の学術と文化 21)

パク, ヒョーチョン
◇韓国における民主主義的シティズンシップ教育(内藤隆史訳)：成人教育と市民社会—行動的シティズンシップの可能性　不破和彦編訳　青木書店　2002.7　214p

朴 亨埈　パク, ヒョンジュン*
◇新技術革新問題(金泰明訳)：韓国社会論争—最新ガイド　月刊『社会評論』(韓国)編集部編, 文京洙ほか監訳　社会評論社　1992.10　299p

朴 海琓　パク, ヘァン*
◇中間層問題(孫明修訳)：韓国社会論争—最新ガイド　月刊『社会評論』(韓国)編集部編, 文京洙ほか監訳　社会評論社　1992.10　299p

朴 法柱　パク, ボプジュ*
◇新しい脅威 東アジアから見て(共著)：ロシアの総合的安全保障環境に関する研究—東アジア地域における諸問題　総合研究開発機構　2000.3　225p　(NIRA研究報告書)

朴 明珍　パク, ミョンジン　《Park, Myung-Jin》
◇グローバル化理論をこえて 他(杉山光信訳)：メディア理論の脱西欧化　J.カラン, 朴明珍編, 杉山光信, 大畑裕嗣副訳　勁草書房　2003.2　306p

朴 英凡　パク, ヨンボム　《Park, Young-bum》
◇韓国の雇用関係(共著)(鈴木玲訳)：先進諸国の雇用・労使関係—国際比較：21世紀の課題と展望　桑原靖夫, グレッグ・バンバー, ラッセル・ランズベリー編　新版　日本労働研究機構　2000.7　551p

莫日根迪　バクジツコンテキ*
◇ダウォール(達斡尓)族(百田弥栄子訳)：中国少数民族の婚姻と家族　中巻　厳汝嫻主編, 江守五夫監訳, 百田弥栄子, 曽士才, 栗原悟訳　第一書房　1996.12　315p　(Academic series—New Asia 19)

パークス, キャサリン・R.
◇海洋油田従業員の労動と福利(佐野幸子訳)：仕事の社会心理学　Peter Collett, Adrian Furnham原著編, 長田雅喜, 平林進訳監　ナカニシヤ出版　2001.6　303p

パークス, マルカム
◇テクストの読解, 筆写, 解釈(月村辰雄訳)：読むこ

との歴史―ヨーロッパ読書史 ロジェ・シャルティエ, グリエルモ・カヴァッロ編, 田村毅ほか共訳 大修館書店 2000.5 634p

バクニック, ジェーン
◇日本の高等教育における情報テクノロジー革命 (鈴木健太郎訳)：日本の組織―社縁文化とインフォーマル活動 中牧弘允, ミッチェル・セジウィック編 東方出版 2003.7 386p

バグノリ, ポール・M.
◇グローバル市場における投資スタイル (甲野晃正訳)：資産運用新時代の株式投資スタイル―投資家とファンドマネジャーを結ぶ投資哲学 T.ダニエル・コギン, フランク・J.ファボツィ編 野村総合研究所 1996.3 329p

パークマン, アレン
◇合意離婚 (森谷尚訳)：結婚と離婚の法と経済学 アントニィ・W.ドゥネス, ロバート・ローソン編著, 太田勝造監訳 木鐸社 2004.11 348p (「法と経済学」叢書 5)

バーグラス, スティーブン
◇時間を浪費する人々：いかに「時間」を戦略的に使うか Diamondハーバード・ビジネス・レビュー編集部訳 ダイヤモンド社 2005.10 192p (Harvard business review anthology)
◇エグゼクティブ・コーチングが失敗する時：コーチングがリーダーを育てる Diamondハーバード・ビジネス・レビュー編集部訳 ダイヤモンド社 2006.4 231p (Harvard business review anthology)

バークリー, ジェームズ・D.
◇責任能力のあるマネジャーに何が起きたのか (共著)：リーダーシップ Harvard Business Review編, Diamondハーバード・ビジネス・レビュー編集部訳 ダイヤモンド社 2002.4 295p

ハーグローヴ, ジューン
◇パリの影像 (杉本淑彦訳)：記憶の場―フランス国民意識の文化＝社会史 第3巻 ピエール・ノラ編, 谷川稔監訳 岩波書店 2003.3 474, 15p

ハケット, エイミー
◇ヘレーネ・シュテッカー―左翼インテリ, 性改革者：生物学が運命を決めたとき―ワイマールとナチスドイツの女たち レナード・ブライデンソール, アチナ・グロスマン, マリオン・カプラン編著, 近藤和子訳 社会評論社 1992.11 417p

バーコウィッツ, デーヴィッド
◇おまえは選ばれた。死ぬ運命にある：平気で人を殺す人たち―心の中に棲む悪魔 ブライアン・キング編, 船津歩訳 イースト・プレス 1997.10 319p

バーコヴィッツ, レオナルド
◇アメリカとイギリスにおける賃金の満足感 (共著) (福住幸代訳)：仕事の社会心理学 Peter Collett, Adrian Furnham原著編, 長田雅喜, 平林進共編 ナカニシヤ出版 2001.6 303p

パサー, E. C., Jr.
◇簡素・浪費・必要 (前田義郎訳)：環境の倫理 上 K.S.シュレーダー・フレチェット編, 京都生命倫理研究会訳 晃洋書房 1993.4 355p

ハーザー, アイボ
◇イタリア軍とパルチザンに守られて：思いやる勇気―ユダヤ人をホロコーストから救った人びと キャロル・リトナー, サンドラ・マイヤーズ編, 食野雅子訳 サイマル出版会 1997.4 282p

パサモンテ, オースチン
◇ワールドカップアドバイザーの勝利戦略：ロビンスカップの魔術師たち―トレードコンテストのチャンピオンが語るトレーディングの極意 チャック・フランク, パトリシア・クリサフリ編, 古河みつる訳 パンローリング 2006.5 273p (ウィザードブックシリーズ v.102)

バザルグル, D.
◇モンゴル国社会経済発展戦略 (L.アディヤスレン訳)：モンゴル国における土地資源と遊牧民―過去, 現在, 未来 特定領域研究「資源人類学・生態資源の象徴化」班国際シンポジウム記録 小長谷有紀, 辛嶋博善, 印東道子編, 内堀基光監修 〔東京外国語大学アジア・アフリカ言語文化研究所〕文部科学省科学研究費補助金特定領域研究『資源の分配と共有に関する人類学的統合領域の構築』総括班 2005.3 157p

バージ, タイラー
◇個体主義と心的なもの (前田高弘訳)：シリーズ心の哲学―Series philosophy of mind 3 (翻訳篇) 信原幸弘編 勁草書房 2004.8 276, 8p

バーシック, クリザーヌ
◇別居と離婚のプロセスにおける女性の適応の相関因子について (村上弘子訳)：女と離婚/男と離婚―ジェンダーの相違による別居・離婚・再婚の実態 サンドラ・S.ヴォルギー編著, 小池のり子, 村上弘子訳 家政教育社 1996.9 238p

ハシナ, シェイク
◇困難だった平和への道 (阿部純子訳)：あなたの手で平和を！―31のメッセージ フレドリック・S.ヘッファメール, 大庭里美, 阿部純子訳 日本評論社 2005.3 260p

パシネッティ, ルイジ・L.
◇投資の限界効率 他：一般理論―第二版―もしケインズが今日生きていたら G.C.ハーコート, P.A.リーアック編, 小山庄三訳 多賀出版 2005.6 922p

ハシモト, M.
◇日本の労働市場 (共著)：ポスト平成不況の日本経済―政策志向アプローチによる分析 伊藤隆敏, H.パトリック, D.ワインシュタイン編, 祝迫得夫監訳 日本経済新聞社 2005.9 388p

ハーシャ, ウィリアム・J.
◇エピローグ：北米インディアン生活誌 C.ハミルトン編, 和巻耿介訳 社会評論社 1993.11 408p

バーシャディ, ハロルド・J.
◇アメリカ社会学における反理論主義―知識社会学的試論 (進藤雄三訳)：近代性の理論―パーソンズの射程 ロランド・ロバートソン, ブライアン・S.ターナー編, 中久郎, 清野正義, 進藤雄三訳 恒星社厚生閣 1995.12 354, 37p

ハジュク, ミロシュ
◇中央ヨーロッパ, 東ヨーロッパにおける民主化の過程における左翼 (高橋康浩訳)：グローバルな市民社

会に向かって　マイケル・ウォルツァー編著, 石田淳ほか訳　日本経済評論社　2001.10　397p

ハジョー, マッシー
◇幽霊踊り：北米インディアン生活誌　C.ハミルトン編, 和巻耿介訳　社会評論社　1993.11　408p

バス, K.
◇開発が目指すべき目標：開発経済学の潮流—将来の展望　G.M.マイヤー, J.E.スティグリッツ共編, 関本勘次, 近藤正規, 国際協力研究グループ訳　シュプリンガー・フェアラーク東京　2003.7　412p

バス, アパルナ
◇インドの高等教育—植民地主義とその克服：アジアの大学—従属から自立へ　フィリップ・G.アルトバック, ヴィスワナタン・セルバラトナム編, 馬越徹, 大塚豊監訳　玉川大学出版部　1993.10　380p

バス, バーナード・M.
◇カリスマ的リーダーとは何者か？ 他（片柳佐智子訳）：カリスマ的リーダーシップ—ベンチャーを志す人の必読書　ジェイ・A.コンガー, ラビンドラ・N.カヌンゴほか著, 片柳佐智子, 山村宜子, 松本博子, 鈴木恭子訳　流通科学大学出版　1999.12　381p

パスクアル, ペドロ
◇評価と質の改善：高等教育における評価と意思決定過程—フランス, スペイン, ドイツの経験　OECD編, 服部憲児訳　広島大学大学教育研究センター　1997.2　151p　（高等教育研究叢書 43）

バスケス, イアン
◇メキシコでのIMFの失敗は明らか（共著）：IMF改廃論争の論点　ローレンス・J.マッキラン, ピーター・C.モントゴメリー編, 森川公隆監訳　東洋経済新報社　2000.11　285p

バスケス, クリスティーナ
◇クリスティーナ・バスケス（渡辺治子訳）：アメリカ労働運動のニューボイス—立ち上がるマイノリティー, 女性たち　ケント・ウォン編, 戸塚秀夫, 山崎精一監訳　彩流社　2003.10　256p

パスケロ, ジャン
◇国際経営と社会（共著）（南雲和夫訳）：社会経営学の視座　B.トイン, D.ナイ編, 村山元英監訳, 国際経営文化学会訳　文眞堂　2004.10　312p　（国際経営学の誕生 2）

ハースコビッツ, マイケル・D.
◇モーゲージ・バック証券分析手法の比較（共著）（大鹿幸一朗訳）：ALMの新手法—キャピタル・マーケット・アプローチ　フランク・J.ファボッツィ, 小西湛夫共編　金融財政事情研究会　1992.7　499p　（ニューファイナンシャルシリーズ）

バスコム, ウィリアム・R.
◇民俗学と人類学（山下欣一訳）：フォークロアの理論—歴史地理的方法を越えて　アラン・ダンデス他著, 荒木博之訳　法政大学出版局　1994.1　202p

バスコンセーロス, ホセ
◇地球人：現代ラテンアメリカ思想の先駆者たち　レオポルド・セア編, 小林一宏, 三橋利光共訳　刀水書房　2002.6　250p　（人間科学叢書 34）

パステュオヴッチ, N.
◇自主管理のための教育と訓練（沢井敦訳）：参加的組織の機能と構造—ユーゴスラヴィア自主管理企業の理論と実践　J.オブラドヴッチ, W.N.ダン編著, 笠原清志監訳　時潮社　1991.4　574p

ハースト, ポール
◇カール・シュミットの決断主義（竹島博之訳）：カール・シュミットの挑戦　シャンタル・ムフ編, 古賀敬太, 佐野誠編訳　風行社　2006.5　300, 9p

パストゥール, ルイ
◇国と大学との契約政策—静かなる革命の進行（共著）：高等教育における評価と意思決定過程—フランス, スペイン, ドイツの経験　OECD編, 服部憲児訳　広島大学大学教育研究センター　1997.2　151p　（高等教育研究叢書 43）

パスナック, ブルース・A.
◇受動攻撃性：変化を拒む組織の病（共著）：組織行動論の実学—心理学で経営課題を解明する　Diamondハーバード・ビジネス・レビュー編集部編訳　ダイヤモンド社　2007.9　425p　（Harvard business review）

ハスラム, S. アレクサンダー
◇個人の心象から世界の集合的道具へ—共有されたステレオタイプによって集団はどのように社会的現実を表象し変化させるか（共著）：ステレオタイプとは何か—「固定観念」から「世界を理解する"説明力"」へ　クレイグ・マクガーティ, ビンセント・Y.イゼルビット, ラッセル・スピアーズ編著, 国広陽子監修, 有馬明恵, 山下玲子監訳　明石書店　2007.2　296p

バスルール, ラジェシュ・M.
◇インドからの視座：ミサイル防衛—大いなる幻想　東西の専門家20人が批判する　デービッド・クリーガー, カラー・オン編, 梅林宏道, 黒崎輝訳　高文研　2002.11　155p

ハーゼ, ビルギート
◇カギとしての言語（共著）（仲正昌樹訳）：差異化する正義　仲正昌樹編　御茶の水書房　2004.7　285p　（叢書・アレテイア 4）

長谷川 治清　ハセガワ, ハルキヨ*
◇産業民主主義（石塚史樹訳）：企業体制　上　有斐閣　2005.12　349p　（現代日本企業 1　工藤章, 橘川武郎, グレン・D.フック編）

ハセガワ, ボブ
◇ボブ・ハセガワ（小畑精武訳）：アメリカ労働運動のニューボイス—立ち上がるマイノリティー, 女性たち　ケント・ウォン編, 戸塚秀夫, 山崎精一監訳　彩流社　2003.10　256p

パセット, ジョアン
◇「図書館員には支払わなくてよい」：20世紀初頭の女性, 給料, 地位：アメリカ図書館史に女性を書きこむ　スザンヌ・ヒルデンブランド編著, 田口瑛子訳　京都大学図書館情報学研究会　2002.7　367p

パーセルズ, ビル
◇常勝チームを生み出すコーチング・スキル：コーチングがリーダーを育てる　Diamondハーバード・ビジネス・レビュー編集部編訳　ダイヤモンド社　2006.4　231p　（Harvard business review anthology）

パゼロ, ウアズラ
◇ハビトゥスと機能的分化の十字照準刻線に捕らえられた女性と男性：ブルデューとルーマン—理論比較の試み　アルミン・ナセヒ, ゲルト・ノルマン編, 森川剛光訳　新泉社　2006.11　277, 30p

バーソック, ジーン・ルイス
◇ダメージ症候群(共著)：人材マネジメント　Harvard Business Review編, Diamondハーバード・ビジネス・レビュー編集部訳　ダイヤモンド社　2002.3　309p

バーソロミュー1世
◇国家間の和解と世界の平和：今こそ地球倫理を　ハンス・キューング編, 吉田収訳　世界聖典刊行協会　1997.10　346p （ぽんブックス 39）

パーソン, Y.
◇海岸沿いの諸民族—カザマンスからコートジボアールの沼沢地方まで(末原達郎訳)：ユネスコ・アフリカの歴史　第4巻　一二世紀から一六世紀までのアフリカ　アフリカの歴史起草のためのユネスコ国際学術委員会編, 宮本正興責任編集　D.T.ニアヌ編　同朋舎出版　1992.9　2冊

ハーソン, キャサリン
◇【ケーススタディ】チーム内の対立にどう対処するか(共著)：交渉の戦略スキル　Harvard Business Review編, Diamondハーバード・ビジネス・レビュー編集部訳　ダイヤモンド社　2002.2　274p

パーソンズ, アマンダ
◇ミシシッピ川－ミズーリ川：グレートリバー—地球に生きる・地球と生きる　National Geographic Society編, 田村協子訳　同朋舎出版　1993.7　448p

パーソンズ, ニゲル
◇保健・医療機関におけるソーシャルワーカーの組織(共著)：医療ソーシャルワークの実践　ミーケ・バドウィ, ブレンダ・ビアモンティ編著　中央法規出版　1994.9　245p

バーダー
◇光の父としての稲妻：キリスト教神秘主義著作集 16　近代の自然神秘思想　中井章子, 本間邦雄, 岡部雄三訳　教文館　1993.9　614, 42p

バダウィー, アブドッ・ラフマン
◇古典期のイスラム哲学と神学(柏木英彦訳)：中世の哲学　山田晶監訳　新装版　白水社　1998.6　324, 15p　（西洋哲学の知 2　Francois Chatelet編）

パタショー, ジョエル
◇先住民：先住民委員会の声明(共著)（石田隆至訳）：もうひとつの世界は可能だ—世界社会フォーラムとグローバル化への民衆のオルタナティブ　ウィリアム・F.フィッシャー, トーマス・ポニア編, 加藤哲郎監修, 大屋定晴, 山口響, 白井聡, 木下ちがや訳　日本経済評論社　2003.12　461p

パターソン, エドウィン・W.
◇約因への謝罪(西川理恵子訳)：現代アメリカ契約法　ロバート・A.ヒルマン, 笠井修編著　弘文堂　2000.10　400p

バダラッコ, ジョセフ・L., Jr.
◇リーダーとして成長するために：リーダーシップ

Harvard Business Review編, Diamondハーバード・ビジネス・レビュー編集部訳　ダイヤモンド社　2002.4　295p

バーチ, キャロル・L.
◇漁師とその妻：話はめぐる—聞き手から語り手へ　子どもと大人のためのストーリーテリング　ナショナル・ストーリーテリング保存育成協会編, 佐藤涼子訳　リブリオ出版　1999.11　166p

バーチ, ベヴァリィ
◇レズビアン関係の密着に関するもうひとつの視点：フェミニスト心理療法ハンドブック—女性臨床心理の理論と実践　L.B.ローズウォーター, L.E.A.ウォーカー編著, 河野貴代美, 井上摩耶子訳　ヒューマン・リーグ　1994.12　317p

バチコ, ブロニスラウ
◇恐怖政治の恐怖：十八世紀の恐怖—言説・表象・実践　ジャック・ベールシュトルド, ミシェル・ポレ編, 飯野和夫, 田所光男, 中島ひかる訳　法政大学出版局　2003.12　446p　（叢書・ウニベルシタス 782）

ハーツェム, ピーター
◇児童心理学・発達・人間の行為のパターン化：概念と論点についての評論：行動分析学からの発達アプローチ　シドニー・W.ビジュー, エミリオ・リベス編, 山island薫, 清水直治監訳　二瓶社　2001.7　253p

パッカー, アソル・B.
◇遠く離れた国に一人放られて(共著)：幼児のための多文化理解教育　ボニー・ノイゲバウエル編著, 谷口正子, 斉藤法子訳　明石書店　1997.4　165p

ハッカキャン, ローヤ
◇「出エジプト記」最終章：イラン人は神の国イランをどう考えているか　レイラ・アーザム・ザンギャネー編, 白須英子訳　草思社　2007.2　231p

バック, ダニエル
◇アフリカにおける地域統合と国家再建(鍋島孝子訳)：アフリカ国家を考えなおす　川端正久, 落合雄彦編　晃洋書房　2006.3　389p　（竜谷大学社会科学研究所叢書 第65巻）

バックウォルド, ダグ
◇密室だった理事会：バークレー生協は、なぜ倒産したか—18人の証言　日本生活協同組合連合会国際部訳　コープ出版　1992.5　195p

バックスデール, ジェームス・L.
◇ダイナミックな組織的共同体における通信技術：未来社会への変革—未来の共同体がもつ可能性　フランシス・ヘッセルバイン, マーシャル・ゴールドスミス, リチャード・ベックハード, リチャード・F.シューベルト編, 加納明弘訳　フォレスト出版　1999.11　327p

ハックマン, J. リチャード
◇【ケーススタディ】チーム内の対立にどう対処するか(共著)：交渉の戦略スキル　Harvard Business Review編, Diamondハーバード・ビジネス・レビュー編集部訳　ダイヤモンド社　2002.2　274p

バック＝モース, スーザン
◇美学と非美学(吉田正岳訳)：アメリカ批判理論の現在—ベンヤミン, アドルノ, フロムを超えて　マーティン・ジェイ編, 永井務監訳　こうち書房

2000.10 511p

バックリー, ロジャー
◇分裂した焦点（奥山義次訳）：英国と日本―日英交流人物列伝 イアン・ニッシュ編，日英文化交流研究会訳 博文館新社 2002.9 470p
◇サー・エスラー・デニング―駐日大使 一九五一-五七年（大山瑞代訳）：歴代の駐日英国大使―1859-1972 サー・ヒュー・コータッツィ編著，日英文化交流研究会訳 文真堂 2007.7 480p

パッセル, ピーター
◇批判論者と懐疑論者，各々の言い分：IMF改廃論争の論点 ローレンス・J.マッキラン，ピーター・C.モントゴメリー編，森川公隆監訳 東洋経済新報社 2000.11 285p

バッタチャリア, アーナンド・K.
◇ALM（資産・負債総合管理）モデルと金利リスク管理の概観 他（共著）（芝原光清訳）：ALMの新手法―キャピタル・マーケット・アプローチ フランク・J.ファボッツィ，小西湛夫共編 金融財政事情研究会 1992.9 499p（ニューファイナンシャルシリーズ）

ハッチ, トーマス
◇教室における認知の発見（共著）（光富隆訳）：分散認知―心理学的考察と教育実践上の意義 ガブリエル・ソロモン編，松田文子監訳 協同出版 2004.7 343p（現代基礎心理学選書第9巻 利島保，鳥居修晃，望月登志子編）

バッチーニ, ダリオ
◇イタリア（共著）（金口恭久訳）：世界のいじめ―各国の現状と取り組み 森田洋司総監修・監訳，P.K.スミスほか編，川口仁志ほか訳 金子書房 1998.11 463p

ハッチンソン, J. ウェスリー
◇無能な天才―多段階の意思決定における平凡な推論の力（共著）：ウォートンスクールの意思決定論 ステファン・J.ホッチ，ハワード・C.クンリューサー編，小林陽太郎監訳，黒田康史，大塔達也訳 東洋経済新報社 2006.8 374p（Best solution）

ハッチンソン, ジェーン
◇キプロス―目が不自由な観光客でも楽しめる島：車椅子はパスポート―地球旅行の挑戦者たち アリソン・ウォルシュ編，おそどまさこ日本語版責任編集，森実真弓訳 山と渓谷社 1994.3 687p

パッテン, アラン
◇ヘーゲル政治哲学における社会契約論と承認の政治：リベラリズムとコミュニタリアニズムを超えて―ヘーゲル法哲学の研究 ロバート・R.ウイリアムズ編，中村浩爾，牧野広義，形ница清貴，田中幸世訳 文理閣 2006.12 369p

発展研究総合課題組
◇農民，市場，制度の革新（加藤弘之訳）：現代中国の底流―痛みの中の近代化 橋本満，深尾葉子編訳 増補新版 行路社 1998.5 524p（中国の底流シリーズ 1）

バッド, P. J.
◇聖なるものと祭儀（小林祥人訳）：古代イスラエルの世界―社会学・人類学・政治学からの展望 R.E.クレメンツ編，木田献一，月本昭男監訳 リトン 2002.11 654p

バット, ラダー
◇インド―ヒマラヤからの声に耳を：先住民族―地球環境の危機を語る インター・プレス・サービス編，清水知久訳 明石書店 1993.9 242p（世界人権問題叢書 9）

ハットン, パトリック・H.
◇フーコー、フロイト、自己のテクノロジー：自己のテクノロジー―フーコー・セミナーの記録 ミシェル・フーコーほか著，田村俶，雲和子訳 岩波書店 1999.9 249p（岩波モダンクラシックス）
◇フーコー、フロイト、自己のテクノロジー：自己のテクノロジー―フーコー・セミナーの記録 ミシェル・フーコーほか著，田村俶，雲和子訳 岩波書店 2004.1 278p（岩波現代文庫 学術）

パットン, リニー
◇機会，選択，環境（共著）：異文化結婚―境界を越える試み ローズマリー・ブレーガー，ロザンナ・ヒル編著，吉田正紀監訳 新泉社 2005.4 310, 29p

ハーディ, フィリップ・R.
◇ウェルギリウス：環境の思想家たち 上（古代―近代編） ジョイ・A.パルマー編，須藤自由児訳 みすず書房 2004.9 309p（エコロジーの思想）

バーディ, ベノイト・G.
◇特定化と感覚（共著）（丸山慎訳）：生態心理学の構想―アフォーダンスのルーツと尖端 佐々木正人，三嶋博之編訳 東京大学出版会 2005.2 217p

ハーディカ, ヘレン
◇新宗教の女性教祖とジェンダー（中村恭子，榊原小葉子訳）：ジェンダーの日本史 上 宗教と民俗 身体と性愛 脇田晴子，S.B.ハンレー編 東京大学出版会 1994.7 670p

バティスタ, O. A.
◇果てしなく夢見るケタ外れにスケールの大きい男：思考は現実化する―私はこうして思考を現実化した 実践編 ナポレオン・ヒル財団日本リソーセス編・訳 騎虎書房 1997.3 231p

パティル, パリマル・G.
◇聖典の消費（鈴木孝典訳）：インド哲学における伝統と創造の相克―テクストとコンテクスト 「統合テクスト科学の構築」第7回国際研究集会報告書 和田寿弘編 名古屋大学大学院文学研究科 2006.7 143p（21st century COE program international conference series no.7）

ハーディン, G.
◇共有地の悲劇（桜井徹訳）：環境の倫理 下 K.S.シュレーダー・フレチェット編，京都生命倫理研究会訳 晃洋書房 1993.11 683p

ハーディング, T.
◇ヨーロッパの経験からみた精神医療審査会 他：精神障害患者の人権―国際法律家委員会レポート 国際法律家委員会編，広田伊蘇夫，永野貫太郎監訳 明石書店 1996.8 312p

ハーディング, ドナルド
◇頭がない私（永井均訳）：マインズ・アイ―コンピュータ時代の「心」と「私」 上 D.R.ホフスタッター, D.C.デネット編著，坂本百大監訳 [新装版] ティビーエス・ブリタニカ 1992.10 359p

ハーディング, ロバート
◇役人の不正行為(有路雍子訳)：ルネサンスのパトロン制度　ガイ・フィッチ・ライトル, スティーヴン・オーゲル編著, 有路雍子, 成沢和子, 舟木茂子訳　松柏社　2000.7　570p

パティン・ドゥー
◇太陽に立ち向かい、月と競い合って：女たちのビルマ―軍事政権下を生きる女たちの声　藤目ゆき監修, タナッカーの会編, 富田あかり訳　明石書店　2007.12　446p　(アジア現代女性史 4)

ハデウェイヒ
◇幻視(鳥井裕美子訳)：中世思想原典集成　15　女性の神秘家　上智大学中世思想研究所編訳・監修　平凡社　2002.4　1061p

ハーデーカー, ヘレン
◇洞窟と胎蔵界(渡辺学訳)：異文化から見た日本宗教の世界　ポール・L.スワンソン, 林淳編　法蔵館　2000.9　302p　(叢書・現代世界と宗教 2)

パーデュー, ウィリアム
◇契約上の損害賠償における信頼利益(共著)(渡辺達徳訳)：現代アメリカ契約法　ロバート・A.ヒルマン, 笠井修編著　弘文堂　2000.10　400p

バーデル, セレナ
◇必要な食品がそろわなかった生協：バークレー生協は、なぜ倒産したか―18人の証言　日本生活協同組合連合会国際部訳　コープ出版　1992.5　195p

バード, アン・ジャスティス
◇再婚した男女の自分・相手志向性と性別役割分業志向性について(共著)(小池のり子訳)：女と離婚/男と離婚―ジェンダーの相違による別居・離婚・再婚の実態　サンドラ・S.ヴォルギー編著, 小池のり子, 村上弘子訳　家政教育社　1996.9　238p

ハート, ジェフリー
◇国家・社会関係と国際競争力(田中祥子訳)：制度の政治経済学　ロジャー・ホリングスワースほか著, 長尾伸一, 長岡延孝編訳　木鐸社　2000.5　307p

ハート, スチュアート・L.
◇「持続可能性」のための経営戦略：経営戦略論　Harvard Business Review編, Diamondハーバード・ビジネス・レビュー編集部訳　ダイヤモンド社　2001.1　268p
◇グローバルな持続可能性と産業の創造的破壊(共著)：スマート・グローバリゼーション　A.K.グプタ, D.E.ウェストニー編著, 諸上茂登監訳　同文舘出版　2005.3　234p

バード, ポール・P.
◇【ケーススタディ】チーム内の対立にどう対処するか(共著)：交渉の戦略スキル　Harvard Business Review編, Diamondハーバード・ビジネス・レビュー編集部訳　ダイヤモンド社　2002.2　274p

ハート, ルイーズ
◇飼い犬は精霊パンシーだった：あなたが知らないペットたちの不思議な力―アンビリーバブルな動物たちの超現象レポート　『FATE』Magazine編, 宇佐和通訳　徳間書店　1999.2　276p

バードウィステル, レイ・L.
◇キネシクスとコミュニケーション：マクルーハン理論―電子メディアの可能性　マーシャル・マクルーハン, エドマンド・カーペンター編著, 大前正臣, 後藤和彦訳　平凡社　2003.3　331p　(平凡社ライブラリー)

パドゥガオンカル, ディリープ
◇寛容の再定義：今こそ地球倫理を　ハンス・キューング編, 吉田収訳　世界聖典刊行協会　1997.10　346p　(ぽんブックス 39)

バートザック-グラハム, スーザン
◇フランク：自分自身を擁護する：障害のある学生を支える―教員の体験談を通じて教育機関の役割を探る　ボニー・M.ホッジ, ジェニー・プレストン・サビン編, 太田晴康監訳, 三沢かがり訳　文理閣　2006.12　228p

バートス, レナ
◇フランク・スタントンとの対話：アメリカーコミュニケーション研究の源流　E.デニス, E.ウォーテラ編著, 伊達康博, 藤山新, 末永雅美, 四方由美, 栢沼利朗訳　春風社　2005.7　282p

パドック, C.
◇民防衛における軍の役割：ブラッセイ軍事年鑑―研修資料　1956～57年版抄訳　防衛研修所　1958　92p　(研修資料 第182号)

ハドフィールド, バッド
◇失敗から学ぶ成功哲学―「背水の陣」を敷け!!：思考は現実化する―私はこうして思考を現実化した　実践編　ナポレオン・ヒル財団日本リソーセス編・訳　騎虎書房　1997.3　231p

バトボヤン, B.
◇モンゴル国における行政組織及び行政区画適正化の問題(辛嶋博善訳)：モンゴル国における土地資源と遊牧民―過去、現在、未来　特定領域研究「資源人類学・生態資源の象徴化」班国際シンポジウム記録　小長谷有紀, 辛嶋博善, 印東道子編, 内堀基光監修　[東京外国語大学アジア・アフリカ言語文化研究所]　文部科学省科学研究費補助金特定領域研究「資源の分配と共有に関する人類学的統合領域の構築」総括班　2005.3　157p

ハードマン, マイケル
◇教育による個人の権利と障害のある子ども―アメリカの政策からの教訓(共著)(吉村宗久訳)：世界のインクルーシブ教育―多様性を認め、排除しない教育を　ハリー・ダニエルズ, フィリップ・ガーナー編著, 中村満紀男, 窪田真二監訳　明石書店　2006.3　540p　(明石ライブラリー 92)

バードマン, マーク
◇英国人とネオコンが新帝国主義の攻撃態勢を整える：獣人ネオコン徹底批判　リンドン・ラルーシュ, EIR誌著, 太田竜監訳・解説　成甲書房　2004.5　381p

バトラー, ニコラス・マレー
◇国際連盟(大日本平和協会)：近代日本「平和運動」資料集成　付録　編集復刻版　不二出版　2005.10　228p

バトラー, メリールウ
◇フェミニストセラピのガイドライン：フェミニスト心理療法ハンドブック―女性臨床心理の理論と実践

L.B.ローズウォーター, L.E.A.ウォーカー編著, 河野貴代美, 井上摩耶子訳　ヒューマン・リーグ　1994.12　317p

バトラー, リー
◇人類の敵（阿部純子, 大庭里美訳）：あなたの手で平和を！─31のメッセージ　フレドリック・S.ヘッファメール編, 大庭里美, 阿部純子訳　日本評論社　2005.3　260p

バートラム, パメラ
◇療法的即興演奏と遊戯：身体と対人関係に問題をもつ5歳の男児：音楽療法ケーススタディ　上　児童・青年に関する17の事例　ケネス・E.ブルシア編, 酒井智章ほか訳　音楽之友社　2004.2　285p

ハートリー, ニナ
◇フェミニスト・ポルノスターの告白：セックス・ワーク─性産業に携わる女性たちの声　フレデリック・デラコステ, プリシラ・アレキサンダー編　パンドラ　1993.11　426, 26p

パトリック, H.
◇経済の解決策（共著）：ポスト平成不況の日本経済─政策志向アプローチによる分析　伊藤隆敏, H.パトリック, D.ワインシュタイン編, 祝迫得夫監訳　日本経済新聞社　2005.9　388p

バートル, ヴァサンチ
◇治療としての怒り：フェミニスト心理療法ハンドブック─女性臨床心理の理論と実践　L.B.ローズウォーター, L.E.A.ウォーカー編著, 河野貴代美, 井上摩耶子訳　ヒューマン・リーグ　1994.12　317p

ハート・ルックング・ホース, キャロル・アン
◇聖なるパイプの道を生きる：風の言葉を伝えて＝ネイティブ・アメリカンの女たち　ジェーン・キャッツ編, 船木アデルみさ, 船木卓也訳　築地書館　1998.3　262p

バートレット, J. R.
◇モアブ人とエドム人（有馬七郎訳）：旧約聖書時代の諸民族　D.J.ワイズマン編, 池田裕監訳　日本基督教団出版局　1995.10　578p

バートレット, キャサリーン
◇余剰可視性：アメリカの差別問題─PC（政治的正義）論争をふまえて　Patricia Aufderheide編, 脇浜義明編訳　明石書店　1995.6　208p

バートン, スティーブ・J.
◇契約違反とコモンロー上の信義誠実履行の義務（曽野裕夫訳）：現代アメリカ契約法　ロバート・A.ヒルマン, 笠井修編著　弘文堂　2000.10　400p

バートン, ドミニック
◇銀行の再生（共著）（近藤将士訳）：マッキンゼー事業再生─ターンアラウンドで企業価値を高める　本田桂子編著・監訳　ダイヤモンド社　2004.11　231p　(The McKinsey anthology)

ハドン, パウリ, Jr.
◇陽─女性性(Yang-Femininity)の出現─個人的および文化的なレベルで（川戸圓訳）：女性の誕生─女性であること：意識的な女性性の誕生　コニー・ツヴァイク編, 川戸円訳　山王出版　1996.9　398p
◇陽-女性性(Yang-Femininity)の出現─個人的および文化的なレベルで（川戸圓訳）：女性の誕生─女性であること：意識的な女性性の誕生　コニー・ツヴァイク編, 川戸円, リース・滝幸子訳　第2版　山王出版　1997.9　403p

パードン, ロバート
◇聖書の教えに従う穏健な集団から破壊的なカルト集団へ：カルト宗教─性的虐待と児童虐待はなぜ起きるのか　紀藤正樹, 山口貴士著・訳　アスコム　2007.3　303p

バニック, アチン
◇南アジアにもたらすもの：ミサイル防衛─大いなる幻想　東西の専門家20人が批判する　デービッド・クリーガー, カラー・オン編, 梅林宏道, 黒崎輝訳　高文研　2002.11　155p

花田 伸久　ハナダ, ノブヒサ
◇仏教（共著）：諸宗教の倫理学─その教理と実生活　第4巻　所有と貧困の倫理　M.クレッカー, U.トゥヴォルシュカ編, 石橋孝明訳　九州大学出版会　2000.9　202, 2p

バーナード, イレーネ
◇職場に民主的コミュニティを築く：新世紀の労働運動─アメリカの実験　グレゴリー・マンツィオス編, 戸塚秀夫監訳　緑風出版　2001.12　360p　(国際労働問題叢書 2)

バーナード, トマス・O.
◇管理行政の諸原則（共著）：キリスト教教育の探求　サナー, ハーパー編, 千代崎秀雄ほか共訳　福音文書刊行会　1982.4　785p

ハナフィ, ハッサン
◇諸宗教は一緒になって働くべきである：今こそ地球倫理を　ハンス・キューング編, 吉田収訳　世界聖典刊行協会　1997.10　346p　(ぽんブックス 39)

ハナム, ハースト
◇少数者に属する者の権利（富田麻理訳）：国際人権法マニュアル─世界的視野から見た人権の理念と実践　ヤヌシュ・シモニデス編著, 横田洋三監修, 秋月弘子, 滝沢美佐子, 富田麻理, 望月康恵訳　明石書店　2004.3　467p

パナヨトウ, テオドール
◇発展途上のグローバル都市地域における環境の持続可能性とサービス：グローバル・シティー・リージョンズ─グローバル都市地域への理論と政策　アレン・J.スコット編著, 坂本秀和訳　ダイヤモンド社　2004.2　365p

バーニー, ジョナサン
◇「新世界無秩序」の時代（共著）：2010年の「マネジメント」を読み解く　Diamondハーバード・ビジネス・レビュー編集部編訳　ダイヤモンド社　2005.9　289p　(Harvard business review anthology)

ハニー, マーサ
◇アフリカ：アメリカの悪夢─9・11テロと単独行動主義　ジョン・フェファー編, 南雲和夫監訳　耕文社　2004.12　319p

バニセフスキー, ガートルード
◇下宿人の少女を監禁・拷問死：平気で人を殺す人たち─心の中に棲む悪魔　ブライアン・キング編, 船津歩訳　イースト・プレス　1997.10　319p

ハニーバン, マーティン
◇あなたの父と母とを敬いなさい：明日をさがすー高齢化社会を生きる　オーストラリア聖公会シドニー教区社会問題委員会編，関澄子訳　聖公会出版　1999.9　156p

バヌヌ, モルデハイ
◇私はみんなのスパイ(阿部純子訳)：あなたの手で平和を！―31のメッセージ　フレドリック・S.ヘッファメール，大庭里美，阿部純子訳　日本評論社　2005.3　260p

バヌール, ワンダ
◇ショーペンハウアー 他(橋本峰雄訳)：哲学と歴史―カントからマルクスへ　野田又夫監訳　新装版　白水社　1998.6　396, 31p　(西洋哲学の知5 Francois Chatelet編)

バネージ, ヒマニ
◇メアリ・ウルストンクラフト，フェミニズム，ヒューマニズム：フェミニズムの古典と現代―甦るウルストンクラフト　アイリーン・ジェインズ・ヨー編，永井義雄，梅垣千尋訳　現代思潮新社　2002.2　290p

バーネス, アール
◇新文明に於る婦人の地位(岡田幸子訳)：ビアトリス―大正5年7月～大正6年4月　岩田ななつ解説　復刻版　不二出版　2003.6　1冊

バーネット, アン
◇考える時：神を見いだした科学者たち　2　E.C.バレット編，佐藤是伸訳　いのちのことば社　1995.10　214p

バーネット, スタントン
◇外交政策決定者への教訓：宗教と国家―国際政治の盲点　ダグラス・ジョンストン，シンシア・サンプソン編著，橋本光平，畠山圭一監訳　PHP研究所　1997.9　618, 16p

バーネット, リチャード
◇電子マネーとカジノ経済(共著)(小南祐一郎訳)：グローバル経済が世界を破壊する　ジェリー・マンダー，エドワード・ゴールドスミス編，小南祐一郎，塚本しづ香訳　朝日新聞社　2000.4　259p

バーバー, ジェームズ・デイビッド
◇R.テイラー・コール(告井健二訳)：アメリカ政治学を創った人たち―政治学の口述史　M.ベアー, M.ジューエル, L.サイゲルマン編，内山秀夫監訳　ミネルヴァ書房　2001.12　387p　(Minerva人文・社会科学叢書 59)

バーバ, ホミ・K.
◇文化の中間者(林完枝訳)：カルチュラル・アイデンティティの諸問題―誰がアイデンティティを必要にするのか？　スチュアート・ホール，ポール・ドゥ・ゲイ編，宇波彰監訳・解説　大村書店　2001.1　342p

バーバー, ランディ
◇年金基金と資本市場, 経済の将来展望(共著)(青山和司訳)：アメリカ金融システムの転換―21世紀に公正と効率を求めて　ディムスキ，エプシュタイン，ポーリン編，原田善教監訳　日本経済評論社　2001.8　445p　(ポスト・ケインジアン叢書 30)
◇年金基金の株主としての自覚：アメリカ年金事情―エリサ法(従業員退職所得保障法)制定20年後の真実　ダラス・L.ソールズベリー編，鈴木旭監修，大川洋三訳　新水社　2002.10　195p
◇年金基金と資本市場, 経済の将来展望(共著)(青山和司訳)：アメリカ金融システムの転換―21世紀に公正と効率を求めて　ディムスキ，エプシュタイン，ポーリン編，原田善教監訳　日本経済評論社　2005.4　445p　(ポスト・ケインジアン叢書 30)

ハーバーガー, A. C.
◇現場専門家の考える開発のプロセスと政策：開発経済学の潮流―将来の展望　G.M.マイヤー, J.E.スティグリッツ共編，関本勘次，近藤正規，国際協力研究グループ訳　シュプリンガー・フェアラーク東京　2003.7　412p

ババコフ, A. A.
◇ソ連邦国軍発達の新段階について：軍事における革命，その意義と結果―1964年度の赤星の代表的軍事論文集　防衛研修所　1965　158p　(読書資料 12-4-3)
◇軍事における現代の革命とその意味―「社会主義祖国の防衛に関するソ連共産党の綱領」より(共著)：ソ連の軍事面における核革命　ウィリアム・キントナー，ハリエット・ファスト・スコット編　〔防衛研修所〕　1970　345p　(研究資料 70RT-9)

パパス, アル
◇CIOの役割とは―時代とともに変化する役割を理解せよ(共著)：米先進企業CIOが明かすIT経営を成功させる17の「法則」　ディーン・レーン編，飯田雅美，高野恵里訳，日経情報ストラテジー監訳　日経BP社　2005.7　431p

ハーバート, グラハム
◇いじめへのカリキュラム全体によるアプローチ：いじめの発見と対策―イギリスの実践に学ぶ　デルウィン・P.タツム，デヴィッド・A.レーン編，影山任佐，斎藤憲司訳　日本評論社　1996.10　236p

パパート, トニー
◇レオ・シュトラウスの秘密の王国：獣人ネオコン徹底批判　リンドン・ラルーシュ, EIR誌著，太田竜監訳・解説　成甲書房　2004.5　381p

ハバード, フィル
◇セクシュアリティ, 不道徳, および都市(神谷浩夫訳)：ジェンダーの地理学　神谷浩夫編監訳，影山穂波ほか訳　古今書院　2002.4　294p　(大学の地理学)

パパドポロス, レノ
◇新しい状況でのユング派の観点(佐藤むつこ訳)：ユングの13人の弟子が今考えていること―現代分析心理学の鍵を開く　アン・ケースメント編，氏原寛監訳　ミネルヴァ書房　2001.3　336p

ハビタット国際連合阪神大震災調査団 《Habitat International Coalition》
◇救済はいつの日か(三好亜矢子，藤本俊明訳)：救済はいつの日か―豊かな国の居住権侵害　国連NGO・ハビタット国際連合阪神大震災調査団報告書・シンポジウム　ハビタット国際連合阪神大震災調査団著，近畿弁護士会連合会編著，阿部浩己監訳　近畿弁護士会連合会　1996.11　134, 68p

ハビブ, A. ハスナン
◇改革闘争におけるインドネシア国軍の役割(青木武信訳)：インドネシア・改革闘争記―21世紀市民社会へ

の挑戦 セロ・スマルジャン編, 中村光男監訳 明石書店 2003.1 432p (明石ライブラリー 46)

バブ, ジェームズ
◇政権党としての英国労働党と日本社会党(木村綾子訳):日英交流史—1600-2000 5 社会・文化 細谷千博, イアン・ニッシュ監修 都築忠七, ゴードン・ダニエルズ, 草光俊雄編 東京大学出版会 2001.8 398, 8p

バブ, チャールズ
◇すぐれた教育実践の見極め:障害のある学生を支える—教員の体験談を通じて教育機関の役割を探る ボニー・M.ホッジ, ジェニー・プレストン・サビン編, 太田晴康監訳, 三沢かがり訳 文理閣 2006.12 228p

バブラ, モーリーン
◇アーキテクチャー—経営戦略に沿ったIT基盤を構築せよ 他(共著):米先進企業CIOが明かすIT経営を成功させる17の「法則」 ディーン・レーン編, 飯田雅美, 高野恵里訳, 日経情報ストラテジー監訳 日経BP社 2005.7 431p

パブリアチェンコ, ヴィクトル・N.
◇外交・安全保障環境 ロシアから見て:ロシアの総合的安全保障環境に関する研究—東アジア地域における諸問題 総合研究開発機構 2000.3 225p (NIRA研究報告書)

ハーベイ, J. H.
◇社会—臨床心理学の過去・現在・未来(共著)(丹野義彦訳):臨床社会心理学の進歩—実りあるインターフェイスをめざして R.M.コワルスキ, M.R.リアリー編著, 安藤清志, 丹野義彦監訳 北大路書房 2001.10 465p

バベッジ, スチュアート・B.
◇老いを聖書の立場から見る:明日をさがす—高齢化社会を生きる オーストラリア聖公会シドニー教区社会問題委員会編, 関澄子訳 聖公会出版 1999.9 156p

パボット夫人
◇仕事:アドラーの思い出 G.J.マナスター, G.ペインター, D.ドイッチュ, B.J.オーバーホルト編, 柿内邦博, 井原文子, 野田俊作訳 創元社 2007.6 244p

パーマー, ブルース・A.
◇従業員給付(村山隆英訳):国際的リスク・マネジメントと保険 ハロルド・D.スキッパー, ジュニア編著, 武井勲監訳 生命保険文化研究所 1999.10 729p

ハーマー, ヘヨ・E.
◇仏教(共著)(石橋孝明訳):諸宗教の倫理学—その教理と実生活 第5巻 環境の倫理 M.クレッカー, U.トゥヴォルシュカ編, 石橋孝明, 榎津重喜, 山口意友訳 九州大学出版会 1999.4 215, 7p
◇仏教(共著):諸宗教の倫理学—その教理と実生活 第4巻 所有と貧困の倫理 M.クレッカー, U.トゥヴォルシュカ編, 石橋孝明訳 九州大学出版会 2000.9 202, 2p

浜尾 泰 ハマオ, ヤスシ*
◇日本における企業金融およびメインバンク・システムの変容(共著):日本のメインバンク・システム 青木昌彦, ヒュー・パトリック編, 東銀リサーチインターナショナル訳 東洋経済新報社 1996.3 495p

ハマッハー, クラウス
◇ヤコービの「フィヒテ宛」書簡(一七九九年)(中島靖次訳):論争の哲学史—カントからヘーゲルへ W.イェシュケ編, 高山守, 藤田正勝監訳 理想社 2001.2 425, 4p

ハマムジアン, パスカル
◇企業内部における契約的諸関係(共著)(馬場正広訳):取引費用経済学—最新の展開 クロード・メナード編著, 中島正人, 谷口洋志, 長谷川啓之監訳 文真堂 2002.12 207p

ハーマン, エドワード・S.
◇テロ問題(共著):西側による国家テロ アレクサンダー・ジョージ編, 古川久雄, 大木昌訳 勉誠出版 2003.8 275, 80p

ハーマン, ギルバート
◇経験の内在的質(鈴木貴之訳):シリーズ心の哲学—Series philosophy of mind 3(翻訳篇) 信原幸弘編 勁草書房 2004.8 276, 8p

バーマン, ジョアン・R. S.
◇クライエントとの重複する関係におけるフェミニストの倫理的視座:フェミニスト心理療法ハンドブック—女性臨床心理の理論と実践 L.B.ローズウォーター, L.E.A.ウォーカー編著, 河野貴代美, 井上摩耶子訳 ヒューマン・リーグ 1994.12 317p

ハーマン, デイヴィッド
◇アーダム・オペル(共著):ドイツ企業のパイオニア—その成功の秘密 ヴォルフラム・ヴァイマー編著, 和泉雅人訳 大修館書店 1996.5 427p

ハーマン, フラン
◇のけものにされた少年:重度の情緒問題をもつ少年・青年に関する17の事例 ケネス・E.ブルシア編, 酒井智華ほか訳 音楽之友社 2004.2 285p

バーマン, ラッセル・A.
◇自由は「支配階級の発明品」か?(小林清治訳):アメリカ批判理論の現在—ベンヤミン, アドルノ, フロムを超えて マーティン・ジェイ編, 永井務監訳 こうち書房 2000.10 511p

ハミダ, エッサマ・ベン
◇チュニジア:女性が語る第三世界の素顔—環境・開発レポート アニータ・アナンド編, WFS日本事務局訳 明石書店 1994.6 317p

ハミルトン, ゲイリー
◇歴史における状況配置:S.N.アイゼンシュタットの歴史社会学—歴史社会学の構想と戦略 T.スコチポル編著, 小田中直樹訳 木鐸社 1995.4 449p

バム, ネリ
◇一人暮らし—黒人社会における高齢化:明日をさがす—高齢化社会を生きる オーストラリア聖公会シドニー教区社会問題委員会編, 関澄子訳 聖公会出版 1999.9 156p

ハモンド, アレン
◇第三世界は知られざる巨大市場(共著):2010年の「マネジメント」を読み解く Diamondハーバード・ビジネス・レビュー編集部編訳 ダイヤモンド社 2005.9 289p (Harvard business review

anthology）

ハモンド, ジェームス・O.
◇序文：いじめの発見と対策—イギリスの実践に学ぶ　デルウィン・P.タタム, デヴィッド・A.レーン編, 影山任佐, 斎藤憲司訳　日本評論社　1996.10　236p

早川 達二　ハヤカワ, タツジ*
◇高度な知識経済向けの新しい経済的および制度的レジームの要素：より高度の知識経済化で一層の発展をめざす日本—諸外国への教訓　柴田勉, 竹内弘高共編, 田村勝省訳　一灯舎　2007.10　472, 36p

ハヤシ, ブライアン・M.
◇アメリカ社会の周縁における文化ポリティクス（和泉真澄訳）：アメリカ研究の理論と実践—多民族社会における文化のポリティクス　佐々木隆監修, 和泉真澄, 趙無名編著　世界思想社　2007.3　260p

ハーラスト, リスベート
◇グループ分析の訓練と訓練生（共著）（大月道世訳）：分析的グループセラピー　ジェフ・ロバーツ, マルコム・パイン編, 浅田護, 衣笠隆幸監訳　金剛出版　1999.1　261p

バラタ＝ムーラ, ジョゼー
◇ヨーロッパ意識の新たな危機：ヨーロッパ学事始め—観念史の立場から　マンフレート・ブール, シャヴィエル・ティリエッテ編著, 谷口伊兵衛訳　而立書房　2004.4　113p

ハラチ, トレーシー・W.
◇アメリカ合衆国 他（共著）（金口恭久訳）：世界のいじめ—各国の現状と取り組み　森田洋司総監修・監訳, P.K.スミスほか編, 川口仁志ほか訳　金子書房　1998.11　463p

パラット, R.
◇南アジアの編入と周辺化（共著）（原田太津男訳）：世界システム論の方法　イマニュエル・ウォーラーステイン責任編集, 山田鋭夫, 原田太津男, 伊春志訳　藤原書店　2002.9　203p　（叢書〈世界システム〉3）

バラフーティ, アナスタシア・ヴラコウ
◇全員の平等と完全な参加とは？（嶺井正也訳）：障害, 人権と教育　レン・バートン, フェリシティ・アームストロング編, 嶺井正也監訳　明石書店　2003.5　442p　（明石ライブラリー 51）

パラメスワラン, M. P.
◇民主主義—参加民主主義（二宮元訳）：もうひとつの世界は可能だ—世界社会フォーラムとグローバル化への民衆のオルタナティブ　ウィリアム・F.フィッシャー, トーマス・ポニア編, 加藤哲郎監修, 大屋定晴, 山口響, 白井聡, 木下ちがや監訳　日本経済評論社　2003.12　461p

バラール, ミシェル
◇中世ジェノヴァの公証人文書（西村善矢訳）：テクストの宇宙—生成・機能・布置 21世紀COEプログラム「統合テクスト科学の構築」SITES講演録2004-2005年　佐藤彰一編　名古屋大学大学院文学研究科　2006.3　296p

ハラルソン, ケイ
◇視覚に障害のある人のための触覚学習：障害のある学生を支える—教員の体験談を通じて教育機関の役割を探る　ボニー・M.ホッジ, ジェニー・プレストン - サビン編, 太田晴康監訳, 三沢かがり訳　文理閣　2006.12　228p

ハーリー, J. B.
◇地図と知識、そして権力（山田志乃布訳）：風景の図像学　D.コスグローブ, S.ダニエルス共編, 千田稔, 内田忠賢監訳　地人書房　2001.3　460p

バリー, ジョン
◇マレー・ブクチン 他：環境の思想家たち　下（現代編）　ジョイ・A.パルマー編, 須藤自由児訳　みすず書房　2004.11　320p　（エコロジーの思想）

バリー, チャールズ
◇AAR：アメリカ陸軍の学習法（共著）：組織能力の経営論—学び続ける企業のベスト・プラクティス　Diamondハーバード・ビジネス・レビュー編集部編訳　ダイヤモンド社　2007.8　508p　（Harvard business review）

バリー, トム
◇人脈 他（共著）：アメリカの悪夢—9・11テロと単独行動主義　ジョン・フェッファー編, 南雲和夫監訳　耕文社　2004.12　319p

ハリー, フィリップ
◇あるドイツ人士官の存在：思いやる勇気—ユダヤ人をホロコーストから救った人びと　キャロル・リトナー, サンドラ・マイヤーズ編, 食野雅子訳　サイマル出版会　1997.4　282p

パリー, リチャード・ロイド
◇村上春樹『象の消滅』（小野寺健訳）：ロンドンで本を読む　丸谷才一編著　マガジンハウス　2001.6　337, 8p

パリア, アンヘレス
◇スペイン—自治地域のインクルージョンに対する反応（米田宏樹訳）：世界のインクルーシブ教育—多様性を認め、排除しない教育を　ハリー・ダニエルズ, フィリップ・ガーナー編著, 中村満紀男, 窪田真二監訳　明石書店　2006.3　540p　（明石ライブラリー 92）

パリエ, ドニ
◇歴史的解説, 資料, 最近の動き：フランスの博物館と図書館　M.ブラン＝モンマイユール他著, 松本栄寿, 小浜清子訳　玉川大学出版部　2003.6　198p

パリエ, ブルノ
◇フランスにおける年金制度改革の政治過程（共著）（南京兌訳）：年金改革の比較政治学—経路依存性と非難回避　新川敏光, ジュリアーノ・ボノーリ編著, 新川敏光監訳　ミネルヴァ書房　2004.10　341p　（ガヴァナンス叢書 第1巻）

バリード, アレクサンドル
◇インサイド・平壌：どん底の北朝鮮—二〇〇四年ついにここまできてしまった！　趙甲済編, 中根悠訳　ビジネス社　2004.1　230p

バリエントス, グロリア・P.
◇フィリピン人とアジアの国々の歴史（栗山敦史訳）：フィリピンの歴史教科書から見た日本　佐藤義朗編, 後藤直志, 栗山敦史訳　明石書店　1997.7　174p

ハリガン, J.
◇「失われた十年」からの教訓（共著）：ポスト平成不況の日本経済—政策志向アプローチによる分析　伊

藤隆敏, H.パトリック, D.ワインシュタイン編, 祝迫得夫監訳　日本経済新聞社　2005.9　388p

パリシ, バルトロメオ・J.
◇継父であることに適応する―結婚歴の影響及び子供とのかかわり方（共著）（小池のり子訳）：女と離婚/男と離婚―ジェンダーの相違による別居・離婚・再婚の実態　サンドラ・S.ヴォルギー編著, 小池のり子, 村上弘子訳　家政教育社　1996.9　238p

ハリス, T. ジョージ
◇知識主導社会のリーダーシップ：戦略と経営　ジョーン・マグレッタ編, Diamondハーバード・ビジネス・レビュー編集部訳　ダイヤモンド社　2001.7　405p

ハリス, マーサ
◇ある思春期少年の抑うつと抑うつ態勢（田中晶子訳）：メラニー・クライントゥデイ　3　臨床と技法　E.B.スピリウス編, 松木邦裕監訳　岩崎学術出版社　2000.4　316p

パリ大学学芸学部
◇条令：中世思想原典集成　19　中世末期の言語・自然哲学　上智大学中世思想研究所編訳・監修　平凡社　1994.1　615p

ハリデイ, フレッド
◇新しい世界配置図：衝突を超えて―9・11後の世界秩序　K.ブース, T.ダン編, 寺島隆吉監訳, 塚田幸三, 寺島美紀子訳　日本経済評論社　2003.5　469p

ハリルザード, ザルメイ
◇米安全保障の新たな戦略：「無条件勝利」のアメリカと日本の選択　ロナルド・A.モース編著, 日下公人監修, 時事通信社外信部ほか訳　時事通信社　2002.1　325p

バーリンデン, マシュー・C.
◇ヒューレット・パッカード：メルセデの決断　他：技術とイノベーションの戦略的マネジメント　上　ロバート・A.バーゲルマン, クレイトン・M.クリステンセン, スティーヴン・C.ウィールライト編著, 青島矢一, 黒田光太郎, 志賀敏宏, 田辺孝二, 出川通, 和賀三和子日本語版監修, 岡真由美, 斉藤裕一, 桜井祐子, 中川泉, 山本章子訳　翔泳社　2007.6　735p
◇イーライリリー・アンド・カンパニー：エピスタ・プロジェクト：技術とイノベーションの戦略的マネジメント　下　ロバート・A.バーゲルマン, クレイトン・M.クリステンセン, スティーヴン・C.ウィールライト編著, 青島矢一, 黒田光太郎, 志賀敏宏, 田辺孝二, 出川通, 和賀三和子日本語版監修, 岡真由美, 斉藤裕一, 桜井祐子, 中川泉, 山本章子訳　翔泳社　2007.6　595p

バリントン, M. R.
◇霊媒現象：心霊研究―その歴史・原理・実践　イヴォール・グラッタン・ギネス編, 和田芳久訳　技術出版　1995.12　414p　（超心理学叢書 第4集）

バール, V.
◇南アジアの編入と周辺化（共著）（原田太津男訳）：世界システム論の方法　イマニュエル・ウォーラーステイン責任編集, 山田鋭夫, 原田太津男, 尹春志訳　藤原書店　2002.9　203p　（叢書〈世界システム〉3）

パール, アーサー
◇アメリカ学校化の実情：脱学校化の可能性―学校は

なくせばどうなるか？　イヴァン・イリッチほか著, 松崎厳訳　オンデマンド版　東京創元社　2003.6　218p　（現代社会科学叢書）

ハール, インゴ
◇「修正主義的」歴史家と青年運動（木谷勤訳）：ナチズムと歴史家たち　P.シェットラー編, 木谷勤, 小野清美, 芝健介訳　名古屋大学出版会　2001.8　287, 7p

バール, クリスチャン・フォン
◇契約外損害賠償責任に関するヨーロッパ基本原則への道（角田光隆訳）：ヨーロッパ債務法の変遷　ペーター・シュレヒトリーム編　信山社　2007.3　434p　（学術選書 法律学編 ドイツ民法）

パール, ジョン・B.
◇経済活動の立地―中心地理論と広域都市システム（末繁広造訳）：企業立地行動の経済学―都市・産業クラスターと現代企業行動への視角　フィリップ・マッカン編著, 上遠野武司編訳　学文社　2007.2　227p

ハル, デイヴィッド
◇ミーム論をまじめに取り扱う（鈴木崇史訳）：ダーウィン文化論―科学としてのミーム　ロバート・アンジェ編, ダニエル・デネット序文, 佐倉統, 巌谷薫, 鈴木崇史, 坪井りん訳　産業図書　2004.9　277p

パール, ヒア
◇お風呂：記憶の底から―家庭内性暴力を語る女性たち　トニー・A.H.マクナロン, ヤーロウ・モーガン編, 長谷川真実訳　青弓社　1995.12　247p

パール, ヤノス
◇ユダヤの宗教：諸宗教の倫理学―その教理と実生活　第3巻　健康の倫理　M.クレッカー, U.トゥヴォルシュカ編, 石橋孝明ほか訳　九州大学出版会　1994.9　212, 2p

バルヴェーク, オットマー
◇現代における全体主義の識別基準（竹下賢訳）：ドイツ・日本問題研究　2　ドイツ・日本問題研究班著　関西大学経済・政治研究所　1994.9　362p　（研究双書 第88冊）

バルサム, エラ
◇アシジの聖フランチェスコ（共著）：環境の思想家たち　上（古代―近代編）　ジョイ・A.パルマー編, 須藤自由児訳　みすず書房　2004.9　309p　（エコロジーの思想）
◇アルバート・シュヴァイツァー（共著）：環境の思想家たち　下（現代編）　ジョイ・A.パルマー編, 須藤自由児訳　みすず書房　2004.11　320p　（エコロジーの思想）

バルソム, デニス
◇ウェールズ：マイノリティ・ナショナリズムの現在　マイケル・ワトソン編, 浦野起央, 荒井功訳　刀水書房　1995.11　346p　（人間科学叢書）

ハルター, ジェフリー・B.
◇老人医療の学際的チームにおける医師の役割：高齢者ケアをどうするか―先進国の悩みと日本の選択　高木安雄監修・訳, 池上直己, ジョン・C.キャンベル編著　中央法規出版　2002.7　256p

パルダム, マーティン
◇政治的景気循環：公共選択の展望―ハンドブック　第2巻　デニス・C.ミューラー編, 関谷登, 大岩雄次郎

訳　多賀出版　2001.7　p297-526

バルダン, P.
◇分配上のコンフリクト, 集団行動と制度派経済学：開発経済学の潮流—将来の展望　G.M.マイヤー, J.E.スティグリッツ共編, 関本勘次, 近藤正規, 国際協力研究グループ訳　シュプリンガー・フェアラーク東京　2003.7　412p

バルツ, ハインリッヒ
◇アフリカの部族宗教：諸宗教の倫理学—その教理と実生活　第4巻　所有と貧困の倫理　M.クレッカー, U.トゥヴォルシュカ編, 石橋孝明訳　九州大学出版会　2000.9　202, 2p

バルデ, ジャン＝ピエール
◇歴史人口学の変遷：「アナール」とは何か—進化しつづける「アナール」の一〇〇年　I.フランドロワ編, 尾河直哉訳　藤原書店　2003.6　366p

バルティア, マルチア
◇イタリアのケース（共著）：ジェンダー主流化と雇用戦略—ヨーロッパ諸国の事例　ユテ・ベーニング, アンパロ・セラーノ・パスキュアル編, 高木郁朗, 麻生裕子編　明石書店　2003.11　281p

バルトネフ, S.
◇経済的要素と核戦争：軍事における革命、その意義と結果—1964年度の赤星の代表的軍事論文集　防衛研修所　1965　158p　（読書資料 12-4-3）

バルドネール, ジャン＝マリー
◇貨幣と歴史家（高塚浩由樹訳）：ブローデル帝国　M.フェロー他著, F.ドス編, 浜名優美監訳　藤原書店　2000.5　294p

ハルトノ, ディムヤティ
◇スハルト大統領の辞任と副大統領ハビビの大統領昇任は合憲か違憲かという問題（青木武信訳）：インドネシア・改革闘争記—21世紀市民社会への挑戦　セロ・スマルジャン編, 中村光男監訳　明石書店　2003.1　432p　（明石ライブラリー 46）

ハルトマン＝ヒルシュ, クラウディア
◇ルクセンブルクのケース：ジェンダー主流化と雇用戦略—ヨーロッパ諸国の事例　ユテ・ベーニング, アンパロ・セラーノ・パスキュアル編, 高木郁朗, 麻生裕子編　明石書店　2003.11　281p

ハルニ, ?
◇民主國ノ道徳（中江兆民訳）：中江兆民全集　8　革命前法朗西二世剛事・三酔人経綸問答・民主國ノ道徳　中江篤介著　岩波書店　2001.2　362p

バルバラス, ルノー
◇本原的なものの二化化（伊藤泰雄訳）：フッサール『幾何学の起源』講義　モーリス・メルロ＝ポンティ著, 加賀野井秀一, 伊藤泰雄, 本郷均訳　法政大学出版局　2005.3　571, 9p　（叢書・ウニベルシタス 815）

ハルフ, ジビーレ
◇ヘルバート・ギルゲンゾーン：第2次世界大戦後の牧会者たち　日本キリスト教団出版局　2004.7　317p　（魂への配慮の歴史 第12巻　C.メラー編, 加藤常昭訳）

バルブレ, ローズマリー
◇英国, スペインにおける売春婦に対する虐待と福祉団体（共著）：セックス・フォー・セール—売春・ポルノ・法規制・支援団体のフィールドワーク　ロナルド・ワイツァー編, 岸田美貴訳, 松沢呉一監訳　ポット出版　2004.8　438p

ハルベリィ, グン
◇基本的要求の尊重（共著）：スウェーデンの住環境計画　スヴェン・ティーベイ編著, 外山義訳　鹿島出版会　1996.2　292p

パールマン, リチャード
◇理念と行動の一致：バークレー生協は、なぜ倒産したか—18人の証言　日本生活協同組合連合会国際部訳　コープ出版　1992.5　195p

パルミサーノ, サミュエル・J.
◇IBMバリュー：コミットメント—熱意とモラールの経営　Diamondハーバード・ビジネス・レビュー編集部編訳　ダイヤモンド社　2007.4　270p　（Harvard business review）

パルメニスコス
◇パルメニスコス（パルミスコス）（国方栄二訳）：ソクラテス以前哲学者断片集　第1分冊　内山勝利編　岩波書店　1996.12　367p

ハルン, オトカール
◇国家の役割の再定義（石田淳訳）：グローバルな市民社会に向かって　マイケル・ウォルツァー編著, 石田淳ほか訳　日本経済評論社　2001.10　397p

ハルーン・アルラシッド
◇インドネシア大統領という地位（青木武信訳）：インドネシア・改革闘争記—21世紀市民社会への挑戦　セロ・スマルジャン編, 中村光男監訳　明石書店　2003.1　432p　（明石ライブラリー 46）

ハーレイ, アンドリュー
◇オーストラリア—シドニーは車椅子の移動が簡単だ：車椅子はパスポート—地球旅行の挑戦者たち　アリソン・ウォルシュ編, おぞのまさこ日本語版責任編集, 森実真弓訳　山と溪谷社　1994.3　687p

パレーク, ビーク
◇テロリズムか, それとも異文化間の対話か：衝突を超えて—9・11後の世界秩序　K.ブース, T.ダン編, 寺島隆吉監訳, 塚田幸三, 寺島美紀子訳　日本経済評論社　2003.5　469p

バレスカス, マリア・ロザリオ・ピケロ
◇一九七〇年代以降の日本におけるフィリピン人移民（高畑幸訳）：近現代日本・フィリピン関係史　池端雪浦, リディア・N.ユー・ホセ編　岩波書店　2004.2　659, 18p
◇社会問題の選択と問題意識の明確化（田巻松雄, 大谷美奈訳）：問題意識と社会学研究　大谷信介編著　ミネルヴァ書房　2004.3　273p

バレット, ブルース
◇同僚に学習障害を説明する：治療と配慮：障害のある学生を支える—教員の体験談を通じて教育機関の役割を探る　ボニー・M.ホッジ, ジェニー・ブレストン＝サビン編, 太田晴康監訳, 三沢かがり訳　文理閣　2006.12　228p

パレプ, クリシュナ
◇集中戦略はなぜ新興市場で機能しないのか（共著）：経営戦略論　Harvard Business Review編,

Diamondハーバード・ビジネス・レビュー編集部訳　ダイヤモンド社　2001.1　268p

ハレーブン, タマラ・K.
◇中国式離婚（橋本満訳）：現代中国の底流―痛みの中の近代化　橋本満, 深尾葉子編訳　増補新版　行路社　1998.5　524p　（中国の底流シリーズ1）

バレール
◇方言とフランス語の教育にかんする報告と法案：フランス革命期の公教育論　コンドルセ他著, 阪上孝編訳　岩波書店　2002.1　460, 9p　（岩波文庫）

ハレル, S.
◇「イ族史」の歴史（高山陽子訳）：中国文化人類学リーディングス　瀬川昌久, 西沢治彦編訳　風響社　2006.12　354p

ハレル, アンドルー
◇ヴァッテル、多元主義とその限界（押村高訳）：国際関係思想史―論争の座標軸　イアン・クラーク, アイヴァー・B.ノイマン編, 押村高, 飯島昇藏訳者代表　新評論　2003.4　338p

バーレン, ジェームズ
◇高齢者の創造力と英知：プロダクティブ・エイジング―高齢者は未来を切り開く　ロバート・バトラー, ハーバート・グリーソン編, 岡本祐三訳　日本評論社　1998.6　220p

パレンシア=ロス, マイケル
◇普遍主義と通底主義：文化の多様性と通底の価値―聖俗の拮抗をめぐる東西対話　服部英二監修　麗沢大学出版会　2007.11　305, 11p

バレンズ, インゴ
◇自己利子率と、それが不完全雇用均衡点の存在に対してもつ意味（共著）：一般理論―第二版―もしケインズが今日生きていたら　G.C.ハーコート, P.A.リーアック編, 小山庄三訳　多賀出版　2005.6　922p

バレンドーフ, D. A.
◇研究余滴：アメリカとグアム、そして日露戦争（佐伯康子訳）：日露戦争　2　戦いの諸相と遺産　軍事史学会編　錦正社　2005.6　339p

ハロー, ロバート・P.
◇アメリカにおけるスペイン系への図書館プログラムの発展：アメリカ図書館界と積極的活動主義―1962-1973年　メアリー・リー・バンディ, フレデリック・J.ストィロー編著, 川崎良孝, 森田千幸, 村上加代子訳　京都大学図書館情報学研究会　2005.6　279p

ハロウェイ, キャロル
◇願いの指輪：話はめぐる―聞き手から語り手へ　子どもと大人のためのストーリーテリング　ナショナル・ストーリーテリング保存育成協会編, 佐藤涼子訳　リブリオ出版　1999.11　166p

ハロット=ケンター, ロバート
◇音楽の不可能性（上利博規訳）：アメリカ批判理論の現在―ベンヤミン, アドルノ, フロムを超えて　マーティン・ジェイ編, 永井務監訳　こうち書房　2000.10　511p

パロミーノ, サルバドール
◇ペルー―ケチュアの宇宙―三つの時間　三つの空間：先住民族―地球環境の危機を語る　インター・プレス・サービス編, 清水知久訳　明石書店　1993.9　242p　（世界人権問題叢書9）

パロメラ, ヴィーチェンテ
◇逆転移についてのラカン派の見解：クライン-ラカンダイアローグ　バゴーイン, サリヴァン編, 新宮一成監訳, 上尾真道, 徳永健介, 宇梶卓訳　誠信書房　2006.4　340p

バロン, ジョナサン
◇価値観と意思決定（共著）：ウォートンスクールの意思決定科学　ステファン・J.ホッチ, ハワード・C.クンリューサー編, 小林陽太郎監訳, 黒田康史, 大塔達也訳　東洋経済新報社　2006.8　374p　（Best solution）

バロン, ニール・D.
◇証券化のプロセスにおける格付け会社の役割（前田和彦訳）：証券化の基礎と応用　L.T.ケンドール, M.J.フィッシュマン編, 前田和彦, 小池圭吾訳　東洋経済新報社　2000.2　220p

バロン, ロバート・A.
◇環境変数が仕事での行動に及ぼす影響（山中一英訳）：仕事の社会心理学　Peter Collett, Adrian Furnham原著編, 長田雅喜, 平林進訳編　ナカニシヤ出版　2001.6　303p

ハワジャ, イムラナ
◇パキスタン：女性が語る第三世界の素顔―環境・開発レポート　アニータ・アナンド編, WFS日本事務局訳　明石書店　1994.6　317p

ハワース, ウイリアム
◇セント・ローレンス川：グレートリバー―地球に生きる・地球と生きる　National Geographic Society編, 田村協子訳　同朋舎出版　1993.7　448p

パワーズ, ドワイト・ブロッカー
◇新企画：スミソニアンは何を展示してきたか　A.ヘンダーソン, A.L.ケプラー編, 松本栄寿, 小浜清子訳　玉川大学出版部　2003.5　309p

ハン, V. S.
◇カザフスタンにおけるコリアン運動（共著）：ディアスポラとしてのコリアン―北米・東アジア・中央アジア　高全恵星監修, 柏崎千佳子訳　新幹社　2007.10　578p

韓 寅燮　ハン, インソプ＊
◇歴史的な遺物としての死刑：東アジアの死刑廃止論考　鈴木敬夫編訳　成文堂　2007.2　261p　（アジア法叢書26）

韓 仁浩　ハン, インホ
◇古朝鮮初期の金製品：朝鮮民族と国家の源流―神話と考古学　在日本朝鮮歴史考古学協会訳　雄山閣出版　1995.7　270p　（考古学選書）

ハーン, オットー・ヴィルヘルム
◇ヨーハン・ハインリヒ・ユンゲーシュティリング：正統派, 敬虔派, 啓蒙派の時代の牧会者たち　2　日本キリスト教団出版局　2002.10　268p　（魂への配慮の歴史　第8巻　C.メラー編, 加藤常昭訳）

范 玉梅　ハン, ギョクバイ＊
◇ボウナン（保安）族　他（曽土才訳）：中国少数民族の婚姻と家族　下巻　厳汝嫻主編, 江守五夫監訳, 百田弥栄子, 曽土才, 栗原悟訳　第一書房　1996.12　335,

11p　(Academic series—New Asia 20)

潘 継道　ハン, ケイドウ*
◇台湾の花蓮における日拠時期遺跡について(臼井進訳)：日本統治下台湾の支配と展開　台湾史研究部会編　中京大学社会科学研究所　2004.3　557, 2p　(社研叢書 15)

班 固　ハン, コ
◇『後漢書』班彪・班固列伝訳注：中国古代の歴史家たち—司馬遷・班固・范曄・陳寿の列伝訳注　福井重雅編　早稲田大学出版部　2006.3　300, 13p

范 宏貴　ハン, コウキ*
◇ヤオ(瑤)族 他(百田弥栄子訳)：中国少数民族の婚姻と家族　中巻　厳汝嫺主編, 江守五夫監訳, 百田弥栄子, 曽士才, 栗原悟訳　第一書房　1996.12　315p　(Academic series—New Asia 19)

韓 相範　ハン, サンボム*
◇韓国の法文化―西欧法の継受と韓国の法思想及びその諸問題 他：韓国法の現在　上　小島武司, 韓相範編　中央大学出版部　1993.3　470p　(日本比較法研究所研究叢書 24)

韓 志仙　ハン, ジソン*
◇韓国原三国時代の土器にみられる調理方法の検討(庄田慎矢訳)：土器研究の新視点—縄文から弥生時代を中心とした土器生産・焼成と食・調理　大手前大学史学研究所編著, 長友朋子編　六一書房　2007.3　340p　(考古学リーダー 9)

パン, ジャック
◇フランス(共著)(金口恭久訳)：世界のいじめ—各国の現状と取り組み　森田洋司総監修・監訳, P.K.スミスほか編, 川口仁志ほか訳　金子書房　1998.11　463p

范 樟　ハン, ショウ*
◇北夫余記：桓檀古記—蒙古斑族淵源物語　桂延寿編, 朴尚得訳　春風書房　2003.7　410p

韓 貞一　ハン, ジョンイル*
◇権力を引き継ぐ者たちの悲劇—金大中拉致事件が韓国政治に与えた影響：金大中拉致事件の真相　金大中先生拉致事件の真相糾明を求める市民の会(韓国)編著, 大畑正姫訳　三一書房　1999.7　397p 図版14p

韓 昇洲　ハン, スンジュ　《Han, Sung-Joo》
◇南北韓統一への展望：国家の分裂と国家の統一—中国、朝鮮、ドイツ、ベトナムの研究　趙全勝編著, 朱継征監訳, 佐佐木そのみ訳　旬報社　1998.1　276p

韓 勝憲　ハン, スンホン
◇金大中事件を再び考える—韓日の新政府は真相究明を：金大中拉致事件の真相　金大中先生拉致事件の真相糾明を求める市民の会(韓国)編著, 大畑正姫訳　三一書房　1999.7　397p 図版14p

韓 承美　ハン, ソンミ
◇日本人の眼を盗んだ朝鮮(岡本尚央子訳)：鏡のなかの日本と韓国　小島康敬, M.W.スティール編　ぺりかん社　2000.2　237p

バーン, パトリック
◇すべての女に恐怖を！：平気で人を殺す人たち—心の中に棲む悪魔　ブライアン・キング編, 船津歩訳　イースト・プレス　1997.10　319p

バーン, バーバラ
◇海外留学検討プロジェクトについて 他：アメリカの学生と海外留学　B.B.バーン編, 井上雍雄訳　玉川大学出版部　1998.8　198p

パン, フランソワ
◇フェリックス・ガタリ：フェリックス・ガタリの思想圏—〈横断性〉から〈カオスモーズ〉へ　フェリックス・ガタリほか著, 杉村昌昭訳・編　大村書店　2001.8　189p

バーン, ブレンダン
◇アイルランド(川口仁志訳)：世界のいじめ—各国の現状と取り組み　森田洋司総監修・監訳, P.K.スミスほか編, 川口仁志ほか訳　金子書房　1998.11　463p

韓 洪九　ハン, ホング　《Han, Hong Koo》
◇韓洪九：映画日本国憲法読本　島多惣作, 竹井正和編　フォイル　2005.4　266p

韓 琫熙　ハン, ボンヒ*
◇韓国家族法の変遷史——九一二年の朝鮮民事令以後：韓国法の現在　下　小島武司, 韓相範編　中央大学出版部　1993.10　477p　(日本比較法研究所研究叢書 27)

韓 文鍾　ハン, ムンジョン*
◇14～16世紀の三浦地域と日本(押川信久訳)：内陸圏・海域圏交流ネットワークとイスラム　森川哲雄, 佐伯弘次編　櫂歌書房　2006.5　250p

范 曄　ハン, ヨウ
◇後漢書：新訂 魏志倭人伝・後漢書倭伝・宋書倭国伝・隋書倭国伝—中国正史日本伝　1　石原道博訳　岩波書店　2003.4　167p　(岩波文庫)
◇『宋書』范曄伝訳注：中国古代の歴史家たち—司馬遷・班固・范曄・陳寿の列伝訳注　福井重雅編　早稲田大学出版部　2006.3　300, 13p

バンカー, アナーチー
◇父と子のQ&A(千早訳)：世界は変えられる—TUPが伝えるイラク戦争の「真実」と「非戦」　TUP (Translators United for Peace＝平和をめざす翻訳者たち)監修　七つ森書館　2004.3　234, 5p

ハンク, スティーブン・H.
◇レバレッジのいない先物に依るインフレ・ヘッジ(共著)：機関投資家のポートフォリオにおけるマネージド・フューチャーズ　チャールズ・B.エプスタイン編, 日本商品ファンド業協会訳　日本商品ファンド業協会　1995.3　320p

ハンク, ハーバート
◇へばったときにはベニーをやれ！(飛田妙子訳)：ドラッグ・ユーザー　ジョン・ストロスボー, ドナルド・ブレイス編, 高城恭子ほか訳　青弓社　1995.9　219p

バンクス, アンディー
◇新しい声・新しい国際主義：新世紀の労働運動—アメリカの実験　グレゴリー・マンツィオス編, 戸塚秀夫監訳　緑風出版　2001.12　360p　(国際労働問題叢書 2)

バンクス, シドニー
◇散らかったものを片づける：魂をみがく30のレッスン　リチャード・カールソン, ベンジャミン・シール

ド編, 鴨志田千枝子訳　同朋舎　1998.6　252p

バンクス, ダレル
◇行動理論およびナイーブな戦略論（共著）（池田仁一訳）：ウォートンスクールのダイナミック競争戦略　ジョージ・デイ, デイビッド・レイブシュタイン編, 小林陽太郎監訳, 黒田康史ほか訳　東洋経済新報社　1999.10　435p　（Best solution）

バンク-ミケルセン, オール
◇夫の思い出, 父の思い出（共著）：「ノーマリゼーションの父」N・E・バンク-ミケルセン―その生涯と思想　花村春樹訳・著　ミネルヴァ書房　1994.9　231p

バンク-ミケルセン, ビヤタ
◇夫の思い出, 父の思い出（共著）：「ノーマリゼーションの父」N・E・バンク-ミケルセン―その生涯と思想　花村春樹訳・著　ミネルヴァ書房　1994.9　231p

バンコフ, エリザベス・A.
◇ペアになる（共著）：ベストパートナーの見分け方　ロザリー・バーネット編著, 鈴木理恵子訳　同朋舎　1997.9　151p

バンシナ, J.
◇赤道アフリカとアンゴラ―民族移動と最初の国家の出現 他（寺嶋秀明訳）：ユネスコ・アフリカの歴史　第4巻　一二世紀から一六世紀までのアフリカ　アフリカの歴史起草のためのユネスコ国際学術委員会編, 宮本正興責任編集　D.T.ニアヌ編　同朋舎出版　1992.9　2冊

バーンシュタイン, イシドール
◇統合的考察―症例ドラの再検討：フロイト症例の再検討　1　ドラとハンスの症例　マーク・カンザー, ジュール・グレン編　金剛出版　1995.1　208p

バーンズ, J. A.
◇ノルウェーの一島内教区における階級と委員会（野沢慎司, 立山徳子訳）：リーディングスネットワーク論―家族・コミュニティ・社会関係資本　野沢慎司編・監訳　勁草書房　2006.8　288p

バーンズ, ジェーン
◇姉妹：記憶の底から―家庭内性暴力を語る女性たち　トニー・A.H.マクナロン, ヤーロウ・モーガン編, 長谷川真実訳　青弓社　1995.12　247p

バーンズ, ジュディ
◇暗順応感覚：アーレン症候群：障害のある学生を支える―教員の体験談を通じて教育機関の役割を探る　ボニー・M.ホッジ, ジェニー・プレストン・サビン編, 太田晴康訳, 三沢かがり訳　文理閣　2006.12　228p

バーンズ, ジューナ
◇フランク・ハリス（矢野浩三郎訳）：インタヴューズ　1　クリストファー・シルヴェスター編, 新庄哲夫ほか訳　文芸春秋　1998.11　462p

バーンズ, ジョン・A.
◇ニューギニア高地におけるアフリカン・モデル（笠原政治訳）：家族と親族　村武精一編, 小川正恭ほか訳　未来社　1992.7　331, 21p

バーンズ, スーザン
◇アントニー・ウェッジウッド=ベン（山岡洋一訳）：インタヴューズ　2　クリストファー・シルヴェスター

編, 新庄哲夫ほか訳　文芸春秋　1998.11　451p

バーンズ, テレンス・E.
◇グローバルポートフォリオの持つ通貨リスク：為替オーバーレイ―CFA institute（CFA協会）コンフェレンス議事録　森谷博之訳　パンローリング　2004.8　263p

バンスウィチン
◇あるチン女性の告白：女たちのビルマ―軍事政権下を生きる女たちの声　藤目ゆき監修, タナッカーの会編, 富田あかり訳　明石書店　2007.12　446p　（アジア現代女性史 4）

バーンスタイン, ダグラス・A.
◇心理学入門講義をふりかえる（米谷淳訳）：アメリカの心理学者心理学教育を語る―授業実践と教科書執筆のためのTIPS　R.J.スタンバーグ編著, 宮元博章, 道田泰司訳　北大路書房　2000.6　247p

バーンスタイン, バートン・J.
◇原爆投下は何を問いかける？：フォーリン・アフェアーズ傑作選―アメリカとアジアの出会い　1922-1999　上　フォーリン・アフェアーズ・ジャパン編・監訳　朝日新聞社　2001.2　331p

バーンスタイン, リチャード
◇民主主義的エートスの回復（永井務訳）：ハーバーマスとアメリカ・フランクフルト学派　マーティン・ジェイ編, 竹内真澄監訳　青木書店　1997.10　343p

ハンセン, モルテン・T.
◇T型マネジメント：知識共有の技術（共著）：組織能力の経営論―学び続ける企業のベスト・プラクティス　Diamondハーバード・ビジネス・レビュー編集部編訳　ダイヤモンド社　2007.8　508p　（Harvard business review）

ハンソン, スーザン
◇女性のジョブサーチと職種の分断 他（共著）（神谷浩夫訳）：ジェンダーの地理学　神谷浩夫監訳, 影山穂波ほか訳　古今書院　2002.4　294p　（大学の地理学）

バンダ, ティサ
◇ザンビア（共著）：女性が語る第三世界の素顔―環境・開発レポート　アニータ・アナンド編, WFS日本事務局訳　明石書店　1994.6　317p

ハンター, ナン・D.
◇偽りの約束―フェミニスト反ポルノ立法 他（共著）：ポルノと検閲　アン・スニトウほか著, 藤井麻利, 藤井雅実訳　青弓社　2002.9　264p　（クリティーク叢書 22）

半田 吉信　ハンダ, ヨシノブ
◇ヨーロッパ契約法統一とドイツ損害賠償法 他（共著）（福田清明訳）：ヨーロッパ統一契約法への道　ユルゲン・バセドウ著, 半田吉信ほか訳　法律文化社　2004.5　388p

ハンター, ラリー
◇真のリストラに成功する企業だけが勝ち残る：ピープルマネジメント―21世紀の戦略的人材活用コンセプト　Financial Times編, 日経情報ストラテジー監訳　日経BP社　2002.3　271p　（日経情報ストラテジー別冊）

バンチ, ロニー・G.
◇近い過去と博物館(共著)：スミソニアンは何を展示してきたか　A.ヘンダーソン, A.L.ケプラー編, 松本栄寿, 小浜清子訳　玉川大学出版部　2003.5　309p

ハンディ, ブルース
◇フランク・シナトラ：TIMEが選ぶ20世紀の100人　下巻　アーチスト・エンターテイナー・ヒーロー・偶像・巨頭　徳岡孝夫監訳　アルク　1999.11　318p

ハンティントン, サミュエル
◇文明の衝突ではない、少なくともまだ……：発言—米同時多発テロと23人の思想家たち　中山元編訳　朝日出版社　2002.1　247p

ハンティントン, サミュエル・P.
◇残された難題—文明の衝突をいかに回避するか：知の大潮流—21世紀へのパラダイム転換　今世紀最高の頭脳が予見する未来　ネイサン・ガーデルズ編, 仁保真佐子訳　徳間書店　1996.12　419p

パンテル, P. S.
◇ギリシア市民社会での儀式としての共同食事：食の歴史 1　J-L.フランドラン, M.モンタナーリ編, 宮原信, 北代美和子監訳　藤原書店　2006.1　429p

ハント, ステファン
◇イタリア—車椅子で歩きまわったローマ 他：車椅子はパスポート—地球旅行の挑戦者たち　アリソン・ウォルシュ編, おそどまさこ日本語版責任編集, 森実真弓訳　山と渓谷社　1994.3　687p

バンドー, ダグ
◇IMFを閉鎖せよ 他：IMF改廃論争の論点　ローレンス・J.マッキラン, ピーター・C.モントゴメリー編, 森川公隆監訳　東洋経済新報社　2000.11　285p

ハント, パム
◇地域社会での集中指導法—機能的な般化技能の形成モデル(共著)：自閉症、発達障害者の社会参加をめざして—応用行動分析学からのアプローチ　R.ホーナー他著, 小林重雄, 加藤哲文監訳　二瓶社　1992.12　299p　(叢書・現代の心理学 3)

ハント, ヘレン
◇心だけが教えてくれること：小さなことを大きな愛でやろう　リチャード・カールソン, ベンジャミン・シールド編, 小谷啓子訳　PHP研究所　1999.11　263, 7p

バーンドセン, マリエット
◇錯誤相関とステレオタイプ形成—集団差異と認知的バイアスを理解する(共著)：ステレオタイプとは何か—「固定観念」から「世界を理解する"説明力"」へ　クレイグ・マクガーティ, ビンセント・Y.イゼビット, ラッセル・スピアーズ編著, 国広陽子監修, 有馬明恵, 山下玲子訳　明石書店　2007.2　296p

ハンドメール, ジョン
◇シドニー大都市圏の天災と人災(大西一嘉, 中林一樹訳)：巨大都市化と変貌する災害—メガシティは災害を産み出すツボである　ジェイムス・K.ミッチェル編, 中林一樹監訳　古今書院　2006.1　386p

ハントレース, リンダ
◇フランス女性と雇用—ヨーロッパの典型像か、それとも原型か?：「女の歴史」を批判する　G.デュビィ, M.ペロー編, 小倉和子訳　藤原書店　1996.5　259p

パントン, クリスチーネ
◇USA—妻は癌、夫は糖尿病ながら六週間の二人旅：車椅子はパスポート—地球旅行の挑戦者たち　アリソン・ウォルシュ編, おそどまさこ日本語版責任編集, 森実真弓訳　山と渓谷社　1994.3　687p

バン・ナイズ, カレン・E.
◇受動攻撃性：変化を拒む組織の病(共著)：組織行動論の実学—心理学で経営課題を解明する　Diamondハーバード・ビジネス・レビュー編集部編訳　ダイヤモンド社　2007.9　425p　(Harvard business review)

バンノート, バンス
◇これがおじいちゃんの知恵：子供たちへの手紙—あなたにこれだけは伝えたい　エリカ・グッド編, 中埜有理訳　三田出版会　1997.7　371p

バーンバウム, ノーマン
◇新時代への幻滅のあとに(越智敏夫訳)：グローバルな市民社会に向かって　マイケル・ウォルツァー編著, 石田淳ほか訳　日本経済評論社　2001.10　397p

ハンバーグ, ディビッド・A.
◇紛争予防—地球規模の管理から近隣諸国による監視へ(共著)(瀬谷幸代訳)：地球公共財—グローバル時代の新しい課題　インゲ・カール, イザベル・グルンベルグ, マーク・A.スターン編, FASID国際開発研究センター訳　日本経済新聞社　1999.11　326p

バーンハート, マイケル・A.
◇チョコバーから自動車へ(阿部司訳)：日米戦後関係史—パートナーシップ 1951-2001　入江昭, ロバート・A.ワンプラー編, 細谷千博, 有賀貞監訳　講談社インターナショナル　2001.9　389p
◇アジアと太平洋における第二次世界大戦の起源：アメリカ大国への道—学説史から見た対外政策　マイケル・J.ホーガン編, 林義勝訳　彩流社　2005.6　284, 89p

ハンハンハンエ, ルイス・チチア・パタショー
◇先住民：先住民委員会の声明(共著)(石田ür至訳)：もうひとつの世界は可能だ—世界社会フォーラムとグローバル化への民衆のオルタナティブ　ウィリアム・F.フィッシャー, トーマス・ポニア編, 加藤哲郎監修, 大屋定晴, 山口響, 白井聡, 木下ちがや訳　日本経済評論社　2003.12　461p

バンフォード, レイモンド・S.
◇インテル：フッドリバープロジェクト：技術とイノベーションの戦略的マネジメント 下　ロバート・A.バーゲルマン, クレイトン・M.クリステンセン, スティーヴン・C.ウィールライト編著, 青島矢一, 黒田光太郎, 志賀敏宏, 田辺孝二, 出川通, 和賀三和子日本語版監修, 岡真由美, 斉藤裕一, 桜井祐子, 中川泉, 山本章子訳　翔泳社　2007.7　595p

ハンプトン, テオドラ
◇ポルトガル—コスタ・ベルデ、ワインざんまいの旅：車椅子はパスポート—地球旅行の挑戦者たち　アリソン・ウォルシュ編, おそどまさこ日本語版責任編集, 森実真弓訳　山と渓谷社　1994.3　687p

ハンフリー, トム
◇二言語・二文化による英語教育(共著)(太田憲男訳)

：アメリカのろう文化　シャーマン・ウィルコックス編，鈴木清史，酒井信雄，太田憲男訳　明石書店　2001.3　301p　（明石ライブラリー 29）

バーンボウム，ロレンス
◇知を高める（共著）：知のしくみ—その多様性とダイナミズム　J.カルファ編，今井邦彦訳　新曜社　1997.8　308p

【ヒ】

費 孝通　ヒ，コウツウ*
◇エスニシティーの探究（塚田誠之訳）：中国文化人類学リーディングス　瀬川昌久，西沢治彦編訳　風響社　2006.12　354p

費 信　ヒ，シン*
◇星槎勝覧：明代琉球資料集成　原田禹雄訳注　榕樹書林　2004.12　553p

費 成康　ヒ，セイコウ*
◇中国における各国租界の特色（武井克真訳）：中国における日本租界—重慶・漢口・杭州・上海　神奈川大学人文学研究所編，大里浩秋，孫安石編著　御茶の水書房　2006.3　478,5p　（神奈川大学人文学研究叢書 22）

ピー，ロイ・D.
◇教育のための分散知能とデザイン（高橋功訳）：分散認知—心理学的考察と教育実践上の意義　ガブリエル・ソロモン編，松田文子監訳　協同出版　2004.7　343p　（現代基礎心理学選書 第9巻　利島保，鳥居修晃，望月登志子編）

ピアステーカー，トマス
◇世界秩序の弁証法（共著）：国際関係リーディングズ　猪口孝編，幸野良太訳　東洋書林　2004.11　467p

ピアソン，ジーン
◇環境（横山知行訳）：ユングの世界—現代の視点から　E.クリストファー，H.M.ソロモン共編，氏原寛，織田尚生監訳　培風館　2003.3　339p

ピアソン，ルース
◇「器用な指先が安い労働者を生み出す」のだろうか？（共著）（神谷浩夫訳）：ジェンダーの地理学　神谷浩夫編監訳，影山穂波ほか訳　古今書院　2002.4　294p　（大学の地理学）

ピアソン，ロバート・N.
◇構造類型としての双方的親族集団—予備考察（河合利光訳）：家族と親族　村武精一編，小川正恭ほか訳　未来社　1992.7　331,21p

ビアンコ，フリオ
◇復讐するは我にあり（高田良太訳）：紛争のなかのヨーロッパ中世　服部良久編訳　京都大学学術出版会　2006.7　372p

ビヴィダル，ラファエル
◇ライプニッツあるいは逆説的合理主義（本多英太郎訳）：近代世界の哲学—ミュンツァーからライプニッツへ　竹内良知監訳　新装版　白水社　1998.6　287,21p　（西洋哲学の知 3　Francois Chatelet編）

ピヴン，フランシス・フォックス
◇アメリカ：アメリカ福祉国家？（共著）（所道彦訳）：社会政策の国際的展開—先進諸国における福祉レジーム　ピート・アルコック，ゲイリー・クレイグ編，埋橋孝文ほか共訳　晃洋書房　2003.5　328p

ピエラ，ウッラ
◇愛を誘う呪詠をする女性：ロウヒのことば—フィンランド女性の視角からみた民俗学　下　アイリ・ネノラ，センニ・ティモネン編，目荒ゆみ訳　文理閣　2003.2　233p

ヒエロニムス，エッケハルト
◇民族主義的運動の宗教意識について：ヴァイマル共和国の宗教史と精神史　フーベルト・カンツイク編，池田昭，浅野洋訳　御茶の水書房　1993.2　434p

ビオースト，ミルトン
◇アヤトラ・ルホラ・ホメイニ：TIMEが選ぶ20世紀の100人　上巻　指導者・革命家・科学者・思想家・起業家　徳岡孝夫監訳　アルク　1999.11　332p

ビオン（アブデラの）
◇アブデラのビオン（鎌田邦宏訳）：ソクラテス以前哲学者断片集　第4分冊　内山勝利編　岩波書店　1998.2　329p

ヒガ，マルセーロ・G.
◇日本人を祖先とするアルゼンチン人の日本への移住：日系人とグローバリゼーション—北米，南米，日本　レイン・リョウ・ヒラバヤシ，アケミ・キクムラ＝ヤノ，ジェイムズ・A.ヒラバヤシ編，移民研究会訳　人文書院　2006.6　532p

ビグネル，ジョン
◇タンザニア—ワークショップで論文を発表，車椅子の旅：車椅子はパスポート—地球旅行の挑戦者たち　アリソン・ウォルシュ編，おそどまさこ日本語版責任編集，森実真弓訳　山と渓谷社　1994.3　687p

ヒグビー，ジーン・L.
◇バリー：障害のある学生を社会に適応させる教員の事例研究：障害のある学生を支える—教員の体験談を通じて教育機関の役割を探る　ボニー・M.ホッジ，ジェニー・プレストン・サビン編，太田晴康監訳，三沢かがり訳　文理閣　2006.12　228p

ヒクマット，リザル
◇ゴルカルに対する改革の衝撃（共著）（水上浩訳）：インドネシア・改革闘争記—21世紀市民社会への挑戦　セロ・スマルジャン編，中村光男監訳　明石書店　2003.1　432p　（明石ライブラリー 46）

ピケット，ユージニア
◇多重嗜癖をもち，二重診断を受けた女性とのGIM：音楽療法ケーススタディ　下　成人に関する25の事例　ケネス・E.ブルシア編，よしだじゅんこ，酒井智華訳　音楽之友社　2004.4　393p

ピケロ・バレスカス，M. R.
◇フィリピン人—内部からの貢献（角谷多佳子訳）：多文化社会への道　駒井洋編著　明石書店　2003.12　382p　（講座グローバル化する日本と移民問題 第6巻　駒井洋監修）

ピーコック，ジェイムズ・L.
◇象徴的逆転と社会史—ジャワの女装芸人と道化（井上

兼行訳）：さかさまの世界—芸術と社会における象徴的逆転　バーバラ・A.バブコック編，岩崎宗治，井上兼行訳　岩波書店　2000.11　310, 34p　（岩波モダンクラシックス）

ピサール，アニー
◇学校，博物館，図書館・共通点・相違点：フランスの博物館と図書館　M.ブラン＝モンマイユール他著，松本栄寿，小浜清子訳　玉川大学出版部　2003.6　198p

ピジェ＝クシュネル，エヴリーヌ
◇マルクス主義（足立和浩訳）：二十世紀の哲学　中村雄二郎監訳　新装版　白水社　1998.6　386, 40p　（西洋哲学の知 8　Francois Chatelet編）

ビジャファーニェ，ビクター・ロペス
◇アジア・太平洋地域とNAFTA（松村博訳）：東アジア共同体という幻想　中逵啓示編　ナカニシヤ出版　2006.8　232p

ビスカーディ，ヘンリー，Jr.
◇ハンディキャップを克服して身体障害者の救済へ：思考は現実化する—私はこうして思考を現実化した　実践編　ナポレオン・ヒル財団日本リソーセス編・訳　騎虎書房　1997.3　231p

ビーズリ，ミシェル
◇クウェートにおけるメイド虐待：世界の女性と暴力　ミランダ・デービス編，鈴木研一訳　明石書店　1998.4　472p　（明石ライブラリー 4）

ビスワス，ゴータム
◇イラクへの挑発（共著）：アメリカの戦争犯罪　ラムゼイ・クラーク編著，戦争犯罪を告発する会訳　柏書房　1992.12　346p　（ブックス・プラクシス 6）

ビゼ，フランソワ
◇作者と読者の間（石崎晴己訳）：サルトル21世紀の思想家—国際シンポジウム記録論集　石崎晴己，沢田直編　思潮社　2007.4　330, 19p

ビセット，アルフレッド・G.
◇国際ポートフォリオにおける通貨リスクの管理：為替オーバーレイ—CFA institute（CFA協会）コンフェレンス議事録　森谷博之訳　パンローリング　2004.8　263p

ピータース，スーザン
◇ジンバブエにおいて社会正義を求める障害のある人々（共著）（中川千夏訳）：障害，人権と教育　レン・バートン，フェリシティ・アームストロング編，嶺井正也監訳　明石書店　2003.5　442p　（明石ライブラリー 51）

ピータース，テッド
◇神学と科学（楚輪松人訳）：宗教・科学・いのち—新しい対話の道を求めて　金城学院大学キリスト教文化研究所編　新教出版社　2006.7　339p

ピータースン，ジェームズ・C.
◇公共サービス研究センター：ミシガン州の例（共著）：公共の意思決定における住民参加　ジャック・デサリオ，スチュアート・ラングトン編　横浜市企画財政局企画調整室　1993.3　177p

ヒダヤット，デディ
◇スハルト政権崩壊を導いた報道，インターネット，そして噂（鈴木聖子訳）：インドネシア・改革闘争記—21世紀市民社会への転換　セロ・スマルジャン編，中村光男監訳　明石書店　2003.1　432p　（明石ライブラリー 46）

ビーチ，ウォルター
◇マリアン・D.アイリッシュ（堀悦子訳）：アメリカ政治学を創った人たち—政治学の口述史　M.ベアー，M.ジューエル，L.サイゲルマン編，内山秀夫監訳　ミネルヴァ書房　2001.12　387p　（Minerva人文・社会科学叢書 59）

ピチャース，ライナー
◇日本およびドイツにおける国際関係を反映する憲法および行政法（磯村篤範訳）：法治国家の展開と現代的構成—高田敏先生古稀記念論集　村上武則，高橋明男，松本和彦編　法律文化社　2007.2　607p

畢 小輝　ヒツ，ショウキ*
◇科学技術哲学と戦後日本の発展：戦後日本哲学思想概論　卞崇道編著，本間史郎　農山漁村文化協会　1999.11　556, 11p
◇崑崙の食：中国人，「食」を語る　暁白，暁珊選編，多田敏宏訳　近代文芸社　2003.12　219p

ビツォルド，クレメント
◇テクノクラシーを超えて：政治と市場に期待されるデモクラシー：公共の意思決定における住民参加　ジャック・デサリオ，スチュアート・ラングトン編　横浜市企画財政局企画調整室　1993.3　177p

ピック，イルマ・ブレンマン
◇逆転移のワーキング・スルー（鈴木智美訳）：メラニー・クラインとウデイ　3　臨床と技法　E.B.スピリウス編，松木邦裕監訳　岩崎学術出版社　2000.4　316p

ヒックス，ピーター
◇理想的な介護システムの設計：高齢者ケアをどうするか—先進国の悩みと日本の選択　高木安雄監修・訳，池上直己，ジョン・C.キャンベル編著　中央法規出版　2002.7　256p

ヒッグス，マルコム
◇経営トップと直結する未来の人事部門：ピープルマネジメント—21世紀の戦略的人材活用コンセプト　Financial Times編，日経情報ストラテジー監訳　日経BP社　2002.3　271p　（日経情報ストラテジー別冊）

ヒッセン，アンドレアス
◇アドルノの意図に反してアドルノを読む（永井務訳）：アメリカ批判理論の現在—ベンヤミン，アドルノ，フロムを超えて　マーティン・ジェイ編，永井務監訳　こうち書房　2000.10　511p

ピット，ウィリアム・R.
◇ベテランCIA高官が暴く大量破壊兵器疑惑の真相（丸田由紀子，星川淳訳）：世界は変えられる—TUPが伝えるイラク戦争の「真実」と「非戦」　TUP（Translators United for Peace＝平和をめざす翻訳者たち）監修　七つ森書館　2004.5　234, 5p

ピットマン，ブライアン
◇ロイズ銀行：VBM企業への転換：金融サービス業の戦略思考　Diamondハーバード・ビジネス・レビュー編集部編訳　ダイヤモンド社　2005.12　225p　（Harvard business review anthology）

ヒッパソス
◇ヒッパソス（国方栄二訳）：ソクラテス以前哲学者断片集　第1分冊　内山勝利編　岩波書店　1996.12　367p

ヒッピアス
◇ヒッピアス（朴一功訳）：ソクラテス以前哲学者断片集　第5分冊　内山勝利編　岩波書店　1997.3　255p

ヒッペル, R. フォン
◇ローマ刑事法／継受までのカノン刑事法／一二世紀から一五世紀までのイタリア法学／ゲルマン期の刑事法／フランク期の刑事法：塙浩著作集—西洋法史研究 19　フランス刑事法史　塙浩訳著　信山社出版　2000.6　790p

ヒッポリュトス（ローマの）
◇ノエトス駁論：中世思想原典集成　1　初期ギリシア教父　上智大学中世思想研究所編訳・監修　平凡社　1995.2　877p

ピティ, ノエル
◇1960年代における知的自由についての積極的活動主義：アメリカ図書館界と積極的活動主義—1962-1973年　メアリー・リー・バンディ，フレデリック・J.スティロー編著，川崎良孝，森田千幸，村上加代子訳　京都大学図書館情報学研究会　2005.6　279p

ピトキン, ハンナ・フェニケル
◇画—主義，家政，そしてブラブの襲撃：ハンナ・アーレントとフェミニズム—フェミニストはアーレントをどう理解したか　ボニー・ホーニッグ編，岡野八代，志水紀代子訳　未来社　2001.6　285p

ビートン, レオナード
◇核兵器の拡散—フランスの場合（共著）：フランス国防政策参考資料　防衛研修所　1964　87p　（読書料 12-2309）

ビーニッヒ, ゲルト
◇電話ってどうしてつながるの？：ノーベル賞受賞者にきく子どものなぜ？なに？　ベッティーナ・シュティーケル編，畔上司訳　主婦の友社　2003.1　286p
◇電話ってどうしてつながるの？：ノーベル賞受賞者にきく子どものなぜ？なに？　ベッティーナ・シュティーケル編，畔上司訳　主婦の友社　2005.10　222p

ピニングトン, エイドリアン
◇R.H.ブライス（白米満行訳）：英国と日本—日英交流人物列伝　イアン・ニッシュ編，日英文化交流研究会訳　博文館新社　2002.9　470p

ビーネルト, ヴォルフガング・A.
◇カイサレイアのバシレイオス：古代教会の牧会者たち　1　日本基督教団出版局　2000.6　241p　（魂への配慮の歴史　第2巻　C.メラー編，加藤常昭訳）

ビーバー, R. ピアス
◇宣教の戦略の歴史：世界宣教の展望　ラルフ・D.ウィンター，スティーブン・C.ホーソーン編，倉沢正則，日置善一訳　いのちのことば社　2003.12　239p

ヒーバート, ポール・G.
◇異文化との遭遇：世界宣教の展望　ラルフ・D.ウィンター，スティーブン・C.ホーソーン編，倉沢正則，日置善一訳　いのちのことば社　2003.12　239p

ビバンコス, ミゲール・C.
◇『聖ヨハネの黙示録』とベアトゥス（大高保二郎訳）：ベアトゥス黙示録註解—ファクンドゥス写本　J.ゴンザレス・エチュガライほか解説，大高保二郎，安発和彰訳　岩波書店　1998.9　223p

ビービ, ジョン
◇ユング派的な性格の分析をめざして（老松克博訳）：ユングの13人の弟子が今考えていること—現代分析心理学の鍵を開く　アン・ケースメント編，氏原寛監訳　ミネルヴァ書房　2001.3　336p

ヒビン, ジュリー
◇グループ音楽療法：注意欠陥多動性障害，および学習障害をもつ6歳から8歳の児童：音楽療法ケーススタディ　上　児童・青年に関する17の事例　ケネス・E.ブルシア編，酒井智華ほか訳　音楽之友社　2004.2　285p

ビャンクール, オリヴィエ
◇コンヴァンシオン経済学 他（共著）（海老塚明訳）：コンヴァンシオン理論の射程—政治経済学の復権　フィリップ・バティフリエ編，海老塚明，須田文明監訳　昭和堂　2006.11　419p

ヒューイ, ジョン
◇サム・ウォルトン：TIMEが選ぶ20世紀の100人　上巻　指導者・革命家・科学者・思想家・起業家　徳岡孝夫監訳　アルク　1999.11　332p

ヒューズ, エレン・ロニー
◇大衆文化：スミソニアンは何を展示してきたか　A.ヘンダーソン，A.L.ケプラー編，松本栄寿，小浜清子訳　玉川大学出版部　2003.5　309p

ヒューズ, サンディ
◇第8ハウスへの魂の下降：アメリカ占星学教科書　第7巻　愛情占星学　ジョーン・マクエバーズ編，青木良仁訳，アレクサンドリア木星王監修・製作　魔女の家books　1998.2　272p

ヒューズ, チャック
◇システマチックトレーダー（共著）：ロビンスカップの魔術師たち—トレードコンテストのチャンピオンが語るトレーディングの極意　チャック・フランク，パトリシア・クリサフリ編，古河みつる訳　パンローリング　2006.5　273p　（ウィザードブックシリーズ v.102）

ヒューズリッド, マーク
◇無形資産を利益に変える人材活用戦略（共著）：ピープルマネジメント—21世紀の人材活用コンセプト　Financial Times編，日経情報ストラテジー監訳　日経BP社　2002.3　271p　（日経情報ストラテジー別冊）

ピュタゴラス
◇ピュタゴラス（国方栄二訳）：ソクラテス以前哲学者断片集　第1分冊　内山勝利編　岩波書店　1996.12　367p

ピュッシェル, ハインツ
◇ベルヌ条約の国際法と同盟国の国内著作権法，特にドイツ民主共和国に関して：ベルヌ条約100周年記念論文集—ベルヌ条約と国内法　WIPO国際事務局編，原田文夫訳　著作権資料協会　1987.3　123p　（著作権シリーズ 76）

ビュフォード, ボブ
◇ベビーブーマー、教会、起業家はどう社会を変えていくか：未来社会への変革―未来の共同体がもつ可能性　フランシス・ヘッセルバイン、マーシャル・ゴールドスミス、リチャード・ベックハード、リチャード・F.シューベルト編、加納明弘訳　フォレスト出版　1999.11　327p

ビュルクランド, アンダース
◇違う道をゆく（北明美訳）：労働市場の規制緩和を検証する―欧州8カ国の現状と課題　G.エスピン・アンデルセン、マリーノ・レジーニ編、伍賀一道ほか訳　青木書店　2004.2　418p

ビュルゲラン, ピエール
◇知の考古学：構造主義とは何か―そのイデオロギーと方法　J.＝M.ドムナック編、伊東守男、谷亀利一訳　平凡社　2004.8　358p　（平凡社ライブラリー）

ピューレー
◇敗北から得たもの：女たちのビルマ―軍事政権下を生きる女たちの声　藤目ゆき監訳、タナッカーの会編、富田あかり訳　明石書店　2007.12　446p　（アジア現代女性史 4）

ビュロー, ピエール
◇ズボンをめぐる争い（徳井淑子, 伊藤理奈訳）：中世衣生活誌―日常風景から想像世界まで　徳井淑子編訳　勁草書房　2000.4　216, 30p

ピョートル, ポダルコ
◇神戸におけるロシア人コミュニティ：海外における日本人、日本のなかの外国人―グローバルな移民政策とエスノスケープ　岩崎信彦、ケリ・ピーチ、宮島喬、ロジャー・グッドマン、油井清光編　昭和堂　2003.2　482p

ビョルクマン, トールビョルン
◇国の住宅基準　他：スウェーデンの住環境計画　スヴェン・ティーベイ編、外山義訳　鹿島出版会　1996.2　292p

卞 恩眞　ピョン, ウンジン
◇戦時ファシズム下の国内民族解放運動の変化：朝鮮民族解放運動の歴史―平和的統一への模索　姜万吉編著、太田修、庵逧由香訳　法政大学出版局　2005.4　369, 29p　（韓国の学術と文化 21）

辺 光培　ピョン, グァンベ*
◇サルトルと韓国（柴崎秀穂訳）：サルトル21世紀の思想家―国際シンポジウム記録論集　石崎晴巳、沢田直編　思潮社　2007.4　330, 19p

卞 鍾國　ピョン, ジョンビル*
◇死刑廃止の正当性および必要性：東アジアの死刑廃止論考　鈴木敬夫編訳　成文堂　2007.2　261p　（アジア法叢書 26）

ピーラー, ハインリヒ・フォン
◇ヴェルナー・フォン・ジーメンス（共著）：ドイツ企業のパイオニア―その成功の秘密　ヴォルフラム・ヴァイマー編著、和泉雅人訳　大修館書店　1996.5　427p

ビラル, ネイマット・M.
◇スーダン：女性が語る第三世界の素顔―環境・開発レポート　アニータ・アナンド編、WFS日本事務局訳　明石書店　1994.6　317p

ヒーリー, ダミアン
◇日本のUNTACへの貢献：国連平和活動と日本の役割　アレックス・モリソン、ジェームズ・キラス編、内藤嘉昭訳　文化書房博文社　2001.5　198p

ビリップ, ジェイムズ
◇サンタ・マルタ山地：知られざる辺境へ―世界の自然と人々　ナショナル・ジオグラフィック協会編、亀井よし子訳　岩波書店　1992.7　216p　（地球発見ブックス）

ビーリヒ, マルクス
◇ローベルト・ボッシュ（共著）：ドイツ企業のパイオニア―その成功の秘密　ヴォルフラム・ヴァイマー編著、和泉雅人訳　大修館書店　1996.5　427p

ビリモリア, プルショッターマ
◇仏陀：環境の思想家たち　上（古代―近代編）　ジョイ・A.パルマー編、須藤自由児訳　みすず書房　2004.9　309p　（エコロジーの思想）
◇マハトマ・ガンディー：環境の思想家たち　下（現代編）　ジョイ・A.パルマー編、須藤自由児訳　みすず書房　2004.11　320p　（エコロジーの思想）

ビリングスレイ, フェリックス・F.
◇適応行動の般化および維持における競合行動の影響―応用場面での分析（共著）：自閉症、発達障害者の社会参加をめざして―応用行動分析学からのアプローチ　R.ホーナー他著、小林重雄、加藤哲文監訳　二瓶社　1992.12　299p　（叢書・現代の心理学 3）

ビリングトン, シャルロッテ
◇スウェーデン―隔離された豪華なゲットー（収容所）ならいらない I：車椅子はパスポート―地球旅行の挑戦者たち　アリソン・ウォルシュ編、おそどまさこ日本語版責任編集、森実真弓訳　山と渓谷社　1994.3　687p

ヒル, ヴァレリー
◇映画とポストモダニズム（共著）：ポストモダニズムとは何か　スチュアート・シム編、杉野健太郎ほか訳　松柏社　2002.6　303p　（松柏社叢書―言語科学の冒険 22）

ヒール, ジェフリー
◇地球公共財供給のための新たな戦略―環境への国際的な取り組みを事例に（谷村光治訳）：地球公共財―グローバル時代の新しい課題　インゲ・カール、イザベル・グルンベルグ、マーク・A.スターン編、FASID国際開発研究センター訳　日本経済新聞社　1999.11　326p

ヒル, ジョアンヌ・M.
◇バリューおよびグロース・インデックスの派生証券（共著）（張替一彰訳）：株式投資スタイル―投資家とファンドマネージャーを結ぶ投資哲学　T.ダニエル・コギン、フランク・J.ファボツィ、ロバート・D.アーノット編、野村證券金融研究所訳　増補改訂版　野村総合研究所情報リソース部　1998.3　450p

ヒル, フランシス
◇USA―"群衆のひとり"になれたワシントン車椅子滞在記：車椅子はパスポート―地球旅行の挑戦者たち　アリソン・ウォルシュ編、おそどまさこ日本語版責任編集、森実真弓訳　山と渓谷社　1994.3　687p

ビルギッタ（スウェーデンの）
◇天使の説教（平林冬樹訳）：中世思想原典集成 15 女性の神秘家　上智大学中世思想研究所訳・監修　平凡社　2002.4　1061p

ビルク, ディーター
◇いわゆるヨーロッパ租税法（楢崎みどり訳）：共演ドイツ法と日本法　石川敏行, ディルク・エーラース, ベルンハルト・グロスフェルト, 山内惟介著　中央大学出版部　2007.9　510, 11p　（日本比較法研究所研究叢書 73）

ヒルグルーバー, アンドレアス
◇研究には禁じられた問いはないはずである（三島憲一訳）：過ぎ去ろうとしない過去—ナチズムとドイツ歴史家論争　ユルゲン・ハーバーマス他著, 徳永恂ほか訳　人文書院　1995.6　257p

ビルケンフェルト
◇租税法における法の実現に及ぼす共同体法の影響（共著）（木村弘之亮訳）：EU法・ヨーロッパ法の諸問題—石川明教授古稀記念論文集　桜井雅夫編集代表　信山社出版　2002.9　498p

ヒルシュ, エルンスト・E.
◇法教育改革者としてのイェーリング：イェーリング法学論集　山口碩彦編訳　信山社出版　2002.11　333p

ヒルシュ, スーザン・F.
◇あとがき：アメリカの悪夢—9・11テロと単独行動主義　ジョン・フェッファー編, 南雲和夫監訳　耕文社　2004.12　319p

ビールス, ヘンドリック
◇ドイツ的意味における大学について：大学の倫理　蓮実重彦, アンドレアス・ヘルドリヒ, 広渡清吾編　東京大学出版会　2003.3　276p

ヒルソン, バルーク
◇トロツキーと黒人民族主義：トロツキー再評価　P.デュークス, T.ブラザーストン編　新評論　1994.12　381p

ヒルデブラント, クラウス
◇専制的支配者の時代—歴史と政治：啓蒙の管理人, 学問の危機と世界観の保全ハーバーマスへの反論（辰巳伸知訳）：過ぎ去ろうとしない過去—ナチズムとドイツ歴史家論争　ユルゲン・ハーバーマス他著, 徳永恂ほか訳　人文書院　1995.6　257p

ヒルドゥイヌス
◇聖ディオニュシウスの生涯：中世思想原典集成　6 カロリング・ルネサンス　上智大学中世思想研究所編訳・監修　平凡社　1992.6　765p

ヒルトン, ウォルター
◇完徳に関する八章・天使の歌 他（氷室美佐子ほか訳）：中世思想原典集成　17 中世末期の神秘思想　上智大学中世思想研究所編訳・監修　平凡社　1992.2　677p
◇完徳への階梯（1494年）（安東伸介訳）：宗教改革著作集　第13巻 カトリック改革　教文館　1994.4　595p

ヒルトン, バロン
◇偉大な父から受け継いだ, 一流になるための教訓：セルフヘルプ—なぜ, 私は困難を乗り越えられるのか 世界のビッグネーム自らの47の証言　ケン・シェルトン編, 堀紘一監訳　フロンティア出版　1998.7　301p

ヒルバート, バイ
◇精霊の加護：風の言葉を伝えて＝ネイティブ・アメリカンの女たち　ジェーン・キャッツ編, 船木アデルみさ, 船木卓也訳　築地書館　1998.3　262p

ヒルファイカー, デイヴィッド
◇路上にて（井上利男訳）：世界は変えられる—TUPが伝えるイラク戦争の「真実」と「非戦」　TUP (Translators United for Peace＝平和をめざす翻訳者たち）監修　七つ森書館　2004.5　234, 5p

ビールホフ, ハンス・W.
◇向社会的行動（共著）（小西啓史訳）：社会心理学概論—ヨーロピアン・パースペクティブ　2　M.ヒューストン, W.シュトレーベ, J.P.コドル, G.M.スティヴンソン編　誠信書房　1995.1　353p

ビルムズ, リンダ
◇評価を納得させるピープル・スコアカード：ピープルマネジメント—21世紀の戦略的人材活用コンセプト　Financial Times編, 日経情報ストラテジー監訳　日経BP社　2002.3　271p　（日経情報ストラテジー別冊）

樋渡 展洋　ヒワタリ, ノブヒロ
◇大蔵省分割（上島佳苗訳）：日本金融システムの危機と変貌　星岳雄, ヒュー・パトリック編, 筒井義郎監訳　日本経済新聞社　2001.5　360p

閔 維方　ビン, イホウ*
◇中国における高等教育：アジアの高等教育改革　フィリップ・G.アルトバック, 馬越徹編, 北村友人監訳　玉川大学出版部　2006.9　412p　（高等教育シリーズ　137）

ピンカード, テリー
◇共同体主義論争に関する新ヘーゲル派の考察（向山恭一訳）：グローバルな市民社会に向かって　マイケル・ウォルツァー編著, 石田淳ほか訳　日本経済評論社　2001.10　397p

ヒンシェルウッド, ロバート・D.
◇クライン理論の転移と逆転移：クライン-ラカンダイアローグ　バゴーイン, サリヴァン編, 新宮一成監訳, 上尾真道, 徳永健介, 宇梶昇平訳　誠信書房　2006.4　340p

ピンスキー, ロバート
◇エロス対エスペラント（能川元一訳）：国を愛するということ—愛国主義の限界をめぐる論争　マーサ・C.ヌスバウム他著, 辰巳伸知, 能川元一訳　人文書院　2000.5　269p

ヒンズリー, F. H.
◇『権力と平和の模索—国際関係史の理論と現実—』1963年(7)（佐藤恭三訳）：政治学の諸問題　6　専修大学法学研究所　専修大学法学研究所　2004.3　185, 9p　（専修大学法学研究所紀要 29）

ピンチョー, ギフォード
◇職場に共同体を築く：未来社会への変革—未来の共同体がもつ可能性　フランシス・ヘッセルバイン, マーシャル・ゴールドスミス, リチャード・ベックハード, リチャード・F.シューベルト編, 加納明弘訳

フォレスト出版　1999.11　327p

ピンチョット，ギフォード
◇多数のリーダーをもつ組織：未来組織のリーダー──ビジョン・戦略・実践の革新　フランシス・ヘッセルバイン，マーシャル・ゴールドスミス，リチャード・ベカード編，田代正美訳　ダイヤモンド社　1998.7　239p

ヒンメルファーブ，ゲルトルード
◇コスモポリタニズムの幻想(辰巳伸知訳)：国を愛するということ──愛国主義の限界をめぐる論争　マーサ・C.ヌスバウム他著，辰巳伸知，能川元一訳　人文書院　2000.5　269p
◇方法を超えて：人文科学に何が起きたか──アメリカの経験　A.カーナン編，木村武史訳　玉川大学出版部　2001.10　301p　(高等教育シリーズ 109)

ヒンリクス，カール
◇ドイツの年金改革(永戸力訳)：年金改革の比較政治学──経路依存性と非難回避　新川敏光，ジュリアーノ・ボノーリ編著，新川敏光監訳　ミネルヴァ書房　2004.10　341p　(ガヴァナンス叢書 第1巻)

【フ】

武 育文　ブ，イクブン*
◇日本浪人と宗社党の「満蒙独立」運動：中国人の見た中国・日本関係史──唐代から現代まで　中国東北地区中日関係史研究会編，鈴木靜夫，高田祥平編訳　東方出版　1992.12　450p

武 衛政　ブ，エイセイ*
◇風土は人が育む：必読！今，中国が面白い──中国が解る60編　2007年版　而立会訳，三潴正道監訳　日本僑報社　2007.8　240p

普 慧　フ，ケイ*
◇恵能とその碑銘の作者王維・柳宗元・劉禹錫(石村貴博訳)：長安都市文化と朝鮮・日本　矢野建一，李浩編　汲古書院　2007.9　352, 5p

武 振平　ブ，シンヘイ*
◇「風水師」にチャンス到来？：必読！今，中国が面白い──中国が解る60編　2007年版　而立会訳，三潴正道監訳　日本僑報社　2007.8　240p

ファー，ダニー
◇パーソナル・パワー：魔女手帖　エリザベス・バレット他著，鏡リュウジ監修　大和書房　2005.12　141p

ファイア・サンダー
◇ワゴン・ボックスの合戦：北米インディアン生活誌　C.ハミルトン編，和巻耿介訳　社会評論社　1993.11　408p

ファイツ，ドナルド・V.
◇ディーラーをパートナーにする方法：バリューチェーン・マネジメント　Harvard Business Review編，Diamondハーバード・ビジネス・レビュー編集部訳　ダイヤモンド社　2001.8　271p

ファイン，ジャニス
◇周辺から中心に向けて改革を進める：新世紀の労働運動──アメリカの実験　グレゴリー・マンツィオス編，戸塚秀夫監訳　緑風出版　2001.12　360p　(国際労働問題叢書 2)

ファインスティン，デイヴィッド
◇死についての個人的神話とその発展(鹿子木大士訳)：死を超えて生きるもの──霊魂の永遠性について　ゲイリー・ドーア編，井村宏治，上野圭一，笠原敏雄，鹿子木大士郎，菅靖彦，中村正明，橋村令助訳　春秋社　1993.11　407, 10p

ファヴィエル，フランシス
◇ロンドン大空襲(一九四〇年九月十四日)：歴史の目撃者　ジョン・ケアリー編，仙名紀訳　朝日新聞社　1997.2　421p

ファウラー，スーザン・A.
◇仲間を媒介とした治療的介入の効果──子どもの行動変化の獲得・維持・般化のために：自閉症，発達障害者の社会参加をめざして──応用行動分析学からのアプローチ　R.ホーナー他著，小林重雄，加藤哲文監訳　二瓶社　1992.12　299p　(叢書・現代の心理学 3)

ファウレンバッハ，ベルント
◇敗北のあとで(芝健介訳)：ナチズムと歴史家たち　P.シェットラー編，木谷勤，小野清美，芝健介訳　名古屋大学出版会　2001.8　287, 7p

ファウンス，パトリシア・S.
◇フェミニストセラピィの教授：フェミニストセラピィ，教授法，学問性の統合：フェミニスト心理療法ハンドブック──女性臨床心理の理論と実践　L.B.ローズウォーター，L.E.A.ウォーカー編著，河野貴代美，井上摩耶子訳　ヒューマン・リーグ　1994.12　317p

ファーガスン，モイラ
◇メアリ・ウルストンクラフトと奴隷制の問題系：フェミニズムの古典と現代──甦るウルストンクラフト　アイリーン・ジェインズ・ヨー編，永井義雄，梅垣千尋訳　現代思潮新社　2002.2　290p

ファーガスン，アーネスト・B.
◇シベリアの河川──地球に生きる・地球と生きる　National Geographic Society編，田村協子訳　同朋舎出版　1993.7　448p

ファーガスン，カレン
◇年金制度の主役は？：アメリカ年金事情──エリサ法(従業員退職所得保障法)制定20年後の真実　ダラス・L.ソールズベリー編，鈴木知監修，大川洋三訳　新水社　2002.10　195p

ファーガスン，ジェームス
◇近代の神話の解体：グローバル社会のダイナミズム──理論と展望　村井吉敬，安野正士，デヴィット・ワンク，上智大学21世紀COEプログラム共編　Sophia University Press上智大学出版　2007.8　284p　(地域立脚型グローバル・スタディーズ叢書 第1巻)

ファザーリ，スティーヴン
◇金融政策と金融構造，投資(野下保利訳)：アメリカ金融システムの転換──21世紀に公正と効率を求めて　ディムスキ，エプシュタイン，ポーリン編，原田善教監訳　日本経済評論社　2001.8　445p　(ポスト・ケインジアン叢書 30)
◇金融政策と金融構造，投資(野下保利訳)：アメリカ金融システムの転換──21世紀に公正と効率を求めて　ディムスキ，エプシュタイン，ポーリン編，原田善教監訳　日本経済評論社　2005.4　445p　(ポスト・ケ

ファース, レイモンド
◇ポリネシアの出自集団に関する覚書（笠原政治訳）：家族と親族　村武精一編，小川正恭ほか訳　未来社　1992.7　331，21p
◇中国農村社会の団結性の研究（西沢治彦訳）：中国文化人類学リーディングス　瀬川昌久，西沢治彦編訳　風響社　2006.12　354p

ファスフェルド, アラン・R.
◇企業プランニングに技術をどう組み込むか：技術とイノベーションの戦略的マネジメント　上　ロバート・A. バーゲルマン，クレイトン・M. クリステンセン，スティーヴン・C. ウィールライト編著，青島矢一，黒田光太郎，志賀敏宏，田辺孝二，出川通，和賀三和子日本語版監修，岡真由美，斉藤裕一，桜井祐子，中川泉，山本章子訳　翔泳社　2007.7　735p

ファーテル, ノリーン
◇父：記憶の底から——家庭内性暴力を語る女性たち　トニー・A.H. マクナロン，ヤーロウ・モーガン編，長谷川真実訳　青弓社　1995.12　247p

フーアド, ダッドリー
◇教会における高齢者の働き：明日をさがす——高齢化社会を生きる　オーストラリア聖公会シドニー教区社会問題委員会編，関澄子訳　聖公会出版　1999.9　156p

ファーニッシュ, ヴィクター・ポール
◇聖書と同性愛（柴田ひさ子訳）：キリスト教は同性愛を受け入れられるか　ジェフリー・S. サイカー編，森本あんり監訳　日本キリスト教団出版局　2002.4　312p

ファーバー, デイヴィッド
◇娼婦たちのストライキ（共著）（島田法子訳）：ウィメンズ・アメリカ　論文編　リンダ・K. カーバー，ジェーン・シェロン・ドゥハート編著，有賀夏紀ほか編訳　ドメス出版　2002.2　251, 6p

ファーバー, リヒャルト
◇マリア・ラーハの運動——政治的カトリックについて：ヴァイマル共和国の宗教史と精神史　フーベルト・カンツィク編，池田昭，浅野洋監訳　御茶の水書房　1993.2　434p

ファーハ, レラニー
◇シンポジウム：世界の大地震と被災者の人権（共著）（穂坂光彦，中井伊都子訳）：救済はいつの日か——豊かな国の居住権侵害　国連NGO・ハビタット国際連合阪神大震災調査団報告書・シンポジウム　ハビタット国際連合阪神大震災調査団編，近畿弁護士会連合会編著，阿部浩己監訳　近畿弁護士会連合会　1996.11　134, 68p

ファビアーニ, マリオ
◇ベルヌ条約の100回目の誕生日，条約と国内法の間の相互作用から生ずる著作権の分野の法の発展（共著）：ベルヌ条約100周年記念論文集——ベルヌ条約と国内法　WIPO国際事務局編，原田文夫訳　著作権資料協会　1987.3　123p　（著作権シリーズ 76）

ファビアン, アンヌ＝マリー
◇洗脳：ナチズム下の女たち——第三帝国の日常生活　カール・シュッデコプフ編，香川檀，秦由紀子，石井栄子訳　復刊　未来社　1998.7　354p

ファーブル, ダニエル
◇書物とその魔術——十九・二十世紀におけるピレネー地方の読者たち：書物から読書へ　ロジェ・シャルチェ編，水林章，泉利明，露崎俊和共訳　みすず書房　1992.5　374p

ファベル, ジュディス・E.
◇問題行動を改善するために——治療効果の般化と維持（共著）：自閉症，発達障害者の社会参加をめざして——応用行動分析学からのアプローチ　R. ホーナー他著，小林重雄，加藤哲文監訳　二瓶社　1992.12　299p　（叢書・現代の心理学 3）

ファム, ラン・フォン
◇ベトナムの大学（共著）：アジアの高等教育改革　フィリップ・G. アルトバック，馬越徹，北村友人監訳　玉川大学出版部　2006.9　412p　（高等教育シリーズ 137）

ファーラー, グラシア
◇中国系移民の余暇サブカルチャーにおける性的および地位の実践（土屋敦訳）：先端都市社会学の地平　広田康生，町村敬志，田嶋淳子，渡戸一郎編　ハーベスト社　2006.11　313p　（先端都市社会学研究 1　奥田道大，松本康監修）

ファーラー, ジェームス
◇グローバル化の言説におけるグローバルとローカルのレトリック：グローバル社会のダイナミズム——理論と展望　村井吉敬，安野正士，デヴィット・ワンク，上智大学21世紀COEプログラム共編　Sophia University Press 上智大学出版　2007.8　284p　（地域立脚型グローバル・スタディーズ叢書 第1巻）

ファラーズ, L. A.
◇家族——比較考察（共著）（杉本良男訳）：家族と親族　村武精一編，小川正恭ほか訳　未来社　1992.7　331, 21p

ファラーチ, オリアナ
◇サミー・デイヴィス・ジュニア（高見浩訳）：インタヴューズ　2　クリストファー・シルヴェスター編，新庄哲夫ほか訳　文芸春秋　1998.11　451p

ファーラービー
◇有徳都市の住民がもつ見解の諸原理　知性に関する書簡（竹下政孝訳）：中世思想原典集成　11　イスラーム哲学　上智大学中世思想研究所編訳・監修　平凡社　2000.12　1161p

ファーリー, クリストファー・ジョン
◇アレサ・フランクリン：TIMEが選ぶ20世紀の100人　下巻　アーチスト・エンターテイナー・ヒーロー・偶像・巨頭　徳岡孝夫監訳　アルク　1999.11　318p

ファリュ, オディール
◇若き芸術家のたどる道　他（宮下志郎訳）：図説天才の子供時代——歴史のなかの神童たち　E. ル・ロワ・ラデュリー，ミシェル・サカン編，二宮敬監訳　新曜社　1998.1　446p

ファルコン, ナオミ
◇シャーリーへ：記憶の底から——家庭内性暴力を語る女性たち　トニー・A.H. マクナロン，ヤーロウ・モーガン編，長谷川真実訳　青弓社　1995.12　247p

ファルジュ, アルレット
◇討論(共著):「女の歴史」を批判する G.デュビィ, M.ペロー編, 小倉和子訳 藤原書店 1996.5 259p

ファルジョン, ヴァレリア
◇イタリア:南欧モデルからの移行(清水弥生訳):社会政策の国際的展開—先進諸国における福祉レジーム ピート・アルコック, ゲイリー・クレイグ編, 埋橋孝文ほか共訳 晃洋書房 2003.5 328p

ファルチャノヴァー, リュビツァ
◇ルーマニアにおけるスロヴァキア人の生活(近重亜郎訳):エスニック・アイデンティティの研究—流転するスロヴァキアの民 川崎嘉元編著 中央大学出版部 2007.3 305p (中央大学社会科学研究所研究叢書 18)

ファルチャン, リュボミール
◇多民族と交差, 共生するスロヴァキア人(共著)(川崎嘉元訳):エスニック・アイデンティティの研究—流転するスロヴァキアの民 川崎嘉元編著 中央大学出版部 2007.3 305p (中央大学社会科学研究所研究叢書 18)

ファールベック, ラインホルド
◇スウェーデン法における労働法規からの逸脱(両角道代訳):労働法における規制手法・規制対象の新展開と契約自由・労使自治・法規制 労働問題リサーチセンター 2006.3 350p

ファレール, リンデン
◇世界フォーラム運動は, 放棄されたのか, 汚されたのか?(戸田清訳):帝国への挑戦—世界社会フォーラム ジャイ・セン, アニタ・アナンド, アルトゥーロ・エスコバル, ピーター・ウォーターマン編, 武藤一羊ほか監訳 作品社 2005.2 462p

ファレン, シーラ
◇リーダーたるための技能(共著):未来組織のリーダー—ビジョン・戦略・実践の革新 フランシス・ヘッセルバイン, マーシャル・ゴールドスミス, リチャード・ベカード編, 田代正美訳 ダイヤモンド社 1998.7 239p

ファロウェル, ダンカン
◇ウィリアム・バロウズ(山形浩生訳):インタヴューズ 2 クリストファー・シルヴェスター編, 新庄哲夫ほか訳 文芸春秋 1998.11 451p

黄 錦周 ファン, クムジュ
◇「一家に一人の供出」だと言われ:証言—強制連行された朝鮮人軍隊慰安婦たち 韓国挺身隊問題対策協議会・挺身隊研究会編, 従軍慰安婦問題ウリヨソンネットワーク訳 明石書店 1993.10 345p

黄 長燁 ファン, ジャンヨプ
◇黄長燁元労働党書記の証言:「北朝鮮」知識人からの内部告発 辺真一責任編集・訳 三笠書房 2000.1 219p (知的生きかた文庫)

黄 秀慶 ファン, スギョン*
◇韓国における女性非正規雇用の実態と問題点(横田伸子訳):アジアの開発と貧困—可能性, 女性のエンパワーメントとQOL 松井範惇, 池本幸生編著 明石書店 2006.4 372p

黄 晢暎 ファン, ソギョン 《Hwang, So Gyong》
◇作家黄晢暎が会ってみた金日成:金正日その衝撃の実像 朝鮮日報『月刊朝鮮』編, 黄民基訳 講談社 1994.11 568p

黄 晟準 ファン, ソンジュン
◇北朝鮮に強制送還された脱北伐採工:北朝鮮大動乱 朝鮮日報『月刊朝鮮』編, 黄民基訳 講談社 1994.11 545p

ファン, ビクター
◇商社によるサプライチェーン・マネジメント:戦略と経営 ジョーン・マグレッタ編, Diamondハーバード・ビジネス・レビュー編集部訳 ダイヤモンド社 2001.7 405p

黄 珉基 ファン, ミンギ
◇金日成をどうみるか:金日成その衝撃の実像 東亜日報, 韓国日報編, 黄民基訳 講談社 1992.4 482p

ファングマイアー, ユルゲン
◇ゲアハルト・テルステーゲン:正統派, 敬虔派, 啓蒙派の時代の牧会者たち 1 日本キリスト教団出版局 2002.6 284p (魂への配慮の歴史 第7巻 C.メラー編, 加藤常昭訳)
◇エルンスト・ヴィーヒャート:第1次世界大戦後の牧会者たち 日本キリスト教団出版局 2004.3 286p (魂への配慮の歴史 第11巻 C.メラー編, 加藤常昭訳)

ファンケ, ニッキ
◇アフリカの「影の国家」(共著)(藤本義彦訳):アフリカ国家を再考する 川端正久, 落合雄彦編 晃洋書房 2006.3 389p (竜谷大学社会科学研究所研究叢書 第65巻)

ファーンズワース, E. アラン
◇契約法における「意味」契約の欠缺に関する争い(鹿野菜穂子訳):現代アメリカ契約法 ロバート・A.ヒルマン, 笠井修編著 弘文堂 2000.10 400p

ファンタール, ムハメッド・ハシン
◇イスラムと知識社会:文化の多様性と通底の価値—聖俗の拮抗をめぐる東西対話 服部英二監修 麗沢大学出版会 2007.11 305, 11p

ファン・デ・ベック, A.
◇意志の神学者としてのオリゲネス:改革派神学の新しい視座—アイラ・ジャン・ヘッセリンクJr.博士献呈論文集 ユージン・P.ハイデマンほか著, 池永倫明, 池永順一共訳 一麦出版社 2002.6 206p

ファーンハム, エイドリアン
◇仕事におけるパーソナリティ(金井篤子訳):仕事の社会心理学 Peter Collett, Adrian Furnham原著編, 長田雅喜, 平林進訳編 ナカニシヤ出版 2001.6 303p

ファン・ヘルデレン, J.
◇蘭印最近の経済, 外交政策(原田禎正訳):単行図書資料 第38巻 各渓書舎 2002.5 1冊 (20世紀日本のアジア関係重要研究資料 3)

ブイ, クリスチャン
◇ナータ派ヨーガ行者と諸ウパニシャッド(抄訳)(橋本泰元訳):東洋思想における心身観 東洋大学東洋学研究所 2003.3 360p (『東洋学研究』別冊)

フィアヘラー, エルンスト ヨアヒム
◇道教（石橋孝明訳）：諸宗教の倫理学——その教理と実生活　第5巻　環境の倫理　M.クレッカー、U.トゥヴォルシュカ編、石橋孝明、榎津重喜、山口意友訳　九州大学出版会　1999.4　255, 3p

フィオークビスト, カイ
◇フィンランド（共著）（川口仁志訳）：世界のいじめ——各国の現状と取り組み　森田洋司総監修・監訳、P.K.スミスほか編、川口仁志ほか訳　金子書房　1998.11　463p

フィオリナ, モリス・P.
◇投票行動：公共選択の展望——ハンドブック　第2巻　デニス・C.ミューラー編、関谷登、大岩雄次郎訳　多賀出版　2001.7　p297-526

フィケンチャー, ヴォルフガンク
◇イェーリングの近代法学方法論 イェーリングの近代法解釈学方法論：イェーリング法学論集　山口廸彦編訳　信山社出版　2002.11　333p

フィシャン, ミシェル
◇フランスにおける科学認識論（中村雄二郎訳）：二十世紀の哲学　中村雄二郎監訳　新装版　白水社　1998.6　386, 40p　（西洋哲学の知 8　Francois Chatelet編）

フィシュレル, C.
◇生活習慣の「マクドナルド化」：食の歴史　3　J-L.フランドラン、M.モンタナーリ編、宮原信、北代美和子監訳　藤原書店　2006.3　p838-1209

ブイス, ジャン＝マリ
◇伸びゆく日本の文化力（山梨牧子訳）：日本学とは何か——ヨーロッパから見た日本研究、日本から見た日本研究　法政大学国際日本学研究所編　法政大学国際日本学研究センター　2007.3　301p　（21世紀COE国際日本学研究叢書 6）

フィーツ, M.
◇ケアと保護を必要とするエイズの子どもたち（八木暁子訳）：ソーシャルワーカーとエイズ　日本ソーシャルワーカー協会エイズ対策委員会訳編　日本ソーシャルワーカー協会　〔1992〕　2冊

フィックス, エリック・B.
◇仕組み裁定取引分析（共著）（高木信彦訳）：ALMの新手法——キャピタル・マーケット・アプローチ　フランク・J.ファボッツィ、小西湛夫共編　金融財政事情研究会　1992.7　499p　（ニューファイナンシャルシリーズ）

フィッシャー, ウィリアム
◇ポルトアレグレの木の下で（共著）（木下ちがや訳）：帝国への挑戦——世界社会フォーラム　ジャイ・セン、アニタ・アナンド、アルトゥーロ・エスコバル、ピーター・ウォーターマン編、武藤一羊ほか監訳　作品社　2005.2　462p

フィッシャー, エニッド
◇フランス——車に車椅子を乗せた七〇歳のひとり旅：車椅子はパスポート——地球旅行の挑戦者たち　アリソン・ウォルシュ編、おそどまさこ日本語版責任編集、森実真弓訳　山と渓谷社　1994.3　687p

フィッシャー, ジョージ
◇高齢者虐待と移住者：明日をさがす——高齢化社会を生きる　オーストラリア聖公会シドニー教区社会問題委員会編、関澄子訳　聖公会出版　1999.9　156p

フィッシャー, ディートリッヒ
◇思想の力（阿部純子訳）：あなたの手で平和を！——31のメッセージ　フレドリック・S.ヘッファメール編、大庭里美、阿部純子訳　日本評論社　2005.3　260p

フィッシャー, ビル
◇ヴィルトーゾ・チームのつくり方（共著）：組織能力の経営論——学び続ける企業のベスト・プラクティス　Diamondハーバード・ビジネス・レビュー編集部編訳　ダイヤモンド社　2007.8　508p　（Harvard business review）

フィッシャー, マーシャル・L.
◇商品特性に合わせたサプライチェーン設計：バリューチェーン・マネジメント　Harvard Business Review編、Diamondハーバード・ビジネス・レビュー編集部訳　ダイヤモンド社　2001.8　271p

フィッシャー, ミカエル
◇ヨーロッパの未来への視座：ヨーロッパ学事始め——観念史の立場から　マンフレート・プール、シャヴィエル・ティリエッテ編著、谷口伊兵衛訳　而立書房　2004.4　113p

フィッシャー, ローズマリー・G.
◇歌作り：発達障害と自閉症をもつ青年：音楽療法ケーススタディ　下　成人に関する25の事例　ケネス・E.ブルシア編、よしだじゅんこ、酒井智華訳　音楽之友社　2004.4　393p

フィッシュ, アルバート
◇あらゆる変態行為の実践者：平気で人を殺す人たち——心の中に棲む悪魔　ブライアン・キング編、船津歩訳　イースト・プレス　1997.10　319p

フィッシュマン, ロバート
◇ブルジョワ・ユートピア（小池和子訳）：都市と郊外——リーディングズ　比較文化論への通路　今橋映子編著　NTT出版　2004.12　455, 14p

フィッツジェラルド, トニー
◇ニューライトと家族（下平好博訳）：イギリス社会政策論の新潮流——福祉国家の危機を超えて　ジョーン・クラーク、デイビッド・ボスウェル編、大山博、武川正吾、平岡公一ほか訳　法律文化社　1995.4　227p

フィッツヒュー, ウィリアム・W.
◇アザラシの皮をまとった大使：スミソニアンは何を展示してきたか　A.ヘンダーソン、A.L.ケプラー編、松本栄寿、小浜清子訳　玉川大学出版部　2003.5　309p

フィトウシ, ジャン＝ポール
◇共産主義崩壊の後、中間の道はまだあるか：現代の資本主義制度——グローバリズムと多様性　コーリン・クラウチ、ウォルフガング・ストリーク編、山田鋭夫訳　NTT出版　2001.7　301p

フィドラー, D. P.
◇ルソー、戦争状態からの脱出への試み（宇羽野明子訳）：国際関係思想史——論争の座標軸　イアン・クラーク、アイヴァー・B.ノイマン編、押村高、飯島昇蔵訳者代表　新評論　2003.4　338p

フィフィイ, ジョナサン
◇第二次世界大戦とマアシナ・ルールの起源—あるクワイオの見解：ビッグ・デス—ソロモン人が回想する第二次世界大戦　ジェフリー・ホワイトほか編，小柏葉子監訳，小柏葉子，今泉裕美子訳　現代史料出版　1999.8　226p

フィリップ, G.
◇他者の手（黒川学訳）：サルトル—1905-80　他者・言葉・全体性　藤原書店　2005.10　303p　（別冊『環』11）

フィリップ, キャロル・ブランソン
◇序文：幼児のための多文化理解教育　ボニー・ノイゲバウエル編著，谷口正子，斉藤法子訳　明石書店　1997.4　165p

フィリップ, ジル
◇文体への郷愁？（岡村雅史訳）：サルトル21世紀の思想家—国際シンポジウム記録論集　石崎晴己，沢田直編　思潮社　2007.4　330, 19p

フィリップス
◇善についての大全：中世思想原典集成　13　盛期スコラ学　上智大学中世思想研究所編訳・監修　平凡社　1993.2　845p

フィリップス, D. Z.
◇神義論なしの有神論：神は悪の問題に答えられるか—神義論をめぐる五つの答え　スティーヴン・T.デイヴィス編，本多峰子訳　教文館　2002.7　437p

フィリップス, スーザン・M.
◇金融システムにおける証券化の位置付け：銀行政策・金融政策における意義（小池圭吾訳）：証券化の基礎と応用　L.T.ケンドール，M.J.フィッシュマン編，前田和彦，小池圭吾訳　東洋経済新報社　2000.2　220p

フィリップス, リチャード・D.
◇リスクと保険の経済学：概念的検討（山崎博司訳）：国際的リスク・マネジメントと保険　ハロルド・D.スキッパー，ジュニア編著，武井勲監訳　生命保険文化研究所　1999.10　729p

フィリペタ, ジンドリチ
◇ヨーロッパの精神的遺産とその現下の具体的現現：ヨーロッパ学事始め—観念史の立場から　マンフレート・ブール，シャヴィエル・ティリエッテ編著，谷口伊兵衛訳　而立書房　2004.4　113p

フィールド, ジョン
◇成人教育と行動的シティズンシップ（不破和彦訳）：成人教育と市民社会—行動的シティズンシップの可能性　不破和彦編訳　青木書店　2002.7　214p

フィールライト, ジェーン
◇アニムスとの同一視の崩壊と女性性の発見（リース・滝・幸子訳）：女性の誕生—女性であること：意識的な女性性の誕生　コニー・ツヴァイク編，川戸円訳　山王出版　1996.5　398p
◇アニムスとの同一視の崩壊と女性性の発見（リース・滝・幸子訳）：女性の誕生—女性であること：意識的な女性性の誕生　コニー・ツヴァイク編，川戸円，リース・滝幸子訳　第2版　山王出版　1997.9　403p

フィロネンコ, アレクシス
◇マールブルク学派（加藤精司訳）：産業社会の哲学—ニーチェからフッサールへ　花田圭介監訳　新装版　白水社　1998.6　326, 35p　（西洋哲学の知 6　Francois Chatelet編）
◇ヨーハン・G.フィヒテ 他（井上庄七訳）：哲学と歴史—カントからマルクスへ　野田又夫監訳　新装版　白水社　1998.6　396, 31p　（西洋哲学の知 5　Francois Chatelet編）

フィン, ジョナサン
◇長い経験から得られた勝利の希望—ファンドマネジャーの過去のリターンから将来のパフォーマンスを予測できるか（共著）：わが子と考えるオンリーワン投資法—門外不出の投資の知恵　ジョン・モールディン編，関本博英訳　パンローリング　2006.8　219p　（ウィザードブックシリーズ v.106）

フィン, ポーラ
◇多様性の包括と真剣に取り組む（共著）：新世紀の労働運動—アメリカの実験　グレゴリー・マンツィオス編，戸塚秀夫監訳　緑風出版　2001.12　360p　（国際労働問題叢書 2）

フィン, マーク
◇長い経験から得られた勝利の希望—ファンドマネジャーの過去のリターンから将来のパフォーマンスを予測できるか（共著）：わが子と考えるオンリーワン投資法—門外不出の投資の知恵　ジョン・モールディン編，関本博英訳　パンローリング　2006.8　219p　（ウィザードブックシリーズ v.106）

フィンク, レナーテ
◇ナチ青年組織、女子リーダーの体験：ナチズム下の女たち—第三帝国の日常生活　カール・シュッデコプフ編，香川檀，秦由紀子，石井栄子訳　復刊　未来社　1998.7　354p

フィンク, ローレンス・D.
◇証券化市場における年金基金等の役割（小池圭吾訳）：証券化の基礎と応用　L.T.ケンドール，M.J.フィッシュマン編，前田和彦，小池圭吾訳　東洋経済新報社　2000.2　220p

フィンケルスタイン, シドニー
◇プロフェッショナルの知的能力のマネジメント（共著）：ナレッジ・マネジメント　Harvard Business Review編，Diamondハーバード・ビジネス・レビュー編集部訳　ダイヤモンド社　2000.12　273p

フィンドレン, ポーラ
◇イタリア・ルネサンスにおける人文主義、政治、ポルノグラフィ（末広幹訳）：ポルノグラフィの発明—猥褻と近代の起源、一五〇〇年から一八〇〇年へ　リン・ハント編著，正岡和恵，末広幹，吉église ゆかり訳　ありな書房　2002.8　438p

フィーンバーグ, アンドルー
◇マルクーゼかハーバーマスか（竹内真澄訳）：ハーバーマスとアメリカ・フランクフルト学派　マーティン・ジェイ編，竹内真澄監訳　青木書店　1997.10　343p

馮 易民　フウ, エキミン*
◇方城出稼ぎ顛末記：必読！今、中国が面白い—中国が解る60編　2007年版　而立会訳，三瀦正道監訳　日本僑報社　2007.8　240p

馮 錦栄　フウ, キンエイ*
◇宋代における天文学の国家的庇護と制御（梅川純代

訳）：中国思想における身体・自然・信仰―坂出祥伸先生退休記念論集　坂出祥伸先生退休記念論集刊行会編　東方書店　2004.8　25, 690p

馮 昭奎　フウ, ショウケイ
◇高射砲隊の運転手―蔵屋秀二氏 他：新中国に貢献した日本人たち―友情で綴る戦後史の一コマ　続　中国中日関係史学会編, 武吉次朗訳　日本僑報社　2005.11　520p

フーヴァー, ケヴィン・D.
◇ケインズ『一般理論』に合理的期待の考え方は存在するか：一般理論―第二版―もしケインズが今日生きていたら　G.C.ハーコート, P.A.リーアック編, 小山庄三訳　多賀出版　2005.6　922p

プーヴィー, メアリー
◇「階級」の社会的な編成―分類思考の歴史をめざして：階級を再考する―社会編成と文学批評の横断　ワイ・チー・ディモック, マイケル・T.ギルモア編著, 宮下雅年, 新関芳生, 久保拓也訳　松柏社　2001.5　391p
◇身体を語ること（村岡潔訳）：ボディー・ポリティクス―女と科学言説　M.ジャコーバス, E.F.ケラー, S.シャトルワース編, 田間泰子, 美馬達哉, 山本祥子監訳　世界思想社　2003.4　332p　（Sekaishiso seminar）

ブウルイズ, ボチョブラス
◇モロッコ：女性が語る第三世界の素顔―環境・開発レポート　アニータ・アナンド編, WFS日本事務局訳　明石書店　1994.6　317p

フェアクロウ, マレー
◇雇用にかかわる法的問題との向き合い方（共著）：ピープルマネジメント―21世紀の戦略的人材活用コンセプト　Financial Times編, 日経情報ストラテジー監訳　日経BP社　2002.3　271p　（日経情報ストラテジー別冊）

フェアバンク, ジョン・K.
◇アジアのナショナリズムと革命思想（森山良訳）：フォーリン・アフェアーズ傑作選―アメリカとアジアの出会い 1922-1999　上　フォーリン・アフェアーズ・ジャパン編・監訳　朝日新聞社　2001.2　331p

フェアバンクス, チャールズ・H., Jr.
◇ポスト共産主義国の紛争（竹中佳彦訳）：シビリアン・コントロールとデモクラシー　L.ダイアモンド, M.F.プラットナー編, 中道寿一監訳　刀水書房　2006.3　256p　（人間科学叢書 42）

フェアフィールド, ロイ・P.
◇危険指数の必要：脱学校化の可能性―学校をなくせばどうなるか？　イヴァン・イリッチほか著, 松崎巌訳　オンデマンド版　東京創元社　2003.6　218p　（現代社会科学叢書）

フェイダ・サーマン, ヴィクトリア・リン
◇住民参加：カリフォルニア州のエネルギー政策の考察（共著）：公共の意思決定における住民参加　ジャック・デサリオ, スチュアート・ラングトン編　横浜市企画財政局企画調整室　1993.3　177p

フェシュン, アンドレイ
◇ゾルゲ最後の日々：ゾルゲ事件関係外国語文献翻訳集no.6　日露歴史研究センター事務局編　日露歴史研究センター事務局　2005.2　52p

フェスト, ヨアヒム
◇負債としての記憶―ナチズムの集団犯罪の比較不可能性に関する論争によせて（清水多吉, 小野島康雄訳）：過ぎ去ろうとしない過去―ナチズムとドイツ歴史家論争　ユルゲン・ハーバーマス他著, 徳永恂ほか訳　人文書院　1995.6　257p

フェターソン, ゲイル
◇ふしだら, あるいはいかがわしさの社会的意味：セックス・ワーク―性産業に携わる女性たちの声　フレデリック・デラコステ, プリシラ・アレキサンダー編　パンドラ　1993.11　426, 26p

フェッラーラ, アレッサンドロ
◇普遍主義―手続きか, コンテクストか, 思慮か（有賀誠訳）：普遍主義対共同体主義　デヴィッド・ラスマッセン編, 菊池理夫, 山口晃, 有賀誠訳　日本経済評論社　1998.11　433p

フェドゥロフ, M. V.
◇諸兵連合部隊の編成と戦闘能力：戦例にみるソ軍師団戦術　A.I.ラジェフスキー編　防衛研修所　1979　296p　（参考資料 79ZT-16H）

フェドロヴィッチ, ケント
◇敵を知る（渡辺知訳）：戦争の記憶と捕虜問題　木畑洋一, 小菅信子, フィリップ・トウル編　東京大学出版会　2003.5　262p

フェネロン
◇西洋女大学（川下喜一, 稲坂秀松訳）：女大学資料集成 第12巻　石川松太郎監修, 小泉吉永編　大空社　2004.7　303, 6p

フェミア, ジョセフ
◇バレートと正義の批判（厚見恵一郎訳）：社会正義論の系譜―ヒュームからウォルツァーまで　デイヴィッド・バウチャー, ポール・ケリー編, 飯島昇蔵, 佐藤正志訳者代表　ナカニシヤ出版　2002.3　391p　（叢書「フロネーシス」）

フェラテ, ガブリエル
◇カタロニア理工科大学における評価と意思決定（共著）：高等教育における評価と意思決定過程―フランス, スペイン, ドイツの経験　OECD編, 服部憲児訳　広島大学大学教育研究センター　1997.2　151p　（高等教育研究叢書 43）

フェラリ, D.
◇ギリシャ哲学におけるアナキズム―私家版：ギリシャ哲学におけるアナキズム―私家版　リバタリアン犯罪学考―私家版　「アナーキー」総目次―私家版　D.フェラリ著, トニー・ギブソン著, Colin Ward編　〔出版者不明〕　2005　1冊

フェリウ, ジョー
◇ITインフラの管理と拡張―システム運用における留意点を理解する：米先進企業CIOが明かすIT経営を成功させる17の「法則」　ディーン・レーン編, 飯田雅美, 高野恵里訳, 日経情報ストラテジー監訳　日経BP社　2005.7　431p

フェリス, ジョン
◇われわれ自身が選んだ戦場 他（等松春夫訳）：日英交流史―1600-2000　3　軍事　3　細谷千博, イアン・ニッシュ監修　平間洋一, イアン・ガウ, 波多野澄雄編　東京大学出版会　2001.3　362, 10p

フェルスター, クリスチャン
◇経営者報酬の開示義務:法の同化―その基礎、方法、内容 ドイツからの見方と日本からの見方 カール・リーゼンフーバー, 高山佳奈子編 De Gruyter Recht c2006 27, 651p (Schriften zum Europäischen und Internationalen Privat-, Bank-und Wirtschaftsrecht Bd.10)

フェルドハウス, ウイリアム・R.
◇リスクと保険をめぐる物的環境 他(中林真理子訳):国際的リスク・マネジメントと保険 ハロルド・D.スキッパー, ジュニア編著, 武井勲監訳 生命保険文化研究所 1999.10 729p

フェルドマン, ダニエル・C.
◇違いを証明すれば、違うことになるのか? 国際経営学に対する組織行動論的視座(富岡昭訳):国際経営学の誕生 3 組織理論と組織行動の視座 ブライアン・トイン, ダグラス・ナイ編, 村山元英監訳, 国際経営文化学会訳 文真堂 2000.3 392p

フェルドマン, マイケル
◇再保証の力動:現代クライン派の展開 ロイ・シェーファー編, 福本修訳 誠信書房 2004.12 336p

フェルナンデス, フアン
◇高等教育の循環評価のプロセス―スペインの事例(共著):高等教育における評価と意思決定過程―フランス、スペイン、ドイツの経験 OECD編, 服部憲児訳 広島大学大学教育研究センター 1997.2 151p (高等教育研究叢書 43)

フェルナンド, ヴィジタ
◇スリランカ:女性が語る第三世界の素顔―環境・開発レポート アニータ・アナンド編, WFS日本事務局訳 明石書店 1994.6 317p

フェルプス, アントニー
◇亡命(管啓次郎訳):文化アイデンティティの行方―一橋大学言語社会研究科国際シンポジウムの記録 恒川邦夫ほか編著 彩流社 2004.2 456p

フェルラン, ミシェル
◇出産医療の普及の「恩恵」:フェミニズムから見た母性 A.‐M.ド・ヴィレーヌ, L.ガヴァリニ, M.ル・コアディック, 中嶋公子, 目崎光子, 磯本輝子, 横地良子, 宮本由美ほか訳 勁草書房 1995.10 270, 10p

フェレスダール, ダグフィン
◇分析哲学:分析哲学の生成 ハンス‐ヨハン・グロック編, 吉田謙二, 新茂之, 溝口隆一訳 晃洋書房 2003.4 200p

フェレーラ, マウリツィオ
◇イタリアの年金改革(共著)(城戸英樹訳):年金改革の比較政治学―経路依存性と非難回避 新川敏光, ジュリアーノ・ボノーリ編著, 新川敏光監訳 ミネルヴァ書房 2004.10 341p (ガヴァナンス叢書 第1巻)

フェントン, ジェームズ
◇マルコス政権崩壊の日(一九八六年二月二十四〜二十五日):歴史の目撃者 ジョン・ケアリー編, 仙名紀訳 朝日新聞社 1997.2 421p

フォー, ジェフ
◇産業政策(越智敏夫訳):グローバルな市民社会に向かって マイケル・ウォルツァー編著, 石田淳ほか訳 日本経済評論社 2001.10 397p
◇グローバル政治経済の再考(小野以秩子訳):グローバル化と政治のイノベーション―「公正」の再構築をめざしての対話 高木郁朗, 住沢博紀, T.マイヤー編著 ミネルヴァ書房 2003.4 330p (Minerva人文・社会科学叢書 81)
◇労働:労働者のためのグローバル戦略(深井英喜訳):もうひとつの世界は可能だ―世界社会フォーラムとグローバル化への民衆のオルタナティブ ウィリアム・F.フィッシャー, トーマス・ポニア編, 加藤哲郎監修, 大屋定умов, 山口響, 白井聡, 木下ちがや監訳 日本経済評論社 2003.12 461p

フォー, ダリオ
◇お芝居を最初に作った人はだれなの?: ノーベル賞受賞者にきく子どものなぜ? なに? ベッティーナ・シュティーケル編, 畔上司訳 主婦の友社 2003.1 286p
◇お芝居を最初に作った人はだれなの?: ノーベル賞受賞者にきく子どものなぜ? なに? ベッティーナ・シュティーケル編, 畔上司訳 主婦の友社 2005.10 222p

フォアハイス, レベッカ
◇ナイプロにおけるイノベーションのマネジメント:技術とイノベーションの戦略的マネジメント 上 ロバート・A.バーゲルマン, クレイトン・M.クリステンセン, スティーヴン・C.ウィールライト編著, 青島矢一, 黒田光太郎, 志賀敏宏, 田辺孝二, 出川通, 和賀三和子日本語版監修, 岡真由美, 斉藤裕一, 桜井祐子, 中川泉, 山本章子訳 翔泳社 2007.7 735p

フォアレンダー, ヘルマン
◇捕囚という危機に対する応答としてのイスラエル唯一神教:唯一なる神―聖書における唯一神教の誕生 B.ラング編, 荒井章三, 辻学訳 新教出版社 1994.4 246p (新教ブックス)

フォイヤースティン, ゲオルグ
◇不死と解脱―インド的観点から(鹿子木大士郎訳):死を超えて生きるもの―霊魂の永遠性について ゲイリー・ドーア編, 井村宏治, 上野圭一, 笠原敏雄, 鹿子木大士郎, 菅靖彦, 中村正明, 橘村令助訳 春秋社 1993.11 407, 10p

フォーガス, ジョセフ・P.
◇こんな自分を見せてみたい:あなたを生かす自己表現―自分の魅せ方, 見られ方 グレン・ウィルソン編著, 徳永優子訳 同朋舎 1998.1 151p

フォーギア, フィリップ
◇ジーザス・ナット:神を見いだした科学者たち 2 E.C.バレット編著, 佐藤是伸訳 いのちのことば社 1995.10 214p

フォークナ, ジョン
◇アジアの海ъ:図説海賊大全 デイヴィッド・コーディングリ編, 増田義郎監修, 増田義郎, 竹内和世訳 東洋書林 2000.11 505, 18p

フォーゲル, シュテファン
◇ドイツにおける学生代表と学生自治:ドイツ・日本問題研究 2 日本問題研究班著 関西大学経済・政治研究所 1994.9 362p (研究双書 第88冊)

フォーゲル, クラウス
◇ドイツ憲法による法治国家との条約(谷口勢津夫訳):

法治国家の展開と現代的構成―高田敏先生古稀記念論集　村上武則,高橋明男,松本和彦編　法律文化社　2007.2　607p

フォーサイス, D. R.
◇集団はメンタルヘルスにどんな影響を与えるか：グループ・ダイナミックスと心理的幸福（共著）（友田貴子訳）：臨床社会心理学の進歩―実りあるインターフェイスをめざして　R.M.コワルスキ, M.R.リアリー編著,安藤清志,丹野義彦監訳　北大路書房　2001.10　465p

フォスクーレ, A.
◇環境法における衡量と補整（斎藤誠訳）：先端科学技術と人権―日独共同研究シンポジウム　ドイツ憲法判例研究会編　信山社出版　2005.2　428p

フォーダ, ハーシム
◇詩人の分有、あるいは女たちの分有（鵜飼哲訳）：文化アイデンティティの行方―一橋大学言語社会研究科国際シンポジウムの記録　恒川邦夫ほか編著　彩流社　2004.2　456p

フォックス, M. A.
◇「動物の解放」――一つの批判（樫則章訳）：環境の倫理　上　K.S.シュレーダー・フレチェット編,京都生命倫理研究会訳　晃洋書房　1993.4　355p

フォックス, ブレンダ・J.
◇コミュニケーション―非IT部門との障壁を取り除く：米先進企業CIOが明かすIT経営を成功させる17の「法則」　ディーン・レーン編,飯田雅美,高野恵里訳,日経情報ストラテジー監訳　日経BP社　2005.7　431p

フォックス, マシュー
◇魂の創造：魂をみがく30のレッスン　リチャード・カールソン,ベンジャミン・シールド編,鴨志田千枝子訳　同朋舎　1998.6　252p

フォッセンクール, W.
◇実践：哲学の基礎コース　E.マルテンス, H.シュネーデルバッハ編,加藤篤子,中川明博,西巻丈児訳　晃洋書房　2001.4　222, 17p

フォッセンクール, ヴィルヘルム
◇第一の学問的責務について：大学の倫理　蓮実重彦,アンドレアス・ヘルドリヒ,広渡清吾編　東京大学出版会　2003.3　276p

フォップ, ロドニー
◇キリスト教の政治思想：自由民主主義の理論とその批判　下巻　ノーマン・ウィントロープ編,氏家伸一訳　晃洋書房　1994.2　611p

フォード, デイヴィッド
◇カンボジアの高等教育（共著）：アジアの高等教育改革　フィリップ・G.アルトバック,馬越徹編,北村友人監訳　玉川大学出版部　2006.9　412p　（高等教育シリーズ 137）

フォード, ユージン・M.
◇アメリカ歴代大統領にみる、カリスマと非カリスマ（共著）（山村宜子訳）：カリスマのリーダーシップ―ベンチャーを志す人の必読書　ジェイ・A.コンガー,ラビンドラ・N.カヌンゴほか著,片柳佐智子,山村宜子,松本博子,鈴木恭子訳　流通科学大学出版　1999.12　381p

フォドア, アイリス・G.
◇80年代の自己主張トレーニング：個人レベルを超えて：フェミニスト心理療法ハンドブック―女性臨床心理の理論と実践　L.B.ローズウォーター, L.E.A.ウォーカー編著,河野貴代美,井上摩耶子訳　ヒューマン・リーグ　1994.12　317p

フォード＝スミス, オナー
◇ジャマイカの性暴力にノーを！：世界の女性と暴力　ミランダ・デービス編,鈴木研一訳　明石書店　1998.4　472p　（明石ライブラリー 4）

フォーブス, アーチボルド
◇パリ・コミューンの鎮圧（一八七一年五月二十三〜二十四日）：歴史の目撃者　ジョン・ケアリー編,仙名紀訳　朝日新聞社　1997.2　421p

フォムラン, チャールズ
◇【ケーススタディ】コンサルタントとクライアントが衝突したとき（共著）：交渉の戦略スキル　Harvard Business Review編, Diamondハーバード・ビジネス・レビュー編集部訳　ダイヤモンド社　2002.2　274p

フォーリー, J. クリス
◇ALM（資産・負債総合管理）モデルと金利リスク管理の概観（共著）（芝原光清訳）：ALMの新手法―キャピタル・マーケット・アプローチ　フランク・J.ファボッツィ,小西湛夫共編　金融財政事情研究会　1992.7　499p　（ニューファイナンシャルシリーズ）

フォーリー, グリフ
◇民衆の闘争におけるインフォーマル学習（遠藤かおり訳）：成人教育と市民社会―行動的シティズンシップの可能性　不破和彦編訳　青木書店　2002.7　214p

フォール, アラン
◇投機と社会 他（中野隆生訳）：都市空間の社会史日本とフランス　中野隆生編　山川出版社　2004.5　237, 31p
◇パリにおける産業雇用と労働者住居（中野隆生,岡部造史訳）：都市空間と民衆日本とフランス　中野隆生編　山川出版社　2006.8　227p

フォルグリムラー, ヘルバート
◇カール・ラーナー：第2次世界大戦後の牧会者たち　日本キリスト教団出版局　2004.7　317p　（魂への配慮の歴史 第12巻　C.メラー編,加藤常昭訳）

フォルテ, アントニーノ
◇地婆訶羅にかんする漢語史料：中国宗教文献研究　京都大学人文科学研究所編　臨川書店　2007.2　487p

フォルフ, ターツ・エスカリネン・デ
◇子どもの分析でのコミュニケーションとコンテイニング（田中晶子訳）：メラニー・クラインドゥデイ　3　臨床と技法　E.B.スピリウス編,松木邦裕監訳　岩崎学術出版社　2000.4　316p

フォルベク, クヌート
◇人道的世界を築く新外交（共著）（大庭里美訳）：あなたの手で平和を！―31のメッセージ　フレドリック・S.ヘッファメール編,大庭里美,阿部純子訳　日本評論社　2005.3　260p

フォルマー, クラウス
◇人間全体を視野に入れる：大学の倫理　蓮実重彦,ア

613

ンドレアス・ヘルドリヒ, 広渡清吾編　東京大学出版会　2003.3　276p

フォルラート, エルンスト

◇ハンナ・アーレントとマルティン・ハイデガー（森秀樹訳）：ハイデガーと実践哲学　A.ゲートマン＝ジーフェルト, O.ペゲラー編, 下村鍈二, 竹市明弘, 宮原勇監訳　法政大学出版局　2001.2　519, 12p　（叢書・ウニベルシタス 550）

フォレスト, デレク・W.

◇フランシス・ゴルトン（大島由紀夫訳）：心理学の7人の開拓者　レイ・フラー編, 大島由紀夫, 吉川信訳　法政大学出版局　2002.3　198, 21p　（りぶらりあ選書）

フォロ, フランチェスコ

◇キリスト教的価値と現代性：文化の多様性と通底の価値—聖俗の拮抗をめぐる東西対話　服部英二監修　麗澤大学出版会　2007.11　305, 11p

フォヴジル, マドレーヌ

◇ある師の肖像：「アナール」とは何か—進化しつづける「アナール」の一〇〇年　I.フランドロワ編, 尾河直哉訳　藤原書店　2003.6　366p

フォン, M.

◇政府機関主導による促進：地域の雇用戦略—七ヵ国の経験に学ぶ"地方の取り組み"　樋口美雄, S.ジゲール, 労働政策研究・研修機構編　日本経済新聞社　2005.10　364p

フォンヴィジン, ミハイル

◇共産主義と社会主義について：19世紀ロシアにおけるユートピア社会主義思想　森宏一編訳　光陽出版社　1994.3　397p

フォンツィ, アダ

◇イタリア（共著）（金口恭久訳）：世界のいじめ—各国の現状と取り組み　森田洋司総監修・監訳, P.K.スミスほか編, 川口仁志ほか訳　金子書房　1998.11　463p

フォンテーン, テリー

◇ねえ, ママ !：記憶の底から—家庭内性暴力を語る女性たち　トニー・A.H.マクナロン, ヤーロウ・モーガン編, 長谷川真実訳　青弓社　1995.12　247p

フォントネイ

◇**嬢宛ての手紙：聾の経験—18世紀における手話の「発見」　ハーラン・レイン編, 石村多門訳　東京電機大学出版局　2000.10　439p

フォンフ, グードルン

◇父さんの女の子：記憶の底から—家庭内性暴力を語る女性たち　トニー・A.H.マクナロン, ヤーロウ・モーガン編, 長谷川真実訳　青弓社　1995.12　247p

フォンブラン, チャールズ・J.

◇企業の環境パフォーマンス評価（共著）：ゼロ・エミッション—持続可能な産業システムへの挑戦　フリッチョフ・カプラ, グンター・パウリ編　ダイヤモンド社　1996.3　240p

ブガール, フランソワ

◇9-11紀イタリアにおける裁判一件記録の生成とコンテクスト（西村善矢訳）：歴史・地図テクストの生成—「統合テクスト科学の構築」第10回国際研究集会報告書　佐藤彰一編　名古屋大学大学院文学研究科　2007.3　112p　（21st century COE program international conference series no.10—テクスト/コンテクスト 2）

ブーカン, アラステアー

◇戦略研究協会：プラッセイ軍事年鑑　1959年版抄訳　防衛研修所　1960　88p　（研修資料　第234号）

ブーキエ

◇公教育の全般的計画にかんする報告と法令案 最高段階の教育についての報告と法案：フランス革命期の公教育論　コンドルセ他著, 阪上孝編訳　岩波書店　2002.1　460, 9p　（岩波文庫）

ブキャナン, リー

◇意思決定科学の歴史（共著）：意思決定のサイエンス　Diamondハーバード・ビジネス・レビュー編集部訳　ダイヤモンド社　2007.3　238p　（Harvard business review anthology）

フクス, リン

◇教育に対する個人の権利と障害のある子ども—アメリカの政策からの教訓（共著）（吉利宗久訳）：世界のインクルーシブ教育—多様性を認め, 排除しない教育を　ハリー・ダニエルズ, フィリップ・ガーナー編著, 中村満紀男, 窪田真二監訳　明石書店　2006.3　540p　（明石ライブラリー 92）

福田 雅章　フクダ, マサアキ

◇いわれのない「オウム信徒の非国民化」—その裏に隠された翼賛体制の政治的目的：オウム真理教と人権—新宗教・文化ジャーナル「SYZYGY」特別号日本語版　SYZYGY特別号日本語版刊行委員会　2000.4　108p

フーケ, C.

◇身体史は女性史にとって必要なまわり道か？（藤本佳子訳）：女性史は可能か　ミシェル・ペロー編, 杉村和子, 志賀亮一監訳　新版　藤原書店　2001.4　437p

フゲイト, ジョー

◇海外留学と外国語学習：アメリカの学生と海外留学　B.B.バーン編, 井上雍雄訳　玉川大学出版部　1998.8　198p

ブーゲンソール, トマス

◇国際人権法の歴史的展開（望月康恵訳）：国際人権法マニュアル—世界的視野から見た人権の理念と実践　ヤヌシュ・シモニデス編著, 横田洋三監訳, 秋月弘子, 滝沢美佐子, 富田麻理, 望月康恵訳　明石書店　2004.3　467p

フーゴー（サン＝ヴィクトルの）

◇ディダスカリコン（学習論）・魂の手付け金についての独語録：中世思想原典集成　9　サン＝ヴィクトル学系　上智大学中世思想研究所監訳・監修　平凡社　1996.1　727p

◇ノアの神秘的箱舟について（田子多津子訳）：キリスト教神秘主義著作集　第3巻　サン・ヴィクトル派とその周辺　熊田陽一郎ほか訳　教文館　2000.4　319p

ブコウスキー, ロン

◇追跡手法と実践：金融データベース・マーケティング—米国における業務とシステムの実態　アーサー・F.ホルトマン, ドナルド・C.マン編著, 森田秀和, 田尾啓一訳　東洋経済新報社　1993.10　310p

ブザン, バリー

◇日本の防衛問題（木村力央訳）：新発想の防衛論—非

攻撃的防衛の展開　児玉克哉,ホーカン・ウィベリー編著　大学教育出版　2001.11　177p
誰といっ爆撃してもよいのか―衝突を超えて―9・11後の世界秩序　K.ブース,T.ダン編,寺島隆吉監訳,塚田幸三,寺島美紀子訳　日本経済評論社　2003.5　469p

フジタニ, タカシ
植民地支配後期"朝鮮"映画における国民, 血, 自決/民族自決 (宜野座菜央見訳) : 記憶が語りはじめる　冨山一郎編　東京大学出版会　2006.12　263p（歴史の描き方 3　ひろたまさき, キャロル・グラック監修）

プシッチ, E.
社会的多様性の管理性 (安村克己訳) : 参加的組織の機能と構造―ユーゴスラヴィア自主管理企業の理論と実践　J.オブラドヴッチ, W.N.ダン編著, 笠原清志監訳　時潮社　1991.4　574p

藤本 隆宏　フジモト, タカヒロ
◇日本企業の適応戦略の多様性 (渡辺純子訳) : 脱グローバリズム宣言―パクス・アメリカーナを超えて　R.ボワイエ, P-F.スイリ編, 青木昌彦他著, 山田鋭夫, 渡辺純子訳　藤原書店　2002.9　262p

ブシャール, ルシエン
◇グローバル都市地域の時代のケベック : グローバル・シティー・リージョンズ―グローバル都市地域への理論と政策　アレン・J.スコット編著, 坂本秀和訳　ダイヤモンド社　2004.2　365p

ブース, ケン
◇カント, 限界のない理論家 (共著)(谷沢正嗣訳) : 国際関係思想史―論争の座標軸　イアン・クラーク, アイヴァー・B.ノイマン編, 押村高, 飯島昇蔵訳者代表　新評論　2003.4　338p
◇衝突し合う世界 (共著) : 衝突を超えて―9・11後の世界秩序　K.ブース, T.ダン編, 寺島隆吉監訳, 塚田幸三, 寺島美紀子訳　日本経済評論社　2003.5　469p

ブスカイア, レオ
◇明日のことに心をわずらわされるな : 小さなことを大きな愛でやろう　リチャード・カールソン, ベンジャミン・シールド編, 小谷啓子訳　PHP研究所　1999.11　263, 7p

ブダデブ・チョウドリ
◇学問領域としての人権 (阿久沢麻理子訳) : 人権をどう教えるのか―「人権」の共通理解と実践　アジア・太平洋人権情報センター編　現代人文社　2007.6　197p（アジア・太平洋人権レビュー 2007）

ブーダール, パトリス
◇フランスにおけるスロヴァキア人とスロヴァキア文化 (中村祐子訳) : エスニック・アイデンティティの研究―流転するスロヴァキアの民　川崎嘉元編著　中央大学出版部　2007.3　305p（中央大学社会科学研究所研究叢書 18）

フチアカ, ヘレン
◇キプロスにおける障害, 人権及び教育 (福山文子訳) : 障害, 人権と教育　レン・バートン, フェリシティ・アームストロング編, 嶺井正也監訳　明石書店　2003.5　442p（明石ライブラリー 51）

ブチャール, F.
◇企業の意思決定への国家と政治的組織の参加 (沢井敦訳) : 参加的組織の機能と構造―ユーゴスラヴィア自主管理企業の理論と実践　J.オブラドヴッチ, W.N.ダン編著, 笠原清志監訳　時潮社　1991.4　574p

ブックウォルター, アンドリュー
◇法, 文化および立憲主義 : リベラリズムとコミュニタリアニズムを超えて―ヘーゲル法哲学の研究　ロバート・R.ウイリアムズ編, 中村浩爾, 牧野広義, 形野清貴, 田中幸世訳　文理閣　2006.12　369p

フックス, スザンネ
◇ドイツ―規制されたフレキシビリティ (共著)(沢田幹訳) : 労働市場の規制緩和を検証する―欧州8カ国の現状と課題　G.エスピン‐アンデルセン, マリーノ・レジーニ編, 伍賀一道ほか訳　青木書店　2004.2　418p

ブッシュ, ウルリッヒ
◇東西間の「移転」: 岐路に立つ統一ドイツ―果てしなき「東」の植民地化　フリッツ・フィルマー編著, 木戸衛一訳　青木書店　2001.10　341p

フッター, ヤーコブ
◇モラヴィアにある神の教会に宛てた第四の手紙 (1535年)(出村彰訳) : 宗教改革著作集　第8巻　再洗礼派　教文館　1992.10　510p

ブット, ジャン=ポール
◇企業内部における契約的諸関係 (共著)(馬場正広訳) : 取引費用経済学―最新の展開　クロード・メナード編, 中島正人, 谷口洋志, 長谷川啓之監訳　文真堂　2002.12　207p

プット・チョムナーン
◇カンボジアの高等教育 (共著) : アジアの高等教育改革　フィリップ・G.アルトバック, 馬越徹編, 北村友人監訳　玉川大学出版部　2006.9　412p（高等教育シリーズ 137）

プットマン, ビル
◇いつまでもよい友でありたい : 子供たちへの手紙―あなたにこれだけは伝えたい　エリカ・グッド編, 中埜有理訳　三田出版会　1997.7　371p

フーデマン, オリヴィール
◇多国間投資協定 (MAI)(塚本しづ香訳) : グローバル経済が世界を破壊する　ジェリー・マンダー, エドワード・ゴールドスミス編, 小南祐一郎, 塚本しづ香訳　朝日新聞社　2000.4　259p

ブテンコ
◇クレムリンの人々 (本間七郎訳) : 蘇聯実情研究叢書　第3輯・第4輯　上坂氏顕彰会史料出版部　2000.8　1冊（ページ付なし）（理想日本リプリント　第13巻）

フート, エドワルド
◇通俗造化機論. 2編―3編 (千葉繁訳述) : 近代日本のセクシュアリティ 1　斎藤光編　ゆまに書房　2006.7　1冊

フードファー, ホーマー
◇ベールへのUターン―エジプトの女性たちの個人的戦略と社会生活への参加 : ジェンダーと女性労働―その国際ケーススタディ　セア・シンクレア, ナニカ・レッドクリフト編, 山本光子訳　柘植書房　1994.9　373p

ブーニン, ビャチェスラフ
◇『一瞬』より抜粋 他：ゾルゲ事件関係外国語文献翻訳集 no.1　日露歴史研究センター事務局編　日露歴史研究センター事務局 2003.10　44p

フーバー, オイゲン
◇ドイツ物権法におけるゲヴェーレの意味：塙浩著作集—西洋法史研究 3　ゲヴェーレの理念と現実　塙浩訳・著　信山社出版 1992.7　247p

ブーハ, ダイアナ
◇パーソナルE・X・C・E・L・L・E・N・C・E計画：セルフヘルプ—なぜ, 私は困難を乗り越えられるのか　世界のビッグネーム自らの47の証言　ケン・シェルトン編著, 堀紘一監訳　フロンティア出版 1998.7　301p

フーバー, ローベルト
◇葉っぱはどうして緑色なの？：ノーベル賞受賞者にきく子どものなぜ？なに？　ベッティーナ・シュティーケル編, 畔上司訳　主婦の友社 2003.1　286p
◇葉っぱはどうして緑色なの？：ノーベル賞受賞者にきく子どものなぜ？なに？　ベッティーナ・シュティーケル編, 畔上司訳　主婦の友社 2005.10　222p

プフィステラー, ルードルフ
◇癒しがたき病？：現代の反ユダヤ主義　レオン・ポリアコフ編著, 菅野賢治, 合田正人監訳, 小幡谷友二, 高橋博美, 宮崎海子訳　筑摩書房 2007.3　576, 43p （反ユダヤ主義の歴史 第5巻）

プフェフリン, フリーデマン
◇性転換者の精神療法における諸問題：偽りの肉体—性転換のすべて　バーバラ・カンプラート, ワルトラウト・シッフェルス編著, 近藤聡子訳　信山社出版 1998.6　210p

フーベル, ゲオルグ
◇一九二八年大戦期に於ける仏国の対独宣伝：内閣情報部情報宣伝研究資料　第1巻　津金沢聡広, 佐藤卓己編　柏書房 1994.6　758p

プホフスキー, エヌ
◇正義戦争と不正義戦争（近藤克栄訳）：ソ連の戦争理論—研修資料　防衛研修所 1956　60p （研修資料別冊 第122号）

ブホリ, ムフタル
◇インドネシアにおける高等教育の発展（共著）：アジアの高等教育改革　フィリップ・G.アルトバック, 馬越徹編, 北村友人訳　玉川大学出版部 2006.9　412p （高等教育シリーズ 137）

フーム, ロン
◇企業価値・業績向上への経営（共著）（鷹野薫訳）：マッキンゼー事業再生—ターンアラウンドで企業価値を高める　本田桂子編著・監訳　ダイヤモンド社 2004.11　231p　(The McKinsey anthology)

FUSIONマーケティング・グループ
◇MCIFの選択基準：金融データベース・マーケティング—米国における業務とシステムの実態　アーサー・F.ホルトマン, ドナルド・C.マン編著, 森田秀和, 田尾啓一訳　東洋経済新報社 1993.10　310p

フュマロリ, マルク
◇結論（塩川徹也訳）：図説天才の子供時代—歴史のなかの神童たち　E.ル・ロワ・ラデュリー, ミシェル・サカン編, 二宮敬監訳　新曜社 1998.1　446p

フヨドロフ, ゲ
◇戦争の起源および本質（近藤克栄訳）：ソ連の戦争理論—研修資料　防衛研修所 1956　60p （研修資料別冊 第122号）

フラー, ピーター
◇母なる自然の地理（浦山佳恵訳）：風景の図像学　D.コスグローブ, S.ダニエルス共編, 千田稔, 内田忠賢監訳　地人書房 2001.3　460p

フライ, ジェラルド・W.
◇ベトナムの大学（共著）：アジアの高等教育改革　フィリップ・G.アルトバック, 馬越徹編, 北村友人訳　玉川大学出版部 2006.9　412p （高等教育シリーズ 137）

フライ, ジョセフ・N.
◇新市場開発のための子会社のイニシアティブ（共著）：スマート・グローバリゼーション　A.K.グプタ, D.E.ウエストニー編著, 諸上茂登監訳　同文舘出版 2005.3　234p

フライ, ディーター
◇態度I：態度の構造, 測定, および機能（共著）（渡辺芳之訳）：社会心理学概論—ヨーロピアン・パースペクティブ 1　M.ヒューストンほか編, 末永俊郎, 安藤清志監訳　誠信書房 1994.10　355p

ブライアント, ピーター・E.
◇ジャン・ピアジェ（吉川信訳）：心理学の7人の開拓者　レイ・フラー編, 大島由紀夫, 吉川信訳　法政大学出版局 2002.3　198, 21p （りぶらりあ選書）

ブライシュタイン, ローマン
◇アルフレート・デルプ 他：第1次世界大戦後の牧会者たち　日本キリスト教団出版局 2004.3　286p （魂への配慮の歴史 第11巻　C.メラー編, 加藤常昭訳）

プライス, M.ケリー
◇ロングマネジャーとショートマネジャーによるカスタムヘッジファンド：ヘッジファンドの世界—仕組み・投資手法・リスク　J.レダーマン, R.A.クレイン編, 中央信託銀行オルタナティブアセット研究会訳　東洋経済新報社 1999.1　297p

プライス, サイモン
◇政治とマクロ経済政策（浅井宏行訳）：経済政策の公共選択分析　アレック・クリスタル, ルパート・ペナンリー編, 黒川和美監訳　勁草書房 2002.7　232p

プライス, ヒュー・B.
◇経済的機会均等の獲得：未来社会への変革—未来の共同体がもつ可能性　フランシス・ヘッセルバイン, マーシャル・ゴールドスミス, リチャード・ベックハード, リチャード・F.シューベルト編, 加納明弘訳　フォレスト出版 1999.11　327p

ブライソン, ルイス
◇オーストラリア：賃金稼得者の福祉国家の変容（埋橋孝文訳）：社会政策の国際的展開—先進諸国における福祉レジーム　ピート・アルコック, ゲイリー・クレイグ編, 埋橋孝文ほか共訳　晃洋書房 2003.5　328p

プライト, ジューブ・バン・デル
◇錯誤相関とステレオタイプ形成—集団差異と認知的

バイアスを理解する（共著）：ステレオタイプとは何か—「固定観念」から「世界を理解する"説明力"」へ　クレイグ・マクガーティ，ビンセント・Y.イゼルビット，ラッセル・スピアーズ編著，国広陽子監修，有馬明恵，山下玲子監訳　明石書店　2007.2　296p

ブライト，スージー
◇スージー・ブライト：慣れる女たち　アンドレア・ジュノー，V.ヴェイル編，越智道雄訳　第三書館　1997.8　303p

ブライト，ハーヴィー
◇ディラン・トマス（柳瀬尚紀訳）：インタヴューズ　2　クリストファー・シルヴェスター編，新庄哲夫ほか訳　文芸春秋　1998.11　451p

ブラウアー，キンレー
◇大アメリカ砂漠再訪：アメリカ大国への道―学説史から見た対外政策　マイケル・J.ホーガン編，林義勝訳　彩流社　2005.6　284, 89p

ブラウト，アルフレッド
◇分析心理学における転移　他：ユング派の分析技法―転移と逆転移をめぐって　マイケル・フォーダム，ローズマリー・ゴードン，ジュディス・ハバック，ケネス・ランバート共編，氏原寛，李敏子共訳　培風館　1992.7　290p（分析心理学シリーズ 2）

ブラウトン，リチャード・S.
◇心霊研究におけるコンピュータの活用：心霊研究―その歴史・原理・実践　イヴォール・グラッタン・ギネス編，和田芳久訳　技術出版　1995.12　414p（超心理学叢書 第4集）

ブラウロック，ウベ
◇法的に複数である経済的単一体（高橋英治訳）：団体・組織と法―日独シンポジウム　松本博之，西谷敏，守矢健一編　信山社出版　2006.9　388, 3p

ブラウン，A.J.
◇インフレ問題：一般理論―第二版―もしケインズが今日生きていたら　G.C.ハーコート，P.A.リーアック編，小山庄三訳　多賀出版　2005.6　922p

ブラウン，アン・L.
◇教室での分散専門知識（三宅幹子訳）：分散認知―心理学的考察と教育実践上の意義　ガブリエル・ソロモン編，松田文子監訳　協同出版　2004.7　343p（現代基礎心理学選書 第9巻　利島保，鳥居修晃，望月登志子編）

ブラウン，ウィリアム
◇紛争と労働：コンフリクト　M.ジョーンズ，A.C.フェビアン共編，大淵憲一，熊谷智博共訳　培風館　2007.11　256p

ブラウン，ウィリアム・N.
◇昨日の敵（大庭里美訳）：あなたの手で平和を！―31のメッセージ　フレドリック・S.ヘッファメール編，大庭里美，阿部純子訳　日本評論社　2005.3　260p

ブラウン，クリス
◇国際的社会正義（押村高訳）：社会正義論の系譜―ヒュームからウォルツァーまで　デイヴィッド・バウチャー，ポール・ケリー編，飯島昇蔵，佐藤正志訳者代表　ナカニシヤ出版　2002.3　391p（叢書「フロネーシス」）
◇宗教・文明・モダニティを語る：衝突を超えて―9・11後の世界秩序　K.ブース，T.ダン編，寺島隆吉監訳，塚田幸三，寺島美紀子訳　日本経済評論社　2003.5　469p

ブラウン，サリー
◇神童：チャッタートンとその伝説（大野英二郎訳）：図説天才の子供時代―歴史のなかの神童たち　E.ル・ロワ・ラデュリー，ミシェル・サカン編，二宮敬監訳　新曜社　1998.1　446p

ブラウン，デニス
◇グループのためのアセスメントと選択（若宮真也訳）：分析的グループセラピー　ジェフ・ロバーツ，マルコム・パイン編，浅田護，衣笠隆幸監訳　金剛出版　1999.1　261p

ブラウン，パトリシア・M.
◇ステレオタイプの内容形成における理論の役割（共著）（有馬明恵監訳）：ステレオタイプとは何か―「固定観念」から「世界を理解する"説明力"」へ　クレイグ・マクガーティ，ビンセント・Y.イゼルビット，ラッセル・スピアーズ編著，国広陽子監修，有馬明恵，山下玲子監訳　明石書店　2007.2　296p

ブラウン，ミスター
◇猟奇人形セラピー：平気で人を殺す人たち―心の中に棲む悪魔　ブライアン・キング編，船津歩訳　イースト・プレス　1997.10　319p

ブラウン，ムリエル
◇社会行政の展開（秋元美世訳）：イギリス社会政策論の新潮流―福祉国家の危機を超えて　ジョーン・クラーク，ディビド・ボスウェル編，大山博，武川正吾，平岡公一ほか訳　法律文化社　1995.4　227p

ブラウン，メリー
◇挫折を受け入れること―学習への鍵：障害のある学生を支える―教員の体験談を通じて教育機関の役割を探る　ボニー・M.ホッジ，ジェニー・プレストン・サビン編，太田晴康監訳，三沢かがり訳　文理閣　2006.12　228p

ブラウン，メリサ・R.
◇スタイル・インデックス（共著）（横溝邦男訳）：資産運用新時代の株式投資スタイル―投資家とファンドマネジャーを結ぶ投資哲学　T.ダニエル・コギン，フランク・J.ファボツィ編　野村総合研究所　1996.3　329p
◇スタイル・インデックス（共著）（横溝邦男訳）：株式投資スタイル―投資家とファンドマネジャーを結ぶ投資哲学　T.ダニエル・コギン，フランク・J.ファボツィ，ロバート・D.アーノット編，野村証券金融研究所訳　増補改訂版　野村総合研究所情報リソース部　1998.3　450p

ブラウン，ラドクリフ
◇中国郷村生活の社会学的調査に対する建議（西沢治彦訳）：中国文化人類学リーディングス　瀬川昌久，西沢治彦編訳　風響社　2006.12　354p

ブラウン，ラパート
◇集団間関係（工藤恵理子訳）：社会心理学概論―ヨーロピアン・パースペクティブ　2　M.ヒューストン，W.シュトレーベ，J.P.コドル，G.M.スティヴンソン編　誠信書房　1995.1　353p

ブラウン, ロバート・マカフィー
◇そうするほかなかった：思いやる勇気―ユダヤ人をホロコーストから救った人びと　キャロル・リトナー, サンドラ・マイヤーズ編, 食野雅子訳　サイマル出版会　1997.4　282p

ブラウン, ローラ・S.
◇フェミニストセラピィ開業の倫理とビジネス：フェミニスト心理療法ハンドブック―女性臨床心理の理論と実践　L.B.ローズウォーター, L.E.A.ウォーカー編著, 河野貴代美, 井上摩耶子訳　ヒューマン・リーグ　1994.12　317p

ブラウンベルガー, ゲラルト
◇アーダム・オペル（共著）：ドイツ企業のパイオニア―その成功の秘密　ヴォルフラム・ヴァイマー編著, 和泉雅人訳　大修館書店　1996.5　427p

ブラウンリー, ジョン・S.
◇英系カナダ史（一八六七～二〇〇二）とその史料研究（二至村菁訳）：歴史学と史料研究　東京大学史料編纂所編　山川出版社　2003.7　278p

ブラガー, スザンヌ
◇フェミニズムと政治理論（共著）：自由民主主義の理論とその批判　下巻　ノーマン・ウィントロープ編, 氏家伸一訳　晃洋書房　1994.2　611p

ブラガー, ビル
◇イギリスとヨーロッパにおける古典的な自由主義とデモクラシー　他：自由民主主義の理論とその批判　上巻　ノーマン・ウィントロープ編, 氏家伸一訳　晃洋書房　1992.11　300p
◇民主主義に対するテクノクラシーの挑戦（共著）：自由民主主義の理論とその批判　下巻　ノーマン・ウィントロープ編, 氏家伸一訳　晃洋書房　1994.2　611p

ブラーグ, レミ
◇ギリシア世界への通路としての現象学：現象学と形而上学　ジャン・リュック・マリオン, ギイ・プランティ・ボンジュール編, 三上真司, 重永哲也, 檜垣立哉訳　法政大学出版局　1994.3　375, 8p　（叢書・ウニベルシタス 433）
◇ストア派の狂人（王寺賢太訳）：デリダと肯定の思考　カトリーヌ・マラブー編, 高橋哲哉, 増田一夫, 高桑和巳監訳　未来社　2001.10　502, 7p　（ポイエーシス叢書 47）

ブラグドン, クロード
◇クリシュナムルティ―人と教え：クリシュナムルティの世界　大野純一編訳　コスモス・ライブラリー　1997.8　434p

ブラジルコバー, ヤナ
◇ポスト共産主義のチェコスロバキアにおける女性と暴力（共著）：世界の女性と暴力　ミランダ・デービス編, 鈴木研一訳　明石書店　1998.4　472p　（明石ライブラリー 4）

ブラステル, ジャック・F. A.
◇多元化社会における社会統合のための教育（共著）：デュルケムと現代教育　ジェフリー・ウォルフォード, W.S.F.ピカリング編, 黒崎勲, 清田夏代訳　同成社　2003.4　335, 26p

ブラーダ, マヌエル・ゴンサーレス
◇ペルーの先住民：現代ラテンアメリカ思想の先駆者たち　レオポルド・セア編, 小林一宏, 三橋利光共訳　刀水書房　2002.6　250p　（人間科学叢書 34）

ブラック, ケネス, Jr.
◇保険の経営と管理（安部泰次訳）：国際的リスク・マネジメントと保険　ハロルド・D.スキッパー, ジュニア編著, 武井勲監訳　生命保険文化研究所　1999.10　729p

ブラック, ブルース
◇最後の時期に：バークレー生協は、なぜ倒産したか―18人の証言　日本生活協同組合連合会国際部訳　コープ出版　1992.5　195p

ブラック, ヘレン
◇ホーム・エコノミストの視点で：バークレー生協は、なぜ倒産したか―18人の証言　日本生活協同組合連合会国際部訳　コープ出版　1992.5　195p

ブラッグ, リック
◇世間体など捨てて：ダウンサイジング・オブ・アメリカ―大量生産に引き裂かれる社会　ニューヨークタイムズ編, 矢作弘訳　日本経済新聞社　1996.11　246p

ブラック, レオラ・E.
◇大学生の離婚に対する態度と結婚意欲に見られるジェンダーによる相違（共著）（小池のり子訳）：女と離婚／男と離婚―ジェンダーの相違による別居・離婚・再婚の実態　サンドラ・S.ヴォルギー編著, 小池のり子, 村上弘子訳　家政教育社　1996.9　238p

ブラックウェル, ロン
◇組合員に基礎を置く国際活動計画を構築する：新世紀の労働運動―アメリカの実験　グレゴリー・マンツィオス編, 戸塚秀夫監訳　緑風出版　2001.12　360p　（国際労働問題叢書 2）

ブラック・エルク
◇スー族の求愛　他：北米インディアン生活誌　C.ハミルトン編, 和巻耿介訳　社会評論社　1993.11　408p

ブラックストーン, W. T.
◇エコロジーと権利（渡辺啓真訳）：環境の倫理　上　K.S.シュレーダー・フレチェット編, 京都生命倫理研究会訳　晃洋書房　1993.4　355p

ブラックマン, デレク・E.
◇B.F.スキナー（吉川信訳）：心理学の7人の開拓者　レイ・フラー編, 大島由紀夫, 吉川信訳　法政大学出版局　2002.3　198, 21p　（りぶらりあ選書）

ブラックレッジ, エイドリアン
◇平等をめざす教育（吉野あかね訳）：世界の開発教育―教師のためのグローバル・カリキュラム　オードリー・オスラー編, 中里亜夫監訳, 中野和光, 吉野あかね, 川上具実訳　明石書店　2002.8　498p

フラッシェ, ライナー
◇ヴァイマル時代の宗教学における宗教のモデルと認識原理：ヴァイマル共和国の宗教史と精神史　フーベルト・カンツィク, 池田昭, 浅野洋監訳　御茶の水書房　1993.2　434p

プラット, ジェラルディン
◇女性のジョブサーチと職種の分断（共著）（神谷浩夫訳）：ジェンダーの地理学　神谷浩夫編監訳, 影山穂波ほか訳　古今書院　2002.4　294p　（大学の地理学）

プラット, ラザフォード・H.
◇サンフランシスコ湾岸巨大都市の自然災害（村尾修訳）：巨大都市と変貌する災害—メガシティは災害を産み出すツボである　ジェイムス・K.ミッチェル編，中林一樹監訳　古今書院　2006.1　386p

プラット, レイチェル・G.
◇国の住宅政策を策定する際の住民主導のプログラムの役割：公共の意思決定における住民参加　ジャック・デサリオ，スチュアート・ラングトン編　横浜市企画財政局企画調整室　1993.3　177p

ブラッドファド, ジェイムズ・C.
◇フランスとアメリカの私掠船：図説海賊大全　デイヴィッド・コーディングリ編，増田義郎監修，増田義郎，竹内和世訳　東洋書林　2000.11　505, 18p

ブラッドフォード, ウィリアム
◇ピルグリム・ファーザーズのニューイングランド上陸（一六二〇年十一月）：歴史の目撃者　ジョン・ケアリー編，仙名紀訳　朝日新聞社　1997.2　421p

ブラッドフォード, ワイリー
◇単位と定義（共著）：一般理論—第二版—もしケインズが今日生きていたら　G.C.ハーコート，P.A.リーアック，小山庄三訳　多賀出版　2005.6　922p

ブラッドレ, クリスティン
◇問題を理解するために—女性に対する男性の暴力は，なぜ開発問題なのか：世界の女性と暴力　ミランダ・デービス編，鈴木研一訳　明石書店　1998.4　472p（明石ライブラリー 4）

ブラッドレー, レイモンド・T.
◇カリスマは環境が変わってもカリスマか？（共著）（松本博子訳）：カリスマ的リーダーシップ—ベンチャーを志す人の必読書　ジェイ・A.コンガー，ラビンドラ・N.カヌンゴほか著，片柳佐智子，山村宜子，松本博子，鈴木恭子訳　流通科学大学出版　1999.12　381p

ブラッバード, アンドルー
◇殺されたインディアン神学生 他：北米インディアン生活誌　C.ハミルトン編，和巻耿介訳　社会評論社　1993.11　408p

プラディアンシャー, アルファン
◇改革のための学生による運動（共著）（鈴木聖子訳）：インドネシア・改革闘争記—21世紀市民社会への挑戦　セロ・スマルジャン編，中村光男監訳　明石書店　2003.1　432p（明石ライブラリー 46）

ブラディック, クリストファー
◇遠き友邦：グローバル化の時代における日英関係（浜井祐三子訳）：日英交流史—1600-2000　2　政治・外交　2　細谷千博，イアン・ニッシュ監修　木畑洋一ほか編　東京大学出版会　2000.5　365, 8p

フラピエ＝マジュール, リュシエンヌ
◇一八世紀フランスのポルノグラフィにおける真実と猥褻語（正岡和恵訳）：ポルノグラフィの発明—猥褻と近代の起源，一五〇〇年から一八〇〇年へ　リン・ハント編，正岡和恵，末広幹，吉原ゆかり訳　ありな書房　2002.8　438p

ブラムゼン, イエルク
◇フォーマルな組織における不作為責任（葛原力三訳）：組織内犯罪と個人の刑事責任　クヌート・アメルング編著，山中敬一訳　成文堂　2002.12　287p

プラモンドン, ウィリアム・N.
◇エネルギーとリーダーシップ：未来組織のリーダー—ビジョン・戦略・実践の革新　フランシス・ヘッセルバイン，マーシャル・ゴールドスミス，リチャード・ベカード編，田代正美訳　ダイヤモンド社　1998.7　239p

プラヨゴ, ドディ
◇官僚システムに対する改革の衝撃（水上浩訳）：インドネシア・改革闘争記—21世紀市民社会への挑戦　セロ・スマルジャン編，中村光男監訳　明石書店　2003.1　432p（明石ライブラリー 46）

フラワー, ジェイン
◇日本軍と英軍捕虜（小菅信子訳）：日英交流史—1600-2000　2　政治・外交　2　細谷千博，イアン・ニッシュ監修　木畑洋一ほか編　東京大学出版会　2000.5　365, 8p
◇捕虜情報と英国の対応（ジョセフ・クラーク，マリコ・クラーク訳）：日英交流史—1600-2000　3　軍事　3　細谷千博，イアン・ニッシュ監修　平間洋一，イアン・ガウ，波多野澄雄編　東京大学出版会　2001.3　362, 10p

フランク, アーサー・W.
◇病人役割から健康人役割へ—パーソンズの脱構築（清野正義訳）：近代性の理論—パーソンズの射程　ロランド・ロバートソン，ブライアン・S.ターナー編，中久郎，清野正義，進藤雄三訳　恒星社厚生閣　1995.12　354, 37p

フランク, イェンス＝ウーベェ
◇域内市場のための立法：法の同化—その基礎，方法，内容　ドイツからの見方と日本からの見方　カール・リーゼンフーバー，高山佳奈子編　De Gruyter Recht　c2006　27, 651p　(Schriften zum Europäischen und Internationalen Privat-, Bank-und Wirtschaftsrecht Bd.10)

フランク, セミョーン
◇ユートピア主義の異端（浅野知史ほか訳）：20世紀ロシア思想の一断面—亡命ロシア人を中心として　御子柴道夫編　千葉大学大学院社会文化科学研究科　2005.3　303p（社会文化科学研究科研究プロジェクト報告書 第106集）

フランク, ディディエ
◇身体と時間構成の問題：現象学と形而上学　ジャン・リュック・マリオン，ギイ・プランティ・ボンジュール編，三上真司，重永哲也，檜垣立哉訳　法政大学出版局　1994.3　375, 8p（叢書・ウニベルシタス 433）

フランクフルト, ハリー・G.
◇デカルトによる理性の正当化（武藤整司訳）：現代デカルト論集　2　英米篇　デカルト研究会編　勁草書房　1996.7　331, 9p

フランケンベルク, ギュンター
◇市民社会と社会正義（佐々木寛訳）：グローバルな市民社会に向かって　マイケル・ウォルツァー編著，石田淳ほか訳　日本経済評論社　2001.10　397p

ブランジェ, J.
◇ヨーロッパ銀行制度史：塙浩著作集—西洋法史研究　17　ヨーロッパ商法史　続　塙浩訳著　信山社出版

フランシツ

1999.1 932p

プランシップ, ロレンゾ
◇移民と人身売買—グローバル化の矛盾（徳永理彩訳）：もうひとつの世界は可能だ—世界社会フォーラムとグローバル化への民衆のオルタナティブ　ウィリアム・F.フィッシャー, トーマス・ポニャ編, 加藤哲郎監修, 大屋定晴, 山口響, 白井聡, 木下ちがや監訳　日本経済評論社　2003.12　461p

プラン＝シャレアール, マリ＝クロード
◇パリの外国人空間, 過去と現在　他（西岡芳彦訳）：都市空間と民衆日本とフランス　中野隆生編　山川出版社　2006.8　227p

フランス
◇金融資本—金融資本の規制（共著）（大屋定晴訳）：もうひとつの世界は可能だ—世界社会フォーラムとグローバル化への民衆のオルタナティブ　ウィリアム・F.フィッシャー, トーマス・ポニャ編, 加藤哲郎監修, 大屋定晴, 山口響, 木下ちがや監訳　日本経済評論社　2003.12　461p

フランソン, アンドレ
◇ベルヌ条約の相互作用の結果としての著作権の分野における法律の発展：ベルヌ条約100周年記念論文集—ベルヌ条約と国内法　WIPO国際事務局編, 原田文夫訳　著作権資料協会　1987.3　123p（著作権シリーズ 76）

フランチェスカ（ローマの）
◇幻視（前之園幸一郎訳）：中世思想原典集成 15　女性の神秘家　上智大学中世思想研究所編訳・監修　平凡社　2002.4　1061p

フランツ, ミヒャエル
◇シェリングの哲学的始元に対する古代哲学の意義（樋口善郎訳）：シェリング哲学—入門と研究の手引き　H.J.ザントキューラー編, 松山寿一監訳　昭和堂　2006.7　288, 59p

プーランツァ, ニコ
◇マルクスとエンゲルス（向井守訳）：哲学と歴史—カントからマルクスへ　野田又夫監訳　新装版　白水社　1998.6　396, 31p（西洋哲学の知 5　Francois Chatelet編）

フランツェン, ヴィンフリート
◇堅固にして重厚なものへの憧憬（山本幾生訳）：ハイデガーと実践哲学　A.ゲートマン＝ジーフェルト, O.ペゲラー編, 下村鋲二, 竹市明弘, 宮原勇監訳　法政大学出版局　2001.2　519, 12p（叢書・ウニベルシタス 550）

ブランド, バーバラ・B.
◇プラット・インスティテュート図書館学校：アメリカ図書館史に女性を書きこむ　スザンヌ・ヒルデンブランド編, 田口瑛子訳　京都大学図書館情報学研究会　2002.7　367p

プラント, レイモン
◇なぜ社会正義なのか（的射場敬一訳）：社会正義論の系譜—ヒュームからウォルツァーまで　デイヴィッド・バウチャー, ポール・ケリー編, 飯島昇蔵, 佐藤正志訳者代表　ナカニシヤ出版　2002.3　391p（叢書「フロネーシス」）

ブランドン, ヘンリー
◇フランク・ロイド・ライト 他（渡辺武信訳）：インタヴューズ 2　クリストファー・シルヴェスター編, 新庄哲夫ほか訳　文芸春秋　1998.11　451p

ブリエゼーネル, トーマス
◇ドイツ（共著）（金口恭久訳）：世界のいじめ—各国の現状と取り組み　森田洋司総監修・監訳, P.K.スミスほか編, 川口仁志ほか訳　金子書房　1998.11　463p

ブリジット
◇パワー・トゥ・アワ・ジャーニー—勇気ある旅立ち（共著）（宮里マチ子訳）：ナラティヴ・セラピーの実践　シェリル・ホワイト, デイヴィッド・デンボロウ編, 小森康永監訳　金剛出版　2000.2　275p

フリーズ, カレン
◇ブラウン：コーヒーメーカーKF40（要約）：技術とイノベーションの戦略的マネジメント 下　ロバート・A.バーゲルマン, クレイトン・M.クリステンセン, スティーヴン・C.ウィールライト編著, 青島矢一, 黒田光太郎, 志賀敏宏, 田辺孝二, 出川通, 和賀三和子日本語版監修, 岡真由美, 斉藤裕一, 桜井祐子, 中川泉, 山本章子訳　翔泳社　2007.7　595p

プリスクス
◇アッティラ大王の饗宴（四五〇年）：歴史の目撃者　ジョン・ケアリー編, 仙名紀訳　朝日新聞社　1997.2　421p

ブリースコルン, N.
◇法服従（塩見佳也訳）：法の理論 22　ホセ・ヨンパルト, 三島淑臣, 長谷川晃編　成文堂　2003.6　301p

ブリストウ, ベリル
◇スイス—窓を開けたら朝焼けのアイガー！：車椅子はパスポート—地球旅行の挑戦者たち　アリソン・ウォルシュ編, おそどまさこ日本語版責任編集, 森実真弓訳　山と渓谷社　1994.3　687p

フリーダン, ベティ
◇「老い」という神話 他：プロダクティブ・エイジング—高齢者は未来を切り開く　ロバート・バトラー, ハーバート・グリーソン編, 岡本祐三訳　日本評論社　1998.6　220p

プリチェット, C. ハーマン
◇C.ハーマン・プリチェット（鈴木美香子訳）：アメリカ政治学を創った人たち—政治学の口述史　M.ベアー, M.ジューエル, L.サイゲルマン編, 内山秀夫監訳　ミネルヴァ書房　2001.12　387p（Minerva人文・社会科学叢書 59）

プリチャード, マリオン・P. バン・ビンスベルゲン
◇怒りに駆られて：思いやる勇気—ユダヤ人をホロコーストから救った人びと　キャロル・リトナー, サンドラ・マイヤーズ編, 食野雅子訳　サイマル出版会　1997.4　282p

フリック, F. S.
◇生態環境・農業・定住パターン（宮崎修二訳）：古代イスラエルの世界—社会学・人類学・政治学からの展望　R.E.クレメンツ編, 木田献一, 月本昭男監訳　リトン　2002.11　654p

ブリック, バーバラ
◇批判理論と経済学(共著)(中西新太郎訳)：アメリカ批判理論の現在―ベンヤミン、アドルノ、フロムを超えて　マーティン・ジェイ編、永井務監訳　こうち書房　2000.10　511p

フリックス, ケビン
◇ハイテク業界の再編・淘汰(共著)(山下明訳)：マッキンゼー事業再生―ターンアラウンドで企業価値を高める　本田桂子編著・監訳　ダイヤモンド社　2004.11　231p　(The McKinsey anthology)

フリッシュ, A.
◇トゥールーズ伯領制度史：塙浩著作集―西洋法史研究 5　フランス中世領主領序論　塙浩訳・著　信山社出版　1992.9　645p

フリッシュ, ラグナー
◇デュプュイの課税定理 他：限界費用価格形成原理の研究 1　大石泰彦編・監訳　勁草書房　2005.12　266p

プリッダート, ビルガー・P.
◇十九世紀ドイツ経済学の歴史的方法における方法なるもの(原田哲史訳)：歴史学派の世界　住谷一彦, 八木紀一郎訳　オンデマンド版　日本経済評論社　2003.3　296p

ブリット, エリフ
◇アイルランドのじゃがいも飢饉(一八四七年二月二十二日)：歴史の目撃者　ジョン・ケアリー編, 仙名紀訳　朝日新聞社　1997.2　421p

ブリットン, アネット
◇オーストラリアにおける高齢人口の増加：明日をさがす一高齢化社会を生きる　オーストラリア聖公会シドニー教区社会問題委員会編, 関澄子訳　聖公会出版　1999.9　156p

ブリテン, ヴェラ
◇兄の戦死(一九一八年六月十五日)：歴史の目撃者　ジョン・ケアリー編, 仙名紀訳　朝日新聞社　1997.2　421p

ブリテン, サイモン
◇面接の裏側に隠れる勝ち組の採用戦略(共著)：ピープルマネジメント―21世紀の戦略的人材活用コンセプト　Financial Times編, 日経情報ストラテジー監訳　日経BP社　2002.3　271p　(日経情報ストラテジー別冊)

ブリーデン, ダグラス・T.
◇先物、スワップ、オプションによる金利リスクのヘッジ(共著)(高橋英明訳)：ALMの新手法―キャピタル・マーケット・アプローチ　フランク・J.ファボッツィ, 小西湛夫共編　金融財政事情研究会　1992.7　499p　(ニューファイナンシャルシリーズ)

フリードマン, M.
◇社会人類学における中国研究の位置(末成道男訳)：中国文化人類学リーディングス　瀬川昌久, 西澤治彦編訳　風響社　2006.12　354p

フリードマン, ジェリー
◇飼い主の死を嘆き悲しむ犬：あなたが知らないペットたちの不思議な力―アンビリーバブルな動物たちの超常現象レポート　『FATE』Magazine編, 宇佐和通訳　徳間書店　1999.2　276p

フリードマン, ジョン
◇世界都市研究の到達点：この10年間の展望(廣松悟訳)：世界都市の論理　ポール・L.ノックス, ピーター・J.テイラー共編, 藤田直晴訳編　鹿島出版会　1997.5　204p
◇グローバル化時代における都市間ネットワーク：グローバル・シティー・リージョンズ―グローバル都市地域への理論と政策　アレン・J.スコット編著, 坂本秀和訳　ダイヤモンド社　2004.2　365p

フリードマン, スチュワート
◇仕事との両立を支える次世代の育児支援策(共著)：ピープルマネジメント―21世紀の戦略的人材活用コンセプト　Financial Times編, 日経情報ストラテジー監訳　日経BP社　2002.3　271p　(日経情報ストラテジー別冊)

フリードリヒ, ラインホールト
◇マルティン・ブツァー：宗教改革期の牧会者たち 1　日本基督教団出版局　2001.8　288p　(魂への配慮の歴史 第5巻　C.メラー編, 加藤常昭訳)

ブリトン, ヘレン・H.
◇ドロシー・ポーター・ウェズレー：書誌研究者, キュレイター, そして学者：アメリカ図書館史に女性を書きこむ　スザンヌ・ヒルデンブランド編著, 田口瑛子訳　京都大学図書館情報学研究会　2002.7　367p

ブリニグ, マーガレット
◇力の弱い男と整理整頓のできない女(共著)(佐藤通生訳)：結婚と離婚の法と経済学　アントニイ・W.ドゥネス, ロバート・ローソン編著, 太田勝造監訳　木鐸社　2004.11　348p　(「法と経済学」叢書 5)

プリーニス, アンソニイ・J.
◇直接訓練しない反応の般化と維持―遠隔的な随伴手続きを用いて(共著)：自閉症, 発達障害者の社会参加をめざして―応用行動分析学からのアプローチ　R.ホーナー他著, 小林重雄, 加藤哲文監訳　二瓶社　1992.12　299p　(叢書・現代の心理学 3)

フリーマン, J. D.(家族論)
◇キンドレッドの概念について(小川正恭訳)：家族と親族　村武精一編, 小川正恭ほか訳　未来社　1992.7　331, 21p

フリーマン, R. エドワード
◇グローバル経済下の経営学(持丸邦子訳)：社会経営学の視座　B.トイン, D.ナイ編, 村山元英監訳, 国際経営文化学会訳　文眞堂　2004.10　312p　(国際経営の誕生 2)

フリーマン, ジーネス
◇レズビアンの愛憎の果て：平気で人を殺す人たち―心の中に棲む悪魔　ブライアン・キング編, 船津歩訳　イースト・プレス　1997.10　319p

フリーマン, バーバラ
◇ニュースなんかあんにもないよ(共著)：話はめぐる―聞き手から語り手へ 子どもと大人のためのストーリーテリング　ナショナル・ストーリーテリング保存育成協会編, 佐藤涼子訳　リブリオ出版　1999.11　166p

フリーマン, リチャード
◇経営への参加意識を促すプロフィット・シェアリング（共著）：ピープルマネジメント—21世紀の戦略的人材活用コンセプト　Financial Times編，日経情報ストラテジー監訳　日経BP社　2002.3　271p　（日経情報ストラテジー別冊）

フリーマン, ローリー・A.
◇メディア：対立か協調か—新しい日米パートナーシップを求めて　スティーヴン・K.ヴォーゲル編著，読売新聞社調査研究本部訳　中央公論新社　2002.4　374p

ブリューイン, クリストファー
◇アーノルド・トインビー，チャタム・ハウス，そして世界を視野においた研究（中西輝政訳）：危機の20年と思想家たち—戦間期理想主義の再評価　デーヴィッド・ロング, ピーター・ウィルソン編著, 宮本盛太郎, 関静雄監訳　ミネルヴァ書房　2002.10　371, 10p　(Minerva人文・社会科学叢書 68)

ブリュック, ミヒャエル・フォン
◇科学の倫理と宗教学：大学の倫理　蓮実重彦, アンドレアス・ヘルドリヒ, 広渡清吾編　東京大学出版会　2003.3　276p

ブリュックナー, エリカ
◇人生史データを収集すること（共著）：ライフコース研究の方法—質的ならびに量的アプローチ　グレン・H.エルダー, ジャネット・Z.ジール編著, 正岡寛司, 藤見純子訳　明石書店　2003.10　528p　（明石ライブラリー 57)

ブリュックナー, ユタ
◇ドイツにおけるポルノ論争（香川檀訳）：メディアがつくるジェンダー—日独の男女・家族像を読みとく　村松泰子, ヒラリア・ゴスマン編　新曜社　1998.2　351p

プリュッティング, ハンス
◇民事裁判手続の簡素化と促進（西島太一, 梅木衡平訳）：判例民事訴訟法の理論—中野貞一郎先生古稀祝賀　下　新堂幸司ほか編　有斐閣　1995.12　658p
◇グローバル化が法曹養成に及ぼす影響（桑折千恵子訳）：グローバル化と法—〈日本におけるドイツ年〉法学研究集会　ハンス・ペーター・マルチュケ, 村上淳一編　信山社出版　2006.9　219p
◇ドイツにおける国際倒産の立法化 他（吉野正三郎, 木川裕一郎訳）：民事訴訟法のトピークス　吉野正三郎著　晃洋書房　2007.5　197p

ブリューワ, スコット
◇理論的推論に関する実践的推論についてのいくつかの理論的推論：倫理は自然の中に根拠をもつか　マルク・キルシュ編, 松浦俊輔訳　産業図書　1995.8　387p

ブリーン, ジョン
◇明治初年の外交儀礼（武田真理子訳）：日英交流史—1600-2000 5　社会・文化　細谷千博, イアン・ニッシュ監修　都築忠七, ゴードン・ダニエルズ, 草光俊雄編　東京大学出版会　2001.8　398, 8p

フリン, ダン
◇誠実さを忘れると悔いが残る：子供たちへの手紙—あなたにこれだけは伝えたい　エリカ・グッド編, 中埜有理訳　三田出版会　1997.7　371p

フリン, デニス
◇歴史としてのグローバリゼーション（共著）：近代東アジアのグローバリゼーション　マーク・カプリオ編, 中西恭子訳　明石書店　2006.7　266p

フリン, デビー
◇接客業は愉快な仕事：子供たちへの手紙—あなたにこれだけは伝えたい　エリカ・グッド編, 中埜有理訳　三田出版会　1997.7　371p

フリン, バーナード
◇メルロ＝ポンティと懐疑論の哲学的立場（伊藤泰雄訳）：フッサール『幾何学の起源』講義　モーリス・メルロ＝ポンティ著, 加賀野井秀一, 伊藤泰雄, 本郷均訳　法政大学出版局　2005.3　571, 9p　（叢書・ウニベルシタス 815）

ブリンガー, ハインリヒ
◇第二スイス信仰告白(1566年) 他（渡辺信夫ほか訳）：宗教改革著作集　第14巻　信仰告白・信仰問答　教文館　1994.11　704p

ブリンギ, ボリ
◇ケニア（共著）：女性が語る第三世界の素顔—環境・開発レポート　アニータ・アナンド編, WFS日本事務局訳　明石書店　1994.6　317p

ブリンク, アンドレ
◇ネルソン・マンデラ：TIMEが選ぶ20世紀の100人　上巻　指導者・革命家・科学者・思想家・起業家　徳岡孝夫監訳　アルク　1999.11　332p

プリングル, トゥレヴァー・R.
◇歴史の剥奪（若麻績明里訳）：風景の図像学　D.コスグローブ, S.ダニエルス共編, 千田稔, 内田忠賢監訳　地人書房　2001.3　460p

プリンス, ヒュー
◇1710年から1815年の絵画と土地制度の変化（長尾朋子訳）：風景の図像学　D.コスグローブ, S.ダニエルス共編, 千田稔, 内田忠賢監訳　地人書房　2001.3　460p

プール, バージニア
◇大地を守り、大地に守られる：風の言葉を伝えて＝ネイティブ・アメリカンの女たち　ジェーン・キャッツ編, 船木アデルみさ, 船木卓也訳　築地書館　1998.3　262p

ブル, ヘドレイ
◇国際政治理論：一九一九—一九六九年の通観：国際関係リーディングズ　猪口孝編, 幸野良夫訳　東洋書林　2004.11　467p

ブルー, ルイーザ
◇ルイーザ・ブルー（戸塚亮訳）：アメリカ労働運動のニューボイス—立ち上がるマイノリティー、女性たち　ケント・ウォン編, 戸塚秀夫, 山崎精一監訳　彩流社　2003.10　256p

プール, レジナルド
◇教会一致擁護論(1534〜36年)（河井田朗朗訳）：宗教改革著作集　第13巻　カトリック改革　教文館　1994.4　595p

プール, ロバート・M.
◇揚子江：グレートリバー—地球に生きる・地球と生き

る　National Geographic Society編，田村協子訳　同朋舎出版　1993.7　448p

フルーイ, アネット・ドゥ
◇権利擁護、自己権利擁護とインクルーシブな活動—まとめ（共著）（窪田眞二訳）：世界のインクルーシブ教育—多様性を認め、排除しない教育を　ハリー・ダニエルズ，フィリップ・ガーナー編著，中村満紀男，窪田眞二監訳　明石書店　2006.3　540p（明石ライブラリー 92）

ブルガーコフ, セルゲイ
◇ロシア革命における人神宗教（浅野知史ほか訳）：20世紀ロシア思想の一断面―亡命ロシア人を中心として　御子柴道夫編　千葉大学大学院社会文化科学研究科　2005.3　303p（社会文化科学研究科研究プロジェクト報告書 第106集）

ブルカール, R.
◇商法の史的素描：塙浩著作集―西洋法史研究　17　ヨーロッパ商法史 続　塙浩訳著　信山社出版　1999.1　932p

ブルグノリ, ロレンツォ
◇移民：スウェーデンの住環境計画　スヴェン・ティーベイ編著，外山義訳　鹿島出版会　1996.2　292p

フルクロワ
◇公共事業中央学校の設立のために公安委員会の取る措置についての報告：フランス革命期の公教育論　コンドルセ他著，阪上孝訳編　岩波書店　2002.1　460, 9p（岩波文庫）

フルコー, アニー
◇フランス二十世紀都市史（中野隆生, 前田更子訳）：都市空間の社会史日本とフランス　中野隆生編　山川出版社　2004.5　237, 31p
◇炸裂する都市空間の一世紀（中野隆生訳）：都市空間と民衆日本とフランス　中野隆生編　山川出版社　2006.8　227p

プルサノフ, I. P.
◇軍事における現代の革命とその意味―「社会主義祖国の防衛に関するソ連共産党の綱領」より（共著）：ソ連の軍事面における核革命　ウィリアム・キントナー，ハリエット・ファスト・スコット編〔防衛研修所〕　1970　345p（研究資料 70RT-9）

ブルジョ, G.
◇健康と人生（共著）：池田大作全集　第107巻　池田大作著　聖教新聞社　2003.9　645p

プルースト, ジャック
◇十八世紀におけるヨーロッパと極東の間の文化の伝達者について（増田真訳）：十八世紀における他者のイメージ―アジアの側から、そしてヨーロッパの側から　中川久定, J.シュローバハ編　河合文化教育研究所　2006.3　370p

プルースト, フランソワーズ
◇袋小路と通路（木村信子訳）：サラ・コフマン讃　F.コラン，J.-L.ナンシー，J.デリダ他著，棚沢直子，木村信子他訳　未知谷　2005.8　323p

プールソン, クレアー・L.
◇オペラント言語獲得パラダイムとその経験的支持（共著）：行動分析学からの発達アプローチ　シドニー・W.ビジュー，エミリオ・リベス編，山口薫，清水直治

監訳　二版社　2001.7　253p

ブルダコフ, V. P.
◇一〇月革命とその展望：トロツキー再評価　P.デュークス, T.ブラザーストン編　新評論　1994.12　381p

ブルチャック, ジョセフ
◇アメリカ合衆国―ものすべて　輪として見る：先住民族―地球環境の危機を語る　インター・プレス・サービス編，清水知久訳　明石書店　1993.9　242p（世界人権問題叢書 9）

ブルック, ティモシー
◇揚子江流域における占領国家の建設, 1938-39年（西野可奈訳）：中国の地域政権と日本の統治　姫田光義，山田辰雄編　慶応義塾大学出版会　2006.6　381p（日中戦争の国際共同研究 1）

ブルック, マリアン・J.
◇フロレンス・ナイチンゲールの生涯に関する二〇世紀的観点からの一考察（香春知永，菱沼裕子訳）：ナイチンゲールとその時代　モニカ・ベイリー他著，平尾真智子，小沢道子他訳，小林章夫監訳　うぶすな書院　2000.12　258p

ブルッフ, ハイケ
◇マネジャーが陥る多忙の罠（共著）：いかに「時間」を戦略的に使うか　Diamondハーバード・ビジネス・レビュー編集部訳　ダイヤモンド社　2005.10　192p（Harvard business review anthology）

フルトゥ, ジャン＝ルネ
◇ジャン＝ルネ・フルトゥ：コンセプトリーダーズ―新時代の経営への視点　ジョエル・クルツマン編，日本ブーズ・アレン・アンド・ハミルトン訳　プレンティスホール出版　1998.12　298p

ブルトン, ドロテーア
◇ノルウェー―物価の高い国をエコノミーに旅する方法：車椅子はパスポート―地球旅行の挑戦者たち　アリソン・ウォルシュ編，おそどまさこ日本語版責任編集，森夫真弓訳　山と渓谷社　1994.3　687p

ブルナー, アンドレア
◇スイス（共著）（金口恭久訳）：世界のいじめ―各国の現状と取り組み　森田洋司総監修・監訳, P.K.スミスほか編，川口仁志ほか訳　金子書房　1998.11　463p

ブルニエ, ラーダー
◇J.クリシュナムルティ：クリシュナムルティの世界　大野純一編訳　コスモス・ライブラリー　1997.8　434p

フルブルック, メアリ
◇宿命の道：ペリー・アンダソンの歴史社会学（共著）：歴史社会学の構想と戦略　T.スコチポル編，小田中直樹訳　木鐸社　1995.4　449p

フルベク, I.
◇マグレブにおける政治的統一の崩壊（菊池忠純訳）：ユネスコ・アフリカの歴史　第4巻　一二世紀から一六世紀までのアフリカ　アフリカの歴史起草のためのユネスコ国際学術委員会編，宮本正興責任編集　D.T.ニアヌ編　同朋舎出版　1992.9　2冊

フルベルトゥス（シャルトルの）
◇詩集（杉崎泰一郎訳）：中世思想原典集成　8　シャルトル学派　上智大学中世思想研究所編訳・監修　平

フールマン, クラウス
◇ベルリン陥落―あるドイツ人市民の報告(一九四五年五月一日)：歴史の目撃者 ジョン・ケアリー編, 仙名紀訳 朝日新聞社 1997.2 421p

ブルマン, クリストフ
◇ポン・デ・ザールの白紙撤回と市民運動(岡美穂子訳)：日本の組織―社縁文化とインフォーマル活動 中牧弘允, ミッチェル・セジウィック編 東方出版 2003.7 386p

ブルームウィッチ, ディヴィッド
◇社会的行為としての学問：人文科学に何が起きたか―アメリカの経験 A.カーナン編, 木村武史訳 玉川大学出版部 2001.10 301p (高等教育シリーズ 109)

ブルメンタール, トビア
◇二一世紀に向けての中東(畠山千香子訳)：新国際秩序の構想―浦野起央博士還暦記念論文集 山影進編 南窓社 1994.3 286p

プルレ, O.
◇社會主義的競爭に於ける婦人とサウエート同盟に於ける突撃隊：世界女性学基礎文献集成 昭和初期編 第9巻 水田珠枝監修 ゆまに書房 2001.12 20, 387p

ブレア, ウィリアム
◇アヘン狂騒(下園淳子訳)：ドラッグ・ユーザー ジョン・ストロースボー, ドナルド・ブレイス編, 高城恭子ほか訳 青弓社 1995.9 219p

ブレイク, クリストファー
◇アメリカ合衆国における「欠陥」イデオロギーと教育改革(米田宏樹訳)：世界のインクルーシブ教育―多様性を認め, 排除しない教育へ ハリー・ダニエルズ, フィリップ・ガーナー編著, 中村満紀男, 窪田真二監訳 明石書店 2006.3 540p (明石ライブラリー 92)

ブレイク, コニー・レーガン
◇ニュースなんかあんにもないよ(共著)：話はめぐる―聞き手から語り手へ 子どもと大人のためのストーリーテリング ナショナル・ストーリーテリング保存育成協会編, 佐藤涼子訳 リブリオ出版 1999.11 166p

ブレイク, フェイ・M.
◇嵐の日：アメリカ図書館界と積極的活動主義―1962-1973年 メアリー・リー・バンディ, フレデリック・J.スティロー編著, 川崎良孝, 森田千幸, 村上加代子訳 京都大学図書館情報学研究会 2005.6 279p

ブレイクスリー, ジョージ・H.
◇日本版モンロー宣言(広部泉訳)：フォーリン・アフェアーズ傑作選―アメリカとアジアの出会い 1922-1999 上 フォーリン・アフェアーズ・ジャパン編・監訳 朝日新聞社 2001.2 331p

フレイザー, デヴィッド
◇光と風景(原昌美訳)：風景の図像学 D.コスグローブ, S.ダニエルス共編, 千田稔, 内田忠賢監訳 地人書房 2001.3 460p

ブレイスウェイト, ジョン
◇平和構築と応答的ガバナンス(城山英明訳)：紛争現場からの平和構築―国際刑事司法の役割と課題 城

山英明, 石田勇治, 遠藤乾編 東信堂 2007.10 208p (未来を拓く人文・社会科学シリーズ 0)

フレイニー, ジェームス
◇ドイツ―東西の壁が崩壊する直前と直後のベルリンを松葉杖で歩いた：車椅子はパスポート―地球旅行の挑戦者たち アリソン・ウォルシュ編, おそどまさこ日本語版責任編集, 森実真弓訳 山と渓谷社 1994.3 687p

ブレイビー, モード・チャートン
◇W.T.ステッド(高橋健次訳)：インタヴューズ 1 クリストファー・シルヴェスター編, 新庄哲夫ほか訳 文芸春秋 1998.11 462p

フレイミング・アロウ
◇鹿狩りの儀式：北米インディアン生活誌 C.ハミルトン編, 和巻耿介訳 社会評論社 1993.11 408p

フレイリング, クリストファー
◇『ネクロノミコン』の夢―眠りの学識：魔道書ネクロノミコン コリン・ウィルソンほか著, ジョージ・ヘイ編, 大滝啓裕訳 学習研究社 1994.8 239, 48p (学研ホラーノベルズ)

ブレイルスフォード, H. N.
◇マハートマー・ガンディー(松本剛史訳)：インタヴューズ 2 クリストファー・シルヴェスター編, 新庄哲夫ほか訳 文芸春秋 1998.11 451p

ブレインズ, ポール
◇フーコーとともにマルクーゼを再訪する(橘亜紗美訳)：アメリカ批判理論の現在―ベンヤミン, アドルノ, フロムを超えて マーティン・ジェイ編, 永井務監訳 こうち書房 2000.10 511p

フレーザー, アーボンヌ
◇人生には渡るべき川がいくつもある：子供たちへの手紙―あなたにこれだけは伝えたい エリカ・グッド編, 中埜有理訳 三田出版会 1997.7 371p

ブレジア・クリーグ, K. R.
◇限定戦争：ブラッセイ軍事年鑑―研修資料 1956～57年版抄訳 防衛研修所 1958 92p (研修資料 第182号)

フレス, G.
◇フェミニズムの特異性(杉村和子訳)：女性史は可能か ミシェル・ペロー編, 杉村和子, 志賀亮一監訳 新版 藤原書店 2001.4 437p

プレス, ジョエル
◇会計, 税制, システムに関する重要問題：ヘッジファンドの世界―仕組み・投資手法・リスク J.レダーマン, R.A.クレイン編, 中央信託銀行オルタナティブアセット研究会訳 東洋経済新報社 1999.1 297p

プレストン, ジョン・ハイド
◇ガートルード・スタイン(落石八月月訳)：インタヴューズ 2 クリストファー・シルヴェスター編, 新庄哲夫ほか訳 文芸春秋 1998.11 451p

プレストン, スーザン
◇シンガポール―車椅子で三週間の友達訪問の旅：車椅子はパスポート―地球旅行の挑戦者たち アリソン・ウォルシュ編, おそどまさこ日本語版責任編集, 森実真弓訳 山と渓谷社 1994.3 687p

ブレズニッツ, シェロモ
◇思いやる勇気：思いやる勇気—ユダヤ人をホロコーストから救った人びと　キャロル・リトナー, サンドラ・マイヤーズ編, 食野雅子訳　サイマル出版会　1997.4　282p

フレスネ, ミシェル
◇日本的生産モデルなど存在しなかった（山田鋭夫訳）：脱グローバリズム宣言—パクス・アメリカーナを超えて　R.ボワイエ, P-F.スイリ編, 青木昌彦他著, 山田鋭夫, 渡辺純子訳　藤原書店　2002.9　262p

ブレズマン, ベツィ・コベル
◇肥満と無力感（箱井英寿訳）：外見とパワー　キム・K.P.ジョンソン, シャロン・J.レノン編著, 高木修, 神山進, 井上和子監訳　北大路書房　2004.7　257p

ブレッキ, ジョン
◇配偶者間暴力の加害者と被害者への危機介入：心的外傷の危機介入—短期療法による実践　ハワード・J.パラド, リビー・G.パラド編, 河野貴代美訳　金剛出版　2003.9　259p

ブレッキイ
◇自修論（永田留六郎訳）：近代「読書論」名著選集　第5巻　ゆまに書房　1994.4　452p　（書誌書目シリーズ 37）

ブレッシャーニ, E.
◇古代エジプトの食文化：食の歴史 1　J-L.フランドラン, M.モンタナーリ編, 宮原信, 北代美和子監訳　藤原書店　2006.1　429p

フレッス, ジュヌヴィエーヴ
◇天才とミューズ（杉本紀子訳）：図説天才の子供時代—歴史のなかの神童たち　E.ル・ロワ・ラデュリー, ミシェル・サカン編, 二宮敬監訳　新曜社　1998.1　446p

ブレッソン, フランソワ
◇読むこととの難しさについて：書物から読書へ　ロジェ・シャルチェ編, 水林章, 泉利明, 露崎俊和共訳　みすず書房　1992.5　374p

ブレット, アナベル
◇いま思想史とは何か（岩井淳訳）：いま歴史とは何か　D.キャナダイン編著, 平田雅博, 岩井淳, 菅原秀二, 細川道久訳　ミネルヴァ書房　2005.5　267, 14p　（Minerva歴史・文化ライブラリー 5）

フレデギッス
◇無と闇の実在について：中世思想原典集成　6　カロリング・ルネサンス　上智大学中世思想研究所編訳・監修　平凡社　1992.6　765p

ブレナン, フィオヌアラ
◇アイルランドの小学校の開発教育プロジェクト（吉野あかね訳）：世界の開発教育—教師のためのグローバル・カリキュラム　オードリー・オスラー編, 中里亜夫監訳, 中野和光, 吉野あかね, 川上具夫訳　明石書店　2002.8　498p

プレハーノフ
◇無意識の秩序：ドゥルーズ初期—若き哲学者が作った教科書　ジル・ドゥルーズ編著, 加賀野井秀一訳注　夏目書房　1998.5　239p

ブレーヒ, ユルゲン
◇製造経済（共著）（阪口要訳）：一般経営経済学　第3巻　F.X.ベアほか編著　森山書店　2000.12　228, 4p

ブレヒステイン, フィロ
◇オランダ的逆説：現代の反ユダヤ主義　レオン・ポリアコフ編著, 菅野賢治, 合田正人監訳, 小幡谷友二, 高橋博美, 宮崎海子訳　筑摩書房　2007.3　576, 43p　（反ユダヤ主義の歴史 第5巻）

ブレンコ, マルシア
◇意思決定のRAPIDモデル（共著）：意思決定のサイエンス　Diamondハーバード・ビジネス・レビュー編集部訳編　ダイヤモンド社　2007.3　238p　（Harvard business review anthology）

ブレンゼル, レランド・C.
◇住宅金融における証券化の役割：政府関係機関の果たした特別な貢献（前田和彦訳）：証券化の基礎と応用　L.T.ケンドール, M.J.フィッシュマン編, 前田和彦, 小池圭吾訳　東洋経済新報社　2000.2　220p

ブレンツ, バーバラ・G.
◇ネバダ州の売春産業（共著）：セックス・フォー・セール—売春・ポルノ・法規制・支援団体のフィールドワーク　ロナルド・ワイツァー編, 岸田美貴訳, 松沢呉一監修　ポット出版　2004.8　438p

プレンティー・クー
◇呪術による治療 他：北米インディアン生活誌　C.ハミルトン編, 和巻耿介訳　社会評論社　1993.11　408p

ブレンナー, ジョハンナ
◇トランスナショナル・フェミニズムとグローバル・ジャスティスを求める闘い（福永真弓訳）：帝国への挑戦—世界社会フォーラム　ジャイ・セン, アニタ・アナンド, アルトゥーロ・エスコバル, ピーター・ウォーターマン編, 武藤一羊ほか監訳　作品社　2005.2　462p

ブレンマン, エリック
◇残酷さと心の狭さ：現代クライン派の展開　ロイ・シェーファー編, 福本修訳　誠信書房　2004.12　336p

プーロ, ドミニク
◇博物館資料の充実：フランスの博物館と図書館　M.ブラン＝モンマイユール他著, 松本栄寿, 小浜清子訳　玉川大学出版部　2003.6　198p

プロイス, ウルリッヒ・K.
◇政治的秩序と民主主義（松尾哲也訳）：カール・シュミットの挑戦　シャンタル・ムフ編, 古賀敬太, 佐野誠編訳　風行社　2006.5　300, 9p

ブロケット, パトリック・L.
◇技術の変化とそれがリスクの発生とリスク・マネジメントに及ぼす影響（中林真理子訳）：国際的リスク・マネジメントと保険　ハロルド・D.スキッパー, ジュニア著, 武藤勲監訳　生命保険文化研究所　1999.10　729p

ブロシャート, マルティン
◇各人の立場はどこで分かれるのか—国民宗教の代用として歴史を持ち出しても無駄である（細見和之訳）：過ぎ去ろうとしない過去—ナチズムとドイツ歴史家

論争 ユルゲン・ハーバーマス他著，徳永恂ほか訳 人文書院 1995.6 257p

ブローシュ，ドナルド・G.
◇福音的合理主義と命題的啓示：改革派神学の新しい視座―アイラ・ジャン・ヘッセリンクJr.博士献呈論文集 ユージン・P.ハイデマンほか著，池永倫明，池永順一共訳 一麦出版社 2002.6 206p

ブロスウェル，J. F.
◇『一般理論』と古典派理論の関係―『一般理論』『第二版』の冒頭の諸章：一般理論―第二版―もしケインズが今日生きていたら G.C.ハーコート，P.A.リーアック編，小山庄三訳 多賀出版 2005.6 922p

フロスト，ジェフ
◇トリプルボトムライン：文献レビュー（共著）：トリプルボトムライン―3つの決算は統合できるか？ エイドリアン・ヘンリクス，ジュリー・リチャードソン編著，大江宏，小山良訳 創成社 2007.4 250p

プロセス，ミカエル
◇書簡/哲学小論集：中世思想原典集成 3 後期ギリシア教父・ビザンティン思想 上智大学中世思想研究所編訳・監修 平凡社 1994.8 975p

プロダ，C.
◇日本の財政の持続可能性の再評価（共著）：ポスト平成不況の日本経済―政策志向アプローチによる分析 伊藤隆敏，H.パトリック，D.ワインシュタイン編，祝迫得夫監訳 日本経済新聞社 2005.9 388p

プロタゴラス
◇プロタゴラス（内山勝利訳）：ソクラテス以前哲学者断片集 第5分冊 内山勝利編 岩波書店 1997.3 255p

ブロッキエリ，マリアテレサ・フマガリ・ベオニオ
◇知識人：中世の人間―ヨーロッパ人の精神構造と創造力 ジャック・ル・ゴフ編，鎌田博夫訳 法政大学出版局 1999.7 440, 31p （叢書・ウニベルシタス 623）

ブロック，フレッド
◇経済還元主義の過誤を超えて：カール＝ポラニーの包括的社会学（共著）：歴史社会学の構想と戦略 T.スコチポル編，小田中直樹訳 木鐸社 1995.4 449p

ブロック，モーリス
◇好意的な社会人類学者がミームに関していだく疑問（鈴沢薫訳）：ダーウィン文化論―科学としてのミーム ロバート・アンジェ，ダニエル・デネット序文，佐倉統，巌谷薫，鈴木崇史，坪井りん訳 産業図書 2004.9 277p

ブロック，ロバート（株式投資）
◇チャンピオンたちが使っているテクニカルトレーディング用ツール（共著）：ロビンスカップの魔術師たち―トレードコンテストのチャンピオンが語るトレーディングの極意 チャック・フランク，パトリシア・クリサフリ編，古河丸つる訳 パンローリング 2006.5 273p （ウィザードブックシリーズ v.102）

ブロディー，バーナード
◇航空戦教義の進歩に関する覚書：ブラッセー軍事年鑑―研修資料 〔1955年版〕 防衛研修所 1957 98p （研修資料別冊第150号）

◇限定戦争：ブラッセー軍事年鑑 1958年版抄訳 防衛研修所 1959 82p （研修資料 第211号）

プロディコス
◇プロディコス（仲川章訳）：ソクラテス以前哲学者断片集 第5分冊 内山勝利編 岩波書店 1997.3 255p

プロティノス
◇プロ（ン）ティノス（国方栄二訳）：ソクラテス以前哲学者断片集 第1分冊 内山勝利編 岩波書店 1996.12 367p

ブロデリック，トム
◇正しいと思うことをしよう：子供たちへの手紙―あなたにこれだけは伝えたい エリカ・グッド編，中埜有理訳 三田出版会 1997.7 371p

プロトキン，ヘンリー
◇文化と心理的機構（坪井りん訳）：ダーウィン文化論―科学としてのミーム ロバート・アンジェ，ダニエル・デネット序文，佐倉統，巌谷薫，鈴木崇史，坪井りん訳 産業図書 2004.9 277p

プロトニック，ロッド
◇効果的な教師になるためのモデル（三浦麻子訳）：アメリカの心理学者心理学教育を語る―授業実践と教科書執筆のためのTIPS R.J.スタンバーグ編著，宮元博章，道田泰司訳 北大路書房 2000.6 247p

ブロードブリッジ，アデリーナ
◇商品のイメージと店員のセクシュアリティ―ロンドンのデパートに働く女たち：ジェンダーと女性労働―その国際ケーススタディ セア・シンクレア，ナニカ・レッドクリフト編，山本光子訳 柘植書房 1994.9 373p

ブロドヘッド，リチャード・H.
◇地方色文学と上流階級：階級を再考する―社会編成と文学批評の横断 ワイ・チー・ディモック，マイケル・T.ギルモア編著，宮下雅年，新関芳生，久保拓也訳 松柏社 2001.5 391p

ブロードベント，ドナルド
◇職務要求と不安（橋本剛訳）：仕事の社会心理学 Peter Collett, Adrian Furnham原著編，長田雅喜，平林進訳編 ナカニシヤ出版 2001.6 303p

プロバート，ベリンダ
◇古典的社会主義の理論：19世紀マルクス主義者（共著）：自由民主主義の理論とその批判 上巻 ノーマン・ウィントロープ編，氏家伸一訳 晃洋書房 1992.11 300p

プロブスト，ホルゲル
◇特別な教育的ニーズをもつ児童生徒の包括教育のための条件（尾崎ムゲン，尾崎百合子訳）：インクルージョンの時代―北欧発「包括」教育理論の展望 ペーデル・ハウグ，ヤン・テッセブロー編，二文字理明監訳 明石書店 2004.7 246p （明石ライブラリー 63）

ブロムベリィ，イングラ
◇改築（共著）：スウェーデンの住環境計画 スヴェン・ティーベイ編著，外山義訳 鹿島出版会 1996.2 292p

ブロムホフ，ヤン・コック
◇ヤン・コック・ブロムホフの日記一八一九年度――八一八年十二月十二日――八一九年六月三十日 他（尾

藤正英訳）：長崎オランダ商館日記 8 1819年度—1820年度 日蘭学会編，日蘭交渉史研究会訳注 雄松堂出版 1997.3 382, 25p （日蘭学会学術叢書 第17）

◇ヤン・コック・ブロムホフの日記一八二〇年度（その二）一八二〇年十月一日—十月二十七日（松井洋子訳）：長崎オランダ商館日記 9 1820年度—1822年度 日蘭学会編，日蘭交渉史研究会訳注 雄松堂出版 1998.5 354, 29p （日蘭学会学術叢書 第18）

◇ヤン・コック・ブロムホフの日記一八二二年度（その二）—一八二二年三月二十八日—六月五日（参府日記下）同六日—二十九日 他（庄司三男訳）：長崎オランダ商館日記 10 1822年度—1823年度 日蘭学会編，日蘭交渉史研究会訳注 雄松堂出版 1999.12 426, 25p （日蘭学会学術叢書 第19）

ブロムリー，ヘレン
◇バイリンガル読者の出現 他（夏目康子訳）：子どもはどのように絵本を読むのか ヴィクター・ワトソン，モラグ・スタイルズ編，谷本誠剛監訳 柏書房 2002.11 382p （シリーズ〈子どもと本〉3）

ブロムレー，マイケル
◇英国—苦情と服従のはざまの模索：世界のメディア・アカウンタビリティ制度—デモクラシーを守る七つ道具 クロード・ジャン・ベルトラン編著，前沢猛訳 明石書店 2003.5 590p （明石ライブラリー 49）

ブローメン，E.
◇戦間期ヨーロッパにおける科学的管理運動（井藤正信訳）：科学的管理—F.W.テイラーの世界への贈りもの J.-C.スペンダー，H.J.キーネ編，三戸公，小林康助監訳 文眞堂 2000.5 273p

フロワサール，ジョン
◇ワット・タイラーの反乱（一三八一年五〜六月）：歴史の目撃者 ジョン・ケアリー編，仙名紀訳 朝日新聞社 1997.2 421p

ブロンコルスト，ヨハネス
◇インド哲学におけるコンテクスト（平野克典訳）：インド哲学における伝統と創造の相克—テクストとコンテクスト 「統合テクスト科学の構築」第7回国際研究集会報告書 和田寿弘編 名古屋大学大学院文学研究科 2006.7 143p （21st century COE program international conference series no.7）

ブロンシュタイン，カタリーナ
◇クライン派の技法と解釈：クライン・ラカンダイアローグ バゴーイン，サリヴァン編，新宮一成監訳，上尾真道，徳永健介，宇梶卓訳 誠信書房 2006.4 340p

ブロンシュテイン，ヴァレリー
◇トロツキーとその親族の運命：トロツキー再評価 P.デュークス，T.ブラザーストン編 新評論 1994.12 381p

不破 和彦 フワ，カズヒコ
◇社会的包摂と排除の岐路にある成人と成人教育（不破和彦著・訳）：成人教育と市民社会—行動的シティズンシップの可能性 不破和彦訳 青木書店 2002.7 214p

文 岸 ブン，ガン
◇邊區施政綱領を略す：20世紀日本のアジア関係重要研究資料 1 東亜研究所刊行物 東亜研究所編著 竜渓書舎 1999.12 16冊（セット）

文 玉釣 ブン，ギョクシャク*
◇日本における任意団体（山田香織訳）：日本の組織—社縁文化とインフォーマル活動 中牧弘允，ミッチェル・セジウィック編 東方出版 2003.7 386p

文 軍 ブン，グン*
◇自分を愛せる者だけが他人を愛することができる：大人の恋の真実 2 司徒玫編，佐藤嘉江子訳 はまの出版 1999.3 270p

ブーン，フィリス
◇作曲，即興演奏，そして作詞：受刑者に対する精神的な治療：音楽療法ケーススタディ 下 成人に関する25の事例 ケネス・E.ブルシア編，よしだじゅんこ，酒井智華訳 音楽之友社 2004.4 393p

聞 黎明 ブン，レイメイ*
◇エリート・インテリ層の対日認識の変容について（李尚波訳）：東アジア共同体の可能性—日中関係の再検討 佐藤東洋士，李恩民編 御茶の水書房 2006.7 534p

ブンステル＝ブロット，ヒメーナ
◇恐怖を乗り越えて生き抜く：世界の女性と暴力 ミランダ・デービス編，鈴木研一訳 明石書店 1998.4 472p （明石ライブラリー 4）

【ヘ】

ヘア，N.
◇黒人にとってのエコロジー（山下一道訳）：環境の倫理 下 K.S.シュレーダー・フレチェット編，京都生命倫理研究会訳 晃洋書房 1993.11 683p

ベア，ウォンダ
◇障害のある学生のための指導法と配慮：障害のある学生を支える—教員の体験談を通じて教育機関の役割を探る ボニー・M.ホッジ，ジェニー・プレストン・サビン編，太田晴康監訳，三沢かがり訳 文理閣 2006.12 228p

ベアー，ドナルド・M.
◇行動分析学的発達観（共著）：行動分析学からの発達アプローチ シドニー・W.ビジュー，エミリオ・リベス編，山口薫，清水直治監訳 二瓶社 2001.7 253p

ベアド，テリー
◇衰退をもたらした運営上の問題について：バークレー生協は，なぜ倒産したか—18人の証言 日本生活協同組合連合会国際部訳 コープ出版 1992.5 195p

ベアード，ブレッド
◇革新する能力を育てる：ブーズ・アレン・アンド・ハミルトン（共著）：技術とイノベーションの戦略的マネジメント 下 ロバート・A.バーゲルマン，クレイトン・M.クリステンセン，スティーヴン・C.ウィールライト編，青島矢一，黒田光太郎，志賀敏宏，田辺孝二，出川通，和賀三和子日本語版監修，岡真由美，斉藤裕一，桜井祐子，中川泉，山本章子訳 翔泳社 2007.7 595p

ベアトレイス（ナザレトの）
◇愛の七段階（国府田武訳）：中世思想原典集成 15 女性の神秘家 上智大学中世思想研究所編訳・監修

平凡社　2002.4　1061p

ヘアル, ジュリアス・チャールズ
◇ジュリアス・チヤールズ・ヘアルの読書観(高橋五郎訳)：近代「読書論」名著選集　第13巻　ゆまに書房 1994.6　442p　(書誌書目シリーズ 37)

ヘイアー, サー・パトリック
◇アヘン吸飲者の独白(飛田妙子訳)：ドラッグ・ユーザー　ジョン・ストロースボー, ドナルド・ブレイス編, 高城恭子ほか訳　青弓社　1995.9　219p

ヘイヴァーズ, ロビン
◇捕虜の楽園？(渡辺知訳)：戦争の記憶と捕虜問題　木畑洋一, 小菅信子, フィリップ・トウル編　東京大学出版会　2003.5　262p

ベイカー, ゴードン
◇C.ハーマン・プリチェット(鈴木美香子訳)：アメリカ政治学を創った人たち―政治学の口述史　M.ベアー, M.ジューエル, L.サイゲルマン編, 内山秀夫訳　ミネルヴァ書房　2001.12　387p　(Minervaシ人文・社会科学叢書 59)

ヘイグ, デービット
◇個体内の葛藤：コンフリクト　M.ジョーンズ, A.C.フェビアン共編, 大淵憲一, 熊谷智博共訳　培風館 2007.11　256p

ペイグナメンタ, ダフネ
◇インド―義足と人工股間接を装着した一〇日間の旅：車椅子はパスポート―地球旅行の挑戦者たち　アリソン・ウォルシュ編, おそどまさこ日本語版責任編集, 森実真弓訳　山と渓谷社　1994.3　687p

米国学術諮問団
◇本邦学術体制視察報告書(教育協会訳)：戦後教育改革構想　1集 5　寺崎昌男責任編集, 小川利夫, 平原春好企画・編集　日本図書センター　2000.11　1冊（日本現代教育基本文献叢書）

米国伝道委員会松山ステーション　《American Board of Commissioners of Foreign Mission》
◇松山ステーション報告書：松山関連宣教師文書　第2部　竹田熙子, 本山哲人編訳　岩波ブックサービスセンター（製作）　1999.8　270p

米尔扎汗　ベイジサツカン*
◇カザフ(哈薩克)族(共著)(曽土才訳)：中国少数民族の婚姻と家族　下巻　厳汝嫻主編, 江守五夫監訳, 百田弥栄子, 曽士才, 栗原悟訳　第一書房　1996.12　335, 11p　(Academic series―New Asia 20)

ヘイズ, R. H.
◇ハイテク経営の真髄(共著)：技術とイノベーションの戦略的マネジメント　上　ロバート・A.バーゲルマン, クレイトン・M.クリステンセン, スティーヴン・C.ウィールライト編著, 青島矢一, 黒田光太郎, 志賀敏宏, 田辺孝二, 出川通, 和賀三和子日本語版監修, 岡真由美, 斉藤裕一, 桜井祐子, 中川泉, 山本章子訳　翔泳社　2007.7　735p

ペイス, ウィリアム・R.
◇国際刑事裁判所ができるまで(阿部純子訳)：あなたの手で平和を！―31のメッセージ　フレドリック・S.ヘッファメール編, 大庭里美, 阿部純子訳　日本評論社　2005.3　260p

ヘイズ, ジョー
◇一日と一晩：話はめぐる―聞き手から語り手へ　子どもと大人のためのストーリーテリング　ナショナル・ストーリーテリング保存育成協会編, 佐藤涼子訳　リブリオ出版　1999.11　166p

ベイスキー, モシェ
◇英雄的行為の見本：思いやる勇気―ユダヤ人をホロコーストから救った人びと　キャロル・リトナー, サンドラ・マイヤーズ編, 食野雅子訳　サイマル出版会 1997.4　282p

ヘイッキネン, カイヤ
◇自分と他人の日常：ロウヒのことば―フィンランド女性の視角からみた民俗学　上　アイリ・ネノラ, センニ・ティモネン編, 目荒ゆみ訳　文理閣　2002.3 219p

ペイトマン, キャロル
◇民主主義, 自由, 特殊な権利(服部美樹訳)：社会正義論の系譜―ヒュームからウォルツァーまで　デイヴィッド・バウチャー, ポール・ケリー編, 飯島昇蔵, 佐藤正志訳者代表　ナカニシヤ出版　2002.3　391p （叢書「フロネーシス」）

ペイトン, R.
◇イギリスにおける「社会的経済」(共著)(中川雄一郎訳)：社会的経済―近未来の社会経済システム　J.ドゥフルニ, J.L.モンソン編著, 富沢賢治, 内山哲朗, 佐藤誠, 石塚秀雄, 中川雄一郎ほか訳　日本経済評論社　1995.3　486p
◇イギリスにおける「社会的経済」(共著)(中川雄一郎訳)：社会的経済―近未来の社会経済システム　J.ドゥフルニ, J.L.モンソン編著, 富沢賢治ほか訳　オンデマンド版　日本経済評論社　2003.6　486p

ペイドン, ウィリアム・E.
◇謙虚の劇場と疑念の劇場―砂漠の聖者たちとニューイングランドの清教徒たち：自己のテクノロジー―フーコー・セミナーの記録　ミシェル・フーコーほか著, 田村俶, 雲和子訳　岩波書店　1999.9　249p（岩波モダンクラシックス）
◇謙虚の劇場と疑念の劇場―砂漠の聖者たちとニューイングランドの清教徒たち：自己のテクノロジー―フーコー・セミナーの記録　ミシェル・フーコーほか著, 田村俶, 雲和子訳　岩波書店　2004.1　278p （岩波現代文庫　学術）

ヘイネス, ビッディ
◇旧ソ連―ツアーに参加する時は, 援助を期待しないこと：車椅子はパスポート―地球旅行の挑戦者たち　アリソン・ウォルシュ編, おそどまさこ日本語版責任編集, 森実真弓訳　山と渓谷社　1994.3　687p

ベイノヴッチ, W.
◇自主管理企業の影響力構造(村上綱実訳)：参加的組織の機能と構造―ユーゴスラヴィア自主管理企業の理論と実践　J.オブラドヴッチ, W.N.ダン編著, 笠原清志監訳　時潮社　1991.4　574p

ペイパート, シーモア
◇ジャン・ピアジェ：TIMEが選ぶ20世紀の100人　上巻　指導者・革命家・科学者・思想家・起業家　徳岡孝夫監訳　アルク　1999.11　332p

ヘイブンス, レストン
◇絶望することがあったら人に話を分けあう：子供た

ちへの手紙―あなたにこれだけは伝えたい　エリカ・グッド編，中埜有理訳　三田出版会　1997.7　371p

ヘイホー，ルス
◇中国の大学と西洋大学モデル：アジアの大学―従属から自立へ　フィリップ・G.アルトバック，ヴィスワナタン・セルバラトナム編，馬越徹，大塚豊監訳　玉川大学出版部　1993.10　380p

ペイヤー，H. C.
◇ヨーロッパにおける旅館業の始まり：食の歴史　2　J-L.フランドラン，M.モンタナーリ編，宮原信，北代美和子監訳　藤原書店　2006.2　p434-835

ヘイリー，ウォルター，Jr.
◇人が起き出す前にひと仕事片づける：思考は現実化する―私はこうして思考を現実化した　実践編　ナポレオン・ヒル財団日本リソーセス編・訳　騎虎書房　1997.3　231p

ベイリー，ジョナサン．B. A.
◇第一次世界大戦と近代戦の誕生：軍事革命とRMAの戦略史―軍事革命の史的変遷1300〜2050年　マクレガー・ノックス，ウィリアムソン・マーレー編著，今村伸哉訳　芙蓉書房出版　2004.6　318p

ベイリー，ベス
◇娼婦たちのストライキ（共著）（島田法子訳）：ウィメンズ・アメリカ　論文編　リンダ・K.カーバー，ジェーン・シェロン・ドゥハート編著，有賀夏紀ほか編訳　ドメス出版　2002.2　251，6p

ベイリー，マーチン．N.
◇ホット・マネーを動かずのはだれか（共著）：このままでは日本経済は崩壊する　フォーリン・アフェアーズ・ジャパン編・監訳，竹下興喜監訳　朝日新聞社　2003.2　282，11p　（朝日文庫―フォーリン・アフェアーズ・コレクション）

ヘイル，トマス．N.
◇グローバル・ガバナンスを機能させる盟約（共著）：論争グローバリゼーション―新自由主義対社会民主主義　デヴィッド・ヘルド編，猪口孝訳　岩波書店　2007.5　241p

ヘイレン，アン
◇都会人として生きていくには：近代東アジアのグローバリゼーション　マーク・カプリオ編，中西恭子訳　明石書店　2006.7　266p

米連邦政策立案局
◇POW―元捕虜についての調査（抄訳）：欧米人捕虜と赤十字活動―パラヴィチーニ博士の復権　大川四郎編訳　論創社　2006.1　247p

ペイン，S. C. M.
◇明治期日本の国家戦略における日清・日露戦争とその帰結（荒川憲一訳）：日露戦争　2　戦いの諸相と遺産　軍事史学会編　錦正社　2005.6　339p

ペイン，キャシー
◇グローバル化する社会（共著）（高嶋正晴訳）：グローバル化とは何か―文化・経済・政治　デヴィッド・ヘルド編，中谷義和監訳　法律文化社　2002.10　208p

ベインズ，ケネス
◇自由主義・共同体主義論争とコミュニケーション的倫理学（有賀誠訳）：普遍主義対共同体主義　デヴィッ

ド・ラスマッセン編，菊池理夫，山口晃，有賀誠訳　日本経済評論社　1998.11　433p
◇カント世界平和構想に対する共同体主義と世界市民主義の挑戦：カントと永遠平和―世界市民という理念について　ジェームズ・ボーマン，マティアス・ルッツ・バッハマン編，紺野茂樹，田辺俊明，舟場保之訳　未来社　2006.1　261p

ヘインズ，ミッシェル
◇老いとマスコミ：明日をさがす―高齢化社会を生きる　オーストラリア聖公会シドニー教区社会問題委員会編，関澄子訳　聖公会出版　1999.9　156p

ペインター，ウィリアム
◇91番目の物語―ウィリアム・ペインター『悦楽の宮殿』より（波多野正美訳）：開花集―愛知学院大学短期大学部人間文化学科五十五年記念論集　愛知学院大学短期大学部学術研究会　2006.3　571p

ペインター，ネル・アーヴィン
◇ソジョーナ・トゥルースによる女性の権利の擁護（小林富久子訳）：ウィメンズ・アメリカ　論文編　リンダ・K.カーバー，ジェーン・シェロン・ドゥハート編著，有賀夏紀ほか編訳　ドメス出版　2002.2　251，6p

ペオー，Y.
◇海外産農作物の侵入：食の歴史　3　J-L.フランドラン，M.モンタナーリ編，宮原信，北代美和子監訳　藤原書店　2006.3　p838-1209

ベーカー，マウリーン
◇労働市場により生じる貧困，ジェンダー，そしてグローバルな経済（星野晴彦訳）：ソーシャルワークとグローバリゼーション　カナダソーシャルワーカー協会編，日本ソーシャルワーカー協会国際委員会訳，仲村優一監訳　相川書房　2003.8　186p

ヘカタイオス（アブデラの）
◇アブデラのヘカタイオス（鎌田邦宏訳）：ソクラテス以前哲学者断片集　第4分冊　内山勝利編　岩波書店　1998.2　329p

ベカタラマン，S.
◇反応予測：競争者の反応を形づくる要因（共著）（池田仁一訳）：ウォートンスクールのダイナミック競争戦略　ジョージ・デイ，デイビッド・レイブシュタイン編，小林陽太郎監訳，黒田康史ほか訳　東洋経済新報社　1999.10　435p　(Best solution)

ベカード，リチャード
◇明日のリーダーとは：未来組織のリーダー―ビジョン・戦略・実践の革新　フランシス・ヘッセルバイン，マーシャル・ゴールドスミス，リチャード・ベカード編，田代正美訳　ダイヤモンド社　1998.7　239p

ヘーガル
◇社會的色慾論（緒方正清訳）：性と生殖の人権問題資料集成―編集復刻版　第27巻　不二出版　2000.12　8，347p

ペギー，シャルル＝ピエール
◇フェルナン・ブローデルの地理的宇宙（坂本佳子訳）：ブローデル帝国　M.フェロー他著，F.ドス編，浜名優美訳　藤原書店　2000.5　294p

白 旭寅　ベク, ウクイン*
◇民衆生活の研究方法と課題（高幸仁訳）：韓国社会論争―最新ガイド　月刊『社会評論』（韓国）編集部編，文京洙ほか監訳　社会評論社　1992.10　299p

白 尚昌　ベク, サンチャン
◇金正日のトラウマ―政治心理学者の目に映った金正日：金正日、したたかで危険な実像　朝鮮日報『月刊朝鮮』編著，黄珉基訳　講談社　1997.12　301p（講談社+α文庫）

白 石　ベク, ソク
◇政治心理学者の診断：金正日その衝撃の実像　朝鮮日報『月刊朝鮮』編，黄民基訳　講談社　1994.11　568p

白 泰鉉　ベク, テヒョン
◇中央アジアの高麗人の社会経済的特性（堀内稔訳）：21世紀韓朝鮮人の共生ビジョン―中央アジア・ロシア・日本の韓朝鮮人問題　權萢・徐竜達先生古希記念論集　徐竜達編著　日本評論社　2003.3　792p
◇中央アジアのコリアンが直面する社会的現実：ディアスポラとしてのコリアン―北米・東アジア・中央アジア　髙全惠星監修，柏崎千佳子監訳　新幹社　2007.10　578p

白 東鉉　ベク, トンヒョン
◇満洲地域での抗日武装闘争の強化と在満韓人（朝鮮人）祖国光復会：朝鮮民族解放運動の歴史―平和的統一への模索　姜万吉編著，太田修，庵逧由香訳　法政大学出版局　2005.4　369, 29p（韓国の学術と文化 21）

白 亨球　ベク, ヒョング*
◇韓国の刑事訴訟法の沿革と特色：韓国法の現在　上　小島武司, 韓相範編　中央大学出版部　1993.3　470p（日本比較法研究所研究叢書 24）

ヘクト, マイケル・L.
◇愛の6つのかたち（共著）：ベストパートナーの見分け方　ロザリー・バーネット編著，鈴木理恵子訳　同朋舎　1997.9　151p

ページ, ジュディ
◇スペイン―マジョルカ島で人口透析：車椅子はパスポート―地球旅行の挑戦者たち　アリソン・ウォルシュ編，おそどまさこ日本語版責任編集，森実真弓訳　山と渓谷社　1994.3　687p

ベシクチ, イスマイル
◇トルコにおける政党政治とクルド人たち：レイラ・ザーナ―クルド人女性国会議員の闘い　レイラ・ザーナ編著，中川喜与志, 大倉幸宏, 武田歩編　新泉社　2006.1　350, 14p（クルド学叢書）

ヘス, ブライアン
◇北朝鮮危機を考える（矢口裕子訳）：東アジア〈共生〉の条件　佐々木寛編　世織書房　2006.3　404p

ヘス, モーゼス
◇ヨーロッパの三頭制 他（神田順司, 平子友長訳）：ヘーゲル左派論叢　第2巻　行為の哲学　良知力, 広松渉編　御茶の水書房　2006.2　395, 9p

ベスト, アントニー
◇対決への道（木畑洋一訳）：日英交流史―1600-2000　2　政治・外交　2　細谷千博, イアン・ニッシュ監修　木畑洋一ほか編　東京大学出版会　2000.5　365, 8p

◇駐日大使を勤めたサー・ロバート・クレイギー（橋本かほる訳）：英国と日本―日英交流人物列伝　イアン・ニッシュ編，日英文化交流研究会訳　博文館新社　2002.9　470p
◇王室外交から見た日英関係（君塚直隆訳）：二〇世紀日本の天皇と君主制―国際比較の視点から―八六七～一九七四　伊藤之雄, 川田稔編　吉川弘文館　2004.3　335p
◇サー・ロバート・クライヴ―駐日大使一九三四-三七年 他（松村耕輔訳）：歴代の駐日英国大使―1859-1972　サー・ヒュー・コータッツィ編著，日英文化交流研究会訳　文真堂　2007.7　480p

ベスト, ポール・M.
◇猫は九つの命を持っている：あなたが知らないペットたちの不思議な力―アンビリーバブルな動物たちの超常現象レポート　『FATE』Magazine編，宇佐和通訳　徳間書店　1999.2　276p

ペダーセン, スーザン
◇いま政治史とは何か（平田雅博訳）：いま歴史とは何か　D.キャナダイン編著，平田雅博, 岩井淳, 菅原秀二, 細川道久訳　ミネルヴァ書房　2005.5　267, 14p（Minerva歴史・文化ライブラリー 5）

ペタヤニエミ, ツゥーリッキ
◇欧州連合加盟国における意思決定―フィンランドの事例：グローバル化とジェンダー―「女の視点」「男の視点」を超えた政策を求めて　「アジア・欧州対話：ジェンダーをめぐる課題」木更津会議（2001年）　デルフィン・コロメ, 目黒依子, 山本正編　日本国際交流センター　2002.5　198p

ペーツ, ジークバルト
◇神話の哲学（菅原潤訳）：シェリング哲学―入門と研究の手引き　H.J.ザントキューラー編，松山寿一監訳　昭和堂　2006.7　288, 59p

別 敦栄　ベツ, トンエイ*
◇高等教育の大衆化（叶林訳）：1990年代以降の中国高等教育の改革と課題　黄福濤編著　広島大学高等教育研究開発センター　2005.3　121p（高等教育研究叢書 81）

ベッカー, デービッド・O.
◇カジノ再建（鷹野薫訳）：マッキンゼー事業再生―ターンアラウンドで企業価値を高める　本田桂子編著・監訳　ダイヤモンド社　2004.11　231p（The McKinsey anthology）

ベッカー, ブライアン
◇対イラク戦争開始のためのアメリカの陰謀：アメリカの戦争犯罪　ラムゼイ・クラーク編著，戦争犯罪を告発する会訳　柏書房　1992.12　346p（ブックス・プラクシス 6）

ベッカー, フランツ
◇マーケティング（共著）（西村慶一訳）：一般経営経済学　第3巻　F.X.ベアほか編著　森山書店　2000.12　228, 4p

ベッカース, ハンナ
◇わたしたちの職業教育（岡田恭枝訳）：子どものための教育―徹底的学校改革者同盟教育研究大会（1932年）報告『子どもの苦難と教育』より　船尾日出志監修，久野弘幸編訳　学文社　2004.3　254, 4p

ベッキオ, フランク・デル
◇為替オーバーレイ戦略と実施の問題：為替オーバーレイ—CFA institute（CFA協会）コンフェレンス議事録　森谷博之訳　パンローリング　2004.8　263p

ベック, クレア
◇アデレード・ハッセ：図書館員としての新しい女：アメリカ図書館史に女性を書きこむ　スザンヌ・ヒルデンブランド編著, 田口瑛子訳　京都大学図書館情報学研究会　2002.7　367p

ベック, リンダ・レヴィ
◇宮廷のパトロン制度と政治（有路雍子訳）：ルネサンスのパトロン制度　ガイ・フィッチ・ライトル, スティーヴン・オーゲル編著, 有路雍子, 成沢和子, 舟木茂子訳　松柏社　2000.7　570p

ベッグズ, シェリル
◇終末期患者とのライフリヴュー：音楽療法ケーススタディ　下　成人に関する25の事例　ケネス・E.ブルシア編, よしだじゅんこ, 酒井智華訳　音楽之友社　2004.4　393p

ベッケン, ハンス・ユルゲン
◇アフリカの部族宗教：諸宗教の倫理学—その教理と実生活　第3巻　健康の倫理　M.クレッカー, U.トゥヴォルシュカ編, 石橋孝明ほか訳　九州大学出版会　1994.9　212, 2p

ベッサド, ジャン＝マリ
◇デカルト（垣田宏治訳）：近代世界の哲学—ミュンツァーからライプニッツへ　竹内良知監訳　新装版　白水社　1998.6　287, 21p（西洋哲学の知 3 Francois Chatelet編）

ヘッセ, カルラ
◇デジタル時代の人文科学と図書館：人文科学に何が起きたか—アメリカの経験　A.カーナン編, 木村武史訳　玉川大学出版部　2001.10　301p（高等教育シリーズ 109）

ヘッセリンク, I. ジョン
◇カルヴァンの「聖書とキリスト者の生活」論（矢野和江訳）：歴史と神学—大木英夫教授喜寿記念献呈論文集　下巻　古屋安雄, 倉松功, 近藤勝彦, 阿久戸光晴編　聖学院大学出版会　2006.8　666, 35p

ベッツ, キャサリン・E.
◇どこにも行けない—鉄格子のない牢獄の中の人生：カルト宗教—性的虐待と児童虐待はなぜ起きるのか　紀藤正樹, 山口貴士者・訳　アスコム　2007.3　303p

ベッテル, トリテイアーノ
◇イタリアのケース（共著）：ジェンダー主流化と雇用戦略—ヨーロッパ諸国の事例　ユテ・ベーニング, アンバロ・セラーノ・パスクュアル編, 高木郁朗, 麻生裕子編　明石書店　2003.11　281p

ベット, フレイ
◇価値：新しい文明は可能だ（共著）（二宮元訳）：もうひとつの世界は可能だ—世界社会フォーラムとグローバル化への民衆のオルタナティブ　ウィリアム・F.フィッシャー, トーマス・ポニア編, 加藤哲郎監修, 大屋定晴, 山口響, 白井聡, 木下ちがや監訳　日本経済評論社　2003.12　461p

ベットマン, ジェームス・R.
◇意思決定のトレードオフにおける感情的性質（共著）：ウォートンスクールの意思決定論　ステファン・J.ホッチ, ハワード・C.クンリューサー編, 小林陽太郎監訳, 黒田康史, 大塚達也訳　東洋経済新報社　2006.8　374p（Best solution）

ベッピングトン, ジャン
◇持続可能性評価モデル：プロジェクトの経済, 資源, 環境および社会の各フローのモデル化（共著）：トリプルボトムライン—3つの決算は統合できるか？　エイドリアン・ヘンリクス, ジュリー・リチャードソン編著, 大江宏, 小山良訳　創成社　2007.4　250p

ベッファ, ジャン＝ルイ
◇なぜ経営方式はいつまでも異なるのか（渡辺純子訳）：脱グローバリズム宣言—パクス・アメリカーナを超えて　R.ボワイエ, P-F.スイリ編, 青木昌彦他者, 山田鋭夫, 渡辺純子訳　藤原書店　2002.9　262p

ヘッラネン, グン
◇手のない娘：ロウヒのことば—フィンランド女性の視角からみた民俗学　上　アイリ・ネノラ, センニ・ティモネン編, 目芡ゆみ訳　文理閣　2002.3　219p

ヘティッチ, ウオルター
◇課税の政治経済学（共著）：公共選択の展望—ハンドブック　第3巻　デニス・C.ミューラー編, 関谷登, 大岩雄次郎訳　多賀出版　2001.9　p527-812

ペーテル, ジャン＝ピエール
◇新しい歴史学と身体：「アナール」とは何か—進化しつづける「アナール」の一〇〇年　I.フランドロワ編, 尾河直哉訳　藤原書店　2003.6　366p

ペデルセン, ブリット
◇住居形態を開発せよ（共著）：スウェーデンの住環境計画　スヴェン・ティーベイ編著, 外山義訳　鹿島出版会　1996.2　292p

ヘードゥル, エーリッヒ
◇ドイツ学長会議による「プロフィール形成」計画 他：高等教育における評価と意思決定過程—フランス, スペイン, ドイツの経験　OECD編, 服部憲児訳　広島大学大学教育研究センター　1997.2　151p（高等教育研究叢書 43）

ペトラシェーフスキー, ミハイル・ブタシェヴィチ
◇外来語ポケット辞典 他：19世紀ロシアにおけるユートピア社会主義思想　森宏一編訳　光陽出版社　1994.3　397p

ペトルス・ヒスパヌス
◇論理学論集：中世思想原典集成 19　中世末期の言語・自然哲学　上智大学中世思想研究所編訳・監修　平凡社　1994.1　615p

ペトルッシェル, R. L.
◇コスト感度分析——例：軍事費用分析の一例　〔防衛研修所〕　1973　82p（研究資料 73RT-4）

ペトルッチ, アルマンド
◇読書のための読書（浦一章訳）：読むことの歴史—ヨーロッパ読書史　ロジェ・シャルティエ, グリエルモ・カヴァッロ編, 田村毅ほか共訳　大修館書店　2000.5　634p

ペドロッコ, G.
◇食産業と新しい保存技術：食の歴史 3 J-L.フランドラン, M.モンタナーリ編, 宮原信, 北代美和子監訳 藤原書店 2006.3 p838-1209

ペドロレッティ, ブリス
◇日本におけるeエコノミーの予期せぬ道（渡辺純子訳）：脱グローバリズム宣言―パクス・アメリカーナを超えて R.ボワイエ, P-F.スイリ編, 青木昌彦他著, 山田鋭夫, 渡辺純子訳 藤原書店 2002.9 262p

ペトロン
◇ペトロン（国方栄二訳）：ソクラテス以前哲学者断片集 第1分冊 内山勝利編 岩波書店 1996.12 367p

ベナー, スーザン・カーンズ
◇いのちがけのプレゼント（共著）：とっておきのクリスマス―やさしい気持ちになる9つのおはなし 続ガイドポスト編, 佐藤敬訳 いのちのことば社（発売） 1998.10 87p

ベナール, ジャン
◇マルクスとケネー：フランソワ・ケネーと重農主義 石井良明訳 石井良明 1992.7 550p

ヘニス, ヴィルヘルム
◇人間の科学―マックス・ヴェーバーとドイツ歴史学派経済学―マックス・ヴェーバーとその同時代人群像 W.J.モムゼン, J.オースターハメル, W.シュベントカー編著, 鈴木広, 米沢和彦, 嘉目克彦監訳 ミネルヴァ書房 1994.9 531, 4p

ペーニャ, エリアス・ディアス
◇水―公共財：会議総括文書（共著）（中村好孝訳）：もうひとつの世界は可能だ―世界社会フォーラムとグローバル化への民衆のオルタナティブ ウィリアム・F.フィッシャー, トーマス・ポニア編, 加藤哲郎監修, 大屋定晴, 山口響, 白рождения木聡, 木下がや監訳 日本経済評論社 2003.12 461p

ヘニング, ケイト
◇愛犬はすべてを知っていた：あなたが知らないペットたちの不思議な力―アンビリーバブルな動物たちの超常現象レポート 『FATE』Magazine編, 宇佐和通訳 徳間書店 1999.2 276p

ヘニング, ランドル
◇経済のグローバルガバナンスと東アジア金融協力（篠原美江訳）：東アジア共同体という幻想 中達啓示編 ナカニシヤ出版 2006.8 232p

ベネット, アンドリュー
◇歴史学, 政治学における事例研究と過程追跡（共著）（宮下明聡訳）：国際関係研究へのアプローチ―歴史学と政治学の対話 コリン・エルマン, ミリアム・フェンディアス・エルマン編, 渡辺昭夫監訳, 宮下明聡, 野口和彦, 戸谷美苗, 田中康友訳 東京大学出版会 2003.11 379p

ベネット, ウィリアム（第二次大戦）
◇西ソロモン諸島における日本軍の前線の背後で：ビッグ・デス―ソロモン人が回想する第二次世界大戦 ジェフリー・ホワイトほか編, 小柏葉子監訳, 小柏葉子, 小泉裕美子訳 現代史料出版 1999.8 226p

ベネット, フィル
◇先物執行と清算の財務的考察：機関投資家のポートフォリオにおけるマネージド・フューチャーズ チャールズ・B.エプスタイン編, 日本商品ファンド業協会訳 日本商品ファンド業協会 1995.3 320p

ベネット, ポーラ
◇奴等のための文学正典…：アメリカの差別問題―PC（政治的正義）論争をふまえて Patricia Aufderheide編, 脇浜義明編訳 明石書店 1995.6 208p
◇十六歳に寄せて：記憶の底から―家庭内性暴力を語る女性たち トニー・A.H.マクナロン, ヤーロウ・モーガン編, 長谷川真実訳 青弓社 1995.12 247p

ベネット, ラモーナ
◇不死鳥のごとく蘇ったプヤラップ族：風の言葉を伝えて＝ネイティブ・アメリカンの女たち ジェーン・キャッツ編, 船木アデルみさ, 船木卓也訳 築地書館 1998.3 262p

ベネット, ロス・S.
◇ダニューブ川：グレートリバー―地球に生きる・地球と生きる National Geographic Society編, 田村協子訳 同朋舎出版 1993.7 448p

ペパーザーク, アドリアーン
◇エマニュエル・レヴィナスによるハイデガー批判についての若干のテーゼ（佐藤義之訳）：ハイデガーと実践哲学 A.ゲートマン＝ジーフェルト, O.ペゲラー編, 下村鉱二, 竹市明弘, 宮原勇監訳 法政大学出版局 2001.2 519, 12p （叢書・ウニベルシタス 550）

ペパン, ジャン
◇ヘレニズムとキリスト教 他（山田晶訳）：中世の哲学 山田晶監訳 新装版 白水社 1998.6 324, 15p （西洋哲学の知 2 Francois Chatelet編）

ベビアン
◇ろう者と自然言語：聾の経験―18世紀における手話の「発見」 ハーラン・レイン著, 石村多門訳 東京電機大学出版局 2000.10 439p

ペピン, ジャック
◇レイ・クロック：TIMEが選ぶ20世紀の100人 上巻 指導者・革命家・科学者・思想家・起業家 徳岡孝夫監訳 アルク 1999.11 332p

ヘフナー, ゲラルト
◇ドイツ諸州連邦憲法のための提言：21世紀の憲法―ドイツ市民による改正論議 クラトーリウム編, ドイツ国法研究会・グルッペ'94訳 三省堂 1996.6 234p

ペプラー, デブラ
◇いじめ問題の発達的, 体系的展望（共著）：いじめととりくんだ国々―日本と世界の学校におけるいじめへの対応と施策 土屋基規, P.K.スミス, 添田久美子, 折出健二編著 ミネルヴァ書房 2005.12 320p

ヘブラー, マルティン
◇EU東方拡大とドイツ（共著）（今久保幸生訳）：孤立と統合―日独戦後史の分岐点 渡辺尚, 今久保幸生, ヘルベルト・ハックス, ヲルフガンク・クレナー編 京都大学学術出版会 2006.3 395p

ペプリンスキー, ニール
◇システマチックトレーダー（共著）：ロビンスカップの魔術師たち―トレードコンテストのチャンピオンが語るトレーディングの極意 チャック・フランク, パトリシア・クリサフリ編, 古河みつる訳 パンロー

リング　2006.5　273p　（ウィザードブックシリーズ v.102）

ヘーベレ, エルヴィン・J.
◇性転換症とは何か：偽りの肉体―性転換のすべて　バーバラ・カンプラート, ワルトラウト・シッフェルス編著, 近藤聡子訳　信山社出版　1998.6　210p

ペムバートン, ミリアム
◇世界をどのように変えるべきか？（共著）：アメリカの悪夢―9・11テロと単独行動主義　ジョン・フェッファー編, 南雲和夫監訳　耕文社　2004.12　319p

ヘラー, マックス
◇人間は一人では生きられない：子供たちへの手紙―あなたにこれだけは伝えたい　エリカ・グッド編, 中堂有理訳　三田出版会　1997.7　371p

ペラエス＝ノゲラス, マーサ
◇全体の環境と生体が変化する文脈のなかで、学習は行動発達の主要な基盤を提供する（共著）：行動分析学からの発達アプローチ　シドニー・W.ビジュー, エミリオ・リベス編, 山口薫, 清水直治監訳　二瓶社　2001.7　253p

ベラミー, リチャード
◇コミュニティにおける正義（岡田憲治訳）：社会正義論の系譜―ヒュームからウォルツァーまで　デイヴィド・バウチャー, ポール・ケリー編, 飯島昇蔵, 佐藤正志訳者代表　ナカニシヤ出版　2002.3　391p（叢書「フロネーシス」）

ペラリン, リサ・A.
◇歴史と人生を連動すること（共著）：ライフコース研究の方法―質的ならびに量的アプローチ　グレン・H.エルダー, ジャネット・Z.ジール編, 正岡寛司, 藤見純子訳　明石書店　2003.10　528p（明石ライブラリー57）

ベラン, ダニエル
◇カナダの年金改革（共著）（藤村直史訳）：年金改革の比較政治学―経路依存性と非難回避　新川敏光, ジュリアーノ・ボノーリ編, 新川敏光監訳　ミネルヴァ書房　2004.10　341p（ガヴァナンス叢書 第1巻）

ベランゲール, ポール
◇教育：会議総括文書（共著）（中村好孝訳）：もうひとつの世界は可能だ―世界社会フォーラムとグローバル化への民衆のオルタナティブ　ウィリアム・F.フィッシャー, トーマス・ポニア編, 加藤哲郎監修, 大屋定晴, 山口響, 白井聡, 木下ちがや監訳　日本経済評論社　2003.12　461p

ベランジェ, ナタリー
◇フランスにおける教育機会と平等についての多義的見解（共著）（中川千夏訳）：障害, 人権と教育　レン・バートン, フェリシティ・アームストロング編, 嶺井正也監訳　明石書店　2003.5　442p（明石ライブラリー51）

ペリー, マイケル
◇心霊研究と宗教：心霊研究―その歴史・原理・実践　イヴォール・グラッタン・ギネス編, 和田芳久訳　技術出版　1995.12　414p　（超心理学叢書 第4集）

ペリー, マーティン
◇成長の三角地帯, 国際的経済統合とシンガポール・インドネシア国境地帯（共著）（新井祥穂訳）：アジア

ペリー, ルース
◇「政治的正義」（Politically Correct）の語史：アメリカの差別問題―PC（政治的正義）論争をふまえて　Patricia Aufderheide編, 脇浜義明訳　明石書店　1995.6　208p

ペリー, ロレッタ
◇サラ・ジェーンのストーリー（市橋香代訳）：ナラティヴ・セラピーの実践　シェリル・ホワイト, デイヴィッド・デンボロウ編, 小森康永監訳　金剛出版　2000.2　275p

ペリッリ, ガブリエッラ・ジョルダネッラ
◇統合的音楽療法：統合失調症をもつ女性：音楽療法ケーススタディ　下　成人に関する25の事例　ケネス・E.ブルシア編, よしだじゅんこ, 酒井智華訳　音楽之友社　2004.4　393p

ヘリング, E. ペンドルトン
◇E.ペンドルトン・ヘリング（市雄貴訳）：アメリカ政治学を創った人たち―政治学の口述史　M.ベアー, M.ジューエル, L.サイゲルマン編, 内山秀夫監訳　ミネルヴァ書房　2001.12　387p（Minerva人文・社会科学叢書 59）

ベル
◇聾者という人類の変種の形成についての覚書き：聾の経験―18世紀における手話の「発見」　ハーラン・レイン編, 石村多門訳　東京電機大学出版局　2000.10　439p

ベル, アン
◇政治化されたケアの倫理（共著）（浅野誠訳）：グローバル教育からの提案―生活指導・総合学習の創造　浅野誠, デイヴィッド・セルビー編　日本評論社　2002.3　289p

ベル, デイヴィット
◇投影同一化：現代クライン派入門―基本概念の臨床的理解　カタリーナ・ブロンスタイン編, 福本修, 平井正三監訳, 小野泉, 阿比野宏, 子どもの心理療法セミナーin岐阜訳　岩崎学術出版社　2005.5　243p

ベル, マリー＝アンヌ
◇メディア・テクノロジーの人間学（桜井佳樹訳）：教育人間学入門　クリストフ・ヴルフ編著, 高橋勝監訳　玉川大学出版部　2001.4　210p

ベル, メアリー
◇冷笑する11歳の殺人鬼：平気で人を殺す人たち―心の中に棲む悪魔　ブライアン・キング著, 船津歩訳　イースト・プレス　1997.10　319p

ヘルウィッグ, ホーガー・H.
◇戦闘艦隊革命・1885～1914年：軍事革命とRMAの戦略史―軍事革命の史的変遷1300～2050年　マクレガー・ノックス, ウィリアムソン・マーレー編著, 今村伸哉訳　芙蓉書房出版　2004.6　318p

ヘルウェッグ, ダイアナ
◇経済革命が日本を変える？: このままでは日本経済は崩壊する　フォーリン・アフェアーズ・ジャパン編・監訳, 竹下興喜訳　朝日新聞社　2003.2　282, 11p（朝日文庫―フォーリン・アフェアーズ・コレク

ペルコ, ストヤン
◇思考者のイマージュ(広瀬純訳)：ドゥルーズ、映画を思考する ロベルト・デ・ガエターノ編, 広瀬純, 増田靖彦訳 勁草書房 2000.12 403p

ベルコヴィッツ, アルベルト
◇ベルヌ条約とスペインの知的所有権法との関係：ベルヌ条約100周年記念論文集——ベルヌ条約と国内法 WIPO国際事務局編, 原田文夫訳 著作権資料協会 1987.3 123p (著作権シリーズ 76)

ベルジャーエフ, ニコライ
◇ロシア幻想の破滅 他(大山麻稀子ほか訳)：20世紀ロシア思想の一断面——亡命ロシア人を中心として 御子柴道夫編 千葉大学大学院社会文化科学研究科 2005.3 303p (社会文化科学研究科研究プロジェクト報告書 第106集)

ベールシュトルド, ジャック
◇シラノ・ド・ベルジュラックからカサノヴァまでの投獄の話におけるネズミへの恐怖 他：十八世紀の恐怖——言説・表象・実践 ジャック・ベールシュトルド, ミシェル・ポレ編, 飯野和夫, 田所光男, 中島ひかる訳 法政大学出版局 2003.12 446p (叢書・ウニベルシタス 782)

ベルセ, イヴ=マリ
◇ロラン・ムーニエとアナール学派：「アナール」とは何か——進化しつづける「アナール」の一〇〇年 I. フランドロワ編, 尾河直哉訳 藤原書店 2003.6 366p

ペルツ, スティーヴン
◇新しい外交史の構築へ向けて(宮下明聡訳)：国際関係研究へのアプローチ——歴史学と政治学の対話 コリン・エルマン, ミリアム・フェンディアス・エルマン編, 渡辺昭夫監訳, 宮下明聡, 野口和彦, 戸谷美苗, 田中康友訳 東京大学出版局 2003.11 379p

ベルツ, モーリッツ
◇国際私法における絶対的強行法規と「法の同化」の限界：法の同化——その基礎、方法、内容 ドイツからの見方と日本からの見方 カール・リーゼンフーバー, 高山佳奈子編 De Gruyter Recht c2006 27, 651p (Schriften zum Europäischen und Internationalen Privat-, Bank-und Wirtschaftsrecht Bd.10)

ペルツ, ロイス
◇トラックレコード：ヘッジファンドの世界——仕組み・投資手法・リスク J. レダーマン, R.A. クレイン編, 中央信託銀行オルタナティブアセット研究会訳 東洋経済新報社 1999.1 297p

ヘルツベルク, ロルフ・D.
◇フォーマルな組織における間接正犯と教唆(森永真綱訳)：組織内犯罪と個人の刑事責任 クヌート・アメルング編著, 山中敬一監訳 成文堂 2002.12 287p

ベルティエ
◇ろう者ード・レペ神父以前以後：聾の経験——18世紀における手話の「発見」 ハーラン・レイン編, 石村多門訳 東京電機大学出版局 2000.10 439p

ベルト, ブラッドレー・D.
◇認識しにくいリスク(共著)(百瀬茂訳)：統合リスク管理への挑戦——VARの基礎・手法 ロッド・A. ベックストローム, アリス・R. キャンベル編著, 大和証券業務開発部訳 金融財政事情研究会 1996.7 170p

ペルトナー, ペーター
◇制約なき大学の擁護：大学の倫理 蓮実重彦, アンドレアス・ヘルドリヒ, 広渡清吾編 東京大学出版会 2003.3 276p

ベルトネン, ウッラ=マイヤ
◇そして寡婦のパンを食べた：ロウヒのことば——フィンランド女性の視角からみた民俗学 下 アイリ・ネノラ, センニ・ティモネン編, 目荒ゆみ訳 文理閣 2003.7 233p

ベルトラ, イブ
◇狂気の思考：構造主義とは何か——そのイデオロギーと方法 J.=M. ドムナック編, 伊東守男, 谷亀利一訳 平凡社 2004.8 358p (平凡社ライブラリー)

ベードラン, D.
◇帰属過程：社会心理学と臨床心理学の統合(共著)(坂本正浩訳)：臨床社会心理学の進歩——実りあるインターフェイスをめざして R.M. コワルスキ, M.R. リアリー編著, 安藤清志, 丹野義彦監訳 北大路書房 2001.10 465p

ベルトラン, ジル
◇ブルゴーニュ大学の経験 他：高等教育における評価と意思決定過程——フランス, スペイン, ドイツの経験 OECD編, 服部憲児訳 広島大学大学教育研究センター 1997.2 151p (高等教育研究叢書 43)

ベルトルディ, モレノ
◇日本にとっての三つのシナリオ(山田鋭夫訳)：脱グローバリズム宣言——パクス・アメリカーナを超えて R. ボワイエ, P-F. スイリ, 青木昌彦他著, 山田鋭夫, 渡辺純子訳 藤原書店 2002.9 262p

ベルトルト(レーゲンスブルクの)
◇説教2(香田芳樹訳)：中世思想原典集成 16 ドイツ神秘思想 上智大学中世思想研究所編訳・監修 平凡社 2001.4 977p

ベルナール, ミシェル
◇心理学(二瓶孝次訳)：人間科学と哲学 田島節夫監訳 新装版 白水社 1998.6 346, 27p (西洋哲学の知 7 Francois Chatelet編)

ベルナルト, ジャン
◇ホッブズ(三嶋唯義訳)：近代世界の哲学——ミュンツァーからライプニッツへ 竹内良知監訳 新装版 白水社 1998.6 289, 21p (西洋哲学の知 3 Francois Chatelet編)

ベルナルドゥス(ヴァーキングの)
◇〈ドクタ・イグノランティア〉の讃美、またそれに対する愛への招待(八巻和彦訳)：中世思想原典集成 16 ドイツ神秘思想 上智大学中世思想研究所編訳・監修 平凡社 2001.4 977p

ベルナルドゥス(シャルトルの)
◇プラトン註釈(伊ան博明訳)：中世思想原典集成 8 シャルトル学派 上智大学中世思想研究所編訳・監修 平凡社 2002.9 1041p

ベルナルドゥス・シルヴェストリス
◇コスモグラフィア(秋山学訳)：中世思想原典集成 8 シャルトル学派 上智大学中世思想研究所編訳・監修 平凡社 2002.9 1041p

ヘルナンデス, カロライナ・G.
◇アジアにおける軍のコントロール（伊野憲治訳）：シビリアン・コントロールとデモクラシー　L.ダイアモンド, M.F.プラットナー編, 中道寿一監訳　刀水書房　2006.3　256p　（人間科学叢書 42）

ベルネット, ルドルフ
◇デリダ, 師の声を聴く（高桑和巳訳）：デリダと肯定の思考　カトリーヌ・マラブー編, 高橋哲哉, 増田一夫, 高桑和巳監修　未来社　2001.10　502, 7p　（ポイエーシス叢書 47）

ペルピナン, マリー・ソレダッド
◇フィリピンの軍とセックス産業：世界の女性と暴力　ミランダ・デービス編, 鈴木研一訳　明石書店　1998.4　472p　（明石ライブラリー 4）

ヘルプ, ヘンドリク
◇完徳への人間の過程（安中隆徳ほか訳）：中世思想原典集成 17　中世末期の神秘思想　上智大学中世思想研究所編訳・監修　平凡社　1992.2　677p

ヘルファー, クリスチャン
◇法社会学者としてのイェーリング：イェーリング法学論集　山口廸彦編訳　信山社出版　2002.11　333p

ヘルファンド, ジュディ
◇再び沈黙：セックス・ワーク—性産業に携わる女性たちの声　フレデリック・デラコステ, プリシラ・アレキサンダー編　パンドラ　1993.11　426, 26p

ヘルプス, アーサル
◇サー、アーサル・ヘルプスの読書観（高橋五郎訳）：近代「読書論」名著選集　第13巻　ゆまに書房　1994.6　442p　（書誌書目シリーズ 37）

ヘルムス, アンヌ
◇デンマークのギムナジウムにおける平和教育（吉野あかね訳）：世界の開発教育—教師のためのグローバル・カリキュラム　オードリー・オスラー編, 中里亜夫監訳, 中野和光, 吉野あかね, 川上具実訳　明石書店　2002.8　498p

ヘルムセン, ヨーケ
◇転倒（中嶋公子訳）：サラ・コフマン讃　F.コラン, J-L.ナンシー, J.デリダ他著, 棚沢直子, 木村信子他訳　未知谷　2005.8　323p

ヘルメス, G.
◇原子力法における基本権の制限と（政治的）リスク評価（清野幾久子訳）：先端科学技術と人権—日独共同研究シンポジウム　ドイツ憲法判例研究会編　信山社出版　2005.2　428p

ベルモン, ジョルジュ
◇マリリン・モンロー（宮本高晴訳）：インタヴューズ 2　クリストファー・シルヴェスター編, 新庄哲夫ほか訳　文芸春秋　1998.11　451p

ヘルモント
◇医術の日の出：キリスト教神秘主義著作集 16　近代の自然神秘思想　中井章子, 本間邦雄, 岡部雄三訳　教文館　1993.9　614, 42p

ペルレス, C.
◇先史時代の食料獲得戦略：食の歴史 1　J-L.フランドラン, M.モンタナーリ編, 宮原信, 北代美和子監訳　藤原書店　2006.1　429p

ベルンフェルト, ジークフリート
◇子どもの精神分析的心理学（沢たか子訳）：子どものための教育—徹底的学校改革者同盟教育研究大会（1932年）報告『子どもの苦難と教育』より　船尾日出志監修, 久野弘幸編訳　学文社　2004.3　254, 4p

ペレキュデス（シュロスの）
◇シュロスのペレキュデス（国方栄二訳）：ソクラテス以前哲学者断片集　第1分冊　内山勝利編　岩波書店　1996.12　367p

ベレジーン, F. J.
◇ベリヤに逮捕状が出されたいきさつ：ベリヤースターリンに仕えた死刑執行人　ある出世主義者の末路　ヴラジーミル・F.ネクラーソフ編, 森田明訳　エディションq　1997.9　365p

ペレス, ハヴィ
◇文化—文化の多様性, 文化の生産とアイデンティティ（共著）（白井聡訳）：もうひとつの世界は可能だ—世界社会フォーラムとグローバル化への民衆のオルタナティブ　ウィリアム・F.フィッシャー, トーマス・ポニア編, 加藤哲郎監修, 大屋定晴, 山口響, 白井聡, 木下ちがや監訳　日本経済評論社　2003.12　461p

ペレラ, シルビア・ブリントン
◇闇の女神を求めての下降（川戸圓訳）：女性の誕生—女性であること：意識的な女性性の誕生　コニー・ツヴァイク編, 川戸円訳　山王出版　1996.9　398p
◇闇の女神を求めての下降（川戸圓訳）：女性の誕生—女性であること：意識的な女性性の誕生　コニー・ツヴァイク編, 川戸円, リース・滝幸不訳　第2版　山王出版　1997.9　403p

ペレンバーグ, ピート・H.
◇企業の移動（内藤二郎訳）：企業立地行動の経済学—都市・産業クラスターと現代企業行動への視角　フィリップ・マッカン編著, 上遠野武司編訳　学文社　2007.2　227p

ベロック, マリ＝A.
◇アンリ・ロッシュフォール（鹿島茂訳）：インタヴューズ 1　クリストファー・シルヴェスター編, 新庄哲夫ほか訳　文芸春秋　1998.11　462p

ペロン, ヴァルター
◇企業の犯罪に対する刑事責任（高田昭正訳）：団体・組織と法—日独シンポジウム　松本博之, 西谷敏, 守矢健一編　信山社出版　2006.9　388, 3p

卞 崇道　ベン, スウドウ
◇序論 他：戦後日本哲学思想概論　卞崇道編著, 本間史訳　農山漁村文化協会　1999.11　556, 11p
◇現代中国の日本哲学研究（竹田稔和, 古川竜治訳）：東アジアと哲学　藤田正勝, 卞崇道, 高坂史朗編　ナカニシヤ出版　2003.2　436p

ベン, ネーサン
◇ミシシッピー川—ミズーリ川 他（写真）：グレートリバー—地球に生きる・地球と生きる　National Geographic Society編, 田村協子訳　同朋舎出版　1993.7　448p

ベン-アリ, イヤル
◇シンガポールの日本人（山本祥子訳）：海外における日本人, 日本のなかの外国人—グローバルな移民流動とエスノスケープ　岩崎信彦, ケリ・ピーチ, 宮島

ヘンウエヌ

喬, ロジャー・グッドマン, 油井清光編　昭和堂　2003.2　482p

ベンヴェヌート, ビーチェ
◇ラカン理論における幼児：クライン - ラカンダイアローグ　バゴーイン, サリヴァン編, 新宮一成監訳, 上尾真道, 徳永健介, 宇梶卓訳　誠信書房　2006.4　340p

ヘンウッド, アンネット
◇マイケル・ホワイトの「内包儀式」について再考する（共著）：ナラティヴ・セラピーの冒険　デイヴィッド・エプストン著, 小森康永監訳　創元社　2005.2　337p

ベーン - エシェンブルク, ゲルトルート
◇教育者を精神分析的に教育する（沢たか子訳）：子どものための教育―徹底的学校改革者同盟教育研究大会（1932年）報告『子どもの苦難と教育』より　船尾日出志監修, 久野弘幸編訳　学文社　2004.3　254, 4p

ヘンキース, ユルゲン
◇ディートリヒ・ボーンヘッファー：第1次世界大戦後の牧会者たち　日本キリスト教団出版局　2004.3　286p（魂への配慮の歴史 第11巻　C.メラー編, 加藤常昭訳）

ペング, イト
◇東アジア福祉国家―逍遙的学習, 適応性のある変化, 国家建設 他（共著）（イト・ペング訳）：転換期の福祉国家―グローバル経済下の適応戦略　G.エスピン - アンデルセン編, 埋橋孝文監訳　早稲田大学出版部　2003.12　351p

ヘンケル, コンラート
◇フリッツ・ヘンケル（共著）：ドイツ企業のパイオニア―その成功の秘密　ヴォルフラム・ヴァイマー編著, 和泉雅人訳　大修館書店　1996.5　427p

ベンスマイア, レダ
◇トランスフォーマーとしてのドゥルーズ, あるいは精神自動機械としてのシネマ（広瀬純訳）：ドゥルーズ, 映画を思考する　ロベルト・デ・ガエターノ編, 広瀬純, 増田靖彦訳　勁草書房　2000.12　403p

ヘンゼラー, ハインツ
◇迫害による後遺障害の判定に関する今日の見解：ドイツ精神病理学の戦後史―強制収容所体験と戦後補償　小俣和一郎著　現代書館　2002.4　230p

ベンソン, キャサリン
◇英国の風俗犯罪取締班（共著）：セックス・フォー・セール―売春・ポルノ・法規制・支援団体のフィールドワーク　ロナルド・ワイサー編, 岸田美貴訳, 松沢呉一監修　ポット出版　2004.8　438p

ベンダー, ハンス
◇ポルターガイスト：心霊研究―その歴史・原理・実践　イヴォール・グラッタン・ギネス編, 和田芳久訳　技術出版　1995.12　414p（超心理学叢書 第4集）

ヘンダーソン, ヘレン
◇歌物語：性的虐待を受けたコサ族の少女：音楽療法ケーススタディ 上　児童・青年に関する17の事例　ケネス・E.ブルシア編, 酒井智華ほか訳　音楽之友社　2004.2　289p

ヘンダーソン, レベッカ・M.
◇アーキテクチャ・イノベーション：既存の製品技術の再編成と実績ある企業の失敗（共著）：技術とイノベーションの戦略的マネジメント 上　ロバート・A.バーゲルマン, クレイトン・M.クリステンセン, スティーヴン・C.ウィールライト編著, 青島矢一, 黒田光太郎, 志賀敏宏, 田辺孝二, 出川通, 和賀三和子日本語版監修, 岡真由美, 斉藤裕一, 桜井祐子, 中川泉, 山本章子訳　翔泳社　2007.7　735p

ヘンデリオウィッツ, J.
◇柔軟な労働市場の形成（共著）：地域の雇用戦略―七ヵ国の経験に学ぶ"地方の取り組み"　樋口美雄, S.ジゲール, 労働政策研究・研修機構編　日本経済新聞社　2005.10　364p

ペンドゥルトン, デイビット
◇心理学の実践的活用（平林貴訳）：仕事の社会心理学　Peter Collett, Adrian Furnham原著編, 長田雅喜, 平林進訳編　ナカニシヤ出版　2001.6　303p

ベンドラー, ヘレン
◇T.S.エリオット：TIMEが選ぶ20世紀の100人 下巻　アーチスト・エンターテイナー・ヒーロー・偶像・巨頭　徳岡孝夫監訳　アルク　1999.11　318p

ベントリー, エリザベス
◇紡績女工の証言―議会調査委員会報告書から（一八一五年ごろ）：歴史の目撃者　ジョン・ケアリー編, 仙名紀訳　朝日新聞社　1997.2　421p

ヘンドリー, ジョイ
◇人類学者たちとその地域（木島泰三訳）：日本学とは何か―ヨーロッパから見た日本研究, 日本から見た日本研究　法政大学国際日本学研究所編　法政大学国際日本学研究センター　2007.3　301p（21世紀COE国際日本学研究叢書 6）

ヘンドリクス, ハーヴィル
◇他人という鏡をのぞきこんで自分を知る：小さなことを大きな愛でやろう　リチャード・カールソン, ベンジャミン・シールド編, 小谷啓子訳　PHP研究所　1999.11　263, 7p

ヘンドリックス, モーリン・C.
◇不妊女性および夫婦とのフェミニストセラピィ：フェミニスト心理療法ハンドブック―女性臨床心理の理論と実践　L.B.ローズウォーター, L.E.A.ウォーカー編著, 河野貴代美, 井上摩耶子訳　ヒューマン・リーグ　1994.12　317p

ベンナ, テッド
◇401(k)の普及と確定給付年金：アメリカ年金事情―エリサ法（従業員退職所得保障法）制定20年後の真実　ダラス・L.ソールズベリー編, 鈴木旭監修, 大川洋三訳　新水社　2002.10　195p

ベンハビブ, セイラ
◇一般化された他者と具体的な他者（竹内真澄訳）：ハーバーマスとアメリカ・フランクフルト学派　マーティン・ジェイ編, 竹内真澄監訳　青木書店　1997.10　343p
◇アイデンティティの政治からソーシャル・フェミニズムへ―九十年代に願うこと：ラディカル・デモクラシー―アイデンティティ, シティズンシップ, 国家　デイヴィッド・トレンド編, 佐藤正志ほか訳　三嶺書房　1998.4　408p
◇公共空間のモデル―ハンナ・アレント, 自由主義の伝統, ユルゲン・ハーバマス（新田滋, 山本啓訳）：ハー

バマスと公共圏　クレイグ・キャルホーン編, 山本啓, 新田滋訳　来村社　1999.9　348p （ポイエーシス叢書 41）
◇バーリアと彼女の影：ハンナ・アーレントとフェミニズム—フェミニストはアーレントをどう理解したか　ボニー・ホーニッグ編, 岡野八代, 志水紀代子訳　未来社　2001.6　285p

ヘーンヒェン, ズザンネ
◇ローマ契約法から現代ヨーロッパ契約法への発展の流れ（佐々木有司訳）：法律学的対話におけるドイツと日本—ベルリン自由大学・日本大学共同シンポジウム　永田誠, フィーリプ・クーニヒ編集代表　信山社　2006.12　385p

ヘンプ, ポール
◇IBMバリュー：コミットメント—熱意とモラールの経営　Diamondハーバード・ビジネス・レビュー編集部編訳　ダイヤモンド社　2007.4　270p （Harvard business review）

ヘンペルマン, ラインハルト
◇制度的宗教から世俗的宗教性への変容（吉田孝夫訳）：仏教とキリスト教の対話 3　ハンス-マルティン・バールト, マイケル・パイ, 箕浦恵了, 門脇健編　法藏館　2004.3　281p

ヘンリー, E. キース
◇日本経済再生の鍵（共著）：このままでは日本経済は崩壊する　フォーリン・アフェアーズ・ジャパン編・監訳, 竹下興喜監訳　朝日新聞社　2003.2　282, 11p （朝日文庫—フォーリン・アフェアーズ・コレクション）

【ホ】

許 一泰　ホ, イルテ*
◇死刑制度の違憲性と死刑代替刑罰の検討：東アジアの死刑廃止論考　鈴木敬夫編訳　成文堂　2007.2　261p （アジア法叢書 26）

許 殷　ホ, ウン
◇八・一五直後の民族国家建設運動：朝鮮民族解放運動の歴史—平和的統一への模索　姜万吉編著, 太田修, 庵逧由香訳　法政大学出版局　2005.4　369, 29p （韓国の学術と文化 21）

許 成会　ホ, ソンフェ*
◇韓国の石干見漁業（共著）（金秀姫訳）：石干見—最古の漁法　田和正孝編　法政大学出版局　2007.2　313p （ものと人間の文化史 135）

許 泰玖　ホ, テグ*
◇一七世紀の朝鮮における焔硝貿易と火薬製造法発達（太田秀春訳）：韓国の倭城と壬辰倭乱　黒田慶一編　岩田書院　2004.11　558, 15p

ホー, デービッド
◇アレキサンダー・フレミング：TIMEが選ぶ20世紀の100人　上巻　指導者・革命家・科学者・思想家・起業家　徳岡孝夫監訳　アルク　1999.11　332p

歩 平　ホ, ヘイ
◇二十一世紀の日中平和のために：中国人の見た日本—留学経験者の視点から　段躍中編, 朱建栄ほか訳, 田縁美幸ほか訳　日本僑報社　2000.7　240p

胡 文赫　ホ, ムンヒョク*
◇韓国の司法制度：韓国法の現在　上　小島武司, 韓相範編　中央大学出版部　1993.3　470p （日本比較法研究所研究叢書 24）

許 文華　ホ, ムンファ*
◇いい暮らしは犬の角を探すようなもの（共著）：北朝鮮—その衝撃の実像　朝鮮日報『月刊朝鮮』編, 黄民基訳　新訂　講談社　1994.10　549p

許 営　ホ, ヨン*
◇韓国における憲法裁判の発展と現状（国分典子訳）：憲法裁判の国際的発展—日独共同研究シンポジウム　ドイツ憲法判例研究会編　信山社出版　2004.2　385, 12p

ホア, J. E.
◇不平等条約の時代（熱田見子訳）：日英交流史—1600-2000 1　政治・外交 1　細谷千博, イアン・ニッシュ監修　木畑洋一ほか訳　東京大学出版会　2000.3　336, 7p

ホアー, ジェイムズ
◇明治日本における英国人ジャーナリスト（大山瑞代訳）：英国と日本—日英交流人物列伝　イアン・ニッシュ編, 日英文化交流研究訳　博文館新社　2002.9　470p

ボアベントゥーラ・デ・ソウサ・サントス
◇対抗ヘゲモニーによるグローバル化に向かって・パート2 他（久保木匡介訳）：帝国への挑戦—世界社会フォーラム　ジャイ・セン, アニタ・アナンド, アルトゥーロ・エスコバル, ピーター・ウォーターマン編, 武藤一羊ほか監訳　作品社　2005.2　462p

ホイザー, ロベルト
◇手続による権利保護（奥正嗣訳）：法治国家の展開と現代的構成—高田敏先生古稀記念論集　村上武則, 高橋明男, 松本和彦編　法律文化社　2007.2　607p

ボイス, ジョージ
◇北アイルランド—民族主義者：マイノリティ・ナショナリズムの現在　マイケル・ワトソン編, 浦野起央, 荒井功訳　刀水書房　1995.11　346p （人間科学叢書）

ホイス, テオドーア
◇ローベルト・ボッシュ（共著）：ドイツ企業のパイオニア—その成功の秘密　ヴォルフラム・ヴァイマー編著, 和泉雅人訳　大修館書店　1996.5　427p

ホィタッカー, ヒュー
◇中小企業・参入障壁・戦略的提携：国際・学際研究システムとしての日本企業　青木昌彦, ロナルド・ドーア編, NTTデータ通信システム科学研究所訳　NTT出版　1995.12　503p

ボイド, バーバラ
◇反アメリカのルーツ, ニューヨークタイムズが書かないこと：獣人ネオコン徹底批判　リンドン・ラルーシュ, EIR誌著, 太田竜監訳・解説　成甲書房　2004.5　381p

ホイト, マイケル・F.
◇ソリューション・フォーカスト夫婦セラピー（共著）（日下伴子訳）：構成主義的心理療法ハンドブック　マイケル・F.ホイト編, 児島達美監訳　金剛出版

ボイド, ロバート

◇ミーム—万能酸か、はたまた改良型のねずみ捕りか？（共著）（嶋谷薫訳）：ダーウィン文化論—科学としてのミーム　ロバート・アンジェ編、ダニエル・デネット序文、佐倉統、嶋谷薫、鈴木崇史、坪井りん訳　産業図書　2004.9　277p

ホイプライン, マルティーン

◇消滅時効の停止と新たな期間の進行（永田誠, 山下良訳）：法律学的対話におけるドイツと日本—ベルリン自由大学・日本大学共同シンポジウム　永田誠、フィーリプ・クーニヒ編集代表　信山社　2006.12　385p

ホイヤー, アンドレアス

◇指示関係内部における刑事責任（垣口克彦訳）：組織内犯罪と個人の刑事責任　クヌート・アメルング編著、山中敬一監訳　成文堂　2002.12　287p

ホイン, ヴェルナー

◇憲法裁判所裁判官の選出（岡田俊幸訳）：憲法裁判の国際的発展—日独共同研究シンポジウム　ドイツ憲法判例研究会編　信山社出版　2004.2　385, 12p

ポイントナー, トーマス

◇救いに満ちた死を迎える技法（高橋由美子訳）：中世思想原典集成 16　ドイツ神秘思想　上智大学中世思想研究所編訳・監修　平凡社　2001.4　977p

ボイントン, アンディ

◇ヴィルトーゾ・チームのつくり方（共著）：組織能力の経営論—学び続ける企業のベスト・プラクティス　Diamondハーバード・ビジネス・レビュー編集部編訳　ダイヤモンド社　2007.8　508p（Harvard business review）

方 蘊華　ホウ, ウンカ*

◇漢大賦に見える漢代長安の社会風俗と都市精神（鈴木崇義訳）：長安都市文化と朝鮮・日本　矢野建一, 李浩編　汲古書院　2007.9　352, 5p

彭 燕妮　ホウ, エンジ*

◇抑えきれない寂しさ：大人の恋の真実 2　司徒玫編、佐藤嘉江子訳　はまの出版　1999.3　270p

鮑 延明　ホウ, エンメイ*

◇東北映画製作所の思い出—安芙梅（岸富美子）さん：新中国に貢献した日本人たち—友情で綴る戦後史の一コマ　中国中日関係史学会編、武吉次朗訳　日本僑報社　2003.10　460p

鮑 家麟　ホウ, カリン*

◇徐志摩の結婚と離婚（津守陽訳）：ジェンダーからみた中国の家と女　関西中国女性史研究会編　東方書店　2004.2　373p

彭 官章　ホウ, カンショウ*

◇トゥチャ（土家）族（百田弥栄子訳）：中国少数民族の婚姻と家族　中巻　厳汝嫻主編、江守五夫監訳、百田弥栄子, 曽士才, 栗原悟訳　第一書房　1996.12　315p（Academic series—New Asia 19）

彭 希哲　ホウ, キテツ*

◇上海の社会福祉制度改革（共著）（久保谷政義訳）：アジアの福祉国家政策　白鳥令, デチャ・サングカワン, シュヴェン・E.オルソン＝ホート編　芦書房 2006.9　337p

◇人口と環境資源：中国人口問題のいま—中国人研究者の視点から　若林敬子編著、筒井紀美訳　ミネルヴァ書房　2006.9　369p

茅 元儀　ボウ, ゲンギ*

◇武備志：明代琉球資料集成　原田禹雄訳注　榕樹書林　2004.12　553p

方 広錩　ホウ, コウショウ*

◇漢文大蔵経の定義、時期区分およびその特徴：中国宗教文献研究　京都大学人文科学研究所編　臨川書店　2007.2　487p

彭 作奎　ホウ, サクケイ*

◇農復会、土地改革と経済発展（共著）：台湾の四十年—国家経済建設のグランドデザイン　上　高希均, 李誠編、小林幹夫, 塚越敏彦訳　連合出版　1993.3　230p

豊 子愷　ホウ, シガイ*

◇スイカの種を食べる：中国人、「食」を語る　晩白、晩珊選編、多田敏宏訳　近代文芸社　2003.12　219p

包 遵信　ホウ, ジュンシン*

◇八九年民主化運動のような局面は再現し難い：鄧小平後の中国—中国人専門家50人による多角的な分析　上巻　何頻編著、現代中国事情研究会訳　三交社　1994.12　386p

彭 徳懐　ホウ, トクカイ*

◇民主政治と三三制政権の組織形成：20世紀日本のアジア関係重要研究資料 1　東亜研究所刊行物　東亜研究所編著　竜渓書舎　1999.12　16冊（セット）

方 芳　ホウ, ホウ*

◇彼はもう変わってしまった：大人の恋の真実 2　司徒玫編、佐藤嘉江子訳　はまの出版　1999.3　270p

方 励之　ホウ, レイシ*

◇政治の変革—激動は避けられまい：鄧小平後の中国—中国人専門家50人による多角的な分析　上巻　何頻編著、現代中国事情研究会訳　三交社　1994.12　386p

◇アンドレイ・サハロフ：TIMEが選ぶ20世紀の100人　下巻　アーチスト・エンターテイナー・ヒーロー・偶像・巨顔　徳岡孝夫監訳　アルク　1999.11　318p

ホウェ, ステファン

◇旅する理論と多様な「第3の道」：ヨーロッパ社会民主主義「第3の道」論集 2　R.Cuperus, K.Duffek, J.Kandel編、小川正浩訳　生活経済政策研究所　2001.7　81p（生活研ブックス 9）

ボウエン, H. ケント

◇ディスプレイ・テクノロジー（要約）（共著）：技術とイノベーションの戦略的マネジメント　上　ロバート・A.バーゲルマン、クレイトン・M.クリステンセン、スティーヴン・C.ウィールライト編著、青島矢一, 黒田光太郎, 志賀敏宏, 田辺孝二, 出川通, 和賀三和子日本語版監修、岡真由美, 斉藤裕一, 桜井祐子, 中川泉, 山本章子訳　翔泳社　2007.7　735p

ホウズ, E. クレア

◇豊かな結婚生活のための夫婦カウンセリング（柴山謙二訳）：アドラー家族カウンセリング—カウンセラー、教師、セラピストのための実践マニュアル　オスカー・C.クリステンセン編著、江口真理子, 柴山

謙二, 山口茂嘉訳　春秋社　2000.5　287, 9p

ボウマン, エドヴィン・R.
◇鳥が運ぶ不吉な知らせ：あなたが知らないペットたちの不思議な力——アンビリーバブルな動物たちの超常現象レポート　『FATE』Magazine編, 宇佐和通訳　徳間書店　1999.2　276p

ボウモル, ウィリアム
◇限界費用価格形成からの最適な乖離（共著）：限界費用価格形成原理の研究　1　大石泰彦編・監訳　勁草書房　2005.12　266p

ボエティウス（ダキアの）
◇最高善について・表示の諸様態あるいはプリスキアヌス大文法学問題集：中世思想原典集成　19　中世末期の言語・自然哲学　上智大学中世思想研究所編訳・監修　平凡社　1994.1　615p

ホーエンダール, ペーター・U.
◇公共圏：モデルと境界（山本啓訳）：ハーバマスと公共圏　クレイグ・キャルホーン編, 山本啓, 新田滋訳　未来社　1999.9　348p　(ポイエーシス叢書 41)

ボーガー, デビッド・R.
◇投資スタイル分類におけるファンダメンタル・ファクター（大石賢訳）：株式投資スタイル——投資家とファンドマネージャーを結ぶ投資哲学　T.ダニエル・コギン, フランク・J.ファボツィ, ロバート・D.アーノット編, 野村證券金融研究所訳　増補改訂版　野村総合研究所情報リソース部　1998.3　450p

ポカゴン, サイモン
◇禁酒の訓練：北米インディアン生活誌　C.ハミルトン編, 和卷耿介訳　社会評論社　1993.11　408p

ボガット, A.
◇サヴェート同盟の婦人勞働者, 農村婦人は國家の管理に如何に參與してゐるか：世界女性学基礎文献集成　昭和初期編第9巻　水田珠枝監修　ゆまに書房　2001.12　20, 387p

ボーカム, リチャード
◇一貫した物語として聖書を読む：聖書を読む技法——ポストモダンと聖書の復権　エレン・デイヴィス, リチャード・ヘイズ編, 芳賀力訳　新教出版社　2007.9　428p

ホーキンス, J. デビッド
◇アメリカ合衆国 他（共著）（金口恭久訳）：世界のいじめ——各国の現状と取り組み　森田洋司総監修・監訳, P.K.スミスほか編, 川口仁志ほか訳　金子書房　1998.11　463p

ホーグ, ジェームス
◇アメリカとアジア, アメリカと世界（共著）（竹下興喜訳）：フォーリン・アフェアーズ傑作選——アメリカとアジアの出会い 1922-1999　上　フォーリン・アフェアーズ・ジャパン編・監訳　朝日新聞社　2001.2　331p

ボク, シセーラ
◇部分から全体へ（辰巳伸知訳）：国を愛するということ——愛国主義の限界をめぐる論争　マーサ・C.ヌスバウム他著, 辰巳伸知, 能川元一訳　人文書院　2000.5　269p
◇共通の価値観を再考する：衝突を超えて——9・11後の

世界秩序　K.ブース, T.ダン編, 寺島隆吉監訳, 塚田幸三, 寺島美紀子訳　日本経済評論社　2003.5　469p

穆 舜英　ボク, シュンエイ*
◇タジク（塔吉克）族（曽士才訳）：中国少数民族の婚姻と家族　下巻　厳汝嫻主編, 江守五夫監訳, 百田弥栄子, 曽士才, 栗原悟訳　第一書房　1996.12　335, 11p　(Academic series—New Asia 20)

朴 昌昱　ボク, ショウイク*
◇ロシア沿海州における朝鮮人移民史（孫蓮花訳）：21世紀韓朝鮮人の共生ビジョン——中央アジア・ロシア・日本の韓朝鮮人問題　權煕・徐竜達先生古希記念論集　徐竜達編著　日本評論社　2003.3　792p

牧 夫　ボク, フ
◇周恩来と韓素音：人間・周恩来——紅朝宰相の真実　金鍾編, 松田州二訳　原書房　2007.8　370p

ホーグ, マルコム・W.
◇軍事生産関数における収穫逓増：国防経済学上の諸問題——米国専門家の論文集　〔防衛研修所〕　1972　74p　(研究資料 72RT-11)

穆王　ボクオウ
◇穆天子伝（抄）：中国歴代西域紀行選　渡辺義一郎編訳　ベースボール・マガジン社　1997.8　328p

墨子　ボクシ
◇国訳墨子（小柳司気太訳註）：国訳漢文大成　第3巻　経子史部　第2輯　上　日本図書センター　2000.9　1152p

ホークシルド, アダム
◇世界は変えられる（和気久明訳）：世界は変えられる——TUPが伝えるイラク戦争の「真実」と「非戦」　TUP (Translators United for Peace = 平和をめざす翻訳者たち)監修　七つ森書館　2004.5　234, 5p

ホグナー, ロバート・H.
◇科学, 社会, そして真実（増田純一訳）：社会経営学の視座　B.トイン, D.ナイ編, 村山元英監訳, 国際経営文化学会訳　文真堂　2004.10　312p　(国際経営学の誕生 2)

ホーサー, エミー
◇集められた家族：とっておきのクリスマス——やさしい気持ちになる9つのおはなし　続　ガイドポスト編, 佐藤敬訳　いのちのことば社（発売）　1998.10　87p

ポーザー, スティーブン・W.
◇エリオット波動理論の利用法：魔術師たちのトレーディングモデル——テクニカル分析の新境地　リック・ベンショール編, 長尾慎太郎ほか訳　パンローリング　2001.3　365p　(ウィザードブックシリーズ 15)

ポサーダ, ジュアン
◇シエナ（共著）：技術とイノベーションの戦略的マネジメント　上　ロバート・A.バーゲルマン, クレイトン・M.クリステンセン, スティーヴン・C.ウィールライト編, 青島矢一, 黒田光太郎, 志賀敏宏, 田辺孝二, 出川通, 和賀三和子日本語版監修, 岡真由美, 斉藤裕一, 桜井祐子, 中川泉, 山本章子訳　翔泳社　2007.7　735p

星 岳雄　ホシ, タケオ
◇企業集団とメインバンク制度——その経済的役割：国際・学際研究　システムとしての日本企業　青木昌彦,

639

ホシシヨ

ロナルド・ドーア編, NTTデータ通信システム科学研究所 NTT出版 1995.12 503p
◇日本の金融システム（共著）（鯉淵賢訳）：日本金融システムの危機と変貌　星岳雄, ヒュー・パトリック編, 筒井義郎監訳　日本経済新聞社　2001.5　360p

ホシジョー, レナード
◇レナード・ホシジョー（戸塚亮訳）：アメリカ労働運動のニューボイス―立ち上がるマイノリティー、女性たち　ケント・ウォン編, 戸塚秀夫, 山崎精一監訳　彩流社　2003.10　256p

ボス, ジョーティ
◇それが正しいと思ったから：思いやる勇気―ユダヤ人をホロコーストから救った人びと　キャロル・リトナー, サンドラ・マイヤーズ編, 食野雅子訳　サイマル出版会　1997.4　282p

ボズウェル, ジル
◇エディプス・コンプレックス：現代クライン派入門―基本概念の臨床的理解　カタリーナ・ブロンスタイン編, 福本修, 平井正三監訳, 小野泉, 阿比野宏, 子どもの心理療法セミナーin岐阜訳　岩崎学術出版社　2005.5　243p

ボズウェル, ヤング
◇ユージン・オニール（内野儀訳）：インタヴューズ　1　クリストファー・シルヴェスター編, 新庄哲夫ほか訳　文芸春秋　1998.11　462p

ホスキン, キース
◇フーコーを「試験」する（山口健二訳）：フーコーと教育―〈知＝権力〉の解読　S.J.ボール編著, 稲垣恭子, 喜名信之, 山本雄二監訳　勁草書房　1999.4　285, 4p

ボスコ, アンドレア
◇ロージアン卿と連邦主義の立場からの国家主権批判（嘉戸一将訳）：危機の20年と思想家たち―戦間期理想主義の再評価　デーヴィッド・ロング, ピーター・ウィルソン編著, 宮本盛太郎, 関静雄監訳　ミネルヴァ書房　2002.10　371, 10p　（Minerva人文・社会科学叢書 68）

ホスト, ウィリアム
◇ネルソン提督、片腕を失う（一七九七年六月二十五日）：歴史の目撃者　ジョン・ケアリー編, 仙名紀訳　朝日新聞社　1997.2　421p

ポスト, チャールズ
◇マンデルとマルクス主義官僚制論（志田昇訳）：エルネスト・マンデル―世界資本主義と二十世紀社会主義　ジルベール・アシュカル編, 岡田光正ほか訳　柘植書房新社　2000.4　372p

ポーストマン, ニール
◇私のイヴァン・イリッチ問題：脱学校化の可能性―学校をなくせばどうなるか　イヴァン・イリッチほか著, 松崎巌訳　オンデマンド版　東京創元社　2003.6　218p　（現代社会科学叢書）

ポストマン, ニール
◇フィロ・ファーンズワース：TIMEが選ぶ20世紀の100人　上巻　指導者・革命家・科学者・思想家・起業家　徳岡孝夫訳　アルク　1999.11　332p

ボストン, アレックス
◇ウォルマート（共著）（小南祐一郎訳）：グローバル経済が世界を破壊する　ジェリー・マンダー, エドワード・ゴールドスミス編, 小南祐一郎, 塚本しづる香訳　朝日新聞社　2000.4　259p

ボストン, モイシュ
◇政治理論と歴史分析（山本啓訳）：ハーバマスと公共圏　クレイグ・キャルホーン編, 山本啓, 新田滋訳　来来社　1999.9　348p　（ボイエーシス叢書 41）
◇批判理論と経済学（共著）（中西新太郎訳）：アメリカ批判理論の現在―ベンヤミン、アドルノ、フロムを超えて　マーティン・ジェイ編, 永井務監訳　こうち書房　2000.10　511p

ボズネンコ, V.
◇武力闘争の形態と方法における発展と変化の弁証法：ソ連の軍事面における核革命　ウィリアム・キントナー, ハリエット・ファスト・スコット編　〔防衛研修所〕　1970　345p　（研究資料 70RT-9）

ポスピシル, ポール
◇イーライリリー・アンド・カンパニー：新薬開発戦略（共著）：技術とイノベーションの戦略的マネジメント　上　ロバート・A.バーゲルマン, クレイトン・M.クリステンセン, スティーヴン・C.ウィールライト著, 青島矢一, 黒田光太郎, 志賀敏宏, 田辺孝二, 出川通, 和賀三和子日本語版監修, 岡真由美, 斉藤裕一, 桜井祐名, 中川泉, 山本章子訳　翔泳社　2007.7　735p

ホースベック, キャスリン
◇ネバダ州の売春産業（共著）：セックス・フォー・セール―売春・ポルノ・法規制・支援団体のフィールドワーク　ロナルド・ワイツァー編, 岸田美貴訳, 松沢呉一監修　ポット出版　2004.8　438p

ホセ, リカルド・T.
◇信念の対決（中野聡訳）：近現代日本・フィリピン関係史　池端雪浦, リディア・N.ユー・ホセ編　岩波書店　2004.2　659, 18p

ホセ, リディア・N.ユー
◇フィリピン中立化問題をめぐるフィリピン・アメリカ・日本三国関係（伊藤裕子訳）：近現代日本・フィリピン関係史　池端雪浦, リディア・N.ユー・ホセ編　岩波書店　2004.2　659, 18p

ホセイン, ファーハド
◇パキスタン及びバングラディシュの教育における権利と障害（共著）（嶺井正也訳）：障害、人権と教育　レン・バートン, フェリシティ・アームストロング編, 嶺井正也監訳　明石書店　2003.5　442p　（明石ライブラリー 51）

ポーター, ジュディス
◇街娼の薬物使用、HIV、社会構造（共著）：セックス・フォー・セール―売春・ポルノ・法規制・支援団体のフィールドワーク　ロナルド・ワイツァー編, 岸田美貴訳, 松沢呉一監修　ポット出版　2004.8　438p

ポーター, ナタリー
◇セラピィのスーパーヴィジョンに関する新しい視点：フェミニスト心理療法ハンドブック―女性臨床心理の理論と実践　L.B.ローズウォーター, L.E.A.ウォーカー編著, 河野貴代美, 井上摩耶子訳　ヒューマン・リーグ　1994.12　317p

ポーター, ブライアン
◇デーヴィッド・デーヴィスと平和の強制(中村宏訳)：危機の20年と思想家たち—戦間期理想主義の再評価　デーヴィッド・ロング, ピーター・ウィルソン編著, 宮本盛太郎, 関静雄監訳　ミネルヴァ書房　2002.10　371, 10p　(Minerva人文・社会科学叢書 68)

ボチカリョフ, K. S.
◇軍事における現代の革命とその意味—「社会主義祖国の防衛に関するソ連共産党の綱領」より 他(共著)：ソ連の軍事面における核革命　ウィリアム・キントナー, ハリエット・ファスト・スコット編　〔防衛研修所〕　1970　345p　(研究資料 70RT-9)

ボーチャーディング, トーマス・E.
◇国民所得に占める政府の割合はなぜ拡大するのか(共著)：公共選択の展望—ハンドブック 第3巻　デニス・C.ミューラー編, 関谷登, 大岩雄次郎訳　多賀出版　2001.9　p527-812

ホッキー, スーザン
◇情報資源に対する学術研究上の新しい要件(三浦逸雄訳)：デジタル時代の大学と図書館—21世紀における学術情報資源マネジメント　B.L.ホーキンス, P.バッティン編, 三浦逸雄, 斎藤泰則, 広田とし子訳　玉川大学出版部　2002.3　370p　(高等教育シリーズ 112)

ポッター, ジョン
◇イングランド社会とそのサッカー文化(ポッター・みどり訳)：世界と日本との懸橋—これからの教養　皇学館大学社会福祉学部編　皇学館出版部　2004.3　135, 141p　(皇学館大学社会福祉学部月例文化講座 6(平成15年度))

ポッツ, パトリシア
◇中国における人権とインクルーシヴ教育(布施national訳)：障害, 人権と教育　レン・バートン, フェリシティ・アームストロング編, 嶺井正也監訳　明石書店　2003.5　442p　(明石ライブラリー 51)

ホッテル, ケーズ
◇オランダの奇跡？(北明美訳)：労働市場の規制緩和を検証する—欧州8カ国の現状と課題　G.エスピン-アンデルセン, マリーノ・レジーニ編, 伍賀一道ほか訳　青木書店　2004.2　418p

ポット, エリザベス
◇都市の家族(野沢慎司訳)：リーディングスネットワーク論—家族・コミュニティ・社会関係資本　野沢慎司編・監訳　勁草書房　2006.8　288p

ボーデイジ, トム
◇クレジットライン—ケース実績：金融データベース・マーケティング—米国における業務とシステムの実態　アーサー・F.ホルトマン, ドナルド・C.マン編著, 森田秀和, 田尾啓一訳　東洋経済新報社　1993.10　310p

ホテリング, ハロルド
◇課税の問題および鉄道料金, 公共事業の料金の問題との関連における一般厚生　他：限界費用価格形成原理の研究 1　大石泰彦・監訳　勁草書房　2005.12　266p

ポテンザ, クリフォード・W.
◇リテール・バンキングの新技術モデル：金融データベース・マーケティング—米国における業務とシステムの実態　アーサー・F.ホルトマン, ドナルド・C.マン編著, 森田秀和, 田尾啓一訳　東洋経済新報社　1993.10　310p

ボドー, アラン
◇フランス語圏文学は国境なき文学か(星埜守之訳)：文化アイデンティティの行方—橋大学言語社会研究科国際シンポジウムの記録　恒川邦夫ほか編著　彩流社　2004.2　456p

ボードゥロ, クリスチャン
◇試験における学生のレトリック：教師と学生のコミュニケーション　ピエール・ブルデュー他著, 安田尚訳　藤原書店　1999.4　198p

ボードマン, ハリー
◇デイヴィッド・ロイド・ジョージ(山岡洋一訳)：インタヴューズ 2　クリストファー・シルヴェスター編, 新庄哲夫ほか訳　文芸春秋　1998.11　451p

ボドール, A.
◇ダキアではローマの支配に対する抵抗運動が存在したか(米山安宏訳)：躍動する古代ローマ世界—支配と解放運動をめぐって　土井正興先生追悼論文集　倉橋良伸ほか編　理想社　2002.6　409p

ボナフー, パスカル
◇単独者(オー・サンギュリエ)として自分自身を描く(吉村和明, 北村陽子訳)：図説天才の子供時代—歴史のなかの神童たち　E.ル・ロワ・ラデュリー, ミシェル・サカン編, 二宮敬監訳　新曜社　1998.1　446p

ホーニック, R.
◇中国のバブルははじける：アジア成功への課題—『フォーリン・アフェアーズ』アンソロジー　P.クルーグマンほか著, 竹下興喜監訳　中央公論社　1995.3　266p

ボニーノ, シルビア
◇イタリア(共著)(金口恭久訳)：世界のいじめ—各国の現状と取り組み　森田洋司総監修・監訳, P.K.スミスほか編, 川口仁志ほか訳　金子書房　1998.11　463p

ボニーラ, ルイス
◇街娼の薬物使用, HIV, 社会構造(共著)：セックス・フォー・セール—売春・ポルノ・法規制・支援団体のフィールドワーク　ロナルド・ワイツァー編, 岸田美貴, 松沢呉一監修　ポット出版　2004.8　438p

ボヌシェール, ミッシェル
◇フランスにおける職業上の平等およびパートタイム労働に関する諸問題(佐藤修一郎訳)：21世紀の女性政策—日仏比較をふまえて　植野妙実子編著　中央大学出版部　2001.1　316p　(日本比較法研究所研究叢書)

ボネ, ジャン=クロード
◇啓蒙の世紀における, いくつかの『著名児辞典』(佐野泰雄訳)：図説天才の子供時代—歴史のなかの神童たち　E.ル・ロワ・ラデュリー, ミシェル・サカン編, 二宮敬監訳　新曜社　1998.1　446p

ボーネ, マルク
◇都市は滅びうる(青谷秀紀訳)：紛争のなかのヨーロッパ中世　服部良久編訳　京都大学学術出版会　2006.7　372p

ホネット, アクセル
◇原子論と倫理的生活(山口晃訳)：普遍主義対共同体主義　デヴィッド・ラスマッセン編, 菊池理夫, 山口晃, 有賀誠訳　日本経済評論社　1998.11　433p

ボネット, ディビッド
◇アフリカ―サハラ砂漠をハンド・コントロールの車で縦断：車椅子はパスポート―地球旅行の挑戦者たち　アリソン・ウォルシュ編, おそどまさこ日本語版責任編集, 森実真弓訳　山と渓谷社　1994.3　687p

ホフ, K.
◇現代の経済学理論と開発(共著)：開発経済学の潮流―将来の展望　G.M.マイヤー, J.E.スティグリッツ共編, 関本勘次, 近藤正規, 国際協力研究グループ訳　シュプリンガー・フェアラーク東京　2003.7　412p

ポープ, W. B.
◇キリスト教聖化論：メソジスト聖化論　1　T.N.ロールストンほか著, 蔦田真実訳　日本ウェスレー出版協会　1976.11　271p

ボブ, ダニエル・E.
◇合衆国議会と日本(有賀貞, 有賀道子訳)：日米戦後関係史―パートナーシップ 1951-2001　入江昭, ロバート・A.ワンプラー編, 細谷千博, 有賀貞監訳　講談社インターナショナル　2001.9　389p

ホープ, チャールズ
◇画家とパトロンと助言者(成沢和子訳)：ルネサンスのパトロン制度　ガイ・フィッチ・ライトル, スティーヴン・オーゲル編著, 有路雍子, 成沢和子, 舟木茂子訳　松柏社　2000.7　570p

ホプキン, ジョン
◇地理学と開発教育(中野和光訳)：世界の開発教育―教師のためのグローバル・カリキュラム　オードリー・オスラー監修, 中里亜夫監訳, 中野和光, 吉野あかね, 川上具実訳　明石書店　2002.8　498p

ホプキンズ, ダイアン・マクアフェ
◇『図書館の権利宣言』と学校図書館メディア・プログラム(川崎良孝訳)：『図書館の権利宣言』を論じる　ウェイン・A.ウィーガンド編, 川崎良孝, 薬院院はるみ訳　京都大学図書館情報学研究会　2000.9　195p

ホプキンズ, ディー
◇カナダ―長距離バスに車椅子を積んで旅したカナダ：車椅子はパスポート―地球旅行の挑戦者たち　アリソン・ウォルシュ編, おそどまさこ日本語版責任編集, 森実真弓訳　山と渓谷社　1994.3　687p

ホブデル, ロジャー
◇個人療法とグループ療法との併用(高野佳世訳)：分析的グループセラピー　ジェフ・ロバーツ, マルコム・パイン編, 浅田護, 衣笠隆幸監訳　金剛出版　1999.1　261p

ホフナー, H. A.
◇ヒッタイト人とフルリ人(古畑正富訳)：旧約聖書時代の諸民族　D.J.ワイズマン編, 池田裕監訳　日本基督教団出版局　1995.10　578p

ホーフマイアー, ヨーハン
◇ヨーハン・ミヒャエル・ザイラー：正統派, 敬虔派, 啓蒙派の時代の牧会者たち　2　日本キリスト教団出版局　2002.10　268p　(魂への配慮の歴史　第8巻

C.メラー編, 加藤常昭訳)

ホフマン, エリザベス
◇公共選択実験：公共選択の展望―ハンドブック　第2巻　デニス・C.ミューラー編, 関谷登, 大岩雄次郎訳　多賀出版　2001.7　p297-526

ホフマン, ジョン・P.
◇古くからの課題に答える(山本英弘, 藤田泰昌訳)：〈社会〉への知/現代社会学の理論と方法　下　経験知の現在　盛山和夫, 土場学, 宮宮大志郎, 織田輝哉編著　勁草書房　2005.8　217p

ホフマン, ダイアン・M.
◇アメリカ社会における理想的な子ども像：比較教育学―伝統・挑戦・新しいパラダイムを求めて　マーク・ブレイ編著, 馬越徹, 大塚豊監訳　東信堂　2005.12　361p

ホフマン, フランシス・G.
◇米国の戦略計画策定(一九一九～一九三九年)(庄司潤一郎監訳)：日米戦略思想史―日米関係の新しい視点　石津朋之, ウィリアムソン・マーレー編　彩流社　2005.4　299, 3p

ボブロ, マリア・バルヒフカー
◇何かしなければ(共著)：思いやる勇気―ユダヤ人をホロコーストから救った人びと　キャロル・リトナー, サンドラ・マイヤーズ編, 食野雅子訳　サイマル出版会　1997.4　282p

ホーヘンダール, ピーター・U.
◇批判理論の再評価(佐藤春吉訳)：アメリカ批判理論の現在―ベンヤミン, アドルノ, フロムを超えて　マーティン・ジェイ編, 永井務監訳　こうち書房　2000.10　511p

ホポカン
◇英国に味方して：北米インディアン生活誌　C.ハミルトン編, 和巻耿介訳　社会評論社　1993.11　408p

ポポフ, ボリス
◇ベリヤの時代(共著)：ベリヤ―スターリンに仕えた死刑執行人 ある出世主義者の末路　ヴラジーミル・F.ネクラーソフ編, 森田明訳　エディションq　1997.9　365p

ポマータ, ジアンナ
◇『女の歴史』(II中世, III十六－十八世紀)に関する考察―女性史, ジェンダーの歴史：「女の歴史」を批判する　G.デュビィ, M.ペロー編, 小倉和ศ訳　藤原書店　1996.5　259p

ボーマン, ジグムント
◇巡礼者から旅行者へ, あるいはアイデンティティ小史(柿沼敏江訳)：カルチュラル・アイデンティティの諸問題―誰がアイデンティティを必要とするのか?　スチュアート・ホール, ポール・ドゥ・ゲイ編, 宇波彰監訳・解説　大村書店　2001.1　342p

ホーマン, ハラルド
◇環境上健全なインド産の皮革(平覚訳)：グローバル化時代の法と法律家　阿部昌樹, 佐々木雅寿, 平覚編　日本評論社　2004.2　363p

ポミリオ, マリオ
◇キリストの手足：十字架の道行　レンツォ・アガッソ編著, マウリツィオ・ボスコロ絵　ドン・ボスコ社

1996.10　47p

ポメランチ, ビアンカ
◇ジェンダー・レンズで見るグローバル化時代のヨーロッパ：グローバル化とジェンダー——「女の視点」「男の視点」を超えた政策を求めて「アジア・欧州対話：ジェンダーをめぐる課題」木更津会議（2001年）　デルフィン・コロメ, 目黒依子, 山本正編　日本国際交流センター　2002.5　198p

ポメロー, アンドレ
◇乳児のオペラント学習と馴化（共著）：行動分析学からの発達アプローチ　シドニー・W.ビジュー, エミリオ・リベス編, 山口薫, 清水直治監訳　二瓶社　2001.7　253p

ボヤシギラー, ナキエ・A.
◇インサイダーとアウトサイダー（共著）（富岡昭訳）：国際経営学の誕生　3　組織理論と組織行動の視座　ブライアン・トイン, ダグラス・ナイ編, 村山元英監訳, 国際経営文化学会訳　文真堂　2000.3　392p

ポラード, C. ウィリアム
◇奉仕するリーダー：未来組織のリーダー——ビジョン・戦略・実践の革新　フランシス・ヘッセルバイン, マーシャル・ゴールドスミス, リチャード・ベカード編, 田代正美訳　ダイヤモンド社　1998.7　239p

ポラニー, ジョン・C.
◇科学者って何をする人なの？：ノーベル賞受賞者にきく子どものなぜ？なに？　ベッティーナ・シュティーケル編, 畔上司訳　主婦の友社　2003.1　286p
◇科学者って何をする人なの？：ノーベル賞受賞者にきく子どものなぜ？なに？　ベッティーナ・シュティーケル編, 畔上司訳　主婦の友社　2005.10　222p

ホラーバッハ, アレクサンダー
◇フライブルク法学部の公法学の歴史について（須賀博志訳）：日独憲法学の創造力——栗城寿夫先生古稀記念　下巻　樋口陽一, 上村貞美, 戸波江二編集代表　信山社　2003.9　759p

ホラン, H. E.
◇1954年中のNATO海洋演習：ブラッセー軍事年鑑——研修資料　〔1955年版〕　防衛研修所　1957　98p　（研修資料別冊　第150号）
◇1957年における主要なNATO海洋演習：ブラッセー軍事年鑑　1958年版抄訳　防衛研修所　1959　82p　（研修資料　第211号）

ホランダー, エドウィン・P.
◇組織におけるリーダーシップとフォロワーシップ（水野智訳）：仕事の社会心理学　Peter Collett, Adrian Furnham原著編, 長田雅喜, 平林進訳編　ナカニシヤ出版　2001.6　303p

ポーランド, ドレッセ
◇性転換症：偽りの肉体——性転換のすべて　バーバラ・カンプラート, ワルトラウト・シッフェルス編著, 近藤聡子訳　信山社出版　1998.6　210p

ポーリー, マーク・V.
◇二重人格——個人的意思決定と社会的意思決定における矛盾：ウォートンスクールの意思決定論　ステファン・J.ホッチ, ハワード・C.クンリューサー編, 小林陽太郎監訳, 黒田康史, 大塔達也訳　東洋経済新報社　2006.8　374p　（Best solution）

ポリア, バラト・C.
◇戦略的アウトソーシング——外部委託する機能を見極めよ：米先進企業CIOが明かすIT経営を成功させる17の「法則」　ディーン・レーン編, 飯田雅美, 高野恵里訳, 日経情報ストラテジー監訳　日経BP社　2005.7　431p

ボリィエソン, ブリット
◇スウェーデン—強固さと変化（共著）：世界のメディア・アカウンタビリティ制度——デモクラシーを守る七つ道具　クロード・ジャン・ベルトラン編著, 前沢猛訳　明石書店　2003.5　590p　（明石ライブラリー 49）

堀内 昭義　ホリウチ, アキヨシ
◇金融ビッグバン（堀内昭義著・訳）：日本金融システムの危機と変貌　星岳雄, ヒュー・パトリック編, 筒井貞郎監訳　日本経済新聞社　2001.5　360p

堀内 俊洋　ホリウチ, トシヒロ*
◇銀行との取引関係およびローン・シンジケーションに及ぼす企業規模の効果：日本のメインバンク・システム　青木昌彦, ヒュー・パトリック編, 東銀リサーチインターナショナル訳　東洋経済新報社　1996.5　495p

ポリーフカ, ミロスラフ
◇帝国都市ニュンベルクとのフェーデに見るチェコ貴族の自意識（藤井真生訳）：紛争のなかのヨーロッパ中世　服部良久編訳　京都大学学術出版会　2006.7　372p

ボリョ, ダニエル
◇ジェンダーと性的指向をめぐる欧州の法と政治（南野森訳）：ジェンダー法学・政治学の可能性——東北大学COE国際シンポジウム・日本学術会議シンポジウム　辻村みよ子, 山元一編　東北大学出版会　2005.4　332p　（ジェンダー法・政策研究叢書 東北大学21世紀COEプログラム 第3巻　辻村みよ子監修）

ボリンガー, シュテファン
◇社会文化制度の「止揚」他（共著）：岐路に立つ統一ドイツ——果てしなき「東」の植民地化　フリッツ・フィルマー編著, 木戸衛一訳　青木書店　2001.10　341p

ポーリング, ナンシー
◇一緒に話しませんか：障害のある学生を支える——教員の体験談を通じて教育機関の役割を探る　ボニー・M.ホッジ, ジェニー・プレストン・サビン編, 太田晴康監訳, 三沢かがり訳　文理閣　2006.12　228p

ホリンジャー, デイヴィッド・A.
◇PTAその他との論争：人権の政治学　マイケル・イグナティエフ著, エイミー・ガットマン編, 添谷育志, 金田耕一訳　風行社　2006.6　275, 9p

ボル, アルトゥール
◇ドイツ社会的市場経済の試練（渡辺尚訳）：孤立と統合——日独戦後史の分岐点　渡辺尚, 今久保幸生, ヘルベルト・ハックス, ヲルフガンク・クレナー編　京都大学学術出版会　2006.3　395p

ポール, エリック
◇東南アジア諸国連合の将来に対する地政学的見解（岩垂雅子訳）：アジア太平洋と国際関係の変動——その地政学の展望　Dennis Rumley編, 髙木彰彦, 千葉立也, 福嶋依子訳　古今書院　1998.2　431p

ホール, グラディス
◇タルーラ・バンクヘッド (吉田美枝訳):インタヴューズ 1 クリストファー・シルヴェスター編, 新庄哲夫ほか訳 文芸春秋 1998.11 462p

ホール, ジェイン・E.
◇紛争予防—地球規模の管理から近隣諸国による監視へ (共著) (瀬谷幸代訳):地球公共財—グローバル時代の新しい課題 インゲ・カール, イザベル・グルンベルグ, マーク・A. スターン編, FASID国際開発研究センター訳 日本経済新聞社 1999.11 326p

ボール, ジョージ・W.
◇外交におけるスローガンと現実 (湯浅成大訳):フォーリン・アフェアーズ傑作選—アメリカとアジアの出会い 1922-1999 上 フォーリン・アフェアーズ・ジャパン編・監訳 朝日新聞社 2001.2 331p

ホール, ジョナサン・マーク
◇偽りの友 (三村千恵子訳):実践するセクシュアリティ—同性愛/異性愛の政治学 風間孝, キース・ヴィンセント, 河口和也編 動くゲイとレズビアンの会 1998.8 263p (アイデンティティ研究叢書1)

ホール, ステファニ
◇汽車・出た—ごめん (酒井信雄訳):アメリカのろう文化 シャーマン・ウィルコックス編, 鈴木清史, 酒井信雄, 太田憲男訳 明石書店 2001.3 301p (明石ライブラリー 29)

ホール, モードント
◇グレタ・ガルボ (永井淳訳):インタヴューズ 1 クリストファー・シルヴェスター編, 新庄哲夫ほか訳 文芸春秋 1998.11 462p

ホール, ラン
◇家庭内性暴力の被害のあとの五編:記憶の底から—家庭内性暴力を語る女性たち トニー・A.H.マクナロン, ヤーロウ・モーガン編, 長谷川真実訳 青弓社 1995.12 247p

ホール, ロドニー・ブルース
◇社会的アイデンティティーの変容と国際秩序の変化:グローバル社会のダイナミズム—理論と展望 村井吉敬, 安野正士, デヴィット・ワンク, 上智大学21世紀COEプログラム共編 Sophia University Press上智大学出版 2007.8 284p (地域立脚型グローバル・スタディーズ叢書第1巻)

ボールガード, ロバート・A.
◇地球—地域関係の理論化 (大六野耕作訳):世界都市の論理 ポール・L.ノックス, ピーター・J.テイラー共編, 藤田直晴訳編 鹿島出版会 1997.5 204p

ポルキンホーン, ドナルド・E.
◇実践のポストモダン的認識論 (田713宗宏訳):心理学とポストモダニズム—社会構成主義とナラティヴ・セラピーの研究 シュタイナー・クヴァル編, 永井務監訳 こうち書房 2001.7 294p

ホールゲイト, スティーヴン
◇ヘーゲル, ロールズ, そして理性的国家:リベラリズムとコミュニタリアニズムを超えて—ヘーゲル法哲学の研究 ロバート・R.ウイリアムズ編, 中村浩爾, 牧野広義, 形野清貴, 田中幸世訳 文理閣 2006.12 369p

ホルシンガー, ジョン
◇学習曲線 (共著):ロビンスカップの魔術師たち—トレードコンテストのチャンピオンが語るトレーディングの極意 チャック・フランク, パトリシア・クリサフリ編, 古河みつる訳 パンローリング 2006.5 273p (ウィザードブックシリーズ v.102)

ホルスティ, オーレ
◇民主主義推進は国民の要求か:アメリカによる民主主義の推進—なぜその理念にこだわるのか 猪口孝, マイケル・コックス, G.ジョン・アイケンベリー編 ミネルヴァ書房 2006.6 502, 12p (国際政治・日本外交叢書 1)

ホルスト, ジェスパー
◇福祉国家と個人の自由 (窪田眞二訳):世界のインクルーシブ教育—多様性を認め, 排除しない教育をハリー・ダニエルズ, フィリップ・ガーナー編著, 中村満紀男, 窪田真二監訳 明石書店 2006.3 540p (明石ライブラリー 92)

ポルスビー, ネルソン
◇オースチン・ラニイ他 (山本秀則訳):アメリカ政治学を創った人たち—政治学の口述史 M.ベアー, M.ジューエル, L.サイゲルマン編, 内山秀夫監訳 ミネルヴァ書房 2001.12 387p (Minerva人文・社会科学叢書 59)

ホルセイ, チェリル・M.
◇国民所得に占める政府の割合はなぜ拡大するのか (共著):公共選択の展望—ハンドブック 第3巻 デニス・C.ミューラー編, 関谷登, 大岩雄次郎訳 多賀出版 2001.9 p527-812

ボルゾフ, I. I.
◇海上における強大な要塞:軍事における革命, その意義と結果—1964年度の赤星の代表的軍事論文集 防衛研修所 1965 158p (読書資料 12-4-3)

ポールソン, ヤン
◇高齢者:スウェーデンの住環境計画 スヴェン・ティーベイ編著, 外山義訳 鹿島出版会 1996.2 292p

ホールダー, ドミニク
◇コミットメントの自己管理術 (共著):コミットメント—熱意とモラールの経営 Diamondハーバード・ビジネス・レビュー編集部訳 ダイヤモンド社 2007.4 270p (Harvard business review)

ボルツ, ジュディス・マギー
◇浄明道の祖師許遜にまつわる物語の再検討:中国宗教文献研究 京都大学人文科学研究所編 臨川書店 2007.2 487p

ホルツ, ハインリヒ
◇ヒエローニュムス:古代教会の牧会者たち 1 日本基督教団出版局 2000.6 241p (魂への配慮の歴史第2巻 C.メラー編, 加藤常昭訳)

ホルツ, ハラルド
◇自然のパースペクティブ他 (共著) (長島隆訳):シェリング哲学入門 H.バウムガルトナー編, 北村実監訳, 伊坂青司ほか訳 早稲田大学出版部 1997.2 210, 24p

ホルト, エドウィン・B.
◇フロイト流の意図(本多啓訳):生態心理学の構想——アフォーダンスのルーツと尖端 佐々木正人, 三嶋博之編訳 東京大学出版会 2005.2 217p

ボルト, ジェームズ・F.
◇三次元リーダーの育成:未来組織のリーダー——ビジョン・戦略・実践の革新 フランシス・ヘッセルバイン, マーシャル・ゴールドスミス, リチャード・ベカード編, 田代正美訳 ダイヤモンド社 1998.7 239p

ボルト, ジョン
◇宇宙的聖霊論へのエキュメニカルな転換:改革派神学の新しい視座——アイラ・ジャン・ヘッセリンクJr. 博士献呈論文集 ユージン・P.ハイデマンほか著, 池永倫明, 池永順一共訳 一麦出版社 2002.6 206p

ホルト, ディヴィド
◇ブラック・マウンテンにやってきた最初のオートバイ:話はめぐる——聞き手から語り手へ 子どもと大人のためのストーリーテリング ナショナル・ストーリーテリング保存育成協会編, 佐藤涼子訳 リブリオ出版 1999.11 166p

ボールドウィン, ゴードン・B.
◇『図書館の権利宣言』:論評(川崎良孝訳):『図書館の権利宣言』を論じる ウェイン・A.ウィーガンド編, 川崎良孝, 薬師院はるみ訳 京都大学図書館情報学研究会 2000.9 195p

ボールドウィン, デイビッド・G.
◇メジャー・リーグ流コーチング:コーチングの思考技術 Diamondハーバード・ビジネス・レビュー編集部編訳 ダイヤモンド社 2001.12 266p

ホルトマン, アルト
◇MCIFs——意思決定への手引き 他:金融データベース・マーケティング——米国における業務とシステムの実態 アーサー・F.ホルトマン, ドナルド・C.マン編著, 森品秀和, 田尾啓一訳 東洋経済新報社 1993.10 310p

ボルトン, ジョン・R.
◇グローバルガバナンスは深刻に受け止めるべきなのか:国際関係リーディングズ 猪口孝編, 幸野良夫訳 東洋書林 2004.11 467p

ボルナレル, ジャン
◇高等教育機関経費算定センター(共著):高等教育における評価と意思決定過程——フランス, スペイン, ドイツの経験 OECD編, 服部憲児訳 広島大学大学教育研究センター 1997.2 151p (高等教育研究叢書 43)

ボルフラム
◇租税法における法の実現に及ぼす共同体法の影響(共著)(木村弘之亮訳):EU法・ヨーロッパ法の諸問題——石川明教授古稀記念論文集 桜井雅夫編集代表 信山社出版 2002.9 498p

ポールマン, クリストファ
◇法の具体的・進歩的創造の源としての訴訟(石川裕一郎訳):公共空間における裁判権——フランスのまなざし 日仏公法セミナー編 有信堂高文社 2007.2 313p

ホルムバーグ, E. R. R.
◇軍事オペレーショナル・リサーチ:ブラッセイ軍事年鑑 1959年版抄訳 防衛研修所 1960 88p (研修資料 第234号)

ボルン, ヨアヒム
◇カギとしての言語(共著)(仲正昌樹訳):差異化する正義 仲正昌樹編 御茶の水書房 2004.7 285p (叢書・アレテイア 4)

ポレ, ミシェル
◇恐怖政治の恐怖 他:十八世紀の恐怖——言説・表象・実践 ジャック・ベールシュトルド, ミシェル・ポレ編, 飯野和夫, 田所光男, 中島ひかる訳 法政大学出版局 2003.12 446p (叢書・ウニベルシタス 782)

ポレート, マルグリット
◇単純な魂の鏡(中原康彦訳):中世思想原典集成 15 女性の神秘家 上智大学中世思想研究所編訳・監修 平凡社 2002.4 1061p

ボーレン, ジーン・シノダ
◇アテナ, アルテミス, アフロディテ, そして意識的な女性性に至る通過儀礼(川戸圓訳):女性の誕生——女性であること:意識的な女性性の誕生 コニー・ツヴァイク編, 川戸円訳 山王出版 1996.9 398p
◇アテナ, アルテミス, アフロディテ, そして意識的な女性性に至る通過儀礼(川戸圓訳):女性の誕生——女性であること:意識的な女性性の誕生 コニー・ツヴァイク編, 川戸円, リース・滝幸子訳 第2版 山王出版 1997.9 403p
◇魂の窓:魂をみがく30のレッスン リチャード・カールソン, ベンジャミン・シールド編, 鴨志田千枝子訳 同朋舎 1998.6 252p
◇ためになるか, 楽しいかで行動する:小さなことを大きな愛でやろう リチャード・カールソン, ベンジャミン・シールド編, 小谷啓子訳 PHP研究所 1999.11 263, 7p

ホロウェイ, スーザン・D.
◇離婚した母親の子育て効果——対処戦略と社会的支持との関係(共著)(村上弘子訳):女と離婚/男と離婚——ジェンダーの相違による別居・離婚・再婚の実態 サンドラ・S.ヴォルギー編著, 小池のり子, 村上弘子訳 家政教育社 1996.9 238p

ボロス
◇ボロス(鎌田邦宏訳):ソクラテス以前哲学者断片集 第4分冊 内山勝利編 岩波書店 1998.2 329p

ポロスコフ, ニコライ
◇偉大な諜報員の世紀:ゾルゲ事件関係外国語文献翻訳集 no.10 日露歴史研究センター事務局編 日露歴史研究センター事務局 2005.12 64p

ホロックス, バーバラ
◇タイ—オート三輪に車椅子を乗せて, 走りまわったバンコック:車椅子はパスポート——地球旅行の挑戦者たち アリソン・ウォルシュ編, おそどまさこ日本語版責任編集, 森実真弓訳 山と渓谷社 1994.3 687p

ホワイト, K. A.
◇一七世紀低地スコットランドにおける農村社会構造についての若干の展望(共著):アイルランドとスコットランド——比較社会経済史 T.M.ディヴァイン, D.ディクソン編著, 津波古充文訳 論創社 1992.8 474p

ホワイト, N. J.
◇帝国の残影(秋田茂訳):帝国の終焉とアメリカーアジア国際秩序の再編 渡邊昭一編 山川出版社 2006.5 313, 10p

ホワイト, ジャック・E.
◇マーチン・ルーサー・キング:TIMEが選ぶ20世紀の100人 上巻 指導者・革命家・科学者・思想家・起業家 徳岡孝夫監訳 アルク 1999.11 332p

ホワイト, ジョージ・R.
◇効果的なイノベーションのための管理基準:技術とイノベーションの戦略的マネジメント 上 ロバート・A.バーゲルマン, クレイトン・M.クリステンセン, スティーヴン・C.ウィールライト編著, 青島矢一, 黒田光太郎, 志賀敏宏, 田辺孝二, 出川通, 和賀三和子日本語版監修, 岡真由美, 斉藤裕一, 桜井祐子, 中川泉, 山本章子訳 翔泳社 2007.7 735p

ホワイト, スティーヴン・D.
◇合意は法に勝り, 和解は判決に勝る(轟木広太郎訳):紛争のなかのヨーロッパ中世 服部良久編訳 京都大学学術出版会 2006.7 372p

ホワイト, デイビッド・A.
◇ヘッジファンドへの投資:投資方針のインプリケーション:ヘッジファンドの世界—仕組み・投資手法・リスク J.レダーマン, R.A.クレイン編, 中央信託銀行オルタナティブアセット研究会訳 東洋経済新報社 1999.1 297p

ホワイト, ヘイドン
◇歴史のプロット化と真実の問題(上村忠男訳):アウシュヴィッツと表象の限界 ソール・フリードランダー編, 上村忠男ほか訳 未来社 1994.4 260p (ポイエーシス叢書 23)

ホワイト, ポール
◇ロンドンにおける日本人(水口朋子訳):海外における日本人, 日本のなかの外国人—グローバルな移民流動とエスノスケープ 岩崎信彦, ケリ・ピーチ, 宮島喬, ロジャー・グッドマン, 油井清光編 昭和堂 2003.2 482p

ホワイト, マーティン・K.
◇中華人民共和国における死:中国の死の儀礼 ジェイムズ・L.ワトソン, エヴリン・S.ロウスキ編, 西脇常記, 神田一世, 長尾佳代子訳 平凡社 1994.11 416p

ホワイトヘッド, ジョン
◇サー・オスカー・モーランド—駐日大使 一九五九-六三年(松村耕輔訳):歴代の駐日英国大使—1859-1972 サー・ヒュー・コータッツィ編著, 日英文化交流研究会訳 文眞堂 2007.3 480p

ホワイトホース, エミ
◇チェンジング・ウーマンの娘たち:風の言葉を伝えて=ネイティブ・アメリカンの女たち ジェーン・キャッツ編, 船木アデルみさ, 船木卓也訳 築地書館 1998.3 262p

ホワイトラム, K. W.
◇イスラエルの王権(山田雅道訳):古代イスラエルの世界—社会学・人類学・政治学からの展望 R.E.クレメンツ編, 木田献一, 月本昭男監訳 リトン 2002.11 654p

ポワトリ, ギ
◇迷宮の中で:十八世紀の恐怖—言説・表象・実践 ジャック・ベールシュトルド, ミシェル・ポレ編, 飯野和夫, 田所光男, 中島ひかる訳 法政大学出版局 2003.12 446p (叢書・ウニベルシタス 782)

ポワリエ, スティーブ
◇イエス様を手本にする:子供たちへの手紙—あなたにこれだけは伝えたい エリカ・グッド編, 中埜有理訳 三田出版会 1997.7 371p

ポワリエ, フィリップ
◇図書館と博物館の共通の歴史:フランスの博物館と図書館 M.ブラン=モンマイユール他著, 松本栄寿, 小浜清子訳 玉川大学出版部 2003.6 198p

ホーン, カンティネタ
◇平和のモカシン(星川淳訳):世界は変えられる—TUPが伝えるイラク戦争の「真実」と「非戦」 TUP(Translators United for Peace=平和をめざす翻訳者たち)監修 七つ森書館 2004.5 234, 5p

ホン, ギョンジュン
◇福祉国会の類型に関する質的比較分析:韓国福祉国家性格論争 金淵明編, 韓国社会保障研究会訳 流通経済大学出版会 2006.1 433p

洪 淳瑛 ホン, スニョン 《Hong, Soon-young》
◇韓国は平和共存をめざす:アメリカと北朝鮮—外交的解決か武力行使か フォーリン・アフェアーズ・ジャパン編・監訳, 竹下興喜監訳 朝日新聞社 2003.3 239, 4p

洪 性満 ホン, ソンマン
◇政府—非政府組織(NGO)間の政策競争と合意形成過程(李芝英訳):現代韓国の市民社会・利益団体—日韓比較による体制移行の研究 辻中豊, 廉載鎬編著 木鐸社 2004.4 490p (現代世界の市民社会・利益団体研究叢書 2 辻中豊編)

洪 徳律 ホン, ドクユル*
◇階級論論争(琴玲夏訳):韓国社会論争—最新ガイド 月刊『社会評論』(韓国)編集部編, 文京洙ほか監訳 社会評論社 1992.10 299p

ホン, マリオン・H.
◇遠く離れた国に一人放られて(共著):幼児のための多文化理解教育 ボニー・ノイゲバウエル編著, 谷口正子, 斉藤法子訳 明石書店 1997.4 165p

ボーン, ロジャー
◇「その場しのぎ症候群」から脱する法:「リスク感度」の高いリーダーが成功を重ねる Diamondハーバード・ビジネス・レビュー編集部訳 ダイヤモンド社 2005.11 242p (Harvard business review anthology)

洪 瑀欽 ホング, ウフウム
◇忘憂堂敦再祐の文学中に現れた義の精神を論ず(松本丁俊訳):東洋学論集—中村璋八教授古稀記念 中村璋八博士古稀記念論集編集委員会編 汲古書院 1996.1 1272, 3p

ボンジェール, Y.
◇フランス中世刑事訴訟法史 他:塙浩著作集—西洋法史研究 19 フランス刑事法史 塙浩訳著 信山社出版 2000.6 790p

ボーンスタイン, スティーブン・M.
◇リーダーのジレンマ（共著）：未来組織のリーダー—ビジョン・戦略・実践の革新　フランシス・ヘッセルバイン, マーシャル・ゴールドスミス, リチャード・ベカード編, 田代正美訳　ダイヤモンド社　1998.7　239p

ボンダレンコ, V. M.
◇軍事技術の優越：確実な国防の最も重要な要素：ソ連の軍事面における核革命　ウィリアム・キントナー, ハリエット・ファスト・スコット編　〔防衛研修所〕　1970　345p　（研究資料 70RT-9）

ポンティエ, ジャン＝マリ
◇分権の進展と法治国家の新たな論点（大津浩訳）：公共空間における裁判権―フランスのまなざし　日仏公法セミナー編　有信堂高文社　2007.2　313p

ポンティコス, エウアグリオス
◇修行論：中世思想原典集成 3　後期ギリシア教父・ビザンティン思想　上智大学中世思想研究所編訳・監修　平凡社　1994.8　975p

ボンド, パトリック
◇トップダウンかボトムアップか：論争グローバリゼーション—新自由主義対社会民主主義　デヴィッド・ヘルド編, 猪口孝訳　岩波書店　2007.5　241p

ポントゥソン, ジョナス
◇新自由主義とドイツ・モデルの間で：現代の資本主義制度—グローバリズムと多様性　コーリン・クラウチ, ウォルフガング・ストリーク編, 山田鋭夫訳　NTT出版　2001.7　301p

ポンパー, フィリップ
◇トロツキーとマルトフ：トロツキー再評価　P.デュークス, T.ブラザーストン編　新評論　1994.12　381p

ボンビエリ, エンリコ
◇1たす1はどうして2なの？：ノーベル賞受賞者にきく子どものなぜ？なに？　ベッティーナ・シュティーケル編, 畔上司訳　主婦の友社　2005.10　222p

ボンフィル, ロバート
◇ユダヤ人社会の読書（浦一章訳）：読むことの歴史—ヨーロッパ読書史　ロジェ・シャルティエ, グリエルモ・カヴァッロ編, 田村毅ほか共訳　大修館書店　2000.5　634p

ホーンベック, スタンレー・K.
◇中国に関する原則と政策（広部泉訳）：フォーリン・アフェアーズ傑作選—アメリカとアジアの出会い 1922-1999 上　フォーリン・アフェアーズ・ジャパン編・監訳　朝日新聞社　2001.2　331p

ホーンベック, デイビッド
◇支店設置場所の決定（共著）：金融データベース・マーケティング—米国における業務とシステムの実態　アーサー・F.ホルトマン, ドナルド・C.マン編著, 森田秀和, 田尾啓一訳　東洋経済新報社　1993.10　310p

【マ】

マイアー, カール・ウーリッヒ
◇人生史データを収集すること（共著）：ライフコース研究の方法―質的ならびに量的アプローチ　グレン・H.エルダー, ジャネット・Z.ジール編著, 正岡寛司, 藤見純子訳　明石書店　2003.10　528p　（明石ライブラリー 57）

マイアー, ディートリヒ
◇ニコラウス・ルートヴィヒ・フォン・ツィンツェンドルフ：正統派, 敬虔派, 啓蒙派の時代の牧会者たち 1　日本キリスト教団出版局　2002.6　284p　（魂への配慮の歴史 第7巻　C.メラー編, 加藤常昭訳）

マイクルズ, ウォルター・ベン
◇文明の終わり？（三浦玲一訳）：文化アイデンティティの行方―橋大学言語社会研究科国際シンポジウムの記録　恒川邦夫ほか編著　彩流社　2004.2　456p

マイケル, マイク
◇ポストモダン的主体（織田孝裕訳）：心理学とポストモダニズム—社会構成主義とナラティヴ・セラピーの研究　シュタイナー・クヴァル編, 永井務監訳　こうち書房　2001.7　294p

マイケルセン, ヨハネス
◇市場, 福祉国家, 社会的経済セクター—デンマークの事例（柳沢敏勝訳）：社会的経済—近未来の社会経済システム　J.ドゥフルニ, J.L.モンソン編著, 富沢賢治, 内山哲朗, 佐藤誠, 石塚秀雄, 中川雄一郎ほか訳　日本経済評論社　1995.3　486p
◇市場, 福祉国家, 社会的経済セクター—デンマークの事例（柳沢敏勝訳）：社会的経済—近未来の社会経済システム　J.ドゥフルニ, J.L.モンソン編著, 富沢賢治ほか訳　オンデマンド版　日本経済評論社　2003.6　486p

マイスト, クルト・ライナー
◇自己実現する懐疑論（栗原隆訳）：論争の哲学史―カントからヘーゲルへ　W.イェシュケ編, 高山守, 藤田正勝監訳　理想社　2001.2　425, 4p

マイヤー, コール・J. W.
◇オランダキャッシュフローの方向性変更による統合への支援（共著）（吉利宗久訳）：世界のインクルーシブ教育—多様性を認め, 排除しない教育　ハリー・ダニエルズ, フィリップ・ガーナー編著, 中村満紀男, 窪田真二監訳　明石書店　2006.3　540p　（明石ライブラリー 92）

マイヤー, ジョン・W.
◇国民国家の標準化とグローバル化：グローバル社会のダイナミズム—理論と展望　村井忠敬, 安野正士, デヴィット・ワンク, 上智大学21世紀COEプログラム共編　Sophia University Press上智大学出版　2007.8　284p　（地域立脚型グローバル・スタディーズ叢書 第1巻）

マイヤー, ハラルド
◇スイスの栄光と苦難（踊共二訳）：スイスと日本—日本におけるスイス受容の諸相　森田安一編　刀水書房　2004.10　314p

マイヤー, フェデリコ
◇序：太陽神話—生命力の象徴　マダンジート・シン, UNESCO編, 木村重信監修　講談社　1997.2　399p

マイヤー, ロータル
◇フィリップ・ホルツマン（共著）：ドイツ企業のパイオニア—その成功の秘密　ヴォルフラム・ヴァイマー編著, 和泉雅人訳　大修館書店　1996.5　427p

647

マイヤス

マイヤーズ, デビッド・G.
◇情熱をもって心理学を教える(南学訳)：アメリカの心理学者心理学を語る―授業実践と教科書執筆のためのTIPS R.J.スタンバーグ編著, 宮元博章, 道田泰司訳 北大路書房 2000.6 247p

マイヤー=ドラーヴェ, ケーテ
◇同化, 拒絶, 鼓舞(伊藤均訳)：ハイデガーと実践哲学 A.ゲートマン=ジーフェルト, O.ペゲラー編, 下村鋭二, 竹市明弘, 宮原勇監訳 法政大学出版局 2001.2 519, 12p (叢書・ウニベルシタス 550)

マイヤーバーグ, マルシア
◇国際資本市場における投資家及び発行体の証券化の活用(小池圭吾訳)：証券化の基礎と応用 L.T.ケンドール, M.J.フィッシュマン編, 前田和彦, 小池圭吾訳 東洋経済新報社 2000.2 220p

マイヤーホフ, バーバラ・G.
◇ウィリクタへの回帰―ウイチョル・インディアンのペヨーテ狩りにおける儀礼的逆転と象徴的連続(井上兼行訳)：さかさまの世界―芸術と社会における象徴的逆転 バーバラ・A.バブコック編, 岩崎宗治, 井上兼行訳 岩波書店 2000.11 310, 34p (岩波モダンクラシックス)

マイヤー=レンシュハウゼン, エリザベート
◇ブレーメンの道徳スキャンダル：生物学が運命を決めたとき―ワイマールとナチスドイツの女たち レナード・ブライデンソール, アチナ・グロスマン, マリオン・カプラン編, 近藤和子訳 社会評論社 1992.11 413p

マイヨ, シルヴァーナ・デ
◇イタリア・外交文書と新聞記事からみた岩倉使節団(岩倉翔子訳)：欧米から見た岩倉使節団 イアン・ニッシュ編, 麻田貞雄他訳 ミネルヴァ書房 2002.4 263, 42p (Minerva日本史ライブラリー 12)

マイルズ, M.(障害者教育)
◇パキスタン及びバングラディシュの教育における権利と障害(共著)：障害, 人権と教育 レン・バートン, フェリシティ・アームストロング編, 嶺井正也監訳 明石書店 2003.5 442p (明石ライブラリー 51)

マイルス, ジャック
◇イラク人戦没者の扱いにアメリカの不名誉を見る(丸田由紀子, 井上利男訳)：世界は変えられる―TUPが伝えるイラク戦争の「真実」と「非戦」 TUP(Translators United for Peace＝平和をめざす翻訳者たち)監修 七つ森書館 2004.5 234, 5p

マイルズ, ジョン
◇市場が失敗したとき―カナダとアメリカ合衆国における社会福祉(後藤玲子訳)：転換期の福祉国家―グローバル経済下の適応戦略 G.エスピン・アンデルセン編, 埋橋孝文監訳 早稲田大学出版部 2003.12 351p
◇カナダの年金改革(共著)(藤村直史訳)：年金改革の比較政治学―経路依存性と非難回避 新川敏光, ジュリアーノ・ボノーリ編, 新川敏光監訳 ミネルヴァ書房 2004.10 341p (ガヴァナンス叢書 第1巻)

マイレー, J.
◇聖化：メソジスト聖化論 1 T.N.ロールストンほか著, 蔦田真実訳 日本ウェスレー出版協会 1976.11

271p

マイローワ
◇國際婦人デー―プロレタリアートの闘争デー：世界女性学基礎文献集成 昭和初期編 第9巻 水田珠枝監修 ゆまに書房 2001.12 20, 387p

マインド・マンチェスター支部 《Mind Manchester Group》
◇新しい地域精神保健サービスの開発：過渡期の精神医療―英国とイタリアの経験から シュラミット・ラモン, マリア・グラツィア・ジャンニケッダ編, 川田誉音訳 海声社 1992.10 424p

マウ, シャニー
◇音楽がなくても踊ることができるのですか(鈴木清史訳)：アメリカのろう文化 シャーマン・ウィルコックス編, 鈴木清史, 酒井信雄, 太田憲男訳 明石書店 2001.3 301p (明石ライブラリー 29)

マーヴィック, ドウェイン
◇ハインツ・ユーロー(品川曉子訳)：アメリカ政治学を創った人たち―政治学の口述史 M.ベアー, M.ジューエル, L.サイゲルマン編, 内山秀夫監訳 ミネルヴァ書房 2001.12 387p (Minerva人文・社会科学叢書 59)

マウスコップ, シーモア・H.
◇心霊研究の歴史―アメリカ合州国：心霊研究―その歴史・原理・実践 イヴォール・グラッタン・ギネス編, 和田芳久訳 技術出版 1995.12 414p (超心理学叢書 第4集)

マウハー, ヘルムート・O.
◇ハインリヒ・ネスレ(共著)：ドイツ企業のパイオニア―その成功の秘密 ヴォルフラム・ヴァイマー編著, 和泉雅人訳 大修館書店 1996.5 427p

マウボーン, レネー
◇社員のコミットメントはどうすれば獲得できるのか(共著)：ピープルマネジメント―21世紀の戦略的人材活用コンセプト Financial Times編, 日経情報ストラテジー監訳 日経BP社 2002.3 271p (日経情報ストラテジー別冊)

マウルス, ラバヌス
◇聖職者の教育について・事物の本性について・霊魂論：中世思想原典集成 6 カロリング・ルネサンス 上智大学中世思想研究所編訳・監修 平凡社 1992.6 765p

マウンガダウ
◇フランス人の印象：北米インディアン生活誌 C.ハミルトン著, 和巻耿介訳 社会評論社 1993.11 408p

前田 早苗 マエダ, サナエ*
◇日本における高等教育の質保証(串本剛訳)：COE国際セミナー/8ヵ国会議21世紀型高等教育システム構築と質的保証 広島大学高等教育研究開発センター編 広島大学高等教育研究開発センター 2004.12 188p (COE研究シリーズ 13)

マ・エーピン
◇姉妹たちよ, 落穂を拾わん：女たちのビルマ―軍事政権下を生きる女たちの声 藤目ゆき監修, タナッカーの会編, 富田あかり訳 明石書店 2007.12 446p (アジア現代女性史 4)

マエラロ, ジョージ
◇激戦の中で：ビッグ・デス—ソロモン人が回想する第二次世界大戦　ジェフリー・ホワイトほか編，小柏葉子訳，小柏葉子，今泉裕美子訳　現代史料出版　1999.8　226p

マーカス, エマ
◇香港マッサージ：セックス・ワーク—性産業に携わる女性たちの声　フレデリック・デラコステ，プリシラ・アレキサンダー編　パンドラ　1993.11　426, 26p

マーカム, ディアナ・B.
◇ビジョン2010（三浦逸雄訳）：デジタル時代の大学と図書館—21世紀における学術情報資源マネジメント　B.L.ホーキンス，P.バッティン編，三浦逸雄，斎藤泰則，広田とし子訳　玉川大学出版部　2002.3　370p（高等教育シリーズ 112）

マカリオス〈偽〉
◇説教集・大書簡：中世思想原典集成 3　後期ギリシア教父・ビザンティン思想　上智大学中世思想研究所編訳・監修　平凡社　1994.8　975p

マギー, ステファン・P.
◇国内保護：公共選択の展望—ハンドブック　第3巻　デニス・C.ミューラー編，関谷登，大岩雄次郎訳　多賀出版　2001.9　p527-812

マギア, フリーダ
◇カナダ—せっかくの結婚披露パーティ参加の旅が：車椅子はパスポート—地球旅行の挑戦者たち　アリソン・ウォルシュ編，おそどまさこ日本語版責任編集，森実真弓訳　山と渓谷社　1994.3　687p

マキオル, J. G.
◇ジョルジュ・ソレルとヴェーバー：マックス・ヴェーバーとその同時代人群像　W.J.モムゼン，J.オースターハメル，W.シュヴェントカー編著，鈴木広，米沢和彦，嘉目克彦訳　ミネルヴァ書房　1994.9　531, 4p

マキシーモヴィッチ, A.
◇ベリヤに関する記録：ベリヤ—スターリンに仕えた死刑執行人　ある出世主義者の末路　ヴラジーミル・F.ネクラーソフ編，森田明訳　エディションq　1997.9　365p

マキネン, キルスティ
◇初めに女性ありき?：ロウヒのことば—フィンランド女性の視角からみた民俗学　下　アイリ・ネノラ，セニニ・ティモネン編，目荒ゆみ訳　文理閣　2003.7　233p

マ・キンサンヌェー
◇イェームン（陸軍第二二〇歩兵部隊における苦しみ）：女たちのビルマ—軍事政権下を生きる女たちの声　藤目ゆき監修，タナッカーの会編，富田あかり訳　明石書店　2007.12　446p（アジア現代女性史 4）

マクイチャーン, カーラ・E.
◇顧客セグメントと商品収益性：金融データベース・マーケティング—米国における業務とシステムの実態　アーサー・F.ホルトマン，ドナルド・C.マン編著，森田秀和，田尾啓一訳　東洋経済新報社　1993.10　310p

マークウェル, D. J.
◇J.M.ケインズ、理想主義、および平和の経済的基盤（新宮晋訳）：危機の20年と思想家たち—戦間期理想主義の再評価　デーヴィッド・ロング，ピーター・ウィルソン編著，宮本盛太郎，関静雄監訳　ミネルヴァ書房　2002.10　371, 10p（Minerva人文・社会科学叢書 68）

マクガイア, R. H.
◇世帯構造のパターンと世界–経済（共著）（原田太津男訳）：世界システム論の方法　イマニュエル・ウォーラーステイン責任編集，山田鋭夫，原田太津男，尹春志訳　藤原書店　2002.9　203p（叢書〈世界システム〉3）

マクガバン, レイ
◇ベテランCIA高官が暴く大量破壊兵器疑惑の真相（丸田由紀子，星川淳訳）：世界は変えられる—TUPが伝えるイラク戦争の「真実」と「非戦」　TUP（Translators United for Peace＝平和をめざす翻訳者たち）監修　七つ森書館　2004.5　234, 5p

マクギャヴラン, ドナルド・A.
◇今日における任務・機会・命令：世界宣教の展望　ラルフ・D.ウィンター，スティーブン・C.ホーソーン編，倉沢正則，日置善一訳　いのちのことば社　2003.12　239p

マクシ, ディオニート
◇先住民：先住民委員会の声明（共著）（石田隆至訳）：もうひとつの世界は可能だ—世界社会フォーラムとグローバル化への民衆のオルタナティブ　ウィリアム・F.フィッシャー，トーマス・ポニア編，加藤哲郎監修，大屋定晴，山口響，白井聡，木下ちがや監訳　日本経済評論社　2003.12　461p

マクシモス（証聖者）
◇愛についての四〇〇の断章：中世思想原典集成 3　後期ギリシア教父・ビザンティン思想　上智大学中世思想研究所編訳・監修　平凡社　1994.8　975p

マークス, ジェニファー・G.
◇海賊周航 他：図説海賊大全　デイヴィッド・コーディングリ編，増田義郎監修，増田義郎，竹内和世訳　東洋書林　2000.11　505, 18p

マクダウェル, マイケル
◇ロビンソン・ジェファーズ：環境の思想家たち　下（現代篇）　ジョイ・A.パルマー編，須藤自由児訳　みすず書房　2004.11　320p（エコロジーの思想）

マクディヴィット, クリス
◇経営者と学生への教育：ゼロ・エミッション—持続可能な産業システムへの挑戦　フリッチョフ・カプラ，グンター・パウリ編著　ダイヤモンド社　1996.3　240p

マクドウェル, リンダ
◇空間・場所・ジェンダー関係2 他（影山穂波訳）：ジェンダーの地理学　神谷浩夫編監訳，影山穂波ほか訳　古今書院　2002.4　294p（大学の地理学）

マクドナルド, ブライアン・J.
◇オフショアファンド：ヘッジファンドの世界—仕組み・投資手法・リスク　J.レダーマン，R.A.クレイン編，中央信託銀行オルタナティブアセット研究会訳　東洋経済新報社　1999.1　297p

マクトナル

マクドナルド, ポール・S.
◇ジャン・ジャック・ルソー 他：環境の思想家たち 上（古代〜近代編） ジョイ・A.パルマー編, 須藤自由児訳 みすず書房 2004.9 309p （エコロジーの思想）

マクドナルド, リン
◇食品小売業は協同組合に不向きか：バークレー生協は、なぜ倒産したか—18人の証言 日本生活協同組合連合会国際部訳 コープ出版 1992.5 195p

マクニール, ジョン・J.
◇同性愛（有村浩一訳）：キリスト教は同性愛を受け入れられるか ジェフリー・S.サイカー編, 森本あんり監訳 日本キリスト教団出版局 2002.4 312p

マグノレイ, パスカル・I.
◇先物対株式：リスクの比較（共著）：機関投資家のポートフォリオにおけるマネージド・フューチャーズ チャールズ・B.エプスタイン編, 日本商品ファンド業協会訳 日本商品ファンド業協会 1995.3 320p

マクハーグ, ジェイムズ・F.
◇心霊研究と精神医学：心霊研究—その歴史・原理・実践 イヴォール・グラッタン・ギネス編, 和田芳久訳 技術出版 1995.12 414p （超心理学叢書 第4集）

マクバーノン, ビル
◇理想都市：神を見いだした科学者たち 2 E.C.バレット編, 佐藤是ари訳 いのちのことば社 1995.10 214p

マクファーソン, アンドリュー
◇平等化と改善（共著）：教育社会学—第三のソリューション A.H.ハルゼー, H.ローダー, P.ブラウン, A.S.ウェルズ編, 住田正樹, 秋永雄一, 吉本圭一編訳 九州大学出版会 2005.2 660p

マクファーデン, ダニエル
◇どうして貧しい人とお金持ちの人がいるの?：ノーベル賞受賞者にきく子どものなぜ？なに？ ベッティーナ・シュティーケル編, 畔上司訳 主婦の友社 2003.1 286p
◇どうして貧しい人とお金持ちの人がいるの?：ノーベル賞受賞者にきく子どものなぜ？なに？ ベッティーナ・シュティーケル編, 畔上司訳 主婦の友社 2005.10 22p

マクブライアン, リチャード
◇信仰の真価は正義によって問われる：子供たちへの手紙—あなたにこれだけは伝えたい エリカ・グッド編, 中埜有理訳 三田出版会 1997.7 371p

マクマスター, ナンシー
◇肯定的な自己の再生：脳卒中（脳血管発作）後の音楽療法：音楽療法ケーススタディ 下 成人に関する25の事例 ケネス・E.ブルシア著, よしだじゅんこ, 酒井智華訳 音楽之友社 2004.4 393p

マクマリン, ニール
◇宗教史研究の進むべき方向（林淳訳）：異文化から見た日本宗教の世界 ポール・L.スワンソン, 林淳編 法蔵館 2000.9 302p （叢書・現代世界と宗教 2）

マクケル, マイケル
◇ケベック：マイノリティ・ナショナリズムの現在 マイケル・ワトソン編, 浦野起央, 荒井功訳 刀水書房

1995.11 346p （人間科学叢書）

マクミラン, ローレンス
◇オプション市場におけるボラティリティ・トレーディング法：魔術師たちのトレーディングモデル—テクニカル分析の新境地 リック・ベンシニョール編, 長尾慎太郎ほか訳 パンローリング 2001.3 365p （ウィザードブックシリーズ 15）

マクラウド, ジャネット
◇命をかけて守る大地と伝統：風の言葉を伝えて=ネイティブ・アメリカンの女たち ジェーン・キャッツ編, 船木アデルみさ, 船木卓也訳 築地書館 1998.3 262p

マクラッケン, ドロシー
◇マーシーの日記：記憶の底から—家庭内性暴力を語る女性たち トニー・A.H.マクナロン, ヤーロウ・モーガン編, 長谷川真実訳 青弓社 1995.12 247p

マクラフリン, マーガレット・J.
◇教育に対する個人の権利と障害のある子ども—アメリカの政策からの教訓（共著）（吉利宗久訳）：世界のインクルーシブ教育—多様性を認め、排除しない教育へ ハリー・ダニエルズ, フィリップ・ガーナー編著, 中村満紀男, 窪田真二監訳 明石書店 2006.3 540p （明石ライブラリー 92）

マクラレン, ピーター
◇多文化主義とポストモダン批評：教育社会学—第三のソリューション A.H.ハルゼー, H.ローダー, P.ブラウン, A.S.ウェルズ編, 住田正樹, 秋永雄一, 吉本圭一編訳 九州大学出版会 2005.2 660p

マクリデス, ルース・J.
◇ビザンツにおける殺人・アジール法（橋川裕之訳）：紛争のなかのヨーロッパ中世 服部良久編訳 京都大学学術出版会 2006.7 372p

マクリーリ, ロバート・K.
◇バングラデシュ（共著）（堀江新子訳）：アジアの開発と貧困—可能力、女性のエンパワーメントとQOL 松井範惇, 池本幸生編著 明石書店 2006.4 372p

マクリーン, ジョージ
◇カナダの外交政策と人間の安全保障（我妻真一訳）：人間の安全保障—世界危機への挑戦 佐藤誠, 安藤次男編 東信堂 2004.11 363p

マクリン, ミルト
◇アーネスト・ヘミングウェイ（野中邦子訳）：インタヴューズ 2 クリストファー・シルヴェスター編, 新庄哲夫ほか訳 文芸春秋 1998.11 451p

マクレラン, ニック
◇クワジャリン環礁と新たな軍備競争：ミサイル防衛—大いなる幻想 東西の専門家20人が批判する デービッド・クリーガー, カラー・オン編, 梅林宏道, 黒崎輝訳 高文研 2002.11 155p

マクロード, ジャン
◇溝を埋めるために：世界の女性と暴力 ミランダ・デービス編, 鈴木研一訳 明石書店 1998.4 472p （明石ライブラリー 4）

マクロポウロス, ミヒャエル
◇友愛の政治と社会の政治：宗教システム/政治システム—正統性のパラドクス 土方透編著 新泉社

2004.5　266, 3p

マクローリン＝スミス, ニッキ
◇オーストラリア法（共著）（佐藤智晶訳）：アクセスガイド外国法　北村一郎編　東京大学出版会　2004.6　540p

マグワイヤ, ジョン
◇「新世界無秩序」の時代（共著）：2010年の「マネジメント」を読み解く　Diamondハーバード・ビジネス・レビュー編集部編訳　ダイヤモンド社　2005.9　289p　（Harvard business review anthology）

マーコソン, アイザック・F.
◇ウッドロー・ウィルソン（高橋健次訳）：インタヴューズ　1　クリストファー・シルヴェスター編、新庄哲夫ほか訳　文芸春秋　1998.11　462p

マゴネット, ジョナサン
◇ユダヤ教と地球倫理：今こそ地球倫理を　ハンス・キューング編、吉田収訳　世界聖典刊行協会　1997.10　346p　（ぼんブックス 39）

マコーマック, アラン
◇インターネット時代の製品開発（共著）：ネットワーク戦略論　ドン・タブスコット編、Diamondハーバード・ビジネス・レビュー編集部訳　ダイヤモンド社　2001.5　298p
◇チーム・ニュージーランド：技術とイノベーションの戦略的マネジメント　下　ロバート・A.バーゲルマン、クレイトン・M.クリステンセン、スティーヴン・C.ウィールライト編著、青島矢一、黒田光太郎、志賀敏宏、田辺孝二、出川通、和賀三和子日本語版監修、岡真由美、斉藤裕一、桜井祐子、中川泉、山本章子訳　翔泳社　2007.7　595p

マコーミック, ケヴィン
◇英国改革モデルとしての戦後日本（竹内真人訳）：日英交流史―1600-2000　5　社会・文化　細谷千博、イアン・ニッシュ監修　都築忠七、ゴードン・ダニエルズ、草光俊雄編　東京大学出版会　2001.8　398, 8p

マコーリー, ジェーン・R.
◇北アフガニスタン：知られざる辺境へ―世界の自然と人々　ナショナル・ジオグラフィック協会編、亀井よし子訳　岩波書店　1992.7　216p　（地球発見ブックス）

マコンネル, マイケル・W.
◇小集団を無視するな（能川元一訳）：国を愛するということ―愛国主義の限界をめぐる論争　マーサ・C.ヌスバウム他著、辰巳伸知、能川元一訳　人文書院　2000.5　269p

マサハート, ブライアン
◇抗議か擁護か（北川将之訳）：ヤスクニとむきあう　中野晃一、上智大学21世紀COEプログラム編　めこん　2006.8　419p

マーシー, ヴィック
◇ラムパス社（共著）：技術とイノベーションの戦略的マネジメント　上　ロバート・A.バーゲルマン、クレイトン・M.クリステンセン、スティーヴン・C.ウィールライト編著、青島矢一、黒田光太郎、志賀敏宏、田辺孝二、出川通、和賀三和子日本語版監修、岡真由美、斉藤裕一、桜井祐子、中川泉、山本章子訳　翔泳社　2007.7　735p

マジェーア, エドゥアルド
◇アルゼンチンの自己認識と自己表現：現代ラテンアメリカ思想の先駆者たち　レオポルド・セア編、小林一宏、三橋利光共訳　刀水書房　2002.6　250p　（人間科学叢書 34）

マジガン, ステファン
◇「スパイーカイアトリックな視線」から関心コミュニティへ（共著）：ナラティヴ・セラピーの冒険　デイヴィッド・エプストン著、小森康永監訳　創元社　2005.2　337p

マーシャル, アンドルー
◇戦争における情報の役割：「無条件勝利」のアメリカと日本の選択　ロナルド・A.モース編著、日下公人監修、時事通信社外信部ほか訳　時事通信社　2002.1　325p

マーシャル, カーラ
◇自分自身を愛してほしい：子供たちへの手紙―あなたにこれだけは伝えたい　エリカ・グッド編、中埜有理訳　三田出版会　1997.7　371p

マーシャル, ジェイムズ・D.
◇フーコーと教育研究（稲垣恭子訳）：フーコーと教育―〈知＝権力〉の解読　S.J.ボール編著、稲垣恭子、喜名信之、山本雄二監訳　勁草書房　1999.4　285, 4p

マシュー
◇自伝：聾の経験―18世紀における手話の「発見」　ハーラン・レイン編、石村多門訳　東京電機大学出版局　2000.10　439p

マシューズ, ロジャー
◇英国の風俗犯罪取締班（共著）：セックス・フォー・セール―売春・ポルノ・法規制・支援団体のフィールドワーク　ロナルド・ワイツァー編、岸田美貴訳、松沢呉一監修　ポット出版　2004.8　438p

マジョール, ルネ
◇「脱」の賽を投げて（高桑和巳訳）：デリダと肯定の思考　カトリーヌ・マラブー編、高橋哲哉、増田一夫、高桑和巳監訳　未来社　2001.10　502, 7p　（ポイエーシス叢書 47）

マスグレーヴ, リチャード・A.
◇社会科学と倫理と公共部門の役割：現代経済学の巨星―自らが語る人生哲学　上　M.シェンバーグ編、都留重人ほか訳　岩波書店　1994.11　321p

マ・スーザン
◇レディー・ラブ・パウダー：女たちのビルマ―軍事政権下を生きる女たちの声　藤目ゆき監修、タナッカーの会編、富田あかり訳　明石書店　2007.12　446p　（アジア現代女性史 4）

マスターソン, マイケル
◇勝者のルール：わが子と考えるオンリーワン投資法―門外不出の投資の知恵　ジョン・モールディン編、関本博英訳　パンローリング　2006.8　219p　（ウィザードブックシリーズ v.106）

マーストン, ピーター・J.
◇愛の6つのかたち（共著）：ベストパートナーの見分け方　ロザリー・バーネット編著、鈴木理恵子訳　同朋舎　1997.9　151p

マズルイ, アラミン・M.

◇イスラームと文明（共著）：文明間の対話　マジッド・テヘラニアン, デイビッド・W.チャペル編, 戸田記念国際平和研究所監訳　潮出版社　2004.2　446, 47p

マズルイ, アリ・A.

◇イスラームと文明（共著）：文明間の対話　マジッド・テヘラニアン, デイビッド・W.チャペル編, 戸田記念国際平和研究所監訳　潮出版社　2004.2　446, 47p

マセ, フランソワ

◇日本における、森と聖域：文化の多様性と通底の価値―聖俗の拮抗をめぐる東西対話　服部英二監修　麗沢大学出版会　2007.11　305, 11p

マセソン, ジョン・H.

◇約束の禁反言をこえて（共著）（滝沢昌彦訳）：現代アメリカ契約法　ロバート・A.ヒルマン, 笠井修編著　弘文堂　2000.10　400p

マセソン, メアリー

◇武器を持たないボディーガード（阿部純子訳）：あなたの手で平和を！―31のメッセージ　フレドリック・S.ヘッファメール編, 大庭里美, 阿部純子訳　日本評論社　2005.3　260p

マタエウス（アクアスパルタの）

◇定期討論集―認識について：中世思想原典集成　12　フランシスコ会学派　上智大学中世思想研究所編訳・監修　平凡社　2001.9　1047p

マタンリー, ピーター

◇イギリス：イギリスの資本主義・日本の資本主義（中岡俊介訳）：グローバル・レビュー　有斐閣　2006.3　276p　（現代日本企業 3　工藤章, 橘川武郎, グレン・D.フック編）

マチー, E. Z.

◇狙撃師団及び戦車（機械化）軍団の遭遇戦：戦例にみるソ軍師団戦術　A.I.ラジェフスキー編　防衛研修所　1979　296p　（参考資料 79ZT-16H）

マーチ, アルテミス

◇SAPアメリカ：技術とイノベーションの戦略的マネジメント　上　ロバート・A.バーゲルマン, クレイトン・M.クリステンセン, スティーヴン・C.ウィールライト編著, 青島矢一, 黒田光太郎, 志賀敏宏, 田辺孝二, 出川通, 和賀三和子日本語版監修, 岡真由美, 斉藤裕一, 桜井祐子, 中川泉, 山本章子訳　翔泳社　2007.7　735p

◇R.R.ドネリー・アンド・サンズ：デジタル事業部：技術とイノベーションの戦略的マネジメント　下　ロバート・A.バーゲルマン, クレイトン・M.クリステンセン, スティーヴン・C.ウィールライト編著, 青島矢一, 黒田光太郎, 志賀敏宏, 田辺孝二, 出川通, 和賀三和子日本語版監修, 岡真由美, 斉藤裕一, 桜井祐子, 中川泉, 山本章子訳　翔泳社　2007.7　595p

マチー, クリストフ

◇知識中心社会での教育・研究・技術革新（安井宏樹訳）：21世紀社会民主主義　第7集　新しいドイツ社民党・欧州中道左派の難題　生活経済政策研究所　2004.10　141p　（生活研ブックス 20）

マチダ, サブドラ

◇離婚した母親の子育て効果―対処戦略と社会的支持との関係（共著）（村上弘子訳）：女と離婚/男と離婚

―ジェンダーの相違による別居・離婚・再婚の実態　サンドラ・S.ヴォルギー編, 小池のり子, 村上弘子訳　家政教育社　1996.9　238p

マーチャント, ウィリアム・C.

◇家族カウンセリングの過程 他（共著）（柴山謙二訳）：アドラー家族カウンセリング―カウンセラー, 教師, セラピストのための実践マニュアル　オスカー・C.クリステンセン編著, 江口真理子, 柴山謙二, 山口茂嘉訳　春秋社　2000.5　287, 9p

マーチン, W. G.

◇世帯構造のパターンと世界―経済（共著）（原田太津男訳）：世界システム論の方法　イマニュエル・ウォーラーステイン責任編集, 山田鋭夫, 原田太津男, 尹春志訳　藤原書店　2002.9　203p　（叢書〈世界システム〉3）

マーチン, オルガ

◇Convivencia（共著）：いじめととりくんだ国々―日本と世界の学校におけるいじめへの対応と施策　土屋基規, P.K.スミス, 添田久美子, 折出健二編著　ミネルヴァ書房　2005.12　320p

マーチン, ロジャー・L.

◇資本vs.才能：新たなる階級闘争（共著）：2010年の「マネジメント」を読み解く　Diamondハーバード・ビジネス・レビュー編集部編訳　ダイヤモンド社　2005.9　289p　（Harvard business review anthology）

マーツ, リサ・アン

◇子どもたちが泣いている場所―死後の世界でシャーマンがすること（共著）（鹿子木大士郎訳）：死を超えて生きるもの―霊魂の永遠性について　ゲイリー・ドーア編, 井村宏治, 上野圭一, 笠原敏雄, 鹿子木大士郎, 菅靖彦, 中村正明, 橘村令助訳　春秋社　1993.11　407, 10p

マッカイ, ヒュー

◇文化のグローバル化（山下高行訳）：グローバル化とは何か―文化・経済・政治　デヴィッド・ヘルド編, 中谷義和監訳　法律文化社　2002.10　208p

マッカーシー, デイビッド

◇複数CTA商品ポートフォリオ：リスク・収益分析（共著）：機関投資家のポートフォリオにおけるマネージド・フューチャーズ　チャールズ・B.エプスタイン編, 日本商品ファンド業協会訳　日本商品ファンド業協会　1995.3　320p

マッカーシー, トーマス

◇多文化的普遍主義（豊泉周治訳）：ハーバーマスとアメリカ・フランクフルト学派　マーティン・ジェイ編, 竹内真澄監訳　青木書店　1997.10　343p

◇実践的な討議：道徳と政治の関係（山本啓訳）：ハーバマスと公共圏　クレイグ・キャルホーン編, 山本啓, 新田滋訳　来来社　1999.9　348p　（ポイエーシス叢書 41）

◇道理的な万民の法という理念について：カントと永遠平和―世界市民という理念について　ジェームズ・ボーマン, マティアス・ルッツ-バッハマン編, 紺野茂樹, 田辺俊明, 舟場保之訳　未来社　2006.1　261p

マッカーター, ロバト

◇フランク・ロイド・ライト：環境の思想家たち　上（古代―近代編）　ジョイ・A.パルマー編, 須藤自由児訳

みすず書房 2004.9 309p (エコロジーの思想)

マッカダム, M. ブルース
◇保険に関する重要な国際機構(山崎博司訳):国際的なリスク・マネジメントと保険 ハロルド・D.スキッパー, ジュニア編著, 武井勲監訳 生命保険文化研究所 1999.10 729p

マッカーチャー, ブライアン
◇新しい総合を求めて:アメリカ大国への道—学説史から見た対外政策 マイケル・J.ホーガン編, 林義勝訳 彩流社 2005.6 284, 89p

マッギル, アンドリュー・R.
◇ハイテクによる都市型共同体の発展(共著):未来社会への変革—未来の共同体がもつ可能性 フランシス・ヘッセルバイン, マーシャル・ゴールドスミス, リチャード・ベックハード, リチャード・F.シューベルト編, 加納明弘訳 フォレスト出版 1999.11 327p

マックグリービイ, ブライアン・K.
◇生命保険と健康保険(岡田太訳):国際的リスク・マネジメントと保険 ハロルド・D.スキッパー, ジュニア編著, 武井勲監訳 生命保険文化研究所 1999.10 729p

マッククリントック, マイケル
◇アメリカの戦略構想と対ゲリラ戦国家テロ:西側による国家テロ アレクサンダー・ジョージ編, 古川久雄, 大木昌訳 勉誠出版 2003.8 275, 80p

マックスウェル, アンドリュー
◇黒人か白人かの問題ではない:異文化結婚—境界を越える試み ローズマリー・ブレーガー, ロザンナ・ヒル編著, 吉田正紀監訳 新泉社 2005.4 310, 29p

マックスパッデン, クリスティーン
◇ポスト・キリスト教時代の教会で聖書を忠実に説教する:聖書を読む技法—ポストモダンと聖書の復権 エレン・デイヴィス, リチャード・ヘイズ編, 芳賀力訳 新教出版社 2007.9 428p

マックファーレン, キャサリン
◇現職教員研修でのスタディー・ビジットの意義とは(吉野あかね訳):世界の開発教育—教師のためのグローバル・カリキュラム オードリー・オスラー編, 中里亜夫監訳, 中野和光, 吉野あかね, 川上具実訳 明石書店 2002.8 498p

マッグロウ, ウォルター
◇人の言葉を話すマングースのゲフ:あなたが知らないペットたちの不思議な力—アンビリーバブルな動物たちの超常現象レポート 『FATE』Magazine編, 宇佐和通訳 徳間書店 1999.2 276p

マッケイ, アンガス
◇中世スペインのユダヤ人:スペインのユダヤ人—1492年の追放とその後 エリー・ケドゥリー編, 関哲行, 立石博高, 宮前安子訳 平凡社 1995.12 285p

マッケイ, ゲイリー・D.
◇親の学習グループ(共著)(山口茂嘉訳):アドラー家族カウンセリング—カウンセラー, 教師, セラピストのための実践マニュアル オスカー・C.クリステンセン編著, 江口真理子, 柴山謙二, 山口茂嘉訳 春秋社 2000.5 287, 9p

マッケイ, ジョイス
◇親の学習グループ(共著)(山口茂嘉訳):アドラー家族カウンセリング—カウンセラー, 教師, セラピストのための実践マニュアル オスカー・C.クリステンセン編著, 江口真理子, 柴山謙二, 山口茂嘉訳 春秋社 2000.5 287, 9p

マッケイ, フィオナ
◇国際刑事裁判所における被害者参加・賠償の法的枠組みの実施に関する諸課題 他(河島さえ子訳):紛争現場からの平和構築—国際刑事司法の役割と課題 城山英明, 石田勇治, 遠藤乾編 東信堂 2007.10 208p (未来を拓く人文・社会科学シリーズ 0)

マッケンジー, ルイス
◇UNPROFOR:サラエボからの教訓:国連平和活動と日本の役割 アレックス・モリソン, ジェームズ・キラス編, 内藤泰昭訳 文化書房博文社 2001.5 198p

マッケンナー, クリストファー
◇ユングとキリスト教(木田佐知子訳):ユングの世界—現代の視点から E.クリストファー, H.M.ソロモン共編, 氏原寛, 織田尚生監訳 培風館 2003.3 339p

マッケンナ, ビル
◇お父さんと共有する時間は特別だ:子供たちへの手紙—あなたにこれだけは伝えたい エリカ・グッド編, 中埜有理訳 三田出版会 1997.7 371p

マッコード, エドワード・A.
◇軍閥の再評価(高嶋航訳):辛亥革命の多元構造—辛亥革命90周年国際学術討論会(神戸) 孫文研究会編 汲古書院 2003.12 442p (孫中山記念会研究叢書 4)

マッコネル, ドック
◇歩くナマズ:話はめぐる—聞き手から語り手へ 子どもと大人のためのストーリーテリング ナショナル・ストーリーテリング保存育成協会編, 佐藤涼子訳 リブリオ出版 1999.11 166p

マッコール, モーガン・W., Jr.
◇新時代のリーダーシップの開発(中條尚子訳):21世紀企業の組織デザイン—マルチメディア時代に対応する J.R.ガルブレイス他著, 柴田高ほか訳 産能大学出版部 1996.9 294p

マッシー, ジョージ
◇ホオベニタケの分布 他:南方熊楠英文論考—「ネイチャー」誌篇 南方熊楠著, 飯倉照平監修, 松居竜五, 田村義也, 中西須美訳 集英社 2005.12 421p

マッセルホワイト, エド
◇【ケーススタディ】チーム内の対立にどう対処するか(共著):交渉の戦略スキル Harvard Business Review編, Diamondハーバード・ビジネス・レビュー編集部訳 ダイヤモンド社 2002.2 274p

MATCH国際センター 《MATCH International Centre》
◇治療サークル:世界の女性と暴力 ミランダ・デービス編, 鈴木研一訳 明石書店 1998.4 472p (明石ライブラリー 4)

マッツイーニ, I.
◇古代世界における食と医療:食の歴史 1 J-L.フランドラン, M.モンタナーリ編, 宮原信, 北代美和子監

訳　藤原書店　2006.1　429p

マッテス, アントン
◇フランソワ・ド・サル：宗教改革期の牧会者たち　2　日本基督教団出版局　2001.10　212p　(魂への配慮の歴史　第6巻　C.メラー編, 加藤常昭訳)

マットゥル, ジークフリート
◇金融独裁──九三三年から一九三八年にかけてのオーストリアの経済政策：オーストリア・ファシズム──九三四年から一九三八年までの支配体制　エンマリヒ・タロシュ, ヴォルフガング・ノイゲバウアー編, 田中浩, 村松恵二訳　未来社　1996.10　292p

マッドセン, ペーター
◇ポストモダニズムと後期資本主義(永井務訳)：心理学とポストモダニズム──社会構成主義とナラティヴ・セラピーの研究　シュタイナー・クヴァル編, 永井務監訳　こうち書房　2001.7　294p

マットソン-シロッコ, マリー
◇家を建てる：作文教室における「新聞精読法」の事例研究：障害のある学生を支える──教員の体験談を通じて教育機関の役割を探る　ボニー・M.ホッジ, ジェニー・ブレストン-サビン編, 太田晴康監訳, 三沢かがり訳　文理閣　2006.12　228p

マッドホック, スジャータ
◇南アジア概観　他：女性が語る第三世界の素顔──環境・開発レポート　アニータ・アナンド編, WFS日本事務局訳　明石書店　1994.6　317p

マツモト, ヴァレリー
◇第二次大戦中の日系アメリカ人女性(滝田佳子訳)：ウィメンズ・アメリカ　論文編　リンダ・K.カーバー, ジェーン・シェロン・ドゥハート編著, 有賀夏紀ほか編訳　ドメス出版　2002.2　251, 6p

マツーリ, エイリーン
◇トンネルの終りに光が：神を見いだした科学者たち　2　E.C.バレット編, 佐藤是伸訳　いのちのことば社　1995.10　214p

マティ, ニコラ
◇社会生活の契約化(佐々木くみ訳)：家族──ジェンダーと自由と法　水野紀子編　東北大学出版会　2006.11　435p　(ジェンダー法・政策研究叢書　東北大学21世紀COEプログラム　第6巻　辻村みよ子監修)

マディガン, ステファン・P.
◇拒食症へのナラティヴ・アプローチ(共著)(大河原美以訳)：構成主義的心理療法ハンドブック　マイケル・F.ホイト編, 児島達美監訳　金剛出版　2006.9　337p

マーティン, D. ロジャー
◇守護天使だった飼い犬：あなたが知らないペットたちの不思議な力──アンビリーバブルな動物たちの超常現象レポート　『FATE』Magazine編, 宇佐和通訳　徳間書店　1999.2　276p

マーティン, J. D.
◇部族社会としてのイスラエル(宮崎修二訳)：古代イスラエルの世界──社会学・人類学・政治学からの展望　R.E.クレメンツ編, 木田献一, 月本昭男監訳　リトン　2002.11　654p

マーティン, ジェイン・ローランド
◇平等を求めて(犬塚典子訳)：ジェンダー法学・政治学の可能性──東北大学COE国際シンポジウム・日本学術会議シンポジウム　辻村みよ子, 山元一編　東北大学出版会　2005.4　332p　(ジェンダー法・政策研究叢書　東北大学21世紀COEプログラム　第3巻　辻村みよ子監修)
◇教育による変身(educational metamorphoses)(尾崎博美訳)：ジェンダーと教育──理念・歴史の検討から政策の実現に向けて　生田久美子編　東北大学出版会　2005.12　359p　(ジェンダー法・政策研究叢書　東北大学21世紀COEプログラム　第4巻　辻村みよ子監修)

マーティン, ジェニー・A.
◇死に逝くときの音楽療法：音楽療法ケーススタディ　下　成人に関する25の事例　ケネス・E.ブルシア編, よしだじゅんこ, 酒井智華訳　音楽之友社　2004.4　393p

マーティン, ピート
◇アルフレッド・ヒチコック(和田誠訳)：インタヴューズ　2　クリストファー・シルヴェスター編, 新庄哲夫ほか訳　文芸春秋　1998.11　451p

マーティン, ベット
◇二言語・二文化による英語教育(共著)(太田憲男訳)：アメリカのろう文化　シャーマン・ウィルコックス編, 鈴木清史, 酒井信雄, 太田憲男訳　明石書店　2001.3　301p　(明石ライブラリー　29)

マーティン, ラックス
◇真理・権力・自己──ミシェル・フーコーに聞く　一九八二年十月二十五日：自己のテクノロジー──フーコー・セミナーの記録　ミシェル・フーコーほか著, 田村俶, 雲和子訳　岩波書店　1999.9　249p　(岩波モダンクラシックス)
◇真理・権力・自己──ミシェル・フーコーにきく：自己のテクノロジー──フーコー・セミナーの記録　ミシェル・フーコーほか著, 田村俶, 雲和子訳　岩波書店　2004.1　278p　(岩波現代文庫　学術)

マーティン, ルーサー
◇シリアのトマス伝説における自己のテクノロジーと自己認識：自己のテクノロジー──フーコー・セミナーの記録　ミシェル・フーコーほか著, 田村俶, 雲和子訳　岩波書店　1999.9　249p　(岩波モダンクラシックス)
◇シリアのトマス伝説における自己のテクノロジーと自己認識：自己のテクノロジー──フーコー・セミナーの記録　ミシェル・フーコーほか著, 田村俶, 雲和子訳　岩波書店　2004.1　278p　(岩波現代文庫　学術)

マーティン, ロバート
◇ロバート・マーティン(近藤雅子訳)：アメリカ政治学を創った人たち──政治学の口述史　M.ベアー, M.ジューエル, L.サイゲルマン編, 内山秀夫監訳　ミネルヴァ書房　2001.12　387p　(Minerva人文・社会科学叢書　59)

マーティンス, ルイス・L.
◇企業の環境パフォーマンス評価(共著)：ゼロ・エミッション──持続可能な産業システムへの挑戦　フリッチョフ・カプラ, グンター・パウリ編著　ダイヤモンド社　1996.3　240p

マテオ, ミゲル
◇高等教育の循環評価のプロセス──スペインの事例(共著)：高等教育における評価と意思決定過程──フラン

ス, スペイン, ドイツの経験　OECD編, 服部憲児訳　広島大学大学教育研究センター　1997.2　151p　(高等教育研究叢書 43)

マトソン, J.
◇南アジアの編入と周辺化(共著)(原田太津男訳):世界システム論の方法　イマニュエル・ウォーラーステイン責任編集, 山田鋭夫, 原田太津男, 尹春志訳　藤原書店　2002.9　203p　(叢書〈世界システム〉 3)

マードック, ジョージ・P.
◇キンドレッド(笠原政治訳):家族と親族　村武精一編, 小川正恭ほか訳　未来社　1992.7　331, 21p

マトベイエフ, V. V.
◇スワヒリ文明の発展(宇佐美久美子訳):ユネスコ・アフリカの歴史 第4巻 一二世紀から一六世紀までのアフリカ　アフリカの歴史起草のためのユネスコ国際学術委員会編, 宮本正興責任編集　D.T.ニアヌ編　同朋舎出版　1992.9　2冊

マドラスの将校
◇カンボジアの三か月:カンボジア旅行記―別世界との出会い 4　ブイユヴォーほか著, 北川香子訳　連合出版　2007.10　246p

マトリン, マーガレット・W.
◇心理学を700ページに凝縮する(向後千春訳):アメリカの心理学者心理学教育を語る―授業実践と教科書執筆のためのTIPS　R.J.スタンバーグ編著, 宮元博章, 道田泰司訳　北大路書房　2000.6　247p

マニング, R.
◇太平洋コミュニティに未来はあるか(共著):アジア成功への課題―『フォーリン・アフェアーズ』アンソロジー　P.クルーグマンほか著, 竹下興喜監訳　中央公論社　1995.3　266p

マネ, ペリーヌ
◇中世の図像からみた仕事着の誕生(徳井淑子訳):中世衣生活誌―日常風景から想像世界まで　徳井淑子編訳　勁草書房　2000.4　216, 30p

マネス, ダニエル
◇言語学(鈴木修一訳):人間科学と哲学　田島節夫監訳　新装版　白水社　1998.6　346, 27p　(西洋哲学の知 7　Francois Chatelet編)

マノア, ジャン-イブ
◇フランスの社会的経済の諸組織―その内容と統計的計測(共著)(石塚秀雄訳):社会的経済―近未来の社会経済システム　J.ドゥフルニ, J.L.モンソン編著, 富沢賢治, 内山哲朗, 佐藤誠, 石塚秀雄, 中川雄一郎ほか訳　日本経済評論社　1995.3　486p
◇フランスの社会的経済の諸組織―その内容と統計的計測(共著)(石塚秀雄訳):社会的経済―近未来の社会経済システム　J.ドゥフルニ, J.L.モンソン編著, 富沢賢治ほか訳　オンデマンド版　日本経済評論社　2003.6　486p

マハラジ, ブリジ
◇南アフリカにおける国家と都市統治(西浦昭雄訳):アフリカ国家を再考する　川端正久, 落合雄彦編　晃洋書房　2006.3　389p　(竜谷大学社会科学研究所叢書 第65巻)

マハン, A. T.
◇ロシア海軍の最期:米国特派員が撮った日露戦争　コリアーズ編, 小谷まさ代訳　草思社　2005.5　238p

マヒンドラ, ケシュブ
◇ケシュブ・マヒンドラ:コンセプトリーダーズ―新時代の経営への視点　ジョエル・クルツマン編, 日本ブーズ・アレン・アンド・ハミルトン訳　プレンティスホール出版　1998.12　298p

マーフィ, アレキサンダー・B.
◇太平洋アジアにおける地域統合の展望(清水昌人訳):アジア太平洋・国際関係の変動―その地政学的展望　Dennis Rumley編, 高木彰彦, 千葉立也, 福嶋依子編　古今書院　1998.2　431p

マーフィ, サイモン
◇北アイルランド―ユニオニスト:マイノリティ・ナショナリズムの現在　マイケル・ワトソン編, 浦野起央, 荒井功訳　刀水書房　1995.11　346p　(人間科学叢書)

マーフィー, トニー
◇イラクへの挑戦(共著):アメリカの戦争犯罪　ラムゼイ・クラーク編著, 戦争犯罪を告発する会訳　柏書房　1992.12　346p　(ブックス・プラクシス 6)

マーフィー, マルシア
◇精神科急性期治療におけるグループ音楽療法:神経外傷による鬱病をもつ女性:音楽療法ケーススタディ 下　成人に関する25の事例　ケネス・E.ブルシア編, よしだじゅんこ, 酒井智華訳　音楽之友社　2004.4　393p

マーフィ, ルイス・B.
◇乳幼児の遊びと認知の発達:遊びと発達の心理学　J.ピアジェ他著, 赤塚徳郎, 森楙監訳　黎明書房　2000.7　217, 3p　(心理学選書 4)

マブバニ, K.
◇東西文化は太平洋で融合する:アジア成功への課題―『フォーリン・アフェアーズ』アンソロジー　P.クルーグマンほか著, 竹下興喜監訳　中央公論社　1995.3　266p

マ・ベーダー
◇責任は各自にあり:女たちのビルマ―軍事政権下を生きる女たちの声　藤目ゆき監修, タナッカーの会編, 富田あかり訳　明石書店　2007.12　446p　(アジア現代女性史 4)

マーベック, ピルグラム
◇信仰告白(抄)(1531〜32年)(森田安一訳):宗教改革著作集　第8巻　再洗礼派　教文館　1992.10　510p

マヘンドラ, ユスリル・イフザ
◇スハルトの責任について 他(青木武信訳):インドネシア・改革闘争記―21世紀市民社会への挑戦　セロ・スマルジャン編, 中村光男監訳　明石書店　2003.1　432p　(明石ライブラリー 46)

マーマー, ヘンリー
◇マネージド・フューチャーズ:コンサルタントの見解―機関投資家のポートフォリオにおけるマネージド・フューチャーズ　チャールズ・B.エプスタイン編, 日本商品ファンド業協会訳　日本商品ファンド業協会　1995.3　320p

ママ・ピョウン
◇追悼ドー・チーチー 香辛料と政治活動の栄光 他:女

たちのビルマ―軍事政権下を生きる女たちの声　藤目ゆき監修, タナッカーの会編, 富田あかり訳　明石書店　2007.12　446p　（アジア現代女性史 4）

マユール, ジャン＝マリ
◇アルザス（中本真生子訳）：記憶の場―フランス国民意識の文化＝社会史　第1巻　ピエール・ノラ編, 谷川稔監訳　岩波書店　2002.11　466, 13p

マラトス, ジェイソン
◇プラクティスでグループを開始すること：準会員の見解（矢野栄一訳）：分析的グループセラピー　ジェフ・ロバーツ, マルコム・パイン編, 浅田護, 衣笠隆幸監訳　金剛出版　1999.1　261p

マラドナド, ベアトリス
◇エルサルバドル：女性が語る第三世界の素顔―環境・開発レポート　アニータ・アナンド編, WFS日本事務局訳　明石書店　1994.6　317p

マラマット, A.
◇アラム人（斎藤妙子訳）：旧約聖書時代の諸民族　D.J.ワイズマン編, 池田裕監訳　日本基督教団出版局　1995.10　578p

マーリ, ディヴィッド・F.
◇スペインの黄金の誘惑：図説海賊大全　デイヴィッド・コーディングリ編, 増田義郎監修, 増田義郎, 竹内和世訳　東洋書林　2000.11　505, 18p

マリカト, エルミニア
◇都市とその住民：会議総括文書（中村好孝訳）：もうひとつの世界は可能だ―世界社会フォーラムとグローバル化への民衆のオルタナティブ　ウィリアム・F.フィッシャー, トーマス・ポニア編, 加藤哲郎監修, 大屋定япヴ, 山口響, 白井聡, 木下ちがや監訳　日本経済評論社　2003.12　461p

マリス, ロビン
◇イエス　ミセス・ロビンソン『一般理論』と不完全競争：一般理論―第二版―もしケインズが今日生きていたら　G.C.ハーコート, P.A.リーアック編, 小山庄三訳　多賀出版　2005.6　922p

マリノフスキー, ロジオン・ヤ
◇軍事における革命と軍事出版物の任務　他：ソ連の軍事面における核革命　ウィリアム・キントナー, ハリエット・ファスト・スコット編　〔防衛研修所〕　1970　345p　（研究資料 70RT-9）

マリヤンチコフ, S. V.
◇核ロケット戦争の性格と特徴：ソ連の軍事面における核革命　ウィリアム・キントナー, ハリエット・ファスト・スコット編　〔防衛研修所〕　1970　345p　（研究資料 70RT-9）

マルアニ, マルガレット
◇フランスにおける労働市場とジェンダー（柴田洋二郎訳）：雇用・社会保障とジェンダー　嵩さやか, 田中重人編　東北大学出版会　2007.5　438p　（ジェンダー法・政策研究叢書　東北大学21世紀COEプログラム　第9巻　辻村みよ子監修）

マルイヒン, F.
◇現代戦における軍の後方：軍事における革命, その意義と結果―1964年度の赤星の代表的軍事論文集　防衛研修所　1965　158p　（読書資料 12-4-3）

マルガン, オーレリア・ジョージ
◇官僚と政治家が日本を滅ぼす?：このままでは日本経済は崩壊する　フォーリン・アフェアーズ・ジャパン編・監訳, 竹下興喜監訳　朝日新聞社　2003.2　282, 11p　（朝日文庫―フォーリン・アフェアーズ・コレクション）

マルガン, ポール
◇天才への幻滅―英才児の心理学（塚本昌則訳）：図説天才の子供時代―歴史のなかの神童たち　E.ル・ロワ・ラデュリー, ミシェル・サカン編, 二宮敬監訳　新曜社　1998.1　446p

マルキート, ジェラルド
◇乳児のオペラント学習と馴化（共著）：行動分析学からの発達アプローチ　シドニー・W.ビジュー, エミリオ・リベス編, 山口薫, 清水直治監訳　二瓶社　2001.7　253p

マルクヴァルト（リンダウの）
◇十戒の書　ドイツ語説教集（香田芳樹訳）：中世思想原典集成 16　ドイツ神秘思想　上智大学中世思想研究所編訳・監修　平凡社　2001.4　977p

マルクル, グレゴール
◇なぜ火山は火を噴くの?：子ども大学講座　第1学期　ウルリヒ・ヤンセン, ウラ・シュトイアナーゲル編, 畔上司訳　主婦の友社　2004.7　285p

マルコム, ルース・リーゼンバーグ
◇「鏡」：精神病破綻の防衛と考えられた, ある女性の性倒錯空想　他（日下紀子訳）：メラニー・クライントゥデイ 3　臨床と技法　E.B.スピリウス編, 松木邦裕監訳　岩崎学術出版社　2000.4　316p

マルコムルイス, G.
◇西部内陸地方の修辞法（内田忠賢訳）：風景の図像学　D.コスグローブ, S.ダニエルス共編, 千田稔, 内田忠賢監訳　地人書房　2001.3　460p

マルゴラン, ジャン＝ルイ
◇封建制から資本主義への移行の謎（尾河直哉訳）：ブローデル帝国　M.フェロー他著, F.ドス編, 浜名優美監訳　藤原書店　2000.5　294p

マルシャル, ブリギッテ
◇モレーノのウィーン演劇実験（相原剣訳）：1920年代の日常とあそびの世界―東京とウィーン　明治大学・ウィーン大学第3回共同シンポジウム　吉田正彦, 井戸田総一郎編　明治大学文学部　2005.3　125p

マルタン, グザヴィエ
◇ナポレオン法典の神話（野上博義訳）：コード・シヴィルの200年―法制史と民法からのまなざし　石井三記編　創文社　2007.2　334, 20p

マルタン, クロード
◇岐路に立つフランスの依存高齢者向け政策（共著）（三橋利光訳）：共生社会への挑戦―日仏社会の比較　佐々木交賢, 樋口晟子編　恒星社厚生閣　2005.3　146, 3p　（日仏社会学叢書　第5巻）

マルティ, エリック
◇アメリカ通信産業：1996年から1999年：技術とイノベーションの戦略的マネジメント　上　ロバート・A.バーゲルマン, クレイトン・M.クリステンセン, スティーヴン・C.ウィールライト編著, 青島矢一, 黒田

光太郎, 志賀敏宏, 田辺孝二, 出川通, 和賀三和子日本語版監修, 岡真由美, 斉藤裕一, 桜井祐子, 中川泉, 山本章子訳　翔泳社　2007.7　735p

マルティー, ホセ
◇我らのアメリカ：現代ラテンアメリカ思想の先駆者たち　レオポルド・セア編, 小林一宏, 三橋利光共訳　刀水書房　2002.6　250p（人間科学叢書 34）

マルティヌス（ダキアの）
◇表示の諸様態：中世思想原典集成　19　中世末期の言語・自然哲学　上智大学中世思想研究所編訳・監修　平凡社　1994.1　615p

マルティヌス（ブラガの）
◇田舎者たちへの訓戒：中世思想原典集成　5　後期ラテン教父　上智大学中世思想研究所編訳・監修　平凡社　1993.9　669p

マルティン, ゲルハルト・マルセル
◇霊性的同行の諸相：仏教とキリスト教の対話—浄土真宗と福音主義神学　ハンス−マルティン・バールト, マイケル・パイ, 箕浦恵了編　法蔵館　2000.11　311p
◇マルティン教授への質問と答え 他（共著）(箕浦恵了訳)：仏教とキリスト教の対話　2　マイケル・パイ, 宮下晴輝, 箕浦恵了編　法蔵館　2003.12　296p
◇終末論と神秘主義（藤枝真訳）：仏教とキリスト教の対話　3　ハンス−マルティン・バールト, マイケル・パイ, 箕浦恵了, 門脇健編　法蔵館　2004.3　281p

マルドス, パウロ
◇先住民：会議総括文書（石田隆至訳）：もうひとつの世界は可能だ—世界社会フォーラムとグローバル化への民衆のオルタナティブ　ウィリアム・F.フィッシャー, トーマス・ポニア編, 加藤哲郎監訳, 大屋定晴, 山口響, 白井聡, 木下тиがや監訳　日本経済評論社　2003.12　461p

マールマン, マティーアス
◇主権の諸問題（松島雪江訳）：法律学的対話におけるドイツと日本—ベルリン自由大学・日本大学共同シンポジウム　永田誠, フィーリプ・クーニヒ編集代表　信山社　2006.12　385p

マルムベルグ, ライリ
◇娘が産まれた：ロウヒのことば—フィンランド女性の視角からみた民俗学　上　アイリ・ネノラ, センニ・ティモネン編, 目荒ゆみ訳　文理閣　2002.3　219p

マルリン, アリス・テッパー
◇企業の環境パフォーマンス評価（共著）：ゼロ・エミッション—持続可能な産業システムへの挑戦　フリッチョフ・カプラ, グンター・パウリ編　ダイヤモンド社　1996.3　240p

マレー, シェーラ
◇オーストラリア—三歳の障害児を連れた四週間のパースの休暇：車椅子はパスポート—地球旅行の挑戦者たち　アリソン・ウォルシュ編, おそどまさこ日本語版責任編集, 森実真弓訳　山と渓谷社　1994.3　687p

マレイ, ウィリアム
◇アフガニスタンの復興：衝突を超えて—9・11後の世界秩序　K.ブース, T.ダン編, 寺島隆吉監訳, 塚田幸三, 寺島美紀子訳　日本経済評論社　2003.5　469p

マロ, マリークレル
◇カナダ・ケベックの社会的経済—知られていない概念だが重要な経済的現実（共著）(石塚秀雄, 桐生尚武訳)：社会的経済—近未来の社会経済システム　J.ドゥフルニ, J.L.モンソン編著, 富沢賢治, 内山哲朗, 佐藤誠, 石塚秀雄, 中川雄一郎ほか訳　日本経済評論社　1995.3　486p
◇カナダ・ケベックの社会的経済—知られていない概念だが重要な経済的現実（共著）(石塚秀雄, 桐生尚武訳)：社会的経済—近未来の社会経済システム　J.ドゥフルニ, J.L.モンソン編著, 富沢賢治ほか訳　オンデマンド版　日本経済評論社　2003.6　486p

マロ, ミゲル−アンヘル
◇スペインの経験 他（共著）(沢田幹訳)：労働市場の規制緩和を検証する—欧州8カ国の現状と課題　G.エスピン−アンデルセン, マリーノ・レジーニ編, 伍賀一道ほか訳　青木書店　2004.2　418p

マロッティ, アーサー・F.
◇ジョン・ダン（舟木茂子訳）：ルネサンスのパトロン制度　ガイ・フィッチ・ライトル, スティーヴン・オーゲル編著, 有路雍子, 成沢和子, 舟木茂子訳　松柏社　2000.7　570p

マローティ, E.
◇ギリシアのペンタトロン（五種競技）の謎（伊東七美男訳）：躍動する古代ローマ世界—支配と解放運動をめぐって　土井正興先生追悼論文集　倉橋良伸ほか編　理想社　2002.6　409p

マローン, チェリル・ノット
◇図書館における女性の無償労働：アメリカ図書館史に女性を書きこむ　スザンヌ・ヒルデンブランド編著, 田口瑛子訳　京都大学図書館情報学研究会　2002.7　367p

マン, フリッツ・カール
◇経済思想史 1（鬼丸豊隆訳）：大東文化大学創立七十周年記念論集　中巻　大東文化大学創立七十周年記念出版推進委員会編　大東文化学園七十周年記念事業事務室　1993.9　474p

マン, モデリック
◇モンゴメリー・クリフト（宮本高晴訳）：インタヴューズ　2　クリストファー・シルヴェスター編, 新庄哲夫ほか訳　文芸春秋　1998.11　451p

マン, ロリ・ア
◇素晴らしい結婚を求めて：アメリカ占星学教科書 第7巻　愛情占星学　ジョーン・マクエバーズ編, 青木良仁訳, アレクサンドリア木星王監修・製作　魔女の家books　1998.2　272p

マンガー, マーク
◇日本のFTA戦略の全貌と背景（下野寿子訳）：東アジア共同体という幻想　中逵啓示編　ナカニシヤ出版　2006.8　232p

マンキンズ, マイケル・C.
◇戦略立案と意思決定の断絶（共著）：意思決定のサイエンス　Diamondハーバード・ビジネス・レビュー編集部編訳　ダイヤモンド社　2007.3　238p（Harvard business review anthology）

マンジェリ, ジェラルド
◇マネージド・フューチャーズとオプションに対する米

マンジェール, ピエール＝ミシェル
◇作曲家の早熟—年若い天才は現代ではなぜ生まれないか/例外的存在を生むための社会的条件とは何か（中地和訳）：図説天才の子供時代—歴史のなかの神童たち　E.ル・ロワ・ラデュリー, ミシェル・サカン編, 二宮敬監訳　新曜社　1998.1　446p

マンズ, チャールズ
◇最高の自分を引き出す技術：セルフヘルプ—なぜ、私は困難を乗り越えられるのか　世界のビッグネーム自らの47の証言　ケン・シェルトン編著, 堀紘一監訳　フロンティア出版　1998.7　301p

マンステッド, A. S. R.
◇社会心理学における方法論：アイデアから研究の実践へ（共著）（小口孝司訳）：社会心理学概論—ヨーロピアン・パースペクティブ　1　M.ヒューストンほか編, 末永俊郎, 安藤清志監訳　誠信書房　1994.10　355p

マンスール, アーメド
◇世代を超えて続く、イラクの劣化ウラン被害（山崎久隆, 田中久美子訳）：世界は変えられる—TUPが伝えるイラク戦争の「真実」と「非戦」　TUP（Translators United for Peace＝平和をめざす翻訳者たち）監訳　七つ森書館　2004.5　234, 5p

マンダー, カイ
◇ウォルマート（共著）（小南祐一郎訳）：グローバル経済が世界を破壊する　ジェリー・マンダー, エドワード・ゴールドスミス編, 小南祐一郎, 塚本しづ香訳　朝日新聞社　2000.4　259p

マンダン, クリステル
◇フランスにおける年金制度改革の政治過程（共著）（南京兄訳）：年金改革の比較政治学—経路依存性と非難回避　新川敏光, ジュリアーノ・ボノーリ編著, 新川敏光監訳　ミネルヴァ書房　2004.10　341p　（ガヴァナンス叢書 第1巻）

マンデル, スタンリー・W.
◇スピンアウトの成功モデル（共著）：ビジネスモデル戦略論　Diamondハーバード・ビジネス・レビュー編集部編訳　ダイヤモンド社　2006.10　223p　（Harvard business review anthology）

マンドル, アレックス
◇両端から見るリーダー（共著）：未来組織のリーダー—ビジョン・戦略・実践の革新　フランシス・ヘッセルバイン, マーシャル・ゴールドスミス, リチャード・ベカード編, 田代正美訳　ダイヤモンド社　1998.7　239p

マンナレッリ, トーマス
◇絶え間なく創造する新・イノベーション理論：ピープルマネジメント—21世紀の戦略的人材活用コンセプト　Financial Times編, 日経情報ストラテジー監訳　日経BP社　2002.3　271p　（日経情報ストラテジー別冊）

マンリー, マイケル
◇市場社会主義をいかに創造するか：知の大潮流—21世紀へのパラダイム転換　今世紀最高の頭脳が予見する未来　ネイサン・ガーデルズ編, 仁保真佐子訳　徳間書店　1996.12　419p

マンロ, R.
◇中国と台湾：アジア成功への課題—『フォーリン・アフェアーズ』アンソロジー　P.クルーグマンほか著, 竹下興喜監訳　中央公論社　1995.3　266p

【ミ】

ミーア, シャミン
◇過去からのスナップ写真（坂本利子訳）：痛みと怒り—圧政を生き抜いた女性のオーラル・ヒストリー　大阪外国語大学グローバル・ダイアログ研究会編　明石書店　2006.5　197p

ミアサト, ドリス・モロミサト
◇私は女性、私は男性、私は日系人：日系人とグローバリゼーション—北米、南米、日本　レイン・リョウ・ヒラバヤシ, アケミ・キクムラ＝ヤノ, ジェイムズ・A.ヒラバヤシ編, 移民研究会訳　人文書院　2006.6　532p

三浦 英明　ミウラ, ヒデアキ
◇サリン事件への問題提起：オウム真理教と人権—新宗教・文化ジャーナル『SYZYGY』特別号日本語版　SYZYGY特別号日本語版刊行委員会　2000.4　108p

ミーカー＝ロウリー, スーザン
◇コミュニティー・マネー（小南祐一郎訳）：グローバル経済が世界を破壊する　ジェリー・マンダー, エドワード・ゴールドスミス編, 小南祐一郎, 塚本しづ香訳　朝日新聞社　2000.4　259p

ミキ, レスリー
◇サンタイザベルでの偵察と戦闘（共著）：ビッグ・デス—ソロモン人が回想する第二次世界大戦　ジェフリー・ホワイトほか編, 小柏葉子監訳, 小柏葉子, 今泉裕美子訳　現代史料出版　1999.8　226p

ミシャン, E. J.
◇外部性に関する戦後の文献—解釈的論文（岡敏弘訳）：「法と経済学」の原点　松浦好治編訳　木鐸社　1994.6　227p　（「法と経済学」叢書1）

ミシュキン, F.
◇日本の金融政策（共著）：ポスト平成不況の日本経済—政策志向アプローチによる分析　伊藤隆敏, H.パトリック, D.ワインシュタイン編, 祝迫得夫監訳　日本経済新聞社　2005.9　388p

ミショー, サブリナ
◇北アフガニスタン（写真）：知られざる辺境へ—世界の自然と人々　ナショナル・ジオグラフィック協会編, 亀井よし子訳　岩波書店　1992.7　216p　（地球発見ブックス）

ミショー, ロラン
◇北アフガニスタン（写真）：知られざる辺境へ—世界の自然と人々　ナショナル・ジオグラフィック協会編, 亀井よし子訳　岩波書店　1992.7　216p　（地球発見ブックス）

ミースター, ガイ・デ
◇IT部門—業務計画に沿った組織に再構築せよ：米先進企業CIOが明かすIT経営を成功させる17の「法則」

ディーン・レーン編, 飯田雅美, 高野恵里訳, 日経情報ストラテジー監訳 日経BP社 2005.7 431p

ミストレス・リトル・ラッシュ（小さなムチの女王）
◇苦痛と快楽、そして詩：セックス・ワーク―性産業に携わる女性たちの声 フレデリック・デラコステ, プリシラ・アレキサンダー編 パンドラ 1993.11 426, 26p

ミーダナー, テレル
◇動物マーサの魂 他（小林伝司訳）：マインズ・アイ―コンピュータ時代の「心」と「私」 上 D.R.ホフスタッター, D.C.デネット編著, 坂本百大監訳 〔新装版〕 ティビーエス・ブリタニカ 1992.10 359p

ミチェル, W.
◇ヨーロッパ初期商人法史：塙浩著作集―西洋法史研究 17 ヨーロッパ商法史 続 塙浩訳著 信山社出版 1999.1 932p

ミッコリ, ジョヴァンニ
◇修道士：中世の人間―ヨーロッパ人の精神構造と創造力 ジャック・ル・ゴフ編, 鎌田博夫訳 法政大学出版局 1999.7 440, 31p （叢書・ウニベルシタス 623）

ミッシェル, ローレンス
◇経済復興のなかでも大多数の所得は減らす：アメリカ年金事情―エリサ法（従業員退職所得保障法）制定20年後の真実 ダラス・L.ソールズベリー編, 鈴木旭監修, 大川洋三訳 新水社 2002.10 195p

ミッジリ, ジェイムズ
◇グローバリゼーションへの資本主義と社会福祉の関係（岩崎浩三訳）：ソーシャルワークとグローバリゼーション カナダソーシャルワーカー協会編, 日本ソーシャルワーカー協会国際委員会訳, 仲village優一監訳 相川書房 2003.8 186p

ミッター, ヴォルフガング
◇アイデンティティ喪失の危機と教育（鈴木慎一訳）：教育の共生体へ―ボディ・エデュケーショナルの思想圏 田中智志編 東信堂 2004.4 261p
◇変化の10年：比較教育学―伝統・挑戦・新しいパラダイムを求めて マーク・ブレイ編著, 馬越徹, 大塚豊監訳 東信堂 2005.12 361p

ミッチェル, W.
◇人間は自分が考えているような人間になる!：思考は現実化する―私はこうして思考を現実化した 実践編 ナポレオン・ヒル財団日本リソーセス編・訳 騎虎書房 1997.3 231p

ミッチェル, ウィリアム・E.
◇キンドレッド概念の理論的諸問題（河合利光訳）：家族と親族 村武精一編, 小川正恭ほか訳 未来社 1992.7 331, 21p

ミッチェル, マーク・H.
◇商品ファンド組成の手引（共著）：機関投資家のポートフォリオにおけるマネージド・フューチャーズ チャールズ・B.エプスタイン編, 日本商品ファンド業協会訳 日本商品ファンド協会 1995.3 320p

ミッツマン, アーサー
◇ゾンバルトとヴェーバーにおける人格的葛藤とイデオロギー選択：マックス・ヴェーバーとその同時代人群像 W.J.モムゼン, J.オースターハメル, W.シュペントカー編著, 鈴木広, 米沢和彦, 嘉目克彦監訳 ミネルヴァ書房 1994.9 531, 4p

ミッテラン, フランソワ
◇南北問題の解決に向けて―「開発の契約」の提起：知の大潮流―21世紀へのパラダイム転換 今世紀最高の頭脳が予見する未来 ネイサン・ガーデルズ編, 仁保真佐子訳 徳間書店 1996.12 419p

ミッドウィンター, キャサリン
◇世界の観察（中野和光訳）：世界の開発教育―教師のためのグローバル・カリキュラム オードリー・オスラー編, 中里亜夫監訳, 中野和光, 吉野あかね, 川上具実訳 明石書店 2002.8 498p

ミットヴォッホ, アデーレ
◇週1回のグループ：分析的グループセラピー ジェフ・ロバーツ, マルコム・パイン編, 浅田護, 衣笠隆幸監訳 金剛出版 1999.1 261p

ミッドグリー, ゲイル
◇定年への準備：明日をさがす―高齢化社会を生きる オーストラリア聖公会シドニー教区社会問題委員会編, 関澄子訳 聖公会出版 1999.9 156p

ミティ, エセル・L.
◇急性期医療と介護の接合：高齢者ケアをどうするか―先進国の悩みと日本の選択 高木安雄監修・訳, 池上直己, ジョン・C.キャンベル編著 中央法規出版 2002.7 256p

ミトリ, タレク
◇アラブ・キリスト教徒のイスラム（同胞・隣人）との関係：中東キリスト教の歴史 中東教会協議会編, 村山盛忠, 小田原紀訳 日本基督教団出版局 1993.2 154p

ミナト, スーザン・ミチ
◇スーザン・ミチ・ミナト（渡辺治子訳）：アメリカ労働運動のニューボイス―立ち上がるマイノリティー、女性たち ケント・ウォン編, 戸塚秀夫, 山崎精一監訳 彩流社 2003.10 256p

南 亮進 ミナミ, リョウシン
◇所得分配と政治変動のダイナミズム 他（南亮進著・訳）：所得不平等の政治経済学 南亮進, クワン・S.キム, マルコム・ファルカス編, 牧野文夫, 橋野篤, 橋野知子訳 東洋経済新報社 2000.11 278p

南アフリカ労働組合会議
◇労働：二一世紀の国際労働組合運動のための戦略的展望（深井英喜訳）：もうひとつの世界は可能だ―世界社会フォーラムとグローバル化への民衆のオルタナティブ ウィリアム・F.フィッシャー, トーマス・ポニア編, 加藤哲郎監訳, 大屋定晴, 山口響, 白井聡, 木下ちがや監訳 日本経済評論社 2003.12 461p

ミノーグ, ケネス
◇社会正義の理論と実践（山岡竜一訳）：社会正義論の系譜―ヒュームからウォルツァーまで デイヴィッド・バウチャー, ポール・ケリー編, 飯島昇蔵, 佐藤正志訳者代表 ナカニシヤ出版 2002.3 391p （叢書「フロネーシス」）

ミハイロフ, K. A.
◇プラクンのスカンディナヴィア様式墳墓（今村栄一訳）：環バルト海研究会現地調査報告書 第3回 環

ミハイロフ
バルト海研究会編　Nagoya University　2003.2　34p　(SIS/GSHI discussion paper no.2-3)

ミハイロフスキー, ニコライ
◇進歩とはなにか？　他：19世紀ロシアにおけるユートピア社会主義思想　森宏一編訳　光陽出版社　1994.3　397p

ミハラスキー, J.
◇中東ヨーロッパ―チェコスロバキア、ハンガリーおよびポーランドにおける科学的管理（小林康助訳）：科学的管理―F.W.テイラーの世界への贈りもの　J.-C.スペンダー、H.J.キーネ編、三戸公、小林康助監訳　文真堂　2000.5　273p

ミャオロン, リウ
◇アジア太平洋地域における新たな状況に対する中国の地政学的戦略（共著）（森崎正寛訳）：アジア太平洋と国際関係の変動―その地政学的展望　Dennis Rumley編、高木彰彦、千葉立也、福嶋依子編　古今書院　1998.2　431p

ミャクワーニョウ
◇共感：女たちのビルマ―軍事政権下を生きる女たちの声　藤目ゆき監修、タナッカーの会編、富田あかり訳　明石書店　2007.12　446p　(アジア現代女性史 4)

宮島 英昭　ミヤジマ, ヒデアキ*
◇日本の発展と成長プロセス：より高度の知識経済化で一層の発展をめざす日本―諸外国への教訓　柴田勉、竹内弘高共編、田村勝省訳　一灯舎　2007.10　472, 36p

三山 巌　ミヤマ, イワオ
◇オウム報道およびオウム関連裁判の問題点：オウム真理教と人権―新宗教・文化ジャーナル『SYZYGY』特別号日本語版　SYZYGY特別号日本語版刊行委員会　2000.4　108p

ミャミィンモウ
◇エーヤーワディー恋しけれど：女たちのビルマ―軍事政権下を生きる女たちの声　藤目ゆき監修、タナッカーの会編、富田あかり訳　明石書店　2007.12　446p　(アジア現代女性史 4)

宮本 信生　ミヤモト, ノブオ
◇外交・安全保障環境 日本から見て 他：ロシアの総合的安全保障環境に関する研究―東アジア地域における諸問題　総合研究開発機構　2000.3　225p　(NIRA研究報告書)

ミュラー, ジモーネ
◇芹沢光治良の短篇小説『ブルジョア』（増本浩子訳）：スイスと日本―日本におけるスイス受容の諸相　森田安一編　刀水書房　2004.10　314p

ミュラー, ブルクハルト
◇ドイツ研究協会による大学の研究の評価：高等教育における評価と意思決定過程―フランス、スペイン、ドイツの経験　OECD編、服部憲児訳　広島大学大学教育研究センター　1997.2　151p　(高等教育叢書 43)

ミュラー, ホルガー
◇クリスティアン・スクリーヴァー：正統派、敬虔派、啓蒙時代の牧会者たち　1　日本キリスト教団出版局　2002.6　284p　(魂への配慮の歴史 第7巻　C.メラー編、加藤常昭訳)

ミュラウィエック, ローラン
◇アメリカ合衆国における反ユダヤ主義（共著）：現代の反ユダヤ主義　レオン・ポリアコフ編著、菅野賢治、合田正人監訳、小幡谷友二、高橋博美、宮崎海子訳　筑摩書房　2007.3　576, 43p　(反ユダヤ主義の歴史 第5巻)

ミュラーザイプ, ボドー
◇ビジネスコンタクト（杉谷真佐子訳）：ドイツ・日本問題研究 2　ドイツ・日本問題研究班著　関西大学経済・政治研究所　1994.9　362p　(研究双書 第88冊)

ミュラー＝ディーツ, ハインツ
◇近現代文学における金銭欲（富樫景子訳）：神山敏雄先生古稀祝賀論文集 第2巻　経済刑法　斉藤豊治、日高義博、甲斐克則、大塚裕史編　成文堂　2006.8　546p

ミューレル, マクス
◇比較宗教学（南条文雄訳）：南条文雄著作選集　第9巻　南条文雄著、佐々木教悟、長崎法潤、木村宣彰監修・編　うしお書店　2003.4　1冊

ミュンステル, ハンス・A.
◇新聞と政策：内閣情報部情報宣伝研究資料　第7巻　津金沢聡広、佐藤卓己編　柏書房　1994.6　639p

ミュンヒハウゼン, クラウス・フォン
◇砕け散った鏡：現代の反ユダヤ主義　レオン・ポリアコフ編著、菅野賢治、合田正人監訳、小幡谷友二、高橋博美、宮崎海子訳　筑摩書房　2007.3　576, 43p　(反ユダヤ主義の歴史 第5巻)

ミョレー, ビョン
◇ヨーロッパ圏を越える非攻撃的防衛 他（木村力央訳）：新発想の防衛論―非攻撃的防衛の展開　児玉克哉、ホーカン・ウィベリー編著　大学教育出版　2001.11　177p

ミラー, R. S.
◇うまく機能していない関係（和田実訳）：臨床社会心理学の進歩―実りあるインターフェイスをめざして　R.M.コワルスキ、M.R.リアリー編著、安藤清志、丹野義彦監訳　北大路書房　2001.10　465p

ミラー, ウィリー・ワッツ
◇自律の教育：デュルケムと現代教育　ジェフリー・ウォルフォード、W.S.F.ピカリング編、黒崎勲、清田夏代訳　同時代社　2003.4　335, 26p

ミラー, ウェブ
◇ガンディーの非暴力不服従運動―「塩の行進」弾圧（一九三〇年五月二十一日）：歴史の目撃者　ジョン・ケアリー編、仙名紀訳　朝日新聞社　1997.2　421p

ミラー, ウォーレン・E.
◇ウォーレン・E.ミラー（山本秀則訳）：アメリカ政治学を創った人たち―政治学の口述史　M.ベアー、M.ジュエル、L.サイゲルマン編、内山秀夫監訳　ミネルヴァ書房　2001.12　387p　(Minerva人文・社会科学叢書 59)

ミラー, カレン
◇言葉の話せない外国人の子どものためのガイドライン：幼児のための多文化理解教育　ボニー・ノイゲバウエル編著、谷口正子、斉藤法子訳　明石書店　1997.4　165p

ミラー, シャロン・C.
◇遠く離れた国に一人放られて（共著）：幼児のための多文化理解教育　ボニー・ノイゲバウエル編著, 谷口正子, 斉藤法子訳　明石書店　1997.4　165p

ミラー, ジョン
◇カナダで広がるホリスティック教育（橋本恵子訳）：ホリスティック教育入門　日本ホリスティック教育協会編　復刻・増補版　せせらぎ出版　2005.3　200p（ホリスティック教育ライブラリー 5）

ミラ, スーザン・R.
◇概念的行動の発達を調整する：刺激制御のテクノロジー（共著）：行動分析学からの発達アプローチ　シドニー・W.ビジュー, エミリオ・リベス編, 山口薫, 清水直治監訳　二瓶社　2001.7　253p

ミラー, ヘレン・オデル
◇グループ即興音楽療法：統合失調症をもつ男性の体験：音楽療法ケーススタディ　下　成人に関する25の事例　ケネス・E.ブルシア編, よしだじゅんこ, 酒井智華訳　音楽之友社　2004.4　393p

ミラー, レウェリン
◇銀行自己資本新ガイドライン—銀行の資産ポートフェリオおよび金融市場への意義（共著）（渡辺守訳）：ALMの新手法—キャピタル・マーケット・アプローチ　フランク・J.ファボッツィ, 小西湛夫共編　金融財政事情研究会　1992.7　499p（ニューファイナンシャルシリーズ）

ミラード, A. R.
◇カナン人（榊原容子訳）：旧約聖書時代の諸民族　D.J.ワイズマン編, 池田裕監訳　日本基督教団出版局　1995.10　578p

ミラムビリン, ルベン・M.
◇フィリピン—過去と現在 小学生のための歴史と政府（共著）（栗山敦史訳）：フィリピンの歴史教科書から見た日本　佐藤義朗編, 後藤直三, 栗山敦史訳　明石書店　1997.7　174p

ミリアム
◇父—家庭内暴力のこと：記憶の底から—家庭内性暴力を語る女性たち　トニー・A.H.マクナロン, ヤーロウ・モーガン編, 長谷川真実訳　青弓社　1995.12　247p

ミリューチン, ウラジーミル
◇イギリスとフランスにおけるプロレタリアと貧困状態 他：19世紀ロシアにおけるユートピア社会主義思想　森宏一編訳　光陽出版社　1994.3　397p

ミリンゲン, J. G.
◇パリの革命法廷（一七九三年十月）：歴史の目撃者　ジョン・ケアリー編, 仙名紀訳　朝日新聞社　1997.2　421p

ミルウォード, アラン
◇特別なニーズ教育の理論と実践（共著）（浅野俊道訳）：インクルージョンの時代—北欧発「包括」教育理論の展望　ペーデル・ハウグ, ヤン・テッセブロー編, 二文字理明監訳　明石書店　2004.2　246p（明石ライブラリー 63）

ミルグラム, スタンレー
◇小さな世界問題（野沢慎司, 大岡栄美訳）：リーディン
グスネットワーク論—家族・コミュニティ・社会関係資本　野沢慎司編・監訳　勁草書房　2006.8　288p

ミルズ, ジョン
◇チャンピオンたちが使っているテクニカルトレーディング用ツール（共著）：ロビンスカップの魔術師たち—トレードコンテストのチャンピオンが語るトレーディングの極意　チャック・フランク, パトリシア・クリサフリ編, 古河みつる訳　パンローリング　2006.5　273p（ウィザードブックシリーズ v.102）

ミルステン, マーク・B.
◇グローバルな持続可能性と産業の創造的破壊（共著）：スマート・グローバリゼーション　A.K.グプタ, D.E.ウエストニー編著, 諸上茂登監訳　同文舘出版　2005.3　234p

ミルトン, シビル
◇女とホロコースト—ドイツとドイツ系ユダヤの女：生物学が運命を決めたとき—ワイマールとナチスドイツの女たち　レナード・ブライデンソール, アチナ・グロスマン, マリオン・カプラン編著, 近藤和子訳　社会評論社　1992.11　413p

ミーレ, ナンシー・ボアー
◇イギリス—家にとじこもっていた私が飛行機に乗る：車椅子はパスポート—地球旅行の挑戦者たち　アリソン・ウォルシュ編, おそどまさこ日本語版責任編集, 森実真弓訳　山と渓谷社　1994.3　687p

ミロ, ダニエル
◇街路の命名（天野知恵子訳）：記憶の場—フランス国民意識の文化＝社会史　第3巻　ピエール・ノラ編, 谷川稔監訳　岩波書店　2003.3　474, 15p

ミロシチェンコ, N. F.
◇現代戦の内容と性質の変化：ソ連の軍事面における核革命　ウィリアム・キントナー, ハリエット・ファスト・スコット編　［防衛研修所］　1970　345p（研究資料 70RT-9）

閔 庚子　ミン, ギョンジャ*
◇韓国売春女性運動史 他：韓国女性人権運動史　韓国女性ホットライン連合編, 山下英愛訳　明石書店　2004.7　653p（世界人権問題叢書 51）

民間諜報局
◇ゾルゲ諜報団活動の全容.1（「ゾルゲ事件」報告書）（共著）：ゾルゲ事件関係外国語文献翻訳集　no.7　日露歴史研究センター事務局編　日露歴史研究センター事務局　2005.4　68p
◇ゾルゲ諜報団活動の全容.2（「ゾルゲ事件」報告書）（共著）：ゾルゲ事件関係外国語文献翻訳集　no.8　日露歴史研究センター事務局編　日露歴史研究センター事務局　2005.7　76p
◇ゾルゲ諜報団の活動の全容.3（「ゾルゲ事件」報告書）（共著）：ゾルゲ事件関係外国語文献翻訳集　no.9　日露歴史研究センター事務局編　日露歴史研究センター事務局　2005.10　73p

民主主義的文化を目指す教師の会
◇基本的見解：アメリカの差別問題—PC（政治的正義）論争をふまえて　Patricia Aufderheide編, 脇浜義明編訳　明石書店　1995.6　208p

ミンス, カレン・マリー・クリスタ
◇あなたの魂とともに：記憶の底から—家庭内性暴力を

ミント

語る女性たち　トニー・A.H.マクナロン，ヤーロウ・モーガン編，長谷川真実訳　青弓社　1995.12　247p

ミント, H.
◇国際貿易と国内の制度的枠組：開発経済学の潮流—将来の展望　G.M.マイヤー，J.E.スティグリッツ共編，関本勘太，近藤正規，国際協力研究グループ訳　シュプリンガー・フェアラーク東京　2003.7　412p

ミント, イタ
◇ファッションのイタリアに於ける婦人労働者：世界女性学基礎文献集成　昭和初期編 第9巻　水田珠枝監修　ゆまに書房　2001.12　20, 387p

【ム】

ムーア, ゴードン
◇ウィリアム・ショックレー：TIMEが選ぶ20世紀の100人　上巻　指導者・革命家・科学者・思想家・起業家　徳岡孝夫監訳　アルク　1999.11　332p

ムーア, ジェームズ・F.
◇企業「生態系」四つの発展段階：ネットワーク戦略論　ドン・タプスコット編，Diamondハーバード・ビジネス・レビュー編集部訳　ダイヤモンド社　2001.5　298p

ムーア, ジョセフ
◇AAR：アメリカ陸軍の学習法（共著）：組織能力の経営論—学び続ける企業のベスト・プラクティス　Diamondハーバード・ビジネス・レビュー編集部訳　ダイヤモンド社　2007.8　508p（Harvard business review）

ムーア, ドン・A.
◇善意の会計士が不正監査を犯す理由（共著）：組織行動論の実学—心理学で経営課題を解明する　Diamondハーバード・ビジネス・レビュー編集部編訳　ダイヤモンド社　2007.9　425p（Harvard business review）

ムーアハウス, ジェフリー
◇ナイル川：グレートリバー—地球に生きる・地球と生きる　National Geographic Society編，田村協子訳　同朋舎出版　1993.7　448p

ムーカジ, バーラティ
◇マザー・テレサ：TIMEが選ぶ20世紀の100人　下巻　アーチスト・エンターテイナー・ヒーロー・偶像・巨頭　徳岡孝夫監訳　アルク　1999.11　318p

ムサ, サルガ
◇克服された恐怖：十八世紀の恐怖—言説・表象・実践　ジャック・ベールシュトルド，ミシェル・ポレ編，飯野和夫，田所光男，中島ひかる訳　法政大学出版局　2003.12　446p（叢書・ウニベルシタス 782）

ムーサー, ナバウィーヤ
◇女性と労働（千代崎未央訳）：ナショナリズムとジェンダーに関する比較史的研究　2004年度—2006年度　栗田禎子編　千葉大学大学院人文社会科学研究科　2007.2　87p（人文社会科学研究科プロジェクト成果報告書 第111集）

ムーサイオス
◇ムゥサイオス（山口義久訳）：ソクラテス以前哲学者断片集 第1分冊　内山勝利編　岩波書店　1996.12　367p

ムシュク, ヴァルター
◇バッハオーフェンの言語芸術（鍛冶哲郎訳）：バッハオーフェン論集成　臼井隆一郎編　世界書院　1992.10　248, 5p

ムーズ, W. E.
◇仮想爆撃機のコスト研究：軍事費用分析の一例〔防衛研修所〕　1973　82p（研究資料 73RT-4)

ムダンビ, ラム
◇多国籍企業の立地決定（丸山航也訳）：企業立地行動の経済学—都市・産業クラスターと現代企業行動への視角　フィリップ・マッカン編著，上遠野武司翻訳　学文社　2007.2　227p

ムドゥレ, ミハエラ
◇イエナチツァ・ヴァカレスク（定森亮訳）：十八世紀における他者のイメージ—アジアの側から，そしてヨーロッパの側から　中川久定, J.シュローバハ編　河合文化教育研究所　2006.3　370p

ムーニー, V. R.
◇エミール・ゾラ（鹿島茂訳）：インタヴューズ　1　クリストファー・シルヴェスター編，新庄哲夫ほか訳　文芸春秋　1998.11　462p

ムーニー, ジェームズ
◇ペヨーテの夜（下園淳子訳）：ドラッグ・ユーザー　ジョン・ストロースボー，ドナルド・ブレイス編，高城恭子ほか訳　青弓社　1995.9　219p

ムニラトム, B.
◇インドの情報技術産業（内川秀二訳）：躍動するインド経済—光と陰　内川秀二編　アジア経済研究所　2006.3　356p（アジ研選書 no.2)

ムハンマド, アフローズ
◇3Mオプティカル・システムズ：企業の企業家精神をマネージする（共著）：技術とイノベーションの戦略的マネジメント　下　ロバート・A.バーゲルマン，クレイトン・M.クリステンセン，スティーヴン・C.ウィールライト編著，青島矢一，黒田光太郎，志賀敏宏，田辺孝二，出川通，和賀三和子日本語版監修，岡真由美，斉藤裕一，桜井祐子，中川泉，山本章子訳　翔泳社　2007.7　595p

ムヒタリヤン, S. A.
◇偉大なる10月社会主義革命とベトナムにおけるマルクス＝レーニン主義の浸透の始まり（1920年代の中期まで）他：ベトナム現代史—論文集　防衛研修所　1964　175p（研究資料 第35号）

ムホウ, マルタ
◇現代の幼児心理学と教育心理学に照らしたフリードリッヒ・フレーベルの教育思想と近代的幼稚園（岡田恭枝訳）：子どものための教育—徹底的学校改革者同盟教育研究大会（1932年）報告『子どもの苦難と教育』より　船尾日出志監修，久野弘幸編訳　学文社　2004.3　254, 4p

ムメンダイ, アメリー
◇攻撃行動（沼崎誠訳）：社会心理学概論—ヨーロピアン・パースペクティブ　2　M.ヒュストン, W.シュトレーベ, J.P.コドル, G.M.スティヴンソン編　誠信

書房　1995.1　353p

ムラッティ，リーラ
◇インドの家族：アジアの経済発展と家族及びジェンダー　篠崎正美監訳・著，アジア女性交流・研究フォーラム編　改訂版　アジア女性交流・研究フォーラム　2000.3　203p

ムラートフ
◇ロシアと日本（野崎義夫訳）：蘇聯実情研究叢書　第3輯・第4輯　上災氏顕彰会史料出版部　2000.8　1冊（ページ付なし）　（理想日本リプリント　第13巻）

ムルシェド，S. マンソーブ
◇東アジア地域分科会報告：開発途上国におけるグローバル化と貧困・不平等　リチャード・コール編著，及川裕二訳　明石書店　2004.11　176p

ムルスヴィーク，D.
◇環境法におけるいわゆる「協働原則」（kooperationsprinzip）について（神橋一彦訳）：先端科学技術と人権—日独共同研究シンポジウム　ドイツ憲法判例研究会編　信山社出版　2005.2　428p

ムーン，エリック
◇図書館関係雑誌とエリック・ムーン（共著）：アメリカ図書館界と積極的活動主義—1962-1973年　メアリー・リー・バンディ，フレデリック・J.スティローン編著，川崎良孝，森田千幸，村上加代子訳　京都大学図書館情報学研究会　2005.6　279p

文　玉珠　ムン，オクチュ
◇二度も同じ目にあうなんて：証言—強制連行された朝鮮人軍慰安婦たち　韓国挺身隊問題対策協議会・挺身隊研究会編，従軍慰安婦問題ウリヨソンネットワーク訳　明石書店　1993.10　345p

文　必騏　ムン，ピルギ
◇勉強したくて：証言—強制連行された朝鮮人軍慰安婦たち　韓国挺身隊問題対策協議会・挺身隊研究会編，従軍慰安婦問題ウリヨソンネットワーク訳　明石書店　1993.10　345p

【メ】

メアリー，ロビンソン
◇地球倫理なければ人類の進歩なし：今こそ地球倫理を　ハンス・キューング編，吉田収訳　世界聖典刊行協会　1997.10　346p　（ほんブックス 39）

メイ，ロザリンド
◇スペイン—メノルカ島でアパートメント滞在：車椅子はパスポート—地球旅行の挑戦者たち　アリソン・ウォルシュ編，おそどまさこ日本語版責任編集，森実真弓訳　山と渓谷社　1994.3　687p

メイコ，ダニー
◇ガバナンス—意思決定のインフラを構築せよ：米先進企業CIOが明かすIT経営を成功させる17の「法則」　ディーン・レーン編，飯田雅美，高野恵里訳，日経情報ストラテジー監訳　日経BP社　2005.7　431p

メイザーズ，デール
◇精神と精神性（浜田華子訳）：ユングの世界—現代の視点から　E.クリストファー，H.M.ソロモン共編，氏原寛，織田尚生監訳　培風館　2003.3　339p

メイズ，A. D. H.
◇社会学と旧約聖書（小津薫訳）：古代イスラエルの世界—社会学・人類学・政治学からの展望　R.E.クレメンツ編，木田献一，月本昭男監訳　リトン　2002.11　654p

メイゼル，リック
◇いわゆる拒食／過食症へのナラティヴ・アプローチ（共著）：ナラティヴ・セラピーの冒険　デイヴィッド・エプストン著，小森康永監訳　創元社　2005.2　337p

メイツェル，マティティアフ
◇新しい戦争の時代におけるエア・パワーの役割（柳沢潤監訳）：21世紀のエア・パワー—日本の安全保障を考える　石津朋之，ウィリアムソン・マーレー共編著　芙蓉書房出版　2006.10　342p

メイディク，M. A.
◇ハイテク経営の真髄（共著）：技術とイノベーションの戦略的マネジメント　上　ロバート・A.バーゲルマン，クレイトン・M.クリステンセン，スティーヴン・C.ウィールライト編著，青島矢一，黒田光太郎，志賀敏宏，田辺孝二，出川通，和賀三和子日本語版監修，岡真由美，斉藤裕一，桜井祐子，中川泉，山本章子訳　翔泳社　2007.7　735p
◇新製品の学習サイクル（共著）：技術とイノベーションの戦略的マネジメント　下　ロバート・A.バーゲルマン，クレイトン・M.クリステンセン，スティーヴン・C.ウィールライト編著，青島矢一，黒田光太郎，志賀敏宏，田辺孝二，出川通，和賀三和子日本語版監修，岡真由美，斉藤裕一，桜井祐子，中川泉，山本章子訳　翔泳社　2007.7　595p

メイドリー，クリストファー
◇日本自動車産業の発展と英国（岸田真訳）：日英交流史—1600-2000　4　経済　細谷千博，イアン・ニッシュ監修　杉山伸也，ジャネット・ハンター編　東京大学出版会　2001.6　332, 8p

メイ＝ドールトン，ルネイト・R.
◇個人・集団・組織レベルでの文化的多様性の管理：リーダーシップ理論と研究　マーティン・M.チェマーズ，ロヤ・エイマン，白樫三四郎訳編　黎明出版　1995.9　234p

メイナード，ダグラス・W.
◇翻訳「クーリー＝ミード賞のためにハロルド・ガーフィンケルを紹介する」：うたかたの仕事—社会学論集　後藤将之著　西田書店　2005.3　264, 9p

メイマン，ジャニス
◇抱え込まれて：記憶の底から—家庭内性暴力を語る女性たち　トニー・A.H.マクナロン，ヤーロウ・モーガン編，長谷川真実訳　青弓社　1995.12　247p

メイヤーズ，オデット
◇マダム・マリーの教え：思いやる勇気—ユダヤ人をホロコーストから救った人びと　キャロル・リトナー，サンドラ・マイヤーズ編，食野雅子訳　サイマル出版会　1997.4　282p

メイン，アラン・J.
◇心霊研究における統計学の利用：心霊研究—その歴史・原理・実践　イヴォール・グラッタン・ギネス編，和田芳久訳　技術出版　1995.12　414p　（超心理学叢書 第4集）

メインハルト, ヴェイナント・W.
◇一七世紀から一八世紀にかけてのオランダ共和国における政治とポルノグラフィ（末広幹訳）：ポルノグラフィの発明—猥褻と近代の起源、一五〇〇年から一八〇〇年へ　リン・ハント編著, 正岡和恵, 末広幹, 吉原ゆかり訳　ありな書房　2002.8　438p

メザ, フィリップ
◇アマゾン・コム：電子小売業の進化　他（共著）：技術とイノベーションの戦略的マネジメント　上　ロバート・A.バーゲルマン, クレイトン・M.クリステンセン, スティーヴン・C.ウィールライト編著, 青島矢一, 黒田光太郎, 志賀敏宏, 田辺孝二, 出川通, 和賀三和子日本語版監修, 岡真由美, 斉藤裕一, 桜井祐子, 中川泉, 山本章子訳　翔泳社　2007.7　735p
◇2003年以降のインテル：第3幕を求めて（共著）：技術とイノベーションの戦略的マネジメント　下　ロバート・A.バーゲルマン, クレイトン・M.クリステンセン, スティーヴン・C.ウィールライト編著, 青島矢一, 黒田光太郎, 志賀敏宏, 田辺孝二, 出川通, 和賀三和子日本語版監修, 岡真由美, 斉藤裕一, 桜井祐子, 中川泳, 山本章子訳　翔泳社　2007.7　595p

メースィッモウン
◇悪政の落花たち：女たちのビルマ—軍事政権下を生きる女たちの声　藤目ゆき監修, タナッカーの会編, 富田あかり訳　明石書店　2007.12　446p　（アジア現代女性史 4）

メズガーニ, ネビラ
◇著作権の進化におけるベルヌ条約と開発途上国の間の相互作用：ベルヌ条約100周年記念論文集—ベルヌ条約と国内法　WIPO国際事務局編, 原田文夫訳　著作権資料協会　1987.3　123p　（著作権シリーズ 76）

メスキータ, マリオ
◇ポルトガルの新聞オンブズマン：世界のメディア・アカウンタビリティ制度—デモクラシーを守る七つ道具　クロード・ジャン・ベルトラン編著, 前沢猛訳　明石書店　2003.5　590p　（明石ライブラリー 49）

メーステル, コンラッド・ド
◇エディット・シュタイン（福岡カルメル会訳）：エディット・シュタイン—小伝と手記　女子パウロ会　1999.10　124p

メスマー
◇動物磁気発見のいきさつ, パリ科学アカデミーとの関係：キリスト教神秘主義著作集 16　近代の自然神秘思想　中井章子, 本間邦雄, 岡部雄三訳　教文館　1993.9　614, 42p
◇動物電気概論（鈴木万次郎訳）：日本人の身・心・霊—近代民間精神療法叢書 21　吉永進一編　クレス出版　2004.11　1冊

メスメル, ピエール
◇フランスの軍事政策：フランス国防政策参考資料　防衛研修所　1964　87p　（読書資料 12-2309）

メスュ, ミッシェル
◇いかに老い, いかに連帯するか（佐藤典子訳）：高齢社会と生活の質—フランスと日本の比較から　佐々木交賢, ピエール・アンサール編　専修大学出版局　2003.10　219p
◇依存する年代と年齢への依存（佐藤典子訳）：共生社会への挑戦—日仏社会の比較　佐々木交賢, 樋口晟子編　恒星社厚生閣　2005.3　146, 3p　（日仏社会学叢書 第5巻）

メースライン, フローリアン
◇裁判官法による法の同化：法の同化—その基礎, 方法, 内容　ドイツからの見方と日本からの見方　カール・リーゼンフーバー, 高山佳奈子編　De Gruyter Recht c2006　27, 651p　（Schriften zum Europäischen und Internationalen Privat-, Bank-und Wirtschaftsrecht Bd.10）

メタル, フィリス・リューマン
◇パリでワラチはないよ　他：セックス・ワーク—性産業に携わる女性たちの声　フレデリック・デラコステ, プリシラ・アレキサンダー編　パンドラ　1993.11　426, 26p

メツガー, ディーナ
◇世界の復興—聖なる娼婦の帰還（リース・滝・幸子訳）：女性の誕生—女性であること：意識的な女性性の誕生　コニー・ツヴァイク編, 川戸円訳　山王出版　1996.9　398p
◇世界の復興：聖なる娼婦の帰還（リース・滝・幸子訳）：女性の誕生—女性であること：意識的な女性性の誕生　コニー・ツヴァイク編, 川戸円, リース・滝幸子訳　第2版　山王出版　1997.9　403p

メッシュ, ロビン
◇マーケット・プロファイルでマーケットの言葉を読む方法：魔術師たちのトレーディングモデル—テクニカル分析の新境地　リック・ベンシニョール編, 長尾慎太郎ほか訳　パンローリング　2001.3　365p　（ウィザードブックシリーズ 15）

メッセルケン, カールハインツ
◇行動理論（鈴木幸壽訳）：現代の社会学理論　ギュンター・エントルーヴァイト編, 鈴木幸壽ほか訳　恒星社厚生閣　2000.7　388, 19p

メッツィガー, ウォルター・P.
◇集権化した大学における学問の自由：アメリカ社会と高等教育　P.G.アルトバック, R.O.バーダール, P.J.ガムポート編, 高橋靖直訳　玉川大学出版部　1998.2　354p

メットカルフェ, スタンリー
◇競争経済における科学政策と技術政策（中村匡克訳）：経済政策の公共選択分析　アレック・クリスタル, ルパート・ペナンリー編, 黒田和美監訳　勁草書房　2002.7　232p

メディクス, ディーター
◇契約違反に対する責任の要件（共著）（益井公司訳）：ヨーロッパ統一契約法への道　ユルゲン・バセドウ編, 半田吉信ほか訳　法律文化社　2004.6　388p

メドー, ベティー・デジョン
◇テスモフォリア—女性の豊穣性の儀式（リース・滝・幸子訳）：女性の誕生—女性であること：意識的な女性性の誕生　コニー・ツヴァイク編, 川戸円訳　山王出版　1996.9　398p
◇テスモフォリア：女性の豊穣性の儀式（リース・滝・幸子訳）：女性の誕生—女性であること：意識的な女性性の誕生　コニー・ツヴァイク編, 川戸円, リース・滝幸子訳　第2版　山王出版　1997.9　403p

メドヴェーデフ, パーヴェル
◇ロシア皇帝ニコライ二世一家の処刑（一九一八年七月

十六日）：歴史の目撃者　ジョン・ケアリー編，仙名紀訳　朝日新聞社　1997.2　421p

メドヴェド，ダイアン
◇家庭の大切さを考えよ（共著）：セルフヘルプ―なぜ、私は困難を乗り越えられるのか　世界のビッグネーム自らの47の証言　ケン・シェルトン編著，堀紘一監訳　フロンティア出版　1998.7　301p

メトロドロス（キオスの）
◇キオスのメトロドロス（鎌田邦宏訳）：ソクラテス以前哲学者断片集　第4分冊　内山勝利編　岩波書店　1998.2　329p

メナード，クロード
◇フォーマル組織の内部特性（安田武彦訳）：取引費用経済学―最新の展開　クロード・メナード編著，中島正人，谷口洋志，長谷川啓之監訳　文眞堂　2002.12　207p

メニューイン，イェフディ
◇私の祈り：今こそ地球倫理を　ハンス・キューング編，吉田収訳　世界聖典刊行協会　1997.10　346p（ぽんブックス 39）

メネシニ，エルシリア
◇イタリア（共著）（金口恭久訳）：世界のいじめ―各国の現状と取り組み　森田洋司総監修・監訳，P.K.スミスほか編，川口仁志ほか訳　金子書房　1998.11　463p
◇学校における「いじめ」防止の現場戦略：いじめとりくんだ国々―日本と世界の学校におけるいじめへの対応と施策　土屋基規，P.K.スミス，添田久美子，折出健二編著　ミネルヴァ書房　2005.12　320p

メヘア，テルマ
◇ホンジュラス：女性が語る第三世界の素顔―環境・開発レポート　アニータ・アナンド編，WFS日本事務局訳　明石書店　1994.6　317p

メヒティルト（ハッケボルンの）
◇特別な恩寵の書 他（梅原久美子訳）：中世思想原典集成　15　女性の神秘家　上智大学中世思想研究所編訳・監修　平凡社　2002.4　1061p

メファム，デヴィッド
◇もう一方の側からみたグローバリゼーション：論争グローバリゼーション―新自由主義対社会民主主義　デヴィッド・ヘルド編，猪口孝訳　岩波書店　2007.5　241p

メラー，D. H.
◇我が人生の時（池田真治訳）：人文知の新たな総合に向けて―21世紀COEプログラム「グローバル化時代の多元的人文学の拠点形成」　第2回報告書2（哲学篇）　京都大学大学院文学研究科21世紀COEプログラム「グローバル化時代の多元的人文学の拠点形成」編　京都大学大学院文学研究科21世紀COEプログラム「グローバル化時代の多元的人文学の拠点形成」　2004.3　303p

メラー，アンドリュー
◇スコットランド（川口仁志訳）：世界のいじめ―各国の現状と取り組み　森田洋司総監修・監訳，P.K.スミスほか編，川口仁志ほか訳　金子書房　1998.11　463p

メラー，コージマ
◇ローマ契約法の基礎（佐々木有司訳）：法律学的対話におけるドイツと日本―ベルリン自由大学・日本法学共同シンポジウム　永田誠，フィーリプ・クーニヒ編集代表　信山社　2006.12　385p

メラニー，ジョン
◇PMAの力の生き証人―親から成功の秘訣を学んだ男：思考は現実化する―私はこうして思考を現実化した　実践編　ナポレオン・ヒル財団日本リソーセス編・訳　騎虎書房　1997.3　231p

メラムド，A．ダグラス
◇所有権法ルール、損害賠償法ルール、不可譲な権原ルール：大聖堂の一考察（共著）（松浦以津子訳）：不法行為法の新世界　松浦好治編訳　木鐸社　1994.8　172p　「法と経済学」叢書 2）

メランドル，ジャン＝イヴ
◇国と大学との契約政策―静かなる革命の進行（共著）：高等教育における評価と意思決定過程―フランス、スペイン、ドイツの経験　OECD編，服部憲児訳　広島大学大学教育研究センター　1997.2　151p（高等教育研究叢書 43）

メリー・オウン
◇メリー・オウンの物語―ラビェウンに語る：女たちのビルマ―軍事政権下を生きる女たちの声　藤目ゆき監修，タナッカーの会編，富田あかり訳　明石書店　2007.12　446p　（アジア現代女性史 4）

メリル，ウィリアム・L.
◇ズーニーの影像（共著）：スミソニアンは何を展示してきたか　A.ヘンダーソン，A.L.ケプラー編，松本栄寿，小浜清子訳　玉川大学出版部　2003.5　309p

メール，マーガレット
◇明治史学におけるドイツの影響（遠藤成一訳）：歴史学と史料研究　東京大学史料編纂所編　山川出版社　2003.7　278p

メルヴィオ，ミカ
◇日本におけるコリアンと島根県の事例：国境を越える人々―北東アジアにおける人口移動　赤羽恒雄監修，赤羽恒雄，アンナ・ワシリエバ編　国際書院　2006.6　376p

メルカデール，ルイ
◇レオ・トロツキーの殺害：ベリヤ―スターリンに仕えた死刑執行人　ある出世主義者の末路　ヴラジーミル・F．ネクラーソフ編，森田明訳　エディションq　1997.9　365p

メルク，ヘードウィヒ
◇婦人の左翼平和主義者は中心問題を如何に避けてゐるか：世界女性学基礎文献集成　昭和初期編　第9巻　永田珠枝監修　ゆまに書房　2001.12　20, 387p

メルクト，ハンノ
◇ドイツにおける株式法の改正（小柿徳武，守矢健一訳）：団体・組織と法―日独シンポジウム　松本博之，西谷敏，守矢健一編　信山社出版　2006.9　388, 3p

メルケル，ヴォルフガング
◇社会民主主義の「第3の道」：ヨーロッパ社会民主主義「第3の道」論集　2　R.Cuperus, K.Duffek, J.Kandel編，小川正浩訳　生活経済政策研究所　2001.7　81p　（生活研ブックス 9）
◇社会的公正、労働市場、社会国家改革（安井宏樹訳）：21世紀社会民主主義　第7集　新しいドイツ社民党・

メルシエシ

メルシェ=ジョザ, S.
◇女の系図は考えられるか：フェミニズムから見た母性　A.‐M.ド・ヴィレーヌ, L.ガヴァリニ, M.ル・コアディク編、中嶋公子、目崎光子、磯本輝子、横地良子、宮本由美ほか訳　勁草書房　1995.10　270, 10p

メルシエール, ジャック
◇恣意的な根拠に基づいて相互に調整することができるか (共著) (須田文明訳)：コンヴァンシオン理論の射程—政治経済学の復権　フィリップ・バティフリエ編、海老塚明、須田文明監訳　昭和堂　2006.11　419p

メルスヴィン, ルールマン
◇新たなる人生の始まりの四年 (岡裕人訳)：中世思想原典集成　16　ドイツ神秘思想　上智大学中世思想研究所編訳・監修　平凡社　2001.4　977p

メルディーニ, P.
◇地方料理の抬頭—イタリア：食の歴史　3　J‐L.フランドラン, M.モンタナーリ編、宮原信、北代美和子監訳　藤原書店　2006.3　p838‐1209

メレンデス, サラ・E.
◇「アウトサイダー」のリーダーシップ観：未来組織のリーダー—ビジョン・戦略・実践の革新　フランシス・ヘッセルバイン、マーシャル・ゴールドスミス、リチャード・ベカード編、田代正美訳　ダイヤモンド社　1998.7　239p

メロ, ファティマ
◇暴力：暴力の文化と家庭内暴力に関する会議総括文書 (松田洋介訳)：もうひとつの世界は可能だ—世界社会フォーラムとグローバル化への民衆のオルタナティブ　ウィリアム・F.フィッシャー、トーマス・ポニア編、加藤哲郎監修、大屋定晴、山口響、白井聡、木下ちがや監訳　日本経済評論社　2003.12　461p

メン
◇パワー・トゥ・アワ・ジャーニー—勇気ある旅立ち (共著) (宮里マチ子訳)：ナラティヴ・セラピーの実践　シェリル・ホワイト、デイヴィッド・デンボロウ編、小森康永監訳　金剛出版　2000.2　275p

メンチェ, リゴベルタ
◇私の取消し不能の信念：今こそ地球倫理を　ハンス・キューング編、吉田収訳　世界聖典刊行協会　1997.10　346p　(ぽんブックス 39)

メンドンサ, マリア・ルイザ
◇人権：経済的・社会的・文化的権利に関する会議総括文書 (二宮元訳)：もうひとつの世界は可能だ—世界社会フォーラムとグローバル化への民衆のオルタナティブ　ウィリアム・F.フィッシャー、トーマス・ポニア編、加藤哲郎監修、大屋定晴、山口響、白井聡、木下ちがや監訳　日本経済評論社　2003.12　461p

【モ】

モーア, ミッシェル
◇ルーマニアにおける障害、人権、及び教育 (共著) (福山文子訳)：障害、人権と教育　レン・バートン、フェリシティ・アームストロング編、嶺井正也監訳　明石書店　2003.5　442p　(明石ライブラリー 51)

モーア, ユルゲン
◇クリストフ・フリードリヒ・ブルームハルト：19世紀の牧会者たち　2　日本キリスト教団出版局　2003.6　184p　(魂への配慮の歴史 第10巻　C.メラー編、加藤常昭訳)

モーア, ルードルフ
◇ハインリヒ・ミュラー：正統派、敬虔派、啓蒙派の時代の牧会者たち　1　日本キリスト教団出版局　2002.6　284p　(魂への配慮の歴史 第7巻　C.メラー編、加藤常昭訳)

モアヴェーニー, アーザーデー
◇宗教指導者国のセックス：イラン人は神の国イランをどう考えているか　レイラ・アーザム・ザンギャネー編、白須英子訳　草思社　2007.2　231p

モア=バラク, ミッシェル・E.
◇危機的状況における社会支援介入：心的外傷の危機介入—短期療法による実践　ハワード・J.パラド、リビー・G.パラド編、河野貴代美訳　金剛出版　2003.9　259p

モイニャン, マイケル
◇カミカゼ特攻隊 (一九四五年五月九日)：歴史の目撃者　ジョン・ケアリー編、仙名紀訳　朝日新聞社　1997.2　421p

モイローヴァ
◇ヨーロッツパ共産諸黨婦人部幹部會議—大衆的婦人活動の諸問題 (報告)：世界女性学基礎文献集成　昭和初期編第9巻　水田珠枝監修　ゆまに書房　2001.12　20, 387p

孟悦　モウ, エツ*
◇ことばを取り戻す女のたたかい—『歴史の地表に浮かび出る』序 (共著) (田畑佐和子訳)：中国の女性学—平等幻想に挑む　秋山洋子ほか編訳　勁草書房　1998.3　250p

孟華　モウ, カ*
◇開かれた精神あるいは他者性の活かし方 (佐藤淳二訳)：十八世紀における他者のイメージ—アジアの側から、そしてヨーロッパの側から　中川久定, J.シューロバハ編　河合文化教育研究所　2006.3　370p

孟慶芬　モウ, ケイフン*
◇ハニ(哈尼)族 (栗原悟訳)：中国少数民族の婚姻と家族　上巻　厳汝嫺主編、江守五夫監訳、百田弥栄子、曽士才、栗原悟訳　第一書房　1996.12　298p　(Academic series—New Asia 18)
◇タタール(塔塔尓)族 (曽土才訳)：中国少数民族の婚姻と家族　下巻　厳汝嫺主編、江守五夫監訳、百田弥栄子、曽士才、栗原悟訳　第一書房　1996.12　335, 11p　(Academic series—New Asia 20)

毛昭晰　モウ, ショウセキ*
◇稲作農耕東伝経路の研究 (伊藤清司訳)：新嘗の研究　5　稲の文化　にひなめ研究会編　第一書房　2003.11　226p

毛沢東　モウ, タクトウ　《Mao, Tse‐tung》
◇毛沢東 (新庄哲夫訳)：インタヴューズ　2　クリストファー・シルヴェスター編、新庄哲夫ほか訳　文芸春秋　1998.11　451p

孟 繁華　モウ, ハンカ*
◇文化衝突の問題―精神の分裂と神々の狂宴：現代中国の実像―江沢民ブレーン集団が明かす 全27の課題とその解決策　劉吉, 許明, 黄焉青編著, 謝端明, 岡田久典日本語版監修, 中川友沢　ダイヤモンド社　1999.5　687p

孟子　モウシ
◇孟子：必携対訳論語老子等読本　茂木雅夫編著　名鑑社　2000.8　135p

モエン, フィリス
◇追跡接続調査における対象者の探索 (共著)：ライフコース研究の方法―質的ならびに量的アプローチ　グレン・H.エルダー, ジャネット・Z.ジール編著, 正岡寛司, 藤見純子訳　明石書店　2003.10　528p（明石ライブラリー 57）

モーガン, アリス
◇亡き弟の代わりに来た猫：あなたが知らないペットたちの不思議な力―アンビリーバブルな動物たちの超現象レポート　『FATE』Magazine編, 宇佐和通訳　徳間書店　1999.2　276p
◇能力についての会話 (市橋香代訳)：ナラティヴ・セラピーの実践　シェリル・ホワイト, デイヴィッド・デンボロウ編, 小森康永監訳　金剛出版　2000.2　275p

モーガン, エドワード・P.
◇教育政策に関するテクノクラート的なオプションと民主主義的なオプション：公共の意思決定における住民参加　ジャック・デサリオ, スチュアート・ラングトン編　横浜市企画財政局企画調整室　1993.3　177p

モーガン, ケネス
◇評議会から苦情処理委員会へ：世界のメディア・アカウンタビリティ制度―デモクラシーを守る七つ道具　クロード・ジャン・ベルトラン編著, 前沢猛訳　明石書店　2003.5　590p（明石ライブラリー 49）

モーガン, ダイアン
◇建築とポストモダニズム：ポストモダニズムとは何か　スチュアート・シム編, 杉野健太郎ほか訳　松柏社　2002.6　303p（松柏社叢書―言語科学の冒険 22）

モーガン, ダグラス・L.
◇収奪・認知・受容：比較教育学―伝統・挑戦・新しいパラダイムを求めて　マーク・ブレイ編著, 馬越徹, 大塚豊監訳　東信堂　2005.12　361p

モーガン, トマス・B.
◇アルフ・ランドン (高橋健次訳)：インタヴューズ 2　クリストファー・シルヴェスター編, 新庄哲夫ほか訳　文芸春秋　1998.11　451p

モーガン, ペギー
◇ガケっぷちで生きる：セックス・ワーク―性産業に携わる女性たちの声　フレデリック・デラコステ, プリシラ・アレキサンダー編　パンドラ　1993.11　426, 26p

モーガン, ヘレン
◇ユング派の視点から見たニュー・フィジックス 他 (吉田圭吾訳)：ユングの世界―現代の視点から　E.クリストファー, H.M.ソロモン共編, 氏原寛, 織田尚生監訳　培風館　2003.11　339p

モーガン, ルイーズ
◇ウィンダム・ルイス (野中邦子訳)：インタヴューズ 1　クリストファー・シルヴェスター編, 新庄哲夫ほか訳　文芸春秋　1998.11　462p

モク, カホ
◇香港：国家と市場との間で (共著) (三宅洋一訳)：社会政策の国際的展開―先進諸国における福祉レジーム　ピート・アルコック, ゲイリー・クレイグ編, 埋橋孝文ほか共訳　晃洋書房　2003.5　328p

モク, マイケル
◇F.スコット・フィッツジェラルド (村上春樹訳)：インタヴューズ 2　クリストファー・シルヴェスター編, 新庄哲夫ほか訳　文芸春秋　1998.11　451p

モーゲンソー, ハンス・J.
◇介入すべきか, 介入せざるべきか (山室麻由子訳)：フォーリン・アフェアーズ傑作選―アメリカとアジアの出会い 1922-1999 上　フォーリン・アフェアーズ・ジャパン編・監訳　朝日新聞社　2001.2　331p

モジィナ, S.
◇自主管理企業における効率と民主性 (共著) (村上綱実訳)：参加的組織の機能と構造―ユーゴスラヴィア自主管理企業の理論と実践　J.オブラドヴッチ, W.N.ダン編著, 笠原清志監訳　時潮社　1991.4　574p

モシャン, ディディエ
◇社会主義の後の左派に何が残されているのか (石田淳訳)：グローバルな市民社会に向かって　マイケル・ウォルツァー編著, 石田淳ほか訳　日本経済評論社　2001.10　397p

モシュシュ2世
◇レント―自立への復帰―アフリカの条件と環境とのバランスを求めて：先住民族―地球環境の危機を語る　インター・プレス・サービス編, 清水知久訳　明石書店　1993.9　242p（世界人権問題叢書 9）

モス, アン
◇ミシェル・ドゥ・モンテーニュ：環境の思想家たち 上 (古代―近代編)　ジョイ・A.パルマー編, 須藤自由児訳　みすず書房　2004.9　309p（エコロジーの思想）

モース, ガーディナー
◇脳の意思決定メカニズム：意思決定のサイエンス　Diamondハーバード・ビジネス・レビュー編集部訳　ダイヤモンド社　2007.3　238p（Harvard business review anthology）

モース, マルセル
◇人間精神の一カテゴリー―人格の概念および自我の概念 (中島道男訳)：人というカテゴリー　マイケル・カリザス, スティーヴン・コリンズ, スティーヴン・ルークス編, 厚東洋輔, 中島道男, 中村牧子訳　紀伊国屋書店　1995.7　550p（文化人類学叢書）

モス, ロウリー・E.
◇フェミニスト身体心理療法：フェミニスト心理療法ハンドブック―女性臨床心理の理論と実践　L.B.ローズウォーター, L.E.A.ウォーカー編著, 河野貴代美, 井上摩耶子訳　ヒューマン・リーグ　1994.12　317p

モスカレンコ, キリール
◇ベリヤ逮捕の顛末：ベリヤ―スターリンに仕えた死

モスフルツ　　　全集・合集収載 翻訳図書目録 1992-2007　I

刑執行人 ある出世主義者の末路　ヴラジーミル・F.ネクラーソフ編，森田明訳　エディションq　1997.9　365p

モスブルッガー，フォルカー
◇なぜ恐竜は滅びたの？：子ども大学講座　第1学期　ウルリヒ・ヤンセン，ウラ・シュトイアナーゲル編，畔上司訳　主婦の友社　2004.7　285p

モスュ=ラヴォ，ジャニーヌ
◇フランスにおける性と政治（菅原真訳）：ジェンダー法学・政治学の可能性―東北大学COE国際シンポジウム・日本学術会議シンポジウム　辻村みよ子，山元一編　東北大学出版会　2005.4　332p　（ジェンダー法・政策研究叢書 東北大学21世紀COEプログラム第3巻　辻村みよ子監修）

モズリー，H.
◇細分化戦略：地域の雇用戦略―七ヵ国の経験に学ぶ"地方の取り組み"　樋口美雄，S.ジーゲル，労働政策研究・研修機構編　日本経済新聞社　2005.10　364p

モスレイ，デヴィッド・J.
◇芭蕉：環境の思想家たち　上（古代―近代編）　ジョイ・A.パルマー編，須藤自由児訳　みすず書房　2004.9　309p　（エコロジーの思想）

モセドッチア，リルヤ
◇スウェーデンのケース：ジェンダー主流化と雇用戦略―ヨーロッパ諸国の事例　ユテ・ベーニング，アンパロ・セラーノ・パスキュアル編，高木郁朗，麻生裕子編　明石書店　2003.11　281p

望月　幹夫　モチヅキ，ミキオ
◇韓国人の日本観II 他（共著）：嫌韓反日の構造　望月幹夫，朴永春編著，尹大辰訳　白帝社　1997.8　235p

モチャロフ，V. V.
◇地上軍，その役割と将来：ソ連の軍事面における核革命　ウィリアム・キントナー，ハリエット・ファスト・スコット編　〔防衛研修所〕　1970　345p　（研究資料 70RT-9）

モッゲ，ヴィンフリート
◇ドイツ青年運動の宗教観：ヴァイマル共和国の宗教史と精神史　フーベルト・カンツィク編，池田昭，浅野洋監訳　御茶の水書房　1993.2　434p

モッスュ=ラヴォー，ジャニンヌ
◇女性と性生活（セクシュアリテ）―新しい権利，それとも行使できる新しい力？：「女の歴史」を批判する　G.デュビィ，M.ペロー編，小倉和子訳　藤原書店　1996.5　259p

モッセ，クロード
◇『女の歴史』（I古代）の批判的読解：「女の歴史」を批判する　G.デュビィ，M.ペロー編，小倉和子訳　藤原書店　1996.5　259p

モッティーニ，ロジャー
◇小国主義論（森田安一訳）：スイスと日本―日本におけるスイス受容の諸相　森田安一編　刀水書房　2004.10　314p

モット，クローディア・E.
◇スタイル・インデックス（共著）（横溝邦男訳）：資産運用新時代の株式投資スタイル―投資家とファンドマネジャーを結ぶ投資哲学　T.ダニエル・コギン，フランク・J.ファボツィ編　野村総合研究所　1996.3　329p
◇スタイル・インデックス（共著）（横溝邦男訳）：株式投資スタイル―投資家とファンドマネジャーを結ぶ投資哲学　T.ダニエル・コギン，フランク・J.ファボツィ，ロバート・D.アーノット編，野村証券金融研究所訳　増補改訂版　野村総合研究所情報リソース部　1998.3　450p

モティス・ドラデール，M. A.
◇中世のユダヤ教徒の食：食の歴史　2　J-L.フランドラン，M.モンタナーリ編，宮原信，北代美和子監訳　藤原書店　2006.2　p434-835

モーティモア，ピーター
◇効果的な学校は社会の償いをすることができるのか？：教育社会学―第三のソリューション　A.H.ハルゼー，H.ローダー，P.ブラウン，A.S.ウェルズ編，住田正樹，秋永雄一，吉本圭一編訳　九州大学出版会　2005.2　660p

モデール，シェル・Å
◇スウェーデンの法文化と法律家（萩原金美訳）：民事紛争をめぐる法的諸問題　白川和雄先生古稀記念編集刊行委員会編　信山社出版　1999.4　643p

モデル，ジョーダン
◇データの追加：金融データベース・マーケティング―米国における業務とシステムの実態　アーサー・F.ホルトマン，ドナルド・C.マン編著，森田秀和，田尾啓一訳　東洋経済新報社　1993.10　310p

モデルスキ，ジョージ
◇進化論的アプローチから見た二一世紀の長期・短期的グローバル政治（共著）：国際関係リーディングズ　猪口孝編，幸野良夫訳　東洋書林　2004.11　467p

モーテンセン，フィン・H.
◇キェルケゴールと現代（林忠良訳）：キェルケゴールとキリスト教神学の展望―〈人間が壊れる〉時代の中で　橋本淳先生退職記念論文集　松木真一編著　日本キェルケゴール研究センター　2006.3　335p

モドゥード，タリク
◇人種間の平等（宇羽野明子訳）：社会正義論の系譜―ヒュームからウォルツァーまで　デイヴィッド・バウチャー，ポール・ケリー編，飯島昇蔵，佐藤正志訳者代表　ナカニシヤ出版　2002.3　391p　（叢書「フロネーシス」）

元橋　一之　モトハシ，カズユキ*
◇IT革命の日本経済への示唆：より高度の知識経済化で一層の発展をめざす日本―諸外国への教訓　柴田勉，竹内弘高共編，田村勝省訳　一灯舎　2007.10　472, 36p

モトムラ，オスカー
◇「不可能を可能にする」企業内教育プログラム：ゼロ・エミッション―持続可能な産業システムへの挑戦　フリッチョフ・カプラ，グンター・パウリ編著　ダイヤモンド社　1996.3　240p

モニース，ナオミ・ホキ
◇チヅカ・ヤマザキの描く映像世界：日系人とグローバリゼーション―北米，南米，日本　レイン・リョウ・ヒラバヤシ，アケミ・キクムラ＝ヤノ，ジェイムズ・A.ヒラバヤシ編，移民研究会訳　人文書院　2006.6

668

モネー＝カイル, ロジャー
◇認知の発達（古賀直子訳）：対象関係論の基礎―クライニアン・クラシックス　松木邦裕編・監訳　新曜社　2003.9　266p

モノリ, M.
◇理由なき成長：食の歴史　2　J-L.フランドラン, M.モンタナーリ編，宮原信，北代美和子監訳　藤原書店　2006.2　p434-835

モーハーン, C. ラジャ
◇カタルシスとカタリシス：衝突を超えて―9・11後の世界秩序　K.ブース, T.ダン編，寺島隆吉監訳，塚田幸三，寺島美紀子訳　日本経済評論社　2003.5　469p

モフィット, エリザベス
◇身体障害をもつ女性との即興とGIM：ゲシュタルト・アプローチ：音楽療法ケーススタディ　下　成人に関する25の事例　ケネス・E.ブルシア編，よしだじゅんこ，酒井智華訳　音楽之友社　2004.4　393p

モーブリイ, ジョージ・F.
◇ユーコン川　他（写真）：グレートリバー―地球に生きる・地球と生きる　National Geographic Society編，田村協子訳　同朋舎出版　1993.7　448p

モーマン, アラン・M., Jr.
◇組織変革と組織学習　他（共著）（竹田昌弘訳）：21世紀企業の組織デザイン―マルチメディア時代に対応する　J.R.ガルブレイス他著，柴田高ほか訳　産能大学出版部　1996.9　294p

モーマン, スーザン・A.
◇組織変革と組織学習　他（共著）（竹田昌弘訳）：21世紀企業の組織デザイン―マルチメディア時代に対応する　J.R.ガルブレイス他著，柴田高ほか訳　産能大学出版部　1996.9　294p

モミリアーノ, A.
◇マルセル・モースと，ギリシャの伝記・自伝における人格の探求（中村牧子訳）：人というカテゴリー　マイケル・カリザス，スティーヴン・コリンズ，スティーヴン・ルークス編，厚東洋輔，中島道男，中村牧子訳　紀伊國屋書店　1995.7　550p　（文化人類学叢書）

モムゼン, ハンス
◇新しい歴史意識とナチズムの相対化（清水多吉，小野島康雄訳）：過ぎ去ろうとしない過去―ナチズムとドイツ歴史家論争　ユルゲン・ハーバーマス他著，徳永恂ほか訳　人文書院　1995.6　257p

モーラフ, ペーター
◇諸外国における史料の研究と編纂：ヨーロッパ中世史研究におけるモヌメンタ・ゲルマニアエ・ヒストリカの役割（田口正樹訳・注）：歴史学と史料研究　東京大学史料編纂所編　山川出版社　2003.7　278p

モラ＝メルシャン, ホセ
◇スペイン（共著）（金口恭久訳）：世界のいじめ―各国の現状と取り組み　森田洋司総監修・監訳，P.K.スミスほか編，川口仁志ほか訳　金子書房　1998.11　463p

モラレス, アンドレア
◇選択の多様性（共著）：ウォートンスクールの意思決定論　ステファン・J.ホッチ，ハワード・C.クンリューサー編，小林陽太郎監訳，黒田康史，大塔達也訳　東洋経済新報社　2006.8　374p　（Best solution）

モラン, ジョン
◇実践のコミュニティー―学習のプロセスを継続せよ（共著）：米先進企業CIOが明かすIT経営を成功させる17の「法則」　ディーン・レーン編，飯田雅美，高野恵里訳，日経情報ストラテジー監訳　日経BP社　2005.7　431p

モラン, ビクトリア
◇壁を乗り越えるために助けになること：小さなことを大きな愛でやろう　リチャード・カールソン，ベンジャミン・シールド編，小谷啓子訳　PHP研究所　1999.11　263, 7p

モーラン, ブライアン
◇マーケット，ヒエラルキー，ネットワーク，フレーム（浦野篤也訳）：日本の組織―社縁文化とインフォーマル活動　中牧弘允，ミッチェル・セジウィック編　東方出版　2003.7　386p

モリ, エジソン
◇日系ブラジル人のデカセギ現象：日系人とグローバリゼーション―北米，南米，日本　レイン・リョウ・ヒラバヤシ，アケミ・キクムラ＝ヤノ，ジェイムズ・A.ヒラバヤシ編，移民研究会訳　人文書院　2006.6　532p

モーリー, サミュエル
◇構造改革の時代におけるラテンアメリカでの分配と成長：開発途上国におけるグローバル化と貧困・不平等　リチャード・コール編著，及川裕二訳　明石書店　2004.11　176p

モリス, エドマンド
◇セオドア・ルーズベルト：TIMEが選ぶ20世紀の100人　上巻　指導者・革命家・科学者・思想家・起業家　徳岡孝夫監訳　アルク　1999.11　332p

モリス, ジェームズ・ジャン
◇エヴェレスト登頂に成功（一九五三年五月二十九日）：歴史の目撃者　ジョン・ケアリー編，仙名紀訳　朝日新聞社　1997.2　421p

モリス, チャールズ・G.
◇これからどうやって心理学を広めるか（黒沢学訳）：アメリカの心理学者心理学教育を語る―授業実践と教科書執筆のためのTIPS　R.J.スタンバーグ編著，宮元博章，道田泰司訳　北大路書房　2000.6　247p

モリス, フラン
◇いわゆる拒食／過食症へのナラティヴ・アプローチ（共著）：ナラティヴ・セラピーの冒険　デイヴィッド・エプストン著，小森康永監訳　創元社　2005.2　337p

モリス, ヤン
◇ヒラリーとテンジン：TIMEが選ぶ20世紀の100人　下巻　アーチスト・エンターテイナー・ヒーロー・偶像・巨頭　徳岡孝夫監訳　アルク　1999.11　318p

モリスン, エルティング・E.
◇海上砲撃：イノベーションの事例研究：技術とイノベーションの戦略的マネジメント　上　ロバート・A.バーゲルマン，クレイトン・M.クリステンセン，スティーヴン・C.ウィールライト編著，青島矢一，黒田光太郎，志賀敏宏，田辺孝二，出川通，和賀三和子日本語版監訳，岡真由美，斉藤裕一，桜井祐子，中川泉，山

モリソン

本章子訳　翔泳社　2007.7　735p

モリソン, フィンズ
◇エリザベス一世治下アイルランド政策がもたらしたもの(一六〇二年)：歴史の目撃者　ジョン・ケアリー編, 仙名紀訳　朝日新聞社　1997.2　421p

モリソン, ボブ
◇「退職」という概念はもう古い(共著)：2010年の「マネジメント」を読み解く　Diamondハーバード・ビジネス・レビュー編集部訳編　ダイヤモンド社　2005.9　289p　(Harvard business review anthology)

モーリッツ, カール＝ハインツ
◇介護保険において医師が直面する問題：高齢者ケアをどうするか─先進国の悩みと日本の選択　高木安雄監修・訳, 池上直己, ジョン・C.キャンベル編著　中央法規出版　2002.7　256p

モリナ, マリオ
◇空はどうして青いの?：ノーベル賞受賞者にきく子どものなぜ？なに？　ベッティーナ・シュティーケル編, 畔上司訳　主婦の友社　2005.10　222p

モリニエ, ジャン
◇フランソワ・ケネーの国家的会計の体系：フランソワ・ケネーと重農主義　石井良明訳　石井良明　1992.7　550p

モリモト, アメリア
◇社会政治学的観点からみたペルーの日系人像：日系人とグローバリゼーション─北米, 南米, 日本　レイン・リョウ・ヒラバヤシ, アケミ・キクムラ＝ヤノ, ジェイムズ・A.ヒラバヤシ編, 移民研究会訳　人文書院　2006.6　532p

モリン, ウィリアム
◇自分のキャリア設計に責任をもつ(共著)：セルフヘルプ─なぜ, 私は困難を乗り越えられるのか　世界のビッグネーム自らの47の証言　ケン・シェルトン編著, 堀紘一監訳　フロンティア出版　1998.7　301p

モール, ハンス
◇平和維持活動の将来と日独の役割：国連平和活動と日本の役割　アレックス・モリソン, ジェームズ・キラス編, 内藤嘉昭訳　文化書房博文社　2001.5　198p

モル, ルイス・C.
◇生きた知識(山崎理央訳)：分散認知─心理学的考察と教育実践上の意義　ガブリエル・ソロモン編, 松田文子監訳　協同出版　2004.7　343p　(現代基礎心理学選書 第9巻　利島保, 鳥居修晃, 望月登志子編)

モルガン, ニック
◇共感のプレゼンテーション：「説得」の戦略　Diamondハーバード・ビジネス・レビュー編集部編訳　ダイヤモンド社　2006.2　257p　(Harvard business review anthology)

モルダバン, カーラ
◇視覚に障害のある学生との学習：障害のある学生を支える─教員の体験談を通じて教育機関の役割を探る　ボニー・M.ホッジ, ジェニー・プレストン・サビン編, 太田晴康監訳, 三沢かがり訳　文理閣　2006.12　228p

モルティマー, マヤ
◇武者小路実篤と『ルツェルン』(森田安一訳)：スイスと日本─日本におけるスイス受容の諸相　森田安一編　刀水書房　2004.10　314p

モールデン, テレサ・A.
◇貧困女性の離婚及び別居の経済的意義(村上弘子訳)：女と離婚／男と再婚─ジェンダーの相違による別居・離婚・再婚の実態　サンドラ・S.ヴォルギー編著, 小池のり子, 村上弘子訳　家政教育社　1996.9　238p

モルド ビーヌ, ミネア・C.
◇資本vs.才能：新たなる階級闘争(共著)：2010年の「マネジメント」を読み解く　Diamondハーバード・ビジネス・レビュー編集部訳編　ダイヤモンド社　2005.9　289p　(Harvard business review anthology)

モルナ, コリーン・ロウ
◇アフリカ概観 他：女性が語る第三世界の素顔─環境・開発レポート　アニータ・アナンド編, WFS日本事務局訳　明石書店　1994.6　317p

モーレー, ジョン
◇ジョン・モーレーの読書観(高橋五郎訳)：近代「読書論」名著選集 第13巻　ゆまに書房　1994.6　442p　(書誌書目シリーズ 37)

モレル, ジャン
◇サラの幼年(芝崎和美訳)：サラ・コフマン讃　F.コラン, J-L.ナンシー, J.デリダ他著, 棚沢直子, 木村信子他訳　未知谷　2005.8　323p

モレンコット, ヴァージニア・レイミー
◇異性愛中心主義の克服(柴田ひさ子訳)：キリスト教は同性愛を受け入れられるか　ジェフリー・S.サイカー編, 森本あんり監訳　日本キリスト教団出版局　2002.4　312p

モロー, マリー＝アンジュ
◇フランスにおける職業上の男女平等について(福岡英明訳)：21世紀の女性政策─日仏比較をふまえて　植野妙実子編著　中央大学出版部　2001.1　316p　(日本比較法研究所研究叢書)

モーン, カール・オーヴ
◇資産の再分配VS所得の再分配(共著)：平等主義の政治経済学─市場・国家・コミュニティのための新たなルール　サミュエル・ボールズ, ハーバート・ギンタス他著, エリック・オリン・ライト編, 遠山弘徳訳　大村書店　2002.7　327, 20p

モンク, ジャニス
◇人文地理学において人類の半分を排除しないために(共著)(影山穂波訳)：ジェンダーの地理学　神谷浩夫編監訳, 影山穂波ほか訳　古今書院　2002.4　294p　(大学の地理学)

モンクス, ノエル
◇ゲルニカの壊滅(一九三七年四月二十六日)：歴史の目撃者　ジョン・ケアリー編, 仙名紀訳　朝日新聞社　1997.2　421p

モンゴメリ, シンシア・A.
◇コア・コンピタンスを実現する経営資源再評価 他(共著)：経営戦略論　Harvard Business Review編, Diamondハーバード・ビジネス・レビュー編集部訳

ダイヤモンド社　2001.1　268p

モンソン, カーリン
◇機能障害をもつ人びと：スウェーデンの住環境計画　スヴェン・ティーベイ編著, 外山義訳　鹿島出版会　1996.2　292p

モンテイロ, ルイザ
◇文化─文化の多様性, 文化の生産とアイデンティティ（共著）（白井聡訳）：もうひとつの世界は可能だ─世界社会フォーラムとグローバル化への民衆のオルタナティブ　ウィリアム・F.フィッシャー, トーマス・ポニア編, 加藤哲郎監修, 大屋定晴, 山口響, 白井聡, 木下ちがや監訳　日本経済評論社　2003.12　461p

モンテイロ, ロイス
◇ナイチンゲールと親交のあった女性たち（小沢道子訳）：ナイチンゲールとその時代　モニカ・ベイリー他著, 平尾真智子, 小沢道子他訳, 小林章夫監訳　うぶすな書院　2000.12　258p

モンテス, ペドロ
◇後期資本主義（共著）（西島栄訳）：エルネスト・マンデル─世界資本主義と二十世紀社会主義　ジルベール・アシュカル編, 岡田光正ほか訳　柘植書房新社　2000.4　372p

モント, マーティン・A.
◇なぜ男は売春婦を求めるのか：セックス・フォー・セール─売春・ポルノ・法規制・支援団体のフィールドワーク　ロナルド・ワイツァー編, 岸田美貴訳, 松沢呉一監訳　ポット出版　2004.8　438p

モントーヤ, マリオ
◇為替オーバーレイ戦略の選択：為替オーバーレイ─CFA institute（CFA協会）コンファレンス議事録　森谷博之訳　パンローリング　2004.8　263p

モントロ＝チナー, マリアヘスス
◇憲法裁判のオーストリア・ドイツモデルのスペインにおける継受（共著）（古野典秋訳）：憲法裁判の国際的発展─日独共同研究シンポジウム　ドイツ憲法判例研究会編　信山社出版　2004.2　385, 12p

【ヤ】

ヤウヒアイネン, マルヤッタ
◇無知が女性のいちばんの美徳：ロウヒのことば─フィンランド女性の視角からみた民俗学　上　アイリ・ネノラ, センニ・ティモネン編, 目荒ゆみ訳　文理閣　2002.3　219p

ヤコブ, カタリーナ
◇同志─女─母─レジスタンス闘士：生物学が運命を決めたとき─ワイマールとナチスドイツの女たち　レナード・ブライデンソール, アチナ・グロスマン, マリオン・カプラン編著, 近藤和子訳　社会評論社　1992.11　413p

ヤコブス, ミカエル
◇資本市場での年金の役割：アメリカ年金事情─エリサ法（従業員退職所得保障法）制定20年後の真実　ダラス・L.ソールズベリー編, 鈴木旭監修, 大川洋三訳　新水社　2002.10　195p

ヤジンスカヤ
◇革命的農民運動への婦人の参加：世界女性学基礎文献集成　昭和初期編　第9巻　水田珠枝監修　ゆまに書房　2001.12　20, 387p

ヤースケライネン, リーサ
◇フィンランドにおける開発教育の二つのアプローチ（共著）（吉野あかね訳）：世界の開発教育─教師のためのグローバル・カリキュラム　オードリー・オスラー編, 中里亜夫監訳, 中野和光, 吉野あかね, 川上具実訳　明石書店　2002.8　498p

ヤスコ, タチヤナ・N.
◇研究ノート：在日ロシア軍捕虜に対する社会民主主義者たちの宣伝活動（松本郁子訳）：日露戦争　2　戦いの諸相と遺産　軍事史学会編　錦正社　2005.6　339p

ヤスコーチ, ジョージ
◇貴重な実験を分析する：バークレー生協は, なぜ倒産したか─18人の証言　日本生活協同組合連合会国際部訳　コープ出版　1992.5　195p

ヤッフェ, エルゼ
◇エルゼ・ヤッフェ：回想のマックス・ウェーバー─同時代人の証言　安藤英治聞き手, 亀嶋庸一編, 今野元訳　岩波書店　2005.7　272, 5p

ヤドリン, リヴカ
◇マシュリク地域─アラブ世界における反ユダヤ主義の神学とイデオロギー：現代の反ユダヤ主義　レオン・ポリアコフ編著, 菅野賢治, 合田正人監訳, 小幡谷友二, 高橋博美, 宮崎海子訳　筑摩書房　2007.3　576, 43p　（反ユダヤ主義の歴史　第5巻）

ヤノスキー, アンジェイ
◇ポーランド（川口仁志訳）：世界のいじめ─各国の現状と取り組み　森田洋司総監修・監訳, P.K.スミスほか編, 川口仁志ほか訳　金子書房　1998.11　463p

山内 慶太　ヤマウチ, ケイタ*
◇向精神薬（共著）：日本版MDS-HC 2.0在宅ケアアセスメントマニュアル　John N.Morris他編著, 池上直己訳　医学書院　1999.9　294p

山際 永三　ヤマギワ, エイゾウ
◇オウム事件の意味：オウム真理教と人権─新宗教・文化ジャーナル『SYZYGY』特別号日本語版　SYZYGY特別号日本語版刊行委員会　2000.4　108p

山崎 広明　ヤマザキ, ヒロアキ*
◇1920年代の三井物産（鮎沢成男訳）：続 歴史のなかの多国籍企業─国際事業活動研究の拡大と深化　アリス・タイコーヴァ, モーリス・レヴィ・ルボワイエ, ヘルガ・ヌスバウム編, 浅野栄一, 鮎沢成男, 渋谷将, 竹村孝雄, 徳重昌志, 日高克平訳　中央大学出版部　1993.4　334p　（中央大学企業研究所翻訳叢書 6）

山田 鋭夫　ヤマダ, トシオ
◇歴史を重視する国際レジーム理論の諸要素（共著）：国際レジームの再編　R.ボワイエ, 山田鋭夫共同編集　藤原書店　1997.9　374p　（レギュラシオン・コレクション 4）

ヤマニ, マイ
◇イスラームにおける異文化結婚：異文化結婚─境界を越える試み　ローズマリー・ブレーガー, ロザンナ・

ヤマモト

ヒル編著, 吉田正紀監訳　新泉社　2005.4　310, 29p

山本 文子　ヤマモト, フミコ
◇日本の芸術、文化における太陽（共著）（小川稔訳）：太陽神話—生命力の象徴　マダンジート・シン, UNESCO編, 木村重信監修　講談社　1997.2　399p

ヤルヴィネン, イルマ＝リィッタ
◇こころは純粋からだは純潔：ロウヒのことば—フィンランド女性の視角からみた民俗学　上　アイリ・ネノラ, センニ・ティモネン編, 目黒ゆみ訳　文理閣　2002.3　219p

ヤン, ジェジン
◇構造調整と社会福祉：韓国福祉国家性格論争　金淵明編, 韓国社会保障研究会訳　流通経済大学出版会　2006.1　433p

ヤン, スーギル
◇韓国の経済発展：開発のための政策一貫性—東アジアの経済発展と先進諸国の役割　経済協力開発機構（OECD）財務省財務総合政策研究所共同研究プロジェクト　河合正弘, 深作喜一郎編著・監訳, マイケル・G.プランマー, アレクサンドラ・トルチアック＝デュヴァル編著　明石書店　2006.3　650p

梁 鉉娥　ヤン, ヒョナ*
◇60年間の強姦（李南錦訳）：F-GENSジャーナル—Frontiers of Gender Studies　no.3　F-GENSジャーナル編集委員会　お茶の水女子大学21世紀COEプログラムジェンダー研究のフロンティア　2005.3　327p

ヤンガーズ, コレッタ
◇ラテンアメリカ：アメリカの悪夢—9・11テロと単独行動主義　ジョン・フェッファー編, 南雲和夫監訳　耕文社　2004.12　319p

ヤング, アーサー
◇テュイルリー宮幽閉中のルイ十六世一家（一七九〇年一月四日）：歴史の目撃者　ジョン・ケアリー編, 仙名紀訳　朝日新聞社　1997.2　421p

ヤング, アラン
◇トラウマを呼びこむ時代と虐殺の風景（宮坂敬造訳）：風景の研究　柴田陽弘編著　慶応義塾大学出版会　2006.4　292, 2p

ヤング, ウォレン
◇『一般理論』第二章の書き直しについて—ケインズの、非自発的失業の概念（共著）：一般理論—第二版—もしケインズが今日生きていたら　G.C.ハーコート, P.A.リーアック編, 小山庄三訳　多賀出版　2005.6　922p

ヤング, グレーアム
◇現代共産主義の理論：レーニンと毛沢東（共著）：自由民主主義の理論とその批判　下巻　ノーマン・ウィントロープ編, 氏家伸一訳　晃洋書房　1994.2　611p

ヤング, デヴィット・S.
◇視覚情報による行為のタイミング制御（共著）（堀口裕美訳）：アフォーダンスの構想—知覚研究の生態心理学的デザイン　佐々木正人, 三嶋博之編訳　東京大学出版会　2001.2　329p

ヤング, ドナ・J.
◇不死鳥：記憶の底から—家庭内性暴力を語る女性た

ち　トニー・A.H.マクナロン, ヤーロウ・モーガン編, 長谷川真実訳　青弓社　1995.12　247p

ヤング, ニール
◇科学と芸術に写ったポストモダン的自我心理学（安藤哲郎訳）：心理学とポストモダニズム—社会構成主義とナラティヴ・セラピーの研究　シュタイナー・クヴァル編, 永井務監訳　こうち書房　2001.7　294p

ヤング, ブリジッド
◇ドイツのケース（共著）：ジェンダー主流化と雇用戦略—ヨーロッパ諸国の事例　ユテ・ベーニング, アンパロ・セラーノ・パスキュアル編, 高木郁朗, 麻生裕子編　明石書店　2003.11　281p

ヤング, マイケル
◇家族と社会正義（共著）：教育社会学—第三のソリューション　A.H.ハルゼー, H.ローダー, P.ブラウン, A.S.ウェルズ編, 住田正樹, 秋永雄一, 吉本圭一編訳　九州大学出版会　2005.2　660p

ヤング, マルコム
◇親密さを表わすために装うか、威圧感を与えるために装うか（牛田聡子訳）：外見とパワー　キム・K.P.ジョンソン, シャロン・J.レノン編著, 高木修, 神山進, 井上和子監訳　北大路書房　2004.7　257p

ヤング, ロバート
◇変容するハイブリッド（中井亜佐子訳）：文化アイデンティティの行方—一橋大学言語社会研究科国際シンポジウムの記録　恒川邦夫ほか編著　彩流社　2004.2　456p

ヤング, ロバート・M.
◇幻想と精神病的不安：クライン-ラカンダイアローグ　バゴーイン, サリヴァン編, 新宮一成監訳, 上尾真道, 徳永健介, 宇梶卓眞訳　誠信書房　2006.4　340p

ヤングハズバンド, デイム・アイリーン・L.
◇第1版への序言：ソーシャルワーク・トリートメント—相互連結理論アプローチ　下　フランシス・J.ターナー編, 米本秀仁監訳　中央法規出版　1999.8　573p

ヤンケ, ヴォルフガング
◇単なる当為の対象としての絶対者（美濃部仁訳）：論争の哲学史—カントからヘーゲルへ　W.イェシュケ編, 高山守, 藤田正勝監訳　理想社　2001.2　425, 4p

ヤンセンス, ウタ
◇西洋の鏡としての東洋（原田範行訳）：十八世紀における他者のイメージ—アジアの側から、そしてヨーロッパの側から　中川久定, J.シュローバハ編　河合文化教育研究所　2006.3　370p

ヤンツェン, イェルク
◇唯物論的理論の視角におけるシェリング（共著）（北沢恒人訳）：シェリング哲学入門　H.バウムガルトナー編, 北村実監訳, 伊坂青司ほか訳　早稲田大学出版部　1997.2　210, 24p
◇自然の哲学（北澤恒人訳）：シェリング哲学—入門と研究の手引き　H.J.ザントキューラー編, 松山寿一監訳　昭和堂　2006.7　288, 59p

ヤン・ニョンガン
◇シエナ（共著）：技術とイノベーションの戦略的マネジメント　上　ロバート・A.バーゲルマン, クレイトン・M.クリステンセン, スティーヴン・C.ウィールラ

イト編著, 青島矢一, 黒田光太郎, 志賀敏宏, 田辺孝二, 出川通, 和賀三和子日本語版監修, 岡真由美, 斉藤裕一, 桜井祐子, 中川泉, 山本章子訳　翔泳社　2007.7　735p

ヤンフネン, J.
◇シベリアのシャマニズム用語について(河村俊明訳, 荻原真子校閲)：ユーラシアにおける精神文化の研究 2005-2006年度　荻原真子編　千葉大学大学院人文社会科学研究科　2007.2　99p　(人文社会科学研究科研究プロジェクト成果報告書 第149集)

【ユ】

俞　安期　ユ, アンキ*
◇唐類函：明代琉球資料集成　原田禹雄訳注　榕樹書林　2004.12　553p

俞　慰剛　ユ, イゴウ*
◇日本占領下における上海都市管理体制の変遷(金野純訳)：戦時上海—1937～45年　高綱博文編著　研文出版　2005.4　404, 10p

俞　辛焞　ユ, イトン*
◇吉野作造と五四運動：中国人の見た中国・日本関係史—唐代から現代まで　中国東北地区中日関係史研究会編, 鈴木静夫, 高田祥平編訳　東方出版　1992.12　450p

俞　宜国　ユ, ギコク*
◇ある解放軍兵士の体験談：野田明氏 他：新中国に貢献した日本人たち—友情で綴る戦後史の一コマ　続 中国中日関係史学会編, 武吉次朗訳　日本僑報社　2005.11　520p

柳　京姫　ユ, キョンヒ*
◇性暴力防止のための政策とその課題(朴君愛訳)：国際人権法と国際人道法の交錯　アジア・太平洋人権情報センター編　現代人文社　2005.6　190p　(アジア・太平洋人権レビュー 2005)

劉　正顕　ユ, ジョンヒョン
◇北朝鮮をどうみるか：北朝鮮—その衝撃の実像　朝鮮日報『月刊朝鮮』編, 黄民基訳　新訂　講談社　1994.10　549p

俞　成哲　ユ, ソンチョル*
◇証言—隠された真実：金日成その衝撃の実像　東亜日報, 韓国日報編, 黄民基訳　講談社　1992.4　482p

劉　秉興　ユ, ビョンフン
◇檀君・古朝鮮時期の遺跡遺物の発掘成果：朝鮮民族と国家の源流—神話と考古学　在日本朝鮮歴史考古学協会編訳　雄山閣出版　1995.7　270p　(考古学選書)

庾　龍源　ユ, リョンウォン*
◇金正日と軍部 他：金日その衝撃の実像　朝鮮日報『月刊朝鮮』編, 黄民基訳　講談社　1994.11　568p

ユイ, リュー
◇かたつむり(出沢万紀人訳)：群読がいっぱい—授業・集会行事に生かす　葛岡雄治編　あゆみ出版　1998.4　159p　(CDブック—葛岡雄治の群読教室)

熊　玠　ユウ, カイ*
◇中国に引き続きの安定と発展はあるのか：鄧小平後の中国—中国人専門家50人による多角的な分析 上巻　何頻編著, 現代中国事情研究会訳　三交社　1994.12　386p

游　鑑明　ユウ, カンメイ*
◇受益者か, それとも被害者か(大沢肇訳)：植民地と戦争責任　早川紀代編　吉川弘文館　2005.2　230p　(戦争・暴力と女性 3)
◇『婦女雑誌』から近代家政知識の構築を見る(大沢肇訳)：『婦女雑誌』からみる近代中国女性　村田雄二郎編著　研文出版　2005.2　408p

熊　月之　ユウ, ゲッシ
◇清末上海における「私園公用」と公共空間の拡散(秦惟人訳)：上海—重層するネットワーク　日本上海史研究会編　汲古書院　2000.3　527, 22p
◇日本が上海に租界をつくろうとした件の資料(王京訳)：中国における日本租界—重慶・漢口・杭州・上海　神奈川大学人文学研究所編, 大里浩秋, 孫安石編著　御茶の水書房　2006.3　478, 5p　(神奈川大学人文学研究叢書 22)

ユーウェン, スチュアート
◇レオ・バーネット：TIMEが選ぶ20世紀の100人 上巻　指導者・革命家・科学者・思想家・起業家　徳岡孝夫監訳　アルク　1999.11　332p

ユヴラン, P.
◇ローマ商法に関する一般的諸概念とローマ海事法の大略：塙浩著作集—西洋法史研究 17　ヨーロッパ商法史 続　塙浩訳著　信山社出版　1999.1　932p

ユシッチ, B.
◇経営管理の権威と自主管理ミクロシステム(村上綱実訳)：参加的組織の機能と構造—ユーゴスラヴィア自主管理企業の理論と実践　J.オブラドヴッチ, W.N.ダン編著, 笠原清志監訳　時潮社　1991.4　574p

ユーゾフ, アレクサンドル
◇中央シベリアでの現代の奇蹟：神を見いだした科学者たち 2　E.C.バレット編, 佐藤是伸訳　いのちのことば社　1995.10　214p

ユソン, ミシェル
◇黄金時代の後に(湯川順夫訳)：エルネスト・マンデル—世界資本主義と二十世紀社会主義　ジルベール・アシュカル編, 岡田光正ほか訳　柘植書房新社　2000.4　372p

ユトネ, エリック
◇メディアからコミュニティへ, そして企業へ：ゼロ・エミッション—持続可能な産業システムへの挑戦　フリッチョフ・カプラ, グンター・パウリ編著　ダイヤモンド社　1996.3　240p

ユニガー＝タス, ヨシン
◇オランダ(金口恭久訳)：世界のいじめ—各国の現状と取り組み　森田洋司総監修・監訳, P.K.スミスほか編, 川口仁志ほか訳　金子書房　1998.11　463p

ユニバーシティ・オブ・サセックス・ブライトン
〈University of Sussex, Brighton, UK〉
◇経済(共著)：マクミラン近未来地球地図　イアン・ピアスン編, 松井孝典監訳　東京書籍　1999.11　115p

ユユ
◇悲嘆の中の力：女たちのビルマ—軍事政権下を生き

ユルヨケン

る女たちの声　藤目ゆき監修, タナッカーの会編, 富田あかり訳　明石書店　2007.12　446p　(アジア現代女性史 4)

ユールヨーゲンセン, オブ

◇世紀転換期のヨーロッパ(渡辺純子訳)：脱グローバリズム宣言―パクス・アメリカーナを超えて　R.ボワイエ, P-F.スイリ編, 青木昌彦他著, 山田鋭夫, 渡辺純子訳　藤原書店　2002.9　262p

ユロー, アンドレ

◇エリザベス一世, 親しく拝謁をたまわる(一五九七年十二月八日)：歴史の目撃者　ジョン・ケアリー編, 仙名紀訳　朝日新聞社　1997.2　421p

ユン, C. K.(外交)

◇アジア太平洋経済協力会議と日本(佐藤洋一郎訳)：現代日本のアジア外交―対米協調と自主外交のはざまで　宮下明聡, 佐藤洋一郎編　ミネルヴァ書房　2004.12　342, 11p　(Minerva21世紀ライブラリー 83)

尹 慶老　ユン, ギョンノ

◇堤岩里教会事件の歴史的背景：三・一独立運動と堤岩里教会事件　韓国基督教史研究所編著, 信長正義訳　神戸学生青年センター出版部　1998.5　252p

◇一九一〇年代の民族解放運動と三・一運動：朝鮮民族解放運動の歴史―平和的統一への模索　姜万吉編著, 太田修, 庵逧由香訳　法政大学出版局　2005.4　369, 29p　(韓国の学術と文化 21)

尹 尚哲　ユン, サンチョル*

◇社会民主主義論争(呉輝邦訳)：韓国社会論争―最新ガイド　月刊『社会評論』(韓国)編集部編, 文京洙ほか監訳　社会評論社　1992.10　299p

尹 貞玉　ユン, ジョンオク

◇明仁『天皇』の訪韓に反対する 他：私たちは忘れない！朝鮮人従軍慰安婦―在日同胞女性からみた従軍慰安婦問題　従軍慰安婦問題を考える在日同胞女性の会(仮称)訳編　従軍慰安婦問題を考える在日同胞女性の会(仮称)　1991.4　60p

尹 善泰　ユン, ソンテ*

◇韓国古代木簡の出土状況と展望 他(橋本繁訳)：韓国出土木簡の世界　朝鮮文化研究所編　雄山閣　2007.3　402p　(アジア地域文化学叢書 4)

尹 頭理　ユン, ドゥリ

◇自宅のそばの慰安所に監禁：証言―強制連行された朝鮮人軍慰安婦たち　韓国挺身隊問題対策協議会・挺身隊研究会編, 従軍慰安婦問題ウリヨソンネットワーク訳　明石書店　1993.10　345p

尹 竜沢　ユン, リョンテク*

◇韓国における憲政史の悲劇と現行憲法の特色について―日本国憲法が学ぶべき一つの教訓として：韓国法の現在　上　小島武司, 韓相範編　中央大学出版部　1993.1　470p　(日本比較法研究所研究叢書 24)

ユン, ロブ

◇面接の裏側に隠れる勝ち組の採用戦略(共著)：ピープルマネジメント―21世紀の戦略的人材活用コンセプト　Financial Times編, 日経情報ストラテジー監訳　日経BP社　2002.3　271p　(日経情報ストラテジー別冊)

ユング, ハンス - ヘルムート

◇技術戦略を成功させる実践法 他：科学経営のための実践的MOT―技術主導型企業からイノベーション主導型企業へ　ヒューゴ・チルキー編, 亀岡秋男監訳　日経BP社　2005.1　397p

ユングマン, マイケル

◇RTCが証券化のプロセスに果たした貢献(前田和彦訳)：証券化の基礎と応用　L.T.ケンドール, M.J.フィッシュマン編, 前田和彦, 小池圭吾訳　東洋経済新報社　2000.2　220p

ユンビ, ビクトール

◇もうひとつのカメルーンは可能だ！(大屋定晴訳)：帝国への挑戦―世界社会フォーラム　ジャイ・セン, アニタ・アナンド, アルトゥーロ・エスコバル, ピーター・ウォーターマン編, 武藤一羊ほか監訳　作品社　2005.2　462p

【ヨ】

余 英時　ヨ, エイジ

◇転換期のステップを踏み出した中国：鄧小平後の中国―中国人専門家50人による多角的な分析　上巻　何頻編著, 現代中国事情研究会訳　三交社　1994.12　386p

◇政治環境からみた朱子学と陽明学 他(井沢耕一訳)：東アジア世界と儒教―国際シンポジウム　吾妻重二主編, 黄俊傑副主編　東方書店　2005.3　405p

◇周恩来の教訓：人間・周恩来―紅朝宰相の真実　金鐘編, 松田州二訳　原書房　2007.8　370p

余 玉賢　ヨ, ギョクケン*

◇農復会、土地改革と経済発展(共著)：台湾の四十年―国家経済建設のグランドデザイン　上　高希均, 李誠編, 小林幹夫, 塚越敏彦訳　連合出版　1993.3　230p

余 秋雨　ヨ, シュウウ

◇西暦七三四年を偲ぶ：必読！今, 中国が面白い―中国が解る60編　2007年版　而立会訳, 三潴正道監訳　日本僑報社　2007.8　240p

呂 政　ヨ, ジョン*

◇手記―暴かれた歴史：金日成その衝撃の実像　東亜日報, 韓国日報編, 黄民基訳　講談社　1992.4　482p

余 炳雕　ヨ, ヘイチョウ

◇日本の若者から見た日中友好の光：中国人の見た日本―留学経験者の視点から　段躍中編, 朱建栄ほか著, 田縁美幸ほか訳　日本僑報社　2000.7　240p

余 明徳　ヨ, メイトク*

◇大分事件ブヌン・ダホ＝アリ(Dahu Ali)首謀説の真相(三浦久仁子訳)：台湾原住民研究―日本と台湾における回顧と展望　台湾原住民研究シンポジウム実行委員会編　風響社　2006.1　222p　(台湾原住民研究「別冊」2)

ヨアキム, サリー

◇失読症の学生に書字を教える：障害のある学生を支える―教員の体験談を通じて教育機関の役割を探る　ボニー・M.ホッジ, ジェニー・プレストン - サビン編, 太田晴康監訳, 三沢かがり訳　文理閣　2006.12　228p

ヨアキム(フィオーレの)

◇新約と旧約の調和の書：中世思想原典集成　12　フランシスコ会学派　上智大学中世思想研究所編訳・

ヨアンネス(ダマスコスの)
◇知識の泉:中世思想原典集成 3 後期ギリシア教父・ビザンティン思想 上智大学中世思想研究所編訳・監修 平凡社 1994.8 975p

楊 維益 ヨウ, イエキ*
◇老子思想と漢方医学:老子は生きている—現代に探る「道」 葛栄晋主編, 徐海, 石川泰成訳 地湧社 1992.8 320p

楊 毓驤 ヨウ, イクジョウ*
◇ドアン(徳昂)族(旧崩龍(パラウン)族)(曽士才訳) 中国少数民族の婚姻と家族 下巻 厳汝嫻主編, 江守五夫監訳, 百田弥栄子, 曽士才, 栗原悟訳 第一書房 1996.12 335, 11p (Academic series—New Asia 20)

葉 偉敏 ヨウ, イビン
◇扶桑の跡:中国人の見た日本—留学経験者の視点から 段躍中編, 朱建栄ほか著, 田縁美幸ほか訳 日本僑報社 2000.7 240p

葉 雲蘭 ヨウ, ウンラン*
◇中国に固有な死刑制度への批判(共著):東アジアの死刑廃止論考 鈴木敬夫編訳 成文堂 2007.2 261p (アジア法叢書 26)

葉 綺 ヨウ, キ*
◇信頼は国境を越えて—新田医師:新中国に貢献した日本人たち—友情で綴る戦後史の一コマ 続 中国中日関係史学会編, 武吉次朗訳 日本僑報社 2005.11 520p

楊 菊芳 ヨウ, キクホウ*
◇自家用車狂騒曲:世紀末・中国 中国ジャーナリスト集団共著, 郝在今編, 佟岩, 浅野慎一著・訳 東銀座出版社 1997.6 231p

楊 宜勇 ヨウ, ギユウ*
◇失業の問題—長びく苦痛:現代中国の実像—江沢民ブレーン集団が明かす 全27の課題とその解決策 劉吉, 許明, 黄鳴青編著, 謝端明, 岡田久典日本語版監修, 中川友訳 ダイヤモンド社 1999.5 687p

楊 軍 ヨウ, グン*
◇東北人にいいたい放題(共著):中国人も愛読する中国人の話 下巻 中華人民共和国民政部中国社会出版社編, 朔方南編訳 はまの出版 1997.5 254p

楊 奎松 ヨウ, ケイショウ*
◇共産党のブルジョアジー政策の変転(大沢武彦訳):1949年前後の中国 久保亨編著 汲古書院 2006.12 399p

楊 桂民 ヨウ, ケイミン*
◇教育の荒廃—金がモノをいう学校:世紀末・中国 中国ジャーナリスト集団共著, 郝在今編, 佟岩, 浅野慎一著・訳 東銀座出版社 1997.6 231p

葉 傑剛 ヨウ, ケツゴウ*
◇中国の生産財取引センター(物資貿易中心)の設立とその現状:中国における生産財流通—商品と機構 原田忠夫編 アジア経済研究所 1995.3 168p (ASEAN等現地研究シリーズ No.329)

葉 剣英 ヨウ, ケンエイ*
◇中国人民解放軍建軍五十周年慶祝大会における演説:中国建軍50周年(1977年8月1日)記念論文集 〔防衛研修所〕 1979 151p (参考資料 79ZT-10R)

楊 建利 ヨウ, ケンリ*
◇中国経済改革への評価とポスト鄧小平時代の経済(共著):鄧小平後の中国—中国人専門家50人による多角的な分析 上巻 何頻編著, 現代中国事情研究会訳 三交社 1994.12 386p

楊 孝臣 ヨウ, コウシン*
◇幸徳秋水と中国革命:中国人の見た中国・日本関係史—唐代から現代まで 中国東北地区中日関係史研究会編, 鈴木静夫, 高田祥平訳 東方出版 1992.12 450p

楊 国光 ヨウ, コクコウ*
◇『諜報の巨星ゾルゲ』より抜粋.1:ゾルゲ事件関係外国語文献翻訳集 no.8 日露歴史研究センター事務局編 日露歴史研究センター事務局 2005.7 76p
◇反ファシズムの諜報のヒーロー:ゾルゲ事件関係外国語文献翻訳集 no.11 日露歴史研究センター事務局編 日露歴史研究センター事務局 2006.3 65p
◇中西らは王学文の手びきで中共特科のメンバーに:ゾルゲ事件関係外国語文献翻訳集 no.14 日露歴史研究センター事務局編 日露歴史研究センター事務局 2007.2 73p
◇東京におけるゾルゲとその諜報活動:ゾルゲ事件関係外国語文献翻訳集 no.15 日露歴史研究センター事務局編 日露歴史研究センター事務局 2007.5 69p
◇独ソ戦の警鐘と日本「南進」の予告:ゾルゲ事件関係外国語文献翻訳集 no.16 日露歴史研究センター事務局編 日露歴史研究センター事務局 2007.8 68p

楊 志 ヨウ, シ*
◇現代中国女性の役割矛盾(秋山洋子訳):中国の女性学—平等幻想に挑む 秋山洋子ほか編訳 勁草書房 1998.3 250p

楊 儒賓 ヨウ, ジュヒン*
◇葉適と荻生徂徠(藤井倫明訳):日本漢学研究初探 楊儒賓, 張宝三共編 勉誠出版 2002.10 436p

楊 小凱 ヨウ, ショウガイ*
◇周恩来と私の運命:人間・周恩来—紅朝宰相の真実 金鐘編, 松田州二訳 原書房 2007.8 370p

楊 新培 ヨウ, シンバイ* 《Yang, Xing Pei》
◇死緩制度の適用とその完全性について:中国の死刑制度と労働改造 鈴木敬夫編訳 成文堂 1994.8 298p (アジア法叢書 18)

葉 聖陶 ヨウ, セイトウ*
◇レンコンとジュンサイ:中国人、「食」を語る 暁白, 暁珊選編, 多田敏宏訳 近代文芸社 2003.12 219p

楊 善華 ヨウ, ゼンカ*
◇都市と農村における家族の消費機能と生産機能の変遷他(共著)(松山昭子訳):現代中国家族の変容と適応戦略 石原邦雄編 ナカニシヤ出版 2004.3 353p

楊 先挙 ヨウ, センキョ*
◇老子思想と企業管理:老子は生きている—現代に探る「道」 葛栄晋主編, 徐海, 石川泰成訳 地湧社 1992.8 320p

楊 大慶　ヨウ, ダイケイ*
◇錯綜する記憶（浅野豊美訳）：記憶としてのパールハーバー　細谷千博, 入江昭, 大芝亮編　ミネルヴァ書房　2004.5　536, 10p
◇通信による地域統合：近代東アジアのグローバリゼーション　マーク・カプリオ編, 中西恭子訳　明石書店　2006.7　266p
◇南京大虐殺の課題（岡田良之助訳）：歴史教科書問題　三谷博編著　日本図書センター　2007.6　384p　（リーディングス日本の教育と社会 第6巻　広田照幸監修）

葉 坦　ヨウ, タン*
◇石門心学と浙東学派の経済思想の比較研究（鈴木弘一郎訳）：日本の経済思想世界—「十九世紀」の企業者・政策者・知識人　川口浩編著　日本経済評論社　2004.12　530p

楊 中美　ヨウ, チュウビ
◇ダライ・ラマ法王訪問記：中国民主活動家チベットを語る　曹長青編著, ペマ・ギャルポ監訳, 金谷譲訳　日中出版　1999.11　366p　（チベット選書）

姚 兆麟　ヨウ, チョウリン*
◇ロッパ（珞巴）族（栗原悟訳）：中国少数民族の婚姻と家族　上巻　厳汝嫻主編, 江守五夫監訳, 百田弥栄子, 曽士才, 栗原悟訳　第一書房　1996.12　298p　（Academic series—New Asia 18）

楊 朕宇　ヨウ, チンウ*
◇独占業界、その給料は？—近頃、業種間の収入格差、特に一部の独占業界の飛びぬけた収入が多くの人の関心を集めている（共著）：必読！今、中国が面白い—中国が解る60編　2007年版　而立訳, 三潴正道監訳　日本僑報社　2007.8　240p

楊 殿升　ヨウ, デンショウ*　《Yang, Dian Sheng》
◇労働改造法学の理論問題に関する研究：中国の死刑制度と労働改造　鈴木敬夫編訳　成文堂　1994.8　298p　（アジア法叢書 18）

楊 天石　ヨウ, テンセキ*
◇1937、中国軍対日作戦の第1年（陳群元訳）：日中戦争の軍事的展開　波多野澄雄, 戸部良一編　慶応義塾大学出版会　2006.4　468p　（日中戦争の国際共同研究 2）

楊 帆　ヨウ, ハン
◇株式市場に関する中国の最近の論争—改革の深層問題を大いに暴露する（坂井臣之助訳）：中国経済超えられない八つの難題—『当代中国研究』論文選　程暁農編著, 坂井臣之助, 中川友訳　草風館　2003.12　238p

葉 万安　ヨウ, バンアン*
◇台湾の経済計画：台湾の四十年—国家経済建設のグランドデザイン　上　高希均, 李誠編, 小林幹夫, 塚越敏彦訳　連合出版　1993.3　230p

姚 福祥　ヨウ, フクショウ*
◇スイ（水）族（曽士才訳）：中国少数民族の婚姻と家族　下巻　厳汝嫻主編, 江守五夫監訳, 百田弥栄子, 曽士才, 栗原悟訳　第一書房　1996.12　335, 11p　（Academic series—New Asia 20）

葉 平　ヨウ, ヘイ*
◇甘い罠から逃れたい：大人の恋の真実　2　司徒玫編, 佐藤嘉江子訳　はまの出版　1999.3　270p

楊 翊　ヨウ, ヨク*
◇宗族社会と民間信仰（共著）（ウチラルト, 三尾裕子訳）：民俗文化の再生と創造—東アジア沿海地域の人類学的研究　三尾裕子編　風響社　2005.3　275p　（アジア研究報告シリーズ no.5）

楊 力宇　ヨウ, リキウ*
◇鄧以後の海峡両岸をめぐる四つの可能性：鄧小平後の中国—中国人専門家50人による多角的な分析　下巻　何頻編著, 現代中国事情研究会訳　三交社　1994.12　396p

葉 陵陵　ヨウ, リョウリョウ
◇日本の野望（共著）：中国人の見た日本—留学経験者の視点から　段躍中編, 朱建栄ほか著, 田縁美幸ほか訳　日本僑報社　2000.7　240p

ヨウヨウレー
◇国境地帯における女性たちの政治活動：女たちのビルマ—軍事政権下を生きる女たちの声　藤目ゆき監修, タナッカーの会編, 富田あかり訳　明石書店　2007.12　446p　（アジア現代女性史 4）

吉田 敦彦　ヨシダ, アツヒコ
◇日本仏教文化の太陽（小川稔訳）：太陽神話—生命力の象徴　マダンジート・シン, UNESCO編, 木村重信監修　講談社　1997.2　399p

吉田 茂　ヨシダ, シゲル
◇来るべき対日講和条約について（熊谷晶子訳）：フォーリン・アフェアーズ傑作選—アメリカとアジアの出会い 1922-1999 上　フォーリン・アフェアーズ・ジャパン編・監訳　朝日新聞社　2001.2　331p

吉野 直行　ヨシノ, ナオユキ
◇郵便貯金・財政投融資制度と日本の金融制度の近代化（共著）（相楽恵, 鈴木彩子訳）：日本金融システムの危機と変貌　星岳雄, ヒュー・パトリック編, 筒井義郎監訳　日本経済新聞社　2001.5　360p

ヨナス, クラウス
◇態度II：態度変容の方略（共著）（上野徳美訳）：社会心理学概論—ヨーロピアン・パースペクティブ　1　M.ヒューストンほか編, 末永俊郎, 安藤清志監訳　誠信書房　1994.10　355p

ヨナス（オルレアンの）
◇王の教育について：中世思想原典集成　6　カロリング・ルネサンス　上智大学中世思想研究所編訳・監修　平凡社　1992.6　765p

米沢 彰純　ヨネザワ, アキスミ*
◇教育・訓練・人的資源（共著）：より高度の知識経済化で一層の発展をめざす日本—諸外国への教訓　柴田勉, 竹内弘高共編, 田村勝省訳　一灯舎　2007.10　472, 36p

米山 リサ　ヨネヤマ, リサ
◇二つの廃墟を越えて（小沢祥子, 小田島勝浩訳）：記憶が語りはじめる　冨山一郎編　東京大学出版会　2006.12　263p　（歴史の描き方 3　ひろたまさき, キャロル・グラック監修）

ヨハネス（ソールズベリーの）
◇神との一致について（佐藤直子訳）：中世思想原典集成　16　ドイツ神秘思想　上智大学中世思想研究所

編訳・監修　平凡社　2001.4　977p
◇メタロギコン（甚野尚志ほか訳）：中世思想原典集成 8　シャルトル学派　上智大学中世思想研究所編訳・監修　平凡社　2002.9　1041p

ヨバノブ, N.
◇ストライキと自主管理（安村克己訳）：参加的組織の機能と構造——ユーゴスラヴィア自主管理企業の理論と実践　J.オブラドヴッチ, W.N.ダン編著, 笠原清志監訳　時潮社　1991.4　574p

ヨハンソン, ドナルド・C.
◇リーキー一家：TIMEが選ぶ20世紀の100人　上巻　指導者・革命家・科学者・思想家・起業家　徳岡孝夫監訳　アルク　1999.11　332p

廉 載鎬　ヨム, ゼホ
◇市民社会とニューガバナンス（川村祥生訳）：現代韓国の市民社会・利益団体——日韓比較による新制移行の研究　辻中豊, 廉載鎬編著　木鐸社　2004.4　490p　（現代世界の市民社会・利益団体研究叢書 2　辻中豊編）

ヨラック, ヘイディー・B.
◇フィリピンにおける民主主義とジェンダー：グローバル化とジェンダー——「女の視点」「男の視点」を超えた政策を求めて　「アジア・欧州対話：ジェンダーをめぐる課題」木更津会議（2001年）　デルフィン・コロメ, 目黒依子, 山本正編　日本国際交流センター　2002.5　198p

ヨリオ, エドワード
◇90条の約束的基礎（共著）（滝沢昌彦訳）：現代アメリカ契約法　ロバート・A.ヒルマン, 笠井修編著　弘文堂　2000.10　400p

ヨルダヌス（ザクセンの）
◇書簡集（岡守喜代訳）：中世思想原典集成　16　ドイツ神秘思想　上智大学中世思想研究所編訳・監修　平凡社　2001.4　977p

延 基栄　ヨン, ギヨン*
◇韓国財産法の内容と課題：韓国法の現在　下　小島武司, 韓相範編　中央大学出版部　1993.10　477p　（日本比較法研究所研究叢書 27）
◇労使紛争の解決とADR（尹竜沢訳）：ADRの実際と理論　2　小島武司編　中央大学出版部　2005.3　427p　（日本比較法研究所研究叢書 68）

【ラ】

羅 日褧　ラ, エツケイ*
◇咸賓録：明代琉球資料集成　原田禹雄訳注　榕樹書林　2004.12　553p

羅 其湘　ラ, キショウ*
◇徐福村の発見とその考証について：不老を夢みた徐福と始皇帝——中国の徐福研究最前線　池上正治編訳　勉誠社　1997.7　195, 3p

羅 豪才　ラ, ゴウサイ*
◇行政法の基本概念 他：中国行政法概論　1　羅豪才, 応松年編, 上杉信敬訳　近代文芸社　1995.9　276p

羅 志輝　ラ, シキ*
◇今日は嬉しい日のはずだ：香港回帰——ジャーナリストが見た'97.7.1　ユエン・チャン, 盧敬華共編, 日野みどり訳　凱風社　1998.6　197p

羅 之基　ラ, シキ*
◇ワ（佤）族（百田弥栄子訳）：中国少数民族の婚姻と家族　上巻　厳汝嫻主編, 江守五夫監訳, 百田弥栄子, 曽士才, 栗原悟訳　第一書房　1996.12　298p　（Academic series—New Asia 18）

羅 小朋　ラ, ショウホウ*
◇強力な地方政府が必要だ：鄧小平後の中国——中国人専門家50人による多角的分析　上巻　何頻編著, 現代中国事情研究会訳　三交社　1994.12　386p

羅 少蘭　ラ, ショウラン*
◇世紀の盛り下がり：香港回帰——ジャーナリストが見た'97.7.1　ユエン・チャン, 盧敬華共編, 日野みどり訳　凱風社　1998.6　197p

羅 崇徳　ラ, スウトク*
◇忘れない 日本で受けた侮辱と民族的自尊心：中国人の見た日本——留学経験者の視点から　段躍中編, 朱建栄ほか著, 田縁美幸ほか訳　日本僑報社　2000.7　240p

羅 青長　ラ, セイチョウ*
◇〈付録〉彼は周総理の護衛航海をした：人間・周恩来——և朝宰相の真実　金鐘編, 松田州二訳　原書房　2007.8　370p

羅 蘇文　ラ, ソブン*
◇近代租界の欧米建築の文化遺産についての試論（村井寛志訳）：中国における日本租界——重慶・漢口・杭州・上海　神奈川大学人文学研究所編, 大里浩秋, 孫安石編著　御茶の水書房　2006.3　478, 5p　（神奈川大学人文学研究叢書 22）

ラ, ナン・ティン
◇変革期におけるベトナムの女性と家族（共著）：アジアの経済発展と家族及びジェンダー　篠崎正美監訳・著, アジア女性交流・研究フォーラム編　改訂版　アジア女性交流・研究フォーラム　2000.3　203p

羅 洛　ラ, ラク*
◇イ（彝）族——涼山地区 他（共著）（栗原悟訳）：中国少数民族の婚姻と家族　上巻　厳汝嫻主編, 江守五夫監訳, 百田弥栄子, 曽士才, 栗原悟訳　第一書房　1996.12　298p　（Academic series—New Asia 18）

ライ, ゲオルク
◇教養と専門教育 他（嵯峨山あかね, 河井弘志訳）：司書の教養　河井弘志編訳　京都大学図書館情報学研究会　2004.8　127p

ライアンズ, ドナルド
◇世界都市, 多国籍企業, 都市階層：アメリカ合衆国の事例（共著）（藤田直晴訳）：世界都市の論理　ポール・L.ノックス, ピーター・J.テイラー共編, 藤田直晴訳編　鹿島出版会　1997.5　204p

ライオン, ジョイ
◇「開発」と女性の社会的自立——「南」の女たちのための現金収入プロジェクト：ジェンダーと女性労働——その国際ケーススタディ　セア・シンクレア, ナニカ・レッドクリフト編, 山本光子訳　柘植書房　1994.9　373p

ライオンズ, マーティン
◇十九世紀の新たな読者たち(田村毅訳):読むことの歴史―ヨーロッパ読書史 ロジェ・シャルティエ, グリエルモ・カヴァッロ編, 田村毅ほか訳 大修館書店 2000.5 634p

ライクロフト, デイヴィッド
◇翻案すべきか, せざるべきか(共著)(後藤はる美訳):日英交流史―1600-2000 5 社会・文化 細谷千博, イアン・ニッシュ監修 都築忠七, ゴードン・ダニエルズ, 草光俊雄編 東京大学出版会 2001.8 398, 8p

ライシュ, ロバート・B.
◇ジョン・メイナード・ケインズ:TIMEが選ぶ20世紀の100人 上巻 指導者・革命家・科学者・思想家・起業家 徳岡孝夫監訳 アルク 1999.11 332p

ライス, K. S.
◇専任のキリスト教教育 他:キリスト教教育の探求 サナー, ハーパー編, 千代崎秀雄ほか共訳 福音文書刊行会 1982.4 785p

ライスィヒ, ロルフ
◇転換―〇年後の東独市民:岐路に立つ統一ドイツ―果てしなき「東」の植民地化 フリッツ・フィルマー編著, 木戸衛一訳 青木書店 2001.10 341p

ライゼリング, ルッツ
◇ドイツ:内からの改革(清水弥生訳):社会政策の国際的展開―先進諸国における福祉レジーム ピート・アルコック, ゲイリー・クレイグ編, 埋橋孝文ほか共訳 晃洋書房 2003.5 328p

ライダー, A. F. C.
◇ボルタ川からカメルーンまで(戸田真紀子訳):ユネスコ・アフリカの歴史 第4巻 一二世紀から一六世紀までのアフリカ アフリカの歴史起草のためのユネスコ国際学術委員会編, 宮本正興責任編集 D.T.ニアヌ編 同朋舎出版 1992.9 2冊

ライト, ポール・H.
◇友人とカップルはここが違う:ベストパートナーの見分け方 ロザリー・バーネット編著, 鈴木理恵子訳 同朋舎 1997.9 151p

ライトナー, アンドレア
◇オーストリアのケース:ジェンダー主流化と雇用戦略―ヨーロッパ諸国の事例 ユテ・ベーニング, アンパロ・セラーノ・パスキュアル編, 高木郁朗, 麻生裕子訳 明石書店 2003.11 281p

ライトマン, アーニー
◇カナダ:一歩前進, 二歩後退?(共著)(所道彦訳):社会政策の国際的展開―先進諸国における福祉レジーム ピート・アルコック, ゲイリー・クレイグ編, 埋橋孝文ほか共訳 晃洋書房 2003.5 328p

ライプツィヒ, ジュディス
◇子どもの全人間的な成長を援助するために:幼児のための多文化理解教育 ボニー・ノイゲバウエル編著, 谷口正子, 斉藤法子訳 明石書店 1997.4 165p

ライボルト, ディーター
◇民事訴訟の集団化(高田昌宏, 松本博之訳):団体・組織と法―日独シンポジウム 松本博之, 西谷敏, 守矢健一編 信山社出版 2006.9 388, 30p

◇ドイツ倒産法改正の概要(吉野正三郎, 木川裕一郎訳):民事訴訟法のトピークス 吉野正三郎著 晃洋書房 2007.5 197p

ライマー, サラ
◇蝕まれた地域社会:ダウンサイジング・オブ・アメリカ―大量失業に引き裂かれる社会 ニューヨークタイムズ編, 矢作弘訳 日本経済新聞社 1996.11 246p

ライマン, ピーター
◇学術コミュニケーションの将来 他(共著)(広田とし子訳):デジタル時代の大学と図書館―21世紀における学術情報資源マネジメント B.L.ホーキンス, P.バッティン編, 三浦逸雄, 斎藤泰則, 広田とし子訳 玉川大学出版部 2002.3 370p (高等教育シリーズ 112)

ライマン, ミハャル
◇トロツキーと「レーニンの遺産」をめぐる闘争:トロツキー再評価 P.デュークス, T.ブラザーストン編 新評論 1994.12 381p

ライムズ, T. K.
◇ケインズの貨幣的価値の理論と現代の銀行業(共著):一般理論―第二版―もしケインズが今日生きていたら G.C.ハーコート, P.A.リーアック編, 小山庄三訳 多賀出版 2005.6 922p

ライリー, ウイリアム
◇市場経済の世界における開発業務の再形成:21世紀の国際通貨システム―ブレトンウッズ委員会報告 ブレトンウッズ委員会日本委員会編 金融財政事情研究会 1995.2 245p

ライリー, ジョナサン
◇ミル(渡辺幹雄訳):社会正義論の系譜―ヒュームからウォルツァーまで デイヴィッド・バウチャー, ポール・ケリー編, 飯島昇蔵, 佐藤正志訳者代表 ナカニシヤ出版 2002.3 391p (叢書「フロネーシス」)

ライリィ, マチルダ・W.
◇ライフコースの自伝的な覚え書き:ライフコース研究の方法―質的ならびに量的アプローチ グレン・H.エルダー, ジャネット・Z.ジール編著, 正岡寛司, 藤見純子訳 明石書店 2003.10 528p (明石ライブラリー 57)

ライレス, レイ・E.
◇家庭における児童への性的虐待(共著):心的外傷の危機介入―短期療法による実践 ハワード・J.パラド, リビー・G.パラド編, 河野貴代美訳 金剛出版 2003.9 259p

ラインフリート, ハインリヒ
◇日本の教科書におけるスイスとスイス人(鳥光美緒子訳):スイスと日本―日本におけるスイス受容の諸相 森田安一編 刀水書房 2004.10 314p

ラインホルト
◇シェリング『超越論的観念論の体系』の批評:初期ヘーゲル哲学の軌跡―断片・講義・書評 ヘーゲルほか著, 寄川条路編訳 ナカニシヤ出版 2006.1 164p

ラヴ, S.
◇エコロジーと社会主義(桝形公也訳):環境の倫理 下 K.S.シュレーダー・フレチェット編, 京都生命倫理研究会訳 晃洋書房 1993.11 683p

ラウ, ゲアハルト
◇アルブレヒト・ペータース：第2次世界大戦後の牧会者たち　日本キリスト教団出版局　2004.7　317p　（魂への配慮の歴史　第12巻　C.メラー編, 加藤常昭訳）

ラヴ, サリー
◇一九九〇年代の昆虫園：スミソニアンは何を展示してきたか　A.ヘンダーソン, A.L.ケブラー編, 松本栄寿, 小浜清子訳　玉川大学出版部　2003.5　309p

ラウエル, ジェームス・ラッセル
◇ジェームス・ラッセル・ラウエルの読書観（髙橋五郎訳）：近代「読書論」名著選集　第13巻　ゆまに書房　1994.6　442p　（書誌書目シリーズ 37）

ラヴェル, デーヴィド・W.
◇多様なる保守主義（共著）：自由民主主義の理論とその批判　上巻　ノーマン・ウィントロープ編, 氏家伸一訳　晃洋書房　1992.11　300p
◇現代共産主義の理論：ユーロコミュニズム：自由民主主義の理論とその批判　下巻　ノーマン・ウィントロープ編, 氏家伸一訳　晃洋書房　1994.2　611p

ラヴシー, レベッカ
◇ラテン音楽, 人形劇, 視覚化：重度の火傷を負った少年の音楽の痛みを和らげるために：音楽療法ケーススタディ　上　児童・青年に関する17の事例　ケネス・E.ブルシア編, 酒井智華ほか訳　音楽之友社　2004.2　285p

ラウジェン, ヘダール
◇独立国家の「植民地法」（島上宗子訳）：グローバル化時代の法と法律家　阿部昌樹, 佐々木雅寿, 平覚編　日本評論社　2004.2　363p

ラウスマア, ピルッコ＝リイサ
◇女性がダンスを申し込むとき：ロウヒのことば—フィンランド女性の視角からみた民俗学　上　アイリ・ネノラ, センニ・ティモネン編, 目茺ゆみ訳　文理閣　2002.3　219p

ラウター, クリスタ
◇ヘルムート・タケ（共著）：第2次世界大戦後の牧会者たち　日本キリスト教団出版局　2004.7　317p（魂への配慮の歴史　第12巻　C.メラー編, 加藤常昭訳）

ラウレティス, テレサ・デ
◇クィアの起源：実践するセクシュアリティ—同性愛/異性愛の政治学　風間孝, キース・ヴィンセント, 河口和也編　動くゲイとレズビアンの会　1998.8　263p　（アイデンティティ研究叢書 1）

ラヴローフ, ピョートル
◇歴史的書簡　他：19世紀ロシアにおけるユートピア社会主義思想　森宏一編訳　光陽出版社　1994.3　397p

ラオ, ニルマラ
◇中国とインドにおける初等学校教育（共著）：比較教育学—伝統・挑戦・新しいパラダイムを求めて　マーク・ブレイ編著, 馬越徹, 大塚豊監訳　東信堂　2005.12　361p

ラガッタ, チダナンド
◇汚職弾圧に動いたIMF：IMF改廃論争の論点　ローレンス・J.マッキラン, ピーター・C.モントゴメリー編, 森川公隆監訳　東洋経済新報社　2000.11　285p

ラカナル
◇師範学校の設立にかんする報告　師範学校の設立にかんする法令　師範学校の校則にかんする条例　他：フランス革命期の公教育論　コンドルセ他著, 阪上孝編訳　岩波書店　2002.1　460, 9p　（岩波文庫）

ラカーヨ, リチャード
◇ウィリアム・レビット：TIMEが選ぶ20世紀の100人　下巻　アーチスト・エンターテイナー・ヒーロー・偶像・巨頭　徳岡孝夫監訳　アルク　1999.11　318p

ラギー, ジョン・ジェラード
◇埋め込まれたグローバル化：グローバル化をどうとらえるか—ガヴァナンスの新地平　D.ヘルド, M.K.アーキブージ編, 中谷義和監訳　法律文化社　2004.4　194p

ラーキン, A.
◇経済成長　対　環境破壊—その倫理的問題（夏目隆訳）：環境の倫理　下　K.S.シュレーダー・フレチェット編, 京都生命倫理研究会訳　晃洋書房　1993.11　683p

駱 為竜　ラク, イリュウ
◇北京大学の日本語教師—児玉綾子先生（共著）：新中国に貢献した日本人たち—友情で綴る戦後史の一コマ　中国中日関係史学会編, 武吉次朗訳　日本僑報社　2003.10　460p

駱 爽　ラク, ソウ*
◇北京人を叱る　他（共著）：中国人も愛読する中国人の話　上巻　中華人民共和国民政部中国社会出版社編, 朔方南編訳　はまの出版　1997.5　261p

ラグハバン, ビジェイ
◇銀行自己資本新ガイドライン—銀行の資産ポートフォリオおよび金融市場への意義（渡辺守訳）：ALMの新手法—キャピタル・マーケット・アプローチ　フランク・J.ファボッツィ, 小西湛夫共編　金融財政事情研究会　1992.7　499p　（ニューファイナンシャルシリーズ）

ラクリンスキー, ジェフリー・J.
◇新しい法と心理学（高谷知佐子訳）：現代アメリカ契約法　ロバート・A.ヒルマン, 笠井修編著　弘文堂　2000.10　400p

ラコバ, スタニスラフ
◇ラコバースターリン—ベリヤ：ベリヤ—スターリンに仕えた死刑執行人　ある出世主義者の末路　ウラジーミル・F.ネクラーソフ編, 森田明訳　エディションq　1997.9　365p

ラザフォード, スーザン・D.
◇〈ろう〉者には面白くても, 聴者には面白くない（酒井信雄訳）：アメリカのろう文化　シャーマン・ウィルコックス編, 鈴木清史, 酒井信雄, 太田憲男訳　明石書店　2001.3　301p　（明石ライブラリー 29）

ラサム, ステファン
◇USA—五人の障害者とひとりの健常者のフロリダへの旅：車椅子はパスポート—地球旅行の挑戦者たち　アリソン・ウォルシュ編, おそどまさこ日本語版責任編集, 森実真弓訳　山と渓谷社　1994.3　687p

ラザラス, モーリス
◇高齢者と仕事—退職後の就労とボランティア活動　他

679

(共著)：プロダクティブ・エイジング―高齢者は未来を切り開く　ロバート・バトラー, ハーバート・グリーソン編, 岡本祐三訳　日本評論社　1998.6　220p

ラージ, サリーン・ティクラ
◇インドと日露戦争(滝井光夫訳)：日露戦争研究の新視点　日露戦争研究会編　成文社　2005.5　541p

ラジア, ラジャ
◇社会安定装置としてのマレーシアの被雇用者積立年金(木村諭訳)：アジアの福祉国家政策　白鳥令, デチャ・サングカワン, シュヴェン・E.オルソン＝ホート編　芦書房　2006.5　276p

ラシード, アハメド
◇中央アジア：アメリカの悪夢―9・11テロと単独行動主義　ジョン・フェッファー編, 南雲和夫監訳　耕文社　2004.12　319p

ラジャブザーデ, ハーシェム
◇初代駐日イラン全権公使, アヴァネス＝ハーン・モサーエドッ＝サルタネ(藤元優子訳)：三笠宮殿下米寿記念論集　三笠宮殿下米寿記念論集刊行会編著　刀水書房　2004.11　953, 12p

ラジュ, ミレイユ
◇出産の歴史にみる男女の役割関係：フェミニズムから見た母性　A.−M.ド・ヴィレーヌ, L.ガヴァリニ, M.ル・コアディク編, 中嶋公子, 目崎光子, 磯本輝子, 横地良子, 宮本由美ほか訳　勁草書房　1995.10　270, 10p

ラジョパール, コージーック
◇2001年のデジタル配信と音楽産業(共著)：技術とイノベーションの戦略的マネジメント　上　ロバート・A.バーゲルマン, クレイトン・M.クリステンセン, スティーヴン・C.ウィールライト編著, 青島矢一, 黒田光太郎, 志賀敏宏, 田辺孝二, 出川通, 和賀三和子日本語版監修, 岡真由美, 斉藤裕一, 桜井祐子, 中川泉, 山本章子訳　翔泳社　2007.7　735p

ラズ, ヴラスタ
◇ルーマニアのスロヴァキア人の歴史(香坂直樹訳)：エスニック・アイデンティティの研究―流転するスロヴァキアの民　川崎嘉元編著　中央大学出版部　2007.3　305p　(中央大学社会科学研究所研究叢書18)

ラスキー, エラ
◇料金に関する心理療法家のアンビヴァレンス：フェミニスト心理療法ハンドブック―女性臨床心理の理論と実践　L.B.ローズウォーター, L.E.A.ウォーカー編著, 河野貴代美, 井上摩耶子訳　ヒューマン・リーグ　1994.12　317p

ラストルグエフ, V. S.
◇ベトナム民主共和国の財政：ベトナム現代史―論文集　防衛研修所　1964　175p　(研究資料　第35号)

ラスマン, ゲイリー
◇経営戦略との連動で研修の費用対効果を測る：ピープルマネジメント―21世紀の戦略的人材活用コンセプト　Financial Times編, 日経情報ストラテジー監訳　日経BP社　2002.3　271p　(日経情報ストラテジー別冊)

ラスムセン, エリク
◇不貞の法と経済学(太田勝造訳)：結婚と離婚の法と経済学　アントニィ・W.ドゥネス, ロバート・ローソン編著, 太田勝造監訳　木鐸社　2004.11　348p　(「法と経済学」叢書5)

ラズモア, A.
◇支那の婦人勞働者の状態：世界女性学基礎文献集成　昭和初期編　第9巻　水田珠枝監修　ゆまに書房　2001.12　20, 387p

ラセッター, ウィリアム
◇IMFの使命(共著)：IMF改廃論争の論点　ローレンス・J.マッキラン, ピーター・C.モントゴメリー編, 森川公隆監訳　東洋経済新報社　2000.11　285p

ラセリス, メアリー
◇一九九七年通貨危機におけるアジアの貧困(小林秀高訳)：アジアの福祉国家政策　白鳥令, デチャ・サングカワン, シュヴェン・E.オルソン＝ホート編　芦書房　2006.5　276p

ラゾニック, ウィリアム
◇所有と経営：戦後(日高千景訳)：企業体制　上　有斐閣　2005.12　349p　(現代日本企業1　工藤章, 橘川武郎, グレン・D.フック編)

ラーソン, デボラ・ウェルチ
◇冷戦史研究における資料と方法(野口和彦訳)：国際関係研究へのアプローチ―歴史学と政治学の対話　コリン・エルマン, ミリアム・フェンディアス・エルマン編, 渡辺昭夫監訳, 宮下明聡, 野口和彦, 戸谷美苗, 田中康友訳　東京大学出版会　2003.11　379p

ラック, G.
◇投資スタイルのアクティブ運用への応用(共著)(諏訪部貴嗣訳)：株式投資スタイル―投資家とファンドマネージャーを結ぶ投資哲学　T.ダニエル・コギン, フランク・J.ファボツィ, ロバート・D.アーノット編, 野村証券金融研究所訳　増補改訂版　野村総合研究所情報リソース部　1998.3　450p

ラック, クリストファー・G.
◇グローバル・マーケット・ニュートラル戦略(共著)(林宏文訳)：株式投資スタイル―投資家とファンドマネージャーを結ぶ投資哲学　T.ダニエル・コギン, フランク・J.ファボツィ, ロバート・D.アーノット編, 野村証券金融研究所訳　増補改訂版　野村総合研究所情報リソース部　1998.3　450p

ラック, モーラ
◇労働市場二重構造論の限界―イギリスの大学図書館におけるジェンダーと労働：ジェンダーと女性労働―その国際ケーススタディ　セア・シンクレア, ナニカ・レッドクリフト編, 山本光子訳　柘植書房　1994.9　373p

ラッグルズ, ナンシー
◇限界費用価格形成原理の厚生的基礎　他：限界費用価格形成原理の研究1　大石泰彦編・監訳　勁草書房　2005.12　266p

ラッセル, コンスタンス
◇政治化されたケアの倫理(共著)(浅野誠訳)：グローバル教育からの提案―生活指導・総合学習の創造　浅野誠, デイヴィッド・セルビー編　日本評論社　2002.3　289p
◇スコロペンドラ・ケタケア：南方熊楠英文論考―「ネイチャー」誌篇　南方熊楠著, 飯倉照平監訳, 松居竜

ラッセル, リチャード
◇金持ち投資家、貧乏投資家：わが子と考えるオンリーワン投資法——門外不出の投資の知恵　ジョン・モールディン編, 関本博英訳　パンローリング　2006.8　219p　(ウィザードブックシリーズ v.106)

ラッセル, ロバート・W.
◇IMFの采配をふるうのは誰か：IMF改廃論争の論点　ローレンス・J.マッキラン, ピーター・C.モントゴメリー編, 森川公隆監訳　東洋経済新報社　2000.4　285p

ラッツィンガー, ヨゼフ
◇同性愛者への司牧的配慮に関するカトリック教会司教への書簡(有村浩一訳)：キリスト教は同性愛を受け入れられるか　ジェフリー・S.サイカー編, 森本あんり監訳　日本キリスト教団出版局　2002.4　312p

ラップ, H. エドワード
◇経営者の条件：意思決定の技術　Diamondハーバード・ビジネス・レビュー編集部編訳　ダイヤモンド社　2006.1　247p　(Harvard business review anthology)

ラディーノ, マリー
◇学習者の声をはげます(浅野誠訳)：グローバル教育からの提案——生活指導・総合学習の創造　浅野誠, デイヴィッド・セルビー編　日本評論社　2002.3　289p

ラテンアメリカ社会科学協議会
◇グローバルな市民社会運動：討議文書(共著)(白井聡, 徳永理彩訳)：もうひとつの世界は可能だ——世界社会フォーラムとグローバル化への民衆のオルタナティブ　ウィリアム・F.フィッシャー, トーマス・ポニア編, 加藤哲郎監修, 大屋定晴, 山口響, 白井聡, 木下ちがや訳　日本経済評論社　2003.12　461p

ラテンアメリカの社会を監視する会
◇グローバルな市民社会運動：討議文書(共著)(白井聡, 徳永理彩訳)：もうひとつの世界は可能だ——世界社会フォーラムとグローバル化への民衆のオルタナティブ　ウィリアム・F.フィッシャー, トーマス・ポニア編, 加藤哲郎監修, 大屋定晴, 山口響, 白井聡, 木下ちがや訳　日本経済評論社　2003.12　461p

ラドニック, ポール
◇マリリン・モンロー：TIMEが選ぶ20世紀の100人　下巻　アーチスト・エンターテイナー・ヒーロー・偶像・巨頭　徳岡孝夫訳　アルク　1999.11　318p

ラトランド, ピーター
◇ロシアにおける米国流民主主義：アメリカによる民主主義の推進——なぜその理念にこだわるのか　猪口孝, マイケル・コックス, G.ジョン・アイケンベリー編　ミネルヴァ書房　2006.6　502, 12p　(国際政治・日本外交叢書 1)

ラドリエール, ジャン
◇意味とシステム：構造主義とはそのイデオロギーと方法　J.=M.ドムナック編, 伊東守男, 谷亀礼一訳　平凡社　2004.8　358p　(平凡社ライブラリー)

ラドル, カレン
◇父にあなたたちの顔を見せたかった：子供たちへの手紙——あなたにこれだけは伝えたい　エリカ・グッ

ド編, 中埜有理訳　三田出版会　1997.7　371p

ラドロウ, フィッツ・ヒュー
◇天空を駆ける魂、不滅の体験(飛田妙子訳)：ドラッグ・ユーザー　ジョン・ストロースポー, ドナルド・ブレイス編, 高城恭子ほか訳　青弓社　1995.9　219p

ラトワック, エドワード
◇見失われた側面　他：宗教と国家——国際政治の盲点　ダグラス・ジョンストン, シンシア・サンプソン編著, 橋本光平, 畠山圭一監訳　PHP研究所　1997.9　618, 16p

ラーナー, アバ
◇1930年代の限界費用価格形成：限界費用価格形成原理の研究　1　大石泰彦編・監訳　勁草書房　2005.12　266p

ラーナー, スティーブン
◇流れを変え、反転攻勢へ：新世紀の労働運動——アメリカの実験　グレゴリー・マンツィオス編, 戸塚秀夫監訳　緑風出版　2001.12　360p　(国際労働問題叢書 2)

ラニイ, オースチン
◇オースチン・ラニイ　他(山本秀則訳)：アメリカ政治学を創った人たち——政治学の口述史　M.ベアー, M.ジューエル, L.サイゲルマン編, 内山秀夫監訳　ミネルヴァ書房　2001.12　387p　(Minerva人文・社会科学叢書 59)

ラニエリ, ルイス・S.
◇証券化の起源, 成長の原動力, 将来のポテンシャル(前田和彦訳)：証券化の基礎と応用　L.T.ケンドール, M.J.フィッシュマン編, 前田和彦, 小池圭吾訳　東洋経済新報社　2000.2　220p

ラバートン
◇ジャバに於ける仏教(鈴木貞太郎訳)：鈴木大拙全集　第26巻　鈴木大拙著, 久松真一, 山口益, 古田紹欽編　増補新版　岩波書店　2001.11　547p

ラバナス, ジャック
◇家族財産法における男女平等(佐藤修一郎訳)：21世紀の女性政策——日仏比較をふまえて　植野妙実子編著　中央大学出版部　2001.1　316p　(日本比較法研究所研究叢書)

ラパポート, アンナ
◇多様化社会と年金：アメリカ年金事情——エリサ法(従業員退職所得保障法)制定20年後の真実　ダラス・L.ソールズベリー編, 鈴木旭監修, 大川洋三訳　新水社　2002.10　195p

ラパポート, リチャード
◇勝てるチームづくりの秘訣(共著)：いかに「高業績チーム」をつくるか　Diamondハーバード・ビジネス・レビュー編集部編訳　ダイヤモンド社　2005.5　225p　(Harvard business review anthology)

ラバン, コリン
◇福祉とイデオロギー(共著)(唐鎌直義訳)：イギリス社会政策論の新潮流——福祉国家の危機を超えて　ジョーン・クラーク, デビッド・ボスウェル編, 大山博, 武川正吾, 平岡公一ほか訳　法律文化社　1995.4　227p

ラヒカイネン, マリア
◇北欧における証明論・証明責任論の新しい動向―証拠に関する理由づけの合理性について・一つのモデル（共著）：訴訟における主張・証明の法理―スウェーデン法と日本法を中心にして　萩原金美著　信山社　2002.6　504p　（神奈川大学法学研究叢書 18）

ラビーブ, S.
◇大陸間諸関係から見たアフリカ（共著）（楠瀬佳子訳）：ユネスコ・アフリカの歴史　第4巻　一二世紀から一六世紀までのアフリカ　アフリカの歴史起草のためのユネスコ国際学術委員会編, 宮本正興責任編集　D.T.ニアヌ編　同朋舎出版　1992.9　2冊

ラヒミ, キミア
◇世代間ギャップを超えて中高年社員を働かせる方程式（共著）：ピープルマネジメント―21世紀の戦略的人材活用コンセプト　Financial Times編, 日経情報ストラテジー監訳　日経BP社　2002.3　271p　（日経情報ストラテジー別冊）

ラブ, パトリシア
◇わたしは愛すべき人間。人生にも愛されている：小さなことを大きな愛でやろう　リチャード・カールソン, ベンジャミン・シールド編, 小谷啓子訳　PHP研究所　1999.11　263, 7p

ラファン, アンヌ
収集, 保存, 展示：フランスの博物館と図書館　M.ブラン=モンマイユール他著, 松本栄寿, 小浜清子訳　玉川大学出版部　2003.6　198p

ラ・ベガ, ガルシラソ・デ
◇インカ帝国の黄金の庭（一五三〇年ごろ）：歴史の目撃者　ジョン・ケアリー編, 仙名紀訳　朝日新聞社　1997.2　421p

ラボーア, キャサリン・M.
◇強力なサイ現象に対する態度―予備調査の結果（共著）：超常現象のとらえにくさ　笠原敏雄編　春秋社　1993.7　776, 61p

ラボリ, フランソワーズ
◇性的差異の思想はつくれるか　他：フェミニズムから見た母性　A.‐M.ド・ヴィレーヌ, L.ガヴァリニ, M.ル・コアディク編, 中嶋公子, 目崎光子, 磯本輝子, 横地良子, 宮本由美ほか訳　勁草書房　1995.10　270, 10p

ラマチヤラカ
◇最新精神療法（松田霊洋訳）：日本人の身・心・霊―近代民間精神療法叢書　7　吉永進一編　クレス出版　2004.5　270, 224p

ラーマン, ハンナ
◇パーソナリティに関するフェミニスト理論の発展を妨げるもの：フェミニスト心理療法ハンドブック―女性臨床心理の理論と実践　L.B.ローズウォーター, L.E.A.ウォーカー編著, 河野貴代美, 井上摩耶子訳　ヒューマン・リーグ　1994.12　317p

ラーマン, モティウル
◇バングラデシュの貧困と女性の開発（張志宇, 坪井ひろみ訳）：アジアの開発と貧困―可能力, 女性のエンパワーメントとQOL　松井範惇, 池本幸生編著　明石書店　2006.4　372p

ラミー, エステル
◇人生には運が大事：子供たちへの手紙―あなたにこれだけは伝えたい　エリカ・グッド編, 中埜有理訳　三田出版会　1997.7　371p

ラミレス, ラファエル
◇価値付加価値から価値創造型企業への変革（共著）：バリューチェーン・マネジメント　Harvard Business Review編, Diamondハーバード・ビジネス・レビュー編集部訳　ダイヤモンド社　2001.8　271p

ラメット, メリアリーズ
◇学習の橋渡し（共著）：アメリカの学生と海外留学　B.B.バーン編, 井上雍雄訳　玉川大学出版部　1998.8　198p

ラモン, ミシェール
◇翻訳「支配的なフランス哲学者になる方法―ジャック・デリダの事例」：うたかたの仕事―社会学論集　後藤将之著　西田書店　2005.3　264, 9p

ラリオノフ, V. V.
◇新しい戦闘手段と戦略　他：ソ連の軍事面における核革命　ウィリアム・キントナー, ハリエット・ファスト・スコット編　〔防衛研修所〕　1970　345p　（研究資料 70RT‐9）

ラリック, ヤンヤ
◇「彼女はもうこっちのもんだ」他：カルト宗教―性的虐待と児童虐待はなぜ起きるのか　紀藤正樹, 山口貴士著・訳　アスコム　2007.3　303p

ラーリナ=ブハーリナ, アンナ
◇正真正銘の犯罪者：ベリヤ―スターリンに仕えた死刑執行人 ある出世主義者の末路　ヴラジーミル・F.ネクラーソフ編, 森田明訳　エディションq　1997.9　365p

ラリノフ, V.
◇新しい戦闘手段と戦略：軍事における革命, その意義と結果―1964年度の赤星の代表的軍事論文集　防衛研修所　1965　158p　（読書資料 12-4-3）

ラーリン, ビクトル
◇ロシア極東の中国人：国境を越える人々―北東アジアにおける人口移動　赤羽恒雄監修, 赤羽恒雄, アンナ・ワシリエバ編　国際書院　2006.6　316p

ラ・ルス, ホセ
◇多様性の包括と真剣に取り組む（共著）：新世紀の労働運動―アメリカの実験　グレゴリー・マンツィオス編, 戸塚秀夫監訳　緑風出版　2001.12　360p　（国際労働問題叢書）

ラルフ, ジェイソン・G.
◇「高い賭け金」と「低強度民主主義」：アメリカによる民主主義の推進―なぜその理念にこだわるのか　猪口孝, マイケル・コックス, G.ジョン・アイケンベリー編　ミネルヴァ書房　2006.6　502, 12p　（国際政治・日本外交叢書 7）

ラレイン, サラ
◇環境と持続可能性：会議総括文書（中村好孝訳）：もうひとつの世界は可能だ―世界社会フォーラムとグローバル化への民衆のオルタナティブ　ウィリアム・F.フィッシャー, トーマス・ポニア編, 加藤哲郎監修, 大屋定晴, 山口響, 白井聡, 木下ちがや監訳　日本経

済評論社　2003.12　461p

ラレモンデイ, マルク・ド・ラコスト
◇フランスの抑制力：フランス国防政策参考資料　防衛研修所　1964　87p　（読書資料 12-2309）

ラン, ジル
◇スペイン—心に残るドライブ家族旅行：車椅子はパスポート—地球旅行への挑戦者たち　アリソン・ウォルシュ編、おそどまさこ日本語版責任編集、森実真弓訳　山と渓谷社　1994.3　687p

蘭 周根　ラン, チョウケン
◇シェー（畲）族（百田弥栄子訳）：中国少数民族の婚姻と家族　中巻　厳汝嫻主編、江守五夫監訳、百田弥栄子、曽士才、栗原悟訳　第一書房　1996.12　315p　（Academic series—New Asia 19）

藍 鼎　ラン, テイ
◇鹿洲公案（宮崎市定訳）：宮崎市定全集　別巻　政治論集　佐伯富ほか編纂　岩波書店　1993.12　701p

ラン, ヒュー
◇G.K.チェスタトン（吉野美恵子訳）：インタヴューズ 1　クリストファー・シルヴェスター編、新庄哲夫ほか訳　文芸春秋　1998.11　462p

樂 豊実　ラン, ホウジツ*
◇黄河下流地区竜山文化城址の発見と早期国家の発生（青木俊介訳）：黄河下流域の歴史と環境—東アジア海文明への道　鶴間和幸編著　東方書店　2007.2　375p　（学習院大学東洋文化研究叢書）

蘭印経済部中央統計局
◇蘭印統計書 1940年版（大江恒太郎、中原善男共訳）：単行図書資料　第19巻　竜渓書舎　2000.4　165, 155p　（20世紀日本のアジア関係重要研究資料 3）

ラング, エイミィ・シュレイジャー
◇エリザベス・スチュアート・フェルプス『サイレント・パートナー』における階級のシンタックス：階級を再考する—社会編成と文学批評の横断　ワイ・チー・ディモック、マイケル・T.ギルモア編著、宮下雅年、新関芳生、久保拓也訳　松柏社　2001.5　391p

ラング, ベルンハルト
◇ハヤウェのみ運動とユダヤ一神教の形成：唯一なる神—聖書における唯一神教の誕生　B.ラング編、荒井章三、辻学訳　新教出版社　1994.4　246p　（新教ブックス）

ラング, ベレル
◇限界の表象（岩崎稔訳）：アウシュヴィッツと表象の限界　ソール・フリードランダー編、上村忠男ほか訳　未来社　1994.4　602p　（ポイエーシス叢書 23）

ラングスドルフ, G. H. v
◇江戸の特使に謁見する（金井英一訳）：若き日本と世界—支倉使節から榎本移民団まで　東海大学外国語教育センター編　東海大学出版会　1998.3　262p

ランクトン, キャロル
◇エリクソニアンの新しい認識論（共著）（高工弘貴、宮田敬一訳）：構成主義的心理療法ハンドブック　マイケル・F.ホイト編、児島達美監訳　金剛出版　2006.9　337p

ランクトン, ステファン
◇エリクソニアンの新しい認識論（共著）（高工弘貴、宮田敬一訳）：構成主義的心理療法ハンドブック　マイケル・F.ホイト編、児島達美監訳　金剛出版　2006.9　337p

ランクトン, マリー＝テレーズ
◇待遇の平等と男女差別 他（福岡英明、佐藤修一郎訳）：21世紀の女性政策—日仏比較をふまえて　植野妙実子編著　中央大学出版部　2001.1　316p　（日本比較法研究所研究叢書）

ラングバン, アネット
◇計画出産—めざすものはなにか、どう対処するべきか：フェミニズムから見た母性　A・M.ド・ヴィレーヌ, L.ガヴァリニ, M.ル・コアディク編、中嶋公子、目崎光子、磯本輝子、横地良子、宮本由美ほか訳　勁草書房　1995.10　270, 10p

ラングロワ, クロード
◇カトリック教会と反教権＝世俗派（谷川稔訳）：記憶の場—フランス国民意識の文化＝社会史　第1巻　ピエール・ノラ編、谷川稔監訳　岩波書店　2002.11　466, 13p

ランゲ, D.
◇チャドの諸王国と諸民族（稗田乃訳）：ユネスコ・アフリカの歴史　第4巻　一二世紀から一六世紀までのアフリカ　アフリカの歴史起草のためのユネスコ国際学術委員会編、宮本正興責任編集　D.T.ニアヌ編　同朋舎出版　1992.9　2冊

ランジェ, イェ
◇機械論的方法と価値論の基礎付け（1929年）：ルービンと批判者たち—原典資料20年代ソ連の価値論論争　竹永進編訳　情況出版　1997.12　250p

ランジーク, アンドレアス
◇フォーマルな組織における中立的幇助（佐伯和也訳）：組織内犯罪と個人の刑事責任　クヌート・アメルング編著、山中敬一監訳　成文堂　2002.12　287p

ランディス, トレイシー・リー
◇コリーンに仕事が必要になったとき：セックス・ワーク—性産業に携わる女性たちの声　フレデリック・デラコステ, プリシラ・アレキサンダー編　パンドラ　1993.11　426, 26p

ランデス, ジョーン・B.
◇メアリの肯定、アリスの否定：フェミニズムの古典と現代—甦るウルストンクラフト　アイリーン・ジェインズ・ヨー編、永井義雄、梅垣千尋訳　現代思潮新社　2002.2　290p

ランド, スーザン
◇ホット・マネーを動かずのはだれか（共著）：このままでは日本経済は崩壊する　フォーリン・アフェアーズ・ジャパン編・監訳、竹下興喜監訳　朝日新聞社　2003.2　282, 11p　（朝日文庫—フォーリン・アフェアーズ・コレクション）

ランド, トーマス・C.
◇データベース・マーケティングとは：金融データベース・マーケティング—米国における業務とシステムの実態　アーサー・F.ホルトマン, ドナルド・C.マン編著、森田秀和、田尾啓一訳　東洋経済新報社　1993.10　310p

ランドウ, ジル
◇エンパワーメントとソーシャルワーク実践, もしくはソーシャルワークにおける力の問題(中町美佐子訳)：ソーシャルワークとグローバリゼーション　カナダソーシャルワーカー協会編, 日本ソーシャルワーカー協会国際委員会訳, 仲村優一監訳　相川書房　2003.8　186p

ランドリ, アドルフ
◇人口問題に関するケネーの思想：フランソワ・ケネーと重農主義　石井良明訳　石井良明　1992.7　550p

ランドリー, バーバラ
◇自分の子供の運命を察知したテレパシー猫：あなたが知らないペットたちの不思議な力—アンビリーバブルな動物たちの超常現象レポート　『FATE』Magazine編, 宇佐和通訳　徳間書店　1999.2　276p

ランドール, R.
◇カール・マルクス (山形浩生訳)：インタヴューズ　1　クリストファー・シルヴェスター編, 新庄哲夫ほか訳　文芸春秋　1998.11　462p

ランバーク, クリスティーナ・ハルトマーク
◇国際的(調和)手段の洗練(滝沢昌彦訳)：ヨーロッパ債務法の変遷　ペーター・シュレヒトリーム編　信山社　2007.3　434p　(学術選書　法律学編　ドイツ民法)

ランバート, W. G.
◇バビロニア人とカルデア人(榊原容子訳)：旧約聖書時代の諸民族　D.J.ワイズマン編, 池田裕訳　日本基督教団出版局　1995.10　578p

ランプリディウス, アエリウス
◇アントニヌス・ヘリオガバルスの生涯　他(井上文則訳)：ローマ皇帝群像　2　アエリウス・スパルティアヌス他著, 桑山由文, 井上文則, 南川高志訳　京都大学学術出版会　2006.6　347p　(西洋古典叢書)

ランベス, ベンジャミン
◇実戦に見る現代のエア・パワー (進藤裕之訳)：エア・パワー—その理論と実践　石津朋之, 立川京一, 道下徳成, 塚本勝也編著　芙蓉書房出版　2005.6　351p　(シリーズ軍事力の本質 1)
◇二一世紀におけるエア・パワーの役割　他(永末聡訳)：21世紀のエア・パワー—日本の安全保障を考える　石津朋之, ウィリアムソン・マーレー共編著　芙蓉書房出版　2006.10　342p

【リ】

リー, アン (性的虐待問題)
◇無題：記憶の底から—家庭内性暴力を語る女性たち　トニー・A.H.マクナロン, ヤーロウ・モーガン編, 長谷川真実訳　青弓社　1995.12　247p

李 宇平　リ, ウヘイ*
◇二つの帝国主義とアジア国際経済秩序 (箱田恵子, 木越義則訳)：東アジア近代経済の形成と発展　中村哲編著　日本評論社　2005.3　288p　(東アジア資本主義形成史 1)
◇銀とアジア国際経済秩序 (木越義則訳)：近代東アジア経済の史的構造　中村哲編著　日本評論社　2007.3　398p　(東アジア資本主義形成史 3)

李 云竜　リ, ウンリュウ*　《Li, Yun Long》
◇経済犯に対する死刑適用の当否(共著)：中国の死刑制度と労働改造　鈴木敬夫編訳　成文堂　1994.8　298p　(アジア法叢書 18)

李 盈慧　リ, エイケイ*
◇清末革命及び東南アジア各国の独立運動と華僑 (仲井陽平訳)：辛亥革命の多元構造—辛亥革命90周年国際学術討論会 (神戸)　孫文研究会編　汲古書院　2003.12　442p　(孫中山記念会研究叢書 4)

リー, エイドリアン・F.
◇ユーロ：通貨管理への影響：為替オーバーレイ—CFA institute (CFA協会) コンファレンス議事録　森谷博之訳　パンローリング　2004.8　263p

李 永璞　リ, エイハク*
◇中国解放区における日本兵士の反戦活動：中国人の見た中国・日本関係史—唐代から現代まで　中国東北地区中日関係史研究会編, 鈴木静夫, 高田祥平編訳　東方出版　1992.12　450p

李 遠国　リ, エンゴク*
◇天空の文字：中国宗教文献研究　京都大学人文科学研究所編　臨川書店　2007.2　487p

李 泓冰　リ, オウヒョウ*
◇我らに「魯迅年」を：必読！今、中国が面白い—中国が解る60編　2007年版　而立会訳, 三潴正道監訳　日本僑報社　2007.8　240p

李 岳　リ, ガン*
◇檀君世紀：桓檀古記—蒙古冨族淵源物語　桂延寿編, 朴尚得訳　春風書房　2003.7　410p

リー, キャロル
◇ある女性に話す夜, 車を走らせながら：セックス・ワーク—性産業に携わる女性たちの声　フレデリク・デラコステ, プリシラ・アレキサンダー編　パンドラ　1993.11　426, 26p

李 強　リ, キョウ*
◇中国経済の地域間産業連関表(共著)：中国経済の地域間産業連関分析　市村真一, 王慧炯編　創文社　2004.2　210p　(ICSEAD研究叢書 2　阿部茂行ほか編)
◇現段階における社会階層の構造変動：中国人口問題のいま—中国人研究者の視点から　若林敬子編著, 筒井紀美訳　ミネルヴァ書房　2006.9　369p

李 暁宏　リ, ギョウコウ*
◇エイズは私たちの身の周りに—エイズ感染を公表した女子大生が警鐘：必読！今、中国が面白い—中国が解る60編　2007年版　而立会訳, 三潴正道監訳　日本僑報社　2007.8　240p

李 暁清　リ, ギョウセイ*
◇一部の都市で依然続く公衆トイレ難：必読！今、中国が面白い—中国が解る60編　2007年版　而立会訳, 三潴正道監訳　日本僑報社　2007.8　240p

李 鏡池　リ, キョウチ*
◇原始『易伝』の研究(池田知久訳)：占いの創造力—現代中国周易論文集　池田知久ほか編訳, 郭沫若ほか原著　勉誠出版　2003.3　387p

李 玉蓮　リ, ギョクレン*
◇愛国なんて軽く言えない：香港回帰—ジャーナリス

トが見た'97.7.1　ユエン・チャン、盧敬華共編、日野みどり訳　凱風社　1998.6　197p

李 銀河　リ, ギンガ*
◇中国人の出産・育児観―個人本位か家本位か(共著)(江上幸子訳)：中国の女性学―平等幻想に挑む　秋山洋子ほか訳　勁草書房　1998.3　250p

李 近春　リ, キンシュン*
◇ナシ(納西)族―麗江地区(百田弥栄子訳)：中国少数民族の婚姻と家族　上巻　厳汝嫻主編、江守五夫監訳、百田弥栄子、曽士才、栗原悟訳　第一書房　1996.12　298p　(Academic series―New Asia 18)

李 錦玉　リ, クムオギ
◇さんねん峠：群読がいっぱい―授業・集会行事に生かす　葛岡雄治編　あゆみ出版　1998.4　159p　(CDブック―葛岡雄治の群読教室)

李 慶雲　リ, ケイウン
◇中国対外金融政策とその国際比較(酒井正三郎訳)：日中の金融・産業政策比較　鹿児嶋治利、建部正義、田万umantarō編著　中央大学出版部　2000.5　188p　(中央大学企業研究所研究叢書 17)

李 京燮　リ, ケイショウ*
◇朝鮮族(共著)(百田弥栄子訳)：中国少数民族の婚姻と家族　中巻　厳汝嫻主編、江守五夫監訳、百田弥栄子、曽士才、栗原悟訳　第一書房　1996.12　315p　(Academic series―New Asia 19)

李 健超　リ, ケンチョウ*
◇空海・橘逸勢の長安留学(土屋昌明訳)：長安都市文化と朝鮮・日本　矢野建一、李浩編　汲古書院　2007.9　352, 5p

李 浩　リ, コウ
◇地域空間と文学の古今変遷(三田村圭子訳)：長安都市文化と朝鮮・日本　矢野建一、李浩編　汲古書院　2007.9　352, 5p

李 洪甫　リ, コウホ*
◇徐福と史料にみる中・朝・日の関係：不老を夢みた徐福と始皇帝―中国の徐福研究最前線　池上正治編訳　勉誠社　1997.7　195, 3p

李 国棟　リ, コクトウ*
◇漱石文学の展開と漢学の骨子：わたしの日本学―外国人による日本学論文集　3　京都国際文化協会編　文理閣　1994.3　253p

李 子雲　リ, シウン*
◇女性たちは輝く―『中国女性小説選』序(江上幸子訳)：中国の女性学―平等幻想に挑む　秋山洋子ほか編訳　勁草書房　1998.3　250p

リー、ジェイムズ・S.
◇麻薬実験者の奇妙な旅(高城恭子訳)：ドラッグ・ユーザー　ジョン・ストロスボー、ドナルド・ブレイス編、高城恭子ほか訳　青弓社　1995.9　219p

リー、ジェニー
◇病院と子ども(共著)：医療ソーシャルワークの実践　ミーキ・バドウィ、ブレンダ・ビアモンティ編著　中央法規出版　1994.9　245p

李 志慧　リ, シケイ*
◇日本書道と唐代書法の継承関係(土屋昌明訳)：長安都市文化と朝鮮・日本　矢野建一、李浩編　汲古書院　2007.9　352, 5p

李 瑟　リ, シツ*
◇サヨナラ植民地――一八九五－一九四五(共著)：台湾の歴史―日台交渉の三百年　殷允芃編、丸山勝訳　藤原書店　1996.12　436p

李 周　リ, シュウ
◇環境の問題―払いきれない代価(共著)：現代中国の実像―江沢民ブレーン集団が明かす全27の課題とその解決策　劉吉、許明、黄葦青編著、謝端明、岡田久典日本語版監修、中川友訳　ダイヤモンド社　1999.5　687p

李 聚会　リ, シュカイ
◇日本のカラオケと私：中国人の見た日本―留学経験者の視点から　段躍中編、朱建栄ほか著、田縁美幸ほか訳　日本僑報社　2000.7　240p

李 樹琪　リ, ジュキ*
◇プラグマティズムから分析哲学まで：戦後日本哲学思想概論　卞崇道編著、本間史訳　農山漁村文化協会　1999.11　556, 11p

李 樹仁　リ, ジュジン*
◇老子と気功：老子は生きている―現代に探る「道」　葛栄晋主編、徐海、石川泰成訳　地湧社　1992.8　320p

李 楯　リ, ジュン*
◇「婚姻内強姦」についての私の意見―女性の人権としての性(田畑佐和子訳)：中国の女性学―平等幻想に挑む　秋山洋子ほか編訳　勁草書房　1998.3　250p

李 潤蒼　リ, ジュンソウ*
◇章太炎と中日文化交流：中国人の見た中国・日本関係史―唐代から現代まで　中国東北地区中日関係史研究会編、鈴木静夫、高田祥平編訳　東方出版　1992.12　450p

李 少軍　リ, ショウギュウ*
◇国境問題 東アジアから見て(共著)：ロシアの総合的安全保障環境に関する研究―東アジア地域における諸問題　総合研究開発機構　2000.3　225p　(NIRA研究報告書)

李 小慧　リ, ショウケイ
◇一九八年代の個体・私営企業 他：現代中国の底流―痛みの中の近代化　橋本満、深尾葉子編訳　増補新版　行路社　1998.5　524p　(中国の底流シリーズ 1)

李 小江　リ, ショウコウ*
◇公共空間の創造―中国の女性研究運動にかかわる自己分析(秋山洋子訳)：中国の女性学―平等幻想に挑む　秋山洋子ほか編訳　勁草書房　1998.3　250p

李 紹明　リ, ショウメイ*
◇チャン(羌)族(栗原悟訳)：中国少数民族の婚姻と家族　上巻　厳汝嫻主編、江守五夫監訳、百田弥栄子、曽士才、栗原悟訳　第一書房　1996.12　298p　(Academic series―New Asia 18)

リー、ジョン
◇想像上の祖国とディアスポラの認識：ディアスポラとしてのコリアン―北米・東アジア・中央アジア　高全恵星監修、柏崎千佳子監訳　新幹社　2007.10　578p

李　申　リ，シン
◇周敦頤と『太極図』(馬淵昌也訳)：占いの創造力―現代中国周易論文集　池田知久ほか編訳，郭沫若ほか原著　勉誠出版　2003.3　387p

李　進　リ，シン*
◇教育の問題―転換と二一世紀に向けた挑戦(共著)：現代中国の実像―江沢民ブレーン集団が明かす全27の課題とその解決策　劉吉，許明，黄葦青編著，謝端明，岡田久典日本語版監修，中川友訳　ダイヤモンド社　1999.5　687p

李　振綱　リ，シンコウ*
◇道徳的危機の問題―崩壊するモラルを救え：現代中国の実像―江沢民ブレーン集団が明かす全27の課題とその解決策　劉吉，許明，黄葦青編著，謝端明，岡田久典日本語版監修，中川友訳　ダイヤモンド社　1999.5　687p

李　震山　リ，シンサン*
◇裁判官が法に依拠して死刑判決をすることについて：東アジアの死刑廃止論考　鈴木敬夫編訳　成文堂　2007.2　261p　（アジア法叢書 26）

李　心峰　リ，シンホウ*
◇美学研究と日本人の美意識：戦後日本哲学思想概論　卞崇道編著，本間史訳　農山漁村文化協会　1999.11　556, 11p

リー，シンワ
◇韓国における移民政策の現実：国境を越える人々―北東アジアにおける人口移動　赤羽恒雄監修，赤羽恒雄，アンナ・ワシリエバ編　国際書院　2006.6　316p

李　翠霞　リ，スイカ
◇異なる時代 異なる思考：中国人の見た日本―留学経験者の視点から　段躍中編，朱建栄ほか著，田縁美幸ほか訳　日本僑報社　2000.7　240p

リー，ステラ
◇十五時間―香港回帰―ジャーナリストが見た'97.7.1　ユエン・チャン，盧敬華共編，日野みどり訳　凱風社　1998.6　197p

李　誠　リ，セイ
◇人的資源：台湾の四十年―国家経済建設のグランドデザイン　下　高希均，李誠編，小林幹夫，塚越敏彦訳　連合出版　1993.3　217p

李　成貴　リ，セイキ*
◇農村経済の問題―土地は決して広くない：現代中国の実像―江沢民ブレーン集団が明かす全27の課題とその解決策　劉吉，許明，黄葦青編著，謝端明，岡田久典日本語版監修，中川友訳　ダイヤモンド社　1999.5　687p

李　成珪　リ，セイケイ*
◇明・清史書の朝鮮「曲筆」と朝鮮による「弁誣」(朴永哲訳)：人文知の新たな総合に向けて―21世紀COEプログラム「グローバル化時代の多元的人文学の拠点形成」　第2回報告書 1 (歴史篇)　京都大学大学院文学研究科21世紀COEプログラム「グローバル化時代の多元的人文学の拠点形成」編　京都大学大学院文学研究科21世紀COEプログラム「グローバル化時代の多元的人文学の拠点形成」　2004.3　395p

李　善同　リ，ゼンドウ*
◇地域間産業連関表による地域間依存関係の分析(共著)：中国経済の地域間産業連関分析　市村真一，王慧炯編　創文社　2004.2　210p　（ICSEAD研究叢書 2　阿部茂行ほか編）
◇中国経済の計算可能一般均衡モデル(共著)：中国の計量経済学モデル　L.R.クライン，市村真一編　創文社　2006.3　343p　（ICSEAD研究叢書 4）

李　増輝　リ，ゾウキ*
◇耿村の『千一夜物語』―「中国一のおはなし村」では老若男女みな語り部：必読！今，中国が面白い―中国が解る60編　2007年版　而立会訳，三潴正道監訳　日本僑報社　2007.8　240p

李　甦平　リ，ソヘイ
◇中国哲学史研究：戦後日本哲学思想概論　卞崇道編著，本間史訳　農山漁村文化協会　1999.11　556, 11p
◇「二重性」と「和合性」(梓英訳)：東アジアと哲学　藤田正勝，卞崇道，高坂史朗編　ナカニシヤ出版　2003.2　436p

李　大根　リ，ダイコン*
◇通化二、三暴動(前田光繁訳)：通化二三暴動の真相―彼らはなぜ中国で死んだのか 中国の証言　前田光繁編・訳・著　教育出版センター　1993.4　167p

李　中慶　リ，チュウケイ*
◇東北人にいいたい放題(共著)：中国人も愛読する中国人の話　下巻　中華人民共和国民政部中国社会出版社編，朔方南編訳　はまの出版　1997.5　254p

李　仲明　リ，チュウメイ*
◇中日友好に捧げた翻訳家―川越敏孝氏 他：新中国に貢献した日本人たち―友情で綴る戦後史の一コマ　中国中日関係史学会編，武吉次朗訳　日本僑報社　2003.10　460p

リー，チューユン
◇中国の奇跡(共著)：開発のための政策一貫性―東アジアの経済発展と先進諸国の役割 経済協力開発機構(OECD)財務省財務総合政策研究所共同研究プロジェクト　河合正弘，深作喜一郎編著・監訳，マイケル・G.プランマー，アレクサンドラ・トルチアック＝デュヴァル編著　明石書店　2006.3　650p

李　禎　リ，テイ
◇国訳剪灯余話(塩谷温続註)：国訳漢文大成　第7巻　文学部　第2輯 上　日本図書センター　2000.9　1275p

リー，デヴィット・N.
◇視覚情報による行為のタイミング制御(共著)(堀口裕美訳)：アフォーダンスの構想―知覚研究の生態心理学的デザイン　佐々木正人，三嶋博之編訳　東京大学出版会　2001.2　329p

李　徳安　リ，トクアン*
◇凍土に咲いた友情の花―中田慶雄氏：新中国に貢献した日本人たち―友情で綴る戦後史の一コマ　中国中日関係史学会編，武吉次朗訳　日本僑報社　2003.10　460p

李　培林　リ，バイリン*
◇村落の終焉：中国人口問題のいま―中国人研究者の視点から　若林敬子編著，筒井紀美訳　ミネルヴァ書

房　2006.9　369p

李　白　リ，ハク
◇李太白詩集（久保天随訳解）：国訳漢文大成　第15巻　続文学部　第1輯　上　日本図書センター　2000.9　871p

李　陌　リ，ハク*
◇太古逸史：桓檀古記—蒙古斑族淵源物語　桂延寿編，朴尚得訳　春風寿房　2003.7　410p

李　伯漢　リ，ハクカン*
◇地域間産業連関分析による政策シミュレーション（共著）：中国経済の地域間産業連関分析　市村真一，王慧烔編　創文社　2004.2　210p　（ICSEAD研究叢書　2　阿部茂行ほか編）

李　伯謙　リ，ハクケン*
◇中国文明の起源と形成（西江清高訳）：文明学原論—江上波夫先生米寿記念論集　古代オリエント博物館編　山川出版社　1995.3　442p

李　百浩　リ，ヒャクコウ*
◇上海近代の都市計画の歴史とそのパラダイム研究（共著）（孫安石訳）：中国における日本租界—重慶・漢口・杭州・上海　神奈川大学人文学研究所編，大里浩秋，孫安石編著　御茶の水書房　2006.3　478, 5p　（神奈川大学人文学研究叢書 22）

リー，フィル
◇福祉とイデオロギー（共著）（唐鎌直義訳）：イギリス社会政策論の新潮流—福祉国家の危機を超えて　ジョーン・クラーク，ディビド・ボスウェル編，大山博，武川正吾，平岡公一ほか訳　法律文化社　1995.4　227p

李　福生　リ，フクセイ*
◇偽「満洲国」皇帝溥儀の改造：覚醒—撫順戦犯管理所の六年　日本戦犯改造の記録　撫順市政協文史委員会原編，中国帰還者連絡会翻訳編集委員会訳編　新風書房　1995.4　288p

李　文彦　リ，ブンゲン*
◇中国の地域区分と地域の特徴（共著）：中国経済の地域間産業連関分析　市村真一，王慧烔編　創文社　2004.2　210p　（ICSEAD研究叢書 2　阿部茂行ほか編）

李　文飛　リ，ブンヒ*
◇広東人の品定め（共著）：中国人も愛読する中国人の話　下巻　中華人民共和国民政部中国社会出版社編，朔方南編訳　はまの出版　1997.5　254p

リー，ヘクター
◇チャーリィ・パークハーストの伝説：話はめぐる—聞き手から語り手へ　子どもと大人のためのストーリーテリング　ナショナル・ストーリーテリング保存育成協会編，佐藤涼子訳　リブリオ出版　1999.11　166p

リー，ベンジャミン
◇テクスト性，媒介，公共の討議（山本啓訳）：ハーバマスと公共圏　クレイグ・キャルホーン編，山本啓，新田滋訳　来来社　1999.9　348p　（ポイエーシス叢書 41）

李　放　リ，ホウ　《Li, Fang》
◇東北淪陥期教育研究の方法とその活用（槻木瑞生訳）：日本の植民地教育・中国からの視点　王智新編著

社会評論社　2000.1　297p

李　鵬挙　リ，ホウキョ*
◇漢代緯書における古代相対性原理問題（王建康訳）：緯学研究論集—安居香山博士追悼　中村璋八編　平河出版社　1993.2　417p

李　鵬程　リ，ホウテイ*
◇二十一世紀東西文化間の哲学的対話（柴田哲雄訳）：東アジアと哲学　藤田正勝，卞崇道，高坂史朗編　ナカニシヤ出版　2003.2　436p

李　豊楙　リ，ホウボウ*
◇台南王醮伝統と地方瘟神信仰（余志清訳）：道教研究の最先端—第一九回国際宗教学宗教史会議世界大会道教パネル論集　堀池信夫，砂山稔編　大河書房　2006.8　260p

李　芳民　リ，ホウミン*
◇唐代詩人の寺院への遊覧と詩歌創作（土屋昌明訳）：長安都市文化と朝鮮・日本　矢野建一，李浩編　汲古書院　2007.9　352, 5p

李　宝梁　リ，ホウリョウ*
◇社会ネットワークの角度からみた私営企業経営者の政治観念と行動（中川友訳）：中国経済え られない八つの難題—『当代中国研究』論文選　程暁農編著，坂井臣之助，中川友訳　草思社　2003.12　238p

李　歩青　リ，ホセイ*
◇徐福東渡の動機とその時代的背景（共著）：不老を夢みた徐福と始皇帝—中国の徐福研究最前線　池上正治訳　勉誠社　1997.7　195, 3p

李　明輝　リ，メイキ*
◇李退渓と王陽明（井沢耕一訳）：東アジア世界と儒教—国際シンポジウム　吾妻重二編，黄俊傑副主編　東方書店　2005.3　405p

リー，モリー・N. N.
◇マレーシアの高等教育の法人化，プライバタイゼーション，国際化：私学高等教育の潮流　P.G.アルトバック編，森利枝訳　玉川大学出版部　2004.10　253p　（高等教育シリーズ 128）
◇マレーシアの大学：アジアの高等教育改革　フィリップ・G.アルトバック，馬越徹編，北村友人監訳　玉川大学出版部　2006.9　412p　（高等教育シリーズ 137）

李　養正　リ，ヨウセイ*
◇『老子』・老聃と道教：老子は生きている—現代に探る「道」　葛栄晋主編，徐海，石川泰成訳　地湧社　1992.8　320p

李　黎　リ，レイ*
◇政治体制の問題—政権興亡の循環を超えよう：現代中国の実像—江沢民ブレーン集団が明かす全27の課題とその解決策　劉吉，許明，黄篤青編著，謝端明，岡田久典日本語版監修，中川友訳　ダイヤモンド社　1999.5　687p

李　連慶　リ，レンケイ*
◇徐福研究をする意義および方向は：不老を夢みた徐福と始皇帝—中国の徐福研究最前線　池上正治編訳　勉誠社　1997.7　195, 3p

李　録　リ，ロク*
◇司法の独立推進—民主化運動のための新外交基点：鄧

687

小平後の中国—中国人専門家50人による多角的な分析 上巻 何頻編著, 現代中国事情研究会訳 三交社 1994.12 386p

李 路路 リ, ロロ*
◇都市における社会階層構造とその変遷：中国人口問題のいま—中国人研究者の視点から 若林敬子編著, 筒井紀美訳 ミネルヴァ書房 2006.9 369p

リアル, ファン
◇ラテンアメリカにおける軍部と市民社会（岡住正秀訳）：シビリアン・コントロールとデモクラシー L.ダイアモンド, M.F.プラットナー編, 中道寿一監訳 刀水書房 2006.3 256p（人間科学叢書 42）

リヴィ, カール
◇マックス・ヴェーバーとアントニオ・グラムシ：マックス・ヴェーバーとその同時代人群像 W.J.モムゼン, J.オースターハメル, W.シュベントカー編著, 鈴木広, 米沢和彦, 嘉目克彦監訳 ミネルヴァ書房 1994.9 531, 4p

リーヴィ, ジャック・S.
◇事実の説明と理論の構築（宮下明聡訳）：国際関係研究へのアプローチ—歴史学と政治学の対話 コリン・エルマン, ミリアム・フェンディアス・エルマン編, 渡辺昭夫監訳, 宮下明聡, 野口和彦, 戸谷美苗, 田中康友訳 東京大学出版会 2003.11 379p

リヴェラ, デニス
◇政治分野での労働組合の役割：新世紀の労働運動—アメリカの実験 グレゴリー・マンツィオス編, 戸塚秀夫監訳 緑風出版 2001.12 360p（国際労働問題叢書 2）

リーヴェンスタイン, H.
◇あふれる豊かさの危険：食の歴史 3 J-L.フランドラン, M.モンタナーリ編, 宮原信, 北代美和子監訳 藤原書店 2006.3 p838-1209

リエラ＝メリス, A.
◇封建社会と食：食の歴史 2 J-L.フランドラン, M.モンタナーリ編, 宮原信, 北代美和子監訳 藤原書店 2006.2 p434-835

リオルダン, コリン
◇ヨハン・ヴォルフガング・フォン・ゲーテ：環境の思想家たち 上（古代—近代編） ジョイ・A.パルマー編, 須藤自由児訳 みすず書房 2004.9 309p（エコロジーの思想）

力 康泰 リキ, コウタイ* 《Li, Kang Tai》
◇死刑を正しく認識し, 適用することについて：中国の死刑制度と労働改造 鈴木敬夫編訳 成文堂 1994.8 298p（アジア法叢書 18）

リキオ, ゲーリー・E.
◇定位の生態学理論と前提システム（共著）（伊藤精英訳）：アフォーダンスの構想—知覚研究の生態心理学的デザイン 佐々木正人, 三嶋博之編訳 東京大学出版会 2001.2 329p

リーギン, ジョイス
◇落としたお金が教えてくれたこと：とっておきのクリスマス—やさしい気持ちになる9つのおはなし 続ガイドポスト編, 佐藤敬訳 いのちのことば社（発売） 1998.10 87p

陸 賈 リク, カ
◇国訳陸賈新語（児島献吉郎訳註）：国訳漢文大成 第3巻 経子史部 第2輯 上 日本図書センター 2000.9 1152p

陸 学芸 リク, ガクゲイ
◇マルクス主義の合作化理論と生産責任制（共著）（深尾葉子訳）：現代中国の底流—痛みの中の近代化 橋本満, 深尾葉子編訳 増補新版 行路社 1998.5 524p（中国の底流シリーズ 1）

陸 鏗 リク, ケン*
◇一国二制度, 香港民主派と一三人の大物：鄧小平後の中国—中国人専門家50人による多角的な分析 下巻 何頻編著, 現代中国事情研究会訳 三交社 1994.12 396p

陸 建華 リク, ケンカ*
◇階級階層の問題—新たな構造に向けて：現代中国の実像—江沢民ブレーン集団が明かす全27の課題とその解決策 劉吉, 許明, 黄葦青編著, 謝端明, 岡田久典日本語版監修, 中川友訳 ダイヤモンド社 1999.5 687p

陸 蓮蒂 リク, レンテイ*
◇チベット（蔵）族（栗原悟訳）：中国少数民族の婚姻と家族 上巻 厳汝嫻主編, 江守五夫監訳, 百田弥栄子, 曽士才, 栗原悟訳 第一書房 1996.12 298p（Academic series—New Asia 18）

リグスビー, スティーブン・R.
◇オプション・モデルを用いた所有期間総合利回りアプローチによる資産・負債総合管理（共著）（山中宏耕訳）：ALMの新手法—キャピタル・マーケット・アプローチ フランク・J.ファボッツィ, 小西湛夫共編 金融財政事情研究会 1992.7 499p（ニューファイナンシャルシリーズ）

リクター, エリザベス・チュー
◇家族の絆は永遠に続く：子供たちへの手紙—あなたにこれだけは伝えたい エリカ・グッド編, 中埜有理訳 三田出版会 1997.7 371p

リグビー, ケン
◇オーストラリア（共著）（金口恭久訳）：世界のいじめ—各国の現状と取り組み 森田洋司総監修・監訳, P.K.スミスほか編, 川口仁志ほか訳 金子書房 1998.11 463p

リーグラー, ナタリー・N.
◇リットン・ストレイチー著「フロレンス・ナイチンゲール伝」（坪井良子訳）：ナイチンゲールとその時代 モニカ・ベイリー他著, 平尾真智子, 小沢道子他訳, 小林章夫監訳 うぶすな書院 2000.12 258p

リケッツ, マーチン
◇住宅政策と公共選択（多林秀年訳）：経済政策の公共選択分析 アレック・クリスタル, ルパート・ペナンリー編, 黒川和美訳 勁草書房 2002.7 232p

リゴーニ, デイビッド
◇道徳教育としての学級管理：デュルケムと現代教育 ジェフリー・ウォルフォード, W.S.F.ピカリング編, 黒崎勲, 清田夏代訳 同時代社 2003.4 335, 26p

リゴロ, フランソワ
◇ベルールの『トリスタン物語』における衣服の形象

価値(徳井淑子訳):中世衣生活誌—日常風景から想像世界まで 徳井淑子編訳 勁草書房 2000.4 216, 30p

リシャール, P. J.
◇フランスにおける保険制度史:塙浩著作集—西洋法史研究 17 ヨーロッパ商法史 続 塙浩訳著 信山社出版 1999.1 932p

リシール, マルク
◇夢における感じうるもの(伊藤泰雄訳):フッサール『幾何学の起源』講義 モーリス・メルロ=ポンティ著, 加賀野井秀一, 伊藤泰雄, 本郷均訳 法政大学出版局 2005.3 571, 9p (叢書・ウニベルシタス 815)

リーシング, ロナルド・レイヤード
◇為替オーバーレイ管理(共著):為替オーバーレイ—CFA institute(CFA協会)コンファレンス議事録 森谷博之訳 パンローリング 2004.8 263p

リース, J. C.
◇ミル『自由論』再読(野内聡訳):ミル『自由論』再読 ジョン・グレイ, G.W.スミス編著, 泉谷周三郎, 大久保正健訳 木鐸社 2000.12 214p

リース, リンダ
◇再婚した男女の自分・相手志向性と性別役割分業志向性について(共著)(小池のり子訳):女と離婚/男と離婚—ジェンダーの相違による別居・離婚・再婚の実態 サンドラ・S.ヴォルギー編著, 小池のり子, 村上弘子訳 家政教育社 1996.9 238p

リスター・堀田 綾子 リスター・ホッタ, アヤコ
◇一九一〇年日英博覧会の主催者たち(大山瑞代訳):英国と日本—日英交流人物列伝 イアン・ニッシュ編, 日英文化交流研究会訳 博文館新社 2002.9 470p

リストン, ウォルター・B.
◇誰がIMFを必要としているのか(共著):IMF改廃論争の論点 ローレンス・J.マッキラン, ピーター・C.モントゴメリー編, 森川公隆監訳 東洋経済新報社 2000.11 285p

リスナー, L. スコット
◇高等教育の教職員に関する法律問題:障害のある学生を支える—教員の体験談を通じて教育機関の役割を探る ボニー・M.ホッジ, ジェニー・プレストン-サビン編, 太田晴康監訳, 三沢かがり訳 文理閣 2006.12 228p

リースマン, デイビッド
◇口頭と文字のコミュニケーション:マクルーハン理論—電子メディアの可能性 マーシャル・マクルーハン, エドワード・カーペンター編著, 大前正臣, 後藤和彦訳 平凡社 2003.1 331p (平凡社ライブラリー)

リーゼンバーグ=マルコム, ルース
◇臨床的事実の概念化:現代クライン派の展開 ロイ・シェーファー編, 福本修訳 誠信書房 2004.12 336p
◇ビオンの包容理論:現代クライン派入門—基本概念の臨床的理解 カタリーナ・ブロンスタイン編, 福本修, 平井正三監訳, 小野泉, 阿比野宏, 子どもの心理療法セミナーin岐阜訳 岩崎学術出版社 2005.5 243p

リーダー, イアン
◇バック・トゥ・ザ・フューチャー(山中弘訳):異文化から見た日本宗教の世界 ポール・L.スワンソン, 林淳編 法蔵館 2000.9 302p (叢書・現代世界と宗教 2)

リーダー, ダリアン
◇クラインとラカンにおける幻想:クライン-ラカンダイアローグ バゴーイン, サリヴァン編, 新宮一成監訳, 上尾真道, 徳永健介, 宇梶卓訳 誠信書房 2006.4 340p

リーダーストラール, ジョナス
◇自己再生の多国籍企業理論の方向(共著)(富岡昭訳):国際経営学の誕生 3 組織理論と組織行動の視座 ブライアン・トイン, ダグラス・ナイ編, 村山元英監訳, 国際経営文化学会訳 文眞堂 2000.3 392p

リータル, M.
◇マリ帝国の衰退(中島久訳):ユネスコ・アフリカの歴史 第4巻 一二世紀から一六世紀までのアフリカ アフリカの歴史起草のためのユネスコ国際学術委員会編, 宮本正興責任編集 D.T.ニアヌ編 同朋舎出版 1992.9 2冊

リーチ, クリス
◇学校教育全体の改革(中野和光訳):世界の開発教育—教師のためのグローバル・カリキュラム オードリー・オスラー編, 中里亜夫監訳, 中野和光, 吉野あかね, 川上具実訳 明石書店 2002.8 498p

リチャーズ, イアン
◇「プロヴィンシャル」であることについて(坂井隆, 竹下幸男訳):都市のフィクションと現実—大阪市立大学大学院文学研究科COE国際シンポジウム報告書『都市のフィクションと現実』編集委員会編 大阪市立大学大学院文学研究科都市文化研究センター 2005.2 229p

リチャーソン, ピーター
◇ミーム—万能酸か, はたまた改良型のねずみ捕りか?(共著)(巌谷薫訳):ダーウィン文化論—科学としてのミーム ロバート・アンジェ編, ダニエル・デネット序文, 佐倉統, 巌谷薫, 鈴木崇史, 坪井りん訳 産業図書 2004.9 277p

リチャード, チャールス・A., 3世
◇オプション・モデルを用いた所有期間総合利回りアプローチによる資産・負債総合管理(共著)(山中宏耕訳):ALMの新手法—キャピタル・マーケット・アプローチ フランク・J.ファボッツィ, 小西湛夫共編 金融財政事情研究会 1992.7 499p (ニューファイナンシャルシリーズ)

リチャードソン
◇最新読書法(実業之日本社訳):近代「読書論」名著選集 第9巻 ゆまに書房 1994.6 502p (書誌目シリーズ 37)

リチャードソン, アンジェラ・プットマン
◇誇りを持ち, 胸を張って生きる:子供たちへの手紙—あなたにこれだけは伝えたい エリカ・グッド編, 中埜有理訳 三田出版会 1997.7 371p

リチャードソン, ジーン
◇逞しき修道女(菱沼裕子訳):ナイチンゲールとその時代 モニカ・ベイリー他著, 平尾真智子, 小沢道子他訳, 小林章夫監訳 うぶすな書院 2000.12 258p

リッグス, H. E.
◇エンジニアリング部門と製造部門間のコミュニケーション：決定的な要素：技術とイノベーションの戦略的マネジメント　下　ロバート・A.バーゲルマン, クレイトン・M.クリステンセン, スティーヴン・C.ウィールライト編著, 青島矢一, 黒田光太郎, 志賀敏宏, 田辺孝二, 出川通, 和賀三和子日本語版監訳, 岡真由美, 斉藤裕一, 桜井祐子, 中川泉, 山本章子訳　翔泳社　2007.7　595p

リッジ, ジョン
◇チェロキー語のアルファベット：北米インディアン生活誌　C.ハミルトン編, 和巻耿介訳　社会評論社　1993.11　408p

リッター, アードルフ・マルティン
◇ヨーアンネース・クリュソストモス：古代教会の牧会者たち　1　日本基督教団出版局　2000.6　241p　(魂への配慮の歴史 第2巻　C.メラー編, 加藤常昭訳)

リッター, ゲーアハルト
◇権力の魔性(村上淳一訳)：マキァヴェッリ全集　補巻　筑摩書房　2002.3　239, 89p

リッチ, グラント・ジュエル
◇テレホン・セックス・オペレーター(共著)：セックス・フォー・セール―売春・ポルノ・法規制・支援団体のフィールドワーク　ロナルド・ワイツァー編, 岸田美貴訳, 松沢呉一監修　ポット出版　2004.8　438p

リッチー, ジェイムズ
◇スコロペンドラ・ケタケア 他：南方熊楠英文論考―「ネイチャー」誌篇　南方熊楠著, 飯倉照平監修, 松居竜五, 田村義也, 中西須美訳　集英社　2005.12　421p

リッチ, ポール
◇アルフレッド・ジマーンの慎重な理想主義(中村宏訳)：危機の20年と思想家たち―戦間期理想主義の再評価　デーヴィッド・ロング, ピーター・ウィルソン編著, 宮本盛太郎, 関静雄監訳　ミネルヴァ書房　2002.10　371, 10p　(Minerva人文・社会科学叢書 68)

リッチス, グラハム
◇カナダ：一歩前進, 二歩後退？(共著)(所道彦訳)：社会政策の国際的展開―先進諸国における福祉レジーム　ピート・アルコック, ゲイリー・クレイグ編, 埋橋孝文ほか共訳　晃洋書房　2003.5　328p

リッチスタッド, ジム
◇ホノルル・コミュニティ・メディア評議会 他：世界のメディア・アカウンタビリティ制度―デモクラシーを守る七つ道具　クロード・ジャン・ベルトラン編著, 前沢猛訳　明石書店　2003.5　590p　(明石ライブラリー 49)

リッチマン, グロリア
◇レイプの被害者(共著)：心的外傷の危機介入―短期療法による実践　ハワード・J.パラド, リビー・G.パラド編, 河野貴代美訳　金剛出版　2003.9　259p

リッチャー, ポール
◇脱構築主義的心理学への招待(織田孝裕訳)：心理学とポストモダニズム―社会構成主義とナラティヴ・セラピーの研究　シュタイナー・クヴァル編, 永井務監訳　こうち書房　2001.7　294p

リッツ, ヴィクター
◇アメリカの価値システム―タルコット・パーソンズの視点と理解について 他(進藤雄三訳)：近代性の理論―パーソンズの射程　ロランド・ロバートソン, ブライアン・S.ターナー編, 中久郎, 清野正義, 進藤雄三訳　恒星社厚生閣　1995.12　354, 37p

リップマン, ウォルター
◇封じ込め政策ではなく, 大いなる妥結を(竹下興喜訳)：フォーリン・アフェアーズ傑作選―アメリカとアジアの出会い 1922-1999　上　フォーリン・アフェアーズ・ジャパン編・監訳　朝日新聞社　2001.2　331p

リップマン, モリス
◇姉妹生協だったパロアルト生協から：バークレー生協は, なぜ倒産したか―18人の証言　日本生活協同組合連合会国際部訳　コープ出版　1992.5　195p

リッポネン, ウッラ
◇少女の手たたき遊び：ロウヒのことば―フィンランド女性の視角からみた民俗学　上　アイリ・ネノラ, センニ・ティモネン編, 目莵ゆみ訳　文理閣　2002.3　219p

リツルボイ, ブルース
◇レイヨンフーヴッドのケインズの経済学について：一般理論―第二版―もしケインズが今日生きていたら　G.C.ハーコート, P.A.リーアック編, 小山庄三訳　多賀出版　2005.6　922p

リード, ジョン (記者)
◇アメリカ人記者が見た冬宮襲撃：一九一七年十一月七日：歴史の目撃者　ジョン・ケアリー編, 仙名紀訳　朝日新聞社　1997.2　421p

リード, ジョン・S.
◇グローバル・バンクの条件：金融サービス業の戦略思考　Diamondハーバード・ビジネス・レビュー編集部編訳　ダイヤモンド社　2005.12　225p　(Harvard business review anthology)

リード, デイヴィッド
◇キリスト教徒と祖先の関係(奥山倫明訳)：異文化から見た日本宗教の世界　ポール・L.スワンソン, 林淳編　法蔵館　2000.9　302p　(叢書・現代世界と宗教 2)

リード, ハンナ
◇事態の根本的改善か, それとも悪化か？1980年代, 90年代におけるイギリスの規制緩和と雇用(共著)(白井邦彦訳)：労働市場の規制緩和を検証する―欧州8カ国の現状と課題　G.エスピン・アンデルセン, マリーノ・レジーニ編, 伍賀一道ほか訳　青木書店　2004.2　418p

リード, ラルフ
◇子育ての喜びを知ってほしい：子供たちへの手紙―あなたにこれだけは伝えたい　エリカ・グッド編, 中埜有理訳　三田出版会　1997.7　371p

リード, レックス
◇ベティ・デイヴィス(渡辺武信訳)：インタヴューズ　2　クリストファー・シルヴェスター編, 新庄哲夫ほか訳　文芸春秋　1998.11　451p

リトル, デビッド
◇宗教教団への教訓(共著)：宗教と国家―国際政治の盲点　ダグラス・ジョンストン, シンシア・サンプソ

ン編著，橋本光平，畠山圭一監訳　PHP研究所　1997.9　618, 16p

リトル，リチャード
◇フリードリヒ・ゲンツ，合理主義と勢力均衡（押村高訳）：国際関係思想史―論争の座標軸　イアン・クラーク，アイヴァー・B.ノイマン編，押村高，飯島昇蔵訳者代表　新評論　2003.4　338p

リトル，リック・R.
◇子供たちは共同体の未来である（共著）：未来社会への変革―未来の共同体がもつ可能性　フランシス・ヘッセルバイン，マーシャル・ゴールドスミス，リチャード・ベックハード，リチャード・F.シューベルト編，加納明弘訳　フォレスト出版　1999.11　327p

リーハ，カール
◇ドイツのカリカチュアにみる「ヨーロッパ」（浜本隆志訳）：ドイツ・日本問題研究 2　ドイツ・日本問題研究班著　関西大学経済・政治研究所　1994.9　362p（研究双書 第88冊）

リーバサル，ケネス
◇中国封じ込め政策を回避せよ：新脅威時代の「安全保障」―『フォーリン・アフェアーズ』アンソロジー　ジョゼフ・S.ナイほか著，竹下興喜訳　中央公論社　1996.9　255p

リビエール，ジョアン
◇陰性治療反応の分析への寄与（椛田容世訳）：対象関係論の基礎―クライニアン・クラシックス　松木邦裕編・監訳　新曜社　2003.9　266p

リヒター，エーデルベルト
◇東ドイツ人の財産：岐路に立つ統一ドイツ―果てしなき「東」の植民地化　フリッツ・フィルマー編著，木戸衛一訳　青木書店　2001.10　341p

リヒター，クラウス
◇ヨーロッパ私法の統一とそれが日本民法典に与える影響：その同化―その基礎，方法，内容　ドイツからの見方と日本からの見方　カール・リーゼンフーバー，高山佳奈子編　De Gruyter Recht　c2006　27, 651p（Schriften zum Europäischen und Internationalen Privat-, Bank- und Wirtschaftsrecht Bd.10）

リヒター，シュテフィ
◇武器としての文化（御門大三訳）：文化アイデンティティの行方―橋大学言語社会研究科国際シンポジウムの記録　恒川邦夫ほか編著　彩流社　2004.2　456p
◇「実体」としての日本か「クール」な日本か（小林敏明訳）：世界から見た日本文化―多文化共生社会の構築のために　神奈川大学人文学研究所編　御茶の水書房　2007.3　191, 5p（神奈川大学人文学研究叢書 23）
◇「古き佳きヨーロッパ」像の呪縛（鈴村裕輔訳）：日本学とは何か―ヨーロッパから見た日本研究，日本から見た日本研究　法政大学国際日本学研究所編　法政大学国際日本学研究センター　2007.3　301p（21世紀COE国際日本学研究叢書 6）

リヒター，ハンス
◇ドイツ連邦共和国における銀行法および取引所法による処罰の実務（平山幹子訳）：神山敏雄先生古稀祝賀論文集　第2巻　経済刑法　斉藤豊治，日高義博，甲斐克則，大塚裕史編　成文堂　2006.8　546p

リヒター＝ベルンブルク，ルッツ
◇なぜイスラム教徒はじゅうたんの上でお祈りをするの？：子ども大学講座　第1学期　ウルリヒ・ヤンセン，ウラ・シュトイアナーゲル編，畔上司訳　主婦の友社　2004.7　285p

リヒターマン，アンドルー
◇グローバル化と新たな軍備競争（共著）：ミサイル防衛―大いなる幻想　東西の専門家20人が批判する　デービッド・クリーガー，カラー・オン編，梅林宏道，黒崎輝訳　高文研　2002.11　155p

リビングストン，ウイリアム
◇エメット・S.レッドフォード（吉井健二訳）：アメリカ政治学を創った人たち―政治学の口述史　M.ベアー，M.ジューエル，L.サイゲルマン編，内山秀夫監訳　ミネルヴァ書房　2001.12　387p（Minerva人文・社会科学叢書 59）

リブキン，E. I.
◇世界核ロケット戦争の性質について：ソ連の軍事面における核革命　ウィリアム・キントナー，ハリエット・ファスト・スコット編　〔防衛研修所〕　1970　345p（研究資料 70RT-9）

リブキン，ジャン・W.
◇アナロジカル・シンキング（共著）：戦略思考力を鍛える　Diamondハーバード・ビジネス・レビュー編集部編訳　ダイヤモンド社　2006.7　262p（Harvard business review anthology）

リフシッツ，E. M.
◇レフ・ダヴィドヴィチ・ランダウ（一九〇八―六八）他：物理学者ランダウ―スターリン体制への叛逆　佐々木力，山本義隆，桑野隆編訳　みすず書房　2004.12　331, 4p

リプスキー，ドロシー・カーツナー
◇障害，人権と教育（共著）（嶺井正也訳）：障害，人権と教育　レン・バートン，フェリシティ・アームストロング編，嶺井正也監訳　明石書店　2003.5　442p（明石ライブラリー 51）
◇インクルーシブ教育―民主制社会における要件（共著）（洪197淑訳）：世界のインクルーシブ教育―多様性を認め，排除しない教育を　ハリー・ダニエルズ，フィリップ・ガーナー編著，中村満紀男，窪田真二監訳　明石書店　2006.3　540p（明石ライブラリー 92）

リーブマン，ハン
◇生存者の証言（共著）：思いやる勇気―ユダヤ人をホロコーストから救った人びと　キャロル・リトナー，サンドラ・マイヤーズ編，食野雅子訳　サイマル出版会　1997.4　282p

リブリン，ベンジャミン
◇ベル・ゼラー（堀悦子訳）：アメリカ政治学を創った人たち―政治学の口述史　M.ベアー，M.ジューエル，L.サイゲルマン編，内山秀夫監訳　ミネルヴァ書房　2001.12　387p（Minerva人文・社会科学叢書 59）

リプンスキ，ビートルト
◇ル・コルビュジエ：TIMEが選ぶ20世紀の100人　下巻　アーチスト・エンターテイナー・ヒーロー・偶像・巨頭　徳岡孝夫監訳　アルク　1999.11　318p

リーベ，ミール・W.
◇特別な医学的管理と医療・福祉の連携の必要性：高齢

リヘラ

者ケアをどうするか―先進国の悩みと日本の選択　高木安雄監修・訳, 池上直己, ジョン・C.キャンベル編著　中央法規出版　2002.7　256p

リベラ, テマリオ・C.
◇援助の政治経済学(伊賀司訳)：近現代日本・フィリピン関係史　池端雪浦, リディア・N.ユー・ホセ編　岩波書店　2004.2　659, 18p
◇平和, 安全と共生を求めて(高木佑輔訳)：平和のグランドセオリー序説　植田隆子, 町野朔編　風行社　2007.6　196p　(ICU21世紀COEシリーズ 第1巻)

リベラーニ, M.
◇アモリ人(唐橋文, 古畑正富訳)：旧約聖書時代の諸民族　D.J.ワイズマン編, 池田裕監訳　日本基督教団出版局　1995.10　578p

リーベルサール, ケネス
◇企業「帝国主義」の終焉(共著)：戦略と経営　ジョーン・マグレッタ編, Diamondハーバード・ビジネス・レビュー編集部訳　ダイヤモンド社　2001.7　405p

リポルド, パトリシア
◇橋を封鎖する(共著)：新世紀の労働運動―アメリカの実験　グレゴリー・マンツィオス編, 戸塚秀夫監訳　緑風出版　2001.12　360p　(国際労働問題叢書 2)

リーマン, J. リー
◇恋愛関係での小惑星：アメリカ占星学教科書　第7巻　愛情占星学　ジョーン・マクエバーズ編, 青木良仁訳, アレクサンドリア木星王監修・製作　魔女の家books　1998.2　272p

リモー, イェヒエル
◇イスラエル―「気付かない存在」：世界のメディア・アカウンタビリティ制度―デモクラシーを守る七つの道具　クロード・ジャン・ベルトラン編著, 前沢猛訳　明石書店　2003.5　590p　(明石ライブラリー 49)

柳 時賢　リュ, シヒョン
◇「文化政治」下の国内民族解放運動の進展：朝鮮民族解放運動の歴史―平和的統一への模索　姜万吉編著, 太田修, 庵逧由香訳　法政大学出版局　2005.4　369, 29p　(韓国の学術と文化 21)

劉 安　リュウ, アン
◇国訳淮南子(後藤朝太郎訳註)：国訳漢文大成　第3巻　経子史部　第2輯 上　日本図書センター　2000.9　1152p

劉 偉　リュウ, イ
◇中国における企業再編の経済成長段階とその背景(酒井正三郎訳)：日中の金融・産業政策比較　鹿児嶋治利, 建部正義, 田万蒼編著　中央大学出版部　2000.5　188p　(中央大学企業研究所叢書 17)

劉 雲徳　リュウ, ウントク*
◇人口概況 他：中国の都市人口と生活水準―瀋陽・長春・ハルビン　王勝今ほか著, 早瀬保子, 王勝今編訳　アジア経済研究所　1994.2　319p　(翻訳シリーズ 34)

劉 英　リュウ, エイ*
◇中国の都市家族の形態変化(深尾葉子訳)：現代中国の底流―痛みの中の近代化　橋本満, 深尾葉子編訳　増補新版　行路社　1998.5　524p　(中国の底流シリーズ 1)

劉 穎　リュウ, エイ*
◇北京人を叱る(共著)：中国人も愛読する中国人の話　上巻　中華人民共和国民政部中国社会出版社編, 朔方南美訳　はまの出版　1997.5　261p

劉 延州　リュウ, エンシュウ*
◇ベチューン医科大学の日々―稗田憲太郎教授 他：新中国に貢献した日本人たち―友情で綴る戦後史の一コマ　中国中日関係史学会編, 武吉次朗訳　日本僑報社　2003.10　460p

劉 恩格　リュウ, オンカク*
◇辛亥革命と中国人留学生：中国人の見た中国・日本関係史―唐代から現代まで　中国東北地区中日関係史研究会編, 鈴木静夫, 高田祥平編訳　東方出版　1992.12　450p

劉 海燕　リュウ, カイエン*
◇お日さまを植える：必読！今, 中国が面白い―中国が解る60編　2007年版　而立会編, 三潴正道監訳　日本僑報社　2007.8　240p

劉 楽賢　リュウ, ガクケン*
◇一種の注目に値する古代天文文献 他(田中靖彦訳)：両漢における易と三礼　渡辺義浩編　汲古書院　2006.9　487p

劉 毅　リュウ, キ*
◇神道と靖国神社：〈意〉の文化と〈情〉の文化―中国における日本研究　王敏編著, 岡部明日香ほか訳　中央公論新社　2004.10　444p　(中公叢書)

劉 向　リュウ, キョウ
◇神仙伝(沢田瑞穂訳)：列仙伝・神仙伝　劉向, 葛洪著, 沢田瑞穂訳　平凡社　1993.9　462p　(平凡社ライブラリー)
◇国訳戦国策(宇野哲人訳註)：国訳漢文大成　第3巻　経子史部　第2輯 上　日本図書センター　2000.9　1152p

劉 玉才　リュウ, ギョクサイ*
◇書院教育における伝統学問の伝承(紺野達也訳)：中国古籍流通学の確立―流通する古籍・流通する文化　中国古籍文化研究所編　雄山閣　2007.3　410p　(アジア地域文化学叢書 6)

劉 金才　リュウ, キンサイ*
◇中日の異文化コミュニケーションと相互理解における阻隔(共著)(坂部晶子訳)：相互理解としての日本研究―日中比較による新展開　法政大学国際日本学研究所編　法政大学国際日本学研究センター　2007.3　356p　(21世紀COE国際日本学研究叢書 5)

劉 慶華　リュウ, ケイカ*
◇満族(百田弥栄子訳)：中国少数民族の婚姻と家族　中巻　厳汝嫻主編, 江守五夫監訳, 百田弥栄子, 曽士才, 栗原悟訳　第一書房　1996.12　315p　(Academic series—New Asia 19)

劉 迎勝　リュウ, ゲイショウ*
◇明初中国と中央アジア・西アジア地域との間における外交言語の問題(藤野月子訳)：内陸圏・海域圏交流ネットワークとイスラム　森川哲雄, 佐伯弘次編　櫂歌書房　2006.5　250p

劉 慶柱　リュウ, ケイチュウ*
◇古代中国秦漢時期の帝王陵と陪葬坑の考古学的研究(西谷大翻訳代読, 上野祥史補足説明)：王の墓と奉仕する

人びと―歴博フォーラム　国立歴史民俗博物館編　山川出版社　2004.8　223p

劉 慶龍　リュウ, ケイリュウ*
◇青年の問題―「朝の八時か九時頃の太陽」の軌跡：現代中国の実像―江沢民ブレーン集団が明かす 全27の課題とその解決策　劉吉, 許明, 黄煦青編著, 謝端明, 岡田久典日本語版監修, 中川友訳　ダイヤモンド社　1999.5　687p

劉 源　リュウ, ゲン
◇心は日月のように 他（吉田富夫訳）：消された国家主席劉少奇　王光美, 劉源他著, 吉田富夫, 萩野脩二訳　日本放送出版協会　2002.9　365p

劉 洪涛　リュウ, コウトウ*
◇大学教授の悲哀：世紀末・中国　中国ジャーナリスト集団共著, 郝在今編, 佟岩, 浅野慎一著・訳　東銀座出版社　1997.6　231p

劉 克智　リュウ, コクチ*
◇人口政策：台湾の四十年―国家経済建設のグランドデザイン 下　高希均, 李誠編, 小林幹夫, 塚越敏彦訳　連合出版　1993.3　217p

劉 淑芬　リュウ, シュクフン*
◇『禅苑清規』にみる茶礼と湯礼：中国宗教文献研究　京都大学人文科学研究所編　臨川書店　2007.2　487p

劉 樹泉　リュウ, ジュセン*
◇中日延吉辺境地問題交渉と呉禄貞（共著）：中国人の見た中国・日本関係史―唐代から現代まで　中国東北地区中日関係史研究会編, 鈴木静夫, 高田祥平訳　東方出版　1992.12　504p

劉 述先　リュウ, ジュッセン*
◇地球倫理―儒教的反応：今こそ地球倫理を　ハンス・キューング編, 吉田収訳　世界聖典刊行協会　1997.10　346p　（ぽんブックス 39）

劉 晶輝　リュウ, ショウキ*
◇「満州国」における婦人団体（鈴木晶子訳）：植民地と戦争責任　早川紀代編, 吉川弘文館　2005.2　230p　（戦争・暴力と女性 3）

劉 瀟瀟　リュウ, ショウショウ
◇父と過ごした最後の日々（萩野脩二訳）：消された国家主席劉少奇　王光美, 劉源他著, 吉田富夫, 萩野脩二訳　日本放送出版協会　2002.9　365p

劉 正　リュウ, セイ*
◇金文中の廟制に関する研究の一般的な見解と問題点（平顗可訳）：中国思想における身体・自然・信仰―池田祥伸先生退休記念論集　坂出祥伸先生退休記念論集刊行会編　東方書店　2004.8　25, 690p

劉 達成　リュウ, タッセイ*
◇リス（傈僳）族（栗原悟訳）：中国少数民族の婚姻と家族 上巻　厳汝嫻主編, 江守五夫監訳, 百田弥栄子, 曽士才, 栗原悟訳　第一書房　1996.12　298p　（Academic series―New Asia 18）
◇トールン（独龍）族（曽土才訳）：中国少数民族の婚姻と家族 下巻　厳汝嫻主編, 江守五夫監訳, 百田弥栄子, 曽士才, 栗原悟訳　第一書房　1996.12　335, 11p　（Academic series―New Asia 20）

劉 智　リュウ, チ*　《Liu, Zhi》
◇毛沢東思想が導く労働改造法学：中国の死刑制度と労働改造　鈴木敬夫編訳　成文堂　1994.8　298p　（アジア法叢書 18）

劉 遅　リュウ, チ*
◇中国人民の古い友人―大塚有章氏（共著）：新中国に貢献した日本人たち―友情で綴る戦後史の一コマ　中国中日関係史学会編, 武吉次朗訳　日本僑報社　2003.10　460p

劉 智剛　リュウ, チゴウ*
◇花蘭昭雄氏と第四七軍の日本人たち：新中国に貢献した日本人たち―友情で綴る戦後史の一コマ 続　中国中日関係史学会編, 武吉次朗訳　日本僑報社　2005.11　520p

劉 亭亭　リュウ, テイテイ
◇娘の心の中にいる父 他（萩野脩二訳）：消された国家主席劉少奇　王光美, 劉源他著, 吉田富夫, 萩野脩二訳　日本放送出版協会　2002.9　365p

柳 伝志　リュウ, デンシ*　《Liu, Chuanzhi》
◇人を動かす知恵（共著）：動機づける力　Diamondハーバード・ビジネス・レビュー編集部編訳　ダイヤモンド社　2005.2　243p　（Harvard business review anthology）

劉 天亮　リュウ, テンリョウ*
◇「母親同盟」活躍中：必読！今, 中国が面白い―中国が解る60編　2007年版　而立会訳, 三潴正道監訳　日本僑報社　2007.8　240p

劉 徳強　リュウ, トクキョウ*
◇中国における所得格差と社会不安（劉徳強著・訳）：所得不平等の政治経済学　南亮進, クワン・S.キム, マルコム・ファルカス編, 牧野文夫, 橋野篤, 橋野知子訳　東洋経済新報社　2000.11　278p

劉 徳有　リュウ, トクユウ*
◇横川次郎氏を偲ぶ：新中国に貢献した日本人たち―友情で綴る戦後史の一コマ　中国中日関係史学会編, 武吉次朗訳　日本僑報社　2003.10　460p
◇『人民中国』誌に刻まれた事績―池田亮一氏 他：新中国に貢献した日本人たち―友情で綴る戦後史の一コマ 続　中国中日関係史学会編, 武吉次朗訳　日本僑報社　2005.11　520p

劉 浜雁　リュウ, ヒンガン*
◇至るところに危機をはらむ中国社会：鄧小平後の中国―中国人専門家50人による多角的な分析 下巻　何頻編著, 現代中国事情研究会訳　三交社　1994.12　396p

劉 平平　リュウ, ヘイヘイ
◇勝利の花束をあなたに―父・劉少奇を思う（共著）（萩野脩二訳）：消された国家主席劉少奇　王光美, 劉源他著, 吉田富夫, 萩野脩二訳　日本放送出版協会　2002.9　365p

劉 峰　リュウ, ホウ*　《Liu, Feng》
◇中国における会計基準と会計実践（共著）：アジア太平洋地域の会計　西村明ほか編, 西村明監訳　九州大学出版会　1995.8　285p

劉 宝琦　リュウ, ホウキ*
◇ホジェン（赫哲）族（百田弥栄子訳）：中国少数民族の

693

リュウ

婚姻と家族　中巻　厳汝嫻主編, 江守五夫監訳, 百田弥栄子, 曽士才, 栗原悟訳　第一書房　1996.12　315p　(Academic series—New Asia 19)

リュウ, マルシア
◇カナダにおけるインクルーシヴ教育(嶺井正也訳)：障害, 人権と教育　レン・バートン, フェリシティ・アームストロング編, 嶺井正也監訳　明石書店　2003.5　442p　(明石ライブラリー 51)

リュケ, ゲルハルト
◇訴訟法律関係についての考察(中野貞一郎訳)：判例民事訴訟法の理論—中野貞一郎先生古稀祝賀　下　新堂幸司ほか編　有斐閣　1995.12　658p

リュコプロン
◇リュコプロン(小池澄夫訳)：ソクラテス以前哲学者断片集　第5分冊　内山勝利編　岩波書店　1997.3　255p

リューゼブリンク, ハンス＝ユルゲン
◇批評家と歴史家としての翻訳者(王寺賢太訳)：十八世紀における他者のイメージ—アジアの側から, そしてヨーロッパの側から　中川久定, J.シュローバハ編　河合文化教育研究所　2006.3　370p

リュッケ, ヴォルフガング
◇製造経済(共著)(阪口要訳)：一般経営経済学　第3巻　F.X.ベアほか編著　森山書店　2000.12　228, 4p

リュッケルト, フリードリッヒ
◇いろいろなところへ連れていってもらおうとした男の子(高橋弘子訳)：幼児のためのメルヘン　スーゼ・ケーニッヒ編著, 高橋弘子訳　水声社　1999.9　129p　(シュタイナー教育文庫)

リュトフ, I. S.
◇狙撃師団及び戦車(機械化)軍団の防御戦闘：戦例にみるソ軍団戦術　A.I.ラジェフスキー編　防衛研修所　1979　296p　(参考資料 79ZT-16H)

リュワート, G.
◇子どもとエイズ(八木暁子訳)：ソーシャルワーカーとエイズ　日本ソーシャルワーカー協会エイズ対策委員会訳編　日本ソーシャルワーカー協会　〔1992〕　2冊

呂 凱　リョ, ガイ
◇淮南子と陰陽家(労錦訳)：緯学研究論叢—安居香山博士追悼　中村璋八編　平河出版社　1993.2　417p
◇『白虎通義』の倫理体系(田中智学訳)：東洋学論集—中村璋八博士古稀記念　中村璋八博士古稀記念論集編集委員会編　汲古書院　1996.1　1272, 3p

呂 暁杰　リョ, ギョウケツ*
◇調和のとれた解釈：国内法秩序におけるWTO協定のもう1つの効果(intervention)(下村誠訳)：現代の行政紛争—小高剛先生古稀祝賀　寺田友子ほか編　成文堂　2004.12　573p

呂 光天　リョ, コウテン*
◇エヴェンキ(鄂温克)族(百田弥栄子訳)：中国少数民族の婚姻と家族　中巻　厳汝嫻主編, 江守五夫監訳, 百田弥栄子, 曽士才, 栗原悟訳　第一書房　1996.12　315p　(Academic series—New Asia 19)

呂 順長　リョ, ジュンチョウ*
◇清の視察官, 日本に書を訪ねる：〈意〉の文化と〈情〉の文化—中国における日本研究　王敏編著, 岡部明日香ほか訳　中央公論新社　2004.10　444p　(中公叢書)

呂 小慶　リョ, ショウケイ*
◇歩いた一万五千キロの奇跡—小田切袈裟志氏：新中国に貢献した日本人たち—友情で綴る戦後史の一コマ　続　中国中日関係史学会編, 武吉次朗訳　日本僑報社　2005.11　520p

呂 宗力　リョ, ソウリキ
◇東漢碑刻と讖緯神学(陳錦驊訳)：緯学研究論叢—安居香山博士追悼　中村璋八編　平河出版社　1993.2　417p
◇両晋南北朝より隋に至る図讖を禁絶する歴史の真相(李雲, 中村敵子訳)：東洋学論集—中村璋八博士古稀記念　中村璋八博士古稀記念論集編集委員会編　汲古書院　1996.1　1272, 3p

呂 不韋　リョ, フイ
◇国訳呂子春秋(藤田剣峰訳註)：国訳漢文大成　第3巻　経子史部　第2輯　上　日本図書センター　2000.9　1152p

呂 芳上　リョ, ホウジョウ*
◇個人の選択か, 国家の政策か：近代中国産児調節運動の展開(姚毅訳)：『婦女雑誌』からみる近代中国女性　村田雄二郎編著　研文出版　2005.2　408p

廖 緯軒　リョウ, イケン
◇星ちゃんへの手紙：香港回帰—ジャーナリストが見た'97.7.1　ユエン・チャン, 盧敬華共編, 日野みどり訳　凱風社　1998.6　197p

廖 英敏　リョウ, エイビン*
◇中国における石炭流通の歴史と現状　他：中国における生産財流通—商品と機構　原田忠夫編　アジア経済研究所　1995.3　168p　(ASEAN等現地研究シリーズ No.29)

梁 華仁　リョウ, カジン*　《Liang, Hua Ren》
◇反革命罪とは何か：中国の死刑制度と労働改造　鈴木敬夫編訳　成文堂　1994.8　298p　(アジア法叢書 18)

梁 鴻　リョウ, コウ*
◇上海の社会福祉制度改革(共著)(久保谷政義訳)：アジアの福祉国家政策　白鳥令, デチャ・サングカワン, シュヴェン・E.オルソン＝ホート編　芦書房　2006.5　276p

梁 実秋　リョウ, ジツシュウ*
◇焼鴨：中国人, 「食」を語る　暁白, 暁珊選編, 多田敏宏訳　近代文芸社　2003.12　219p

廖 朝陽　リョウ, チョウヨウ*
◇土地経験と民族空間(松本さち子訳)：記憶する台湾—帝国との相剋　呉密察, 黄英哲, 垂水千恵編　東京大学出版会　2005.5　341, 7p

梁 淼泰　リョウ, ビョウシン*
◇明清時代景徳鎮製瓷業における都昌人について(飯田敦子訳)：佐久間重男先生米寿記念明代史論集　佐久間重男先生米寿記念会編　汲古書院　2002.10　365p

廖 炳恵　リョウ, ヘイケイ*
◇台湾の哈日現象(道上知弘訳)：記憶する台湾—帝国との相剋　呉密察, 黄英哲, 垂水千恵編　東京大学出

版会 2005.5 341, 7p

梁 優彩 リョウ, ユウサイ*
◇PAIRプロジェクトのための中国経済モデル：中国の計量経済学モデル L.R.クライン,市村真一編 創文社 2006.3 343p （ICSEAD研究叢書 4）

リーレー, ロビン
◇インド—体の不自由な冒険家はポニートレッキングを！:車椅子はパスポート—地球旅行の挑戦者たち アリソン・ウォルシュ編、おそどまさこ日本語版責任編集, 森実真弓訳 山と渓谷社 1994.3 687p

林 永頡 リン, エイショウ*
◇わが国における死刑執行停止の方法（共著）：東アジアの死刑廃止論考 鈴木敬夫編訳 成文堂 2007.2 261p （アジア法叢書 26）

林 佳範 リン, カハン*
◇生徒の権利と人権教育（岡田仁子訳）：人権をどう教えるのか—「人権」の共通理解と実践 アジア・太平洋人権情報センター編 現代人文社 2007.6 197p （アジア・太平洋人権レビュー 2007）

林 暁光 リン, ギョウコウ*
◇中国共産党の対日政策の変容：〈意〉の文化と〈情〉の文化—中国における日本研究 王敏編著, 岡部明日香ほか訳 中央公論新社 2004.10 444p （中公叢書）

林 金泉 リン, キンセン*
◇易緯徳運説の歴数について（李黎訳）：緯学研究論叢—安居香山博士追悼 中村璋八編 平河出版社 1993.2 417p

林 慶彰 リン, ケイショウ
◇竹添光鴻『左伝会箋』の経典解釈方法（藤井倫明訳）：日本漢学研究初探 楊儒賓, 張宝三共編 勉誠出版 2002.10 436p

林 後春 リン, コウシュン*
◇農民の問題—あの情熱をもう一度（共著）：現代中国の実像—江沢民ブレーン集団が明かす 全27の課題とその解決策 劉吉, 許明, 黄葦青編著, 謝端明, 岡田久典日本語版監修, 中川友訳 ダイヤモンド社 1999.5 687p

林 悟殊 リン, ゴシュ*
◇漢文マニ教経典と漢文景教経典の巨視的比較：中国宗教文献研究 京都大学人文科学研究所編 臨川書店 2007.2 487p

林 語堂 リン, ゴドウ
◇中國未來の路（酒井忠夫編訳）：20世紀日本のアジア関係重要研究資料 1 東亜研究所刊行物 東亜研究所編著 竜渓書舎 1999.12 16冊（セット）
◇飲食：中国人、「食」を語る 晩白, 晩珊選編, 多田敏宏訳 近代文芸社 2003.12 219p

林 志軍 リン, シグン* 《Lin, Z. Jun》
◇中国における会計基準と会計実践（共著）：アジア太平洋地域の会計 西村明ほか編, 西村明監訳 九州大学出版会 1995.8 285p

林 志弦 リン, シゲン*
◇国民国家の内と外（河かおる訳）：歴史教科書問題 三谷博編 日本図書センター 2007.6 384p （リーディングス日本の教育と社会 第6巻 広田照幸監修）

林 之光 リン, シコウ*
◇南洋華僑教育調査研究（共著）：20世紀日本のアジア関係重要研究資料 1 東亜研究所刊行物 東亜研究所編 復刻版 竜渓書舎 2000.12 17冊（セット）

林 士武 リン, シブ*
◇東北人にいいたい放題（共著）：中国人も愛読する中国人の話 下巻 中華人民共和国民政部中国社会出版社編, 朔方南編訳 はまの出版 1997.5 254p

リン, ジャスティン・イーフー
◇中国の奇跡：開発のための政策一貫性—東アジアの経済発展と先進諸国の役割 経済協力開発機構（OECD）財務省財務総合政策研究所共同研究プロジェクト 河合正弘, 深作喜一郎編著・監訳, マイケル・G.プランマー, アレクサンドラ・トルチアック=デュヴァル編 明石書店 2006.3 650p

林 修撤 リン, シュウテツ*
◇台湾原住民族研究の新趨勢（呂青華訳）：台湾原住民研究—日本と台湾における回顧と展望 台湾原住民研究シンポジウム実行委員会編 風響社 2006.1 222p （台湾原住民研究「別冊」 2）

林 少華 リン, ショウカ*
◇ひろがる「村上春樹現象」：〈意〉の文化と〈情〉の文化—中国における日本研究 王敏編著, 岡部明日香ほか訳 中央公論新社 2004.10 444p （中公叢書）

林 昭武 リン, ショウブ*
◇現代化、苦難の新しい道—一八四〇—一八九五（共著）：台湾の歴史—日台交渉の三百年 殷允芃編, 丸山勝訳 藤原書店 1996.12 436p

リン, ジョージ
◇タオの視点—リーダーシップを磨く5原則：米先進企業CIOが明かすIT経営を成功させる17の「法則」 ディーン・レーン編, 飯田雅美, 高野恵里訳, 日経情報ストラテジー監訳 日経BP社 2005.7 431p

リン, ジョン・A.
◇17世紀フランスに見る西洋軍隊の構築：軍事革命とRMAの戦略史—軍事革命の史的変遷1300〜2050年 マクレガー・ノックス, ウィリアムソン・マーレー編著, 今村伸哉訳 芙蓉書房出版 2004.6 318p

林 仁棟 リン, ジントウ 《Ling, Ren Dong》
◇人権の理論と実践：中国の人権論と相対主義 鈴木敬夫編訳 成文堂 1997.10 314p （アジア法叢書 22）

林 仙庭 リン, センテイ*
◇徐福東渡の動機とその時代的背景（共著）：不老を夢みた徐福と始皇帝—中国の徐福研究最前線 池上正治編訳 勉誠社 1997.7 195, 3p

林 中斌 リン, チュウヒン*
◇権力の支柱—解放軍の二重の役割：鄧小平後の中国—中国人専門家50人による多角的な分析 下巻 何頻編著, 現代中国事情研究会訳 三交社 1994.12 396p

林 伯渠 リン, ハクキョ
◇統一戦線の路線を把握せよ：20世紀日本のアジア関係重要研究資料 1 東亜研究所刊行物 東亜研究所編著 竜渓書舎 1999.12 16冊（セット）

リン

林 満紅　リン, マンコウ*
◇台湾学者の近代華商歴史論(崔蘭英訳)：東アジア近代経済の形成と発展　中村哲編著　日本評論社　2005.3　288p　(東アジア資本主義形成史 1)
◇大東亜共栄圏(青木敦子訳)：1930年代の東アジア経済　中村哲編著　日本評論社　2006.2　191p　(東アジア資本主義形成史 2)
◇清末における国産アヘンによる輸入アヘンの代替(1805-1906)(木越義則訳)：近代東アジア経済の史的構造　中村哲編著　日本評論社　2007.3　398p　(東アジア資本主義形成史 3)

林 耀華　リン, ヨウカ*
◇人類学の観点から考察する中国宗族郷村(西沢治彦訳)：中国文化人類学リーディングス　瀬川昌久, 西沢治彦編訳　風響社　2006.12　354p

林 連徳　リン, レントク*
◇豚飼い出身の商社社長─砂原恵氏：新中国に貢献した日本人たち─友情で綴る戦後史の一コマ　中国中日関係史学会編, 武吉次朗訳　日本僑報社　2003.10　460p

リンカー, ロンダ・ラインバーグ
◇GIM(音楽による心象誘導)：傷ついた癒し手：音楽療法ケーススタディ 下　成人に関する25の事例　ケネス・E.ブルシア編, よしだじゅんこ, 酒井智華訳　音楽之友社　2004.4　393p

リンカーン, エドワード・J.
◇日本は金融崩壊へと突き進むか：このままでは日本経済は崩壊する　フォーリン・アフェアーズ・ジャパン編・監訳, 竹下興喜監訳　朝日新聞社　2003.2　282, 11p　(朝日文庫─フォーリン・アフェアーズ・コレクション)

リンクレイター, アンドリュー
◇ヘーゲル, 国家, 国際関係(面一也訳)：国際関係思想史─論争の座標軸　イアン・クラーク, アイヴァー・B.ノイマン編, 押村高, 飯島昇蔵訳者代表　新評論　2003.4　338p
◇必要のない苦しみ：衝突を超えて─9・11後の世界秩序　K.ブース, T.ダン編, 寺島隆吉監訳, 塚田幸三, 寺島美紀子訳　日本経済評論社　2003.5　469p
◇国際関係論の次段階の問題：国際関係リーディングズ　猪口孝編, 幸野良夫訳　東洋書林　2004.11　467p

リンゼイ, アンドリュー
◇アシジの聖フランチェスコ(共著)：環境の思想家たち 上(古代─近代編)　ジョイ・A.パルマー編, 須藤自由児訳　みすず書房　2004.9　309p　(エコロジーの思想)
◇アルバート・シュヴァイツァー(共著)：環境の思想家たち 下(現代編)　ジョイ・A.パルマー編, 須藤自由児訳　みすず書房　2004.11　320p　(エコロジーの思想)

リンチ, ケビン
◇ローカル・レベルでの組織化の成功(共著)：新世紀の労働運動─アメリカの実験　グレゴリー・マンツィオス編, 戸塚秀夫監訳　緑風出版　2001.12　360p　(国際労働問題叢書 2)

リンチ, ジョン
◇ユダヤ人追放後のスペイン：スペインのユダヤ人─1492年の追放とその後　エリー・ケドゥリー編, 関哲行, 立石博高, 宮前安子訳　平凡社　1995.12　285p

リンチ, ナンシー
◇ノーマン・メイラー(山形浩生訳)：インタヴューズ 2　クリストファー・シルヴェスター編, 新庄哲夫ほか訳　文芸春秋　1998.11　451p

リンツ, ヨハンナ
◇チュング・ヒュン・キュングの講演の注釈：聖霊は女性ではないのか─フェミニスト神学試論　E.モルトマン＝ヴェンデル編, 内藤道雄訳　新教出版社　1996.11　281p　(21世紀キリスト教叢書 11)

リンデン, ユージン
◇途上国の巨大都市は爆発寸前：新脅威時代の「安全保障」─『フォーリン・アフェアーズ』アンソロジー　ジョゼフ・S.ナイほか著, 竹下興喜監訳　中央公論社　1996.9　255p

リンドクヴィスト, マルガレータ
◇世帯と住居(共著)：スウェーデンの住環境計画　スヴェン・ティーベイ編著, 外山義訳　鹿島出版会　1996.2　292p

リンドベルグ, ソルヴェーグ
◇フィンランドにおける開発教育の二つのアプローチ(共著)(吉野あかね訳)：世界の開発教育─教師のためのグローバル・カリキュラム　オードリー・オスラー監訳, 中里亜夫監訳, 中野和光, 吉野あかね, 川上具実訳　明石書店　2002.8　498p

リンハート, ゴドフリー
◇アフリカの自己表現─公的な自己と私的な自己(中村牧子訳)：人というカテゴリー　マイクル・カリザス, スティーヴン・コリンズ, スティーヴン・ルークス編, 厚東洋輔, 中島道男, 中村牧子訳　紀伊国屋書店　1995.7　550p　(文化人類学叢書)

リンリン
◇失われた夢：女たちのビルマ─軍事政権下を生きる女たちの声　藤ларゆき監修, タナッカーの会編, 富田あかり訳　明石書店　2007.12　446p　(アジア現代女性史 4)

【ル】

ル, ティ・ナム・トゥイェ
◇変革期におけるベトナムの女性と家族(共著)：アジアの経済発展と家族及びジェンダー　篠崎正美監訳・著, アジア女性交流・研究フォーラム編　改訂版　アジア女性交流・研究フォーラム　2000.3　203p

ルー, マルティン・ドゥ
◇宣教師：異教的中世　ルドー・J.R.ミリス編著, 武内信一訳　新評論　2002.3　352p

ルアセス, ホアキン・ジャルサ
◇ファクンドゥス写本『ベアトゥス黙示録註解』挿絵(安發和彰訳)：ベアトゥス黙示録註解─ファクンドゥス写本　J.ゴンザレス・エチュガライほか解説, 大高保二郎, 安發和彰訳　岩波書店　1998.9　223p

ルアル, イヴリン
◇入館者を二つの視点から：フランスの博物館と図書館　M.ブラン＝モンマイユール他著, 松本栄寿, 小浜清子訳　玉川大学出版部　2003.6　198p

ルイ、マリー・ビクトワール
◇フランスの職場におけるセクシャル・ハラスメント：世界の女性と暴力　ミランダ・デービス編、鈴木研一訳　明石書店　1998.4　472p　(明石ライブラリー　4)

ルーイス、A．
◇中世フランス南部における封建制と諸侯領：堵浩著作集—西洋法史研究　5　フランス中世領主領序論　堵浩訳・著　信山社出版　1992.9　645p

ルイス、アレクサンドラ
◇意思決定への市民参加(清水隆則訳)：コミュニティケアを超えて—ノーマリゼーションと統合の実践　シュラミット・レイモン編、中園康夫ほか訳　雄山閣出版　1995.10　228p

ルイス、アンディ
◇社員の不満を意欲に変える摩擦回避の新手法(共著)：ピープルマネジメント—21世紀の戦略的人材活用コンセプト　Financial Times編、日経情報ストラテジー監訳　日経BP社　2002.3　271p　(日経情報ストラテジー別冊)

ルイス、カルメン・ベアトリス
◇ボリビア(共著)：女性が語る第三世界の素顔—環境・開発レポート　アニータ・アナンド編、WFS日本事務局訳　明石書店　1994.6　317p

ルイス、ジャクリーン
◇法律、道徳、セックス・ワーク：セックス・フォー・セール—売春・ポルノ・法規制・支援団体のフィールドワーク　ロナルド・ワイツァー編、岸田美貴訳、松沢呉一監修　ポット出版　2004.8　438p

ルイス、ジョン
◇特別教育は、障害のある子どもたちの未来を照らすヘッドライトとなり得るか(滝沢亜紀訳)：障害、人権と教育　レン・バートン、フェリシティ・アームストロング編、嶺井正也監訳　明石書店　2003.5　442p　(明石ライブラリー 51)

ルイス、ダグラス
◇十六世紀建築のパトロンとしてのヴェネツィア貴族(成沢和子訳)：ルネサンスのパトロン制度　ガイ・フィッチ・ライトル、スティーヴン・オーゲル編著、有路雍子、成沢和子、舟木茂子訳　松柏社　2000.7　570p

ルイス、デイヴィッド
◇絵本はなぜ多様で自由な形態をしているのか(谷本誠剛訳)：子どもはどのように絵本を読むのか　ヴィクター・ワトソン、モラグ・スタイルズ編、谷本誠剛監訳　柏書房　2002.11　382p　(シリーズ〈子どもと本〉 3)

ルイス、デイヴィッド・C．
◇祭場における近代工場(木村登次、奥山倫明訳)：異文化から見た日本宗教の世界　ポール・L.スワンソン、林淳編　法藏館　2000.9　302p　(叢書・現代世界と宗教 2)

ルイス、ドロシア
◇ジャーニー—冒険によるナラティヴ・アプローチ(共著)(小森康永、平井麻里訳)：ナラティヴ・セラピーの実践　シェリル・ホワイト、デイヴィッド・デンボロウ編、小森康永監訳　金剛出版　2000.2　275p

ルイス、バリー
◇文学とポストモダニズム：ポストモダニズムとは何か　スチュアート・シム編、杉野健太郎ほか訳　松柏社　2002.6　303p　(松柏社叢書—言語科学の冒険 22)

ルイス、マイケル
◇ビート・ロゼール：TIMEが選ぶ20世紀の100人　下巻　アーチスト・エンターテイナー・ヒーロー・偶像・巨頭　徳岡孝夫訳　アルク　1999.11　318p

ルイス、リンダ・K．
◇ジュリア・ブラウン・アスプランド(1875-1958)とニューメキシコ図書館サービス：アメリカ図書館史に女性を書きこむ　スザンヌ・ヒルデンブランド編著、田口瑛子訳　京都大学図書館情報学研究会　2002.7　367p

ルウエ、ニコラ
◇言語学と人間の科学：構造主義とは何か—そのイデオロギーと方法　J.=M.ドムナック編、伊東守男、谷亀利一訳　平凡社　2004.8　358p　(平凡社ライブラリー)

ルヴェル、J．
◇男性・女性(志賀亮一訳)：女性史は可能か　ミシェル・ペロー編、杉村和子、志賀亮一監訳　新版　藤原書店　2001.4　432p

ルヴェル、ジュディト
◇国家に抗する社会：新世界秩序批判—帝国とマルチチュードをめぐる対話　トマス・アトゥツェルト、ヨスト・ミュラー編、島村賢一訳　以文社　2005.10　187p

ルエット、J.-F．
◇サルトルの遺産(柴崎秀穂訳)：サルトル—1905-80　他者・言葉・全体性　藤原書店　2005.10　303p　(別冊『環』 11)

ルカ、フランシスコ
◇マンデルと歴史の鼓動(岡用光司訳)：エルネスト・マンデル—世界資本主義と二十世紀社会主義　ジルベール・アシュカル編、岡用光司ほか訳　柘植書房新社　2000.4　372p

ルカス、キャロライン
◇USA—ワシントン、ニューヨーク、ボストン車椅子の旅：車椅子はパスポート—地球旅行の挑戦者たち　アリソン・ウォルシュ編、おそどまさこ日本語版責任編集、森実真弓訳　山と渓谷社　1994.3　687p

ルーカス、ジョン
◇場所と住みか(広重友子訳)：風景の図像学　D.コスグローブ、S.ダニエルズ共編、千田稔、内田忠賢訳　地人書房　2001.3　460p

ルグラン、ジャック
◇社会システムと価値システム：文化の多様性と通底の価値—聖俗の拮抗をめぐる東西対話　服部英二監修　麗澤大学出版会　2007.11　305, 11p

ルグラン、モニク
◇高齢者のボランティア活動とそのパワー(斉藤悦則訳)：高齢社会と生活の質—フランスと日本の比較から　佐々木交賢、ピエール・アンサール編　専修大学出版局　2003.10　219p

ルグラン, ルイ
◇現代フランスの学校における価値教育の問題(井上星児訳):世界の道徳教育 J.ウィルソン監訳, 押谷由夫, 伴恒信編訳 玉川大学出版部 2002.4 212p

ルクール, エディット
◇オフ・ビートの音楽療法:自閉症児への精神分析的アプローチ:音楽療法ケーススタディ 上 児童・青年に関する17の事例 ケネス・E.ブルシア編, 酒井智華ほか訳 音楽之友社 2004.2 285p

ルクレール, イブリン
◇フランス:「日本モデル」に対するグローバル化の挑戦(中岡俊介訳):グローバル・レビュー 有斐閣 2006.3 276p (現代日本企業 3 工藤章, 橘川武郎, グレン・D.フック編)

ルグロ, ロベール
◇ニーチェにおける生の形而上学:反ニーチェ―なぜわれわれはニーチェ主義者ではないのか リュック・フェリー, アラン・ルノーほか著, 遠藤文彦訳 法政大学出版局 1995.12 336, 6p (叢書・ウニベルシタス)

ルコヤノフ, イーゴリ・B.
◇ベゾブラーゾフ一派(宮崎千穂訳):日露戦争研究の新視点 日露戦争研究会編 成文社 2005.5 541p

ル・シュミナント
◇ソ連軍事教義―起り得そうな1つの戦争の型:ブラッセイ軍事年鑑 1959年版抄訳 防衛研修所 1960 88p (研修資料 第234号)

ルス, V.
◇企業の権力構造 他(村上綱実訳):参加的組織の機能と構造―ユーゴスラヴィア自主管理企業の理論と実践 J.オブラドヴッチ, W.N.ダン編著, 笠原清志監訳 時潮社 1991.4 574p

ルース, ジュリアン
◇北社夫『幽霊』『楡家の人々』(小野寺健訳):ロンドンで本を読む 丸谷才一編著 マガジンハウス 2001.6 337, 8p

ルース, メアリー・フランセス
◇意思決定のトレードオフにおける感情的性質(共著):ウォートンスクールの意思決定論 ステファン・J.ホッチ, ハワード・C.クンリューサー編, 小林陽太郎監訳, 黒田康史, 大塔達也訳 東洋経済新報社 2006.8 374p (Best solution)

ルース=スミット, クリスチャン
◇批判的国際関係論と構成主義は危険な関係か(共著):国際関係リーディングズ 猪口孝編, 幸野良夫訳 東洋書林 2004.11 467p

ルースブルーク, ヤン・ファン
◇霊的婚姻・「燦めく石」あるいは「指環」について(柴田健策訳):中世思想原典集成 17 中世末期の神秘思想 上智大学中世思想研究所編訳・監修 平凡社 1992.2 677p
◇霊的婚姻:キリスト教神秘主義著作集 9 ゾイゼとリュースブルク 植田兼義訳 教文館 1995.1 444, 6p

ルスマイヤー, ディートリヒ
◇ラインハルト・ベンディクス比較社会学における理論的一般化と歴史的個別性:歴史社会学の構想と戦略 T.スコチポル編著, 小田中直樹訳 木鐸社 1995.4 449p

ルソー, ドミニク
◇第5共和制における憲法学の諸変化(阿部智洋, 佐々木くみ訳):公共空間における裁判権―フランスのまなざし 日仏公法セミナー編 有信堂高文社 2007.2 313p
◇1999年7月8日憲法改正(阿部智洋訳):政治参画とジェンダー 川人貞史, 山元一編 東北大学出版会 2007.3 393p (ジェンダー法・政策研究叢書 東北大学21世紀COEプログラム 第8巻 辻村みよ子監修)

ルツ, ザームエル
◇フルドリヒ・ツヴィングリ:宗教改革期の牧会者たち 1 日本基督教団出版局 2001.8 288p (魂への配慮の歴史 第5巻 C.メラー編, 加藤常昭訳)

ルッカー, マーガレット
◇職場における被服と勢力(小林恵子, 井上和子訳):外見とパワー キム・K.P.ジョンソン, シャロン・J.レノン編著, 高木修, 神山進, 井上和子監訳 北大路書房 2004.7 257p

ルッソ, ルイージ
◇政治教育者としてのデ・サンクティス(上村忠男訳):国民革命幻想―デ・サンクティスからグラムシへ 上村忠男編訳 未来社 2000.6 166p (転換期を読む 5)

ルッツェンベルガー, ホセ・A.
◇NGOのインパクト:ゼロ・エミッション―持続可能な産業システムへの挑戦 フリッチョフ・カプラ, グンター・パウリ編著 ダイヤモンド社 1996.3 240p

ルッド, ナンシー・アン
◇女性たちの外見管理と社会的勢力(共著)(神山進訳):外見とパワー キム・K.P.ジョンソン, シャロン・J.レノン編著, 高木修, 神山進, 井上和子監訳 北大路書房 2004.7 257p

ルットワク, エドワード
◇日米関係は, 独仏関係をモデルとせよ:アメリカの対日依存が始まる―日米関係の真実 J.E.カーボー, Jr., 加瀬英明編・監訳 光文社 1992.12 184p (カッパ・ブックス)

ルティック, キャロル・ビッティッヒ
◇パラナ川―ラプラタ川:グレートリバー―地球に生きる・地球と生きる National Geographic Society編, 田村協子訳 同朋舎出版 1993.7 448p

ルデュック, ミッシェル
◇大学評価委員会による評価―ルアーブル大学の経験:高等教育における評価と意思決定過程―フランス, スペイン, ドイツの経験 OECD編, 服部憲児訳 広島大学大学教育研究センター 1997.2 151p (高等教育研究叢書 43)

ルテンダー, ジェラルド・K.
◇癒しの社会に向かって―日本の特殊教育からの見地(共著):世界のインクルーシブ教育―多様性を認め, 排除しない教育を ハリー・ダニエルズ, フィリップ・ガーナー編著, 中村満紀男, 窪田真二監訳 明石書店 2006.3 540p (明石ライブラリー 92)

ルートヴィヒ, エミール
◇ベニト・ムッソリーニ 他（山形浩生訳）：インタヴューズ 1 クリストファー・シルヴェスター編，新庄哲夫ほか訳 文芸春秋 1998.11 462p

ルートラ, ジャン＝ルイ
◇ドゥルーズ，シネマ，そして歴史（広瀬純訳）：ドゥルーズ，映画を思考する ロベルト・デ・ガエターノ編，広瀬純，増田靖彦訳 勁草書房 2000.12 403p

ルドルフ（ビベラハの）
◇永遠性に至る七つの道について（和田義浩訳）：中世思想原典集成 16 ドイツ神秘思想 上智大学中世思想研究所編訳・監修 平凡社 2001.4 977p

ルドルフス（ザクセンの）
◇キリストの生涯（佐藤直子訳）：中世思想原典集成 16 ドイツ神秘思想 上智大学中世思想研究所編訳・監修 平凡社 2001.4 977p

ルヌー, ティエリ・S.
◇フランスと日本における裁判官の独立性と責任（大津浩訳）：公共空間における裁判権―フランスのまなざし 日仏公法セミナー編 有信堂高文社 2007.2 313p

ルヌー, ティリー
◇法整備支援・協力とヨーロッパ連合（建石真公子通訳）：名古屋大学アジア法整備支援研究会報告集 名古屋大学法政国際教育協力研究センター，名古屋大学大学院法学研究科，文部科学省科学研究費補助金「アジア法整備支援」プロジェクト編 名古屋大学法政国際教育協力研究センター 2005.3 128p

ルノーデー, オーギュスタン
◇マキァヴェッリ（平川祐弘訳）：マキァヴェッリ全集 補巻 筑摩書房 2002.3 239, 89p

ルーバー, スティーヴン
◇記憶の展示：スミソニアンは何を展示してきたか A.ヘンダーソン，A.L.ケプラー編，松本栄寿，小浜清子訳 玉川大学出版部 2003.5 309p

ルーバハ, ゲアハルト
◇トマス・ア・ケンピス：中世の牧会者たち 日本基督教団出版局 2001.6 266p（魂への配慮の歴史 第4巻 C.メラー編，加藤常昭訳）
◇ヨーハン・アルント：正統派，敬虔派，啓蒙派の時代の牧会者たち 1 日本キリスト教団出版局 2002.6 284p（魂への配慮の歴史 第7巻 C.メラー編，加藤常昭訳）

ルビアン, ブランシュ
◇岐路に立つフランスの依存高齢者向け政策（共著）（三橋利光訳）：共生社会への挑戦―日仏社会の比較 佐々木交賢，樋口晟子編 恒星社厚生閣 2005.3 146, 3p（日仏社会学叢書 第5巻）

ルービン, イ・イ
◇『マルクス価値論概説』（第2版，1924年）第12章・第14章：ルービンと批判者たち―原典資料20年代ソ連の価値論論争 竹永進編訳 情況出版 1997.12 250p

ルービン, バリー
◇宗教と国際問題：宗教と国家―国際政治の盲点 ダグラス・ジョンストン，シンシア・サンプソン編著，橋本光平，畠山圭一監訳 PHP研究所 1997.9 618, 16p

ルービン, ミリ
◇いま文化史とは何か（岩井淳訳）：いま歴史とは何か D.キャナダイン編著，平田雅博，岩井淳，菅原秀二，細川道久訳 ミネルヴァ書房 2005.5 267, 14p（Minerva歴史・文化ライブラリー 5）

ルービンゾーン, W. Z.
◇ミトリダテス6世エウパトル＝ディオニュソス（田村孝訳）：躍動する古代ローマ世界―支配と解放運動をめぐって 土井正興先生追悼論文集 倉橋良伸ほか編 理想社 2002.6 409p

ループ, ゲイリー・P.
◇一五四三年から一八六八年に日本における異人種間関係について（庄山則子訳）：ジェンダーの日本史 上 宗教と民俗 身体と性愛 脇田晴子，S.B.ハンレー編 東京大学出版会 1994.11 670p

ルフェーブル, クレア
◇「きのう」までのすべて：もっとすてきな今日を探して：音楽療法ケーススタディ 上 児童・青年に関する17の事例 ケネス・E.ブルシア編，酒井智華ほか訳 音楽之友社 2004.2 285p

ルフォール, J.
◇E.ベンサ『中世における保険契約の研究』仏訳の紹介文：塙浩著作集―西洋法史研究 20 ヨーロッパ私法史 塙浩訳著 信山社出版 2004.10 603p

ルフォール, クロード
◇方向感覚（伊藤泰雄訳）：フッサール『幾何学の起源』講義 モーリス・メルロ＝ポンティ著，加賀野井秀一，伊藤泰雄，本郷均訳 法政大学出版局 2005.3 571, 9p（叢書・ウニベルシタス 815）

ルプス（フェリエールの）
◇書簡集：中世思想原典集成 6 カロリング・ルネサンス 上智大学中世思想研究所編訳・監修 平凡社 1992.6 765p

ルブライト, リン
◇アザラシの皮の娘：話はめぐる―聞き手から語り手へ 子どもと大人のためのストーリーテリング ナショナル・ストーリーテリング保育成協会編，佐藤涼子訳 リブリオ出版 1999.11 166p

ルベリゥ, アントワーヌ
◇コンヴァンシオン経済学 他（共著）（海老塚明訳）：コンヴァンシオン理論の射程―政治経済学の復権 フィリップ・バティフリエ編，海老塚明，須田文明監訳 昭和堂 2006.11 419p

ルペルティエ
◇国民教育案：フランス革命期の公教育論 コンドルセ他著，阪上孝編訳 岩波書店 2002.1 460, 9p（岩波文庫）

ルボー, ジョセフィン
◇ローカル・レベルでの組織化の成功（共著）：新世紀の労働運動―アメリカの実験 グレゴリー・マンツィオス編，戸塚秀夫監訳 緑風出版 2001.12 360p（国際労働問題叢書 2）

ルボウ, リチャード・ネッド
◇社会科学と歴史学（宮下明聡訳）：国際関係研究へのアプローチ―歴史学と政治学の対話 コリン・エルマン，ミリアム・フェンディアス・エルマン編，渡辺昭夫監訳，宮下明聡，野口和彦，戸谷美苗，田中康友訳

東京大学出版会　2003.11　379p

ルボルド, キャロル
◇学習の橋渡し(共著)：アメリカの学生と海外留学　B.B.バーン編, 井上雍雄訳　玉川大学出版部　1998.8　198p

ルーマン, ティモシー・A.
◇リアル・オプションによる戦略評価：戦略と経営　ジョーン・マグレッタ編, Diamondハーバード・ビジネス・レビュー編集部訳　ダイヤモンド社　2001.7　405p

ルミエール, セベリン
◇フランスのケース(共著)：ジェンダー主流化と雇用戦略―ヨーロッパ諸国の事例　ユテ・ベーニング, アンパロ・セラーノ・パスキュアル編, 高木郁朗, 麻生裕子編　明石書店　2003.11　281p

ルーメル, ユーリイ・B.
◇ランダウをめぐる若干の回想：物理学者ランダウ―スターリン体制への叛逆　佐々木力, 山本義隆, 桑野隆編訳　みすず書房　2004.12　331, 4p

ルンクイスト, アーリーン
◇フィル：成人の失読症を認識する：障害のある学生を支える―教員の体験談を通じて教育機関の役割を探る　ボニー・M.ホッジ, ジェニー・プレストン - サビン, 太田晴康監訳, 三沢かがり訳　文理閣　2006.12　228p

ルンデ, ヨッヘン
◇ケインズの方法論―一般理論―第二版―もしケインズが今日生きていたら　G.C.ハーコート, P.A.リーアック編, 小山庄三訳　多賀出版　2005.6　922p

ルンディン, アン
◇アン・キャロル・ムーア(1871-1961)：アメリカ図書館史に女性を書きこむ　スザンヌ・ヒルデンブランド編, 田口瑛子訳　京都大学図書館情報学研究会　2002.7　367p

ルンド, フランシー
◇南アフリカ：急かされた転換(三宅洋一訳)：社会政策の国際的展開―先進諸国における福祉レジーム　ピート・アルコック, ゲイリー・クレイグ編, 埋橋孝文ほか共訳　晃洋書房　2003.5　328p

ルンプ, エネ
◇子どもは人間の父である(中山陽介訳)：子どものための教育―徹底的学校改革者同盟教育研究大会(1932年)報告『子どもの苦難と教育』より　船尾日出志監修, 久野弘幸編訳　学文社　2004.3　254, 4p

【レ】

レアマウント, サイモン
◇国際的な機関投資家と英国のコーポレート・ガバナンス(上田亮子訳)：コーポレート・ガバナンス―英国の企業改革　日本コーポレート・ガバナンス・フォーラム編　商事法務研究会　2001.3　435p

レアリィ, エリック
◇オーストリア―あこがれのコンコルドとオリエント急行の旅：車椅子はパスポート―地球旅行の挑戦者たち　アリソン・ウォルシュ編, おそどまさこ日本語版

責任編集, 森実真弓訳　山と渓谷社　1994.3　687p

レアール, ブリジット
◇パブロ・ピカソとプリモ・コンティ―「彼もまた怪物だ！」(塚本昌則訳)：図説天才の子供時代―歴史のなかの神童たち　E.ル・ロワ・ラデュリー, ミシェル・サカン編, 二宮敬監訳　新曜社　1998.1　446p

黎 安友　レイ, アンユウ*
◇現行憲法の基礎の上に民主の発展を：鄧小平後の中国―中国人専門家50人による多角的な分析　上巻　何頻編著, 現代中国事情研究会訳　三交社　1994.12　386p

黎 光　レイ, コウ*
◇張作霖と日本(共著)：中国人の見た中国・日本関係史―唐代から現代まで　中国東北地区中日関係史研究会編, 鈴木静夫, 高田祥平編訳　東方出版　1992.12　450p

レイ, デビッド
◇401(k)の九つの利点：アメリカ年金事情―エリサ法(従業員退職所得保障法)制定20年後の真実　ダラス・L.ソールズベリー編, 鈴木旭監修, 大川洋三訳　新水社　2002.10　195p

黎 佩芬　レイ, ハイフン
◇ウエルカム・トゥ・チャイナ：香港回帰―ジャーナリストが見た'97.7.1　ユエン・チャン, 盧敬華共編, 日野みどり訳　凱風社　1998.6　197p

レイ, フランクリン
◇韓国における未完の事業(国枝マリ訳)：韓国の戦後教育改革　阿部洋編著　竜渓書舎　2004.11　391p

冷 林　レイ, リン*
◇芸術の問題―道はいずこに：現代中国の実像―江沢民ブレーン集団が明かす 全27の課題とその解決策　劉吉, 許明, 黄篤青編著, 謝端明, 岡田久典日本語版監修, 中川友訳　ダイヤモンド社　1999.5　687p

レイヴ, エリザベス
◇ポルノグラフィ：女性の均一化：フェミニスト心理療法ハンドブック―女性臨床心理の理論と実践　L.B.ローズウォーター, L.E.A.ウォーカー編著, 河野貴代美, 井上摩耶子訳　ヒューマン・リーグ　1994.12　317p

レイキー, B.
◇ソーシャル・サポートと心理的障害：社会心理学からの洞察(共著)(福岡欣治訳)：臨床社会心理学の進歩―実りあるインターフェイスをめざして　R.M.コワルスキ, M.R.リアリー編著, 安藤清志, 丹野義彦監訳　北大路書房　2001.10　465p

レイク, キャサリン
◇予算の非ジェンダー化―英国の事例研究：グローバル化とジェンダー―「女の視点」「男の視点」を超えた政策を求めて　「アジア・欧州対話：ジェンダーをめぐる課題」木更津会議(2001年)　デルフィン・コロメ, 目黒依子, 山本正編　日本国際交流センター　2002.5　198p

レイコフ, トッド・D.
◇附合契約―再構成の試み(曽野裕夫訳)：現代アメリカ契約法　ロバート・A.ヒルマン, 笠井修編著　弘文堂　2000.10　400p

レイザー, コンラッド
◇地球秩序と地球倫理：今こそ地球倫理を　ハンス・キューング編, 吉田収訳　世界聖典刊行協会　1997.10　346p　（ぽんブックス 39）

レイジン, チャールズ
◇イマニュエル・ウォーラーステインの世界システム（共著）：歴史社会学の構想と戦略　T.スコチポル編著, 小田中直樹ほか訳　木鐸社　1995.4　449p

レイド, T. R.
◇日米関係は, かなり健全だ：アメリカの対日依存が始まる—日米関係の真実　J.E.カーボー, Jr., 加瀬英明編・監訳　光文社　1992.12　184p　（カッパ・ブックス）

レイド, ケン
◇いじめと長期不登校：いじめの発見と対策—イギリスの実践に学ぶ　デルウィン・P.タツム, デヴィド・A.レーン編, 影山任佐, 斎藤憲司訳　日本評論社　1996.10　236p

レイド, デニス・H.
◇問題行動を改善するために—治療効果の般化と維持（共著）：自閉症, 発達障害者の社会参加をめざして—応用行動分析学からのアプローチ　R.ホーナー他著, 小林重雄, 加藤哲文監訳　二瓶社　1992.12　299p　（叢書・現代の心理学 3）

レイトン, ベティ
◇中国—予備の義足をバッグに, 中国大陸五〇〇〇キロの旅：車椅子はパスポート—地球旅行の挑戦者たち　アリソン・ウォルシュ編, おそどまさこ日本語版責任編集, 森charset真弓訳　山と渓谷社　1994.3　687p

レイニー, トム
◇不公平に黙っていられない人が好き：子供たちへの手紙—あなたにこれだけは伝えたい　エリカ・グッド編, 中埜有理訳　三田出版会　1997.7　371p

レイニウス, カーリン・リドマール
◇家から独立する若者：スウェーデンの住環境計画　スヴェン・ティーベイ編著, 外山義訳　鹿島出版会　1996.2　292p

レイノルズ, キャサリン・J.
◇個人の心象から世界の集合的道具へ—共有されたステレオタイプによって集団はどのように社会的現実を表象し変化させるか（共著）：ステレオタイプとは何か—「固定観念」から「世界を理解する"説明力"」へ　クレイグ・マクガーティ, ビンセント・Y.イゼルビット, ラッセル・スピアーズ編著, 国広陽子監修, 有馬明恵, 山下玲子監訳　明石書店　2007.2　296p

レイノルズ, ダグラス・R.
◇辛亥革命前後の孫文とキリスト教（中村哲夫訳）：辛亥革命の多元構造—辛亥革命90周年国際学術討論会（神戸）　孫文研究会編　汲古書院　2003.12　442p（孫中山記念会研究叢書 4）

レイヒー, ライザ・ラスコウ
◇自己変革の心理学（共著）：リーダーシップに「心理学」を生かす　Diamondハーバード・ビジネス・レビュー編集部訳編　ダイヤモンド社　2005.9　294p（Harvard business review anthology）

レイブ, ジョン
◇麻薬ペテヨの効用：北米インディアン生活誌　C.ハミルトン編, 和162;耿介訳　社会評論社　1993.11　408p

レイプハルト, アレン
◇大統領制と多数代表制民主主義：大統領制民主主義の失敗 理論編　その比較研究　J.リンス, A.バレンズエラ編, 中道寿一訳　南窓社　2003.11　220p

レイランド, ケヴィン
◇ミームの進化（共著）（坪井りん訳）：ダーウィン文化論—科学としてのミーム　ロバート・アンジェ編, ダニエル・デネット序文, 佐倉統, 巌谷薫, 鈴木崇史, 坪井りん訳　産業図書　2004.9　277p

レインウェーバー, デビッド・J.
◇グローバル・スタイル・ローテーション運用（共著）（太田洋子訳）：資産運用新時代の株式投資スタイル—投資家とファンドマネジャーを結ぶ投資哲学　T.ダニエル・コギン, フランク・J.ファボツィ編　野村総合研究所　1996.3　329p
◇投資スタイルのアクティブ運用への応用 他（共著）（諏訪部貴嗣訳）：株式投資スタイル—投資家とファンドマネージャーを結ぶ投資哲学　T.ダニエル・コギン, フランク・J.ファボツィ, ロバート・D.アーノット編, 野村証券金融研究所訳　増補改訂版　野村総合研究所情報リソース部　1998.3　450p

レヴァイン, アンドリュー
◇効率性の政治学：平等主義の政治経済学—市場・国家・コミュニティのための新たなルール　サミュエル・ボールズ, ハーバート・ギンタス他著, エリック・オリン・ライト編, 遠山弘徳訳　大村書店　2002.7　327, 20p

レヴィ, M. J., Jr.
◇家族—比較考察（共著）（杉本良男訳）：家族と親族　村武精一編, 小川正恭ほか訳　未来社　1992.7　331, 21p

レヴィ, ダニエル・C.
◇私学高等教育が多様化をもたらさないとき：私学高等教育の潮流　P.G.アルトバック編, 森利枝訳　玉川大学出版部　2004.10　253p　（高等教育シリーズ 128）

レヴィ, ピエール
◇フェリックス・ガタリとブラジル：フェリックス・ガタリの思想圏—〈横断性〉から〈カオスモーズ〉へ　フェリックス・ガタリほか著, 杉村昌昭訳・編　大村書店　2001.8　189p

レヴィ, ブリジット
◇高等教育機関経費算定センター（共著）：高等教育における評価と意思決定過程—フランス, スペイン, ドイツの経験　OECD編, 服部憲児訳　広島大学大学教育研究センター　1997.2　151p（高等教育研究叢書 43）

レヴィット, K.
◇人間と歴史：人間と歴史—1957年『岩波講座現代思想』より　K.レヴィットほか著, 柴田治三郎, 清水幾太郎, 阿部知二訳〈リキエスタ〉の会　2001.12　102p

レヴィット, メアリー・J.
◇児童・青年期の人間関係：愛着からソーシャル・ネットワークへ—発達心理学の新展開　マイケル・ルイ

ス，高橋恵子編，高橋恵子監訳　新曜社　2007.5
197, 70p

レヴィン, スティーヴン
◇死を超えて生きつづけるものは何か?（菅靖彦訳）：死を超えて生きるもの—霊魂の永遠性について　ゲイリー・ドーア編，井村宏次，上野圭一，笠原敏雄，鹿子木大士郎，菅靖彦，中村正明，橘村令助訳　春秋社　1993.11　407, 10p

レヴィン, ドナルド・N.
◇ジンメルとパーソンズ—その関係についての再考察（進藤雄三訳）：近代性の理論—パーソンズの射程　ロランド・ロバートソン，ブライアン・S.ターナー編，中久郎，清野正義，進藤雄三訳　恒星社厚生閣　1995.12　354, 37p

レヴィン, ヘンリー・M.
◇教育が単独でできること（共著）：教育社会学—第三のソリューション　A.H.ハルゼー，H.ローダー，P.ブラウン，A.S.ウェルズ編，住田正樹，秋永雄一，吉本圭一編訳　九州大学出版会　2005.2　660p

レヴェック, ブノワ
◇カナダ，ケベックの社会的経済—知られていない概念だが重要な経済的現実（共著）（石塚秀雄，桐生尚武訳）：社会的経済—近未来の社会経済システム　J.ドゥフルニ，J.L.モンソン編著，富沢賢治，内山哲朗，佐藤誠，石塚秀雄，中川雄一郎ほか訳　日本経済評論社　1995.3　486p
◇カナダ，ケベックの社会的経済—知られていない概念だが重要な経済的現実（共著）（石塚秀雄，桐生尚武訳）：社会的経済—近未来の社会経済システム　J.ドゥフルニ，J.L.モンソン編著，富沢賢治ほか訳　オンデマンド版　日本経済評論社　2003.6　486p

レウキッポス
◇レウキッポス（内山勝利訳）：ソクラテス以前哲学者断片集　第4分冊　内山勝利編　岩波書店　1998.2　329p

レヴリィ, ラールズ
◇ポストモダニズムと主観性（村沢啓訳）：心理学とポストモダニズム—社会構成主義とナラティヴ・セラピーの研究　シュタイナー・クヴァル編，永井務監訳　こうち書房　2001.7　294p

レエ, ジャン＝ミシェル
◇ニーチェの系譜学（加藤精司訳）：産業社会の哲学—ニーチェからフッサールへ　花田圭介監訳　新装版　白水社　1998.6　326, 35p　（西洋哲学の知 6　Francois Chatelet編）

レオガルド, ヴィセント・R.
◇フィリピンの歴史（共著）（栗山敦史訳）：フィリピンの歴史教科書から見た日本　佐藤義朗編，後藤直三，栗山敦史訳　明石書店　1997.7　174p

レオガルド, フェリシタス・T.
◇フィリピンの歴史（共著）（栗山敦史訳）：フィリピンの歴史教科書から見た日本　佐藤義朗編，後藤直三，栗山敦史訳　明石書店　1997.7　174p

レオナード, リンダ
◇魂の四季：魂をみがく30のレッスン　リチャード・カールソン，ベンジャミン・シールド編，鴨志田千枝子訳　同朋舎　1998.6　252p

レオン, オズワルド
◇メディア—コミュニケーションの民主化とメディア（白井聡訳）：もうひとつの世界は可能だ—世界社会フォーラムとグローバル化への民衆のオルタナティブ　ウィリアム・F.フィッシャー，トーマス・ポニア編，加藤哲郎監修，大屋定ум，山口響，白井聡，木下ちがや監訳　日本経済評論社　2003.12　461p

レーガン, マイケル・D.
◇住民参加：カリフォルニア州のエネルギー政策の考察（共著）：公共の意思決定における住民参加　ジャック・デサリオ，スチュアート・ラングトン編　横浜市企画財政局企画調整室　1993.3　177p

レグラー, スティーヴ
◇ケインズとその批判 他：自由民主主義の理論とその批判　下巻　ノーマン・ウィントロープ編，氏家伸一訳　晃洋書房　1994.2　611p

レゲット, マイケル
◇宇宙の生命はどこから？：神を見いだした科学者たち　2　E.C.バレット編，佐藤是伸訳　いのちのことば社　1995.10　214p

レジェ, フェルナン
◇純粋な色：マクルーハン理論—電子メディアの可能性　マーシャル・マクルーハン，エドマンド・カーペンター編著，大前正臣，後藤和彦訳　平凡社　2003.3　331p　（平凡社ライブラリー）

レージェス, アルフォンソ
◇アメリカの知性に関する覚書：現代ラテンアメリカ思想の先駆者たち　レオポルド・セア編，小林一宏，三橋利光共訳　刀水書房　2002.6　250p　（人間科学叢書 34）

レジェス, ジョランダ
◇メキシコ：女性が語る第三世界の素顔—環境・開発レポート　アニータ・アナンド編，WFS日本事務局訳　明石書店　1994.6　317p

レスク, マイケル・E.
◇デジタル図書館の技術的限界（広田とし子訳）：デジタル時代の大学と図書館—21世紀における学術情報資源マネジメント　B.L.ホーキンス，P.バッティン編，三浦逸雄，斎藤泰則，広田とし子訳　玉川大学出版部　2002.3　370p　（高等教育シリーズ 112）

レズニチェンコ, V.
◇現段階における戦術（共著）：軍事における革命，その意義と結果—1964年度の赤星の代表的軍事論文集　防衛研修所　1965　158p　（読書資料 12-4-3）

レスリー, L. L.
◇アカデミック・キャピタリズム（および訳者解説）（共著）（成定薫訳）：高等教育システムにおけるガバナンスと組織の変容　広島大学高等教育研究開発センター編　広島大学高等教育研究開発センター　2004.3　266p　（COE研究シリーズ 8）

レーゼル, フリードリヒ
◇ドイツ（共著）（金口恭久訳）：世界のいじめ—各国の現状と取り組み　森田洋司総監修・監訳，P.K.スミスほか編，川口仁志ほか訳　金子書房　1998.11　463p

レダウェー, ブライアン
◇インフレの意味の変化：一般理論—第二版—もしケ

インズが今日生きていたら　G.C.ハーコート, P.A.リーアック編, 小山庄三訳　多賀出版　2005.6　922p

レッキー, スコット
◇シンポジウム：世界の大地震と被災者の人権（共著）（穂坂光彦, 中井伊都子通訳）：救済はいつの日か—豊かな国の居住権侵害　国連NGO・ハビタット国際連合阪神大震災調査団報告書・シンポジウム　ハビタット国際連合阪神大震災調査団著, 近畿弁護士会連合会編, 阿部浩己監訳　近畿弁護士会連合会　1996.11　134, 68p

レックナー, フランク・J.
◇パーソンズと近代性（進藤雄三訳）：近代性の理論—パーソンズの射程　ロランド・ロバートソン, ブライアン・S.ターナー編, 中久郎, 清野正義, 進藤雄三訳　恒星社厚生閣　1995.12　354, 37p

レッサー, ジェフリー
◇ハイフンを探して：日系人とグローバリゼーション—北米, 南米, 日本　レイン・リョウ・ヒラバヤシ, アケミ・キクムラ＝ヤノ, ジェイムズ・A.ヒラバヤシ編, 移民研究会訳　人文書院　2006.6　532p

列子　レッシ
◇国訳老子・列子・荘子（小柳司気太訳註）：国訳漢文大成　第2巻　経子史部　第1輯　下　日本図書センター　2000.9　p899-2201

レッシュ, メアリ
◇フェミニストセラピィと50歳以上の女性：フェミニスト心理療法ハンドブック—女性臨床心理の理論と実践　L.B.ローズウォーター, L.E.A.ウォーカー編著, 河野貴代美, 井上摩耶子訳　ヒューマン・リーグ　1994.12　371p

レッドフォード, イビー
◇一皿の料理が家族を結びつける：子供たちへの手紙—あなたにこれだけは伝えたい　エリカ・グッド編, 中埜有理訳　三田出版会　1997.7　371p

レッドフォード, エメット・S.
◇エメット・S.レッドフォード（告井健二訳）：アメリカ政治を創った人たち—政治学の口述史　M.ベアー, M.ジューエル, L.サイゲルマン編, 内山秀夫監訳　ミネルヴァ書房　2001.12　387p　（Minerva人文・社会科学叢書 59）

レッドフォード, ジェラルド・E., Jr.
◇従業員の参加（竹田昌弘訳）：21世紀企業の組織デザイン—マルチメディア時代に対応する　J.R.ガルブレイス他著, 柴田高ほか訳　産能大学出版部　1996.9　294p

レップ, クリストフ
◇生と死の間：異教的中世　ルドー・J.R.ミリス編著, 武内信一訳　新評論　2002.3　352p

レディ, ダグラス・A.
◇幹部候補の「協働力」を育てる：金融サービス業の戦略思考　Diamondハーバード・ビジネス・レビュー編集部編訳　ダイヤモンド社　2005.12　225p　（Harvard business review anthology）
◇幹部候補の「協働力」を育てる：コミットメント—熱意とモラールの経営　Diamondハーバード・ビジネス・レビュー編集部編訳　ダイヤモンド社　2007.4　270p　（Harvard business review）

レディカー, マーカス
◇自由の国リバタリア：図説海賊大全　デイヴィッド・コーディングリ編, 増田義郎監修, 増田義郎, 竹内和世訳　東洋書林　2000.11　505, 18p

レディング, ゴードン・S.
◇比較経営論の理論動物園（富岡昭訳）：国際経営学の誕生 3　組織理論と組織行動の視座　ブライアン・トイン, ダグラス・ナイ編, 村山元英監訳, 国際経営文化学会訳　文真堂　2000.3　392p

レート, アンナ＝マイヤ
◇フィンランドのケース：ジェンダー主流化と雇用戦略—ヨーロッパ諸国の事例　ユテ・ベーニング, アンパロ・セラーノ・パスキュアル, 高木郁朗, 麻生裕子編　明石書店　2003.11　281p

レナード, アブリル
◇ストライキと女たち—イギリスの炭鉱共同体の主婦たち：ジェンダーと女性労働—その国際ケーススタディ　セア・シンクレア, ナニカ・レッドクリフト編, 山本光子訳　柘植書房　1994.9　373p

レナード, リンダ・シアーズ
◇父の救済と女性的スピリットの発見（川戸圓訳）：女性の誕生—女性であること：意識的な女性性の誕生　コニー・ツヴァイク編, 川戸円訳　山王出版　1996.9　398p
◇父の救済と女性的スピリットの発見（川戸圓訳）：女性の誕生—女性であること：意識的な女性性の誕生　コニー・ツヴァイク編, 川戸円, リース・滝幸子訳　第2版　山王出版　1997.9　403p

レーネン, デートレフ
◇瑕疵担保請求権の消滅時効（永田誠訳）：法律学的対話におけるドイツと日本—ベルリン自由大学・日本大学共同シンポジウム　永田誠, フィーリプ・クーニヒ編集代表　信山社　2006.12　385p

レバー, ジャネット
◇セックスと親密さを求めて（共著）：セックス・フォー・セール—売春・ポルノ・法規制・支援団体のフィールドワーク　ロナルド・ワイツァー編, 岸田美貴訳, 松沢呉一監修　ポット出版　2004.8　438p

レバイン, オンドリア
◇心はいつもオープン（共著）：小さなことを大きな愛でやろう　リチャード・カールソン, ベンジャミン・シールド編, 小谷啓子訳　PHP研究所　1999.11　263, 7p

レバイン, スチュアート・R.
◇より良い人間関係を築くには：セルフヘルプ—なぜ, 私は困難を乗り越えられるのか　世界のビッグネーム自らの47の証言　ケン・シェルトン編著, 堀紘一監訳　フロンティア出版　1998.7　301p

レバイン, スティーブン
◇心はいつもオープン（共著）：小さなことを大きな愛でやろう　リチャード・カールソン, ベンジャミン・シールド編, 小谷啓子訳　PHP研究所　1999.11　263, 7p

レビ, アロマー
◇シンポジウム：世界の大地震と被災者の人権（共著）（穂坂光彦, 中井伊都子通訳）：救済はいつの日か—豊かな国の居住権侵害　国連NGO・ハビタット国際連合

レヒ

阪神大震災調査団報告書・シンポジウム　ハビタット国際連合阪神大震災調査団著，近畿弁護士会連合会編著，阿部浩己監訳　近畿弁護士会連合会　1996.11　134, 68p

レビー, ラルフ
◇尊敬の気持ちを忘れず誠実に生きる：子供たちへの手紙―あなたにこれだけは伝えたい　エリカ・グッド編，中埜有理訳　三田出版会　1997.7　371p

レビッチ, リチャード・M.
◇通貨の動きの予測は可能か？：為替オーバーレイ―CFA institute（CFA協会）コンファレンス議事録　森谷博之訳　パンローリング　2004.8　263p

レビン, スーザン・B.
◇生成する会話（共著）（吉川悟，吉川理恵子訳）：構成主義的心理療法ハンドブック　マイケル・F.ホイト編，児島達美監訳　金剛出版　2006.9　337p

レビンサール, ダニエル・A.
◇吸収能力：学習とイノベーションに関する新しい視覚（共著）：技術とイノベーションの戦略的マネジメント　下　ロバート・A.バーゲルマン，クレイトン・M.クリステンセン，スティーヴン・C.ウィールライト編著，青島矢一，黒田光太郎，志賀敏宏，田辺孝二，出川通，和賀三和子日本語版監修，岡真由美，斉藤裕一，桜井祐子，中川泉，山本章子訳　翔泳社　2007.7　595p

レビンソン, ジェローム・I.
◇抑圧的政権は資金を得るべきではない：IMF改廃論争の論点　ローレンス・J.マッキラン，ピーター・C.モントゴメリー編，森川公隆監訳　東洋経済新報社　2000.11　285p

レビンソン, プニナ・ナベ
◇ユダヤ教：諸宗教の倫理学―その教理と実生活　第1巻　性の倫理　M.クレッカー，U.トゥヴォルシュカ編，石橋孝明，榎津重喜訳　九州大学出版会　1992.4　240, 3p

レービンダー, E.
◇廃棄物法との決別か？（宮地基訳）：先端科学技術と人権―日独共同研究シンポジウム　ドイツ憲法判例研究会編　信山社出版　2005.2　428p

レフシン, クリステン
◇異文化結婚におけるジェンダーアイデンティティとジェンダーの役割形態：異文化結婚―境界を越える試み　ローズマリー・ブレーガー，ロザンナ・ヒル編著，吉田正紀監訳　新泉社　2005.4　310, 29p

レフトン, レスター・A.
◇私はなぜこのように教えるのか（道田泰司訳）：アメリカの心理学者心理学教育を語る―授業実践と教科書執筆のためのTIPS　R.J.スタンバーグ編著，宮元博章，道田泰司訳　北大路書房　2000.6　247p

レブロールト, ドナ
◇ヘテロ：記憶の底から―家庭内性暴力を語る女性たち　トニー・A.H.マクナロン，ヤーロウ・モーガン編，長谷川真実訳　青弓社　1995.12　247p

レベール, ヨー
◇権利擁護、自己権利擁護とインクルーシブな活動―まとめ（共著）（窪田眞二訳）：世界のインクルーシブ教育―多様性を認め、排除しない教育を　ハリー・

ダニエルズ，フィリップ・ガーナー編著，中村満紀男，窪田真二監訳　明石書店　2006.3　540p（明石ライブラリー 92）

レボヴィッチ, マルティーヌ
◇パパとママの間にある新しい母性：フェミニズムから見た母性　A.-M.ド・ヴィレーヌ, L.ガヴァリニ, M.ル・コアディク編，中嶋公子，目崎光子，磯本輝子，横地良子，宮本由美ほか訳　勁草書房　1995.10　270, 10p

レムニック, デイビッド
◇ウラジーミル・イリイチ・レーニン：TIMEが選ぶ20世紀の100人　上巻　指導者・革命家・科学者・思想家・起業家　徳岡孝夫監訳　アルク　1999.11　332p

レーメ, P.
◇商法史概説：塙浩著作集―西洋法史研究　7　ヨーロッパ商法史　塙浩訳・著　信山社出版　1992.8　663p

レモニック, マイケル・D.
◇エドウィン・ハッブル：TIMEが選ぶ20世紀の100人　上巻　指導者・革命家・科学者・思想家・起業家　徳岡孝夫監訳　アルク　1999.11　332p

レヤンス, ジャック・フィリップ
◇社会的認知（共著）（坂元章訳）：社会心理学概論―ヨーロピアン・パースペクティブ　1　M.ヒューストンほか編，末永俊郎，安藤清志監訳　誠信書房　1994.10　355p

レール, ウィルヘルム
◇条理もしくは道理について（土庫澄子訳）：法の理論　12　ホセ・ヨンパルト，三島淑臣編　成文堂　1992.12　235p

レレ
◇固く手をつなぎ合い：女たちのビルマ―軍事政権下を生きる女たちの声　藤目ゆき監修，タナッカーの会編，富田あかり訳　明石書店　2007.12　446p（アジア現代女性史 4）

レワニカ, イノンゲ・ムビキシタ
◇第三世界と第四世界の共同体：未来社会への変革―未来の共同体がもつ可能性　フランシス・ヘッセルバイン，マーシャル・ゴールドスミス，リチャード・ベックハード，リチャード・F.シューベルト編，加納明弘訳　フォレスト出版　1999.11　327p

レーン, ケリー
◇引っかき傷が自己虐待になる時―私たちはそれをどのように学んだか（井上恭子訳）：ナラティヴ・セラピーの実践　シェリル・ホワイト，デイヴィッド・デンボロウ編，小森康永監訳　金剛出版　2000.2　275p

レーン, デヴィッド・A.
◇暴力の歴史―いじめと犯罪：いじめの発見と対策―イギリスの実践に学ぶ　デルウィン・P.タツム，デヴィッド・A.レーン編，影山任佐，斎藤憲司訳　日本評論社　1996.10　236p

連合国軍最高司令官総司令部　《GHQ》
◇ゾルゲ諜報団活動の全容.1（「ゾルゲ事件」報告書）（共著）：ゾルゲ事件関係外国語文献翻訳集　no.7　日露歴史研究センター事務局編　日露歴史研究センター事務局　2005.4　68p

◇ゾルゲ諜報団活動の全容.2(「ゾルゲ事件」報告書)(共著):ゾルゲ事件関係外国語文献翻訳集 no.8 日露歴史研究センター事務局編 日露歴史研究センター事務局 2005.7 76p
◇ゾルゲ諜報団の活動の全容.3(「ゾルゲ事件」報告書)(共著):ゾルゲ事件関係外国語文献翻訳集 no.9 日露歴史研究センター事務局編 日露歴史研究センター事務局 2005.10 73p

レンチュ, ヴォルフガング
◇州間の水平的調整における根本問題:ドイツ(伊東弘文訳):地方分権と財政調整制度―改革の国際的潮流 持田信樹編 東京大学出版会 2006.8 347p

レンバート, ロン・B.
◇ソクラテス、議論および道徳教育(井上武訳):世界の道徳教育 J.ウィルソン監修, 押谷由夫, 伴恒信編訳 玉川大学出版部 2002.4 212p

【ロ】

盧 偉 ロ, イ*
◇アメリカの図書館に所蔵される宋元版漢籍の概況(共著)(稲畑耕一郎訳):中国古籍流通学の確立―流通する古籍・流通する文化 中国古籍文化研究所編 雄山閣 2007.3 410p (アジア地域文化学叢書 6)

盧 永雄 ロ, エイユウ
◇最大の悲劇:香港回帰―ジャーナリストが見た'97.7.1 ユエン・チャン, 盧敬華共編, 日野みどり訳 凱風社 1998.6 197p

魯 遠 ロ, エン*
◇北京人を叱る(共著):中国人も愛読する中国人の話 上巻 中華人民共和国民政部中国社会出版社編, 朔方南編訳 はまの出版 1997.5 261p

魯 旭東 ロ, キョクトウ
◇翻訳から見た二十世紀中日文化交流(秋岡英行訳):東アジアと哲学 藤田正勝, 卞崇道, 高坂史朗編 ナカニシヤ出版 2003.2 436p

盧 勳 ロ, クン*
◇チンポー(景頗)族 他(百田弥栄子訳):中国少数民族の婚姻と家族 上巻 厳汝嫺主編, 江守五夫監訳, 百田弥栄子, 曽士才, 栗原悟訳 第一書房 1996.12 298p (Academic series—New Asia 18)
◇リー(黎)族(百田弥栄子訳):中国少数民族の婚姻と家族 中巻 厳汝嫺主編, 江守五夫監訳, 百田弥栄子, 曽士才, 栗原悟訳 第一書房 1996.12 315p (Academic series—New Asia 19)

盧 敬華 ロ, ケイカ
◇黒い袋のギフト:香港回帰―ジャーナリストが見た'97.7.1 ユエン・チャン, 盧敬華共編, 日野みどり訳 凱風社 1998.6 197p

ロー, ジョン
◇【ケーススタディ】コンサルタントとクライアントが衝突したとき(共著):交渉の戦略スキル Harvard Business Review編, Diamondハーバード・ビジネス・レビュー編集部訳 ダイヤモンド社 2002.2 274p

ロー, ダニエル
◇フランスの社会的経済の諸組織―その内容と統計的計測(共著)(石塚秀雄訳):社会的経済―近未来の社会経済システム J.ドゥフルニ, J.L.モンソン編著, 富沢賢治, 内山哲朗, 佐藤誠, 石塚秀雄, 中川雄一郎ほか訳 日本経済評論社 1995.3 486p
◇フランスの社会的経済の諸組織―その内容と統計的計測(共著)(石塚秀雄訳):社会的経済―近未来の社会経済システム J.ドゥフルニ, J.L.モンソン編著, 富沢賢治ほか訳 オンデマンド版 日本経済評論社 2003.6 486p

盧 丁 ロ, テイ*
◇長江上流における巴蜀地域文化(閻瑜訳):長江流域と巴蜀、楚の地域文化 長江流域文化研究所編 雄山閣 2006.11 291p (アジア地域文化学叢書 3)

ロー, トマス
◇ムガル皇帝の栄華(一六一六年十一月~一七年九月):歴史の目撃者 ジョン・ケアリー編, 仙名紀訳 朝日新聞社 1997.2 421p

盧 文霞 ロ, ブンカ*
◇中国に固有な死刑制度への批判(共著):東アジアの死刑廃止論考 鈴木敬夫編訳 成文堂 2007.2 261p (アジア法叢書 26)

盧 明輝 ロ, メイキ*
◇日本軍の内モンゴル占領と「蒙古聯合自治政府」の本質(田中剛訳):中国の地域政権と日本の統治 姫田光義, 山田辰雄編 慶応義塾大学出版会 2006.6 381p (日中戦争の国際共同研究 1)

盧 明濬 ロ, メイシュン*
◇貿易と環境保護の両立(松田竹男訳):グローバル化時代の法と法律家 阿部昌樹, 佐々木雅寿, 平覚編 日本評論社 2004.2 363p

ロイ, アーチー・E.
◇予知―ある種のレーダーか:心霊研究―その歴史・原理・実践 イヴォール・グラッタン・ギネス編, 和田芳久訳 技術出版 1995.12 414p (超心理学叢書 第4集)

ロイ, ウルマ
◇エストニア―国家の規制より自主規制を:世界のメディア・アカウンタビリティ制度―デモクラシーを守る七つ道具 クロード・ジャン・ベルトラン編著, 前沢猛訳 明石書店 2003.5 590p (明石ライブラリー 49)

ロイ, マニシャ
◇新たな女性的意識性に到達する一段階としてのアニムスの発達(川戸圓訳):女性の誕生―女性であること:意識的な女性性の誕生 コニー・ツヴァイク編, 川戸円訳 山王出版 1996.9 398p
◇新たな女性的意識性に到達する一段階としてのアニムスの発達(川戸圓訳):女性の誕生―女性であること:意識的な女性性の誕生 コニー・ツヴァイク編, 川戸円, リース・滝幸子訳 第2版 山王出版 1997.9 403p

ロイド, ローナ
◇フィリップ・ノエル=ベーカーと法による平和(谷口光太郎訳):危機の20年と思想家たち―戦間期理想主義の再評価 デーヴィッド・ロング, ピーター・ウィルソン編著, 宮本盛太郎, 関静雄監訳 ミネルヴァ書房 2002.10 371, 10p (Minerva人文・社会科学叢書 68)

ロウ, スティーブ
◇答えを追い求めて（共著）：ダウンサイジング・オブ・アメリカ―大量失業に引き裂かれる社会　ニューヨークタイムズ編, 矢作弘訳　日本経済新聞社　1996.11　246p

ロウ, ピーター
◇困難な再調整 他（小林哲訳）：日英交流史―1600-2000　2　政治・外交　2　細谷千博, イアン・ニッシュ監修　木畑洋一ほか編　東京大学出版会　2000.5　365, 8p
◇サー・アルヴァリ・ギャスコインの日本駐在の時代（奥山義次訳）：英国と日本の日英交流人物列伝　イアン・ニッシュ編, 日英文化交流研究会訳　博文館新社　2002.9　470p
◇サー・ウィリアム・カニンガム・グリーン―駐日大使一九一二―一九年 他（中須賀哲朗訳）：歴代の駐日英国大使―1859-1972　サー・ヒュー・コータッツィ編著, 日英文化交流研究会訳　文真堂　2007.7　480p

ロウ, モリス・F.
◇オセアニア：日本企業における技術革新と経営（中岡俊介訳）：グローバル・レビュー　有斐閣　2006.3　276p　（現代日本企業 3　工藤章, 橘川武郎, グレン・D.フック編）

ロウ, レイモンド
◇青年期と家族カウンセリング（山口茂嘉訳）：アドラー家族カウンセリング―カウンセラー, 教師, セラピストのための実践マニュアル　オスカー・C.クリステンセン編著, 江口真理子, 柴山謙二, 山口茂嘉訳　春秋社　2000.5　287, 9p

ロウアー, ハーベイ
◇高齢者と仕事―退職後の就労とボランティア活動（共著）：プロダクティブ・エイジング―高齢者は未来を切り開く　ロバート・バトラー, ハーバート・グリーソン編, 岡本祐三訳　日本評論社　1998.6　220p

ローウェンスタイン, ジョージ
◇善意の会計士が不正監査を犯す理由（共訳）：組織行動論の実学―心理学で経営課題を解明する　Diamondハーバード・ビジネス・レビュー編集部編訳　ダイヤモンド社　2007.9　425p　（Harvard business review）

老子　ロウシ
◇老子：必携対訳論語老子等読本　茂木雅夫編著　名鑑社　2000.8　135p
◇国訳老子・列子・荘子（小柳司気太訳註）：国訳漢文大成　第2巻　経子史部　第1輯 下　日本図書センター　2000.9　p899-2201

ロウダー, カート
◇ザ・ビートルズ：TIMEが選ぶ20世紀の100人　下巻　アーチスト・エンターテイナー・ヒーロー・偶像・巨頭　徳岡孝夫監訳　アルク　1999.11　318p

ロウチ, ダグラス
◇果たすべきカナダの役割は大きい：ミサイル防衛―大いなる幻想 東西の専門家20人が批判する　デービッド・クリーガー, カラー・オン編, 梅林宏道, 黒崎輝訳　高文研　2002.11　155p

労働者インターナショナル国際連絡委員会
◇グローバル化と戦争に, 人間の顔をもたせられるのか？（木下ちがや訳）：帝国への挑戦―世界社会フォーラム　ジャイ・セン, アニタ・アナンド, アル

トゥーロ・エスコバル, ピーター・ウォーターマン編, 武藤一羊ほか監訳　作品社　2005.2　462p

蠟山 昌一　ロウヤマ, ショウイチ
◇日本の証券市場におけるビッグバン（畠山敬訳）：日本金融システムの危機と変貌　星岳雄, ヒュー・パトリック編, 筒井義郎監訳　日本経済新聞社　2001.5　360p

ロカ・イ・バラッシュ, ジョゼップ
◇発達と因果関係：行動分析学からの発達アプローチ　シドニー・W.ビジュー, エミリオ・リベス編, 山口薫, 清水直治監訳　二瓶社　2001.7　253p

ローガル, クラウス
◇機関の刑事責任（山中敬一訳）：組織内犯罪と個人の刑事責任　クヌート・アメルング編著, 山中敬一監訳　成文堂　2002.12　287p

ローガン, ジェームズ
◇チーフ・ローガンの弁舌：北米インディアン生活誌　C.ハミルトン編, 和巻耿介訳　社会評論社　1993.11　408p

ロークセロワ, ジャン
◇記憶の場から迷宮へ 他：フランスの博物館と図書館　M.ブラン＝モンマイユール他著, 松本栄寿, 小浜清子訳　玉川大学出版部　2003.6　198p

ロケット, グロリア
◇コンドームを破る 他：セックス・ワーク―性産業に携わる女性たちの声　フレデリック・デラコステ, プリシラ・アレキサンダー編　パンドラ　1993.11　426, 26p

ロゴ, D. スコット
◇死者との遭遇―悲哀カウンセリング, 社会学, 超心理学の観点から（井村宏治訳）：死を超えて生きるもの―霊魂の永遠性について　ゲイリー・ドーア編, 井村宏治, 上野圭一, 笠原敏雄, 麁子木大士郎, 菅靖彦, 中村正明, 橘村令助訳　春秋社　1993.11　407, 10p

ロザリー, バーネット
◇独身の方がいい？：ベストパートナーの見分け方　ロザリー・バーネット編著, 鈴木理恵子訳　同朋舎　1997.9　151p

ロザレス＝ルイス, ジーザス
◇行動分析学的発達観（共訳）：行動分析学からの発達アプローチ　シドニー・W.ビジュー, エミリオ・リベス編, 山口薫, 清水直治監訳　二瓶社　2001.7　253p

ロザンベルジェ, B.
◇アラブ料理, およびそのヨーロッパ料理への寄与：食の歴史 2　J-L.フランドラン, M.モンタナーリ編, 宮原信, 北代美和子監訳　藤原書店　2006.2　p434-835

ロジャーズ, クリフォード・J.
◇イギリスにおける14世紀のRMA：軍事革命とRMAの戦略史―軍事革命の史的変遷1300～2050年　マクレガー・ノックス, ウィリアムソン・マーレー編著, 今村伸哉訳　芙蓉書房出版　2004.6　318p

ロジャース, グレゴリー・C.
◇ヒューレット・パッカード：キティホークの飛行：技術とイノベーションの戦略的マネジメント　上　ロバート・A.バーゲルマン, クレイトン・M.クリステ

ンセン, スティーヴン・C.ウィールライト編著, 青島矢一, 黒田光太郎, 志賀敏宏, 田辺孝二, 出川通, 和賀三和子日本語版監修, 岡真由美, 斉藤裕一, 桜井祐子, 中川泉, 山本章子訳 翔泳社 2007.7 735p

ロジャーズ, コリン
◇『一般理論』における貨幣的長期不完全雇用均衡の存在 他：一般理論—第二版—もしケインズが今日生きていたら G.C.ハーコート, P.A.リーアック編, 小山庄三訳 多賀出版 2005.6 922p

ロジャース, ジャック
◇性・哲学・政治(森本あんり訳)：キリスト教は同性愛を受け入れられるか ジェフリー・S.サイカー編, 森本あんり監訳 日本キリスト教団出版局 2002.4 312p

ロジャース, トム
◇価格設定への科学的適用：金融データベース・マーケティング—米国における業務とシステムの実態 アーサー・F.ホルトマン, ドナルド・C.マン編著, 森田秀和, 田尾啓一訳 東洋経済新報社 1993.10 310p

ロジャース, ポール (経営学)
◇意思決定のRAPIDモデル(共著)：意思決定のサイエンス Diamondハーバード・ビジネス・レビュー編集部編訳 ダイヤモンド社 2007.3 238p (Harvard business review anthology)

ロジャーズ, ポーン
◇ブリタニー：マイノリティ・ナショナリズムの現在 マイケル・ワトソン編, 浦野起央, 荒井功訳 刀水書房 1995.11 346p (人間科学叢書)

ロジャーソン, シドニー
◇次期戦争と宣伝：内閣情報部情報宣伝研究資料 第6巻 津金沢聡広, 佐藤卓己編 柏書房 1994.6 676p

ロシュ, ポール
◇ハイテク業界の再編・淘汰(共著)(山下明訳)：マッキンゼー事業再生—ターンアラウンドで企業価値を高める 本田桂子編著・監訳 ダイヤモンド社 2004.11 231p (The McKinsey anthology)

ロシヨー, ジャック
◇都会人と都市生活：中世の人間—ヨーロッパ人の精神構造と創造力 ジャック・ル・ゴフ編, 鎌田博夫訳 法政大学出版局 1999.7 440, 31p (叢書・ウニベルシタス 623)

ローズ, ウェンディー
◇混血児の物語：風の言葉を伝えて＝ネイティブ・アメリカンの女たち ジェーン・キャッツ編, 船木アデルみさ, 船木卓也訳 築地書館 1998.3 262p

ロス, ガブリエル
◇踊りはわたしの祈り：小さなことを大きな愛でやろう リチャード・カールソン, ベンジャミン・シールド編, 小谷啓子訳 PHP研究所 1999.11 263, 7p

ロス, サリヤン
◇問題をはらんだ関係について問題に相談する(共著)：ナラティヴ・セラピーの冒険 デイヴィッド・エプストン著, 小森康永監訳 創元社 2005.2 337p

ロス, ジョージ
◇ラーニング・ヒストリー：経験を企業に活かす法(共著)：ナレッジ・マネジメント Harvard Business Review編, Diamondハーバード・ビジネス・レビュー編集部訳 ダイヤモンド社 2000.12 273p

ローズ, ニコラス
◇アイデンティティ、系譜学、歴史(松畑強訳)：カルチュラル・アイデンティティの諸問題—誰がアイデンティティを必要とするのか？ スチュアート・ホール, ポール・ドゥ・ゲイ編, 宇波彰訳・解説 大村書店 2001.1 342p

ローズ, ピーター・ジョン
◇ソロンの改革と法(周藤芳幸訳)：テクストの宇宙—生成・機能・布置 21世紀COEプログラム「統合テクスト科学の構築」SITES講演録2004-2005年 佐藤彰一編 名古屋大学大学院文学研究科 2006.3 296p

ロス, プリシラ
◇妄想分裂ポジション：現代クライン派入門—基本概念の臨床的理解 カタリーナ・ブロンスタイン編, 福本修, 平井正三監訳, 小野泉, 阿比野宏, 子どもの心理療法セミナーin岐阜訳 岩崎学術出版社 2005.5 243p

ロス, ポール・N.
◇法制面での重要事項：ヘッジファンドの世界—仕組み・投資手法・リスク J.レダーマン, R.A.クレイン編, 中央信託銀行オルタナティブアセット研究会訳 東洋経済新報社 1999.1 297p

ロス, マーガレット
◇健康な患者に：医療ソーシャルワークの実践 ミーケ・バドウィ, ブレンダ・ピアモンティ編著 中央法規出版 1994.9 245p

ロース, リチャード
◇相性—その隠された関係：アメリカ占星学教科書 第7巻 愛情占星学 ジョーン・マクエバーズ編, 青木良仁訳, アレクサンドリア木星王監修・製作 魔女の家books 1998.2 272p

ロス, ロバート
◇オスカー・ワイルド(海保眞夫訳)：インタヴューズ 1 クリストファー・シルヴェスター編, 新庄哲夫ほか訳 文芸春秋 1998.11 462p

ローズ, ロバート・フランクリン
◇マルティン教授への質問と答え(共著)(箕浦恵了訳)：仏教とキリスト教の対話 2 マイケル・パイ, 宮下晴輝, 箕浦恵了編 法藏館 2003.12 296p

ロスウェル, ケネス・S.
◇ハムレットの「形成の鑑」—権力・自己・宗教改革：自己のテクノロジー—フーコー・セミナーの記録 ミシェル・フーコーほか著, 田村俶, 雲和子訳 岩波書店 1999.9 249p (岩波モダンクラシックス)
◇ハムレットの「形成の鑑」—権力・自己・宗教改革：自己のテクノロジー—フーコー・セミナーの記録 ミシェル・フーコーほか著, 田村俶, 雲和子訳 岩波書店 2004.1 278p (岩波現代文庫 学術)

ロスチャイルド, マックス
◇わたしを助けてくれた人びと：思いやる勇気—ユダヤ人をホロコーストから救った人びと キャロル・リトナー, サンドラ・マイヤーズ編, 食野雅子訳 サイマル出版会 1997.4 282p

ロセ, フランソワ
◇レヴェロニ・サン＝シール、カゾット、ポトキ：十八世紀の恐怖―言説・表象・実践　ジャック・ベールシュトルド、ミシェル・ポレ編、飯田和夫、田所光男、中島ひかる訳　法政大学出版局　2003.12　446p　（叢書・ウニベルシタス 782）

ロゼット, アーサー・I.
◇契約の履行（鹿野菜穂子訳）：現代アメリカ契約法　ロバート・A.ヒルマン、笠井修編著　弘文堂　2000.10　400p

ローゼネック, サリ
◇カトリーナ：テスト恐怖症と使いやすい設備：障害のある学生を支える―教員の体験談を通じて教育機関の役割を探る　ボニー・M.ホッジ、ジェニー・プレストン‐サビン編、太田晴康監訳、三沢かがり訳　文理閣　2006.12　228p

ローゼン, サムナー・M.
◇イリッチの見解の真剣な検討：脱学校化の可能性―学校をなくせばどうなるか　イヴァン・イリッチほか著、松崎巌訳　オンデマンド版　東京創元社　2003.6　218p　（現代社会科学叢書）

ローゼンバウム, ジェイ
◇出会う人びとの声に心から耳を傾ける：子供たちへの手紙―あなたにこれだけは伝えたい　エリカ・グッド編、中埜有理訳　三田出版会　1997.7　371p

ローゼンフィールド, E. S.
◇倫理か便宜か―環境についての問い（共著）（田中茂樹訳）：環境の倫理　上　K.S.シュレーダー・フレチェット編、京都生命倫理研究会訳　晃洋書房　1993.4　355p

ローゼンブラット, スーザン
◇図書館コレクションと図書館サービスのパフォーマンス尺度の開発（斎藤泰則訳）：デジタル時代の大学と図書館―21世紀における学術情報資源マネジメント　B.L.ホーキンス、P.バッティン編、三浦逸雄、斎藤泰則、広田とし子訳　玉川大学出版部　2002.3　370p　（高等教育シリーズ 112）

ローゼンブラム, デイビッド
◇不採算顧客で儲けるビジネスモデル（共著）：ビジネスモデル戦略論　Diamondハーバード・ビジネス・レビュー編集部編訳　ダイヤモンド社　2006.10　223p　（Harvard business review anthology）

ローゼンブルーム, R. S.
◇アドベント・コーポレーション：技術とイノベーションの戦略的マネジメント　上　ロバート・A.バーゲルマン、クレイトン・M.クリステンセン、スティーヴン・C.ウィールライト編著、青島矢一、黒田光太郎、志賀敏宏、田辺孝二、出川通、和賀三和子日本語版監修、岡真由美、斉藤裕一、桜井祐子、中川泉、山本章子訳　翔泳社　2007.12　735p

ローゼンベルグ, I.
◇勤労婦人と國際赤色救援會：世界女性学基礎文献集成　昭和初期編 第9巻　水田珠枝監修　ゆまに書房　2001.12　20, 387p

ローソウ, トム
◇夜の森に現われた熊の精霊：あなたが知らないペットたちの不思議な力―アンビリーバブルな動物たち

の超常現象レポート　『FATE』Magazine編、宇佐和通訳　徳間書店　1999.2　276p

ロゾフスキー
◇國際勞働組合婦人活動に關する報告：世界女性学基礎文献集成　昭和初期編 第9巻　水田珠枝監修　ゆまに書房　2001.12　20, 387p

ローソン, エミリ
◇変革時の組織改革（共著）（近藤将士訳）：マッキンゼー事業再生―ターンアラウンドで企業価値を高める　本田桂子編著・監訳　ダイヤモンド社　2004.11　231p　（The McKinsey anthology）

ローソン, マイク
◇利用者の見方（小田兼三訳）：コミュニティケアを超えて―ノーマリゼーションと統合の実践　シュラミット・レイモン編、中園康夫ほか訳　雄山閣出版　1995.10　228p

ローチ, チャールス
◇MCIFへの着手手順：金融データベース・マーケティング―米国における業務とシステムの実態　アーサー・F.ホルトマン、ドナルド・C.マン編著、森田秀和、田尾啓一訳　東洋経済新報社　1993.10　310p

ロッキー, ダグ
◇世代を超えて続く、イラクの劣化ウラン被害（山崎久隆、田中久美子訳）：世界は変えられる―TUPが伝えるイラク戦争の"真実"と"非戦"　TUP（Translators United for Peace＝平和をめざす翻訳者たち）監修　七つ森書館　2004.5　234, 5p

ロック, チャールズ・P.
◇アメリカ合衆国における「社会的経済」を求めて―1つの提言（共著）（佐藤誠、石塚秀雄訳）：社会的経済―近未来の社会経済システム　J.ドゥフルニ、J.L.モンソン編著、富沢賢治、内山哲朗、佐藤誠、石塚秀雄、中川雄一郎ほか訳　日本経済評論社　1995.3　486p
◇アメリカ合衆国における「社会的経済」を求めて―1つの提言（共著）（佐藤誠、石塚秀雄訳）：社会的経済―近未来の社会経済システム　J.ドゥフルニ、J.L.モンソン編著、富沢賢治ほか訳　オンデマンド版　日本経済評論社　2003.6　486p

ロック, マーガレット
◇女性の中年期・更年期と高齢化社会（鈴木美佳訳）：ジェンダーの日本史　上　宗教と民俗 身体と性愛　脇田晴子、S.B.ハンレー編　東京大学出版会　1994.11　670p

ロックウッド, P.
◇低自尊心者の社会的比較（共著）（山上真貴子訳）：臨床社会心理学の進歩―実りあるインターフェイスをめざして　R.M.コワルスキ、M.R.リアリー編著、安藤清志、丹野義彦監訳　北大路書房　2001.10　465p

ロックフェラー, デイビッド
◇東の資本主義と西の資本主義（共著）：知の大潮流―21世紀へのパラダイム転換 今世紀最高の頭脳が予見する未来　ネイサン・ガーデルズ編、仁保真佐子訳　徳間書店　1996.12　419p
◇なぜIMFを必要とするのか：IMF改廃論争の論点　ローレンス・J.マッキラン、ピーター・C.モントゴメリー編、森川公隆監訳　東洋経済新報社　2000.11　285p

ロッシュ, A.
◇肉体・死体・テクスト(共著)(国領苑子訳):女性史は可能か ミシェル・ペロー編, 杉村和子, 志賀亮一監訳 新版 藤原書店 2001.4 437p

ロツシュタイン, ボー
◇社会的保護のための協力(太田美帆訳):グローバル化と政治のイノベーション―「公正」の再構築をめざしての対話 髙木郁朗, 住沢博紀, T.マイヤー編著 ミネルヴァ書房 2003.4 330p (Minerva人文・社会科学叢書 81)

ロッター, A. J.
◇交渉されたヘゲモニー(山口育人訳):帝国の終焉とアメリカ―アジア国際秩序の再編 渡辺昭一編 山川出版社 2006.5 313, 10p

ロッツ, ユルゲン
◇再分配的福祉機能と連帯財政調整:北欧諸国(橋都由加子訳):地方分権と財政調整制度―改革の国際的潮流 持田信樹編 東京大学出版会 2006.8 347p

ロット, エリック
◇白いキッド革の手袋を持つ者と持たざる者―南北戦争以前のアメリカ労働者階級文化における人種の言語表現:階級を再考する―社会編成と文学批評の横断 ワイ・チー・ディモック, マイケル・T.ギルモア編著, 宮下雅年, 新関芳生, 久保拓也訳 松柏社 2001.5 391p

ロットロイトナー, フーベルト
◇ケルゼン, シュミット, ナチス(長尾竜一訳):法律学的対話におけるドイツと日本―ベルリン自由大学・日本大学共同シンポジウム 永田誠, フィーリプ・クーニヒ編集代表 信山社 2006.12 385p

ロッヒャー, スティーブ
◇主観的本質主義とステレオタイプの生起(共著)(山下玲子監訳):ステレオタイプとは何か―「固定観念」から「世界を理解する"説明力"」へ クレイグ・マクガーティ, ヴィンセント・Y.イゼルビット, ラッセル・スピアーズ編著, 国広陽子監修, 有馬明恵, 山下玲子監訳 明石書店 2007.2 291p

ロップ, スティーヴン・マサロ
◇マイノリティとマジョリティのせめぎあい:日系人とグローバリゼーション―北米, 南米, 日本 レイン・リョウ・ヒラバヤシ, アケミ・キクムラ＝ヤノ, ジェイムズ・A.ヒラバヤシ編, 移民研究会訳 人文書院 2006.6 532p

ローデス, G. L.
◇ソーシャル・サポートと心理的障害:社会心理学からの洞察(共著)(福岡欣治訳):臨床社会心理学の進歩―実りあるインターフェイスをめざして R.M.コワルスキ, M.R.リアリー編著, 安藤清志, 丹野義彦監訳 北大路書房 2001.10 465p

ローテルムンド, ハルトムート・O.
◇明治時代の日本におけるデウス如来とキリスト教への恐れ:文化の多様性と通底の価値―聖俗の拮抗をめぐる東西対話 服部英二監修 麗澤大学出版会 2007.11 305, 11p

ローデン, D. F.
◇心霊研究と物理学:心霊研究―その歴史・原理・実践 イヴォール・グラッタン・ギネス編, 和田芳久訳 技術出版 1995.12 414p (超心理学叢書 第4集)

ロート, カール・ハインツ
◇ハイドリヒの大学教授(芝健介訳):ナチズムと歴史家たち P.シェットラー編, 木谷勤, 小野清美, 芝健介訳 名古屋大学出版会 2001.8 287, 7p

ロート, ハインツ・ユルゲン
◇ユダヤの宗教(榎津重喜訳):諸宗教の倫理学―その教理と実生活 第5巻 環境の倫理 M.クレッカー, U.トゥヴォルシュカ編, 石橋孝明, 榎津重喜, 山口意友訳 九州大学出版会 1999.4 255, 3p
◇ユダヤの宗教:諸宗教の倫理学―その教理と実生活 第4巻 所有と貧困の倫理 M.クレッカー, U.トゥヴォルシュカ編, 石橋孝明訳 九州大学出版会 2000.9 202, 2p

ロドー, ホセ・エンリーケ
◇アリエル:現代ラテンアメリカ思想の先駆者たち レオポルド・セア編, 小林一宏, 三橋利光共訳 刀水書房 2002.6 250p (人間科学叢書 34)

ロード, マイケル・D.
◇スピンアウトの成功モデル(共著):ビジネスモデル戦略論 Diamondハーバード・ビジネス・レビュー編集部訳 ダイヤモンド社 2006.10 223p (Harvard business review anthology)

ロドビーチ, マニュエラ・ザメック
◇イタリア―長期にわたる合意のうえの規制緩和 他(沢田幹訳):労働市場の規制緩和を検証する―欧州8カ国の現状と課題 G.エスピン・アンデルセン, マリーノ・レジーニ編, 伍賀一道ほか訳 青木書店 2004.2 418p

ロートマン, ベルンハルト
◇復讐についての慰めに満ちた知らせ(1534年)(倉塚平訳):宗教改革著作集 第8巻 再洗礼派 教文館 1992.10 510p

ローパ
◇國際闘争デー前のチエツコスロバキヤ婦人勞働者:世界女性学基礎文献集成 昭和初期編 第9巻 水田珠枝監修 ゆまに書房 2001.12 20, 387p

ローバー, ポール
◇衰退から崩壊へ:バークレー生協は, なぜ倒産したか―18人の証言 日本生活協同組合連合会国際部訳 コープ出版 1992.5 195p

ロハス, ヘンリー・S.
◇グローバル化の時代におけるフィリピン人の海外移住(桐山孝信訳):グローバル化時代の法と法律家 阿部昌樹, 佐々木雅寿, 平覚編 日本評論社 2004.2 363p

ロバーチャー, ロバート・J.
◇e時代の組織とワークスタイル(共著):戦略と経営 ジョーン・マグレッタ編, Diamondハーバード・ビジネス・レビュー編集部訳 ダイヤモンド社 2001.7 405p

ロバーツ, ウェス
◇「アキレスの踵」に学ぶ:セルフヘルプ―なぜ, 私は困難を乗り越えられるのか 世界のビッグネーム自らの47の証言 ケン・シェルトン編著, 堀紘一監訳 フロンティア出版 1998.7 301p

ロバーツ, コーキー
◇人の偏見を受け入れてはいけない（共著）：子供たちへの手紙—あなたにこれだけは伝えたい　エリカ・グッド編, 中埜有理訳　三田出版会　1997.7　371p

ロバーツ, スティーブ
◇人の偏見を受け入れてはいけない（共著）：子供たちへの手紙—あなたにこれだけは伝えたい　エリカ・グッド編, 中埜有理訳　三田出版会　1997.7　371p

ロバーツ, ナンシー・C.
◇カリスマは環境が変わってもカリスマか？（共著）（松本博正訳）：カリスマ的リーダーシップ—ベンチャーを志す人の必読書　ジェイ・A.コンガー, ラビンドラ・N.カヌンゴほか著, 片柳佐智子, 山村宜子, 松本博正, 鈴木恭子訳　流通科学大学出版　1999.12　381p

ロバーツ, マリー
◇ちょっと待って, 手紙を読むから（共著）：ナラティヴ・セラピーの冒険　デイヴィッド・エプストン著, 小森康永監訳　創元社　2005.2　337p

ロバーツ, リチャード・J.
◇どうしてフライドポテトばっかり食べてちゃいけないの？：ノーベル賞受賞者にきく子どものなぜ？なに？　ベッティーナ・シュティーケル編, 畔上司訳　主婦の友社　2003.1　286p

◇どうしてフライドポテトばっかり食べてちゃいけないの？：ノーベル賞受賞者にきく子どものなぜ？なに？　ベッティーナ・シュティーケル編, 畔上司訳　主婦の友社　2005.10　222p

ロバーツ, ルーク・S.
◇国益思想を作った商人——八世紀土佐の研究（杉山しげる, 渡辺八千代訳）：周縁文化と身分制　脇田晴子, マーチン・コルカット, 平雅行共編　思文閣出版　2005.3　345p

ロバートソン, ジャクリーン
◇試験の配慮：バランシング法：障害のある学生を支える—教員の体験談を通じて教育機関の役割を探る　ボニー・M.ホッジ, ジェニー・プレストン‐サビン編, 太田晴康監訳, 三沢かがり訳　文理閣　2006.12　228p

ロビンズ, キャロル・M.
◇創造的音楽療法：脳損傷のある思春期女子の生活に, 秩序と変化とコミュニケーションをもたらす 他（共著）：音楽療法ケーススタディ—小児・青年に関する17の事例　ケネス・E.ブルシア編, 酒井智華ほか訳　音楽之友社　2004.2　285p

ロビンズ, ジョアン・H.
◇予約変更のトラブル：女性の分離‐個体化テーマの鍵：フェミニスト心理療法ハンドブック—女性臨床心理の理論と実践　L.B.ローズウォーター, L.E.A.ウォーカー編著, 河野貴代美, 井上摩耶子訳　ヒューマン・リーグ　1994.12　317p

ロビンス, ジョン
◇自分から始める大切なこと：小さなことを大きな愛でやろう　リチャード・カールソン, ベンジャミン・シールド編, 小谷啓子訳　PHP研究所　1999.11　263, 7p

ロビンス, スチュワート
◇CIOの役割とは—時代とともに変化する役割を理解せよ（共著）：米先進企業CIOが明かすIT経営を成功させる17の「法則」　ディーン・レーン編, 飯田雅美, 高野恵里奈, 日経情報ストラテジー監訳　日経BP社　2005.7　431p

ロビンソン, ヴィクター
◇ハシシ考（飛田妙子訳）：ドラッグ・ユーザー　ジョン・ストロスボー, ドナルド・ブレイス編, 高城恭子ほか訳　青弓社　1995.9　219p

ロビンソン, ウィリアム
◇不平等の時代のラテンアメリカ：国際関係リーディングズ　猪口孝編, 幸野良夫訳　東洋書林　2004.11　467p

ロビンソン, ウィリアム・I.
◇資本主義的ポリアーキーの促進：アメリカによる民主主義の推進—なぜその理念にこだわるのか　猪口孝, マイケル・コックス, G.ジョン・アイケンベリー編　ミネルヴァ書房　2006.6　502, 12p　（国際政治・日本外交叢書 1）

ロビンソン, ジェイムズ・A.
◇不平等は何に起因するか：開発途上国におけるグローバル化と貧困・不平等　リチャード・コール編著, 及川裕二訳　明石書店　2004.11　176p

ロビンソン, シャーマン
◇効果的だったペソ支援政策（共著）：IMF改廃論争の論点　ローレンス・J.マッキラン, ピーター・C.モントゴメリー編, 森川公隆監訳　東洋経済新報社　2000.11　285p

ロビンソン, メグ
◇特別な手助けが必要な子どもの親になって：幼児のための多文化理解教育　ボニー・ノイゲバウエル編著, 谷口正子, 斉藤法子訳　明石書店　1997.4　165p

ロビンソン, ロバート
◇ブレンダン・ビーアン（柴田元幸訳）：インタヴューズ 2　クリストファー・シルヴェスター編, 新庄哲夫ほか訳　文芸春秋　1998.11　451p

ローブ, E. M.
◇スマトラの民族（東亜研究所訳）：東亜研究所刊行物 62　東亜研究所編　竜渓書舎　2003.7　197p　（20世紀日本のアジア関係重要研究資料 1）

ローブ, ジム
◇人脈（共著）：アメリカの悪夢—9・11テロと単独行動主義　ジョン・フェッファー編, 南雲和夫監訳　耕文社　2004.12　319p

ローブ, ジョン・H.
◇量的データと質的データの統合（共著）：ライフコース研究の方法—質的ならびに量的アプローチ　グレン・H.エルダー, ジャネット・Z.ジール編著, 正岡寛司, 藤見純子訳　明石書店　2003.10　528p　（明石ライブラリー 57）

ローフェル, R. ドゥ
◇一四‐十八世紀における為替手形の発展：塙浩著作集—西洋法史研究 20　ヨーロッパ私法史　塙浩訳著　信山社出版　2004.10　603p

ロブサンドルジ, S.
◇モンゴルにおける土地関係の伝統（古代から20世紀初頭まで）（衣袋智子訳）：モンゴル国における土地資源

と遊牧民―過去、現在、未来 特定領域研究「資源人類学・生態資源の象徴化」班国際シンポジウム記録 小長谷有紀, 辛嶋博善, 印東道子編, 内堀基光監修〔東京外国語大学アジア・アフリカ言語文化研究所〕文部科学省科学研究費補助金特定領域研究『資源の分配と共有に関する人類学的統合領域の構築』総括班 2005.3 157p

ロペス＝ジョーンズ, ニナ
◇労働者たち イギリス売春婦協会：セックス・ワーク―性産業に携わる女性たちの声 フレデリック・デラコステ, プリシラ・アレキサンダー編 パンドラ 1993.11 426, 26p

ローベル, ジュリス
◇国際法（共著）：アメリカの悪夢―9・11テロと単独行動主義 ジョン・フェッファー編, 南雲和夫監訳 耕文社 2004.12 319p

ロボ, ミゲル・ソウザ
◇「愛すべき愚か者」と「有能な嫌われ者」の活用（共著）：コーチングがリーダーを育てる Diamondハーバード・ビジネス・レビュー編集部編訳 ダイヤモンド社 2006.4 231p (Harvard business review anthology)

ローマー, ポール・M.
◇ポール・M.ローマー：コンセプトリーダーズ―新時代の経営への視点 ジョエル・クルツマン編, 日本ブーズ・アレン・アンド・ハミルトン訳 プレンティスホール出版 1998.12 298p

ロマニョリ, D.
◇注意せよ、不作法者となるなかれ：食の歴史 2 J-L.フランドラン, M.モンタナーリ編, 宮原信, 北代美和子監訳 藤原書店 2006.2 p434-835

ロマヌス, アエギディウス
◇哲学者たちの誤謬：中世思想原典集成 13 盛期スコラ学 上智大学中世思想研究所編訳・監修 平凡社 1993.2 845p

ロマーノ, ルッジェロ
◇『地中海』の誕生：入門・ブローデル イマニュエル・ウォーラーステイン他著, 浜名優美監修, 尾河直哉訳 藤原書店 2003.3 255p

ロム
◇公教育にかんする報告 他：フランス革命期の公教育論 コンドルセ他著, 阪上孝編訳 岩波書店 2002.1 460, 9p〔岩波文庫〕

ロモフ, ニコライ・A.
◇新兵器と戦争の性格 他：軍事における革命、その意義と結果―1964年度の赤星の代表的軍事論文集 防衛研修所 1965 158p〔読書資料 12-4-3〕
◇軍事技術の発展に対するソビエト軍事ドクトリンの影響：ソ連の軍事面における核革命 ウィリアム・キントナー, ハリエット・ファスト・スコット編〔防衛研修所〕 1970 345p〔研究資料 70RT-9〕

ローラー, M. S.
◇利子率の古典派理論―一般理論―第二版―もしケインズが今日生きていたら G.C.ハーコート, P.A.リーアック編, 小山庄三訳 多賀出版 2005.6 922p

ローラー, エドワード・E., 3世
◇既存の秩序への挑戦 他（共著）（柴田高訳）：21世紀企業の組織デザイン―マルチメディア時代に対応する J.R.ガルブレイス他著, 柴田高ほか訳 産能大学出版部 1996.9 294p

ロラン, H.
◇一三世紀および一四世紀における諸大市の法と諸都市法：塙浩著作集―西洋法史研究 17 ヨーロッパ商法史 続 塙浩訳著 信山社出版 1999.1 932p

ローランド, アーリング
◇いじめ―北欧の研究：いじめの発見と対策―イギリスの実践に学ぶ デルウィン・P.タツム, デヴィッド・A.レーン編, 影山任佐, 斎藤憲司訳 日本評論社 1996.10 236p

ローリー, チャールズ
◇英国と米国における財政赤字と政府規模（黄田賢路訳）：経済政策の公共選択分析 アレック・クリスタル, ルパート・ペナンリー編, 黒川和美監訳 勁草書房 2002.7 232p

ロリウー, B.
◇中世の料理：食の歴史 2 J-L.フランドラン, M.モンタナーリ編, 宮原信, 北代美和子監訳 藤原書店 2006.2 p434-835

ロリマー, デイヴィッド
◇科学、死、目的（上野圭一訳）：死を超えて生きるもの―霊魂の永遠性について ゲイリー・ドーア編, 井村宏治, 上野圭一, 笠原敏雄, 鹿子木大士郎, 菅靖彦, 中村正明, 橘村令助訳 春秋社 1993.11 407, 10p

ロール, リチャード
◇愛の火（道体滋穂子訳）：中世思想原典集成 17 中世末期の神秘思想 上智大学中世思想研究所編訳・監修 平凡社 1992.2 677p
◇投資スタイルの違いによる運用成果への影響（中嶋啓浩訳）：資産運用新時代の株式投資スタイル―投資家とファンドマネジャーを結ぶ投資哲学 T.ダニエル・コギン, フランク・J.ファボツィ編 野村総合研究所 1996.3 329p

ロールストン, ビル
◇封じ込め政策とその失敗：西側による国家テロ アレクサンダー・ジョージ編, 古川久雄, 大木昌訳 勉誠出版 2003.8 275, 80p

ロールストン, ホームズ, 3世
◇ラルフ・ウォルドー・エマソン：環境の思想家たち 上（古代―近代編） ジョイ・A.パルマー編, 須藤自由児訳 みすず書房 2004.9 309p（エコロジーの思想）

ローレンス, T. E.
◇アラビアのローレンス、トルコ第四軍を撃破する（一九一八年九月二十四日）：歴史の目撃者 ジョン・ケアリー編, 仙名紀訳 朝日新聞社 1997.2 421p

ローレンス, ウィリアム・T.
◇ナガサキ原爆投下（一九四五年八月九日）：歴史の目撃者 ジョン・ケアリー編, 仙名紀訳 朝日新聞社 1997.2 421p

ローレンス, ポウル・R.
◇エピローグ（辻村宏和, 坂井正廣訳）：メアリー・パー

カー・フォレット　管理の予言者　ポウリン・グラハム編, 三戸公, 坂井正広監訳　文真堂　1999.5　360p

ローレンス, ロバート
◇日本は、引っ込み思案の巨人だ：アメリカの対日依存が始まる—日米関係の真実　J.E.カーポー, Jr., 加瀬英明編・監訳　光文社　1992.12　184p（カッパ・ブックス）

ロロー, ニコル
◇隠喩なき隠喩『オレステイア』三部作に関して（藤本一勇訳）：デリダと肯定の思考　カトリーヌ・マラブー編, 高橋哲哉, 増田一夫, 高桑和巳監訳　未来社　2001.10　502, 7p（ポイエーシス叢書 47）

ローン, ジム
◇あなたはどんな人とつきあっているか？：セルフヘルプ—なぜ、私は困難を乗り越えるのか　世界のビッグネーム自らの47の証言　ケン・シェルトン編著, 堀紘一監訳　フロンティア出版　1998.7　301p

ロング, ウィリアム・J.
◇核不拡散とODA（宮下明聡訳）：現代日本のアジア外交—対米協調と自主外交のはざまで　宮下明聡, 佐藤洋一郎編　ミネルヴァ書房　2004.12　342, 11p（Minerva21世紀ライブラリー 83）

ロング, ジェニファー
◇アメリカ検察官の主導・教育を通じた「女性に対する暴力」への抵抗（白井論訳）：セクシュアリティと法　斉藤豊治, 青井秀夫編　東北大学出版会　2006.3　437p（ジェンダー法・政策研究叢書 東北大学21世紀COEプログラム 第5巻　辻村みよ子監修）

ロングハム, リチャード
◇なぜサルと人間は仲間どうし殺しあうのか：コンフリクト　M.ジョーンズ, A.C.フェビアン共編, 大淵憲一, 熊谷智博共訳　培風館　2007.11　256p

ロング・ランス
◇太陽の踊り 他（共著）：北米インディアン生活誌　C.ハミルトン編, 和巻耿介訳　社会評論社　1993.11　408p

ロンゴ, O.
◇他者の食べ物：食の歴史　1　J-L.フランドラン, M.モンタナーリ編, 宮原信, 北代美和子訳　藤原書店　2006.1　429p

ロンメル, エアヴィン
◇ドイツ軍のマジノ線突破電撃作戦（一九四〇年五月十五日）：歴史の目撃者　ジョン・ケアリー編, 仙名紀訳　朝日新聞社　1997.2　421p

【ワ】

倭 仁（ワ, ジン）
◇莎車日記：中国歴代西域紀行選　渡辺義一郎編訳　ベースボール・マガジン社　1997.8　328p

ワイズ, F. フランクリン
◇キリスト教教育の社会学的根拠 他：キリスト教教育の探求　サナー, ハーパー編, 千代崎秀雄ほか共訳　福音文書刊行会　1982.4　785p

ワイス, コーラ
◇ハーグ平和アピール（大庭里美訳）：あなたの手で平和を！—31のメッセージ　フレドリック・S.ヘッファメール編, 大庭里美, 阿部純子訳　日本評論社　2005.3　260p

ワイズナー, トーマス・S.
◇愛着の文化生態学的な問題の多元論による解決：愛着からソーシャル・ネットワークへ—発達心理学の新展開　マイケル・ルイス, 高橋恵子編, 高橋恵子監訳　新曜社　2007.5　197, 70p

ワイズナー, ベン
◇地震よりも恐ろしいもの（小川雄二郎訳）：巨大都市と変貌する災害—メガシティは災害を産み出すツボである　ジェイムス・K.ミッチェル編, 中林一樹監訳　古今書院　2006.1　386p

ワイダークイスト, ジョアーン・G.
◇親愛なる修道院長様（竹内喜訳）：ナイチンゲールとその時代　モニカ・ベイリー他著, 平尾真智子, 小沢道子他訳, 小林章夫監訳　うぶすな書院　2000.12　258p

ワイマー, リー
◇実践のコミュニティー—学習のプロセスを継続せよ（共著）：米先進企業CIOが明かすIT経営を成功させる17の「法則」　ディーン・レーン編, 飯田雅美, 高野恵里訳, 日経情報ストラテジー監訳　日経BP社　2005.7　431p

ワイントローブ, ロナルド
◇現代官僚理論：公共選択の展望—ハンドブック　第3巻　デニス・C.ミューラー編, 関谷登, 大岩雄次郎訳　多賀出版　2001.9　p527-812

ワインバーグ, ガーハード・L.
◇第二次世界大戦（戸谷美苗訳）：国際関係研究へのアプローチ—歴史学と政治学の対話　コリン・エルマン, ミリアム・フェンディアス・エルマン編, 渡辺昭夫監訳, 宮下明聡, 野口和彦, 戸谷美苗, 田中康友訳　東京大学出版会　2003.11　379p

ウォーテック, スティーブン・L.
◇「経営と社会」から「社会の中の経営」へ（Stuart D.Hoffman訳）：社会経営学の視座　B.トイン, D.ナイ編, 村山元英監訳, 国際経営文化学会訳　文真堂　2004.10　312p（国際経営学の誕生 2）

ワグナー, W. C.
◇未来に対する道徳性（水谷雅彦訳）：環境の倫理　上　K.S.シュレーダー・フレチェット編, 京都生命倫理研究会訳　晃洋書房　1993.4　355p

ワークマン, ドン・E.
◇行動科学と教会（共著）（上遠岳彦訳）：キリスト教は同性愛を受け入れられるか　ジェフリー・S.サイカー編, 森本あんり監訳　日本キリスト教団出版局　2002.4　312p

ワシナワトック, イングリッド
◇内面から湧き出る力：風の言葉を伝えて＝ネイティブ・アメリカンの女たち　ジェーン・キャッツ編, 船木アデルみさ, 船木卓也訳　築地書館　1998.3　262p

ワース, リチャード
◇南朝鮮過渡政府下における教育の展開（国枝マリ訳）：

韓国の戦後教育改革　阿部洋編著　竜渓書舎
2004.11　391p

ワスク, ヨセフ
◇ユダヤ教と文明：文明間の対話　マジッド・テヘラニアン, デイビド・W.チャペル編, 戸田記念国際平和研究所監訳　潮出版社　2004.2　446, 47p

渡辺 幸治　ワタナベ, コウジ
◇序論 他（共著）：ロシアの総合的安全保障環境に関する研究—東アジア地域における諸問題　総合研究開発機構　2000.3　225p　(NIRA研究報告書)

渡辺 俊夫　ワタナベ, トシオ
◇英国における日本美術の発見（共著）（杉田雅子訳）：日英交流史—1600-2000　5　社会・文化　細谷千博, イアン・ニッシュ監修　都築忠七, ゴードン・ダニエルズ, 草光俊雄編　東京大学出版会　2001.8　398, 8p

ワッゲナー, シェル
◇IT部門の評価指標—「測定によるマネジメント」を目指す（共著）：米先進企業CIOが明かすIT経営を成功させる17の「法則」　ディーン・レーン編, 飯田雅美, 高野恵里京, 日経情報ストラテジー監訳　日経BP社　2005.7　431p

ワトキンズ, マイケル・D.
◇ビジネス危機は予見できる（共著）：「リスク感度」の高いリーダーこそ成功を重ねる　Diamondハーバード・ビジネス・レビュー編集部編訳　ダイヤモンド社　2005.11　242p　(Harvard business review anthology)

ワトソン, J. L.
◇王朝時代後期中国（1000-1940年）における親族組織・序文（共著）（川口幸大訳）：中国文化人類学リーディングス　瀬川昌久, 西澤治彦編訳　風響社　2006.12　354p

ワトソン, キース
◇タイ大学の発展—西洋モデルと伝統モデルの融合：アジアの大学—従属から自立へ　フィリップ・G.アルトバック, ヴィスワナタン・セルバラトナム編, 馬越徹, 大塚豊監訳　玉川大学出版部　1993.10　380p

ワトソン, ナイジェル
◇ライフスタイルとポストモダニズム：ポストモダニズムとは何か　スチュアート・シム編, 杉野健太郎ほか訳　松柏社　2002.6　303p　(松柏社叢書—言語科学の冒険 22)

ワトソン, ルービー・S.
◇死者を記憶にとどめること—東南中国の墓と政治：中国の死の儀礼　ジェイムズ・L.ワトソン, エヴリン・S.ロウスキ編, 西脇常記, 神田一世, 長尾佳代子訳　平凡社　1994.11　416p

ワトソン＝ゲゲオ, カレン
◇マライタ避難, ガダルカナル労働隊（編集）：ビッグ・デス—ソロモン人が回想する第二次世界大戦　ジェフリー・ホワイトほか編, 小柏葉子監訳, 小柏葉子, 今泉裕美子訳　現代史料出版　1999.8　226p

ワートマン, カミール・B.
◇あなたの興味の生かし方とティーチングアシスタントの使い方（共著）（平真木夫訳）：アメリカの心理学者心理学教育を語る—授業実践と教科書執筆のためのTIPS　R.J.スタンバーグ編著, 宮元博章, 道田泰司訳　北大路書房　2000.6　247p

ワードロー, セセリア
◇夢が悪夢に変わった：セックス・ワーク—性産業に携わる女性たちの声　フレデリック・デラコステ, プリシラ・アレキサンダー編　パンドラ　1993.11　426, 26p

ワートン, ビル
◇霊能少女が呼び寄せた地獄の猟犬：あなたが知らないペットたちの不思議な力—アンビリーバブルな動物たちの超常現象レポート　『FATE』Magazine編, 宇佐和通訳　徳間書店　1999.2　276p

ワーナー, エレーン
◇学習障害のある学生に初等代数学を教える：事例研究（共著）：障害のある学生を支える—教員の体験談を通じて教育機関の役割を探る　ボニー・M.ホッジ, ジェニー・プレストン-サビン編, 太田晴康監訳, 三沢かがり訳　文理閣　2006.12　228p

ワーナー, マイケル
◇公衆としての大衆と主体としての大衆（山本啓訳）：ハーバマスと公共圏　クレイグ・キャルホーン編, 山本啓, 新田滋訳　未来社　1999.9　348p　(ポイエーシス叢書 41)

ワーネク, テリー
◇相性における性的要因：アメリカ占星学教科書　第7巻　愛情占星学　ジョーン・マクエバーズ編, 青木良仁訳, アレクサンドリア木星王監修・製作　魔女の家books　1998.2　272p

ワピサナ, シミャン
◇先住民：先住民委員会の声明（共著）（石田隆至訳）：もうひとつの世界は可能か—世界社会フォーラムとグローバル化への民衆のオルタナティブ　ウィリアム・F.フィッシャー, トーマス・ポニア編, 加藤哲郎監修, 大屋定晴, 山口聡, 白井聡, 木下ちがや監訳　日本経済評論社　2003.12　461p

ワルターノフ, V. N.
◇ハルヒンゴル（ハルハ河）戦争65周年に寄せて：ゾルゲ事件関係外国語文献翻訳集　no.11　日露歴史研究センター事務局編　日露歴史研究センター事務局　2006.3　65p

ワン, イービン
◇大学間交流における資格の相互認定とユネスコの役割：大学間交流の実践・課題・展望　沼野太郎監訳, 宮本繁雄訳　国立教育政策研究所国際研究協力部　2001.8　33p

ワン, エンヨン
◇地政学的観点からみたアジア太平洋地域における中国の戦略的位置（森崎正寛訳）：アジア太平洋と国際関係の変動—その地政学的展望　Dennis Rumley編, 髙木彰彦, 千葉立也, 福嶋依子編　古今書院　1998.2　431p

ワンデルシェック, ヘルマン
◇世界大戦と宣伝：内閣情報部情報宣伝研究資料　第2巻　津金澤聰広, 佐藤卓己編　柏書房　1994.6　713p

【ン】

ングゥディリ, アーノン
◇マライタ避難、ガダルカナル労働隊（共著）：ビッグ・デス―ソロモン人が回想する第二次世界大戦　ジェフリー・ホワイトほか編, 小柏葉子監訳, 小柏葉子, 今泉裕美子訳　現代史料出版　1999.8　226p

ンコンゴーニ, カモリオンゴ・オーレ・アイメルー
◇ケニア―閉じた輪の中の遊牧民：先住民族―地球環境の危機を語る　インター・プレス・サービス編, 清水知久訳　明石書店　1993.9　242p　（世界人権問題叢書 9）

書名索引

【あ】

IMF改廃論争の論点　東洋経済新報社
　　　→Barro, Robert J.
　　　→Davies, Bob
→Desbordes-Valmore, Marceline
　　　→Fischer, Stanley
　　　→Friedman, Milton
　　　→Hoagland, Jim
　　　→Krugman, Paul Robin
　　　→Lindsey, Lawrence
　　　→McQuillan, Lawrence J.
　　　→Melloan, George
　　　→Sachs, Jeffrey
　　　→Samuelson, Robert J.
　　　→Saunders, Bernard
　　　→Simon, William E.
　　　→Solomon, Robert
　　　→Summers, Lawrence H.
　　　→Williamson, John
→アンジャリア, シャイレンドラ・J.
→イェーガー, レランド・B.
→ウォーラー, J.マイケル
→ウォール・ストリート・ジャーナル編集部
　　　→ウチテレ, ルイス
　　　→エコノミスト誌
　　　→エドワーズ, セバスチャン
　　　→エドワード, セバスチャン
　　　→オドリンスミー, ジョン
　　　→カーン, モーシン・S.
→グラスマン, ジェームズ・K.
　　　→ケンプ, ジャック
　　　→国際通貨基金
→サックス, デイビッド
→サンジャー, デイビッド・E.
→シェーファー, ブレッド・D.
→シェルトン, ジュディ
→シデル, スコット・R.
→シュルツ, ジョージ・P.
→シュワルツ, アンナ・J.
→ショー, ロバート
→ジョンソン, ブライアン・T.
→ティエル, ピーター
→デパルマ, アンソニー
→デロング, クリストファー
→デロング, ブラッドフォード
→トッド, ウォーカー・F.
→ニューヨークタイムズ編集部
→バウベル, ローランド
→バスケス, イアン
→バッセル, ピーター
→バンドー, ダグ
→ラガッタ, チダナンド
→ラセッター, ウィリアム
→ラッセル, ロバート・W.
→リストン, ウォルター
→レビンソン, ジェローム・I.
→ロックフェラー, デイビッド
→ロビンソン, シャーマン

IMF資本自由化論争　岩波書店
　　　→Cooper, Richard N.
　　　→Dornbusch, Rudiger
　　　→Fischer, Stanley
　　　→Garber, Peter M.
　　　→Massad, Carlos
　　　→Polak, Jacques J.
　　　→Rodrik, Dani
　　　→Tarapore, Savak S.

ILO・国連の協同組合政策と日本　日本経済評論社
　　　→デ・レオン, テレシータ・メナ

愛着からソーシャル・ネットワークへ―発達心理学
の新展開　新曜社
　　　→Lamb, Michael E.
　　　→Lewis, Michael
→アナファルタ, メルタム
→イエルデ, ピエール・F.
→ヴァン・イーゼンドーン, マリナス・H.
→ウォーターズ, エヴァレット
→カーディヤ, キム
→コーコラン, デーヴィド
→スオミ, ステファン・J.
→トンプソン, ロス・A.
→レヴィット, メアリー・J.
→ワイズナー, トーマス・S.

ITマネジメント　ダイヤモンド社
　　　→Cross, John
　　　→Davenport, Thomas H.
　　　→Feeny, David F.
　　　→Haeckael, Stephen H.
　　　→Huber, Richard L.
　　　→Lacity, Mary C.
　　　→Nolan, Richard L.
　　　→Rockart, John F.
　　　→Wolcocks, Leslie P.

愛と結婚とセクシュアリテの歴史―増補・愛とセク
シュアリテの歴史　新曜社
　　　→Ariès, Philippe
　　　→Bottéro, Jean
→Chaussinand-Nogaret, Guy
　　　→Corbin, Alain
　　　→Delort, Robert
　　　→Duby, Georges
→Guerrand, Roger-Henri
　　　→Lebigre, Arlette
　　　→Lebrun, François
　　　→Le Goff, Jacques
　　　→Lever, Maurice
　　　→Mossé, Claude
→Moulin, Anne Marie
　　　→Rey, Michel
　　　→Roche, Daniel
　　　→Solé, Jacques
　　　→Sot, Michel
　　　→Thébaud, Françoise
　　　→Veyne, Paul

アイハヌム―加藤九祚一人雑誌　2007　東海大学出
版会　　→Pidaev, Shakirdzhan Rasulovich
　　　→Rtveladze, Edvard Vasilévich
　　　→Staviskii, B.Ya.
　　　→Zeimal', T.I.

アイルランドとスコットランド―比較社会経済史

あうし

論創社
→Butt, John
→Campbell, R.H.
→Cochran, Laura E.
→Connolly, Sean
→Crawford, W.H.
→Cullen, L.M.
→Devine, T.M.
→Dickson, David
→Dodgshon, R.A.
→Gráda, Cormac Ó.
→Gray, Malcolm
→Lockhart, D.G.
→Mitchison, Rosalind
→Mokyr, Joel
→Munn, C.W.
→O'Flanagan, Patrick
→Solar, Peter
→Whyte, I.D.
→ホワイト, K.A.

アウシュヴィッツと表象の限界　未来社
→Anderson, Perry
→Friedlander, Saul
→Ginzburg, Carlo
→LaCapra, Dominick
→カエス, アントン
→ホワイト, ヘイドン
→ラング, ベレル

「赤ずきん」の秘密―民俗学的アプローチ　紀伊国屋書店 1994
→Bettelheim, Bruno
→Delarue, Paul
→Dundes, Alan
→Eberhard, Wolfram
→Hüsing, Georg
→Jäger, Hans-Wolf
→Perrault, Charles
→Róheim, Géza
→Saintyves, P.
→Shavit, Zohar
→Zipes, Jack David
→グリム兄弟

「赤ずきん」の秘密―民俗学的アプローチ　紀伊国屋書店 1996
→Bettelheim, Bruno
→Delarue, Paul
→Dundes, Alan
→Eberhard, Wolfram
→Hüsing, Georg
→Jäger, Hans-Wolf
→Perrault, Charles
→Róheim, Géza
→Saintyves, P.
→Shavit, Zohar
→Zipes, Jack David
→グリム兄弟

赤ちゃんに百科事典的知識をどう教えるか―子どもの知能は限りなく　サイマル出版会
→Aisen, Susan
→Doman, Glenn J.
→Doman, Janet

アクセスガイド外国法　東京大学出版会
→スミス, マルコム
→マクローリン=スミス, ニッキ

アジア経済のゆくえ―成長・環境・公正　中央大学経済研究所創立40周年記念シンポジウム　中央大学出版部
→キン, イッチュウ（金一中）

アジア成功への課題―『フォーリン・アフェアーズ』アンソロジー　中央公論社
→Krugman, Paul Robin
→Lee, Kuan Yew
→アン, ビュンスン（安秉俊）
→キム, デジュン（金大中）
→クリストフ, N.
→クレア, M.（政治）
→ザカリア, F.
→シーガル, G.
→スターン, P.
→ホーニック, R.
→マニング, R.
→マブバニ, K.
→マンロ, R.

アジア太平洋諸国の収用と補償　成文堂
→Cooray, Anton
→Eathipol Srisawaluck
→Godlovitch, Glenys
→Raff, Murray
→Ricquier, William J.M.
→Xavier, Grace
→コタカ, ツヨシ（小高剛）
→スー, ウォンウー（徐元宇）
→セン, ケンヒン（戦憲斌）
→チェン, リーフー（陳立夫）

アジア太平洋地域における平和構築―その歴史と現状分析　大学教育出版
→Caprio, Mark

アジア太平洋地域の会計　九州大学出版会
→Ahn, Taesik
→Aleonard, Laurent
→Baydoun, Nabil
→Choi, Sang-Moon
→Clarke, Frank
→Dean, Graeme
→Diga, Joselito
→Lowry, John
→Nishimura, Akira
→Perera, M.H.B.
→Rahman, A.R.
→Wells, Murray C.
→Willett, Roger
→カツ, カジュ（葛家澍）
→リュウ, ホウ（劉峰）
→リン, シグン（林志軍）

アジア太平洋と国際関係の変動―その地政学的展望　古今書院
→Drifte, Reinhard
→Rumley, Dennis
→アイリー, コン
→ウェイ, ザン
→エヴァ, ファブリツィオ
→オゾルノイ, ゲンナジー・I.
→グランディ=ワー, カール
→クリスティー, ケネス
→クロコム, ロン
→コロソフ, ヴラディミール
→シン, チャンドラ・パル

あせん

→チョイ，ピュンドゥー
→パーカー，ポール
→ペリー，マーティン
→ポール，エリック
→マーフィ，アレキサンダー・B.
→ミャオロン，リウ
→ワン，エンヨン

アジア太平洋連帯構想　NTT出版
→Drysdale, Peter
→Patrick, Hugh Talbot

アジアにおける日本企業の成功物語—市場戦略と非
　市場戦略の分析　早稲田大学出版部
→Aggarwal, Vinod K.
→ナカガワ，トレバー・H.
→ノーブル，グレゴリー・W.

アジアの開発と貧困—可能性，女性のエンパワーメ
　ントとQOL　明石書店　　→イスラム，イヤナトゥル
→チョウドリ，アニス
→デ・パオリス，フェルナンド
→ナイール，スロチャナ
→ナヤ，セイジ・F.
→ファン，スギョン（黄秀慶）
→マクリーリ，ロバート・K.
→ラーマン，モティウル

アジアの経済発展と家族及びジェンダー　アジア女
　性交流・研究フォーラム　　→イスラム，マムダ
→ウィー，ヴィヴィアン
→エイシス，マルジャ・M.B.
→シャヤヴィーラ，スヴァルナ
→タッカー，ブラバ
→タン，ケイ・フーン
→チャン，ツェ・チュイーン
→ムラッティ，リーラ
→ル，ティ・ナム・トゥイエ

アジアの高等教育改革　玉川大学出版部
→Altbach, Philip G.
→アブドゥル・マリク
→イ，ソンホ（李星鎬）
→ゴンザレス，アンドリュー
→ジャヤラム，N.
→タン，ジェイソン
→パイトゥーン・シンララート
→ビン，イホウ（閔維方）
→ファム，ラン・フォン
→フォード，デイヴィッド
→プット・チョムナーン
→ブホリ，ムフタル
→フライ，ジェラルド・W.
→リー，モリー・N.N.

アジアの大学—従属から自立へ　玉川大学出版部
→Altbach, Philip G.
→Selvaratnam, Viswanathan
→イ，ソンホ（李星鎬）
→カセンダ，サルマン
→カミングス，ウィリアム
→ゴ，シンサク（伍振鷟）
→ゴ，ブンセイ（呉文星）
→ゴピナタン，S.
→ゴンザレス，アンドリュー

→チン，シュンフン（陳舜芬）
→ナカヤマ，シゲル（中山茂）
→バスー，アパルナ
→ヘイホー，ルス
→ワトソン，キース

アジアの福祉国家政策　芦書房
→Sungkawan, Decha
→アシャー，ムクル・G.
→オウ，シガイ（王志凱）
→クォン，ホックチュ
→シャラム，ベルント
→ナンディ，アマレンドウ
→ホウ，キテツ（彭希哲）
→ラジア，ラジャ
→ラセリス，メアリー
→リョウ，コウ（梁鴻）

アジア法の環境—非西欧法の法社会学　成文堂
→Haraksingh, Kusha
→Kidder, Robert LeRoy
→Marasinghe, M.Lakshman
→Narokobi, Bernard
→Paul, James C.N.
→Pérez Perdomo, Rogelio
→Woodman, Gordon R.

アジア立憲主義の展望—アジア・オセアニア立憲主
　義シンポジウム　信山社　　→ウィサヌ・ワランヨウ
→カン，チョウエイ（甘超英）
→キョウ，ジンジン（龔刃靭）
→コウ，ショウゲン（黄昭元）
→シン，パーマナンド
→スマントリ，スリ
→ソンダーズ，シェリル
→テイ，バンキ（鄭万喜）

明日をさがす—高齢化社会を生きる　聖公会出版
→アネザキ，マサヒラ（姉崎正平）
→アレン，キャロル
→サドラー，ポール
→シムジア，ハリー
→ジャッジ，パトリシャ
→ストーン，キャシー
→バーカー，ハリエット
→ハニーバン，マーティン
→バベッジ，スチュアート・B.
→バム，ネリ
→フーアド，ダッドリー
→フィッシャー，ジョージ
→ブリットン，アネット
→ヘインズ，ミッシェル
→ミッドグリー，ゲイル

無頭人　現代思潮社　　→Bataille, Georges
→Caillois, Roger
→Klossowski, Pierre
→Monnerot, Jules
→Rollin, Jean
→Wahl, Jean

アセンションするDNA—光の12存在からのメッセー
　ジ　ナチュラルスピリット　　→Austen, Carole
→Burkc, June
→Cherry, Joanna
→Crawford, Verlaine

書名索引　719

あそび

→Essene, Virginia
→Fickes, Bob
→Fox, Jon
→Marciniak, Barbara J.
→Niclas, Mark
→Norman
→Phylos, Orpheus
→Tuieta

遊びと発達の心理学　黎明書房
　　　　　　　→Erikson, Erik Homburger
　　　　　　　→Lorenz, Konrad
　　　　　　　→Piaget, Jean
　　　　　　　→ウォルフ，ピーター・H.
　　　　　　　→スピッツ，レネー・A.
　　　　　　　→マーフィ，ルイス・B.

新しい移民大陸ヨーロッパ—比較のなかの西欧諸国・外国人労働者と移民政策　明石書店
　　　　　　　→Baringhorst, Sigrid
　　　　　　　→Cleary, Paula
　　　　　　　→Martiniello, Marco
　　　　　　　→Miles, Robert
　　　　　　　→Santel, Bernhard
　　　　　　　→Thränhardt, Dietrich
　　　　　　　→Vranken, Jan
　　　　　　　→Wenden, Catherine Wihthol de

新しいコミュニケーションとの出会い—ジェンダーギャップの橋渡し　垣内出版
　　　　　　　→Allen, Donna
　　　　　　　→Cantor, Muriel G.
　　　　　　　→Cirksena, Kathryn
　　　　　　　→Cottingham, Jane
　　　　　　　→Ogan, Christine L.
　　　　　　　→Royes, Heather
　　　　　　　→Rush, Ramona R.
　　　　　　　→Santa Cruz, Adriana
　　　　　　　→Schaef, Anne Wilson
　　　　　　　→Skard, Torild
　　　　　　　→Smith, Barbara
　　　　　　　→Stuart, Marth
　　　　　　　→Wilson, Jean Goddy

アドラー家族カウンセリング—カウンセラー、教師、セラピストのための実践マニュアル　春秋社
　　　　　　　→Christensen, Oscar C.
　　　　　　　→ウィリアムズ，フランク
　　　　　　　→オハーン＝ホール，リン
　　　　　　　→トーマス，キャロル・R.
　　　　　　　→ホウズ，E.クレア
　　　　　　　→マーチャント，ウィリアム・C.
　　　　　　　→マッケイ，ゲイリー・D.
　　　　　　　→マッケイ，ジョイス
　　　　　　　→ロウ，レイモンド

アドラーの思い出　創元社
　　　　　　　→Adler, Alexandra
　　　　　　　→Adler, Alfred
　　　　　　　→Adler, Kurt A.
　　　　　　　→Adler, Nellie
　　　　　　　→Ansbacher, Heinz
　　　　　　　→Ansbacher, Rowena
　　　　　　　→Babbott, Frank
　　　　　　　→Barlow, Margaret Johnstone
　　　　　　　→Beecher, Marguerite
　　　　　　　→Beecher, Willard
→Berger, Ida
→Bishop, Jim
→Bottome, Phyllis
→Brandt-Erichsen, Martha
→Brodsky, Paul
→Bruck, Anthony
→Corsini, Raymond J.
→Coster-Lucas, Jacqueline
→De Busscher, Jacques F.
→Denham, Margery
→Deutsch, Danica
→de Vries, Sophia
→Dreikurs, Rudolf
→Dreikurs, Sadie
→Farau, Alfred
→Feichtinger, Frederic
→Feldmann, Evelyn
→Froeschels, Emil
→Furtmuller, Aline
→Gondor, Emory
→Gondor, Lillian
→Hemming, James
→Jacoby, Henry
→Kadis, Asya L.
→Kemper, Werner
→King, L.
→Knopf, Olga
→Krausz, Erwin
→Lazarsfeld, Sofie
→Lennhoff, F.G.
→Liebmann, Susanne
→Lombardi, Donald N.
→McDowell, Elizabeth H.
→Manaster, Guy J.
→Mandell, Sibyl
→Maslow, Abraham
→Matteson, Priscilla
→Meiers, Joseph
→Minder, Robert
→Moore, Merrill
→Mowrer, O.Hobart
→Neufeld, Irvin
→Oller, Olga Brody
→Papanek, Ernst
→Papanek, Helene
→Plank, Robert
→Redwin, Eleanor
→Reiss, Sidonia
→Rom, Paul
→Rosenberger, Ross D.
→Roth, Sydney
→Schaffer, Herbert
→Senior, Clarence
→Shoobs, Nahum E.
→Sicher, Harry
→Sicher, Lydia
→Way, Lewis
→バボット夫人

あなたを生かす自己表現—自分の魅せ方、見られ方

同朋舎 →Wilson, Glenn Daniel
　　　　　　　　　→ウェルズ, パメラ
　　　→ウェルズ, ブライアン・W.P.
　　　　　　　　　→コック, マーク
　　　　　→フォーガス, ジョセフ・P.
あなたが知らないペットたちの不思議な力―アンビ
　リーバブルな動物たちの超常現象レポート　徳間
　書店　　　　　　→Gaddis, Vincent H.
　　　　　→ウッドフォード, ジャック
　　　　　→オースティン, ボブ・リー
　　　→オブライエン, バイオレット・M.
　　　　　→コリンズ, ジョイス・L.
　　　　　→サルツマン, ポウリーン
　　　　　→シェヴィッツ, ゲイル・P.
　　　　　→ジャック, エドゥアード
　　　　　　→スミス, ロイド・A.
　　　　　→ソーン, ウィリアム
　　　　　→チェスニー, ハティー
　　　　　→チャップマン, J.P.J.
　　　　　→ドラッフェル, アン
　　　　　→ニューマン, F.ジェリー
　　　　　→パウェル, バーバラ・C.
　　　　　　→パーカー, ルビー
　　　　　　→ハート, ルイーズ
　　　　　→フリードマン, ジェリー
　　　　　　→ベスト, ポール・M.
　　　　　→ヘニング, ケイト
　　　　　→ボウマン, エドヴィン・R.
　　　　　→マッグロウ, ウォルター
　　　　　→マーティン, D.ロジャー
　　　　　→モーガン, アリス
　　　　　→ランドリー, バーバラ
　　　　　　→ローソウ, トム
　　　　　　→ワートン, ビル
あなたの学校のいじめ解消にむけて―教師のための
　実践ハンドブック　東洋館出版社　→Arora, Tiny
　　　　　　　　→Boulton, Michael J.
　　　　　　　　　→Cowie, Helen
　　　　　　　→Higgins, Catherine
　　　　　　　　　→Sharp, Sonia
　　　　　　　　→Smith, Peter K.
　　　　　　　→Thompson, David
　　　　　　　　→Whitney, Irene
あなたの手で平和を！―31のメッセージ　日本評論
　社　　　　　　　　　→Dalai Lama
　　　　　　　　→Falk, Richard A.
　　　　　　　→Gaarder, Jostein
　　→Gorbachev, Mikhail Sergeevich
　　　　　→Heffermehl, Fredrik S.
　　　　　　　　→Macy, Joanna
　　　　　　　→Mandela, Nelson
　　　　　　　→Rotblat, Joseph
　　　　　　　　→Ware, Alyn
　　　　　　　　→Zinn, Howard
　　　　　→アクスワージ, ロイド
　　　　　　→アドルナ, セシリオ
　　　→インゲルスタム, マルガリータ
　　　　　→ウィリアムズ, ジョディ
　　　　　→エルスター, チュール
　　　　　→エルズバーグ, ダニエル

　　　　　　　→エルワージー, シラ
　　　　　　　→クイディン, ユーリ
　　　　→コートライト, デイビット
　　　　　→コーネリアス, ステラ
　　　　　→コーネリアス, ヘレナ
　　　　　→スパークス, アリスター
　　　　　→ティンカー, デイビット
　　　　　　→デュース, ケイト
　　　　　→ニコライ, ロイス・アン
　　　　　→ハシナ, シェイク
　　　　　　→バトラー, リー
　　　　　→バヌヌ, モルデハイ
　　　　→フィッシャー, ディートリッヒ
　　　　　→フォルベク, クヌート
　　　　　→ブラウン, ウィリアム・N.
　　　　　→ペイス, ウィリアム・R.
　　　　　→マセソン, メアリー
　　　　　　→ワイス, コーラ
「アナール」とは何か―進化しつづける「アナール」
　の一〇〇年　藤原書店　→Chartier, Roger
　　　　　　　　　→Corbin, Alain
　　　　　　　　→Farge, Arlette
　　　　　　　　　→Ferro, Marc
　　　　　　→Flandrois, Isabelle
　　　　　　　→Goubert, Pierre
　　　　　　　→Lacoste, Yves
　　　　　　→Le Goff, Jacques
　　　→Le Roy Ladurie, Emmanuel
　　　　　　→ショーニュ, ピエール
　　　　→バルデ, ジャン＝ピエール
　　　　→フォワジル, マドレーヌ
　　　　→ペーテル, ジャン＝ピエール
　　　　　→ベルセ, イヴ＝マリ
アビダルマ仏教とインド思想―加藤純章博士還暦記
　念論集　春秋社　　　　　→Kālidāsa
アフォーダンスの構想―知覚研究の生態心理学的デ
　ザイン　東京大学出版会　→Reed, Edward S.
　　　　　→ガーヴァー, ウィリアム・W.
　　　　　→スヴェンソン, ロッドニー
　　　　→ストッフレーゲン, トーマス・A.
　　　　　→ターヴェイ, マイケル・T.
　　　　　→ヤング, デヴィット・S.
　　　　　→リー, デヴィット・N.
　　　　　→リキオ, ゲーリー・E.
アフリカ国家を再考する　晃洋書房
　　　　　→オサガエ, エゴーサ・E.
　　　　　→ソロモン, フセイン
　　　　　　→バック, ダニエル
　　　　　→ファンケ, ニッキ
　　　　　→マハラジ, ブリジ
アメリカ金融システムの転換―21世紀に公正と効率
　を求めて　日本経済評論社 2001　→Dymski, Gary
　　　　　　　→Epstein, Gerald A.
　　　　　　　→Pollin, Robert
　　　　　　→Wolfson, Martin H.
　　　　　→キャンペン, ジェームズ・T.
　　　　　→ギラーダッチ, テレサ
　　　　　→クロッティ, ジェームズ・R.
　　　　　→ゴールドシュタイン, ドン
　　　　　→シュレジンガー, トム

あめり   全集・合集収載 翻訳図書目録 1992-2007 I

→ダリスタ, ジェーン
→バーバー, ランディ
→ファザーリ, スティーブン
アメリカ金融システムの転換—21世紀に公正と効率を求めて 日本経済評論社 2005 →Dymski, Gary
→Epstein, Gerald A.
→Pollin, Robert
→Wolfson, Martin H.
→キャンペン, ジェームズ・T.
→ギラドゥーチ, テレサ
→クロッティ, ジェームズ・R.
→ゴールドシュタイン, ドン
→シュレジンガー, トム
→ダリスタ, ジェーン
→バーバー, ランディ
→ファザーリ, スティーブン
アメリカ研究の方法 山口書店 →Fores, Michael
→Lipsitz, George
→Mechling, Jay
→Noble, David W.
→Nye, David E.
→Wallace, Anthony F.C.
→Wise, Gene
アメリカ研究の理論と実践—多民族社会における文化のポリティクス 世界思想社
→カービー, ヘーゼル・V.
→キャンベル, ギャヴィン・J.
→クラシゲ, ロン
→ストウ, デーヴィッド・W.
→ネイディス, フレッド
→ハヤシ, ブライアン・M.
アメリカ—コミュニケーション研究の源流 春風社
→Beville, Hugh Malcom
→Bogart, Leo
→Carey, James W.
→Cater, Douglass
→Himmelweit, Hilde
→Katz, Elihu
→Lang, Kurt
→Peterson, Theodore
→Robinson, Gertrude J.
→Schramm, Wilbur
→Sills, David L.
→Wartella, Ellen
→バートス, レナ
アメリカ社会と高等教育 玉川大学出版部
→Altbach, Philip G.
→Berdahl, Robert Oliver
→Clark, Burton R.
→Dey, Eric L.
→Gladicux, Lawrence E.
→Gumport, Patricia J.
→Hobbs, Walter C.
→Hurtado, Sylvia
→Kerr, Clark
→McConnell, T.R.
→McGuinness, Aims C., Jr.
→Teow, Martin
→Thelin, John R.
→Zusman, Ami

→メッツィガー, ウォルター・P.
アメリカ社会の光と影 アルク →Agnew, Spiro
→Daley, Richard
→Freed, Alan
→Khrushchev, Nikita
→Lindbergh, Charles
→McCarthy, Joseph
→Malcolm X
→Nixon, Richard Milhous
→North, Oliver
→Rubin, Jerry
→Steinem, Gloria
アメリカ新研究 北樹出版 →Dewolf, Charles M.
→Drake, Christopher
→Goldberg, Howard S.
→Lubarsky, Jared
アメリカ人の吉野作造論 風行社 →Duus, Peter
→Najita, Tetsuo
→Silverman, Bernard S.
アメリカ政治学を創った人たち—政治学の口述史 ミネルヴァ書房 →Almond, Gabriel A.
→Brodie, Richard
→Dahl, Robert Alan
→Easton, David
→Eulau, Heinz
→アイリッシュ, マリアン・D.
→アダムズ, ラッセル
→ガネル, ジョン
→グリーンスタイン, フレッド
→コール, R.テイラー
→ストークス, ドナルド
→ゼラー, ベル
→トルーマン, デイビッド
→ハイネマン, チャールズ
→バーバー, ジェームズ・デイビッド
→ビーチ, ウォルター
→プリチェット, C.ハーマン
→ベイカー, ゴードン
→ヘリング, E.ペンドルトン
→ポルスビー, ネルソン
→マーヴィック, ドウェイン
→マーティン, ロバート
→ミラー, ウォーレン・E.
→ラニイ, オースチン
→リビングストン, ウイリアム
→リブリン, ベンジャミン
→レッドフォード, エメット・S.
アメリカ政治学の展開—学説と歴史 サンワコーボレーション →Ball, Terence
→Beard, Charles Austin
→Burgess, John W.
→Dahl, Robert Alan
→Easton, David
→Farr, James
→Gunnell, John G.
→Jacobson, Norman
→Lasswell, Harold D.
→Lieber, Francis
→Lindblom, Charles
→Lippincott, Benjamin E.

722 書名索引

→Lowi, Theodore J.
→Merriam, Charles D.
→Ricci, David M.
→Riker, William H.
→Ross, Dorothy
→Seidelman, Raymond
→Silverberg, Helene
→White, Leonard D.
→Willoughby, Westel W.
→Wilson, Woodrow

アメリカ政治の展開　アルク　→Carter, Jimmy
→Cuomo, Mario
→Dawey, Thomas E.
→Eisenhower, Dwight David
→Goldwatar, Barry
→Jackson, Jesse
→Johnson, Lyndon Baines
→Kennedy, John Fitzgerald
→Kennedy, Robert F.
→Nixon, Richard Milhous
→Reagan, Ronald
→Roosevelt, Franklin D.
→Roosevelt, Theodore
→Stevenson, Adlai
→Taft, William Howard
→Truman, Harry S.
→Wilson, Woodrow

アメリカ占星学教科書　第7巻　魔女の家books
→McEvers, Joan
→キャシディー, ナンシー
→クラーク, ブライアン
→ジョワー, ジェフ
→ヒューズ, サンディ
→マン, ロリ・ア
→リーマン, J.リー
→ロス, リチャード
→ワーネク, テリー

アメリカ大国への道―学説史から見た対外政策　彩流社
→ウィークス, ウィリアム・アール
→クラポル, エドワード・P.
→コリン, リチャード・H.
→スティガーウォルド, デヴィッド
→ドーネック, ジャスティス・D.
→バーンハート, マイケル・A.
→ブラウアー, キンレー
→マッカーチャー, ブライアン

アメリカ大統領就任演説集―inaugural address　フロンティアニセン
→Bush, George
→Bush, George Walker
→Carter, Jimmy
→Clinton, Bill
→Johnson, Lyndon Baines
→Kennedy, John Fitzgerald
→Lincoln, Abraham
→Nixon, Richard Milhous
→Reagan, Ronald

アメリカと北朝鮮―外交的解決か武力行使か　朝日新聞社
→Abramowitz, Morton I.
→Cha, Victor D.
→Cohen, Warren I.
→Eberstadt, Nicholas
→Harrison, Selig S.
→Laney, James T.
→Lord, Winston
→Manning, Robert A.
→Noland, Marcus
→Shaplen, Jason T.
→ホン, スニョン（洪淳瑛）

アメリカ図書館界と積極的活動主義―1962-1973年　京都大学図書館情報学研究会
→Bundy, Mary Lee
→Stielow, Frederick J.
→アクサム, ジョン・A.
→ウィリアムズ, ヘレン・E.
→オーウェンズ, メイジャー・R.
→カニンガム, ウィリアム・D.
→キャセル, ケイ・アン
→ジョズィー, E.J.
→ネルソン, ジェイムズ・A.
→ハロー, ロバート・P.
→ピティ, ノエル
→ブレイク, フェイ・M.
→ムーン, エリック

アメリカ図書館史に女性を書きこむ　京都大学図書館情報学研究会
→Hildenbrand, Suzanne
→ジェンキンズ, クリスティン
→シッター, クララ・L.
→ジョンソン＝クーパー, グレンダ
→ハイグレイ, ジョージア・M.
→パセット, ジョアン
→ブランド, バーバラ・B.
→ブリトン, ヘレン・H.
→ベック, クレア
→マローン, チェリル・ノット
→ルイス, リンダ・K.
→ルンディン, アン

アメリカにおけるキャリア教育の現状と課題―第26回公開研究会から　日本私立大学協会附置私学高等教育研究所
→ゴア, ポール

アメリカによる民主主義の推進―なぜその理念にこだわるのか　ミネルヴァ書房　→Ikenberry, G.John
→Nau, Henry R.
→カロザーズ, トマス
→ギルズ, バリー・K.
→コックス, マイケル（政治学）
→シュウェラー, ランドール・L.
→スミス, スティーブ
→スミス, トニー
→ソレンセン, ゲオルグ
→ドイル, マイケル
→ホルスティ, オーレ
→ラトランド, ピーター
→ラルフ, ジェイソン・G.
→ロビンソン, ウィリアム・I.

アメリカ年金事情―エリサ法（従業員退職所得保障法）制定20年後の真実　新水社　→アイリッシュ, レオン
→ウォーカー, デイビッド
→ウットゴフ, キャッスリーン
→ウッドラフ, トーマス
→カウエル, スーザン

あめり　　　　　　　全集・合集収載 翻訳図書目録 1992-2007　I

→ギラーダッチ, テレサ
→シーバー, シルベスター
→シャブン, ジョン
→バーバー, ランディ
→ファーガソン, カレン
→ベンナ, テッド
→ミッシェル, ローレンス
→ヤコブス, ミカエル
→ラパポート, アンナ
→レイ, デイビッド

アメリカの悪夢─9・11テロと単独行動主義　耕文社
→Ehrenreich, Barbara
→Feffer, John
→Hartung, William D.
→Klare, Michael T.
→Ratner, Michael
→ウェイスブロート, マーク
→ガーシュマン, ジョン
→グッドマン, メルビン・D.
→ズーネス, ステファン
→スラブケー, ノイ
→ハニー, マーサ
→バリー, トム
→ヒルシュ, スーザン・F.
→ペムバートン, ミリアム
→ヤンガーズ, コレッタ
→ラシード, アハメド
→ローブ, ジム
→ローベル, ジュリス

アメリカの学生と海外留学　玉川大学出版部
→オームステッド, パトリシア
→カールソン, ジェリー
→クレッシー, ウィリアム
→クローリ, セシリア
→シャピロ, セダ
→ジュラセック, リチャード
→デイヴィス, ロバート
→デラニー, ジーン
→バーン, バーバラ
→フゲイト, ジョー
→ラメット, メリアリーズ
→ルボルド, キャロル

アメリカの教育改革　京都大学学術出版会
→アメリカ科学財団
→教育改革のためのビジネス連合
→経済協力開発機構

アメリカの差別問題―PC(政治的正義)論争をふまえて　明石書店
→Hentoff, Nat
→Scott, Joan Wallach
→Wiener, John
→ウィリアムズ, パトリシア・J.
→ウィルキンス, ロジャー
→ウォン, ション
→ウッドワード, C・ヴァン
→エヴァンズ, サラ・M.
→エプステイン, バーバラ
→全米学識者協会
→ダイアモンド, サラ
→ダスター, トロイ
→ダッセンブロック, リード・ウエイ

→ドスーザ, ディネッシュ
→ハーヴェイ, マイルズ
→バートレット, キャサリーン
→ベネット, ポーラ
→ペリー, ルース
→民主主義的文化を目指す教師の会

アメリカの心理学者心理学教育を語る―授業実践と教科書執筆のためのTIPS　北大路書房
→Gray, Peter
→Sternberg, Robert J.
→Zimbardo, Philip G.
→ウェイド, キャロル・E.
→スミス, ジョシュア・M.
→バーンスタイン, ダグラス・A.
→プロトニック, ロッド
→マイヤーズ, デビッド・G.
→マトリン, マーガレット・W.
→モリス, チャールズ・G.
→レフトン, レスター・A.
→ワートマン, カミール・B.

アメリカの戦争犯罪　柏書房
→Abed, Adeeb
→Azad, Ali
→Bakri, Mustafa El
→Benn, Tony
→Brown, Esmeralda
→Clark, Ramsey
→Flounders, Sara
→Gazalwin, Houda
→Gemma, Gavrielle
→Guindi, Fadwa El
→Hoskins, Eric
→Kelly, Francis
→Kunstler, William
→Levinson, David
→Montgomery, Ann
→Moorehead, Monica
→Noaman, Abdel Hameed
→Ratner, Michael
→Saad, Neal
→Saadawi, Nawal El
→Samad-Matias, M.A.
→Talbot, Karen
→Walker, Paul
→Williams, E.Faye
→チェデック, ジョイス
→ビスワス, ゴータム
→ベッカー, ブライアン
→マーフィー, トニー

アメリカの対日依存が始まる―日米関係の真実　光文社
→Schlosssten, Steven
→カーボー, J.
→クラウリー, ジェームス
→サクソンハウス, ゲーリー
→ステルザー, アーウィン
→ルットワク, エドワード
→レイド, T.R.
→ローレンス, ロバート

アメリカの夢と理想の実現　アルク
→Aaron, Hank
→Armstrong, Neil
→Borman, Frank

724　書名索引

→Bryan, William Jennings	→Bone, Robert G.
→Churchill, Winston Leonard Spencer	→Clermont, Kevin M.
→Earhart, Amelia	→Marcus, Richard L.
→Eisenhower, Dwight David	→Rowe, Thomas D., Jr.
→Elizabeth (Princess)	アメリカ幼児教育の未来―ヘッドスタート以後　コ
→Gehrig, Lou	レール社
→Glenn, John	→Kennedy, Edward Moore
→Kennedy, John Fitzgerald	→Styfco, Sally J.
→King, Martin Luther, Jr.	→Zigler, Edward
→Margaret (Princess)	→ギルマン, エリザベス
→Reagan, Ronald	アメリカ労働運動のニューボイス―立ち上がるマイノ
→Ruth, Babe	リティー、女性たち　彩流社　→サーエンス, ロシオ
→Stengel, Casey	→チェン, メイ
アメリカの歴史　1　三省堂　→Norton, Mary Beth	→チャン, フランシスコ
アメリカの歴史　2　三省堂　→Escott, Paul D.	→デービッド, アマド
→Katzman, David M.	→ドゥラン, マリア・エレナ
→Norton, Mary Beth	→バスケス, クリスティーナ
アメリカの歴史　3　三省堂	→ハセガワ, ボブ
→Chudacoff, Howard P.	→ブルー, ルイーザ
→Escott, Paul D.	→ホシジョー, レナード
アメリカの歴史　4　三省堂	→ミナト, スーザン・ミチ
→Chudacoff, Howard P.	アメリカはなぜイラク攻撃をそんなに急ぐのか？
→Paterson, Thomas G.	朝日新聞社　→Ajami, Fouad
アメリカの歴史　5　三省堂	→Bengio, Ofra
→Paterson, Thomas G.	→Butler, Richard
→Tuttle, William M., Jr.	→Byman, Daniel L.
アメリカの歴史　6　三省堂	→Fowler, Wyche, Jr.
→Paterson, Thomas G.	→Fuerth, Leon S.
→Tuttle, William M., Jr.	→Gause, F.Gregory, III
アメリカのろう文化　明石書店	→Halperin, Morton H.
→Bahan, Benjamin J.	→Hills, Carla H.
→Padden, Carol	→Holbrooke, Richard C.
→Wilcox, Sherman	→Kepel, Gilles
→Woodward, James	→Lantos, Tom
→ウイルバー, ロニー・B.	→Mackey, Sandra
→カナペル, バーバラ	→Perle, Richard N.
→コーイ, テリー	→Pollack, Kenneth M.
→ストコー, ウィリアム	→Rose, Gideon
→チャロウ, ベーダ・R.	アメリカン・ボード宣教師文書―上州を中心として
→ハンフリー, トム	新教出版社　→Albrecht, George E.
→ホール, ステファニ	→Cary, Otis
→マウ, シャニー	→Gordon, Marquis Lafayette
→マーティン, ベット	→Greene, Daniel Crosby
→ラザフォード, スーザン・D.	→Griswald, Fanny E.
アメリカ批判理論の現在―ベンヤミン、アドルノ、フ	→Hall, M.E.
ロムを超えて　こうち書房　→Jay, Martin	→Keith, Cora Frances
→Whitebook, Joel	→Learned, Dwight Whitney
→ケルナー, ダグラス	→Noyes, William H.
→ジャコビィ, ラッセル	→Parmelee, Harriet Frances
→ズヴィダヴァート, ランバート	→Pedley, James Hilton
→ニコルセン, シェリー・ウェーバー	→Scudder, Doremus
→バック＝モース, スーザン	→Shed, Mary H.
→バーマン, ラッセル・A.	→Stanford, Arthur Willis
→ハロット＝ケンター, ロバート	ARISを活用したシステム構築―エンタープライズ・
→ヒッセン, アンドレアス	アーキテクチャの実践　シュプリンガー・フェア
→ブリック, バーバラ	ラーク東京　→Abolhassan, Ferri
→ブレインズ, ポール	→Adam, Otmar
→ボストン, モイシュ	→Brady, Ed
→ホーヘンダール, ピーター・U.	→Cook, Yvonne
アメリカ民事訴訟法の理論　商事法務	→Gahse, Frank
	→Gulledge, Thomas R.

ありす 全集・合集収載 翻訳図書目録 1992-2007 Ⅰ

→Hadzipetros, Emmanuel
→Hafez, Wael
→Huntington, Greg
→Kirchmer, Mathias F.W.
→Lajmi, Rajiv
→Michaels, Jeff
→Naidoo, Trevor
→Scharsig, Marc
→Scheer, August-Wilhelm
→Scholz, Torsten
→Simon, Georg
→Snyder, Chris
→Steiner, Donald
→Wagner, Karl
→Welchering, Björn
→Werth, Dirk
→Westermann, Peter
→Western, Colin
→Zangle, Fabrice
ARISを活用したチェンジマネジメント―ビジネスプロセスの変革を管理する　シュプリンガー・フェアラーク東京
→Abolhassan, Ferri
→Beham, Maria
→Brady, Ed
→Broinger, Kurt
→Doganov, Boyan
→Ester, Ralf Martin
→Exeler, Steffen
→Gulledge, Thomas R.
→Hayes, Philip
→Kaltenbrunner, Gabriele
→Kirchmer, Mathias F.W.
→Kraemer, Wolfgang
→Lotterer, Alexander
→Nachev, Gencho
→Naidoo, Trevor
→Nattermann, Peter
→Obrowsky, Walter
→Scharsig, Marc
→Scheer, August-Wilhelm
→Schober, Florian
→Simon, Georg
→Sprenger, Peter
→Talsma, Kelly
→Wilms, Sven
ARISを活用したビジネスプロセスマネジメント―欧米の先進事例に学ぶ　シュプリンガー・フェアラーク東京
→Brady, Ed
→Brown, George
→Browning, Steve
→Czarnecka, Roza
→Davis, Rob
→de Castelbajac, Laurent
→Dietrich-Nespesny, Karel
→Eschbach, Paul
→Gruchman, Grzegorz B.
→Gulledge, Thomas R.
→Hars, Alexander
→Heinzel, Herbert
→Horowski, Witold
→Hrbek, Karel
→Jost, Wolfram
→Kirchmer, Mathias F.W.
→Mihaljevic, Antonela Divic
→Miksch, Klaus
→Mitacek, Marek
→Olsztynski, Pawl
→Paton, Colin
→Plucinski, Andrzej
→Rosemann, Michael
→Scharsig, Marc
→Scheer, August-Wilhelm
→Simon, Georg
→Sommer, Rainer A.
→Teysseyre, Laurent
→Vannier, Benoit
→Wagner, Karl
→Zavodny, Zdenek
アリストクセノス『ハルモニア原論』の研究　東海大学出版会
→Aristoxenus

【い】

イエスと死海文書　三交社
→Betz, Otto
→Charlesworth, James H.
→Dunn, James D.G.
→Evans, Craig A.
→Flusser, David
→Kee, Howard Clark
→Riesner, Rainer
→Sacchi, Paolo
→Segal, Alan F.
→Smith, Morton
→Zias, Joe
イェーリング法学論集　信山社出版
→Radbruch, Gustav
→ヴィアッカー, フランツ
→コーラー, ヨゼフ
→ヒルシュ, エルンスト・E.
→フィケンチャー, ヴォルフガンク
→ヘルファー, クリスチャン
緯学研究論叢―安居香山博士追悼　平河出版社
→オウ, リキ（王利器）
→カ, ジュツキ（夏述貴）
→チン, ハン（陳槃）
→リ, ホウキョ（李鵬挙）
→リョ, ガイ（呂凱）
→リョ, ソウリキ（呂宗力）
→リン, キンセン（林金泉）
いかに「高業績チーム」をつくるか　ダイヤモンド社
→Bohmer, Richard
→Edmondson, Amy
→Katzenbach, Jon R.
→Leavitt, Harold J.
→Levy, Paul F.
→Lipman-Bluman, Jean
→Lipnack, Jessica
→Majchrzak, Ann
→Malhotra, Arvind

全集・合集収載 翻訳図書目録 1992-2007　Ⅰ　　　　　　　　いきり

　　　　　　　　→Meyer, Christopher　　怒れる女たち—ANGRY WOMEN　1　第三書館
　　　　　　　　　　→Pisano, Gary　　　　　　　　　　　　　　→Finley, Karen
　　　　　　　　→Smith, Douglas K.　　　　　　　　　　　　→Galás, Diamanda
　　　　　　　　　→Stamps, Jeffrey　　　　　　　　　　　　　→Hooks, Bell
　　　　　　　　　　→Walsh, Bill　　　　　　　　　　　　　→Hughes, Holly
　　　　　　　　→カッツ, ナンシー　　　　　　　　　　　　　→Lunch, Lydia
　　　　　　　→スミス, ダニエル・C.　　　　　　　　　　　→Montano, Linda
　　　　　　　　→セシィ, ラジェ　　　　　　　　　　→Schneemann, Caroliee
　　　　　　　　→パーク, C.ワン　　　　　　　　　　　　→Sprinkle, Annie
　　　　　　→ラパポート, リチャード　　慣れる女たち　第三書館　　→Acker, Kathy
いかに「時間」を戦略的に使うか　ダイヤモンド社　　　　　　　→Juno, Andrea
　　　　　　　　→Amabile, Teresa M.　　　　　　　　　　　　→Sapphire
　　　　　　→Davenport, Thomas H.　　　　　　　　　　　　　→Vale, V.
　　　　　　　→Ghoshal, Sumantra　　　　　　　　→エクスポート, ヴァリー
　　　　　　→Hadley, Constance N.　　　　　　　　　　　　→カー＆マレイ
　　　　　　　→House, Charles H.　　　　　　　　　→コールマン, ワンダー
　　　　　　　→Kaplan, Robert S.　　　　　　　　　　　→ネル, アヴィタル
　　　　　　　→Kramer, Steven J.　　　　　　　　　　　→ブライト, スージー
　　　　　　　→Price, Raymond L.　　EQを鍛える　ダイヤモンド社　→Barrett, Colleen
　　　　　　　→Stalk, George, Jr.　　　　　　　　　　　　→Bartz, Carol
　　　→アンダーソン, スティーブン・R.　　　　　　　　　　→Book, Howard
　　　　　　　→ウェバー, アラン・M.　　　　　　　　→Boyatzis, Richard E.
　　　　　　　　→グレーザー, ジョン　　　　　　　→Druskat, Vanessa Urch
　　　　　　→バーグラス, スティーブン　　　　　　→Earley, P.Christopher
　　　　　　　　→ブルッフ, ハイケ　　　　　　　　　　　→Farson, Richard
いかに「プロジェクト」を成功させるか　ダイヤモ　　　　→George, William
ンド社　　　　　　→Amabile, Teresa M.　　　　　　　　　→Gergen, David
　　　　　　　→Ashkenas, Ronald N.　　　　　　　　　　→Goffee, Robert
　　　　　　→Davenport, Thomas H.　　　　　　　　→Goldberg, Elkhonon
　　　　　　→Druskat, Vanessa Urch　　　　　　　　　→Goleman, Daniel
　　　　　　　→Eppinger, Steven D.　　　　　　　　→Gutstein, Steven E.
　　　　　　→Hadley, Constance N.　　　　　　　　　　→Harman, Sidney
　　　　　　　→House, Charles H.　　　　　　　→Heifetz, Ronald Abadian
　　　　　　　→Kahneman, Daniel　　　　　　　　　　　　→Jung, Andrea
　　　　　　　→Kramer, Steven J.　　　　　　　　　　　→Keyes, Ralph
　　　　　　　　→Lovallo, Dan　　　　　　　　　　　　→Lalich, Janja
　　　　　　　→Matta, Nadim F.　　　　　　　　　　　　→McKee, Annie
　　　　　　　→Price, Raymond L.　　　　　　　　　　→Mayer, John D.
　　　　　　　→Prusak, Laurence　　　　　　　　　→Mosakowski, Elaine
　　　　　　　→Royer, Isabelle　　　　　　　　　　　　→Stone, Linda
　　　　　　　→Wilson, H.James　　　　　　　　　→Thomas, Michael Tilson
　　　　　　　→Wolff, Steven B.　　　　　　　　　　　→Wolff, Steven B.
いかに「問題社員」を管理するか　ダイヤモンド社　異教的中世　新評論　　→Milis, Ludovicus
　　　　　　　　→Axelrod, Beth　　　　　　　　　　→ヴェーグマン, アニック
　　　　　　　→Butler, Timothy　　　　　　　　　　→シャロン, ヴェロニーク
　　　　　　→DeLong, Thomas J.　　　　　　　　　→ディールキンス, アラン
　　　　　　　→Erlandson, Eddie　　　　　　　　　→ルー, マルティン・ドゥ
　　　　　　　→Groysberg, Boris　　　　　　　　　→レップ, クリストーフ
　　　　　→Handfield-Jones, Helen　　イギリス革命論の軌跡—ヒルとトレヴァ＝ローパー
　　　　　　→Lorsch, Jay William　　蒼天社出版　　　　　　　→コーフィールド, P.J.
　　　　　　　→Ludeman, Kate　　イギリス社会史派のドイツ史論　晃洋書房
　　　　　　　→Michaels, Ed　　　　　　　　　　　→Blackbourn, David
　　　　　　　→Nanda, Ashish　　　　　　　　　　　　→Eley, Geoff
　　　　　　　→Nicholson, Nigel　　　　　　　　　→Evans, Richard J.
　　　　　　　→Nohria, Nitin　　イギリス社会政策論の新潮流—福祉国家の危機を超
　　　　　　　→Offermann, Lynn R.　　えて　法律文化社　→Townsend, Peter
　　　　　　→Sulkowicz, Kerry J.　　　　　　　　　　→Walker, Alan
　　　→Vijayaraghavan, Vineeta　　　　　　　　　→ウィール, アルバート
　　　　　　　→Waldroop, James　　　　　　　　→ウィルソン, エリザベス
　　　　　→タカギ, ハルオ（高木晴夫）　　　　　　　　→クラーク, アラン

書名索引　727

いきり

イギリス人の語る心にのこる最高の先生　関東学院大学出版会
→フィッツジェラルド,トニー
→ブラウン,ムリエル
→ラバン,コリン
→リー,フィル
→Allen, B.
→Altman, J.
→Beckford, R.
→Boaden, H.
→Bradshaw, J.
→Campbell, S.
→Corlett, W.
→Cox, J.
→Edwards, J.
→Gascoigne, B.
→Gulliver, T.
→Hemingway, W.
→Horowitz, Anthony
→Hylton, J.
→Inverdale, J.
→Jones, G.
→Lewis, D.
→Mirren, H.
→Oberman, T.A.
→Okri, B.
→Pine, C.
→Saunders, Cicely
→Sereny, Gitta
→Show, J.
→Storey, H.
→Tamm, M.
→Toksvig, S.
→Tomlinson, R.
→Turner, A.
→Willis, P.
→Winston, R.
→Wood, D.
→Woodward, E.

イギリスのミドリング・ソート―中流層をとおしてみた近世社会　昭和堂
→Barry, Jonathan
→Brooks, Christopher W.
→D'Cruze, Shani
→Earle, Peter
→Rogers, Nicholas
→Wrightson, Keith

イギリス法と欧州共同体法―比較法研究の一つの試み　早稲田大学比較法研究所
→Evans, A.
→Freeman, Elizabeth
→Lasok, D.
→Millner, Maurice Alfred
→Ryder, E.C.
→Scamell, E.H.

池田大作全集　第107巻　聖教新聞社
→Likhanov, Al'bert Anatol'evich
→シマー, R.
→ブルジョ, G.

「意識」の進化論―脳 こころ AI　青土社
→Berman, Morris
→Calvin, William H.
→Coleman, Wim

→Csikszentmihalyi, Mihaly
→Dennett, Daniel Clement
→Humphrey, Nicholas K.
→Korein, Julius
→Langs, Robert
→Margulis, Lynn
→Ogilvie, Dan
→Perrin, Pat
→Sagan, Dorion
→Sternberg, Robert J.

意思決定の技術　ダイヤモンド社
→Bonabeau, Eric
→Charan, Ram
→Etzioni, Amitai
→Garvin, David A.
→Hammond, John S.
→Hayashi, Alden M.
→Keeney, Ralph L.
→Raiffa, Howard
→Roberto, Michael A.
→ラップ, H.エドワード

意思決定のサイエンス　ダイヤモンド社
→Bazerman, Max H.
→Chugh, Dolly
→Davenport, Thomas H.
→Denrell, Jerker
→Pfeffer, Jeffrey
→Sutton, Robert I.
→オコネル, アンドリュー
→スティール, リチャード
→ブキャナン, リー
→ブレンコ, マルシア
→マンキンズ, マイケル・C.
→モース, ガーディナー
→ロジャース, ポール（経営学）

意思決定の思考技術　ダイヤモンド社
→Argyris, Chris
→Drucker, Peter Ferdinand
→Etzioni, Amitai
→Hammond, John S.
→Hayashi, Alden M.
→Keeney, Ralph L.
→Raiffa, Howard
→Stryker, Perrin

石干見―最古の漁法　法政大学出版局
→イ, サンコ（李相高）
→ホ, ソンフェ（許成会）

いじめととりくんだ学校―英国における4年間にわたる実証的研究の成果と展望　ミネルヴァ書房
→Boulton, Michael J.
→Cowie, Helen
→Higgins, Catherine
→Rivers, Ian
→Sharp, Sonia
→Smith, Peter K.
→Thompson, David
→Whitney, Irene

いじめととりくんだ国々―日本と世界の学校におけるいじめへの対応と施策　ミネルヴァ書房
→Smith, Peter K.
→ヴォルケ, ディエター

→ウッズ，サラ
→オラフソン，ラグナー・F.
→オルテガ，ロザリオ
→カウイ，ヘレン
→ク，ヒョジン（具孝珍）
→クァク，クムジュ（郭錦珠）
→クレイク，ウエンディ
→コウ，コウヨウ（黄向陽）
→サマラ，ムサナ
→スリー，フィリップ・T.
→ペプラー，デブラ
→マーチン，オルガ
→メネシニ，エルシリア
いじめの発見と対策―イギリスの実践に学ぶ　日本評論社
　　　　　　　　　　　→Askew, Sue
　　　　　→Tattum, Delwyn P.
　　　　　→Walford, Geoffrey
→スティーヴンソン，ピート
→スミス，デイヴ
→チェイザン，モーリス
→ティッツマン，ウェンディ
→ハーバート，グラハム
→ハモンド，ジェームス・O.
→レイド，ケン
→レーン，デヴィッド・A.
→ローランド，アーリング
イスラームの神秘主義と聖者信仰　東京大学出版会
　　　　　　　　　　　→セブティ，A.
痛みと怒り―圧政を生き抜いた女性のオーラル・ヒストリー　明石書店　→スカルティニンシ，ジョセファ
　　　　　　　　　　　→ミーア，シャミン
イタリア近代法史　明石書店　→Cazzetta, Giovanni
　　　　　→Cipriani, Franco
　　　　　→Sbriccoli, Mario
　　　　　→Schioppa, Antonio padoa
イタリアの金融・経済とEC統合　日本経済評論社
　　　　　→Barca, Fabrizio
　　　　　→Bonavoglia, Rosario
　　　　　→Ciampi, Carlo Azeglio
　　　　　→Desario, Vincenzo
　　　　　→Dini, Lamberto
　　　　　→Fazio, Antonio
　　　　　→Frasca, Francesco
　　　　　→Giucca, Paola
　　　　　→Magnani, Marco
　　　　　→Morcaldo, Giancarlo
→Padoa-Schioppa, Tommaso
　　　　　→Salvemini, Giancarlo
　　　　　→Sasso, Ferdinando
　　　　　→Sestito, Paolo
　　　　　→Vona, Stefano
一般経営経済学　第3巻　森山書店
→コスビール，フーゴ
→ゼールバッハ，ホルスト
→ディヒトル，エルウィン
→デュルカーツィク，ヨッヘン
→トロスマン，エルンスト
→ブレーヒ，ユルゲン
→ベッカー，フランツ
→リュッケ，ヴォルフガング

一般理論―第二版―もしケインズが今日生きていたら　多賀出版
→Cornwall, John
→Davidson, Paul
→Goodwin, Richard Murphey
→Harcourt, Geoffrey Colin
→Riach, P.A.
→アイスナー，ロバート
→ヴェルセリ，アレッサンドロ
→オドンネル，ロッド
→キャスパリ，ヴォルカー
→キング，J.E.
→クライスラー，ピーター
→クラウアー，ロバート・W.
→クレーゲル，J.A.
→コーツ，ジョン
→ゴードン，マイロン・J.
→サルドーニ，クラウディオ
→ジェラード，ビル
→シャピロ，ニーナ
→ジャルスリック，マーク
→スキデルスキー，ロバート
→ダウ，シェイラ・C.
→ダリティ，ウィリアム，Jr.
→チック，ヴィクトリア
→デーヴィス，ジョン・B.
→トービン，ジェームズ（経済学）
→トーマス，ジム（経済学）
→トール，クリストファー
→ハウイット，ピーター
→パシネッティ，ルイジ・L.
→バレンズ，インゴ
→フーヴァー，ケヴィン・D.
→ブラウン，A.J.
→ブラッドフォード，ワイリー
→ブロスウェル，J.F.
→マリス，ロビン
→ヤング，ウォレン
→ライムズ，T.K.
→リツルボーイ，ブルース
→ルンデ，ヨッケン
→レダウェー，ブライアン
→ロジャーズ，コリン
→ローラー，M.S.
偽りの肉体―性転換のすべて　信山社出版
→Schiffels, Waltraud
→アイヒャー，ヴォルフ
→アダム，クラウス
→ヴォルトマー，マンフレート
→エーガー，ミカエラ＝ラリッサ
→エーキング，ギゼラ
→エングラー，クリスチアーネ
→クルツ，シュテファン
→ゴーレン，ルイス・J.G.
→シェーンアイヒ，ハインリヒ
→タイトル，ウォルター
→ドゥードゥレ，ウルス
→プフェフリン，フリーデマン
→ヘーベレ，エルヴィン・J.
→ポーランド，ドレッテ

いてお

イデオロギー論の系譜　こぶし書房
〈意〉の文化と〈情〉の文化―中国における日本研究
　　中央公論新社　　　　　　→エン, シエイ (袁志英)
　　　　　　　　　　　　→オウ, ギョウヘイ (王曉平)
　　　　　　　　　　　　　　→オウ, サン (王珊)
　　　　　　　　　　　　　　→オウ, ビン (王敏)
　　　　　　　　　　　　→オウ, ホウヘイ (王宝平)
　　　　　　　　　　　　　　→オウ, ユウ (王勇)
　　　　　　　　　　　　　→ゴ, エイバイ (呉衛梅)
　　　　　　　　　　　　　→サイ, セイコウ (崔世広)
　　　　　　　　　　　　　→ジョ, イチヘイ (除一平)
　　　　　　　　　　　　→ショウ, カイホウ (尚会鵬)
　　　　　　　　　　　　　　→ソン, セイ (孫政)
　　　　　　　　　　　　　　→トウ, グン (滕軍)
　　　　　　　　　　　　　　→リュウ, キ (劉毅)
　　　　　　　　　　→リョ, ジュンチョウ (呂順長)
　　　　　　　　　　　→リン, ギョウコウ (林曉光)
　　　　　　　　　　　→リン, ショウカ (林少華)
異文化から見た日本宗教の世界　法蔵館
　　　　　　　　　　　　→グラパール, アラン・G.
　　　　　　　　　　　　　→ケルシー, マイケル
　　　　　　　　　　　　→スミス, バードウェル
　　　　　　　　　　　　　→タイラー, ロイヤル
　　　　　　　　　　　→ハーデーカー, ヘレン
　　　　　　　　　　　　→マクマリン, ニール
　　　　　　　　　　　　　　→リーダー, イアン
　　　　　　　　　　　　→リード, デイヴィッド
　　　　　　　　　　→ルイス, デイヴィッド・C.
異文化結婚―境界を越える試み　新泉社
　　　　　　　　　　→Breger, Rosemary Anne
　　　　　　　　　　　　　　→Hill, Rosanna
　　　　　　　　　　　　　　→アセンソー, A.B.
　　　　　　→アレックス-アセンソー, イヴェティ
　　　　　　　　→ウォルドレン, ジャッキー
　　　　　　→カティブーチャヒディ, ジェーン
　　　　　　　　　　　　　→クリシュナ, ミーナ
　　　　　　　　　　　　　　→コーン, タマラ
　　　　　　　　→ジョシ, メアリー・シッソン
　　　　　　　　　　　　　→セマフム, サンユ
　　　　　　　　　　　　　　→パットン, リニー
　　　　　　　→マックスウェル, アンドリュー
　　　　　　　　　　　　　　→ヤマニ, マイ
　　　　　　　　　　→レフシン, クリステン
今こそ地球倫理を　世界聖典刊行協会
　　　　　　　　　　　　→Aung San Suu Kyi
　　　　　　　　　→Bernardin, Joseph Louis
→Weizsäcker, Carl-Friedrich Von
　　　　　　　　　　→Weizsacker, Richard
　　　　　　　　　　　　　→Wiesel, Eliezer
　　　　　　　　　　→アハティサーリ, マルッティ
　　　　　　　→アルンス, パウロ・エヴァリスト
　　　　　　　　→ガザリ, ムハンマッド・エル
　　　　　　　　→グローベン, K.K.フォン・デア
　　　　　　　　　　　　　　→ケアリ, ジョージ
　　　　　　　　　　　→ケーニッヒ, フランツ
　　　　　　　　　　　　→コッレク, テッディ
　　　　　　　　　　　　　→コペレフ, レフ
　　　　　　　　　　→ザクゾウク, マハモウド
　　　　　　　　　　→シュミット, ヘルムート
　　　　　　　　　→スィヴァラクサ, スーラク

全集・合集収載　翻訳図書目録 1992-2007　I

　　　　　　　　　　→スィラ, ルネ-サミュエル
　　　　　　　　　　　→スィングヴィ, L.M.
　　　　　　→スターンバーグ, スィグムンド
　　　　　　　　　　　→ソマヴィア, ファン
　　　　　　　→ソンマルガ, コルネリオ
　　　　　　　　→タラル, ハッサン・ビン
　　　　　　　　　→タルビ, ムハンマッド
　　　　　　　　　→チョウラキ, アンドレ
　　　　　　　　　→トゥトゥ, デスモンド
　　　　　　　　　　→バーソロミュー1世
　　　　　→パドゥガオンカル, ディリープ
　　　　　　　　　　　　→ハナフィ, ハッサン
　　　　　　　　　→マゴネット, ジョナサン
　　　　　　　　　→メアリー, ロビンソン
　　　　　　　　→メニューイン, イェフディ
　　　　　　　　　→メンチェ, リゴベルタ
　　　　　　　　→リュウ, ジュッセン (劉述先)
　　　　　　　　　　→レイザー, コンラッド
いま, 市民の図書館は何をすべきか―前川恒雄さん
　の古稀を祝して　出版ニュース社　→Jolly, Claude
いま歴史とは何か　ミネルヴァ書房
　　　　　　　　　　　　→Evans, Richard J.
　　　　　　　　　　　　　→Hufton, Olwen
→アルメスト, フェリペ・フェルナンデス
　　　　　　　　　　　→カートリッジ, ポール
　　　　　　　　　→ケスラー=ハリス, アリス
　　　　　　　　　　　　　　→コリー, リンダ
　　　　　　　　　　　　→ブレット, アナベル
　　　　　　　　　　　→ペダーセン, スーザン
　　　　　　　　　　　　　→ルービン, ミリ
EU統合下におけるフランスの地方中心都市―リヨ
　ン・リール・トゥールーズ　古今書院
　　　　　　　　　　　　→Pitte, Jean-Robert
　　　　　　　　→チュメレル, ピエールジャン
EU統合の軌跡とベクトル―トランスナショナルな政
　治社会秩序形成への模索　慶応義塾大学出版会
　　　　　　　　　　　　　→ギルソン, ジェリー
EUと現代ドイツ―歴史・文化・社会　世界思想社
　　　　　　　　　　　　　　→Karsten, Uwe
　　　　　　　　　　　→Settekorn, Marion
EU法の現状と発展―ゲオルク・レス教授65歳記念論
　文集　信山社出版　　　　　→Ress, Georg
EU法・ヨーロッパ法の諸問題―石川明教授古稀記念
　論文集　信山社出版　　→ビルケンフェルト
　　　　　　　　　　　　　　→ボルフラム
イラン人は神の国イランをどう考えているか　草思
　社　　　　　　　　　　　　→Nafisi, Azar
　　　　　　　　　　　→Satrapi, Marjane
　　　　　　　　→アグダシュルー, ショーレー
　　　　　　　　→アーサイエシュ, ゲラーレ
　　　　　　　　　　→アーズィミー, ネガール
　　　　　　　　　　　　→アスラン, レザー
　　　　　　　　　　　→アブドー, サーラール
　　　　　　→エブラーヒミヤン, バーバク
　　　　　　　　→カール, メーランギーズ
　　　　　→キャーロスタミー, アッバース
　　　　　　　→ザルバフィヤン, ナグメー
　　　　　　　→シャーイェガン, ダリューシュ
　　　　　　　　　　→ネシャート, シーリーン
　　　　　　　　　→ハッカキャン, ローヤ

→モア ヴェーニー, アーザーデー
医療ソーシャルワークの実践　中央法規出版
　　　　　　　　　　→Badawi, Mieke
　　　　　　　　　　→Biamonti, Brenda
　　　　　　　　→アンウィン, ジュディス
　　　　　　　　　　→オー, ジュリエット
　　　　　　　　→カッパード, マーガレット
　　　　　　　　　　→カール, ジーン
　　　　　　　　→クラリッジ, ローズマリー
　　　　　　　　　→シェリー, アナベル
　　　　　　→スティーブンソン, シルビア
　　　　　　　　→チャンドラー, マーディ
　　　　　　→テュロック, クリスティーヌ
　　　　　　　　→パーソンズ, ニゲル
　　　　　　　　　→リー, ジェニー
　　　　　　　　→ロス, マーガレット
医療ソーシャルワークの挑戦―イギリス保健関連
ソーシャルワークの100年　中央法規出版
　　　　　　　　　　→Baraclough, Joan
　　　　　　　　　　→Collis, Arthur
　　　　　　　　　　→Dedman, Grace
　　　　　　　　　　→Glover, Diana
　　　　　　　　　　→Latimar, Pat
　　　　　　　　　　→Loxley, Ann
　　　　　　　　　→Northcott, Jacquin
　　　　　　　　　　→Osborn, Hazel
　　　　　　　　　→Parkins, Caroline
　　　　　　　　　→Paterson, Jane E.
　　　　　　　　　　→Platt, Denise
　　　　　　　　　　→Purkis, Jenny
　　　　　　　　　　→Sugden, N.
　　　　　　　　　→Thornton, Doris M.
　　　　　　　　　→Willmott, Phyllis
　　　　　　→英国ソーシャルワーカー協会
岩波講座 アジア・太平洋戦争　3　岩波書店
　　　　　　　　　　　→Fujitani, T.
　　　　　　　　　→Gallicchio, Marc
　　　　　　　　　　→Nelson, Hank
岩波講座 アジア・太平洋戦争　7　岩波書店
　　　　　　　　　　→Li, Narangoa
　　　　　　　　　→Prasenjit Duara
イングランド銀行の300年―マネーパワー影響　東洋
　経済新報社　　　　　　→Bowen, H.V.
　　　　　　　　　→Cairncross, Alec
　　　　　　　　　→Cottrell, Philip L.
　　　　　　　　→Hennessy, Elizabeth
　　　　　　　　　→Kynaston, David
　　　　　　　　→Pennant-Rea, Rupert
　　　　　　　　　　→Pringle, Robert
　　　　　　　　　→Roberts, Richard
インクルージョンの時代―北欧発「包括」教育理論
　の展望　明石書店　　　→Booth, Tony
　　　　　　　　　　→Haug, Peder
　　　　　　　　　→アラン, ジュリー
　　　　　→エマニュエルソン, インゲマール
　　　　　　　→スキッドモア, デイヴィッド
　　　　　　　→スタンヴィーク, グンナール
　　　　　　　　　→ダイソン, アラン
　　　　　　　　　　→バエズ, マリア
　　　　　　　　　→プロブスト, ホルゲル

→ミルウォード, アラン
インタヴューズ　1　文芸春秋　→Baldwin, Stanley
　　　　　　　　　　→Bankhead, Tallulah
　　　　　→Barrie, Sir James Matthew, bart
　　　　　　　　　　→Bismarck, Prince
　　　　　　　　　　→Booth, Alan
　　　　　　　　　　→Capone, Al
　　　　　　　　→Cather, Willa Sibert
　　　　　　→Chesterton, Gilbert Keith
　　　　　　　　→Clemenceau, Georges
　　　　　　　　→Edison, Thomas Alva
　　　　　　　　　→Freud, Sigmund
　　　　　　　　　　→Garbo, Greta
　　　　　　　　　→Gordon, Chinese
　　　　　　　　　→Greeley, Horace
　　　　　　　　→Gulden, Royal Scott
　　　　　　　　　→Harris, Frank
　　　　　　　　　→Hitler, Adolf
　　　　　　　　　→Ibsen, Henrik
　　　　　　　　→Kipling, Rudyard
　　　　　　　　　→Kruger, Paul
　　　　　　　　　→Langtry, Lillie
　　　　　　　　→Lewis, Wyndham
　　　　　　　　　→Lutyens, Edwin
　　　　　　　　→Marconi, Guglielmo
　　　　　　　→Marx, Karl Heinrich
　　　　　　　　　　→Moon, Two
　　　　　　　　　→Mussolini, Benito
　　　　　　→O'Neill, Eugene Gladstone
　　　　　　　　　　→Pain, Barry
　　　　　　　　→Pankhurst, Christabel
　　　　　　　　　→Rhodes, Cecil
　　　　　　　　→Rochefort, Henri
　　　　　　　　→Roosevelt, Theodore
　　　　　　　→Russell, William Howard
　　　　　　　→Shaw, George Bernard
　　　　　　　　　→Smiles, Samuel
　　　　　　　　　→Stalin, Joseph
　　　　　　　→Stanley, Henry Morton
　　　　　　　　　　→Stead, W.T.
　　　　　→Stevenson, Robert Louis Balfour
　　　　　　　　　→Sullivan, Arthur
　　　　　　　　→Taft, William Howard
　　　　　　　→Tolstoi, Lev Nikolaevich
　　　　　　　　　　→Twain, Mark
　　　　　　　　　　→Wilde, Oscar
　　　　　　　　→Wilson, William J.
　　　　　　　　　→Young, Brigham
　　　　　→Zola, Émile Edouard Charles Antoine
　　　　　　　　　　→イーヴォーズ, E.M.
　　　　　　→ヴァンダービルト, コーネリアス, Jr.
　　　　　　　　　→ウィリアムズ, ハロルド
　　　　　　　　　　→ウィルソン, F.W.
　　　　　→ヴィーレック, ジョージ・シルヴェスター
　　　　　　　　　→ガーランド, ハムリン
　　　　　　　　　　→カルー, ケイト
　　　　　　　　→ギャレット, エドマンド
　　　　　　　　　→シェラード, R.H.
　　　　　　　　→スピヴァク, ジョン・L.

いんた

→チャーチ, ヘイデン
→ティトル, ウォルター
→ティトル, ウォルター
→ティナ・某
→ニコルズ, ベヴァリー
→ハウ, ハリー
→バーンズ, ジューナ
→ブレイビー, モード・チャートン
→ベロック, マリ＝A.
→ボズウェル, ヤング
→ホール, グラディス
→ホール, モードント
→マーコソン, アイザック・F.
→ムーニー, V.R.
→モーガン, ルイーズ
→ラン, ヒュー
→ランドール, R.
→ルートヴィヒ, エミール
→ロス, ロバート
インタヴューズ 2 文芸春秋 →Beckett, Samuel
→Behan, Brendan
→Bourke-White, Margaret
→Burroughs, William S.
→Clift, Montgomery
→Davis, Bette
→Davis, Sammy, Jr.
→Fitzgerald, Francis Scott Key
→Gandhi, Mohandas Karamchand
→George, David Lloyd
→Greenfeld, Josh
→Hemingway, Ernest
→Hitchcock, Alfred Joseph
→Hoffa, Jimmy
→Johnson, Paul
→Kennedy, John Fitzgerald
→Khrushchev, Nikita
→Landon, Alf
→Lennon, John
→Long, Huey P.
→Macmillan, Harold
→Mailer, Norman
→Miller, Arthur
→Monroe, Marilyn
→Nabokov, Vladimir Vladimirovich
→Orton, Joe
→Picasso, Pablo
→Piggott, Lester
→Stalin, Joseph
→Stein, Gertrude
→Thatcher, Margaret
→Thomas, Dylan
→Vishnevskaya, Galina
→Waugh, Evelyn
→Wedgwood-Benn, Anthony
→Wells, Herbert George
→West, Mae
→Wright, Frank Lloyd
→Zweig, Stefan
→アーバン, ジョージ

→ウェーナー, ヤーン
→オーチンクロス, イヴ
→ガーリン, センダー
→ギリアット, ペネロピ
→ゲルダー, ロバート・ヴァン
→ゴードン, ジャイルズ
→コールマン, テリー
→ジェブ, ジュリアン
→シェンカー, イズレイアル
→スタネツキ, ジェリー
→スティーヴンズ, ジョセリン
→ステンゲル, リチャード
→スノー, エドガー
→セックラー, ジェローム
→チャンドラー, シャーロット
→ドライバーグ, トム
→ニューキスト, ロイ
→バーンズ, スーザン
→ファラーチ, オリアナ
→ファロウェル, ダンカン
→ブライト, ハーヴィー
→ブランドン, ヘンリー
→ブレイルスフォード, H.N.
→プレストン, ジョン・ハイド
→ベルモン, ジョルジュ
→ボードマン, ハリー
→マクリン, ミルト
→マーティン, ピート
→マン, ロデリック
→モウ, タクトウ（毛沢東）
→モーガン, トマス・B.
→モク, マイケル
→リード, レックス
→リンチ, ナンシー
→ロビンソン, ロバート
インド哲学における伝統と創造の相克―テクストとコンテクスト 「統合テクスト科学の構築」第7回国際研究集会報告書 名古屋大学大学院文学研究科
→パティル, パリマル・G.
→ブロンコルスト, ヨハネス
インドネシア・改革闘争記―21世紀市民社会への挑戦 明石書店
→アドナン, リカルディ・S.
→シマンジュタック, フリッツ・E.
→ジャティマン, サルジョノ
→ジャヤディ, M.イクバル
→スジャトミコ, イワン・ガルドノ
→スシロ, アリ・S.
→スバンドロ, アリ・ウイノト
→ハビブ, A.ハスナン
→ハルトノ, ディムヤティ
→ハルーン・アルラシッド
→ヒクマット, リザル
→ヒダヤット, デディ
→プラディアンシャー, アルファン
→プラヨゴ, ドディ
→マヘンドラ, ユスリル・イフザ
インドネシアの経済再編―構造・制度・アクター 日本貿易振興機構アジア経済研究所
→ジュワナ, ヒクマハント

【う】

ヴァイマル共和国の宗教史と精神史　御茶の水書房
→Bausinger, Hermann
→Cancik, Hubert
→Fahrenbach, Helmut
→Heer, Friedrich
→Mayer, Hans
→Schellong, Dieter
→ヴトケ‐グローネベルク, ヴァルター
→ケーラー, ギュンター
→ディルクス, ヴァルター
→ヒエロニムス, エッケハルト
→ファーバー, リヒャルト
→フラッシェ, ライナー
→モッゲ, ヴィンフリート
ヴィッテンベルクの小夜啼鳥―ザックス、デューラーと歩く宗教改革　八坂書房
→Sachs, Hans
ウィメンズ・アメリカ　論文編　ドメス出版
→Cott, Nancy F.
→Kerber, Linda K.
→ウェルマン, ジュディス
→カッツマン, デイヴィッド・M.
→カールセン, キャロル・F.
→ゴードン, リンダ
→スクラー, キャスリン・キッシュ
→スワードロウ, エイミー
→ドイチ, サラ
→パイス, キャシー
→ファーバー, デイヴィッド
→ベイリー, ベス
→ペインター, ネル・アーヴィン
→マツモト, ヴァレリー
植村正久著作集　第3巻　新教出版社
→Burns, Robert
→Longfellow, Henry Wadsworth
→Patmore, Coventry
→Stock, Sarah Geraldine
→S.R.ブラウンの母
ウェルチはこうして組織を甦らせた―アメリカ・トップリーダーからの経営処方箋29　フロンティア出版
→Aburdene, Patricia
→Bardwick, Judith M.
→Belasco, James A.
→Bell, Chip R.
→Bennis, Warren G.
→Blanchard, Kenneth H.
→Cashman, Kevin
→Chaleff, Ira
→Covey, Stephen R.
→Crom, Oliver
→Dimond, Kevin
→Drucker, Peter Ferdinand
→Eisner, Michael D.
→Gebhardt, Joan
→Hesselbein, Frances
→Hickman, Craig R.
→Humphrey, Johnw
→Kaplan, Daniell
→Kouzes, James M
→McFarland, Lynne Joy
→Naisbitt, John
→Perot, H.Ross
→Peters, Thomas J.
→Posner, Barry Z.
→Reisberg, Sidney
→Senge, Peter
→Senn, Larry E.
→Shelton, Ken
→Shultze, Horst
→Suters, Everett T.
→Teisberg, Elizabeth Olmsted
→Townsend, Patrick
→Welch, Jack F.
→Westfall, Bill
→Zenger, John H.
ウォートンスクールの意思決定論　東洋経済新報社
→Hersey, John
→Ho, Teck Hua
→Hoch, Stephen James
→Kunreuther, Howard C.
→Meyer, Robert J.
→Russo, J.Edward
→Schoemaker, Paul J.H.
→Weigelt, Keith
→アーウィン, ジュリー
→アッシュ, ディビッド・A.
→カーン, バーバラ・E.
→キャメラー, コリン・F.
→クラインドルファー, ポール・R.
→グリック, スティーブン
→クローソン, レイチェル
→ジー, フェリックス・オーバーホルツァー
→シェル, G.リチャード
→ジェン, カレン・A.
→シュバイツアー, モーリス・E.
→パイン, ジョン・W.
→ハッチンソン, J.ウェスリー
→バロン, ジョナサン
→ベットマン, ジェームス・R.
→ポーリー, マーク・V.
→モラレス, アンドレア
→ルース, メアリー・フランセス
ウォートンスクールのダイナミック競争戦略　東洋経済新報社
→Amit, R.
→Clemons, Eric K.
→Day, George S.
→Gatignon, Hubert
→Green, P.E.
→Heil, Oliver P.
→Ho, Teck Hua
→Krieger, Abba M.
→MacMillan, Ian C.
→Meyer, Robert J.
→Ming-Jer, Chen
→Raju, J.S.
→Reibstein, David J.
→Roy, A.

うたか

→Russo, J.Edward
→Schoemaker, Paul J.H.
→Thomas, L.A.
→Weigelt, Keith
→ウィンド, ジェリー
→ジョンソン, エリック・J.
→チュッシル, マーク・J.
→バンクス, ダレル
→ベカタラマン, S.
うたかたの仕事―社会学論集　西田書店
→メイナード, ダグラス・W.
→ラモン, ミシェール
占いの創造力―現代中国周易論文集　勉誠出版
→カク, イシン（郭維森）
→カク, マツジャク（郭沫若）
→クツ, バンリ（屈万里）
→ト, コクショウ（杜国庠）
→リ, キョウチ（李鏡池）
→リ, シン（李申）

【え】

エア・パワー―その理論と実践　芙蓉書房出版
→セイビン, フィリップ
→ランベス, ベンジャミン
ALMの新手法―キャピタル・マーケット・アプロー
　チ　金融財政事情研究会　→Fabozzi, Frank J.
→アエイディン, シリ・S.
→アスキン, デービッド・J.
→カールソン, スティーブン・J.
→ギリガン, ロバート・L., 2世
→グッドマン, ローリー・S.
→コニシ, アツオ（小西湛夫）
→ジアーラ, マイケル・J.
→シン, ナーマル
→スミス, ロバート
→ダットレーヤ, ラビ・E.
→ダビッドソン, アンドリュー・S.
→ダンダパーニ, クリシュナン
→デローザ, ポール
→ハースコビッツ, マイケル・D.
→バッタチャリア, アーナンド・K.
→フィックス, エリック・B.
→フォーリー, J.クリス
→ブリーデン, ダグラス・T.
→ミラー, レウェリン
→ラグハバン, ビジェイ
→リグスビー, スティーブン・R.
→リチャード, チャールス・A., 3世
映画日本国憲法読本　フォイル　→Chomsky, Noam
→Dower, John W.
→Gordon, Beate Sirota
→Johnson, Chalmers A.
→ハン, ホング（韓洪九）
英国独立学派の精神分析―対象関係論の展開　岩崎
　学術出版社　　　　　　→Balint, Michael
→Coltart, Nina E.C.
→Gillespie, William H.
→Khon, Gregorio

→Klauber, John
→Kohon, Gregorio
→Little, Margaret I.
→Padel, John
→Stewart, Harold
→Symington, Neville
→Winnicott, Donald Woods
英国と日本―架橋の人びと　思文閣出版
→Allen, Louis
→Ballhatchet, Helen
→Blacker, Carmen
→Bowring, Richard
→Buckley, Roger W.
→Clark, John
→Cortazzi, Hugh
→Daniels, Gordon
→Finn, Dallas
→Harries, Phillip
→Holmes, Colin
→Hunter, Janet
→Ion, A.H.
→Kornicki, P.F.
→Metzger-Court, Sarah
→Nish, Ian Hill
→Pardoe, Jon
→Powell, Brian
→Smith, Dennis
英国と日本―日英交流人物列伝　博文館新社
→Ballhatchet, Helen
→Barr, Pat
→Blacker, Carmen
→Checkland, Olive
→Cortazzi, Hugh
→Dore, Ronald Philip
→Hunter, Janet
→Nish, Ian Hill
→イケダ, キヨシ（池田清）
→ウィルキンスン, ジェイン
→コンテ＝ヘルム, マリー
→タマキ, ノリオ（玉置紀夫）
→バックリー, ロジャー
→ピニングトン, エイドリアン
→ベスト, アントニー
→ホアー, ジェイムズ
→リスター・堀田/綾子
→ロウ, ピーター
ADRの実際と理論　2　中央大学出版部
→イ, サンヨン（李商永）
→イ, ヨンジュン（法律）（李英俊）
→キン, ソウケン（金炸謙）
→ヨン, ギヨン（延基栄）
エグゼクティブ・コーチング―経営幹部の潜在能力
　を最大限に引き出す　日本能率協会マネジメント
　センター　　　　　　　　　→Carr, Sally
→Coleman, David
→Doyle, Marilyn
→Dym, Barry
→Ennis, Susan
→Goodman, Robert G.
→Hodgetts, William H.

→Jenks, R.Stephen
→Kiel, Fred
→Kilburg, Richard R.
→Knudson, Mary Jane
→McGonagill, Grady
→Otazo, Karen L.
→Sinagra, Laura
→Sonduck, Michael
→Strumpf, Casey
→Walters, Gae
→Williams, Kathryn
『エコノミスト』の百年 1843‐1943 日本経済評論社
　　→Clapham, Sir John Harold
　　→Hirst, Francis Wrigley
　　→Hutton, Graham
　　→King, Wilfred Thomas Cousins
　　→Parkinson, Hargreaves
　　→Rostow, Walt Whitman
　　→Woodward, Ernest Llewellyn
エコノミーとエコロジー──「環境会計」による矛盾への挑戦　創成社　→Freudenberg, Andreas
　　→Kraus, Jobst
　　→Leipert, Christian
　　→Simonis, Udo Ernst
　　→Wenk, Ruedi Müller
エスニック・アイデンティティの研究──流転するスロヴァキアの民　中央大学出版部
　　→コパニッチ, マイケル・J., Jr.
　　→シチャストニー, ズデニェク
　　→ストーソヴァー, マーリア
　　→ファルチャノヴァー, リュビツァ
　　→ファルチャン, リュボミール
　　→ブーダール, パトリス
　　→ラズ, ヴラスタ
「エスニック」とは何か──エスニシティ基本論文選　新泉社
　　→Barth, F.
　　→Cohen, R.
　　→Goode, Judith
　　→Isajiw, W.W.
　　→Royce, Anya Peterson
　　→イームズ, エドウイン
エディット・シュタイン──小伝と手記　女子パウロ会
　　→Stein, Edith
　　→メーステル, コンラード・ド
NPOと政府　ミネルヴァ書房
　　→Abramson, Alan J.
　　→Boris, Elizabeth T.
　　→Brody, Evelyn
　　→Cordes, Joseph J.
　　→DeVita, Carol J.
　　→Goddeeris, John H.
　　→Hodgkinson, Virginia A.
　　→Reid, Elizabeth J.
　　→Salamon, Lester M.
　　→Smith, Steven R.
　　→Steuerle, C.Eugene
　　→Wuthnow, Robert
　　→Young, Dennis R.
NPOマネージメント──ボランタリー組織のマネージメント　中央法規出版　→Bovaird, Tony

→Golder, Paul
→Harris, Margaret
→Horner, Linda
→Huxham, Chris
→Johnson, David W.
→Kay, Richard
→Kumar, Sarabajaya
→Luck, Mike
→Lyons, Mark
→Murray, Vic
→Osborne, Marian
→Osborne, Stephen P.
→Palmer, Paul
→Rochester, Colin
→Rubienska, Anne
→Schofield, Jill
→Tassie, Bill
→Taylor, Ian
→Vangen, Siv
→Zohar, Asaf
エビデンスベイスト心理治療マニュアル　日本評論社
　　→Acierno, Ron
　　→Bellack, Alan S.
　　→Bouman, Theo K.
　　→Cash, Thomas F.
　　→Emmelkamp, Paul M.G.
　　→Foa, Edna B.
　　→Grant, Jill R.
　　→Hersen, Michel
　　→Himmelhoch, Jonathan M.
　　→Kozak, Michael J.
　　→Lichstein, Kenneth L.
　　→Riedel, Brant W.
　　→Scholing, Agnes
　　→Thase, Michael E.
　　→Van Brunt, David L.
　　→Van Hasselt, Vincent B.
　　→Van Oppen, Patricia
F-GENSジャーナル──Frontiers of Gender Studies no.3　お茶の水女子大学21世紀COEプログラム ジェンダー研究のフロンティア
　　→Freedman, Estelle B.
　　→Halberstam, Judith
　　→Parrenas, Rhacel Salazar
　　→Schiebinger, Londa
　　→ヤン, ヒヨナ(梁鉉娥)
F-GENSジャーナル──Frontiers of Gender Studies no.5(報告篇)　お茶の水女子大学21世紀COEプログラムジェンダー研究のフロンティア
　　→Butler, Judith P.
　　→Pollock, Griselda
　　→キム, ウンシル(金恩実)
　　→タイ, キンカ(戴錦華)
エマヌエル・スウェーデンボルグ──持続するヴィジョン　春秋社
　　→Avens, Roberts
　　→Baker, Gregory L.
　　→Bellin, Hervey F.
　　→Borges, Jorge Luis
　　→Brock, Erland J.
　　→Dole, George F.

書名索引　735

えむあ

→Hübener, Anja
→Jonsson, Inge
→Kirven, Robert H.
→Koke, Steve
→Larsen, Robin
→Larsen, Stephen
→Leonard, Jennifer L.
→Martin, Rachel
→Miłosz, Czesław
→Moskowitz, Richard
→Peebles, Elinoore
→Rhodes, Leon S.
→Ring, Kenneth
→Skinner, Alice B.
→Stockenström, Göran
→Taylor, Eugene
→Whitmont, Edward C.

MITスローン・スクール 戦略論 東洋経済新報社
→Bartlett, Christopher A.
→Beinhocker, Eric D.
→Cusumano, Michael A.
→Eisenhardt, Kathleen M.
→Ghoshal, Sumantra
→Hamel, Gary
→Hax, Arnoldo C.
→Kim, W.Chan
→Krogh, Georg von
→Lampel, Joseph
→Markides, Constantinos C.
→Mauborgne, Renée
→Mintzberg, Henry
→Moran, Peter
→Oosterveld, Jan P.
→Pascale, Richard T.
→Prahalad, C.K.
→Wilde, Dean L., II
→Williamson, Peter J.

MBA起業家育成 学習研究社
→Bygrave, William D.
→Gumpert, David E.
→Hills, Gerald E.
→Julian E., Lange
→Petty, J.Willam
→Ronstadt, Robert
→Spinelli, Stephan, Jr.
→Timmons, Jeffry A.
→Wetzel, William E., Jr.

MBA講座財務・会計 日本経済新聞社
→Albert, William W.
→Anderson, Charles A.
→Breda, Michael F.van
→Comiskey, Eugene E.
→Feinstein, Steven P.
→Fetters, Michael L.
→Heitger, Les
→Joubert, Paul G.
→Lawler, William C.
→Livingstone, John Leslie
→Most, Kenneth S.
→Mulford, Charles W.

→Timmons, Jeffry A.

エラノスへの招待―回想と資料 平凡社
→Corbin, Henry
→Green, Martin
→Portmann, Adolf
→Ritsema, Rudolf

エルネスト・マンデル―世界資本主義と二十世紀社会主義 柘植書房新社
→Achcar, Gilbert
→Blackburn, Robin
→Levi, Michael
→Mandel, Ernest
→Samary, Catherine
→アルバラシン, ヘスス
→ジラス, ノーマン
→ポスト, チャールズ
→モンテス, ペドロ
→ユソン, ミシェル
→ルカ, フランシスコ

エンカウンター・グループと国際交流 ナカニシヤ出版
→Alemany, Carlos
→Chikadons, Grace
→Ersever, Oya G.
→Govender, Sararavani
→Jauregui, Silvia
→Leonardi, Jeff
→Mito, Takako
→Moore, Cora
→Newell, Anne
→Rapmmund, Val
→Segrera, Albert S.
→van Amsterdam-Kisleva, Larisa
→カーン, エド

【お】

開発のための政策一貫性―東アジアの経済発展と先進諸国の役割 経済協力開発機構(OECD)財務省財務総合政策研究所共同研究プロジェクト 明石書店
→Barichello, Richard
→Chia, Siow Yue
→Chinn, Menzie D.
→Drysdale, Peter
→Findlay, Christopher Charles
→O'Connor, David
→Pomfret, Richard
→Rahman, Mustafizur
→Soesastro, Hadi
→Stallings, Barbara
→Yongyuth Chalamwong
→ヤン, スーギル
→リー, チューユン
→リン, ジャスティン・イーフー

欧州サードセクター―歴史・理論・政策 日本経済評論社
→Bode, Ingo
→Borzaga, Calro
→Channial, Phillippe
→Defourny, Jacques
→Dekker, Paul
→Delors, Jacque

おきお

→Evers, Adalbert
→Krammer, Ralph M.
→Laville, Jean-Louis
→Lewis, Jane
→Lloyd, Petter
→Nyssens, Marthe
→Pestoff, Victor
→Taylor, Marilyn
欧州統合とシティズンシップ教育―新しい政治学習
　の試み　明石書店
　　　　　　　　→Davies, Ian
→Edye, Dave
→Feertchak, Helene
→Hahn, Carole L.
→Kallis, Aristotle A.
→Kerkhofs, Jan
→Killeavy, Maureen
→Roland-Lévy, Christine
→Thorpe, Tony
欧州比較国際会計史論　同文館出版
→Achleitner, Ann-Kristin
→Camfferman, Kees
→Christiansen, Merete
→Foreman-Peck, James
→Gruber, Elisabeth
→Henrion, Emmanuel
→Inchausti, Begoña Giner
→Kinserdal, Arne
→Mikol, Alain
→Napier, Christopher
→Näsi, Salme
→Nilsson, Sven-Arne
→Nowotny, Christian
→Rongé, Yves De
→Schneider, Dieter
→Took, Laurence
→Vael, Claude
→Walton, Peter P.
王の墓と奉仕する人びと―歴博フォーラム　山川出
　版社　　　　　　→イム, ヨンジン（林永珍）
→リュウ, ケイチュウ（劉慶柱）
黄檗宗の歴史・人物・文化　春秋社
→インゲン, リュウキ（隠元隆琦）
欧米から見た岩倉使節団　ミネルヴァ書房
→Nish, Ian Hill
→Ruxton, Ian C.
→ヴァッテンベルク, ウルリヒ
→ヴァンドゥ・ワラ, ウィリー
→エドストロム, ベルト
→コビング, アンドリュー
→シムズ, リチャード
→スウェイル, アリステア
→マイヨ, シルヴァーナ・デ
欧米人捕虜と赤十字活動―パラヴィチーニ博士の復
　権　論創社　　　　　→アーヴィン, レベッカ
→シオルデ, フレドリック
→赤十字国際委員会
→米連邦政策立案局
オウム真理教と人権―新宗教・文化ジャーナル
『SYZYGY』特別号日本語版　SYZYGY特別号日
本語版刊行委員会　　→Lewis, James R.

→アサノ, ケンイチ（浅野健一）
→オオイマ, アユミ（大今歩）
→カミサカ, ナオキ（神坂直樹）
→キズキ, チアキ（木附千晶）
→クロカワ, タカシ（黒川高）
→チヨマル, ケンジ（千代丸健二）
→テラニシ, カズシ（寺西和史）
→フクダ, マサアキ（福田雅章）
→ミウラ, ヒデアキ（三浦英明）
→ミヤマ, イワオ（三山巖）
→ヤマギワ, エイゾウ（山際永三）
お気をつけて、いい旅を。―異国で出会った悲しくも
　可笑しい51の体験　アスペクト →Allende, Isabel
→Alpine, Lisa
→Baker, Christopher P.
→Bangs, Richard
→Brown, Helen Gurley
→Collins, Larry
→Croutier, Alev Lytle
→Cummings, Joe
→Curcio, Barbara Ann
→Dobbin, Muriel
→Dorris, Michael
→Dunlap, Susan
→Fullwood, Janet
→George, Donald W.
→Giles, Molly
→Gores, Joseph N.
→Greber, Judith
→Green, Scott Christopher
→Greenwald, Jeff
→Hansen, Eric
→Harris, Richard
→Hesse, Georgia
→Holmes, Robert
→Iyer, Pico
→Jones, Louis B.
→Kahn, Alice
→Kieran, Evelyn
→Kingsolver, Barbara
→Lapierre, Dominique
→Lipsett, Suzanne
→Mackey, Mary
→Mann, Naomi
→Marcus, Adrianne
→Martin, Claudia J.
→Morris, Jan
→Morris, Mary
→Muller, Marcia
→Neville, Katherine
→O'Connor, Larry
→Peccorini, Carole L.
→Petrocelli, William
→Pronzini, Bill
→Rapoport, Roger
→Ritz, Stacy
→Sesser, Stan
→Stevens, Rick
→Streshinsky, Shirley

おきな

全集・合集収載 翻訳図書目録 1992-2007　Ⅰ

　　　　　　　　　　　→Theroux, Paul
　　　　→Watanabe McFerrin, Linda
　　　　　　　　　　　→Wheeler, Tony
　　　　　　　　　　　→Willes, Burl
　　　　　　　　　　　→Wine, Abigail
沖縄の占領と日本の復興―植民地主義はいかに継続
　したか　青弓社　　→キム, ギオク（金貴玉）
　　　　　　　　　　→チョン, ヨンシン（鄭永信）
奥田省吾学長追悼論文集　大阪国際大学
　　　　　　　　　　　→Kotański, Wiesław
オーストラリアの生活文化と生涯教育―多文化社会
　の光と影　松籟社　→Brown, Dorothy
　　　　　　　　　　→Camilleri, Steve
　　　　　　　　　　→Davison, Deborah
　　　　　　　　　　→Flowers, Rick
　　　　　　　　　　　→Foley, Griff
　　　　　　　　　　　→Foster, Anne
　　　　　　　　　　→Gribble, Helen
　　　　　　　　　　→Hansen, Beth
　　　　　　　　　　→Hedberg, John
　　　　　　　　　　→Ingram, Norma
　　　　　　　　　　→Knight, Susan
　　　　　　　　→Lomas, Gabriel C.J.
　　　　　　　　　　→McIntyre, John
　　　　　　　　　　　→Manser, Pat
　　　　　　　　　　→Morris, Roger
　　　　　　　　　　　→Peace, Brian
　　　　　　　　　　→Smith, Maureen
　　　　　　　　　　→Tennant, Mark
　　　　　　　　　　　→White, Anne
　　　　　　　　　　→Wickert, Rosie
　　　　　　　　　　→Zimmerman, Julia
オーストリア・ファシズム――一九三四年から一九三
　八年までの支配体制　未来社
　　　　　　　　　　→Manoschek, Walter
　　　　　　　　→Neugebauer, Wolfgang
　　　　　　　　　　→Tálos, Emmerich
　　　　　　　→ウェーバー, フリッツ
　　　　　　　→ケルンバウアー, ハンス
　　　　　→シュトゥールプファラー, カール
　　　　　　→マットゥル, ジークフリート
オーディオビジュアルの作品に関する著作者の権利
　―ニューメディアに対する創作者・製作者とその
　相互の関係　利用目的の権利　著作権資料協会
　　　　　　　　　　→Desurmon, Thierry
　　　　　　　　　　→Horowitz, David H.
男の歴史―市民社会と〈男らしさ〉の神話　柏書房
　　　　　　　　　　→Blattmann, Lynn
　　　　　　　　　　→Brändli, Sabina
　　　　　　　　　　　→Frevert, Ute
　　　　　　　　　　→Hagemann, karen
　　　　　　　　　　→Kühne, Thomas
　　　　　　　　　　→Maase, Kaspar
　　　　　　　　→McMillan, Daniel A.
　　　　　　　　　　→Reulecke, Jürgen
　　　　　　　　　→Sombart, Nicolaus
　　　　　　　　→Trepp, Anne-Charlott
おとなのいのちの教育　河出書房新社
　　　　　　　　　　→DeSpelder, Lynne Ann
　　　　　　　　　　→Evans, John M.

　　　　　　　　　　　→Schuurman, Donna
大人の恋の真実　2　はまの出版　→ア, ブン（阿雯）
　　　　　　　　　　　→オウ, コウ（汪紅）
　　　　　　　　　　　→オウ, ソウ（王崢）
　　　　　　　　　　→カ, ギョウヨウ（夏暁陽）
　　　　　　　　→キョ, チュウミン（許忠民）
　　　　　　　　　→シン, アナン（瀋亜南）
　　　　　　　　　　　→ソ, ア（蘇娥）
　　　　　　　　→ソン, ドウドウ（孫童童）
　　　　　　　　　→チョウ, キョウ（趙強）
　　　　　　　　　　　→ハク, カ（白華）
　　　　　　　　　　　→ブン, グン（文軍）
　　　　　　　　　→ホウ, エンジ（彭燕妮）
　　　　　　　　　　→ホウ, ホウ（方芳）
　　　　　　　　　　　→ヨウ, ヘイ（葉平）
オプション―その基本と取引戦略　ときわ総合サー
　ビス出版調査部　　→Allaire, J.Marc
　　　　　　　　　　→Bittman, James B.
　　　　　　　　→Hemond, Riva Aidus
　　　　　　　　　　　→Katz, Elliot
　　　　　　　　　　→Roth, Harrison
　　　　　　　　　→Saliba, Anthony J.
　　　　　　　　→Trennepohl, Gary L.
　　　　　　　　　→Tucker, C.R.(Sonny)
　　　　　　　　→Yates, James W., Jr.
オペレーショナルリスク―金融機関リスクマネジメ
　ントの新潮流　金融財政事情研究会
　　　　　　　　　　→Cameron, Greg
　　　　　　　　　　→Crouhy, Michel
　　　　　　　　　→Davies, Janathan
　　　　　　　　→Donahoe, Thomas C.
　　　　　　　　　→Fairless, Matthew
　　　　　　　→Fenton-O'Creevy, Mark
　　　　　　　　　　　→Galai, Dan
　　　　　　　　　→Hoffman, Douglas G.
　　　　　　　　　　→Holmes, Paul
　　　　　　　　→Instefjord, Norvald
　　　　　　　　　→Jackson, Patricia
　　　　　　　　→Kingsley, Stephen
　　　　　　　　　　→Lam, James
　　　　　　　　　→Laycock, Mark
　　　　　　　　　　→Libaert, Sonia
　　　　　　　　　　→Love, Jason
　　　　　　　　　→Mark, Robert
　　　　　　　　　→Nicholson, Nigel
　　　　　　　　　→O'Brien, David
　　　　　　　　　→Ong, Michael K.
　　　　　　　　→Perraudin, William
　　　　　　　→Pieridis, Yiannos A.
　　　　　　　　　→Rachlin, Chris
　　　　　　　　　→Rolland, André
　　　　　　→Shepheard-Wallwyn, Tim
　　　　　　　　　　→Slater, Pater
　　　　　　　　　　→Soane, Emma
　　　　　　　　　→Tinny, Andrew
　　　　　　　　　→Willman, Paul
　　　　　　　　→Zenios, Stavros A.
思いやる勇気―ユダヤ人をホロコーストから救った
　人びと　サイマル出版会　→Wiesel, Eliezer
　　　　　　　　　　→アサ, チャイム

738　書名索引

おんな

→アペル, ルディ
→ウェイドナー, ジョン
→エイティンガー, レオ
→オプダイク, アイリーン・グート
→キーラー, ヨルゲン
→グレーベ, ヘルマン
→コーエン, ギャビー
→ゴールドバーガー, レオ
→ソバージュ, ピエール
→ソロモン, ハンス
→タネイ, イマニュエル
→トロクメ, マグダ
→ハーザー, アイボ
→ハリー, フィリップ
→ブラウン, ロバート・マカフィー
→プリチャード, マリオン・P.バン・ピンスベルゲン
→ブレズニッツ, シェロモ
→ベイスキー, モシェ
→ボス, ジョーティ
→ボブロ, マリア・バルヒフカー
→メイヤーズ, オデット
→リーブマン, ハン
→ロスチャイルド, マックス

→デューイ, C.ジョン
→ノーラン, ポール
→ピケット, ユージーニア
→フィッシャー, ローズマリー・G.
→ブーン, フィリス
→ベッグズ, シェリル
→ペリッリ, ガブリエッラ・ジョルダネッラ
→マクマスター, ナンシー
→マーティン, ジェニー・A.
→マーフィー, マルシア
→ミラー, ヘレン・オデル
→モフィット, エリザベス
→リンカー, ロンダ・ラインバーグ

女海賊大全　東洋書林
　　　　　　　　→Chambers, Anne
　　　　　　　　→Murray, Dain H.
　　　　　　　　→Wheelwright, Julie
女大学資料集成　第12巻　大空社→フェネロン
女たちのドイツ―東と西の対話　明石書店
　　　　　　　　→Berg-Peer, Janine
　　　　　　　　→Diehl, Elke
　　　　　　　　→Helwerth, Ulrike
　　　　　　　　→Kaiser, Hella
　　　　　　　　→Karau, Gisela
　　　　　　　　→Lieber, Dorotea

オランダ商館長の見た日本―ティツィング往復書翰
集　吉川弘文館
　　　　　　　　→Lequin, Frank
音楽療法ケーススタディ　上　音楽之友社
　　　　　　　　→Bruscia, Kenneth E.
　　　　　　　　→Oldfield, Amelia
　　　　　　　　→Robbins, Clive
　　　　　　　　→Wigram, Tony
→エイギン, ケネス
→コーエン, ニッキー
→ゴンザレス, デイヴィッド
→サラス, ジョー
→シューマーク, ヘレン
→ダロウ, アリス＝アン
→ドヴォーキン, ジャニス・M.
→バーク, ケリー
→バートラム, パメラ
→ハーマン, フラン
→ヒビン, ジュリー
→ヘンダーソン, ヘレン
→ラヴシー, レベッカ
→ルクール, エディット
→ルフェーブル, クレア
→ロビンズ, キャロル・M.
音楽療法ケーススタディ　下　音楽之友社
　　　　　　　　→Bruscia, Kenneth E.
　　　　　　　　→Kenny, Carolyn
→アードンメツ, デニース
→アリソン, ダイアン
→ヴァン・デン・ハルク, ヨス
→ウィタール, ジェイン
→オースティン, ダイアン・スノウ
→クラーク, マリリン・F.
→クラークソン, ジンジャー
→クレア, アリシア・アン
→シャイビー, ベネディクト・バース
→スマイストス, ヘンク
→スミス, ジョージア・ハドソン

　　　　　　　　→Meier, Uta
　　　　　　　　→Rohnstock, Katrin
　　　　　　　　→Scholz, Hannelore
　　　　　　　　→Wesuls, Elisabeth
　　　　　　　　→Zauner, Margrit
女たちのビルマ―軍事政権下を生きる女たちの声
明石書店
→アメー・ソー
→アモウ・アームードウ
→イェン・チェリー
→ウィニー
→エー
→エーミビュー
→カリャーニー
→キンティーダー
→クーセー
→クリス・レーワー
→サートゥーコーターバレー
→ザベェー
→ジュライ
→スェースェー
→セインセイン
→セーメー
→ソウソウウェー
→チュン
→チョーイマン
→T.ハンナン
→ティンタースェー
→ドー・キンエーミン
→ドクター・シンシア・マウン
→ドクター・チーメーカウン
→ドー・ピェゾノ
→ドー・フマン
→ドー・フラフラモウ
→ナン・チャーンタウン
→ナン・モウガンホン
→ナン・ローラーウン
→ナン・ワーウー

おんな

→ノー・オウンフラ
→ノー・カインマーチョーゾー
→ノー・チョーチョーカイン
→ノー・パティーポー
→パティン・ドゥー
→バンスウィチン
→ビューレー
→マ・エープィン
→マ・キンサンヌェー
→マ・スーザン
→マ・ベーダー
→ママ・ピョウン
→ミャクワーニョウ
→ミャミィンモウ
→メースィッモウン
→メリー・オウン
→ユユ
→ヨウヨウレー
→リンリン
→レレ

女たちのフランス思想　勁草書房　→Cixous, Hélène
→Combes, Danièle
→Delphy, Christine
→Devreux, Anne-Marie
→Fouque, Antoinette
→Irigaray, Luce
→Kofman, Sarah
→Kristeva, Julia
→Perrot, Michelle

女友だちの賞味期限―なぜ彼女は私を裏切ったのか…。　プレジデント社　→Abel, Heather
→Alsadir, Nuar
→Bernheimer, Kate
→Chenoweth, Emily
→Gilmore, Jennifer
→Hood, Ann
→Marx, Patricia
→Millet, Lydia
→Morris, Mary
→Roiphe, Katie
→Schulman, Helen
→Strout, Elizabeth

女と離婚/男と離婚―ジェンダーの相違による別居・離婚・再婚の実態　家政教育社
→アーディッティ, ジョイス・A.
→オルレアン, マイロン
→カッツ, ルース
→ギジンガー, シャン
→キャッデル, デイヴィッド
→ゴスレン, メアリー・アン
→コーン, ボンニジャン
→シュルドバーク, デイヴィッド
→スプレンクル, ダグラス・H.
→スミス, レベッカ・M.
→ソング, ヤング・I.
→ダッドレー, ジェームズ・R.
→ディードリック, パトリシア
→バーシック, クリザーヌ
→バード, アン・ジャスティス
→パリシ, バルトロメオ・J.

→ブラック, レオラ・E.
→ホロウェイ, スーザン・D.
→マチダ, サブドラ
→モールデン, テレサ・A.
→リース, リンダ

女の町フチタン―メキシコの母系制社会　藤原書店
→Bennholdt-Thomsen, Veronika
→Giebeler, Cornelia
→Holzer, Brigitte
→Müller, Christa
→Velasquez, Marina Meneses

女の歴史　2〔1〕　藤原書店
→Cassagrande, Carla
→Dalarun, Jacques
→Duby, Georges
→Hughes, Diane Owen
→L'hermitte-Leclercq, Paulette
→Thomasset, Claude
→Vecchio, Silvana
→Wemple, Suzanne Fonay

女の歴史　2〔2〕　藤原書店
→Duby, Georges
→Frugoni, Chiara
→Opitz, Claudia
→Piponnier, Françoise
→Regnier-Bohler, Danielle

女の歴史　3〔1〕　藤原書店
→Borin, Françoise
→Desaive, Jean-Paul
→Hufton, Olwen
→Matthews Grieco, Sara F.
→Nahoum-Grappe, Véronique
→Shulte van Kessel, Elisja
→Sonnet, Martine
→Zemon Davis, Natalie

女の歴史　3〔2〕　藤原書店
→Berriot-Salvadore, Evelyne
→Castan, Nicole
→Crampe-Casnabet, Michèle
→Dulong, Claude
→Farge, Arlette
→Nicholson, Eric A.
→Rattner Gelbart, Nina
→Sallmann, Jean-Michel
→Zemon Davis, Natalie

女の歴史　4〔2〕　藤原書店
→Dauphin, Cécile
→Kappeli, Anne-Marie
→Knibiehler, Yvonne
→Maugue, Annelise
→Perrot, Michelle
→Scott, Joan Wallach
→Walkowitz, Judith

女の歴史　5〔1〕　藤原書店
→Bock, Gisela
→Bussy Genevois, Danièle
→Collin, Françoise
→Cott, Nancy F.
→De Grazia, Victoria
→Duby, Georges
→Eck, Hélène
→Marini, Marcelle
→Navailh, Françoise
→Perrot, Michelle

女の歴史 5〔2〕 藤原書店
　　　　　　　→Sohn, Anne-Marie
　　　　　　　→Thébaud, Françoise
　　　　　　　→Bock, Gisela
　　　　　　　→Cohen, Yolande
　　　　　　　→Costa-Lascoux, Jacqueline
　　　　　　　→Ergas, Yasmine
　　　　　　　→Higonnet, Anne
　　　　　　　→Lagrave, Rose-Marie
　　　　　　　→Lefaucheur, Nadine
　　　　　　　→Passerini, Luisa
　　　　　　　→Sineau, Mariette
「女の歴史」を批判する　藤原書店
　　　　　　　→Bourdil, Pierre-Yves
　　　　　　　→Chartier, Roger
　　　　　　　→Perrot, Michelle
　　　　　　　→Rancière, Jacques
　　　　　　　→Rosanvallon, Pierre
　　　→エリチエ＝オージェ, フランソワーズ
　　　　　　　→ゴドリエ, モーリス
　　　　→サングリー, フランソワ・ド
　　　　　　→デュリュ＝ベラ, マリー
　　　　　　→ネイエルツ, ヴェロニック
　　　　　　　　　→ノタ, ニコル
　　　　　　　→ハントレース, リンダ
　　　　　　→ファルジュ, アルレット
　　　　　　　　→ポマータ, ジアンナ
　　　→モッシュ＝ラヴォー, ジャニンヌ
　　　　　　　　　→モッセ, クロード

【か】

海外における日本人、日本のなかの外国人─グロー
　バルな移民流動とエスノスケープ　昭和堂
　　　　　　　→Goodman, Roger
　　　　　　　　→Peach, Ceri
　　　　　　　→イシ, アンジェロ
　　　　　　　→カ, ホウ（過放）
　　　　→カルヴァリョ, ダニエラ・デ
　　　　　　→グレーベ, ギュンター
　　　　　　→コバヤシ, オードリー
　　　　　　　→ジョーンズ, ヒュー
　　　　　　→ピョートル, ポダルコ
　　　　　　→ベン‐アリ, イヤル
　　　　　　　→ホワイト, ポール
改革派神学の新しい視座─アイラ・ジャン・ヘッセリ
　ンクJr.博士献呈論文集　一麦出版社
　　　　　　　→Heideman, Eugene P.
　　　　　　　→Lochman, Jan Milic
　　　　　　　→McKim, Donald K.
　　　　　　　→Osterhaven, M.Eugene
　　　　　→タカサキ, ツヨシ（高崎毅志）
　　　　　　→ファン・デ・ベック, A.
　　　　　　→ブローシュ, ドナルド・G.
　　　　　　　→ボルト, ジョン
階級を再考する─社会編成と文学批評の横断　松柏
　社
　　　　　　　→Dimock, Wai-chee
　　　　　　　→Gilmore, Michael T.
　　　　　　　→Guillory, John
　　　　　　→ジャノウィッツ, アン

　　　　　　　→プーヴィー, メアリー
　　　　　　→ブロドヘッド, リチャード・H.
　　　　　→ラング, エイミィ・シュレイジャー
　　　　　　　　→ロット, エリック
外見とパワー　北大路書房　→Johnson, Kim K.P.
　　　　　　　→Lennon, Sharron J.
　　　　　　→オーグル, ジェニファー・パフ
　　　　　→オニール, グウェンドリン・S.
　　　　　→ゾスタック‐ピース, スザンヌ
　　　　　→ダムホースト, メアリー・リン
　　　　　　→ブレズマン, ベツィ・コベル
　　　　　　　→ヤング, マルコム
　　　　　　　→ルッカー, マーガレット
　　　　　　→ルッド, ナンシー・アン
外国人留学生確保戦略と国境を越える高等教育機関
　の動向に関する研究─英国・香港の事例　広島大
　学高等教育研究開発センター　→Morgan, Keith
回想のマックス・ウェーバー─同時代人の証言　岩
　波書店　　　→Baumgarten, Eduard
　　　　　　　→Birnbaum, Immanuel
　　　　　　　→Bohlau, Hermann
　　　　　　　→Delbruck, Emmy
　　　　　　　→Plessner, Helmuth
　　　　　　　→Salin, Edgar
　　　　　　　→Schmitt, Carl
　　　　　　　→Stichweh, Wilhelm
　　　　　→カプヘル, イェルク・フォン
　　　　　　　→ヤッフェ, エルゼ
介入？─人間の権利と国家の論理　藤原書店
　　　　　　　　　→Adonis
　　　　　　　→Atlan, Henri
　　　　　　　→Bettati, Mario
　　　　　　　→Brown, Alan
　　　　　　　→Chapman, Anne
　　　　　　　→Colombo, Furio
　　　　　　　→Condominas, Georges
　　　　　　　→Cotler, Irwin
　　　　　　　→Dubet, François
　　　　　　　→Eco, Umberto
　　　　　　　→Falandry, Ludovic
　　　　　　　→Frossard, André
　　　　　　　→Geremek, Bronislaw
　　　　　　　→Gros, François
　　　　　　　→Jean, Carlo
　　　　　　　→Kolokowski, Leszek
　　　　　　　→Kouchner, Bernard
　　　　　　　→Le Goff, Jacques
　　　　　　　→Morillon, Philippe
　　　　　　　→Morrison, Toni
　　　　　　　→Pormente, Georges
　　　　　　　→Ricoeur, Paul
　　　　　→Saladin d'Anglure, Bernard
　　　　　　　→Schmitt, Maurice
　　　　　　　→Semprun, Jorge
　　　　　　　→Silber, John R.
　　　　　　　→Soyinka, Wole
　　　　　　　→Touron, Michel
　　　　　　　→Veuthey, Michel
　　　　　　　→Wachtel, Nathan
　　　　　　　→Wagner, Gillian

かいは

→カワダ, ジュンゾウ（川田順造）
開発経済学の潮流―将来の展望　シュプリンガー・
　フェアラーク東京　→Grindle, Merilee S.
　　　　　　　　　　→Klein, Lawrence Robert
　　　　　　　　　　→Meier, Gerald Marvin
　　　　　　　　　　→Rostow, Walt Whitman
　　　　　　　　　→Samuelson, Paul Anthony
　　　　　　　　　　　→Solow, Robert M.
　　　　　　　　　→Stiglitz, Joseph Eugene
　　　　　　　　　　　　→Yusuf, Shahid
　　　　　　　　　　　→エーデルマン, I.
　　　　　　　　　　　→カンブール, R.
　　　　　　　　　　　→クラフツ, N.
　　　　　　　　　　　→シンガー, H.
　　　　　　　　　　　→スクワイア, L.
　　　　　　　　　　　→セン, A.K.
　　　　　　　　　　　→トーマス, V.
　　　　　　　　　　　→ノース, D.C.
　　　　　　　　　　　→バス, K.
　　　　　　　　　　→ハーバーガー, A.C.
　　　　　　　　　　　→バルダン, P.
　　　　　　　　　　　→ホフ, K.
　　　　　　　　　　　→ミント, H.
開発途上国におけるグローバル化と貧困・不平等
　明石書店　　　　→Bourguignon, François
　　　　　　　　→Jomo Kwame Sundaram
　　　　　　　　　　→Kohl, Richard
　　　　　　　　　　→Pangestu, Mari
　　　　　　　　　　→Stallings, Barbara
　　　　　　　　　→ヴェルディエ, チエリ
　　　　　　　→カイッジ＝ムゲルワ, スティーヴ
　　　　　　　　　→コーエン, ダニエル
　　　　　　　　→チカタ, イヴォンヌ・M.
　　　　　　　　→ムルシェド, S.マンソーブ
　　　　　　　　　→モーリー, サミュエル
　　　　　　　→ロビンソン, ジェイムズ・A.
香りの感性心理学　フレグランスジャーナル社
　　　　　　　　　　→Bacon, R.A.
　　　　　　　　　　→Beck, C.
　　　　　　　　　→Byrne-Quinn, J.
　　　　　　　　　→Dodd, George H.
　　　　　　　　　　→Engen, T.
　　　　　　　　　　→Gower, D.B.
　　　　　　　　　　→Green, A.
　　　　　　　　　　→King, J.R.
　　　　　　　　　→Mallet, A.I.
　　　　　　　　　→Mensing, J.
　　　　　　　　　→Nixon, A.
　　　　　　　　　→Norcy, S.Le
　　　　　　　　　→Stoddart, D.M.
　　　　　　　　　→Tisserand, R.
　　　　　　　　　→Toller, S.Van
　　　　　　　　　　→Torii, S.
香りの生理心理学　フレグランスジャーナル社
　　　　　　　　　→Albone, Eric S.
　　　　　　　　　→Bastone, Linda
　　　　　　　　→Beauchamp, Gary K.
　　　　　　　　→Bigelow, Charles
　　　　　　　　→Dodd, George H.
　　　　　　　→Ehrlichman, Howard

→Eysencle, H.J.
→Hotson, S.
→Hummel, Thomas
→Jellinek, Joseph Stephan
→Kendal-Reed, M.
→Kobal, Gerd
→Kusmirek, J.
→Labows, John N.
→Landers, G.J.B.
→Lorig, Tyler S.
→Natynczuk, Stephan E.
→Pierce, John D., Jr.
→Preti, George
→Schiffman, Susan S.
→Schleidt, Margret
→Schmidt, Hilary J.
→Skinner, Michael
→Steele, John J.
→Sugano, H.
→Todrank, Josephine
→Van Toller, Steve
→Wysocki, Charles J.
科学経営のための実践的MOT―技術主導型企業から
　イノベーション主導型企業へ　日経BP社
　　　　　　　　　→Bannert, Valerie
　　　　　　　　　→Birkenmeier, Beat
　　　　　　　　　→Brodbeck, Harald
　　　　　　　　　→Bucher, Philip
　　　　　　　　→Escher, Jean-Philippe
　　　　　　　　　→Koruna, Stefan
　　　　　　　→Lichtenthaler, Eckhard
　　　　　　　　　→Luggen, Martin
　　　　　　　　　→Sauber, Tim
　　　　　　　　→Trauffler, Gaston
　　　　　　　　　→Tschirky, Hugo
　　　　　　　　　→アレン, トム（経営学）
　　　　　　　　　→サヴィオス, パスカル
　　　　　　　→ユング, ハンス-ヘルムート
科学的管理―F.W.テイラーの世界への贈りもの　文
　真堂　　　　　　→Kijne, Hugo Jakob
　　　　　　　　　→Spender, J.-C.
　　　　　　　　　→クラーク, G.W.
　　　　　　　　　→コーファー, T.
　　　　　　　　　→ブローメン, E.
　　　　　　　　→ミハラスキー, J.
科学的管理の展開―テイラーの精神革命論　税務経
　理協会　　　　　→Alchon, Guy
　　　　　　　　　→Burgess, Kathy
　　　　　　　　→Goldberg, David J.
　　　　　　　　　→Kreis, Steven
　　　　　　　　　→Nelson, Daniel
　　　　　　　　　→Price, Brian
　　　　　　　　　→Rumm, John C.
　　　　　　　　→Warning, Stephen P.
鏡のなかの日本と韓国　ぺりかん社
　　　　　　　　　→ハン, ソンミ（韓承美）
核を超える世界へ　岩波書店　→Nandy, Ashis
格差社会アメリカの教育改革―市場モデルの学校選
　択は成功するか　明石書店　→Betts, Julian R.
　　　　　　　　　→Bischoff, Kendra

742　書名索引

　　　　　　　　　　→Casserly, Michael
　　　　　　　　　→Colvin, Richard Lee
　　　　　　　　　→Danenberg, Anne
　　　　　→Dunbar, Christopher, Jr.
　　　　　　　　→Finn, Chester E., Jr.
　　　　　　　　　→Gorman, Siobhan
　　　　　　　　　→Hannaway, Jane
　　　　　　　　→Hess, Frederick M.
　　　　　　　　　→Howell, William
　　　　　→Maranto, April Gresham
　　　　　　　　　→Maranto, Robert
　　　　　　　　　　→Medler, Alex
　　　　　　　　　　→Plank, David N.
　　　　　　　　　→Reed, Douglas S.
格差社会と財政　有斐閣　　　→Choe, Byeongho
核時代に生きる私たち—広島・長崎から50年　時事
　通信社　　　　　　　→Alperovitz, Gar
　　　　　　　　　　→Braw, Monica
　　　　　　　　　→Broderick, Mick
　　　　　　　　　　→Brossat, Alain
　　　　　　　　　→Gusterson, Hugh
　　　　　　　　　　　→Joxe, Alain
　　　　　　　　　→Minear, Richard H.
　　　　　　→Morioka Todeschini, Maya
　　　　　　　　　→Nornes, AbéMark
　　　　　　　　　→Puiseux, Hélène
　　　　　　　　　　　→Rubin, Jay
　　　　　　　　→Sabouret, Christophe
　　　　　　　　　　→Seizelet, Eric
　　　　　　　　→Zonabend, Francoise
学習評価ハンドブック　第一法規出版
　　　　　　　　　→Cazden, Courtney B.
　　　　　　　　　　→Foley, Joseph J.
　　　　　　　　　→Kamii, Constance K.
　　　　　　　　　→Kennedy, Lerry D.
　　　　　　　　　→Klopfer, Leopold E.
　　　　　　　　→Moore, Walter John
　　　　　　　　　→Orlandi, Lisanio R.
　　　　　　　　　→Purves, Alan C.
　　　　　　　　→Valette, Rebecca M.
　　　　　　　　　→Wilson, James W.
覚醒—撫順戦犯管理所の六年　日本戦犯改造の記録
　新風書房　　　　　　→キョク、ショ（曲初）
　　　　　　　　　　→キン、ゲン（金源）
　　　　　　　　　→ゴ、コウゼン（呉浩然）
　　　　　　　　→コウ、コクジョウ（黄国城）
　　　　　　　　　→コウ、シン（高震）
　　　　　　　　→サイ、ジンケツ（崔仁傑）
　　　　　　　　→ソン、メイサイ（孫明斎）
　　　　　　　→チョウ、イクエイ（趙毓英）
　　　　　　　　→リ、フクセイ（李福生）
核と対決する20世紀　岩波書店　→Kaldor, Mary
　　　　　　　　　→Lifton, Robert Jay
　　　　　　　　　　→Mitchell, Greg
核兵器と国際関係　内外出版　→Fuerth, Leon S.
革命か反抗か—カミュ＝サルトル論争　新潮社
　　　　　　　　　　→Camus, Albert
　　　　　　　　　→Jeanson, Francis
　　　　　　　　　→Sartre, Jean-Paul
過去の清算　岩波書店　　→Minear, Richard H.

風の言葉を伝えて＝ネイティブ・アメリカンの女た
　ち　築地書館　　→ウイットストック、ローラ
　　　　　　　→エスピノーザ、ファニータ
　　　　　　　　　→サリナス、エレーン
　　　　　　　　　→ジェームス、サラ
　　　　　　　　　→ジェームス、フラン
　　　　　　　　　　→トラック、ソーグ
　　　→ハート・ルッキング・ホース、キャロル・アン
　　　　　　　　　　→ヒルバート、バイ
　　　　　　　　　→プール、バージニア
　　　　　　　　　→ベネット、ラモーナ
　　　　　　　　→ホワイトホース、エミ
　　　　　　　　→マクラウド、ジャネット
　　　　　　　　　→ローズ、ウェンディー
　　　　　　　→ワシナワトック、イングリッド
家族—ジェンダーと自由と法　東北大学出版会
　　　　　　　　　　　→マティ、ニコラ
家族と親族　未来社　　　　→Fortes, Meyer
　　　　　　　　→Leach, Edmund Ronald
　　　　　　　　　→ガフ、E.キャスリーン
　　　　　　　　　→グッドイナフ、W.H.
　　　　　　　　　　→シェフラー、H.W.
　　　　　　　　→スパイロ、メルフォード・E.
　　　　　　　　　→バーンズ、ジョン・A.
　　　　　　　　→ピアソン、ロバート・N.
　　　　　　　　　→ファース、レイモンド
　　　　　　　　　　→ファラーズ、L.A.
　　　　　　　　→フリーマン、J.D.（家族論）
　　　　　　　　→マードック、ジョージ・P.
　　　　　　　→ミッチェル、ウィリアム・E.
　　　　　　　　　　→レヴィ、M.J., Jr.
家族の感情心理学—そのよいときも、わるいときも
　北大路書房　　　　　　→Blechman, Elaine A.
　　　　　　　　　　→Crowley, Michael
　　　　　　　　　　→Dumas, Jean E.
　　　　　　　　　→Fruzzetti, Alan E.
　　　　　　　　　→Greenberg, Leslie S.
　　　　　　　　　　→Hatfield, Elaine
　　　　　　　　　→Jacobson, Neil S.
　　　　　　　　　→Johnson, Susan M.
　　　　　　　　　→Jouriles, Ernest M.
　　　　　　　　　→Lindahl, Kirsten M.
　　　　　　　　　→Markman, Howard J.
　　　　　　　　　→O'Leary, K.Daniel
　　　　　　　　　　→Plutchik, Anita
　　　　　　　　　→Plutchik, Rebert
　　　　　　　　　→Rapson, Richard
　　　　　　　　　→Saarni, Carolyn
　　　　　　　→Skinner, Burrhus Frederic
　　　　　　　　→Wills, Thomas Ashby
価値—新しい文明学の模索に向けて　東海大学出版
　会　　　　　　　　→Almond, Brenda
　　　　　　　　　→Cowell, Barbara
　　　　　　　　→Derratt, J.Duncan M.
　　　　　　　　　　→Heald, Gordon
　　　　　　　　　→Ions, Edmund S.
　　　　　　　　　→Lepper, Charles
　　　　　　　　→Nicholas, J.K.B.M.
　　　　　　　　→Richards, Bernard G.
　　　　　　　　　→Seabright, Paul

かつこ

学校でのピア・カウンセリング―いじめ問題の解決
にむけて　川島書店
→Shils, Edward
→Wilson, Bryan
→Wilson, John
→Yardley, D.C.M.
→ハガート, ジョン・P.
→Bentley, Maggie
→Cartwright, Netta
→Cowie, Helen
→Demetriades, Athy
→Gillard, Derek
→O'Hear, Philip
→Paterson, Hilary
→Sellors, Anne
→Sharp, Sonia
→Singer, Franny
→Taylor, Gillian

学校と大学のパートナーシップ―理論と実践　玉川
大学出版部
→Clark, Richard W.
→Goodlad, John I.
→Harrison, Ann
→Heckman, Paul
→Keating, Pamela
→Lieberman, Ann
→Schlechty, Phillip C.
→Sinclair, Robert L.
→Sirotnik, Kenneth A.
→Whitford, Betty Lou
→Williams, David D.

各国仲裁の法とプラクティス　中央大学出版部
→Barron, Paul
→Bernini, Giorgio
→Carbonneau, Thomas E.
→Schlosser, Peter

カップルをめぐる13の物語―創造性とパートナー
シップ　上　平凡社
→Chadwick, Whitney
→Courtivron, Isabelle de
→DeSalvo, Louise
→Higonnet, Anne
→Scharfman, Ronnie
→Suleiman, Susan Rubin
→Tickner, Lisa

カップルをめぐる13の物語―創造性とパートナー
シップ　下　平凡社
→Benstock, Bernard
→Fitch, Noël Riley
→Herrera, Hayden
→Katz, Jonathan
→Suther, Judith D.
→Wagner, Anne M.

過渡期の精神医療―英国とイタリアの経験から　海
声社
→Basaglia, Franca Ongalo
→Bourne, Harold
→Brangwyn, Gill
→Canosa, Rocco
→Cecchini, Marco
→Cogliati, Maria Grazia
→Davis, Ann
→Del Giudice, Giovanna
→Dell'Acqua, Giuseppe
→De Nicola, Pasquale

→Evaristo, Pasquale
→Giacobbi, Enrica
→Giannichedda, Maria Grazia
→Hennelly, Rick
→Henry, Paolo
→Holland, Sue
→Jenner, Alec
→King, David
→Kingsley, Su
→Losavio, Tommaso
→Mangen, Steen
→Mezzina, Roberto
→Petri, Silvana
→Pilgrim, David
→Pini, Maria Teresa
→Ramon, Shulamit
→Reale, Mario
→Rogialli, Sandra
→Rotelli, Franco
→Salvi, Enrico
→Selig, Naomi
→Towell, Dabid
→マインド・マンチェスター支部

カナダの外交―その理念と政策　御茶の水書房
→Carrier, Jean-Paul
→Eayrs, James
→English, John
→Granastein, J.L.
→Hillmer, Norman
→King, Mackenzie
→Kirton, John
→Lyon, Peyton
→Osbaldeston, Gordon
→Saywell, John T.
→Sharp, Mitchell

カナダの地域と民族―歴史的アプローチ　同文舘出
版
→Baldwin, Douglas
→Behiels, Michael
→Francis, Douglas
→Miller, J.R.
→Piva, Michael
→Seiler, Tamara Palmer

株式投資スタイル―投資家とファンドマネージャー
を結ぶ投資哲学　野村総合研究所情報リソース部
→Arnott, A.
→Bauman, W.Scott
→Campisano, Christopher J.
→Christopherson, Jon A.
→Coggin, T.Daniel
→Compton, Mary Ida
→Hardy, Steve
→Haugen, R.
→Kahn, Ronald N.
→Miller, Robert E.
→Roll, Richard
→Rudd, Andrew
→Trzcinka, Charles
→アレン, ギャリー・M.
→ウィリアムス, C.ノラ
→ウムステッド, デビッド・A.

かるし

→クイントン, キース
→サルツ, ロン
→シュラーバウム, ゲリー・G.
→スワンク, ピーター
→ツ, マリア・E.
→ネダーロフ, マーテン
→ヒル, ジョアンヌ・M.
→ブラウン, メリサ・R.
→ボーガー, デビッド・R.
→モット, クローディア・E.
→ラック, G.
→ラック, クリストファー・G.
→レインウェーバー, デビッド・J.
神を見いだした科学者たち 2 いのちのことば社
→Barrett, Eric Charles
→Hartmann, Thom
→ガイマー, トレバー
→クー, デビッド
→クラーク, ジェニファー
→クラーク, デーン
→ゲイラー, マイケル
→ゲイラー, ルース
→コウ, ユージン
→ジャララバディ, アショック
→シュウェムレイン, ピーター
→ジョーダン, デビッド
→スペンサー, ロイ
→チャドウィック, アンドリュー
→チャドウィック, デビッド
→ナチヴィダッド, テレジータ
→ニール, ロドニー
→バーネット, アン
→フォーギア, フィリップ
→マクバーノン, ビル
→マツーリ, エイリーン
→ユーゾフ, アレクサンドル
→レゲット, マイケル
神と自然—歴史における科学とキリスト教 みすず書房
→Ashworth, William B., Jr.
→Deason, Gary B.
→Dupree, A.Hunter
→Grant, Edward
→Gregory, Frederick
→Hahn, Roger
→Hiebert, Erwin N.
→Jacob, Margaret C.
→Lindberg, David C.
→Moore, James R.
→Numbers, Ronald L.
→Roger, Jacques
→Rudwick, Martin J.S.
→Shea, William R.
→Webster, Charles
→Westfall, Richard Samuel
→Westman, Robert S.
→Yandell, Keith E.
神山敏雄先生古稀祝賀論文集 第2巻 成文堂
→カイザー, ギュンター
→コ, ショウエイ (顧肖栄)
→ティーデマン, クラウス

→ハインツ, ヴォルフガング
→ミュラー＝ディーツ, ハインツ
→リヒター, ハンス
神は悪の問題に答えられるか—神義論をめぐる五つの答え 教文館
→Cobb, John B., Jr.
→Davis, Stephen T.
→Hick, John
→Roth, John K.
→アダムズ, マリリン・マッコード
→グリフィン, デイヴィッド・レイ
→ソンタグ, フレデリック
→フィリップス, D.Z.
空っぽのくつした—あなたの心に届ける16の贈り物 光文社
→Burghardt, Renie Szilak
→Campbell, Barbara W.
→Chapman, Judi
→Christmas, Bobbie
→Duncan, Susan K.
→Farr-Fahncke, Susan
→Fischer, Rusty
→Heim, Theresa Marie
→Huffstertler, Lynn M.
→Mann, Joy Hewitt
→Merlocco, Anthony
→Norwood, Mary Marcia
→Ralph, LeAnn
→Ripley, Kimberly
→Schwarz, Bluma
→Welch, Bob
カリキュラム・ポリティックス—現代の教育改革とナショナル・カリキュラム 東信堂
→Apple, Michael W.
→Whitty, Geoff
カリスマ的リーダーシップ—ベンチャーを志す人の必読書 流通科学大学出版
→Conger, Jay A.
→Kanungo, Rabindra N.
→Mintzberg, Henry
→アヴォリ, ブルース・J.
→ウェスリー, フランシス・R.
→ウォイキ, ジェームズ
→ギボンズ, トレーシー・C.
→サシュキン, マーシャル
→デ・ヴリース, マンフレッド・F.R.ケッツ
→ハウエル, ジェーン・M.
→ハウス, ロバート・J.
→バス, バーナード・M.
→フォード, ユージン・M.
→ブラッドレー, レイモンド・T.
→ロバーツ, ナンシー・C.
カール・シュミットと現代 沖積舎
→Kleinschmidt, Harald
→アニジャール, ギル
→シェスタク, トーマス
→シュトゥンプ, ガブリエレ
→デュットマン, アレクサンダー・ガルシア
カール・シュミットの遺産 風行社
→Böckenförde, Ernst-Wolfgang
→Kaiser, Joseph H.
→Kennedy, Ellen
→Kröger, Klaus

書名索引 745

かるし

全集・合集収載 翻訳図書目録 1992-2007　Ⅰ

　　　　　　　　　→Maschke, Günter
　　　　　　　　　→Mohler, Armin
　　　　　　　　　→Neumann, Volker
　　　　　　　　　→Nicoletti, Michele
　　　　　　　　　→Pasquino, Pasquale
　　　　　　　　　→Quaritsch, Helmut
　　　　　　　　　→Ulmen, Gary L.
　　　　　　　　　→Willms, Bernard
カール・シュミットの挑戦　風行社
　　　　　　　　　→Mouffe, Chantal
　　　　　　　　　→Žižek, Slavoj
　　　　　　　　　→アナニアディス, グリゴリス
　　　　　　　　　→カリーノ, アゴスティーノ
　　　　　　　　　→ケルヴェガン, ジャン＝フランソワ
　　　　　　　　　→コリヨ＝テレーヌ, カトリーヌ
　　　　　　　　　→ダイゼンハウス, デイビッド
　　　　　　　　　→ドティ, ジョージ・E.
　　　　　　　　　→ハースト, ポール
　　　　　　　　　→プロイス, ウルリッヒ・K.
カルチュラル・アイデンティティの諸問題─誰がアイ
　デンティティを必要とするのか？　大村書店
　　　　　　　　　→Du Gay, Paul
　　　　　　　　　→Frith, Simon
　　　　　　　　　→Hall, Stuart
　　　　　　　　　→Robins, Kevin
　　　　　　　　　→グロスバーグ, ローレンス
　　　　　　　　　→ストラザーン, マリリン
　　　　　　　　　→ドナルド, ジェイムズ
　　　　　　　　　→バーバ, ホミ・K.
　　　　　　　　　→ボーマン, ジグムント
　　　　　　　　　→ローズ, ニコラス
カルト宗教─性的虐待と児童虐待はなぜ起きるのか
　アスコム　　　　→Stein, Alexandra
　　　　　　　　　→パードン, ロバート
　　　　　　　　　→ベッツ, キャサリン・E.
　　　　　　　　　→ラリック, ヤンヤ
河口慧海著作集　第5巻　うしお書店
　　　　　　　　　→デーワ, シャンテ
為替オーバーレイ─CFA institute（CFA協会）コン
　フェレンス議事録　パンローリング
　　　　　　　　　→Arnott, Robert D.
　　　　　　　　　→オグラディ, ティモシー・J.
　　　　　　　　　→クリッツマン, マーク・P.
　　　　　　　　　→ストレンジ, ブライアン・B.
　　　　　　　　　→ソルニック, ブルーノ
　　　　　　　　　→デローザ, デビット
　　　　　　　　　→バーンズ, テレンス・E.
　　　　　　　　　→ビセット, アルフレッド・G.
　　　　　　　　　→ベッキオ, フランク・デル
　　　　　　　　　→モントーヤ, マリオ
　　　　　　　　　→リー, エイドリアン・F.
　　　　　　　　　→リーシング, ロナルド・レイヤード
　　　　　　　　　→レビッチ, リチャード・M.
川原泉の本棚　2　白泉社
　　　　　　　　　→Christie, Agatha
　　　　　　　　　→Lang, Andrew
　　　　　　　　　→Stifter, Adalbert
　　　　　　　　　→ギュット, ポール
閑花集─愛知学院大学短期大学部人間文化学科五十
　五年記念論集　愛知学院大学短期大学部学術研究
　会　　　　　　　→ペインター, ウィリアム

環境教材の国際ネットワーク化　甲南大学総合研究
　所　　　　　　　→ターナー, ナンシー
環境の経済計算─ドイツにおける新展開　ミネル
　ヴァ書房　　　　→Braun, Norbert
　　　　　　　　　→Ewerhart, Georg
　　　　　　　　　→Kuhn, Michael
　　　　　　　　　→Rademacher, W.
　　　　　　　　　→Radermacher, W.
　　　　　　　　　→Stahmer, Carsten
環境の思想家たち　上（古代─近代編）　みすず書房
　　　　　　　　　→Browne, E.Janet
　　　　　　　　　→ウォールズ, ローラ・ダヌー
　　　　　　　　　→キャリコット, J.ベアード
　　　　　　　　　→クーパー, デヴィッド・E.
　　　　　　　　　→グプタ, カリアン・セン
　　　　　　　　　→クラーク, ジョン・I.
　　　　　　　　　→コルコラン, ピーター・ブレーズ
　　　　　　　　　→コレッタ, W.ジョン
　　　　　　　　　→シュナーデルバッハ, R.テリー
　　　　　　　　　→スミス, リチャード（思想）
　　　　　　　　　→ハーディ, フィリップ・R.
　　　　　　　　　→バルサム, エラ
　　　　　　　　　→ビリモリア, プルショッターマ
　　　　　　　　　→マクドナルド, ポール・S.
　　　　　　　　　→マッカーター, ロバート
　　　　　　　　　→モス, アン
　　　　　　　　　→モスレイ, デヴィッド・J.
　　　　　　　　　→リオルダン, コリン
　　　　　　　　　→リンゼイ, アンドリュー
　　　　　　　　　→ロールストン, ホームズ, 3世
環境の思想家たち　下（現代編）　みすず書房
　　　　　　　　　→Allaby, Michael
　　　　　　　　　→Glotfelty, Cheryll
　　　　　　　　　→Kumar, Satish
　　　　　　　　　→Palmer, Joy
　　　　　　　　　→ウィア, ジャック
　　　　　　　　　→カサル, ポーラ
　　　　　　　　　→キャリコット, J.ベアード
　　　　　　　　　→クーパー, デヴィッド・E.
　　　　　　　　　→グリフィン, ニコラス
　　　　　　　　　→ゲイツ, フィリップ・J.
　　　　　　　　　→コルコラン, ピーター・ブレーズ
　　　　　　　　　→ジェームズ, サイモン・P.
　　　　　　　　　→シモンズ, イアン・G.
　　　　　　　　　→シュナーデルバッハ, R.テリー
　　　　　　　　　→ダンブル, リネット・J.
　　　　　　　　　→ネルソン, マイケル・P.
　　　　　　　　　→バリー, ジョン
　　　　　　　　　→バルサム, エラ
　　　　　　　　　→ビリモリア, プルショッターマ
　　　　　　　　　→マクダウェル, マイケル
　　　　　　　　　→リンゼイ, アンドリュー
環境の倫理　上　晃洋書房
　　　　　　　　　→Shrader Frechette, K.S.
　　　　　　　　　→コール, A.J.
　　　　　　　　　→シンガー, P.
　　　　　　　　　→スチュアート, R.B.
　　　　　　　　　→ストロング, D.H.
　　　　　　　　　→デイヴィス, W.H.（環境問題）
　　　　　　　　　→パサー, E.C., Jr.

→フォックス, M.A.
→ブラックストーン, W.T.
→ローゼンフィールド, E.S.
→ワグナー, W.C.
環境の倫理　下　晃洋書房
　　→Drucker, Peter Ferdinand
　　→Nader, Ralph
　　→Shrader Frechette, K.S.
→キャラハン, D.
→クレイビル, H.F.
→コーエン, B.
→ハーディン, G.
→ヘア, N.
→ラヴ, S.
→ラーキン, A.
韓国社会論争―最新ガイド　社会評論社
→イ, コンヨン（李建容）
→イ, ジェヒ（李在煕）
→イ, ジェヒョン（李在賢）
→イ, ジョンオ（李鐘旿）
→イ, ジョンソク（李宗錫）
→イ, ソンテ（李宜泰）
→イ, ヒョイン（李孝仁）
→イ, マンウ（李万宇）
→イ, ヨンウク（李栄旭）
→イ, ヨンミ（李暎美）
→カン, ウォンドン（姜元敦）
→カン, ミョング（姜明求）
→キム, チャンス（金昌秀）
→キム, チャンナム（金昌南）
→キム, チャンホ（金蒼浩）
→キム, ドンチュン（金東椿）
→キム, ヒョンギ（金炯基）
→キム, ビョンジュン（金秉俊）
→キム, ヘギョン（金恵敬）
→キム, マンフム（金万欽）
→キム, ミョンイン（金明仁）
→キム, ユンジャ（金潤子）
→シム, ソンジン（沈晟晋）
→シン, ジョンワン（申正完）
→ソ, インソク（徐仁錫）
→ソン, ホチョル（孫浩哲）
→チェ, リェ（崔洌）
→チャン, サンファン（張相煥）
→チョ, ヨンタク（曺英卓）
→チョン, ヘク（鄭海具）
→ド, ジョンイル（都正逸）
→パク, ジンヒ（朴振喜）
→パク, ドヨン（朴度栄）
→パク, ヒョンジュン（朴亨埈）
→パク, ヘクァン（朴海珖）
→ペク, ウクイン（白旭寅）
→ホン, ドクユル（洪徳律）
→ユン, サンチョル（尹尚哲）
韓国出土木簡の世界　雄山閣　→イ, ギドン（李基東）
→イ, ヨンヒョン（李鎔賢）
→パク, ジョニイク（朴鍾益）
→ユン, ソンテ（尹善泰）
韓国女性人権運動史　明石書店
→イ, ヒョジェ（李効再）

→イ, ヒョンスク（李賢淑）
→イ, ヘソル（李ヘソル）
→キム, ウンジョン（金恩廷）
→シン, ヘス（申恵秀）
→チョン, チュンスク（鄭春淑）
→チョン, ヒジン（鄭喜鎮）
→ミン, ギョンジャ（閔庚子）
韓国の戦後教育改革　竜渓書舎　→レイ, フランクリン
→ワース, リチャード
韓国の倭城と壬辰倭乱　岩田書院
→イ, ミンウン（李敏雄）
→ウ, インス（禹仁秀）
→ノ, ヨング（盧永九）
→ホ, テグ（許泰玖）
韓国フェミニズムの潮流　明石書店　→イ, サンファ
→キム, ヒョンスク（フェミニズム）
→クォン, インスク（権仁淑）
→チャン, ピルファ（張必和）
韓国福祉国家性格論争　流通経済大学出版会
→イ, ヘギョン
→キム, ヨンボム
→キム, ヨンミョン（金淵明）
→ソン, ギョンリュン
→チョ, ヨンフン
→チョン, ムグォン
→ナム, チャンソプ
→ホン, ギョンジュン
→ヤン, ジェジン
韓国法の現在　上　中央大学出版部
→イ, キウ（李琦雨）
→イ, ジャンヒ（李長熙）
→パク, サンギ（朴相基）
→ハン, サンボム（韓相範）
→ペク, ヒョング（白亨球）
→ホ, ムンヒョク（胡文赫）
→ユン, リョンテク（尹竜沢）
韓国法の現在　下　中央大学出版部
→イ, ビョンテ（李炳泰）
→イ, フンヨン（李興在）
→コ, ジュンファン（高濬煥）
→シン, インヨン（辛仁羚）
→チョン, ドンユン（鄭東潤）
→パク, サンギ（朴相基）
→ハン, ボンヒ（韓琫熙）
→ヨン, ギヨン（延基栄）
桓檀古記―蒙古斑族淵源物語　春風書房
→アン, ガンロウ（安含老）
→ゲン, トウチュウ（元董仲）
→ハン, ショウ（范樺）
→リ, ガン（李喦）
→リ, ハク（李陌）
カントと永遠平和―世界市民という理念について
　未来社　　　　　　　　　→Bohman, James
→Habermas, Jürgen
→Held, David
→Lutz-Bachmann, Matthias
→Nussbaum, Martha Craven
→ベインズ, ケネス
→マッカーシー, トーマス
環バルト海研究会現地調査報告書　第3回　Nagoya

かんほ

University →ミハイロフ, K.A.
カンボジア旅行記―別世界との出会い　4　連合出版
　　　　　　　　　　→Bonnyman, G.D.
　　　　　　　　　　→Bouillevaux, C.E.
　　　　　　　　　　→Helms, L.V.
　　　　　　　　　　→マドラスの将校

【き】

キェルケゴール―新しい解釈の試み　昭和堂
　　　　　　　　　　→Emmanue, Steven M.
　　　　　　　　　　→Hampson, Daphne
　　　　　　　　　　→Hannay, Alastair
　　　　　　　　　　→Harris, Edward
　　　　　　　　　　→Khan, Abraham H.
　　　　　　　　　　→Lübcke, Poul
　　　　　　　　　　→McKinnon, Alastair
　　　　　　　　　　→Mooney, Edward F.
　　　　　　　　　　→Pattison, George
　　　　　　　　　　→Perkins, Robert L.
　　　　　　　　　　→Walsh, Sylvia I.
　　　　　　　　　　→Watkin, Julia
キェルケゴールとキリスト教神学の展望―〈人間が壊れる〉時代の中で　橋本淳先生退職記念論文集　日本キェルケゴール研究センター
　　　　　　　　　　→カペローン, ニールス
　　　　　　　　　　→モーテンセン, フィン・H.
記憶が語りはじめる　東京大学出版会
　　　　　　　　　　→Harootunian, Harry D.
　　　　　　　　　　→ド・バリー, ブレット
　　　　　　　　　　→フジタニ, タカシ
　　　　　　　　　　→ヨネヤマ, リサ（米山リサ）
記憶する台湾―帝国との相剋　東京大学出版会
　　　　　　　　　　→ゴ, ミツサツ（呉密察）
　　　　　　　　　　→ショウ, アキン（蕭阿勤）
　　　　　　　　　　→チン, レオ
　　　　　　　　　　→リョウ, チョウヨウ（廖朝陽）
　　　　　　　　　　→リョウ, ヘイケイ（廖炳恵）
記憶としてのパールハーバー　ミネルヴァ書房
　　　　　　　　　　→Gallicchio, Marc
　　　　　　　　　　→Rosenberg, Emily S.
　　　　　　　　　　→イリエ, アキラ（入江昭）
　　　　　　　　　　→ニンコビッチ, フランク
　　　　　　　　　　→ハインリックス, ウォルド
　　　　　　　　　　→ヨウ, ダイケイ（楊大慶）
記憶の底から―家庭内性暴力を語る女性たち　青弓社
　　　　　　　　　　→Lorde, Audre Geraldine
　　　　　　　　　　→McNaron, Toni A.H.
　　　　　　　　　　→Morgan, Yarrow
　　　　　　　　　　→ウィーグマン, ロビン
　　　　　　　　　　→ウッド＝トンプソン, スーザン
　　　　　　　　　　→ウルバートン, テリー
　　　　　　　　　　→カー, ジョアン
　　　　　　　　　　→グレンドニング, クリスティーナ
　　　　　　　　　　→ケラー, マルティ
　　　　　　　　　　→コーリ, アンナ
　　　　　　　　　　→コール, サルー
　　　　　　　　　　→シュート, スーザン
　　　　　　　　　　→シュラフ, リー・アン
　　　　　　　　　　→ジョーンズ, キャスリン・アン
　　　　　　　　　　→スネーク
　　　　　　　　　　→スプリングス, エリザ・ローリング
　　　　　　　　　　→ダークスター, ケイト・ミューラライル
　　　　　　　　　　→テーシュ, ライサ
　　　　　　　　　　→デレン, ラーク
　　　　　　　　　　→ナグルスキ, トレイシー
　　　　　　　　　　→ノリス, スーザン・マリー
　　　　　　　　　　→パール, ヒア
　　　　　　　　　　→バーンズ, ジェーン
　　　　　　　　　　→ファーテル, ノリーン
　　　　　　　　　　→ファルコン, ナオミ
　　　　　　　　　　→フォンテーン, テリー
　　　　　　　　　　→フォンファ, グードルン
　　　　　　　　　　→ベネット, ポーラ
　　　　　　　　　　→ホール, ラン
　　　　　　　　　　→マクラッケン, ドロシー
　　　　　　　　　　→ミリアム
　　　　　　　　　　→ミンス, カレン・マリー・クリスタ
　　　　　　　　　　→メイマン, ジャニス
　　　　　　　　　　→ヤング, ドナ・J.
　　　　　　　　　　→リー, アン（性的虐待問題）
　　　　　　　　　　→レブロールト, ドナ
記憶の場―フランス国民意識の文化＝社会史　第1巻　岩波書店
　　　　　　　　　　→Birnbaum, Pierre
　　　　　　　　　　→Chartier, Roger
　　　　　　　　　　→Corbin, Alain
　　　　　　　　　　→Furet, François
　　　　　　　　　　→Noiriel, Gerard
　　　　　　　　　　→Nora, Pierre
　　　　　　　　　　→Pomian, Krzysztof
　　　　　　　　　　→ジュタール, フィリップ
　　　　　　　　　　→マユール, ジャン＝マリ
　　　　　　　　　　→ラングロワ, クロード
記憶の場―フランス国民意識の文化＝社会史　第2巻　岩波書店
　　　　　　　　　　→Ageron, Charles Robert
　　　　　　　　　　→Loyrette, Henri
　　　　　　　　　　→Martin, Jean-Clet
　　　　　　　　　　→Nora, Pierre
　　　　　　　　　　→Ozouf, Mona
　　　　　　　　　　→Vovelle, Michel
　　　　　　　　　　→アマルヴィ, クリスチャン
　　　　　　　　　　→オズーフ, ジャック
　　　　　　　　　　→オリィ, パスカル
　　　　　　　　　　→ジラルデ, ラウル
記憶の場―フランス国民意識の文化＝社会史　第3巻　岩波書店
　　　　　　　　　　→Contamine, Philippe
　　　　　　　　　　→Nora, Pierre
　　　　　　　　　　→Vigarello, Georges
　　　　　　　　　　→Winock, Michel
　　　　　　　　　　→ヴォーシェ, アンドレ
　　　　　　　　　　→オリィ, パスカル
　　　　　　　　　　→チュラール, ジャン
　　　　　　　　　　→ドゥムール, ジャン＝ポール
　　　　　　　　　　→ド＝ピュイメージュ, ジェラール
　　　　　　　　　　→ハーグローヴ, ジューン
　　　　　　　　　　→ミロ, ダニエル
機関投資家のポートフォリオにおけるマネージド・フューチャーズ　日本商品ファンド業協会
　　　　　　　　　　→Culp, Christopher L.
　　　　　　　　　　→Epstein, Charles B.

→Matthews, Peter
→アーウィン, スコット・H.
→オリバー, ジュリア
→コザック, デイビッド・M.
→コリンズ, ジョセフ・P.
→サバナヤナ, ウッタマ
→シュニーワイス, トーマス
→ダイガート, ダイアン・V.
→ダンマイア, マイク
→ドエラー, ラリーン・コリンズ
→ハンク, スティーブン・H.
→ベネット, フィル
→マグノレイ, パスカル・I.
→マッカーシー, デイビッド
→マーマー, ヘンリー
→マンジェリ, ジェラルド
→ミッチェル, マーク・H.

危機・資本主義　藤原書店
→Bertrand, Hugues
→Boyer, Robert
→Destanne De Bernis, Gérard
→Lipietz, Alain

危機の20年と思想家たち——戦間期理想主義の再評価
ミネルヴァ書房
→Long, David
→Miller, John Donald Bruce
→Wilson, Peter Colin
→ナヴァリ, コーネリア
→ブリューイン, クリストファー
→ボスコ, アンドレア
→ポーター, ブライアン
→マークウェル, D.J.
→リッチ, ポール
→ロイド, ローナ

企業権力のネットワーク——10カ国における役員兼任の比較分析　文真堂
→Bearden, James
→Bender, Donald
→Biehler, Hermann
→Chiesi, Antonio M.
→Cuyvers, Ludo
→Elsas, Donald
→Fennema, Meindert
→Griff, Catherine
→Heiskanen, Ilkka
→Johanson, Erkki
→Meeusen, Wim
→Mintz, Beth
→Reissner, Gerhard
→Rusterholz, Peter
→Schijf, Huibert
→Scott, John
→Stokman, Frans N.
→Swartz, David
→Wasseur, Frans
→Ziegler, Rolf

企業体制　上　有斐閣
→ハセガワ, ハルキヨ(長谷川治清)
→ラゾニック, ウィリアム

企業体制　下　有斐閣
→Hook, Glenn D.

企業チャイルドケア——仕事と家庭の調和　欧州・米国の企業保育実例集　笹川平和財団
→Benero, Christine

→Griffiths, John
→Wadlow, Angela

企業年金改革——公私の役割分担をめぐって　東洋経済新報社
→Aaron, Henry J.
→Altman, Nancy
→Dilnot, Andrew
→Duskin, Elizabeth
→Frijns, Jean
→Hannah, Leslie
→Pesando, James E.
→Pestiau, Pierre
→Petersen, Carel
→Young, Howard

企業の社会的責任と人権　現代人文社
→Plantilla, Jefferson R.

企業の未来像——成功する組織の条件　トッパン
→Alexander, John
→Argyris, Chris
→Ashkenas, Ronald N.
→Barker, Joel A.
→Branden, Nathaniel
→Brocksmith, James G., Jr.
→Champy, James A.
→Conger, Jay A.
→Connell, David W.
→Dahlberg, A.W.
→Drucker, Peter Ferdinand
→Duques, Ric
→Everaert, Pierre J.
→Gadiesh, Orit
→Galbraith, Jay R.
→Gaske, Paul
→Goldsmith, Marshall
→Hammer, Michael
→Hanaka, Martin E.
→Handy, Charles B.
→Harmon, Frederick G.
→Hawkins, Bill
→Hesselbein, Frances
→Johnson, Dewey E.
→Jones, Glenn R.
→Kanter, Rosabeth Moss
→Kelly, Tim
→Kotler, Philip
→Landrum, Jennifer
→Marshall, Stephanie Pace
→Miller, Doug
→Miller, Edward D.
→Mroz, John Edwin
→Olivet, Scott
→Parston, Greg
→Pfeffer, Jeffrey
→Platt, Lewis E.
→Prahalad, C.K.
→Pursey, Ann
→Rosen, Robert H.
→Seffrin, John R.
→Sethi, Deepak
→Smith, Anthony F.
→Somerville, Iain

ききよ

→Thomas, R.Roosevelt, Jr.
→Ulrich, Dave
→Walsh, Diana Chapman
→Wilson, Meena S.

企業立地行動の経済学——都市・産業クラスターと現代企業行動への視角　学文社
→McCann, Philip
→ヴィッセン, レオ・J.G.ヴァン
→ゴードン, イアン・R.
→シュタイナー, ミカエル
→ダイク, ジョウク・ヴァン
→パール, ジョン・B.
→ペレンバーグ, ピート・H.
→ムダンビ, ラム

キー・コンピテンシー——国際標準の学力をめざして OECD DeSeCo コンピテンシーの定義と選択　明石書店
→Gilomen, Heinz
→Murray, T.Scott
→Schleicher, Andreas
→Stephens, Maria

技術とイノベーションの戦略的マネジメント　上　翔泳社
→Anthony, Scott D.
→Arthur, W.Brian
→Bower, Joseph L.
→Burgelman, Robert A.
→Christensen, Clayton M.
→Clark, Kim B.
→Hamel, Gary
→Moore, Geoffrey A.
→Porter, Michael E.
→Prahalad, C.K.
→アターバック, ジェームス・M.
→アバナシー, ウィリアム・J.
→ウィンクマン, ハラルド
→ウェスターマン, ジョージ
→ウエスト, ジョナサン
→オーバードルフ, マイケル
→オリヴァー, C.C.
→キャロル, ポール
→グローブ, アンドリュー・S.
→コーガン, ジョージ・W.
→サザーランド, マーゴット
→サンカラ, ハリ
→シー, ベン
→ステーリン, ポール
→チャー, ベンジャミン
→ツォ, ティアン
→ティース, デイビッド J.
→デスキャンプス, フレデリック
→デュボア, ケリー
→トーマス, クリストファー
→トムク, ステファン
→ニムゲード, アショク
→バーリンデン, マシュー・C.
→ファスフェルド, アラン・R.
→フォアハイス, レベッカ
→ヘイズ, R.H.
→ヘンダーソン, レベッカ・M.
→ボウエン, H.ケント
→ポサーダ, ジュアン
→ポスピシル, ポール

→ホワイト, ジョージ・R.
→マーシー, ヴィック
→マーチ, アルテミス
→マルティ, エリック
→メイディク, M.A.
→メザ, フィリップ
→モリスン, エルティング・E.
→ヤン・ニョンガン
→ラジョパール, コージーック
→ロジャース, グレゴリー・C.
→ローゼンブルーム, R.S.

技術とイノベーションの戦略的マネジメント　下　翔泳社
→Bartlett, Christopher A.
→Burgelman, Robert A.
→Chesbrough, Henry William
→Christensen, Clayton M.
→Clark, Kim B.
→Kwak, Mary
→McGrath, Rita Gunther
→MacMillan, Ian C.
→Moore, Geoffrey A.
→Sasser, W.Earl, Jr.
→Wheelwright, Steven C.
→Yoffie, David B.
→ウタル, ブロ
→オーライリー, チャールズ・A., 3世
→ガーヴィン, デイビッド・A.
→キャスパー, クリスチャン・G.
→クメール, ウォルター
→クリシュナン, ヴィシュ・V.
→ケラー, S.
→コーエン, H.
→コーエン, ウェスリー・M.
→コッテリア, マーク
→ザーガー, B.J.
→ストリーター, D.
→セイルズ, レオナード・R.
→ダーウォル, クリスティナ
→タシュマン, マイケル・L.
→テンペスト, ニコル
→ドズ, イヴ・L.
→トムク, ステファン
→ニムゲード, アショク
→バーリンデン, マシュー・C.
→バンフォード, レイモンド・S.
→フリーズ, カレン
→ベアード, ブレッド
→マコーマック, アラン
→マーチ, アルテミス
→ムハンマド, アフローズ
→メイディク, M.A.
→メザ, フィリップ
→リッグス, H.E.
→レビンサール, ダニエル・A.

技術と身体——日本「近代化」の思想　ミネルヴァ書房
→Berque, Augustin

基礎概念と研究領域　文真堂
→Behrman, Jack N.
→Boddewyn, Jean J.
→Hench, Thomas J.
→Nigh, Douglas William

北朝鮮―その衝撃の実像　講談社
　　　　　　　　　→Schollhammer, Hans
　　　　　　　　　→Toyne, Brian
　　　　　　　　　→Wilkins, Mira
　　　　　　　　　→アン, チャンイル（安燦一）
　　　　　　　　　→イ, サンウ（李相禹）
　　　　　　　　　→イ, ホング（李洪九）
　　　　　　　　　→イ, リェンファ（李蓮花）
　　　　　　　　　→イム, ジョンヒ（林貞姫）
　　　　　　　　　→オ, テジン（呉太鎮）
　　　　　　　　　→キム, クァンオク（金光玉）
　　　　　　　　　→キム, クァンギュ（金光叫）
　　　　　　　　　→キム, クァンホ（金光互）
　　　　　　　　　→キム, ジウン
　　　　　　　　　→キム, ソンイル（金善日）
　　　　　　　　　→キム, ドンヒョン（金東鉉）
　　　　　　　　　→キム, ナムジュン（金南俊）
　　　　　　　　　→キム, マンチョル（金万鉄）
　　　　　　　　　→コ, テウ（高太宇）
　　　　　　　　　→シン, サンオク（申相玉）
　　　　　　　　　→ソ, シジュ（徐時柱）
　　　　　　　　　→ソ, デスク（徐大粛）
　　　　　　　　　→ソ, ドンイク（徐東翼）
　　　　　　　　　→チェ, ウニ（崔銀姫）
　　　　　　　　　→チェ, チソン（崔治宋）
　　　　　　　　　→チェ, ビョンソプ（崔平渉）
　　　　　　　　　→チェ, ボンレ（崔奉礼）
　　　　　　　　　→パク, ソンヒ（朴晟希）
　　　　　　　　　→ホ, ムンファ（許文華）
　　　　　　　　　→ユ, ジョンヒョン（劉正顕）
北朝鮮大動乱　講談社
　　　　　　　　　→アン, ヒョク（安赫）
　　　　　　　　　→イ, ジョンフン（李政勲）
　　　　　　　　　→イ, ドンウク（李東昱）
　　　　　　　　　→イ, ボンヒョプ（李峰峡）
　　　　　　　　　→イム, ホジュン（林昊俊）
　　　　　　　　　→イム, ヨンソン（林永宣）
　　　　　　　　　→カン, インソン（姜仁仙）
　　　　　　　　　→カン, チョルファン（姜哲煥）
　　　　　　　　　→カン, ミョンド（康明道）
　　　　　　　　　→キム, スヘン（金秀幸）
　　　　　　　　　→キム, ドンヒョン（金東鉉）
　　　　　　　　　→キム, ミョンチョル（金明哲）
　　　　　　　　　→キム, ヨングァン（金演光）
　　　　　　　　　→キム, ヨンス（金永秀）
　　　　　　　　　→月刊朝鮮編集部
　　　　　　　　　→チェ, ボシク（崔普植）
　　　　　　　　　→チョ, ミョンチョル（趙明哲）
　　　　　　　　　→ファン, ソンジュン（黄晟準）
「北朝鮮」知識人からの内部告発　三笠書房
　　　　　　　　　→アン, ソング（安善国）
　　　　　　　　　→ファン, ジャンヨプ（黄長燁）
北朝鮮の人びとと人道支援―市民がつくる共生社会・
　平和文化　明石書店
　　　　　　　　　→イ, ギボム
　　　　　　　　　→チョン, ビョンホ
金正日その衝撃の実像　講談社
　　　　　　　　　→イ, コンジュン（李建中）
　　　　　　　　　→イ, ジョンフン（李政勲）
　　　　　　　　　→イ, ドンウク（李東昱）
　　　　　　　　　→イ, ミョンヨン（李命英）
　　　　　　　　　→カン, インドク（康仁徳）

　　　　　　　　　→キム, ジュチョル（金柱澈）
　　　　　　　　　→キム, スヘン（金秀幸）
　　　　　　　　　→キム, ドンヒョン（金東鉉）
　　　　　　　　　→キム, ハクチュン（金学俊）
　　　　　　　　　→キム, ミョンチョル（金明哲）
　　　　　　　　　→キム, ヨングァン（金演光）
　　　　　　　　　→キム, ヨンス（金英秀）
　　　　　　　　　→月刊朝鮮編集部
　　　　　　　　　→コ, テウ（高太宇）
　　　　　　　　　→国土統一院
　　　　　　　　　→ソン, ジェグク（宋在国）
　　　　　　　　　→チェ, ギュハ（崔圭夏）
　　　　　　　　　→チョ, ジュンシク（曺中植）
　　　　　　　　　→チョウ, カプチェ（趙甲済）
　　　　　　　　　→チョン, ドゥファン（全斗煥）
　　　　　　　　　→ノ, テウ（盧泰愚）
　　　　　　　　　→パク, ウナン（朴銀韓）
　　　　　　　　　→ファン, ソギョン（黄晢暎）
　　　　　　　　　→ペク, ソク（白石）
　　　　　　　　　→ユ, リョンウォン（庾龍源）
虐待された子ども―ザ・バタード・チャイルド　明石
　書店　　　　　　→Brassard, Marla R.
　　　　　　　　　→Bross, Donald C.
　　　　　　　　　→Cantwell, Hendrika B.
　　　　　　　　　→Daro, Deborah
　　　　　　　　　→Davidson, Howard A.
　　　　　　　　　→Donnelly, Anne Cohn
　　　　　　　　　→Duquette, Donald N.
　　　　　　　　　→Feldman, Kenneth Wayne
　　　　　　　　　→Finkelhor, David
　　　　　　　　　→Garbarino, James
　　　　　　　　　→Hardy, David B.
　　　　　　　　　→Helfer, Mary Edna
　　　　　　　　　→Helfer, Ray E.
　　　　　　　　　→Jones, David P.H.
　　　　　　　　　→Kempe, Ruth S.
　　　　　　　　　→Kirschner, Robert H.
　　　　　　　　　→Korbin, Jill E.
　　　　　　　　　→Krugman, Richard D.
　　　　　　　　　→Marneffe, Catherine
　　　　　　　　　→Oates, R.Kim
　　　　　　　　　→Radbill, Samuel X.
　　　　　　　　　→Reichert, Susan K.
　　　　　　　　　→Rheinberger, Marguerite M.
　　　　　　　　　→Rosenberg, Donna Andrea
　　　　　　　　　→Ryan, Gail
　　　　　　　　　→Seagull, Elizabeth A.W.
　　　　　　　　　→Shepherd, Jack R.
　　　　　　　　　→Smith, Wilbur L.
　　　　　　　　　→Steele, Brandt F.
　　　　　　　　　→Ten Bensel, Robert W.
　　　　　　　　　→Weber, Michael W.
救済はいつの日か―豊かな国の居住権侵害　国連
　NGO・ハビタット国際連合阪神大震災調査団報告
　書・シンポジウム　近畿弁護士会連合会
　　　　　　　　　→オルティス, エンリケ
　　　　　　　　　→ハビタット国際連合阪神大震災調査団
　　　　　　　　　→ファーハ, レラニー
　　　　　　　　　→レッキー, スコット
　　　　　　　　　→レビ, アロマー

きゆう

旧約聖書時代の諸民族　日本基督教団出版局
→Kitchen, K.A.
→Widengren, Geo
→Wiseman, Donald John
→アーヴァイン, A.K.
→アブ＝トーマス, D.R.
→ウィリアムズ, R.J.
→カゼル, H.
→サッグス, H.W.F.
→バートレット, J.R.
→ホフナー, H.A.
→マラマット, A.
→ミラード, A.R.
→ランバート, W.G.
→リベラーニ, M.

「教育改革」と教育基本法制―日本教育法学会年報
第31号（2002）有斐閣　→Schimmel, David
教育学的に見ること考えることへの入門　玉川大学
出版部　　　　　→Bausinger, Hermann
→Bittner, Günter
→Bollnow, Otto Friedrich
→Brückner, Peter
→Flitner, Andreas
→Geißler, Erich E.
→Henningsen, Jürgen
→Hentig, Hartmut von
→Keller, Helen Adams
→Korczak, Janusz
→Kramp, Wolfgang
→Mollenhauer, Klaus
→Montessori, Maria
→Muth, Jacob
→Piaget, Jean
→Rauschenberger, Hans
→Richter, Horst-Eberhard
→Roth, Heinrich
→Rückriem, Georg
→Scheuerl, Hans
→Schreiner, Günter
→Wagenschein, Martin

教育社会学―第三のソリューション　九州大学出版
会　　　　　→Apple, Michael W.
→Brown, Philip
→Coleman, James Samuel
→Halsey, A.H.
→Lauder, Hugh
→Moe, Terry M.
→Whitty, Geoff
→アシュトン, デイヴィッド・N.
→アーノット, マデリン
→ウィーナー, ギャビー
→ウィルムズ, J.ダグラス
→ウッドホール, モーリーン
→クマー, クリシャン
→グリーン, アンディ
→ケリー, キャロリン
→ゴールドソープ, ジョン・H.
→ジルー, ヘンリー
→スン, ジョニー
→チャブ, ジョン・E.

→デイヴィッド, ミリアム
→マクファーソン, アンドリュー
→マクラレン, ピーター
→モーティモア, ピーター
→ヤング, マイケル
→レヴィン, ヘンリー・M.

教育測定学　上巻　学習評価研究所
→Brennan, Robert L.
→Cole, Nancy S.
→Feldt, Leonard S.
→Hambleton, Ronald K.
→Hoover, H.D.
→Kolen, Michael J.
→Linn, Robert L.
→Lohman, David F.
→Messick, Samuel
→Moss, Pamela A.
→Petersen, Nancy S.
→Snow, Richard E.

教育測定学　下巻　学習評価研究所
→Baker, Frank B.
→Bond, Lloyd
→Bunderson, C.Victor
→Duran, Richard P.
→Frechtling, Joy A.
→Greene, Jennifer
→Harmon, Lenore W.
→Inouye, Dillon K.
→Jaeger, Richard M.
→Millman, Jason
→Nitko, Anthony J.
→Olsen, James B.
→Shepard, Lorrie A.
→Whitney, Douglas R.

教育人間学入門　玉川大学出版部
→Wulf, Christoph
→ヴィマー, ミヒャエル
→スティング, ステファン
→ツィルファス, イエルク
→ディークマン, ベルンハルト
→ベル, マリー＝アンヌ

教育の共生体へ―ボディ・エデュケーショナルの思想
圏　東信堂　　　→Schriewer, Jürgen
→ミッター, ヴォルフガング

共演ドイツ法と日本法　中央大学出版部
→Ehlers, Dirk
→Grossfeld, Bernhard
→エーリヒセン, ハンス・ウーヴェ
→ザントロック, オットー
→シュリューター, ヴィルフリート
→デルナー, ハインリッヒ
→ビルク, ディーター

教科書に書かれなかった戦争　pt.24　梨の木舎
→Mahiue, H.L.B.
→Nuffellen, M.Van

教師と学生のコミュニケーション　藤原書店
→Bourdil, Pierre-Yves
→Passeron, Jean-Claude
→ヴァンサン, ギイ
→サン・マルタン, ルイ・クロード・ド

　　　　　　　　　→ボードゥロ, クリスチャン
共生時代の日本とオーストラリア―日本の開発主義
　とオーストラリア多機能都市　明石書店
　　　　　　　　　　　　　　　→David, Abe
　　　　　　　　　→McCormack, Gavan
　　　　　　　　　　→Rimmer, Peter J.
　　　　　　　　　　→Wheelwright, Ted
共生社会への挑戦―日仏社会の比較　恒星社厚生閣
　　　　　　　　　　→マルタン, クロード
　　　　　　　　　　→メスユ, ミッシェル
　　　　　　　　→ルビアン, ブランシュ
業績評価の理論と実務―事業を成功に導く 専門領域
　の障壁を越えて　東洋経済新報社　→Adams, Chris
　　　　　　　　　　→Ahrens, Thomas
　　　　　　　　　　　→Ambler, Tim
　　　　　　　　　→Austin, Robert D.
　　　　　　　　　　→Bititci, Umit
　　　　　　　　　　→Bourne, Mike
　　　　　　　　　→Carrie, Allan
　　　　　　　　　→Chapman, Chris
　　　　　　　　　　→Clark, Bruce
　　　　　　　　→Emmanuel, Clive
　　　　　　　　　　→Euske, Ken
　　　　　　　　　→Francis, Graham
　　　　　　　　　　→Frey, Bruno S.
　　　　　　　　→Gittell, Jody Hoffer
　　　　　　　　　→Goodkey, Rich
　　　　　　　　→Grønholdt, Lars
　　　　　　　　→Hinton, Matthew
　　　　　　　　→Holloway, Jacky
　　　　　　　　　→Kapashi, Neha
　　　　　　　　　→Katila, Riitta
　　　　　　　　→Kennerley, Mike
　　　　　　　　→Kokkinaki, Flora
　　　　　　　　　→Kristensen, Kai
　　　　　　　　　→Larkey, Pat
　　　　　　　　　→Lebas, Michel
　　　　　　　　　→Marr, Bernard
　　　　　　　　→Martensen, Anne
　　　　　　　　　→Mayle, David
　　　　　　　　→Meyer, Marshall W.
　　　　　　　　→Murray, Elspeth
　　　　　　　→Najjar, Mohammed Al
　　　　　　　　　→Neely, Andy D.
　　　　　　　　　→Ogata, Ken
　　　　　　　　→Osterloh, Margit
　　　　　　　　　→Otley, David
　　　　　　　　→Richardson, Peter
　　　　　　　　→Turner, Trevor
業績評価マネジメント　ダイヤモンド社
　　　　　　→Drucker, Peter Ferdinand
　　　　　　　　→Eccles, Robert G.
　　　　　　　　→Kaplan, Robert S.
　　　　　　　→Meyer, Christopher
　　　　　　　　→Norton, David P.
　　　　　　　　→Simons, Robert
　　　　　　→キュキュザ, トーマス・G.
　　　　　　　→ダヴィラ, アントニオ
　　　　　　　　→ネス, ジョセフ・A.
競争政策の経済学―競争政策の諸問題に対する経済

学的アプローチ　NERA　→Addanki, Sumanth
　　　　　　　　　　→Beutel, Phillip
　　　　　　　　　　→Cox, Alan J.
　　　　　　　　　→Daniel, Timothy P.
　　　　　　　　　→Dorman, Gary J.
　　　　　　　　　　→Hofer, Paul
　　　　　　　　　→Houston, Gregory
　　　　　　　　　→Joskow, Andrew S.
　　　　　　　　→McCarthy, Thomas R.
　　　　　　　　　→Morrison, Todd A.
　　　　　　　　　　→Osborne, Carol
　　　　　　　　　→Rapp, Richard T.
　　　　　　　　　→Schwartz, Steven
　　　　　　　　→Shehadeh, Ramsey D.
　　　　　　　　　→Williams, Mark
　　　　　　　　　→Wu, Lawrence
共同体と正義　御茶の水書房　→Cornell, Drucilla
共同治療者としての親訓練ハンドブック　上　二瓶
　社　　　　　　　　→Anastopoulos, D.
　　　　　　　　　→Barkley, Russell A.
　　　　　　　　→Blechman, Elaine A.
　　　　　　　　　→Boggs, Stephen R.
　　　　　　　　　→Coffman, Mary F.
　　　　　　　　→Cunningham, Charles E.
　　　　　　　　　　→Douglas, Jo
　　　　　　　　　　→Eyberg, Sheila
　　　　　　　　　　→Houts, C.
　　　　　　　　　→Levine, Fredric M.
　　　　　　　　→McEnroe, Micael J.
　　　　　　　　→Mellon, Michael W.
　　　　　　　　→Mikulas, William L.
　　　　　　　　　→Ramirez, Rafael
　　　　　　　　　→Ruff, Martha H.
　　　　　　　　　→Tryon, Adeline S.
　　　　　　　　　→Yule, William
共同治療者としての親訓練ハンドブック　下　二瓶
　社　　　　　　　　→Azar, Sandra T.
　　　　　　　　　→Berlin, Irving N.
　　　　　　　　　　→Breiner, Jeri
　　　　　　　　→Cataldo, Michael F.
　　　　　　　　→Critchley, Deane L.
　　　　　　　　　→Drotar, Dennis
　　　　　　　　→Ginsberg, Barry G.
　　　　　　　　→Jernberg, Ann M.
　　　　　　　　　→Marcus, Lee M.
　　　　　　　　　→Parrish, John M.
　　　　　　　　　→Riley, Anne W.
　　　　　　　　　→Schopler, Eric
　　　　　　　　　→Sturm, Lynne
　　　　　　　　　→Wilson, Frances
鏡笵研究　2　奈良県立橿原考古学研究所
　　　　　　　→テイ, ドウシュウ（鄭同修）
　　　　　　　→ハク, ウンショウ（白雲翔）
鏡笵研究　3　奈良県立橿原考古学研究所
　　　　　　　→オウ, タイドウ（王大道）
虚弱な高齢者のQOL―その概念と測定　医歯薬出版
　　　　　　　　　→Abeles, Ronald P.
　　　　　　　　　→Arnold, Sharon B.
　　　　　　　　　→Atchley, Robert C.
　　　　　　　　　→Birren, James E.

きよた

→Chappell, Neena L.
→Cohn, Jodi
→Dieckmann, Lisa
→Fernie, Geoff
→Gentile, Kathleen M.
→Gilliam-MacRae, Priscilla
→Gurland, Barry J.
→Kane, Rosalie A.
→Katz, Sidney
→Lieberman, Morton H.
→Powell Lawton, M.
→Pynoos, Jon
→Regnier, Victor
→Spirduso, Waneen W.
→Stanford, E.Percil
→Sugar, Judith A.
→Svensson, Torbjörn
→Wetle, Terrie
巨大都市と変貌する災害——メガシティは災害を産み出すルツボである　古今書院　→Mitchell, James K.
→ソレッキィ, ウイリアム・D.
→パーカー, デニス・J.
→ハンドメール, ジョン
→プラット, ラザフォード・H.
→ワイズナー, ベン
ギリシア哲学　白水社　→Bernard, Jean
→Chatelet, Francois
→オーバンク, ピエール
ギリシャ哲学におけるアナキズム——私家版　リバタリアン犯罪学考——私家版　「アナーキー」総目次——私家版　〔出版者不明〕　→Ward, Colin
→ギブソン, トニー
→フェラリ, D.
キリスト教か仏教か——歴史の証言　山喜房仏書林
→Gunānanda, Mohottivatte
→Sirimannna
→シルヴァ, デイヴィッツ・デ
キリスト教教育の探求　福音文書刊行会
→Harper, Albert Foster
→Sanner, A.Elwood
→ギャロウェイ, チェスター・O.
→グレイ, ロナルド・F.
→セイズ, J.オッティス
→バーナード, トマス・O.
→ライス, K.S.
→ワイズ, F.フランクリン
キリスト教史　第10巻　講談社　→Aubert, Roger
→Bruls, Jean
→Crunican, Paul E.
→Ellis, John Tracy
→Knowles, M.D.
→Pike, Frederick Braun
→Rogier, L.J.
キリスト教史　10　平凡社　→Aubert, Roger
→Bruls, Jean
→Crunican, Paul E.
→Ellis, John Tracy
→Pike, Frederick Braun
キリスト教史　11　平凡社　→Aubert, Roger
→Hajjar, Joseph N.

→Schatz, Klaus
キリスト教神秘主義著作集　1　教文館
→グレゴリオス（ニュッサの）
→ディオニシオス・アレオパギテース
キリスト教神秘主義著作集　第3巻　教文館
→Grosseteste, Robert
→Richardos a St.Victore
→Ulrich von Strassburg
→フーゴー（サン＝ヴィクトルの）
キリスト教神秘主義著作集　9　教文館
→Seuse, Heinrich
→ルースブルーク, ヤン・ファン
キリスト教神秘主義著作集　16　教文館
→Andreä, Johan Valentin
→Paracelsus, Philippus Aureolus
→Schelling, Friedrich Wilhelm Joseph von
→エッカルツハウゼン
→エーティンガー
→バーダー
→ヘルモント
→メスマー
キリスト教神秘主義著作集　第4巻1　教文館
→Magdeburg, Mechthild von
キリスト教とユダヤ教——キリスト教信仰のユダヤ的ルーツ　教文館　→Crüsemann, Frank
→Crüsemann, Marlene
→Dörrfuß, Ernst Michael
→Ebach, Jürgen
→Frettlöh, Magdalene L.
→Kriener, Tobias
→Lapide, Ruth
→Lenhard, Hartmut
→Lohrbächer, Alfred
→Maier, Christl
→Marquardt, Friedrich-Wilhelm
→Millard, Matthias
→Moltmann, Jürgen
→Müller, Klaus
→Neuhaus, Dietrich
→Obst, Gabriele
→Rendtorff, Rolf
→Schottroff, Luise
→Severin-Kaiser, Martina
→Siegele-Wenschkewitz, Leonore
→Stöhr, Martin
→Wagner, Peter
→Weinrich, Michael
→Wengst, Klaus
→Wittstock, Alfred
キリスト教のスピリチュアリティ——その二千年の歴史　新教出版社　→Burridge, Richard A.
→Carmichael, Liz
→Dales, Douglas J.
→Farmer, David H.
→Graham, Stephen R.
→Hackel, Sergei
→Holt, Bradley P.
→McGuckin, John Anthony
→Selderhuis, Herman J.
キリスト教の絶対性を超えて——宗教的多元主義の神学　春秋社　→Driver, Tom F.

754　書名索引

　　　　　　　　→Gilkey, Langdon
　　　　　　　　　→Hick, John H.
　→Kaufman, Gordon D.
　　　　　　　　→Knitter, Paul F.
　→Panikkar, Raimundo
　　　　　　　　→Pieris, Aloysius
→Ruether, Rosemary Radford
　　　　　→Samartha, Stanley J.
　　→Smith, Wilfred Cantwell
　　→Suchocki, Majorie Hewitt
キリスト教は他宗教をどう考えるか——ポスト多元主
　義の宗教と神学　教文館
　　　　→Alden, Raymond Macdonald
　　　　　　　　→D'Costa, Gavin
　　　　　　　→Griffiths, Paul J.
　　　　　　　　→Milbank, John
　　　　　　→Moltmann, Jürgen
　　　　　　→Newbigin, Lesslie
　　　　→Pannenberg, Wolfhart
　　　　　→Schwöbel, Christoph
　　　　　　　　→Surin, Kenneth
　　→Thomas, Madathiparambil Mammen
キリスト教は同性愛を受け入れられるか　日本キリ
　スト教団出版局　　　→Hays, Richard B.
　　　　　　　　→Siker, Jeffrey S.
　　　　　　　→グラーザ, クリス
　　　→ケーヒル, リサ・ソール
　→ジョーンズ, スタントン・L.
　　　　　　　→ダラス, ジョー
　　　→ネルソン, ジェームズ・B.
　　　　　　　→バー, チャンドラー
→ファーニッシュ, ヴィクター・ポール
　　　　　→マクニール, ジョン・J.
→モレンコット, ヴァージニア・レイミー
　　　　　→ラッツィンガー, ヨゼフ
　　　　　　→ロジャース, ジャック
　　　　　→ワークマン, ドン・E.
記録史料記述の国際標準　北海道大学図書刊行会
　　　　　　　　　→Cook, Michael
　　　　　　　→Stibbe, Hugo L.P.
岐路に立つ自由主義——現代自由主義理論とその批判
　ナカニシヤ出版　　→Benestad, J.Brian
　　　　　　→Bradley, George V.
　　　　　　　→George, Robert P.
　　　　　　　　　→Hall, Terry
　　　　　　　→Hittinger, John
　　　　　　→Hittinger, Russell
　　　　　　　→Pakaluk, Michael
　　　　　　→Wagner, David M.
　　　　　　→Wolfe, Christopher
　　　　　　→Wright, R.George
岐路に立つ統一ドイツ——果てしなき「東」の植民地
　化　青木書店　　　　　→Vilmar, Fritz
　　　　　　→ヴェルケ, イェンス
　　→シュタイニッツ, クラウス
　→シュテファニデス, ヤニス
　　　　　　　→ゼル, ベルント
　　　　　　→ダーン, ダニエラ
　　　　→ブッシュ, ウルリッヒ
　→ボリンガー, シュテファン
　　　　　　　→ライスィヒ, ロルフ
　　　→リヒター, エーデルバート
近現代日本・フィリピン関係史　岩波書店
　　　　　　　→Villarón, Fernando
　　　　→タン, ロサリナ・ブランカ
　　→テクソン, グウェンドリン・R.
　→バレスカス, マリア・ロザリオ・ピケロ
　　　　　→ホセ, リカルド・T.
　　　→ホセ, リディア・N.ユー
　　　　→リベラ, テマリオ・C.
禁じられた歴史の証言——中米に映る世界の影　現代
　企画室　　　　　→Beals, Carleton
　　　　　　　　→Dalton, Roque
　　　　　　　　→Phyeras, Mario
金正日、したたかで危険な実像　講談社
　　　　　　　　→イ, ドンウク (李東昱)
　　　　　　　→キム, スヘン (金秀幸)
　　　→キム, ミョンチョル (金明哲)
　　　　　　→キム, ヨンス (金英秀)
　　　　　　　→月刊朝鮮編集部
　　　　　　　　→コ, テウ (高太宇)
　　　　　　　　→国土統一院
　　　　　　→チョウ, カプチェ (趙甲済)
　　　　　　→パク, ウナン (朴銀輝)
　　　　　→ペク, サンチャン (白尚昌)
近代からの問いかけ——啓蒙と理性批判　晃洋書房
　　　　　→エルトル, ヴォルフガング
近代刑法の遺産　中　信山社出版
　　　　→Feuerbach, Ludwig Andreas
　→Feuerbach, Paul Johann Anselm von
　　→Mittermaier, Karl Joseph Anton
　　　　　　　　　→スチューベル
近代性の理論——パーソンズの射程　恒星社厚生閣
　　　　　　　　→Parsons, Talcott
　　　　　　→Robertson, Roland
　　　　　　　→Turner, Bryan S.
　　　　　　　　→ゴールド, マーク
　　　　　→ニールセン, ヤン・K.
　　　→バーシャディ, ハロルド・J.
　　　　　→フランク, アーサー・W.
　　　　　　→リッツ, ヴィクター
　　　　→レヴィン, ドナルド・N.
　　　→レックナー, フランク・J.
近代世界の哲学——ミュンツァーからライプニッツへ
　白水社　　　　　　　　　→Alquié
　　　　　　→Chatelet, Francois
　　→ヴェドリーヌ, エレーヌ
　　　→ショーブ, マリアンヌ
→ドザンティ, ジャン=トゥサン
　　　→ピヴィダル, ラファエル
　　　→ベッサド, ジャン=マリ
　　　　　　→ベルナルト, ジャン
金大中拉致事件の真相　三一書房
　　　　　　→アンダーソン, ジャック
　　　　　　→イ, サンウ (李祥雨)
　　　→イ, ジョンガク (李鐘珏)
　　　　→イ, ムンヨン (李文永)
　　　　→イ, ヨンソク (李英石)
　　　→カン, ムンキュ (姜汶奎)
　　　　→キム, デジュン (金大中)

きんた　全集・合集収載 翻訳図書目録 1992-2007　I

　　　　　　　　→キム, ヒョンウク（金炯旭）
　　　　　　　　→ソン, チュンム（孫忠務）
　　　　　　　　→チェ, ジャンウォン（崔壮源）
　　　　　　　　→チョウ, カプチェ（趙甲済）
　　　　　　　　→ハン, ジョンイル（韓貞一）
　　　　　　　　→ハン, スンホン（韓勝憲）
近代「読書論」名著選集　第2巻　ゆまに書房
　　　　　　　　　　　　　→Todd, John
近代「読書論」名著選集　第5巻　ゆまに書房
　　　　　　　　　　　　　→ブレッキイ
近代「読書論」名著選集　第9巻　ゆまに書房
　　　　　　　　　　　　　→リチャードソン
近代「読書論」名著選集　第11巻　ゆまに書房
　　　　　　　　　　　　　→Ruskin, John
近代「読書論」名著選集　第12巻　ゆまに書房
　　　　　　　　　　　　　→Baldwin, James
近代「読書論」名著選集　第13巻　ゆまに書房
　　　　　　　　　　　　　→Carlyle, Thomas
　　　　　　　　→Emerson, Ralph Waldo
　　　　　　　　　→Harrison, Frederic
　　　　　　　　→Marble, Annie Russel
　　　　　　　　　　→Ruskin, John
　　　　　　　　→Schopenhauer, Arthur
　　　　　　　　→ディスレーリ, アイザク
　　　→ヘァル, ジュリアス・チャールズ
　　　　　　　　→ヘルプス, アーサル
　　　　　　　　　→モーレー, ジョン
　　　→ラウエル, ジェームス・ラッセル
近代日本のセクシュアリティ　1　ゆまに書房
　　　　　　　　　　　→Ashton, James
　　　　　　　　　→フート, エドワルド
近代日本のセクシュアリティ　2　ゆまに書房
　　　→Krafft Ebing, Richard Freiherr von
近代日本のセクシュアリティ　5　ゆまに書房
　　　　　　　　　　→デル, フロイド
近代日本のセクシュアリティ　7　ゆまに書房
　　　　　　→ズーシャッテレー, エム・パレン
近代日本のセクシュアリティ　16　ゆまに書房
　　　　　　　　　→Sanger, Margaret
近代日本「平和運動」資料集成　付録　不二出版
　　　　　　　　　→Carnegie, Andrew
　　　　　　　　→コンサド, ジョセフ
　　　　　　→バトラー, ニコラス・マレー
近代東アジア経済の史的構造　日本評論社
　　　　　　　　→イ, ヨンフン（李栄薫）
　　　　　　→オウ, ギョクジョ（王玉茹）
　　　　　　　→パク, イテク（朴二沢）
　　　　　　　→リ, ウヘイ（李宇平）
　　　　　　→リン, マンコウ（林満紅）
近代東アジアのグローバリゼーション　明石書店
　　　　　　　　　　→Caprio, Mark
　　　　　　　　→ダッデン, アレクシス
　　　　　　　→ドゥアラ, プラセンジット
　　　　　　　　　　→フリン, デニス
　　　　　　　　　→ヘイレン, アン
　　　　　　　　→ヨウ, ダイケイ（楊大慶）
金日成その衝撃の実像　講談社
　　　　　　→ファン, ミンギ（黄珉基）
　　　　　→ユ, ソンチョル（兪成哲）
　　　　　　　　→ヨ, ジョン（呂政）
金融サービス業―21世紀への戦略　東洋経済新報社
　　　　　　　　→Boldwin, Carliss Y.
　　　　　　　　→Crane, Dwight B.
　　　　　　　　→Eccles, Robert G.
　　　　　　　　→Esty, Benjamin C.
　　　　　　　　→Goodman, John B.
　　　　　　　　→Hayes, Samuel L., III
　　　　　　　　→Kester, W.Carl
　　　　　　　　→Merton, Robert C.
　　　　　　　　→Perold, Andre
　　　　　　　　→Regan, Andrew D.
　　　　　　　　→Sirri, Erik R.
　　　　　　　　→Tufano, Peter
　　　　　　　　→Vietor, Richard H.K.
金融サービス業の戦略思考　ダイヤモンド社
　　　　　　　　→Griffin, Natalie Shope
　　　　　　　　→Groysberg, Boris
　　　　　　　　→Nanda, Ashish
　　　　　　　　→Nohria, Nitin
　　　　　→スワンク, シンシア・カレン
　　　　　　　　→トムク, ステファン
　　　　　　　→ピットマン, ブライアン
　　　　　　　　→リード, ジョン・S.
　　　　　　　→レディ, ダグラス・A.
金融データベース・マーケティング―米国における
　業務とシステムの実態　東洋経済新報社
　　　　　　　　→Collins, Thomas J.
　　　　　　　　→Mann, Donald C.
　　　　　→アルタイザー, ロレイ・D.
　　　　　　→ウィスナー, スコット
　　　　　　→ゲディックス, ジェイン
　　　　　　→コーン, ジョナサン
　　　　　→チャンブリン, ジャック・D.
　　　　　　→チャンプリン, ブラッド
　　　→ディーリックス, マリアンヌ・A.
　　　　　　　→ナセンジ, ロバート
　　　　　　　→ニュース, マイク
　　　　　　　→ブコウスキー, ロン
　　　→FUSIONマーケティング・グループ
　　　　　　　　→ボーデイジ, トム
　　　→ポテンザ, クリフォード・W.
　　　　　　　→ホルトマン, アルト
　　　　　→ホーンベック, デイビッド
　　　　　→マクイチャーン, カーラ・E.
　　　　　　　→モデル, ジョーダン
　　　　　　→ランド, トーマス・C.
　　　　　　　→ロジャース, トム
　　　　　　→ローチ, チャールス
金融不安定性と景気循環　日本経済評論社
　　　　　　　　→Albin, Peter S.
　　　　　　　　→Caskey, John
　　　　　　　→Day, Richard Hollis
　　　　　　　→Duménil, Gérard
　　　　　　→Fazzari, Steven M.
　　　　　　　→Franke, Reiner
　　　　　　　→Jimenez, Felix
　　　　　　　→Lévy, Dominique
　　　　　　　→Nell, Edward J.
　　　　　　→Niggle, Christopher J.
　　　　　　→O'Connell, Stephen A.
　　　　　　　→Semmler, Willi

756　書名索引

→Shaikh, Anwar
→Taylor, Lance J.
→Wolfson, Martin H.
→Woodford, Michael

【く】

空間認知研究ハンドブック　二瓶社　→Blades, Mark
→Bloch, Henriette
→Böök, Anders
→DeLoache, Judy S.
→Gärling, Tommy
→Liben, Lynn S.
→Marzolf, Donald P.
→Morange, Françoise
→Newcombe, Nora S.
→Selart, Marcus
→Wilson, Paul N.

クオリティー・オブ・ライフ―豊かさの本質とは　里文出版
→Allardt, Erik
→Brock, Dan
→Cohen, Gerald Allan
→Erikson, Robert
→Gaertner, Wulf
→Griffin, James
→Korsgaard, Christine Marion
→Ysander, Bengt-Christer

国を愛するということ―愛国主義の限界をめぐる論争　人文書院
→Appiah, Kwame Anthony
→Barber, Benjamin R.
→Butler, Judith P.
→Falk, Richard A.
→Glazer, Nathan
→Gutmann, Amy
→Nussbaum, Martha Craven
→Putnam, Hilary
→Sen, Amartya Kumar
→Taylor, Charles
→Wallerstein, Immanuel Maurice
→Walzer, Michael
→スカリー, エレイン
→ピンスキー, ロバート
→ヒンメルファーブ, ゲルトルード
→ボク, シセーラ
→マコンネル, マイケル・W.

クラインとビオンの臨床講義　岩崎学術出版社
→Anderson, Robin
→Brenman Pick, Irma
→Britton, Ronald S.
→Daniel, Patricia
→Feldman, Michael
→Malcolm, Ruth Riesenberg
→O'Shaughnessy, Edna
→Spillius, Elizabeth Bott
→Steiner, John

クライン‐ラカンダイアローグ　誠信書房
→Anderson, Robin
→Burgoyne, Bernard
→Laurent, Eric

→Rustin, Margaret
→ジェラルディン, フィリップ
→デュ・リー, マルク
→テンパリー, ジェーン
→ノブス, ダニー
→パロメラ, ヴィーチェンテ
→ヒンシェルウッド, ロバート・D.
→ブロンシュタイン, カタリーナ
→ベンヴェヌート, ビーチェ
→ヤング, ロバート・M.
→リーダー, ダリアン

クリシュナムルティの世界　コスモス・ライブラリー
→Huxley, Aldous Leonard
→Rolland, Romain
→カーナン, ミカエル
→シヴァラーマン, S.
→パウエル, ロバート
→ブラグドン, クロード
→ブルニエ, ラーダー

グリーニングチャレンジ―企業の環境戦略　日科技連出版
→Ashford, Nicholas A.
→Baram, Michael S.
→Cebon, Peter B.
→Cramer, Jacqueline
→Dieleman, Hans
→Dillon, Patricia S.
→Drew, Kirstine
→Everett, Melissa
→Fischer, Kurt
→Gladwin, Thomas N.
→Groenewegen, Peter
→Hond, Frank den
→Hoo, Sybren de
→Kemp, René
→Mack, John E.
→Medhurst, James
→Oresick, Robert
→Schot, Johan
→Simmons, Peter
→Steger, Ulrich
→Williams, Hugh E.
→Wynne, Brian

クリントン政権に対する日本の活字メディアの姿勢・日米新経済協議の枠組み　C-NET
→Cooper, William H.
→ウガヤ, ヒロミチ

車椅子はパスポート―地球旅行の挑戦者たち　山と渓谷社
→Green, Alan
→Marshall, Ian
→Walsh, Alison
→アゾッパルディ, アルフレッド
→アトキンソン, バリー
→アドコック, ビビアン
→アームストロング, フランキー
→ウィリアムス, シアン
→エアリー, ベティ
→エリオット, ロジャー
→クーパー, ジョーン
→グレイ, ディビッド
→ケリー, スー

くれし

→スミス, ヴェロニカ
→スメサースト, ジュリー
→スワン, クリスチーネ
→セムベル, ロッド
→ターナー, ミッシェル
→ディーキン, アンジェラ
→デリン, アニー
→トゥリー, ジャック
→トーマス, フィリッパ
→トムソン, アンナ
→トールボット, ヒュー・C.
→ナイマン, ジェーン
→ニクソン, ミッキー
→ハイデス, マーガレット
→パーキン, ベティ
→ハッチンソン, ジェーン
→ハーレイ, アンドリュー
→ハント, ステファン
→パントン, クリスチーネ
→ハンプトン, テオドラ
→ビグネル, ジョン
→ビリングトン, シャルロッテ
→ヒル, フランシス
→フィッシャー, エニッド
→ブリストウ, ベリル
→ブルトン, ドロテーア
→フレィニー, ジェームス
→プレストン, スーザン
→ペイグナメンタ, ダフネ
→ヘイネス, ビディ
→ページ, ジュディ
→ボネット, ディビッド
→ホプキンズ, ディー
→ホロックス, バーバラ
→マギア, フリーダ
→マレー, シェーラ
→ミーレ, ナンシー・ボアー
→メイ, ロザリンド
→ラサム, ステファン
→ラン, ジル
→リーレー, ロビン
→ルカス, キャロライン
→レアリィ, エリック
→レイトン, ベティ

クレジット・スコアリング　シグマベイスキャピタル
　　　　　　　　　　　　→Chandler, Gary G.
→Cordell, Larry
→Fishelson-Holstine, Hollis
→Glennon, Dennis C.
→Gruenstein, John M.L.
→Hand, David J.
→Jost, Allen
→Klena, Mattehew
→McCahill, Leonard J.
→Makuch, William M.
→Malamphy, Timothy J.
→Pincetich, Maria T.
→Sangha, Balvinder S.
→Schiffman, Richard

→Ting, Wan-Qi
→Tobin, Kristin M.
→Zandi, Mark

グレートリバー——地球に生きる・地球と生きる　同朋舎出版
→Abbey, Edward
→ウォリンスキー, カリー
→ウールフィット, アダム
→オルソン, デービッド・ルイス
→カウフマン, ジョン・M.
→カプート, ロバート
→グレハン, ファレル
→ゲルスター, ゲオルグ
→セディーン, マーガレット
→ディッキンソン, メアリー・B.
→トゥールテロ, ジョナサン・B.
→トーマス, キャメロン
→トーマス, ビル
→ネッピア, トーマス
→パーソンズ, アマンダ
→ハワース, ウイリアム
→ファーガソン, アーネスト・B.
→プール, ロバート・M.
→ベネット, ロス・S.
→ベン, ネーサン
→ムーアハウス, ジェフリー
→モーブリイ, ジョージ・F.
→ルティック, キャロル・ビッティッヒ

グローバリゼーションと東アジア　中央大学出版部
→Park, Sung-Jo
→Sadria, Modjtaba
→Sayeeda, Bano
→ショウ, シンコウ（蕭新煌）

グローバリゼーションの文化政治　平凡社
→Altman, Dennis
→Morris-Suzuki, Tessa
→Robins, Kevin
→アング, イエン
→ナラヤン, ウマ

グローバル化をどうとらえるか——ガヴァナンスの新地平　法律文化社
→Held, David
→Stiglitz, Joseph Eugene
→アーキブージ, マーティアス・ケーニッヒ
→ウェイド, ロバート・ハンター
→グーディン, ロバート・E.
→コヘーン, ロバート・O.
→ラギー, ジョン・ジェラード

グローバル化時代の都市　岩波書店
→Sassen, Saskia

グローバル化時代の法と法律家　日本評論社
→Plantilla, Jefferson R.
→アベ, ヒロノリ（阿部浩己）
→ガ, エイホウ（賀衛方）
→シュナイダーマン, デイヴィッド
→ズィーヴキング, クラウス
→スミス, マルコム
→ホーマン, ハラルド
→ラウジェン, ヘダール
→ロ, メイシュン（廬明濬）
→ロハス, ヘンリー・S.

グローバル化する市民社会　御茶の水書房

グローバル化で世界はどう変わるか——ガバナンスへ
の挑戦と展望　英治出版　→Allison, Graham T.
　　　　　　　　　　　→Applbaum, Arthur Isak
　　　　　　　　　　　→Brown, L.David
　　　　　　　　　　　→Clark, William C.
　　　　　　　　　　　→Coglianese, Cary
　　　　　　　　　　　→Frankel, Jeffrey
　　　　　　　　　　　→Frumkin, Peter
　　　　　　　　　　　→Grindle, Merilee S.
　　　　　　　　　　　→Hurley, Deborah
　　　　　　　　　　　→Kamarck, Elaine Ciulla
　　　　　　　　　　　→Keohane, Robert Owen
　　　　　　　　　　　→Khagram, Sanjeev
　　　　　　　　　　　→Mayer-Schönberger, Viktor
　　　　　　　　　　　→Moore, Mark H.
　　　　　　　　　　　→Norris, Pippa
　　　　　　　　　　　→Nye, Joseph S., Jr.
　　　　　　　　　　　→Rodrik, Dani
　　　　　　　　　　　→Rosendorf, Neal M.
　　　　　　　　　　　→Saich, Tony
　　　　　　　　　　　→Schauer, Frederick
グローバル化とジェンダー——「女の視点」「男の視
点」を超えた政策を求めて　「アジア・欧州対話：
ジェンダーをめぐる課題」木更津会議（2001年）
日本国際交流センター　　→ギベール、ベルナール
　　　　　　　　　　　→ソイン、カンワリジット
　　　　　　　　　　　→チン、ランエン（陳瀾燕）
　　　　　　　　　　　→ペタヤニエミ、ツゥーリッキ
　　　　　　　　　　　→ポメランチ、ビアンカ
　　　　　　　　　　　→ヨラック、ヘイディー・B.
　　　　　　　　　　　→レイク、キャサリン
グローバル化と政治のイノベーション——「公正」の
再構築をめざしての対話　ミネルヴァ書房
　　　　　　　　　　　→Gamble, Andrew
　　　　　　　　　　　→Meyer, Thomas
　　　　　　　　　　　→キュペルス、ルネ
　　　　　　　　　　　→キン、タイカン（金大煥）
　　　　　　　　　　　→コウ、ヘイ（黄平）
　　　　　　　　　　　→フォー、ジェフ
　　　　　　　　　　　→ロツシュタイン、ボー
グローバル化と法——〈日本におけるドイツ年〉法学
研究集会　信山社出版　　→Basedow, Jürgen
　　　　　　　　　　　→Kunig, Philip
　　　　　　　　　　　→Teubner, Gunther
　　　　　　　　　　　→シュヴァルツェ、ユルゲン
　　　　　　　　　　　→シュヴァーン、ゲジーネ
　　　　　　　　　　　→シュミット、カルステン
　　　　　　　　　　　→プリュッティング、ハンス
グローバル化とは何か——文化・経済・政治　法律文化
社　　　　　　　　　　　→Held, David
　　　　　　　　　　　→McGrew, Anthony G.
　　　　　　　　　　　→カックレイン、アレン
　　　　　　　　　　　→トンプソン、グレアム
　　　　　　　　　　　→ペイン、キャシー
　　　　　　　　　　　→マッカイ、ヒュー
グローバル教育からの提案——生活指導・総合学習の
創造　日本評論社　　　　→Pike, Graham
　　　　　　　　　　　→Selby, David
　　　　　　　　　　　→アグニュー、ウェンディ

　　　　　　　　　　　→Cornell, Drucilla
　　　　　　　　　　　→ザーバ、ジェニファ
　　　　　　　　　　　→タルク、バートラム
　　　　　　　　　　　→ベル、アン
　　　　　　　　　　　→ラッセル、コンスタンス
　　　　　　　　　　　→ラディーノ、マリー
グローバル経済が世界を破壊する　朝日新聞社
　　　　　　　　　　　→Bello, Walden F.
　　　　　　　　　　　→Goldsmith, Edward
　　　　　　　　　　　→Greider, William
　　　　　　　　　　　→Kimbrell, Andrew
　　　　　　　　　　　→Mander, Jerry
　　　　　　　　　　　→Nader, Ralph
　　　　　　　　　　　→Sachs, Wolfgang
　　　　　　　　　　　→ウォラック、ローリ
　　　　　　　　　　　→カヴァナ、ジョン
　　　　　　　　　　　→コア、マーティン
　　　　　　　　　　　→コーテン、デイヴィッド・C.
　　　　　　　　　　　→ゴールドスミス、アレキサンダー
　　　　　　　　　　　→バーネット、リチャード
　　　　　　　　　　　→フーデマン、オリヴィール
　　　　　　　　　　　→ボストン、アレックス
　　　　　　　　　　　→マンダー、カイ
　　　　　　　　　　　→ミーカー＝ロウリー、スーザン
グローバル時代の人権を展望する——日本と韓国の対
話　衡平運動80周年記念国際学術会議から　部落解
放・人権研究所　　　　　→イ、サミョル（李三悦）
　　　　　　　　　　　→イ、ジョンオク（李貞玉）
　　　　　　　　　　　→クァク、サンジン（郭相鎮）
　　　　　　　　　　　→スティール、ウィリアム
グローバル・シティー・リージョンズ——グローバル都
市地域への理論と政策　ダイヤモンド社
　　　　　　　　　　　→Hall, Peter A.
　　　　　　　　　　　→Henton, Douglas C.
　　　　　　　　　　　→Porter, Michael E.
　　　　　　　　　　　→Sassen, Saskia
　　　　　　　　　　　→Scott, Allen John
　　　　　　　　　　　→ウォルフェンソン、ジェームズ・D.
　　　　　　　　　　　→カマーニ、ロベルト
　　　　　　　　　　　→キーティング、マイケル
　　　　　　　　　　　→キム、ウォン・ペ
　　　　　　　　　　　→クーシェイン、トマス・J.
　　　　　　　　　　　→シュミッツ、ヒューバート
　　　　　　　　　　　→ダグラス、マイケル
　　　　　　　　　　　→パナヨトウ、テオドール
　　　　　　　　　　　→ブシャール、ルシエン
　　　　　　　　　　　→フリードマン、ジョン
グローバル社会のダイナミズム——理論と展望
Sophia University Press上智大学出版
　　　　　　　　　　　→Wank, David L.
　　　　　　　　　　　→ソイサル、ヤスミン・ヌホグル
　　　　　　　　　　　→ファーガソン、ジェームス
　　　　　　　　　　　→ファーラー、ジェームス
　　　　　　　　　　　→ホール、ロドニー・ブルース
　　　　　　　　　　　→マイヤー、ジョン・W.
グローバルな市民社会に向かって　日本経済評論社
　　　　　　　　　　　→Altvater, Elmar
　　　　　　　　　　　→Elshtain, Jean Bethke
　　　　　　　　　　　→Etzioni, Amitai
　　　　　　　　　　　→Glotz, Peter
　　　　　　　　　　　→Hobsbawm, Eric J.

くろは　全集・合集収載 翻訳図書目録 1992-2007　Ⅰ

→Mouffe, Chantal
→Selznick, Philip
→Strasser, Johano
→Sullivan, William
→Walzer, Michael
→Wolfe, Alan
→オソリオ, フリアン・サンタマリア
→カルショイアー, オットー
→ガルストン, ウィリアム
→コーエン, ミッチェル
→コーヘン, ジーン
→ストロング, トレイシー・B.
→ナーディン, テリー
→ニールセン, カイ
→ハジュク, ミロシュ
→ハルン, オトカール
→バーンバウム, ノーマン
→ピンカード, テリー
→フォー, ジェフ
→フランケンベルク, ギュンター
→モシャン, ディディエ

グローバル・レビュー　有斐閣
→ティルトン, マーク・C.
→ネーナパー・ワイラートサック
→マタンリー, ピーター
→ルクレール, イブリン
→ロウ, モリス・F.

軍事革命とRMAの戦略史―軍事革命の史的変遷1300
～2050年　芙蓉書房出版　→Knox, MacGregor
→Murray, Williamson
→Showalter, Dennis E.
→グリムズリー, マーク
→ベイリー, ジョナサン・B.A.
→ヘルウイッグ, ホーガー・H.
→リン, ジョン・A.
→ロジャーズ, クリフォード・J.

軍事における革命、その意義と結果―1964年度の赤
星の代表的軍事論文集　防衛研修所　→グレボフ, I.
→クロチキン, P.
→コジャノフ, K.
→コルズン, L.
→シドレンコ, A.
→ソコロフスキー, V.D.
→ババコフ, A.A.
→バルテネフ, S.
→ボルゾフ, I.I.
→マルイヒン, F.
→ラリノフ, V.
→レズニチェンコ, V.
→ロモフ, ニコライ・A.

軍事費用分析の一例　〔防衛研修所〕
→ペトルッシェル, R.L.
→ムーズ, W.E.

群読がいっぱい―授業・集会行事に生かす　あゆみ
出版　→Lionni, Leo
→ユイ, リュー
→リ, クムオギ(李錦玉)

【け】

経営効率評価ハンドブック―包絡分析法の理論と応
用　朝倉書店　→Ali, Agha Igbal
→Banker, Rajiv D.
→Byrnes, Patricia
→Charnes, Abraham
→Chilingerian, Jon A.
→Cook, Wade D.
→Cooper, William W.
→Day, Diana
→Desai, Anand
→Dharmapala, P.S.
→Färe, Rolf
→Ferrier, Gray D.
→Førsund, Finn R.
→Golany, Boaz
→Grosskopf, Shawna
→Haynes, Kingsley
→Hernaes, Erik
→Johnston, Holly H.
→Kazakov, Alex
→Learner, D.B.
→Lewin, Arie Y.
→Li, Hongyu
→Lindgren, Björn
→Lovell, C.A.Knox
→Mazur, Mark J.
→Phillips, Fred Y.
→Roll, Yaakov
→Roos, Pontus
→Rousseau, John J.
→Salazar, Ronald
→Seiford, Lawrence M.
→Storbeck, James
→Thompson, Russell
→Thrall, Robert M.
→Valdmanis, Vivian
→Walters, Lawrence C.
→Wood, Lisa L.
→Zieschang, Kimberly D.

経営戦略論　ダイヤモンド社　→Stalk, George, Jr.
→アレクサンダー, マーカス
→エバンス, フィリップ・B.
→カーンナ, タルン
→キャンベル, アンドリュー
→グールド, マイケル
→コリス, デイビッド・J.
→シュルマン, ローレンス・E.
→ハート, スチュアート・L.
→パレプ, クリシュナ
→モンゴメリ, シンシア・A.

経営と社会―批判的経営研究　同友館
→Alvesson, Mats
→Burrell, Gibson
→Deetz, Stanley
→Forester, John
→Grimes, Andrew J.
→Jermier, John M.
→Laughlin, Richard
→Lyytinen, Kalle

→Mingers, John
→Morgan, Glenn
→Nord, Walter R.
→Power, Michael
→Steffy, Brian D.
→Willmott, Hugh
計画から市場へ――ハンガリー経済改革思想史
1954-1988　アジア経済研究所　→Antal, László
→Balázsy, Sándor
→Bársony, Jenő
→Bauer, Tamás
→Bognár, József
→Bokor, János
→Kornai, János
→Liska, Tibor
→Péter, György
→Sárközy, Tamás
→Tardos, Márton
→計画簡素化専門委員会
→経済委員会
経済危機―金融恐慌は来るか　東洋経済新報社
→Bergsten, C.Fred
→Corrigan, E.Gerald
→Dornbusch, Rudiger
→Feldstein, Martin S.
→Frenkel, Jacob A.
→Friedman, Benjamin M.
→Grundfest, Joseph A.
→Kindleberger, Charles Poor
→Krugman, Paul Robin
→Minsky, Hyman P.
→Poole, William
→Samuelson, Paul Anthony
→Sprague, Irvine H.
→Strunk, Norman
→Summers, Lawrence H.
→Volcker, Paul A.
経済政策の公共選択分析　勁草書房
→Pennant-Rea, Rupert
→ギャラット, ディーン
→クリス, ジョン
→ジャクソン, ピーター
→シュナイダー, フリードリッヒ
→ジョーンズ, フィリップ
→プライス, サイモン
→メットカルフェ, スタンリー
→リケッツ, マーチン
→ローリー, チャールズ
経済成長の「質」　東洋経済新報社
→Dailami, Mansoor
→Dhareshwar, Ashok
→Kaufmann, Daniel
→Kishor, Nalin
→López, Ramón E.
→Wang, Yan
刑事法学の新動向―下村康正先生古稀祝賀　下巻
成文堂　　　　→グリュンワルド, ゲラルド
刑事法の諸問題　6　専修大学法学研究所
→ギュンター, ハンス‐ルートヴィヒ
継続する植民地主義―ジェンダー/民族/人種/階級

青弓社　　　　　→Morris-Suzuki, Tessa
啓蒙時代の哲学　白水社　　→Alquié
→Chatelet, Francois
→Deleuze, Gilles
→アダモフ=オートリュソー, ジャックリーヌ
→サロモン=バイエ, クレール
→デスネ, ロラン
→デュシェノー, フランソワ
激動社会の中の自己効力　金子書房
→Bandura, Albert
→Elder, Glen H.
→Flammer, August
→Fuchs, Reinhard
→Hackett, Gail
→Jerusalem, Matthais
→Marlatt, G.Alan
→Mittag, Waldemar
→Oettingen, Gabriele
→Schneewind, Klaus A.
→Schwarzer, Ralf
→Zimmermam, Barry J.
消された国家主席劉少奇　日本放送出版協会
→オウ, コウエイ(王光英)
→オウ, コウビ(王光美)
→カ, カトウ(何家棟)
→カイ, ハ(海波)
→リュウ, ゲン(劉源)
→リュウ, ショウショウ(劉濤濤)
→リュウ, テイテイ(劉亭亭)
→リュウ, ヘイヘイ(劉平平)
ケースマネージメントと社会福祉　ミネルヴァ書房
→Austin, Carol D.
→Azzarto, Jacqueline
→Bergman, Helen C.
→Collard, Anne
→Collopy, Bart J.
→Harris, Maxine
→Henderson, Mary G.
→Intagliata, James
→Ivry, Joann
→Kane, Rosalie A.
→Kanter, Joel S.
→Kisthardt, Walter E.
→Libassi, Mary Frances
→Litchfield, Leon C.
→Loomis, James F.
→Rapp, Charles A.
→Reamer, Frederic G.
→Rose, Stephen M.
→Rubin, Allan
→Seltzer, Marsha Mailick
→Wilson, Susan F.
→Witheridge, Thomas F.
→アメリカ病院協会
→全米ソーシャルワーカー協会
結婚と離婚の法と経済学　木鐸社
→Dnes, Antony W.
→Rowthorn, Robert
→アレン, ダグラス
→コーエン, ロイド

けるせ

→スコット, エリザベス
→スパーツ, キャスリン
→スミス, イアン
→ゼルダー, マーティン
→ノック, スティーヴン
→パークマン, アレン
→ブリニグ, マーガレット
→ラスムセン, エリク
ケルゼン研究 2 信山社出版　　→Twain, Mark
原因帰属と行動変容―心理臨床と教育実践への応用
　ナカニシヤ出版　　→Antaki, Charles
　　　　　　　　→Bar-Tal, Daniel
　　　　　　　　→Brewin, Chris
　　　　→Bugental, Daphne Blunt
　　　　　　　　→Chaney, Lee A.
　　　　　　　　→Janoff, Dean S.
　　　　　　　→Layden, Mary Anne
　　　　　→Peterson, Christopher
　　　　　　　→Rogers, Colin G.
　　　　　　　　→Sonne, Janet L.
　　　　　　　→Totman, Richard
　　　　　→Williams, J.Mark G.
限界費用価格形成原理の研究 1 勁草書房
　　　　　　　→Bradford, David L.
　　　　　→Coase, Ronald Harry
→フリッシュ, ラグナー
→ボウモル, ウィリアム
→ホテリング, ハロルド
→ラッグルズ, ナンシー
→ラーナー, アバ
嫌韓反日の構造　白帝社　　→イ, ヨンシク(李栄植)
→イム, ヨンチュン(林永春)
→チョン, ヨンイル(鄭永一)
→モチヅキ, ミキオ(望月幹夫)
現在チベットの現状　チベット・スノーライオン友
　愛会　　　　　　　→ガワン, チェペル
→バオ, フ
現象学と形而上学　法政大学出版局
　　　　　　　　→Biemel, Walter
　　　　→Courtine, Jean-François
　　　　→Janicaud, Dominique
　　　　　→Marion, Jean-Luc
　　　　→Planty-Bonjour, Guy
　　　　　　　　→Pöggeler, Otto
→スーシュ＝ダーグ, ドゥニーズ
→ブラーグ, レミ
→フランク, ディディエ
幻想の国に棲む動物たち　東洋書林
　　　　　　　　→Armour, Peter
　　　　　　　　→Canby, Sheila
　　　　　　　　→Cherry, John
　　　　　　　　→King, Helen
　　　　　　　→McCall, Henrietta
現代アメリカ契約法　弘文堂
　　　　　→Eisenberg, Melvin Aron
　　　　　　　→Farber, Daniel A.
　　　　　　　　→Fuller, Lon L.
　　　　　　→Hillman, Robert A.
→ウィットフォード, ウィリアム
→エールス, イアン

→ガートナー, ロバート
→カル, アンドリュー
→クロンマン, アンソニー・T.
→ケスラー, フリードリッヒ
→サマーズ, ロバート・S.
→シェル, G.リチャード
→スィーバート, ジョン・A., Jr.
→スィール, スティーブ
→ドッジ, ウィリアム・S.
→パターソン, エドウィン・W.
→パーデュー, ウィリアム
→バートン, スティーブ・J.
→ファーンズワース, E.アラン
→マセソン, ジョン・H.
→ヨリオ, エドワード
→ラクリンスキー, ジェフリー・J.
→レイコフ, トッド・D.
→ロゼット, アーサー・I.
現代イギリスの政治算術―統計は社会を変えるか
　北海道大学図書刊行会　→Abdul-Hamid, Walid
→Ahmad, Waqar
→Bartley, Mel
→Bate, Richard
→Blakemore, Michael
→Blane, Davis
→Brimblecombe, Nicola
→Cornford, James
→Dale, Angela
→Davies, Roy
→Davis, Pauline
→Diamond, Ian
→Dorling, Daniel
→Dunne, Paul
→Elliott, Jane
→Evans, Jeff
→Freeman, Alan
→Ginn, Jay
→Goldstein, Harvey
→Gordon, David
→Green, Ann E.
→Head, Jenny
→Heslop, Pauline
→Johnston, Ron
→Lee, Peter
→Macfarlane, Alison
→Mackenzie, Donald Alexander
→Miles, Ian
→Molinero, Cecilio Mar
→Nazroo, James Y.
→Nichols, Theo
→Owen, Charlie
→Pantazis, Christina
→Parker, Ian
→Pattie, Charles
→Peck, Jamie
→Perrons, Diane
→Plewis, Ian
→Pollock, Allyson
→Rappaport, Ivan

→Rossiter, David
→Shaw, Mary
→Sibley, David
→Simpson, Stephen
→Singleton, Ann
→Smith, George Davey
→Southall, Humphrey
→Southworth, Jo
→Staines, Anthony
→Thomas, Ray
→Upton, Graham
→Widdowfield, Rebekah
→Wright, Daniel B.

現代オーストリアの政治　信山社出版
　書店
→Dachs, Herbert
→Gerlich, Peter
→Helmut, Kramer
→Horner, Franz
→Kramer, Helmut
→Lauber, Volkmar
→Müller, Wolfgang C.
→Tálos, Emmerich

現代韓国の市民社会・利益団体―日韓比較による体
制移行の研究　木鐸社
→キム, キョンヒ（金京姫）
→チョ, デヨプ（趙大燁）
→ホン, ソンマン（洪性満）
→ヨム, ゼホ（廉載鎬）

現代クライン派入門―基本概念の臨床的理解　岩崎
学術出版社
→Bronstein, Catalina
→Joseph, Betty
→Segal, Hanna
→Spillius, Elizabeth Bott
→チーザ, マルコ
→テンパリー, ジェーン
→ベル, デイヴィット
→ボズウェル, ジル
→リーゼンバーグ＝マルコム, ルース
→ロス, プリシラ

現代クライン派の展開　誠信書房
→Anderson, Robin
→Britton, Ronald S.
→Joseph, Betty
→O'Shaughnessy, Edna
→Schafer, Roy
→Segal, Hanna
→Spillius, Elizabeth Bott
→ソドレ, イグネス
→フェルドマン, マイケル
→ブレンマン, エリック
→リーゼンバーグ＝マルコム, ルース

現代経済学の巨星―自らが語る人生哲学　上　岩波
書店
→Boulding, Kenneth Ewart
→Georgescu-Roegen, Nicholas
→Kindleberger, Charles Poor
→Robinson, Edward Austin Gossage
→Scitovsky, Tibor
→アレ, モーリス
→ティンベルヘン, ヤン
→マスグレーヴ, リチャード・A.

現代経済学の巨星―自らが語る人生哲学　下　岩波
書店

→Arrow, Kenneth Joseph
→Baumol, William Jack
→Bergson, Abram
→Brunner, Karl
→Buchanan, James M.
→Hahn, Frank
→Klein, Lawrence Robert
→Rostow, Walt Whitman
→Samuelson, Paul Anthony
→Simon, Herbert Alexander
→Solow, Robert M.
→ツル, シゲト（都留重人）
→ドゥブリュー, ジェラール
→ドーマー, エフセイ・D.

現代組織論とバーナード　文眞堂
→Carroll, Glenn R.
→Douglas, Mary
→Hart, Oliver
→Levitt, Barbara
→March, James G.
→Moe, Terry M.
→Pfeffer, Jeffrey
→Scott, W.Richard
→Williamson, Oliver E.

現代中国家族の変容と適応戦略　ナカニシヤ出版
→シン, スウリン（沈崇麟）
→ヨウ, ゼンカ（楊善華）

現代中国刑事法論　法律文化社
→ジョ, エキショ（徐益初）
→チン, ホウジュ（陳宝樹）

現代中国の実像―江沢民ブレーン集団が明かす 全27
の課題とその解決策　ダイヤモンド社
→イ, コウ（韋恒）
→オウ, シンチュウ（王振中）
→カ, ショウコウ（何翔皓）
→カ, セイレン（何清漣）
→カ, テンヨウ（夏天陽）
→カ, ハン（何帆）
→キン, ハイ（金碚）
→コウ, タンリン（江丹林）
→サイ, ボウ（蔡昉）
→シャ, タンメイ（謝端明）
→ジョ, ホウジン（徐奉賢）
→シン, カイ（秦海）
→シン, キジョ（沈驥如）
→ソウ, ホウ（曹鳳）
→ソン, ジャクバイ（孫若梅）
→ソン, シンエン（孫振遠）
→タン, キョウ（単強）
→ダン, ホンラク（段本洛）
→チョウ, セイリン（張正倫）
→チン, ブンカ（陳文科）
→テイ, エキセイ（鄭易生）
→テツ, リン（鉄林）
→デン, コウカ（田光華）
→デン, セツゲン（田雪原）
→トウ, ガクチ（湯学智）
→モウ, ハンカ（孟繁華）
→ヨウ, ギユウ（楊宜勇）
→リ, シュウ（李周）

書名索引　763

→リ, シン(李進)
→リ, シンコウ(李振綱)
→リ, セイキ(李歲貴)
→リ, レイ(李黎)
→リク, ケンカ(陸建華)
→リュウ, ケイリュウ(劉慶龍)
→リン, コウシュン(林後春)
→レイ, リン(冷林)
現代中国の底流―痛みの中の近代化 行路社
→Nan, Lin
→Walder, Andrew
→Wen, Xie
→チョウ, ギョウメイ(張曉明)
→チン, キナン(陳其南)
→発展研究総合課題組
→ハレーブン, タマラ・K.
→リ, ショウケイ(李小慧)
→リク, ガクゲイ(陸学芸)
→リュウ, エイ(劉英)
現代デカルト論集 1 勁草書房 →Alquié
→Beyssade, Jean-Marie
→Gouhier, Henri Gaston
→Gueroult
→Marion, Jean-Luc
→Rodis-Lewis, Geneviève
現代デカルト論集 2 勁草書房 →Ariew, R.
→Cottingham, J.
→Curley, Edwin M.
→Doney, W.
→Hintikka, Jaakko
→Kenny, Anthony John Patrick
→Williams, Bernard
→Wilson, Margaret D.
→Yolton, J.
→フランクフルト, ハリー・G.
現代ドイツ教育学の潮流―W・フリットナー百歳記
念論文集 玉川大学出版部 →Anweiler, Osker
→Ballauff, Theodor
→Bittner, Günter
→Bokelmann, Hans
→Bollnow, Otto Friedrich
→Brezinka, Wolfgang
→Brumlik, Micha
→Eggers, Philipp
→Gamm, Hans-Jochen
→Geißler, Erich E.
→Groothoff, Hans-Hermann
→Heid, Helmut
→Heitger, Marian
→Hermann, Ulrich
→Klafki, Wolfgang
→Kruse, Andreas
→Lehr, Ursula Maria
→Lenhart, Volker
→Menze, Clemens
→Mollenhauer, Klaus
→Nipkow, Karl Ernst
→Pöggeler, Franz
→Röhrs, Hermann
→Schaller, Klaus

→Scheuerl, Hans
→Weinert, Franz E.
現代とキリスト教的ヒューマニズム―二十世紀フラ
ンスの試み 白水社 →Bésineau, J.
→Emmanuel, P.
→Escallier, C.
→Mehrenberger, G.
→Nemeshegyi, P.
→Roubin, N.
→Silonis, R.L.
現代日本のアジア外交―対米協調と自主外交のはざ
まで ミネルヴァ書房 →ユン, C.K.(外交)
→ロング, ウィリアム・J.
現代の行政紛争―小高剛先生古稀祝賀 成文堂
→Callies, David L.
→リョ, ギョウケツ(呂曉杰)
現代の資本主義制度―グローバリズムと多様性
NTT出版 →Boyer, Robert
→Crouch, Colin
→d'Iribarne, Philippe
→Dore, Ronald Philip
→Hollingsworth, Joseph Rogers
→Regini, Marino
→Strange, Susan
→Streeck, Wolfgang
→グラハム, アンドリュー
→サーニー, フィリップ・G.
→フィトゥシ, ジャン=ポール
→ポントゥソン, ジョナス
現代の社会学理論 恒星社厚生閣
→Endruweit, Günter
→Giesen, Bernhard
→ダーハイム, ハンスユルゲン
→メッセルケン, カールハインツ
現代の哲学的人間学 白水社
→Bollnow, Otto Friedrich
→Earle, William Alexander
→Fahrenbach, Helmut
→Fromm, Erich
→Gehlen, Arnold
→Gosztonyi, Alexsander
→Hengstenberg, Hans Eduard
→Plessner, Helmuth
→Portmann, Adolf
→Revers, Wilhelm Josef
→Schiwy Sj, Günther
現代の反ユダヤ主義 筑摩書房 →Poliakov, Léon
→ヴァイントラテール, メイール
→グリーンバーグ, ロバート
→ケニーグ, エヴリーヌ
→サアダ, リュシエンヌ
→ザヴァツキ, ポール
→ドラカンパーニュ, クリスティアン
→プフィステラー, ルードルフ
→ブレヒステイン, フィロ
→ミュラウィエック, ローラン
→ミュンヒハウゼン, クラウス・フォン
→ヤドリン, リヴカ
現代フランス及びフランコフォニー(仏語圏)におけ
る文化社会的変容 2002年度 千葉大学大学院文

会文化科学研究科　　　　→Bissoondath, Neil
現代マクロ金融論―ポスト・ケインジアンの視角か
　ら　晃洋書房　　　　　　→Dymski, Gary
　　　　　　　　　　　　　→Pollin, Robert
　　　　　　　　　　→アイゼンバーグ，ドレーヌ
　　　　　　　　　　　→グレイ，H.ピーター
　　　　　　　　　　　→グレイ，ジャン・M.
　　　　　　　　　　→ジャスティス，クレイグ
　　　　　　　　　　　→テイラー，ランス
現代ヨーロッパの社会民主主義―自己改革と政権党
　への道　日本経済評論社　→Fouskas, Vassilis
　　　　　　　　　　　　　→Gowan, Peter
　　　　　　　　　　　　　→Hincker, François
　　　　　　　　　　　　　→Kennedy, Paul
　　　　　　　　　　　　　→Leys, Colin
　　　　　　　　　　　　　→Meyer, Thomas
　　　　　　　　　　　　　→Sapelli, Giulio
現代ラテンアメリカ思想の先駆者たち　刀水書房
　　　　　　　　　　　→Mariategui, Jose Carlos
　　　　　　　→ウレーニャ，ペドロ・エンリーケス
　　　　→エストラーダ，エセキエル・マルティーネス
　　　　　　　　　　　　→カーソ，アントニオ
　　　　　　　　　　　→バスコンセーロス，ホセ
　　　　　　　　　→プラーダ，マヌエル・ゴンサーレス
　　　　　　　　　　→マジェーア，エドゥアルド
　　　　　　　　　　　　→マルティー，ホセ
　　　　　　　　　　→レージェス，アルフォンソ
　　　　　　　　　　→ロドー，ホセ・エンリーケ
建築記録アーカイブズ管理入門　書肆ノワール
　　　　　　　　　　　　　→Cardinal, Louis
　　　　　　　　　　　　　→Daniels, Maygene
　　　　　　　　　　　　→Desaulniers, Robert
　　　　　　　　　　→Nieuwenhuysen, Andrée Van
　　　　　　　　　　　　　→Peyceré, David
憲法裁判の国際的発展―日独共同研究シンポジウム
　信山社出版　　　　　　　→イプゼン，ヨルン
　　　　　　　　　　　→ヴェーバー，アルプレヒト
　　　　　　　　　　→キョ，ソウリキ（許宗力）
　　　　　　　　　　　→シェーファー，ハインツ
　　　　　　　　　→シュターク，クリスティアン
　　　　　　　　　　　　→ハイン，カール・E.
　　　　　　　　　　　　→ホ，ヨン（許営）
　　　　　　　　　　　　→ホイン，ヴェルナー
　　　　　　　　→モントロ＝チナー，マリアヘスス

【こ】

小泉改革への時代　東京大学出版会
　　　　　　　　　　　　→ノーブル，グレゴリー・W.
黄河下流域の歴史と環境―東アジア海文明への道
　東方書店　　　　　　　　→オウ，ケンカ（王建華）
　　　　　　　　　　　　→オウ，シコン（王子今）
　　　　　　　　　　　→カツ，ケンユウ（葛剣雄）
　　　　　　　　　　　→ラン，ホウジツ（欒豊実）
公共空間における裁判権―フランスのまなざし　有
　信堂高文社　　　　　　→ヴァラス，アレクシス
　　　　　　　　　　→ヴィアラ，アレクサンドル
　　　　　　　　　　　　→エルゾク，ロベール
　　　　　　　　　　　　→カビタン，ダヴィッド

　　　　　　　　　　→カブレラ＝ジメノ，ヴェロニク
　　　　　　　　　　　　→サラス，ドゥニ
　　　　　　　　　　　→シャプロ，クリストフ
　　　　　　　　→ジュアンジャン，オリヴィエ
　　　　　　　→トリュフィエ，ジャン＝ピエール
　　　　　　　　　→ポールマン，クリストファ
　　　　　　　　　→ポンティエ，ジャン＝マリ
　　　　　　　　　　　→ルソー，ドミニク
　　　　　　　　　　→ルヌー，ティエリ・S.
公共政策ORハンドブック　朝倉書店
　　　　　　　　　→Anderson, Lowell Bruce
　　　　　　　　　　→Balinski, Michel
　　　　　　　　　　→Barnett, Arnold
　　　　　　　　　　→Brailer, David J.
　　　　　　　　　　→Ellis, Hugh
　　　　　　　　　　→Gass, Saul I.
　　　　　　　　　　→Gerchak, Yigal
　　　　　　　　　　→Golden, Bruce L.
　　　　　　　　　　→Kleindorfer, Paul
　　　　　　　　　→Kunreuther, Howard C.
　　　　　　　　　　→Lave, Lester B.
　　　　　　　　　　→Maltz, Michael D.
　　　　　　　　　　→Odoni, Amedeo R.
　　　　　　　　　　→Pierskalla, William P.
　　　　　　　　　　→Pollock, Stephen M.
　　　　　　　　　　→Revelle, Charles
　　　　　　　　　　→Roberts, Fred S.
　　　　　　　　　→Rothkopf, Michael H.
　　　　　　　　　→Rousseau, Jean-Marc
　　　　　　　　　　→Swersey, Arthur J.
　　　　　　　　　　→Washburn, Alan
　　　　　　　　　→Wasil, Edward Andrew
　　　　　　　　　　→Weyant, John P.
　　　　　　　　　　→Wilson, Nigel H.M.
　　　　　　　　　　→Young, H.Peyton
公共選択の展望―ハンドブック　第1巻　多賀出版
　　　　　　　　　　→Enelow, James M.
　　　　　　　　　　→Frey, Bruno S.
　　　　　　　　　　→Hardin, Russell
　　　　　　　　　　→Inman, Robert P.
　　　　　　　　　　→Mueller, Dennis C.
　　　　　　　　　　→Ostrom, Elinor
　　　　　　　　　→Pattanaik, Prasanta K.
　　　　　　　　　　→Rae, Douglas W.
　　　　　　　　　　→Rubinfeld, Daniel L.
　　　　　　　　　　→Schickler, Eric
　　　　　　　　　→Tideman, T.Nicolaus
　　　　　　　　　　→Walker, James
　　　　　　　　　　→Young, H.Peyton
公共選択の展望―ハンドブック　第2巻　多賀出版
　　　　　　　　　→アルドリッチ，ジョン・H.
　　　　　　　→オースティン＝スミス，デーヴィッド
　　　　　　　　→オードシュック，ピーター・C.
　　　　　　　　→ショーフィールド，ノーマン
　　　　　　　　→ストラットマン，トマス
　　　　　　　　　→パルダム，マーティン
　　　　　　　　→フィオリナ，モリス・P.
　　　　　　　　→ホフマン，エリザベス
公共選択の展望―ハンドブック　第3巻　多賀出版
　　　　　　　　　　→Moe, Terry M.

→Tollison, Robert D.
→ウイナー, スタンレー・L.
→ヘティッチ, ウオルター
→ボーチャーディング, トーマス・E.
→ホルセイ, チェリル・M.
→マギー, ステファン・P.
→ワイントロープ, ロナルド

公共の意思決定における住民参加　横浜市企画財政
　局企画調整室　　　　　　→DeSario, Jack
　　　　　　　　　　　　→Langton, Stuart
→ヴァン・ヴァリー, トーマス・L.
→エスリッジ, マーカス・E.
→クウェイト, メアリー・グリゼツ
→クウェイト, ロバート・M.
→ピータースン, ジェームズ・C.
→ビツォルド, クレメント
→フェイダ-サーマン, ヴィクトリア・リン
→ブラット, レイチェル・G.
→モーガン, エドワード・P.
→レーガン, マイケル・D.

考古学論集　第6集　歴文堂書房
→イ, ジョンミン(李鍾玟)
→ト, セイショウ(杜正勝)

「交渉」からビジネスは始まる　ダイヤモンド社
→Ertel, Danny
→Fisher, Roger
→Fortgang, Ron S.
→Graham, John L.
→Keiser, Thomas C.
→Kolb, Deborah M.
→Lam, N.Mark
→Lax, David A.
→Sebenius, James K.
→Williams, Judith

交渉の戦略スキル　ダイヤモンド社
→Blake, Robert R.
→Ertel, Danny
→Fowler, Sally
→Gerber, Michael E.
→Katzenbach, Jon R.
→Keiser, Thomas C.
→Kesner, Idalene F.
→Maister, David H.
→Mouton, Jane S.
→Schmidt, Warren H.
→Tannenbaum, Robert
→Wetlaufer, Suzy
→シェーファー, ロバート・H.
→セガル, ジェネイーブ
→ハーソン, キャサリン
→ハックマン, J.リチャード
→バード, ポール・P.
→フォムラン, チャールズ
→マッセルホワイト, エド
→ロー, ジョン

構成主義的心理療法ハンドブック　金剛出版
→Anderson, Harlene
→Berg, Insoo Kim
→Hoffman, Lynn
→Nylund, David

→O'Hanlon, William Hudson
→アレン, ジェイムズ・R.
→アレン, バーバラ・A.
→オマー, ハイム
→クライダー, ジェームズ・W.
→コーヘン, S.ミシェル
→コルシグリア, ヴィクター
→ゴールドナー, エリオット・M.
→スルツキー, カルロス・E.
→チャン, ジェフ（心理療法）
→ホイト, マイケル・F.
→マディガン, ステファン・P.
→ランクトン, キャロル
→ランクトン, ステファン
→レビン, スーザン・B.

構造改革時代における大学教員の人事政策—国際比
　較の視点から　広島大学高等教育研究開発セン
　ター　　　　　　　　　→Altbach, Philip G.
→de Weert, Egbert
→Enders, Jurgen
→Honan, James P.
→Ogawa, Yoshikazu
→Shattock, Michael
→Teferra, Domtew

構造主義とは何か—そのイデオロギーと方法　平凡
社　　　　　　→Domenach, Jean Marie
→Lévi-Strauss, Claude
→Ricoeur, Paul
→コニール, ジャン
→デュフレーヌ, ミケール
→ビュルゲラン, ピエール
→ベルトラ, イブ
→ラドリエール, ジャン
→ルウエ, ニコラ

高等教育システムにおけるガバナンスと組織の変容
　広島大学高等教育研究開発センター
→スローター, S.
→レスリー, L.L.

高等教育における評価と意思決定過程—フランス,
　スペイン, ドイツの経験　広島大学大学教育研究
　センター　　　　→アバド, アントニオ・デ・ファン
→アベキャシ, アラン
→アレヴェル, カール
→キャズナヴ, フィリップ
→クッツラー, クルト
→スタロポリ, アンドレ
→ソラ, フランセスコ
→タバトニ, ピエール
→トルネール, ヌリア・ガレッタ
→パスクアル, ペドロ
→パストゥール, ルイ
→フェラテ, ガブリエル
→フェルナンデス, フアン
→ヘードゥル, エーリッヒ
→ベルトラン, ジル
→ボルナレル, ジャン
→マテオ, ミゲル
→ミュラー, ブルクハルト
→メランドル, ジャン=イヴ
→ルデュック, ミッシェル

766　書名索引

高等教育の変貌1860-1930――拡張・多様化・機会開
　放・専門職化　昭和堂
　　　　　　　　　→Alston, Patrick L.
　　　　　　　　　→Angelo, Richard
　　　　　　　→Brower, Daniel R.
　　　　　　　　→Burke, Colin B.
　　　　　　　　→Craig, John E.
　　　　　　　　→Engel, Arthur
　　　　　　　　→Herbst, Jurgen
　　　　　→Jarausch, Konrad Hugo
　　　　　　　　→Light, Donald W.
　　　　　　　　　　→Lowe, Roy
　　　　　　　　→Lundgreen, Peter
　　　　　→McClelland, Charles E.
　　　　　　　→McClelland, James
　　　　　　　　→Perkin, Harold
　　　　　　　→Rothblatt, Sheldon
　　　　　　→Timberlake, Charles E.
　　　　　　　　→Titze, Hartmut
行動分析学からの発達アプローチ　二瓶社
　　　　　　　→Bijou, Sidney William
　　　　　　　　→Ribes, Emilio
　　　　　　　→エッツェル、バーバラ・C.
　　　　　　　　→キミシス、エフィー
　　　　　　→ゲヴァーツ、ジェイコブ・L.
　　　　　　　→ニコラス、M.ダイアン
　　　　　　　→ハーツェム、ピーター
　　　　　　　→プールソン、クレアー・L.
　　　　　　→ベアー、ドナルド・M.
　　　　→ペラエス＝ノグラス、マーサ
　　　　　　　→ポメロー、アンドレ
　　　　　　　→マルキート、ジェラルド
　　　　　　　→ミラ、スーザン・R.
　　　　　→ロカ・イ・バラッシュ、ジョゼップ
　　　　　→ロザレス＝ルイス、ジーザス
幸徳秋水　論創社　→Tolstoi, Lev Nikolaevich
高度情報通信社会における学校数学の新たな展開
　教育出版　　　　　　→Graf, K.D.
高齢化社会と視覚障害――新世紀に向けたアメリカの挑
　戦　日本盲人福祉委員会　→Ansello, Edward F.
　　　　　　　　→Atchley, Robert C.
　　　　　　　　→Crews, John E.
　　　　　　　　→Horowitz, Amy
　　　　　　　　→Kemp, Bryan J.
　　　　　　　　→Lidoff, Lorraine
　　　　　　　　→Orr, Alberta L.
　　　　　　→Rosenbloom, Alfred A., Jr.
　　　　　　　→Silverstone, Barbara
　　　　　　　　→Strasser, Dale C.
　　　　　　　　→Stuen, Cynthia
高齢社会と生活の質――フランスと日本の比較から
　専修大学出版局　　　　→Ansart, Pierre
　　　　　　　→ギルマール、アンヌ＝マリ
　　　　　　　→メスュ、ミッシェル
　　　　　　　→ルグラン、モニク
高齢者虐待――発見・予防のために　ミネルヴァ書房
　　　　　　　　→Ainsworth, Dudley
　　　　　　　　→Bamlett, Robert
　　　　　　　　→Cowley, Jan
　　　　　　　　→Davies, Michael
　　　　　　　　→Decalmer, Peter
　　　　　　　　→Glendenning, Frank
　　　　　　　　→Griffiths, Aled
　　　　　　　　→Manthorpe, Jill
　　　　　　　　→Marriott, Alison
　　　　　　　　→Nolan, Michael
　　　　　　　　→Noone, John F.
　　　　　　　　→Phillipson, Chris
　　　　　　　　→Roberts, Gwyneth
　　　　　　　　→Williams, John
高齢者ケアをどうするか――先進国の悩みと日本の選択
　中央法規出版　　→Campbell, John Creighton
　　　　　　　　→Campbell, Ruth
　　　　　　　　→Challis, David
　　　　　　　　→Kane, Rosalie A.
　　　　　　　　→Whitehouse, Peter J.
　　　　　　→イブハマー、マーガレッタ
　　　　　　→ウィナー、ジョシュア・M.
　　　　　　→ウェイサート、ウィリアム
　　　　　　→オクマ、キエケ・G.H.
　　　　　　→サム、アグネッタ・モディグ
　　　→シューレンブルク、J.マティアス・グラフ・フォ
　　　ン・デア
　　　　　　→スウェイン、クリスティン・E.
　　　　　　→ハルター、ジェフリー・B.
　　　　　　→ヒックス、ピーター
　　　　　　→ミティ、エセル・L.
　　　　　→モーリッツ、カール＝ハインツ
　　　　　　→リーベ、ミール・W.
高齢者の自立能力――今日と明日の概念Ⅲ　老年学週
　間論文集　長寿社会開発センター　→Fooken, Insa
　　　　　　　　→Geißler, Erich E.
　　　　　　　　→Hackfort, Dieter
　　　　　　　　→Kruse, Andreas
　　　　　　　　→Lehmann, W.
　　　　　　　　→Lehr, Ursula Maria
　　　　　　　→Minnemann, Elisabeth
　　　　　　　→Niederfranke, Annette
　　　　　　　→Oesterreich, Klaus
　　　　　　　　→Olbrich, Erhard
　　　　　　　　→Oster, Peter
　　　　　　　　→Oswald, Wolf D.
　　　　　　　　→Rott, Christoph
　　　　　　　　→Schlierf, Günter
　　　　　→Schmitz-Scherzer, Reinhard
　　　　　　　　→Thomae, Hans
　　　　　　　　→Veelken, Ludger
　　　　　　　　→Wilbers, Joachim
国際・学際研究　システムとしての日本企業　NTT出
　版　　　　　　　→Cole, Robert E.
　　　　　　　　→Dore, Ronald Philip
　　　　　　→アオキ、マサヒコ（青木昌彦）
　　　　　　→アサヌマ、マリ（浅沼万里）
　　　　　　→イトウ、ヒデフミ（伊藤秀史）
　　　　　　→ウエストニー、エレノア・D.
　　　　　　→オカザキ、テツジ（岡崎哲二）
　　　　　　→オキモト、ダニエル
　　　　　　→コイケ、カズオ（小池和男）
　　　　　　→サコウ、マリ（酒向真理）
　　　　　　→シェアード、ポール

こくさ　　　　　　　　　全集・合集収載 翻訳図書目録 1992-2007　Ⅰ

　　　　　　　　　　→ニシ, ヨシオ (西義雄)
　　　　　　　　　　→ホィタッカー, ヒュー
　　　　　　　　　　→ホシ, タケオ (星岳雄)
国際化時代の教育課題と人間形成―論集　三一書房
　　　　　　　　　　→Schulte, Barbara
　　　　　　　　　　→キン, セイハク (金世柏)
　　　　　　　　　　→コ, メイエン (顧明遠)
　　　　　　　　　　→サイ, キリョウ (崔希亮)
国際関係研究へのアプローチ―歴史学と政治学の対
　話　東京大学出版会　　→Elman, Colin
　　　　　　　　　　→Elman, Miriam Fendius
　　　　　　　　　　→Gaddis, John Lewis
　　　　　　　　　　→George, Alexander L.
　　　　　　　　　　→Jervis, Robert
　　　　　　　　　　→シュウェラー, ランドール・L.
　　　　　　　　　　→シュローダー, ポール・W.
　　　　　　　　　　→ベネット, アンドリュー
　　　　　　　　　　→ペルツ, スティーヴン
　　　　　　　　　　→ラーソン, デボラ・ウェルチ
　　　　　　　　　　→リーヴィ, ジャック・S.
　　　　　　　　　　→ルボウ, リチャード・ネッド
　　　　　　　　　　→ワインバーグ, ガーハード・L.
国際関係思想史―論争の座標軸　新評論
　　　　　　　　　　→Williams, Howard
　　　　　　　　　　→ウェルシュ, ジェニファー・M.
　　　　　　　　　　→ウォルター, アンドルー・ワイアット
　　　　　　　　　　→オルテガ, マルティン・C.
　　　　　　　　　　→キングスバリー, ベネディクト
　　　　　　　　　　→クラーク, イアン
　　　　　　　　　　→ナヴァリ, コーネリア
　　　　　　　　　　→ハレル, アンドルー
　　　　　　　　　　→フィドラー, D.P.
　　　　　　　　　　→ブース, ケン
　　　　　　　　　　→リトル, リチャード
　　　　　　　　　　→リンクレイター, アンドリュー
国際関係リーディングズ　東洋書林
　　　　　　　　　　→Keohane, Robert Owen
　　　　　　　　　　→Price, Richard
　　　　　　　　　　→アルカー, H.R., Jr.
　　　　　　　　　　→オーウェン, ジョン・M., 4世
　　　　　　　　　　→ティクナー, J.アン
　　　　　　　　　　→ドイル, マイケル・W.
　　　　　　　　　　→トンプソン, ウィリアム・R.
　　　　　　　　　　→ビアステーカー, トマス
　　　　　　　　　　→ブル, ヘドレイ
　　　　　　　　　　→ボルトン, ジョン・R.
　　　　　　　　　　→モデルスキ, ジョージ
　　　　　　　　　　→リンクレイター, アンドリュー
　　　　　　　　　　→ルース＝スミット, クリスチャン
　　　　　　　　　　→ロビンソン, ウィリアム
国際経営学の誕生　3　文真堂　→Adler, Nancy J.
　　　　　　　　　　→Ghoshal, Sumantra
　　　　　　　　　　→Hedlund, Gunnar
　　　　　　　　　　→Mendenhall, Mark E.
　　　　　　　　　　→アストレイ, グラハム・W.
　　　　　　　　　　→イーゲルホフ, ウィリアム・G.
　　　　　　　　　　→ウエストニー, エレノア・D.
　　　　　　　　　　→サリバン, ジェレミア
　　　　　　　　　　→フェルドマン, ダニエル・C.
　　　　　　　　　　→ボヤシギラー, ナキエ・A.

　　　　　　　　　　→リダーストラール, ジョナス
　　　　　　　　　　→レディング, ゴードン・S.
国際経済法入門―途上国問題を中心に　敬文堂
　　　　　　　　　　→Fox, Hazel
　　　　　　　　　　→Lowe, A.V.
　　　　　　　　　　→McDade, Paul V.
　　　　　　　　　　→Piontek, Eugeniusz
　　　　　　　　　　→Silard, Stephen A.
　　　　　　　　　　→White, Gillian M.
国際人権法と国際人道法の交錯　現代人文社
　　　　　　　　　　→Plantilla, Jefferson R.
　　　　　　　　　　→ゴードン, ステュワート
　　　　　　　　　　→ユ, キョンヒ (柳京姫)
国際人権法マニュアル―世界的視野から見た人権の
　理念と実践　明石書店
　　　　　　　　　　→Symonides, Janusz
　　　　　　　　　　→Tomasevski, Katarina
　　　　　　　　　　→アイデ, アズビョルン
　　　　　　　　　　→エスピエール, ヘクトール・グロス
　　　　　　　　　　→コレイ, セデフ
　　　　　　　　　　→コロソフ, ユーリ
　　　　　　　　　　→シースタック, ジェローム・J.
　　　　　　　　　　→セン, ファルク
　　　　　　　　　　→ダエス, エリカ・イリーネ・A.
　　　　　　　　　　→ノワック, マンフレッド
　　　　　　　　　　→ハナム, ハースト
　　　　　　　　　　→ブーゲンソール, トーマス
国際的リスク・マネジメントと保険　生命保険文化
　研究所　　　　　　→Skipper, Harold D., Jr.
　　　　　　　　　　→オークリー, エルウッド・F., 3世
　　　　　　　　　　→カスター, ウイリアム・S.
　　　　　　　　　　→カトラー, ニール・E.
　　　　　　　　　　→ギフィン, アンドリュー・F.
　　　　　　　　　　→グレイス, マーティン・F.
　　　　　　　　　　→クローマン, H.フェリックス
　　　　　　　　　　→クロンツ, ブライアン・K.
　　　　　　　　　　→コックス, サミュエル・H.
　　　　　　　　　　→ゴーント, ラリー・D.
　　　　　　　　　　→シロス, フレデリック
　　　　　　　　　　→スキッパー, タラ
　　　　　　　　　　→テニイ, ジェームズ・P.
　　　　　　　　　　→デブリン, スティーブン・J.
　　　　　　　　　　→ドゥアーピンゴース, ヘレン・I.
　　　　　　　　　　→トラクト, マーク・M.
　　　　　　　　　　→パーマー, ブルース・A.
　　　　　　　　　　→フィリップス, リチャード・D.
　　　　　　　　　　→フェルドハウス, ウイリアム・R.
　　　　　　　　　　→ブラック, ケネス, Jr.
　　　　　　　　　　→ブロケット, パトリック・L.
　　　　　　　　　　→マッカダム, M.ブルース
　　　　　　　　　　→マックグリービイ, ブライアン・K.
国際電子銀行業　信山社出版　→Andrews, Gill
　　　　　　　　　　→Berkvens, Jan M.A.
　　　　　　　　　　→Bhala, Raj
　　　　　　　　　　→Geva, Benjamin
　　　　　　　　　　→Giovanli, Mario
　　　　　　　　　　→Harrell, Alvin C.
　　　　　　　　　　→Heinrich, Gregor C.
　　　　　　　　　　→Reed, Chris
　　　　　　　　　　→Todd, Paul
　　　　　　　　　　→Walden, Ian

国際特許侵害―特許紛争処理の比較法的検討　東京布井出版
　　　→Cantor, Herbert I.
　　　→Eades, Norris M.
　　　→Hardisty, David R.
　　　→Harriss, David
　　　→Hasenrader, Hubert
　　　→Joly, Jean-Jacques
　　　→Kenney, Robert J.
　　　→Kirn, Walter N.
　　　→Kolasch, Joseph A.
　　　→Notaro, Giancarlo
　　　→Stewart, Raymond C.
　　　→Tauchner, Paul
　　　→Vossius, Volker
　　　→Wegner, Harold C.
　　　→Welch, Laurence
国際取引紛争における当事者自治の進展　法律文化社
　　　→Min, Yeo Tiong
国際比較から見た地方自治と都市問題―先進20カ国の分析　1　北海道比較地方自治研究会
　　　→Bogason, Peter
　　　→Duran, Patrice
　　　→Gunlicks, Arthur B.
　　　→Gustafsson, Gunnel
　　　→Hansen, Tore
　　　→Higgins, Donald
　　　→Joens, Michael
　　　→Jones, George W.
　　　→Linder, Wolf
国際比較から見た地方自治と都市問題―先進20カ国の分析　2　北海道比較地方自治研究会
　　　→Alfonso, Luciano Parejo
　　　→Almeida, J.M.Pedroso de
　　　→Barrington, T.J.
　　　→Bauer, Helfried
　　　→Christofilopoulou-Kaler, Paraskevy
　　　→Delmartino, Frank
　　　→Dente, Bruno
　　　→Heper, Metin
　　　→Hesse, Joachim Jens
　　　→Sharpe, Laurence J.
　　　→Toonen, Theo A.J.
国際比較法制研究―ユリスプルデンティア　4　比較法制研究所
　　　→Stein, Lorenz von
　　　→グルスマン, ヴォルフ・ディートリッヒ
　　　→シュミット, エーベルハルト
国際貿易と労働基準・環境保護　信山出版（製作発行）
　　　→Ciano, Reonald
　　　→Reif, Linda
国際法・国際関係とジェンダー　東北大学出版会
　　　→カン, ユンヒ（姜倫希）
国際レジームの再編　藤原書店　→Aglietta, Michel
　　　→Boyer, Robert
　　　→Lipietz, Alain
　　　→Madeuf, Bernadette
　　　→Mazier, Jacques
　　　→Michalet, Charles-Albert
　　　→Mistral, Jacques
　　　→Ominami, Carlos
　　　→ヤマダ, トシオ（山田鋭夫）

国防経済学上の諸問題―米国専門家の論文集　〔防衛研修所〕　→Cooper, Richard N.
　　　→オルソン, マンカー, 2世
　　　→クラーク, ポール・G.
　　　→ストリュー, ジャック・ヴァン・イペルゼル・ド
　　　→ゼックハウザー, リチャード
　　　→ホーグ, マルコム・W.
国民革命幻想―デ・サンクティスからグラムシへ　未来社　→Croce, Benedetto
　　　→Gramsci, Antonio
　　　→サンクティス, フランチェスコ・デ
　　　→ジェンティーレ, ジョヴァンニ
　　　→ルッソ, ルイージ
国民とは何か　インスクリプト　→Balibar, Étienne
　　　→Fichte, Johann Gottlieb
　　　→Renan, Ernest
　　　→Roman, Joël
国訳漢文大成　第2巻　日本図書センター
　　　→アンシ（晏子）
　　　→カ, ギ（賈誼）
　　　→カンシ（管子）
　　　→コウソン, リュウ（公孫竜）
　　　→ソウシ（荘子）
　　　→レッシ（列子）
　　　→ロウシ（老子）
国訳漢文大成　第3巻　日本図書センター
　　　→カ, キョヒ（何去非）
　　　→カン, ピ（韓非）
　　　→キコクシ（鬼谷子）
　　　→シバ, セン（司馬遷）
　　　→ジュンシ（荀子）
　　　→ショウシ（商子）
　　　→ボクシ（墨子）
　　　→リク, カ（陸賈）
　　　→リュウ, アン（劉安）
　　　→リュウ, キョウ（劉向）
　　　→リョ, フイ（呂不韋）
国訳漢文大成　第4巻　日本図書センター
　　　→シバ, セン（司馬遷）
国訳漢文大成　第5巻　日本図書センター
　　　→クツ, ゲン（屈原）
　　　→ショウ, トウ（蕭統）
国訳漢文大成　第6巻　日本図書センター
　　　→オウ, ジッポ（王実甫）
　　　→コウ, メイ（高明）
　　　→シュウ, ヒツ（周弼）
　　　→シン, トクセン（沈徳潜）
　　　→トウ, ケンソ（湯顕祖）
　　　→バ, チエン（馬致遠）
国訳漢文大成　第7巻　日本図書センター
　　　→ク, ユウ（瞿佑）
　　　→ゲン, タイセイ（阮大鋮）
　　　→コウ, ショウ（洪昇）
　　　→コウ, ショウジン（孔尚任）
　　　→シ, タイアン（施耐庵）
　　　→リ, テイ（李禎）
国訳漢文大成　第8巻　日本図書センター
　　　→ソウ, セッキン（曹雪芹）
国訳漢文大成　第9巻　日本図書センター
　　　→シバ, コウ（司馬光）
国訳漢文大成　第10巻　日本図書センター

	→シバ, コウ (司馬光)
国訳漢文大成 第11巻 日本図書センター	
	→シバ, コウ (司馬光)
国訳漢文大成 第12巻 日本図書センター	
	→シバ, コウ (司馬光)
国訳漢文大成 第13巻 日本図書センター	
	→ゴ, キョウ (呉兢)
	→シュシ (朱子)
	→チョウ, ヨク (趙翼)
国訳漢文大成 第14巻 日本図書センター	
	→オウ, フシ (王夫之)
	→シバ, コウ (司馬光)
国訳漢文大成 第15巻 日本図書センター	
	→オウ, イ (王維)
	→トウ, セン (陶潜)
	→リ, ハク (李白)
国訳漢文大成 第16巻 日本図書センター	
	→ト, ホ (杜甫)
国訳漢文大成 第17巻 日本図書センター	
	→ハク, キョイ (白居易)
国訳漢文大成 第18巻 日本図書センター	
	→コウ, ケイ (高啓)
国訳漢文大成 第19巻 日本図書センター	
	→カン, ユ (韓愈)
	→ソ, ショク (蘇軾)
国訳漢文大成 第20巻 日本図書センター	
	→ソ, ショク (蘇軾)
国連平和活動と日本の役割 文化書房博文社	
	→Morrison, Alex
→ウェールズ, リプトン, 2世	
→サンダーソン, ジョン	
→ジェームス, アラン	
→スミス, ヒュー	
→ヒーリー, ダミアン	
→マッケンジー, ルイス	
→モール, ハンス	
心にのこる最高の先生—イギリス人の語る教師像 関東学院大学出版会	→Allen, B.
	→Altman, J.
	→Beckford, R.
	→Boaden, H.
	→Bradshaw, J.
	→Campbell, S.
	→Corlett, W.
	→Cox, J.D.
	→Edwards, J.
	→Gascoigne, B.
	→Gulliver, T.
	→Hemingway, W.
	→Horowitz, Anthony
	→Hylton, J.
	→Inverdale, J.
	→Jones, G.
	→Lewis, D.
	→Mirren, H.
	→Oberman, T.A.
	→Okri, B.
	→Pine, C.
	→Saunders, Cicely
	→Sereny, Gitta
	→Snow, J.
	→Storey, H.
	→Tamm, M.
	→Toksvig, S.
	→Tomlinson, R.
	→Turner, A.
	→Willis, P.
	→Winston, R.
	→Wood, D.
	→Woodward, E.
個人に合わせた痴呆の介護—創造性と思いやりのアプローチ 日本評論社	→Crandall, Lynda
	→Donius, Maggie
	→Jones, Deborah A.
	→Rader, Joanne
	→Schmall, Vicki L.
	→Simonson, William
	→Smidt-Jernstrom, Kurt
	→Sullivan, Melinda
	→Weaver, Doris
個人について 法政大学出版局	→Dolto, Françoise
	→Dumont, Louis
	→Percheron, Gérard
	→Ricoeur, Paul
	→Varela, Francisco J.
	→Vernant, Jean-Pierre
	→Veyne, Paul
古代イスラエルの世界—社会学・人類学・政治学からの展望 リトン	→Clements, Ronald Ernest
	→Davidson, R.
	→Rogerson, John William
	→Whybray, R.Norman
	→ウィリアムソン, H.G.M.
	→エマーソン, G.E.
	→キャロル, R.P.
	→コギンス, R.J.
	→ジャクソン, B.S.
	→ジョーンズ, G.H.
	→デイヴィス, E.W.
	→デイヴィス, P.R.
	→ニブ, M.A.
	→バッド, P.J.
	→フリック, F.S.
	→ホワイトラム, K.W.
	→マーティン, J.D.
	→メイズ, A.D.H.
古代教会の牧会者たち 1 日本基督教団出版局	→Seitz, Manfred
→ビーネルト, ヴォルフガング・A.	
	→ホルツ, ハインリヒ
	→リッター, アードルフ・マルティン
ゴータ綱領批判・エルフルト綱領批判 労働大学	→Engels, Friedrich
	→Marx, Karl Heinrich
コーチングがリーダーを育てる ダイヤモンド社	→Butler, Timothy
	→Erlandson, Eddie
	→Ludeman, Kate
	→Manzoni, Jean-François
	→Waldroop, James
	→ウィークス, ホリー

全集・合集収載 翻訳図書目録 1992-2007 Ⅰ　　　　こども

→ウォーカー, キャロル・A.
→カシャーロ, ティツィアーナ
→バーグラス, スティーブン
　　　→パーセルズ, ビル
　　→ロボ, ミゲル・ソウザ
コーチングの思考技術　ダイヤモンド社
　　　　　　　→Argyris, Chris
　　　　　　　→Butler, Timothy
　　　　　　　→Goffee, Robert
　　　　　　　→Goleman, Daniel
　　　　　　　→Ibarra, Herminia
　　　　　　　→Jones, Gareth
　　　　　　　→Waldroop, James
　　　→ボールドウィン, デイビッド・G.
国家の分裂と国家の統一——中国、朝鮮、ドイツ、ベト
　ナムの研究　旬報社　→Mare, Gerard
　　　　　　　→Sutter, Robert
　　　　　　→Totten, George O.
　　　　　　　→Verheyen, Dirk
　　→アン, ビュンスン〈安秉俊〉
　　→キュウ, コウタツ〈丘宏達〉
　　→チョ, ヨンファン〈曹英煥〉
　　→チョウ, ゼンショウ〈趙全勝〉
　　　→ハン, スンジェ〈韓升洲〉
国境を越える人々——北東アジアにおける人口移動
　国際書院　　→Vassilieva, Anna
　→ヴァン・アースドル, モーリス・D., Jr.
　　→ウイッシュニック, エリザベス
　　　→サ, ドウケイ〈査道烔〉
　　　→スミス, ヘーゼル
　　→ツェデンダンバ バトバヤル
　　　→メルヴィオ, ミカ
　　　→ラーリン, ビクトル
　　　→リー, シンワ
コード・シヴィルの200年——法制史と民法からのまな
　ざし　創文社　→アルペラン, ジャン-ルイ
　　　　　→カルボニエ, ジャン
　　　　　→マルタン, ガヴィエ
子どもが祈りはじめるとき——モンテッソーリ宗教教
　育　ドン・ボスコ社　→Cavalletti, Sofia
　　　　　　　→Coulter, Patricia
　　　　　　　→Gobbi, Gianna
　　　　　→Montanaro, Silvana Q.
子ども大学講座　第1学期　主婦の友社
　　　　　　　→Bausinger, Hermann
　　　→カイザーリング, エトヴィン
　　　→グルンダー, ハンス＝ウルリヒ
　　　　　→コナード, ニコラス
　　　　→シャイヒ, エバーハルト
　　　　　→マルクル, グレゴール
　　　　→モスブルッガー, フォルカー
　　　→リヒター＝ベルンブルク, ルッツ
子供たちへの手紙——あなたにこれだけは伝えたい
　三田出版会　　→アスムセン, ボブ
　　　　　　→イッシュ, チャールズ
→ウィリアムズ, グエンドリン・ローズ・ブラッド
　フォード
　　　　　　→ウィンクラー, テリー
　　　　　　→ウィンスロップ, ジョン
　　　　　　→エイブラム, ジェイ

→エバーズ - ウィリアムズ, マイリー
　　　　→オーウェンス, リンダ
　　→オールドフィールド, デビッド
→カー, ベアトリス・フォン・グッゲンバーグ
　　　　　→カイト, マーシャ
　　　　→カトラー, リチャード
　　　→カマメイヤー, マーガレット
　　　　　→キンブル, リンダ
　　　　　→グリーン, A.C.
→クルス, ビクトル・ヘルナンデス
　　　　→クルート, セドリック
　　　　　→ケイザー, マーサ
　　　　→ゴードン, カーメン
　　　　　　→コン, メイ
　　　→ジェンセン, ブラッドリー
　　　→シュワーツ, イーディス
　　　　→ショールズ, ホリー
→ダンカン, ブレイク・〈スキッパー〉
→デービス, ジェームス・マーチン
　　　　→デーモン, ウィリアム
　　　→トロウトマン, ケン
　　　→バンノート, バンス
　　　　→プットマン, ビル
　　　　　→フリン, ダン
　　　　　→フリン, デビー
　　　→フレーザー, アーボンヌ
　　　→ブロデリック, トム
　　　→ヘイブンス, レストン
　　　　→ヘラー, マックス
　　　　→ポワリエ, スティーブ
　　　→マクブライアン, リチャード
　　　　→マーシャル, カーラ
　　　　→マッケンナ, ビル
　　　　　→ラドル, カレン
　　　　→ラミー, エステル
→リクター, エリザベス・チュー
→リチャードソン, アンジェラ・プットマン
　　　　　→リード, ラルフ
　　　　　→レイニー, トム
→レッドフォード, イビー
　　　　　→レビー, ラルフ
　　　→ローゼンバウム, ジェイ
　　　　→ロバーツ, コーキー
　　　→ロバーツ, スティーブ
子ども達の自然理解と理科授業　東洋館出版社
　　　　　　　→Driver, Rosalind
　　　　　　　→Erickson, Gaalen
　　　　　　　→Guesne, Edith
　　　　　　→Gunstone, Richard F.
　　　　　　　→Nussbaum, Joseph
　　　　　　→Séré, Marie-Geneviève
　　　　　　　→Shipstone, David
　　　　　　→Tiberghien, Andrée
　　　　　　　→Watts, Mike
子どもと仲間の心理学——友だちを拒否するこころ
　北大路書房　　→Asher, Steven R.
　　　　　　　→Butler, Lynda J.
　　　　　　　→Coie, John D.
　　　　　　→Dodge, Kenneth A.

書名索引　771

こども

→Feldman, Esther
→Hart, Craig H.
→Heflin, Anna Hope
→Hymel, Shelley
→Koeppl, Gina Krehbiel
→Kupersmidt, Janis B.
→Ladd, Gary W.
→LeMare, Lucy J.
→Lollis, Susan
→Mize, Jacquelyn
→Parkhurst, Jennifer T.
→Price, Joseph M.
→Putallaz, Martha
→Rubin, Kenneth H.
→Wagner, Esther
→Wasserman, Aviva
→Williams, Gladys A.
子どもの言語とコミュニケーションの指導　東信堂
→Nelson, Nickola Wolf
→Robb, Michael P.
→Robinson, Nancy B.
→Weiss, Amy L.
子どもの時代―1820-1920年のアメリカ　学文社
→Calvert, Karin
→Finkelstein, Barbara
→Green, Harvey
→Heininger, Mary Lynn Stevens
→MacLeod, Anne Scott
→Vandell, Kathey
子どものための教育―徹底的学校改革者同盟教育研究大会(1932年)報告『子どもの苦難と教育』より　学文社
→ヴァイゼ, マルティン
→エストライヒ, パウル
→キュンケル, フリッツ
→ゲルハルツ, カール
→シュテルン, ケーテ
→タッケ, オットー
→ノイアー, アレクサンダー
→ベッカース, ハンナ
→ベルンフェルト, ジークフリート
→ベーン-エシェンブルク, ゲルトルート
→ムホウ, マルタ
→ルンプ, エネ
子どもは心理学者―心の理論の発達心理学　福村出版
→Dickinson, Julie
→Emler, Nicolas
→Harris, Paul L.
→Hudson, Judith A.
→Leekam, Sue
→Light, Paul
→Smetana, Judith G.
→Terwogt, Mark Meerum
→Yuill, Nicola
子どもはどのように絵本を読むのか　柏書房
→Hughes, Shirley
→Rosen, Michael
→Styles, Morag
→Watson, Victor
→アーノルド, ヘレン
→ゴメズ=レイノ, ヘレン

全集・合集収載 翻訳図書目録 1992-2007　I

→ジョーダン, バーバラ
→ブロムリー, ヘレン
→ルイス, デイヴィッド
「このままでいい」なんていわないで！―ダウン症をはじめとする発達遅滞者の認知能力強化に向けて　関西学院大学出版会
→Engels, Netty
→Feuerstein, Rafi
→Feuerstein, Reuven
→Klein, Pnina
→Mintzker, Yael
→Rand, Ya'acov
→Rynders, John E.
このままでは日本経済は崩壊する　朝日新聞社
→Drucker, Peter Ferdinand
→Farrell, Diana
→Hirsh, Michael
→Krugman, Paul Robin
→Sassen, Saskia
→Stokes, Bruce
→オーバーホルト, ウィリアム・H.
→ショッパ, レナード・J.
→ベイリー, マーチン・N.
→ヘルウェッグ, ダイアナ
→ヘンリー, E.キース
→マルガン, オーレリア・ジョージ
→ランド, スーザン
→リンカーン, エドワード・J.
個別化していく教育　明石書店
→Bentley, Tom
→Hartley, William J.
→Hebert, Yvonne
→Jarvela, Sanna
→Leadbeater, Charles
→Miliband, David
→Miller, Riel
→Paludan, Johan Peter
→Ruano-Borbalan, Jean-Claude
→Spitzer, Manfred
コーポレート・ガバナンス　ダイヤモンド社
→Caldwell, Philip
→Conger, Jay A.
→Donaldson, Gordon
→Finegold, David
→Henderson, Denys
→Johnson, David W.
→Kennedy, George D.
→Khurana, Rakesh
→Lawler, Edward E., III
→Lorsch, Jay W.
→Marcus, Bernard
→Michelson, G.G.
→Patricof, Alan J.
→Pound, John
→Salmon, Walter J.
→Smale, John G.
→Wendt, Henry
→Zeien, Alfred M.
コーポレート・ガバナンス―英国の企業改革　商事法務研究会
→Roberts, John
→スタイルズ, フィリップ
→レアマウント, サイモン

コミットメント―熱意とモラールの経営　ダイヤモンド社
　　→Argyris, Chris
　　→Stewart, Thomas A.
　　→Sull, Donald Norman
　　→クィ, グェン・フウィ
　　→サイモンズ, ロバート
　　→トーマス, デイビッド・A.
　　→パルミサーノ, サミュエル・J.
　　→ヘンプ, ポール
　　→ホールダー, ドミニク
　　→レディ, ダグラス・A.
コミュニケーション戦略スキル　ダイヤモンド社
　　→Argyris, Chris
　　→Bartolomé, Fernando
　　→Bourgeois, L.J., III
→Eisenhardt, Kathleen M.
　　→Jay, Antony
　　→Kahwajy, Jean L.
　　→Larkin, Sandar
　　→Larkin, T.J.
　　→McCaskey, Michael B.
　　→Nichols, Ralph G.
　　→Prince, George M.
　　→Stevens, Leonard A.
コミュニズム　〔木下正伸〕
　　→Marx, Karl Heinrich
コミュニティケアを超えて―ノーマリゼーションと統合の実践　雄山閣出版
　　→Brandon, David
　　→Ramon, Shulamit
　　→ウォーナー, リチャード
　　→シーガル, ジュリア
　　→ルイス, アレクサンドラ
　　→ローソン, マイク
コミュニティケア改革とソーシャルワーク教育―イギリスの挑戦　筒井書房
　　→Anderson, Bob
　　→Beresford, Peter
　　→Daggan, Maria
　　→Grand, Julian Le
　　→Hastings, Miriam
　　→Platt, Denise
　　→Sells, Kath Gillespie
　　→Statham, Daphne
　　→Trevillion, Steve
　　→Wallcraft, Jan
　　→アッティング, ウィリアム
コミュニティと犯罪　1　都市防犯研究センター
　　→Bottoms, Anthony E.
　　→Bursik, Robert J., Jr.
　　→Kobrin, Solomon
　　→McDonald, Scott C.
　　→Reiss, Albert J., Jr.
　　→Schuerman, Leo
　　→Skogan, Wesley
　　→Wiles, Paul
コミュニティと犯罪　2　都市防犯研究センター
　　→Gottfredson, Stephen
　　→McGahey, Richard M.
　　→Sampson, Robert J.
　　→Sherman, Lawrence W.
　　→Smith, Douglas A.

　　→Taylor, Ralph B.
雇用・社会保障とジェンダー　東北大学出版会
　　→イワムラ, マサヒコ（岩村正彦）
　　→ウォルフ, レオン
　　→マルアニ, マルガレット
孤立と統合―日独戦後史の分岐点　京都大学学術出版会
　　→Hax, Herbert
　　→クレナー, ウォルフガンク
　　→ケスタース, ウィム
　　→シャッペル, クリスティアン
　　→ティーメ, イェルク
　　→ハイドゥク, ギュンター
　　→ヘブラー, マルティン
　　→ボル, アルトゥール
これからの学校教育と教員養成カリキュラム―授業研究をとおした教師の学びとその支援　東京学芸大学教員養成カリキュラム開発研究センター
　　→バイラム, マイケル・S.
コレクション・モダン都市文化　第27巻　ゆまに書房
　　→Marinetti, Filippo Tommaso
　　→Weber, Max
コレクション・モダン都市文化　第29巻　ゆまに書房
　　→Bubnova, Varvara Dmitrievna
　　→Ginzburg, Carlo
　　→Toller, Ernst
　　→ガン, アレクセイ
コレクション・モダン都市文化　第30巻　ゆまに書房
　　→Toller, Ernst
コンヴァンシオン理論の射程―政治経済学の復権　昭和堂
　　→Batifoulier, Philippe
　　→アベカシス, フィリップ
　　→ウルティアグル, ダニエル
→エマール-デュヴルネ, フランソワ
　　→ガノン, フェデリック
　　→ガブリエル, パスカル
　　→シャセラン, カミーユ
　　→テヴノン, オリヴィエ
　　→ドゥ・ラルキエ, ギュイメット
　　→ビヤンクール, オリヴィエ
　　→メルシエール, ジャック
　　→ルベリゥ, アントワーヌ
コンセプトリーダーズ―新時代の経営への視点　プレンティスホール出版
　　→Bennis, Warren G.
　　→Hamel, Gary
　　→Handy, Charles B.
　　→Kao, John
　　→Prahalad, C.K.
　　→ヴァルター, ノルベルト
　　→シー, スタン
　　→チェンバース, ジョン・T.
　　→フルトゥ, ジャン=ルネ
　　→マヒンドラ, ケシュブ
　　→ローマー, ポール・M.
コンフリクト　培風館
　　→Baron-Cohen, Simon
　　→Fabian, A.C.
　　→Jones, Martin
　　→アンダーソン, リサ
　　→エディー, ケート
　　→カンリフ, ベリー
　　→デービス, P.C.W.

→ブラウン, ウィリアム
→ヘイグ, デービット
→ロングハム, リチャード

【さ】

災害の人類学—カタストロフィと文化　明石書店
→Button, Gregory V.
→Dyer, Christopher L.
→Garcia-Acosta, Virginia
→McCabe, J.Terrence
→Moseley, Michael E.
→Oliver-Smith, Anthony
→Paine, Robert
→Rajan, S.Ravi
→Stephens, Sharon
差異化する正義　御茶の水書房
→シュルツ, ヴァルター
→チョウ, レイ (社会哲学)
→ハーゼ, ビルギート
→ボルン, ヨアヒム
罪刑法定主義と刑法思想　法律文化社
→Baumann, Jürgen
→Noll, Peter
→クレンナー, ヘルマン
最新・古代イスラエル史　ミルトス
→Callaway, Joseph A.
→Cohen, Shaye J.D.
→Horn, Siegfried H.
→Lemaire, André
→Levine, Lee I.A.
→McCarter, P.Kyle, Jr.
→Purvis, James D.
→Sarna, Nahum M.
再生産について—イデオロギーと国家のイデオロギー諸装置　平凡社
→Balibar, Étienne
最澄—山家の大師　吉川弘文館
→グローナー, ポール
さかさまの世界—芸術と社会における象徴的逆転　岩波書店
→Babcock, Barbara A.
→Turner, Victor
→カンズル, デイヴィド
→ジャクソン, ブルース
→デイヴィス, ナタリー・ジーモン
→ピーコック, ジェイムズ・L.
→マイヤーホフ, バーバラ・G.
佐久間重男先生米寿記念明代史論集　汲古書院
→リョウ, ビョウシン (梁森泰)
ザ・サン・ネバー・セッツ—世界を覆う米軍基地　新日本出版社
→Bello, Walden
→Birchard, Bruce
→Cramer, Ben
→Doyon, Denis F.
→Gerson, Joseph
→Johonstone, Diana
→Kent, Mary Day
→Walker, Paul
→Wing, Christine
サバルタンの歴史—インド史の脱構築　岩波書店
→Chatterjee, Partha
→Guha, Ranajit

→Pandey, Gyanendra
→Spivax, Gayatori Chakravorty
サプライチェーン戦略　東洋経済新報社
→Austin, Terry
→Bartlotta, Stephan
→Beech, Jeff
→Bolton, Jamie
→Brown, Tim
→Bumstead, Jon
→Burns, Ann
→Castek, Douglas
→Christopher, Martine
→Coppe, Grieg
→Danks, Alister
→Duffy, Stephen
→Evans, Robert
→Fuchs, Peter
→Gattorna, John
→Hill, Richard
→Jimenez, Susan
→Jordan, Joe
→Lee, Hau
→Mabe, Jay
→Mckay, Alida Zweider
→Miller, John
→Mueller, James
→Nickles, Tom
→Nuthall, Linda
→Richmond, Bruce
→Sharp, David
→Smith, Todd
→Takacs, Timothy
→Toole, Richard
→Walt, Cathy
→Young, Andrew
→Collin, Françoise
サラ・コフマン讃　未知谷
→Derrida, Jacques
→Kofman, Sarah
→Nancy, Jean-Luc
→シュネデール, モニック
→タオン, マリー=ブランシュ
→デュルー, フランソワーズ
→プルースト, フランソワーズ
→ヘルムセン, ヨーケ
→モレル, ジャン
サルトル—1905-80　他者・言葉・全体性　藤原書店
→コスト, G.
→ヌーデルマン, F.
→フィリップ, G.
→ルエット, J.-F.
サルトル21世紀の思想家—国際シンポジウム記録論集　思潮社
→オードノホー, ベネディクト
→ゴベイユ=ノエル, マドレーヌ
→シカール, ミシェル
→ビゼ, フランソワ
→ピョン, グァンベ (辺光培)
→フィリップ, ジル
三・一独立運動と堤岩里教会事件　神戸学生青年センター出版部
→イ, ドクジュ (李徳周)
→イ, マンヨル (李万烈)

```
                    →キム, スンテ (金承台)              →Hoedeman, Olivier
                    →ソ, ジョンミン (徐正敏)            →Hubbard, Gill
                    →ユン, ギョンノ (尹慶之)            →Labonte, Ronald
参加的組織の機能と構造──ユーゴスラヴィア自主管理        →Leys, Colin
  企業の理論と実践  時潮社 →Dunn, William N.      →Lucas, Caroline
                    →Obradovic, Josip                →McCoy, David
                    →アルゼンシェク, V.                →Miller, David
                    →イェロブシェク, J.                →Miller, Emma
                    →ゴルピッチ, D.                   →Monbiot, George
                    →シィベル, I.                     →Schrecker, Ted
                    →ジュパノブ, J.                   →Woodin, Michael
                    →シュペック, R.                   →Yaqoob, Salma
                    →ズボナレヴッチ, W.         CMBS──商業用モーゲージ証券 成長する新金融商品
                    →パステュオヴッチ, N.         市場の特徴と実務  金融財政事情研究会
                    →ブシッチ, E.                     →Adams, William J.
                    →ブチャール, F.                   →Baranick, David
                    →ベイノヴッチ, W.                 →Benett, Richard
                    →モジィナ, S.                     →Cheng, Da
                    →ユシッチ, B.                     →Cook, Karen
                    →ヨバノブ, N.                    →Cooper, Adrian R.
                    →ルス, V.                        →Corcoran, Patrick
産業社会の哲学──ニーチェからフッサールへ  白水         →Davis, Steven
  社                                              →DeMichele, Joseph F.
                    →Bernard, Jean                   →Dunlevy, John N.
                    →Chatelet, Francois              →Ervolini, Michael A.
                    →Schérer, René                   →Fastovsky, Peter
                    →ヴェルドナル, ルネ                →Ferst, Joseph L.
                    →デュシェノー, フランソワ          →Fisher, Jeff
                    →ドザンティ, ジャン=トゥサン        →Franzetti, Joseph C.
                    →フィロネンコ, アレクシス           →Gichon, Galia
                    →レエ, ジャン=ミシェル              →Gollenberg, Keith A.
産業内貿易──理論と実証  文真堂                       →Haig, Harold J.A.
                    →Greenaway, David                →Hong, Ted C.H.
                    →Hansson, Pär                    →Huang, Jason
                    →Kierzkowski, Henryk             →Jacob, David P.
                    →Kol, Jacob                      →Kao, Duen-Li
                    →Lloyd, P.J.                     →Katz, Elazar
                    →Lundberg, Lars                  →Lee, Dan
                    →Milner, Chris                   →Lee, Laurence H.
                    →Rayment, Paul                   →Mathew, Jojy
                    →Tharakan, P.K.Mathew            →Megliola, Michael A.
                    →Thompson, Henry                 →Miyashiro, Milton K.
                    →Wickham, Elizabeth              →Pappadopoulos, George J.
産大法学  v.40 no.3・4（京都産業大学法学会40周年       →Pelletier, Rodney
  記念論集）〔京都産業大学法学会〕                    →Quraishi, Shahid H.
                    →Jünger, Ernst                   →Rudenstein, Andrew P.
                    →アメリカ合衆国陸軍                →Sala, F.Jim Della
                    →中国                             →Savitsky, James D.
三位一体改革のネクスト・ステージ  勁草書房             →Tong, Lynn
                    →イ, ジェウン (李載殷)              →Trepp, Richard C.
                                                 シェリング哲学──入門と研究の手引き  昭和堂
                                                     →Jacobs, Wilhelm G.
           【し】                                    →Sandkühler, Hans-Jörg
                                                     →エアハルト, ヴァルター・E.
G8──G8ってナンですか？  ブーマー                     →クナッツ, ロータル
                    →Ashman, Sam                    →シューラーヴェン, マルティン
                    →Chomsky, Noam                  →ダンツ, クリスチャン
                    →Clayton, Vicki                 →フランツ, ミヒャエル
                    →Curtis, Mark                   →ペーツ, ジークバート
                    →George, Susan                  →ヤンツェン, イェルク
                    →German, Lindsey
```

しえり

シェリング哲学入門　早稲田大学出版部
　　　　　　→Baumgartner, Hans Michael
　　　　　　　→Jacobs, Wilhelm G.
　　　　　　　→Pieper, Annemarie
　　　　　　　→ヴィルト, クリストフ
　　　　　　　→ツェルトナー, ヘルマン
　　　　　　　→ティリエット, クサヴィエ
　　　　　　　→ホルツ, ハラルド
　　　　　　　→ヤンツェン, イェルク
ジェンダーからみた中国の家と女　東方書店
　　　　　　　→ゾウ, ケン（臧健）
　　　　　　　→ホウ, カリン（鮑家麟）
ジェンダー主流化と雇用戦略―ヨーロッパ諸国の事
　例　明石書店　　　　→Behning, Ute
　　　　　　→Pascual, Amparo Serrano
　　　　　　　→ウォルビー, シルビア
　　　　　　　→エスコベード, アンナ
　　　　　　　→シッパース, ジョープ
　　　　　　　→シルベラ, ラチェル
　　　　　　　→スジョルプ, カレン
　　　　　　　→ツェルボウ, マリア
　　　　　　　→テンズ, ケイトリン
　　　　　　　→バルティア, マルチア
　　　　　→ハルトマン=ヒルシュ, クラウディア
　　　　　　　→ベッテル, トリテイアーノ
　　　　　　　→モセドッチア, リルヤ
　　　　　　　→ヤング, ブリジッド
　　　　　　　→ライトナー, アンドレア
　　　　　　　→ルミエール, セベリン
　　　　　　　→レート, アンナ=マイヤ
ジェンダーと教育―理念・歴史の検討から政策の実
　現に向けて　東北大学出版会
　　　　　　→マーティン, ジェイン・ローランド
ジェンダーと女性労働―その国際ケーススタディ
　柘植書房　　　　　　→Leigh, Wendy
　　　　　　　→Sinclair, M.Thea
　　　　　　　→ウォルトン, ジェニー
　　　　　→エッチュビット, イルディッシュ
　　　　　→カールスバーグ=クルマ, メアリー
　　　　　　　→チュムリー, ジェーン
　　　　　　　→フードファー, ホーマー
　　　　　→ブロードブリッジ, アデリーナ
　　　　　　　→ライオン, ジョイ
　　　　　　　→ラック, モーラ
　　　　　　　→レナード, アプリル
ジェンダーと暴力―イギリスにおける社会学的研究
　明石書店　　　　　　→Dobadh, R.Emerson
　　　　　　　→Dobash, Russell P.
　　　　　　　→Edwards, Anne
　　　　　→Edwards, Susan S.M.
　　　　　　　→Green, Eileen
　　　　　　　→Hanmer, Jalna
　　　　　　　→Hebron, Sandra
　　　　　　　→Hudson, Diane
　　　　　　　→Kelly, Liz
　　　　　　　→McNeill, Sandra
　　　　　　　→Maynard, Mary
　　　　　　→Morgan, David H.J.
　　　　　　　→Radford, Jill
　　　　　　　→Radford, Lorraine

　　　　　　　→Ramazanoglu, Caroline
　　　　　　　→Stanko, Elizabeth A.
　　　　　　　→Woodward, Diana
ジェンダーの地理学　古今書院　→Rose, Gillian
　　　　　　　→エルソン, ディアンヌ
　　　　　　→ジェイコブズ, ジェーン・M.
　　　　　　　→シュローダー, リチャード
　　　　　　　→ハバード, フィル
　　　　　　　→ハンソン, スーザン
　　　　　　　→ピアソン, ルース
　　　　　　→プラット, ジェラルディン
　　　　　　　→マクドウェル, リンダ
　　　　　　　→モンク, ジャニス
ジェンダーの日本史　上　東京大学出版会
　　　　　　　→グローナー, ポール
　　　　　　　→ハーディカ, ヘレン
　　　　　　　→ループ, ゲイリー・P.
　　　　　　　→ロック, マーガレット
ジェンダー法学・政治学の可能性―東北大学COE国
　際シンポジウム・日本学術会議シンポジウム　東
　北大学出版会　　　　→ウィルコックス, クライド
　　　　　　　→オルセン, フランシス
　　　　　　　→キム, ソンウク
　　　　　→シェーンズ, ショーナ・ラニ
　　　　　　　→チョン, キョンオク
　　　　　　　→ボリヨ, ダニエル
　　　　　→マーティン, ジェイン・ローランド
　　　　　→モスュ=ラヴォ, ジャニーヌ
COE国際セミナー/8ヵ国会議21世紀型高等教育シス
　テム構築と質的保証　広島大学高等教育研究開発
　センター　　　　　　→Conn, Peter
　　　　　　　→Goodman, Roger
　　　　　　→Kirtikara, Krissanapong
　　　　　　　→Weber, Luc E.
　　　　　　　→Welch, Anthony
　　　　　　　→イ, ヒョンチョン（李鉉清）
　　　　　　→エン, フウキョウ（閻鳳橋）
　　　　　　→マエダ, サナエ（前田早苗）
死を超えて生きるもの―霊魂の永遠性について　春
　秋社　　　　　　　　→Dass, Ram
　　　　　　　→Doore, Gary
　　　　　　　→Grof, Stanislav
　　　　　　　→Krippner, Stanley
　　　　　　　→Ring, Kenneth
　　　　　　　→Rinpoche, Sogyal
　　　　　　　→Sheldrake, Rupert
　　　　　　　→Tart, Charles T.
　　　　　　　→Wilber, Ken
　　　　　　　→Wilson, Colin
　　　　　　　→アルメダー, ロバート
　　　　　　→ウッドハウス, マーク・B.
　　　　　　　→グリーン, F.ゴードン
　　　　　　　→グロッソ, マイケル
　　　　　　→スミス, ローリン・W.
　　　　　　　→バーガー, アーサー・S.
　　　　　→ファインスティン, デイヴィッド
　　　　　→フォイヤースティン, ゲオルグ
　　　　　　　→マーツ, リサ・アン
　　　　　　　→レヴィン, スティーヴン
　　　　　　　→ロゴ, D.スコット

死海文書の研究　ミルトス
　　　　　　　　→ロリマー, デイヴィッド
　　　　　　　　→Betz, Otto
　　　　　　　　→Broshi, Magen
　　　　　　　　→Cross, Frank Moore
→Frank, Harry Thomas
　　　　　　　　→Hendel, Ronald S.
　　　　　　　　→Katzman, Avi
　　　　　　　　→Levy, Raphael
　　　　　　　　→McCarter, P.Kyle, Jr.
　　　　　　　　→Schiffman, Lawrence H.
　　　　　　　　→Shanks, Hershel
　　　　　　　　→Stegeman, Hartmut
　　　　　　　　→VanderKam, James C.
　　　　　　　　→Yadin, Yigael
私学高等教育の潮流　玉川大学出版部
　　　　　　　　→Altbach, Philip G.
　　　　　　　　→カストロ, クラウディオ・デ・モウラ
　　　　　　　　→ゴロスティガ, ザビエル
　　　　　　　　→ゴンザレス, アンドリュー
　　　　　　　　→ダーヴァス, ペーター
　　　　　　　　→ティラック, ジョンディアラ・B.G.
　　　　　　　　→ナヴァロ, ホアン・カルロス
　　　　　　　　→ナジー・ダーヴァス, ジュディス
　　　　　　　　→リー, モリー・N.N.
　　　　　　　　→レヴィ, ダニエル・C.
時間と空間の中の子どもたち―社会変動と発達への
　学際的アプローチ　金子書房
　　　　　　　　→Brumberg, Joan Jacobs
　　　　　　　　→Cahan, Emily
　　　　　　　　→Cairns, Robert B.
　　　　　　　　→Elder, Glen H.
　　　　　　　　→Hareven, Tamara K.
　　　　　　　　→Kessen, William
　　　　　　　　→Mechling, Jay
　　　　　　　　→Modell, John
　　　　　　　　→Parke, Ross D.
　　　　　　　　→Schlossman, Steven
　　　　　　　　→Siegler, Robert S.
　　　　　　　　→Stearns, Peter N.
　　　　　　　　→Striegel-Moore, Ruth
　　　　　　　　→Sutton-Smith, Brian
→Tuttle, William M., Jr.
　　　　　　　　→White, Sheldon H.
　　　　　　　　→Zuckerman, Michael
思考は現実化する―私はこうして思考を現実化した
　実践編　騎虎書房　→Ash, Mary Kay
　　　　　　　　→Branson, Richard
　　　　　　　　→DeVos, Dick
　　　　　　　　→Mandino, Og
　　　　　　　　→Monaghan, Tom
　　　　　　　　→Nightingale, Earl
　　　　　　　　→Stone, W.Clement
　　　　　　　　→Tucker, Robert B.
　　　　　　　　→アドラー, アリス・ダン
　　　　　　　　→アトリー, マイク
　　　　　　　　→アンジャー, ボブ
　　　　　　　　→エイモス, ケント
　　　　　　　　→エリクスン, ジョン
　　　　　　　　→カヒィー, ボブ
　　　　　　　　→キーオ, ドナルド

　　　　　　　　→キュピラス, ジョン
　　　　　　　　→ギン, ジョン
　　　　　　　　→キンブロ, デニス
　　　　　　　　→ケラー, ジェフ
　　　　　　　　→スミス, デルフォード
　　　　　　　　→セン, テーズ・L.
　　　　　　　　→ドベーキー, マイケル
　　　　　　　　→トーマス, R.デヴィド
　　　　　　　　→ナポレオン・ヒル財団
　　　　　　　　→バティスタ, O.A.
　　　　　　　　→ハドフィールド, バッド
　　　　　　　　→ビスカーディ, ヘンリー, Jr.
　　　　　　　　→ヘイリー, ウォルター, Jr.
　　　　　　　　→ミッチェル, W.
　　　　　　　　→メラニー, ジョン
自己組織化とマネジメント　東海大学出版会
　　　　　　　　→Checkland, Peter
　　　　　　　　→Dachler, Peter
　　　　　　　　→Foerster, Heinz von
　　　　　　　　→Haken, Hermann
　　　　　　　　→Hejl, Peter M.
　　　　　　　　→Malik, Fredmind
　　　　　　　　→Probst, Gilbert
　　　　　　　　→Riedl, Rupert
　　　　　　　　→Ulrich, Hans
　　　　　　　　→Varela, Francisco J.
仕事の社会心理学　ナカニシヤ出版→Collett, Peter
　　　　　　　　→Emler, Nicolas
　　　　　　　　→Fraizer, Colin
　　　　　　　　→Robinson, Peter
　　　　　　　　→ヴァンデアモレン, ヘンク・T.
　　　　　　　　→ウォー, ピーター
　　　　　　　　→クック, マーク
　　　　　　　　→クラーク, デイビット・D.
　　　　　　　　→トラウワー, ピーター
　　　　　　　　→パークス, キャサリン・R.
　　　　　　　　→バーコヴィッツ, レオナルド
　　　　　　　　→バロン, ロバート・A.
　　　　　　　　→ファーンハム, エイドリアン
　　　　　　　　→ブロードベント, ドナルド
　　　　　　　　→ペンドゥルトン, デイビット
　　　　　　　　→ホランダー, エドウィン・P.
自己のテクノロジー―フーコー・セミナーの記録
　岩波書店 1999　　　→Foucault, Michel
　　　　　　　　→グッドマン, ハック
　　　　　　　　→ハットン, パトリック・H.
　　　　　　　　→ペイドン, ウィリアム・E.
　　　　　　　　→マーティン, ラックス
　　　　　　　　→マーティン, ルーサー
　　　　　　　　→ロスウェル, ケネス・S.
自己のテクノロジー―フーコー・セミナーの記録
　岩波書店 2004　　　→Foucault, Michel
　　　　　　　　→グッドマン, ハック
　　　　　　　　→ハットン, パトリック・H.
　　　　　　　　→ペイドン, ウィリアム・E.
　　　　　　　　→マーティン, ラックス
　　　　　　　　→マーティン, ルーサー
　　　　　　　　→ロスウェル, ケネス・S.
死後の礼節―古代地中海圏の葬祭文化 紀元前7世紀 -
　紀元前3世紀　東京大学総合研究博物館

　　　　　　　　　　　　　　→Blanck, Horst
　　　　　　　　　→Brecoulaki, Hariklia
　　　　　　　　　　　→Gergova, Diana
　　　　　　　　　　　　→Mazzei, Marina
　　　　　　　　　→Pontrandolfo, Angela
　　　　　　　　　→Romualdi, Antonella
　　　　　　　　　→Steingräber, Stephan
　　　　　　　　　　　　→Tsibidou, Maria
　　　　　　　　　　　　　→Valeva, Julia
資産運用新時代の株式投資スタイル―投資家とファ
　ンドマネジャーを結ぶ投資哲学　野村総合研究所
　　　　　　　　　　→Arnott, Robert D.
　　　　　　　　→Christopherson, Jon A.
　　　　　　　　　　→Compton, Mary Ida
　　　　　　　　　　　　→Hardy, Steve
　　　　　　　　　→アレン, ギャリー・M.
　　　　　　　　　→ウィリアムス, C.ノラ
　　　　　→カンピサノ, クリストファー・J.
　　　　　　　　　　→クイントン, キース
　　　　　　　　　→クリーダー, デビッド
　　　　　　　　　→スワンク, ピーター
　　　　　　　→ツルチンカ, チャールズ
　　　　　　　　→ドリアン, ジョン・L.
　　　　　　　　→トリッテン, デニス・J.
　　　　　　　　→ネダーロフ, マーテン
　　　　　　　　→バグノリ, ポール・M.
　　　　　　　　→ブラウン, メリサ・R.
　　　　　　　→モット, クローディア・E.
　　　　　→レインウェーバー, デビッド・J.
　　　　　　　　　　→ロール, リチャード
士師記　ルツ記　いのちのことば社
　　　　　　　　→Cundall, Arthur Ernest
　　　　　　　　　　　　→Morris, Leon
司書の教養　京都大学図書館情報学研究会
　　　　　→エーベルト, フリードリッヒ・アドルフ
　　　　　　　→ゲスナー, ヨハン・マティアス
　　　　　　　→シュスター, ヴィルヘルム
　　　　　　　　　　　→ライ, ゲオルク
施設ケア対コミュニティケア―福祉新時代における
　施設ケアの役割と機能　勁草書房
　　　　　　　　　　　→Brandon, David
　　　　　　　　　　→Clough, Richard
　　　　　　　　　→Davies, Bleddyn
　　　　　　　　　→Eastman, Mervyn
　　　　　　　　　　→Jack, Raymond
　　　　　　　　　→Jones, Kathleen
　　　　　　　　　→Kellaher, Leonie
　　　　　　　　　　　　→Leff, Julian
　　　　　　　　　　　→Levin, Enid
　　　　　　　　　　　→Mantle, Greg
　　　　　　　　　　→Moriaty, Jo
　　　　　　　　　→Redfern, Sally J.
　　　　　　　　→Shemmings, Yvonne
　　　　　　　　　　→Trieman, Naom
持続可能な社会への2つの道―産業連関表で読み解く
　環境と社会・経済　ミネルヴァ書房
　　　　　　　　　　→Ewerhart, Georg
　　　　　　　　　　　→Herrchen, I.
　　　　　　　　　　　　→Mecke, I.
　　　　　　　　　　　→Schaffer, A.

　　　　　　　　→シュターマー, カールステン
自治と市民社会―翻訳版　no.1　中央学院大学地方
　自治センター　　　　→Alger, Chadwich F.
　　　　　　　　　　→Dupuis, Georges
　　　　　　　　　　→Hertzog, Robert
　　　　　　　　　→Zimmerman, Joseph F.
自治と市民社会―翻訳版　no.2　中央学院大学地方
　自治研究センター　　→Benani, Catherine
　　　　　　　　　　→Hertzog, Robert
実践するセクシュアリティ―同性愛/異性愛の政治学
　動くゲイとレズビアンの会　　→クアン, アンディ
　　　　　　　　　　→グレイソン, ジョン
　　　　　　　　→ホール, ジョナサン・マーク
　　　　　　　　→ラウレティス, テレサ・デ
実践ヘッジファンド投資―成功するリスク管理　日
　本経済新聞社　　　　→Anson, Mark J.P.
　　　　　　　→Arulpragasam, A.R.（Rajpol）
　　　　　　　　　　　→Balfour, Alex
　　　　　　　　→Beder, Tanya Styblo
　　　　　　　　　　　→Boren, Mike
　　　　　　　→Boyd, Michael A., Jr.
　　　　　　　　　　→Chait, Norman
　　　　　　　　　→Chanos, James S.
　　　　　　　　　→Chappell, A.Paul
　　　　　　　　　　　→Estenne, Luc
　　　　　　　→Ineichen, Alexander M.
　　　　　　　　　→Jaeger, Robert A.
　　　　　　　　→Johnson, Mary Ann
　　　　　　　　　　　→Keiter, Eric
　　　　　　　　　　　→Lee, Andy
　　　　　　　　→MacGregor, Alastàir
　　　　　　　　→May, Ireneé duP., Jr.
　　　　　　　　→Miller, William P., II
　　　　　　　　　→Murray, Marti P.
　　　　　　　　　　→Nash, Murray
　　　　　　　　　　→Norland, Erik
　　　　　　　→Pagli, John Michael, Jr.
　　　　　　　　　　→Paulson, John
　　　　　　　　　→Quintana, JoséM.
　　　　　　　　→Rowlands, Graham
　　　　　　　　　　→Tisdale, Jane
　　　　　　　　　　→Webb, Susan
　　　　　　　　　→Wilford, D.Sykes
実存思想論集　9　以文社
　嫉妬する女たち　東京創元社
　　　　　　　　　→ゾイボルト, ギュンター
　　　　　　　　　→Chapsal, Madeleine
　　　　　　　　　→Deforges, Régine
　　　　　　　　→Montrelay, Michèle
　　　　　　　　　→Moreau, Jeanne
　　　　　　　　　→Réage, Pauline
　　　　　　　　　→Rykiel, Sonia
　　　　　　　　→Trintignant, Nadine
児童虐待への挑戦　法律文化社　→Bannister, Anne
　　　　　　　　　　→Calam, Rachel
　　　　　　　　　　→Corby, Brian
　　　　　　　　　　→Dale, Peter
　　　　　　　　　　→De'Ath, Erica
　　　　　　　　　→Dingwall, Robert
　　　　　　　　　→Franchi, Cristina
　　　　　　　　　→Freeman, Michael

→Griffiths, Paul
→Hevey, Denise
→Kenward, Helen
→Loney, Martin
→Osborne, Avril
→Pugh, Gillian
→Roche, Jeremy
→Rogers, Rex Stainton
→Taylor, Steve
→Tilley, Nicholas
→Tunnard, Jo
→Ward, Adrian
→Watson, Geoffrey
児童虐待の発見と防止―親や先生のためのハンドブック　慶応義塾大学出版会　→Bly, Karen M.
→Boyer, Joan
→Clements, M.Susan
→Conti, Joe Bova
→Henderson, Theodore A.
→Lannert, Stacey Ann
→McNeese, Vicki
→Monteleone, James A.
→Munkel, Wayne I.
→Noffsinger, Jay E.
→Pearl, Peggy S.
→Powers, Becky J.
→Skinner, Scott
→Sullivan, Michael
→Underwood, Deb
死と来世の系譜　時事通信社　→Benard, Elisabeth
→Berling, Judith A.
→Bond, George C.
→Chittick, William C.
→Cooper, Jerrold S.
→Goldenberg, Robert
→Hopkins, Thomas J.
→Keck, Leander E.
→Mendenhall, George E.
→Murnane, William J.
→North, Helen F.
→Reynolds, Frank E.
→オオバヤシ, ヒロシ（大林浩）
死と来世の神話学　言叢社　→ガーランド, ロバート
→キュモン, フランツ
シビリアン・コントロールとデモクラシー　刀水書房　→Huntington, Samuel P.
→Nye, Joseph S., Jr.
→オニシキエヴィチ, ヤヌシ
→グッドマン, ルイス・W.
→シェフツォヴァ, リリア
→シラー, ジャッキー
→デッシュ, マイケル・C.
→フェアバンクス, チャールズ・H., Jr.
→ヘルナンデス, カロライナ・G.
→リアル, ファン
自閉症とパーソナリティ　創元社　→Alvarez, Anne
→Bartram, Pamela
→Bungener, Janet
→Edwards, Judith

→Hanson, Carol
→Klauber, Trudy
→Pecotic, Branka
→Pundick, Michele
→Reid, Susan
→Rhode, Maria
→Youell, Biddy
自閉症、発達障害者の社会参加をめざして―応用行動分析学からのアプローチ　二瓶社　→Dunlap, Glen
→Horner, Robert H.
→Koegel, Lynn Kern
→Koegel, Robert L.
→アルビン, リチャード・W.
→アンダーソン, ジャッキー
→オーズンズ, パメラ・G.
→カー, エドワード・G.
→ギー, キャシー
→ゴエツ, ローリ
→シュライブマン, L.
→ストークス, トレバー・F.
→セイラー, ウェイン
→ハント, パム
→ビリングスレイ, フェリクス・F.
→ファウラー, スーザン・A.
→ファベル, ジュディス・E.
→プリーニス, アンソニイ・J.
→レイド, デニス・H.
資本主義の黄金時代―マルクスとケインズを超えて　東洋経済新報社　→Bhaduri, Amit
→Bowles, Samuel
→Boyer, Robert
→Epstein, Gerald A.
→Glyn, Andrew
→Hughes, Alan
→Lipietz, Alain
→Marglin, Stephen A.
→Rowthorn, Robert E.
→Schor, Juliet B.
→Singh, Ajit
資本主義の倫理　新世社　→Koslowski, Peter
資本論を読む　上　筑摩書房　→Althusser, Louis
→Macherey, Pierre
→Rancière, Jacques
資本論を読む　中　筑摩書房　→Althusser, Louis
資本論を読む　下　筑摩書房　→Balibar, Étienne
→Establet, Roger
市民生活とボランティア―ヨーロッパの現実　新教出版社　→Ely, Peter
→Hedley, Rodney
→Obaze, David
→Rochester, Colin
→Sheard, Jos
→Smith, Justin Davis
→Wann, Mai
→Willis, Elaine
締切り間際の殺人事件簿―特ダネ事件記者が綴る11の難事件　原書房　→Bardwell, S.K.
→Barr, Paula
→Bartels, Lynn
→Bowles, Scott

しやか

→Claxton, Melvin
→Ehli, Nick
→Hermann, William
→Mullane, J.D.
→Pulitzer, Lisa Beth
→Rodrignez, Yolanda
→Sugg, Diana K.

〈社会〉への知/現代社会学の理論と方法 下 勁草書房
　　→スターク, ロドニー
　　→ホフマン, ジョン・P.

社会ケアサービス―スカンジナビア福祉モデルを解く鍵　本の泉社
→Abrahamson, Peter
→Andersonn, Margit
→Broddadóttir, Ingibjörg
→Elvehøi, Ole-Martin
→Eydal, Guðný
→Hammarqvist, Sten-Erik
→Hansen, Jan-Inge
→Hrafnsdóttir, Steinunn
→Ketola, Outi
→Kröger, Teppo
→Nielsen, Hanne Warming
→Nordlander, Lars
→Nygren, Lennart
→Rauhala, Pirkko-Liisa
→Sigurðardóttir, H.Sigurveig
→Sipilä, Jorma
→Thomsen, Kåre

社会経営学の視座　文真堂
→Nigh, Douglas William
→Toyne, Brian
→ウッド, ドナ・J.
→コクラン, フィリップ・L.
→パスケロ, ジャン
→フリーマン, R.エドワード
→ホグナー, ロバート・H.
→ウォーテック, スティーブン・L.

社会契約論の系譜―ホッブズからロールズまで　ナカニシヤ出版
→Boucher, David
→Castiglione, Dario
→Charvet, John
→Coole, Diana
→Forsyth, Murray
→Haddock, Bruce
→Jennings, Jeremy
→Kelly, Paul Joseph
→Martin, Rex
→Moore, Margaret
→Thompson, Martyn P.
→Waldron, Jeremy
→Wilde, Lawrence
→Williams, Howard

社会主義と民主主義　文理閣
→Claeys, Gregory
→Ferdinand, Peter
→Gamble, Andrew
→Hoffman, John
→Keane, John
→Rustin, Micheal
→Sakwa, Richard
→Sassoon, Anne Showstack

→Sayers, Sean
→Wainwright, Hilary
→Whitemore, Fred

社会心理学概論―ヨーロピアン・パースペクティブ　1　誠信書房
→Antaki, Charles
→Codol, J.P.
→Hewstone, Miles
→Hinde, Robert A.
→Stroebe, W.
→ウィーマン, ジョン・M.
→グラウマン, カール・F.
→ジャイルズ, ホワード
→シュタールパーク, ダグマール
→セミン, G.R.
→ダーキン, ケヴィン
→フライ, ディーター
→マンステッド, A.S.R.
→ヨナス, クラウス
→レヤンス, ジャック・フィリップ

社会心理学概論―ヨーロピアン・パースペクティブ　2　誠信書房
→Argyle, Michael
→Stephenson, G.M.
→アフェルマト, エディ・ファン
→ウィルケ, ヘンク
→クニッペンベルク, アド・ファン
→クライン, レナーテ
→グルゼラク, ヤヌス
→ビールホフ, ハンス・W.
→ブラウン, ラパート
→ムメンダイ, アメリー

社会正義論の系譜―ヒュームからウォルツァーまで　ナカニシヤ出版
→Boucher, David
→Kelly, Paul Joseph
→Martin, Rex
→Vincent, Andrew
→ウエスト, デイヴィッド
→ゴーティエ, デイヴィッド
→フェミア, ジョセフ
→ブラウン, クリス
→ブラント, レイモン
→ペイトマン, キャロル
→ベラミー, リチャード
→ミノーグ, ケネス
→モドゥード, タリク
→ライリー, ジョナサン

社会政策の国際的展開―先進諸国における福祉レジーム　晃洋書房
→Alcock, Peter
→Clark, John
→Craig, Gary
→Manning, Nick
→ウィルディング, ポール
→ウズハシ, タカフミ（埋橋孝文）
→サロネン, タピオ
→ダヴィドヴァ, ナディア
→デイヴィー, ジュディス
→ピヴン, フランシス・フォックス
→ファルジョン, ヴァレリア
→ブライソン, ルイス
→モク, カホ
→ライゼリング, ルッツ

全集・合集収載 翻訳図書目録 1992-2007 Ⅰ

→ライトマン, アーニー
→リッチス, グラハム
→ルンド, フランシー
社会性とコミュニケーションを育てる自閉症療育
　松柏社　　　　　　　→Dalrymple, Nancy J.
　　　　　　　　　　　　→Grandin, Temple
　　　　　　　　　　　　　→Gray, Carol A.
　　　　　　　　　　　　　→Groden, June
　　　　　　　　　　　　　→Hart, Charles
→Hodgdon, Linda Quirk
　　　　　　　　　　　→Layton, Thomas L.
　　　　　　　　　　　→LeVasseur, Patricia
　　　　　　　　　　　→Prizant, Barry M.
　　　　　　　　　　　→Quill, Kathleen Ann
　　　　　　　　　　　→Rydell, Patrick J.
　　　　　　　　　　　→Schuler, Adriana L.
　　　　　　　　　　→Twachtman, Diane D.
　　　　　　　　　　　　→Watson, Linda R.
　　　　　　　　　　　→Wolfberg, Pamela J.
社会・組織を構築する会計―欧州における学際的研
　究　中央経済社　　　　→Armstrong, Peter
　　　　　　　　　　　　→Bougen, Philip
　　　　　　　　　　　→Burchell, Stuart
　　　　　　　　　　　　　→Clubb, Colin
　　　　　　　　　　　　→Cooper, David
→Hopwood, Anthony G.
　　　　　　　　　　　　→Hoskin, Keith
　　　　　　　　　　　　　→Loft, Anne
→McSweeney, Brendan
　　　　　　　　　　　　→Macve, Richard
　　　　　　　　　　　　→Miller, Peter
　　　　　　　　　　　　→O'Leary, Ted
　　　　　　　　　　　　→Power, Michael
　　　　　　　　　　　　→Puxty, Tony
　　　　　　　　　　　　→Robson, Keith
　　　　　　　　　　→Thompson, Grahame
　　　　　　　　　　　→Tomlinson, Jim
　　　　　　　　　　　→Willmott, Hugh
社会的経済―近未来の社会経済システム　日本経済
　評論社 1995　　　　　　→Defourny, Jacques
　　　　　　　　　　　　　　→Knapp, M.
→Monzón Campos, JoséLuis
　　　　　　　　　　　　→ヴィエンニ, クロード
　　　　　　　　　　　→オルバン, ステファン
　　　　　　　　　　→グエッリェーリ, ジャンニ
　　　　　　　　　→クラインディンスト, マーク
　　　　　　　　　　　　　　→ケンダル, J.
　　　　　　　　　　　→シェディヴィ, ロベルト
　　　　　　　　　　　　→ゼービ, アルベルト
　　　　　　　　　　　→テヘイロ, ホセ・バレア
　　　　　　　　　　　　→トマス, A.（経済学）
　　　　　　　　　　　→ナッサーロ, オレステ
　　　　　　　　　　　　　→ペイトン, R.
　　　　　　　　　　　→マイケルセン, ヨハネス
　　　　　　　　　　　→マノア, ジャン‐イブ
　　　　　　　　　　　→マロ, マリークレル
　　　　　　　　　　　　→レヴェック, ブノワ
　　　　　　　　　　　　→ロー, ダニエル
　　　　　　　　　　→ロック, チャールズ・P.

評論社 2003　　　　　　　　　→Knapp, M.
→Monzón Campos, JoséLuis
　　　　　　　　　　　　→ヴィエンニ, クロード
　　　　　　　　　　　→オルバン, ステファン
　　　　　　　　　　→グエッリェーリ, ジャンニ
　　　　　　　　　→クラインディンスト, マーク
　　　　　　　　　　　　　　→ケンダル, J.
　　　　　　　　　　　→シェディヴィ, ロベルト
　　　　　　　　　　　　→ゼービ, アルベルト
　　　　　　　　　　　→テヘイロ, ホセ・バレア
　　　　　　　　　　　　→トマス, A.（経済学）
　　　　　　　　　　　→ナッサーロ, オレステ
　　　　　　　　　　　　　→ペイトン, R.
　　　　　　　　　　　→マイケルセン, ヨハネス
　　　　　　　　　　　→マノア, ジャン‐イブ
　　　　　　　　　　　→マロ, マリークレル
　　　　　　　　　　　　→レヴェック, ブノワ
　　　　　　　　　　　　→ロー, ダニエル
　　　　　　　　　　→ロック, チャールズ・P.
社会文化研究　第4号　社会文化学会　→イ, ソンファン
社会保障制度改革―日本と諸外国の選択　国立社会
　保障・人口問題研究所　　　→Palme, Joakim
社会保障制度改革―日本と諸外国の選択　東京大学
　出版会　　　　　　　　　→Palme, Joakim
写真集 原発と核のない国 ニュージーランド　明石書
　店　　　　　　　　　　　　→Clark, Helen
　　　　　　　　　　　　　　　→Day, Fe
　　　　　　　　　　　　→Duncan, Yvonne
　　　　　　　　　→Halkyard-Harawira, Hilda
　　　　　　　　　　　　　→Hanly, Tamsin
　　　　　　　　　　　　→Ryan, Kathleen
　　　　　　　　　　　→Thurston, Pauline
　　　　　　　　　　　　　→Ware, Alyn
上海―重層するネットワーク　汲古書院
　　　　　　　　　　　→シン, ソイ（沈祖煒）
　　　　　　　　　→チョウ, セイジュン（張済順）
　　　　　　　　　　　→ユウ, ゲツシ（熊月之）
周縁文化と身分制　思文閣出版　→Collcutt, Martin
　　　　　　　　　　　　→ロバーツ, ルーク・S.
19世紀の牧会者たち 2　日本キリスト教団出版局
　　　　　　　　　　→イージング, ディーター
　　　　　　　　　→シェーンアウアー, ゲアハルト
　　　　　　　　　　　→ハイメル, ミヒャエル
　　　　　　　　　　　　→モーア, ユルゲン
宗教を語りなおす―近代的カテゴリーの再考　みす
　ず書房　　　　　　　　　　→Asad, Talal
　　　　　　　　　　　　　→Hall, Stuart
　　　　　　　　　　→Harootunian, Harry D.
　　　　　　　　　→スブラマニアン, ムクンド
　　　　　　　　　　→チデスター, デイヴィッド
宗教改革期の牧会者たち 1　日本基督教団出版局
　　　　　　　　　　　→Möller, Christian
　　　　　　　　　　　　　→Scholl, Hans
　　　　　　　　　　　→ヴリート, マルクース
　　　　　　　　　→フリードリヒ, ラインホールト
　　　　　　　　　　　　→ルツ, ザームエル
宗教改革期の牧会者たち 2　日本基督教団出版局
　　　　　　　　　　→ケルナー, ラインハルト
　　　　　　　　　→ジーフェルニヒ, ミヒャエル
　　　　　　　　　　→スヴィテク, ギュンター

しゆう

　　　　　　　　→ドブハーン，ウルリヒ
　　　　　　　　→マッテス，アントン
宗教改革著作集　第1巻　教文館　→Hus, Jan
　　　　　　　　→Ockham, William
　　　　　　　　→Wyclif, John
宗教改革著作集　第4巻　教文館　→Luther, Martin
　　　　　　　　→Melanchthon, Philipp
宗教改革著作集　第8巻　教文館　→Grebel, Conrad
　　　　　　　　→Hubmayer, Balthasar
　　　　　　　　→Hut, Hans
　　　　　　　　→Stadler, Ulrich
　　　　　　　　→ヴァルポット，ペーター
　　　　　　　　→ザトラー，ミヒャエル
　　　　　　　　→シモンズ，メノ
　　　　　　　　→シャルンシュラーガー，レーオポルト
　　　　　　　　→デンク，ハンス
　　　　　　　　→フッター，ヤーコプ
　　　　　　　　→マーベック，ピルグラム
　　　　　　　　→ロートマン，ベルンハルト
宗教改革著作集　第10巻　教文館　→Knox, John
　　　　　　　　→カステリョ，セバスチャン
　　　　　　　　→セルヴェストゥス，ミカエル
　　　　　　　　→ド・ベーズ，テオドール
宗教改革著作集　第13巻　教文館
　　　　　　　　→Bellarmino, Francesco Romulo Robert
　　　　　　　　→Catharina de Siena
　　　　　　　　→Ignacio de Loyola, Saint
　　　　　　　　→Ludolf von Sachsen
　　　　　　　　→More, Sir Thomas, Saint
　　　　　　　　→Nicolaus Cusanus, Cardinal
　　　　　　　　→Paulus
　　　　　　　　→Savonarola, Girolamo Maria Francesco Matteo
　　　　　　　　→Thomas a Kempis
　　　　　　　　→Xavier, Francisco de Yasu y
　　　　　　　　→エックハルト，マイスター
　　　　　　　　→ジェルソン，ジャン・シャルリエ
　　　　　　　　→トレント公会議
　　　　　　　　→ヒルトン，ウォルター
　　　　　　　　→プール，レジナルド
宗教改革著作集　第14巻　教文館　→Bucer, Martin
　　　　　　　　→Calvin, Jean
　　　　　　　　→Luther, Martin
　　　　　　　　→Melanchthon, Philipp
　　　　　　　　→Ursinus, Zachrias
　　　　　　　　→ヴィングリ，フルドリヒ
　　　　　　　　→ブリンガー，ハインリヒ
宗教改革とその世界史的影響――倉松功先生献呈論文集　教文館　→Hägglund, Bengt
　　　　　　　　→Schwarzwäller, Klaus
　　　　　　　　→Sondermann, F.
宗教・科学・いのち―新しい対話の道を求めて　新教出版社　→オット，ハインリッヒ
　　　　　　　　→ピータース，テッド
宗教学の形成過程　第2巻　クレス出版
　　　　　　　　→Mill, John Stuart
　　　　　　　　→Spencer, Herbert
　　　　　　　　→ケヤード，エドワード
宗教学の形成過程　第4巻　クレス出版
　　　　　　　　→Carus, Paul

宗教学の形成過程　第7巻　クレス出版
　　　　　　　　→Hartmann, Karl Robert Eduard von
宗教システム/政治システム―正統性のパラドクス　新泉社　→Nassehi, Armin
　　　　　　　　→オバードルファー，ベルント
　　　　　　　　→グリップ-ハーゲルシュタンゲ，ヘルガ
　　　　　　　　→ゲーベル，アンドレアス
　　　　　　　　→シュティヒヴェー，ルドルフ
　　　　　　　　→トマス，ギュンター
　　　　　　　　→バイヤー，ピーター
　　　　　　　　→マクロボウロス，ミヒャエル
宗教と国家―国際政治の盲点　PHP研究所
　　　　　　　　→Johnston, Douglas
　　　　　　　　→Sampson, Cynthia
　　　　　　　　→ヴェンドレー，ウィリアム
　　　　　　　　→ウスター，ヘンリー
　　　　　　　　→クレイビル，ロン
　　　　　　　　→コックス，ハーヴィー
　　　　　　　　→スティール，デービッド
　　　　　　　　→ニコルス，ブルース
　　　　　　　　→バーネット，スタントン
　　　　　　　　→ラトワック，エドワード
　　　　　　　　→リトル，デビッド
　　　　　　　　→ルービン，バリー
宗教と倫理―キェルケゴールにおける実存の言語性　ナカニシヤ出版　→Burgess, Andrew J.
　　　　　　　　→Donnelly, John
　　　　　　　　→Evans, Stephen
　　　　　　　　→Garff, Joakim
　　　　　　　　→Gordon, Haim
　　　　　　　　→Greve, Wilfried
　　　　　　　　→Kemp, Peter
　　　　　　　　→McKinnon, Alastair
　　　　　　　　→Mooney, Edward F.
　　　　　　　　→Pattison, George
　　　　　　　　→Shakespeare, Steven
　　　　　　　　→Vetter, Helmuth
　　　　　　　　→Watkin, Julia
19世紀ロシアにおけるユートピア社会主義思想　光陽出版社　→Bakunin, Mikhail Aleksandrovich
　　　　　　　　→Belinskii, Vissarion
　　　　　　　　→Chernyshevskii, Nikolai
　　　　　　　　→Dobroliubov, Nikolai Aleksandrovich
　　　　　　　　→Kropotkin, Pyotr
　　　　　　　　→Pisarev, Dmitrii Ivanovich
　　　　　　　　→Tkachov, Pytr
　　　　　　　　→オガリョーフ，ニコライ
　　　　　　　　→ゲルツェン，アレクサンドル
　　　　　　　　→フォンヴィジン，ミハイル
　　　　　　　　→ペトラシェーフスキー，ミハイル・ブタシェヴィチ
　　　　　　　　→ミハイロフスキー，ニコライ
　　　　　　　　→ミリューチン，ウラジーミル
　　　　　　　　→ラヴローフ，ピョートル
十字架の道行　ドン・ボスコ社　→ポミリオ，マリオ
17・18世紀の国家思想家たち―帝国公(国)法論・政治学・自然法論　木鐸社　→Hammerstein, Notker
　　　　　　　　→Hofmann, Hasso
　　　　　　　　→Hoke, Rudolf
　　　　　　　　→Laufs, Adolf
　　　　　　　　→Link, Christoph

→Luig, Klaus
→Ritter, Christian
→Schneider, Hans-Peter
→Schröder, Jan
→Stolleis, Michael
→Thomann, Marcel
→Willoweit, Dietmar
→Winters, Peter Jochen
習俗―生き方の探求　国書刊行会
　　　　　　　　　→デュクロ, シャルル・P.
→トゥサン, フランソワ＝ヴァンサン
重度知的障害への挑戦　二瓶社　→Ager, Alastair
→Berg, Wendy K.
→Crimmins, Daniel
→Curl, Rita
→DiBenedetto, Adria
→Duker, Pieter C.
→Durand, V.Mark
→Evans, Ian M.
→Felce, David
→Gaylord-Ross, Robert
→Goodman, Julie
→Jones, Robert S.P.
→Karsh, Kathryn G.
→Kiernan, Chris
→Mackay, Harry A.
→Meyer, Luanna H.
→Oliver, Chris
→Reichle, Joe
→Remington, Bob
→Repp, Alan C.
→Salzberg, Chuck
→Scotti, Joseph R.
→Sigafoos, Jeff
→Storey, Keith
→Wacker, David P.
住の考古学　同成社　　→コウ, ゴウカ（高豪河）
十八世紀における他者のイメージ―アジアの側から、
　そしてヨーロッパの側から　河合文化教育研究所
→アンフェールト, トマス
→カルプ, セルゲイ
→コウ, キョウ（高強）
→ザイモーヴァ, ライア
→シュローバハ, ヨヘン
→スクシペク, マリアン
→チョウ, シレン（張芝聯）
→デイヴィス, サイモン（歴史）
→トート, イシュトヴァーン・ジェルジ
→ドロン, ミシェル
→ナカガワ, ヒサヤス（中川久定）
→プルースト, ジャック
→ムドゥレ, ミハエラ
→モウ, カ（孟華）
→ヤンセンス, ウタ
→リューゼブリンク, ハンス＝ユルゲン
十八世紀の恐怖―言説・表象・実践　法政大学出版局
→Starobinski, Jean
→アンガマール, マックス
→グロリシャール, アラン
→シトン, イヴ

→ジャキエ, クレール
→ドゥルー, ジョエル
→ハイドマン, ウーテ
→バチコ, ブロニスラウ
→ベールシュトルド, ジャック
→ポレ, ミシェル
→ボワトリ, ギ
→ムサ, サルガ
→ロセ, フランソワ
自由民主主義の理論とその批判　上巻　晃洋書房
→Wintrop, Norman
→ディバッツ, ダン
→ブラガー, ビル
→プロバート, ベリンダ
→ラヴェル, デーヴィド・W.
自由民主主義の理論とその批判　下巻　晃洋書房
→ストークス, ジェフ
→スリー, ロン
→フオップ, ロドニー
→ブラガー, スザンヌ
→ブラガー, ビル
→ヤング, グレーアム
→ラヴェル, デーヴィド・W.
→レグラー, スティーヴ
主体の後に誰が来るのか？　現代企画室
→Badiou, Alain
→Balibar, Étienne
→Blanchot, Maurice
→Borch-Jacobsen, Mikkel
→Courtine, Jean-François
→Deleuze, Gilles
→Derrida, Jacques
→Descombes, Vincent
→Granel, Gérard
→Henry, Michel
→Lacoue-Labarthe, Philippe
→Lyotard, Jean-François
→Marion, Jean-Luc
→Nancy, Jean-Luc
→Rancière, Jacques
ジョイント・アテンション―心の起源とその発達を
　探る　ナカニシヤ出版　→Adamson, Lauren
→Baldwin, Dare A.
→Baron-Cohen, Simon
→Bruner, Jerome Seymour
→Butterworth, George
→Corkum, Valerie
→Desrochers, Stéphan
→Dunham, Frances
→Dunham, Philip J.
→Kasari, Connie
→Landry, Susan H.
→Leadbeater, Bonnie
→McArthur, Duncan
→Moore, Chris
→Morissette, Paul
→Raver, C.Cybele
→Richard, Marcelle
→Sigman, Marian
→Tomasello, Michael

しよう

障害をもつ人にとっての生活の質―モデル・調査研
　究および実践　相川書房
　　　　　　　　　　　→Brown, Hilary
　　　　　　　　　　　→Brown, Roy I.
　　　　　　　　　→Cummins, Robert A.
　　　　　　　　　　→Donelly, Michelle
　　　　　　　　　　　　→Felce, David
　　　　　　　　　　→Ferguson, Roy V.
　　　　　　　　　　　→Goode, David A.
　　　　　　　　　　　　→Hogg, James
　　　　　　　　　　　→Lambe, Loretto
　　　　　　　　　　→McGinley, Patrick
　　　　　　　　　　　→Mitchell, David
　　　　　　　　　　→Neufeldt, Aldred H.
　　　　　　　　　　→Parmenter, Trevor
　　　　　　　　　　→Perry, Jonathan
　　　　　　　　　　　→Peter, Dimity
　　　　　　　　　→Schalock, Robert L.
　　　　　　　　　　→Timmons, Vianne
　　　　　　　　　　　→Velde, Beth P.
　　　　　　　　　　　→Warren, Bernie
　　　　　　　　　　　→Winslade, John
障害児理解の到達点―ジグラー学派の発達論的アプ
　ローチ　田研出版　→Burack, Jacob A.
　　　　　　　　　　　→Cicchetti, D.V.
　　　　　　　　　　　　→Cohen, D.J.
　　　　　　　　　　　　→Dykens, E.
　　　　　　　　　　　　→Edison, M.
　　　　　　　　　　　　→Ganiban, J.
　　　　　　　　　　→Hodapp, Robert M.
　　　　　　　　　　　→Kasari, Connie
　　　　　　　　　　　　→Kopp, C.B.
　　　　　　　　　　　→Leckman, J.
　　　　　　　　　　　→Merighi, J.
　　　　　　　　　　　→Mundy, Peter
　　　　　　　　　　　→Recchia, S.L.
　　　　　　　　　　　→Sameroff, C.J.
　　　　　　　　　　→Volkmar, Fred R.
　　　　　　　　　　　　→Weisz, J.R.
　　　　　　　　　　　→Zigler, Edward
障害、人権と教育　明石書店
　　　　　　　　　　→Armstrong, Felicity
　　　　　　　　　　　→Barton, Len
　　　　　　　　　　　→Gartner, Alan
　　　　　　　　　　→Gustavsson, Anders
　　　　　　　　→アームストロング、デリック
　　　　　　　　　　→キメッツァ、ロバト
　　　　　　　　　　→ギャラン、ニコラス
　　　　　　　　　　　→スリー、ロジャー
　　　　　　　　　　　→ダン、カレン
　　　　　　　　　→ナムソー、アン・シェロル
　　　　　　　→バラフーティ、アナスタシア・ヴラコウ
　　　　　　　　　　→ピータース、スーザン
　　　　　　　　　　→フチアカ、ヘレン
　　　　　　　　　　→ベランジェ、ナタリー
　　　　　　　　　　→ホセイン、ファーハド
　　　　　　　　　　→ポッツ、パトリシア
　　　　　　　　→マイルズ、M.（障害者教育）
　　　　　　　　　　→モーア、ミッシェル
　　　　　　　→リプスキー、ドロシー・カーツナー
　　　　　　　　　　→リュウ、マルシア

　　　　　　　　　　　→ルイス、ジョン
障害と文化―非欧米世界からの障害観の問いなおし
　明石書店　　　　　→Bruun, Frank Jarle
　　　　　　　　　　→Devlieger, Patrick
　　　　　　　　　→Frankenberg, Ronald
　　　　　　　　　　→Helander, Bernhard
　　　　　　　　　　　→Monks, Judith
　　　　　　　　　→Murphy, Robert Francis
　　　　　　　　　　→Nicholaisen, Ida
　　　　　　　　　　　→Sacks, Lisbeth
　　　　　　　　　→Sentumbwe, Nayinda
　　　　　　　　　　　→Talle, Aud
障害のある学生を支える―教員の体験談を通じて教
　育機関の役割を探る　文理閣
　　　　　　　　　　→Preston-Sabin, Jennie
　　　　　　　　　　→エシック、ジョアン
　　　　　　　　　→エニー、パトリシア
　　　　　　　　　→エルモント、マキシン
　　　　　　　　　→ギルズ、ポーラ・A.
　　　　　　　　　→ギルドリー、メレディス
　　　　　　　→クリスチャンソン、ディーン
　　　　　　　　　→クリーリ、キャサリーン・W.
　　　　　　　　　→ケネディ、バーデリイ・B.
　　　　　　　　　→コチェナー、デボラ・J.
　　　　　　　　　　→サイラー、エレノア
　　　　　　　　　→シュルツ、カリン・L.
　　　　　　　　　　→スキャッグス、リン
　　　　　　　→スティール、ミルドレッド・R.
　　　　　　　　→ストリクリン、ナンシー・A.
　　　　　→ディアミーシス-バーク、ジョリーン
　　　　　　　　　→ドーラック、アンドラ
　　　　　　→バートザック-グラハム、スーザン
　　　　　　　　　　→バブ、チャールズ
　　　　　　　　　→ハラルソン、ケイ
　　　　　　　　　　→バレット、ブルース
　　　　　　　　　　→バーンズ、ジュディ
　　　　　　　　　→ヒグビー、ジーン・L.
　　　　　　　　　　→ブラウン、メリー
　　　　　　　　　　→ベア、ウォンダ
　　　　　　　　　→ポーリング、ナンシー
　　　　　　→マットソン-シロッコ、マリー
　　　　　　　　　→モルダバン、カーラ
　　　　　　　　　→ヨアキム、サリー
　　　　　　　　　→リスナー、L.スコット
　　　　　　　　→ルンクイスト、アーリーン
　　　　　　　　　→ローゼネック、サリ
　　　　　　→ロバートソン、ジャクリーン
　　　　　　　　　→ワーナー、エレーン
生涯発達の心理学　1巻　新曜社　→Baltes, Paul B.
　　　　　　　　　　→Birren, James E.
　　　　　　　　　→Clayton, Vivian P.
　　　　　　　　　　→Kuhn, Deanna
　　　　　　　　　→Leadbeater, Bonnie
　　　　　　　　　→Pennington, Nancy
　　　　　　　　　→Perlmutter, Marion
　　　　　　　　　→Schaie, K.Warner
生涯発達の心理学　2巻　新曜社
　　　　　　　　　　→Antonucci, Toni C.
　　　　　　　　　　→Eisenberg, Nancy
　　　　　　　　　→Fabes, Richard A.

　　　　　　　　→Kahn, Robert L.
　　　　　→Leiderman, P.Herbert
　　　　　→Lerner, Jacquelin V.
　　　　　→Lerner, Richard M.
　　　　　　　　→Silva, J.Artuo
　　　　　　→Stryker, Sheldon
　　　　　　→Wells, L.Edward
生涯発達の心理学　3巻　新曜社
　　　　　→Featherman, David L.
　　　　　→Higgins-Trenk, Ann
　　　　　　　→Hill, Reuben
　　　　　→Huston-Stein, Aletha
　　　　　　→Mattessich, Paul
　　　　　　　→Oerter, Rolf
　　　　　　→Rossi, Alice S.
証券化の基礎と応用　東洋経済新報社
　　　　　　→Bryan, Lowell L.
　　　　　　→Kendall, Leon T.
　　　　→キャントウェル, デニス・M.
　　　　→グラファム, ロバート・D.
　　　　　→コーチャン, ニール
　　　　→コーレル, マーク・L.
　　　　→バウム, スティーブン・P.
　　　　　→バロン, ニール・D.
　　　　→フィリップス, スーザン・M.
　　　　→フィンク, ローレンス・D.
　　　　→ブレンゼル, レランド・C.
　　　　→マイヤーバーグ, マルシア
　　　　　→ユングマン, マイケル
　　　　→ラニエリ, ルイス・S.
証言―強制連行された朝鮮人軍慰安婦たち　明石書
　店
　　　　　→イ, オクプン(李玉粉)
　　　　　→イ, サンオク(李相玉)
　　　　　→イ, スノク(李順玉)
　　　　　→イ, ドクナム(李得南)
　　　　　→イ, ヨンス(李容洙)
　　　　　→イ, ヨンスク(李英淑)
　　　　　→イ, ヨンニョ(李用女)
　　　　　→オ, オモク(呉五穆)
　　　　→カン, ドクキョン(姜徳景)
　　　　→キム, テソン(金台善)
　　　　→キム, ドクジン(金徳鎮)
　　　　→キム, ハクスン(金学順)
　　　　→チェ, ミョンスン(崔明順)
　　　　　→ハ, スンニョ(河順女)
　　　　　→パク, スネ(朴順愛)
　　　　→ファン, クムジュ(黄錦周)
　　　　→ムン, オクチュ(文玉珠)
　　　　→ムン, ピルギ(文必琪)
　　　　→ユン, ドウリ(尹頭理)
衝突を超えて―9・11後の世界秩序　日本経済評論社
　　　　　　→Ball, Desmond
　　　　　→Barber, Benjamin R.
　　　　→Biersteker, Thomas J.
　　　　　→Chomsky, Noam
　　　　→Elshtain, Jean Bethke
　　　　　→Falk, Richard A.
　　　　→Freedman, Lawrence
　　　　→Fukuyama, Francis
　　　　→Keohane, Robert Owen
　　　　　　→Rogers, Paul
　　　　　　→Sassen, Saskia
　　　　→Wallerstein, Immanuel Maurice
　　　　　→アカーリャ, アミターフ
　　　　→アンナーイム, アブドラヒ・アハメド
　　　　→ウィリアムズ, パトリシア・J.
　　　　　→ウォルツ, ケニス・N.
　　　　　　→グレイ, コリン
　　　　→コックス, マイケル(政治学)
　　　　　→シュライム, アヴィ
　　　　　→スミス, スティーブ
　　　　　　→ダン, ティム
　　　　→デルデリアン, ジェイムズ
　　　　　→バイアーズ, マイケル
　　　　　→ハリデイ, フレッド
　　　　　→パレーク, ビーク
　　　　　　→ブザン, バリー
　　　　　　→ブース, ケン
　　　　　→ブラウン, クリス
　　　　　→ボク, シセーラ
　　　　　→マレイ, ウィリアム
　　　　→モーハーン, C.ラジャ
　　　　→リンクレイター, アンドリュー
衝突と和解のヨーロッパ―ユーロ・グローバリズム
　の挑戦　ミネルヴァ書房　→ヴェネッソン, パスカル
　　　　　→バイアーズ, マイケル
情報技術と企業変革―MITから未来企業へのメッ
　セージ　富士通経営研修所
　　　　　→Benjamin, Robert I.
　　　　→Macdonald, K.Hugh
　　　　→Mckersie, Robert B.
　　　　→Madnick, Stuart E.
　　　　→Osterman, Paul
　　　　→Rockart, John F.
　　　　→Rotemberg, Julio J.
　　　　　→Saloner, Garth
　　　　→Scott Morton, Michael S.
　　　　　→Short, James E.
　　　　→Venkatraman, N.
　　　　→Walton, Richard E.
　　　　　→Yates, Joanne
情報の要求と探索　勁草書房　→Belkin, Nicholas J.
　　　　→Kuhlthau, Carol C.
　　　　→Saracevic, Tefko
　　　　→Vandergrift, Kay E.
　　　　　→Varlejs, Jana
縄文時代から弥生時代へ　雄山閣
　　　　→キム, ドギョン(金度憲)
諸外国の大学職員　米国・英国編　広島大学高等教
　育研究開発センター　　→Philson, Michael
初期在北米日本人の記録　北米編　第73冊　文生書院
　　　　　→Romero, Manueru Peresu
初期ヘーゲル哲学の軌跡―断片・講義・書評　ナカニ
　シヤ出版　→Hegel, Georg Wilhelm Friedrich
　　　　　→ラインホルト
食の歴史　1　藤原書店
　　　　　→Althoff, Gerd
　　　　→Flandrin, Jean Louis
　　　　→Montanari, Massimo
　　　　→アムレッティ, M.-C.
　　　　　→ヴェッタ, M.

→ガーンジイ, P.
→グロッタネッリ, C.
→コルビエ, M.
→サッサテッリ, G.
→ジャンメッラーロ, A.S.
→ジョアネス, F.
→ソレール, J.
→デュボン, F.
→パンテル, P.S.
→ブレッシャーニ, E.
→ペルレス, C.
→マッツイーニ, I.
→ロンゴ, O.
食の歴史 2 藤原書店 →Flandrin, Jean Louis
→Montanari, Massimo
→Piponnier, Françoise
→アレクサンドル＝ビドン, ダニエル
→キスリンガー, E.
→グリーコ, A.J.
→コルトネージ, A.
→デボルト, F.
→ペイヤー, H.C.
→モティス・ドラデール, M.A.
→モノリー, M.
→リエラ＝メリス, A.
→ロザンベルジェ, B.
→ロマニョリ, D.
→ロリウー, B.
食の歴史 3 藤原書店 →Flandrin, Jean Louis
→Montanari, Massimo
→Pitte, Jean-Robert
→ヴェーガ, A.
→カパッティ, A.
→セルゴ, J.
→ソルチネッリ, P.
→トイテベルク, H.-J.
→ド・ラン, A.ユエ
→ハイマン, M.
→ハイマン, Ph.
→フィシュレル, C.
→ペオー, Y.
→ペドロッコ, G.
→メルディーニ, P.
→リーヴェンスタイン, H.
植民地期ラテンアメリカにおける異文化間の相互作用―文字テクストからの視点　国立民族学博物館
地域研究企画交流センター
→アステテ, フランシスコ・エルナンデス
植民地と戦争責任　吉川弘文館
→ユウ, カンメイ（游鑑明）
→リュウ, ショウキ（劉晶輝）
植民地の朝鮮と台湾―歴史・文化人類学的研究　第一書房
→グレーソン, ジェームス・H.
諸宗教の倫理学―その教理と実生活　第1巻　九州大学出版会
→Klöcker, Michael
→Tworuschka, Udo
→ゲーリッツ, ペーター
→ダッタ, バークティ
→ツィレッセン, ディートリッヒ
→トゥヴォルシュカ, モニカ

→トゥルツァスカリク, フリードリッヒ
→レビンソン, プニナ・ナベ
諸宗教の倫理学―その教理と実生活　第3巻　九州大学出版会
→Klöcker, Michael
→Köberle, Adolf
→Tworuschka, Udo
→ゲーリッツ, ペーター
→ゴットマン, カール・ハインツ
→トゥヴォルシュカ, モニカ
→トゥルツァスカリク, フリードリッヒ
→パール, ヤノス
→ベッケン, ハンス・ユルゲン
諸宗教の倫理学―その教理と実生活　第4巻　九州大学出版会
→Klöcker, Michael
→Tworuschka, Udo
→オピッツ, ペーター・J.
→クラマー, ロルフ
→トゥヴォルシュカ, モニカ
→トゥルツァスカリク, フリードリッヒ
→ハナダ, ノブヒサ（花田伸久）
→ハーマー, ヘヨ・E.
→バルツ, ハインリッヒ
→ロート, ハインツ・ユルゲン
諸宗教の倫理学―その教理と実生活　第5巻　九州大学出版会
→Klöcker, Michael
→Möllenberg, Holger
→Tworuschka, Udo
→ディユク, アルフォンス・ヴァン
→デッケ, ズィーグルト・マルティン
→トゥヴォルシュカ, モニカ
→ノイ, ライナー
→ハーマー, ヘヨ・E.
→フィアヘラー, エルンストヨアヒム
→ロート, ハインツ・ユルゲン
女性が語る第三世界の素顔―環境・開発レポート
明石書店 →Anand, Anita
→アウトウサル, カルメン
→アクテ, W.
→アノウラ, クリスティーナ
→アルボノロス, コンスエロ
→ウォーターハウス, レイチェル
→カク, マンジュ
→カステヤノス, アンハラ
→カツンバ, レベッカ
→クレスポ, セシリア
→ゲルー, サリナ
→サイエス, ベラ・ルシア
→サントス, エルジー・K.
→シャピロ, ニナ
→ディア, ラマタ
→トレス, シルビア
→バエサ, パトリシア
→ハミダ, エッサマ・ベン
→ハワジャ, イムラナ
→バンダ, ティサ
→ビラル, ネイマット・M.
→ブウルイズ, ボチョブラ
→フェルナンド, ヴィジタ
→ブリンギ, ボリ
→マッドホック, スジャータ

しよせ

→マラドナド, ベアトリス
→メヒア, テルマ
→モルナ, コリーン・ロウ
→ルイス, カルメン・ベアトリス
→レジェス, ジョランダ

女性史は可能か　藤原書店 1992　→Corbin, Alain
→Farge, Arlette
→Fine, Agnès
→Fouquet, Catherine
→Fraisse, Geneviève
→Klapisch-Zuber, Christiane
→Knibiehler, Yvonne
→Perrot, Michelle
→Ravoux-Rallo, Elisabeth
→Revel, Jacques
→Roche, Anne
→Schmitt-Pantel, Pauline
→Van de Casteele-Schweitzer, Sylvie
→Voldman, Danièle

女性史は可能か　藤原書店 2001　→Corbin, Alain
→Farge, Arlette
→Fine, Agnès
→Klapisch-Zuber, Christiane
→Knibiehler, Yvonne
→Perrot, Michelle
→Ravoux-Rallo, Elisabeth
→Schmitt-Pantel, Pauline
→Van de Casteele-Schweitzer, Sylvie
→Voldman, Danièle
→フーケ, C.
→フレス, G.
→ルヴェル, J.
→ロッシュ, A.

女性たちの聖書注解―女性の視点で読む旧約・新約・外典の世界　新教出版社　→Ackerman, Susan
→Bassler, Jouette M.
→Camp, Claudia V.
→Craven, Toni
→D'Angelo, Mary Rose
→Darr, Katheryn Pfisterer
→Dewey, Joanna
→Dowd, Sharyn
→Eskenazi, Tamara Cohn
→Farmer, Kathleen A.
→Fewell, Danna Nolan
→Fontaine, Carole R.
→Frymer-Kensky, Tikva
→Garrett, Susan R.
→Gaventa, Beverly Roberts
→Glazier-McDonald, Beth
→Good, Deirdre J.
→Hackett, Jo Ann
→Johnson, E.Elizabeth
→Laffey, Alice L.
→Levine, Amy-Jill
→Meyers, Carol L.
→Newsom, Carol Ann
→Niditch, Susan
→O'Connor, Kathleen M.
→O'Day, Gail R.
→Osiek, Carolyn
→Perkins, Pheme
→Sakenfeld, Katharine Doob
→Sanderson, Judith E.
→Schaberg, Jane
→Schuller, Eileen M.
→Setel, Drodah O'Donnell
→Tolbert, Mary Ann
→Weems, Renita J.
→Wegner, Judith Romney
→White, Marsha C.
→White, Sidnie Ann
→Wordelman, Amy L.
→Yee, Gale A.

女性の人権とジェンダー―地球規模の視座に立って　明石書店　→Afkhami, Mahnaz
→Bourque, Susan C.
→Chill, Julia
→Dauer, Sheila
→Fraser, Arvonne S.
→Gear, Felice D.
→Geske, Mary
→Harlow, Barbara
→Kaplan, Temma
→Kilbourne, Susan
→Levison, Julie H.
→Levison, Sandra P.
→Merrill, Christopher
→Merry, Sally Engle
→Nesaule, Agate
→Slaughter, Joseph
→Stapleton, Jane
→Suarez-Orozco, Carola
→Trounstine, Jean
→Wenzel, Jennifer

女性の誕生―女性であること：意識的な女性性の誕生　山王出版 1996　→Eisler, Riane Tennenhaus
→Hancock, Emily
→Hunt, Nan
→Johnson, Robert A.
→Lowinsky, Naomi Ruth
→Schmidt, Lynda
→Stein, Robert M.
→Woodman, Marion
→Young-Eisendrath, Polly
→ウィットモント, エドワード・C.
→コレグレイヴ, スキー
→シンガー, ジューン
→ストラハン, エリザベス・S.
→ストーン, メーリン
→スピース, キャスリーン・リオダン
→ハドン, パウリ, Jr.
→フィールライト, ジェーン
→ペレラ, シルビア・ブリントン
→ボーレン, ジーン・シノダ
→メツガー, ディーナ
→メドー, ベティー・デジョン
→レナード, リンダ・シアーズ

書名索引　787

女性の誕生―女性であること：意識的な女性性の誕生　山王出版 1997 →Eisler, Riane Tennenhaus
　　　　　　　　　　→Hancock, Emily
　　　　　　　　　　→Hunt, Nan
　　　　　　　　→Johnson, Robert A.
　　　　　　　→Lowinsky, Naomi Ruth
　　　　　　　　　→Schmidt, Lynda
　　　　　　　　　→Stein, Robert M.
　　　　　　　　　→Woodman, Marion
　　　　→アイゼンドロース, ポリー・ヤング
　　　　　→ウィットモント, エドワード・C.
　　　　　　　　→コレグレイヴ, スキー
　　　　　　　　　→シンガー, ジューン
　　　　　　→ストラハン, エリザベス・S.
　　　　　　　　　→ストーン, メーリン
　　　　→スピース, キャスリーン・リオダン
　　　　　　　　　→ハドン, パウリ, Jr.
　　　　　　　→フィールライト, ジェーン
　　　　　→ペレラ, シルビア・ブリントン
　　　　　　　→ボーレン, ジーン・シノダ
　　　　　　　　　→メツガー, ディーナ
　　　　　　→メドー, ベティー・デジョン
　　　　　→レナード, リンダ・シアーズ
　　　　　　　　　　→ロイ, マニシャ
所得不平等の政治経済学　東洋経済新報社
　　　　　　　　　　→Falkus, Malcolm
　　　　　　　　　　→Kim, Kwan S.
　　　　　　　→アルティミア, オスカー
　　　　　　　→アン, クックシン（安国臣）
　　　　　　　→キャッスルズ, フランシス
　　　　　　　→ジャン, ウェンラン
　　　　　→テラサキ, ヤスヒロ（寺崎康博）
　　　　　→ミナミ, リョウシン（南亮進）
　　　　　→リュウ, トクキョウ（劉徳強）
初年次教育―歴史・理論・実践と世界の動向　丸善
　　　　　　　　　　→Davidson, Alan
　　　　　　　　　→Gardner, John N.
　　　　　　　　　→Kantanis, Tanya
　　　　　　　　　→Koch, Andrew K.
　　　　　　　　→Petschauer, Joni Webb
　　　　　　　　　→Swing, Randy L.
ショーペンハウアー全集　別巻　白水社 1996
　　　　　　　　　　→Gwinner, Wilhelm
　　　　　　　　　→Horkheimer, Max
　　　　　　　　　→Hübscher, Arthur
　　　　　　　　　→Mann, Thomas
　　　　　　　→Nietzsche, Friedrich Wilhelm
　　　　　　　→Wagner, Wilhelm Richard
ショーペンハウアー全集　別巻　白水社 2004
　　　　　　　　　　→Gwinner, Wilhelm
　　　　　　　　　→Horkheimer, Max
　　　　　　　　　→Hübscher, Arthur
　　　　　　　　　→Mann, Thomas
　　　　　　　→Nietzsche, Friedrich Wilhelm
　　　　　　　→Wagner, Wilhelm Richard
ショーペンハウアー哲学の再構築　法政大学出版局
　　　　　　　　　　→Schopenhauer, Arthur
書物から読書へ　みすず書房　→Bourdieu, Pierre
　　　　　　　　　　→Chartier, Roger
　　　　　　　　　　→Darnton, Robert
　　　　　　　　　　→Evrard, Jane
　　　　　　　　　　→Marin, Louis
　　　　　　　　　　→Roche, Daniel
　　　　　　　　→グールモ, ジャン＝マリー
　　　　　　　　→ファーブル, ダニエル
　　　　　　　　→ブレッソン, フランソワ
知られざる神　南窓社　→Dilthey, Wilhelm
知られざる辺境へ―世界の自然と人々　岩波書店
　　　　　　　　　→アイグランド, トール
　　　　　　　　　→アレン, レスリー
　　　　　　　→アングルバール, ヴィクトル
　　　　　　　　　→エイベル, サム
　　　　　　　　　→グローヴ, ノエル
　　　　　　　→シュガー, ジェイムズ・A.
　　　　　　　→ビリップ, ジェイムズ
　　　　　　　→マコーリー, ジェーン・R.
　　　　　　　　→ミショー, サブリナ
　　　　　　　　→ミショー, ロラン
シリーズ心の哲学―Series philosophy of mind　3
（翻訳篇）　勁草書房　→Churchland, Paul
　　　　　　　　　　→Kim, Jaegwon
　　　　　　　→Millikan, Ruth Garrett
　　　　　　　　　→バージ, タイラー
　　　　　　　　→ハーマン, ギルバート
自立支援とはなにか―高齢者介護の戦略　日本評論社
　　　　　　　　　　→Arnold, Robert M.
　　　　　　　　　　→Barkan, Barry
　　　　　　　　　　→Beck, Cornelia
　　　　　　　　　　→Brody, Stanley
　　　　　　　→Brummel-Smith, Kenneth
　　　　　　　　　→Collopy, Bart J.
　　　　　　　　　→Gamroth, Lucia M.
　　　　　　　　　→Hofland, Brain F.
　　　　　　　　　→Kane, Robert L.
　　　　　　　　　→Kane, Rosalie A.
　　　　　　　　　→Kari, Nancy
　　　　　　　　　→Lidz, Charles W.
　　　　　　　　　→Rader, Joanne
　　　　　　　　　→Semradek, Joyce A.
　　　　　　　　　→Tulloch, G.Janet
　　　　　　　　　→Turremark, Ulla
　　　　　　　　　→Vogelpohl, Theresa
　　　　　　　　　　→Wagner, Lis
　　　　　　　　→Wilson, Keren Brown
史料集公と私の構造―日本における公共を考えるために　4（後藤新平と帝国と自治）　ゆまに書房
　　　　　　　　→Beard, Charles Austin
資料　戦後米国大統領の「一般教書」　第1巻（1945年―1961年）　大空社
　　　　　　　→Eisenhower, Dwight David
　　　　　　　→Roosevelt, Franklin D.
　　　　　　　　→Truman, Harry S.
資料　戦後米国大統領の「一般教書」　第2巻（1961年―1977年）　大空社　→Ford, Gerald R.
　　　　　　　→Johnson, Lyndon Baines
　　　　　　　→Kennedy, John Fitzgerald
　　　　　　　→Nixon, Richard Milhous
資料　戦後米国大統領の「一般教書」　第3巻（1978年―1992年）　大空社　→Bush, George

　　　　　　　　　→Carter, Jimmy
　　　　　　　　　→Reagan, Ronald
資料 戦後米国大統領の「一般教書」 第4巻（1993
　年—2006年） 大空社　→Bush, George Walker
　　　　　　　　　→Clinton, Bill
辛亥革命の多元構造—辛亥革命90周年国際学術討論
　会（神戸） 汲古書院　→カク, セイユウ（郭世佑）
　　　　　　　　　→グ, ワヘイ（虞和平）
　　　　　　　　　→シャ, シュンビ（謝俊美）
　　　　　　　　　→チョウ, カイホウ（張海鵬）
　　　　　　　　　→チョウ, ケンブン（張憲文）
　　　　　　　　　→マッコード, エドワード・A.
　　　　　　　　　→リ, エイケイ（李盈慧）
　　　　　　　　　→レイノルズ, ダグラス・R.
「人格教育」のすすめ—アメリカ・教育改革の新しい
　潮流 コスモトゥーワン　→Devine, Tony
　　　　　　　　　→Wilson, Andrew
　　　　　　　　　→ウィリアムズ, ジョン・R.
　　　　　　　　　→ソーンダース, ジューン
　　　　　　　　　→ハウアー, ジョセフィン
神学者の使命—現代アメリカの神学的潮流 ヨルダ
　ン社　　　　　　　→Altizer, Thomas J.J.
　　　　　　　　　→Cobb, John B., Jr.
　　　　　　　　　→Cone, James H.
　　　　　　　　　→Gilkey, Langdon
　　　　　　　　　→Jennings, Theodore W., Jr.
　　　　　　　　　→Kaufman, Gordon D.
　　　　　　　　　→Míguez-Bonino, José
　　　　　　　　　→Ruether, Rosemary Radford
　　　　　　　　　→Wainwright, Geoffrey
進化する資本主義 日本評論社　→Bowles, Samuel
　　　　　　　　　→Boyer, Robert
　　　　　　　　　→Gintis, Herbert
　　　　　　　　　→Hodgson, Geoffrey Martin
　　　　　　　　　→Pagano, Ugo
　　　　　　　　　→Rowthorn, Bob R.E.
　　　　　　　　　→Wallerstein, Immanuel Maurice
新脅威時代の「安全保障」—『フォーリン・アフェ
　アーズ』アンソロジー 中央公論社
　　　　　　　　　→Johnson, Chalmers A.
　　　　　　　　　→Kennedy, Paul
　　　　　　　　　→Nye, Joseph S., Jr.
　　　　　　　　　→Weiner, Myron
　　　　　　　　　→アイクル, フレッド・C.
　　　　　　　　　→オーエンス, ウィリアム
　　　　　　　　　→ギャレット, ローリー
　　　　　　　　　→キーン, E.B.
　　　　　　　　　→チェイス, ロバート・S.
　　　　　　　　　→トーバル, サーディア
　　　　　　　　　→リーバサル, ケネス
　　　　　　　　　→リンデン, ユージン
人権をどう教えるのか—「人権」の共通理解と実践
　現代人文社　　　　→イ, スンミ
　　　　　　　　　→ジェファーソン, プランティリア
　　　　　　　　　→ブダデブ・チョウドリ
　　　　　　　　　→リン, カハン（林佳範）
新原子戦略研究資料—研修資料 防衛研修所
　　　　　　　　　→Kleiman, Robert
　　　　　　　　　→Leghorn, Richard S.
人権について—オックスフォード・アムネスティ・レ

クチャーズ みすず書房　→Elster, Jon
　　　　　　　　　→Heller, Agnes
　　　　　　　　　→Lukes, Steven Michael
　　　　　　　　　→Lyotard, Jean-François
　　　　　　　　　→MacKinnon, Catharine A.
　　　　　　　　　→Rawls, John
　　　　　　　　　→Rorty, Richard
人権の政治学 風行社
　　　　　　　　　→Appiah, Kwame Anthony
　　　　　　　　　→Ignatieff, Michael
　　　　　　　　　→Laqueur, Thomas W.
　　　　　　　　　→オレントリッチャー, ダイアン・F.
　　　　　　　　　→ホリンジャー, デイヴィッド・A.
新国際秩序の構想—浦野起央博士還暦記念論文集
　南窓社　　　　　　→チン, ホウクン（陳峯君）
　　　　　　　　　→ブルメンタール, トビア
人材育成のジレンマ—ハーバード・ビジネス・レ
　ビューケースブック ダイヤモンド社
　　　　　　　　　→Adler, Gordon
　　　　　　　　　→Bakke, Dennis
　　　　　　　　　→Burnham, David H.
　　　　　　　　　→Carnes, Patrick
　　　　　　　　　→Carr, Nicholas G.
　　　　　　　　　→Case, John
　　　　　　　　　→Cliffe, Sarah
　　　　　　　　　→Fox, James Alan
　　　　　　　　　→Gardner, Nicole
　　　　　　　　　→Jordan, Kathleen
　　　　　　　　　→Kapor, Mitchell
　　　　　　　　　→Kaufer, Steve
　　　　　　　　　→Kay, Ira
　　　　　　　　　→Klein, Freada Kapor
　　　　　　　　　→Koehn, Daryl
　　　　　　　　　→Kramer, Robert J.
　　　　　　　　　→Ligocki, Kathleen
　　　　　　　　　→McKenzie, Chuck
　　　　　　　　　→Mainiero, Lisa A.
　　　　　　　　　→Newman, Victor
　　　　　　　　　→Olsen, David
　　　　　　　　　→Pearson, Christine
　　　　　　　　　→Porath, Christine
　　　　　　　　　→Roche, Eileen
　　　　　　　　　→Rokoff, June
　　　　　　　　　→Rowe, Mary
　　　　　　　　　→Schouten, Ronald
　　　　　　　　　→Sim, Victor
　　　　　　　　　→Stinson, Burke
　　　　　　　　　→Tulgan, Bruce
　　　　　　　　　→Vroom, Victor
　　　　　　　　　→Waldroop, James
　　　　　　　　　→Wetlaufer, Suzy
人材育成の戦略—評価、教育、動機づけのサイクル
　を回す ダイヤモンド社　→Brant, James
　　　　　　　　　→Brousseau, Kenneth R.
　　　　　　　　　→Bruch, Heike
　　　　　　　　　→Driver, Michael J.
　　　　　　　　　→Eisner, Michael D.
　　　　　　　　　→Ghoshal, Sumantra
　　　　　　　　　→Goffee, Robert
　　　　　　　　　→Gosling, Jonathan

しんさ

→Griffin, Natalie Shope
→Hanig, Robert
→Hourihan, Gary
→Jones, Gareth
→Kotter, John P.
→Larsson, Rikard
→Mintzberg, Henry
→Morrel-Samuels, Palmer
→Peiperl, Maury A.
→Priestland, Andreas
→Sorcher, Melvin
→Tichy, Noel M.
→Wetlaufer, Suzy
→Wiggenhorn, William

人材マネジメント　ダイヤモンド社
→Conger, Jay A.
→Goffee, Robert
→Jones, Gareth
→Livingston, J.Sterling
→Manzoni, Jean-François
→Pfeffer, Jeffrey
→アプガー，マーロン，4世
→イーリー，ロビン・J.
→トーマス，デイビッド・A.
→バーソック，ジーン・ルイス

新世紀の労働運動―アメリカの実験　緑風出版
→Brecher, Jeremy
→Costello, Tim
→Mantsios, Gregory
→Wong, Kent
→アーリー，スティーブ
→カークマン，ボブ
→コービアス，ジョージ
→シェーラー，バーバラ
→チェン，メイ
→ニードルマン，ルース
→バーナード，イレーン
→バンクス，アンディー
→ファイン，ジャニス
→フィン，ポーラ
→ブラックウェル，ロン
→ラーナー，スティーブン
→ラ・ルス，ホセ
→リヴェラ，デニス
→リボルド，パトリシア
→リンチ，ケビン
→ルボー，ジョセフィン

新世界秩序批判―帝国とマルチチュードをめぐる対話　以文社
→Arrighi, Giovanni
→Atzert, Thomas
→Hardt, Michael
→Hirsch, Joachim
→Müller, Jost
→Negri, Antonio
→ケリアン，アンヌ
→ルヴェル，ジュディト

身体活動とメンタルヘルス　大修館書店
→Blair, Steven N.
→Buckworth, J.
→Chaoulff, Francis

→Dishman, Rod K.
→Dunn, Andrea L.
→Hoffmann, Pavel
→Kirschenbaum, Daniel S.
→Koltyn, Kelli F.
→Martinsen, Egil W.
→Morgan, William P.
→O'Connor, Patrick J.
→Raglin, John S.
→Sonstroern, Robert J.
→Stanghelle, J.K.

信託と信託法の広がり―報告書　トラスト60
→イングリッシュ，デーヴッド・M.

新中国に貢献した日本人たち―友情で綴る戦後史の一コマ　日本僑報社
→コウ，カイカン（高海寛）
→コウ，コウ（黄幸）
→シュ，フクライ（朱福来）
→ショウ，ドウテイ（蒋道鼎）
→ソウ，ブンヒン（曽文彬）
→ソン，トウミン（孫東民）
→チョウ，アンハク（趙安博）
→チョウ，ウンホウ（張雲方）
→チョウ，オウトウ（張旺棟）
→チョウ，ヤクヒン（張躍斌）
→チン，コウ（陳弘）
→チン，タイケン（陳耐軒）
→テイ，ミン（丁民）
→トウ，エイサイ（童永裁）
→トウ，ジュウナン（湯重南）
→ホウ，エンメイ（鮑延明）
→ラク，イリュウ（駱為竜）
→リ，チュウメイ（李仲明）
→リ，トクアン（李徳安）
→リュウ，エンシュウ（劉延州）
→リュウ，チ（劉遅）
→リュウ，トクユウ（劉徳有）
→リン，レントク（林連徳）

新中国に貢献した日本人たち―友情で綴る戦後史の一コマ　続　日本僑報社
→オウ，ケイエイ（王慶英）
→オウ，コウケン（王効賢）
→オウ，タイヘイ（王泰平）
→カン，リツトウ（関立彤）
→ゴ，ガクブン（呉学文）
→コウ，カイカン（高海寛）
→コウ，コウ（黄幸）
→シュ，フクライ（朱福来）
→ジョ，ケイシン（徐啓新）
→ソン，トウミン（孫東民）
→チョウ，オウトウ（張旺棟）
→テイ，ミン（丁民）
→トウ，ジュウナン（湯重南）
→フウ，ショウケイ（馮昭奎）
→ユ，ギコク（兪宜国）
→ヨウ，キ（葉綺）
→リュウ，チゴウ（劉智剛）
→リュウ，トクユウ（劉徳有）
→リョ，ショウケイ（呂小慶）

新訂　魏志倭人伝・後漢書倭伝・宋書倭国伝・隋書倭国伝―中国正史日本伝　1　岩波書店
→ギ，チョウ（魏徴）

心的外傷の危機介入―短期療法による実践　金剛出版
　→McFarlane, Alexander C.
　→Parad, Howard J.
　→Parad, Libbie G.
　→アバーネル, ゲイル
　→ウェッブ, ナンシィ・ボイド
　→オブライエン, アン
　→コートイス, クリスチン・A.
　→ブレッキ, ジョン
　→モア＝バラク, ミッシェル・E.
　→ライレス, レイ・E.
　→リッチマン, グロリア
新発想の防衛論―非攻撃的防衛の展開　大学教育出版
　→Wiberg, Hakan
　→ブザン, バリー
　→ミョレー, ビョン
新版 先進諸国の労使関係―国際比較：21世紀に向けての課題と展望　日本労働研究機構
　→Bamber, Greg J.
　→Clarke, Oliver
　→Davis, Edward M.
　→Fürstenberg, Friedrich
　→Goetschy, Janine
　→Hammarström, Olle
　→Jobert, Annette
　→Lansbury, Russell D.
　→Pellegrini, Claudio
　→Snape, Ed
　→Thompson, Mark
　→Wheeler, Hoyt N.
　→Whitehouse, Gillian
人文科学に何が起きたか―アメリカの経験　玉川大学出版部
　→Hunt, Lynn Avery
　→Kernan, Alvin B.
　→Menand, Louis
　→Oakley, Francis
　→Ricks, Christopher B.
　→ケアモード, フランク
　→サビン, マージェリー
　→ダームズ, ジョン・H.
　→ドナヒュー, デニス
　→ヒンメルファーブ, ゲルトルード
　→ブルームウィッチ, ディヴィッド
　→ヘッセ, カルラ
人文知の新たな総合に向けて―21世紀COEプログラム「グローバル化時代の多元的人文学の拠点形成」第2回報告書1（歴史篇）　京都大学大学院文学研究科21世紀COEプログラム「グローバル化時代の多元的人文学の拠点形成」
　→リ, セイケイ（李成珪）
人文知の新たな総合に向けて―21世紀COEプログラム「グローバル化時代の多元的人文学の拠点形成」第2回報告書2（哲学篇1）　京都大学大学院文学研究科21世紀COEプログラム「グローバル化時代の多元的人文学の拠点形成」
　→ゴードン, マイケル
　→メラー, D.H.
人文知の新たな総合に向けて―21世紀COEプログラム「グローバル化時代の多元的人文学の拠点形成」第2回報告書3（哲学篇2）　京都大学大学院文学研

→シン, ヤク（沈約）
→チン, ジュ（陳寿）
→ハン, ヨウ（范曄）

究科21世紀COEプログラム「グローバル化時代の多元的人文学の拠点形成」
　→Schwöbel, Christoph
人文知の新たな総合に向けて―21世紀COEプログラム「グローバル化時代の多元的人文学の拠点形成」第2回報告書4（文学篇1（論文））　京都大学大学院文学研究科21世紀COEプログラム「グローバル化時代の多元的人文学の拠点形成」
　→イ, ジョンジン（李鍾振）
人文知の新たな総合に向けて―21世紀COEプログラム「グローバル化時代の多元的人文学の拠点形成」第2回報告書5（文学篇2（翻訳・注釈））　京都大学大学院文学研究科21世紀COEプログラム「グローバル化時代の多元的人文学の拠点形成」
　→ジャヤンタ, バッタ
心理学とポストモダニズム―社会構成主義とナラティヴ・セラピーの研究　こうち書房
　→Kvale, Steinar
　→ゲーゲン, ケネス・J.
　→サス, ルイス・A.
　→ショッター, ジョン
　→チェクリン, セス
　→ポルキンホーン, ドナルド・E.
　→マイケル, マイク
　→マッドセン, ペーター
　→ヤング, ニール
　→リッチャー, ポール
　→レヴリィ, ラールズ
心理学の7人の開拓者　法政大学出版局
　→Hinde, Robert A.
　→Storr, Anthony
　→シンガー, ジェローム・L.
　→フォレスト, デレク・W.
　→ブライアント, ピーター・E.
　→ブラックマン, デレク・E.
新リレーションとモデルのためのIT企業戦略とデジタル社会　ピアソン・エデュケーション
　→Alavi, Maryam
　→Ang, Soon
　→Applegate, Lynda M.
　→Benbasat, Izak
　→Benjamin, Robert I.
　→Briggs, Robert O.
　→Culnan, Mary J.
　→DeSanctis, Gerardine
　→de Vreede, Gert-Jan
　→Dickson, Gary W.
　→Eriksson, Inger
　→Gallupe, Brent
　→Jarvenpaa, Sirkka
　→Keen, Peter G.W.
　→Kirsch, Laurie J.
　→Mason, Florence
　→Mason, Richard O.
　→Massey, Anne P.
　→Nunamaker, Jay F., Jr.
　→Price, Robert
　→Qureshi, Sajda
　→Sambamurthy, V.
　→Straub, Detmar W.
　→Tiller, Emerson H.

しんれ

→Watson, Richard T.
→Wheeler, Bradley C.
→Zigurs, Ilze
心霊研究―その歴史・原理・実践　技術出版
　　　　　　　→Belof, John
→Blackmore, Susan J.
→Ehrenwald, Jan
→Eisenbud, Jule
→Grattan-Guinness, Ivor
→Isaacs, Julian
→Krippner, Stanley
→Randall, John
→Stevenson, Ian
→ウーキー，E.E.
→エリソン，アーサー・J.
→オラム，アーサー・T.
→グルーバー，エルマー・R.
→グレゴリー，アニタ
→ゴッドマン，コリン
→シュマイドラー，ガートルード・R.
→スタンフォード，レックス・G.
→ニコル，J.フレーザー
→ニスベット，ブライアン・C.
→バリントン，M.R.
→ブラウトン，リチャード・S.
→ペリー，マイケル
→ベンダー，ハンス
→マウスコップ，シーモア・H.
→マクハーグ，ジェイムズ・F.
→メイン，アラン・J.
→ロイ，アーチー・E.
→ローデン，D.F.
神話・象徴・イメージ―Hommage a Kosaku Maeda
原書房　　　→イブン・アル・ハイサム
神話・伝説の成立とその展開の比較研究　高志書院
　　　　　　　→Burkert, Walter

【す】

スイスと日本―日本におけるスイス受容の諸相　刀
水書房　　　→クロッペンシュタイン，エドゥアルト
→マイヤー，ハラルド
→ミュラー，ジモーネ
→モッティーニ，ロジャー
→モルティマー，マヤ
→ラインフリート，ハインリヒ
スウェーデンの住環境計画　鹿島出版会
　　　　　　　→Thiberg, Sven
→アドラー，ペーテル
→アンデション，ビルギッタ・ホルムダール
→ヴィクシュートローム，トーマス
→ウルバンヴェストブロ，ディック
→エリクソン，ヤン
→オリーブグレン，ヨハネス
→クランツ，ビルギット
→サンステッド，エバ
→シェーニング，クラス
→シュルツ，ソルベイ
→シューレ，アンニカ・フォン

→ティーベイ，アリス
→ハルベリィ，グン
→ビョルクマン，トールビョルン
→ブルグノリ，ロレンツォ
→ブロムベリィ，インゲラ
→ペデルセン，ブリット
→ポールソン，ヤン
→モンソン，カーリン
→リンドクヴィスト，マルガレータ
→レイニウス，カーリン・リドマール
スウェーデンボルグの創造的宇宙論　めるくまーる
→Arrhenius, Gustaf
→Gardiner, Harold
→Odhner, Hugo Lj
→Tansley, Isaiah
崇高とは何か　法政大学出版局
→Courtine, Jean-François
→Deguy, Michel
→Escoubas, Éliane
→Lacoue-Labarthe, Philippe
→Lyotard, Jean-François
→Marin, Louis
→Nancy, Jean-Luc
→Rogozinski, Jacob
過ぎ去ろうとしない過去―ナチズムとドイツ歴史家
　論争　人文書院　　　→Augstein, Rudolf
→Brumlik, Micha
→Habermas, Jürgen
→Kocka, Jürgen
→Nolte, Ernst
→Pieper, Ernst
→Stürmer, Michael
→イェッケル，エーバーハルト
→ゾントハイマー，クルト
→ヒルグルーバー，アンドレアス
→ヒルデブラント，クラウス
→フェスト，ヨアヒム
→ブロシャート，マルティン
→モムゼン，ハンス
スクールソーシャルワークとは何か―その理論と実
　践　現代書館　　　→Allen-Meares, Paula
→Barretta-Herman, Angeline
→Briar-Lawson, Katharine
→Clancy, Jennifer
→Costin, Lela B.
→Garrett, Kendra J.
→Germain, Carel B.
→Hara, Isadora R.
→Huxtable, Marion
→Link, Rosemary
→Malusio, Anthony
→Torres, Santos, Jr.
→Winters, Wendy
スコットランド史―その意義と可能性　未来社
→Barrow, G.W.S.
→Campbell, R.H.
→Devine, T.M.
→Duncan, A.A.M.
→Grant, A.
→Harvie, C.

	→Lenman, B.
	→Lynch, M.
	→Mitchison, Rosalind
	→Stevenson, D.
鈴木大拙全集　第23巻　岩波書店	
	→Swedenborg, Emanuel
鈴木大拙全集　第25巻　岩波書店	→Carus, Paul
	→Swedenborg, Emanuel
鈴木大拙全集　第26巻　岩波書店	→Carus, Paul
	→ラバートン
鈴木大拙全集　第28巻　岩波書店	
	→スズキ, ダイセツ (鈴木大拙)
鈴木大拙全集　第29巻　岩波書店	
	→スズキ, ダイセツ (鈴木大拙)
図説失われた聖櫃　原書房	→Hancock, Graham
	→Oostra, Roel
	→Saint-Hilaire, Paul de
	→Vuijsje, Herman
	→Wilson, Ian
	→Ziehr, Wilhelm
図説海賊大全　東洋書林	→Cordingly, David
	→Murray, Dain H.
	→Platt, Richard
	→エレン, エリック
	→フォークナ, ジョン
	→ブラッドフォド, ジェイムズ・C.
	→マークス, ジェニファー・G.
	→マーリ, ディヴィッド・F.
	→レディカー, マーカス
図説超古代の謎　河出書房新社	→Bauval, Robert
	→Morrison, Tony
	→Oostra, Roel
	→Pavlat, Leo
図説天才の子供時代—歴史のなかの神童たち　新曜社	
	→Lacarrière, Jacques
	→Pastoureau, Michel
	→Remy, Pierre Jean
	→Sacquin, Michèle
	→アマルヴィ, クリスチャン
	→アレクサンドル=ビドン, ダニエル
	→ヴァケ, フランソワーズ
	→オスファテル, ドミニック
	→コーン, ダニエル
	→ショタール, ロイック
	→ディアス, ジョゼ=リュイ
	→トウシュレイ, コリーヌ
	→ファリュ, オディール
	→フュマロリ, マルク
	→ブラウン, サリー
	→フレス, ジュヌヴィエーヴ
	→ボナフー, パスカル
	→ボネ, ジャン=クロード
	→マルガン, ポール
	→マンジェール, ピエール=ミシェル
	→レアール, ブリジット
ステレオタイプとは何か—「固定観念」から「世界を理解する"説明力"」へ　明石書店	
	→McGarty, Craig
	→Spears, Russell
	→Yzerbyt, Vincent Y.

	→オークス, ペネロペ・J.
	→コルネイユ, オリビエ
	→ターナー, ジョン・C.
	→ドーゼ, ベルトイアン
	→ハスラム, S.アレクサンダー
	→バーンドセン, マリエット
	→プライト, ジューブ・バン・デル
	→ブラウン, パトリシア・M.
	→レイノルズ, キャサリン・J.
	→ロッヒャー, スティーブ
ストレスと快楽　金剛出版	→Anderson, Digby
	→Bonnsetter, Bill
	→Botsford, Keith
	→Davies, Christie
	→Fitzgerald, Faith T.
	→Frankenhaeuser, Marianne
	→Gratton, Chris
	→Holliday, Simon
	→Javeau, Claude
	→Jung, K.
	→Lorist, Monicque M.
	→Lowe, Geoff
	→Luik, John C.
	→McBride, Robert L.
	→McCormick, James
	→McKenna, Frank
	→Netter, Petra
	→Sherwood, Neil
	→Smith, Andrew
	→Snel, Jan
	→Suiter, Judy I.
	→Tsimara Papastamatiou, Hera
	→Van Dun, Frank
	→Warburton, David M.
スピリチュアル・エマージェンシー—心の病と魂の成長について　春秋社	→Armstrong, An
	→Assagioli, Roberto
	→Dass, Ram
	→Greyson, Bruce
	→Grof, Christina
	→Grof, Stanislav
	→Harris, Barbara
	→Kalweit, Holger
	→Kornfield, Jack
	→Laing, Ronald David
	→Park, Russ
	→Perry, John Weir
	→Prevatt, Janeane
	→Rebillot, Paul
	→Sannella, Lee
	→Thompson, Keith
ヅーフ日本回想録　フィッセル参府紀行　雄松堂出版	
	→Doeff, Hendrik
	→Fisscher, J.F.van Overmeer
スペインのユダヤ人—1492年の追放とその後　平凡社	
	→イーデル, モーシェ
	→カーメン, ヘンリー
	→グトヴィルト, エレアザル
	→バイナルト, ハイム
	→マッケイ, アンガス

すまと

スマート・グローバリゼーション　同文舘出版
　　　　　　　→Bartlett, Christopher A.
　　　　　　　→Birkinshaw, Julian M.
　　　　　　　→Ghoshal, Sumantra
　　　　　　　→Gupta, Anil K.
　　　　　　　→Kim, W.Chan
　　　　　　　→Mauborgne, Renée
　　　　　　　→アーノルド，デイビット・J.
　　　　　　　→イップ，ジョージ・S.
　　　　　　　→クェルチ，ジョン・A.
　　　　　→ゴヴィンダラージャン，ヴィジャイ
　　　　　　　　→コグート，ブルース
　　　　　　　→シュワルツ，ゴードン
　　　　　　　→ナラヤンダス，ダス
　　　　　　　→ハート，スチュアート・L.
　　　　　　　→フライ，ジョセフ・N.
　　　　　　　→ミルステン，マーク・B.
スミソニアンは何を展示してきたか　玉川大学出版
　部　　　　　→アーノルディ，メリー・ジョー
　　　　　　　→アルボーン，リチャード・E.
　　　　　　　→イェングスト，ウィリアム
　　　　→ウォルシュ，ジェーン・マクラレン
　　　　　　　　→カリン，リチャード
　　　　　　　　→クラウチ，トム・D.
　　　　　　　→トルットナー，ウィリアム・H.
　　　　　　→パワーズ，ドワイト・ブロッカー
　　　　　　　　→バンチ，ロニー・G.
　　　　　　　→ヒューズ，エレン・ロニー
　　　　　　→フィッツヒュー，ウィリアム・W.
　　　　　　　→メリル，ウィリアム・L.
　　　　　　　　→ラヴ，サリー
　　　　　　　→ルーバー，スティーヴン

【せ】

西欧比較政治―データ/キーワード/リーディングス
　一芸社 2002　　　　　　　→Blondel, Jean
　　　　　　　　　　　　　　→Daalder, Hans
　　　　　　　　　　　→Lehmbruch, Gerhard
西欧比較政治―データ/キーワード/リーディングス
　一芸社 2004　　　　　　　→Blondel, Jean
　　　　　　　　　　　　　　→Daalder, Hans
　　　　　　　　　　　→Lehmbruch, Gerhard
　　　　　　　　　　→Müller-Rommel, Ferdinand
世紀末・中国　東銀座出版社
　　　　　　　　→アサノ，シンイチ（浅野慎一）
　　　　　　　　　→オウ，レイショ（王霊書）
　　　　　　　　　→カク，ザイキン（郝在今）
　　　　　　　　　→キョク，ラン（曲蘭）
　　　　　　　　　→コウ，コウ（高鋼）
　　　　　　　　　→コウ，ホウ（高烽）
　　　　　　　　→ショウ，ケイビン（章慧敏）
　　　　　　　　　→セン，キツ（戦吉）
　　　　　　　　　→ソ，ブンケツ（蘇文杰）
　　　　　　　　　→チョウ，サク（張策）
　　　　　　　　　→トウ，ガン（佟岩）
　　　　　　　　→ヨウ，キクホウ（楊菊芳）
　　　　　　　　→ヨウ，ケイミン（楊桂民）

　　　　　　　　　　　　→リンチ，ジョン
聖公会の中心　聖公会出版
　　　　　　　　　　　　→Booty, John E.
　　　　　　　　　　→Cassels-Brown, Alastair
　　　　　　　　　　　　→Guthrie, Harvey H.
　　　　　　　　　　　→Siegenthaler, David
　　　　　　　　　　　　→Skinner, John E.
　　　　　　　　　　　　→Stevick, Daniel B.
　　　　　　　　　　　　→Wolf, William J.
成功大学　日本経営合理化協会出版局
　　　　　　　　　　　　　→Allen, James
　　　　　　　　　→Barnum, Phineas Taylor
　　　　　→Beaverbrook, William Maxwell Aitken
　　　　　　　　　　　→Beecher, Marguerite
　　　　　　　　　　　　→Beecher, Willard
　　　　　　　　　　　　→Bennett, Arnold
　　　　　　　　　　　　→Binstock, Louis
　　　　　　　　　　　　→Brisbane, Arthur
　　　　　　　　　　　　→Brothers, Joyce
　　　　　　　　　　　　→Carnegie, Dale
　　　　　　　　　　　→Clason, George S.
　　　　　　　　　　　→Conklin, Robert
　　　　　　　　　　→Conwell, Russell H.
　　　　　　　　　　→DeVos, Richard M.
　　　　　　　　　　→Dodson, Fitzhugh
　　　　　　　　　　　→Dyer, Wayne W.
　　　　　　　　　　→Franklin, Benjamin
　　　　　　　　　　　→Fromme, Allan
　　　　　　　　　　→Getty, John Paul
　　　　　　　　　→Hildebrand, Kenneth
　　　　　　　　　　　→Hill, Napoleon
　　　　　　　　　　→Hubbard, Elbert
　　　　　　　　→Johnson, Harry Julius
　　　　　　　　　→Jones, Charles T.
　　　　　　　　　　　　→Lair, Jess
　　　　　　　　　　　→Lakein, Alan
　　　　　　　　　　→LeBoeuf, Michael
　　　　　　　　　　　→Maltz, Maxwell
　　　　　　　　　　→Newman, James W.
　　　　　　　　→Peale, Norman Vincent
　　　　　　　　　　→Seabury, David
　　　　　　　　　→Stone, W.Clement
　　　　　　　　　→Whitman, Howard
成功大学　日本経営合理化協会出版局　皮革携帯版
　　　　　　　　　　　　　→Allen, James
　　　　　　　　　→Barnum, Phineas Taylor
　　　　　→Beaverbrook, William Maxwell Aitken
　　　　　　　　　　　→Beecher, Marguerite
　　　　　　　　　　　　→Beecher, Willard
　　　　　　　　　　　　→Bennett, Arnold
　　　　　　　　　　　　→Binstock, Louis
　　　　　　　　　　　　→Brisbane, Arthur
　　　　　　　　　　　　→Brothers, Joyce
　　　　　　　　　　　　→Carnegie, Dale
　　　　　　　　　　　→Clason, George S.
　　　　　　　　　　　→Conklin, Robert
　　　　　　　　　　→Conwell, Russell H.
　　　　　　　　　　→DeVos, Richard M.
　　　　　　　　　　→Dodson, Fitzhugh
　　　　　　　　　　　→Dyer, Wayne W.

→Franklin, Benjamin
→Fromme, Allan
→Getty, John Paul
→Hildebrand, Kenneth
→Hill, Napoleon
→Hubbard, Elbert
→Johnson, Harry Julius
→Jones, Charles T.
→Lair, Jess
→Lakein, Alan
→LeBoeuf, Michael
→Maltz, Maxwell
→Newman, James W.
→Peale, Norman Vincent
→Seabury, David
→Stone, W.Clement
→Whitman, Howard

政策形成と日本型シンクタンク―国際化時代の「知」
のモデル　東洋経済新報社
　　　　　　　　→Flaherty, Susan L.Q.
　　　　　　　　→Hackler, Tim
　　　　　　　　→Kingsley, G.Thomas
　　　　　　　　→Struyk, Raymond J.
　　　　　　　　→ウエノ，マキコ（上野真城子）

政治学の諸問題　6　専修大学法学研究所
　　　　　　　　→ヒンズリー，F.H.

政治参画とジェンダー　東北大学出版会
　　　　　　　　→カルヴェス，グウェナエル
　　　　　　　　→ルソー，ドミニク

聖書を取り戻す―教会における聖書の権威と解釈の
危機　教文館　　→Achtemeier, Elizabeth
　　　　　　　　→Braaten, Carl E.
　　　　　　　　→Childs, Brevard S.
　　　　　　　　→Donfried, Karl P.
　　　　　　　　→Harrisville, Roy A.
　　　　　　　　→Hopko, Thomas
　　　　　　　　→Jenson, Robert W.
　　　　　　　　→Kavanagh, Aidan J.
　　　　　　　　→McGrath, Alister E.

聖書を読む技法―ポストモダンと聖書の復権　新教
出版社　　　　　→Davis, Ellen F.
　　　　　　　　→Hays, Richard B.
　　　　　　　　→Jenson, Robert W.
　　　　　　　　→シュタインメッツ，デイヴィッド
　　　　　　　　→ジョーンズ，L.グレゴリー
　　　　　　　　→ジョンソン，ウイリアム・ステイシー
　　　　　　　　→デイリー，ブライアン・E.
　　　　　　　　→ハウエル，ジェームズ
　　　　　　　　→ボーカム，リチャード
　　　　　　　　→マックスパッデン，クリスティーン

聖書と人生の対話　聖公会出版　→Boyd, Malcom
聖書の牧会者たち　日本基督教団出版局
　　　　　　　　→Adloff, Kristlieb
　　　　　　　　→Baldermann, Ingo
　　　　　　　　→Bärend, Hartmut
　　　　　　　　→Möller, Christian
　　　　　　　　→Weymann, Volker

成人教育と市民社会―行動的シティズンシップの可
能性　青木書店　→エバンス，カレン
　　　　　　　　→コリンズ，マイケル（社会教育）

→シェンマン，ミカエル
→シュラー，トム
→デケイザー，ルーク
→パク，ヒョーチョン
→フィールド，ジョン
→フォーリー，グリフ
→フワ，カズヒコ（不破和彦）

精神障害患者の人権―国際法律家委員会レポート
明石書店　　　　→ヴィソッキー，H.M.
　　　　　　　　→コーエン，パメラ・シュワルツ
　　　　　　　　→ハーディング，T.

精神世界が見えてくる―人間とは何か気づきとは何
か　サンマーク出版　　　→Grof, Stanislav
　　　　　　　　→Walsch, Neale Donald

精神分析的心理療法の現在―ウィニコットと英国独
立派の潮流　岩崎学術出版社　→Berkowits, Ruth
　　　　　　　　→Cooper, Judy
　　　　　　　　→Richards, Joscelyn
　　　　　　　　→Rosenberg, Viqui
　　　　　　　　→Tyndale, Anne
　　　　　　　　→Witham, Anna

精神保健リハビリテーション―医療・保健・福祉の統
合をめざして　岩崎学術出版社　→Elliot, Colin
　　　　　　　　→Thomas, Ben

生態心理学の構想―アフォーダンスのルーツと尖端
東京大学出版会　→Gibson, Eleanor Jack
　　　　　　　　→ショウ，ロバート・E.
　　　　　　　　→ストフレーゲン，トーマス・A.
　　　　　　　　→ターヴェイ，マイケル・T.
　　　　　　　　→バーディ，ベノイト・G.
　　　　　　　　→ホルト，エドウィン・B.

成長戦略論　ダイヤモンド社
　　　　　　　　→Anderson, James C.
　　　　　　　　→Anslinger, Patricia L.
　　　　　　　　→Ashkenas, Ronald N.
　　　　　　　　→Burnett, Benjamin
　　　　　　　　→Copeland, Thomas E.
　　　　　　　　→Demonaco, Lawrence J.
　　　　　　　　→Francis, Suzanne C.
　　　　　　　　→Geus, Arie P.de
　　　　　　　　→Kim, W.Chan
　　　　　　　　→Markides, Constantinos C.
　　　　　　　　→Mauborgne, Renée
　　　　　　　　→Narus, James A.
　　　　　　　　→Pecaut, David K.
　　　　　　　　→Rayport, Jeffrey F.
　　　　　　　　→Stalk, George, Jr.
　　　　　　　　→Sviokla, John J.

正統派、敬虔派、啓蒙派の時代の牧会者たち　1　日
本キリスト教団出版局　→ヴァルマン，ヨハネス
　　　　　　　　→ファングマイアー，ユルゲン
　　　　　　　　→マイアー，ディートリヒ
　　　　　　　　→ミュラー，ホルガー
　　　　　　　　→モーア，ルードルフ
　　　　　　　　→ルーバハ，ゲアハルト

正統派、敬虔派、啓蒙派の時代の牧会者たち　2　日
本キリスト教団出版局　→ヴァイアー，ミヒェル
　　　　　　　　→ゲーリシュ，ラインハルト
　　　　　　　　→ケンプ，ベルナルト
　　　　　　　　→デコット，ロルフ

制度からガヴァナンスへ―社会科学における知の交
　差　東京大学出版会　　　→グライフ, アヴァナー
性と生殖の人権問題資料集成―編集復刻版　第1巻
　不二出版　　　　　　→Sanger, Margaret
性と生殖の人権問題資料集成―編集復刻版　第5巻
　不二出版　　　　　　→Sanger, Margaret
　　　　　　　　　→Stopes, Marie Carmichael
性と生殖の人権問題資料集成―編集復刻版　第27巻
　不二出版　　　　　　　　→Ashton, James
　　　　　→Krafft Ebing, Richard Freiherr von
　　　　　　　　　　　　　　　　　　→ヘーガル
性と生殖の人権問題資料集成―編集復刻版　第32巻
　不二出版　　　　　　　　　　→Olds, G.D.
制度の政治経済学　木鐸社　　　→Boyer, Robert
　　　　　　　　　　　　　　→Hall, Peter A.
　　　　　　→Hollingsworth, Joseph Rogers
　　　　　　　　　　　→Schmitter, Philippe C.
　　　　　　　　→カッツェンスタイン, ピーター
　　　　　　　　　　　　　　→コーソン, アラン
　　　　　　　　　　　　　→ハート, ジェフリー
税とは何か　藤原書店
　　　　　　　　→トービン, ジェームズ（経済学）
成年後見事件の審理―ドイツの成年後見事件手続か
　らの示唆　信山社出版　　→クレフェルト, ヴォルフ
生物学が運命を決めたとき―ワイマールとナチスドイ
　ツの女たち　社会評論社　→Bridenthal, Renate
　　　　　　　　　　　　→Grossmann, Atina
　　　　　　　　　　　　→Hoch, Edward D.
　　　　　　　　　　　　　→Kaplan, Marion
　　　　　　　　　　→クーンズ, クローディア
　　　　　　　　　→トレーガー, アンマリー
　　　　　　　　　　　　　→ネーベル, ルート
　　　　　　　　　　　　　→ハウゼン, カリン
　　　　　　　　　　　　　→ハケット, エイミー
　　　　→マイヤー＝レンシュハウゼン, エリザベート
　　　　　　　　　　　　　→ミルトン, シビル
　　　　　　　　　　　　→ヤコブ, カタリーナ
生命保険業における戦略的課題　玉田巧
　　　　　　　　　　　　　→Armitage, Seth
　　　　　　　　　　　　　→Bowers, Philip
　　　　　　　　　　　→Butler, Anthony R.
　　　　　　　　　　→Christophers, Mike
　　　　　　　　　　　　→Harkness, John
　　　　　　　　　　　　　→Harrison, Tina
　　　　　　　　　　　　→Macmillan, Hugh
　　　　　　　　　　→Roux-Levrat, Serge
　　　　　　　　　　　　→Simpson, David
　　　　　　　　　　　→Terry, Nicholas
　　　　　　　　　　　　　→White, Phil
西洋哲学の系譜―第一線の哲学者が語る西欧思想の
　伝統　晃洋書房　　　　　　　→Ayer, A.J.
　　　　　　　　　　　　　→Ayers, Michael
　　　　　　　　　　　　→Burnyeat, Myles
　　　　　　　　　　　→Copleston, Frederick
　　　　　　　　　　　→Dreyfus, Hubert L.
　　　　　→Kenny, Anthony John Patrick
　　　　　　　　　　　　　→Magee, Bryan
　　　　　　　　　　　→Morgenbesser, Sidney

　　　　　　　　　　→Nussbaum, Martha Craven
　　　　　　　　　　　　　→Passmore, John
　　　　　　　　　　　　→Quinton, Anthony
　　　　　　　　　　　　　→Searle, John R.
　　　　　　　　　　　　　　→Singer, Peter
　　　　　　　　　　　　　　　→Stern, J.P.
　　　　　　　　　　　　　→Warnock, Geoffrey
　　　　　　　　　　　　→Williams, Bernard
聖霊は女性ではないのか―フェミニスト神学試論
　新教出版社　　　　　　→アティヤル, レーラマ
　　　　　　　　→ヴォートケ＝ヴェルナー, フェレーナ
　　　　　　　　　　　　→ウルバーン, ウルズラ
　　　　　　　　　　→キュング, チュング・ヒュン
　　　　　　　　　　　　　　→グレイ, メアリー
　　　　　　　　　　→ゲアバー, クリスティーネ
　　　　　　　　　　　　→ゴーデル, エーリカ
　　　　　　　　　　→シェルツベルク, ルチア
　　　　　　→シュンゲル＝シュトラウマン, ヘレン
　　　　　　　　　　　　→テーゲ＝ビヒー, ユタ
　　　　　　　　　　　　　→リンツ, ヨハンナ
世界を織りなおす―エコフェミニズムの開花　学芸
　書林　　　　　　　　　　　　→Abbott, Sarry
　　　　　　　　　　　　→Allen, Paula Gunn
　　　　　　　　　　　　→Bagby, Rachel L.
　　　　　　　　　　　　→Christ, Carol P.
　　　　　　　　　　　　　→Diamond, Irene
　　　　　　　　　→Eisler, Riane Tennenhaus
　　　　　　　　　　→Garb, Yaakov Jerome
　　　　　　　　　　　　　→Griffin, Susan
　　　　　　　　　　　→Hamilton, Cynthia
　　　　　　　　　　　　　→Javors, Irene
　　　　　　　　　　　→Keller, Catherine
　　　　　　　　　　　→Keller, Mara Lynn
　　　　　　　　　　　　　→Kheel, Marti
　　　　　　　　　　　　→King, Ynestra
　　　　　　　　　　　→Merchant, Carolyn
　　　　　　　　　　　　　→Nelson, Lin
　　　　　　　　　→Orenstein, Gloria Feman
　　　　　　　　　　　　　→Plant, Judith
　　　　　　　　　　　　　→Quinby, Lee
　　　　　　　　　　　　→Razak, Arisika
　　　　　　　　　　→Russell, Julia Scofield
　　　　　　　　　　　　→Shiva, Vandana
　　　　　　　　　　　→Spretnak, Charlene
　　　　　　　　　　　　　　　→Starhawk
　　　　　　　　　　　　→Swimme, Brian
　　　　　　　　　　→Zimmerman, Michael E.
世界から見た日本文化―多文化共生社会の構築のた
　めに　御茶の水書房　→イワーノフ, ヴャチェスラ
　フ・フセヴォロドヴィチ
　　　　　　　　　　　　　→ナイトン, メアリー
　　　　　　　　　　　　→リヒター, シュテフィ
世界システム論の方法　藤原書店
　　　　　　　　　　　　→Arrighi, Giovanni
　　　　　　　　　　　→Hopkins, Terence K.
　　　　　　→Wallerstein, Immanuel Maurice
　　　　　　　　　　　　　　　→アーマド, N.
　　　　　　　　　　　　　→スミス, J.（国際経済）
　　　　　→世界労働にかんする研究ワーキンググループ
　　　　　　　　　　　　　　　→ドランゲル, J.

せかい

　　　　　　　　→バー, K.
　　　　　　　　→バラット, R.
　　　　　　　　→バール, V.
　　　　　　　　→マクガイア, R.H.
　　　　　　　　→マーチン, W.G.
　　　　　　　　→マトソン, J.
世界周航記　ブーガンヴィル航海記補遺　岩波書店
　　　　　→Bougainville, Louis-Antoine de
　　　　　　　　→Diderot, Denis
世界女性学基礎文献集成　昭和初期編 第1巻　ゆま
に書房　　→Cunow, Heinrich Wilhelm Carl
世界女性学基礎文献集成　昭和初期編 第2巻　ゆま
に書房　　→Kollontai, Alexandra Mikhaylovna
世界女性学基礎文献集成　昭和初期編 第3巻　ゆま
に書房　　　　→Lenin, Vladimir Il'ich
　　　　　→Ryazanov, David Borisovich
　　　　　　　　→Zetkin, Clara
　　　　　　　　→ドイツ共産党
世界女性学基礎文献集成　昭和初期編 第4巻　ゆま
に書房　　　　→Geliman, I.
　　　　　　　　→Smith, Jessica
世界女性学基礎文献集成　昭和初期編 第5巻　ゆま
に書房　　　　→Drake, Barbara
世界女性学基礎文献集成　昭和初期編 第6巻　ゆま
に書房　　　→Shaw, George Bernard
世界女性学基礎文献集成　昭和初期編 第7巻　ゆま
に書房　　　→Shaw, George Bernard
世界女性学基礎文献集成　昭和初期編 第8巻　ゆま
に書房　　　→Mesurier, Lillian Le
世界女性学基礎文献集成　昭和初期編 第9巻　ゆま
に書房　　　　　　　→A.M.
　　　　　　　　→アヴジェヴァ
　　　　　　　　→アルボーレラリ
　　　　　　　→ウェップ, リリイ
　　　　　　　　→エフ, フ
　　　　　→オーベルラッハ, レーネ
　　　　　　　→クラウチェンコ
　　　　　　　→クルプスカヤ, N.
　　　　　　　　→ゲッツ, T.
　　　　　　　　→チネワ
　　　　　　　　→チョバン
　　　　　　　　→デュボア
　　　　　　　　→ドルグネル
　　　　　　　→ノバーク, ベラ
　　　　　　　→パーカー, セリア
　　　　　　　　→ブルレ, O.
　　　　　　　　→ボガット, A.
　　　　　　　　→マイローワ
　　　　　　　　→ミント, イタ
　　　　　→メルク, ヘードウィヒ
　　　　　　　　→モイローヴァ
　　　　　　　→ヤジンスカヤ
　　　　　　　→ラズモア, A.
　　　　　→ローゼンベルグ, I.
　　　　　　　　→ロゾフスキー
　　　　　　　　→ローパ
世界女性学基礎文献集成　昭和初期編 第10巻　ゆま
に書房　　　　→Calverton, V.F.
世界女性学基礎文献集成　昭和初期編 第11巻　ゆま
に書房　　　→Lindsey, Benjamin Barr
世界女性学基礎文献集成　昭和初期編 第12巻　ゆま

　　　　　　　　→Barthélemy, Joseph
世界女性学基礎文献集成　昭和初期編 第13巻　ゆま
に書房　　　→Pankhurst, Estelle Sylvia
世界女性学基礎文献集成　昭和初期編 第14巻　ゆま
に書房　　　→Luders, Marie Elizabeth
世界女性学基礎文献集成　昭和初期編 第15巻　ゆま
に書房　　　　→Fiumi, Maria Luisa
　　　　　　　→Kiefer, Ann Marie
　　　　　→イタリア大使館情報官室
世界女性学基礎文献集成　明治大正編 第1巻　ゆま
に書房　　　　→Amos, Sheldon
　　　　　　　→Bentham, Jeremy
　　　　　　　→Mill, John Stuart
世界女性学基礎文献集成　明治大正編 第2巻　ゆま
に書房　　　　→Spencer, Herbert
世界女性学基礎文献集成　明治大正編 第3巻　ゆま
に書房　　　→Fawcett, Millicent Garrett
　　　　　　　→Stanton, Theodore
世界女性学基礎文献集成　明治大正編 第4巻　ゆま
に書房　　　　→Ogle, John William
　　　　　　　　→Ruskin, John
　　　　　→Tolstoi, Lev Nikolaevich
世界女性学基礎文献集成　明治大正編 第5巻　ゆま
に書房　　　→Nietzsche, Friedrich Wilhelm
　　　　　　　→Schopenhauer, Arthur
　　　　　　　→Weininger, Otto
世界女性学基礎文献集成　明治大正編 第6巻　ゆま
に書房　　　→Darwin, Charles Robert
　　　　　　　→Haeckel, Ernst Heinrich
世界女性学基礎文献集成　明治大正編 第7巻　ゆま
に書房　　　　→Bosanquet, Helen
世界女性学基礎文献集成　明治大正編 第8巻　ゆま
に書房　　　→Stetson, Charlotte Perkins
世界女性学基礎文献集成　明治大正編 第9巻　ゆま
に書房　　　　→Meakin, Annette
世界女性学基礎文献集成　明治大正編 第10巻　ゆま
に書房　　　　→Ward, Lester Frank
世界女性学基礎文献集成　明治大正編 第11巻　ゆま
に書房　　　　→Schreiner, Olive
世界女性学基礎文献集成　明治大正編 第12巻　ゆま
に書房　　　→Key, Ellen Karolina Sofia
世界女性学基礎文献集成　明治大正編 第13巻　ゆま
に書房　　　　→Carpenter, Edward
世界女性学基礎文献集成　明治大正編 第14巻　ゆま
に書房　　　→Ellis, Henry Havelock
世界女性学基礎文献集成　明治大正編 第15巻　ゆま
に書房　　　→Gourmont, Rémy de
世界宣教の展望　いのちのことば社
　　　　　　　　→Stott, John R.W.
　　　　　　　→Winter, Ralph D.
　　　　　→カイザー, ウォルター・C., Jr.
　　　　　→グラッサー, アーサー・F.
　　　　　　　→サイダー, ロン
　　　　　→スナイダー, ハワード・A.
　　　　　→ナイダ, ユージン・A.
　　　　　→バーカイル, ヨハネス
　　　　　　→ビーバー, R.ピアス
　　　　　→ヒーバート, ポール・G.
　　　　→マクギャヴラン, ドナルド・A.
世界・大鉄道の旅　心交社　→Anderson, Clive
　　　　　　　→Makarova, Natalia

書名索引　797

せかい

世界大犯罪劇場　青土社
→Malan, Rian
→Palin, Michael
→St Aubin de Terán, Lisa
→Tully, Mark
→Schott, Ian
→Shedd, Ed
→Wilson, Colin
→Wilson, Damon
→Wilson, Rowan

世界で一番美しい愛の歴史　藤原書店
→Bruckner, Pascal
→Corbin, Alain
→Courtin, Jean
→Ferney, Alice
→Le Goff, Jacques
→Ozouf, Mona
→Simonnet, Dominique
→Sohn, Anne-Marie
→Solé, Jacques
→Veyne, Paul

世界都市の論理　鹿島出版会
→Abu-Lughod, Janet
→King, Anthony D.
→Knox, Paul L.
→Sassen, Saskia
→Taylor, Peter James
→グロスフォーゲル, ラモン
→サイモン, デビッド
→サーモン, スコット
→スミス, デビッド・A.
→スミス, マイケル・ピーター
→ティンバーレイク, マイケル
→フリードマン, ジョン
→ボールガード, ロバート・A.
→ライアンズ, ドナルド

世界と日本との懸橋――これからの教養　皇学館出版部
→ポッター, ジョン

世界のいじめ――各国の現状と取り組み　金子書房
→Smith, Peter K.
→アフマド, ラヒマ・ハジ
→アルサカー, フランソワーズ・D.
→アルメイダ, アナ・マリア・トマス・デ
→ヴェッテンベルグ, ニコル
→エミン, ジャン・クロード
→オスターマン, カリン
→オルヴェウス, ダン
→オルテガ, ロザリオ
→カタラーノ, リチャード・F.
→コスタビーレ, アンジェラ
→コルネール, ドミニク・ファーブル
→サラ, ノラニ・ムハマド
→サリバン, キース
→ジェンダ, マリア・ルイザ
→スリー, フィリップ・T.
→ドゥホルム, ニルス
→バッチーニ, ダリオ
→ハラチ, トレーシー・W.
→パン, ジャック
→バーン, ブレンダン
→フィオークビスト, カイ
→フォンツィ, アダ
→ブリエゼーネル, トーマス
→ブルナー, アンドレア
→ホーキンス, J.デビッド
→ボニーノ, シルビア
→メネシニ, エルシリア
→メラー, アンドリュー
→モラ＝メルシャン, ホセ
→ヤノスキー, アンジェイ
→ユニガー＝タス, ヨシン
→リグビー, ケン
→レーゼル, フリードリヒ

世界のインクルーシブ教育――多様性を認め, 排除しない教育を　明石書店
→Barton, Len
→Gartner, Alan
→Gustavsson, Anders
→Pijl, Sip Jan
→ウインザー, マーガレット・A.
→エバンズ, ピーター
→エンゲルス, ペティ
→ガルボ, ロベルタ
→グーマン, ポール・A.S.
→クリスティー, パム
→シミズ, ヒデタダ
→スリー, ロジャー
→ダイソン, アラン
→ダミアニ, マギダ
→チェルナ, マリー
→ツォコワ, ダイアナ
→デービス, ジョン・ディフォー
→ドブレフ, ズラトコ
→トーマス, ゲイリー
→トムリンソン, サリー
→バエズ, マリア
→ハードマン, マイケル
→パリア, アンゼレス
→フクス, リン
→フルーイ, アネット・ドゥ
→ブレイク, クリストファー
→ホルスト, ジェスパー
→マイヤー, コール・J.W.
→マクラフリン, マーガレット・J.
→リプスキー, ドロシー・カーツナー
→ルテンダー, ジェラルド・K.
→レベール, ヨー

世界の会計学者――17人の学説入門　中央経済社
→Camfferman, Kees
→Chabrak, Nihel
→Chantiri-Chaudemanche, Rouba
→Colasse, Bernard
→Cormier, Denis
→Degos, Jean-Guy
→Fujita, Akiko
→Garcia, Clémence
→Jeanjean, Thomas
→Jouanique, Pierre
→Lemarchand, Yannick
→McWaters, Cheryl Susan
→Magnan, Michel

→Michailesco, Céline
→Nikitin, Marc
→Panozzo, Fabrizio
→Previts, Gary John
→Richard, Chrystelle
→Richard, Jacques
世界の開発教育―教師のためのグローバル・カリキュラム　明石書店　→Osler, Audrey
→エイブラハムス＝リンコック, イングリッド
→オジュワン, アルフレッド
→オショネシー, マーティン
→シンクレア, スコット
→スターキー, ヒュー
→ツヴェヤッカー, アンドレ
→デュール, マルガレッタ
→ブラックレッジ, エイドリアン
→ブレナン, フィオヌアラ
→ヘルムス, アンヌ
→ホプキン, ジョン
→マックファーレン, キャサリン
→ミッドウィンター, キャサリン
→ヤースケライネン, リーサ
→リーチ, クリス
→リンドベルグ, ソルヴェーグ
世界の川を旅する―外輪船でのんびり、ボートでアドベンチャー　白揚社　→Braddon, Russell
→Dodwell, Christina
→Shawcross, William
→Wood, Michael
→グリア, ジャーメイン
→トンプソン, ブライアン
世界の女性と暴力　明石書店　→Drakulic, Slavenka
→ウルフ, レスリー
→エイド, ウイメンズ
→エルワージー, シラ
→オジェール, ルクレシア
→コックス, エリザベス・シュレーダー
→コナーズ, ジェーン
→コープランド, ロイス
→サルワル, ピーナ
→シクロバー, イジナ
→市民教育研究グループ
→シャヒード, ファリダ
→シラード, キャシー
→タンザニア・メディア女性協会
→トーマス, ドロシー・Q.
→ドルケヌー, エフア
→ナラシマン, シャクンタラー
→ビーズリ, ミシェル
→フォード＝スミス, オナー
→フラジルコバー, ヤナ
→ブラッドレー, クリスティン
→ブンステル＝ブロット, ヒメーナ
→ペルピナン, マリー・ソレダッド
→マクロード, ジャン
→MATCH国際センター
→ルイ, マリー・ビクトワール
世界の人権教育―理論と実践　明石書店
→Andreopoulos, George J.
→Baxi, Upendra

→Chapman, Audrey
→Claude, Richard Pierre
→Cowie, Matthew
→Cube, Alexander von
→Dias, Clarence
→Dorsey, Ellen
→Dow, Unity
→DuBois, Marc
→Dueck, Judith
→Etheredge, Lloyd S.
→Flowers, Nancy
→Gierycz, Dorota
→Gitta, Cosmas
→Gostin, Lawrence
→Gruskin, Sofia
→Hamilton, Bernard
→Hicks, Donna
→Hinkley, D.Michael
→Horn, Sin Kim
→Howard, Rhoda E.
→Ige, Tokunbo
→Jackson, Edward T.
→Kati, Kozara
→Kaufman, Edy
→Keller, Allen S.
→Kviečinska, Jana
→Lazzarini, Zita
→Magendzo, Abraham K.
→Mann, Jonathan
→Maran, Rita
→Marks, Stephen P.
→Martin, J.Paul
→Meintjes, Garth
→Neacsu-Hendry, Ligia
→O'Brien, Edward L.
→Orlin, Theodore S.
→Otterman, Gabriel
→Parlow, Anita
→Reardon, Betty A.
→Seydegart, Magda J.
→Shiman, David A.
→Sopheap, Sam
→Spector, Paul
→Spirer, Herbert
→Spirer, Louise
→Stumbras, Sheryl
→Tatten, Sue
→Turek, Ivan
→Whitbeck, Caroline
→Wilson, Richard J.
世界の道徳教育　玉川大学出版部　→Hu, Xiaolu
→コーウェル, バーバラ
→コーロス, トーマス・S.
→ニカンドロフ, ニコライ・D.
→ルグラン, ルイ
→レンバート, ロン・B.
世界の箱庭療法―現在と未来　新曜社
→Boers-Stoll, Claire
→Bradway, Kay

　　　　　　　　　　　　　→Franco, Aicil
　　　　　　　　　　　　→Gratzel, Brigitte
　　　　　　　　　　　　　→Hong, Grace
　　　　　　　　　　　　　→Jansen, Diana
　　　　　　　　　　→Keyserlingk, Linde von
　　　　　　　　　　　　→Larsen, Chonita
　　　　　　　　　　→Lowen-Seifert, Sigrid
　　　　　　　　　　　→Markell, Mary Jane
　　　　　　　　　　　　→Meltzer, Bert
　　　　　　　　　　　→Navone, Andreina
　　　　　　　　　　　　→Rache, Joerg
　　　　　　　　　　　→Weinberg, Brenda
世界の福祉国家—課題と将来　新評論
　　　　　　　　　　→Eisenstadt, Shmuel Noah
　　　　　　　　　　　　→Rose, Richard
　　　　　　　　　　　　→Zapf, Wolfgang
　　　　　　　　　　　→アラート，エリック
　　　　　　　　　　　→グレーザー，ネイサン
世界のポジティヴ・アクションと男女共同参画　東北大学出版会
　　　　　　　　　　→ジュアンジャン，オリヴィエ
世界のメディア・アカウンタビリティ制度—デモクラシーを守る七つ道具　明石書店
　　　　　　　　　　→Bertrand, Claude Jean
　　　　　　　　　　　→ウェイブル，レナート
　　　　　　　　　　→グラッサー，セオドア・L.
　　　　　　　　→クリスチャンズ，クリフォード・C.
　　　　　　　　　　　→グレビーズ，ブノワ
　　　　　　　　　　→ジェンセン，カール
　　　　　　　　　→ジャコビー，アルフレッド
　　　　　　　　　　　→トーマス，バーバラ
　　　　　　　　　　→ブロムレー，マイケル
　　　　　　　　　　→ポリイェソン，ブリット
　　　　　　　　　　　→メスキータ，マリオ
　　　　　　　　　　　→モーガン，ケネス
　　　　　　　　　　→リッチスタッド，ジム
　　　　　　　　　　→リモー，イェヒエル
　　　　　　　　　　　　→ロイ，ウルマ
世界は変えられる—TUPが伝えるイラク戦争の「真実」と「非戦」　七つ森書館
　　　　　　　　　　　→Barsamian, David
　　　　　　　　　　　→Benjamin, Medea
　　　　　　　　　　　→Chomsky, Noam
　　　　　　　　　　　→Dorfman, Ariel
　　　　　　　　　　　→Dower, John W.
　　　　　　　　　　→Johnson, Chalmers A.
　　　　　　　　　　　→Shiva, Vandana
　　　　　　　　　　　→Solnit, Rebecca
　　　　　　　　　　　　→ゴフ，スタン
　　　　　　　　　　→シェル，オーヴィル
　　　　　　　　　　　→シャフト，ジェイ
　　　　　　　　→ストラットマン，デイヴィッド・G.
　　　　　　　　　→ゾンマーフェルト，ヴァルター
　　　　　　　　　　→バンカー，アナーチー
　　　　　　　　　→ピット，ウィリアム・R.
　　　　　　　　→ヒルファイカー，デイヴィッド
　　　　　　　　　　→ホークシルド，アダム
　　　　　　　　　　→ホーン，カンティネタ
　　　　　　　　　　→マイルス，ジャック
　　　　　　　　　　→マクガバン，レイ
　　　　　　　　　　→マンスール，アーメド

　　　　　　　　　　　　→ロッキー，ダグ
世界は数理でできている　丸善
　　　　　　　　　　　→Banchoff, Thomas F.
　　　　　　　　　　　　→Fey, James T.
　　　　　　　　　　　→Moore, David S.
　　　　　　　　　　　→Senechal, Marjorie
　　　　　　　　　　→Steen, Lynn Arthur
　　　　　　　　　　　　→Stewart, Ian
セクシュアリティと法　東北大学出版会
　　　　　　　　　　　　→チョ，グク（曹国）
　　　　　　　　　　　→ロング，ジェニファー
セックス「産業」—東南アジアにおける売買春の背景　日本労働研究機構
　　　　　　　　　　→Boonchalaksi, Wathinee
　　　　　　　　　　　　→Guest, Philip
　　　　　　　　　　　→Hull, Terence H.
　　　　　　　　　　　→Jones, Gavin W.
　　　　　　　　　　　→Lim, Lin Lean
　　　　　　　　　　→Nagaraj, Shyamala
　　　　　　　　　　　→Ofreneo, Rene E.
　　　　　　　　　→Ofreneo, Rosalinda Pineda
　　　　　　　　　→Sulistyaningsih, Endang
　　　　　　　　　　→Yahya, Siti Rohani
セックス・フォー・セール—売春・ポルノ・法規制・支援団体のフィールドワーク　ポット出版
　　　　　　　　　　→Weitzer, Ronald John
　　　　　　　　　　→アボット，シャロン・A.
　　　　　　　　　　　→オニール，マギー
　　　　　　　　　→グイドロズ，キャスリーン
　　　　　　　　　→チャプキス，ウェンディ
　　　　　　　　　→デーヴィス，ナネット・J.
　　　　　　　　　　→トーマス，ジョー・A.
　　　　　　　　　　→ドルニック，ディーン
　　　　　　　　　→バルブレ，ローズマリー
　　　　　　　　　→ブレンツ，バーバラ・G.
　　　　　　　　　　→ベンソン，キャサリン
　　　　　　　　　→ホースベック，キャスリン
　　　　　　　　　　→ポーター，ジュディス
　　　　　　　　　　　→ボニーラ，ルイス
　　　　　　　　　　→マシューズ，ロジャー
　　　　　　　　　→モント，マーティン・A.
　　　　　　　　→リッチ，グラント・ジュエル
　　　　　　　　　→ルイス，ジャクリーン
　　　　　　　　　　→レバー，ジャネット
セックス・ワーク—性産業に携わる女性たちの声　パンドラ
　　　　　　　　　　→Alexander, Priscilla
　　　　　　　　　　→Delacoste, Frédéric
　　　　　　　　　　　　→アライン
　　　　　　　→ヴァン・デル・ズィジェン，テリー
　　　　　　　　　　　→ウィンター，サラ
　　　　　　　　　　→ウェスト，レイチェル
　　　　　　　　　→ヴェルビーク，ハンシェ
　　　　　　　　　　→エヴァーツ，ケリー
　　　　　　　　　→エデルスタイン，ジュディ
　　　　　　　　　　→カイザー，シャロン
　　　　　　　　　　　→カーター，サニー
　　　　　　　　　　　　→カレン
　　　　　　　　　　　　→キャロール
　　　　　　　　　　→サックス，マリヤン
　　　　　　　　　　　　→サファイア
　　　　　　　　　　　→サンダール，デビ

全集・合集収載 翻訳図書目録 1992-2007 Ⅰ　　　　　　　　せるふ

→ジョンストン, ジーン
→スミス, ジェーン
→ナイルズ, ドナ・マリー
→ネッスル, ジョーン
→ハートリー, ニナ
→フェターソン, ゲイル
→ヘルファンド, ジュディ
→マーカス, エマ
→ミストレス・リトル・ラッシュ（小さなムチの女王）
→メタル, フィリス・リューマン
→モーガン, ペギー
→ランディス, トレイシー・リー
→リー, キャロル
→ロケット, グロリア
→ロペス＝ジョーンズ, ニナ
→ワードロー, セセリア
「説得」の戦略　ダイヤモンド社　→Charan, Ram
　　　　　　　　　　　→Cialdini, Robert B.
　　　　　　　　　　　→Conger, Jay A.
　　　　　　　　　　　→Denning, Stephen
　　　　　　　　　　　→McKee, Robert
→Manzoni, Jean-François
　　　　　　　　　→Miller, Robert Bruce
　　　　　　　　　　→Williams, Gary A.
　　　　→エルズバック, キンバリー・D.
　　　　　　　　　　　→モルガン, ニック
セルフヘルプ—なぜ、私は困難を乗り越えられるの
　か　世界のビッグネーム自らの47の証言　フロン
　ティア出版　　　　→Alessandra, Anthony J.
　　　　　　　　　　　→Ash, Mary Kay
　　　　　　　　　→Blanchard, Kenneth H.
　　　　　　　　　　→Branden, Nathaniel
　　　　　　　　　　→Buscaglia, Leo F.
　　　　　　　　　　　→Canfield, Jack
　　　　　　　　→Clinton, Hillary Rodham
　　　　　　　　　　→Covey, Stephen R.
　　　　　　　　　　→Eisner, Michael D.
　　　　　　　　　　　　　→Gore, Al
　　　　　　　　　　　　→Gray, John
　　　　　　　　　　→Grove, Andrew S.
　　　　　　　　　→Hansen, Mark Victor
　　　　　　　　　　→Iohannes Paulus
　　　　　　　　　　→Jordan, Michael
　　　　　　　　　　→Mackey, Harvey
　　　　　　　　　　→Mandela, Nelson
　　　　　　　　→Peale, Norman Vincent
　　　　　　　　　→Peck, Morgan Scott
　　　　　　　　→Schuller, Robert Harold
　　　　　　　→Schwarzenegger, Arnold
　　　　　　　　　　　→Shelton, Ken
　　　　　　　　　　→Smith, Hyrum W.
　　　　　　　　　　→Teresa, Mother
　　　　　　　　　　　→Thomas, Dave
　　　　　　　　　　　→Tracy, Brian
　　　　　　　　　　　→Waitley, Denis
　　　　　　　　　　　→Young, Steve
　　　　　　　　　　　　→Ziglar, Zig
　　　　　　　　　　→イェーガ, ジャン
　　　　　　　　　→エイモス, ウォーリー
　　　　　　　→エリオット, ロバート・S.

→ガーフィールド, チャールズ
→キャスカート, ジム
→キャブレラ, ジェームズ
→クエール, ダン
→クラム, トーマス
→クリース, ジョン
→コンリー, ロバート・S.
→ジョンソン, マイケル
→タイス, ルー
→ダイヤー, ウェイン
→ヒルトン, バロン
→ブーハ, ダイアナ
→マンズ, チャールズ
→メドヴェド, ダイアン
→モリン, ウィリアム
→レバイン, スチュアート・R.
→ロバーツ, ウェス
→ローン, ジム
セルフヘルプ—自助＝他人に頼らず、自分の力で生
　きていく！　2　フロンティア出版
　　　　　　　　　　→Allen, Richard J.
　　　　　　　　　　　→Ash, Mary Kay
　　　　　　　　　　→Bandura, Albert
　　　　　　　　　→Bardwick, Judith M.
　　　　　　　　　　→Buscaglia, Leo F.
　　　　　　　　　　　→Bush, Barbara
　　　　　　　　　　→Carlson, Richard
　　　　　　　　　　→Connors, Jimmy
　　　　　　　　　→Covey, Stephen R.
　　　　　　　　　　→Daniels, Lee A.
　　　　　　　　　　→Davidson, Jeff
　　　　　　　　　　　→Fritz, Roger
　　　　　　　　　　→Gould, Susan B.
　　　　　　　　　　　→Gray, John
　　　　　　　　　　→Grove, Andrew S.
　　　　　　　　　　→Hoover, Sally
　　　　　　　　　→Indermill, Kathy L.
　　　　　　　　　　→Leider, Dick J.
　　　　　　　　　→Levin, Barbara R.
　　　　　　　　　　→Mackey, Harvey
　　　　　　　　→Morgen, Sharon Prew
　　　　　　　　→Peale, Norman Vincent
　　　　　　　　→Pennington, Randy G.
　　　　　　　　　　→Powell, Colin L.
　　　　　　　→Schuller, Robert Harold
　　　　　　　　　→Schwartz, David J.
　　　　　　　　　→Sharma, Robin S.
　　　　　　　　　→Smith, Hyrum W.
　　　　　　　→Teisberg, Elizabeth Olmsted
　　　　　　　　　　→Thomas, Dave
　　　　　　　　　　→Tracy, Brian
　　　　　　　　　　→Waitley, Denis
　　　　　　　　　→Watson, Charles
　　　　　　　　　→Weiner, Kerry J.
　　　　　　　　→Wilson, Douglas A.
　　　　　　　　　→Winfery, Oprah
　　　　　　　　　→Wyatt, Donna
　　　　　　　　　　→Young, Steve
　　　　　　　　　　　→Ziglar, Zig

せろえ

ゼロ・エミッション―持続可能な産業システムへの
　挑戦　ダイヤモンド社　　→Capra, Fritjof
　　　　　　　　　　　　　→Chouinard, Yvon
　　　　　　　　　　　　　→Daly, Herman E.
　　　　　　　　　　　　　→Pauli, Gunter A.
　　　　　　　　　　　　　　→Todd, John
　　　　　　　　　　　　　→Todd, Nancy Jack
　　　　　　　→ヴィーダーマン, スティーヴン
　　　　　　　　→グリーファーン, モニカ
　　　　　　　　　→タスク, エドワード
　　　　　　→フォンブラン, チャールズ・J.
　　　　　　　→マクディヴィット, クリス
　　　　　　　→マーティンス, ルイス・L.
　　　　　　→マルリン, アリス・テッパー
　　　　　　　　→モトムラ, オスカー
　　　　　　　　　→ユトネ, エリック
　　　　　　→ルッツェンベルガー, ホセ・A.
禅学研究の諸相―田中良昭博士古稀記念論集　大東
　出版社　　　　　　　　　　→dPal byams
1990年代以降の中国高等教育の改革と課題　広島大
　学高等教育研究開発センター　→コ, ケンカ（胡建華）
　　　　　　　　　　　　　→シ, チョウ（史朝）
　　　　　　　　　　→チョウ, ウツボウ（張蔚萌）
　　　　　　　　　　→チン, ガクヒ（陳学飛）
　　　　　　　　　→ベツ, トンエイ（別敦栄）
1930年代の東アジア経済　日本評論社
　　　　　　　　　　→エン, コウチュウ（燕紅忠）
　　　　　　　　　→オウ, ギョクジョ（王玉茹）
　　　　　　　　　→リン, マンコウ（林満紅）
1920年代の日常とあそびの世界―東京とウィーン　明
　治大学・ウィーン大学第3回共同シンポジウム　明
　治大学文学部　→シュミットホーファ, クラウディア
　　　　　　　　　→マルシャル, ブリギッテ
1949年前後の中国　汲古書院
　　　　　　　　　→チョウ, セイジュン（張済順）
　　　　　　　　　→チン, ケンヘイ（陳謙平）
　　　　　　　　　→テイ, リンソン（程麟蓀）
　　　　　　　　　→ヨウ, ケイショウ（楊奎松）
1945年・ベルリン解放の真実―戦争・強姦・子ども
　パンドラ　　　　　　　→Johr, Barbara(Hrsg)
　　　　　　　　　　　　　→Sander, Helke
　　　→シュミット＝ハルツバッハ, イングリット
選挙制度の思想と理論―Readings　芦書房
　　　　　　　　　　　　→Bagehot, Walter
　　　　　　　　　　　　→Bogdanar, Vernon
　　　　　　　　　　　　→Duverger, Maurice
　　　　　　　　　　　→Friedrich, Carl Joachim
　　　　　　　　　　　　→Mill, John Stuart
　　　　　　　　　　　　→Rokkan, Stein
戦後改革とその遺産　岩波書店　→Cumings, Bruce
戦後教育改革構想　1期5　日本図書センター
　　　　　　　　　　　　　→米国学術諮問団
戦後思想のポリティクス　青弓社
　　　　　　　　　　　→キム, ソンレ（金成礼）
戦後台湾における〈日本〉―植民地経験の連続・変
　貌・利用　風響社　　　→カ, ギリン（何義麟）
　　　　　　　　　　　→サイ, キンドウ（蔡錦堂）
戦後ドイツを生きて―知識人は語る　岩波書店
　　　　　　　　　　　　　→Delius, F.C.
　　　　　　　　→Dönhoff, Marion Gräfin
　　　　　　　　　　　　→Fetscher, Iring

→Fischer, Joschka
→Glaser, Hermann
→Grass, Günter
→Hermlin, Stephan
→Heym, Stefan
→Jelinek, Elfriede
→Kuczynski, Jürgen
→Mayer, Hans
→Mommsen, Wolfgang J.
→Müller, Heiner
→Negt, Osker
→Reuter, Edzard
→Schily, Otto
→Schneider, Peter
→Stürmer, Michael
→Unseld, Siegfried
→Walser, Martin
→Weber, Hermann
→Wolf, Christa
戦後という地政学　東京大学出版会
　　　　　　　　　　　　→Gordon, Andrew
　　　　　　　　　　　→Koschmann, J.Victor
戦後日米関係を読む―『フォーリン・アフェアーズ』
　の目　中央公論社
　　　　　　　　　→Armstrong, Hamilton Fish
　　　　　　　　→Brzezinski, Zbigniew K.
　　　　　　　→Drucker, Peter Ferdinand
　　　　　　　→Kennan, George Frost
　　　　　　　　　→Mansfield, Mike
　　　　　　→Reischauer, Edwin Oldfather
　　　　　　　→Sansom, George Bailey
　　　　　　　　　→Vogel, Ezra F.
　　　　　　　　→Wolferen, Karel van
　　　　　　　　→イスラム, シャフィカル
　　　　　　　　→ヴァン・ザント, H.
　　　　　　　　→カーチス, ジェラルド
　　　　　　　　→クイッグ, フィリップ
　　　　　　　　→ダレス, ジョン・F.
戦後日本哲学思想概論　農山漁村文化協会
　　　　　　　　　　→オウ, シュカ（王守華）
　　　　　　　　　→オウ, チュウデン（王中田）
　　　　　　　　　→ギ, ジョウカイ（魏常海）
　　　　　　　　　　→ソン, ショウ（孫晶）
　　　　　　　　　→ヒツ, ショウキ（畢小輝）
　　　　　　　　　→ベン, スウドウ（卞崇道）
　　　　　　　　　→リ, ジュキ（李樹琪）
　　　　　　　　　→リ, シンホウ（李心峰）
　　　　　　　　　→リ, ソヘイ（李甦平）
戦後民主主義　岩波書店　→Bix, Herbert P.
戦時上海―1937～45年　研文出版
　　　　　　　　　　→チン, ソオン（陳祖恩）
　　　　　　　　　　→ユ, イゴウ（兪慰剛）
先住民族―地球環境の危機を語る　明石書店
　　　　　　　　　　→アイキオ, ペッカ
　　　　　　　　　　→アシーニ, タニエン
　　　　　　　　→アラバガリ, ダミエン
　　　　　　　　　→ウェート, ネイサン
　　　　　　　　　→カマル, バヘール
　　　　　→ガーレイ, パダム・シン
　　　　　　　　　→サントス, パブロ

→ダターラク, ダンブージャ
→チャイ, リゴベルト・クエーメ
→チャベス, アルベルト・オーツス
→テレナ, マルコス
→バット, ラダー
→パロミーノ, サルバドール
→プルチャック, ジョセフ
→モシュシュ2世
→ンコンゴーニ, カモリオンゴ・オーレ・アイメルー
先進諸国の雇用・労使関係―国際比較：21世紀の課題と展望　日本労働研究機構　→Bamber, Greg J.
　　　　　　　　　　　　→Berridge, John
　　　　　　　　　　　　→Clarke, Oliver
　　　　　　　　　　　→Davis, Edward M.
　　　　　　　　→Fürstenberg, Friedrich
　　　　　　　　　　　→Goetschy, Janine
　　　　　　　　　　　→Goodman, John
　　　　　　　　　→Hammarström, Olle
　　　　　　　　　　　→Jobert, Annette
　　　　　　　　　→Lansbury, Russell D.
　　　　　　　　　　　　→Leggett, Chris
　　　　　　　　　→McClendon, John A.
　　　　　　　　　→Marchington, Mick
　　　　　　　　　　　→Nilsson, Tommy
　　　　　　　　　→Pellegrini, Claudio
　　　　　　　　　　　　→Ross, Peter
　　　　　　　　　　　　→Snape, Ed
　　　　　　　　　　→Thompson, Mark
　　　　　　　　　　　→Wheeler, Hoyt N.
　　　　　　　　　→Whitehouse, Gillian
　　　　　　→クワハラ, ヤスオ（桑原靖夫）
　　　　　　　→パク, ヨンボム（朴英凡）
戦前期同性愛関連文献集成―編集復刻版　第1巻　不二出版　　　　→Ellis, Henry Havelock
　　→Krafft Ebing, Richard Freiherr von
戦前期同性愛関連文献集成―編集復刻版　第2巻　不二出版　　　　　　　　→アリベール
戦争と正義―エノラ・ゲイ展論争から　朝日新聞社
　　　　　　　　　　　　→Boyer, Paul
　　　　　　　　　　→Dower, John W.
　　　　　　　　　　→Engelhardt, Tom
　　　　　　　　　　→Kohn, Richard H.
　　　　　　　　　→Linenthal, Edward T.
　　　　　　　　　→Sherry, Michael S.
　　　　　　　　　　　→Wallace, Mike
　　　　　　　　　　→Young, Marilyn B.
戦争の記憶と捕虜問題　東京大学出版会
　　　　　　　　　　　　→Towle, Philip
　　　　　　　　→キンヴィック, クリフォード
　　　　　　　　→タウンゼント, スーザン・C.
　　　　　　　　→フェドロヴィッチ, ケント
　　　　　　　　→ヘイヴァーズ, ロビン
戦争の本質と軍事力の諸相　彩流社
　　　　　　　　　　→Creveld, Martin van
「選択と集中」の戦略　ダイヤモンド社
　　　　　　　　　　→Bower, Joseph L.
　　　　　　　　　　→Brown, Shona L.
　　　　　　　　　　→Dranikoff, Lee
　　　　　　　　→Eisenhardt, Kathleen M.
　　　　　　　　　　→Gadiesh, Orit

→Gaulunic, D.Charles
→Gilbert, James L.
→Kim, W.Chan
→Koller, Tim
→Mauborgne, Renée
→Raynor, Michael E.
→Schneider, Antoon
→Slywotzky, Adrian J.
→Sull, Donald Norman
→Wise, Richard
先端科学技術と人権―日独共同研究シンポジウム　信山社出版　→アンダーハイデン, M.
　　　　　　　　　　　→ヴァール, ライナー
　　　　　　　　→ヴュルテンベルガー, トーマス
　　　　　　　　　　　→クレプファー, M.
　　　　　　　　　→シュタインベルク, R.
　　　　　　　　　　→ショイイング, D.H.
　　　　　　　　→ショッホ, フリードリヒ
　　　　　　　　　→フォスクーレ, A.
　　　　　　　　　　→ヘルメス, G.
　　　　　　　　　→ムルスヴィーク, D.
　　　　　　　　　→レービンダー, E.
先端都市社会学の地平　ハーベスト社
　　　　　　　　　→ファーラー, グラシア
センデロ・ルミノソ―ペルーの「輝ける道」　現代企画室　　　　　　　→Andreas, Carol
　　　　　　　　→Degregori, Carlos Iván
　　　　　　　　　→Manrique, Nelson
　　　　　　　　　→Rénique, JoséLuis
専門職としての臨床心理士　東京大学出版会
　　　　　　　　　→Blackburn, Ronald
　　　　　　　　　→Brown, J.Fredric
　　　　　　　　→Carpenter, Katherine
　　　　　　　　　→Coombes, Helen
　　　　　　　　　→Cullen, Chris
　　　　　　　　→Fielding, Dorothy
　　　　　　　　　→Garland, Jeff
　　　　　　　　　　→Hall, John
　　　　　　　　　→Hendy, Steve
　　　　　　　　→Latchford, Gray
　　　　　　　　　→McGuire, James
　　　　　　　　→Marzillier, John S.
　　　　　　　　　→Sclare, Irene
　　　　　　　　　→Tyerman, Andy
戦略経営・21世紀へのダイナミクス　産能大学出版部　　　　　　　　　→Ansoff, H.Igor
　　　　　　　　　→Hussey, D.E.
戦略思考力を鍛える　ダイヤモンド社
　　　　　　　　　→Bonabeau, Eric
　　　　　　　　→Hammond, John S.
　　　　　　　　→Hayashi, Alden M.
　　　　　　　　→Keeney, Ralph L.
　　　　　　　　→Kim, W.Chan
　　　　　　　　→Mauborgne, Renée
　　　　　　　　→Mintzberg, Henry
　　　　　　　　→Raiffa, Howard
　　　　　　　　→ガベッティ, ジョバンニ
　　　　　　　→ギーツィ, ティーハ・フォン
　　　　　　　　→リブキン, ジャン・W.
戦略と経営　ダイヤモンド社　→Dell, Michael

→Donaldson, Thomas
→Drucker, Peter Ferdinand
→Kim, W.Chan
→Magretta, Joan
→Malone, Thomas W.
→Mauborgne, Renée
→Mintzberg, Henry
→Porter, Michael E.
→Prahalad, C.K.
→Wurster, Thomas S.
→エバンス, フィリップ・B.
→シャピロ, ロバート・B.
→ハリス, T.ジョージ
→ファン, ビクター
→リーベルサール, ケネス
→ルーマン, ティモシー・A.
→ローバチャー, ロバート・J.
戦例にみるソ軍師団戦術　防衛研修所
→スヴィトフ, I.I.
→フェドゥロフ, M.V.
→マチー, E.Z.
→リュトフ, I.S.

【そ】

早期教育への警鐘―現代アメリカの幼児教育論　創森出版
→Bowman, Barbara T.
→Elkind, David
→Kagan, Sharon L.
→Katz, Lilian G.
→Ramey, Craig T.
→Ramey, Sharon L.
→Shepard, Lorrie A.
相互理解としての日本研究―日中比較による新展開　法政大学国際日本学研究センター
→ショウ, ヒン(尚彬)
→リュウ, キンサイ(劉金才)
宋代開封の研究　汲古書院
→キュウ, ゴウ(丘剛)
宋代の長江流域―社会経済史の視点から　汲古書院
→ゴ, ショウテイ(呉松弟)
→スキナー, G.W.
宋―明宗族の研究　汲古書院
→サイ, カン(蔡罕)
創立四十五周年記念論文集　四国学院大学文化学会
→スペンダー, デイル
続・ヘーゲル読本―翻訳篇/読みの水準　法政大学出版局
→DeVries, Willem A.
→Düsing, Klaus
→Habermas, Jürgen
→Henrich, Dieter
→Hespe, Franz
→Jaeschke, Walter
→Jamme, Christoph
→Pannenberg, Wolfhart
→Pöggeler, Otto
→Ritter, Joachim
→Weisser-Lohmann, Elisabeth
ソクラテス以前哲学者断片集　第1分冊　岩波書店
→Hērakleitos
→Hesiodos

→Thalēs
→Xenophanēs
→アクゥシラオス
→アナクシマンドロス
→アナクシメネス
→エピメニデス
→オルペウス
→カリボン
→クレオストラトス
→ケルコプス
→テアゲネス
→デモケデス
→パルメニスコス
→ヒッパソス
→ピュタゴラス
→プロティノス
→ペトロン
→ペレキュデス(シュロスの)
→ムーサイオス
ソクラテス以前哲学者断片集　第4分冊　岩波書店
→Dēmokritos
→アナクサルコス
→アポロドロス
→ディオゲネス(スミュルナの)
→ディオティモス
→ナウシパネス
→ネッサス
→ビオン(アブデラの)
→ヘカタイオス(アブデラの)
→ボロス
→メトロドロス(キオスの)
→レウキッポス
ソクラテス以前哲学者断片集　第5分冊　岩波書店
→アンティポン(ソフィストの)
→クセニアデス
→クリティアス
→ゴルギアス
→ディアレクセイス
→トラシュマコス
→ヒッピアス
→プロタゴラス
→プロディコス
→リュコプロン
続 歴史のなかの多国籍企業―国際事業活動研究の拡大と深化　中央大学出版部
→Brandes, Joseph
→Cantwell, John
→Corley, T.A.B.
→Davenport-Hines, R.P.T.
→Feldman, Gelrald D.
→Harris, Emma
→Kindleberger, Charles Poor
→Lanthier, Pierre
→Penrose, Edith
→Randall, Stephen J.
→Šesáková, Monika
→Shepherd, Phil
→Supple, Barry
→Teich, Mikuláš
→Wohlert, Klaus
→Wurm, Clemens A.
→カワベ, ノブオ(川辺信雄)

全集・合集収載 翻訳図書目録 1992-2007　I　　そしや

→クワハラ, テツヤ（桑原哲也）
→ヤマザキ, ヒロアキ（山崎広明）
組織行動論の実学—心理学で経営課題を解明する
　ダイヤモンド社　　→Banaji, Mahzarin R.
　　　　　　　　　　→Bazerman, Max H.
　　　　　　　　　　　→Chugh, Dolly
　　　　　　　　　　　→Coutu, Diane L.
　　　　　　　　　　　→Denrell, Jerker
　　　　　　　　→Drapeau, Anne Seibold
　　　　　　　　　　→Farson, Richard
　　　　　　　　　　→Galford, Robert
　　　　　　　　　　→Kahneman, Daniel
→Kets de Vries, Manfred F.R.
　　　　　　　　　　　→Keyes, Ralph
　　　　　　　　→Kramer, Roderick M.
　　　　　　　　　　　→Lovallo, Dan
　　　　　　　　　→Maccoby, Michael
　　　　　　　　　→Neilson, Gary L.
　　　　　　　　　　→Perlow, Leslie
　　　　　　　　　　→Weick, Karl E.
→ウィリアムズ, ステファニー（組織心理学）
　　　　　　　　　→パスナック, ブルース・A.
　　　　　　　　　→バン・ナイズ, カレン・E.
　　　　　　　　　　→ムーア, ドン・A.
　　　　　→ローウェンスタイン, ジョージ
組織内犯罪と個人の刑事責任　成文堂
　　　　　　　　　　→クーレン, ローター
　　　　　　　　→ゼフナー, ハンス=ゲオルク
　　　　　　　　→ダネカー, ゲルハルト
　　　　　　　→デンカー, フリートリッヒ
　　　　　　　　→ブラムゼン, イエルク
　　　　　　　→ヘルツベルク, ロルフ・D.
　　　　　　　→ホイヤー, アンドレアス
　　　　　　　→ランジーク, アンドレアス
　　　　　　　　　→ローガル, クラウス
組織能力の経営論—学び続ける企業のベスト・プラ
　クティス　ダイヤモンド社　　→Argyris, Chris
　　　　　　　　　　→Bohmer, Richard
　　　　　　　　　→Edmondson, Amy
　　　　　　　　　→Garvin, David A.
　　　　　　　　→Leonard, Dorothy
　　　　　　　　　→Pfeffer, Jeffrey
　　　　　　　　　　→Pisano, Gary
　　　　　　　→Smallwood, W.Norman
　　　　　　　　　→Sutton, Robert I.
　　　　　　　　　→Swap, Walter C.
→ウェンガー, エティエンヌ・C.
　　　　　→ウルリッヒ, デイビッド
→オイテンガー, ボルコ・フォン
→スナイダー, ウィリアム・M.
　　　　→スピア, スティーブン・J.
　　　　　→ダーリング, マリリン
　　　　　→パリー, チャールズ
　　　　　→ハンセン, モルテン・T.
　　　　　　→フィッシャー, ビル
　　　　→ボイントン, アンディ
　　　　　→ムーア, ジョセフ
組織変革のジレンマ—ハーバード・ビジネス・レ
　ビュー・ケースブック　ダイヤモンド社
　　　　　　　　　　→Ablon, Steven Luria

→Aversano, Nina
→Bennett, Jeffrey W.
→Benton, Debra
→Calcidise, Kathleen
→Cliffe, Sarah
→Cohen, Dean S.
→Coutu, Diane L.
→Foulkes, Fred K.
→Galford, Robert
→Greenthal, Jill
→Gross, Steven E.
→Hernández, Diego E.
→Higgins, Monica C.
→Hornig, George
→Kaufman, Stephen P.
→Kerr, Steve
→Kirby, Julia
→Leskin, Barry
→Logan, Dan
→McGee, J.Brad
→Mckenney, Michael
→McNulty, Eric
→Matschullat, Dale
→Mohan, Mohan
→Paul, Bill
→Pearson, Stuart
→Rice, Mark P.
→Smith, Mark
→Trotter, Lloyd
→Vasella, Daniel
→Viscio, Albert J.
→Wind, Yoram "Jerry"
組織理論と多国籍企業　文真堂
→Bartlett, Christopher A.
→Delacroix, Jacques
→Doz, Yves
→Egelhoff, William G.
→Ghoshal, Sumantra
→Hedlund, Gunnar
→Hennart, Jean-François
→Kilduff, Martin
→Kim, W.Chan
→Kogut, Bruce
→Laurent, Andre
→Maanen, John Van
→Mauborgne, Renée
→Prahalad, C.K.
→Westney, D.Eleanor
ソーシャルワーカーとエイズ　日本ソーシャルワー
　カー協会　　　　　　　　　　→フィーツ, M.
　　　　　　　　　　　　　　　→リュワート, G.
ソーシャルワーク実践におけるエンパワーメント—
　その理論と実際の論考集　相川書房
→Andrus, Graydon
→Burwell, Yolanda
→Cox, Enid Opal
→DeLois, Kathryn A.
→GlenMaye, Linnea
→Gutierrez, Lorraine Margot
→Hodges, Vanessa G.

書名索引　805

→Hunter, Barbara
→Joseph, Randal
→Manning, Susan S.
→Okazawa-Rey, Margo
→Ortega, Debra
→Parsons, Ruth J.
→Rees, Stuart
→Renz-Beaulaurier, Richard
→Ruhlin, Susan
→Sung Sil Lee Sohng
ソーシャルワークとグローバリゼーション　相川書
　房　　　　　　　　→Rowe, William
→アイフ, ジム
→ガーバー, ラルフ
→トーツィナー, ジム
→ドローヴァー, グレン
→ベーカー, マウリーン
→ミッジリ, ジェイムズ
→ランドウ, ジル
ソーシャルワークとヘルスケア―イギリスの実践に
　学ぶ　中央法規出版　→Brearley, Judith
→Brown, Robert
→Butrym, Zofia
→Bywaters, Paul
→Cairns Smith, D.A.
→Carpenter, John
→Connor, Ann
→Dalley, Gillian
→Ford, Jill
→Freeman, Isobel
→Robertson, Sheila
→Runciman, Phyllis
→Taylor, Rex
→Tibbitt, John
ソーシャルワーク・トリートメント―相互連結論
　アプローチ　上　中央法規出版　→Andreae, Dan
→Brent Angell, G.
→Burghardt, Steve
→Cooper, Marlene
→Cowley, Au-Deane S.
→Davis, Liane Vida
→Gitterman, Alex
→Jaco, Rose Marie
→Keefe, Thomas
→Kelley, Patricia
→Nugent, William
→Reid, William J.
→Robinson, Howard
→Strean, Herbert S.
→Turner, Francis Joseph
→Turner, Joanne
→Turner, Sandra
→Woods, Mary E.
ソーシャルワーク・トリートメント―相互連結論
　アプローチ　下　中央法規出版
→Carpenter, Donald E.
→Congress, Elaine P.
→Dunlap, Katherine M.
→Ell, Kathleen
→Goldstein, Eda

→Greene, Gilbert J.
→Krill, Donald F.
→Lantz, Jim
→Lee, Judith A.B.
→Mawhiney, Anne-Marie
→Nabigon, Herb
→Rowe, William
→Thomlison, Barbara
→Thomlison, Ray
→Turner, Francis Joseph
→Valentich, Mary
→ヤングハズバンド, デイム・アイリーン・L.
訴訟における主張・証明の法理―スウェーデン法と日
　本法を中心にして　信山社　→Bolding, Per Olof
→クラーミ, ハンヌ・ターパニ
→ソルヴェットラ, ヨハンナ
→ラヒカイネン, マリア
訴訟法における法族の再検討　中央大学出版部
→Angelo, Anthony H.
→Bidart, Adolfo Gelsi
→Burzelius, Andres
→Casad, Robert C.
→Christianos, Vassili
→Closset-Marchal, G.
→Comoglio, Luigi Paolo
→Erecinski, Tadeusz
→Fentiman, Richard
→Flutter, Naomi
→Gàspàrdy, Làzslo
→Glen, H.Patrick
→Jelinek, Wolfgang
→Jolowicz, J.A.
→Kane, John H.
→Kane, John M.
→Koch, Harald
→Krings, Ernst
→Lacerda, Galeno
→Ladduwahetti, I.
→Lynch, Katherine
→Maniotis, Dimitoris
→Martin, Raymond
→Mierlo, Antonius I.M.
→Örücü, Esin
→Özsunay, Ergun
→Sawczuk, Mieczystaw
→Silva, S.N.
→Smith, Marcom
→Tarzia, Giussepe
→Taylor, Veronica
→Vescovi, Enrique
→Vodinelic, Rakic
→Wijayatilake, Y.J.W.
ソフト戦略思考　日刊工業新聞社　→Bennettetal, P.
→Checkland, P.
→Eden, C.
→Edenetal, C.
→Friend, J.
→Hickling, A.
→Howard, N.

ゾルゲ事件関係外国語文献翻訳集 no.1 日露歴史
　研究センター事務局　　→ゲオルギエフ, ユーリー
　　　　　　　　　　　　→ブーニン, ビャチェスラフ
ゾルゲ事件関係外国語文献翻訳集 no.2 日露歴史
　研究センター事務局　　→アメリカ合衆国議会下院
ゾルゲ事件関係外国語文献翻訳集 no.3 日露歴史
　研究センター事務局　　→アメリカ合衆国議会下院
ゾルゲ事件関係外国語文献翻訳集 no.4 日露歴史
　研究センター事務局
　　　　　　　→Katasonova, Elena Leont'evna
　　　　　　　　　　　　→アメリカ合衆国議会下院
ゾルゲ事件関係外国語文献翻訳集 no.5 日露歴史
　研究センター事務局　　→アメリカ合衆国議会下院
　　　　　　　　　　　　→イワノフ
　　　　　　　　　　　　→サハロフ, ワレンチン
ゾルゲ事件関係外国語文献翻訳集 no.6 日露歴史
　研究センター事務局　　→イワノフ
　　　　　　　　　　　　→カフタン, アリサ
　　　　　　　　　　　　→ゲオルギエフ, ユーリー
　　　　　　　　　　　　→フェシュン, アンドレイ
ゾルゲ事件関係外国語文献翻訳集 no.7 日露歴史
　研究センター事務局　　→イワノフ
　　　　　　　　　　　　→民間諜報局
　　　　　　　　　　　　→連合国軍最高司令官総司令部
ゾルゲ事件関係外国語文献翻訳集 no.8 日露歴史
　研究センター事務局　　→民間諜報局
　　　　　　　　　　　　→ヨウ, コクコウ（楊国光）
　　　　　　　　　　　　→連合国軍最高司令官総司令部
ゾルゲ事件関係外国語文献翻訳集 no.9 日露歴史
　研究センター事務局　　→ゲオルギエフ, ユーリー
　　　　　　　　　　　　→民間諜報局
　　　　　　　　　　　　→連合国軍最高司令官総司令部
ゾルゲ事件関係外国語文献翻訳集 no.10 日露歴史
　研究センター事務局　　→ゲオルギエフ, ユーリー
　　　　　　　　　　　　→ゴルチャコフ, オビジイ
　　　　　　　　　　　　→サイ, キツジュン（崔吉順）
　　　　　　　　　　　　→ポロスコフ, ニコライ
ゾルゲ事件関係外国語文献翻訳集 no.11 日露歴史
　研究センター事務局　　→ゲオルギエフ, ユーリー
　　　　　　　　　　　　→ヨウ, コクコウ（楊国光）
　　　　　　　　　　　　→ワルターノフ, V.N.
ゾルゲ事件関係外国語文献翻訳集 no.13 日露歴史
　研究センター事務局　　→ウーソフ, ビクトル・N.
ゾルゲ事件関係外国語文献翻訳集 no.14 日露歴史
　研究センター事務局　→アリウンサイハン, マンダフ
　　　　　　　　　　　　→ウーソフ, ビクトル・N.
　　　　　　　　　　　　→チェルニヤフスキー, ビタリー
　　　　　　　　　　　　→ヨウ, コクコウ（楊国光）
ゾルゲ事件関係外国語文献翻訳集 no.15 日露歴史
　研究センター事務局　→アリウンサイハン, マンダフ
　　　　　　　　　　　　→ゲオルギエフ, ユーリー
　　　　　　　　　　　　→チェルニヤフスキー, ビタリー
　　　　　　　　　　　　→ヨウ, コクコウ（楊国光）
ゾルゲ事件関係外国語文献翻訳集 no.16 日露歴史
　研究センター事務局　　→サハロフ, ワレンチン
　　　　　　　　　　　　→ヨウ, コクコウ（楊国光）
蘇聯実情研究叢書　第3輯・第4輯　上坂氏顕彰会史
　料出版部　　　　　　　→ブテンコ
　　　　　　　　　　　　→ムラートフ
ソ連の軍事面における核革命　〔防衛研修所〕
　　　　　　　　　　　　→Zaglagin, V.V.
　　　　　　　　　　　　→Rosenhead, Jonathan
　　　　　　　　　　　　→イエピシエフ, A.A.
　　　　　　　　　　　　→イワーノフ, V.D.
　　　　　　　　　　　　→オブシヤンコフ, A.
　　　　　　　　　　　　→ガルキン, M.I.
　　　　　　　　　　　　→グラゾフ, V.V.
　　　　　　　　　　　　→グルデイニン, I.A.
　　　　　　　　　　　　→クレプノフ, S.I.
　　　　　　　　　　　　→ザビアーロフ, I.G.
　　　　　　→シテメンコ, セルゲイ・マトベエビッチ
　　　　　　　　　　　　→スシコ, N.IA.
　　　　　　　　　　　　→ストロコフ, A.A.
　　　　　　　　　　　　→スピトフ, N.A.
　　　　　　　　　　　　→ソコロフスキー, V.D.
　　　　　　　　　　　　→チュイコフ, V.I.
　　　　　　　　　　　　→チュシケビッチ, S.A.
　　　　　　　　　　　　→チレドニチェンコ
　　　　　　　　　　　　→ババコフ, A.A.
　　　　　　　　　　　　→プルサノフ, I.P.
　　　　　　　　　　　　→ボズネンコ, V.
　　　　　　　　　　　　→ボチカリョフ, K.S.
　　　　　　　　　　　　→ボンダレンコ, V.M.
　　　　　　　　　　→マリノフスキー, ロジオン・ヤ
　　　　　　　　　　　　→マリヤンチコフ, S.V.
　　　　　　　　　　　　→ミロシチェンコ, N.F.
　　　　　　　　　　　　→モチャロフ, V.V.
　　　　　　　　　　　　→ラリオノフ, V.V.
　　　　　　　　　　　　→リブキン, E.I.
　　　　　　　　　　　　→ロモフ, ニコライ・A.
ソ連の戦争理論―研修資料　防衛研修所
　　　　　　　　　　　→カーソフ, レーモンド・エル
　　　　　　　　　　　　→ノヴォハトコ, エム
　　　　　　　　　　　　→プホフスキー, エヌ
　　　　　　　　　　　　→フヨドロフ, ゲ
ソ連邦崩壊―ペレストロイカの成功と失敗　恒文社
　　　　　　　　　　　　→Arbatow, Georgi A.
　　　　　　　　　　　　→Dederichs, Mario R.
　　　　　　　　　　　　→Klementjew, Sergej
孫文と南方熊楠―孫文生誕140周年記念国際学術シン
　ポジウム論文集　汲古書院　　→コウ, ウワ（黄宇和）
　　　　　　　　　　　　→ザナシ, マルガリータ
　　　　　　　　　　　　→パク, ソンレン（朴宣怜）

【た】

第1次世界大戦後の牧会者たち　日本キリスト教団出
　版局　　　　　　　　→クレーマース, ルードルフ
　　　　　　　　　　　→ジーフェルニヒ, ミヒャエル
　　　　　　　　→シュミット-ロスト, ラインハルト
　　　　　　　　　　　→ファングマイアー, ユルゲン
　　　　　　　　　　　→ブライシュタイン, ローマン
　　　　　　　　　　　→ヘンキース, ユルゲン
大王の棺を運ぶ実験航海　研究編　石棺文化研究会
　　　　　　　　　　　　→ソ, ベギョン（蘇培慶）
大学院教育の研究　東信堂　　　→Becher, Tony
　　　　　　　　　　　　→Clark, Burton R.
　　　　　　　　　　　　→Edelstein, Richard
　　　　　　　　　　　　→Gellert, Claudius
　　　　　　　　　　　　→Gumport, Patricia J.
　　　　　　　　　　　　→Henkel, Mary

たいか

大学運営の構造改革―第31回(2003年度)研究員集会の記録　広島大学高等教育研究開発センター
→Kogan, Maurice
→Neave, Guy
→Birnbaum, Robert
大学改革における評価制度の研究　広島大学高等教育研究開発センター　→オーストラリア大学質保証機構
大学間交流の実践・課題・展望　国立教育政策研究所　国際研究協力部　→ワン, イービン
大学の組織変容に関する調査研究　広島大学高等教育研究開発センター
→Henkel, Mary
大学の倫理　東京大学出版会　→Heldrich, Andreas
→アラム, バクティアル
→ヴァルデンヴェルガー, フランツ
→シェンツレ, アクセル
→ビールス, ヘンドリック
→フォッセンクール, ヴィルヘルム
→フォルマー, クラウス
→ブリュック, ミヒャエル・フォン
→ペルトナー, ペーター
戴季陶の対日観と中国革命　東方書店
→タイ, キトウ(戴季陶)
第9条と国際貢献―戦争のない世界を求めて　影書房
→Overby, Charles M.
大航海の時代―スペインと新大陸　同文舘出版
→Altman, Ida
→Clayton, Lawrence A.
→Martín Martín, JoséLuis
→Pike, Ruth
→Pistarino, Geo
→Quesada, Miguel Angel Ladero
→Solano, Francisco de
対象関係論の基礎―クライニアン・クラシックス　新曜社
→Isaacs, Susan
→グリンバーグ, レオン
→ストレイチー, ジェイムス
→ハイマン, ポーラ
→モネー=カイル, ロジャー
→リビエール, ジョアン
大東文化大学創立七十周年記念論集　中巻　大東文化学園七十周年記念事業事務室
→シェロツキ, タデウシュ
→マン, フリッツ・カール
大東文化大学創立七十周年記念論集　下巻　大東文化学園七十周年記念事業事務室
→ニュスボーム, アーサー
大統領制民主主義の失敗　理論編　その比較研究　南窓社
→Linz, Juan J.
→Sartori, Giovanni
→スカッチ, シンディ
→ステパン, アルフレッド
→レイプハルト, アレン
第2次世界大戦後の牧会者たち　日本キリスト教団出版局
→Möller, Christian
→カイスリング, マリーア
→グレツィンガー, アルブレヒト
→ゴリチェーヴァ, タチアーナ
→シュトルベルク, ディートリヒ
→デゼラエールス, パウル
→ハルフ, ジビーレ
→フォルグリムラー, ヘルベルト
→ラウ, ゲアハルト
→ラウター, クリスタ
第2次世界大戦に関する一考察　防衛研修所
→Fuller, J.F.C.
太平洋国家のトライアングル―現代の日米加関係　彩流社
→Donnelly, Michael W.
→Kirton, John
太平洋戦争をめぐる日米外交と戦後の米ソ対立　学術出版会
→シューマン, フレデリック・L.
太平洋戦争の研究―こうすれば日本は勝っていた　PHP研究所
→Anderson, Christopher J.
→Arnold, James R.
→Burtt, John D.
→Dudley, Wade G.
→Giangreco, D.M.
→Gill, John H.
→Isby, David C.
→Lindsey, Forrest R.
→Shirer, Frank R.
→Tsouras, Peter G.
太平洋地政治学―地理歴史相互関係の研究　大空社
→Haushofer, Karl
→シュパング, クリスティアン・W.
TIMEが選ぶ20世紀の100人　上巻　アルク
→Buckley, William F., Jr.
→Dennett, Daniel Clement
→Gates, Bill
→Gay, Peter
→Hofstadter, Douglas R.
→Iyer, Pico
→Johnson, Paul
→Keegan, John
→Matthiessen, Peter
→Mirabella, Grace
→Oz, Amos
→Quittner, Joshua
→Rhodes, Richard
→Rushdie, Salman
→Spence, Jonathan D.
→Steinem, Gloria
→Tolstaia, Tat'iana
→Wiesel, Eliezer
→Wright, Robert
→アイビンズ, モリー
→アッシュ, ティモシー・ガートン
→アマート, アイバン
→ウェルナー, トム
→カージー, マーシー
→カドレック, ダニエル
→カーナウ, スタンレー
→グッドウィン, ドリス・カーンズ
→クルーガー, ジェフリー
→グレイ, ポール
→グレイク, ジェームス
→シード, ウィルフリッド
→シュルバーグ, バド
→シュレージンジャー, アーサー, Jr.
→ヌーナン, ペギー
→ノーチェラ, ジョセフ
→ビオースト, ミルトン

→ヒューイ, ジョン
→ブリンク, アンドレ
→ペイパート, シーモア
→ペピン, ジャック
→ホー, デービッド
→ポストマン, ニール
→ホワイト, ジャック・E.
→ムーア, ゴードン
→モリス, エドマンド
→ユーウェン, スチュアート
→ヨハンソン, ドナルド・C.
→ライシュ, ロバート・B.
→レムニック, デイビッド
→レムニック, マイケル・D.

TIMEが選ぶ20世紀の100人 下巻 アルク
→Bloom, Harold
→Bluestone, Irving
→Branson, Richard
→Buchanan, Edna
→Buruma, Ian
→Dorfman, Ariel
→Ebert, Roger
→Hughes, Robert
→Iacocca, Lee
→Kissinger, Henry Alfred
→Lindbergh, Reeve
→Plimpton, George
→Powell, Colin L.
→Rosenblatt, Roger
→アーロン, ヘンリー
→ウェバー, アンドリュー・ロイド
→ウォーナー, マリーナ
→ギランター, デービッド
→クラウチ, スタンレー
→クラウド, ジョン
→グラス, フィリップ
→グリンウォルド, ジョン
→グレイ, ポール
→コックス, ジェイ
→コーリス, リチャード
→コリンズ, ジェームズ
→サイディ, ヒュー
→シシー, イングリッド
→シッケル, リチャード
→シュール, ダイアン
→スタイン, ジョエル
→ゾグリン, リチャード
→ダグラス, アン
→タネン, デボラ
→チーバー, スーザン
→チャーチ, ジョージ・J.
→ティーチアウト, テリー
→ドーブ, リタ
→ハンディ, ブルース
→ファーリー, クリストファー・ジョン
→ベンドラー, ヘレン
→ホウ, レイシ(方励之)
→ムーカジ, バーラティ
→モリス, ヤン

→ラカーヨ, リチャード
→ラドニック, ポール
→リプンスキ, ピートルト
→ルイス, マイケル
→ロウダー, カート

太陽神話―生命力の象徴 講談社
→Dani, Ahmad Hasan
→Davis-Kimball, Jeannine
→Green, Miranda
→Lacarrière, Jacques
→Marshak, Boris I.
→Martynov, Anatoly Ivanovich
→Mendieta, Ramiro Matos
→Miller, Mary Ellen
→Moctezuma, Eduardo Motos
→Nagy, Gregory
→Perkowski, Jan L.
→Piatnitsky, Yuri A.
→Roberts, Allen F.
→Romano, James F.
→Roy, Christopher D.
→Russell, James R.
→Schultz, Elizabeth
→Sedyawati, Edi
→Singh, Madanjeet
→Zalesskaya, Vera N.
→ヴァラヴァニス, パノス
→カ, トウ(華濤)
→マイヤー, フェデリコ
→ヤマモト, フミコ(山本文子)
→ヨシダ, アツヒコ(吉田敦彦)

対立か協調か―新しい日米パートナーシップを求めて 中央公論新社
→Green, Michael J.
→Grimes, William W.
→Posen, Adam Simon
→Vogel, Steven Kent
→Zysman, John
→ショッパ, レナード・J.
→シーライト, エイミー・E.
→ニッタ, キース・A.
→フリーマン, ローリー・A.

台湾原住民研究―日本と台湾における回顧と展望 風響社
→オウ, ガヘイ(王雅萍)
→コウ, レイカ(黄鈴華)
→チン, ギセイ(陳誼誠)
→チン, シュンダン(陳俊男)
→ヨ, メイトク(余明徳)
→リン, シュウテツ(林修撤)

台湾の四十年―国家経済建設のグランドデザイン 上 連合出版
→オウ, イテイ(汪彝定)
→オウ, サクエイ(王作栄)
→コウ, キキン(高希均)
→シ, ケンセイ(施建生)
→ジョ, イクシュ(徐育珠)
→ホウ, サクケイ(彭作奎)
→ヨ, ギョクケン(余玉賢)
→ヨウ, バンアン(葉万安)

台湾の四十年―国家経済建設のグランドデザイン 下 連合出版
→ウ, ソウセン(于宗先)
→コウ, カク(侯家駒)

　　　　　　　　　　　　　→セツ，キ（薛琦）
　　　　　　　　　　→チョウ，ヨウトウ（趙耀東）
　　　　　　　　　　　　　→リ，セイ（李誠）
　　　　　　　　　　→リュウ，コクチ（劉克智）
台湾の歴史―日台交渉の三百年　藤原書店
　　　　　　　　　　　　　→イン，ヘイ（尹萃）
　　　　　　　　　　→シュウ，ケイセイ（周慧菁）
　　　　　　　　　　　　　→リ，シツ（李瑟）
　　　　　　　　　　→リン，ショウブ（林昭武）
ダーウィン文化論―科学としてのミーム　産業図書
　　　　　　　　　　→Blackmore, Susan J.
　　　　　　　　　　→Odling-Smee, F.John
　　　　　　　　　　　　→Sperber, Dan
　　　　　　　　　　　→クーパー，アダム
　　　　　　　　　　→コンテ，ロザリン
　　　　　　　　　　→ハル，デイヴィッド
　　　　　　　　　　→ブロック，モーリス
　　　　　　　　　　→プロトキン，ヘンリー
　　　　　　　　　　→ボイド，ロバート
　　　　　　　　　　→リチャーソン，ピーター
　　　　　　　　　　→レイランド，ケヴィン
ダウンサイジング・オブ・アメリカ―大量失業に引き
　裂かれる社会　日本経済新聞社　→ウチテル，ルイス
　　　　　　　　　　→クライマー，アダム
　　　　　　　　　　→クラインフィールド, N.R.
　　　　　　　　　　→コルバート，エリザベス
　　　　　　　　　　→サンガー, デービッド・E.
　　　　　　　　　　→ジョンソン, カーク
　　　　　　　　　　→ブラッグ, リック
　　　　　　　　　　→ライマー, サラ
　　　　　　　　　　→ロウ, スティーブ
ダウン症候群と療育の発展―理解の向上のために
　協同医書出版社　　→Balkany, Thomas J.
　　　　　　　　　　　→Coleman, Mary
　　　　　　　　　→Delaney, Samuel W.
　　　　　　　　　→Dmitriev, Valentine
　　　　　　　　　　→Downs, Marion P.
　　　　　　　　　　→Edwards, Jean P.
　　　　　　　　　　→Feit, Theodore S.
　　　　　　　　　　→Hanson, Marci J.
　　　　　　　　　　　→Love, Patricia
　　　　　　　　　　→Niva, Roger A.
　　　　　　　　　　→Numata, Wendy
　　　　　　　　　→Oelwein, Patricia L.
　　　　　　　　　　→Pipes, Peggy L.
　　　　　　　　　→Prescott, Gerald H.
　　　　　　　　　　→Pruess, James B.
　　　　　　　　　　→Pueschel, Eny V.
　　　　　　　　→Pueschel, Siegfried M.
　　　　　　　　　　→Sandall, Susan R.
　　　　　　　　　→Schweber, Miriam
　　　　　　　　　　　→Seitz, Sue
　　　　　　　　　→Thornley, Margo L.
多国間主義と同盟の狭間―岐路に立つ日本とオース
　トラリア　国際書院　　→Ball, Desmond
　　　　　　　　　　　→Bisley, Nick
　　　　　　　　　→Camilleri, Joseph A.
　　　　　　　　　→Chandra Muzaffar
　　　　　　　　　→Hamel Green, Michael
　　　　　　　　→Pasha, Mustapha Kamal

　　　　　　　　　　　　　→Patience, Allan
多重人格障害―その精神生理学的研究　春秋社
　　　　　　　　　　→Aldridge-Morris, R.
　　　　　　　　　　→Alvarado, Carlos S.
　　　　　　　　　　　→Bendfeldt, F.
　　　　　　　　　　　→Brackburn, T.
　　　　　　　　　　→Brandsma, J.A.
　　　　　　　　　　　→Braun, B.G.
　　　　　　　　　　　→Brende, J.O.
　　　　　　　　　　　→Cain, R.L.
　　　　　　　　　　→Condon, W.S.
　　　　　　　　　　→Coons, P.M.
　　　　　　　　　　　→Jack, R.A.
　　　　　　　　　　→Jameson, D.H.
　　　　　　　　　　→Larmore, K.
　　　　　　　　　　→Ludwig, A.M.
　　　　　　　　　　→Mamalis, N.
　　　　　　　　　　→Marley, C.
　　　　　　　　　→Mathew, Roy J.
　　　　　　　　　→Miller, Scott D.
　　　　　　　　　　→Milstein, V.
　　　　　　　　　　→Ogston, W.D.
　　　　　　　　　　→Pacoe, L.V.
　　　　　　　　　　→Post, R.M.
　　　　　　　　　　→Putnam, F.W.
　　　　　　　　　　→Shcoles, G.
　　　　　　　　　→Triggiano, P.J.
　　　　　　　　　　→West, W.S.
　　　　　　　　　　→White, G.L.
　　　　　　　　　　→Wilbur, C.B.
　　　　　　　　　　→Zahn, T.P.
脱「開発」の時代―現代社会を解読するキイワード
　辞典　晶文社　　　→Alvares, Claude
　　　　　　　　　　→Berthoud, Gérald
　　　　　　　　　　→Cleaver, Harry
　　　　　　　　　　→Duden, Babara
　　　　　　　　　→Escobar, Arturo
　　　　　　　　　　→Esteva, Gustavo
　　　　　　　　→Gronemeyer, Marianne
　　　　　　　　　　→Illich, Ivan D.
　　　　　　　　　→Lstouche, Serge
　　　　　　　　→Lummis, C.Douglas
　　　　　　　　　　→Nandy, Ashis
　　　　　　　　　→Rahnema, Majid
　　　　　　　　　　→Robert, Jean
　　　　　　　　　→Sachs, Wolfgang
　　　　　　　　　→Sbert, JoséMaría
　　　　　　　　　→Shiva, Vandana
　　　　　　　　　　→Ullrich, Otto
脱学校化の可能性―学校をなくせばどうなるか？
　東京創元社　　　　→Gross, Ronald
　　　　　　　　　　→Illich, Ivan D.
　　　　　　　　　→ギンティス，ハーバード
　　　　　　　　　　→グリア，コリン
　　　　　　　　　→グリーン，マクサイン
　　　　　　　　　→ジェローム，ジャドソン
　　　　　　　　　　→パール，アーサー
　　　　　　　　→フェアフィールド，ロイ・P.
　　　　　　　　　→ポーストマン，ニール
　　　　　　　　　→ローゼン，サムナー・M.

脱グローバリズム宣言―パクス・アメリカーナを超
　えて　藤原書店　　　　　→Boyer, Robert
　　　　　　　　　　　　→Sautter, Christian
　　　　　　　　→アオキ, マサヒコ（青木昌彦）
　　　　　　　　　　　　→カーチス, ケネス
　　　　　→グルドー＝モンターニュ, モーリス
　　　　　→サカキバラ, エイスケ（榊原英資）
　　　　　　→ササキ, カオリ（佐々木かをり）
　　　　　　→フジモト, タカヒロ（藤本隆宏）
　　　　　　　　　　→フレスネ, ミシェル
　　　　　　　　→ベッファ, ジャン＝ルイ
　　　　　　　→ペドロレッティ, ブリス
　　　　　　　　→ベルトルディ, モレノ
　　　　　　→ユールヨーゲンセン, オブ
脱構築とプラグマティズム―来たるべき民主主義
　法政大学出版局　　　　→Derrida, Jacques
　　　　　　　　　　　→Laclau, Ernesto
　　　　　　　　　　→Mouffe, Chantal
　　　　　　　　　　→Rorty, Richard
　　　　　　　　→クリッチリー, サイモン
脱施設化と地域生活―英国・北欧・米国における比較
　研究　相川書房　　　　→Allard, Marry Ann
　　　　　　　　　　　　→Brown, Hilary
　　　　　　　　　　→Castellani, Paul
　　　　　　　　　→Conroy, James W.
　　　　　　　　　　　→Emerson, Eric
　　　　　　　　　　→Ericsson, Kent
　　　　　　　　　　　→Felce, David
　　　　　　　　　　→Hatton, Chris
　　　　　　　　　　→Mansell, Jim
　　　　　　　　　→Orlowska, Danuta
　　　　　　　　　　→Saloviita, Timo
　　　　　　　→Sandvin, Johans Tveit
　　　　　　　　　→Shumway, Donald
　　　　　　　　　　→Tøssebro, Jan
　　　　　　　　　→Tuvesson, Barbro
脱＝「年金依存」社会　藤原書店
　　　　　　　　　　→Aglietta, Michel
　　　　　　　→Stiglitz, Joseph Eugene
　　　　　　　　　　　→オザーク, P.R.
脱暴力へのマトリックス　青弓社
　　　　　　　　　　→ケン, ケンエキ（権憲益）
多文化社会への道　明石書店
　　　　　　　　→ウィルキンソン, ジェンス
　　　　　　　　　　　→シディキ, M.A.R.
　　　　　　　　→ピケロ-バレスカス, M.R.
多文化主義―アメリカ, カナダ, イギリス, オースト
　ラリアの場合　木鐸社　→Asante, Morefi K.
　　　　　　　　　　　→Cummins, Jim
　　　　　　　　→Elliot, Jean Leonard
　　　　　　　　　　→Fleras, Augie
　　　　　　　　　→Lyons, James J.
　　　　　　　　　　→Ravich, Diane
　　　　　　　　　　　→Rex, John
　　→シカゴ・カルチュラル・スタディーズ・グループ
　　　　　　　　　　　→全米社会科協議会
　　　　　　　→総理府内閣官房多文化問題局
魂をみがく30のレッスン　同朋舎　→Andrews, Lynn
　　　　　　　　　　→Beattie, Melody
　　　　　　　　　→Borysenko, Joan
　　　　　　　　　→Branden, Nathaniel
　　　　　　　　　　→Canfield, Jack
　　　　　　　　　　→Carlson, Richard
　　　　　　　　　　　→Dass, Ram
　　　　　　　　　　→Dyer, Wayne W.
　　　　　　　　　　→Fulghum, Robert
　　　　　　　　　　　→Gray, John
　　　　　　　　　　→Jampolsky, Gerald
　　　　　　　　→Kübler-Ross, Elizabeth
　　　　　　　　　　→Levine, Stephen
　　　　　　　　　　→Moore, Thomas
　　　　　　　　　　→Shield, Benjamin
　　　　　　　　　　→Siegel, Bernie S.
　　　　　　　　　　→Weiss, Brian Leslie
　　　　　　　　　　→Woodman, Marion
　　　　　　　　→アーリン, エンジェル
　　　　　　　　　　→イーディ, ベティ
　　　　　　　　→クーシニュー, フィル
　　　　　　　→クシュナー, ラビ・ハロルド
　　　　　　　　→コーヴィ, スティーヴン
　　　　　　　　→ジン, ジョン・カバット
　　　　　　　→スカーフ, アン・ウィルソン
　　　　　　　→ニードルマン, ジェイコブ
　　　　　　　　　→バンクス, シドニー
　　　　　　　　　→フォックス, マシュー
　　　　　　　→ボーレン, ジーン・シノダ
　　　　　　　　　→レオナード, リンダ
ダルクローズのリトミック―リトミック教育のため
　の原理と指針　ドレミ楽譜出版社 1996
　　　　　　　　　　→Alperson, Ruth
　　　　　　　　　　→Aronoff, Frances
　　　　　　　　　　　→Farber, Anne
ダルクローズのリトミック―リトミック教育のため
　の原理と指針　ドレミ楽譜出版社 2002
　　　　　　　　　　→Alperson, Ruth
　　　　　　　　　　→Aronoff, Frances
　　　　　　　　　　　→Farber, Anne
単行図書資料　第19巻　竜渓書舎
　　　　　　　　　　→蘭印経済部中央統計局
単行図書資料　第38巻　竜渓書舎
　　　　　　　　→ファン・ヘルデレン, J.
単行図書資料　第83巻　竜渓書舎　→Ngiraked
団体・組織と法―日独シンポジウム　信山社出版
　　　　　　　　　　→ヴァール, ライナー
　　　　　　　→ヴュルテンベルガー, トーマス
　　　　　　　　　→ケーブル, ウルズラ
　　　　　　　　→シュテュルナー, ロルフ
　　　　　　　　→ショッホ, フリードリヒ
　　　　　　　　　→ブラウロック, ウベ
　　　　　　　　　→ペロン, ヴァルター
　　　　　　　　　→メルクト, ハンノ
　　　　　　　　→ライポルト, ディーター
弾道弾迎撃ミサイルの必要性　〔防衛研修所〕
　　　　　　　　　→Armbruster, Frank E.
　　　　　　　　　→Brennan, Donald G.
　　　　　　　　　→Gastil, Raymond D.
　　　　　　　　→Herzfeld, Charles M.
　　　　　　　　　→Holst, Johan J.
　　　　　　　　　→Kahn, Herman
　　　　　　　→Schneider, William, Jr.

ちいき

→Sherman, Michael E.
→Wahlstetter, Albert

【ち】

地域から世界へ―異文化へのまなざし　山口新聞
　　→Usakiewicz, Wojciech
地域主義と国際秩序　九州大学出版会
　　→Fawcett, Louise L'Estrange
　　→Foot, Rosemary
　　→Henrikson, Alan
　　→Hurrell, Andrew
　　→Mayall, James
　　→Tripp, Charles
　　→Wallace, William
　　→Wyatt-Walter, Andrew
地域精神保健看護　医学書院
　　→Aguilera, Donna C.
　　→Baron, Richard C.
　　→Cates, James A.
　　→Corse, Sara J.
　　→Cunningham, Phillippe B.
　　→Graham, Linda L.
　　→Harris, Dan E.
　　→Hellwig, Karen
　　→Huggins, Elizabeth A.
　　→Keltner, Norman L.
　　→Kennedy, Michael G.
　　→Kjervik, Diane K.
　　→Owens, V.Jann
　　→Steber, Sara-Ann
　　→Swenson, Cynthia Cupit
　　→Williams, Carol A.
　　→Worley, Nancy K.
　　→Wright, Lore K.
地域の雇用戦略―七ヵ国の経験に学ぶ"地方の取り組み"　日本経済新聞社　→Giguère, Sylvain
　　→ウルヘッド, C.
　　→エバーツ, R.
　　→グレフ, X.
　　→シュトラウス, R.
　　→タリアフェッロ, C.
　　→テューロック, I.
　　→フォン, M.
　　→ヘンデリオウィッツ, J.
　　→モズリー, H.
地域紛争解決のシナリオ―ポスト冷戦時代の国連の課題　スリーエーネットワーク　→Beyer, Gregg
　　→Fein, Helen
　　→Gordenker, Leon
　　→Miall, Hugh
　　→Ramcharan, Gangapersand
　　→Rupesinghe, Kumar
　　→Ryan, Stephen
　　→Thoolen, Hans
　　→Walker, Peter
小さなことを大きな愛でやろう　PHP研究所
　　→Borysenko, Joan
　　→Branden, Nathaniel

→Carlson, Richard
→Chopra, Deepak
→Covey, Stephen R.
→Dass, Ram
→Gawain, Shakti
→Hay, Louise L.
→Kingma, Daphne Rose
→Kornfield, Jack
→Prather, Gayle
→Prather, Hugh
→Redfield, James
→Redfield, Salle Merrill
→Shield, Benjamin
→Siegel, Bernie S.
→Weil, Andrew
→Welwood, John
→Williamson, Marianne
→イーディ, ベティ
→クシュナー, ラビ・ハロルド
→コーフマン, サマーリア・ライト
→コーフマン, バリー・ニール
→ザルツバーグ, シャロン
→ハント, ヘレン
→ブスカイア, レオ
→ヘンドリクス, ハーヴィル
→ボーレン, ジーン・シノダ
→モラン, ビクトリア
→ラブ, パトリシア
→レバイン, オンドリア
→レバイン, スティーブン
→ロス, ガブリエル
→ロビンス, ジョン
地球公共財―グローバル時代の新しい課題　日本経済新聞社　→Grunberg, Isabelle
　　→Kaul, Inge
→Sen, Amartya Kumar
→Stern, Marc A.
→Stiglitz, Joseph Eugene
→ウィプロッツ, チャールズ
→カンブール, ラビ
→クック, リサ・D.
→サックス, ジェフリー
→ザッチャー, マーク・W.
→ジャヤラマン, ラジシュリ
→セラゲルディン, イズマイル
→ハンバーグ, ディビッド・A.
→ヒール, ジェフリー
→ホール, ジェイン・E.
地球公共財の政治経済学　国際書院　→Albin, Cecilia
→Arhin-Tenkorang, Dyna
→Barrett, Scott
→Chasek, Pamela
→Conceição, Pedro
→Correa, Carlos M.
→Edwards, Michael
→Griffith-Jones, Stephany
→Kaul, Inge
→Le Goulven, Katell
→Mehta, Lyla

→Mendoza, Ronald U.
→Rajamani, Lavanya
→Zadek, Simon
地球市民教育のすすめかた―ワールド・スタディーズ・ワークブック　明石書店
　　　→Conroy, Elaine Kelly
　　　→Coulthard, Karen
　　　→Grunsell, Ange
　　　→Hicks, David
　　　→Huckle, John
　　　→Lyle, Sue
　　　→Maddern, Eric
　　　→Regan, Colm
　　　→Ross, Carol
　　　→Steiner, Miriam
　　　→Torney-Purta, Judith
地球の声を聴く―ディープエコロジー・ワーク　ほんの木
　　　→Fleming, Pat
　　　→Innes, Graham
　　　→Jeffers, Robinson
　　　→Macy, Joanna
　　　→Naess, Arne
　　　→Seed, John
　　　→Snyder, Gary
　　　→シアルス
知識革新力　ダイヤモンド社
　　　→Arthur, W.Brian
　　　→Bartlett, Christopher A.
　　　→Denning, Stephen
　　　→Drucker, Peter Ferdinand
　　　→Holtshouse, Dan
　　　→Ruggles, Rudy L.
　　　→Thurow, Lester C.
　　　→ウェバー, アラン・M.
　　　→クウィン, ジェームズ・ブライアン
　　　→スヴェイビー, カール・エリック
　　　→ノナカ, イクジロウ（野中郁次郎）
『地中海』を読む　藤原書店
　　　→Febvre, Lucien Paul Victor
地中海世界　みすず書房
　　　→Aymard, Maurice
　　　→Braudel, Fernand
　　　→Duby, Georges
　　　→アルナルデス, ロジェ
　　　→ゴードメ, ジャン
　　　→ソリナス, ピエールジョルジォ
知的教育システムと学習　共立出版
　　　→Brown, John Seely
　　　→Cauzinille-Marmèche, E.
　　　→Chabay, Ruth W.
　　　→Clancey, William J.
　　　→Collins, Allan
　　　→Fischer, Gerhard
　　　→Fischer, Peter Michael
　　　→Langley, Pat
　　　→Lepper, Mark R.
　　　→Lesgold, Alan M.
　　　→Mandl, Heinz
　　　→Mathieu, J.
　　　→Ohlsson, Stellan
　　　→O'Shea, Tim
　　　→Scanlon, Eileen

→Streitz, Norbert A.
→VanLehn, Kurt
→Wachsmuth, Ipke
→Wedekind, Joachim
知的障害者の言語とコミュニケーション　上　学苑社
　　　→Barrett, Martyn D.
　　　→Beveridge, Michael
　　　→Diniz, Fernando A.
　　　→Dodd, Barbara
　　　→Kamhi, Alan G.
　　　→Leahy, Judy
　　　→Light, Paul
　　　→Masterson, Julie J.
　　　→Owens, Robert
知的障害者の言語とコミュニケーション　下　学苑社
　　　→Conti Ramsden, Gina
　　　→Kernan, Keith T.
　　　→Leudar, Ivan
　　　→Price, Penny
　　　→Price-Williams, Douglass
　　　→Sabsay, Sharon
　　　→Wootton, Anthony
知的障害・発達障害を持つ人のQOL―ノーマライゼーションを超えて　医歯薬出版
　　　→Bellamy, G.Thomas
　　　→Bogdan, Robert
　　　→Borthwick-Duffy, Sharon A.
　　　→Bradley, Valerie J.
　　　→Brunk, Gary L.
　　　→Conroy, James W.
　　　→Coulter, David L.
　　　→Crutcher, Diane M.
　　　→Edgerton, Robert B.
　　　→Feinstein, Celia S.
　　　→Goldsbury, Tammi
　　　→Goode, David A.
　　　→Greenspan, Stephen
　　　→Heal, Laird W.
　　　→Jacoby, Jeff
　　　→Janicki, Matthew P.
　　　→Karen, Orv.C.
　　　→Keith, Kenneth D.
　　　→Kiernan, William E.
　　　→Knutson, Kari
　　　→Lambour, Gary
　　　→Luckasson, Ruth
　　　→Martinez, Connie
　　　→Schalock, Robert L.
　　　→Sigelman, Carol K.
　　　→Stark, Jack A.
　　　→Taylor, Steven J.
　　　→Turnbull, H.Rutherford, III
　　　→Ward, Nancy
知的・身体障害者問題資料集成　戦前編　第5巻（1927年―1929年）　不二出版
　　　→イング, ウイリアム・レイフ
　　　→ウツドロー, ヘルバート
知的・身体障害者問題資料集成　戦前編　第8巻（1934年―1935年）　不二出版　　→人類改善財団
知のしくみ―その多様性とダイナミズム　新曜社

→Arom, Simha
→Butterworth, George
→Dennett, Daniel Clement
→Gregory, Richard L.
→Khalfa, Jean
→Mackintosh, Nicholas J.
→Penrose, Roger
→Shank, Roger
→Sperber, Dan
→バーンボウム, ロレンス

知の大潮流―21世紀へのパラダイム転換 今世紀最高の頭脳が予見する未来　徳間書店
→Baudrillard, Jean
→Berlin, Isaiah
→Boorstin, Daniel Joseph
→Brzezinski, Zbigniew K.
→Fuentes, Carlos
→Illich, Ivan D.
→Lee, Kuan Yew
→Mandela, Nelson
→Miłosz, Czesław
→Naipaul, Vidiadhar Surajprasad
→Paz, Octavio
→Peres, Shimon
→Solzhenitsyn, Aleksandr Isaevich
→Soyinka, Wole
→Toffler, Alvin
→アハマッド, アクバル・S.
→アンリ=レヴィ, ベルナール
→カプシチンスキー, リヒャルト
→ゴンザレス, フェリペ
→シーバーベルグ, ハンス・ユルゲン
→ストーン, オリヴァー
→トフラー, ハイジ
→トルドー, ピエール
→ハンティントン, サミュエル・P.
→マンリー, マイケル
→ミッテラン, フランソワ
→ロックフェラー, デイビッド

チベット仏教の神髄　日中出版
→キャプゴン・サキャ・ティチェン・リンポチェ
→キャプジェ・カルー・リンポチェ
→キャプジェ・ディンゴ・ケンツェ・リンポチェ
→キャプジェ・ヨンズィンリン・リンポチェ

地方自治の世界的潮流―20カ国からの報告 上　信山社出版
→Barrington, T.J.
→Bogason, Peter
→Delmartino, Frank
→Gunlicks, Arthur B.
→Gustafsson, Gunnel
→Hansen, Tore
→Higgins, Donald
→Jones, George W.
→Jones, Michael
→Toonen, Theo A.J.

地方自治の世界的潮流―20カ国からの報告 下　信山社出版
→Alfonso, Luciano Parejo
→Almeida, J.M.Pedroso de
→Bauer, Helfried
→Christofilopoulou-Kaler, Paraskevy

→Dente, Bruno
→Duran, Patrice
→Heper, Metin
→Hesse, Joachim Jens
→Linder, Wolf
→Sharpe, Laurence J.

地方分権と財政調整制度―改革の国際的潮流　東京大学出版会
→レンチュ, ヴォルフガング
→ロッツ, ユルゲン

チームを育てる―精神障害リハビリテーションの技術　金剛出版
→Anthony, William Alan
→Cook, Judith A.
→Corrigan, Patrick W.
→Draine, Jeffrey
→Fitzgibbon, Genevieve
→Garman, Andrew N.
→Giffort, Daniel W.
→Horton-O'Connell, Terri
→Lifley, Harriet P.
→McCracken, Stanley Glenn
→Sluyter, Gary V.
→Solomon, Phyllis
→Steigman, Pamela J.

中国が戦争を始める―その代価をめぐって　恒文社21
→Finkelstein, David M.
→Frieman, Wendy
→Joffe, Ellis
→Scobell, Andrew
→Thayer, Carlyle A.
→Tkacik, John
→Wortzel, Larry M.
→キム, テイホウ（金泰虎）
→コウ, カイセイ（黄介正）

中国行政法概論 1　近代文芸社
→オウ, ショウネン（応松年）
→キョウ, メイアン（姜明安）
→チョウ, カンコウ（張煥光）
→ラ, ゴウサイ（羅豪才）

中国経済超えられない八つの難題―『当代中国研究』論文選　草思社
→カ, セイレン（何清漣）
→ガク, ケンユウ（岳健勇）
→チュウ, タイグン（仲大軍）
→チン, ジツ（陳実）
→チン, マン（陳漫）
→ヨウ, ハン（楊帆）
→リ, ホウリョウ（李宝梁）

中国経済の地域間産業連関分析　創文社
→オウ, ケイケイ（王慧炯）
→ゴ, セイショウ（呉正章）
→ゴ, バンヒョウ（呉万標）
→サイ, ジョチョウ（斎舒暢）
→リ, キョウ（李強）
→リ, ゼンドウ（李善同）
→リ, ハクカン（李伯漢）
→リ, ブンゲン（李文彦）

中国刑法教科書―総論　八千代出版
→ウ, セイセイ（于斉生）
→カ, ヘイショウ（何秉松）
→ギ, コクカ（魏克家）
→セツ, ズイリン（薛瑞麟）

ちゅう

→バ, トウミン（馬登民）
→ハイ, コウセン（裴広川）
中国刑法教科書―各論　八千代出版
　　　　　→ウ, セイセイ（于斉生）
　　　　　→ギ, コクカ（魏克家）
　　　→キョク, シンキュウ（曲新久）
　　　　　→ゲン, セイリン（阮斉林）
　　　　→セツ, ズイリン（薛瑞麟）
　　　　　→バ, トウミン（馬登民）
　　　　　→ハイ, コウセン（裴広川）
中国建軍50周年（1977年8月1日）記念論文集　〔防衛研修所〕
　　　　　　→オウ, シン（王震）
　　　　　　　　→解放軍報
　　　　→軍事科学院戦史研究部
　　　　　　　　　　→紅旗
　　　　　→志丹県革命委員会
　　　　　　　　　→人民日報
　　　　　→ゾク, ユウ（粟裕）
　　　　→タン, シンリン（譚震林）
　　→中国共産党陝西省志丹県委員会
　　→中国人民解放軍軍事科学院理論組
　　→中国人民解放軍総参謀部理論組
　　→中国人民解放軍総政治部理論組
　　　　　→中国人民革命軍事博物館
　　　　　→ヨウ, ケンエイ（葉剣英）
中国古籍流通学の確立―流通する古籍・流通する文化　雄山閣
　　　　　→アン, ヘイシュウ（安平秋）
　　　　→リュウ, ギョクサイ（劉玉才）
　　　　　　　　→ロ, イ（盧偉）
中国古代の歴史家たち―司馬遷・班固・范曄・陳寿の列伝訳注　早稲田大学出版部
　　　　　　→シバ, セン（司馬遷）
　　　　　　　→チン, ジュ（陳寿）
　　　　　　　→ハン, コ（班固）
　　　　　　→ハン, ヨウ（范曄）
中国式愛のかけひき―北京・上海・広東・四川、素顔の女たち　はまの出版
　　　　　→オウ, リツシン（王立新）
　　　　　→チョウ, ショウキ（趙小琪）
　　　　→チョウ, ヨウナン（張耀南）
中国思想における身体・自然・信仰―坂出祥伸先生退休記念論集　東方書店
　　　　　→エスポジト, モニカ
　　　　　→コウ, タイリン（高大倫）
　　　　→フウ, キンエイ（馮錦栄）
　　　　　→リュウ, セイ（劉正）
中国宗教文献研究　臨川書店　→Robert, Jean-Noel
　　　　　→ヴィータ, シルヴィオ
　　　　→ヴェレレン, フランシスクス
　　　　→エイ, シンコウ（栄新江）
　　　　　→エスポジト, モニカ
　　　　→オウ, ショウブン（王承文）
　　　　　→オウ, ホウイ（王邦維）
　　　　　　→デーク, マックス
　　　　→フォルテ, アントニーノ
　　　　→ホウ, コウショウ（方広錩）
　　　→ボルツ, ジュディス・マギー
　　　　　→リ, エンゴク（李遠国）
　　　　→リュウ, シュクフン（劉淑芬）
　　　　　→リン, ゴシュ（林悟殊）
中国少数民族の婚姻と家族　上巻　第一書房
　　　　　　→アン, ラン（安蘭）
　　　　　→ガン, シキュウ（顔思久）

→ゲン, ジョカン（厳汝嫺）
→ジョ, リン（徐琳）
→ソウ, セイショウ（曹成章）
→チョウ, エン（趙燕）
→チン, ダイブン（陳乃文）
→バ, セイサク（馬世冊）
→モウ, ケイフン（孟慶芬）
→ヨウ, チョウリン（姚兆麟）
→ラ, シキ（羅之基）
→ラ, ラク（羅洛）
→リ, キンシュン（李近春）
→リ, ショウメイ（李紹明）
→リク, レンテイ（陸蓮蒂）
→リュウ, タツセイ（劉達成）
→ロ, クン（盧勛）
中国少数民族の婚姻と家族　中巻　第一書房
→ウリキキツト（烏力吉図）
→オウ, ショウブ（王昭武）
→シュウ, ケイメイ（周慶明）
→ジョ, ダ（舒娜）
→ソウ, チョウリン（宋兆麟）
→チョウ, フッコウ（趙復興）
→テイ, キツウン（鄭吉雲）
→バク, シュンキョウ（莫俊卿）
→バクジツコンテキ（莫日根迪）
→ハン, コウキ（范宏貴）
→ホウ, カンショウ（彭官章）
→ラン, チョウケン（蘭周根）
→リ, ケイショウ（李京燮）
→リュウ, ケイカ（劉慶華）
→リュウ, ホウキ（劉宝琦）
→リョ, コウテン（呂光天）
→ロ, クン（盧勛）
中国少数民族の婚姻と家族　下巻　第一書房
→アブドレイム（阿不都熱衣木）
→オウ, ギョクリン（汪玉林）
→オウ, ケイキン（王慧琴）
→カ, ゴウホ（賈合甫）
→ガイコクハイジ（艾克拜尓）
→ガイヒフラ（艾比不拉）
→カク, ウンカ（郭蘊華）
→カン, ケンギョウ（韓建業）
→ゲン, ジョカン（厳汝嫺）
→コウ, テイキ（黄庭輝）
→ソウ, チョウリン（宋兆麟）
→チェン, シュウイン（陳秀英）
→チョウ, カ（趙華）
→チョウ, ミン（張民）
→チン, チョウ（陳超）
→ト, ギョクテイ（杜玉亭）
→トウ, コクリキ（佟克力）
→ハン, ギョクバイ（范玉梅）
→ベイジサッカン（米尓扎汗）
→ボク, シュンエイ（穆舜英）
→モウ, ケイフン（孟慶芬）
→ヨウ, イクジョウ（楊毓驤）
→ヨウ, フクショウ（姚福祥）
→リュウ, タツセイ（劉達成）
中国人口問題のいま―中国人研究者の視点から　ミネルヴァ書房
→ウ, ガクグン（于学軍）

ちゆう

→カク, シゴウ（郭志剛）
→ケイ, セイクン（桂世勲）
→コ, ホウショウ（顧宝昌）
→コウ, エイセイ（黄栄清）
→サ, ガクキン（左学金）
→サイ, ボウ（蔡昉）
→ジョ, アンキ（徐安琪）
→デン, セツゲン（田雪原）
→ト, ホウ（杜鵬）
→ホウ, キテツ（彭希哲）
→リ, キョウ（李強）
→リ, バイリン（李培林）
→リ, ロロ（李路路）

中国人、「食」を語る　近代文芸社
　　　　　　　→イク, タップ（郁達夫）
→オウ, ソウキ（汪曽祺）
→オウ, モウ（王蒙）
→オウ, リョウイツ（王了一）
→カ, カイソン（夏丏尊）
→カ, ヘイオウ（賈平凹）
→カク, フウ（郭風）
→カン, ショウカ（韓少華）
→ゴ, ソコウ（呉祖光）
→コウ, イキ（高維晞）
→コウ, ソウエイ（黄宗英）
→シュウ, サクジン（周作人）
→ジョ, テイ（舒婷）
→ジョ, ヒョウ（徐氷）
→ショウ, シンコク（邵振国）
→バ, ズイホウ（馬瑞芳）
→ヒツ, ショウキ（畢小輝）
→ホウ, シガイ（豊子愷）
→ヨウ, セイトウ（葉聖陶）
→リョウ, ジツシュウ（梁実秋）
→リン, ゴドウ（林語堂）

中国人の見た中国・日本関係史―唐代から現代まで
　東方出版
　　　　　　→オウ, ショクゲン（于植元）
→オウ, キチュウ（王貴忠）
→オウ, キンリン（王金林）
→オウ, チョウシュン（王兆春）
→カク, テツショウ（郭鉄桩）
→カン, ショウ（関捷）
→ゴ, ジョスウ（呉如嵩）
→シ, ジュシン（史樹新）
→シュ, シュジン（朱守仁）
→ショウ, チジ（肖致治）
→シン, バイリン（辛培林）
→セキ, キショウ（戚其章）
→ソ, スウミン（蘇崇民）
→ソウ, コウチュウ（荘鴻鋳）
→ソン, ケイブ（孫継武）
→チョウ, ホウセン（張鳳仙）
→チョウ, リツボン（張立凡）
→チン, シキ（陳志貴）
→テイ, ホウ（鄭鵬）
→デン, キュウセン（田久川）
→ニン, コウショウ（任鴻章）
→ブ, イクブン（武育文）
→ユ, イトン（兪辛焞）

→ヨウ, コウシン（楊孝臣）
→リ, エイハク（李永璞）
→リ, ジュンソウ（李潤蒼）
→リュウ, オンカク（劉恩格）
→リュウ, ジュセン（劉樹泉）
→レイ, コウ（黎光）

中国人の見た日本―留学経験者の視点から　日本僑報社
　　　　　　→アン, ケンセイ（安剣星）
→オウ, テッキョウ（王鉄橋）
→オウ, ブンリョウ（王文亮）
→カ, ホウショウ（夏鵬翔）
→カク, キンバイ（郭金梅）
→キュウ, ビ（宮薇）
→キン, ブンガク（金文学）
→ケイ, ギョクショク（桂玉植）
→ケイ, シキョウ（邢志強）
→シュ, ケンエイ（朱建栄）
→シュウ, チョウカイ（周長海）
→シン, キュウ（秦弓）
→シン, ケツ（沈潔）
→ジン, ジョウキ（任常毅）
→シン, レイカ（慎麗華）
→ソウ, チュウショウ（叢中笑）
→タン, シゴウ（笪志剛）
→ダン, タンソウ（段端聡）
→ダン, ヤクチュウ（段躍中）
→チョウ, ケンコク（張建国）
→チョウ, ジュン（張淳）
→チョウ, ショウ（張晶）
→チョウ, ショウガン（張韶岩）
→ト, ケンジン（杜建人）
→トウ, ケイザン（鄧継山）
→ホ, ヘイ（歩平）
→ヨ, ヘイチョウ（余炳騰）
→ヨウ, イビン（葉偉敏）
→ヨウ, リョウリョウ（葉陵陵）
→ラ, スウトク（羅崇徳）
→リ, シュカイ（李聚会）
→リ, スイカ（李翠霞）

中国人も愛読する中国人の話　上巻　はまの出版
　　　　　　→オウ, コウコウ（王紅崗）
→チョウ, エイ（張詠）
→チョウ, カン（趙晗）
→チン, ケンショウ（陳剣祥）
→ラク, ソウ（駱爽）
→リュウ, エイ（劉穎）
→ロ, エン（魯遠）

中国人も愛読する中国人の話　下巻　はまの出版
　　　　　　→オウ, ショウリ（王照利）
→シュウ, ジュコウ（周樹興）
→ヨウ, グン（楊軍）
→リ, チュウケイ（李中慶）
→リ, ブンヒ（李文飛）
→リン, シブ（林士武）

中国における生産財流通―商品と機構　アジア経済研究所
　　　　　　→オン, ケイホウ（温桂芳）
→ジョ, アヘイ（徐亜平）
→ショウ, ケンカク（邵建革）
→ジョウ, セイ（常清）
→ソン, タンチン（孫潭鎮）

ちゅう

　　　　　　　　　　　→チョウ, コウ（張宏）
　　　　　　　　　　→チョウ, ゼンリョウ（張善良）
　　　　　　　　　　→ニン, コウシュウ（任興洲）
　　　　　　　　　　→ヨウ, ケツゴウ（葉傑剛）
　　　　　　　　　　→リョウ, エイビン（廖英敏）
中国における日本租界―重慶・漢口・杭州・上海　御
　茶の水書房　　　　　→カク, ケン（郭建）
　　　　　　　　　　→コウ, アヘイ（黄亜平）
　　　　　　　　　　→チン, ソオン（陳祖恩）
　　　　　　　　　　→ヒ, セイコウ（費成康）
　　　　　　　　　　→ユウ, ゲツシ（熊月之）
　　　　　　　　　　→ラ, ソブン（羅蘇文）
　　　　　　　　　　→リ, ヒャクコウ（李百浩）
中国の計量経済学モデル　創文社
　　　　　　　　→Klein, Lawrence Robert
　　　　　　　　　　→シュウ, ホウ（周方）
　　　　　　　　　　→シン, リセイ（沈利生）
　　　　　　　　　　→テキ, ボン（翟凡）
　　　　　　　　　　→トウ, コクコウ（唐国興）
　　　　　　　　　　→リ, ゼンドウ（李善同）
　　　　　　　　　　→リョウ, ユウサイ（梁優彩）
中国の死刑制度と労働改造　成文堂
　　　　　　　　　　→オウ, サクフ（王作富）
　　　　　　　　　　→カク, ドウキ（郭道暉）
　　　　　　　　　　→ケイ, シュウ（邢衆）
　　　　　　　　　　→コウ, メイアン（高銘暄）
　　　　　　　　　　→シュウ, シンソウ（周振想）
　　　　　　　　　　→シン, ソウレイ（沈宗霊）
　　　　　　　　　　→シン, トクエイ（沈徳咏）
　　　　　　　　　　→セイ, リョウブン（成良文）
　　　　　　　　　　→チョウ, チョウセイ（趙長青）
　　　　　　　　　　→チョウ, ヘイシ（趙秉志）
　　　　　　　　　　→チン, コウクン（陳広君）
　　　　　　　　　　→ヨウ, シンバイ（楊新培）
　　　　　　　　　　→ヨウ, デンショウ（楊殿升）
　　　　　　　　　　→リ, ウンリュウ（李云竜）
　　　　　　　　　　→リキ, コウタイ（力康泰）
　　　　　　　　　　→リュウ, チ（劉智）
　　　　　　　　　　→リョウ, カジン（梁華仁）
中国の死の儀礼　平凡社　　→Martin, Emily
　　　　　　→Rawski, Evelyn Sakakida
　　　　　　　　　　→Watson, James L.
　　　　　　→ウェイクマン, フレデリック・E., Jr.
　　　　　　　　　　→コーエン, マイロン・L.
　　　　　　　　　　→ジョンソン, エリザベス・L.
　　　　　　　　　　→トムソン, スチュアート・E.
　　　　　　　　　　→ナキャーン, スーザン
　　　　　　　　　　→ホワイト, マーティン・K.
　　　　　　　　　　→ワトソン, ルービー・S.
中国の社会病理　亜紀書房　→オウ, キンレイ（王金玲）
　　　　　　　　　　→オウ, テツ（王鉄）
　　　　　　　　　　→カ, リョウトウ（柯良棟）
　　　　　　　　　　→カク, ショウ（郭翔）
　　　　　　　　　　→チョウ, ヘイ（張萍）
　　　　　　　　　　→チン, コウリョウ（陳興良）
中国の女性―社会的地位の調査報告　尚学社
　　　　　　　　　　→コ, ギョウリン（胡暁琳）
　　　　　　　　　　→ショウ, エイヘイ（蒋永萍）
　　　　　　　　　　→ソン, ジュウ（孫戎）
　　　　　　　　　　→チョウ, エイ（張永）

中国の女性学―平等幻想に挑む　勁草書房
　　　　　　　　　　→タイ, キンカ（戴錦華）
　　　　　　　　　　→タン, シン（譚深）
　　　　　　　　　　→チン, シュンケツ（陳俊傑）
　　　　　　　　　　→テイ, ケン（丁娟）
　　　　　　　　　　→ト, ホウキン（杜芳琴）
　　　　　　　　　　→ニン, セイウン（任青雲）
　　　　　　　　　　→モウ, エツ（孟悦）
　　　　　　　　　　→ヨウ, シ（楊志）
　　　　　　　　　　→リ, ギンガ（李銀河）
　　　　　　　　　　→リ, シウン（李子雲）
　　　　　　　　　　→リ, ジュン（李楯）
　　　　　　　　　　→リ, ショウコウ（李小江）
中国の人権論と相対主義　成文堂
　　　　　　　　　　→カク, ドウキ（郭道暉）
　　　　　　　　　　→ゲン, ゾンセイ（厳存生）
　　　　　　　　　　→ジョ, ケンメイ（徐顕明）
　　　　　　　　　　→シン, シンヨウ（信春鷹）
　　　　　　　　　　→シン, ソウレイ（沈宗霊）
　　　　　　　　　　→チョウ, ブンケン（張文顕）
　　　　　　　　　　→テイ, セイリョウ（鄭成良）
　　　　　　　　　　→ト, コウケン（杜鋼建）
　　　　　　　　　　→リン, ジントウ（林仁棟）
中国の地域政権と日本の統治　慶応義塾大学出版会
　　　　　　　　　　→Lary, Diana
　　　　　　　　　　→ウー, オドリック
　　　　　　→ウェイクマン, フレデリック・E., Jr.
　　　　　　　　　　→カイ, ガクシ（解学詩）
　　　　　　　　　　→ギ, コウウン（魏宏運）
　　　　　　　　　　→ショウ, メイコウ（邵銘煌）
　　　　　　　　　　→チョウ, ズイトク（張瑞徳）
　　　　　　　　　　→ブルック, ティモシー
　　　　　　　　　　→ロ, メイキ（盧明輝）
中国の都市人口と生活水準―瀋陽・長春・ハルビン
　アジア経済研究所　　→イン, ゴウ（尹豪）
　　　　　　　　　　→オウ, ショウキン（王勝今）
　　　　　　　　　　→チン, ショウリ（陳勝利）
　　　　　　　　　　→リュウ, ウントク（劉雲徳）
中国の労働団体と労使関係―工会の組織と機能　社
　会経済生産性本部生産性労働情報センター
　　　　　　　　　　→中華全国総工会
中国東アジア外交交流史の研究　京都大学学術出版
　会　　　　　　　　→Robinson, David
　　　　　　　　　　→シン, エイエイ（沈衛栄）
中国文化人類学リーディングス　風響社
　　　　　　　　→Malinowski, Bronislaw
　　　　　　　　　　→Watson, James L.
　　　　　　　　　　→ウォード, バーバラ
　　　　　　　　　　→エブリー, P.B.
　　　　　　　　　　→スキナー, G.W.
　　　　　　　　　　→チン, キナン（陳其南）
　　　　　　　　　　→ハレル, S.
　　　　　　　　　　→ヒ, コウツウ（費孝通）
　　　　　　　　　　→ファース, レイモンド
　　　　　　　　　　→ブラウン, ラドクリフ
　　　　　　　　　　→フリードマン, M.
　　　　　　　　　　→リン, ヨウカ（林耀華）
　　　　　　　　　　→ワトソン, J.L.
中国民主活動家チベットを語る　日中出版
　　　　　　　　　　→オウ, ジャクボウ（王若望）

ちゅう　　　　　全集・合集収載 翻訳図書目録 1992-2007　Ⅰ

→カン, タイカイ（干大海）
→ギ, キョウセイ（魏京生）
→ギョウ, キ（暁暉）
→ゲン, カキ（厳家其）
→コウ, ショウキツ（頃小吉）
→サイ, スウコク（蔡崇国）
→ショウ, バイコン（蒋培坤）
→シン, タン（沈彤）
→ソウ, チョウセイ（曹長青）
→ソウ, レイメイ（宋黎明）
→チョウ, ギョウビ（趙暁薇）
→テイ, シリン（丁子霖）
→ヨウ, チュウビ（楊中美）

中国民族法概論　成文堂
→オウ, インブ（王允武）
→ゴ, ソウキン（呉宗金）
→ゴ, タイカ（呉大華）
→チョウ, ブンザン（張文山）
→トク, ゼンエイ（徳全英）

中国歴代西域紀行選　ベースボール・マガジン社
→キンソクカツブツ（欽則活仏）
→コウ, キョカイ（高居誨）
→コウ, ブンピツ（黄文弼）
→コウ, リョウキツ（洪亮吉）
→シュウ, キブ（周希武）
→ジョ, ショウ（徐松）
→ボクオウ（穆王）
→ワ, ジン（倭仁）

中世衣生活誌─日常風景から想像世界まで　勁草書房
→Pastoureau, Michel
→Piponnier, Françoise
→アレクサンドル＝ビドン, ダニエル
→ビュロー, ピエール
→マーヌ, ペリーヌ
→リゴロ, フランソワ

中世思想原典集成　1　平凡社
→Athanasius, Magnus
→Eusebiosof Caesarea
→Gregorius Thaumaturgns
→Irenaeus
→Justinus
→Methodios
→Origenes
→クレメンス（アレクサンドレイアの）
→テオフィロス（アンティオケイアの）
→ヒッポリュトス（ローマの）

中世思想原典集成　2　平凡社
→Athanasius, Magnus
→Basilius
→Chrysostomos, Jōhannēs
→Eusebiosof Caesarea
→アレイオス
→アレクサンドロス（アレクサンドレイアの）
→キュリロス（エルサレムの）
→グレゴリオス（ナジアンゾスの）
→グレゴリオス（ニュッサの）

中世思想原典集成　3　平凡社
→Joannes Climacus, St
→Kabasilas, Nikolaos
→Kyrillos of Alexandria
→Palamās, Grēgorios

→Simeon
→ディオニシオス・アレオパギテース
→テオドロス（ストゥディオスの）
→ネストリオス
→プロセス, ミカエル
→ポンティコス, エウアグリオス
→マカリオス〈偽〉
→マクシモス（証聖者）
→ヨアンネス（ダマスコスの）

中世思想原典集成　4　平凡社
→Ambrosius
→Augustinus, Aurelius, Saint, Bp.of Hippo
→Caesarius（Arelatensis）
→Cassianus, Johannes
→Cyprianus, Thascius Caecilius
→Hieronymus
→Hilarius（Pictaviensis）
→Lactantius, Lucius Caelius Firmianus
→Leo
→Novatianus
→Paulinus, Anicius, Meropius Pontius
→Pelagius
→Prosper（Aquitanus）
→Prudentius, Aurelius Clemens
→Reisenhuber, Klaus
→Severus, Sulpicius
→Tertullianus, Quintus Septimius Florens
→Victorinus, Caius Marius

中世思想原典集成　5　平凡社
→Benedictus a Nursia
→Boethius, Ancius Manlius Severinus
→Cassiodorus
→Gregorius
→イシドルス（セビリャの）
→イルデフォンスス（トレドの）
→デフェンソル（リジュジェの）
→マルティヌス（ブラガの）

中世思想原典集成　6　平凡社
→Alcuin
→Bonifatius
→Eringena, Johannes
→Karl
→アゴバルドゥス
→ウェネラビリス, ベーダ
→エルフリック
→ストラボ, ヴァラフリド
→テオドゥルフス
→ノートケル
→ヒルドゥイヌス
→フレデギスス
→マウルス, ラバヌス
→ヨナス（オルレアンの）
→ルプス（フェリエールの）

中世思想原典集成　7　平凡社
→Abaelardus, Petrus
→Anselmus（Cantuariensis）
→Anselmus（Laudunensis）
→Augustodunensis, Honorius
→Compendiensis, Roscellinus
→Damiani, Petrus
→Guillelmus（Campellensis）
→Gundissalinus, Dominicus
→Lombardus, Petrus

818　書名索引

ちゅう

→Petrus (Blesensis)
→Robertus (Melodunensis)
→Venerabilis, Petrus
中世思想原典集成 8 平凡社
　→アラヌス・アブ・インスリス
　→ギョーム (コンシュの)
　→ギルベルトゥス・ポレタヌス
　→クラレンバルドゥス (アラスの)
　→ティエリ (シャルトルの)
　→フルベルトゥス (シャルトルの)
　→ベルナルドゥス (シャルトルの)
　→ベルナルドゥス・シルヴェストリス
　→ヨハネス (ソールズベリーの)
中世思想原典集成 9 平凡社
　→Richardos a St. Victore
　→アカルドゥス (サン＝ヴィクトルの)
　→アダム (サン＝ヴィクトルの)
　→アンドレアス (サン＝ヴィクトルの)
　→ゴドルロワ (サン＝ヴィクトルの)
　→フーゴー (サン＝ヴィクトルの)
中世思想原典集成 10 平凡社
　→Aelredus (Rievallensis)
　→Anselmus (Cantuariensis)
　→Anselmus (Havelbergensis)
　→Bernardus (Claraevallensis)
　→Eadmerus (Cantuariensis)
　→Guerricus (Igniacensis)
　→Guigo
　→Guillaume (Sancti-Theodorici)
　→Johannes (Fiscannensis)
　→Lanfrancus (Cantuariensis)
　→Rupertus (Tuitiensis)
　→Stella, Isaac
　→シトー会
中世思想原典集成 11 平凡社　→al-Ghazzali
　→Ibn Rushd
　→Ibn Sina
　→アヴェロエス
　→アッサファー, イフワーン
　→イブン・トゥファイル
　→イブン・バージャ
　→キルマーニー
　→キンディー
　→スフラワルディー
　→ファーラービー
中世思想原典集成 12 平凡社　→Bacon, Roger
　→Bonaventura
　→Francesco d'Assisi, Saint
　→アレクサンデル (ヘールズの)
　→アントニウス (パドヴァの)
　→オリヴィ, ペトルス・ヨハニス
　→ギルベルトゥス (トゥルネの)
　→トーディ, ヤコポーネ・ダ
　→トマス (ヨークの)
　→マタエウス (アクアスパルタの)
　→ヨアキム (フィオーレの)
中世思想原典集成 13 平凡社
　→Albertus Magnus
　→Bartholomaeus Anglicus
　→Grosseteste, Robert
　→Guillaume d'Auvergne
　→Guillaume d'Auxerre

→Henri de Gand
→Siger de Brabant
→Ulrich von Strassburg
→Vincent de Beauvais
　→ダヴィド (ディナンの)
　→タンピエ, エティエンヌ
　→ディートリヒ (フライベルクの)
　→フィリップス
　→ロマヌス, アエギディウス
中世思想原典集成 15 平凡社　→Hildegard
　→アンジェラ (フォリーニョの)
　→エーブナー, クリスティーネ
　→エーブナー, マルガレータ
　→カタリナ (ジェノヴァの)
　→ゲルトルート (ヘルフタの)
　→ケンプ, マージェリー
　→ジュリアン (ノリッジの)
　→ドワン, マルグリット
　→ハデウェイヒ
　→ビルギッタ (スウェーデンの)
　→フランチェスカ (ローマの)
　→ベアトレイス (ナザレトの)
　→ポレート, マルグリット
　→メヒティルト (ハッケボルンの)
中世思想原典集成 16 平凡社
　→Eckhart, Johannes
　→Seuse, Heinrich
　→ダーヴィト (アウクスブルクの)
　→タウラー, ヨハネス
　→ディオニュシウス (カルトゥジア会の)
　→ニコラウス (〈偽〉 フリューエの)
　→ニコラウス (シェトラスブルクの)
　→ベルトルト (レーゲンスブルクの)
　→ベルナルドゥス (ヴァーキングの)
　→ポイントナー, トーマス
　→マルクヴァルト (リンダウの)
　→メルスヴィン, ルールマン
　→ヨハネス (ソールズベリーの)
　→ヨルダヌス (ザクセンの)
　→ルドルフ (ビベラハの)
　→ルドルフス (ザクセンの)
中世思想原典集成 17 平凡社
　→Nicolaus Cusanus, Cardinal
　→Thomas a Kempis
　→ジェルソン, ジャン・シャルリエ
　→ヒルトン, ウォルター
　→ヘルプ, ヘンドリク
　→ルースブルーク, ヤン・ファン
　→ロール, リチャード
中世思想原典集成 18 平凡社
　→Aureoli, Petrus
　→Buridanus, Johannes
　→Godefridus Fontibus
　→Lullus, Rainmundus
　→Marsilius de Padua
　→Ockham, William
　→Scotus, Johannes Duns
　→Wodeham, Adam de
中世思想原典集成 19 平凡社
　→Oresme, Nicole d'
　→トマス (エルフルトの)
　→ニコラウス (オートクールの)

ちゆう

中世思想原典集成 20 平凡社
→パリ大学学芸学部
→ペトルス・ヒスパヌス
→ボエティウス（ダキアの）
→マルティヌス（ダキアの）
→Bañez, Dominicus
→Bellarmino, Francesco Romulo Robert
→Caietanus
→Cano, Melchior
→Johannes a Sancto Thoma
→Johannes de Lugo
→Las Casas, Bartolome de
→Lessius, Leonardus
→Mariana, Johannes
→Molina, Ludovicus
→Soto, Dominicus
→Suarez, Franciscus
→Toletus, Franciscus
→Vazquez, Gabriel
→Victoria, Fransiscus de

中世の哲学 白水社
→Chatelet, Francois
→アブデル・マレク、アヌアル
→オシャール、パトリック
→グリンパス、ベネディクト
→バダウィー、アブドッ・ラフマン
→ペパン、ジャン

中世の人間―ヨーロッパ人の精神構造と創造力 法政大学出版局
→Gurevich, Aron Iakovlevich
→Klapisch-Zuber, Christiane
→Le Goff, Jacques
→ヴォーシェ、アンドレ
→カステルヌオーヴォ、エンリコ
→カルディーニ、フランコ
→ケルビーニ、ジョヴァンニ
→ジェレメック、ブロニスラフ
→ブロッキエリ、マリアテレサ・フマガリ・ベオニオ
→ミッコリ、ジョヴァンニ
→ロシヨー、ジャック

中世の牧会者たち 日本基督教団出版局
→エガディング、ミヒャエル
→ゲルル、ハンナ=バーバラ
→シェレンベルガー、ベルナルディン
→シュミット、マルゴット
→ズートブラック、ヨーゼフ
→ルーバハ、ゲアハルト

中東キリスト教の歴史 日本基督教団出版局
→コルボン、ジャン
→シュワルツ、ウィリアム
→ミトリ、ターレク

中日近現代数学教育史 第6巻 北京師範大学
→サツ、ニチダ（薩日娜）
→シュ、ブンホウ（朱文芳）
→ダイ、キン（代鈦）
→バク、トク（莫徳）

長安都市文化と朝鮮・日本 汲古書院
→カ、サンキョウ（賈三強）
→カン、リシュウ（韓理洲）
→チョウ、ブンリ（張文利）
→ハイ、コンコウ（拝根興）
→フ、ケイ（普慧）
→ホウ、ウンカ（方藴華）
→リ、ケンチョウ（李健超）
→リ、コウ（李浩）
→リ、シケイ（李志慧）
→リ、ホウミン（李芳民）

超越論哲学と分析哲学―ドイツ哲学と英米哲学の対決と対話 産業図書
→Apel, Karl-Otto
→Baumgartner, Hans Michael
→Bubner, Rüdiger
→Geuss, Raymond
→Hartmann, Klaus
→Henrich, Dieter
→Hintikka, Jaakko
→Höffe, Otfried
→Krings, Hermann
→Mittelstraß, Jürgen
→Mohanty, J.N.
→Poser, Hans
→Reisinger, Peter
→Rorty, Richard
→Rosenberg, Jay F.
→Walker, Ralph C.S.

長期波動 藤原書店
→Brill, Howard
→Cooms, Rod
→Hopkins, Terence K.
→Taylor, James B.
→Tylecote, Andrew
→Wallerstein, Immanuel Maurice

長江流域と巴蜀、楚の地域文化 雄山閣
→チン、イ（陳偉）
→ロ、テイ（盧丁）

超市場化の時代―効率から公正へ 法律文化社
→Cox, Eva
→Daly, Maurie
→Easton, Brian
→Eckersley, Robyn
→Jones, Evan
→Kirkby, Elisabeth
→Milne, Frances
→Mundine, Kaye
→Newby, Jan
→Peters, Michael
→Raskall, Phil
→Rees, Stuart
→Rodley, Gordon
→Rosewarne, Stuart
→Stilwell, Frank
→Varoufakis, Yanis
→Watson, Sophie
→Wheelwright, Ted
→デイヴィーズ

超常現象のとらえにくさ 春秋社
→Alvarado, Carlos S.
→Bakan, David
→Batcheldor, Kenneth J.
→Bierman, Dick J.
→Blackmore, Susan J.
→Braud, William G.
→Brookes-Smith, Colin
→Ehrenwald, Jan

→Eisenbud, Jule
→Geisler, Patric V.
→Hess, David J.
→Hövelmann, Gerd H.
→Isaacs, Julian
→Krippner, Stanley
→Lucadou, Walter von
→McClenon, James
→McConnell, Robert A.
→Mitchell, Janet L.
→Owen, Alan R.G.
→Owen, Iris
→Palmer, John
→Randall, John
→Reichbart, Richard
→Rhine, Joseph Banks
→Rhine, Louisa E.
→Stevenson, Ian
→Tart, Charles T.
→White, Rhea A.
→Whiteman, J.H.M.
→コーンヴァッハス、クラウス
→心霊研究協会
→スタロック、ピーター・A.
→超心理学協会
→ラボーア、キャサリン・M.

超心理学入門　青土社
　　　　　　　→Ebon, Martin
→Ehrenwald, Jan
→Honorton, Charles
→Jaffé, Aniela
→Jung, Carl Gustav
→Krippner, Stanley
→Rhine, Joseph Banks
→Tart, Charles T.

「超図説」日本固有文明の謎はユダヤで解ける　徳間書店
→McLeod, Norman
→オドルム、エドワード

挑戦的行動の先行子操作―問題行動への新しい援助アプローチ　二瓶社
→Asmus, Jennifer M.
→Axtell, Philip K.
→Berg, Wendy K.
→Cameron, Michael J.
→Carlson, Jane I.
→Carr, Edward G.
→Carter, Cynthia M.
→Cooper, Linda J.
→Cuvo, Anthony J.
→Davis, Paula K.
→Dunlap, Glen
→Ellis, Cynthia R.
→Harding, Jay W.
→Kennedy, Craig H.
→Kern, Lee
→Koegel, Lynn Kern
→Koegel, Robert L.
→Langdon, Nancy A.
→Luiselli, James K.
→McComas, Jennifer J.
→Magito-McLaughlin, Darlene
→Maguire, Melissa

→Maguire, Russell W.
→Matthews, Amy L.
→Meyer, Kim A.
→Miltenberger, Raymond G.
→Paniagua, Freddy A.
→Progar, Patrick R.
→Romanczyk, Raymond G.
→Saunders, Muriel D.
→Saunders, Richard R.
→Sigafoos, Jeff
→Singh, Nirbhay N.
→Van Camp, Carole M.
→Vollmer, Timothy R.
→Wacker, David P.
→Yarbrough, Scott C.

朝鮮の「身分」解放運動　部落解放研究所
→Neary, Ian J.
→イム、スンマン（林淳万）
→キム、ジュニョン（金俊享）
→キム、ジュンソプ（金仲変）
→キム、ヨンデ（金永大）
→コ、スクゥ（高淑和）
→シン、ギス（辛基秀）
→チン、ドッキュ（陳德奎）
→トモナガ、ケンゾウ（友永健三）

朝鮮民族解放運動の歴史―平和的統一への模索　法政大学出版局
→カン、ホチュル（姜浩出）
→カン、マンギル（姜万吉）
→キム、ギスン（金基秀）
→キム、ミョング（金明九）
→コ、ジョンヒュ（高珽烋）
→チ、スゴル（池秀傑）
→チョ、チョレン（趙澈行）
→ノ、ギョンチェ（盧景彩）
→パク、チョラ（朴哲河）
→パク、ハニョン（朴漢根）
→ピョン、ウンジン（卞恩真）
→ペク、トンヒョン（白東鉉）
→ホ、ウン（許殷）
→ユン、ギョンオ（尹慶石）
→リュ、シヒョン（柳時賢）

朝鮮民族と国家の源流―神話と考古学　雄山閣出版
→イ、スンジン（李淳鎮）
→イ、スンヒョク（李承祿）
→カン、インスク（姜仁淑）
→カン、スンナム（姜承男）
→キム、インホ（金仁鎬）
→キム、キョギョン（金教京）
→キム、ジョンヒョク（金鍾赫）
→キム、ソクヒョン（金錫亨）
→キム、ビョンリョン（金炳龍）
→キム、プンファン（金鵬煥）
→キム、ユチョル（金裕澈）
→キム、ユンキョ（金胤橋）
→キム、ヨンジン（金栄洲）
→ソク、クァンジュン（石光濬）
→ソン、スンタク（宋純卓）
→ソン、ヨンチョン（孫永維）
→チャン、ウジン（張宇鎮）
→チャン、クッチョン（張国鍾）

つうか

→チョン, ジュンヒョン(全俊鉉)
→チョン, ソンチョル(鄭聖哲)
→チョン, ホンキョ(鄭洪教)
→ナム, イルリョン(南一龍)
→パク, チンウク(朴晋煜)
→ハン, インホ(韓仁浩)
→ユ, ビョンフン(劉秉興)

【つ】

通化二三暴動の真相―彼らはなぜ中国で死んだのか
中国の証言　教育出版センター
→ジョ, イップ(茹一夫)
→リ, ダイコン(李大根)
次の超大国・中国の憂鬱な現実　朝日新聞社
→Chan, Anita
→Chang, Jennifer
→Chung, Chien-peng
→Economy, Elizabeth
→Gamble, William
→Gilboy, George
→Gill, Bates
→Heginbotham, Eric
→Hormats, Robert D.
→Hughes, Neil C.
→Nealer, Kevin G.
→Palmer, Sarah
→Pei, Minxin
→Quinlan, Joseph P.
→Senser, Robert A.
→Watson, James L.
創られた伝統　紀伊国屋書店
→Cannadine, David
→Cohn, Bernard S.
→Hobsbawm, Eric J.
→Morgan, Prys
→Ranger, Terence
→Trevor-Roper, Hugh Redwald

【て】

ディアスポラとしてのコリアン―北米・東アジア・中央アジア　新幹社
→Ryang, Sonia
→イ, クァンギュ
→ウェンダー, メリッサ
→オリビエ, バーナード
→キム, クァン・チョン
→キム, ゲルマン・N.
→キム, シン
→クォン, テファン
→チャン, エドワード・テハン
→チャン, ジャネット
→チョン, アンジー・Y.
→ハン, V.S.
→ペク, テヒョン(白泰鉉)
→リー, ジョン
帝国への挑戦―世界社会フォーラム　作品社
→Adamovsky, Ezequiel
→Amin, Samir
→Bello, Walden F.
→Brecher, Jeremy
→Escobar, Arturo
→George, Susan
→Levi, Michael
→Ponniah, Thomas
→Saadawi, Nawal El
→Sen, Jai
→Waterman, Peter
→アナンド, ニクヒル
→アルバート, マイケル(社会運動)
→アルバレス, ソニア
→ヴァルガス, ジーナ
→ウィタケル, チコ
→ウォルフウッド, テレサ
→オスターウェイル, ミハル
→グルバチク, アンドレイ
→グレイバー, デイビッド
→ジェームズ, P.J.
→スリダール, V.
→世界女性行進
→テイバイネン, テイボ
→トロ, マリア・スアレス
→ファレール, リンデン
→フィッシャー, ウィリアム
→ブレンナー, ジョハンナ
→ボアベントゥーラ・デ・ソウサ・サントス
→ユンビ, ビクトール
→労働者インターナショナル国際連絡委員会
帝国の終焉とアメリカ―アジア国際秩序の再編　山川出版社
→トムリンソン, B.R.
→ホワイト, N.J.
→ロッター, A.J.
ディーター・ファーニーと保険学―ファーニー教授還暦記念論文集より　生命保険文化研究所
→Albrecht, Peter
→Angerer, August
→Büchner, Georg
→Corsten, Hans
→Eisen, Roland
→Giarini, Orio
→Heilmann, Wolf-Rüdiger
→Hübner, Ulrich
→Kalten, Walter
→Müller, Wolfgang
→Pestenhofer, Hubert
→Schirmer, Helmut
→Schmidt, Reimer
→Schulenburg, Matthias Graf v.d
→Schwebler, Robert
→Sieben, Günter
→Süchting, Joachim
テキスト/トランスパーソナル心理学・精神医学　日本評論社
→Battista, John Robert
→Boorstein, Seymour
→Boorstein, Sylvia
→Bravo, Gary
→Chinen, Allan B.
→Deikman, Arthur J.
→Dryer, Donna
→Epstein, Mark

→Foote, William W.
→Greyson, Bruce
→Grob, Charles
→Hiatt, John F.
→Judy, Dwight H.
→Lee, Kathryn J.
→Lu, Francis G.
→Lukoff, David
→Peters, Larry G.
→Scotton, Bruce W.
→Speier, Patricia L.
→Tart, Charles T.
→Taylor, Eugene
→Turner, Robert
→Vaughan, Frances
→Victor, Bruce S.
→Walsh, Roger N.
→Yensen, Richard

テクストの宇宙―生成・機能・布置 21世紀COEプログラム「統合テクスト科学の構築」SITES講演録 2004-2005年 名古屋大学大学院文学研究科
→ヴザン, ジャン
→カロッツィ, クロード
→ザンク, ミシェル
→シャゼル, シーリア
→タヴィアーニ＝カロッツィ, ユゲット
→ドゥヴロワ, ジャン＝ピエール
→バラール, ミシェル
→ローズ, ピーター・ジョン

デジタル時代の大学と図書館―21世紀における学術情報資源マネジメント 玉川大学出版部
→Battin, Patricia
→Brown, John Seely
→Hawkins, Brian L.
→ウィリアムソン, サミュエル・R.
→ウォーターズ, ドナルド・J.
→カウフマン, ポーラ
→カッツ, リチャード・N.
→グリフィス, ホセ＝マリー
→グリンバーグ, ダグラス
→ケネディ, ドナルド
→チョドロウ, スタンレー
→ホッキー, スーザン
→マーカム, ディアナ・B.
→ライマン, ピーター
→レスク, マイケル・E.
→ローゼンブラット, スーザン

哲学者は何を考えているのか 春秋社
→Blackburn, Simon
→Cronin, Helena
→Cupitt, Don
→Dawkins, Richard
→Dummett, Michael A.E.
→Hampshire, Stuart
→Harris, John
→Honderich, Ted
→Midgley, Mary
→Monk, Ray
→Putnam, Hilary
→Ree, Jonathan
→Richards, Janet Radcliffe
→Scruton, Roger
→Searle, John R.
→Singer, Peter
→Sokal, Alan
→Stannard, Russell
→Swinburne, Richard
→Vardy, Peter
→Warnock, Mary
→Wilson, Edward Osborne

哲学と歴史―カントからマルクスへ 白水社
→Chatelet, Francois
→ヴェルドナル, ルネ
→ギエルミ, ルイ
→ダルマーニュ, ジャン＝リュク
→バヌール, ワンダ
→フィロネンコ, アレクシス
→プーランツァ, ニコ

哲学の基礎コース 晃洋書房
→Martens, Ekkehard
→Schnadelbach, Herbert
→フォッセンクール, W.

哲学の原点―ドイツからの提言 未知谷
→Achenbach, Gerd B.
→Beck, Ulrich
→Bentele, Günter
→Boehm, Ulrich
→Braitenberg, Valentin
→Brunkhorst, Hauke
→Bubner, Rüdiger
→Deppert, Wolfgang
→Dworkin, Ronald Myles
→Gadamer, Hans Georg
→Gerhard, Volker
→Glotz, Peter
→Günther, Klaus
→Habermas, Jürgen
→Henrich, Dieter
→Höffe, Otfried
→Hörisch, Jochen
→Hösle, Vittorio
→Jonas, Hans
→Kesselring, Thomas
→Marquard, Odo
→Mittelstraß, Jürgen
→Mohr, Georg
→Neverla, Irene
→Nowotny, Helga
→Prigogine, Ilya
→Rorty, Richard
→Rossum, Walter Van
→Sennett, Richard
→Sturma, Dieter
→Thomä, Dieter
→Weizsäcker, Carl-Friedrich Von
→Wellmer, Albrecht
→Wickert, Ulrich
→Zimmerli, Walter Ch.
→シュレーダー, R.

てつか

哲学の変貌―現代ドイツ哲学　岩波書店
→Apel, Karl-Otto
→Gadamer, Hans Georg
→Höffe, Otfried
→Krings, Hermann
→Rombach, Heinrich
鉄道17万マイルの興亡―鉄道からみた帝国主義　日本経済評論社　→Davis, Clarence Baldwin
→Fleming, William J.
→French, William E.
→Glatfelter, R.Edward
→Hances, W.Travis, III
→Holm, David F.
→Robinson, Ronald E.
→Roman, Donald W.
→Sethia, Tara
→Wilburn, Kenneth E., Jr.
デューイとミードと成瀬仁蔵　人間の科学新社
→Dewey, John
デュルケムと現代教育　同時代社
→Goodman, Roger
→Pickering, W.S.F.
→Walford, Geoffrey
→ヴェクスラー, フィリップ
→ヴェセリンフ, アントン・A.
→エリス, アーサー・K.
→クラディス, マーク
→サドヴニク, アラン・R.
→ステイン, ポール
→セメル, スーザン・F.
→ターナー, スティーブン
→デ・ヨング, マルト＝ヤン
→ブラステル, ジャック・F.A.
→ミラー, ウィリー・ワッツ
→リゴーニ, デイビッド
デリダと肯定の思考　未来社　→Agamben, Giorgio
→Blanchot, Maurice
→Derrida, Jacques
→Granel, Gérard
→Laporte, Roger
→Lyotard, Jean-François
→Malabou, Catherine
→Nancy, Jean-Luc
→アール, ミシェル
→クレール, デイヴィッド・ファレル
→サリス, ジョン
→スティグレール, ベルナール
→タミニオー, ジャック
→ブラーグ, レミ
→ベルネット, ルドルフ
→マジョール, ルネ
→ロロー, ニコル
デルファイ手法の原理と応用―PPBS特集3　防衛研修所
→Dalkey, N.C.
→Helmer, O.
転移する時代―世界システムの軌道1945―2025　藤原書店
→Casparis, John
→Derlugian, Georgi M.
→Hopkins, Terence K.
→Lee, Richard

→Pelizzon, Sheila
→Reifer, Thomas
→Sudler, Jamie
→Tabak, Faruk
→Wallerstein, Immanuel Maurice
転換期の家族―ジェンダー・家族・開発　日本家政学会
→Adams, Leola
→Anstee, Margaret J.
→Antroubus, Peggy
→Bailey, Sue
→Baker, Georgianne
→Balakrishnan, Revathi
→Barnes, Monica
→Bolton, Elizabeth B.
→Brandt, Jeanette A.
→Cowan, Donna L.
→Cumberbatch, Catherine
→Devadas, Rajammal
→Dovlo, Florence Efua
→Downer, Ruth
→Dupont, Ann M.
→Ellerbek, Aase
→Gandotra, Veena
→Guzman, Laura
→Hoover, Helene
→Jax, Judy Annette
→Kanjanasthiti, Euwadee
→Kim, Kyungja
→Kolodinsky, Jane
→Leidenfrost, Nancy B.
→McFadden, Joan R.
→Magrabi, Frances M.
→Mahmud, Simeen
→Makela, Carole J.
→Malroutu, Lakshmi Y.
→Mariner, Marion B.
→Meintjes, Elizabeth F.
→Pastizzi-Ferencic, Dunja
→Patzaurek, Susanne
→Peacock, Lyn
→Rajagopal, Lakshmi Santha
→Roach-Higgins, Mary Ellen
→Sarinana, Maria Elena Castro
→Schmidt-Waldherr, Hiltraud
→Snyder, Margaret
→Sokalski, Henryk J.
→Sriram, Rajalakshmi
→Stanberry, Anne M.
→Stanberry, James Phillip
→Thangamani, K.
→Thiele-Wittig, Maria
→Torres, Nayda I.
→Tripple, Patricia A.
→Verma, Amita
→Washi, Sigida
→White, Alison
→Williams, Doris K.
→Yorke, Margaret
転換期の福祉国家―グローバル経済下の適応戦略

早稲田大学出版部　→Esping-Andersen, Gosta
　　　　　　　　→Goodman, Roger
　　　　　　　　→ガイ, ダーラム
　　　　　　　　→キャッスルズ, フランシス・G.
　　　　　　　　→ステファンス, ジョン・D.
　　　　　　　　→ペング, イト
　　　　　　　　→マイルズ, ジョン
伝統のなかの都市　明石書店
　　　　　　　　→Dalby, Liza Crihfield
　　　　　　　　→Moraes, Wenceslau de

【と】

ドイツ企業のパイオニア―その成功の秘密　大修館
　書店　　　　　→Bosch, Robert
　　　　　　　　→Neckermann, Josef
　　　　　　　　→Nestle, Heinrich
　　　　　　　　→Nixdorf, Heinz
　　　　　　　　→Otto, Werner
　　　　　　　　→Porsche, Ferdinand, Jr.
　　　　　　　　→Reuter, Edzard
　　　　　　　　→Rosenthal, Philipp, Jr.
　　　　　　　　→Siemens, Werner Von
　　　　　　　　→Weimer, Wolfram
　　　　　　　　→アッベ, エルンスト
　　　　　　　　→アルブレヒト, クラウス
　　　　　　　　→ヴァイマー, アロイス
　　　　　　　　→クリヴェット, ハインツ
　　　　　　　　→グルーネンベルク, ニーナ
　　　　　　　　→ゲッツ, クリスティアーネ
　　　　　　　　→シュペート, ロータル
　　　　　　　　→ドイス, ヴァルター
　　　　　　　　→ハーマン, デイヴィッド
　　　　　　　　→ピーラー, ハインリヒ・フォン
　　　　　　　　→ビーリヒ, マルクス
　　　　　　　　→ブラウンベルガー, ゲラルト
　　　　　　　　→ヘンケル, コンラート
　　　　　　　　→ホイス, テーオドーア
　　　　　　　　→マイヤー, ロータル
　　　　　　　　→マウハー, ヘルムート・O.
ドイツ強制執行法と基本権　信山社出版
　　　　　　　　→Schilken, Eberhard
ドイツ現代家族法　中央大学出版部
　　　　　　　　→Henrich, Dieter
　　　　　　　　→Kollhosser, Helmut
　　　　　　　　→Müller-Freienfels, Wolfram
　　　　　　　　→Schweitzer, Ursula
ドイツ史の転換点―1848-1990　晃洋書房
　　　　　　　　→Kocka, Jürgen
　　　　　　　　→Kolb, Eberhard
　　　　　　　　→Mommsen, Wolfgang J.
　　　　　　　　→Schieder, Wolfgang
　　　　　　　　→Schramm, Gottfried
　　　　　　　　→Winkler, Heinrich August
ドイツ精神病理学の戦後史―強制収容所体験と戦後
　補償　現代書館　→コレ, クルト
　　　　　　　　→トラウトマン, エドガー・C.
　　　　　　　　→ヘンゼラー, ハインツ
ドイツ中世の日常生活―騎士・農民・都市民　刀水書
　房　　　　　　→Irsigler, Franz
　　　　　　　　→Schuberth, Ernst
　　　　　　　　→ヴンダー, ハイデ
　　　　　　　　→キュンメル, ユリアーネ
　　　　　　　　→ゲッツ, ヴェルナー
ドイツにおける精神遅滞者への治療理論と方法―心
　理・教育・福祉の諸アプローチ　岩崎学術出版社
　　　　　　　　→Badelt, Isolde
　　　　　　　　→Grimm, Rüdiger
　　　　　　　　→Hansen, Gerd
　　　　　　　　→Innerhofer, Paul
　　　　　　　　→Klein, Ferdinand
　　　　　　　　→Lempp, Reinhart
　　　　　　　　→Müller-Hohagen, Jürgen
　　　　　　　　→Pampuch, Peter
　　　　　　　　→Peterander, Franz
　　　　　　　　→Prekop, Jurina
　　　　　　　　→Redlin, Wiltraud
　　　　　　　　→Schamberger, Reglindis
　　　　　　　　→Schmidt-Thimme, Drothea
ドイツ・日本問題研究　2　関西大学経済・政治研究
　所　　　　　　→シャウベッカー, デトレフ・F.
　　　　　　　　→デーメス, ヘルムート
　　　　　　　　→バルヴェーク, オットマー
　　　　　　　　→フォーグル, シュテファン
　　　　　　　　→ミュラーザイプ, ボドー
　　　　　　　　→リーハ, カール
ドイツの不動産―開発と投資の法律および税務　ダ
　イヤモンド社　　→Benkert, Manfred
　　　　　　　　→Lachmann, Jens-Peter
　　　　　　　　→Löchner, Stefan
　　　　　　　　→Maass, Eike
　　　　　　　　→Maschmeier, Rainer
　　　　　　　　→Minuth, Klaus
　　　　　　　　→Richter, Wolfgang
　　　　　　　　→Schelnberger, Franz-Josef
　　　　　　　　→Schenck, Kersten von
　　　　　　　　→Schenk, Kernsten V.
　　　　　　　　→Schneider, Hans-Josef
　　　　　　　　→Schnitzerling, Claus
　　　　　　　　→Shannon, Harry
　　　　　　　　→Thiele-Mühlhan, Irene
　　　　　　　　→Tischbirek, Wolfgang
　　　　　　　　→Usinger, Wolfgang
ドイツ不法行為法論文集　中央大学出版部
　　　　　　　　→Bydlinski, Franz
　　　　　　　　→Huber, Ulrich
　　　　　　　　→Mädrich, Matthias
　　　　　　　　→Wolf, Joseph Georg
東亜研究所刊行物　62　竜渓書舎　→ローブ, E.M.
統一ドイツの生活実態―不均衡は均衡するのか　勁
　草書房　　　　→Braun, Michael
　　　　　　　　→Dannenbeck, Clemens
　　　　　　　　→Frick, Joachim
　　　　　　　　→Gensicke, Thomas
　　　　　　　　→Habich, Roland
　　　　　　　　→Hauser, Richard
　　　　　　　　→Holst, Elke
　　　　　　　　→Keiser, Sarina
　　　　　　　　→Klages, Helmut

とうき 全集・合集収載 翻訳図書目録 1992-2007 Ⅰ

→Landua, Detlef
→Müller, Klaus
→Noll, Heinz-Herbert
→Parmentier, Klaus
→Priller, Eckhard
→Schupp, Jurgen
→Schuster, Friedrich
→Spellenberg, Anette
→Wagner, Gert
→Weber, Ingbert
動機づける力　ダイヤモンド社　→Baker, L.M., Jr.
→Ballard, Robert D.
→Bangle, Christopher
→Baum, Herb
→Burnham, David H.
→Butcher, Susan
→Eckert, Robert A.
→Fiorina, Carly
→Fryer, Bronwyn
→Herzberg, Frederick
→Kim, W.Chan
→Levinson, Harry
→Livingston, J.Sterling
→McClelland, David Clarence
→McKee, Robert
→McKinnell, Hank
→Manzoni, Jean-François
→Mauborgne, Renée
→Mazzola, Mario
→Pillari, Ross J.
→Veatch, Chauncey
→リュ, デンシ (柳伝示)
道教研究の最先端—第一九回国際宗教学宗教史会議世界大会道教パネル論集　大河書房
→リ, ホウボウ (李豊楙)
東京とウィーン—占領期から60年代までの日常と余暇　明治大学・ウィーン大学第5回共同シンポジウム論文集　明治大学文学部　→エーダー, フランツ・X.
→シュミット=デングラー, ヴェンデリーン
「統合学」へのすすめ—生命と存在の深みから　文明の未来、その扉を開く　晃洋書房
→Mainzer, Klaus
統合と分離の国際政治経済学—グローバリゼーションの現代的位相　ナカニシヤ出版
→シャーニー, ジョルジアンドレア
統合リスク管理への挑戦—VARの基礎・手法　金融財政事情研究会　→Beckström, Rod A.
→Bock, Jerome
→Campbell, Alyce R.
→Quinn, Daniel J.
→Turnbull, Steve
→ジェイ・ピー・モーガン
→スタマス, ジョージ・P.
→ベルト, ブラッドレー・D.
鄧小平後の中国—中国人専門家50人による多角的な分析　上巻　三交社　→オウ, ジャクボウ (王若望)
→オウ, ショウコウ (王紹光)
→オウ, タン (王丹)
→カ, シン (何新)
→ガン, シン (顔真)

→ゲン, カキ (厳家其)
→ゲン, メイ (阮銘)
→コ, ヘイ (胡平)
→コウ, ジンウ (黄仁宇)
→シバ, ロ (司馬璐)
→シュ, カメイ (朱嘉明)
→シュウ, ダ (周舵)
→ショウ, ケンペイ (邵剣平)
→タイ, セイ (戴晴)
→チョウ, イコク (張偉国)
→チョウ, ウツ (趙蔚)
→チン, イッシ (陳一諮)
→チン, ケイトク (陳奎徳)
→テイ, チクエン (鄭竹園)
→ホウ, ジュンシン (包遵信)
→ホウ, レイシ (方励之)
→ユウ, カイ (熊玠)
→ヨ, エイジ (余英時)
→ヨウ, ケンリ (楊建利)
→ラ, ショウホウ (羅小朋)
→リ, ロク (李録)
→レイ, アンユウ (黎安友)
鄧小平後の中国—中国人専門家50人による多角的な分析　下巻　三交社　→アン, キ (安琪)
→オウ, チョウグン (王兆軍)
→カ, ヨウ (戈揚)
→ガイ, タンゴ (艾端午)
→ギ, キョウセイ (魏京生)
→キン, ギョウジョ (金堯如)
→コウ, ショウセイ (孔捷生)
→コウ, シン (高新)
→ソウ, チョウセイ (曹長青)
→チョウ, キョクセイ (張旭成)
→チン, ユウイ (陳有為)
→テイ, ソ (丁楚)
→ヨウ, リキウ (楊力宇)
→リク, ケン (陸鏗)
→リュウ, ヒンガン (劉浜雁)
→リン, チュウヒン (林中斌)
東南アジアにおける文化表象の諸相—環境モノグラフ調査資料集　21世紀COEプログラム「都市文化創造のための人文科学的研究」　大阪市立大学大学院文学研究科「都市文化研究センター」
→Duncan, James S.
東南アジアにおける文化表象の諸相—21世紀COEプログラム「都市文化創造のための人文科学的研究」　第3集（環境モノグラフ調査資料集 3）　大阪市立大学大学院文学研究科「都市文化研究センター」
→Goheen, Peter G.
東洋学の磁場　岩波書店　→チョン, ギョンス (全京秀)
東洋学論集—中村璋八博士古稀記念　汲古書院
→Kalinowski, Marc
→ケイ, キタイ (卿希泰)
→ホング, ウフウム (洪瑀欽)
→リョ, ガイ (呂凱)
→リョ, ソウリキ (呂宗力)
東洋思想における心身観　東洋大学東洋学研究所
→ブイ, クリスチャン
東洋的古代　中央公論新社　→シバ, セン (司馬遷)
ドゥルーズ、映画を思考する　勁草書房
→De Gaetano, Roberto

全集・合集収載 翻訳図書目録 1992-2007 I　　とらつ

→ヴァンノーニ, ルカ
→エスケナジ, ジャン＝ピエール
→グランデ, マウリツィオ
→スカラ, アンドレ
→ペルコ, ストヤン
→ベンスマイア, レダ
→ルートラ, ジャン＝ルイ

ドゥルーズ初期—若き哲学者が作った教科書　夏目書房
　　　　　　　　　　　　　　　　→Alain
　　　　　　　　　　　　　　→Bachofen
　　　　　　　　→Balzac, Honoréde
　　　　　　　　　　　　　　　→Beach
　　　　　　　→Bergson, Henri Louis
　　　　　　　　　　　→Blondel, Ch.
　　　　　　　　　　　　　　→Butler
　　　　　　　　　　　→Buytendijk
　　　　　　→Combes, Marguerite
　　　　　　　　　　　　　→Comte
　　　　　　　　　　　　→Corbett
　　　　　　　　　　　→Cuvier, C.
　　　　　→Darwin, Charles Robert
　　　　　　　　→Deleuze, Gilles
　　　　　　　→Dürkheim, Emile
　　　　　　　　→Eliade, Mircea
　　　　　　　　　　　→Espinas
　　　　　　→Fabre, Jean Henri
　　　　　→Frazer, James George
　　　　　　→Freud, Sigmund
　　　　　　　　　→Goldstein
　　　　　　　　　→Grœthysen
　　　　　　　　　　　→Groos
　　　　　　　　　→Guillaume
　　　　　　　　　→Halbwachs
　　　　　　　　　　→Hauriou
　　　　　　　　　　→Hediger
　　　　　　　→Hertz, Mathilde
　　　　　　　　　→Hingston
　　　　　　　　→Howard, L.O.
　　　　　　　　→Hume, David
　　　　　　→Kant, Immanuel
　　　　　　　　　→Koehler
　　　　　　　　　→Lacépède
　　　　　　　　　→Le Cœur
→Leibniz, Gottfried Wilhelm
→Lévi-Strauss, Claude
→Malinowski, Bronislaw
　　　　　　　　　→Marchal
　　　　　　→Marx, Karl Heinrich
　　　　　　　　　→Mireaux
　　　　　　　　　　→Ray, J.
　　　　　　　　→Renard, R.G.
　　　　　　　　　→Romanes
　　　　　　　　　　→Roule
→Rousseau, Jean Jacques
　　　　　　　　　→Saint-Just
　　　→Schopenhauer, Arthur
　　　　　　　　　　→Taine
　　　　　　→Tétry, Andrée
　　　　　　　　　→Thomas
　　　　　　　　　→Tilquin

→Verlaine, L.
→プレハーノフ

土器研究の新視点—縄文から弥生時代を中心とした土器生産・焼成と食・調理　六一書房
→ハン, ジソン（韓志仙）

特別なニーズ教育への転換—統合教育の先進6カ国比較研究　川島書店
→Abbring, Inge
→Hegarty, Seamus
→Meijer, Cor J.W.
→Pijl, Sip Jan
→Rispens, Jan

都市空間と民衆日本とフランス　山川出版社
→フォール, アラン
→ブラン＝シャレアール, マリ＝クロード
→フルコー, アニー

都市空間の社会史日本とフランス　山川出版社
→フォール, アラン
→フルコー, アニー

都市と郊外—リーディングズ 比較文化論への通路　NTT出版
→Barthes, Roland
→Benjamin, Walter
→Berque, Augustin
→Le Corbusier
→ウェクスラー, ジュディス
→フィッシュマン, ロバート

都市の異文化交流—大阪と世界を結ぶ　清文堂出版
→ガーストル, アンドリュー

都市のフィクションと現実—大阪市立大学大学院文学研究科COE国際シンポジウム報告書　大阪市立大学大学院文学研究科都市文化研究センター
→リチャーズ, イアン

『図書館の権利宣言』を論じる　京都大学図書館情報学研究会
→Robbins, Louise S.
→ウィーガンド, シャーリー・A.
→ウルコフ, キャスリーン・ニーチェ
→シュラドウェイラー, クリス
→セイメック, トニ
→ホプキンズ, ダイアン・マクアフェ
→ボールドウィン, ゴードン・B.

土地バブル経済と法・都市の混迷　有斐閣
→Jenkins, Helmut

とっておきのクリスマス—やさしい気持ちになる9つのおはなし　続　いのちのことば社（発売）
→アレン, E.L.
→アレン, ジャクリーン・ヒューイット
→イメル, メアリー・ブレア
→クック, H.N.
→サーマン, リン
→シェリル, エリザベス
→スコット, サラ
→スコット, ベネット
→ベナー, スーザン・カーンズ
→ホーサー, エミー
→リーギン, ジョイス

トラウマ的記憶の社会史—抑圧の歴史を生きた民衆の物語　明石書店
→アンダーソン, カトリナ

ドラッグ全面解禁論　第三書館
→Baker, Russell
→Bandow, Doug
→Barnett, Randy E.
→Boaz, David
→Buckley, William F., Jr.

書名索引　827

→Carter, Hodding, III
→Chapman, Stephen
→Clarke, Kildare
→Cohen, Richard
→Friedman, Milton
→Galiber, Joseph L.
→King, Rufus
→Lapham, Lewis H.
→Lewis, Anthony
→Milloy, Courtland
→Murray, Charles
→Ostrowski, James
→Palmer, Tom G.
→Pattison, Ned
→Royko, Mike
→Schmoke, Kurt L.
→Sowell, Thomas
→Trebach, Arnold S.
→インディペンデント
→エコノミスト誌
→オークランド・トリビューン
ドラッグ・ユーザー　青弓社　→Strausbaugh, John
→ケイン, H.H.
→トンプソン, ボックスカー・バーサ
→ハンク, ハーバート
→ブレア, ウィリアム
→ヘイアー, サー・パトリック
→ムーニー, ジェームズ
→ラドロウ, フィッツ・ヒュー
→リー, ジェイムズ・S.
→ロビンソン, ヴィクター
取引費用経済学―最新の展開　文眞堂
→Schmalensee, Richard
→Williamson, Oliver E.
→ジョスコー, ポール・L.
→トゥルヴァニ, マルゲリータ
→ノース, ダグラス
→ハマムジアン, パスカル
→ブット, ジャン＝ポール
→メナード, クロード
トリプルボトムライン―3つの決算は統合できるか？
創成社　　　　　　→Adams, Carol
→Baxter, Tom
→Bennet, Nancy
→Buckland, Ian
→Doane, Deborah
→Elkington, John
→Gray, Rob
→Howes, Rupert
→Jennings, Vernon
→MacGillivray, Alex
→Milne, Markus
→Monaghan, Paul
→Oakley, Ros
→Porrit, Jonathon
→Shah, Rupesh
→van der Lugt, Cornis
→ウェバー, ウェンディ
→カタリッジ, デビッド
→フロスト, ジェフ

トロツキー再評価　新評論　→Brotherstone, Terry
→Broué, Pierre
→Dukes, Paul
→Nove, Alec
→ヴァトリン, ア
→クドリャショフ, セルゲイ
→クライン, ジョージ・L.
→グーレット, アゴタ
→ゲーアマン, ウード
→スタルコフ, ボリス
→ダニエルズ, ロバート・V.
→タールホヴァ, N.S.
→デイ, リチャード
→ティクティン, ヒレル
→ヒルソン, バルーク
→ブルダコフ, V.P.
→ブロンシュテイン, ヴァレリー
→ポンパー, フィリップ
→ライマン, ミヒャル
どん底の北朝鮮―二〇〇四年ついにここまできてしまった！　ビジネス社
→イ, スリョン（李秀蓮）
→キム, チョル（金哲）
→キム, ピョンイル（金平一）
→キム, ヨンサム（金容三）
→ジン, ジョンパル（陳正八）
→ソン, スンホ（宗承鎬）
→バリエフ, アレクサンドル
ドン・ロドリゴ日本見聞録　ビスカイノ金銀島探検報告　雄松堂出版
→Vivero, Rodrigo de
→Vizcaíno, Sebastián

【な】

内閣情報部情報宣伝研究資料　第1巻　柏書房
→ニコライ
→フーベル, ゲオルグ
内閣情報部情報宣伝研究資料　第2巻　柏書房
→チンメ, ハンス
→ワンデルシェック, ヘルマン
内閣情報部情報宣伝研究資料　第3巻　柏書房
→ドウィファット, エミル
→ニコライ
内閣情報部情報宣伝研究資料　第4巻　柏書房
→エールト, アドルフ
内閣情報部情報宣伝研究資料　第5巻　柏書房
→Haas, Werner
→ドーブ, レオナード・W.
内閣情報部情報宣伝研究資料　第6巻　柏書房
→チシュカ, アントン
→ロジャーソン, シドニー
内閣情報部情報宣伝研究資料　第7巻　柏書房
→クリーク, オットー
→ミュンステル, ハンス・A.
内閣情報部情報宣伝研究資料　第8巻　柏書房
→チーグラー, ウイルヘルム
→ニコルソン, ハロルド
ナイチンゲールとその時代　うぶすな書院
→Baly, Monica Eileen
→ヴァイス, シャーリー

　　　　　　　　→ヴィチナス, マーサ
　　　　　　　→ターボックス, メアリー・P.
　　　　　　　　→ブルック, マリアン・J.
　　　　　　　　　→モンテイロ, ロイス
　　　　　　　→リーグラー, ナタリー・N.
　　　　　　　　→リチャードソン, ジーン
　　　　　→ワイダークィスト, ジョアーン・G.
内部告発—その倫理と指針　丸善　→Cutler, Tony
　　　　　　　　　　→Frieze, Jennifer
　　　　　　　　→Homewood, Stephen
　　　　　　　　　→Jennings, Karen
　　　　　　　　　　→King, Chidi
　　　　　　　　　→Lewis, David B.
　　　　　　　　　→Nye, David E.
　　　　　　　　　　→Ruff, Anne
　　　　　　　　→Sargeant, Malcolm
　　　　　　　　　→Schroder, Kate
　　　　　　　　→Southwood, Peter
　　　　　　　　→Spencer, Maureen
　　　　　　　　　→Vickers, Lucy
内陸圏・海域圏交流ネットワークとイスラム　櫂歌
　書房　　　　　→コウ, エイセイ(高栄盛)
　　　　　　　→チン, ショウショウ(陳尚勝)
　　　　　　　→ハン, ムンジョン(韓文鍾)
　　　　　　　→リュウ, ゲイショウ(劉迎勝)
中江兆民全集　8　岩波書店　　　→バルニ, J.
長崎オランダ商館日記　4　雄松堂出版
　　　　　　　　　→Doeff, Hendrik
　　　　　　　　→Wardenaar, Willem
長崎オランダ商館日記　5　雄松堂出版
　　　　　　　　　→Doeff, Hendrik
長崎オランダ商館日記　6　雄松堂出版
　　　　　　　　　→Doeff, Hendrik
長崎オランダ商館日記　8　雄松堂出版
　　　　　　　→ブロムホフ, ヤン・コック
長崎オランダ商館日記　9　雄松堂出版
　　　　　　　→ブロムホフ, ヤン・コック
長崎オランダ商館日記　10　雄松堂出版
　　　　　→エンゲレン, ヘンドリック・ヘラルト
　　　　　　　→ブロムホフ, ヤン・コック
名古屋大学アジア法整備支援研究会報告集　名古屋
　大学法政国際教育協力研究センター
　　　　　　　　　→ルヌー, ティリー
ナショナリズムとジェンダーに関する比較史的研究
　2004年度—2006年度　千葉大学大学院人文社会科
　学研究科　　　→ムーサー, ナバウィーヤ
ナショナル・ヒストリーを学び捨てる　東京大学出
　版会　　　　　　→Gluck, Carol
　　　　　　　　　→Howell, David
ナチズム下の女たち—第三帝国の日常生活　未来社
　　　　　　　　→Schuddekopf, Charles
　　　　　→オスターマイヤー, エリザベット
　　　　　　　→カイルハック, イルマ
　　　　　　　　→キーナスト, アニー
　　　　　→シュッデコプフ, イルムガルト
　　　　　　　→シュトラッサー, イルゼ
　　　　　　　→シュトルテン, インゲ
　　　　　　→ダムコフスキー, マルタ
　　　　　　　　→ツォルン, ゲルダ
　　　　　→ファビアン, アンネ＝マリー
　　　　　　　　→フィンク, レナーテ

ナチズムと歴史家たち　名古屋大学出版会
　　　　　　　　　→アルガージ, ガーディ
　　　　　　　→オーバークローメ, ヴィリィ
　　　　　　　　→シェットラー, ペーター
　　　　　　　→シェンヴェルダー, カレン
　　　　　　　　　→ハール, インゴ
　　　　　　　→ファウレンバッハ, ベルント
　　　　　　　→ロート, カール・ハインツ
NATOの核問題　防衛研修所　→Beaufre, André
　　　　　　　　　→Nerlich, Uwe
　　　　　　　　　→Slessor, John
七つの巨大事故—復興への長い道のり　創芸出版
　　　　　　　　→Amirahmadi, Hooshang
　　　　　　　　→Couch, Stephen R.
　　　　　　　　→Davis, Nancy Yaw
　　　　　　　→Funtowicz, Silvio O.
　　　　　　　→Marchi, Bruna De
　　　　　　　→Marples, David R.
　　　　　　　→Mitchell, James K.
　　　　　　　→Ravetz, Jerome R.
　　　　　　　→Shrivastava, Paul
ナラティヴ・セラピー—社会構成主義の実践　金剛
　出版　　　　　　→Andersen, Tom
　　　　　　　　→Anderson, Harlene
　　　　　　　→Cecchin, Gianfranco
　　　　　　　　→Epston, David
　　　　　　　→Gergen, Kenneth J.
　　　　　　　→Goolishian, Harold
　　　　　　　　→Hoffman, Lynn
　　　　　　　　　→Kaye, John
　　　　　　　→McNamee, Sheila
　　　　　　　　→White, Michael
ナラティヴ・セラピーの実践　金剛出版
　　　　　　　　　→Kamsler, A.
　　　　　　　　→White, Michael
　　　　　　　→イングラム, ケイト
　　　　　　　→ウィンガード, バーバラ
　　　　　　　　　→ヴェロニカ
　　　　　　　→クレイナー, マリリン
　　　　　　　→CAREカウンセラー
　　　　　　　　　　→スー
　　　　　　　→スリーブ, イヴォンヌ
　　　　　　　→チェッシャー, アイリーン
　　　　　　　→ノスワシー, シャロン
　　　　　　　　　→ブリジット
　　　　　　　→ペリー, ロレッタ
　　　　　　　　　　→メン
　　　　　　　→モーガン, アリス
　　　　　　　→ルイス, ドロシア
　　　　　　　→レーン, ケリー
ナラティヴ・セラピーの冒険　創元社
　　　　　　　　→Epston, David
　　　　　　　→ヘンウッド, アンネット
　　　　　　　→マジガン, ステファン
　　　　　　　→メイゼル, リック
　　　　　　　→モリス, フラン
　　　　　　　→ロス, サリヤン
　　　　　　　→ロバーツ, マリー
ナレッジ・マネジメント　ダイヤモンド社
　　　　　　　　→Anderson, Philip

なんき

→Argyris, Chris
→Brown, John Seely
→Drucker, Peter Ferdinand
→Garvin, David A.
→Leonard, Dorothy
→クイン,ジェームス・ブライアン
→クレイナー,アート
→ストラウス,スーザン
→ノナカ,イクジロウ(野中郁次郎)
→フィンケルスタイン,シドニー
→ロース,ジョージ
「南京安全地帯の記録」完訳と研究　展転社
→ジョ,シュクキ(徐淑希)
南条文雄著作選集　第9巻　うしお書店
→ミューレル,マクス

【に】

新菖の研究　5　第一書房　→モウ,ショウセキ(毛昭晰)
西側による国家テロ　勉誠出版
→Budiardjo, Carmel
→Chomsky, Noam
→Falk, Richard A.
→George, Alexander L.
→ウォン,シビル
→オサリヴァン,ゲリー
→ゲルヴァシ,セアン
→ハーマン,エドワード・S.
→マッククリントック,マイケル
→ロールストン,ビル
20世紀を問う―革命と情念のエクリール　慶応義塾
　大学出版会
→Besançon, Alain
→Furet, François
→Hassner, Pierre
→Hirschman, Albert O.
→Kraus, Hans-Christof
20世紀日本のアジア関係重要研究資料　1　竜渓書舎
　1999
→Wales, Nym
→Willoughby, Westel W.
→Yakhontoff, Victor A.
→オウ,チョウケイ(王寵惠)
→ガイ,ホウ(凱豊)
→カク,マツジャク(郭沫若)
→キョ,ジョウシン(許潚新)
→ゴ,コクケン(呉克堅)
→コウ,コウカイ(江公懷)
→ジョ,イン(舒湮)
→ショ,カ(書華)
→ショウ,カイセキ(蔣介石)
→ショウ,カンセイ(邵翰斎)
→セイ,シ(青之)
→世界出版社
→ソ,メイ(蘇明)
→チュウ,ゴ(中五)
→中国国民党中央執行委員会宣伝部
→チョウ,キイン(張其昀)
→チョウ,グン(張羣)
→チン,ショウウ(陳紹禹)
→チン,セイエイ(陳西瀅)

→ト,ジャククン(杜若君)
→トウ,キセイ(陶希聖)
→ブン,ガン(文岸)
→ホウ,トクカイ(彭德懷)
→リン,ゴドウ(林語堂)
→リン,ハクキョ(林伯渠)
20世紀日本のアジア関係重要研究資料　1　竜渓書舎
　2000
→Eijkman, A.J.
→Stapel, F.W.
→カ,カンシ(何幹之)
→僑務委員会秘書処
→シュ,カウ(朱化雨)
→リン,シコウ(林之光)
二〇世紀日本の天皇と君主制―国際比較の視点から
　一八六七～一九四七　吉川弘文館
→ベスト,アントニー
二十世紀の哲学　白水社
→Bouveresse, Jacques
→Chatelet, Francois
→Deleuze, Gilles
→Granel, Gérard
→コーフマン,ピエール
→デカンプ,クリスチャン
→ピジェ=クシュネル,エヴリーヌ
→フィシャン,ミシェル
二十世紀のユダヤ思想家　ミルトス
→Agus, Jacob B.
→Brann, Henry W.
→Cohon, Samuel
→Eisenstein, Ira
→Fischoff, Ephraim
→Friedman, Maurice
→Glatzer, Nahum Norbert
→Lichtenstein, Aharon
→Noveck, Simon
20世紀ロシア思想の一断面―亡命ロシア人を中心と
　して　千葉大学大学院社会文化科学研究科
→イリーン,イヴァン
→ソロヴィヨフ,ウラジーミル
→トルベツコイ,エウゲニイ
→ノヴゴロツェフ,パーヴェル
→フランク,セミョーン
→ブルガーコフ,セルゲイ
→ベルジャーエフ,ニコライ
21世紀の国立図書館―国際シンポジウム記録集　日
　本図書館協会
→Bélaval, Philippe
→Lang, Brian
→Ramachandran, R.
→Rugaas, Bendik
→Thorin, Suzanne E.
→Wainwright, Eric
→キム,ヨンムーン(金容文)
→ソン,バイキン(孫蓓欣)
21世紀ビジネスはこうなる―世界の叡智を結集
　シュプリンガー・フェアラーク東京
→Bennis, Warren G.
→Covey, Stephen R.
→Hamel, Gary
→Hammer, Michael
→Handy, Charles B.
→Kelly, Kevin

830　書名索引

→Kotler, Philip
→Porter, Michael E.
→Prahalad, C.K.
→Ries, Al
→Senge, Peter
→Thurow, Lester C.
→Trout, Jack
→コッター, ジョン
→ネイスビッツ, ジョン
二十一世紀を変革する人々―解放の神学が訴えるも
の　新世社　　　　　→Boff, Leonardo
→Casaldaliga, Pedoro
→Codina, Victor
→Girardi, Girulio
→Lois, Julio
→Nolan, Albert
→Pixley, Jorge
→Renato, Stefani
→Sobrino, Jon
→Vigil, Jose Maria
21世紀韓朝鮮人の共生ビジョン―中央アジア・ロシ
ア・日本の韓朝鮮人問題 権菴・徐竜達先生古希記
念論集　日本評論社　　→ペク, テヒョン（白泰鉉）
→ボク, ショウイク（朴昌昱）
21世紀企業の組織デザイン―マルチメディア時代に
対応する　産能大学出版部　→Galbraith, Jay R.
→コーエン, スーザン・G.
→マッコール, モーガン・W., Jr.
→モーマン, アラン・M., Jr.
→モーマン, スーザン・A.
→レッドフォード, ジェラルド・E., Jr.
→ローラー, エドワード・E., 3世
21世紀社会民主主義　第7集　生活経済政策研究所
→Kocka, Jürgen
→Meyer, Thomas
→ガブリエル, ジグマール
→シャルプ, フリッツ・W.
→チュルン, ミヒャエル
→デッケン, フランク
→マチー, クリストフ
→メルケル, ヴォルフガング
21世紀社会民主主義　第8集　生活経済政策研究所
→キュペルス, ルネ
21世紀における日中経済の課題―兵庫県立大学・曁
南大学交流20周年記念　兵庫県立大学経済経営研
究所　　　　　　　　　→ゴ, リツコウ（呉立広）
→チョウ, オウリュウ（張応竜）
→チョウ, ケン（趙娟）
21世紀のエア・パワー―日本の安全保障を考える
芙蓉書房出版　　　　　→Murray, Williamson
→キン, ジンレツ（金仁烈）
→セイビン, フィリップ
→メイツェル, マティティアフ
→ランベス, ベンジャミン
21世紀の憲法―ドイツ市民による改正論議　三省堂
→クラトーリウム作業委員会
→ヘフナー, ゲラルト
21世紀の国際通貨システム―ブレトンウッズ委員会
報告　金融財政事情研究会　→Bergsten, C.Fred
→Kenen, Peter B.

→Volcker, Paul A.
→Williamson, John
→クロス, サム・Y.
→ドブソン, ウェンディ
→ライリー, ウイリアム
21世紀の女性政策―日仏比較をふまえて　中央大学
出版部　　　　　　　　　→Légier, Gérard
→ドレフュス, フランソワーズ
→ナゼ＝アローシュ, ドミニク
→ボヌシェール, ミッシェル
→モロー, マリー＝アンジュ
→ラバナス, ジャック
→ランクトン, マリー＝テレーズ
21世紀の民法―小野幸二教授還暦記念論集　法学書
院　　　　　　　　　　→Duncan, Roderic
→Falk, Zeév W.
→Kay, Herma Hill
→Lowe, N.V.
→Sugarman, Stephen D.
西ヨーロッパの野党　行人社　→Amyot, Grant
→Beyme, Klaus von
→Capitanchik, David
→Criddle, Byron
→Denver, David
→Gladdish, Ken
→Grugel, Jean
→Kolinsky, Eva
→Paterson, William E.
→Pollack, Benny
→Pridham, Geoffrey
→Pulzer, Peter
→Smith, Gorden
→Vaughan, Michalina
→Webber, Douglas
2010年の「マネジメント」を読み解く　ダイヤモン
ド社　　　　　　　　　　→Farrell, Diana
→Handy, Charles B.
→Hormats, Robert D.
→McGahan, Anita Marie
→Prahalad, C.K.
→Turkle, Sherry
→エリクソン, タマラ
→カーマーカー, ウダイ
→チェカ, ニコラス
→ディヒトバルト, ケン
→バーニー, ジョナサン
→ハモンド, アレン
→マグワイヤ, ジョン
→マーチン, ロジャー・L.
→モリソン, ボブ
→モルド ビーヌ, ミネア・C.
日英交流史―1600-2000　1　東京大学出版会
→Beasley, William G.
→Massarella, Derek
→Nish, Ian Hill
→スティーズ, デイヴィッド
→ホア, J.E.
日英交流史―1600-2000　2　東京大学出版会
→Nish, Ian Hill
→シャーキー, ジョン

書名索引　831

にちえ　　　　　　　　　全集・合集収載 翻訳図書目録 1992-2007　Ⅰ

```
                    →ブラディック, クリストファー              →ギブニー, フランク
                    →フラワー, ジェイン                    →ザイラー, トマス・W.
                    →ベスト, アントニー                   →チンワース, マイケル
                    →ロウ, ピーター                      →バーンハート, マイケル・A.
日英交流史―1600-2000  3  東京大学出版会                   →ボブ, ダニエル・E.
                           →Gow, Ian          日米戦略思想史―日米関係の新しい視点　彩流社
                    →Pritchard, John                  →Murray, Williamson
                    →アイオン, ハーミッシュ               →オーウェンス, マッキュービン・T.
                    →シャーリエ, フィリップ              →シンライク, リチャード・H.
                    →チャップマン, ジョン                →ホフマン, フランシス・G.
                    →フェリス, ジョン         日米同盟―米国の戦略　勁草書房
                    →フラワー, ジェイン                  →Cronin, Patrick M.
日英交流史―1600-2000  4  東京大学出版会                 →Dixon, Anne M.
                           →Hunter, Janet             →Giarra, Paul S.
                    →ウェスティ, ジョン                  →Green, Michael J.
                    →コンテ゠ヘルム, マリー              →Mochizuki, Mike M.
                    →シャーキー, ジョン                  →Rubinstein, Gregg A.
                    →スギヤマ, シンヤ（杉山伸也）         →Samuels, Richard J.
                    →メイドリー, クリストファー           →Smith, Shaila A.
日英交流史―1600-2000  5  東京大学出版会                 →Stone, Laura
                           →Daniels, Gordon           →Twomey, Christopher P.
                    →Pardoe, Jon         「日米比較」企業行動と労働市場―日本経済研究セ
                    →Powell, Brian       ンター・NBER共同研究　日本経済新聞社
                    →アイオン, ハーミッシュ                             →Freeman, Ray
                    →ウィリアムズ, マーク                               →Wise, David A.
                    →オルダス, クリストファー                           →サムウィック, A.
                    →キクチ, ヒロコ（菊池裕子） 日蘭交流400年の歴史と展望―日蘭交流400周年記念
                    →コビング, アンドリュー    論文集 日本語版　日蘭学会 →Beukers, Harmen
                    →シャーリエ, フィリップ                            →Blussé, Leonard
                    →タウンゼント, スーザン・C.                        →Boot, W.J.
                    →バブ, ジェームズ                                  →Boots, Maaike
                    →ブリーン, ジョン                                  →Bremen, Jan van
                    →マコーミック, ケヴィン                            →Buruma, Ian
                    →ライクロフト, デイヴィッド                         →Cwiertka, Katarzyna
                    →ワタナベ, トシオ（渡辺俊夫）                       →Ex, Nicole
ニーチェは、今日？　筑摩書房 →Deleuze, Gilles                           →Forrer, Matthi
                    →Derrida, Jacques                                →Gasteren, Louis van
                    →Klossowski, Pierre                              →Groger, Helmut
                    →Lyotard, Jean-François                          →Groot, Henk de
日常性の解剖学―知と会話　マルジュ社                                       →Gulik, W.R.van
                    →Garfinkel, Harold                               →Harper, T.J.
                    →Psathas, George                                →Hesselink, Reinier H.
                    →Sacks, Harvey                                   →Jansen, Marius B.
                    →Shegolff, Emanuel A.                            →Jörg, C.J.A.
日独憲法学の創造力―栗城寿夫先生古稀記念　下巻                              →Klein, P.W.
  信山社              →Häberle, Peter                                →Legêne, Susan
                    →ヴァール, ライナー                                →Lequin, Frank
                    →ヴィドゥッケル, ディーター                         →Moeshart, H.J.
                    →ホラーバッハ, アレクサンダー                       →Poelgeest, L.van
日独国際親善の旅　近代文芸社 →Stifter, Adalbert                          →Post, P.
日米戦後関係史―パートナーシップ 1951-2001　講                            →Raben, Remco
  談社インターナショナル →Dower, John W.                              →Remmelink, Willem G.J.
                    →Green, Michael J.                              →Segers, Rien T.
                    →Mochizuki, Mike M.                             →Smits, Ivo
                    →Oberdorfer, Don                                →Stolk, A.A.H.
                    →Schaller, Michael                  →Tanaka-Van Daalen, Isabel
                    →Smith, Shaila A.                               →Touwen-Bouwsma, Elly
                    →Thayer, Nathaniel B.                           →Velde, C.J.H.van de
                    →Wampler, Robert A.                 →Velde, P.G.E.I.J.van der
                    →ガリッチオ, マーク                              →Verwayen, F.B.
```

	→Viallé, Cynthia	→Cholley, Jean-René
	→Vos, Ken	→Clark, Gregory
	→Vries, Jan de	→Corddry, Jane Alexandra
	→Wolferen, Karel van	→Davis, Rebecca M.
日露戦争　1　錦正社	→Ruxton, Ian C.	→Day, Katharine L.
日露戦争　2　錦正社	→アガーポフ, V.L.	→Devidé, Vladimir
	→ウィルモット, H.P.	→Dunbar, Fred
	→シンメルペンニンク, D.	→Fairbank, Edwin
	→バレンドーフ, D.A.	→Ford, Masako
	→ペイン, S.C.M.	→Fowler, Edward
	→ヤスコ, タチヤナ・N.	→Frank, Bernard
日露戦争研究の新視点　成文社		→Halpern, Jack
	→アイラペトフ, オレーグ・P.	→Hancock, Charles
	→ラージ, サリーン・ティクラ	→Heisig, James W.
	→ルコヤノフ, イーゴリ・B.	→Hugel, Richard J.
日韓経済および企業経営の諸問題　桃山学院大学総		→Hurst, Eric M.Gordon von
合研究所	→イ, ビョンロ（李炳魯）	→Jenke, Gaynor
	→オ, セチャン（呉世昌）	→Keene, Donald
	→キム, チンヨン（金真英）	→Kenny, Don
	→クォン, サンジャン（権相璋）	→Kleinedler, Walt J.
	→チェ, ムジン（崔武振）	→Lagana, Domenico
	→パク, ジュホン（朴珠洪）	→McCallion, Stephen W.
ニックリッシュの経営学　同文館出版		→Murase, Anne Elizabeth
	→Loitlsberger, Erich	→Peterson, Albert W.
	→Nicklisch, Heinrich	→Richie, Donald
	→Thöndl, Michael	→Riggs, Lynne E.
	→Völker, Gerhard	→Ross, William James
日系人とグローバリゼーション─北米, 南米, 日本		→Schmidt, Susan
人文書院	→Befu, Harumi	→Scholz, Alfred
	→Hirabayashi, James A.	→Seidensticker, Edward G.
	→Hirabayashi, Lane Ryo	→Szippl, Richard F.
	→Kikumura-Yano, Akemi	→Talbot, Alan
	→アラキ, ラウル	→Tolman, Norman H.
	→イヌイ, ロイド	→Trumbull, Suzanne
	→カサマツ, エミ	→Tucker, Beverley D.
	→コサキ, リチャード	→Whipple, Jeremy
	→コバヤシ, オードリー	→Wood, Richard
	→ヒガ, マルセーロ・G.	ニヒリズムとの対話─東京・ウィーン往復シンポジ
	→ミアサト, ドリス・モロミサト	ウム　晃洋書房　　　　　→Pöltner, Günther
	→モニース, ナオミ・ホキ	→Vetter, Helmut
	→モリ, エジソン	日本科学的管理史資料集　第2集（図書篇）第1巻　五
	→モリモト, アメリア	山堂書店　　　　　　　→ギルブレス, フランク
	→レッサー, ジェフリー	→テーラー, フレドリック・ウィンスロー
	→ロップ, スティーヴ・マサロ	日本学とは何か─ヨーロッパから見た日本研究, 日
日中戦争の軍事的展開　慶応義塾大学出版会		本から見た日本研究　法政大学国際日本学研究セ
	→ヴァン・デ・ヴェン, ハンス	ンター　　　　　　　　　　　→Befu, Harumi
	→オウ, チョウコウ（汪朝光）	→Kyburz, Josef A.
	→ドレー, エドワード・J.	→ヴァンドゥ・ワラ, ウィリー
	→ヨウ, テンセキ（楊天石）	→クワヤマ, タカミ（桑山敬己）
日中の金融・産業政策比較　中央大学出版部		→シマダ, シンゴ（島田信吾）
	→デン, バンソウ（田万蒼）	→ブイス, ジャン＝マリ
	→リ, ケイウン（李慶雲）	→ヘンドリー, ジョイ
	→リュウ, イ（劉偉）	→リヒター, シュテフィ
ニッポン不思議発見！─日本文化を英語で語る50の		日本漢学研究初探　勉誠出版
名エッセイ集　講談社インターナショナル		→コウ, シュンケツ（黄俊傑）
	→Befu, Harumi	→チョウ, ホウサン（張宝三）
	→Bell, Ronald V.	→テイ, セイモ（鄭清茂）
	→Britton, Dorothy	→ヨウ, ジュヒン（楊儒賓）
	→Brown, Holloway	→リン, ケイショウ（林慶彰）
	→Brown, William R.	日本金融システムの危機と変貌　日本経済新聞社

にほん

→Cargill, Thomas F.
→Packer, Frank
→Patrick, Hugh Talbot
→イトウ, タカトシ（伊藤隆敏）
→ウエダ, カズオ（植田和男）
→オガワ, カズオ（小川一夫）
→カンダ, ヒデキ（神田秀樹）
→キタサカ, シンイチ（北坂真一）
→ギブソン, マイケル
→ヒワタリ, ノブヒロ（樋渡展洋）
→ホシ, タケオ（星岳雄）
→ホリウチ, アキヨシ（堀内昭義）
→ヨシノ, ナオユキ（吉野直行）
→ロウヤマ, ショウイチ（蠟山昌一）

日本古代の国家と祭儀　雄山閣出版
　　　　　　　　　　　　　→ジョ, チン（徐琛）
日本人の身・心・霊──近代民間精神療法叢書　21
クレス出版
　　　　　　　　　　　　　→メスマー
日本人の身・心・霊──近代民間精神療法叢書　7　ク
レス出版
　　　　　　　　　　　　　→ラマチヤラカ
日本人のライフスタイル──アメリカ人が見た《特質》
サイマル出版会
　　　　　　　　　　　　　→Davitz, Joel Robert
→Davitz, Lois Leiderman
→センゴク, タモツ（千石保）
日本哲学の国際性──海外における受容と展望　世界
思想社
　　　　　　　　　　　　　→Bouso, Raquel
→Cestari, Matteo
→Davis, Bret W.
→Elberfeld, Rolf
→Girard, Frédéric
→Heisig, James W.
→Kasulis, Thomas P.
→Knauth, Lothar
→Kopf, Gereon
→Maraldo, John C.
→Stevens, Bernard
→Tosolini, Tiziano

日本統治下台湾の支配と展開　中京大学社会科学研
究所
　　　　　　　　　　　　　→ハン, ケイドウ（潘継道）
日本二十六聖人殉教記──1597・聖ペトロ・バプチス
タ書簡──1596-97　純心女子短期大学
→Blazquez, Pedro Baptista
→Frois, Luis

日本の金融危機──米国の経験と日本への教訓　東洋
経済新報社
　　　　　　　　　　　　　→Bernanke, Ben S.
→Blanchard, Olivier J.
→Friedman, Benjamin M.
→Glauber, Robert R.
→Kashyap, Anil K.
→Posen, Adam Simon
→Shafer, Jeffery S.

日本の経済思想世界──「十九世紀」の企業者・政策
者・知識人　日本経済評論社
→ディステルラート, ギュンター
→ヨウ, タン（葉坦）
日本の植民地教育・中国からの視点　社会評論社
→Bai, Jiayou
→Chen, Peizhong
→Gong, Yanan
→Huang, Liqun
→Liu, Zhaowei

→Peng, Zeping
→Qi, Hongshen
→Qi, Jianmin
→Teng, Jian
→Wang, Gui
→Wang, Shaohai
→Wang, Yeping
→Wang, Zhixin
→Wei, Zhengshu
→Wu, Hongcheng
→Wu, Qiang
→Xiong, Xianjun
→Yang, Xiao
→Yu, Fengchun
→カン, セイカ（関世華）
→ソウ, オンエイ（宋恩栄）
→リ, ホウ（李放）

日本の組織──社縁文化とインフォーマル活動　東方
出版
　　　　　　　　　　　　　→Sedgwick, Mitchel
→ウィットビーン, G. ピーター
→シテーガ, ブリギッテ
→スミス, ウェンディ
→スレイター, デビッド
→バクニック, ジェーン
→ブルマン, クリストフ
→ブン, ギョクシャク（文玉杓）
→モーラン, ブライアン

日本のメインバンク・システム　東洋経済新報社
→Campbell, John Y.
→Packer, Frank
→Patrick, Hugh Talbot
→Ramster, J.Mark
→Sheard, Paul
→アオキ, マサヒコ（青木昌彦）
→ウエダ, カズオ（植田和男）
→スナムラ, ケン（砂村賢）
→テラニシ, シゲオ（寺西重郎）
→ハマオ, ヤスシ（浜尾泰）
→ホリウチ, トシヒロ（堀内俊洋）

日本版MDS-HC 2.0在宅ケアアセスメントマニュア
ル　医学書院 1999
→Baumann, Margaret
→Belleville-Taylor, Pauline
→Berg, Katherine
→Berglund, Britta
→Bernabei, Roberto
→Brandeis, Gary H.
→Burrows, Adam
→Caretta, Flavia
→Carpenter, Iain
→Challis, David
→DuPasquier, Jean-Noël
→Favario-Constantin, Catherine
→Finkelstein, Elliot
→Fish, Loretta C.
→Fogel, Barry S.
→Frattali, Carol
→Fries, Brant E.
→Fries, Ian Blair
→Frijters, Dinnus H.M.
→Gardent, Henriette

834　書名索引

→Gilgen, Ruedi
→Harrari, Danielle
→Hawes, Catherine
→Hendriksen, Carsten
→Hirdes, John P.
→Jónsonn, Palmi V.
→Kiel, Douglas P.
→Lipsitz, Lewis A.
→Littlehale, Steven
→Ljunggren, Gunnar
→Lombardo, Nancy Emerson
→Lubinski, Rosemary
→Luchsinger, Verena
→Minaker, Kenneth
→Mor, Vincent
→Morris, John N.
→Morris, Shirley A.
→Murphy, Katharine
→Pajk, Marilyn
→Phillips, Charles D.
→Rapin, Charles-Henri
→Resnick, Neil
→Schroll, Marianne
→Sgadari, Antonio
→Shay, Kenneth
→Sherwood, Sylvia
→Ship, Jonathan
→Steel, Knight
→Steiner, Nathalie
→Sturdy, Deborah
→Wolf, Rosalie
→イケガミ, ナオキ (池上直己)
→ヤマウチ, ケイタ (山内慶太)

日本版MDS-HC 2.0在宅ケアアセスメントマニュアル　医学書院 2004
→Baumann, Margaret
→Belleville-Taylor, Pauline
→Berg, Katherine
→Berglund, Britta
→Bernabei, Roberto
→Brandeis, Gary H.
→Burrows, Adam
→Caretta, Flavia
→Carpenter, Iain
→Challis, David
→DuPasquier, Jean-Noël
→Favario-Constantin, Catherine
→Finkelstein, Elliot
→Fish, Loretta C.
→Fogel, Barry S.
→Frattali, Carol
→Fries, Brant E.
→Fries, Ian Blair
→Frijters, Dinnus H.M.
→Gardent, Henriette
→Gilgen, Ruedi
→Harrari, Danielle
→Hawes, Catherine
→Hendriksen, Carsten
→Hirdes, John P.

→Jónsonn, Palmi V.
→Jónsson, Palmi V.
→Kiel, Douglas P.
→Lipsitz, Lewis A.
→Littlehale, Steven
→Ljunggren, Gunnar
→Lombardo, Nancy Emerson
→Lubinski, Rosemary
→Luchsinger, Verena
→Mor, Vincent
→Morris, Shirley A.
→Murphy, Katharine
→Pajk, Marilyn
→Phillips, Charles D.
→Rapin, Charles-Henri
→Resnick, Neil
→Schroll, Marianne
→Sgadari, Antonio
→Shay, Kenneth
→Sherwood, Sylvia
→Ship, Jonathan
→Steel, Knight
→Steiner, Nathalie
→Sturdy, Deborah
→Wolf, Rosalie

日本・ベトナム関係を学ぶ人のために　世界思想社
→Nguyen, Duy Dung
日本立法資料全集　別巻351　信山社出版
→Belime, William
→Greenleaf, Simon
日本論―グローバル化する日本　中央大学出版部
→Sadria, Modjtaba
入門・アーカイブズの世界―記憶と記録を未来に　翻訳論文集　日外アソシエーツ
→Carlin, John W.
→Cook, Terry
→Ketelaar, Eric
→McKemmish, Sue
→Thomassen, Theo
→Wallot, Jean-Pierre
入門・ブローデル　藤原書店
→Aymard, Maurice
→Braudel, Paule
→Wallerstein, Immanuel Maurice
→アギーレ・ロハス, カルロス・アントーニオ
→エチェベリーア, ボリーバル
→ロマーノ, ルッジエロ
ニュージーランド福祉国家の再設計―課題・政策・展望　法律文化社
→Ashton, Toni
→Brosnan, Peter
→Dalziel, Paul
→Henare, Mānuka
→Higgins, Jane
→Murphy, Laurence
→Olssen, Mark
→Peters, Michael
→St.John, Susan
→Stephens, Robert
→Walsh, Pat
ニュートンからカントへ―力と物質の概念史　晃洋書房
→Euler, Leonhard
ニュートン復活　現代数学社
→Bondi, Hermann

　　　　　　　　　　　　→Brooke, John
　　　　　　　　　　→Cantor, Geoffrey
　　　　　　　　　→Gjertsen, Derek
　　　　　　　　　　　→Golinski, Jan
　　　　　　　　　　→Gouk, Penerope
　　　　　　　　　→Hakfoort, Caspar
　　　　　　　　　　　→Henry, John
　　　　　　　　　→McNeil, Maureen
　　　　　　　　　　→Pepper, Jon
　　　　　　　　　　→Rattansi, Piyo
　　　　　　　　　　→Roche, John
ニュー・ヒストリシズム―文化とテクストの新歴史
　性を求めて　英潮社　　→Arac, Jonathan
　　　　　　　　　　→Bann, Stephen
　　　　　　　　　→Fish, Stanley Eugene
　　　　　　　　→Gallagher, Catherine
　　　　　　　　→Greenblatt, Stephen Jay
　　　　　　　　　　→Klancher, Jon
　　　　　　　　　→Lentricchia, Frank
　　　　　　　　　　→Marcus, Jane
　　　　　　　　　→Montrose, Louis A.
　　　　　　　　　→Newton, Judith Lowder
ニュー・ヒストリーの現在―歴史叙述の新しい展望
　人文書院　　　　　　→Burke, Peter
　　　　　　　　　　→Darnton, Robert
　　　　　　　　　　　→Gaskell, Ivan
　　　　　　　　　　→Levi, Giovanni
　　　　　　　　　　　→Porter, Roy
　　　　　　　　　　　→Prins, Gwyn
　　　　　　　　　　　→Scott, Joan
　　　　　　　　　　　→Sharpe, Jim
　　　　　　　　　　→Tuck, Richard
　　　　　　　　　→Wesseling, Henk
人間科学と哲学　白水社　→Chatelet, Francois
　　　　　　　　　　→Lacoste, Yves
　　　　　　　　→アクーン, アンドレ
　　　　　　　→トマ, ルイ＝ヴァンサン
　　　　　　　　→ベルナール, ミシェル
　　　　　　　　　→マネス, ダニエル
人間・周恩来―紅朝宰相の真実　原書房
　　　　　　　　　　→イツ, フ（逸夫）
　　　　　　　　　　→ウ, メイ（于明）
　　　　　　　　　　→エイシ（英子）
　　　　　　　　→オウ, ゼンゲン（王全彦）
　　　　　　　　　→ガク, ケン（岳鶩）
　　　　　　　　　→キョ, コウ（許行）
　　　　　　　　→キン, ショウ（金鐘）
　　　　　　　　→ゲン, メイ（阮銘）
　　　　　　　→サイ, エイバイ（蔡詠梅）
　　　　　　　　→シバ, ロ（司馬璐）
　　　　　　　　→シュ, エン（朱園）
　　　　　　　→ソ, ジンゲン（蘇仁彦）
　　　　　　　　→ソウ, ソ（叢甦）
　　　　　　　→チン, ケイトク（陳奎徳）
　　　　　　　→チン, セイイ（陳清偉）
　　　　　　→トウ, ハクキョウ（唐柏橋）
　　　　　　　　　→ボク, フ（牧夫）
　　　　　　　　→ヨ, エイジ（余英時）
　　　　　　→ヨウ, ショウガイ（楊小凱）
　　　　　　　→ラ, セイチョウ（羅青長）

人間と組織　三修社　　　　→Javidi, Mitch
　　　　　　　　　　　　→Long, Larry
　　　　　　　　　　→Parkinson, Michael
人間と歴史―1957年『岩波講座現代思想』より
　〈リキエスタ〉の会　　　→Fromm, Erich
　　　　　　　　　　→Lukacs, Gyorgy
　　　　　　　　→Read, Herbert Edward
　　　　　　　　　　　　→レヴィット, K.
人間の安全保障―世界危機への挑戦　東信堂
　　　　　　　　→Pasha, Mustapha Kamal
　　　　　　　　　→ウィットマン, ジム
　　　　　　　　　→エヴァンズ, ポール
　　　　　　→シャーニー, ジョルジアンドレア
　　　　　　　　　→ソロモン, フセイン
　　　　　　　　→マクリーン, ジョージ
認知構造と概念転換　東洋館出版社
　　　　　　　　→Champagne, Audrey B.
　　　　　　　　　→Fensham, Peter J.
　　　　　　　　　→Garrard, Janice E.
　　　　　　　　　→Gilbert, John K.
　　　　　　　　→Gunstone, Richard F.
　　　　　　　　　　→Head, John O.
　　　　　　　→Hewson, Mariana G.A'B.
　　　　　　　　　→Johansson, Bengt
　　　　　　　　→Klopfer, Leopold E.
　　　　　　　　　→Marton, Ference
　　　　　　　　→Novak, Joseph Donald
　　　　　　　　→Osborne, Roger J.
　　　　　　　　　→Pines, A.Leon
　　　　　　　　→Posner, George J.
　　　　　　　　　　→Reif, F.
　　　　　　　　→Shuell, Thomas J.
　　　　　　　　→Strike, Kenneth A.
　　　　　　　　→Sutton, Clive R.
　　　　　　　　→Svensson, Lennart
　　　　　　　　→Watts, D.Michael
　　　　　　　　　→West, Leo H.T.
　　　　　　　→White, Richard Thomas
　　　　　　　　→Wittrock, Merlin C.
認知行動療法―臨床と研究の発展　金子書房
　　　　　　　　　→Haddock, Gillian
　　　　　　　　→Heimberg, Richard G.
　　　　　　　　→Ladouceur, Robert
　　　　　　　　→Rachman, Stanley J.
　　　　　　　　→Safran, Jeremy D.
　　　　　　　　→Salkovskis, Paul M.
　　　　　　　　→Sellwood, William
　　　　　　　　→Sobell, Linda C.
　　　　　　　　→Sobell, Mark B.
　　　　　　　　→Tarrier, Nicholas
　　　　　　　　→Walker, Michael
　　　　　　　→Williams, J.Mark G.
　　　　　　　　　→Yule, William
　　　　　　　　→Yusupoff, Lawrence
認知行動療法の科学と実践　星和書店
　　　　　　　　→Bass, Christopher
　　　　　　　　→Butler, Gillian
　　　　　　　→Clark, David Millar
　　　　　　→Fairburn, Christopher G.
　　　　　　　　→Gelder, Michael

→Kirk, Joan
→Mathews, Andrew
→Rachman, Stanley J.
→Salkovskis, Paul M.
→Wells, Adrian
→Williams, J.Mark G.
認知臨床心理学入門―認知行動アプローチの実践的理解のために　東京大学出版会　→Birchwood, Max
→Bradbury, Nicola
→Dryden, Windy
→Kent, Gerry
→McCrea, Celia
→Newell, Robert
→Preston, Martin
→Scott, Jan
→Twaddle, Vivien
→Velleman, Richard

【ね】

ネオコンとアメリカ帝国の幻想　朝日新聞社
→Brooks, Stephen G.
→Glennon, Michael
→Gordon, Philip H.
→Gore, Al
→Hirsh, Michael
→Holbrooke, Richard C.
→Huntington, Samuel P.
→Ikenberry, G.John
→Ischinger, Wolfgang
→Levitte, Jean D.
→Nye, Joseph S., Jr.
→Rice, Condoleezza
→Wills, Garry
→Wohlforth, William C.
熱帯アジアの森の民―資源利用の環境人類学　人文書院
→カンマニ・カンダスワミ
ネットワーク戦略論　ダイヤモンド社
→Armstrong, Arthur
→Botkin, James W.
→Davis, Stan
→Hagel, John, III
→Handy, Charles B.
→Iansiti, Marco
→McAfee, Andrew
→McKenna, Regis
→Rayport, Jeffrey F.
→Tapscott, Don
→アップトン, デイビッド・M.
→ゴーシュ, シカール
→マコーマック, アラン
→ムーア, ジェームズ・F.
年金改革の比較政治学―経路依存性と非難回避　ミネルヴァ書房
→Bonoli, Giuliano
→Taylor-Gooby, Peter
→アンダーソン, カレン・M.
→ウィーヴァー, R.ケント
→キム, キョソン（金教誠）
→キム, ヨンミョン（金淵明）

→ジェッソーラ, マティオ
→テイ, ブーン・ンガ
→バリエ, ブルノ
→ヒンリクス, カール
→フェレーラ, マウリツィオ
→ベラン, ダニエル
→マイルズ, ジョン
→マンダン, クリステル
年金資産運用マネジメントのすべて―プラン・スポンサーの新潮流　金融財政事情研究会
→Allen, Garry M.
→Ambachtsheer, Keith P.
→Arnott, Robert D.
→Bailey, Jeffery V.
→Bauman, W.Scott
→Biller, Alan D.
→Braccia, Joseph A.
→Campisano, Christopher J.
→Coggin, T.Daniel
→Compton, Mary Ida
→Gibson, Langhorne, III
→Gorodess, Margarett H.
→Hammond, Dennis R.
→Hardy, Steve
→Kutler, Veena A.
→Marmer, Harry S.
→Menssen, Michael J.
→Miller, Robert E.
→Nederlof, Maarten
→Peifer, Daralyn B.
→Philips, Thomas K.
→Ryan, Ronald J.
→Sloan, Matthew T.
→Surz, Ron

【の】

ノーと言える中国　新潮社　→キョウ, ヘン（喬辺）
→コ, セイショウ（古清正）
→ソウ, キョウ（宋強）
→チョウ, ゾウゾウ（張蔵蔵）
→トウ, セイウ（湯正宇）
ノーと言える中国　日本経済新聞社
→キョウ, ヘン（喬辺）
→コ, セイショウ（古清正）
→ソウ, キョウ（宋強）
→チョウ, ゾウゾウ（張蔵蔵）
→トウ, セイウ（湯正宇）
ノーベル賞受賞者にきく子どものなぜ？なに？　主婦の友社 2003
→Crutzen, Paul J.
→Dalai Lama
→Gorbachev, Mikhail Sergeevich
→Molina, Mario J.
→Neher, Erwin
→Nüsslein-Volhard, Christiane
→Peres, Shimon
→Vithoulkas, George
→Wieschaus, Eric
→Wiesel, Eliezer

のへる　　　　　　　全集・合集収載 翻訳図書目録 1992-2007　Ⅰ

　　　　　　　　　　→グラショー, シェルダン
　　　　　　→クリッツィング, クラウス・フォン
　　　　　　　　　　→ゼルテン, ラインハルト
　　　　　　　　　　→ビーニッヒ, ゲルト
　　　　　　　　　　　　→フォー, ダリオ
　　　　　　　　　　→フーバー, ローベルト
　　　　　　　　　　→ポラニー, ジョン・C.
　　　　　　　　　→マクファーデン, ダニエル
　　　　　　　　　→ロバーツ, リチャード・J.
ノーベル賞受賞者にきく子どものなぜ？なに？　主
　婦の友社 2005　　　　　→Crutzen, Paul J.
　　　　　　　　　　　　　　→Dalai Lama
　　　　　→Gorbachev, Mikhail Sergeevich
　　　　　　　　　　　　　　→Neher, Erwin
　　　　　　　→Nüsslein-Volhard, Christiane
　　　　　　　　　　　　　　→Peres, Shimon
　　　　　　　　　　　　→Vithoulkas, George
　　　　　　　　　　　　→Wieschaus, Eric
　　　　　　　　　　　　→Wiesel, Eliezer
　　　　　　　　　　→グラショー, シェルダン
　　　　　　→クリッツィング, クラウス・フォン
　　　　　　　　　　→ゼルテン, ラインハルト
　　　　　　　　　　→ビーニッヒ, ゲルト
　　　　　　　　　　　　→フォー, ダリオ
　　　　　　　　　　→フーバー, ローベルト
　　　　　　　　　　→ポラニー, ジョン・C.
　　　　　　　　　　→ボンビエリ, エンリコ
　　　　　　　　　→マクファーデン, ダニエル
　　　　　　　　　　　→モリナ, マリオ
　　　　　　　　　→ロバーツ, リチャード・J.
「ノーマリゼーションの父」N・E・バンク - ミケル
　セン—その生涯と思想　ミネルヴァ書房
　　　　　　　　　→Bank-Mikkelsen, Neils Erik
　　　　　　　　→バンク - ミケルセン, オール
　　　　　　　　→バンク - ミケルセン, ビヤタ
ノーマリゼーションの展開—英国における理論と実
　践　学苑社　　　　　　　→Brown, Hilary
　　　　　　　　　　　　→Dalley, Gillian
　　　　　　　　　　　　→Emerson, Eric
　　　　　　　　　　　　　→Ferns, Peter
　　　　　　　　　　　　→Lindley, Peter
　　　　　　　　　　　　→McGill, Peter
　　　　　　　　　　　　→Smith, Helen
　　　　　　　　　　　　→Szivos, Sue
　　　　　　　　　　　　　→Tyne, Alan
　　　　　　　　　　　→Wainwright, Tony
　　　　　　　　　　→Whitehead, Simion
ノモンハンの戦い　岩波書店
　　　　　　　　→Shishkin, Sergei Nikolaevich
　　　　　→Simonov, Konstantin Mikhailovich

【は】

媒体性の現象学　青土社　　→Holenstein, Elmar
　　　　　　　　　　　→Waldenfels, Bernhard
　　　　　　　　　　　→シュテンガー, ゲオルグ
　　　　　　　　　　→ゼップ, ハンス・ライナー
　　　　　　　　　　→ドゥプラズ, ナタリー
ハイデガーと実践哲学　法政大学出版局

　　　　　　　　→Gethmmann-Siefert, Annemarie
　　　　　　　　　　　　　　→Held, Klaus
　　　　　　　　　　　　　　→Nolte, Ernst
　　　　　　　　　　　　　→Pöggeler, Otto
　　　　　　　　　　　　→Prauss, Gerold
　　　　　→ヴォルツォーゲン, クリストフ・フォン
　　　　　　　　　　　　　　→オット, フーゴー
　　　　　　　→ゲートマン, カール・フリードリヒ
　　　　　　　　　　　　→シェフラー, リヒャルト
　　　　　　　　　　→シュヴァン, アレクサンダー
　　　　　　　　　　　→フォルラート, エルンスト
　　　　　　　　→フランツェン, ヴィンフリート
　　　　　　　　　→ペパーザーク, アドリアーン
　　　　　　　　→マイヤー＝ドラーヴェ, ケーテ
ハイデッガーカッセル講演　平凡社
　　　　　　　　　　　→Gadamer, Hans Georg
ハイデッガーとニーチェ—何をおいても私を取り違
　えることだけはしてくれるな！　南窓社
　　　　　　　　　　　　　→Capurro, Rafael
　　　　　　　　　　　　　　→David, Pascal
　　　　　　　　　　　　　　→Emad, Parvis
　　　　　　　　　　　　　→Figal, Günter
　　　　　　　　　　→Gander, Hans-Helmuth
　　　　　　　　　　→Müller-Lauter, Wolfgang
　　　　　　　　　　　　→Riedel, Manfred
　　　　　　　　　　　→Schüßler, Ingeborg
　　　　　　　　　　　　　　→Simon, Josef
　　　　　　　　　　　　　→Vajda, Mihály
幕末・明治初期邦訳経済学書　1　ユーリカ・プレス
　　　　　　　　　　　　→Chambers, Robert
　　　　　　　　　　　　→Chambers, William
　　　　　　　　　　　　　→Ellis, William
幕末・明治初期邦訳経済学書　2　ユーリカ・プレス
　　　　　　　　　　　　→Wayland, Francis
幕末・明治初期邦訳経済学書　3　ユーリカ・プレス
　　　　　　　　　　→Fawcett, Millicent Garrett
幕末・明治初期邦訳経済学書　4　ユーリカ・プレス
　　　　　　　　　　　　→Jouffroy, Henri
　　　　　　　　　　　　→Whately, Richard
幕末・明治初期邦訳経済学書　6　ユーリカ・プレス
　　　　　　　　　　　→Perry, Arthur Latham
バークレー生協は、なぜ倒産したか—18人の証言
　コープ出版　　　　　　　→Nader, Ralph
　　　　　　　　　　　　→エデレン, マーシャ
　　　　　　　　　　　　　→カミル, アドルフ
　　　　　　　　　　→クルーグマン, デイビッド
　　　　　　　　　　→ゴードン, マーガレット・S.
　　　　　　　　　　　　→シルジゲン, ロバート
　　　　　　　　→セルク, メリー・プロジェット
　　　　　　　　　→トンプソン, デイビッド・J.
　　　　　　　　　　　　→ネプチューン, ロバート
　　　　　　　　　　　　→バックウォルド, ダグ
　　　　　　　　　　　　　→バーデル, セレナ
　　　　　　　　　　　→パールマン, リチャード
　　　　　　　　　　　　→ブラック, ブルース
　　　　　　　　　　　　　→ブラック, ヘレン
　　　　　　　　　　　　　→ベアド, テリー
　　　　　　　　　　　→マクドナルド, リン
　　　　　　　　　　　→ヤスコーチ, ジョージ
　　　　　　　　　　　→リップマン, モリス

→ローバー, ポール
パーソナルな関係の社会心理学　北大路書房
　→Acitelli, Linda K.
　→Aron, Arthur
　→Aron, Elaine N.
　→Arriaga, Ximena B.
　→Gaines, Stanley O., Jr.
　→Gonzalez, Richard
　→Griffin, Dale
　→Hazan, Cindy
　→Ickes, William John
　→Kenrick, Douglas T.
　→Leary, Mark R.
　→Miller, Rowland S.
　→Rusbult, Caryl E.
　→Trost, Melanie R.
　→West, Lee
　→Zeifman, Debra
　→ダック, スティーヴン・W.
パーソンズ・ルネッサンスへの招待―タルコット・パーソンズ生誕百年を記念して　勁草書房
　→Robertson, Roland
パーソン・センタード・ケア―認知症・個別ケアの創造的アプローチ　クリエイツかもがわ
　→Chatten, Cathy
　→Christian, Debbie
　→Costello, Joan
　→Gibson, Faith
　→Innes, Anthea
　→Jefferies, Michelle
　→Kitwood, T.M.
　→Mcvicker, Helen
　→Marley, Jo
　→Mills, Marie
　→Packer, Tracy
　→Petre, Tracy
　→Pool, Jackie
　→Stokes, Graham
　→Tibbs, Margaret Anne
　→Wallace, Daphne
　→Woods, Bob
発言―米同時多発テロと23人の思想家たち　朝日出版社
　→Agamben, Giorgio
　→Ali, Tariq
　→Ben Jelloun, Tahar
　→Berque, Augustin
　→Bourdieu, Pierre
　→Derrida, Jacques
　→Finkielkraut, Alain
　→Fukuyama, Francis
　→Girard, Rene
　→Glucksmann, André
　→Habermas, Jürgen
　→Legendre, Pierre
　→Negri, Antonio
　→Rorty, Richard
　→Roy, Arundhati
　→Rumsfeld, Donald H.
　→Rushdie, Salman
　→Said, Edward W.
　→Sassen, Saskia
　→Sloterdijk, Peter
　→Virilio, Paul
　→Žižek, Slavoj
　→ハンティントン, サミュエル
発達障害に関する10の倫理的課題　二瓶社
　→Adams, Mark A.
　→Bennett, Marcia L.
　→Bijou, Sidney William
　→Collins, Jacqueline E.
　→Demchak, MaryAnn
　→Fredericks, Debra W.
　→Ghezzi, Patrick M.
　→Hayes, Gregory J.
　→Hayes, Linda Jean
　→Hayes, Steven C.
　→Healey, William C.
　→Houmanfar, Ramona
　→Houten, Ron Van
　→Huntley, Kenneth R.
　→Jackson, Donald De Avila
　→Lahren, Brian
　→Lord, Duane C.
　→Luke, David E.
　→Moore, Stephen C.
　→Poling, Alan
　→Rehfeldt, Ruth Ann
　→Reinbold, Cynthia A.
　→Rock, Stephen L.
　→Rydeen, Kristi L.
　→Scully, Thomas
　→Swain, Mark A.
バッハオーフェン論集成　世界書院
　→Benjamin, Walter
　→Bloch, Ernst
　→Fromm, Erich
　→Kerényi, Károly
　→Klages, Ludwig
　→シューラー, アルフレート
　→ハウザー＝ショイブリーン, ブリギッタ
　→ムシュク, ヴァルター
果てなき探究―旧約聖書の深みへ　左近淑記念論文集　教文館
　→Knierim, Rolf P.
話はめぐる―聞き手から語り手へ　子どもと大人のためのストーリーテリング　リブリオ出版
　→ウィンダム, キャスリン
　→エリオット, ダグ
　→エリス, エリザベス
　→オキャラハン, ジェイ
　→シムズ, ローラ
　→ディヴィス, ドナルド
　→トレンス, ジャッキー
　→バーチ, キャロル・L.
　→ハロウェイ, キャロル
　→フリーマン, バーバラ
　→ブレイク, コニー・レーガン
　→ヘイズ, ジョー
　→ホルト, ディヴィド
　→マッコネル, ドック
　→リー, ヘクター

塙浩著作集―西洋法史研究　3　信山社出版	→ルブライト, リン
	→フーバー, オイゲン
塙浩著作集―西洋法史研究　5　信山社出版	
	→フリッシュ, A.
	→ルーイス, A.
塙浩著作集―西洋法史研究　6　信山社出版	
	→Fournier, P.
	→Glason, Ernest Désiré
	→シュヴァールバッハ
	→タノン
塙浩著作集―西洋法史研究　7　信山社出版	
	→Bensa, Enrico
	→ヴァーグナ, R.
	→ゴルトシュミト, L.
	→シャウベ, A.
	→レーメ, P.
塙浩著作集―西洋法史研究　12　信山社出版	
	→Coulson, Noel James
	→Karst, Kenneth L.
	→Rosenn, S.
塙浩著作集―西洋法史研究　15　信山社出版	
	→Brissaud, J.
	→Dumas, August
	→Olivier-Martin, Fr.
塙浩著作集―西洋法史研究　17　信山社出版	
	→ガヴィヨ, A.
	→スラムキェヴィチ, R.
	→ブランジェ, J.
	→ブルカール, R.
	→ミチェル, W.
	→ユヴラン, P.
	→リシャール, P.J.
	→ロラン, H.
塙浩著作集―西洋法史研究　18　信山社出版	
	→Breuil, Guilaume De
	→Monier, Raymond
	→Pothier, R.J.
	→Tardif, Adolphe
塙浩著作集―西洋法史研究　19　信山社出版	
	→Glason, Ernest Désiré
	→エスマン, A.
	→エリ, F.
	→カーザー, M.
	→ガロ, R.
	→シュタイン, L.
	→ヒッペル, R.フォン
	→ボンジェール, Y.
塙浩著作集―西洋法史研究　20　信山社出版	
	→Engelmann, Arthur
	→イヴェル, J.
	→ルフォール, J.
	→ローフェル, R.ドゥ
母親の就労と子どもの発達―縦断的研究　ブレーン出版	
	→Bathurst, Kay
	→Cox, Martha J.
	→DeMeis, Debra
	→Easterbrooks, M.Ann
	→Galambos, Nancy L.
	→Galinsky, Ellen
	→Goldberg, Wendy A.
	→Gottfried, Adele Eskeles
	→Gottfried, Allen W.
	→Hock, Ellen
	→Hughes, Diane
	→Lenerz, Kathleen
	→Lerner, Jacquelin V.
	→McBride, Susan
	→Owen, Margaret Tresch
	→Petersen, Anne C.
ハーバーマスとアメリカ・フランクフルト学派　青木書店	
	→Fraser, Nancy
	→Jay, Martin
	→Wolin, Richard
	→アレイト, アンドルー
	→イングラム, デヴィッド
	→コーヘン, ジーン
	→バーンスタイン, リチャード
	→フィーンバーグ, アンドルー
	→ベンハビブ, セイラ
	→マッカーシー, トーマス
ハーバマスと公共圏　来来社	→Calhoun, Craig J.
	→Habermas, Jürgen
	→ガーンナム, ニコラス
	→シュドソン, マイケル
	→ベンハビブ, セイラ
	→ホーエンダール, ペーター・U.
	→ポストン, モイシュ
	→マッカーシー, トーマス
	→リー, ベンジャミン
	→ワーナー, マイケル
林健太郎著作集　第1巻　山川出版社	
	→Ranke, Leopold von
バリューチェーン・マネジメント　ダイヤモンド社	
	→Boldwin, Carliss Y.
	→Clark, Kim B.
	→Jones, Daniel T.
	→Norman, Richard
	→Womack, James P.
	→クマール, ニールマリア
	→ディール, ジェフリー・H.
	→ファイツ, ドナルド・V.
	→フィッシャー, マーシャル・L.
	→ラミレス, ラファエル
ハワイ楽園の代償　有信堂高文社	
	→Adler, Peter S.
	→Dolly, John P.
	→Fox, William F.
	→Freedman, Chuck
	→Fujii, Edwin T.
	→Gardner, Robert W.
	→Garrod, Peter
	→Gill, Thomas P.
	→Kalapa, Lowell L.
	→Kamauʻu', Mahealani
	→Keith, Kent M.
	→Keppeler, H.K.Bruss
	→La Croix, Sumner J.
	→Laney, Leroy O.
	→Lau, Cori
	→McClain, David

→McLaren, John C.
　　　　　　　　　　　→Mak, James
　　　→Matayoshi, Coralie Chun
　　　　　　　　　→Miklius, Walter
　　　　　　　　　　→Milner, Neal
　　　　　　　　→Moncur, James E.T.
　　　　　　　　　　→Odo, Franklin
　　　　　　　　→Okamura, Norman H.
　　　　　　　　→Pinao, Noralynne K.
　　　　　　　　　→Plasch, Bruce S.
　　　　　　　　　→Rees, Robert M.
　　　　　　　　　→Roth, Randall W.
　　　　　　　　　→Sakai, Marcia Y.
　　　　　　　　→Sklarz, Michael A.
　　　　　　　　　→Smith, Kirk R.
　　　　　　　　　　→Smith, Kit
　　　　　　　　→Smyser, A.A."Bud"
　　　　　　　　→Suyderhoud, Jack P.
　　　　　　　　　　→Tucker, Ken
　　　　　　　　→Turner, Charles H.
　　　　　　　　　　→Yim, Susan
犯罪者プロファイリング―犯罪行動が明かす犯人像
　の断片　北大路書房　　→Badcock, Richard J.
　　　　　　　　→Bekerian, Debra Anne
　　　　　　　　　→Boon, Julian C.W.
　　　　　　　　　　→Copson, Gary
　　　　　　　　　　→Davies, Anne
　　　　　　　　→Eshof, Paul van den
　　　　　　　　→Farrington, David P.
　　　　　　　　→Gudjonsson, Gisli H.
　　　　　　　　　　→House, John C.
　　　　　　　　　→Jackson, Janet L.
　　　　　　　　→Kleuver, Esther E.de
　　　　　　　　　→Lambert, Sandra
　　　　　　　　　　→Oldfield, Dick
　　　　　　　　　　→Rossmo, D.Kim
　　　　　　　　　→Stevens, John A.
犯罪被害者と刑事司法　成文堂　→Arnold, Harald
　　　　　　　　→Bannenberg, Britta
　　　　　　　　→Baurmann, Michael C.
　　　　　　　　　→Davis, Robert C.
　　　　　　　　→Eppenstein, Dieter
　　　　　　　　　　→Erez, Edna
　　　　　　　　　→Joutsen, Matti
　　　　　　　　　→Kaiser, Michael
　　　　　　　　→Kilchling, Michael
　　　　　　　　→Lurigio, Arthur J.
　　　　　　　　→Mérigeau, Martine
　　　　　　　　　→Rössner, Dieter
　　　　　　　　→Schädler, Wolfram
　　　　　　→Schneider, Hans Joachim
　　　　　　　　　→Schöch, Heinz
　　　　　　　　　→Skogan, Wesley
　　　　　　→Teske, Raymond H.C., Jr.
　　　　　　　　→van Dijk, Jan J.M.
　　　　　　　　→Villmow, Bernhard
　　　　　　　　　→Voss, Michael
　　　　　　　　→Weitekamp, Elmar
ハンナ・アーレントとフェミニズム―フェミニスト
はアーレントをどう理解したか　未来社
　　　　　　　　　　　→Honig, Bonnie
　　　　　　　　　→カプラン, モーリス・B.
　　　　　　　　　→ディーツ, メアリー・G.
　　　　　　　　　→ディッシュ, リサ・J.
　　　　　　　→ピトキン, ハンナ・フェニケル
　　　　　　　　　　→ベンハビブ, セイラ
反ニーチェ―なぜわれわれはニーチェ主義者ではな
　いのか　法政大学出版局　　→Boyer, Alain
　　　　　　　　→Comte-Sponville, André
　　　　　　　　→Descombes, Vincent
　　　　　　　　　　→Ferry, Luc
　　　　　　　　→Raynaud, Philippe
　　　　　　　　　→Renaut, Alain
　　　　　　　　　→Taguieff, P.-A.
　　　　　　　　　　→ルグロ, ロベール
判例民事訴訟法の理論―中野貞一郎先生古稀祝賀
　下　有斐閣　　　→プリュッティング, ハンス
　　　　　　　　　→リュケ, ゲルハルト

【ひ】

ビアトリス―大正5年7月～大正6年4月　不二出版
　　　　　　　　→Key, Ellen Karolina Sofia
　　　　　　　　　→ガーヴィス, チャールス
　　　　　　　　　　→ギルマン夫人
　　　　　　　　　　→スクロク, マリイ
　　　　　　　　　　→バーネス, アール
比較教育学―伝統・挑戦・新しいパラダイムを求めて
　東信堂　　　　　　　　　→Bray, Mark
　　　　　　　　　→Schulte, Barbara
　　　　　　　　→ウィルソン, デーヴィッド
　　　　　　　　→キム, ミスク（金美淑）
　　　　　　　　　→ザイーダ, ジョセフ
　　　　　　　　→テイ, カイメイ（程介明）
　　　　　　　　　→ナレイン, キルティ
　　　　　　　　→ホフマン, ダイアン・M.
　　　　　　　　→ミッター, ヴォルフガング
　　　　　　　　→モーガン, ダグラス・L.
　　　　　　　　　　→ラオ, ニルマラ
比較教育学の理論と方法　東信堂
　　　　　　　　　→Eckstein, Max A.
　　　　　　　　　→Epstein, Erwin H.
　　　　　　　　　→Holmes, Braian
　　　　　　　　　→Le, Thanh Khoi
　　　　　　　　　→Liegle, Ludwig
　　　　　　　　　→Noah, Harold J.
　　　　　　　　　→Olivera, Carlos E.
　　　　　　　　→Schriewer, Jürgen
　　　　　　　　　→Turner, David D.
東アジア9か国の著作権法制と著作権事情―東アジア
　著作権セミナーにおける各国の報告書　著作権資
　料協会　　　　　　→Bunnag, Marut
　　　　　　　　→Gesmankit, Kullasap
　　　　　　　　→Mahalingam, M.
　　　　　　　　　　→Min, Y.B.
　　　　　　　　→Quiason, Serafin D.
　　　　　　　　　→Rasy, Loeuk
　　　　　　　　→Suarez, Simplicio U.
東アジア〈共生〉の条件　世織書房

ひかし

→アン, エイシュ(安栄洙)
→アントーノフ, ウラジミール
→バイ, セツキン(梅雪芹)
→ヘス, ブライアン
東アジア共同体という幻想　ナカニシヤ出版
→ゴ, シンハク(呉心伯)
→チョウ, ゼンショウ(趙全勝)
→ナカツジ, ケイジ(中逵啓示)
→パク, ソンフン(朴成勲)
→ビジャファーニェ, ビクター・ロペス
→ヘニング, ランドル
→マンガー, マーク
東アジア共同体の可能性―日中関係の再検討　御茶の水書房
→セキ, シユ(石之瑜)
→ブン, レイメイ(聞黎明)
東アジア近世都市における社会的結合―諸身分・諸階層の存在形態　清文堂出版
→テイ, ギショウ(定宜庄)
東アジア近代経済の形成と発展　日本評論社
→イ, ヨンフン(李栄薫)
→オウ, ギョクジョ(王玉茹)
→パク, ソプ(朴ソプ)
→リ, ウヘイ(李宇平)
→リン, マンコウ(林満紅)
東アジア古代国家論―プロセス・モデル・アイデンティティ　すいれん舎
→イ, ソンジュ(李盛周)
→キム, ヒョンスク(歴史)(金賢淑)
→キョ, コウ(許宏)
→チョウ, ガクホウ(張学鋒)
東アジア世界と儒教―国際シンポジウム　東方書店
→カン, カイシン(甘懐真)
→ゴ, テンリョウ(呉展良)
→コウ, シュンケツ(黄俊傑)
→サイ, シンホウ(蔡振豊)
→チン, ショウエイ(陳昭瑛)
→テイ, キツユウ(鄭吉雄)
→ヨ, エイジ(余英時)
→リ, メイキ(李明輝)
東アジア世界における日本基層文化の考古学的解明―国学院大学21世紀COEプログラム国際シンポジウム予稿集　国学院大学21世紀COEプログラム第1グループ考古学班
→ギラム, クリストファー
→クズネツォフ, アナトリー
→クルピヤンコ, アレクサンドル
→サンテク, イム
→タバレフ, アンドレイ
東アジアと哲学　ナカニシヤ出版
→シュウ, ギョウリョウ(周暁亮)
→ジョ, ソカ(徐素華)
→ベン, スウドウ(卞崇道)
→リ, ソヘイ(李甦平)
→リ, ホウテイ(李鵬程)
→ロ, キョクトウ(魯旭東)
東アジア21世紀の経済と安全保障―ヨーロッパからの警告　東洋経済新報社
→Machetzki, Rüdiger
→Pape, Wolfgang
→Pohl, Manfred
→Zimmermann-Lössl, Christine
東アジアの経済発展と政府の役割―比較制度分析アプローチ　日本経済新聞社
→Cho, Yoon Je
→Edmund Terence Gomez

→Hellmann, Thomas
→Jomo Kwame Sundaram
→Lau, Lawrence J.
→Ma, Jun
→Murdok, Kevin
→Weingast, Barry R.
→Woo-Cumings, Meredith
→Yingyi, Qian
→キム, ヒュンキ(金潑基)
東アジアの古代をどう考えるか―東アジア古代史再構築のために　第1回東アジア歴史国際シンポジウム　飛鳥評論社
→アン, シビン(安志敏)
→イ, ギドン(李基東)
→オウ, ケングン(王健群)
→オウ, チュウシュ(王仲殊)
→カン, イング(姜仁求)
→シン, キョンチョル(申敬澈)
→シン, ジンアン(沈仁安)
→チェ, テヒョン(蔡泰亨)
→チャン, クッチョン(張国鍾)
東アジアの死刑廃止論考　成文堂
→キュウ, コウリュウ(邱興隆)
→キョ, セイライ(許志磊)
→ゴ, シコウ(呉志光)
→シム, ジェウ(沈在宇)
→ショウ, サクシュン(剉作俊)
→ソ, シュンユウ(蘇俊雄)
→チョウ, ヘイシ(趙秉志)
→チン, コウリョウ(陳興良)
→チン, タクケン(陳沢憲)
→ハン, インソブ(韓寅燮)
→ピョン, ジョンピル(卞鍾弼)
→ホ, イルテ(許一泰)
→ヨウ, ウンラン(葉雲蘭)
→リ, シンサン(李震山)
→リン, エイショウ(林永頌)
→ロ, ブンカ(盧文霞)
光の降誕祭―20世紀クリスマス名説教集　教文館
→Barth, Karl
→Blumhardt, Christoph
→Bohren, Rudolf
→Bultmann, Rudolf
→Gollwitzer, Helmut
→Iwand, Hans-Joachim
→Jüngel, Eberhard
→Niemöller, Martin
→Perlitt, Lothar
→Pfendsack, Werner
→Rad, Gerhard von
→Seitz, Manfred
→Steiger, Lothar
→Thurneysen, Eduard
被虐待児の精神分析的心理療法―タビストック・クリニックのアプローチ　金剛出版
→Britton, Ronald S.
→Henry, Gianna
→Holmes, Eva
→Hoxter, Shirley
→Hutten, Joan
→Truckle, Brian

ビザンツ法史断片　信山社出版　→Collinet, P.
　　　　　　　　　　　　→De Malafosse, J.
　　　　　　　　　　　　→Freshfield, E.H.
　　　　　　　　　　　　→Lingenthal, K.E.Zachariae Von
ビジネス・エンジェルの時代―起業家育成の新たな
　主役　東洋経済新報社　→Blair, Andrew
　　　　　　　　　　　　→Blatt, Rena
　　　　　　　　　　　　→Brown, Donald J.
　　　　　　　　　　　　→Cary, Lucius
　　　　　　　　　　　　→Freear, John
　　　　　　　　　　　　→Harrison, Richard T.
　　　　　　　　　　　　→Mason, Colin M.
　　　　　　　　　　　　→Riding, Allann
　　　　　　　　　　　　→Srowe, Charles R.B.
　　　　　　　　　　　　→Sullivan, Martin
　　　　　　　　　　　　→Wetzel, William E., Jr.
ビジネスの知恵50選―伝説的経営者が語る成功の条
　件　トッパン　　　　　→Armour, J.Ogden
　　　　　　　　　　　　→Ash, Mary Kay
　　　　　　　　　　　　→Barnum, Phineas Taylor
　　　　　　　　　　　　→Baruch, Bernard M.
　　　　　　　　　　　　→Bower, Marvin
　　　　　　　　　　　　→Carnegie, Andrew
　　　　　　　　　　　　→Clews, Henry
　　　　　　　　　　　　→Edison, Thomas Alva
　　　　　　　　　　　　→Fairless, Benjamin F.
　　　　　　　　　　　　→Firestone, Harvey S.
　　　　　　　　　　　　→Fleischmann, Julius
　　　　　　　　　　　　→Florsheim, Milton S.
　　　　　　　　　　　　→Forbes, B.C.
　　　　　　　　　　　　→Forbes, Malcolm S.
　　　　　　　　　　　　→Ford, Henry, II
　　　　　　　　　　　　→Franklin, Benjamin
　　　　　　　　　　　　→Geneen, Harold
　　　　　　　　　　　　→Getty, John Paul
　　　　　　　　　　　　→Greeley, Horace
　　　　　　　　　　　　→Greenewalt, Crawford H.
　　　　　　　　　　　　→Grove, Andrew S.
　　　　　　　　　　　　→Iacocca, Lee
　　　　　　　　　　　　→Icahn, Carl C.
　　　　　　　　　　　　→Johnson, Edward C., III
　　　　　　　　　　　　→Johnson, John J.
　　　　　　　　　　　　→Kiam, Victor
　　　　　　　　　　　　→Lilienthal, David E.
　　　　　　　　　　　　→Luce, Henry R.
　　　　　　　　　　　　→Lynch, Peter S.
　　　　　　　　　　　　→Lyon, Alfred E.
　　　　　　　　　　　　→McCaffrey, John L.
　　　　　　　　　　　　→Miller, J.Irwin
　　　　　　　　　　　　→Monaghan, Tom
　　　　　　　　　　　　→Moore, George S.
　　　　　　　　　　　　→Ogilvy, David
　　　　　　　　　　　　→Penney, J.C.
　　　　　　　　　　　　→Perkins, George W.
　　　　　　　　　　　　→Pickens, T.Boone
　　　　　　　　　　　　→Rockefeller, John D.
　　　　　　　　　　　　→Rockwell, Willard F., Jr.
　　　　　　　　　　　　→Schwab, Charles M.
　　　　　　　　　　　　→Scripps, E.W.
　　　　　　　　　　　　→Sears, Richard W.
　　　　　　　　　　　　→Siebert, Muriel
　　　　　　　　　　　　→Sikorsky, Igor I.
　　　　　　　　　　　　→Sloan, Alfred P., Jr.
　　　　　　　　　　　　→Walton, Sam
　　　　　　　　　　　　→Watson, Thomas J., Jr.
　　　　　　　　　　　　→Welch, John F., Jr.
　　　　　　　　　　　　→Woodruff, Robert W.
　　　　　　　　　　　　→Young, Owen D.
ビジネスモデル戦略論　ダイヤモンド社
　　　　　　　　　　　　→Allen, James
　　　　　　　　　　　　→Andrew, James P.
　　　　　　　　　　　　→Gadiesh, Orit
　　　　　　　　　　　　→McGrath, Rita Gunther
　　　　　　　　　　　　→MacMillan, Ian C.
　　　　　　　　　　　　→Sirkin, Harold L.
　　　　　　　　　　　　→ウィンター，シドニー
　　　　　　　　　　　　→ウェイジャー，ジェフリー・D.
　　　　　　　　　　　　→ギルバート，ジェームズ・L.
　　　　　　　　　　　　→シュランスキー，ガブリエル
　　　　　　　　　　　　→ズーク，クリス
　　　　　　　　　　　　→スコット，ラリー
　　　　　　　　　　　　→トムリンセン，ダグ
　　　　　　　　　　　　→マンデル，スタンリー・W.
　　　　　　　　　　　　→ローゼンブラム，デイビッド
　　　　　　　　　　　　→ロード，マイケル・D.
獣人ネオコン徹底批判　成甲書房
　　　　　　　　　　　　→LaRouche, Lyndon H.
　　　　　　　　　　　　→オズグッド，カー
　　　　　　　　　　　　→キラコフ，クリフォード・A., Jr.
　　　　　　　　　　　　→ジョーンズ，ウィリアム
　　　　　　　　　　　　→スタインバーグ，ジェフリー
　　　　　　　　　　　　→スタインバーグ，マイケル
　　　　　　　　　　　　→スタインバーグ，ミシェル
　　　　　　　　　　　　→チャイトキン，アントン
　　　　　　　　　　　　→トンプソン，スコット
　　　　　　　　　　　　→バードマン，マーク
　　　　　　　　　　　　→パパート，トニー
　　　　　　　　　　　　→ボイド，バーバラ
ビッグ・デス―ソロモン人が回想する第二次世界大
　戦　現代史料出版　　　→White, Geoffrey Miles
　　　　　　　　　　　　→ヴァスラ，ヘンリー
　　　　　　　　　　　　→エイキン，デービッド
　　　　　　　　　　　　→ガフ，アイザック
　　　　　　　　　　　　→ゲゲオ，デービッド・W.
　　　　　　　　　　　　→サオ，ジェームス
　　　　　　　　　　　　→ザク，スティーヴン・ヴィナレ
　　　　　　　　　　　　→フィフィイ，ジョナサン
　　　　　　　　　　　　→ベネット，ウィリアム（第二次大戦）
　　　　　　　　　　　　→マエラロ，ジョージ
　　　　　　　　　　　　→ミキ，レスリー
　　　　　　　　　　　　→ワトソン＝ゲゲオ，カレン
　　　　　　　　　　　　→ングゥディリ，アーノン
必携対訳論語老子等読本　名鑑社　→コウシ（孔子）
　　　　　　　　　　　　→ソウシ（荘子）
　　　　　　　　　　　　→モウシ（孟子）
　　　　　　　　　　　　→ロウシ（老子）
必読！今、中国が面白い―中国が解る60編　2007年
　版　日本僑報社　　　　→イン，ケンコウ（殷建光）
　　　　　　　　　　　　→ウ，モウ（于猛）

書名索引　843

ひてん

→オウ, イ(王偉)
→オウ, ケイビン(王慧敏)
→オウ, ケンシン(王建新)
→オウ, シンケン(王新建)
→オウ, チョウイ(汪長緯)
→オウ, ユウカ(王有佳)
→オウヨウ, ケツ(欧陽潔)
→カ, ショウエン(何小燕)
→カ, ユウ(何勇)
→ギ, シュウリョウ(魏修良)
→キョウ, エイセン(龔永泉)
→ギョク, メイ(玉明)
→ゲン, チョク(阮直)
→ゴ, エン(呉焔)
→コ, ボウ(胡謀)
→コウ, エン(高淵)
→コウ, ギョクトウ(江暁東)
→コウ, シキケン(黄式憲)
→コウ, セイ(黄晴)
→シュウ, リツウン(周立耘)
→ジョ, セイセイ(徐靖静)
→ジョ, ホセイ(徐歩青)
→ジョウ, ギョクセイ(常玉生)
→ショウ, ハンハン(肖潘潘)
→セイ, カイサン(斉海山)
→ソ, ケンリュウ(蘇顕竜)
→タイ, ハイカ(泰佩華)
→チョウ, カクケン(張珏鵬)
→チョウ, シホウ(張志峰)
→デン, ウ(田雨)
→デン, シュンエイ(田俊栄)
→デン, トウトウ(田豆豆)
→トウ, ウ(鄧圩)
→トウ, コウ(陶宏)
→ハク, ケンホウ(白剣峰)
→ハク, テンリョウ(白天亮)
→ブ, エイセイ(武衛政)
→ブ, シンヘイ(武振平)
→フウ, エキミン(馮易民)
→ヨ, シュウウ(余秋雨)
→ヨウ, チンウ(楊朕宇)
→リ, オウヒョウ(李泓冰)
→リ, ギョウコウ(李暁宏)
→リ, ギョウセイ(李暁清)
→リ, ゾウキ(李増輝)
→リュウ, カイエン(劉海燕)
→リュウ, テンリョウ(劉天亮)

非伝統的家庭の子育て─伝統的家庭との比較研究　家政教育社
　　　　　　　　　　　→Belsky, Jay
　　　　　　　　→Cox, Martha J.
　　　　　　　　　　→Cox, Roger
　　　　　　　→Eiduson, Barnice T.
　　　　　　　　　→Elliot, Gary L.
　　　　　　→Hetherington, E.Mavis
　　　　　　　　→Lamb, Michael E.
　　　　　　　　　→Moen, Phyllis
　　　　　　　　　→Radin, Norma
　　　　　　　　→Russell, Graeme
　　　　　　　　→Sagi, Abraham

全集・合集収載 翻訳図書目録 1992-2007　I

→Santrock, John W.
→Steinberg, Laurence D.
→Walker, Ann P.
→Warshak, Richard A.

人というカテゴリー　紀伊国屋書店
→Carrithers, Michael
→Collins, Steven
→Dumont, Louis
→Elvin, Mark
→Hollis, Martin
→La Fontaine, Jean de
→アレン, N.J.
→サンダーソン, アレクシス
→テイラー, チャールズ(人格)
→モース, マルセル
→モミリアーノ, A.
→リンハート, ゴドフリー

ヒトラーが勝利する世界─歴史家たちが検証する第二次大戦・60の"if"　学習研究社
→Barker, Thomas M.
→D'Este, Carlo
→Deutsch, Harold Charles
→Dunn, Walter S., Jr.
→Glantz, David M.
→Hoffmann, Peter
→James, D.Clayton
→Love, Robert W., Jr.
→Munholland, John Kim
→Nalty, Bernard C.
→Newland, Samuel J.
→Overy, Richard
→Parker, Frederick D.
→Schratz, Paul R.
→Showalter, Dennis E.
→Weinberg, Gerhard L.
→Wells, Anne Sharp
→Wolk, Harman S.

ヒトラーの選択　原書房
→Howarth, Stephen
→Kilvert-Jones, Tim
→Lucas, James Sidney
→Macksey, Kenneth John
→Messenger, Charles

ピープルマネジメント─21世紀の戦略的人材活用コンセプト　日経BP社
→Becker, Brian E.
→Black, J.Stewart
→Bouchikhi, Hamid
→Fenton-O'Creevy, Mark
→Galinsky, Ellen
→Ibarra, Herminia
→Kim, W.Chan
→Kimberly, John R.
→Manzoni, Jean-François
→Ulrich, Dave
→Useem, Michael
→Willson, Thomas
→ウィークス, ジョン(マーケティング)
→ガルニック, チャールズ
→クレイグ, エリザベス
→ケイツ, キャレン
→コニョン, マーティン

844　書名索引

→サックス, マイケル・アラン
→ジャクソン, スーザン
→シュラー, ランドル
→ストーリー, ジョン（人事管理）
→ディーン, ピーター
→ドゥルウィッチ, ビクター
→ドレアー, ジョージ
→ドンキン, リチャード
→バーキンシャー, クレアー
→ハンター, ラリー
→ヒッグス, マルコム
→ヒューズリッド, マーク
→ビルムズ, リンダ
→フェアクロウ, マレー
→ブリテン, サイモン
→フリードマン, スチュワート
→フリーマン, リチャード
→マウボーン, レネ
→マンナレッリ, トーマス
→ユン, ロブ
→ラスマン, ゲイリー
→ラヒミ, キミア
→ルイス, アンディ

描写レヴューで教師の力量を形成する―子どもを遠くまで観るために　ミネルヴァ書房
　→Carini, Patricia F.
　→Chaudhuri, Kiran
　→Himley, Margaret
　→Khan, Karen
　→Martin, Anne
　→Schwartz, Ellen
　→Shaw, Tara
　→Traugh, Cecelia
　→Wice, Betsy
　→Woolf, Karen

平等主義の政治経済学―市場・国家・コミュニティのための新たなルール　大村書店
　→Bowles, Samuel
　→Gintis, Herbert
　→Ostrom, Elinor
　→Roemer, John E.
　→Scott, Peter
　→Wright, Erik Olin
→ウォーラーステイン, マイケル
→ゴードン, デーヴィッド・M.
→モーン, カール・オーヴ
→レヴァイン, アンドリュー

開かれた歴史学―ブローデルを読む　藤原書店
　→Aymard, Maurice
　→Caille, Alain
　→Dosse, Francois
　→Fourquet, Francois
　→Lacoste, Yves
　→Morineau, Michel
　→Steiner, Philippe

【ふ】

ファイナンスハンドブック　朝倉書店
　→Allen, Franklin
　→Bondt, Werner F.M.De
　→Canina, Linda
　→Carr, Peter
　→Cherian, Joseph A.
　→Connor, Gregory
　→Costantinides, George M.
　→Daniel, Kent D.
　→Easley, David
　→Eckbo, B.Espen
　→Ferson, Wayne
　→Figlewski, Stephen
　→Grinblatt, Mark
　→Hakansson, Nils H.
　→Hausch, Donald B.
　→Hawawine, Gabriel
　→Hirshleifer, David
　→Ibbotson, Roger G.
　→Jarrow, Robert A.
　→Keim, Donald B.
　→Kleidon, Allan W.
　→Korajczyk, Robert A.
　→Leroy, Stephen F.
　→Maksimovic, Vojislav
　→Malliaris, A.G.
　→Marsh, Terry A.
　→Masulis, Ronald W.
　→Michaely, Roni
　→Mulvey, John M.
　→Naik, Vasant
　→O'Hagan, Howard
　→Pyle, David H.
　→Ritter, Jay R.
　→Senbet, Lemma W.
　→Seward, James K.
　→Sick, Gordon A.
　→Steigerwald, Douglas G.
　→Stulz, RenéM.
　→Swoboda, Peter
　→Thakor, Anjan
　→Thompson, Rex
　→Titman, Sheridan
　→Torous, Walter N.
　→Winton, Andrew
　→Zechner, Josef
　→Ziemba, W.T.

フィリピンの大衆文化　めこん
　→Almario, Virgilio S・
　→Constantino-David, Karina
　→Fernandez, Doreen G.
　→Gimenez-Maceda, Teresita
　→Jocano, F.Landa
　→Nofuente, Valerio
　→Reyes, Jose Javier
　→Reyes, Soledad S.
　→Roces, Alejandro R.
　→Santiago, Carmen E.
　→Tiongson, Nicanor G.

フィリピンの歴史教科書から見た日本　明石書店
　→アゴンシリョ, テオドロ・A.

ふうけ

→アンダ, メナルド・O.
→ザイデ, グレゴリオ・F.
→ザイデ, ソニア・M.
→ジャコボ, M.R.
→バリエントス, グロリア・P.
→ミラムビリン, ルベン・M.
→レオガルド, ヴィセント・R.
→レオガルド, フェリシタス・T.
風景の研究　慶応義塾大学出版会　→ヤング, アラン
風景の図像学　地人書房　→Cosgrove, Denis E.
→Daniels, Stephen
→Davis, Daglas
→Harrison, Mark
→ウルフ, ペンローブ
→オズボーン, ブライアン・S.
→グラント, エリック
→ハーリー, J.B.
→フラー, ピーター
→プリングル, トゥレヴァー・R.
→プリンス, ヒュー
→フレイザー, デヴィッド
→マルコムルイス, G.
→ルーカス, ジョン
フェミニスト心理療法ハンドブック―女性臨床心理
　の理論と実践　ヒューマン・リーグ
→Rosewater, Lynne Bravo
→Walker, Lenore E.A.
→カーン, シャロン・E.
→シーゲル, ルース・F.
→シードラー‐フェラー, ドリーン
→ジャネット, ドリス
→ステア, リンダ・K.
→スミス, エイドリアン・J.
→スーラー, ギセラ・M.
→ダグラス, メアリ・A.
→デハート, ドリス・C.
→バーチ, ベヴァリイ
→バトラー, メリールウ
→バートル, ヴァサンチ
→バーマン, ジョアン・R.S.
→ファウンス, パトリシア・S.
→フォドア, アイリス・G.
→ブラウン, ローラ・S.
→ヘンドリックス, モーリン・C.
→ポーター, ナタリー
→モス, ロウリー・E.
→ラスキー, エラ
→ラーマン, ハンナ
→レイヴ, エリザベス
→レッシュ, メアリ
→ロビンズ, ジョアン・H.
フェミニズムから見た母性　勁草書房
→Badinter, Elisabeth
→Devreux, Anne-Marie
→Gavarini, Laurence
→Knibiehler, Yvonne
→Kristeva, Julia
→Le Coadic, Michèle
→Vilaine, Anne Marie de
→ヴァレ, エディス

→ヴァンドラック, ルイーズ
→ウォーマー, R.
→グドー, マリー
→ゴフ=ルボー, ジョエル・ル
→ジアニーニ=ベロッティ, エレナ
→ソーファ, カトリーヌ
→ノヴァエス, シモーヌ・B.
→フェルラン, ミシェル
→メルシェ=ジョザ, S.
→ラジュ, ミレイユ
→ラボリ, フランソワーズ
→ラングバン, アネット
→レボヴィッチ, マルティーヌ
フェミニズムの古典と現代―甦るウルストンクラフ
　ト　現代思潮新社　→Scott, Joan Wallach
→ソーパー, ケイト
→テイラー, バーバラ
→ナイクィスト, メアリ
→バネージ, ヒマニ
→ファーガソン, モイラ
→ランデス, ジョーン・B.
フェリックス・ガタリの思想圏―〈横断性〉から〈カ
　オスモーズ〉へ　大村書店　→Deleuze, Gilles
→Glissant, Edouard
→Guattari, Felix
→Halevi, Ilan
→Schérer, René
→クリトン, パスカル
→シヴァドン, ダニエル
→ジョンストン, ジョン
→スピール, アントワーヌ
→セナルディ, マルコ
→バン, フランソワ
→レヴィ, ピエール
フォークロアの理論―歴史地理的方法を越えて　法
　政大学出版局　→Bausinger, Hermann
→アトリー, フランシス・リー
→シドウ, フォン
→ダンデス, アラン
→テイラー, アーチャー
→トムズ, ウィリアム
→バスコム, ウィリアム・R.
フォーディズムとフレキシビリティ―イギリスの検
　証　新評論　→Anderson, James
→Burrows, Roger
→Casey, Barnard
→Clarke, Simon
→Elger, Tony
→Fairbrother, Peter
→Garrahan, Philip
→Gilbert, G.Nigel
→Gough, Jamie
→Holroyed, Glyn
→Kraithman, David
→Leman, Steve
→Penn, Roger
→Pollert, Anna
→Raczko, Frank
→Rainnie, Al
→Roberts, Ian

→Smith, Stephen Lloyd
→Stuwart, Paul
フォーリン・アフェアーズ傑作選―アメリカとアジ
　アの出会い 1922-1999　上　朝日新聞社
→Armstrong, Hamilton Fish
→Buck, Pearl Sydenstricker
→Kennan, George Frost
→Nixon, Richard Milhous
→ゲイ, エドウィン・F.
→ザカリア, ファリード
→スティムソン, ヘンリー・L.
→チェルノフ, ビクター
→バーンスタイン, バートン・J.
→フェアバンク, ジョン・K.
→ブレイクスリー, ジョージ・H.
→ホーグ, ジェームス
→ボール, ジョージ・W.
→ホーンベック, スタンレー・K.
→モーゲンソー, ハンス・J.
→ヨシダ, シゲル(吉田茂)
→リップマン, ウォルター
フォーリン・アフェアーズ傑作選―アメリカとアジ
　アの出会い 1922-1999　下　朝日新聞社
→Brzezinski, Zbigniew K.
→Huntington, Samuel P.
→Johnson, Chalmers A.
→Keohane, Robert Owen
→Krugman, Paul Robin
→Lee, Kuan Yew
→Mathews, Jessica Tuchman
→Nye, Joseph S., Jr.
→Rosecrance, Richard N.
→Salamon, Lester M.
→Wolferen, Karel van
→Zagoria, Donald S.
→ザカリア, ファリード
不確実性の経営戦略　ダイヤモンド社
→Bower, Joseph L.
→Brandenburger, Adam M.
→Brown, Shona L.
→Christensen, Clayton M.
→Courtney, Hugh G.
→Einhorn, Hillel J.
→Eisenhardt, Kathleen M.
→Geus, Arie P.de
→Hamel, Gary
→Hogarth, Robin M.
→Kirkland, Jane
→McGrath, Rita Gunther
→MacMillan, Ian C.
→Nalebuff, Barry J.
→Prahalad, C.K.
→Viguerie, Rick Pat
復原オランダ商館―長崎出島ルネサンス　戎光祥出
　版
→Doeff, Hendrik
→Forrer, Matthi
複雑系, 諸学の統合を求めて―文明の未来, その扉
　を開く　晃洋書房
→Poser, Hans
→ドリーブ, ディーン・J.
福祉大改革―イギリスの改革と検証　法律文化社

→Arnott, Hilary
→Bennett, Fran
→Byrne, Dominic
→Esam, Peter
→Glendinning, Caroline
→Lister, Ruth
→Loney, Martin
→Piachaud, David
→Taylor, David
→Townsend, Peter
→Walker, Alan
→Walker, Carol
福祉と財政―いかにしてイギリスは福祉需要に財政を
　調整してきたか？　都市文化社　→Baldock, John
→Dean, Hartley
→George, Victor
→Glynn, Sean
→Manning, Nick
→Miller, Stewart
→Taylor-Gooby, Peter
→Ungerson, Clare
フーコーと教育―〈知＝権力〉の解読　勁草書房
→Ball, Stephen J.
→グッドソン, アイバー
→ケンウェイ, ジェイン
→ジョーンズ, デイブ
→ジョーンズ, リチャード
→ドゥビギン, イアン
→ナイト, ジョン
→ホスキン, キース
→マーシャル, ジェイムズ・D.
『婦女雑誌』からみる近代中国女性　研文出版
→キョ, ケイキ(許慧琦)
→コ, ギョウシン(胡暁真)
→コウ, ユウシン(江勇振)
→ジョ, コウ(徐虹)
→チ, ケンスク(池賢淑)
→チョウ, テツカ(張哲嘉)
→ユウ, カンメイ(游鑑明)
→リョ, ホウジョウ(呂芳上)
仏教とキリスト教の対話―浄土真宗と福音主義神学
　法蔵館　→Barth, Hans-Martin
→Pye, Michael
→オッテ, クラウス
→ゲストリヒ, クリストフ
→コルシュ, ディートリッヒ
→ネートヘーフェル, ヴォルフガング
→マルティン, ゲルハルト・マルセル
仏教とキリスト教の対話　2　法蔵館
→Barth, Hans-Martin
→Pye, Michael
→マルティン, ゲルハルト・マルセル
→ローズ, ロバート・フランクリン
仏教とキリスト教の対話　3　法蔵館
→Barth, Hans-Martin
→Pye, Michael
→オッテ, クラウス
→カイザー, ヨッヘン-クリストフ
→ネートヘーフェル, ヴォルフガング
→ヘンペルマン, ラインハルト

ふつさ

フッサール『幾何学の起源』講義　法政大学出版局
→Waldenfels, Bernhard
→アール, ミシェル
→ウォルムス, フレデリック
→カスー＝ノゲス, ピエール
→カルボーネ, マウロ
→ガレリ, ジャック
→ダステュール, フランソワーズ
→ディアス, イザベル・マトス
→ティエリ, イヴ
→ドリアック, カトリーヌ
→バルバラス, ルノー
→フリン, バーナード
→リシール, マルク
→ルフォール, クロード

物理学者ランダウ—スターリン体制への叛逆　みすず書房
→Landau, Lev Davidovich
→カガーノフ, M.I.
→カシミール, H.
→ゴレーリク, ゲンナージイ
→リフシッツ, E.M.
→ルーメル, ユーリイ・B.

「負の遺産」との取り組み—オーストリア・東西ドイツの戦後比較　三元社
→Benz, Wolfgang
→Bergmann, Werner
→Blänsdorf, Agnes
→Embacher, Helga
→Faßbender, Monika
→Gärtner, Reinhold
→Gehler, Michael
→Groehler, Olaf
→Jelinek, Yeshayahu
→Luther, Kurt Richard
→Manoschek, Walter
→Maser, Peter
→Mertens, Lother
→Mitten, Richard
→Potthoff, Heinrich
→Reiter, Margit
→Schiller, Dieter
→Schmidt, Ute
→Staritz, Dietrich

普遍主義対共同体主義　日本経済評論社
→Brunkhorst, Hauke
→Cohen, J.
→Dreyfus, Hubert L.
→Dreyfus, Stuart E.
→Günther, Klaus
→Habermas, Jürgen
→Heller, Agnes
→Mouffe, Chantal
→Rasmussen, David M.
→ケリー, マイケル
→ツィンマーマン, ロルフ
→ドッペルト, ジェラルド
→フェッラーラ, アレッサンドロ
→ベインズ, ケネス
→ホネット, アクセル

不法行為法の新世界　木鐸社
→Calabresi, Guido

→Posner, Richard A.
→メラムド, A.ダグラス

フューチャー・オブ・エコノミクス—21世紀への展望　同文書院インターナショナル
→Baumol, William Jack
→Bhagwati, Jagdish N.
→Buchanan, James M.
→Dasgupta, Pertha Sarathi
→Fishburn, Peter C.
→Friedman, Milton
→Galbraith, John Kenneth
→Hahn, Frank
→Johnston, Jack
→Kay, John Anderson
→Malinvaud, Edmond
→Oswald, Andrew J.
→Pencavel, John
→Plott, Charles R.
→Robinson, Edward Austin Gossage
→Roth, Alvin E.
→Schmalensee, Richard
→Stern, Nicholas Herbert
→Stiglitz, Joseph Eugene
→Turnovsky, Stephen J.
→Wiseman, Jack

ブラッセー軍事年鑑—研修資料〔1955年版〕　防衛研修所
→コッブ, E.H.W.
→スペイト, J.M.
→ソーンビー, ロバート
→ハーヴェー, イアン
→ブロディー, バーナード
→ホラン, H.E.

ブラッセイ軍事年鑑—研修資料　1956～57年版抄訳　防衛研修所
→Dickens, Charles
→ソコール, アンソニー・E.
→ソーンビー, ロバート
→パドック, C.
→ブレジア・クリーグ, K.R.

ブラッセー軍事年鑑　1958年版抄訳　防衛研修所
→Sarsfield, Patrick
→アダムス, リチャード・グルド
→ソコール, アンソニー・E.
→ソーンビー, ロバート
→ブロディー, バーナード
→ホラン, H.E.

ブラッセイ軍事年鑑　1959年版抄訳　防衛研修所
→Sarsfield, Patrick
→ウインダム, E.H.
→スチーブンソン, S.S.
→ソーンビー, ロバート
→テイラー, J.W.R.
→ブーカン, アラステアー
→ホルムバーグ, E.R.R.
→ル・シュミナント

フランス革命期の公教育論　岩波書店
→Condorcet, Marie Jean Antoine Nicolas de Caritat, marquis de
→グレゴワール
→サン＝テチエンヌ, ラボー
→ドーヌー

→トラシー, デステュット・ド	フランスから見る日本ジェンダー史—権力と女性表
→バレール	象の日仏比較　新曜社　→Collin, Françoise
→ブーキエ	→Devreux, Anne-Marie
→フルクロワ	フランス公法講演集　中央大学出版部
→ラカナル	→Chevallier, Jacques
→ルペルティエ	→Favoreu, Louis
→ロム	→Renoux, Thierry
フランス革命事典　1　みすず書房　→Forrest, Alan	→Robert, Jacques
→Furet, François	→Roux, André
→Gueniffer, Patrice	フランス国防政策参考資料　防衛研修所
→Halévi, Ran	→Maddox, John
→Ozouf, Mona	→ガロア, ピエール・M.
→Revel, Jacques	→シュピーゲル誌
→Richet, Denis	→ビートン, レオナード
→Santoro, Massimiliano	→メスメル, ピエール
フランス革命事典　2　みすず書房	→ラレモンデイ, マルク・ド・ラコスト
→Baker, Keith M.	フランス人の幕末維新　有隣堂　→Collache, Eugène
→Furet, François	→de Moges, M.
→Gauchet, Marcel	→Houette, Alfred
→Gueniffer, Patrice	フランスとスペインの人民戦線—50周年記念・全体
→Ozouf, Mona	像比較研究　大阪経済法科大学出版部
→Revel, Jacques	→Alexander, Martin S.
フランス革命事典　3　みすず書房	→Alpert, Michael
→Baczko, Bronislaw	→Berry, David
→Boffa, Massimo	→Cobb, Christopher
→Furet, François	→Colton, Joel
→Gueniffer, Patrice	→Forrest, Alan
→Halévi, Ran	→Graham, Helen
→Higonnet, Patrice	→Heywood, Paul
→Ozouf, Mona	→Hunt, Haywood
→Richet, Denis	→Jackson, Julian
フランス革命事典　4　みすず書房	→Juliá, Santos
→Baczko, Bronislaw	→Kemp, Tom
→Baker, Keith M.	→Levy, David A.L.
→Bergeron, Luis	→Reynolds, Siân
→Bossenga, Gail	→Rodditer, Adrian
→Bruguière, Michel	→Shubert, Adrian
→Forrest, Alan	→Stanton, Martin
→Furet, François	→Steel, James
→Goy, Joseph	→Vera, JoséManuel Macarro
→Gueniffer, Patrice	→Vincent, Mary
→Halévi, Ran	フランスの博物館と図書館　玉川大学出版部
→Ozouf, Mona	→Blanc-Montmayeur, Martine
→Richet, Denis	→Evrard, Jane
フランス革命事典　5　みすず書房	→ヴァイアン, エミリア
→Baczko, Bronislaw	→ヴァロン, エマヌエル
→Bien, David D.	→ヴィアット, ジェルマン
→Furet, François	→キャバンヌ, ヴィヴィアンヌ
→Nora, Pierre	→キュビク, アンヌ
→Ozouf, Mona	→シングリ, フランソワ・ド
→Raynaud, Philippe	→デオット, ジャン=ルイ
→Richet, Denis	→パリエ, ドニ
フランス革命事典　6　みすず書房	→ピサール, アニー
→Baker, Keith M.	→プーロ, ドミニク
→Boffa, Massimo	→ポワリエ, フィリップ
→Fauchois, Yann	→ラファン, アンヌ
→Gauchet, Marcel	→ルアル, イヴリン
→Manin, Bernard	→ロークセロワ, ジャン
→Revel, Jacques	フランソワ・ケネーと重農主義　石井良明
→Rosanvallon, Pierre	→Einaudi, Luigi

→ウッグ, アンリ
→エシュト, ジャクリーヌ
→コナン, ジュール
→サルロン, ルイ
→スッテ, ジャン
→スペングラー, ジョセフ・J.
→ベナール, ジャン
→モリニエ, ジャン
→ランドリ, アドルフ

ブルーシールド―危険に瀕する文化遺産の保護のために 国際図書館連盟第68回年次大会(2002年グラスゴー)資料保存コア活動・国立図書館分科会共催公開発表会報告集 国際図書館連盟資料保存コア活動 日本図書館協会
→Boylan, Patrick
→Challinor, Joan R.
→Fontana, Antonia Ida
→MacKenzie, George
→Varlamoff, Marie-Thérèse

ブルデューとルーマン―理論比較の試み 新泉社
→Nassehi, Armin
→Nollmann, Gerd
→ヴァイス, アーニャ
→ヴァインバッハ, クリスティネ
→クニール, ゲオルグ
→ザーケ, イルムヒルト
→シュレーア, マルクス
→パゼロ, ウアズラ

ブルデュー入門―理論のプラチック 昭和堂
→Barnard, Henry
→Codd, John
→Duncan, Ian
→Harker, Richard Kendall
→Mahar, Cheleen
→Snook, Ivan
→Wilkes, Chris
→金曜朝の会

ブレークスルー思考 ダイヤモンド社
→Amabile, Teresa M.
→Barker, Paul
→Drucker, Peter Ferdinand
→Jones, Gareth
→Kets de Vries, Manfred F.R.
→Leonard, Dorothy
→Lester, Richard Keith
→Mcfadzean, Elspeth
→Malek, Kamal M.
→Morley, Eileen D.
→Piore, Michael J.
→Rayport, Jeffrey F.
→Silver, Andrew
→Wetlaufer, Suzy

フレーゲ哲学の最新像―ダメット, パーソンズ, ブーロス, ライト, ルフィーノ, ヘイル, アクゼル, ストホルム 勁草書房
→Aczel, Peter
→Boolos, George
→Dummett, Michael A.E.
→Hale, Bob
→Parsons, Charles
→Ruffino, Marco
→Sundholm, Goran

→Wright, Crispin

不連続の組織革命―ゼロベースから競争優位を創造するノウハウ ダイヤモンド社
→Chayes, Michael M.
→Heilpern, Jeffrey D.
→Ketterer, Richard F.
→Maletz, Mark C.
→Marks, Michell Lee
→Morris, Kathleen F.
→Nadler, David A.
→Raben, Charles S.
→Shaw, Robert B.
→Tushman, Michael L.
→Walton, A.Elise

フロイト症例の再検討 1 金剛出版
→Glenn, Jules
→Kanzer, Mark
→Langs, Robert
→Scharfman, M.A.
→Silverman, M.
→バーンシュタイン, イシドール

不老を夢みた徐福と始皇帝―中国の徐福研究最前線 勉誠社
→オウ, キンリン(王金林)
→コウ, リツホ(高立保)
→タン, カイフ(単会府)
→テイ, セイカ(丁正華)
→バ, ショウエイ(馬湘泳)
→ラ, キショウ(羅其湘)
→リ, コウホ(李洪甫)
→リ, ホセイ(李歩青)
→リ, レンケイ(李連慶)
→リン, センテイ(林仙庭)

プロダクティブ・エイジング―高齢者は未来を切り開く 日本評論社
→Butler, Robert N.
→Gleason, Herbert P.
→スバンボーグ, アルバー
→ハウ, ジュディス
→バーレン, ジェームズ
→フリーダン, ベティ
→ラザラス, モーリス
→ロウアー, ハーベイ

ブローデル帝国 藤原書店
→Aglietta, Michel
→Ferro, Marc
→Le Goff, Jacques
→Lipietz, Alain
→Revel, Jacques
→Steiner, Philippe
→Vovelle, Michel
→Wallerstein, Immanuel Maurice
→アルテン, ミシェル
→グラタルー, クリスティアン
→グルソラ, ジャン=マルク
→クレーツ, ジャン=ルイ
→コルム, セルジュ=クリストフ
→デュムーラン, オリヴィエ
→ドス, フランソワ
→バルドネール, ジャン=マリー
→ペギー, シャルル=ピエール
→マルゴラン, ジャン=ルイ

文化アイデンティティの行方――橋大学言語社会研究科国際シンポジウムの記録 彩流社

→アシュトン, ジェニファー	→Biersack, Aletta
→エリス, ブレット・イーストン	→Chartier, Roger
→オウ, ギョウメイ(王暁明)	→Desan, Suzanne
→オリヴィエ, エミール	→Hunt, Lynn Avery
→キム, エレーン・H.	→Kramer, Lloyd S.
→ジャコムッツィー, ペーター	→Laqueur, Thomas W.
→チョウ, シンエイ(張新穎)	→O'Brien, Patricia
→ハイズル, ハインツ・D.	→Ryan, Mary
→フェルプス, アントニー	→Starn, Randolph
→フォーダ, ハーシム	文化の受容と変貌　ミネルヴァ書房
→ボドー, アラン	→ネイピア, スーザン・J.
→マイクルズ, ウォルター・ベン	文化の多様性と通底の価値―聖俗の拮抗をめぐる東
→ヤング, ロバート	西対話　麗沢大学出版会　　→Bauberot, Jean
→リヒター, シュテフィ	→Berque, Augustin
文化を書く　紀伊国屋書店　　→Asad, Talal	→Robert, Jean-Noel
→Clifford, James	→Vallet, Odon
→Crapanzano, Vincent	→エチオーニ, アミタイ
→Fisher, Michael	→エリセーフ, ダニエル
→Marcus, George E.	→エルスー, キム
→Pratt, Mary	→スタップ, ヘンリー・P.
→Rabinow, Paul	→ダルマイヤー, フレッド・R.
→Rosaldo, Renato	→チャ, インスク
→Tyler, Stephen A.	→ト, イメイ(杜維明)
文化加工装置ニッポン―「リ＝メイド・イン・ジャパ	→パレンシア＝ロス, マイケル
ン」とは何か　時事通信社	→ファンタール, ムハメッド・ハシン
→Brannen, Mary Yoko	→フォロ, フランチェスコ
→Clark, Scott	→マセ, フランソワ
→Creighton, Millie R.	→ルグラン, ジャック
→Kondo, Dorinne	→ローテルムンド, ハルトムート・O.
→Rosenberger, Nancy	分散認知―心理学的考察と教育実践上の意義　協同
→Savigliano, Marta E.	出版　　　　　　　　　　→Gardner, Howard
→Smith, Stephen R.	→Salomon, Gavriel
→Stanlaw, James	→エングストレム, ユルジェ
→Tobin, Jeffery	→コール, マイケル
→Tobin, Joseph Jay	→ニッカーソン, レイモンド・S.
→ニツタ, フミテル(新田文輝)	→パーキンス, D.N.
文学部の多様なる世界　盛岡大学	→ハッチ, トーマス
→Meredith, George	→ピー, ロイ・D.
文化とグローバル化―現代社会とアイデンティティ	→ブラウン, アン・L.
表現　玉川大学出版部　→Abou-El-Haj, Barbara	→モル, ルイス・C.
→Abu-Lughod, Janet	分析的グループセラピー　金剛出版
→Hall, Stuart	→Pines, Malcolm
→Hannerz, Ulf	→Roberts, Jeff
→King, Anthony D.	→クリーガー, ライオネル
→Robertson, Roland	→ジェームス, コリン
→Tagg, John	→シャープ, メグ
→Turim, Maureen	→スキナー, ロビン
→Wallerstein, Immanuel Maurice	→ハーラスト, リスベート
→Wolf, Janet	→ブラウン, デニス
文化の新しい歴史学　岩波書店 1993	→ホブデル, ロジャー
→Biersack, Aletta	→マラトス, ジェイソン
→Chartier, Roger	→ミットヴォッホ, アデーレ
→Desan, Suzanne	分析哲学の生成　晃洋書房
→Hunt, Lynn Avery	→Hacker, Peter Michael Stephan
→Kramer, Lloyd S.	→Monk, Ray
→Laqueur, Thomas W.	→スコラプスキ, ジョン
→O'Brien, Patricia	→スルガ, ハンス
→Ryan, Mary	→フェレスダール, ダグフィン
→Starn, Randolph	紛争管理論―新たな視点と方向性　日本加除出版
文化の新しい歴史学　岩波書店 2000	→Allred, Keith G.

ふんそ

→Fisher, Ronald J.
→Krauss, Robert M.
→Morsella, Ezequiel
→Opotow, Susan
紛争現場からの平和構築―国際刑事司法の役割と課題　東信堂
　　　　　　　　　→イフタヘル, オレン
　　　　　　　　　→エヴァルド, ウヴェ
　　　　　　　　　→コウルラ, エルキ
　　　　　　　　　→ストーヴァー, エリク
　　　　　　　　　→ツィンメラー, ユルゲン
　　　　　　　　　→ブレイスウェイト, ジョン
　　　　　　　　　→マッケイ, フィオナ
紛争のなかのヨーロッパ中世　京都大学学術出版会
　　　　　　　　　→Althoff, Gerd
　　　　　　　　　→Duby, Georges
　　　　　　　　　→Goetz, Hans-Werner
　　　　　　　　　→ウォーモルド, パトリック
　　　　　　　　　→ゴヴァール, クロード
　　　　　　　　　→チェイエット, フレドリック・L.
　　　　　　　　　→ハイアムズ, ポール・R.
　　　　　　　　　→ビアンコ, フリオ
　　　　　　　　　→ボーネ, マルク
　　　　　　　　　→ポリーフカ, ミロスラフ
　　　　　　　　　→ホワイト, スティーヴン・D.
　　　　　　　　　→マクリデス, ルース・J.
文明学原論―江上波夫先生米寿記念論集　山川出版社
　　　　　　　　　→リ, ハクケン（李伯謙）
文明間の対話　潮出版社
　　　　　　　　　→Chappell, David W.
　　　　　　　　　→Radhakrishnan, N.
　　　　　　　　　→Rees, Stuart
　　　　　　　　　→Rotblat, Joseph
　　　　　　　　　→Tehranian, Majid
　　　　　　　　　→Yalman, Nur
　　　　　　　　　→ザオリャンキ
　　　　　　　　　→シワラク, スラク
　　　　　　　　　→ダルマイヤー, フレッド・R.
　　　　　　　　　→チョーダリー, T.H.
　　　　　　　　　→ディーン, ジョナサン
　　　　　　　　　→トゥウェイミン
　　　　　　　　　→トラスク, ハウナニ＝ケイ
　　　　　　　　　→ニキチン, アレキサンダー
　　　　　　　　　→ノグチ, ロリ
　　　　　　　　　→マズルイ, アラミン・M.
　　　　　　　　　→マズルイ, アリ・A.
　　　　　　　　　→ワスク, ヨセフ

【へ】

ベアトゥス黙示録註解―ファクンドゥス写本　岩波書店
　　　　　　　　　→Echegaray, J.Gonzalez
　　　　　　　　　→イニエスタ, アルベルト
　　　　　　　　　→ビバンコス, ミゲール・C.
　　　　　　　　　→ルアセス, ホアキン・ジャルサ
平気で人を殺す人たち―心の中に棲む悪魔　イースト・プレス
　　　　　　　　　→エドワードソン, デリック
　　　　　　　　　→カーソン, スーザン
　　　　　　　　　→カーソン, マイケル
　　　　　　　　　→グラットマン, ハーヴェイ
　　　　　　　　　→バーコウィッツ, デーヴィッド
　　　　　　　　　→バニセフスキー, ガートルード
　　　　　　　　　→バーン, パトリック
　　　　　　　　　→フィッシュ, アルバート
　　　　　　　　　→ブラウン, ミスター
　　　　　　　　　→フリーマン, ジーネス
　　　　　　　　　→ベル, メアリー
米国特派員が撮った日露戦争　草思社　→マハン, A.T.
米国の国際交渉戦略　中央経済社　→Davis, Scott
　　　　　　　　　→Grayson, Goerge W.
　　　　　　　　　→Harrison, Michael M.
　　　　　　　　　→Quandt, William B.
　　　　　　　　　→Sloss, Leon
　　　　　　　　　→Solomon, Richard H.
　　　　　　　　　→Thayer, Nathaniel B.
　　　　　　　　　→Weiss, Stephen E.
米先進企業CIOが明かすIT経営を成功させる17の「法則」　日経BP社　→Lane, Dean
　　　　　　　　　→McKenna, Regis
　　　　　　　　　→アームストロング, ジュディ
　　　　　　　　　→イーガン, マーク
　　　　　　　　　→ウェブ, メイナード
　　　　　　　　　→ケイツ, ジェームス・E.
　　　　　　　　　→ゾッピ, スティーブン
　　　　　　　　　→ディック, ジョン
　　　　　　　　　→デニス, ボブ
　　　　　　　　　→パパス, アル
　　　　　　　　　→バブラ, モーリーン
　　　　　　　　　→フェリウ, ジョー
　　　　　　　　　→フォックス, ブレンダ・J.
　　　　　　　　　→ボリア, バラト・C.
　　　　　　　　　→ミースター, ガイ・デ
　　　　　　　　　→メイコ, ダニー
　　　　　　　　　→モラン, ジョン
　　　　　　　　　→リン, ジョージ
　　　　　　　　　→ロビンス, スチュワート
　　　　　　　　　→ワイマー, リー
　　　　　　　　　→ワッゲナー, シェル
平和と暴走の葛藤―日本はどこへ行くべきなのか　公共政策研究所　→オウ, シンセイ（王新生）
　　　　　　　　　→キン, キトク（金熙徳）
　　　　　　　　　→コウ, コウ（高洪）
　　　　　　　　　→コウ, ゾウケツ（高増杰）
平和のグランドセオリー序説　風行社
　　　　　　　　　→Galtung, Johan
　　　　　　　　　→テロ, マリオ
　　　　　　　　　→リベラ, テマリオ・C.
ヘーゲル―イラスト版　現代書館
　　　　　　　　　→Arnaud-Duc, Nicole
　　　　　　　　　→Bauberot, Jean
　　　　　　　　　→Duby, Georges
　　　　　　　　　→Fraisse, Geneviève
　　　　　　　　　→Giorgio, Michela
　　　　　　　　　→Godineau, Dominique
　　　　　　　　　→Green, Nancy
　　　　　　　　　→Higonnet, Anne
　　　　　　　　　→Hoock-Demarle, Marie-Claire
　　　　　　　　　→Mayeur, Françoise
　　　　　　　　　→Michaud, Stéphane
　　　　　　　　　→Perrot, Michelle

へんか

ヘーゲル左派論叢　第2巻　御茶の水書房
　　　　　　　　→チェシコフスキ
　　　　　　　　→ヘス、モーゼス
ヘーゲル「新プラトン主義哲学」註解—新版『哲学史講義』より　知泉書館
　　　　　　　　→Hegel, Georg Wilhelm Friedrich
　　　　　　　　→ティーデマン、ディーテリッヒ
ベストパートナーの見分け方　同朋舎
　　　　　　　　→Burnett, Rosalie
　　　　　　　　→エーデルマン、マラ・B.
　　　　　　　　→ゲイジー、トリシア
　　　　　　　　→ケイト、ロドニー・M.
　　　　　　　　→ダック、スティーヴン・W.
　　　　　　　　→ニューコム、マイケル・D.
　　　　　　　　→バンコフ、エリザベス・A.
　　　　　　　　→ヘクト、マイケル・L.
　　　　　　　　→マーストン、ピーター・J.
　　　　　　　　→ライト、ポール・H.
　　　　　　　　→ロザリー、バーネット
ヘッジファンドの世界—仕組み・投資手法・リスク　東洋経済新報社　　→Nicholas, Joseph G.
　　　　　　　　→クレレンド、ウィリアム・J.
　　　　　　　　→グロス、マーチン・J.
　　　　　　　　→コールドウェル、テッド
　　　　　　　　→シャピロ、ダニエル・S.
　　　　　　　　→タンズマン、ミッチェル・A.
　　　　　　　　→ダンマイアー、マイケル・E.
　　　　　　　　→デーリー、グレン・C.
　　　　　　　　→ニコラス、ジョン・P.
　　　　　　　　→プライス、M.ケリー
　　　　　　　　→プレス、ジョエル
　　　　　　　　→ペルツ、ロイス
　　　　　　　　→ホワイト、デイビッド・A.
　　　　　　　　→マクドナルド、ブライアン・J.
　　　　　　　　→ロス、ポール・N.
別のダボス—新自由主義グローバル化との闘い　柘植書房新社　→Aguiton, Christophe
　　　　　　　　→Amin, Samir
　　　　　　　　→Chesnais, Francois
　　　　　　　　→George, Susan
　　　　　　　　→Houtart, François
　　　　　　　　→Petrella, Riccardo
　　　　　　　　→Plihon, Dominique
　　　　　　　　→Polet, François
　　　　　　　　→Toussaint, Eric
　　　　　　　　→Udry, Charles-Andre
→市民のために金融投機に課税を求めるアソシエーション
ベトナム現代史—論文集　防衛研修所
　　　　　　　　→シルトワ、A.P.
　　　　　　　　→ゼレンツォフ、V.A.
　　　　　　　　→ドゥドニク、Z.V.
　　　　　　　　→ムヒタリヤン、S.A.
　　　　　　　　→ラストルグエフ、V.S.
ベリヤ—スターリンに仕えた死刑執行者　ある出世主義者の末路　エディションq
　　　　　　　　→Khrushchev, Nikita
　　　　　　　　→Simonov, Konstantin Mikhailovich
　　　　　　　　→Volkogonov, Dmitrii Antonovich

　　　　　　　　→アジュベイ、アレクセイ
→アントーノフ＝オフセーエンコ、A.
　　　　　　　　→オポコフ、ヴィターリ
　　　　　　　　→クヴァンタリアーニ、N.
　　　　　　　　→クチャヴァ、ミトロファン
　　　　　　　　→クロトコフ、ユーリー
　　　　　　　　→グロムイコ、アンドレイ
　　　　　　　　→ジューコフ、ゲオルギー
　　　　　　　　→スコロホドフ、A.
　　　　　　　　→スタロスティン、ニコライ
　　　　　　　　→ソーリャ、ユーリー
→ネクラーソフ、ヴラジーミル・F.
　　　　　　　　→ノヴィコフ、ヴラジーミル
　　　　　　　　→ベレジーン、F.J.
　　　　　　　　→ポポフ、ボリス
→マキシーモヴィッチ、A.
　　　　　　　　→メルカデール、ルイ
　　　　　　　　→モスカレンコ、キリール
　　　　　　　　→ラコバ、スタニスラフ
→ラーリナ＝ブハーリナ、アンナ
ペルシア民俗誌　平凡社　→Hedâyat, Sâdea
　　　　　　　　→Khānsārī
ベルヌ条約100周年記念論文集—ベルヌ条約と国内法　著作権資料協会　→ウルマー、オイゲン
　　　　　　　　→コルベ、ヤン
　　　　　　　　→サンクティス、バレリオ・デ
　　　　　　　　→ディビス、アイボア
　　　　　　　　→トロルラー、アロイス
　　　　　　　　→ピュッシェル、ハインツ
　　　　　　　　→ファビアーニ、マリオ
　　　　　　　　→フランソン、アンドレ
→ベルコヴィッツ、アルベルト
　　　　　　　　→メズガーニ、ネビラ
変革期の大学外国語教育　桐原書店
　　　　　　　　→Barnett, Marva A.
　　　　　　　　→Cates, Truett
　　　　　　　　→Cortínez, Verónica
　　　　　　　　→Freed, Barbara F.
　　　　　　　　→Frommer, Judith G.
　　　　　　　　→Jorden, Eleanor H.
　　　　　　　　→Lambert, Richard D.
　　　　　　　　→Melvin, Bernice
　　　　　　　　→Mueller, Marlies
　　　　　　　　→Rivers, Wilga M.
　　　　　　　　→Valette, Rebecca M.
変革期ベトナムの大学　東信堂　→Dang, Ba Lam
　　　　　　　　→Hoang, Xuan Sinh
　　　　　　　　→Lam, Quang Thiep
　　　　　　　　→Le, Thac Can
　　　　　　　　→Nghiem, Xuan Nung
　　　　　　　　→Nguyen, Duy Quy
　　　　　　　　→Nguyen, Thi Tri
　　　　　　　　→Nguyen, Tien Dat
　　　　　　　　→Pham, Minh Hac
　　　　　　　　→Pham, Quang Sang
　　　　　　　　→Pham, Thanh Nghi
　　　　　　　　→Sloper, David
　　　　　　　　→Tran, Chi Dao
　　　　　　　　→Tran, Hong Quan

へんき

辺境出土木簡の研究　朋友書店　　　　　→Vu, Van Tao
　　　　　　　　　　　　→サイ, セイホウ（柴生芳）
変貌する韓国経済　世界思想社
　　　　　　　　　　→チョ, ミョンチョル（趙明哲）
変貌する世界とアメリカ　アルク　→Bush, George
　　　　　　　　　　　　→Chamberlain, Neville
　　　　→Churchill, Winston Leonard Spencer
　　　　　　　　　　　　　→Coolidge, Calvin
　　　　　　　　　　　　→Durrell, Lawrence
　　　　　　　　　　　　　　　　　→Edward
　　　　　　　　　　　　　　→Hitler, Adolf
　　　　　　　　　　→Johnson, Lyndon Baines
　　　　　　　　　　→Kennedy, Edward Moore
　　　　　　　　　→Kennedy, John Fitzgerald
　　　　　　　　　　　　→Lindbergh, Charles
　　　　　　　　　　　　→MacArthur, Douglas
　　　　　　　　　　→Nixon, Richard Milhous
　　　　　　　　　　　　　　→Pershing, J.J.
　　　　　　　　　　　→Roosevelt, Franklin D.
　　　　　　　　　　　　　　　→Spencer, Len
　　　　　　　　　　　　　→Stevenson, Adlai
　　　　　　　　　　　　→Truman, Harry S.
　　　　　　　　　　　→Watson, James Gerard
変容する民主主義——グローバル化のなかで　日本経
　済評論社　　　　　　　→McGrew, Anthony G.
　　　　　　　　　　　　　　→インバー, マーク
　　　　　　　　　　　　　　→エバンス, トニー
　　　　　　　　　　　→グッドマン, ジェイムズ
　　　　　　　　　　　　　→コックス, ロバート
　　　　　　　　　→ゴールドブラット, デヴィッド
　　　　　　　　　　　　　→ショー, マーティン
　　　　　　　　　　　　→ディケンソン, ドナ
　　　　　　　　　　　→トンプソン, グレアム

【ほ】

法学論集　第3巻　愛知学院大学法学部同窓会
　　　　　　　　　　　　　　　　→Corkery, J.F.
法治国家の展開と現代的構成——高田敏先生古稀記念
　論集　法律文化社　　　→ピチャース, ライナー
　　　　　　　　　　　　　→フォーゲル, クラウス
　　　　　　　　　　　　→ホイザー, ロベルト
法治の理想と現実　新評論　　　→エン, ガク（袁岳）
　　　　　　　　　→キョウ, ショウズイ（龔祥瑞）
　　　　　　　　　　→タン, チュウガク（湛中楽）
　　　　　　　　　　　→チョウ, ジュギ（張樹義）
　　　　　　　　　　　→トウ, エイシン（湯永進）
「法と経済学」の原点　木鐸社　→Calabresi, Guido
　　　　　　　　　　　→Coase, Ronald Harry
　　　　　　　　　　　　　　　→ミシャン, E.J.
法と社会　未来社　　　　　　→Brown, Robert
　　　　　　　　　　　　→Hawkins, Gordon
　　　　　　　　　　　　→Kamenka, Eugene
　　　　　　　　　　　→Morison, William L.
　　　　　　　　　　　→Tay, Alice Erh Soon
法の生成と民法の体系——無償行為論・法過程論・民法
　体系論　広中俊雄先生傘寿記念論集　創文社
　　　　　　　　　　　　　　　→ネル, ディーター

全集・合集収載　翻訳図書目録 1992-2007　Ⅰ

法の他者　御茶の水書房　　　　　→Gilroy, Paul
法の同化——その基礎、方法、内容　ドイツからの見方
　と日本からの見方　De Gruyter Recht
　　　　　　　　　→アルノー, アンドレーアス・フォン
　　　　　　　　→ヴァインツィアル, ゼバスチアン
　　　　　　　　→ヴィーガント, マルク＝アンドレ
　　　　　　　　　→カリース, グラルフ＝ペーター
　　　　　　　　　　　　→クレール, クリストフ
　　　　　　　　　　　　→トナー, マルティン
　　　　　　　→フェルスター, クリスチャン
　　　　　　　→フランク, イェンス＝ウーベ
　　　　　　　　　　　　→ベルツ, モーリッツ
　　　　　　　　→メースライン, フローリアン
　　　　　　　　　　　　→リヒター, クラウス
法の理論　12　成文堂　　　　　→Llompart, José
　　　　　　　　　　→レール, ウィルヘルム
法の理論　13　成文堂　　　　　→Llompart, José
　　　　　　　　→カルピンテロ, フランチスコ
法の理論　14　成文堂　　　　　→Llompart, José
　　　　　　　　　→ハウプトマン, ワルター
法の理論　15　成文堂　　　　　→Llompart, José
　　　　　　　　　→キューンハルト, ルートガー
法の理論　18　成文堂　→Mousourakis, George
法の理論　21　成文堂　　→Radbruch, Gustav
法の理論　22　成文堂
　　　　　　　　→Böckenförde, Ernst-Wolfgang
　　　　　　　　　　　　　→ブリースコルン, N.
法律学的対話におけるドイツと日本——ベルリン自由
　大学・日本大学共同シンポジウム　信山社
　　　　　　　　　　　　　　　　→Kunig, Philip
　　　　　　　　→アルノー, アンドレーアス・フォン
　　　　　　→アルムブリュスター, クリスティアン
　　　　　　　　　　　　→ゲッペルト, クラウス
　　　　　　　　　　　→ヘーンヒェン, ズザンネ
　　　　　　　　　　→ホイプライン, マルティーン
　　　　　　　　　→マールマン, マティーアス
　　　　　　　　　　　　→メラー, コージマ
　　　　　　　　　　　　→レーネン, デートレフ
　　　　　　　→ロットロイトナー, フーベルト
北欧諸国の租税政策　日本証券経済研究所
　　　　　　　　　　　　→Andersson, Krister
　　　　　　　　　　　→Hagen, Kare Petter
　　　　　　　　　　→Kanniainen, Vesa
　　　　　　　　　　　　→Norrman, Erik
　　　　　　　　　　　→Södersten, Jan
　　　　　　　　→Sørensen, Peter Birch
北欧のアイデンティティ　東海大学出版会
　　　　　　　　　　　　　　　→Fenger, Ole
　　　　　　　　　　→Guttormsson, Loftur
　　　　　　　　　　　→Hastrup, Kirsten
　　　　　　　　　　　　→Lönnqvist, Bo
　　　　　　→Sørensen, Preben Meulengracht
北欧の自然と生業　東海大学出版会
　　　　　　　　　　　　→Berggreen, Brit
　　　　　　　　　　　→Hastrup, Kirsten
　　　　　　　　　　→Joensen, Jóan Pauli
　　　　　　　　　　　→Löfgren, Orvar
北欧の世界観　東海大学出版会　→Hastrup, Kirsten
　　　　　　　　　　　　→Löfgren, Orvar
　　　　　　　　　　　　→Lönnqvist, Bo

北欧の知的障害者―思想・政策と日常生活　青木書
　店
→Aalto, Maarit
→Bjarnason, Dora S.
→Bogdan, Robert
→Brusén, Peter
→Dyrendahl, Guri
→Färm, Kerstin
→Gustavsson, Anders
→Hansen, Jan-Inge
→Holm, Per
→Holst, Jesper
→Matikka, Leena M.
→Olsen, Søs Balch
→Perlt, Birger
→Sandvin, Johans Tveit
→Söder, Mårten
→Tideman, Magnus
→Tøssebro, Jan
→Traustadóttir, Rannveig
北欧の地方分権改革―福祉国家におけるフリーコ
　ミューン実験　日本評論社
→Albaek, Erik
→Baldersheim, Harald
→Bukve, Oddbjørn
→Fimreite, Anne Lise
→Hagen, Terje P.
→Harisalo, Risto
→Kronvall, Kai
→Lesjø, Jon Helge
→Lindgren, Lena
→Niiranen, Vuokko
→Rose, Lawrence
→Ståhlberg, Krister
→Strömberg, Lars
ぼくたちの言葉を奪わないで！―ろう児の人権宣言
　明石書店
→Cummins, Jim
→エワン, ダーレン
北米インディアン生活誌　社会評論社
→Black Hawk
→Buffalo
→Flying Hawk
→Geronimo
→Iron Hawk
→Sitting Bull
→Standing Bear
→Weatherford, William
→Yellow Wolf
→ウォレン, ウィリアム
→ウッドゥン・レッグ
→エイプス, ウィリアム
→オヒエサ
→カーゲガガーボー
→カーケワクォナビー
→グッドバード, エドワード
→クラーク, ピーター・D.
→ジョセフ
→ジョンスン, エリアス
→スポッティド・テイル
→ターニング・ホーク
→タヒラッサウィチ
→タライエスバ, ドン・C.
→テカムセ
→ニコラー, ジョセフ
→ハーシャ, ウィリアム・J.
→ハジョー, マッシー
→ファイア・サンダー
→ブラック・エルク
→ブラッバード, アンドルー・J.
→フレイミング・アロウ
→プレンティー・クー
→ポカゴン, サイモン
→ホポカン
→マウンガダウ
→リッジ, ジョン
→レイブ, ジョン
→ローガン, ジェームズ
→ロング・ランス
星と波の世界への招待―星と波テスト＆解説書
　SWT-Japan
→アーベーラルモン, ウルズラ
ポスト・ケインズ派経済学入門　日本経済評論社
→Appelbaum, Eileen
→Asimakopulos, A.
→Burbidge, John B.
→Chase, Richard X.
→Cornwall, John
→Davidson, Paul
→Eichner, Alfred S.
→Kenyon, Peter
→Kregel, J.A.
→Moore, Basil J.
→Robinson, Joan
→Roncaglia, Alessandro
ポストコロニアルと非西欧世界　御茶の水書房
→カン, ネヒ（姜来熙）
ポスト平成不況の日本経済―政策志向アプローチに
　よる分析　日本経済新聞社
→Kashyap, Anil K.
→Weinstein, David E.
→カトナー, K.
→ハシモト, M.
→パトリック, H.
→ハリガン, K.
→ブロダ, C.
→ミシュキン, F.
ポストモダニズムとは何か　松柏社
→Sim, Stuart
→イーストホープ, アントニー
→エヴリー, ピーター
→オディ, マーク
→グラント, イアン・ハミルトン
→スコット, デレク
→ストーリー, ジョン（文化）
→スペンサー, ロイド
→トロッド, コリント
→ヒル, ヴァレリー
→モーガン, ダイアン
→ルイス, バリー
→ワトソン, ナイジェル
ポスト冷戦時代の開発援助と日米協力　国際開発
　ジャーナル社
→Bernal, Richard L.
→Bissell, Richard E.
→Hubbard, Thomas C.
→Orr, Robert M., Jr.
→Sewell, John W.

ほすに

ボスニア戦争とヨーロッパ　朝日新聞社
　　　　　　　　　　　→Sherk, Donald R.
　　　　　　　　　　　→Stallings, Barbara
　　　　　　　　　　　→Stewart, Francis
　　　　　　　　　　　→Bauer, Harry
　　　　　　　　　　　→Brunkhorst, Hauke
　　　　　　　　　　　→Claussen, Detlev
　　　　　　　　　　　→Čolović, Ivan
　　　　　　　　　　　→Flego, Gvozden
　　　　　　　　　　　→Kimmig, Thomas
　　　　　　　　　　　→Oester, Stefan
　　　　　　　　　　　→Parin, Paul
　　　　　　　　　　　→Popov, Nebojša
　　　　　　　　　　　→Promitzer, Christian
　　　　　　　　　　　→Rütten, ursula
　　　　　　　　　　　→Sekulič, Božidar Gajo
　　　　　　　　　　　→Tokić, Seifdin
ボディー・ポリティクス―女と科学言説　世界思想社
　　　　　　　　　　　→Bordo, Susan
　　　　　　　　　　　→Haraway, Donna Jeanne
　　　　　　　　　　　→Jacobus, Mary
　　　　　　　　　　　→Keller, Evelyn Fox
　　　　　　　　　　　→Martin, Emily
　　　　　　　　　　　→Shuttleworth, Sally
　　　　　　　　　　　→ドウン，メアリー・アン
　　　　　　　　　　　→トライクラー，ポーラ・A.
　　　　　　　　　　　→プーヴィー，メアリー
仏の来た道―シルクロードの文物　東方出版
　　　　　　　　　　　→クオン，ヨンピル(権寧弼)
ホモセクシュアリティ　弘文堂
　　　　　　　　　　　→Bentham, Jeremy
　　　　　　　　　　　→Carpenter, Edward
　　　　　　　　　　　→Ellis, Henry Havelock
　　　　　　　　　　　→Symonds, J.A.
ポーランドのユダヤ人―歴史・文化・ホロコースト　みすず書房
　　　　　　　　　　　→Engelking, Barbara
　　　　　　　　　　　→Zbikowski, Andrzej
　　　　　　　　　　　→Zyndul, Jolanta
ホリスティック教育入門　せせらぎ出版
　　　　　　　　　　　→ミラー，ジョン
ポルノグラフィの発明―猥褻と近代の起源，一五〇〇年から一八〇〇年へ　ありな書房
　　　　　　　　　　　→Hunt, Lynn Avery
　　　　　　　　　　　→Jacob, Margaret C.
　　　　　　　　　　　→ウェイル，レイチェル
　　　　　　　　　　　→ドジャン，ジョウン
　　　　　　　　　　　→トランパック，ランドルフ
　　　　　　　　　　　→ノーバーグ，キャスリン
　　　　　　　　　　　→フィンドレン，ポーラ
　　　　　　　　　　　→フラピエ＝マジュール，リュシエンヌ
　　　　　　　　　　　→メインハルト，ヴェイナント・W.
ポルノと検閲　青弓社　→Califia, Pat
　　　　　　　　　　　→Snitow, Ann Barr
　　　　　　　　　　　→Willis, Ellen
　　　　　　　　　　　→アルダーファー，ハンナ
　　　　　　　　　　　→ヴァンス，キャロル・S.
　　　　　　　　　　　→ウェブスター，ポーラ
　　　　　　　　　　　→エリス，ケイト
　　　　　　　　　　　→オデアー，バーバラ
　　　　　　　　　　　→ジェイカー，ベス

　　　　　　　　　　　→ダガン，リサ
　　　　　　　　　　　→トールマー，アビー
　　　　　　　　　　　→ネルソン，メアリベス
　　　　　　　　　　　→ハンター，ナン・D.
本・子ども・図書館―リリアン・スミスが求めた世界　全国学校図書館協議会
　　　　　　　　　　　→Beaty, Mary
　　　　　　　　　　　→Bush, Margaret A.
　　　　　　　　　　　→Egoff, Sheila A.
　　　　　　　　　　　→Ellis, Sarah
　　　　　　　　　　　→Fasick, Adel M.
　　　　　　　　　　　→Hughes, Monica
　　　　　　　　　　　→Johnston, Margaret
　　　　　　　　　　　→Kane, Alice
　　　　　　　　　　　→Kaye, Marilin
　　　　　　　　　　　→Maloney, Magaret Crawford
　　　　　　　　　　　→Milnes, Irma McDonough
　　　　　　　　　　　→Osler, Ruth
　　　　　　　　　　　→Pearson, Debora
　　　　　　　　　　　→Wynne-Jones, Tim
香港を離れて―香港中国人移民の世界　行路社
　　　　　　　　　　　→Baker, Hugh
　　　　　　　　　　　→Chabot, Richard
　　　　　　　　　　　→Chan, Oi Man
　　　　　　　　　　　→Chang, Kwok Bun
　　　　　　　　　　　→Farmer, Ruth
　　　　　　　　　　　→Hardie, Edward
　　　　　　　　　　　→Ho, Elsie S.
　　　　　　　　　　　→Inglis, Christine
　　　　　　　　　　　→Johnson, Graham
　　　　　　　　　　　→Kee, Pookong
　　　　　　　　　　　→Kwong, Peter
　　　　　　　　　　　→Lam, Lawrence
　　　　　　　　　　　→Lary, Diana
　　　　　　　　　　　→Luk, Bernard
　　　　　　　　　　　→Skeldon, Ronald
　　　　　　　　　　　→Smart, Josephine
　　　　　　　　　　　→So, Alvin Y.
　　　　　　　　　　　→Wickberg, Edgar
　　　　　　　　　　　→Wong, Bernard P.
　　　　　　　　　　　→Wu, Chung-tong
香港回帰―ジャーナリストが見た'97.7.1　凱風社
　　　　　　　　　　　→イン，ケイイン(尹慧筠)
　　　　　　　　　　　→カン，ケイレン
　　　　　　　　　　　→ゴ，ケツブン(呉潔雯)
　　　　　　　　　　　→ゴ，ブンセイ(呉文正)
　　　　　　　　　　　→コウ，キンタイ(黄勤帯)
　　　　　　　　　　　→サイ，ショウキン(蔡少錦)
　　　　　　　　　　　→ジ，チョウグン(闗超軍)
　　　　　　　　　　　→ジョ，ハイエイ(徐佩登)
　　　　　　　　　　　→シン，ウンカ(岑蘊華)
　　　　　　　　　　　→チャン，ユエン
　　　　　　　　　　　→チョウ，カエイ(趙嘉栄)
　　　　　　　　　　　→チン，イミン(陳偉民)
　　　　　　　　　　　→チン，ケンビン(陳敏娟)
　　　　　　　　　　　→テイ，イツウ(鄭逸宇)
　　　　　　　　　　　→テイ，スイカイ(鄭翠懐)
　　　　　　　　　　　→ト，ヨウメイ(杜耀明)
　　　　　　　　　　　→バク，イクソウ(麦慰宗)
　　　　　　　　　　　→バク，エンテイ(麦燕庭)
　　　　　　　　　　　→ラ，シキ(羅志輝)

　　　　　　　　　　→ラ, ショウラン(羅少蘭)
　　　　　　　　　　→リ, ギョクレン(李玉蓮)
　　　　　　　　　　　　　→リー, ステラ
　　　　　　　　　　→リョウ, イケン(廖緯軒)
　　　　　　　　　　→レイ, ハイフン(黎佩芬)
　　　　　　　　　　　→ロ, エイユウ(盧永雄)
　　　　　　　　　　　→ロ, ケイカ(盧敬華)
香港・1997年・法　アジア経済研究所　→Ghai, Yash
　　　　　　　　　　　　→Palmer, Michael
香港の金融制度　金融財政事情研究会
　　　　　　　　　　　→Chan, David Y.K.
　　　　　　　　　　→Ho, Richard Yan Ki
　　　　　　　　　　　　　　→Jao, Y.C.
　　　　　　　　　　　　　　→Lui, Y.H.
　　　　　　　　　　→Scott, Robert Haney
　　　　　　　　　　　→Wan, Joseph S.
　　　　　　　　　　　→Wong, Gordon W.
　　　　　　　　　　　→Wong, Jim H.Y.
　　　　　　　　　　　→Wong, Kie Ann
本当に「中国は一つ」なのか―アメリカの中国・台湾
　政策の転換　草思社　→Andrews, Robert E.
　　　　　　　　　　　　→Chabot, Steve
　　　　　　　　　　→Donnelly, Thomas
　　　　　　　　　　　→Kristol, William
　　　　　　　　　　　→Waldron, Arthur

【ま】

マイノリティ・ナショナリズムの現在　刀水書房
　　　　　　　　　　　　　　→Bland, Jack
　　　　　　　　　　　→Watson, Michael
　　　　　　　　　　→Williams, Howard
　　　　　　　　　→キーティング, マイケル
　　　　　　　　　→グリューゲル, ジャン
　　　　　　　　　→サビジャー, ピーター
　　　　　　　　　　→ダンカン, ピーター
　　　　　　　　　→ドレイマニス, ジョン
　　　　　　　　　　→バルソム, デニス
　　　　　　　　　　→ボイス, ジョージ
　　　　　　　　　→マクミラン, マイケル
　　　　　　　　　→マーフィ, サイモン
　　　　　　　　　→ロジャーズ, ボーン
マインズ・アイ―コンピュータ時代の「心」と「私」
　上　ティビーエス・ブリタニカ
　　　　　　　　　　→Borges, Jorge Luis
　　　　　　　　　　→Dawkins, Richard
→Dennett, Daniel Clement
→Hofstadter, Douglas R.
　　　　　　　　　　　→Lem, Stanisław
　　　　　　　　　　→Morowitz, Harold J.
　　　　　　　　　　　→Sanford, David
　　　　　　　　　→Turing, Alan Mathison
　　　　　　　　　　→ウィーリス, アレン
　　　　　　　　　　→ズボフ, アーノルド
　　　　　　　　　→ハーディング, ドナルド
　　　　　　　　　　→ミーダナー, テレル
マインズ・アイ―コンピュータ時代の「心」と「私」
　下　ティビーエス・ブリタニカ
　　　　　　　　　　→Borges, Jorge Luis

　　　　　　　　　　→Hofstadter, Douglas R.
　　　　　　　　　　　→Leiber, Justin
　　　　　　　　　　　→Lem, Stanisław
　　　　　　　　　　　→Nagel, Thomas
　　　　　　　　　　　→Nozick, Robert
　　　　　　　　　→Rucker, Rudy von Bitter
　　　　　　　　　　→Searle, John R.
　　　　　　　　　→Smullyan, Raymond M.
　　　　　　　　→チャーニアク, クリストファー
マキァヴェッリ全集　補巻　筑摩書房
　　　　　　　　　　→Chabod, Federico
　　　　　　　　　→アクトン, ジョン
　　　　→クティネッリ, エマヌエル・レンディナ
　　　　　→サンクティス, フランチェスコ・デ
　　　　　　　　→リッター, ゲーアハルト
　　　　　　　　→ルノデー, オーギュスタン
マクミラン近未来地球地図　東京書籍
　　　　　　　　　　→Barnaby, Frank
　　　　　　　　　　→Bartlett, Sarah
　　　　　　　　　→Brink, Ben ten
　　　　　　　　　　→Bryant, Dirk
　　　　　　　　　→Buckley, Chris
　　　　　　　　→Burman, Stephen
　　　　　　　　　→Davies, Simon
　　　　　　　→Engelman, Robert
→Goldbeck-Wood, Sandra
　　　　　　　　　　→Hecht, Jeff
　　　　　　　　→Kinsella, Kevin
　　　　　　　　→Loske, Reinhard
　　　　　　　　→Mackay, Judith
　　　　　　　　→Mannings, Robin
　　　　　　　　→Muller, Thomas
→Oliveira, Angela Martins
　　　　　　　　　→Payne, David
　　　　　　　　　→Pearson, Ian
　　　　　　　　→Potter, Daivid
　　　　　　　→Rosegrant, Mark W.
　　　　　　→Satterthwaite, David
　　　　　　　→Silverstone, Roger
　　　　　　　　　→Smith, Alan
　　　　　　　　→Wedding, Lee
　　　　　　　　→Winter, Chris
　　→ユニバーシティ・オブ・サセックス・ブライトン
マクルーハン理論―電子メディアの可能性　平凡社
　　　　　　　→Carpenter, Edmund Snow
　　　　　　　→Frank, Lawrence K.
　　　　　　　　→Giedion, Sigfried
→McLuhan, Herbert Marshall
　　　　　　　→カルキン, ジョン・M.
　　　　　　　→スズキ, ダイセツ (鈴木大拙)
　　　　　　　→セルデス, ギルバート
　　　　　　→タイアウィット, ジャクリーヌ
　　　　　　　　→チェイター, H.J.
　　　　　　→バードウィステル, レイ・L.
　　　　　　　→リースマン, デイビッド
　　　　　　　→レジェ, フェルナン
マーシャル経済学の体系　ミネルヴァ書房　→Bliss, C.
　　　　　　　　　　→Chipman, J.S.
　　　　　　　　　→Collard, D.A.
　　　　　　　　　　→Creedy, J.

ましゆ

→Dasgupta, Ajit Kumar
→Laidler, D.
→Loasby, B.J.
→Matthews, R.C.O.
→Newman, P.
→O'Brien, D.P.
→Stigler, G.J.
→Whitaker, J.K.
魔術師たちのトレーディングモデル―テクニカル分析の新境地　パンローリング
→DeMark, Thomas R.
→Murphy, John
→Raschke, Linda Bradford
→Williams, Larry R.
→エリアデス, ピーター
→シェファー, バーニー
→スミス, コートニー
→タワー, ケネス・G.
→ニルソン, スティーブ
→ポーザー, スティーブン・W.
→マクミラン, ローレンス
→メッシュ, ロビン
魔女手帖　大和書房
→ウィローレート, アビー
→カンボス, ジェームズ
→グリマッシ, レイヴン
→コブ, ダラス・ジェニファー
→ファー, ダニー
貧しさ　藤原書店
→Heidegger, Martin
→Hölderlin, Johann Christian Friedrich
→Lacoue-Labarthe, Philippe
マスメディアと社会―新たな理論的潮流　勁草書房
→Curran, James
→Fiske, John
→Golding, Peter
→McQuail, Denis
→Murdock, Graham
→Sreberny-Mohammadi, Annabelle
→Zoonen, Liesbet van
Mathematica 経済・金融モデリング　トッパン
→Anderson, Gary S.
→Belsley, David A.
→Brown, Stephen J.
→Carter, Michael
→Dickhaut, John
→Eckalbar, John C.
→Guu, Sy-ming
→Judd, Kenneth L.
→Kaplan, Todd
→Kendall, Wilfrid S.
→Korsan, Robert J.
→Ley, Euardo
→Miller, Ross M.
→Mukherji, Arijit
→Rose, Colin
→Steel, Mark F.
→Steele, J.Michael
→Stine, Robert A.
→Varian, Hal R.
マッキンゼーITの本質―情報システムを活かした「業務改革」で利益を創出する　ダイヤモンド社

→Bloch, Michael
→Davis, Kendall B.
→Farrell, Diana
→Hagel, John, III
→Lohmeyer, Dan
→Mark, David
→Mattern, Frank
→Monnoyer, Eric
→Pogreb, Sofya
→Robinson, Scott
→Scanlo, Brian L.
→Schneider, Jeremy
→Schönwälder, Stephan
→Spang, Stefan
→Stein, Wolfram
→Terwilliger, Terra
→Webb, Allen P.
→Weiss, Oded
マッキンゼー事業再生―ターンアラウンドで企業価値を高める　ダイヤモンド社
→Bryan, Lowell L.
→Day, Jonathan D.
→Leslie, Keith
→Subramaniam, Som
→アンスリンジャー, パット
→ヴァンメトレー, エヴァン・S.
→クレッパー, スティーブ
→チャピュイス, バーティル
→ナヒルニー, ジェームス・J.
→バーキン, トーマス・I.
→パーク, ジェイホン
→バートン, ドミニック
→フーム, ロン
→フリックス, ケビン
→ベッカー, デービッド・O.
→ロシュ, ポール
→ローソン, エミリ
マッキンゼー戦略の進化―不確実性時代を勝ち残る　ダイヤモンド社
→Baghai, Mehrdad
→Beinhocker, Eric D.
→Bryan, Lowell L.
→Coley, Stephen
→Conn, Charles
→Courtney, Hugh G.
→Coyne, Kevin P.
→Gluck, Frederick W.
→Kaufman, Stephen P.
→Kirkland, Jane
→Mclean, Robert J.
→Mcleod, Ken
→Stuckey, John
→Subramaniam, Som
→Viguerie, S.Patrick
→Walleck, A.Stephen
→White, David
マッキンゼー組織の進化―自立する個人と開かれた組織　ダイヤモンド社
→Day, Jonathan D.
→Eisenstat, Russel
→Foote, Nathaniel
→Foster, Richard N.
→Galbraith, Jay R.

全集・合集収載 翻訳図書目録 1992-2007　I　　　　　　　　　　　みとり

　　　　　　　　　→Herb, Erika
　　　　　　　　→Jung, Michael
　　　　　　　　→Kaplan, Sarah
　　　　　　　→Katzenbach, Jon R.
　　　　　　　　　→Leslie, Keith
　　　　　　　　→Mang, Paul Y.
　　　　　　　　　→Miller, Danny
　　　　　　　　　→Price, Colin
　　　　　　　　→Richter, Ansgar
　　　　　　　　→Roberts, John
マックス・ヴェーバーとその同時代人群像　ミネル
　ヴァ書房　　　　　　→Beetham, David
　　　　　　　　　→Frisby, David
　　　　　　　　→Giddens, Anthony
　　　　　　→Graf, Friedrich Wilhelm
　　　　　　　　→Henrich, Dieter
　　　　　　　　→Kocka, Jürgen
　　　　　　→Mommsen, Wolfgang J.
　　　　　　　　→Osterhammel, J.
　　　　　　　　→Schwentker, W.
　　　　　　　　→Shils, Edward
　　　　　　→Tenbruck, Friedrich Heinrich
　　　　　　　→アンデンホフ, リータ
　　　　　　　　→ヴィムスター, サム
　　　　　　　　　→オークス, ガイ
　　　　　　　　→カラーディ, エーヴァ
　　　　　　　→シェーン, マンフレッド
　　　　　　→ストロング, トレイシー・B.
　　　　　　　　→タイナー, ペーター
　　　　　　→ダールマン, ディットマー
　　　　　　　→ダーレンドルフ, ラルフ
　　　　　　　　→デム, エベルハルト
　　　　　　　→ヘニス, ヴィルヘルム
　　　　　　　　　→マキオル, J.G.
　　　　　　　　→ミッツマン, アーサー
　　　　　　　　　→リヴィ, カール
松山関連宣教師文書　第1部　岩波ブックサービスセ
　ンター（製作）　　　→Judson, Cornelia
松山関連宣教師文書　第2部　岩波ブックサービスセ
　ンター（製作）　→米国伝道委員会松山ステーション
魔道書ネクロノミコン　学習研究社
　　　　　　　　　→Carter, Angela
　　　　　　→De Camp, Lyon Sprague
　　　　　　　　→Langford, David
　　　　　　　　→Turner, Robert
　　　　　　　　　→Wilson, Colin
　　　　　　　→アルハザード, アブドゥル
　　　　　　→フレイリング, クリストファー
マラッカ・シンガポール海峡における国際協力に向
　けた取組み　シップ・アンド・オーシャン財団海洋
　政策研究所　　　　→Beckman, Robert C.
マラニャン布教史　マラニャン見聞実記　岩波書店
　　　　　　　　→Claude d'Abbeville
　　　　　　　　　→Yves, d'Evreux
マルチカルチュラリズム　岩波書店 1996
　　　　　　→Appiah, Kwame Anthony
　　　　　　　　→Gutmann, Amy
　　　　　　　→Habermas, Jürgen
　　　　　　→Rockefeller, Steven C.
　　　　　　　　→Taylor, Charles

　　　　　　　　→Walzer, Michael
　　　　　　　　　→Wolf, Susan
マルチカルチュラリズム　岩波書店 2007
　　　　　　→Appiah, Kwame Anthony
　　　　　　　→Habermas, Jürgen
　　　　　　→Rockefeller, Steven C.
　　　　　　　　→Walzer, Michael
　　　　　　　　　→Wolf, Susan
マレーシア～多民族社会の構造　井村文化事業社
　　　　　　　　→Ali, Syed Husin
　　　　　　　→Bakar, Mohamad Abu
　　　　　　　→Cheah, Boon Kheng
　　　　　　　　→Kling, Zainal
　　　　　　　　→Osman, Sanusi
　　　　　　　　　→Rajoo, R.
　　　　　　　　→Tan, Chee Beng
　　　　　　　　→Wan, Hashim
「満洲・満洲国」教育資料集成　第23巻　エムティ
　出版　　　　　→キョ, コウガイ（許興凱）

【み】

三笠宮殿下米寿記念論集　刀水書房
　　　　　　　　→アフシャール, イーラジュ
　　　　　　→ラジャブザーデ, ハーシェム
ミクローマクロ・リンクの社会理論　新泉社
　　　　　　　→Alexander, Jeffrey C.
　　　　　　　　→Collins, Randall
　　　　　　　→Giesen, Bernhard
　　　　　　　→Haferkamp, Hans
　　　　　　　→Luhmann, Nikals
　　　　　　　→Münch, Richard
　　　　　　→Shegolff, Emanuel A.
ミサイル防衛―大いなる幻想　東西の専門家20人が批
　判する　高文研　　　→Krieger, David
　　　　　　　　→Rotblat, Joseph
　　　　　　　→Yaroshinska, Alla
　　　　　　　→イ, サムソン（李三星）
　　　　　　　→ウェルズ, リーア
　　　　　　　→ウォレス, マイケル
　　　　　　→カバッソ, ジャクリーン
　　　　　　→ギャグノン, ブルース・K.
　　　　　　→キャロル, ユージン, Jr.
　　　　　　→シェフラン, ユルゲン
　　　　　　→シン, テイリツ（沈丁立）
　　　　　　　→ナサル, バヒフ
　　　　　　→バスルール, ラジェシュ・M.
　　　　　　　→バナイク, アチン
　　　　　　→マクレラン, ニック
　　　　　→リヒターマン, アンドルー
　　　　　　　→ロウチ, ダグラス
緑の利益―環境管理会計の展開　産業環境管理協会
　　　　　　　→Banks, R.Darryl
　　　　　　→Bartolomeo, Matteo
　　　　　　　　→Beloff, Beth
　　　　　　　→Bennett, Martin
　　　　　　→Bierma, Thomas J.
　　　　　　→Bouma, Jan Jaap
　　　　　　→Burritt, Roger L.

書名索引　859

みなか　　　　　　全集・合集収載 翻訳図書目録 1992-2007　Ⅰ

→Clift, Roland
→Ditz, Daryl
→Earl, Graham
→Epstein, Marc J.
→Foecke, Terry
→Greene, Timothy T.
→Haveman, Mark
→Heller, Miriam
→James, Peter
→Miller, David A.
→Moilanen, Tuula
→Müller, Kaspar
→Ostrosky, Joyce
→Ranganathan, Janet
→Reiskin, Edward D.
→Roy, Marie-Josee
→Savage, Deborah E.
→Schaltegger, Stefan
→Schroeder, Georg
→Shields, David
→Waterstraat, Frank L.
→Winter, Matthias
→アメリカ環境保護庁

南方熊楠英文論考―「ネイチャー」誌篇　集英社
→C.C.B.
→M.A.B.
→ウェスト, G.S.
→オステン＝サッケン, C.R.
→マッシー, ジョージ
→ラッセル, コンスタンス
→リッチー, ジェイムズ

南アフリカの女たち―闘争と亡命の語り　南部アフリカにおける女たちの声―歴史の書き換え　国立民族学博物館地域研究企画交流センター
→Molema, Leloba Sefetogi
→Ravell-Pinto, Thelma

宮崎市定全集　別巻　岩波書店
→ラン, テイ (藍鼎)

未来社会への変革―未来の共同体がもつ可能性　フォレスト出版
→Covey, Stephen R.
→Drucker, Peter Ferdinand
→Goldsmith, Marshall
→Heskett, James L.
→Hesselbein, Frances
→Rheingold, Howard
→Schubert, Richard F.
→Thomas, R.Roosevelt, Jr.
→Thurow, Lester C.
→Wiesel, Eliezer
→ウィートレー, マーガレット・J.
→ウルリッチ, デイブ
→ガウディアーニ, クレア・L.
→カタウイ, マリア・リバノス
→クレア, リンダ・セント
→ケルナーロジャース, マイロン
→ジュスムート, リタ
→ソウベル・デ・アヤーラ, ジェイミー・A., 2世
→ティツィ, ノエル・M.
→バックスデール, ジェームス・L.
→ビュフォード, ボブ
→ピンチョー, ギフォード
→プライス, ヒュー・B.
→マッギル, アンドリュー・R.
→リトル, リック・R.
→レワニカ, イノンゲ・ムビクシタ

未来組織のリーダー―ビジョン・戦略・実践の革新　ダイヤモンド社
→Bardwick, Judith M.
→Blanchard, Kenneth H.
→Drucker, Peter Ferdinand
→Handy, Charles B.
→Hesselbein, Frances
→Schein, Edgar H.
→Senge, Peter
→Sethi, Deepak
→Smith, Anthony F.
→Smith, Douglas K.
→アーリック, デイブ
→ケイ, ビバリー・L.
→ゴールドスミス, M.
→スティア, ウィリアム・C., Jr.
→デクレイン, アルフレッド・C., Jr.
→ピンチョット, ギフォード
→ファレン, シーラ
→プラモンドン, ウィリアム・N.
→ベカード, リチャード
→ポラード, C.ウィリアム
→ボルト, ジェームズ・F.
→ボーンスタイン, スティーブン・M.
→マンドル, アレックス
→メレンデス, サラ・E.

ミル『自由論』再読　木鐸社
→Berlin, Isaiah
→Gray, John
→Ryan, Alan
→Smith, G.W.
→ウォルヘイム, リチャード
→テン, C.L.
→リース, J.C.

民事司法の国際動向　中央大学出版部
→Casad, Robert C.
→Hazard, Geoffrey C.
→Landsman, Stephan
→Trocker, Nicolò

民事訴訟法のトピークス　晃洋書房
→プリュッティング, ハンス
→ライポルド, ディーター

民事紛争をめぐる法的諸問題　信山社出版
→オライリー, フェイス
→モデール, シェル・Å

民主主義のコスト―政治資金の国際比較　新評論
→Alexander, Herbert E.
→Avril, Pierre
→Castillo, Pilar del
→Chaples, Ernest
→Gidlund, Gullan
→Jain, Randhir B.
→Jones, Ruth S.
→Koole, Ruud A.
→Landfried, Christine
→Nassmacher, Karl-Heinz
→Oliveira de Aguiar, Roberto

860　書名索引

→Pinto-Duschinsky, Michael
　　　　　→シラトリ, レイ（白鳥令）
　　　　　→パク, チャンウク（朴賛郁）
民俗学の政治性―アメリカ民俗学100年目の省察から
　未来社　　　　→Abrahams, Roger D.
　　　　　　　　→Bauman, Richard
　　　　　　　　→Becker, Jane S.
　　　　　　　　→Handler, Richard
　　　　　　　　→Herzfeld, Michael
　　→Kirshenblatt-Gimblett, Barbara
　　　　　　　　→Linnekin, Jocelyn
　　　　　　　　→Wilson, William A.
民俗研究―神話・伝承　島根県古代文化センター
　　　　　　　→キム, ジュンギ（金俊基）
　　　　　　　→チュ, スンテク（朱昇沢）
　　　　　　　→チョン, ヘスク（千恵淑）
民俗文化の再生と創造―東アジア沿海地域の人類学
　的研究　風響社　　→Chu, Xuan Giao
　　　　　　　　　　→Phan, An
　　　　　　→トウ, ギョウカ（鄧暁華）
　　　　　　→ヨウ, ヨク（楊翊）
明代琉球資料集成　榕樹書林
　　　　　　　　→オウ, キ（王圻）
　　　　　　→カ, キョウエン（何喬遠）
　　　　　　→ゲン, ジュウカン（厳従簡）
　　　　　　→コ, セイ（胡靖）
　　　　　　→コウ, キ（高岐）
　　　　　　→サイ, ジョケン（蔡汝賢）
　　　　　　→シャ, チョウセイ（謝肇淛）
　　　　　　→ショウ, コウ（章潢）
　　　　　　→シン, トクフ（沈徳符）
　　　　　　→チン, ジンセキ（陳仁錫）
　　　　　　→テイ, ギョウ（鄭暁）
　　　　　　→テイ, ジャクソウ（鄭若曽）
　　　　　　→トウ, シュウギ（陶宗儀）
　　　　　　→ヒ, シン（費信）
　　　　　　→ボウ, ゲンギ（茅元儀）
　　　　　　→ユ, アンキ（兪安期）
　　　　　　→ラ, エツケイ（羅日褧）

【む】

「無条件勝利」のアメリカと日本の選択　時事通信
　社　　　　　　　→Armitage, Richard Lee
　　　　　　　　　→Boyd, Charles
　　　　　　　→Bush, George Walker
　　　　　　　→Campbell, Kurt M.
　　　　　　　→Clemons, Steven C.
　　　　　　　→Green, Michael J.
　　　　　　　→Kaplan, Lawrence F.
　　　　　　　→Rice, Condoleezza
　　　　　　　→Rumsfeld, Donald H.
　　　　　　　→Sakoda, Robin H.
　　　　　　　→Wolfowitz, Paul
　　　　　　　→アメリカ共和党
　　　　　　→ゴムパート, デービット・C.
　　　　　　→トネルソン, アラン
　　　　　　→ハリルザード, ザルメイ
　　　　　　→マーシャル, アンドルー
無文字民族の神話　白水社　　→Bastide, R.

→Bouteiller, M.
→Lot-Falck, E.
→Métraux, A.
→Monin, Ph.
→Panoff, Michel
→Sauvageot, A.
→Simoni, M.

【め】

メアリー・パーカー・フォレット　管理の予言者　文
　真堂　　　　　　→Bennis, Warren G.
　　　　　　　　　→Child, John
　　　　　　→Drucker, Peter Ferdinand
　　　　　　→Follett, Mary Parker
　　　　　　　　　→Fox, Elliot M.
　　　　　　　　　→Graham, Pauline
　　　　　　　　　→Mintzberg, Henry
　　　　　　　　　→Nohria, Nitin
　　　　　　　　　→Parker, Peter
　　　　　　　　　→Urwick, L.
　　→エノモト, トキヒコ（榎本世彦）
　　　　　　→デュマス, アンジェラ
　　　　　　→ローレンス, ポウル・R.
明治前期の法と裁判　信山社出版
　　　　　　→オウ, タイショウ（王泰升）
メソジスト聖化論 1　日本ウェスレー出版協会
　　　　　　　　　→Ralston, T.N.
　　　　　　　　　→ポープ, W.B.
　　　　　　　　　→マイレー, J.
メディアがつくるジェンダー――日独の男女・家族像
　を読みとく　新曜社　→Gossmann, Hilaria
　　　　　→クラーネフース, アネレーン
　　　　　→ブリュックナー, ユタ
メディア・セクシズム―男がつくる女　垣内出版
　　　　　　　　　→Addington, Carola
　　　　　　　　　→Amos, Amanda
　　　　　　　　　→Bryan, Beverly
　　　　　　　　　→Cox, Gill
　　　　　　　　　→Dadzie, Stella
　　　　　　　　　→Dickey, Julienne
　　　　　　　　→Groocock, Veronica
　　　　　　　　→Jacobson, Bobbie
　　　　　　　　→Jeffereys, Sheila
　　　　　　　　　→Karpf, Anne
　　　　　　　　→Mason, Micheline
　　　　　　　　　→Peck, Jennifer
　　　　　　　　　→Salvage, Jane
　　　　　　　　　→Scafe, Suzanne
　　　　　　　　→Stratford, Teresa
　　　　　　　　→Thread, Common
　→ウィメンズ・モニタリング・ネットワーク
　→オールダー・フェミニスト・ネットワーク
　　　　　　　　　　　→タイプキャスト
メディア理論の脱西欧化　勁草書房
　　　　　　　　→Cunningham, Stuart
　　　　　　　　→Curran, James
　　　　　　　　　→Flew, Terry
　　　　　　　　→Hallin, Daniel C.

→Kim, Chang-Nam
→Lee, Chin-Chuan
→Leys, Colin
→Ma, Eric Kit-Wai
→Mcnair, Brian
→Sohn, Byung-Woo
→Sparks, Colin
→Tomaselli, Keyan G.
→パク、ミョンジン (朴明珍)
メラニー・クライントゥデイ 1 岩崎学術出版社
→Bion, Wilfred Ruprecht
→Joseph, Betty
→Meltzer, Donald
→Rosenfeld, Herbert
→Segal, Hanna
→Spillius, Elizabeth Bott
メラニー・クライントゥデイ 2 岩崎学術出版社
→Bick, Esther
→Bion, Wilfred Ruprecht
→Meltzer, Donald
→Rey, J.Henri
→Rosenfeld, Herbert
→Segal, Hanna
→Sohn, Leslie
→Spillius, Elizabeth Bott
→Steiner, John
メラニー・クライントゥデイ 3 岩崎学術出版社
→Bick, Esther
→Bion, Wilfred Ruprecht
→Joseph, Betty
→O'Shaughnessy, Edna
→カイル、ロジャー・モネー
→ジャックス、エリオット
→ハリス、マーサ
→ピック、イルマ・ブレンマン
→フォルフ、ターツ・エスカリネン・デ
→マルコム、ルース・リーゼンバーグ

【も】

もう一度読みたい国語教科書 小学校篇 ぶんか社
→Andersen, Hans Christian
→Collodi, Carlo
→Daudet, Alphonse
→アルチューホワ
→スクワイア
もう戦争はさせない！―ブッシュを追いつめるアメリカ女性たち 文理閣
→Almon, Joan
→Berrigan, Frida
→Brown, Adrienne Maree
→Cagan, Leslie
→Caldicott, Helen
→Ehrenreich, Barbara
→Eisler, Riane Tennenhaus
→Ensler, Eve
→Forsberg, Randall
→Gerson, Joseph
→Heyzer, Noeleen
→Hiken, Marti

→Howe, Julia Ward
→Jackson, Janine
→Jayapal, Pramila
→Klein, Naomi
→Lee, Barbara
→McKinney, Cynthia
→Murphy, Gael
→Peled-Elhanan, Nurit
→Sheehan, Carly
→Sheehan, Cindy
→Thomas, Helen
→Woolsey, Lynn
→Wright, Mary Ann
もうひとつの世界は可能だ―世界社会フォーラムとグローバル化への民衆のオルタナティブ 日本経済評論社
→Bello, Walden F.
→Bensid, Daniel
→Fisher, William F.
→Houtart, François
→Levi, Michael
→Ponniah, Thomas
→Shiva, Vandana
→Toussaint, Eric
→アニョレット、ヴィットリオ
→アパリシオ、カロロ
→アモロス、セリア
→アルー、ファトマ
→アルゲミ、オーレリ
→APM世界ネットワーク
→エスクリバノ、マルセラ
→オックスファム・インターナショナル
→カッセン、ベルナール
→カーリナー、ジョシュア
→キンテーラ、サンドラ
→ケベック連帯経済グループ
→コレア、ソニア
→ザシャリー、アルノー
→市民のために金融投機に課税を求めるアソシエーション
→シャルロ、ベルナルド
→スウィトクス、グレン
→世界女性行進
→セリベルティ、リリアン
→ダデスキー、ジャック
→タパジョス、ルル
→ダリットの人権に関する全国運動
→テイバイネン、テイボ
→テンベ、ピナ
→バカリ、イムルー
→パタショー、ジョエル
→パラメスワラン、M.P.
→ハンハンハンエ、ルイス・チチア・パタショー
→フォー、ジェフ
→プランシップ、ロレンゾ
→フランス
→ベット、フレイ
→ペーニャ、エリアス・ディアス
→ベランゲール、ポール
→ペレス、ハヴィ
→マクシ、ディオニート

　　　　　　　　　→マリカト, エルミニア
　　　　　　　　　　→マルドス, パウロ
　　　　　　　　→南アフリカ労働組合会議
　　　　　　　　　　→メロ, ファティマ
　　　　　　　→メンドンサ, マリア・ルイザ
　　　　　　　　　　→モンテイロ, ルイザ
　　　　　　→ラテンアメリカ社会科学協議会
　　　　　→ラテンアメリカの社会を監視する会
　　　　　　　　　　　→ラレイン, サラ
　　　　　　　　　　→レオン, オズワルド
　　　　　　　　　　→ワピサナ, シミャン
模擬法律事務所はロースクールを変えるか—シミュ
　レーション教育の国際的経験を学ぶ 第2回国際シ
　ンポジウム報告書　関西学院大学出版会
　　　　　　　　　→Brown, Sylvia G.
　　　　　　　　→Moliterno, James E.
　　　　　　　　→Myers, Eleanor W.
　　　　　　　　　→Stuckey, Roy T.
元帳の締め切り　〔川島貞一〕
　　　　　　　　→Ashton, Raymond K.
　　　　　　　　　　→Davies, Mike
　　　　　　　→Herrnstein Smith, Barbara
　　　　　　　　　→Kay, Robert S.
　　　　　　　　　→Kohler, Erik L.
　　　　　　　　→Miller, Martin A.
　　　　　　　　　→Paterson, Ron
　　　　　　　→Searfoss, D.Gerald
　　　　　　　　　→Taylor, Peter
　　　　　　　　→Underdown, Brian
　　　　　　　　→Welsch, Glenn A.
　　　　　　　　→White, John Arch
　　　　　　　　→Wilson, Allister
　　　　　　　　　→Yamey, B.S.
　　　　　　　→Zlatkovich, Charles T.
　　　　　→クーパーズ・アンド・ライブランド
モンゴル国における土地資源と遊牧民—過去、現在、
　未来 特定領域研究「資源人類学・生態資源の象徴
　化」班国際シンポジウム記録　〔東京外国語大学
　アジア・アフリカ言語文化研究所〕文部科学省科
　学研究費補助金特定領域研究「資源の分配と共有
　に関する人類学的統合領域の構築」総括班
　　　　　　　　→エンフアムガラン, A.
　　　　　　　　　　　→エンヘー, B.
　　　　　　　　　→オユンゲレル, J.
　　　　　　　　　→オルトナサン, M.
　　　　　　　　　　→サイボルダ, T.
　　　　　　　　→シーレブアディヤ, S.
　　　　　　　　→ツェレンハンド, G.
　　　　　　　　　→ニャムドルジ, Y.
　　　　　　　　　　→バザルグル, D.
　　　　　　　　　→バトボヤン, B.
　　　　　　　　→ロブサンドルジ, S.
問題意識と社会学研究　ミネルヴァ書房
　　　　　→バレスカス, マリア・ロザリオ・ピケロ
「問題社員」の管理術—ケース・スタディ ダイヤモ
　ンド社　　　　　→Ablon, Steven Luria
　　　　　　　　→Boulger, Carolyn
　　　　　　　　→Carnes, Patrick
　　　　　　　　　→Casse, Pierre
　　　　　　　　→Chappelow, Craig
　　　　　　　　　→Cliffe, Sarah

→Coutu, Diane L.
→Dunn, Albert H., III
→Fox, James Alan
→Fryer, Bronwyn
→Goodnight, Jim
→Goulston, Mark
→Gray, Warren C.
→Higgins, Monica C.
→Jordan, Kathleen
→Kapor, Mitchell
→Kaufer, Steve
→Kirby, Julia
→Klein, Freada Kapor
→Koehn, Daryl
→Lawrie, J.Michael
→McKenzie, Chuck
→Mainairo, Lisa A.
→Miller, Lyle H.
→Mohan, Mohan
→Niven, Steve
→Pearson, Christine
→Pearson, Stuart
→Porath, Christine
→Roche, Eileen
→Roehling, Mark V.
→Rollins, Billy J.
→Rothstein, Lawrence R.
→Rowe, Mary
→Schouten, Ronald
→Solovay, Sondra
→Stinson, Burke
→Trotter, Lloyd
→Waldroop, James
→Wetlaufer, Suzy
→Weyers, Howard
→Wilensky, Amy
→Willett, Albert V.
→Wind, Yoram "Jerry"

【や】

約束された発展？—国際債務政策と第三世界の女た
　ち　インパクト出版会　→Caffentzis, George C.
　　　　　　　→Dalla Costa, Giovanna Franca
　　　　　　　　→da Motta, Alda Britto
　　　　　→de Carvalho, InaiáMaria Moreira
　　　　　　　　　→Federici, Silvia
　　　　　　　　　→Michel, Andrée
躍動するインド経済—光と陰　アジア経済研究所
　　　　　　　　　　→ムニラトム, B.
躍動する古代ローマ世界—支配と解放運動をめぐって
　土井正興先生追悼論文集　理想社→ギュンター, R.
　　　　　　　　　　　→シムロン, P.
　　　　　　　　　　　→ドゥマン, A.
　　　　　　　　　　　→ボドール, A.
　　　　　　　　　　→マローティ, E.
　　　　　　　　　→ルービンゾーン, W.Z.
ヤスクニとむきあう　めこん　→グローブ, リンダ
　　　　　　　　　　→ディーンズ, フィル

やせい

「野生」の誕生―未開イメージの歴史　世界思想社
　　　　　　　　　　　→マサハート, ブライアン
　　　　　　　　　　　→Barnard, Alan
山川均全集　第1巻　勁草書房　→Russel, Nicholas
山本正美治安維持法裁判陳述集　新泉社
　　　　　　　　　→シャーリコワ, ヴィクトーリア

【ゆ】

唯一なる神―聖書における唯一神教の誕生　新教出
　版社　　　　　　　　→Smith, Morton
　　　　　　　→フォアレンダー, ヘルマン
　　　　　　　　　　→ラング, ベルンハルト
遊城南記　訪古遊記　京都大学学術出版会
　　　　　　　　　　→チョウ, カン（趙崡）
　　　　　　　　　　→チョウ, レイ（張礼）
ユーゴスラビアの全人民防衛　〔防衛研修所〕
　　　　　　　　　　→Drljevic, Savo
　　　　　　　　　　→Jakšić, Pavle
　　　　　　　　　　→Lekić, Danilo
　　　　　　　　　　→Oreščanin, Bogdan
　　　　　　　　　　→Vranić, Mirko
ユネスコ・アフリカの歴史　第4巻　同朋舎出版
　　　　　　　　　　→Fagan, Brian M.
　　　　　　　　　　→Niane, Djibril Tamsir
　　　　　　　　　　→アダム, M.
　　　　　　　　　　→イザール, M.
　　　　　　　　　　→イドリース, R.
　　　　　　　　　→エスアベルマンドルウス, F.
　　　　　　　　　　→エーレト, C.
　　　　　　　　　　→オゴト, B.A.
　　　　　　　　　　→ガルサン, J.C.
　　　　　　　　　　→キプレ, P.
　　　　　　　　　　→クロパチェク, L.
　　　　　　　　　　→ゴンゴ, L.D.
　　　　　　　　　　→サイディ, O.
　　　　　　　　　　→シソコ, S.M.
　　　　　　　　　　→タムラト, T.
　　　　　　　　　　→タルビ, M.
　　　　　　　　　　→ドビス, J.
　　　　　　　　　　→パーソン, Y.
　　　　　　　　　　→バンシナ, J.
　　　　　　　　　　→フルベク, I.
　　　　　　　　　　→マトベイエフ, V.V.
　　　　　　　　　　→ライダー, A.F.C.
　　　　　　　　　　→ラビーブ, S.
　　　　　　　　　　→ランゲ, D.
　　　　　　　　　　→リータル, M.
ユーラシアにおける精神文化の研究　2005-2006年度
　千葉大学大学院人文社会科学研究科
　　　　　　　　　　→アウステルリッツ, R.
　　　　　　　　　　→スモリャク, A.V.
　　　　　　　　　　→ヤンフネン, J.
ユーロとEUの金融システム　日本経済評論社
　　　　　　　　　　→El-Agraa, Ali M.
　　　　　　　　　　→Mayes, David G.
　　　　　　　　　→Scharrer, Hans-Eckart
　　　　　　　　　　→クラフチック, マリウシュ・K.
ユングの13人の弟子が今考えていること―現代分析
　心理学の鍵を開く　ミネルヴァ書房

　　　　　　　　　　→Casement, Ann
　　　　　　　　　　→Kast, Verena
　　　　　　　　　　→Samuels, Andrew
　　　　　　　　　　→Sidoli, Mara
　　　　　　　　　　→Young-Eisendrath, Polly
　　　　　　　→カルシェッド, ドナルド・E.
　　　　　　　→カワイ, ハヤオ（河合隼雄）
　　　　　　　→ガンビーニ, ロベルト
　　　　　　　→スプリンガー, アン
　　　　　　　→ゾヤ, ルイジ
　　　　　　　→テイシィ, ディヴィッド
　　　　　　　→パパドポロス, レノ
　　　　　　　→ビービ, ジョン
ユングの世界―現代の視点から　培風館
　　　　　　　　　　→クレイ, ジョン
　　　　　　　　　　→Simpson, Michael
　　　　　　　　　　→Solomon, Hester
　　　　　　　　　　→クテック, アン
　　　　　　　→クリストファー, エルフィス
　　　　　　　→グロス, ステファン
　　　　　　　→ゴドシル, ジェラルディン
　　　　　　　→コールマン, ウォレン
　　　　　　　→ピアソン, ジーン
　　　　　　　→マッケンナー, クリストファー
　　　　　　　→メイザーズ, デール
　　　　　　　→モーガン, ヘレン
ユング派の分析技法―転移と逆転移をめぐって　培
　風館　　　　　　　→Campbell, Ruth
　　　　　　　　　　→Davidson, Dorothy
　　　　　　　　　　→Fordham, Michael
　　　　　　　　　　→Gordon, Rosemary
　　　　　　　　　　→Hubback, Judith
　　　　　　　　　　→Lambert, Kenneth
　　　　　　　　　　→キャノン, アン
　　　　　　　　　　→クレーマー, W.P.
　　　　　　　　　　→シュトロース, ルース
　　　　　　　　　　→ジンキン, ルイス
　　　　　　　　　　→プラウト, アルフレッド

【よ】

幼児のための多文化理解教育　明石書店
　　　　　　　　　　→Neugebauer, Bonnie
　　　　　　　　　　→ガン, コリー
　　　　　　　→クリック, ジャン・コール
　　　　　　　→グリーマン, ジム
　　　　　　　→クレイ, エリザベス
　　　　　　　→シュタイン, シャロン
　　　　　　　→スパークス, ルイス・ダーマン
　　　　　　　→パッカー, アソル・B.
　　　　　　　→フィリップ, キャロル・ブランソン
　　　　　　　→ホン, マリオン・H.
　　　　　　　→ミラー, カレン
　　　　　　　→ミラー, シャロン・C.
　　　　　　　→ライプツィヒ, ジュディス
　　　　　　　→ロビンソン, メグ
幼児のためのメルヘン　水声社　→König, Suse
　　　　　　　　　　→クレスラー, エリカ
　　　　　　　　　　→ツァネルト, P.

　　　　　　　　　　　→ツンプ, ヘルガ
　　　　　　→リュッケルト, フリードリッヒ
読むことの歴史―ヨーロッパ読書史　大修館書店
　　　　　　　　　　→Cavallo, Guglielmo
　　　　　　　　　　　→Chartier, Roger
　　　　　　　　→アメス, ジャクリーヌ
　　　　　　→ヴィットロ, ラインハルト
　　　　　　→グラフトン, アンソニー
　　　　　　　　　→サンガー, ポール
　　　　　　　　→ジュリア, ドミニック
　　　　→ジルモン, ジャン=フランソワ
　　　　　→スヴェンブロ, ジェスペル
　　　　　　　　→パークス, マルカム
　　　　　→ペトルッチ, アルマンド
　　　　　　　→ボンフィル, ロバート
　　　　　　　→ライオンズ, マーティン
より高度の知識経済化で一層の発展をめざす日本―
　諸外国への教訓　一灯舎
　　　　　　→イチジョウ, カズオ (一条和生)
　　　　　　→オオソノ, エミ (大薗恵美)
　　　　→オダギリ, ヒロユキ (小田切宏之)
　　　　　　→クスノキ, ケン (楠木建)
　　　　　→コスギ, レイコ (小杉礼子)
　　　　　　　→シバタ, ツトム (柴田勉)
　　　　→タケウチ, ヒロタカ (竹内弘高)
　　　　→ネズ, リサブロウ (根来利三郎)
　　　　→ノナカ, イクジロウ (野中郁次郎)
　　　　　→ハヤカワ, タツジ (早川達二)
　　　　　→ミヤジマ, ヒデアキ (宮島英昭)
　　　　→モトハシ, カズユキ (元橋一之)
　　　　→ヨネザワ, アキスミ (米沢彰純)
ヨーロッパ学事始め―観念史の立場から　而立書房
　　　　　　　　　　→Buhr, Manfred
　　　　　　　　　→Tilliette, Xavier
　　→ヴィエヤール=バロン, ジャン=ルイ
　→ゴンサルヴェス, ジョアキム・セルケイラ
　　　　　　　　→シタス, エドゥアルド
　　　　　　→バラタ=ムーラ, ジョゼー
　　　　　　　　→フィッシャー, ミカエル
　　　　　　　　→フィリペタ, ジンドリヒ
ヨーロッパ債務法の変遷　信山社
　　　　　　　　→Schlechtriem, Peter
　　　　　　　　　→ヴェルザー, ルドルフ
　　　　　　　　　　　→クック, トビアス
　　　　　→シュヴェンツァー, インゲボルグ
　　　　　　→シュトローメ, マッティアス
　　　　　→ツィンマーマン, ラインハルト
　　　　　　　　　→ドレクスル, ヨーゼフ
　　　　　→ドロープニッヒ, ウールリッヒ
　　　　　　→バール, クリスチャン・フォン
　　　→ランバーク, クリスティーナ・ハルトマーク
ヨーロッパ社会民主主義「第3の道」論集　2　生活
　経済政策研究所　　　　→Meyer, Thomas
　　　　　　　　　　→クーペルス, ルネ
　　　　　　　→シャルプ, フリッツ・W.
　　　　　　　　→ホウェ, ステファン
　　　　　　→メルケル, ヴォルフガング
ヨーロッパ社会民主主義論集　4　生活経済政策研究
　所　　　　　　　→スウェーデン社会民主党
　　　　　→ドイツ社会民主党基本価値委員会

ヨーロッパ統一契約法への道　法律文化社
　　　　　　　　　　→Basedow, Jürgen
　　　　　　　　→Schlechtriem, Peter
　　　　　　　　→ヴォルフ, マンフレッド
　　　　　　→エルンスト, ヴォルフガング
　　　　→カナーリス, クラウス・ヴィルヘルム
　　　　　→キーニンガー, エヴァ・マリア
　　　　　　　　→ケーラー, ヘルムート
　　　　　　→コツィオール, ヘルムート
　　　　　　　　→ハーガー, ヨハンネス
　　　　　→ハンダ, ヨシノブ (半田吉信)
　　　　　　　→メディクス, ディーター
ヨーロッパの在宅ケア　筒井書房
　　　　　　　　→Boerma, Wienke G.W.
　　　　　　　　→Delnoji, Diana M.J.
　　　　　　　　→Der Zee, Jouke ban
　　　　　　　→Groenewgen, Peter P.
　　　　　　　　　→Hutten, Jack B.F.
　　　　　　　　　　→Kerkstra, Ada
　　　　　　　　→Verheij, Robert A.
　　　　　　　　→Wagner, Cordura
ヨーロッパの差別論　明石書店
　　　　　　→Aleksandrowicz, Dariusz
　　　　　→Alfredsson, Gudmundur
　　　　　　　　　　→Appelt, Erna
　　　　　　　　→Baumann, Ursula
　　　　　　　　　→Becker, Werner
　　　　　　　　→Dolinski, Dariusz
　　　　　　　　→Gleixner, Ulrike
　　　　　　　　→Holowka, Jacek
　　　　　　　　→Joerden, Jan C.
　　　　　　→Kittsteiner, Heinz D.
　　　　　　→Knefelkamp, Ulrich
　　　　　→Koczanowicz, Leszek
　　　　　　→Lasmane, Skaidrite
　　　　　　→Littbarski, Sigurd
　　　　　　　→Mohr, Manfred
　　　　　　　　→Peters, Anne
　　　　　　　　→Scheffler, Uwe
　　　　　　→Szwarc, Andrzej J.
　　　　　　→Wittmann, Roland
　　　→Wojciechowski, Krzystof
　　　　　　　　→Wolf, Gerhard
ヨーロッパの労働組合―グローバル化と構造変化のな
　かで　生活経済政策研究所　→Boulin, Jean-Yves
　　　　　　　　　→Coenen, Harry
　　　　　　　→Hoffmann, Jürgen
　　　　　　→Kjellberg, Anders
　　　　　　　　　　→Lind, Jens
　　　　　　　　→Regalia, Ida
　　　　　　　→Regini, Marino
　　　　　　→Valkenburg, Ben

【ら】

ライフコース研究の方法―質的ならびに量的アプ
　ローチ　明石書店　　　→Clausen, John A.
　　　　　　　　　→Elder, Glen H.
　　　　　　　　→Giele, Janet Z.

らてい

→アルウィン, デュアン
→オランド, アンヘラ・M.
→カーウェイト, ナンシー
→カーツァー, デービッド
→サムソン, ロバート・J.
→スコット, ジャクリーヌ
→デンプスター＝マクレイン, ドナ
→ブリュックナー, エリカ
→ペラリン, リサ・A.
→マイアー, カール・ウーリッヒ
→モエン, フィリス
→ライリィ, マチルダ・W.
→ローブ, ジョン・H.

ラディカル・デモクラシー——アイデンティティ, シティズンシップ, 国家　三嶺書房
　　　　　　　　　　　→Arinowitz, Stanley
　　　　　　　　　　　→Denitch, Bogdan
→Dhaliwal, Amarpal K.
　　　　　　　　　　　→Ehrenreich, Barbara
　　　　　　　　　　　→Epstein, Barbara
　　　　　　　　　　　→Escoffier, Jeffrey
　　　　　　　　　　　→Euben, J.Peter
　　　　　　　　　　　→Flacks, Richard
　　　　　　　　　　　→Fraser, Nancy
　　　　　　　　　　　→Giroux, Henry A.
　　　　　　　　　　　→Mouffe, Chantal
　　　　　　　　　　　→Mzrzble, Manning
　　　　　　　　　　　→Omi, Michael
　　　　　　　　　　　→Plotke, David
→Spivax, Gayatori Chakravorty
　　　　　　　　　　　→Trend, David
　　　　　　　　　　　→Willis, Ellen
　　　　　　　　　　　→Winant, Howard
　　　　　　　　　　　→Zaretsky, Eli
　　　　　　　　　　　→ベンハビブ, セイラ

【り】

「リスク感度」の高いリーダーが成功を重ねる　ダイヤモンド社
　　　　　　　　　　　→Austin, Robert D.
　　　　　　　　　　　→Bazerman, Max H.
　　　　　　　　　　　→Coutu, Diane L.
　　　　　　　　　　　→Mitroff, Ian
　　　　　　　　　　　→Weick, Karl E.
　　　　　　　　　　　→アルパスラン, ミュラト・C.
　　　　　　　　　　　→オーガスティン, ノーマン・R.
　　　　　　　　　　　→サイモンズ, ロバート
→ダービー, クリストファー・A.R.
　　　　　　　　　　　→ボーン, ロジャー
　　　　　　　　　　　→ワトキンズ, マイケル・D.

リスクバジェッティング——実務家が語る年金新時代のリスク管理　パンローリング
　　　　　　　　　　　→Abernathy, Jerome D.
　　　　　　　　　　　→Bousbib, Gabriel
　　　　　　　　　　　→Culp, Christopher L.
　　　　　　　　　　　→de Bever, Leo
　　　　　　　　　　　→de Marco, Michael
　　　　　　　　　　　→Hirsch, Amy B.
　　　　　　　　　　　→Kozun, Wayne

→Litterman, Robert
→Longerstaey, Jacques
→McCarthy, Michelle
→Mensink, Ron
→Neves, Andrea M.P.
→Nicholas, Joseph G.
→Petzel, Todd E.
→Rahl, Leslie
→Rees, Stephen
→Rosengarten, Jacob
→Scholes, Myron S.
→Weisman, Andrew B.
→Winkelmann, Kurt
→Zvan, Barbara

理性と信仰——科学革命とキリスト教　2　すぐ書房
　　　　　　　　　　　→Brooke, John Hedley
　　　　　　　　　　　→Coley, Noel
　　　　　　　　　　　→Goodman, David C.
　　　　　　　　　　　→Hooykaas, R.
　　　　　　　　　　　→Lawless, Clive
　　　　　　　　　　　→Roberts, Gerrylynn

リーダーシップ　ダイヤモンド社
　　　　　　　　　　　→Farkas, Charles M.
→Heifetz, Ronald Abadian
　　　　　　　　　　　→Kotter, John P.
　　　　　　　　　　　→Laurie, Donald L.
　　　　　　　　　　　→Mintzberg, Henry
　　　　　　　　　　　→Nohria, Nitin
　　　　　　　　　　　→Wetlaufer, Suzy
　　　　　　　　　　　→ザレズニック, アブラハム
　　　　　　　　　　　→ティール, トーマス
　　　　　　　　　　　→バークリー, ジェームズ・D.
→バダラッコ, ジョセフ・L., Jr.

リーダーシップに「心理学」を生かす　ダイヤモンド社
　　　　　　　　　　　→Banaji, Mahzarin R.
　　　　　　　　　　　→Bazerman, Max H.
　　　　　　　　　　　→Kanter, Rosabeth Moss
→Kets de Vries, Manfred F.R.
　　　　　　　　　　　→Kramer, Roderick M.
　　　　　　　　　　　→Maccoby, Michael
　　　　　　　　　　　→Schein, Edgar H.
　　　　　　　　　　　→Weick, Karl E.
　　　　　　　　　　　→キーガン, ロバート
　　　　　　　　　　　→チャフ, ドリー
　　　　　　　　　　　→レイヒー, ライザ・ラスコウ

リーダーシップ理論と研究　黎明出版
　　　　　　　　　　　→Ayman, Roya
　　　　　　　　　　　→Chemers, Martin M.
　　　　　　　　　　　→Fiedler, Fred E.
　　　　　　　　　　　→イールジェン, ダニエル・R.
　　　　　　　　　　　→シャーミア, ボアス
　　　　　　　　　　　→トリアンディス, ハリー・C.
　　　　　　　　　　　→ハウス, ロバート・J.
→メイ＝ドールトン, ルネイト・R.

律令論纂　汲古書院　　→コウ, メイシ（高明士）

リーディングス政治コミュニケーション　一芸社
　　　　　　　　　　　→Adoni, Hanna
　　　　　　　　　　　→Ball-Rokeach, S.J.
　　　　　　　　　　　→Blumler, Jay G.
　　　　　　　　　　　→Converse, Philip E.

→Dayan, Daniel
→Hall, Stuart
→Jervis, Robert
→Katz, Elihu
→Klapper, Joseph T.
→Lang, Gladys E.
→Lang, Kurt
→Lasswell, Harold D.
→McCombs, Maxwell E.
→Mane, Sherrill
→Mathes, Rainer
→Noelle-Neumann, Elisabeth
→Shaw, Donald L.
→Wolton, Dominique
リーディングスネットワーク論―家族・コミュニティ・社会関係資本　勁草書房　→Burt, Ronald S.
→Coleman, James Samuel
→Granovetter, Mark
→ウェルマン, バリー
→バーンズ, J.A.
→ボット, エリザベス
→ミルグラム, スタンレー
リベラリズムとコミュニタリアニズムを超えて―ヘーゲル法哲学の研究　文理閣
→アンダーソン, ジョエル
→ウィンフィールド, リチャード・ディーン
→コリンズ, アーディス・B.
→ステペルヴィッチ, ローレンス・S.
→ダースト, デイヴィド・C.
→テュニック, マーク
→トンプソン, ケヴィン
→ヌッゾ, アンジェリカ
→ノールズ, ダドリー
→パッテン, アラン
→ブックウォルター, アンドリュー
→ホールゲイト, スティーヴン
リメイド・イン・アメリカ―日本的経営システムの再文脈化　中央大学出版部
→Brannen, Mary Yoko
→Cole, Robert E.
→Florida, Richard L.
→Helper, Susan
→Jenkins, Davis
→Kenney, Martin
→MacDuffie, John Paul
→Peng, T.K.
→Peterson, Mark F.
→Pil, Frits K.
→Schroeder, Roger G.
→Smith, Peter B.
→Westney, D.Eleanor
流沙出土の文字資料―楼蘭・尼雅出土文書を中心に　京都大学学術出版会　→Rischel, Anna-Grethe
→Rosén, Staffan
→Wahlquist, Håkan
両漢における易と三礼　汲古書院
→オウ, ケイハツ (王啓発)
→ショウ, カンメイ (蕭漢明)
→リュウ, ガクケン (劉楽賢)
両漢の儒教と政治権力　汲古書院

→オウ, ケイハツ (王啓発)
臨死の深層心理　人文書院　→Frey-Rohn, Liliane
→Jaffé, Aniela
→von Franz, Marie-Louise
臨床社会心理学の進歩―実りあるインターフェイスをめざして　北大路書房　→Anderson, C.A.
→Kowalski, Robin M.
→Leary, Mark R.
→ウッド, J.V.
→エリオット, T.R.
→オマーズ, J.
→ギロビッチ, T.
→クルーガー, J.
→クワニック, K.D.
→サビツキー, K.
→サロベイ, P.
→シェパード, J.A.
→タングネー, J.P.
→デイル, K.L.
→パウエルズ, B.E.
→バウマイスター, R.F.
→ハーベイ, J.H.
→フォーサイス, D.R.
→ベルードラン, D.
→ミラー, R.S.
→レイキー, B.
→ロックウッド, P.
→ローデス, G.L.
臨床心理学における科学と疑似科学　北大路書房
→Anderson, Timothy
→Arnstein, Laura
→Boyle, Patricia A.
→Garb, Howard N.
→Garske, John P.
→Gillis, Jennifer
→Gist, Richard
→Glasgow, Russell E.
→Hammond, Tammy R.
→Hill, G.Perry
→Hooke, Wayne
→Hunsley, John
→Kirsch, Irving
→Krackow, Elisa
→Lee, Catherine M.
→Lilienfeld, Scott O.
→Lisman, Stephen A.
→Lock, Timothy
→Loftus, Elizabeth F.
→Lohr, Jeffrey M.
→Lynn, Steven Jay
→McCann, Joseph T.
→MacKillop, James
→Moore, Timothy E.
→Nievod, Abraham
→Romanczyk, Raymond G.
→Rosen, Gerald M.
→Rosenbaum, Deborah
→Shindler, Kelley L.
→Singer, Margaret Thaler

りんり
　　　　　　　→Soorya, Latha V.
　　　　　　　→Tolin, David F.
　　　　　　　→Walach, Harald
　　　　　→Waschbusch, Daniel A.
　　　　　　　→Weinstein, Allison
　　　　　　　→Wilson, Nona
　　　　　　　→Wood, James M.
倫理は自然の中に根拠をもつか　産業図書
　　　　　　　→Barkow, Jerome H.
　　　　　→Damasio, Antonio R.
　　　　　→Fagot-Largeault, A.
　　　　　　　→Gibbard, Allan
　　　　　　　　→Irwin, C.
　　　　　　　→Kirsch, Marc
　　　　　　→Premack, David
　　　　　　　　→Ruse, M.
　　　　　　　→Sperber, Dan
　　　　　　→Thornhill, N.W.
　　　　　　　　→Turiel, E.
　　　　　　　→セーヴ，ルネ
　　　　　→ブリューワ，スコット

【る】

ルドルフ・シュタイナー遺された黒板絵　筑摩書房
　　　　　　　→Kugler, Walter
　　　　　→Oberhuber, Konrad
　　　　　　→Pehnt, Wolfgang
ルネサンスのパトロン制度　松柏社
　　　　　→Bergeron, David Moore
　　　　→Janson, Horst Woldemar
　　　　　　→Lytle, Guy Fitch
　　　　　　　→Orgel, Stephen
　　　　　→ヴァン・ドーステン, J.
　　→ガンダーシェイマー，ワーナー・L.
　　　　　→キプリング，ゴードン
　　　　　→スマッツ，マルカム
　　　　　→テネンハウス，レナード
　　　　　→ハーディング，ロバート
　　　　　→ペック，リンダ・レヴィ
　　　　　→ホープ，チャールズ
　　　　→マロッティ，アーサー・F.
　　　　　→ルイス，ダグラス
ルービンと批判者たち—原典資料20年代ソ連の価値
　論論争　情況出版　→ヴェルニエル，ゼ
　　　　　→サイグーシュキン，エム
　　　　　　→ダシコフスキー
　　　　　　→ランジェ，イェ
　　　　　　→ルービン，イ・イ

【れ】

レイラ・ザーナ—クルド人女性国会議員の闘い　新
　泉社　　　　→ダール，ファイサル
　　　　　　→ベシクチ，イスマイル
歴史学と史料研究　山川出版社　→イ，ソンム（李成茂）
　　　　　→ギヨジャナン，オリヴィエ
　　　　　→ブラウンリー，ジョン・S.
　　　　　→メール，マーガレット

　　　　　　　→モーラフ，ペーター
歴史学のなかの南京大虐殺　柏書房
　　　　　　　→Fogel, Joshua A.
　　　　　　→アイコト，マーク
歴史学派の世界　日本経済評論社
　　　　　→シェフォールト，ベルトラン
　　　　　　→トライブ，キース
　　　　→プリッダート，ビルガー・P.
歴史教科書問題　日本図書センター
　　　　　　→キン，セイホ（金聖甫）
　　　　　→ヨウ，ダイケイ（楊大慶）
　　　　　→リン，シゲン（林志弦）
歴史社会学の構想と戦略　木鐸社
　　　　　　→Hunt, Lynn Avery
　　　　　　→シロー，ダニエル
　　　　　　→スコチポル，シーダ
　　　　　　→スミス，デニス
　　　→ソマーズ，マーガレット・R.
　　　→トリムバーガー，エレン・ケイ
　　　　　→ハミルトン，ゲイリー
　　　　　→フルブルック，メアリ
　　　　　→ブロック，フレッド
　　　→ルスマイヤー，ディートリヒ
　　　　　→レイジン，チャールズ
歴史・地図テクスト科学の生成—「統合テクスト科学の
　構築」第10回国際研究集会報告書　名古屋大学大
　学院文学研究科　　→クリアン，アルメル
　　　　→ゴーチィエ＝ダルシェ，パトリック
　　　　　→ブガール，フランソワ
歴史としての啓示　聖学院大学出版会
　　　　　→Pannenberg, Wolfhart
　　　　　　→Rendtorff, Rolf
　　　　　　→Rendtorff, T.
　　　　　　→Wilckens, U.
歴史としての戦後日本　上　みすず書房
　　　　　　→Cumings, Bruce
　　　　　　→Dower, John W.
　　　　　　→Gluck, Carol
　　　　　→Mochizuki, Mike M.
　　　　　　→ガロン，シェルドン
　　　　　　→ハイン，ローラ・E.
歴史としての戦後日本　下　みすず書房
　　　　　　→Gordon, Andrew
　　　　　→Koschmann, J.Victor
　　　　　　→アパム，フランク
　　　　→ケリー，ウィリアム・W.
歴史と神学—大木英夫教授喜寿記念献呈論文集　下巻
　聖学院大学出版会　→Graf, Friedrich Wilhelm
　　→オオキ・エーハン，デイヴィット（大木・エーハンデ
　　イヴィット）
　　　　　　→グレイ，パトリック
　　　　　　→ハウズ，グレイアム
　　　　　→ヘッセリンク，I.ジョン
歴史の山脈—日本人によるアンデス研究の回顧と展
　望　藤井竜彦教授退官記念シンポジウム報告書　人
　間文化研究機構国立民族学博物館
　　　　　　→カウリケ，ペーター
歴史のなかのコミュニケーション—メディア革命の
　社会文化史　新曜社　→Ascher, Marcia
　　　　　　→Ascher, Robert
　　　　　　→Burke, James

→Carter, T.F.
→Czitrom, Daniel J.
→Douglas, Susan
→Havelock, Eric
→Innis, Harold
→Ivins, William
→Jhally, Sut
→Kern, Stephen
→Kline, Stephen
→Leiss, William
→Marshack, Alexander
→Marvin, Carolyn
→Ong, Walter J.
→Schudson, Michael
→Smith, Anthony
→Stephens, Mitchell
→Williams, Raymond
→Williams, Rosalind H.
→ケリクホヴ, デリク・デ
→チェイター, H.J.

歴史の目撃者　朝日新聞社
→Armstrong, Neil
→Brontë, Charlotte
→Chateaubriand, François Auguste René, Vicomte de
→Gauguin, Paul
→Hemingway, Ernest
→Hugo, Victor Marie
→Las Casas, Bartolome de
→Marconi, Guglielmo
→Perry, Matthew Calbraith
→Platon
→Plinius
→Scoggin, J.Allen
→Stanley, Henry Morton
→Stevenson, Robert Louis Balfour
→Whitman, Walt
→アコスタ, ホセ・デ
→アッディーン, ベハー
→イェフティチ, ボリヨヴェ
→イーバー, ナンドー
→ヴァルブール, ミソン・ドゥ
→ウィルクソン, サミュエル
→ウィンクフィールド, ロバート
→ウィンチェスター, R.
→ヴェスプッチ, アメリゴ
→ウェールズ, ヘンリー・G.
→ウォーカー, リチャード
→エリオット, グレース
→エリス
→オルドリン, エドウィン・E.
→カットフォース, ルネ
→ガボン
→ガルシア, ジョン
→ギブス, フィリップ
→グレイバ, ヘルマン
→グレヴィル, チャールズ
→ケンブル, フランシス・アン
→シュニーデル, ハルデリーケ
→ジュノー, マルセル
→セニア, ハリー
→タイム編集部
→タヴェルニエ, ジャン=バプティスト
→チェイニー, バート
→デルマー, D.ゼフトン
→ドゥ・フィールモン, ヘンリー・エセックス・エッジワース
→ドゥ・メネヴァル, クロード・フランソワ
→トゥリスタン, フローラ
→ナイトン, ヘンリー
→ニコルス, ジョージ
→ネイリー, J.E.
→バイアン, ジョン
→ハーヴェイ, エルウッド
→ファヴィエル, フランシス
→フェントン, ジェームズ
→フォーブス, アーチボルド
→ブラッドフォード, ウィリアム
→プリスクス
→ブリット, エリフ
→ブリテン, ヴェラ
→フールマン, クラウス
→フロワサール, ジョン
→ベントリー, エリザベス
→ホスト, ウィリアム
→ミラー, ウェッブ
→ミリンゲン, J.G.
→メドヴェーデフ, パーヴェル
→モイニャン, マイケル
→モリス, ジェームズ・ジャン
→モリソン, フィンズ
→モンクス, ノエル
→ヤング, アーサー
→ユロー, アンドレ
→ラ・ベガ, ガルシラソ・デ
→リード, ジョン (記者)
→ロー, トマス
→ローレンス, T.E.
→ローレンス, ウィリアム・T.
→ロンメル, エアヴィン

歴史・文化・表象—アナール派と歴史人類学　岩波書店 1992
→Burguière, André
→Chartier, Roger
→Duby, Georges
→Le Goff, Jacques
→Le Roy Ladurie, Emmanuel
→『アナール』編集部

歴史・文化・表象—アナール派と歴史人類学　岩波書店 1999
→Burguière, André
→Chartier, Roger
→Duby, Georges
→Le Goff, Jacques
→Le Roy Ladurie, Emmanuel
→『アナール』編集部

歴代の駐日英国大使—1859-1972　文眞堂
→Cortazzi, Hugh
→Nish, Ian Hill
→Ruxton, Ian C.
→ゴトウ, ハルミ (後藤春美)
→スミス, デニス
→バックリー, ロジャー

れつせ

列仙伝・神仙伝　平凡社
　　　　　　　→カツ、コウ（葛洪）
　　　　　　　→リュウ、キョウ（劉向）
連携研究「アジア認識とジェンダー」シンポジウム
　—東アジアの『戦後』60年：軍事化とセクシュアリティ　お茶の水女子大学21世紀COEプログラム：「ジェンダー研究のフロンティア」連携研究：「アジア認識とジェンダー」研究会
　　　　　　　→クォン、インスク（権仁淑）
レントシーキングの経済理論　勁草書房
　　　　　　　→Buchanan, James M.
　　　　　　　→Congleton, Roger D.
　　　　　　　→Higgins, Richard S.
　　　　　　　→Hillman, Arye L.
　　　　　　　→Katz, Eliakim
　　　　　　　→Krueger, Ann O.
　　　　　　　→Ngo Van Long
　　　　　　　→Posner, Richard A.
　　　　　　　→Shughart, William F., II
　　　　　　　→Tollison, Robert D.
　　　　　　　→Tullock, Gordon
　　　　　　　→Vousden, Neil
　　　　　　　→Wagner, Richard S.
レント、レント・シーキング、経済開発—新しい政治経済学の視点から　出版研
　　　　　　　→Doner, Richard F.
　　　　　　　→Gomez, E.T.
　　　　　　　→Hutchcroft, Paul D.
　　　　　　　→Khan, Mushtaq Husain
　　　　　　　→MacIntyre, Andrew
　　　　　　　→Ramsay, Ansil
　　　　　　　→Rock, Michael T.
　　　　　　　→チン、コック・フェイ

【ろ】

老子は生きている—現代に探る「道」　地湧社
　　　　　　　→ウ、コクコン（禹克坤）
　　　　　　　→カツ、エイシン（葛栄晋）
　　　　　　　→カン、ゾウロク（韓増禄）
　　　　　　　→キョウ、コクチュウ（姜国柱）
　　　　　　　→タン、カケン（譚家健）
　　　　　　　→ト、テツシン（杜哲森）
　　　　　　　→トウ、コウヘキ（董光璧）
　　　　　　　→ヨウ、イエキ（楊維益）
　　　　　　　→ヨウ、センキン（楊先挙）
　　　　　　　→リ、ジュジン（李樹仁）
　　　　　　　→リ、ヨウセイ（李養正）
労働市場の規制緩和を検証する—欧州8カ国の現状と課題　青木書店
　　　　　　　→Esping-Andersen, Gosta
　　　　　　　→Regini, Marino
　　　　　　　→ゴーティエ、ジェローム
　　　　　　　→シェッツカット、ロナルド
　　　　　　　→デーキン、シモン
　　　　　　　→トアリア、ルイス
　　　　　　　→ビュルクランド、アンダース
　　　　　　　→フックス、スザンネ
　　　　　　　→ホッテル、ケーズ
　　　　　　　→マロ、ミゲル - アンヘル

　　　　　　　→リード、ハンナ
　　　　　　　→ロドビーチ、マニュエラ・ザメック
労働法における規制手法・規制対象の新展開と契約自由・労使自治・法規制　労働問題リサーチセンター
　　　　　　　→ゴールドマン、アルヴィン・L.
　　　　　　　→ファールベック、ラインホルド
労働法の潮流　三省堂　　　→Shaw, Lois B.
聾の経験—18世紀における手話の「発見」　東京電機大学出版局
　　　　　　　→シカール
　　　　　　　→デロージュ
　　　　　　　→ド、レペ
　　　　　　　→フォントネイ
　　　　　　　→ベビアン
　　　　　　　→ベル
　　　　　　　→ベルティエ
　　　　　　　→マシュー
ロウヒのことば—フィンランド女性の視角からみた民俗学　上　文理閣　　→Nenola, Aili
　　　　　　　→アスプルンド、アンネリ
　　　　　　　→アポ、サトゥ
　　　　　　　→ソウィン、パトリシア・E.
　　　　　　　→ヘイッキネン、カイヤ
　　　　　　　→ヘッラネン、グン
　　　　　　　→マルムベルグ、ライリ
　　　　　　　→ヤウヒアイネン、マルヤッタ
　　　　　　　→ヤルヴィネン、イルマ＝リイッタ
　　　　　　　→ラウスマア、ピルッコ＝リイサ
　　　　　　　→リッポネン、ウッラ
ロウヒのことば—フィンランド女性の視角からみた民俗学　下　文理閣　　→Timonen, Senni
　　　　　　　→イロマキ、ヘンニ
　　　　　　　→ヴィルタネン、レエア
　　　　　　　→ウルフ＝ヌッツ、ウルリカ
　　　　　　　→タルッカ、ロッテ
　　　　　　　→ノウシアイネン、メルヴィ
　　　　　　　→ピエラ、ウッラ
　　　　　　　→ペルトネン、ウッラ＝マイヤ
　　　　　　　→マキネン、キルスティ
ロシアの宇宙精神　せりか書房
　　　　　　　→Gacheva, Anastasiia Georgievna
　　　　　　　→Semenova, S.G.
ロシアの総合的安全保障環境に関する研究—東アジア地域における諸問題　総合研究開発機構
　　　　　　　→Rozman, Gilbert
　　　　　　　→ヴィトコフスカイア、ガリナ・S.
　　　　　　　→オウ、イツシュウ（王逸舟）
　　　　　　　→キムラ、ヒロシ（木村汎）
　　　　　　　→クナーゼ、ゲオルギー・F.
　　　　　　　→コ、イルドン（高日東）
　　　　　　　→サトウ、ツネアキ（佐藤経明）
　　　　　　　→スピアン、ヴィクトル・B.
　　　　　　　→デン、シュンセイ（田春生）
　　　　　　　→ノソフ、ミハエル・G.
　　　　　　　→パク、ポプジュ（朴法柱）
　　　　　　　→パブリアチェンコ、ヴィクトル・N.
　　　　　　　→ミヤモト、ノブオ（宮本信生）
　　　　　　　→リ、ショウギュウ（李少羊）
　　　　　　　→ワタナベ、コウジ（渡辺幸治）
ロビンスカップの魔術師たち—トレードコンテストのチャンピオンが語るトレーディングの極意　パンローリング　　→Williams, Larry R.

870　書名索引

→キャッシュ, デビッド・P.
→サカエダ, カート
→パサモンテ, オースチン
→ヒューズ, チャック
→ブロック, ロバート (株式投資)
→ペプリンスキー, ニール
→ホルシンガー, ジョン
→ミルズ, ジョン
ローマ皇帝群像 1 京都大学学術出版会
　　→Spartianus, Aelius
　　→カピトリヌス, ユリウス
　　→ガリカヌス, ウルカキウス
ローマ皇帝群像 2 京都大学学術出版会
　　→Spartianus, Aelius
　　→カピトリヌス, ユリウス
　　→ランプリディウス, アエリウス
論争グローバリゼーション─新自由主義対社会民主
　主義　岩波書店　　→Annan, Kofi
→Barber, Benjamin R.
→Elkington, John
→Held, David
→Kaldor, Mary
→Scruton, Roger
→ウルフ, マーティン
→カタウイ, マリア・リバノス
→スローター, アン＝マリー
→セラ, ナルシス
→デサイ, メグナド
→トンプソン, グレアム
→ヘイル, トマス・N.
→ボンド, パトリック
→メフアム, デヴィッド
論争の哲学史─カントからヘーゲルへ　理想社
　　→Arndt, Andreas
→Baumgartner, Hans Michael
→Behler, Ernst
→Henckmann, Wolfhart
→Scheier, Claus-Artur
→Scholtz, Gunter
→シュラーダー, ヴォルフガング・H.
→ディールゼ, ウルリッヒ
→デューズィング, クラウス
→ハマッハー, クラウス
→マイスト, クルト・ライナー
→ヤンケ, ヴォルフガング
ロンドンで本を読む　マガジンハウス
→Amis, Kingsley
→Bayley, John
→Brophy, Brigid
→Burgess, Anthony
→Byatt, Antonia Susan
→Gross, John
→Kemp, Peter
→Lodge, David
→Manguel, Alberto
→Powell, Anthony
→Pritchett, Victor Sawdon
→Rendell, Ruth
→Rushdie, Salman
→Snow, Charles Percy

→Steiner, George
→Toynbee, Philip
→Waugh, Evelyn
→Wilson, Angus
→Wood, Michael
→ウォーナー, マリーナ
→カー, レイモンド
→カトリング, パトリック・スキーン
→シュリンプトン, ニコラス
→スウェイト, アントニー
→セージ, ローナ
→ダミコ, マソリーノ
→ノートン, ジョン
→パリー, リチャード・ロイド
→ルース, ジュリアン

【わ】

若き日本と世界─支倉使節から榎本移民団まで　東
　海大学出版会　　→ラングスドルフ, G.H.v
わが子と考えるオンリーワン投資法─門外不出の投
　資の知恵　パンローリング　→Arnott, Robert D.
→Easterling, Ed
→Kessler, Andy
→Maulden, John
→Montier, James
→ガートマン, デニス
→シリング, ゲーリー
→フィン, ジョナサン
→フィン, マーク
→マスターソン, マイケル
→ラッセル, リチャード
私が出会った日本─オーストラリア人の異色体験・
　日本観　サイマル出版会
→Akikusa, Susan McAlister
→Anderson, Sandra
→Barrell, Tony
→Connell, Anthony
→Dickson, Craig J.
→Elliott, Alan
→Elliott, Ralph
→Foley, Frank
→Gibson, Josie
→Hamilton, Ian
→Johnson, Marie-Jeanne
→McBride, John
→Middleton, Ben
→Myers, David G.
→Rumley, Hilary
→Taylor, Cory
→Thackray, Mark
私たちは忘れない！朝鮮人従軍慰安婦─在日同胞女
　性からみた従軍慰安婦問題　従軍慰安婦問題を考
　える在日同胞女性の会 (仮称)
→ユン, ジョンオク (尹貞玉)
わたしの日本学─外国人による日本学論文集 3　文
　理閣　　→Brockelbank, Greg
→McConnell, David
→Sato, Christine

われわ

→Sitzer, Joshua
→Sorkhabi, Rasoul
→Sterrett, Christina
→シュ, カシュン（朱家駿）
→シュレスタ, マノジ
→ドーリン, アレクサンダー
→リ, コクトウ（李国棟）
われわれは「自然」をどう考えてきたか　どうぶつ社
　　　　　　　　　　→Böhme, Gernot
　　　　　　　　　　→Böhme, Hartmut
　　　　　　　　　　→Breger, Herbert
　　　　　　　　　　→Breidert, Wolfgang
　　　　　　　　　　→Carrier, Martin
　　　　　　　→Craemer-Rugenberg, Ingrid
　　　　　　　　　→Engelhardt, Wolf von
　　　　　　　　　　→Fleischer, Helmut
　　　　　　　　　　→Graeser, Andreas
　　　　　　　　　　→Hoßfeld, Paul
　　　　　　　　→Kanitscheider, Bernulf
　　　　　　　　　　→Kimmerle, Heinz
　　　　　　　　　　→Kuhn, Dorothea
　　　　　　　　　→Kutschmann, Werner
　　　　　　　　　　→Martens, Ekkehard
　　　　　　　→Meyer-Abich, Klaus Michael
　　　　　　　　　　→Mittelstraß, Jürgen
　　　　　　　　　　→Rudolph, Enno
　　　　　　　　　　→Scheibe, Erhard
　　　　　　　　　→Schipperges, Heinrich
　　　　　　　　　　→Schiwy Sj, Günther
　　　　　　　　　　→Schmidt, Burghart
　　　　　　　→Schmied-Kowarzik, Wolfdietrich
　　　　　　　　　　→Wolf-Gazo, Ernest
　　　　　　　　　　→Wolters, Gereon

原著者名カナ表記索引

【ア】

アー, ウェン	→ア, ブン(阿雯)
ア, ブン	→ア, ブン(阿雯)
アイアコッカ, リー	→Iacocca, Lee
アイアンシティ, マルコ	→Iansiti, Marco
アイアンズ, エドモンド	→Ions, Edmund S.
アイアン・ホーク	→Iron Hawk
アイヴィンス, ウィリアム	→Ivins, William
アイオン, ハーミッシュ	→アイオン, ハーミッシュ
アイオン, A.H.	→Ion, A.H.
アイカン, カール・C.	→Icahn, Carl C.
アイキオ, ペッカ	→アイキオ, ペッカ
アイクナー, アルフレッド・S.	→Eichner, Alfred S.
アイクル, フレッド・C.	→アイクル, フレッド・C.
アイゲランド, トール	→アイゲランド, トール
アイケンベリー, G.ジョン	→Ikenberry, G.John
アイコト, マーク	→アイコト, マーク
アイザックス, ジュリアン	→Isaacs, Julian
アイザックス, スーザン	→Isaacs, Susan
アイズナー, マイケル	→Eisner, Michael D.
アイスナー, ロバート	→アイスナー, ロバート
アイスラー, ライアネ	
	→Eisler, Riane Tennenhaus
アイゼン, R.	→Eisen, Roland
アイゼンク, H.J.	→Eysencle, H.J.
アイゼンシュタイン, イーラ	→Eisenstein, Ira
アイゼンシュタット, シュモール・N.	
	→Eisenstadt, Shmuel Noah
アイゼンシュタット, ラッセル	→Eisenstat, Russel
アイゼンドロース, ポリー・ヤング	
	→アイゼンドロース, ポリー・ヤング
アイゼンバーグ, ドレーヌ	
	→アイゼンバーグ, ドレーヌ
アイゼンバーグ, ナンシー	→Eisenberg, Nancy
アイゼンバーグ, メルヴィン・A.	
	→Eisenberg, Melvin Aron
アイゼンバッド, ジュール	→Eisenbud, Jule
アイゼンハート, キャサリン・M.	
	→Eisenhardt, Kathleen M.
アイゼンハワー, ドワイト・D.	
	→Eisenhower, Dwight David
アイダソン, バーニス・T.	→Eiduson, Barnice T.
アイデ, アズビョルン	→アイデ, アズビョルン
アイデル, グズニィ	→Eydal, Guðný
アイヒャー, ヴォルフ	→アイヒャー, ヴォルフ
アイビンズ, モリー	→アイビンズ, モリー
アイフ, ジム	→アイフ, ジム
アイブリー, ジョアン	→Ivry, Joann
アイベルク, S.	→Eyberg, Sheila
アイヤー, ピコ	→Iyer, Pico
アイラペトフ, オレーグ・P.	
	→アイラペトフ, オレーグ・P.
アイリー, コン	→アイリー, コン
アイリッシュ, マリアン・D.	
	→アイリッシュ, マリアン・D.
アイリッシュ, レオン	→アイリッシュ, レオン
アインホーン, ヒレル・J.	→Einhorn, Hillel J.
アーヴァイン, A.K.	→アーヴァイン, A.K.

アーウィック, L.	→Urwick, L.
アーウィン, コリン	→Irwin, C.
アーウィン, ジュリー	→アーウィン, ジュリー
アーウィン, スコット・H.	
	→アーウィン, スコット・H.
アーヴィン, レベッカ	→アーヴィン, レベッカ
アヴェロエス	→アヴェロエス
アヴォリ, ブルース・J.	→アヴォリ, ブルース・J.
アウグシュタイン, ルドルフ	→Augstein, Rudolf
アウグスティヌス, A.	
	→Augustinus, Aurelius, Saint, Bp.of Hippo
アウグストドゥネンシス, ホノリウス	
	→Augustodunensis, Honorius
アヴジェヴァ	→アヴジェヴァ
アウステルリッツ, R.	→アウステルリッツ, R.
アウトウサル, カルメン	→アウトウサル, カルメン
アヴリール, ピエール	→Avril, Pierre
アウレオリ, ペトルス	→Aureoli, Petrus
アウン・サン・スー・チー	→Aung San Suu Kyi
アエイディン, シリ・S.	→アエイディン, シリ・S.
アエルレドゥス(リーヴォーの)	
	→Aelredus(Rievallensis)
アオキ, マサヒコ	→アオキ, マサヒコ(青木昌彦)
アーガイル, マイケル	→Argyle, Michael
アーガス, ヤスミーヌ	→Ergas, Yasmine
アガーボフ, V.L.	→アガーボフ, V.L.
アカーリャ, アミターフ	→アカーリャ, アミターフ
アカルドゥス(サン=ヴィクトルの)	
	→アカルドゥス(サン=ヴィクトルの)
アガワル, ヴィノード・K.	→Aggarwal, Vinod K.
アガンベン, ジョルジョ	→Agamben, Giorgio
アキクサ, スーザン	→Akikusa, Susan McAlister
アギトン, クリストフ	→Aguiton, Christophe
アーキブージ, マーティアス・ケーニッヒ	
	→アーキブージ, マーティアス・ケーニッヒ
アギュララ, ドナ・C.	→Aguilera, Donna C.
アギーレ・ロハス, カルロス・アントーニオ	
	→アギーレ・ロハス, カルロス・アントーニオ
アクゥシラオス	→アクゥシラオス
アクサム, ジョン・A.	→アクサム, ジョン・A.
アクステル, P.K.	→Axtell, Philip K.
アクスワージ, ロイド	→アクスワージ, ロイド
アクゼル, ピーター	→Aczel, Peter
アクセルロッド, ベス	→Axelrod, Beth
アグダシュルー, ショーレー	
	→アグダシュルー, ショーレー
アクテ, W.	→アクテ, W.
アクティーマイヤー, エリザベス	
	→Achtemeier, Elizabeth
アクトン, ジョン	→アクトン, ジョン
アグニュー, ウェンディ	→アグニュー, ウェンディ
アグニュー, スピロ	→Agnew, Spiro
アクライトナー, アン・クリスティン	
	→Achleitner, Ann-Kristin
アグリエッタ, ミシェル	→Aglietta, Michel
アクーン, アンドレ	→アクーン, アンドレ
アコスタ, ホセ・デ	→アコスタ, ホセ・デ
アゴバルドゥス	→アゴバルドゥス
アゴンシリョ, テオドロ・A.	
	→アゴンシリョ, テオドロ・A.
アサ, チャイム	→アサ, チャイム

アサ		全集・合集収載 翻訳図書目録 1992-2007　Ⅰ	
アーサー, W.ブライアン	→Arthur, W.Brian	→アダムズ, マリリン・マッコード	
アーサイエシュ, ゲラーレ	→アーサイエシュ, ゲラーレ	アダムズ, ラッセル	→アダムズ, ラッセル
アサジオリ, ロベルト	→Assagioli, Roberto	アダムズ, リチャード・グルド	
アザード, アリ	→Azad, Ali		→アダムズ, リチャード・グルド
アザート, ジャクリーン	→Azzarto, Jacqueline	アダムス, レオラ	→Adams, Leola
アサド, タラル	→Asad, Talal	アダムズ, M.A.	→Adams, Mark A.
アサヌマ, マリ	→アサヌマ, マリ (浅沼万里)	アダムズ, W.J.	→Adams, William J.
アサノ, ケンイチ	→アサノ, ケンイチ (浅野健一)	アダムソン, ローレン・B.	→Adamson, Lauren
アサノ, シンイチ	→アサノ, シンイチ (浅野慎一)	アダモフ=オートリュソー, ジャックリーヌ	
アサンテ, モレフィ・キート	→Asante, Morefi K.		→アダモフ=オートリュソー, ジャックリーヌ
アジェル, A.	→Ager, Alastair	アダモフスキー, エゼキエル	
アシエルノ, ロン	→Acierno, Ron		→Adamovsky, Ezequiel
アジェンデ, イサベル	→Allende, Isabel	アダンキ, サマンス	→Addanki, Sumanth
アシテリ, リンダ・K.	→Acitelli, Linda K.	アチリー, ロバート・C.	→Atchley, Robert C.
アシーニ, タニエン	→アシーニ, タニエン	アッカー, キャシー	→Acker, Kathy
アシマコブロス, A.	→Asimakopulos, A.	アッカーマン, スーザン	→Ackerman, Susan
アシャー, ムクル・G.	→アシャー, ムクル・G.	アッサファー, イフワーン	→アッサファー, イフワーン
アジャミー, フォアド	→Ajami, Fouad	アッシャー, マーシャ	→Ascher, Marcia
アシュカル, ジルベール	→Achcar, Gilbert	アッシャー, ロバート	→Ascher, Robert
アシュケナス, ロナルド・N.		アッシャー, S.R.	→Asher, Steven R.
	→Ashkenas, Ronald N.	アッシュ, ディビッド・A.	
アシュトン, ジェニファー	→アシュトン, ジェニファー		→アッシュ, ディビッド・A.
アシュトン, デイヴィッド・N.		アッシュ, ティモシー・ガートン	
	→アシュトン, デイヴィッド・N.		→アッシュ, ティモシー・ガートン
アシュトン, トーニ	→Ashton, Toni	アッシュ, メアリー・ケイ	→Ash, Mary Kay
アシュトン, R.K.	→Ashton, Raymond K.	アッシュマン, サム	→Ashman, Sam
アシュフォード, N.	→Ashford, Nicholas A.	アッディーン, ベハー	→アッディーン, ベハー
アジュベイ, アレクセイ	→アジュベイ, アレクセイ	アッティング, ウィリアム	→アッティング, ウィリアム
アジュロン, シャルル=ロベール		アッピア, クウェイム・アンソニー	
	→Ageron, Charles Robert		→Appiah, Kwame Anthony
アシュワース, W.B., Jr.		アップトン, デイビッド・M.	
	→Ashworth, William B., Jr.		→アップトン, デイビッド・M.
アージリス, クリス	→Argyris, Chris	アップル, マイケル・W.	→Apple, Michael W.
アーズィミー, ネガール	→アーズィミー, ネガール	アッペ, エルンスト	→アッペ, エルンスト
アスキュー, スー	→Askew, Sue	アッペルト, エルナ	→Appelt, Erna
アスキン, デービッド・J.	→アスキン, デービッド・J.	アッペルバウム, アイリーン	→Appelbaum, Eileen
アステテ, フランシスコ・エルナンデス		アッヘンバッハ, ゲルト・B.	→Achenbach, Gerd B.
	→アステテ, フランシスコ・エルナンデス	アッラルト, エーリック	→Allardt, Erik
アストレイ, グラハム・W.		アーディッティ, ジョイス・A.	
	→アストレイ, グラハム・W.		→アーディッティ, ジョイス・A.
アストン, ゼームス	→Ashton, James	アティヤル, レーラマ	→アティヤル, レーラマ
アスネル, ピエール	→Hassner, Pierre	アディントン, カローラ	→Addington, Carola
アスプルンド, アンネリ	→アスプルンド, アンネリ	アーテル, ダニー	→Ertel, Danny
アスムス, J.M.	→Asmus, Jennifer M.	アトゥツェルト, トマス	→Atzert, Thomas
アスムセン, ボブ	→アスムセン, ボブ	アトキンソン, バリー	→アトキンソン, バリー
アスラン, レザー	→アスラン, レザー	アドコック, ビビアン	→アドコック, ビビアン
アセンソー, A.B.	→アセンソー, A.B.	アドナン, リカルディ・S.	→アドナン, リカルディ・S.
アゾッパルディ, アルフレッド		アドニー, H.	→Adoni, Hanna
	→アゾッパルディ, アルフレッド	アドニス (国際法)	→Adonis
アタナシオス	→Athanasius, Magnus	アドラー, アリス・ダン	→アドラー, アリス・ダン
アターバック, ジェームス・M.		アドラー, アルフレッド	→Adler, Alfred
	→アターバック, ジェームス・M.	アドラー, アレクサンドラ	→Adler, Alexandra
アダム, クラウス	→アダム, クラウス	アドラー, クルト・A.	→Adler, Kurt A.
アダム, M.	→アダム, M.	アドラー, ゴードン	→Adler, Gordon
アダム, O.	→Adam, Otmar	アドラー, ナンシー・J.	→Adler, Nancy J.
アダム (サン=ヴィクトルの)		アドラー, ネリー	→Adler, Nellie
	→アダム (サン=ヴィクトルの)	アドラー, ピーター	→Adler, Peter S.
アダムス, キャロル (企業会計)	→Adams, Carol	アドラー, ペーテル	→アドラー, ペーテル
アダムス, クリス	→Adams, Chris	アトラン, アンリ	→Atlan, Henri
アダムズ, マリリン・マッコード		アトリー, フランシス・リー	

876　原著者名カナ表記索引

アトリー, マイク	→アトリー, フランシス・リー	アフシャール, イーラジュ	→アフシャール, イーラジュ
アドルナ, セシリオ	→アトリー, マイク	アブデル・マレク, アヌアル	
アドロフ, クリストリーブ	→アドルナ, セシリオ		→アブデル・マレク, アヌアル
アードンメツ, デニース	→Adloff, Kristlieb	アブドー, サーラール	→アブドー, サーラール
アナクサルコス	→アードンメツ, デニース	アブドゥル-ハミド, W.	→Abdul-Hamid, Walid
アナクシマンドロス	→アナクサルコス	アブドゥル・マリク	→アブドゥル・マリク
アナクシメネス	→アナクシマンドロス	アブ=トーマス, D.R.	→アブ=トーマス, D.R.
アナストプロス, D.	→アナクシメネス	アブドレイム(阿不都熱衣木)	
アナニアディス, グリゴリス	→Anastopoulos, D.		→アブドレイム(阿不都熱衣木)
	→アナニアディス, グリゴリス	アプトン, G.	→Upton, Graham
アナファルタ, メルタム	→アナファルタ, メルタム	アフマド, ラヒマ・ハジ	→アフマド, ラヒマ・ハジ
アナールヘンシュウブ	→『アナール』編集部	アブラハムズ, ロジャー・D.	
アナン, コフィ	→Annan, Kofi		→Abrahams, Roger D.
アナンド, アニータ	→Anand, Anita	アブラムソン, アラン・J.	→Abramson, Alan J.
アナンド, ニクヒル	→アナンド, ニクヒル	アブラモウィッツ, モートン・I.	
アニジャール, ギル	→アニジャール, ギル		→Abramowitz, Morton I.
アニョレット, ヴィットリオ		アブリング, インヘ	→Abbring, Inge
	→アニョレット, ヴィットリオ	アプルゲイト, L.M.	→Applegate, Lynda M.
アネザキ, マサヒラ	→アネザキ, マサヒラ(姉崎正平)	アブー＝ルゴッド, ジャネット	
アノウラ, クリスティーナ			→Abu-Lughod, Janet
	→アノウラ, クリスティーナ	アプルバウム, アーサー・アイザック	
アーノット, ヒラリー	→Arnott, Hilary		→Applbaum, Arthur Isak
アーノット, マデリン	→アーノット, マデリン	アブロン, スティーブン・ルーリア	
アーノット, ロバート・D.	→Arnott, Robert D.		→Ablon, Steven Luria
アーノット, A.	→Arnott, A.	アベ, ヒロノリ	→アベ, ヒロノリ(阿部浩己)
アノートン, チャールズ	→Honorton, Charles	アベカシス, フィリップ	→アベカシス, フィリップ
アーノルディ, メリー・ジョー		アベキャシ, アラン	→アベキャシ, アラン
	→アーノルディ, メリー・ジョー	アベド, アデーブ	→Abed, Adeeb
アーノルド, デイビット・J.		アベラルドゥス, ペトルス	→Abaelardus, Petrus
	→アーノルド, デイビット・J.	アーベーラルモン, ウルズラ	
アーノルド, ハラルド・R.	→Arnold, Harald		→アーベーラルモン, ウルズラ
アーノルド, ヘレン	→アーノルド, ヘレン	アーベル, カール＝オットー	→Apel, Karl-Otto
アーノルド, ロバート	→Arnold, Robert M.	アベル, ヘザー	→Abel, Heather
アーノルド, J.R.	→Arnold, James R.	アベル, ルディ	→アベル, ルディ
アーノルド, S.B.	→Arnold, Sharon B.	アベルサノ, ニナ	→Aversano, Nina
アハティサーリ, マルッティ		アーベレス, R.P.	→Abeles, Ronald P.
	→アハティサーリ, マルッティ	アポ, サトゥ	→アポ, サトゥ
アバーデン, パトリシア	→Aburdene, Patricia	アボット, サリー	→Abbott, Sarry
アバド, アントニオ・デ・ファン		アボット, シャロン・A.	→アボット, シャロン・A.
	→アバド, アントニオ・デ・ファン	アボルハッサン, F.	→Abolhassan, Ferri
アバナシー, ウィリアム・J.		アポロドロス	→アポロドロス
	→アバナシー, ウィリアム・J.	アーマー, ピーター	→Armour, Peter
アバナシー, ジェローム・D.		アーマー, J.オグデン	→Armour, J.Ogden
	→Abernathy, Jerome D.	アーマッド, W.	→Ahmad, Waqar
アバーバネル, ゲイル	→アバーバネル, ゲイル	アマート, アイバン	→アマート, アイバン
アハマッド, アクバル・S.	→アハマッド, アクバル・S.	アーマド, N.	→アーマド, N.
アバム, フランク	→アバム, フランク	アマビール, テレサ・M.	→Amabile, Teresa M.
アパリシオ, カロロ	→アパリシオ, カロロ	アマルヴィ, クリスチャン	→アマルヴィ, クリスチャン
アーバン, ジョージ	→アーバン, ジョージ	アミット, ラファエル	→Amit, R.
アビー, エドワード	→Abbey, Edward	アーミテージ, リチャード・L.	
アピア, クワーミ・アンソニー			→Armitage, Richard Lee
	→Appiah, Kwame Anthony	アーミテージ, S.	→Armitage, Seth
アーヒン・テンコラン, ディナ		アミョ, G.	→Amyot, Grant
	→Arhin-Tenkorang, Dyna	アミラマディ, フーシャング	
アブー＝エル＝ハジ, バーバラ			→Amirahmadi, Hooshang
	→Abou-El-Haj, Barbara	アミン, サミール	→Amin, Samir
アフェルマト, エディ・ファン		アームストロング, アーサー	→Armstrong, Arthur
	→アフェルマト, エディ・ファン	アームストロング, アン	→Armstrong, An
アフガー, マーロン, 4世	→アフガー, マーロン, 4世	アームストロング, ジュディ	
アフカミ, マナズ	→Afkhami, Mahnaz		→アームストロング, ジュディ
		アームストロング, デリック	

アームストロング, デリック	→アームストロング, デリック	アリュー, ロジャー	→Ariew, R.
アームストロング, ニール	→Armstrong, Neil	アーリン, エンジェル	→アーリン, エンジェル
アームストロング, ハミルトン・フィシュ	→Armstrong, Hamilton Fish	アール, ウィリアム・アレクサンダー	→Earle, William Alexander
アームストロング, フェリシティ	→Armstrong, Felicity	アール, グラハム	→Earl, Graham
アームストロング, フランキー	→アームストロング, フランキー	アール, ピーター	→Earle, Peter
アームストロング, P.	→Armstrong, Peter	アルー, ファトマ	→アルー, ファトマ
アームブラスター, フランク・E.	→Armbruster, Frank E.	アール, ミシェル	→アール, ミシェル
アムレッティ, M.-C.	→アムレッティ, M.-C.	アルヴァックス	→Halbwachs
アメス, ジャクリーヌ	→アメス, ジャクリーヌ	アルヴァラード, カルロス・S.	→Alvarado, Carlos S.
アメー・ソー	→アメー・ソー	アルヴァレズ, アン	→Alvarez, Anne
アメリカカガクザイダン	→アメリカ科学財団	アルヴァレス, クロード	→Alvares, Claude
アメリカガッシュウコクギカイカイン	→アメリカ合衆国議会下院	アルウィン, デュアン	→アルウィン, デュアン
アメリカガッシュウコクリクグン	→アメリカ合衆国陸軍	アルカー, H.R., Jr.	→アルカー, H.R., Jr.
アメリカカンキョウホゴチョウ	→アメリカ環境保護庁	アルガージ, ガーディ	→アルガージ, ガーディ
アメリカキョウワトウ	→アメリカ共和党	アルキエ, フェルディナン	→Alquié
アメリカビョウインキョウカイ	→アメリカ病院協会	アルクイヌス	→Alcuin
アモウ・アームードウ	→アモウ・アームードウ	アルゲミ, オーレリ	→アルゲミ, オーレリ
アモス, アマンダ	→Amos, Amanda	アルコック, ピート	→Alcock, Peter
アモス, S.	→Amos, Sheldon	アルサカー, フランソワーズ・D.	→アルサカー, フランソワーズ・D.
アモロス, セリア	→アモロス, セリア	アルサディール, ヌアー	→Alsadir, Nuar
アーモン, ジョアン	→Almon, Joan	アルジャー, チャドウイック・F.	→Alger, Chadwich F.
アーモンド, ゲイブリエル・A.	→Almond, Gabriel A.	アルゼンシェク, V.	→アルゼンシェク, V.
アーモンド, ブレンダ	→Almond, Brenda	アルタイザー, ロレイ・D.	→アルタイザー, ロレイ・D.
アライン	→アライン	アルダーファー, ハンナ	→アルダーファー, ハンナ
アラヴィ, M.	→Alavi, Maryam	アルチュセール, ルイ	→Althusser, Louis
アラキ, ラウル	→アラキ, ラウル	アルチューホワ	→アルチューホワ
アラック, ジョナサン	→Arac, Jonathan	アルチョーン, ガイ	→Alchon, Guy
アラート, エリック	→アラート, エリック	アルティミア, オスカー	→アルティミア, オスカー
アラード, メアリー・アン	→Allard, Marry Ann	アルテン, ミシェル	→アルテン, ミシェル
アラヌス・アブ・インスリス	→アラヌス・アブ・インスリス	アールト, マーリット	→Aalto, Maarit
アラバガリ, ダミエン	→アラバガリ, ダミエン	アルトバック, フィリップ・G.	→Altbach, Philip G.
アラビー, マイケル	→Allaby, Michael	アルトファーター, エルマール	→Altvater, Elmar
アラム, バクティアル	→アラム, バクティアル	アルトホフ, ゲルト	→Althoff, Gerd
アラン	→Alain	アルトマン, イーダ	→Altman, Ida
アラン, ジュリー	→アラン, ジュリー	アルトマン, デニス	→Altman, Dennis
アーランドソン, エディ	→Erlandson, Eddie	アルトマン, ナンシー	→Altman, Nancy
アリ, サイド・フシン	→Ali, Syed Husin	アルトマン, J.	→Altman, J.
アーリー, スティーブ	→アーリー, スティーブ	アルドリッジ=モリス, レイ	→Aldridge-Morris, R.
アリ, タリク	→Ali, Tariq	アルドリッチ, ジョン・H.	→アルドリッチ, ジョン・H.
アリ, A.	→Ali, Agha Igbal	アルナルデス, ロジェ	→アルナルデス, ロジェ
アーリー, P.クリストファー	→Earley, P.Christopher	アルノー, アンドレーアス・フォン	→アルノー, アンドレーアス・フォン
アリアガ, シメナ・B.	→Arriaga, Ximena B.	アルノー=デュック, ニコル	→Arnaud-Duc, Nicole
アリウンサイハン, マンダフ	→アリウンサイハン, マンダフ	アルパイン, リサ	→Alpine, Lisa
アリエス, フィリップ	→Ariès, Philippe	アルハザード, アブドゥル	→アルハザード, アブドゥル
アリギ, ジョヴァンニ	→Arrighi, Giovanni	アルパスラン, ミュラト・C.	→アルパスラン, ミュラト・C.
アリストクセノス	→Aristoxenus	アルパーソン, ルース	→Alperson, Ruth
アリソン, グレアム	→Allison, Graham T.	アルバート, ウィリアム・W.	→Albert, William W.
アリソン, ダイアン	→アリソン, ダイアン	アルバート, マイケル(社会運動)	→アルバート, マイケル(社会運動)
アーリック, デイブ	→アーリック, デイブ	アルバート, マイケル(歴史)	→Alpert, Michael
アーリックマン, H.	→Ehrlichman, Howard		
アリベール	→アリベール		

アルバトフ, ゲンナジ	→Arbatow, Georgi A.	アレクサンドロヴィチ, ダリウシュ	
アルバラシン, ヘスス	→アルバラシン, ヘスス		→Aleksandrowicz, Dariusz
アルバレス, ソニア	→アルバレス, ソニア	アレクサンドロス(アレクサンドレイアの)	
アルビン, セシリア	→Albin, Cecilia		→アレクサンドロス(アレクサンドレイアの)
アルビン, リチャード・W.		アレックス・アセンソー, イヴェティ	
	→アルビン, リチャード・W.		→アレックス-アセンソー, イヴェティ
アルビン, P.S.	→Albin, Peter S.	アレッサンドラ, トニー	→Alessandra, Anthony J.
アルフォンソ, ルチアーノ・パレーホ		アレニウス, グスタフ	→Arrhenius, Gustaf
	→Alfonso, Luciano Parejo	アレマニー, C.	→Alemany, Carlos
アルブレクト, G.E.	→Albrecht, George E.	アレール, J.	→Allaire, J.Marc
アルブレヒト, クラウス	→アルブレヒト, クラウス	アレン, ギャリー・M.	→アレン, ギャリー・M.
アルフレッドソン, グドゥムンドゥル		アレン, キャロル	→アレン, キャロル
	→Alfredsson, Gudmundur	アレン, ゲイリー・M.	→Allen, Garry M.
アルブレヒト, P.	→Albrecht, Peter	アレン, ジェイムズ・R.	→アレン, ジェイムズ・R.
アルベック, エリク	→Albaek, Erik	アレン, ジェームズ	→Allen, James
アルベッソン, マッツ	→Alvesson, Mats	アレン, ジャクリーン・ヒューイット	
アルペラン, ジャン-ルイ	→アルペラン, ジャン-ルイ		→アレン, ジャクリーン・ヒューイット
アルベルトゥス・マグヌス	→Albertus Magnus	アレン, ダグラス	→アレン, ダグラス
アルペロヴィッツ, ガー	→Alperovitz, Gar	アレン, ドナ	→Allen, Donna
アルボノロス, コンスエロ		アレン, トム(経営学)	→アレン, トム(経営学)
	→アルボノロス, コンスエロ	アレン, バーバラ・A.	→アレン, バーバラ・A.
アルボーレラリ	→アルボーレラリ	アレン, ポーラ・ガン	→Allen, Paula Gunn
アルボーン, リチャード・E.		アレン, リチャード・J.	→Allen, Richard J.
	→アルボーン, リチャード・E.	アレン, ルイ	→Allen, Louis
アルボーン, E.	→Albone, Eric S.	アレン, レスリー	→アレン, レスリー
アルマリオ, ヴィルヒリオ・S.		アレン, B.	→Allen, B.
	→Almario, Virgilio S・	アレン, E.L.	→アレン, E.L.
アルムブリュスター, クリスティアン		アレン, F.	→Allen, Franklin
	→アルムブリュスター, クリスティアン	アレン, N.J.	→アレン, N.J.
アルメイダ, アナ・マリア・トマス・デ		アーレンウォルド, ジャン	→Ehrenwald, Jan
	→アルメイダ, アナ・マリア・トマス・デ	アレンス, トマス	→Ahrens, Thomas
アルメイダ, J.M.ペドロソ・デ		アレン・ミアーズ, ポーラ	→Allen-Meares, Paula
	→Almeida, J.M.Pedroso de	アーレンライク, バーバラ	→Ehrenreich, Barbara
アルメスト, フェリペ・フェルナンデス		アロー, ケネス・J.	→Arrow, Kenneth Joseph
	→アルメスト, フェリペ・フェルナンデス	アロノウィッツ, スタンリー	→Arinowitz, Stanley
アルメダー, ロバート	→アルメダー, ロバート	アロノフ, フランセス	→Aronoff, Frances
アルールプラガサム, A.R.		アロム, シムハ	→Arom, Simha
	→Arulpragasam, A.R.(Rajpol)	アローラ, T.	→Arora, Tiny
アルンス, パウロ・エヴァリスト		アロン, アーサー	→Aron, Arthur
	→アルンス, パウロ・エヴァリスト	アロン, エレイナ	→Aron, Elaine N.
アルント, アンドレアス	→Arndt, Andreas	アーロン, ハンク	→Aaron, Hank
アレ, モーリス	→アレ, モーリス	アーロン, ヘンリー	→アーロン, ヘンリー・
アレイオス	→アレイオス	アーロン, ヘンリー・J.	→Aaron, Henry Jr.
アレイト, アンドルー	→アレイト, アンドルー	アン, エイシュ	→アン, エイシュ(安栄洙)
アレヴィ, ラン	→Halévi, Ran	アン, カク	→アン, ヒョク(安赫)
アレヴェル, カール	→アレヴェル, カール	アン, ガンロウ	→アン, ガンロウ(安含老)
アレオナール, ロラン	→Aleonard, Laurent	アン, キ	→アン, キ(安琪)
アレキサンダー, ハーバート・E.		アン, クックシン	→アン, クックシン(安国臣)
	→Alexander, Herbert E.	アン, ケンセイ	→アン, ケンセイ(安剣星)
アレキサンダー, プリシラ	→Alexander, Priscilla	アン, コクシン	→アン, クックシン(安国臣)
アレグザンダー, ジェフリー・C.		アン, サンイツ	→アン, チャンイル(安燦一)
	→Alexander, Jeffrey C.	アン, シビン	→アン, シビン(安志敏)
アレクサンダー, ジョン	→Alexander, John	アン, ゼンコク	→アン, ソング(安善国)
アレクサンダー, マーカス		アン, ソング	→アン, ソング(安善国)
	→アレクサンダー, マーカス	アーン, タエシック	→Ahn, Taesik
アレグザンダー, マーティン・S.		アン, チャンイル	→アン, チャンイル(安燦一)
	→Alexander, Martin S.	アン, ビュンスン	→アン, ビュンスン(安秉俊)
アレクサンデル(ヘールズの)		アン, ヒョク	→アン, ヒョク(安赫)
	→アレクサンデル(ヘールズの)	アン, ヘイシュウ	→アン, ヘイシュウ(安平秋)
アレクサンドル=ビドン, ダニエル		アン, ヘイシュン	→アン, ビュンスン(安秉俊)
	→アレクサンドル=ビドン, ダニエル		

アン

アン, ラン	→アン, ラン（安蘭）	アンダーソン, ボブ	→Anderson, Bob
アン, S.	→Ang, Soon	アンダーソン, リサ	→アンダーソン, リサ
アンヴァイラー, オスカー	→Anweiler, Osker	アンダーソン, ロビン	→Anderson, Robin
アンウィン, ジュディス	→アンウィン, ジュディス	アンダーソン, C.A.	→Anderson, C.A.
アンガーソン, クレア	→Ungerson, Clare	アンダーソン, C.J.	→Anderson, Christopher J.
アンガマール, マックス	→アンガマール, マックス	アンダーソン, G.S.	→Anderson, Gary S.
アング, イエン	→アング, イエン	アンダーソン, L.B.	→Anderson, Lowell Bruce
アングルバール, ヴィクトール	→アングルバール, ヴィクトール	アンダーダウン, B.	→Underdown, Brian
アンゲラー, A.	→Angerer, August	アンダーハイデン, M.	→アンダーハイデン, M.
アンケール, フランソワ	→Hincker, François	アンタル, L.	→Antal, László
アンサール, ピエール	→Ansart, Pierre	アンティポン（ソフィストの）	→アンティポン（ソフィストの）
アンシ	→アンシ（晏子）	アンデション, ビルギッタ・ホルムダール	→アンデション, ビルギッタ・ホルムダール
アンジェラ（フォリーニョの）	→アンジェラ（フォリーニョの）	アンデション, K.	→Andersson, Krister
アンジェロ, A.	→Angelo, Anthony H.	アンデルセン, トム	→Andersen, Tom
アンジェロ, R.	→Angelo, Richard	アンデルセン, ハンス・クリスチャン	→Andersen, Hans Christian
アンジャー, ボブ	→アンジャー, ボブ	アンデルソン, マルギト	→Andersson, Margit
アンジャリア, シャイレンドラ・J.	→アンジャリア, シャイレンドラ・J.	アンデンホフ, リータ	→アンデンホフ, リータ
アーンスタイン, ローラ	→Arnstein, Laura	アントニウス（パドヴァの）	→アントニウス（パドヴァの）
アンステー, マーガレット・J.	→Anstee, Margaret J.	アントヌッチ, T.C.	→Antonucci, Toni C.
アンスバッハー, ハインツ	→Ansbacher, Heinz	アントーノフ, ウラジミール	→アントーノフ, ウラジミール
アンスバッハー, ロウェナ	→Ansbacher, Rowena	アントーノフ＝オフセーエンコ, A.	→アントーノフ＝オフセーエンコ, A.
アンスリンガー, パトリシア・L.	→Anslinger, Patricia L.	アンドラス, G.	→Andrus, Graydon
アンスリンジャー, パット	→アンスリンジャー, パット	アンドリエ, ダン	→Andreae, Dan
アンセルムス（カンタベリーの）	→Anselmus (Cantuariensis)	アンドリース, キャロル	→Andreas, Carol
アンセルムス（ハーフェルベルクの）		アンドリュー, ジェームズ・P.	→Andrew, James P.
	→Anselmus (Havelbergensis)	アンドリュース, G.	→Andrews, Gill
アンセルムス（ランの）	→Anselmus (Laudunensis)	アンドルース, リン	→Andrews, Lynn
アンセロ, エドワード・F.	→Ansello, Edward F.	アンドルーズ, ロバート・E.	→Andrews, Robert E.
アンソニー, スコット・D.	→Anthony, Scott D.	アンドレアス（サン＝ヴィクトルの）	→アンドレアス（サン＝ヴィクトルの）
アンソニー, W.A.	→Anthony, William Alan	アンドレーエ, ヨーハン・ヴァレンティン	→Andreä, Johan Valentin
アンゾフ, H.イゴール	→Ansoff, H.Igor	アンドレオポーロス, ジョージ・J.	→Andreopoulos, George J.
アンソン, マーク	→Anson, Mark J.P.	アントロウバス, ペギー	→Antroubus, Peggy
アンダ, メナルド・O.	→アンダ, メナルド・O.	アンナーイム, アブドラヒ・アハメド	→アンナーイム, アブドラヒ・アハメド
アンダーウッド, デブ	→Underwood, Deb	アンバクシア, キース・P.	→Ambachtsheer, Keith P.
アンタキ, チャールズ	→Antaki, Charles	アンフェールト, トマス	→アンフェールト, トマス
アンダーソン, カトリナ	→アンダーソン, カトリナ	アンブラー, ティム	→Ambler, Tim
アンダーソン, カレン・M.	→アンダーソン, カレン・M.	アンブロシウス（ミラノの）	→Ambrosius
アンダーソン, クリーブ	→Anderson, Clive	アンリ, ミシェル	→Henry, Michel
アンダーソン, サンドラ	→Anderson, Sandra	アンリオン, E.	→Henrion, Emmanual
アンダーソン, ジェイムズ	→Anderson, James	アンリ＝レヴィ, ベルナール	→アンリ＝レヴィ, ベルナール
アンダーソン, ジェームズ・C.	→Anderson, James C.		
アンダーソン, ジャッキー	→アンダーソン, ジャッキー		
アンダーソン, ジャック	→アンダーソン, ジャック	**【イ】**	
アンダーソン, ジョエル	→アンダーソン, ジョエル		
アンダーソン, スティーブン・R.	→アンダーソン, スティーブン・R.	イ, オクプン	→イ, オクプン（李玉粉）
アンダーソン, チャールズ・A.	→Anderson, Charles A.	イ, キウ	→イ, キウ（李琦雨）
アンダーソン, ディグビー	→Anderson, Digby	イ, ギドン	→イ, ギドン（李基東）
アンダーソン, ティモシー	→Anderson, Timothy	イ, ギボム	→イ, ギボム
アンダーソン, ハーレーン	→Anderson, Harlene	イ, クァンギュ	→イ, クァンギュ
アンダーソン, フィリップ	→Anderson, Philip	イー, ゲイル・A.	→Yee, Gale A.
アンダーソン, ペリー	→Anderson, Perry		

イ, コウ	→イ, コウ (韋恒)	イ, ヨンフン	→イ, ヨンフン (李栄薫)
イ, コンジュン	→イ, コンジュン (李建中)	イ, ヨンミ	→イ, ヨンミ (李暎美)
イ, コンヨン	→イ, コンヨン (李建容)	イ, リェンファ	→イ, リェンファ (李蓮花)
イ, サミョル	→イ, サミョル (李三悦)	イアハート, アメリア	→Earhart, Amelia
イ, サムソン	→イ, サムソン (李三星)	イアンシティ, マルコ	→Iansiti, Marco
イ, サンウ	→イ, サンウ (李祥雨)	イーヴァント, ハンス・ヨアヒム	
イ, サンウ	→イ, サンウ (李相禹)		→Iwand, Hans-Joachim
イ, サンオク	→イ, サンオク (李相玉)	イヴェル, J.	→イヴェル, J.
イ, サンコ	→イ, サンコ (李相高)	イーヴォーズ, E.M.	→イーヴォーズ, E.M.
イ, サンファ	→イ, サンファ	イエ, タンシャオ	→ヨウ, セイトウ (葉聖陶)
イ, サンヨン	→イ, サンヨン (李商永)	イエ, ピン	→ヨウ, ヘイ (葉平)
イ, ジェウン	→イ, ジェウン (李載殷)	イェイツ, J.W.	→Yates, James W., Jr.
イ, ジェヒ	→イ, ジェヒ (李在熙)	イェーガ, ジャン	→イェーガ, ジャン
イ, ジェヒョン	→イ, ジェヒョン (李在賢)	イェーガー, ハンス=ヴォルフ	→Jäger, Hans-Wolf
イ, ジャンヒ	→イ, ジャンヒ (李長熙)	イェーガー, レランド・B.	
イ, ジョンオ	→イ, ジョンオ (李鐘旿)		→イェーガー, レランド・B.
イ, ジョンオク	→イ, ジョンオク (李貞玉)	イェーガー, ロバート	→Jaeger, Robert A.
イ, ジョンガク	→イ, ジョンガク (李鐘珏)	イェーガー, R.M.	→Jaeger, Richard M.
イ, ジョンジン	→イ, ジョンジン (李鍾振)	イェシュケ, ヴァルター	→Jaeschke, Walter
イ, ジョンソク	→イ, ジョンソク (李宗錫)	イェーツ, ジョアンヌ	→Yates, Joanne
イ, ジョンフン	→イ, ジョンフン (李政勳)	イェッケル, エーバーハルト	
イ, ジョンミン	→イ, ジョンミン (李鍾玟)		→イェッケル, エーバーハルト
イ, スノク	→イ, スノク (李順玉)	イエビシエフ, A.A.	→イエピシエフ, A.A.
イ, スリョン	→イ, スリョン (李秀蓮)	イェフティチ, ボリヨヴェ	→イェフティチ, ボリヨヴェ
イ, スンジン	→イ, スンジン (李淳鎮)	イェミー, B.S.	→Yamey, B.S.
イ, スンヒョク	→イ, スンヒョク (李承赫)	イェリネク, エルフリーデ	→Jelinek, Elfriede
イ, スンミ	→イ, スンミ	イェリネク, W.	→Jelinek, Wolfgang
イ, ソンジュ	→イ, ソンジュ (李盛周)	イェリネック, J.シュテファン	
イ, ソンテ	→イ, ソンテ (李宜泰)		→Jellinek, Joseph Stephan
イ, ソンファン	→イ, ソンファン	イエルサレム, M.	→Jerusalem, Matthais
イ, ソンホ	→イ, ソンホ (李星鎬)	イェルツェン, デレク	→Gjertsen, Derek
イ, ソンム	→イ, ソンム (李成茂)	イエルデ, ピエール・F.	→イエルデ, ピエール・F.
イ, ドクジュ	→イ, ドクジュ (李德周)	イエロー・ウルフ	→Yellow Wolf
イ, ドクナム	→イ, ドクナム (李得南)	イェロブシェク, J.	→イェロブシェク, J.
イ, ドンウク	→イ, ドンウク (李東昱)	イエン, スーチュウ	→ガン, シキュウ (顔思久)
イ, ヒョイン	→イ, ヒョイン (李孝仁)	イエン, ルーシェン	→ゲン, ジョカン (厳汝嫻)
イ, ヒョジェ	→イ, ヒョジェ (李効再)	イエングスト, ウィリアム	
イ, ヒョンスク	→イ, ヒョンスク (李賢淑)		→イエングスト, ウィリアム
イ, ヒョンチョン	→イ, ヒョンチョン (李鉉清)	イェンセン, リチャード	→Yensen, Richard
イ, ビョンテ	→イ, ビョンテ (李炳泰)	イェン・チェリー	→イェン・チェリー
イ, ビョンロ	→イ, ビョンロ (李炳魯)	イーガン, マーク	→イーガン, マーク
イ, フンヨン	→イ, フンヨン (李興在)	イク, タップ	→イク, タップ (郁達夫)
イ, ヘギョン	→イ, ヘギョン	イグナチオ・デ・ロヨラ	
イ, ヘソル	→イ, ヘソル (李ヘソル)		→Ignacio de Loyola, Saint
イ, ホング	→イ, ホング (李洪九)	イグナティエフ, マイケル	→Ignatieff, Michael
イ, ボンヒョプ	→イ, ボンヒョプ (李峰峡)	イゲ, トクンボ	→Ige, Tokunbo
イ, マンウ	→イ, マンウ (李万宇)	イケガミ, ナオキ	→イケガミ, ナオキ (池上直己)
イ, マンヨル	→イ, マンヨル (李万烈)	イケダ, キヨシ	→イケダ, キヨシ (池田清)
イ, ミョンヨン	→イ, ミョンヨン (李命英)	イーゲルホフ, ウィリアム・G.	
イ, ミンウン	→イ, ミンウン (李敏雄)		→イーゲルホフ, ウィリアム・G.
イ, ムンヨン	→イ, ムンヨン (李文永)	イゴネ, パトリス	→Higonnet, Patrice
イ, ヨンウク	→イ, ヨンウク (李栄旭)	イーゴフ, シーラ	→Egoff, Sheila A.
イ, ヨンシク	→イ, ヨンシク (李栄植)	イサジフ, ゼボルド・W.	→Isajiw, W.W.
イ, ヨンジュン (法律)	→イ, ヨンジュン (法律) (李英俊)	イザール, M.	→イザール, M.
イ, ヨンス	→イ, ヨンス (李容洙)	イサレッジ, ロイド・S.	→Etheredge, Lloyd S.
イ, ヨンスク	→イ, ヨンスク (李英淑)	イサンダル, ベングト・クリスタ	
イ, ヨンソク	→イ, ヨンソク (李英石)		→Ysander, Bengt-Christer
イ, ヨンニョ	→イ, ヨンニョ (李用女)	イシ, アンジェロ	→イシ, アンジェロ
イ, ヨンヒョン	→イ, ヨンヒョン (李鎔賢)	イシドルス (セビリャの)	→イシドルス (セビリャの)
		イージング, ディーター	→イージング, ディーター

イーズ, N.	→Eades, Norris M.	ヨンソン, インゲ	→Jonsson, Inge
イースターブルークス, M.アン		イーリー, ロビン・J.	→イーリー, ロビン・J.
	→Easterbrooks, M.Ann	イリー, G.	→Eley, Geoff
イースタリング, エド	→Easterling, Ed	イリエ, アキラ	→イリエ, アキラ(入江昭)
イーストホープ, アントニー		イリガライ, リュス	→Irigaray, Luce
	→イーストホープ, アントニー	イリッチ, イヴァン	→Illich, Ivan D.
イーストマン, マーヴィン	→Eastman, Mervyn	イリネック, イシャヤウ	→Jelinek, Yeshayahu
イーストン, デイヴィッド	→Easton, David	イリーン, イヴァン	→イリーン, イヴァン
イーストン, ブライアン	→Easton, Brian	イル, キャスリーン	→Ell, Kathleen
イスビー, D.C.	→Isby, David C.	イールジェン, ダニエル・R.	
イスラム, イヤナトゥル	→イスラム, イヤナトゥル		→イールジェン, ダニエル・R.
イスラム, シャフィカル	→イスラム, シャフィカル	イルジーグラー, フランツ	→Irsigler, Franz
イスラム, マムダ	→イスラム, マムダ	イルデフォンスス(トレドの)	
イースレイ, D.	→Easley, David		→イルデフォンスス(トレドの)
イゼルビット, ビンセント・Y.		イロマキ, ヘンニ	→イロマキ, ヘンニ
	→Yzerbyt, Vincent Y.	イワノフ	→イワノフ
イタリアタイカンジョウホウカンシツ		イワノフ, ヴャチェスラフ・フセヴォロドヴィチ	
	→イタリア大使館情報官室		→イワーノフ, ヴャチェスラフ・フセヴォロドヴィチ
イチジョウ, カズオ	→イチジョウ, カズオ(一条和生)	イワーノフ, V.D.	→イワーノフ, V.D.
イツ, フ	→イツ, フ(逸夫)	イワムラ, マサヒコ	→イワムラ, マサヒコ(岩村正彦)
イックス, ウイリアム	→Ickes, William John	イン, ケイイン	→イン, ケイイン(尹慧筠)
イッシュ, チャールズ	→イッシュ, チャールズ	イン, ケイロウ	→ユン, ギョンノ(尹慶老)
イッシンガー, W.	→Ischinger, Wolfgang	イン, ケンコウ	→イン, ケンコウ(殷建光)
イップ, ジョージ・S.	→イップ, ジョージ・S.	イン, ゴウ	→イン, ゴウ(尹豪)
イーディ, ベティ	→イーディ, ベティ	イン, ショウテツ	→ユン, サンチョル(尹尚哲)
イーデル, モーシェ	→イーデル, モーシェ	イン, ゼンタイ	→ユン, ソンテ(尹善泰)
イーデン, C.	→Eden, C.	イン, テイギョク	→ユン, ジョンオク(尹貞玉)
イトウ, タカトシ	→イトウ, タカトシ(伊藤隆敏)	イン, トウリ	→ユン, ドウリ(尹頭理)
イトウ, ヒデフミ	→イトウ, ヒデフミ(伊藤秀史)	イン, ヘイ	→イン, ヘイ(尹拜)
イドリース, R.	→イドリース, R.	イン, リュウタク	→ユン, リョンテク(尹龍沢)
イードルンド, グッラン・M.	→Gidlund, Gullan	インギ, キアン	→Yingyi, Qian
イナホッファー, パウル	→Innerhofer, Paul	イング, ウイリアム・レイフ	
イニエスタ, アルベルト	→イニエスタ, アルベルト		→イング, ウイリアム・レイフ
イニス, ハロルド	→Innis, Harold	イングラム, ケイト	→イングラム, ケイト
イヌヰ, ロイド	→イヌヰ, ロイド	イングラム, デヴィッド	→イングラム, デヴィッド
イネイチェン, アレクサンダー		イングラム, N.	→Ingram, Norma
	→Ineichen, Alexander M.	イングリス, クリスティーン	→Inglis, Christine
イノウエ, D.K.	→Inouye, Dillon K.	イングリッシュ, ジョン	→English, John
イーバー, ナンドー	→イーバー, ナンドー	イングリッシュ, デーヴッド・M.	
イバーラ, ハーミニア	→Ibarra, Herminia		→イングリッシュ, デーヴッド・M.
イブセン, ヘンリク	→Ibsen, Henrik	インゲルスタム, マルガリータ	
イブゼン, ヨルン	→イブゼン, ヨルン		→インゲルスタム, マルガリータ
イフタヘル, オレン	→イフタヘル, オレン	インゲン, リュウキ	→インゲン, リュウキ(隠元隆琦)
イブハマー, マーガレッタ		インズ, グラハム	→Innes, Graham
	→イブハマー, マーガレッタ	インステフィヨルド, N.	→Instefjord, Norvald
イブン・アル・ハイサム	→イブン・アル・ハイサム	インタグリアタ, ジェームス	→Intagliata, James
イブン・シーナー	→Ibn Sina	インダーミル, キャシー・L.	→Indermill, Kathy L.
イブン・トゥファイル	→イブン・トゥファイル	インチオースチ, B.	→Inchausti, Begoña Giner
イブン・バージャ	→イブン・バージャ	インディペンデント	→インディペンデント
イブン・ルシュド	→Ibn Rushd	インネス, エンシーア	→Innes, Anthea
イボットソン, ロジャー・G.	→Ibbotson, Roger G.	インバー, マーク	→インバー, マーク
イマッド, パルヴィス	→Emad, Parvis	インバーダール, J.	→Inverdale, J.
イム, ジョンヒ	→イム, ジョンヒ(林貞姫)	インマン, ロバート・P.	→Inman, Robert P.
イム, スンマン	→イム, スンマン(林淳万)		
イム, ホジュン	→イム, ホジュン(林昊俊)	【ウ】	
イム, ヨンジン	→イム, ヨンジン(林永珍)		
イム, ヨンソン	→イム, ヨンソン(林永宜)	ウ, インス	→ウ, インス(禹仁秀)
イム, ヨンチュン	→イム, ヨンチュン(林永春)	ウー, オドリック	→ウー, オドリック
イームズ, エドウイン	→イームズ, エドウイン	ウ, ガクグン	→ウ, ガクグン(于学軍)
イメル, メアリー・ブレア	→イメル, メアリー・ブレア		

ウ, コクコン	→ウ, コクコン(禹克坤)	ヴァルガス, ジーナ	→ヴァルガス, ジーナ
ウ, ショクゲン	→ウ, ショクゲン(于植元)	ヴァルザー, マルティン	→Walser, Martin
ウ, ジンシュウ	→ウ, インス(禹仁秀)	ヴァルター, ノルベルト	→ヴァルター, ノルベルト
ウ, セイセイ	→ウ, セイセイ(于斉生)	ヴァルデンヴェルガー, フランツ	
ウ, ソウセン	→ウ, ソウセン(于宗先)		→ヴァルデンヴェルガー, フランツ
ウー, チュン・トン	→Wu, Chung-tong	ヴァルデンフェルス, ベルンハルト	
ウ, ホウシュン	→Yu, Fengchun		→Waldenfels, Bernhard
ウ, メイ	→ウ, メイ(于明)	ヴァルドマニス, V.	→Valdmanis, Vivian
ウ, モウ	→ウ, モウ(于猛)	ヴァルブール, ミソン・ドゥ	
ウー, ローレンス	→Wu, Lawrence		→ヴァルブール, ミソン・ドゥ
ヴァイアー, ミヒェル	→ヴァイアー, ミヒェル	ヴァルポット, ペーター	→ヴァルポット, ペーター
ヴァイアン, エミリア	→ヴァイアン, エミリア	ヴァルマン, ヨハネス	→ヴァルマン, ヨハネス
ヴァイサー・ローマン, エリーザベト		ヴァレ, エディス	→ヴァレ, エディス
	→Weisser-Lohmann, Elisabeth	ヴァレ, オドン	→Vallet, Odon
ヴァイス, アーニャ	→ヴァイス, アーニャ	ヴァーレイス, J.	→Varlejs, Jana
ヴァイス, シャーリー	→ヴァイス, シャーリー	ヴァレーヴァ, ユリア	→Valeva, Julia
ヴァイゼ, マルティン	→ヴァイゼ, マルティン	ヴァレット, レベッカ・M.	→Valette, Rebecca M.
ヴァイダー, ミハイリー	→Vajda, Mihály	ヴァレーラ, フランシスコ・J.	
ヴァイツゼッカー, カール・フリードリッヒ・フォン			→Varela, Francisco J.
	→Weizsäcker, Carl-Friedrich Von	ヴァレンティック, メアリー	→Valentich, Mary
ヴァイツゼッカー, リヒャルト・フォン		ヴァロウファキス, ヤニス	→Varoufakis, Yanis
	→Weizsacker, Richard	ヴァロン, エマヌエル	→ヴァロン, エマヌエル
ヴァイテカンプ, エルマー	→Weitekamp, Elmar	ヴァン・アースドル, モーリス・D., Jr.	
ヴァイニンガー, オットー	→Weininger, Otto		→ヴァン・アースドル, モーリス・D., Jr.
ヴァイネルト, フランツ・E.	→Weinert, Franz E.	ヴァン・アムステルダム・キスレヴァ, L.	
ヴァイマー, アロイス	→ヴァイマー, アロイス		→van Amsterdam-Kisleva, Larisa
ヴァイマー, ヴォルフラム	→Weimer, Wolfram	ヴァン・イーゼンドーン, マリナス・H.	
ヴァイマン, フォルカー	→Weymann, Volker		→ヴァン・イーゼンドーン, マリナス・H.
ウェイル, アンドリュー	→Weil, Andrew	ヴァン・ヴァリー, トーマス・L.	
ヴァインツィアル, ゼバスチアン			→ヴァン・ヴァリー, トーマス・L.
	→ヴァインツィアル, ゼバスチアン	ヴァン・オッペン, パトリシア	
ヴァイントラテール, メイール			→Van Oppen, Patricia
	→ヴァイントラテール, メイール	ヴァン・キャンプ, C.M.	→Van Camp, Carole M.
ヴァインバッハ, クリスティネ		ヴァンサン, ギイ	→ヴァンサン, ギイ
	→ヴァインバッハ, クリスティネ	ヴァン・ザント, H.	→ヴァン・ザント, H.
ヴァインリッヒ, ミヒャエル	→Weinrich, Michael	ヴァンス, キャロル・S.	→ヴァンス, キャロル・S.
ヴァエル, C.	→Vael, Claude	ヴァン・ダイク, J.J.M.	→van Dijk, Jan J.M.
ヴァガン, シヴ	→Vangen, Siv	ヴァンダーカム, ジェームス・C.	
ヴァーグナー, ゲルト	→Wagner, Gert		→VanderKam, James C.
ヴァーグナー, ペーター	→Wagner, Peter	ヴァンダーグリフト, ケイ・E.	
ヴァーグナー, リヒャルト			→Vandergrift, Kay E.
	→Wagner, Wilhelm Richard	ヴァンダービルト, コーネリアス, Jr.	
ヴァーグナー, E.	→Wagner, Esther		→ヴァンダービルト, コーネリアス, Jr.
ヴァーグナ, R.	→ヴァーグナ, R.	ヴァンデアモレン, ヘンク・T.	
ヴァケ, フランソワーズ	→ヴァケ, フランソワーズ		→ヴァンデアモレン, ヘンク・T.
ヴァーゲンシャイン, マルティン		ヴァン・デ・ヴェン, ハンス	
	→Wagenschein, Martin		→ヴァン・デ・ヴェン, ハンス
ヴァスラ, ヘンリー	→ヴァスラ, ヘンリー	ヴァンデル, キャシー	→Vandell, Kathey
ウアターゾ, シルビア	→Hurtado, Sylvia	ヴァン・デル・ズィジェン, テリー	
ヴァッテンベルク, ウルリヒ			→ヴァン・デル・ズィジェン, テリー
	→ヴァッテンベルク, ウルリヒ	ヴァン・デン・ハルク, ヨス	
ヴァーディ, ピーター	→Vardy, Peter		→ヴァン・デン・ハルク, ヨス
ヴァトリン, ア	→ヴァトリン, ア	ヴァンドゥ・ワラ, ウィリー	
ヴァニエ, B.	→Vannier, Benoit		→ヴァンドゥ・ワラ, ウィリー
ヴァーヘイエン, ダーク	→Verheyen, Dirk	ヴァン=ド=カステル=シュヴァイツァー, シル	
ヴァラヴァニス, パノス	→ヴァラヴァニス, パノス	ヴィー →Van de Casteele-Schweitzer, Sylvie	
ヴァラス, アレクシス	→ヴァラス, アレクシス	ヴァン・ドーステン, J.	→ヴァン・ドーステン, J.
ヴァリアン, ハル・R.	→Varian, Hal R.	ヴァン・トラー, S.	→Van Toller, Steve
ヴァール, ジャン	→Wahl, Jean	ヴァンドラック, ルイーズ →ヴァンドラック, ルイーズ	
ヴァール, ライナー	→ヴァール, ライナー	ヴァンノーニ, ルカ	→ヴァンノーニ, ルカ
		ヴァン・ハッセル, ヴィンセント・B.	

ウアン

ヴァン・ブラント, デイビッド・L. →Van Hasselt, Vincent B.
　　　　　　　　　　　　　　　→Van Brunt, David L.
ヴァンメトレー, エヴァン・S.
　　　　　　　　　　　　　　　→ヴァンメトレー, エヴァン・S.
ヴァン・レーン, K. →VanLehn, Kurt
ウィー, ヴィヴィアン →ウィー, ヴィヴィアン
ウィア, ジャック →ウィア, ジャック
ヴィアッカー, フランツ →ヴィアッカー, フランツ
ヴィアット, ジェルマン →ヴィアット, ジェルマン
ヴィアラ, アレクサンドル
　　　　　　　　　　　　　　　→ヴィアラ, アレクサンドル
ウィーヴァー, D. →Weaver, Doris
ウィーヴァー, R.ケント →ウィーヴァー, R.ケント
ヴィエヤール=バロン, ジャン=ルイ
　　　　　　　　　　　　　　　→ヴィエヤール=バロン, ジャン=ルイ
ヴィエンニ, クロード →ヴィエンニ, クロード
ヴィカーズ, ラッキー →Vickers, Lucy
ヴィガレロ, ジョルジュ →Vigarello, Georges
ウィーガンド, シャーリー・A.
　　　　　　　　　　　　　　　→ウィーガンド, シャーリー・A.
ヴィーガント, マルク=アンドレ
　　　　　　　　　　　　　　　→ヴィーガント, マルク=アンドレ
ヴィクシュートローム, トーマス
　　　　　　　　　　　　　　　→ヴィクシュートローム, トーマス
ウィークス, ウィリアム・アール
　　　　　　　　　　　　　　　→ウィークス, ウィリアム・アール
ウィークス, ジョン (マーケティング)
　　　　　　　　　　　　　　　→ウィークス, ジョン (マーケティング)
ウィークス, ホリー →ウィークス, ホリー
ヴィクター, ブルース・S. →Victor, Bruce S.
ウィクトリヌス, マリウス
　　　　　　　　　　　　　　　→Victorinus, Caius Marius
ウィーグマン, ロビン →ウィーグマン, ロビン
ウィグラム, トニー →Wigram, Tony
ウィクリフ, ジョン →Wyclif, John
ヴィゲリー, S.パトリック →Viguerie, S.Patrick
ウィサヌ・ワランヨウ →ウィサヌ・ワランヨウ
ウィザリッジ, トーマス・F.
　　　　　　　　　　　　　　　→Witheridge, Thomas F.
ヴィシネフスカヤ, ガリーナ
　　　　　　　　　　　　　　　→Vishnevskaya, Galina
ヴィーシャウス, エリック →Wieschaus, Eric
ウィジャヤティレーク, Y. →Wijayatilake, Y.J.W.
ウィスナー, スコット →ウィスナー, スコット
ヴィーゼル, エリ →Wiesel, Eliezer
ウィソッキー, C.J. →Wysocki, Charles J.
ウィソッキー, H.M. →ウィソッキー, H.M.
ヴィソルカス, ジョージ →Vithoulkas, George
ヴィータ, シルヴィオ →ヴィータ, シルヴィオ
ウイタケル, チコ →ウイタケル, チコ
ヴィーダーマン, スティーヴン
　　　　　　　　　　　　　　　→ヴィーダーマン, スティーヴン
ウィタール, ジェイン →ウィタール, ジェイン
ヴィチナス, マーサ →ヴィチナス, マーサ
ウィッカート, R. →Wickert, Rosie
ウィッカム, エリザベス →Wickham, Elizabeth
ウィックバーグ, エドガー →Wickberg, Edgar
ヴィッケルト, ウルリッヒ →Wickert, Ulrich
ウィッゲンホーン, ウィリアム
　　　　　　　　　　　　　　　→Wiggenhorn, William

ウィッザム, アナ →Witham, Anna
ウイッシュニック, エリザベス
　　　　　　　　　　　　　　　→ウイッシュニック, エリザベス
ヴィッセン, レオ・J.G.ヴァン
　　　　　　　　　　　　　　　→ヴィッセン, レオ・J.G.ヴァン
ウィッティー, ジェフ →Whitty, Geoff
ヴィットシュトック, アルフレート
　　　　　　　　　　　　　　　→Wittstock, Alfred
ウイットストック, ローラ →ウイットストック, ローラ
ウィットビーン, G.ピーター
　　　　　　　　　　　　　　　→ウィットビーン, G.ピーター
ウィットフォード, ウィリアム
　　　　　　　　　　　　　　　→ウィットフォード, ウィリアム
ウィットマン, ジム →ウィットマン, ジム
ヴィットマン, ラインハルト
　　　　　　　　　　　　　　　→ヴィットマン, ラインハルト
ヴィットマン, ローランド →Wittmann, Roland
ウィットモント, エドワード・C.
　　　　　　　　　　　　　　　→ウィットモント, エドワード・C.
ヴィッロヴァイト, ディートマル
　　　　　　　　　　　　　　　→Willoweit, Dietmar
ウィーデングレン, G. →Widengren, Geo
ヴィドゥッケル, ディーター
　　　　　　　　　　　　　　　→ヴィドゥッケル, ディーター
ウィドゥフィールド, R. →Widdowfield, Rebekah
ヴィトコフスカイア, ガリナ・S.
　　　　　　　　　　　　　　　→ヴィトコフスカイア, ガリナ・S.
ウィットニー, アイリーン →Whitney, Irene
ウィトベック, キャロライン →Whitbeck, Caroline
ウィートレー, マーガレット・J.
　　　　　　　　　　　　　　　→ウィートレー, マーガレット・J.
ウィトロック, M.C. →Wittrock, Merlin C.
ウィーナー, ギャビー →ウィーナー, ギャビー
ウィナー, ジョシュア・M.
　　　　　　　　　　　　　　　→ウィナー, ジョシュア・M.
ウィーナー, ジョン (教育) →Wiener, John
ウイナー, スタンレー・L. →ウイナー, スタンレー・L.
ウィナント, ハワード →Winant, Howard
ウィニー →ウィニー
ウィニコット, D.W. →Winnicott, Donald Woods
ヴィノック, ミシェル →Winock, Michel
ウィーバー, マイケル →Weber, Michael W.
ウィブロッツ, チャールズ →ウィブロッツ, チャールズ
ウィベリー, ホーカン →Wiberg, Hakan
ウィマー, ミヒャエル →ウィマー, ミヒャエル
ウィーマン, ジョン・M. →ウィーマン, ジョン・M.
ウィームズ, レニータ・J. →Weems, Renita J.
ヴィムスター, サム →ヴィムスター, サム
ウイメンズモニタリングネットワーク
　　　　　　　　　　　　　　　→ウイメンズ・モニタリング・ネットワーク
ウイラー, ホイト →Wheeler, Hoyt N.
ウイリアム・オッカム →Ockham, William
ウイリアムズ, キャサリン →Williams, Kathryn
ウイリアムズ, グエンドリン・ローズ・ブラッド
フォード →ウィリアムズ, グエンドリン・ローズ・
ブラッドフォード
ウィリアムズ, ゲイリー・A. →Williams, Gary A.
ウィリアムズ, シアン →ウィリアムズ, シアン
ウィリアムズ, ジュディス →Williams, Judith
ウィリアムズ, ジョディ →ウィリアムズ, ジョディ
ウイリアムズ, ジョン (高齢者問題) →Williams, John

ウィリアムズ, ジョン・R.			ウィルスン, アリスター	→Wilson, Allister
	→ウィリアムズ, ジョン・R.		ウィルスン, F.	→Wilson, Frances
ウィリアムズ, ステファニー(組織心理学)			ウィルソン, N.H.M.	→Wilson, Nigel H.M.
	→ウィリアムズ, ステファニー(組織心理学)		ウィルソン, アンガス	→Wilson, Angus
ウィリアムズ, デビッド・D.	→Williams, David D.		ウィルソン, アンドリュー	→Wilson, Andrew
ウィリアムズ, ドリス・K.	→Williams, Doris K.		ウィルソン, イアン	→Wilson, Ian
ウィリアムズ, パトリシア・J.			ウィルソン, ウィリアム・ジュリアス	
	→ウィリアムズ, パトリシア・J.			→Wilson, William J.
ウィリアムズ, バーナード	→Williams, Bernard		ウィルソン, ウィリアム・A.	→Wilson, William A.
ウィリアムズ, ハロルド	→ウィリアムズ, ハロルド		ウィルソン, ウッドロウ	→Wilson, Woodrow
ウィリアムズ, ハワード	→Williams, Howard		ウィルソン, エドワード・O.	
ウィリアムズ, フランク	→ウィリアムズ, フランク			→Wilson, Edward Osborne
ウィリアムズ, ヘレン・E.	→ウィリアムズ, ヘレン・E.		ウィルソン, エリザベス	→ウィルソン, エリザベス
ウィリアムズ, マーク	→Williams, Mark		ウィルソン, グレン・D.	→Wilson, Glenn Daniel
ウィリアムズ, マーク	→ウィリアムズ, マーク		ウィルソン, ケレン・ブラウン	
ウィリアムズ, ラリー	→Williams, Larry R.			→Wilson, Keren Brown
ウィリアムズ, レイモンド	→Williams, Raymond		ウィルソン, コリン	→Wilson, Colin
ウィリアムズ, ロザリンド・H.			ウィルソン, ジョン	→Wilson, John
	→Williams, Rosalind H.		ウィルソン, ジーン・ギャディ	
ウィリアムズ, C.ノラ	→ウィリアムズ, C.ノラ			→Wilson, Jean Goddy
ウィリアムズ, C.A.	→Williams, Carol A.		ウィルソン, スーザン・F.	→Wilson, Susan F.
ウィリアムズ, E.フェイ	→Williams, E.Faye		ウィルソン, ダグラス・A.	→Wilson, Douglas A.
ウィリアムズ, G.A.	→Williams, Gladys A.		ウィルソン, デイモン	→Wilson, Damon
ウィリアムズ, H.E.	→Williams, Hugh E.		ウィルソン, デーヴィッド	→ウィルソン, デーヴィッド
ウィリアムズ, J.マーク・G.			ウィルソン, トーマス	→Willson, Thomas
	→Williams, J.Mark G.		ウィルソン, ノーナ	→Wilson, Nona
ウィリアムズ, R.J.	→ウィリアムズ, R.J.		ウィルソン, ピーター・C.	→Wilson, Peter Colin
ウィリアムソン, オリバー・E.			ウィルソン, ブライアン	→Wilson, Bryan
	→Williamson, Oliver E.		ウィルソン, マーガレット・D.	
ウィリアムソン, サミュエル・R.				→Wilson, Margaret D.
	→ウィリアムソン, サミュエル・R.		ウィルソン, ミーナ・S.	→Wilson, Meena S.
ウィリアムソン, ジョン	→Williamson, John		ウィルソン, リチャード・J.	→Wilson, Richard J.
ウィリアムソン, ピーター・J.			ウィルソン, ローワン	→Wilson, Rowan
	→Williamson, Peter J.		ウィルソン, F.W.	→ウィルソン, F.W.
ウイリアムソン, マリアン			ウィルソン, H.ジェームズ	→Wilson, H.James
	→Williamson, Marianne		ウィルソン, J.W.	→Wilson, James W.
ウィリアムソン, H.G.M.	→ウィリアムソン, H.G.M.		ウィルソン, P.N.	→Wilson, Paul N.
ウィーリス, アレン	→ウィーリス, アレン		ヴィルタネン, レア	→ヴィルタネン, レア
ウィリス, エレーヌ	→Willis, Elaine		ウィルディング, ポール	→ウィルディング, ポール
ウィリス, エレン	→Willis, Ellen		ヴィルト, クリストフ	→ヴィルト, クリストフ
ウィリス, P.(教育)	→Willis, P.		ウィルバー, ケン	→Wilber, Ken
ヴィリリオ, ポール	→Virilio, Paul		ウィルバー, コーネリア・B.	→Wilbur, C.B.
ウィリンスキー, エイミー	→Wilensky, Amy		ウィルバー, ロニー・B.	→ウィルバー, ロニー・B.
ウィール, アルバート	→ウィール, アルバート		ウィルバース, J.	→Wilbers, Joachim
ウィルキンス, マイラ	→Wilkins, Mira		ウィルバーン, ケネス・E., Jr.	
ウィルキンス, ロジャー	→ウィルキンス, ロジャー			→Wilburn, Kenneth E., Jr.
ウィルキンソン, ジェイン	→ウィルキンソン, ジェイン		ウィルフォード, D.サイクス	→Wilford, D.Sykes
ウィルキンソン, ジェンス	→ウィルキンソン, ジェンス		ウィルマン, P.	→Willman, Paul
ウィルクス, クリス	→Wilkes, Chris		ヴィルムス, ベルナルト	→Willms, Bernard
ウィルクソン, サミュエル	→ウィルクソン, サミュエル		ウィルムズ, J.ダグラス	→ウィルムズ, J.ダグラス
ウィルケ, ヘンク	→ウィルケ, ヘンク		ウィルムス, S.	→Wilms, Sven
ヴィールケン, L.	→Veelken, Ludger		ウィルモット, ヒュー	→Willmott, Hugh
ヴィルケンス, ウルリッヒ	→Wilckens, U.		ウィルモット, H.P.	→ウィルモット, H.P.
ウィルコックス, クライド	→ウィルコックス, クライド		ウィルモット, P.	→Willmott, Phyllis
ウィルコックス, シャーマン	→Wilcox, Sherman		ウィールライト, スティーヴン・C.	
ウィルコックス, レスリー・P.				→Wheelwright, Steven C.
	→Wolcocks, Leslie P.		ヴィーレック, ジョージ・シルヴェスター	
ウィルス, ギャリー	→Wills, Garry			→ヴィーレック, ジョージ・シルヴェスター
ウィルズ, バール	→Willes, Burl		ウィレット, アルバート・V.	→Willett, Albert V.
ウィルズ, T.A.	→Wills, Thomas Ashby		ウィレット, ロジャー	→Willett, Roger

ヴィレーヌ, アンヌ=マリー・ド	→Vilaine, Anne Marie de	ウェイナー, マイロン	→Weiner, Myron
ウィロビー, W.W.	→Willoughby, Westel W.	ウェイブル, レナート	→ウェイブル, レナート
ウィロールート, アビー	→ウィロールート, アビー	ウェイランド, F.	→Wayland, Francis
ウィン, B.	→Wynne, Brian	ウェイル, レイチェル	→ウェイル, レイチェル
ウィンガード, バーバラ	→ウィンガード, バーバラ	ヴェイル, V.	→Vale, V.
ウィング, クリスティン	→Wing, Christine	ウェインガスト, バリー・R.	→Weingast, Barry R.
ウィンクフィールド, ロバート	→ウィンクフィールド, ロバート	ウェインライト, エリック	→Wainwright, Eric
ウィンクマン, ハラルド	→ウィンクマン, ハラルド	ウェインライト, ジェフェリー	→Wainwright, Geoffrey
ウィンクラー, テリー	→ウィンクラー, テリー	ウェインライト, トニー	→Wainwright, Tony
ヴィンクラー, ハインリッヒ・アウグスト	→Winkler, Heinrich August	ウェインライト, ヒラリー	→Wainwright, Hilary
ヴィングリ, フルドリヒ	→ヴィングリ, フルドリヒ	ヴェーガ, A.	→ヴェーガ, A.
ウィンクルマン, カート	→Winkelmann, Kurt	ヴェクスラー, ジュディス	→ヴェクスラー, ジュディス
ウィンケンティウス(ボーヴェの)	→Vincent de Beauvais	ヴェクスラー, フィリップ	→ヴェクスラー, フィリップ
ウインザー, マーガレット・A.	→ウインザー, マーガレット・A.	ウェグナー, ジュディス・ロムニー	→Wegner, Judith Romney
ウィンジョーンズ, ティム	→Wynne-Jones, Tim	ウェクナー, H.	→Wegner, Harold C.
ウィンストン, R.	→Winston, R.	ヴェーグマン, アニック	→ヴェーグマン, アニック
ウィンスレイド, J.	→Winslade, John	ウェザフォード, ウィリアム	→Weatherford, William
ウィンスロップ, ジョン	→ウィンスロップ, ジョン	ヴェスコヴィ, E.	→Vescovi, Enrique
ヴィンセント, アンドリュー	→Vincent, Andrew	ウェスターマン, ジョージ	→ウェスターマン, ジョージ
ヴィンセント, メアリー	→Vincent, Mary	ヴェスターマン, P.	→Westermann, Peter
ウィンター, クリス	→Winter, Chris	ウェスタン, C.	→Western, Colin
ウィンター, サラ	→ウィンター, サラ	ウェスティ, ジョン	→ウェスティ, ジョン
ウィンター, シドニー	→ウィンター, シドニー	ウェスト, ジョナサン	→ウェスト, ジョナサン
ヴィンター, マティアス	→Winter, Matthias	ウェスト, デイヴィッド	→ウエスト, デイヴィッド
ウィンター, ラルフ・D.	→Winter, Ralph D.	ウェスト, メイ	→West, Mae
ウィンタース, ウェンディー	→Winters, Wendy	ウェスト, リー	→West, Lee
ヴィンタース, ペーター・ヨッヘン	→Winters, Peter Jochen	ウェスト, レイチェル	→ウェスト, レイチェル
ウィンダム, キャスリン	→ウィンダム, キャスリン	ウェスト, G.S.	→ウェスト, G.S.
ウィンダム, E.H.	→ウィンダム, E.H.	ウェスト, L.H.T.	→West, Leo H.T.
ウィンチェスター, R.	→ウィンチェスター, R.	ウェスト, W.スコット	→West, W.S.
ウィンド, ジェリー	→ウィンド, ジェリー	ウエストニー, エレノア・D.	→ウエストニー, エレノア・D.
ウィンド, ヨーラム "ジェリー"	→Wind, Yoram "Jerry"	ウェストニー, D.エレノア	→Westney, D.Eleanor
ウィントロープ, ノーマン	→Wintrop, Norman	ウェストフォール, ビル	→Westfall, Bill
ウィントン, A.	→Winton, Andrew	ウェストフォール, リチャード・S.	→Westfall, Richard Samuel
ウィンフィールド, リチャード・ディーン	→ウィンフィールド, リチャード・ディーン	ウェストマン, R.S.	→Westman, Robert S.
ウィンフリー, オプラー	→Winfery, Oprah	ヴェスプッチ, アメリゴ	→ヴェスプッチ, アメリゴ
ウェア, アラン	→Ware, Alyn	ウェスリー, フランシス・R.	→ウェスリー, フランシス・R.
ウェイ, ザン	→ウェイ, ザン	ヴェズルス, エリザベト	→Wesuls, Elisabeth
ウェイ, ルイス	→Way, Lewis	ヴェセリンフ, アントン・A.	→ヴェセリンフ, アントン・A.
ウェイアント, J.	→Weyant, John P.	ウエダ, カズオ	→ウエダ, カズオ(植田和男)
ウェイクマン, フレデリック・E., Jr.	→ウェイクマン, フレデリック・E., Jr.	ウェッツェル, ウィリアム・E., Jr.	→Wetzel, William E., Jr.
ウェイサート, ウィリアム	→ウェイサート, ウィリアム	ヴェッキオ, シルヴァーナ	→Vecchio, Silvana
ウェイジャー, ジェフリー・D.	→ウェイジャー, ジェフリー・D.	ウェッジウッド=ベン, アントニー	→Wedgwood-Benn, Anthony
ウェイスブロート, マーク	→ウェイスブロート, マーク	ヴェッセリング, ヘンク	→Wesseling, Henk
ウェイド, キャロル・E.	→ウェイド, キャロル・E.	ヴェッタ, M.	→ヴェッタ, M.
ウェイド, ロバート・ハンター	→ウェイド, ロバート・ハンター	ヴェッテンベルグ, ニコル	→ヴェッテンベルグ, ニコル
ウェイドナー, ジョン	→ウェイドナー, ジョン	ウェット, アルフレッド	→Houette, Alfred
ウェイトリー, デニス	→Waitley, Denis	ウェットローファー, スージー	→Wetlaufer, Suzy
ウェイトリー, R.	→Whately, Richard	ヴェッバー, D.	→Webber, Douglas
		ウェッブ, ナンシィ・ボイド	→ウェッブ, ナンシィ・ボイド

ウェッブ, リリイ	→ウェッブ, リリイ	ヴェルドナル, ルネ	→ヴェルドナル, ルネ
ウェディング, リー・J.	→Wedding, Lee	ヴェルナー, トム	→ヴェルナー, トム
ヴェデキント, J.	→Wedekind, Joachim	ヴェルナン, ジャン=ピエール	
ウェート, ネイサン	→ウェート, ネイサン		→Vernant, Jean-Pierre
ヴェドリーヌ, エレーヌ	→ヴェドリーヌ, エレーヌ	ヴェルニエル, ゼ	→ヴェルニエル, ゼ
ウェトル, T.	→Wetle, Terrie	ヴェルビーク, ハンシェ	→ヴェルビーク, ハンシェ
ウェーナー, ヤーン	→ウェーナー, ヤーン	ヴェルヘリング, B.	→Welchering, Björn
ヴェーヌ, ポール	→Veyne, Paul	ヴェルマ, アミタ	→Verma, Amita
ヴェネッソン, パスカル	→ヴェネッソン, パスカル	ヴェルマー, アルブレヒト	→Wellmer, Albrecht
ウェネラビリス, ベーダ	→ウェネラビリス, ベーダ	ウェルマン, ジュディス	→ウェルマン, ジュディス
ウェネラビリス, ペトルス	→Venerabilis, Petrus	ウェルマン, バリー	→ウェルマン, バリー
ウエノ, マキコ	→ウエノ, マキコ (上野真城子)	ヴェルレーヌ, L.	→Verlaine, L.
ウェバー, アラン・M.	→ウェバー, アラン・M.	ヴェレレン, フランシスクス	
ヴェーバー, アルブレヒト			→ヴェレレン, フランシスクス
	→ヴェーバー, アルブレヒト	ヴェロニカ	→ヴェロニカ
ウェバー, アンドリュー・ロイド		ウェン, シエ	→Wen, Xie
	→ウェバー, アンドリュー・ロイド	ウェン, ジュン	→ブン, グン (文軍)
ヴェーバー, インクベルト	→Weber, Ingbert	ウェンガー, エティエンヌ・C.	
ウェバー, ウェンディ	→ウェバー, ウェンディ		→ウェンガー, エティエンヌ・C.
ウェーバー, フリッツ	→ウェーバー, フリッツ	ヴェンク, ルディー・ミュラー	
ヴェーバー, ヘルマン	→Weber, Hermann		→Wenk, Ruedi Müller
ウェーバー, マックス	→Weber, Max	ヴェングスト, クラウス	→Wengst, Klaus
ウェーバー, L.	→Weber, Luc E.	ウェンスタイン, アリソン	→Weinstein, Allison
ウェブ, アレン	→Webb, Allen P.	ウェンダー, メリッサ	→ウェンダー, メリッサ
ウェブ, スーザン	→Webb, Susan	ヴェンツェル, ジェニファー	→Wenzel, Jennifer
ウェブ, メイナード	→ウェブ, メイナード	ウェンデン, カトリーヌ・ヴィートル・ド	
ウェブスター, チャールズ	→Webster, Charles		→Wenden, Catherine Wihthol de
ウェブスター, ポーラ	→ウェブスター, ポーラ	ヴェンドレ, ウィリアム	→ヴェンドレ, ウィリアム
ウェヤーズ, ハワード	→Weyers, Howard	ウェンプル, スザンヌ=フォネイ	
ウェルウッド, ジョン	→Welwood, John		→Wemple, Suzanne Fonay
ヴェルケ, イェンス	→ヴェルケ, イェンス	ウォー, イーヴリン	→Waugh, Evelyn
ヴェルザー, ルドルフ	→ヴェルザー, ルドルフ	ウォー, ピーター	→ウォー, ピーター
ウェルシュ, グレン・A.	→Welsch, Glenn A.	ウォイキ, ジェームズ	→ウォイキ, ジェームズ
ウェルシュ, ジェニファー・M.		ヴォイチェホフスキ, クシシュトフ	
	→ウェルシュ, ジェニファー・M.		→Wojciechowski, Krzystof
ウェルシュ, ボブ	→Welch, Bob	ヴォヴェル, ミシェル	→Vovelle, Michel
ウェルズ, アン・シャープ	→Wells, Anne Sharp	ウォーカー, アラン	→Walker, Alan
ウェルズ, エイドリアン	→Wells, Adrian	ウォーカー, アン・P.	→Walker, Ann P.
ウェールズ, ニム	→Wales, Nym	ウォーカー, キャロル	→Walker, Carol
ウェルズ, ハーバート・ジョージ		ウォーカー, キャロル・A.	
	→Wells, Herbert George		→ウォーカー, キャロル・A.
ウェルズ, パメラ	→ウェルズ, パメラ	ウォーカー, ジェイムス	→Walker, James
ウェルズ, ブライアン・W.P.		ウォーカー, デイビッド	→ウォーカー, デイビッド
	→ウェルズ, ブライアン・W.P.	ウォーカー, ピーター	→Walker, Peter
ウェールズ, ヘンリー・G.		ウォーカー, ポール	→Walker, Paul
	→ウェールズ, ヘンリー・G.	ウォーカー, マイケル	→Walker, Michael
ウェルズ, マレイ・C.	→Wells, Murray C.	ウォーカー, ラルフ・C.S.	→Walker, Ralph C.S.
ウェルズ, リーア	→ウェルズ, リーア	ウォーカー, リチャード	→ウォーカー, リチャード
ウェールズ, リプトン, 2世		ウォーカー, レノア・E.A.	→Walker, Lenore E.A.
	→ウェールズ, リプトン, 2世	ウォーク, ハーマン・S.	→Wolk, Harman S.
ヴェルス, D.	→Werth, Dirk	ヴォーゲル, エズラ・F.	→Vogel, Ezra F.
ウェルズ, L.E.	→Wells, L.Edward	ヴォーゲル, スティーヴン・K.	
ヴェルセリ, アレッサンドロ			→Vogel, Steven Kent
	→ヴェルセリ, アレッサンドロ	ウォーシャク, リチャード・A.	
ウェルチ, ジャック・F.	→Welch, Jack F.		→Warshak, Richard A.
ウェルチ, ジョン・F., Jr.	→Welch, John F., Jr.	ヴォシウス, V.	→Vossius, Volker
ウェルチ, A.	→Welch, Anthony	ヴォーシェ, アンドレ	→ヴォーシェ, アンドレ
ウェルチ, L.	→Welch, Laurence	ヴォジネリック, R.	→Vodinelic, Rakic
ヴェルデ, B.P.	→Velde, Beth P.	ウォーターズ, エヴァレット	
ヴェルディエ, チエリ	→ヴェルディエ, チエリ		→ウォーターズ, エヴァレット

ウォーターズ, ドナルド・J.
　　　　　　　　→ウォーターズ, ドナルド・J.
ウォーターストラット, フランク・L.
　　　　　　　　→Waterstraat, Frank L.
ウォーターハウス, レイチェル
　　　　　　　　→ウォーターハウス, レイチェル
ウォーターマン, ピーター　→Waterman, Peter
ウォッシュバーン, A.　→Washburn, Alan
ヴォデハム, アダム・デ　→Wodeham, Adam de
ウオーテラ, エレン　　→Wartella, Ellen
ウォード, コリン　　　　→Ward, Colin
ウォード, バーバラ　　→ウォード, バーバラ
ウォード, レスター・フランク
　　　　　　　　→Ward, Lester Frank
ウォード, N.　　　　　　→Ward, Nancy
ヴォートケ=ヴェルナー, フェレーナ
　　　　　　　　→ヴォートケ=ヴェルナー, フェレーナ
ヴォーナ, ステーファノ　　→Vona, Stefano
ウォーナー, マリーナ　→ウォーナー, マリーナ
ウォーナー, リチャード　→ウォーナー, リチャード
ウォーバートン, デイビッド・M.
　　　　　　　　→Warburton, David M.
ウォーマー, R.　　　　　→ウォーマー, R.
ウォーマック, ジェームズ・P. →Womack, James P.
ウォーモルド, パトリック →ウォーモルド, パトリック
ウォーラー, J.マイケル　→ウォーラー, J.マイケル
ウォーラーステイン, イマニュエル
　　　　　　　　→Wallerstein, Immanuel Maurice
ウォーラーステイン, マイケル
　　　　　　　　→ウォーラーステイン, マイケル
ウォラック, ローリ　　→ウォラック, ローリ
ウォーリン, リチャード　→Wolin, Richard
ウォリンスキー, カリー　→ウォリンスキー, カリー
ウォルクラフト, ジャン　→Wallcraft, Jan
ヴォルケ, ディーター　→ヴォルケ, ディーター
ヴォルケスト, ホーカン　→Wahlquist, Håkan
ウォルコウィッツ, ジュディス →Walkowitz, Judith
ヴォルコゴーノフ, ドミートリー
　　　　　　　　→Volkogonov, Dmitrii Antonovich
ウォルシュ, アリソン　　　→Walsh, Alison
ウォルシュ, ジェーン・マクラレン
　　　　　　　　→ウォルシュ, ジェーン・マクラレン
ウォルシュ, シルヴィア・I.　→Walsh, Sylvia I.
ウォルシュ, ダイアナ・チャップマン
　　　　　　　　→Walsh, Diana Chapman
ウォルシュ, ニール・ドナルド
　　　　　　　　→Walsch, Neale Donald
ウォルシュ, パット　　　　→Walsh, Pat
ウォルシュ, ビル　　　　→Walsh, Bill
ウォルシュ, ロジャー　　→Walsh, Roger N.
ウォールズ, ローラ・ダソー
　　　　　　　　→ウォールズ, ローラ・ダソー
ウォルステッター, アルバート
　　　　　　　　→Wahlstetter, Albert
ウォールストリートジャーナルヘンシュウブ
　　　　　　　　→ウォール・ストリート・ジャーナル編集部
ウォルター, アンドルー・ワイアット
　　　　　　　　→ウォルター, アンドルー・ワイアット
ヴォルタース, ゲレオン　　→Wolters, Gereon
ウォルターズ, L.C.　　→Walters, Lawrence C.
ウォルツ, ケニス・N.　→ウォルツ, ケニス・N.

ウォルツァー, マイケル　→Walzer, Michael
ヴォルツォーゲン, クリストフ・フォン
　　　　　　　　→ヴォルツォーゲン, クリストフ・フォン
ウォルデン, イアン　　→Walden, Ian
ウォルト, キャシー　　→Walt, Cathy
ヴォルトマー, マンフレート
　　　　　　　　→ヴォルトマー, マンフレート
ヴォルドマン, ダニエル　→Voldman, Danièle
ウォルドループ, ジェームズ →Waldroop, James
ウォルドレン, ジャッキー →ウォルドレン, ジャッキー
ウォルドロン, アーサー　→Waldron, Arthur
ウォルドロン, ジェレミー　→Waldron, Jeremy
ウォルトン, サム　　　　→Walton, Sam
ウォルトン, ジェニー　→ウォルトン, ジェニー
ウォルトン, リチャード・E. →Walton, Richard E.
ウォルトン, A.エリーズ　→Walton, A.Elise
ウォルトン, D.　　　→Wolton, Dominique
ウォルビー, シルビア　→ウォルビー, シルビア
ヴォルフ, クリスタ　　→Wolf, Christa
ヴォルフ, ゲールハルト　→Wolf, Gerhard
ヴォルフ, ピーター・H. →ウォルフ, ピーター・H.
ヴォルフ, マンフレッド　→ヴォルフ, マンフレッド
ヴォルフ, レオン　　　→ウォルフ, レオン
ヴォルフ, J.G.　　　→Wolf, Joseph Georg
ウォルフ, R.　　　　　　→Wolf, Rosalie
ウォルフウッド, テレサ　→ウォルフウッド, テレサ
ウォルフェンソン, ジェームズ・D.
　　　　　　　　→ウォルフェンソン, ジェームズ・D.
ウォールフォース, W.　→Wohlforth, William C.
ウォルフォード, ジェフリー　→Walford, Geoffrey
ヴォルフ=ガゾ, エルネスト　→Wolf-Gazo, Ernest
ウォルフソン, マーティン・H.
　　　　　　　　→Wolfson, Martin H.
ウォルフバーグ, パミラ・J. →Wolfberg, Pamela J.
ウォルフレン, カレル・ヴァン
　　　　　　　　→Wolferen, Karel van
ウォルヘイム, リチャード →ウォルヘイム, リチャード
ウォルムス, フレデリック →ウォルムス, フレデリック
ウォレス, アンソニー・F.C.
　　　　　　　　→Wallace, Anthony F.C.
ウォーレス, ウィリアム　→Wallace, William
ウォレス, ダフネ　　　　→Wallace, Daphne
ウォレス, マイク　　　　→Wallace, Mike
ウォレス, マイケル　　→ウォレス, マイケル
ヴォーレット, クラウス　→Wohlert, Klaus
ウォレン, ウィリアム　→ウォレン, ウィリアム
ウォレン, B.　　　　　→Warren, Bernie
ウォン, ケント　　　　　→Wong, Kent
ウォン, シビル　　　　→ウォン, シビル
ウォン, ション　　　　→ウォン, ション
ウォン, バーナード　　→Wong, Bernard P.
ヴォーン, フランシス　→Vaughan, Frances
ウォン, G.W.　　　→Wong, Gordon W.
ウォン, J.H.Y.　　→Wong, Jim H.Y.
ウォン, K.A.　　　→Wong, Kie Ann
ウー-カミングス, メレディス
　　　　　　　　→Woo-Cumings, Meredith
ウガヤ, ヒロミチ　　　→ウガヤ, ヒロミチ
ウーキー, E.E.　　　→ウーキー, E.E.
ウサキェヴィチ, ヴォイチェフ

ヴザン, ジャン	→Usakiewicz, Wojciech	ウリキキット	→ウリキキット (烏力吉図)
ウージンガー, W.	→ヴザン, ジャン	ウリチトウ	→ウリキキット (烏力吉図)
ウースター, トーマス・S.	→Usinger, Wolfgang	ヴリート, マルクース	→ヴリート, マルクース
ウースター, ヘンリー	→Wurster, Thomas S.	ウルコフ, キャスリーン・ニーチェ	
ウースター, ルール	→ウスター, ヘンリー		→ウルコフ, キャスリーン・ニーチェ
ウスナウ, ロベート	→Oostra, Roel	ウールジー, リン	→Woolsey, Lynn
ウズノフ, タカフミ	→Wuthnow, Robert	ウルシヌス, ツァハリアス	→Ursinus, Zachrias
ウーソフ, ビクトル・N.	→ウズハシ, タカフミ (埋橋孝文)	ウルソン, S.	→Ohlsson, Stellan
ウタール, フランソワ	→ウーソフ, ビクトル・N.	ウルティアグル, ダニエル	
ウタル, ブロ	→Houtart, François		→ウルティアグル, ダニエル
ウチテル, ルイス	→ウタル, ブロ	ウルバートン, テリー	→ウルバートン, テリー
ウチテレ, ルイス	→ウチテル, ルイス	ウルバーン, ウルズラ	→ウルバーン, ウルズラ
ウッグ, アンリ	→ウチテレ, ルイス	ウルバンヴェストブロ, ディック	
ウッズ, サラ	→ウッグ, アンリ		→ウルバンヴェストブロ, ディック
ウッズ, ボブ	→ウッズ, サラ	ウルフ, アラン	→Wolfe, Alan
ウッズ, メアリー・E.	→Woods, Bob	ウルフ, カレン	→Woolf, Karen
ウッド, ジェームズ・M.	→Woods, Mary E.	ヴルフ, クリストフ	→Wulf, Christoph
ウッド, ドナ・J.	→Wood, James M.	ウルフ, クリストファー	→Wolfe, Christopher
ウッド, マイケル	→ウッド, ドナ・J.	ウルフ, ジャネット	→Wolf, Janet
ウッド, マイケル (文学)	→Wood, Michael	ウルフ, スーザン	→Wolf, Susan
ウッド, リチャード	→Wood, Michael	ウルフ, スティーブン・B.	→Wolff, Steven B.
ウッド, D.	→Wood, Richard	ウルフ, ペンローブ	→ウルフ, ペンローブ
ウッド, J.V.	→Wood, D.	ウルフ, マーティン	→ウルフ, マーティン
ウッド, L.L.	→ウッド, J.V.	ウルフ, レスリー	→ウルフ, レスリー
ウッドゥン・レッグ	→Wood, Lisa L.	ウルフ, W.J.	→Wolf, William J.
ウットゴフ, キャッスリーン	→ウッドゥン・レッグ	ウールフィト, アダム	→ウールフィト, アダム
	→ウットゴフ, キャッスリーン	ウルフォウィッツ, ポール	→Wolfowitz, Paul
ウッド=トンプソン, スーザン		ウルフ=ヌッツ, ウルリカ	
	→ウッド=トンプソン, スーザン		→ウルフ=ヌッツ, ウルリカ
ウッドハウス, マーク・B.		ウルヘッド, C.	→ウルヘッド, C.
	→ウッドハウス, マーク・B.	ウルマー, オイゲン	→ウルマー, オイゲン
ウッドフォード, ジャック	→ウッドフォード, ジャック	ヴルム, クレメンス・A.	→Wurm, Clemens A.
ウッドフォード, M.	→Woodford, Michael	ウルメン, G.L.	→Ulmen, Gary L.
ウッドホール, モーリーン		ウールリッチ, デイヴ	→Ulrich, Dave
	→ウッドホール, モーリーン	ウルリッヒ, オットー	→Ullrich, Otto
ウッドマン, ゴードン・R.		ウルリッヒ, デイビッド	→ウルリッヒ, デイビッド
	→Woodman, Gordon R.	ウルリッヒ, デイブ	→ウルリッヒ, デイブ
ウッドマン, マリオン	→Woodman, Marion	ウルリッヒ, H.	→Ulrich, Hans
ウッドラフ, トーマス	→ウッドラフ, トーマス	ウルリヒ (シュトラスブルクの)	
ウッドラフ, ロバート・W.			→Ulrich von Strassburg
	→Woodruff, Robert W.	ウレーニャ, ペドロ・エンリーケス	
ウッドロー, ヘルバート	→ウッドロー, ヘルバート		→ウレーニャ, ペドロ・エンリーケス
ウッドワード, ジェームズ	→Woodward, James	ウンゼルト, ジークフリート	→Unseld, Siegfried
ウッドワード, ダイアナ	→Woodward, Diana	ヴンダー, ハイデ	→ヴンダー, ハイデ
ウッドワード, C・ヴァン	→ウッドワード, C・ヴァン		
ウッドワード, E.	→Woodward, E.		【エ】
ウッドワード, E.L.		エー	→エー
	→Woodward, Ernest Llewellyn	エアシポール・スリサワラック	
ヴーテ, ミシェル	→Veuthey, Michel		→Eathipol Srisawaluck
ウディン, マイケル	→Woodin, Michael	エアーズ, ジェームズ	→Eayrs, James
ヴトケ=グローネベルク, ヴァルター		エアドメルス (カンタベリーの)	
	→ヴトケ=グローネベルク, ヴァルター		→Eadmerus (Cantuariensis)
ウドリー, C.-A.	→Udry, Charles-Andre	エアハルト, ヴァルター・E.	
ウートン, アントニー	→Wootton, Anthony		→エアハルト, ヴァルター・E.
ウムステッド, デビッド・A.		エアリー, ベティ	→エアリー, ベティ
	→ウムステッド, デビッド・A.	エイ, シンコウ	→エイ, シンコウ (栄新江)
ヴュルテンベルガー, トーマス		エイヴァンズ, ロバーツ	→Avens, Roberts
	→ヴュルテンベルガー, トーマス	エイ・エム	→A.M.
ヴラニック, M.	→Vranić, Mirko	エイガス, ジェイコブ	→Agus, Jacob B.

エイギン, ケネス	→エイギン, ケネス	エグゼラー, S.	→Exeler, Steffen
エイキン, デービッド	→エイキン, デービッド	エクベル	→ガイコクハイジ(艾克拜尔)
エイクマン, A.J.	→Eijkman, A.J.	エクボ, B.	→Eckbo, B.Espen
エイコクソーシャルワーカーキョウカイ		エゲルホフ, ウィリアム	→Egelhoff, William G.
	→英国ソーシャルワーカー協会	エーコ, ウンベルト	→Eco, Umberto
エイザー, S.	→Azar, Sandra T.	エコノミー, エリザベス	→Economy, Elizabeth
エイシ	→エイシ(英子)	エコノミストシ	→エコノミスト誌
エイシス, マルジャ・M.B.		エサム, ピーター	→Esam, Peter
	→エイシス, マルジャ・M.B.	エジソン, トーマス・アルヴァ	
エイセン, スーザン	→Aisen, Susan		→Edison, Thomas Alva
エイティンガー, レオ	→エイティンガー, レオ	エシック, ジョアン	→エシック, ジョアン
エイド, ウイメンズ	→エイド, ウイメンズ	エジャートン, ロバート・B.	
エイノウデイ, ルイイジ	→Einaudi, Luigi		→Edgerton, Robert B.
エイバラート, ピエール・J.	→Everaert, Pierre J.	エシュト, ジャクリーヌ	→エシュト, ジャクリーヌ
エイピーエムセカイネットワーク		エシュバッハ, P.	→Eschbach, Paul
	→APM世界ネットワーク	エスアベルマンドルウス, F.	
エイプス, ウィリアム	→エイプス, ウィリアム		→エスアベルマンドルウス, F.
エイブラハムズ, ロジャー・D.		エスアールブラウンノハハ	→S.R.ブラウンの母
	→Abrahams, Roger D.	エスカリエ, クロード	→Escallier, C.
エイブラハムス=リンコック, イングリッド		エスクーバ, エリアーヌ	→Escoubas, Éliane
	→エイブラハムス=リンコック, イングリッド	エスクリバノ, マルセラ	→エスクリバノ, マルセラ
エイブラハムソン, ピーター	→Abrahamson, Peter	エスケナジ, ジャン=ピエール	
エイブラム, ジェイ	→エイブラム, ジェイ		→エスケナジ, ジャン=ピエール
エイベル, サム	→エイベル, サム	エスケナズィ, タマラ・コーン	
エイマン, ロヤ	→Ayman, Roya		→Eskenazi, Tamara Cohn
エイミス, キングズレー	→Amis, Kingsley	エスコット, ポール・D.	→Escott, Paul D.
エイモス, ウォーリー	→エイモス, ウォーリー	エスコバル, アルトゥーロ	→Escobar, Arturo
エイモス, ケント	→エイモス, ケント	エスコフィアー, ジェフリー	→Escoffier, Jeffrey
エイヤー, A.J.	→Ayer, A.J.	エスコベード, アンナ	→エスコベード, アンナ
エイヤース, マイケル	→Ayers, Michael	エズスネイ, E.	→Özsunay, Ergun
エイリ, ニック	→Ehli, Nick	エスター, ステファン	→Oester, Stefan
エイレナイオス	→Irenaeus	エスター, R.M.	→Ester, Ralf Martin
エインズワース, ダドリー	→Ainsworth, Dudley	エスタブレ, ロジェ	→Establet, Roger
エヴァ, ファブリツィオ	→エヴァ, ファブリツィオ	エスティ, ベンジャミン・C.	→Esty, Benjamin C.
エヴァーツ, ケリー	→エヴァーツ, ケリー	エステバ, グスタボ	→Esteva, Gustavo
エヴァリスト, P.	→Evaristo, Pasquale	エステンヌ, ルク	→Estenne, Luc
エヴァルド, ウヴェ	→エヴァルド, ウヴェ	エストライヒ, パウル	→エストライヒ, パウル
エヴァレット, M.	→Everett, Melissa	エストラーダ, エセキエル・マルティーネス	
エヴァンス, クレイグ・A.	→Evans, Craig A.		→エストラーダ, エセキエル・マルティーネス
エヴァンズ, サラ・M.	→エヴァンズ, サラ・M.	エスピエール, ヘクトール・グロス	
エヴァンズ, ジョン・M.	→Evans, John M.		→エスピエール, ヘクトール・グロス
エヴァンズ, スティーヴン	→Evans, Stephen	エスピナス	→Espinas
エヴァンズ, ポール	→エヴァンズ, ポール	エスピノーザ, ファニータ	
エヴァンス, リチャード・J.	→Evans, Richard J.		→エスピノーザ, ファニータ
エヴァンス, ロバート	→Evans, Robert	エスピン・アンデルセン, イェスタ	
エヴァンス, A.	→Evans, A.		→Esping-Andersen, Gosta
エヴァンス, I.M.	→Evans, Ian M.	エスポジト, モニカ	→エスポジト, モニカ
エヴァンズ, J.	→Evans, Jeff	エスマン, A.	→エスマン, A.
エーヴェルハート, G.	→Ewerhart, Georg	エスリッジ, マーカス・E.	→エスリッジ, マーカス・E.
エウスク, ケン	→Euske, Ken	エーダー, フランツ・X.	→エーダー, フランツ・X.
エウセビオス(カイサレイアの)		エチェベリーア, ボリーバル	
	→Eusebiosof Caesarea		→エチェベリーア, ボリーバル
エヴリー, ピーター	→エヴリー, ピーター	エチオーニ, アミタイ	→エチオーニ, アミタイ
エーガー, ミカエラ=ラリッサ		エチュガライ, J.ゴンザレス	
	→エーガー, ミカエラ=ラリッサ		→Echegaray, J.Gonzalez
エガース, フィリップ	→Eggers, Philipp	エツィオーニ, アミタイ	→Etzioni, Amitai
エガディング, ミヒャエル	→エガディング, ミヒャエル	エッカーズリー, ロビン	→Eckersley, Robyn
エーキング, ギゼラ	→エーキング, ギゼラ	エッカート, ロバート・A.	→Eckert, Robert A.
エクスタイン, マックス	→Eckstein, Max A.	エッカルツハウゼン	→エッカルツハウゼン
エクスポート, ヴァリー	→エクスポート, ヴァリー	エッカルバー, J.	→Eckalbar, John C.

エック, エレーヌ	→Eck, Hélène	エバンス, フィリップ・B.	
エックス, ニコル	→Ex, Nicole		→エバンス, フィリップ・B.
エックハルト, マイスター		エビプラ	→ガイヒフラ(艾比不拉)
	→エックハルト, マイスター	エピメニデス	→エピメニデス
エックハルト, ヨハネス	→Eckhart, Johannes	エプシュタイン, バーバラ	→Epstein, Barbara
エックルズ, ロバート・G.	→Eccles, Robert G.	エプスタイン, アーウィン	→Epstein, Erwin H.
エッシャー, ジャン・フィリップ		エプスタイン, ジェラルド・A.	
	→Escher, Jean-Philippe		→Epstein, Gerald A.
エッセン, ヴァージニア	→Essene, Virginia	エプスタイン, チャールズ・B.	
エッチュビット, イルディッシュ			→Epstein, Charles B.
	→エッチュビット, イルディッシュ	エプスタイン, マーク	→Epstein, Mark
エッツェル, バーバラ・C.		エプスタイン, マーク・J.	→Epstein, Marc J.
	→エッツェル, バーバラ・C.	エプステイン, バーバラ	→エプステイン, バーバラ
エッピンガー, スティーブン・D.		エプストン, デイヴィッド	→Epston, David
	→Eppinger, Steven D.	エフソ, パウル・ファン・デン	
エッペンシュタイン, ディーター			→Eshof, Paul van den
	→Eppenstein, Dieter	エーブナー, クリスティーネ	
エディー, ケート	→エディー, ケート		→エーブナー, クリスティーネ
エディ, デイヴ	→Edye, Dave	エーブナー, マルガレータ	
エディソン, M.	→Edison, M.		→エーブナー, マルガレータ
エーティンガー	→エーティンガー	エフ・フ	→エフ・フ
エデネタル, C.	→Edenetal, C.	エブラーヒミヤン, バーバク	
エーデルシュタイン, リチャード			→エブラーヒミヤン, バーバク
	→Edelstein, Richard	エブラール, ジャン	→Evrard, Jane
エデルスタイン, ジュディ	→エデルスタイン, ジュディ	エブリー, P.B.	→エブリー, P.B.
エーデルマン, マラ・B.	→エーデルマン, マラ・B.	エーベルト, フリードリッヒ・アドルフ	
エーデルマン, I.	→エーデルマン, I.		→エーベルト, フリードリッヒ・アドルフ
エデレン, マーシャ	→エデレン, マーシャ	エボン, マーチン	→Ebon, Martin
エドストロム, ベルト	→エドストロム, ベルト	エマーソン, エリック	→Emerson, Eric
エドムント・テレンス・ゴメス		エマソン, ラルフ・ウォルドー	
	→Edmund Terence Gomez		→Emerson, Ralph Waldo
エドモンドソン, エイミー	→Edmondson, Amy	エマーソン, G.E.	→エマーソン, G.E.
エドワーズ, アン	→Edwards, Anne	エマニュエル, ピエール	→Emmanuel, P.
エドワーズ, スーザン・S.M.		エマニュエルソン, インゲマール	
	→Edwards, Susan S.M.		→エマニュエルソン, インゲマール
エドワーズ, セバスチャン		エマヌエル, クライブ	→Emmanuel, Clive
	→エドワーズ, セバスチャン	エマヌエル, スティーヴン・M.	
エドワーズ, マイケル(経済)	→Edwards, Michael		→Emmanue, Steven M.
エドワーズ, J.(スポーツ選手)	→Edwards, J.	エマール, モーリス	→Aymard, Maurice
エドワーズ, J.(自閉症)	→Edwards, Judith	エマール・デュヴルネ, フランソワ	
エドワーズ, J.P.	→Edwards, Jean P.		→エマール・デュヴルネ, フランソワ
エドワード, セバスチャン		エーミビュー	→エーミビュー
	→エドワード, セバスチャン	エミン, ジャン・クロード	→エミン, ジャン・クロード
エドワードソン, デリック		エム・エイ・ビー	→M.A.B.
	→エドワードソン, デリック	エムバハー, ヘルガ	→Embacher, Helga
エドワード8世	→Edward	エムラー, ニコラス	→Emler, Nicolas
エニー, パトリシア	→エニー, パトリシア	エメルカンプ, ポール・M.G.	
エニス, スーザン	→Ennis, Susan		→Emmelkamp, Paul M.G.
エネロウ, ジェームス・M.	→Enelow, James M.	エラケツ	→Ngiraked
エノモト, トキヒコ	→エノモト, トキヒコ(榎本世彦)	エーラース, ディルク	→Ehlers, Dirk
エバース, アダルベルト	→Evers, Adalbert	エリー, ピーター	→Ely, Peter
エバーズ・ウィリアムズ, マイリー		エリ, F.	→エリ, F.
	→エバーズ・ウィリアムズ, マイリー	エリアーデ, ミルチャ	→Eliade, Mircea
エバースタット, ニコラス	→Eberstadt, Nicholas	エリアデス, ピーター	→エリアデス, ピーター
エバーツ, R.	→エバーツ, R.	エリウゲナ, ヨハネス	→Eringena, Johannes
エーバッハ, ユルゲン	→Ebach, Jürgen	エリオット, アラン	→Elliott, Alan
エバート, ロジャー	→Ebert, Roger	エリオット, グレース	→エリオット, グレース
エバハード, ウォルフラム	→Eberhard, Wolfram	エリオット, ゲァリー・L.	→Elliot, Gary L.
エバンス, カレン	→エバンス, カレン	エリオット, コリン	→Elliot, Colin
エバンス, トニー	→エバンス, トニー	エリオット, ジーン	→Elliot, Jean Leonard
エバンズ, ピーター	→エバンズ, ピーター	エリオット, ダグ	→エリオット, ダグ

エリオット, ラルフ	→Elliott, Ralph	エールト, アドルフ	→エールト, アドルフ
エリオット, ロジャー	→エリオット, ロジャー	エルトル, ヴォルフガング	
エリオット, ロバート・S.	→エリオット, ロバート・S.		→エルトル, ヴォルフガング
エリオット, J.(社会統計学)	→Elliott, Jane	エルバーフェルト, ロルフ	→Elberfeld, Rolf
エリオット, T.R.	→エリオット, T.R.	エルフリック	→エルフリック
エリクスン, ジョン	→エリクスン, ジョン	エルマン, コリン	→Elman, Colin
エリクソン, エリック・H.		エルマン, ミリアム・フェンディアス	
	→Erikson, Erik Homburger		→Elman, Miriam Fendius
エリクソン, ガーレン	→Erickson, Gaalen	エルモント, マキシン	→エルモント, マキシン
エリクソン, ケント	→Ericsson, Kent	エルワージー, シラ	→エルワージー, シラ
エリクソン, タマラ	→エリクソン, タマラ	エルンスト, ヴォルフガング	
エリクソン, ヤン	→エリクソン, ヤン		→エルンスト, ヴォルフガング
エリクソン, ロバート	→Erikson, Robert	エレチニスキ, T.	→Erecinski, Tadeusz
エリクソン, I.	→Eriksson, Inger	エレツ, エドナ	→Erez, Edna
エリザベス王女	→Elizabeth (Princess)	エーレト, C.	→エーレト, C.
エリス	→エリス	エレーラ, ヘイデン	→Herrera, Hayden
エリス, アーサー・K.	→エリス, アーサー・K.	エレルベック, アーサ	→Ellerbek, Aase
エリス, エリザベス	→エリス, エリザベス	エレン, エリック	→エレン, エリック
エリス, ケイト	→エリス, ケイト	エレンウォルド, ジャン	→Ehrenwald, Jan
エリス, サラ	→Ellis, Sarah	エーレンライク, バーバラ	→Ehrenreich, Barbara
エリス, ジョン・トレイシー	→Ellis, John Tracy	エワン, ダーレン	→エワン, ダーレン
エリス, ブレット・イーストン		エン, ガク	→エン, ガク (袁岳)
	→エリス, ブレット・イーストン	エン, キエイ	→ヨン, ギョン (延恵栄)
エリス, ヘンリー・ハヴロック		エン, コウチュウ	→エン, コウチュウ (燕紅忠)
	→Ellis, Henry Havelock	エン, シエイ	→エン, シエイ (袁志英)
エリス, C.R.	→Ellis, Cynthia R.	エン, フウキョウ	→エン, フウキョウ (閻風橋)
エリス, H.	→Ellis, Hugh	エングラー, クリスチアーネ	
エリス, W.	→Ellis, William		→エングラー, クリスチアーネ
エリセーフ, ダニエル	→エリセーフ, ダニエル	エンゲストレム, ユルジェ	→エンゲストレム, ユルジェ
エリソン, アーサー・J.	→エリソン, アーサー・J.	エンゲル, アルトゥール	→Engel, Arthur
エリチエ＝オージェ, フランソワーズ		エンゲルキング, バルバラ	→Engelking, Barbara
	→エリチエ＝オージェ, フランソワーズ	エンゲルス, ネッティー	→Engels, Netty
エーリヒセン, ハンス・ウーヴェ		エンゲルス, フリードリッヒ	→Engels, Friedrich
	→エーリヒセン, ハンス・ウーヴェ	エンゲルス, ペティ	→エンゲルス, ペティ
エル-アグラ, アリ・M.	→El-Agraa, Ali M.	エンゲルハート, トム	→Engelhardt, Tom
エルヴィン, マーク	→Elvin, Mark	エンゲルハルト, ヴォルフ・フォン	
エルヴェホイ, オーレ・マルチン			→Engelhardt, Wolf von
	→Elvehøi, Ole-Martin	エンゲルマン, アルトゥール	→Engelmann, Arthur
エルヴォリーニ, M.A.	→Ervolini, Michael A.	エンゲルマン, ロバート	→Engelman, Robert
エルガー, トニー	→Elger, Tony	エンゲレン, ヘンドリック・ヘラルト	
エルキンド, D.	→Elkind, David		→エンゲレン, ヘンドリック・ヘラルト
エルキントン, ジョン	→Elkington, John	エンゲン, T.	→Engen, T.
エルザス, ドナルド	→Elsas, Donald	エンスラー, イヴ	→Ensler, Eve
エルジュ, E.	→Örücü, Esin	エンダーズ, J.	→Enders, Jurgen
エルシュテイン, ジーン・ベスキー		エントルーヴァイト, ギュンター	
	→Elshtain, Jean Bethke		→Endruweit, Günter
エールス, イアン	→エールス, イアン	エンフアムガラン, A.	→エンフアムガラン, A.
エルスー, キム	→エルスー, キム	エンヘー, B.	→エンヘー, B.
エルスター, チュール	→エルスター, チュール		
エルスター, ヤン	→Elster, Jon	**【オ】**	
エルズバーグ, ダニエル	→エルズバーグ, ダニエル		
エルズバック, キンバリー・D.		オ, オモク	→オ, オモク (呉五穆)
	→エルズバック, キンバリー・D.	オー, ジュリエット	→オー, ジュリエット
エルゼバー, O.G.	→Ersever, Oya G.	オ, セチャン	→オ, セチャン (呉世昌)
エルゾク, ロベール	→エルゾク, ロベール	オ, テジン	→オ, テジン (呉太鎮)
エルソン, ディアンヌ	→エルソン, ディアンヌ	オアー, ロバート・M., Jr.	→Orr, Robert M., Jr.
エルダー, グレン・H.	→Elder, Glen H.	オイテンガー, ボルコ・フォン	
エルター, R.	→Oerter, Rolf		→オイテンガー, ボルコ・フォン
エルツ, M.	→Hertz, Mathilde	オイラー, レオンハルト	→Euler, Leonhard
エルツォグ, ロベール	→Hertzog, Robert	オウ, イ	→オウ, イ (王煒)

オウ, イ	→オウ, イ(王維)	オウ, チョウシュン	→オウ, チョウシュン(王兆春)
オウ, イッシュウ	→オウ, イッシュウ(王逸舟)	オウ, テツ	→オウ, テツ(王鉄)
オウ, イテイ	→オウ, イテイ(汪彝定)	オウ, テッキョウ	→オウ, テッキョウ(王鉄橋)
オウ, インブ	→オウ, インブ(王允武)	オウ, ビン	→オウ, ビン(王敏)
オウ, ガヘイ	→オウ, ガヘイ(王雅萍)	オウ, フシ	→オウ, フシ(王夫之)
オウ, キ	→オウ, キ(王圻)	オウ, ブンリョウ	→オウ, ブンリョウ(王文亮)
オウ, キチュウ	→オウ, キチュウ(王貴忠)	オウ, ホウイ	→オウ, ホウイ(王邦維)
オウ, ギョウヘイ	→オウ, ギョウヘイ(王曉平)	オウ, ホウヘイ	→オウ, ホウヘイ(王宝平)
オウ, ギョウメイ	→オウ, ギョウメイ(王曉明)	オウ, モウ	→オウ, モウ(王蒙)
オウ, ギョクジョ	→オウ, ギョクジョ(王玉茹)	オウ, ヤヘイ	→Wang, Yeping
オウ, ギョクリン	→オウ, ギョクリン(汪玉林)	オウ, ユウ	→オウ, ユウ(王勇)
オウ, キンリン	→オウ, キンリン(王金林)	オウ, ユウカ	→オウ, ユウカ(王幼華)
オウ, キンレイ	→オウ, キンレイ(王金玲)	オウ, リキ	→オウ, リキ(王利器)
オウ, ケイ	→Wang, Gui	オウ, リッシン	→オウ, リッシン(王立新)
オウ, ケイエイ	→オウ, ケイエイ(王慶英)	オウ, リョウイツ	→オウ, リョウイツ(王丁一)
オウ, ケイキン	→オウ, ケイキン(王慧琴)	オウ, レイショ	→オウ, レイショ(王霊書)
オウ, ケイケイ	→オウ, ケイケイ(王慧炯)	オヴァリー, リチャード・J.	→Overy, Richard
オウ, ケイハツ	→オウ, ケイハツ(王啓発)	オーウィンズ, ロバート	→Owens, Robert
オウ, ケイビン	→オウ, ケイビン(王慧敏)	オーウェン, アイリス・M.	→Owen, Iris
オウ, ケンカ	→オウ, ケンカ(王建華)	オーウェン, アラン・R.G.	→Owen, Alan R.G.
オウ, ケングン	→オウ, ケングン(王健群)	オーウェン, ジョン・M., 4世	→オーウェン, ジョン・M., 4世
オウ, ケンシン	→オウ, ケンシン(王建新)	オーウェン, マーガレット・トレッシュ	
オウ, コウ	→オウ, コウ(汪紅)		→Owen, Margaret Tresch
オウ, コウエイ	→オウ, コウエイ(王光英)	オーウェン, C.	→Owen, Charlie
オウ, コウケン	→オウ, コウケン(王効賢)	オーウェンス, マッキュービン・T.	
オウ, コウコウ	→オウ, コウコウ(王紅尚)		→オーウェンス, マッキュービン・T.
オウ, コウビ	→オウ, コウビ(王光美)	オーウェンズ, メイジャー・R.	
オウ, サクエイ	→オウ, サクエイ(王作栄)		→オーウェンズ, メイジャー・R.
オウ, サクフ	→オウ, サクフ(王作信)	オーウェンズ, リンダ	→オーウェンズ, リンダ
オウ, サン	→オウ, サン(王珊)	オウヨウ, ケツ	→オウヨウ, ケツ(欧陽潔)
オウ, シガイ	→オウ, シガイ(王志凱)	オーエンス, ウィリアム	→オーエンス, ウィリアム
オウ, シコン	→オウ, シコン(王子今)	オーエンズ, V.J.	→Owens, V.Jann
オウ, ジッポ	→オウ, ジッポ(王実甫)	オオイマ, アユミ	→オオイマ, アユミ(大今歩)
オウ, ジャクボウ	→オウ, ジャクボウ(王若望)	オオキ・エーハン, デイヴィット(大木・エーハ	
オウ, シュカ	→オウ, シュカ(王守華)	ン, デイヴィット(大木・エーハンデイヴィット)	
オウ, ショウカイ	→Wang, Shaohai	オオソノ, エミ	→オオソノ, エミ(大薗恵美)
オウ, ショウキン	→オウ, ショウキン(王勝今)	オオバヤシ, ヒロシ	→オオバヤシ, ヒロシ(大林浩)
オウ, ショウコウ	→オウ, ショウコウ(王紹光)	オカザキ, テツジ	→オカザキ, テツジ(岡崎哲二)
オウ, ショウネン	→オウ, ショウネン(応松年)	オカザワ・レイ, M.	→Okazawa-Rey, Margo
オウ, ショウブ	→オウ, ショウブ(王昭武)	オーガスティン, ノーマン・R.	
オウ, ショウブン	→オウ, ショウブン(王承業)		→オーガスティン, ノーマン・R.
オウ, ショウリ	→オウ, ショウリ(王照利)	オガタ, ケン	→Ogata, Ken
オウ, シン	→オウ, シン(王震)	オカムラ, ノーマン・H.	→Okamura, Norman H.
オウ, シンケン	→オウ, シンケン(王新建)	オガリョーフ, ニコライ	→オガリョーフ, ニコライ
オウ, シンセイ	→オウ, シンセイ(王新政)	オガワ, カズオ	→オガワ, カズオ(小川一夫)
オウ, シンチュウ	→オウ, シンチュウ(王振中)	オガワ, ヨシカズ	→Ogawa, Yoshikazu
オウ, ゼンゲン	→オウ, ゼンゲン(王全彦)	オーガン, クリスティン・L.	→Ogan, Christine L.
オウ, ソウ	→オウ, ソウ(王崢)	オキモト, ダニエル	→オキモト, ダニエル
オウ, ソウキ	→オウ, ソウキ(汪曾祺)	オキャラハン, ジェイ	→オキャラハン, ジェイ
オウ, タイショウ	→オウ, タイショウ(王泰升)	オークス, ガイ	→オークス, ガイ
オウ, タイドウ	→オウ, タイドウ(王大道)	オークス, ペネロペ・J.	→オークス, ペネロペ・J.
オウ, タイヘイ	→オウ, タイヘイ(王泰平)	オグストン, ウィリアム・D.	→Ogston, W.D.
オウ, タン	→オウ, タン(王丹)	オクマ, キエケ・G.H.	→オクマ, キエケ・G.H.
オウ, チュウシュ	→オウ, チュウシュ(王仲殊)	オグラディ, ティモシー・J.	
オウ, チュウデン	→オウ, チュウデン(王中田)		→オグラディ, ティモシー・J.
オウ, チョウイ	→オウ, チョウイ(汪長稗)	オークランドトリビューン	
オウ, チョウグン	→オウ, チョウグン(王兆軍)		→オークランド・トリビューン
オウ, チョウケイ	→オウ, チョウケイ(汪龍麒)	オークリー, エルウッド・F., 3世	
オウ, チョウコウ	→オウ, チョウコウ(汪朝光)		→オークリー, エルウッド・F., 3世

オクリ, B.	→Okri, B.	オストロム, エリノア	→Ostrom, Elinor
オーグル, ジェニファー・パフ	→オーグル, ジェニファー・パフ	オズバルデストン, ゴードン	→Osbaldeston, Gordon
オーグル, ジョン・ウィリアム	→Ogle, John William	オズーフ, ジャック	→オズーフ, ジャック
オグルヴィー, ダン	→Ogilvie, Dan	オズーフ, モナ	→Ozouf, Mona
オーグルビー, デビッド	→Ogilvy, David	オスファテル, ドミニック	→オスファテル, ドミニック
オークレイ, フランシス	→Oakley, Francis	オズボーン, アブリル	→Osborne, Avril
オークレイ, ロス	→Oakley, Ros	オズボーン, キャロル	→Osborne, Carol
オーゲル, スティーヴン	→Orgel, Stephen	オズボーン, スティーヴン・P.	→Osborne, Stephen P.
オゴト, B.A.	→オゴト, B.A.	オズボーン, ブライアン・S.	→オズボーン, ブライアン・S.
オコナー, キャスリーン・M.	→O'Connor, Kathleen M.	オズボーン, マリアン	→Osborne, Marian
オコナー, デービッド	→O'Connor, David	オズボーン, H.(社会福祉)	→Osborn, Hazel
オコナー, ラリー	→O'Connor, Larry	オズボーン, R.J.	→Osborne, Roger J.
オコーナー, P.J.	→O'Connor, Patrick J.	オスマン, サヌシ	→Osman, Sanusi
オコネル, アンドリュー	→オコネル, アンドリュー	オスラー, オードリー	→Osler, Audrey
オコンネル, S.	→O'Connell, Stephen A.	オスラー, ルース	→Osler, Ruth
オサガエ, エゴーサ・E.	→オサガエ, エゴーサ・E.	オズワルド, アンドリュー・J.	→Oswald, Andrew J.
オザーク, P.R.	→オザーク, P.R.	オズワルド, W.D.	→Oswald, Wolf D.
オサリヴァン, ゲリー	→オサリヴァン, ゲリー	オースンズ, パメラ・G.	→オースンズ, パメラ・G.
オシエイ, T.	→O'Shea, Tim	オソリオ, フリアン・サンタマリア	→オソリオ, フリアン・サンタマリア
オシェク, カロリン	→Osiek, Carolyn	オゾルノイ, ゲンナジー・I.	→オゾルノイ, ゲンナジー・I.
オジェール, ルクレシア	→オジェール, ルクレシア	オダギリ, ヒロユキ	→オダギリ, ヒロユキ(小田切宏之)
オシャール, パトリック	→オシャール, パトリック	オタゾ, カレン	→Otazo, Karen L.
オジュワン, アルフレッド	→オジュワン, アルフレッド	オーチンクロス, イヴ	→オーチンクロス, イヴ
オショーネシー, エドナ	→O'Shaughnessy, Edna	オーツ, R.キム	→Oates, R.Kim
オショネシー, マーティン	→オショネシー, マーティン	オッカム, ウィリアム	→Ockham, William
オズ, アモス	→Oz, Amos	オックスファムインターナショナル	→オックスファム・インターナショナル
オズグッド, カー	→オズグッド, カー	オッターマン, ガブリエル	→Otterman, Gabriel
オスター, P.	→Oster, Peter	オッテ, クラウス	→オッテ, クラウス
オスターウェイル, ミハル	→オスターウェイル, ミハル	オッティンゲン, G.	→Oettingen, Gabriele
オースターハメル, ユルゲン	→Osterhammel, J.	オットー, ヴェルナー	→Otto, Werner
オスターバルト, ヤン・P.	→Oosterveld, Jan P.	オット, ハインリッヒ	→オット, ハインリッヒ
オスターヘーベン, M.ユージン	→Osterhaven, M.Eugene	オット, フーゴー	→オット, フーゴー
オスターマイヤー, エリザベット	→オスターマイヤー, エリザベット	オットレー, デイビッド	→Otley, David
オスターマン, カリン	→オスターマン, カリン	オデアー, バーバラ	→オデアー, バーバラ
オスターマン, ポール	→Osterman, Paul	オデイ, ゲイル・R.	→O'Day, Gail R.
オースチン, ロブ(経営管理)	→Austin, Robert D.	オディ, マーク	→オディ, マーク
オースティン, キャロル・D.	→Austin, Carol D.	オードー, フランクリン	→Odo, Franklin
オースティン, ダイアン・スノウ	→オースティン, ダイアン・スノウ	オードゥナー, ヒューゴ・Lj	→Odhner, Hugo Lj
オースティン, テリー	→Austin, Terry	オードシュック, ピーター・C.	→オードシュック, ピーター・C.
オースティン, ボブ・リー	→オースティン, ボブ・リー	オドーニ, A.	→Odoni, Amedeo R.
オースティン, ロバート・D.	→Austin, Robert D.	オードノホー, ベネディクト	→オードノホー, ベネディクト
オースティン=スミス, デーヴィッド	→オースティン=スミス, デーヴィッド	オドリング・スミー, F.ジョン	→Odling-Smee, F.John
オーステライヒ, K.	→Oesterreich, Klaus	オドリンスミー, ジョン	→オドリンスミー, ジョン
オステロフ, マーギット	→Osterloh, Margit	オドルム, エドワード	→オドルム, エドワード
オーステン, キャロル	→Austen, Carole	オートン, ジョー	→Orton, Joe
オステン=サッケン, C.R.	→オステン=サッケン, C.R.	オドンネル, ロッド	→オドンネル, ロッド
オーストラ, ロエル	→Oostra, Roel	オニシキエヴィチ, ヤヌシュ	→オニシキエヴィチ, ヤヌシュ
オーストラリアダイガクシツホショウキコウ	→オーストラリア大学質保証機構	オニール, グウェンドリン・S.	→オニール, グウェンドリン・S.
オストロスキー, ジョイス	→Ostrosky, Joyce	オニール, マギー	→オニール, マギー
オストロフスキ, ジェイムス	→Ostrowski, James		

オニール, ユージン	→O'Neill, Eugene Gladstone	オランド, アンヘラ・M.	→オランド, アンヘラ・M.
オーバークローメ, ヴィリィ	→オーバークローメ, ヴィリィ	オリアリー, T.	→O'Leary, Ted
オバーゼ, デビッド	→Obaze, David	オリアリイ, K.D.	→O'Leary, K.Daniel
オーバードーファー, ドン	→Oberdorfer, Don	オリイ, パスカル	→オリイ, パスカル
オーバードルフ, マイケル	→オーバードルフ, マイケル	オーリウ	→Hauriou
オバードルファー, ベルント	→オバードルファー, ベルント	オリヴァー, C.	→Oliver, Chris
オーバービー, チャールズ・M.	→Overby, Charles M.	オリヴァー, C.C.	→オリヴァー, C.C.
オーバーフーバー, コンラート	→Oberhuber, Konrad	オリヴァー=スミス, アンソニー	→Oliver-Smith, Anthony
オーバーホルト, ウィリアム・H.	→オーバーホルト, ウィリアム・H.	オリヴィ, ペトルス・ヨハニス	→オリヴィ, ペトルス・ヨハニス
オバーマン, T.A.	→Oberman, T.A.	オリヴィエ, エミール	→オリヴィエ, エミール
オーバンク, ピエール	→オーバンク, ピエール	オリヴィエ・マルタン, Fr.	→Olivier-Martin, Fr.
オハーン=ホール, リン	→オハーン=ホール, リン	オリヴェイラ, アンジェラ・マーティンス	→Oliveira, Angela Martins
オハンロン, ウィリアム	→O'Hanlon, William Hudson	オリヴェイラ・デ・アギアール, ロベルト	→Oliveira de Aguiar, Roberto
オヒアー, フィリップ	→O'Hear, Philip	オリヴェット, スコット	→Olivet, Scott
オヒエサ	→オヒエサ	オリゲネス	→Origenes
オピッツ, クラウディア	→Opitz, Claudia	オリバー, ジュリア	→オリバー, ジュリア
オピッツ, ペーター・J.	→オピッツ, ペーター・J.	オリビエ, バーナード	→オリビエ, バーナード
オファーマン, リン・R.	→Offermann, Lynn R.	オリーブグレン, ヨハネス	→オリーブグレン, ヨハネス
オブシャンコフ, A.	→オブシャンコフ, A.	オリベラ, カルロス・E.	→Olivera, Carlos E.
オープスト, ガブリエレ	→Obst, Gabriele	オーリン, テオドレ・S.	→Orlin, Theodore S.
オブダイク, アイリーン・グート	→オブダイク, アイリーン・グート	オル, アルバータ・L.	→Orr, Alberta L.
オプトウ, S.	→Opotow, Susan	オールウェイン, P.L.	→Oelwein, Patricia L.
オブライエン, アン	→オブライエン, アン	オルヴェウス, ダン	→オルヴェウス, ダン
オブライエン, エドワード・L.	→O'Brien, Edward L.	オールズ, G.D.	→Olds, G.D.
オブライエン, デニス・P.	→O'Brien, D.P.	オルスティンスキー, P.	→Olsztynski, Pawl
オブライエン, バイオレット・M.	→オブライエン, バイオレット・M.	オルストン, P.L.	→Alston, Patrick L.
オブライエン, パトリシア	→O'Brien, Patricia	オルセン, セス・バルク	→Olsen, Søs Balch
オブライエン, D.	→O'Brien, David	オルセン, デーヴィッド	→Olsen, David
オブラドヴッチ, J.	→Obradovic, Josip	オルセン, フランシス	→オルセン, フランシス
オフラナガン, パトリック	→O'Flanagan, Patrick	オルセン, マーク	→Olssen, Mark
オフレネオ, レネ・E.	→Ofreneo, Rene E.	オルセン, J.B.	→Olsen, James B.
オフレネオ, ロサリンダ・ピニェダ	→Ofreneo, Rosalinda Pineda	オルソン, デービッド・ルイス	→オルソン, デービッド・ルイス
オブロブスキー, W.	→Obrowsky, Walter	オルソン, マンカー, 2世	→オルソン, マンカー, 2世
オヘイガン, ハワード	→O'Hagan, Howard	オールタイザー, トーマス・J.J.	→Altizer, Thomas J.J.
オーベール, ロジェ	→Aubert, Roger	オルダス, クリストファー	→オルダス, クリストファー
オーベルラッハ, レーネ	→オーベルラッハ, レーネ	オールダーフェミニストネットワーク	→オールダー・フェミニスト・ネットワーク
オポコフ, ヴィターリ	→オポコフ, ヴィターリ	オルティス, エンリケ	→オルティス, エンリケ
オマー, ハイム	→オマー, ハイム	オルテガ, マルティン・C.	→オルテガ, マルティン・C.
オマーズ, J.	→オマーズ, J.	オルテガ, ロザリオ	→オルテガ, ロザリオ
オミ, マイケル	→Omi, Michael	オルテガ, D.	→Ortega, Debra
オミナミ, カルロス	→Ominami, Carlos	オールデン, レイモンド・マクドナルド	→Alden, Raymond Macdonald
オームステッド, パトリシア	→オームステッド, パトリシア	オルトナサン, M.	→オルトナサン, M.
オユンゲレル, J.	→オユンゲレル, J.	オールドフィールド, アメリア	→Oldfield, Amelia
オラー, オルガ・ブロディ	→Oller, Olga Brody	オールドフィールド, ディック	→Oldfield, Dick
オーライリー, チャールズ・A., 3世	→オーライリー, チャールズ・A., 3世	オールドフィールド, デビッド	→オールドフィールド, デビッド
オライリー, フェイス	→オライリー, フェイス	オルドリン, エドウィン・E.	→オルドリン, エドウィン・E.
オラフソン, ラグナー・F.	→オラフソン, ラグナー・F.	オルバン, ステファン	→オルバン, ステファン
オラム, アーサー・T.	→オラム, アーサー・T.	オルブリッヒ, E.	→Olbrich, Erhard

オルヘ

オルペウス	→オルペウス	ガイ, タンゴ	→ガイ, タンゴ（艾端午）
オルランディ, L.R.	→Orlandi, Lisanio R.	カイ, ハ	→カイ, ハ（海波）
オルレアン, マイロン	→オルレアン, マイロン	ガイ, ホウ	→ガイ, ホウ（凱豊）
オルレッド, K.G.	→Allred, Keith G.	ガイ, ヤシュ	→Ghai, Yash
オルロウスカ, ダニュータ	→Orlowska, Danuta	カイアム, ヴィクター	→Kiam, Victor
オーレシック, R.	→Oresick, Robert	カイエ, アラン	→Caille, Alain
オレスカニン, B.	→Oreščanin, Bogdan	カイエタヌス	→Caietanus
オレーム, ニコル	→Oresme, Nicole d'	ガイコクハイジ	→ガイコクハイジ（艾克拜尓）
オレンスタイン, グロリア・フェマン		カイザー, ウォルター・C., Jr.	
	→Orenstein, Gloria Feman		→カイザー, ウォルター・C., Jr.
オレントリッチャー, ダイアン・F.		カイザー, ギュンター	→カイザー, ギュンター
	→オレントリッチャー, ダイアン・F.	カイザー, ザリナ	→Keiser, Sarina
オン, ケイホウ	→オン, ケイホウ（温桂芳）	カイザー, シャロン	→カイザー, シャロン
オン, M.K.	→Ong, Michael K.	カイザー, トーマス・C.	→Keiser, Thomas C.
オング, ウォルター・J.	→Ong, Walter J.	カイザー, ヘラ	→Kaiser, Hella
		カイザー, ミヒャエル	→Kaiser, Michael
		カイザー, ヨーゼフ・H.	→Kaiser, Joseph H.
		カイザー, ヨッヘン・クリストフ	
【カ】			→カイザー, ヨッヘン-クリストフ
		カイザーリング, エトヴィン	
ガ, エイホウ	→ガ, エイホウ（賀衛方）		→カイザーリング, エトヴィン
カー, エドワード・G.	→カー, エドワード・G.	カイザーリンク, リンデ・フォン	
カ, カイソン	→カ, カイソン（夏丐尊）		→Keyserlingk, Linde von
カ, カトウ	→カ, カトウ（何家棟）	ガイスラー, エーリッヒ・E.	→Geißler, Erich E.
カ, カンシ	→カ, カンシ（何幹之）	ガイスラー, パトリック・V.	→Geisler, Patric V.
カ, ギ	→カ, ギ（買誼）	カイスリング, マリーア	→カイスリング, マリーア
カ, キョウエン	→カ, キョウエン（何喬遠）	カイター, エリック	→Keiter, Eric
カ, ギョウヨウ	→カ, ギョウヨウ（夏暁陽）	カイッジ＝ムゲルワ, スティーヴ	
カ, キョヒ	→カ, キョヒ（何去非）		→カイッジ＝ムゲルワ, スティーヴ
カ, ギリン	→カ, ギリン（何義麟）	カイト, マーシャ	→カイト, マーシャ
カー, クラーク	→Kerr, Clark	カイナストン, デーヴィッド	→Kynaston, David
カ, ゴウホ	→カ, ゴウホ（賈合甫）	ガイヒフラ	→ガイヒフラ（艾比不拉）
カー, サリー	→Carr, Sally	カイホウグンポウ	→解放軍報
カ, サンキョウ	→カ, サンキョウ（買三強）	ガイマー, トレバー	→ガイマー, トレバー
カ, ジュツキ	→カ, ジュツキ（夏述貴）	カイム, ドナルド・B.	→Keim, Donald B.
カ, ジュンジョ	→ハ, スンニョ（河順女）	カイヨワ, ロジェ	→Caillois, Roger
カー, ジョアン	→カー, ジョアン	カイル, ロジャー・モネー	→カイル, ロジャー・モネー
カ, ショウエン	→カ, ショウエン（何小燕）	ガイルズ, モリー	→Giles, Molly
カ, ショウコウ	→カ, ショウコウ（何翔皓）	カイルハック, イルマ	→カイルハック, イルマ
カ, シン	→カ, シン（何新）	ガウ, イアン	→Gow, Ian
カ, セイレン	→カ, セイレン（何清漣）	ガーヴァー, ウイリアム・W.	
カ, テンヨウ	→カ, テンヨウ（夏天翔）		→ガーヴァー, ウイリアム・W.
カ, トウ	→カ, トウ（華濤）	カヴァッロ, グリエルモ	→Cavallo, Guglielmo
カー, ニコラス・G.	→Carr, Nicholas G.	カヴァナ, ジョン	→カヴァナ, ジョン
カ, ハン	→カ, ハン（何帆）	カヴァナフ, A.	→Kavanagh, Aidan J.
カー, ベアトリス・フォン・グッゲンバーグ		ガヴァリニ, ロランス	→Gavarini, Laurence
	→カー, ベアトリス・フォン・グッゲンバーグ	カヴァレッティ, ソフィア	→Cavalletti, Sofia
カ, ヘイオウ	→カ, ヘイオウ（賈平凹）	カーヴァン, ロバート・H.	→Kirven, Robert H.
カ, ヘイショウ	→カ, ヘイショウ（何秉松）	ガウアン, P.	→Gowan, Peter
カ, ホウ	→カ, ホウ（過放）	カウイ, ヘレン	→カウイ, ヘレン
カ, ホウショウ	→カ, ホウショウ（夏鵬翔）	カウイー, マシュー	→Cowie, Matthew
カ, ユウ	→カ, ユウ（何勇）	ガーヴィス, チャールス	→ガーヴィス, チャールス
カ, ヨウ	→カ, ヨウ（戈揚）	ガヴィヨ, A.	→ガヴィヨ, A.
カ, リョウトウ	→カ, リョウトウ（柯良棟）	ガーヴィン, デイビッド・A.	
カー, レイモンド	→カー, レイモンド		→ガーヴィン, デイビッド・A.
カー, E.G.	→Carr, Edward G.	カーウェイト, ナンシー	→カーウェイト, ナンシー
カー, P.	→Carr, Peter	ガーウェイン, シャクティ	→Gawain, Shakti
カー, S.	→Kerr, Steve	カウエル, スーザン	→カウエル, スーザン
カーアンドマレイ	→カー＆マレイ	カウエル, バーバラ	→Cowell, Barbara
カイ, ガクシ	→カイ, ガクシ（解学詩）	カヴェンタ, ベヴァリー・ロバーツ	
ガイ, ダーラム	→ガイ, ダーラム		

ガウディアーニ, クレア・L.	→Gaventa, Beverly Roberts	カージー, マーシー	→カージー, マーシー
	→ガウディアーニ, クレア・L.	カーシェンブラット - ギンブレット, バーバラ	
カウファー, スティーブ	→Kaufer, Steve		→Kirshenblatt-Gimblett, Barbara
カウフマン, エディ	→Kaufman, Edy	カーシオ, バーバラ・アン	→Curcio, Barbara Ann
カウフマン, ゴードン・D.	→Kaufman, Gordon D.	カシミール, H.	→カシミール, H.
カウフマン, ジョン・M.	→カウフマン, ジョン・M.	カシャップ, アニル・K.	→Kashyap, Anil K.
カウフマン, スティーブン・P.		カシャーロ, ティツィアーナ	
	→Kaufman, Stephen P.		→カシャーロ, ティツィアーナ
カウフマン, ダニエル	→Kaufmann, Daniel	カーシュ, アーヴィン	→Kirsch, Irving
カウフマン, ポーラ	→カウフマン, ポーラ	カーシュ, K.G.	→Karsh, Kathryn G.
カウリー, オウディーン・S.		カーシュ, L.J.	→Kirsch, Laurie J.
	→Cowley, Au-Deane S.	カーシュナー, ロバート・H.	
カウリケ, ペーター	→カウリケ, ペーター		→Kirschner, Robert H.
カウル, インゲ	→Kaul, Inge	ガーシュマン, ジョン	→ガーシュマン, ジョン
カエサリウス（アルルの）	→Caesarius (Arelatensis)	ガス, ソウル・I.	→Gass, Saul I.
カエス, アントン	→カエス, アントン	ガスク, ジョン・P.	→Garske, John P.
カオ, モンフ	→コウ, ゴウカ（高豪河）	ガスク, ポール	→Gaske, Paul
カオ, D.-L.	→Kao, Duen-Li	カスケイ, J.	→Caskey, John
カガーノフ, M.I.	→カガーノフ, M.I.	ガスコイン, B.	→Gascoigne, B.
カーギル, トーマス	→Cargill, Thomas F.	カスター, ウイリアム・S.	→カスター, ウイリアム・S.
カク, イシン	→カク, イシン（郭維森）	ガスターソン, ヒュー	→Gusterson, Hugh
カク, ウンカ	→カク, ウンカ（郭蘆華）	カスタン, ニコル	→Castan, Nicole
カク, キンシュ	→クァク, クムジュ（郭錦珠）	カスティージョ, ピラール・デル	
カク, キンパイ	→カク, キンパイ（郭金梅）		→Castillo, Pilar del
カク, ケン	→カク, ケン（郭建）	カスティリョーネ, ダリオ	→Castiglione, Dario
ガク, ケン	→ガク, ケン（岳鸞）	ガステイル, レイモンド・D.	→Gastil, Raymond D.
ガク, ケンユウ	→ガク, ケンユウ（岳健勇）	カステヤノス, アンハラ	→カステヤノス, アンハラ
カク, ザイキン	→カク, ザイキン（郝在今）	カステラニィ, ポール	→Castellani, Paul
カク, シゴウ	→カク, シゴウ（郭志剛）	カステリョ, セバスチャン	→カステリョ, セバスチャン
カーク, ジョアン	→Kirk, Joan	カステルヌオーヴォ, エンリコ	
カク, ショウ	→カク, ショウ（郭翔）		→カステルヌオーヴォ, エンリコ
カク, セイユウ	→カク, セイユウ（郭世佑）	カースト, ヴェレーナ	→Kast, Verena
カク, ソウチン	→クァク, サンジン（郭相鎮）	カースト, K.L.	→Karst, Kenneth L.
カク, テツショウ	→カク, テツショウ（郭鉄柱）	ガーストル, アンドリュー	
カク, ドウキ	→カク, ドウキ（郭道暉）		→ガーストル, アンドリュー
カク, フウ	→カク, フウ（郭風）	カストロ, クラウディオ・デ・モウラ	
カク, マツジャク	→カク, マツジャク（郭沫若）		→カストロ, クラウディオ・デ・モウラ
カク, マンジュ		カスー＝ノゲス, ピエール	
カークセナ, キャサリン	→Cirksena, Kathryn		→カスー＝ノゲス, ピエール
カークホフス, ジャン	→Kerkhofs, Jan	ガスリー, ハーヴェイ・H.	→Guthrie, Harvey H.
カークマン, ボブ	→カークマン, ボブ	カスリス, トマス・P.	→Kasulis, Thomas P.
カグラム, サンジーブ	→Khagram, Sanjeev	ガーセ, F.	→Gahse, Frank
カークランド, ジェーン	→Kirkland, Jane	カゼッタ, ジョヴァンニ	→Cazzetta, Giovanni
カーゲガガーボー	→カーゲガガーボー	カゼル, H.	→カゼル, H.
カーケワクォナビー	→カーケワクォナビー	カセンダ, サルマン	→カセンダ, サルマン
カーゲン, ケネス・J.	→Gergen, Kenneth J.	カーソ, アントニオ	→カーソ, アントニオ
カーゲン, デイビッド	→Gergen, David	カーソフ, レーモンド・エル	
カーザー, M.	→カーザー, M.		→カーソフ, レーモンド・エル
カサグランデ, カルラ	→Cassagrande, Carla	ガーソン, ジョセフ	→Gerson, Joseph
カザコフ, A.	→Kazakov, Alex	カーソン, スーザン	→カーソン, スーザン
カサド, ロバート・C.	→Casad, Robert C.	カーソン, マイケル	→カーソン, マイケル
カサマツ, エミ	→カサマツ, エミ	カーター, アンジェラ	→Carter, Angela
ガザーリー	→al-Ghazzali	カーター, サニー	→カーター, サニー
ガザリ, ムハンマッド・エル		カーター, ジミー	→Carter, Jimmy
	→ガザリ, ムハンマッド・エル	カーター, ダグラス	→Cater, Douglass
カサリ, C.	→Kasari, Connie	カーター, ホディング, 3世	→Carter, Hodding, III
カサル, ポーラ	→カサル, ポーラ	カーター, C.M.	→Carter, Cynthia M.
ガザルウィン, フーダ	→Gazalwin, Houda	カーター, M.	→Carter, Michael
カサルダリガ, ペドロ	→Casaldaliga, Pedoro	カーター, T.F.	→Carter, T.F.
		カタウイ, マリア・リバノス	

カタソ		カーディヤ, キム	→カーディヤ, キム
	→カタウイ, マリア・リバノス	カティーラ, リイッタ	→Katila, Riitta
カタソノワ, エレーナ		ガートナー, アラン	→Gartner, Alan
	→Katasonova, Elena Leont'evna	ガートナー, ウルフ	→Gaertner, Wulf
ガダマー, ハンス＝ゲオルク		ガトーナ, ジョン	→Gattorna, John
	→Gadamer, Hans Georg	ガードナー, ジョン・N.	→Gardner, John N.
カタラード, M.	→Cataldo, Michael F.	ガードナー, ニコール	→Gardner, Nicole
カタラーノ, リチャード・F.		ガードナー, ハワード	→Gardner, Howard
	→カタラーノ, リチャード・F.	ガードナー, ロバート	→ガートナー, ロバート
ガタリ, フェリックス	→Guattari, Felix	ガードナー, ロバート・W.	→Gardner, Robert W.
カタリッジ, デビッド	→カタリッジ, デビッド	カトナー, K.	→カトナー, K.
カタリーナ(シエナ)	→Catharina de Siena	ガートマン, デニス	→ガートマン, デニス
カタリナ(ジェノヴァの)	→カタリナ(ジェノヴァの)	カトラー, ヴェーナ・A.	→Kutler, Veena A.
ガーチェヴァ, A.G.		カトラー, トニー	→Cutler, Tony
	→Gacheva, Anastasiia Georgievna	カトラー, ニール・E.	→カトラー, ニール・E.
カーチス, ケネス	→カーチス, ケネス	カトラー, リチャード	→カトラー, リチャード
カーチス, ジェラルド	→カーチス, ジェラルド	カートライト, ネッタ	→Cartwright, Netta
カツ, エイシン	→カツ, エイシン(葛榮晋)	カートリッジ, ポール	→カートリッジ, ポール
カツ, カジュ	→カツ, カジュ(葛家澍)	カトリング, パトリック・スキーン	
カツ, ケンユウ	→カツ, ケンユウ(葛剣雄)		→カトリング, パトリック・スキーン
カツ, コウ	→カツ, コウ(葛洪)	カドレック, ダニエル	→カドレック, ダニエル
カーツァー, デービッド	→カーツァー, デービッド	カートン, ジョン	→Kirton, John
カックレイン, アレン	→カックレイン, アレン	カーナウ, スタンレー	→カーナウ, スタンレー
カッシアヌス, ヨハネス	→Cassianus, Johannes	カナベル, バーバラ	→カナベル, バーバラ
カッシオドルス	→Cassiodorus	カナーリス, クラウス・ヴィルヘルム	
カッセ, ピエール	→Casse, Pierre		→カナーリス, クラウス・ヴィルヘルム
カッセン, ベルナール	→カッセン, ベルナール	カーナン, アルヴィン	→Kernan, Alvin B.
カッツ, エリアキム	→Katz, Eliakim	カーナン, キース	→Kernan, Keith T.
カッツ, エリフ	→Katz, Elihu	カーナン, ミカエル	→カーナン, ミカエル
カッツ, ジョナサン	→Katz, Jonathan	カニアイネン, V.	→Kanniainen, Vesa
カッツ, ナンシー	→カッツ, ナンシー	カニットシャイダー, ベルヌルフ	
カッツ, リチャード・N.	→カッツ, リチャード・N.		→Kanitscheider, Bernulf
カッツ, ルース	→カッツ, ルース	ガニバン, J.	→Ganiban, J.
カッツ, E.(株式投資)	→Katz, Elliot	カニンガム, ウィリアム・D.	
カッツ, E.(不動産金融)	→Katz, Elazar		→カニンガム, ウィリアム・D.
カッツ, L.G.	→Katz, Lilian G.	カニンガム, スチュアート	→Cunningham, Stuart
カッツ, S.	→Katz, Sidney	カニンガム, C.E.	→Cunningham, Charles E.
カッツェンスタイン, ピーター		カニンガム, P.B.	→Cunningham, Phillippe B.
	→カッツェンスタイン, ピーター	カヌンゴ, ラビンドラ・N.	
カッツェンバック, ジョン・R.			→Kanungo, Rabindra N.
	→Katzenbach, Jon R.	カーネギー, アンドリュー	→Carnegie, Andrew
カッツデン, C.B.	→Cazden, Courtney B.	カーネギー, デール	→Carnegie, Dale
カッツマン, アヴィ	→Katzman, Avi	カーネマン, ダニエル	→Kahneman, Daniel
カッツマン, デイヴィッド・M.		ガネル, ジョン	→ガネル, ジョン
	→カッツマン, デイヴィッド・M.	カノ, メルチョル	→Cano, Melchior
ガットステイン, スティーブン・E.		カノーサ, R.	→Canosa, Rocco
	→Gutstein, Steven E.	カノス, ジェームズ	→Chanos, James S.
カットフォース, ルネ	→カットフォース, ルネ	ガノン, フェデリック	→ガノン, フェデリック
ガットマン, エイミー	→Gutmann, Amy	ガーバー, ピーター・M.	→Garber, Peter M.
カッパード, マーガレット	→カッパード, マーガレット	ガーバー, マイケル・E.	→Gerber, Michael E.
カツンバ, レベッカ	→カツンバ, レベッカ	ガーバー, ラルフ	→ガーバー, ラルフ
カティ, コザラ	→Kati, Kozara	カーバー, リンダ・K.	→Kerber, Linda K.
カディス, アーシャ・L.	→Kadis, Asya L.	カバシ, ネハ	→Kapashi, Neha
ガディス, ヴィンセント・H.	→Gaddis, Vincent H.	カバシラス, ニコラオス	→Kabasilas, Nikolaos
カーティス, マーク	→Curtis, Mark	カバッソ, ジャクリーン	→カバッソ, ジャクリーン
ガディッシュ, オリット	→Gadiesh, Orit	カバッティ, A.	→カバッティ, A.
ガーディナー, ハラルド	→Gardiner, Harold	カバナー, トーマス・E.	
カーディナル, ルイス	→Cardinal, Louis		→Carbonneau, Thomas E.
ガティノン, ヒューバート	→Gatignon, Hubert	カーハン, エミリー	→Cahan, Emily
カティブーチャヒディ, ジェーン		カービー, エリザベス	→Kirkby, Elisabeth
	→カティブーチャヒディ, ジェーン		

カービー, ジュリア	→Kirby, Julia	ガーマン, A.N.	→Garman, Andrew N.
カービー, ヘーゼル・V.	→カービー, ヘーゼル・V.	カミイ, アラン	→Kamhi, Alan G.
カヒィー, ボブ	→カヒィー, ボブ	カミイ, C.K.	→Kamii, Constance K.
カピタン, ダヴィッド	→カピタン, ダヴィッド	カミエリ, S.	→Camilleri, Steve
カピトリヌス, ユリウス	→カピトリヌス, ユリウス	カミサカ, ナオキ	→カミサカ, ナオキ (神坂直樹)
ガービン, デービッド・A.	→Garvin, David A.	カミュ, アルベール	→Camus, Albert
ガフ, アイザック	→ガフ, アイザック	カミル, アドルフ	→カミル, アドルフ
カーフ, アンヌ	→Karpf, Anne	カミレーリ, ジョゼフ	→Camilleri, Joseph A.
カブ, ジョン・B., Jr.	→Cobb, John B., Jr.	カミングス, ウィリアム	→カミングス, ウィリアム
ガーブ, ハワード・N.	→Garb, Howard N.	カミングズ, ジョー	→Cummings, Joe
ガーブ, ヤーコブ・ジェローム		カミングス, ブルース	→Cumings, Bruce
	→Garb, Yaakov Jerome	カミンズ, ジム	→Cummins, Jim
ガフ, E.キャスリーン	→ガフ, E.キャスリーン	カミンズ, R.A.	→Cummins, Robert A.
ガーフィールド, チャールズ		ガム, ハンス・ヨヘン	→Gamm, Hans-Jochen
	→ガーフィールド, チャールズ	カムスラー, アマンダ	→Kamsler, A.
ガーフィンケル, ハロルド	→Garfinkel, Harold	ガムポート, パトリシア・J.	
カフェンティス, ジョージ	→Caffentzis, George C.		→Gumport, Patricia J.
カプチンスキー, リヒャルト		ガムロス, ルシア	→Gamroth, Lucia M.
	→カプチンスキー, リヒャルト	カーメン, ヘンリー	→カーメン, ヘンリー
カフタン, アリサ	→カフタン, アリサ	カメンカ, ユージン	→Kamenka, Eugene
カプッロ, ラファエル	→Capurro, Rafael	カーライル, トマス	→Carlyle, Thomas
カプート, ロバート	→カプート, ロバート	カラウ, ギーゼラ	→Karau, Gisela
カプヘル, イェルク・フォン		カラーディ, エーヴァ	→カラーディ, エーヴァ
	→カプヘル, イェルク・フォン	カラード, アン	→Collard, Anne
カプラ, フリッチョフ	→Capra, Fritjof	カラパ, ローウェル・L.	→Kalapa, Lowell L.
カプラン, サラ	→Kaplan, Sarah	カラブレイジ, グイド	→Calabresi, Guido
カプラン, ダニエル	→Kaplan, Daniell	カラム, レイチェル	→Calam, Rachel
カプラン, テーマ	→Kaplan, Temma	カラン, ジェームズ	→Curran, James
カプラン, マリオン	→Kaplan, Marion	ガーランド, ハムリン	→ガーランド, ハムリン
カプラン, モーリス・B.	→カプラン, モーリス・B.	ガーランド, ロバート	→ガーランド, ロバート
カプラン, ローレンス・F.	→Kaplan, Lawrence F.	ガーランド, B.	→Gurland, Barry J.
カプラン, T.	→Kaplan, Todd	ガーランド, J.	→Garland, Jeff
ガブリエル, ジグマール	→ガブリエル, ジグマール	カリー, アラン	→Carrie, Allan
ガブリエル, パスカル	→ガブリエル, パスカル	カーリー, エドウィン・M.	→Curley, Edwin M.
カプリオ, マーク	→Caprio, Mark	カリ, ナンシー	→Kari, Nancy
カブレラ=ジメノ, ヴェロニク		カリーア, マルティン	→Carrier, Martin
	→カブレラ=ジメノ, ヴェロニク	ガリヴァー, T.	→Gulliver, T.
ガベッティ, ジョバンニ	→ガベッティ, ジョバンニ	ガリカヌス, ウルカキウス	
カペローン, ニールス	→カペローン, ニールス		→ガリカヌス, ウルカキウス
カーペンター, イアン	→Carpenter, Iain	ガリキオ, マーク	→Gallicchio, Marc
カーペンター, エドマンド		カリザス, マイクル	→Carrithers, Michael
	→Carpenter, Edmund Snow	カリス, アリストテレス・A.	→Kallis, Aristotle A.
カーペンター, エドワード	→Carpenter, Edward	カリース, グラルフ=ペーター	
カーペンター, ジョン	→Carpenter, John		→カリース, グラルフ=ペーター
カーペンター, ドナルド・E.		カーリダーサ	→Kālidāsa
	→Carpenter, Donald E.	ガリッチオ, マーク	→ガリッチオ, マーク
カーペンター, K.	→Carpenter, Katherine	カーリナー, ジョシュア	→カーリナー, ジョシュア
カーボー, J.	→カーボー, J.	カリーニ, パトリシア	→Carini, Patricia F.
カポネ, アル	→Capone, Al	カリーノ, アゴスティーノ	
カポール, ミッチェル	→Kapor, Mitchell		→カリーノ, アゴスティーノ
ガボン	→ガボン	カリノフスキー, マルク	→Kalinowski, Marc
カーマイケル, リズ	→Carmichael, Liz	カリフィア, パット	→Califia, Pat
カマウウ, マヘアラン	→Kamau'u', Mahealani	カリポン	→カリポン
カーマーカー, ウダイ	→カーマーカー, ウダイ	カリャーニー	→カリャーニー
カマーク, エレーヌ・シウラ		カーリン, ジョン・W.	→Carlin, John W.
	→Kamarck, Elaine Ciulla	ガーリン, センダー	→ガーリン, センダー
カマーニ, ロベルト	→カマーニ, ロベルト	カリン, リチャード	→カリン, リチャード
カマメイヤー, マーガレット		ガリンスキー, エレン	→Galinsky, Ellen
	→カマメイヤー, マーガレット	カル, アンドリュー	→カル, アンドリュー
カマル, バヘール	→カマル, バヘール	カルー, ケイト	→カルー, ケイト

カール, ジーン	→カール, ジーン	カレン	→カレン
カール, メーランギーズ	→カール, メーランギーズ	カレン, C.	→Cullen, Chris
カール, R.(知的障害)	→Curl, Rita	カレン, L.M.	→Cullen, L.M.
カルヴァイト, ホルガー	→Kalweit, Holger	カレン, O.C.	→Karen, Orv.C.
カルヴァート, カリン	→Calvert, Karin	ガロ, R.	→ガロ, R.
カルヴァートン, V.F.	→Calverton, V.F.	ガロア, ピエール・M.	→ガロア, ピエール・M.
カルヴァリョ, ダニエラ・デ	→カルヴァリョ, ダニエラ・デ	カロザーズ, トマス	→カロザーズ, トマス
カルヴァン, ジャン	→Calvin, Jean	カロッツィ, クロード	→カロッツィ, クロード
カルヴェス, グウェナエル	→カルヴェス, グウェナエル	ガロン, シェルドン	→ガロン, シェルドン
カルキン, ジョン・M.	→カルキン, ジョン・M.	ガワー, D.B.	→Gower, D.B.
ガルキン, M.I.	→ガルキン, M.I.	カワイ, ハヤオ	→カワイ, ハヤオ(河合隼雄)
ガルサン, J.C.	→ガルサン, J.C.	カワジー, ジーン・L.	→Kahwajy, Jean L.
ガルシア, ジョン	→ガルシア, ジョン	カワダ, ジュンゾウ	→カワダ, ジュンゾウ(川田順造)
ガルシア, C.	→Garcia, Clémence	カワベ, ノブオ	→カワベ, ノブオ(川辺信雄)
ガルシア＝アコスタ, バージニア	→Garcia-Acosta, Virginia	ガワン, チェベル	→ガワン, チェベル
カルシェッド, ドナルド・E.	→カルシェッド, ドナルド・E.	カーン, アリス	→Kahn, Alice
カルショイアー, オットー	→カルショイアー, オットー	ガン, アレクセイ	→ガン, アレクセイ
カルステン, ウーベ	→Karsten, Uwe	カン, イング	→カン, イング(姜仁求)
ガルストン, ウィリアム	→ガルストン, ウィリアム	カン, インショウ	→ハン, インソプ(韓寅燮)
カールスバーグ＝クルマ, メアリー	→カールスバーグ＝クルマ, メアリー	カン, インスク	→カン, インスク(姜仁淑)
カールセン, キャロル・F.	→カールセン, キャロル・F.	カン, インソン	→カン, インソン(姜仁仙)
カールソン, ジェリー	→カールソン, ジェリー	カン, インドク	→カン, インドク(康仁徳)
カールソン, スティーブン・J.	→カールソン, スティーブン・J.	カン, ウォンドン	→カン, ウォンドン(姜元敦)
カールソン, リチャード	→Carlson, Richard	カーン, エイブラヒム・H.	→Khan, Abraham H.
カールソン, J.I.	→Carlson, Jane I.	カーン, エド	→カーン, エド
カルディコット, ヘレン	→Caldicott, Helen	カン, カイシン	→カン, カイシン(甘懐真)
カルディーニ, フランコ	→カルディーニ, フランコ	カーン, カレン	→Khan, Karen
カルテン, W.	→Kalten, Walter	カン, ケイレン	→カン, ケイレン
カルテンブラナー, G.	→Kaltenbrunner, Gabriele	カン, ケンギョウ	→カン, ケンギョウ(韓建業)
カルドー, メアリー	→Kaldor, Mary	カン, コウキュウ	→ハン, ホング(韓洪九)
カルドア, メアリ	→Kaldor, Mary	ガン, コリー	→ガン, コリー
ガルトゥング, ヨハン	→Galtung, Johan	ガン, シキュウ	→ガン, シキュウ(顔思久)
カルナン, M.J.	→Culnan, Mary J.	カン, シセン	→ハン, ジソン(韓志仙)
ガルニック, チャールズ	→ガルニック, チャールズ	カーン, シャロン・E.	→カーン, シャロン・E.
ガルバリーノ, ジェームズ	→Garbarino, James	カン, ショウ	→カン, ショウ(関捷)
カルビン, ウィリアム・H.	→Calvin, William H.	カン, ショウカ	→カン, ショウカ(韓少華)
カルピンテロ, フランチスコ	→カルピンテロ, フランチスコ	カン, ショウケン	→ハン, スンホン(韓勝憲)
カルプ, クリストファー・L.	→Culp, Christopher L.	カン, ショウシュウ	→ハン, スンジェ(韓升洲)
カルプ, セルゲイ	→カルプ, セルゲイ	カン, ショウハン	→ハン, サンボム(韓相範)
ガルフ, ヨアキム	→Garff, Joakim	カン, ショウビ	→ハン, ソンミ(韓承美)
カルファ, ジャン	→Khalfa, Jean	ガン, シン	→ガン, シン(顔真)
ガルフォード, ロバート	→Galford, Robert	カン, ジンコウ	→ハン, インホ(韓仁浩)
ガルブレイス, ジェイ・R.	→Galbraith, Jay R.	カーン, スティーヴン	→Kern, Stephen
ガルブレイス, ジョン・ケネス	→Galbraith, John Kenneth	カン, スンナム	→カン, スンナム(姜承男)
ガルボ, グレタ	→Garbo, Greta	カン, セイカ	→カン, セイカ(関世拳)
ガルボ, ロベルタ	→ガルボ, ロベルタ	カン, ゾウロク	→カン, ゾウロク(関増禄)
カルボニエ, ジャン	→カルボニエ, ジャン	カン, タイカイ	→カン, タイカイ(千大海)
カルボーネ, マウロ	→カルボーネ, マウロ	カン, チョウエイ	→カン, チョウエイ(甘超英)
カール大帝	→Karl	カン, チョルファン	→カン, チョルファン(姜哲煥)
ガーレイ, パダム・シン	→ガーレイ, パダム・シン	カン, テイイツ	→ハン, ジョンイル(韓貞一)
ガレッジ, T.R.	→Gulledge, Thomas R.	カン, ドクキョン	→カン, ドクキョン(姜徳景)
ガレリ, ジャック	→ガレリ, ジャック	カン, ネヒ	→カン, ネヒ(姜来煕)
		カーン, バーバラ・E.	→カーン, バーバラ・E.
		カーン, ハーマン	→Kahn, Herman
		カン, ピ	→カン, ピ(韓非)
		カン, ブンショウ	→ハン, ムンジョン(韓文鍾)
		カン, ホウキ	→ハン, ボンヒ(韓琫煕)
		カン, ホチュル	→カン, ホチュル(姜浩出)
		カン, マンギル	→カン, マンギル(姜万吉)

カン, ミョング	→カン, ミョング(姜明求)	カンリフ, ベリー	→カンリフ, ベリー
カン, ミョンド	→カン, ミョンド(康明道)		
カーン, ムスタク・H.	→Khan, Mushtaq Husain		【キ】
カン, ムンキュ	→カン, ムンキュ(姜汶奎)		
カーン, モーシン・S.	→カーン, モーシン・S.	ギー, キャシー	→ギー, キャシー
カン, ユ	→カン, ユ(韓愈)	ギ, キョウセイ	→ギ, キョウセイ(魏京生)
カン, ユンヒ	→カン, ユンヒ(姜俞希)	キ, ケンミン	→Qi, Jianmin
カン, リシュウ	→カン, リシュウ(韓理洲)	ギ, コウウン	→ギ, コウウン(魏宏運)
カン, リツトウ	→カン, リツトウ(関立彫)	ギ, コクカ	→ギ, コクカ(魏克家)
カーン, L.	→Kern, Lee	ギ, シュウリョウ	→ギ, シュウリョウ(魏修良)
カーン, R.L.	→Kahn, Robert L.	ギ, ジョウカイ	→ギ, ジョウカイ(魏常海)
カーン, R.N.	→Kahn, Ronald N.	ギ, セイショ	→Wei, Zhengshu
カンザー, マーク	→Kanzer, Mark	ギ, チョウ	→ギ, チョウ(魏徴)
カンシ	→カンシ(管子)	キー, プーコン	→Kee, Pookong
ガンジー, マハトマ		キー, ホワード・C.	→Kee, Howard Clark
	→Gandhi, Mohandas Karamchand	ギア, フェリース・D.	→Gear, Felice D.
ガーンジイ, P.	→ガーンジイ, P.	キアソン, S.D.	→Quiason, Serafin D.
カンジャナスティティ, ユウワディー		キアラン, イヴリン	→Kieran, Evelyn
	→Kanjanasthiti, Euwadee	ギィエリチュ, ドロータ	→Gierycz, Dorota
カーンズ, パトリック	→Carnes, Patrick	ギエム, スアン・ヌン	→Nghiem, Xuan Nung
カンストラー, ウィリアム	→Kunstler, William	ギエルミ, ルイ	→ギエルミ, ルイ
ガンストン, リチャード	→Gunstone, Richard F.	キーオ, ドナルド	→キーオ, ドナルド
カンズル, デイヴィド	→カンズル, デイヴィド	キーガン, ジョン	→Keegan, John
カンター, ジョフリー	→Cantor, Geoffrey	キーガン, ロバート	→キーガン, ロバート
ガンダー, ハンス=ヘルムート		キクチ, ヒロコ	→キクチ, ヒロコ(菊池裕子)
	→Gander, Hans-Helmuth	キクムラ=ヤノ, アケミ	→Kikumura-Yano, Akemi
カンダ, ヒデキ	→カンダ, ヒデキ(神田秀樹)	キコクシ	→キコクシ(鬼谷子)
カンター, ミュリエル・G.	→Cantor, Muriel G.	キショー, ナリン	→Kishor, Nalin
カンター, ロザベス・モス		ギジンガー, シャン	→ギジンガー, シャン
	→Kanter, Rosabeth Moss	キース, ケント・M.	→Keith, Kent M.
カンター, H.	→Cantor, Herbert I.	キーズ, ラルフ	→Keyes, Ralph
ガンダーシェイマー, ワーナー・L.		キース, C.F.	→Keith, Cora Frances
	→ガンダーシェイマー, ワーナー・L.	キース, K.D.	→Keith, Kenneth D.
カンタニス, T.	→Kantanis, Tanya	キズキ, チアキ	→キズキ, チアキ(木附千晶)
カンダル, アーサー・E.	→Cundall, Arthur Ernest	ギスト, リチャード	→Gist, Richard
カツィク, フーベルト	→Cancik, Hubert	キストハード, ウォルター・E.	
ガンディー, マハトマ			→Kisthardt, Walter E.
	→Gandhi, Mohandas Karamchand	キスリンガー, E.	→キスリンガー, E.
カント, イマーヌエル	→Kant, Immanuel	ギーゼン, ベルンハルト	→Giesen, Bernhard
カントウェル, ジョン	→Cantwell, John	キタサカ, シンイチ	→キタサカ, シンイチ(北坂真一)
ガンドッドラ, ヴィーナ	→Gandotra, Veena	ギチョン, G.	→Gichon, Galia
カーンナ, タルン	→カーンナ, タルン	ギーツィ, ティーハ・フォン	
ガーンナム, ニコラス	→ガーンナム, ニコラス		→ギーツィ, ティーハ・フォン
ガンネル, ジョン・G.	→Gunnell, John G.	キッシンジャー, ヘンリー・A.	
ガンパート, デービッド・E.	→Gumpert, David E.		→Kissinger, Henry Alfred
カンバーバッチ, キャサリン		ギッタ, コスマス	→Gitta, Cosmas
	→Cumberbatch, Catherine	キッダー, ロバート・L.	→Kidder, Robert LeRoy
カンピサノ, クリストファー・J.		ギッターマン, アレックス	→Gitterman, Alex
	→Campisano, Christopher J.	キッチン, K.A.	→Kitchen, K.A.
カンピサノ, クリストファー・J.		ギッテル, ジョディ・ホファー	
	→カンピサノ, クリストファー・J.		→Gittell, Jody Hoffer
ガンビーニ, ロベルト	→ガンビーニ, ロベルト	キットウッド, トム	→Kitwood, T.M.
カンファーマン, K.	→Camfferman, Kees	キットシュタイナー, ハインツ・D.	
カンプール, ラビ	→カンプール, ラビ		→Kittsteiner, Heinz D.
カンプール, R.	→カンプール, R.	キップリング, ラディヤード	→Kipling, Rudyard
カンボス, ジェームズ	→カンボス, ジェームズ	ギーディオン, S.	→Giedion, Sigfried
ガンポート, パトリシア・J.		キーティング, パメラ	→Keating, Pamela
	→Gumport, Patricia J.	キーティング, マイケル	→キーティング, マイケル
カンマニ・カンダスワミ		ギデンズ, アンソニー	→Giddens, Anthony
	→カンマニ・カンダスワミ		
ガンリックス, アーサー・B.	→Gunlicks, Arthur B.		

キーナスト, アニー	→キーナスト, アニー	キム, ソンレ	→キム, ソンレ（金成礼）
キーニー, ラルフ・L.	→Keeney, Ralph L.	キム, チャンス	→キム, チャンス（金昌秀）
キーニンガー, エヴァ・マリア		キム, チャンナム	→キム, チャンナム（金昌南）
	→キーニンガー, エヴァ・マリア	キム, チャンホ	→キム, チャンホ（金蒼浩）
キーネ, H.J.	→Kijne, Hugo Jakob	キム, チョル	→キム, チョル（金哲）
ギバード, アラン	→Gibbard, Allan	キム, チンヨン	→キム, チンヨン（金真英）
キーフ, トーマス	→Keefe, Thomas	キム, テイホウ	→キム, テイホウ（金泰虎）
キーファ, アン・マリー	→Kiefer, Ann Marie	キム, デジュン	→キム, デジュン（金大中）
ギフィン, アンドリュー・F.		キム, テソン	→キム, テソン（金台音）
	→ギフィン, アンドリュー・F.	キム, ドギョン	→キム, ドギョン（金度憲）
ギフォート, ダニエル・W.	→Giffort, Daniel W.	キム, ドクジン	→キム, ドクジン（金徳鎮）
ギブス, フィリップ	→ギブス, フィリップ	キム, ドンチュン	→キム, ドンチュン（金東琦）
ギブソン, エレノア・J.	→Gibson, Eleanor Jack	キム, ドンヒョン	→キム, ドンヒョン（金東鉉）
ギブソン, ジョージー	→Gibson, Josie	キム, ナムジュン	→キム, ナムジュン（金南俊）
ギブソン, トニー	→ギブソン, トニー	キム, ハクスン	→キム, ハクスン（金学順）
ギブソン, フェイス	→Gibson, Faith	キム, ハクチュン	→キム, ハクチュン（金学俊）
ギブソン, マイケル	→ギブソン, マイケル	キム, ヒュンキ	→キム, ヒュンキ（金澄基）
ギブソン, ラングホーン, 3世		キム, ピョンイル	→キム, ピョンイル（金平一）
	→Gibson, Langhorne, Ⅲ	キム, ヒョンウク	→キム, ヒョンウク（金炯旭）
ギブニー, フランク	→ギブニー, フランク	キム, ヒョンギ	→キム, ヒョンギ（金炯基）
キプリング, ゴードン	→キプリング, ゴードン	キム, ビョンジュン	→キム, ビョンジュン（金秉俊）
キプリング, ラドヤード	→Kipling, Rudyard	キム, ヒョンスク（フェミニズム）	
キブルツ, ヨセフ	→Kyburz, Josef A.		→キム, ヒョンスク（フェミニズム）
キプレ, P.	→キプレ, P.	キム, ヒョンスク（歴史）	
ギーベラー, コルネリア	→Giebeler, Cornelia		→キム, ヒョンスク（歴史）（金賢淑）
ギベール, ベルナール	→ギベール, ベルナール	キム, ビョンリョン	→キム, ビョンリョン（金炳龍）
ギボンズ, トレーシー・C.		キム, ブンファン	→キム, ブンファン（金鵬煥）
	→ギボンズ, トレーシー・C.	キム, ヘギョン	→キム, ヘギョン（金恵敬）
キミシス, エフィー	→キミシス, エフィー	キム, マンチョル	→キム, マンチョル（金万鉄）
キミッヒ, トーマス	→Kimmig, Thomas	キム, マンフム	→キム, マンフム（金万欽）
キム, インホ	→キム, インホ（金仁鎬）	キム, ミスク	→キム, ミスク（金美淑）
キム, ウォン・ペ	→キム, ウォン・ペ	キム, ミョンイン	→キム, ミョンイン（金恩仁）
キム, ウンジョン	→キム, ウンジョン（金恩廷）	キム, ミョング	→キム, ミョング（金明九）
キム, ウンシル	→キム, ウンシル（金恩実）	キム, ミョンチョル	→キム, ミョンチョル（金明哲）
キム, エレーン・H.	→キム, エレーン・H.	キム, ユチョル	→キム, ユチョル（金裕澈）
キム, ギオク	→キム, ギオク（金貴玉）	キム, ユンキョ	→キム, ユンキョ（金胤橋）
キム, ギスン	→キム, ギスン（金基承）	キム, ユンジャ	→キム, ユンジャ（金潤子）
キム, キョギョン	→キム, キョギョン（金教京）	キム, ヨンガン	→キム, ヨンガン（金演光）
キム, キョソン	→キム, キョソン（金教誠）	キム, ヨンサム	→キム, ヨンサム（金容三）
キム, キョンギャー	→Kim, Kyungja	キム, ヨンジン	→キム, ヨンジン（金栄捂）
キム, キョンヒ	→キム, キョンヒ（金京姫）	キム, ヨンス	→キム, ヨンス（金永秀）
キム, クァンオク	→キム, クァンオク（金光玉）	キム, ヨンス	→キム, ヨンス（金英秀）
キム, クァンギュ	→キム, クァンギュ（金光叫）	キム, ヨンデ	→キム, ヨンデ（金永大）
キム, クァン・チョン	→キム, クァン・チョン	キム, ヨンボム	→キム, ヨンボム
キム, クァンホ	→キム, クァンホ（金光互）	キム, ヨンミョン	→キム, ヨンミョン（金淵明）
キム, クワン・S.	→Kim, Kwan S.	キム, ヨンムーン	→キム, ヨンムーン（金容文）
キム, ゲルマン・N.	→キム, ゲルマン・N.	キム, C.-N.	→Kim, Chang-Nam
キム, ジウン	→キム, ジウン	キム, W.チャン	→Kim, W.Chan
キム, ジェグォン	→Kim, Jaegwon	キムラ, ヒロシ	→キムラ, ヒロシ（木村汎）
キム, ジュチョル	→キム, ジュチョル（金柱澈）	キメッツァ, ロバート	→キメッツァ, ロバート
キム, ジュニョン	→キム, ジュニョン（金俊享）	ギャグノン, ブルース・K.	
キム, ジュンギ	→キム, ジュンギ（金俊基）		→ギャグノン, ブルース・K.
キム, ジュンソプ	→キム, ジュンソプ（金仲変）	キャザー, ウィラ	→Cather, Willa Sibert
キム, ジョンヒョク	→キム, ジョンヒョク（金鍾赫）	キャサリー, M.	→Casserly, Michael
キム, シン	→キム, シン	キャシディー, ナンシー	→キャシディー, ナンシー
キム, スヘン	→キム, スヘン（金秀幸）	キャージョウスキー, ヘンリック	
キム, スンテ	→キム, スンテ（金承台）		→Kierzkowski, Henryk
キム, ソクヒョン	→キム, ソクヒョン（金錫亨）	キャスカート, ジム	→キャスカート, ジム
キム, ソンイル	→キム, ソンイル（金善日）	ギャスケル, アイヴァン	→Gaskell, Ivan
キム, ソンウク	→キム, ソンウク	キャステク, ダグラス	→Castek, Douglas

キャズナヴ, フィリップ	→キャズナヴ, フィリップ	ギャレット, ケンドラ・J.	→Garrett, Kendra J.
キャスパー, クリスチャン・G.	→キャスパー, クリスチャン・G.	ギャレット, スーザン・R.	→Garrett, Susan R.
ギャスパーディ, L.	→Gàspàrdy, Làzslo	ギャレット, ローリー	→ギャレット, ローリー
キャスパリ, ヴォルカー	→キャスパリ, ヴォルカー	ギャロウェイ, チェスター・O.	→ギャロウェイ, チェスター・O.
キャスパリス, ジョン	→Casparis, John	キヤーロスタミー, アッバース	→キヤーロスタミー, アッバース
キャセイ, バーナード	→Casey, Barnard	ギャロッド, ピーター・V.	→Garrod, Peter
キャセル, ケイ・アン	→キャセル, ケイ・アン	キャロール	→キャロール
キャッシュ, デビッド・P.	→キャッシュ, デビッド・P.	キャロル, グレン・R.	→Carroll, Glenn R.
キャッシュ, トーマス・F.	→Cash, Thomas F.	キャロル, ポール	→キャロル, ポール
キャッシュマン, ケヴィン	→Cashman, Kevin	キャロル, ユージン, Jr.	→キャロル, ユージン, Jr.
キャッスルズ, フランシス	→キャッスルズ, フランシス	キャロル, R.P.	→キャロル, R.P.
キャッスルズ, フランシス・G.	→キャッスルズ, フランシス・G.	キャンター, ジョエル・S.	→Kanter, Joel S.
キャッセルズ-ブラウン, アラステア	→Cassels-Brown, Alastair	キャントウェル, デニス・M.	→キャントウェル, デニス・M.
キャッツマン, デーヴィッド・M.	→Katzman, David M.	キャントウェル, ヘンドリカ・B.	→Cantwell, Hendrika B.
キャッデル, デイヴィッド	→キャッデル, デイヴィッド	キャンビィ, シーラ	→Canby, Sheila
ギャディス, ジョン・ルイス	→Gaddis, John Lewis	キャンプ, クローディア・V.	→Camp, Claudia V.
キャナダイン, デイヴィッド	→Cannadine, David	キャンフィールド, ジャック	→Canfield, Jack
キャノン, アン	→キャノン, アン	ギャンブル, アンドリュー	→Gamble, Andrew
キャバンヌ, ヴィヴィアンヌ	→キャバンヌ, ヴィヴィアンヌ	ギャンブル, ウィリアム	→Gamble, William
キャピタンチック, D.B.	→Capitanchik, David	キャンベル, アリス・R.	→Campbell, Alyce R.
キャプゴン・サキャ・ティチェン・リンポチェ	→キャプゴン・サキャ・ティチェン・リンポチェ	キャンベル, アンドリュー	→キャンベル, アンドリュー
キャプサル, マドレーヌ	→Chapsal, Madeleine	キャンベル, カート・M.	→Campbell, Kurt M.
キャプジェ・カルー・リンポチェ	→キャプジェ・カルー・リンポチェ	キャンベル, ギャヴィン・J.	→キャンベル, ギャヴィン・J.
キャプジェ・ディンゴ・ケンツェ・リンポチェ	→キャプジェ・ディンゴ・ケンツェ・リンポチェ	キャンベル, ジョン・C.	→Campbell, John Creighton
キャプジェ・ヨンズィンリン・リンポチェ	→キャプジェ・ヨンズィンリン・リンポチェ	キャンベル, ジョン・Y.	→Campbell, John Y.
キャプラン, ロバート・S.	→Kaplan, Robert S.	キャンベル, バーバラ・W.	→Campbell, Barbara W.
キャブレラ, ジェームズ	→キャブレラ, ジェームズ	キャンベル, ルース	→Campbell, Ruth
キャメラー, コリン・F.	→キャメラー, コリン・F.	キャンベル, R.H.	→Campbell, R.H.
キャメロン, マイケル・J.	→Cameron, Michael J.	キャンベル, S.	→Campbell, S.
キャメロン, G.	→Cameron, Greg	キャンペン, ジェームズ・T.	→キャンペン, ジェームズ・T.
ギャライ, D.	→Galai, Dan	キュイベルス, ルド	→Cuyvers, Ludo
キャラウェイ, ジョセフ・A.	→Callaway, Joseph A.	キュウ, ゴウ	→キュウ, ゴウ (丘剛)
ギャラガー, キャサリン	→Gallagher, Catherine	キュウ, コウタツ	→キュウ, コウタツ (丘宏達)
ギャラス, ディアマンダ	→Galás, Diamanda	キュウ, コウリュウ	→キュウ, コウリュウ (邱興隆)
ギャラット, ディーン	→ギャラット, ディーン	キュウ, ビ	→キュウ, ビ (宮薇)
ギャラード, J.E.	→Garrard, Janice E.	キュヴィエ, C.	→Cuvier, C.
キャラハン, D.	→キャラハン, D.	キュキュザ, トーマス・G.	→キュキュザ, トーマス・G.
ギャラン, ニコラス	→ギャラン, ニコラス	ギュット, ポール	→ギュット, ポール
ギャラン, フィリップ	→Garrahan, Philip	キューネ, トーマス	→Kühne, Thomas
ギャランボス, ナンシー・L.	→Galambos, Nancy L.	キュビク, アンヌ	→キュビク, アンヌ
キャリエ, ジャン=ポール	→Carrier, Jean-Paul	キューピット, ドン	→Cupitt, Don
キャリコット, J.ベアード	→キャリコット, J.ベアード	キュピラス, ジョン	→キュピラス, ジョン
キャリーズ, デービッド・L.	→Callies, David L.	キューブラー=ロス, エリザベス	→Kübler-Ross, Elizabeth
ギャリバー, ジョーゼフ・L.	→Galiber, Joseph L.	キュプリアヌス, T.	→Cyprianus, Thascius Caecilius
キャルシディス, キャスリーン	→Calcidise, Kathleen	キュペルス, ルネ	→キュペルス, ルネ
ギャループ, B.	→Gallupe, Brent	キュモン, フランツ	→キュモン, フランツ
ギャルフォード, ロバート	→Galford, Robert	キュリロス (アレクサンドレイアの)	→Kyrillos of Alexandria
キャルホーン, クレイグ	→Calhoun, Craig J.	キュリロス (エルサレムの)	→キュリロス (エルサレムの)
キャレッタ, F.	→Caretta, Flavia	キュング, チュング・ヒュン	
ギャレット, エドマンド	→ギャレット, エドマンド		

キュン	→キュング、チュング・ヒュン	キラコフ、クリフォード・A.、Jr.	→キラコフ、クリフォード・A.、Jr.
キュンケル、フリッツ	→キュンケル、フリッツ	ギラーダッチ、テレサ	→ギラーダッチ、テレサ
ギュンター、クラウス	→Günther, Klaus	ギラード、デレク	→Gillard, Derek
ギュンター、ハンス-ルートヴィヒ	→ギュンター、ハンス-ルートヴィヒ	ギラドゥーチ、テレサ	→ギラーダッチ、テレサ
ギュンター、R.	→ギュンター、R.	ギラドゥーチ、テレサ	→ギラドゥーチ、テレサ
キューンハルト、ルートガー	→キューンハルト、ルートガー	ギラム、クリストファー	→ギラム、クリストファー
キュンメル、ユリアーネ	→キュンメル、ユリアーネ	ギランター、デービッド	→ギランター、デービッド
キョ、イッタイ	→ホ、イルテ(許一泰)	ギリアット、ペネロピ	→ギリアット、ペネロピ
キョ、イン	→ホ、ウン(許殷)	ギリアム・マクリー、P.	→Gilliam-MacRae, Priscilla
キョ、エイ	→ホ、ヨン(許営)	ギリガン、ロバート・L.、2世	→ギリガン、ロバート・L.、2世
キョ、ケイキ	→キョ、ケイキ(許慧琦)	ギリス、ジェニファー	→Gillis, Jennifer
キョ、コウ	→キョ、コウ(許宏)	ギル、トーマス・P.	→Gill, Thomas P.
キョ、コウ	→キョ、コウ(許行)	キール、フレッド	→Kiel, Fred
キョ、コウガイ	→キョ、コウガイ(許興凱)	キール、マーチ	→Kheel, Marti
キョ、ジョウシン	→キョ、ジョウシン(許瀁新)	キール、D.P.	→Kiel, Douglas P.
キョ、セイカイ	→ホ、ソンフェ(許成会)	ギル、J.H.(戦史)	→Gill, John H.
キョ、セイライ	→キョ、セイライ(許成磊)	キルヴァート・ジョーンズ、ティム	→Kilvert-Jones, Tim
キョ、ソウリキ	→キョ、ソウリキ(許宗力)	ギルキー、ラングドン	→Gilkey, Langdon
キョ、タイク	→ホ、テグ(許泰玖)	ギルゲン、R.	→Gilgen, Ruedi
キョ、チュウミン	→キョ、チュウミン(許忠民)	キルシェンバウム、D.S.	→Kirschenbaum, Daniel S.
キョ、ブンカ	→ホ、ムンファ(許文華)	キルシュ、マルク	→Kirsch, Marc
キョウ、エイセン	→キョウ、エイセン(龔永泉)	ギルズ、バリー・K.	→ギルズ、バリー・K.
ギョウ、キ	→ギョウ、キ(暁暉)	ギルズ、ポーラ・A.	→ギルズ、ポーラ・A.
キョウ、ゲントン	→カン、ウォンドン(姜元敦)	ギルソン、ジェリー	→ギルソン、ジェリー
キョウ、コウシュツ	→カン、ホチュル(姜浩出)	キルダフ、マーティン	→Kilduff, Martin
キョウ、コクチュウ	→キョウ、コクチュウ(姜国柱)	キルティカラ、K.	→Kirtikara, Krissanapong
キョウ、ショウズイ	→キョウ、ショウズイ(龔祥瑞)	ギルドリー、メレディス	→ギルドリー、メレディス
キョウ、ショウダン	→カン、スンナム(姜承男)	キールナン、C.	→Kiernan, Chris
キョウ、ジンキュウ	→カン、イング(姜仁求)	キールナン、W.E.	→Kiernan, William E.
キョウ、ジンシュク	→カン、インスク(姜仁淑)	キルバーグ、リチャード	→Kilburg, Richard R.
キョウ、ジンジン	→キョウ、ジンジン(龔刃靱)	ギルバート、ジェームズ・L.	→Gilbert, James L.
キョウ、ジンセン	→カン、インソン(姜仁仙)	ギルバート、ジェームズ・L.	→ギルバート、ジェームズ・L.
キョウ、テツカン	→カン、チョルファン(姜哲煥)	ギルバート、J.K.	→Gilbert, John K.
キョウ、トクケイ	→カン、ドクキョン(姜德景)	ギルバート、N.	→Gilbert, G.Nigel
キョウ、バンキツ	→カン、マンギル(姜万吉)	キルヒマー、M.F.W.	→Kirchmer, Mathias F.W.
キョウ、ブンケイ	→カン、ムンキュ(姜汶奎)	キルヒリンク、ミヒャエル	→Kilchling, Michael
キョウ、ヘン	→キョウ、ヘン(喬辺)	ギルブレス、フランク	→ギルブレス、フランク
キョウ、メイアン	→キョウ、メイアン(姜明安)	ギルベルトゥス(トゥルネの)	→ギルベルトゥス(トゥルネの)
キョウ、メイキュウ	→カン、ミョング(姜明求)	ギルベルトゥス・ポレタヌス	→ギルベルトゥス・ポレタヌス
キョウ、ライキ	→カン、ネヒ(姜来熙)	ギルボーイ、ジョージ	→Gilboy, George
キョウ、ロンキ	→カン、ユンヒ(姜倫希)	キルボーン、スーザン	→Kilbourne, Susan
キョウイクカイカクノタメノビジネスレンゴウ	→教育改革のためのビジネス連合	ギルマーニー	→キルマーニー
キョウムイインカイヒショショ	→僑務委員会秘書処	ギルマール、アンヌ=マリ	→ギルマール、アンヌ=マリ
キョク、ショ	→キョク、ショ(曲初)	ギルマン、エリザベス	→ギルマン、エリザベス
キョク、シンキュウ	→キョク、シンキュウ(曲新久)	ギルマンフジン	→ギルマン夫人
ギョク、メイ	→ギョク、メイ(玉明)	ギルモア、ジェニファー	→Gilmore, Jennifer
キョク、ラン	→キョク、ラン(曲蘭)	ギルモア、マイケル・T.	→Gilmore, Michael T.
ギョジャナン、オリヴィエ	→ギョジャナン、オリヴィエ	キルリーヴィ、モウリーン	→Killeavy, Maureen
ギヨーム	→Guillaume	ギルロイ、ポール	→Gilroy, Paul
ギヨーム(オーヴェルニュの)	→Guillaume d'Auvergne	キルン、W.	→Kirn, Walter N.
ギヨーム(オーセールの)	→Guillaume d'Auxerre	ギレスピー、W.H.	→Gillespie, William H.
ギヨーム(コンシュの)	→ギヨーム(コンシュの)		
ギヨーム(サン=ティエリの)	→Guillaume (Sancti-Theodorici)		
ギヨーム(シャンポーの)	→Guillelmus (Campellensis)		
キーラー、ヨルゲン	→キーラー、ヨルゲン		

ギロビッチ, T.	→ギロビッチ, T.	キン, トウチュン	→キム, ドンチュン（金東椿）
ギロリー, ジョン	→Guillory, John	キン, トクチン	→キム, ドクジン（金徳鎮）
キン, イッチュウ	→キン, イッチュウ（金一中）	キン, ドケン	→キム, ドギョン（金度憲）
キン, インキョウ	→キム, ユンキョ（金胤橋）	キーン, ドナルド	→Keene, Donald
キン, エイキ	→キム, ヒュンキ（金澄基）	キン, ナンシュン	→キム, ナムジュン（金南俊）
キン, エイシュウ	→キム, ヨンス（金永秀）	キン, ハイ	→キン, ハイ（金培）
キン, エイシュウ	→キム, ヨンス（金英秀）	キン, バンキン	→キム, マンフム（金万欽）
キン, エイシン	→キム, ヨンジン（金栄揩）	キン, バンテツ	→キム, マンチョル（金万鉄）
キン, エイダイ	→キム, ヨンデ（金永大）	キン, ビシュク	→キム, ミスク（金美淑）
キン, エンコウ	→キム, ヨンガァン（金演光）	キン, ブンガク	→キン, ブンガク（金文学）
キン, エンメイ	→キム, ヨンミョン（金淵明）	キン, ヘイイツ	→キム, ピョンイル（金平一）
キン, オンジツ	→キム, ウンシル（金恩実）	キン, ヘイシュン	→キム, ピョンジュン（金秉俊）
キン, オンテイ	→キム, ウンジョン（金恩廷）	キン, ヘイリュウ	→キム, ピョンリョン（金炳龍）
キン, ガクシュン	→キム, ハクチュン（金学俊）	キン, ホウガン	→キム, ブンファン（金鵬煥）
キン, ガクジュン	→キム, ハクスン（金学順）	キン, メイキュウ	→キム, ミョング（金明九）
キン, キギョク	→キム, ギオク（金貴玉）	キン, メイジン	→キム, ミョンイン（金明仁）
キン, キショウ	→キム, ギスン（金基承）	キン, メイテツ	→キム, ミョンチョル（金明哲）
キン, キトク	→キン, キトク（金熙徳）	キン, ユウテツ	→キム, ユチョル（金裕徹）
キン, キョウキ	→キム, キョンヒ（金京姫）	キン, ヨウサン	→キム, ヨンサム（金容三）
キン, キョウキョウ	→キム, キョギョン（金教京）	キン, ヨウブン	→キム, ヨンムーン（金容文）
キン, ギョウジョ	→キン, ギョウジョ（金堯如）	キーン, E.B.	→キーン, E.B.
キン, キョウセイ	→キム, キョソン（金教誠）	キーン, P.G.W.	→Keen, Peter G.W.
キン, ケイキ	→キム, ヒョンギ（金炯基）	キンヴィック, クリフォード	
キン, ケイキョウ	→キム, ヘギョン（金恵敬）		→キンヴィック, クリフォード
キン, ケイキョク	→キム, ヒョンウク（金炯旭）	キング, アンソニー・D.	→King, Anthony D.
キン, ゲン	→キン, ゲン（金源）	キング, イネストラ	→King, Ynestra
キン, ケンシュク	→キム, ヒョンスク（歴史）（金賢淑）	キング, チディ	→King, Chidi
キン, コウキョウ	→キム, クァンギュ（金光叫）	キング, ヘレン	→King, Helen
キン, コウギョク	→キム, クァンオク（金光玉）	キング, マーチン・ルーサー, Jr.	
キン, コウゴ	→キム, クァンホ（金光互）		→King, Martin Luther, Jr.
キン, シュウコウ	→キム, スヘン（金秀幸）	キング, マッケンジー	→King, Mackenzie
キン, シュンキ	→キム, ジュンギ（金俊基）	キング, ルーファス	→King, Rufus
キン, シュンキョウ	→キム, ジュニオン（金俊亨）	キング, D.	→King, David
キン, ジュンシ	→キム, ユンジャ（金潤子）	キング, J.E.	→キング, J.E.
キン, ショウ	→キン, ショウ（金鐘）	キング, J.R.	→King, J.R.
キン, ショウカク	→キム, ジョンヒョク（金鍾赫）	キング, L.	→King, L.
キン, ショウシュウ	→キム, チャンス（金昌秀）	キング, W.T.C.	
キン, ショウダイ	→キム, スンテ（金承台）		→King, Wilfred Thomas Cousins
キン, ショウナン	→キム, チャンナム（金昌南）	キングスバリー, ベネディクト	
キーン, ジョン	→Keane, John		→キングスバリー, ベネディクト
ギン, ジョン	→ギン, ジョン	キングスリー, S.	→Kingsley, Su
キン, シンエイ	→キム, チンヨン（金真英）	キングスレー, G.トマス	→Kingsley, G.Thomas
キン, ジンコウ	→キム, インホ（金仁鎬）	キングスレー, S.	→Kingsley, Stephen
キン, ジンレツ	→キン, ジンレツ（金仁烈）	キングソルヴァー, バーバラ	
キン, セイハク	→キン, セイハク（金世柏）		→Kingsolver, Barbara
キン, セイホ	→キン, セイホ（金聖甫）	キングマ, ダフニ・ローズ	
キン, セイレイ	→キム, ソンレ（金成礼）		→Kingma, Daphne Rose
キン, セキキョウ	→キム, ソクヒョン（金錫亨）	キンサーダル, A.	→Kinserdal, Arne
キン, ゼンニチ	→キム, ソンイル（金善日）	ギンスバーグ, B.G.	→Ginsberg, Barry G.
キン, ソウケン	→キン, ソウケン（金淡謙）	ギンズブルグ, カルロ	→Ginzburg, Carlo
キン, ソウコウ	→キム, チャンホ（金蒼浩）	キンセラ, ケヴィン	→Kinsella, Kevin
キン, タイカン	→キン, タイカン（金大煥）	キンソクカツブツ	→キンソクカツブツ（釼則活仏）
キン, タイコ	→キム, テイホウ（金泰虎）	ギンタス, ハーバート	→Gintis, Herbert
キン, ダイゼン	→キム, テソン（金台善）	キンタナ, ホセ	→Quintana, JoséM.
キン, ダイチュウ	→キム, デジュン（金大中）	キンディー	→キンディー
キン, チュウコウ	→キム, ジュチョル（金柱徹）	ギンディ, ファドワ・エル	→Guindi, Fadwa El
キン, チュウヘン	→キム, ジュンソプ（金仲変）	ギンティス, ハーバード	→ギンティス, ハーバード
キン, テツ	→キム, チョル（金哲）	キンティーダー	→キンティーダー
キン, トウゲン	→キム, ドンヒョン（金東鉉）	キンテーラ, サンドラ	→キンテーラ, サンドラ
		キンドルバーガー, チャールズ・P.	

キンハ　　　　　　　　　全集・合集収載 翻訳図書目録 1992-2007　Ⅰ

	→Kindleberger, Charles Poor	グオ, モールオ	→カク, マツジャク(郭沫若)
キンバリー, ジョン・R.	→Kimberly, John R.	クオ, ユンフウ	→カク, ウンカ(郭蘊華)
キンブル, リンダ	→キンブル, リンダ	クオモ, マリオ	→Cuomo, Mario
キンブレル, アンドリュー	→Kimbrell, Andrew	クォン, インスク	→クォン, インスク(権仁淑)
キンブロ, デニス	→キンブロ, デニス	クォン, サンジャン	→クォン, サンジャン(権相璋)
キンメーレ, ハインツ	→Kimmerle, Heinz	クォン, テファン	→クォン, テファン
キンヨウアサノカイ	→金曜朝の会	クォン, ピーター	→Kwong, Peter
		クォン, ホックチュ	→クォン, ホックチュ
		クォン, ヨンビル	→クォン, ヨンビル(権寧弼)
		グーク, ビネラビ	→Gouk, Penerope
【ク】		クーグラー, ヴァルター	→Kugler, Walter
グ, コウチン	→ク, ヒョジン(具孝珍)	クーシェイン, トマス・J.	→クーシェイン, トマス・J.
クー, チンション	→コ, セイショウ(古清正)	クーシニュー, フィル	→クーシニュー, フィル
クー, デビッド	→クー, デビッド	クシュナー, ラビ・ハロルド	
ク, ヒョジン	→ク, ヒョジン(具孝珍)		→クシュナー, ラビ・ハロルド
ク, ユウ	→ク, ユウ(瞿佑)	クシュネル, ベルナール	→Kouchner, Bernard
グ, ワヘイ	→グ, ワヘイ(虞和平)	グース, アリー・P.デ	→Geus, Arie P.de
グー, S.	→Guu, Sy-ming	グスタフソン, アンデシュ	→Gustavsson, Anders
クァク, クムジュ	→クァク, クムジュ(郭錦珠)	グスタフソン, グンネル	→Gustafsson, Gunnel
クァク, サンジン	→クァク, サンジン(郭相鎮)	クズネツォフ, アナトリー	
クアン, アンディ	→クアン, アンディ		→クズネツォフ, アナトリー
クィ, グェン・フイ	→クィ, グェン・フイ	クスノキ, ケン	→クスノキ, ケン(楠木建)
クーイ, J.D.	→Coie, John D.	クスマノ, マイケル・A.	→Cusumano, Michael A.
グイエ, アンリ	→Gouhier, Henri Gaston	クスミレク, J.	→Kusmirek, J.
グイゴ1世	→Guigo	クーセー	→クーセー
クイッグ, フィリップ	→クイッグ, フィリップ	クセニアデス	→クセニアデス
クイットナー, ヨシュア	→Quittner, Joshua	クセノパネス	→Xenophanēs
クイディン, ユーリ	→クイディン, ユーリ	クチャヴァ, ミトロファン	→クチャヴァ, ミトロファン
グイドロズ, キャスリーン		クチンスキー, ユルゲン	→Kuczynski, Jürgen
	→グイドロズ, キャスリーン	クツ, ゲン	→クツ, ゲン(屈原)
クィル, K.A.	→Quill, Kathleen Ann	クーツ, ダイアン・L.	→Coutu, Diane L.
クイン, ジェームス・ブライアン		クツ, バンリ	→クツ, バンリ(屈万里)
	→クイン, ジェームス・ブライアン	クック, テリー	→Cook, Terry
クィン, D.	→Quinn, Daniel J.	クック, トビアス	→クック, トビアス
クイントン, アンソニー	→Quinton, Anthony	クック, マイケル	→Cook, Michael
クイントン, キース	→クイントン, キース	クック, マーク	→クック, マーク
クインビー, リー	→Quinby, Lee	クック, リサ・D.	→クック, リサ・D.
クインラン, ジョセフ・P.	→Quinlan, Joseph P.	クック, H.N.	→クック, H.N.
クヴァーリチュ, ヘルムート	→Quaritsch, Helmut	クック, J.A.	→Cook, Judith A.
クヴァル, シュタイナー	→Kvale, Steinar	クック, K.(不動産金融)	→Cook, Karen
クヴァンタリアーニ, N.	→クヴァンタリアーニ, N.	クック, W.D.	→Cook, Wade D.
クヴィエチンスカー, ヤナ	→Kviečinska, Jana	クック, Y.	→Cook, Yvonne
グヴィナー, ヴィルヘルム	→Gwinner, Wilhelm	グッズマン, ローラ	→Guzman, Laura
クウィン, ジェームズ・ブライアン		クッチュマン, ヴェルナー	→Kutschmann, Werner
	→クウィン, ジェームズ・ブライアン	クッツラー, クルト	→クッツラー, クルト
クウェイト, メアリー・グリゼツ		グッド, ディアドリ・J.	→Good, Deirdre J.
	→クウェイト, メアリー・グリゼツ	グッドイナフ, W.H.	→グッドイナフ, W.H.
クウェイト, ロバート・M.		グッドウィン, ドリス・カーンズ	
	→クウェイト, ロバート・M.		→グッドウィン, ドリス・カーンズ
クーヴォ, A.J.	→Cuvo, Anthony J.	グッドウィン, R.M.	
クウォント, ウィリアム・B.	→Quandt, William B.		→Goodwin, Richard Murphey
クウルター, パトリシア	→Coulter, Patricia	グッドキー, リッチ	→Goodkey, Rich
グエッリェーリ, ジャンニ	→グエッリェーリ, ジャンニ	グッドジョンソン, ギスリー・H.	
グエリクス(イニーの)	→Guerricus (Igniacensis)		→Gudjonsson, Gisli H.
クエール, ダン	→クエール, ダン	グッドソン, アイバー	→グッドソン, アイバー
チェルチ, ジョン・A.	→チェルチ, ジョン・A.	グッドナイト, ジム	→Goodnight, Jim
グェン, ズイ・クィ	→Nguyen, Duy Quy	グッドバード, エドワード	→グッドバード, エドワード
グェン, ズイ・ズン	→Nguyen, Duy Dung	グッドマン, ジェイムズ	→グッドマン, ジェイムズ
グェン, ティエン・ダット	→Nguyen, Tien Dat	グッドマン, ジョン	→Goodman, John
グェン, ティ・チ	→Nguyen, Thi Tri		

906　原著者名カナ表記索引

グッドマン, ジョン・B.	→Goodman, John B.	クーベ, アレグザンダー・フォン	
グッドマン, ハック	→グッドマン, ハック		→Cube, Alexander von
グッドマン, メルビン・D.		グベール, ピエール	→Goubert, Pierre
	→グッドマン, メルビン・D.	クーペルス, ルネ	→クーペルス, ルネ
グッドマン, ルイス・W.	→グッドマン, ルイス・W.	クマー, クリシャン	→クマー, クリシャン
グッドマン, ロジャー	→Goodman, Roger	クマー, サラバジャヤ	→Kumar, Sarabajaya
グッドマン, ロベルト	→Goodman, Robert G.	クマール, サティシュ	→Kumar, Satish
グッドマン, ローリー・S.	→グッドマン, ローリー・S.	クマール, ニールマリア	→クマール, ニールマリア
グッドマン, D.C.	→Goodman, David C.	グーマン, ポール・A.S.	→グーマン, ポール・A.S.
グッドマン, J.	→Goodman, Julie	クームズ, ロッド (景気変動)	→Cooms, Rod
グッドラッド, ジョン・I.	→Goodlad, John I.	クームズ, H.	→Coombes, Helen
グットルムスソン, ロフトゥル		クメール, ウォルター	→クメール, ウォルター
	→Guttormsson, Loftur	グライクスナー, ウルリケ	→Gleixner, Ulrike
グティエーレス, L.M.		クライシ, S.H.	→Quraishi, Shahid H.
	→Gutierrez, Lorraine Margot	クライス, スティーブン	→Kreis, Steven
クティネッリ, エマヌエル・レンディナ		クライスマン, デビット	→Kraithman, David
	→クティネッリ, エマヌエル・レンディナ	クライスラー, ピーター	→クライスラー, ピーター
グーディン, ロバート・E.	→グーディン, ロバート・E.	クライダー, ジェームズ・W.	
クテック, アン	→クテック, アン		→クライダー, ジェームズ・W.
グード, ジュディス・G.	→Goode, Judith	クライドルファー, P.	→Kleindorfer, Paul
グドー, マリー	→グドー, マリー	クライトン, ミリー・R.	→Creighton, Millie R.
グード, D.A.	→Goode, David A.	クライデン, A.	→Kleidon, Allan W.
グトヴィルト, エレアザル		クライネドラー, ウォルト・J.	
	→グトヴィルト, エレアザル		→Kleinedler, Walt J.
クドリャショフ, セルゲイ	→クドリャショフ, セルゲイ	グライフ, アヴァナー	→グライフ, アヴァナー
クナーゼ, ゲオルギー・F.	→クナーゼ, ゲオルギー・F.	クライマー, アダム	→クライマー, アダム
クナッツ, ロータル	→クナッツ, ロータル	クライマー, ヘルムート	→Kramer, Helmut
クナップ, M.	→Knapp, M.	グライムズ, アンドリュー・J.	
グナーナンダ, モーホッティワッテ			→Grimes, Andrew J.
	→Gunānanda, Mohottivatte	グライムス, ウイリアム・W.	
クニッペンベルク, アド・ファン			→Grimes, William W.
	→クニッペンベルク, アド・ファン	クライン, ジョージ・L.	→クライン, ジョージ・L.
クーニヒ, フィーリプ	→Kunig, Philip	クライン, スティーヴン	→Kline, Stephen
クニビレール, イヴォンヌ	→Knibiehler, Yvonne	クライン, ナオミ	→Klein, Naomi
クニーリム, ロルフ・P.	→Knierim, Rolf P.	クライン, フェルディナンド	→Klein, Ferdinand
クニール, ゲオルグ	→クニール, ゲオルグ	クライーン, プニーナ	→Klein, Pnina
クネーフェルカンプ, ウルリヒ		クライン, フリーダ・カポール	
	→Knefelkamp, Ulrich		→Klein, Freada Kapor
クーネン, ハリー	→Coenen, Harry	クライン, レナーテ	→クライン, レナーテ
クノウ, ハインリッヒ		クライン, L.R.	→Klein, Lawrence Robert
	→Cunow, Heinrich Wilhelm Carl	クラインシュミット, ハラルド	
クノート, ローター	→Knauth, Lothar		→Kleinschmidt, Harald
クーパー, アダム	→クーパー, アダム	クラインディンスト, マーク	
クーパー, ウィリアム・H.	→Cooper, William H.		→クラインディンスト, マーク
クーパー, ウィリアム・W.	→Cooper, William W.	クラインドルファー, ポール・R.	
クーパー, ジェラルド・S.	→Cooper, Jerrold S.		→クラインドルファー, ポール・R.
クーパー, ジュディ	→Cooper, Judy	クラインフィールド, N.R.	
クーパー, ジョーン	→クーパー, ジョーン		→クラインフィールド, N.R.
クーパー, デヴィッド・E.	→クーパー, デヴィッド・E.	クラウアー, ロバート・W.	
クーパー, マーリン	→Cooper, Marlene		→クラウアー, ロバート・W.
グハ, ラナジット	→Guha, Ranajit	クラウズ, アーウィン	→Krausz, Erwin
クーパー, リチャード・N.	→Cooper, Richard N.	クラウス, ハンス=クリストフ	
クーパー, A.R.	→Cooper, Adrian R.		→Kraus, Hans-Christof
クーパー, D.	→Cooper, David	クラウス, ヨーブスト	→Kraus, Jobst
クーパー, L.J.	→Cooper, Linda J.	クラウス, R.M.	→Krauss, Robert M.
クーパーズアンドライブランド		クラウセン, デトレフ	→Claussen, Detlef
	→クーパーズ・アンド・ライブランド	クラウチ, コーリン	→Crouch, Colin
グプタ, アニル・K.	→Gupta, Anil K.	クラウチ, スタンレー	→クラウチ, スタンレー
グプタ, カリアン・セン	→グプタ, カリアン・セン	クラウチ, トム・D.	→クラウチ, トム・D.
クーブルシュミット, J.	→Kupersmidt, Janis B.	クラウチェンコ	→クラウチェンコ
		クラウド, ジョン	→クラウド, ジョン

グラウバー, ロバート・R. →Glauber, Robert R.
グラウバー, J. →Klauber, John
クラウバー, T. →Klauber, Trudy
グラウマン, カール・F. →グラウマン, カール・F.
クラウリー, ジェームス →クラウリー, ジェームス
クラーク, アラン →クラーク, アラン
クラーク, イアン →クラーク, イアン
クラーク, ウィリアム・C. →Clark, William C.
クラーク, オリバー →Clarke, Oliver
クラーク, キム・B. →Clark, Kim B.
クラーク, キルデア →Clarke, Kildare
クラーク, グレゴリー →Clark, Gregory
クラーク, サイモン(労働) →Clarke, Simon
クラーク, ジェニファー →クラーク, ジェニファー
クラーク, ジョン →Clark, John
クラーク, ジョン・I. →クラーク, ジョン・I.
クラーク, スコット →Clark, Scott
クラーク, デイビット・D.
　　　　　　　　　　　 →クラーク, デイビット・D.
クラーク, デーン →クラーク, デーン
クラーク, バートン・R. →Clark, Burton R.
クラーク, ピーター・D. →クラーク, ピーター・D.
クラーク, ブライアン →クラーク, ブライアン
クラーク, フランク →Clarke, Frank
クラーク, ブルース →Clark, Bruce
クラーク, ヘレン →Clark, Helen
クラーク, ポール・G. →クラーク, ポール・G.
クラーク, マリリン・F. →クラーク, マリリン・F.
クラーク, ラムゼイ →Clark, Ramsey
クラーク, リチャード・W. →Clark, Richard W.
クラーク, D.M.(行動療法) →Clark, David Millar
クラーク, G.W. →クラーク, G.W.
クラクストン, メルヴィン →Claxton, Melvin
クラークソン, ジンジャー
　　　　　　　　　　　 →クラークソン, ジンジャー
クラーゲス, ヘルムート →Klages, Helmut
クラーゲス, ルートヴィヒ →Klages, Ludwig
グラーザ, クリス →グラーザ, クリス
グラーザー, ヘルマン →Glaser, Hermann
クラシゲ, ロン →クラシゲ, ロン
グラショー, シェルダン →グラショー, シェルダン
グラス, ギュンター →Grass, Günter
グラス, フィリップ →グラス, フィリップ
グラスゴー, ラッセル・E. →Glasgow, Russell E.
グラスマン, ジェームズ・K.
　　　　　　　　　　　 →グラスマン, ジェームズ・K.
グラゾフ, V.V. →グラゾフ, V.V.
グラソン, E.D. →Glason, Ernest Désiré
グラダ, コーマク・O. →Gráda, Cormac Ó.
グラタルー, クリスティアン
　　　　　　　　　　　 →グラタルー, クリスティアン
グラーツェル, ブリギッテ →Gratzel, Brigitte
グラック, キャロル →Gluck, Carol
グラック, フレデリック・W.
　　　　　　　　　　　 →Gluck, Frederick W.
クラッコー, エライザ →Krackow, Elisa
グラッサー, アーサー・F. →グラッサー, アーサー・F.
グラッサー, セオドア・L. →グラッサー, セオドア・L.
グラッタン・ギネス, イヴォール
　　　　　　　　　　　 →Grattan-Guinness, Ivor

クラッチャー, D.M. →Crutcher, Diane M.
グラッツァ, ナフム・N.
　　　　　　　　　　　 →Glatzer, Nahum Norbert
グラッドウィン, T. →Gladwin, Thomas N.
グラットフェルター, R.エドワード
　　　　　　　　　　　 →Glatfelter, R.Edward
グラットマン, ハーヴェイ →グラットマン, ハーヴェイ
グラットン, クリス →Gratton, Chris
クラッパー, J.T. →Klapper, Joseph T.
クラッブ, C. →Clubb, Colin
グラディカックス, ローレンス・E.
　　　　　　　　　　　 →Gladicux, Lawrence E.
クラディス, マーク →クラディス, マーク
グラディッシュ, K. →Gladdish, Ken
クラトーリウムサギョウイインカイ
　　　　　　　　　　　 →クラトーリウム作業委員会
クラナ, ラケシュ →Khurana, Rakesh
グラナツティン, ジャック・L. →Granastein, J.L.
クラーネフース, アネレーン
　　　　　　　　　　　 →クラーネフース, アネレーン
グラネル, ジェラール →Granel, Gérard
グラノヴェッター, マーク →Granovetter, Mark
グラハム, アンドリュー →グラハム, アンドリュー
グラハム, ジョン・L. →Graham, John L.
グラハム, スティーヴン・R.
　　　　　　　　　　　 →Graham, Stephen R.
グラハム, ヘレン →Graham, Helen
グラハム, ポーリン →Graham, Pauline
クラパム, J.H. →Clapham, Sir John Harold
グラハム, L.L. →Graham, Linda L.
グラパール, アラン・G. →グラパール, アラン・G.
クラパンザーノ, ヴィンセント
　　　　　　　　　　　 →Crapanzano, Vincent
クラピシュ=ズュベール, クリスティアーヌ
　　　　　　　　　　　 →Klapisch-Zuber, Christiane
グラーフ, フリードリッヒ・ヴィルヘルム
　　　　　　　　　　　 →Graf, Friedrich Wilhelm
グラフ, K.D. →Graf, K.D.
グラファム, ロバート・D.
　　　　　　　　　　　 →グラファム, ロバート・D.
クラフキ, ヴォルフガング →Klafki, Wolfgang
クラフチック, マリウシュ・K.
　　　　　　　　　　　 →クラフチック, マリウシュ・K.
クラフツ, N. →クラフツ, N.
クラフト・エビング, リヒャルト・F.フォン
　　　　　　　　　　　 →Krafft Ebing, Richard Freiherr von
グラフトン, アンソニー →グラフトン, アンソニー
クラボル, エドワード・P. →クラボル, エドワード・P.
クラマー, ロデリック・M.
　　　　　　　　　　　 →Kramer, Roderick M.
クラマー, ロルフ →クラマー, ロルフ
クラーミ, ハンヌ・ターパニ
　　　　　　　　　　　 →クラーミ, ハンヌ・ターパニ
クラム, トーマス →クラム, トーマス
グラムシ, アントニオ →Gramsci, Antonio
クラーモント, ケヴィン・M.
　　　　　　　　　　　 →Clermont, Kevin M.
クラリッジ, ローズマリー
　　　　　　　　　　　 →クラリッジ, ローズマリー
クラレンバルドゥス(アラスの)
　　　　　　　　　　　 →クラレンバルドゥス(アラスの)

グラン, ジュリアン・レ	→Grand, Julian Le		→クリストファー, エルフィス
クラン, E.	→Krings, Ernst	クリストファー, マーチン	→Christopher, Martine
クランシー, ジェニファー	→Clancy, Jennifer	クリストファーズ, M.	→Christophers, Mike
クランシー, W.J.	→Clancey, William J.	クリストファーソン, ジョン・A.	
グランセル, アンジェ	→Grunsell, Ange		→Christopherson, Jon A.
クランチャー, ジョン	→Klancher, Jon	クリストフイロポウロウ・カラー, パラスケヴイ	
グランツ, デビッド・M.	→Glantz, David M.		→Christofilopoulou-Kaler, Paraskevy
クランツ, ビルギット	→クランツ, ビルギット	クリストル, ウィリアム	→Kristol, William
グランデ, マウリツィオ	→グランデ, マウリツィオ	クリスマス, ボビー	→Christmas, Bobbie
グランディ=ワー, カール		クリス・レーワー	→クリス・レーワー
	→グランディ=ワー, カール	グリーソン, ハーバート	→Gleason, Herbert P.
グランディン, テンプル	→Grandin, Temple	クリーダー, デビッド	→クリーダー, デビッド
グラント, アレグザンダ	→Grant, A.	クリック, ジャン・コール	→クリック, ジャン・コール
グラント, イアン・ハミルトン		グリック, スティーブン	→グリック, スティーブン
	→グラント, イアン・ハミルトン	グリッサン, エドゥアール	→Glissant, Edouard
グラント, エドワード	→Grant, Edward	クーリッジ, C.	→Coolidge, Calvin
グラント, エリック	→グラント, エリック	クリッチュリー, D.	→Critchley, Deane L.
グラント, ジル・R.	→Grant, Jill R.	クリッチリー, サイモン	→クリッチリー, サイモン
クランドール, L.	→Crandall, Lynda	クリッツィング, クラウス・フォン	
クランプ, ヴォルフガング	→Kramp, Wolfgang		→クリッツィング, クラウス・フォン
クランプ=カナベ, ミシェル		クリッツマン, マーク・P.	→クリッツマン, マーク・P.
	→Crampe-Casnabet, Michèle	クリップナー, スタンリー	→Krippner, Stanley
グリア, コリン	→グリア, コリン	グリップ - ハーゲルシュタンゲ, ヘルガ	
グリア, ジャーメイン	→グリア, ジャーメイン		→グリップ - ハーゲルシュタンゲ, ヘルガ
クリアリー, ポーラ	→Cleary, Paula	クリーディ, ジョン	→Creedy, J.
クリアン, アルメル	→クリアン, アルメル	クリティアス	→クリティアス
クリーヴァー, ハリー	→Cleaver, Harry	クリドゥル, B.	→Criddle, Byron
クリヴェット, ハインツ	→クリヴェット, ハインツ	クリトン, パスカル	→クリトン, パスカル
クリーガー, アバ・M.	→Krieger, Abba M.	クリーナー, トビアス	→Kriener, Tobias
クリーガー, デイビッド	→Krieger, David	クリーナ, マシュー	→Klena, Mattehew
クリーガー, ライオネル	→クリーガー, ライオネル	グリーバー, ジュディス	→Greber, Judith
クリーク, オットー	→クリーク, オットー	グリフ, キャサリン	→Griff, Catherine
クリーゲル, ジョン・A.	→Kregel, J.A.	クリフ, サラ	→Cliffe, Sarah
グリーコ, A.J.	→グリーコ, A.J.	グリーファーン, モニカ	→グリーファーン, モニカ
グーリシャン, ハロルド	→Goolishian, Harold	グリフイス, アレッド	→Griffiths, Aled
クリシュナ, ミーナ	→クリシュナ, ミーナ	グリフイス, ジョン	→Griffiths, John
クリシュナン, ヴィシュ・V.		グリフィス, ホセ=マリー	
	→クリシュナン, ヴィシュ・V.		→グリフィス, ホセ=マリー
クリース, ジョン	→クリース, ジョン	グリフィス, ポール (児童問題)	→Griffiths, Paul
クリス, ジョン	→クリス, ジョン	グリフィス, ポール・J. (キリスト教)	
グリスウォルド, F.E.	→Griswald, Fanny E.		→Griffiths, Paul J.
クリスチャンズ, クリフォード・C.		グリフィス・ジョーンズ, ステファニー	
	→クリスチャンズ, クリフォード・C.		→Griffith-Jones, Stephany
クリスチャンセン, M.	→Christiansen, Merete	グリフィン, ジェームス	→Griffin, James
クリスチャンソン, ディーン		グリフィン, スーザン	→Griffin, Susan
	→クリスチャンソン, ディーン	グリフィン, デイヴィッド・レイ	
クリスティー, アガサ	→Christie, Agatha		→グリフィン, デイヴィッド・レイ
クリスティー, ケネス	→クリスティー, ケネス	グリフィン, デイル	→Griffin, Dale
クリスティー, パム	→クリスティー, パム	グリフィン, ナタリー・ショップ	
クリスティアノス, V.	→Christianos, Vassili		→Griffin, Natalie Shope
クリスティアン, デビー	→Christian, Debbie	グリフィン, ニコラス	→グリフィン, ニコラス
クリステヴァ, ジュリア	→Kristeva, Julia	クリフォード, ジェイムズ	→Clifford, James
クリステンセン, オスカー・C.		クリフト, モンゴメリー	→Clift, Montgomery
	→Christensen, Oscar C.	クリフト, ローランド	→Clift, Roland
クリステンセン, カイ	→Kristensen, Kai	グリブル, H.	→Gribble, Helen
クリステンセン, クレイトン・M.		グリマッシ, レイヴン	→グリマッシ, レイヴン
	→Christensen, Clayton M.	グリーマン, ジム	→グリーマン, ジム
クリスト, キャロル・P.	→Christ, Carol P.	クリミンス, D.	→Crimmins, Daniel
クリストフ, N.	→クリストフ, N.	グリム, ヴィルヘルム	→グリム兄弟
クリストファー, エルフィス		グリム, ヤーコブ	→グリム兄弟

グリム, リューディガー	→Grimm, Rüdiger	グリンパス, ベネディクト	→グリンパス, ベネディクト
グリムキョウダイ	→グリム兄弟	グリーンフェルド, ジョシュ	→Greenfeld, Josh
グリムズリー, マーク	→グリムズリー, マーク	グリーンブラット, スティーヴン・J.	
クリューガー, ポール	→Kruger, Paul		→Greenblatt, Stephen Jay
グリューゲル, ジャン	→グリューゲル, ジャン	グリンブラット, M.	→Grinblatt, Mark
クリューズ, ヘンリー	→Clews, Henry	グリーンリーフ, S.	→Greenleaf, Simon
クリュゼマン, フランク	→Crüsemann, Frank	クール, ダイアナ	→Coole, Diana
クリュゼマン, マルレーネ	→Crüsemann, Marlene	クール, ルード・A.	→Koole, Ruud A.
クリュソストモス, ヨアンネス		クルーイ, M.	→Crouhy, Michel
	→Chrysostomos, Jōhannēs	クルウフェル, エステル・E.デ	
グリュックスマン, アンドレ	→Glucksmann, André		→Kleuver, Esther E.de
グリュンワルド, ゲラルド		グルーエンスタイン, ジョン・M.L.	
	→グリュンワルド, ゲラルド		→Gruenstein, John M.L.
クリーリ, キャサリーン・W.		クルーガー, アン・O.	→Krueger, Ann O.
	→クリーリ, キャサリーン・W.	クルーガー, ジェフリー	→クルーガー, ジェフリー
グリーリー, ホラス	→Greeley, Horace	クルーガー, J.	→クルーガー, J.
クリル, ドナルド	→Krill, Donald F.	クルーグマン, デイビッド	
グリーン, アイリーン	→Green, Eileen		→クルーグマン, デイビッド
グリーン, アラン	→Green, Alan	クルーグマン, ポール・ロビン	
グリーン, アンディ	→グリーン, アンディ		→Krugman, Paul Robin
グリン, アンドリュー	→Glyn, Andrew	クルーグマン, リチャード・D.	
グリーン, ギルバート・J.	→Greene, Gilbert J.		→Krugman, Richard D.
クリン, ザイナル	→Kling, Zainal	グルーゲル, J.	→Grugel, Jean
グリーン, ジェニファー	→Greene, Jennifer	グルーコック, ヴェロニカ	→Groocock, Veronica
グリン, シーン	→Glynn, Sean	グルース	→Groos
グリーン, スコット・クリストファー		クルーズ, ジョン・E.	→Crews, John E.
	→Green, Scott Christopher	クルス, ビクトル・ヘルナンデス	
グリーン, ティモシー・T.	→Greene, Timothy T.		→クルス, ビクトル・ヘルナンデス
グリーン, ナンシー	→Green, Nancy	グルスキン, ソフィア	→Gruskin, Sofia
グリーン, ハーヴェイ	→Green, Harvey	グールストン, マーク	→Goulston, Mark
グリーン, ポール・E.	→Green, P.E.	グルスマン, ヴォルフ・ディートリッヒ	
グリーン, マイケル・ジョナサン			→グルスマン, ヴォルフ・ディートリッヒ
	→Green, Michael J.	クルーゼ, アンドレアス	→Kruse, Andreas
グリーン, マクサイン	→グリーン, マクサイン	グルゼラク, ヤヌス	→グルゼラク, ヤヌス
グリーン, マーティン	→Green, Martin	クールソ, キャロル	→Kuhlthau, Carol C.
グリーン, ミランダ	→Green, Miranda	グルソラ, ジャン＝マルク	
グリーン, A.	→Green, A.		→グルソラ, ジャン＝マルク
グリーン, A.C.	→グリーン, A.C.	クルソン, N.J.	→Coulson, Noel James
グリーン, A.E.	→Green, Ann E.	クールター, D.L.	→Coulter, David L.
グリーン, D.C.	→Greene, Daniel Crosby	クルタン, ジャン	→Courtin, Jean
グリーン, F.ゴードン	→グリーン, F.ゴードン	クルツ, シュテファン	→クルツ, シュテファン
グリーンウォルト, クロフォード・H.		グルックマン, G.B.	→Gruchman, Grzegorz B.
	→Greenewalt, Crawford H.	クルッツェン, パウル	→Crutzen, Paul J.
グリーンウォルド, ジェフ	→Greenwald, Jeff	クールティヴロン, イザベル・ド	
グリンウォルド, ジョン	→グリンウォルド, ジョン		→Courtivron, Isabelle de
クリングス, ヘルマン	→Krings, Hermann	クルーティエ, アルヴ・リトル	
グリーンサル, ジル	→Greenthal, Jill		→Croutier, Alev Lytle
グリーンスタイン, フレッド		グルデイニン, I.A.	→グルデイニン, I.A.
	→グリーンスタイン, フレッド	クルティーヌ, ジャン＝フランソワ	
グリーンスパン, S.	→Greenspan, Stephen		→Courtine, Jean-François
グリンドル, メリリー・S.	→Grindle, Merilee S.	グルデン, ロイヤル・スコット	
クリントン, ヒラリー・ロダム			→Gulden, Royal Scott
	→Clinton, Hillary Rodham	グールド, スーザン・B.	→Gould, Susan B.
クリントン, ビル	→Clinton, Bill	クルート, セドリック	→クルート, セドリック
グリーナウェイ, デビッド	→Greenaway, David	グールド, マイケル	→グールド, マイケル
グリンバーグ, ダグラス	→グリンバーグ, ダグラス	グルドー＝モンターニュ, モーリス	
グリンバーグ, レオン	→グリンバーグ, レオン		→グルドー＝モンターニュ, モーリス
グリーンバーグ, ロバート		クルーニカン, ポール・E.	→Crunican, Paul E.
	→グリーンバーグ, ロバート	グルーネンベルク, ニーナ	
グリーンバーグ, L.S.	→Greenberg, Leslie S.		→グルーネンベルク, ニーナ

グルーバー, エルマー・R.		グレイバー, デイビッド	→グレイバー, デイビッド
	→グルーバー, エルマー・R.	グレイバ, ヘルマン	→グレイバ, ヘルマン
グルーバー, E.	→Gruber, Elisabeth	クレイビル, ロン	→クレイビル, ロン
グルバチク, アンドレイ	→グルバチク, アンドレイ	クレイビル, H.F.	→クレイビル, H.F.
クルピヤンコ, アレクサンドル		クレイマー, スティーブン・J.	→Kramer, Steven J.
	→クルピヤンコ, アレクサンドル	クレイマー, J.	→Cramer, Jacqueline
クルプスカヤ, N.	→クルプスカヤ, N.	クレイマン, ロバート	→Kleiman, Robert
グールモ, ジャン＝マリー		クレイン, ドワイト・B.	→Crane, Dwight B.
	→グールモ, ジャン＝マリー	クレイン, P.W.	→Klein, P.W.
グールモン, レミ・ド	→Gourmont, Rémy de	グレーヴィチ, アーロン	
グルンダー, ハンス＝ウルリヒ			→Gurevich, Aron Iakovlevich
	→グルンダー, ハンス＝ウルリヒ	グレヴィル, チャールズ	→グレヴィル, チャールズ
グルントフェスト, ジョセフ・A.		グレーヴェ, ヴィルフリート	→Greve, Wilfried
	→Grundfest, Joseph A.	クレーヴン, トニ	→Craven, Toni
クルーンバル, カイ	→Kronvall, Kai	クレオストラトス	→クレオストラトス
グルンベルグ, イザベル	→Grunberg, Isabelle	クレーガー, クラウス	→Kröger, Klaus
グレー, ウォレン・C.	→Gray, Warren C.	クレーガー, テッポ	→Kröger, Teppo
クレア, アリシア・アン	→クレア, アリシア・アン	グレーガー, ヘルムート	→Groger, Helmut
クレア, マイケル・T.	→Klare, Michael T.	クレクトリング, J.A.	→Frechtling, Joy A.
クレア, リンダ・セント	→クレア, リンダ・セント	クレーゲル, J.A.	→クレーゲル, J.A.
クレア, M.(政治)	→クレア, M.(政治)	グレゴリー, アニタ	→グレゴリー, アニタ
グレアム, スティーヴン・R.		グレゴリー, フレデリック	→Gregory, Frederick
	→Graham, Stephen R.	グレゴリー, リチャード	→Gregory, Richard L.
クーレイ, アントン	→Cooray, Anton	グレゴリウス1世	→Gregorius
クレイ, エリザベス	→クレイ, エリザベス	グレゴリオス(ナジアンゾスの)	
グレイ, キャロル・A.	→Gray, Carol A.		→グレゴリオス(ナジアンゾスの)
グレイ, コリン	→グレイ, コリン	グレゴリオス(ニュッサの)	→グレゴリオス(ニュッサの)
グレイ, ジャン・M.	→グレイ, ジャン・M.	グレゴリオス・タウマトゥルゴス	
クレイ, ジョン	→クレイ, ジョン		→Gregorius Thaumaturgns
グレイ, ジョン	→Gray, John	グレゴワール	→グレゴワール
グレイ, ジョン(哲学)	→Gray, John	グレーザー, アンドレアス	→Graeser, Andreas
グレイ, ディビッド	→グレイ, ディビッド	グレーザー, ジョン	→グレーザー, ジョン
グレイ, パトリック	→グレイ, パトリック	グレーザー, ネイサン	→グレーザー, ネイサン
グレイ, ピーター	→Gray, Peter	クレシ, S.	→Qureshi, Sajda
グレイ, ポール	→グレイ, ポール	クレスポ, セシリア	→クレスポ, セシリア
グレイ, マルコム(経済)	→Gray, Malcolm	クレスラー, エリカ	→クレスラー, エリカ
グレイ, メアリー	→グレイ, メアリー	グレーソン, ジェームス・H.	
グレイ, ロナルド・F.	→グレイ, ロナルド・F.		→グレーソン, ジェームス・H.
グレイ, ロブ	→Gray, Rob	クレーソン, ジョージ・S.	→Clason, George S.
グレイ, H.ピーター	→グレイ, H.ピーター	クレーツ, ジャン＝ルイ	→クレーツ, ジャン＝ルイ
クレイク, ウエンディ	→クレイク, ウエンディ	グレツィンガー, アルブレヒト	
クレイグ, エリザベス	→クレイグ, エリザベス		→グレツィンガー, アルブレヒト
クレイグ, ゲイリー	→Craig, Gary	クレッカー, ミヒャエル	→Klöcker, Michael
クレイク, ジェームズ	→グレイク, ジェームズ	クレッシー, ウィリアム	→クレッシー, ウィリアム
クレイグ, J.E.	→Craig, John E.	グレッジ, T.R.	→Gulledge, Thomas R.
グレイザー, ネイサン	→Glazer, Nathan	グーレット, アゴタ	→グーレット, アゴタ
グレイジャー＝マクドナルド, ベス		クレッパー, スティーブ	→クレッパー, スティーブ
	→Glazier-McDonald, Beth	グレトゥイゼン	→Grœthysen
クレイズ, グレゴリー	→Claeys, Gregory	クレナー, ウォルフガンク	
グレイス, マーティン・F.	→グレイス, マーティン・F.		→クレナー, ウォルフガンク
グレイソン, ジョージ・W.	→Grayson, Goerge W.	グレノン, デニス・C.	→Glennon, Dennis C.
グレイソン, ジョン	→グレイソン, ジョン	グレノン, マイケル	→Glennon, Michael
グレイソン, ブルース	→Greyson, Bruce	グレハン, ファレル	→グレハン, ファレル
グレイダー, ウィリアム	→Greider, William	グレビーズ, ブノワ	→グレビーズ, ブノワ
クレイトン, ヴィッキ	→Clayton, Vicki	クレフ, X.	→クレフ, X.
クレイトン, ローレンス・A.		クレフェルト, ヴォルフ	→クレフェルト, ヴォルフ
	→Clayton, Lawrence A.	クレフェルト, マーチン・ファン	
クレイトン, V.P.	→Clayton, Vivian P.		→Creveld, Martin van
クレイナー, アート	→クレイナー, アート	クレプノフ, S.I.	→クレプノフ, S.I.
クレイナー, マリリン	→クレイナー, マリリン	クレプファー, M.	→クレプファー, M.

グレーベ, ギュンター	→グレーベ, ギュンター	グロス, ロナルド	→Gross, Ronald
グレーベ, ヘルマン	→グレーベ, ヘルマン	グロスコプフ, S.	→Grosskopf, Shawna
グレーベル, コンラート	→Grebel, Conrad	グロステスト, ロバート	→Grosseteste, Robert
グレボフ, I.	→グレボフ, I.	グロスバーグ, ローレンス	
クレーマー, ベン	→Cramer, Ben		→グロスバーグ, ローレンス
クレーマー, ラルフ・M.	→Krammer, Ralph M.	グロスフェルト, ベルンハルト	
クレーマー, ロイド・S.	→Kramer, Lloyd S.		→Grossfeld, Bernhard
クレーマー, ロバート・J.	→Kramer, Robert J.	グロスフォーゲル, ラモン	
クレーマー, W.	→Kraemer, Wolfgang		→グロスフォーゲル, ラモン
クレーマー, W.P.	→クレーマー, W.P.	グロスマン, アチナ	→Grossmann, Atina
クレーマース, ルードルフ		クローセット・マーシャル, G.	
	→クレーマース, ルードルフ		→Closset-Marchal, G.
クレーマー゠ルーゲンベルク, イングリート		クローセン, ジョン・A.	→Clausen, John A.
	→Craemer-Rugenberg, Ingrid	クロソウスキー, ピエール	→Klossowski, Pierre
クレマンソー, ジョルジュ	→Clemenceau, Georges	クローソン, レイチェル	→クローソン, レイチェル
クレメンス (アレクサンドレイアの)		クローチェ, ベネデット	→Croce, Benedetto
	→クレメンス (アレクサンドレイアの)	クロチキン, P.	→クロチキン, P.
クレメンチェフ, セルゲイ	→Klementjew, Sergej	グロッソ, マイケル	→グロッソ, マイケル
クレメンツ, M.スーザン	→Clements, M.Susan	グロッタネッリ, C.	→グロッタネッリ, C.
クレメンツ, R.E.	→Clements, Ronald Ernest	グロッツ, ペーター	→Glotz, Peter
クレモンス, エリック	→Clemons, Eric K.	クロッティ, ジェームズ・R.	
クレモンズ, スティーブン・C.			→クロッティ, ジェームズ・R.
	→Clemons, Steven C.	クロップァ, L.E.	→Klopfer, Leopold E.
グレーラー, オーラフ	→Groehler, Olaf	クロッペンシュタイン, エドゥアルト	
クレール, クリストフ	→クレール, クリストフ		→クロッペンシュタイン, エドゥアルト
クレール, デイヴィッド・ファレル		クロード, リチャード・ピエール	
	→クレール, デイヴィッド・ファレル		→Claude, Richard Pierre
クレレンド, ウィリアム・J.		グロードゥン, ジューン	→Groden, June
	→クレレンド, ウィリアム・J.	クロトコフ, ユーリー	→クロトコフ, ユーリー
グレン, ジュール	→Glenn, Jules	クロード・ダブヴィル	→Claude d'Abbeville
グレン, ジョン	→Glenn, John	グロートフ, ハンス-ヘルマン	
クーレン, ローター	→クーレン, ローター		→Groothoff, Hans-Hermann
グレン, H.P.	→Glen, H.Patrick	グロトフェルティ, シェリル	→Glotfelty, Cheryl
グレンディニング, キャロライン		グローナー, ポール	→グローナー, ポール
	→Glendinning, Caroline	クローニン, パトリック	→Cronin, Patrick M.
グレンデニング, フランク	→Glendenning, Frank	クローニン, ヘレナ	→Cronin, Helena
グレンドニング, クリスティーナ		グロネマイアー, マリアンネ	
	→グレンドニング, クリスティーナ		→Gronemeyer, Marianne
クレンナー, ヘルマン	→クレンナー, ヘルマン	グローバー, D.	→Glover, Diana
グレンメイ, L.	→GlenMaye, Linnea	クロパチェク, L.	→クロパチェク, L.
クロー, ゲオルク・フォン	→Krogh, Georg von	グローブ, アンドリュー・S.	
グロ, フランソワ	→Gros, François		→グローブ, アンドリュー・S.
グロイスバーグ, ボリス	→Groysberg, Boris	グロフ, クリスティーナ	→Grof, Christina
グローヴ, アンドリュー・S.	→Grove, Andrew S.	グロフ, スタニスラフ	→Grof, Stanislav
グローヴ, ノエル	→グローヴ, ノエル	グローブ, チャールズ	→Grob, Charles
クロウ, リチャード	→Clough, Richard	グローブ, リンダ	→グローブ, リンダ
クロウフォード, ヴァーレーン		クロフォード, W.H.	→Crawford, W.H.
	→Crawford, Verlaine	グローベン, K.K.フォン・デア	
グローエネヴェーゲン, ペーター・P.			→グローベン, K.K.フォン・デア
	→Groenewgen, Peter P.	クロポトキン, ピョートル	→Kropotkin, Pyotr
グローエネヴェーゲン, P.	→Groenewegen, Peter	クローマン, H.フェリックス	
クロカワ, タカシ	→クロカワ, タカシ (黒川高)		→クローマン, H.フェリックス
クロコム, ロン	→クロコム, ロン	クロム, オリバー	→Crom, Oliver
クロス, サム・Y.	→クロス, サム・Y.	グロムイコ, アンドレイ	→グロムイコ, アンドレイ
クロス, ジョン	→Cross, John	クローリ, セシリア	→クローリ, セシリア
グロス, ジョン	→Gross, John	クローリー, M.	→Crowley, Michael
グロス, スティーブン・E.	→Gross, Steven E.	グロリシャール, アラン	→グロリシャール, アラン
グロス, ステファン	→グロス, ステファン	クロンツ, ブライアン・K.	
クロス, フランク・ムーア	→Cross, Frank Moore		→クロンツ, ブライアン・K.
グロス, マーチン・J.	→グロス, マーチン・J.	グロンホルツ, ラーズ	→Grønholdt, Lars
		クロンマン, アンソニー・T.	

→クロンマン, アンソニー・T.		ゲイツ, ビル	→Gates, Bill
クワック, メアリー	→Kwak, Mary	ゲイツ, フィリップ・J.	→ゲイツ, フィリップ・J.
クワニック, K.D.	→クワニック, K.D.	ケイツ, J.	→Cates, James A.
クワハラ, テツヤ	→クワハラ, テツヤ(桑原哲也)	ケイト, ロドニー・M.	→ケイト, ロドニー・M.
クワハラ, ヤスオ	→クワハラ, ヤスオ(桑原清夫)	ゲイラー, マイケル	→ゲイラー, マイケル
クワヤマ, タカミ	→クワヤマ, タカミ(桑山敬己)	ゲイラー, ルース	→ゲイラー, ルース
クーン, ディアナ	→Kuhn, Deanna	ゲイロード・ロス, R.	→Gaylord-Ross, Robert
クーン, ドロテーア	→Kuhn, Dorothea	ケイン, アリス	→Kane, Alice
クーン, M.	→Kuhn, Michael	ケイン, ロザリー・A.	→Kane, Rosalie A.
グンジカガクインケンキュウブ		ケイン, ロバート	→Kane, Robert L.
	→軍事科学院戦史研究部	ケイン, ローリン・L.	→Cain, R.L.
クーンズ, クローディア	→クーンズ, クローディア	ケイン, H.H.	→ケイン, H.H.
クーンズ, フィリップ・M.	→Coons, P.M.	ケイン, J.H.	→Kane, John H.
グンディサリヌス, ドミニクス		ゲインズ, スタンレー・O., Jr.	
	→Gundissalinus, Dominicus		→Gaines, Stanley O., Jr.
クンリューサー, ハワード・C.		ゲヴァーツ, ジェイコブ・L.	
	→Kunreuther, Howard C.		→ゲヴァーツ, ジェイコブ・L.
		ケェアリ, ジョージ	→ケェアリ, ジョージ
【ケ】		ゲオルギエフ, ユーリー	→ゲオルギエフ, ユーリー
		ケーガン, レズリー	→Cagan, Leslie
ケアカウンセラー	→CAREカウンセラー	ゲゲオ, デービッド・W.	→ゲゲオ, デービッド・W.
ゲアバー, クリスティーネ		ケーゲル, リン・カーン	→Koegel, Lynn Kern
	→ゲアバー, クリスティーネ	ケーゲル, ロバート・L.	→Koegel, Robert L.
ゲアハルト, フォルカー	→Gerhard, Volker	ゲーゲン, ケネス・J.	→ゲーゲン, ケネス・J.
ゲーアマン, ウード	→ゲーアマン, ウード	ケサーダ, ミゲル・アンヘル・ラデロ	
ケアモード, フランク	→ケアモード, フランク		→Quesada, Miguel Angel Ladero
ケアリー, ジェームス・W.	→Carey, James W.	ケース, ジョン(ビジネス)	→Case, John
ゲアリング, T.	→Gärling, Tommy	ゲス, レイモンド	→Geuss, Raymond
ケアンクロス, アレック	→Cairncross, Alec	ケスター, W.カール	→Kester, W.Carl
ケアンズ, ロバート・B.	→Cairns, Robert B.	ケスタース, ウィム	→ケスタース, ウィム
ケアンズ・スミス, D.A.	→Cairns Smith, D.A.	ゲスト, フィリップ	→Guest, Philip
ケイ, アイラ	→Kay, Ira	ゲストリヒ, クリストフ	→ゲストリヒ, クリストフ
ゲイ, エドウィン・F.	→ゲイ, エドウィン・F.	ケスナー, アイダレーネ・F.	→Kesner, Idalene F.
ケイ, エレン	→Key, Ellen Karolina Sofia	ゲスナー, ヨハン・マティアス	
ケイ, キタイ	→ケイ, キタイ(卿希泰)		→ゲスナー, ヨハン・マティアス
ケイ, ギョクショク	→ケイ, ギョクショク(桂玉植)	ゲスマンキット, K.	→Gesmankit, Kullasap
ケイ, シキョウ	→ケイ, シキョウ(邢志強)	ケースメント, アン	→Casement, Ann
ケイ, シュウ	→ケイ, シュウ(邢衆)	ケスラー, アンディ	→Kessler, Andy
ケイ, ジョン	→Kaye, John	ケスラー, フリードリッヒ	
ケイ, ジョン・A.	→Kay, John Anderson		→ケスラー, フリードリッヒ
ケイ, セイクン	→ケイ, セイクン(桂世勲)	ケスラー=ハリス, アリス	
ゲイ, ピーター	→Gay, Peter		→ケスラー=ハリス, アリス
ケイ, ビバリー・L.	→ケイ, ビバリー・L.	ゲスン, エディス	→Guesne, Edith
ケイ, ヘルマ・ヒル	→Kay, Herma Hill	ケセルリング, トーマス	→Kesselring, Thomas
ケイ, マリリン	→Kaye, Marilin	ゲッカンチョウセンヘンシュウブ	→月刊朝鮮編集部
ケイ, リチャード	→Kay, Richard	ケック, レアンダー・E.	→Keck, Leander E.
ケイ, R.S.	→Kay, Robert S.	ケッセン, ウィリアム	→Kessen, William
ケイオー, ジョン	→Kao, John	ゲッチー, ジャニーヌ	→Goetschy, Janine
ケイカクカンソカセンモンイインカイ		ゲッチ, P.M.	→Ghezzi, Patrick M.
	→計画簡素化専門委員会	ゲッツ, ヴェルナー	→ゲッツ, ヴェルナー
ケイガン, S.L.	→Kagan, Sharon L.	ゲッツ, クリスティアーネ	→ゲッツ, クリスティアーネ
ケイザー, マーサ	→ケイザー, マーサ	ゲッツ, ハンス=ヴェルナー	
ケイザイイインカイ	→経済委員会		→Goetz, Hans-Werner
ケイザイキョウリョクカイハツキコウ		ゲッツ, T.	→ゲッツ, T.
	→経済協力開発機構	ケッツ・ド・ブリース, マンフレッド・F.R.	
ゲイジー, トリシア	→ゲイジー, トリシア		→Kets de Vries, Manfred F.R.
ケイツ, キャレン	→ケイツ, キャレン	ゲッティ, ジョン・ポール	→Getty, John Paul
ケイツ, ジェームス・E.	→ケイツ, ジェームス・E.	ケッテラー, リチャード・F.	
ケイツ, トゥルエット	→Cates, Truett		→Ketterer, Richard F.
		ケッペラー, H.K.ブルス	→Keppeler, H.K.Bruss

原著者名カナ表記索引 913

ケッペーリ, アンヌ=マリー
　　　　　　　　　→Kappeli, Anne-Marie
ゲッペルト, クラウス　→ゲッペルト, クラウス
ゲディックス, ジェイン　→ゲディックス, ジェイン
ケテラール, エリック　→Ketelaar, Eric
ゲートマン, カール・フリードリヒ
　　　　　　　　→ゲートマン, カール・フリードリヒ
ゲートマン=ジーフェルト, アンネマリー
　　　　　　　　　→Gethmmann-Siefert, Annemarie
ケトラ, オウティ　　　　→Ketola, Outi
ケナーリー, マイク　　　→Kennerley, Mike
ケナン, ジョージ・F.　→Kennan, George Frost
ケニー, アンソニー
　　　　　　　　→Kenny, Anthony John Patrick
ケニー, キャロライン　　→Kenny, Carolyn
ケニー, ダン　　　　　　→Kenny, Don
ケニー, マーティン　　　→Kenney, Martin
ケニー, R.　　　　　　　→Kenney, Robert J.
ケニーグ, エヴリーヌ　　→ケニーグ, エヴリーヌ
ケーニッヒ, スーゼ　　　→König, Suse
ケーニッヒ, フランツ　　→ケーニッヒ, フランツ
ケニーナ, L.　　　　　　→Canina, Linda
ゲニフェー, パトリス　　→Gueniffer, Patrice
ケニヨン, ピーター　　　→Kenyon, Peter
ケネディ, エドワード・M.
　　　　　　　　　→Kennedy, Edward Moore
ケネディ, エレン　　　　→Kennedy, Ellen
ケネディ, ジョージ・D.　→Kennedy, George D.
ケネディ, ジョン・F.　→Kennedy, John Fitzgerald
ケネディ, ドナルド　　　→ケネディ, ドナルド
ケネディ, バーデリイ・B.
　　　　　　　　　→ケネディ, バーデリイ・B.
ケネディ, ポール　　　　→Kennedy, Paul
ケネディ, ロバート・F.　→Kennedy, Robert F.
ケネディ, C.H.　　　　　→Kennedy, Craig H.
ケネディ, L.D.(教育)　　→Kennedy, Lerry D.
ケネディ, M.G.　　　　　→Kennedy, Michael G.
ケネン, ピーター・B.　　→Kenen, Peter B.
ゲバ, B.　　　　　　　　→Geva, Benjamin
ゲバート, ジョーン　　　→Gebhardt, Joan
ケーヒル, リサ・ソール　→ケーヒル, リサ・ソール
ケーブル, ウルズラ　　　→ケーブル, ウルズラ
ケプル, G.　　　　　　　→Koeppl, Gina Krehbiel
ケベックレンタイケイザイグループ
　　　　　　　　　→ケベック連帯経済グループ
ゲーベル, アンドレアス　→ゲーベル, アンドレアス
ケベル, ジルス　　　　　→Kepel, Gilles
ケーベル레, アードルフ　→Köberle, Adolf
ケムプ, トム　　　　　　→Kemp, Tom
ケヤード, エドワード　　→ケヤード, エドワード
ケラー　　　　　　　　　→Koehler
ケラー, アレン・S.　　　→Keller, Allen S.
ケラー, エヴリン・フォックス →Keller, Evelyn Fox
ケラー, キャサリン　　　→Keller, Catherine
ケーラー, ギュンター　　→ケーラー, ギュンター
ケラー, ジェフ　　　　　→ケラー, ジェフ
ケーラー, ヘルムート　　→ケーラー, ヘルムート
ケラー, ヘレン　　　　　→Keller, Helen Adams
ケラー, マラ・リン　　　→Keller, Mara Lynn
ケラー, マルティ　　　　→ケラー, マルティ

ゲーラー, ミヒャエル　　→Gehler, Michael
ケラー, S.　　　　　　　→ケラー, S.
ケーラス, ポール　　　　→Carus, Paul
ケラハー, レオニー　　　→Kellaher, Leonie
グラン, ロジェ=アンリ　→Guerrand, Roger-Henri
ケリー, ウィリアム・W.　→ケリー, ウィリアム・W.
ケリー, キャロリン　　　→ケリー, キャロリン
ケリー, ケビン　　　　　→Kelly, Kevin
ケリー, スー　　　　　　→ケリー, スー
ケリー, ティム　　　　　→Kelly, Tim
ケリー, パトリシア　　　→Kelley, Patricia
ケリー, フランシス　　　→Kelly, Francis
ケリー, ポール　　　　　→Kelly, Paul Joseph
ケリー, マイケル　　　　→ケリー, マイケル
ケリー, リズ　　　　　　→Kelly, Liz
ケーリ, L.　　　　　　　→Cary, Lucius
ケーリ, O.　　　　　　　→Cary, Otis
ケリアン, アンヌ　　　　→ケリアン, アンヌ
ケリクホヴ, デリク・デ　→ケリクホヴ, デリク・デ
ゲーリシュ, ラインハルト →ゲーリシュ, ラインハルト
ゲーリッグ, ルー　　　　→Gehrig, Lou
ゲーリッツ, ペーター　　→ゲーリッツ, ペーター
ゲリマン, I.　　　　　　→Geliman, I.
ゲルー, サリナ　　　　　→ゲルー, サリナ
ゲルー, マルシャル　　　→Gueroult
ゲルヴァシ, セアン　　　→ゲルヴァシ, セアン
ケルヴェガン, ジャン=フランソワ
　　　　　　　　　→ケルヴェガン, ジャン=フランソワ
ケルクストラ, アダ　　　→Kerkstra, Ada
ゲルゴーヴァ, ディアーナ →Gergova, Diana
ケルコプス　　　　　　　→ケルコプス
ケルシー, マイケル　　　→ケルシー, マイケル
ゲルスター, ゲオルグ　　→ゲルスター, ゲオルグ
ゲルダー, マイケル　　　→Gelder, Michael
ゲルダー, ロバート・ヴァン
　　　　　　　　　→ゲルダー, ロバート・ヴァン
ゲルチャク, Y.　　　　　→Gerchak, Yigal
ゲルツェン, アレクサンドル
　　　　　　　　　→ゲルツェン, アレクサンドル
ゲルトナー, ラインホルト →Gärtner, Reinhold
ケルトナー, N.　　　　　→Keltner, Norman L.
ゲルトルート(ヘルフタの) →ゲルトルート(ヘルフタの)
ケルナー, ダグラス　　　→ケルナー, ダグラス
ケルナー, ラインハルト　→ケルナー, ラインハルト
ケルナーロジャース, マイロン
　　　　　　　　　→ケルナーロジャース, マイロン
ゲルハルツ, カール　　　→ゲルハルツ, カール
ケルビク, ダイアン・K.　→Kjervik, Diane K.
ケルビーニ, ジョヴァンニ →ケルビーニ, ジョヴァンニ
ゲルリヒ, ペーター　　　→Gerlich, Peter
ゲルル, ハンナ=バーバラ
　　　　　　　　　→ゲルル, ハンナ=バーバラ
ケルンバウアー, ハンス　→ケルンバウアー, ハンス
ケレーニイ, カール　　　→Kerényi, Károly
ゲレメク, ブロニスラフ　→Geremek, Bronislaw
ゲーレン, アルノルト　　→Gehlen, Arnold
ゲン, カキ　　　　　　　→ゲン, カキ(厳家其)
ケン, ケンエキ　　　　　→ケン, ケンエキ(権棟益)
ゲン, ジュウカン　　　　→ゲン, ジュウカン(厳従簡)
ゲン, ジョカン　　　　　→ゲン, ジョカン(厳汝煇)

ケーン, ジョン・M.	→Kane, John M.	ゴ, セイショウ	→ゴ, セイショウ(呉正章)
ケン, ジンシュク	→クォン, インスク(権仁淑)	ゴ, ソウキン	→ゴ, ソウキン(呉宗金)
ゲン, セイリン	→ゲン, セイリン(阮斉林)	ゴ, ソコウ	→ゴ, ソコウ(呉祖光)
ケン, ソウショウ	→クォン, サンジャン(権相璋)	ゴ, タイカ	→ゴ, タイカ(呉大華)
ゲン, ゾンセイ	→ゲン, ゾンセイ(厳存生)	ゴ, タイチン	→オ, テジン(呉太鎮)
ゲン, タイセイ	→ゲン, タイセイ(阮大鍼)	コ, テウ	→コ, テウ(高太宇)
ケーン, ダリル	→Koehn, Daryl	ゴ, テンリョウ	→ゴ, テンリョウ(呉展良)
ゲン, チョク	→ゲン, チョク(阮直)	ゴ, バンヒョウ	→ゴ, バンヒョウ(呉万標)
ゲン, トウチュウ	→ゲン, トウチュウ(元董仲)	コ, ブンカク	→ホ, ムンヒョク(胡文赫)
ケン, ネイヒツ	→クォン, ヨンピル(権寧弼)	ゴ, ブンセイ	→ゴ, ブンセイ(呉文星)
ゲン, メイ	→ゲン, メイ(阮銘)	ゴ, ブンセイ	→ゴ, ブンセイ(呉文正)
ケンウェイ, ジェイン	→ケンウェイ, ジェイン	コ, ヘイ	→コ, ヘイ(胡平)
ゲンズィッケ, トーマス	→Gensicke, Thomas	コ, ボウ	→コ, ボウ(胡謀)
ケンダル, J.	→ケンダル, J.	コ, ホウショウ	→コ, ホウショウ(顧宝昌)
ケンダル, W.	→Kendall, Wilfrid S.	ゴ, ミツサツ	→ゴ, ミツサツ(呉密察)
ケンダル・リード, M.	→Kendal-Reed, M.	コ, メイエン	→コ, メイエン(顧明遠)
ケント, メアリー・ディ	→Kent, Mary Day	ゴ, リツコウ	→ゴ, リツコウ(呉立広)
ケント, G.	→Kent, Gerry	ゴー, ルゥォンジン	→カツ, エイシン(葛栄晋)
ケンドール, レオン・T.	→Kendall, Leon T.	ゴア, アル	→Gore, Al
ケンパー, ウェルナー	→Kemper, Werner	ゴア, ポール	→ゴア, ポール
ケンプ, ジャック	→ケンプ, ジャック	コア, マーティン	→コア, マーティン
ケンプ, ピーター	→Kemp, Peter	ゴアズ, ジョー	→Gores, Joseph N.
ケンプ, ブライアン・J.	→Kemp, Bryan J.	コーイ, テリー	→コーイ, テリー
ケンプ, ベルナルト	→ケンプ, ベルナルト	コイケ, カズオ	→コイケ, カズオ(小池和男)
ケンプ, マージェリー	→ケンプ, マージェリー	コウ, アダン	→Gong, Yanan
ケンプ, ルース・S.	→Kempe, Ruth S.	コウ, アヘイ	→コウ, アヘイ(黄亜平)
ケンプ, R.	→Kemp, René	コウ, イキ	→コウ, イキ(高維晞)
ケンブル, フランシス・アン		コウ, ウキン	→ホング, ウフウム(洪瑀欽)
	→ケンブル, フランシス・アン	コウ, ウワ	→コウ, ウワ(黄宇和)
ケンリック, ダグラス	→Kenrick, Douglas T.	コウ, エイカン	→コ, ジュンファン(高濬煥)
ケンワード, ヘレン	→Kenward, Helen	コウ, エイセイ	→コウ, エイセイ(黄栄清)
		コウ, エイセイ	→コウ, エイセイ(高栄盛)
【コ】		コウ, エン	→コウ, エン(高淵)
		コウ, カイカン	→コウ, カイカン(高海寛)
コ, イルドン	→コ, イルドン(高日東)	コウ, カイセイ	→コウ, カイセイ(黄介正)
ゴ, エイバイ	→ゴ, エイバイ(呉咏梅)	コウ, カク	→コウ, カク(侯家駒)
ゴ, エン	→ゴ, エン(呉焔)	コウ, キ	→コウ, キ(高岐)
ゴ, ガクブン	→ゴ, ガクブン(呉学文)	コウ, キキン	→コウ, キキン(高希均)
ゴ, キョウ	→ゴ, キョウ(呉兢)	コウ, キョウ	→コウ, キョウ(高強)
コ, ギョウシン	→コ, ギョウシン(胡暁真)	コウ, ギョウトウ	→コウ, ギョウトウ(江暁東)
コ, ギョウリン	→コ, ギョウリン(胡暁琳)	コウ, キョカイ	→コウ, キョカイ(高居誨)
ゴ, ケツブン	→ゴ, ケツブン(呉潔雯)	コウ, キンシュウ	→ファン, クムジュ(黄錦周)
コ, ケンカ	→コ, ケンカ(胡建華)	コウ, キンタイ	→コウ, キンタイ(黄勤帯)
ゴ, コウセイ	→Wu, Hongcheng	コウ, ケイ	→コウ, ケイ(高啓)
ゴ, コウゼン	→ゴ, コウゼン(呉浩然)	コウ, コウ	→コウ, コウ(黄幸)
ゴ, コクケン	→ゴ, コクケン(呉克堅)	コウ, コウ	→コウ, コウ(高洪)
ゴ, ゴボク	→オ, オモク(呉五穆)	コウ, コウ	→コウ, コウ(高鋼)
ゴ, シコウ	→ゴ, シコウ(呉志光)	コウ, ゴウカ	→コウ, ゴウカ(高豪河)
コ, ジュンファン	→コ, ジュンファン(高濬煥)	コウ, コウカイ	→コウ, コウカイ(江公懐)
コ, ショウエイ	→コ, ショウエイ(顧肖栄)	コウ, コウヨウ	→コウ, コウヨウ(黄向陽)
ゴ, ショウテイ	→ゴ, ショウテイ(呉松弟)	コウ, コクジョウ	→コウ, コクジョウ(黄国城)
ゴ, ジョスウ	→ゴ, ジョスウ(呉如嵩)	コウ, シキケン	→コウ, シキケン(黄式憲)
コ, ジョンヒュ	→コ, ジョンヒュ(高珽烋)	コウ, シュウケイ	→ファン, スギョン(黄秀慶)
ゴ, シンサク	→ゴ, シンサク(伍珏鸞)	コウ, シュクワ	→コウ, スクワ(黄淑和)
ゴ, シンハク	→ゴ, シンハク(呉心伯)	コウ, ジュンエイ	→ホン, スニョン(洪淳瑛)
コ, スクヮ	→コ, スクヮ(高淑和)	コウ, シュンケツ	→コウ, シュンケツ(黄俊傑)
コ, セイ	→コ, セイ(胡靖)	コウ, ショウ	→コウ, ショウ(洪昇)
コ, セイショウ	→コ, セイショウ(古清正)	コウ, ショウキツ	→コウ, ショウキツ(項小吉)
ゴ, セイショウ	→オ, セチャン(呉世昌)	コウ, ショウゲン	→コウ, ショウゲン(黄昭元)

コウ

コウ, ショウジン	→コウ, ショウジン (孔尚任)	コーエン, マイロン・L.	→コーエン, マイロン・L.
コウ, ショウセイ	→コウ, ショウセイ (孔捷生)	コーエン, ミッチェル	→コーエン, ミッチェル
コウ, シン	→コウ, シン (高新)	Cohen, Yolande	→Cohen, Yolande
コウ, シン	→コウ, シン (高震)	コーエン, リチャード	→Cohen, Richard
コウ, ジンウ	→コウ, ジンウ (黄仁宇)	コーエン, ロイド	→コーエン, ロイド
コウ, ジントク	→カン, インドク (康仁徳)	コーエン, ロナルド	→Cohen, R.
コウ, セイ	→コウ, セイ (黄晴)	コーエン, B.	→コーエン, B.
コウ, セイジュン	→ファン, ソンジュン (黄晟準)	コーエン, D.J.	→Cohen, D.J.
コウ, セイマン	→ホン, ソンマン (洪性満)	コーエン, G.A.	→Cohen, Gerald Allan
コウ, セキエイ	→ファン, ソギョン (黄晢暎)	コーエン, H.	→コーエン, H.
コウ, セキエイ	→ファン, ミンギ (黄珉基)	コーカム, V.	→Corkum, Valerie
コウ, ソウエイ	→コウ, ソウエイ (黄宗羲)	コーカリー, J.F.	→Corkery, J.F.
コウ, ゾウケツ	→コウ, ゾウケツ (高増杰)	コーガン, ジョージ・W.	→コーガン, ジョージ・W.
コウ, タイウ	→コ, テウ (高太宇)	コーガン, モーリス	→Kogan, Maurice
コウ, タイリン	→コウ, タイリン (高大倫)	ゴーギャン, ポール	→Gauguin, Paul
コウ, タンリン	→コウ, タンリン (江丹林)	コギン, T.ダニエル	→Coggin, T.Daniel
コウ, チョウカ	→ファン, ジャンヨプ (黄長燁)	コギンス, R.J.	→コギンス, R.J.
コウ, テイキ	→コウ, テイキ (黄庭堅)	コーク, スティーヴ	→Koke, Steve
コウ, テイキュウ	→コ, ジョンヒュ (高班烋)	コクサイツウカキキン	→国際通貨基金
コウ, トクリツ	→ホン, ドクユル (洪徳律)	コグット, ブルース	→Kogut, Bruce
コウ, ニットウ	→コ, イルドン (高日東)	コグート, ブルース	→コグート, ブルース
コウ, ブンピツ	→コウ, ブンピツ (黄文弼)	コクドトウイツイン	→国土統一院
コウ, ヘイ	→コウ, ヘイ (黄平)	コクラン, フィリップ・L.	→コクラン, フィリップ・L.
コウ, ホウ	→コウ, ホウ (高烽)	コクラン, ローラ・E.	→Cochran, Laura E.
コウ, メイ	→コウ, メイ (高明)	コグリアニーズ, ケイリー	→Coglianese, Cary
コウ, メイケン	→コウ, メイケン (高鑑暄)	コーコラン, デーヴィド	→コーコラン, デーヴィド
コウ, メイシ	→コウ, メイシ (高明士)	コーコラン, P.	→Corcoran, Patrick
コウ, メイドウ	→カン, ミョンド (康明道)	コサキ, リチャード	→コサキ, リチャード
コウ, ユウシン	→コウ, ユウシン (江勇振)	コザック, デイビッド・M.	
コウ, ユージン	→コウ, ユージン		→コザック, デイビッド・M.
コウ, リグン	→Huang, Liqun	コザック, マイケル・J.	→Kozak, Michael J.
コウ, リツホ	→コウ, リツホ (高立保)	コーサン, R.	→Korsan, Robert J.
コウ, リョウキツ	→コウ, リョウキツ (洪亮吉)	ゴーシェ, マルセル	→Gauchet, Marcel
コウ, レイカ	→コウ, レイカ (黄鈴華)	コーシーニ, レイモンド・J.	
ゴヴァール, クロード	→ゴヴァール, クロード		→Corsini, Raymond J.
コーヴィ, スティーヴン	→コーヴィ, スティーヴン	コジャノフ, K.	→コジャノフ, K.
コヴィー, スティーブン・R.	→Covey, Stephen R.	ゴシャール, スマントラ	→Ghoshal, Sumantra
コウイー, ヘレン	→Cowie, Helen	ゴーシュ, シカール	→ゴーシュ, シカール
ゴヴィンドラージャン, ヴィジャイ		ゴシュトニ, アレクサンダー	
	→ゴヴィンドラージャン, ヴィジャイ		→Gosztonyi, Alexsander
コーウェル, バーバラ	→コーウェル, バーバラ	コシュマン, J.ヴィクター	→Koschmann, J.Victor
ゴヴェンダー, S.	→Govender, Sararavani	コージュリー, ジェーン・アレクサンドラ	
コウキ	→紅旗		→Corddry, Jane Alexandra
コウシ	→コウシ (孔子)	コージンニール・マーメッシュ, E.	
コウソン, リュウ	→コウソン, リュウ (公孫竜)		→Cauzinille-Marmèche, E.
コウリー, ジャン	→Cowley, Jan	コース, ロナルド・H.	→Coase, Ronald Harry
コウウラ, エルキ	→コウウラ, エルキ	ゴーズ, F.グレゴリー, 3世	→Gause, F.Gregory, Ⅲ
ゴエツ, ローリ	→ゴエツ, ローリ	コース, S.	→Corse, Sara J.
コーエン, ウェスリー・M.		コースガード, クリスティーン・M.	
	→コーエン, ウェスリー・M.		→Korsgaard, Christine Marion
コーエン, ウォーレン・I.	→Cohen, Warren I.	コスギ, レイコ	→コスギ, レイコ (小杉礼子)
コーエン, ギャビー	→コーエン, ギャビー	コスグローブ, デニス・E.	→Cosgrove, Denis E.
コーエン, ジーン	→Cohen, J.	コスタビーレ, アンジェラ	
コーエン, スーザン・G.	→コーエン, スーザン・G.		→コスタビーレ, アンジェラ
コーエン, ダニエル	→コーエン, ダニエル	コスタ=ラスクー, ジャクリーヌ	
コーエン, ダリル	→Koehn, Daryl		→Costa-Lascoux, Jacqueline
コーエン, ダン・S.	→Cohen, Dean S.	コースター・ルーカス, ジャクリーン	
コーエン, ニッキー	→コーエン, ニッキー		→Coster-Lucas, Jacqueline
コーエン, パメラ・シュワルツ		コスタンティニデス, G.	
	→コーエン, パメラ・シュワルツ		→Costantinides, George M.

コスティン, レラ・B.	→Costin, Lela B.	ゴットマン, カール・ハインツ	
ゴスティン, ローレンス	→Gostin, Lawrence		→ゴットマン, カール・ハインツ
コステロ, ティム	→Costello, Tim	ゴッドマン, コリン	→ゴッドマン, コリン
コステロ, ホアン	→Costello, Joan	コットレル, フィリップ	→Cottrell, Philip L.
コーステン, H.	→Corsten, Hans	ゴッドロビッチ, グレニス	→Godlovitch, Glenys
コスト, G.	→コスト, G.	ゴッビ, ジャンナ	→Gobbi, Gianna
コスビール, フーゴ	→コスビール, フーゴ	コッブ, クリストファー	→Cobb, Christopher
ゴスマン, ヒラリア	→Gossmann, Hilaria	コップ, C.B.	→Kopp, C.B.
ゴスリング, ジョナサン	→Gosling, Jonathan	コップ, E.H.W.	→コップ, E.H.W.
ゴスレン, メアリー・アン	→ゴスレン, メアリー・アン	ゴフ=ルボー, ジョエル・ル	
コスロフスキー, ペーター	→Koslowski, Peter		→ゴフ=ルボー, ジョエル・ル
コズン, ウェイン	→Kozun, Wayne	コッホ, H.	→Koch, Harald
コーゼズ, ジェームズ・M.	→Kouzes, James M	コッレク, テッディ	→コッレク, テッディ
コーソン, アラン	→コーソン, アラン	コッローディ, カルロ	→Collodi, Carlo
コタカ, ツヨシ	→コタカ, ツヨシ(小高剛)	ゴーティエ, ジェローム	→ゴーティエ, ジェローム
コータッツィ, ヒュー	→Cortazzi, Hugh	ゴーティエ, デイヴィッド	→ゴーティエ, デイヴィッド
コタンスキ, W.	→Kotański, Wiesław	コディナ, ビクトル	→Codina, Victor
コーチ, ステファン	→Couch, Stephen R.	ゴディノー, ドミニック	→Godineau, Dominique
ゴーチィエ=ダルシェ, パトリック		コーディングリ, デイヴィッド	→Cordingly, David
	→ゴーチィエ=ダルシェ, パトリック	コーデス, ジョセフ・J.	→Cordes, Joseph J.
コチェナー, デボラ・J.	→コチェナー, デボラ・J.	ゴデリス, ジョン・H.	→Goddeeris, John H.
コチャノヴィッチ, レシェック		ゴーデル, エーリカ	→ゴーデル, エーリカ
	→Koczanowicz, Leszek	コーデル, ラリー	→Cordell, Larry
コーチャン, ニール	→コーチャン, ニール	コーテン, デイヴィッド・C.	
コーツ, ジョン	→コーツ, ジョン		→コーテン, デイヴィッド・C.
コツィオール, ヘルムート		ゴーデンカー, レオン	→Gordenker, Leon
	→コツィオール, ヘルムート	コートイス, クリスチン・A.	
コッカ, ユルゲン	→Kocka, Jürgen		→コートイス, クリスチン・A.
コッキナキ, フローラ	→Kokkinaki, Flora	ゴトウ, ハルミ	→ゴトウ, ハルミ(後藤春美)
コック, マーク	→コック, マーク	ゴドシル, ジェラルディン	→ゴドシル, ジェラルディン
コック, A.K.	→Koch, Andrew K.	コートニー, ヒュー・G.	→Courtney, Hugh G.
コックス, アラン・J.	→Cox, Alan J.	ゴドフロワ(サン=ヴィクトルの)	
コックス, エヴァ	→Cox, Eva		→ゴドルロワ(サン=ヴィクトルの)
コックス, エリザベス・シュレーダー		ゴドフロワ(フォンテーヌの)	→Godefridus Fontibus
	→コックス, エリザベス・シュレーダー	ゴードメ, ジャン	→ゴードメ, ジャン
コックス, サミュエル・H.		コトラー, アーウィン	→Cotler, Irwin
	→コックス, サミュエル・H.	コトラー, フィリップ	→Kotler, Philip
コックス, ジェイ	→コックス, ジェイ	コートライト, デイビット	
コックス, ジル	→Cox, Gill		→コートライト, デイビット
コックス, ハーヴィー	→コックス, ハーヴィー	ゴドリエ, モーリス	→ゴドリエ, モーリス
コックス, マイケル(政治学)		コドル, ジャン・ポール	→Codol, J.P.
	→コックス, マイケル(政治学)	ゴードン, アンドルー	→Gordon, Andrew
コックス, マーサ・J.	→Cox, Martha J.	ゴードン, イアン・R.	→ゴードン, イアン・R.
コックス, ロジャー	→Cox, Roger	ゴードン, カーメン	→ゴードン, カーメン
コックス, ロバート	→コックス, ロバート	ゴードン, ジャイルズ	→ゴードン, ジャイルズ
コックス, E.O.	→Cox, Enid Opal	ゴードン, ステュワート	→ゴードン, ステュワート
コックス, J.(作家)	→Cox, J.	ゴードン, チャイニーズ	→Gordon, Chinese
コッター, ジョン	→コッター, ジョン	ゴードン, デーヴィッド・M.	
コッター, ジョン・P.	→Kotter, John P.		→ゴードン, デーヴィッド・M.
コッティンガム, ジェーン	→Cottingham, Jane	ゴードン, ハイム	→Gordon, Haim
コッティンガム, ジョン	→Cottingham, J.	ゴードン, フィリップ・H.	→Gordon, Philip H.
コッテリア, マーク	→コッテリア, マーク	ゴードン, ベアテ・シロタ	→Gordon, Beate Sirota
コッド, ジョン	→Codd, John	ゴードン, マイケル	→ゴードン, マイケル
コット, ナンシー=F	→Cott, Nancy F.	ゴードン, マイロン・J.	→ゴードン, マイロン・J.
ゴットフライド, アレン・W.		ゴードン, マーガレット・S.	
	→Gottfried, Allen W.		→ゴードン, マーガレット・S.
ゴットフライド, エイデル・エスケルス		ゴードン, リンダ	→ゴードン, リンダ
	→Gottfried, Adele Eskeles	ゴードン, ローズマリー	→Gordon, Rosemary
ゴットフレッドソン, スティーヴン		ゴードン, D.	→Gordon, David
	→Gottfredson, Stephen	ゴードン, M.L.	→Gordon, Marquis Lafayette

コーナー, アン	→Connor, Ann	コミスキー, ユージン・E.	→Comiskey, Eugene E.
コナー, G.	→Connor, Gregory	ゴムパート, デービット・C.	
コナーズ, ジェーン	→コナーズ, ジェーン		→ゴムパート, デービット・C.
コナーズ, ジミー	→Connors, Jimmy	ゴメス, E.T.	→Gomez, E.T.
コナード, ニコラス	→コナード, ニコラス	ゴメズ=レイノ, ヘレン	→ゴメズ=レイノ, ヘレン
コナン, ジュール	→コナン, ジュール	コモグリオ, L.	→Comoglio, Luigi Paolo
コニシ, アツオ	→コニシ, アツオ(小西湛夫)	コラー, ティム	→Koller, Tim
コーニッキー, P.F.	→Kornicki, P.F.	コーラー, ヨゼフ	→コーラー, ヨゼフ
コニョン, マーティン	→コニョン, マーティン	コーラー, E.L.	→Kohler, Erik L.
コニール, ジャン	→コニール, ジャン	コラコフスキー, レスゼック	→Kolokowski, Leszek
コーネリアス, ステラ	→コーネリアス, ステラ	コラジーク, R.	→Korajczyk, Robert A.
コーネリアス, ヘレナ	→コーネリアス, ヘレナ	コラシュ, J.	→Kolasch, Joseph A.
コネル, アンソニー	→Connell, Anthony	コラス, ベルナルド	→Colasse, Bernard
コネル, デイヴィト・W.	→Connell, David W.	コラッシュ, ウジェーヌ	→Collache, Eugène
コーネル, ドゥルシラ	→Cornell, Drucilla	コラード, デイヴィッド・A.	→Collard, D.A.
コノリー, S.J.	→Connolly, Sean	ゴラニィ, B.	→Golany, Boaz
コパニッチ, マイケル・J., Jr.	→コパニッチ, マイケル・J., Jr.	コラン, フランソワーズ	→Collin, Françoise
コバヤシ, オードリー	→コバヤシ, オードリー	コーリ, アンナ	→コーリ, アンナ
コバル, G.	→Kobal, Gerd	コリー, リンダ	→コリー, リンダ
ゴ・バン・ロング	→Ngo Van Long	コーリ, N.	→Coley, Noel
コービアス, ジョージ	→コービアス, ジョージ	コーリー, T.A.B.	→Corley, T.A.B.
ゴピナタン, S.	→ゴピナタン, S.	コリガン, パトリック・W.	→Corrigan, Patrick W.
コービン, ジル・E.	→Korbin, Jill E.	コリガン, E.ジェラルド	→Corrigan, E.Gerald
ゴヒーン, ピーター・G.	→Goheen, Peter G.	コリス, デイビッド・J.	→コリス, デイビッド・J.
コビング, アンドリュー	→コビング, アンドリュー	コーリス, リチャード	→コーリス, リチャード
コープ, グリーグ	→Coppe, Grieg	コリス, A.	→Collis, Arthur
ゴフ, ジャミー	→Gough, Jamie	ゴリチェーヴァ, タチアーナ	→ゴリチェーヴァ, タチアーナ
ゴフ, スタン	→ゴフ, スタン	コリネ, P.	→Collinet, P.
コブ, ダラス・ジェニファー	→コブ, ダラス・ジェニファー	コリャティ, M.G.	→Cogliati, Maria Grazia
コーファー, T.	→コーファー, T.	コリヨ=テレーヌ, カトリーヌ	→コリヨ=テレーヌ, カトリーヌ
ゴーフィー, ロバート	→Goffee, Robert	コリン, リチャード・H.	→コリン, リチャード・H.
コーフィールド, P.J.	→コーフィールド, P.J.	コリンズ, アーディス・B.	→コリンズ, アーディス・B.
コブソン, ゲーリー	→Copson, Gary	コリンズ, アラン	→Collins, Allan
コブフ, ゲレオン	→Kopf, Gereon	コリンズ, ジェームズ	→コリンズ, ジェームズ
コーフマン, サマーリア・ライト	→コーフマン, サマーリア・ライト	コリンズ, ジョイス・L.	→コリンズ, ジョイス・L.
コフマン, サラ	→Kofman, Sarah	コリンズ, ジョセフ・P.	→コリンズ, ジョセフ・P.
コーフマン, バリー・ニール	→コーフマン, バリー・ニール	コリンズ, スティーヴン	→Collins, Steven
コーフマン, ピエール	→コーフマン, ピエール	コリンズ, トーマス・J.	→Collins, Thomas J.
コフマン, M.F.	→Coffman, Mary F.	コリンズ, マイケル(社会教育)	→コリンズ, マイケル(社会教育)
コープランド, トム	→Copeland, Thomas E.	コリンズ, ラリー	→Collins, Larry
コープランド, ロイス	→コープランド, ロイス	コリンズ, ランドル	→Collins, Randall
コブリン, ソロモン	→Kobrin, Solomon	コリンズ, J.E.	→Collins, Jacqueline E.
コブルストン, フレデリック	→Copleston, Frederick	ゴリンスキ, ヤン	→Golinski, Jan
ゴベイユ=ノエル, マドレーヌ	→ゴベイユ=ノエル, マドレーヌ	コリンスキー, E.	→Kolinsky, Eva
コヘイン, ロバート・O.	→Keohane, Robert Owen	コール, サルー	→コール, サルー
コーベット	→Corbett	コール, マイケル	→コール, マイケル
コペレフ, レフ	→コペレフ, レフ	コル, ヤコブ	→Kol, Jacob
コーヘン, シェイエ・J.D.	→Cohen, Shaye J.D.	コール, リチャード	→Kohl, Richard
コーヘン, ジーン	→コーヘン, ジーン	コール, ロバート・E.	→Cole, Robert E.
コーヘン, ロバート・O.	→コヘーン, ロバート・O.	コール, A.J.	→コール, A.J.
コーヘン, S.ミシェル	→コーヘン, S.ミシェル	コール, N.S.	→Cole, Nancy S.
コーホン, サムエル・M.	→Cohon, Samuel	コール, R.テイラー	→コール, R.テイラー
コーホン, G.	→Kohon, Gregorio	ゴルヴィツァー, ヘルムート	→Gollwitzer, Helmut
ゴーマン, S.	→Gorman, Siobhan	コルヴィン, R.L.	→Colvin, Richard Lee
		コルカット, マーチン	→Collcutt, Martin
		ゴルギアス	→ゴルギアス

コルコラン, ピーター・ブレーズ			→コルネール, ドミニク・ファーブル
	→コルコラン, ピーター・ブレーズ	ゴルバチョフ, ミハイル・S.	
コルシグリア, ヴィクター			→Gorbachev, Mikhail Sergeevich
	→コルシグリア, ヴィクター	コルバート, エリザベス	→コルバート, エリザベス
コルシュ, ディートリッヒ	→コルシュ, ディートリッヒ	コルバン, アラン	→Corbin, Alain
ゴールズバリー, T.	→Goldsbury, Tammi	コルバン, アンリ	→Corbin, Henry
コルズン, L.	→コルズン, L.	コルビー, ブライアン	→Corby, Brian
ゴルダー, ポール	→Golder, Paul	コルビエ, M.	→コルビエ, M.
コルタート, N.E.C.	→Coltart, Nina E.C.	ゴルビッチ, D.	→ゴルビッチ, D.
ゴルチャコフ, オビジイ	→ゴルチャコフ, オビジイ	コルブ, エーベルハルト	→Kolb, Eberhard
コルチャック, ヤヌシュ	→Korczak, Janusz	コルブ, デボラ・M.	→Kolb, Deborah M.
コルティネス, ヴェロニカ	→Cortínez, Verónica	コルベ, ヤン	→コルベ, ヤン
コルティン, K.	→Koltyn, Kelli F.	コルボン, ジャン	→コルボン, ジャン
ゴールディング, ピーター	→Golding, Peter	コールマン, ウィム	→Coleman, Wim
ゴルデル, ヨースタイン	→Gaarder, Jostein	コールマン, ウォレン	→コールマン, ウォレン
ゴールデン, B.L.	→Golden, Bruce L.	コールマン, ジェームズ・S.	
ゴールデンバーグ, ロバート			→Coleman, James Samuel
	→Goldenberg, Robert	ゴールマン, ダニエル	→Goleman, Daniel
ゴールド, マーク	→ゴールド, マーク	コールマン, デイビッド	→Coleman, David
コールドウェル, テッド	→コールドウェル, テッド	コールマン, テリー	→コールマン, テリー
コルドウェル, フィリップ	→Caldwell, Philip	コールマン, メアリー	→Coleman, Mary
ゴールドウォーター, バリー	→Goldwatar, Barry	コールマン, ワンダー	→コールマン, ワンダー
ゴルトシュタイン	→Goldstein	コルミエ, D.	→Cormier, Denis
ゴールドシュタイン, ドン		コルム, セルジュ=クリストフ	
	→ゴールドシュタイン, ドン		→コルム, セルジュ=クリストフ
ゴルトシュミト, L.	→ゴルトシュミト, L.	コレ, クルト	→コレ, クルト
ゴールドスタイン, エダ	→Goldstein, Eda	コーレー, スティーブン	→Coley, Stephen
ゴールドステイン, H.	→Goldstein, Harvey	コレア, カルロス・M.	→Correa, Carlos M.
ゴールドスミス, アレキザンダー		コレア, ソニア	→コレア, ソニア
	→ゴールドスミス, アレキザンダー	コレイ, セデフ	→コレイ, セデフ
ゴールドスミス, エドワード	→Goldsmith, Edward	コレイン, ジュリアス	→Korein, Julius
ゴールドスミス, マーシャル		コレグレイヴ, スキー	→コレグレイヴ, スキー
	→Goldsmith, Marshall	コレッタ, W.ジョン	→コレッタ, W.ジョン
ゴールドスミス, M.	→ゴールドスミス, M.	コレット, ピーター	→Collett, Peter
ゴールドソープ, ジョン・H.		コーレット, W.	→Corlett, W.
	→ゴールドソープ, ジョン・H.	ゴレーリク, ゲンナージイ	
ゴールドナー, エリオット・M.			→ゴレーリク, ゲンナージイ
	→ゴールドナー, エリオット・M.	コーレル, マーク・L.	→コーレル, マーク・L.
コルトネージ, A.	→コルトネージ, A.	ゴーレン, ルイス・J.G.	→ゴーレン, ルイス・J.G.
ゴールドバーガー, レオ	→ゴールドバーガー, レオ	コーレン, M.J.	→Kolen, Michael J.
ゴールドバーグ, ウェンディ・A.		グレンバーグ, K.A.	→Gollenberg, Keith A.
	→Goldberg, Wendy A.	コロサー, ヘルムート	→Kollhosser, Helmut
ゴールドバーグ, エルコノン		コーロス, トーマス・S.	→コーロス, トーマス・S.
	→Goldberg, Elkhonon	ゴロスティガ, ザビエル	→ゴロスティガ, ザビエル
ゴールドバーグ, デビッド・J.		コロソフ, ヴラディミール	
	→Goldberg, David J.		→コロソフ, ヴラディミール
ゴールドバーグ, ホワード・S.		コロソフ, ユーリ	→コロソフ, ユーリ
	→Goldberg, Howard S.	コロディンスキー, ジェーン	→Kolodinsky, Jane
コールトハード, カレン	→Coulthard, Karen	ゴロデス, マーガレット・H.	
ゴールドブラット, デヴィッド			→Gorodess, Margarett H.
	→ゴールドブラット, デヴィッド	コロピー, バート・J.	→Collopy, Bart J.
ゴールドベック=ウッド, サンドラ		コロンタイ, アレクサンドラ	
	→Goldbeck-Wood, Sandra		→Kollontai, Alexandra Mikhaylovna
ゴールドマン, アルヴィン・L.		コロンボ, フリオ	→Colombo, Furio
	→ゴールドマン, アルヴィン・L.	ゴワ, ジョゼフ	→Goy, Joseph
コルトン, ジョウル	→Colton, Joel	コワルスキ, R.M.	→Kowalski, Robin M.
コルーナ, ステファン	→Koruna, Stefan	コーワン, ドナ・L.	→Cowan, Donna L.
コルナイ, ヤーノシュ	→Kornai, János	コーン, ケビン	→Coyne, Kevin P.
ゴルニック, D.シャルル	→Gaulunic, D.Charles	コーン, ジェイムズ・H.	→Cone, James H.
コルネイユ, オリビエ	→コルネイユ, オリビエ	コーン, ジョナサン	→コーン, ジョナサン
コルネール, ドミニク・ファーブル			

コーン, ダニエル	→コーン, ダニエル		
コーン, タマラ	→コーン, タマラ		**【サ】**
コン, チャールズ	→Conn, Charles		
コーン, バーナード・S.	→Cohn, Bernard S.	サ, ガクキン	→サ, ガクキン(左学金)
コーン, ボンニジャン	→コーン, ボンニジャン	サ, ドウケイ	→サ, ドウケイ(査道桐)
コン, メイ	→コン, メイ	サアダ, リュシエンヌ	→サアダ, リュシエンヌ
コーン, リチャード・H.	→Kohn, Richard H.	サイ, エイバイ	→サイ, エイバイ(蔡詠梅)
コーン, J.(老人福祉)	→Cohn, Jodi	サイ, カン	→サイ, カン(蔡罕)
コーン, P.	→Conn, Peter	サイ, キツジュン	→サイ, キツジュン(崔吉順)
コーンヴァッハス, クラウス		サイ, キリョウ	→サイ, キリョウ(崔希亮)
	→コーンヴァッハス, クラウス	サイ, ギンキ	→チェ, ウニ(崔銀姫)
コンウェル, ラッセル・H.	→Conwell, Russell H.	サイ, キンドウ	→サイ, キンドウ(蔡錦堂)
コーンウォール, ジョン	→Cornwall, John	サイ, ケイカ	→チェ, ギュハ(崔圭夏)
コンガー, ジェイ・オールデン	→Conger, Jay A.	サイ, ショウキン	→サイ, ショウキン(蔡少錦)
コンクリン, ロバート	→Conklin, Robert	サイ, ジョケン	→サイ, ジョケン(蔡汝賢)
コングレス, イレイン・P.	→Congress, Elaine P.	サイ, ジョチョウ	→サイ, ジョチョウ(斎舒暢)
コングレトン, ロジャー	→Congleton, Roger D.	サイ, ジンケツ	→サイ, ジンケツ(蔡仁傑)
ゴンゴ, L.D.	→ゴンゴ, L.D.	サイ, シンホウ	→サイ, シンホウ(蔡振豊)
コンサド, ジョセフ	→コンサド, ジョセフ	サイ, スウコク	→サイ, スウコク(蔡崇国)
ゴンサルヴェス, ジョアキム・セルケイラ		サイ, セイコウ	→サイ, セイコウ(崔世広)
	→ゴンサルヴェス, ジョアキム・セルケイラ	サイ, セイホウ	→サイ, セイホウ(柴生芳)
ゴンザレス, アンドリュー		サイ, ソウゲン	→チェ, ジャンウォン(崔壮源)
	→ゴンザレス, アンドリュー	サイ, タイキョウ	→チェ, テヒョン(蔡泰亨)
ゴンザレス, デイヴィッド	→ゴンザレス, デイヴィッド	サイ, チセン	→チェ, チソン(崔治先)
ゴンザレス, フェリペ	→ゴンザレス, フェリペ	サイ, フショク	→チェ, ボシク(崔普植)
ゴンザレス, リチャード	→Gonzalez, Richard	サイ, ブシン	→チェ, ムジン(崔武振)
コンスタンティーノ・ダヴィド, カリナ		サイ, ヘイショウ	→チェ, ピョンソプ(崔平渉)
	→Constantino-David, Karina	サイ, ボウ	→サイ, ボウ(蔡昉)
コンセイソン, ペドロ	→Conceição, Pedro	サイ, ホウレイ	→チェ, ボンレ(崔奉礼)
コンタミーヌ, フィリップ	→Contamine, Philippe	サイ, メイジュン	→チェ, ミョンスン(崔明順)
コンテ, ロザリン	→コンテ, ロザリン	サイ, レツ	→チェ, リェ(崔冽)
コンティ, ジョー・ボバ	→Conti, Joe Bova	サイエス, ベラ・ルシア	→サイエス, ベラ・ルシア
コンティ・ラムズデン, ジーナ		ザイエン, アルフレッド・M.	→Zeien, Alfred M.
	→Conti Ramsden, Gina	サイカー, ジェフリー・S.	→Siker, Jeffrey S.
コンテ＝ヘルム, マリー	→コンテ＝ヘルム, マリー	サイク, トニー	→Saich, Tony
コント	→Comte	サイグーシュキン, エム	→サイグーシュキン, エム
ゴーント, ラリー・D.	→ゴーント, ラリー・D.	ザイスマン, ジョン	→Zysman, John
コンドウ, ドリンヌ	→Kondo, Dorinne	ザイーダ, ジョセフ	→ザイーダ, ジョセフ
コント＝スポンヴィル, アンドレ		サイダー, ロン	→サイダー, ロン
	→Comte-Sponville, André	サイダー, B.	→Sayeeda, Bano
コンドミナス, ジョルジュ	→Condominas, Georges	サイダーハウド, ジャック・P.	
ゴンドール, エモリー	→Gondor, Emory		→Suyderhoud, Jack P.
ゴンドール, リリアン	→Gondor, Lillian	ザイツ, マンフレート	→Seitz, Manfred
コンドルセ, マリー・ジャン・アントワーヌ・ニコラ・ド・カリタ	→Condorcet, Marie Jean Antoine Nicolas de Caritat, marquis de	ザイツ, S.	→Seitz, Sue
		ザイデ, グレゴリオ・F.	→ザイデ, グレゴリオ・F.
		ザイデ, ソニア・M.	→ザイデ, ソニア・M.
コンドン, ウィリアム・S.	→Condon, W.S.	サイディ, ヒュー	→サイディ, ヒュー
コンバース, P.E.	→Converse, Philip E.	サイディ, O.	→サイディ, O.
コンブ, D.	→Combes, Danièle	サイデガルト, マグダ・J.	→Seydegart, Magda J.
コンブ, M.	→Combes, Marguerite	サイデンステッカー, エドワード・G.	
コーンフィールド, ジャック	→Kornfield, Jack		→Seidensticker, Edward G.
コーンフォード, ジェームス	→Cornford, James	サイード, エドワード・W.	→Said, Edward W.
コンプトン, メアリー・アイダ		ザイフォルト, L.	→Seiford, Lawrence M.
	→Compton, Mary Ida	ザイプス, ジャック	→Zipes, Jack David
コンリー, ロバート・S.	→コンリー, ロバート・S.	ザイフマン, デイーブラ	→Zeifman, Debra
コンロイ, イレーヌ・ケリー		サイポルダ, T.	→サイポルダ, T.
	→Conroy, Elaine Kelly	ザイモーヴァ, ライア	→ザイモーヴァ, ライア
コンロイ, J.W.	→Conroy, James W.	サイモン, ウィリアム・E.	→Simon, William E.
		サイモン, デビッド	→サイモン, デビッド
		サイモン, ハーバート・A.	

サイモン, G.	→Simon, Herbert Alexander	サースフィールド, P.	→Sarsfield, Patrick
サイモンズ, ロバート	→Simon, Georg	ザスマン, アミ	→Zusman, Ami
サイモンズ, ロバート	→Simons, Robert	サスーン, アン・ショースタック	
サイモンソン, W.	→サイモンズ, ロバート		→Sassoon, Anne Showstack
サイラー, エレノア	→Simonson, William	サーダウィ, ナワル・エル	→Saadawi, Nawal El
ザイラー, トマス・W.	→サイラー, エレノア	サツ, ニチダ	→サツ, ニチダ(薩日娜)
ザヴァツキ, ポール	→ザイラー, トマス・W.	ザッカーマン, マイケル	→Zuckerman, Michael
サウィオス, パスカル	→ザヴァツキ, ポール	サッカレー, マーク	→Thackray, Mark
サヴィツキー, J.D.	→サウィオス, パスカル	サッキ, パオロ	→Sacchi, Paolo
サヴィリャーノ, マルタ・E.	→Savitsky, James D.	ザックス, ヴォルフガング	→Sachs, Wolfgang
	→Savigliano, Marta E.	サックス, ジェフリー	→サックス, ジェフリー
サウエル, トマス	→Sowell, Thomas	サックス, ジェフリー・D.	→Sachs, Jeffrey
サヴォナローラ, ジロラーモ	→Savonarola,	サックス, デイビッド	→サックス, デイビッド
Girolamo Maria Francesco Matteo		ザックス, ハーヴィー	→Sacks, Harvey
ザヴォニー, Z.	→Zavodny, Zdenek	ザックス, ハンス	→Sachs, Hans
サウスウッド, ピーター	→Southwood, Peter	サックス, マイケル・アラン	
サウスワース, J.	→Southworth, Jo		→サックス, マイケル・アラン
サウソール, H.	→Southall, Humphrey	サックス, マリヤン	→サックス, マリヤン
ザウチェク, M.	→Sawczuk, Mieczystaw	サックス, リズベス	→Sacks, Lisbeth
サウバー, ティム	→Sauber, Tim	サッグス, H.W.F.	→サッグス, H.W.F.
サウンダース, M.D.	→Saunders, Muriel D.	サッサー, W.アール, Jr.	→Sasser, W.Earl, Jr.
サウンダース, R.R.	→Saunders, Richard R.	サッサテッリ, G.	→サッサテッリ, G.
サーエンス, ロシオ	→サーエンス, ロシオ	サッセン, サスキア	→Sassen, Saskia
サオ, ジェームス	→サオ, ジェームス	サッソ, フェルディナンド	→Sasso, Ferdinando
ザオリャンキ	→ザオリャンキ	サッター, ロバート	→Sutter, Robert
ザーガー, B.J.	→ザーガー, B.J.	サッターズ, エヴェレット・T.	→Suters, Everett T.
サカイ, マーシア・Y.	→Sakai, Marcia Y.	サッタースウェイト, デイヴィット	
サカエダ, カート	→サカエダ, カート		→Satterthwaite, David
サカキバラ, エイスケ		サッチャー, マーガレット	→Thatcher, Margaret
	→サカキバラ, エイスケ(榊原英資)	ザッチャー, マーク・W.	→ザッチャー, マーク・W.
ザカリア, ファリード	→ザカリア, ファリード	サットン, ロバート・I.	→Sutton, Robert I.
ザカリア, F.	→ザカリア, F.	サットン, C.R.	→Sutton, Clive R.
サカン, ミシェル	→Sacquin, Michéle	ザップ, ヴォルフガング	→Zapf, Wolfgang
サーキン, ハロルド・L.	→Sirkin, Harold L.	サップル, バーリ	→Supple, Barry
ザク, スティーヴン・ヴィナレ		ザデック, サイモン	→Zadek, Simon
	→ザク, スティーヴン・ヴィナレ	サト, クリスティン	→Sato, Christine
サグ, ダイアナ・K.	→Sugg, Diana K.	サード, ニール	→Saad, Neal
ザクゾウク, マハモウド	→ザクゾウク, マハモウド	サトウ, ツネアキ	→サトウ, ツネアキ(佐藤経明)
サクソンハウス, ゲーリー		サートゥーコーターバレー	→サートゥーコーターバレー
	→サクソンハウス, ゲーリー	サドヴニク, アラン・R.	→サドヴニク, アラン・R.
サグデン, N.	→Sugden, N.	サドラー, ジェイミー	→Sudler, Jamie
ザクラジン, V.V.	→Zaglagin, V.V.	サドラー, ポール	→サドラー, ポール
サクワ, リチャード	→Sakwa, Richard	ザトラー, ミヒャエル	→ザトラー, ミヒャエル
ザーケ, イルムヒルト	→ザーケ, イルムヒルト	サトラピ, マルジャン	→Satrapi, Marjane
サコウ, マリ	→サコウ, マリ(酒向真理)	サドリア, モジュタバ	→Sadria, Modjtaba
サコダ, ロビン	→Sakoda, Robin H.	サナー, A.エルウッド	→Sanner, A.Elwood
ザゴリア, ドナルド・S.	→Zagoria, Donald S.	ザナシ, マルガリータ	→ザナシ, マルガリータ
サコール, A.	→Thakor, Anjan	サーニー, フィリップ・G.	
サザー, ジュディス・D.	→Suther, Judith D.		→サーニー, フィリップ・G.
ササキ, カオリ	→ササキ, カオリ(佐々木かをり)	サーニ, C.	→Saarni, Carolyn
サーサス, ジョージ	→Psathas, George	サネラ, リー	→Sannella, Lee
サザーランド, マーゴット		ザーバ, ジェニファ	→ザーバ, ジェニファ
	→サザーランド, マーゴット	サバナヤナ, ウッタマ	→サバナヤナ, ウッタマ
サジ, エイブラハム	→Sagi, Abraham	サハロフ, ワレンチン	→サハロフ, ワレンチン
サージェント, マルコム	→Sargeant, Malcolm	ザビアーロフ, I.G.	→ザビアーロフ, I.G.
ザシャリー, アルノー	→ザシャリー, アルノー	ザビエル, グレース	→Xavier, Grace
サシュキン, マーシャル	→サシュキン, マーシャル	ザビエル, フランシスコ	
サス, ルイス・A.	→サス, ルイス・A.		→Xavier, Francisco de Yasu y
サーストン, ポーリン	→Thurston, Pauline	サビジャー, ピーター	→サビジャー, ピーター

サビツキー, K.	→サビツキー, K.
サビン, マージェリー	→サビン, マージェリー
サファイア	→Sapphire
サファイア	→サファイア
サブセイ, シャロン	→Sabsay, Sharon
サブラマニアム, ソム	→Subramaniam, Som
サフラン, ジェレミー・D.	→Safran, Jeremy D.
サブレ, クリストフ	→Sabouret, Christophe
ザベェー	→ザベェー
サベージ, デボラ・E.	→Savage, Deborah E.
サベリ, ジュリオ	→Sapelli, Giulio
サマーズ, ロバート・S.	→サマーズ, ロバート・S.
サマーズ, ローレンス・H.	→Summers, Lawrence H.
サマド=マチアス, M.A.	→Samad-Matias, M.A.
サマラ, ムサナ	→サマラ, ムサナ
サマリ, カトリーヌ	→Samary, Catherine
サマルサ, スタンレイ・J.	→Samartha, Stanley J.
サーマン, リン	→サーマン, リン
サミュエルズ, アンドリュー	→Samuels, Andrew
サミュエルズ, リチャード・J.	→Samuels, Richard J.
サミュエルソン, ポール・A.	→Samuelson, Paul Anthony
サミュエルソン, ロバート・J.	→Samuelson, Robert J.
サム, アグネッタ・モディグ	→サム, アグネッタ・モディグ
サムウィック, A.	→サムウィック, A.
サムエルソン, ポール・A.	→Samuelson, Paul Anthony
サムソン, ロバート・J.	→サムソン, ロバート・J.
サモン, ウォルター・J.	→Salmon, Walter J.
サーモン, スコット	→サーモン, スコット
サラ, ノラニ・ムハマド	→サラ, ノラニ・ムハマド
サラ, F.J.D.	→Sala, F.Jim Della
サラカン, P.K.M.	→Tharakan, P.K.Mathew
サラサール, R.	→Salazar, Ronald
サラス, ジョー	→サラス, ジョー
サラス, ドゥニ	→サラス, ドゥニ
サラセヴィック, T.	→Saracevic, Tefko
サラダン=ダングリュール, ベルナール	→Saladin d'Anglure, Bernard
サラモン, レスター・M.	→Salamon, Lester M.
サリヴァン, アーサー	→Sullivan, Arthur
サリヴァン, M.(獣医学)	→Sullivan, Martin
サリヴァン, M.(老人介護)	→Sullivan, Melinda
サリス, ジョン	→サリス, ジョン
サリナス, エレーン	→サリナス, エレーン
サリナナ, マリア・エレナ・カストロ	→Sarinana, Maria Elena Castro
サリバ, A.	→Saliba, Anthony J.
サリバン, ウィリアム	→Sullivan, William
サリバン, キース	→サリバン, キース
サリバン, ジェレミア	→サリバン, ジェレミア
サリバン, マイケル	→Sullivan, Michael
ザリーン, エドガール	→Salin, Edgar
サール, ジョン・R.	→Searle, John R.
サル, ドナルド・N.	→Sull, Donald Norman
サルヴェーミニ, ジャンカルロ	→Salvemini, Giancarlo
サルコビッチ, ケリー・J.	→Sulkowicz, Kerry J.
サルコフスキス, ポール・M.	→Salkovskis, Paul M.
サルツ, ロン	→サルツ, ロン
ザルツバーグ, シャロン	→ザルツバーグ, シャロン
ザルツベルク, C.	→Salzberg, Chuck
サルツマン, ポウリーン	→サルツマン, ポウリーン
サルドーニ, クラウディオ	→サルドーニ, クラウディオ
サルトーリ, ジョバンニ	→Sartori, Giovanni
サルトル, ジャン=ポール	→Sartre, Jean-Paul
サルナ, ナフム・M.	→Sarna, Nahum M.
ザルバフィヤン, ナグメー	→ザルバフィヤン, ナグメー
サルビ, E.	→Salvi, Enrico
サルベッジ, ジェーン	→Salvage, Jane
サルマン, ジャン=ミシェル	→Sallmann, Jean-Michel
サルロン, ルイ	→サルロン, ルイ
サルワル, ビーナ	→サルワル, ビーナ
ザレスカヤ, ベラ	→Zalesskaya, Vera N.
ザレズニック, アブラハム	→ザレズニック, アブラハム
ザレツキィ, エリ	→Zaretsky, Eli
サロー, レスター・C.	→Thurow, Lester C.
サロナー, ガース	→Saloner, Garth
サロネン, タピオ	→サロネン, タピオ
サロビータ, ティモ	→Saloviita, Timo
サロベイ, P.	→サロベイ, P.
ザロモン	→ザロモン
サロモン=バイエ, クレール	→サロモン=バイエ, クレール
ザーン, シオドア・P.	→Zahn, T.P.
サンヴィン, ヨハンス・トヴェイト	→Sandvin, Johans Tveit
サンガー, デービッド・E.	→サンガー, デービッド・E.
サンガ, バルビンダー・S.	→Sangha, Balvinder S.
サンガー, ポール	→サンガー, ポール
サンガー, マーガレット	→Sanger, Margaret
サンガマニー, K.	→Thangamani, K.
サンカラ, ハリ	→サンカラ, ハリ
ザンク, ミシェル	→ザンク, ミシェル
サングカワン, デチャ	→Sungkawan, Decha
サンクティス, バレリオ・デ	→サンクティス, バレリオ・デ
サンクティス, フランチェスコ・デ	→サンクティス, フランチェスコ・デ
サングリー, フランソワ・ド	→サングリー, フランソワ・ド
ザングル, F.	→Zangle, Fabrice
サンジャー, デイビッド・E.	→サンジャー, デイビッド・E.
サン=ジュスト	→Saint-Just
サンステッド, エバ	→サンステッド, エバ
サンソム, ジョージ・ベイリー	→Sansom, George Bailey
ザンダー, ヘルケ	→Sander, Helke
サンタ・クルーズ, アドリアナ	→Santa Cruz, Adriana
サンダース, バーナード	→Saunders, Bernard
サンダーソン, アレクシス	

	→サンダーソン, アレクシス	ジェイ, アントニー	→Jay, Antony
サンダーソン, ジュディス・E.		シェイ, ウィリアム・R.	→Shea, William R.
	→Sanderson, Judith E.	ジェイ, マーティン	→Jay, Martin
サンダーソン, ジョン	→サンダーソン, ジョン	シェイ, K.	→Shay, Kenneth
サンタ・ラジャゴパル, ラクシミィ		ジェイヴォアス, アイリーン	→Javors, Irene
	→Rajagopal, Lakshmi Santha	ジェイカー, ベス	→ジェイカー, ベス
サンダール, デビ	→サンダール, デビ	シェイクスピア, スティーヴン	
サンダル, S.R.	→Sandall, Susan R.		→Shakespeare, Steven
サンチェゴ, カルメン・E.	→Santiago, Carmen E.	ジェイコ, ローズ・マリー	→Jaco, Rose Marie
ザンディ, マーク・M.	→Zandi, Mark	ジェイコブ, デイビッド・P.	→Jacob, David P.
サン=ティレール, ポール・ド		ジェイコブ, マーガレット	→Jacob, Margaret C.
	→Saint-Hilaire, Paul de	ジェイコブズ, ジェーン・M.	
サンテク, イム	→サンテク, イム		→ジェイコブズ, ジェーン・M.
サン=テチエンヌ, ラボー		ジェイコブソン, ニール	→Jacobson, Neil S.
	→サン=テチエンヌ, ラボー	ジェイコブソン, ノーマン	→Jacobson, Norman
サンテル, ベルンハルト	→Santel, Bernhard	シェイバーグ, ジェイン	→Schaberg, Jane
ザントキューラー, ハンス・イェルク		ジェイピーモーガン	→ジェイ・ピー・モーガン
	→Sandkühler, Hans-Jörg	シェイファー, ジェフリー・S.	→Shafer, Jeffery S.
サントス, エルジー・K.	→サントス, エルジー・K.	シェイファー, A.	→Schaffer, A.
サントス, パブロ	→サントス, パブロ	ジェイムズ, ピーター	→James, Peter
サントロ, マッシミリアーノ		ジェイムソン, ダグラス・H.	→Jameson, D.H.
	→Santoro, Massimiliano	シェヴィッツ, ゲイル・P.	→シェヴィッツ, ゲイル・P.
ザントロック, オットー	→ザントロック, オットー	シェグロフ, エマニュエル・A.	
サントロック, ジョン・W.	→Santrock, John W.		→Shegolff, Emanuel A.
サンバムルティ, V.	→Sambamurthy, V.	ジェスク, メアリ	→Geske, Mary
サンフォード, デイヴィド	→Sanford, David	シェスタク, トーマス	→シェスタク, トーマス
サンプスン, ロバート・J.	→Sampson, Robert J.	シェスタコヴァ, モニカ	→Šesáková, Monika
サンプソン, シンシア	→Sampson, Cynthia	シェスネ, フランソワ	→Chesnais, Francois
サン・マルタン, ルイ・クロード・ド		ジェッソーラ, マティオ	→ジェッソーラ, マティオ
	→サン・マルタン, ルイ・クロード・ド	シェッツカット, ロナルド	→シェッツカット, ロナルド
		シェッド, エド	→Shedd, Ed
		シェッド, M.H.	→Shed, Mary H.
【シ】		シェットラー, ペーター	→シェットラー, ペーター
		シェッヒ, ハインツ	→Schöch, Heinz
シ, ケンセイ	→シ, ケンセイ（施建生）	シェディヴィ, ロベルト	→シェディヴィ, ロベルト
シ, ジュシン	→シ, ジュシン（史樹新）	シェトラー, ヴォルフラム	→Schädler, Wolfram
シー, スタン	→シー, スタン	ジェニーン, ハロルド	→Geneen, Harold
シ, タイアン	→シ, タイアン（施耐庵）	シェーニング, クラス	→シェーニング, クラス
シ, チョウ	→シ, チョウ（史朝）	ジェニングス, カレン	→Jennings, Karen
ジ, チョウゲン	→ジ, チョウゲン（爾超軍）	ジェニングス, ジェレミー	→Jennings, Jeremy
ジー, フェリックス・オーバーホルツァー		ジェニングス, セオドア・W., Jr.	
	→ジー, フェリックス・オーバーホルツァー		→Jennings, Theodore W., Jr.
シー, ベン	→シー, ベン	ジェニングス, バーノン	→Jennings, Vernon
シア, シャオヤン	→カ, ギョウヨウ（夏暁陽）	ジェノフ, ディーン・S.	→Janoff, Dean S.
ジアス, ジョー	→Zias, Joe	シェハデ, ラムジー・D.	→Shehadeh, Ramsey D.
シアーズ, リチャード・W.	→Sears, Richard W.	シェパード, ジャック・R.	→Shepherd, Jack R.
ジアニーニ=ベロッティ, エレナ		シェパード, フィル	→Shepherd, Phil
	→ジアニーニ=ベロッティ, エレナ	シェパード, J.A.	→シェパード, J.A.
ジアラ, ポール	→Giarra, Paul S.	シェパード, L.A.	→Shepard, Lorrie A.
ジアーラ, マイケル・J.	→ジアーラ, マイケル・J.	シェパード・ウォールウィン, T.	
シアルス	→シアルス		→Shepheard-Wallwyn, Tim
シィベル, I.	→シィベル, I.	シェフ, アン・ウィルソン	→Schaef, Anne Wilson
ジンドゥル, ヨランタ	→Zyndul, Jolanta	ジェブ, ジュリアン	→ジェブ, ジュリアン
シヴァ, ヴァンダナ	→Shiva, Vandana	シェーファー, ハインツ	→シェーファー, ハインツ
シヴァドン, ダニエル	→シヴァドン, ダニエル	シェーファー, バーニー	→シェーファー, バーニー
シヴァラーマン, S.	→シヴァラーマン, S.	シェーファー, ブレッド・D.	
シヴィー, ギュンター	→Schiwy Sj, Günther		→シェーファー, ブレッド・D.
シェアー, A.-W.	→Scheer, August-Wilhelm	シェーファー, ロイ	→Schafer, Roy
シェアード, ジョス	→Sheard, Jos	シェーファー, ロバート・H.	
シェアード, ポール	→Sheard, Paul		→シェーファー, ロバート・H.
シェアード, ポール	→シェアード, ポール		

ジェファーズ, ロビンソン	→Jeffers, Robinson	シェーンアウアー, ゲアハルト	
ジェファーソン, プランティリア			→シェーンアウアー, ゲアハルト
	→ジェファーソン, プランティリア	シェンヴェルダー, カレン	→シェンヴェルダー, カレン
シェフォールト, ベルトラン		シェーンヴェルダー, シュテファン	
	→シェフォールト, ベルトラン		→Schönwälder, Stephan
シェフツォヴァ, リリア	→シェフツオヴァ, リリア	シェンカー, イズレイアル	
シェフラー, ウーヴェ	→Scheffler, Uwe		→シェンカー, イズレイアル
シェフラー, リヒャルト	→シェフラー, リヒャルト	ジェンキス, H.	→Jenkis, Helmut
シェフラー, H.W.	→シェフラー, H.W.	ジェンキンズ, クリスティン	
シェフラン, ユルゲン	→シェフラン, ユルゲン		→ジェンキンズ, クリスティン
ジェフリーズ, ミッシェル	→Jefferies, Michelle	ジェンキンス, デイビス	→Jenkins, Davis
ジェフレイズ, シェイラ	→Jeffereys, Sheila	ジェンク, ゲイナー	→Jenke, Gaynor
シェミングス, イヴォンヌ	→Shemmings, Yvonne	シェンク, K.V.	→Schenk, Kernsten V.
ジェームス, アラン	→ジェームス, アラン	ジェンクス, ステファン	→Jenks, R.Stephen
ジェームス, コリン	→ジェームス, コリン	シェーンズ, ショーナ・ラニ	
ジェームス, サイモン・P.	→ジェームズ, サイモン・P.		→シェーンズ, ショーナ・ラニ
ジェームス, サラ	→ジェームス, サラ	ジェーンズ, M.	→Joens, Michael
ジェームス, フラン	→ジェームス, フラン	ジェンセン, カール	→ジェンセン, カール
ジェームス, D.クレイトン	→James, D.Clayton	ジェンセン, ブラッドリー	→ジェンセン, ブラッドリー
ジェームズ, P.J.	→ジェームズ, P.J.	ジェンソン, ロバート	→Jenson, Robert W.
シェーラー, バーバラ	→シェーラー, バーバラ	ジェンダ, マリア・ルイザ	→ジェンダ, マリア・ルイザ
ジェラード, ビル	→ジェラード, ビル	ジェンタイル, K.	→Gentile, Kathleen M.
シェラード, R.H.	→シェラード, R.H.	シェンツレ, アクセル	→シェンツレ, アクセル
ジェラルディン, フィリップ		ジェンティーレ, ジョヴァンニ	
	→ジェラルディン, フィリップ		→ジェンティーレ, ジョヴァンニ
シェリー, アナベル	→シェリー, アナベル	ジェンナー, A.	→Jenner, Alec
シェリー, マイクル・S.	→Sherry, Michael S.	ジェーンバーグ, A.	→Jernberg, Ann M.
シェリル, エリザベス	→シェリル, エリザベス	ジェンマ, ガヴリエラ	→Gemma, Gavrielle
シェリング, フリードリヒ		シェンマン, ミカエル	→シェンマン, ミカエル
	→Schelling, Friedrich Wilhelm Joseph von	シオルデ, フレドリック	→シオルデ, フレドリック
シェル, オーヴィル	→シェル, オーヴィル	シカゴカルチュラルスタディーズグループ	
シェル, G.リチャード	→シェル, G.リチャード		→シカゴ・カルチュラル・スタディーズ・グループ
ジェルソン, ジャン・シャルリエ		シガフーズ, J.	→Sigafoos, Jeff
	→ジェルソン, ジャン・シャルリエ	シカール	→シカール
シェルツベルク, ルチア	→シェルツベルク, ルチア	シーガル, エリザベス・A.W.	
シェルドレイク, ルパート	→Sheldrake, Rupert		→Seagull, Elizabeth A.W.
シェルトン, ケン	→Shelton, Ken	シーガル, ジュリア	→シーガル, ジュリア
シェルトン, ジュディ	→シェルトン, ジュディ	シーガル, ハナ	→Segal, Hanna
シェルベリ, アンデレス	→Kjellberg, Anders	シカール, ミシェル	→シカール, ミシェル
ジェルマイアー, ジョン・M.	→Jermier, John M.	シーガル, G.	→シーガル, G.
シエール・ミュールハン, I.		シクスー, エレーヌ	→Cixous, Hélène
	→Thiele-Mühlhan, Irene	シグマン, M.	→Sigman, Marian
シェルンベルガー, F.-J.		ジグラー, エドワード	→Zigler, Edward
	→Schelnberger, Franz-Josef	ジグラー, ジグ	→Ziglar, Zig
ジェレット, クラウディアス	→Gellert, Claudius	ジーグラー, ロバート・S.	→Siegler, Robert S.
ジェレメック, ブロニスラフ		ジグラス, I.	→Zigurs, Ilze
	→ジェレメック, ブロニスラフ	シグルザルドッティル, H.シグルヴェイグ	
シェレール, ルネ	→Schérer, René		→Sigurðardóttir, H.Sigurveig
シェレンベルガー, ベルナルディン		シクロバー, イジナ	→シクロバー, イジナ
	→シェレンベルガー, ベルナルディン	シーゲル, バーニー	→Siegel, Bernie S.
シェロツキ, タデウシュ	→シェロツキ, タデウシュ	シーゲル, ルース・F.	→シーゲル, ルース・F.
ジェロニモ	→Geronimo	ジゲール, S.	→Giguère, Sylvain
ジェローム, ジャドソン	→ジェローム, ジャドソン	シゲルス(ブラバンの)	→Siger de Brabant
シェロング, ディーター	→Schellong, Dieter	シーゲルマン, C.K.	→Sigelman, Carol K.
ジェン, カレン・A.	→ジェン, カレン・A.	ジーゲレ=ヴェンシュケヴィッツ, レオノーレ	
シェーン, マンフレッド	→シェーン, マンフレッド		→Siegele-Wenschkewitz, Leonore
シェン, ヤーナン	→シン, アナン(潘亜南)	シーゲンターラー, デヴィッド	
ジェーン, ランディール・B.	→Jain, Randhir B.		→Siegenthaler, David
シェーンアイヒ, ハインリヒ		シコルスキー, イゴーリ・I.	→Sikorsky, Igor I.
	→シェーンアイヒ, ハインリヒ	シシー, イングリッド	→シシー, イングリッド

ジジェク, スラヴォイ	→Žižek, Slavoj	シフマン, リチャード	→Schiffman, Richard
シーシキン, S.N.	→Shishkin, Sergei Nikolaevich	シフマン, ローレンス・H.	→Schiffman, Lawrence H.
シー・シー・ビー	→C.C.B.	シフマン, S.	→Schiffman, Susan S.
ジーシャング, K.	→Zieschang, Kimberly D.	シーブライト, ポール	→Seabright, Paul
シースタック, ジェローム・J.	→シースタック, ジェローム・J.	シブリー, D.	→Sibley, David
シソコ, S.M.	→シソコ, S.M.	シーベリー, デヴィッド	→Seabury, David
シーダー, ヴォルフガング	→Schieder, Wolfgang	ジーベン, ギュンタ	→Sieben, Günter
シタス, エドゥアルド	→シタス, エドゥアルド	シマー, R.	→シマー, R.
シタンケンカクメイイインカイ	→志丹県革命委員会	シマダ, シンゴ	→シマダ, シンゴ(島田信吾)
シチェッティ, D.V.	→Cicchetti, D.V.	ジマーマン・レスル, C.	→Zimmermann-Lössl, Christine
シチャストニー, ズデニェク	→シチャストニー, ズデニェク	シマンジュタック, フリッツ・E.	→シマンジュタック, フリッツ・E.
シック, G.	→Sick, Gordon A.	シミズ, ヒデタダ	→シミズ, ヒデタダ
シックラー, エリック	→Schickler, Eric	シミンキョウイクケンキュウグループ	→市民教育研究グループ
シッケル, リチャード	→シッケル, リチャード	シミントン, ネヴィル	→Symington, Neville
シッター, クララ・L.	→シッター, クララ・L.	シミンノタメニキンユウトウキニカゼイオモトメルアソシエーション	→市民のために金融投機に課税を求めるアソシエーション
シッツァ, ジョシュア	→Sitzer, Joshua	シム, ジェウ	→シム, ジェウ(沈在宇)
シッティング・ブル	→Sitting Bull	シム, スチュアート	→Sim, Stuart
シッパーゲス, ハインリッヒ	→Schipperges, Heinrich	シム, ソンジン	→シム, ソンジン(沈晟晋)
シッパース, ジョーブ	→シッパース, ジョーブ	シム, ビクター	→Sim, Victor
ジッヒャー, ハリー	→Sicher, Harry	シムジア, ハリー	→シムジア, ハリー
ジッヒャー, リディア	→Sicher, Lydia	シムズ, リチャード	→シムズ, リチャード
シップ, J.	→Ship, Jonathan	シムズ, ローラ	→シムズ, ローラ
シッフェルス, ワルトラウト	→Schiffels, Waltraud	シムロン, P.	→シムロン, P.
シップストン, デイヴィッド	→Shipstone, David	シメオン	→Simeon
シディキ, M.A.R.	→シディキ, M.A.R.	ジメネッツ, F.	→Jimenez, Felix
シテーガ, ブリギッテ	→シテーガ, ブリギッテ	シメル, デヴィッド	→Schimmel, David
シテメンコ, セルゲイ・マトベエビッチ	→シテメンコ, セルゲイ・マトベエビッチ	ジーメンス, ヴェルナー・フォン	→Siemens, Werner Von
シデル, スコット・R.	→シデル, スコット・R.	シモニ, M.	→Simoni, M.
シード, ウィルフリッド	→シード, ウィルフリッド	ジモニス, ウド・エルンスト	→Simonis, Udo Ernst
シード, ジョン	→Seed, John	シモニデス, ヤヌシュ	→Symonides, Janusz
シドウ, フォン	→シドウ, フォン	シモネ, ドミニク	→Simonnet, Dominique
シトーカイ	→シトー会	シーモノフ, コンスタンチン・M.	→Simonov, Konstantin Mikhailovich
シトフスキー, ティボール	→Scitovsky, Tibor	ジーモン, ヨーゼフ	→Simon, Josef
シードラー・フェラー, ドリーン	→シードラー・フェラー, ドリーン	シモン, G.	→Simon, Georg
シドリ, マラ	→Sidoli, Mara	シモンズ, イアン・G.	→シモンズ, イアン・G.
シドレンコ, A.	→シドレンコ, A.	シモンズ, ジョン・アディントン	→Symonds, J.A.
シトン, イヴ	→シトン, イヴ	シモンズ, ホリー	→シモンズ, ホリー
シナグラ, ローラ	→Sinagra, Laura	シモンズ, メノ	→シモンズ, メノ
シニオア, クラレンス	→Senior, Clarence	シモンズ, P.	→Simmons, Peter
シノー, マリエット	→Sineau, Mariette	シャ, シュンビ	→シャ, シュンビ(謝俊美)
シバ, コウ	→シバ, コウ(司馬光)	シャ, タンメイ	→シャ, タンメイ(謝端明)
シーバー, シルベスター	→シーバー, シルベスター	シャ, チョウセイ	→シャ, チョウセイ(謝肇淛)
シバ, セン	→シバ, セン(司馬遷)	シャー, ラペシュ	→Shah, Rupesh
シバ, ロ	→シバ, ロ(司馬駱)	シャイアー, クラウス・アルトゥール	→Scheier, Claus-Artur
シバタ, ツトム	→シバタ, ツトム(柴田勉)	シャイエ, K.ワーナー	→Schaie, K.Warner
シーバート, ムリエル	→Siebert, Muriel	シャーイェガン, ダリューシュ	→シャーイェガン, ダリューシュ
シーバーベルグ, ハンス・ユルゲン	→シーバーベルグ, ハンス・ユルゲン	シャイク, A.	→Shaikh, Anwar
シーハン, カーリー	→Sheehan, Carly	シャイヒ, エバーハルト	→シャイヒ, エバーハルト
シーハン, シンディー	→Sheehan, Cindy	シャイビー, ベネディクト・バース	→シャイビー, ベネディクト・バース
ジビコフスキ, アンジェイ	→Zbikowski, Andrzej	シャイベ, エアハルト	→Scheibe, Erhard
シピラ, ヨルマ	→Sipilä, Jorma		
シービンガー, L.	→Schiebinger, Londa		
ジーフェルニヒ, ミヒャエル	→ジーフェルニヒ, ミヒャエル		

シャイマン, デイヴィッド・A.	→Shiman, David A.	シャトルワース, サリー	→Shuttleworth, Sally
シャイラー, F.R.	→Shirer, Frank R.	シャトレ, フランソワ	→Chatelet, Francois
ジャイルズ, ホワード	→ジャイルズ, ホワード	シャーニー, ジョルジアンドレア	→シャーニー, ジョルジアンドレア
ジャイルズ, モリー	→Giles, Molly	シャニアル, フィリップ	→Channial, Phillippe
シャイン, エドガー・H.	→Schein, Edgar H.	ジャニコー, ドミニク	→Janicaud, Dominique
シャウアー, フレデリック	→Schauer, Frederick	ジャニッキ, M.P.	→Janicki, Matthew P.
ジャーヴィス, ロバート	→Jervis, Robert	ジャネット, ドリス	→ジャネット, ドリス
シャヴィト, Z.	→Shavit, Zohar	ジャノウィッツ, アン	→ジャノウィッツ, アン
シャヴォ, クロード	→Javeau, Claude	シャノン, H.	→Shannon, Harry
シャーウッド, ニール	→Sherwood, Neil	ジャビディ, ミッチ	→Javidi, Mitch
シャーウッド, S.	→Sherwood, Sylvia	シャヒード, ファリダ	→シャヒード, ファリダ
シャウベ, A.	→シャウベ, A.	シャピロ, セダ	→シャピロ, セダ
シャウベッカー, デトレフ・F.	→シャウベッカー, デトレフ・F.	シャピロ, ダニエル・S.	→シャピロ, ダニエル・S.
ジャオ, Y.C.	→Jao, Y.C.	シャピロ, ニーナ	→シャピロ, ニーナ
シャーキー, ジョン	→シャーキー, ジョン	シャピロ, ニナ	→シャピロ, ニナ
ジャキエ, クレール	→ジャキエ, クレール	シャピロ, ロバート・B.	→シャピロ, ロバート・B.
シャーク, ドナルド・R.	→Sherk, Donald R.	シャープ, ジム	→Sharpe, Jim
ジャクスン, ジュリアン	→Jackson, Julian	シャープ, ソニア	→Sharp, Sonia
ジャクソン, エドワード・T.	→Jackson, Edward T.	シャープ, デビッド	→Sharp, David
ジャクソン, ジェシー	→Jackson, Jesse	シャープ, ミッチェル	→Sharp, Mitchell
ジャクソン, ジャニン	→Jackson, Janine	シャープ, メグ	→シャープ, メグ
ジャクソン, ジャネット・L.	→Jackson, Janet L.	シャープ, ローレンス・J.	→Sharpe, Laurence J.
ジャクソン, スーザン	→ジャクソン, スーザン	シャフェ, エルベール	→Schaffer, Herbert
ジャクソン, ドン・D.	→Jackson, Donald De Avila	シャフト, ジェイ	→シャフト, ジェイ
ジャクソン, ピーター	→ジャクソン, ピーター	シャーフマン, メルビン・A.	→Scharfman, M.A.
ジャクソン, ブルース	→ジャクソン, ブルース	シャーフマン, ロニー	→Scharfman, Ronnie
ジャクソン, B.S.	→ジャクソン, B.S.	シャプレン, ジェイソン・T.	→Shaplen, Jason T.
ジャクソン, P.	→Jackson, Patricia	シャブロ, クリストフ	→シャブロ, クリストフ
ジャコッビ, E.	→Giacobbi, Enrica	シャブン, ジョン	→シャブン, ジョン
ジャコーバス, メアリー	→Jacobus, Mary	シャーベット, ジョン	→Charvet, John
ジャコービー, アルフレッド	→ジャコービー, アルフレッド	シャボー, スティーブ	→Chabot, Steve
ジャコビー, ヘンリー	→Jacoby, Henry	シャボー, フェデリコ	→Chabod, Federico
ジャコビー, J.	→Jacoby, Jeff	シャボット, リチャード	→Chabot, Richard
ジャコビィ, ラッセル	→ジャコビィ, ラッセル	シャーマ, ロビン・S.	→Sharma, Robin S.
ジャコブソン, ボビー	→Jacobson, Bobbie	シャーマン, ドナ	→Schuurman, Donna
ジャコボ, M.R.	→ジャコボ, M.R.	シャーマン, ミカエル・E.	→Sherman, Michael E.
ジャコムッツィー, ペーター	→ジャコムッツィー, ペーター	ジャーマン, リンゼイ	→German, Lindsey
ジャジソン, コーネリア	→Judson, Cornelia	シャーマン, ローレンス・W.	→Sherman, Lawrence W.
ジャスティス, クレイグ	→ジャスティス, クレイグ	シャーミア, ボアス	→シャーミア, ボアス
シャセラン, カミーユ	→シャセラン, カミーユ	シャムウェイ, ドナルド	→Shumway, Donald
シャゼル, シーリア	→シャゼル, シーリア	シャムベルガー, レグリンディス	→Schamberger, Reglindis
ジャック, エドゥアード	→ジャック, エドゥアード	ジャーメイン, カーレル・B.	→Germain, Carel B.
ジャック, レイモンド	→Jack, Raymond	シャヤヴィーラ, スヴァルナ	→シャヤヴィーラ, スヴァルナ
ジャック, ロバート・A.	→Jack, R.A.	ジャヤディ, M.イクバル	→ジャヤディ, M.イクバル
ジャックス, エリオット	→ジャックス, エリオット	ジャヤパル, プラミラ	→Jayapal, Pramila
ジャックス, ジュディ・アネッタ	→Jax, Judy Annette	ジャヤラマン, ラジシュリ	→ジャヤラマン, ラジシュリ
ジャッジ, パトリシャ	→ジャッジ, パトリシャ	ジャヤラム, N.	→ジャヤラム, N.
シャッツ, クラウス	→Schatz, Klaus	ジャヤンタ, バッタ	→ジャヤンタ, バッタ
ジャッド, K.	→Judd, Kenneth L.	シャラー, クラウス	→Schaller, Klaus
シャップマン, アンヌ	→Chapman, Anne	シャーラー, ハンス・エッカート	→Scharrer, Hans-Eckart
シャッベル, クリスティアン	→シャッベル, クリスティアン	シャラー, マイケル	→Schaller, Michael
ジャティマン, サルジョノ	→ジャティマン, サルジョノ	シャラム, ベルント	→シャラム, ベルント
シャトック, M.	→Shattock, Michael	ジャララバディ, アショック	→ジャララバディ, アショック
シャトーブリアン, フランソワ	→Chateaubriand, François Auguste René, Vicomte de	ジャリー, サット	→Jhally, Sut

シャーリエ, フィリップ	→シャーリエ, フィリップ	シュウ, チョンミン	→キョ, チュウミン（許忠民）
シャーリコワ, ヴィクトーリア		シュウ, ヒツ	→シュウ, ヒツ（周弼）
	→シャーリコワ, ヴィクトーリア	シュウ, ホウ	→シュウ, ホウ（周方）
ジャリニ, O.	→Giarini, Orio	シュウ, リツウン	→シュウ, リツウン（周立転）
シャールキョジ, タマーシュ	→Sárközy, Tamás	シュヴァルツ, アンジェイ・J.	→Szwarc, Andrzej J.
シャールシッヒ, M.	→Scharsig, Marc	シュヴァルツヴェラー, K.	→Schwarzwäller, Klaus
ジャルスリック, マーク	→ジャルスリック, マーク	シュヴァルツェ, ユルゲン	→シュヴァルツェ, ユルゲン
シャルチエ, ロジェ	→Chartier, Roger	シュヴァールバッハ	→シュヴァールバッハ
シャルテガー, シュテファン	→Schaltegger, Stefan	シュヴァン, アレクサンダー	
シャルプ, フリッツ・W.	→シャルプ, フリッツ・W.		→シュヴァン, アレクサンダー
シャルロ, ベルナルド	→シャルロ, ベルナルド	シュヴァーン, ゲジーネ	→シュヴァーン, ゲジーネ
シャルンシュラーガー, レーオポルト		シュウェーバー, M.	→Schweber, Miriam
	→シャルンシュラーガー, レーオポルト	シュヱブラー, R.	→Schwebler, Robert
シャレフ, アイラ	→Chaleff, Ira	シュヴェーベル, クリストフ	
ジャロウ, ロバート・A.	→Jarrow, Robert A.		→Schwöbel, Christoph
シャロック, R.L.	→Schalock, Robert L.	シュウェムレイン, ピーター	
シャロン, ヴェロニーク	→シャロン, ヴェロニーク		→シュウェムレイン, ピーター
ジャン, ウェンラン	→ジャン, ウェンラン	シュウェラー, ランドール・L.	
ジャン, カルロ	→Jean, Carlo		→シュウェラー, ランドール・L.
ジャン, グオジュ	→キョウ, コクチュウ（姜国柱）	シュヴェンツァー, インゲボルク	
シャンク, ロジャー	→Shank, Roger		→シュヴェンツァー, インゲボルク
シャンクス, ハーシェル	→Shanks, Hershel	シュエル, T.J.	→Shuell, Thomas J.
ジャングレコ, D.M.	→Giangreco, D.M.	シュオバー, F.	→Schober, Florian
ジャンジャン, T.	→Jeanjean, Thomas	シュガー, ジェイムズ・A.	
ジャンセン, ダイアナ	→Jansen, Diana		→シュガー, ジェイムズ・A.
ジャンセン, マリウス・B.	→Jansen, Marius B.	シュガー, J.	→Sugar, Judith A.
ジャンソン, フランシス	→Jeanson, Francis	シュガーマン, ステファン・D.	
ジャンソン, ホースト・ワルデマー			→Sugarman, Stephen D.
	→Janson, Horst Woldemar	シュガルト, ウィリアム, 2世	
ジャンニケッダ, マリア・グラツィア			→Shughart, William F., Ⅱ
	→Giannichedda, Maria Grazia	ジューコフ, ゲオルギー	→ジューコフ, ゲオルギー
シャンペイン, O.B.	→Champagne, Audrey B.	シュコールズ, ゲイリー	→Shcoles, G.
ジャンポルスキー, ジェラルド		シュシ	→シュシ（朱子）
	→Jampolsky, Gerald	シュスター, ヴィルヘルム	→シュスター, ヴィルヘルム
ジャンメッラーロ, A.S.	→ジャンメッラーロ, A.S.	シュスター, フリードリッヒ	→Schuster, Friedrich
シュ, エン	→シュ, エン（朱園）	ジュスムート, リタ	→ジュスムート, リタ
シュ, カウ	→シュ, カウ（朱化雨）	シュスラー, インゲボルク	→Schüßler, Ingeborg
シュ, カシュン	→シュ, カシュン（朱家駿）	シュタイガー, ローター	→Steiger, Lothar
シュ, カメイ	→シュ, カメイ（朱嘉明）	シュタイナー, ミカエル	→シュタイナー, ミカエル
シュ, ケンエイ	→シュ, ケンエイ（朱建栄）	シュタイナー, D.	→Steiner, Donald
シュ, シュジン	→シュ, シュジン（朱守仁）	シュタイナー, N.	→Steiner, Nathalie
シュ, ショウタク	→チュ, スンテク（朱昇沢）	シュタイニッツ, クラウス	→シュタイニッツ, クラウス
シュー, ティン	→ジョ, テイ（舒婷）	シュタイン, ウォルフラム	→Stein, Wolfram
シュ, ナ	→ジョ, ダ（舒娜）	シュタイン, エディット	→Stein, Edith
シュ, フクライ	→シュ, フクライ（朱福来）	シュタイン, シャロン	→シュタイン, シャロン
シュ, ブンホウ	→シュ, ブンホウ（朱文彦）	シュタイン, ローレンツ・フォン	
シュアーマン, レオ	→Schuerman, Leo		→Stein, Lorenz von
ジュアンジャン, オリヴィエ		シュタイン, L.	→シュタイン, L.
	→ジュアンジャン, オリヴィエ	シュタイングレーバー, シュテファン	
シュイ, リン	→ジョ, リン（徐琳）		→Steingräber, Stephan
シュイナード, イヴォン	→Chouinard, Yvon	シュタインベルク, R.	→シュタインベルク, R.
シュウ, キブ	→シュウ, キブ（周希武）	シュタインメッツ, デイヴィッド	
シュウ, ギョウリョウ →シュウ, ギョウリョウ（周暁亮）			→シュタインメッツ, デイヴィッド
シュウ, ケイセイ	→シュウ, ケイセイ（周慧菁）	シュターク, クリスティアン	
シュウ, ケイメイ	→シュウ, ケイメイ（周慶明）		→シュターク, クリスティアン
シュウ, サクジン	→シュウ, サクジン（周作人）	シュタドラー, ウルリヒ	→Stadler, Ulrich
シュウ, ジュコウ	→シュウ, ジュコウ（周樹興）	シュターマー, カールステン	
シュウ, シンソウ	→シュウ, シンソウ（周振想）		→シュターマー, カールステン
シュウ, ダ	→シュウ, ダ（周舵）	シュターマー, C.	→Stahmer, Carsten
シュウ, チョウカイ	→シュウ, チョウカイ（周長蓋）	シュターリッツ, ヘディートリヒ	→Staritz, Dietrich
		ジュタール, フィリップ	→ジュタール, フィリップ

シュタールバーク, ダグマール
　　　→シュタールバーク, ダグマール
シューチング, J.　　　→Süchting, Joachim
ジュッカ, パオラ　　　　→Giucca, Paola
シュッデコプフ, イルムガルト
　　　→シュッデコプフ, イルムガルト
シュッデコプフ, カール　→Schuddekopf, Charles
シュッドソン, マイケル　→Schudson, Michael
シュップ, ユルゲン　　　→Schupp, Jurgen
ジュディ, ドゥワイト・H.　→Judy, Dwight H.
シュティッヒベー, ビルヘルム
　　　　　　　　　　　　→Stichweh, Wilhelm
シュティヒヴェー, ルドルフ
　　　→シュティヒヴェー, ルドルフ
シュティフター, アーダルベルト
　　　　　　　　　　　　→Stifter, Adalbert
シュテファニデス, ヤニス →シュテファニデス, ヤニス
シュテュルナー, ロルフ　→シュテュルナー, ロルフ
シュテュルマー, ミヒャエル　→Stürmer, Michael
シュテール, マルティン　　→Stöhr, Martin
シュテルン, ケーテ　　　→シュテルン, ケーテ
シュテンガー, ゲオルグ　→シュテンガー, ゲオルグ
シュート, スーザン　　　→シュート, スーザン
シュトゥアマ, ディーター　→Sturma, Dieter
シュトゥールプファラー, カール
　　　→シュトゥールプファラー, カール
シュトゥンプ, ガブリエレ →シュトゥンプ, ガブリエレ
シュドソン, マイケル　　→シュドソン, マイケル
シュトッダルト, D.M.　　→Stoddart, D.M.
シュトライス, ミヒャエル　→Stolleis, Michael
シュトライツ, N.A.　　　→Streitz, Norbert A.
シュトラウス, R.　　　→シュトラウス, R.
シュトラウブ, D.W.　　→Straub, Detmar W.
シュトラッサー, イルゼ　→シュトラッサー, イルゼ
シュトラッサー, ヨハノ　→Strasser, Johano
シュトルテン, インゲ　　→シュトルテン, インゲ
シュトルベック, J.　　　→Storbeck, James
シュトルベルク, ディートリヒ
　　　→シュトルベルク, ディートリヒ
シュトレーベ, ヴォルフガング　→Stroebe, W.
シュトロース, ルース　→シュトロース, ルース
シュトローメ, マッティアス
　　　→シュトローメ, マッティアス
シュナイダー, ウイリアム, Jr.
　　　　　　　　　　　→Schneider, William, Jr.
シュナイダー, ゲイリー　→Snyder, Gary
シュナイダー, ジェレミー・D. →Schneider, Jeremy
シュナイダー, ハンス=ペーター
　　　　　　　　　　　→Schneider, Hans-Peter
シュナイダー, ハンス・ヨアヒム
　　　　　　　　　　　→Schneider, Hans Joachim
シュナイダー, フリードリッヒ
　　　→シュナイダー, フリードリッヒ
シュナイダー, ペーター　→Schneider, Peter
シュナイダー, C.(データ処理) →Snyder, Chris
シュナイダー, D.　　　→Schneider, Dieter
シュナイダー, H.-J.　　→Schneider, Hans-Josef
シュナイダーマン, デイヴィッド
　　　→シュナイダーマン, デイヴィッド
シュナーデルバッハ, R.テリー
　　　→シュナーデルバッハ, R.テリー

シュニーウィンド, K.A.　→Schneewind, Klaus A.
シュニッツァーリング, C. →Schnitzerling, Claus
シュニーデル, ハルデリーケ
　　　→シュニーデル, ハルデリーケ
シュニーマン, キャロリー
　　　　　　　　　　　→Schneemann, Caroliee
シュニーワイス, トーマス
　　　→シュニーワイス, トーマス
シュネイダー, アントゥーン →Schneider, Antoon
シュネデール, モニック　→シュネデール, モニック
シュネーデルバッハ, H. →Schnadelbach, Herbert
ジュノー, アンドレア　　　→Juno, Andrea
ジュノー, マルセル　　　→ジュノー, マルセル
シュバイツァー, ウルスラ　→Schweitzer, Ursula
シュバイツァー, モーリス・E.
　　　→シュバイツアー, モーリス・E.
シューバート, エイドリアン →Shubert, Adrian
ジュパノブ, J.　　　　→ジュパノブ, J.
シュバリエ, ジャック　　→Chevallier, Jacques
シュパン, シュテファン　→Spang, Stefan
シュパング, クリスティアン・W.
　　　→シュパング, クリスティアン・W.
シュピーゲルシ　　　　→シュピーゲル誌
シュピッツアー, マンフレート →Spitzer, Manfred
シュプレンガー, P.　　→Sprenger, Peter
ジュフロワ, H.　　　　→Jouffroy, Henri
シュベック, R.　　　　→シュペック, R.
シュペート, ロータル　　→シュペート, ロータル
シュペラーベルク, アネッテ →Spellenberg, Anette
ジュベル, ポール・G.　　→Joubert, Paul G.
シューベルト, エルンスト　→Schuberth, Ernst
シューベルト, リチャード・F.
　　　　　　　　　　　→Schubert, Richard F.
シュベントカー, ヴォルフガング →Schwentker, W.
シュマイドラー, ガートルード・R.
　　　→シュマイドラー, ガートルード・R.
シューマーク, ヘレン　　→シューマーク, ヘレン
シュマル, V.　　　　　→Schmall, Vicki L.
シュマレンシー, リチャード
　　　　　　　　　　　→Schmalensee, Richard
シューマン, フレデリック・L.
　　　→シューマン, フレデリック・L.
シュミッター, フィリップ・C.
　　　　　　　　　　　→Schmitter, Philippe C.
シュミッツ, ヒューバート →シュミッツ, ヒューバート
シュミッツ・シェーザー, R.
　　　　　　　　　　　→Schmitz-Scherzer, Reinhard
シュミット, ウォレン・H. →Schmidt, Warren H.
シュミット, ウーテ　　　→Schmidt, Ute
シュミット, エーベルハルト
　　　→シュミット, エーベルハルト
シュミット, カール　　　→Schmitt, Carl
シュミット, カルステン　→シュミット, カルステン
シュミット, スーザン　　→Schmidt, Susan
シュミット, ブルクハルト →Schmidt, Burghart
シュミット, ヘルムート　→シュミット, ヘルムート
シュミット, マルゴット　→シュミット, マルゴット
シュミット, モーリス　　→Schmitt, Maurice
シュミット, リンダ・W.　→Schmidt, Lynda
シュミット, H.J.　　　→Schmidt, Hilary J.
シュミット, R.(保険学)　→Schmidt, Reimer

シュミット=ヴァルトヘル, ヒルトラオト
　　→Schmidt-Waldherr, Hiltraud
シュミット・ジャンストーム, K.
　　→Smidt-Jernstrom, Kurt
シュミット・テム, ドロテア
　　→Schmidt-Thimme, Drothea
シュミット=デングラー, ヴェンデリーン
　　→シュミット=デングラー, ヴェンデリーン
シュミット=ハルツバッハ, イングリット
　　→シュミット=ハルツバッハ, イングリット
シュミット=パンテル, ポーリーヌ
　　→Schmitt-Pantel, Pauline
シュミットホーファ, クラウディア
　　→シュミットホーファ, クラウディア
シュミット・ロスト, ラインハルト
　　→シュミット・ロスト, ラインハルト
シュミート=コヴァルティーク, ヴォルフディートリヒ　→Schmied-Kowarzik, Wolfdietrich
シューメーカー, ポール・J.H.
　　→Schoemaker, Paul J.H.
シュモーク, カート　　→Schmoke, Kurt L.
シュラー, アイリーン・M.　→Schuller, Eileen M.
シューラー, アドリアーナ・L.
　　→Schuler, Adriana L.
シューラー, アルフレート
　　→シューラー, アルフレート
シュラー, トム　　　　→シュラー, トム
シュラー, ランドル　　→シュラー, ランドル
シュラー, ロバート　→Schuller, Robert Harold
ジュライ　　　　　　　→ジュライ
シュライト, M.　　　　→Schleidt, Margret
シュライナー, オリーヴ　→Schreiner, Olive
シュライナー, ギュンター　→Schreiner, Günter
シュライヒャー, アンドレア→Schleicher, Andreas
シュライブマン, L.　　→シュライブマン, L.
シュライム, アヴィ　　→シュライム, アヴィ
シュラーヴェン, マルティン
　　→シュラーヴェン, マルティン
ジュラセック, リチャード→ジュラセック, リチャード
シュラーダー, ヴォルフガング・H.
　　→シュラーダー, ヴォルフガング・H.
シュラッツ, ポール・R.　→Schratz, Paul R.
シュラドウェイラー, クリス
　　→シュラドウェイラー, クリス
シュラーバウム, ゲリー・G.
　　→シュラーバウム, ゲリー・G.
シュラフ, リー・アン　→シュラフ, リー・アン
シュラム, ウィルバー　→Schramm, Wilbur
シュラム, ゴットフリート→Schramm, Gottfried
シュランスキー, ガブリエル
　　→シュランスキー, ガブリエル
ジュリア, ドミニック　→ジュリア, ドミニック
ジュリアン(ノリッジの)　→ジュリアン(ノリッジの)
ジュリス, E.M.　　　　→Jouriles, Ernest M.
シュリーバー, ユルゲン→Schriewer, Jürgen
シュリバスタバ, ポール→Shrivastava, Paul
シュリーフ, G.　　　　→Schlierf, Günter
シュリューター, ヴィルフリート
　　→シュリューター, ヴィルフリート
シュリンプトン, ニコラス
　　→シュリンプトン, ニコラス

シュール, ダイアン　　→シュール, ダイアン
シュルツ, ヴァルター　→シュルツ, ヴァルター
シュルツ, エリザベス　→Schultz, Elizabeth
シュルツ, カリン・L.　　→シュルツ, カリン・L.
シュルツ, ジョージ・P.　→シュルツ, ジョージ・P.
シュルツ, ソルベイ　　→シュルツ, ソルベイ
シュルツ, ホルスト　　→Shultze, Horst
シュルツ, ロン　　　　→Surz, Ron
シュルテ, バルバラ　　→Schulte, Barbara
シュルテ=ファン=ケッセル, エリジア
　　→Shulte van Kessel, Elisja
シュルドバーク, デイヴィッド
　　→シュルドバーク, デイヴィッド
シュルバーグ, バド　　→シュルバーグ, バド
シュルマン, ヘレン　　→Schulman, Helen
シュルマン, ローレンス・E.
　　→シュルマン, ローレンス・E.
シューレ, アンニカ・フォン
　　→シューレ, アンニカ・フォン
シュレーア, マルクス　→シュレーア, マルクス
シュレクティー, フィリップ・C.
　　→Schlechty, Phillip C.
シュレジンガー, トム　→シュレジンガー, トム
シュレージンジャー, アーサー, Jr.
　　→シュレージンジャー, アーサー, Jr.
シュレスタ, マノジ　　→シュレスタ, マノジ
シュレーダー, ケイト　→Schroder, Kate
シュレーダー, ゲオルグ→Schroeder, Georg
シュレーダー, ヤン　　→Schröder, Jan
シュレーダー, ロジャー・G.
　　→Schroeder, Roger G.
シュレーダー, R.　　　→シュレーダー, R.
シュレーダー・フレチェット, K.S.
　　→Shrader Frechette, K.S.
シュレッカー, T.　　　→Schrecker, Ted
シュレヒトリーム, ペーター→Schlechtriem, Peter
シューレンブルク, J.マティアス・グラフ・フォン・デア　→シューレンブルク, J.マティアス・グラフ・フォン・デア
シュレンベルク, M.
　　→Schulenburg, Matthias Graf v.d
シュロススタイン, スティーブン
　　→Schlosssten, Steven
シュロスマン, スティーヴン→Schlossman, Steven
シュローダー, ポール・W.
　　→シュローダー, ポール・W.
シュローダー, リチャード・R.
　　→シュローダー, リチャード
シュロッサー, ペーター→Schlosser, Peter
シュローバハ, ヨヘン　→シュローバハ, ヨヘン
シュロール, M.　　　　→Schroll, Marianne
シュワーツ, イーディス→シュワーツ, イーディス
シュワーツ, デビッド　→Swartz, David
シュワツァー, R.　　　→Schwarzer, Ralf
ジュワナ, ヒクマハント→ジュワナ, ヒクマハント
シュワブ, チャールズ・M.→Schwab, Charles M.
シュワルツ, アンナ・J.　→シュワルツ, アンナ・J.
シュワルツ, ウィリアム→シュワルツ, ウィリアム
シュワルツ, エレン　　→Schwartz, Ellen
シュワルツ, ゴードン　→シュワルツ, ゴードン
シュワルツ, スティーブン→Schwartz, Steven

シュワルツ, ダビド・J.	→Schwartz, David J.	ショウ, コウ	→ショウ, コウ(章潢)
シュワルツ, ブルーマ	→Schwarz, Bluma	ショウ, サクシュン	→ショウ, サクシュン(創作俊)
シュワルツェネッガー, アーノルド		ショウ, シンコウ	→ショウ, シンコウ(蕭新煌)
	→Schwarzenegger, Arnold	ショウ, シンコク	→ショウ, シンコク(邵振国)
シュンゲル=シュトラウマン, ヘレン		ジョウ, セイ	→ジョウ, セイ(常清)
	→シュンゲル=シュトラウマン, ヘレン	ショウ, タラ	→Shaw, Tara
ジュンシ	→ジュンシ(荀子)	ショウ, チジ	→ショウ, チジ(肖致治)
ジョ, アヘイ	→ジョ, アヘイ(徐亜平)	ショウ, トウ	→ショウ, トウ(蕭統)
ジョ, アンキ	→ジョ, アンキ(徐安琪)	ショウ, ドウテイ	→ショウ, ドウテイ(薛道鼎)
ジョ, イクシュ	→ジョ, イクシュ(徐育珠)	ショウ, バイコン	→ショウ, バイコン(肖培坤)
ジョ, イチヘイ	→ジョ, イチヘイ(除一平)	ショウ, ハンハン	→ショウ, ハンハン(肖潘潘)
ジョ, イップ	→ジョ, イップ(茹一夫)	ショウ, ヒン	→ショウ, ヒン(尚彬)
ジョ, イン	→ジョ, イン(舒湮)	ショウ, メイコウ	→ショウ, メイコウ(邵銘煌)
ジョ, エキショ	→ジョ, エキショ(徐益初)	ショウ, ロバート・E.	→ショウ, ロバート・E.
ショ, カ	→ショ, カ(書華)	ショウ, M.	→Shaw, Mary
ジョ, ケイシン	→ジョ, ケイシン(徐啓新)	ジョヴァンリ, M.	→Giovanli, Mario
ジョ, ゲンウ	→スー, ウォンウー(徐顕元)	ショウォルター, デニス・E.	
ジョ, ケンメイ	→ジョ, ケンメイ(徐顕明)		→Showalter, Dennis E.
ジョ, コウ	→ジョ, コウ(徐虹)	ショウシ	→ショウシ(商子)
ジョ, ジチュウ	→ソ, シジュ(徐時柱)	ショウメイタイシ(昭明太子)	→ショウ, トウ(蕭統)
ジョ, シュクキ	→ジョ, シュクキ(徐淑希)	ジョウンズ, デイヴィド・P.H.	→Jones, David P.H.
ジョ, ショウ	→ジョ, ショウ(徐松)	ショークロス, ウィリアム	→Shawcross, William
ショー, ジョージ・バーナード		ジョージ, アレクサンダー・L.	
	→Shaw, George Bernard		→George, Alexander L.
ジョ, ジンセキ	→ソ, インソク(徐仁錫)	ジョージ, ヴィック	→George, Victor
ジョ, セイセイ	→ジョ, セイセイ(徐靖静)	ジョージ, ウィリアム	→George, William
ジョ, ソカ	→ジョ, ソカ(徐素華)	ジョージ, スーザン	→George, Susan
ジョ, ダ	→ジョ, ダ(舒娜)	ジョージ, デイヴィッド・ロイド	
ジョ, ダイシュク	→ソ, デスク(徐大肅)		→George, David Lloyd
ジョ, チン	→ジョ, チン(徐琛)	ジョージ, ドナルド・W.	→George, Donald W.
ジョ, テイ	→ジョ, テイ(舒婷)	ジョシ, メアリー・シッソン	
ジョ, トウヨク	→ソ, ドンイク(徐東翼)		→ジョシ, メアリー・シッソン
ジョ, ハイエイ	→ジョ, ハイエイ(徐佩瑩)	ジョージ, ロバート・P.	→George, Robert P.
ジョ, ヒョウ	→ジョ, ヒョウ(徐氷)	ジョージェスク=ローゲン, ニコラス	
ジョ, ホウジン	→ジョ, ホウジン(徐奉賢)		→Georgescu-Roegen, Nicholas
ジョ, ホセイ	→ジョ, ホセイ(歩青)	ショシナン=ノガレ, ギィ	
ショー, マーティン	→ショー, マーティン		→Chaussinand-Nogaret, Guy
ジョ, リン	→ジョ, リン(徐琳)	ジョズィー, E.J.	→ジョズィー, E.J.
ショー, ロバート	→ショー, ロバート	ジョスコー, アンドリュー・S.	
ショー, ロバート・ブルース	→Shaw, Robert B.		→Joskow, Andrew S.
ショー, D.L.	→Shaw, Donald L.	ジョスコー, ポール・L.	→ジョスコー, ポール・L.
ショー, J.(司会者)	→Show, J.	ジョスト, アレン	→Jost, Allen
ショー, L.B.	→Shaw, Lois B.	ジョセフ	→ジョセフ
ショアー, ジュリエット・B.	→Schor, Juliet B.	ジョセフ, ベティ	→Joseph, Betty
ジョアニク, P.	→Jouanique, Pierre	ジョゼフ, R.	→Joseph, Randal
ジョアネス, F.	→ジョアネス, F.	ショタール, ロイック	→ショタール, ロイック
ショイアール, ハンス	→Scheuerl, Hans	ジョーダン, エレノア・H.	→Jorden, Eleanor H.
ショイイング, D.H.	→ショイイング, D.H.	ジョーダン, キャサリン	→Jordan, Kathleen
ショインカ, ウォレ	→Soyinka, Wole	ジョーダン, ジョー	→Jordan, Joe
ショウ, アキン	→ショウ, アキン(蕭阿勤)	ジョーダン, デビッド	→ジョーダン, デビッド
ショウ, エイヘイ	→ショウ, エイヘイ(蒋永萍)	ジョーダン, バーバラ	→ジョーダン, バーバラ
ショウ, カイセキ	→ショウ, カイセキ(蒋介石)	ジョーダン, マイケル	→Jordan, Michael
ショウ, カイホウ	→ショウ, カイホウ(尚会鵬)	ジョックス, アラン	→Joxe, Alain
ショウ, カンセイ	→ショウ, カンセイ(邵翰斎)	ショッター, ジョン	→ショッター, ジョン
ショウ, カンメイ	→ショウ, カンメイ(蕭漢明)	ショット, イアン	→Schott, Ian
ジョウ, ギョクセイ	→ジョウ, ギョクセイ(宝玉生)	ショット, J.	→Schot, Johan
ショウ, ケイビン	→ショウ, ケイビン(章慧敏)	ショットロフ, ルイーゼ	→Schottroff, Luise
ショウ, ケンカク	→ショウ, ケンカク(邵建華)	ショッパ, レナード・J.	→ショッパ, レナード・J.
ショウ, ケンペイ	→ショウ, ケンペイ(邵剣平)	ショッホ, フリードリヒ	→ショッホ, フリードリヒ
		ショート, ジェームス・E.	→Short, James E.

ショーニュ, ピエール	→ショーニュ, ピエール	ジョンスン, エリアス	→ジョンスン, エリアス
ショープ, マリアンヌ	→ショープ, マリアンヌ	ジョンソン, ウイリアム・ステイシー	
ショーフィールド, ノーマン			→ジョンソン, ウイリアム・ステイシー
	→ショーフィールド, ノーマン	ジョンソン, エドワード・C., 3世	
ショブス, ネイハム・E.	→Shoobs, Nahum E.		→Johnson, Edward C., III
ショプラー, エリック	→Schopler, Eric	ジョンソン, エリザベス・L.	
ショーフリ, キラン	→Chaudhuri, Kiran		→ジョンソン, エリザベス・L.
ジョベール, アンネット	→Jobert, Annette	ジョンソン, エリック・J.	→ジョンソン, エリック・J.
ショーペンハウエル, アルトゥール		ジョンソン, カーク	→ジョンソン, カーク
	→Schopenhauer, Arthur	ジョンソン, キム・K.P.	→Johnson, Kim K.P.
ジョモ・K.サンダラム	→Jomo Kwame Sundaram	ジョンソン, グレアム・E.	→Johnson, Graham
ジョリー, C.	→Jolly, Claude	ジョンソン, ジョン・J.	→Johnson, John J.
ジョリ, J.-J.	→Joly, Jean-Jacques	ジョンソン, チャルマーズ・A.	
ショル, ハンス	→Scholl, Hans		→Johnson, Chalmers A.
ジョルジオ, ミケッラ・デ	→Giorgio, Michela	ジョンソン, デイビッド・W.	→Johnson, David W.
ショールズ, ホリー	→ショールズ, ホリー	ジョンソン, デューイ・E.	→Johnson, Dewey E.
ショールズ, マイロン	→Scholes, Myron S.	ジョンソン, ハリー・J.	→Johnson, Harry Julius
ショルツ, アルフレッド	→Scholz, Alfred	ジョンソン, ブライアン・T.	
ショルツ, グンター	→Scholtz, Gunter		→ジョンソン, ブライアン・T.
ショルツ, ハンネローレ	→Scholz, Hannelore	ジョンソン, ポール	→Johnson, Paul
ショルツ, T.	→Scholz, Torsten	ジョンソン, マイケル	→ジョンソン, マイケル
ショールハマー, ハンス	→Schollhammer, Hans	ジョンソン, マリー=ジーン	
ショレー, ジャン=ルネ	→Cholley, Jean-René		→Johnson, Marie-Jeanne
ジョワー, ジェフ	→ジョワー, ジェフ	ジョンソン, メアリー	→Johnson, Mary Ann
ジョーンズ, ウィリアム	→ジョーンズ, ウィリアム	ジョンソン, リンドン・B.	
ジョーンズ, エヴァン	→Jones, Evan		→Johnson, Lyndon Baines
ジョーンズ, ガレス	→Jones, Gareth	ジョンソン, ロバート・A.	→Johnson, Robert A.
ジョーンズ, キャサリン	→Jones, Kathleen	ジョンソン, E.エリザベス	→Johnson, E.Elizabeth
ジョーンズ, キャスリン・アン		ジョンソン, P.V.	→Jónsonn, Palmi V.
	→ジョーンズ, キャスリン・アン	ジョンソン, S.M.	→Johnson, Susan M.
ジョーンズ, ギャビン・W.	→Jones, Gavin W.	ジョンソン=クーパー, グレンドラ	
ジョーンズ, グレン・R.	→Jones, Glenn R.		→ジョンソン=クーパー, グレンドラ
ジョーンズ, ジョージ・W.	→Jones, George W.	シラー, ジャッキー	→シラー, ジャッキー
ジョーンズ, スタントン・L.		シラー, ディーター	→Schiller, Dieter
	→ジョーンズ, スタントン・L.	シーライト, エイミー・E.	
ジョーンズ, ダニエル・T.	→Jones, Daniel T.		→シーライト, エイミー・E.
ジョーンズ, チャールズ・トレメンダス		ジラス, ノーマン	→ジラス, ノーマン
	→Jones, Charles T.	シラード, キャシー	→シラード, キャシー
ジョーンズ, デイブ	→ジョーンズ, デイブ	シラード, スティーブン・A.	→Silard, Stephen A.
ジョーンズ, ヒュー	→ジョーンズ, ヒュー	シラトリ, レイ	→シラトリ, レイ (白鳥令)
ジョーンズ, フィリップ	→ジョーンズ, フィリップ	ジラール, フレデリック	→Girard, Frédéric
ジョーンズ, マイケル	→Jones, Michael	ジラール, ルネ	→Girard, Rene
ジョーンズ, マーチン	→Jones, Martin	ジラルデ, ラウル	→ジラルデ, ラウル
ジョーンズ, リチャード	→ジョーンズ, リチャード	ジラルディ, ジュリオ	→Girardi, Girulio
ジョーンズ, ルイス・B.	→Jones, Louis B.	シリー, エリック・R.	→Sirri, Erik R.
ジョーンズ, ルース・S.	→Jones, Ruth S.	シリー, オットー	→Schily, Otto
ジョーンズ, D.A.	→Jones, Deborah A.	シリマンナ	→Sirimannna
ジョーンズ, G.	→Jones, G.	シリング, ゲーリー	→シリング, ゲーリー
ジョーンズ, G.H.	→ジョーンズ, G.H.	ジール, ヴィルヘルム	→Ziehr, Wilhelm
ジョーンズ, L.グレゴリー		ジール, ジャネット・Z.	→Giele, Janet Z.
	→ジョーンズ, L.グレゴリー	ジル, ベイツ	→Gill, Bates
ジョーンズ, R.S.P.	→Jones, Robert S.P.	ジルー, ヘンリー	→ジルー, ヘンリー
ジョンストン, ジャック	→Johnston, Jack	シルヴァ, デイヴィツ・デ	→シルヴァ, デイヴィツ・デ
ジョンストン, ジョン	→ジョンストン, ジョン	シルヴァ, J.A.	→Silva, J.Artuo
ジョンストン, ジーン	→ジョンストン, ジーン	シルヴァ, S.	→Silva, S.N.
ジョンストン, ダイアナ	→Johonstone, Diana	シルキン, E.	→Schilken, Eberhard
ジョンストン, ダグラス	→Johnston, Douglas	シルジゲン, ロバート	→シルジゲン, ロバート
ジョンストン, マーガレット	→Johnston, Margaret	シルズ, エドワード	→Shils, Edward
ジョンストン, H.H.	→Johnston, Holly H.	シールズ, デビッド	→Shields, David
ジョンストン, R.	→Johnston, Ron	シルズ, デビッド・L.	→Sills, David L.

シールド, ベンジャミン	→Shield, Benjamin	シン, パーマナンド	→シン, パーマナンド
シルトワ, A.P.	→シルトワ, A.P.	ジン, ハワード	→Zinn, Howard
シルバー, アンドリュー	→Silver, Andrew	シン, ヘス	→シン, ヘス(申恵秀)
シルバー, ジョン	→Silber, John R.	シン, マダンジート	→Singh, Madanjeet
シルバーストン, バーバラ	→Silverstone, Barbara	シン, ヤク	→シン, ヤク(沈約)
シルバーストーン, ロジャー	→Silverstone, Roger	シン, リセイ	→シン, リセイ(沈利生)
シルバーバーグ, ヘレン	→Silverberg, Helene	シン, レイカ	→シン, レイカ(慎麗華)
シルバーマン, バーナード・S.	→Silverman, Bernard S.	ジン, J.	→Ginn, Jay
シルバーマン, マルチン・A.	→Silverman, M.	シン, N.N.	→Singh, Nirbhay N.
シルベラ, ラチェル	→シルベラ, ラチェル	シンガー, ジェローム・L.	→シンガー, ジェローム・L.
シルマー, H.	→Schirmer, Helmut	シンガー, ジューン	→シンガー, ジューン
ジルモン, ジャン=フランソワ	→ジルモン, ジャン=フランソワ	シンガー, ピーター	→Singer, Peter
		シンガー, フラニー	→Singer, Franny
シーレブアディヤ, S.	→シーレブアディヤ, S.	シンガー, マーガレット・サラー	→Singer, Margaret Thaler
シロー, ダニエル	→シロー, ダニエル	シンガー, H.	→シンガー, H.
ジロー, ヘンリー・A.	→Giroux, Henry A.	シンガー, P.	→シンガー, P.
シロス, フレデリック	→シロス, フレデリック	ジンキン, ルイス	→ジンキン, ルイス
シロトニック, ケニス・A.	→Sirotnik, Kenneth A.	シングリ, フランソワ・ド	→シングリ, フランソワ・ド
シロニス, ラファエル・ロペス	→Silonis, R.L.	シングルトン, A.	→Singleton, Ann
ジロメン, ハインツ	→Gilomen, Heinz	シンクレア, スコット	→シンクレア, スコット
シワラク, スラク	→シワラク, スラク	シンクレア, セア	→Sinclair, M.Thea
シン, アジト	→Singh, Ajit	シンクレア, ロバート・L.	→Sinclair, Robert L.
シン, アナン	→シン, アナン(潘亜南)	シンクレア, W.F.	→シンクレア, W.F.
シン, インヨン	→シン, インヨン(辛仁羚)	シンドラー, ケリー・L.	→Shindler, Kelley L.
シン, ウンカ	→シン, ウンカ(岑蘊華)	ジーンバ, W.	→Ziemba, W.T.
シン, エイエイ	→シン, エイエイ(沈衛栄)	ジンバルドー, フィリップ・G.	→Zimbardo, Philip G.
シン, カイ	→シン, カイ(秦海)		
シン, キシュウ	→シン, ギス(辛基秀)	シンプソン, デイビッド	→Simpson, David
シン, キジョ	→シン, キジョ(沈驥如)	シンプソン, マイケル	→Simpson, Michael
シン, ギス	→シン, ギス(辛基秀)	シンプソン, S.(社会統計学)	→Simpson, Stephen
シン, キュウ	→シン, キュウ(秦弓)	ジンマーマン, ジョセフ・エフ	→Zimmerman, Joseph F.
シン, キョンチョル	→シン, キョンチョル(申敬澈)	ジンマーマン, マイケル・E.	→Zimmerman, Michael E.
シン, ケイシュウ	→シン, ヘス(申恵秀)	ジンマーマン, B.J.	→Zimmermam, Barry J.
シン, ケイテツ	→シン, キョンチョル(申敬澈)	ジンマーマン, J.	→Zimmerman, Julia
シン, ケツ	→シン, ケツ(沈潔)	ジンミンニッポウ	→人民日報
シン, ザイウ	→シム, ジェウ(沈在宇)	シンメルペンニンク, D.	→シンメルペンニンク, D.
シン, サンオク	→シン, サンオク(申相玉)	シンライク, リチャード・H.	→シンライク, リチャード・H.
ジン, ジョウキ	→ジン, ジョウキ(任常穀)	ジンルイカイゼンザイダン	→人類改善財団
シン, サンオギョク	→シン, サンオク(申相玉)	シンレイケンキュウキョウカイ	→心霊研究協会
ジン, ジョン・カバット	→ジン, ジョン・カバット		
ジン, ジョンパル	→ジン, ジョンパル(陳正八)		
シン, ジョンワン	→シン, ジョンワン(申正完)	**【ス】**	
シン, ジンアン	→シン, ジンアン(沈仁安)	スー	→スー
シン, シンヨウ	→シン, シンヨウ(信春鷹)	スー, ウォンウー	→スー, ウォンウー(徐元宇)
シン, ジンレイ	→シン, インヨン(辛仁羚)	スー, ヤー	→ソ, ア(蘇婭)
シン, スウリン	→シン, スウリン(沈崇麟)	スアレス, フランシスコ	→Suarez, Franciscus
シン, セイカン	→シン, ジョンワン(申正完)	スアレス, S.U.	→Suarez, Simplicio U.
シン, セイシン	→シム, ソンジン(沈晟晉)	スアレズ=オロズコ, カローラ	→Suarez-Orozco, Carola
シン, ソイ	→シン, ソイ(沈祖煒)	スィヴァラクサ, スーラク	→スィヴァラクサ, スーラク
シン, ソウレイ	→シン, ソウレイ(沈宗霊)	ズィーヴキング, クラウス	→ズィーヴキング, クラウス
シン, タン	→シン, タン(沈彤)	スィーガル, ハンナ	→Segal, Hanna
シン, チャンドラ・パル	→シン, チャンドラ・パル	スィーバート, ジョン・A., Jr.	→スィーバート, ジョン・A., Jr.
シン, テイリツ	→シン, テイリツ(沈丁立)	スィラ, ルネ-サミュエル	→スィラ, ルネ-サミュエル
シン, トクエイ	→シン, トクエイ(沈徳咏)		
シン, トクセン	→シン, トクセン(沈徳潛)		
シン, トクフ	→シン, トクフ(沈徳符)		
シン, ナーマル	→シン, ナーマル		
シン, パイリン	→シン, パイリン(辛培林)		

スィーリッグ, N.	→Selig, Naomi	スギヤマ, シンヤ	→スギヤマ, シンヤ(杉山伸也)
スィーリン, ジョン・R.	→Thelin, John R.	スキャメル, E.H.	→Scamell, E.H.
スィール, スティーブ	→スィール, スティーブ	スキャンロン, ブライアン・L.	→Scanlo, Brian L.
スィングヴィ, L.M.	→スィングヴィ, L.M.	スキャンロン, E.	→Scanlon, Eileen
ズヴィダヴァート, ランバート		スキナー, J.E.	→Skinner, John E.
	→ズヴィダヴァート, ランバート	ズーク, クリス	→ズーク, クリス
スヴィテク, ギュンター	→スヴィテク, ギュンター	スクシベク, マリアン	→スクシベク, マリアン
スウィトクス, グレン	→スウィトクス, グレン	スクラー, キャスリン・キッシュ	
スヴィトフ, I.I.	→スヴィトフ, I.I.		→スクラー, キャスリン・キッシュ
スウィム, ブライアン	→Swimme, Brian	スクラーズ, マイケル・A.	→Sklarz, Michael A.
スウィング, R.L.	→Swing, Randy L.	スクリップス, E.W.	→Scripps, E.W.
スウィンバーン, リチャード	→Swinburne, Richard	スクルートン, ロジャー	→Scruton, Roger
スウェイト, アントニー	→スウェイト, アントニー	スクレイア, I.	→Sclare, Irene
スヴェイビー, カール・エリック		スクロク, マリイ	→スクロク, マリイ
	→スヴェイビー, カール・エリック	スクワイア	→スクワイア
スウェイル, アリステイア		スクワイア, L.	→スクワイア, L.
	→スウェイル, アリステイア	スケルドン, ロナルド	→Skeldon, Ronald
スウェイン, クリスティン・E.		スケンク, K.フォン	→Schenck, Kersten von
	→スウェイン, クリスティン・E.	スコーガン, ウェズリー	→Skogan, Wesley
スウェイン, M.A.	→Swain, Mark A.	スコチポル, シーダ	→スコチポル, シーダ
スヴェンソン, T.	→Svensson, Torbjörn	スコッジン, J.	→Scoggin, J.Allen
スウェーデンシャカイミンシュトウ		スコッティ, J.	→Scotti, Joseph R.
	→スウェーデン社会民主党	スコット, アレン・J.	→Scott, Allen John
スウェーデンボルグ, エマヌエル		スコット, エリザベス	→スコット, エリザベス
	→Swedenborg, Emanuel	スコット, サラ	→スコット, サラ
スーウェル, ジョン・W.	→Sewell, John W.	スコット, ジャクリーヌ	→スコット, ジャクリーヌ
スウェルセイ, A.	→Swersey, Arthur J.	スコット, ジョーン	→Scott, Joan
スヴェンソン, ロッドニー	→スヴェンソン, ロッドニー	スコット, ジョン	→Scott, John
スウェンソン, C.	→Swenson, Cynthia Cupit	スコット, ジョーン・ウォレク	
スヴェンブロ, ジェスペル	→スヴェンブロ, ジェスペル		→Scott, Joan Wallach
スヴォボダ, P.(金融)	→Swoboda, Peter	スコット, デレク	→スコット, デレク
スェースェー	→スェースェー	スコット, ピーター(経済学)	→Scott, Peter
スオミ, ステファン・J.	→スオミ, ステファン・J.	スコット, ベネット	→スコット, ベネット
スカダー, D.	→Scudder, Doremus	スコット, ラリー	→スコット, ラリー
スカッチ, シンディ	→スカッチ, シンディ	スコット, ロバート・H.	→Scott, Robert Haney
スカード, トリルド	→Skard, Torild	スコット, J.(心理学)	→Scott, Jan
スガノ, H.	→Sugano, H.	スコット, W.リチャード	→Scott, W.Richard
スカーフ, アン・ウィルスン		スコット・モートン, マイケル・S.	
	→スカーフ, アン・ウィルスン		→Scott Morton, Michael S.
スカーフ, スザンヌ	→Scafe, Suzanne	スコットン, ブルース・W.	→Scotton, Bruce W.
スカラ, アンドレ	→スカラ, アンドレ	スコトゥス, ヨハネス・ドゥンス	
スカリー, エレイン	→スカリー, エレイン		→Scotus, Johannes Duns
スカリー, T.	→Scully, Thomas	スコーフィールド, ジル	→Schofield, Jill
スカルティニンシ, ジョセファ		スコーベル, アンドルー	→Scobell, Andrew
	→スカルティニンシ, ジョセファ	スコラブスキ, ジョン	→スコラブスキ, ジョン
スキオッパ, アントーニオ・パドア		スコーリング, アグネス	→Scholing, Agnes
	→Schioppa, Antonio padoa	スコロホドフ, A.	→スコロホドフ, A.
スキッドモア, デイヴィッド		スシコ, N.IA.	→スシコ, N.IA.
	→スキッドモア, デイヴィッド	スジボウ, スー	→Szivos, Sue
スキッパー, タラ	→スキッパー, タラ	ズーシャッテレー, エム・バレン	
スキッパー, ハロルド・D., Jr.			→ズーシャッテレー, エム・バレン
	→Skipper, Harold D., Jr.	スジャトミコ, イワン・ガルドノ	
スキデルスキー, ロバート			→スジャトミコ, イワン・ガルドノ
	→スキデルスキー, ロバート	スーシュ=ダーグ, ドゥニーズ	
スキナー, アリス・B.	→Skinner, Alice B.		→スーシュ=ダーグ, ドゥニーズ
スキナー, スコット	→Skinner, Scott	スジョルプ, カレン	→スジョルプ, カレン
スキナー, マイケル	→Skinner, Michael	スシロ, アリ・S.	→スシロ, アリ・S.
スキナー, ロビン	→スキナー, ロビン	スズキ, ダイセツ	→スズキ, ダイセツ(鈴木大拙)
スキナー, B.F.	→Skinner, Burrhus Frederic	スーター, ジュディ・I.	→Suiter, Judy I.
スキナー, G.W.	→スキナー, G.W.	スタイグマン, P.J.	→Steigman, Pamela J.
スキャッグス, リン	→スキャッグス, リン		

スタイ

スタイゲルワルド, D.	→Steigerwald, Douglas G.		→スタンフォード, レックス・G.
スタイナー, ジョージ	→Steiner, George	スタンフォード, A.W.	→Stanford, Arthur Willis
スタイナー, ジョン	→Steiner, John	スタンフォード, E.P.	→Stanford, E.Percil
スタイナー, ミリアム	→Steiner, Miriam	スタンプス, ジェフリー	→Stamps, Jeffrey
スタイナム, グロリア	→Steinem, Gloria	スタンベリー, アン・M.	→Stanberry, Anne M.
スタイルズ, フィリップ	→スタイルズ, フィリップ	スタンレー, ヘンリー=モートン	
スタイルズ, モラグ	→Styles, Morag		→Stanley, Henry Morton
スタイン, アレクサンドラ	→Stein, Alexandra	スタンロー, ジェームズ	→Stanlaw, James
スタイン, ガートルード	→Stein, Gertrude	スチフ, ヒューバート	→Schijf, Huibert
スタイン, ジョエル	→スタイン, ジョエル	スチーブンソン, ロバート・ルイス	
スタイン, ロバート・M.	→Stein, Robert M.		→Stevenson, Robert Louis Balfour
スタイン, R.A.	→Stine, Robert A.	スチーブンソン, S.S.	→スチーブンソン, S.S.
スタインバーグ, ジェフリー		スチュアート, イアン	→Stewart, Ian
	→スタインバーグ, ジェフリー	スチュアート, ポール	→Stuwart, Paul
スタインバーグ, マイケル		スチュアート, マーサ	→Stuart, Marth
	→スタインバーグ, マイケル	スチュアート, H.	→Stewart, Harold
スタインバーグ, ミシェル		スチュアート, R.B.	→スチュアート, R.B.
	→スタインバーグ, ミシェル	スチュアート, R.C.	→Stewart, Raymond C.
スタインバーグ, L.D.	→Steinberg, Laurence D.	スチューベル	→スチューベル
スタヴィスキー, B.	→Staviskii, B.Ya.	スチュワート, トマス・A.	→Stewart, Thomas A.
スターキー, ヒュー	→スターキー, ヒュー	スチュワート, フランシス	→Stewart, Francis
スターク, ロドニー	→スターク, ロドニー	スチョーキー, マジョリー・ヒューウィット	
スターク, J.A.	→Stark, Jack A.		→Suchocki, Majorie Hewitt
スタッキー, ジョン	→Stuckey, John	スッテ, ジャン	→スッテ, ジャン
スタッキー, R.T.	→Stuckey, Roy T.	スットン=スミス, ブリアン	
スタップ, ヘンリー・P.	→スタップ, ヘンリー・P.		→Sutton-Smith, Brian
スタナード, ラッセル	→Stannard, Russell	ステア, リンダ・K.	→ステア, リンダ・K.
スタネツキ, ジェリー	→スタネツキ, ジェリー	スティア, ウィリアム・C., Jr.	
スターペル, F.W.	→Stapel, F.W.		→スティア, ウィリアム・C., Jr.
スターホーク	→Starhawk	スティーヴィック, D.B.	→Stevick, Daniel B.
スタマス, ジョージ・P.	→スタマス, ジョージ・P.	スティーヴンス, シャロン	→Stephens, Sharon
スターリ, C.ユージン	→Steuerle, C.Eugene	スティーヴンズ, ジョセリン	
スターリン, ヨシフ	→Stalin, Joseph		→スティーヴンズ, ジョセリン
スターリングス, バーバラ	→Stallings, Barbara	スティーヴンス, ミッチェル	→Stephens, Mitchell
スタルコフ, ボリス	→スタルコフ, ボリス	スティヴンスン, デイヴィッド	→Stevenson, D.
スタルフ, R.	→Stulz, RenéM.	スティーヴンスン, ロバート・ルイス	
スタロスティン, ニコライ			→Stevenson, Robert Louis Balfour
	→スタロスティン, ニコライ	スティーヴンソン, イアン	→Stevenson, Ian
スタロック, ピーター・A.		スティヴンソン, ジェフリー・M.	
	→スタロック, ピーター・A.		→Stephenson, G.M.
スタロバンスキー, ジャン	→Starobinski, Jean	スティーヴンソン, ピート	
スタロポリ, アンドレ	→スタロポリ, アンドレ		→スティーヴンソン, ピート
スターン, ニコラス	→Stern, Nicholas Herbert	スティーガー, ウルリッヒ	→Steger, Ulrich
スターン, マーク・A.	→Stern, Marc A.	スティガーウォルド, デヴィッド	
スターン, ランドルフ	→Starn, Randolph		→スティガーウォルド, デヴィッド
スターン, J.P.	→Stern, J.P.	スティグラー, ジョージ・J.	→Stigler, G.J.
スターン, P.	→スターン, P.	スティグリッツ, ジョセフ・E.	
スタンヴィーク, グンナール			→Stiglitz, Joseph Eugene
	→スタンヴィーク, グンナール	スティグレール, ベルナール	
スタンゲル, J.	→Stanghelle, J.K.		→スティグレール, ベルナール
スタンコ, エリザベス・A.	→Stanko, Elizabeth A.	ステイサム, ダフネ	→Statham, Daphne
スターンズ, ピーター・N.	→Stearns, Peter N.	スティーズ, デイヴィッド	→スティーズ, デイヴィッド
スタンディング・ベア	→Standing Bear	スティップ, ヒューゴ・L.P.	→Stibbe, Hugo L.P.
スタントン, セオドール	→Stanton, Theodore	スティフコ, サリー・J.	→Styfco, Sally J.
スタントン, マーティン	→Stanton, Martin	スティーブズ, リック	→Stevens, Rick
スターンバーグ, スィグムンド		スタイプルトン, ジェーン	→Stapleton, Jane
	→スターンバーグ, スィグムンド	スティーブン, マリア	→Stephens, Maria
スタンバーグ, ロバート・J.		スティーブンズ, ジョン・A.	→Stevens, John A.
	→Sternberg, Robert J.	スティーブンス, レオナルド・A.	
スタンフォード, レックス・G.			→Stevens, Leonard A.
		スティーブンソン, アドレイ	→Stevenson, Adlai

スティーブンソン, シルビア	→スティーブンソン, シルビア	ストッケンストレーム, イェーラン	→Stockenström, Göran
スティムソン, ヘンリー・L.	→スティムソン, ヘンリー・L.	ストット, ジョン・R.W.	→Stott, John R.W.
スティール, ウィリアム	→スティール, ウィリアム	ストッフレーゲン, トーマス・A.	→ストフレーゲン, トーマス・A.
スティール, ジェームズ	→Steel, James	ストープス, マリー・カーミチェル	→Stopes, Marie Carmichael
スティール, デービッド	→スティール, デービッド	ズートブラック, ヨーゼフ	→ズートブラック, ヨーゼフ
スティール, ブラント・F.	→Steele, Brandt F.	ストフレーゲン, トーマス・A.	→ストフレーゲン, トーマス・A.
スティール, ミルドレッド・R.	→スティール, ミルドレッド・R.	ストライカー, ペリン	→Stryker, Perrin
スティール, リチャード	→スティール, リチャード	ストライカー, S.	→Stryker, Sheldon
スティール, J.J.	→Steele, John J.	ストライク, レイモンド・J.	→Struyk, Raymond J.
スティール, J.M.	→Steele, J.Michael	ストライク, K.A.	→Strike, Kenneth A.
スティール, K.	→Steel, Knight	ストラウス, スーザン	→ストラウス, スーザン
スティール, M.F.	→Steel, Mark F.	ストラウト, エリザベス	→Strout, Elizabeth
スティルウェル, フランク	→Stilwell, Frank	ストラザーン, マリリン	→ストラザーン, マリリン
スティロー, フレデリック・J.	→Stielow, Frederick J.	ストラットマン, デイヴィッド・G.	→ストラットマン, デイヴィッド・G.
ステイン, ポール	→ステイン, ポール	ストラットマン, トーマス	→ストラットマン, トーマス
スティーン, L.A.	→Steen, Lynn Arthur	ストラトフォード, テレサ	→Stratford, Teresa
スティング, ステファン	→スティング, ステファン	ストラハン, エリザベス・S.	→ストラハン, エリザベス・S.
スティンソン, バーク	→Stinson, Burke	ストラボ, ヴァラフリド	→ストラボ, ヴァラフリド
ステヴァンス, ベルナール	→Stevens, Bernard	ストランク, ノーマン	→Strunk, Norman
ステェインズ, A.	→Staines, Anthony	ストランプフ, キャセイ	→Strumpf, Casey
ステーゲマン, ハルトムート	→Stegeman, Hartmut	ストーリー, ジョン(人事管理)	→ストーリー, ジョン(人事管理)
ステッツォン, C.P.	→Stetson, Charlotte Perkins	ストーリー, ジョン(文化)	→ストーリー, ジョン(文化)
ステッド, W.T.	→Stead, W.T.	ストリゥー, ジャック・ヴァン・イベルゼル・ド	→ストリゥー, ジャック・ヴァン・イベルゼル・ド
ステッフィ, ブライアン・D.	→Steffy, Brian D.	ストリーク, ウォルフガング	→Streeck, Wolfgang
ステネール, フィリップ	→Steiner, Philippe	ストリクリン, ナンシー・A.	→ストリクリン, ナンシー・A.
ステバー, S.	→Steber, Sara-Ann	ストリーゲル＝モア, ルース	→Striegel-Moore, Ruth
ステパン, アルフレッド	→ステパン, アルフレッド	ストリーター, D.	→ストリーター, D.
ステファンス, ジョン・D.	→ステファンス, ジョン・D.	ストリーン, ハーバート・S.	→Strean, Herbert S.
ステファンズ, ロバート	→Stephens, Robert	ストーリングス, バーバラ	→Stallings, Barbara
ステペルヴィッチ, ローレンス・S.	→ステペルヴィッチ, ローレンス・S.	ストルク, A.A.H.	→Stolk, A.A.H.
ステュエン, シンシア	→Stuen, Cynthia	ストルーソヴァー, マリア	→ストルーソヴァー, マリア
ステラ, イサアク	→Stella, Isaac	ストールバリ, クリステル	→Ståhlberg, Krister
ステーリン, ポール	→ステーリン, ポール	ストレイ, H.	→Storey, H.
ステルザー, アーウィン	→ステルザー, アーウィン	ストレイチー, ジェイムス	→ストレイチー, ジェイムス
ステレット, クリスチナ	→Sterrett, Christina	ストレシンスキー, シャーリー	→Streshinsky, Shirley
ステンゲル, ケーシー	→Stengel, Casey	ストレッサー, ディール・C.	→Strasser, Dale C.
ステンゲル, リチャード	→ステンゲル, リチャード	ストレムベリ, ラーシュ	→Strömberg, Lars
ストー, アンソニー	→Storr, Anthony	ストレンジ, スーザン	→Strange, Susan
ストウ, デーヴィッド・W.	→ストウ, デーヴィッド・W.	ストレンジ, ブライアン・B.	→ストレンジ, ブライアン・B.
ストーヴァー, エリク	→ストーヴァー, エリク	ストロコフ, A.A.	→ストロコフ, A.A.
ストゥムブラス, シェリル	→Stumbras, Sheryl	ストロースボー, ジョン	→Strausbaugh, John
ストゥルデ, D.	→Sturdy, Deborah	ストロング, トレイシー・B.	→ストロング, トレイシー・B.
ストゥルム, L.	→Sturm, Lynne	ストロング, D.H.	→ストロング, D.H.
ストウレイ, K.	→Storey, Keith	ストーン, オリヴァー	→ストーン, オリヴァー
ストーク, ジョージ, Jr.	→Stalk, George, Jr.		
ストークス, グラハム	→Stokes, Graham		
ストークス, ジェフ	→ストークス, ジェフ		
ストークス, ドナルド	→ストークス, ドナルド		
ストークス, トレバー・F.	→ストークス, トレバー・F.		
ストークス, ブルース	→Stokes, Bruce		
ストークマン, フラン・N.	→Stokman, Frans N.		
ストコー, ウィリアム	→ストコー, ウィリアム		
ストック, S.G.	→Stock, Sarah Geraldine		

ストン

ストーン, キャシー	→ストーン, キャシー	スフラワルディー	→スフラワルディー
ストーン, メーリン	→ストーン, メーリン	ズブリッコリ, マリオ	→Sbriccoli, Mario
ストーン, リンダ	→Stone, Linda	スプリンガー, アン	→スプリンガー, アン
ストーン, ローラ	→Stone, Laura	スプリングス, エリザ・ローリング	→スプリングス, エリザ・ローリング
ストーン, W.クレメント	→Stone, W.Clement	スプリンクル, アニー	→Sprinkle, Annie
スナイダー, ウィリアム・M.	→スナイダー, ウィリアム・M.	スプレトナク, シャーリーン	→Spretnak, Charlene
スナイダー, ゲアリー	→Snyder, Gary	スプレンクル, ダグラス・H.	→スプレンクル, ダグラス・H.
スナイダー, ハワード・A.	→スナイダー, ハワード・A.	スペイト, J.M.	→スペイト, J.M.
スナイダー, マーガレット	→Snyder, Margaret	スペクター, ポール	→Spector, Paul
スナムラ, ケン (砂村賢)	→スナムラ, ケン (砂村賢)	スベルト, ホセ・マリア	→Sbert, JoséMaría
スニトウ, アン	→Snitow, Ann Barr	スペルベル, ダン	→Sperber, Dan
スヌーク, イバン	→Snook, Ivan	スペングラー, ジョセフ・J.	→スペングラー, ジョセフ・J.
スネーク	→スネーク	スペンサー, ハーバート	→Spencer, Herbert
ズーネス, ステファン	→ズーネス, ステファン	スペンサー, モーリーン	→Spencer, Maureen
スネープ, エドワード	→Snape, Ed	スペンサー, レン	→Spencer, Len
スネル, ジャン	→Snel, Jan	スペンサー, ロイ	→スペンサー, ロイ
スノー, エドガー	→スノー, エドガー	スペンサー, ロイド	→スペンサー, ロイド
スノー, J.	→Snow, J.	スペンス, ジョナサン・D.	→Spence, Jonathan D.
スノー, R.E.	→Snow, Richard E.	スベンソン, L.	→Svensson, Lennart
スノウ, C.P.	→Snow, Charles Percy	スペンダー, デイル	→スペンダー, デイル
スパイアー, パトリシア・L.	→Speier, Patricia L.	スペンダー, J.-C.	→Spender, J.-C.
スパイラー, ハーバート	→Spirer, Herbert	スポッティド・テイル	→スポッティド・テイル
スパイラー, ルイーズ	→Spirer, Louise	ズボナレヴッチ, W.	→ズボナレヴッチ, W.
スパイロ, メルフォード・E.	→スパイロ, メルフォード・E.	ズボフ, アーノルド	→ズボフ, アーノルド
スハウテン, ロナルド	→Schouten, Ronald	スマイザー, A.A."バッド"	→Smyser, A.A."Bud"
スパークス, アリスター	→スパークス, アリスター	スマイストス, ヘンク	→スマイストス, ヘンク
スパークス, コリン	→Sparks, Colin	スマイルズ, サミュエル	→Smiles, Samuel
スパークス, ルイス・ダーマン	→スパークス, ルイス・ダーマン	スマッツ, マルカム	→スマッツ, マルカム
スパーツ, キャスリン	→スパーツ, キャスリン	スマート, ジョセフィン	→Smart, Josephine
スパーデュソ, W.	→Spirduso, Waneen W.	スマリヤン, レイモンド	→Smullyan, Raymond M.
スパルティアヌス, アエリウス	→Spartianus, Aelius	スマントリ, スリ	→スマントリ, スリ
ズバン, バーバラ	→Zvan, Barbara	スミス, アラン	→Smith, Alan
スバンドロ, アリ・ウイノト	→スバンドロ, アリ・ウイノト	スミス, アンソニー	→Smith, Anthony
スバンボーグ, アルバー	→スバンボーグ, アルバー	スミス, アンソニー・F.	→Smith, Anthony F.
スピア, スティーブン・J.	→スピア, スティーブン・J.	スミス, アンドリュー	→Smith, Andrew
スピアーズ, ラッセル	→Spears, Russell	スミス, イアン	→スミス, イアン
スピアン, ヴィクトル・B.	→スピアン, ヴィクトル・B.	スミス, ウィルバ・L.	→Smith, Wilbur L.
スピヴァク, ジョン・L.	→スピヴァク, ジョン・L.	スミス, ウィルフレッド・カントウェル	→Smith, Wilfred Cantwell
スピヴァック, ガヤトリ・チャクラヴォーティ	→Spivax, Gayatori Chakravorty	スミス, ヴェロニカ	→スミス, ヴェロニカ
スビオクラ, ジョン・J.	→Sviokla, John J.	スミス, ウェンディ	→スミス, ウェンディ
スピース, キャスリーン・リオダン	→スピース, キャスリーン・リオダン	スミス, エイドリアン・J.	→スミス, エイドリアン・J.
スピッツ, レネー・A.	→スピッツ, レネー・A.	スミス, カーク・R.	→Smith, Kirk R.
スピトフ, N.A.	→スピトフ, N.A.	スミス, キット	→Smith, Kit
スピネリ, ステファン, Jr.	→Spinelli, Stephan, Jr.	スミス, コートニー	→スミス, コートニー
スピリウス, エリザベス・ボット	→Spillius, Elizabeth Bott	スミス, ジェーン	→スミス, ジェーン
スピール, アントワーヌ	→スピール, アントワーヌ	スミス, ジャスティン・デービス	→Smith, Justin Davis
ズーフ, ヘンドリック	→Doeff, Hendrik	スミス, ジョージア・ハドソン	→スミス, ジョージア・ハドソン
スプラーグ, アーヴィン・H.	→Sprague, Irvine H.	スミス, ジョシュア・M.	→スミス, ジョシュア・M.
スブラマニアン, ムクンド	→スブラマニアン, ムクンド	スミス, シーラ	→Smith, Shaila A.
		スミス, スティーヴン・R.	→Smith, Stephen R.
		スミス, スティーブ	→スミス, スティーブ
		スミス, スティーブン・R.	→Smith, Steven R.
		スミス, ステファン・ロイド	

スミス, ゼシカ	→Smith, Stephen Lloyd	スルツキー, カルロス・E.	
スミス, ダグラス・A.	→Smith, Jessica		→スルツキー, カルロス・E.
スミス, ダグラス・K.	→Smith, Douglas A.	スレイター, デビッド	→スレイター, デビッド
スミス, ダニエル・C.	→Smith, Douglas K.	スレイマン, スーザン・ルービン	
スミス, デイヴ	→スミス, ダニエル・C.		→Suleiman, Susan Rubin
スミス, デニス	→スミス, デイヴ	スレジエフスキ, エリザベット＝G	
スミス, デニス	→Smith, Dennis		→Sledziewski, Elisabeth G.
スミス, デビッド・A.	→スミス, デニス	スレーター, P.	→Slater, Pater
スミス, デルフォード	→スミス, デビッド・A.	スレッサー, ジョン	→Slessor, John
スミス, トッド	→スミス, デルフォード	スレッド, コモン	→Thread, Common
スミス, トニー	→Smith, Todd	スレバーニ-モハマディ, アナベル	
スミス, ハイラム・W.	→スミス, トニー		→Sreberny-Mohammadi, Annabelle
スミス, バードウェル	→Smith, Hyrum W.	スロウ, C.	→Srowe, Charles R.B.
スミス, バーバラ	→スミス, バードウェル	スロス, リーオン	→Sloss, Leon
スミス, ピーター・B.	→Smith, Barbara	スローター, アン＝マリー	
スミス, ピーター・K.	→Smith, Peter B.		→スローター, アン＝マリー
スミス, ヒュー	→Smith, Peter K.	スローター, ジョセフ	→Slaughter, Joseph
スミス, ヘーゼル	→スミス, ヒュー	スローター, S.	→スローター, S.
スミス, ヘレン	→スミス, ヘーゼル	スローターダイク, ペーター	→Sloterdijk, Peter
スミス, マイケル・ピーター	→Smith, Helen	スローパー, デイヴィット	→Sloper, David
	→スミス, マイケル・ピーター	スローン, アルフレッド・P., Jr.	
スミス, マーク	→Smith, Mark		→Sloan, Alfred P., Jr.
スミス, マルコム	→スミス, マルコム	スローン, マシュー・T.	→Sloan, Matthew T.
スミス, モートン	→Smith, Morton	スワンク, ピーター	→スワンク, ピーター
スミス, リチャード(思想)	→スミス, リチャード(思想)	スワップ, ウォルター・C.	→Swap, Walter C.
スミス, レベッカ・M.	→スミス, レベッカ・M.	スワード, J.	→Seward, James K.
スミス, ロイド・A.	→スミス, ロイド・A.	スワードロウ, エイミー	→スワードロウ, エイミー
スミス, ロバート	→スミス, ロバート	スワン, クリスチーネ	→スワン, クリスチーネ
スミス, ローリン・W.	→スミス, ローリン・W.	スワンク, シンシア・カレン	
スミス, G.(政治学)	→Smith, Gorden		→スワンク, シンシア・カレン
スミス, G.デイヴィー	→Smith, George Davey	スワンク, ピーター	→スワンク, ピーター
スミス, G.W.	→Smith, G.W.	スン, ジョニー	→スン, ジョニー
スミス, J.(国際経済)	→スミス, J.(国際経済)	スン, トントン	→ソン, ドゥドゥ(孫童童)
スミス, M.(社会教育)	→Smith, Maureen	スン・シル・リー・ソーン	→Sung Sil Lee Sohng
スミス, M.(法学)	→Smith, Marcom	ストホルム, ヨラン	→Sundholm, Goran
スミッツ, イフォ	→Smits, Ivo		
スメサースト, ジュリー	→スメサースト, ジュリー	**【セ】**	
スメタナ, ジュディス	→Smetana, Judith G.	セアフォス, D.G.	→Searfoss, D.Gerald
スメール, ジョン・G.	→Smale, John G.	セーアンセン, プレイン・モイゲングラクト	
スモリャク, A.V.	→スモリャク, A.V.		→Sørensen, Preben Meulengracht
スモールウッド, ノーム	→Smallwood, W.Norman	セイ, カイサン	→セイ, カイサン(斉海山)
スーラー, ギセラ・M.	→スーラー, ギセラ・M.	セイ, コウシン	→Qi, Hongshen
スライウォツキー, エイドリアン・J.		セイ, シ	→セイ, シ(青之)
	→Slywotzky, Adrian J.	セイ, リョウブン	→セイ, リョウブン(成良文)
スライター, G.V.	→Sluyter, Gary V.	セイウェル, ジョン	→Saywell, John T.
ズラトコヴィチ, C.T.	→Zlatkovich, Charles T.	セイクンフェルド, キャサリーン・ドゥーブ	
スラブケー, ノイ	→スラブケー, ノイ		→Sakenfeld, Katharine Doob
スラムキェヴィチ, R.	→スラムキェヴィチ, R.	セイズ, J.オッティス	→セイズ, J.オッティス
スリー, フィリップ・T.	→スリー, フィリップ・T.	セイデルマン, レイモンド	→Seidelman, Raymond
スリー, ロジャー	→スリー, ロジャー	セイビン, フィリップ	→セイビン, フィリップ
スリー, ロン	→スリー, ロン	ゼイマリ, T.	→Zeimal', T.I.
スリイラム, ラジャラクシミ		セイメック, トニ	→セイメック, トニ
	→Sriram, Rajalakshmi	セイヤー, カーライル・A.	→Thayer, Carlyle A.
スリスティアニンシ, エンダン		セイヤー, ナサニエル・B.	→Thayer, Nathaniel B.
	→Sulistyaningsih, Endang	セイヤーズ, ショーン	→Sayers, Sean
スリダール, V.	→スリダール, V.	セイラー, ウェイン	→セイラー, ウェイン
スリープ, イヴォンヌ	→スリープ, イヴォンヌ	セイラー, タマラ・パーマー	
スリン, ケネス	→Surin, Kenneth		→Seiler, Tamara Palmer
スルガ, ハンス	→スルガ, ハンス	セイルズ, レオナード・R.	

セイン		セミョーノヴァ, S.G.	→Semenova, S.G.
	→セイルズ, レオナード・R.	セミン, G.R.	→セミン, G.R.
セインセイン	→セインセイン	セムベル, ロッド	→セムベル, ロッド
セイント・オービン・ドゥ・テラン, リーサ		ゼムラー, ウィリー	→Semmler, Willi
	→St Aubin de Terán, Lisa	セムラデック, J.	→Semradek, Joyce A.
セーヴ, ルネ	→セーヴ, ルネ	セームロフ, C.J.	→Sameroff, C.J.
セヴェリン=カイザー, マルティナ		セーメー	→セーメー
	→Severin-Kaiser, Martina	セメル, スーザン・F.	→セメル, スーザン・F.
セウェルス, スルピキウス	→Severus, Sulpicius	ゼモン=デイヴィス, ナタリー	
セカイシュッパンシャ	→世界出版社		→Zemon Davis, Natalie
セカイジョセイコウシン	→世界女性行進	セラ, ナルシス	→セラ, ナルシス
セカイロウドウニカンスルケンキュウワーキンググループ		ゼラー, ベル	→ゼラー, ベル
		セラゲルディン, イズマイル	
	→世界労働にかんする研究ワーキンググループ		→セラゲルディン, イズマイル
セガダーリ, A.	→Sgadari, Antonio	セラーズ, アン	→Sellors, Anne
セーガル, アラン・F.	→Segal, Alan F.	セラート, M.	→Selart, Marcus
セガル, ジェネイーブ	→セガル, ジェネイーブ	セリベルティ, リリアン	→セリベルティ, リリアン
セーガン, ドリオン	→Sagan, Dorion	ゼル, ベルント	→ゼル, ベルント
セキ, キショウ	→セキ, キショウ(戚其章)	セルヴェストゥス, ミカエル	
セキ, コウエイ	→ソク, クァンジュン(石光濬)		→セルヴェストゥス, ミカエル
セキ, シユ	→セキ, シユ(石之瑜)	セルウッド, ウィリアム	→Sellwood, William
セキジュウジコクサイイインカイ	→赤十字国際委員会	セルク, メリー・プロジェット	
セクリッチ, ボジダル・ガヨ			→セルク, メリー・プロジェット
	→Sekulič, Božidar Gajo	セルゴ, J.	→セルゴ, J.
セグレータ, A.S.	→Segrera, Albert S.	セルス, カース・ジレスピー	
セシ, ディーパク	→Sethi, Deepak		→Sells, Kath Gillespie
セージ, ローナ	→セージ, ローナ	セルズニック, フィリップ	→Selznick, Philip
セシィ, ラジェ	→セシィ, ラジェ	ゼルダー, マーティン	→ゼルダー, マーティン
セジウィック, ミッチェル	→Sedgwick, Mitchel	セルダーヘイス, ヘルマン・J.	
セスティト, パオロ	→Sestito, Paolo		→Selderhuis, Herman J.
セーズレ, エリック	→Seizelet, Eric	セルツァー, マーシャ・マイリック	
ゼダーステン, J.	→Södersten, Jan		→Seltzer, Marsha Mailick
セツ, キ	→セツ, キ(薛琦)	セルデス, ギルバート	→セルデス, ギルバート
セツ, ズイリン	→セツ, ズイリン(薛瑞麟)	ゼルテン, ラインハルト	→ゼルテン, ラインハルト
ゼックナー, J.	→Zechner, Josef	ゼールバッハ, ホルスト	→ゼールバッハ, ホルスト
ゼックハウザー, リチャード		セルバラトナム, ヴィスワナタン	
	→ゼックハウザー, リチャード		→Selvaratnam, Viswanathan
セックラー, ジェローム	→セックラー, ジェローム	セルビー, デイヴィッド	→Selby, David
セッサー, スタン	→Sesser, Stan	セレ, マリー-ジェネビエブ	
ゼッテコルン, M.	→Settekorn, Marion		→Séré, Marie-Geneviève
ゼップ, ハンス・ライナー	→ゼップ, ハンス・ライナー	セレニー, ギッタ	→Sereny, Gitta
セティア, タラ	→Sethia, Tara	ゼレンツォフ, V.A.	→ゼレンツォフ, V.A.
セディアワット, エディ	→Sedyawati, Edi	セロー, ポール	→Theroux, Paul
セディーン, マーガレット	→セディーン, マーガレット	セン, アマルティア	→Sen, Amartya Kumar
セテル, ドローラ・オウドンネル		セン, キツ	→セン, キツ(戦吉)
	→Setel, Drodah O'Donnell	ゼン, キョウシュウ	→チョン, ギョンス(全京秀)
セーデル, モーテン	→Söder, Mårten	セン, ケイシュク	→チョン, ヘスク(千恵淑)
セナルディ, マルコ	→セナルディ, マルコ	セン, ケンヒン	→セン, ケンヒン(戦憲斌)
セニア, ハリー	→セニア, ハリー	セン, ジャイ	→Sen, Jai
ゼニオス, S.A.	→Zenios, Stavros A.	ゼン, シュンゲン	→チョン, ジュンヒョン(全俊鉉)
セネシャル, マージョリー	→Senechal, Marjorie	セン, テーズ・L.	→セン, テーズ・L.
セネット, リチャード	→Sennett, Richard	ゼン, トカン	→チョン, ドゥファン(全斗煥)
ゼービ, アルベルト	→ゼービ, アルベルト	セン, ファルク	→セン, ファルク
セプティ, A.	→セプティ, A.	セン, ラリー・E.	→Senn, Larry E.
ゼフナー, ハンス=ゲオルク		セン, A.K.	→セン, A.K.
	→ゼフナー, ハンス=ゲオルク	ゼンガー, ジョン・H.	→Zenger, John H.
セフリン, ジョン・R.	→Seffrin, John R.	センゲ, ピーター・M	→Senge, Peter
セベニウス, ジェームズ・K.	→Sebenius, James K.	センゴク, タモツ	→センゴク, タモツ(千恵保)
セーヘルス, リーン・T.	→Segers, Rien T.	センサー, ロバート・A.	→Senser, Robert A.
セボン, P.	→Cebon, Peter B.	センティーヴ, P.	→Saintyves, P.
セマフム, サンユ	→セマフム, サンユ		

セントゥンブウェ, ナインダ	→Sentumbwe, Nayinda	ソウベル・デ・アヤーラ, ジェイミー・A., 2世	→ソウベル・デ・アヤーラ, ジェイミー・A., 2世
セント・ジョン, スーザン	→St.John, Susan	ソウリフナイカクカンボウタブンカモンダイキョク	→総理府内閣官房多文化問題局
センプルン, ホルヘ	→Semprun, Jorge	ソエサストロ, ハディ	→Soesastro, Hadi
ゼンベイガクシキシャキョウカイ	→全米学識者協会	ソーカル, アラン	→Sokal, Alan
ゼンベイシャカイカキョウギカイ	→全米社会科協議会	ソカルスキー, ヘンリック・J.	→Sokalski, Henryk J.
ゼンベイソーシャルワーカーキョウカイ	→全米ソーシャルワーカー協会	ソク, クァンジュン	→ソク, クァンジュン(石光濬)
センベット, L.	→Senbet, Lemma W.	ゾク, ユウ	→ゾク, ユウ(粟裕)
		ゾグリン, リチャード	→ゾグリン, リチャード

【ソ】

ソ, ア	→ソ, ア(蘇娃)	ソコール, アンソニー・E.	→ソコール, アンソニー・E.
ソー, アルヴィン・Y.	→So, Alvin Y.	ソコロフスキー, V.D.	→ソコロフスキー, V.D.
ソ, インソク	→ソ, インソク(徐仁錫)	ゾスタック - ピース, スザンヌ	→ゾスタック - ピース, スザンヌ
ソ, ケンリュウ	→ソ, ケンリュウ(蘇顕竜)	ソーチャー, メルビン	→Sorcher, Melvin
ソ, シジュ	→ソ, シジュ(徐時柱)	ゾッピ, スティーブン	→ゾッピ, スティーブン
ソ, シュンユウ	→ソ, シュンユウ(蘇俊雄)	ソテール, クリスチャン	→Sautter, Christian
ソ, ショク	→ソ, ショク(蘇軾)	ソト, ドミンゴ・デ	→Soto, Dominicus
ソ, ジョンミン	→ソ, ジョンミン(徐正敏)	ソドレ, イグネス	→ソドレ, イグネス
ソ, ジンゲン	→ソ, ジンゲン(蘇仁彦)	ゾナベンド, フランソワーズ	→Zonabend, Francoise
ソ, スウミン	→ソ, スウミン(蘇崇民)	ソネ, マルティーヌ	→Sonnet, Martine
ソ, デスク	→ソ, デスク(徐大粛)	ゾーネン, リスベット・ファン	→Zoonen, Liesbet van
ソ, トウバ(蘇東坡)	→ソ, ショク(蘇軾)	ソーパー, ケイト	→ソーパー, ケイト
ソ, ドンイク	→ソ, ドンイク(徐東翼)	ソバージュ, ピエール	→ソバージュ, ピエール
ソ, バイケイ	→ソ, ベギョン(蘇培慶)	ソープ, トニー	→Thorpe, Tony
ソ, ブンケツ	→ソ, ブンケツ(蘇文杰)	ゾーファー, アザフ	→Zohar, Asaf
ソ, ベギョン	→ソ, ベギョン(蘇培慶)	ソーファ, カトリーヌ	→ソーファ, カトリーヌ
ソ, ミシェル	→Sot, Michel	ソフィープ, サム	→Sopheap, Sam
ソ, メイ	→ソ, メイ(蘇明)	ソブリノ, ジョン	→Sobrino, Jon
ソイサル, ヤスミン・ヌホグル	→ソイサル, ヤスミン・ヌホグル	ソーベル, マーク・B.	→Sobell, Mark B.
ゾイゼ, ハインリヒ	→Seuse, Heinrich	ソーベル, リンダ・C.	→Sobell, Linda C.
ゾイボルト, ギュンター	→ゾイボルト, ギュンター	ソマヴィア, ファン	→ソマヴィア, ファン
ツイン, カンワリジット	→ツイン, カンワリジット	ソマーヴィル, イアン	→Somerville, Iain
ソウ, エイカン	→チョ, ヨンファン(曹英煥)	ソマーズ, マーガレット・R.	→ソマーズ, マーガレット・R.
ソウ, エイタク	→チョ, ヨンタク(曹英卓)	ゾヤ, ルイジ	→ゾヤ, ルイジ
ソウ, オンエイ	→ソウ, オンエイ(宋恩栄)	ゾラ, エミール	→Zola, Émile Edouard Charles Antoine
ソウ, キョウ	→ソウ, キョウ(宋強)	ソーラー, ピーター・M.	→Solar, Peter
ゾウ, ケン	→ゾウ, ケン(臧健)	ソラ, フランセスコ	→ソラ, フランセスコ
ソウ, コウチュウ	→ソウ, コウチュウ(荘鴻鋳)	ソラーノ, フランシスコ・デ	→Solano, Francisco de
ソウ, コク	→チョ, グク(曺国)	ソリナス, ピエールジョルジォ	→ソリナス, ピエールジョルジオ
ソウ, ザイコク	→ソン, ジェグク(宋在国)	ソーリャ, ユーリー	→ソーリャ, ユーリー
ソウ, ジュンタク	→ソン, スンタク(宋純卓)	ソーリャ, ラサ・V.	→Soorya, Latha V.
ソウ, ショウコウ	→ソン, スンホ(宗承鎬)	ソーリン, スザン	→Thorin, Suzanne E.
ソウ, セイショウ	→ソウ, セイショウ(曹成章)	ソルヴェットラ, ヨハンナ	→ソルヴェットラ, ヨハンナ
ソウ, セッキン	→ソウ, セッキン(曹雪芹)	ソルジェニーツィン, A.	→Solzhenitsyn, Aleksandr Isaevich
ソウ, シ	→ソウ, シ(叢甦)	ソルチネッリ, P.	→ソルチネッリ, P.
ソウ, チュウショウ	→ソウ, チュウショウ(叢中笑)	ソルニック, ブルーノ	→ソルニック, ブルーノ
ソウ, チュウショク	→チョ, ジュンシク(曺中植)	ソルニット, レベッカ	→Solnit, Rebecca
ソウ, チョウセイ	→ソウ, チョウセイ(曹長青)	ソルハビ, ラソール	→Sorkhabi, Rasoul
ソウ, チョウリン	→ソウ, チョウリン(宋兆麟)	ソレ, ジャック	→Solé, Jacques
ソウ, ブンヒン	→ソウ, ブンヒン(曽文彬)	ソレッキ, ウイリアム・D.	→ソレッキィ, ウイリアム・D.
ソウ, ホウ	→ソウ, ホウ(曹鳳)		
ソウ, レイメイ	→ソウ, レイメイ(宋黎明)		
ソヴァジェオ, A.	→Sauvageot, A.		
ソウィン, パトリシア・E.	→ソウィン, パトリシア・E.		
ソウシ	→ソウシ(荘子)		
ソウソウウェー	→ソウソウウェー		

ソレール, J.	→ソレール, J.	ゾンマーフェルト, ヴァルター	→ゾンマーフェルト, ヴァルター
ソレンセン, ゲオルグ	→ソレンセン, ゲオルグ	ソンマルガ, コルネリオ	→ソンマルガ, コルネリオ
ソレンセン, ピーター・バーチ	→Sørensen, Peter Birch	ソーンレイ, M.L.	→Thornley, Margo L.
ソロー, ロバート・M.	→Solow, Robert M.		
ソロヴィヨフ, ウラジーミル	→ソロヴィヨフ, ウラジーミル		**【タ】**
ソロベイ, サンドラ	→Solovay, Sondra	タイ, キトウ	→タイ, キトウ(戴季陶)
ソロモン, ガブリエル	→Salomon, Gavriel	ダイ, キン	→ダイ, キン(代鈫)
ソロモン, ハンス	→ソロモン, ハンス	タイ, キンカ	→タイ, キンカ(戴錦華)
ソロモン, フセイン	→ソロモン, フセイン	ダイ, ジンファ	→タイ, キンカ(戴錦華)
ソロモン, ヘスター・マクファーランド	→Solomon, Hester	タイ, セイ	→タイ, セイ(戴晴)
ソロモン, リチャード・H.	→Solomon, Richard H.	タイ, ハイカ	→タイ, ハイカ(泰佩華)
ソロモン, ロバート	→Solomon, Robert	ダイアー, ウエイン・W.	→Dyer, Wayne W.
ソロモン, P.	→Solomon, Phyllis	タイアウィット, ジャクリーヌ	→タイアウィット, ジャクリーヌ
ソーン, アヌ=マリー	→Sohn, Anne-Marie	タイアーマン, A.	→Tyerman, Andy
ソーン, ウィリアム	→ソーン, ウィリアム	ダイアモンド, アイリーン	→Diamond, Irene
ソン, エイショウ	→ソン, ヨンチョン(孫永鐘)	ダイアモンド, サラ	→ダイアモンド, サラ
ソン, ギョンリュン	→ソン, ギョンリュン(孫継武)	ダイアモンド, I.	→Diamond, Ian
ソン, ケイブ	→ソン, ケイブ(孫継武)	ダイアン, ダニエル	→Dayan, Daniel
ソン, コウテツ	→ソン, ホチョル(孫浩哲)	ダイガート, ダイアン・V.	→ダイガート, ダイアン・V.
ソン, ジェグク	→ソン, ジェグク(宋在国)	ダイク, ジョウク・ヴァン	→ダイク, ジョウク・ヴァン
ソン, ジャクバイ	→ソン, ジャクバイ(孫若梅)	ダイクマン, アーサー・J.	→Deikman, Arthur J.
ソン, ジャネット・L.	→Sonne, Janet L.	タイス, ルー	→タイス, ルー
ソン, ジュウ	→ソン, ジュウ(孫戎)	タイスバーグ, エリザベス・オルムステッド	→Teisberg, Elizabeth Olmsted
ソン, ショウ	→ソン, ショウ(孫晶)	ダイゼンハウス, デイビッド	→ダイゼンハウス, デイビッド
ソン, シンエン	→ソン, シンエン(孫振遠)	ダイソン, アラン	→ダイソン, アラン
ソン, スンタク	→ソン, スンタク(宋純卓)	タイドマン, T.ニコラス	→Tideman, T.Nicolas
ソン, スンホ	→ソン, スンホ(宗承鍋)	タイナー, ペーター	→タイナー, ペーター
ソン, セイ	→ソン, セイ(孫政)	タイネ, アラン	→Tyne, Alan
ソン, タンチン	→ソン, タンチン(孫潭鎮)	タイプキャスト	→タイプキャスト
ソン, チャオリン	→ソウ, チョウリン(宋兆麟)	タイムヘンシュウブ	→タイム編集部
ソン, チャン	→ソウ, キョウ(宋強)	ダイモンド, ケビン	→Dimond, Kevin
ソン, チュウム	→ソン, チュンム(孫忠務)	ダイヤー, ウェイン	→ダイヤー, ウェイン
ソン, チュンム	→ソン, チュンム(孫忠務)	ダイヤー, クリストファー・L.	→Dyer, Christopher L.
ソン, ドウドウ	→ソン, ドウドウ(孫童童)	タイラー, スティーヴン・A.	→Tyler, Stephen A.
ソン, トウミン	→ソン, トウミン(孫東民)	タイラー, ロイヤル	→タイラー, ロイヤル
ソン, バイキン	→ソン, バイキン(孫蓓欣)	ダイラミ, マンスール	→Dailami, Mansoor
ソン, ホチョル	→ソン, ホチョル(孫浩哲)	ダウ, シェイラ・C.	→ダウ, シェイラ・C.
ソン, メイサイ	→ソン, メイサイ(孫明斎)	ダーヴァス, ペーター	→ダーヴァス, ペーター
ソン, ヨンチョン	→ソン, ヨンチョン(孫永鐘)	タヴィアーニ=カロッツィ, ユゲット	→タヴィアーニ=カロッツィ, ユゲット
ソーン, レスリー	→Sohn, Leslie	ダヴィド, パスカル	→David, Pascal
ソーン, B.-W.	→Sohn, Byung-Woo	ダーヴィト(アウクスブルクの)	→ダーヴィト(アウクスブルクの)
ソーン, E.	→Soane, Emma	ダヴィド(ディナンの)	→ダヴィド(ディナンの)
ソング, ヤング・I.	→ソング, ヤング・I.	ダヴィドヴァ, ナディア	→ダヴィドヴァ, ナディア
ソンストローン, R.	→Sonstroern, Robert J.	ダヴィラ, アントニオ	→ダヴィラ, アントニオ
ソンタグ, フレデリック	→ソンタグ, フレデリック	タウィリガー, テラ	→Terwilliger, Terra
ソンダーズ, シェリル	→ソンダーズ, シェリル	ダーウィン, チャールズ・ロバート	→Darwin, Charles Robert
ソンダース, シシリー	→Saunders, Cicely	タウェル, D.	→Towell, Dabid
ソーンダース, ジューン	→ソーンダース, ジューン	ターヴェイ, マイケル・T.	→ターヴェイ, マイケル・T.
ゾンダーマン, F.	→Sondermann, F.	タヴェルニエ, ジャン=バプティスト	
ソンディック, マイケル	→Sonduck, Michael		
ゾントハイマー, クルト	→ゾントハイマー, クルト		
ソーントン, D.M.	→Thornton, Doris M.		
ゾンバルト, ニコラウス	→Sombart, Nicolaus		
ソーンビー, ロバート	→ソーンビー, ロバート		
ソーンヒル, ナンシー・ウィルムセン	→Thornhill, N.W.		
ゾンマー, R.A.	→Sommer, Rainer A.		

→タヴェルニエ, ジャン=バプティスト		タッグ, ジョン	→Tagg, John
タウエン=バウスマ, エリー		ダック, スティーヴン・W.	
	→Touwen-Bouwsma, Elly		→ダック, スティーヴン・W.
ダヴェンポート - ハインズ, R.P.T.		タック, リチャード	→Tuck, Richard
	→Davenport-Hines, R.P.T.	タッケ, オットー	→タッケ, オットー
タウォークト, マーク・メーラム		タッシー, ビル	→Tassie, Bill
	→Terwogt, Mark Meerum	タッシュマン, マイケル・L.	
ダーウォル, クリスティナ →ダーウォル, クリスティナ			→Tushman, Michael L.
タウシュナー, P.	→Tauchner, Paul	ダッセンブロック, リード・ウエイ	
ダウド, シャーリン	→Dowd, Sharyn		→ダッセンブロック, リード・ウエイ
ダウナー, ルース	→Downer, Ruth	ダッタ, バークティ	→ダッタ, バークティ
タウラー, ヨハネス	→タウラー, ヨハネス	ダッタトレーヤ, ラビ・E. →ダッタトレーヤ, ラビ・E.	
ダウンズ, M.P.	→Downs, Marion P.	ダッデン, アレクシス	→ダッデン, アレクシス
タウンゼント, スーザン・C.		タッテン, スー	→Tatten, Sue
	→タウンゼント, スーザン・C.	ダッドレー, ジェームズ・R.	
タウンゼンド, パトリック	→Townsend, Patrick		→ダッドレー, ジェームズ・R.
タウンゼント, ピーター	→Townsend, Peter	タツム, デルウィン・P.	→Tattum, Delwyn P.
ダエス, エリカ・イリーネ・A.		ダデスキー, ジャック	→ダデスキー, ジャック
	→ダエス, エリカ・イリーネ・A.	タート, チャールズ・T.	→Tart, Charles T.
タオン, マリー=ブランシュ		ダドリー, W.G.	→Dudley, Wade G.
	→タオン, マリー=ブランシュ	タトル, ウィリアム・M., Jr.	
タカギ, ハルオ	→タカギ, ハルオ (髙木晴夫)		→Tuttle, William M., Jr.
タカクス, ティモシー	→Takacs, Timothy	ターナー, ヴィクター	→Turner, Victor
タカサキ, ツヨシ	→タカサキ, ツヨシ (髙崎毅志)	ターナー, サンドラ	→Turner, Sandra
ダガン, マリア	→Daggan, Maria	ターナー, ジョン・L.	→Turner, Joanne
ダガン, リサ	→ダガン, リサ	ターナー, ジョン・C.	→ターナー, ジョン・C.
タギエフ, ピエール=アンドレ	→Taguieff, P.-A.	ターナー, スティーブン	→ターナー, スティーブン
ダーキン, ケヴィン	→ダーキン, ケヴィン	ターナー, チャールズ・H.	→Turner, Charles H.
ダクス, ハーバード	→Dachs, Herbert	ターナー, デビット・D.	→Turner, David D.
ダークスター, ケイト・ミューララィル		ターナー, トレバー	→Turner, Trevor
	→ダークスター, ケイト・ミューララィル	ターナー, ナンシー	→ターナー, ナンシー
ダグラス, アン	→ダグラス, アン	ターナー, ブライアン・S.	→Turner, Bryan S.
ダグラス, スーザン・J.	→Douglas, Susan	ターナー, フランシス・J.	
ダグラス, マイケル	→ダグラス, マイケル		→Turner, Francis Joseph
ダグラス, メアリ	→Douglas, Mary	ターナー, ミッシェル	→ターナー, ミッシェル
ダグラス, メアリ・A.	→ダグラス, メアリ・A.	ターナー, ロバート	→Turner, Robert
ダグラス, J.	→Douglas, Jo	ターナー, A.(司会者)	→Turner, A.
タークル, シェリー	→Turkle, Sherry	タナカ・ファンダーレン, イサベル	
タケウチ, ヒロタカ	→タケウチ, ヒロタカ (竹内弘高)		→Tanaka-Van Daalen, Isabel
ダジー, ステラ	→Dadzie, Stella	ターナード, ジョー	→Tunnard, Jo
ダシコフスキー	→ダシコフスキー	ダニ, アーマド・ハッサン	→Dani, Ahmad Hasan
タシック, ジョン	→Tkacik, John	ダニエル, ティモシー・P.	→Daniel, Timothy P.
タシュマン, マイケル・L. →タシュマン, マイケル・L.		ダニエル, メイジーン	→Daniels, Maygene
ダス, ラム	→Dass, Ram	ダニエル, K.D.	→Daniel, Kent D.
ダスキン, エリザベス	→Duskin, Elizabeth	ダニエル, P.	→Daniel, Patricia
タスク, エドワード	→タスク, エドワード	ダニエルズ, ゴードン	→Daniels, Gordon
ダスグプタ, アジト・K. →Dasgupta, Ajit Kumar		ダニエルズ, スティーヴン	→Daniels, Stephen
ダスグプタ, パーサ →Dasgupta, Pertha Sarathi		ダニエルズ, リー・A.	→Daniels, Lee A.
ダスター, トロイ	→ダスター, トロイ	ダニエルズ, ロバート・V.	
ダステュール, フランソワーズ			→ダニエルズ, ロバート・V.
	→ダステュール, フランソワーズ	ターニング・ホーク	→ターニング・ホーク
ダスト, デイヴィド・C.		タネイ, イマニュエル	→タネイ, イマニュエル
	→ダスト, デイヴィド・C.	ダネカー, ゲルハルト	→ダネカー, ゲルハルト
ダターラク, ダンブージャ →ダターラク, ダンブージャ		タネン, デボラ	→タネン, デボラ
タ―ツィア, G.	→Tarzia, Giussepe	ダネンバーグ, A.	→Danenberg, Anne
タッカー, ケン	→Tucker, Ken	ターノフスキー, スティーブン・J.	
タッカー, ブラバ	→タッカー, ブラバ		→Turnovsky, Stephen J.
タッカー, ベバリー・D.	→Tucker, Beverley D.	タノン	→タノン
タッカー, ロバート・B.	→Tucker, Robert B.	ダーハイム, ハンスユルゲン	
タッカー, C.	→Tucker, C.R. (Sonny)		→ダーハイム, ハンスユルゲン

タハク

タバク, ファルーク	→Tabak, Faruk	タルク, バートラム	→タルク, バートラム
タパジョス, ルル	→タパジョス, ルル	ダルジール, ポール	→Dalziel, Paul
タバトニ, ピエール	→タバトニ, ピエール	タルスマ, K.	→Talsma, Kelly
ダハラー, P.	→Dachler, Peter	ダールダー, ハンス	→Daalder, Hans
タバレフ, アンドレイ	→タバレフ, アンドレイ	タルッカ, ロッテ	→タルッカ, ロッテ
ダービー, クリストファー・A.R.		タルディフ, A.	→Tardif, Adolphe
	→ダービー, クリストファー・A.R.	タルドシュ, マールトン	→Tardos, Márton
ダビッドソン, アンドリュー・S.		ダルトン, ロケ	→Dalton, Roque
	→ダビッドソン, アンドリュー・S.	ダールバーグ, A.W.	→Dahlberg, A.W.
ダビッドソン, ジェフ	→Davidson, Jeff	タルビ, ムハンマド	→タルビ, ムハンマド
タヒラッサウィチ	→タヒラッサウィチ	ダルビー, ライザ・C.	→Dalby, Liza Crihfield
タファラ, D.	→Teferra, Domtew	タルビ, M.	→タルビ, M.
タプスコット, ドン	→Tapscott, Don	タールホヴァ, N.S.	→タールホヴァ, N.S.
タフト, ウィリアム・ハワード		タルボット, アラン	→Talbot, Alan
	→Taft, William Howard	タルボット, カレン	→Talbot, Karen
ダベンポート, トーマス・H.		ダルマイヤー, フレッド・R.	
	→Davenport, Thomas H.		→ダルマイヤー, フレッド・R.
ターボックス, メアリー・P.		ダルマーニュ, ジャン=リュク	
	→ターボックス, メアリー・P.		→ダルマーニュ, ジャン=リュク
タマキ, ノリオ	→タマキ, ノリオ(玉置紀夫)	ダルマパーラ, P.	→Dharmapala, P.S.
ダマシオ, アントニオ・R.	→Damasio, Antonio R.	ダールマン, ディットマー	→ダールマン, ディットマー
ダミアニ, ペトルス	→Damiani, Petrus	ターレ, オウド	→Talle, Aud
ダミアニ, マギダ	→ダミアニ, マギダ	ダレシュワー, アショク	→Dhareshwar, Ashok
ダミコ, マソリーノ	→ダミコ, マソリーノ	タレス	→Thalès
タミニオー, ジャック	→タミニオー, ジャック	ダレス, ジョン・F.	→ダレス, ジョン・F.
タム, M.	→Tamm, M.	ダレル, ローレンス	→Durrell, Lawrence
ダムコフスキー, マルタ	→ダムコフスキー, マルタ	ダーレンドルフ, ラルフ	→ダーレンドルフ, ラルフ
ダームズ, ジョン・H.	→ダームズ, ジョン・H.	ダロー, デボラ	→Daro, Deborah
ダムホースト, メアリー・リン		ダロウ, アリス=アン	→ダロウ, アリス=アン
	→ダムホースト, メアリー・リン	タローシュ, エンマリヒ	→Tálos, Emmerich
タムラト, T.	→タムラト, T.	タロック, ゴードン	→Tullock, Gordon
ダメット, マイケル	→Dummett, Michael A.E.	タワー, ケネス・G.	→タワー, ケネス・G.
ダ・モッタ, アルダ・ブリット		ダワー, ジョン・W.	→Dower, John W.
	→da Motta, Alda Britto	ダン, アルバート・H., 3世	→Dunn, Albert H., Ⅲ
タライエスバ, ドン・C.	→タライエスバ, ドン・C.	ダン, ウォルター・S., Jr.	→Dunn, Walter S., Jr.
ダライ・ラマ14世	→Dalai Lama	タン, カイフ	→タン, カイフ(単会府)
ダラ・コスタ, ジョヴァンナ・フランカ		タン, カケン	→タン, カケン(譚家健)
	→Dalla Costa, Giovanna Franca	ダン, カレン	→ダン, カレン
ダラス, ジョー	→ダラス, ジョー	タン, キョウ	→タン, キョウ(単強)
タラポール, サバック・S.	→Tarapore, Savak S.	タン, ケイ・フーン	→タン, ケイ・フーン
ダララン, ジャック	→Dalarun, Jacques	タン, ジィアジエン	→タン, カケン(譚家健)
タラル, ハッサン・ビン	→タラル, ハッサン・ビン	タン, ジェイソン	→タン, ジェイソン
ダリー, ジリアン	→Dalley, Gillian	ダン, ジェームズ・D.G.	→Dunn, James D.G.
タリアー, ニコラス	→Tarrier, Nicholas	タン, シゴウ	→タン, シゴウ(笪志剛)
タリアフェッロ, C.	→タリアフェッロ, C.	タン, シン	→タン, シン(譚深)
ダリスタ, ジェーン	→ダリスタ, ジェーン	タン, シンリン	→タン, シンリン(譚震林)
ダリットノジンケンニカンスルゼンコクウンドウ		ダーン, ダニエラ	→ダーン, ダニエラ
	→ダリットの人権に関する全国運動	ダン, タンソウ	→ダン, タンソウ(段端聡)
ダリティ, ウィリアム, Jr.		タン, チーベン	→Tan, Chee Beng
	→ダリティ, ウィリアム, Jr.	タン, チャンユー	→トウ, セイウ(湯正字)
ダリワル, アマルパル・K.		タン, チュウガク	→タン, チュウガク(湛中楽)
	→Dhaliwal, Amarpal K.	ダン, ティム	→ダン, ティム
ダーリング, マリリン	→ダーリング, マリリン	ダン, バー・ラム	→Dang, Ba Lam
ダーリンプル, ナンシー・J.		ダン, ホンラク	→ダン, ホンラク(段本洛)
	→Dalrymple, Nancy J.	ダン, ヤクチュウ	→ダン, ヤクチュウ(段躍中)
ダール, キャサリン・プフィステラー		タン, ロサリナ・パランカ	→タン, ロサリナ・パランカ
	→Darr, Katheryn Pfisterer	ダン, A.L.	→Dunn, Andrea L.
ダール, ファイサル	→ダール, ファイサル	ダン, P.	→Dunne, Paul
ダール, ロバート・A.	→Dahl, Robert Alan	ダン, W.N.	→Dunn, William N.
タルガン, ブルース	→Tulgan, Bruce	ダンカン, イアン	→Duncan, Ian
ダルキー, ノーマン・C.	→Dalkey, N.C.		

ダンカン, イボンヌ	→Duncan, Yvonne	チェ, ビョンソプ	→チェ, ビョンソプ（崔平渉）
ダンカン, スーザン・K.	→Duncan, Susan K.	チェ, ポシク	→チェ, ポシク（崔普植）
ダンカン, ピーター	→ダンカン, ピーター	チェ, ボンレ	→チェ, ボンレ（崔奉礼）
ダンカン, ブレイク・〈スキッパー〉		チェ, ミョンスン	→チェ, ミョンスン（崔明順）
	→ダンカン, ブレイク・〈スキッパー〉	チェ, ムジン	→チェ, ムジン（崔武振）
ダンカン, ロデリック	→Duncan, Roderic	チェ, リェ	→チェ, リェ（崔冽）
ダンカン, A.A.M.	→Duncan, A.A.M.	チェイエット, フレドリック・L.	
ダンカン, J.S.	→Duncan, James S.		→チェイエット, フレドリック・L.
ダンクス, アリスター	→Danks, Alister	チェイザン, モーリス	→チェイザン, モーリス
タングネー, J.P.	→タングネー, J.P.	チェイス, マイケル・M.	→Chayes, Michael M.
タンザニアメディアジョセイキョウカイ		チェイス, ロバート・S.	→チェイス, ロバート・S.
	→タンザニア・メディア女性協会	チェイター, H.J.	→チェイター, H.J.
ダンジェロ, メアリー・ローズ		チェイニー, バート	→チェイニー, バート
	→D'Angelo, Mary Rose	チェイニィ, リー・A.	→Chaney, Lee A.
タンズマン, ミッチェル・A.		チェカ, ニコラス	→チェカ, ニコラス
	→タンズマン, ミッチェル・A.	チェクリン, セス	→チェクリン, セス
ターンスリー, アイザイアー	→Tansley, Isaiah	チェジ, アントニオ・M.	→Chiesi, Antonio M.
ダンダス, アラン	→Dundes, Alan	チェシコフスキ	→チェシコフスキ
ダンダパーニ, クリシュナン		チェース, リチャード・X.	→Chase, Richard X.
	→ダンダパーニ, クリシュナン	チェスタートン, ギルバート・キース	
ダンツ, クリスチャン	→ダンツ, クリスチャン		→Chesterton, Gilbert Keith
ダンデス, アラン	→ダンデス, アラン	チェスターリ, マッテオ	→Cestari, Matteo
ダーントン, ロバート	→Darnton, Robert	チェスニー, ハティー	→チェスニー, ハティー
タンネンバウム, ロバート	→Tannenbaum, Robert	チェスブロー, ヘンリー・W.	
ダンネンベック, クレメンス			→Chesbrough, Henry William
	→Dannenbeck, Clemens	チェッキーニ, M.	→Cecchini, Marco
ダンバー, フレッド	→Dunbar, Fred	チェックランド, オリーヴ	→Checkland, Olive
ダンバー, C., Jr.	→Dunbar, Christopher, Jr.	チェックランド, ピーター	→Checkland, Peter
ダンハム, F.	→Dunham, Frances	チェックランド, P.	→Checkland, P.
ダンハム, P.	→Dunham, Philip J.	チェッシャー, アイリーン	→チェッシャー, アイリーン
タンビエ, エティエンヌ	→タンビエ, エティエンヌ	チェデック, ジョイス	→チェデック, ジョイス
ダンブル, リネット・J.	→ダンブル, リネット・J.	チェノウェス, エミリー	→Chenoweth, Emily
ターンブル, H.ラザンフォード, 3世		チェマーズ, マーティン・M.	
	→Turnbull, H.Rutherford, Ⅲ		→Chemers, Martin M.
ターンブル, S.	→Turnbull, Steve	チェリー, ジョアンナ	→Cherry, Joanna
ダンマイア, マイク	→ダンマイア, マイク	チェリー, ジョン	→Cherry, John
ダンマイアー, マイケル・E.		チェリアン, J.	→Cherian, Joseph A.
	→ダンマイアー, マイケル・E.	チェルナ, マリー	→チェルナ, マリー
ダンラップ, グレン	→Dunlap, Glen	チェルニヤフスキー, ビタリー	
ダンラップ, ケイティー・M.			→チェルニヤフスキー, ビタリー
	→Dunlap, Katherine M.	チェルヌィシェーフスキー, ニコライ	
ダンラップ, スーザン	→Dunlap, Susan		→Chernyshevskii, Nikolai
ダンレヴィー, J.N.	→Dunlevy, John N.	チェルノフ, ビクター	→チェルノフ, ビクター
		チェン, イーチ	→チン, イッシ（陳一諮）
【チ】		チェン, シュウイン	→チェン, シュウイン（陳秀英）
		チェン, チャオ	→チン, チョウ（陳超）
チ, ケンスク	→チ, ケンスク（池賢淑）	チェン, ダイウェン	→チン, ダイブン（陳乃文）
チ, シュウケツ	→チ, スゴル（池秀傑）	チェン, メイ	→チェン, メイ
チ, スゴル	→チ, スゴル（池秀傑）	チェン, リーフー	→チェン, リーフー（陳立夫）
チア, シオユエ	→Chia, Siow Yue	チェン, D.	→Cheng, Da
チア, ブーンケン	→Cheah, Boon Kheng	チェンバーズ, アン	→Chambers, Anne
チアーノ, レオナルド	→Ciano, Reonald	チェンバース, ウィリアム	→Chambers, William
チャンピ, カルロ・アゼリオ		チェンバース, ジョン・T.	
	→Ciampi, Carlo Azeglio		→チェンバース, ジョン・T.
チェ, ウニ	→チェ, ウニ（崔銀姫）	チェンバーズ, ロバート	→Chambers, Robert
チェ, ギュハ	→チェ, ギュハ（崔圭夏）	チェンバレン, ネヴィル	→Chamberlain, Neville
チェ, サン・ムン	→Choi, Sang-Moon	チカタ, イヴォンヌ・M.	→チカタ, イヴォンヌ・M.
チェ, ジャンウォン	→チェ, ジャンウォン（崔壯源）	チカドンス, G.	→Chikadons, Grace
チェ, チソン	→チェ, チソン（崔治先）	チキン, ギアンフランコ	→Cecchin, Gianfranco
チェ, テヒョン	→チェ, テヒョン（蔡泰亨）	チクセントミハイ, ミハイ	

原著者名カナ表記索引　943

チーグラー, ウイルヘルム	→Csikszentmihalyi, Mihalyi	チャベイ, R.W.	→Chabay, Ruth W.
	→チーグラー, ウイルヘルム	チャベス, アルベルト・オーツ	→チャベス, アルベルト・オーツ
チーザ, マルコ	→チーザ, マルコ	チャベル, デイビッド・W.	→Chappell, David W.
チシュカ, アントン	→チシュカ, アントン	チャベル, A.ポール	→Chappell, A.Paul
チック, ヴィクトリア	→チック, ヴィクトリア	チャベル, N.	→Chappell, Neena L.
チップマン, ジョン・S.	→Chipman, J.S.	チャラン, ラム	→Charan, Ram
チテイック, ウィリアム・C.	→Chittick, William C.	チャリス, ディヴィド	→Challis, David
チデスター, デイヴィッド	→チデスター, デイヴィッド	チャリナー, ジョーン・R.	→Challinor, Joan R.
チトロム, ダニエル	→Czitrom, Daniel J.	チャールズウァース, ジェームズ・H.	
チネワ	→チネワ		→Charlesworth, James H.
チネン, アラン・B.	→Chinen, Allan B.	チャルディーニ, ロバート・B.	
チーバー, スーザン	→チーバー, スーザン		→Cialdini, Robert B.
チフィエルトカ, カタルジナ		チャルネッカ, R.	→Czarnecka, Roza
	→Cwiertka, Katarzyna	チャロウ, ベーダ・R.	→チャロウ, ベーダ・R.
チプリアーニ, フランコ	→Cipriani, Franco	チャン, アニタ	→Chan, Anita
チャ, インスク	→チャ, インスク	チャン, ウジン	→チャン, ウジン(張宇鎮)
チャ, ヴィクター・D.	→Cha, Victor D.	チャン, エドワード・テハン	
チャー, ベンジャミン	→チャー, ベンジャミン		→チャン, エドワード・テハン
チャイ, リゴベルト・クエーメ		チャン, オイ・マン	→Chan, Oi Man
	→チャイ, リゴベルト・クエーメ	チャン, クォク・ブン	→Chang, Kwok Bun
チャイト, ノーマン	→Chait, Norman	チャン, クッチョン	→チャン, クッチョン(張国鍾)
チャイトキン, アントン	→チャイトキン, アントン	チャン, サンファン	→チャン, サンファン(張相煥)
チャイルズ, B.S.	→Childs, Brevard S.	チャン, ジェニファー	→Chang, Jennifer
チャイルド, J.	→Child, John	チャン, ジェフ(心理療法)	→チャン, ジェフ(心理療法)
チャオ, イエン	→チョウ, エン(趙燕)	チャン, ジャネット	→チャン, ジャネット
チャオ, シァオチー	→チョウ, ショウキ(趙小琪)	チャン, チ・ダオ	→Tran, Chi Dao
チャオ, チャン	→チョウ, キョウ(趙強)	チャン, ツァンツァン	→チョウ, ゾウゾウ(張蔵蔵)
チャオ, ピェン	→キョウ, ヘン(喬辺)	チャン, ツェ・チュイーン	→チャン, ツェ・チュイーン
チャオ, フーシン	→チョウ, フッコウ(趙復興)	チャン, ピルファ	→チャン, ピルファ(張必和)
チャオ, フワ	→チョウ, カ(趙華)	チャン, フランシスコ	→チャン, フランシスコ
チャオルフ, F.	→Chaoulff, Francis	チャン, ホン・クアン	→Tran, Hong Quan
チャセク, パメラ	→Chasek, Pamela	チャン, ミン	→チョウ, ミン(張民)
チャタジー, パルタ	→Chatterjee, Partha	チャン, ヤオナン	→チョウ, ヨウナン(張耀南)
チャーチ, ジョージ・J.	→チャーチ, ジョージ・J.	チャン, ユエン	→チャン, ユエン
チャーチ, ヘイデン	→チャーチ, ヘイデン	チャン, D.Y.K.	→Chan, David Y.K.
チャーチランド, ポール	→Churchland, Paul	チャーンズ, アブラハム	→Charnes, Abraham
チャーチル, ウィンストン		チャンティリ・チョウデマンチェ, R.	
	→Churchill, Winston Leonard Spencer		→Chantiri-Chaudemanche, Rouba
チャップマン, オードリー	→Chapman, Audrey	チャンドラー, ギャリー・G.	→Chandler, Gary G.
チャップマン, クリス	→Chapman, Chris	チャンドラー, シャーロット	
チャップマン, ジュディ	→Chapman, Judi		→チャンドラー, シャーロット
チャップマン, ジョン	→チャップマン, ジョン	チャンドラー, マーディ	→チャンドラー, マーディ
チャップマン, スティーヴン	→Chapman, Stephen	チャンドラ・ムザファ	→Chandra Muzaffar
チャップマン, J.P.J.	→チャップマン, J.P.J.	チャンピー, ジェームズ・A.	→Champy, James A.
チャップロー, クレイグ	→Chappelow, Craig	チャンプリン, ジャック・D.	
チャドウィック, アンドリュー			→チャンプリン, ジャック・D.
	→チャドウィック, アンドリュー	チャンプリン, ブラッド	→チャンプリン, ブラッド
チャドウィック, デビッド	→チャドウィック, デビッド	チュ, スンテク	→チュ, スンテク(朱昇沢)
チャドウィック, ホイットニー		チュー, ドリー	→Chugh, Dolly
	→Chadwick, Whitney	チュ, X.G.	→Chu, Xuan Giao
チャトゥン, キャシー	→Chatten, Cathy	チューイエッタ	→Tuieta
チャーニアク, クリストファー		チュイコフ, V.I.	→チュイコフ, V.I.
	→チャーニアク, クリストファー	チュウ, ゴ	→チュウ, ゴ(中五)
チャピュイス, バーティル	→チャピュイス, バーティル	チュウ, タイグン	→チュウ, タイグン(仲大軍)
チャブ, ジョン・E.	→チャブ, ジョン・E.	チュウカゼンコクソウコウカイ	→中華全国総工会
チャフ, ドリー	→チャフ, ドリー	チュウゴク	→中国
チャプキス, ウェンディ	→チャプキス, ウェンディ	チュウゴクキョウサントウキョウセイショウシタン	
チャブラック, N.	→Chabrak, Nihel	ケンイインカイ	→中国共産党陝西省志丹県委員会
チャプルス, アーネスト・A.	→Chaples, Ernest	チュウゴクコクミントウチュウオウシッコウイン	

カイセンデンブ	→中国国民党中央執行委員会宣伝部	チョウ, ケンコク	→チョウ, ケンコク(張建国)
チュウゴクジンミンカイホウグンジカガクイン リロンソ	→中国人民解放軍事科学院理論組	チョウ, ケンブン	→チョウ, ケンブン(張憲文)
		チョウ, コウ	→チョウ, コウ(張宏)
チュウゴクジンミンカイホウグンソウサンボウブリ ロンソ	→中国人民解放軍総参謀部理論組	チョウ, コウサイ	→チョウ, カプチェ(趙甲済)
		チョウ, コクショウ	→チャン, クッチョン(張国鍾)
チュウゴクジンミンカイホウグンソウセイジブリロ ンソ	→中国人民解放軍総政治部理論組	チョウ, サク	→チョウ, サク(張策)
		チョウ, シホウ	→チョウ, シホウ(張志峰)
チュウゴクジンミンカクメイグングンジハクブツカ ン	→中国人民革命軍事博物館	チョウ, ジュギ	→チョウ, ジュギ(張樹義)
		チョウ, ジュン	→チョウ, ジュン(張淳)
チュシケビッチ, S.A.	→チュシケビッチ, S.A.	チョウ, ショウ	→チョウ, ショウ(張晶)
チュダコフ, ハワード・P.	→Chudacoff, Howard P.	チョウ, ショウカン	→チャン, サンファン(張相煥)
チュッシル, マーク・J.	→チュッシル, マーク・J.	チョウ, ショウガン	→チョウ, ショウガン(張韶岩)
チュムリー, ジェーン	→チュムリー, ジェーン	チョウ, ショウキ	→チョウ, ショウキ(趙小琪)
チュメレル, ピエールジャン	→チュメレル, ピエールジャン	チョウ, シレン	→チョウ, シレン(張芝聯)
チュラール, ジャン	→チュラール, ジャン	チョウ, シンエイ	→チョウ, シンエイ(張新穎)
チュリエル, エリオット	→Turiel, E.	チョウ, ズイトク	→チョウ, ズイトク(張瑞德)
チューリング, アラン・M.	→Turing, Alan Mathison	チョウ, セイジュン	→チョウ, セイジュン(張済順)
		チョウ, セイリン	→チョウ, セイリン(張正倫)
チュルン, ミヒャエル	→チュルン, ミヒャエル	チョウ, ゼンショウ	→チョウ, ゼンショウ(趙全勝)
チュン	→チュン	チョウ, ゼンリョウ	→チョウ, ゼンリョウ(張善良)
チュン, チェン・ペン	→Chung, Chien-peng	チョウ, ゾウゾウ	→チョウ, ゾウゾウ(張蔵蔵)
チョ, グク	→チョ, グク(曹昷)	チョウ, タイヨウ	→チョ, デヨブ(趙大燁)
チョ, ジュンシク	→チョ, ジュンシク(曺中植)	チョウ, チョウセイ	→チョウ, チョウセイ(張長青)
チョ, チョレン	→チョ, チョレン(趙澈行)	チョウ, チンミン	→シュウ, ケイメイ(周慶明)
チョ, デヨブ	→チョ, デヨブ(趙大燁)	チョウ, テツカ	→チョウ, テツカ(張哲嘉)
チョ, ミョンチョル	→チョ, ミョンチョル(趙明哲)	チョウ, テツロン	→チョ, チョレン(趙澈行)
チョ, ヨンタク	→チョ, ヨンタク(曺英卓)	チョウ, ヒツワ	→チャン, ピルファ(張必和)
チョ, ヨンファン	→チョ, ヨンファン(曺英煥)	チョウ, フッコウ	→チョウ, フッコウ(張復興)
チョ, ヨンフン	→チョ, ヨンフン	チョウ, ブンケン	→チョウ, ブンケン(張文顕)
チョイ, ビュンドゥー	→チョイ, ビュンドゥー	チョウ, ブンザン	→チョウ, ブンザン(張文山)
チョーイマン	→チョーイマン	チョウ, ブンリ	→チョウ, ブンリ(張文利)
チョウ, アンハク	→チョウ, アンハク(趙安博)	チョウ, ヘイ	→チョウ, ヘイ(張苹)
チョウ, イクエイ	→チョウ, イクエイ(趙毓英)	チョウ, ヘイシ	→チョウ, ヘイシ(趙秉志)
チョウ, イコク	→チョウ, イコク(張偉国)	チョウ, ホウサン	→チョウ, ホウサン(張宝三)
チョウ, ウチン	→チャン, ウジン(張宇鎮)	チョウ, ホウセン	→チョウ, ホウセン(張鳳仙)
チョウ, ウツ	→チョウ, ウツ(趙蔚)	チョウ, ミン	→チョウ, ミン(張民)
チョウ, ウツボウ	→チョウ, ウツボウ(張蔚萌)	チョウ, メイテツ	→チョ, ミョンチョル(趙明哲)
チョウ, ウンホウ	→チョウ, ウンホウ(張雲方)	チョウ, ヤクヒン	→チョウ, ヤクヒン(張躍斌)
チョウ, エイ	→チョウ, エイ(張永)	チョウ, ユンジエ	→Cho, Yoon Je
チョウ, エイ	→チョウ, エイ(張永)	チョウ, ヨウトウ	→チョウ, ヨウトウ(趙耀東)
チョウ, エン	→チョウ, エン(趙燕)	チョウ, ヨウナン	→チョウ, ヨウナン(張耀南)
チョウ, オウトウ	→チョウ, オウトウ(張旺棟)	チョウ, ヨク	→チョウ, ヨク(趙翼)
チョウ, オウリュウ	→チョウ, オウリュウ(張応竜)	チョウ, リツボン	→チョウ, リツボン(張立凡)
チョウ, カ	→チョウ, カ(張華)	チョウ, レイ	→チョウ, レイ(張礼)
チョウ, カイホウ	→チョウ, カイホウ(張海鵬)	チョウ, レイ (社会哲学)	→チョウ, レイ (社会哲学)
チョウ, カエイ	→チョウ, カエイ(趙嘉栄)	チョウ, B.	→Choe, Byeongho
チョウ, カクケン	→チョウ, カクケン(張珏鵬)	チョウシンリガクキョウカイ	→超心理学協会
チョウ, ガクホウ	→チョウ, ガクホウ(張学鋒)	チョウドリ, アニス	→チョウドリ, アニス
チョウ, カプチェ	→チョウ, カプチェ(趙甲済)	チョウラキ, アンドレ	→チョウラキ, アンドレ
チョウ, カン	→チョウ, カン(趙峋)	チョーダリー, T.H.	→チョーダリー, T.H.
チョウ, カン	→チョウ, カン(趙晗)	チョドロウ, スタンレー	→チョドロウ, スタンレー
チョウ, カンコウ	→チョウ, カンコウ(張煥光)	チョバン	→チョバン
チョウ, キン	→チョウ, キン(張其旬)	チョプラ, ディーパック	→Chopra, Deepak
チョウ, キョウ	→チョウ, キョウ(趙強)	チヨマル, ケンジ	→チヨマル, ケンジ(千代丸健二)
チョウ, ギョウビ	→チョウ, ギョウビ(張暁薇)	チョムスキー, ノーム	→Chomsky, Noam
チョウ, ギョウメイ	→チョウ, ギョウメイ(張暁明)	チョロヴィッチ, イヴァン	→Čolović, Ivan
チョウ, キョクセイ	→チョウ, キョクセイ(張旭成)	チョン, アンジー・Y.	→チョン, アンジー・Y.
チョウ, グン	→チョウ, グン(張羣)	チョン, キョンオク	→チョン, キョンオク
チョウ, ケン	→チョウ, ケン(趙娟)	チョン, ギョンス	→チョン, ギョンス(全京秀)

チョン, ジュンヒョン	→チョン, ジュンヒョン（全俊鉉）	チン, ホウジュ	→チン, ホウジュ（陳宝樹）
チョン, ソンチョル	→チョン, ソンチョル（鄭聖哲）	チン, マン	→チン, マン（陳漫）
チョン, チーユン	→テイ, キツウン（鄭吉雲）	チン, メンジー・D.	→Chinn, Menzie D.
チョン, チュンスク	→チョン, チュンスク（鄭春淑）	チン, ユウイ	→チン, ユウイ（陳有為）
チョン, ドゥファン	→チョン, ドゥファン（全斗煥）	チン, ランエン	→チン, ランエン（陳瀾燕）
チョン, ドンユン	→チョン, ドンユン（鄭東潤）	チン, レオ	→チン, レオ
チョン, ヒジン	→チョン, ヒジン（鄭喜鎮）	チンゼワンプ	→キンソクカツブツ（欽則活仏）
チョン, ビョンホ	→チョン, ビョンホ	チンメ, ハンス	→チンメ, ハンス
チョン, ヘク	→チョン, ヘク（鄭海具）	チンワース, マイケル	→チンワース, マイケル
チョン, ヘスク	→チョン, ヘスク（千恵淑）		
チョン, ホンキョ	→チョン, ホンキョ（鄭洪教）	【ツ】	
チョン, ムグォン	→チョン, ムグォン		
チョン, ヨンイル	→チョン, ヨンイル（鄭永一）	ツ, マリア・E.	→ツ, マリア・E.
チョン, ヨンシン	→チョン, ヨンシン（鄭永信）	ツァウナー, マルグリット	→Zauner, Margrit
チョンソン, ニカノール・G.		ツァオ, チェンチャン	→ソウ, セイショウ（曹成章）
	→Tiongson, Nicanor G.	ツァネルト, P.	→ツァネルト, P.
チリンジャリアン, J.	→Chilingerian, Jon A.	ツィーグラー, ロルフ	→Ziegler, Rolf
チル, ジュリア	→Chill, Julia	ツイビドゥ・アブロニティ, マリア	
チルキー, ヒューゴ	→Tschirky, Hugo		→Tsibidou, Maria
チレドニチェンコ	→チレドニチェンコ	ツィプル, リチャード・F.	→Szippl, Richard F.
チン, イ	→チン, イ（陳偉）	ツイマラ・パパスタマシュウ, ヘラ	
チン, イッシ	→チン, イッシ（陳一諸）		→Tsimara Papastamatiou, Hera
チン, イミン	→チン, イミン（陳偉民）	ツィルファス, イエルク	→ツィルファス, イエルク
チン, ガクヒ	→チン, ガクヒ（陳学飛）	ツィレッセン, ディートリッヒ	
チン, ギセイ	→チン, ギセイ（陳誼誠）		→ツィレッセン, ディートリッヒ
チン, キナン	→チン, キナン（陳其南）	ツィンマーマン, ラインハルト	
チン, ケイトク	→チン, ケイトク（陳奎徳）		→ツィンマーマン, ラインハルト
チン, ケンショウ	→チン, ケンショウ（陳剣祥）	ツィンマーマン, ロルフ	→ツィンマーマン, ロルフ
チン, ケンビン	→チン, ケンビン（陳敏娟）	ツィンマーリ, ヴァルター・Ch	
チン, ケンヘイ	→チン, ケンヘイ（陳謙平）		→Zimmerli, Walter Ch.
チン, コウ	→チン, コウ（陳弘）	ツィンメラー, ユルゲン	→ツィンメラー, ユルゲン
チン, コウクン	→チン, コウクン（陳広君）	ツヴァイク, シュテファン	→Zweig, Stefan
チン, コウリョウ	→チン, コウリョウ（陳興良）	ツヴェヤッカー, アンドレ	→ツヴェヤッカー, アンドレ
チン, コック・フェイ	→チン, コック・フェイ	ツェデンダンバ, バトバヤル	
チン, シキ	→チン, シキ（陳志貴）		→ツェデンダンバ バトバヤル
チン, ジツ	→チン, ジツ（陳実）	ツェトキン, クララ	→Zetkin, Clara
チン, ジュ	→チン, ジュ（陳寿）	ツェルトナー, ヘルマン	→ツェルトナー, ヘルマン
チン, シュンケツ	→チン, シュンケツ（陳俊傑）	ツェルボウ, マリア	→ツェルボウ, マリア
チン, シュンダン	→チン, シュンダン（陳俊男）	ツェレンハンド, G.	→ツェレンハンド, G.
チン, シュンフン	→チン, シュンフン（陳舜芬）	ツォ, ティアン	→ツォ, ティアン
チン, ショウウ	→チン, ショウウ（陳紹禹）	ツォコワ, ダイアナ	→ツォコワ, ダイアナ
チン, ショウエイ	→チン, ショウエイ（陳昭瑛）	ツォーラス, ピーター・G.	→Tsouras, Peter G.
チン, ショウショウ	→チン, ショウショウ（陳尚勝）	ツォルン, ゲルダ	→ツォルン, ゲルダ
チン, ショウハチ	→ジン, ジョンパル（陳正八）	ツル, シゲト	→ツル, シゲト（都留重人）
チン, ショウリ	→チン, ショウリ（陳勝利）	ツルチンカ, チャールズ	→ツルチンカ, チャールズ
チン, ジンセキ	→チン, ジンセキ（陳仁錫）	ツレマーク, ウーラ	→Turremark, Ulla
チン, セイイ	→チン, セイイ（陳清偉）	ツロフ, ジャネット	→Tulloch, G.Janet
チン, セイエイ	→チン, セイエイ（陳西瀅）	ツンプ, ヘルガ	→ツンプ, ヘルガ
チン, ソオン	→チン, ソオン（陳祖恩）		
チン, タイケン	→チン, タイケン（陳耐軒）	【テ】	
チン, ダイブン	→チン, ダイブン（陳乃文）		
チン, タクケン	→チン, タクケン（陳沢憲）	テアゲネス	→テアゲネス
チン, チョウ	→チン, チョウ（陳超）	テイ, アリス・イア・スーン	→Tay, Alice Erh Soon
チン, トクケイ	→チン, トクケイ（陳徳奎）	テイ, イツウ	→テイ, イツウ（鄭逸字）
チン, ドッキュ	→チン, ドッキュ（陳徳銶）	テイ, エイイチ	→チョン, ヨンイル（鄭永一）
チン, ハン	→チン, ハン（陳繁）	テイ, エイシン	→チョン, ヨンシン（鄭永信）
チン, ヒチュウ	→Chen, Peizhong	テイ, エキセイ	→テイ, エキセイ（鄭易生）
チン, ブンカ	→チン, ブンカ（陳文科）	デイ, エリック・L.	→Dey, Eric L.
チン, ホウクン	→チン, ホウクン（陳峯君）	テイ, カイグ	→チョン, ヘク（鄭海具）

テイ, カイメイ	→テイ, カイメイ(程介明)	デイヴィス, ベティ	→Davis, Bette
テイ, ギショウ	→テイ, ギショウ(定宜庄)	デイヴィース, マイケル	→Davies, Michael
テイ, キチン	→チョン, ヒジン(鄭喜鎮)	デイヴィス, ロバート	→デイヴィス, ロバート
テイ, キツウン	→テイ, キツウン(鄭吉雲)	デイヴィス, ロバート・C.	→Davis, Robert C.
テイ, キツユウ	→テイ, キツユウ(鄭吉雄)	デイヴィス, A.	→Davis, Ann
デイ, キャサリン・L.	→Day, Katharine L.	デイヴィス, E.W.	→デイヴィス, E.W.
テイ, ギョウ	→テイ, ギョウ(鄭暁)	デイヴィス, J.	→Davies, Janathan
テイ, ケン	→テイ, ケン(丁娟)	デイヴィス, P.	→Davis, Pauline
テイ, コウキョウ	→チョン, ホンキョ(鄭洪教)	デイヴィス, P.K.	→Davis, Paula K.
テイ, ジャクソウ	→テイ, ジャクソウ(鄭若曽)	デイヴィス, P.R.	→デイヴィス, P.R.
テイ, シュンシュク	→チョン, チュンスク(鄭春淑)	デイヴィース, R.	→Davies, Roy
デイ, ジョージ・S.	→Day, George S.	デイヴィス, R.	→Davis, Rob
デイ, ジョナサン・D.	→Day, Jonathan D.	デイヴィス, S.	→Davis, Steven
テイ, シリン	→テイ, シリン(丁子霖)	デイヴィス, W.H.(環境問題)	
テイ, スイカイ	→テイ, スイカイ(鄭翠懐)		→デイヴィス, W.H.(環境問題)
テイ, セイカ	→テイ, セイカ(丁正華)	デイヴィス・キンバル, ジャニーヌ	
テイ, セイテツ	→チョン, ソンチョル(鄭聖哲)		→Davis-Kimball, Jeannine
テイ, セイモ	→テイ, セイモ(鄭清茂)	デイヴィッド, ミリアム	→デイヴィッド, ミリアム
テイ, セイリョウ	→テイ, セイリョウ(鄭成良)	デイヴィドソン, ハワード・A.	
テイ, ソ	→テイ, ソ(丁楚)		→Davidson, Howard A.
テイ, チクエン	→テイ, チクエン(鄭竹園)	ティエリ, イヴ	→ティエリ, イヴ
テイ, ドウシュウ	→テイ, ドウシュウ(鄭同修)	ティエリ(シャルトルの)	→ティエリ(シャルトルの)
テイ, トウジュン	→チョン, ドンユン(鄭東潤)	ティエル, ピーター	→ティエル, ピーター
テイ, バンキ	→テイ, バンキ(鄭万喜)	ディエレマン, H.	→Dieleman, Hans
デイ, フェ	→Day, Fe	ディオゲネス(スミュルナの)	
テイ, ブーン・ンガ	→テイ, ブーン・ンガ		→ディオゲネス(スミュルナの)
テイ, ホウ	→テイ, ホウ(鄭鵬)	ディオティモス	→ディオティモス
テイ, ミン	→テイ, ミン(丁民)	ディオニシオス・アレオパギテース	
デイ, リチャード	→デイ, リチャード		→ディオニシオス・アレオパギテース
テイ, リンソン	→テイ, リンソン(程麟蓀)	ディオニュシウス(カルトジア会の)	
デイ, D.	→Day, Diana		→ディオニュシウス(カルトジア会の)
デイ, R.H.	→Day, Richard Hollis	ディガ, ジョセリト	→Diga, Joselito
ディア, ラマタ	→ディア, ラマタ	ディ・キャンプ, ライアン・スプレイグ	
ディアス, イザベル・マトス			→De Camp, Lyon Sprague
	→ディアス, イザベル・マトス	ディーキン, アンジェラ	→ディーキン, アンジェラ
ディアス, エリカ	→De'Ath, Erica	ディキンスン, ジュリー	→Dickinson, Julie
ディアス, クラレンス	→Dias, Clarence	ディクソン, アンネ	→Dixon, Anne M.
ディアス, ジョゼ=リュイ	→ディアス, ジョゼ=リュイ	ディクソン, クレイグ	→Dickson, Craig J.
ディアミーシス - バーク, ジョリーン		ディクソン, ゲイリー	→Dickson, Gary W.
	→ディアミーシス - バーク, ジョリーン	ディクソン, デヴィッド	→Dickson, David
ディアレクセイス	→ディアレクセイス	ティクテイン, ヒレル	→ティクテイン, ヒレル
ディヴァイン, トニー	→Devine, Tony	ティクナー, ライザ	→Tickner, Lisa
ディヴァイン, T.M.	→Devine, T.M.	ティクナー, J.アン	→ティクナー, J.アン
ディヴァダス, ラジャマル	→Devadas, Rajammal	ディクハート, J.	→Dickhaut, John
デイヴィー, ジュディス	→デイヴィー, ジュディス	ディークマン, ベルンハルト	
デイヴィーズ	→デイヴィーズ		→ディークマン, ベルンハルト
デイヴィス, アン(犯罪心理学)	→Davies, Anne	ディークマン, L.	→Dieckmann, Lisa
デイヴィス, イアン	→Davies, Ian	ディケンズ, チャールズ	→Dickens, Charles
デイヴィス, エレン	→Davis, Ellen F.	ディケンズ, E.	→Dykens, E.
デイヴィス, クラレンス・B.		ディケンソン, ドナ	→ディケンソン, ドナ
	→Davis, Clarence Baldwin	ティシー, ノール・M.	→Tichy, Noel M.
デイヴィス, サイモン(コミュニケーション)		テイシィ, デイヴィッド	→テイシィ, デイヴィッド
	→Davies, Simon	ティシュ, ミクラシュ	→Teich, Mikuláš
デイヴィス, サイモン(歴史)		ティース, デイビッド・J.	→ティース, デイビッド J.
	→デイヴィス, サイモン(歴史)	テイス, マイケル・E.	→Thase, Michael E.
デイヴィス, サミー, Jr.	→Davis, Sammy, Jr.	ティズデール, ジェーン	→Tisdale, Jane
デイヴィス, スティーヴン・T.	→Davis, Stephen T.	ディステルラート, ギュンター	
デイヴィス, ドナルド	→デイヴィス, ドナルド		→ディステルラート, ギュンター
デイヴィス, ナタリー・ジーモン		ティスランド, R.	→Tisserand, R.
	→デイヴィス, ナタリー・ジーモン	ディスレーリ, アイザク	→ディスレーリ, アイザク

テイセール, L.	→Teysseyre, Laurent	ティモンズ, ジェフリー・A.	→Timmons, Jeffry A.
ディーソン, ギャリー・B.	→Deason, Gary B.	ティモンズ, V.	→Timmons, Vianne
ティーチアウト, テリー	→ティーチアウト, テリー	ディユク, アルフォンス・ヴァン	→ディユク, アルフォンス・ヴァン
ディーツ, スタンレー	→Deetz, Stanley	テイラー, アーチャー	→テイラー, アーチャー
ディーツ, メアリー・G.	→ディーツ, メアリー・G.	テイラー, コリー	→Taylor, Cory
ティツィ, ノエル・M.	→ティツィ, ノエル・M.	テイラー, ジル	→Taylor, Gillian
ディッキー, ジュリアンヌ	→Dickey, Julienne	テイラー, スティーブ	→Taylor, Steve
ディッキンソン, メアリー・B.	→ディッキンソン, メアリー・B.	テイラー, チャールズ(人格)	→テイラー, チャールズ(人格)
ディック, ジョン	→ディック, ジョン	テイラー, チャールズ(政治)	→Taylor, Charles
ディッケンス, チャールズ	→Dickens, Charles	テイラー, デーヴィッド	→Taylor, David
ディッシュ, リサ・J.	→ディッシュ, リサ・J.	テイラー, バーバラ	→テイラー, バーバラ
ティッシュビレク, W.	→Tischbirek, Wolfgang	テイラー, ピーター	→Taylor, Peter
ディッシュマン, R.	→Dishman, Rod K.	テイラー, ピーター・J.	→Taylor, Peter James
ディッツ, ダリル	→Ditz, Daryl	テイラー, ユージン	→Taylor, Eugene
ティッツェ, H.	→Titze, Hartmut	テイラー, ラルフ・B.	→Taylor, Ralph B.
ティッツマン, ウェンディ	→ティッツマン, ウェンディ	テイラー, ランス	→テイラー, ランス
ティーデマン, クラウス	→ティーデマン, クラウス	テイラー, E.H.	→Tiller, Emerson H.
ティーデマン, ディーテリッヒ	→ティーデマン, ディーテリッヒ	テイラー, J.W.R.	→テイラー, J.W.R.
ティーデマン, マグヌス	→Tideman, Magnus	テイラー, L.J.	→Taylor, Lance J.
タイトマン, S.	→Titman, Sheridan	テイラー, S.J.	→Taylor, Steven J.
ディードリック, パトリシア	→ディードリック, パトリシア	テイラー, V.	→Taylor, Veronica
ディートリッヒ・ネスペズニー, K.	→Dietrich-Nespesny, Karel	テイラー・グッビィ, ピーター	→Taylor-Gooby, Peter
ディートリヒ(フライベルクの)	→ディートリヒ(フライベルクの)	ティラック, ジョンディアラ・B.G.	→ティラック, ジョンディアラ・B.G.
タイトル, ウォルター	→タイトル, ウォルター	ティリー, ニコラス	→Tilley, Nicholas
ディドロ, ドニ	→Diderot, Denis	デイリー, ハーマン・E.	→Daly, Herman E.
ティナボウ	→ティナ・某	デイリー, ブライアン・E.	→デイリー, ブライアン・E.
ディーニ, ランベルト	→Dini, Lamberto	デイリー, モーリー	→Daly, Maurie
ティニー, A.	→Tinny, Andrew	デイリー, リチャード	→Daley, Richard
ディーニス, ファーナンド	→Diniz, Fernando A.	ティリエット, シャヴィエル	→Tilliette, Xavier
テイバイネン, テイボ	→テイバイネン, テイボ	ティリエット, クサヴィエ	→ティリエット, クサヴィエ
ディバッツ, ダン	→ディバッツ, ダン	ディーリックス, マリアンヌ・A.	→ディーリックス, マリアンヌ・A.
ティーハンナン	→T.ハンナン	ディリバルヌ, フィリップ	→d'Iribarne, Philippe
デイビス, アイボア	→デイビス, アイボア	ディール, エルケ	→Diehl, Elke
デイビス, エドワード	→Davis, Edward M.	ディール, ジェフリー・H.	→ディール, ジェフリー・H.
デイビス, スタン	→Davis, Stan	ティール, トーマス	→ティール, トーマス
デイビス, ボブ	→Davies, Bob	デイル, ピーター	→Dale, Peter
デイビス, ライアン・ヴィダ	→Davis, Liane Vida	デイル, A.	→Dale, Angela
デイビス, レベッカ・M.	→Davis, Rebecca M.	デイル, K.L.	→デイル, K.L.
デイビス, M.スコット	→Davis, Scott	ティルカン	→Tilquin
ティビット, ジョン	→Tibbitt, John	ディールキンス, アラン	→ディールキンス, アラン
ディビドソン, A.	→Davidson, Alan	ディルクス, ヴァルター	→ディルクス, ヴァルター
ディヒトバルト, ケン	→ディヒトバルト, ケン	ティルコート, アンドリュー	→Tylecote, Andrew
ディヒトル, エルウィン	→ディヒトル, エルウィン	デイルズ, ダグラス・J.	→Dales, Douglas J.
ティブス, マーガレット・アン	→Tibbs, Margaret Anne	ディールゼ, ウルリッヒ	→ディールゼ, ウルリッヒ
ティーベイ, アリス	→ティーベイ, アリス	ディルタイ, ヴィルヘルム	→Dilthey, Wilhelm
ティーベイ, スヴェン	→Thiberg, Sven	ティルトン, マーク・C.	→ティルトン, マーク・C.
ディベネデット, A.	→DiBenedetto, Adria	ディルノット, アンドリュー	→Dilnot, Andrew
ティベルギエ, アンドレ	→Tiberghien, Andrée	ティーレ=ヴィッティヒ, マリア	→Thiele-Wittig, Maria
ディミッシェル, J.F.	→DeMichele, Joseph F.	ディレーニー, S.W.	→Delaney, Samuel W.
ディム, バリー	→Dym, Barry	ディロン, P.S.	→Dillon, Patricia S.
ディムスキ, ゲーリー	→Dymski, Gary	ディーン, グレーメ	→Dean, Graeme
ティーメ, イェルク	→ティーメ, イェルク	ディーン, ジョナサン	→ディーン, ジョナサン
ディモック, ワイ・チー	→Dimock, Wai-chee		
ティモネン, センニ	→Timonen, Senni		

ディーン, ハートリー	→Dean, Hartley	デサイ, A.	→Desai, Anand
ディーン, ピーター	→ディーン, ピーター	デサーモン, T.	→Desurmon, Thierry
ティン, ワン・キー	→Ting, Wan-Qi	デザーリオ, ヴィンチェンツォ	→Desario, Vincenzo
ティンカー, デイビット	→ティンカー, デイビット	デサリオ, ジャック	→DeSario, Jack
ディングウォール, ロバート	→Dingwall, Robert	デサルヴォ, ルイーズ	→DeSalvo, Louise
ディーンズ, フィル	→ディーンズ, フィル	デザン, スザンヌ	→Desan, Suzanne
ティンタースェー	→ティンタースェー	デサンクティス, ジェラルディン	
ティンデイル, アン	→Tyndale, Anne		→DeSanctis, Gerardine
ティンバーレイク, マイケル		テーシュ, ライサ	→テーシュ, ライサ
	→ティンバーレイク, マイケル	テスキ, レイモンド・H.C., Jr.	
ティンバーレイク, C.E.	→Timberlake, Charles E.		→Teske, Raymond H.C., Jr.
ティンベルヘン, ヤン	→ティンベルヘン, ヤン	デスキャンプス, フレデリック	
デーヴィス, クリスティ	→Davies, Christie		→デスキャンプス, フレデリック
デーヴィス, ジョン・B.	→デーヴィス, ジョン・B.	デスタンヌ=ド=ベルニス, ジェラール	
デーヴィス, ナネット・J.	→デーヴィス, ナネット・J.		→Destanne De Bernis, Gérard
デーヴィス, マイク	→Davies, Mike	デステ, カルロ	→D'Este, Carlo
デーヴィッド, エイブ	→David, Abe	デスネ, ロラン	→デスネ, ロラン
デヴィッドソン, ドロシー	→Davidson, Dorothy	デスペルダー, リン・アン	
デヴィッドソン, ポール	→Davidson, Paul		→DeSpelder, Lynne Ann
デ・ウィート, E.	→de Weert, Egbert	デスローチャース, S.	→Desrochers, Stéphan
デヴィドソン, R.	→Davidson, R.	デゼラエールス, パウル	→デゼラエールス, パウル
デヴォス, ディック	→DeVos, Dick	デソルニエ, ロベルト	→Desaulniers, Robert
デヴォス, リチャード・M.	→DeVos, Richard M.	テツ, リン	→テツ, リン (鉄林)
デウォルフ, チャールズ・M.	→Dewolf, Charles M.	デッカー, ポール	→Dekker, Paul
テヴノン, オリヴィエ	→テヴノン, オリヴィエ	デッケ, ズィーグルト・マルティン	
デヴリーガー, パトリック	→Devlieger, Patrick		→デッケ, ズィーグルト・マルティン
デヴリーズ, ウィレム	→DeVries, Willem A.	デッケン, フランク	→デッケン, フランク
デ・ヴリース, マンフレッド・F.R.ケッツ		デッシュ, マイケル・C.	→デッシュ, マイケル・C.
	→デ・ヴリース, マンフレッド・F.R.ケッツ	テッセブロー, ヤン	→Tøssebro, Jan
デヴルー, イーヴ	→Yves, d'Evreux	デッパート, ヴォルフガング	→Deppert, Wolfgang
デオット, ジャン=ルイ	→デオット, ジャン=ルイ	デッラックァ, G.	→Dell'Acqua, Giuseppe
テオドゥルフス	→テオドゥルフス	デデリックス, マリオ・R.	→Dederichs, Mario R.
テオドロス (ストゥディオスの)		デドマン, G.	→Dedman, Grace
	→テオドロス (ストゥディオスの)	テトリ, A.	→Tétry, Andrée
テオフィロス (アンティオケイアの)		テナント, マーク	→Tennant, Mark
	→テオフィロス (アンティオケイアの)	テニイ, ジェームズ・P.	→テニイ, ジェームズ・P.
デ・ガエターノ, ロベルト	→De Gaetano, Roberto	デ・ニコラ, P.	→De Nicola, Pasquale
テカムセ	→テカムセ	デニス, ボブ	→デニス, ボブ
デ・カルヴァーリョ, イナイア・マリア・モレイラ		デニッチ, ボグダン	→Denitch, Bogdan
	→de Carvalho, InaiáMaria Moreira	デニング, スティーブン	→Denning, Stephen
デカルマー, ピーター	→Decalmer, Peter	テーヌ	→Taine
デカンプ, クリスチャン	→デカンプ, クリスチャン	デネット, ダニエル・C.	
テキ, ボン	→テキ, ボン (翟凡)		→Dennett, Daniel Clement
デーキン, シモン	→デーキン, シモン	テネンハウス, レナード	→テネンハウス, レナード
デーク, マックス	→デーク, マックス	デ・パオリス, フェルナンド	
テクソン, グウェンドリン・R.			→デ・パオリス, フェルナンド
	→テクソン, グウェンドリン・R.	デハート, ドリス・C.	→デハート, ドリス・C.
デ・グラツィア, ヴィクトリア		デパルマ, アンソニー	→デパルマ, アンソニー
	→De Grazia, Victoria	デービス, ケンダル・B.	→Davis, Kendall B.
デクレイン, アルフレッド・C., Jr.		デービス, ジェームズ・マーチン	
	→デクレイン, アルフレッド・C., Jr.		→デービス, ジェームズ・マーチン
デグレゴリ, カルロス・イバン		デービス, ジョン・ディフォー	
	→Degregori, Carlos Iván		→デービス, ジョン・ディフォー
デケイザー, ルーク	→デケイザー, ルーク	デービス, ダグラス	→Davis, Daglas
テーゲ=ビゼー, ユタ	→テーゲ=ビゼー, ユタ	デービス, ナンシー	→Davis, Nancy Yaw
デゴス, J.G.	→Degos, Jean-Guy	デービス, ブレット・W.	→Davis, Bret W.
デコスタ, ゲイヴィン	→D'Costa, Gavin	デービス, ブレディン	→Davies, Bleddyn
デコット, ロルフ	→デコット, ロルフ	デービス, P.C.W.	→デービス, P.C.W.
デコンブ, ヴァンサン	→Descombes, Vincent	デービソン, D.	→Davison, Deborah
デサイ, メグナド	→デサイ, メグナド	デビータ, キャロル・J.	→DeVita, Carol J.

デビッツ, ジョエル	→Davitz, Joel Robert	デュポン, F.	→デュポン, F.
デビッツ, ロイス	→Davitz, Lois Leiderman	デュマ, オギュスト	→Dumas, August
デービッド, アマド	→デービッド, アマド	デュマス, アンジェラ	→デュマス, アンジェラ
デヒデ, ヴラディミーヤ	→Devidé, Vladimir	デュマス, J.E.	→Dumas, Jean E.
デ・ビーバー, レオ	→de Bever, Leo	デュムーラン, オリヴィエ	→デュムーラン, オリヴィエ
デフェンソル(リギュジェの)		デュモン, ルイ	→Dumont, Louis
	→デフェンソル(リギュジェの)	デュラン, パトリス	→Duran, Patrice
デ・フリース, ソフィア	→de Vries, Sophia	デュラン, R.P.	→Duran, Richard P.
デブリン, スティーブン・J.		デュラン, V.	→Durand, V.Mark
	→デブリン, スティーブン・J.	デュ・リー, マルク	→デュ・リー, マルク
デ・フレーデ, G.-J.	→de Vreede, Gert-Jan	テューリム, モーリーン	→Turim, Maureen
テヘイロ, ホセ・バレア	→テヘイロ, ホセ・バレア	デュリュ=ベラ, マリー	→デュリュ=ベラ, マリー
テヘラニアン, マジッド	→Tehranian, Majid	テューリング, アラン・M.	
テボー, フランソワーズ	→Thébaud, Françoise		→Turing, Alan Mathison
デポルト, F.	→デポルト, F.	デュルー, フランソワーズ	
デボルド=ヴァルモール, マルスリーヌ			→デュルー, フランソワーズ
	→Desbordes-Valmore, Marceline	デュール, マルガレッタ	→デュール, マルガレッタ
デマイス, デブラ	→DeMeis, Debra	デュルカーツイク, ヨッヘン	
デマーク, トーマス・R.	→DeMark, Thomas R.		→デュルカーツイク, ヨッヘン
デ・マルコ, マイケル	→de Marco, Michael	デュルケーム, E.	→Dürkheim, Emile
デム, エベルハルト	→デム, エベルハルト	デューレンダール, ギューリ	→Dyrendahl, Guri
デーメス, ヘルムート	→デーメス, ヘルムート	テュロック, クリスティーヌ	
デメトリアデス, アティー	→Demetriades, Athy		→テュロック, クリスティーヌ
デモクリトス	→Dēmokritos	テューロック, I.	→テューロック, I.
デモケデス	→デモケデス	デュロン, クロード	→Dulong, Claude
デモナコ, L.J.	→Demonaco, Lawrence J.	デ・ヨング, マルト=ヤン	→デ・ヨング, マルト=ヤン
デーモン, ウィリアム	→デーモン, ウィリアム	テーラー, イアン	→Taylor, Ian
デューイ, ジョアンナ	→Dewey, Joanna	テーラー, ギリアン	→Taylor, Gillian
デューイ, ジョン	→Dewey, John	テーラー, ジェームズ・B.	→Taylor, James B.
デューイ, トーマス・E.	→Dawey, Thomas E.	テーラー, フレドリック・ウィンスロー	
デューイ, C.ジョン	→デューイ, C.ジョン		→テーラー, フレドリック・ウィンスロー
デュエック, ジュデイス	→Dueck, Judith	テーラー, マリリン	→Taylor, Marilyn
デューカー, P.	→Duker, Pieter C.	テーラー, レックス	→Taylor, Rex
デュガイド, ポール	→デュガイド, ポール	デラコステ, フレデリック	→Delacoste, Frédéric
デューク, リック	→Duques, Ric	テラサキ, ヤスヒロ	→テラサキ, ヤスヒロ(寺崎康博)
デュークス, ポール	→Dukes, Paul	デラニー, ジーン	→デラニー, ジーン
デュクロ, シャルル・P.	→デュクロ, シャルル・P.	テラニシ, カズシ	→テラニシ, カズシ(寺西和史)
デュシェノー, フランソワ	→デュシェノー, フランソワ	テラニシ, シゲオ	→テラニシ, シゲオ(寺西重郎)
デュージング, クラウス	→Düsing, Klaus	デーリー, グレン・C.	→デーリー, グレン・C.
デュース, ケイト	→デュース, ケイト	テリー, N.	→Terry, Nicholas
デューズィング, クラウス	→デューズィング, クラウス	デリウス, フリードリヒ・C.	→Delius, F.C.
デュットマン, アレクサンダー・ガルシア		デリダ, ジャック	→Derrida, Jacques
	→デュットマン, アレクサンダー・ガルシア	デリン, アニー	→デリン, アニー
テュートル, ウィリアム・M., Jr.		デル, フロイド	→デル, フロイド
	→Tuttle, William M., Jr.	デル, マイケル	→Dell, Michael
テュニック, マーク	→テュニック, マーク	デル・ジューディチェ, G.	
デュパスキエ, J.	→DuPasquier, Jean-Noël		→Del Giudice, Giovanna
デュビー, ジョルジュ	→Duby, Georges	デル・ゼー, ユーケ・ファン	→Der Zee, Jouke ban
デュピュイ, ジョルジュ	→Dupuis, Georges	デルデリアン, ジェイムズ	
テュファーノ, ピーター	→Tufano, Peter		→デルデリアン, ジェイムズ
デューフィ, ステファン	→Duffy, Stephen	テルトゥリアヌス	
デュプリー, A.ハンター	→Dupree, A.Hunter		→Tertullianus, Quintus Septimius Florens
デュフレーヌ, ミケール	→デュフレーヌ, ミケール	デルナー, ハインリッヒ	→デルナー, ハインリッヒ
デュベ, フランソワ	→Dubet, François	デルノイ, ディアナ・M.J.	→Delnoji, Diana M.J.
テューベソン, バーブロ	→Tuvesson, Barbro	デルフィ, クリスティーネ	→Delphy, Christine
デュベルジェ, モーリス	→Duverger, Maurice	デルフス, エルンスト・ミヒャエル	
デュボア	→デュボア		→Dörrfuß, Ernst Michael
デュボア, ケリー	→デュボア, ケリー	デルブリュック, エミー	→Delbruck, Emmy
デュボワ, マルク	→DuBois, Marc	デルマー, D.ゼフトン	→デルマー, D.ゼフトン
デュポン, アン・M.	→Dupont, Ann M.	デルマルティノ, フランク	→Delmartino, Frank

デルルギアン, ギョルギ・M.	→Derlugian, Georgi M.	ト, テツシン	→ト, テツシン(杜哲森)
デ・レオン, テレシータ・メナ	→デ・レオン, テレシータ・メナ	ト, ホ	→ト, ホ(杜甫)
テレサ, マザー	→Teresa, Mother	ト, ホウ	→ト, ホウ(杜鵬)
デレット, J.ダンガン・M.	→Derrett, J.Duncan M.	ト, ホウキン	→ト, ホウキン(杜芳琴)
テレナ, マルコス	→テレナ, マルコス	ト, ヨウメイ	→ト, ヨウメイ(杜耀明)
デレン, ラーク	→デレン, ラーク	ドーア, ゲイリー	→Doore, Gary
テロ, マリオ	→テロ, マリオ	ドーア, ロナルド・P.	→Dore, Ronald Philip
デローザ, デビット	→デローザ, デビット	トアリア, ルイス	→トアリア, ルイス
デローザ, ポール	→デローザ, ポール	ドイス, ヴァルター	→ドイス, ヴァルター
デロージュ	→デロージュ	ドイチ, サラ	→ドイチ, サラ
デローチェ, J.S.	→DeLoache, Judy S.	ドイツキョウサントウ	→ドイツ共産党
デロング, クリストファー	→デロング, クリストファー	ドイツシャカイミンシュトウキホンカチイインカイ	→ドイツ社会民主党基本価値委員会
デロング, ブラッドフォード	→デロング, ブラッドフォード	ドイッチュ, ダニカ	→Deutsch, Danica
デーワ, シャンテ	→デーワ, シャンテ	ドイッチュ, ハロルド・C.	→Deutsch, Harold Charles
デン, ウ	→デン, ウ(田雨)	トイテベルク, H.-J.	→トイテベルク, H.-J.
デン, キュウセン	→デン, キュウセン(田久川)	トイブナー, G.	→Teubner, Gunther
デン, コウカ	→デン, コウカ(田光華)	ドイル, マイケル	→ドイル, マイケル
デン, シュンエイ	→デン, シュンエイ(田俊栄)	ドイル, マイケル・W.	→ドイル, マイケル・W.
デン, シュンセイ	→デン, シュンセイ(田春生)	ドイル, マリリン	→Doyle, Marilyn
デン, セツゲン	→デン, セツゲン(田雪原)	トイン, ブライアン	→Toyne, Brian
デン, トウトウ	→デン, トウトウ(田豆豆)	トインビー, フィリップ	→Toynbee, Philip
デン, バンソウ	→デン, バンソウ(田万蒼)	トウ, ウ	→トウ, ウ(鄧圩)
テン, C.L.	→テン, C.L.	トウ, エイサイ	→トウ, エイサイ(董永裁)
デンヴァー, D.	→Denver, David	トウ, エイシン	→トウ, エイシン(湯永進)
デンカー, フリートリッヒ	→デンカー, フリートリッヒ	トウ, エンメイ(陶淵明)	→トウ, セン(陶潜)
デンク, ハンス	→デンク, ハンス	トウ, ガクチ	→トウ, ガクチ(湯学智)
テンズ, ケイトリン	→テンズ, ケイトリン	トウ, ガン	→トウ, ガン(佟岩)
テンズル, ミハエル	→Thöndl, Michael	トウ, キセイ	→トウ, キセイ(陶希聖)
デンチャック, M.A.	→Demchak, MaryAnn	トウ, ギョウカ	→トウ, ギョウカ(鄧暁華)
デンテ, ブルーノ	→Dente, Bruno	トウ, グン	→トウ, グン(滕軍)
デンハム, マージェリー	→Denham, Margery	トウ, ケイザン	→トウ, ケイザン(鄧継山)
テンパリー, ジェーン	→テンパリー, ジェーン	トウ, ケン	→Teng, Jian
デンプスター=マクレイン, ドナ	→デンプスター=マクレイン, ドナ	トウ, ケンソ	→トウ, ケンソ(湯顕祖)
テンブルック, フリードリッヒ・H.	→Tenbruck, Friedrich Heinrich	トウ, コウ	→トウ, コウ(陶宏)
テンベ, ピナ	→テンベ, ピナ	トウ, コウヘキ	→トウ, コウヘキ(董光璧)
テンペスト, ニコル	→テンペスト, ニコル	トウ, コクコウ	→トウ, コクコウ(唐国興)
テン・ベンセル, ロバート・W.	→Ten Bensel, Robert W.	トウ, コクリキ	→トウ, コクリキ(佟克力)
デーンホフ, マリオン	→Dönhoff, Marion Gräfin	トウ, シュウギ	→トウ, シュウギ(唐宗儀)
デンレル, ジャーカー	→Denrell, Jerker	トウ, ジュウナン	→トウ, ジュウナン(湯重南)
		ドゥ, ジョセン	→ト, テツシン(杜哲森)
		トウ, セイウ	→トウ, セイウ(湯正宇)
		トウ, セン	→トウ, セン(陶潜)
【ト】		トウ, ハクキョウ	→トウ, ハクキョウ(唐柏橋)
		トウ, ユイティン	→ト, ギョクテイ(杜玉亭)
ト, イメイ	→ト, イメイ(杜維明)	ドウ, ユニティ	→Dow, Unity
ト, ギョクテイ	→ト, ギョクテイ(杜玉亭)	ドゥアーピンゴース, ヘレン・I.	→ドゥアーピンゴース, ヘレン・I.
ト, ケンジン	→ト, ケンジン(杜建人)	ドゥアラ, プラセンジット	→ドゥアラ, プラセンジット
ト, コウケン	→ト, コウケン(杜鋼建)	ドウィファット, エミル	→ドウィファット, エミル
ト, コクショウ	→ト, コクショウ(杜国庠)	トウェイミン	→トウェイミン
ト, ジャククン	→ト, ジャククン(杜若君)	ドゥウォーキン, ロナルド・マイルス	→Dworkin, Ronald Myles
ド, ジョンイル	→ド, ジョンイル(都正逸)	トウウォッチマン, ダイアン・D.	→Twachtman, Diane D.
ト, セイイツ	→ト, セイイツ(都正逸)	トゥヴォルシュカ, ウド	→Tworuschka, Udo
ト, セイショウ	→ト, セイショウ(杜正勝)	トゥヴォルシュカ, モニカ	→トゥヴォルシュカ, モニカ
		ドゥヴルー, アンヌ=マリー	→Devreux, Anne-Marie

トウ

ドゥヴロワ, ジャン＝ピエール	
→ドゥヴロワ, ジャン＝ピエール	
トウェイン, マーク	→Twain, Mark
ドヴォーキン, ジャニス・M.	
→ドヴォーキン, ジャニス・M.	
ドゥギー, ミシェル	→Deguy, Michel
トゥーク, L.	→Took, Laurence
ドゥ・ゲイ, ポール	→Du Gay, Paul
ドゥケット, ドナルド・N.	→Duquette, Donald N.
トゥサン, エリック	→Toussaint, Eric
トゥサン, フランソワ＝ヴァンサン	
→トゥサン, フランソワ＝ヴァンサン	
トウシュレイ, コリーヌ	→トウシュレイ, コリーヌ
ドゥス, ピーター	→Duus, Peter
ドゥゼーヴ, ジャン＝ポール	→Desaive, Jean-Paul
ドゥーデン, バーバラ	→Duden, Babara
トゥトゥ, デスモンド	→トゥトゥ, デスモンド
ドゥードゥレ, ウルス	→ドゥードゥレ, ウルス
ドゥドニク, Z.V.	→ドゥドニク, Z.V.
ドゥネス, アントニィ・W.	→Dnes, Antony W.
ドゥビギン, イアン	→ドゥビギン, イアン
ドゥーフ, ヘンドリック	→Doeff, Hendrik
ドゥ・フィールモン, ヘンリー・エセックス・エッジワース	→ドゥ・フィールモン, ヘンリー・エセックス・エッジワース
ドゥプラズ, ナタリー	→ドゥプラズ, ナタリー
ドゥブリュー, ジェラール	→ドゥブリュー, ジェラール
ドゥフルニ, ジャック	→Defourny, Jacques
ドゥホルム, ニルス	→ドゥホルム, ニルス
ドゥ・マラフォス, J.	→De Malafosse, J.
ドゥマン, A.	→ドゥマン, A.
トゥーミー, クリストファー	→Twomey, Christopher P.
ドゥムール, ジャン＝ポール	→ドゥムール, ジャン＝ポール
ドゥメニル, ジェラール	→Duménil, Gérard
ドゥ・メネヴァル, クロード・フランソワ	→ドゥ・メネヴァル, クロード・フランソワ
ドゥラソ, マリア・エレナ	→ドゥラソ, マリア・エレナ
ドゥラリュ, ポール	→Delarue, Paul
ドゥ・ラルキエ, ギュイメット	→ドゥ・ラルキエ, ギュイメット
トゥリー, ジャック	→トゥリー, ジャック
トゥリー, マーク	→Tully, Mark
トゥリスタン, フローラ	→トゥリスタン, フローラ
ドゥルー, ジョエル	→ドゥルー, ジョエル
トウル, フィリップ	→Towle, Philip
トゥール, リチャード	→Toole, Richard
トゥルヴァニ, マルゲリータ	→トゥルヴァニ, マルゲリータ
ドゥルウィッチ, ビクター	→ドゥルウィッチ, ビクター
ドゥルーズ, ジル	→Deleuze, Gilles
トゥルツァスカリク, フリードリッヒ	→トゥルツァスカリク, フリードリッヒ
トゥールテロ, ジョナサン・B.	→トゥールテロ, ジョナサン・B.
トゥルンアイゼン, エドゥアルト	→Thurneysen, Eduard
トゥレック, イヴァン	→Turek, Ivan
ドヴロー, フローレンス・エファ	→Dovlo, Florence Efua
ドゥロール, ロベール	→Delort, Robert
トゥロン, ミシェル	→Touron, Michel
ドゥロング, トーマス・J.	→DeLong, Thomas J.
ドゥン, メアリー・アン	→ドゥン, メアリー・アン
ドエラー, ラリーン・コリンズ	→ドエラー, ラリーン・コリンズ
ドォン, グァンビ	→トウ, コウヘキ（董光壁）
ド・カステルバジャック, L.	→de Castelbajac, Laurent
トカチョーフ, ピョートル	→Tkachov, Pytr
ドガノフ, B.	→Doganov, Boyan
トキッチ, セイフディン	→Tokić, Seifdin
ドー・キンエーミン	→ドー・キンエーミン
ドーキンス, リチャード	→Dawkins, Richard
トク, ゼンエイ	→トク, ゼンエイ（徳全英）
トクスヴィグ, S.	→Toksvig, S.
ドクター・シンシア・マウン	→ドクター・シンシア・マウン
ドクター・チーメーカウン	→ドクター・チーメーカウン
ド＝クルーズ, シャニ	→D'Cruze, Shani
ドザンティ, ジャン＝トゥサン	→ドザンティ, ジャン＝トゥサン
ドージー, エレン	→Dorsey, Ellen
ドジャン, ジョウン	→ドジャン, ジョウン
ドズ, イヴ・L.	→ドズ, イヴ・L.
ドズ, イヴ	→Doz, Yves
ドス, フランソワ	→Dosse, Francois
ドス, フランソワ	→ドス, フランソワ
ドスーザ, ディネッシュ	→ドスーザ, ディネッシュ
ドーゼ, ベルトイアン	→ドーゼ, ベルトイアン
トゾリーニ, ティツィアノ	→Tosolini, Tiziano
トーツィナー, ジム	→トーツィナー, ジム
ドッジ, ウィリアム・S.	→ドッジ, ウィリアム・S.
ドッジ, K.	→Dodge, Kenneth A.
ドッジショーン, ロバート・A.	→Dodgshon, R.A.
トッテン, ジョージ・O.	→Totten, George O.
トッド, ウォーカー・F.	→トッド, ウォーカー・F.
トッド, ジョン	→Todd, John
トッド, ナンシー・ジャック	→Todd, Nancy Jack
ドッド, バーバラ	→Dodd, Barbara
ドッド, G.H.	→Dodd, George H.
トッド, P.（国際金融）	→Todd, Paul
ドッドウェル, クリスチーナ	→Dodwell, Christina
ドッドソン, フィッツヒュー	→Dodson, Fitzhugh
トットマン, リチャード	→Totman, Richard
ドッペルト, ジェラルド	→ドッペルト, ジェラルド
ドーデ, アルフォンス	→Daudet, Alphonse
ドティ, ジョージ・E.	→ドティ, ジョージ・E.
トーディ, ヤコポーネ・ダ	→トーディ, ヤコポーネ・ダ
トート, イシュトヴァーン・ジェルジ	→トート, イシュトヴァーン・ジェルジ
トドランク, J.	→Todrank, Josephine
トナー, マルティン	→トナー, マルティン
ドナー, リチャード・F.	→Doner, Richard F.
ドナヒュー, デニス	→ドナヒュー, デニス
ドナー, T.C.	→Donahoe, Thomas C.
ドナルド, ジェイムズ	→ドナルド, ジェイムズ
ドナルドソン, ゴードン	→Donaldson, Gordon
ドナルドソン, トーマス	→Donaldson, Thomas

トーニィ・バータ, ジュディス	→Torney-Purta, Judith	トマス, デイビッド・A.	→Thomas, David・A.
ドニウス, M.	→Donius, Maggie	トマス, ディラン	→Thomas, Dylan
ドーヌ	→ドーヌ	トーマス, ドロシー・Q.	→トーマス, ドロシー・Q.
ドネー, ウィリス	→Doney, W.	トーマス, バーバラ	→トーマス, バーバラ
ドネ, デボラ	→Doane, Deborah	トーマス, ビル	→トーマス, ビル
ドーネック, ジャスティス・D.	→ドーネック, ジャスティス・D.	トーマス, フィリッパ	→トーマス, フィリッパ
ドーネリー, アン・コーン	→Donnelly, Anne Cohn	トーマス, ヘレン	→Thomas, Helen
ドネリ, ジョン	→Donnelly, John	トーマス, ベン	→Thomas, Ben
ドネリー, トーマス	→Donnelly, Thomas	トーマス, マイケル・ティルソン	→Thomas, Michael Tilson
ドネリー, マイケル・W.	→Donnelly, Michael W.	トーマス, ルイス・A.	→Thomas, L.A.
ドネリー, M.(障害者福祉)	→Donelly, Michelle	トマス, A.(経済学)	→トマス, A.(経済学)
トネルソン, アラン	→トネルソン, アラン	トーマス, M.M.	→Thomas, Madathiparambil Mammen
トーネン, テオ・A.J.	→Toonen, Theo A.J.	トーマス, R.	→Thomas, Ray
ドバッシュ, ラッセル・P.	→Dobash, Russell P.	トーマス, R.デヴィッド	→トーマス, R.デヴィッド
ドバッシュ, R.エマーソン	→Dobadh, R.Emerson	トーマス, R.ルーズベルト, Jr.	→Thomas, R.Roosevelt, Jr.
ド・バリー, ブレット	→ド・バリー, ブレット	トーマス, V.	→トーマス, V.
トーバル, サーディア	→トーバル, サーディア	トマス(エルフルトの)	→トマス(エルフルトの)
ドビス, J.	→ドビス, J.	トマス(ヨークの)	→トマス(ヨークの)
ド＝ビュイメージュ, ジェラール	→ド＝ビュイメージュ, ジェラール	トマス・ア・ケンピス	→Thomas a Kempis
ド・ビュッシェ, ジャック・F.	→De Busscher, Jacques F.	トマセ, クロード	→Thomasset, Claude
トービン, クリスティン・M.	→Tobin, Kristin M.	トマセリ, ケイヤン・G.	→Tomaselli, Keyan G.
トービン, ジェフリー	→Tobin, Jeffery	トマセン, テオ	→Thomassen, Theo
トービン, ジェームズ(経済学)	→トービン, ジェームズ(経済学)	トマチェフスキー, カタリナ	→Tomasevski, Katarina
トービン, ジョーゼフ・J.	→Tobin, Joseph Jay	トマッセロ, M.	→Tomasello, Michael
ドビン, ミュリエル	→Dobbin, Muriel	ドーマン, グレン	→Doman, Glenn J.
ドーブ, リタ	→ドーブ, リタ	ドーマン, ゲーリー・J.	→Dorman, Gary J.
ドーブ, レオナード・W.	→ドーブ, レオナード・W.	ドーマン, ジャネット	→Doman, Janet
ドーファン, セシール	→Dauphin, Cécile	トマン, マルセル	→Thomann, Marcel
ドフォルジュ, レジーヌ	→Deforges, Régine	ドミートリーヴ, ヴァレンタイン	→Dmitriev, Valentine
ドブソン, ウェンディ	→ドブソン, ウェンディ	トムク, ステファン	→トムク, ステファン
ドブハーン, ウルリヒ	→ドブハーン, ウルリヒ	トムズ, ウィリアム	→トムズ, ウィリアム
ドー・フマン	→ドー・フマン	トムセン, コーレ	→Thomsen, Kåre
ドーフマン, エアリアル	→Dorfman, Ariel	トムソン, アンナ	→トムソン, アンナ
トフラー, アルビン	→Toffler, Alvin	トムソン, スチュアート・E.	→トムソン, スチュアート・E.
トフラー, ハイジ	→トフラー, ハイジ	ドムナック, J.=M.	→Domenach, Jean Marie
ドー・フラフラモウ	→ドー・フラフラモウ	トムリソン, バーバラ	→Thomlison, Barbara
ドブレフ, ズラトコ	→ドブレフ, ズラトコ	トムリソン, レイ	→Thomlison, Ray
ドブロリュボフ, ニコライ・アレクサンドロビッチ	→Dobroliubov, Nikolai Aleksandrovich	トムリンセン, ダグ	→トムリンセン, ダグ
ドベーキー, マイケル	→ドベーキー, マイケル	トムリンソン, サリー	→トムリンソン, サリー
ド・ベーズ, テオドール	→ド・ベーズ, テオドール	トムリンソン, B.R.	→トムリンソン, B.R.
トマ	→Thomas	トムリンソン, J.(会計学)	→Tomlinson, Jim
ドーマー, エフセイ・D.	→ドーマー, エフセイ・D.	トムリンソン, R.	→Tomlinson, R.
トマ, ルイ=ヴァンサン	→トマ, ルイ=ヴァンサン	トーメ, ディーター	→Thomä, Dieter
トーマス, キャメロン	→トーマス, キャメロン	トーメ, ハンス	→Thomae, Hans
トーマス, キャロル・R.	→トーマス, キャロル・R.	ド・モージュ, M.	→de Moges, M.
トーマス, ギュンター	→トーマス, ギュンター	トモナガ, ケンゾウ	→トモナガ, ケンゾウ(友永健三)
トーマス, クリストファー	→トーマス, クリストファー	ドヨン, デニス・F.	→Doyon, Denis F.
トーマス, ゲイリー	→トーマス, ゲイリー	トラー, S.V.	→Toller, S.Van
トーマス, ジム(経済学)	→トーマス, ジム(経済学)	トラア, エルンスト	→Toller, Ernst
トーマス, ジョー・A.	→トーマス, ジョー・A.	ドライアー, ドンナ	→Dryer, Donna
トーマス, デイヴ	→Thomas, Dave	ドライヴァー, トム・F.	→Driver, Tom F.
トーマス, デイビッド・A.		ドライヴァー, ロザリンド	→Driver, Rosalind
		トライオン, A.	→Tryon, Adeline S.
		ドライカース, サディー	→Dreikurs, Sadie

ドライカース, ルドルフ	→Dreikurs, Rudolf	トリュフィエ, ジャン＝ピエール	→トリュフィエ, ジャン＝ピエール
トライクラー, ポーラ・A.	→トライクラー, ポーラ・A.	ドーリン, アレクサンダー	→ドーリン, アレクサンダー
ドライスデール, ピーター	→Drysdale, Peter	トーリン, デヴィット・F.	→Tolin, David F.
ドライデン, ウィンディ	→Dryden, Windy	ドーリング, D.(社会統計学)	→Dorling, Daniel
ドライバー, マイケル・J.	→Driver, Michael J.	ドリンスキ, ダリウシュ	→Dolinski, Dariusz
ドライバーグ, トム	→ドライバーグ, トム	トール, クリストファー	→トール, クリストファー
トライブ, キース	→トライブ, キース	ドール, ジョージ・F.	→Dole, George F.
トラウ, セシリア	→Traugh, Cecelia	ドルー, K.	→Drew, Kirstine
トラウス, W.	→Torous, Walter N.	ドルグネル	→ドルグネル
トラウト, ジャック	→Trout, Jack	ドルケヌー, エフア	→ドルケヌー, エフア
トラウトマン, エドガー・C.	→トラウトマン, エドガー・C.	ドルジェヴィック, S.	→Drljevic, Savo
トラウフラー, ガストン	→Trauffler, Gaston	トルスタヤ, タチヤーナ	→Tolstaia, Tat'iana
トラウワー, ピーター	→トラウワー, ピーター	トルストイ, レフ・ニコラエヴィチ	→Tolstoi, Lev Nikolaevich
トラウンスタイン, ジーン	→Trounstine, Jean	トルツィンカ, C.	→Trzcinka, Charles
ドラカンパーニュ, クリスティアン	→ドラカンパーニュ, クリスティアン	トルットナー, ウィリアム・H.	→トルットナー, ウィリアム・H.
トラクト, マーク・M.	→トラクト, マーク・M.	トルドー, ピエール	→トルドー, ピエール
ドラクリッチ, スラヴェンカ	→Drakulic, Slavenka	ドルト, フランソワーズ	→Dolto, Françoise
ドラクロワ, ジャック	→Delacroix, Jacques	ドルニック, ディーン	→ドルニック, ディーン
トラシー, デステュット・ド	→トラシー, デステュット・ド	トルネール, ヌリア・ガレッタ	→トルネール, ヌリア・ガレッタ
トラシュマコス	→トラシュマコス	トルバート, メアリー・アン	→Tolbert, Mary Ann
トラスク, ハウナニ＝ケイ	→トラスク, ハウナニ＝ケイ	ドルフマン, アリエル	→Dorfman, Ariel
ドラッカー, ピーター・F.	→Drucker, Peter Ferdinand	トルベツコイ, エウゲニイ	→トルベツコイ, エウゲニイ
トラック, ソーグ	→トラック, ソーグ	トールボット, ヒュー・C.	→トールボット, ヒュー・C.
トラックル, ブライアン	→Truckle, Brian	トールマー, アビー	→トールマー, アビー
ドラッフェル, アン	→ドラッフェル, アン	トルーマン, デイビッド	→トルーマン, デイビッド
ドラニコフ, リー	→Dranikoff, Lee	トルマン, ノーマン・H.	→Tolman, Norman H.
ドラボウ, アン・シーボルト	→Drapeau, Anne Seibold	トルーマン, ハリー・S.	→Truman, Harry S.
ド・ラン, A.ユエ	→ド・ラン, A.ユエ	ドレ, エドワード・J.	→ドレ, エドワード・J.
ドランゲル, J.	→ドランゲル, J.	ドレアー, ジョージ	→ドレアー, ジョージ
トランティニャン, ナディーヌ	→Trintignant, Nadine	ドレイク, クリストファー	→Drake, Christopher
トランバック, ランドルフ	→トランバック, ランドルフ	ドレイファス, スチュアート・E.	→Dreyfus, Stuart E.
トランベル, スザンヌ	→Trumbull, Suzanne	ドレイファス, ヒューバート・L.	→Dreyfus, Hubert L.
ドリー, ジョン・P.	→Dolly, John P.	ドレイマニス, ジョン	→ドレイマニス, ジョン
ドリアック, カトリーヌ	→ドリアック, カトリーヌ	ドレイン, J.	→Draine, Jeffrey
ドリアン, ジョン・L.	→ドリアン, ジョン・L.	トレヴァー＝ローパー, ヒュー	→Trevor-Roper, Hugh Redwald
トリアンディス, ハリー・C.	→トリアンディス, ハリー・C.	トレウスタドゥッティル, ランヴェイク	→Traustadóttir, Rannveig
トリイ, S.	→Torii, S.	トレーガー, アンマリー	→トレーガー, アンマリー
ドリス, マイケル	→Dorris, Michael	ドレーク, バーバラ	→Drake, Barbara
トリソン, ロバート	→Tollison, Robert D.	ドレクスル, ヨーゼフ	→ドレクスル, ヨーゼフ
トリッギアーノ, パトリック・J.	→Triggiano, P.J.	トレーシー, ブライアン	→Tracy, Brian
トリッテン, デニス・J.	→トリッテン, デニス・J.	トーレス, サントス	→Torres, Santos, Jr.
トリップ, チャールズ	→Tripp, Charles	トレス, シルビア	→トレス, シルビア
ドリーブ, ディーン・J.	→ドリーブ, ディーン・J.	トレース, ナイダ・I.	→Torres, Nayda I.
ドリフテ, ラインハルト	→Drifte, Reinhard	トレップ, アンネ・シャルロット	→Trepp, Anne-Charlott
トリプル, パトリシア・A.	→Tripple, Patricia A.	トレップ, R.C.	→Trepp, Richard C.
トリーマン, ネイオム	→Trieman, Naom	トレド, フランシスコ・デ	→Toletus, Franciscus
トリムバーガー, エレン・ケイ	→トリムバーガー, エレン・ケイ	トレバック, アーノルド・S.	→Trebach, Arnold S.
ドリュスカット, バネッサ・アーク	→Druskat, Vanessa Urch	トレビロン, スチーヴ	→Trevillion, Steve
		ドレフュス, フランソワーズ	

全集・合集収載 翻訳図書目録 1992-2007　I　　　　　ナツト

	→ドレフュス, フランソワーズ	ナイ, ジョセフ・S., Jr.	→Nye, Joseph S., Jr.
ド・レペ	→ド・レペ	ナイ, ダグラス・W.	→Nigh, Douglas William
トーレン, ハンス	→Thoolen, Hans	ナイ, デイヴィッド・E.	→Nye, David E.
トレンス, ジャッキー	→トレンス, ジャッキー	ナイク, V.	→Naik, Vasant
トレンド, デイヴィッド	→Trend, David	ナイクィスト, メアリ	→ナイクィスト, メアリ
トレントコウカイギ	→トレント公会議	ナイダ, ユージン・A.	→ナイダ, ユージン・A.
トレンハルト, ディートリヒ		ナイチンゲール, アール	→Nightingale, Earl
	→Thränhardt, Dietrich	ナイト, ジョン	→ナイト, ジョン
トレンポール, G.	→Trennepohl, Gary L.	ナイト, S.	→Knight, Susan
トロ, マリア・スアレス	→トロ, マリア・スアレス	ナイドゥー, T.	→Naidoo, Trevor
ドロア, K.A.	→DeLois, Kathryn A.	ナイトン, ヘンリー	→ナイトン, ヘンリー
トロウ, マーチン	→Teow, Martin	ナイトン, メアリー	→ナイトン, メアリー
ドローヴァー, グレン	→ドローヴァー, グレン	ナイポール, V.S.	
トロウトマン, ケン	→トロウトマン, ケン		→Naipaul, Vidiadhar Surajprasad
トロクメ, マグダ	→トロクメ, マグダ	ナイマン, ジェーン	→ナイマン, ジェーン
トロスト, メラニー・R.	→Trost, Melanie R.	ナイランド, デイヴィッド	→Nylund, David
トロスマン, エルンスト	→トロスマン, エルンスト	ナイール, スロチャナ	→ナイール, スロチャナ
ドロター, D.	→Drotar, Dennis	ナイルズ, ドナ・マリー	→ナイルズ, ドナ・マリー
トロッカー, ニコロ	→Trocker, Nicolò	ナウ, ヘンリー・R.	→Nau, Henry R.
トロッター, ロイド	→Trotter, Lloyd	ナヴァイユ, フランソワーズ	→Navailh, Françoise
トロッド, コリント	→トロッド, コリント	ナヴァリ, コーネリア	→ナヴァリ, コーネリア
ドロープニッヒ, ウールリッヒ		ナヴァロ, ホアン・カルロス	
	→ドロープニッヒ, ウールリッヒ		→ナヴァロ, ホアン・カルロス
ドロール, ジャック	→Delors, Jacque	ナヴォーネ, アンドレイーナ	→Navone, Andreina
トロール, R.M.	→Thrall, Robert M.	ナウシパネス	→ナウシパネス
トロルラー, アロイス	→トロルラー, アロイス	ナウム＝グラップ, ヴェロニック	
ドロン, ミシェル	→ドロン, ミシェル		→Nahoum-Grappe, Véronique
ドワー, シーラ	→Dauer, Sheila	ナカガワ, トレバー・H.	→ナカガワ, トレバー・H.
トワドル, V.	→Twaddle, Vivien	ナカガワ, ヒサヤス	→ナカガワ, ヒサヤス(中川久定)
ドワン, マルグリット	→ドワン, マルグリット	ナカツジ, ケイジ	→ナカツジ, ケイジ(中逵啓示)
トン, コーリー	→トウ, コクリキ(佟克力)	ナカヤマ, シゲル	→ナカヤマ, シゲル(中山茂)
トン, L.	→Tong, Lynn	ナガラジュ, シュヤマラ	→Nagaraj, Shyamala
ドンキン, リチャード	→ドンキン, リチャード	ナキャーン, スーザン	→ナキャーン, スーザン
トンプソン, ウィリアム・R.		ナグルスキ, トレイシー	→ナグルスキ, トレイシー
	→トンプソン, ウィリアム・R.	ナサル, バヒフ	→ナサル, バヒフ
トンプソン, キース	→Thompson, Keith	ナジー, グレゴリー	→Nagy, Gregory
トンプソン, グレアム	→トンプソン, グレアム	ナージ, S.	→Näsi, Salme
トンプソン, ケヴィン	→トンプソン, ケヴィン	ナシェフ, G.	→Nachev, Gencho
トンプソン, スコット	→トンプソン, スコット	ナジタ, テツオ	→Najita, Tetsuo
トンプソン, デイヴィッド	→Thompson, David	ナジー・ダーヴァス, ジュディス	
トンプソン, デイビッド・J.			→ナジー-ダーヴァス, ジュディス
	→トンプソン, デイビッド・J.	ナジャー, モハンマド・アル	
トンプソン, ブライアン	→トンプソン, ブライアン		→Najjar, Mohammed Al
トンプソン, ヘンリー	→Thompson, Henry	ナスバウム, ジョゼフ	→Nussbaum, Joseph
トンプソン, ボックスカー・バーサ		ナスバウム, マーサ・C.	
	→トンプソン, ボックスカー・バーサ		→Nussbaum, Martha Craven
トンプソン, マーク	→Thompson, Mark	ナスマッハ, カール・ハインツ	
トンプソン, マーティン	→Thompson, Martyn P.		→Nassmacher, Karl-Heinz
トンプソン, ロス・A.	→トンプソン, ロス・A.	ナズロー, J.Y.	→Nazroo, James Y.
トンプソン, G.	→Thompson, Grahame	ナゼ＝アローシュ, ドミニク	
トンプソン, R.(金融)	→Thompson, Rex		→ナゼ＝アローシュ, ドミニク
トンプソン, R.(経営学)	→Thompson, Russell	ナセヒ, アルミン	→Nassehi, Armin
ドーンブッシュ, ルーディガー		ナセンジ, ロバート	→ナセンジ, ロバート
	→Dornbusch, Rudiger	ナチヴィダッド, テレジータ	
ドンフリード, K.P.	→Donfried, Karl P.		→ナチヴィダッド, テレジータ
ドン・ロドリゴ	→Vivero, Rodrigo de	ナッサーロ, オレステ	→ナッサーロ, オレステ
		ナッシュ, ミュレイ	→Nash, Murray
		ナッターマン, P.	→Nattermann, Peter
【ナ】		ナットソン, K.	→Knutson, Kari
		ナットホール, リンダ	→Nuthall, Linda

原著者名カナ表記索引　955

ナーディン, テリー	→ナーディン, テリー		→ニコラウス(オートクールの)
ナティンクザック, S.	→Natynczuk, Stephan E.	ニコラウス(シェトラスブルクの)	
ナドラー, デーヴィッド・A.	→Nadler, David A.		→ニコラウス(シェトラスブルクの)
ナナメーカー, J.F., Jr.	→Nunamaker, Jay F., Jr.	ニコラウス・クザーヌス	
ナビゴン, ハーブ	→Nabigon, Herb		→Nicolaus Cusanus, Cardinal
ナヒルニー, ジェームス・J.		ニコラス, ジョセフ・G.	→Nicholas, Joseph G.
	→ナヒルニー, ジェームス・J.	ニコラス, ジョン・P.	→ニコラス, ジョン・P.
ナフィーシー, アーザル	→Nafisi, Azar	ニコラス, J.K.B.M.	→Nicholas, J.K.B.M.
ナボコフ, ウラジーミル		ニコラス, M.ダイアン	→ニコラス, M.ダイアン
	→Nabokov, Vladimir Vladimirovich	ニコル, J.フレーザー	→ニコル, J.フレーザー
ナポレオンヒルザイダン	→ナポレオン・ヒル財団	ニコルス, ジョージ	→ニコルス, ジョージ
ナム, イルリョン	→ナム, イルリョン(南一龍)	ニコルス, ブルース	→ニコルス, ブルース
ナム, チャンソプ	→ナム, チャンソプ	ニコルズ, ベヴァリー	→ニコルズ, ベヴァリー
ナムソー, アン・シェロル	→ナムソー, アン・シェロル	ニコルス, ラルフ・G.	→Nichols, Ralph G.
ナヤ, セイジ・F.	→ナヤ, セイジ・F.	ニコルス, T.	→Nichols, Theo
ナラシマン, シャクンタラー		ニコルセン, シェリー・ウェーバー	
	→ナラシマン, シャクンタラー		→ニコルセン, シェリー・ウェーバー
ナラヤン, ウマ	→ナラヤン, ウマ	ニコルソン, エリック・A.	→Nicholson, Eric A.
ナラヤンダス, ダス	→ナラヤンダス, ダス	ニコルソン, ナイジェル	→Nicholson, Nigel
ナルス, ジェームズ・A.	→Narus, James A.	ニコルソン, ハロルド	→ニコルソン, ハロルド
ナレイン, キルティ	→ナレイン, キルティ	ニコレッティ, ミケーレ	→Nicoletti, Michele
ナロコビ, バーナード	→Narokobi, Bernard	ニシ, ヨシオ	→ニシ, ヨシオ(西義雄)
ナン, イチリュウ	→ナム, イルリョン(南一龍)	ニシムラ, アキラ	→Nishimura, Akira
ナン, リン	→Nan, Lin	ニスベット, ブライアン・C.	
ナンシー, ジャン=リュック	→Nancy, Jean-Luc		→ニスベット, ブライアン・C.
ナンダ, アシシュ	→Nanda, Ashish	ニソール, エーガット	→Nesaule, Agate
ナン・チャーンタウン	→ナン・チャーンタウン	ニーダーフランケ, A.	→Niederfranke, Annette
ナンディ, アシース	→Nandy, Ashis	ニーチェ, フリードリッヒ・ヴィルヘルム	
ナンディ, アマレンドゥ	→ナンディ, アマレンドゥ		→Nietzsche, Friedrich Wilhelm
ナンバーズ, ロナルド・L.	→Numbers, Ronald L.	ニッカーソン, レイモンド・S.	
ナン・モウガンホン	→ナン・モウガンホン		→ニッカーソン, レイモンド・S.
ナン・ローラーウン	→ナン・ローラーウン	ニックリッシュ, ハインリヒ	→Nicklisch, Heinrich
ナン・ワーワー	→ナン・ワーワー	ニッグル, C.J.	→Niggle, Christopher J.
		ニッコ, A.J.	→Nitko, Anthony J.
【ニ】		ニッシュ, イアン・H.	→Nish, Ian Hill
		ニッセンズ, マース	→Nyssens, Marthe
ニアヌ, D.T.	→Niane, Djibril Tamsir	ニッタ, キース・A.	→ニッタ, キース・A.
ニアリー, イアン	→Neary, Ian J.	ニッタ, フミテル	→ニッタ, フミテル(新田文輝)
ニィベルラ, イレーネ	→Neverla, Irene	ニッター, ポール・F.	→Knitter, Paul F.
ニヴァ, R.A.	→Niva, Roger A.	ニディッチ, スーザン	→Niditch, Susan
ニカンドロフ, ニコライ・D.		ニードルマン, ジェイコブ	
	→ニカンドロフ, ニコライ・D.		→ニードルマン, ジェイコブ
ニキチン, アレキサンダー		ニードルマン, ルース	→ニードルマン, ルース
	→ニキチン, アレキサンダー	ニーブ, ガイ	→Neave, Guy
ニキーチン, M.	→Nikitin, Marc	ニブ, M.A.	→ニブ, M.A.
ニクスドルフ, ハインツ	→Nixdorf, Heinz	ニプコウ, カール・エルンスト	
ニクソン, ミッキー	→ニクソン, ミッキー		→Nipkow, Karl Ernst
ニクソン, リチャード・M.		ニベン, スティーブ	→Niven, Steve
	→Nixon, Richard Milhous	ニーベンヒューゼン, アンドレー・ヴァン	
ニクソン, A.(心理学)	→Nixon, A.		→Nieuwenhuysen, Andrée Van
ニクラス, マーク	→Niclas, Mark	ニーボッド, アブラハム	→Nievod, Abraham
ニクルス, トム	→Nickles, Tom	ニムゲード, アショク	→ニムゲード, アショク
ニグレン, レンナート	→Nygren, Lennart	ニーメラー, マルティン	→Niemöller, Martin
ニコラー, ジョセフ	→ニコラー, ジョセフ	ニャムドルジ, Y.	→ニャムドルジ, Y.
ニコライ	→ニコライ	ニューウェル, A.	→Newell, Anne
ニコライ, ロイス・アン	→ニコライ, ロイス・アン	ニューウェル, R.	→Newell, Robert
ニコライセン, アイダ	→Nicholaisen, Ida	ニューカム, N.S.	→Newcombe, Nora S.
ニコラウス(〈偽〉フリューエの)		ニューキスト, ロイ	→ニューキスト, ロイ
	→ニコラウス(〈偽〉フリューエの)	ニューコム, マイケル・D.	
ニコラウス(オートクールの)			→ニューコム, マイケル・D.

ニューサム, C.A.	→Newsom, Carol Ann	ネイドー, T.	→Naidoo, Trevor
ニュージェント, ウィリアム	→Nugent, William	ネイピア, スーザン・J.	→ネイピア, スーザン・J.
ニュース, マイク	→ニュース, マイク	ネイリー, J.E.	→ネイリー, J.E.
ニュスボーム, アーサー	→ニュスボーム, アーサー	ネイルバフ, バリー・J.	→Nalebuff, Barry J.
ニュスライン=フォルハルト, クリスチアーネ		ネヴィル, キャサリン	→Neville, Katherine
	→Nüsslein-Volhard, Christiane	ネークト, オスカー	→Negt, Osker
ニュートン, ジュディス・ローダー		ネクラーソフ, ヴラジーミル・F.	
	→Newton, Judith Lowder		→ネクラーソフ, ヴラジーミル・F.
ニュービー, ジャン	→Newby, Jan	ネグリ, アントニオ	→Negri, Antonio
ニュービギン, レスリー	→Newbigin, Lesslie	ネーゲル, トマス	→Nagel, Thomas
ニューマン, ジェームズ・W.		ネシャート, シーリーン	→ネシャート, シーリーン
	→Newman, James W.	ネス, アルネ	→Naess, Arne
ニューマン, ビクター	→Newman, Victor	ネス, ジョセフ・A.	→ネス, ジョセフ・A.
ニューマン, ピーター	→Newman, P.	ネズ, リサブロウ	→ネズ, リサブロウ(根津利三郎)
ニューマン, F.ジェリー	→ニューマン, F.ジェリー	ネストリオス	→ネストリオス
ニューヨークタイムズヘンシュウブ		ネスレ, ハイリンヒ	→Nestle, Heinrich
	→ニューヨークタイムズ編集部	ネーダー, ラルフ	→Nader, Ralph
ニューランド, サミュエル・J.		ネダーロフ, マーテン	→ネダーロフ, マーテン
	→Newland, Samuel J.	ネッカーマン, ヨーゼフ	→Neckermann, Josef
ニーラー, ケビン・G.	→Nealer, Kevin G.	ネッサス	→ネッサス
ニーラネン, ボッコ	→Niiranen, Vuokko	ネッスル, ジョーン	→ネッスル, ジョーン
ニーリー, アンディ・D.	→Neely, Andy D.	ネッター, ペトラ	→Netter, Petra
ニール, ロドニー	→ニール, ロドニー	ネッピア, トーマス	→ネッピア, トーマス
ニールセン, カイ	→ニールセン, カイ	ネーデルロフ, マールテン	→Nederlof, Maarten
ニールセン, ハンネ・ウォルミング		ネートヘーフェル, ヴォルフガング	
	→Nielsen, Hanne Warming		→ネートヘーフェル, ヴォルフガング
ニールセン, ヤン・K.	→ニールセン, ヤン・K.	ネーナパー・ワイラートサック	
ニールソン, ゲイリー・L.	→Neilson, Gary L.		→ネーナパー・ワイラートサック
ニルソン, スティーブ	→ニルソン, スティーブ	ネノラ, アイリ	→Nenola, Aili
ニルソン, トミー	→Nilsson, Tommy	ネーピア, C.	→Napier, Christopher
ニルソン, S.-A.	→Nilsson, Sven-Arne	ネビス, アンドレア・M.P.	→Neves, Andrea M.P.
ニン, コウシュウ	→ニン, コウシュウ(任興洲)	ネプチューン, ロバート	→ネプチューン, ロバート
ニン, コウショウ	→ニン, コウショウ(任鴻章)	ネーベル, ルート	→ネーベル, ルート
ニン, セイウン	→ニン, セイウン(任青雲)	ネメシェギ, ペトロ	→Nemeshegyi, P.
ニンコビッチ, フランク	→ニンコビッチ, フランク	ネル, アヴィタル	→ネル, アヴィタル
		ネル, ディーター	→ネル, ディーター
		ネル, E.J.	→Nell, Edward J.
【ヌ】		ネルスン, ダニエル	→Nelson, Daniel
		ネルソン, ジェイムズ・A.	
ヌスバウム, マーサ・C.			→ネルソン, ジェイムズ・A.
	→Nussbaum, Martha Craven	ネルソン, ジェームズ・B.	
ヌーソン, メリー・ジェーン			→ネルソン, ジェームズ・B.
	→Knudson, Mary Jane	ネルソン, ニコラ・W.	→Nelson, Nickola Wolf
ヌッゾ, アンジェリカ	→ヌッゾ, アンジェリカ	ネルソン, ハンク	→Nelson, Hank
ヌーデルマン, F.	→ヌーデルマン, F.	ネルソン, マイケル・P.	→ネルソン, マイケル・P.
ヌーナン, ペギー	→ヌーナン, ペギー	ネルソン, メアリベス	→ネルソン, メアリベス
ヌフェレン, M.ファン	→Nuffellen, M.Van	ネルソン, リン	→Nelson, Lin
ヌマタ, W.	→Numata, Wendy	ネルリッヒ, ウーヴェ	→Nerlich, Uwe
ヌーン, ジョン・F.	→Noone, John F.		

【ネ】

【ノ】

ネーアー, エルウィン	→Neher, Erwin	ノ, ギョンチェ	→ノ, ギョンチェ(盧景彩)
ネアクス=ヘンドリー, リジア		ノ, テウ	→ノ, テウ(盧泰愚)
	→Neacsu-Hendry, Ligia	ノ, ヨング	→ノ, ヨング(盧永九)
ネイ, デービッド・E.	→Nye, David E.	ノア, ハロルド	→Noah, Harold J.
ネイエルツ, ヴェロニック	→ネイエルツ, ヴェロニック	ノイ, ライナー	→ノイ, ライナー
ネイスビット, ジョン	→Naisbitt, John	ノイアー, アレクサンダー	
ネイスビッツ, ジョン	→ネイスビッツ, ジョン		→ノイアー, アレクサンダー
ネイディス, フレッド	→ネイディス, フレッド	ノイゲバウアー, ヴォルフガング	

ノイケ	→Neugebauer, Wolfgang	ノーブル, グレゴリー・W.	
ノイゲバウエル, ボニー	→Neugebauer, Bonnie		→ノーブル, グレゴリー・W.
ノイス, W.H.	→Noyes, William H.	ノーブル, デイヴィッド・W.	→Noble, David W.
ノイハウス, ディートリッヒ	→Neuhaus, Dietrich	ノベック, サイモン	→Noveck, Simon
ノイフェルト, アーヴィン	→Neufeld, Irvin	ノーマン	→Norman
ノイフェルト, A.H.	→Neufeldt, Aldred H.	ノーマン, アブデル・ハミード	
ノイマン, フォルカー	→Neumann, Volker		→Noaman, Abdel Hameed
ノーヴ, アレック	→Nove, Alec	ノーマン, リチャード	→Norman, Richard
ノヴァエス, シモーヌ・B.		ノーマン, E.	→Norrman, Erik
	→ノヴァエス, シモーヌ・B.	ノラ, ピエール	→Nora, Pierre
ノヴァック, J.D.	→Novak, Joseph Donald	ノーラン, アルベルト	→Nolan, Albert
ノウァティアヌス	→Novatianus	ノーラン, ポール	→ノーラン, ポール
ノヴィコフ, ヴラジーミル		ノーラン, マイケル	→Nolan, Michael
	→ノヴィコフ, ヴラジーミル	ノラン, リチャード・L.	→Nolan, Richard L.
ノヴォトニィ, ヘルガ	→Nowotny, Helga	ノーランド, エリク	→Norland, Erik
ノヴォトニィ, C.	→Nowotny, Christian	ノーランド, マーカス	→Noland, Marcus
ノヴォハトコ, エム	→ノヴォハトコ, エム	ノーリア, ニティン	→Nohria, Nitin
ノヴゴロツェフ, パーヴェル		ノリス, スーザン・マリー	→ノリス, スーザン・マリー
	→ノヴゴロツェフ, パーヴェル	ノリス, ピパ	→Norris, Pippa
ノウシアイネン, メルヴィ	→ノウシアイネン, メルヴィ	ノル, ハインツ=ヘルベルト	→Noll, Heinz-Herbert
ノーウッド, メアリー・マーシャ		ノル, ペーター	→Noll, Peter
	→Norwood, Mary Marcia	ノールズ, ダドリー	→ノールズ, ダドリー
ノウルズ, M.D.	→Knowles, M.D.	ノルテ, エルンスト	→Nolte, Ernst
ノエル=ノイマン, E.		ノールティ, バーナード・C.	→Nalty, Bernard C.
	→Noelle-Neumann, Elisabeth	ノルドランダー, ラース	→Nordlander, Lars
ノー・オウンフラ	→ノー・オウンフラ	ノルマン, ゲルト	→Nollmann, Gerd
ノー・カインマーチョーゾー		ノワック, マンフレッド	→ノワック, マンフレッド
	→ノー・カインマーチョーゾー	ノワリエル, ジェラール	→Noiriel, Gerard
ノグチ, ロリ	→ノグチ, ロリ	ノーンズ, アベ・マーク	→Nornes, AbéMark
ノーシー, S.L.	→Norcy, S.Le		
ノージック, ロバート	→Nozick, Robert		【ハ】
ノース, オリバー	→North, Oliver		
ノース, ダグラス	→ノース, ダグラス	バ, ショウエイ	→バ, ショウエイ (馬湘泳)
ノース, ヘレン・F.	→North, Helen F.	バ, ズイホウ	→バ, ズイホウ (馬瑞芳)
ノース, D.C.	→ノース, D.C.	ハ, スンニョ	→ハ, スンニョ (河順女)
ノースコット, J.	→Northcott, Jacquin	バ, セイサク	→バ, セイサク (馬世冊)
ノスワシー, シャロン	→ノスワシー, シャロン	バ, チエン	→バ, チエン (馬致遠)
ノソフ, ミハエル・G.	→ノソフ, ミハエル・G.	バー, チャンドラー	→バー, チャンドラー
ノタ, ニコル	→ノタ, ニコル	バ, トウミン	→バ, トウミン (馬登民)
ノターロ, G.	→Notaro, Giancarlo	バー, パット	→Barr, Pat
ノーチェラ, ジョセフ	→ノーチェラ, ジョセフ	バー, ポーラ	→Barr, Paula
ノー・チョーチョーカイン		バー, K.	→バー, K.
	→ノー・チョーチョーカイン	ハイ, コウセン	→ハイ, コウセン (裴広川)
ノック, スティーヴン	→ノック, スティーヴン	ハイ, コンコウ	→ハイ, コンコウ (拝根興)
ノックス, ジョン	→Knox, John	バイ, シェン	→ハク, カ (白華)
ノックス, ポール・L.	→Knox, Paul L.	バイ, セツキン	→バイ, セツキン (梅雪芹)
ノックス, マクレガー	→Knox, MacGregor	パイ, マイケル (宗教学)	→Pye, Michael
ノップ, オルガ	→Knopf, Olga	バイアーズ, マイケル	→バイアーズ, マイケル
ノード, ウォルター・R.	→Nord, Walter R.	バイアット, アントニア・スーザン	
ノートケル	→ノートケル		→Byatt, Antonia Susan
ノートン, ジョン	→ノートン, ジョン	ハイアムズ, ポール・R.	→ハイアムズ, ポール・R.
ノートン, デビッド・P.	→Norton, David P.	バイアン, ジョン	→バイアン, ジョン
ノートン, メアリー・ベス	→Norton, Mary Beth	パイヴァ, マイケル	→Piva, Michael
ノナカ, イクジロウ	→ノナカ, イクジロウ (野中郁次郎)	バイウォーターズ, ポール	→Bywaters, Paul
ノーバーグ, キャスリン	→ノーバーグ, キャスリン	パイク, グラハム	→Pike, Graham
ノパーク, ベラ	→ノパーク, ベラ	パイク, フレデリック・ブラウン	
ノー・パティーポー	→ノー・パティーポー		→Pike, Frederick Braun
ノフェンテ, ヴァレリオ	→Nofuente, Valerio	パイク, ルース	→Pike, Ruth
ノフジンガー, ジェイ・E.	→Noffsinger, Jay E.	ハイグレイ, ジョージア・M.	
ノブス, ダニー	→ノブス, ダニー		

バイグレイブ, ウィリアム・D.	→ハイグレイ, ジョージア・M.	ハウ, ハリー	→ハウ, ハリー
	→Bygrave, William D.	ハウアー, ジョセフィン	→ハウアー, ジョセフィン
ハイケン, マーティ	→Hiken, Marti	バウアー, ジョゼフ・L.	→Bower, Joseph L.
ハイジック, ジェームズ・W.	→Heisig, James W.	バウアー, ハリー	→Bauer, Harry
バイス, オーディッド	→Weiss, Oded	バウアー, ヘルフリート	→Bauer, Helfried
バイス, キャシー	→バイス, キャシー	バウアー, マービン	→Bower, Marvin
ハイズル, ハインツ・D.	→ハイズル, ハインツ・D.	ハワウィン, G.	→Hawawine, Gabriel
ハイデガー, マルティン	→Heidegger, Martin	バウアーズ, P.	→Bowers, Philip
ハイデス, マーガレット	→ハイデス, マーガレット	ハーヴィ, クリストファ	→Harvie, C.
ハイデマン, ユージン・P.	→Heideman, Eugene P.	パーヴィス, ジェイムズ・D.	→Purvis, James D.
ハイト, ヘルムート	→Heid, Helmut	ハウィット, ピーター	→ハウィット, ピーター
ハイドゥク, ギュンター	→ハイドゥク, ギュンター	ハウェル, W.	→Howell, William
パイトゥーン・シンララート		ハーヴェー, イアン	→ハーヴェー, イアン
	→パイトゥーン・シンララート	ハーヴェイ, エルウッド	→ハーヴェイ, エルウッド
ハイトガー, マリアン	→Heitger, Marian	ハーヴェイ, マイルズ	→ハーヴェイ, マイルズ
ハイトガー, レス	→Heitger, Les	パウエル, コリン	→Powell, Colin L.
ハイドマン, ウーテ	→ハイドマン, ウーテ	ハウエル, ジェームズ	→ハウエル, ジェームズ
バイドン, ナビール	→Baydoun, Nabil	ハウエル, ジェーン・M.	→ハウエル, ジェーン・M.
バイナルト, ハイム	→バイナルト, ハイム	バウエル, タマーシュ	→Bauer, Tamás
ハイニンガー, メアリー・ヤン・スティーヴンス		ハウエル, デヴィッド	→Howell, David
	→Heininger, Mary Lynn Stevens	パウエル, バーバラ・C.	→パウエル, バーバラ・C.
パイヌース, J.	→Pynoos, Jon	パウエル, ブライアン	→Powell, Brian
ハイネマン, チャールズ	→ハイネマン, チャールズ	パウエル, ロバート	→パウエル, ロバート
パイパール, モーリー・A.	→Peiperl, Maury A.	バーウェル, Y.	→Burwell, Yolanda
ハイフェッツ, ロナルド・A.		パウエルズ, B.E.	→パウエルズ, B.E.
	→Heifetz, Ronald Abadian	パウエル・ロートン, M.	→Powell Lawton, M.
パイプス, P.L.	→Pipes, Peggy L.	ハウグ, ペデル	→Haug, Peder
バイマン, ダニエル・L.	→Byman, Daniel L.	ハウゲン, R.	→Haugen, R.
ハイマン, ポーラ	→ハイマン, ポーラ	ハウザー, リーヒャルト	→Hauser, Richard
ハイマン, M.	→ハイマン, M.	ハウザー=ショイブリーン, ブリギッタ	
ハイマン, Ph.	→ハイマン, Ph.		→ハウザー=ショイブリーン, ブリギッタ
ハイム, シュテファン	→Heym, Stefan	バウジンガー, ヘルマン	→Bausinger, Hermann
ハイム, テレサ・マリー	→Heim, Theresa Marie	ハウズ, グレイアム	→ハウズ, グレイアム
ハイムバーグ, リチャード・G.		ハウズ, ジョン・C.	→House, John C.
	→Heimberg, Richard G.	ハウズ, チャールズ・H.	→House, Charles H.
バイメ, K.フォン	→Beyme, Klaus von	ハウズ, ルパート	→Howes, Rupert
ハイメル, ミヒャエル	→ハイメル, ミヒャエル	ハウスホーファー, カルル	→Haushofer, Karl
ハイメル, S.	→Hymel, Shelley	ハウゼン, カリン	→ハウゼン, カリン
バイヤー, ピーター	→バイヤー, ピーター	バウチャー, デイヴィッド	→Boucher, David
バイラム, マイケル・S.	→バイラム, マイケル・S.	ハウプトマン, ワルター	→ハウプトマン, ワルター
パイル, D.	→Pyle, David H.	バウベル, ローランド	→バウベル, ローランド
ハイルバーン, ジェフリー・D.		バウマイスター, R.F.	→バウマイスター, R.F.
	→Heilpern, Jeffrey D.	バウマン, ウルズラ	→Baumann, Ursula
ハイルマン, W.	→Heilmann, Wolf-Rüdiger	バウマン, ユルゲン	→Baumann, Jürgen
バイルン, ドミング	→Byrne, Dominic	バウマン, リチャード	→Bauman, Richard
ハイン, カール・E.	→ハイン, カール・E.	バウマン, M.	→Baumann, Margaret
パイン, ジョン・W.	→パイン, ジョン・W.	バウマン, W.	→Bauman, W.Scott
パイン, マルコム	→Pines, Malcolm	バウム, スティーブン・P.	→バウム, スティーブン・P.
ハイン, ローラ・E.	→ハイン, ローラ・E.	バウムガルテン, エデュアルト	
パイン, C.	→Pine, C.		→Baumgarten, Eduard
パインズ, A.L.	→Pines, A.Leon	バウムガルトナー, ハンス・ミヒャエル	
ハインズ, K.	→Haynes, Kingsley		→Baumgartner, Hans Michael
ハインツ, ヴォルフガング		ハウメンファー, R.	→Houmanfar, Ramona
	→ハインツ, ヴォルフガング	パヴラート, レオ	→Pavlat, Leo
ハインツェル, H.	→Heinzel, Herbert	パウリ, グンター	→Pauli, Gunter A.
ハインド, ロバート・A.	→Hinde, Robert A.	パウリヌス(ノラの)	
ハインリックス, ウォルド	→ハインリックス, ウォルド		→Paulinus, Anicius, Meropius Pontius
ハインリヒ, G.C.	→Heinrich, Gregor C.	バウリング, リチャード	→Bowring, Richard
ハウ, ジュディス	→ハウ, ジュディス	パウルス3世	→Paulus

バウルマン, ミヒヤエル・C.	→Baurmann, Michael C.	ハク, キョイ	→ハク, キョイ (白居易)
ハウレギ, S.	→Jauregui, Silvia	ハク, キョウキュウ	→ペク, ヒョング (白亨球)
ハヴロック, エリック	→Havelock, Eric	ハク, キョウイン	→ペク, ウクイン (白旭寅)
ハウワース, スティーブン	→Howarth, Stephen	パーク, ケリー	→パーク, ケリー
パウンド, ジョン	→Pound, John	ハク, ケンホウ	→ハク, ケンホウ (白剣峰)
バエサ, パトリシア	→バエサ, パトリシア	パク, サンギ	→パク, サンギ (朴相基)
バエズ, マリア	→バエズ, マリア	パク, ジェイホン	→パーク, ジェイホン
バオ, フ	→バオ, フ	パク, ジェイムズ	→Burke, James
ハオシュ, D.	→Hausch, Donald B.	パク, ジュホン	→パク, ジュホン (朴珠洪)
バーガー, アーサー・S.	→バーガー, アーサー・S.	パーク, ジューン	→Burkc, June
バーカー, ジョエル・A.	→Barker, Joel A.	パク, シュンキョウ	→パク, シュンキョウ (莫俊卿)
パーカー, セリア	→パーカー, セリア	ハク, ショウショウ	→ペク, サンチャン (白尚昌)
パーカー, デニス・J.	→パーカー, デニス・J.	パク, ジョンイク	→パク, ジョンイク (朴鐘益)
バーカー, ハリエット	→バーカー, ハリエット	パク, ジンヒ	→パク, ジンヒ (朴振喜)
パーカー, ピーター	→Parker, Peter	パーク, スーザン・C.	→Bourque, Susan C.
パーカー, フレデリック・D.	→Parker, Frederick D.	パク, スネ	→パク, スネ (朴順愛)
		ハク, セキ	→ペク, ソク (白石)
バーカー, ポール	→Barker, Paul	パク, ソブ	→パク, ソブ (朴ソブ)
パーカー, ポール	→パーカー, ポール	パク, ソンヒ	→パク, ソンヒ (朴晟希)
ハーガー, ヨハンネス	→ハーガー, ヨハンネス	パク, ソンフン	→パク, ソンフン (朴成勲)
ハーカー, リチャード	→Harker, Richard Kendall	パク, ソンレン	→パク, ソンレン (朴宣冷)
パーカー, ルビー	→パーカー, ルビー	ハク, タイケン	→ペク, テヒョン (白泰鉉)
パーカー, I.	→Parker, Ian	パク, チャンウク	→パク, チャンウク (朴賛郁)
バーカイル, ヨハネス	→バーカイル, ヨハネス	パク, チョラ	→パク, チョラ (朴哲河)
パーカースト, J.	→Parkhurst, Jennifer T.	パク, チンウク	→パク, チンウク (朴晋煜)
ハガート, ジョン・P.	→ハガート, ジョン・P.	ハク, テンリョウ	→ハク, テンリョウ (白東亮)
バーガード, レニー・シーラク		ハク, トウケン	→ペク, トンヒョン (白東鉉)
	→Burghardt, Renie Szilak	パク, トク	→パク, トク (莫徳)
パガノ, U.	→Pagano, Ugo	パク, ドヨン	→パク, ドヨン (朴度栄)
パカラック, マイケル	→Pakaluk, Michael	パク, ハニョン	→パク, ハニョン (朴漢龍)
パカリ, イムルー	→パカリ, イムルー	パク, ピーター	→Burke, Peter
バカール, モハマド・アブ		パク, ヒョーチョン	→パク, ヒョーチョン
	→Bakar, Mohamad Abu	パク, ヒョンジュン	→パク, ヒョンジュン (朴亨埈)
バーカン, バリー	→Barkan, Barry	パク, ヘクァン	→パク, ヘクァン (朴海珖)
パーキス, J.	→Purkis, Jenny	パク, ボブジュ	→パク, ボブジュ (朴法柱)
バーキン, トーマス・I.	→バーキン, トーマス・I.	パク, ミョンジン	→パク, ミョンジン (朴明珍)
パーキン, ベティ	→パーキン, ベティ	パク, ヨンボム	→パク, ヨンボム (朴英凡)
パーキン, H.	→Perkin, Harold	パーク, ラス	→Park, Russ
パーキンシャー, クレアー		パーク, ロス・D.	→Parke, Ross D.
	→パーキンシャー, クレアー	パーク, C.ワン	→パーク, C.ワン
パーキンショー, ジュリアン		パク, C.B.	→Burke, Colin B.
	→Birkinshaw, Julian M.	バーグ, K.	→Berg, Katherine
パーキンズ, ジョージ・W.	→Perkins, George W.	パク, S.P.	→Park, Sung-Jo
パーキンズ, フィーム	→Perkins, Pheme	バーグ, W.K.	→Berg, Wendy K.
パーキンズ, ロバート・L.	→Perkins, Robert L.	バークウィッジ, ルース	→Berkowits, Ruth
パーキンス, C.	→Parkins, Caroline	パークヴェンズ, J.M.A.	→Berkvens, Jan M.A.
パーキンス, D.N.	→パーキンス, D.N.	バクシ, ウベンドラ	→Baxi, Upendra
ハギンス, E.A.	→Huggins, Elizabeth A.	パクジツコンテキ	→パクジツコンテキ (莫日根迪)
パーキンソン, ハーグリーヴズ		パークス, キャサリン・R.	
	→Parkinson, Hargreaves		→パークス, キャサリン・R.
パーキンソン, マイケル	→Parkinson, Michael	パークス, マルカム	→パークス, マルカム
パク, イクソウ	→パク, イクソウ (麦慰宗)	バクスター, トム	→Baxter, Tom
パク, イテク	→パク, イテク (朴二沢)	パクスティー, T.	→Puxty, Tony
バーグ, インスー・キム	→Berg, Insoo Kim	バーグステン, C.フレッド	→Bergsten, C.Fred
パク, ウナン	→パク, ウナン (朴銀難)	ハクスリー, オルダス	→Huxley, Aldous Leonard
ハク, ウンショウ	→ハク, ウンショウ (白雲翔)	バーグソン, エイブラム	→Bergson, Abram
パク, エンテイ	→パク, エンテイ (麦燕庭)	パクニック, ジェーン	→パクニック, ジェーン
ハク, カ	→ハク, カ (白華)	バクーニン, ミハイル	
ハク, カヨウ	→Bai, Jiayao		→Bakunin, Mikhail Aleksandrovich
		ハークネス, J.	→Harkness, John

バグノリ, ポール・M.	→バグノリ, ポール・M.	パシネッティ, ルイジ・L.	→パシネッティ, ルイジ・L.
バグハイ, メルダッド	→Baghai, Mehrdad	ハシモト, M.	→ハシモト, M.
バーグハート, スティーブ	→Burghardt, Steve	ハーシャ, ウィリアム・J.	→ハーシャ, ウィリアム・J.
バグビィ, レイチェル・L.	→Bagby, Rachel L.	パシャ, ムスタファ・カマル	
ハクフォールト, カスパル	→Hakfoort, Caspar		→Pasha, Mustapha Kamal
バーク＝ホワイト, マーガレット		バーシャディ, ハロルド・J.	
	→Bourke-White, Margaret		→バーシャディ, ハロルド・J.
パークマン, アレン	→パークマン, アレン	ハーシュ, エミー・B.	→Hirsch, Amy B.
バーグマン, ヘレン・C.	→Bergman, Helen C.	ハーシュ, マイケル	→Hirsh, Michael
バーグラス, スティーブン		ハジュク, ミロシュ	→ハジュク, ミロシュ
	→バーグラス, スティーブン	ハーシュマン, アルバート	
バーグランド, B.	→Berglund, Britta		→Hirschman, Albert O.
バークリー, ジェームズ・D.		ハーシュライファー, D.	→Hirshleifer, David
	→バークリー, ジェームズ・D.	ハジョー, マッシー	→ハジョー, マッシー
パグリ, ジョン・マイケル, Jr.		バジョット, ウォルター	→Bagehot, Walter
	→Pagli, John Michael, Jr.	バシレイオス	→Basilius
バークリ, ムスタファ・エル	→Bakri, Mustafa El	パーシング, J.J.	→Pershing, J.J.
バークリー, R.A.	→Barkley, Russell A.	バスー, アパルナ	→バスー, アパルナ
ハーグローヴ, ジューン	→ハーグローヴ, ジューン	ハース, ヴェルナー	→Haas, Werner
バグワティ, ジャグディシュ		パス, オクタビオ	→Paz, Octavio
	→Bhagwati, Jagdish N.	バス, クリストファー	→Bass, Christopher
ハケット, エイミー	→ハケット, エイミー	バス, バーナード・M.	→バス, バーナード・M.
ハケット, ジョー・アン	→Hackett, Jo Ann	ハース, A.	→Hars, Alexander
ハケット, G.	→Hackett, Gail	バス, K.	→バス, K.
ハーゲマン, カーレン	→Hagemann, karen	バスカリア, レオ	→Buscaglia, Leo F.
バーゲルマン, ロバート・A.		パスカル, リチャード・T.	→Pascale, Richard T.
	→Burgelman, Robert A.	パスキュアル, アンパロ・セラーノ	
ハーゲン, タリエ・P.	→Hagen, Terje P.		→Pascual, Amparo Serrano
ハーケン, ハーマン	→Haken, Hermann	パスクアル, ペドロ	→パスクアル, ペドロ
ハーゲン, K.P.	→Hagen, Kare Petter	パスクィーノ, パスクァーレ	→Pasquino, Pasquale
バゴーイン, バーナード	→Burgoyne, Bernard	バスケス, イアン	→バスケス, イアン
バーコウ, ジェローム・H.	→Barkow, Jerome H.	バスケス, ガブリエル	→Vazquez, Gabriel
バーコウィッツ, デーヴィッド		バスケス, クリスティーナ	
	→バーコウィッツ, デーヴィッド		→バスケス, クリスティーナ
バーコヴィッツ, レオナルド		パスケロ, ジャン	→パスケロ, ジャン
	→バーコヴィッツ, レオナルド	ハースコビッツ, マイケル・D.	
ハーコート, G.C.	→Harcourt, Geoffrey Colin		→ハースコビッツ, マイケル・D.
ハーザー, アイボ	→ハーザー, アイボ	バスコム, ウィリアム・R.	
パサー, E.C., Jr.	→パサー, E.C., Jr.		→バスコム, ウィリアム・R.
バサースト, ケイ	→Bathurst, Kay	バスコンセーロス, ホセ	→バスコンセーロス, ホセ
ハザード, ジェフリー	→Hazard, Geoffrey C.	パスティツィー＝フェレンチック, ドゥニャ	
バーサミアン, デイヴィッド	→Barsamian, David		→Pastizzi-Ferencic, Dunja
パサモンテ, オースチン	→パサモンテ, オースチン	パスティード, R.	→Bastide, R.
バザーリャ, F.O.	→Basaglia, Franca Ongalo	ハスティングス, ミリアム	→Hastings, Miriam
バザルグル, D.	→バザルグル, D.	パステュオヴッチ, N.	→パステュオヴッチ, N.
ハザン, シンディー	→Hazan, Cindy	ハステレン, ルイ・ファン	→Gasteren, Louis van
ハーシー, ジョン	→Hersey, John	ハースト, エリック・M.ゴードン・フォン	
バージ, タイラー	→バージ, タイラー		→Hurst, Eric M.Gordon von
パーシー, A.	→Pursey, Ann	ハースト, フランシス・W.	
バージェス, アントニイ	→Burgess, Anthony		→Hirst, Francis Wrigley
バージェス, アンドリュー	→Burgess, Andrew J.	ハースト, ポール	→ハースト, ポール
バージェス, キャシー	→Burgess, Kathy	パストゥール, ルイ	→パストゥール, ルイ
バージェス, ジョン・W.	→Burgess, John W.	パストゥロー, ミシェル	→Pastoureau, Michel
パジェラス, マリオ	→Phyeras, Mario	ハストロブ, キアステン	→Hastrup, Kirsten
バージェロン, デイヴィッド・M.		パーストン, グレッグ	→Parston, Greg
	→Bergeron, David Moore	パストン, L.	→Bastone, Linda
バーシック, クリザーヌ	→バーシック, クリザーヌ	パスナック, ブルース・A.	
バーシック, ロバート・J., Jr.			→パスナック, ブルース・A.
	→Bursik, Robert J., Jr.	ハーズバーグ, フレデリック	→Herzberg, Frederick
ハシナ, シェイク	→ハシナ, シェイク	パスモア, ジョン	→Passmore, John

バスラー, ジュエット・M.	→Bassler, Jouette M.	ハーツェム, ピーター	→ハーツェム, ピーター
ハスラム, S.アレクサンダー		バッカー, アソル・B.	→パッカー, アソル・B.
	→ハスラム, S.アレクサンダー	パッカー, トレイシー	→Packer, Tracy
バスルール, ラジェシュ・M.		パッカー, フランク	→Packer, Frank
	→バスルール, ラジェシュ・M.	ハッカー, P.M.S.	
パスロン, ジャン=クロード			→Hacker, Peter Michael Stephan
	→Passeron, Jean-Claude	ハッカキャン, ローヤ	→ハッカキャン, ローヤ
ハーゼ, ビルギート	→ハーゼ, ビルギート	ハッカンソン, N.	→Hakansson, Nils H.
ハセガワ, ハルキヨ	→ハセガワ, ハルキヨ(長谷川治清)	バッキー, デニス	→Bakke, Dennis
ハセガワ, ボブ	→ハセガワ, ボブ	バック, ダニエル	→バック, ダニエル
パセット, ジョアン	→パセット, ジョアン	バック, パール・S.	→Buck, Pearl Sydenstricker
バセドウ, ユルゲン	→Basedow, Jürgen	バックウォルド, ダグ	→バックウォルド, ダグ
バセラ, ダニエル	→Vasella, Daniel	ハックス, アーノルド・C.	→Hax, Arnold C.
パセリーニ, ルイサ	→Passerini, Luisa	ハックス, ヘルベルト	→Hax, Herbert
パーセルズ, ビル	→パーセルズ, ビル	ハックスタブル, マリオン	→Huxtable, Marion
パゼロ, ウアズラ	→パゼロ, ウアズラ	バックスデール, ジェームス・L.	
ハーセン, マイケル	→Hersen, Michel		→バックスデール, ジェームス・L.
ハーゼンレイダー, H.	→Hasenrader, Hubert	ハックスハム, クリス	→Huxham, Chris
バーソック, ジーン・ルイス		バックスムース, I.	→Wachsmuth, Ipke
	→バーソック, ジーン・ルイス	ハックスリー, オールダス	
バーソロミュー1世	→バーソロミュー1世		→Huxley, Aldous Leonard
ハーソン, キャサリン	→ハーソン, キャサリン	ハックフォート, D.	→Hackfort, Dieter
パーソン, Y.	→パーソン, Y.	ハックマン, J.リチャード	→ハックマン, J.リチャード
パーソンズ, アマンダ	→パーソンズ, アマンダ	バック=モース, スーザン	
パーソンズ, タルコット	→Parsons, Talcott		→バック=モース, スーザン
パーソンズ, チャールズ	→Parsons, Charles	ハックラー, ティム	→Hackler, Tim
パーソンズ, ニゲル	→パーソンズ, ニゲル	バックランド, イアン	→Buckland, Ian
パーソンズ, R.J.	→Parsons, Ruth J.	バックリー, ウィリアム・F., Jr.	
バーダー	→バーダー		→Buckley, William F., Jr.
バタイユ, ジョルジュ	→Bataille, Georges	バックリー, クリス	→Buckley, Chris
バダウィー, アブドッ・ラフマン		バックリー, ロジャー	→バックリー, ロジャー
	→バダウィー, アブドッ・ラフマン	ハックル, ジョン	→Huckle, John
パタショー, ジョエル	→パタショー, ジョエル	バックレイ, ロジャー	→Buckley, Roger W.
パタースン, ロン	→Paterson, Ron	バックワース, J.	→Buckworth, J.
パターソン, エドウィン・W.		ハッケル, セルゲイ	→Hackel, Sergei
	→パターソン, エドウィン・W.	ワッサー, フラン・W.	→Wasseur, Frans
パタソン, トマス・G.	→Paterson, Thomas G.	ハッセイ, D.E.	→Hussey, D.E.
パタソン, ヒラリー	→Paterson, Hilary	パッセル, ピーター	→パッセル, ピーター
パターソン, J.E.	→Paterson, Jane E.	バッタチャリア, アーナンド・K.	
パターソン, W.E.	→Paterson, William E.		→バッタチャリア, アーナンド・K.
パタッラス, M.	→Putallaz, Martha	ハッチ, トーマス	→ハッチ, トーマス
パタナイク, プラサンタ・K.		ハッチクラフト, ポール・D.	→Hutchcroft, Paul D.
	→Pattanaik, Prasanta K.	バッチーニ, ダリオ	→バッチーニ, ダリオ
バダラッコ, ジョセフ・L., Jr.		ハッチンソン, ジェーン	→ハッチンソン, ジェーン
	→バダラッコ, ジョセフ・L., Jr.	ハッチンソン, J.ウェスリー	
バー=タル, ダニエル	→Bar-Tal, Daniel		→ハッチンソン, J.ウェスリー
バーダール, R.O.	→Berdahl, Robert Oliver	パッツォレック, スザンヌ	→Patzaurek, Susanne
バターワース, ジョージ	→Butterworth, George	バッティン, パトリシア	→Battin, Patricia
バダンテール, エリザベート	→Badinter, Elisabeth	パッテン, アラン	→パッテン, アラン
バーチ, キャロル・L.	→バーチ, キャロル・L.	パッデン, キャロル	→Padden, Carol
バーチ, ベヴァリイ	→バーチ, ベヴァリイ	ハッテンケンキュウソウゴウカダイソ	
バーチウッド, M.	→Birchwood, Max		→発展研究総合課題組
バーチェル, S.	→Burchell, Stuart	バット, ジョン	→Butt, John
バチェルダー, ケネス・J.		バット, ラダー	→バット, ラダー
	→Batcheldor, Kenneth J.	バッド, P.J.	→バッド, P.J.
ハーチェン, I.	→Herrchen, I.	パットナム, ヒラリー	→Putnam, Hilary
バチコ, ブロニスラウ	→バチコ, ブロニスラウ	ハットフィールド, エレイン	→Hatfield, Elaine
バチコ, ブロニスラウ	→Baczko, Bronislaw	ハットン, グラハム	→Hutton, Graham
バーチャード, ブルース	→Birchard, Bruce	ハットン, クリス	→Hatton, Chris
バーツ, キャロル	→Bartz, Carol	ハットン, ジョアン	→Hutten, Joan

ハットン, パトリック・H.	→ハットン, パトリック・H.	バードウェル, S.K.	→Bardwell, S.K.
パットン, リニー	→パットン, リニー	パドゥガオンカル, ディリープ	→パドゥガオンカル, ディリープ
バッハオーフェン	→Bachofen	バドゥリ, アミト	→Bhaduri, Amit
ハッバード, トーマス・C.	→Hubbard, Thomas C.	ハートゥング, ウィリアム・D.	
バッファロー	→Buffalo		→Hartung, William D.
ハーツフェルド, チャールズ・M.		バドコック, リチャード・J.	→Badcock, Richard J.
	→Herzfeld, Charles M.	バートザック - グラハム, スーザン	
ハーツフェルド, マイケル	→Herzfeld, Michael		→バートザック - グラハム, スーザン
ハーディ, エドワード・T.L.	→Hardie, Edward	バートス, レナ	→バートス, レナ
ハーディ, スティーブ	→Hardy, Steve	ハドスン, ジュディス	→Hudson, Judith A.
ハーディ, デイヴィド・B.	→Hardy, David B.	ハドソン, ダイアン	→Hudson, Diane
ハーディ, フィリップ・R.		ハドック, ジリアン	→Haddock, Gillian
	→ハーディ, フィリップ・R.	ハドック, ブルース	→Haddock, Bruce
バーディ, ベノイト・G.	→バーディ, ベノイト・G.	パドック, C.	→パドック, C.
パティー, C.	→Pattie, Charles	パトナム, ヒラリー	→Putnam, Hilary
バディウ, アラン	→Badiou, Alain	パトナム, フランク・W.	→Putnam, F.W.
ハーディカ, ヘレン	→ハーディカ, ヘレン	ハドフィールド, バッド	→ハドフィールド, バッド
バティスタ, ジョン.R.	→Battista, John Robert	バトボヤン, B.	→バトボヤン, B.
バティスタ, O.A.	→バティスタ, O.A.	ハートマン, トム	→Hartmann, Thom
ハーディスティ, D.	→Hardisty, David R.	ハードマン, マイケル	→ハードマン, マイケル
パティスン, ネッド	→Pattison, Ned	バードマン, マーク	→バードマン, マーク
パティソン, ジョージ	→Pattison, George	パトモア, カヴェントリ	→Patmore, Coventry
バティフリエ, フィリップ	→Batifoulier, Philippe	バトラー	→Butler
ハディペトロ, E.	→Hadzipetros, Emmanuel	バトラー, ジュディス	→Butler, Judith P.
パティル, パリマル・G.	→パティル, パリマル・G.	バトラー, ジリアン	→Butler, Gillian
ハーディン, ラッセル	→Hardin, Russell	バトラー, ティモシー	→Butler, Timothy
ハーディン, G.	→ハーディン, G.	バトラー, ニコラス・マレー	
ハーディング, ドナルド	→ハーディング, ドナルド		→バトラー, ニコラス・マレー
ハーディング, ロバート	→ハーディング, ロバート	バトラー, メリールウ	→バトラー, メリールウ
ハーディング, J.W.	→Harding, Jay W.	バトラー, リー	→バトラー, リー
ハーディング, T.	→ハーディング, T.	バトラー, リチャード	→Butler, Richard
パティン・ドゥー	→パティン・ドゥー	バトラー, ロバート・N.	→Butler, Robert N.
ハデウェイヒ	→ハデウェイヒ	バトラー, A.R.	→Butler, Anthony R.
ハーデーカー, ヘレン	→ハーデーカー, ヘレン	バトラー, L.J.	→Butler, Lynda J.
ハーデス, J.	→Hirdes, John P.	バートラム, パメラ	→バートラム, パメラ
バーデュー, ウィリアム	→バーデュー, ウィリアム	バートラム, P.	→Bartram, Pamela
バーデル, セレナ	→バーデル, セレナ	ハートリー, ウィリャム	→Hartley, William J.
バーテルズ, リン	→Bartels, Lynn	ハドリー, コンスタンス・N.	
バデルト, イゾルデ	→Badelt, Isolde		→Hadley, Constance N.
バード, アン・ジャスティス		ハートリー, ニナ	→ハートリー, ニナ
	→バード, アン・ジャスティス	ハートリー, M.	→Bartley, Mel
ハート, オリバー	→Hart, Oliver	パトリコフ, アラン・J.	→Patricof, Alan J.
ハート, ジェフリー	→ハート, ジェフリー	パトリック, ヒュー	→Patrick, Hugh Talbot
ハート, スチュアート・L.	→ハート, スチュアート・L.	パトリック, H.	→パトリック, H.
ハート, チャールズ	→Hart, Charles	バートル, ヴァサンチ	→バートル, ヴァサンチ
バード, ポール・P.	→バード, ポール・P.	ハート・ルックング・ホース, キャロル・アン	
ハート, マイケル	→Hardt, Michael		→ハート・ルックング・ホース, キャロル・アン
ハート, ルイーズ	→ハート, ルイーズ	バートレット, キャサリーン	
バート, ロナルド・S.	→Burt, Ronald S.		→バートレット, キャサリーン
ハート, C.H.	→Hart, Craig H.	バートレット, クリストファー・A.	
バート, J.D.	→Burtt, John D.		→Bartlett, Christopher A.
パドア・スキオッパ, トマーゾ		バートレット, サラ	→Bartlett, Sarah
	→Padoa-Schioppa, Tommaso	バートレット, J.R.	→バートレット, J.R.
バードウ, ジョン	→Pardoe, Jon	バートロッタ, ステファン	→Bartlotta, Stephan
バドウィ, ミーケ	→Badawi, Mieke	バートロメ, フェルナンド	→Bartolomé, Fernando
バードウィステル, レイ・L.		バトン, グレゴリー・V.	→Button, Gregory V.
	→バードウィステル, レイ・L.	バートン, スティーブ・J.	→バートン, スティーブ・J.
バードウィック, ジュディス・M.		バートン, ドミニック	→バートン, ドミニック
	→Bardwick, Judith M.	ハドン, パウリ, Jr.	→ハドン, パウリ, Jr.

バートン, レン	→Barton, Len	ハーパー, A.F.	→Harper, Albert Foster
バードン, ロバート	→バードン, ロバート	ハーパー, T.J.	→Harper, T.J.
バナイク, アチン	→バナイク, アチン	ハーバーガー, A.C.	→ハーバーガー, A.C.
ハナウェイ, J.	→Hannaway, Jane	ババコフ, A.A.	→ババコフ, A.A.
バナジ, マーザリン・R.	→Banaji, Mahzarin R.	パパス, アル	→パパス, アル
ハナーズ, ウルフ	→Hannerz, Ulf	ハバック, ジュディス	→Hubback, Judith
ハナダ, ノブヒサ	→ハナダ, ノブヒサ（花田伸夫）	ハバード, エルバート	→Hubbard, Elbert
バナッグ, M.	→Bunnag, Marut	ハーバート, グラハム	→ハーバート, グラハム
バーナーディン, ジョセフ・カーディナル		ハバード, ジル	→Hubbard, Gill
	→Bernardin, Joseph Louis	パパート, トニー	→パパート, トニー
バーナード, アラン	→Barnard, Alan	ハバード, フィル	→ハバード, フィル
バーナード, イレーン	→バーナード, イレーン	パパドポウロス, G.J.	
バナート, ヴァレリー	→Bannert, Valerie		→Pappadopoulos, George J.
バーナード, トマス・O.	→バーナード, トマス・O.	パパドポロス, レノ	→パパドポロス, レノ
バーナード, ヘンリー	→Barnard, Henry	パパーネック, エルンスト	→Papanek, Ernst
バーナビー, フランク	→Barnaby, Frank	パパーネック, ヘレネ	→Papanek, Helene
ハナフィ, ハッサン	→ハナフィ, ハッサン	ハーバーマス, ユルゲン	→Habermas, Jürgen
バーナム, デイビッド・H.	→Burnham, David H.	バーハン, ベン	→Bahan, Benjamin J.
ハナム, ハースト	→ハナム, ハースト	ハビタットコクサイレンゴウハンシンダイシンサイチョウサダン	
バーナム, P.T.	→Barnum, Phineas Taylor		→ハビタット国際連合阪神大震災調査団
パナヨトウ, テオドール	→パナヨトウ, テオドール	バービッジ, ジョン・B.	→Burbidge, John B.
バーナル, リチャード・L.	→Bernal, Richard L.	ハビヒ, ローラント	→Habich, Roland
バーナンケ, ベン・S.	→Bernanke, Ben S.	ハビブ, A.ハスナン	→ハビブ, A.ハスナン
バーニー, ジョナサン	→バーニー, ジョナサン	ハーブ, エリカ	→Herb, Erika
ハニー, マーサ	→ハニー, マーサ	バブ, ジェームズ	→バブ, ジェームズ
パニアーガ, F.A.	→Paniagua, Freddy A.	バブ, チャールズ	→バブ, チャールズ
バーニアット, マイルス	→Burnyeat, Myles	ハーファーカンプ, ハンス	→Haferkamp, Hans
バニェス, ドミンゴ	→Bañez, Dominicus	ハフェズ, W.	→Hafez, Wael
パニカー, レイムンド	→Panikkar, Raimundo	バブコック, バーバラ・A.	→Babcock, Barbara A.
ハニグ, ロバート	→Hanig, Robert	パーブス, A.C.	→Purves, Alan C.
バニスター, アン	→Bannister, Anne	ハフステトラー, リン・M.	
バニセフスキー, ガートルード			→Huffstertler, Lynn M.
	→バニセフスキー, ガートルード	ハフトン, オーウェン	→Hufton, Olwen
ハニーバン, マーティン	→ハニーバン, マーティン	バブラ, モーリーン	→バブラ, モーリーン
ハーヌスタイン・スミス, バーバラ		パブリアチェンコ, ヴィクトル・N.	
	→Herrnstein Smith, Barbara		→パブリアチェンコ, ヴィクトル・N.
バヌヌ, モルデハイ	→バヌヌ, モルデハイ	パーペ, ヴォルフガング	→Pape, Wolfgang
バヌール, ワンダ	→バヌール, ワンダ	ハーベイ, J.H.	→ハーベイ, J.H.
ハネイ, アラステア	→Hannay, Alastair	ハーベック, K.	→Hrbek, Karel
ハナイカ, マーティン・E.	→Hanaka, Martin E.	バベッジ, スチュアート・B.	
バネージ, ヒマニ	→バネージ, ヒマニ		→バベッジ, スチュアート・B.
バーネス, アール	→バーネス, アール	バボット, フランク	→Babbott, Frank
バーネット, アン	→バーネット, アン	パボットフジン	→パボット夫人
バーネット, スタントン	→バーネット, スタントン	ハマー, ジャルナ	→Hanmer, Jalna
バーネット, マーバ・A.	→Barnett, Marva A.	パーマー, ジョン	→Palmer, John
バーネット, ランディ・E.	→Barnett, Randy E.	パーマー, セーラ	→Palmer, Sarah
バーネット, リチャード	→バーネット, リチャード	パーマー, トム・G.	→Palmer, Tom G.
バーネット, ロザリー	→Burnett, Rosalie	パーマー, ブルース・A.	→パーマー, ブルース・A.
バーネット, A.	→Barnett, Arnold	ハーマー, ヘヨ・E.	→ハーマー, ヘヨ・E.
バーネット, B.	→Burnett, Benjamin	パーマー, ポール	→Palmer, Paul
パネンベルク, ヴォルフハルト		ハマー, マイケル	→Hammer, Michael
	→Pannenberg, Wolfhart	パーマー, マイケル（中国法）	→Palmer, Michael
パノッツォ, F.	→Panozzo, Fabrizio	ハマオ, ヤスシ	→ハマオ, ヤスシ（浜尾泰）
パノフ, ミシェル	→Panoff, Michel	ハマークヴィスト, ステン・エリク	
バーバー, ジェームズ・デイビッド			→Hammarqvist, Sten-Erik
	→バーバー, ジェームズ・デイビッド	ハマーシュタイン, ノートカー	
バーバー, ベンジャミン・R.			→Hammerstein, Notker
	→Barber, Benjamin R.	ハマーシュトロム, オレ	→Hammarström, Olle
バーバ, ホミ・K.	→バーバ, ホミ・K.	ハマッハー, クラウス	→ハマッハー, クラウス
バーバー, ランディ	→バーバー, ランディ		

ハマムジアン, パスカル	→ハマムジアン, パスカル		→バラフーティ, アナスタシア・ヴラコウ
ハーマン, ウィリアム	→Hermann, William	パラマス, グレゴリオス	→Palamās, Grēgorios
ハーマン, エドワード・S.	→ハーマン, エドワード・S.	バラム, M.	→Baram, Michael S.
ハーマン, ギルバート	→ハーマン, ギルバート	パラメスワラン, M.P.	→パラメスワラン, M.P.
ハーマン, シドニー	→Harman, Sidney	バーラモフ, マリー=テレーズ	
バーマン, ジャック・N.	→Behrman, Jack N.		→Varlamoff, Marie-Thérèse
バーマン, ジョアン・R.S.		バーラリ, D.	→Harrari, Danielle
	→バーマン, ジョアン・R.S.	バラール, ミシェル	→バラール, ミシェル
ハーマン, デイヴィッド	→ハーマン, デイヴィッド	ハラルソン, ケイ	→ハラルソン, ケイ
ハーマン, フラン	→ハーマン, フラン	バリー, ジェイムズ・マシュー	
バーマン, モリス	→Berman, Morris		→Barrie, Sir James Matthew, bart
バーマン, ラッセル・A.	→バーマン, ラッセル・A.	バリー, ジョナサン	→Barry, Jonathan
バーマン, S.	→Burman, Stephen	バリー, ジョン	→バリー, ジョン
ハミダ, エッサマ・ベン	→ハミダ, エッサマ・ベン	バリー, チャールズ	→バリー, チャールズ
ハミルトン, イアン	→Hamilton, Ian	ハーリー, デボラ	→Hurley, Deborah
ハミルトン, ゲイリー	→ハミルトン, ゲイリー	バリー, トム	→バリー, トム
ハミルトン, シンシア	→Hamilton, Cynthia	ハリー, フィリップ	→ハリー, フィリップ
ハミルトン, バーナード	→Hamilton, Bernard	バリー, リチャード・ロイド	
バム, ネリ	→バム, ネリ		→バリー, リチャード・ロイド
バーム, ハーブ	→Baum, Herb	ハーリー, J.B.	→ハーリー, J.B.
バーム, J.	→Palme, Joakim	バリア, アンゼレス	→バリア, アンゼレス
バムブッフ, ペーター	→Pampuch, Peter	バリエ, ドニ	→バリエ, ドニ
バムレット, ロバート	→Bamlett, Robert	バリエ, ブルノ	→バリエ, ブルノ
パーメリー, H.F.	→Parmelee, Harriet Frances	バリエフ, アレクサンドル	
ハメル, ゲイリー	→Hamel, Gary		→バリエフ, アレクサンドル
ハメル=グリーン, マイケル		バリエントス, グロリア・P.	
	→Hamel Green, Michael		→バリエントス, グロリア・P.
バーメンター, T.	→Parmenter, Trevor	ハリガン, J.	→ハリガン, J.
ハーモン, フレデリック・G.		ハリサロ, リスト	→Harisalo, Risto
	→Harmon, Frederick G.	パリシ, バルトロメオ・J.	→パリシ, バルトロメオ・J.
ハーモン, L.W.	→Harmon, Lenore W.	ハリス, エドワード	→Harris, Edward
ハモンド, アレン	→ハモンド, アレン	ハリス, エンマ	→Harris, Emma
ハモンド, ジェームス・O.		ハリス, ジョン	→Harris, John
	→ハモンド, ジェームス・O.	ハリス, バーバラ	→Harris, Barbara
ハモンド, ジョン・S.	→Hammond, John S.	ハリス, フィリップ	→Harries, Phillip
ハモンド, タミー・R.	→Hammond, Tammy R.	ハリス, フランク	→Harris, Frank
ハモンド, デニス・R.	→Hammond, Dennis R.	ハリス, ポール・L.	→Harris, Paul L.
ハヤカワ, タツジ	→ハヤカワ, タツジ(早川達二)	ハリス, マーガレット	→Harris, Margaret
ハヤシ, オールデン・M.	→Hayashi, Alden M.	ハリス, マクシン	→Harris, Maxine
ハヤシ, ブライアン・M.	→ハヤシ, ブライアン・M.	ハリス, マーサ	→ハリス, マーサ
ハヤール, ヨセフ	→Hajjar, Joseph N.	ハリス, リチャード	→Harris, Richard
バラ, R.	→Bhala, Raj	ハリス, D.	→Harriss, David
ハラウェイ, ダナ	→Haraway, Donna Jeanne	ハリス, D.E.	→Harris, Dan E.
バラウフ, テオドール	→Ballauff, Theodor	ハリス, T.ジョージ	→ハリス, T.ジョージ
ハラクシン, クシャ	→Haraksingh, Kusha	ハリスヴィル, R.A.	→Harrisville, Roy A.
バラクリシュナン, リヴァティ		ハリスン, アン	→Harrison, Ann
	→Balakrishnan, Revathi	ハリソン, セリグ・S.	→Harrison, Selig S.
バラクロー, ジョアン	→Baraclough, Joan	ハリソン, フレデリク	→Harrison, Frederic
パラケルスス	→Paracelsus, Philippus Aureolus	ハリソン, マイケル・M.	→Harrison, Michael M.
バラージ, シャーンドル	→Balázsy, Sándor	ハリソン, マーク	→Harrison, Mark
ハーラスト, リスベート	→ハーラスト, リスベート	ハリソン, R.T.	→Harrison, Richard T.
バラタ=ムーラ, ジョゼー		ハリソン, T.	→Harrison, Tina
	→バラタ=ムーラ, ジョゼー	パリダイガクガクゲイガクブ	→パリ大学学芸学部
ハラチ, トレーシー・W.	→ハラチ, トレーシー・W.	バリチェロ, リチャード	→Barichello, Richard
パラット, R.	→パラット, R.	バリッジ, リチャード	→Burridge, Richard A.
パラド, ハワード・J.	→Parad, Howard J.	パリッシュ, J.M.	→Parrish, John M.
パラド, リビー・G.	→Parad, Libbie G.	バーリット, ロジャー・L.	→Burritt, Roger L.
バラード, ロバート・D.	→Ballard, Robert D.	バーリット, ローター	→Perlitt, Lothar
バラニック, D.	→Baranick, David	ハリデイ, フレッド	→ハリデイ, フレッド
バラフーティ, アナスタシア・ヴラコウ		バリバール, エティエンヌ	→Balibar, Étienne

ハリルザード, ザルメイ	→ハリルザード, ザルメイ	→バルドネール, ジャン=マリー	
バーリン, アイザイア	→Berlin, Isaiah	ハルトノ, ディムヤティ	→ハルトノ, ディムヤティ
バーリン, アーヴィン・N.	→Berlin, Irving N.	ハルトマン, エドゥアルド・フォン	→Hartmann, Karl Robert Eduard von
ハリン, ダニエル・C.	→Hallin, Daniel C.	ハルトマン, クラウス	→Hartmann, Klaus
パリン, パウル	→Parin, Paul	ハルトマン=ヒルシュ, クラウディア	→ハルトマン=ヒルシュ, クラウディア
バーリング, ジュディス・A.	→Berling, Judith A.	バルトロマエウス・アングリクス	→Bartholomaeus Anglicus
バーリングホルスト, ジグリッド	→Baringhorst, Sigrid	バルトロメーオ, マッテオ	→Bartolomeo, Matteo
バリンスキー, M.	→Balinski, Michel	バルニ, J.	→バルニ, J.
バーリンデン, マシュー・C.	→バーリンデン, マシュー・C.	ハルバースタム, J.	→Halberstam, Judith
バリント, マイケル	→Balint, Michael	バルバラス, ルノー	→バルバラス, ルノー
バリントン, M.R.	→バリントン, M.R.	ハルフ, ジビーレ	→ハルフ, ジビーレ
バリントン, T.J.	→Barrington, T.J.	バルフォア, アレックス	→Balfour, Alex
パール, アーサー	→パール, アーサー	バルブレ, ローズマリー	→バルブレ, ローズマリー
ハール, インゴ	→ハール, インゴ	ハルベリィ, グン	→ハルベリィ, グン
パール, クリスチャン・フォン	→パール, クリスチャン・フォン	ハルペリン, モートン・H.	→Halperin, Morton H.
パール, ジョン・B.	→パール, ジョン・B.	ハルペン, ジャック	→Halpern, Jack
ハル, デイヴィッド	→ハル, デイヴィッド	パルマー, ジョイ・A.	→Palmer, Joy
ハル, テレンス・H.	→Hull, Terence H.	パルマー, リチャード	→パールマン, リチャード
パール, ヒア	→パール, ヒア	パルマンティーア, クラウス	→Parmentier, Klaus
パール, ペギー・S.	→Pearl, Peggy S.	パルミサーノ, サミュエル・J.	→パルミサーノ, サミュエル・J.
パール, ヤノス	→パール, ヤノス	パールムッター, マリオン	→Perlmutter, Marion
パール, リチャード・N.	→Perle, Richard N.	バルメニスコス	→バルメニスコス
パール, V.	→パール, V.	パルロー, レスリー	→Perlow, Leslie
バルヴェーク, オットマー	→バルヴェーク, オットマー	ハルン, オトカール	→ハルン, オトカール
バルカ, ファブリツィオ	→Barca, Fabrizio	ハルーン・アルラシッド	→ハルーン・アルラシッド
バルカニー, T.J.	→Balkany, Thomas J.	ハーレイ, アンドリュー	→ハーレイ, アンドリュー
バルーク, バーナード・M.	→Baruch, Bernard M.	ハレヴィ, イラン	→Halevi, Ilan
パルザー, P.	→Pulzer, Peter	ハレーヴン, タマラ・K.	→Hareven, Tamara K.
バルザック, オノレ・ド	→Balzac, Honoréde	パレーク, ビーク	→パレーク, ビーク
バルサム, エラ	→バルサム, エラ	バレスカス, マリア・ロザリオ・ピケロ	→バレスカス, マリア・ロザリオ・ピケロ
バールショニ, イェネー	→Bársony, Jenő	バレッタ・ハーマン, アンジェリン	→Barretta-Herman, Angeline
ハルゼー, A.H.	→Halsey, A.H.	バレット, エリック・C.	→Barrett, Eric Charles
バルソム, デニス	→バルソム, デニス	バレット, コリーン	→Barrett, Colleen
ハルター, ジェフリー・B.	→ハルター, ジェフリー・B.	バレット, スコット	→Barrett, Scott
バルダーマン, インゴ	→Baldermann, Ingo	バレット, ブルース	→バレット, ブルース
バルダム, マーティン	→パルダム, マーティン	バレット, マーティン	→Barrett, Martyn D.
バルダン, ヨハン・ペーター	→Paludan, Johan Peter	バーレット, レベッカ・M.	→Valette, Rebecca M.
バルダン, H.	→Gardent, Henriette	パレーニャス, R.S.	→Parrenas, Rhacel Salazar
バルダン, P.	→バルダン, P.	パレプ, クリシュナ	→パレプ, クリシュナ
バルツ, ハインリッヒ	→バルツ, ハインリッヒ	ハレーブン, タマラ・K.	→ハレーブン, タマラ・K.
バルデ, ジャン=ピエール	→バルデ, ジャン=ピエール	バレール	→バレール
バルティア, マルチア	→バルティア, マルチア	ハレル, アンドリュー	→Hurrell, Andrew
バルテス, ポール・B.	→Baltes, Paul B.	ハレル, アンドレー	→ハレル, アンドルー
バルテネフ, S.	→バルテネフ, S.	バレル, ギブソン	→Burrell, Gibson
バルテルミイ, ジョセフ	→Barthélemy, Joseph	バレル, トニー	→Barrell, Tony
バルト, カール	→Barth, Karl	ハーレル, A.C.	→Harrell, Alvin C.
バールト, ハンス・マルティン	→Barth, Hans-Martin	ハレル, S.	→ハレル, S.
バルト, フレドリック	→Barth, F.	バーレン, ジェームズ	→バーレン, ジェームズ
バルト, ロラン	→Barthes, Roland	バレンシア=ロス, マイケル	→バレンシア=ロス, マイケル
ハルトゥーニアン, ハリー	→Harootunian, Harry D.	バレンズ, インゴ	→バレンズ, インゴ
バルドック, ジョン	→Baldock, John	バレンドーフ, D.A.	→バレンドーフ, D.A.
バルドネール, ジャン=マリー		バーロー, マーガレット・ジョンストン	→Barlow, Margaret Johnstone

バロー, ロバート・J.	→Barro, Robert J.	ハーン, ロジャー	→Hahn, Roger
ハロー, ロバート・P.	→ハロー, ロバート・P.	ハン, V.S.	→ハン, V.S.
バロー, G.W.S.	→Barrow, G.W.S.	バンカー, アナーチー	→バンカー, アナーチー
パーロウ, アニタ	→Parlow, Anita	バンカー, R.	→Banker, Rajiv D.
ハーロウ, バーバラ	→Harlow, Barbara	パンカースト, シルヴィア	
ハロウェイ, キャロル	→ハロウェイ, キャロル		→Pankhurst, Estelle Sylvia
バロウズ, ウィリアム・S.		ハンク, スティーブン・H.	
	→Burroughs, William S.		→ハンク, スティーブン・H.
バローズ, A.	→Burrows, Adam	ハンク, ハーバート	→ハンク, ハーバート
バローズ, R.	→Burrows, Roger	バンクス, アンディー	→バンクス, アンディー
ハロット＝ケンター, ロバート		バンクス, シドニー	→バンクス, シドニー
	→ハロット＝ケンター, ロバート	バンクス, ダレル	→バンクス, ダレル
パロミーノ, サルバドール		バングズ, リチャード	→Bangs, Richard
	→パロミーノ, サルバドール	バンクス, R.ダリル	→Banks, R.Darryl
パロメラ, ヴィーチェンテ	→パロメラ, ヴィーチェンテ	バンクハースト, クリスタベル	
バロン, ジョナサン	→バロン, ジョナサン		→Pankhurst, Christabel
バロン, ニール・D.	→バロン, ニール・D.	バンクヘッド, タルーラ	→Bankhead, Tallulah
バロン, ポール	→Barron, Paul	バンク・ミケルセン, オール	
バロン, ロバート・A.	→バロン, ロバート・A.		→バンク・ミケルセン, オール
バロン, R.C.	→Baron, Richard C.	バンク・ミケルセン, ニルス・エリク	
バロン＝コーエン, サイモン			→Bank-Mikkelsen, Neils Erik
	→Baron-Cohen, Simon	バンク・ミケルセン, ビヤタ	
パワー, マイケル	→Power, Michael		→バンク・ミケルセン, ビヤタ
ハワジャ, イムラナ	→ハワジャ, イムラナ	バングル, クリストファー	→Bangle, Christopher
ハワース, ウイリアム	→ハワース, ウイリアム	パンゲスツ, マリ	→Pangestu, Mari
パワーズ, ドワイト・ブロッカー		ハンコック, エミリー	→Hancock, Emily
	→パワーズ, ドワイト・ブロッカー	ハンコック, グラハム	→Hancock, Graham
パワーズ, ベッキー・J.	→Powers, Becky J.	ハンコック, チャールズ	→Hancock, Charles
ハワード, ローダ・E.	→Howard, Rhoda E.	バンコフ, エリザベス・A.	
ハワード, L.O.	→Howard, L.O.		→バンコフ, エリザベス・A.
ハワード, N.	→Howard, N.	ハーンサーリー, A.J.	→Khānsārī
ハン, インソプ	→ハン, インソプ (韓寅燮)	バンジェナー, J.	→Bungener, Janet
ハン, インホ	→ハン, インホ (韓仁浩)	バンシナ, J.	→バンシナ, J.
ハーン, オットー・ヴィルヘルム		バーンシュタイン, イシドール	
	→ハーン, オットー・ヴィルヘルム		→バーンシュタイン, イシドール
ハーン, キャロル・L.	→Hahn, Carole L.	バーンズ, アン	→Burns, Ann
ハン, ギョクバイ	→ハン, ギョクバイ (范玉梅)	バーンズ, ジェーン	→バーンズ, ジェーン
ハン, ケイドウ	→ハン, ケイドウ (潘継道)	バーンズ, ジュディ	→バーンズ, ジュディ
ハン, コ	→ハン, コ (班固)	バーンズ, ジューナ	→バーンズ, ジューナ
ハン, コウキ	→ハン, コウキ (范宏貴)	バーンズ, ジョン・A.	→バーンズ, ジョン・A.
ハン, サンボム	→ハン, サンボム (韓相範)	バーンズ, スーザン	→バーンズ, スーザン
ハン, ジソン	→ハン, ジソン (韓志仙)	バーンズ, テレンス・E.	→バーンズ, テレンス・E.
パン, ジャック	→パン, ジャック	バーンズ, モニカ	→Barnes, Monica
ハン, ショウ	→ハン, ショウ (范樟)	バーンズ, ロバート (詩)	→Burns, Robert
ハン, ジョンイル	→ハン, ジョンイル (韓貞一)	バーンズ, J.A.	→バーンズ, J.A.
バン, スティーヴン	→Bann, Stephen	バーンズ, P.	→Byrnens, Patricia
ハン, スンジェ	→ハン, スンジェ (韓升洲)	バンスウィチン	→バンスウィチン
ハン, スンホン	→ハン, スンホン (韓勝憲)	バーンスタイン, ダグラス・A.	
ハン, ソンミ	→ハン, ソンミ (韓承美)		→バーンスタイン, ダグラス・A.
ハン, ゾンルゥ	→カン, ゾウロク (韓増禄)	バーンスタイン, バートン・J.	
ハン, チェンイエ	→カン, ケンギョウ (韓建業)		→バーンスタイン, バートン・J.
バーン, パトリック	→バーン, パトリック	バーンスタイン, リチャード	
バーン, バーバラ	→バーン, バーバラ		→バーンスタイン, リチャード
ハーン, フランク	→Hahn, Frank	バンステッド, ジョン	→Bumstead, Jon
パン, フランソワ	→パン, フランソワ	ハンスリー, ジョン	→Hunsley, John
バーン, ブレンダン	→バーン, ブレンダン	ハンセン, エリック	→Hansen, Eric
ハン, ホング	→ハン, ホング (韓洪九)	ハンゼン, ゲルト	→Hansen, Gerd
ハン, ボンヒ	→ハン, ボンヒ (韓琫熙)	ハンセン, トール	→Hansen, Tore
ハン, ムンジョン	→ハン, ムンジョン (韓文鐘)	ハンセン, マーク・ヴィクター	
ハン, ヨウ	→ハン, ヨウ (范曄)		→Hansen, Mark Victor
		ハンセン, モルテン・T.	→ハンセン, モルテン・T.

ハンセ

ハンセン, ヤン=インゲ	→Hansen, Jan-Inge	バーンハート, マイケル・A.	
ハンセン, B.	→Hansen, Beth		→バーンハート, マイケル・A.
ハンソン, スーザン	→ハンソン, スーザン	ハンハンハンエ, ルイス・チチア・パタショー	
ハンソン, ペール	→Hansson, Pär		→ハンハンハンエ, ルイス・チチア・パタショー
ハンソン, マルチ・J.	→Hanson, Marci J.	バンフォード, レイモンド・S.	
ハンソン, C.(自閉症)	→Hanson, Carol		→バンフォード, レイモンド・S.
ハンター, ジャネット	→Hunter, Janet	ハンプシャー, スチュアート	→Hampshire, Stuart
バンダ, ティサ	→バンダ, ティサ	ハンプソン, ダフネ	→Hampson, Daphne
ハンター, ナン・D.	→ハンター, ナン・D.	ハンプトン, テオドラ	→ハンプトン, テオドラ
ハンダ, ヨシノブ	→ハンダ, ヨシノブ (半田吉信)	ハンフリー, ジョン	→Humphrey, Johnw
ハンター, ラリー	→ハンター, ラリー	ハンフリー, トム	→ハンフリー, トム
ハンター, B.	→Hunter, Barbara	ハンフリー, ニコラス・K.	
バンダーソン, C.V.	→Bunderson, C.Victor		→Humphrey, Nicholas K.
パンタツィス, C.	→Pantazis, Christina	ハンブレットソン, R.K.	→Hambleton, Ronald K.
バンチ, ロニー・G.	→バンチ, ロニー・G.	バーンボウム, ロレンス	→バーンボウム, ロレンス
バンチョフ, T.F.	→Banchoff, Thomas F.	ハンリー, タムシン	→Hanly, Tamsin
ハンチントン, サミュエル・P.			
	→Huntington, Samuel P.	**【ヒ】**	
バーンデー, ギャーネンドラ	→Pandey, Gyanendra		
ハンディ, チャールズ・B.	→Handy, Charles B.	ヒ, コウツウ	→ヒ, コウツウ (費孝通)
ハンディ, ブルース	→ハンディ, ブルース	ヒ, シン	→ヒ, シン (費信)
バンディ, メアリー・リー	→Bundy, Mary Lee	ヒ, セイコウ	→ヒ, セイコウ (費成康)
パンディック, M.	→Pundick, Michele	ピー, ロイ・D.	→ピー, ロイ・D.
ハンティントン, サミュエル		ビアサック, アレッタ	→Biersack, Aletta
	→ハンティントン, サミュエル	ビアジェ, ジャン	→Piaget, Jean
ハンティントン, サミュエル・P.		ビアショー, デヴィッド	→Piachaud, David
	→ハンティントン, サミュエル・P.	ピアス, J.D., Jr.	→Pierce, John D., Jr.
ハンティントン, G.	→Huntington, Greg	ビアスティカー, トーマス・J.	
バンデュラ, アルバート	→Bandura, Albert		→Biersteker, Thomas J.
パンテル, P.S.	→パンテル, P.S.	ビアステーカー, トマス	→ビアステーカー, トマス
バン・デール・ルグト, コーニス		ピアスン, イアン	→Pearson, Ian
	→van der Lugt, Cornis	ピアソン, クリスティーン	→Pearson, Christine
ハント, ステファン	→ハント, ステファン	ピアソン, ジーン	→ピアソン, ジーン
バンドー, ダグ	→バンドー, ダグ	ピアソン, スチュアート	→Pearson, Stuart
ハンド, デビッド・J.	→Hand, David J.	ピアソン, デボラ	→Pearson, Debora
ハント, ナン	→Hunt, Nan	ピアソン, ルース	→ピアソン, ルース
ハント, パム	→ハント, パム	ピアソン, ロバート・N.	→ピアソン, ロバート・N.
ハント, ヘレン	→ハント, ヘレン	ヒアット, ジョン・F.	→Hiatt, John F.
ハント, リン	→Hunt, Lynn Avery	ピアツニスキー, ユリ	→Piatnitsky, Yuri A.
ハント, H.ヘイウッド	→Hunt, Haywood	ビアーデン, ジェームズ	→Bearden, James
バンドウ, ダグ	→Bandow, Doug	ビアド, チャールズ・オースティン	
バーンドセン, マリエット			→Beard, Charles Austin
	→バーンドセン, マリエット	ビアモンティ, ブレンダ	→Biamonti, Brenda
ハンドフィールド=ジョーンズ, ヘレン		ビアン, デイヴィッド・D.	→Bien, David D.
	→Handfield-Jones, Helen	ビーアン, ブレンダン	→Behan, Brendan
ハンド メール, ジョン	→ハンド メール, ジョン	ビアンコ, フリオ	→ビアンコ, フリオ
ハンドラー, リチャード	→Handler, Richard	ヒーヴィー, デニス	→Hevey, Denise
ハントリー, K.R.	→Huntley, Kenneth R.	ビヴィダル, ラファエル	→ビヴィダル, ラファエル
ハントレース, リンダ	→ハントレース, リンダ	ビヴン, フランシス・フォックス	
パントン, クリスチーネ	→パントン, クリスチーネ		→ビヴン, フランシス・フォックス
ハンナ, レスリー	→Hannah, Leslie	ピエラ, ウッラ	→ピエラ, ウッラ
バン・ナイズ, カレン・E.	→バン・ナイズ, カレン・E.	ピエリス, アロイシウス	→Pieris, Aloysius
バンネンベルク, ブリッタ	→Bannenberg, Britta	ピエリデス, Y.A.	→Pierides, Yiannos A.
バンノート, バンス	→バンノート, バンス	ピエールスカラ, W.	→Pierskalla, William P.
バンバー, グレッグ・J.	→Bamber, Greg J.	ビエルマ, トーマス・J.	→Bierma, Thomas J.
バーンハイマー, ケイト	→Bernheimer, Kate	ビエールマン, ディック・J.	→Bierman, Dick J.
バーンバウム, ノーマン	→バーンバウム, ノーマン	ヒエロニムス, エッケハルト	
バーンバウム, ロバート	→Birnbaum, Robert		→ヒエロニムス, エッケハルト
ハンバーグ, ディビッド・A.		ヒエロニムス〈聖〉	→Hieronymus
	→ハンバーグ, ディビッド・A.		

ビオースト, ミルトン	→ビオースト, ミルトン	ビダー, タニヤ	→Beder, Tanya Styblo
ビオーレ, マイケル・J.	→Piore, Michael J.	ビーター, リチャード・H.K.	
ビオン, ウィルフレッド・ルプレヒト			→Vietor, Richard H.K.
	→Bion, Wilfred Ruprecht	ビーター, D.	→Peter, Dimity
ビオン(アブデラの)	→ビオン(アブデラの)	ピダエフ, Sh.	
ビオンテク, ユージーナス	→Piontek, Eugeniusz		→Pidaev, Shakirdzhan Rasulovich
ヒガ, マルセーロ・G.	→ヒガ, マルセーロ・G.	ビータース, スーザン	→ビータース, スーザン
ピカソ, パブロ	→Picasso, Pablo	ビータース, テッド	→ビータース, テッド
ピカリング, W.S.F.	→Pickering, W.S.F.	ビーターズ, トム	→Peters, Thomas J.
ヒギンズ, キャサリン	→Higgins, Catherine	ビーターズ, マイケル	→Peters, Michael
ヒギンズ, ジェーン	→Higgins, Jane	ビーターズ, ラリー・G.	→Peters, Larry G.
ヒギンズ, ドナルド	→Higgins, Donald	ビータースン, クリストファー	
ヒギンズ, モニカ・C.	→Higgins, Monica C.		→Peterson, Christopher
ヒギンズ, リチャード	→Higgins, Richard S.	ビータースン, ジェームズ・C.	
ヒギンズ=トレンク, A.	→Higgins-Trenk, Ann		→ビータースン, ジェームズ・C.
ビグネル, ジョン	→ビグネル, ジョン	ビーターセン, アン・C.	→Petersen, Anne C.
ヒグビー, ジーン・L.	→ヒグビー, ジーン・L.	ビーターセン, N.S.	→Petersen, Nancy S.
ヒクマット, リザル	→ヒクマット, リザル	ビーターソン, アルバート・W.	
ビケット, ユージーニア	→ピケット, ユージーニア		→Peterson, Albert W.
ビゲリエ, R.P.	→Viguerie, Rick Pat	ビーターソン, セオドア	→Peterson, Theodore
ビゲロウ, C.	→Bigelow, Charles	ビーターソン, マーク・F.	→Peterson, Mark F.
ピケロ-バレスカス, M.R.		ヒダヤット, デディ	→ヒダヤット, デディ
	→ピケロ-バレスカス, M.R.	ビーチ	→Beach
ピケンズ, T.ブーン	→Pickens, T.Boone	ビーチ, ウォルター	→ビーチ, ウォルター
ピーコック, ジェイムズ・L.		ビーチ, ケリ	→Peach, Ceri
	→ピーコック, ジェイムズ・L.	ビーチ, ジェフ	→Beech, Jeff
ビーコック, リン	→Peacock, Lyn	ビーチャー, ウィラード	→Beecher, Willard
ビゴット, レスター	→Piggott, Lester	ビーチャー, トニー	→Becher, Tony
ヒゴネット, アン	→Higonnet, Anne	ビーチャー, マーゲリーテ	→Beecher, Marguerite
ピサノ, ゲイリー	→Pisano, Gary	ビチャース, ライナー	→ビチャース, ライナー
ビーサム, デーヴィッド	→Beetham, David	ビーチャム, G.	→Beauchamp, Gary K.
ビサール, アニー	→ビサール, アニー	ヒツ, ショウキ	→ヒツ, ショウキ (畢小輝)
ビーサレフ, ドミートリ		ビツォルド, クレメント	→ビツォルド, クレメント
	→Pisarev, Dmitrii Ivanovich	ピック, イルマ・ブレンマン	
ビジェ=クシュネル, エヴリーヌ			→ピック, イルマ・ブレンマン
	→ピジェ=クシュネル, エヴリーヌ	ビック, エスター	→Bick, Esther
ビシオ, アルバート・J.	→Viscio, Albert J.	ヒック, ジョン	→Hick, John
ビジャファーニェ, ビクター・ロペス		ヒック, ジョン・H.	→Hick, John H.
	→ビジャファーニェ, ビクター・ロペス	ヒックス, デイヴィッド	→Hicks, David
ビジャヤラガバン, ビニータ		ヒックス, D	→Hicks, Donna
	→Vijayaraghavan, Vineeta	ビックス, ハーバート	→Bix, Herbert P.
ビジュー, シドニー・W.	→Bijou, Sidney William	ヒックス, ピーター	→ヒックス, ピーター
ビショップ, ジム	→Bishop, Jim	ヒッグス, マルコム	→ヒッグス, マルコム
ビショフ, K.	→Bischoff, Kendra	ヒックマン, クレイグ・R.	→Hickman, Craig R.
ビジル, ホセ・マリア	→Vigil, Jose Maria	ヒックリング, A.	→Hickling, A.
ピース, B.	→Peace, Brian	ビッセル, リチャード・E.	→Bissell, Richard E.
ビスカイノ, S.	→Vizcaíno, Sebastián	ヒッセン, アンドレアス	→ヒッセン, アンドレアス
ビスカーディ, ヘンリー, Jr.		ビダルト, A.	→Bidart, Adolfo Gelsi
	→ビスカーディ, ヘンリー, Jr.	ヒッチコック, アルフレッド	
ピスタリーノ, ジェーオ	→Pistarino, Geo		→Hitchcock, Alfred Joseph
ビスマルク, P.	→Bismarck, Prince	ビッチャウバー, J.W.	→Petschauer, Joni Webb
ビズリー, ニック	→Bisley, Nick	ヒッティンガー, ラッセル	→Hittinger, Russell
ピスリ, ホルヘ	→Pixley, Jorge	ヒッティンガー, J.	→Hittinger, John
ビーズリ, ミシェル	→ビーズリ, ミシェル	ピット, ウィリアム・R.	→ピット, ウィリアム・R.
ビーズリー, W.G.	→Beasley, William G.	ピット, ジャン・ロベール	→Pitte, Jean-Robert
ビスワス, ゴータム	→ビスワス, ゴータム	ビットナー, ギュンター	→Bittner, Günter
ビスーンダス, N.	→Bissoondath, Neil	ピットマン, ブライアン	→ピットマン, ブライアン
ビゼ, フランソワ	→ビゼ, フランソワ	ビットマン, J.	→Bittman, James B.
ビセット, アルフレッド・G.		ヒットラー, アドルフ	→Hitler, Adolf
	→ビセット, アルフレッド・G.	ヒッパソス	→ヒッパソス

ヒッピアス	→ヒッピアス	ヒューズ, ホリー	→Hughes, Holly
ヒッペル, R.フォン	→ヒッペル, R.フォン	ヒューズ, モニカ	→Hughes, Monica
ヒッポリュトス(ローマの)	→ヒッポリュトス(ローマの)	ヒューズ, ロバート	→Hughes, Robert
ビティ, ノエル	→ビティ, ノエル	ヒュージング, ゲオルク	→Hüsing, Georg
ビーティ, メアリー	→Beaty, Mary	ヒューストン, グレゴリー	→Houston, Gregory
ビーティー, メロディー	→Beattie, Melody	ヒューストン, マイルズ	→Hewstone, Miles
ビティッチ, ユミット	→Bititci, Umit	ヒューストン=シュタイン, A.	
ピトキン, ハンナ・フェニケル			→Huston-Stein, Aletha
	→ピトキン, ハンナ・フェニケル	ヒューズリッド, マーク	→ヒューズリッド, マーク
ビトリア, フランシスコ・デ		ヒューソン, M.G.A'B.	
	→Victoria, Fransiscus de		→Hewson, Mariana G.A'B.
ビドリンス, F.	→Bydlinski, Franz	ピュタゴラス	→ピュタゴラス
ビートン, レオナード	→ビートン, レオナード	ピュッシェル, ハインツ	→ピュッシェル, ハインツ
ピナオ, ノラリン・K.	→Pinao, Noralynne K.	ビューテル, フィリップ	→Beutel, Phillip
ピーニ, M.T.	→Pini, Maria Teresa	ヒュバー, リチャード・L.	→Huber, Richard L.
ビーニッヒ, ゲルト	→ビーニッヒ, ゲルト	ビューヒナー, G.(保険学)	→Büchner, Georg
ピニングトン, エイドリアン		ビュフォード, ボブ	→ビュフォード, ボブ
	→ピニングトン, エイドリアン	ヒュプシャー, アルトゥール	→Hübscher, Arthur
ビーネルト, ヴォルフガング・A.		ヒュブナー, U.	→Hübner, Ulrich
	→ビーネルト, ヴォルフガング・A.	ヒューベナー, アンヤ	→Hübener, Anja
ピーパー, アンネマリー	→Pieper, Annemarie	ヒューム, デイヴィッド(哲学)	→Hume, David
ピーパー, エルンスト	→Pieper, Ernst	ピュリッツァー, リサ・ベス	→Pulitzer, Lisa Beth
ビーバー, R.ピアス	→ビーバー, R.ピアス	ビュルギエール, アンドレ	→Burguière, André
ヒーバート, アーウィン・N.	→Hiebert, Erwin N.	ビュルクランド, アンダース	
ヒーバート, ポール・G.	→ヒーバート, ポール・G.		→ビュルクランド, アンダース
ビーバーブルック, ウィリアム・マクスウェル・エイトケン		ビュルゲラン, ピエール	→ビュルゲラン, ピエール
		ビュルン・クイン, J.	→Byrne-Quinn, J.
	→Beaverbrook, William Maxwell Aitken	ビューレー	→ビューレー
ビバンコス, ミゲール・C.		ビュロー, ピエール	→ビュロー, ピエール
	→ビバンコス, ミゲール・C.	ピョ, チャンウ	→ボク, ショウイク(朴昌昱)
ビービ, ジョン	→ビービ, ジョン	ピョートル, ポダルコ	→ピョートル, ポダルコ
ビーヒルズ, マイクル	→Behiels, Michael	ピョルクマン, トールビョルン	
ピーブルズ, エリナ	→Peebles, Elinoore		→ピョルクマン, トールビョルン
ビベロ, ロドリゴ・デ	→Vivero, Rodrigo de	ピョン, ウンジン	→ピョン, ウンジン(卞熙真)
ピポニエ, フランソワーズ	→Piponnier, Françoise	ピョン, グァンネ	→ピョン, グァンネ(辺光培)
ヒムレイ, マーガレット	→Himley, Margaret	ピョン, ジョンピル	→ピョン, ジョンピル(卞鍾弼)
ヒメネス, スーザン	→Jimenez, Susan	ビラー, アラン・D.	→Biller, Alan D.
ヒメネス-マセダ, テレシタ		ピーラー, ハインリヒ・フォン	
	→Gimenez-Maceda, Teresita		→ピーラー, ハインリヒ・フォン
ビーメル, ヴァルター	→Biemel, Walter	ビーラー, ヘルマン	→Biehler, Hermann
ヒメルホック, ジョナサン・M.		ヒラバヤシ, ジェイムズ・A.	
	→Himmelhoch, Jonathan M.		→Hirabayashi, James A.
ビャナソン, ドウラ・S.	→Bjarnason, Dora S.	ヒラバヤシ, レイン・リョウ	
ビヤンクール, オリヴィエ			→Hirabayashi, Lane Ryo
	→ビヤンクール, オリヴィエ	ピラリ, ロス・J.	→Pillari, Ross J.
ピュー, ジリアン	→Pugh, Gillian	ヒラリウス(ポワティエの)	→Hilarius(Pictaviensis)
ヒューイ, ジョン	→ヒューイ, ジョン	ビラル, ネイマット・M.	→ビラル, ネイマット・M.
ピュイズー, エレーヌ	→Puiseux, Hélène	ビラン, J.E.	→Birren, James E.
ヒューゲル, リチャード・J.	→Hugel, Richard J.	ヒーリー, ダミアン	→ヒーリー, ダミアン
ビュシー=ジュヌヴォア, ダニエル		ヒリー, W.C.	→Healey, William C.
	→Bussy Genevois, Danièle	ビリップ, ジェイムズ	→ビリップ, ジェイムズ
ヒューズ, アラン	→Hughes, Alan	ビーリヒ, マルクス	→ビーリヒ, マルクス
ヒューズ, エレン・ロニー	→ヒューズ, エレン・ロニー	ビリモリア, ブルショッターマ	
ヒューズ, サンディ	→ヒューズ, サンディ		→ビリモリア, ブルショッターマ
ヒューズ, シャーリー	→Hughes, Shirley	ビリャロン, フェルナンド	→Villarón, Fernando
ヒューズ, ダイアン	→Hughes, Diane	ビリングスレイ, フェリクス・F.	
ヒューズ, ダイアン=オーウェン			→ビリングスレイ, フェリクス・F.
	→Hughes, Diane Owen	ビリングトン, シャルロッテ	
ヒューズ, チャック	→ヒューズ, チャック		→ビリングトン, シャルロッテ
ヒューズ, ニール・C.	→Hughes, Neil C.	ヒル, ヴァレリー	→ヒル, ヴァレリー

ヒール, ジェフリー	→ヒール, ジェフリー	ヒンズリー, F.H.	→ヒンズリー, F.H.
ヒル, ジョアンヌ・M.	→ヒル, ジョアンヌ・M.	ピンチョー, ギフォード	→ピンチョー, ギフォード
ヒル, ナポレオン	→Hill, Napoleon	ピンチョット, ギフォード	→ピンチョット, ギフォード
ピール, ノーマン・ヴィンセント	→Peale, Norman Vincent	ヒンティッカ, ヤーッコ	→Hintikka, Jaakko
ヒル, フランシス	→ヒル, フランシス	ピント・ドゥスチンスキー, マイケル	→Pinto-Duschinsky, Michael
ピル, フリッツ・K.	→Pil, Frits K.	ヒントン, マシュー	→Hinton, Matthew
ヒル, リチャード	→Hill, Richard	ヒンメルファーブ, ゲルトルード	→ヒンメルファーブ, ゲルトルード
ヒル, ロザンナ	→Hill, Rosanna	ヒンメルワイト, ヒルド	→Himmelweit, Hilde
ヒル, G.ペリー	→Hill, G.Perry	ヒンリクス, カール	→ヒンリクス, カール
ヒール, L.W.	→Heal, Laird W.		
ヒル, R.	→Hill, Reuben		
ビルギッタ(スウェーデンの)	→ビルギッタ(スウェーデンの)	**【フ】**	
ビルク, ディーター	→ビルク, ディーター	ブ, イクブン	→ブ, イクブン(武育文)
ピルグリム, D.	→Pilgrim, David	ブ, エイセイ	→ブ, エイセイ(武衛政)
ヒルグルーバー, アンドレアス	→ヒルグルーバー, アンドレアス	ブ, キョウ	→Wu, Qiang
ビルケンフェルト	→ビルケンフェルト	フ, ケイ	→フ, ケイ(普慧)
ビルケンマイヤー, ビート	→Birkenmeier, Beat	ブ, シンヘイ	→ブ, シンヘイ(武振平)
ヒルシュ, エルンスト・E.	→ヒルシュ, エルンスト・E.	ブ, バン・タオ	→Vu, Van Tao
ヒルシュ, スーザン・F.	→ヒルシュ, スーザン・F.	フー, S.	→Hoo, Sybren de
ヒルシュ, ヨアヒム	→Hirsch, Joachim	フー, X.	→Hu, Xiaolu
ヒルズ, カーラ・H.	→Hills, Carla H.	ファ, ジェームズ	→Farr, James
ビールズ, カールトン	→Beals, Carleton	ファー, ダニー	→ファー, ダニー
ヒルズ, ジェラルド・E.	→Hills, Gerald E.	ファイア・サンダー	→ファイア・サンダー
ビールス, ヘンドリック	→ビールス, ヘンドリック	ファイアストーン, ハービー・S.	→Firestone, Harvey S.
ヒルソン, バルーク	→ヒルソン, バルーク	ファイツ, ドナルド・V.	→ファイツ, ドナルド・V.
ヒルデガルト・フォン・ビンゲン	→Hildegard	ファイヒティンガー, フレデリック	→Feichtinger, Frederic
ヒルデブラント, クラウス	→ヒルデブラント, クラウス	ファイロス, オルフェウス	→Phylos, Orpheus
ヒルデブランド, ケネス	→Hildebrand, Kenneth	ファイン, ジャニス	→ファイン, ジャニス
ヒルデンブランド, スザンヌ	→Hildenbrand, Suzanne	ファインゴールド, デイビッド	→Finegold, David
ヒールド, ゴードン	→Heald, Gordon	ファインスタイン, スティーブン・P.	→Feinstein, Steven P.
ヒルドゥイヌス	→ヒルドゥイヌス	ファインスタイン, C.S.	→Feinstein, Celia S.
ヒルトン, ウォルター	→ヒルトン, ウォルター	ファインスティン, デイヴィッド	→ファインスティン, デイヴィッド
ヒルトン, バロン	→ヒルトン, バロン	ファヴィエル, フランシス	→ファヴィエル, フランシス
ヒルトン, J.	→Hylton, J.	ファウシェ, ヘルマン	→Vuijsje, Herman
ヒルバート, バイ	→ヒルバート, バイ	ファウラー, エドワード	→Fowler, Edward
ヒルファイカー, デイヴィッド	→ヒルファイカー, デイヴィッド	ファウラー, サリー	→Fowler, Sally
ビールホフ, ハンス・W.	→ビールホフ, ハンス・W.	ファウラー, スーザン・A.	→ファウラー, スーザン・A.
ヒルマン, ノーマン	→Hillmer, Norman	ファウレンバッハ, ベルント	→ファウレンバッハ, ベルント
ヒルマン, アリー	→Hillman, Arye L.	ファウンス, パトリシア・S.	→ファウンス, パトリシア・S.
ヒルマン, ロバート・A.	→Hillman, Robert A.	ファーカス, チャールズ・M.	→Farkas, Charles M.
ビルムズ, リンダ	→ビルムズ, リンダ	ファーガソン, モイラ	→ファーガソン, モイラ
ビルンバウム, イマヌエル	→Birnbaum, Immanuel	ファーガソン, アーネスト・B.	→ファーガソン, アーネスト・B.
ビルンボーム, ピエール	→Birnbaum, Pierre	ファーガソン, カレン	→ファーガソン, カレン
ヒワタリ, ノブヒロ	→ヒワタリ, ノブヒロ(樋渡展洋)	ファーガソン, ジェームス	→ファーガソン, ジェームス
ビン, イホウ	→ビン, イホウ(関維良)	ファーガソン, R.V.	→Ferguson, Roy V.
ビン, コウシ	→ミン, ギョンジャ(関庚子)	ファゴ=ラルジョ, アン	→Fagot-Largeault, A.
ピンカード, テリー	→ピンカード, テリー	ファザーリ, スティーブン	→ファザーリ, スティーブン
ヒングストン	→Hingston	ファース, レイモンド	→ファース, レイモンド
ヒンクリー, マイケル	→Hinkley, D.Michael	ファース, レオン・S.	→Fuerth, Leon S.
ヒンシェルウッド, ロバート・D.	→ヒンシェルウッド, ロバート・D.	ブーアスタイン, シルヴィア	→Boorstein, Sylvia
ピンスキー, ロバート	→ピンスキー, ロバート		
ピンスティック, マリア・T.	→Pincetich, Maria T.		
ビンストック, ルイス	→Binstock, Louis		

ブーアスタイン, セイモア →Boorstein, Seymour
ブーアスティン, ダニエル・J.
　　　　　　　　　→Boorstin, Daniel Joseph
ファースト, J.L.　　　　→Ferst, Joseph L.
ファストフスキー, P.　　→Fastovsky, Peter
ファスフェルド, アラン・R.
　　　　　　　　　→ファスフェルド, アラン・R.
ファスベンダー, モーニカ→Faßbender, Monika
ファーソン, リチャード　→Farson, Richard
ファーソン, W.　　　　　→Ferson, Wayne
ファツァーリ, S.　　　　→Fazzari, Steven M.
ファツィオ, アントーニオ→Fazio, Antonio
ファーテル, ノリーン　　→ファーテル, ノリーン
フーアド, ダッドリー　　→フーアド, ダッドリー
ファーニッシュ, ヴィクター・ポール
　　　　　　　　　→ファーニッシュ, ヴィクター・ポール
ファーバー, アン　　　　→Farber, Anne
ファーバー, ダニエル・A.→Farber, Daniel A.
ファーバー, デイヴィッド→ファーバー, デイヴィッド
ファーバー, リヒャルト　→ファーバー, リヒャルト
ファーハ, レラニー　　　→ファーハ, レラニー
ファバリコ・コンスタンティン, C.
　　　　　　　　　→Favario-Constantin, Catherine
ファビアーニ, マリオ　　→ファビアーニ, マリオ
ファビアン, アンネ＝マリー
　　　　　　　　　　→ファビアン, アンネ＝マリー
ファー・ファンキー, スーザン
　　　　　　　　　　→Farr-Fahncke, Susan
ファーブル, ジャン＝アンリ→Fabre, Jean Henri
ファーブル, ダニエル　　→ファーブル, ダニエル
ファベル, ジュディス・E.→ファベル, ジュディス・E.
ファボッツィ, フランク・J.→Fabozzi, Frank J.
ファボレー, ルイ　　　　→Favoreu, Louis
ファーマー, キャスリーン・A.
　　　　　　　　　　→Farmer, Kathleen A.
ファーマー, デイヴィッド→Farmer, David H.
ファーマー, ルース　　　→Farmer, Ruth
ファム, ラン・フォン　　→ファム, ラン・フォン
ファーラー, グラシア　　→ファーラー, グラシア
ファーラー, ジェームス　→ファーラー, ジェームス
ファラウ, アルフレッド　→Farau, Alfred
ファラーズ, L.A.　　　　→ファラーズ, L.A.
ファラーチ, オリアナ　　→ファラーチ, オリアナ
ファーラービー　　　　　→ファーラービー
ファランドリー, リュドヴィク→Falandry, Ludovic
ファーリー, クリストファー・ジョン
　　　　　　　　　→ファーリー, クリストファー・ジョン
ファリュ, オディール　　→ファリュ, オディール
ファリントン, デイヴィッド・P.
　　　　　　　　　　→Farrington, David P.
ファルカス, マルコム　　→Falkus, Malcolm
ファルク, セイヴ・W.　　→Falk, Zeév W.
ファルケンブルグ, ベン　→Valkenburg, Ben
ファルコン, ナオミ　　　→ファルコン, ナオミ
ファルジュ, アルレット　→Farge, Arlette
ファルジュ, アルレット　→ファルジュ, アルレット
ファルジョン, ヴァレリア→ファルジョン, ヴァレリア
ファルチャノヴァ, リュビツァ
　　　　　　　　　→ファルチャノヴァー, リュビツァ
ファルチャン, リュボミール

　　　　　　　　　→ファルチャン, リュボミール
ファールベック, ラインホルド
　　　　　　　　　→ファールベック, ラインホルド
ファルム, シャシュテイン　→Färm, Kerstin
ファレル, ダイアナ　　　　→Farrell, Diana
ファレール, リンデン　　　→ファレール, リンデン
ファレン, シーラ　　　　　→ファレン, シーラ
ファーレンバッハ, ヘルムート
　　　　　　　　　→Fahrenbach, Helmut
ファロウェル, ダンカン　　→ファロウェル, ダンカン
ファン, ウェンビ　　　　　→コウ, ブンピツ(黄文弼)
ファン, クアン・サン　　　→Pham, Quang Sang
ファン, クムジュ　　　　　→ファン, クムジュ(黄錦周)
ファン, ジャンヨプ　　　　→ファン, ジャンヨプ(黄長燁)
ファン, スギョン　　　　　→ファン, スギョン(黄秀慶)
ファン, ソギョン　　　　　→ファン, ソギョン(黄晳暎)
ファン, ソンジュン　　　　→ファン, ソンジュン(黄晟準)
ファン, タン・ギ　　　　　→Pham, Thanh Nghi
ファン, ビクター　　　　　→ファン, ビクター
ファン, ファン　　　　　　→ホウ, ホウ(方芳)
ファン, ホンクイ　　　　　→ハン, コウキ(范宏貴)
ファン, ミンギ　　　　　　→ファン, ミンギ(黄基禹)
ファン, ミン・ハク　　　　→Pham, Minh Hac
ファン, ユイメイ　　　　　→ハン, ギョクバイ(范玉梅)
ファン, A.(民俗学)　　　　→Phan, An
ファン, J.　　　　　　　　→Huang, Jason
ファングマイアー, ユルゲン
　　　　　　　　　→ファングマイアー, ユルゲン
ファンケ, ニッキ　　　　　→ファンケ, ニッキ
ファーンズ, ピーター　　　→Ferns, Peter
ファーンズワース, E.アラン
　　　　　　　　　→ファーンズワース, E.アラン
ファンタール, ムハメッド・ハシン
　　　　　　　　　→ファンタール, ムハメッド・ハシン
ファン・デ・ベック, A.　　→ファン・デ・ベック, A.
ファン・デ・ルーゴ　　　　→Johannes de Lugo
ファン・ドゥン, フランク　→Van Dun, Frank
ファーンハム, エイドリアン
　　　　　　　　　→ファーンハム, エイドリアン
ファン・ヘルデレン, J.　　→ファン・ヘルデレン, J.
ブイ, クリスチャン　　　　→ブイ, クリスチャン
フィアヘラー, エルンストヨアヒム
　　　　　　　　　→フィアヘラー, エルンストヨアヒム
フィアレイ, シンティア　　→Viallé, Cynthia
フィウミ, マリア・ルイザ　→Fiumi, Maria Luisa
フィオークビスト, カイ　　→フィオークビスト, カイ
フィオリーナ, カーリー　　→Fiorina, Carly
フィオリナ, モリス・P.　　→フィオリナ, モリス・P.
フィガール, ギュンター　　→Figal, Günter
フィグレフスキー, S.　　　→Figlewski, Stephen
フィケンチャー, ヴォルフガング
　　　　　　　　　→フィケンチャー, ヴォルフガング
フィシェルソン＝ホルスタイン, ホリス
　　　　　　　　　→Fishelson-Holstine, Hollis
フィシャン, ミシェル　　　→フィシャン, ミシェル
フィシュレル, C.　　　　　→フィシュレル, C.
フィショフ, エフライム　　→Fischoff, Ephraim
ブイス, ジャン＝マリ　　　→ブイス, ジャン＝マリ
フィスク, ジョン　　　　　→Fiske, John
フィーツ, M.　　　　　　　→フィーツ, M.

フィックス, エリック・B.	→フィックス, エリック・B.		→フィリップス, スーザン・M.
フィックス, ボブ	→Fickes, Bob	フィリップス, リチャード・D.	→フィリップス, リチャード・D.
フィッシャー, ウィリアム	→フィッシャー, ウィリアム	フィリップス, C.D.	→Phillips, Charles D.
フィッシャー, ウィリアム・F.	→Fisher, William F.	フィリップス, D.Z.	→フィリップス, D.Z.
フィッシャー, エニッド	→フィッシャー, エニッド	フィリップ・スタンベリー, ジェームス	
フィッシャー, ジョージ	→フィッシャー, ジョージ		→Stanberry, James Phillip
フィッシャー, スタンレー	→Fischer, Stanley	フィリプスン, クリス	→Phillipson, Chris
フィッシャー, ディートリッヒ		フィリペタ, ジンドリチ	→フィリペタ, ジンドリチ
	→フィッシャー, ディートリッヒ	フィルソン, M.	→Philson, Michael
フィッシャー, ビル	→フィッシャー, ビル	フィールディング, D.	→Fielding, Dorothy
フィッシャー, マイケル・M.J.	→Fisher, Michael	フィールド, ジョン	→フィールド, ジョン
フィッシャー, マーシャル・L.		フィルマー, フリッツ	→Vilmar, Fritz
	→フィッシャー, マーシャル・L.	フィルモウ, ベルンハルト	→Villmow, Bernhard
フィッシャー, ミカエル	→フィッシャー, ミカエル	フィールライト, ジェーン	→フィールライト, ジェーン
フィッシャー, ヨシュカ	→Fischer, Joschka	フィールライト, ジュリー	→Wheelwright, Julie
フィッシャー, ラスティ	→Fischer, Rusty	フィロネンコ, アレクシス	
フィッシャー, ロジャー	→Fisher, Roger		→フィロネンコ, アレクシス
フィッシャー, ローズマリー・G.		フィン, ジョナサン	→フィン, ジョナサン
	→フィッシャー, ローズマリー・G.	フィン, ダラス	→Finn, Dallas
フィッシャー, G.	→Fischer, Gerhard	フィン, チェスター・E., Jr.	
フィッシャー, J.	→Fisher, Jeff		→Finn, Chester E., Jr.
フィッシャー, K.(環境問題)	→Fischer, Kurt	フィン, ポーラ	→フィン, ポーラ
フィッシャー, P.M.	→Fischer, Peter Michael	フィン, マーク	→フィン, マーク
フィッシャー, R.J.	→Fisher, Ronald J.	フィンク, レナーテ	→フィンク, レナーテ
フィッシュ, アルバート	→フィッシュ, アルバート	フィンク, ローレンス・D.	
フィッシュ, スタンリー	→Fish, Stanley Eugene		→フィンク, ローレンス・D.
フィッシュ, L.C.	→Fish, Loretta C.	フィンケラー, デイヴィド	→Finkelhor, David
フィッシュバーン, ピーター・C.		フィンケルクロート, アラン	→Finkielkraut, Alain
	→Fishburn, Peter C.	フィンケルシュタイン, E.	→Finkelstein, Elliot
フィッシュマン, ロバート	→フィッシュマン, ロバート	フィンケルスタイン, シドニー	
フィッセル, J.	→Fisscher, J.F.van Overmeer		→フィンケルスタイン, シドニー
フィッチ, ノエル・ライリー	→Fitch, Noël Riley	フィンケルスタイン, デービッド・M.	
フィッツギボン, G.	→Fitzgibbon, Genevieve		→Finkelstein, David M.
フィッツジェラルド, トニー		フィンケルスタイン, バーバラ	
	→フィッツジェラルド, トニー		→Finkelstein, Barbara
フィッツジェラルド, フェイス・T.		フィンドレー, クリストファー	
	→Fitzgerald, Faith T.		→Findlay, Christopher Charles
フィッツジェラルド, F.スコット		フィンドレン, ポーラ	→フィンドレン, ポーラ
	→Fitzgerald, Francis Scott Key	フィーンバーグ, アンドルー	
フィッツヒュー, ウィリアム・W.			→フィーンバーグ, アンドルー
	→フィッツヒュー, ウィリアム・W.	フィンレー, カレン	→Finley, Karen
フィトゥシ, ジャン=ポール		フウ, エキミン	→フウ, エキミン (馮易民)
	→フィトゥシ, ジャン=ポール	フウ, キンエイ	→フウ, キンエイ (馮錦栄)
フィードラー, フレッド・E.	→Fiedler, Fred E.	フウ, ショウケイ	→フウ, ショウケイ (馮昭奎)
フィドラー, D.P.	→フィドラー, D.P.	フーヴァー, ケヴィン・D.	
フィーニー, デイビッド・F.	→Feeny, David F.		→フーヴァー, ケヴィン・D.
フィーヌ, アニエス	→Fine, Agnès	ブーヴィー, メアリー	→ブーヴィー, メアリー
フィヒテ, ヨハン・ゴットリーブ		ブラック, J.A.	→Burack, Jacob A.
	→Fichte, Johann Gottlieb	ブウルイズ, ボチョブラ	→ブウルイズ, ボチョブラ
フィフィイ, ジョナサン	→フィフィイ, ジョナサン	ブーヴレス, ジャック	→Bouveresse, Jacques
フィムライテ, アンネ・リーセ		フェアクロウ, マレー	→フェアクロウ, マレー
	→Fimreite, Anne Lise	フェアバーン, クリストファ・G.	
ブイユヴォー, C.E.	→Bouillevaux, C.E.		→Fairburn, Christopher G.
フィリップ, キャロル・ブランソン		フェアバンク, エドウィン	→Fairbank, Edwin
	→フィリップ, キャロル・ブランソン	フェアバンク, ジョン・K.	
フィリップ, ジル	→フィリップ, ジル		→フェアバンク, ジョン・K.
フィリップ, トーマス・K.	→Philips, Thomas K.	フェアバンクス, チャールズ・H., Jr.	
フィリップス, F.Y.	→Phillips, Fred Y.		→フェアバンクス, チャールズ・H., Jr.
フィリップ, G.	→フィリップ, G.	フェアフィールド, ロイ・P.	
フィリップス	→フィリップス		→フェアフィールド, ロイ・P.
フィリップス, スーザン・M.			

フエア

フェアブラザー, ピーター	→Fairbrother, Peter
フェアレス, ベンジャミン・F.	→Fairless, Benjamin F.
フェアレス, M.	→Fairless, Matthew
フェイ, J.T.	→Fey, James T.
フェイガン, ブライアン・M.	→Fagan, Brian M.
フェイジック, アデル・M.	→Fasick, Adel M.
フェイダ-サーマン, ヴィクトリア・リン	→フェイダ-サーマン, ヴィクトリア・リン
フェイト, T.S.	→Feit, Theodore S.
フェイン, ヘレン	→Fein, Helen
フェーヴル, リュシアン	→Febvre, Lucien Paul Victor
フェザーマン, D.	→Featherman, David L.
フェシュン, アンドレイ	→フェシュン, アンドレイ
プエスケル, E.V.	→Pueschel, Eny V.
プエスケル, S.M.	→Pueschel, Siegfried M.
フェスト, ヨアヒム	→フェスト, ヨアヒム
フェターズ, マイケル・L.	→Fetters, Michael L.
フェターソン, ゲイル	→フェターソン, ゲイル
フェッター, ヘルムート	→Vetter, Helmut
フェッチャー, イーリング	→Fetscher, Iring
フェッファー, ジェフリー	→Pfeffer, Jeffrey
フェッファー, ジョン	→Feffer, John
フェッラーラ, アレッサンドロ	→フェッラーラ, アレッサンドロ
フェデリーチ, シルヴィア	→Federici, Silvia
フェドゥロフ, M.V.	→フェドゥロフ, M.V.
フェートチャック, エレーヌ	→Feertchak, Helene
フェドロヴィッチ, ケント	→フェドロヴィッチ, ケント
フェネロン	→フェネロン
フェビアン, アンドリュー	→Fabian, A.C.
フェビス, R.A.	→Fabes, Richard A.
フェファー, ジェフリー	→Pfeffer, Jeffrey
フェミア, ジョセフ	→フェミア, ジョセフ
フェラテ, ガブリエル	→フェラテ, ガブリエル
フェラリ, D.	→フェラリ, D.
フェリー, リュック	→Ferry, Luc
フェリウ, ジョー	→フェリウ, ジョー
フェリエ, G.	→Ferrier, Gray D.
フェリス, ジョン	→フェリス, ジョン
フェール, R.	→Färe, Rolf
フェルヴァーイエン, F.B.	→Verwayen, F.B.
フェルカー, ゲルハルト	→Völker, Gerhard
フェルス, デビッド	→Felce, David
フェルスター, クリスチャン	→フェルスター, クリスチャン
フェルスター, H.フォン	→Foerster, Heinz von
フェルデ, C.J.H.ファン・デ	→Velde, C.J.H.van de
フェルデ, P.G.E.I.J.ファン・デル	→Velde, P.G.E.I.J.van der
フェルディナンド, ピーター	→Ferdinand, Peter
フェルト, L.S.	→Feldt, Leonard S.
フェルドシュタイン, マーティン	→Feldstein, Martin S.
フェルドハウス, ウイリアム・R.	→フェルドハウス, ウイリアム・R.
フェルドマン, エヴリン	→Feldmann, Evelyn
フェルドマン, ケニス・ウェイン	→Feldman, Kenneth Wayne
フェルドマン, ジェラルド・D.	→Feldman, Gelrald D.
フェルドマン, ダニエル・C.	→フェルドマン, ダニエル・C.
フェルドマン, マイケル	→フェルドマン, マイケル
フェルドマン, E.	→Feldman, Esther
フェルドマン, M.	→Feldman, Michael
フェルナンデス, ドリーン・G.	→Fernandez, Doreen G.
フェルナンデス, フアン	→フェルナンデス, フアン
フェルナンド, ヴィジタ	→フェルナンド, ヴィジタ
フェルニエ, G.	→Fernie, Geoff
フェルネー, アリス	→Ferney, Alice
フェルハイ, ロベルト・A.	→Verheij, Robert A.
フェルプス, アントニー	→Phelps, Anthony
フェルラン, ミシェル	→フェルラン, ミシェル
フェレスダール, ダグフィン	→フェレスダール, ダグフィン
フェレーラ, マウリツィオ	→フェレーラ, マウリツィオ
フェロー, マルク	→Ferro, Marc
フェンガー, オーレ	→Fenger, Ole
フェンシャム, P.J.	→Fensham, Peter J.
フェンティマン, R.	→Fentiman, Richard
フエンテス, カルロス	→Fuentes, Carlos
フェントン, ジェームズ	→フェントン, ジェームズ
フェントン・オクリーヴィ, マーク	→Fenton-O'Creevy, Mark
フェンネマ, マインダート	→Fennema, Meindert
フォー, ジェフ	→フォー, ジェフ
フォー, ダリオ	→フォー, ダリオ
フォア, エドナ・B.	→Foa, Edna B.
フォアハイス, レベッカ	→フォアハイス, レベッカ
フォアマン・ベック, J.	→Foreman-Peck, James
フォアレンダー, ヘルマン	→フォアレンダー, ヘルマン
フォイエルバハ, アンゼルム	→Feuerbach, Paul Johann Anselm von
フォイエルバハ, ルートヴィヒ	→Feuerbach, Ludwig Andreas
フォイヤーシュタイン, ラフィー	→Feuerstein, Rafi
フォイヤーシュタイン, ルーヴェン	→Feuerstein, Reuven
フォイヤースティン, ゲオルグ	→フォイヤースティン, ゲオルグ
フォウルクス, フレッド・K.	→Foulkes, Fred K.
フォーガス, ジョセフ・P.	→フォーガス, ジョセフ・P.
フォーギア, フィリップ	→フォーギア, フィリップ
フォーク, テリー	→Foecke, Terry
フォーク, リチャード	→Falk, Richard A.
フォークナ, ジョン	→フォークナ, ジョン
フォーゲル, シュテファン	→フォーゲル, シュテファン
フォーゲル, クラウス	→フォーゲル, クラウス
フォーゲル, ジョシュア・A.	→Fogel, Joshua A.
フォーゲル, B.S.	→Fogel, Barry S.
フォーケン, I.	→Fooken, Insa
フォーサイス, マリー	→Forsyth, Murray
フォーサイス, D.R.	→フォーサイス, D.R.
フォーショワ, ヤン	→Fauchois, Yann
フォス, ケン	→Vos, Ken
フォス, ミヒャエル	→Voss, Michael

日本語表記	→ 原綴	日本語表記	→ 原綴
フォスクーレ, A.	→フォスクーレ, A.	フォレスト, アラン	→Forrest, Alan
フォスター, リチャード・N.	→Foster, Richard N.	フォレスト, デレク・W.	→フォレスト, デレク・W.
フォスター, A.	→Foster, Anne	フォレット, メアリー・パーカー	→Follett, Mary Parker
フォースバーグ, ランダル	→Forsberg, Randall	フォロ, フランチェスコ	→フォロ, フランチェスコ
フォースンド, F.	→Førsund, Finn R.	フォワジル, マドレーヌ	→フォワジル, マドレーヌ
フォーセット, ミリセント・ギャレット	→Fawcett, Millicent Garrett	フォン, M.	→フォン, M.
フォーセット, L.	→Fawcett, Louise L'Estrange	フォンヴィジン, ミハイル	→フォンヴィジン, ミハイル
フォーダ, ハーシム	→フォーダ, ハーシム	フォンタナ, アントニア=イーダ	→Fontana, Antonia Ida
フォーダム, マイケル	→Fordham, Michael	フォンツィ, アダ	→フォンツィ, アダ
フォックス, ウィリアム・F.	→Fox, William F.	フォンテイン, キャロル・R.	→Fontaine, Carole R.
フォックス, ジェームズ・アラン	→Fox, James Alan	フォンテーン, テリー	→フォンテーン, テリー
フォックス, ジョン	→Fox, Jon	フォントネイ	→フォントネイ
フォックス, ブレンダ・J.	→フォックス, ブレンダ・J.	フォンファ, グードルン	→フォンファ, グードルン
フォックス, ヘイゼル	→Fox, Hazel	フォンブラン, チャールズ・J.	→フォンブラン, チャールズ・J.
フォックス, マシュー	→フォックス, マシュー	フォン・フランツ, M.-L.	→von Franz, Marie-Louise
フォックス, E.M.	→Fox, Elliot M.	ブガール, フランソワ	→ブガール, フランソワ
フォックス, M.A.	→フォックス, M.A.	ブーカン, アラステアー	→ブーカン, アラステアー
フォッセンクール, ヴィルヘルム	→フォッセンクール, ヴィルヘルム	ブーガンヴィル, L.A.	→Bougainville, Louis-Antoine de
フォッセンクール, W.	→フォッセンクール, W.	ブーキエ	→ブーキエ
フォップ, ロドニー	→フォップ, ロドニー	ブキャナン, エドナ	→Buchanan, Edna
フォーテス, マイヤー	→Fortes, Meyer	ブキャナン, ジェイムズ・M.	→Buchanan, James M.
フォード, ジェラルド・R.	→Ford, Gerald R.	ブキャナン, リー	→ブキャナン, リー
フォード, ジル	→Ford, Jill	フーク, アントワネット	→Fouque, Antoinette
フォード, デイヴィッド	→フォード, デイヴィッド	フーク, ウェイン	→Hooke, Wayne
フォード, ヘンリー, 2世	→Ford, Henry, II	フクス, リン	→フクス, リン
フォード, マサコ	→Ford, Masako	フクダ, マサアキ	→フクダ, マサアキ (福田雅章)
フォード, ユージン・M.	→フォード, ユージン・M.	ブークベー, オッドビョルン	→Bukve, Oddbjørn
フォドア, アイリス・G.	→フォドア, アイリス・G.	フクヤマ, フランシス	→Fukuyama, Francis
フォートガング, ロン・S.	→Fortgang, Ron S.	フーケ, カトリーヌ	→Fouquet, Catherine
フォード=スミス, オナー	→フォード=スミス, オナー	フーケ, C.	→フーケ, C.
フォーノック, ジェフリー	→Warnock, Geoffrey	フゲイト, ジョー	→フゲイト, ジョー
フォーブス, アーチボルド	→フォーブス, アーチボルド	ブーゲン, P.	→Bougen, Philip
フォーブス, マルコム・S.	→Forbes, Malcolm S.	ブーゲンソール, トマス	→ブーゲンソール, トーマス
フォーブス, B.C.	→Forbes, B.C.	ブーゲンタール, ダフネ・ブルント	→Bugental, Daphne Blunt
フォムラン, チャールズ	→フォムラン, チャールズ	フーコー, ミシェル	→Foucault, Michel
フォラー, マティ	→Forrer, Matthi	フーゴー(サン=ヴィクトルの)	→フーゴー(サン=ヴィクトルの)
フォーラー, ワイチェ, Jr.	→Fowler, Wyche, Jr.	ブコウスキー, ロン	→ブコウスキー, ロン
フォーリー, グリフ	→フォーリー, グリフ	ブザン, バリー	→ブザン, バリー
フォーリー, フランク	→Foley, Frank	ブザンソン, アラン	→Besançon, Alain
フォーリー, G.	→Foley, Griff	フジイ, エドウィン・T.	→Fujii, Edwin T.
フォーリー, J.クリス	→フォーリー, J.クリス	フジタ, アキコ	→Fujita, Akiko
フォリー, J.J.	→Foley, Joseph J.	フジタニ, タカシ	→フジタニ, タカシ
フォール, アラン	→フォール, アラン	フジタニ, T.	→Fujitani, T.
フォルクマー, フレッド・R.	→Volkmar, Fred R.	ブシッチ, E.	→ブシッチ, E.
フォルグリムラー, ヘルバート	→フォルグリムラー, ヘルバート	フジモト, タカヒロ	→フジモト, タカヒロ (藤本隆宏)
フォルテ, アントニーノ	→フォルテ, アントニーノ	ブシャール, ルシエン	→ブシャール, ルシエン
フォルフ, ターツ・エスカリネン・デ	→フォルフ, ターツ・エスカリネン・デ	ブース, アラン	→Booth, Alan
フォルベク, クヌート	→フォルベク, クヌート	ブース, ケン	→ブース, ケン
フォルマー, クラウス	→フォルマー, クラウス	ブース, トニー	→Booth, Tony
フォルマー, T.R.	→Vollmer, Timothy R.	フス, ヤン	→Hus, Jan
フォルラート, エルンスト	→フォルラート, エルンスト	ブスカイア, レオ	→ブスカイア, レオ
フォレス, マイケル	→Fores, Michael		
フォレスター, ジョン(経営社会学)	→Forester, John		

フスカス, ヴァシリス →Fouskas, Vassilis
ブダデブ・チョウドリ →ブダデブ・チョウドリ
ブーダール, パトリス →ブーダール, パトリス
フチアカ, ヘレン →フチアカ, ヘレン
ブーチキー, ハミッド →Bouchikhi, Hamid
ブチャール, F. →ブチャール, F.
ブツァー, マルティン →Bucer, Martin
フッカス, R. →Fuchs, Reinhard
フック, グレン・D. →Hook, Glenn D.
ブック, ハワード →Book, Howard
ブックウォルター, アンドリュー
　　　　　→ブックウォルター, アンドリュー
フックス, スザンネ →フックス, スザンネ
フックス, ベル →Hooks, Bell
ブッシュ, ウルリッヒ →ブッシュ, ウルリッヒ
ブッシュ, ジョージ →Bush, George
ブッシュ, ジョージ・W. →Bush, George Walker
ブッシュ, バーバラ →Bush, Barbara
ブッシュ, マーガレット・A. →Bush, Margaret A.
フッター, ヤーコブ →フッター, ヤーコブ
ブッチャー, スーザン →Butcher, Susan
フッテ, ウィリアム・W. →Foote, William W.
フッテン, イェク・B.F. →Hutten, Jack B.F.
フッド, アン →Hood, Ann
フット, ジャン=ポール →フット, ジャン=ポール
フット, ローズマリー →Foot, Rosemary
プット・チョムナーン →プット・チョムナーン
プットマン, ビル →プットマン, ビル
ブッハー, フィリップ →Bucher, Philip
ブーティー, J.E. →Booty, John E.
ブディアルジョ, カルメル →Budiardjo, Carmel
ブティエ, M. →Bouteiller, M.
フーデマン, オリヴィール
　　　　　→フーデマン, オリヴィール
ブテンコ →ブテンコ
フート, エドワルド →フート, エドワルド
フート, ナサニエル →Foote, Nathaniel
フート, ハンス →Hut, Hans
ブトゥリム, ゾフィア →Butrym, Zofia
フードファー, ホーマー →フードファー, ホーマー
ブーニン, ビャチェスラフ →ブーニン, ビャチェスラフ
フーバー, ウルリッヒ →Huber, Ulrich
フーバー, オイゲン →フーバー, オイゲン
フーバー, サリー →Hoover, Sally
ブーハ, ダイアナ →ブーハ, ダイアナ
フーバー, ヘレナ →Hoover, Helene
フーバー, ローベルト →フーバー, ローベルト
フーバー, H.D. →Hoover, H.D.
プフィステラー, ルードルフ
　　　　　→プフィステラー, ルードルフ
プフェフリン, フリーデマン
　　　　　→プフェフリン, フリーデマン
プフェントザック, ヴェルナー
　　　　　→Pfendsack, Werner
ブーブナー, リューディーガー →Bubner, Rüdiger
ブブノワ, ワルワラ
　　　　　→Bubnova, Varvara Dmitrievna
フーブマイア, バルターザル
　　　　　→Hubmayer, Balthasar
フーベル, ゲオルグ →フーベル, ゲオルグ

ブホフスキー, エヌ →ブホフスキー, エヌ
ブホリ, ムフタル →ブホリ, ムフタル
フーム, ロン →フーム, ロン
フューエル, ダナ・ノウラン
　　　　　→Fewell, Danna Nolan
フュークス, ピーター →Fuchs, Peter
フュージョンマーケティンググループ
　　　　　→FUSIONマーケティング・グループ
フュマロリ, マルク →フュマロリ, マルク
フュルステンベルク, フリードリッヒ
　　　　　→Fürstenberg, Friedrich
フュレ, フランソワ →Furet, François
フョドロフ, ゲ →フョドロフ, ゲ
フラー, ピーター →フラー, ピーター
フラー, ロン・L. →Fuller, Lon L.
フラー, J.F.C. →Fuller, J.F.C.
ブライ, カレン・M. →Bly, Karen M.
フライ, ジェラルド・W. →フライ, ジェラルド・W.
フライ, ジョセフ・N. →フライ, ジョセフ・N.
フライ, ディーター →フライ, ディーター
フライ, ブルーノ・S. →Frey, Bruno S.
ブライアー-ローソン, キャサリン
　　　　　→Briar-Lawson, Katharine
ブライアン, ウィリアム・J.
　　　　　→Bryan, William Jennings
ブライアン, ベバリー →Bryan, Beverly
ブライアン, ローウェル・L. →Bryan, Lowell L.
ブライアント, ダーク →Bryant, Dirk
ブライアント, ピーター・E.
　　　　　→ブライアント, ピーター・E.
フライイング・ホーク →Flying Hawk
ブライザント, バリー・M. →Prizant, Barry M.
フライシャー, ヘルムート →Fleischer, Helmut
ブライシュタイン, ローマン
　　　　　→ブライシュタイン, ローマン
フライシュマン, ジュリアス →Fleischmann, Julius
プライス, コリン →Price, Colin
プライス, サイモン →プライス, サイモン
プライス, ヒュー・B. →プライス, ヒュー・B.
プライス, ブライアン →Price, Brian
プライス, ペニー →Price, Penny
プライス, リチャード →Price, Richard
プライス, レイモンド・L. →Price, Raymond L.
プライス, J.M. →Price, Joseph M.
プライス, M.ケリー →プライス, M.ケリー
プライス, R. →Price, Robert
プライス-ウィリアムズ, ダグラス
　　　　　→Price-Williams, Douglass
ブライソン, ルイス →ブライソン, ルイス
プライダム, G. →Pridham, Geoffrey
ブライデルト, ヴォルフガング
　　　　　→Breidert, Wolfgang
ブライデンソール, レナード →Bridenthal, Renate
ブライテンベルク, ヴァーレンティーン
　　　　　→Braitenberg, Valentin
ブライト, ジュープ・バン・デル
　　　　　→ブライト, ジュープ・バン・デル
ブライト, スージー →ブライト, スージー
ブライト, ハーヴィー →ブライト, ハーヴィー
フライマー=ケンスキー, ティクヴァ
　　　　　→Frymer-Kensky, Tikva

フライヤー, ブロンウィン	→Fryer, Bronwyn	ブラウンリー, ジョン・S.	→ブラウンリー, ジョン・S.
ブライラー, D.	→Brailer, David J.	ブラガー, スザンヌ	→ブラガー, スザンヌ
ブラウ, モニカ	→Braw, Monica	ブラガー, ビル	→ブラガー, ビル
ブラウアー, キンレー	→ブラウアー, キンレー	ブラーグ, レミ	→ブラーグ, レミ
ブラウアー, D.R.	→Brower, Daniel R.	ブラグドン, クロード	→ブラグドン, クロード
ブラヴォー, ゲイリー	→Bravo, Gary	ブラザーズ, ジョイス	→Brothers, Joyce
ブラウス, ゲロルト	→Prauss, Gerold	ブラザーストーン, T.	→Brotherstone, Terry
ブラウト, アルフレッド	→ブラウト, アルフレッド	ブラサード, マーラ・R.	→Brassard, Marla R.
ブラウド, ウィリアム・G.	→Braud, William G.	フラジルコバー, ヤナ	→フラジルコバー, ヤナ
ブラウトン, リチャード・S.		フラスカ, フランチェスコ	→Frasca, Francesco
	→ブラウトン, リチャード・S.	ブラスケス, P.B.	→Blazquez, Pedro Baptista
ブラウニング, S.	→Browning, Steve	ブラステル, ジャック・F.A.	
ブラウロック, ウベ	→ブラウロック, ウベ		→ブラステル, ジャック・F.A.
ブラウン, アドリエン・マリー		プラセンジット・ドゥアラ	→Prasenjit Duara
	→Brown, Adrienne Maree	ブラーダ, マヌエル・ゴンサーレス	
ブラウン, アラン(国際法)	→Brown, Alan		→ブラーダ, マヌエル・ゴンサーレス
ブラウン, アン・L.	→ブラウン, アン・L.	ブラッカー, カーメン	→Blacker, Carmen
ブラウン, ウィリアム	→ブラウン, ウィリアム	ブラッキア, ジョセフ・A.	→Braccia, Joseph A.
ブラウン, ウィリアム・H.	→Brown, William H.	ブラック, ケネス, Jr.	→ブラック, ケネス, Jr.
ブラウン, ウィリアム・N.		ブラック, ブルース	→ブラック, ブルース
	→ブラウン, ウィリアム・N.	ブラック, ヘレン	→ブラック, ヘレン
ブラウン, エスメラルダ	→Brown, Esmeralda	ブラッグ, リック	→ブラッグ, リック
ブラウン, クリス	→ブラウン, クリス	ブラック, レオラ・E.	→ブラック, レオラ・E.
ブラウン, サリー	→ブラウン, サリー	ブラック, J.ステュアート	→Black, J.Stewart
ブラウン, ジャネット	→Browne, E.Janet	ブラックウェル, ロン	→ブラックウェル, ロン
ブラウン, ショーナ・L.	→Brown, Shona L.	ブラック・エルク	→ブラック・エルク
ブラウン, ジョン・シーリー	→Brown, John Seely	ブラックストーン, W.T.	→ブラックストーン, W.T.
ブラウン, ティム	→Brown, Tim	ブラックバーン, サイモン	→Blackburn, Simon
ブラウン, デニス	→ブラウン, デニス	ブラックバーン, テレル	→Brackburn, T.
ブラウン, パトリシア・M.		ブラックバーン, ロビン	→Blackburn, Robin
	→ブラウン, パトリシア・M.	ブラックバーン, R.	→Blackburn, Ronald
ブラウン, ハロウェイ	→Brown, Holloway	ブラック・ホーク	→Black Hawk
ブラウン, ヒラリー	→Brown, Hilary	ブラックボーン, D.	→Blackbourn, David
ブラウン, フィリップ	→Brown, Philip	ブラックマン, デレク・E.	→ブラックマン, デレク・E.
ブラウン, ベネット・G.	→Braun, B.G.	ブラックモア, スーザン・J.	→Blackmore, Susan J.
ブラウン, ヘレン・ガーリー		ブラックレッジ, エイドリアン	
	→Brown, Helen Gurley		→ブラックレッジ, エイドリアン
ブラウン, ミスター	→ブラウン, ミスター	フラッシェ, ライナー	→フラッシェ, ライナー
ブラウン, ミヒャエル	→Braun, Michael	ブラッシュ, ブルース・S.	→Plasch, Bruce S.
ブラウン, ムリエル	→ブラウン, ムリエル	フラッタリ, C.	→Frattali, Carol
ブラウン, メリー	→ブラウン, メリー	プラット, ジェラルディン	→プラット, ジェラルディン
ブラウン, メリサ・R.	→ブラウン, メリサ・R.	プラット, デニス	→Platt, Denise
ブラウン, ラドクリフ	→ブラウン, ラドクリフ	プラット, メアリー・ルイーズ	→Pratt, Mary
ブラウン, ラパート	→ブラウン, ラパート	プラット, ラザフォード・H.	
ブラウン, ロイ・I.	→Brown, Roy I.		→プラット, ラザフォード・H.
ブラウン, ロバート	→Brown, Robert	プラット, リチャード	→Platt, Richard
ブラウン, ロバート・マカフィー		プラット, ルイス・E.	→Platt, Lewis E.
	→ブラウン, ロバート・マカフィー	プラット, レイチェル・G.	
ブラウン, ローラ・S.	→ブラウン, ローラ・S.		→プラット, レイチェル・G.
ブラウン, A.J.	→ブラウン, A.J.	プラット, R.	→Blatt, Rena
ブラウン, D.	→Brown, Dorothy	ブラッドウェイ, ケイ	→Bradway, Kay
ブラウン, D.J.	→Brown, Donald J.	ブラッドショー, J.	→Bradshaw, J.
ブラウン, G.	→Brown, George	ブラッドフォド, ジェイムズ・C.	
ブラウン, J.F.	→Brown, J.Fredric		→ブラッドフォド, ジェイムズ・C.
ブラウン, L.デビッド	→Brown, L.David	ブラッドフォード, ウィリアム	
ブラウン, N.	→Braun, Norbert		→ブラッドフォード, ウィリアム
ブラウン, S.G.	→Brown, Sylvia G.	ブラッドフォード, デビッド・L.	
ブラウン, S.J.	→Brown, Stephen J.		→Bradford, David L.
ブラウンベルガー, ゲラルト		ブラッドフォード, ワイリー	
	→ブラウンベルガー, ゲラルト		→ブラッドフォード, ワイリー

ブラッドベリ, N.	→Bradbury, Nicola	フランコ, アイシル	→Franco, Aicil
ブラットマン, リン	→Blattmann, Lynn	ブランジェ, J.	→ブランジェ, J.
ブラッドリー, V.J.	→Bradley, Valerie J.	フランシス, グラハム	→Francis, Graham
ブラッドレー, クリスティン	→ブラッドレー, クリスティン	フランシス, ダグラス	→Francis, Douglas
ブラッドレー, レイモンド・T.	→ブラッドレー, レイモンド・T.	フランシス, S.C.	→Francis, Suzanne C.
ブラッドレイ, ジェラード・V.	→Bradley, George V.	ブランシップ, ロレンゾ	→ブランシップ, ロレンゾ
ブラッドン, ラッセル	→Braddon, Russell	ブランシャール, オリヴィエ	→Blanchard, Olivier J.
ブラッバード, アンドルー・J.	→ブラッバード, アンドルー・J.	ブラン=シャレアール, マリ=クロード	→ブラン=シャレアール, マリ=クロード
ブラディ, E.	→Brady, Ed	ブランショ, モーリス	→Blanchot, Maurice
プラディアンシャー, アルファン	→プラディアンシャー, アルファン	フランス	→フランス
プラディック, クリストファー	→プラディック, クリストファー	ブランズ, ジョウジフ	→Brandes, Joseph
ブラーテン, C.E.	→Braaten, Carl E.	ブランズマ, ジェフリー・M.	→Brandsma, J.A.
プラトーン	→Platon	フランソン, アンドレ	→フランソン, アンドレ
ブラネン, メアリー・ヨーコ	→Brannen, Mary Yoko	ブランソン, リチャード	→Branson, Richard
フラハティー, スーザン	→Flaherty, Susan L.Q.	フランダース, サラ	→Flounders, Sara
プラハラード, C.K.	→Prahalad, C.K.	フランチ, クリスティナ	→Franchi, Cristina
フラビエ=マジュール, リュシエンヌ	→フラビエ=マジュール, リュシエンヌ	フランチェスカ(ローマの)	→フランチェスカ(ローマの)
フラフンスドッティル, ステイヌン	→Hrafnsdóttir, Steinunn	フランチェスコ(アッシジの)〈聖〉	→Francesco d'Assisi, Saint
フラマー, A.	→Flammer, August	ブランチャード, ケン	→Blanchard, Kenneth H.
フラムキン, ピーター	→Frumkin, Peter	フランツ, ミヒャエル	→フランツ, ミヒャエル
ブラムゼン, イエルク	→ブラムゼン, イエルク	ブーランツァ, ニコ	→ブーランツァ, ニコ
ブラモンドン, ウィリアム・N.	→ブラモンドン, ウィリアム・N.	フランツェッティ, J.C.	→Franzetti, Joseph C.
プラヨゴ, ドディ	→プラヨゴ, ドディ	フランツェン, ヴィンフリート	→フランツェン, ヴィンフリート
フラワー, ジェイン	→フラワー, ジェイン	ブランディス, G.H.	→Brandeis, Gary H.
フラワーズ, ナンシー	→Flowers, Nancy	プランティ=ボンジュール, ギイ	→Planty-Bonjour, Guy
フラワーズ, R.	→Flowers, Rick	プランティリア, ジェファーソン・R.	→Plantilla, Jefferson R.
ブラン, ヘンリー・ウォルター	→Brann, Henry W.	ブランデン, ナサニエル	→Branden, Nathaniel
フランク, アーサー・W.	→フランク, アーサー・W.	ブランデンバーガー, アダム・M.	→Brandenburger, Adam M.
フランク, イェンス=ウーベェ	→フランク, イェンス=ウーベェ	ブラント, ジェームズ	→Brant, James
フランク, セミョーン	→フランク, セミョーン	ブランド, ジャック	→Bland, Jack
フランク, ディディエ	→フランク, ディディエ	ブラント, ジャネット・A.	→Brandt, Jeanette A.
フランク, ハリー・トマス	→Frank, Harry Thomas	ブラント, ジュディス	→Plant, Judith
フランク, ベルナール	→Frank, Bernard	ブランド, バーバラ・B.	→ブランド, バーバラ・B.
ブランク, ホルスト	→Blanck, Horst	ブラント, レイモン	→ブラント, レイモン
プランク, ロバート	→Plank, Robert	ブラント-エリッセン, マーサ	→Brandt-Erichsen, Martha
フランク, ローレンス・K.	→Frank, Lawrence K.	フランドラン, J.-L.	→Flandrin, Jean Louis
プランク, D.N.	→Plank, David N.	フランドロワ, I.	→Flandrois, Isabelle
ブラングィン, G.	→Brangwyn, Gill	ブランドン, デビッド	→Brandon, David
フランクフルト, ハリー・G.	→フランクフルト, ハリー・G.	ブランドン, ヘンリー	→ブランドン, ヘンリー
フランクリン, ベンジャミン	→Franklin, Benjamin	ブランネン, メアリー・ヨーコ	→Brannen, Mary Yoko
フランケ, R.	→Franke, Reiner	ブラン=モンマイユール, マルティヌ	→Blanc-Montmayeur, Martine
フランケル, ジェフリー	→Frankel, Jeffrey	フリア, サントス	→Juliá, Santos
フランケン, ヤン	→Vranken, Jan	フリーアー, J.	→Freear, John
フランケンハウザー, マリアンネ	→Frankenhaeuser, Marianne	ブリエゼーネル, トーマス	→ブリエゼーネル, トーマス
フランケンバーグ, ロナルド	→Frankenberg, Ronald	プリオン, ドミニク	→Plihon, Dominique
フランケンベルク, ギュンター	→フランケンベルク, ギュンター	プリゴジン, イリヤ	→Prigogine, Ilya
		ブリジット	→ブリジット
		フリーズ, カレン	→フリーズ, カレン
		フリス, サイモン	→Frith, Simon
		フリーズ, ジェニファー	→Frieze, Jennifer

フリース, ヤン・デ	→Vries, Jan de	プリニウス〈小〉	→Plinius
フリーズ, B.E.	→Fries, Brant E.	プリニグ, マーガレット	→プリニグ, マーガレット
フリーズ, I.B.	→Fries, Ian Blair	プリーニス, アンソニイ・J.	
プリスクス	→プリスクス		→プリーニス, アンソニイ・J.
ブリースコルン, N.	→ブリースコルン, N.	フーリハン, ゲリー	→Hourihan, Gary
ブリストゥ, ベリル	→ブリストゥ, ベリル	フリーマン, イソベル	→Freeman, Isobel
ブリーストランド, アンドレアス		フリーマン, ウェンディ	→Frieman, Wendy
	→Priestland, Andreas	フリーマン, エリザベス	→Freeman, Elizabeth
フリスビー, デイヴィッド	→Frisby, David	フリーマン, ジーネス	→フリーマン, ジーネス
ブリスベン, アーサー	→Brisbane, Arthur	フリーマン, バーバラ	→フリーマン, バーバラ
ブリソ, J.	→Brissaud, J.	フリーマン, ミカエル	→Freeman, Michael
ブリダヌス, ヨハネス	→Buridanus, Johannes	フリーマン, リチャード	→フリーマン, リチャード
フリーダン, ベティ	→フリーダン, ベティ	フリーマン, ローリー・A.	
プリチェット, C.ハーマン	→プリチェット, C.ハーマン		→フリーマン, ローリー・A.
プリチェット, V.S.	→Pritchett, Victor Sawdon	フリーマン, A.	→Freeman, Alan
プリチャード, ジョン	→Pritchard, John	フリーマン, J.D.(家族論)	→フリーマン, J.D.(家族論)
プリチャード, マリオン・P.バン・ビンスベルゲン		フリーマン, R.	→Freeman, Ray
→プリチャード, マリオン・P.バン・ビンスベルゲン		フリーマン, R.エドワード	
ブリック, バーバラ	→ブリック, バーバラ		→フリーマン, R.エドワード
フリック, ヨアヒム	→Frick, Joachim	ブリューイン, クリストファー	
フリック, F.S.	→フリック, F.S.		→ブリューイン, クリストファー
フーリック, W.R.ファン	→Gulik, W.R.van	ブリュギエール, ミシェル	→Bruguière, Michel
フリックス, ケビン	→フリックス, ケビン	ブリュック, ミヒャエル・フォン	
ブリッグズ, R.O.	→Briggs, Robert O.		→ブリュック, ミヒャエル・フォン
フリッシュ, ラグナー	→フリッシュ, ラグナー	ブリュックナー, エリカ	→ブリュックナー, エリカ
フリッシュ, A.	→フリッシュ, A.	ブリュックナー, ユタ	→ブリュックナー, ユタ
ブリス, クリストファー	→Bliss, C.	ブリュックネール, パスカル	→Bruckner, Pascal
ブリッダート, ビルガー・P.		ブリュッセイ, レオナルド	→Blussé, Leonard
	→ブリッダート, ビルガー・P.	ブリュッティング, ハンス	→ブリュッティング, ハンス
フリッツ, ロジャー	→Fritz, Roger	ブリュル, ジャン	→Bruls, Jean
ブリット, エリフ	→ブリット, エリフ	ブリューワ, スコット	→ブリューワ, スコット
フリットナー, アンドレアス	→Flitner, Andreas	ブリラー, エックハルト	→Priller, Eckhard
ブリットン, アネット	→ブリットン, アネット	ブリル, ハワード	→Brill, Howard
フリテルス, D.H.M.	→Frijters, Dinnus H.M.	ブーリン, ジャン・イヴ	→Boulin, Jean-Yves
ブリテン, ヴェラ	→ブリテン, ヴェラ	ブリーン, ジョン	→ブリーン, ジョン
ブリテン, サイモン	→ブリテン, サイモン	フリン, ダン	→フリン, ダン
ブリーデン, ダグラス・T.		フリン, デニス	→フリン, デニス
	→ブリーデン, ダグラス・T.	フリン, デビー	→フリン, デビー
フリード, アラン	→Freed, Alan	フリン, バーナード	→フリン, バーナード
フリード, バーバラ・F.	→Freed, Barbara F.	ブリンガー, ハインリヒ	→ブリンガー, ハインリヒ
フリードマン, エステル	→Freedman, Estelle B.	ブリンギ, ボリ	→ブリンギ, ボリ
フリードマン, ジェリー	→フリードマン, ジェリー	ブリンク, アンドレ	→ブリンク, アンドレ
フリードマン, ジョン	→フリードマン, ジョン	ブリンク, ベン・テン	→Brink, Ben ten
フリードマン, スチュワート		ブリングル, トゥレヴァー・R.	
	→フリードマン, スチュワート		→ブリングル, トゥレヴァー・R.
フリードマン, チャック	→Freedman, Chuck	ブリングル, ロバート	→Pringle, Robert
フリードマン, ベンジャミン・M.		プリンス, グイン	→Prins, Gwyn
	→Friedman, Benjamin M.	フリンス, ジャン	→Frijns, Jean
フリードマン, ミルトン	→Friedman, Milton	プリンス, ジョージ・M.	→Prince, George M.
フリードマン, モーリス	→Friedman, Maurice	プリンス, ヒュー	→プリンス, ヒュー
フリードマン, ローレンス	→Freedman, Lawrence	プリンプトン, ジョージ	→Plimpton, George
フリードマン, M.	→フリードマン, M.	ブリンブルコーム, N.	→Brimblecombe, Nicola
フリードランダー, ソール	→Friedlander, Saul	プール, ウィリアム	→Poole, William
フリードリヒ, カール・J.		プール, ジャッキー	→Pool, Jackie
	→Friedrich, Carl Joachim	フルー, テリー	→Flew, Terry
フリードリヒ, ラインホールト		プール, バージニア	→プール, バージニア
	→フリードリヒ, ラインホールト	ブル, ヘドレイ	→ブル, ヘドレイ
ブリトン, ドロシー	→Britton, Dorothy	プール, マンフレート	→Buhr, Manfred
ブリトン, ヘレン・H.	→ブリトン, ヘレン・H.	ブルー, ルイーザ	→ブルー, ルイーザ
ブリトン, ロナルド	→Britton, Ronald S.	プール, レジナルド	→プール, レジナルド

プール, ロバート・M.	→プール, ロバート・M.	ブルトン, ドロテーア	→ブルトン, ドロテーア
フルーイ, アネット・ドゥ	→フルーイ, アネット・ドゥ	ブルトン, マイケル・J.	→Boulton, Michael J.
プルイス, I.	→Plewis, Ian	ブルナー, アンドレア	→ブルナー, アンドレア
フルウッド, ジャネット	→Fullwood, Janet	ブルーナー, ジェローム	
ブルーエ, ピエール	→Broué, Pierre		→Bruner, Jerome Seymour
ブルガー, キャロリン	→Boulger, Carolyn	ブルニエ, ラーダー	→ブルニエ, ラーダー
ブルガーコフ, セルゲイ	→ブルガーコフ, セルゲイ	フールニエ, P.	→Fournier, P.
フルガム, ロバート	→Fulghum, Robert	フルブルック, メアリ	→フルブルック, メアリ
ブルカール, R.	→ブルカール, R.	フルベク, I.	→フルベク, I.
ブルギニョン, フランソワ		プールヘースト, L.ファン	→Poelgeest, L.van
	→Bourguignon, François	フルベルトゥス(シャルトルの)	
ブルグノリ, ロレンツォ	→ブルグノリ, ロレンツォ		→フルベルトゥス(シャルトルの)
フルクロワ	→フルクロワ	ブルマ, イアン	→Buruma, Ian
ブルケ, フランソワ	→Fourquet, Francois	ブールマ, ヴィエンケ・G.W.	
ブルケルト, ヴァルター	→Burkert, Walter		→Boerma, Wienke G.W.
フルコー, アニー	→フルコー, アニー	フールマン, クラウス	→フールマン, クラウス
フルゴーニ, キアラ	→Frugoni, Chiara	ブルマン, クリストフ	→ブルマン, クリストフ
プルサック, ローレンス	→Prusak, Laurence	ブルーム, ハロルド	→Bloom, Harold
プルサノフ, I.P.	→プルサノフ, I.P.	ブルーム, ビクター	→Vroom, Victor
ブルシア, ケネス・E.	→Bruscia, Kenneth E.	ブルームウィッチ, ディヴィッド	
フルシチョフ, ニキータ	→Khrushchev, Nikita		→ブルームウィッチ, ディヴィッド
ブルジョ, G.	→ブルジョ, G.	ブルムバーグ, ジョアン・ジェイコブズ	
ブルジョア, L.J., 3世	→Bourgeois, L.J., Ⅲ		→Brumberg, Joan Jacobs
プルシンスキ, A.	→Plucinski, Andrzej	ブルームハルト, クリストフ	
			→Blumhardt, Christoph
プルースト, ジャック	→プルースト, ジャック	ブルムラー, ジェイ・G.	→Blumler, Jay G.
プルースト, フランソワーズ		ブルームリック, ミーヒャ	→Brumlik, Micha
	→プルースト, フランソワーズ	ブルメルスミス, ケネス	
ブルーストーン, アーヴィング	→Bluestone, Irving		→Brummel-Smith, Kenneth
フルゼッティ, アラン・E.	→Fruzzetti, Alan E.	ブルメンタール, トビア	→ブルメンタール, トビア
ブルセーン, ペーテル	→Brusén, Peter	ブルーユ, ギョーム・デュ	→Breuil, Guillaume De
ブルーソー, ケネス・R.	→Brousseau, Kenneth R.	ブルレ, O.	→ブルレ, O.
プールソン, クレアー・L.	→プールソン, クレアー・L.	ブルーン, フランク・ジャール	
フルター, N.	→Flutter, Naomi		→Bruun, Frank Jarle
ブルダコフ, V.P.	→ブルダコフ, V.P.	ブルンク, G.L.	→Brunk, Gary L.
プルチック, A.	→Plutchik, Anita	ブルンクホルスト, ハオケ	→Brunkhorst, Hauke
プルチック, R.	→Plutchik, Robert	ブルンナー, カール	→Brunner, Karl
ブルチャック, ジョセフ	→ブルチャック, ジョセフ	ブレア, ウィリアム	→ブレア, ウィリアム
ブルツェリウス, A.	→Burzelius, Andres	ブレア, A.	→Blair, Andrew
ブルック, アントニー	→Bruck, Anthony	ブレア, S.N.	→Blair, Steven N.
ブルック, ジョン	→Brooke, John	ブレアリー, ジュディス	→Brearley, Judith
ブルック, ティモシー	→ブルック, ティモシー	ブレイ, マーク	→Bray, Mark
ブルック, ハイケ	→Bruch, Heike	ブレイク, クリストファー	
ブルック, マリアン・J.	→ブルック, マリアン・J.		→ブレイク, クリストファー
ブルック, J.H.	→Brooke, John Hedley	ブレイク, コニー・レーガン	
ブルックス, クリストファ			→ブレイク, コニー・レーガン
	→Brooks, Christopher W.	ブレイク, フェイ・M.	→ブレイク, フェイ・M.
ブルックス, S.G.	→Brooks, Stephen G.	ブレイク, ロバート・R.	→Blake, Robert R.
ブルックス=スミス, コリン		フレイクス, リチャード	→Flacks, Richard
	→Brookes-Smith, Colin	ブレイクスリー, ジョージ・H.	
ブルックナー, ペーター	→Brückner, Peter		→ブレイクスリー, ジョージ・H.
フルッサー, デヴィッド	→Flusser, David	ブレイクモー, M.	→Blakemore, Michael
ブルッフ, ハイケ	→ブルッフ, ハイケ	フレイザー, アーヴォン・S.	→Fraser, Arvonne S.
ブルディル, ピエール=イヴ		プレイザー, ゲイル	→Prather, Gayle
	→Bourdil, Pierre-Yves	フレイザー, コリン	→Fraizer, Colin
ブルデュー, ピエール	→Bourdieu, Pierre	フレイザー, デヴィッド	→フレイザー, デヴィッド
プルデンティウス, アウレリウス・クレメンス		フレイザー, ナンシー	→Fraser, Nancy
	→Prudentius, Aurelius Clemens	プレイザー, ヒュー	→Prather, Hugh
フルトゥ, ジャン=ルネ	→フルトゥ, ジャン=ルネ	フレイザー, J.G.	→Frazer, James George
ブルトマン, ルードルフ	→Bultmann, Rudolf	ブレイスウェイト, ジョン	→ブレイスウェイト, ジョン
フルトミューラー, アリーネ	→Furtmuller, Aline		

ブレイナー, J. →Breiner, Jeri
フレイニー, ジェームス →フレイニー, ジェームス
ブレイビー, モード・チャートン
　　　　　　　　　→ブレイビー, モード・チャートン
フレイミング・アロウ →フレイミング・アロウ
フレイリング, クリストファー
　　　　　　　　　→フレイリング, クリストファー
ブレイルスフォード, H.N.
　　　　　　　　　→ブレイルスフォード, H.N.
フレイ・ローン, L. →Frey-Rohn, Liliane
ブレイン, D.(社会統計学) →Blane, Davis
ブレインズ, ポール →ブレインズ, ポール
ブレヴァット, ジャニーン →Prevatt, Janeane
ブレヴィッツ, ガーリィ・J. →Previts, Gary John
ブレーウィン, クリス →Brewin, Chris
ブレーガー, ヘルベルト →Breger, Herbert
ブレーガー, ローズマリー
　　　　　　　　　→Breger, Rosemary Anne
ブレクラキ, ハリクリア →Brecoulaki, Hariklia
フレゴ, グヴォズデン →Flego, Gvozden
ブレコップ, ユリナ →Prekop, Jurina
フレーザー, アーボンヌ →フレーザー, アーボンヌ
ブレジア・クリーグ, K.R.
　　　　　　　　　→ブレジア・クリーグ, K.R.
フレシュフィールド, E.H. →Freshfield, E.H.
ブレジンスキー, ズビグニュー
　　　　　　　　　→Brzezinski, Zbigniew K.
フレス, ジュヌヴィエーヴ →Fraisse, Geneviève
プレス, ジョエル →プレス, ジョエル
フレス, G. →フレス, G.
プレス, J.B. →Pruess, James B.
ブレーズ, M. →Blades, Mark
プレスコット, G.H. →Prescott, Gerald H.
プレストン, ジョン・ハイド
　　　　　　　　　→プレストン, ジョン・ハイド
プレストン, スーザン →プレストン, スーザン
プレストン, M. →Preston, Martin
プレストン - サビン, ジェニー
　　　　　　　　　→Preston-Sabin, Jennie
プレスナー, ヘルムート →Plessner, Helmut
ブレズニッツ, シェロモ →ブレズニッツ, シェロモ
フレスネ, ミシェル →フレスネ, ミシェル
ブレズマン, ベツィ・コベル
　　　　　　　　　→ブレズマン, ベツィ・コベル
ブレーダ, マイケル・F.バン
　　　　　　　　　→Breda, Michael F.van
ブレツィンカ, ヴォルフガング
　　　　　　　　　→Brezinka, Wolfgang
ブレッカー, ジェレミー →Brecher, Jeremy
プレッキ, ジョン →プレッキ, ジョン
プレッキイ →プレッキイ
ブレックマン, E.A. →Blechman, Elaine A.
ブレッシャーニ, E. →ブレッシャーニ, E.
フレス, ジュヌヴィエーヴ
　　　　　　　　　→フレス, ジュヌヴィエーヴ
ブレッソン, フランソワ →ブレッソン, フランソワ
ブレット, アナベル →ブレット, アナベル
フレットレー, マグダレーネ・L.
　　　　　　　　　→Frettlöh, Magdalene L.
プレティ, G. →Preti, George
フレデギス →フレデギス

ブレド・エルハナン, ヌリット
　　　　　　　　　→Peled-Elhanan, Nurit
フレドリックス, D.W. →Fredericks, Debra W.
ブレナン, ドナルド・G. →Brennan, Donald G.
ブレナン, フィオヌアラ →ブレナン, フィオヌアラ
ブレナン, R.L. →Brennan, Robert L.
ブレハーノフ →ブレハーノフ
ブレーヒ, ユルゲン →ブレーヒ, ユルゲン
ブレヒステイン, フィロ →ブレヒステイン, フィロ
フレーフェルト, ウーテ →Frevert, Ute
プレマック, デイヴィッド →Premack, David
フレミング, ウィリアム・J. →Fleming, William J.
フレミング, パット →Fleming, Pat
ブレーメン, ヤン・ファン →Bremen, Jan van
フレラス, オージー →Fleras, Augie
フレンケル, ジェイコブ・A. →Frenkel, Jacob A.
ブレンコ, マルシア →ブレンコ, マルシア
ブレーンスドルフ, アグネス →Blänsdorf, Agnes
ブレンゼル, レランド・C.
　　　　　　　　　→ブレンゼル, レランド・C.
フレンチ, ウィリアム・E. →French, William E.
ブレンツ, バーバラ・G. →ブレンツ, バーバラ・G.
ブレンディ, ジョエル・O. →Brende, J.O.
プレンティー・クー →プレンティー・クー
フレンド, J. →Friend, J.
ブレント・エンジェル, G. →Brent Angell, G.
ブレンドリィ, サビーナ →Brändli, Sabina
ブレンナー, ジョハンナ →ブレンナー, ジョハンナ
ブレンマン, エリック →ブレンマン, エリック
ブレンマン・ピック, I. →Brenman Pick, Irma
プーロ, ドミニク →プーロ, ドミニク
ブロイス, ウルリッヒ・K.
　　　　　　　　　→ブロイス, ウルリッヒ・K.
フロイス, ルイス →Frois, Luis
フロイデンベルク, アンドレアス
　　　　　　　　　→Freudenberg, Andreas
フロイト, ジークムント →Freud, Sigmund
ブロインガー, K. →Broinger, Kurt
ブロガー, P.R. →Progar, Patrick R.
ブロケット, パトリック・L.
　　　　　　　　　→ブロケット, パトリック・L.
ブロシ, マーゲン →Broshi, Magen
フローシェルズ, エミール →Froeschels, Emil
フローシャイム, ミルトン・S.
　　　　　　　　　→Florsheim, Milton S.
ブロシャート, マルティン →ブロシャート, マルティン
ブローシュ, ドナルド・G.
　　　　　　　　　→ブローシュ, ドナルド・G.
ブーロス, ジョージ →Boolos, George
ブロス, ドナルド・C. →Bross, Donald C.
ブロスウェル, J.F. →ブロスウェル, J.F.
フロスト, ジェフ →フロスト, ジェフ
ブロスナン, ピーター →Brosnan, Peter
ブロスペル(アクイタニアの) →Prosper (Aquitanus)
プロセス, ミカエル →プロセス, ミカエル
ブロダ, C. →ブロダ, C.
プロタゴラス →プロタゴラス
ブロッキエリ, マリアテレサ・フマガリ・ベオニオ
　　　　　　　　　→ブロッキエリ, マリアテレサ・フマガリ・ベオニオ
ブロック, エアランド・J. →Brock, Erland J.

ブロック, ダン	→Brock, Dan		→ブロンシュテイン, ヴァレリー
ブロック, デイヴィッド	→Plotke, David	ブロンスタイン, カタリーナ	→Bronstein, Catalina
ブロック, フレッド	→ブロック, フレッド	ブロンテ, シャーロット	→Brontë, Charlotte
ブロック, マイケル	→Bloch, Michael	ブロンデル, ジャン	→Blondel, Jean
ブロック, モーリス	→ブロック, モーリス	ブロンデル, Ch.	→Blondel, Ch.
ブロック, ロバート(株式投資)	→ブロック, ロバート(株式投資)	フワ, カズヒコ	→フワ, カズヒコ(不破和彦)
ブロック, H.	→Bloch, Henriette	フワン, ティンフィ	→コウ, テイキ(黄庭輝)
ブロックスミス, ジェームズ・G., Jr.		ブン, ガン	→ブン, ガン(文岸)
	→Brocksmith, James G., Jr.	ブン, ギョクシャク	→ブン, ギョクシャク(文玉杓)
ブロッケルバンク, グレッグ	→Brockelbank, Greg	ブン, ギョクシュ	→ムン, オクチュ(文玉珠)
ブロサァ, アラン	→Brossat, Alain	ブン, グン	→ブン, グン(文軍)
フロサール, アンドレ	→Frossard, André	ブーン, ジュリアン・C.W.	→Boon, Julian C.W.
ブロッダドッティル, インギビョリ		ブン, ヒツキ	→ムン, ピルギ(文必基)
	→Broddadóttir, Ingibjörg	ブーン, フィリス	→ブーン, フィリス
プロット, チャールズ・R.	→Plott, Charles R.	ブン, レイメイ	→ブン, レイメイ(聞黎明)
ブロドスキー, ポール	→Brodsky, Paul	ブンステル=ブロット, ヒメーナ	
ブロドベック, ヘラルド	→Brodbeck, Harald		→ブンステル=ブロット, ヒメーナ
ブロッホ, エルンスト	→Bloch, Ernst	ブーンチャラクシ, ワティニー	
ブロディー, エブリン	→Brody, Evelyn		→Boonchalaksi, Wathinee
ブロディ, スタンリー	→Brody, Stanley	フントウィックス, シルビオ	→Funtowicz, Silvio O.
ブロディー, バーナード	→ブロディー, バーナード	フンメル, T.	→Hummel, Thomas
ブロディ, リチャード	→Brodie, Richard		
プロディコス	→プロディコス	**【ヘ】**	
プロティノス	→プロティノス		
ブロデリック, トム	→ブロデリック, トム	ヘアー, イサドラ・R.	→Hara, Isadora R.
ブロデリック, ミック	→Broderick, Mick	ベア, ウォンダ	→ベア, ウォンダ
ブローデル, フェルナン	→Braudel, Fernand	ベアー, ドナルド・M.	→ベアー, ドナルド・M.
ブローデル, ポール	→Braudel, Paule	ヘーア, フリードリヒ	→Heer, Friedrich
フロート, ヘンク・デ	→Groot, Henk de	ヘア, N.	→ヘア, N.
プロトキン, ヘンリー	→プロトキン, ヘンリー	ベアド, テリー	→ベアド, テリー
プロトニック, ロッド	→プロトニック, ロッド	ベアード, ブレッド	→ベアード, ブレッド
ブロードブリッジ, アデリーナ		ベアトレイス(ナザレトの)	→ベアトレイス(ナザレトの)
	→ブロードブリッジ, アデリーナ	ヘアル, ジュリアス・チャールズ	
ブロドヘッド, リチャード・H.			→ヘアル, ジュリアス・チャールズ
	→ブロドヘッド, リチャード・H.	ベイ, ミンシン	→Pei, Minxin
ブロードベント, ドナルド		ヘイ, ルイーズ・L.	→Hay, Louise L.
	→ブロードベント, ドナルド	ヘイアー, サー・パトリック	
プロバート, ベリンダ	→プロバート, ベリンダ		→ヘイアー, サー・パトリック
ブローフィ, ブリジッド	→Brophy, Brigid	ヘイヴァーズ, ロビン	→ヘイヴァーズ, ロビン
プロブスト, ホルゲル	→プロブスト, ホルゲル	ヘイウッド, ポール	→Heywood, Paul
プロブスト, G.J.B.	→Probst, Gilbert	ベイカー, キース・マイケル	→Baker, Keith M.
フロマー, ジュディス・G.	→Frommer, Judith G.	ベイカー, クリストファー・P.	
プロミッツァー, クリスティアン			→Baker, Christopher P.
	→Promitzer, Christian	ベイカー, ゴードン	→ベイカー, ゴードン
フロム, アラン	→Fromme, Allan	ベイカー, ジョルジアン	→Baker, Georgianne
フロム, エーリッヒ	→Fromm, Erich	ベイカー, ヒュー・D.R.	→Baker, Hugh
ブロムベリィ, インゲラ	→ブロムベリィ, インゲラ	ベイカー, ラッセル	→Baker, Russell
ブロムホフ, ヤン・コック	→ブロムホフ, ヤン・コック	ベイカー, L.M., Jr.	→Baker, L.M., Jr.
ブロムリー, ヘレン	→ブロムリー, ヘレン	ベイカン, デイヴィッド	→Bakan, David
ブロムレー, マイケル	→ブロムレー, マイケル	ヘイグ, デービット	→ヘイグ, デービット
ブローメン, E.	→ブローメン, E.	ヘイグ, H.J.A.	→Haig, Harold J.A.
フロリダ, リチャード	→Florida, Richard L.	ペイグナメンタ, ダフネ	→ペイグナメンタ, ダフネ
フロワサール, ジョン	→フロワサール, ジョン	ベイコクガクジュツショモンダン	→米国学術諮問団
フロンコルスト, ヨハネス		ベイコクデンドウインカイマツヤマステーション	
	→フロンコルスト, ヨハネス		→米国伝道委員会松山ステーション
プロンジーニ, ビル	→Pronzini, Bill	ベイコン, ロジャー	→Bacon, Roger
ブロンシュタイン, カタリーナ		ヘイザー, ノエリン	→Heyzer, Noeleen
	→ブロンシュタイン, カタリーナ	ベイザーマン, マックス・H.	→Bazerman, Max H.
ブロンシュテイン, ヴァレリー		ベイシェンス, アラン	→Patience, Allan

ベイジサツカン	→ベイジサツカン(米尔扎汗)		→ペインター, ネル・アーヴィン
ペイジュク, M.	→Pajk, Marilyn	ベインホッカー, エリック・D.	
ペイス, ウィリアム・R.	→ペイス, ウィリアム・R.		→Beinhocker, Eric D.
ヘイズ, サミュエル・L., 3世		ベヴェリッジ, マイケル	→Beveridge, Michael
	→Hayes, Samuel L., Ⅲ	ヘーヴェルマン, ゲルト・H.	
ヘイズ, ジョー	→ヘイズ, ジョー		→Hövelmann, Gerd H.
ヘイズ, リチャード・B.	→Hays, Richard B.	ペオー, Y.	→ペオー, Y.
ヘイズ, リンダ・J.	→Hayes, Linda Jean	ベーカー, グレゴリー・L.	→Baker, Gregory L.
ヘイズ, G.J.	→Hayes, Gregory J.	ベーカー, トーマス・M.	→Barker, Thomas M.
ヘイズ, P.	→Hayes, Philip	ベーカー, マウリーン	→ベーカー, マウリーン
ヘイズ, R.H.	→ヘイズ, R.H.	ベーカー, F.B.	→Baker, Frank B.
ヘイズ, S.C.	→Hayes, Steven C.	ヘカタイオス(アブデラの)	→ヘカタイオス(アブデラの)
ヘイスカネン, イルッカ	→Heiskanen, Ilkka	ベカタラマン, S.	→Bekataraman, S.
ベイスキー, モシェ	→ベイスキー, モシェ	ヘガティ, シーマス	→Hegarty, Seamus
ペイセル, ダビッド	→Peyceré, David	ベカード, リチャード	→ベカード, リチャード
ヘイッキネン, カイヤ	→ヘイッキネン, カイヤ	ベカリアン, デブラ・A.	→Bekerian, Debra Anne
ペイデル, J.	→Padel, John	ヘーガル	→ヘーガル
ベイト, R.	→Bate, Richard	ペギー, シャルル=ピエール	
ベイトマン, キャロル	→ベイトマン, キャロル		→ペギー, シャルル=ピエール
ペイドン, ウィリアム・E.	→ペイドン, ウィリアム・E.	ペク, ウクイン	→ペク, ウクイン(白旭寅)
ペイトン, C.	→Paton, Colin	ペク, サンチャン	→ペク, サンチャン(白尚昌)
ペイトン, R.	→ペイトン, R.	ペク, ソク	→ペク, ソク(白石)
ヘイネス, ビッディ	→ヘイネス, ビッディ	ペク, テヒョン	→ペク, テヒョン(白泰鉉)
ベイノヴッチ, W.	→ベイノヴッチ, W.	ペク, トンヒョン	→ペク, トンヒョン(白東鉉)
ペイパート, シーモア	→ペイパート, シーモア	ペク, ヒョング	→ペク, ヒョング(白亨球)
ペイファー, デラリン・B.	→Peifer, Daralyn B.	ベーク, A.	→Böök, Anders
ヘイブマン, マーク	→Haveman, Mark	ベクストローム, ロッド・A.	→Beckström, Rod A.
ヘイブンス, レストン	→ヘイブンス, レストン	ヘクト, ジェフ	→Hecht, Jeff
ヘイホー, ルス	→ヘイホー, ルス	ヘクト, マイケル・L.	→ヘクト, マイケル・L.
ベイヤー, グレッグ	→Beyer, Gregg	ヘグルント, B.	→Hägglund, Bengt
ベイヤー, H.C.	→ベイヤー, H.C.	ベケット, サミュエル	→Beckett, Samuel
ヘイリー, ウォルター, Jr.		ペゲラー, オットー	→Pöggeler, Otto
	→ヘイリー, ウォルター, Jr.	ペゲラー, フランツ	→Pöggeler, Franz
ベイリー, ジェフリー・V.	→Bailey, Jeffery V.	ヘーゲル, ジョン, 3世	→Hagel, John, Ⅲ
ベイリー, ジョナサン・B.A.		ヘーゲル, G.W.F.	
→ベイリー, ジョナサン・B.A.			→Hegel, Georg Wilhelm Friedrich
ベイリー, ジョン(読書)	→Bayley, John	ペコー, ラリー・V.	→Pacoe, L.V.
ベイリー, スー	→Bailey, Sue	ペコー, D.K.	→Pecaut, David K.
ベイリー, ベス	→ベイリー, ベス	ペコティック, B.	→Pecotic, Branka
ベイリー, マーチン・N.	→ベイリー, マーチン・N.	ベーコン, R.A.	→Bacon, R.A.
ベイリー, モニカ	→Baly, Monica Eileen	ベサード, ジャン・マリ	→Beyssade, Jean-Marie
ヘイル, オリバー	→Heil, Oliver P.	ヘザリングトン, E.M.	→Hetherington, E.Mavis
ペイル, シップ・ヤン	→Pijl, Sip Jan	ペサンド, ジェームス・E.	→Pesando, James E.
ヘイル, トマス・N.	→ヘイル, トマス・N.	ページ, ジュディ	→ページ, ジュディ
ヘイル, ボブ	→Hale, Bob	ヘーシオドス	→Hesiodos
ヘイル, P.M.	→Hejl, Peter M.	ベシクチ, イスマイル	→ベシクチ, イスマイル
ヘイレン, アン	→ヘイレン, アン	ベジノ, ジャック	→Bésineau, J.
ベイレンボウセイサクリツアンキョク		ヘジンボサム, エリック	→Heginbotham, Eric
	→米連邦政策立案局	ヘス, デイヴィッド・J.	→Hess, David J.
ペイン, キャシー	→ペイン, キャシー	ヘス, ブライアン	→ヘス, ブライアン
ペイン, デイヴィット	→Payne, David	ヘス, フレデリック・M.	→Hess, Frederick M.
ペイン, バリー	→Pain, Barry	ヘス, モーゼス	→ヘス, モーゼス
ペイン, ロバート	→Paine, Robert	ヘスケット, ジェームス・L.	→Heskett, James L.
ペイン, S.C.M.	→ペイン, S.C.M.	ペスティオー, ピエール	→Pestiau, Pierre
ヘインズ, ケネス	→ヘインズ, ケネス	ペステンホーファー, H.	→Pestenhofer, Hubert
ヘインズ, ミッシェル	→ヘインズ, ミッシェル	ベスト, アントニー	→ベスト, アントニー
ヘインズ, W.トラビス, 3世		ベスト, ポール・M.	→ベスト, ポール・M.
	→Hances, W.Travis, Ⅲ	ペストフ, ヴィクトール	→Pestoff, Victor
ペインター, ウィリアム	→ペインター, ウィリアム	ヘスペ, フランツ	→Hespe, Franz
ペインター, ネル・アーヴィン		ヘスリンク, レイニアー・H.	

ヘスレ, ヴィットリオ	→Hesselink, Reinier H.	ベッパー, ジョン	→Pepper, Jon
ヘスレ, ヴィットリオ	→Hösle, Vittorio	ペッピングトン, ジャン	→ペッピングトン, ジャン
ヘスロブ, P.	→Heslop, Pauline	ベッファ, ジャン=ルイ	→ベッファ, ジャン=ルイ
ペーター, トレイシー	→Petre, Tracy	ヘッファメール, フレドリック・S.	
ペータース, アンネ	→Peters, Anne		→Heffermehl, Fredrik S.
ペダーセン, スーザン	→ペダーセン, スーザン	ヘッフェ, オトフリート	→Höffe, Otfried
ヘダーヤト, サーデク	→Hedâyat, Sâdea	ヘッラネン, グン	→ヘッラネン, グン
ペタヤニエミ, ツゥーリッキ		ペティ, J.ウィリアム	→Petty, J.Willam
	→ペタヤニエミ, ツゥーリッキ	ヘディガー	→Hediger
ペーツ, ジークバート	→ペーツ, ジークバート	ヘティッチ, ウオルター	→ヘティッチ, ウオルター
ベツ, トンエイ	→ベツ, トンエイ (別教栄)	ペテランダー, フランツ	→Peterander, Franz
ベッカー, ヴェルナー	→Becker, Werner	ペーテル, ジャン=ピエール	
ベッカー, ジェーン・S.	→Becker, Jane S.		→ペーテル, ジャン=ピエール
ベッカー, デービッド・O.		ペーテル, ジョルジュ	→Péter, György
	→ベッカー, デービッド・O.	ペーテルセン, カレル	→Petersen, Carel
ベッカー, ブライアン	→ベッカー, ブライアン	ペデルセン, ブリット	→ペデルセン, ブリット
ベッカー, ブライアン・E.	→Becker, Brian E.	ヘードゥル, エーリッヒ	→ヘードゥル, エーリッヒ
ベッカー, フランツ	→ベッカー, フランツ	ヘドバーグ, J.	→Hedberg, John
ベッカース, ハンナ	→ベッカース, ハンナ	ペトラシェーフスキー, ミハイル・ブタシェヴィチ	
ベッキオ, フランク・デル	→ベッキオ, フランク・デル		→ペトラシェーフスキー, ミハイル・ブタシェヴィチ
ベック, ウルリッヒ	→Beck, Ulrich	ヘドランド, グンナー	→Hedlund, Gunnar
ベック, クレア	→ベック, クレア	ヘドリー, ロドニ	→Hedley, Rodney
ベック, コーネリア	→Beck, Cornelia	ペトリ, S.	→Petri, Silvana
ベック, ジェニファー	→Peck, Jennifer	ペトルス (ブロワの)	→Petrus (Blesensis)
ベック, リンダ・レヴィ	→ベック, リンダ・レヴィ	ペトルス・ヒスパヌス	→ペトルス・ヒスパヌス
ベック, C.	→Beck, C.	ペトルッシェル, R.L.	→ペトルッシェル, R.L.
ベック, J.	→Peck, Jamie	ペトルッチ, アルマンド	→ペトルッチ, アルマンド
ベック, M.スコット	→Peck, Morgan Scott	ペドレー, H.	→Pedley, James Hilton
ベッグズ, シェリル	→ベッグズ, シェリル	ペトレーラ, R.	→Petrella, Riccardo
ベックフォード, R.	→Beckford, R.	ペトロセッリ, ウィリアム	→Petrocelli, William
ヘックマン, ポール	→Heckman, Paul	ペドロッコ, G.	→ペドロッコ, G.
ベックマン, ロバート・C.	→Beckman, Robert C.	ペドロレッティ, ブリス	→ペドロレッティ, ブリス
ヘッケル, エルンスト・ハインリッヒ		ペトロン	→ペトロン
	→Haeckel, Ernst Heinrich	ベナー, スーザン・カーンズ	
ヘッケル, スティーブン・H.			→ベナー, スーザン・カーンズ
	→Haeckael, Stephen H.	ベナード, エリザベス	→Benard, Elisabeth
ベッケン, ハンス・ユルゲン		ヘナート, ジャン・フランソワ	
	→ベッケン, ハンス・ユルゲン		→Hennart, Jean-François
ベッケンフェルデ, エルンスト=ヴォルフガング		ベナニ, カトリーヌ	→Benani, Catherine
	→Böckenförde, Ernst-Wolfgang	ベナール, ジャン	→ベナール, ジャン
ペッコリーニ, キャロル・L.	→Peccorini, Carole L.	ヘナレ, マーヌカ	→Henare, Mānuka
ベッサド, ジャン=マリ	→ベッサド, ジャン=マリ	ペナント・リー, ルパート	→Pennant-Rea, Rupert
ヘッシ, ジョージア	→Hesse, Georgia	ペニー, J.C.	→Penney, J.C.
ヘッセ, カラ	→ヘッセ, カラ	ヘニス, ヴィルヘルム	→ヘニス, ヴィルヘルム
ヘッセ, ヨアヒム・J.	→Hesse, Joachim Jens	ベニス, ウォレン・G.	→Bennis, Warren G.
ヘッセリンク, I.ジョン	→ヘッセリンク, I.ジョン	ペーニャ, エリアス・ディアズ	
ヘッセルバイン, フランシス	→Hesselbein, Frances		→ペーニャ, エリアス・ディアズ
ベッターティ, マリオ	→Bettati, Mario	ヘニング, ケイト	→ヘニング, ケイト
ベッチ, チョーンシー	→Veatch, Chauncey	ベーニング, ユテ	→Behning, Ute
ベッツ, オットー	→Betz, Otto	ヘニング, ランドル	→ヘニング, ランドル
ベッツ, キャサリン・E.	→ベッツ, キャサリン・E.	ヘニングセン, ユルゲン	→Henningsen, Jürgen
ベッツ, J.R.	→Betts, Julian R.	ペニングトン, ランディ・G.	
ベッツェル, トッド・E.	→Petzel, Todd E.		→Pennington, Randy G.
ベッテル, トリテイアーノ		ペニントン, ナンシー	→Pennington, Nancy
	→ベッテル, トリテイアーノ	ヘネシー, エリザベス	→Hennessy, Elizabeth
ベッテルハイム, ブルーノ	→Bettelheim, Bruno	ベネスタッド, J.ブライアン	→Benestad, J.Brian
ベット, フレイ	→ベット, フレイ	ベネット, アーノルド	→Bennett, Arnold
ヘッド, ジェニー	→Head, Jenny	ベネット, アンドリュー	→ベネット, アンドリュー
ヘッド, J.O.	→Head, John O.	ベネット, ウィリアム (第二次大戦)	
ベットマン, ジェームス・R.			

ベネット, ジェフリー・W.	→ベネット, ウィリアム(第二次大戦)	ペラリン, リサ・A.	→ペラリン, リサ・A.
ベネット, ナンシー	→Bennett, Jeffrey W.	ベラルミーノ, ロベルト	
ベネット, フィル	→Bennet, Nancy		→Bellarmino, Francesco Romulo Robert
ベネット, フラン	→ベネット, フィル	ベラン, ダニエル	→ベラン, ダニエル
ベネット, ポーラ	→Bennett, Fran	ベランゲール, ポール	→ベランゲール, ポール
ベネット, マーティン	→ベネット, ポーラ	ベランジェ, ナタリー	→ベランジェ, ナタリー
ベネット, ラモーナ	→Bennett, Martin	ヘランダー, バーナード	→Helander, Bernhard
ベネット, ロス・S.	→ベネット, ラモーナ	ペリー, ジョン・ウィアー	→Perry, John Weir
ベネット, M.L.	→ベネット, ロス・S.	ベリー, デーヴィド	→Berry, David
ベネット, R.	→Bennett, Marcia L.	ペリー, マイケル	→ペリー, マイケル
ベネディクトゥス(ヌルシアの)	→Benett, Richard	ペリー, マシュー・C.	
	→Benedictus a Nursia		→Perry, Matthew Calbraith
ベネテッタル, P.	→Bennettetal, P.	ペリー, マーティン	→ペリー, マーティン
ヘネリー, R.	→Hennelly, Rick	ペリー, ルース	→ペリー, ルース
ベネロ, クリスティーン	→Benero, Christine	ペリー, ロレッタ	→ペリー, ロレッタ
ヘパー, メテイン	→Heper, Metin	ペリー, A.L.	→Perry, Arthur Latham
ペパーザーク, アドリアーン		ペリー, J.(障害者福祉)	→Perry, Jonathan
	→ペパーザーク, アドリアーン	ベリオ=サルヴァドール, エヴリーヌ	
ベハーム, M.	→Beham, Maria		→Berriot-Salvadore, Evelyne
ペパン, ジャン	→ペパン, ジャン	ヘリクソン, アラン	→Henrikson, Alan
ベビアン	→ベビアン	ペリゾン, シーラ	→Pelizzon, Sheila
ベビル, ホフ・マルコム	→Beville, Hugh Malcom	ベリッジ, J.	→Berridge, John
ペピン, ジャック	→ペピン, ジャック	ヘーリッシュ, ヨッヘン	→Hörisch, Jochen
ベフ, ハルミ	→Befu, Harumi	ペリッリ, ガブリエッラ・ジョルダネッラ	
ヘフナー, ゲラルト	→ヘフナー, ゲラルト		→ペリッリ, ガブリエッラ・ジョルダネッラ
ヘブラー, デブラ	→ヘブラー, デブラ	ベリム, W.	→Belime, William
ヘブラー, マルティン	→ヘブラー, マルティン	ベリン, ハーヴィー・F.	→Bellin, Hervey F.
ヘフリン, A.	→Heflin, Anna Hope	ペリン, パット	→Perrin, Pat
ペプリンスキー, ニール	→ペプリンスキー, ニール	ペリン, マイケル	→Palin, Michael
ヘブロン, サンドラ	→Hebron, Sandra	ベリンガム, フリーダ	→Berrigan, Frida
ヘーベルレ, ペーター	→Häberle, Peter	ヘリング, E.ペンドルトン	
ヘーベレ, エルヴィン・J.	→ヘーベレ, エルヴィン・J.		→ヘリング, E.ペンドルトン
ヘミング, ジェームズ	→Hemming, James	ベリンスキー, ヴィサリオン	→Belinskii, Vissarion
ヘミングウェイ, アーネスト	→Hemingway, Ernest	ベル	→ベル
ヘミングウェイ, W.	→Hemingway, W.	ベル, アン	→ベル, アン
ベーム, ウルリッヒ	→Boehm, Ulrich	ベル, チップ・R.	→Bell, Chip R.
ペムバートン, ミリアム	→ペムバートン, ミリアム	ベル, デイヴィット	→ベル, デイヴィット
ベーメ, ゲルノート	→Böhme, Gernot	ベル, マリー=アンヌ	→ベル, マリー=アンヌ
ベーメ, ハルトムート	→Böhme, Hartmut	ベル, メアリー	→ベル, メアリー
ヘモンド, R.	→Hemond, Riva Aidus	ベル, ロナルド・V.	→Bell, Ronald V.
ペーヤン	→dPal byams	ヘルヴァート, ウルリーケ	→Helwerth, Ulrike
ヘラー, アグネス	→Heller, Agnes	ヘルヴィグ, K.	→Hellwig, Karen
ベーラー, エルンスト	→Behler, Ernst	ヘルウィッグ, ホーガー・H.	
ベラ, ホセ・マヌエル・マカロ			→ヘルウィッグ, ホーガー・H.
	→Vera, JoséManuel Macarro	ヘルウェッグ, ダイアナ	→ヘルウェッグ, ダイアナ
ヘラー, マックス	→ヘラー, マックス	ベルガー, アイダ	→Berger, Ida
ヘラー, ミリアム	→Heller, Miriam	ベルキン, ニコラス	→Belkin, Nicholas J.
ベーラウ, ヘルマン	→Bohlau, Hermann	ベルク, オギュスタン	→Berque, Augustin
ペラエス=ノゲラス, マーサ		ベルクソン, アンリ	→Bergson, Henri Louis
	→ペラエス=ノゲラス, マーサ	ベルク=ペアー, ヤニーネ	→Berg-Peer, Janine
ペラギウス	→Pelagius	ベルクマン, ヴェルナー	→Bergmann, Werner
ヘラクレイトス	→Hērakleitos	ベルグレーン, ブリット	→Berggreen, Brit
ベラスケス, マリナ・メネセス		ベルコ, ストヤン	→ペルコ, ストヤン
	→Velasquez, Marina Meneses	ベルコヴィッツ, アルベルト	
ベラスコ, ジェームス・A.	→Belasco, James A.		→ベルコヴィッツ, アルベルト
ベラック, アラン・S.	→Bellack, Alan S.	ベルコウスキー, ヤン	→Perkowski, Jan L.
ベラバル, フィリップ	→Bélaval, Philippe	ベルジャーエフ, ニコライ	
ベラミー, リチャード	→ベラミー, リチャード		→ベルジャーエフ, ニコライ
ベラミー, G.T.	→Bellamy, G.Thomas	ベールシュトルド, ジャック	
			→ベールシュトルド, ジャック

ベルシュロン, ジェラール	→Percheron, Gérard	ヘルプスト, J.	→Herbst, Jurgen
ベルジュロン, ルイ	→Bergeron, Luis	ヘルマー, オラフ	→Helmer, O.
ベルスキー, ジェイ	→Belsky, Jay	ヘルマン, ウルリヒ	→Hermann, Ulrich
ベルスレー, D.	→Belsley, David A.	ヘルマン, トーマス	→Hellmann, Thomas
ベルセ, イヴ=マリ	→ベルセ, イヴ=マリ	ベルマン, R.（臨床心理学）	→Velleman, Richard
ヘルダーリン, フリードリヒ	→Hölderlin, Johann Christian Friedrich	ヘルムス, アンヌ	→ヘルムス, アンヌ
ペルツ, スティーヴン	→ペルツ, スティーヴン	ヘルムズ, L.V.	→Helms, L.V.
ペルツ, モーリッツ	→ペルツ, モーリッツ	ヘルムセン, ヨーケ	→ヘルムセン, ヨーケ
ペルツ, ロイス	→ペルツ, ロイス	ヘルムート, クラマー	→Helmut, Kramer
ヘルツベルク, ロルフ・D.	→ヘルツベルク, ロルフ・D.	ヘルムリーン, シュテファン	→Hermlin, Stephan
ベルティエ	→ベルティエ	ヘルメス, G.	→ヘルメス, G.
ヘルト, クラウス	→Held, Klaus	ベルモン, ジョルジュ	→ベルモン, ジョルジュ
ヘルド, デヴィッド	→Held, David	ヘルモント	→ヘルモント
ベールト, ビルイェル	→Perlt, Birger	ベルレス, C.	→ベルレス, C.
ベルト, ブラッドレー・D.	→ベルト, ブラッドレー・D.	ベルンフェルト, ジークフリート	→ベルンフェルト, ジークフリート
ベルトゥー, ジェラルド	→Berthoud, Gérald	ベレヴィル・テーラー, P.	→Belleville-Taylor, Pauline
ベルトナー, ギュンター	→Pöltner, Günther	ペレキュデス（シュロスの）	→ペレキュデス（シュロスの）
ベルトナー, ペーター	→ベルトナー, ペーター	ペレグリーニ, クラウディオ	→Pellegrini, Claudio
ベルトネン, ウッラ=マイヤ	→ベルトネン, ウッラ=マイヤ	ペレジーン, F.J.	→ペレジーン, F.J.
ベルトラ, イブ	→ベルトラ, イブ	ペレス, シモン	→Peres, Shimon
ベルトラン, クロード・ジャン	→Bertrand, Claude Jean	ペレス, ハヴィ	→ペレス, ハヴィ
ベルトラン, ジル	→ベルトラン, ジル	ベレスフォード, ピーター	→Beresford, Peter
ベルトラン, ユグ	→Bertrand, Hugues	ペレス・ベルドーモ, ロヘリオ	→Pérez Perdomo, Rogelio
ベルードラン, D.	→ベルードラン, D.	ペレティエ, R.	→Pelletier, Rodney
ヘルドリヒ, アンドレアス	→Heldrich, Andreas	ペレラ, シルビア・ブリントン	→ペレラ, シルビア・ブリントン
ベルトルディ, モレノ	→ベルトルディ, モレノ	ペレラ, M.H.B.	→Perera, M.H.B.
ベルトルト（レーゲンスブルクの）	→ベルトルト（レーゲンスブルクの）	ベーレント, ハルトムート	→Bärend, Hartmut
ベルナベイ, R.	→Bernabei, Roberto	ペレンバーグ, ピート・H.	→ペレンバーグ, ピート・H.
ベルナール, ジャン	→Bernard, Jean	ベロー, ウォールデン	→Bello, Walden F.
ベルナール, ミシェル	→ベルナール, ミシェル	ペロー, シャルル	→Perrault, Charles
ベルナルト, ジャン	→ベルナルト, ジャン	ペロー, ミシェル	→Perrot, Michelle
ベルナルドゥス（ヴァーキングの）	→ベルナルドゥス（ヴァーキングの）	ペロー, H.ロス	→Perot, H.Ross
ベルナルドゥス（クレルヴォーの）	→Bernardus (Claraevallensis)	ベロウ, ワルデン	→Bello, Walden
ベルナルドゥス（シャルトルの）	→ベルナルドゥス（シャルトルの）	ベロック, マリ=A.	→ベロック, マリ=A.
ベルナルドゥス・シルヴェストリス	→ベルナルドゥス・シルヴェストリス	ベローディン, W.	→Perraudin, William
ヘルナンデス, カロライナ・G.	→ヘルナンデス, カロライナ・G.	ベロフ, ジョン	→Belof, John
ヘルナンデス, ディエゴ・E.	→Hernández, Diego E.	ベロフ, ベス	→Beloff, Beth
ベルニーニ, ジョルジョ	→Bernini, Giorgio	ペロルド, アンドレ・F.	→Perold, Andre
ヘルネス, E.	→Hernaes, Erik	ペロン, ヴァルター	→ペロン, ヴァルター
ベルネット, ルドルフ	→ベルネット, ルドルフ	ペロンズ, D.	→Perrons, Diane
ヘルパー, スーザン	→Helper, Susan	ベン, オンシン	→ピョン, ウンジン(卞恩真)
ペルピナン, マリー・ソレダッド	→ペルピナン, マリー・ソレダッド	ベン, クワンチャン	→ホウ, カンショウ(彭官章)
ヘルプ, ヘンドリク	→ヘルプ, ヘンドリク	ベン, コウバイ	→ピョン, グァンベ(辺光培)
ヘルファー, クリスチャン	→ヘルファー, クリスチャン	ベン, ショウヒツ	→ピョン, ジョンピル(卞鍾弼)
ヘルファ, メアリー・エドナ	→Helfer, Mary Edna	ベン, スウドウ	→ベン, スウドウ(卞崇道)
ヘルファー, レイ・E.	→Helfer, Ray E.	ベン, トニー	→Benn, Tony
ヘルファンド, ジュディ	→ヘルファンド, ジュディ	ベン, ネーサン	→ベン, ネーサン
ヘルプス, アーサル	→ヘルプス, アーサル	ベン, ロジャー	→Penn, Roger
		ベン, T.K.	→Peng, T.K.
		ベン-アリ, イャル	→ベン-アリ, イャル
		ベンヴェヌート, ビーチェ	→ベンヴェヌート, ビーチェ
		ヘンウッド, アンネット	→ヘンウッド, アンネット
		ベーン-エシェンブルク, ゲルトルート	→ベーン-エシェンブルク, ゲルトルート
		ベンカート, M.	→Benkert, Manfred

ベンカトラマン, N.	→Venkatraman, N.	ヘーンヒェン, ズザンネ	→ヘーンヒェン, ズザンネ
ペンカベル, ジョン	→Pencavel, John	ヘンプ, ポール	→ヘンプ, ポール
ヘンキース, ユルゲン	→ヘンキース, ユルゲン	ヘンペルマン, ラインハルト	→ヘンペルマン, ラインハルト
ペング, イト	→ペング, イト	ベンホルト=トムゼン, ヴェロニカ	
ヘングステンベルク, ハンス=エードゥアルト			→Bennholdt-Thomsen, Veronika
	→Hengstenberg, Hans Eduard	ベンヤミン, ヴァルター	→Benjamin, Walter
ヘンクマン, ヴォルフハルト		ヘンリー, ジアンナ	→Henry, Gianna
	→Henckmann, Wolfhart	ヘンリー, ジョン	→Henry, John
ヘンケル, コンラート	→ヘンケル, コンラート	ヘンリー, E.キース	→ヘンリー, E.キース
ヘンケル, メアリー	→Henkel, Mary	ヘンリー, P.	→Henry, Paolo
ベンサ, E.	→Bensa, Enrico	ヘンリクス(ガンの)	→Henri de Gand
ベンサイド, ダニエル	→Bensid, Daniel	ヘンリッヒ, ディーター	→Henrich, Dieter
ベンサム, ジェレミー	→Bentham, Jeremy	ペンローズ, エディス	→Penrose, Edith
ベン=ジェルーン, ターハル	→Ben Jelloun, Tahar	ペンローズ, ロジャー	→Penrose, Roger
ベンジオ, オフラ	→Bengio, Ofra		
ベンジャミン, メディア	→Benjamin, Medea	**【ホ】**	
ベンジャミン, ロバート・I.	→Benjamin, Robert I.		
ベンストック, バーナード	→Benstock, Bernard	ホ, イルテ	→ホ, イルテ(許一泰)
ベンスマイア, レダ	→ベンスマイア, レダ	ホ, ウン	→ホ, ウン(許殷)
ヘンゼラー, ハインツ	→ヘンゼラー, ハインツ	ホー, エルシー・S.	→Ho, Elsie S.
ベンソン, キャサリン	→ベンソン, キャサリン	ホー, ジュリア・ウォード	→Howe, Julia Ward
ベンダー, ドナルド	→Bender, Donald	ホ, ソンフェ	→ホ, ソンフェ(許成会)
ベンダー, ハンス	→ベンダー, ハンス	ホ, テグ	→ホ, テグ(許泰玖)
ヘンダーソン, シオードー・A.		ホー, テック・フー	→Ho, Teck Hua
	→Henderson, Theodore A.	ホー, デービッド	→ホー, デービッド
ヘンダーソン, デニス	→Henderson, Denys	ホ, ヘイ	→ホ, ヘイ(歩平)
ヘンダーソン, ヘレン	→ヘンダーソン, ヘレン	ホ, ムンヒョク	→ホ, ムンヒョク(胡文郁)
ヘンダーソン, メアリー・G.		ホ, ムンファ	→ホ, ムンファ(許文華)
	→Henderson, Mary G.	ホ, ヨン	→ホ, ヨン(許営)
ヘンダーソン, レベッカ・M.		ホー, リチャード・Y.K.	→Ho, Richard Yan Ki
	→ヘンダーソン, レベッカ・M.	ホアー, ジェイムズ	→ホアー, ジェイムズ
ヘンチ, トーマス・J.	→Hench, Thomas J.	ホア, J.E.	→ホア, J.E.
ベンツ, ヴォルフガング	→Benz, Wolfgang	ボアズ, ディヴィッド	→Boaz, David
ヘンディー, S.	→Hendy, Steve	ボアベントゥーラ・デ・ソウサ・サントス	
ヘンティッヒ, ハルトムート・フォン			→ボアベントゥーラ・デ・ソウサ・サントス
	→Hentig, Hartmut von	ホアン, スアン・シン	→Hoang, Xuan Sinh
ヘンデリオウィッツ, J.	→ヘンデリオウィッツ, J.	ボイアー, ジョアン	→Boyer, Joan
ヘンデル, ロナルド・S.	→Hendel, Ronald S.	ボイアー, ポール	→Boyer, Paul
ペーント, ヴォルフガング	→Pehnt, Wolfgang	ホーイカース, R.	→Hooykaas, R.
ベント, ヘンリー	→Wendt, Henry	ボイケルス, ハルメン	→Beukers, Harmen
ペンドゥルトン, デイビット		ホイザー, ロベルト	→ホイザー, ロベルト
	→ペンドゥルトン, デイビット	ボイス, ジョージ	→ボイス, ジョージ
ベントレ, ギュンター	→Bentele, Günter	ホイス, テーオドーア	→ホイス, テーオドーア
ヘントフ, ナット	→Hentoff, Nat	ホイタッカー, ヒュー	→ホイタッカー, ヒュー
ベンドフェルト, フェルナンド	→Bendfeldt, F.	ホイットニー, D.R.	→Whitney, Douglas R.
ベンドラー, ヘレン	→ベンドラー, ヘレン	ホイットマン, ウォルト	→Whitman, Walt
ベントリー, エリザベス	→ベントリー, エリザベス	ホイットマン, ハワード	→Whitman, Howard
ヘンドリー, ジョイ	→ヘンドリー, ジョイ	ホイットモント, エドワード・C.	
ベントリー, マギー	→Bentley, Maggie		→Whitmont, Edward C.
ヘンドリクス, ハーヴィル		ホイップル, ジェレミー	→Whipple, Jeremy
	→ヘンドリクス, ハーヴィル	ホイティカー, ジョン・K.	→Whitaker, J.K.
ヘンドリクセン, C.	→Hendriksen, Carsten	ボイテンディク	→Buytendijk
ヘンドリックス, モーリン・C.		ボイド, チャールズ	→Boyd, Charles
	→ヘンドリックス, モーリン・C.	ボイド, バーバラ	→ボイド, バーバラ
ベントレー, トム	→Bentley, Tom	ボイド, マイケル, Jr.	→Boyd, Michael A., Jr.
ベントン, デブラ	→Benton, Debra	ホイト, マイケル・F.	→ホイト, マイケル・F.
ヘントン, D.C.	→Henton, Douglas C.	ボイド, マルコム	→Boyd, Malcom
ベンナ, テッド	→ベンナ, テッド	ボイド, ロバート	→ボイド, ロバート
ベンバサート, I.	→Benbasat, Izak		
ベンハビブ, セイラ	→ベンハビブ, セイラ		

ホイブライン, マルティーン	→ホイブライン, マルティーン	ボーカム, リチャード	→ボーカム, リチャード
ホイヤー, アンドレアス	→ホイヤー, アンドレアス	ホーキンズ, ゴードン	→Hawkins, Gordon
ホイーラー, トニー	→Wheeler, Tony	ホーキンズ, ビル	→Hawkins, Bill
ホイーラー, B.C.	→Wheeler, Bradley C.	ホーキンス, ブライアン・L.	→Hawkins, Brian L.
ボイラン, パトリック・J.	→Boylan, Patrick	ホーキンス, J.デビッド	→ホーキンス, J.デビッド
ボイル, パトリシア・A.	→Boyle, Patricia A.	パク, エイボン	→パク, ヨンボム(朴英凡)
ホイールライト, テッド	→Wheelwright, Ted	パク, カイコウ	→パク, ヘクァン(朴海珖)
ホイン, ヴェルナー	→ホイン, ヴェルナー	パク, カンリュウ	→パク, ハニョン(朴漢龍)
ポイントナー, トーマス	→ポイントナー, トーマス	パク, キョウシュン	→パク, ヒョンジュン(朴亨埈)
ポイントン, アンディ	→ポイントン, アンディ	パク, ギンカン	→パク, ウナン(朴銀韓)
ホウ, ウンカ	→ホウ, ウンカ(方薀華)	パク, サンイク	→パク, チャンウク(朴賛郁)
ホウ, エンジ	→ホウ, エンジ(鮑燕妮)	ホーグ, ジェームス	→ホーグ, ジェームス
ホウ, エンメイ	→ホウ, エンメイ(鮑延明)	パク, シセーラ	→パク, シセーラ
ホウ, カリン	→ホウ, カリン(鮑家麟)	パク, シュコウ	→パク, ジュホン(朴珠洪)
ホウ, カンショウ	→ホウ, カンショウ(彭官章)	パク, ジュンアイ	→パク, スネ(朴順愛)
ホウ, キテツ	→ホウ, キテツ(彭希哲)	パク, シュンエイ	→パク, シュンエイ(穆舜英)
ボウ, ゲンギ	→ボウ, ゲンギ(茅元儀)	パク, ショウイク	→パク, ショウイク(朴昌昱)
ホウ, コウショウ	→ホウ, コウショウ(方広錩)	パク, ショウエキ	→パク, ショウエキ(朴鐘益)
ホウ, サクケイ	→ホウ, サクケイ(彭作奎)	パク, ショウキ	→パク, サンギ(朴相基)
ホウ, シガイ	→ホウ, シガイ(豊子愷)	パク, シンイク	→パク, チンウク(朴晋煜)
ホウ, ジュンシン	→ホウ, ジュンシン(包遵信)	パク, シンキ	→パク, ジンヒ(朴振喜)
ホウ, タクヘイ	→Peng, Zeping	パク, セイキ	→パク, ソンヒ(朴晟希)
ホウ, トクカイ	→ホウ, トクカイ(彭徳懐)	パク, セイケン	→パク, ソンフン(朴成勲)
ホウ, ホウ	→ホウ, ホウ(方芳)	パク, センレイ	→パク, ソンレン(朴宣冷)
ホウ, レイシ	→ホウ, レイシ(方励之)	パク, ソプ	→パク, ソプ(朴ソプ)
ボウアー, ジョセフ・L.	→Bower, Joseph L.	パク, テツガ	→パク, チョラ(朴哲河)
ボウア=シュトル, クレア	→Boers-Stoll, Claire	パク, ドエイ	→パク, ドヨン(朴度栄)
ボーヴァル, ロバート	→Bauval, Robert	パク, ニタク	→パク, イテク(朴二沢)
ホウェ, ステファン	→ホウェ, ステファン	パク, フ	→ボク, フ(牧夫)
ボヴェアード, トニー	→Bovaird, Tony	パク, ホウチュウ	→パク, ポプジュ(朴法柱)
ポウエル, アントニー	→Powell, Anthony	ホーグ, マルコム・W.	→ホーグ, マルコム・W.
ボウエン, H.ケント	→ボウエン, H.ケント	パク, メイチン	→パク, ミョンジン(朴明珍)
ホウズ, E.クレア	→ホウズ, E.クレア	ホークァード・ハラウィラ, ヒルダ	→Halkyard-Harawira, Hilda
ボウスビブ, ガブリエル	→Bousbib, Gabriel	ボクオウ	→ボクオウ(穆王)
ボウソ, ラケル	→Bouso, Raquel	ボクシ	→ボクシ(墨子)
ホウツ, C.	→Houts, C.	ホークシルド, アダム	→ホークシルド, アダム
ホウテン, R.V.	→Houten, Ron Van	ホクスター, シャーリー	→Hoxter, Shirley
ボウマ, ジャン・ジャープ	→Bouma, Jan Jaap	ボクダノア, バーノン	→Bogdanar, Vernon
ボウマン, エドヴィン・R.	→ボウマン, エドヴィン・R.	ボグダン, ロバート	→Bogdan, Robert
ボウマン, テオ・K.	→Bouman, Theo K.	ホグドン, リンダ・クワーク	→Hodgdon, Linda Quirk
ボウマン, B.T.	→Bowman, Barbara T.	ホグナー, ロバート・H.	→ホグナー, ロバート・H.
ボウモル, ウィリアム	→ボウモル, ウィリアム	ボグナール, ヨージェフ	→Bognár, József
ボウモル, ウィリアム・J.	→Baumol, William Jack	ホーグランド, ジム	→Hoagland, Jim
ボウルズ, サミュエル	→Bowles, Samuel	ポグレブ, ソフィア	→Pogreb, Sofya
ボウルズ, スコット	→Bowles, Scott	ホーケ, ルードルフ	→Hoke, Rudolf
ボエティウス	→Boethius, Ancius Manlius Severinus	ボーゲルプール, テレサ	→Vogelpohl, Theresa
ボエティウス(ダキアの)	→ボエティウス(ダキアの)	ボコル, J.	→Bokor, János
ボーエン, H.V.	→Bowen, H.V.	ホーサー, エミー	→ホーサー, エミー
ホーエンダール, ペーター・U.	→ホーエンダール, ペーター・U.	ボーザー, スティーブン・W.	→ボーザー, スティーブン・W.
ボーガー, デビッド・R.	→ボーガー, デビッド・R.	ポーザー, ハンス	→Poser, Hans
ポカゴン, サイモン	→ポカゴン, サイモン	ボサーダ, ジュアン	→ボサーダ, ジュアン
ホガース, ロビン・M.	→Hogarth, Robin M.	ホシ, タケオ	→ホシ, タケオ(星岳雄)
ボガソン, ペーター	→Bogason, Peter	ホジキンソン, バージニア・A.	→Hodgkinson, Virginia A.
ボガット, A.	→ボガット, A.	ホシジョー, レナード	→ホシジョー, レナード
ボガート, レオ	→Bogart, Leo	ホジソン, G.M.	→Hodgson, Geoffrey Martin
ホカーノ, F.ランダ	→Jocano, F.Landa	ボス, ジョーティ	→ボス, ジョーティ

ホーズ, C.	→Hawes, Catherine	ボット, エリザベス	→ボット, エリザベス
ボースウィック・ダフィ, S.A.		ポットホフ, ハインリヒ	→Potthoff, Heinrich
	→Borthwick-Duffy, Sharon A.	ホットマン, S.	→Hotson, S.
ボズウェル, ジル	→ボズウェル, ジル	ボフ, レオナルド	→Boff, Leonardo
ボズウェル, ヤング	→ボズウェル, ヤング	ホッファ, ジミー	→Hoffa, Jimmy
ホスキン, キース	→ホスキン, キース	ボッファ, マッシモ	→Boffa, Massimo
ホスキン, K.	→Hoskin, Keith	ホップウッド, アンソニー・G.	
ホスキンズ, エリック	→Hoskins, Eric		→Hopwood, Anthony G.
ボスコ, アンドレア	→ボスコ, アンドレア	ボッフォード, キース	→Botsford, Keith
ホスト, ウィリアム	→ホスト, ウィリアム	ボーデ, インゴ	→Bode, Ingo
ポスト, チャールズ	→ポスト, チャールズ	ボーデイジ, トム	→ボーデイジ, トム
ポスト, ロバート・M.	→Post, R.M.	ホテリング, ハロルド	→ホテリング, ハロルド
ポスト, P.	→Post, P.	ボーデン, ニール	→Vousden, Neil
ポーストマン, ニール	→ポーストマン, ニール	ボーデン, H.	→Boaden, H.
ポストマン, ニール	→ポストマン, ニール	ポテンザ, クリフォード・W.	
ボストン, アレックス	→ボストン, アレックス		→ポテンザ, クリフォード・W.
ボストン, モイシュ	→ボストン, モイシュ	ボドー, アラン	→ボドー, アラン
ポスナー, バリー・Z.	→Posner, Barry Z.	ボート, W.J.	→Boot, W.J.
ポスナー, リチャード	→Posner, Richard A.	ボドウィン, ジーン・J.	→Boddewyn, Jean J.
ポスナー, G.J.	→Posner, George J.	ボードゥロ, クリスチャン	→ボードゥロ, クリスチャン
ボズネンコ, V.	→ボズネンコ, V.	ボトキン, ジム	→Botkin, James W.
ボスピシル, ポール	→ボスピシル, ポール	ホードマン, オリビエ	→Hoedeman, Olivier
ホスフェルト, パウル	→Hoßfeld, Paul	ボードマン, ハリー	→ボードマン, ハリー
ホースベック, キャスリン	→ホースベック, キャスリン	ボトム, フィリス	→Bottome, Phyllis
ボーズンキット, ヘレン	→Bosanquet, Helen	ボトムズ, アンソニー・E.	→Bottoms, Anthony E.
ホセ, リカルド・T.	→ホセ, リカルド・T.	ボードリヤール, ジャン	→Baudrillard, Jean
ホセ, リディア・N.ユー	→ホセ, リディア・N.ユー	ボドール, A.	→ボドール, A.
ホセイン, ファーハド	→ホセイン, ファーハド	ホートン・オコンネル, T.	
ポーゼン, アダム・S.	→Posen, Adam Simon		→Horton-O'Connell, Terri
ボセンガ, ゲイル	→Bossenga, Gail	ホーナー, リンダ	→Horner, Linda
ポーター, ジュディス	→ポーター, ジュディス	ホーナー, ロバート・H.	→Horner, Robert H.
ポーター, ナタリー	→ポーター, ナタリー	ボナヴェントゥラ	→Bonaventura
ポーター, ブライアン	→ポーター, ブライアン	ボナヴォーリア, ロザリオ	→Bonavoglia, Rosario
ポーター, マイケル・E.	→Porter, Michael E.	ボナフー, パスカル	→ボナフー, パスカル
ポーター, ロイ	→Porter, Roy	ボナボー, エリック	→Bonabeau, Eric
ホダップ, R.M.	→Hodapp, Robert M.	ホーナン, J.P.	→Honan, James P.
ポチエ, R.J.	→Pothier, R.J.	ポニア, トーマス	→Ponniah, Thomas
ポチカリョフ, K.S.	→ポチカリョフ, K.S.	ホーニッグ, ボニー	→Honig, Bonnie
ボーチャーディング, トーマス・E.		ホーニック, R.	→ホーニック, R.
	→ボーチャーディング, トーマス・E.	ボニーノ, シルビア	→ボニーノ, シルビア
ボッツ, マーイケ	→Boots, Maaike	ボニファティウス	→Bonifatius
ホッキー, スーザン	→ホッキー, スーザン	ボニーマン, G.D.	→Bonnyman, G.D.
ホック, エドワード・D.	→Hoch, Edward D.	ボニーラ, ルイス	→ボニーラ, ルイス
ホック, エレン	→Hock, Ellen	ホーニング, ジョージ	→Hornig, George
ボック, ジゼラ	→Bock, Gisela	ボヌシェール, ミッシェル	→ボヌシェール, ミッシェル
ホッグ, J.	→Hogg, James	ボネ, ジャン=クロード	→ボネ, ジャン=クロード
ボック, J.	→Bock, Jerome	ボーネ, マルク	→ボーネ, マルク
ボッグズ, S.	→Boggs, Stephen R.	ホネット, アクセル	→ホネット, アクセル
ホック=ドゥマルル, マリー=クレール		ボネット, ディビッド	→ボネット, ディビッド
	→Hoock-Demarle, Marie-Claire	ボノーリ, ジュリアーノ	→Bonoli, Giuliano
ボッケルマン, ハンス	→Bokelmann, Hans	ボーハン, M.	→Vaughan, Michalina
ホッジス, ウイリアム	→Hodgetts, William H.	ボブ, ダニエル・E.	→ボブ, ダニエル・E.
ホッジス, V.G.	→Hodges, Vanessa G.	ホープ, チャールズ	→ホープ, チャールズ
ボッシュ, ローベルト	→Bosch, Robert	ホフ, K.	→ホフ, K.
ポッター, ジョン	→ポッター, ジョン	ポープ, W.B.	→ポープ, W.B.
ポッター, デイヴィッド	→Potter, Daivid	ホーファー, ポール	→Hofer, Paul
ホッチ, ステファン・J.	→Hoch, Stephen James	ホプキン, ジョン	→ホプキン, ジョン
ポッツ, パトリシア	→ポッツ, パトリシア	ホプキンズ, ダイアン・マクアフェ	
ホッテル, ケーズ	→ホッテル, ケーズ		→ホプキンズ, ダイアン・マクアフェ
ボッテロ, ジャン	→Bottéro, Jean	ホプキンズ, ディー	→ホプキンズ, ディー

ホプキンス, テレンス・K.	→Hopkins, Terence K.	ポラード, C.ウィリアム	→ポラード, C.ウィリアム
ホプキンス, トーマス・J.	→Hopkins, Thomas J.	ポラニー, ジョン・C.	→ポラニー, ジョン・C.
ホプコー, トーマス	→Hopko, Thomas	ホラーバッハ, アレクサンダー	
ホブス, ウォルター・C.	→Hobbs, Walter C.		→ホラーバッハ, アレクサンダー
ホフスタッター, ダグラス・R.		ボラン, フランソワーズ	→Borin, Françoise
	→Hofstadter, Douglas R.	ホラン, H.E.	→ホラン, H.E.
ホブズボウム, エリック	→Hobsbawm, Eric J.	ホランダー, エドウィン・P.	
ホブデル, ロジャー	→ホブデル, ロジャー		→ホランダー, エドウィン・P.
ホフナー, H.A.	→ホフナー, H.A.	ポーランド, ドレッテ	→ポーランド, ドレッテ
ホーフマイアー, ヨーハン		ホーランド, S.	→Holland, Sue
	→ホーフマイアー, ヨーハン	ポーリー, マーク・V.	→ポーリー, マーク・V.
ホフマン, エリザベス	→ホフマン, エリザベス	ポリア, バラト・C.	→ポリア, バラト・C.
ホフマン, ジョン	→Hoffman, John	ポリアコフ, レオン	→Poliakov, Léon
ホフマン, ジョン・P.	→ホフマン, ジョン・P.	ボリイェソン, ブリット	→ボリイェソン, ブリット
ホフマン, ダイアン・M.	→ホフマン, ダイアン・M.	ホリウチ, アキヨシ	→ホリウチ, アキヨシ(堀内昭義)
ホーフマン, ハッソー	→Hofmann, Hasso	ホリウチ, トシヒロ	→ホリウチ, トシヒロ(堀内俊洋)
ホフマン, ピーター(戦史)	→Hoffmann, Peter	ボリス, エリザベス・T.	→Boris, Elizabeth T.
ホフマン, フランシス・G.		ホリス, マーティン	→Hollis, Martin
	→ホフマン, フランシス・G.	ボリセンコ, ジョーン	→Borysenko, Joan
ホフマン, ユルゲン	→Hoffmann, Jürgen	ポリット, ジョナソン	→Porrit, Jonathon
ホフマン, リン	→Hoffman, Lynn	ホリディ, サイモン	→Holliday, Simon
ホフマン, D.G.	→Hoffman, Douglas G.	ポリーフカ, ミロスラフ	→ポリーフカ, ミロスラフ
ホフマン, P.	→Hoffmann, Pavel	ボリヨ, ダニエル	→ボリヨ, ダニエル
ホフランド, ブライアン	→Hofland, Brain F.	ポーリン, ロバート	→Pollin, Robert
ボーフル, A.	→Beaufre, André	ボリンガー, シュテファン	→ボリンガー, シュテファン
ボブロ, マリア・バルヒフカー		ポーリング, ナンシー	→ポーリング, ナンシー
	→ボブロ, マリア・バルヒフカー	ポーリング, A.	→Poling, Alan
ボベロ, ジャン	→Bauberot, Jean	ホリングスワース, ロジャー	
ホーヘンダール, ピーター・U.			→Hollingsworth, Joseph Rogers
	→ホーヘンダール, ピーター・U.	ホリンジャー, デイヴィッド・A.	
ホポカン	→ホポカン		→ホリンジャー, デイヴィッド・A.
ポポフ, ネボイシャ	→Popov, Nebojša	ボル, アルトゥール	→ボル, アルトゥール
ポポフ, ボリス	→ポポフ, ボリス	ポール, エリック	→ポール, エリック
ボーマー, リチャード	→Bohmer, Richard	ホール, グラディス	→ホール, グラディス
ポマータ, ジアンナ	→ポマータ, ジアンナ	ポール, ジェームズ・C.N.	→Paul, James C.N.
ホーマッツ, ロバート・D.	→Hormats, Robert D.	ボール, ジョージ・W.	→ボール, ジョージ・W.
ボーマン, ジェームズ	→Bohman, James	ホール, ジョナサン・マーク	
ボーマン, ジグムント	→ボーマン, ジグムント		→ホール, ジョナサン・マーク
ホーマン, ハラルド	→ホーマン, ハラルド	ホール, ジョン	→Hall, John
ボーマン, フランク	→Borman, Frank	ホール, スチュアート	→Hall, Stuart
ポミアン, クシシトフ	→Pomian, Krzysztof	ボール, スティーブン・J.	→Ball, Stephen J.
ポミリオ, マリオ	→ポミリオ, マリオ	ホール, ステファニ	→ホール, ステファニ
ホームウッド, ステフィン	→Homewood, Stephen	ボール, デズモンド	→Ball, Desmond
ホームズ, エバ	→Holmes, Eva	ホール, テリー	→Hall, Terry
ホームズ, コリン	→Holmes, Colin	ボール, テレンス	→Ball, Terence
ホームズ, ブライアン	→Holmes, Braian	ホール, ピーター・A.	→Hall, Peter A.
ホームズ, ポール	→Holmes, Paul	ポール, ビル	→Paul, Bill
ホームズ, ロバート	→Holmes, Robert	ホール, モードント	→ホール, モードント
ポメランチ, ビアンカ	→ポメランチ, ビアンカ	ホール, ラン	→ホール, ラン
ポメロー, アンドレ	→ポメロー, アンドレ	ホール, ロドニー・ブルース	
ボーモル, ウィリアム・J.	→Baumol, William Jack		→ホール, ロドニー・ブルース
ボヤシギラー, ナキエ・A.		ポール, M.	→Pohl, Manfred
	→ボヤシギラー, ナキエ・A.	ホール, M.E.	→Hall, M.E.
ボヤツィス, リチャード	→Boyatzis, Richard E.	ボルカー, ポール・A	→Volcker, Paul A.
ポラス, クリスティーン	→Porath, Christine	ボールガード, ロバート・A.	
ポラック, ケニース・M.	→Pollack, Kenneth M.		→ボールガード, ロバート・A.
ポラック, ジャック・J.	→Polak, Jacques J.	ポルキンホーン, ドナルド・E.	
ポラック, A.	→Pollock, Allyson		→ポルキンホーン, ドナルド・E.
ポラック, B.	→Pollack, Benny	ボルグ・ジャコブセン, ミケル	
ポラート, A.	→Pollert, Anna		

	→Borch-Jacobsen, Mikkel	ボルヘス, ホルヘ・ルイス	→Borges, Jorge Luis
ホルクハイマー, マックス	→Horkheimer, Max	ボールマン, クリストファ	→ポールマン, クリストファ
ホールゲイト, スティーヴン	→ホールゲイト, スティーヴン	ポルマンテ, ジョルジュ	→Pormente, Georges
ボルザガ, カルロ	→Borzaga, Calro	ホルム, デーヴィド・F.	→Holm, David F.
ポルシェ, フェルディナント, Jr.	→Porsche, Ferdinand, Jr.	ホルム, ペア	→Holm, Per
ホルシンガー, ジョン	→ホルシンガー, ジョン	ホルムバーグ, E.R.R.	→ホルムバーグ, E.R.R.
ボールズ, サミュエル	→Bowles, Samuel	ホルロイド, グリン	→Holroyed, Glyn
ホルスティ, オーレ	→ホルスティ, オーレ	ボール=ロキーチ, S.J.	→Ball-Rokeach, S.J.
ホルスト, イェスパー	→Holst, Jesper	ホルン, スィン・キム	→Horn, Sin Kim
ホルスト, エルケ	→Holst, Elke	ボルン, マイク	→Bourne, Mike
ホルスト, ジェスパー	→ホルスト, ジェスパー	ボルン, ヨアヒム	→ボルン, ヨアヒム
ホルスト, ヨハン・J.	→Holst, Johan J.	ポレ, フランソワ	→Polet, François
ボルスビー, ネルソン	→ボルスビー, ネルソン	ポレ, ミシェル	→ポレ, ミシェル
ホルセイ, チェリル・M.	→ホルセイ, チェリル・M.	ポレート, マルグリット	→ポレート, マルグリット
ボルゾフ, I.I.	→ボルゾフ, I.I.	ボーレン, ジーン・シノダ	→ボーレン, ジーン・シノダ
ポールソン, ジョン	→Paulson, John	ボーレン, マイク	→Boren, Mike
ポールソン, ヤン	→ポールソン, ヤン	ボーレン, ルードルフ	→Bohren, Rudolf
ホールダー, ドミニク	→ホールダー, ドミニク	ホーレンシュタイン, エルマー	→Holenstein, Elmar
ボルツ, ジュディス・マギー	→ボルツ, ジュディス・マギー	ホロヴィッツ, アンソニー	→Horowitz, Anthony
ホルツ, ハインリヒ	→ホルツ, ハインリヒ	ホロヴィッツ, エイミー	→Horowitz, Amy
ホルツ, ハラルド	→ホルツ, ハラルド	ホロヴィッツ, D.H.	→Horowitz, David H.
ホルツァー, ブリギッテ	→Holzer, Brigitte	ホロウェイ, ジャッキー	→Holloway, Jacky
ホルツハウス, ダン	→Holtshouse, Dan	ホロウェイ, スーザン・D.	→ホロウェイ, スーザン・D.
ボールディング, ケネス・E.	→Boulding, Kenneth Ewart	ホロウスキー, W.	→Horowski, Witold
ボールディング, P.O.	→Bolding, Per Olof	ポロス	→ポロス
ボルデスハイム, ハラール	→Baldersheim, Harald	ポロスコフ, ニコライ	→ポロスコフ, ニコライ
ホルト, エドウィン・B.	→ホルト, エドウィン・B.	ポロック, グリゼルダ	→Pollock, Griselda
ボルト, ジェームズ・F.	→ボルト, ジェームズ・F.	ポロック, S.	→Pollock, Stephen M.
ボルト, ジョン	→ボルト, ジョン	ホロックス, バーバラ	→ホロックス, バーバラ
ボルド, スーザン	→Bordo, Susan	ホロフカ, ヤツェク	→Holowka, Jacek
ホルト, ディヴィド	→ホルト, ディヴィド	ホワ, タオ	→カ, トウ（華濤）
ホルト, ブラッドレー・P.	→Holt, Bradley P.	ボワイエ, アラン	→Boyer, Alain
ボールドウィン, カーリス・Y.	→Boldwin, Carliss Y.	ボワイエ, ロベール	→Boyer, Robert
ボールドウィン, ゴードン・B.	→ボールドウィン, ゴードン・B.	ホワイト, アリソン	→White, Alison
ボールドウィン, ジェイムズ	→Baldwin, James	ホワイト, ジェフリー・M.	→White, Geoffrey Miles
ボールドウィン, スタンレー	→Baldwin, Stanley	ホワイト, シェルドン・H.	→White, Sheldon H.
ボールドウィン, ダグラス	→Baldwin, Douglas	ホワイト, シドニー・アン	→White, Sidnie Ann
ボールドウィン, デイビッド・G.	→ボールドウィン, デイビッド・G.	ホワイト, ジャック・E.	→ホワイト, ジャック・E.
ボールドウィン, D.	→Baldwin, Dare A.	ホワイト, ジョージ・L.	→White, G.L.
ポルトマン, アドルフ	→Portmann, Adolf	ホワイト, ジョージ・R.	→ホワイト, ジョージ・R.
ホルトマン, アルト	→ホルトマン, アルト	ホワイト, スティーヴン・D.	→ホワイト, スティーヴン・D.
ボルトン, エリザベス・B.	→Bolton, Elizabeth B.	ホワイト, デイビッド・A.	→ホワイト, デイビッド・A.
ボルトン, ジャミー	→Bolton, Jamie	ホワイト, デービッド	→White, David
ボルトン, ジョン・R.	→ボルトン, ジョン・R.	ホワイト, ヘイドン	→ホワイト, ヘイドン
ホルナー, フランツ	→Horner, Franz	ホワイト, ポール	→ホワイト, ポール
ボルナレル, ジャン	→ボルナレル, ジャン	ホワイト, マイケル	→White, Michael
ボルノウ, オットー・フリードリヒ	→Bollnow, Otto Friedrich	ホワイト, マーシャ・C.	→White, Marsha C.
ボールハチェット, ヘレン	→Ballhatchet, Helen	ホワイト, マーティン・K.	→ホワイト, マーティン・K.
ボルフラム	→ボルフラム	ホワイト, リーア・A.	→White, Rhea A.
ホルブルック, リチャード・C.	→Holbrooke, Richard C.	ホワイト, リチャード	→White, Richard Thomas
		ホワイト, レオナード・D.	→White, Leonard D.
		ホワイト, A.（社会教育）	→White, Anne
		ホワイト, I.D.	→Whyte, I.D.
		ホワイト, J.A.	→White, John Arch
		ホワイト, K.A.	→ホワイト, K.A.

ホワイト, N.J.	→ホワイト, N.J.		
ホワイト, P.	→White, Phil		**【マ】**
ホワイトハウス, ギリアン	→Whitehouse, Gillian	マ, エリク・ジェイウェイ	→Ma, Eric Kit-Wai
ホワイトハウス, ピーター・J.	→Whitehouse, Peter J.	マー, シーツオ	→バ, セイサク(馬世冊)
ホワイトフォード, ベティー・ルー	→Whitford, Betty Lou	マー, J.	→Ma, Jun
ホワイトブック, ジョエル	→Whitebook, Joel	マアネン, ジョン・ヴァン	→Maanen, John Van
ホワイトヘッド, シモン	→Whitehead, Simon	マイアー, カール・ウーリッヒ	→マイアー, カール・ウーリッヒ
ホワイトヘッド, ジョン	→ホワイトヘッド, ジョン	マイアー, ディートリヒ	→マイアー, ディートリヒ
ホワイトホース, エミ	→ホワイトホース, エミ	マイアーズ, キャロル・L.	→Meyers, Carol L.
ホワイトマン, ジョゼフ・H.M.	→Whiteman, J.H.M.	マイアーズ, ジョセフ	→Meiers, Joseph
ホワイトモア, フレッド	→Whitemore, Fred	マイクルザック, アン	→Majchrzak, Ann
ホワイトラム, K.W.	→ホワイトラム, K.W.	マイクルズ, ウォルター・ベン	→マイクルズ, ウォルター・ベン
ポワトリ, ギ	→ポワトリ, ギ	マイケル, マイク	→マイケル, マイク
ポワリエ, スティーブ	→ポワリエ, スティーブ	マイケルズ, エド	→Michaels, Ed
ポワリエ, フィリップ	→ポワリエ, フィリップ	マイケルズ, J.	→Michaels, Jeff
ポン, イエンニー	→ホウ, エンジ(彭燕妮)	マイケルセン, ヨハネス	→マイケルセン, ヨハネス
ホーン, カンティネタ	→ホーン, カンティネタ	マイケルソン, G.G.	→Michelson, G.G.
ホン, ギョンジュン	→ホン, ギョンジュン	マイズ, J.	→Mize, Jacquelyn
ホン, グレース	→Hong, Grace	マイスター, デビッド・H.	→Maister, David H.
ホーン, ジークフリード・H.	→Horn, Siegfried H.	マイスト, クルト・ライナー	→マイスト, クルト・ライナー
ホン, スニョン	→ホン, スニョン(洪淳瑛)	マイニア, リチャード・H.	→Minear, Richard H.
ホン, ソンマン	→ホン, ソンマン(洪性満)	マイヤー, ウタ	→Meier, Uta
ホン, ドクユル	→ホン, ドクユル(洪徳律)	マイヤー, クリストファー	→Meyer, Christopher
ホン, マリオン・H.	→ホン, マリオン・H.	マイヤー, クリストル	→Maier, Christl
ボーン, ロジャー	→ボーン, ロジャー	マイヤー, コール・J.W.	→マイヤー, コール・J.W.
ボーン, ロバート・G.	→Bone, Robert G.	マイヤー, ジェラルド・M.	→Meier, Gerald Marvin
ホーン, G.	→Khon, Gregorio	マイヤー, ジョン・W.	→マイヤー, ジョン・W.
ボーン, H.	→Bourne, Harold	マイヤー, トーマス	→Meyer, Thomas
ホン, T.	→Hong, Ted C.H.	マイヤー, ハラルド	→マイヤー, ハラルド
ホング, ウフウム	→ホング, ウフウム(洪瑀欽)	マイヤー, ハンス	→Mayer, Hans
ボンジェール, Y.	→ボンジェール, Y.	マイヤー, フェデリコ	→マイヤー, フェデリコ
ボーンスタイン, スティーブン・M.	→ボーンスタイン, スティーブン・M.	マイヤー, ロータル	→マイヤー, ロータル
ボンセッター, ビル	→Bonnsetter, Bill	マイヤー, ロバート	→Meyer, Robert J.
ボンダレンコ, V.M.	→ボンダレンコ, V.M.	マイヤー, K.A.	→Meyer, Kim A.
ボンディ, ヘルマン	→Bondi, Hermann	マイヤー, L.H.	→Meyer, Luanna H.
ポンティエ, ジャン=マリ	→ポンティエ, ジャン=マリ	マイヤー・アビッヒ, クラウス・ミヒャエル	→Meyer-Abich, Klaus Michael
ポンティコス, エウアグリオス	→ポンティコス, エウアグリオス	マイヤシェーンバーガー, ビクター	→Mayer-Schönberger, Viktor
ホンデリック, テッド	→Honderich, Ted	マイヤーズ, デービッド・G.	→Myers, David G.
ボンド, ジョージ・C.	→Bond, George C.	マイヤーズ, デビッド・G.	→マイヤーズ, デビッド・G.
ボンド, パトリック	→ボンド, パトリック	マイヤーズ, E.W.	→Myers, Eleanor W.
ホンド, F.	→Hond, Frank den	マイヤー=ドラーヴェ, ケーテ	→マイヤー=ドラーヴェ, ケーテ
ボンド, L.	→Bond, Lloyd	マイヤーバーグ, マルシア	→マイヤーバーグ, マルシア
ボント, W.	→Bondt, Werner F.M.De	マイヤーホフ, バーバラ・G.	→マイヤーホフ, バーバラ・G.
ポントゥソン, ジョナス	→ポントゥソン, ジョナス	マイヤー=レンシュハウゼン, エリザベート	→マイヤー=レンシュハウゼン, エリザベート
ポントゥランドルフォ, アンジェラ	→Pontrandolfo, Angela	マイユール, フランソワーズ	→Mayeur, Françoise
ボンパー, フィリップ	→ボンパー, フィリップ	マイヨ, シルヴァーナ・デ	→マイヨ, シルヴァーナ・デ
ボンビエリ, エンリコ	→ボンビエリ, エンリコ	マイルズ, イアン	→Miles, Ian
ボンフィル, ロバート	→ボンフィル, ロバート	マイルズ, ジャック	→マイルズ, ジャック
ポンフレット, リチャード	→Pomfret, Richard	マイルズ, ジョン	→マイルズ, ジョン
ホーンベック, スタンレー・K.	→ホーンベック, スタンレー・K.		
ホーンベック, デイビッド	→ホーンベック, デイビッド		

マイルズ, ロバート	→Miles, Robert		→マクイチャーン, カーラ・E.
マイルズ, M.(障害者教育)	→マイルズ, M.(障害者教育)	マクウェル, デニス	→McQuail, Denis
マイレー, J.	→マイレー, J.	マークウェル, D.J.	→マークウェル, D.J.
マイローワ	→マイローワ	マクウォーターズ, C.S.	
マインチェス, ガース	→Meintjes, Garth		→McWaters, Cheryl Susan
マインツァー, クラウス	→Mainzer, Klaus	マクエバーズ, ジョーン	→McEvers, Joan
マインドマンチェスターシブ		マクガイア, R.H.	→マクガイア, R.H.
	→マインド・マンチェスター支部	マクガキン, ジョン・A.	
マインマン, E.	→Minnemann, Elisabeth		→McGuckin, John Anthony
マウ, シャニー	→マウ, シャニー	マクガーティ, クレイグ	→McGarty, Craig
マーヴィック, ドウェイン	→マーヴィック, ドウェイン	マクガーハン, アニタ・M.	
マーヴィン, キャロライン	→Marvin, Carolyn		→McGahan, Anita Marie
マウスコップ, シーモア・H.		マクガバン, レイ	→マクガバン, レイ
	→マウスコップ, シーモア・H.	マクギャヴラン, ドナルド・A.	
マウハー, ヘルムート・O.			→マクギャヴラン, ドナルド・A.
	→マウハー, ヘルムート・O.	マクギリブレー, アレックス	→MacGillivray, Alex
マウボーン, レネー	→マウボーン, レネー	マクグラース, A.E.	→McGrath, Alister E.
マウラー, O.ホバート	→Mowrer, O.Hobart	マクシ, ディオニート	→マクシ, ディオニート
マウルス, ラバヌス	→マウルス, ラバヌス	マクシモス(証言者)	→マクシモス(証言者)
マウンガダウ	→マウンガダウ	マークス, ジェニファー・G.	
マエダ, サナエ	→マエダ, サナエ(前田早苗)		→マークス, ジェニファー・G.
マ・エーブィン	→マ・エーブィン	マークス, スティーヴン・P.	→Marks, Stephen P.
マエラロ, ジョージ	→マエラロ, ジョージ	マークス, ミッチェル・リー	→Marks, Michell Lee
マガイネス, アミ・C., Jr.		マクスウィーニー, B.	→McSweeney, Brendan
	→McGuinness, Aims C., Jr.	マクゼイ, ケネス	→Macksey, Kenneth John
マーカス, エイドリアン	→Marcus, Adrianne	マクダウェル, マイケル	→マクダウェル, マイケル
マーカス, エマ	→マーカス, エマ	マクダフィ, ジョン・ポール	
マーカス, ジェーン	→Marcus, Jane		→MacDuffie, John Paul
マーカス, ジョージ	→Marcus, George E.	マクーチ, ウィリアム・M.	→Makuch, William M.
マーカス, バーナード	→Marcus, Bernard	マクディヴィット, クリス	→マクディヴィット, クリス
マーカス, リチャード・L.	→Marcus, Richard L.	マクデード, ポール・V.	→McDade, Paul V.
マーカス, リー・M.	→Marcus, Lee M.	マグデブルク, メヒティルト・フォン	
マガヒー, リチャード・M.			→Magdeburg, Mechthild von
	→McGahey, Richard M.	マクドゥウェル, エリザベス・H.	
マカフィー, アンドリュー	→McAfee, Andrew		→McDowell, Elizabeth H.
マーカム, ディアナ・B.	→マーカム, ディアナ・B.	マーク・トウェイン	→Twain, Mark
マカリオス〈偽〉	→マカリオス〈偽〉	マクドウェル, リンダ	→マクドウェル, リンダ
マーガレット王女	→Margaret (Princess)	マクドナルド, スコット・C.	→McDonald, Scott C.
マカロワ, ナタリア	→Makarova, Natalia	マクドナルド, ブライアン・J.	
マギー, ステファン・P.	→マギー, ステファン・P.		→マクドナルド, ブライアン・J.
マギー, ブライアン	→Magee, Bryan	マクドナルド, ポール・S.	→マクドナルド, ポール・S.
マギー, J.ブラッド	→McGee, J.Brad	マクドナルド, リン	→マクドナルド, リン
マギア, フリーダ	→マギア, フリーダ	マクドナルド, K.ヒュー	→Macdonald, K.Hugh
マキオル, J.G.	→マキオル, J.G.	マクナージル, グラディ	→McGonagill, Grady
マキシーモヴィッチ, A.	→マキシーモヴィッチ, A.	マクナミー, シーラ	→McNamee, Sheila
マキシモヴィッチ, V.	→Maksimovic, Vojislav	マクナルティ, E.	→McNulty, Eric
マギト・マクローリン, D.		マクナロン, トニー・A.H.	→McNaron, Toni A.H.
	→Magito-McLaughlin, Darlene	マクニール, サンドラ	→McNeill, Sandra
マキネン, キルスティ	→マキネン, キルスティ	マクニール, ジョン・J.	→マクニール, ジョン・J.
マキャフリー, ジョン・L.	→McCaffrey, John L.	マクニール, モーリーン	→McNeil, Maureen
マーギュリス, リン	→Margulis, Lynn	マクネール, ブライアン	→Mcnair, Brian
マギル, ピーター	→McGill, Peter	マグノレイ, パスカル・I.	→マグノレイ, パスカル・I.
マ・キンサンヌェー	→マ・キンサンヌェー	マクハーグ, ジェイムズ・F.	
マキントッシュ, ニコラス・J.			→マクハーグ, ジェイムズ・F.
	→Mackintosh, Nicholas J.	マクバーノン, ビル	→マクバーノン, ビル
マーク, デビッド	→Mark, David	マクビッカー, ヘレン	→Mcvicker, Helen
マーク, ロバート	→Mark, Robert	マクファーゼン, エルスペス	→Mcfadzean, Elspeth
マグァイア, J.	→McGuire, James	マクファーソン, アンドリュー	
マークァート, オード	→Marquard, Odo		→マクファーソン, アンドリュー
マクイチャーン, カーラ・E.		マクファーデン, ダニエル	
			→マクファーデン, ダニエル

マクファーランド, リン・ジョイ	→McFarland, Lynne Joy	マケラ, キャロル・J.	→Makela, Carole J.
マクファーレン, アレクサンダー・C.	→McFarlane, Alexander C.	マーケル, メアリー・ジェーン	→Markell, Mary Jane
マクファーレン, A.	→Macfarlane, Alison	マーコソン, アイザック・F.	→マーコソン, アイザック・F.
マクブライアン, リチャード	→マクブライアン, リチャード	マゴネット, ジョナサン	→マゴネット, ジョナサン
マクブライド, ジョン	→McBride, John	マコビー, マイケル	→Maccoby, Michael
マクブライド, ロバート・L.	→McBride, Robert L.	マコーマック, アラン	→マコーマック, アラン
マクマスター, ナンシー	→マクマスター, ナンシー	マコーマック, ガバン	→McCormack, Gavan
マクマリン, ニール	→マクマリン, ニール	マコーミック, ケヴィン	→マコーミック, ケヴィン
マークマン, H.J.	→Markman, Howard J.	マコーミック, ジェームズ	→McCormick, James
マクミラン, イアン・C.	→MacMillan, Ian C.	マコームズ, マックスウェル・E.	→McCombs, Maxwell E.
マクミラン, ダニエル・A.	→McMillan, Daniel A.	マコーリー, ジェーン・R.	→マコーリー, ジェーン・R.
マクミラン, ハロルド	→Macmillan, Harold	マコンネル, マイケル・W.	→マコンネル, マイケル・W.
マクミラン, マイケル	→マクミラン, マイケル	マコンネル, ロバート・A.	→McConnell, Robert A.
マクミラン, ローレンス	→マクミラン, ローレンス	マコンル, T.R.	→McConnell, T.R.
マクミラン, H.	→Macmillan, Hugh	マーザァ, ペーター	→Maser, Peter
マクラウド, ジャネット	→マクラウド, ジャネット	マザー・テレサ	→Teresa, Mother
マクラケン, S.G.	→McCracken, Stanley Glenn	マサド, カルロス	→Massad, Carlos
マグラス, リタ・G.	→McGrath, Rita Gunther	マサハート, ブライアン	→マサハート, ブライアン
マクラッケン, ドロシー	→マクラッケン, ドロシー	マサレラ, デレク	→Massarella, Derek
マグラビー, フランシス・M.	→Magrabi, Frances M.	マーシー, ヴィック	→マーシー, ヴィック
マクラフリン, マーガレット・J.	→マクラフリン, マーガレット・J.	マシー, A.P.	→Massey, Anne P.
マクラレン, ジョン・C.	→McLaren, John C.	マジエ, ジャック	→Mazier, Jacques
マクラレン, ピーター	→マクラレン, ピーター	マジェーア, エドゥアルド	→マジェーア, エドゥアルド
マクリデス, ルース・J.	→マクリデス, ルース・J.	マジガン, ステファン	→マジガン, ステファン
マクリーリ, ロバート・K.	→マクリーリ, ロバート・K.	マシーセン, ピーター	→Matthiessen, Peter
マクリーン, ジョージ	→マクリーン, ジョージ	マーシニアック, バーバラ・J.	→Marciniak, Barbara J.
マーグリン, スティーヴン・A.	→Marglin, Stephen A.	マーシャック, アレクサンダー	→Marshack, Alexander
マクリン, ミルト	→マクリン, ミルト	マーシャル, アンドルー	→マーシャル, アンドルー
マクリーン, ロバート・J.	→Mclean, Robert J.	マーシャル, イアン	→Marshall, Ian
マクルーハン, H.マーシャル	→McLuhan, Herbert Marshall	マーシャル, カーラ	→マーシャル, カーラ
マクレイン, デイビッド	→McClain, David	マーシャル, ジェイムズ・D.	→マーシャル, ジェイムズ・D.
マクレオド, ノーマン	→McLeod, Norman	マーシャル, ステファニー・ペース	→Marshall, Stephanie Pace
マグレガー, アレステア	→MacGregor, Alastàir	マシュー	→マシュー
マグレッタ, ジョーン	→Magretta, Joan	マシュー, ロイ・J.	→Mathew, Roy J.
マクレラン, ニック	→マクレラン, ニック	マシュー, J.(教育)	→Mathieu, J.
マクレランド, チャールズ・E.	→McClelland, Charles E.	マシュー, J.(不動産金融)	→Mathew, Jojy
マクレランド, デイビッド・C.	→McClelland, David Clarence	マーシュ, T.	→Marsh, Terry A.
マクレランド, J.	→McClelland, James	マシュウズ, アンドリュー	→Mathews, Andrew
マクロード, アン・スコット	→MacLeod, Anne Scott	マシュケ, ギュンター	→Maschke, Günter
マクロード, ケン	→Mcleod, Ken	マシューズ, ジェシカ・T.	→Mathews, Jessica Tuchman
マクロード, ジャン	→マクロード, ジャン	マシューズ, ピーター	→Matthews, Peter
マクロポウロス, ミヒャエル	→マクロポウロス, ミヒャエル	マシューズ, ロジャー	→マシューズ, ロジャー
マクローリン=スミス, ニッキ	→マクローリン=スミス, ニッキ	マシューズ, ロビン・C.O.	→Matthews, R.C.O.
マグワイア, M.(障害者教育)	→Maguire, Melissa	マシューズ, A.L.	→Matthews, Amy L.
マグワイア, R.W.	→Maguire, Russell W.	マシューズ=グリーコ, サラ=F.	→Matthews Grieco, Sara F.
マグワイヤ, ジョン	→マグワイヤ, ジョン	マシュマイヤー, R.	→Maschmeier, Rainer
マケイブ, J.ターランス	→McCabe, J.Terrence	マシュレー, ピエール	→Macherey, Pierre
マケミッシュ, スー	→McKemmish, Sue	マジョール, ルネ	→マジョール, ルネ
		マース, E.	→Maass, Eike

マスグレーヴ, リチャード・A.	→マスグレーヴ, リチャード・A.	マッカヒル, レナード・J.	→McCahill, Leonard J.
マ・スーザン	→マ・スーザン	マッカン, フィリップ	→McCann, Philip
マスターソン, ジュリー	→Masterson, Julie J.	マッキー, アニー	→McKee, Annie
マスターソン, マイケル	→マスターソン, マイケル	マッキー, ロバート (ビジネス)	→McKee, Robert
マーストン, ピーター・J.	→マーストン, ピーター・J.	マッキニー, シンシア	→McKinney, Cynthia
マスリス, R.	→Masulis, Ronald W.	マッキノン, アラステア	→McKinnon, Alastair
マズルイ, アラミン・M.	→マズルイ, アラミン・M.	マッキノン, キャサリン・A.	→MacKinnon, Catharine A.
マズルイ, アリ・A.	→マズルイ, アリ・A.	マッキム, ドナルド・K.	→McKim, Donald K.
マズロー, エイブラハム	→Maslow, Abraham	マッキャリオン, スティーブン・W.	→McCallion, Stephen W.
マーゼ, カスパー	→Maase, Kaspar	マッキャン, ジョセフ・T.	→McCann, Joseph T.
マセ, フランソワ	→マセ, フランソワ	マッキラン, ローレンス・J.	→McQuillan, Lawrence J.
マセソン, ジョン・H.	→マセソン, ジョン・H.	マッギル, アンドリュー・R.	→マッギル, アンドリュー・R.
マセソン, メアリー	→マセソン, メアリー	マッキロップ, ジェームズ	→MacKillop, James
マタエウス (アクアスパルタの)	→マタエウス (アクアスパルタの)	マッキンタイヤー, アンドリュー	→MacIntyre, Andrew
マタヨシ, コラリー・チュン	→Matayoshi, Coralie Chun	マッキンタイヤー, J.	→McIntyre, John
マダン, エリック	→Maddern, Eric	マッキントッシュ, ニコラス・J.	→Mackintosh, Nicholas J.
マターン, フランク	→Mattern, Frank	マッキンネル, ハンク	→McKinnell, Hank
マタンリー, ピーター	→マタンリー, ピーター	マッギンレー, P.	→McGinley, Patrick
マーチ, アルテミス	→マーチ, アルテミス	マック, ジェイムズ	→Mak, James
マチー, クリストフ	→マチー, クリストフ	マック, J.	→Mack, John E.
マーチ, ジェームス・G.	→March, James G.	マックヴェ, R.	→Macve, Richard
マチー, E.Z.	→マチー, E.Z.	マックグリービイ, ブライアン・K.	→マックグリービイ, ブライアン・K.
マチェツキ, R.	→Machetzki, Rüdiger	マッククリントック, マイケル	→マッククリントック, マイケル
マチダ, サブドラ	→マチダ, サブドラ	マックスウェル, アンドリュー	→マックスウェル, アンドリュー
マーチャント, ウィリアム・C.	→マーチャント, ウィリアム・C.	マックスパッデン, クリスティーン	→マックスパッデン, クリスティーン
マーチャント, キャロリン	→Merchant, Carolyn	マックニーズ, ビッキー	→McNeese, Vicki
マチュラット, デール	→Matschullat, Dale	マックファーデン, ジョーン・R.	→McFadden, Joan R.
マーチン, エミリー	→Martin, Emily	マックファーレン, キャサリン	→マックファーレン, キャサリン
マーチン, オルガ	→マーチン, オルガ	マックブライド, スーザン	→McBride, Susan
マーチン, ロジャー・L.	→マーチン, ロジャー・L.	マックリー, C.	→McCrea, Celia
マーチン, R.	→Martin, Raymond	マッグルー, アントニー・G.	→McGrew, Anthony G.
マーチン, W.G.	→マーチン, W.G.	マックレノン, ジェイムズ	→McClenon, James
マーチントン, M.	→Marchington, Mick	マックレンドン, ジョン・A.	→McClendon, John A.
マーツ, リサ・アン	→マーツ, リサ・アン	マッグロウ, ウォルター	→マッグロウ, ウォルター
マツィリア, ジョン	→Marzillier, John S.	マッケイ, アリダ・ツヴァイダー	→Mckay, Alida Zweider
マッカイ, ジュディス	→Mackay, Judith	マッケイ, アンガス	→マッケイ, アンガス
マッカイ, ヒュー	→マッカイ, ヒュー	マッケイ, ゲイリー・D.	→マッケイ, ゲイリー・D.
マッカーサー, ダグラス	→MacArthur, Douglas	マッケイ, サンドラ	→Mackey, Sandra
マッカーサ, D.	→McArthur, Duncan	マッケイ, ジョイス	→マッケイ, ジョイス
マッカーシー, ジョセフ	→McCarthy, Joseph	マッケイ, ハーヴェイ	→Mackey, Harvey
マッカーシー, デイビッド	→マッカーシー, デイビッド	マッケイ, フィオナ	→マッケイ, フィオナ
マッカーシー, トーマス	→マッカーシー, トーマス	マッケイ, メアリー	→Mackey, Mary
マッカーシー, トーマス・R.	→McCarthy, Thomas R.	マッケイ, H.A.	→Mackay, Harry A.
マッカーシー, ミッシェル	→McCarthy, Michelle	マッケニー, マイケル	→Mckenney, Michael
マッカージー, ロバート・B.	→Mckersie, Robert B.	マッケンジー, ジョージ	→MacKenzie, George
マッカジー, A.	→Mukherji, Arijit	マッケンジー, チャック	→McKenzie, Chuck
マッカスキー, マイケル・B.	→McCaskey, Michael B.		
マッカーター, ピーター・カイル, Jr.	→McCarter, P.Kyle, Jr.		
マッカーター, ロバート	→マッカーター, ロバート		
マッカダム, M.ブルース	→マッカダム, M.ブルース		
マッカーチャー, ブライアン	→マッカーチャー, ブライアン		

マツケ

マッケンジー, ドナルド・A.	→Mackenzie, Donald Alexander
マッケンジー, ルイス	→マッケンジー, ルイス
マッケンナー, クリストファー	→マッケンナー, クリストファー
マッケンナ, ビル	→マッケンナ, ビル
マッケンナ, フランク	→McKenna, Frank
マッケンナ, レジス	→McKenna, Regis
マッケンロー, M.	→McEnroe, Micael J.
マッコイ, D.	→McCoy, David
マッコード, エドワード・A.	→マッコード, エドワード・A.
マッコーネル, デイヴィッド	→McConnell, David
マッコネル, ドック	→マッコネル, ドック
マッコーマス, J.F.	→McComas, Jennifer J.
マッコール, ヘンリエッタ	→McCall, Henrietta
マッコール, モーガン・W., Jr.	→マッコール, モーガン・W., Jr.
マッシー, ジョージ	→マッシー, ジョージ
マッセルホワイト, エド	→マッセルホワイト, エド
マッタ, ナディム・F.	→Matta, Nadim F.
マッチコクサイセンター	→MATCH国際センター
マッツィーニ, I.	→マッツィーニ, I.
マッツェイ, マリーナ	→Mazzei, Marina
マッツォーラ, マリオ	→Mazzola, Mario
マッテス, アントン	→マッテス, アントン
マットゥル, ジークフリート	→マットゥル, ジークフリート
マッドセン, ペーター	→マッドセン, ペーター
マットソン・シロッコ, マリー	→マットソン・シロッコ, マリー
マッドホック, スジャータ	→マッドホック, スジャータ
マツモト, ヴァレリー	→マツモト, ヴァレリー
マツーリ, エイリーン	→マツーリ, エイリーン
マティ, ニコラ	→マティ, ニコラ
マディガン, ステファン・P.	→マディガン, ステファン・P.
マティス, R.	→Mathes, Rainer
マティッカ, レーナ・M.	→Matikka, Leena M.
マーティン, アン	→Martin, Anne
マーティン, クローディア・J.	→Martin, Cloudia J.
マーティン, ジェイン・ローランド	→マーティン, ジェイン・ローランド
マーティン, ジェニー・A.	→マーティン, ジェニー・A.
マーティン, ピート	→マーティン, ピート
マーティン, ペット	→マーティン, ペット
マーティン, ラックス	→マーティン, ラックス
マーティン, ルーサー	→マーティン, ルーサー
マーティン, レイチェル	→Martin, Rachel
マーティン, レックス	→Martin, Rex
マーティン, ロバート	→マーティン, ロバート
マーティン, D.ロジャー	→マーティン, D.ロジャー
マーティン, J.ポール	→Martin, J.Paul
マーティン, J.D.	→マーティン, J.D.
マーティンス, ルイス・L.	→マーティンス, ルイス・L.
マテオ, ミゲル	→マテオ, ミゲル
マテシック, P.	→Mattessich, Paul
マテソン, プリシラ	→Matteson, Priscilla
マーテンセン, アン	→Martensen, Anne
マドゥフ, ベルナデット	→Madeuf, Bernadette
マトソン, J.	→マトソン, J.
マードック, グラハム	→Murdock, Graham
マードック, ジョージ・P.	→マードック, ジョージ・P.
マードック, K.	→Murdok, Kevin
マドックス, ジョン	→Maddox, John
マドニック, スチュワート・E.	→Madnick, Stuart E.
マトベイエフ, V.V.	→マトベイエフ, V.V.
マドラスノショウコウ	→マドラスの将校
マトリン, マーガレット・W.	→マトリン, マーガレット・W.
マートン, ロバート・C.	→Merton, Robert C.
マートン, F.	→Marton, Ference
マナスター, ジェーン	→Manaster, Guy J.
マナン, ベルナール	→Manin, Bernard
マニオティス, D.	→Maniotis, Dimitoris
マニャーニ, マルコ	→Magnani, Marco
マニャン, M.	→Magnan, Michel
マニング, ニック	→Manning, Nick
マニング, ロバート・A.	→Manning, Robert A.
マニング, R.	→マニング, R.
マニング, S.S.	→Manning, Susan S.
マニングス, ロビン	→Mannings, Robin
マーヌ, ペリーヌ	→マーヌ, ペリーヌ
マーネイン, ウィリアム・J.	→Murnane, William J.
マネス, ダニエル	→マネス, ダニエル
マノア, ジャン・イブ	→マノア, ジャン・イブ
マノシェク, ヴァルター	→Manoschek, Walter
マハムッド, サイミーン	→Mahmud, Simeen
マハラジ, ブリジ	→マハラジ, ブリジ
マハリンガム, M.	→Mahalingam, M.
マハール, シェリーン	→Mahar, Cheleen
マハン, A.T.	→マハン, A.T.
マヒュー, H.L.B.	→Mahiue, H.L.B.
マヒンドラ, ケシュブ	→マヒンドラ, ケシュブ
マーフィ, アレキサンダー・B.	→マーフィ, アレキサンダー・B.
マーフィ, ゲイル	→Murphy, Gael
マーフィ, サイモン	→マーフィ, サイモン
マーフィー, ジョン	→Murphy, John
マーフィー, トニー	→マーフィー, トニー
マーフィー, マルシア	→マーフィー, マルシア
マーフィ, ルイス・B.	→マーフィ, ルイス・B.
マーフィー, ロバート・F.	→Murphy, Robert Francis
マーフィー, ローレンス	→Murphy, Laurence
マーフィ, K.	→Murphy, Katharine
マブバニ, K.	→マブバニ, K.
マーブル, アンニー・ラッセル	→Marble, Annie Russel
マーブルス, デイビッド	→Marples, David R.
マーベイ, J.	→Mulvey, John M.
マ・ベーダー	→マ・ベーダー
マーベック, ピルグラム	→マーベック, ピルグラム
マヘンゾ, アブラハム・K.	→Magendzo, Abraham K.
マヘンドラ, ユスリル・イフザ	→マヘンドラ, ユスリル・イフザ

996　原著者名カナ表記索引

マーマー, ハリー・S.	→Marmer, Harry S.	マルコーニ, グリエルモ	→Marconi, Guglielmo
マーマー, ヘンリー	→マーマー, ヘンリー	マルコム, ルース・リーゼンバーグ	→マルコム, ルース・リーゼンバーグ
ママ・ビョウン	→ママ・ビョウン	マルコム, R.R.	→Malcolm, Ruth Riesenberg
ママリス, ニック	→Mamalis, N.	マルコム・エックス	→Malcolm X
マユール, ジャン＝マリ	→マユール, ジャン＝マリ	マルコムルイス, G.	→マルコムルイス, G.
マラー, マーシャ	→Muller, Marcia	マルゴラン, ジャン＝ルイ	→マルゴラン, ジャン＝ルイ
マーラシンハ, M.ラクシマン	→Marasinghe, M.Lakshman	マルシオ, アントニー	→Malusio, Anthony
マーラット, G.A.	→Marlatt, G.Alan	マルシャーク, ボリス・I.	→Marshak, Boris I.
マラトス, ジェイソン	→マラトス, ジェイソン	マルシャル	→Marchal
マラドナド, ベアトリス	→マラドナド, ベアトリス	マルシャル, ブリギッテ	→マルシャル, ブリギッテ
マラブー, カトリーヌ	→Malabou, Catherine	マルシリウス(パドヴァの)	→Marsilius de Padua
マラブル, マニング	→Mzrzble, Manning	マルゾフ, D.P.	→Marzolf, Donald P.
マラマット, A.	→マラマット, A.	マルタン, グザヴィエ	→マルタン, グザヴィエ
マラムフィー, ティモシー・J.	→Malamphy, Timothy J.	マルタン, クロード	→マルタン, クロード
マラルド, ジョン・C.	→Maraldo, John C.	マルタン, ジャン＝クレ	→Martin, Jean-Clet
マラン, ライアン	→Malan, Rian	マルツ, マクスウェル	→Maltz, Maxwell
マラン, リタ	→Maran, Rita	マルツ, M.	→Maltz, Michael D.
マラン, ルイ	→Marin, Louis	マルティ, エリック	→マルティ, エリック
マラン, J.D.	→Mullane, J.D.	マルティー, ホセ	→マルティー, ホセ
マラント, A.G.	→Maranto, April Gresham	マルティニエッロ, マルコ	→Martiniello, Marco
マラント, R.	→Maranto, Robert	マルティヌス(ダキアの)	→マルティヌス(ダキアの)
マランボー, エドモン	→Malinvaud, Edmond	マルティヌス(ブラガの)	→マルティヌス(ブラガの)
マーリー, カーマ	→Marley, C.	マルティネス, C.	→Martinez, Connie
マーリ, ディヴィッド・F.	→マーリ, ディヴィッド・F.	マルティノフ, アナトリー・イワノビッチ	→Martynov, Anatoly Ivanovich
マリアテギ, ホセ・カルロス	→Mariategui, Jose Carlos	マルティン, ゲルハルト・マルセル	→マルティン, ゲルハルト・マルセル
マリアナ, ファン・デ	→Mariana, Johannes	マルティンセン, E.	→Martinsen, Egil W.
マリアリス, A.	→Malliaris, A.G.	マルティン・マルティン, ホセ・ルイス	→Martín Martín, JoséLuis
マリオット, アリスン	→Marriott, Alison	マルテンス, エッケハルト	→Martens, Ekkehard
マリオン, ジャン＝リュック	→Marion, Jean-Luc	マルドス, パウロ	→マルドス, パウロ
マリカト, エルミニア	→マリカト, エルミニア	マルホトラ, アルビンド	→Malhotra, Arvind
マリーク, F.	→Malik, Fredmind	マールマン, マティーアス	→マールマン, マティーアス
マリス, ロビン	→マリス, ロビン	マルムベルグ, ライリ	→マルムベルグ, ライリ
マリナー, マリオン・B.	→Mariner, Marion B.	マルリン, アリス・テッパー	→マルリン, アリス・テッパー
マリーニ, マルセル	→Marini, Marcelle	マルルーツ, Y.ラクシミィ	→Malroutu, Lakshmi Y.
マリネッツィ, F.T.	→Marinetti, Filippo Tommaso	マレー, ヴィック	→Murray, Vic
マリノウスキー, B.	→Malinowski, Bronislaw	マーレー, ウィリアムソン	→Murray, Williamson
マリノフスキー, ロジオン・ヤ	→マリノフスキー, ロジオン・ヤ	マレー, シェーラ	→マレー, シェーラ
マリヤンチコフ, S.V.	→マリヤンチコフ, S.V.	マレー, ジェラルド	→Mare, Gerard
マール, バーナード	→Marr, Bernard	マレ, ダイアン・H.	→Murray, Dain H.
マルアニ, マルガレット	→マルアニ, マルガレット	マレー, チャールズ	→Murray, Charles
マルイヒン, F.	→マルイヒン, F.	マレ, A.I.	→Mallet, A.I.
マルガン, オーレリア・ジョージ	→マルガン, オーレリア・ジョージ	マレー, T.スコット	→Murray, T.Scott
マルガン, ポール	→マルガン, ポール	マレイ, ウィリアム	→マレイ, ウィリアム
マルキ, ブルーナ・デ	→Marchi, Bruna De	マーレイ, ジョ	→Marley, Jo
マルキデス, コンスタンチノス・C.	→Markides, Constantinos C.	マレツ, マーク・C.	→Maletz, Mark C.
マルキート, ジェラルド	→マルキート, ジェラルド	マレック, カマル・M.	→Malek, Kamal M.
マルクヴァルト, フリートリッヒ＝ヴィルヘルム	→Marquardt, Friedrich-Wilhelm	マロ, マリークレル	→マロ, マリークレル
マルクヴァルト(リンダウの)	→マルクヴァルト(リンダウの)	マロ, ミゲル-アンヘル	→マロ, ミゲル-アンヘル
マルクス, カール	→Marx, Karl Heinrich	マロッティ, アーサー・F.	→マロッティ, アーサー・F.
マルクス, パトリシア	→Marx, Patricia	マローティ, E.	→マローティ, E.
マルクル, グレゴール	→マルクル, グレゴール	マロニー, マーガレット・クロフォード	→Maloney, Margaret Crawford

マローン, チェリル・ノット	→マローン, チェリル・ノット	ミアサト, ドリス・モロミサト	
			→Miasat, Doris Moromisat
マローン, トーマス・W.	→Malone, Thomas W.	ミアル, ヒュー	→Miall, Hugh
マン, ジョイ・ヒューイット	→Mann, Joy Hewitt	ミウォシュ, チェスワフ	→Miłosz, Czesław
マン, ジョナサン	→Mann, Jonathan	ミーウセン, ウィム	→Meeusen, Wim
マン, チャールズ・W.	→Munn, C.W.	ミウラ, ヒデアキ	→ミウラ, ヒデアキ(三浦英明)
マン, ドナルド・C.	→Mann, Donald C.	ミエルロ, A.	→Mierlo, Antonius I.M.
マン, トーマス	→Mann, Thomas	ミーカー＝ロウリー, スーザン	
マン, ナオミ	→Mann, Naomi		→ミーカー＝ロウリー, スーザン
マン, フリッツ・カール	→マン, フリッツ・カール	ミキ, レスリー	→ミキ, レスリー
マン, ポール・Y.	→Mang, Paul Y.	ミーキン, アネット	→Meakin, Annette
マン, ロデリック	→マン, ロデリック	ミクシュ, K.	→Miksch, Klaus
マン, ロリ・ア	→マン, ロリ・ア	ミクラス, W.L.	→Mikulas, William L.
マンガー, マーク	→マンガー, マーク	ミクリアス, ウォールター	→Miklius, Walter
マンガン, S.	→Mangen, Steen	ミゲス＝ボニーノ, ホセ	→Míguez-Bonino, José
マンキンズ, マイケル・C.		ミコル, A.	→Mikol, Alain
	→マンキンズ, マイケル・C.	ミシェリー, R.	→Michaely, Roni
マングェル, アルベルト	→Manguel, Alberto	ミシャレ, シャルル＝アルベール	
マンケル, ウエイン・I.	→Munkel, Wayne I.		→Michalet, Charles-Albert
マンジェリ, ジェラルド	→マンジェリ, ジェラルド	ミシャン, E.J.	→ミシャン, E.J.
マンジェール, ピエール＝ミシェル		ミシュキン, F.	→ミシュキン, F.
	→マンジェール, ピエール＝ミシェル	ミショー, サブリナ	→ミショー, サブリナ
マンズ, チャールズ	→マンズ, チャールズ	ミショー, ステファーヌ	→Michaud, Stéphane
マンステッド, A.S.R.	→マンステッド, A.S.R.	ミショー, ロラン	→ミショー, ロラン
マンスフィールド, マイク	→Mansfield, Mike	ミースター, ガイ・デ	→ミースター, ガイ・デ
マンスール, アーメド	→マンスール, アーメド	ミストラル, ジャック	→Mistral, Jacques
マンスロープ, ジル	→Manthorpe, Jill	ミストレス・リトル・ラッシュ(小さなムチの女王)
マンセル, ジム	→Mansell, Jim	→ミストレス・リトル・ラッシュ(小さなムチの女王)
マンゼル, P.	→Manser, Pat	ミタチェク, M.	→Mitacek, Marek
マンゾーニ, ジャン＝フランソワ		ミーダナー, テレル	→ミーダナー, テレル
	→Manzoni, Jean-François	ミチェル, W.	→ミチェル, W.
マンダー, カイ	→マンダー, カイ	ミチスン, ロザリンド	→Mitchison, Rosalind
マンダー, ジェリー	→Mander, Jerry	ミッコリ, ジョヴァンニ	→ミッコリ, ジョヴァンニ
マンダイン, ケイ	→Mundine, Kaye	ミッシェル, アンドレ	→Michel, Andrée
マンダン, クリステル	→マンダン, クリステル	ミッシェル, ローレンス	→ミッシェル, ローレンス
マンツィオス, グレゴリー	→Mantsios, Gregory	ミッジリ, ジェイムズ	→ミッジリ, ジェイムズ
マンディ, P.	→Mundy, Peter	ミジリー, メアリー	→Midgley, Mary
マンディーノ, オグ	→Mandino, Og	ミッター, ヴォルフガング	→ミッター, ヴォルフガング
マンデラ, ネルソン	→Mandela, Nelson	ミッタグ, W.	→Mittag, Waldemar
マンデル, エルネスト	→Mandel, Ernest	ミッタマイアー, K.	
マンデル, シビル	→Mandell, Sibyl		→Mittermaier, Karl Joseph Anton
マンデル, スタンリー・W.		ミッチェル, ウィリアム・E.	
	→マンデル, スタンリー・W.		→ミッチェル, ウィリアム・E.
マンデル, ロベール	→Minder, Robert	ミッチェル, グレッグ	→Mitchell, Greg
マンドル, アレックス	→マンドル, アレックス	ミッチェル, ジェイムス・K.	→Mitchell, James K.
マントル, グレッグ	→Mantle, Greg	ミッチェル, ジャネット・L.	→Mitchell, Janet L.
マンドル, H.	→Mandl, Heinz	ミッチェル, マーク・H.	→ミッチェル, マーク・H.
マンナレッリ, トーマス	→マンナレッリ, トーマス	ミッチェル, D.	→Mitchell, David
マーンフィー, キャサリン	→Marneffe, Catherine	ミッチェル, W.	→ミッチェル, W.
マンホランド, ジョン・キム		ミッツマン, アーサー	→ミッツマン, アーサー
	→Munholland, John Kim	ミッテラン, フランソワ	→ミッテラン, フランソワ
マンリー, マイケル	→マンリー, マイケル	ミッテルシュトラース, ユルゲン	
マンリケ, ネルソン	→Manrique, Nelson		→Mittelstraß, Jürgen
マンロ, R.	→マンロ, R.	ミッテン, リヒャルト	→Mitten, Richard
		ミッドウィンター, キャサリン	
			→ミッドウィンター, キャサリン
【ミ】		ミットヴォッホ, アデーレ	→ミットヴォッホ, アデーレ
		ミッドグリー, ゲイル	→ミッドグリー, ゲイル
ミーア, シャミン	→ミーア, シャミン	ミティ, エセル・L.	→ミティ, エセル・L.
ミアサト, ドリス・モロミサト		ミト, タカコ	→Mito, Takako
		ミトリ, ターレク	→ミトリ, ターレク

ミドルトン, ベン	→Middleton, Ben	ミラー, ウィリー・ワッツ	→ミラー, ウィリー・ワッツ
ミトロフ, イアン	→Mitroff, Ian	ミラー, ウェッブ	→ミラー, ウェッブ
ミナカー, K.	→Minaker, Kenneth	ミラー, ウォーレン・E.	→ミラー, ウォーレン・E.
ミナト, スーザン・ミチ	→ミナト, スーザン・ミチ	ミラー, エドワード・D.	→Miller, Edward D.
ミナミ, リョウシン	→ミナミ, リョウシン（南亮進）	ミラー, エマ	→Miller, Emma
ミナミアフリカロウドウクミアイカイギ		ミラー, カレン	→ミラー, カレン
	→南アフリカ労働組合会議	ミラー, シャロン・C.	→ミラー, シャロン・C.
ミヌス, K.	→Minuth, Klaus	ミラー, ジョン	→Miller, John
ミノーグ, ケネス	→ミノーグ, ケネス	ミラー, ジョン	→ミラー, ジョン
ミハイエヴィッチ, A.D.		ミラー, スコット・D.	→Miller, Scott D.
	→Mihaljevic, Antonela Divic	ミラ, スーザン・R.	→ミラ, スーザン・R.
ミハイロフ, K.A.	→ミハイロフ, K.A.	ミラー, スチュアート	→Miller, Stewart
ミハイロフスキー, ニコライ		ミラー, ダグ	→Miller, Doug
	→ミハイロフスキー, ニコライ	ミラー, ダニー	→Miller, Danny
ミハラスキー, J.	→ミハラスキー, J.	ミラー, デイヴィッド（政治学）	→Miller, David
ミヒャレスコ, C.	→Michailesco, Céline	ミラー, デビッド・A.	→Miller, David A.
ミャオロン, リウ	→ミャオロン, リウ	ミラー, ピーター	→Miller, Peter
ミャクワーニョウ	→ミャクワーニョウ	ミラー, ヘレン・オデル	→ミラー, ヘレン・オデル
ミヤジマ, ヒデアキ	→ミヤジマ, ヒデアキ（宮島英昭）	ミラー, マリー・エレン	→Miller, Mary Ellen
ミヤシロ, M.K.	→Miyashiro, Milton K.	ミラー, ライル・H.	→Miller, Lyle H.
ミヤマ, イワオ	→ミヤマ, イワオ（三山巌）	ミラー, リール	→Miller, Riel
ミヤミィンモウ	→ミヤミィンモウ	ミラー, レウェリン	→ミラー, レウェリン
ミヤモト, ノブオ	→ミヤモト, ノブオ（宮本信生）	ミラー, ロウランド	→Miller, Rowland S.
ミューラー, ウォルフガング・C.		ミラー, ロバート・B.	→Miller, Robert Bruce
	→Müller, Wolfgang C.	ミラー, ロバート・E.	→Miller, Robert E.
ミューラー, カスパー	→Müller, Kaspar	ミラー, J.アーウィン	→Miller, J.Irwin
ミュラー, クラウス	→Müller, Klaus	ミラー, J.D.B.	→Miller, John Donald Bruce
ミュラー, クリスタ	→Müller, Christa	ミラー, J.R.	→Miller, J.R.
ミューラー, ジェームズ	→Mueller, James	ミラー, M.A.	→Miller, Martin A.
ミュラー, ジモーネ	→ミュラー, ジモーネ	ミラー, R.M.（経済学）	→Miller, Ross M.
ミューラー, デニス・C.	→Mueller, Dennis C.	ミラー, R.S.	→ミラー, R.S.
ミュラー, トーマス	→Muller, Thomas	ミラード, A.R.	→ミラード, A.R.
ミュラー, ハイナー	→Müller, Heiner	ミラベラ, グレース	→Mirabella, Grace
ミュラー, ブルクハルト	→ミュラー, ブルクハルト	ミラムビリン, ルベン・M.	
ミュラー, ホルガー	→ミュラー, ホルガー		→ミラムビリン, ルベン・M.
ミュラー, マリーズ	→Mueller, Marlies	ミラールド, マッティアス	→Millard, Matthias
ミューラー, ヨスト	→Müller, Jost	ミリアム	→ミリアム
ミューラー, W.	→Müller, Wolfgang	ミリカン, ルース・G.	→Millikan, Ruth Garrett
ミュラウィエック, ローラン		ミリス, ルドー・J.R.	→Milis, Ludovicus
	→ミュラウィエック, ローラン	ミリバンド, デイヴィド	→Miliband, David
ミュラーザイプ, ボドー	→ミュラーザイプ, ボドー	ミリューチン, ウラジーミル	
ミュラー＝ディーツ, ハインツ			→ミリューチン, ウラジーミル
	→ミュラー＝ディーツ, ハインツ	ミリンゲン, J.G.	→ミリンゲン, J.G.
ミュラー・フライエンフェルス, ヴォルフラム		ミル, ジョン・スチュアート	→Mill, John Stuart
	→Müller-Freienfels, Wolfram	ミルウォード, アラン	→ミルウォード, アラン
ミュラー・ホッハーゲン, ユルゲン		ミルグラム, スタンレー	→ミルグラム, スタンレー
	→Müller-Hohagen, Jürgen	ミルザハーン	→ベイジサツカン（米尔扎汗）
ミュラー＝ラウター, ヴォルフガング		ミルズ, ジョン	→ミルズ, ジョン
	→Müller-Lauter, Wolfgang	ミルズ, マリー	→Mills, Marie
ミューラー・ロンメル, F.		ミルスタイン, ヴィクター	→Milstein, V.
	→Müller-Rommel, Ferdinand	ミルステン, マーク・B.	→ミルステン, マーク・B.
ミュレイ, マーティ	→Murray, Marti P.	ミルテンバーガー, R.G.	
ミューレル, マクス	→ミューレル, マクス		→Miltenberger, Raymond G.
ミュンステル, ハンス・A.	→ミュンステル, ハンス・A.	ミルトン, シビル	→ミルトン, シビル
ミュンヒ, リヒャルト	→Münch, Richard	ミルナー, クリス	→Milner, Chris
ミュンヒハウゼン, クラウス・フォン		ミルナー, ニール	→Milner, Neal
	→ミュンヒハウゼン, クラウス・フォン	ミルナー, M.A.	→Millner, Maurice Alfred
ミョレー, ビョン	→ミョレー, ビョン	ミルバンク, ジョン	→Milbank, John
ミラー, アーサー	→Miller, Arthur	ミルマン, J.	→Millman, Jason
ミラー, ウィリアム, 2世	→Miller, William P., II	ミルン, フランシス	→Milne, Frances

原綴	訳
ミルン, マーカス	→Milne, Markus
ミルンズ, イルマ・マクドナー	→Milnes, Irma McDonough
ミーレ, ナンシー・ボアー	→ミーレ, ナンシー・ボアー
ミレット, リディア	→Millet, Lydia
ミレン, H.	→Mirren, H.
ミロー	→Mireaux
ミロ, ダニエル	→ミロ, ダニエル
ミロイ, コートランド	→Milloy, Courtland
ミロシチェンコ, N.F.	→ミロシチェンコ, N.F.
ミン, ギョンジャ	→ミン, ギョンジャ(閔庚子)
ミン, Y.B.	→Min, Y.B.
ミン, Y.T.	→Min, Yeo Tiong
ミンガース, ジョン	→Mingers, John
ミンカンチョウホウキョク	→民間諜報局
ミンシュシュギテキブンカオメザスキョウシノカイ	→民主主義的文化を目指す教師の会
ミンス, カレン・マリー・クリスタ	→ミンス, カレン・マリー・クリスタ
ミンスキー, ハイマン・P.	→Minsky, Hyman P.
ミンツ, ベス	→Mintz, Beth
ミンツガー, ヤエル	→Mintzker, Yael
ミンツバーグ, ヘンリー	→Mintzberg, Henry
ミント, イタ	→ミント, イタ
ミント, H.	→ミント, H.
ミンドージャー, チェン	→Ming-Jer, Chen

【ム】

ムー, シュエンイン	→ボク, シュンエイ(穆舜英)
ムーア, ゴードン	→ムーア, ゴードン
ムーア, ジェフリー・A.	→Moore, Geoffrey A.
ムーア, ジェームズ・F.	→ムーア, ジェームズ・F.
ムーア, ジェームズ・R.	→Moore, James R.
ムーア, ジョージ・S.	→Moore, George S.
ムーア, ジョセフ	→ムーア, ジョセフ
ムーア, ティモシー・E.	→Moore, Timothy E.
ムーア, トマス	→Moore, Thomas
ムーア, ドン・A.	→ムーア, ドン・A.
ムーア, バジル・J.	→Moore, Basil J.
ムーア, マーガレット	→Moore, Margaret
ムーア, マーク・H.	→Moore, Mark H.
ムーア, メリル	→Moore, Merrill
ムア, C.	→Moore, Chris
ムーア, C.	→Moore, Cora
ムーア, D.S.	→Moore, David S.
ムーア, S.C.	→Moore, Stephen C.
ムーア, W.J.	→Moore, Walter John
ムーアハウス, ジェフリー	→ムーアハウス, ジェフリー
ムーカジ, バーラティ	→ムーカジ, バーラティ
ムサ, サルガ	→ムサ, サルガ
ムーサー, ナバウィーヤ	→ムーサー, ナバウィーヤ
ムーサイオス	→ムーサイオス
ムシュク, ヴァルター	→ムシュク, ヴァルター
ムジュリエ, リリアン・ル	→Mesurier, Lillian Le
ムーズ, W.E.	→ムーズ, W.E.
ムースハルト, H.J.	→Moeshart, H.J.
ムスラキス, ジョージ	→Mousourakis, George
ムダンビ, ラム	→ムダンビ, ラム
ムッソリーニ, ベニト	→Mussolini, Benito
ムート, ヤコブ	→Muth, Jacob
ムドゥレ, ミハエラ	→ムドゥレ, ミハエラ
ムートン, ジェイン・S.	→Mouton, Jane S.
ムーニー, エドワード・F.	→Mooney, Edward F.
ムーニー, ジェームズ	→ムーニー, ジェームズ
ムーニー, V.R.	→ムーニー, V.R.
ムニラトム, B.	→ムニラトム, B.
ムハンマド, アフローズ	→ムハンマド, アフローズ
ムヒタリヤン, S.A.	→ムヒタリヤン, S.A.
ムフ, シャンタル	→Mouffe, Chantal
ムホウ, マルタ	→ムホウ, マルタ
ムメンダイ, アメリー	→ムメンダイ, アメリー
ムラセ, アン・エリザベス	→Murase, Anne Elizabeth
ムラッティ, リーラ	→ムラッティ, リーラ
ムラートフ	→ムラートフ
ムーラン, アンヌ・マリー	→Moulin, Anne Marie
ムルシェド, S.マンソーブ	→ムルシェド, S.マンソーブ
ムルスヴィーク, D.	→ムルスヴィーク, D.
ムルフォード, チャールズ・W.	→Mulford, Charles W.
ムーレイ, エラスペス	→Murray, Elspeth
ムロズ, ジョン・エドウィン	→Mroz, John Edwin
ムーン, エリック	→ムーン, エリック
ムン, オクチュ	→ムン, オクチュ(文玉珠)
ムーン, トゥー	→Moon, Two
ムン, ピルギ	→ムン, ピルギ(文必琪)

【メ】

メアリー, ロビンソン	→メアリー, ロビンソン
メイ, アイリーン, Jr.	→May, Irenee duP., Jr.
メイ, ロザリンド	→メイ, ロザリンド
メイオール, ジェイムズ	→Mayall, James
メイコ, ダニー	→メイコ, ダニー
メイザース, デール	→メイザース, デール
メイシー, ジョアンナ・R.	→Macy, Joanna
メイズ, デヴィッド・G.	→Mayes, David G.
メイズ, A.D.H.	→メイズ, A.D.H.
メイゼル, リック	→メイゼル, リック
メイソン, ミシュリン	→Mason, Micheline
メイソン, C.M.	→Mason, Colin M.
メイソン, F.	→Mason, Florence
メイソン, R.O.	→Mason, Richard O.
メイツェル, マティティアフ	→メイツェル, マティティアフ
メイディク, M.A.	→メイディク, M.A.
メイドリー, クリストファー	→メイドリー, クリストファー
メイ=ドールトン, ルネイト・R.	→メイ=ドールトン, ルネイト・R.
メイナイロ, リサ・A.	→Mainiero, Lisa A.
メイナード, ダグラス・W.	→メイナード, ダグラス・W.
メイナード, メアリー	→Maynard, Mary
メイネロ, リサ・A.	→Mainairo, Lisa A.
メイブ, ジェイ	→Mabe, Jay

メイマン, ジャニス	→メイマン, ジャニス	メヒティルト(ハッケボルンの)	
メイヤー, クリストファー	→Meyer, Christopher		→メヒティルト(ハッケボルンの)
メイヤー, コール・J.W.	→Meijer, Cor J.W.	メファム, デヴィッド	→メファム, デヴィッド
メイヤー, ジョン・D.	→Mayer, John D.	メラー, アンドリュー	→メラー, アンドリュー
メイヤー, マーシャル・W.	→Meyer, Marshall W.	メラー, クリスティアン	→Möller, Christian
メイヤーズ, オデット	→メイヤーズ, オデット	メラー, コージマ	→メラー, コージマ
メイラー, ノーマン	→Mailer, Norman	メラー, D.H.	→メラー, D.H.
メイル, デイビッド	→Mayle, David	メラニー, ジョン	→メラニー, ジョン
メイン, アラン・J.	→メイン, アラン・J.	メラムド, A.ダグラス	→メラムド, A.ダグラス
メイン, S.	→Mane, Sherrill	メランドル, ジャン=イヴ	
メインチェス, エリザベス・F.			→メランドル, ジャン=イヴ
	→Meintjes, Elizabeth F.	メランヒトン, フィリップ	→Melanchthon, Philipp
メインハルト, ヴェイナント・W.		メランベルジェ, ガブリエル	→Mehrenberger, G.
	→メインハルト, ヴェイナント・W.	メリー, サリー・アングル	→Merry, Sally Engle
メザ, フィリップ	→メザ, フィリップ	メリアム, チャールズ・E.	→Merriam, Charles D.
メーザー, M.	→Mazur, Mark J.	メリー・オウン	→メリー・オウン
メズィック, S.	→Messick, Samuel	メリオーラ, M.A.	→Megliola, Michael A.
メースイッモウン	→メースイッモウン	メリジョー, マルティーヌ	→Mérigeau, Martine
メズガーニ, ネビラ	→メズガーニ, ネビラ	メリヒ, J.	→Merighi, J.
メスキータ, マリオ	→メスキータ, マリオ	メリル, ウイリアム・L.	→メリル, ウイリアム・L.
メーステル, コンラッド・ド		メリル, クリストファー	→Merrill, Christopher
	→メーステル, コンラッド・ド	メール, マーガレット	→メール, マーガレット
メスマー	→メスマー	メルヴィオ, ミカ	→メルヴィオ, ミカ
メスメル, ピエール	→メスメル, ピエール	メルヴィン, バーニス	→Melvin, Bernice
メスユ, ミッシェル	→メスユ, ミッシェル	メルカデール, ルイ	→メルカデール, ルイ
メースライン, フローリアン		メルク, ヘードウィヒ	→メルク, ヘードウィヒ
	→メースライン, フローリアン	メルクト, ハンノ	→メルクト, ハンノ
メータ, ライラ	→Mehta, Lyla	メルケル, ヴォルフガング	
メタル, フィリス・リューマン			→メルケル, ヴォルフガング
	→メタル, フィリス・リューマン	メルシェ=ジョザ, S.	→メルシェ=ジョザ, S.
メツガー, ディーナ	→メツガー, ディーナ	メルシエール, ジャック	→メルシエール, ジャック
メック, I.	→Mecke, I.	メルスヴィン, ルールマン	
メックリング, ジェイ	→Mechling, Jay		→メルスヴィン, ルールマン
メッシュ, ロビン	→メッシュ, ロビン	メルツァー, ドナルド	→Meltzer, Donald
メッズィーナ, R.	→Mezzina, Roberto	メルツァー, バート	→Meltzer, Bert
メッセルケン, カールハインツ		メルディーニ, P.	→メルディーニ, P.
	→メッセルケン, カールハインツ	メルテンス, ロタル	→Mertens, Lother
メッセンジャー, チャールズ	→Messenger, Charles	メルロッコ, アンソニー	→Merlocco, Anthony
メッツィガー, ウォルター・P.		メレディス, ジョージ	→Meredith, George
	→メッツィガー, ウォルター・P.	メレンデス, サラ・E.	→メレンデス, サラ・E.
メッツガー=コート, セイラ		メレンベルク, ホルガー	→Möllenberg, Holger
	→Metzger-Court, Sarah	メロ, ファティマ	→メロ, ファティマ
メットカルフェ, スタンリー		メローン, ジョージ	→Melloan, George
	→メットカルフェ, スタンリー	メロン, M.	→Mellon, Michael W.
メディクス, ディーター	→メディクス, ディーター	メン	→メン
メドー, ベティー・デジョン		メン, チンフェン	→モウ, ケイフン(孟慶芬)
	→メドー, ベティー・デジョン	メンシンク, ロン	→Mensink, Ron
メドヴェーデフ, パーヴェル		メンシング, J.	→Mensing, J.
	→メドヴェーデフ, パーヴェル	メンセン, マイケル・J.	→Menssen, Michael J.
メドヴェド, ダイアン	→メドヴェド, ダイアン	メンチェ, リゴベルタ	→メンチェ, リゴベルタ
メトディオス(オリュンポスの)	→Methodios	メンツェ, クレメンス	→Menze, Clemens
メドハート, J.	→Medhurt, James	メンディエタ, ラミーロ・マトス	
メドラー, A.	→Medler, Alex		→Mendieta, Ramiro Matos
メートリッヒ, M.	→Mädrich, Matthias	メンデンホール, ジョージ・E.	
メトロー, A.	→Métraux, A.		→Mendenhall, George E.
メトロドロス(キオスの)	→メトロドロス(キオスの)	メンデンホール, マーク・E.	
メナード, クロード	→メナード, クロード		→Mendenhall, Mark E.
メナンド, ルイス	→Menand, Louis	メンドーサ, ロナルド・U.	→Mendoza, Ronald U.
メニューイン, イェフディ	→メニューイン, イェフディ	メンドンサ, マリア・ルイザ	
メネシニ, エルシリア	→メネシニ, エルシリア		→メンドンサ, マリア・ルイザ
メヒア, テルマ	→メヒア, テルマ		

【モ】

モー, チュンチン	→バク, シュンキョウ (莫俊卿)	モス, P.A.	→Moss, Pamela A.
モー, テリー・M.	→Moe, Terry M.	モスカウイッツ, リチャード	→Moskowitz, Richard
モーア, ゲオルク	→Mohr, Georg	モスカレンコ, キリール	→モスカレンコ, キリール
モア, トマス	→More, Sir Thomas, Saint	モースト, ケネス・S.	→Most, Kenneth S.
モーア, マンフレート	→Mohr, Manfred	モスブルッガー, フォルカー	→モスブルッガー, フォルカー
モーア, ミッシェル	→モーア, ミッシェル	モスュ=ラヴォ, ジャニーヌ	→モスュ=ラヴォ, ジャニーヌ
モーア, ユルゲン	→モーア, ユルゲン	モーズリー, マイケル・E.	→Moseley, Michael E.
モーア, ルードルフ	→モーア, ルードルフ	モズリー, H.	→モズリー, H.
モアヴェーニー, アーザーデー	→モアヴェーニー, アーザーデー	モスレイ, デヴィッド・J.	→モスレイ, デヴィッド・J.
モア=バラク, ミッシェル・E.	→モア=バラク, ミッシェル・E.	モセ, クロード	→Mossé, Claude
モアヘッド, モニカ	→Moorehead, Monica	モセドッチア, リルヤ	→モセドッチア, リルヤ
モイニャン, マイケル	→モイニャン, マイケル	モーセラ, E.	→Morsella, Ezequiel
モイラネン, ツーラ	→Moilanen, Tuula	モチヅキ, マイク	→Mochizuki, Mike M.
モイローヴァ	→モイローヴァ	モチヅキ, ミキオ	→モチヅキ, ミキオ (望月幹夫)
モウ, エツ	→モウ, エツ (孟悦)	モチャロフ, V.V.	→モチャロフ, V.V.
モウ, カ	→モウ, カ (孟華)	モッゲ, ヴィンフリート	→モッゲ, ヴィンフリート
モウ, ケイフン	→モウ, ケイフン (孟慶芬)	モッスュ=ラヴォー, ジャニンヌ	→モッスュ=ラヴォー, ジャニンヌ
モウ, ショウセキ	→モウ, ショウセキ (毛昭晰)	モッセ, クロード	→モッセ, クロード
モウ, タクトウ	→モウ, タクトウ (毛沢東)	モッティーニ, ロジャー	→モッティーニ, ロジャー
モウ, ハンカ	→モウ, ハンカ (孟繁華)	モット, クローディア・E.	→モット, クローディア・E.
モウイン, フィリス	→Moen, Phyllis	モティス・ドラデール, M.A.	→モティス・ドラデール, M.A.
モウシ	→モウシ (孟子)	モーティモア, ピーター	→モーティモア, ピーター
モエン, フィリス	→モエン, フィリス	モデール, シェル・Å	→モデール, シェル・Å
モーガン, アリス	→モーガン, アリス	モデル, ジョーダン	→モデル, ジョーダン
モーガン, ウイリアム・P.	→Morgan, William P.	モデル, ジョン	→Modell, John
モーガン, エドワード・P.	→モーガン, エドワード・P.	モデルスキ, ジョージ	→モデルスキ, ジョージ
モーガン, グレン	→Morgan, Glenn	モーテンセン, フィン・H.	→モーテンセン, フィン・H.
モーガン, ケネス	→モーガン, ケネス	モドゥード, タリク	→モドゥード, タリク
モーガン, ダイアン	→モーガン, ダイアン	モトハシ, カズユキ	→モトハシ, カズユキ (元橋一之)
モーガン, ダグラス・L.	→モーガン, ダグラス・L.	モトムラ, オスカー	→モトムラ, オスカー
モーガン, デイビド・H.J.	→Morgan, David H.J.	モナハン, トム	→Monaghan, Tom
モーガン, トマス・B.	→モーガン, トマス・B.	モナハン, ポール	→Monaghan, Paul
モーガン, ペギー	→モーガン, ペギー	モナン, Ph.	→Monin, Ph.
モーガン, ヘレン	→モーガン, ヘレン	モニエ, R.	→Monier, Raymond
モーガン, ヤーロウ	→Morgan, Yarrow	モニース, ナオミ・ホキ	→モニース, ナオミ・ホキ
モーガン, ルイーズ	→モーガン, ルイーズ	モヌロ, ジュール	→Monnerot, Jules
モーガン, K.(留学生)	→Morgan, Keith	モネー=カイル, ロジャー	→モネー=カイル, ロジャー
モキーア, ジョエル	→Mokyr, Joel	モノリー, M.	→モノリー, M.
モーグ, アンヌリーズ	→Maugue, Annelise	モハン, モハン	→Mohan, Mohan
モク, カホ	→モク, カホ	モーハーン, C.ラジャ	→モーハーン, C.ラジャ
モク, マイケル	→モク, マイケル	モハンティ, J.N.	→Mohanty, J.N.
モクテスマ, エドゥアルド・マトス	→Moctezuma, Eduardo Motos	モヒニー, アン・マリー	→Mawhiney, Anne-Marie
モーゲン, シャロン	→Morgen, Sharon Prew	モフィット, エリザベス	→モフィット, エリザベス
モーゲンソー, ハンス・J.	→モーゲンソー, ハンス・J.	モーブリイ, ジョージ・F.	→モーブリイ, ジョージ・F.
モーゲンベッサー, シドニー	→Morgenbesser, Sidney	モボルニュ, レネ	→Mauborgne, Renée
モサコフスキー, エレイン	→Mosakowski, Elaine	モーマン, アラン・M., Jr.	→モーマン, アラン・M., Jr.
モジナ, S.	→モジナ, S.	モーマン, スーザン・A.	→モーマン, スーザン・A.
モシャン, ディディエ	→モシャン, ディディエ	モミリアーノ, A.	→モミリアーノ, A.
モシュシュ2世	→モシュシュ2世	モムゼン, ヴォルフガング・J.	→Mommsen, Wolfgang J.
モス, アン	→モス, アン	モムゼン, ハンス	→モムゼン, ハンス
モース, ガーディナー	→モース, ガーディナー	モーラー, アルミン	→Mohler, Armin
モース, マルセル	→モース, マルセル	モラエス, ヴェンセスラウ・デ	
モス, ロウリー・E.	→モス, ロウリー・E.		

モーラフ, ペーター	→Moraes, Wenceslau de	モールデン, テレサ・A.	→モールデン, テレサ・A.
モーラフ, ペーター	→モーラフ, ペーター	モルドビーヌ, ミネア・C.	
モラ=メルシャン, ホセ	→モラ=メルシャン, ホセ		→モルドビーヌ, ミネア・C.
モラレス, アンドレア	→モラレス, アンドレア	モルトマン, ユルゲン	→Moltmann, Jürgen
モラン, ジョン	→モラン, ジョン	モルナ, コリーン・ロウ	→モルナ, コリーン・ロウ
モラン, ビクトリア	→モラン, ビクトリア	モーレー, ジョン	→モーレー, ジョン
モラン, ピーター	→Moran, Peter	モーレイ, アイリーン	→Morley, Eileen D.
モーラン, ブライアン	→モーラン, ブライアン	モレマ, レロバ	→Molema, Leloba Sefetogi
モランジュ, F.	→Morange, Françoise	モレル, ジャン	→モレル, ジャン
モリ, エジソン	→モリ, エジソン	モレル・サミュエルズ, パルマー	
モーリー, サミュエル	→モーリー, サミュエル		→Morrel-Samuels, Palmer
モリアーティ, ジョー	→Moriaty, Jo	モレンコット, ヴァージニア・レイミー	
モリオカ・トデスキーニ, マヤ			→モレンコット, ヴァージニア・レイミー
	→Morioka Todeschini, Maya	モーレンハウアー, クラウス	→Mollenhauer, Klaus
モリケンテイ	→バクジツコンテキ(莫日根迪)	モロー, ジャンヌ	→Moreau, Jeanne
モリス, エドマンド	→モリス, エドマンド	モロー, マリー=アンジュ	→モロー, マリー=アンジュ
モリス, キャスリーン・F.	→Morris, Kathleen F.	モロウィッツ, ハロルド・J.	→Morowitz, Harold J.
モリス, ジェームズ・ジャン		モーン, カール・オーヴ	→モーン, カール・オーヴ
	→モリス, ジェームズ・ジャン	モンカー, ジェイムズ・E.T.	
モリス, ジャン	→Morris, Jan		→Moncur, James E.T.
モリス, ジョン・N.	→Morris, John N.	モンク, ジャニス	→モンク, ジャニス
モリス, チャールズ・G.	→モリス, チャールズ・G.	モンク, レイ	→Monk, Ray
モリス, フラン	→モリス, フラン	モンクス, ジュディス	→Monks, Judith
モリス, メアリー	→Morris, Mary	モンクス, ノエル	→モンクス, ノエル
モリス, ヤン	→モリス, ヤン	モンゴメリー, アン	→Montgomery, Ann
モリス, レオン	→Morris, Leon	モンゴメリ, シンシア・A.	
モリス, R.(社会教育)	→Morris, Roger		→モンゴメリ, シンシア・A.
モリス, S.A.	→Morris, Shirley A.	モンソン, カーリン	→モンソン, カーリン
モーリス・スズキ, テッサ	→Morris-Suzuki, Tessa	モンソン・カンポス, ホセ・ルイス	
モリスン, エルティング・E.			→Monzón Campos, JoséLuis
	→モリスン, エルティング・E.	モンタナーリ, M.	→Montanari, Massimo
モリスン, トニ	→Morrison, Toni	モンタナーロ, シルヴァナ・Q.	
モリセッテ, P.	→Morissette, Paul		→Montanaro, Silvana Q.
モリソン, アレックス	→Morrison, Alex	モンターノ, リンダ	→Montano, Linda
モリソン, トッド・A.	→Morrison, Todd A.	モンティア, ジェームス	→Montier, James
モリソン, トニー	→Morrison, Tony	モンテイロ, ルイザ	→モンテイロ, ルイザ
モリソン, フィンズ	→モリソン, フィンズ	モンテイロ, ロイス	→モンテイロ, ロイス
モリソン, ボブ	→モリソン, ボブ	モンテス, ペドロ	→モンテス, ペドロ
モリソン, W.L.	→Morison, William L.	モンテッソーリ, マリア	→Montessori, Maria
モーリッツ, カール=ハインツ		モンテリオン, ジェームズ・A.	
	→モーリッツ, カール=ハインツ		→Monteleone, James A.
モリテルノ, J.E.	→Moliterno, James E.	モント, マーティン・A.	→モント, マーティン・A.
モリナ, マリオ	→モリナ, マリオ	モントーヤ, マリオ	→モントーヤ, マリオ
モリナ, マリオ・J.	→Molina, Mario J.	モントルレ, ミッシェル	→Montrelay, Michèle
モリナ, ルイス・デ	→Molina, Ludovicus	モントローズ, ルイ・エイドリアン	
モリニエ, ジャン	→モリニエ, ジャン		→Montrose, Louis A.
モリネロ, C.マー	→Molinero, Cecilio Mar	モントロ=チナー, マリアヘスス	
モリノー, ミシェル	→Morineau, Michel		→モントロ=チナー, マリアヘスス
モリモト, アメリア	→モリモト, アメリア	モンビオット, ジョージ	→Monbiot, George
モリヨン, フィリップ	→Morillon, Philippe	モンロー, マリリン	→Monroe, Marilyn
モリン, ウィリアム	→モリン, ウィリアム	モンワイエ, エリック	→Monnoyer, Eric
モール, ハンス	→モール, ハンス		
モール, ルイス・C.	→モール, ルイス・C.		**【ヤ】**
モール, V.	→Mor, Vincent		
モルカルド, ジャンカルロ	→Morcaldo, Giancarlo	ヤ, コブ	→カ, ゴウホ(賈合甫)
モルガン, ニック	→モルガン, ニック	ヤウヒアイネン, マルヤッタ	
モルガン, プリス	→Morgan, Prys		→ヤウヒアイネン, マルヤッタ
モルダバン, カーラ	→モルダバン, カーラ	ヤオ, チャオリン	→ヨウ, チョウリン(姚兆麟)
モルティマー, マヤ	→モルティマー, マヤ	ヤオ, フーシャン	→ヨウ, フクショウ(姚福祥)
モールデン, ジョン	→Maulden, John	ヤクシチ, P.	→Jakšić, Pavle

ヤコフ

ヤコブ, カタリーナ	→ヤコブ, カタリーナ	ヤング, ロバート・M.	→ヤング, ロバート・M.
ヤコブ, サルマ	→Yaqoob, Salma	ヤング, H.ペイトン	→Young, H.Peyton
ヤーコブス, ヴィルヘルム・G.	→Jacobs, Wilhelm G.	ヤング=エイゼンドラス, ポリー	→Young-Eisendrath, Polly
ヤコブス, ミカエル	→ヤコブス, ミカエル	ヤングハズバンド, デイム・アイリーン・L.	
ヤコントフ, V.A.	→Yakhontoff, Victor A.		→ヤングハズバンド, デイム・アイリーン・L.
ヤジンスカヤ	→ヤジンスカヤ	ヤンケ, ヴォルフガング	→ヤンケ, ヴォルフガング
ヤースケライネン, リーサ	→ヤースケライネン, リーサ	ヤンセンス, ウタ	→ヤンセンス, ウタ
ヤスコ, タチヤナ・N.	→ヤスコ, タチヤナ・N.	ヤンツェン, イェルク	→ヤンツェン, イェルク
ヤスコーチ, ジョージ	→ヤスコーチ, ジョージ	ヤンデル, キース・E.	→Yandell, Keith E.
ヤッフェ, アニエラ	→Jaffé, Aniela	ヤン・ニョンガン	→ヤン・ニョンガン
ヤッフェ, エルゼ	→ヤッフェ, エルゼ	ヤンフネン, J.	→ヤンフネン, J.
ヤディン, イガエル	→Yadin, Yigael		
ヤードリー, D.C.M.	→Yardley, D.C.M.	**【ユ】**	
ヤドリン, リヴカ	→ヤドリン, リヴカ		
ヤノスキー, アンジェイ	→ヤノスキー, アンジェイ	ユ, アンキ	→ユ, アンキ（兪安期）
ヤハヤ, シティ・ロハニ	→Yahya, Siti Rohani	ユ, イゴウ	→ユ, イゴウ（兪慰剛）
ヤボロウ, S.C.	→Yarbrough, Scott C.	ユ, イトン	→ユ, イトン（兪辛諄）
ヤマウチ, ケイタ	→ヤマウチ, ケイタ（山内慶太）	ユ, ギコク	→ユ, ギコク（兪宜国）
ヤマギワ, エイゾウ	→ヤマギワ, エイゾウ（山際永三）	ユ, キョンヒ	→ユ, キョンヒ（柳京姫）
ヤマザキ, ヒロアキ	→ヤマザキ, ヒロアキ（山崎広明）	ユ, ジョンヒョン	→ユ, ジョンヒョン（劉正顕）
ヤマダ, トシオ	→ヤマダ, トシオ（山田鋭夫）	ユ, セイテツ	→ユ, ソンチョル（兪成哲）
ヤマニ, マイ	→ヤマニ, マイ	ユ, ソンチョル	→ユ, ソンチョル（兪成哲）
ヤマモト, フミコ	→ヤマモト, フミコ（山本文子）	ユ, ターフー	→イク, タップ（郁達夫）
ヤーマン, ヌール	→Yalman, Nur	ユ, ビョンフン	→ユ, ビョンフン（劉秉興）
ヤメ, クリストフ	→Jamme, Christoph	ユ, リュウゲン	→ユ, リョンウォン（廋龍源）
ヤーラオシュ, コンラート	→Jarausch, Konrad Hugo	ユ, リョンウォン	→ユ, リョンウォン（廋龍源）
ヤルヴィネン, イルマ=リイッタ	→ヤルヴィネン, イルマ=リイッタ	ユイ, コクウン	→ウ, コクコン（禹克坤）
ヤルヴェンパー, S.	→Jarvenpaa, Sirkka	ユイ, リュー	→ユイ, リュー
ヤルベラ, サンナ	→Jarvela, Sanna	ユイム, スーザン	→Yim, Susan
ヤロシンスカヤ, アラ	→Yaroshinskaya, Alla	ユイル, ニコラ	→Yuill, Nicola
ヤン, ウェイイ	→ヨウ, イエキ（楊維益）	ユウ, カイ	→ユウ, カイ（熊玠）
ヤン, ジェジン	→ヤン, ジェジン	ユウ, カンメイ	→ユウ, カンメイ（游鑑明）
ヤン, シエンジュ	→ヨウ, センキョ（楊先挙）	ユウ, ゲツシ	→ユウ, ゲツシ（熊月之）
ヤン, スーギル	→ヤン, スーギル	ユウ, ケンクン	→Xiong, Xianjun
ヤン, チュンメイ	→ヨウ, チュウビ（楊鈞美）	ユーウェン, スチュアート	→ユーウェン, スチュアート
ヤン, ヒョナ	→ヤン, ヒョナ（梁鉉娥）	ユヴラン, P.	→ユヴラン, P.
ヤン, ユイシャン	→ヨウ, イクジョウ（楊毓驤）	ユーゴー, ヴィクトル	→Hugo, Victor Marie
ヤンガーズ, コレッタ	→ヤンガーズ, コレッタ	ユシッチ, B.	→ユシッチ, B.
ヤング, アーサー	→ヤング, アーサー	ユシーム, マイケル	→Useem, Michael
ヤング, アラン	→ヤング, アラン	ユスティノス	→Justinus
ヤング, アンドリュー	→Young, Andrew	ユスフ, シャヒッド	→Yusuf, Shahid
ヤング, ウォレン	→ヤング, ウォレン	ユスポフ, ローレンス	→Yusupoff, Lawrence
ヤング, オーエン・D.	→Young, Owen D.	ユーゾフ, アレクサンドル	→ユーゾフ, アレクサンドル
ヤング, グレーアム	→ヤング, グレーアム	ユソン, ミシェル	→ユソン, ミシェル
ヤング, スティーブ	→Young, Steve	ユトネ, エリック	→ユトネ, エリック
ヤング, デヴィット・S.	→ヤング, デヴィット・S.	ユニガー=タス, ヨシン	→ユニガー=タス, ヨシン
ヤング, デニス・R.	→Young, Dennis R.	ユニバーシティオブサセックスブライトン	→ユニバーシティ・オブ・サセックス・ブライトン
ヤング, ドナ・J.	→ヤング, ドナ・J.	ユベール, イヴォンヌ	→Hebert, Yvonne
ヤング, ニール	→ヤング, ニール	ユーベン, J.ピーター	→Euben, J.Peter
ヤング, ハワード	→Young, Howard	ユユ	→ユユ
ヤング, ブリガム	→Young, Brigham	ユール, ウィリアム	→Yule, William
ヤング, ブリジッド	→ヤング, ブリジッド	ユール, B.	→Youell, Biddy
ヤング, マイケル	→ヤング, マイケル	ユルグ, C.J.A.	→Jörg, C.J.A.
ヤング, マリリン・B.	→Young, Marilyn B.	ユールヨーゲンセン, オブ	→ユールヨーゲンセン, オブ
ヤング, マルコム	→ヤング, マルコム	ユロー, アンドレ	→ユロー, アンドレ
ヤング, ロバート	→ヤング, ロバート		

ユーロ, ハインツ	→Eulau, Heinz	ヨウ, チンウ	→ヨウ, チンウ(楊朕宇)
ユン, アンドレア	→Jung, Andrea	ヨウ, デンショウ	→ヨウ, デンショウ(楊殿升)
ユン, ギョンノ	→ユン, ギョンノ(尹慶老)	ヨウ, テンセキ	→ヨウ, テンセキ(楊天石)
ユン, サンチョル	→ユン, サンチョル(尹尚哲)	ヨウ, ハン	→ヨウ, ハン(楊帆)
ユン, ジョンオク	→ユン, ジョンオク(尹貞玉)	ヨウ, バンアン	→ヨウ, バンアン(葉万安)
ユン, ソンテ	→ユン, ソンテ(尹善泰)	ヨウ, フクショウ	→ヨウ, フクショウ(姚福祥)
ユン, ドウリ	→ユン, ドウリ(尹頭理)	ヨウ, ヘイ	→ヨウ, ヘイ(葉平)
ユン, リョンテク	→ユン, リョンテク(尹竜沢)	ヨウ, ヨク	→ヨウ, ヨク(楊翊)
ユン, ロブ	→ユン, ロブ	ヨウ, リキウ	→ヨウ, リキウ(楊力宇)
ユン, C.K.(外交)	→ユン, C.K.(外交)	ヨウ, リョウリョウ	→ヨウ, リョウリョウ(葉陵陵)
ユンガー, エルンスト	→Jünger, Ernst	ヨウヨウレー	→ヨウヨウレー
ユング, カール・グスタフ	→Jung, Carl Gustav	ヨェルデン, ヤン・C.	→Joerden, Jan C.
ユング, ハンス-ヘルムート		ヨーク, マーガレット	→Yorke, Margaret
	→ユング, ハンス・ヘルムート	ヨシダ, アツヒコ	→ヨシダ, アツヒコ(吉田敦彦)
ユング, マイケル	→Jung, Michael	ヨシダ, シゲル	→ヨシダ, シゲル(吉田茂)
ユング, K.	→Jung, K.	ヨシノ, ナオユキ	→ヨシノ, ナオユキ(吉野直行)
ユングマン, マイケル	→ユングマン, マイケル	ヨースト, W.	→Jost, Wolfram
ユンゲ, エーバハルト	→Jüngel, Eberhard	ヨーチェン, マッティ	→Joutsen, Matti
ユンビ, ビクトール	→ユンビ, ビクトール	ヨッフェ, エリス	→Joffe, Ellis
		ヨナス, クラウス	→ヨナス, クラウス
【ヨ】		ヨーナス, ハンス	→Jonas, Hans
		ヨナス(オルレアンの)	→ヨナス(オルレアンの)
ヨ, エイジ	→ヨ, エイジ(余英時)	ヨネザワ, アキスミ	→ヨネザワ, アキスミ(米沢彰純)
ヨ, ギョクケン	→ヨ, ギョクケン(余玉賢)	ヨネヤマ, リサ	→ヨネヤマ, リサ(米山リサ)
ヨ, シュウウ	→ヨ, シュウウ(余秋雨)	ヨハネス(ソールズベリーの)	
ヨ, ジョン	→ヨ, ジョン(呂政)		→ヨハネス(ソールズベリーの)
ヨ, ヘイチョウ	→ヨ, ヘイチョウ(余炳雕)	ヨハネス(フェカンの)	→Johannes (Fiscannensis)
ヨ, メイトク	→ヨ, メイトク(余明徳)	ヨハネス・ア・サンクト・トマ	
ヨアキム, サリー	→ヨアキム, サリー		→Johannes a Sancto Thoma
ヨアキム(フィオーレの)	→ヨアキム(フィオーレの)	ヨハネ・パウロ2世	→Iohannes Paulus
ヨアンネス(ダマスコスの)	→ヨアンネス(ダマスコスの)	ヨバノブ, N.	→ヨバノブ, N.
ヨアンネス・クリマクス	→Joannes Climacus, St	ヨハンソン, エルッキ	→Johanson, Erkki
ヨウ, イエキ	→ヨウ, イエキ(楊維益)	ヨハンソン, ドナルド・C.	
ヨウ, イクジョウ	→ヨウ, イクジョウ(楊毓驤)		→ヨハンソン, ドナルド・C.
ヨウ, イビン	→ヨウ, イビン(葉偉敏)	ヨハンソン, B.	→Johansson, Bengt
ヨウ, ウンラン	→ヨウ, ウンラン(葉雲蘭)	ヨフィー, デイビッド	→Yoffie, David B.
ヨウ, キ	→ヨウ, キ(葉綺)	ヨム, ゼホ	→ヨム, ゼホ(廉載鎬)
ヨウ, キクホウ	→ヨウ, キクホウ(楊菊芳)	ヨラック, ヘイディー・B.	
ヨウ, ギユウ	→ヨウ, ギユウ(楊宜勇)		→ヨラック, ヘイディー・B.
ヨウ, ギョウ	→Yang, Xiao	ヨリオ, エドワード	→ヨリオ, エドワード
ヨウ, グン	→ヨウ, グン(楊軍)	ヨール, バーバラ	→Johr, Barbara (Hrsg)
ヨウ, ケイショウ	→ヨウ, ケイショウ(楊奎松)	ヨルダヌス(ザクセンの)	→ヨルダヌス(ザクセンの)
ヨウ, ケイミン	→ヨウ, ケイミン(楊桂民)	ヨルトン, ジョン・W.	→Yolton, J.
ヨウ, ケツゴウ	→ヨウ, ケツゴウ(葉傑剛)	ヨロヴィツ, J.	→Jolowicz, J.A.
ヨウ, ケンエイ	→ヨウ, ケンエイ(葉剣英)	ヨン, ギヨン	→ヨン, ギヨン(延基栄)
ヨウ, ケンリ	→ヨウ, ケンリ(楊建利)	ヨーンセン, ヨアン・パウリ	→Joensen, Jóan Pauli
ヨウ, コウシン	→ヨウ, コウシン(楊孝臣)	ヨーンソン, P.V.	→Jónsson, Palmi V.
ヨウ, コクコウ	→ヨウ, コクコウ(楊国光)	ヨンパルト, ホセ	→Llompart, José
ヨウ, シ	→ヨウ, シ(楊志)	ヨンユート・チャラムウォン	
ヨウ, ジュヒン	→ヨウ, ジュヒン(楊儒賓)		→Yongyuth Chalamwong
ヨウ, ショウガイ	→ヨウ, ショウガイ(楊小凱)		
ヨウ, シンバイ	→ヨウ, シンバイ(楊新培)	**【ラ】**	
ヨウ, セイトウ	→ヨウ, セイトウ(葉聖陶)		
ヨウ, ゼンカ	→ヨウ, ゼンカ(楊善華)	ラ, エツケイ	→ラ, エツケイ(羅日癸)
ヨウ, センキョ	→ヨウ, センキョ(楊先挙)	ラ, キショウ	→ラ, キショウ(羅其湘)
ヨウ, ダイケイ	→ヨウ, ダイケイ(楊大慶)	ラ, ゴウサイ	→ラ, ゴウサイ(羅豪才)
ヨウ, タン	→ヨウ, タン(楊显)	ラ, シキ	→ラ, シキ(羅志輝)
ヨウ, チュウビ	→ヨウ, チュウビ(楊中美)	ラ, シキ	→ラ, シキ(羅之基)
ヨウ, チョウリン	→ヨウ, チョウリン(姚兆麟)	ラ, ショウホウ	→ラ, ショウホウ(羅小朋)

ラ, ショウラン	→ラ, ショウラン（羅少蘭）	ライバー, ジャスティン	→Leiber, Justin
ラ, スウトク	→ラ, スウトク（羅崇徳）	ライヒバート, リチャード	→Reichbart, Richard
ラ, セイチョウ	→ラ, セイチョウ（羅青長）	ライファー, トマス	→Reifer, Thomas
ラ, ソブン	→ラ, ソブン（羅蘇文）	ライファ, ハワード	→Raiffa, Howard
ラ, ナン・ティン	→ラ, ナン・ティン	ライプツィヒ, ジュディス	→ライプツィヒ, ジュディス
ラ, ラク	→ラ, ラク（羅洛）	ライプニッツ, ゴットフリート・ヴィルヘルム	
ライ, ゲオルク	→ライ, ゲオルク		→Leibniz, Gottfried Wilhelm
ライアン, アラン	→Ryan, Alan	ライベルト, クリスチャン	→Leipert, Christian
ライアン, キャサリン	→Ryan, Kathleen	ライボルド, ディーター	→ライボルド, ディーター
ライアン, ゲイル	→Ryan, Gail	ライマー, サラ	→ライマー, サラ
ライアン, ステファン	→Ryan, Stephen	ライマン, ピーター	→ライマン, ピーター
ライアン, ペイトン	→Lyon, Peyton	ライマン, ミヒャル	→ライマン, ミヒャル
ライアン, メアリー	→Ryan, Mary	ライムズ, T.K.	→ライムズ, T.K.
ライアン, ロナルド・J.	→Ryan, Ronald J.	ライリー, ウイリアム	→ライリー, ウイリアム
ライアンズ, ドナルド	→ライアンズ, ドナルド	ライリー, ジョナサン	→ライリー, ジョナサン
ライオン, ジョイ	→ライオン, ジョイ	ライリー, A.W.	→Riley, Anne W.
ライオンズ, ジェームズ・J.	→Lyons, James J.	ライリィ, マチルダ・W.	→ライリィ, マチルダ・W.
ライオンズ, マーティン	→ライオンズ, マーティン	ライル, スー	→Lyle, Sue
ライカー, W.H.	→Riker, William H.	ライレス, レイ・E.	→ライレス, レイ・E.
ライカート, スーザン・K.	→Reichert, Susan K.	ライン, ジョゼフ・B.	→Rhine, Joseph Banks
ライクル, J.	→Reichle, Joe	ライン, ルイザ・E.	→Rhine, Louisa E.
ライクロフト, デイヴィッド		ラインゴールド, ハワード	→Rheingold, Howard
	→ライクロフト, デイヴィッド	ラインダース, ジョン・E.	→Rynders, John E.
ライシャワー, エドウィン・O.		ラインバーガー, マルグリート・M.	
	→Reischauer, Edwin Oldfather		→Rheinberger, Marguerite M.
ライシュ, ロバート・B.	→ライシュ, ロバート・B.	ラインフリート, ハインリヒ	
ライジンガー, ピーター	→Reisinger, Peter		→ラインフリート, ハインリヒ
ライス, ウィリアム	→Leiss, William	ラインホルト	→ラインホルト
ライス, ゴンドリーザ	→Rice, Condoleezza	ラインボールド, C.A.	→Reinbold, Cynthia A.
ライス, シドニア	→Reiss, Sidonia	ラウ, ゲアハルト	→ラウ, ゲアハルト
ライス, マーク・P.	→Rice, Mark P.	ラウ, コリ	→Lau, Cori
ライス, K.S.	→ライス, K.S.	ラヴ, サリー	→ラヴ, サリー
ライスィヒ, ロルフ	→ライスィヒ, ロルフ	ラヴ, J.	→Love, Jason
ライスナー, ゲヤハルト	→Reissner, Gerhard	ラヴ, S.	→ラヴ, S.
ライズバーグ, シドニー	→Reisberg, Sidney	ラヴィッチ, ダイアン	→Ravich, Diane
ライゼリング, ルッツ	→ライゼリング, ルッツ	ラヴィル, ジャン・ルイ	→Laville, Jean-Louis
ライダー, ディック・J.	→Leider, Dick J.	ラウエル, ジェームス・ラッセル	
ライター, マルギット	→Reiter, Margit		→ラウエル, ジェームス・ラッセル
ライダー, A.F.C.	→ライダー, A.F.C.	ラヴェル, デーヴィド・W.	
ライダー, E.C.	→Ryder, E.C.		→ラヴェル, デーヴィド・W.
ライディーン, K.L.	→Rydeen, Kristi L.	ラヴェル, C.	→Lovell, C.A.Knox
ライデル, パトリック・J.	→Rydell, Patrick J.	ラヴェル=ピント, テルマ	→Ravell-Pinto, Thelma
ライデンフロスト, ナンシー・B.		ラヴシー, レベッカ	→ラヴシー, レベッカ
	→Leidenfrost, Nancy B.	ラウジェン, ヘダール	→ラウジェン, ヘダール
ライド, ウィリアム・J.	→Reid, William J.	ラウシェンベルガー, ハンス	
ライト, エリック・オリン	→Wright, Erik Olin		→Rauschenberger, Hans
ライト, クリスピン	→Wright, Crispin	ラウスマア, ピルッコ=リイサ	
ライト, フランク・ロイド	→Wright, Frank Lloyd		→ラウスマア, ピルッコ=リイサ
ライト, ポール	→Light, Paul	ラウター, クリスタ	→ラウター, クリスタ
ライト, ポール・H.	→ライト, ポール・H.	ラウバー, フォルクマール	→Lauber, Volkmar
ライト, メアリー・アン	→Wright, Mary Ann	ラウハラ, ピルッコ・リイサ	
ライト, ロバート	→Wright, Robert		→Rauhala, Pirkko-Liisa
ライト, D.B.	→Wright, Daniel B.	ラウフス, アードルフ	→Laufs, Adolf
ライト, D.W.	→Light, Donald W.	ラヴー=ラロ, エリザベット	
ライト, L.K.	→Wright, Lore K.		→Ravoux-Rallo, Elisabeth
ライト, R.ジョージ	→Wright, R.George	ラウレティス, テレサ・デ	→ラウレティス, テレサ・デ
ライトソン, キース	→Wrightson, Keith	ラヴローフ, ピョートル	→ラヴローフ, ピョートル
ライトナー, アンドレア	→ライトナー, アンドレア	ラオ, ニルマラ	→ラオ, ニルマラ
ライトマン, アーニー	→ライトマン, アーニー	ラカー, トマス・W.	→Laqueur, Thomas W.
ライトル, ガイ・フィッチ	→Lytle, Guy Fitch	ラガッタ, チダナンド	→ラガッタ, チダナンド

ラガナ, ドメニコ	→Lagana, Domenico	ラスキー, エラ	→ラスキー, エラ
ラカナル	→ラカナル	ラスキン, ジョン	→Ruskin, John
ラカプラ, ドミニク	→LaCapra, Dominick	ラズコー, フランク	→Raczko, Frank
ラカーヨ, リチャード	→ラカーヨ, リチャード	ラスティン, マイケル	→Rustin, Micheal
ラカリエール, ジャック	→Lacarrière, Jacques	ラスティン, M.	→Rustin, Margaret
ラギー, ジョン・ジェラード	→ラギー, ジョン・ジェラード	ラストルグエフ, V.S.	→ラストルグエフ, V.S.
ラーキー, パット	→Larkey, Pat	ラズバルト, キャリル	→Rusbult, Caryl E.
ラーキン, アラン	→Lakein, Alan	ラスマッセン, デヴィッド	→Rasmussen, David M.
ラーキン, サンダー	→Larkin, Sandar	ラスマネ, スカイドリテ	→Lasmane, Skaidrite
ラーキン, A.	→ラーキン, A.	ラスマン, ゲイリー	→ラスマン, ゲイリー
ラーキン, T.J.	→Larkin, T.J.	ラスムセン, エリク	→ラスムセン, エリク
ラク, イリュウ	→ラク, イリュウ（駱為竜）	ラズモア, A.	→ラズモア, A.
ラク, ソウ	→ラク, ソウ（駱爽）	ラセッター, ウィリアム	→ラセッター, ウィリアム
ラクタンティウス, L.		ラセペード	→Lacépède
	→Lactantius, Lucius Caelius Firmianus	ラセリス, メアリー	→ラセリス, メアリー
ラグハバン, ビジェイ	→ラグハバン, ビジェイ	ラセルダ, G.	→Lacerda, Galeno
ラクラウ, エルネスト	→Laclau, Ernesto	ラーセン, スティーヴン	→Larsen, Stephen
ラグラーヴ, ローズ=マリー		ラーセン, ロビン	→Larsen, Robin
	→Lagrave, Rose-Marie	ラソク, D.	→Lasok, D.
ラクー=ラバルト, フィリップ		ラゾニック, ウィリアム	→ラゾニック, ウィリアム
	→Lacoue-Labarthe, Philippe	ラーソン, デボラ・ウェルチ	
ラクリン, C.	→Rachlin, Chris		→ラーソン, デボラ・ウェルチ
ラグリン, J.	→Raglin, John S.	ラーソン, リカルド	→Larsson, Rikard
ラクリンスキー, ジェフリー・J.		ラーダー, ジョアンヌ	→Rader, Joanne
	→ラクリンスキー, ジェフリー・J.	ラダクリシュナン, N.	→Radhakrishnan, N.
ラグルス, ルディ	→Ruggles, Rudy L.	ラーダーマッハー, W.	→Radermacher, W.
ラ・クロワ, サムナー・J.	→La Croix, Sumner J.	ラチェンス, エドウィン	→Lutyens, Edwin
ラコスト, イヴ	→Lacoste, Yves	ラッカー, ルーディ	→Rucker, Rudy von Bitter
ラコバ, スタニスラフ	→ラコバ, スタニスラフ	ラッカソン, R.	→Luckasson, Ruth
ラザク, アリシカ	→Razak, Arisika	ラック, クリストファー・G.	
ラザースフェルド, ソフィー	→Lazarsfeld, Sofie		→ラック, クリストファー・G.
ラザフォード, スーザン・D.		ラック, マイク	→Luck, Mike
	→ラザフォード, スーザン・D.	ラック, モーラ	→ラック, モーラ
ラサム, ステファン	→ラサム, ステファン	ラック, G.	→ラック, G.
ラザラス, モーリス	→ラザラス, モーリス	ラックス, デービッド・A.	→Lax, David A.
ラザリーニ, ジータ	→Lazzarini, Zita	ラックストン, イアン・C.	→Ruxton, Ian C.
ラージ, サリーン・ティクラ		ラックマン, スタンレイ・J.	
	→ラージ, サリーン・ティクラ		→Rachman, Stanley J.
ラジア, ラジャ	→ラジア, ラジャ	ラッグルズ, ナンシー	→ラッグルズ, ナンシー
ラシティ, メアリー・C.	→Lacity, Mary C.	ラッジェン, マーティン	→Luggen, Martin
ラシード, アハメド	→ラシード, アハメド	ラッシュ, ユルグ	→Rache, Joerg
ラジミ, R.	→Lajmi, Rajiv	ラッシュ, ラモーナ・R.	→Rush, Ramona R.
ラジャブザーデ, ハーシェム		ラッセル, ウィリアム・ハワード	
	→ラジャブザーデ, ハーシェム		→Russell, William Howard
ラジャマニ, ラバンニャ	→Rajamani, Lavanya	ラッセル, グレイム	→Russell, Graeme
ラジャン, S.Ravi	→Rajan, S.Ravi	ラッセル, コンスタンス	→ラッセル, コンスタンス
ラジュ, ジャグモハン	→Raju, J.S.	ラッセル, ジェームズ・R.	→Russell, James R.
ラジュ, ミレイユ	→ラジュ, ミレイユ	ラッセル, ジュリア・スコフィールド	
ラシュキ, リンダ・ブラッドフォード			→Russell, Julia Scofield
	→Raschke, Linda Bradford	ラッセル, リチャード	→ラッセル, リチャード
ラシュディ, サルマン	→Rushdie, Salman	ラッセル, ロバート・W.	→ラッセル, ロバート・W.
ラジョ, R.	→Rajoo, R.	ラッセル, N.	→Russel, Nicholas
ラジョパール, コージック		ラッタンシ, ピヨ	→Rattansi, Piyo
	→ラジョパール, コージック	ラッチフォード, G.	→Latchford, Gray
ラズ, ヴラスタ	→ラズ, ヴラスタ	ラッツィンガー, ヨゼフ	→ラッツィンガー, ヨゼフ
ラスウェル, ハロルド・D.	→Lasswell, Harold D.	ラッド, G.	→Ladd, Gary W.
ラス・カサス, バルトロメ・デ		ラッドビル, サミュエル・X.	→Radbill, Samuel X.
	→Las Casas, Bartolome de	ラッハマン, J.-P.	→Lachmann, Jens-Peter
ラスカル, フィル	→Raskall, Phil	ラップ, チャールズ・A.	→Rapp, Charles A.
		ラップ, リチャード・T.	→Rapp, Richard T.

ラツフ

ラップ, H.エドワード	→ラップ, H.エドワード	ラプソン, R.	→La Fontaine, Jean de
ラッファム, ルイス・H.	→Lapham, Lewis H.	ラブムンド, V.	→Rapson, Richard
ラデ, A.	→Rudd, Andrew	ラフリン, リチャード	→Rapmmund, Val
ラディーノ, マリー	→ラディーノ, マリー	ラ・ベガ, ガルシラソ・デ	→Laughlin, Richard
ラティマール, P.	→Latimar, Pat	ラベッツ, ジェローム	→ラ・ベガ, ガルシラソ・デ
ラーデマッヘル, W.	→Rademacher, W.	ラーベン, レムコ	→Ravetz, Jerome R.
ラテンアメリカシャカイカガクキョウギカイ		ラボーア, キャサリン・M.	→Raben, Remco
	→ラテンアメリカ社会科学協議会		→ラボーア, キャサリン・M.
ラテンアメリカノシャカイオカンシスルカイ		ラボウズ, J.	→Labows, John N.
	→ラテンアメリカの社会を監視する会	ラポポート, ロジャー	→Rapoport, Roger
ラート, ゲルハルト・フォン		ラボリ, フランソワーズ	→ラボリ, フランソワーズ
	→Rad, Gerhard von	ラポルト, ロジェ	→Laporte, Roger
ラドウィッグ, アーノルド・M.	→Ludwin, A.M.	ラボンテ, ロナルド	→Labonte, Ronald
ラトゥーシュ, セルジュ	→Lstouche, Serge	ラマザノグル, キャロリン	
ラドゥワヘッティ, I.	→Ladduwahetti, I.		→Ramazanoglu, Caroline
ラトナー, マイケル	→Ratner, Michael	ラマチヤラカ	→ラマチヤラカ
ラトナー=ゲルバート, ニーナ		ラマチャンドラン, R.	→Ramachandran, R.
	→Rattner Gelbart, Nina	ラーマン, ハンナ	→ラーマン, ハンナ
ラドニック, ポール	→ラドニック, ポール	ラーマン, ムスタフィズー	→Rahman, Mustafizur
ラドフォード, ジル	→Radford, Jill	ラーマン, モティウル	→ラーマン, モティウル
ラドフォード, ロレイン	→Radford, Lorraine	ラーマン, A.R.	→Rahman, A.R.
ラートブルフ, グスタフ	→Radbruch, Gustav	ラミー, エステル	→ラミー, エステル
ラトランド, ピーター	→ラトランド, ピーター	ラミイ, C.T.	→Ramey, Craig T.
ラドリエール, ジャン	→ラドリエール, ジャン	ラミイ, S.L.	→Ramey, Sharon L.
ラドル, カレン	→ラドル, カレン	ラミス, C.ダグラス	→Lummis, C.Douglas
ラドロウ, フィッツ・ヒュー		ラミレス, ラファエル	→ラミレス, ラファエル
	→ラドロウ, フィッツ・ヒュー	ラミレス, R.	→Ramirez, Rafael
ラトワック, エドワード	→ラトワック, エドワード	ラム, クアン・チェプ	→Lam, Quang Thiep
ラーナー, アバ	→ラーナー, アバ	ラム, ジョン・C.	→Rumm, John C.
ラーナー, ジャックリーン・V.		ラム, マイケル・E.	→Lamb, Michael E.
	→Lerner, Jacquelin V.	ラム, ローレンス	→Lam, Lawrence
ラーナー, スティーブン	→ラーナー, スティーブン	ラム, J.	→Lam, James
ラーナー, D.	→Learner, D.B.	ラム, N.マーク	→Lam, N.Mark
ラーナー, R.M.	→Lerner, Richard M.	ラムスター, J.マーク	→Ramster, J.Mark
ラニイ, オースチン	→ラニイ, オースチン	ラムズフェルド, ドナルド・H.	
ラニエリ, ルイス・S.	→ラニエリ, ルイス・S.		→Rumsfeld, Donald H.
ラーネッド, D.W.	→Learned, Dwight Whitney	ラムゼイ, アンシル	→Ramsay, Ansil
ラーネマ, マジッド	→Rahnema, Majid	ラムチャラン, ガンガペルサンド	
ラバートン	→ラバートン		→Ramcharan, Gangapersand
ラバナス, ジャック	→ラバナス, ジャック	ラムリー, ヒラリー	→Rumley, Hilary
ラパポート, アンナ	→ラパポート, アンナ	ラムリー, D.	→Rumley, Dennis
ラパポート, リチャード	→ラパポート, リチャード	ラメット, メリアリーズ	→ラメット, メリアリーズ
ラパポート, I.	→Rappaport, Ivan	ラーモア, キム	→Larmore, K.
ラバン, コリン	→ラバン, コリン	ラモン, シュラミット	→Ramon, Shulamit
ラピエール, ドミニク	→Lapierre, Dominique	ラモン, ミシェール	→ラモン, ミシェール
ラヒカイネン, マリア	→ラヒカイネン, マリア	ラリー, ダイアナ	→Lary, Diana
ラピデ, ルツ	→Lapide, Ruth	ラリオノフ, V.V.	→ラリオノフ, V.V.
ラビノー, ポール	→Rabinow, Paul	ラリック, ジャンジャ	→Lalich, Janja
ラビーブ, S.	→ラビーブ, S.	ラリック, ヤンヤ	→ラリック, ヤンヤ
ラヒミ, キミア	→ラヒミ, キミア	ラーリナ=ブハーリナ, アンナ	
ラビン, C.	→Rapin, Charles-Henri		→ラーリナ=ブハーリナ, アンナ
ラビン, K.(心理学)	→Rubin, Kenneth H.	ラリノフ, V.	→ラリノフ, V.
ラブ, パトリシア	→ラブ, パトリシア	ラーリン, ビクトル	→ラーリン, ビクトル
ラフ, ムレー	→Raff, Murray	ラール, レスリー	→Rahl, Leslie
ラブ, ロバート・W., Jr.	→Love, Robert W., Jr.	ラルーシュ, リンドン	→LaRouche, Lyndon H.
ラフ, M.	→Ruff, Martha H.	ラ・ルス, ホセ	→ラ・ルス, ホセ
ラブ, P.	→Love, Patricia	ラルーセン, チョニタ	→Larsen, Chonita
ラファン, アンヌ	→ラファン, アンヌ	ラルフ, ジェイソン・G.	→ラルフ, ジェイソン・G.
ラフェイ, アリス・L.	→Laffey, Alice L.	ラルフ, リーアン	→Ralph, LeAnn
ラ・フォンテーヌ, ジャン・ド			

ラレイン, サラ	→ラレイン, サラ	ランドラム, ジェニファー	→Landfried, Christine
ラレモンデイ, マルク・ド・ラコスト		ランドリ, アドルフ	→Landrum, Jenniter
	→ラレモンデイ, マルク・ド・ラコスト	ランドリー, バーバラ	→ランドリ, アドルフ
ラーレン, B.	→Lahren, Brian	ランドリー, S.	→ランドリー, バーバラ
ラン, ジル	→ラン, ジル	ランドール, スティーヴン・J.	→Landry, Susan H.
ラン, チョウケン	→ラン, チョウケン(蘭周根)		→Randall, Stephen J.
ラン, テイ	→ラン, テイ(藍鼎)	ランドール, R.	→ランドール, R.
ラン, ヒュー	→ラン, ヒュー	ランドン, アルフ	→Landon, Alf
ラン, ホウジツ	→ラン, ホウジツ(樂豊実)	ランナート, ステイシー・アン	
ランインケイザイブチュウオウケイザイキョク			→Lannert, Stacey Ann
	→蘭印経済部中央統計局	ランバーク, クリスティーナ・ハルトマーク	
ランガナサン, ジャネット	→Ranganathan, Janet		→ランバーク, クリスティーナ・ハルトマーク
ラング, アンドルー	→Lang, Andrew	ランバート, ケネス	→Lambert, Kenneth
ラング, エイミィ・シュレイジャー		ランバート, サンドラ	→Lambert, Sandra
	→ラング, エイミィ・シュレイジャー	ランバート, リチャード・D.	
ラング, カート	→Lang, Kurt		→Lambert, Richard D.
ラング, ジュリアン・E.	→Julian E., Lange	ランバート, W.G.	→ランバート, W.G.
ラング, ブライアン	→Lang, Brian	ランフランクス(カンタベリーの)	
ラング, ベルンハルト	→ラング, ベルンハルト		→Lanfrancus(Cantauriensis)
ラング, ベレル	→ラング, ベレル	ランプリディウス, アエリウス	
ラング, G.E.	→Lang, Gladys E.		→ランプリディウス, アエリウス
ラングズ, ロバート	→Langs, Robert	ランベ, L.	→Lambe, Loretto
ラングスドルフ, G.H.v	→ラングスドルフ, G.H.v	ランベス, ベンジャミン	→ランベス, ベンジャミン
ラングドン, N.A.	→Langdon, Nancy A.	ランベル, ジョセフ	→Lampel, Joseph
ラングトリー, リリー	→Langtry, Lillie	ランボー, G.	→Lambour, Gary
ラングトン, キャロル	→ラングトン, キャロル		
ラングトン, スチュアート	→Langton, Stuart		**【リ】**
ラングトン, ステファン	→ラングトン, ステファン		
ラングトン, マリー=テレーズ		リー, アン(性的虐待問題)	→リー, アン(性的虐待問題)
	→ラングトン, マリー=テレーズ	リー, アンディ	→Lee, Andy
ラングバン, アネット	→ラングバン, アネット	リー, ウェンディ	→Leigh, Wendy
ラングフォード, デイヴィッド	→Langford, David	リ, ウヘイ	→リ, ウヘイ(李宇平)
ラングレイ, P.	→Langley, Pat	リ, ウンリュウ	→リ, ウンリュウ(李云竜)
ラングロワ, クロード	→ラングロワ, クロード	リ, エイキョク	→イ, ヨンウク(李栄旭)
ランケ, レオポルト・フォン	→Ranke, Leopold von	リ, エイクン	→イ, ヨンフン(李栄薫)
ランゲ, D.	→ランゲ, D.	リ, エイケイ	→リ, エイケイ(李盈慧)
ランジェ, イェ	→ランジェ, イェ	リ, エイシュク	→イ, ヨンスク(李英淑)
ランシエール, ジャック	→Rancière, Jacques	リ, エイシュン(法律)	→イ, ヨンジュン(法律)(李英俊)
ランジーク, アンドレアス		リ, エイショク	→イ, ヨンシク(李栄植)
	→ランジーク, アンドレアス	リ, エイセキ	→イ, ヨンソク(李英石)
ランシュマン, フィリス	→Runciman, Phyllis	リー, エイドリアン・F.	→リー, エイドリアン・F.
ランズベリー, ラッセル・D.		リ, エイハク	→リ, エイハク(李永璞)
	→Lansbury, Russell D.	リ, エイビ	→イ, ヨンミ(李暎美)
ランズマン, ステファン	→Landsman, Stephan	リ, エイメイ	→イ, ミョンヨン(李命英)
ランダウ, L.D.	→Landau, Lev Davidovich	リ, エンゴク	→リ, エンゴク(李遠国)
ランダーズ, G.	→Landers, G.J.B.	リ, オウヒョウ	→リ, オウヒョウ(李弘冰)
ランダル, ジョン	→Randall, John	リ, ガン	→リ, ガン(李邑)
ランチ, リディア	→Lunch, Lydia	リ, キウ	→イ, キウ(李琦雨)
ランツ, ジム	→Lantz, Jim	リ, キトウ	→イ, ギドン(李基東)
ランティエ, ピエール	→Lanthier, Pierre	リー, キャサリン・M.	→Lee, Catherine M.
ランディス, トレイシー・リー		リー, キャスリン・J.	→Lee, Kathryn J.
	→ランディス, トレイシー・リー	リ, キャロル	→リー, キャロル
ランデス, ジョーン・B.	→ランデス, ジョーン・B.	リ, キョウ	→リ, キョウ(李強)
ランド, スーザン	→ランド, スーザン	リ, ギョウコウ	→リ, ギョウコウ(李暁宏)
ランド, トーマス・C.	→ランド, トーマス・C.	リ, ギョウセイ	→リ, ギョウセイ(李暁清)
ランド, ヤーコヴ	→Rand, Ya'acov	リ, キョウチ	→リ, キョウチ(李鏡池)
ランドウ, ジル	→ランドウ, ジル	リ, ギョクフン	→イ, オクブン(李玉粉)
ランドゥア, デートレフ	→Landua, Detlef	リ, ギョクレン	→リ, ギョクレン(李玉蓮)
ラントス, トム	→Lantos, Tom		
ラントフリート, クリスティーネ			

リ, ギンガ	→リ, ギンガ(李銀河)	リ, ジンチュエン	→Lee, Chin-Chuan
リ, キンギョク	→リ, クムオギ(李錦玉)	リ, シンホウ	→リ, シンホウ(李心峰)
リ, キンシュン	→リ, キンシュン(李近春)	リー, シンワ	→リー, シンワ
リー, クアンユー	→Lee, Kuan Yew	リ, スイカ	→リ, スイカ(李翠霞)
リ, クムオギ	→リ, クムオギ(李錦玉)	リー, ステラ	→リー, ステラ
リ, ケイウン	→リ, ケイウン(李慶雲)	リ, セイ	→リ, セイ(李誠)
リ, ケイショウ	→リ, ケイショウ(李京雯)	リ, セイキ	→リ, セイキ(李成貴)
リ, ケンシュク	→イ, ヒョンスク(李賢淑)	リ, セイケン	→イ, ジョンフン(李政勲)
リ, ケンセイ	→イ, ヒョンチョン(李鉉清)	リ, セイケイ	→リ, セイケイ(李成珪)
リ, ケンチュウ	→イ, コンジュン(李建中)	リ, セイコウ	→イ, ソンホ(李星鎬)
リ, ケンチョウ	→リ, ケンチョウ(李健超)	リ, セイシュウ	→イ, ソンジュ(李盛周)
リ, ケンヨウ	→イ, コンヨン(李建容)	リ, セイモ	→イ, ソンム(李成茂)
リ, コウ	→リ, コウ(李浩)	リ, センタイ	→イ, ソンテ(李宣泰)
リ, コウキュウ	→イ, ホング(李洪九)	リ, ゼンドウ	→リ, ゼンドウ(李善同)
リ, コウサイ	→イ, ヒョジェ(李効再)	リ, ゾウキ	→リ, ゾウキ(李増輝)
リ, コウザイ	→イ, フンヨン(李興在)	リ, ソウコウ	→イ, サンコウ(李相高)
リ, コウジン	→イ, ヒョイン(李孝仁)	リ, ソウセキ	→イ, ジョンソク(李宗錫)
リ, コウホ	→リ, コウホ(李洪甫)	リ, ソヘイ	→リ, ソヘイ(李甦平)
リ, コクトウ	→リ, コクトウ(李国棟)	リ, ダイコン	→リ, ダイコン(李大根)
リ, サイイン	→イ, ジェウン(李載殷)	リー, ダグラス・W.	→Rae, Douglas W.
リ, ザイヒ	→イ, ジェヒ(李在熙)	リ, チュウケイ	→リ, チュウケイ(李中慶)
リ, ザイケン	→イ, ジェヒョン(李在賢)	リ, チュウメイ	→リ, チュウメイ(李仲明)
リ, サンエツ	→イ, サミョル(李三悦)	リー, チューユン	→リー, チューユン
リ, サンセイ	→イ, サムソン(李三星)	リ, チョウキ	→イ, ジャンヒ(李長煕)
リ, シウン	→リ, シウン(李子雲)	リー, チンシェ	→リ, ケイショウ(李京雯)
リー, ジェイムズ・S.	→リー, ジェイムズ・S.	リー, チンチュエン	→リ, キンシュン(李近春)
リー, ジェニー	→リー, ジェニー	リ, テイ	→リ, テイ(李禎)
リ, シケイ	→リ, シケイ(李志慧)	リ, テイギョク	→イ, ジョンオク(李貞玉)
リ, シツ	→リ, シツ(李瑟)	リー, デヴィット・N.	→リー, デヴィット・N.
リ, シャオミン	→リ, ショウメイ(李紹明)	リ, トウイク	→イ, ドンウク(李東昱)
リ, シュウ	→リ, シュウ(李周)	リ, トクアン	→リ, トクアン(李徳安)
リ, シュウレン	→イ, スリョン(李秀蓮)	リ, トクシュウ	→イ, ドクジュ(李徳周)
リ, シュカイ	→リ, シュカイ(李聚会)	リ, トクナン	→イ, ドクナム(李得南)
リ, ジュキ	→リ, ジュキ(李樹棋)	リ, ナランゴア	→Li, Narangoa
リ, ジュジン	→リ, ジュジン(李樹仁)	リ, バイリン	→リ, バイリン(李培林)
リー, ジュディス・A.B.	→Lee, Judith A.B.	リー, ハウ	→Lee, Hau
リー, シュレン	→リ, ジュジン(李樹仁)	リ, ハク	→リ, ハク(李白)
リ, ジュン	→リ, ジュン(李楯)	リ, ハク	→リ, ハク(李陌)
リ, ジュンギョク	→イ, スノク(李順玉)	リ, ハクカン	→リ, ハクカン(李伯漢)
リ, ジュンソウ	→リ, ジュンソウ(李潤蒼)	リ, ハクケン	→リ, ハクケン(李伯謙)
リ, ジュンチン	→イ, スンジン(李淳鎮)	リー, バーバラ(平和運動)	→Lee, Barbara
リ, ショウウ	→イ, サンウ(李祥雨)	リ, バンウ	→イ, マンウ(李万宇)
リ, ショウウ	→イ, サンウ(李相禹)	リ, バンレツ	→イ, マンヨル(李万烈)
リ, ショウエイ	→イ, サンヨン(李商永)	リ, ヒャクコウ	→リ, ヒャクコウ(李百浩)
リ, ショウカク	→イ, ジョンガク(李鐘珏)	リ, ビンユウ	→イ, ミンウン(李敏雄)
リ, ショウカク	→イ, スンヒョク(李承赫)	リー, フィル	→リー, フィル
リ, ショウギュウ	→リ, ショウギュウ(李少年)	リ, フクセイ	→リ, フクセイ(李福生)
リ, ショウギョク	→イ, サンオク(李相玉)	リ, ブンエイ	→イ, ムンヨン(李文永)
リ, ショウケイ	→リ, ショウケイ(李小慧)	リ, ブンゲン	→リ, ブンゲン(李文彦)
リ, ショウゴ	→イ, ジョンオ(李鐘旿)	リ, ブンヒ	→リ, ブンヒ(李文飛)
リ, ショウコウ	→リ, ショウコウ(李小江)	リ, ヘイタイ	→イ, ビョンテ(李炳泰)
リ, ショウシン	→イ, ジョンジン(李鍾振)	リ, ヘイロ	→イ, ビョンロ(李炳魯)
リ, ショウビン	→イ, ジョンミン(李鍾玟)	リー, ヘクター	→リー, ヘクター
リ, ショウメイ	→リ, ショウメイ(李紹明)	リ, ヘソル	→イ, ヘソル(李ヘソル)
リー, ジョン	→リー, ジョン	リー, ベンジャミン	→リー, ベンジャミン
リ, シン	→リ, シン(李申)	リ, ホウ	→リ, ホウ(李放)
リ, シン	→リ, シン(李進)	リ, ホウキョ	→リ, ホウキョ(李鵬挙)
リ, シンコウ	→リ, シンコウ(李振綱)	リ, ホウキョウ	→イ, ボンヒョプ(李峰峡)
リ, シンサン	→リ, シンサン(李震山)	リ, ホウテイ	→リ, ホウテイ(李鵬程)

リ, ホウボウ	→リ, ホウボウ（李豊栐）	リクール, ポール	→Ricoeur, Paul
リ, ホウミン	→リ, ホウミン（李芳民）	リーグル, ルードウィヒ	→Liegle, Ludwig
リ, ホウリョウ	→リ, ホウリョウ（李宝梁）	リケッツ, マーチン	→リケッツ, マーチン
リ, ホセイ	→リ, ホセイ（李歩青）	リゴッキ, キャサリン	→Ligocki, Kathleen
リ, メイキ	→リ, メイキ（李明輝）	リゴーニ, デイビッド	→リゴーニ, デイビッド
リー, モリー・N.N.	→リー, モリー・N.N.	リゴロ, フランソワ	→リゴロ, フランソワ
リ, ヤンジョン	→リ, ヨウセイ（李養正）	リシェ, ドニ	→Richet, Denis
リ, ヨウケン	→イ, ヨンヒョン（李鏞賢）	リシェル, アンナ＝グレーテ	
リ, ヨウシュ	→イ, ヨンス（李容洙）		→Rischel, Anna-Grethe
リ, ヨウジョ	→イ, ヨンニョ（李用女）	リシャール, P.J.	→リシャール, P.J.
リ, ヨウセイ	→リ, ヨウセイ（李養正）	リシュカ, ティボル	→Liska, Tibor
リー, リチャード	→Lee, Richard	リシール, マルク	→リシール, マルク
リ, レイ	→リ, レイ（李黎）	リーシング, ロナルド・レイヤード	
リ, レンカ	→イ, リェンファ（李蓮花）		→リーシング, ロナルド・レイヤード
リ, レンケイ	→リ, レンケイ（李連慶）	リース, アル	→Ries, Al
リ, ロク	→リ, ロク（李録）	リース, アルバート・J., Jr.	→Reiss, Albert J., Jr.
リ, ロロ	→リ, ロロ（李路路）	リース, スチュアート	→Rees, Stuart
リー, D.	→Lee, Dan	リース, ステファン	→Rees, Stephen
リー, H.（経営分析）	→Li, Hongyu	リース, リンダ	→リース, リンダ
リー, L.H.	→Lee, Laurence H.	リーズ, ロバート・M.	→Rees, Robert M.
リー, P.	→Lee, Peter	リース, J.C.	→リース, J.C.
リーアック, P.A.	→Riach, P.A.	リスター, ルース	→Lister, Ruth
リアドン, ベティー・A.	→Reardon, Betty A.	リスター・ホッタ, アヤコ	→リスター・堀田／綾子
リアリー, マーク・R.	→Leary, Mark R.	リストン, ウォルター・B.	
リアル, ファン	→リアル, ファン		→リストン, ウォルター・B.
リーイ, ジュディ	→Leahy, Judy	リースナー, レイナー	→Riesner, Rainer
リウ, チンフウ	→リュウ, ケイカ（劉慶華）	リスナー, L.スコット	→リスナー, L.スコット
リウ, パオチー	→リュウ, ホウキ（劉宝琦）	リスペンス, ヤン	→Rispens, Jan
リヴァーズ, ウィルガ・M.	→Rivers, Wilga M.	リスマン, ステファン・A.	→Lisman, Stephen A.
リヴィ, カール	→リヴィ, カール	リースマン, デイビッド	→リースマン, デイビッド
リーヴィ, ジャック・S.	→リーヴィ, ジャック・S.	リーゼンバーグ＝マルコム, ルース	
リヴェラ, デニス	→リヴェラ, デニス		→リーゼンバーグ＝マルコム, ルース
リーヴェンスタイン, H.	→リーヴェンスタイン, H.	リーゼンフーバー, クラウス	→Reisenhuber, Klaus
リエラ＝メリス, A.	→リエラ＝メリス, A.	リーダー, イアン	→リーダー, イアン
リオタール, ジャン＝フランソワ		リーダー, ダリアン	→リーダー, ダリアン
	→Lyotard, Jean-François	リダーストラール, ジョナス	
リオルダン, コリン	→リオルダン, コリン		→リダーストラール, ジョナス
リオンズ, マーク	→Lyons, Mark	リーダーマン, P.H.	→Leiderman, P.Herbert
リーカム, スー	→Leekam, Sue	リータル, M.	→リータル, M.
リカルドゥス（サン＝ヴィクトルの）		リーチ, エドモンド・R.	→Leach, Edmund Ronald
	→Richardos a St.Victore	リーチ, クリス	→リーチ, クリス
リーガン, アンドリュー・D.	→Regan, Andrew D.	リチー, ドナルド	→Richie, Donald
リキ, コウタイ	→リキ, コウタイ（力康泰）	リチャーズ, イアン	→リチャーズ, イアン
リキエル, ソニア	→Rykiel, Sonia	リチャーズ, ジャネット・ラドクリフ	
リキオ, ゲーリー・E.	→リキオ, ゲーリー・E.		→Richards, Janet Radcliffe
リーギン, ジョイス	→リーギン, ジョイス	リチャーズ, ジョセリン	→Richards, Joscelyn
リク, カ	→リク, カ（陸賈）	リチャーズ, バーナード・G.	
リク, ガクゲイ	→リク, ガクゲイ（陸学芸）		→Richards, Bernard G.
リク, ケン	→リク, ケン（陸鏗）	リチャーソン, ピーター	→リチャーソン, ピーター
リク, ケンカ	→リク, ケンカ（陸建華）	リチャード, チャールス・A., 3世	
リク, レンテイ	→リク, レンテイ（陸連蒂）		→リチャード, チャールス・A., 3世
リクエア, ウィリアム・J.M.		リチャード, C.	→Richard, Chrystelle
	→Ricquier, William J.M.	リチャード, J.	→Richard, Jacques
リグスビー, スティーブン・R.		リチャード, M.	→Richard, Marcelle
	→リグスビー, スティーブン・R.	リチャードソン	→リチャードソン
リクター, エリザベス・チュー		リチャードソン, アンジェラ・プットマン	
	→リクター, エリザベス・チュー		→リチャードソン, アンジェラ・プットマン
リグビー, ケン	→リグビー, ケン	リチャードソン, ジーン	→リチャードソン, ジーン
リーグラー, ナタリー・N.		リチャードソン, ピーター	→Richardson, Peter
	→リーグラー, ナタリー・N.	リックス, クリストファー	→Ricks, Christopher B.

リッグス, リン・E.	→Riggs, Lynne E.	リナーズ, キャスリーン	→Lenerz, Kathleen
リッグス, H.E.	→リッグス, H.E.	リネキン, ジョスリン	→Linnekin, Jocelyn
リックスティーン, ケネス・L.	→Lichstein, Kenneth L.	リネンソール, エドワード・T.	→Linenthal, Edward T.
リッジ, ジョン	→リッジ, ジョン	リーハ, カール	→リーハ, カール
リッシー, デーヴィッド・M.	→Ricci, David M.	リーバー, ドロテア	→Lieber, Dorotea
リッター, アードルフ・マルティン		リーバー, フランス	→Lieber, Francis
	→リッター, アードルフ・マルティン	リバイルト, S.	→Libaert, Sonia
リッター, クリスティアン	→Ritter, Christian	リーバサル, ケネス	→リーバサル, ケネス
リッター, ゲーアハルト	→リッター, ゲーアハルト	リバース, イアン	→Rivers, Ian
リッター, ヨアヒム	→Ritter, Joachim	リバッシー, メリー・フランシス	
リッター, J.	→Ritter, Jay R.		→Libassi, Mary Frances
リッターマン, ロバート	→Litterman, Robert	リハーノフ, A.	
リッチ, グラント・ジュエル			→Likhanov, Al'bert Anatol'evich
	→リッチ, グラント・ジュエル	リーバーマン, アン	→Lieberman, Ann
リッチー, ジェイムズ	→リッチー, ジェイムズ	リーバーマン, M.	→Lieberman, Morton H.
リッチ, ポール	→リッチ, ポール	リピエッツ, アラン	→Lipietz, Alain
リッチス, グラハム	→リッチス, グラハム	リビエール, ジョアン	→リビエール, ジョアン
リッチスタッド, ジム	→リッチスタッド, ジム	リヒター, アンズガー	→Richter, Ansgar
リッチフィールド, リーオン・C.		リヒター, エーデルバート	
	→Litchfield, Leon C.		→リヒター, エーデルバート
リッチマン, グロリア	→リッチマン, グロリア	リヒター, クラウス	→リヒター, クラウス
リッチモンド, ブルース	→Richmond, Bruce	リヒター, シュテフィ	→リヒター, シュテフィ
リッチャー, ポール	→リッチャー, ポール	リヒター, ハンス	→リヒター, ハンス
リッツ, ヴィクター	→リッツ, ヴィクター	リヒター, ホルスト・エーベルハルト	
リッツ, ステイシー	→Ritz, Stacy		→Richter, Horst-Eberhard
リッツ, チャールズ	→Lidz, Charles W.	リヒター, W.	→Richter, Wolfgang
リッツェマ, ルドルフ	→Ritsema, Rudolf	リヒター=ベルンブルク, ルッツ	
リッピンコット, ベンジャミン・E.			→リヒター=ベルンブルク, ルッツ
	→Lippincott, Benjamin E.	リヒターマン, アンドルー	
リップナック, ジェシカ	→Lipnack, Jessica		→リヒターマン, アンドルー
リップマン, ウォルター	→リップマン, ウォルター	リヒテンシュタイン, アーロン	
リップマン, モリス	→リップマン, モリス		→Lichtenstein, Aharon
リッポネン, ウッラ	→リッポネン, ウッラ	リヒテンターラー, エクハルト	
リツルボーイ, ブルース	→リツルボーイ, ブルース		→Lichtenthaler, Eckhard
リーディング, A.	→Riding, Allann	リビングストン, ウイリアム	
リーデル, ブラント・W.	→Riedel, Brant W.		→リビングストン, ウイリアム
リーデル, マンフレート	→Riedel, Manfred	リビングストン, ジョン・レスリー	
リード, エドワード・S.	→Reed, Edward S.		→Livingstone, John Leslie
リード, クリス	→Reed, Chris	リビングストン, J.スターリング	
リード, ジョン(記者)	→リード, ジョン(記者)		→Livingston, J.Sterling
リード, ジョン・S.	→リード, ジョン・S.	リーフ, リンダ	→Reif, Linda
リード, スーザン	→Reid, Susan	リーフェルト, R.A.	→Rehfeldt, Ruth Ann
リード, デイヴィッド	→リード, デイヴィッド	リブキン, ジャン・W.	→リブキン, ジャン・W.
リード, ハーバート・E.	→Read, Herbert Edward	リブキン, E.I.	→リブキン, E.I.
リード, ハンナ	→リード, ハンナ	リプシッツ, ジョージ	→Lipsitz, George
リード, ラルフ	→リード, ラルフ	リフシッツ, E.M.	→リフシッツ, E.M.
リード, レックス	→リード, レックス	リプシッツ, L.A.	→Lipsitz, Lewis A.
リード, D.S.	→Reed, Douglas S.	リプスキー, ドロシー・カーツナー	
リトバルスキー, ズィーグルト	→Littbarski, Sigurd		→リプスキー, ドロシー・カーツナー
リードビーター, チャールズ		リプセット, スーザン	→Lipsett, Suzanne
	→Leadbeater, Charles	リフトン, ロバート・J.	→Lifton, Robert Jay
リードビーター, ボニー	→Leadbeater, Bonnie	リープマン, スザンネ	→Liebmann, Susanne
リドフ, ロレイン	→Lidoff, Lorraine	リーブマン, ハン	→リーブマン, ハン
リトル, デビッド	→リトル, デビッド	リプマン=ブルーメン, ジーン	
リトル, マーガレット・I.	→Little, Margaret I.		→Lipman-Bluman, Jean
リトル, リチャード	→リトル, リチャード	リプリイ, キンバリー	→Ripley, Kimberly
リトル, リック・R.	→リトル, リック・R.	リブリン, ベンジャミン	→リブリン, ベンジャミン
リードル, R.	→Riedl, Rupert	リプンスキー, ビートルト	→リプンスキー, ビートルト
リトルホール, S.	→Littlehale, Steven	リーベ, ミール・W.	→リーベ, ミール・W.
		リベス, エミリオ	→Ribes, Emilio

リベラ, テマリオ・C.	→リベラ, テマリオ・C.	リュウ, ヘイコウ	→ユ, ビョンフン(劉秉興)
リベラーニ, M.	→リベラーニ, M.	リュウ, ヘイヘイ	→リュウ, ヘイヘイ(劉平平)
リーベルサール, ケネス	→リーベルサール, ケネス	リュウ, ホウ	→リュウ, ホウ(劉峰)
リーベン, L.S.	→Liben, Lynn S.	リュウ, ホウキ	→リュウ, ホウキ(劉宝琦)
リポルド, パトリシア	→リポルド, パトリシア	リュウ, マルシア	→リュウ, マルシア
リマー, ピーター・J.	→Rimmer, Peter J.	リュケ, ゲルハルト	→リュケ, ゲルハルト
リーマー, フリードリッヒ・G.		リュコプロン	→リュコプロン
	→Reamer, Frederic G.	リューサー, ローズマリー・ラドフォード	
リーマン, スティブ	→Leman, Steve		→Ruether, Rosemary Radford
リーマン, J.リー	→リーマン, J.リー	リュースブルーク, ヤン・ファン	
リム, リン・リーン	→Lim, Lin Lean		→ルースブルーク, ヤン・ファン
リモー, イェヒエル	→リモー, イェヒエル	リューゼブリンク, ハンス=ユルゲン	
リャザノフ, ダーヴィット・ボリーソヴィッチ			→リューゼブリンク, ハンス=ユルゲン
	→Ryazanov, David Borisovich	リューダー, アイヴァン	→Leudar, Ivan
リャン, ソニア	→Ryang, Sonia	リューダース, マリー・E.	
リュ, シヒョン	→リュ, シヒョン(柳時ён)		→Luders, Marie Elizabeth
リュイ, クワンティエ	→リョ, コウテン(呂光天)	リュックリーム, ゲオルグ	→Rückriem, Georg
リューイン, A.	→Lewin, Arie Y.	リュッケ, ヴォルフガング	→リュッケ, ヴォルフガング
リュウ, アン	→リュウ, アン(劉安)	リュッケルト, フリードリッヒ	
リュウ, イ	→リュウ, イ(劉偉)		→リュッケルト, フリードリッヒ
リュウ, ウントク	→リュウ, ウントク(劉雲德)	リュッテン, ウルズラ	→Rütten, ursula
リュウ, エイ	→リュウ, エイ(劉穎)	リュトフ, I.S.	→リュトフ, I.S.
リュウ, エイ	→リュウ, エイ(劉英)	リュブケ, ポウル	→Lübcke, Poul
リュウ, エンシュウ	→リュウ, エンシュウ(劉延州)	リュワート, G.	→リュワート, G.
リュウ, オンカク	→リュウ, オンカク(劉恩格)	リュングレン, G.	→Ljunggren, Gunnar
リュウ, ガクケン	→リュウ, ガクケン(劉楽賢)	リョ, ガイ	→リョ, ガイ(呂凱)
リュウ, キ	→リュウ, キ(劉毅)	リョ, ギョウケツ	→リョ, ギョウケツ(呂曉杰)
リュウ, キョウ	→リュウ, キョウ(劉向)	リョ, コウテン	→リョ, コウテン(呂光天)
リュウ, キョウキ	→ユ, キョンヒ(柳京姫)	リョ, ジュンチョウ	→リョ, ジュンチョウ(呂順長)
リュウ, ギョクサイ	→リュウ, ギョクサイ(劉玉才)	リョ, ショウケイ	→リョ, ショウケイ(呂小慶)
リュウ, キンサイ	→リュウ, キンサイ(劉金才)	リョ, セイ	→ヨ, ジョン(呂政)
リュウ, ケイカ	→リュウ, ケイカ(劉慶華)	リョ, ソウリキ	→リョ, ソウリキ(呂宗力)
リュウ, ケイショウ	→リュウ, ケイショウ(劉迎勝)	リョ, タイグ	→ノ, テウ(盧泰愚)
リュウ, ケイチュウ	→リュウ, ケイチュウ(劉慶柱)	リョ, フイ	→リョ, フイ(呂不韋)
リュウ, ケイリュウ	→リュウ, ケイリュウ(劉慶龍)	リョ, ホウジョウ	→リョ, ホウジョウ(呂芳上)
リュウ, ゲン	→リュウ, ゲン(劉源)	リョウ, イケン	→リョウ, イケン(廖緯軒)
リュウ, コウトウ	→リュウ, コウトウ(劉洪涛)	リョウ, エイビン	→リョウ, エイビン(廖英敏)
リュウ, コクチ	→リュウ, コクチ(劉克智)	リョウ, カジン	→リョウ, カジン(梁華仁)
リュウ, シュクフン	→リュ, シヒョン(柳時ён)	リョウ, ケンガ	→ヤン, ヒョナ(梁鉉娥)
リュウ, シュクフン	→リュウ, シュクフン(劉淑芬)	リョウ, コウ	→リョウ, コウ(梁鴻)
リュウ, ジュセン	→リュウ, ジュセン(劉樹泉)	リョウ, ジツシュウ	→リョウ, ジツシュウ(梁実秋)
リュウ, ジュッセン	→リュウ, ジュッセン(劉述先)	リョウ, チョウヨウ	→リョウ, チョウヨウ(廖朝陽)
リュウ, ショウキ	→リュウ, ショウキ(劉晶輝)	リョウ, ビョウシン	→リョウ, ビョウシン(梁泰泰)
リュウ, ショウショウ	→リュウ, ショウショウ(劉瀟瀟)	リョウ, ヘイケイ	→リョウ, ヘイケイ(廖炳恵)
リュウ, セイ	→リュウ, セイ(劉正)	リョウ, ユウサイ	→リョウ, ユウサイ(栄優彩)
リュウ, セイケン	→ユ, ジョンヒョン(劉正顯)	リヨン, アルフレッド・E.	→Lyon, Alfred E.
リュウ, ターチェン	→リュウ, タツセイ(劉達成)	リリエンソール, デイヴィッド・E.	
リュウ, タツセイ	→リュウ, タツセイ(劉達成)		→Lilienthal, David E.
リュウ, チ	→リュウ, チ(劉智)	リリエンフェルド, スコット・O.	
リュウ, チ	→リュウ, チ(劉運)		→Lilienfeld, Scott O.
リュウ, チゴウ	→リュウ, チゴウ(劉智剛)	リーレー, ロビン	→リーレー, ロビン
リュウ, チョウイ	→Liu, Zhaowei	リン, エイシュン	→イム, ヨンチュン(林永春)
リュウ, テイテイ	→リュウ, テイテイ(劉亭亭)	リン, エイショウ	→リン, エイショウ(林永宣)
リュウ, デンシ	→リュウ, デンシ(柳伝志)	リン, エイセン	→イム, ヨンソン(林永宣)
リュウ, テンリョウ	→リュウ, テンリョウ(劉天亮)	リン, エイチン	→イム, ヨンジン(林永珍)
リュウ, トクキョウ	→リュウ, トクキョウ(劉德強)	リン, カハン	→リン, カハン(林佳範)
リュウ, トクユウ	→リュウ, トクユウ(劉德有)	リン, ギョウコウ	→リン, ギョウコウ(林暁光)
リュウ, ヒンガン	→リュウ, ヒンガン(劉浜雁)	リン, キンセン	→リン, キンセン(林金泉)
		リン, ケイショウ	→リン, ケイショウ(林慶彰)
		リン, コウシュン	→イム, ホジュン(林昊俊)

リン, コウシュン	→リン, コウシュン (林後春)	リンドバーグ, リーブ	→Lindbergh, Reeve
リン, ゴシュ	→リン, ゴシュ (林悟珠)	リンドブルム, チャールズ・E.	→Lindblom, Charles
リン, ゴドウ	→リン, ゴドウ (林語堂)	リンドベルグ, ソルヴェーグ	
リン, シグン	→リン, シグン (林志軍)		→リンドベルグ, ソルヴェーグ
リン, シゲン	→リン, シゲン (林志弦)	リンドレイ, ピーター	→Lindley, Peter
リン, シコウ	→リン, シコウ (林之光)	リンハート, ゴドフリー	→リンハート, ゴドフリー
リン, シブ	→リン, シブ (林士武)	リンポチェ, ソギャル	→Rinpoche, Sogyal
リン, ジャスティン・イーフー		リンリン	→リンリン
	→リン, ジャスティン・イーフー		
リン, シュウテツ	→リン, シュウテツ (林修撤)		**【ル】**
リン, ジュンバン	→イム, スンマン (林淳万)		
リン, ショウカ	→リン, ショウカ (林少華)	ルー, アンドレ	→Roux, André
リン, ショウブ	→リン, ショウブ (林昭虎)	ルー, シュン	→ロ, クン (盧助)
リン, ジョージ	→リン, ジョージ	ル, ティ・ナム・トゥイェ	→ル, ティ・ナム・トゥイェ
リン, ジョン・A.	→リン, ジョン・A.	ルー, フランシス・G.	→Lu, Francis G.
リン, ジントウ	→リン, ジントウ (林仁棟)	ルー, マルティン・ドゥ	→ルー, マルティン・ドゥ
リン, スティーブン・ジェイ	→Lynn, Steven Jay	ルー, レンティ	→リク, レンティ (陸蓮蒂)
リン, センテイ	→リン, センテイ (林仙庭)	ルアセス, ホアキン・ジャルサ	
リン, チュウヒン	→リン, チュウヒン (林中斌)		→ルアセス, ホアキン・ジャルサ
リン, テイキ	→イム, ジョンヒ (林貞姫)	ルアノ=ボルバラン, ジャン=クロード	
リン, ハクキョ	→リン, ハクキョ (林伯渠)		→Ruano-Borbalan, Jean-Claude
リン, マンコウ	→リン, マンコウ (林満紅)	ルアル, イヴリン	→ルアル, イヴリン
リン, ヨウカ	→リン, ヨウカ (林耀華)	ルイ, マリー・ビクトワール	
リン, レントク	→リン, レントク (林連徳)		→ルイ, マリー・ビクトワール
リン, ロバート・L.	→Linn, Robert L.	ルイ, Y.H.	→Lui, Y.H.
リンカー, ロンダ・ラインバーグ		ルーイク, クラウス	→Luig, Klaus
	→リンカー, ロンダ・ラインバーグ	ルーイク, ジョン・C.	→Luik, John C.
リンカーン, エイブラハム	→Lincoln, Abraham	ルイス, アレクサンドラ	→ルイス, アレクサンドラ
リンカーン, エドワード・J.		ルイス, アンディ	→ルイス, アンディ
	→リンカーン, エドワード・J.	ルイス, アントニー	→Lewis, Anthony
リンク, クリストフ	→Link, Christoph	ルイス, ウィンダム	→Lewis, Wyndham
リング, ケネス	→Ring, Kenneth	ルイス, カルメン・ベアトリス	
リンク, ローズマリー	→Link, Rosemary		→ルイス, カルメン・ベアトリス
リンクレイター, アンドリュー		ルイス, ジェームズ・R. (宗教学)	→Lewis, James R.
	→リンクレイター, アンドリュー	ルイス, ジェーン	→Lewis, Jane
リンゲンタール, K.E.ツァハリアェ・フォン		ルイス, ジャクリーン	→ルイス, ジャクリーン
	→Lingenthal, K.E.Zachariae Von	ルイス, ジョン	→ルイス, ジョン
リンス, ファン・J.	→Linz, Juan J.	ルイス, ダグラス	→ルイス, ダグラス
リンゼー, ローレンス・B.	→Lindsey, Lawrence	ルイス, デイヴィッド	→ルイス, デイヴィッド
リンゼイ, アンドリュー	→リンゼイ, アンドリュー	ルイス, デイヴィッド・C.	→ルイス, デイヴィッド・C.
リンゼイ, B.B.	→Lindsey, Benjamin Barr	ルイス, デビッド・B.	→Lewis, David B.
リンゼイ, F.R.	→Lindsey, Forrest R.	ルイス, ドロシア	→ルイス, ドロシア
リンダー, ヴォルフ	→Linder, Wolf	ルイス, バリー	→ルイス, バリー
リンダール, K.M.	→Lindahl, Kirsten M.	ルイス, マイケル	→ルイス, マイケル
リンチ, ケビン	→リンチ, ケビン	ルイス, マイケル (心理学)	→Lewis, Michael
リンチ, ジョン	→リンチ, ジョン	ルイス, リンダ・K.	→ルイス, リンダ・K.
リンチ, ナンシー	→リンチ, ナンシー	ルーイス, A.	→ルーイス, A.
リンチ, ピーター	→Lynch, Peter S.	ルイス, D.	→Lewis, D.
リンチ, マイケル	→Lynch, M.	ルイセリー, ジェームズ・K.	→Luiselli, James K.
リンチ, K.	→Lynch, Katherine	ルヴァッサー, パトリシア	→LeVasseur, Patricia
リンツ, ヨハンナ	→リンツ, ヨハンナ	ルウエ, ニコラ	→ルウエ, ニコラ
リンデン, ユージン	→リンデン, ユージン	ルウェ, モーリス	→Lever, Maurice
リンド, ヤン	→Lind, Jens	ルヴェル, ジャック	→Revel, Jacques
リンドクヴィスト, マルガレータ		ルヴェル, ジュディト	→ルヴェル, ジュディト
	→リンドクヴィスト, マルガレータ	ルヴェル, J.	→ルヴェル, J.
リンドグレーン, レーナ	→Lindgren, Lena	ルエット, J.-F.	→ルエット, J.-F.
リンドグレン, B.	→Lindgren, Björn	ルオ, チーチー	→ラ, シキ (羅之基)
リンドバーグ, チャールズ	→Lindbergh, Charles	ルオ, ルオ	→ラ, ラク (羅洛)
リンドバーグ, デイヴィッド・C.		ルカ, フランシスコ	→ルカ, フランシスコ
	→Lindberg, David C.		

ルーカス, キャロライン	→Lucas, Caroline	ルッソ, J.エドワード	→Russo, J.Edward
ルカス, キャロライン	→ルカス, キャロライン	ルッツェンベルガー, ホセ・A.	
ルーカス, ジェイムズ	→Lucas, James Sidney		→ルッツェンベルガー, ホセ・A.
ルーカス, ジョン	→ルーカス, ジョン	ルッツ・バッハマン, マティアス	
ルーガス, ベンディク	→Rugaas, Bendik		→Lutz-Bachmann, Matthias
ルカーチ, G.	→Lukacs, Gyorgy	ルッド, ナンシー・アン	→ルッド, ナンシー・アン
ルカドウ, ヴァルター・フォン		ルットワク, エドワード	→ルットワク, エドワード
	→Lucadou, Walter von	ルティック, キャロル・ビッテイッヒ	
ルキチュ, D.	→Lekić, Danilo		→ルティック, キャロル・ビッテイッヒ
ルーク, D.	→Luke, David E.	ルデュック, ミッシェル	→ルデュック, ミッシェル
ルクシンジャー, V.	→Luchsinger, Verena	ルーデンスタイン, A.	→Rudenstein, Andrew P.
ルークス, スティーヴン	→Lukes, Steven Michael	ルテンダー, ジェラルド・K.	
ルグラン, ジャック	→ルグラン, ジャック		→ルテンダー, ジェラルド・K.
ルグラン, モニク	→ルグラン, モニク	ルドウィック, マーティン・J.S.	
ルグラン, ルイ	→ルグラン, ルイ		→Rudwick, Martin J.S.
ル・クール	→Le Cœur	ルートヴィヒ, エミール	→ルートヴィヒ, エミール
ルクール, エディット	→ルクール, エディット	ルトヴェラゼ, エドヴァルド	
ル・グルヴァン, カテル	→Le Goulven, Katell		→Rtveladze, Edvard Vasilévich
ルクレール, イブリン	→ルクレール, イブリン	ルードマン, ケイト	→Ludeman, Kate
ルグロ, ロベール	→ルグロ, ロベール	ルートラ, ジャン=ルイ	→ルートラ, ジャン=ルイ
ル・コアディク, M.	→Le Coadic, Michèle	ルドルフ, エンノ	→Rudolph, Enno
ル・ゴフ, ジャック	→Le Goff, Jacques	ルドルフ(ビベラハの)	→ルドルフ(ビベラハの)
ルーコフ, デヴィッド	→Lukoff, David	ルドルフス(ザクセンの)	→ルドルフス(ザクセンの)
ルコヤノフ, イーゴリ・B.		ルードルフ・フォン・ザクセン	
	→ルコヤノフ, イーゴリ・B.		→Ludolf von Sachsen
ル・コルビュジエ	→Le Corbusier	ルナール, R.	→Renard, R.G.
ルジェーヌ, スーザン	→Legêne, Susan	ルナン, エルネスト	→Renan, Ernest
ルジャンドル, ピエール	→Legendre, Pierre	ルヌー, ティエリ・S.	→ルヌー, ティエリ・S.
ルシュディ, サルマン	→Rushdie, Salman	ルヌー, ティリー	→ルヌー, ティリー
ル・シュミナント	→ル・シュミナント	ルノー, アラン	→Renaut, Alain
ルース, ジュリアン	→ルース, ジュリアン	ルノー, ティエリー	→Renoux, Thierry
ルース, ベーブ	→Ruth, Babe	ルノデー, オーギュスタン	
ルース, ヘンリー・R.	→Luce, Henry R.		→ルノデー, オーギュスタン
ルーズ, マイケル	→Ruse, M.	ルーバー, スティーヴン	→ルーバー, スティーヴン
ルース, メアリー・フランセス		ルバスキー, シャレド	→Lubarsky, Jared
	→ルース, メアリー・フランセス	ルーバハ, ゲアハルト	→ルーバハ, ゲアハルト
ルース, P.	→Roos, Pontus	ルーバン, ニコル	→Roubin, N.
ルス, V.	→ルス, V.	ルビアン, ブランシュ	→ルビアン, ブランシュ
ルース=スミット, クリスチャン		ルビエンスカ, アンヌ	→Rubienska, Anne
	→ルース=スミット, クリスチャン	ルビグル, アルレット	→Lebigre, Arlette
ルスターホルツ, ピーター	→Rusterholz, Peter	ルビン, アレン	→Rubin, Allan
ルースブルーク, ヤン・ファン		ルービン, イ・イ	→ルービン, イ・イ
	→ルースブルーク, ヤン・ファン	ルービン, ジェイ	→Rubin, Jay
ルーズベルト, セオドア	→Roosevelt, Theodore	ルビン, ジェリー	→Rubin, Jerry
ルーズベルト, フランクリン・D.		ルービン, バリー	→ルービン, バリー
	→Roosevelt, Franklin D.	ルービン, ミリ	→ルービン, ミリ
ルスマイヤー, ディートリヒ		ルビンスキー, R.	→Lubinski, Rosemary
	→ルスマイヤー, ディートリヒ	ルービンスタイン, グレッグ	
ルソー, ジャン=ジャック			→Rubinstein, Gregg A.
	→Rousseau, Jean Jacques	ルービンゾーン, W.Z.	→ルービンゾーン, W.Z.
ルソー, ドミニク	→ルソー, ドミニク	ルビンフェルド, ダニエル・L.	
ルソー, J.J.	→Rousseau, John J.		→Rubinfeld, Daniel L.
ルソー, J.-M.	→Rousseau, Jean-Marc	ルフ, アンヌ	→Ruff, Anne
ルター, クルト・リヒャルト		ループ, ゲイリー・P.	→ループ, ゲイリー・P.
	→Luther, Kurt Richard	ルフィーノ, マルコ	→Ruffino, Marco
ルター, マルティン	→Luther, Martin	ルフェーブル, クレア	→ルフェーブル, クレア
ルツ, ザームエル	→ルツ, ザームエル	ルフォシュール, ナディーヌ	→Lefaucheur, Nadine
ルッカー, マーガレット	→ルッカー, マーガレット	ルフォール, クロード	→ルフォール, クロード
ルック, バーナード	→Luk, Bernard	ルフォール, J.	→ルフォール, J.
ルッソ, ルイージ	→ルッソ, ルイージ	ルプス(フェリエールの)	→ルプス(フェリエールの)

ルブライト, リン	→ルブライト, リン	レイ, J.ヘンリ	→Rey, J.Henri
ルブラン, フランソワ	→Lebrun, François	レイヴ, エリザベス	→レイヴ, エリザベス
ルペシンゲ, クマール	→Rupesinghe, Kumar	レイヴ, L.B.	→Lave, Lester B.
ルベリゥ, アントワーヌ	→ルベリゥ, アントワーヌ	レイエス, ソレダッド・S.	→Reyes, Soledad S.
ルベルティエ	→ルベルティエ	レイエス, ホセ・ハヴィエール	→Reyes, Jose Javier
ルベルトゥス(ドイツの)	→Rupertus (Tuitiensis)	レイキー, B.	→レイキー, B.
ルボー, ジョセフィン	→ルボー, ジョセフィン	レイク, キャサリン	→レイク, キャサリン
ルボウ, リチャード・ネッド		レイコック, M.	→Laycock, Mark
	→ルボウ, リチャード・ネッド	レイコフ, トッド・D.	→レイコフ, トッド・D.
ルボーフ, マイケル	→LeBoeuf, Michael	レイザー, コンラッド	→レイザー, コンラッド
ルボルド, キャロル	→ルボルド, キャロル	レイジー, L.	→Rasy, Loeuk
ルマーチャンド, Y.	→Lemarchand, Yannick	レイジン, チャールズ	→レイジン, チャールズ
ルーマン, ティモシー・A.		レイズ, コリン	→Leys, Colin
	→ルーマン, ティモシー・A.	レイスキン, エドワード・D.	→Reiskin, Edward D.
ルーマン, ニクラス	→Luhmann, Nikals	レイディン, ノーマ	→Radin, Norma
ルミエール, セベリン	→ルミエール, セベリン	レイデン, メリー・アン	→Layden, Mary Anne
ルーミス, ジェームス・F.	→Loomis, James F.	レイド, エリザベス・J.	→Reid, Elizabeth J.
ルメール, アンドレ	→Lemaire, André	レイド, ケン	→レイド, ケン
ルーメル, ユーリイ・B.	→ルーメル, ユーリイ・B.	レイド, デニス・H.	→レイド, デニス・H.
ルメール, L.	→LeMare, Lucy J.	レイド, T.R.	→レイド, T.R.
ルリジオ, アーサー・J.	→Lurigio, Arthur J.	レイドラー, デイヴィッド・E.W.	→Laidler, D.
ルーリン, S.	→Ruhlin, Susan	レイトン, トーマス・L.	→Layton, Thomas L.
ルール	→Roule	レイトン, ベティ	→レイトン, ベティ
ルー・ルヴラ, S.	→Roux-Levrat, Serge	レイナー, マイケル・E.	→Raynor, Michael E.
ルルス, ライムンドゥス	→Lullus, Rainmundus	レイニー, アル	→Rainnie, Al
ルロワ, S.	→Leroy, Stephen F.	レイニー, トム	→レイニー, トム
ル・ロワ・ラデュリ, エマニュエル		レイニー, ルロイ・O.	→Laney, Leroy O.
	→Le Roy Ladurie, Emmanuel	レイニウス, カーリン・リドマール	
ルンクイスト, アーリーン			→レイニウス, カーリン・リドマール
	→ルンクイスト, アーリーン	レイノー, フィリップ	→Raynaud, Philippe
ルンデ, ヨッケン	→ルンデ, ヨッケン	レイノルズ, キャサリン・J.	
ルンディン, アン	→ルンディン, アン		→レイノルズ, キャサリン・J.
ルンド, フランシー	→ルンド, フランシー	レイノルズ, シアン	→Reynolds, Siân
ルントグレーン, ペーター	→Lundgreen, Peter	レイノルズ, ダグラス・R.	
ルンドベリィ, ラーシュ	→Lundberg, Lars		→レイノルズ, ダグラス・R.
ルンプ, エネ	→ルンプ, エネ	レイノルズ, フランク・E.	→Reynolds, Frank E.
		レイバー, C.C.	→Raver, C.Cybele
		レイヒー, ライザ・ラスコウ	
			→レイヒー, ライザ・ラスコウ
【レ】		レイブ, ジョン	→レイブ, ジョン
		レイフ, F.	→Reif, F.
レー, ジョナサン	→Ree, Jonathan	レイブシュタイン, デイビッド	
レ, タク・カン	→Le, Thac Can		→Reibstein, David J.
レ, ミシェル	→Rey, Michel	レイブハルト, アレン	→レイブハルト, アレン
レー, J.	→Ray, J.	レイポート, ジェフリー・F.	→Rayport, Jeffrey F.
レーア, ウルズラ・マリア	→Lehr, Ursula Maria	レイメント, ポール	→Rayment, Paul
レア, ジェス	→Lair, Jess	レイモン, シュラミット	→Ramon, Shulamit
レアージュ, ポーリーヌ	→Réage, Pauline	レイランド, ケヴィン	→レイランド, ケヴィン
レアマウント, サイモン	→レアマウント, サイモン	レイン, R.D.(精神療法)	→Laing, Ronald David
レアリー, マーク・R.	→Leary, Mark R.	レインウェーバー, デビッド・J.	
レアリィ, エリック	→レアリィ, エリック		→レインウェーバー, デビッド・J.
レアール, ブリジット	→レアール, ブリジット	レヴァイン, アンドリュー	→レヴァイン, アンドリュー
レアーレ, M.	→Reale, Mario	レヴァイン, エイミー=ジル	→Levine, Amy-Jill
レイ, アンユウ	→レイ, アンユウ(黎安友)	レヴァイン, スティーヴン	→Levine, Stephen
レイ, コウ	→レイ, コウ(黎光)	レヴァイン, リー・I.A.	→Levine, Lee I.A.
レイ, タン・コイ	→Le, Thanh Khoi	レヴァイン, F.M.	→Levine, Fredric M.
レイ, デイビッド	→レイ, デイビッド	レーヴィ, ジョヴァンニ	→Levi, Giovanni
レイ, ハイフン	→レイ, ハイフン(黎佩芬)	レヴィ, ダニエル・C.	→レヴィ, ダニエル・C.
レイ, フランクリン	→レイ, フランクリン	レヴィ, デーヴィド・A.L.	→Levy, David A.L.
レイ, リン	→レイ, リン(冷杉)	レヴィ, ドミニック	→Lévy, Dominique
レイ, E.	→Ley, Euardo		

レヴィ, ピエール	→レヴィ, ピエール	レーゼル, フリードリヒ	→レーゼル, フリードリヒ
レヴィ, ブリジット	→レヴィ, ブリジット	レダウェー, ブライアン	→レダウェー, ブライアン
レヴィ, ミシェル	→Levi, Michael	レッキー, スコット	→レッキー, スコット
レヴィ, ラファエル	→Levy, Raphael	レックス, ジョン	→Rex, John
レヴィ, M.J., Jr.	→レヴィ, M.J., Jr.	レックナー, フランク・J.	→レックナー, フランク・J.
レヴィ=ストロース, クロード		レックマン, J.	→Leckman, J.
	→Lévi-Strauss, Claude	レッサー, ジェフリー	→レッサー, ジェフリー
レヴィット, メアリー・J.	→レヴィット, メアリー・J.	レッシ	→レッシ(列子)
レヴィット, K.	→レヴィット, K.	レッシア, S.L.	→Recchia, S.L.
レヴィン, エニッド	→Levin, Enid	レッシウス, レオンハルト	→Lessius, Leonardus
レヴィン, スティーヴン	→レヴィン, スティーヴン	レッシュ, メアリ	→レッシュ, メアリ
レヴィン, ドナルド・N.	→レヴィン, ドナルド・N.	レッドウィン, エレノア	→Redwin, Eleanor
レヴィン, バーバラ・R.	→Levin, Barbara R.	レッドファーン, サリー・J.	→Redfern, Sally J.
レヴィン, ヘンリー・M.	→レヴィン, ヘンリー・M.	レッドフィールド, サリー・メリル	
レヴィンスン, デイヴィッド	→Levinson, David		→Redfield, Salle Merrill
レヴェック, ブノワ	→レヴェック, ブノワ	レッドフィールド, ジェームズ	→Redfield, James
レヴェル, C.	→Revelle, Charles	レッドフォード, イビー	→レッドフォード, イビー
レーヴェルス, ヴィルヘルム・ヨーゼフ		レッドフォード, エメット・S.	
	→Revers, Wilhelm Josef		→レッドフォード, エメット・S.
レーヴェン=ザイフェルト, シグリット		レッドフォード, ジェラルド・E., Jr.	
	→Lowen-Seifert, Sigrid		→レッドフォード, ジェラルド・E., Jr.
レウキッポス	→レウキッポス	レップ, クリストーフ	→レップ, クリストーフ
レーヴグレーン, オルヴァル	→Löfgren, Orvar	レップ, A.	→Repp, Alan C.
レヴリィ, ラールズ	→レヴリィ, ラールズ	レディ, ダグラス・A.	→レディ, ダグラス・A.
レエ, ジャン=ミシェル	→レエ, ジャン=ミシェル	レディカー, マークス	→レディカー, マークス
レオガルド, ヴィセント・R.		レティネン, カール	→Lyytinen, Kalle
	→レオガルド, ヴィセント・R.	レディング, ゴードン・S.	→レディング, ゴードン・S.
レオガルド, フェリシタス・T.		レート, アンナ=マイヤ	→レート, アンナ=マイヤ
	→レオガルド, フェリシタス・T.	レドリン, ヴィルトラウト	→Redlin, Wiltraud
レオナード, リンダ	→レオナード, リンダ	レナード, アブリル	→レナード, アブリル
レオナルディ, J.	→Leonardi, Jeff	レナード, ジェニファー・L.	→Leonard, Jennifer L.
レオナルド, ドロシー	→Leonard, Dorothy	レナト, ステファニ	→Renato, Stefani
レオーニ, レオ	→Lionni, Leo	レナード, リンダ・シアーズ	
レオン, オズワルド	→レオン, オズワルド		→レナード, リンダ・シアーズ
レオ1世	→Leo	レーニー, ジェームス・T.	→Laney, James T.
レガーリア, イダ	→Regalia, Ida	レニエ, V.	→Regnier, Victor
レーガン, コルム	→Regan, Colm	レニエ=ボレール, ダニエル	
レーガン, マイケル・D.	→レーガン, マイケル・D.		→Regnier-Bohler, Danielle
レーガン, ロナルド	→Reagan, Ronald	レニケ, ホセ・ルイス	→Rénique, JoséLuis
レクイン, フランク	→Lequin, Frank	レーニン, V.I.	→Lenin, Vladimir Il'ich
レグホーン, リチャード・S.	→Leghorn, Richard S.	レーネン, デートレフ	→レーネン, デートレフ
レグラー, スティーヴ	→レグラー, スティーヴ	レーノー, フィリップ	→Raynaud, Philippe
レゲット, クリス	→Leggett, Chris	レノン, シャロン・J.	→Lennon, Sharron J.
レゲット, マイケル	→レゲット, マイケル	レノン, ジョン	→Lennon, John
レジェ, ジェラール	→Légier, Gérard	レバー, ジャネット	→レバー, ジャネット
レジェ, フェルナン	→レジェ, フェルナン	レバー, チャールズ	→Lepper, Charles
レージェス, アルフォンソ	→レージェス, アルフォンソ	レバー, M.R.	→Lepper, Mark R.
レジェス, ジョランダ	→レジェス, ジョランダ	レバイン, オンドリア	→レバイン, オンドリア
レジーニ, マリーノ	→Regini, Marino	レバイン, スチュアート・R.	
レシュー, ヨン・ヘルゲ	→Lesjø, Jon Helge		→レバイン, スチュアート・R.
レス, ゲオルク	→Ress, Georg	レバイン, スティーブン	→レバイン, スティーブン
レスキン, バリー	→Leskin, Barry	レバス, マイケル	→Lebas, Michel
レスク, マイケル・E.	→レスク, マイケル・E.	レビ, アロマー	→レビ, アロマー
レスゴールド, A.M.	→Lesgold, Alan M.	レビー, ポール・F.	→Levy, Paul F.
レスター, リチャード・K.	→Lester, Richard Keith	レビー, ラルフ	→レビー, ラルフ
レスナー, ディーター	→Rössner, Dieter	レビ=ストロース, クロード	
レズニチェンコ, V.	→レズニチェンコ, V.		→Lévi-Strauss, Claude
レズニック, N.	→Resnick, Neil	レビソン, サンドラ・P.	→Levison, Sandra P.
レスリー, キース	→Leslie, Keith	レビソン, ジュリー・H.	→Levison, Julie H.
レスリー, L.L.	→レスリー, L.L.	レビッチ, リチャード・M.	

	→レビッチ, リチャード・M.	レンハルト, ハルトムート	→Lenhard, Hartmut
レビット, バーバラ	→Levitt, Barbara	レーンハルト, フォルカー	→Lenhart, Volker
レビット, ハロルド・J.	→Leavitt, Harold J.	レンホフ, F.G.	→Lennhoff, F.G.
レビット, J.D.	→Levitte, Jean D.	レンマン, B.P.	→Lenman, B.
レヒナー, S.	→Löchner, Stefan		
レビロー, ポール	→Rebillot, Paul		
レビン, スーザン・B.	→レビン, スーザン・B.	【ロ】	
レビンサール, ダニエル・A.			
	→レビンサール, ダニエル・A.	ロ, イ	→ロ, イ(盧偉)
レビンソン, ジェローム・I.		ロ, エイキュウ	→ノ, ヨング(盧永九)
	→レビンソン, ジェローム・I.	ロ, エイユウ	→ロ, エイユウ(盧永雄)
レビンソン, ハリー	→Levinson, Harry	ロ, エン	→ロ, エン(魯遠)
レビンソン, プニナ・ナベ	→レビンソン, プニナ・ナベ	ロ, キョクトウ	→ロ, キョクトウ(魯旭東)
レービンダー, E.	→レービンダー, E.	ロ, クン	→ロ, クン(盧勛)
レフ, ジュリアン	→Leff, Julian	ロ, ケイカ	→ロ, ケイカ(盧敬華)
レフシン, クリステン	→レフシン, クリステン	ロ, ケイサイ	→ノ, ギョンチェ(盧景彩)
レフトン, レスター・A.	→レフトン, レスター・A.	ロー, ジェフリー・M.	→Lohr, Jeffrey M.
レフリー, ハリエット・P.	→Lifley, Harriet P.	ロー, ジョン	→ロー, ジョン
レブロールト, ドナ	→レブロールト, ドナ	ロー, ダニエル	→ロー, ダニエル
レベール, ヨー	→レベール, ヨー	ロ, テイ	→ロ, テイ(盧丁)
レーベン, チャールズ・S.	→Raben, Charles S.	ロー, トマス	→ロー, トマス
レボヴィッチ, マルティーヌ		ロ, ブンカ	→ロ, ブンカ(盧文霞)
	→レボヴィッチ, マルティーヌ	ロ, メイキ	→ロ, メイキ(盧明輝)
レーマン, W.	→Lehmann, W.	ロ, メイシュン	→ロ, メイシュン(盧明濬)
レミ, ピエール=ジャン	→Remy, Pierre Jean	ロー, メリー	→Rowe, Mary
レミントン, ボブ	→Remington, Bob	ロー, ローレンス・J.	→Lau, Lawrence J.
レム, スタニスワフ	→Lem, Stanisław	ロー, A.V.	→Lowe, A.V.
レムニック, デイビッド	→レムニック, デイビッド	ロー, R.	→Lowe, Roy
レムプ, ラインハルト	→Lempp, Reinhart	ロイ, アーチー・E.	→ロイ, アーチー・E.
レームブルッフ, ゲルハルト		ロイ, アビグ	→Roy, A.
	→Lehmbruch, Gerhard	ロイ, アルンダティ	→Roy, Arundhati
レーメ, P.	→レーメ, P.	ロイ, ウルマ	→ロイ, ウルマ
レメリンク, ウィレム	→Remmelink, Willem G.J.	ロイ, クリストファー	→Roy, Christopher D.
レモニック, マイケル・D.		ロイ, マニシャ	→ロイ, マニシャ
	→レモニック, マイケル・D.	ロイ, マリー・ホセ	→Roy, Marie-Josee
レヤンス, ジャック・フィリップ		ロイコ, マイク	→Royko, Mike
	→レヤンス, ジャック・フィリップ	ロイス, アニヤ・P.	→Royce, Anya Peterson
レール, ウィルヘルム	→レール, ウィルヘルム	ロイス, フリオ	→Lois, Julio
レールス, ヘルマン	→Röhrs, Hermann	ロイズ, ヘザー	→Royes, Heather
レルミット=ルクレルク, ポーレット		ロイター, エッツァルト	→Reuter, Edzard
	→L'hermitte-Leclercq, Paulette	ロイド, ピーター	→Lloyd, Petter
レレ	→レレ	ロイド, ローナ	→ロイド, ローナ
レワニカ, イノンゲ・ムビクシタ		ロイド, P.J.	→Lloyd, P.J.
	→レワニカ, イノンゲ・ムビクシタ	ロイトルスベルガー, エーリヒ	
レーン, ケリー	→レーン, ケリー		→Loitlsberger, Erich
レン, サイコウ	→ヨム, ゼホ(廉載鎬)	ロイフェ, ケイティー	→Roiphe, Katie
レーン, ディーン	→Lane, Dean	ロイレッケ, エルゲン	→Reulecke, Jürgen
レーン, デヴィッド・A.	→レーン, デヴィッド・A.	ロウ, ウィリアム	→Rowe, William
レンクヴィスト, ボー	→Lönnqvist, Bo	ロウ, ジェフ	→Lowe, Geoff
レンゴウコクグンサイコウシレイカンソウシレイブ		ロウ, スティーブ	→ロウ, スティーブ
	→連合国軍最高司令官総司令部	ロウ, トーマス・D., Jr.	→Rowe, Thomas D., Jr.
レンジャー, テレンス	→Ranger, Terence	ロウ, ナイジェル・V.	→Lowe, N.V.
レンチュ, ヴォルフガング	→レンチュ, ヴォルフガング	ロウ, ピーター	→ロウ, ピーター
レンツ・ボーローリエ, R.		ロウ, モリス・F.	→ロウ, モリス・F.
	→Renz-Beaulaurier, Richard	ロウ, レイモンド	→ロウ, レイモンド
レンデル, ルース	→Rendell, Ruth	ロウアー, ハーベイ	→ロウアー, ハーベイ
レントリッキア, フランク	→Lentricchia, Frank	ローウィ, セオドア・J.	→Lowi, Theodore J.
レントルフ, トゥルッツ	→Rendtorff, T.	ローウィンスキー, ナオミ・ルース	
レントルフ, ロルフ	→Rendtorff, Rolf		→Lowinsky, Naomi Ruth
レンバート, ロン・B.	→レンバート, ロン・B.	ローウェンスタイン, ジョージ	

	→ローウェンスタイン, ジョージ		→Ross, William James
ロウシ	→ロウシ(老子)	ローズ, ウェンディー	→ローズ, ウェンディー
ロウズ, レオン・S.	→Rhodes, Leon S.	ロス, ガブリエル	→ロス, ガブリエル
ロウスキ, エヴリン・S.		ローズ, ギデオン	→Rose, Gideon
	→Rawski, Evelyn Sakakida	ロス, キャロル	→Ross, Carol
ロウゼン, K.S.	→Rosenn, S.	ローズ, コリン	→Rose, Colin
ロウダー, カート	→ロウダー, カート	ロス, サリヤン	→ロス, サリヤン
ロウチ, ダグラス	→ロウチ, ダグラス	ロス, シドニー	→Roth, Sydney
ロウドウシャインターナショナルコクサイレンラクイインカイ		ロース, ジョージ	→ロース, ジョージ
		ロス, ジョン・K.	→Roth, John K.
	→労働者インターナショナル国際連絡委員会	ローズ, ジリアン	→Rose, Gillian
ロウヤマ, ショウイチ		ローズ, ステファン・M.	→Rose, Stephen M.
	→ロウヤマ, ショウイチ(蝋山昌一)	ロス, セシル	→Rhodes, Cecil
ロウラー, エドワード・E., 3世		ロス, ドロシィー	→Ross, Dorothy
	→Lawler, Edward E., III	ローズ, ニコラス	→ローズ, ニコラス
ロウランズ, グラハム	→Rowlands, Graham	ロス, ピーター	→Ross, Peter
ロウリー, ジョン	→Lowry, John	ローズ, ピーター・ジョン	→ローズ, ピーター・ジョン
ロウレス, クライブ	→Lawless, Clive	ロス, プリシラ	→ロス, プリシラ
ロカ・イ・バラッシュ, ジョゼップ		ロス, ポール・N.	→ロス, ポール・N.
	→ロカ・イ・バラッシュ, ジョゼップ	ロス, マーガレット	→ロス, マーガレット
ローガル, クラウス	→ローガル, クラウス	ロス, ランドール・W.	→Roth, Randall W.
ローガン, ジェームズ	→ローガン, ジェームズ	ロース, リチャード	→ロース, リチャード
ローガン, ダン	→Logan, Dan	ロス, リチャード	→Rhodes, Richard
ロークセロワ, ジャン	→ロークセロワ, ジャン	ローズ, リチャード(福祉)	→Rose, Richard
ロケット, グロリア	→ロケット, グロリア	ロス, ロバート	→ロス, ロバート
ロゴ, D.スコット	→ロゴ, D.スコット	ローズ, ロバート・フランクリン	
ロゴザンスキー, ジャコブ	→Rogozinski, Jacob		→ローズ, ロバート・フランクリン
ロコフ, ジューン	→Rokoff, June	ローズ, ローレンス	→Rose, Lawrence
ロザヴィオ, T.	→Losavio, Tommaso	ロス, H.	→Roth, Harrison
ロザリー, バーネット	→ロザリー, バーネット	ロスウェル, ケネス・S.	→ロスウェル, ケネス・S.
ロサルド, レナート	→Rosaldo, Renato	ローズヴェルト, セオドア	→Roosevelt, Theodore
ロザレス＝ルイス, ジーザス		ローズヴェルト, フランクリン・D.	
	→ロザレス＝ルイス, ジーザス		→Roosevelt, Franklin D.
ロザンヴァロン, ピエール	→Rosanvallon, Pierre	ローズウォーター, リン・B.	
ロザンベルジェ, B.	→ロザンベルジェ, B.		→Rosewater, Lynne Bravo
ロジェ, ジャック	→Roger, Jacques	ローズウォーン, スチュアート	
ロジエ, L.J.	→Rogier, L.J.		→Rosewarne, Stuart
ロシター, エイドリアン	→Rodditer, Adrian	ローズクランス, リチャード	
ロジャーズ, クリフォード・J.			→Rosecrance, Richard N.
	→ロジャーズ, クリフォード・J.	ローズグラント, マーク	→Rosegrant, Mark W.
ロジャース, グレゴリー・C.		ロスケ, ラインハルト	→Loske, Reinhard
	→ロジャース, グレゴリー・C.	ロスケリヌス, R.	→Compendiensis, Roscelinus
ロジャーズ, コリン	→ロジャーズ, コリン	ロースコブフ, M.	→Rothkopf, Michael H.
ロジャース, コリン・G.	→Rogers, Colin G.	ロススタイン, ローレンス・R.	
ロジャース, ジャック	→ロジャース, ジャック		→Rothstein, Lawrence R.
ロジャーズ, トム	→ロジャーズ, トム	ロスチャイルド, マックス	→ロスチャイルド, マックス
ロジャーズ, ニコラス	→Rogers, Nicholas	ロストウ, ウォルト・W.	
ロジャース, ポール(経営学)			→Rostow, Walt Whitman
	→ロジャース, ポール(経営学)	ロースビー, ブライアン・J.	→Loasby, B.J.
ロジャーズ, ポール(平和学)	→Rogers, Paul	ロスブラット, S.	→Rothblatt, Sheldon
ロジャーズ, ボーン	→ロジャーズ, ボーン	ロズマン, ギルバート	→Rozman, Gilbert
ロジャース, レックス・スティントン		ロスモ, D.キム	→Rossmo, D.Kim
	→Rogers, Rex Stainton	ロセ, フランソワ	→ロセ, フランソワ
ロジャーソン, シドニー	→ロジャーソン, シドニー	ロセス, アレハンドロ・R.	→Roces, Alejandro R.
ロジャーソン, ジョン	→Rogerson, John William	ロゼット, アーサー・I.	→ロゼット, アーサー・I.
ロジャッリ, S.	→Rogialli, Sandra	ローゼネック, サリ	→ローゼネック, サリ
ローシュ, ジェイ・W.	→Lorsch, Jay W.	ロゼマン, M.	→Rosemann, Michael
ロシュ, ポール	→ロシュ, ポール	ローゼン, サムナー・M.	→ローゼン, サムナー・M.
ロショー, ジャック	→ロショー, ジャック	ローゼン, ジェラルド・M.	→Rosen, Gerald M.
ロス, アルビン・E.	→Roth, Alvin E.	ローゼン, スタファン	→Rosén, Staffan
ロス, ウィリアム・ジェームス			

ローゼン, マイケル	→Rosen, Michael	ロックフェラー, デイビッド	→ロックフェラー, デイビッド
ローゼン, ロバート・H.	→Rosen, Robert H.	ロッジ, デイヴィッド	→Lodge, David
ローゼンガーテン, ヤコブ	→Rosengarten, Jacob	ロッシ, A.	→Rossi, Alice S.
ローゼンタール, フィリップ, Jr.	→Rosenthal, Philipp, Jr.	ロッシター, D.	→Rossiter, David
ローゼンドルフ, ニール・M.	→Rosendorf, Neal M.	ロッシュ, アイリーン	→Roche, Eileen
ローゼンバウム, ジェイ	→ローゼンバウム, ジェイ	ロッシュ, アンヌ	→Roche, Anne
ローゼンバウム, デボラ	→Rosenbaum, Deborah	ロッシュ, ジェイ・W.	→Lorsch, Jay William
ローゼンバーガー, ナンシー	→Rosenberger, Nancy	ロッシュ, ダニエル	→Roche, Daniel
ローゼンバーガー, ロス・D.	→Rosenberger, Ross D.	ロッシュ, A.	→ロッシュ, A.
ローゼンバーグ, ヴィッキー	→Rosenberg, Viqui	ロツシュタイン, ボー	→ロツシュタイン, ボー
ローゼンバーグ, エミリー・S.	→Rosenberg, Emily S.	ロッシュフォール, アンリ	→Rochefort, Henri
ローゼンバーグ, ジェイ・F.	→Rosenberg, Jay F.	ロッスム, ヴァルター・フォン	→Rossum, Walter Van
ローゼンバーグ, ドナ・アンドレア	→Rosenberg, Donna Andrea	ロッター, A.J.	→ロッター, A.J.
ローゼンフィールド, E.S.	→ローゼンフィールド, E.S.	ロッチェ, ジェルミー	→Roche, Jeremy
ロゼンフェルド, ハーバート	→Rosenfeld, Herbert	ロッツ, ユルゲン	→ロッツ, ユルゲン
ローゼンブラット, スーザン	→ローゼンブラット, スーザン	ロッテラー, A.	→Lotterer, Alexander
ローゼンブラット, ロジャー	→Rosenblatt, Roger	ロット, エリック	→ロット, エリック
ローゼンブラム, デイビッド	→ローゼンブラム, デイビッド	ロット, C.	→Rott, Christoph
ローゼンブルーム, アルフレッド・A., Jr.	→Rosenbloom, Alfred A., Jr.	ロット=ファルク, E.	→Lot-Falck, E.
ローゼンブルーム, R.S.	→ローゼンブルーム, R.S.	ロットブラット, ジョゼフ	→Rotblat, Joseph
ローゼンヘッド, J.	→Rosenhead, Jonathan	ロッドレイ, ゴードン	→Rodley, Gordon
ローゼンベルグ, I.	→ローゼンベルグ, I.	ロットロイトナー, フーベルト	→ロットロイトナー, フーベルト
ローソウ, トム	→ローソウ, トム	ロッヒャー, スティーブ	→ロッヒャー, スティーブ
ロゾフスキー	→ロゾフスキー	ロップ, スティーヴン・マサロ	→ロップ, スティーヴン・マサロ
ローソン, エミリ	→ローソン, エミリ	ロッホマン, ヤン・ミリチ	→Lochman, Jan Milic
ローソン, ボブ	→Rowthorn, Robert E.	ローティ, リチャード	→Rorty, Richard
ローソン, マイク	→ローソン, マイク	ロディス-レヴィス, ジュヌヴィエーヴ	→Rodis-Lewis, Geneviève
ローソン, ロバート (法学)	→Rowthorn, Robert	ローデス, G.L.	→ローデス, G.L.
ローソン, B.	→Rowthorn, Bob R.E.	ロテッリ, F.	→Rotelli, Franco
ローダー, H. (教育社会学)	→Lauder, Hugh	ローテルムンド, ハルトムート・O.	→ローテルムンド, ハルトムート・O.
ローチ, ジョン	→Roche, John	ローデン, D.F.	→ローデン, D.F.
ローチ, チャールズ	→ローチ, チャールズ	ローテンバーグ, ジュリオ・J.	→Rotemberg, Julio J.
ロチェスター, コリン	→Rochester, Colin	ロード, ウィンストン	→Lord, Winston
ローチ=ヒギンス, メアリ・エレン	→Roach-Higgins, Mary Ellen	ロード, オードリー	→Lorde, Audre Geraldine
ロッカート, ジョン・F.	→Rockart, John F.	ロート, カール・ハインツ	→ロート, カール・ハインツ
ロッカン, スタイン	→Rokkan, Stein	ロート, ハインツ・ユルゲン	→ロート, ハインツ・ユルゲン
ロッキー, ダグ	→ロッキー, ダグ	ロート, ハインリッヒ	→Roth, Heinrich
ロック, チャールズ・P.	→ロック, チャールズ・P.	ロドー, ホセ・エンリーケ	→ロドー, ホセ・エンリーケ
ロック, ティモシー	→Lock, Timothy	ロード, マイケル・D.	→ロード, マイケル・D.
ロック, マイケル・T.	→Rock, Michael T.	ロード, D.C.	→Lord, Duane C.
ロック, マーガレット	→ロック, マーガレット	ロード, M.	→Rhode, Maria
ロック, S.L.	→Rock, Stephen L.	ロドビーチ, マヌエラ・ザメック	→ロドビーチ, マヌエラ・ザメック
ロックウェル, ウィラード・F., Jr.	→Rockwell, Willard F., Jr.	ロートブラット, ジョセフ	→Rotblat, Joseph
ロックウッド, P.	→ロックウッド, P.	ロートマン, ベルンハルト	→ロートマン, ベルンハルト
ロックスレイ, A.	→Loxley, Ann	ロドリゲス, ヨランダ	→Rodrignez, Yolanda
ロックハート, D.G.	→Lockhart, D.G.	ロドリック, ダニ	→Rodrik, Dani
ロックフェラー, ジョン・D.	→Rockefeller, John D.	ローニー, マーティン	→Loney, Martin
ロックフェラー, スティーヴン・C.	→Rockefeller, Steven C.	ローパ	→ローパ
		ローバー, ポール	→ローバー, ポール
		ローハイム, ゲーザ	→Róheim, Géza

ロハス, ヘンリー・S.	→ロハス, ヘンリー・S.	ロペス=ジョーンズ, ニナ	→ロペス=ジョーンズ, ニナ
ローバチャー, ロバート・J.	→ローバチャー, ロバート・J.	ロベール, ジャック	→Robert, Jacques
ロバーツ, アイアン	→Roberts, Ian	ロベール, ジャン	→Robert, Jean
ロバーツ, アレン・F.	→Roberts, Allen F.	ロベール, ジャン - ノエル	→Robert, Jean-Noel
ロバーツ, ウェス	→ロバーツ, ウェス	ローベル, ジュリス	→ローベル, ジュリス
ロバーツ, グウネス	→Roberts, Gwyneth	ロベルト, マイケル・A.	→Roberto, Michael A.
ロバーツ, コーキー	→ロバーツ, コーキー	ロベルトゥス(ムランの)	→Robertus (Melodunensis)
ロバーツ, ジェフ	→Roberts, Jeff	ロボ, ミゲル・ソウザ	→ロボ, ミゲル・ソウザ
ロバーツ, ジョン	→Roberts, John	ローマー, ジョン・E.	→Roemer, John E.
ロバーツ, スティーブ	→ロバーツ, スティーブ	ローマー, ポール・M.	→ローマー, ポール・M.
ロバーツ, ナンシー・C.	→ロバーツ, ナンシー・C.	ローマイヤー, ダン	→Lohmeyer, Dan
ロバーツ, マリー	→ロバーツ, マリー	ローマス, G.C.J.	→Lomas, Gabriel C.J.
ロバーツ, リチャード	→Roberts, Richard	ロマニョリ, D.	→ロマニョリ, D.
ロバーツ, リチャード・J.	→ロバーツ, リチャード・J.	ロマヌス, アエギディウス	→ロマヌス, アエギディウス
ロバーツ, ルーク・S.	→ロバーツ, ルーク・S.	ロマネス	→Romanes
ロバーツ, F.S.	→Roberts, Fred S.	ロマーノ, ジェームズ・F.	→Romano, James F.
ロバーツ, G.	→Roberts, Gerrylynn	ロマーノ, ルッジエロ	→ロマーノ, ルッジエロ
ロバートソン, シイラ	→Robertson, Sheila	ロマン, ジョエル	→Roman, Joël
ロバートソン, ジャクリーン	→ロバートソン, ジャクリーン	ローマン, ドナルド・W.	→Roman, Donald W.
ロバートソン, ローランド	→Robertson, Roland	ローマン, D.F.	→Lohman, David F.
ロバロ, ダン	→Lovallo, Dan	ロマンジーク, レイモンド・G.	→Romanczyk, Raymond G.
ロビンズ, キャロル・M.	→ロビンズ, キャロル・M.	ロム	→ロム
ロビンズ, クライヴ	→Robbins, Clive	ロム, ポール	→Rom, Paul
ロビンズ, ケヴィン	→Robins, Kevin	ロムアルディ, アントネッラ	→Romualdi, Antonella
ロビンズ, ジョアン・H.	→ロビンズ, ジョアン・H.	ロムバッハ, ハインリッヒ	→Rombach, Heinrich
ロビンス, ジョン	→ロビンス, ジョン	ロメーロ, マヌエル・ペーレス	→Romero, Manueru Peresu
ロビンス, スチュワート	→ロビンス, スチュワート	ロモフ, ニコライ・A.	→ロモフ, ニコライ・A.
ロビンス, ルイーズ・S.	→Robbins, Louise S.	ローラー, ウィリアム・C.	→Lawler, William C.
ロビンソン, ヴィクター	→ロビンソン, ヴィクター	ローラー, エドワード・E., 3世	→ローラー, エドワード・E., 3世
ロビンソン, ウィリアム	→ロビンソン, ウィリアム	ローラー, M.S.	→ローラー, M.S.
ロビンソン, ウィリアム・I.	→ロビンソン, ウィリアム・I.	ローラン, アンドレ	→Laurent, Andre
ロビンソン, オースチン	→Robinson, Edward Austin Gossage	ロラン, エリック(精神分析)	→Laurent, Eric
ロビンソン, ガートルード・J.	→Robinson, Gertrude J.	ロラン, ジャン(思想)	→Rollin, Jean
ロビンソン, ジェイムズ・A.	→ロビンソン, ジェイムズ・A.	ロラン, ロマン	→Rolland, Romain
ロビンソン, シャーマン	→ロビンソン, シャーマン	ロラン, A.	→Rolland, André
ロビンソン, ジョーン(経済学)	→Robinson, Joan	ロラン, H.	→ロラン, H.
ロビンソン, スコット	→Robinson, Scott	ローランド, アーリング	→ローランド, アーリング
ロビンソン, デイビッド	→Robinson, David	ロラン - レヴィ, クリスティーヌ	→Roland-Lévy, Christine
ロビンソン, ナンシー・B.	→Robinson, Nancy B.	ローリー, チャールズ	→ローリー, チャールズ
ロビンソン, ハワード	→Robinson, Howard	ローリー, ドナルド・L.	→Laurie, Donald L.
ロビンソン, ピーター	→Robinson, Peter	ローリー, J.マイケル	→Lawrie, J.Michael
ロビンソン, メグ	→ロビンソン, メグ	ロリウー, B.	→ロリウー, B.
ロビンソン, ロナルド・E.	→Robinson, Ronald E.	ロリス, S.	→Lollis, Susan
ロビンソン, ロバート	→ロビンソン, ロバート	ロリスト, モニック・M.	→Lorist, Monicque M.
ローブ, ジム	→ローブ, ジム	ロリッグ, T.	→Lorig, Tyler S.
ローブ, ジョン・H.	→ローブ, ジョン・H.	ロリマー, デイヴィッド	→ロリマー, デイヴィッド
ロブ, マイケル・P.	→Robb, Michael P.	ローリング, マーク・V.	→Roehling, Mark V.
ローブ, E.M.	→ローブ, E.M.	ロリンズ, ビリー・J.	→Rollins, Billy J.
ローフェル, R.ドゥ	→ローフェル, R.ドゥ	ロール, リチャード	→ロール, リチャード
ロブサンドルジ, S.	→ロブサンドルジ, S.	ロール, R.	→Roll, Richard
ロブソン, K.	→Robson, Keith	ロール, Y.	→Roll, Yaakov
ロフタス, エリザベス・F.	→Loftus, Elizabeth F.	ロールズ, ジョン	→Rawls, John
ロフト, A.	→Loft, Anne	ロールストン, ビル	→ロールストン, ビル
ロペス, ラモン	→López, Ramón E.		

原著者名カナ表記索引　1021

ロールストン, ホームズ, 3世　→ロールストン, ホームズ, 3世
ロールストン, T.N.　→Ralston, T.N.
ロールベッヒャー, アルフレート　→Lohrbächer, Alfred
ローレンス, ウィリアム・T.　→ローレンス, ウィリアム・T.
ローレンス, ポウル・R.　→ローレンス, ポウル・R.
ローレンス, ロバート　→ローレンス, ロバート
ローレンス, T.E.　→ローレンス, T.E.
ローレンツ, コンラート　→Lorenz, Konrad
ロロー, ニコル　→ロロー, ニコル
ロワイエ, イザベル　→Royer, Isabelle
ロワレット, アンリ　→Loyrette, Henri
ローン, ジム　→ローン, ジム
ロンガーステイ, ジャックス　→Longerstaey, Jacques
ロンカッリア, アレッサンドロ　→Roncaglia, Alessandro
ロング, ウィリアム・J.　→ロング, ウィリアム・J.
ロング, ジェニファー　→ロング, ジェニファー
ロング, デーヴィッド　→Long, David
ロング, ヒューイ・P.　→Long, Huey P.
ロング, ラリー　→Long, Larry
ロングハム, リチャード　→ロングハム, リチャード
ロングフェロー, ヘンリー・ワズワース　→Longfellow, Henry Wadsworth
ロング・ランス　→ロング・ランス
ロンゲ, Y.　→Rongé, Yves De
ロンゴ, O.　→ロンゴ, O.
ローンシュトック, カトリン　→Rohnstock, Katrin
ロンスタッド, ロバート　→Ronstadt, Robert
ロンバード, N.E.　→Lombardo, Nancy Emerson
ロンバルディ, ドナルド・N.　→Lombardi, Donald N.
ロンバルドゥス, ペトルス　→Lombardus, Petrus
ロンメル, エアヴィン　→ロンメル, エアヴィン

【ワ】

ワ, ジン　→ワ, ジン(倭仁)
ワイアット, ドナー　→Wyatt, Donna
ワイアット=ウォルター, アンドリュー　→Wyatt-Walter, Andrew
ワイク, カール・E.　→Weick, Karl E.
ワイゲルト, キース　→Weigelt, Keith
ワイス, エイミー・L.　→Weiss, Amy L.
ワイス, コーラ　→ワイス, コーラ
ワイス, ジーン　→Wise, Gene
ワイス, スティヴン・E.　→Weiss, Stephen E.
ワイス, デービッド　→Wise, David A.
ワイス, ブライアン・L.　→Weiss, Brian Leslie
ワイス, ベツィー　→Wice, Betsy
ワイス, リチャード　→Wise, Richard
ワイス, F.フランクリン　→ワイス, F.フランクリン
ワイス, J.R.　→Weisz, J.R.
ワイズナー, トーマス・S.　→ワイズナー, トーマス・S.
ワイズナー, ベン　→ワイズナー, ベン
ワイズマン, アンドリュー・B.　→Weisman, Andrew B.
ワイズマン, ジャック　→Wiseman, Jack
ワイズマン, D.J.　→Wiseman, Donald John
ワイダークィスト, ジョアーン・G.　→ワイダークィスト, ジョアーン・G.
ワイツァー, ロナルド　→Weitzer, Ronald John
ワイト, ギリアン・M.　→White, Gillian M.
ワイナー, ケリー・J.　→Weiner, Kerry J.
ワイブレイ, R.N.　→Whybray, R.Norman
ワイマー, リー　→ワイマー, リー
ワイルズ, ポール　→Wiles, Paul
ワイルド, オスカー　→Wilde, Oscar
ワイルド, ディーン・L., 2世　→Wilde, Dean L., II
ワイルド, ローレンス　→Wilde, Lawrence
ワイン, アビゲイル　→Wine, Abigail
ワーイング, ステファン・P.　→Warning, Stephen P.
ワインシュタイン, D.　→Weinstein, David E.
ワイントロープ, ロナルド　→ワイントロープ, ロナルド
ワインバーグ, ガーハード・L.　→ワインバーグ, ガーハード・L.
ワインバーグ, ジェラード・L.　→Weinberg, Gerhard L.
ワインバーグ, ブレンダ　→Weinberg, Brenda
ウォーテック, スティーブン・L.　→ウォーテック, スティーブン・L.
ワグナー, アン・M.　→Wagner, Anne M.
ワグナー, コルドゥラ　→Wagner, Cordura
ワグナー, ジリアン　→Wagner, Gillian
ワーグナー, デイヴィッド・M.　→Wagner, David M.
ワグナー, リズ　→Wagner, Lis
ワグナー, リチャード　→Wagner, Richard S.
ワーグナー, リヒャルト　→Wagner, Wilhelm Richard
ワグナー, K.　→Wagner, Karl
ワグナー, W.C.　→ワグナー, W.C.
ワークマン, ドン・E.　→ワークマン, ドン・E.
ワシィー, シジダ　→Washi, Sigida
ワシナワトック, イングリッド　→ワシナワトック, イングリッド
ワシュテル, ナタン　→Wachtel, Nathan
ワシリエバ, アンナ　→Vassilieva, Anna
ワーシル, E.　→Wasil, Edward Andrew
ワース, リチャード　→ワース, リチャード
ワスク, ヨセフ　→ワスク, ヨセフ
ワタナベ, コウジ　→ワタナベ, コウジ(渡辺幸治)
ワタナベ, トシオ　→ワタナベ, トシオ(渡辺俊夫)
ワタナベ・マクフェリン, リンダ　→Watanabe McFerrin, Linda
ワーツェル, ラリー・M.　→Wortzel, Larry M.
ワッカー, D.P.　→Wacker, David P.
ワックバック, ダニエル・A.　→Waschbusch, Daniel A.
ワッゲナー, シェル　→ワッゲナー, シェル
ワッサーマン, A.　→Wasserman, Aviva
ワッツ, マイク　→Watts, Mike
ワッツ, D.M.　→Watts, D.Michael
ワーデルマン, エイミ・L.　→Wordelman, Amy L.
ワード, エイドリアン　→Ward, Adrian

ワトキン, ジュリア	→Watkin, Julia		→ワンデルシェック, ヘルマン
ワトキンズ, マイケル・D.		ワンプラー, ロバート・A.	→Wampler, Robert A.
	→ワトキンズ, マイケル・D.		
ワトソン, ヴィクター	→Watson, Victor		**【ン】**
ワトソン, キース	→ワトソン, キース		
ワトソン, ジェイムズ・L.	→Watson, James L.	ングゥディリ, アーノン	→ングゥディリ, アーノン
ワトソン, ジェームズ・G.		ンコンゴーニ, カモリオンゴ・オーレ・アイメルー	
	→Watson, James Gerard		→ンコンゴーニ, カモリオンゴ・オーレ・アイメルー
ワトソン, ジョーフリー	→Watson, Geoffrey		
ワトソン, ソフィー	→Watson, Sophie		
ワトソン, チャールズ	→Watson, Charles		
ワトソン, トーマス・J., Jr.			
	→Watson, Thomas J., Jr.		
ワトソン, ナイジェル	→ワトソン, ナイジェル		
ワトソン, マイケル	→Watson, Michael		
ワトソン, ルービー・S.	→ワトソン, ルービー・S.		
ワトソン, J.L.	→ワトソン, J.L.		
ワトソン, L.R.	→Watson, Linda R.		
ワトソン, R.T.(経営情報)	→Watson, Richard T.		
ワトソン=ゲゲオ, カレン			
	→ワトソン=ゲゲオ, カレン		
ワートマン, カミール・B.			
	→ワートマン, カミール・B.		
ワドロー, アンジェラ	→Wadlow, Angela		
ワードロー, セセリア	→ワードロー, セセリア		
ワートン, ビル	→ワートン, ビル		
ワーナー, エレーン	→ワーナー, エレーン		
ワーナー, マイケル	→ワーナー, マイケル		
ワーネク, テリー	→ワーネク, テリー		
ワーノック, メアリー	→Warnock, Mary		
ワピサナ, シミャン	→ワピサナ, シミャン		
ワラック, ハラルド	→Walach, Harald		
ワルダー, アンドリュー・G.	→Walder, Andrew		
ワルタース, ゲイ	→Walters, Gae		
ワルターノフ, V.N.	→ワルターノフ, V.N.		
ワルデナール, ウィレム	→Wardenaar, Willem		
ワルトン, P.	→Walton, Peter P.		
ワレ, アイリン	→Ware, Alyn		
ワーレイ, ナンシー・K.	→Worley, Nancy K.		
ワレック, A.スティーブン	→Walleck, A.Stephen		
ワロー, ジャン=ピエール	→Wallot, Jean-Pierre		
ワン, イージョウ	→オウ, イツシュウ(王逸舟)		
ワン, イービン	→ワン, イービン		
ワン, エンヨン	→ワン, エンヨン		
ワン, ジェンチュン	→オウ, ケングン(王健群)		
ワン, ジョン	→オウ, ソウ(王崢)		
ワン, ジョンシュ	→オウ, チュウシュ(王仲殊)		
ワン, ゾンチー	→オウ, ソウキ(汪曾祺)		
ワン, チャオウー	→オウ, ショウブ(王昭武)		
ワン, ツーシン	→Wang, Zhixin		
ワン, ハシム	→Wan, Hashim		
ワン, フイチン	→オウ, ケイキン(王慧琴)		
ワン, ホン	→オウ, コウ(汪紅)		
ワン, メイ	→Wann, Mai		
ワン, ヤン	→Wang, Yan		
ワン, ユイリン	→オウ, ギョクリン(汪玉林)		
ワン, リーシン	→オウ, リツシン(王立新)		
ワン, J.S.(金融)	→Wan, Joseph S.		
ワンク, デヴィット	→Wank, David L.		
ワンデルシェック, ヘルマン			

全集・合集収載翻訳図書目録 1992-2007
Ⅰ　総記・人文・社会

2009年3月25日　第1刷発行

発　行　者／大高利夫
編集・発行／日外アソシエーツ株式会社
　　　　　〒143-8550 東京都大田区大森北1-23-8　第3下川ビル
　　　　　電話(03)3763-5241(代表)　FAX(03)3764-0845
　　　　　URL　http://www.nichigai.co.jp/
発　売　元／株式会社紀伊國屋書店
　　　　　〒163-8636 東京都新宿区新宿3-17-7
　　　　　電話(03)3354-0131(代表)
　　　　　ホールセール部(営業)　電話(03)6910-0519

電算漢字処理／日外アソシエーツ株式会社
印刷・製本／株式会社平河工業社

不許複製・禁無断転載　　　　　《中性紙三菱クリームエレガ使用》
〈落丁・乱丁本はお取り替えいたします〉
ISBN978-4-8169-2169-8　　　Printed in Japan, 2009

本書はデジタルデータでご利用いただくことができます。詳細はお問い合わせください。

全集・合集収載 翻訳図書目録76/92

●1976～1992年3月に翻訳刊行された、全集・合集・アンソロジーに収載の著作60,000点を原著者名ごとに一覧できる。「書名索引」「原著者名カナ表記索引」付き。　　　　　　　　　　1995.4～1995.8刊

Ⅰ 総記・人文・社会	定価39,757円（本体37,864円）
Ⅱ 科学・技術・産業	定価48,932円（本体46,602円）
Ⅲ 芸術・言語・文学	定価45,873円（本体43,689円）

翻訳図書目録2004-2007　　2008.5刊

●20004～2007年に翻訳刊行された図書32,000点を各著者ごとに一覧できる図書目録。

Ⅰ 総記・人文・社会	定価29,400円（本体28,000円）
Ⅱ 科学・技術・産業	定価27,300円（本体26,000円）
Ⅲ 芸術・言語・文学	定価31,500円（本体30,000円）
Ⅳ 総索引	定価19,950円（本体19,000円）

翻訳図書目録　明治・大正・昭和戦前期

●1868年～1944年に翻訳刊行された33,200点を各著者ごとに一覧できる図書目録。明治～戦前期の社会に大きな影響を与えた貴重な資料としての翻訳図書を総覧できる唯一の目録。　　　　　　　　　2006.12～2007.1刊

Ⅰ 総記・人文・社会	定価49,350円（本体47,000円）
Ⅱ 科学・技術・産業	定価29,400円（本体28,000円）
Ⅲ 芸術・言語・文学	定価39,900円（本体38,000円）
Ⅳ 総索引	定価29,400円（本体28,000円）

データベースカンパニー
日外アソシエーツ
〒143-8550　東京都大田区大森北1-23-8
TEL.(03)3763-5241　FAX.(03)3764-0845　http://www.nichigai.co.jp/